Bundespersonalvertretungsgesetz
Basiskommentar mit Wahlordnung
und ergänzenden Vorschriften
für Gerichte, Bahn, Post, Bundeswehr und NATO

Lothar Altvater
Eberhard Baden
Peter Berg
Michael Kröll
Gerhard Noll
Anna Seulen

Bundespersonal-vertretungsgesetz

Basiskommentar
mit Wahlordnung
und ergänzenden Vorschriften
für Gerichte, Bahn, Post,
Bundeswehr und NATO

8., überarbeitete Auflage

BUND
VERLAG

Zitiervorschlag:
Altvater-BK-*Bearbeiter,* § 1 Rn. 2
Altvater-BK-*Bearbeiter,* Anh. V B § 35 SBG Rn. 2

Bibliografische Information der Deutschen Bibliothek
Die Deutsche Nationalbibliothek verzeichnet diese Publikation in der Deutschen Nationalbibliografie; detaillierte bibliografische Daten sind im Internet über http://dnb.d-nb.de abrufbar.

8., überarbeitete Auflage 2017

Herstellung: Birgit Fieber
Umschlag: Ute Weber, Geretsried
Satz: Dörlemann Satz, Lemförde
Druck: Druckerei C. H. Beck, Nördlingen
Printed in Germany 2017
ISBN 978-3-7663-6522-4

www.bund-verlag.de

Vorwort

Rund zwei Jahre nach der 7. Auflage erscheint die 8. Auflage des Basiskommentars zum Bundespersonalvertretungsgesetz und zu den ergänzenden Vorschriften für die Gerichte des Bundes, die privatisierten Unternehmen von Bahn und Post, die Bundeswehr und die Stationierungsstreitkräfte der NATO. Die neue, überarbeitete Auflage beruht auf dem Ende Dezember 2016 erreichten Stand der Rechtsetzung und Rechtsprechung. Berücksichtigt sind vor allem zwei Artikelgesetze: das Gesetz zur besseren Vereinbarkeit von Familie, Pflege und Beruf vom 19. Oktober 2016 mit einer Ergänzung des § 76 BPersVG sowie das Gesetz zur Änderung soldatenbeteiligungs- und personalvertretungsrechtlicher Vorschriften vom 29. August 2016 mit umfangreichen Neuregelungen in den §§ 86 und 92 BPersVG sowie mit der Neufassung des Soldatenbeteiligungsgesetzes unter dem Titel Soldatinnen- und Soldatenbeteiligungsgesetz; hierzu findet sich in Anhang V B ein komplett neu bearbeiteter Kurzkommentar. Eingearbeitet sind auch die für das Personalvertretungsrecht bedeutsamen jüngeren gerichtlichen Entscheidungen, vorrangig die des Bundesverwaltungsgerichts und des Bundesarbeitsgerichts.

Der Basiskommentar enthält knappe und praxisnahe Erläuterungen. In seinem Aufbau und seinen Aussagen orientiert er sich wie bisher an dem Kommentar für die Praxis, der zuletzt im Jahr 2016 in der vom gleichen Autorenteam bearbeiteten 9. Auflage erschienen ist. Der Basiskommentar kann und soll aber weder diesen noch die anderen großen Kommentare zum BPersVG ersetzen. Vielmehr ist er wegen seines handlichen Taschenbuchformats und seines auf das Wesentliche komprimierten Inhalts zugeschnitten auf die praktischen Bedürfnisse von Leserinnen und Lesern, die auch außerhalb ihres Büros einen verständlichen und verlässlichen juristischen Ratgeber zur Hand haben wollen.

Auch in seiner neuen Auflage soll der Basiskommentar eine schnelle, verständliche und zuverlässige Orientierung für alle bieten, die mit dem BPersVG und den ergänzenden vertretungsrechtlichen Vorschriften arbeiten müssen. Nach wie vor soll er vor allem die Arbeit der Interessenvertretungen und ihrer Mitglieder unterstützen: insbesondere die Aktivitäten der Personalvertretungen im Bereich des Bundes, der Betriebsräte in den Postnachfolgeunternehmen und der Betriebsvertretungen bei den Stationierungsstreitkräften der NATO.

Anregungen und Kritik sind auch künftig stets willkommen.

Im Januar 2017
Die Verfasser

Vorbemerkungen

Der nunmehr in 8. Auflage vorliegende Basiskommentar erläutert in seinem **Hauptteil** die Vorschriften des Bundespersonalvertretungsgesetzes (BPersVG) in der zuletzt durch das Gesetz zur besseren Vereinbarkeit von Familie, Pflege und Beruf für Beamtinnen und Beamte des Bundes und Soldatinnen und Soldaten sowie zur Änderung weiterer dienstrechtlicher Vorschriften vom 19. 10. 2016 geänderten Fassung. In seinem **Anhang** enthält er den Text der Wahlordnung zum BPersVG und erläutert darüber hinaus weitere vertretungsrechtliche Vorschriften.

Das **BPersVG** und die in den **Anhang II bis VI** aufgenommenen Vorschriften werden in der durch das jeweilige Gesetz vorgegebenen Paragrafenfolge kommentiert. Vor der Kommentierung eines **Paragrafen** wird dessen **amtlicher Text** wiedergegeben. Die nicht mit amtlichen Überschriften versehenen Paragrafen des BPersVG haben i. d. R. nichtamtliche **Überschriften** erhalten, die in eckige Klammern gesetzt sind. In Paragrafen oder in Untergliederungen von Paragrafen, die jeweils aus mehreren **Sätzen** bestehen, sind diese Sätze in der Weise fortlaufend nummeriert, dass an den Satzanfängen nichtamtliche **hochgestellte Ziffern** hinzugefügt sind. Die **Erläuterungen** sind nach Absätzen gegliedert, die mit fortlaufenden **Randnummern** bezeichnet sind. Um den Vergleich mit der Vorauflage zu erleichtern, sind Umnummerierungen nur dort vorgenommen worden, wo dies wegen des Änderungsumfangs oder aus Gründen der Übersichtlichkeit geboten erschien. Im Allgemeinen haben hinzugefügte oder neugebildete Absätze jedoch eine Randnummer mit Buchstabenzusatz erhalten. Enthält ein Paragraf mehrere Absätze, wird der Kommentierung des jeweiligen Absatzes i. d. R. ein auf den Absatz hinweisender halbfetter **Klammervermerk** – z. B. »(Abs. 1)« – vorangestellt. Ist ein Paragraf oder ein Absatz nach Nummern untergliedert, wird dies meistens durch einen entsprechenden Zusatz – z. B. »(Nr. 2)« oder »(Abs. 2 Nr. 3)« – gekennzeichnet.

Die Texte der Paragrafen sind in **halbfetter Schrift**, die sich jeweils anschließenden Erläuterungen grundsätzlich in magerer Schrift gedruckt. Schlüsselbegriffe sind durch halbfetten Druck hervorgehoben. Bestimmte Textstellen sind durch **Kursivschrift** gekennzeichnet. Dabei handelt es sich vor allem um längere Zitate, insbesondere von Rechtsvorschriften oder aus Parlamentsdrucksachen (vgl. z. B. § 47 BPersVG Rn. 2 und Anh. VI Rn. 20). Die im Kommentar verwendeten **Abkürzungen** sind im alphabetischen Abkürzungs- und Literaturverzeichnis erläutert. Angeführte Paragrafen ohne Gesetzesangabe sind solche des BPersVG.

Der Basiskommentar beschränkt sich darauf, den **wesentlichen Gehalt der gesetzlichen Vorschriften** zu erläutern. In seinem Aufbau und seinen Aussagen orientiert er sich an dem Kommentar für die Praxis von *Altvater/Baden/Berg/Kröll/Noll/Seulen*, der zuletzt im Jahr 2016 in 9. Auflage erschienen ist. Er kann und soll aber weder diesen noch die anderen **großen Kommentare** zum BPersVG (*Fischer/Goeres/Gronimus; Ilbertz/Widmaier/Sommer; Lorenzen; Richardi*) ersetzen. Vielmehr ist er wegen seines handlichen Taschenbuchformats und seines auf das Wesentliche komprimierten Inhalts zugeschnitten auf die praktischen Bedürfnisse von Lesern, die auch außerhalb ihres Büros, zumal bei auswärtigen Besprechungen, einen verständlichen und verlässlichen juristischen Ratgeber zur Hand haben wollen.

In den Erläuterungen des Basiskommentars wird weiterhin auf besonders bedeutsame **gerichtliche Entscheidungen** – hauptsächlich solche des *Bundesverwaltungsgerichts* und des *Bundesarbeitsgerichts* – hingewiesen. Die Entscheidungen werden mit **Datum** und **Aktenzeichen** zitiert sowie – einem Wunsch der Praxis entsprechend – mit einer **Fundstelle**. Bei jüngeren Entscheidungen zum Personalvertretungsrecht wird dabei vorwiegend auf die Zeitschrift »Der Personalrat« (PersR) verwiesen, bei älteren verwaltungsgerichtlichen Entscheidungen in erster Linie auf die Zeitschrift »Die Personalvertretung« (PersV). Bei Entscheidungen des Bundesarbeitsgerichts wird primär die »Arbeitsrechtliche Praxis« (AP) oder – insbesondere bei Rechtsprechung aus jüngerer Zeit – die »Neue Zeitschrift für Arbeitsrecht« (NZA) genannt. Die beibehaltene Angabe von Datum und Aktenzeichen soll das Auffinden in anderen als den angegebenen Fundstellen erleichtern.

Einem weiteren Wunsch der Praxis folgend, wurde bereits mit der 6. Auflage der fast völlige Verzicht auf **Literaturnachweise** aufgegeben. Vor allem dort, wo bestimmte Aussagen als streitig (str.) gekennzeichnet sind, finden sich weiterführende Hinweise auf einschlägiges Schrifttum. Wegen der formalen und inhaltlichen Verknüpfung des Basiskommentars mit dem großen Kommentar von *Altvater u. a.* wird dabei regelmäßig auf diesen Kommentar für die Praxis (zitiert: KfdP-*Bearbeiter*) verwiesen, wo dann wiederum weitere Literatur nachgewiesen ist.

Die Hinweise auf die Rechtsprechung und die Literatur sind in **Fußnoten** dargestellt; dabei steht der Fußnotentext am Ende derselben Seite wie das Fußnotenzeichen. Die Fußnoten sind, mit jedem Teil und Kapitel des Gesetzes neu beginnend, fortlaufend nummeriert.

Die **Rahmenvorschriften** des BPersVG für die Personalvertretungen in den Ländern (§§ 94 bis 106), die sich ausschließlich an die Landesgesetzgeber richten, sind mit Ausnahme der §§ 94 und 104 lediglich im Wortlaut wie-

dergegeben und nicht kommentiert (vgl. § 94 Rn. 12). Von den **Schlussvorschriften** sind die §§ 113, 114 (mit Änderungen des Deutschen Richtergesetzes und des Kündigungsschutzgesetzes), die §§ 116–116b (mit Übergangsregelungen für Wahlen und Amtszeiten) sowie der gegenstandslos gewordene § 118 (mit der Berlin-Klausel) nicht abgedruckt.
Anhang I enthält den Text der **Wahlordnung** zum BPersVG. Erläuterungen dazu finden sich in den meisten vorstehend genannten großen Kommentaren (nicht im *Richardi*).
Anhang II kommentiert den § 53 des Deutschen Richtergesetzes, der das BPersVG insoweit ergänzt, als er die Wahrnehmung gemeinsamer Aufgaben von Personalvertretung und **Richterrat** bei den Gerichten des Bundes und in den Geschäftsbereichen jener Bundesministerien normiert, denen diese Gerichte zugeordnet sind.
Anhang III erläutert die im Zusammenhang mit der Privatisierung der Bundeseisenbahnen erlassenen, im **Deutsche Bahn Gründungsgesetz** enthaltenen Sondervorschriften für die Personalvertretung jener Beamten des Bundeseisenbahnvermögens, die der Deutsche Bahn AG zugewiesen sind.
Anhang IV kommentiert die mit der Privatisierung der Post zusammenhängenden, im **Postpersonalrechtsgesetz** enthaltenen Sonderregelungen für die betriebliche Interessenvertretung der Beschäftigten bei den Postnachfolgeunternehmen.
Anhang V behandelt das Personalvertretungsrecht bei der **Bundeswehr**. Er enthält in **Abschnitt A** Erläuterungen der §§ 35 und 91 des **Soldatengesetzes**, in **Abschnitt B** einen Kurzkommentar des neu gefassten **Soldaten- und Soldatinnenbeteiligungsgesetzes** vom 29. 8. 2016 und in **Abschnitt C** einen Kurzkommentar des **Kooperationsgesetzes** der Bundeswehr. Detaillierte Erläuterungen des Soldatenbeteiligungsrechts finden sich u. a. im BPersVG-Kommentar für die Praxis von *Altvater u. a.* (dort im Anhang V) sowie – noch ausführlicher – in den von *Gronimus* verfassten Kommentaren zum Soldatenbeteiligungsgesetz.
Anhang VI kommentiert die im Unterzeichnungsprotokoll zu Art. 56 Abs. 9 des Zusatzabkommens zum NATO-Truppenstatut im Einzelnen geregelte Betriebsvertretung der zivilen Arbeitskräfte bei den Verwaltungen und Betrieben der in der Bundesrepublik Deutschland stationierten **Streitkräfte der NATO-Staaten**, die sich grundsätzlich nach dem – durch eine Reihe von Abwandlungen eingeschränkten – BPersVG richtet.
Der **Wortlaut bestimmter das BPersVG ergänzender Vorschriften** ist **im Rahmen der Kommentierung** des BPersVG abgedruckt. Das gilt z. B. für einen Auszug aus dem Zweiten Abschnitt des Kündigungsschutzgesetzes (§§ 15 und 16) über den Kündigungsschutz im Rahmen der Betriebsverfassung und Personalvertretung (vgl. § 47 BPersVG Rn. 2) sowie für den § 44h des Zweiten Buches Sozialgesetzbuch über die Personalvertretung in den als

gemeinsame Einrichtungen von Bundesagentur für Arbeit und kommunalen Trägern gebildeten Jobcentern (vgl. § 88 Rn. 15).
Der Aufbau des Basiskommentars folgt der Systematik des BPersVG und der dieses ergänzenden Rechtsvorschriften. Den Zugang dazu soll das alphabetische **Stichwortverzeichnis** erleichtern.
Männliche **Bezeichnungen von Personen und Personengruppen** (z. B. der Beamte, die Beamten) werden – soweit sie nicht ausnahmsweise geschlechtsspezifische Bedeutung haben – fast durchweg als **geschlechtsneutrale Begriffe** verstanden, mit denen sowohl Männer als auch Frauen gemeint sind. Aus Gründen der Lesbarkeit wird davon abgesehen, Paarformeln (z. B. Arbeitnehmer und Arbeitnehmerin, Arbeitnehmer und Arbeitnehmerinnen), Schrägstrich-Kombinationen mit maskuliner Grundform und femininer Endung (z. B. Arbeitnehmer/in, Arbeitnehmer/innen) oder Schreibweisen mit großem Binnen-I (z. B. BeamtIn, BeamtInnen) zu verwenden. Ausnahmen können dann vorkommen, wenn kommentierte oder in Bezug genommene Vorschriften männliche und weibliche Bezeichnungen additiv aufführen. Amtsbezeichnungen mit der Endsilbe »-mann« werden in der Regel durch entsprechende auf »-frau« endende Bezeichnungen ergänzt, es sei denn, dass sich solche Bezeichnungen (wie z. B. Vertrauensmann der Zivildienstleistenden) ausschließlich auf Männer beziehen oder dass sie im BPersVG festgelegt sind (wie der Vertrauensmann von Polizeivollzugsbeamten in der Bundespolizei oder der Vertrauensmann der Ortskräfte bei Dienststellen des Bundes im Ausland).
Die Kommentierung beruht auf dem Ende Dezember 2016 erreichten **Stand** der Rechtsetzung und berücksichtigt grundsätzlich die bis dahin veröffentlichte Rechtsprechung, insbesondere die des *Bundesverwaltungsgerichts* und des *Bundesarbeitsgerichts*.

Inhaltsverzeichnis

Bearbeiterverzeichnis

Der Basiskommentar ist ein Gemeinschaftswerk.
Die Bearbeitung im Einzelnen lag bei:

Lothar Altvater	§§ 1, 85–119; Anhang II, V, VI
Eberhard Baden	§§ 6, 7, 11, 25, 53–56, 75 (Abs. 1, 2), 76–78, 80, 82–84
Peter Berg	§§ 2, 3, vor § 66, §§ 66, 67, 69–74, 75 (Abs. 3–5)
Michael Kröll	§§ 9, 26–43, 45, 47–52, 57–65, 79
Gerhard Noll	§§ 4, 5, 8, 12–24, 44, 46
Anna Seulen	§§ 10, 68, 81; Anhang III, IV

Abkürzungs- und Literaturverzeichnis

AA	Auswärtiges Amt
a. A.	anderer Ansicht
a. a. O.	am angeführten Ort
abgedr.	abgedruckt
ABl.	Amtsblatt
ABM	Arbeitsbeschaffungsmaßnahme
Abs.	Absatz
Abschn.	Abschnitt
abw.	abweichend
a. E.	am Ende
AEUV	Vertrag über die Arbeitsweise der Europäischen Union
a. F.	alte Fassung
AFG	Arbeitsförderungsgesetz
AG	Aktiengesellschaft
AGG	Allgemeines Gleichbehandlungsgesetz
AiB	Arbeitsrecht im Betrieb (Zeitschrift)
AktG	Aktiengesetz
Alt.	Alternative
Altvater u. a.	*Altvater/Baden/Berg/Kröll/Noll/Seulen*, BPersVG – Bundespersonalvertretungsgesetz mit Wahlordnung und ergänzenden Vorschriften, Kommentar für die Praxis mit vergleichenden Anmerkungen zu den Landespersonalvertretungsgesetzen, 9. Aufl. 2016 (zit.: KfdP-*Bearbeiter*)
amtl.	amtlich
ÄndG	Änderungsgesetz
ÄndStV	Änderungsstaatsvertrag
ÄndTV	Änderungstarifvertrag
ÄndV	Änderungsverordnung
Anh.	Anhang
Anl.	Anlage
Anm.	Anmerkung

AP	Arbeitsrechtliche Praxis (Nachschlagewerk des Bundesarbeitsgerichts)
AP-mDBPolV	Verordnung über die Ausbildung und Prüfung für den mittleren Polizeivollzugsdienst in der Bundespolizei
ArbG	Arbeitsgericht
ArbGG	Arbeitsgerichtsgesetz
ArbMedVV	Verordnung zur arbeitsmedizinischen Vorsorge
ArbNErfG	Gesetz über Arbeitnehmererfindungen
ArbSchG	Arbeitsschutzgesetz
ArbStättV	Arbeitsstättenverordnung
ArbZG	Arbeitszeitgesetz
Art.	Artikel
ASiG	Arbeitssicherheitsgesetz
AT	Allgemeiner Teil
AÜG	Arbeitnehmerüberlassungsgesetz
AuR	Arbeit und Recht (Zeitschrift)
ausf.	ausführlich
AVwV	Allgemeine Verwaltungsvorschrift(en)
AZO	Arbeitszeitordnung
AZO Kr	Verordnung über die Arbeitszeit in Krankenanstalten
AZV	Arbeitszeitverordnung
BA	Bundesagentur für Arbeit
BAAINBw	Bundesamt für Ausrüstung, Informationstechnik und Nutzung der Bundeswehr
BADV	Bundesamt für zentrale Dienste und offene Vermögensfragen
BAFA	Bundesamt für Wirtschaft und Ausfuhrkontrolle
BAFlSBAÜbnG	Gesetz zur Übernahme der Beamten und Arbeitnehmer der Bundesanstalt für Flugsicherung
BAG	Bundesarbeitsgericht
BAIUDBw	Bundesamt für Infrastruktur, Umweltschutz und Dienstleistungen der Bundeswehr
BAköV	Bundesakademie für öffentliche Verwaltung
BAnstPT	Bundesanstalt für Post und Telekommunikation Deutsche Bundespost
BAPersBw	Bundesamt für das Personalmanagement der Bundeswehr
BAT	Bundes-Angestelltentarifvertrag
Battis	*Battis*, Bundesbeamtengesetz, 4. Aufl. 2009
Bay	Bayern
BayPVG	Bayerisches Personalvertretungsgesetz
BayVGH	Bayerischer Verwaltungsgerichtshof

BB	Der Betriebs-Berater (Zeitschrift)
BBankG	Gesetz über die Deutsche Bundesbank
BBesG	Bundesbesoldungsgesetz
BBesO	Bundesbesoldungsordnung
BBG	Bundesbeamtengesetz
Bbg	Brandenburg
BBiG	Berufsbildungsgesetz
BDG	Bundesdisziplinargesetz
BDiG	Bundesdisziplinargericht
BDiszNOG	Gesetz zur Neuordnung des Bundesdisziplinarrechts
BDSG	Bundesdatenschutzgesetz
BeamtStG	Beamtenstatusgesetz
BeamtVG	Beamtenversorgungsgesetz
BeamtVGVwV	Allgemeine Verwaltungsvorschrift zum Beamtenversorgungsgesetz
BEEG	Bundeselterngeld- und Elternzeitgesetz
Begr.	Begründung
Bek.	Bekanntmachung
ber.	berichtigt
Beschl.	Beschluss, Beschlüsse
BesGr.	Besoldungsgruppe
BesHPR	Besonderer Hauptpersonalrat (beim BEV)
BesPV	Besondere Personalvertretung(en) (beim BEV)
BetrAVG	Gesetz zur Verbesserung der betrieblichen Altersversorgung
BetrVerf-Reformgesetz	Gesetz zur Reform des Betriebsverfassungsgesetzes
BetrVG	Betriebsverfassungsgesetz
BetrVR	Betriebsverfassungsrecht
BEV	Bundeseisenbahnvermögen
BEV-DBP-StruktG	Gesetz zur Verbesserung der personellen Struktur beim Bundeseisenbahnvermögen und in den Unternehmen der Deutschen Bundespost
BEV-PNU-StruktG	Gesetz zur Verbesserung der personellen Struktur beim Bundeseisenbahnvermögen und in den Postnachfolgeunternehmen
BEZNG	Gesetz zur Zusammenführung und Neugliederung der Bundeseisenbahnen
BfAI	Bundesagentur für Außenwirtschaft
BfAIPG	BfAI-Personalgesetz
BFDG	Bundesfreiwilligendienstgesetz
BFQG	Bildungsfreistellungs- und Qualifizierungsgesetz
BfV	Bundesamt für Verfassungsschutz

BG	Beteiligungsgesetz
BGB	Bürgerliches Gesetzbuch
BGBl.	Bundesgesetzblatt
BGG	Behindertengleichstellungsgesetz
BGleiG	Bundesgleichstellungsgesetz
BGremBG	Bundesgremienbesetzungsgesetz
BGS	Bundesgrenzschutz
BGSG	Bundesgrenzschutzgesetz
BGSG 1972	Bundesgrenzschutzgesetz v. 18. 8. 72
BGSNeuRegG	Bundesgrenzschutzneuregelungsgesetz
BG VPLT	Berufsgenossenschaft Verkehrswirtschaft Post-Logistik Telekommunikation
BHO	Bundeshaushaltsordnung
BildscharbV	Bildschirmarbeitsverordnung
BImA	Bundesanstalt für Immobilienaufgaben
BiZBw	Bildungszentrum der Bundeswehr
BJAV	Bezirks-Jugend- und Auszubildendenvertretung(en)
BK	Bundeskanzleramt
BLBV	Bundesleistungsbesoldungsverordnung
Bln	Berlin
BlnPersVG	Berliner Personalvertretungsgesetz
BLV	Bundeslaufbahnverordnung
BMBF	Bundesministerium für Bildung und Forschung
BMF	Bundesministerium der Finanzen
BMG	Bundesministerium für Gesundheit
BMI	Bundesministerium des Innern
BMJ	Bundesministerium der Justiz
BMPT	Bundesministerium für Post und Telekommunikation
BMVBS	Bundesministerium für Verkehr, Bau und Stadtentwicklung
BMVg	Bundesministerium der Verteidigung
BMVI	Bundesministerium für Verkehr und digitale Infrastruktur
BND	Bundesnachrichtendienst
BNDG	Gesetz über den Bundesnachrichtendienst
BNichtrSchG	Bundesnichtraucherschutzgesetz
BNV	Bundesnebentätigkeitsverordnung
BpB	Bundeszentrale für politische Bildung
BPersVG	Bundespersonalvertretungsgesetz
BPersVG 1974	Bundespersonalvertretungsgesetz vom 15. 3. 1974
BPersVR	Bundespersonalvertretungsrecht
BPersVWO	Wahlordnung zum Bundespersonalvertretungsgesetz
BPOL	Bundespolizei

BPolBG	Bundespolizeibeamtengesetz
BPolG	Bundespolizeigesetz
BPolLV	Bundespolizei-Laufbahnverordnung
BPR	Bezirkspersonalrat(-räte)
BR-Drs.	Bundesratsdrucksache
Brem	Bremen
BremGBl.	Gesetzblatt der Freien Hansestadt Bremen
BremPersVG	Bremisches Personalvertretungsgesetz
BRHG	Bundesrechnungshofgesetz
BRKG	Bundesreisekostengesetz
BR-PlPr	Bundesrats-Plenarprotokoll
BRRG	Beamtenrechtsrahmengesetz
BSHG	Bundessozialhilfegesetz
bspw.	beispielsweise
BT-Drs.	Bundestagsdrucksache
BT-PlPr	Bundestags-Plenarprotokoll
Buchh	Buchholz, Sammel- und Nachschlagewerk der Rechtsprechung des Bundesverwaltungsgerichts
Buchst.	Buchstabe
BUK	bundesunmittelbare Unfallkasse(n)
BUKG	Bundesumzugskostengesetz
Bundesgesetzbl.	Bundesgesetzblatt
BUrlG	Bundesurlaubsgesetz
BVerfG	Bundesverfassungsgericht
BVerfGE	Entscheidungen des Bundesverfassungsgerichts (amtliche Sammlung)
BVerfGG	Bundesverfassungsgerichtsgesetz
BVerfSchG	Bundesverfassungsschutzgesetz
BVerwG	Bundesverwaltungsgericht
BVerwGE	Entscheidungen des Bundesverwaltungsgerichts (amtliche Sammlung)
BW	Baden-Württemberg
BwAttraktStG	Bundeswehr-Attraktivitätssteigerungsgesetz
BwDLZ	Bundeswehr-Dienstleistungszentrum
BwKoopG	Kooperationsgesetz der Bundeswehr
BWpVerwPG	Bundeswertpapierverwaltungspersonalgesetz
BwRefBeglG	Bundeswehrreform-Begleitgesetz
BWVPr	Baden-Württembergische Verwaltungspraxis (Zeitschrift)
bzgl.	bezüglich
BZRG	Bundeszentralregistergesetz
bzw.	beziehungsweise

CA	Canada
ChBK	Chef des Bundeskanzleramts
DAI	Deutsches Archäologisches Institut
Däubler u. a.	*Däubler/Kittner/Klebe/Wedde* (Hrsg.), BetrVG – Betriebsverfassungsgesetz mit Wahlordnung und EBR-Gesetz, Kommentar für die Praxis, 15. Aufl. 2016 (zit.: DKKW-Bearbeiter)
DB	Der Betrieb (Zeitschrift); Deutsche Bahn, Deutsche Bundesbahn
DB AG	Deutsche Bahn Aktiengesellschaft
DBAGZustV	DBAG-Zuständigkeitsverordnung
DBGrG	Deutsche Bahn Gründungsgesetz
DBP	Deutsche Bundespost
DDR	Deutsche Demokratische Republik
ders.	derselbe
DFS	Deutsche Flugsicherung GmbH
DGIA	Deutsche Geisteswissenschaftliche Institute im Ausland
DGIAG	Gesetz zur Errichtung einer Stiftung DGIA
DGleiG	Gleichstellungsdurchsetzungsgesetz
DKKW	s. *Däubler u. a.*
DNeuG	Dienstrechtsneuordnungsgesetz
DO	Dienstordnung
DÖD	Der Öffentliche Dienst (Zeitschrift)
Dok. Ber.	Dokumentarische Berichte aus dem BVerwG
Doppelbuchst.	Doppelbuchstabe
DÖV	Die Öffentliche Verwaltung (Zeitschrift)
DR	Deutsche Reichsbahn
DRadio	Deutschlandradio
DRiG	Deutsches Richtergesetz
DRK	Deutsches Rotes Kreuz
Drs.	Drucksache
DRV	Deutsche Rentenversicherung
DV	Datenverarbeitung
DVBl.	Deutsches Verwaltungsblatt (Zeitschrift)
DW	Deutsche Welle
DWG	Deutsche-Welle-Gesetz
DW-SVV	DW-Sitzverlegungsverordnung
DWV	Dienstwohnungsvorschriften
ebd.	ebenda
EDV	Elektronische Datenverarbeitung

EG	Europäische Gemeinschaft(en)
EGr.	Entgeltgruppe
EGStGB	Einführungsgesetz zum Strafgesetzbuch
EGV	Vertrag zur Gründung der Europäischen Gemeinschaft
EinsatzVVerbG	Einsatzversorgungs-Verbesserungsgesetz
einschl.	einschließlich
EKA	Evangelisches Kirchenamt für die Bundeswehr
EMRK	Europäische Menschenrechtskonvention
ENeuOG	Eisenbahnneuordnungsgesetz
EntgO	Entgeltordnung
EntsR	Entsendungsrichtlinien
Erl.	Erlass; Erläuterungen
ErrG	Errichtungsgesetz
ESZB	Europäisches System der Zentralbanken
EU	Europäische Union
EuGH	Europäischer Gerichtshof
EUK	Eisenbahn-Unfallkasse
EUrlV	Erholungsurlaubsverordnung
EV	Einigungsvertrag
evtl.	eventuell(e)
EzTöD	Entscheidungssammlung zum Tarifrecht im öffentlichen Dienst
f., ff.	folgend(e)
F.	Fassung
Feldes	*Feldes/Fraunhoffer/Rehwald/Westermann/Witt*, Schwerbehindertenrecht, Basiskommentar zum SGB IX mit Wahlordnung, 12. Aufl. 2015
FFG	Frauenfördergesetz
Fischer/Goeres/ Gronimus	*Fischer/Goeres/Gronimus*, Gesamtkommentar Öffentliches Dienstrecht, Band V: Personalvertretungsrecht des Bundes und der Länder, Loseblattwerk, 1974 ff.
Fitting	*Fitting/Engels/Schmidt/Trebinger/Linsenmaier*, Betriebsverfassungsgesetz mit Wahlordnung, Handkommentar, 28. Aufl. 2016
FVG	Gesetz über die Finanzverwaltung
FWDL	freiwilligen Wehrdienst leistende Soldaten
GAD	Gesetz über den Auswärtigen Dienst
Germelmann u. a.	*Germelmann/Binkert/Germelmann*, PersVG Berlin – Personalvertretungsgesetz Berlin mit Wahlordnung, Kommentar für die Praxis mit Wahlordnung, 3. Aufl. 2010

GBl.	Gesetzblatt
GbR	Gesellschaft bürgerlichen Rechts
gem.	gemäß
GenDG	Gendiagnostikgesetz
GESTA	Stand der Gesetzgebung des Bundes
GewO	Gewerbeordnung
GG	Grundgesetz
ggf.	gegebenenfalls
GJAV	Gesamt-Jugend- und Auszubildendenvertretung(en)
GKL	Gemeinsame Klassenlotterie der Länder
GKV	Gesetzliche Krankenversicherung
GleiBG	Gleichberechtigungsgesetz
GmbH	Gesellschaft mit beschränkter Haftung
GMBl.	Gemeinsames Ministerialblatt
GmS-OGB	Gemeinsamer Senat der obersten Gerichtshöfe des Bundes
GPR	Gesamtpersonalrat(-räte)
Gronimus	*Gronimus,* Die Beteiligungsrechte der Vertrauenspersonen in der Bundeswehr, Erläuterungen zum Soldatenbeteiligungsgesetz, 7. Aufl. 2012
GSG	Grenzschutzgruppe
GVBl.	Gesetz- und Verordnungsblatt
GVG	Gerichtsverfassungsgesetz
GVOBl.	Gesetz- und Verordnungsblatt
GVPA	Gesamtvertrauenspersonenausschuss
GVPAV	Verordnung über Wahl, Organisation und Aufgabengebiete des Gesamtvertrauenspersonenausschusses beim Bundesminister der Verteidigung sowie über die Rechtsstellung seiner Mitglieder
GWDL	Grundwehrdienstleistende
Halbs.	Halbsatz
HebG	Hebammengesetz
Hess	Hessen
HessLAG	Hessisches Landesarbeitsgericht
HessVGH	Hessischer Verwaltungsgerichtshof
HGrG	Haushaltsgrundsätzegesetz
Hinw.	Hinweis(e)
HJAV	Haupt-Jugend- und Auszubildendenvertretung(en)
h. M.	herrschende Meinung
Hmb	Hamburg
HmbOVG	Hamburgisches Oberverwaltungsgericht
HmbPersVG	Hamburgisches Personalvertretungsgesetz

HPR	Hauptpersonalrat(-räte)
Hrsg.; hrsg.	Herausgeber; herausgegeben
Hs.	Halbsatz
HSchwbV	Hauptschwerbehindertenvertretung
i. Allg.	im Allgemeinen
i. d. F.	in der Fassung
i. d. R.	in der Regel
i. E.	im Einzelnen
i. e. S.	im engeren Sinne
Ilbertz/Widmaier/Sommer	*Ilbertz/Widmaier/Sommer,* Bundespersonalvertretungsgesetz mit Wahlordnung unter Einbeziehung der Landespersonalvertretungsgesetze, Kommentar, 13. Aufl. 2014
insb.	insbesondere
IÖD	Informationsdienst öffentliches Dienstrecht
i. S.	im Sinne
i. S. d.	im Sinne des (der)
ISDN	Integrated Services Digital Network (Dienste integrierendes Digitalnetz)
i. S. v.	im Sinne von
IT	Informationstechnologie
IuK	Information und Kommunikation
i. V. m.	in Verbindung mit
i. w. S.	im weiteren Sinne
Jarass/Pieroth	*Jarass/Pieroth*, Grundgesetz für die Bundesrepublik Deutschland, Kommentar, 14. Aufl. 2016
JArbSchG	Jugendarbeitsschutzgesetz
JAV	Jugend- und Auszubildendenvertretung(en)
jew.	jeweils
JFDG	Jugendfreiwilligendienstegesetz
juris	Juristisches Informationssystem für die Bundesrepublik Deutschland (Datenbank der juris GmbH)
JVEG	Justizvergütungs- und -entschädigungsgesetz
Kap.	Kapitel
KBV	Kassenärztliche Bundesvereinigung
Kdo	Kommando
KfdP	s. *Altvater u. a.*
KG	Kommanditgesellschaft
KMBA	Katholisches Militärbischofsamt
krit.	kritisch

KrPflG	Krankenpflegegesetz
KSchG	Kündigungsschutzgesetz
KSchR	*Kittner/Däubler/Zwanziger,* KSchR – Kündigungsschutzrecht, Kündigungen und andere Formen der Beendigung des Arbeitsverhältnisses, Kommentar für die Praxis, 9. Aufl. 2014 (zit.: KSchR-*Bearbeiter*)
KZBV	Kassenzahnärztliche Bundesvereinigung
LAG	Landesarbeitsgericht
LAGE	Entscheidungen der Landesarbeitsgerichte, hrsg. v. *Lipke*
Lakies/Malottke	*Lakies/Malottke,* BBiG – Berufsbildungsgesetz mit Kurzkommentierung des Jugendarbeitsschutzgesetzes (JArbSchG), Kommentar für die Praxis, 5. Aufl. 2016
LBA	Luftfahrt-Bundesamt
LBG	Landesbeamtengesetz
LeistungsTV-Bund	Tarifvertrag für das Leistungsentgelt für die Beschäftigten des Bundes
LKdo	Landeskommando
Lorenzen	*Lorenzen/Etzel/Gerhold/Schlatmann/Rehak/Faber/Griebeling/Hebeler,* Bundespersonalvertretungsgesetz, Kommentar, Loseblattwerk, 1975 ff. (zit.: Lorenzen-*Bearbeiter*)
LPersVG	Landespersonalvertretungsgesetz
LPersVR	Landespersonalvertretungsrecht
LPVG	Landespersonalvertretungsgesetz
LRiG	Landesrichtergesetz
LRiStAG	Landesrichter- und Staatsanwaltsgesetz
Ls.	Leitsatz (Leitsätze)
LSA	Sachsen-Anhalt
l. Sp.	linke Spalte
LSV	landwirtschaftliche Sozialversicherung
LSVMG	Gesetz zur Modernisierung des Rechts der landwirtschaftlichen Sozialversicherung
LSV-NOG	LSV-Neuordnungsgesetz
m. a. W.	mit anderen Worten
MBG Schl-H	Mitbestimmungsgesetz Schleswig-Holstein
MDR	Mitteldeutscher Rundfunk
MinBlFin.	Ministerialblatt des Bundesministers der Finanzen
MitbestG	Mitbestimmungsgesetz
m. N.	mit Nachweisen

MTArb	Manteltarifvertrag für Arbeiterinnen und Arbeiter des Bundes und der Länder
MTB II	Manteltarifvertrag für Arbeiter des Bundes
MuSchEltZV	Mutterschutz- und Elternzeitverordnung
MuSchG	Mutterschutzgesetz
M-V	Mecklenburg-Vorpommern
m. w. N.	mit weiteren Nachweisen
Nachw.	Nachweis(e)
NATO	North Atlantic Treaty Organization
NDR	Norddeutscher Rundfunk
Nds	Niedersachsen
NdsOVG	Niedersächsisches Oberverwaltungsgericht
n. F.	neue Fassung
NJW	Neue Juristische Wochenschrift
NOG	Neuordnungsgesetz
Nr., Nrn.	Nummer, Nummern
NTS	NATO-Truppenstatut
n. v.	nicht veröffentlicht
NVwZ	Neue Zeitschrift für Verwaltungsrecht
NVwZ-RR	NVwZ-Rechtsprechungs-Report Verwaltungsrecht
NW	Nordrhein-Westfalen
NZA	Neue Zeitschrift für Arbeitsrecht
NZA-RR	NZA-Rechtsprechungs-Report Arbeitsrecht
NZWehrr	Neue Zeitschrift für Wehrrecht
o. a.	oben angeführt
öAT	Zeitschrift für das öffentliche Arbeits- und Tarifrecht
o. g.	oben genannt
OHG	Offene Handelsgesellschaft
ORB	Ostdeutscher Rundfunk Brandenburg
Os.	Orientierungssätze der Richterinnen und Richter des BAG
OVG	Oberverwaltungsgericht
ParteiG	Parteiengesetz
PC	Personal Computer
PersBG	Personalrechtliches Begleitgesetz zum Telekommunikationsgesetz
PersR	Der Personalrat (Zeitschrift)
PersV	Die Personalvertretung (Zeitschrift)
PersVG	Personalvertretungsgesetz
PersVG 1955	Personalvertretungsgesetz vom 5. 8. 55

PersVR	Personalvertretungsrecht
PM	Pressemitteilung
1. PostPersRÄndG	Erstes Gesetz zur Änderung des PostPersRG
PostPersRG	Postpersonalrechtsgesetz
PostPersRWG	Postpersonalrechts-Weiterentwicklungsgesetz
PostUmwG	Postumwandlungsgesetz
PostVerfG	Postverfassungsgesetz
PR	Personalrat(-räte)
ProtErkl	Protokollerklärung
PSV	Personalstammdatenverwaltung
PTNeuOG	Postneuordnungsgesetz
RBB	Rundfunk Berlin-Brandenburg
RBerG	Rechtsberatungsgesetz
RDG	Rechtsdienstleistungsgesetz
RdSchr.	Rundschreiben
RefE	Referentenentwurf
RegE	Regierungsentwurf
RegTP	Regulierungsbehörde für Telekommunikation und Post
ResG	Reservistinnen- und Reservistengesetz
RiA	Recht im Amt (Zeitschrift)
Richardi	*Richardi/Dörner/Weber*, Personalvertretungsrecht – Bundespersonalvertretungsgesetz mit Erläuterungen zu den Personalvertretungsgesetzen der Länder, Kommentar, 4. Aufl. 2012 (zit.: Richardi-*Bearbeiter*)
RL	Richtlinie
Rn.	Randnummer(n)
RP	Rheinland-Pfalz
Rspr.	Rechtsprechung
r. Sp.	rechte Spalte
RVG	Rechtsanwaltsvergütungsgesetz
RVO	Reichsversicherungsordnung
RVOrgG	Gesetz zur Organisationsreform in der gesetzlichen Rentenversicherung
s.	siehe
S.	Satz; Seite
Saar	Saarland
Sabottig	*Sabottig*, Entscheidungen des Bundesverwaltungsgerichts zum Personalvertretungsrecht, Entscheidungssammlung in Leitsätzen und Stichworten, 1993 (zit.: Sabottig ES)

SächsOVG	Sächsisches Oberverwaltungsgericht
Sachs	Sachsen
SAZV	Soldatenarbeitszeitverordnung
SBG	Soldatinnen- und Soldatenbeteiligungsgesetz (vormals Soldatenbeteiligungsgesetz)
SBG 1991	Soldatenbeteiligungsgesetz v. 16. 1. 91
SBG 1997	Soldatenbeteiligungsgesetz i. d. F. v. 15. 4. 97 (zuletzt geändert durch Gesetz v. 8. 4. 13)
SBG 2016	Soldatinnen- und Soldatenbeteiligungsgesetz v. 29. 8. 16
1. SBGÄndG	Erstes Gesetz zur Änderung des Soldatenbeteiligungsgesetzes v. 20. 2. 97
SBGWV	Wahlverordnung zum Soldatenbeteiligungsgesetz
SBGWV 2012	SBGWV v. 18. 3. 97 i. d. F. der ÄndV v. 22. 8. 12
SBuPersVRÄndG	Gesetz zur Änderung soldatenbeteiligungs- und personalvertretungsrechtlicher Vorschriften v. 29. 8. 16
Schaub	*Schaub*, Arbeitsrechts-Handbuch, 16. Aufl. 2015 (zit.: Schaub-*Bearbeiter*)
Schl-H	Schleswig-Holstein
Schr.	Schreiben
SchwbV	Schwerbehindertenvertretung
SDGleiG	Soldatinnen- und Soldatengleichstellungsdurchsetzungsgesetz
SFB	Sender Freies Berlin
SG	Soldatengesetz
SGB	Sozialgesetzbuch
SGleiG	Soldatinnen- und Soldatengleichstellungsgesetz
SKB	Streitkräftebasis
SKBPRV	Streitkräfte-Bezirkspersonalräteverordnung
SLV	Soldatenlaufbahnverordnung
sog.	so genannt
SoldGG	Soldatinnen- und Soldaten-Gleichbehandlungsgesetz
SprAuG	Sprecherausschussgesetz
SR	Sonderregelungen
StGB	Strafgesetzbuch
str.	streitig
st. Rspr.	ständige Rechtsprechung
StV	Staatsvertrag
STzV	Soldatinnen- und Soldatenteilzeitbeschäftigungsverordnung
SÜG	Sicherheitsüberprüfungsgesetz
SUrlV	Sonderurlaubsverordnung
SUV	Soldatenurlaubsverordnung

SVergG	Soldatenvergütungsverordnung
SVG	Soldatenversorgungsgesetz
SVLFG	Sozialversicherung für Landwirtschaft, Forsten und Gartenbau
TDG	Truppendienstgericht
teilw.	teilweise
TGV	Trennungsgeldverordnung
Thür	Thüringen
ThürPersVG	Thüringer Personalvertretungsgesetz
TOP	Tagesordnungspunkt
TV	Tarifvertrag
TVAL II	Tarifvertrag für die Arbeitnehmer bei den Stationierungsstreitkräften im Gebiet der Bundesrepublik Deutschland
TVAöD	Tarifvertrag für Auszubildende des öffentlichen Dienstes
TV-BA	Tarifvertrag für die Arbeitnehmerinnen und Arbeitnehmer der Bundesagentur für Arbeit
TVG	Tarifvertragsgesetz
TVLohngrV	Tarifvertrag über das Lohngruppenverzeichnis des Bundes zum MTArb
TV-L	Tarifvertrag für den öffentlichen Dienst der Länder
TVöD	Tarifvertrag für den öffentlichen Dienst
TVPöD	Tarifvertrag für Praktikantinnen/Praktikanten des öffentlichen Dienstes
TVÜ-Bund	Tarifvertrag zur Überleitung der Beschäftigten des Bundes in den TVöD und zur Regelung des Übergangsrechts
TVUmBw	Tarifvertrag über sozialverträgliche Begleitmaßnahmen im Zusammenhang mit der Umgestaltung der Bundeswehr
Tz.	Teilziffer
TzBfG	Teilzeit- und Befristungsgesetz
u.	und
u. a.	unter anderem
UK	Unfallkasse
UK-Bund	Unfallkasse des Bundes
UK PT	Unfallkasse Post und Telekom
unstr.	unstreitig
UP	Unterzeichnungsprotokoll zum Zusatzabkommen zum NATO-Truppenstatut

Urt.	Urteil(e)
USA	United States of America
usw.	und so weiter
u. U.	unter Umständen
UVAV	Unfallversicherungs-Anzeigeverordnung
UVB	Unfallversicherung Bund und Bahn
UVEG	Unfallversicherungs-Einordnungsgesetz
Ü-VPA	Vertrauenspersonenausschuss (-ausschüsse) in der Übergangsphase
v.	vom
v. a.	vor allem
VBG	Verwaltungs-Berufsgenossenschaft
VBI	Vertreter des Bundesinteresses beim BVerwG
VBlBW	Verwaltungsblätter für Baden-Württemberg (Zeitschrift)
ver.di	Vereinte Dienstleistungsgewerkschaft
VergGr.	Vergütungsgruppe
VG	Verwaltungsgericht
VGH	Verwaltungsgerichtshof
vgl.	vergleiche
VKA	Vereinigung der kommunalen Arbeitgeber verbände e. V.
VkBl.	Verkehrsblatt
VMBl.	Ministerialblatt des Bundesministeriums der Verteidigung
VMWG	Vertrauensmänner-Wahlgesetz
VöI	Vertreter des öffentlichen Interesses
VoIP	Voice over Internet Protocol
Voraufl.	Vorauflage
Vorbem.	Vorbemerkung(en)
VPA	Vertrauenspersonenausschuss (-ausschüsse)
VPWV	Vertrauenspersonenwahlverordnung
VR	Vorschussrichtlinien
VS	Verschlusssache
VwGO	Verwaltungsgerichtsordnung
VwO	Verwaltungsordnung
VwVfG	Verwaltungsverfahrensgesetz
WahlO Post	Verordnung zur Durchführung der Betriebsratswahlen bei den Postunternehmen
WBeauftrG	Gesetz über den Wehrbeauftragten des Deutschen Bundestages

WBG	Weiterbildungsgesetz
WBO	Wehrbeschwerdeordnung
WDO	Wehrdisziplinarordnung
WehrRÄndG	Wehrrechtsänderungsgesetz
WEU	Westeuropäische Union
WO	Wahlordnung
WO BetrVG	Erste Verordnung zur Durchführung des Betriebsverfassungsgesetzes (Wahlordnung – WO)
WP	Wahlperiode
WPflG	Wehrpflichtgesetz
WSG	Wehrsoldgesetz
ZA	Zusatzabkommen zum NATO-Truppenstatut
z. B.	zum Beispiel
ZBR	Zeitschrift für Beamtenrecht
ZDF	Zweites Deutsches Fernsehen
ZDG	Zivildienstgesetz
ZDv	Zentrale Dienstvorschrift
ZDVG	Zivildienstvertrauensmanngesetz
ZfPR	Zeitschrift für Personalvertretungsrecht
Ziff.	Ziffer
zit.	zitiert
ZPO	Zivilprozessordnung
z. T.	zum Teil
ZTR	Zeitschrift für Tarif-, Arbeits- und Sozialrecht des öffentlichen Dienstes
zutr.	zutreffend

Gesetzestext und Kommentierung zum Bundespersonalvertretungsgesetz (BPersVG)

vom 15. März 1974 (BGBl. I S. 693)

Geändert durch

- Art. 287 Nr. 4 des Einführungsgesetzes zum Strafgesetzbuch (EGStGB) vom 2. März 1974 (BGBl. I S. 469),
- Art. 3 des Gesetzes zur Änderung des Soldatengesetzes und des Vertrauensmänner-Wahlgesetzes vom 25. April 1975 (BGBl. I S. 1005),
- Art. 5 des Dritten Gesetzes zur Änderung dienstrechtlicher Vorschriften vom 10. Mai 1980 (BGBl. I S. 561),
- Art. 5 des Fünften Gesetzes zur Änderung dienstrechtlicher Vorschriften vom 25. Juli 1984 (BGBl. I S. 998),
- Beschluss des Bundesverfassungsgerichts vom 16. Oktober 1984 (BGBl. I S. 1436),
- Art. 4 des Ersten Gesetzes zur Änderung des Schwerbehindertengesetzes vom 24. Juli 1986 (BGBl. I S. 1110),
- Art. 1 des Gesetzes zur Bildung von Jugend- und Auszubildendenvertretungen in den Verwaltungen vom 13. Juli 1988 (BGBl. I S. 1037),
- Art. 4 Abs. 2 des Poststrukturgesetzes vom 8. Juni 1989 (BGBl. I S. 1026),
- Art. 1 des Gesetzes zur Änderung des Bundespersonalvertretungsgesetzes vom 10. Juli 1989 (BGBl. I S. 1380, ber. S. 1473),
- Art. 4 des Fünften Gesetzes zur Änderung besoldungsrechtlicher Vorschriften vom 28. Mai 1990 (BGBl. I S. 967),
- Art. 3 Nr. 5 des Gesetzes über die Beteiligung der Soldaten und der Zivildienstleistenden (Beteiligungsgesetz – BG) vom 16. Januar 1991 (BGBl. I S. 47),
- Art. 3 des Zehnten Gesetzes zur Änderung dienstrechtlicher Vorschriften vom 20. Dezember 1993 (BGBl. I S. 2136),
- Art. 6 Abs. 20 des Gesetzes zur Neuordnung des Eisenbahnwesens (Eisenbahnneuordnungsgesetz – ENeuOG) vom 27. Dezember 1993 (BGBl. I S. 2378),
- Art. 6 des Gesetzes zur Durchsetzung der Gleichberechtigung von Frauen und Männern (Zweites Gleichberechtigungsgesetz – 2. GleiBG) vom 24. Juni 1994 (BGBl. I S. 1406, ber. S. 2103),

- Art. 12 Abs. 13 des Gesetzes zur Neuordnung des Postwesens und der Telekommunikation (Postneuordnungsgesetz – PTNeuOG) vom 14. September 1994 (BGBl. I S. 2325),
- Art. 2 § 3 des Gesetzes zur Neuregelung der Vorschriften über den Bundesgrenzschutz (Bundesgrenzschutzneuregelungsgesetz – BGSNeuRegG) vom 19. Oktober 1994 (BGBl. I S. 2978),
- Art. 9 des Gesetzes zur Einordnung des Rechts der gesetzlichen Unfallversicherung in das Sozialgesetzbuch (Unfallversicherungs-Einordnungsgesetz – UVEG) vom 7. August 1996 (BGBl. I. S. 1254),
- Art. 2 des Ersten Gesetzes zur Änderung des Soldatenbeteiligungsgesetzes vom 20. Februar 1997 (BGBl. I S. 298),
- Art. 12 Abs. 2 des Gesetzes zur Reform des öffentlichen Dienstrechts (Reformgesetz) vom 24. Februar 1997 (BGBl. I S. 322),
- Art. 2 § 1 des Gesetzes über den deutschen Auslandsrundfunk vom 16. Dezember 1997 (BGBl. I S. 3094),
- Art. 9 des Gesetzes zur Neuordnung des Bundesdisziplinarrechts vom 9. Juli 2001 (BGBl. I S. 1510),
- Art. 17 des Dritten Gesetzes für moderne Dienstleistungen am Arbeitsmarkt vom 23. Dezember 2003 (BGBl. I S. 2848),
- Art. 3a des Gesetzes zur wirkungsgleichen Übertragung von Regelungen der sozialen Pflegeversicherung in das Dienstrecht und zur Änderung sonstiger dienstrechtlicher Vorschriften vom 4. November 2004 (BGBl. I S. 2686),
- Art. 5 des Gesetzes zur Reform des Reisekostenrechts vom 26. Mai 2005 (BGBl. I S. 1418),
- Art. 11 des Gesetzes zur Umbenennung des Bundesgrenzschutzes in Bundespolizei vom 21. Juni 2005 (BGBl. I S. 1818),
- Art. 8 des Gesetzes zur Reorganisation der Bundesanstalt für Post und Telekommunikation Deutsche Bundespost und zur Änderung anderer Gesetze vom 14. September 2005 (BGBl. I S. 2746),
- Art. 3 Abs. 4 des Gesetzes zur Umsetzung europäischer Richtlinien zur Verwirklichung des Grundsatzes der Gleichbehandlung vom 14. August 2006 (BGBl. I S. 1897),
- Art. 7 des Gesetzes zur Neuordnung und Modernisierung des Bundesdienstrechts (Dienstrechtsneuordnungsgesetz – DNeuG) vom 5. Februar 2009 (BGBl. I S. 160, ber. 462),
- Art. 3 Abs. 2 des Gesetzes zur Familienpflegezeit und zum flexibleren Eintritt in den Ruhestand für Beamtinnen und Beamte des Bundes vom 3. Juli 2013 (BGBl. I S. 1978),
- Art. 2 des Gesetzes zur Änderung soldatenbeteiligungs- und personalvertretungsrechtlicher Vorschriften vom 29. August 2016 (BGBl. I S. 2065) und

- Art. 10 Abs. 2 des Gesetzes zur besseren Vereinbarkeit von Familie, Pflege und Beruf für Beamtinnen und Beamte des Bundes und Soldatinnen und Soldaten sowie zur Änderung weiterer dienstrechtlicher Vorschriften vom 19. Oktober 2016 (BGBl. I S. 2362).

Erster Teil Personalvertretungen im Bundesdienst

Erstes Kapitel Allgemeine Vorschriften

§ 1 [Geltungsbereich – Bildung von Personalvertretungen]

[1]In den Verwaltungen des Bundes und der bundesunmittelbaren Körperschaften, Anstalten und Stiftungen des öffentlichen Rechts sowie in den Gerichten des Bundes werden Personalvertretungen gebildet. [2]Zu den Verwaltungen im Sinne dieses Gesetzes gehören auch die Betriebsverwaltungen.

1 Der **räumliche Geltungsbereich** des BPersVG ist nicht ausdrücklich geregelt. Da das Gesetz insoweit keine Einschränkungen festlegt, gilt es im gesamten Gebiet der Bundesrepublik Deutschland. Mit den in § 91 geregelten Abweichungen gilt es auch für Dienststellen des Bundes im Ausland. Auf Seeschiffen des Bundes gilt das BPersVG ohne Einschränkungen, weil es – anders als die §§ 114 bis 116 BetrVG – für die Seeschifffahrt keine Sonderregelungen enthält.

2 Der **sachliche Geltungsbereich** erfasst die Verwaltungen und Betriebsverwaltungen des Bundes und der bundesunmittelbaren Körperschaften, Anstalten und Stiftungen des öffentlichen Rechts – also derjenigen juristischen Personen des öffentlichen Rechts, die der Staatsaufsicht des Bundes unterstehen – sowie die Gerichte des Bundes. Er wird durch § 91 Soldatengesetz (SG) für die dort beschäftigten Beamten und Arbeitnehmer auf die militärischen Dienststellen und Einrichtungen der Bundeswehr ausgedehnt (vgl. Rn. 4a).

3 **Verwaltungen** i. S. v. S. 1 sind alle Einrichtungen des Bundes und der bundesunmittelbaren juristischen Personen des öffentlichen Rechts, die Aufgaben der öffentlichen Verwaltung wahrnehmen. Die Verwaltungen des Bundes sind die Behörden, Verwaltungsstellen und sonstigen Einrichtungen der öffentlichen Verwaltung, deren Rechtsträger der Bund ist. Diese zur unmittelbaren Bundesverwaltung gehörenden **bundeseigenen Verwaltungen** sind horizontal nach Aufgabenbereichen (im Allgemeinen nach den Ressorts der Ministerien) und innerhalb einiger dieser Bereiche vertikal nach Stufen (Zentralstufe, Mittelstufe, Unterstufe) gegliedert. Dabei besteht zwischen den Verwaltungen auf den verschiedenen Stufen ein hierarchisches Verhält-

nis der Über- und Unterordnung und des Instanzenzuges. In der unmittelbaren Bundesverwaltung ist der klassische dreistufige Aufbau der staatlichen Verwaltungen nur ausnahmsweise verwirklicht, weil in den meisten Ressorts des Bundes Mittelbehörden und Unterbehörden nicht gebildet sind. Auf der **Zentralstufe** bestehen oberste Bundesbehörden, Bundesoberbehörden, welche einer obersten Bundesbehörde unmittelbar nachgeordnet und für das ganze Bundesgebiet zuständig sind, sowie nicht rechtsfähige Bundesanstalten, denen bestimmte, zentral wahrzunehmende, nicht gesetzesgebundene Aufgaben obliegen. Auf der **Mittelstufe** und der **Unterstufe** bestehen Bundesbehörden, die im Allgemeinen einer obersten Bundesbehörde, im Ausnahmefall einer Bundesoberbehörde nachgeordnet und i. d. R. nur für einen bestimmten Teil des Bundesgebietes zuständig sind.

Zu den Verwaltungen i. S. d. BPersVG gehören nach § 1 S. 2 auch die **Betriebsverwaltungen**, also jene Betriebe, deren Rechtsträger der Bund oder eine bundesunmittelbare juristische Person des öffentlichen Rechts ist. **4**

Anders als die **Bundeswehrverwaltung** gehören die **Streitkräfte**, die zusammen mit der Bundeswehrverwaltung die **Bundeswehr** bilden, als eine der Verwaltung nebengeordnete Form der vollziehenden Gewalt nicht zur Verwaltung und damit nicht zu dem in § 1 abgegrenzten sachlichen Geltungsbereich des BPersVG. Das Soldatengesetz (SG) bestimmt jedoch in § 91 Abs. 1, dass für die bei militärischen Dienststellen und Einrichtungen der Bundeswehr beschäftigten **Beamten, Angestellten und Arbeiter** das BPersVG gilt und dehnt insoweit den sachlichen Geltungsbereich dieses Gesetzes auf die Streitkräfte aus (vgl. Anh. V A § 91 SG Rn. 1). Außerdem legt das Soldatinnen- und Soldatenbeteiligungsgesetz (SBG) in § 60 Abs. 1 fest, dass die **Soldaten** (obwohl diese keine »Beschäftigten« i. S. d. BPersVG sind; vgl. Rn. 11) in den dort bezeichneten Dienststellen und Einrichtungen Personalvertretungen wählen, und stellt in § 59 S. 2 (auch) insoweit die Streitkräfte der Verwaltung gleich (vgl. Anh. V B § 59 SBG Rn. 1). **4a**

Gerichte sind staatliche Einrichtungen, denen die Rechtsprechung obliegt. Gerichte des Bundes sind das Bundesverfassungsgericht und die obersten Gerichtshöfe des Bundes, also Bundesgerichtshof, Bundesverwaltungsgericht, Bundesfinanzhof, Bundesarbeitsgericht und Bundessozialgericht, ferner das Bundespatentgericht und die Truppendienstgerichte. Die übrigen staatlichen Gerichte sind Gerichte der Länder. **5**

Körperschaften des öffentlichen Rechts sind mitgliedschaftlich organisierte, rechtsfähige Verbände des öffentlichen Rechts, die bestimmte öffentliche Aufgaben i. d. R. mit hoheitlichen Befugnissen unter staatlicher Aufsicht erfüllen. Bundesunmittelbare Körperschaften des öffentlichen Rechts sind z. B. die Bundesagentur für Arbeit und verschiedene Träger der Sozialversicherung. **Anstalten des öffentlichen Rechts** sind von einem Träger öffentlicher Verwaltung zur Erfüllung bestimmter Verwaltungsaufgaben errichtete Organisationen, die nicht mitgliedschaftlich organisiert sind und **6**

auf deren Willensbildung der Anstaltsträger i. d. R. maßgebenden Einfluss nimmt. In § 1 S. 1 sind nur vollrechtsfähige Anstalten aufgeführt, also nur solche, die durch Gesetz als juristische Personen des öffentlichen Rechts geschaffen oder zugelassen sind. Vollrechtsfähige bundesunmittelbare Anstalten des öffentlichen Rechts sind z. B. die Bundesanstalt für Finanzdienstleistungsaufsicht und die Bundesanstalt für Immobilienaufgaben. **Stiftungen des öffentlichen Rechts** sind rechtsfähige Organisationen zur Verwaltung und Verwertung eines Vermögensbestandes für einen vom Stifter bestimmten Zweck, welcher der dauernden und nachhaltigen Erfüllung einer öffentlichen Aufgabe von besonderem Interesse dient. Eine bundesunmittelbare Stiftung des öffentlichen Rechts ist z. B. die Stiftung Preußischer Kulturbesitz.

7 Zum Geltungsbereich des BPersVG gehört auch die **Rundfunkanstalt »Deutsche Welle«**, eine der Rechtsaufsicht der Bundesregierung unterstehende gemeinnützige Anstalt des öffentlichen Rechts (vgl. § 90). Entsprechende Anwendung findet das BPersVG (teils modifiziert) kraft staatsvertraglicher Vereinbarungen auf folgende Einrichtungen des Rundfunks (vgl. § 90 Rn. 23 ff.):

- die von den Ländern errichtete gemeinnützige rechtsfähige Körperschaft des öffentlichen Rechts **»Deutschlandradio«** (DRadio);
- die von den Ländern Sachsen, Sachsen-Anhalt und Thüringen errichtete gemeinsame gemeinnützige rechtsfähige Anstalt des öffentlichen Rechts **»Mitteldeutscher Rundfunk«** (MDR);
- die von den Ländern Hamburg, Mecklenburg-Vorpommern, Niedersachsen und Schleswig-Holstein getragene gemeinnützige Anstalt des öffentlichen Rechts **»Norddeutscher Rundfunk«** (NDR);
- die von den Ländern Berlin und Brandenburg errichtete gemeinnützige Anstalt des öffentlichen Rechts **»Rundfunk Berlin-Brandenburg«** (RBB).

Während die Staatsverträge über das DRadio, den MDR und den NDR von § 71 Abs. 1 S. 4 abweichende Regelungen über die Bestellung des Vorsitzenden der Einigungsstelle enthalten (vgl. § 71 Rn. 12), sieht der Staatsvertrag über den RBB vor, dass abweichend von den §§ 75 und 77 sich das Recht des PR zur Mitbestimmung auch auf den Fall der ordentlichen Kündigung erstreckt (näher dazu § 90 Rn. 29).

7a Für die durch Staatsvertrag aller Bundesländer[1] zum 1. 7. 2012 unter der Bezeichnung **»GKL Gemeinsame Klassenlotterie der Länder«** errichtete rechtsfähige Anstalt des öffentlichen Rechts mit je einem Sitz in Hamburg und München gilt grundsätzlich das Recht der Freien und Hansestadt Hamburg.[2] In Bezug auf die Personalvertretung finden jedoch das BPersVG und

---

1 Unterzeichnet am 15. 12. 11 und 19. 1. 12. Statt aller: Gesetz v. 26. 6. 12 (GBl. BW S. 385) und Bek. v. 10. 7. 12 (GBl. BW S. 515).

2 Näher hierzu und zum Folgenden *Altvater*, PersR 13, 303, 317 f. (zu 3.1).

die dazu ergangenen Rechtsverordnungen mit folgenden Maßgaben entsprechende Anwendung (§ 15 GKL-StV): Zum einen sind die beiden Standorte in Hamburg und München jeweils Dienststellen i. S. d. § 6 Abs. 1; zum anderen gilt in den Fällen § 71 Abs. 1 S. 4 eine Sonderregelung für die Person des Vorsitzenden der Einigungsstelle (vgl. § 71 Rn. 12).

Für die als **gemeinsame Einrichtungen** der Bundesagentur für Arbeit und kommunaler Träger gebildeten **Jobcenter**, die Mischbehörden aus Bundes- und Landesbehörden sind, gelten die Regelungen des BPersVG nach Maßgabe des SGB II (insb. des § 44h) entsprechend (näher dazu § 88 Rn. 13ff.). 7b

Für **bestimmte Verwaltungszweige** gelten die allgemeinen Vorschriften des BPersVG nur mit den im Siebenten Kapitel des Ersten Teils geregelten **Abweichungen und Maßgaben**. Diese beziehen sich auf: Bundespolizei (§ 85); Bundesnachrichtendienst (§ 86); Bundesamt für Verfassungsschutz (§ 87); bundesunmittelbare Körperschaften und Anstalten des öffentlichen Rechts im Bereich der Sozialversicherung sowie Bundesagentur für Arbeit (§ 88); Deutsche Bundesbank (§ 89); Deutsche Welle (§ 90); Dienststellen des Bundes im Ausland (§ 91); Geschäftsbereich des Bundesministeriums der Verteidigung (§ 92). 8

Der **persönliche Geltungsbereich** des Ersten Teils des BPersVG ist in § 4 festgelegt. Nach § 4 Abs. 1 sind »Beschäftigte im öffentlichen Dienst im Sinne dieses Gesetzes«, also in jenen Einrichtungen, die zum räumlichen und sachlichen Geltungsbereich des Ersten Teils des BPersVG gehören, grundsätzlich nur die **Beamten und Arbeitnehmer** einschl. der zu ihrer Berufsausbildung Beschäftigten (näher dazu § 4 Rn. 1ff.). 9

Richter sind nach § 4 Abs. 1 nur in zwei Fällen Beschäftigte i. S. d. BPersVG: zum einen, wenn sie an eine der in § 1 genannten Verwaltungen des Bundes oder der bundesunmittelbaren juristischen Personen des öffentlichen Rechts abgeordnet sind, zum anderen, wenn sie zur Wahrnehmung einer nichtrichterlichen Tätigkeit an ein Gericht des Bundes abgeordnet sind. Abgesehen davon ist die Vertretung der Interessen der Richter an den zum sachlichen Geltungsbereich des BPersVG gehörenden Gerichten des Bundes im **Deutschen Richtergesetz** geregelt (vgl. dazu auch Anh. II). 10

Auf **Soldaten** findet das BPersVG grundsätzlich keine Anwendung, da sie keine Beschäftigten i. S. d. § 4 sind (vgl. § 4 Rn. 3). Die Beteiligungsrechte der Soldaten regelt das **Soldatinnen- und Soldatenbeteiligungsgesetz** (SBG). Näher dazu Anh. V A § 35 SG und Anh. V B. 11

Auch für **Zivildienstleistende** gilt das BPersVG grundsätzlich nicht. Ihre Beteiligung regelt das Gesetz über den Vertrauensmann der Zivildienstleistenden (**Zivildienstvertrauensmann-Gesetz** – ZDVG). Die Anwendung des ZDVG ist jedoch seit dem 1.1.12 bis auf Weiteres gegenstandslos geworden, weil mit dem Gesetz zur Einführung eines Bundesfreiwilligendienstes 12

v. 28.4.11[3] die Verpflichtung zur Ableistung des Zivildienstes zum 1.7.11 ausgesetzt worden ist und bereits einberufene Zivildienstleistende gem. § 83 ZDG spätestens zum 31.12.11 zu entlassen waren.

13 Für die auf dem Gebiet der Bundesrepublik Deutschland liegenden Verwaltungen und Betriebe **ausländischer Staaten** sowie **internationaler Organisationen** und ihre Beschäftigten gilt das BPersVG schon deshalb nicht, weil diese Einrichtungen nicht zum deutschen öffentlichen Dienst gehören. Wenn sie – anders als die diplomatischen Vertretungen – nicht den Schutz der Exterritorialität genießen und wenn keine abweichenden Regelungen getroffen sind, unterfallen sie dem Betriebsverfassungsgesetz (BetrVG). Für die Beschäftigten der Verwaltungen und Betriebe der **Europäischen Union** gilt EU-Recht.

14 Auf die **zivilen Arbeitskräfte** bei den **ausländischen Streitkräften der NATO-Staaten** im Bundesgebiet ist nach Art. 56 Abs. 9 des Zusatzabkommens zum NATO-Truppenstatut und dem auf diesen Artikel Bezug nehmenden Abschnitt des Unterzeichnungsprotokolls grundsätzlich das – allerdings modifizierte – BPersVG anzuwenden (näher dazu Anh. VI).

15 Für die **Abgrenzung** der Anwendungsbereiche **des BetrVG und des PersVR** nach den §§ 1 und 130 BetrVG sowie nach § 1 und § 95 Abs. 1 Hs. 1 BPersVG kommt es ausschließlich auf die Rechtsform der Einrichtung, nicht aber auf ihre Funktion an.[4] Ist der Träger der Verwaltung oder des Betriebs eine **juristische Person des öffentlichen Rechts**, findet somit das PersVR Anwendung (entweder das BPersVG oder das betreffende LPersVG). Die sog. **Eigenbetriebe** und **Regiebetriebe** unterliegen daher dem PersVR. Ist dagegen der Träger eine **natürliche oder juristische Person des Privatrechts** (z.B. eine AG oder GmbH) oder eine **Personengesellschaft** (z.B. eine GbR, OHG oder KG), gilt das BetrVG. Sind an einem **gemeinschaftlichen Betrieb** sowohl eine juristische Person des Privatrechts als auch eine solche des öffentlichen Rechts beteiligt, findet das BetrVG Anwendung, wenn sich die Betriebsführung mangels entgegenstehender Anhaltspunkte auf der Grundlage einer privatrechtlichen Vereinbarung in der Rechtsform einer BGB-Gesellschaft vollzieht.[5]

16 Die **Religionsgemeinschaften** und ihre karitativen und erzieherischen Einrichtungen sind unabhängig von ihrer Rechtsform nach § 118 Abs. 2 BetrVG und § 112 BPersVG sowohl aus dem Geltungsbereich des BetrVG als auch aus dem des PersVR ausgeklammert.

17 Geht eine Verwaltung oder Betriebsverwaltung aus der Trägerschaft einer juristischen Person des öffentlichen Rechts (des Bundes, eines Landes, einer

3 BGBl. I S. 687.

4 *BVerwG* v. 9. 12. 80 – 6 P 23.79 –, PersV 81, 506.

5 *BAG* v. 24.1.96 – 7 ABR 10/95 –, PersR 97, 26; *BVerwG* v. 13.6.01 – 6 P 8.00 –, PersR 01, 418.

Gemeinde, eines Gemeindeverbandes oder einer sonstigen Körperschaft, Anstalt oder Stiftung des öffentlichen Rechts) in die Trägerschaft einer natürlichen oder juristischen Person des Privatrechts oder einer Personengesellschaft über, so verlässt sie mit dieser **Privatisierung** ohne Weiteres den durch die §§ 1 und 95 BPersVG abgegrenzten Geltungsbereich des PersVR und tritt als Betrieb in den durch die §§ 1 und 130 BetrVG bestimmten Geltungsbereich des BetrVG ein. Während das nach den Vorschriften des PersVR auszuübende Amt des PR mit dem Vollzug der Privatisierung automatisch erlischt, muss die Wahl des Betriebsrats erst noch eingeleitet und durchgeführt werden. Damit die Interessen der Arbeitnehmer auch in der Zeit bis zur Konstituierung des Betriebsrats wirksam vertreten werden können, steht dem bisherigen PR ein nach den Vorschriften des BetrVG wahrzunehmendes **Übergangsmandat** zu. Für bestimmte Fälle der Privatisierung hat der Gesetzgeber dies ausdrücklich geregelt, so z. B. in § 7 BwKoopG (vgl. dazu Anh. V C). Solche **spezialgesetzlichen Vorschriften** entsprechen dem durch das BetrVerf-Reformgesetz v. 23. 7. 01[6] geschaffenen § 21a BetrVG, der ein **allgemein gültiges Übergangsmandat für den Betriebsrat** vorsieht. Bereits vor dieser Ergänzung des BetrVG ließ sich aus den bis dahin getroffenen einzelgesetzlichen Regelungen aufgrund einer **Gesamtanalogie** ableiten, dass der PR generell in Fällen der Privatisierung kraft eines Übergangsmandats vorübergehend die Aufgaben des Betriebsrats wahrnimmt.[7] Nach dem Inkrafttreten des § 21a BetrVG ist es auch aufgrund des **Gleichheitssatzes** geboten, ein allgemein gültiges Übergangsmandat des PR bei Privatisierungen anzuerkennen, weil sonst eine Schutzlücke für die betroffenen Beschäftigten einträte, die sachlich nicht gerechtfertigt wäre.[8]

Das BPersVG stellt in § 1 den **allgemeinen Grundsatz** auf, dass in allen zu **18**
seinem Anwendungsbereich gehörenden Verwaltungen und Gerichten **Personalvertretungen gebildet** werden. Dieser Grundsatz wird in den Vorschriften, die für die verschiedenen Arten von Personalvertretungen jeweils gelten, konkretisiert. Ihre Legitimation erhalten die Personalvertretungen dadurch, dass sie von den Beschäftigten (periodisch wiederkehrend) gewählt werden. Die Vorschriften zur Bildung von Personalvertretungen sind **zwingend**. Das Gesetz sieht jedoch keine Sanktion vor, falls mangels hinreichender Bereitschaft der wahlberechtigten und wählbaren Beschäftigten eine vorgesehene Personalvertretung nicht gebildet wird. Dies hat für die betrof-

---

6 BGBl. I S. 1852.

7 Str.; offengelassen in *BAG* v. 25.5.00 – 8 AZR 416/99 – u. v. 31.5.00 – 7 ABR 78/98 –, PersR 01, 92 u. 131, sowie nicht ausgeschlossen in *BAG* v. 27.1.11 – 2 AZR 825/09 –, NZA 11, 798 [zu III 2b cc]; a. A. *LAG Köln* v. 11.2.00 – 4 TaBV 2/00 – u. v. 10.3.00 – 13 TaBV 9/00 –, PersR 00, 378 u. 380.

8 Näher zu dem nach den Vorschriften des BetrVG auszuübenden generellen Übergangsmandat des PR: KfdP-*Altvater*, Rn. 9e–9g.

fenen Beschäftigten allerdings erhebliche **Nachteile** bei der Wahrung und Durchsetzung ihrer Interessen zur Folge.

18a Der in § 1 verwendete Begriff der **Personalvertretungen** umfasst als Oberbegriff folgende **Arten** von Vertretungen:

- In allen Dienststellen i. S. d. § 6, die i. d. R. mindestens fünf Wahlberechtigte beschäftigen, von denen drei wählbar sind, werden nach § 12 Abs. 1 (örtliche) **Personalräte** (PR) gebildet. Das Nähere regeln die §§ 12 bis 47. In den Fällen des § 6 Abs. 3, in denen Nebenstellen oder Teile einer Dienststelle als selbständige Dienststellen gelten, wird neben den einzelnen PR ein **Gesamtpersonalrat** (GPR) gebildet (§§ 55, 56). Für den Geschäftsbereich mehrstufiger Verwaltungen werden **Stufenvertretungen**, und zwar bei den Behörden der Mittelstufe **Bezirkspersonalräte** (BPR), bei den obersten Dienstbehörden **Hauptpersonalräte** (HPR) gebildet (§§ 53, 54).
- In Dienststellen, bei denen PR gebildet sind und denen i. d. R. mindestens fünf wahlberechtigte Beschäftigte angehören, die das 18. Lebensjahr noch nicht vollendet haben oder die sich in einer beruflichen Ausbildung befinden und das 25. Lebensjahr noch nicht vollendet haben, werden als Sondervertretungen **Jugend- und Auszubildendenvertretungen** (JAV) gebildet. Das Nähere regeln die §§ 57 bis 62. In den Fällen des § 6 Abs. 3 wird neben den einzelnen Jugend- und Auszubildendenvertretungen eine **Gesamt-Jugend- und Auszubildendenvertretung** (GJAV) gebildet (§ 64 Abs. 2). Für den Geschäftsbereich mehrstufiger Verwaltungen werden, soweit Stufenvertretungen bestehen, bei den Behörden der Mittelstufe **Bezirks-Jugend- und Auszubildendenvertretungen** (BJAV) und bei den obersten Dienstbehörden **Haupt-Jugend- und Auszubildendenvertretungen** (HJAV) gebildet (§ 64 Abs. 1).
- Als weitere Sondervertretungen werden nach § 65 eine **Vertretung der nichtständig Beschäftigten**, nach § 85 Abs. 2 in der Bundespolizei ein **Vertrauensmann der Polizeivollzugsbeamten** und nach § 91 Abs. 2 in Dienststellen des Bundes im Ausland ein **Vertrauensmann der Ortskräfte** gewählt.

19 Der PR ist innerhalb der Dienststelle **Repräsentant** der Gesamtheit der Beschäftigten. Er hat die Aufgabe, die Beteiligung der Beschäftigten an der Regelung des Dienstes und der Dienst- und Arbeitsverhältnisse zu verwirklichen und die Interessen der Beschäftigten zu vertreten, soweit sie von der Tätigkeit in der Dienststelle berührt werden.[9] In dieser Funktion steht er dem Leiter der Dienststelle gegenüber, der nach § 7 S. 1 als Repräsentant des Dienstherrn und öffentlichen Arbeitgebers »Gegenspieler« des PR ist (vgl. § 7 Rn. 1). Für die dienststellenübergreifenden Personalvertretungen GPR,

9 Vgl. *BVerfG* v. 26. 5. 70 – 2 BvR 311/67 –, AP GG Art. 9 Nr. 18.

BPR und HPR gilt dies innerhalb ihres jeweiligen Zuständigkeitsbereichs entsprechend.

Die Personalvertretungen PR, GPR, BPR und HPR besitzen nach h. M. ebenso wie der Betriebsrat **keine eigene Rechtspersönlichkeit** und sind grundsätzlich nicht rechtsfähig und nicht vermögensfähig. Im Rahmen ihrer gesetzlich zugewiesenen Aufgaben können und sollen sie jedoch als Repräsentativorgane der Beschäftigten gegenüber den jeweiligen Repräsentanten des Dienstherrn und Arbeitgebers wirksame Erklärungen abgeben und mit ihnen Vereinbarungen – z. B. Dienstvereinbarungen nach § 73 – schließen. Insoweit stehen den Personalvertretungen materielle Rechte zu, die sie im eigenen Namen geltend machen und nach Maßgabe der §§ 83 und 84 i. V. m. den Vorschriften des ArbGG im personalvertretungsrechtlichen Beschlussverfahren vor den Verwaltungsgerichten durchsetzen können. Auch wenn das PersVR der Personalvertretung keine generelle Rechts- und Vermögensfähigkeit verleiht, ist sie insoweit als **teilrechtsfähig** und **partiell vermögensfähig** anzusehen (zur Befugnis des PR zum Abschluss von Geschäftsbesorgungsverträgen mit Rechtsanwälten vgl. § 44 Rn. 9).[10] Soweit den Personalvertretungen materielle und prozessuale Rechte übertragen sind, sind sie auch **Träger von Grundrechten** und grundrechtsgleichen Rechten.[11] 19a

Die Personalvertretung steht dem Dienststellenleiter bei der Ausübung ihrer Funktion als **gleichberechtigter Partner** gegenüber (vgl. § 2 Rn. 4).[12] Sie bestimmt selbständig und **eigenverantwortlich** – d. h. ohne den Weisungen oder der Rechtsaufsicht des Dienststellenleiters zu unterliegen – darüber, wie sie ihre Geschäfte führt und die ihr obliegenden Aufgaben und Befugnisse wahrnimmt.[13] Die **Unabhängigkeit** und Funktionsfähigkeit der Personalvertretung als Institution soll ebenso wie die ihrer Mitglieder durch verschiedene **Schutzvorschriften** gewährleistet werden: v. a. durch die Verbote der Behinderung, Benachteiligung und Begünstigung (§ 8), die diese Verbote konkretisierenden Spezialvorschriften (vgl. § 8 Rn. 1) und die Bestimmungen über die Rechtsstellung der PR-Mitglieder (§§ 46 u. 47). 19b

Die gesetzlichen Regelungen über die Bildung der Personalvertretungen beruhen auf dem **Sozialstaatsprinzip** (Art. 20 Abs. 3 GG) und auf den **Grundrechtsverbürgungen** des Grundgesetzes in dessen Art. 1 (Schutz der Menschenwürde), Art. 2 Abs. 1 (Recht auf die freie Entfaltung der Persönlichkeit), Art. 5 Abs. 1 (Recht der freien Meinungsäußerung) und Art. 12 Abs. 1 20

---

10 Näher dazu *BVerwG* v. 9. 3. 92 – 6 P 11.90 –, PersR 92, 243; *BAG* v. 20. 10. 99 – 7 ABR 25/98 – u. 24. 10. 01 – 7 ABR 20/00 –, AP BetrVG 1972 § 40 Nr. 67 u. 71; KfdP-*Kröll*, vor § 32 Rn. 3 ff. m. w. N.

11 Str.; näher dazu KfdP-*Altvater*, Rn. 13b, 15 ff.

12 *BVerwG* v. 12. 3. 86 – 6 P 5.85 –, PersR 86, 116.

13 *BVerwG* v. 24. 11. 86 – 6 P 3.85 –, PersR 87, 84.

(Recht der Berufsfreiheit).[14] Die Personalvertretung dient der Verwirklichung der Grundrechte der Beschäftigten (zu den verfassungsrechtlichen **Grundlagen und Grenzen der Mitbestimmung** vgl. vor § 66 Rn. 8 ff.).

§ 2 [Grundsätze der Zusammenarbeit – Zugangsrecht der Gewerkschaften]

(1) Dienststelle und Personalvertretung arbeiten unter Beachtung der Gesetze und Tarifverträge vertrauensvoll und im Zusammenwirken mit den in der Dienststelle vertretenen Gewerkschaften und Arbeitgebervereinigungen zum Wohle der Beschäftigten und zur Erfüllung der der Dienststelle obliegenden Aufgaben zusammen.
(2) Zur Wahrnehmung der in diesem Gesetz genannten Aufgaben und Befugnisse der in der Dienststelle vertretenen Gewerkschaften ist deren Beauftragten nach Unterrichtung des Dienststellenleiters oder seines Vertreters Zugang zu der Dienststelle zu gewähren, soweit dem nicht unumgängliche Notwendigkeiten des Dienstablaufs, zwingende Sicherheitsvorschriften oder der Schutz von Dienstgeheimnissen entgegenstehen.
(3) Die Aufgaben der Gewerkschaften und der Vereinigungen der Arbeitgeber, insbesondere die Wahrnehmung der Interessen ihrer Mitglieder, werden durch dieses Gesetz nicht berührt.

1 **(Abs. 1)** Der in Abs. 1 normierte **Grundsatz der vertrauensvollen Zusammenarbeit** zwischen Dienststelle und Personalvertretung ist keine Beschreibung der sozialen Wirklichkeit, sondern ein Gebot des Gesetzgebers. Es handelt sich um **unmittelbar geltendes und zwingendes Recht**.[15]

2 Das **Gebot** der vertrauensvollen Zusammenarbeit richtet sich sowohl an den **Dienststellenleiter**, der als Repräsentant des Dienstherrn und öffentlichen Arbeitgebers für die Dienststelle handelt (vgl. § 7 Rn. 1), als auch an die **Personalvertretung**, die Repräsentantin der Beschäftigten der Dienststelle ist (vgl. § 1 Rn. 19). Es ändert nichts an den **unterschiedlichen Funktionen** beider Adressaten, also nichts daran, dass der Dienststellenleiter die Verantwortung für die Erfüllung der Aufgaben der Dienststelle trägt, während die Personalvertretung das gesetzlich vorgesehene Organ zur Interessenvertretung der Beschäftigten der Dienststelle ist. Aus diesen unterschiedlichen Funktionen ergeben sich jeweils **spezifische Interessen**, deren Verfolgung zu Konflikten führen kann. Für das Austragen dieser Konflikte der beiden **»Gegenspieler«**[16] schreibt das Gesetz einen **institutionellen Weg** vor. Dieser be-

---

14 *BVerfG* v. 26. 5. 70, a. a. O., u. v. 18. 12. 85 – 1 BvR 143/83 –, AP BetrVG 1972 § 87 Arbeitszeit Nr. 15.

15 *BVerwG* v. 24. 10. 69 – VII P 14.68 –, PersV 70, 131.

16 *BVerwG* v. 21. 10. 93 – 6 P 18.91 –, PersR 94, 165.

steht in einem ständigen **Dialog** zwischen der Personalvertretung und dem Dienststellenleiter und in der Beteiligung der Personalvertretung an Entscheidungen in innerdienstlichen, sozialen und personellen Angelegenheiten der Beschäftigten einschl. der Möglichkeit, in den Fällen der Mitbestimmung eine unabhängige Einigungsstelle zur Schlichtung anzurufen. Das Gebot der vertrauensvollen Zusammenarbeit ist ein Ausdruck der dem Gesetz zugrunde liegenden Konzeption einer **Konfliktlösung durch Kooperation.**

Ziele der Zusammenarbeit sind zum einen das Wohl der Beschäftigten und 3
zum anderen die Erfüllung der der Dienststelle obliegenden Aufgaben. Das **Wohl der Beschäftigten** besteht in der Wahrung ihrer sozialen Interessen. Die **Aufgaben der Dienststelle** sind durch deren Bindung an Gesetz und Recht vorgegeben. Ihre Erfüllung liegt im Interesse des Gemeinwohls. Beide Ziele sind **gleichrangig.**[17] Beiden Seiten ist vorgegeben, bei der Wahrnehmung der von ihnen jeweils zu verfolgenden Interessen die **Interessenlage der anderen Seite** nicht auszublenden. Dies schließt allerdings nicht die Austragung der sich aus den widerstreitenden Interessen ergebenden Meinungsverschiedenheiten zwischen der Personalvertretung und der Dienststelle aus. Meinungsverschiedenheiten können innerhalb der Dienststelle auch öffentlich mit »harten Bandagen« geführt werden, wenn dies in angemessener Form geschieht.[18] Eine prononcierte und nachdrückliche Interessenvertretung gegenüber dem Dienststellenleiter ist auch dann nicht zu beanstanden, wenn das sich äußernde PR-Mitglied Beamter ist und sich dabei einer Sprachweise bedient, die sonst im Umgang zwischen Vorgesetzten und Untergebenen nicht üblich ist.[19]

Das Gebot der vertrauensvollen Zusammenarbeit ist ein **allgemeines Ver-** 4
haltensgebot.[20] Es soll sicherstellen, dass jede Seite es der anderen ermöglicht, die ihr obliegenden Aufgaben zu erfüllen, und dass Meinungsverschiedenheiten in den vom Gesetz vorgesehenen Formen ausgetragen werden.[21] Es verpflichtet zu Verhaltensweisen, die geeignet sind, Vertrauen beim jeweils anderen zu bilden. Zu diesen Verhaltenspflichten gehört das Gebot einer **fairen Verfahrensweise** und das Verbot jeglicher Schikane sowie die in § 66 Abs. 1 S. 3 konkretisierte jederzeitige **Gesprächsbereitschaft** (vgl. § 66

17 Vgl. *BVerwG* v. 25.6.84 – 6 P 2.83 –, PersV 84, 500.

18 *VG Ansbach* v. 23.3.10 – AN 8 P10.00128 –, ZfPR 10, 106.

19 *BVerwG* v. 19.9.84 – 1 D 38.84 –, PersV 85, 112; vgl. dazu *Sabottig/Ratz*, PersR 85, 69; *Dobler*, PersR 12, 243, 246.

20 *BVerwG* v. 9.3.90 – 6 P 15.88 –, PersR 90, 177, u. v. 12.11.02 – 6 P 2.02 –, PersR 03, 152.

21 *BVerwG* v. 26.2.60 – VII P 4.59 –, PersV 60, 152, v. 23.5.1986 – 6 P 23.83 –, PersR 86, 233, u. v. 12.11.02, a.a.O.

Rn. 8). Dabei stehen sich Dienststellenleiter und Personalvertretung als grundsätzlich **gleichberechtigte Partner** gegenüber.[22]

5 Das Gebot der vertrauensvollen Zusammenarbeit verpflichtet zu gegenseitiger **Rücksichtnahme** und zu **rechtmäßigem Verhalten.** Dazu gehört die Bereitschaft, gesetzliche Verpflichtungen einzuhalten und rechtliche Grenzen zu akzeptieren. So hat der Dienststellenleiter z. B. alles in seiner Macht Stehende zu tun, um sicherzustellen, dass die Personalvertretung ihre Beteiligungsrechte wahrnehmen kann,[23] und alles zu unterlassen, was der Ausübung dieser Rechte entgegensteht.[24] Das Gebot bindet den **Dienststellenleiter** und die **Personalvertretung** hinsichtlich der Art und Weise ihres gesamten **personalvertretungsrechtlichen Tätigwerdens.** Es beinhaltet auch eine **Auslegungsregel** für die im BPersVG konkret normierten Rechte und Pflichten von Dienststelle und Personalvertretung.[25] Dem kommt besondere Bedeutung dort zu, wo das Gesetz Spielräume für die Ausformung der Aufgaben und Befugnisse der Personalvertretung und der damit korrespondierenden Verpflichtungen der Dienststelle bietet, v. a. im Anwendungsbereich der in den §§ 66 bis 68 enthaltenen allgemeinen Vorschriften über die Beteiligung des PR. Hervorzuheben sind etwa die Pflicht zur Durchführung monatlicher Besprechungen (§ 66 Abs. 1 S. 1), die Pflicht zur Erörterung von der Mitwirkung unterliegenden Maßnahmen mit dem PR mit dem Ziel einer Verständigung (§ 72 Abs. 1), die Pflicht zur rechtzeitigen und umfassenden Unterrichtung des Personalvertretung (§ 68 Abs. 2) sowie das Verbot der Beeinträchtigung der Arbeit und des Friedens der Dienststelle und der Durchführung von Arbeitskämpfen gegeneinander (§ 66 Abs. 2). Das Gebot der vertrauensvollen Zusammenarbeit bindet **ausschließlich** den Dienststellenleiter und die Personalvertretung und deren Mitglieder bei der **Ausübung ihrer personalvertretungsrechtlichen Tätigkeit**[26] (und entfaltet z. B. keine Wirkung im Verhältnis der Beschäftigten untereinander oder zwischen Dienstvorgesetzten und Beschäftigten).[27]

6 Abs. 1 schreibt Zusammenarbeit »**unter Beachtung der Gesetze und Tarifverträge**« vor. Gesetze i. S. d. Abs. 1 sind alle **Gesetze im materiellen Sinne**. Dazu gehören das Grundgesetz, grundsätzlich alle Gesetze im formellen Sinne (entgegen der h. M. mit Ausnahme der Haushaltsgesetze[28]), die Rechtsverordnungen, die öffentlich-rechtlichen Satzungen (z. B. die Dienst-

22 *BVerwG* v. 12. 3. 86 – 6 P 5.85 –, PersR 86, 116.
23 *BVerwG* v. 15. 11. 95 – 6 P 2.94 –, PersR 96, 278.
24 Insoweit str.; vgl. KfdP-*Berg*, Rn. 8.
25 *BVerwG* v. 9. 3. 90 – 6 P 15.88 –, PersR 90, 177.
26 *SächsOVG* v. 2. 7. 15 – 9 A 346/14.PL –, juris; so nachgehend auch *BVerwG* v. 25. 5. 2016 – 5 PB 22.15 –, juris.
27 Vgl. KfdP-*Berg*, Rn. 12f.
28 Vgl. KfdP-*Berg*, Rn. 15.

ordnungen von Sozialversicherungsträgern), das Verwaltungsgewohnheitsrecht, das arbeitsrechtliche Gewohnheitsrecht, das unmittelbar anzuwendende Recht der EU sowie allgemeinverbindliche Entscheidungen des Bundesverfassungsgerichts, die Gesetzeskraft haben. **Tarifverträge** sind privatrechtliche Verträge zwischen Gewerkschaften einerseits und einzelnen Arbeitgebern oder Vereinigungen von Arbeitgebern andererseits, die in ihrem normativen Teil Rechtsnormen enthalten, die den Inhalt, den Abschluss und die Beendigung von Arbeitsverhältnissen sowie betriebliche und betriebsverfassungsrechtliche Fragen ordnen können. Das Gebot zur Beachtung der Tarifverträge trägt der **verfassungsrechtlichen Garantie der Tarifautonomie** (Art. 9 Abs. 3 GG) Rechnung und wird insb. auch durch den Tarifvorbehalt gem. § 75 Abs. 3 Eingangssatz, § 76 Abs. 2 Eingangssatz konkretisiert. Für die Frage, welche Tarifverträge in diesem Zusammenhang maßgeblich sind, kann im Falle des Abschlusses von Tarifverträgen mit sich überschneidenden Geltungsbereichen durch **konkurrierende Gewerkschaften** in Zukunft das am 10.7.2015 in Kraft getretenen **Tarifeinheitsgesetz**[29] Bedeutung erlangen. Nach der Neuregelung des § 4a Abs. 2 TVG soll die Tarifeinheit im Betrieb dadurch herbeigeführt werden, dass beim Auftreten einer Tarifkollision i. S. d. § 4a Abs. 2 S. 2 TVG nur die **Rechtsnormen** des **Mehrheitstarifvertrages** anwendbar sind. Eine Tarifkollision liegt vor, wenn sich die Geltungsbereiche nicht inhaltsgleicher Tarifverträge verschiedener Gewerkschaften überschneiden (§ 4a Abs. 2 S. 2 TVG). In diesem Fall sind im Betrieb nur die **Rechtsnormen** des **Tarifvertrages derjenigen Gewerkschaft** anwendbar, die zum Zeitpunkt des Abschlusses des zuletzt abgeschlossenen Tarifvertrages **im Betrieb** die **meisten Mitglieder** hat (§ 4a **Abs. 2 S. 2 TVG**).[30] Wegen des mit dieser Neuregelung verbundenen **Eingriffs in die Koalitionsfreiheit** (Art. 9 Abs. 3 GG) der Gewerkschaften und erheblicher Zweifel hinsichtlich der Zielerreichung und Praktikabilität der Vorschrift[31] haben mehrere Gewerkschaften **Verfassungsbeschwerden** beim *BVerfG* anhängig gemacht.[32] Der von drei der Beschwerdeführer gestellte Antrag auf **Erlass einer einstweiligen Anordnung** zur **Aussetzung des Vollzugs des Tarifeinheitsgesetzes** blieb erfolglos.[33] Das *BVerfG* brachte in seinem Beschluss allerdings zum Ausdruck, dass eine Verletzung der durch Art. 9 Abs. 3 GG geschützten Koalitionsfreiheit durch das Tarifeinheitsgesetz nicht auszu-

29 BGBl. I S. 1130.
30 Vgl. zu den Einzelheiten KfdP-*Berg*, Rn. 17bff.
31 Näher *Berg*, PersR 10/15, 43.
32 Handelsblatt v. 10.7.15 (u. a. *BVerfG* 1 BvR 1571/15, 1582/15, 1588/15).
33 *BVerfG* v. 6. 10. 15 – 1 BvR 1571/15, 1 BvR 1582/15, 1 BvR 1588/15 –, NZA 15, 1271; s. auch *BVerfG* v. 16.6.16 – 1 BvR 1707/15 –, juris; v. 16.6.16 – 1 BvR 2257/15, NZA 16, 893.

schließen und der Ausgang des Hauptsacheverfahrens offen sei und stellte eine zeitnahe Entscheidung in Aussicht.

7 Abs. 1 sieht vor, dass die Zusammenarbeit von Dienststelle und Personalvertretung im **Zusammenwirken mit** den in der Dienststelle vertretenen **Gewerkschaften und Arbeitgebervereinigungen** erfolgt. Für die Definition dieser Organisationen gelten grundsätzlich die für das Arbeitsrecht maßgeblichen Begriffsbestimmungen. Eine **Gewerkschaft** im arbeitsrechtlichen Sinne ist nach st. Rspr. des *BAG*,[34] der das *BVerwG*[35] für das PersVR gefolgt ist, eine Arbeitnehmervereinigung, die tariffähig ist. Sie muss sich als satzungsgemäße Aufgabe die Wahrnehmung der Interessen ihrer Mitglieder in deren Eigenschaft als Arbeitnehmer gesetzt haben und willens sein, Tarifverträge abzuschließen. Sie muss frei gebildet, gegnerfrei, unabhängig und auf überbetrieblicher Grundlage organisiert sein und das geltende Tarifrecht als verbindlich anerkennen. Damit sie ihre Aufgabe als Tarifpartnerin sinnvoll erfüllen kann, muss sie Durchsetzungskraft gegenüber dem sozialen Gegenspieler haben und über eine leistungsfähige Organisation verfügen, aber auch[36] die Bereitschaft und Fähigkeit zum Arbeitskampf besitzen. Besonderheiten gelten jedoch für die **Vereinigungen der Beamten.** Da es nach h. M. bisher nicht zulässig war, die Arbeits- und Wirtschaftsbedingungen der Beamten durch Tarifverträge zu gestalten und von einem statusbezogenen Streikverbot für Beamte ausgegangen wurde,[37] sieht die Rspr. auch solche Vereinigungen, die sich ausschließlich aus Beamten zusammensetzen und die weder tariffähig noch streikbereit sind, als Gewerkschaften i. S. d. PersVR an, vorausgesetzt, dass ihr Zweck darauf gerichtet ist, gegenüber dem Dienstherrn die Interessen ihrer Mitglieder bei der Gestaltung der beamtenrechtlichen Beziehungen zu vertreten und sich für deren wirtschaftliche Belange einzusetzen, und dass sie die für ernsthafte Verhandlungen erforderliche Durchsetzungskraft besitzen.[38] **Arbeitgebervereinigungen** sind freiwillige Zusammenschlüsse von einzelnen Arbeitgebern, deren Aufgabe darin besteht, die Arbeits- und Wirtschaftsbedingungen ihrer Mitglieder gegenüber den Gewerkschaften insb. durch die Aushandlung von Tarifverträgen zu fördern. Der Bund gehört keiner Arbeitgebervereinigung an.

---

34 Vgl. Beschl. v. 14.12.04 – 1 ABR 51/03 – u. v. 28.3.06 – 1 ABR 58/04 –, AP TVG § 2 Tariffähigkeit Nr. 1 u. 4, v. 5. 10. 10 – 1 ABR 88/09 –, NZA 11, 300, u. v. 14.12.10 – 1 ABR 19/10 –, NZA 11, 289.

35 Beschl. v. 25.7.06 – 6 P 17.05 –, PersR 06, 512.

36 Entgegen der Rspr. des *BAG* (vgl. Beschl. v. 9.7.68 – 1 ABR 2/67 –, AP TVG § 2 Nr. 25); vgl. KfdP-*Berg*, Rn. 22.

37 Neuerdings unter Bezugnahme auf Art. 11 Abs. 2 S. 2 EMRK relativiert durch *BVerwG* v. 27.2.14 – 2 C 1.13 –, PersR 14, 269, u. v. 26.2.15 – 2 B 6.15 –, PersR 11/15, 46 m. Anm. *Schwarz*; zu den Einzelheiten s. auch *Schwarz*, PersR 7–8/14, 49, u. KfdP-*Berg*, Rn. 23.

38 *BVerwG* v. 23. 11. 62 – VII P 4.62 –, PersV 63, 159, u. v. 25.7.06, a. a. O.

Abs. 1 sieht ein Zusammenwirken mit den »**in der Dienststelle vertretenen**« Gewerkschaften und Arbeitgebervereinigungen vor. Bei Letzteren ist diese Voraussetzung erfüllt, wenn der Rechtsträger der Dienststelle als öffentlicher Arbeitgeber Mitglied der Vereinigung ist. Bei Gewerkschaften ist entscheidend, dass ihnen mindestens ein Mitglied angehört, das i. S. d. § 4 Beschäftigter der Dienststelle ist[39] und nach der Satzung der Gewerkschaft von dieser nicht offensichtlich zu Unrecht als Mitglied aufgenommen wurde, wobei es bei einer Gewerkschaft i. S. d. Arbeitsrechts nicht darauf ankommt, ob diese für die Dienststelle tarifzuständig ist.[40] **8**

Das Zusammenwirken von Dienststelle und Personalvertretung mit den Koalitionen (Gewerkschaften und Arbeitgebervereinigungen) erfolgt i. d. R. durch **getrennte Kontakte** des Dienststellenleiters mit der Arbeitgebervereinigung sowie der Personalvertretung mit den Gewerkschaften. Es bezieht sich nicht nur auf die Fälle des § 36, des § 39 Abs. 1 S. 2 und des § 52 Abs. 1 S. 1 und 2, in denen das BPersVG dies ausdrücklich vorsieht, sondern erstreckt sich auf den **gesamten Zuständigkeitsbereich der Personalvertretung**. Diese kann sich damit einer umfassenden **Unterstützungsfunktion der Gewerkschaften** bedienen.[41] **9**

(**Abs. 2**) In Abs. 2 ist ausdrücklich festgelegt, dass die **Gewerkschaften** (vgl. Rn. 7), die in der Dienststelle vertreten sind (vgl. Rn. 8), zur Wahrnehmung ihrer im BPersVG genannten Aufgaben und Befugnisse ein **Zugangsrecht zur Dienststelle** haben. Da das BPersVG keine erschöpfende Aufzählung dieser Aufgaben und Befugnisse enthält (vgl. Rn. 9), ist ein Zugangsrecht auch in jenen, im Gesetz nicht aufgeführten Fällen gegeben, die in einem »inneren Zusammenhang« mit dem BPersVG stehen und an deren Lösung die in der Dienststelle vertretenen Gewerkschaften ein berechtigtes Interesse haben.[42] **10**

Das Zugangsrecht wird von **Beauftragten** ausgeübt, deren **Auswahl** allein Sache der entsendenden Gewerkschaft ist.[43] Beabsichtigt die Gewerkschaft, einen Beauftragten zu entsenden, hat sie den Dienststellenleiter oder dessen Vertreter (i. S. v. § 7 S. 2 bis 4) vor dem Besuch zu **unterrichten**, wenn nicht der Dienststellenleiter darauf verzichtet hat. Das Zugangsrecht besteht nicht, soweit dem einer der in Abs. 2 abschließend aufgezählten **Gründe entgegensteht**. Diese sind wegen ihres Ausnahmecharakters eng auszulegen und ha- **11**

---

39 *BVerwG* v. 11. 2. 81 – 6 P 20.80 –, PersV 82, 112.

40 *BAG* v. 10. 11. 04 – 7 ABR 19/04 –, AP BetrVG 1972 § 17 Nr. 7, u. v. 13. 3. 07 – 1 ABR 24/06 –, AP TVG § 2 Tarifzuständigkeit Nr. 21.

41 Das *BVerwG* (Beschl. v. 25. 7. 06 – 6 P 17.05 – u. v. 16. 12. 10 – 6 PB 18.10 –, PersR 06, 512, u. 11, 120) hat jedoch ein allgemeines Kontrollrecht der Gewerkschaften auf Einhaltung der Bestimmungen des PersVR verneint.

42 Vgl. *BAG* v. 26. 6. 73 – 1 ABR 24/72 –, AP BetrVG 1972 § 2 Nr. 2, u. v. 17. 1. 89 – 1 AZR 805/87 –, PersR 89, 138; str., vgl. KfdP-*Berg*, Rn. 37 m. w. N.

43 *BVerwG* v. 14. 6. 68 – VII P 21.66 –, PersV 68, 276.

ben kaum praktische Bedeutung. Soweit das BPersVG den Gewerkschaften in § 36 und § 52 Abs. 1 (sowie in darauf verweisenden Vorschriften) **Teilnahmerechte** an Sitzungen der Personalvertretungen und an Personalversammlungen einräumt, handelt es sich um **Sonderregelungen**, aus denen sich unmittelbar auch ein Recht der zu diesen Sitzungen oder Versammlungen entsandten Gewerkschaftsbeauftragten auf ungehinderten Zutritt zur Dienststelle ergibt, für das die in Abs. 2 enthaltenen Einschränkungen nicht gelten.

12 **(Abs. 3)** Nach Abs. 3 werden die **koalitionspolitischen Aufgaben** der Gewerkschaften und Arbeitgebervereinigungen durch das BPersVG nicht berührt. Das gilt nach dem Gesetzeswortlaut insb. für die Wahrnehmung der Interessen der Mitglieder der Koalitionen. Die Vorschrift hat klarstellenden Charakter und ist v. a. für die Gewerkschaften von Bedeutung. Sie wird u. a. durch § 66 Abs. 2 S. 3 ergänzt, wonach Arbeitskämpfe tariffähiger Parteien durch das an Dienststelle und Personalvertretung gerichtete Arbeitskampfverbot nicht berührt werden (vgl. § 66 Rn. 13). Der Schutz umfasst nach der Rspr. des *BVerfG* **alle koalitionsspezifischen Verhaltensweisen.**[44] Dazu gehören v. a. das Aushandeln und der Abschluss von Tarifverträgen und ggf. die darauf abzielende Führung von Arbeitskämpfen, die Überwachung der Einhaltung der Tarifverträge, die Information, Schulung und Beratung der Mitglieder und die Vertretung ihrer auf das Arbeitsverhältnis bezogenen Interessen gegenüber dem Arbeitgeber sowie ihre Prozessvertretung. Für die Beamten gilt das entsprechend mit den durch das geltende Beamtenrecht bedingten Abweichungen (vgl. Rn. 7). Besonders bedeutsame koalitionsspezifische Verhaltensweisen sind auch die Mitgliederwerbung in der Dienststelle[45] und die Tätigkeit der **gewerkschaftlichen Vertrauensleute**, die Beschäftigte der Dienststelle sind. Zur Wahrnehmung koalitionsspezifischer Aufgaben, insb. zur Information und Betreuung der Mitglieder und zur Durchführung von Maßnahmen der Mitgliederwerbung, haben nicht in der Dienststelle beschäftigte Gewerkschaftsbeauftragte ein allgemeines **koalitionsrechtliches Zugangsrecht** zur Dienststelle. Die dieses Recht einschränkende ältere Rspr. des *BVerfG*[46] und die daran anknüpfende Rspr. des *BAG*[47] sind durch die zwischenzeitlich geänderte Rspr. des *BVerfG*[48] überholt.[49] Eine tarifzuständige Gewerkschaft ist aufgrund ihrer verfassungsrechtlich

---

44 Beschl. v. 14. 11. 95 – 1 BvR 601/92 –, PersR 96, 131.

45 Vgl. *BVerfG* v. 14. 11. 95, a. a. O.

46 Beschl. v. 17. 2. 81 – 2 BvR 384/78 –, AP GG Art. 140 Nr. 9.

47 Beschl. v. 19. 1. 82 – 1 AZR 279/81 –, AP GG Art. 140 Nr. 10.

48 Beschl. v. 14. 11. 95, a. a. O.

49 Vgl. *BAG* v. 28. 2. 06 – 1 AZR 460/04 –, AP GG Art. 9 Nr. 127, u. (zur Häufigkeit des Zutritts) v. 22. 6. 10 – 1 AZR 179/09 –, NZA 10, 1365 (einmal im Kalenderhalbjahr); dazu krit. KfdP-*Berg*, Rn. 51.

geschützten Betätigungsfreiheit grundsätzlich berechtigt, **E-Mails zu Werbezwecken** auch ohne Einwilligung des Arbeitgebers und ohne Aufforderung durch die Arbeitnehmer an die betrieblichen E-Mail-Adressen der Beschäftigten zu versenden.[50]

§ 3 [Keine abweichende Regelung durch Tarifvertrag]

Durch Tarifvertrag kann das Personalvertretungsrecht nicht abweichend von diesem Gesetz geregelt werden.

Die Möglichkeiten zur tarifvertraglichen Regelung personalvertretungs- 1
rechtlicher Fragen sind durch § 3 nicht gänzlich ausgeschlossen, sondern nur **eingeschränkt.**[51] Verboten sind lediglich Tarifverträge, die vom BPersVG abweichen, nicht aber solche, die den gesetzlichen Rahmen nur ausfüllen.

Zulässig sind Tarifverträge, die die gesetzlichen Bestimmungen **konkreti-** 2
sieren, z. B. indem sie die allgemeine Aufgabe des PR zur Behandlung von Beschwerden nach § 68 Abs. 1 Nr. 3 ausgestalten (so durch die Einrichtung paritätischer betrieblicher Kommissionen nach **§ 17 Abs. 2 S. 4 bis 6 TVöD** oder **§ 14 Abs. 1 LeistungsTV-Bund**[52]) oder indem sie die Informationspflichten der Dienststelle nach § 68 Abs. 2 S. 1 und 2 präzisieren (etwa in Bezug auf die Aufteilung des für das Leistungsentgelt nach **§ 18 TVöD** zur Verfügung stehenden Entgeltvolumens gem. **§ 9 Abs. 4 LeistungsTV-Bund**). Nicht ausgeschlossen sind außerdem tarifvertragliche Bestimmungen, die neben einer Regelung für den Inhalt der **Einzelarbeitsverhältnisse** auch eine Beteiligung des PR vorsehen, vorausgesetzt, dass die Tarifvertragsparteien den materiellen Gehalt der betreffenden Regelung selbst vorgeben;[53] Beispiele dafür sind **§ 3 Abs. 4 S. 2 TVöD** (Bestimmung eines »beauftragten Arztes«) und **§ 10 Abs. 6 TVöD** (Einrichtung eines Langzeitkontos). Zulässig ist auch die Einbeziehung der Stufenzuordnung nach § 16 Abs. 2, Abs. 3 S. 1 bis 3 und Abs. 5 S. 2 TVöD-Bund in die Mitbestimmung bei Eingruppierung (§ 75 Abs. 1 Nr. 2 BPersVG).[54] Bei Privatisierungen sind lückenschließende tarifvertragliche Vereinbarungen zur Schaffung von **Übergangsmandaten** von Personalvertretungen möglich.[55]

---

50 *BAG* v. 20. 1. 09 – 1 AZR 515/08 –, AP GG Art. 9 Nr. 137; zu weiteren Einzelheiten s. KfdP-*Berg*, Rn. 51 a.
51 Anders aber die h. M.; vgl. dazu KfdP-*Berg*, Rn. 3ff.
52 *BVerwG* v. 27. 8. 08 – 6 P 3.08 –, PersR 08, 500.
53 *BAG* v. 10. 10. 06 – 1 AZR 822/05 –, PersR 07, 209.
54 *BVerwG* v. 7. 3. 11 – 6 P 15.10 –, PersR 11, 210 (zu II 2d cc).
55 Vgl. KfdP-*Altvater*, § 1 Rn. 9 g.

3 **Unzulässig** sind aber Tarifverträge, welche die gesetzlich festgelegte Organisation der Personalvertretung ändern oder die gesetzlich vorgesehenen Beteiligungsrechte des PR erweitern oder einschränken oder neue Beteiligungsrechte schaffen.[56]

§ 4 [Beschäftigte im öffentlichen Dienst]

(1) Beschäftigte im öffentlichen Dienst im Sinne dieses Gesetzes sind die Beamten und Arbeitnehmer einschließlich der zu ihrer Berufsausbildung Beschäftigten sowie Richter, die an eine der in § 1 genannten Verwaltungen oder zur Wahrnehmung einer nichtrichterlichen Tätigkeit an ein Gericht des Bundes abgeordnet sind.
(2) Wer Beamter ist, bestimmen die Beamtengesetze.
(3) [1]Arbeitnehmer im Sinne dieses Gesetzes sind Beschäftigte, die nach dem für die Dienststelle maßgebenden Tarifvertrag oder nach der Dienstordnung Arbeitnehmer sind oder die als übertarifliche Arbeitnehmer beschäftigt werden. [2]Als Arbeitnehmer gelten auch Beschäftigte, die sich in einer beruflichen Ausbildung befinden.
(4) (*aufgehoben*)
(5) Als Beschäftigte im Sinne dieses Gesetzes gelten nicht
1. **Personen, deren Beschäftigung überwiegend durch Beweggründe karitativer oder religiöser Art bestimmt ist,**
2. **Personen, die überwiegend zu ihrer Heilung, Wiedereingewöhnung, sittlichen Besserung oder Erziehung beschäftigt werden.**

1 Die Vorschrift definiert den Kreis der »Beschäftigten im öffentlichen Dienst« i. S. d. BPersVG und legt damit den **persönlichen Geltungsbereich** des Gesetzes fest. Sie wird ergänzt durch § 5, der die Gliederung der Beschäftigten in **Gruppen** vorsieht. Für die Anwendung verschiedener Vorschriften des BPersVG ist neben der **Beschäftigteneigenschaft** einer Person auch deren durch die Eingliederung in eine bestimmte Dienststelle begründete **Dienststellenzugehörigkeit** erforderlich. Das gilt insb. für die Wahlberechtigung zum PR (vgl. § 13 Rn. 2ff.)[57], für die Personalratsfähigkeit der Dienststelle und die Größe des PR (vgl. § 12 Rn. 2, § 16 Rn. 2) sowie für das Recht zur Teilnahme an der Personalversammlung (vgl. § 48 Rn. 2),[58] nicht aber für die Beteiligungsrechte des PR in Personalangelegenheiten, die auch dann zum

56 *BAG* v. 20. 3. 74 – 4 AZR 266/73 –, AP MTB II § 29 Nr. 2, v. 15. 7. 86 – 1 AZR 654/84 –, AP LPVG Bayern Art. 3 Nr. 1, u. v. 10. 10. 06, a. a. O.; ferner *BVerwG* v. 27. 8. 08, a. a. O. (keine »Definitionshoheit« der Tarifvertragsparteien über die Mitbestimmungstatbestände).

57 *BVerwG* v. 18. 1. 13 – 6 PB 17.12 –, PersR 13, 174.

58 *BVerwG* v. 20. 11. 12 – 6 PB 14.12 –, PersR 13, 88.

Zuge kommen, wenn von personellen Maßnahmen »ehemalige« Dienststellenangehörige betroffen sind, vorausgesetzt, dass die Bindungen zur Dienststelle fortbestehen und der Schutzzweck der Beteiligung das Tätigwerden des PR erfordert.[59]

Nachdem das BPersVG in seiner **ursprünglichen Fassung** zwischen **Beamten, Angestellten und Arbeitern** unterschieden hatte, hat der Bundesgesetzgeber in Art. 8 des Gesetzes v. 14.9.05[60] mit Wirkung zum 1.10.05 personalvertretungsrechtliche Konsequenzen daraus gezogen, dass die bisherige Unterscheidung zwischen Angestellten und Arbeitern mit dem **Tarifvertrag für den öffentlichen Dienst** (TVöD) v. 13.9.05 aufgegeben worden ist. Dabei hat er die für die Personalvertretungen im Bundesdienst geltenden Vorschriften des Ersten Teils so modifiziert, dass unter Beibehaltung der **Gruppe der Beamten** nunmehr alle tarifrechtlich Beschäftigten in der **Gruppe der Arbeitnehmer** zusammengefasst worden sind. In § 4 sind Abs. 1 und 3 geändert und Abs. 4 aufgehoben worden. 1a

(Abs. 1) Beschäftigte i.S.d. BPersVG sind grundsätzlich alle Personen, die persönlich auf der Grundlage eines Beamtenverhältnisses, eines Arbeitsverhältnisses oder eines Berufsausbildungsverhältnisses – in Ausnahmefällen aufgrund eines Richterverhältnisses – in eine Dienststelle eingegliedert sind und durch ihre Tätigkeit an der Erfüllung der Aufgaben der Dienststelle mitwirken oder sich im Rahmen einer Berufsausbildung auf eine solche Mitwirkung vorbereiten.[61] Dazu gehört, von Ausnahmen abgesehen, auch der Dienststellenleiter (vgl. § 7 Rn. 1). In der Regel müssen die **rechtliche Zugehörigkeit** zur Dienststelle und die durch die **tatsächliche Beschäftigung** bewirkte Eingliederung in die Dienststelle gleichzeitig vorliegen. Die Beschäftigteneigenschaft kann ausnahmsweise aber auch dann gegeben sein, wenn nur eines dieser beiden Merkmale vorliegt. Die rechtliche Zugehörigkeit reicht z.B. aus, wenn ein Beamter oder Arbeitnehmer unter Wegfall der Bezüge längere Zeit **beurlaubt** ist[62] oder die **Elternzeit** (§§ 15ff. BEEG bzw. § 79 Abs. 1 S. 1 Nr. 2 BBG i.V.m. § 6 MuSchEltZV) in Anspruch nimmt oder wenn er zu einer anderen Dienststelle **abgeordnet** oder einer anderen Einrichtung **zugewiesen** ist; das gilt nach aktueller Rspr. des *BVerwG*[63] allerdings nur, solange der Beschäftigte durch seine Abwesenheit sein Wahlrecht in der (alten) Dienststelle nicht verloren hat (vgl. § 13 Rn. 12ff.).[64] Andererseits reicht die tatsächliche Beschäftigung aus, wenn die zur Berufung in das 2

59 *BVerwG* v. 20.11.12, a.a.O. (zu 1d, m.w.N.).
60 BGBl. I S. 2746.
61 Vgl. *GmS-OGB* v. 11.3.87 – 6/86 –, PersR 87, 263 und zum Beschäftigtenbegriff vgl. *Splettstößer-Heise*, PersR 13, 200.
62 *BVerwG* v. 15.11.06 – 6 P 1.06 –, PersR 07, 119.
63 *BVerwG* v. 11.10.13 – 6 PB 27.13 –, PersR 14, 38.
64 Vgl. *BVerwG* v. 15.5.02 – 6 P 8.01 –, PersR 02, 434.

Beamtenverhältnis erforderliche **Ernennung nichtig oder rücknehmbar** (vgl. Rn. 5) ist oder wenn lediglich ein **faktisches Arbeitsverhältnis** (vgl. Rn. 12) vorliegt.

3 **Berufsrichter**, die als Richter auf Lebenszeit, auf Zeit, auf Probe oder kraft Auftrags (§ 8 DRiG) in einem vom Beamtenverhältnis zu unterscheidenden öffentlich-rechtlichen Dienstverhältnis stehen, sind grundsätzlich keine Beschäftigten i. S. d. BPersVG (vgl. auch Anh. II). Etwas anderes gilt nach Abs. 1 nur für solche Richter, die entweder an eine nach § 1 zum Geltungsbereich des BPersVG gehörende Verwaltung (z. B. an das BMJ) oder zur Wahrnehmung einer nichtrichterlichen Tätigkeit (insb. als wissenschaftliche Mitarbeiter) an ein Gericht des Bundes abgeordnet sind. Personalvertretungsrechtlich sind diese Richter nach § 5 S. 2 der Gruppe der Beamten zugeordnet. Dagegen sind die in einem Wehrdienstverhältnis und somit ebenfalls in einem öffentlich-rechtlichen Dienstverhältnis eigener Art stehenden **Soldaten** sowie die »freiwilligen Wehrdienst Leistende« und für »Reservistendienst Leistende« in keinem Fall Beschäftigte i. S. d. BPersVG (zu ihrer Interessenvertretung vgl. Anh. V A § 35 SG u. Anh. V B).[65] Letzteres gilt auch für **Zivildienstleistende** (vgl. § 1 Rn. 12).

3a **Ortskräfte** in **Dienststellen des Bundes im Ausland** sind gem. § 91 Abs. 1 Nr. 1 nicht Beschäftigte i. S. d. § 4 (vgl. § 91 Rn. 2). Zu ihnen gehören auch die im Bereich des Bundeswehrkommandos USA/CA tätigen Zivilpersonen, deren Beschäftigung auf einem vom BMVg eingeführten Musterarbeitsvertrag beruht; sie haben den Status von **örtlichen zivilen Arbeitskräften** i. S. v. Art. IX Abs. 4 NTS.[66]

4 **(Abs. 2)** Wer Beamter i. S. d. BPersVG ist, bestimmen die **Beamtengesetze**, nämlich das Bundesbeamtengesetz (BBG), das Beamtenstatusgesetz (BeamtStG) und die Beamtengesetze der Bundesländer, die ggf. übergangsweise noch ergänzt werden durch das (im Übrigen am 1. 4. 09 außer Kraft getretene) Beamtenrechtsrahmengesetz (BRRG). Für die **Beamten des Bundes** gilt das durch Art. 1 Dienstrechtsneuordnungsgesetz (DNeuG) v. 5. 2. 09[67] neu gefasste **Bundesbeamtengesetz** (§ 1 BBG). Sie stehen nach § 4 BBG zu ihrem **Dienstherrn** – nämlich dem Bund oder einer sonstigen (nach § 2 BBG) dienstherrnfähigen bundesunmittelbaren Körperschaft, Anstalt oder Stiftung des öffentlichen Rechts – in einem öffentlich-rechtlichen Dienst- und Treueverhältnis (Beamtenverhältnis). Das Beamtenverhältnis kann auf Lebenszeit, auf Zeit, auf Probe oder auf Widerruf begründet sein (§ 6 Abs. 1–4 BBG). Auch wer als Ehrenbeamter berufen ist (§ 6 Abs. 5 BBG), gehört dazu. Die Beamteneigenschaft eines **Landesbeamten**, der zu einer

---

65 Vgl. *BVerwG* v. 18. 5. 94 – 6 P 6.92 – u. – 6 P 3.93 –, PersR 94, 459 u. 463.

66 *OVG NW* v. 5. 5. 11 – 16 A 1175/09.PVB –, NZWehrr 12, 259. Zu Art. IX Abs. 4 NTS vgl. auch KfdP-*Altvater*, Anh. VII A Rn. 9–12.

67 BGBl. I S. 160.

Dienststelle im Geltungsbereich des BPersVG abgeordnet ist (vgl. § 14 BeamtStG), bestimmt sich nach dem für ihn geltenden LBG. Keine Beamten sind die **Ruhestandsbeamten**, weil ihr Beamtenverhältnis mit dem Eintritt oder der Versetzung in den Ruhestand geendet hat (§ 30 Nr. 4, §§ 50ff. BBG). Keine Beamten sind ferner Berufsrichter, Soldaten und Zivildienstleistende (vgl. Rn. 3), **DO-Angestellte** (vgl. Rn. 8) sowie Amtsträger, die – wie z. B. die Mitglieder der Bundesregierung – in einem **öffentlich-rechtlichen Amtsverhältnis besonderer Art** stehen.

Die Beschäftigteneigenschaft der Beamten wird i. d. R. durch die **Ernennung** 5 zur Begründung eines Beamtenverhältnisses (§ 10 Abs. 1 Nr. 1 BBG) und die tatsächliche Aufnahme der **Beschäftigung** erworben und endet mit der **Beendigung** des Beamtenverhältnisses (vgl. § 29 Rn. 4). Ist die Ernennung nichtig oder rücknehmbar (§§ 13, 14 BBG), wird die Beschäftigteneigenschaft allein durch die Aufnahme der Beschäftigung begründet und endet erst dann, wenn die Feststellung der Nichtigkeit oder die Rücknahme der Ernennung bestandskräftig oder rechtskräftig wird.

(Abs. 3) Arbeitnehmer i. S. d. Arbeitsrechts sind Beschäftigte, die in einem 6 privatrechtlichen Arbeitsverhältnis zum Rechtsträger der Dienststelle stehen. Dabei handelt es sich um Personen, die aufgrund eines Arbeitsvertrages im Dienste eines anderen (des Arbeitgebers) zur Leistung weisungsgebundener, fremdbestimmter Arbeit in persönlicher Abhängigkeit verpflichtet sind. Vom freien Dienstverhältnis unterscheidet sich das Arbeitsverhältnis durch den Grad der persönlichen Abhängigkeit, in welchem der zur Dienstleistung Verpflichtete jeweils zum Dienstberechtigten steht. Im Hinblick darauf ist Arbeitnehmer, wer seine Dienste (Arbeit) gegenüber einem Dritten (Arbeitgeber) im Rahmen der von diesem Dritten bestimmten Arbeitsorganisation erbringt. Dabei wird die Eingliederung in die Arbeitsorganisation der Dienststelle besonders dadurch deutlich, dass der Arbeitnehmer gem. § 6 Abs. 2 i. V. m. § 106 GewO hinsichtlich Inhalt, Ort und Zeit der Arbeitsleistung einem umfassenden Weisungsrecht des Arbeitgebers unterliegt.[68]

Der seit dem 1. 10. 05 geltende § 4 Abs. 3 n. F. enthält eine **Definition des Begriffs der Arbeitnehmer i. S. d. BPersVG.** Sie ist an die Stelle der vorher geltenden Definitionen der Begriffe der Angestellten und Arbeiter in § 4 Abs. 3 und 4 a. F. getreten. Die neue Definition ist allerdings misslungen, weil sie (anders als die vergleichbaren Vorschriften der LPersVG) wie bisher vorrangig auf den für die Dienststelle maßgebenden Tarifvertrag verweist und ergänzend lediglich die Dienstordnung sowie die Eigenschaft eines übertariflich beschäftigten Arbeitnehmers oder eines Beschäftigten in einer berufli- 7

68 Vgl. *BAG* v. 29. 1. 92 – 7 ABR 27/91 –, AP BetrVG 1972 § 7 Nr. 1, u. v. 15. 2. 12 – 10 AZR 301/10 –, AP BGB § 611 Abhängigkeit Nr. 123; 29. 8. 12 – 10 AZR 499/11 –, NZA 2012, 1433 und *BVerwG* v. 18. 6. 02 – 6 P 12.01 – u. v. 8. 1. 03 – 6 P 8.02 –, PersR 02, 467, u. 04, 148.

chen Ausbildung für maßgeblich erklärt. Betrachtet man eine Dienststelle, für die der **TVöD** der maßgebende Tarifvertrag ist, dann sind nach dem Wortlaut des § 4 Abs. 3 S. 1 n. F. jene Beschäftigten, die nach dem TVöD Arbeitnehmer sind, auch Arbeitnehmer i. S. d. BPersVG. Der TVöD sagt indessen nicht, welche Beschäftigten Arbeitnehmer »sind«, sondern legt lediglich fest, dass er – soweit es nicht um den Bereich der VKA geht – (grundsätzlich) für solche Arbeitnehmer (i. S. d. Arbeitsrechts) »gilt«, die in einem Arbeitsverhältnis zum Bund stehen (§ 1 Abs. 1 TVöD), und dass er (ausnahmsweise) für i. E. aufgeführte Gruppen dieser Arbeitnehmer nicht gilt (§ 1 Abs. 2 TVöD). Folgt man der wohl überwiegend vertretenen Ansicht, dass § 4 Abs. 3 S. 1 n. F. auf **§ 1 Abs. 1 und 2 TVöD** verweist, dann wären an sich nur solche Beschäftigten Arbeitnehmer i. S. d. BPersVG, die entweder in den persönlichen Geltungsbereich des TVöD einbezogen sind oder für die dieser Tarifvertrag gem. § 1 Abs. 2 Buchst. b TVöD nur deshalb nicht gilt, weil sie ein über das Tabellenentgelt der Entgeltgruppe 15 hinausgehendes regelmäßiges Entgelt erhalten und somit als **übertarifliche Arbeitnehmer** beschäftigt sind. Einer solchen Betrachtung steht jedoch entgegen, dass der Gesetzgeber dann unzulässigerweise nicht selbst darüber entscheiden würde, welche als Arbeitnehmer i. S. d. Arbeitsrechts anzusehenden Beschäftigten zum persönlichen Geltungsbereich des BPersVG gehören sollen. Dies widerspräche auch der bisherigen Rspr. des *BVerwG*, wonach ein Tarifvertrag nicht durch Ausschluss von seiner Regelung Angehörige des öffentlichen Dienstes dem personalvertretungsrechtlichen Schutz entziehen darf.[69] Ein solches gegen den Gleichheitssatz des Art. 3 Abs. 1 GG verstoßendes Ergebnis lässt sich (nur) vermeiden, wenn man der (mit dem Wortlaut des Gesetzes freilich nur schwer zu vereinbarenden) Ansicht folgt, die auch die in § 1 Abs. 2 Buchst. a und c bis t TVöD aufgeführten **außertariflichen Arbeitnehmer** personalvertretungsrechtlich den in § 1 Abs. 2 Buchst. b TVöD genannten übertariflichen Arbeitnehmern gleichstellt und ebenfalls als Arbeitnehmer i. S. d. BPersVG ansieht. Unabhängig davon, wie man die Verweisung auf den für die Dienststelle maßgebenden Tarifvertrag versteht, ist jedenfalls davon auszugehen, dass es für die Eigenschaft von Arbeitnehmern i. S. d. BPersVG letztlich nicht auf die Bestimmungen des TVöD ankommt, sondern auf die in der Rspr. des *BAG* entwickelten Grundsätze zur Bestimmung der Arbeitnehmereigenschaft.[70]

8 Nach Abs. 3 S. 1 sind auch diejenigen Beschäftigten Arbeitnehmer i. S. d. BPersVG, die nach der **Dienstordnung** Arbeitnehmer sind. Bei diesen DO-Angestellten handelt es sich um Beschäftigte v. a. von Berufsgenossenschaften (und der zum 1.1.13 errichteten »Sozialversicherung für Landwirt-

---

69 Beschl. v. 5.5.78 – 6 P 8.78 –, PersV 79, 286, u. v. 15.3.94 – 6 P 24.92 –, PersR 94, 288.

70 Vgl. zu den Details: KfdP-*Noll*, Rn. 18ff. m. w. N.

schaft, Forsten und Gartenbau«) sowie Orts- und Innungskrankenkassen, deren Dienstverhältnis auf einem privatrechtlichen Arbeitsvertrag beruht, aber durch eine vom Versicherungsträger als autonomes Satzungsrecht erlassene, inhaltlich weitgehend dem Beamtenrecht entsprechende Dienstordnung ausgestaltet ist (§§ 144 ff. SGB VII u. Art. 1 § 5 S. 2 LSV-NOG bzw. §§ 351 ff. RVO).[71]

Für die Arbeitnehmereigenschaft sind der Umfang der wöchentlichen oder 9
täglichen **Arbeitszeit** und die Höhe des **Arbeitsentgelts** unerheblich.[72] Deshalb sind auch **Teilzeitkräfte**, **Abrufkräfte** und **geringfügig** Beschäftigte i. S. d. § 8 Abs. 1 SGB IV Beschäftigte i. S. d. BPersVG.[73] Auch auf die **Dauer** des Arbeitsverhältnisses kommt es nicht an. Demnach sind auch Arbeitnehmer in einem **befristeten** Arbeitsverhältnis Beschäftigte.[74] Das gilt auch für **»zugewiesene erwerbsfähige Leistungsberechtigte«** (i. S. d. Grundsicherung für Arbeitsuchende) in einem Arbeitsverhältnis, das nach der zum 1. 4. 12 eingeführten Neuregelung in § 16e SGB II gefördert wird, nicht jedoch für sog. Ein-Euro-Jobber (vgl. Rn. 14). Da für die Zugehörigkeit zur Dienststelle nicht das Tätigwerden in deren Räumlichkeiten, sondern die Eingliederung in ihre Arbeitsorganisation entscheidend ist, gehören zu den Beschäftigten auch im **Außendienst** eingesetzte Arbeitnehmer[75] sowie **Telebeschäftigte**, die z. B. in ihrer Wohnung oder in einem Satellitenbüro unter Verwendung neuer Informations- und Kommunikationstechniken im Online- oder Offlinebetrieb für die Dienststelle tätig sind.

Leiharbeitnehmer, die in einem **unechten Leiharbeitsverhältnis** stehen 10
und von einem privaten Arbeitgeber (als Verleiher) »im Rahmen seiner wirtschaftlichen Tätigkeit« einem Dritten (als Entleiher) zur Arbeitsleistung überlassen werden, bleiben nach § 14 Abs. 1 AÜG auch während der Zeit ihrer Arbeitsleistung bei dem Entleiher Angehörige des entsendenden Betriebes des Verleihers. Das schließt aber nicht aus, dass sie während der Zeit ihrer Überlassung in betriebsverfassungs- bzw. personalvertretungsrechtlicher Hinsicht auch Arbeitnehmer im aufnehmenden Betrieb bzw. in der aufnehmenden Dienststelle des entleihenden Unternehmens bzw. des entleihenden Trägers der Dienststelle sind. Eine solche **Doppelzugehörigkeit** ist deshalb zu bejahen, weil die Leiharbeitnehmer arbeitsrechtliche Beziehungen sowohl zum verleihenden Arbeitgeber als auch zum entleihenden Arbeitgeber haben, wobei die Arbeitgeberfunktion v. a. in der Weise aufgespalten ist, dass dem Entleiher das Weisungsrecht hinsichtlich der Ausführung der Arbeits-

---

71 Näher dazu KfdP-*Noll*, Rn. 24.

72 So im Grundsatz auch *BVerwG* v. 25. 9. 95 – 6 P 44.93 –, PersR 96, 147.

73 *BVerwG* v. 3. 2. 93 – 6 P 28.91 –, PersR 93, 260, u. v. 25. 9. 95, a. a. O.

74 A. A. *BVerwG* v. 25. 9. 95, a. a. O., für Tätigkeiten von nicht mehr als zwei Monaten; vgl. KfdP-*Noll*, Rn. 26 m. w. N.

75 Vgl. *BAG* v. 29. 1. 92 – 7 ABR 27/91 –, AP BetrVG 1972 § 7 Nr. 1.

leistung zusteht und der Verleiher für die Zahlung der Vergütung und die Erfüllung der sozialversicherungs- und steuerrechtlichen Pflichten einzustehen hat. Die nach § 14 Abs. 4 AÜG für die Anwendung des BPersVG sinngemäß geltenden Vorschriften des § 14 Abs. 1 und 2 S. 1 und 2 sowie Abs. 3 AÜG stehen der **Beschäftigteneigenschaft** von unechten Leiharbeitnehmern in der aufnehmenden Dienststelle nicht entgegen. Zwar schließt § 14 Abs. 2 S. 1 AÜG die Wählbarkeit zum PR der aufnehmenden Dienststelle aus; zur Wahlberechtigung und zur Betriebs- bzw. Dienststellenzugehörigkeit ist damit jedoch nichts gesagt (vgl. § 13 Rn. 7).[76] Auch Leiharbeitnehmer, die in einem **echten Leiharbeitsverhältnis** stehen und vom Inhaber eines Betriebes privaten Rechts nicht »im Rahmen seiner wirtschaftlichen Tätigkeit« an den Träger der Dienststelle »verliehen« werden, sind aus den gleichen Gründen wie unechte Leiharbeitnehmer Beschäftigte der Entleiher-Dienststelle.

11 Dagegen sind Arbeitnehmer eines anderen – privaten oder öffentlichen – Arbeitgebers, die nur nach dessen Weisungen zur Ausführung eines mit dem Träger der Dienststelle vereinbarten Dienst- oder Werkvertrages in der Dienststelle eingesetzt werden, bei einem solchen **Fremdfirmeneinsatz** lediglich **Erfüllungsgehilfen** (§ 278 BGB) ihres Arbeitgebers und keine Beschäftigten i. S. d. BPersVG.[77] Etwas anderes gilt dann, wenn ein **Schein-Dienstvertrag** bzw. **Schein-Werkvertrag** vorliegt, weil die dabei eingesetzten Personen so in die Arbeitsorganisation der Dienststelle eingegliedert sind, dass der Dienststellenleiter die für den Arbeitseinsatz typischen Arbeitgeberentscheidungen trifft. Keine Arbeitnehmer und damit keine Beschäftigten sind die aufgrund von freien Dienstverträgen tätig werdenden **freien Mitarbeiter**[78] sowie die aufgrund von freien Dienstverträgen oder von

---

76 Nach kritischer Prüfung seiner bisherigen Rspr. zum **betriebsverfassungsrechtlichen Arbeitnehmerbegriff** vertritt das *BAG* nunmehr folgenden Standpunkt: »Die reine ›Zwei-Komponenten-Lehre‹, nach der zu den ›konstitutiven Merkmalen der Betriebszugehörigkeit einerseits ein Arbeitsverhältnis zum Betriebsinhaber, andererseits die tatsächliche Eingliederung des Arbeitnehmers in dessen Betriebsorganisation‹ gehört, führt beim drittbezogenen Personaleinsatz und einer ›aufgespaltenen Arbeitgeberstellung‹ nicht zu sachgerechten Ergebnissen. In diesen Fällen sind vielmehr differenzierende Lösungen geboten, die zum einen die ausdrücklich normierten spezialgesetzlichen Konzepte, zum anderen aber auch die Funktion des Arbeitnehmerbegriffs im jeweiligen betriebsverfassungsrechtlichen Zusammenhang angemessen berücksichtigen.« (Beschl. v. 5. 12. 12 – 1 ABR 48/11 –, AP BetrVG 1972 § 5 Nr. 81 [Ls. 1]) Im Anschluss daran hat es entschieden: »Im Entleiherbetrieb regelmäßig beschäftigte Leiharbeitnehmer sind bei der Größe des Betriebsrats grundsätzlich zu berücksichtigen.« (Beschl. v. 13. 3. 13 – 7 ABR 69/11 –, AP BetrVG 1972 § 9 Nr. 15 [Ls.])

77 Vgl. *NdsOVG* v. 15. 9. 93 – 18 L 1684/93 –, PersR 94, 469; *BAG* v. 18. 10. 94 – 1 ABR 9/94 –, PersR 95, 269; *BVerwG* v. 8. 1. 03 – 6 P 8.02 –, PersR 04, 148.

78 Vgl. *BAG* v. 29. 1. 92 – 7 ABR 27/91 –, AP BetrVG 1972 § 7 Nr. 1.

Werkverträgen tätigen, aber wirtschaftlich abhängigen und vergleichbar einem Arbeitnehmer sozial schutzbedürftigen **arbeitnehmerähnlichen Personen** i. S. d. § 12a TVG.

Die Beschäftigteneigenschaft der Arbeitnehmer wird i. d. R. durch den **Abschluss eines Arbeitsvertrages** und die tatsächliche Aufnahme der vorgesehenen **Tätigkeit** erworben. Sie erlischt mit der **Beendigung** des Arbeitsverhältnisses (vgl. § 29 Rn. 5). Ist der Arbeitsvertrag anfechtbar oder nichtig, wird die Beschäftigteneigenschaft allein durch die Aufnahme der Tätigkeit begründet.[79] Sie besteht dann so lange, bis das durch die Arbeitsaufnahme entstandene **faktische Arbeitsverhältnis** durch die Anfechtung des Vertrages oder die Berufung auf seine Nichtigkeit beendet wird. **Gekündigte** Arbeitnehmer, die aufgrund eines im Kündigungsrechtsstreit ergangenen Urteils oder eines Widerspruchs des PR nach § 79 Abs. 2 weiterbeschäftigt werden, sind nach dem Ablauf der Kündigungsfrist für die Dauer ihrer tatsächlichen Beschäftigung auch dann Beschäftigte, wenn später rechtskräftig festgestellt wird, dass die Kündigung rechtswirksam ist (vgl. § 79 Rn. 33).[80] 12

Die in Abs. 1 enthaltene Wendung **»einschließlich der zu ihrer Berufsausbildung Beschäftigten«** gilt nicht für Personen, die sich als Beamte auf Widerruf in der Ausbildung für eine Beamtenlaufbahn befinden und deshalb bereits wegen ihrer Eigenschaft als Beamte nach Abs. 1 i. V. m. Abs. 2 zu den Beschäftigten i. S. d. BPersVG zählen (vgl. Rn. 4). Gemeint sind vielmehr Personen, die in einem **privatrechtlichen Ausbildungsverhältnis** zum Träger der Dienststelle stehen und dort zur betrieblichen Berufsausbildung (i. S. v. § 2 Abs. 1 Nr. 1 BBiG) beschäftigt werden. Diese Beschäftigten gelten nach Abs. 3 S. 2 als Arbeitnehmer i. S. d. BPersVG. Das sind nicht nur Auszubildende, die aufgrund eines Berufsausbildungsvertrages nach den §§ 10 bis 25 BBiG für einen anerkannten Ausbildungsberuf i. S. d. § 4 BBiG ausgebildet werden, sondern auch Personen in Ausbildungsverhältnissen anderer Art, so z. B. Schülerinnen und Schüler in Ausbildungsverhältnissen nach dem Krankenpflegegesetz oder dem Hebammengesetz oder Schülerinnen und Schüler für die Berufe Medizinisch-technischer Laboratoriumsassistent/in und Medizinisch-technischer Radiologieassistent/in nach dem **Gesetz über technische Assistenten in der Medizin**[81] sowie für den Beruf der/des Physiotherapeutin/en[82] oder einem vergleichbaren Spezialgesetz für ei- 13

79 Vgl. *BVerwG* v. 27. 11. 91 – 6 P 4.92 – u. v. 20. 5. 92 – 6 P 4.90 –, PersR 92, 198 u. 405.

80 *BAG* v. 15. 1. 91 – 1 AZR 105/90 –, PersR 91, 307.

81 Gesetz über technische Assistenten in der Medizin (MTAG) v. 2. 8. 93 (BGBl. I S. 1402), zuletzt geändert durch Gesetz v. 18. 4. 16 (BGBl. I S. 886).

82 Gesetz über die Berufe in der Physiotherapie (MPhG) v. 26. 5. 94 (BGBl. I S. 1084), zuletzt geändert durch Gesetz v. 23. 12. 16 (BGBl. I S. 3191).

nen nichtakademischen Gesundheitsfachberuf,[83] Personen, die sich in einer Maßnahme der beruflichen Umschulung nach § 62 BBiG befinden, aber auch Anlernlinge, Volontäre und Praktikanten, für die § 26 BBiG gilt.[84] Ob die zu ihrer Berufsausbildung beschäftigten Personen vom Arbeitgeber eine Geldleistung erhalten, ist für ihre Beschäftigteneigenschaft unerheblich.[85] **Werkstudenten** und **Schüler** werden regelmäßig nicht zu ihrer Berufsausbildung, sondern in einem Arbeitsverhältnis beschäftigt, wenn die Tätigkeit neben dem Studium bzw. der Schulausbildung ausgeübt wird.[86] Die für die Beschäftigteneigenschaft erforderliche Eingliederung der zu ihrer Berufsausbildung Beschäftigten in die Dienststelle ist nach der Rspr. nur dann gegeben, wenn die Berufsausbildung ihrem **Gegenstand** nach geeignet ist, die Auszubildenden auf einen Beruf vorzubereiten, in dem sie an der Erfüllung der Aufgaben mitwirken können, die der Dienststelle obliegen.[87] Die Beschäftigteneigenschaft der Auszubildenden wird regelmäßig durch den **Abschluss eines Ausbildungsvertrages** und die tatsächliche Aufnahme der vorgesehenen **Ausbildung** erworben. Sie erlischt mit der **Beendigung** des Ausbildungsverhältnisses.

14 (**Abs. 5**) Mit den inhaltsgleichen Regelungen in § 5 Abs. 2 Nr. 3 BetrVG und in Abs. 5 Nr. 1, nach denen Personen, deren Beschäftigung überwiegend durch **Beweggründe karitativer oder religiöser Art** bestimmt ist, nicht als Arbeitnehmer bzw. Beschäftigte gelten, werden nicht nur **Geistliche, Mönche, Ordensschwestern und Diakonissen** aus dem persönlichen Geltungsbereich des BetrVG und des BPersVG herausgenommen, sondern nach übereinstimmender, aber abzulehnender Rspr. des *BAG*[88] sowie des *BVerwG*[89] auch **Rote-Kreuz-Schwestern**, gleichgültig, ob sie in einem DRK-Krankenhaus beschäftigt sind oder ob sie aufgrund eines Gestellungsvertrages im Krankenhaus eines Dritten tätig sind. Die dem § 5 Abs. 2 Nr. 4 BetrVG entsprechende Vorschrift des Abs. 5 Nr. 2, wonach auch Personen, die überwiegend zu ihrer **Heilung, Wiedereingewöhnung, sittlichen Besserung oder Erziehung** beschäftigt werden, nicht als Beschäftigte gelten, hat klarstellende Bedeutung. Sie kommt nicht zum Zuge, wenn die Beschäfti-

---

83 Vgl. KfdP-*Kröll*, § 9 Rn. 2a; *BAG* v. 6. 11. 13 – 7 ABR 76/11 –, NZA 14, 678.

84 Vgl. *BAG* v. 17.7.07 – 9 AZR 1031/06 –, AP BBiG § 19 Nr. 3.

85 Vgl. *BAG* v. 10.2.81 – 6 ABR 86/78 – u. v. 25.10.89 – 7 ABR 1/88 –, AP BetrVG 1972 § 5 Nr. 25 u. 40.

86 Vgl. *BAG* v. 11. 11. 08 – 1 ABR 68/07 –, AP BetrVG 1972 § 99 Eingruppierung Nr. 127.

87 *BVerwG* v. 19.6.80 – 6 P 1.80 –, PersV 81, 368, v. 18.3.82 – 6 P 8.79 –, PersV 83, 69, v. 3. 7. 84 – 6 P 39.82 –, ZBR 84, 382, u. v. 23.10.84 – 6 P 15.84 –, Buchh 238.32 § 3 Nr. 1; bestätigt durch *GmS-OGB* v. 11.3.87 – 6/86 –, PersR 87, 263.

88 Beschl. v. 20.2.86 – 6 ABR 5/85 –, AP BetrVG 1972 § 5 Rotes Kreuz Nr. 2, u. v. 6.7.95 – 5 AZB 9/93 –, AP ArbGG 1979 § 5 Nr. 22.

89 Beschl. v. 29.4.66 – VII P 16.64 –, PersV 66, 131.

gung in einem echten Arbeitsverhältnis erfolgt, sondern nur, wenn sie vorrangig als Mittel zur Behebung physischer, psychischer oder sonstiger in der Person des Beschäftigten liegender Mängel eingesetzt wird.[90] Das trifft u. a. zu bei Kranken und Behinderten in ärztlich angeordneten **arbeitstherapeutischen Maßnahmen** und bei Arbeitsunfähigen in Beschäftigungen zur stufenweisen **Wiedereingliederung** nach § 74 SGB V.[91] **Keine Beschäftigten** i. S. d. BPersVG sind auch **Helfer im freiwilligen sozialen oder ökologischen Jahr** und **Freiwillige im Bundesfreiwilligendienst**, die jeweils in einem Rechtsverhältnis eigener Art stehen (vgl. § 13 JFDG[92] bzw. § 13 BFDG), sowie **»erwerbsfähige Leistungsberechtigte«** (i. S. d. Grundsicherung für Arbeitsuchende), die nach § 16d SGB II im Rahmen von Arbeitsgelegenheiten Arbeiten verrichten, die »zusätzlich sind, im öffentlichen Interesse liegen und wettbewerbsneutral sind«, und die während einer solchen Arbeitsgelegenheit zuzüglich zum Arbeitslosengeld II »eine angemessene Entschädigung für Mehraufwendungen« erhalten (**»Ein-Euro-Jobs«,** die kein Arbeitsverhältnis, sondern ein Sozialrechtsverhältnis begründen[93]; zur Mitbestimmung des PR bei der Einstellung von Ein-Euro-Kräften vgl. § 75 Rn. 17).

§ 5 [Gruppen]

[1]Die Beamten und Arbeitnehmer bilden je eine Gruppe. [2]Die in § 4 Abs. 1 bezeichneten Richter treten zur Gruppe der Beamten.

Durch Art. 8 Nr. 2 des Gesetzes v. 14. 9. 05[94] ist § 5 S. 1 mit Wirkung zum 1 1. 10. 05 in der Weise geändert worden, dass die Angabe »Beamten, Angestellten und Arbeiter« durch die Wörter »Beamten und Arbeitnehmer« ersetzt worden ist (vgl. § 4 Rn. 1). Personalvertretungsrechtlich sind damit unter Beibehaltung der **Gruppe der Beamten** die bisherigen Gruppen der Angestellten und Arbeiter zur neuen **Gruppe der Arbeitnehmer** zusammengefasst worden. Die Zugehörigkeit der Beschäftigten zu diesen Statusgruppen richtet sich nach § 4 Abs. 2 und 3. Die Gruppeneinteilung ist zwingend vorgeschrieben und kommt in vielen Einzelvorschriften zum Ausdruck (vgl. §§ 17, 18, 19 Abs. 2, § 20 Abs. 1 S. 2, §§ 32, 38 Abs. 2 u. 3, § 39 Abs. 1 u. 2, § 71 Abs. 1 S. 3, § 75 Abs. 1, § 76 Abs. 1).

---

90 *BVerwG* v. 26. 1. 00 – 6 P 2.99 –, PersR 00, 243.

91 Vgl. zu Letzteren *BAG* v. 29. 1. 92 – 5 AZR 37/91 – u. v. 19. 4. 94 – 9 AZR 462/92 –, AP SGB V § 74 Nr. 1 u. 2.

92 *BAG* v. 12. 2. 92 – 7 ABR 42/91 –, AP BetrVG § 5 Nr. 52.

93 Vgl. *BAG* v. 8. 11. 06 – 6 AZR 35/05 –, AP ArbGG 1979 § 2 Nr. 89, sowie v. 26. 9. 07 – 5 AZR 857/06 – u. v. 20. 2. 08 – 5 AZR 290/07 –, AP SGB II § 16 Nr. 3 u. 4; BT-Drs. 17/6277, S. 115.

94 BGBl. I S. 2746.

2 Im Vergleich zu den das gesamte PersVR prägenden Regelungen zur Berücksichtigung der Statusgruppen Beamte und Arbeitnehmer enthält das BPersVG nur wenige Vorschriften, die sich auf die **Repräsentanz der Geschlechter** in der Personalvertretung beziehen (vgl. dazu die Soll-Vorschriften des § 17 Abs. 7 u. des § 20 Abs. 1 S. 3).

3 **Richter**, die an eine der in § 1 genannten Verwaltungen oder zur Wahrnehmung einer nichtrichterlichen Tätigkeit an ein Gericht des Bundes abgeordnet und damit nach § 4 Abs. 1 Beschäftigte i. S. d. BPersVG sind, gehören nach § 5 S. 2 zur Gruppe der Beamten. Die **Soldaten**, die nach § 49 Abs. 1 S. 1 SBG Personalvertretungen wählen, bilden nach § 49 Abs. 2 S. 1 SBG eine weitere Gruppe (vgl. Anh. V B § 49 SBG Rn. 5).

§ 6 [Dienststellen]

(1) Dienststellen im Sinne dieses Gesetzes sind die einzelnen Behörden, Verwaltungsstellen und Betriebe der in § 1 genannten Verwaltungen sowie die Gerichte.

(2) [1]Die einer Behörde der Mittelstufe unmittelbar nachgeordnete Behörde bildet mit den ihr nachgeordneten Stellen eine Dienststelle; dies gilt nicht, soweit auch die weiter nachgeordneten Stellen im Verwaltungsaufbau nach Aufgabenbereich und Organisation selbständig sind. [2]Behörden der Mittelstufe im Sinne dieses Gesetzes sind die der obersten Dienstbehörde unmittelbar nachgeordneten Behörden, denen andere Dienststellen nachgeordnet sind.

(3) [1]Nebenstellen und Teile einer Dienststelle, die räumlich weit von dieser entfernt liegen, gelten als selbständige Dienststellen, wenn die Mehrheit ihrer wahlberechtigten Beschäftigten dies in geheimer Abstimmung beschließt. [2]Der Beschluss ist für die folgende Wahl und die Amtszeit der aus ihr hervorgehenden Personalvertretung wirksam.

(4) Bei gemeinsamen Dienststellen des Bundes und anderer Körperschaften gelten nur die im Bundesdienst Beschäftigten als zur Dienststelle gehörig.

1 **(Abs. 1)** Die Vorschrift umschreibt den **Begriff der Dienststelle** und definiert damit jene Organisationseinheit, in der unter den Voraussetzungen des § 12 Abs. 1 ein (örtlicher) PR gebildet wird und in der dieser als Repräsentant der Beschäftigten seine gesetzlichen Aufgaben und Befugnisse wahrnimmt (vgl. § 1 Rn. 19). Besondere Vorschriften gelten für den Bundesnachrichtendienst (§ 86 Nr. 1), für die bundesunmittelbaren Körperschaften und Anstalten des öffentlichen Rechts im Bereich der Sozialversicherung und die Bundesagentur für Arbeit (§ 88 Nr. 1), für die Deutsche Bundesbank (§ 89) sowie für die Deutsche Welle (§ 90 Nr. 1).

Als **Dienststellen** i. S. d. BPersVG sind diejenigen von einer juristischen Person des öffentlichen Rechts getragenen und innerhalb der Verwaltungsorganisation verselbständigten Einheiten anzusehen, in denen die dort Beschäftigten mit Hilfe von sächlichen und immateriellen Mitteln Aufgaben der öffentlichen Verwaltung oder andere arbeitstechnische Zwecke fortgesetzt verfolgen und ihr Einsatz von einer einheitlichen Leitung gesteuert wird. Abs. 2 S. 1 Hs. 2 enthält eine allgemeine Umschreibung des Dienststellenbegriffs. Danach sind alle diejenigen organisatorischen Einheiten Dienststellen i. S. d. BPersVG, die nach Aufgabenbereich und Organisation selbständig sind. Entscheidend für die Dienststelleneigenschaft ist dabei nicht die von einer Organisationseinheit jeweils wahrzunehmende Aufgabe, sondern ihre **organisatorische Selbständigkeit** in personalvertretungsrechtlich relevanten Angelegenheiten. Diese ist nur dann gegeben, wenn der Leiter der Einheit – in den Grenzen der für die öffentliche Verwaltung allgemein bestehenden Weisungsgebundenheit – hinsichtlich der Mehrzahl der bedeutsamen personellen, sozialen, organisatorischen und sonstigen innerdienstlichen Angelegenheiten einen eigenen Entscheidungs- und Handlungsspielraum hat und somit einer Personalvertretung als verantwortlicher Partner gegenübertreten kann.[95] Fehlt dem Leiter der Einrichtung ein derartiger Spielraum, ist diese auch dann keine Dienststelle i. S. d. BPersVG, wenn sie räumlich und hinsichtlich ihrer Aufgabenstellung von anderen Einrichtungen des gleichen Verwaltungsträgers abgetrennt ist.[96] Zu den Besonderheiten bei den sog. Beschäftigungsdienststellen im Bereich der **Bundeswehr** vgl. § 92 Rn. 2a. 2

Bei organisatorischer Selbständigkeit (vgl. Rn. 2) sind die in Abs. 1 aufgeführten Behörden, Verwaltungsstellen und Betriebe der in § 1 genannten Verwaltungen sowie Gerichte Dienststellen i. S. d. BPersVG. Während **Behörden** staatliche Verwaltungsaufgaben wahrnehmen[97] und **Verwaltungsstellen** andere Aufgaben der öffentlichen Verwaltung erfüllen, üben **Betriebe** keine materielle Verwaltungstätigkeit aus, sondern verfolgen – wie Betriebe eines privaten Rechtsträgers – andere arbeitstechnische Zwecke, v. a. solche der öffentlichen Versorgung.[98] Da die von einer Organisationseinheit wahrzunehmende Aufgabe für ihre Eigenschaft als Dienststelle unerheblich ist, kommt es letztlich nicht entscheidend darauf an, wie die in Abs. 1 aufgeführten Einrichtungen voneinander abgegrenzt sind. Träger der Behörden, Verwaltungsstellen und Betriebe muss allerdings immer der Bund 2a

---

95 *BVerwG* in st. Rspr., vgl. Beschl. v. 18. 1. 90 – 6 P 8.88 –, PersR 90, 108, v. 2. 3. 93 – 6 P 34.91 –, PersR 93, 266, v. 29. 3. 01 – 6 P 7.00 –, PersR 01, 298, v. 25. 6. 03 – 6 P 1.03 –, PersR 03, 361, u. v. 18. 9. 13 – 6 PB 25.13 –, ZfPR 14, 77 Ls.

96 *BVerwG* v. 13. 8. 86 – 6 P 7.85 –, PersR 87, 20.

97 Vgl. *BVerwG* v. 12. 9. 02 – 6 P 11.01 –, PersR 03, 30, m. w. N.

98 Vgl. *BVerwG* v. 13. 8. 86 – 6 P 7.85 – PersR 87, 20, u. v. 10. 1. 08 – 6 P 4.07 –, PersR 08, 342 Ls. [zu II 2b cc (1)].

oder eine andere der in § 1 aufgeführten juristischen Personen des öffentlichen Rechts sein. Soweit es sich um die **Gerichte** handelt, sind nur die bei den Gerichten des Bundes zur Unterstützung der Rechtsprechung geschaffenen nichtrichterlichen Verwaltungsapparate gemeint. Das folgt daraus, dass die dort gebildeten PR nach § 4 Abs. 1 grundsätzlich nur die Beamten und Arbeitnehmer und nur ausnahmsweise Richter vertreten (vgl. § 1 Rn. 5, 10; § 4 Rn. 3). Die aus dem Bundeskanzler und den Bundesministern bestehende **Bundesregierung** (Art. 62 GG) ist keine Dienststelle i. S. d. BPersVG.[99]

3 (**Abs. 2**) Das BPersVG folgt grundsätzlich dem klassischen **dreistufigen Aufbau der Verwaltungsorganisation**. Es unterscheidet dabei oberste Dienstbehörden, Behörden der Mittelstufe und Dienststellen der unteren Stufe (vgl. Rn. 4–4b). Ist der Geschäftsbereich einer Verwaltung in dieser Weise dreistufig aufgebaut, so werden zusätzlich zu den nach § 12 Abs. 1 bei allen Dienststellen i. S. d. Abs. 1 zu errichtenden örtlichen PR nach § 53 Abs. 1 bei den Behörden der Zentralstufe und der Mittelstufe **Stufenvertretungen** gebildet: bei den Behörden der Mittelstufe je ein BPR und bei der obersten Dienstbehörde ein HPR. Ist der Geschäftsbereich nur zweistufig aufgebaut, so wird neben den örtlichen PR nur ein HPR gebildet.

4 **Oberste Dienstbehörde** der Beamten ist nach § 3 Abs. 1 BBG die oberste Behörde des Dienstherrn, in deren Geschäftsbereich sie tätig sind. Das gilt für Arbeitnehmer entsprechend. In der unmittelbaren Bundesverwaltung sind insb. die Bundesministerien oberste Dienstbehörden. Bei bundesunmittelbaren juristischen Personen des öffentlichen Rechts sind es diejenigen Behörden oder Verwaltungsstellen, die nach dem jeweiligen Errichtungsgesetz oder Organisationsstatut vorgesehen sind. Bei einem mehrstufig aufgebauten Sozialversicherungsträger ist dessen Hauptverwaltungsstelle, bei der Bundesagentur für Arbeit deren Zentrale oberste Dienstbehörde (vgl. § 88 Rn. 3 f.).[100]

4a **Behörden der Mittelstufe** sind nach Abs. 2 S. 2 die der obersten Dienstbehörde unmittelbar nachgeordneten Behörden, denen wiederum andere Dienststellen i. S. d. Abs. 1 nachgeordnet sind. Das ist z. B. der Fall bei dem Bundespolizeipräsidium (BPolP), bei dem Bundesamt für Infrastruktur, Umweltschutz und Dienstleistungen der Bundeswehr (BAIUD Bw) oder bei der Generaldirektion Wasserstraßen und Schifffahrt (GDWS). Sondervorschriften enthält das Gesetz in § 88 Nr. 1 für die bundesunmittelbaren Körperschaften und Anstalten des öffentlichen Rechts im Bereich der Sozialversicherung und die Bundesagentur für Arbeit (vgl. § 88 Rn. 3) sowie in § 89 Nr. 1 für die Deutsche Bundesbank (vgl. § 89 Rn. 4). Sind einer Behörde, die einer obersten Dienstbehörde unmittelbar nachgeordnet ist, ihrerseits keine

99 Vgl. *BVerwG* v. 8. 10. 08 – 6 PB 21.08 –, PersR 08, 507.
100 *BVerwG* v. 8. 10. 80 – 6 P 16.79 –, PersV 82, 503.

weiteren Dienststellen nachgeordnet, so handelt es sich bei ihr nicht um eine Behörde der Mittelstufe. Das trifft v.a. zu bei **Bundesoberbehörden**, und zwar auch dann, wenn diesen (nur) unselbständige Organisationseinheiten nachgeordnet sind, z.B. beim Statistischen Bundesamt (mit seinen Außenstellen), dem Deutschen Wetterdienst (mit verschiedenen dezentralen Organisationseinheiten) oder dem Bundesamt für den Güterverkehr (mit seinen Außenstellen), aber auch bei den obersten Gerichtshöfen des Bundes (vgl. § 1 Rn. 5).

Nach Abs. 2 S. 1 Hs. 1 bildet die einer Behörde (dritte Stufe) der Mittelstufe **4b**
unmittelbar nachgeordnete Behörde grundsätzlich mit den ihr wiederum nachgeordneten Stellen (vierte und ggf. weitere Stufe) eine Dienststelle. Das hat zur Folge, dass der PR bei der Dienststelle der **unteren (dritten) Stufe der Verwaltungsorganisation** grundsätzlich auch das Repräsentativorgan der Beschäftigten ist, die den weiter nachgeordneten Stellen angehören. So bildet etwa in der Bundesfinanzverwaltung das Hauptzollamt mit den ihm nachgeordneten Zollämtern eine einheitliche Dienststelle mit einem einzigen PR für alle Beschäftigten dieser Verwaltungseinheiten. Das gilt nach Abs. 2 S. 1 Hs. 2 jedoch nicht, soweit auch die weiter nachgeordneten Stellen im Verwaltungsaufbau nach Aufgabenbereich und Organisation selbständig sind (vgl. Rn. 2); hierfür kommt es wiederum darauf an, ob der Leiter der Einrichtung – in den Grenzen der für die öffentliche Verwaltung allgemein bestehenden Weisungsgebundenheit – bei den für eine Beteiligung der Personalvertretung in Betracht kommenden personellen, sozialen, organisatorischen und sonstigen innerdienstlichen Angelegenheiten einen eigenen Entscheidungs- und Handlungsspielraum hat (vgl. Rn. 2). In solchen Fällen ist auch die Behörde der weiteren (vierten) Stufe eine eigenständige Dienststelle i.S.d. Abs. 1 mit der Folge, dass auch bei den weiter nachgeordneten Dienststellen je ein PR zu bilden ist. Dadurch wird den Besonderheiten **mehr als dreistufig** aufgebauter Verwaltungen – aber auch denen der Bundeswehr (vgl. § 92 Rn. 2a) – Rechnung getragen.

(**Abs. 3**) Die in Abs. 3 geregelte **Ausnahme** von dem Grundsatz, dass bei je- **5**
der selbständigen Dienststelle nur ein örtlicher PR zu bilden ist, bezieht sich auf Nebenstellen und Teile einer Dienststelle, die von dieser räumlich weit entfernt liegen. Voraussetzung hierfür ist, dass gerade *keine Dienststelle* vorliegt, die bereits nach Abs. 1, 2 zur Bildung eines PR verpflichtet wäre, sondern eine Organisationseinheit, die mangels personalvertretungsrechtlicher Selbständigkeit ohne die Sonderregelung des Abs. 3 keinen (örtlichen) PR bilden könnte. Das Gesetz bedient sich hier der **Rechtsfigur der Fiktion**: Die verselbständigten Nebenstellen und Dienststellenteile sind auch weiterhin keine Dienststellen – sie *gelten* nur als solche. **Nebenstellen** sind wegen der Art der von ihnen wahrzunehmenden, örtlich oder sachlich abgegrenzten Aufgaben räumlich aus der Hauptstelle ausgegliedert. **Teile einer Dienststelle** sind Untergliederungen (z.B. Abteilungen), die aus organisatorischen,

technischen oder räumlichen Gründen von den übrigen Untergliederungen abgegrenzt sind.[101] Für die Anwendung des Abs. 3 kommt es auf eine genaue Unterscheidung zwischen den dort genannten Bestandteilen einer Dienststelle nicht an.[102]

6 Voraussetzung für die Bildung eines eigenen PR ist – neben der »Nichtselbständigkeit« als Dienststelle nach Abs. 1 und dem Beschluss der dort Beschäftigten (vgl. Rn. 7) – die **»räumlich weite« Entfernung** der Nebenstelle oder des Dienststellenteils von der (Haupt-)Dienststelle. Für deren Beurteilung kommt es nicht allein auf die geographische Entfernung, sondern auch auf die bestehenden **Verkehrsverhältnisse** an.[103] Ob unter Beachtung dieser Aspekte eine räumlich »weite« Entfernung gegeben ist, hängt davon ab, ob die Kommunikation der Beschäftigten untereinander und der Kontakt zur Hauptdienststelle sowie zwischen dem dortigen PR und den Beschäftigten in dem von der Hauptstelle räumlich getrennten Bestandteil der Dienststelle derart erschwert ist, dass die sachgerechte Wahrnehmung der Aufgaben des PR darunter leidet.[104] Das ist zu bejahen, wenn der Zeitaufwand für das Zurücklegen des Weges zwischen der Hauptstelle und dem räumlich entfernten Bestandteil der Dienststelle in keinem angemessenen Verhältnis zu der eigentlichen PR-Arbeit steht.[105] Da eine nach Abs. 3 verselbständigte Teileinheit personalvertretungsrechtlich wie eine Dienststelle i. S. d. Abs. 1 zu behandeln ist, hängt ihre Verselbständigungsfähigkeit neben ihrer räumlich weiten Entfernung von zwei **weiteren Voraussetzungen** ab, ohne deren Erfüllung ein PR nicht tätig werden kann. Zum einen müssen dort nach § 12 Abs. 1 i. d. R. mindestens fünf Wahlberechtigte beschäftigt sein, von denen drei wählbar sind.[106] Zum anderen wird dort regelmäßig ein Leiter vorhanden sein, der nach § 7 als Dienststellenleiter fungieren kann; konstitutiv notwendig ist dies allerdings nicht: Die örtliche Personalvertretung macht auch dann bereits Sinn, wenn sie sich darin erschöpft, dem an seiner Stelle zuständigen GPR (§ 55) als örtlicher Gesprächs- und Ansprechpartner (§ 80 Abs. 2, 4) zur Verfügung zu stehen. Erst recht müssen diesem Dienststellenleiter, wenn er denn vorhanden ist, keine »personalvertretungsrechtlich relevante Befugnisse« zustehen, wie dies früher angenommen wurde. Die **gemeinsame Verselbständigung** mehrerer Nebenstellen oder Dienststellenteile ist nur im Ausnahmefall zulässig;[107] jeder organisatorisch und räumlich

101 Vgl. *NdsOVG* v. 1. 4. 98 – 17 L 5256/96 –, PersR 98, 428, m. w. N.
102 *BVerwG* v. 26. 11. 08 – 6 P 7.08 –, PersR 09, 267.
103 *BVerwG* v. 29. 5. 91 – 6 P 12.89 –, PersR 91, 334.
104 *BVerwG* v. 26. 11. 08, a. a. O.
105 *BVerwG* v. 14. 7. 87 – 6 P 9.86 –, PersR 87, 195; vgl. KfdP-*Baden*, Rn. 11 m. w. N.
106 *BVerwG* v. 29. 5. 91 – 6 P 12.89 –, PersR 91, 334, v. 7. 1. 03 – 6 P 7.02 –, PersR 03, 153, u. v. 26. 11. 08 – 6 P 7.08 –, PersR 09, 267.
107 Str.; vgl. KfdP-*Baden*, Rn. 12 m. w. N.

eigenständige Dienststellenteil, jede Nebenstelle kann sich für sich selbst verselbständigen, auch wenn andere Dienststellenteile oder Nebenstellen in der Nähe sind.

In Abs. 3 ist als weitere Voraussetzung festgelegt, dass die Beschäftigten der Nebenstelle oder des Dienststellenteils einen **Verselbständigungsbeschluss** fassen (zum Verfahren vgl. § 4 WO). Dieser Beschluss bedarf der **Mehrheit** der Stimmen der vorhandenen wahlberechtigten Beschäftigten. Es genügt nicht allein die Mehrheit der sich an der Abstimmung beteiligenden Beschäftigten. Die Abstimmung findet **gemeinsam** statt; sie kann nicht mit den weiteren Vorabstimmungen i. S. d. § 4 Abs. 1 Nr. 1 und 2 verbunden werden, denn dort muss nach Gruppen abgestimmt werden. Sie kann von jedem Beschäftigten der Nebenstelle bzw. des Dienststellenteils veranlasst werden. Der Verselbständigungsbeschluss ist nur für die **nächste PR-Wahl** und die Amtszeit der aus ihr hervorgehenden Personalvertretung wirksam.[108] Wird ein Verselbständigungsbeschluss gefasst und wirksam, so ist für die so geteilte Einheit der (Gesamt-)Dienststelle, in der nunmehr mehrere PR bestehen, ein **GPR** zu bilden (§ 55). Dadurch soll eine lückenlose Interessenvertretung der Beschäftigten in den verselbständigten Nebenstellen und Dienststellenteilen gewährleistet werden (vgl. § 55 Rn. 3). 7

(Abs. 4) Abs. 4 trägt dem Umstand Rechnung, dass es **gemeinsame Dienststellen** des Bundes oder von bundesunmittelbaren juristischen Personen des öffentlichen Rechts einerseits und eines Landes oder einer juristischen Person des öffentlichen Rechts des Landesrechts andererseits geben kann. Bei ihnen bestehen i. d. R. zwei PR, von denen einer die im Bundesdienst Beschäftigten vertritt. Die Vorschrift war in der Zeit vor dem 1. 1. 08 v. a. für solche vormaligen **Oberfinanzdirektionen** bedeutsam, die damals als Behörden sowohl der Bundesfinanzverwaltung als auch der Landesfinanzverwaltung eingerichtet waren (vgl. §§ 7, 8 Abs. 2, § 9 Abs. 2 FVG in der vor Inkrafttreten des Gesetzes v. 20. 12. 07[109] geltenden Fassung). Die Regelung in Abs. 4 gilt nur für **gemeinsame Dienststellen von Rechtsträgern verschiedener Rechtskreise**, also von Rechtsträgern, die einerseits auf Bundesrecht, andererseits auf Landesrecht beruhen. Sie gilt somit nicht für gemeinsame Dienststellen des Bundes und anderer Körperschaften im Geltungsbereich des BPersVG. Bei ihnen ist nur ein (gemeinsamer) PR zu bilden. Kein Anwendungsfall des § 6 Abs. 4 ist bei den besonders geregelten gemeinsamen Einrichtungen der Bundesagentur für Arbeit mit jeweiligen kommunalen Trägern i. S. d. §§ 44b ff. SGB II (»Jobcenter«) gegeben; hier gelten die Sonderregelungen des § 44h SGB II. 8

---

108 Näher dazu *BVerwG* v. 26. 1. 00 – 6 P 3.99 –, PersR 00, 371.

109 BGBl. I S. 2897.

§ 7 [Dienststellenleiter und Vertreter]

[1]Für die Dienststelle handelt ihr Leiter. [2]Er kann sich bei Verhinderung durch seinen ständigen Vertreter vertreten lassen. [3]Bei obersten Dienstbehörden kann er auch den Leiter der Abteilung für Personal- und Verwaltungsangelegenheiten, bei Bundesoberbehörden ohne nachgeordnete Dienststellen und bei Behörden der Mittelstufe auch den jeweils entsprechenden Abteilungsleiter zu seinem Vertreter bestimmen. [4]Das gleiche gilt für sonstige Beauftragte, sofern der Personalrat sich mit dieser Beauftragung einverstanden erklärt.

1 Der **Dienststellenleiter** ist **Repräsentant des Arbeitgebers bzw. Dienstherrn** im Bereich der Dienststelle, für die der örtliche PR gebildet ist, oder in dem Geschäftsbereich, für den der GPR, BPR oder HPR errichtet ist. Nach S. 1 ist grundsätzlich nur er befugt, im Rahmen des BPersVG rechtswirksam für die Dienststelle zu handeln.[110] Wer Dienststellenleiter ist, muss den Vorschriften entnommen werden, die die **Organisationsstruktur** der Verwaltungen und Gerichte des Bundes sowie der in § 1 genannten juristischen Personen des öffentlichen Rechts regeln.[111] Dienststellenleiter ist, wem nach diesen Vorschriften die Kompetenz zur **verantwortlichen Leitung des gesamten Dienstbetriebes** zusteht. Bei verselbständigten Nebenstellen oder Dienststellenteilen (§ 6 Abs. 3) ist deren Leiter – so vorhanden – Dienststellenleiter i. S. d. BPersVG (vgl. § 6 Rn. 6). Der **dienstrechtliche Status** einer Person ist für die Eigenschaft als Leiter der Dienststelle unerheblich. Sie muss in der Dienststelle (bei verselbständigten Nebenstellen oder Dienststellenteilen: in der Gesamtdienststelle [vgl. § 6 Fn. 92]) tätig sein, ohne zugleich nach § 4 Beschäftigter i. S. d. BPersVG sein zu müssen. Zu den Besonderheiten bei den Sozialversicherungsträgern und der Bundesagentur für Arbeit vgl. § 88 Nr. 2, zur Bundesbank vgl. § 89 Nr. 3 und zur Deutschen Welle vgl. § 90 Nr. 4.

2 Nach S. 2 darf sich der Dienststellenleiter bei **Verhinderung**, die tatsächliche oder rechtliche Gründe haben kann, durch seinen **ständigen Vertreter** vertreten lassen. Das ist nur derjenige, der den Dienststellenleiter nach dem Organisationsplan laufend vertritt und i. d. R. die Befugnis hat, »in Vertretung« zu zeichnen. Obwohl der ständige Vertreter nicht nur Abwesenheitsvertreter ist,[112] darf er gegenüber der Personalvertretung nur handeln, wenn der Dienststellenleiter verhindert ist. Mit Vorbesprechungen oder Vorverhandlungen können auch andere Beschäftigte beauftragt werden. Das gilt jedoch

110 *BVerwG* v. 6. 4. 89 – 2 C 26.88 –, PersR 89, 203.
111 *BVerwG* v. 26. 8. 87 – 6 P 11.86 –, PersR 88, 45.
112 Vgl. *BAG* v. 27. 5. 81 – 4 AZR 1079/78 –, PersV 83, 294.

nicht für die Vornahme von Handlungen im Beteiligungsverfahren.[113] Bei obersten Dienstbehörden kann sich der Dienststellenleiter im Verhinderungsfall nicht nur durch seinen ständigen Vertreter (z. B. der Minister durch den Staatssekretär) vertreten lassen, sondern nach S. 3 auch durch den **Leiter der Abteilung für Personal- und Verwaltungsangelegenheiten**. Dessen Vertreter wiederum ist aber kein »ständiger Vertreter« i. S. v. S. 2.[114] Bei **Bundesoberbehörden** ohne nachgeordnete Dienststellen und bei **Behörden der Mittelstufe** (zu denen nach § 6 Abs. 2 S. 2 auch Bundesoberbehörden gehören, denen Dienststellen nachgeordnet sind) kann der Dienststellenleiter die Leiter jener Abteilungen zu seinen Vertretern bestimmen, die für Personal- und/oder Verwaltungsangelegenheiten zuständig sind.

S. 4 lässt mit Einverständnis des »Personalrats« auch eine Vertretung durch **sonstige Beauftragte** zu. Die gesetzestechnisch missglückte Vorschrift gilt zum einen für alle Arten von Personalvertretungen (unstr.) und zum anderen nicht nur für die in S. 3 genannten, sondern für alle Dienststellen.[115] Die Einverständniserklärung ist kein laufendes Geschäft i. S. d. § 32 Abs. 1 S. 4 und bedarf deshalb eines Beschlusses der Personalvertretung. Das Einverständnis kann auf einen Einzelfall, auf bestimmte Angelegenheiten oder auf eine bestimmte Zeit begrenzt werden. Die Personalvertretung kann ihr Einverständnis jederzeit widerrufen. Sonstiger Beauftragter kann nur ein Beschäftigter der Dienststelle sein. Bei Erteilung seines Einverständnisses wird die Personalvertretung darauf zu achten haben, dass der sonstige Beauftragte vom Dienststellenleiter mit den notwendigen Entscheidungsbefugnissen ausgestattet ist. Der sonstige Beauftragte kann nur dann tätig werden, wenn der Dienststellenleiter verhindert ist.[116] 3

Im Verfahren der förmlichen Beteiligung des PR führt eine **Verletzung der Vertretungsregelung** des § 7 dazu, dass das Verfahren nicht ordnungsgemäß eingeleitet ist. Die Personalvertretung muss die fehlerhafte Vertretung jedoch innerhalb der für das jeweilige Verfahren geltenden Äußerungsfrist **wirksam rügen,** damit sie sich im Verhältnis zur Dienststelle darauf berufen kann. Unterlässt sie dies, dann wird der Verfahrensmangel unabhängig von der Art des Beteiligungsrechts auch im Verhältnis zwischen der Dienststelle (oder dem Arbeitgeber bzw. Dienstherrn) und dem von der beteiligungs- 4

---

113 Str.; vgl. KfdP-*Baden*, Rn. 7a m. N.

114 *BAG* v. 29. 10. 98 – 2 AZR 61/98 –, PersR 99, 135.

115 Str.; a. A. *BAG* v. 26. 10. 95 – 2 AZR 743/94 –, PersR 96, 129; vgl. KfdP-*Baden*, Rn. 6 m. w. N.

116 *BAG* v. 26. 10. 95, a. a. O.

pflichtigen Maßnahme betroffenen Beschäftigten unbeachtlich (vgl. § 69 Rn. 18).[117]

§ 8 [Behinderungs-, Benachteiligungs- und Begünstigungsverbot]

Personen, die Aufgaben oder Befugnisse nach diesem Gesetz wahrnehmen, dürfen darin nicht behindert und wegen ihrer Tätigkeit nicht benachteiligt oder begünstigt werden; dies gilt auch für ihre berufliche Entwicklung.

1 § 8 ist eine Schutzvorschrift, die inhaltlich mit der für die Länder unmittelbar geltenden Bestimmung des § 107 S. 1 übereinstimmt. Die in § 8 enthaltenen **Verbote der Behinderung, Benachteiligung und Begünstigung** schützen alle Personen, die Aufgaben oder Befugnisse wahrnehmen, die im PersVR vorgesehen sind. Die allgemeine Schutzvorschrift des § 8 wird durch verschiedene **Spezialvorschriften** konkretisiert. Dabei handelt es sich v. a. um die Verbote der Wahlbehinderung und sittenwidrigen Wahlbeeinflussung sowie der Wahlrechtsbeschränkung in § 24 Abs. 1 S. 1 und 2 sowie um die Vorschriften über den Schutz vor wirtschaftlichen und beruflichen Nachteilen in § 46, vor Versetzungen und Abordnungen in § 47 Abs. 2 und vor Kündigungen in den §§ 15, 16 KSchG und § 47 Abs. 1 sowie über die Weiterbeschäftigung von Auszubildenden in § 9.

2 Der durch § 8 **geschützte Personenkreis** ist umfassend, weil in ihn alle Personen einbezogen sind, die Aufgaben oder Befugnisse nach dem PersVR wahrnehmen. Dazu gehören insb. die Mitglieder und Ersatzmitglieder der Personalvertretungen i. w. S. (PR, GPR, BPR und HPR; JAV, GJAV, BJAV und HJAV) einschl. der Vertreter der nichtständig Beschäftigten, des Vertrauensmanns der Polizeivollzugsbeamten in der Bundespolizei und des Vertrauensmanns der Ortskräfte in Auslandsdienststellen, die Mitglieder des VS-Ausschusses, die Mitglieder und Ersatzmitglieder der Wahlvorstände und Abstimmungsvorstände, der Dienststellenleiter und seine Vertreter in ihrer personalvertretungsrechtlichen Funktion, die Beauftragten von Gewerkschaften und Arbeitgebervereinigungen, der Vorsitzende und die Beisitzer der Einigungsstelle, der Präsident des Bundesverwaltungsgerichts bei der Bestellung des Vorsitzenden der Einigungsstelle, die vom Richterrat in die Personalvertretung entsandten Mitglieder dieses Organs, die Vertrauensperson der schwerbehinderten Menschen, der Sprecher der Verbandsversammlung der Vertrauenspersonen der Soldaten, die Teilnehmer von Personalversammlungen und Jugend- und Auszubildendenversammlungen, die Besu-

117 Vgl. *BVerwG* v. 6. 4. 89 – 2 C 26.88 –, PersR 89, 203; *BAG* v. 25. 2. 98 – 2 AZR 226/97 –, PersR 97, 298, v. 6. 7. 06 – 2 AZR 442/05 – u. – 2 AZR 443/05 –, NZA 07, 139 bzw. 197, sowie v. 19. 4. 07 – 2 AZR 180/06 –, NZA-RR 07, 572.

cher von Sprechstunden des PR und der JAV sowie Beschäftigte, die sich mit Anregungen und Beschwerden an den PR oder die JAV wenden. Zum Schutzbereich des § 8 gehören nicht nur Einzelpersonen, sondern auch alle personalvertretungsrechtlichen **Institutionen**. Dazu zählen die Personalvertretungen i. w. S., die Personalversammlung und die Jugend- und Auszubildendenversammlung, die Einigungsstelle sowie die Wahl- und Abstimmungsvorstände.

Die Verbote des § 8 richten sich gegen **jedermann**. Zu ihren Adressaten gehören v. a. der Dienststellenleiter und seine Vertreter sowie die übergeordneten Dienststellen, aber auch die Beschäftigten und die Personalvertretungen sowie außenstehende Stellen. **3**

Der Begriff der **Behinderung** i. S. d. § 8 und des § 107 S. 1 ist umfassend aus- **4**
zulegen. Er umfasst jede unzulässige Form der Beeinträchtigung der Wahrnehmung personalvertretungsrechtlicher Aufgaben oder Befugnisse, von der Erschwerung und Störung bis zur Verhinderung.[118] Eine Behinderung kann durch **positives Tun** oder, soweit eine Pflicht zum Handeln besteht, durch **Unterlassen** erfolgen. Eine Behinderungsabsicht oder ein Verschulden ist nicht erforderlich.[119] Es genügt vielmehr eine **objektiv feststellbare** unzulässige Beeinträchtigung. **Beispiele** einer Behinderung des PR durch die Dienststelle sind: Verhinderung der Abhaltung von oder der Teilnahme an PR-Sitzungen; Ablehnung von Freistellungen zur Wahrnehmung von PR-Aufgaben; Hinderung von Beschäftigten am Besuch der Sprechstunde des PR; Weigerung der Übernahme der durch die PR-Tätigkeit entstandenen Kosten oder der Bereitstellung der notwendigen Räume oder des Geschäftsbedarfs; Nichterfüllung von Informationspflichten; mangelnde Information der PR-Mitglieder durch den Vorsitzenden i. S. d. § 34 Abs. 2 S. 3; Verweigerung eines erforderlichen Internetzugangs für den PR; Unterbindung der Weiterleitung einer Bekanntmachung des PR im zulässigerweise mitbenutzten dienststelleninternen E-Mail-System.[120] Bei der Frage, ob die Aufzeichnung der **Telefondaten** gegen das Behinderungsverbot verstößt, ist nach der Rspr. wie folgt zu differenzieren: Bei Haus-, Orts-, und Nahgesprächen ist die Aufzeichnung nicht zulässig.[121] Dagegen soll die Speicherung der Zielnummern von Ferngesprächen des PR nebst Zeitpunkt und Dauer der Gespräche zum Zwecke der Kostenkontrolle zulässig sein, weil dies eine fachliche Kontrolle durch den Dienststellenleiter ausschließe und es diesem nicht

118 *BVerwG* v. 27. 8. 90 – 6P 26.87 –, PersR 90, 327.
119 Vgl. *BAG* v. 12. 11. 97 – 7 ABR 14/97 –, AP BetrVG 1972 § 23 Nr. 27.
120 *BVerwG* v. 27. 10. 09 – 6 P 11.08 –, PersR 10, 74 [zu II 3a].
121 *BAG* v. 1. 8. 90 – 7 ABR 99/88 –, PersR 91, 35.

ermöglicht werde, sich ein Bild von dem Inhalt der Gespräche zu verschaffen.[122]

5 Bei **Verstößen gegen das Behinderungsverbot** haben die davon betroffenen Personen und Institutionen einen Anspruch auf **Beseitigung der Beeinträchtigung** und **Unterlassung**,[123] der nach § 83 Abs. 1 Nr. 3, Abs. 2 im Beschlussverfahren vor dem Verwaltungsgericht durchsetzbar ist. Besteht der Verstoß in einem Unterlassen (vgl. Rn. 4), ist ein **Anspruch auf Erfüllung** gegeben, der ebenfalls im personalvertretungsrechtlichen Beschlussverfahren geltend gemacht werden kann.[124]

5a Ob **Anordnungen des Dienststellenleiters**, die gegen das Behinderungsverbot verstoßen, bis zu einer gerichtlichen Entscheidung befolgt werden müssen, ist umstritten. Dabei wird überwiegend die Auffassung vertreten, innerhalb der Ordnung der öffentlichen Verwaltung seien dienstliche Weisungen vorläufig bindend. Zur Begründung wird auf die Weisungsgebundenheit der Beamten nach § 62 Abs. 1 S. 2 BBG (Folgepflicht) verwiesen. Eine entsprechende Pflicht gilt für die Arbeitnehmer des öffentlichen Dienstes jedoch nicht. Davon abgesehen wird das Verhältnis der Dienststellenleitung zu den personalvertretungsrechtlichen Institutionen und Funktionsträgern durch den Grundsatz der **gleichberechtigten Partnerschaft** geprägt (§ 1 Rn. 19b). Im Hinblick darauf brauchen jedenfalls solche dienstlichen Anweisungen nicht befolgt zu werden, die offensichtlich gegen das Behinderungsverbot verstoßen.[125]

6 Das **Benachteiligungs- und Begünstigungsverbot** untersagt jede nicht gerechtfertigte ungleiche Behandlung der durch § 8 geschützten Personen gegenüber anderen vergleichbaren Beschäftigten. Benachteiligung ist dabei jede Zurücksetzung oder Schlechterstellung, Begünstigung jede Besserstellung oder Vorteilsgewährung. Für den Verstoß reicht die **objektiv ungleiche Behandlung** aus. Eine Absicht zur Benachteiligung oder Begünstigung oder ein Verschulden ist nicht erforderlich.[126] Als verbotene **Benachteiligungen** kommen z. B. in Betracht: die Umsetzung auf einen geringerwertigen Dienstposten oder Arbeitsplatz; die Zuweisung einer weniger angenehmen Arbeit; der Entzug einer Funktionszulage als IT-Fachbetreuer;[127] der Ausschluss von der Beförderung oder Höhergruppierung; die Nichtübernahme

---

122 *BVerwG* v. 28. 7. 89 – 6 P 1.88 –, PersR 89, 297; *BAG* v. 18. 1. 89 – 7 ABR 38/87 –, juris, u. v. 1. 8. 90, a. a. O.; str.; krit. dazu KfdP-*Noll*, Rn. 10 m. w. N.

123 Vgl. *BAG* v. 12. 11. 97, a. a. O., u. v. 3. 9. 03 – 7 ABR 12/03 –, AP BetrVG 1972 § 40 Nr. 78.

124 Vgl. KfdP-*Noll*, Rn. 11.

125 Zu den Details vgl. KfdP-*Noll*, Rn. 12.

126 *BAG* v. 19. 8. 92 – 7 AZR 262/91 –, PersR 93, 85, v. 16. 2. 05 – 7 AZR 95/04 –, PersR 05, 500, u. v. 7. 11. 07 – 7 AZR 820/06 –, PersR 08, 203; ebenso *BVerwG* v. 1. 2. 10 – 6 PB 36.09 –, PersR 10, 167, m. N. der überholten älteren Rspr.

127 *BAG* v. 16. 11. 10 – 7 AZR 458/10 –, PersR 12, 176.

eines Mitglieds der Interessenvertretung in ein unbefristetes oder in ein weiteres befristetes Arbeitsverhältnis wegen der ausgeübten Funktion;[128] die Kündigung des Arbeitsverhältnisses oder die Entlassung aus dem Beamtenverhältnis (zur Übernahme der auf die Erstattung von Unterkunftskosten entfallenden Lohnsteuer- und Sozialversicherungsanteile vgl. § 44 Rn. 13b). Verbotene **Begünstigungen** sind z. B. sachlich unbegründete Beförderungen oder Höhergruppierungen sowie die Zahlung überhöhter Entschädigungen für Auslagen oder Reisekosten.[129] Keine unzulässige Privilegierung von PR-Mitgliedern liegt in der **Inanspruchnahme von gesetzlich zuerkannten Rechten.**[130]

§ 8 Hs. 2 – stellt klar, dass das Benachteiligungs- und Begünstigungsverbot 7
auch für die **berufliche Entwicklung** der personalvertretungsrechtlich tätigen Personen gilt, und hebt damit die besondere Bedeutung dieses Aspektes hervor. Danach darf z. B. einem PR-Mitglied eine konkrete Chance in der beruflichen Entwicklung nicht vereitelt werden (für freigestellte PR-Mitglieder wird § 8 Hs. 2 durch § 46 Abs. 3 S. 6 ergänzt; vgl. § 46 Rn. 22). Eine ehrenamtliche personalvertretungsrechtliche Tätigkeit darf i. d. R. weder in einem Arbeitszeugnis noch in einer dienstlichen Beurteilung erwähnt werden.[131]

Da § 8 ein Schutzgesetz i. S. d. § 823 Abs. 2 BGB ist, können **Verstöße gegen** 8
das Verbot der Benachteiligung oder Begünstigung, wenn sie schuldhaft (d. h. vorsätzlich oder fahrlässig) begangen worden sind und dadurch ein materieller Schaden verursacht worden ist, **Schadensersatzansprüche** des Verletzten auslösen.[132] Es kommen aber auch **Beseitigungs- und Unterlassungsansprüche** entsprechend § 1004 BGB in Betracht, ohne dass es insoweit auf ein Verschulden ankommt (vgl. Rn. 6). Unzulässige **rechtsgeschäftliche Handlungen**, insb. Personalmaßnahmen des Arbeitgebers gegenüber einem Arbeitnehmer, die gegen das Verbot der Benachteiligung oder Begünstigung verstoßen, sind nach § 134 BGB **nichtig.** Unzulässige **Verwaltungsakte**, z. B. solche des Dienstherrn gegenüber einem Beamten, sind

---

128 *BAG* v. 5. 12. 12 – AZR 698/11 –, PersR 13, 188 Ls, u. v. 25. 6. 14 – 7 AZR 847/12 –, juris.

129 Vgl. *BAG* v. 29. 1. 74 – 1 ABR 34/73 –, AP BetrVG 1972 § 37 Nr. 8, v. 23. 6. 75 – 1 ABR 104/73 –, AP BetrVG 1972 § 40 Nr. 10, u. v. 16. 2. 05 – 7 AZR 590/04 –, PersR 05, 500.

130 Zu weiteren Beispielen vgl. KfdP-*Noll*, Rn. 14a–16. Näher zur Kostentragungspflicht eines PR-Mitglieds bei einem Zustimmungsersetzungsverfahren KfdP-*Noll*, § 44 Rn. 31a.

131 *BAG* v. 19. 8. 92 – 7 AZR 262/91 –, PersR 93, 85; *BVerwG* v. 7. 11. 91 – 1 WB 160.90 –, PersR 92, 195.

132 *BAG* v. 9. 6. 82 – 4 AZR 766/79 –, AP BPersVG § 107 Nr. 1.

zwar nur ausnahmsweise nichtig, ansonsten jedoch **anfechtbar**; Letzteres gilt grundsätzlich auch für **andere Formen hoheitlichen Handelns.**[133]

§ 9 [Übernahme von Auszubildenden]

(1) Beabsichtigt der Arbeitgeber, einen in einem Berufsausbildungsverhältnis nach dem Berufsbildungsgesetz, dem Krankenpflegegesetz oder dem Hebammengesetz stehenden Beschäftigten (Auszubildenden), der Mitglied einer Personalvertretung oder einer Jugend- und Auszubildendenvertretung ist, nach erfolgreicher Beendigung des Berufsausbildungsverhältnisses nicht in ein Arbeitsverhältnis auf unbestimmte Zeit zu übernehmen, so hat er dies drei Monate vor Beendigung des Berufsausbildungsverhältnisses dem Auszubildenden schriftlich mitzuteilen.
(2) Verlangt ein in Absatz 1 genannter Auszubildender innerhalb der letzten drei Monate vor Beendigung des Berufsausbildungsverhältnisses schriftlich vom Arbeitgeber seine Weiterbeschäftigung, so gilt zwischen dem Auszubildenden und dem Arbeitgeber im Anschluss an das erfolgreiche Berufsausbildungsverhältnis ein Arbeitsverhältnis auf unbestimmte Zeit als begründet.
(3) Die Absätze 1 und 2 gelten auch, wenn das Berufsausbildungsverhältnis vor Ablauf eines Jahres nach Beendigung der Amtszeit der Personalvertretung oder der Jugend- und Auszubildendenvertretung erfolgreich endet.
(4) [1]Der Arbeitgeber kann spatestens bis zum Ablauf von zwei Wochen nach Beendigung des Berufsausbildungsverhältnisses beim Verwaltungsgericht beantragen,
1. **festzustellen, dass ein Arbeitsverhältnis nach den Absätzen 2 oder 3 nicht begründet wird, oder**
2. **das bereits nach den Absätzen 2 oder 3 begründete Arbeitsverhältnis aufzulösen,**

wenn Tatsachen vorliegen, auf Grund derer dem Arbeitgeber unter Berücksichtigung aller Umstände die Weiterbeschäftigung nicht zugemutet werden kann. [2]In dem Verfahren vor dem Verwaltungsgericht ist die Personalvertretung, bei einem Mitglied der Jugend- und Auszubildendenvertretung auch diese beteiligt.
(5) Die Absätze 2 bis 4 sind unabhängig davon anzuwenden, ob der Arbeitgeber seiner Mitteilungspflicht nach Absatz 1 nachgekommen ist.

---

133 *BAG* v. 25.6.14 – 7 AZR 847/12 –, NZA 14, 1209 = AiB 1/15, 63 (zur Frage der Beweislast) und weiter zu den Rechtsfolgen von Verstößen KfdP-*Noll*, Rn. 18–22.

Der dem § 78a BetrVG entsprechende § 9 BPersVG[134] sieht einen be sonderen Schutz solcher Mitglieder oder ehemaliger Mitglieder einer Personal vertretung oder JAV vor, die in einem **befristeten Berufsausbildungsverhältnis** nach dem Berufsbildungsgesetz (BBiG), dem Krankenpflegegesetz (KrPflG) oder dem Hebammengesetz (HebG) stehen. Da ihr Ausbildungsverhältnis i. d. R. mit dem Ablauf der Ausbildungszeit oder mit dem Bestehen der Abschlussprüfung vor Ablauf der Ausbildungszeit endet, ist ein solcher Schutz erforderlich, damit sie ihr personalvertretungsrechtliches Amt ohne Furcht vor Nachteilen für ihre zukünftige berufliche Entwicklung ausüben können. § 9 enthält deshalb eine im Sozialstaatsprinzip begründete **spezielle Ausformung des Benachteiligungsverbots** des § 8.[135] Der **Schutzzweck** des § 9 hat eine **individualrechtliche** und eine **kollektivrechtliche** Komponente. Zum einen soll § 9 Auszubildende vor Personalmaßnahmen bewahren, die sie an der Ausübung ihrer PR- oder JAV-Arbeit hindern oder ihre Unabhängigkeit in dieser Arbeit beeinträchtigen können: **Schutz der beruflichen Entwicklung vor nachteiligen Folgen der Amtsausübung.**[136] Zum anderen soll § 9, indem er (i. d. R.) zugleich die amtierende Personalvertretung oder JAV vor dauernden oder vorübergehenden Änderungen ihrer Zusammensetzung schützt, auch der Kontinuität von Gremienarbeit dienen: **Schutz der Kontinuität der Vertretungsorgane und ihrer Funktionsfähigkeit.**[137] Bei der Anwendung des § 9 sind beide Schutzzwecke zu beachten. Da jedoch der »Schutz der Ämterkontinuität« (ggf.) nur die mittelbare Folge des Schutzes der beruflichen Entwicklung ist, steht nicht der kollektivrechtliche, sondern der **individualrechtliche Schutz im Vordergrund**, jedenfalls dann, wenn der kollektivrechtliche Schutz – wie beim nachwirkenden Übernahmeschutz nach § 9 Abs. 3 (bzw. § 78a Abs. 3 BetrVG) – überhaupt nicht realisierbar ist, was in der Rspr. sowohl des *BAG* zu § 78a BetrVG als auch des *BVerwG* zu § 9 BPersVG bisher nicht hinreichend beachtet wird[138] (unten Rn. 9). Die Regelung in § 9 entfaltet ihre Wirkung nicht erst am Ende der Ausbildung, wenn die JAV-Mitglieder (oder die anderen durch § 9 geschützten Auszubildenden [vgl. Rn. 3 und 10]) ihren Weiterbeschäftigungsanspruch geltend machen. Sie hat auch eine **Vorwirkung** im Hinblick darauf, ob Auszubildende bereit sind, Mitglied einer JAV (oder einer Personalvertretung) zu werden. Die Schutzregelung in § 9 ermutigt zur Kandidatur, weil mit Blick darauf das JAV-Mitglied (bzw. Personalvertretungsmit- 1

134 Geändert durch Art. 1 Nr. 1 des Gesetzes v. 13. 7. 88 (BGBl. I S. 1037); vgl. KfdP-*Kröll*, Rn. 1a.

135 *BVerwG* v. 15. 10. 85 – 6 P 13.84 –, PersR 86, 173.

136 *BVerfG* v. 21. 3. 15 – 1 BvR 20131/12 –, juris.

137 Vgl. insb. *BVerwG* v. 1. 12. 03 – 6 P 11.03 – u. v. 1. 11. 05 – 6 P 3.05 –, PersR 04, 60, u. 06, 382.

138 Vgl. KfdP-*Kröll*, Rn. 1.

glied) erwarten kann, bei der Frage einer etwaigen Weiterbeschäftigung nach Ende der Ausbildung nicht sachwidrig benachteiligt zu werden.[139] Der **soziale Schutzzweck** des § 9 ist jedoch nicht mehr eingehalten, wenn das JAV-Mitglied (bzw. Personalvertretungsmitglied) sogar im Obsiegensfalle seine Anwaltskosten – im Extremfall für drei Instanzen – selbst tragen muss. Deshalb sind dem JAV-Mitglied die **Anwaltskosten nur für die höheren Instanzen** zu ersetzen, wenn der Auflösungsantrag des Arbeitgebers gem. § 9 Abs. 4 rechtskräftig abgewiesen wird (vgl. § 44 Rn. 16a. E.).[140]

2 (**Abs. 1**) Zu dem durch § 9 geschützten Personenkreis gehören Beschäftigte, die in einem Berufsausbildungsverhältnis nach dem BBiG, dem KrPflG oder dem HebG stehen und die das Gesetz durch den Klammervermerk in Abs. 1 als »**Auszubildende**« definiert. Für Auszubildende in Berufsausbildungsverhältnissen, die nicht im KrPflG oder HebG, sondern in anderen **Spezialgesetzen** geregelt sind, die in ihren wesentlichen Elementen den Ausbildungen nach dem BBiG, dem KrPflG und dem HebG vergleichbar ist, insb. für Auszubildende für nichtakademische **Gesundheitsfachberufe,** ist § 9 entsprechend anzuwenden.[141]

2a Zu den Auszubildenden i. S. d. § 9 gehören nicht nur Personen, die sich in einer Erstausbildung befinden, sondern auch solche, die für einen anerkannten Ausbildungsberuf nach § 60 BBiG umgeschult werden.[142] Nicht dazu gehören dagegen Personen, die in einem **anderen Vertragsverhältnis** i. S. d. § 26 BBiG eingestellt sind, um berufliche Kenntnisse, Fertigkeiten oder Erfahrungen zu erwerben, insb. Anlernlinge, Volontäre oder Praktikanten, sowie Beschäftigte, deren Berufsausbildung in einem **öffentlich-rechtlichen Dienstverhältnis** erfolgt (vgl. § 3 Abs. 2 Nr. 2 BBiG). Das hat zur Folge, dass u. a. auch Mitglieder einer JAV oder einer Personalvertretung, die im **Beamtenverhältnis auf Widerruf** einen **Vorbereitungsdienst für den gehobenen Dienst** absolviert haben, nicht den Weiterbeschäftigungsschutz nach § 9 genießen.[143] Die Differenzierung zwischen angestellten und verbeamteten Auszubildenden in § 9 sieht das *BVerfG*[144] bereits wegen der strukturellen Unterschiede zwischen Beamten- und Arbeitsverhältnissen im öffentlichen Dienst als gerechtfertigt. So bestehen bei beamteten Auszubildenden ungleich höhere Chancen auf Übernahme in ein Arbeits- bzw. Beamtenverhältnis. Auszubildende, die nicht unter § 9 fallen, sind vor Benachteiligungen

---

139 *BVerwG* v. 12. 11. 12 – 6 P 1.12 –, PersR 13, 30.
140 *BVerwG* v. 12. 11. 12, a. a. O.
141 Vgl. KfdP-*Kröll*, Rn. 2a. Offengelassen in *BVerwG* v. 1. 10. 13 – 6 P 6.13 –, PersR 14, 173 (zu II B 2d m. w. N.).
142 *BVerwG* v. 31. 5. 90 – 6 P 16.88 –, PersR 90, 256.
143 *BVerwG* v. 30. 5. 12 – 6 PB 7.12 –, PersR 12, 383.
144 Nichtannahmebeschluss v. 21. 3. 15 – 1 BvR 2031/12 (vorgehend *BVerwG* v. 30. 5. 12, a. a. O.).

aufgrund einer Mitgliedschaft in der JAV einerseits durch § 8, andererseits durch das Prinzip der Bestenauslese nach Art. 33 Abs. 2 GG geschützt.

Die Vorschrift schützt Auszubildende, die **Mitglied einer Personalvertretung oder einer JAV** sind. Da die JAV ausdrücklich aufgeführt ist, ist »Personalvertretung« i. e. S. zu verstehen. Gemeint sind damit PR, GPR, BPR und HPR. Mit JAV ist auch die GJAV, BJAV und HJAV gemeint. Die Mitgliedschaft beginnt in dem Zeitpunkt, in dem das Wahlergebnis feststeht. Das ist der Fall, sobald der Wahlvorstand dieses nach § 23 Abs. 2 S. 1 i. V. m. § 20 Abs. 1 WO durch Beschluss festgestellt hat.[145] Die Vorschrift schützt auch Auszubildende, die als **Ersatzmitglied** nur vorübergehend für ein zeitweilig verhindertes ordentliches Mitglied in eine Personalvertretung bzw. JAV eingerückt sind. Das gilt für die Dauer des Einrückens,[146] aber auch für die Zeit eines Jahres nach der Beendigung des Vertretungsfalls (näher hierzu Rn. 10). **Wahlbewerber** genießen nicht den Schutz des § 9.[147] 3

Im Unterschied zu § 78a BetrVG hängt die Anwendung der Schutzvorschrift des § 9 BPersVG von der **erfolgreichen Beendigung** des Berufsausbildungsverhältnisses ab. Diese Voraussetzung liegt dann vor, wenn der Auszubildende (nach dem KrPflG oder dem HebG) die **staatliche Prüfung** oder (nach dem BBiG) die **Abschlussprüfung bestanden** hat. Das Ausbildungsverhältnis endet grundsätzlich mit dem Ablauf der Ausbildungszeit (§ 21 Abs. 1 S. 1 BBiG; § 14 Abs. 1 KrPflG; § 17 Abs. 1 HebG), im Falle der Stufenausbildung mit Ablauf der letzten Stufe (§ 21 Abs. 1 S. 2 BBiG). Besteht der Auszubildende bereits vor Ablauf der Ausbildungszeit die Abschlussprüfung, so endet das Berufsausbildungsverhältnis i. S. d. BBiG nicht mehr (wie nach § 14 Abs. 2 BBiG a. F.) »mit Bestehen der Abschlussprüfung«, sondern (nach § 21 Abs. 2 BBiG n. F.) »mit Bekanntgabe des Ergebnisses durch den Prüfungsausschuss«.[148] Besteht der Auszubildende die Abschlussprüfung nicht, so verlängert sich das Berufsausbildungsverhältnis gem. § 21 Abs. 3 BBiG auf sein Verlangen bis zur nächstmöglichen **Wiederholungsprüfung**, höchstens um ein Jahr, wobei es für die Frage des Zeitpunktes des Bestehens entsprechend § 21 Abs. 2 BBiG wiederum auf die Bekanntgabe des Ergebnisses durch den Prüfungsausschuss ankommt.[149] 4

Beabsichtigt der Arbeitgeber, einen durch § 9 geschützten Auszubildenden nach erfolgreicher Beendigung des Berufsausbildungsverhältnisses nicht in ein Arbeitsverhältnis auf unbestimmte Zeit zu übernehmen, so ist er verpflichtet, dies dem Auszubildenden spätestens drei Monate vor Beendigung 5

145 *BVerwG* v. 1. 10. 13 – 6 P 6.13 –, PersR 14, 173.
146 *BVerwG* v. 25. 6. 86 – 6 P 27.84 – u. v. 28. 2. 90 – 6 P 21.87 –, PersR 86, 218, u. 90, 132.
147 *BVerwG* v. 20. 11. 07 – 6 PB 14.07 –, PersR 08, 80.
148 *BVerwG* v. 12. 10. 09 – 6 PB 28.09 –, PersR 10, 30.
149 Näher dazu KfdP-*Kröll*, Rn. 4 m. w. N.

des Ausbildungsverhältnisses schriftlich mitzuteilen. **Arbeitgeber** ist derjenige, mit dem der Ausbildungsvertrag geschlossen und mit dem bei der Übernahme der Arbeitsvertrag abzuschließen ist.[150] Das ist die sog. Anstellungskörperschaft, im Geltungsbereich des Ersten Teils des BPersVG also der Bund oder eine andere der in § 1 aufgeführten juristischen Personen. Für den Arbeitgeber hat – so das *BVerwG*[151] – derjenige zu handeln, der nach den allgemeinen Regelungen berechtigt ist, die Anstellungskörperschaft in ihrer Arbeitgeberfunktion zu vertreten. Er hat die **schriftliche Mitteilung** zu unterzeichnen (§ 126 Abs. 1 BGB), die dem Auszubildenden spätestens drei Monate vor Beendigung des Ausbildungsverhältnisses (vgl. Rn. 4 u. 7) zugehen muss (§ 130 Abs. 1 BGB). Die **Dreimonatsfrist** ist eine Mindestfrist.[152] Die in Abs. 1 festgelegte Mitteilungspflicht des Arbeitgebers hängt mit dem Recht des Auszubildenden nach Abs. 2 zusammen, seinerseits innerhalb von drei Monaten vor Beendigung des Berufsausbildungsverhältnisses schriftlich vom Arbeitgeber die Weiterbeschäftigung zu verlangen. Der Auszubildende kann die Übernahme allerdings auch dann verlangen, wenn der Arbeitgeber seiner Mitteilungspflicht nach Abs. 1 nicht nachgekommen ist (vgl. Rn. 7f.). Besteht der Auszubildende die Abschlussprüfung nicht und verlängert sich das Ausbildungsverhältnis (vgl. Rn. 4), so muss ggf. – wiederum unter Beachtung der Dreimonatsfrist – eine **erneute Mitteilung** des Arbeitgebers erfolgen.[153]

6 Die Mitteilung des Arbeitgebers muss sich auf ein **Arbeitsverhältnis auf unbestimmte Zeit** beziehen. Darunter ist eine auf Dauer angelegte Vollzeitbeschäftigung zu verstehen, die der Ausbildung des Auszubildenden entspricht und diesen sowohl hinsichtlich der rechtlichen Ausgestaltung des Arbeitsverhältnisses als auch der Bezahlung und der beruflichen Entwicklungsmöglichkeiten einem Beschäftigen gleichstellt, der vom Arbeitgeber für eine **vergleichbare Tätigkeit** ausgewählt und eingestellt wird.[154] Die Mitteilungspflicht des Arbeitgebers entfällt nicht, wenn er den Auszubildenden nur in ein befristetes Arbeitsverhältnis, in ein Teilzeitarbeitsverhältnis oder ein nicht ausbildungsadäquates Arbeitsverhältnis übernehmen will.[155]

7 Nimmt der Arbeitgeber die vorgeschriebene **Mitteilung nach Abs. 1 nicht oder nicht fristgerecht** vor, und sieht der Auszubildende infolgedessen von einem solchen Verlangen ab, so führt dies allein grundsätzlich nicht dazu, dass das Weiterbeschäftigungsverlangen als form- und fristgerecht erklärt

150 Vgl. *BVerwG* v. 19. 1. 09 – 6 P 1.08 –, PersR 09, 205, m. w. N.
151 Beschl. v. 16. 9. 96 – 6 P 16.94 –, PersR 97, 161.
152 Richardi-*Treber*, Rn. 27.
153 Vgl. KfdP-*Kröll*, Rn. 5 m. w. N.
154 *BVerwG* v. 15. 10. 85 – 6 P 13.84 –, PersR 86, 173.
155 Richardi-*Treber*, Rn. 24.

anzusehen ist.[156] Der Arbeitgeber kann sich aufgrund des Rechtsgedankens des § 162 Abs. 1 BGB nur dann nicht auf ein fehlendes Weiterbeschäftigungsverlangen berufen, wenn er den Auszubildenden durch die Nichtinformation **bewusst davon abgehalten** hat, das Weiterbeschäftigungsverlangen geltend zu machen.[157] Deshalb empfiehlt es sich, dass der Auszubildende seine **Weiterbeschäftigung in jedem Fall form- und fristgerecht verlangt** (näher dazu Rn. 8 ff.). Die Nichtmitteilung durch den Arbeitgeber kann ggf. **Schadensersatzansprüche** des Auszubildenden auslösen.[158]

(Abs. 2) Der Auszubildende, der Mitglied einer Personalvertretung oder einer JAV ist, kann **innerhalb der letzten drei Monate** vor der Beendigung des Ausbildungsverhältnisses schriftlich vom Arbeitgeber seine **Weiterbeschäftigung in einem unbefristeten Vollzeitarbeitsverhältnis verlangen**. Das Weiterbeschäftigungsverlangen muss **schriftlich erklärt** werden. Damit ist die gesetzliche Schriftform des § 126 Abs. 1 BGB gemeint.[159] Das bedeutet, dass die Erklärung des Auszubildenden von diesem eigenhändig durch Namensunterschrift unterzeichnet werden muss. Eine Mitteilung per Telefax, E-Mail oder Computerfax genügt nicht.[160] Ein bereits **früher erklärtes** Weiterbeschäftigungsverlangen ist unwirksam[161] und ist innerhalb der Dreimonatsfrist zu **wiederholen**.[162] Ein vor Fristbeginn gestelltes Weiterbeschäftigungsverlangen kann jedoch nach Auffassung des *BVerwG* ausnahmsweise als fristgerecht gestellt behandelt werden, wenn Arbeitgeber und Auszubildender dies innerhalb der Dreimonatsfrist ausdrücklich oder stillschweigend vereinbart haben[163] oder wenn die Grundsätze von Treu und Glauben dies bei Vorliegen besonderer Umstände gebieten.[164] Solche Umstände hat das *BVerwG* indessen nur dann bejaht, wenn das Verhalten des Arbeitgebers darauf abzielt, den Auszubildenden von einer fristgerechten Wiederholung seines verfrühten Weiterbeschäftigungsverlangens abzuhalten, obwohl die hieraus dem Auszubildenden entstehenden Nachteile für den Arbeitgeber vorhersehbar waren und deren Abwendung dem Arbeitgeber möglich und zumutbar gewesen wäre. Für die **Berechnung der Dreimonatsfrist** war nach bisheriger Rspr. sowohl des *BAG*[165] als auch des *BVerwG*[166] auf das Bestehen 8

---

156 *BVerwG* v. 31. 5. 05 – 6 PB 1.05 –, PersR 05, 323, m. w. N.
157 Vgl. KfdP-*Kröll*, Rn. 7 m. w. N.
158 Vgl. KfdP-*Kröll*, a. a. O.
159 *BVerwG* v. 18. 8. 10 – 6 P 15.09 –, PersR 10, 488.
160 Vgl. KfdP-*Kröll*, Rn. 8a m. w. N.
161 *BAG* v. 10. 2. 88 – 7 AZR 607/86 –, PersR 88, 161, u. v. 12. 11. 97 – 7 ABR 73/96 –, AP BetrVG 1972 § 78a Nr. 31; *BayVGH* v. 19. 11. 12 – 18 P 11.1960 –, NZA-RR 13, 222.
162 Vgl. *BVerwG* v. 22. 4. 87 – 6 P 15.83 –, PersR 87, 189.
163 Beschl. v. 2. 11. 94 – 6 P 39.93 –, PersR 95, 170.
164 Beschl. v. 9. 10. 96 – 6 P 20.94 –, PersR 97, 163.
165 Urt. v. 31. 10. 85 – 6 AZR 557/84 –, AP BetrVG 1972 § 78a Nr. 15.

der Abschlussprüfung abzustellen. Nach der Reform des Berufsbildungsrechts ist dagegen der Tag der **Bekanntmachung des Ergebnisses der bestandenen Abschlussprüfung** durch den Prüfungsausschuss maßgebend (vgl. dazu Rn. 4). Die Dreimonatsfrist ist von diesem Tag an zurückzurechnen.

8a Mit dem form- und fristgerecht erklärten Weiterbeschäftigungsverlangen des Mitglieds der Personalvertretung oder der JAV entsteht im unmittelbaren Anschluss an das erfolgreich beendete Berufsausbildungsverhältnis ein **unbefristetes Vollzeitarbeitsverhältnis** zwischen dem Arbeitgeber und dem Mandatsträger. Es steht allerdings unter dem **Vorbehalt** einer vom Arbeitgeber nach Abs. 4 Nr. 2 beantragten (späteren) **Auflösung durch das Verwaltungsgericht.**[167] Dieses Arbeitsverhältnis kommt auch dann zustande, wenn der Arbeitgeber bereits vorher nach Abs. 4 Nr. 1 beim Verwaltungsgericht die Feststellung beantragt hat, dass ein Arbeitsverhältnis nicht begründet wird, über diesen Antrag aber bei Beendigung des Ausbildungsverhältnisses noch nicht entschieden ist.[168]

9 Das Verlangen nach Abs. 2 erstreckt sich auf die **Weiterbeschäftigung bei dem Arbeitgeber**, und zwar vorrangig (aber nicht allein) bei der Dienststelle, der der Auszubildende angehört. Das BVerwG[169] hat allerdings entschieden, dass der Weiterbeschäftigungsanspruch grundsätzlich auf die **Ausbildungsdienststelle** beschränkt sei, also auf die Dienststelle, bei der das Mitglied der Personalvertretung oder der JAV seine Berufsausbildung erhalten hat. Diese Beschränkung entspricht der st. Rspr. des BAG,[170] die den Weiterbeschäftigungsanspruch nach § 78a BetrVG ausschließlich auf den **Ausbildungsbetrieb** bezieht. Die **restriktive Rspr.** wird im Wesentlichen damit begründet, dass die Pflicht des Arbeitgebers zur Weiterbeschäftigung des Auszubildenden nur bei Fortbestehen des durch § 78a Abs. 1 BetrVG (bzw. § 9 Abs. 1 BPersVG) geschützten Mandats gerechtfertigt sei. Nur dann könnten beide (als gleichrangig angesehene) Schutzzwecke der Norm erreicht werden, also die Gewährleistung der Ämterkontinuität der (in § 78a Abs. 1 BetrVG bzw. § 9 Abs. 1 BPersVG genannten) Gremien der Interessenvertretung sowie der Schutz des Amtsträgers vor nachteiligen Folgen bei der Amtsführung während der Berufsausbildung (vgl. oben Rn. 1). Diese Rspr. ist jedoch **bereits im Ansatz verfehlt**, weil sie verkennt, dass die beiden Schutzzwecke des § 78a BetrVG und des § 9 BPersVG nicht »gleichberechtigt nebeneinander« stehen, sondern dass zwischen ihnen ein Rangverhältnis be-

166 Beschl. v. 22.4.87, a.a.O.
167 Vgl. *BVerwG* v. 1. 11. 05 – 6 P 3.05 –, PersR 06, 382.
168 Vgl. *BAG* v. 11.1.95 – 7 AZR 574/94 –, PersR 95, 223.
169 Insb. Beschl. v. 15.10.85 – 6 P 13.84 –, PersR 86, 173, v. 1. 11. 05, a.a.O., u. v. 19.1.09 – 6 P 1.08 –, PersR 09, 205.
170 Insb. Beschl. v. 15.11.06 – 7 ABR 15/06 –, AP BetrVG 1972 § 78a Nr. 38.

steht, in dem der **Schutz des Auszubildenden vorrangig** und der **Schutz der Ämterkontinuität nachrangig** ist.[171] Ohne seinen als verfehlt zu kritisierenden Ansatz aufzugeben, hat das *BVerwG* im Jahr 2009 seine bisherige Rspr. dadurch modifiziert, dass es nun die Besonderheiten einer Mitgliedschaft eines nach § 9 geschützten Auszubildenden in einer **dienststellenübergreifenden Personalvertretung bzw. JAV** berücksichtigt.[172] Danach bezieht sich bei einem Mitglied einer **Stufenvertretung** (BPR oder HPR) oder einer **Jugend- und Auszubildendenstufenvertretung** (BJAV oder HJAV) der Weiterbeschäftigungsanspruch auf **alle Dienststellen im Geschäftsbereich der übergeordneten Dienststelle**, bei der die jeweilige Vertretung (BPR oder HPR bzw. BJAV oder HJAV) gebildet ist. Bei einem Mitglied eines **GPR** oder einer **GJAV** bezieht er sich auf **alle Dienststellen im Bereich der Gesamtdienststelle**. Letzteres hat das *BVerwG* zwar bisher nicht ausdrücklich ausgesprochen, ist aber eine Konsequenz aus seiner Rspr. zum Weiterbeschäftigungsanspruch von Mitgliedern von Stufenvertretungen.

Das Weiterbeschäftigungsverlangen bezieht sich nicht auf die Beschäftigung an einem bestimmten Arbeitsplatz. Die **Arbeitsbedingungen** in dem sich anschließenden unbefristeten Arbeitsverhältnis haben aber denen **vergleichbarer Arbeitnehmer** mit betriebsüblicher beruflicher Entwicklung zu entsprechen. Die Weiterbeschäftigung hat vorrangig im erlernten Beruf zu erfolgen. Das Mitglied der Personalvertretung oder der JAV darf nicht auf eine **ausbildungsfremde, geringerwertige Beschäftigung** verwiesen werden, wenn es ausbildungsgerecht beschäftigt werden könnte.[173] Der Arbeitgeber kann den Wirkungsbereich des Weiterbeschäftigungsanspruchs nicht dadurch einschränken, dass er für die Weiterbeschäftigung besondere Qualifikationsanforderungen aufstellt[174] (vgl. aber Rn. 16). Ein Arbeitsplatz ist allerdings auch dann ausbildungsadäquat, wenn seine Anforderungen eine **kurzfristig erreichbare Zusatzqualifikation** (hier: Fahrerlaubnis der Bundeswehr) vorsehen.[175] Ist ein freier, ausbildungsgerechter Arbeitsplatz nicht vorhanden und hat sich der Auszubildende **hilfsweise** bereit erklärt, auch eine **nicht ausbildungsadäquate Tätigkeit** anzunehmen, so muss der Arbeitgeber prüfen, ob eine anderweitige Beschäftigung möglich ist.[176] Der Auszubildende muss hierfür dem Arbeitgeber **frühzeitig** zu erkennen geben, zu welchen abweichenden Arbeitsbedingungen er sich seine Weiterbeschäftigung vorstellt.[177] Seine Bereitschaft zu einer Weiterbeschäftigung zu ande- **9a**

171 Näher dazu KfdP-*Kröll*, Rn. 9 m. w. N.
172 Beschl. v. 19. 1. 09, a. a. O.
173 *BVerwG* v. 15. 10. 85 – 6 P 13.84 –, PersR 86, 173.
174 *BVerwG* v. 24. 4. 91 – 6 PB 18.90 –, PersR 91, 409.
175 *BVerwG* v. 24. 5. 12 – 6 PB 5.12 –, PersR 12, 378.
176 *BAG* v. 6. 11. 96 – 7 ABR 54/95 –, PersR 97, 409.
177 *BVerwG* v. 18. 1. 12 – 6 PB 21.11 –, PersR 12, 121.

ren Bedingungen muss der Auszubildende dem Arbeitgeber **unverzüglich** nach dessen Nichtübernahmeerklärung mitteilen; eine Einverständniserklärung im gerichtlichen Verfahren über den Auflösungsantrag genügt nicht.[178] Der Weiterbeschäftigungsanspruch richtet sich auf ein **unbefristetes Vollzeitarbeitsverhältnis.**[179] Will der Arbeitgeber den Anspruch auf Übernahme in ein unbefristetes Vollzeitarbeitsverhältnis nicht erfüllen, weil er aus betrieblichen Gründen nur ein befristetes oder nur ein Teilzeitarbeitsverhältnis anbieten kann, muss er das Verfahren nach Abs. 4 betreiben (vgl. Rn. 11 ff.). Verlangt ein JAV-Mitglied seine Übernahme nach Abs. 2 und bewirbt sich gleichzeitig auf eine konkrete Teilzeitstelle, so ist diese Stelle bei der Prüfung des Vorhandenseins eines geeigneten und besetzbaren Arbeitsplatzes im Rahmen eines Auflösungsantrags nach Abs. 4 S. 1 Nr. 2 zu berücksichtigen.[180]

10 (**Abs. 3**) Auch **ehemalige Mitglieder** einer Personalvertretung oder JAV haben nach Maßgabe der Abs. 1 und 2 den Übernahmeanspruch, sofern das Berufsausbildungsverhältnis **vor Ablauf eines Jahres** nach Beendigung der Amtszeit erfolgreich endet. Für die Berechnung des einjährigen nachwirkenden Schutzes ist die Beendigung der **persönlichen Mitgliedschaft** in dem jeweiligen personalvertretungsrechtlichen Organ maßgebend; entsprechend § 15 Abs. 2 S. 2 Hs. 2 KSchG ist der nachwirkende Übernahmeschutz jedoch ausgeschlossen, wenn die Beendigung der Mitgliedschaft auf einer gerichtlichen Entscheidung beruht.[181] Der nachwirkende Schutz gilt auch für ein **endgültig nachgerücktes Ersatzmitglied**, das mit dem Einrücken in die Personalvertretung oder JAV zum ordentlichen Mitglied dieses Gremiums geworden ist.[182] Auch das **vorübergehend nachgerückte Ersatzmitglied** kann den nachwirkenden Schutz in Anspruch nehmen, sofern das Berufsausbildungsverhältnis innerhalb eines Jahres nach dem (letzten) Vertretungsfall erfolgreich abgeschlossen wird.[183] Dabei kommt es nach der jüngsten Rspr. des *BVerwG*[184] nicht (mehr) darauf an, ob der Verhinderungsvertreter der Personalvertretung oder der JAV über einen längeren, in sich geschlossenen

178 *BAG* v. 8. 9. 10 – 7 ABR 33/09 –, AP BetrVG 1972 § 78a Nr. 54.

179 *BVerwG* v. 15. 10. 85, a. a. O.; *BAG* v. 13. 11. 87 – 7 AZR 246/87 –, AP BetrVG 1972 § 78a Nr. 18.

180 *NdsOVG* v. 28. 9. 15 – 18 LP 2/15 –, PersV 16, 56.

181 Vgl. *BAG* v. 21. 8. 79 – 6 AZR 789/77 –, AP BetrVG 1972 § 78a Nr. 6; str.; vgl. KfdP-*Kröll*, Rn. 10 m. w. N.

182 *BVerwG* v. 22. 4. 87 – 6 P 15.83 –, PersR 87, 189.

183 Vgl. *BAG* v. 15. 1. 80 – 6 AZR 726/79 –, AP BetrVG 1972 § 78a Nr. 8, u. v. 13. 3. 86 – 6 AZR 381/85 –, PersR 86, 216; so jetzt auch das *BVerwG*, etwa Beschl. v. 1. 10. 13 – 6 P 6.13 –, PersR 14, 173 mit Anm. *Dierßen.*

184 *BVerwG* v. 1. 10. 13, a. a. O. im Anschluss an die Rspr. des *BAG* (Urt. v. 13. 3. 86 – 6 AZR 207/85 –, AP BPersVG § 9 Nr. 3, u. Beschl. v. 5. 12. 07 – 7 ABR 65/06 –, AP BetrVG 1972 § 78a Nr. 46).

Zeitraum angehört hat oder ob er zeitlich getrennte Vertretungstätigkeiten in einer so großen Zahl von Einzelfällen ausgeübt hat, dass diese in ihrer Gesamtheit einer über einen längeren, in sich abgeschlossenen Zeitraum bestehenden Ersatzmitgliedschaft gleichkommen.[185] Manipulationen hinsichtlich zeitweiliger Verhinderungen und dadurch herbeigeführter Vertretungsfälle können dem öffentlichen Arbeitgeber allerdings das Recht geben, im Verfahren nach § 9 Abs. 4 unter dem Gesichtspunkt des Rechtsmissbrauchs die Unzumutbarkeit der Weiterbeschäftigung eines ordentlichen Mitglieds und eines Ersatzmitglieds geltend zu machen.[186]

(**Abs. 4**) Der Arbeitgeber kann, sofern die Weiterbeschäftigung nach Abs. 2 11 oder Abs. 3 verlangt worden ist, den Übergang des Ausbildungsverhältnisses in ein Arbeitsverhältnis nur durch die **Anrufung des Verwaltungsgerichts** und durch einen für ihn erfolgreichen Ausgang des Gerichtsverfahrens verhindern. Abs. 4 sieht zwei Arten von möglichen Anträgen des Arbeitgebers vor: einen **Feststellungsantrag** (Nr. 1) und einen **Auflösungsantrag** (Nr. 2). Über diese Anträge ist im **personalvertretungsrechtlichen Beschlussverfahren** zu entscheiden.[187] Der Antrag auf Feststellung, dass ein Arbeitsverhältnis nicht begründet wird, soll das Zustandekommen eines Arbeitsverhältnisses verhindern, während der Antrag, das bereits begründete Arbeitsverhältnis aufzulösen, auf das rechtsgestaltende Eingreifen des Verwaltungsgerichts in das bestehende Arbeitsverhältnis abzielt.[188]

Arbeitgeber i. S. v. § 9 Abs. 4 S. 1 ist derjenige, der beim Vertragsschluss 12 **Vertragspartner des Arbeitnehmers** wäre. In seiner früheren Rspr. hat das *BVerwG* die Formulierung verwandt, im **Verfahren nach § 9 Abs. 4** handele für den Arbeitgeber allein derjenige, der ihn **gerichtlich zu vertreten** habe.[189] Nach der aktuellen Rspr. hat der **Antrag nach § 9 Abs. 4** eine **Doppelnatur.** Für dessen Wirksamkeit ist erforderlich, dass diejenige Person, die für den öffentlichen Arbeitgeber den Antrag bei Gericht stellt, berechtigt ist, über die Weiterbeschäftigung des JAV-Mitglieds (bzw. eines anderen nach § 9 geschützten Beschäftigten) zu entscheiden, und ferner befugt ist, den öffentlichen Arbeitgeber im Verfahren wegen Auflösung des Arbeitsverhältnisses vor Gericht zu vertreten.[190] Der **gesetzliche Vertreter des Arbeitgebers** erfüllt beide Voraussetzungen. Nach st. Rspr. des *BVerwG* muss innerhalb der

185 So die ältere, nunmehr aufgegebene Rspr. des *BVerwG* (Beschl. v. 25. 6. 86 – 6 P 27.84 –, PersR 86, 218, v. 28. 2. 90 – 6 P 21.87 –, PersR 90, 133, u. v. 9. 10. 96 – 6 P 21.94 –, PersR 97, 165).

186 *BVerwG* v. 1. 10. 13, a. a. O.

187 *BVerwG* v. 26. 6. 81 – 6 P 71.78 –, PersV 83, 14, u. v. 26. 5. 09 – PB 4.09 –, PersR 09, 367.

188 *BVerwG* v. 30. 10. 87 – 6 P 25.85 –, PersR 88, 47.

189 *BVerwG* v. 1. 12. 03 – 6 P 11.03 –, PersR 04, 60, v. 1. 11. 05 – 6 P 3.05 –, PersR 06, 382, u. v. 8. 7. 08 – 6 P 14.07 –, PersR 08, 374.

190 *BVerwG* v. 21. 2. 11 – 6 P 12.10 –, PersR 11, 271.

zweiwöchigen **Ausschlussfrist** von § 9 Abs. 4 S. 1 (vgl. Rn. 14) eine verantwortliche Entscheidung desjenigen vorliegen, der den Arbeitgeber gerichtlich vertritt.[191] Das ist gegeben, wenn die innerhalb der Ausschlussfrist eingegangene Antragsschrift vom **gesetzlichen Vertreter des öffentlichen Arbeitgebers** unterzeichnet ist. Eine **Generalprozessvollmacht** vermittelt hingegen nicht die arbeitsrechtliche Befugnis, über die Weiterbeschäftigung der JAV-Mitglieder (bzw. der anderen geschützten Beschäftigten) zu entscheiden und das mit dem Prozessantrag nach § 9 Abs. 4 verbundene materiell-rechtliche Gestaltungsrecht auszuüben.[192]

12a Eine rechtzeitige Antragstellung ist aber auch durch eine Antragsschrift möglich, die durch einen **nachgeordneten Bediensteten** unterschrieben ist; dieser muss dann allerdings seine Vertretungsbefugnis innerhalb der Ausschlussfrist durch **Vorlage einer Vollmacht** – und zwar im Original – nachweisen, die vom gesetzlichen Vertreter des Arbeitgebers unterzeichnet ist.[193] Das gilt auch, wenn sich der Arbeitgeber zur Antragstellung nach Abs. 4 S. 1 eines **Rechtsanwalts** bedient.[194] Soll zur gerichtlichen Vertretung des öffentlichen Arbeitgebers **anstelle des Behördenleiters ein Abteilungsleiter** berufen sein, so müssen für eine wirksame Antragstellung nach Abs. 4 S. 1 die **delegierenden Bestimmungen** (wie z. B. Geschäftsordnung, Aufgabenverteilungsplan, Tätigkeitsbeschreibung) entweder **veröffentlicht** sein oder innerhalb der zweiwöchigen Antragsfrist dem Gericht **vorgelegt** werden.[195] Eine **Generalprozessvollmacht** berechtigt als solche nicht zur Antragstellung nach Abs. 4 S. 1.[196] Das **Verwaltungsgericht** ist nicht gehalten, den öffentlichen Arbeitgeber innerhalb der zweiwöchigen Ausschlussfrist auf etwaige **Bedenken** hinsichtlich einer wirksamen Antragstellung hinzuweisen und auf die rechtzeitige Behebung des Mangels hinzuwirken.[197]

13 Der **Feststellungsantrag** kommt **vor der Beendigung des Ausbildungsverhältnisses** in Betracht. Voraussetzung ist, dass der Auszubildende das Weiterbeschäftigungsverlangen erklärt hat. Einem Feststellungsantrag, den der Arbeitgeber stellt, bevor der Auszubildende überhaupt seine Weiterbeschäftigung verlangt hat, fehlt es anfänglich regelmäßig am Rechtsschutzbedürfnis; es reicht jedoch aus, wenn dieses nachträglich – durch ein Weiterbeschäftigungsverlangen – entsteht, und spätestens im Zeitpunkt der letzten

---

191 Vgl. zum Folgenden KfdP-*Kröll*, Rn. 11a m. w. N.

192 *BVerwG* v. 21. 2. 11, a. a. O.

193 *BVerwG* v. 19. 8. 09 – 6 PB 19.09 –, PersR 09, 420, v. 18. 9. 09 – 6 PB 23.09 –, PersR 09, 509, u. v. 21. 2. 11 – 6 P 12.10 –, PersR 11, 271, jew. m. w. N.

194 *BVerwG* v. 18. 8. 10 – 6 P 15.09 –, PersR 10, 488, u. v. 3. 6. 11 – 6 PB 1.11 –, PersR 11, 390.

195 *BVerwG* v. 18. 9. 09, a. a. O.

196 *BVerwG* v. 21. 2. 11, a. a. O.

197 *BVerwG* v. 19. 8. 09, a. a. O.

mündlichen Verhandlung vorliegt.[198] Ein vom Arbeitgeber zulässigerweise und rechtzeitig eingeleitetes Feststellungsverfahren nach Abs. 4 Nr. 1, das bis zur Beendigung des Ausbildungsverhältnisses noch nicht abgeschlossen ist, verhindert indessen nicht den Eintritt der gesetzlichen Fiktion, dass ein Arbeitsverhältnis begründet wird. Wie der Auflösungsantrag nach Abs. 4 Nr. 2 zielt auch der Feststellungsantrag auf eine rechtsgestaltende gerichtliche Entscheidung, die ihre Wirkung erst mit ihrer Rechtskraft für die Zukunft entfaltet.[199]

Da ein vom Arbeitgeber rechtzeitig eingeleitetes Feststellungsverfahren nach **13a** Abs. 4 Nr. 1 nicht den Eintritt der Fiktion verhindert, dass nach Abs. 2 ein Arbeitsverhältnis begründet wird (vgl. Rn. 13), besteht für jedes Mitglied einer Personalvertretung oder JAV, das die Weiterbeschäftigung form- und fristgerecht verlangt hat, ein Anspruch auf **vorläufige, ausbildungsadäquate Beschäftigung**, bis über den Antrag des Arbeitgebers rechtskräftig entschieden ist.[200] Dieser Anspruch kann nach § 2 Abs. 1 Nr. 3 ArbGG im **arbeitsgerichtlichen Urteilsverfahren** geltend gemacht werden; i. d. R. wird auch der Erlass einer **einstweiligen Verfügung** auf vorläufige Weiterbeschäftigung begründet sein.[201]

Nach der Beendigung der Ausbildungszeit und dem erfolgten Übergang **14** in ein unbefristetes Arbeitsverhältnis kommt grundsätzlich nur der **Auflösungsantrag** in Betracht.[202] Dieser Antrag kann nur **bis zum Ablauf von zwei Wochen** nach Beendigung des Berufsausbildungsverhältnisses gestellt werden. Dabei handelt es sich um eine **Ausschlussfrist**, die nicht verlängerbar ist, weil sie nicht nur prozessuale, sondern auch materiell-rechtliche Bedeutung hat.[203] Hat der Arbeitgeber bereits vor der Beendigung des Berufsausbildungsverhältnisses einen Feststellungsantrag gestellt, wandelt sich dieser in einen Auflösungsantrag um, ohne dass dies einer förmlichen Antragsänderung bedarf, wenn das Ausbildungsverhältnis während der Laufs des Gerichtsverfahren endet.[204] Stellt der Arbeitgeber nach der gesetzlichen Begründung des Arbeitsverhältnisses einen Antrag auf Feststellung, dass ein Arbeitsverhältnis auf unbestimmte Zeit nicht begründet worden ist, so ist dieses Begehren als Auflösungsantrag auszulegen, wenn in der Antragsbegründung ausschließlich die Unzumutbarkeit der Weiterbeschäftigung geltend gemacht wird.[205]

198 *BVerwG* v. 2. 11. 94 – 6 P 39.93 –, PersR 95, 170.
199 *BAG* v. 29. 11. 89 – 7 ABR 67/88 –, PersR 91, 104.
200 *BAG* v. 29. 11. 89, a. a. O.; *LAG Brem* v. 12. 6. 85 – 2 Sa 236/84 –, PersR 86, 175.
201 Teilw. str.; näher dazu KfdP-*Kröll*, Rn. 13 m. w. N.
202 *BVerwG* v. 26. 6. 81 – 6 P 71.78 –, PersV 83, 14.
203 Vgl. *BVerwG* v. 1. 12. 03 – 6 P 11.03 –, PersR 04, 60.
204 *BVerwG* v. 1. 12. 03, a. a. O.
205 *BVerwG* v. 28. 7. 06 – 6 PB 9.06 –, PersR 06, 429.

14a Das Verwaltungsgericht muss den Auflösungsantrag unter zwei Voraussetzungen **prüfen**: ob ein **Arbeitsverhältnis gem. Abs. 2 zustande gekommen** ist und ob Tatsachen vorliegen, auf Grund derer dem Arbeitgeber unter Berücksichtigung aller Umstände die **Weiterbeschäftigung nicht zugemutet** werden kann.[206] Da nur ein zustande gekommenes Rechtsverhältnis auflösbar ist, kann das Gericht von der Beantwortung der **Vorfrage**, ob ein Arbeitsverhältnis gem. Abs. 2 überhaupt zustande gekommen ist, nicht absehen (vgl. auch unten Rn. 17).[207] Ist der Auflösungsantrag erfolgreich, endet das Arbeitsverhältnis mit der **Rechtskraft** des Beschlusses, der die Auflösung ausspricht.[208] Bis zu diesem Zeitpunkt hat ein **wirksames Arbeitsverhältnis** bestanden. Bei der Prüfung, ob eine Beschäftigungsmöglichkeit besteht, ist aber auch beim Auflösungsantrag auf den Zeitpunkt abzustellen, zu dem das Berufsausbildungsverhältnis geendet hat.[209]

15 Das Verwaltungsgericht darf dem Feststellungs- oder Auflösungsantrag des Arbeitgebers nur stattgeben, wenn Tatsachen vorliegen, aufgrund derer ihm unter Berücksichtigung aller Umstände eine **Weiterbeschäftigung nicht zugemutet** werden kann. Obwohl sich diese Formulierung an die Regelung des § 626 BGB über die außerordentliche Kündigung aus wichtigem Grund anlehnt, ist sie mit ihr nicht identisch.[210] Dennoch ist eine an § 626 BGB orientierte Auslegung gerechtfertigt, dass die Weiterbeschäftigung dem Arbeitgeber nur bei Vorliegen **außerordentlicher Gründe** nicht zumutbar ist. Dafür kommen grundsätzlich nur **schwerwiegende Gründe persönlicher Art** in Betracht[211] (vgl. auch Rn. 16). **Dringende betriebliche Gründe** können die Unzumutbarkeit der Weiterbeschäftigung des Auszubildenden begründen, wenn zum Zeitpunkt der Beendigung des Berufsausbildungsverhältnisses **kein ausbildungsadäquater, auf Dauer angelegter und gesicherter freier Arbeitsplatz** vorhanden ist, wobei es auf das Vorhandensein einer freien Planstelle nicht notwendig ankommt.[212] Ausbildungsadäquat ist der Arbeitsplatz dann, wenn auf ihm diejenige Qualifikation gefragt ist, welche der Jugend- und Auszubildendenvertreter mit der beruflichen Abschlussprüfung erlangt hat.[213] Gründe für die Unzumutbarkeit müssen im jeweiligen

---

206 *BVerwG* v. 31.5.90 – 6 P 16.88 –, PersR 90, 256.

207 *BVerwG* v. 22.4.87 – 6 P 20.84 –, PersR 87, 191, sowie v. 9.10.96 – 6 P 20.94 – u. – 6 P 21.94 –, PersR 97, 163 u. 165.

208 Vgl. *BAG* v. 15.1.80 – 6 AZR 361/79 –, AP BetrVG 1972 § 78a Nr. 9.

209 St. Rspr. des *BVerwG;* vgl. Beschl. v. 12.10.09 – 6 PB 28.09 –, PersR 10, 30, m. w. N.

210 *BVerwG* v. 26.6.81 – 6 P 71.78 –, PersV 83, 14.

211 Vgl. *BAG* v. 16.1.79 – 6 AZR 153/77 –, AP BetrVG 1972 § 78a Nr. 5.

212 *BVerwG* v. 9.9.99 – 6 P 5.98 –, PersR 00, 156, v. 17.5.00 – 6 P 8.99 –, PersR 00, 419, v. 1.11.05 – 6 P 3.05 –, PersR 06, 382, u. v. 19.1.09 – 6 P 1.08 –, PersR 09, 205.

213 *OVG BB* v. 12.12.13 – OVG 62 PV 10.12 –, juris.

Einzelfall nachvollziehbar dargetan und im Zweifelsfall vom Arbeitgeber auch bewiesen werden.[214] Die Weiterbeschäftigung ist dann unzumutbar, wenn dem Auszubildenden im Zeitpunkt des Ausbildungsendes **lediglich vorübergehend** ein Arbeitsplatz bereitgestellt werden kann; daran ändert sich nichts, wenn später der Wechsel auf einen Dauerarbeitsplatz in Betracht kommt.[215] Der Arbeitgeber ist allerdings nicht verpflichtet, einen Arbeitsplatz einzurichten, um seiner Weiterbeschäftigungspflicht nachkommen zu können.[216] Da er jedoch innerhalb von drei Monaten vor Ausbildungsende mit einem Übernahmeverlangen des geschützten Auszubildenden rechnen muss, ist es ihm regelmäßig zuzumuten, den Auszubildenden auf Dauer in einem Arbeitsverhältnis zu beschäftigen, wenn er einen innerhalb dieses Zeitraums frei gewordenen Arbeitsplatz nicht für den Auszubildenden **freihält**, sondern anderweitig sofort wieder besetzt und dies nicht durch dringende betriebliche Erfordernisse geboten ist.[217] Die Berufung des Arbeitgebers darauf, ihm sei mangels Beschäftigungsmöglichkeit die Weiterbeschäftigung eines geschützten Auszubildenden unzumutbar, kann **rechtsmissbräuchlich** und daher unbeachtlich sein, wenn der Arbeitgeber den Wegfall der Beschäftigungsmöglichkeit durch eine **Änderung seiner Arbeitsorganisation oder seiner Personalplanung** selbst mit der Absicht herbeigeführt hat, seiner Übernahmepflicht aus Abs. 2 S. 1 zu entgehen.[218] Ein Dauerarbeitsplatz für den Jugend- und Auszubildendenvertreter ist nicht gegeben, wenn im Zeitpunkt des Ausbildungsendes eine unbesetzte **Beamtenstelle** nur vorübergehend mit einem Arbeitnehmer besetzt werden darf.[219]

Eine vom **Haushaltsgesetzgeber** für alle freien oder frei werdenden Stellen **15a**
ausgesprochene **Wiederbesetzungssperre** macht dem Arbeitgeber die Weiterbeschäftigung unzumutbar.[220] Unterliegt die Ausbildungsdienststelle bei der Stellenbewirtschaftung **keinen Vorgaben des Haushaltsgesetzgebers** in Bezug auf berufliche Qualifikation und Fachrichtung (weil ihr im Rahmen eines Systems der dezentralen Verantwortung ein leistungsorientiertes Globalbudget zugewiesen ist), so ist sie bei der Festlegung des Anforderungsprofils der zu besetzenden Stellen durch § 9 nicht gebunden; die Wirkung des § 9

214 *VG Frankfurt a. M.* v. 16.5.94 – 22 K 4/94 (V) –, PersR 94, 477.
215 *BVerwG* v. 11.3.08 – 6 PB 16.07 –, Buchh 250 § 9 Nr. 30 Nr. 15.
216 *BVerwG* v. 15.10.85 – 6 P 13.84 –, PersR 86, 173, u. v. 1.11.05, a.a.O.
217 *BVerwG* v. 1.11.05, a.a.O., v. 29.3.06 – 6 PB 2.06 –, PersR 06, 308, u. v. 12.10.09 – 6 PB 28.09 –, PersR 10, 30; vgl. *BAG* v. 12.11.97 – 7 ABR 63/96 –, AP BetrVG 1972 § 78a Nr. 30.
218 *BAG* v. 8.9.10 – 7 ABR 33/09 –, AP BetrVG 1972 § 78a Nr. 54.
219 *BVerwG* v. 8.7.13 – 6 PB 11.13 –, PersR 13, 421.
220 *BVerwG* v. 30.10.87 – 6 P 25.85 –, PersR 88, 47, v. 13.3.89 – 6 P 22.85 –, PersR 89, 132, v. 13.9.01 – 6 PB 9.01 –, PersR 01, 524, u. v. 30.5.07 – 6 PB 1.07 –, PersR 07, 355.

erschöpft sich hier in einer gerichtlichen Missbrauchskontrolle.[221] Ein **verwaltungsinterner Einstellungsstopp,** der im Haushaltsplan keinen Niederschlag gefunden hat, reicht jedoch als Grund für die Unzumutbarkeit der Weiterbeschäftigung nicht aus.[222] Hat sich der Arbeitgeber entschlossen, einen Teil der anfallenden Arbeitsaufgaben künftig **Leiharbeitnehmern** zu übertragen, so wird ihm die Übernahme eines geschützten Auszubildenden nicht allein deshalb unzumutbar.[223] Die Weiterbeschäftigung eines geschützten Auszubildenden hat aber keinen Vorrang vor der Übernahme von Beschäftigten im **Personalüberhang.**[224] Wird eine im Zeitpunkt des Ausbildungsendes unbesetzte Stelle für eine aus der **Elternzeit** zurückkehrende Beschäftigte freigehalten, steht sie nicht als Dauerarbeitsplatz für einen geschützten Auszubildenden zur Verfügung.[225] Der Arbeitgeber kann sich darauf, dass ein freier ausbildungsadäquater Dauerarbeitsplatz nur zur **vorübergehenden Besetzung** vorgesehen war, nur dann berufen, wenn bereits im **Zeitpunkt des Ausbildungsendes** eine verbindliche Entscheidung vorlag, diesen Arbeitsplatz zu einem bestimmten Termin entfallen zu lassen. Eine bloße Absichtserklärung ohne **exakte terminliche Fixierung** reicht nicht aus.[226] Verlangt ein JAV-Mitglied seine Übernahme nach § 9 Abs. 2 und bewirbt sich gleichzeitig auf eine **konkrete Teilzeitstelle**, so ist diese Stelle bei der Prüfung des Vorhandenseins eines geeigneten und besetzbaren Arbeitsplatzes im Rahmen eines Auflösungsantrags des Arbeitgebers zu berücksichtigen.[227]

16 Stehen für die an einer Weiterbeschäftigung interessierten Ausgebildeten nicht genügend ausbildungsadäquate Arbeitsplätze zur Verfügung, können zu den Gründen persönlicher Art, aus denen eine Weiterbeschäftigung eines (früheren) Mitglieds der Personalvertretung oder der JAV unzumutbar sein kann, auch wesentliche Unterschiede in der **Eignung und Befähigung** der Bewerber gehören. Die Zumutbarkeit der Weiterbeschäftigung wegen eines besser qualifizierten Mitbewerbers ist zu verneinen, wenn der **Mitbewerber objektiv wesentlich fähiger und geeigneter** ist.[228] Das ergibt sich aus dem in Art. 33 Abs. 2 GG festgelegten Leistungsprinzip, das nach der Rspr. des

---

221 *BVerwG* v. 1.11.05 – 6 P 3.05 –, PersR 06, 382; v. 11.3.08 – 6 PB 16.07 –, Buchh 250 § 9 Nr. 30 Nr. 15; v. 26.5.09 – PB 4.09 –, PersR 09, 367; v. 12.10.09 – 6 PB 28.09 –, PersR 10, 30.

222 *BVerwG* v. 13.3.89 – 6 P 22.85 –, PersR 89, 132.

223 Vgl. *BAG* v. 16.7.08 – 7 ABR 13/07 – u. v. 25.2.09 – 7 ABR 61/07 –, AP BetrVG 1972 § 78a Nr. 50 u. 52.

224 *BVerwG* v. 4.6.09 – 6 PB 6.09 –, PersR 09, 370, u. v. 6.9.11 – 6 PB 10.11 –, PersR 11, 450 Ls.

225 *BVerwG* v. 11.3.08, a.a.O.

226 *BVerwG* v. 30.10.13 – 6 PB 19.13 –, PersV 14, 269.

227 *NdsOVG* v. 28.9.15 – 18 LP 2/15 –, PersR 1/2016, 44 Ls.

228 *BVerwG* v. 1.10.13 – 6 P 6.13 –, PersR 14, 173.

BVerwG neben dem Sozialstaatsprinzip zu beachten ist.[229] Danach gilt Folgendes: Besteht bei einem Leistungsvergleich zwischen dem (früheren) Mitglied der Personalvertretung oder der JAV und seinen Mitbewerbern kein Unterschied, so ist dem Ersteren der Vorrang zu geben, weil sich andernfalls eine Benachteiligung wegen der Tätigkeit in der Personalvertretung oder der JAV nicht ausschließen lässt. Anders ist es dagegen, wenn Mitbewerber objektiv wesentlich fähiger und geeigneter sind.[230] Dies ist der Fall, wenn das (frühere) Mitglied der Personalvertretung oder der JAV in der Abschlussprüfung um deutlich mehr als eine Notenstufe schlechter abgeschnitten hat als der schwächste sonstige Bewerber, wobei die Differenz mindestens das 1,33-fache dieser Notenstufe betragen muss. In den Eignungsvergleich sind grundsätzlich nur die Mitbewerber aus der Ausbildungsdienststelle einzubeziehen; geht es um die Übernahme eines Mitglieds einer Stufenvertretung (BPR oder HPR) oder einer Jugend- und Auszubildendenstufenvertretung (BJAV oder HJAV) erstreckt sich der Vergleich dagegen auf die Bewerber aus allen Dienststellen, die zum Geschäftsbereichs der übergeordneten Dienststelle gehören.[231]

Bestreitet der öffentliche Arbeitgeber, dass ein **Arbeitsverhältnis nach Abs. 2 oder 3 überhaupt begründet** worden ist, so kann er – jedenfalls in Kombination mit einem hilfsweise verfolgten Auflösungsbegehren nach Abs. 4 Nr. 2 – einen dahingehenden **negativen Feststellungsantrag** stellen.[232] Für dieses Feststellungsbegehren gilt die Zweiwochenfrist des Abs. 4 S. 1 (vgl. Rn. 14) nicht; für eine analoge Anwendung fehlt es an einer planwidrigen Lücke.[233] 17

In dem **personalvertretungsrechtlichen Beschlussverfahren**, in dem festgestellt werden soll, dass ein Arbeitsverhältnis nicht begründet wird, oder in dem ein bereits begründetes Arbeitsverhältnis wieder aufgelöst werden soll, ist außer dem Arbeitgeber als Antragsteller und dem die Weiterbeschäftigung verlangenden (früheren) Auszubildenden gem. Abs. 4 S. 2 auch die **Personalvertretung beteiligt**. Das gilt unabhängig davon, ob sich das Verfahren gegen das Mitglied der Personalvertretung oder der bei ihr bestehenden JAV richtet. Ist ein Verfahren nach Abs. 4 gegen ein JAV-Mitglied anhängig, so ist neben der Personalvertretung **auch die JAV** beteiligt. Nach der Rspr. des *BAG*[234] darf der Betriebsrat in einem Verfahren nach § 78a Abs. 4 18

229 Beschl. v. 9.9.99 – 6 P 5.98 – u. v. 17.5.00 – 6 P 9.99 –, PersR 00, 156 u. 419.

230 *BVerwG* v. v. 1.10.13 – 6 P 6.13 –, PersR 14, 173 (zu II B 2 g m. N. aus der st. Rspr. des *BVerwG*).

231 *BVerwG* v. 19.1.09 – 6 P 1.08 –, PersR 09, 205.

232 *BVerwG* v. 18.8.10 – 6 P 15.09 – u. v. 1.10.13 – 6 P 6.13 –, PersR 10, 488, u. 14, 173, jew. m.w.N.

233 *BVerwG* v. 18.8.10 u. v. 1.10.13, jew. a.a.O.

234 *BAG* v. 18.1.12 – 7 ABR 83/10 –, AP BetrVG 1972 § 40 Nr. 108.

S. 1 BetrVG neben der Mandatierung eines ihn vertretenden Rechtsanwalts regelmäßig nicht die **weitere Beauftragung eines Rechtsanwalts** zur gesonderten Vertretung der JAV für erforderlich halten.

19 (**Abs. 5**) Die Schutzvorschriften der Abs. 2 bis 4 gelten auch dann, wenn der Arbeitgeber seiner in Abs. 1 festgelegten **Mitteilungspflicht nicht nachgekommen** ist. Auch in diesem Fall kann – i. d. R.: muss – der Auszubildende innerhalb der letzten drei Monate vor Beendigung des Berufsausbildungsverhältnisses seine Weiterbeschäftigung verlangen. Tut er dies nicht, weil der Arbeitgeber ihn durch die Nichtinformation bewusst davon abgehalten hat, ist er so zu stellen, als ob er das Weiterbeschäftigungsverlangen form- und fristgerecht erklärt hätte mit der Folge, dass ein unbefristetes Arbeitsverhältnis zustande gekommen ist (vgl. Rn. 7). Leidet die Mitteilung des Arbeitgebers an einem Mangel, ist das der gänzlich unterbliebenen Mitteilung gleichzustellen.[235] Damit gelten die Abs. 2 bis 4 ebenfalls.

§ 10 [Schweigepflicht]

(1) [1]Personen, die Aufgaben oder Befugnisse nach diesem Gesetz wahrnehmen oder wahrgenommen haben, haben über die ihnen dabei bekanntgewordenen Angelegenheiten und Tatsachen Stillschweigen zu bewahren. [2]Abgesehen von den Fällen des § 68 Abs. 2 Satz 3 und des § 93 gilt die Schweigepflicht nicht für Mitglieder der Personalvertretung und der Jugend- und Auszubildendenvertretung gegenüber den übrigen Mitgliedern der Vertretung und für die in Satz 1 bezeichneten Personen gegenüber der zuständigen Personalvertretung; sie entfällt ferner gegenüber der vorgesetzten Dienststelle, der bei ihr gebildeten Stufenvertretung und gegenüber dem Gesamtpersonalrat. [3]Satz 2 gilt auch für die Anrufung der Einigungsstelle.
(2) Die Schweigepflicht besteht nicht für Angelegenheiten oder Tatsachen, die offenkundig sind oder ihrer Bedeutung nach keiner Geheimhaltung bedürfen.

1 § 10 BPersVG regelt die **personalvertretungsrechtliche Schweigepflicht**. Daneben besteht für die Beschäftigten aufgrund ihres Dienst- oder Arbeitsverhältnisses die **beamtenrechtliche oder arbeitsvertragliche Schweigepflicht**. Die Verschwiegenheitspflicht der Bundesbeamten ist geregelt in § 67 Bundesbeamtengesetz v. 5. 2. 09[236],. Die wichtigsten Regelungen, die inhaltlich dem § 61 Abs. 1 BBG a. F. entsprechen, sind enthalten in **§ 67 Abs. 1 und 2 S. 1 Nr. 1 und 2 BBG**. Sie lauten wie folgt:

235 *OVG LSA* v. 4. 12. 13 – 5 L 9/12 –, juris.
236 BGBl. I S. 160,vormals geregelt in § 61 Bundesbeamtengesetz i. d. F. v. 31. 3. 99 (BGBl. I S. 675) mit späteren Änderungen.

»(1) [1]Beamtinnen und Beamte haben über die ihnen bei oder bei Gelegenheit ihrer amtlichen Tätigkeit bekannt gewordenen dienstlichen Angelegenheiten Verschwiegenheit zu bewahren. [2]Dies gilt auch über den Bereich eines Dienstherrn hinaus sowie nach Beendigung des Beamtenverhältnisses.
(2) [1]Absatz 1 gilt nicht, soweit
1. *Mitteilungen im dienstlichen Verkehr geboten sind,*
2. *Tatsachen mitgeteilt werden, die offenkundig sind oder ihrer Bedeutung nach keiner Geheimhaltung bedürfen, oder*

...«

Im Unterschied zu dieser umfassend angelegten »Amtsverschwiegenheit« der Beamten erstreckt sich die Verschwiegenheitspflicht der Arbeitnehmer nicht auf alle bei ihrer dienstlichen Tätigkeit bekannt gewordenen Angelegenheiten. So bestimmt etwa **§ 3 Abs. 1 TVöD**:

»Die Beschäftigten haben über Angelegenheiten, deren Geheimhaltung durch gesetzliche Vorschriften vorgesehen oder vom Arbeitgeber angeordnet ist, Verschwiegenheit zu wahren; das gilt auch über die Beendigung des Arbeitsverhältnisses hinaus.«

§ 5 Abs. 1 TVAöD legt fest:

»Auszubildende haben in demselben Umfang Verschwiegenheit zu wahren wie die Beschäftigten des Ausbildenden.«

Dabei sind mit »Beschäftigten« die zum Geltungsbereich des TVöD gehörenden Arbeitnehmer gemeint (vgl. § 1 Abs. 1 TVAöD i.V.m. § 1 Abs. 1 TVöD). Fehlen entsprechende tarifvertragliche Bestimmungen über die Schweigepflicht, besteht eine vergleichbare, aus § 242 BGB abgeleitete arbeitsvertragliche **Nebenpflicht.**

Die personalvertretungsrechtliche Schweigepflicht ist der beamtenrechtlichen Schweigepflicht nachgebildet. § 10 legt in Abs. 1 S. 1 (entsprechend § 67 Abs. 1 BBG) den **Grundsatz** der Schweigepflicht fest (vgl. Rn. 6ff.) und schränkt diesen Grundsatz in Abs. 1 S. 2 und 3 sowie in Abs. 2 (entsprechend § 61 Abs. 1 S. 2 BBG a.F. bzw. § 67 Abs. 2 S. 1 Nr. 1 und 2 BBG n.F.) durch Ausnahmen ein. Dabei handelt es sich bei den **Ausnahmen** in Abs. 1 S. 2 und 3 (entsprechend dem beamtenrechtlichen Ausnahmetatbestand »Mitteilungen im dienstlichen Verkehr«) um **Mitteilungen im personalvertretungsrechtlichen Verkehr** (vgl. Rn. 10ff.) sowie bei den Ausnahmen in Abs. 2 (in nahezu wörtlicher Übereinstimmung mit den entsprechenden beamtenrechtlichen Ausnahmetatbeständen) um **offenkundige** Angelegenheiten oder Tatsachen und um **ihrer Bedeutung nach keiner Geheimhaltung bedürftige** Angelegenheiten oder Tatsachen (vgl. Rn. 22f.). Die Verpflichtung 2 zur Wahrung des **Datengeheimnisses** ist im Datenschutzrecht geregelt (vgl. Rn. 24).

3 Die Schweigepflicht nach § 10 korrespondiert mit der **Informationspflicht** der Dienststelle nach § 68 Abs. 2 S. 1 und 2.[237] Der Dienststellenleiter soll nicht Informationen zurückhalten, weil er befürchten müsste, dass deren Weitergabe an Unbefugte Nachteile für die Dienststelle oder ihren Rechtsträger nach sich zieht.[238]

4 Das den Mitgliedern der Personalvertretung und den übrigen nach Abs. 1 S. 1 verpflichteten Personen (vgl. Rn. 6f.) zustehende **Grundrecht der Meinungsfreiheit** nach Art. 5 Abs. 1 S. 1 GG[239] wird durch § 10 als allgemeines Gesetz i. S. d. Art. 5 Abs. 2 GG zulässigerweise eingeschränkt. Nach dem Grundsatz der Verhältnismäßigkeit ist bei der Anwendung des § 10 im Einzelfall jedoch abzuwägen zwischen dem Zweck der Schweigepflicht (vgl. Rn. 5) und dem Grundrecht der Meinungsfreiheit, wobei dessen überragender Rang im freiheitlichen demokratischen Staat zu berücksichtigen ist.[240] Diese Wechselwirkung ist v. a. dann zu beachten, wenn es um die Frage geht, ob der Ausnahmetatbestand »Angelegenheiten oder Tatsachen, die ihrer Bedeutung nach keiner Geheimhaltung bedürfen« vorliegt (vgl. Rn. 23).[241]

5 Die Schweigepflicht nach § 10 soll nicht nur die **dienstlichen Interessen** schützen, sondern auch die **persönlichen Interessen** der einzelnen Beschäftigten sowie das **Interesse der Personalvertretung** an der vertraulichen und ungestörten Meinungs- und Willensbildung, das auch durch den Grundsatz der Nichtöffentlichkeit ihrer Sitzungen gewährleistet werden soll (vgl. Rn. 15, 17).[242]

6 (**Abs. 1**) Zur Bewahrung des Stillschweigens sind nach Abs. 1 S. 1 **alle Personen** verpflichtet, die Aufgaben oder Befugnisse nach dem BPersVG wahrnehmen oder wahrgenommen haben. Dazu gehören insb.:

- die Mitglieder und eingetretenen Ersatzmitglieder der Personalvertretungen i. w. S. (PR, GPR, BPR, HPR, JAV, GJAV, BJAV, HJAV einschl. der Vertreter der nichtständig Beschäftigten, des Vertrauensmanns in der Bundespolizei und des Vertrauensmanns der Ortskräfte in Auslandsdienststellen);
- die Mitglieder und eingetretenen Ersatzmitglieder der Wahlvorstände und Abstimmungsvorstände sowie die Wahlhelfer;

---

237 Vgl. *BVerwG* v. 23. 1. 02 – 6 P 5.01 –, PersR 02, 201; Lorenzen-*Faber*, Rn. 2.

238 Vgl. DKKW-*Buschmann*, § 79 Rn. 1.

239 Zweifelnd *BVerwG* v. 11. 1. 06 – 6 PB 17.05 –, PersR 06, 300 [zu 3b cc]; hierzu *Ilbertz*, ZfPR 06, 67.

240 Vgl. *Jarass/Pieroth*, Art. 5 Rn. 57 m. w. N.; Lorenzen-*Faber*, Rn. 3.

241 Im Ergebnis ebenso *BVerwG* v. 11. 1. 06, a. a. O.

242 Vgl. *BayVGH* v. 2. 11. 09 – 17 P 08.2325 –, PersV 11, 111; Lorenzen-*Faber*, Rn. 2; *Germelmann/Binkert/Germelmann*, § 11 Rn. 2.

- der Dienststellenleiter und seine Vertreter in ihrer personalvertretungsrechtlichen Funktion[243] sowie sachbearbeitende Beschäftigte, die zu gemeinschaftlichen Besprechungen hinzugezogen werden (vgl. § 66 Rn. 4);
- die Beauftragten von Gewerkschaften und Arbeitgebervereinigungen;
- der Vorsitzende und die Beisitzer der Einigungsstelle;
- die in die Personalvertretung entsandten Mitglieder des Richterrats;
- die Vertrauensperson der schwerbehinderten Menschen und der Sprecher der Versammlung der Vertrauenspersonen der Soldaten;[244]
- die von der Personalvertretung hinzugezogenen Auskunftspersonen und Sachverständigen;[245]
- die den Personalvertretungen, den Jugend- und Auszubildendenvertretungen und den Wahlvorständen zur Verfügung gestellten Bürokräfte;[246]
- Beschäftigte, die an Personalversammlungen oder an Jugend- und Auszubildendenversammlungen teilnehmen, die die Sprechstunden des PR oder der JAV aufsuchen oder die sich mit Anregungen und Beschwerden an den PR oder die JAV wenden, sofern es dabei nicht um eigene Angelegenheiten geht.[247]

Zu dem Personenkreis i. S. d. Abs. 1 S. 1 gehören dagegen nicht **Rechtsanwälte**, die die Dienststelle oder die Personalvertretung beraten oder in einem personalvertretungsrechtlichen Beschlussverfahren vertreten, weil sie nach § 43a Abs. 2 BRAO einer umfassenden berufsrechtlichen Schweigepflicht unterliegen.[248] Nicht dazu gehören auch die **ehrenamtlichen Richter** der Fachkammern bei den Verwaltungsgerichten und der Fachsenate bei den Oberverwaltungsgerichten, weil ihnen eine richterliche Aufgabe obliegt und weil sie aufgrund richterrechtlicher Vorschriften (§ 45 Abs. 1 S. 2 i. V. m. § 43 DRiG) das Beratungsgeheimnis zu wahren haben.[249] Das gilt auch für die **Berufsrichter** der Fachkammern und der Fachsenate sowie des für Personalvertretungssachen zuständigen Revisionssenats beim Bundesverwaltungsgericht. Etwas anderes gilt jedoch für den **Präsidenten des Bundesverwaltungsgerichts**, soweit er bei der Bestellung des Vorsitzenden der Einigungsstelle nach § 71 Abs. 1 S. 4 tätig wird, weil es sich dabei nicht um einen Akt der Rechtsprechung handelt (vgl. § 71 Rn. 11). 7

Gegenstand der Schweigepflicht sind die Angelegenheiten und Tatsachen, 8
die den in Abs. 1 S. 1 genannten Personen (vgl. Rn. 6) bei der Wahrnehmung

243 Vgl. *VG Darmstadt* v. 19. 6. 97 – 23 LG 861/97 (1) –, PersR 98, 171.
244 Vgl. Richardi-*Treber*, Rn. 9f.; *VG Frankfurt a. M.* v. 16. 10. 03 – 23 LG 5583/03 (V) –, ZfPR 04, 201.
245 *BVerwG* v. 8. 11. 89 – 6 P 7.87 –, PersR 90, 102.
246 Richardi-*Treber*, Rn. 9.
247 Str.; vgl. KfdP-*Seulen*, Rn. 7.
248 Str.; vgl. KfdP-*Seulen*, Rn. 8.
249 Str.; vgl. KfdP-*Seulen*, a. a. O.

ihrer Aufgaben oder Befugnisse nach dem BPersVG bekannt geworden sind. Ob es sich um **dienstliche** oder **private** Angelegenheiten und Tatsachen oder um solche aus dem **internen** Bereich der Personalvertretung handelt, ist unerheblich (vgl. Rn. 5). Die Schweigepflicht erstreckt sich aber nur auf Angelegenheiten und Tatsachen, die den in Abs. 1 S. 1 genannten Personen »dabei«, d. h. bei der Wahrnehmung von Aufgaben oder Befugnissen nach dem BPersVG **bekannt geworden** sind. Erforderlich ist deshalb, dass die Kenntnisnahme mit einer personalvertretungsrechtlichen Tätigkeit zusammenhängt. Es ist unerheblich, ob auf die Schweigepflicht **hingewiesen** worden ist.

9 **Stillschweigen zu bewahren** heißt, eine Angelegenheit oder Tatsache nicht zu offenbaren, d. h., sie Dritten weder schriftlich noch mündlich noch in anderer Form mitzuteilen. Aus der Wendung »wahrgenommen haben« ergibt sich, dass die **Dauer der Schweigepflicht nicht begrenzt** ist. Sie endet nicht dadurch, dass die personalvertretungsrechtliche Tätigkeit, bei deren Wahrnehmung die Angelegenheit oder Tatsache bekannt geworden ist, nicht mehr wahrgenommen wird.

10 Die Schweigepflicht besteht **grundsätzlich gegenüber jedermann**. Ausnahmen gelten nach Abs. 1 S. 2 und 3 für **Mitteilungen im personalvertretungsrechtlichen Verkehr** (vgl. Rn. 11 ff.) sowie vor Gericht (vgl. Rn. 21). Die durch Abs. 1 S. 2 und 3 zugelassenen **Ausnahmen** sind notwendig, um die Funktionsfähigkeit der Personalvertretung zu gewährleisten. Sie sollen es den Personen und Organen, die personalvertretungsrechtliche Aufgaben und Befugnisse wahrnehmen, ermöglichen, im Rahmen ihrer jeweiligen Zuständigkeiten den Informationsaustausch zu pflegen, der zur sachgerechten Wahrnehmung dieser Aufgaben und Befugnisse erforderlich ist.[250]

11 Die Ausnahmen nach Abs. 1 S. 2 und 3 gelten »abgesehen von den Fällen des § 68 Abs. 2 S. 3 und des § 93«. Nach **§ 68 Abs. 2 S. 3** dürfen **Personalakten** nur mit Zustimmung des Beschäftigten und nur von den von ihm bestimmten Mitgliedern der Personalvertretung eingesehen werden (vgl. § 68 Rn. 32 f.). Deshalb dürfen die durch die Einsichtnahme bekannt gewordenen Angelegenheiten und Tatsachen ohne Zustimmung des betroffenen Beschäftigten den zur Einsichtnahme nicht ermächtigten Mitgliedern der Personalvertretung nicht offenbart und auch sonst im personalvertretungsrechtlichen Verkehr nicht mitgeteilt werden. Soweit dies dem betroffenen Beschäftigten gegenüber vertretbar und zur sachgerechten Beratung in der Personalvertretung erforderlich ist, ist es allerdings zulässig (und geboten), Schlussfolgerungen aus den durch die Einsichtnahme gewonnenen Kenntnissen mitzuteilen (vgl. § 68 Rn. 33). Der einschränkende Hinweis auf die **Fälle des § 93** bezieht sich auf die Vorschriften für die Behandlung von

250 Vgl. *BVerwG* v. 21. 10. 93 – 6 P 18.91 –, PersR 94, 165.

Verschlusssachen mindestens des Geheimhaltungsgrads »VS-VERTRAULICH« (vgl. § 93 Rn. 5). Eine weitere Einschränkung besteht aufgrund des **§ 75 Abs. 2 S. 2**, wonach in bestimmten **sozialen Angelegenheiten** nur der Vorstand mitbestimmt (vgl. § 75 Rn. 59). In diesen Fällen ist hinsichtlich der Einzelheiten nur ein Informationsaustausch innerhalb des Vorstands und im Stufenverfahren zwischen den Vorständen der beteiligten Personalvertretungen zulässig.

Nach Abs. 1 S. 2 Hs. 1 Alt. 1 gilt die Schweigepflicht nicht für die Mitglieder 12
der Personalvertretung (PR, GPR, BPR, HPR) und der Jugend- und Auszubildendenvertretung (JAV, GJAV, BJAV, HJAV) gegenüber den **übrigen Mitgliedern der Vertretung.** Damit ist das Verhältnis zwischen den Mitgliedern derselben Personalvertretung gemeint.[251] Die Schweigepflicht entfällt auch gegenüber **zeitweilig verhinderten Mitgliedern** und gegenüber **Ersatzmitgliedern,** wenn und solange diese in die jeweilige Vertretung eingerückt sind, nicht aber gegenüber ausgeschiedenen Mitgliedern und gegenüber nur zeitweilig eingetretenen Ersatzmitgliedern nach Ende des Vertretungsfalls. Die Regelung des Abs. 1 S. 2 Hs. 1 Alt. 1 gilt aber auch für **ausgeschiedene Mitglieder** (bzw. Ersatzmitglieder) gegenüber den übrigen Mitgliedern der Vertretung, der sie angehört haben, hinsichtlich solcher Angelegenheiten und Tatsachen, die ihnen während ihrer Mitgliedschaft (bzw. Ersatzmitgliedschaft) bekannt geworden sind.[252] Da der Informationsaustausch innerhalb der Personalvertretung i. d. R. in den **Sitzungen** stattfindet (vgl. § 34 Rn. 10), hat dies zur Folge, dass die Aufhebung der Schweigepflicht durch Abs. 1 S. 2 Hs. 1 Alt. 1 auch gegenüber solchen **Sitzungsteilnehmern** gilt, die zwar der Vertretung nicht angehören, aber berechtigterweise an der Sitzung teilnehmen (vgl. § 34 Rn. 7f.).

Nach Abs. 1 S. 2 Hs. 1 Alt. 2 gilt die Schweigepflicht nicht für »die in Satz 1 13
bezeichneten Personen«, also für alle Personen, die Aufgaben oder Befugnisse nach dem BPersVG wahrnehmen oder wahrgenommen haben (vgl. Rn. 6), gegenüber der **zuständigen Personalvertretung**, wobei hier die jeweils zuständige Personalvertretung i. w. S. (PR, GPR, BPR, HPR, JAV, GJAV, BJAV, HJAV) gemeint ist.

Nach Abs. 1 S. 2 Hs. 2 entfällt die Schweigepflicht ferner gegenüber der **vor-** 14
gesetzten Dienststelle, der bei ihr gebildeten **Stufenvertretung** (BPR oder HPR) und gegenüber dem **GPR**. Das gilt aber nur, wenn diese Personalvertretungen im Rahmen ihrer Aufgaben und Befugnisse eingeschaltet werden.[253] Nach Abs. 1 S. 3 gilt die in S. 2 geregelte Ausnahme von der Schweigepflicht auch für die Anrufung der **Einigungsstelle**, deren Verhandlung nach § 71 Abs. 2 S. 1 nicht öffentlich ist (vgl. § 71 Rn. 20).

---

251 *BayVGH* v. 8.12.99 – 17 P 99.1582 –, PersR 00, 423.

252 Str.; vgl. KfdP-*Seulen*, Rn. 13.

253 Str.; vgl. KfdP-*Seulen*, Rn. 15.

15 Auch gegenüber der vorgesetzten Dienststelle, einer anderen Personalvertretung oder der Einigungsstelle entfällt die Schweigepflicht der Mitglieder (und Ersatzmitglieder) einer Personalvertretung aber nicht hinsichtlich solcher Angelegenheiten und Tatsachen, die zum **internen Bereich der Personalvertretung** gehören (vgl. Rn. 5). Das betrifft v.a. den Prozess der Meinungs- und Willensbildung in der PR-Sitzung, für die der Grundsatz der **Nichtöffentlichkeit** gilt (vgl. § 35 Rn. 1). Die durch die Beachtung dieses Grundsatzes zu gewährleistende unbeeinflusste Beratung und Beschlussfassung wäre in Frage gestellt, wenn ein PR-Mitglied damit rechnen müsste, dass sein Verhalten in der Sitzung – insb. seine Diskussionsbeiträge und sein Abstimmungsverhalten – Dritten gegenüber offengelegt würde. Deshalb sind solche Interna unbedingt vertraulich zu behandeln.[254] Zu diesen Interna gehören auch solche **Angelegenheiten einzelner Beschäftigter**, deren vertrauliche Behandlung sich aus der Natur der Sache ergibt oder dem Beschäftigten zugesagt worden ist.

16 Die in Abs. 1 S. 2 und 3 enthaltenen ausdrücklichen Regelungen über Ausnahmen von der Schweigepflicht sind auf bestimmte **andere Mitteilungen im personalvertretungsrechtlichen Verkehr** entsprechend anzuwenden, weil auch sie zur Aufrechterhaltung der Funktionsfähigkeit der Personalvertretung notwendig sind. Danach gilt die Schweigepflicht grundsätzlich nicht im Verhältnis zwischen der Personalvertretung und dem Leiter der Dienststelle, bei der sie gebildet ist (vgl. Rn. 17), sowie den in der Dienststelle vertretenen Gewerkschaften (vgl. Rn. 18) und außerdem nicht gegenüber

- dem **PR einer (nachgeordneten) Dienststelle,** soweit die Stufenvertretung oder der GPR ihm nach § 82 Abs. 2 oder 3 Gelegenheit zur Äußerung zu geben hat;
- dem für die Geschäftsführung vorgesehenen **obersten Organ** einer Körperschaft, Anstalt oder Stiftung des öffentlichen Rechts, soweit dieses im Verfahren der Mitbestimmung nach § 69 Abs. 3 S. 2 oder der Mitwirkung nach § 72 Abs. 4 S. 3 angerufen wird;
- den für den **Arbeitsschutz** in Betracht kommenden Stellen, soweit die PR-Mitglieder ihre Unterstützungsaufgabe nach § 81 Abs. 1 wahrnehmen (vgl. § 81 Rn. 6);
- einem **Rechtsanwalt**, den die Personalvertretung zur Rechtsberatung oder Rechtsverfolgung hinzugezogen hat (vgl. § 44 Rn. 15f.);
- einem **Sachverständigen**, den die Personalvertretung zur gutachterlichen Beratung hinzugezogen hat (vgl. § 44 Rn. 18);

---

254 *BVerwG* v. 11.1.06 – 6 PB 17.05 –, PersR 06, 300; *BayVGH* v. 31.7.85 – Nr. 17 C 85 A. 1513 –, PersV 87, 22, u. v. 14.11.01 – 17 P 01.1526 –, ZfPR 02, 172; *NdsOVG* v. 15.12.97 – 18 M 4676/97 –, PersR 98, 427; *OVG NW* v. 8.5.61 – CB 3/61 –, PersV 63, 111.

- dem **Verwaltungsgericht**, soweit dieses in einer personalvertretungsrechtlichen Streitigkeit zu entscheiden hat, und gegenüber den Beteiligten des personalvertretungsrechtlichen Beschlussverfahrens.

Die Schweigepflicht gilt grundsätzlich nicht im Verhältnis zwischen der Personalvertretung und dem **Leiter der Dienststelle**, bei der sie gebildet ist. Dieses Verhältnis wird nach § 2 Abs. 1 durch den Grundsatz der vertrauensvollen Zusammenarbeit bestimmt (vgl. § 2 Rn. 4). Der Dienststellenleiter ist nach § 68 Abs. 2 S. 1 und 2 verpflichtet, die Personalvertretung zur Durchführung ihrer Aufgaben rechtzeitig und umfassend zu unterrichten und ihr – mit Ausnahme der Personalakten – die hierfür erforderlichen Unterlagen vorzulegen (vgl. § 68 Rn. 22ff.). Seine Informationspflicht erstreckt sich allerdings nicht auf die verwaltungsinterne Vorbereitung seiner Entscheidungen (vgl. § 68 Rn. 29).[255] Umgekehrt dürfen Angelegenheiten und Tatsachen, die zum internen Bereich der Personalvertretung gehören, dem Dienststellenleiter nicht mitgeteilt werden (vgl. Rn. 15). Die Teilnehmer an gemeinschaftlichen Besprechungen zwischen Personalvertretung und Dienststellenleiter (vgl. § 66 Rn. 3f.) sind hinsichtlich der Angelegenheiten und Tatsachen, die ihnen durch ihre Teilnahme bekannt geworden sind, nach Abs. 1 S. 1 zur Verschwiegenheit verpflichtet, soweit kein die Mitteilung gestattender Ausnahmetatbestand (vgl. Rn. 2, 22f.) eingreift. 17

Gegenüber dem Beauftragten einer in der Dienststelle vertretenen **Gewerkschaft**, der Aufgaben oder Befugnisse nach dem BPersVG wahrnimmt, sind die Mitglieder der Personalvertretung nicht zur Verschwiegenheit verpflichtet. Das ergibt sich bereits aus dem in § 2 Abs. 1 vorgesehenen Zusammenwirken zwischen Personalvertretung und Gewerkschaft (vgl. § 2 Rn. 7ff.) sowie daraus, dass der Gewerkschaftsbeauftragte als eine der unter Abs. 1 S. 1 fallenden Personen gegenüber der zuständigen Personalvertretung ebenfalls keine Schweigepflicht hat (vgl. Rn. 13). Auch wenn Gewerkschaftsbeauftragte nicht an einer PR-Sitzung teilgenommen haben, dürfen PR-Mitglieder ihre Gewerkschaft über die bei der Sitzung behandelten Themen in allgemeiner Form unter Wahrung der Anonymität hinsichtlich personeller Angelegenheiten informieren.[256] Soweit es sich nicht um personenbezogene Daten handelt, sind die Gewerkschaftsbeauftragten ihrerseits nicht verpflichtet, gegenüber ihrer Organisation zu schweigen. Da den Organisationen selbst personalvertretungsrechtliche Aufgaben und Befugnisse zugewiesen sind, müssen die Gewerkschaftsbeauftragten ihrer Organisation zur ko- 18

255 Zum Abstimmungsverhalten *OVG NW* v. 8.5.61 – CB 3/61 –, PersV 63, 111.

256 Zur Übermittlung von Personaldaten an eine Gewerkschaft zu Wahlzwecken unter dem BetrVG: *LAG Hamburg* v. 16.6.92 – 2 TaBV 10/91 –, RDV 94 190; differenzierend bzgl. personenbezogener Daten *Ilbertz/Widmaier/Sommer*, Rn. 17 g, § 2 Rn. 11; enger Richardi-*Treber*, Rn. 15.

alitionsinternen Willensbildung berichten können.[257] Gleichwohl müssen die hierdurch erlangten Daten dann im Sinne der Verpflichtungen nach § 10 gegen eine hierüber hinausgehende Verwertung zu gewerkschaftlichen Zwecken oder gegenüber Dritten geschützt sein.[258]

19 Bei der **Information der Beschäftigten** – insb. durch den Tätigkeitsbericht in der Personalversammlung (vgl. § 49 Rn. 1f.), durch Bekanntmachungen und Anschläge an den Schwarzen Brettern, durch die Herausgabe von Informationsschriften oder in elektronischer Form (vgl. § 44 Rn. 35f.) – hat der PR die Schweigepflicht nach Abs. 1 S. 1 zu beachten. Die Ausnahmen von der Schweigepflicht, die sich unter dem Oberbegriff »Mitteilungen im personalvertretungsrechtlichen Verkehr« zusammenfassen lassen (vgl. Rn. 2, 10), gelten dafür nicht. Dem Informationsbedürfnis der Beschäftigten ist jedoch bei der Auslegung der Ausnahmetatbestände des Abs. 2 Rechnung zu tragen (vgl. Rn. 22f.). Wendet sich der PR – z. B. durch eine Pressemitteilung oder Pressekonferenz – an die **Öffentlichkeit** (vgl. § 66 Rn. 17), kann er sich zwar grundsätzlich auf die Meinungsfreiheit nach Art. 5 Abs. 2 GG berufen; diese ist jedoch durch § 10 BPersVG als »allgemeines Gesetz« eingeschränkt.[259]

20 Die Beschäftigten haben bei ihrer **Kommunikation mit dem PR** grundsätzlich die beamtenrechtliche oder arbeitsvertragliche Schweigepflicht zu beachten (vgl. Rn. 1). Diese gilt aber dann nicht, wenn Beschäftigte den PR in einer (auch) sie betreffenden Angelegenheit ansprechen, bei der dem PR allgemeine Aufgaben obliegen oder spezielle Beteiligungsrechte zustehen. In einem solchen Fall ist die Kommunikation mit dem PR als »dienstlicher Verkehr« i. S. d. § 67 Abs. 2 S. 1 Nr. 1 BBG anzusehen.[260]

21 Ob und unter welchen Voraussetzungen eine Person, die der personalvertretungsrechtlichen Schweigepflicht unterliegt, zur Aussage vor Gericht verpflichtet ist, ist im **gerichtlichen Verfahrensrecht** geregelt. Dabei ist zwischen den Vorschriften für den Strafprozess und für den Zivilprozess zu unterscheiden.

- Im **Strafverfahren** ist ein **Zeugnisverweigerungsrecht** für Personen i. S. d. Abs. 1 S. 1 in § 53 Abs. 1 StPO nicht vorgesehen. Einer **Aussagegenehmigung** nach § 54 Abs. 1 StPO bedarf es für diese Personen grundsätzlich nicht. Handelt es sich bei einer personalvertretungsrechtlichen Angelegenheit aber gleichzeitig um eine dienstliche Angelegenheit, auf die

257 Str.; a. A. *BayVGH* v. 9.12.65 – Nr. 4 IX 65 –, PersV 66, 256; vgl. KfdP-*Seulen*, Rn. 19.

258 So Lorenzen-*Faber*, Rn. 33 bzgl. personenbezogener Daten von Nicht-Mitgliedern durch Besoldungsstellen an Gewerkschaften und Berufsverbände.

259 *BVerwG* v. 11.1.06 – 6 PB 17.05 –, PersR 06, 300; zur Wiedergabe von Werturteilen vgl. *BAG* v. 16.9.87 – 5 AZR 254/86 –, PersR 89, 14; s. auch Lorenzen-*Faber*, Rn. 18; *v. Rotteken*, ZfPR 11, 102.

260 Teilw. str.; vgl. KfdP-*Seulen*, Rn. 21.

sich die beamtenrechtliche Schweigepflicht erstreckt, ist eine Aussage erst möglich, wenn dem Beamten nach § 67 Abs. 3, § 68 BBG die Aussagegenehmigung des Dienstvorgesetzten erteilt worden ist.

- Im **Zivilprozess** ist nach § 383 Abs. 1 Nr. 6 ZPO ein **Zeugnisverweigerungsrecht** auch für Mitglieder von Personalvertretungen i. w. S. (PR, GPR, BPR, HPR, JAV, GJAV, BJAV, HJAV) vorgesehen. Nach § 385 Abs. 2 ZPO dürfen sie das Zeugnis jedoch nicht verweigern, wenn sie **von der Verpflichtung zur Verschwiegenheit entbunden** sind. Diese Befreiung kann nur von demjenigen erteilt werden, dem das Recht auf Verschwiegenheit zusteht. Das sind je nach den Umständen sowohl der PR als auch der Dienststellenleiter und ggf. – insb. in Personalangelegenheiten – die betroffenen einzelnen Beschäftigten. Handelt es sich gleichzeitig um eine Angelegenheit, die der beamtenrechtlichen Schweigepflicht unterliegt, ist nach § 376 Abs. 1 ZPO i. V. m. § 67 Abs. 3 BBG auch die **Aussagegenehmigung** des Dienstvorgesetzten erforderlich. Die Vorschriften des § 376 Abs. 1, § 383 Abs. 1 Nr. 6 und § 385 Abs. 2 ZPO gelten entsprechend für das **personalvertretungsrechtliche Beschlussverfahren** (§ 83 Abs. 2 BPersVG i. V. m. § 80 Abs. 2 und § 46 Abs. 2 ArbGG), das **arbeitsgerichtliche Urteilsverfahren** (§ 46 Abs. 2 ArbGG) und das **verwaltungsgerichtliche Klageverfahren** (§ 98 VwGO).[261]

(**Abs. 2**) Die Schweigepflicht besteht nicht für Angelegenheiten oder Tatsachen, die **offenkundig** sind. Der Begriff »offenkundig« ist in Anlehnung an das Prozessrecht (vgl. § 291 ZPO, § 244 Abs. 3 S. 2 StPO) und das Verwaltungsverfahrensrecht – das zwischen »allgemeinkundig« und »gerichtskundig« bzw. »amtskundig« (»behördenkundig«) unterscheidet – als Oberbegriff zu verstehen, der die Begriffe »allgemeinkundig« und »dienststellenkundig« umfasst.[262] Angelegenheiten oder Tatsachen sind **allgemeinkundig**, wenn sie allgemein, also auch außerhalb der Dienststelle, bekannt oder jederzeit feststellbar sind. Sie sind **dienststellenkundig**, wenn sie innerhalb der Dienststelle jedem Beschäftigten bekannt oder für ihn jederzeit erkennbar sind. Bei Allgemeinkundigkeit entfällt die Schweigepflicht gegenüber der gesamten Öffentlichkeit, also gegenüber jedermann. Bei (bloßer) Dienststellenkundigkeit entfällt sie nur gegenüber der auf die Dienststelle beschränkten Öffentlichkeit, also nur gegenüber ihren Beschäftigten.[263] 22

261 Zu Zeugenaussagen von PR-Mitgliedern in Disziplinarverfahren s. *BVerwG* v. 25. 5. 16 – 5 PB 22.15 –, juris; *SächsOVG* v. 14. 11. 14 – PL 9 B 68/14 –, PersV 15, 348.

262 Str.; vgl. KfdP-*Seulen*, Rn. 23.

263 *OVG NW* v. 8.4.81 – CB 28/80 –; Lorenzen-*Faber*, Rn. 38; Richardi-*Treber*, Rn. 21; zum Maßstab des individuellen Interesses *Ilbertz/Widmaier/Sommer*, Rn. 18.

23 Nach Abs. 2 besteht die Schweigepflicht auch nicht für Angelegenheiten oder Tatsachen, die ihrer **Bedeutung** nach keiner Geheimhaltung bedürfen. Ob diese Voraussetzung vorliegt, ist nach den Umständen des Einzelfalls zu beurteilen. Der Geheimhaltung bedürfen keinesfalls Angelegenheiten oder Tatsachen, die von so **geringem Gewicht** sind, dass weder der Dienststellenleiter noch die Personalvertretung noch ein einzelner Beschäftigter ein nennenswertes Interesse daran hat, dass sie nicht bekannt werden. Handelt es sich um Angelegenheiten oder Tatsachen von **größerem Gewicht**, sind alle Umstände zu berücksichtigen und gegeneinander abzuwägen. Das gilt insb. bei Angelegenheiten, die – wie z. B. geplante Vorhaben zur Änderung der Dienststellenstruktur oder zur Neuordnung der Arbeitsorganisation – mit **nachhaltigen Wirkungen für die Beschäftigten** verbunden sind.[264] In solchen Fällen kann es nicht nur zulässig, sondern geboten sein, dass die Personalvertretung die Beschäftigten in der Personalversammlung über das Vorhaben unterrichtet und mit ihnen darüber diskutiert, weil die Teilnehmer dieser Versammlung selbst der personalvertretungsrechtlichen Schweigepflicht und darüber hinaus i. d. R. auch der beamtenrechtlichen oder arbeitsvertraglichen Schweigepflicht unterliegen (vgl. Rn. 1, 6) und weil ihnen dabei auch das Grundrecht der Meinungsfreiheit zusteht (vgl. Rn. 4). So kann einerseits das Interesse der Dienststelle, die **öffentliche Verbreitung interner Vorgänge zu verhindern**, gewahrt und andererseits dem Interesse der Beschäftigten und ihrer Personalvertretung, den für die **demokratische Interessenvertretung** unerlässlichen Informations- und Meinungsaustausch zu ermöglichen, entsprochen werden.

24 Die Personalvertretungen haben bei der Verarbeitung personenbezogener Daten die **Vorschriften über den Datenschutz** zu beachten. Ihren Mitgliedern ist es nach § 5 S. 1 BDSG ebenso wie allen anderen bei der Datenverarbeitung beschäftigten Personen untersagt, personenbezogene Daten unbefugt zu erheben, zu verarbeiten oder zu nutzen.[265] Dieses nach § 5 S. 3 BDSG auch nach Beendigung ihrer Tätigkeit fortbestehende Gebot zur **Wahrung des Datengeheimnisses** steht wegen seines eigenständigen Regelungsinhalts neben der personalvertretungsrechtlichen Schweigepflicht.[266] Eine förmliche Verpflichtung von Mitgliedern der Personalvertretungen auf das Datengeheimnis kommt schon deshalb nicht in Betracht, weil eine solche Verpflichtung in § 5 S. 2 BDSG nur für Personen vorgesehen ist, die bei nichtöffentlichen Stellen beschäftigt werden.

25 Die **Verletzung der Schweigepflicht** kann bei Mitgliedern der Personalvertretung eine grobe Pflichtverletzung i. S. d. § 28 Abs. 1 darstellen. Hierzu

264 Vgl. *HessVGH* v. 12. 8. 81 – BPV TK 2/82 –.
265 Näher dazu KfdP-*Seulen*, Rn. 37–55.
266 Vgl. KfdP-*Seulen*, Rn. 25.

kann bereits ein einmaliges Fehlverhalten ungeachtet einer späteren Entschuldigung oder eines anderen Aktes tätiger Reue genügen.[267]

Ist das Vertrauen in eine künftige ordnungsgemäße Amtsführung schwer erschüttert und der Arbeitsfrieden in der Dienststelle nachhaltig gestört,[268] so kann selbst nur eine fahrlässig begangene Verletzung den **Ausschluss aus der Personalvertretung** oder deren Auflösung rechtfertigen.[269] 26

Da § 10 ein Schutzgesetz i. S. d. § 823 Abs. 2 BGB ist, kann seine Verletzung auch **Schadensersatzansprüche** auslösen, wobei die Schadensersatzpflicht gegenüber dem Träger der Dienststelle oder gegenüber demjenigen eintreten kann, dessen Angelegenheit offenbart worden ist. Unter bestimmten Voraussetzungen kann die Verletzung der Schweigepflicht auch **strafrechtliche Folgen** haben. In Betracht kommen die Bestrafung wegen der Offenbarung oder Verwertung eines fremden Privatgeheimnisses nach § 203 Abs. 2 Nr. 3, Abs. 4, 5 und §§ 204, 205 StGB oder wegen der Verletzung einer besonderen Geheimhaltungspflicht nach § 353b Abs. 1 Nr. 3, Abs. 3, 4 StGB.[270] 27

Unterhalb dieser Schwelle sind dem Dienststellenleiter indes Sanktionen verwehrt. **Arbeits- oder beamtenrechtliche Maßregelungen** kommen nur dann in Betracht, wenn außer der personalvertretungsrechtlichen Schweigepflicht zugleich die beamtenrechtliche oder arbeitsvertragliche Schweigepflicht verletzt worden ist.[271] Dies gilt zunächst für Disziplinarmaßnahmen gegenüber Beamten oder Kündigungen gegenüber Arbeitnehmern, schließt jedoch auch bereits vorbereitende Maßnahmen wie Rügen, Abmahnungen oder Tadel ein.[272] Werden diese zur Missbilligung eines ausschließlich personalvertretungsrechtlich zu beurteilenden Verhaltens ausgesprochen, so ist dem betroffenen Personalratsmitglied die Überprüfung im verwaltungsgerichtlichen Beschlussverfahren eröffnet. Umgekehrt dürfen allerdings weder Personalrat noch Dienststellenleitung das Nichtvorliegen bzw. Vorliegen einer Schweigepflichtverletzung eines Personalratsmitglieds gerichtlich feststellen lassen.[273] 28

---

267 *BVerwG* v. 29. 6. 15 – 5 PB 14.14 –, juris.

268 *BVerwG* v. 14. 4. 04 – 6 PB 1.04 –, PersR 04, 268.

269 *BVerwG* v. 15. 3. 68 – VII P 22.66 –, PersV 68, 190, v. 23. 1. 02 – 6 P 5.01 –, PersR 02, 201, u. v. 11. 1. 06 – 6 PB 17.05 –, PersR 06, 300.

270 Näher dazu KfdP-*Seulen*, Anh. VIII.

271 I. E. str.; vgl. KfdP-*Kröll*, § 28 Rn. 20f.

272 *VG Berlin* v. 20. 11. 13 – 71 K 10.13.PVB –, PersR 14, 227.

273 *BVerwG* v. 12. 3. 86, BVerwGE 74, 100; *VG Berlin* v. 20. 11. 13, PersR 2014, 227ff., vertiefend KfdP-*Seulen*, Rn. 27.

§ 11 [Unfallfürsorge]

Erleidet ein Beamter anlässlich der Wahrnehmung von Rechten oder Erfüllung von Pflichten nach diesem Gesetz einen Unfall, der im Sinne der beamtenrechtlichen Unfallfürsorgevorschriften ein Dienstunfall wäre, so sind diese Vorschriften entsprechend anzuwenden.

1 § 11 legt fest, dass die von einem Beamten ausgeübte personalvertretungsrechtliche Tätigkeit hinsichtlich der Unfallfürsorge wie eine beamtenrechtliche Tätigkeit behandelt wird. Wer **Beamter** i. S. d. § 11 ist, richtet sich nach den Beamtengesetzen (vgl. § 4 Rn. 4f.). **Richter** sind zwar keine Beamten, für ihre Unfallfürsorge gelten aufgrund der Verweisungen in den §§ 46, 71a DRiG aber die beamtenrechtlichen Vorschriften entsprechend. Obwohl **DO-Angestellte** nach § 4 Abs. 2 Arbeitnehmer i. S. d. BPersVG sind, gelten sie aufgrund der jeweiligen Dienstordnung als Beamte i. S. d. § 11. Über § 96 Abs. 3 S. 1 SGB IX gilt die Bestimmung des § 11 entsprechend für (beamtete) Vertrauenspersonen der Schwerbehinderten.[274]

2 § 11 bezieht sich auf **alle personalvertretungsrechtlichen Rechte und Pflichten**, die im Rahmen des BPersVG wahrgenommen werden. Voraussetzung für die entsprechende Anwendung der beamtenrechtlichen Unfallfürsorgevorschriften ist ein **Unfall**, der bei unmittelbarer Anwendung dieser Vorschriften ein Dienstunfall i. S. d. § 31 BeamtVG wäre. Bei einem derartigen Unfall erhält ein Beamter die **Unfallfürsorge**, die nach § 30 BeamtVG bei einem Dienstunfall vorgesehen ist. Da ein Unfall nur bei einem Körperschaden vorliegt, können **Sachschäden** grundsätzlich nicht ersetzt werden. Nur wenn bei einem Unfall Kleidungsstücke oder sonstige Gegenstände, die der Betroffene mit sich geführt hat, beschädigt oder zerstört worden oder abhanden gekommen sind, kann dafür nach § 32 S. 1 BeamtVG Ersatz geleistet werden. Die Ansprüche auf Unfallfürsorge richten sich gegen den Dienstherrn.

3 § 11 gilt nicht für **Arbeitnehmer** (falls diese keine DO-Angestellten sind [vgl. Rn. 1]). Sie sind als Beschäftigte kraft Gesetzes in der **gesetzlichen Unfallversicherung** versichert (§ 2 Abs. 1 Nr. 1 SGB VII). Zu der versicherten Tätigkeit gehört nicht nur ihre Beschäftigung als Arbeitnehmer, sondern auch die Wahrnehmung von Rechten und die Erfüllung von Pflichten nach dem PersVR. Versicherungsfälle, die Ansprüche auf Leistungen begründen, sind Unfälle infolge einer versicherten Tätigkeit, sog. **Arbeitsunfälle**, oder auf einem mit der versicherten Tätigkeit zusammenhängenden unmittelbaren Weg nach und von dem Ort der Tätigkeit, sog. **Wegeunfälle** (§ 8 SGB VII). Die Versicherungsleistungen sehen keinen Ersatz für und keine Entschädigung von Sachschäden vor (§ 26 SGB VII; Ausnahme nach § 13 SGB

---

274 *NdsOVG* v. 13. 5. 16 – 5 LA 150/15 –, juris.

VII nur bei Hilfeleistungen). Die Ansprüche richten sich gegen den jeweils zuständigen Unfallversicherungsträger.

Ein Ersatz von **Sachschäden** kommt – von der in § 32 S. 1 BeamtVG geregelten Ausnahme abgesehen (vgl. Rn. 2) – nur auf der Grundlage des § 44 Abs. 1 S. 1 in Betracht (vgl. § 44 Rn. 24). 4

Zweites Kapitel
Personalrat, Stufenvertretung, Gesamtpersonalrat, Personalversammlung

Erster Abschnitt
Wahl und Zusammensetzung des Personalrates

§ 12 [Bildung von Personalräten]

(1) **In allen Dienststellen, die in der Regel mindestens fünf Wahlberechtigte beschäftigen, von denen drei wählbar sind, werden Personalräte gebildet.**

(2) **Dienststellen, bei denen die Voraussetzungen des Absatzes 1 nicht gegeben sind, werden von der übergeordneten Dienststelle im Einvernehmen mit der Stufenvertretung einer benachbarten Dienststelle zugeteilt.**

(**Abs. 1**) Nach Abs. 1 sind Dienststellen unter zwei Voraussetzungen **personalratsfähig**: Sie beschäftigen in der Regel mindestens **fünf Wahlberechtigte** (§ 13), und von diesen Wahlberechtigten sind mindestens **drei wählbar** (§§ 14, 15). Dienststellen sind alle Organisationseinheiten i. S. d. § 6, also auch Nebenstellen und Teile von Dienststellen, die nach § 6 Abs. 3 verselbständigt sind,[1] sowie Dienststellen, die nicht auf Dauer, sondern nur vorübergehend errichtet werden. Erfüllt eine Dienststelle die in Abs. 1 festgelegten Mindestvoraussetzungen nicht, ist Abs. 2 anzuwenden (vgl. dazu Rn. 3 f.). **Soldaten** sind in Dienststellen i. S. d. § 60 Abs. 1 SBG 2016 nach Maßgabe der Neuregelung in § 60 Abs. 2 SBG 2016 mitzuzählen (vgl. Anh. V B § 60 SGB Rn. 10). **Sinkt die Zahl** der in der Regel beschäftigten Wahlberechtigten während der Amtszeit des PR nicht nur vorübergehend **unter fünf**, so endet das Amt des PR, weil die Dienststelle dann nicht mehr personalratsfähig ist.[2] Tritt dieser Fall ein, ist Abs. 2 anzuwenden. Das Amt 1

1 *BVerwG* v. 29.5.91 – 6 P 12.89 –, PersR 91, 334.

2 *BVerwG* v. 13.7.11 – 6 P 16.10 –, PersR 11, 443 [zu II 4b aa]; *VGH BW* v. 13.11.84 – 15 S 2525/83 –, ZBR 85, 232.

des PR endet dagegen nicht, wenn nur die Zahl der wählbaren Beschäftigten **unter drei** sinkt, weil dieses Erfordernis lediglich dazu dient, den Wählern im Zeitpunkt der Wahl eine Auswahl unter verschiedenen Personen zu ermöglichen.

2 Das Gesetz stellt auf die Zahl der »**in der Regel**« Beschäftigten ab. Den Sinn und Zweck dieses Kriteriums – das auch für die Größe des PR (vgl. § 16 Rn. 1) und für seine Zusammensetzung (vgl. § 17 Rn. 2) gilt – sieht das *BVerwG* darin, einen aktualisierten, von zufälligen Verzerrungen bereinigten Regelstand der Beschäftigten zu bestimmen.[3] Danach ist zwar in erster Linie, aber nicht ausschließlich vom **Stellenplan** der Dienststelle auszugehen. Abweichungen ist in der Weise Rechnung zu tragen, dass der **tatsächliche Beschäftigtenstand** zugrunde gelegt wird, wie er während des **überwiegenden Teils der Amtszeit** des (ggf.) zu wählenden PR voraussichtlich bestehen wird. Um dies beurteilen zu können, bedarf es sowohl eines Rückblicks auf die Vergangenheit als auch einer Einschätzung der kommenden Entwicklung. Bei der Feststellung des tatsächlichen Beschäftigtenstandes sind z. B. **mitzuzählen**: Teilzeitbeschäftigte; Beschäftigte, die erkrankt sind oder sich im Urlaub befinden; Beschäftigte im Mutterschutz oder in der Elternzeit (zumindest, wenn diese nicht mehr als sechs Monate andauert, vgl. § 13 Abs. 1 S. 2 u. § 13 Rn. 10); Beschäftigte, die länger als drei Monate zur Dienststelle abgeordnet sind (vgl. § 13 Abs. 2 u. § 13 Rn. 12; wobei andererseits Beschäftigte, die längerfristig zu einer anderen Dienststelle abgeordnet sind und deshalb gem. § 13 Abs. 2 S. 1 u. 3 ihr Wahlrecht in der bisherigen Dienststelle verloren haben, nicht mitzuzählen sind); Aushilfskräfte, wenn sie regelmäßig beschäftigt werden und nicht zur Vertretung bestimmter, mitzuzählender Beschäftigter eingestellt sind; zu ihrer Berufsausbildung Beschäftigte mit der Besonderheit, dass die in § 13 Abs. 3 aufgeführten Beschäftigten nur bei ihrer Stammbehörde mitzuzählen sind. Bei der Feststellung der Zahl der »in der Regel« Beschäftigten sind immer nur solche Personen mitzuzählen, die nach § 4 Beschäftigte i. S. d. BPersVG sind (und die, soweit es um die Anwendung des Abs. 1 geht, außerdem nach § 13 wahlberechtigt sind).

3 **(Abs. 2)** Für Dienststellen, bei denen eine der in Abs. 1 genannten Voraussetzungen nicht vorliegt, schreibt Abs. 2 vor, dass sie von der übergeordneten Dienststelle im Einvernehmen mit der Stufenvertretung **einer benachbarten Dienststelle zugeteilt** werden. Die dafür zuständige übergeordnete Dienststelle ist die nächsthöhere Dienststelle, bei der eine Stufenvertretung (BPR oder HPR) besteht. Die zuständige Behörde ist zur Zuteilung verpflichtet, kann darüber aber nur mit der Zustimmung der bei ihr gebildeten Stufenvertretung entscheiden.

---

3 Beschl. v. 3.7.91 – 6 P 1.89 –, PersR 91, 369, v. 19.12.06 – 6 PB 12.06 –, PersR 07, 125, u. v. 27.5.10 – 6 PB 2.10 –, PersR 10, 367.

Als **aufnehmende Dienststellen** kommen alle Dienststellen in Betracht, die zum Geschäftsbereich der zuständigen Behörde gehören und in der räumlichen Nähe der zuzuteilenden Dienststelle liegen. Die Zuteilung kann auch zu einer anderen Kleindienststelle erfolgen, wenn diese dadurch personalratsfähig wird.[4] 3a

Mit der Zuteilung werden die Beschäftigten der zugeteilten Dienststelle unter den Voraussetzungen der §§ 13 bis 15 in der aufnehmenden Dienststelle wahlberechtigt und wählbar und der dort gebildete PR wird auch für die Vertretung dieser Beschäftigten zuständig. Die Zuteilung ändert aber nichts daran, dass beide Dienststellen in verwaltungsorganisatorischer Hinsicht als getrennte Dienststellen mit jeweils eigenem Leiter weiterhin existieren. Dem **gemeinsamen PR** steht deshalb **jeder Dienststellenleiter** im Rahmen seiner jeweiligen Zuständigkeiten als Repräsentant des Arbeitgebers bzw. Dienstherrn gegenüber. 4

Die Zuteilung kann nur durch die Behörde **aufgehoben** werden, die sie angeordnet hat; dafür ist wiederum das Einvernehmen mit der Stufenvertretung notwendig. Sie wird allerdings automatisch wirkungslos, sobald die Kleindienststelle durch **Anwachsen der Beschäftigtenzahl** die Voraussetzungen des Abs. 1 für die Bildung eines eigenen PR erfüllt hat und aufgrund dessen ein eigener PR gewählt worden ist.[5] 5

§ 13 [Wahlberechtigung]

(1) [1]Wahlberechtigt sind alle Beschäftigten, die am Wahltage das 18. Lebensjahr vollendet haben, es sei denn, dass sie infolge Richterspruchs das Recht, in öffentlichen Angelegenheiten zu wählen oder zu stimmen, nicht besitzen. [2]Beschäftigte, die am Wahltage seit mehr als sechs Monaten unter Wegfall der Bezüge beurlaubt sind, sind nicht wahlberechtigt.

(2) [1]Wer zu einer Dienststelle abgeordnet ist, wird in ihr wahlberechtigt, sobald die Abordnung länger als drei Monate gedauert hat; im gleichen Zeitpunkt verliert er das Wahlrecht bei der alten Dienststelle. [2]Das gilt nicht für Beschäftigte, die als Mitglieder einer Stufenvertretung oder des Gesamtpersonalrates freigestellt sind. [3]Satz 1 gilt ferner nicht, wenn feststeht, dass der Beschäftigte binnen weiterer sechs Monate in die alte Dienststelle zurückkehren wird. [4]Hinsichtlich des Verlustes des Wahlrechts bei der alten Dienststelle gelten die Sätze 1 und 3 entsprechend in Fällen einer Zuweisung nach § 29 des Bundesbeamtengesetzes oder auf Grund entsprechender arbeitsvertraglicher Vereinbarungen.

---

4 Str.; vgl. KfdP-*Noll* Rn. 8 m. w. N.

5 A. A. *OVG NW* v. 4. 11. 05 – 1 A 4756/04.PVB –, juris (Aufhebungsentscheidung erforderlich); vgl. KfdP-*Noll*, Rn. 10 m. w. N.

(3) Beamte im Vorbereitungsdienst und Beschäftigte in entsprechender Berufsausbildung sind nur bei ihrer Stammbehörde wahlberechtigt.

1 § 13 regelt die **Wahlberechtigung** oder, anders ausgedrückt, das **aktive Wahlrecht** zum PR. Es muss **am Tag der Wahl** gegeben sein. Erstreckt sich die Stimmabgabe über mehrere Tage, reicht es aus, wenn die Wahlberechtigung an einem dieser Tage besteht. § 13 wird ergänzt (und teilw. modifiziert) durch verschiedene **spezialgesetzliche Regelungen**, die sich **außerhalb des BPersVG** finden (näher dazu unten Rn. 13a).

2 **(Abs. 1)** Nach **§ 13 Abs. 1 S. 1 Hs. 1** sind grundsätzlich alle (der Dienststelle angehörenden) Beschäftigten wahlberechtigt, die am Wahltag das 18. Lebensjahr vollendet haben. Die Eigenschaft als **Beschäftigte im öffentlichen Dienst** ist in § 4 definiert. Die Eigenschaft als **Beschäftigte der Dienststelle**, in welcher der PR gewählt wird, ist in § 13 Abs. 1 S. 1 zwar nicht ausdrücklich aufgeführt[6]; die Voraussetzung der Dienststellenzugehörigkeit ist nach der Rspr. des *BVerwG* jedoch aus den in § 13 Abs. 1 S. 2, Abs. 2 S. 1, 3 und 4 enthaltenen Regelungen über den in bestimmten Fällen des Ausscheidens aus der Dienststelle eintretenden Verlust des Wahlrechts abzuleiten.[7] Die Beschäftigten haben am Wahltag das **18. Lebensjahr vollendet,** wenn sie spätestens an diesem Tag (ggf. spätestens am letzten Wahltag) ihren 18. Geburtstag haben (§ 187 Abs. 2 S. 2 BGB). Sind die Beschäftigteneigenschaft, die Dienststellenzugehörigkeit und das Mindestalter gegeben, besteht die Wahlberechtigung unabhängig von der Staatsangehörigkeit, der Beschäftigungsart, der Dauer des Beschäftigungsverhältnisses, der Dauer der Arbeitszeit, der Höhe der Bezüge oder der in der Dienststelle ausgeübten Funktion. Wahlberechtigt sind deshalb auch **ausländische** und staatenlose Beschäftigte. Das Gleiche gilt für **leitende** Beschäftigte, also für den Dienststellenleiter und seinen ständigen Vertreter, sowie für die mit **Personalangelegenheiten** befassten Personen i. S. d. § 14 Abs. 3.

3 Die Wahlberechtigung zum PR besteht in derjenigen Dienststelle i. S. d. § 6, der die Beschäftigten angehören.[8] Die **Dienststellenzugehörigkeit** liegt vor, wenn der jeweilige Beschäftigte in die Dienststelle **eingegliedert** ist. Dies ist nach der Rspr. des *BVerwG* der Fall, wenn er dort nach Weisungen des Dienststellenleiters an der Erfüllung öffentlicher Aufgaben mitwirkt.[9] Ist

---

6 Anders als in einigen LPersVG, so in Bbg (§ 13 Abs. 1 S. 1), M-V (§ 11 Abs. 1 S. 1), Saar (§ 12 Abs. 1 S. 1), Sachs (§ 13 Abs. 1 S. 1), LSA (§ 13 Abs. 1 S. 1) u. Schl-H (§ 11 Abs. 1 S. 1).

7 *BVerwG* v. 18. 1. 13 – 6 PB 17.12 –, PersR 13, 174, m. w. N.

8 *BVerwG* v. 21. 11. 58 – VII P 3.58 –, ZBR 59, 337, u. v. 15. 5. 02 – 6 P 8.01 –, PersR 02, 434.

9 BVerwG v. 3. 11. 11 – 6 P 14.10 –, PersR 12, 74; v. 20. 11. 11 – 6 P 14.10 –, PersR 12, 74, u. v. 18. 1. 13, a. a. O; *OVG NW* v. 31. 1. 14 – 20 A 2155/12.PVL –, PersR 5/12, 219.

eine Dienststelle gem. § 12 Abs. 2 einer **benachbarten Dienststelle** zugeteilt, so sind ihre Beschäftigten in der aufnehmenden Dienststelle wahlberechtigt. Personen, die **gleichzeitig mehreren Dienststellen** als Beschäftigte angehören – etwa im Fall einer Teilabordnung (vgl. Rn. 12b) –, haben in jeder dieser Dienststellen das aktive Wahlrecht.[10]

Die für die Wahlberechtigung in einer bestimmten Dienststelle erforderliche **Dienststellenzugehörigkeit beginnt** grundsätzlich mit dem Eintritt in die Dienststelle. Dieser kann insb. auf einer Einstellung oder einer Versetzung beruhen. Für die Fälle der Abordnung und der Zuweisung gelten die Sonderregelungen des Abs. 2 (vgl. Rn. 12f.). 4

Die **Dienststellenzugehörigkeit endet** mit dem Erlöschen der Beschäftigteneigenschaft durch **Beendigung des Dienst-, Arbeits- oder Ausbildungsverhältnisses** (vgl. § 4 Rn. 5, 12 u. 13 sowie § 29 Rn. 4f.) oder mit einem (sonstigen) **Ausscheiden aus der Dienststelle** (vgl. § 29 Rn. 6).[11] Ein derartiges Ausscheiden aus der Dienststelle erfolgt insb. durch eine **Versetzung** zu einer anderen Dienststelle[12], nach der Rspr. des *BVerwG* auch mit dem Eintritt in die **Freistellungsphase des Altersteilzeitarbeitsverhältnisses** (nach Blockmodell)[13] oder bei Beschäftigten der Bundesagentur für Arbeit, wenn sie für eine längere Zeit einem **Jobcenter** zugewiesen sind.[14] Eine »Ausgliederung« aus der Dienststelle erfolgt nach der Rspr. des *BVerwG* aufgrund der Fristenregelungen in Abs. 1 S. 2, Abs. 2 S. 1, 3 und 4 aber auch dann, wenn der Beschäftigte mit einer **Beurlaubung ohne Bezüge** (vgl. Rn. 10 sowie § 14 Rn. 3), einer **Abordnung** (vgl. Rn. 12ff.) oder einer **Zuweisung** (vgl. Rn. 13ff.) das Wahlrecht in der bisherigen Dienststelle verliert. Bei einer **Personalgestellung** nach § 4 Abs. 3 TVöD sind die gestellten Beschäftigten nicht berechtigt, an der Wahl des PR teilzunehmen, und sind daher nicht in das dortige Wählerverzeichnis aufzunehmen.[15] 5

Ein schwebendes **Disziplinarverfahren** hat auf die Wahlberechtigung eines Beamten auch dann keinen Einfluss, wenn der Beamte während des Disziplinarverfahrens vorläufig des Dienstes enthoben ist; das Gleiche gilt, wenn dem Beamten die Führung der Dienstgeschäfte verboten ist (Umkehrschluss aus § 30; vgl. dort Rn. 2). Nach der **Kündigung des Arbeitsverhältnisses** bleibt der ordentlich oder außerordentlich gekündigte Arbeitnehmer über den Ablauf der Kündigungsfrist bzw. über den Zugang der Kündigung hi- 5a

10 *VGH BW* v. 9.9.86 – 15 S 2643/85 –, PersR 87, 176 Ls.

11 Vgl. beim Verlust der Dienststellenzugehörigkeit bei dauerhafter Freistellung von der Arbeit *BayOLG* v. 19.4.16 – 17 PV 16.531 –, ZfPR online 6/16, 10.

12 *BVerwG* v. 3.11.11, a.a.O.

13 *BVerwG* v. 15.5.02, a.a.O.

14 *BVerwG* v. 11.10.13 – 6 PB 27.13 –, PersR 14, 38 m. krit. Anm. *Baden*, PersR 14, 190.

15 *BVerwG* v. 22.9.15 – 5 P 12.14 –, PersR 1/16, 46 m. Anm. *Baden*.

naus dann wahlberechtigt, wenn er die Kündigung beim Arbeitsgericht angegriffen hat und während des Kündigungsschutzprozesses **weiterbeschäftigt** wird. Anders ist es bei gekündigten Arbeitnehmern, die während des Kündigungsrechtsstreits **nicht weiterbeschäftigt** werden. Bei ihnen ist zwischen aktivem und passivem Wahlrecht zu unterscheiden. Sie sind mangels ihrer tatsächlichen Eingliederung in die Dienststelle nicht wahlberechtigt, bleiben aber in den PR wählbar, weil die rechtswirksame Beendigung des Arbeitsverhältnisses durch die Kündigung bis zum rechtskräftigen Abschluss des Kündigungsrechtsstreits in der Schwebe bleibt.[16] Bei einem Beamten, der gegen seine Entlassung oder seine Versetzung in den **Ruhestand** Rechtsmittel eingelegt hat, ist es sachgerecht, ähnlich zu differenzieren. Hat das Rechtsmittel aufschiebende Wirkung, bleibt der Beamte wahlberechtigt. Ist jedoch die sofortige Vollziehung angeordnet, ist er nicht wahlberechtigt, wohl aber wählbar.

6 Personen, die **regelmäßig wiederkehrend** nur an einzelnen Tagen in der Dienststelle beschäftigt sind und hierzu jeweils **befristete Arbeitsverträge** abschließen, sind zur Wahl des PR auch dann wahlberechtigt, wenn sie am Wahltag nicht in der Dienststelle tätig sind.[17]

7 **Leiharbeitnehmer** in einem unechten Leiharbeitsverhältnis i. S. d. AÜG (vgl. § 4 Rn. 10) haben unabhängig davon, ob sie nach dem BetrVG zum Betriebsrat des Verleiherbetriebes wahlberechtigt sind, unter den Voraussetzungen des entsprechend anzuwendenden § 13 Abs. 2 (vgl. Rn. 12ff.) die Wahlberechtigung zum PR der Entleiherdienststelle.[18] Das gilt auch dann, wenn es sich um Leiharbeitnehmer handelt, die der Dienststelle im Rahmen eines echten Leiharbeitsverhältnisses zur Arbeitsleistung überlassen sind.

8 Beschäftigte, die aus persönlichen Gründen (z. B. Krankheit, Erholungsurlaub, Dienst- oder Arbeitsbefreiung, Urlaub unter Fortzahlung der Bezüge) oder aus dienstlichen Anlässen (z. B. Fortbildungsveranstaltung, Dienstreise) **vorübergehend am Wahltag abwesend** sind, verlieren ihre Dienststel-

---

16 Vgl. *BAG* v. 10. 11. 04 – 7 ABR 12/04 –, AP BetrVG 1972 § 8 Nr. 11; str.; dazu KfdP-*Noll*, Rn. 8 m. w. N.

17 *BVerwG* v. 8. 12. 67 – VII P 17.66 –, PersV 68, 114.

18 Str.; wie hier *VG Frankfurt a. M.* v. 3. 11. 08 – 23 K 1568/08.F.PV – u. *HessVGH* v. 18. 11. 10 – 22 A 959/10.PV –, PersR 09, 84, u. 11, 85; vgl. KfdP-*Noll*, Rn. 10 m. N. Im Bereich der Betriebsverfassung gilt die Regelung in § 7 S. 2 BetrVG: »Werden Arbeitnehmer eines anderen Arbeitgebers zur Arbeitsleistung überlassen, so sind diese wahlberechtigt, wenn sie länger als drei Monate im Betrieb eingesetzt werden.« Damit steht dem überlassenen Arbeitnehmer, der länger als drei Monate eingesetzt wird, das aktive Wahlrecht zum Betriebsrat bereits ab dem ersten Arbeitstag im Einsatzbetrieb zu (BT-Drs. 14/5741, S. 36 [zu Nr. 7]); das gilt sowohl für unechte als auch für echte Leiharbeitnehmer (Fitting, § 7 Rn. 39 [unter Hinw. auf BAG v. 13. 3. 13 – 7 ABR 69/11 –, AP BetrVG 1972 § 9 Nr. 15] bzw. Rn. 41).

lenzugehörigkeit und ihre Wahlberechtigung dadurch nicht. Das Gleiche gilt für **Beschäftigte im Außendienst** sowie für **Telebeschäftigte**, die ihre Arbeit (ggf. zeitweise) außerhalb der Dienststelle verrichten (vgl. § 4 Rn. 9). Für die Fälle der Beurlaubung unter Wegfall der Bezüge, der Abordnung und der Zuweisung gelten die **Sonderregelungen** in § 13 Abs. 1 S. 2 und Abs. 2 (vgl. Rn. 10–13).

Nicht wahlberechtigt sind nach **§ 13 Abs. 1 S. 1 Hs. 2** Beschäftigte, die infolge **Richterspruchs** nicht das Recht besitzen, in öffentlichen Angelegenheiten zu wählen oder zu stimmen (vgl. § 45 Abs. 5, § 45a StGB u. § 39 Abs. 2 BVerfGG). Ebenfalls nicht wahlberechtigt sind entsprechend § 13 Nr. 2 Bundeswahlgesetz Beschäftigte, für die das Vormundschaftsgericht nach den §§ 1896ff. BGB nicht nur durch einstweilige Anordnung einen **Betreuer** zur Besorgung aller ihrer Angelegenheiten bestellt hat. 9

Nach **§ 13 Abs. 1 S. 2** sind Beschäftigte, die am Wahltag seit mehr als sechs Monaten **unter Wegfall der Bezüge beurlaubt** sind, nicht wahlberechtigt. Aus welchen Gründen die Beurlaubung ohne Dienstbezüge erfolgte, ist für die Frage der Wahlberechtigung grundsätzlich ohne Bedeutung. In Betracht kommen z.B. »**familienbedingte Beurlaubung**« nach § 92 BBG oder »**Beurlaubung ohne Besoldung**« nach § 95 BBG, ferner – soweit nicht von der Möglichkeit der Teilzeitbeschäftigung Gebrauch gemacht wird – **Elternzeit** nach den §§ 15ff. BEEG oder den §§ 6ff. MuSchEltZV[19] oder auch »**Urlaub in anderen Fällen**« nach § 13 SUrlV oder nach entsprechenden tarifvertraglichen Regelungen, z.B. »**Sonderurlaub**« gem. § 28 TVöD. Als Beurlaubung betrachtet das *BVerwG*[20] auch das in tarifvertraglichen Bestimmungen vorgesehene **Ruhen des Arbeitsverhältnisses wegen Beziehens einer befristeten Rente** wegen verminderter Erwerbsfähigkeit. Gleiches soll auch dann gelten, wenn ein arbeitsunfähig erkrankter Arbeitnehmer keine Bezüge von seinem Arbeitgeber bezieht und dieser für die Dauer der **Arbeitsunfähigkeit** auf sein Weisungsrecht aus dem Arbeitsvertrag verzichtet.[21] Ist ein Beschäftigter am Wahltag seit mehr als sechs Monaten ausnahmsweise **unter Fortzahlung der Bezüge beurlaubt**, geht die Wahlberechtigung nicht verloren (vgl. Rn. 5).[22] 10

Die Streitfrage, ob und wie sich die Einberufung zum **Grundwehrdienst** oder zum **Zivildienst** auf die Wahlberechtigung auswirkt (vgl. dazu die 5. Aufl.), hat sich mit der Aussetzung der Wehrpflicht und des Zivildienstes 11

---

19 *BVerwG* v. 15.5.02 – 6 P 8.01 –, PersR 02, 434; a.A. bezüglich der Elternzeit *VG Frankfurt a.M.* v. 25.7.05 – 22 K 1568/05 –, PersR 06, 174 (unzulässige mittelbare Diskriminierung wegen des Geschlechts).

20 Beschl. v. 15.5.02 – 6 P 18.01 –, PersR 02, 438.

21 *OVG NW* v. 15.4.03 – 1 A 3281/02.PVB –, PersR 03, 415.

22 *BVerwG* v. 15.5.02 – 6 P 8.01 –, PersR 02, 434, das jedoch die Freistellungsphase nach dem Blockmodell der Altersteilzeit als Freizeitausgleich ansieht.

(als Wehrersatzdienst) durch Art. 1 Wehrrechtsänderungsgesetz 2011 v. 28.4.11[23] und durch Art. 2 und 3 Bundesfreiwilligendienstgesetz v. 28.4.11[24] bis auf Weiteres erledigt.[25]

12 **(Abs. 2)** Nach **§ 13 Abs. 2 S. 1** wird ein Beschäftigter, der zu einer Dienststelle **abgeordnet** ist, in ihr wahlberechtigt, sobald die Abordnung **länger als drei Monate** gedauert hat (zum Begriff der Abordnung vgl. § 75 Rn. 43 und § 76 Rn. 27). In diesem Zeitpunkt verliert er das Wahlrecht in der alten Dienststelle. Wird ein Beschäftigter nacheinander zu **mehreren Dienststellen** abgeordnet, ohne dass er zwischendurch zu seiner Ursprungsdienststelle zurückkehrt, bleibt er dort wahlberechtigt, wenn der Aufenthalt in keiner der anderen Dienststellen länger als drei Monate dauert.[26] **§ 13 Abs. 2 S. 2** stellt klar, dass Abs. 2 S. 1 für jene Beschäftigten nicht gilt, die als **Mitglied** einer **Stufenvertretung** oder des **GPR** vom Dienst **freigestellt** sind, weil deren verwaltungsmäßige Zuordnung zu einer anderen Dienststelle nicht zu einer echten Eingliederung führt. Der Erwerb der Wahlberechtigung in der neuen Dienststelle und der Verlust der Wahlberechtigung in der alten Dienststelle treten nach **§ 13 Abs. 2 S. 3** auch dann nicht ein, wenn spätestens bei Ablauf der Dreimonatsfrist feststeht, dass der Beschäftigte **binnen weiterer sechs Monate** in die alte Dienststelle **zurückkehren** wird.

12a Wird ein Beschäftigter **von einer Dienststelle im Geltungsbereich eines LPersVG** zu einer Dienststelle im Geltungsbereich des BPersVG **abgeordnet**, so wird er nach § 13 Abs. 2 S. 1 und 3 in der neuen Dienststelle wahlberechtigt, sobald die Abordnung länger als drei Monate gedauert hat, vorausgesetzt, dass bei Ablauf der Dreimonatsfrist nicht feststeht, dass er binnen weiterer sechs Monate in die alte Dienststelle zurückkehren wird. Zu welchem Zeitpunkt er das Wahlrecht in der alten Dienststelle verliert, hängt von den dafür einschlägigen Vorschriften des für diese Dienststelle geltenden LPersVG ab.

12b Auf den Fall der für Beamte in § 27 Abs. 1 S. 2 und Abs. 2 S. 1 BBG ausdrücklich geregelten **Teilabordnung** (vgl. § 76 Rn. 27) sind die Vorschriften des BPersVG über den Erwerb und Verlust des Wahlrechts nicht uneingeschränkt anwendbar, da der Beschäftigte dabei nur einen Teil seiner Arbeitszeit vorübergehend für Dienste bei einer anderen Dienststelle zu erbringen hat, den übrigen Teil seiner Arbeitszeit aber weiterhin bei seiner Stammdienststelle abzuleisten hat. Dem ist dadurch Rechnung zu tragen, dass die Regelungen in § 13 Abs. 2 S. 1 und 3 zwar für den **Erwerb des Wahlrechts in**

23 BGBl. I S. 678.

24 BGBl. I S. 687.

25 Zur Ableistung eines »freiwilligen Wehrdienstes als besonderes staatsbürgerliches Engagement« sowie von Wehrübungen vgl. KfdP-*Noll*, Rn. 15.

26 *VGH Freiburg* v. 30.10.57 – 100/P 57 –, PersV 58, 19; *OVG RP* v. 30.1.61 – 4 A 2/60 –, PersV 62, 16.

der anderen Dienststelle anzuwenden sind, dass sie aber **keinen Verlust des Wahlrechts in der bisherigen Dienststelle** zur Folge haben und der teilabgeordnete Beschäftigte somit in beiden Dienststellen wahlberechtigt ist.[27]

§ 13 Abs. 2 S. 4 sieht für die Fälle einer **Zuweisung** nach § 29 BBG (vgl. dazu § 76 Rn. 30) oder aufgrund entsprechender arbeitsvertraglicher Vereinbarung die entsprechende Anwendung der für die Abordnung geltenden Sätze 1 und 3 vor. Die Vorschrift ist im Hinblick auf ihre Zweckbestimmung (wahlrechtliche Gleichstellung von zwei Maßnahmen der Personalüberlassung, die zu einer vergleichbaren »Ausgliederung« [vgl. oben Rn. 5] der Betroffenen aus der abgebenden Dienststelle führen können) auch dann anzuwenden, wenn die Zuweisung eines Arbeitnehmers nicht auf einer einzelvertraglichen Abmachung, sondern auf einer tarifvertraglichen Bestimmung (z. B. § 4 Abs. 2 oder 3 TVöD) beruht, und zwar auch dann, wenn es sich um eine anders bezeichnete Maßnahme (wie z. B. die **Personalgestellung** nach § 4 Abs. 3 TVöD) handelt, welche in ihrer die Dienststellenzugehörigkeit betreffenden Wirkung der beamtenrechtlichen Zuweisung entspricht (vgl. § 75 Rn. 48 f.). Der zugewiesene Beschäftigte verliert die Wahlberechtigung bei seiner alten Dienststelle, sobald die Zuweisung zu der aufnehmenden Einrichtung länger als drei Monate gedauert hat, es sei denn, es steht fest, dass er binnen weiterer sechs Monate in die alte Dienststelle zurückkehren wird. Ob der Zugewiesene ein dem Wahlrecht nach dem BPersVG entsprechendes **Wahlrecht in der aufnehmenden Einrichtung** erwirbt, ist dabei unerheblich. Allerdings kommt dieser Problematik seit der Änderung des § 5 Abs. 1 BetrVG durch Art. 9 des Gesetzes v. 29. 7. 09[28] keine besondere Bedeutung mehr zu, soweit es um Zuweisungen zu **Betrieben im Geltungsbereich des BetrVG** geht. Beim Einsatz in Betrieben privatrechtlich organisierter Unternehmen gelten Beamte, Soldaten und Arbeitnehmer des öffentlichen Dienstes (einschl. der zu ihrer Berufsausbildung Beschäftigten) nunmehr nach § 5 Abs. 1 S. 3 BetrVG als Arbeitnehmer i. S. d. BetrVR. Sie sind zum Betriebsrat des aufnehmenden Betriebes wahlberechtigt und wählbar.[29] 13

Soweit für die Zuweisung von Beschäftigten des Bundes (oder von bundesunmittelbaren Körperschaften, Anstalten oder Stiftungen des öffentlichen Rechts) zu privatrechtlich organisierten Einrichtungen **gesetzliche Sondervorschriften** bestehen, gehen diese als Spezialregelungen den allgemeinen Vorschriften des § 13 Abs. 2 vor.[30] Dazu nur folgende Hinweise: 13a

- Für Beamte der ehemaligen **Bundeseisenbahnen** (Deutsche Bundesbahn und Deutsche Reichsbahn), die der **Deutsche Bahn AG (DB AG)** zuge-

27 Im Ergebnis ebenso *VG Düsseldorf* v. 13. 9. 11 – 39 L 775/11.PVB –, PersR 12, 27 (zur Teilabordnung u. Teilzuweisung); *Fischer/Goeres/Gronimus*, Rn. 24a a. E.
28 BGBl. I S. 2424.
29 *BAG* v. 15. 8. 12 – 7 ABR 34/11 –, AP BetrVG 1972 § 5 Nr. 79.
30 Vgl. *Fitting*, § 5 Rn. 320 ff.

wiesen sind, sind in dem als Art. 2 des Eisenbahnneuordnungsgesetzes (ENeuOG) v. 27.12.93[31] verkündeten Deutsche Bahn Gründungsgesetz (**DBGrG**)[32] besondere Regelungen über die betriebliche Interessenvertretung geschaffen worden: Einerseits werden beim Bundeseisenbahnvermögen (BEV) von den zugewiesenen Beamten zu wählende besondere Personalvertretungen gebildet, andererseits gelten diese Beamten bei der DB AG (und ihren ausgegliederten Gesellschaften) als Arbeitnehmer i. S. d. BetrVG, die dort auch zum Betriebsrat wahlberechtigt und wählbar sind (näher dazu Anh. III §§ 17, 19, 23 DBGrG).

- Für Beamte von Unternehmen der ehemaligen **Deutschen Bundespost**, die bei den mit beamtenrechtlichen Befugnissen beliehenen, in privater Rechtsform organisierten **Postnachfolgeunternehmen** (insb. **Deutsche Post AG, Deutsche Telekom AG** und **Deutsche Postbank AG**) beschäftigt werden, sind in dem als Art. 4 des Postneuordnungsgesetzes (PTNeuOG) v. 14.9.94[33] verkündeten Postpersonalrechtsgesetz (**PostPersRG**)[34] besondere Regelungen über die betriebliche Interessenvertretung geschaffen worden: Danach gelten diese Beamten für die Anwendung des BetrVG als Arbeitnehmer, sie bilden aber bei der Wahl zum Betriebsrat grundsätzlich eine eigene Gruppe (näher dazu Anh. IV §§ 24, 26 PostPersRG).
- Für Beamte und Arbeitnehmer des Geschäftsbereichs des **Bundesministeriums der Verteidigung**, denen unter Beibehaltung ihres Dienst- oder Arbeitsverhältnisses zum Bund eine Tätigkeit in einem **mit der Bundeswehr kooperierenden Wirtschaftsunternehmen** zugewiesen ist, gilt das Kooperationsgesetz der Bundeswehr (**BwKoopG**) v. 30.7.04.[35] Es besteht ein aktives und passives Doppelwahlrecht der Betroffenen zum PR ihrer Dienststelle (und zu dienststellenübergreifenden Personalvertretungen, insb. zum HPR beim BMVg) sowie zum Betriebsrat des Kooperationsbetriebes (näher dazu Anh. V C §§ 2, 3, 6 Abs. 1 BwKoopG).
- Für Beamte und Arbeitnehmer sowie Auszubildende des **Bundesamtes für zentrale Dienste und offene Vermögensfragen (BADV)**, denen Tätigkeiten bei der »Bundesrepublik Deutschland – **Finanzagentur GmbH**« zugewiesen sind, gilt das Bundeswertpapierverwaltungspersonalgesetz (**BWpVerwPG**) v. 12.7.06[36]. Es besteht ein aktives und passives Doppel-

31 BGBl. I S. 2378; ber. 1994 I S. 2439. Zuletzt geändert durch Art. 16 Abs. 12 des Gesetzes v. 19.10.13 (BGBl. I 3836).

32 BGBl. I S. 2378, 2386; ber. 1994 I S. 2439. Zuletzt geändert durch Verordnung v. 31.8.15 (BGBl. I S. 1474).

33 BGBl. I S. 2325; ber. 1996 I S. 103. Geändert durch Art. 2 Abs. 29 des Gesetzes v. 17.12.97 (BGBl. I S. 3108).

34 BGBl. I S. 2325, 2353. Zuletzt geändert durch Gesetz v. 28.5.15 (BGBl. I 813).

35 BGBl. I S. 2027.

36 BGBl. I S. 1466, 1469. Geändert durch Art. 15 Abs. 84 des Gesetzes v. 5.2.09 (BGBl. I S. 160).

wahlrecht zum PR beim BADV (und zum HPR beim BMF) sowie zum Betriebsrat bei der Finanzagentur.[37]

- Für Beamte und Arbeitnehmer der früheren **Bundesagentur für Außenwirtschaft (BfAI)**, die zum einen dem **Bundesamt für Wirtschaft und Ausfuhrkontrolle (BAFA)** zugeordnet und denen zum anderen Tätigkeiten bei der **Germany Trade and Invest GmbH** zugewiesen worden sind, gilt das Gesetz über das Personal der Bundesagentur für Außenwirtschaft (BfAI-Personalgesetz – **BfAIPG**) v. 8.12.08[38]. Es besteht ein aktives und passives Doppelwahlrecht zum PR beim BAFA (und zum HPR beim BMWi) sowie zum Betriebsrat bei der GmbH.[39]
- Für Beamte und Arbeitnehmer der früheren **Bundesanstalt für Flugsicherung**, die dem **Luftfahrt-Bundesamt (LBA)** zugeordnet und der **Deutsche Flugsicherung GmbH (DFS)** zur Dienstleistung überlassen sind, gilt das Gesetz zur Übernahme der Beamten und Arbeitnehmer der Bundesanstalt für Flugsicherung (**BAFlSBAÜbnG**) v. 23.7.92[40]. Es besteht ein Doppelwahlrecht zum PR bei der Dienststelle Flugsicherung beim LBA (und zum HPR beim BMVI) sowie zum Betriebsrat bei der DFS.[41]

Eine von der **Bundesagentur für Arbeit** ausgehende, auf § 44g Abs. 1 oder 2 SGB II beruhende **Zuweisung** von Tätigkeiten bei einem als gemeinsame Einrichtung nach § 44b SGB II organisierten **Jobcenter** (vgl. § 88 Rn. 14) führt zum Ausscheiden aus der alten Dienststelle und zum Verlust des Wahlrechts zum dortigen PR, wenn es sich nicht nur um eine Teilzuweisung (vgl. Rn. 13c) handelt; dabei ist str., ob das Ausscheiden aus und der Verlust des Wahlrechts bei der bisherigen Dienststelle bereits mit dem Wirksamwerden der Zuweisung oder erst nach Maßgabe der Fristenregelung in § 13 Abs. 2 S. 1, 3 und 4 erfolgt (näher dazu § 88 Rn. 16a; zu der ab 1.1.15 geltenden Neufassung von § 44g Abs. 1 u. 2 SGB II s. § 88 Rn. 14c). 13b

Eine **Teilzuweisung** hat ebenso wie eine Teilabordnung in der bisherigen Dienststelle keinen Verlust des Wahlrechts zur Folge (vgl. Rn. 12b).[42] 13c

(Abs. 3) Beamte im Vorbereitungsdienst und Beschäftigte in entsprechender Berufsausbildung sind nach § 13 Abs. 3 nur bei ihrer Stammbehörde wahlberechtigt. Die Regelung beruht v.a. auf der Erwägung, dass die genannten Beschäftigten ihre berufliche Ausbildung in mehreren Dienststellen (Stationen) erhalten und es deshalb sinnvoll ist, sie personalvertretungs- 14

37 Näher dazu *Altvater*, PersR 06, 400 (zu II).
38 BGBl. I S. 2370. Zuletzt geändert durch Gesetz v. 31.8.15 (BGBl. I S. 1474).
39 Eingehend dazu *Altvater*, PersR 09, 60, 63f. (zu VII).
40 BGBl. I S. 1370, 1376. Zuletzt geändert durch Gesetz v. 31.8.15 (BGBl. I S. 1474).
41 Näher dazu KfdP-*Noll*, vor § 12 Rn. 11.
42 *VG Düsseldorf* v. 13.9.11, a.a.O. (zur Teilzuweisung nach § 44g Abs. 1 S. 1 SGB II).

rechtlich ausschließlich einer einzigen Dienststelle zuzuordnen.[43] Welche Dienststelle als **Stammbehörde** anzusehen ist, kann der Dienstherr durch verwaltungsorganisatorische Maßnahmen auch mit personalvertretungsrechtlicher Wirkung festlegen.[44] Dafür kommt v. a. die zentrale Dienststelle in Betracht, welche die wesentlichen die Ausbildung betreffenden Entscheidungen trifft und auch sonst in Personalangelegenheiten der Auszubildenden zuständig ist,[45] oder die Dienststelle, denen die Auszubildenden zugeteilt sind.

15 Der **Vorbereitungsdienst** ist die für Laufbahnbewerber vorgeschriebene Ausbildung der Beamten (§ 17 BBG). Die Probezeit (§ 11 BBG, §§ 28ff. BLV) und die Einführungszeiten für Aufstiegsbeamte (§§ 35ff. BLV) gehören nicht dazu. Beschäftigte in **entsprechender Berufsausbildung** sind solche nach § 4 Abs. 3 S. 2 als Arbeitnehmer i. S. d. BPersVG geltenden Beschäftigten, deren Ausbildung mit der des Vorbereitungsdienstes vergleichbar ist. Diese Voraussetzung liegt bei Auszubildenden, die fest in eine Dienststelle eingegliedert sind, und damit insb. bei Auszubildenden i. S. d. Berufsbildungsgesetzes grundsätzlich nicht vor.[46]

§ 14 [Wählbarkeit]

(1) [1]**Wählbar sind alle Wahlberechtigten, die am Wahltage**
1. **seit sechs Monaten dem Geschäftsbereich ihrer obersten Dienstbehörde angehören und**
2. **seit einem Jahr in öffentlichen Verwaltungen oder von diesen geführten Betrieben beschäftigt sind.**

[2]**Nicht wählbar ist, wer infolge Richterspruchs die Fähigkeit, Rechte aus öffentlichen Wahlen zu erlangen, nicht besitzt.**

(2) **Die in § 13 Abs. 3 genannten Personen sind nicht in eine Stufenvertretung wählbar.**

(3) **Nicht wählbar sind für die Personalvertretung ihrer Dienststelle die in § 7 genannten Personen sowie Beschäftigte, die zu selbständigen Entscheidungen in Personalangelegenheiten der Dienststelle befugt sind.**

1 § 14 regelt zusammen mit § 15 die **Wählbarkeit** oder, anders ausgedrückt, das **passive Wahlrecht** zum PR. Dieses muss **am Tag der Wahl** gegeben sein. Erstreckt sich die Stimmabgabe über mehrere Tage, muss die Wählbarkeit mindestens am letzten Tag der Wahl bestehen.

---

43 *BVerwG* v. 11. 9. 07 – 6 PB 9.07 –, PersR 07, 484.

44 *BVerwG* v. 11. 3. 66 – VII P 8.65 –, PersV 66, 85, u. v. 6. 6. 91 – 6 P 8.89 –, PersR 91, 337.

45 So *BVerwG* v. 18. 9. 03 – 6 P 2.03 –, PersR 03, 500.

46 *BVerwG* v. 11. 9. 07, a. a. O.

(**Abs. 1**) Wählbar sind – vorbehaltlich einer davon abweichenden spezialgesetzlichen Regelung (vgl. Rn. 8) – **alle Wahlberechtigten** (§ 13), die am Wahltag grundsätzlich alle jene Voraussetzungen erfüllen, die in § 14 Abs. 1 S. 1 Nr. 1 und 2 aufgestellt sind, und bei denen keiner der Tatbestände vorliegt, die nach § 14 Abs. 1 S. 2, Abs. 2 oder 3 die Wählbarkeit ausschließen. Dabei sind die Ausschlusstatbestände wegen ihres Charakters als Ausnahmevorschriften eng auszulegen. Daraus ergeben sich u. a. folgende Konsequenzen: **Ausländische Beschäftigte** sind unter den gleichen Voraussetzungen wählbar wie deutsche (vgl. auch § 86 Rn. 3). Beschäftigte, die bereits **Mitglied des bisherigen PR** waren, können wieder gewählt werden. Das gilt auch für Beschäftigte, die aus dem PR **ausgeschlossen** worden sind oder die einem **aufgelösten** PR angehört haben.[47] Auch Beschäftigte, die schon Mitglied einer **anderen Personalvertretung**, z. B. eines GPR, BPR oder HPR sind, sind wählbar. Das Gleiche gilt für Beschäftigte, die dem **Wahlvorstand** angehören.[48] Ein **gekündigter Arbeitnehmer** bleibt auch dann wählbar, wenn er Kündigungsschutzklage erhoben hat und nicht weiterbeschäftigt wird (vgl. § 13 Rn. 5a).[49] Ein Beschäftigter, der in **mehreren Dienststellen** wahlberechtigt ist (vgl. § 13 Rn. 3), ist – bei Vorliegen der weiteren Wählbarkeitsvoraussetzungen – in jeder dieser Dienststellen auch wählbar, kann also ein Doppelmandat erwerben.[50] Die **Gleichstellungsbeauftragte** und ihre Stellvertreterin dürfen nach § 16 Abs. 5 BGleiG keiner Personalvertretung angehören. Wird die Gleichstellungsbeauftragte oder ihre Stellvertreterin zum PR gewählt, muss sie sich entscheiden, welches der beiden Ämter sie ausüben will.[51] 2

(**Abs. 1 S. 1 Nr. 1**) Die Wahlberechtigten müssen am Wahltag **seit sechs Monaten dem Geschäftsbereich ihrer obersten Dienstbehörde angehören**. Diese Voraussetzung ist gegeben, wenn die Wahlberechtigten in den sechs Monaten, die dem Wahltag vorausgegangen sind, dem Geschäftsbereich ununterbrochen als Beschäftigte i. S. d. § 4 angehört haben.[52] Unerheblich sind Unterbrechungen der tatsächlichen Beschäftigung. Das Gleiche gilt für Abwesenheiten aufgrund von Abordnungen oder von Beurlaubungen unter Wegfall der Bezüge, solange die Wahlberechtigung im Geschäftsbereich der bisherigen obersten Dienstbehörde fortbesteht. Nach Beendigung einer Abwesenheit, die zum Verlust der Wahlberechtigung im Geschäftsbereich ge- 3

47 Vgl. *BVerwG* v. 23. 11. 62 – VII P 2.62 –, PersV 63, 62, v. 26. 9. 69 – VII P 13.68 –, PersV 70, 89, u. v. 7. 5. 03 – 6 P 17.02 –, PersR 03, 313.

48 *BVerwG* v. 12. 1. 62 – VII P 10.60 –, PersV 62, 66.

49 Vgl. *BAG* v. 14. 5. 97 – 7 ABR 26/96 – u. v. 10. 11. 04 – 7 ABR 12/04 –, AP BetrVG 1972 § 8 Nr. 8 u. 11.

50 Vgl. *BAG* v. 11. 4. 58 – 1 ABR 2/57 –, AP BetrVG § 6 Nr. 1.

51 Vgl. *VG Gelsenkirchen* v. 20. 7. 04 – 12 L 933/04 –, PersV 05, 116.

52 *BVerwG* v. 4. 2. 10 – 6 PB 38.09 –, PersR 10, 260.

führt hat, **beginnt die Sechsmonatsfrist grundsätzlich neu zu laufen.**[53] Die zusätzliche Wählbarkeitsvoraussetzung des § 14 Abs. 1 S. 1 Nr. 1 entfällt, wenn einer der **Ausnahmefälle** des § 15 Abs. 1 vorliegt (vgl. § 15 Rn. 2f.).

4 (**Abs. 1 S. 1 Nr. 2**) Die Wahlberechtigten müssen am Wahltag **seit einem Jahr in öffentlichen Verwaltungen oder von diesen geführten Betrieben beschäftigt** sein. Diese Voraussetzung entfällt, wenn der **Ausnahmefall** des § 15 Abs. 2 vorliegt (vgl. § 15 Rn. 4). Erforderlich ist eine **tatsächliche Beschäftigung für die Dauer eines Jahres.** Allerdings wird die Jahresfrist durch kürzere Fehlzeiten (innerhalb des rechtlich fortbestehenden Dienst-, Arbeits- oder Ausbildungsverhältnisses) wie Krankheit, Urlaub oder Streik nicht unterbrochen, sondern lediglich gehemmt. Demnach werden zwar die Fehlzeiten in die Jahresfrist nicht eingerechnet, die vor ihnen liegenden Beschäftigungszeiten werden jedoch mitgerechnet (§ 209 BGB). Zu den in § 14 Abs. 1 S. 1 Nr. 2 genannten Einrichtungen zählen nicht nur die nach § 1 zum sachlichen Geltungsbereich des BPersVG gehörenden Verwaltungen und Betriebe, sondern alle als **öffentliche Verwaltungen und Betriebe** anzusehenden Organisationseinheiten des Bundes und aller Bundesländer sowie sämtlicher bundesunmittelbarer und nicht bundesunmittelbarer juristischer Personen des öffentlichen Rechts. Öffentliche Verwaltungen sind dabei auch die **Gerichte** des Bundes und der Länder. Gleiches gilt für die militärischen Dienststellen und Einrichtungen der **Bundeswehr** (vgl. § 91 Abs. 1 SG und § 59 S. 2 SBG in Anh. V A bzw. B). **Betriebe** i. S. d. § 14 Abs. 1 S. 1 Nr. 2 sind grundsätzlich nur solche des öffentlichen Rechts (Eigenbetriebe und Regiebetriebe); eine Ausnahme gilt für Beschäftigte der Bundeswehr in Betrieben von **kooperierenden Wirtschaftsunternehmen** (§ 3 S. 2 BwKoopG; vgl. dazu Anh. V C).

5 (**Abs. 1 S. 2**) Nicht wählbar sind Beschäftigte, die infolge **Richterspruchs** die Fähigkeit, Rechte aus öffentlichen Wahlen zu erlangen, nicht besitzen (vgl. dazu § 45 Abs. 1, 2, § 45a StGB u. § 39 Abs. 2 BVerfGG).

6 (**Abs. 2**) Der in der **ursprünglichen Fassung** des § 14 Abs. 2 enthaltene S. 1, wonach Beschäftigte, die **wöchentlich regelmäßig weniger als 18 Stunden beschäftigt** waren, nicht wählbar waren, ist durch Art. 3a des Gesetzes v. 4. 11. 04[54] aufgehoben worden.

7 Nach dem ursprünglichen S. 2, der inzwischen zum einzigen Satz des Abs. 2 geworden ist (vgl. Rn. 6), sind **Beamte im Vorbereitungsdienst** und **Beschäftigte in entsprechender Berufsausbildung** (vgl. § 13 Rn. 14f.) in eine **Stufenvertretung** (BPR oder HPR) nicht wählbar. Dagegen ist ihre Wählbarkeit in den örtlichen PR der Stammbehörde und ggf. in einen dort zu bildenden GPR nicht ausgeschlossen.

---

53 *BVerwG* v. 4. 2. 10, a. a. O.

54 BGBl. I S. 2686.

Unechte **Leiharbeitnehmer** (vgl. § 4 Rn. 10 u. § 13 Rn. 7) sind nach § 14 Abs. 2 S. 1 und Abs. 4 AÜG in der Entleiherdienststelle nicht wählbar.[55] Nach der Rspr. des *BAG*[56] gilt dies auch für echte Leiharbeitnehmer. Wird ein ehemaliger Leiharbeitnehmer im unmittelbaren Anschluss an das Leiharbeitsverhältnis in einem zum Träger der entleihenden Dienststelle bestehenden Arbeitsverhältnis oder Beamtenverhältnis weiterbeschäftigt, so sind die im Leiharbeitsverhältnis zurückgelegten Beschäftigungszeiten unter den gleichen Voraussetzungen wie andere Beschäftigungszeiten nach § 14 Abs. 1 S. 1 Nr. 1 und 2 (Rn. 3f.) anzurechnen.[57] 8

(**Abs. 3**) Nicht wählbar »für die Personalvertretung ihrer Dienststelle« – d.h. für den bei dieser Dienststelle gebildeten örtlichen PR, GPR, BPR oder HPR – sind die in § 7 genannten Personen sowie Beschäftigte, die zu selbständigen Entscheidungen in Personalangelegenheiten der Dienststelle befugt sind. Bei den in § 7 genannten Personen handelt es sich um den **Leiter der Dienststelle**, seinen **ständigen Vertreter**, die in § 7 S. 3 aufgeführten **Abteilungsleiter** und die nach § 7 S. 4 bestimmten **sonstigen Beauftragten**, wobei Abteilungsleiter und sonstige Beauftragte nur dann nicht wählbar sind, wenn sie den Dienststellenleiter nicht nur in bestimmten Einzelfällen und nicht nur vorübergehend vertreten können. In nach § 6 Abs. 3 verselbständigten **Nebenstellen** oder Teilen einer Dienststelle sind deren Leiter und ihr ständiger Vertreter ohne Rücksicht auf die ihnen zustehenden Entscheidungsbefugnisse nicht wählbar.[58] 9

Bei den Beschäftigten, die zu **selbständigen Entscheidungen in Personalangelegenheiten** der Dienststelle befugt sind, muss sich die Entscheidungsbefugnis auf Personalangelegenheiten beziehen, die in § 75 Abs. 1 und § 76 Abs. 1 aufgezählt sind.[59] Befugnisse zur Abgabe dienstlicher Beurteilungen und zur Erteilung von Urlaub oder Arbeits- bzw. Dienstbefreiung sind dagegen nicht gemeint.[60] Die selbständige Entscheidungsbefugnis braucht sich nicht auf sämtliche in Betracht kommenden Personalangelegenheiten zu erstrecken. Sie ist allerdings nicht deswegen zu verneinen, weil der Beschäftigte an **Richtlinien und Weisungen** des Dienststellenleiters und der übergeordneten Dienststelle gebunden ist.[61] Erforderlich ist die **planmäßige Ausübung** 10

55 § 14 Abs. 2 S. 1 AÜG bestimmt: »Leiharbeitnehmer sind ... bei der Wahl der betriebsverfassungsrechtlichen Arbeitnehmervertretungen im Entleiherbetrieb nicht wählbar.«

56 *BAG* v. 17.2.10 – 7 ABR 51/08 – u. v. 10.10.12 – 7 ABR 53/11 –, AP BetrVG 1972 § 8 Nr. 14 u. 15.

57 Vgl. *BAG* v. 10.10.12, a.a.O., zur Anrechnung auf die in § 8 Abs. 1 S. 1 BetrVG vorausgesetzte sechsmonatige Dauer der Betriebszugehörigkeit.

58 *BVerwG* v. 22.6.62 – VII P 9.61 –, PersV 62, 257.

59 Vgl. *BVerwG* v. 11.3.82 – 6 P 8.80 –, PersV 83, 405.

60 *BVerwG* v. 10.5.82 – 6 P 2.81 –, PersV 83, 194.

61 *BVerwG* v. 17.5.10 – 6 P 7.09 –, PersR 10, 364.

der selbständigen Entscheidungsbefugnis, eine nur vertretungsweise Wahrnehmung reicht nicht aus.[62] Die Befugnis muss **auf Dauer angelegt** sein, mithin zu den regulären Aufgaben des betroffenen Beschäftigten gehören.[63]

§ 15 [Sondervorschriften für die Wählbarkeit]

(1) Besteht die oberste Dienstbehörde oder die Dienststelle weniger als ein Jahr, so bedarf es für die Wählbarkeit nicht der Voraussetzung des § 14 Abs. 1 Nr. 1.
(2) Die Voraussetzung des § 14 Abs. 1 Nr. 2 entfällt, wenn nicht mindestens fünfmal soviel wählbare Beschäftigte jeder Gruppe vorhanden wären, als nach den §§ 16 und 17 zu wählen sind.

1 § 15 legt **Ausnahmen von den** in § 14 Abs. 1 S. 1 geregelten **Voraussetzungen der Wählbarkeit** fest. Für die Frage, ob einer der Ausnahmetatbestände des § 15 Abs. 1 oder 2 gegeben ist, kommt es auf die Verhältnisse am **Tag der Wahl** an. Erstreckt sich die Stimmabgabe über mehrere Tage, ist auf den letzten Tag der Stimmabgabe abzustellen.[64]

2 **(Abs. 1)** Die in **§ 14 Abs. 1 S. 1 Nr. 1** festgelegte Wählbarkeitsvoraussetzung der mindestens sechsmonatigen Zugehörigkeit zum Geschäftsbereich der obersten Dienstbehörde entfällt, wenn entweder die oberste Dienstbehörde, zu deren Geschäftsbereich diejenige Dienststelle gehört, in welcher der PR zu wählen ist, oder diese Dienststelle selbst **weniger als ein Jahr besteht**. Eine **Dienststelle** besteht i. d. R. von dem Tag an, an dem sie die ihr obliegenden Dienstgeschäfte aufgenommen hat. Eine **oberste Dienstbehörde** besteht von dem Tag an, an dem sie diejenigen Dienstgeschäfte aufgenommen hat, die sie aufgrund ihrer Funktion als oberste Dienstbehörde wahrzunehmen hat. Wird eine **Nebenstelle** oder ein Teil einer Dienststelle erstmals oder nach einer Unterbrechungszeit erneut nach § 6 Abs. 3 zu einer Dienststelle im personalvertretungsrechtlichen Sinne verselbständigt, besteht diese neue Dienststelle von dem Tag an, an dem die (erstmalige oder erneute) Entscheidung über die Verselbständigung wirksam wird (vgl. § 6 Rn. 7).[65] Daraus folgt, dass dann immer der Ausnahmefall des § 15 Abs. 1 gegeben ist.

3 Ist eine bereits seit mindestens einem Jahr bestehende Dienststelle innerhalb der letzten sechs Monate vor der Wahl dem Geschäftsbereich **einer anderen obersten Dienstbehörde zugeordnet** worden (die ebenfalls schon seit mindestens einem Jahr besteht), so ist die Ausnahmeregelung des § 15 Abs. 1 entsprechend anzuwenden, weil andernfalls die Wahl des PR daran scheitern

62 Vgl. *BVerwG* v. 22. 6. 05 – 6 P 8.04 –, PersR 05, 414, m. w. N.
63 *BVerwG* v. 6. 9. 05 – 6 PB 13.05 –, PersR 06, 37.
64 Str.; vgl. KfdP-*Noll*, Rn. 1 m. N.
65 *BVerwG* v. 26. 1. 00 – 6 P 3.99 –, PersR 00, 371.

würde, dass bei keinem wahlberechtigten Beschäftigten die Wählbarkeitsvoraussetzung des § 14 Abs. 1 S. 1 Nr. 1 vorläge. Eine entsprechende Anwendung des § 15 Abs. 1 ist auch dann geboten, wenn eine bisher selbständige Dienststelle in eine Dienststelle im Geschäftsbereich einer anderen obersten Dienstbehörde eingegliedert wird.[66] Obwohl in einem solchen Fall die Wahl des PR wegen des Vorhandenseins wählbarer Beschäftigter der aufnehmenden Dienststelle nicht unmöglich ist, erscheint es nicht gerechtfertigt, diesen Fall anders zu behandeln als den Fall der Zusammenlegung von zwei bisher selbständigen Dienststellen zu einer neuen Dienststelle, bei dem die Ausnahmeregelung des § 15 Abs. 1 ohne Weiteres anwendbar ist, zumal sich beide Fälle in der Praxis nicht immer klar voneinander abgrenzen lassen (vgl. § 78 Rn. 16, 19).

(**Abs. 2**) Die in **§ 14 Abs. 1 S. 1 Nr. 2** festgelegte Wählbarkeitsvoraussetzung, seit einem Jahr in öffentlichen Verwaltungen oder von diesen geführten Betrieben beschäftigt zu sein, entfällt, wenn in der Dienststelle **nicht mindestens fünfmal so viel wählbare Beschäftigte jeder Gruppe** vorhanden wären, als nach den §§ 16 und 17 PR-Mitglieder zu wählen sind. Das gilt unabhängig davon, ob der PR in Gruppenwahl oder in gemeinsamer Wahl gewählt wird. Auch wenn nur in einer Gruppe die Zahl von mindestens fünfmal so viel wählbaren Beschäftigten nicht erreicht wird, führt das dazu, dass die Bewerber der anderen Gruppen ebenfalls nicht seit einem Jahr in öffentlichen Verwaltungen oder von diesen geführten Betrieben tätig sein müssen.[67] 4

§ 16 [Zahl der Personalratsmitglieder]

(1) [1]Der Personalrat besteht in Dienststellen mit in der Regel

5	**bis**	**20 wahlberechtigten Beschäftigtenaus einer Person,**		
21	**Wahlberechtigten**			
	bis	**50**	**Beschäftigten**	**aus drei Mitgliedern,**
51	**bis**	**150**	**Beschäftigten**	**aus fünf Mitgliedern,**
151	**bis**	**300**	**Beschäftigten**	**aus sieben Mitgliedern,**
301	**bis**	**600**	**Beschäftigten**	**aus neun Mitgliedern,**
601	**bis**	**1000**	**Beschäftigten**	**aus elf Mitgliedern.**

[2]Die Zahl der Mitglieder erhöht sich in Dienststellen mit 1001 bis 5000 Beschäftigten um je zwei für je weitere angefangene 1000, mit 5001 und mehr Beschäftigten um je zwei für je weitere angefangene 2000.

(2) Die Höchstzahl der Mitglieder beträgt einunddreißig.

Die **Zahl der Mitglieder des PR** ergibt sich grundsätzlich aus der in Abs. 1 festgelegten Staffel. Sie wird durch die in Abs. 2 bestimmte **Höchstzahl** von 1

66 Str.; vgl. KfdP-*Noll*, Rn. 4 m. N.
67 Str.; vgl. KfdP-*Noll*, Rn. 6 m. N.

31 Mitgliedern nach oben begrenzt. Die **Staffel** stellt bei Dienststellen mit bis zu 21 wahlberechtigten Beschäftigten auf die Zahl der **Wahlberechtigten** (vgl. dazu § 13 Rn. 2ff.) ab, bei den übrigen auf die Zahl der **Beschäftigten** (einschl. der nicht wahlberechtigten Beschäftigten; zum Beschäftigtenbegriff vgl. § 4 Rn. 2ff.). Dabei ist jeweils die Zahl der »**in der Regel**« Wahlberechtigten bzw. Beschäftigten zugrunde zu legen (vgl. zu diesem Kriterium § 12 Rn. 2). Die Stufe, von der ab **allein die Zahl der Beschäftigten** maßgebend ist, beginnt mit 51 Beschäftigten. Sind in einer Dienststelle mit bis zu 50 Beschäftigten weniger als 21 Wahlberechtigte vorhanden, besteht der PR nur aus einer Person (vgl. § 2 Abs. 1 S. 2 WO). In einer Dienststelle mit mindestens 21 Wahlberechtigten und höchstens 50 Beschäftigten erhöht sich die in der Staffel vorgesehene Zahl von drei Mitgliedern seit der Zusammenfassung der Angestellten und Arbeiter in der Gruppe der Arbeitnehmer nicht mehr nach § 17 Abs. 4 auf **vier Mitglieder**, weil diese Ausnahmevorschrift gegenstandslos geworden ist (vgl. § 17 Rn. 7). Beschäftigte der Bundesagentur für Arbeit, denen eine längere Tätigkeit als neun Monate beim **Jobcenter** zugewiesen ist, zählen bei der Berechnung der Personalratsstärke in den Dienststellen der Bundesagentur nicht mit.[68]

2 Die in § 16 enthaltenen Regelungen über die Größe des PR sind zwingend. Jedoch sind **Abweichungen** dann zulässig, wenn weniger wählbare Beschäftigte vorhanden sind, als an sich zu wählen wären, oder wenn die Vorschlagslisten zu wenig Kandidaten enthalten oder bei Personenwahl zu wenig Kandidaten eine Stimme erhalten haben oder wenn von den in ausreichender Zahl gewählten Bewerbern und Ersatzmitgliedern so viele die Wahl ablehnen, dass die gesetzliche Zahl der Mitglieder des PR unterschritten wird. In diesen Fällen besteht der PR aus der **höchstmöglichen Zahl** von Mitgliedern; ggf. auch aus einer geraden Anzahl. Zu der Frage, wann in dem zuletzt genannten Fall nach § 27 Abs. 2 Nr. 2 eine Neuwahl notwendig werden kann, vgl. § 27 Rn. 5.

3 Bei Dienststellen, in denen die **Soldaten** nach § 60 Abs. 1 SBG Personalvertretungen wählen, sind die **Sondervorschriften** des § 62 Abs. 2 SBG zu beachten (vgl. Anh. V B § 62 SBG Rn. 4).

§ 17 [Sitzverteilung auf die Gruppen, Beschäftigungsarten und Geschlechter]

(1) [1]Sind in der Dienststelle Angehörige verschiedener Gruppen beschäftigt, so muss jede Gruppe entsprechend ihrer Stärke im Personalrat vertreten sein, wenn dieser aus mindestens drei Mitgliedern besteht. [2]Bei gleicher Stärke der Gruppen entscheidet das Los. [3]Macht eine Gruppe von

68 *BVerwG* v. 11.10.13 – 6 P 27.13 –, PersR 14, 38.

ihrem Recht, im Personalrat vertreten zu sein, keinen Gebrauch, so verliert sie ihren Anspruch auf Vertretung.
(2) Der Wahlvorstand errechnet die Verteilung der Sitze auf die Gruppen nach den Grundsätzen der Verhältniswahl.
(3) Eine Gruppe erhält mindestens

bei weniger als 51 Gruppenangehörigen	**einen Vertreter,**
bei 51 bis 200 Gruppenangehörigen	**zwei Vertreter,**
bei 201 bis 600 Gruppenangehörigen	**drei Vertreter,**
bei 601 bis 1000 Gruppenangehörigen	**vier Vertreter,**
bei 1001 bis 3000 Gruppenangehörigen	**fünf Vertreter,**
bei 3001 und mehr Gruppenangehörigen	**sechs Vertreter.**

(4) [1]Ein Personalrat, für den in § 16 Abs. 1 drei Mitglieder vorgesehen sind, besteht aus vier Mitgliedern, wenn eine Gruppe mindestens ebensoviel Beschäftigte zählt wie die beiden anderen Gruppen zusammen. [2]Das vierte Mitglied steht der stärksten Gruppe zu.
(5) [1]Eine Gruppe, der in der Regel nicht mehr als fünf Beschäftigte angehören, erhält nur dann eine Vertretung, wenn sie mindestens ein Zwanzigstel der Beschäftigten der Dienststelle umfasst. [2]Erhält sie keine Vertretung und findet Gruppenwahl statt, so kann sich jeder Angehörige dieser Gruppe durch Erklärung gegenüber dem Wahlvorstand einer anderen Gruppe anschließen.
(6) Der Personalrat soll sich aus Vertretern der verschiedenen Beschäftigungsarten zusammensetzen.
(7) Die Geschlechter sollen im Personalrat entsprechend dem Zahlenverhältnis vertreten sein.

Die Vorschrift bezieht sich auf PR, die nach § 16 aus **drei oder mehr Mitgliedern** bestehen. Sie regelt in Abs. 1 bis 5 die Verteilung der Sitze auf die in § 5 definierten Gruppen und enthält in Abs. 6 und 7 Regelungen über die Berücksichtigung der Beschäftigungsarten und der Geschlechter. Die Bestimmungen über die Vertretung nach **Gruppen** sind grundsätzlich zwingend. Von ihnen kann aber nach § 18 Abs. 1 abgewichen werden. Dagegen enthalten die als Soll-Vorschriften gefassten Bestimmungen über die Vertretung der **Beschäftigungsarten** und der **Geschlechter** kein zwingendes Recht. Mit Ausnahme von Abs. 5 S. 2 gelten alle Bestimmungen des § 17 unabhängig davon, ob der PR nach § 19 Abs. 2 in **Gruppenwahl** oder in **gemeinsamer Wahl** gewählt wird. In Dienststellen, in denen **Soldaten** nach § 60 Abs. 1 SBG Personalvertretungen wählen, gilt § 17 mit den Maßgaben, die in den **Sondervorschriften** des § 62 Abs. 2 SBG festgelegt sind (vgl. Anh. V B § 62 SBG Rn. 4). Nach § 5 WO ist es **Aufgabe des Wahlvorstands,** auf der Grundlage des § 17 Abs. 1 bis 5 die PR-Sitze auf die Gruppen zu verteilen. 1

(Abs. 1) Besteht der PR aus mindestens drei Mitgliedern und sind in der Dienststelle Angehörige verschiedener **Gruppen** (also Beamte und Arbeit- 2 nehmer) beschäftigt, muss nach **Abs. 1 S. 1** jede dieser Gruppen entsprechend ihrer **zahlenmäßigen Stärke** im PR vertreten sein. Die Stärke dieser Gruppen richtet sich nach der Zahl der Gruppenangehörigen, die »in der Regel« (vgl. dazu § 12 Rn. 2) beschäftigt sind. Auf die Wahlberechtigung kommt es dabei nicht an.

3 Nach § 16 besteht der PR aus einer ungeraden Zahl von Mitgliedern. Deshalb können zwei Gruppen, die die gleiche Zahl von Angehörigen haben, nicht mit der gleichen Zahl von Mitgliedern im PR vertreten sein. In einem solchen Fall ist **Abs. 1 S. 2** anzuwenden. Danach entscheidet bei **gleicher Stärke der Gruppen** das Los, welcher Gruppe die höhere Zahl von Sitzen zufällt. Nach § 5 Abs. 4 WO ist es Aufgabe des Wahlvorstands, den erforderlichen **Losentscheid** durchzuführen. Dabei ist jedes Verfahren zulässig, welches geeignet ist, ein nicht beeinflussbares Zufallsergebnis herbeizuführen, und den daran Teilnehmenden gleiche Chancen gibt.[69]

4 **Abs. 1 S. 3** regelt den Fall, dass **eine Gruppe von ihrem Recht,** im PR vertreten zu sein, **keinen Gebrauch macht**. Dies kann z. B. dadurch geschehen, dass

- die Gruppe keine wählbaren oder zur Kandidatur bereiten Angehörigen hat und die nach § 18 Abs. 2 mögliche Aufstellung gruppenfremder Bewerber unterbleibt oder
- die Gesamtheit der Angehörigen der Gruppe durch ausdrückliche Erklärung auf ihre Vertretung im PR verzichtet. Eine derartige Erklärung muss auf einer einstimmigen Willensbildung beruhen und gegenüber dem Wahlvorstand abgegeben werden.[70]

Macht eine Gruppe von ihrem Vertretungsrecht keinen Gebrauch, **verliert sie ihren Anspruch auf Vertretung** für die Dauer der Amtszeit des zu wählenden PR. Die von dieser Gruppe nicht beanspruchten Sitze werden der anderen Gruppe zugeteilt.[71] Die Angehörigen der Gruppe, die ihren Vertretungsanspruch verloren hat, haben nicht die Möglichkeit, sich der anderen Gruppe anzuschließen.[72] Schlägt eine Gruppe **weniger Bewerber** zur Wahl vor, als ihr nach den gesetzlichen Vorschriften an Sitzen zustehen, verliert sie nur insoweit ihren Anspruch auf Vertretung im PR. In diesem Fall werden die verbleibenden Sitze dieser Gruppe mit (gewählten) Bewerbern der anderen Gruppe besetzt (vgl. § 26 Abs. 2 u. § 27 Abs. 2 WO).

5 **(Abs. 2)** Falls nicht der Ausnahmefall zweier gleich starker Gruppen vorliegt (vgl. Rn. 3), hat der Wahlvorstand gem. Abs. 2 nach den **Grundsätzen der Verhältniswahl** zu errechnen, wie sich die Sitze auf die Gruppen verteilen. § 5 Abs. 2 WO schreibt vor, dass dabei das **Höchstzahlverfahren nach**

69 *BVerwG* v. 15.5.91 – 6 P 15.89 –, PersR 91, 411.
70 Str.; vgl. KfdP-*Noll*, Rn. 5 m. N.
71 *BVerwG* v. 23.10.70 – VII P 3.70 –, PersV 71, 135.
72 *BayVGH* v. 19.3.97 – 18 P 96.4276 –, PersR 97, 490.

d'Hondt anzuwenden ist. Danach werden die Zahlen der in der Dienststelle in der Regel beschäftigten Beamten und Arbeitnehmer nebeneinandergestellt und der Reihe nach durch die Zahlen 1, 2, 3 usw. geteilt. Auf die jeweils höchste Teilzahl (Höchstzahl) wird so lange ein Sitz zugeteilt, bis alle nach § 16 ermittelten Sitze verteilt sind. Auf die größte Höchstzahl entfällt der erste Sitz, auf die zweitgrößte Höchstzahl der zweite Sitz usw. Jede Gruppe erhält so viele Sitze, wie Höchstzahlen auf sie entfallen. Nach § 5 Abs. 2 S. 4 WO entscheidet das **Los**, wenn **bei gleichen Höchstzahlen nur noch ein Sitz** zu vergeben ist (zum Losentscheid vgl. Rn. 3).

(Abs. 3) Das Gesetz sieht in Abs. 3 eine Mindestvertretung der Gruppen vor. **6**
Fallen einer Gruppe nach dem d'Hondt'schen System (vgl. Rn. 5) weniger Sitze zu, als in Abs. 3 vorgesehen sind, so erhält sie die dort vorgeschriebene **Mindestzahl von Sitzen,** wobei sich die Zahl der Sitze der größeren Gruppe entsprechend vermindert (§ 5 Abs. 3 WO).

(Abs. 4) Die in Abs. 4 enthaltene **Sonderregelung** für **PR, für die in § 16** **7**
Abs. 1 drei Mitglieder vorgesehen sind, dient dem Schutz der Mehrheitsgruppe vor einer Majorisierung durch kleinere Gruppen. Da sie nur angewendet werden kann, wenn in einer Dienststelle drei Gruppen vorhanden sind, ist sie mit der Zusammenfassung der Angestellten und Arbeiter zur Gruppe der Arbeitnehmer durch das Gesetz v. 14. 9. 05[73] **gegenstandslos** geworden. Auch in den Dienststellen, in denen Soldaten Personalvertretungen wählen, bleibt für die Anwendung des § 17 Abs. 4 kein Raum, weil für diese Fälle die Sonderregelung des § 62 Abs. 2 S. 3 SBG gilt (vgl. Anh. V B § 62 SBG Rn. 4).

(Abs. 5) Das Gesetz sieht in Abs. 5 sieht eine **Ausnahmeregelung** für Grup- **8**
pen vor, denen in der Regel nicht mehr als fünf Beschäftigte angehören. Eine solche **Kleinstgruppe** erhält nach **Abs. 5 S. 1** nur dann eine Vertretung im PR, wenn sie mindestens ein Zwanzigstel der Beschäftigten der Dienststelle umfasst. Gehören einer mindestens ein Zwanzigstel der Beschäftigten umfassenden Kleinstgruppe weniger als drei wahlberechtigte Beschäftigte an, kann ihre Vertretung im PR allerdings an der Regelung des § 19 Abs. 4 S. 2 (vgl. § 19 Rn. 10) scheitern.[74]

Damit die Angehörigen einer von der Vertretung im PR ausgeschlossenen **9**
Kleinstgruppe auch bei Gruppenwahl ihr Wahlrecht ausüben können, sieht **Abs. 5 S. 2** die Möglichkeit des **Anschlusses an eine andere Gruppe** vor. Danach kann sich – falls Gruppenwahl stattfindet – jeder Angehörige einer solchen Kleinstgruppe durch Erklärung gegenüber dem Wahlvorstand einer anderen Gruppe anschließen. Damit wird der Beschäftigte für die bevorstehende Wahl Angehöriger der Gruppe, der er sich anschließt. Dadurch erhöht sich die Zahl der wahlberechtigten Beschäftigten dieser Gruppe, ohne

73 BGBl. I S. 2746.
74 Vgl. KfdP-*Noll*, Rn. 11a m. N.

dass dies jedoch zu einer Änderung der Sitzverteilung führt.[75] Mit der Zusammenfassung der Angestellten und Arbeiter zur Gruppe der Arbeitnehmer durch das Gesetz v. 14.9.05[76] ist die Regelung des Abs. 5 S. 2 allerdings **gegenstandslos** geworden, soweit es sich bei der Kleinstgruppe um die Gruppe der Beamten oder der Arbeitnehmer handelt, weil in einem solchen Fall nach § 19 Abs. 2 automatisch gemeinsame Wahl stattfindet (vgl. § 19 Rn. 5a). Sie ist jedoch aufgrund der Verweisung in § 62 Abs. 2 S. 1 SBG weiterhin anwendbar, falls in einer Dienststelle i. S. d. § 60 Abs. 1 SBG die Gruppe der Soldaten wegen ihrer zu geringen Größe ausnahmsweise keine Vertretung im PR erhält (vgl. Anh. V B § 62 SBG Rn. 4).

10 (**Abs. 6**) Die Soll-Vorschrift des Abs. 6 richtet sich an die Vorschlagsberechtigten und die Wähler, die darauf achten sollen, dass sich der PR soweit wie möglich aus Vertretern der verschiedenen **Beschäftigungsarten** (Berufsgruppen und Tätigkeitsbereiche) zusammensetzt, die in der Dienststelle vorhanden sind. Die Bestimmung soll gewährleisten, dass der PR bei seiner Meinungs- und Willensbildung die Besonderheiten der einzelnen Beschäftigungsarten berücksichtigt und die von seinen Entscheidungen ausgehenden Wirkungen auf die Beschäftigungsarten beachtet. Die Nichtbeachtung dieser **Soll-Vorschrift** hat keinen Einfluss auf die Gültigkeit der Wahl.

11 (**Abs. 7**) Die Soll-Vorschrift des Abs. 7 trägt dem »Gleichberechtigungsgebot« des Art. 3 Abs. 2 GG Rechnung, der den Staat ausdrücklich verpflichtet, die tatsächliche Durchsetzung der Gleichberechtigung von **Frauen und Männern** zu fördern und auf die Beseitigung bestehender Nachteile hinzuwirken. Abs. 7 soll damit der ungenügenden Berücksichtigung von Frauen im PR entgegenwirken. Dies erfordert es, dass die Geschlechter grundsätzlich entsprechend ihrem Zahlenverhältnis im PR vertreten sind. Dieser Zielsetzung dient auch § 6 Abs. 2 Nr. 2a und 5a WO. Ausnahmsweise erfolgende Abweichungen begründen wegen des Charakters als **Soll-Vorschrift** eine Wahlanfechtung nicht.

§ 18 [Abweichende Sitzverteilung und gruppenfremde Kandidatur]

(1) Die Verteilung der Mitglieder des Personalrates auf die Gruppen kann abweichend von § 17 geordnet werden, wenn jede Gruppe dies vor der Neuwahl in getrennter geheimer Abstimmung beschließt.

(2) [1]Für jede Gruppe können auch Angehörige anderer Gruppen vorgeschlagen werden. [2]Die Gewählten gelten als Vertreter derjenigen Gruppen, für die sie vorgeschlagen worden sind. [3]Satz 2 gilt auch für Ersatzmitglieder.

---

75 *BVerwG* v. 10.5.82 – 6 P 40.80 –, PersV 83, 155.

76 BGBl. I S. 2746.

(**Abs. 1**) Die Vorschrift eröffnet den in der Dienststelle vorhandenen Gruppen (den Beamten und den Arbeitnehmern sowie in den Fällen des § 60 Abs. 1 SBG den Soldaten (vgl. Anh. V B § 62 SBG Rn. 2ff.) die Möglichkeit, eine von der gesetzlichen Regelung des § 17 **abweichende Verteilung der Mitglieder des PR auf die Gruppen** festzulegen. Diese Möglichkeit ist unabhängig davon gegeben, ob der PR nach § 19 Abs. 2 in Gruppenwahl oder in gemeinsamer Wahl gewählt wird. Die im Gesetz festgelegte Gesamtzahl der PR-Mitglieder kann nicht verändert werden. 1

Um eine abweichende Sitzverteilung herbeizuführen, ist es erforderlich, dass jede Gruppe dies vor der Neuwahl des PR in getrennter geheimer Abstimmung beschließt. Die Initiative zu einer solchen **Vorabstimmung** kann von jedem Beschäftigten der Dienststelle, aber auch von jeder in der Dienststelle vertretenen Gewerkschaft ausgehen. Aufgrund der unterschiedlichen Abgrenzung des Kreises der Abstimmungsberechtigten (vgl. Rn. 3) kann diese Vorabstimmung nicht mit der Vorabstimmung über die gemeinsame Wahl nach § 19 Abs. 2 verbunden werden (vgl. § 19 Rn. 5). Die zu fassenden Beschlüsse müssen inhaltlich übereinstimmen. Sie müssen die abweichende Sitzverteilung durch die **konkrete zahlenmäßige Angabe** der auf die Gruppen entfallenden Sitze eindeutig festlegen. Es sind stets entsprechende **Beschlüsse aller Gruppen**, die in der Dienststelle vorhanden sind, erforderlich. Das gilt bei einer Wahl unter Beteiligung von Soldaten als dritte Gruppe (vgl. Anh. V B § 62 SBG Rn. 2 ff.) auch dann, wenn die gesetzlich festgelegte Sitzverteilung nur für zwei der drei Gruppen geändert werden soll. 2

Abstimmungsberechtigt sind nicht nur die wahlberechtigten, sondern alle Gruppenangehörigen. Welche **Mehrheit** zur Annahme eines Vorschlags für eine abweichende Sitzverteilung erforderlich ist, sagt das Gesetz im Unterschied zu der Beschlussfassung über die gemeinsame Wahl (vgl. § 19 Abs. 2 S. 2) nicht. Daraus ist zu folgern, dass es ausreicht, wenn sich die Mehrheit aller Gruppenangehörigen in jeder Gruppe an der Abstimmung beteiligt und sich die Mehrheit der Abstimmenden in jeder Gruppe für den Vorschlag ausspricht.[77] 3

Die erfolgreiche Vorabstimmung kann nach § 4 Abs. 1 WO nur berücksichtigt werden, wenn ihr Ergebnis dem **Wahlvorstand** binnen sechs Arbeitstagen nach der Bekanntmachung des Wahlvorstands über seine Zusammensetzung vorliegt und diesem die korrekte Durchführung der Vorabstimmung glaubhaft gemacht wird. Unabhängig von ihrem positiven oder negativen Ausgang gilt die Vorabstimmung nur für die **bevorstehende PR-Wahl**. 4

(**Abs. 2**) Abs. 2 S. 1 sieht die Möglichkeit vor, dass für jede Gruppe **auch Angehörige anderer Gruppen vorgeschlagen**, d.h. in einen Wahlvorschlag 5

77 Anders aber die h. M., die die absolute Mehrheit der Abstimmungsberechtigten verlangt; vgl. KfdP-*Noll*, Rn. 4 m. N.

aufgenommen werden. So kann z. B. ein Arbeitnehmer als Wahlbewerber für die Gruppe der Beamten vorgeschlagen werden. Da ein Beschäftigter nach § 19 Abs. 7 aber nur auf *einem* Wahlvorschlag benannt werden kann, kann ein gruppenfremder Bewerber nicht gleichzeitig auf einem Wahlvorschlag seiner eigenen Gruppe kandidieren. Die gruppenfremde Kandidatur ist sowohl bei Gruppenwahl als auch bei gemeinsamer Wahl (vgl. § 19 Abs. 6) zulässig.

6 Gruppenfremde Bewerber bleiben Angehörige der Gruppe, der sie aufgrund ihrer **dienst- bzw. arbeitsrechtlichen Stellung** nach § 5 i. V. m. § 4 Abs. 2 und 3 zugeordnet sind. Sie sind deshalb nur in ihrer eigenen Gruppe wahlberechtigt und können deshalb bei Gruppenwahl den Wahlvorschlag, in dem sie benannt worden sind, weder unterzeichnen noch bei der Stimmabgabe mit ihrer Stimme unterstützen.

7 Werden gruppenfremde Bewerber in den PR gewählt, gelten sie nach Abs. 2 S. 2 als **Vertreter derjenigen Gruppe, für die sie vorgeschlagen worden sind**. Das gilt nach S. 3 auch für Ersatzmitglieder i. S. d. § 31. So gilt etwa ein für die Arbeitnehmergruppe gewählter Beamter im PR als Vertreter der Gruppe der Arbeitnehmer. Als Vertreter dieser Gruppe kann er z. B. nach § 32 Abs. 1 S. 3 in den Vorstand des PR gewählt werden. Von ihrer personalvertretungsrechtlichen Funktion abgesehen, bleiben gruppenfremde PR- und Ersatzmitglieder weiterhin Beschäftigte der Gruppe, der sie aufgrund ihres dienst- bzw. arbeitsrechtlichen Status angehören. Wechselt dieser Status und damit die Gruppenzugehörigkeit nach der Wahl (z. B. dadurch, dass ein Arbeitnehmer Beamter wird), bleibt das PR- bzw. Ersatzmitglied im PR Vertreter derjenigen Gruppe, für die es gewählt worden ist (vgl. § 29 Abs. 2 und § 31 Abs. 3).

§ 19 [Wahlverfahren]

(1) Der Personalrat wird in geheimer und unmittelbarer Wahl gewählt.

(2) [1]Besteht der Personalrat aus mehr als einer Person, so wählen die Beamten und Arbeitnehmer ihre Vertreter (§ 17) je in getrennten Wahlgängen, es sei denn, dass die wahlberechtigten Angehörigen jeder Gruppe vor der Neuwahl in getrennten geheimen Abstimmungen die gemeinsame Wahl beschließen. [2]Der Beschluss bedarf der Mehrheit der Stimmen aller Wahlberechtigten jeder Gruppe.

(3) [1]Die Wahl wird nach den Grundsätzen der Verhältniswahl durchgeführt. [2]Wird nur ein Wahlvorschlag eingereicht, so findet Personenwahl statt. [3]In Dienststellen, deren Personalrat aus einer Person besteht, wird dieser mit einfacher Stimmenmehrheit gewählt. [4]Das gleiche gilt für Gruppen, denen nur ein Vertreter im Personalrat zusteht.

(4) [1]Zur Wahl des Personalrates können die wahlberechtigten Beschäftigten und die in der Dienststelle vertretenen Gewerkschaften Wahlvorschläge machen. [2]Jeder Wahlvorschlag der Beschäftigten muss von mindestens einem Zwanzigstel der wahlberechtigten Gruppenangehörigen, jedoch mindestens von drei Wahlberechtigten unterzeichnet sein. [3]In jedem Fall genügt die Unterzeichnung durch 50 wahlberechtigte Gruppenangehörige. [4]Die nach § 14 Abs. 3 nicht wählbaren Beschäftigten dürfen keine Wahlvorschläge machen oder unterzeichnen.

(5) Ist gemeinsame Wahl beschlossen worden, so muss jeder Wahlvorschlag der Beschäftigten von mindestens einem Zwanzigstel der wahlberechtigten Beschäftigten unterzeichnet sein; Absatz 4 Satz 2 bis 4 gilt entsprechend.

(6) [1]Werden bei gemeinsamer Wahl für eine Gruppe gruppenfremde Bewerber vorgeschlagen, muss der Wahlvorschlag von mindestens einem Zehntel der wahlberechtigten Angehörigen der Gruppe unterzeichnet sein, für die sie vorgeschlagen sind. [2]Absatz 4 Satz 3, 4 gilt entsprechend.

(7) Jeder Beschäftigte kann nur auf einem Wahlvorschlag benannt werden.

(8) [1]Besteht in einer Dienststelle kein Personalrat, so können die in der Dienststelle vertretenen Gewerkschaften zur Wahl des Personalrates Wahlvorschläge machen. [2]Auf diese Wahlvorschläge sind die Absätze 4 bis 6 nicht anzuwenden.

(9) [1]Jeder Wahlvorschlag einer Gewerkschaft muss von zwei Beauftragten unterzeichnet sein; die Beauftragten müssen Beschäftigte der Dienststelle sein und einer in der Dienststelle vertretenen Gewerkschaft angehören. [2]Bei Zweifeln an der Beauftragung kann der Wahlvorstand verlangen, dass die Gewerkschaft die Beauftragung bestätigt.

Die Vorschrift enthält **grundlegende Vorschriften** für die Wahl des PR. Sie wird ergänzt durch die ins Einzelne gehenden Bestimmungen der **Wahlordnung** (WO), die die Bundesregierung aufgrund des § 115 erlassen hat und die im Anhang I abgedruckt ist. Falls nach § 60 Abs. 1 SBG 2016 auch **Soldatenvertreter** zu wählen sind, bestimmt § 62 Abs. 1 SBG 2016, dass dafür § 19 BPersVG entsprechend gilt. Im Unterschied zu den Regelungen im SBG 1997 sieht das SBG 2016 insoweit *keine Einschränkungen* vor (näher dazu Anh. V B § 62 SBG Rn. 2). 1

Die ursprüngliche Fassung des § 19 ist **wiederholt geändert** worden. Das BVerfG entschied mit **Beschl. v. 16.10.84** – 2 BvL 20/82, 2 BvL 21/82 –[78], dass Abs. 4 S. 2 und Abs. 5 a. F. mit Art. 3 Abs. 1 GG unvereinbar und nich- 1a

78 BGBl. I S. 1436; PersR 84, 93.

tig waren, soweit danach Wahlvorschläge von mindestens einem Zehntel der wahlberechtigten Gruppenangehörigen oder mindestens einem Zehntel der wahlberechtigten Beschäftigten unterzeichnet sein mussten. Durch **Art. 1 des Gesetzes v. 10. 7. 89**[79] wurden daraufhin Abs. 4 und 5 neu gefasst und darüber hinaus mit Abs. 9 eine neue Regelung über das Wahlvorschlagsrecht der Gewerkschaften eingefügt. Zuletzt wurde durch **Art. 8 Nr. 3 des Gesetzes v. 14. 9. 05**[80] Abs. 2 S. 1 in der Weise geändert, dass die Angabe »Beamten, Angestellten und Arbeiter« durch die Wörter »Beamten und Arbeitnehmer« ersetzt wurde (vgl. § 4 Rn. 1).

2 **(Abs. 1)** Die Wahlen zum PR sind **geheim** durchzuführen. Das bedeutet, dass die Stimmabgabe so zu erfolgen hat, dass nicht festgestellt werden kann, wie ein einzelner Wähler abgestimmt hat. Zweck des Wahlgeheimnisses ist der Schutz des Wählers vor jeglichem sozialen Druck.[81] Geschützt ist nicht nur der eigentliche Wahlakt, sondern auch die Zeit vor und nach der Wahl. Ein Auskunftsverlangen über das Abstimmungsverhalten eines Wählers ist daher nicht zulässig.[82] Die Wahl muss durch vorgedruckte **Stimmzettel** erfolgen, die der Wähler unbeobachtet kennzeichnen kann. Welche Vorkehrungen ansonsten für die Geheimhaltung zu treffen sind, regelt die Wahlordnung (vgl. §§ 15–19 WO). Die Nutzung elektronischer Abstimmungsverfahren ist nicht möglich, da die Wahlordnung die Verwendung von Stimmzetteln, aber auch von Wahlumschlägen und Wahlurnen vorschreibt (vgl. § 15 Abs. 2 S. 1 u. § 16 Abs. 1 S. 2 WO).

2a Der PR ist **unmittelbar** zu wählen. Damit wird eine Wahl über Wahlmänner oder eine andere Vertretung der Wahlberechtigten ausgeschlossen. Jeder Wähler hat seine Stimme **persönlich** abzugeben. Der Grundsatz der Unmittelbarkeit schließt die Briefwahl nicht aus. Die Verpflichtung zur persönlichen Stimmabgabe gilt nur dann nicht, wenn der Wähler wegen einer körperlichen Behinderung seine Stimme nur mit Hilfe einer Person seines Vertrauens abgeben kann (vgl. § 16 Abs. 2 WO).

2b Die Wahl des PR muss nicht nur – wie in Abs. 1 ausdrücklich normiert – geheim und unmittelbar, sondern nach dem ungeschriebenen Verfassungsrecht des Bundes auch **allgemein, frei und gleich** sein.[83]

3 **(Abs. 2)** Der (nicht nur aus einer Person bestehende) PR ist grundsätzlich in **Gruppenwahl** zu wählen, wenn in der Dienststelle die zwei Gruppen der **Beamten** und **Arbeitnehmer** (§ 5 BPersVG) sowie ggf. die weitere Gruppe der **Soldaten** (§ 60 Abs. 3 S. 1 SBG) vorhanden sind und diese nach den §§ 17

79 BGBl. I S. 1380, ber. S. 1473.
80 BGBl. I S. 2746.
81 *BAG* v. 12. 6. 13 – 7 ABR 77/11 –, AP BetrVG 1972 § 19 Nr. 64.
82 *BAG* v. 12. 6. 13 – 7 ABR 77/11 –, NZA 13, 1368.
83 *BVerfG* v. 23. 3. 82 – 2 BvL 1/81 –, PersV 82, 329; *BVerwG* v. 29. 8. 00 – 6 P 7.99 –, PersR 00, 513; vgl. KfdP-*Altvater*, § 98 Rn. 4.

und 18 Abs. 1 BPersVG bzw. § 62 Abs. 2 SBG im PR vertreten sein müssen. Bei der Gruppenwahl wählen die wahlberechtigten Beamten und Arbeitnehmer sowie ggf. Soldaten ihre Vertreter in getrennten Wahlgängen.

Von der Gruppenwahl kann nur dann abgewichen werden, wenn vor der Neuwahl die wahlberechtigten Angehörigen jeder der zwei Gruppen oder ggf. drei Gruppen die **gemeinsame Wahl** beschließen (vgl. aber Rn. 5a). Bei der gemeinsamen Wahl wählen die Beamten und die Arbeitnehmer sowie ggf. die Soldaten ihre Vertreter in einem gemeinsamen Wahlgang. Die nach § 17 Abs. 1 bis 5 und § 18 Abs. 1 BPersVG bzw. § 62 Abs. 2 SBG festgelegte Aufteilung der PR-Sitze auf die Gruppen ändert sich dabei nicht. Jedoch können alle Beschäftigten gemeinsam über die Vertreter der Gruppen im PR entscheiden. **4**

Die für eine gemeinsame Wahl erforderlichen Beschlüsse müssen rechtzeitig vor der PR-Wahl im Rahmen einer **Vorabstimmung** unter der Leitung eines Abstimmungsvorstands in geheimen und nach Gruppen getrennten Abstimmungen herbeigeführt werden. Die **Initiative** dazu kann von jedem Wahlberechtigten, aber auch von jeder in der Dienststelle vertretenen Gewerkschaft ausgehen.[84] Es ist nicht zulässig, die Vorabstimmung nach § 19 Abs. 2 mit der in § 18 Abs. 1 vorgesehenen Vorabstimmung über eine von § 17 abweichende Sitzverteilung zu verbinden (vgl. § 18 Rn. 2). **Abstimmungsberechtigt** sind nur die nach § 13 wahlberechtigten Angehörigen der Gruppen der Beamten und der Arbeitnehmer sowie ggf. der Soldaten. Die gemeinsame Wahl ist beschlossen, wenn jede der Gruppen mit der **Mehrheit** aller (nicht nur der an der Abstimmung teilnehmenden) wahlberechtigten Gruppenangehörigen dafür gestimmt hat. Die erfolgreiche Vorabstimmung kann nach § 4 Abs. 1 WO nur berücksichtigt werden, wenn ihr Ergebnis dem **Wahlvorstand** innerhalb von sechs Arbeitstagen seit der Bekanntgabe seiner Mitglieder vorliegt und wenn ihm innerhalb dieser Frist glaubhaft gemacht wird, dass die Vorabstimmung – die schon vor Bestellung des Wahlvorstands stattfinden kann – ordnungsgemäß durchgeführt worden ist. Der Beschluss über die gemeinsame Wahl gilt nur für die **bevorstehende PR-Wahl.** **5**

Sind in der Dienststelle zwar Angehörige der Gruppen der Beamten und der Arbeitnehmer beschäftigt, gehören jedoch einer dieser Gruppen so wenige Wahlberechtigte an, dass dieser Gruppe nach **§ 17 Abs. 5 S. 1** keine eigene Vertretung im PR zusteht, so ist eine Vorabstimmung entbehrlich, weil dann **automatisch eine gemeinsame Wahl** der Beamten und der Arbeitnehmer durchzuführen ist (vgl. § 17 Rn. 8f.). **5a**

(**Abs. 3**) Unabhängig davon, ob der PR in Gruppenwahl oder gemeinsamer Wahl zu wählen ist, kommt eine Wahl nach den Grundsätzen der **Verhältniswahl (Listenwahl)** oder nach denen der **Personenwahl (Mehrheitswahl)** **6**

84 Letzteres str.; vgl. KfdP-*Noll*, Rn. 6 m. N.

in Betracht. Da im Falle der Gruppenwahl die wahlberechtigten Angehörigen jeder Gruppe ihre Vertreter in getrennten Wahlgängen wählen, muss die Frage, ob die Wahl als Verhältniswahl oder Personenwahl durchgeführt wird, für jeden Wahlgang gesondert beurteilt werden.

7 Verhältniswahl (**Listenwahl**) findet statt, wenn bei gemeinsamer Wahl für die Wahl mehrerer PR-Mitglieder oder bei Gruppenwahl für die Wahl mehrerer Gruppenvertreter mehr als ein gültiger Wahlvorschlag eingereicht wird (§ 25 Abs. 1 WO). Bei der Verhältniswahl hat der Wähler **nur eine Stimme**, die er nur für einen Wahlvorschlag (Vorschlagsliste) abgeben kann (§ 25 Abs. 1 u. 3 WO).

8 Personenwahl (**Mehrheitswahl**) ist vorgeschrieben, wenn
- für den PR nur ein Mitglied zu wählen ist,
- bei Gruppenwahl für eine Gruppe nur ein Vertreter zu wählen ist,
- bei Gruppenwahl für eine Gruppe mehrere Vertreter zu wählen sind, aber nur ein gültiger Wahlvorschlag eingereicht worden ist,
- bei gemeinsamer Wahl nur ein gültiger Wahlvorschlag eingereicht worden ist.

Bei der Personenwahl kann der Wähler **höchstens so viele Wahlbewerber** auf dem Stimmzettel **ankreuzen**, wie PR-Mitglieder oder Gruppenvertreter zu wählen sind (§ 28 Abs. 2, § 30 Abs. 3 WO).

9 (**Abs. 4**) Als PR-Mitglieder können nur Beschäftigte gewählt werden, die wählbar (vgl. §§ 14 u. 15) und auf einem Wahlvorschlag benannt worden sind. Dabei ist es nach § 18 Abs. 2 zulässig, für jede Gruppe auch Angehörige anderer Gruppen vorzuschlagen. **Abs. 4 S. 1** legt fest, dass **Wahlvorschläge** für die Wahl des PR sowohl von wahlberechtigten Beschäftigten als auch von den in der Dienststelle vertretenen **Gewerkschaften** gemacht werden können (vgl. Rn. 16–22). Die Wahlvorschläge der **wahlberechtigten Beschäftigten** (i. S. d. § 13) müssen von einer bestimmten Mindestanzahl von Wahlberechtigten unterschrieben sein, die in Abs. 4 S. 2 bis 4 und in Abs. 5 und 6 festgelegt ist (vgl. Rn. 10–14).

10 Nach **Abs. 4 S. 2** muss bei **Gruppenwahl** jeder von wahlberechtigten Beschäftigten gemachte Wahlvorschlag von mindestens einem Zwanzigstel der wahlberechtigten Gruppenangehörigen, jedoch mindestens von drei wahlberechtigten Gruppenangehörigen unterzeichnet sein. Nach **Abs. 4 S. 3** genügen in jedem Fall 50 Unterschriften.

11 Ein wahlberechtigter Beschäftigter kann seine Unterschrift rechtswirksam nur für einen Wahlvorschlag abgeben (vgl. § 9 Abs. 3 S. 1 u. § 10 Abs. 4 WO). Auch **Wahlvorstandsmitglieder** und **Wahlbewerber** dürfen Wahlvorschläge unterzeichnen.[85] Dagegen dürfen Beschäftigte, die nach **§ 14 Abs. 3**

85 Vgl. KfdP-*Noll*, Rn. 21.

nicht wählbar sind, nach **Abs. 4 S. 4** keine Wahlvorschläge machen oder unterzeichnen.

(**Abs. 5**) Bei **gemeinsamer Wahl** muss jeder von wahlberechtigten Beschäftigten gemachte Wahlvorschlag von einem Zwanzigstel der wahlberechtigten Beschäftigten, jedoch mindestens von drei Wahlberechtigten unterzeichnet sein. Es genügen jedoch in jedem Fall die Unterschriften von 50 Wahlberechtigten. Auf die Gruppenzugehörigkeit der Unterzeichner kommt es dabei grundsätzlich nicht an (vgl. aber Rn. 13f.). 12

(**Abs. 6**) Ein zusätzliches Erfordernis besteht für einen Wahlvorschlag von wahlberechtigten Beschäftigten, in dem **bei gemeinsamer Wahl gruppenfremde Wahlbewerber** vorgeschlagen werden. Für einen derartigen Wahlvorschlag reichen die in Abs. 5 (vgl. Rn. 12) geforderten Unterschriften nicht aus. Hinzukommen muss, dass von den Angehörigen jeder Gruppe, für die gruppenfremde Bewerber vorgeschlagen werden, mindestens ein Zehntel den Wahlvorschlag unterzeichnen, wobei in jedem Fall jedoch 50 Unterschriften der **wahlberechtigten Gruppenangehörigen** genügen.[86] 13

Die in Abs. 6 **zusätzlich verlangte Zahl von Unterschriften** muss nicht durch weitere Unterschriften erbracht werden, die in der nach Abs. 5 verlangten Zahl von Unterschriften noch nicht enthalten sind. Es genügt vielmehr, wenn die zusätzlich geforderte Zahl der Unterschriften der jeweils wahlberechtigten Gruppenangehörigen in der Gesamtzahl der geleisteten Unterschriften der wahlberechtigten Beschäftigten enthalten ist. 14

(**Abs. 7**) Nach Abs. 7 kann jeder Beschäftigte **nur** auf einem Wahlvorschlag benannt werden (vgl. auch § 9 Abs. 1 u. § 10 Abs. 3 WO). Er darf aber gleichzeitig als Wahlbewerber für verschiedene Personalvertretungen (örtlicher PR, GPR, BPR oder HPR) benannt werden. 15

(**Abs. 8**) Mit der Änderung des Abs. 4 durch Gesetz v. 10.7.89 (vgl. Rn. 1a) ist die bisherige Regelung in Abs. 8 überflüssig geworden. Das **Recht von Gewerkschaften, Wahlvorschläge zu machen**, richtet sich auch in Dienststellen, bei denen kein PR besteht, ausschließlich nach Abs. 4 S. 1 und Abs. 9. 16

(**Abs. 9**) Auch eine Gewerkschaft ist bei der Ausübung ihres Wahlvorschlagsrechts an die **allgemeinen Voraussetzungen** für die Aufstellung und Einreichung von Wahlvorschlägen gebunden. Sie braucht aber für ihre Wahlvorschläge **keine Unterschriften der wahlberechtigten Beschäftigten** oder Gruppenangehörigen beizubringen. Nach § 9 Abs. 3 S. 2 WO kann eine vorschlagsberechtigte Gewerkschaft nur einen Wahlvorschlag für jede Gruppe einreichen. 17

Nur eine **in der Dienststelle vertretene Gewerkschaft** (vgl. dazu § 2 Rn. 7f.) hat ein Wahlvorschlagsrecht. Hat der Wahlvorstand Zweifel, ob es sich um eine Gewerkschaft handelt oder ob sie unter den Beschäftigten der Dienst- 18

86 *BVerwG* v. 3.2.88 – 6 P 12.86 –, PersR 88, 156.

stelle vertreten ist, haben die Unterzeichner des Wahlvorschlags die erforderlichen Nachweise zu führen.

19 Das Gesetz verlangt die Unterschriften von **zwei Beauftragten** der Gewerkschaft. Trägt der Wahlvorschlag einer Gewerkschaft nur eine Unterschrift, so ist er **ungültig**. Beauftragt werden können nur **Beschäftigte** der Dienststelle, für die die Wahl stattfindet. Wird ein PR in einem verselbständigten Dienststellenteil gewählt, so können nur Beschäftigte dieses Dienststellenteils beauftragt werden. Bei Wahlen zum GPR, BPR oder HPR setzt die Beauftragung eine Zugehörigkeit zur Gesamtdienststelle bzw. zum Geschäftsbereich der Mittelbehörde oder der obersten Dienstbehörde voraus. Die Beauftragten müssen **Mitglied der Gewerkschaft** sein, die den Wahlvorschlag einreicht.

20 Die zur Unterschrift beauftragten Beschäftigten brauchen jedoch **nicht wahlberechtigt** und auch **nicht Angehörige der Gruppe** zu sein, für die sie bei Gruppenwahl den Wahlvorschlag unterzeichnen.[87] Beabsichtigt eine Gewerkschaft, für mehrere im PR vertretene Gruppen Wahlvorschläge einzureichen, so können diese von den gleichen Beauftragten unterzeichnet werden.

21 Ein Wahlvorschlag, der von **zwei oder mehr** – in der Dienststelle vertretenen – **Gewerkschaften** gemeinsam gemacht werden soll, ist nicht ausgeschlossen. Für jede Gewerkschaft müssen dann jedoch mindestens zwei Beauftragte unterzeichnen, so dass insgesamt mehr als zwei Unterschriften – nämlich mindestens vier – erforderlich sind.[88]

22 Hat der Wahlvorstand **Zweifel an der Beauftragung**, dann kann diese nur durch eine Bestätigung der Gewerkschaft nachgewiesen werden. Wer diese Bestätigung abzugeben hat, bestimmt sich danach, wer nach der Satzung der Gewerkschaft zu ihrer Vertretung befugt ist. Hat der Wahlvorstand Zweifel, ob einer der Beauftragten Mitglied der einreichenden Gewerkschaft ist, kann er verlangen, dass die Gewerkschaft die Mitgliedschaft bestätigt.

§ 20 [Bestellung des Wahlvorstands bei Bestehen eines Personalrats]

(1) [1]Spätestens acht Wochen vor Ablauf der Amtszeit bestellt der Personalrat drei Wahlberechtigte als Wahlvorstand und einen von ihnen als Vorsitzenden. [2]Sind in der Dienststelle Angehörige verschiedener Gruppen beschäftigt, so muss jede Gruppe im Wahlvorstand vertreten sein. [3]Hat die Dienststelle weibliche und männliche Beschäftigte, sollen dem Wahlvorstand Frauen und Männer angehören. [4]Je ein Beauftragter der in der Dienststelle vertretenen Gewerkschaften ist berechtigt, an den Sitzungen des Wahlvorstandes mit beratender Stimme teilzunehmen.

87 *BVerwG* v. 3. 2. 95 – 6 P 5.93 –, PersR 95, 522.
88 Vgl. *OVG LSA* v. 6. 3. 02 – 5 L 7/01 –, PersV 02, 511.

(2) [1]Besteht sechs Wochen vor Ablauf der Amtszeit des Personalrates kein Wahlvorstand, so beruft der Leiter der Dienststelle auf Antrag von mindestens drei Wahlberechtigten oder einer in der Dienststelle vertretenen Gewerkschaft eine Personalversammlung zur Wahl des Wahlvorstandes ein. [2]Absatz 1 gilt entsprechend. [3]Die Personalversammlung wählt sich einen Versammlungsleiter.

1 Der **Wahlvorstand** ist das vom Gesetz bestimmte Organ zur Durchführung der Wahl des PR. Seine **Bestellung** ist in den §§ 20 bis 22 und 23 Abs. 1 S. 2 und 3 und § 28 Abs. 2 geregelt. Seine **Aufgaben** sind in § 23 und in der nach § 115 erlassenen Wahlordnung (WO; abgedr. im Anh. I) festgelegt. Die genannten Vorschriften gelten nach § 59 S. 1 SBG 2016 in vollem Umfang entsprechend, wenn nach § 60 Abs. 1 SBG 2016 auch **Soldatenvertreter** zu wählen sind; die Regelung in § 51 Abs. 1 S. 2 SBG 1997, wonach der Wahlvorstand nicht aus drei, sondern aus fünf Wahlberechtigten zu bestehen hatte, ist entfallen (näher dazu Anh. V B § 62 SBG Rn. 2f.).

1a **(Abs. 1)** Der **PR** hat den Wahlvorstand rechtzeitig vor der Wahl zu bestellen. Für den Regelfall bestimmt Abs. 1 S. 1, dass er dies **spätestens acht Wochen vor dem Ablauf seiner Amtszeit** (§ 26) zu tun hat. Ist der PR in den Fällen des § 27 Abs. 2 Nr. 1 bis 3 neu zu wählen, hat der bisherige PR, der nach § 27 Abs. 3 die Geschäfte weiterführt, den Wahlvorstand **unverzüglich**, d.h. ohne schuldhaftes Zögern (§ 121 Abs. 1 S. 1 BGB), zu bestellen.[89] Die gleiche Verpflichtung obliegt dem Rest-PR, wenn nach § 27 Abs. 4 eine vorzeitige Neuwahl der Vertreter einer Gruppe durchzuführen ist (vgl. § 27 Rn. 10). Über die Bestellung des Wahlvorstands entscheidet der PR durch **Beschluss**. Da es sich um eine **gemeinsame Angelegenheit** der Beamten und Arbeitnehmer sowie ggf. der Soldaten handelt, muss gemeinsam beraten und beschlossen werden.[90] Ein bestimmtes **Verfahren** zur Bestimmung der Mitglieder des Wahlvorstands ist nicht vorgeschrieben. Über die vorgeschlagenen Mitglieder kann deshalb einzeln oder »en bloc« abgestimmt werden. Für die Beschlussfassung gelten die Regelungen in § 37 und § 38 Abs. 1. Es ist demnach erforderlich, dass jedes zu bestellende Mitglied des Wahlvorstands die **einfache Stimmenmehrheit** der anwesenden PR-Mitglieder erhält.[91]

2 Der PR bestimmt die Mitglieder des Wahlvorstands und eines von ihnen als Vorsitzenden. Der Wahlvorstand besteht i.d.R. aus **drei Mitgliedern** (vgl. aber Rn. 2c). Ihm können nur **wahlberechtigte** Beschäftigte der Dienststelle, die aber nicht wählbar zu sein brauchen, angehören. Sind in der Dienststelle wahlberechtigte Angehörige verschiedener Gruppen beschäftigt (i.d.R. Beamte und Arbeitnehmer [vgl. § 4 Rn. 1] sowie in Dienststellen der Bundes-

---

89 *OVG RP* v. 22.4.10 – 5 A 10379/10.OVG –, PersR 11, 114.
90 *BVerwG* v. 5.2.65 – VII P 10.64 –, PersV 65, 109.
91 Vgl. KfdP-*Noll*, Rn. 4.

wehr auch Soldaten [vgl. Anh. V B § 60 SBG Rn. 11 u. § 62 SBG Rn. 2f.]), so muss nach Abs. 1 S. 2 **jede Gruppe** im Wahlvorstand vertreten sein. Dabei ist es unerheblich, ob die Gruppe im PR vertreten sein wird.[92] Ist allerdings kein wahlberechtigter Angehöriger einer Gruppe bereit, Mitglied des Wahlvorstands zu werden, so bleibt sie unberücksichtigt.[93] Bei der Bestellung des dritten Wahlvorstandsmitglieds ist der PR an die Gruppenzugehörigkeit nicht gebunden. Der durch Gesetz v. 24.6.94[94] eingefügte Abs. 1 S. 3 sieht vor, dass dann, wenn die Dienststelle weibliche und männliche Beschäftigte hat, dem Wahlvorstand **Frauen und Männer** angehören sollen. S. 2 ist zwar nicht zwingend, jedoch für den Regelfall verpflichtend. Das Gesetz schreibt nicht vor, dass die in der Dienststelle vertretenen **Gewerkschaften** durch ein Mitglied im Wahlvorstand vertreten sein müssen.[95] Aus § 1 Abs. 3 WO ergibt sich, dass auch **Ersatzmitglieder** im Wahlvorstand tätig werden können.[96] Auch sie werden vom PR bestimmt. Auch **Mitglieder des amtierenden PR** können als Wahlvorstandsmitglieder oder Ersatzmitglieder bestellt werden. Ebenso dürfen auch Mitglieder und Ersatzmitglieder des Wahlvorstands als **Wahlbewerber** für den PR kandidieren.[97] Die **Zusammensetzung** und **Bestellung** des Wahlvorstands muss den gesetzlichen Vorgaben entsprechen, ansonsten kann die Wahl des PR angefochten werden.[98]

2a Der PR hat eines der Wahlvorstandsmitglieder durch gesonderten, nach § 37 und § 38 Abs. 1 zu fassenden Beschluss zum **Vorsitzenden** des Wahlvorstands zu bestimmen. Hat er nicht von vornherein die **Vertretung** des Vorsitzenden im Verhinderungsfalle – z. B. durch Bestellung eines stellvertretenden Vorsitzenden – geregelt, muss er dies erforderlichenfalls nachholen.[99]

2b Das **Amt** des Wahlvorstands **beginnt** mit der vom PR vorzunehmenden Mitteilung an die Mitglieder des Wahlvorstands über ihre Bestellung. Mit diesem Zeitpunkt beginnt auch der besondere Kündigungs-, Versetzungs- und Abordnungsschutz (vgl. dazu § 24 Rn. 5). Das Amt **endet** grundsätzlich mit der Wahl des Wahlleiters in der konstituierenden Sitzung des neugewählten PR (vgl. § 34 Rn. 2).

3 Beauftragte der in der Dienststelle vertretenen **Gewerkschaften** (vgl. dazu § 2 Rn. 7f.) können nach Abs. 1 S. 4 an den **Sitzungen** des Wahlvorstands mit beratender Stimme teilnehmen. Jede Gewerkschaft kann nur **einen Beauftragten** entsenden. Sie ist in der Auswahl ihres Vertreters frei. Sie kann einen bei

---

92 *BVerwG* v. 27.11.59 – VII P 18.58 –, PersV 60, 18.

93 Vgl. *BVerwG* v. 20.6.58 – VII P 13.57 –, ZBR 58, 279; *HmbOVG* v. 7.8.91 – Bs PB 2/90 –, PersV 92, 477.

94 BGBl. I S. 1406, ber. S. 2103.

95 Vgl. *BVerwG* v. 23.9.66 – VII P 14.65 –, ZBR 67, 26.

96 Vgl. *BVerwG* v. 5.11.57 – VII P 4.57 –, PersV 59, 209.

97 Vgl. *BVerwG* v. 12.1.62 – VII P 10.60 –, PersV 62, 66; KfdP-*Noll*, Rn. 11.

98 *BVerwG* v. 22.12.15 – 5 PB 5.15 –, juris.

99 Näher dazu KfdP-*Noll*, Rn. 12.

ihr hauptamtlich Tätigen entsenden, es kann sich aber auch um ein in der gleichen oder einer anderen Dienststelle beschäftigtes Mitglied handeln.

Die Teilnahme der Gewerkschaftsbeauftragten dient nur zur **Beratung** des Wahlvorstands. Sie haben daher kein Antrags- oder Stimmrecht bei den vom Wahlvorstand zu fassenden Beschlüssen. 4

(**Abs. 2**) Hat der PR seine in Abs. 1 festgelegte Pflicht zur Bestellung eines Wahlvorstands sechs Wochen vor Ablauf seiner Amtszeit noch nicht erfüllt, sieht Abs. 2 die Möglichkeit zur Wahl des Wahlvorstands durch eine **Personalversammlung** vor. Diese Regelung ist entsprechend anwendbar, wenn der PR in den Fällen des § 27 Abs. 2 Nr. 1 bis 3 neu zu wählen ist und der nach § 27 Abs. 3 die Geschäfte weiterführende PR innerhalb einer Frist von zwei Wochen nach Eintritt der Voraussetzungen der Neuwahl noch keinen Wahlvorstand bestellt hat. Entsprechendes gilt auch im Falle des § 27 Abs. 4, wenn der Rest-PR es versäumt hat, einen Wahlvorstand zu bestellen.[100] Die Personalversammlung ist vom **Dienststellenleiter** einzuberufen, der allerdings nicht von Amts wegen tätig werden darf, sondern **nur auf Antrag** von mindestens drei Wahlberechtigten (i. S. d. § 13) oder einer in der Dienststelle vertretenen Gewerkschaft (vgl. § 2 Rn. 7f.). 5

Die nach Abs. 2 einzuberufende Personalversammlung ist **nicht öffentlich** (§ 48 Abs. 1 S. 3). Sie ist regelmäßig als **Vollversammlung,** bei Vorliegen der Voraussetzungen des § 48 Abs. 2 (vgl. § 48 Rn. 5) aber in der Form von **Teilversammlungen** durchzuführen.[101] Zu ihr sind unabhängig von ihrer Wahlberechtigung alle Beschäftigten und ggf. auch die vom PR zu vertretenden Soldaten (vgl. Rn. 1) einzuladen. Die ordnungsgemäß einberufene Versammlung ist unabhängig von der Zahl der teilnehmenden Beschäftigten (und ggf. Soldaten) **beschlussfähig**. Der **Dienststellenleiter** hat die Personalversammlung lediglich einzuberufen und zu eröffnen. Sie wählt sich dann formlos aus ihrer Mitte einen **Versammlungsleiter**. Dieser hat die **Wahl des Wahlvorstands und seines Vorsitzenden** durchzuführen. Für die **Größe und Zusammensetzung** des zu wählenden Wahlvorstands und für die Bestimmung des Vorsitzenden und von Ersatzmitgliedern gilt das Gleiche wie bei der Bestellung des Wahlvorstands durch den PR (vgl. Rn. 2ff.). Ein bestimmtes Wahlverfahren ist nicht vorgeschrieben. Der Versammlungsleiter sollte aber die Wahl jedes Wahlvorstandsmitglieds gesondert durchführen. Unabhängig davon ist zur **Bestimmung des Vorsitzenden** des Wahlvorstands ein eigener Wahlgang erforderlich. Gewählt ist, wer jeweils die Mehrheit der abgegebenen Stimmen erhalten hat, wobei Stimmenthaltungen nicht mitgezählt werden.[102] 6

---

100 *VG Hamburg* v. 14.3.12 – 26 FLE 7/12 –, ZfPR 12, 106 Ls.
101 Näher dazu KfdP-*Noll*, Rn. 24 u. 28b.
102 Str.; vgl. KfdP-*Noll*, Rn. 26a.

7 Findet die in § 20 Abs. 2 vorgesehene Personalversammlung nicht statt oder wählt sie keinen Wahlvorstand, ist der **Dienststellenleiter** gem. § 22 **auf Antrag** verpflichtet, den **Wahlvorstand** zu bestellen (vgl. § 22 Rn. 1).

§ 21 [Bestellung des Wahlvorstands bei Fehlen eines Personalrats]

[1]Besteht in einer Dienststelle, die die Voraussetzungen des § 12 erfüllt, kein Personalrat, so beruft der Leiter der Dienststelle eine Personalversammlung zur Wahl des Wahlvorstandes ein. [2]§ 20 Abs. 2 Satz 3 gilt entsprechend.

1 Die Bestimmung regelt die Bestellung des Wahlvorstands für personalratsfähige Dienststellen, die – aus welchen Gründen auch immer – **keinen PR** haben. Die Vorschrift erfasst nicht die Fälle, in denen der PR noch **geschäftsführend** im Amt ist (§ 27 Abs. 2 Nr. 1–3). Hier hat der PR selbst nach § 20 Abs. 1 den Wahlvorstand zu bestellen. Ist der PR durch gerichtliche Entscheidung **aufgelöst** worden (§ 27 Abs. 2 Nr. 4), setzt der Vorsitzende der Fachkammer des Verwaltungsgerichts nach § 28 Abs. 2 S. 1 den Wahlvorstand ein (vgl. § 27 Rn. 7 u. § 28 Rn. 6).

2 Der **Dienststellenleiter** ist verpflichtet, von Amts wegen eine **Personalversammlung** zur Wahl eines Wahlvorstands einzuberufen. Für die **Einberufung und Durchführung** der Personalversammlung gilt das Gleiche wie im Falle des § 20 Abs. 2. Durch die in S. 2 bestimmte entsprechende Anwendung des § 20 Abs. 2 S. 3 wird lediglich klargestellt, dass die Versammlung von einem von ihr zu wählenden **Versammlungsleiter** geleitet wird. Obwohl eine Verweisung auf § 20 Abs. 1 fehlt, gilt wie im Falle des § 20 Abs. 2 auch für die **Größe und Zusammensetzung des Wahlvorstands** sowie für die Bestimmung seines Vorsitzenden und von Ersatzmitgliedern nichts anderes als bei der Bestellung des Wahlvorstands durch den PR.

2a Findet die in § 21 vorgesehene Personalversammlung nicht statt oder wählt sie keinen Wahlvorstand, ist der **Dienststellenleiter** gem. § 22 **auf Antrag** verpflichtet, den **Wahlvorstand** zu bestellen (vgl. § 22 Rn. 1).

3 Ist in einer personalratsfähigen Dienststelle die Wahl des PR am **mangelnden Interesse** der Beschäftigten gescheitert, so ist der Dienststellenleiter zur Einberufung einer Personalversammlung gem. § 21 verpflichtet, sobald ihm bekannt wird, dass inzwischen Interesse an der Wahl eines PR besteht, oder andernfalls dann, wenn die nächsten regelmäßigen PR-Wahlen nach § 27 Abs. 1 anstehen.[103]

4 Kommt der Dienststellenleiter seiner Verpflichtung zur Einberufung einer Personalversammlung nicht nach, so können die zur Wahlanfechtung Be-

103 Str.; vgl. KfdP-*Noll*, Rn. 1 m. N.

rechtigten (vgl. § 25 Rn. 7) beim **Verwaltungsgericht** ein personalvertretungsrechtliches Beschlussverfahren einleiten, das darauf gerichtet ist, dem Dienststellenleiter aufzugeben, die Personalversammlung einzuberufen.[104] Dabei kann auch der Erlass einer **einstweiligen Verfügung** beantragt werden (§ 83 Abs. 1 Nr. 2, Abs. 2).

§ 22 [Bestellung des Wahlvorstands durch den Dienststellenleiter]

Findet eine Personalversammlung (§ 20 Abs. 2, § 21) nicht statt oder wählt die Personalversammlung keinen Wahlvorstand, so bestellt ihn der Leiter der Dienststelle auf Antrag von mindestens drei Wahlberechtigten oder einer in der Dienststelle vertretenen Gewerkschaft.

Die Vorschrift setzt voraus, dass eine **Personalversammlung** zur Wahl eines Wahlvorstands gem. § 20 Abs. 2 oder § 21 **nicht zustande gekommen** oder deshalb gescheitert ist, weil die Versammlung **keinen Wahlvorstand gewählt** hat. Nur dann ist der **Dienststellenleiter** berechtigt und verpflichtet, einen Wahlvorstand zu bestellen, falls von mindestens drei Wahlberechtigten der Dienststelle (i. S. d. § 13) oder einer in der Dienststelle vertretenen Gewerkschaft (vgl. § 2 Rn. 7f.) ein entsprechender **Antrag** gestellt wird. Wird ein solcher Antrag hingegen nicht gestellt, kann bis auf Weiteres kein Wahlvorstand bestellt und letztlich auch kein PR gewählt werden.[105] 1

Ist dem Dienststellenleiter ein zulässiger und begründeter Antrag zugegangen, ist er verpflichtet, **unverzüglich** – d. h. ohne schuldhaftes Zögern (§ 121 Abs. 1 S. 1 BGB) – unter Beachtung der **Regeln des § 20 Abs. 1** tätig zu werden. Für die Größe und Zusammensetzung des zu bestellenden Wahlvorstands und für die Bestimmung des Vorsitzenden und von Ersatzmitgliedern gilt das Gleiche wie bei der Bestellung des Wahlvorstands durch den PR (vgl. § 20 Rn. 2ff.). Bei der **Auswahl** der Mitglieder des Wahlvorstands ist der Dienststellenleiter nicht an die Vorschläge der Antragsteller gebunden. 2

Kommt der Dienststellenleiter der Verpflichtung, einen Wahlvorstand zu bestellen, nicht unverzüglich nach, können diejenigen, deren nach § 22 gestelltem Antrag nicht entsprochen worden ist, beim **Verwaltungsgericht** ein personalvertretungsrechtliches Beschlussverfahren einleiten, das darauf gerichtet ist, dem Dienststellenleiter aufzugeben, den Wahlvorstand zu bestellen.[106] Dabei können sie auch den Erlass einer **einstweiligen Verfügung** beantragen (§ 83 Abs. 1 Nr. 2, Abs. 2). 3

---

104 Teilw. str.; vgl. KfdP-*Noll*, Rn. 5 m. N.

105 *OVG NW* v. 25. 5. 05 – 1 B 453/05.PVL –, PersV 06, 32.

106 So für die antragsberechtigte Gewerkschaft *BVerwG* v. 16. 12. 10 – 6 PB 18.10 –, PersR 11, 120 [zu 1b cc].

§ 23 [Aufgaben des Wahlvorstands]

(1) [1]Der Wahlvorstand hat die Wahl unverzüglich einzuleiten; sie soll spätestens nach sechs Wochen stattfinden. [2]Kommt der Wahlvorstand dieser Verpflichtung nicht nach, so beruft der Leiter der Dienststelle auf Antrag von mindestens drei Wahlberechtigten oder einer in der Dienststelle vertretenen Gewerkschaft eine Personalversammlung zur Wahl eines neuen Wahlvorstandes ein. [3]§ 20 Abs. 2 Satz 3 und § 22 gelten entsprechend.

(2) [1]Unverzüglich nach Abschluss der Wahl nimmt der Wahlvorstand öffentlich die Auszählung der Stimmen vor, stellt deren Ergebnis in einer Niederschrift fest und gibt es den Angehörigen der Dienststelle durch Aushang bekannt. [2]Dem Dienststellenleiter und den in der Dienststelle vertretenen Gewerkschaften ist eine Abschrift der Niederschrift zu übersenden.

1 Der Wahlvorstand hat die Wahl des PR vorzubereiten und durchzuführen. Welche **Aufgaben** ihm dabei im Einzelnen obliegen, ist – von Ausnahmen abgesehen – nicht im Gesetz geregelt, sondern in der nach § 115 erlassenen **Wahlordnung** (WO) festgelegt (abgedr. im Anh. I). Bei der Wahrnehmung seiner Aufgaben ist der Wahlvorstand **unabhängig**, also weder an Weisungen der Dienststelle noch an solche des PR gebunden.

1a **(Abs. 1)** Nach Abs. 1 S. 1 Hs. 1 ist der Wahlvorstand verpflichtet, unverzüglich nach seiner Bestellung, d. h. ohne schuldhaftes Zögern (§ 121 Abs. 1 S. 1 BGB), die **Wahl des PR einzuleiten**. Dies erfolgt mit dem Erlass des Wahlausschreibens (§ 6 Abs. 5 WO). Nach Abs. 1 S. 1 Hs. 2 soll die **Wahl »spätestens nach sechs Wochen«** – d. h. spätestens sechs Wochen nach Bestellung des Wahlvorstands[107] – stattfinden. Die Einhaltung dieser Frist ist aber nicht möglich, weil der Wahlvorstand das Wahlausschreiben spätestens sechs Wochen vor dem letzten Tag der Stimmabgabe zu erlassen hat (§ 6 Abs. 1 S. 1 WO) und dies nicht unmittelbar nach seiner Bestellung, sondern erst nach Durchführung verschiedener vorbereitender Aufgaben geschehen kann. Das Überschreiten der Sechswochenfrist ist kein Grund für eine Wahlanfechtung.[108]

2 Für den Fall, dass der Wahlvorstand seiner Verpflichtung, die Wahl unverzüglich einzuleiten, nicht nachkommt, sieht Abs. 1 S. 2 die Möglichkeit vor, in einer **Personalversammlung** einen **neuen Wahlvorstand** zu wählen. Diese Möglichkeit besteht auch dann, wenn der Wahlvorstand nach Einleitung der Wahl den Fortgang des Wahlverfahrens verzögert. Die Personalversammlung zur Wahl eines neuen Wahlvorstands ist vom Leiter der Dienst-

107 Str.; vgl. KfdP-*Noll*, Rn. 2a.
108 *BVerwG* v. 27.11.59 – VII P 18.58 –, PersV 60, 18.

stelle auf **Antrag** von mindestens drei Wahlberechtigten (i. S. d. § 13) oder einer in der Dienststelle vertretenen Gewerkschaft (vgl. § 2 Rn. 7f.) einzuberufen. Dafür, für die Durchführung der Versammlung und für die **Wahl** des Wahlvorstands gelten die gleichen Regeln wie im Falle des § 20 Abs. 2 (vgl. § 20 Rn. 6). Die Personalversammlung hat nur die Möglichkeit, den bisherigen Wahlvorstand durch einen **vollständigen neuen Wahlvorstand** zu ersetzen. Einzelne Mitglieder können nicht ausgetauscht, jedoch in den neuen Wahlvorstand gewählt werden. Scheitert ein Versuch zur Wahl eines neuen Wahlvorstands durch eine Personalversammlung, so kommt nach dem gem. Abs. 1 S. 3 entsprechend anwendbaren § 22 eine **Ersatzbestellung durch den Dienststellenleiter** in Betracht.

Das Amt des bisherigen Wahlvorstands endet mit der Wahl des neuen Wahl- 2a
vorstands. Der neue Wahlvorstand hat die **Wahlvorbereitungen** dort **fortzusetzen**, wo die Arbeit des bisherigen Wahlvorstands geendet hat; evtl. Fehler sind zu **korrigieren**. Ggf. muss er ein **neues Wahlausschreiben** erlassen und damit die Wahl neu einleiten, insb. wenn er feststellt, dass der bisherige Wahlvorstand hierbei Fehler gemacht hat, die nicht mehr korrigiert werden können.

(**Abs. 2**) Unverzüglich nach Abschluss der Wahl hat der Wahlvorstand öf- 3
fentlich die **Auszählung der Stimmen** vorzunehmen. Öffentlich bedeutet, dass die Beschäftigten der Dienststelle dabei anwesend sein können. Auch die in der Dienststelle vertretenen Gewerkschaften können dazu Vertreter entsenden.[109] Das Wahlergebnis, das die Zahl der insgesamt abgegebenen sowie der gültigen und ungültigen Stimmen, die Zahl der auf die Listen bzw. Bewerber entfallenen Stimmen sowie die Namen der zu PR-Mitgliedern gewählten Bewerber umfasst,[110] ist in einer **Niederschrift** festzuhalten und den Angehörigen der Dienststelle durch **Aushang** bekanntzugeben (§§ 21, 23 WO). Eine **Abschrift** der Niederschrift ist dem Dienststellenleiter und den in der Dienststelle vertretenen Gewerkschaften zu übersenden.

§ 24 [Wahlschutz und Wahlkosten]

(1) [1]Niemand darf die Wahl des Personalrates behindern oder in einer gegen die guten Sitten verstoßenden Weise beeinflussen. [2]Insbesondere darf kein Wahlberechtigter in der Ausübung des aktiven und passiven Wahlrechts beschränkt werden. [3]§ 47 Abs. 1, 2 Satz 1 und 2 gilt für Mitglieder des Wahlvorstandes und Wahlbewerber entsprechend.

(2) [1]Die Kosten der Wahl trägt die Dienststelle. [2]Notwendige Versäumnis von Arbeitszeit infolge der Ausübung des Wahlrechts, der Teilnahme an den in den §§ 20 bis 23 genannten Personalversammlungen oder der Be-

109 Vgl. *BAG* v. 16. 4. 03 – 7 ABR 29/02 –, AP BetrVG 1972 § 20 Nr. 21.
110 *BVerwG* v. 23. 10. 03 – 6 P 10.03 –, PersR 04, 35.

tätigung im Wahlvorstand hat keine Minderung der Dienstbezüge oder des Arbeitsentgeltes zur Folge. ³Für die Mitglieder des Wahlvorstandes gelten § 44 Abs. 1 Satz 2 und § 46 Abs. 2 Satz 2 entsprechend.

1 (**Abs. 1**) Die in Abs. 1 S. 1 enthaltenen Verbote der Wahlbehinderung und der sittenwidrigen Wahlbeeinflussung sollen die **Freiheit der Wahl** schützen. Sie richten sich gegen **jedermann** und wenden sich deshalb z. B. an den Leiter der Dienststelle, den Wahlvorstand, den PR, die Gewerkschaften und die Wahlbewerber.[111] Sie beziehen sich auf die **gesamte Wahl** und damit auf alle mit ihr zusammenhängenden und ihr dienenden Handlungen und Betätigungen.[112] Auch Vorabstimmungen (§ 6 Abs. 3, § 18 Abs. 1 u. § 19 Abs. 2) gehören dazu.[113]

2 Das Verbot der **Wahlbehinderung** soll die ungehinderte Durchführung der Wahl gewährleisten. Eine Wahlbehinderung liegt vor, wenn der Ablauf der Wahl erschwert, verzögert oder unmöglich gemacht wird. Auf eine Behinderungsabsicht oder ein Verschulden kommt es dabei nicht an. Das Verbot der gegen die guten Sitten verstoßenden **Wahlbeeinflussung** soll die freie Wahlentscheidung schützen. Eine solche Wahlbeeinflussung ist gegeben, wenn eine Maßnahme nach ihrem Inhalt, Beweggrund und Zweck gegen das »Gefühl aller billig und gerecht Denkenden« verstößt. Ob das zutrifft, hängt von den Umständen des Einzelfalls ab. Das in Abs. 1 S. 2 enthaltene Verbot der **Wahlrechtsbeschränkung** ist ein besonderer Tatbestand der in Abs. 1 S. 1 festgelegten Verbote. Eine Wahlrechtsbeschränkung und zugleich eine Wahlbehinderung liegt z. B. vor, wenn der Dienststellenleiter einen Beschäftigten daran hindert, sich als Kandidat aufstellen zu lassen, eine Wahlrechtsbeschränkung und zugleich eine sittenwidrige Wahlbeeinflussung, wenn er einem Beschäftigten für den Fall, dass dieser nicht wählt oder in einem bestimmten Sinne wählt, Vorteile verspricht oder gewährt oder Nachteile androht oder zufügt.

3 Zur Wahl, deren Freiheit durch die Verbote des Abs. 1 S. 1 und 2 geschützt werden soll, gehört auch die **Wahlwerbung**. Nach dem *BVerwG* entspricht es dem **Wettkampfcharakter von Wahlen**, dass Kandidaten sich durch Wahlwerbung Vorteile gegenüber Mitbewerbern zu verschaffen suchen.[114] Die **Beschäftigten** und die in der Dienststelle vertretenen **Gewerkschaften** (vgl. § 2 Rn. 7f.) dürfen in der Dienststelle durch das Verteilen von Handzetteln, das Aushängen von Plakaten und auf andere Weise für sich selbst oder bestimmte Kandidaten oder Wahlvorschläge werben, aber auch Propaganda gegen andere Bewerber oder Vorschläge machen. Werbemaßnahmen sind

---

111 Vgl. *BVerwG* v. 7.11.69 – VII P 2.69 –, PersV 70, 155.
112 Vgl. *OVG NW* v. 13.6.60 – CL 1/60 –, PersV 61, 65.
113 *BayVGH* v. 24.4.79 – Nr. 18. C 564/79 –, PersV 80, 333.
114 *BVerwG* v. 19.9.12 – 6 A 7.11 –, PersR 13, 123.

nicht nur während der Arbeitspausen sowie vor und nach der Arbeit, sondern auch während der Arbeitszeit zulässig, soweit der Dienstbetrieb nicht erheblich beeinträchtigt wird. Die Dienststelle hat für alle Wahlbewerber und Wahlvorschläge Zugang zu entsprechenden Werbeflächen zu gewähren; neben der Bereitstellung von Anschlagflächen und der Zulassung zur Nutzung der Hauspost gehört dazu auch die Gestattung der Nutzung vorhandener moderner Kommunikationsmedien wie E-Mails und ggf. Intranet.[115] Das Recht zur Wahlwerbung ist **verfassungsrechtlich geschützt**: durch das Grundrecht der allgemeinen Meinungsfreiheit (Art. 5 Abs. 1 S. 1 GG) und für die Gewerkschaften zusätzlich durch das Grundrecht der Koalitionsfreiheit (Art. 9 Abs. 3 GG)[116] sowie – wenn in Betriebszeitungen geworben wird – darüber hinaus durch das Grundrecht der Pressefreiheit (Art. 5 Abs. 1 S. 2 GG).[117] Eine Schranke der Meinungs- und Pressefreiheit besteht nach Art. 5 Abs. 2 GG im Recht der persönlichen Ehre; diffamierende oder grob wahrheitswidrige Propaganda ist unzulässig.[118] Dem **Leiter der Dienststelle**, der nicht wählbar ist (§ 14 Abs. 3) und auch keine Wahlvorschläge machen oder unterzeichnen darf (§ 19 Abs. 4 S. 4), steht das Recht zur Wahlwerbung nicht zu. Als »Gegenspieler« des PR hat er sich strikt **neutral** zu verhalten. Das gilt auch für die **übrigen leitenden Beschäftigten**, die nach § 14 Abs. 3 nicht wählbar sind.

Keine sittenwidrige Wahlbeeinflussung i. S. d. Abs. 1 S. 1 und keine Wahl- 4
rechtsbeschränkung i. S. d. Abs. 1 S. 2 liegt vor, wenn eine **Gewerkschaft** verlangt, dass ihre Mitglieder nur auf der von ihr aufgestellten Wahl vorschlagsliste kandidieren, und ihnen bei einer Kandidatur auf einer **konkurrierenden Liste** den Ausschluss oder ein gewerkschaftliches Funktionsverbot androht. Das ergibt sich daraus, dass die Funktion der Gewerkschaften, die Arbeits- und Wirtschaftsbedingungen ihrer Mitglieder zu fördern und zu wahren, durch Art. 9 Abs. 3 GG geschützt ist und dass die Fähigkeit zur wirksamen Wahrnehmung dieser Funktion von der Solidarität ihrer Mitglieder und der Geschlossenheit ihres Auftretens abhängt.[119] Eine sittenwidrige Wahlbeeinflussung durch eine Gewerkschaft liegt auch dann nicht vor, wenn deren Wahlwerbung außerhalb des Wahllokals und in unmittelbarer Nähe zu diesem erfolgt und dabei **Geschenke von geringem Wert**, wie Bonbons oder Kugelschreiber, abgegeben werden.[120]

---

115 Vgl. KfdP-*Noll*, Rn. 5 m. N.; zur zulässigen Versendung von E-Mails durch die Gewerkschaften vgl. *BAG* v. 20. 1. 09 – 1 AZR 515/08 –, AP GG Art. 9 Nr. 137.
116 Vgl. *BVerfG* v. 30. 11. 65 – 2 BvR 54/62 –, BVerfGE 19, 303 = AP GG Art. 9 Nr. 7.
117 Vgl. *BVerfG* v. 8. 10. 96 – 1 BvR 1183/90 –, BVerfGE 95, 28 = NJW 97, 386.
118 Vgl. *BVerwG* v. 27. 6. 07 – 6 A 1.06 –, PersR 07, 443.
119 Vgl. *BVerfG* v. 24. 2. 99 – 1 BvR 123/93 –, BVerfGE 100, 214 = NZA 99, 713.
120 *LAG RP* v. 17. 3. 11 – 11 TaBV 45/10 –, juris [zu II 2. 2. 2].

5 Arbeitnehmer, die Mitglied des Wahlvorstands oder Wahlbewerber sind, genießen nach § 15 Abs. 3 S. 1 KSchG **Kündigungsschutz** (vgl. § 47 Rn. 7, 9). Danach ist die **ordentliche Kündigung** grundsätzlich unzulässig. Die **außerordentliche Kündigung** bedarf nach Abs. 1 S. 3 i. V. m. § 47 Abs. 1 S. 1 der Zustimmung der zuständigen Personalvertretung (vgl. § 47 Rn. 14ff.). Zuständig ist dabei nicht der Wahlvorstand, sondern ausschließlich der PR, für den die Wahl durchgeführt wird.[121] Allerdings kann das Verwaltungsgericht nach Abs. 1 S. 3 i. V. m. § 47 Abs. 1 S. 2 die fehlende Zustimmung auf Antrag des Dienststellenleiters durch Beschluss ersetzen, wenn die außerordentliche Kündigung unter Berücksichtigung aller Umstände gerechtfertigt ist. Das gilt auch für Dienststellen, in denen bisher kein PR besteht.[122] Der Kündigungsschutz der Mitglieder des Wahlvorstands **beginnt** mit ihrer Bestellung bzw. Wahl, der der Wahlbewerber mit der Aufstellung des Wahlvorschlags.[123] Der volle Kündigungsschutz **endet** grundsätzlich mit der Bekanntgabe des Wahlergebnisses nach § 23 Abs. 2 S. 1 BPersVG i. V. m. § 23 WO.[124]

6 Innerhalb von sechs Monaten nach Bekanntgabe des Wahlergebnisses bzw. nach der Amtsniederlegung eines Wahlvorstandsmitglieds besteht nach § 15 Abs. 3 S. 2 Hs. 1 KSchG ein **nachwirkender Kündigungsschutz**.[125] Während dieses Zeitraums ist die ordentliche Kündigung grundsätzlich weiterhin unzulässig. Die allein zulässige außerordentliche Kündigung bedarf jedoch nicht der Zustimmung des PR oder des Verwaltungsgerichts; insoweit ist lediglich das Anhörungsrecht des PR nach § 79 Abs. 3 zu beachten.

6a Nach der Beendigung des Nachwirkungszeitraums von sechs Monaten gelten für eine danach ausgesprochene Kündigung wieder die allgemeinen Grundsätze der §§ 1 ff. KSchG bei einer ordentlichen bzw. des § 626 BGB bei einer außerordentlichen Kündigung. Nach dem Ablauf des **nachwirkenden Kündigungsschutzes** kann einem erfolglosen Wahlbewerber – wie jedem anderen Arbeitnehmer auch – wieder gekündigt werden.[126] Die Kündigung kann dabei auch auf **Pflichtverletzungen** des Arbeitnehmers gestützt werden, die dieser während der Schutzfrist begangen hat, wenn sie in keinem erkennbaren Zusammenhang zu der Wahlbewerbung stehen.[127]

7 Abs. 1 S. 3 sieht i. V. m. § 47 Abs. 2 S. 1 und 2 einen **Versetzungs- und Abordnungsschutz** für Mitglieder des Wahlvorstands und Wahlbewerber vor. Diese dürfen gegen ihren Willen nur dann versetzt oder abgeordnet werden,

121 *BVerwG* v. 9. 7. 80 – 6 P 43.79 –, PersV 81, 370.
122 Vgl. *BAG* v. 30. 5. 78 – 2 AZR 637/76 –, AP KSchG 1969 § 15 Nr. 4.
123 Vgl. KfdP-*Noll*, Rn. 9.
124 Vgl. KfdP-*Noll*, Rn. 10.
125 Vgl. *BAG* v. 9. 10. 86 – 2 AZR 650/85 –, AP KSchG 1969 § 15 Nr. 23.
126 *BAG* v. 13. 6. 96 – 2 AZR 431/95 –, AP KSchG 1969 § 15 Wahlbewerber Nr. 2.
127 *BAG* v. 13. 6. 96, a. a. O.

wenn dies aus wichtigen dienstlichen Gründen unvermeidbar ist. Als Versetzung in diesem Sinne gilt auch die mit einem Wechsel des Dienstortes verbundene Umsetzung in derselben Dienststelle, wobei das Einzugsgebiet i.S.d. Umzugskostenrechts zum Dienstort gehört (vgl. § 47 Rn. 22ff.).

(**Abs. 2**) Die nach Abs. 2 S. 1 von der Dienststelle zu tragenden Kosten der Wahl sind alle notwendigen **sächlichen und persönlichen Kosten**, die aufgrund wahlrechtlicher Vorschriften durch die Vorbereitung und Durchführung der Wahl entstehen, einschl. der Kosten etwaiger Personalversammlungen und Vorabstimmungen. Obwohl Abs. 2 nicht auf § 46 Abs. 6 verweist, hat die Dienststelle auch die Kosten zu tragen, die den Wahlvorstandsmitgliedern durch die Teilnahme an erforderlichen **Schulungsveranstaltungen** entstehen.[128] 8

Ist der Wahlvorstand als Antragsteller oder sonstiger Beteiligter nach § 83 Abs. 1 Nr. 1 oder 2, Abs. 2 an einem **personalvertretungsrechtlichen Beschlussverfahren** zur Klärung seiner Befugnisse oder zur Abwehr von Wahlbehinderungen oder sittenwidrigen Wahlbeeinflussungen beteiligt und entstehen ihm dabei durch die Hinzuziehung eines Rechtsanwalts notwendige außergerichtliche Kosten, sind diese als Kosten der Wahl von der Dienststelle zu tragen.[129] Hierzu gehören grundsätzlich auch die Kosten eines gerichtlichen Verfahrens, das zur Klärung von Streitfragen im Laufe des Wahlverfahrens geführt wird. Die Pflicht zur Übernahme von Rechtsanwaltskosten besteht nur dann nicht, wenn die Rechtsverfolgung von vornherein aussichtslos (haltlos) oder mutwillig war (vgl. § 44 Rn. 15). Von diesen Ausnahmen abgesehen, können zu den von der Dienststelle zu tragenden Kosten auch die notwendigen außergerichtlichen Kosten eines **Wahlanfechtungsverfahrens** gehören.[130] Das Gleiche gilt für sonstige gerichtliche Verfahren zur Klärung von Streitfragen im Laufe des Wahlverfahrens, z.B. für ein von einer Gewerkschaft oder einem Beschäftigten eingeleitetes Verfahren zur Durchsetzung ihrer bzw. seiner im Zusammenhang mit der PR-Wahl stehenden personalvertretungsrechtlichen Rechte.[131] 9

Nach Abs. 2 S. 2 hat notwendige **Versäumnis von Arbeitszeit** infolge der Ausübung des Wahlrechts, der Teilnahme an den Personalversammlungen nach den §§ 20 bis 23 oder der Betätigung im Wahlvorstand keine Minderung der Bezüge zur Folge. Insoweit gilt das Lohnausfallprinzip (vgl. § 46 Rn. 4). Zur Ausübung des Wahlrechts gehört z.B. auch die Teilnahme an einer Vorabstimmung – als Abstimmender, aber auch als Mitglied des Abstim- 10

128 Vgl. *BAG* v. 7.6.84 – 6 AZR 3/82 –, AP BetrVG 1972 § 20 Nr. 10; *BayVGH* v. 10.9.86 – 17 C 86.02076 –, PersV 88, 181; KfdP-*Noll*, Rn. 15.

129 Vgl. *BAG* v. 8.4.92 – 7 ABR 56/91 –, AP BetrVG 1972 § 20 Nr. 15.

130 Vgl. *BAG* v. 7.7.99 – 7 ABR 4/98 –, PersR 99, 541; *BVerwG* v. 29.8.00 – 6 P 7.99 – u. v. 11.10.10 – 6 P 16.09 –, PersR 00, 513, u. 11, 33.

131 Vgl. *BAG* v. 16.4.03 – 7 ABR 29/02 –, AP BetrVG 1972 § 20 Nr. 21.

mungsvorstands –, das Tätigwerden als Listenvertreter (vgl. § 8 Abs. 4 WO) oder das Sammeln von Stützunterschriften für einen Wahlvorschlag.[132] Zur Betätigung im Wahlvorstand gehört auch die Tätigkeit von Wahlhelfern (vgl. § 1 Abs. 1 S. 2 und 3 WO). Für das **Verlassen des Arbeitsplatzes** gelten die gleichen Regeln wie bei Mitgliedern des PR (vgl. § 46 Rn. 3). Mitglieder des Wahlvorstands und Wahlhelfer erhalten bei Reisen, die zur Erfüllung ihrer Aufgaben notwendig sind, nach Abs. 2 S. 3 i. V. m. § 44 Abs. 1 S. 2 **Reisekostenvergütungen** nach dem Bundesreisekostengesetz (vgl. § 44 Rn. 11ff.; § 1 Abs. 1 S. 3 WO). Werden sie durch die Erfüllung ihrer Aufgaben ausnahmsweise über die regelmäßige Arbeitszeit hinaus beansprucht, ist ihnen nach Abs. 2 S. 3 i. V. m. § 46 Abs. 2 S. 2 **Freizeitausgleich** zu gewähren (vgl. § 46 Rn. 5f.).

§ 25 [Wahlanfechtung]

Mindestens drei Wahlberechtigte, jede in der Dienststelle vertretene Gewerkschaft oder der Leiter der Dienststelle können binnen einer Frist von zwölf Arbeitstagen, vom Tage der Bekanntgabe des Wahlergebnisses an gerechnet, die Wahl beim Verwaltungsgericht anfechten, wenn gegen wesentliche Vorschriften über das Wahlrecht, die Wählbarkeit oder das Wahlverfahren verstoßen worden und eine Berichtigung nicht erfolgt ist, es sei denn, dass durch den Verstoß das Wahlergebnis nicht geändert oder beeinflusst werden konnte.

1 Die Vorschrift regelt die beim **Verwaltungsgericht** im Rahmen eines personalvertretungsrechtlichen Beschlussverfahrens durchzuführende **Anfechtung** einer fehlerhaften PR-Wahl (vgl. Rn. 3ff.). Sie schließt die Möglichkeit nicht aus, Streitfragen, die im Laufe des Wahlverfahrens auftreten, bereits vor dessen Abschluss durch Entscheidung des Verwaltungsgerichts zu klären und insb. durch den Erlass einer **einstweiligen Verfügung** zu entscheiden (vgl. Rn. 15). Die ausnahmsweise in Betracht kommende **Nichtigkeit** der Wahl ist nicht gesetzlich geregelt (vgl. Rn. 2).

2 Die **Nichtigkeit der Wahl** des PR ist nur in ganz besonderen Ausnahmefällen gegeben, nämlich nur dann, wenn in so hohem Maße gegen allgemeine Grundsätze jeder ordnungsgemäßen Wahl verstoßen worden ist, dass selbst der Anschein einer dem Gesetz entsprechenden Wahl nicht mehr vorliegt.[133] Es muss ein sowohl offensichtlicher als auch besonders grober Verstoß gegen Wahlvorschriften vorliegen.[134] Die Nichtigkeit kann von jedermann jeder-

132 Letzteres str.; vgl. KfdP-*Noll*, Rn. 17.
133 *BVerwG* v. 13.5.87 – 6 P 20.85 –, PersR 87, 193.
134 Vgl. *BAG* v. 19.11.03 – 7 ABR 24/03 –, AP BetrVG 1972 § 19 Nr. 54.

zeit und in jeder Form geltend gemacht werden. Ist die Wahl nichtig, sind alle Beschlüsse und sonstigen Rechtshandlungen des PR unwirksam.

3 Die **Anfechtung der Wahl** des PR ist begründet, wenn die folgenden drei, im Gesetz abschließend genannten **Anfechtungsvoraussetzungen** gegeben sind: Verstoß gegen wesentliche Vorschriften über das Wahlrecht, die Wählbarkeit oder das Wahlverfahren (vgl. Rn. 4), nicht erfolgte Berichtigung des Verstoßes (vgl. Rn. 5), Möglichkeit der Änderung oder Beeinflussung des Wahlergebnisses (vgl. Rn. 6).

4 **Wesentliche Vorschriften** sind alle zwingenden Vorschriften des Gesetzes und der Wahlordnung (WO). Gegen wesentliche Vorschriften über das (**aktive**) **Wahlrecht** (§ 13) wird z. B. dadurch verstoßen, dass Wahlberechtigte zur Wahl nicht zugelassen werden. Wesentliche Vorschriften über die **Wählbarkeit** (§§ 14, 15) sind z. B. verletzt, wenn wählbare Beschäftigte nicht zugelassen werden. Verstöße gegen wesentliche Vorschriften über das **Wahlverfahren** können alle Regelungen des BPersVG und der WO zur Vorbereitung und Durchführung der Wahl betreffen.[135] **Wesentlich** i. S. d. § 25 sind alle diejenigen Vorschriften, die zwingender Natur sind.[136]

5 Liegen Verstöße gegen wesentliche Vorschriften vor, die ohne Weiteres behoben werden können, kann der Wahlvorstand eine **Berichtigung** vornehmen. Das gilt etwa für die Nichtberücksichtigung gültiger Stimmen bei der Feststellung des Wahlergebnisses. Die Berichtigung erfolgt durch Beschluss des Wahlvorstandes.

6 Ist ein – nicht berichtigter – Verstoß gegen eine wesentliche Vorschrift gegeben, ist die Wahlanfechtung trotzdem unbegründet, wenn durch den Verstoß das **Wahlergebnis nicht geändert oder beeinflusst** werden konnte. Dafür genügt die theoretische Möglichkeit der Beeinflussung aufgrund eines konkreten Sachverhalts.[137] Eine nur denkbare Möglichkeit reicht aber nicht aus, wenn sie nach der Lebenserfahrung vernünftigerweise nicht in Betracht zu ziehen ist.[138] Demnach bleiben abstrakt nicht auszuschließende, nach der Lebenserfahrung aber unwahrscheinliche Kausalverläufe unberücksichtigt, wenn für ihren Eintritt keine tatsächlichen Anhaltspunkte bestehen.[139]

7 Die **Anfechtungsberechtigten** sind abschließend aufgezählt. Anfechtungsberechtigt sind zunächst alle **Beschäftigten**, die bei der Wahl unstreitig

---

135 *BVerwG* v. 26. 11. 97 – 6 P 12.95 – u. v. 27. 6. 07 – 6 A 1.06 –, PersR 98, 162, u. 07, 443.

136 *BVerwG* v. 24. 2. 15 – 5 P 7.14 –, PersR 9/15, 54 m. Anm. *Baden.*

137 *BVerwG* v. 8. 10. 75 – VII P 15.75 –, PersV 76, 420, u. v. 21. 12. 83 – 6 PB 18.83 –, Sabottig ES Nr. 593 Ls.

138 *BVerwG* v. 23. 9. 66 – VII P 14.65 –, PersV 66, 276, u. v. 7. 5. 03 – 6 P 17.02 –, PersR 03, 313.

139 *BVerwG* v. 26. 11. 08 – 6 P 7.08 – u. v. 11. 8. 09 – 6 PB 16.09 –, PersR 09, 267 u. 418.

wahlberechtigt waren,[140] aber auch jene, die zwar nicht zur Wahl zugelassen waren, jedoch mit beachtlichen Gründen geltend machen, dass ihnen das Wahlrecht zustand.[141] **Mindestens drei** von ihnen müssen während des gesamten Anfechtungsverfahrens als Antragsteller auftreten.[142] Ob die Anfechtenden ihr Wahlrecht ausgeübt haben, ist dabei ebenso unerheblich wie ihre Gruppenzugehörigkeit.[143] Auch wenn die Anfechtenden nach der Wahl aus der Dienststelle ausscheiden, bleiben sie nach der Rspr. des *BVerwG*[144] weiter anfechtungsbefugt;[145] der (spätere) Verlust der Wahlberechtigung eines Anfechtenden wirkt sich nur auf die nächstfolgende Wahl aus, beseitigt aber für sich genommen noch nicht die Anfechtungsbefugnis.[146] Das Erfordernis, dass mindestens drei am Wahltag Wahlberechtigte das Anfechtungsverfahren führen, gilt sowohl für das Einleiten des Verfahrens innerhalb der Frist des § 25 als auch für das weitere »Betreiben« bis zum Tage der letzten verwaltungsgerichtlichen Entscheidung, nicht jedoch daneben auch für den Fortbestand der Wahlberechtigung.[147] Anfechtungsberechtigt ist ferner jede in der Dienststelle vertretene **Gewerkschaft** (vgl. § 2 Rn. 7f.), wobei es darauf ankommt, dass ihr ein Beschäftigter der Dienststelle, der aber nicht wahlberechtigt zu sein braucht, nicht nur zum Zeitpunkt der Antragstellung, sondern während des ganzen Anfechtungsverfahrens als Mitglied angehört.[148] Anfechtungsberechtigt ist schließlich der **Dienststellenleiter** (§§ 7 Satz 1, 88 Nr. 2 BPersVG; vgl. § 7 Rn. 1), wobei die Anfechtungsbefugnis nicht an die Person des jeweiligen Amtsinhabers, sondern an das Amt gebunden und demnach ein Wechsel in der Person auf das Anfechtungsverfahren ohne Einfluss ist.[149]

7a Der Wahlvorstand ist am Anfechtungsverfahren nicht beteiligt; sein Amt endet mit der konstituierenden Sitzung des PR.[150]

8 Die Wahl kann nur innerhalb der **Anfechtungsfrist** von **zwölf Arbeitstagen** angefochten werden. Die Frist wird vom Tag der Bekanntgabe des Wahlergebnisses (vgl. § 23 Rn. 3) an gerechnet. Sie ist eine **Ausschlussfrist**, die

---

140 *BVerwG* v. 27.4.83 – 6 P 17.81 –, PersV 84, 322.
141 *BVerwG* v. 26.11.08, a.a.O.
142 *BVerwG* v. 8.2.82 – 6 P 43.80 –, PersV 83, 63.
143 *BVerwG* v. 20.6.90 – 6 P 2.90 –, PersR 90, 291.
144 Beschl. v. 27.4.83, a.a.O., v. 11.10.10 – 6 P 16.09 – PersR 11.33 (zu II 4a aa), u. v. 7.2.14 – 6 PB 37.13 –, juris.
145 Zur teilw. abw. Rspr. des *BAG* vgl. KfdP-*Baden*, Rn. 9 m. N.
146 *BVerwG* v. 24.2.15 – 5 P 7.14, PersR 9/15, 54 m. Anm. *Baden.*
147 *BVerwG* v. 24.2.15, a.a.O.
148 *BVerwG* v. 11.5.62 – VII P 6.61 –, PersV 62, 211; ferner *BAG* v. 21.11.75 – 1 ABR 12/75 –, AP BetrVG 1972 § 118 Nr. 6; teilw. str.; vgl. KfdP-*Baden*, Rn. 10.
149 *BVerwG* v. 10.8.78 – 6 P 37.78 –, PersV 79, 417.
150 *BVerwG* v. 18.4.78 – 6 P 34.78 –, PersV 79, 194; *Ilbertz/Widmaier/Sommer*, Rn. 44.

nicht verlängert werden kann und gegen deren Versäumung eine Wiedereinsetzung in den vorigen Stand (§ 233 ZPO) nicht möglich ist. Wird die Frist **versäumt**, ist der Anfechtungsantrag unbegründet.[151] Ist keine Wahlanfechtung erfolgt und die Wahl nicht ausnahmsweise nichtig (vgl. Rn. 2), so wird ein Rechtsverstoß, der eine Wahlanfechtung begründen würde, unbeachtlich, so dass der PR mit allen personalvertretungsrechtlichen Befugnissen im Amt bleibt.[152]

Örtlich zuständig ist das Verwaltungsgericht, in dessen Bezirk der Sitz der **Dienststelle** liegt, in der die Wahl stattgefunden hat (§ 82 S. 1 ArbGG). Das gilt grundsätzlich auch für die Anfechtung der Wahl des PR bei einer nach § 6 Abs. 3 **verselbständigten Teildienststelle.**[153] 9

Der **Gegenstand der Anfechtung** wird durch den innerhalb der Anfechtungsfrist (vgl. Rn. 8) zu stellenden Anfechtungsantrag bestimmt. Die Anfechtung richtet sich grundsätzlich gegen die Gültigkeit der Wahl des **gesamten PR**. Bei Gruppenwahl kann sie ausnahmsweise auf die Wahl der **Vertreter einzelner Gruppen** beschränkt werden, wenn der geltend gemachte Verstoß das Wahlergebnis in den übrigen Gruppen nicht beeinflussen konnte.[154] Die Wahl eines **einzelnen PR-Mitglieds** kann nicht angefochten werden, wenn es sich dabei nicht um den einzigen Vertreter einer Gruppe handelt (vgl. dazu aber § 29 Abs. 1 Nr. 7).[155] Eine Wahl kann u. U. auch mit dem Antrag angefochten werden, ihr Ergebnis zu **berichtigen.**[156] 9a

Für das **Verfahren** vor dem Verwaltungsgericht gelten die Vorschriften des Arbeitsgerichtsgesetzes über das Beschlussverfahren entsprechend (§ 83 Abs. 2). Danach gilt für die **Aufklärung des Sachverhalts** ein **eingeschränkter Untersuchungsgrundsatz** (§ 83 Abs. 1 ArbGG). Im Rahmen der gestellten Anträge ermittelt das Gericht den Sachverhalt **von Amts wegen.** Auch wenn das Gericht nicht verpflichtet ist, ungefragt sämtlichen hypothetischen Wahlrechtsverstößen nachzugehen, ist es nicht an den Vortrag der Antragsteller und an die von ihnen angeführten Anfechtungsgründe gebunden und damit nicht auf die von ihnen gerügten Mängel beschränkt.[157] Von der Einstellung des Verfahrens aufgrund der Zurücknahme des Anfechtungsantrags abgesehen kommen folgende **Entscheidungen** in Betracht: Das Gericht 10

---

151 *BVerwG* v. 23. 10. 03 – 6 P 10.03 –, PersR 04, 35.

152 *BVerwG* v. 23. 10. 03 – 6 P 10.03 – u. v. 13. 7. 11 – 6 P 21.10 –, PersR 04, 35, u. 11, 443.

153 Teilw. str.; vgl. KfdP-*Baden*, Rn. 14 m. N.

154 *BVerwG* v. 6. 6. 91 – 6 P 8.89 – u. v. 26. 11. 08 – 6 P 7.08 –, PersR 91, 337, u. 09, 267.

155 *BVerwG* v. 8. 6. 62 – VII P 7.61 – u. v. 7. 11. 75 – VII P 11.74 –, PersV 62, 236, u. 77, 22.

156 *BVerwG* v. 8. 5. 92 – 6 P 9.91 –, PersR 92, 311.

157 *BVerwG* v. 13. 5. 98 – 6 P 9.97 – u. v. 28. 5. 09 – 6 PB 11.09 –, PersR 98, 516, u. 09, 364.

kann den Antrag als unzulässig oder unbegründet **zurückweisen**, die Wahl des PR insgesamt oder in einer Gruppe **für ungültig erklären**, das Wahlergebnis **berichtigen** oder das Vorliegen eines Verstoßes gegen wesentliche Wahlvorschriften **feststellen**. Die Erklärung der Ungültigkeit der Wahl und die Berichtigung des Wahlergebnisses sind gestaltende Entscheidungen, die gegen jedermann wirken.

11 Die **Feststellung eines Wahlrechtsverstoßes** kommt ausnahmsweise dann in Frage, wenn einerseits während des Anfechtungsverfahrens die Amtszeit des PR endet, andererseits aber eine hohe Wahrscheinlichkeit dafür spricht, dass der Vorgang, der die Anfechtung ausgelöst hat, sich wiederholen wird und die mit ihm verknüpften Rechtsfragen sich unter denselben Verfahrensbeteiligten erneut stellen werden.[158]

12 Die Wahlanfechtung hat **keine aufschiebende Wirkung**. Sie hat keinen Einfluss auf den Beginn der Amtszeit des aus der Wahl hervorgegangenen PR. Erst wenn das Verwaltungsgericht die Wahl für **ungültig** erklärt hat und diese Entscheidung **rechtskräftig** wird, endet das Amt des PR.[159] Die erfolgreiche Wahlanfechtung wirkt nur **für die Zukunft**. Beschlüsse und sonstige Rechtshandlungen des PR aus der Zeit vor dem Eintritt der Rechtskraft der gerichtlichen Entscheidung bleiben wirksam.[160]

13 Wird die **Wahl des gesamten PR rechtskräftig für ungültig erklärt**, so ist der PR – anders als bei der gerichtlichen Auflösung (§ 28 Abs. 1 i. V. m. § 27 Abs. 2 Nr. 4) – nicht neu zu wählen, vielmehr ist die für ungültig erklärte fehlerhafte **Wahl zu wiederholen**. Da das Gesetz für diesen Fall eine dem § 28 Abs. 2 entsprechende Regelung nicht vorsieht, tritt eine **personalratslose Zeit** ein, die mit der Rechtskraft der gerichtlichen Entscheidung und dem dadurch eintretenden Ende des Amtes des PR (vgl. Rn. 12) beginnt und erst mit der Konstituierung des aus der Wiederholungswahl hervorgehenden PR endet. Der **Wahlvorstand** für die zu wiederholende Wahl ist unverzüglich durch die Personalversammlung (§ 21), ausnahmsweise durch den Dienststellenleiter (§ 22), zu bestellen. Er hat die Wiederholungswahl grundsätzlich unter den **ursprünglichen Bedingungen** unter **Vermeidung der früheren Fehler**, also soweit wie möglich nach den tatsächlichen und rechtlichen Verhältnissen der für ungültig erklärten Wahl, durchzuführen.[161] Die Wiederholungswahl verlängert die ursprüngliche **Amtszeit** nicht.

---

158 *BVerwG* v. 5. 10. 89 – 6 P 2.88 –, PersR 89, 362, v. 6. 6. 91 – 6 P 8.89 –, PersR 91, 337, u. v. 26. 11. 97 – 6 P 12.95 –, PersR 98, 161.

159 Tipps zum Umgang mit einer Wahlanfechtung behandelt *Daniels* in PersR 3/16, 26.

160 *BVerwG* v. 20. 3. 59 – VII P 12.58 –, PersV 59, 280; zu einem Ausnahmefall vgl. *BVerwG* v. 10. 8. 78 – 6 P 37.78 –, PersV 79, 417.

161 St. Rspr. des *BVerwG* (vgl. Beschl. v. 19. 12. 06 – 6 PB 12.06 –, PersR 07, 125, m. w. N.).

Wird die **Wahl in einer Gruppe rechtskräftig für ungültig erklärt**, ist sie nur für diese Gruppe zu wiederholen. Der PR selbst bleibt im Amt. Dies gilt auch dann, wenn die verbleibenden Mitglieder die Mindestzahl nach § 27 Abs. 2 Nr. 2 nicht mehr erreichen. Der **Rest-PR** hat unverzüglich einen Wahlvorstand zu bestellen (§ 20 Abs. 1). 14

Streitigkeiten über die Wahlberechtigung und die Wählbarkeit sowie über die Wahl des PR können auch **im Laufe des Wahlverfahrens** nach § 83 Abs. 1 Nr. 1 bzw. 2, Abs. 2 zum Gegenstand eines personalvertretungsrechtlichen Beschlussverfahrens gemacht werden (vgl. § 83 Rn. 4f.). Entscheidungen und Maßnahmen des Wahlvorstands sind auch bereits vor Abschluss der Wahl gerichtlich angreifbar.[162] **Antragsberechtigt** ist außer den Anfechtungsberechtigten (vgl. Rn. 7) jeder, der durch die Handlungen oder Unterlassungen des Wahlvorstands in seinem aktiven oder passiven Wahlrecht betroffen ist. Die gerichtliche Klärung der auftretenden Streitfragen ist häufig so dringlich, dass der Erlass **einstweiliger Verfügungen** in Betracht kommt. Dafür sind jedoch strenge Anforderungen zu stellen.[163] Die **Erklärung der Ungültigkeit** der Wahl kann nicht durch einstweilige Verfügung ausgesprochen werden.[164] Ein **Abbruch der Wahl** ist nur dann vertretbar, wenn zuverlässig Rechtsmängel festgestellt werden, die so schwerwiegend sind, dass die Fortführung der Wahl deren Nichtigkeit zur Folge hätte.[165] Dagegen sind nicht zur Aussetzung der Wahl führende »Leistungsverfügungen«, die in das Wahlverfahren lediglich **berichtigend eingreifen**, indem sie dem Wahlvorstand bestimmte Maßnahmen aufgeben oder untersagen, dann als zulässig anzusehen, wenn dadurch eine fehlerhafte Wahl vermieden werden kann.[166] Zulässig sind auch einstweilige Verfügungen, durch die dem Dienststellenleiter **Behinderungen oder sittenwidrige Beeinflussungen der Wahl untersagt** werden.[167] 15

---

162 Vgl. *BAG* v. 15.12.72 – 1 ABR 8/72 –, AP BetrVG 1972 § 14 Nr. 1.

163 Vgl. *BVerwG* v. 14.4.08 – 6 P 6.08 –, PersR 08, 417.

164 *BayVGH* v. 29.7.87 – 17 CE 87.01548 –, PersR 88, 138 Ls.

165 Str.; wie hier *BVerwG* v. 14.4.08, a.a.O.; *LAG Köln* v. 29.3.01 – 5 TaBV 22/01 –, AiB 01, 602; *LAG BW* v. 25.4.06 – 21 TaBV 4/06 –, AiB 06, 638; vgl. auch *LAG* Hmb v. 26.4.06 – 6 TaBV 6/06 –, NZA 06, 936 (Abbruch bei rechtsmissbräuchlichem, willkürlichem Vorgehen des Wahlvorstands).

166 Vgl. *BayVGH* v. 27.2.02 – 17 PE 02 509 –, PersR 03, 121; *SächsOVG* v. 27.4.07 – PL 9 BS 83/07 –, PersR 07, 251.

167 *VG Potsdam* v. 8.6.06 – 21 L 339/06.PVL –, PersV 07, 33.

Zweiter Abschnitt
Amtszeit des Personalrates

§ 26 [Amtszeit]

[1]Die regelmäßige Amtszeit des Personalrates beträgt vier Jahre. [2]Die Amtszeit beginnt mit dem Tage der Wahl oder, wenn zu diesem Zeitpunkt noch ein Personalrat besteht, mit dem Ablauf seiner Amtszeit. [3]Sie endet spätestens am 31. Mai des Jahres, in dem nach § 27 Abs. 1 die regelmäßigen Personalratswahlen stattfinden.

1 Die Vorschrift legt die **Dauer der regelmäßigen Amtszeit** des PR fest und bestimmt Beginn und Ende der Amtszeit. Die regelmäßige Amtszeit betrug nach der ursprünglichen Fassung des BPersVG drei Jahre. Sie wurde durch Gesetz v. 10.7.89[168] auf **vier Jahre** festgesetzt. Aufgrund der Übergangsregelungen im Amtszeiten-Gesetz v. 11.12.90[169] werden die Personalvertretungen seit dem Frühjahr 1992 für vier Jahre gewählt.

2 Die **Dauer der tatsächlichen Amtszeit** kann von der Dauer der regelmäßigen Amtszeit abweichen. Sie kann **kürzer** sein, z. B. wenn ein nach § 27 Abs. 2 gewählter PR nach § 27 Abs. 5 S. 1 neu zu wählen ist. Sie kann **länger** sein, wenn ein nach § 27 Abs. 2 gewählter PR nach § 27 Abs. 5 S. 2 neu zu wählen ist (vgl. Rn. 5).

3 Der **Beginn der Amtszeit** ist in S. 2 festgelegt. Besteht am Tag der Wahl – gemeint ist der (letzte) Tag der Stimmabgabe[170] – noch ein PR, beginnt die Amtszeit des neu gewählten PR mit dem **Ablauf der Amtszeit des bisherigen PR** (zweite Alternative des S. 2). Besteht dagegen am Tag der Wahl kein PR, z.B. weil die Amtszeit des bisherigen PR schon vorher abgelaufen war, beginnt die Amtszeit des neu gewählten PR mit dem (letzten) **Tag der Wahl** (subsidiäre erste Alternative).

4 Die **regelmäßige Amtszeit endet** mit Ablauf von vier Jahren seit ihrem Beginn. Für die Berechnung gilt § 188 Abs. 2 Hs. 2 BGB.

5 Handelt es sich um einen **nach § 27 Abs. 2 gewählten PR**, dessen Amtszeit nach § 27 Abs. 5 entweder kürzer oder länger ist als die regelmäßige Amtszeit von vier Jahren, kommt die Regelung des S. 3 zum Zuge. Danach endet die Amtszeit eines solchen PR immer am **31. Mai** desjenigen Jahres, in dem im Falle des § 27 Abs. 5 S. 1 die nächsten oder im Falle des § 27 Abs. 5 S. 2 die übernächsten regelmäßigen PR-Wahlen stattfinden, ohne dass es darauf ankommt, an welchem Tag der nachfolgende PR gewählt wird.[171] Das gilt aller-

168 BGBl. I S. 1380, ber. 1473.

169 BGBl. I S. 2682, 2689. Abgedr. u. erläutert in KfdP, § 116b Rn. 2ff.

170 Str.; vgl. KfdP-*Kröll*, Rn. 3.

171 *BVerwG* v. 10.6.98 – 6 P 7.97 –, PersR 98, 520.

dings nur unter der Voraussetzung, dass nicht in der Zwischenzeit eine erneute Neuwahl nach § 27 Abs. 2 stattfindet.

6 S. 3 ist nicht anwendbar, wenn die regelmäßige Amtszeit des PR zu einem Zeitpunkt endet, zu dem **noch kein neuer PR gewählt** worden ist. Die Amtszeit verlängert sich dann nicht bis zum 31. Mai. Nach Ablauf der Amtszeit vorgenommene Rechtshandlungen des PR sind unwirksam. Jedermann kann sich jederzeit auf die Unwirksamkeit berufen.[172]

7 Für das **vorzeitige Ende** der Amtszeit **in anderen Fällen** als dem des § 27 Abs. 5 S. 1 gilt Folgendes: Ist der PR in den Fällen des § 27 Abs. 2 Nr. 1 bis 3 neu zu wählen, endet die Amtszeit des die Geschäfte weiterführenden bisherigen PR grundsätzlich mit der Wahl des neuen PR (vgl. § 27 Rn. 9). Wird die Wahl des PR aufgrund einer Wahlanfechtung nach § 25 für ungültig erklärt oder wird der PR nach § 28 Abs. 1 aufgelöst, endet dessen Existenz mit dem Eintritt der Rechtskraft der verwaltungsgerichtlichen Entscheidung. Legen alle Mitglieder und Ersatzmitglieder des PR ihr Amt nieder, hört der PR mit der letzten Amtsniederlegung zu bestehen auf. Wird die Dienststelle aufgelöst, in eine andere Dienststelle eingegliedert oder mit einer anderen Dienststelle zusammengelegt, geht der PR mit dem Vollzug einer solchen Maßnahme grundsätzlich unter.[173]

8 Damit die Auflösung, Eingliederung oder Zusammenlegung von Dienststellen (vgl. Rn. 7) nicht zu Lücken in der personalvertretungsrechtlichen Interessenvertretung führt, ist – wie im Falle der Privatisierung (vgl. § 1 Rn. 17) – ein **Übergangsmandat des bisherigen PR** erforderlich. Der durch das BetrVerf-Reformgesetz v. 23.7.01[174] eingeführte § 21a BetrVG sieht bei Umstrukturierungen von Betrieben, die zu einer Änderung der Betriebsidentität führen, ein **allgemeines betriebsverfassungsrechtliches Übergangsmandat** vor. Dieses ist ein zeitlich begrenztes **Vollmandat**.[175] Bei einer **Spaltung** des Betriebes besteht es nach § 21a Abs. 1 BetrVG darin, dass der Betriebsrat im Amt bleibt und die Geschäfte für die ihm bislang zugeordneten Betriebsteile weiterführt, soweit diese betriebsratsfähig sind und nicht in einen Betrieb eingegliedert werden, in dem ein Betriebsrat besteht. Der Betriebsrat hat insb. unverzüglich Wahlvorstände für die Wahl neuer Betriebsräte zu bestellen. Sein Übergangsmandat endet, sobald in den Betriebsteilen ein neuer Betriebsrat gewählt und das Wahlergebnis bekannt gegeben ist, spätestens jedoch sechs Monate nach der Spaltung. Bei einer **Zusammenfassung** von Betrieben oder Betriebsteilen nimmt nach § 21a Abs. 2 BetrVG der Betriebsrat des nach der Zahl der wahlberechtigten Arbeitnehmer größ-

---

172 *BAG* v. 15.1.74 – 1 AZR 234/75 –, PersV 75, 36.

173 Vgl. *BVerwG* v. 18.1.90 – 6 P 8.88 –, PersR 90, 108, u. (für den Fall einer Privatisierung) *BAG* v. 27.1.11 – 2 AZR 825/09 –, NZA 11, 798.

174 BGBl. I S. 1852.

175 *BAG* v. 15.4.14 – 1 ABR 2/13 (B) –, NZA 14, 551.

ten Betriebs oder Betriebsteils das Übergangsmandat wahr. Bereits vor der Schaffung des § 21a BetrVG hatte das *BAG*[176] aufgrund einer Rechtsanalogie zu den seit 1990 erlassenen einschlägigen einzelgesetzlichen Regelungen (vgl. § 1 Rn. 17) im Wege der richterlichen Rechtsfortbildung ein generelles Übergangsmandat des Betriebsrats anerkannt. Da die Schutzbedürftigkeit der Beschäftigten im Geltungsbereich des BPersVG nicht geringer ist als die der Arbeitnehmer im Anwendungsbereich des BetrVG, ist im Wege der Gesamtanalogie auch ein entsprechendes **allgemeines personalvertretungsrechtliches Übergangsmandat** des PR zu bejahen, falls für die Umstrukturierung der betroffenen Dienststellen keine einzelgesetzliche Regelung eines Übergangsmandats erfolgt.[177]

9 Das vom Übergangsmandat zu unterscheidende **Restmandat des PR** einer aufgelösten Dienststelle – das im BPersVG ebenfalls nicht geregelt, aber von der Rspr. anerkannt ist – besteht darin, bestimmte mit dem Wegfall der Dienststelle verbundene, noch fortbestehende Aufgaben abzuwickeln. Dazu kann z. B. die Ausübung des Mitbestimmungsrechts bei der Aufstellung eines Sozialplans nach § 75 Abs. 3 Nr. 13 gehören, aber auch die Geltendmachung von Kostenerstattungsansprüchen einzelner PR-Mitglieder nach § 44 Abs. 1. Diese Aufgaben gehen auf den PR der neuen Dienststelle nicht über, weil dieser nicht der Rechts- oder Funktionsnachfolger des PR der aufgelösten Dienststelle ist.[178] Das Restmandat erstreckt sich – im Unterschied zum Übergangsmandat – nicht auf die neue Dienststelle. Für den Betriebsrat ist ein Restmandat in dem ebenfalls durch das BetrVerf-Reformgesetz (vgl. Rn. 8) eingefügten § 21b BetrVG ausdrücklich geregelt.[179]

§ 27 [Wahlzeiten]

(1) Die regelmäßigen Personalratswahlen finden alle vier Jahre in der Zeit vom 1. März bis 31. Mai statt.

(2) Außerhalb dieser Zeit ist der Personalrat zu wählen, wenn

1. **mit Ablauf von vierundzwanzig Monaten, vom Tage der Wahl gerechnet, die Zahl der regelmäßig Beschäftigten um die Hälfte, mindestens aber um 50 gestiegen oder gesunken ist oder**
2. **die Gesamtzahl der Mitglieder des Personalrates auch nach Eintreten sämtlicher Ersatzmitglieder um mehr als ein Viertel der vorgeschriebenen Zahl gesunken ist oder**

---

176 Beschl. v. 31.5.00 – 7 ABR 78/98 –, PersR 01, 131.

177 Str.; a. A. bisher die OVG-Rspr.; vgl. KfdP-*Kröll*, Rn. 9 m. N.

178 Vgl. *BVerwG* v. 3.10.83 – 6 P 23.81 –, Buchh 238.3A § 83 Nr. 22; *BayVGH* v. 5.4.95 – 18 P 94.2942 –, PersR 95, 436.

179 Vgl. dazu *BAG* v. 14.8.01 – 1 ABR 52/00 –, AP BetrVG 1972 § 40 Nr. 71, u. v. 26.7.07 – 8 AZR 769/06 –, AP BGB § 613a Nr. 324.

3. der Personalrat mit der Mehrheit seiner Mitglieder seinen Rücktritt beschlossen hat oder
4. der Personalrat durch gerichtliche Entscheidung aufgelöst ist oder
5. in der Dienststelle kein Personalrat besteht.

(3) In den Fällen des Absatzes 2 Nr. 1 bis 3 führt der Personalrat die Geschäfte weiter, bis der neue Personalrat gewählt ist.

(4) Ist eine in der Dienststelle vorhandene Gruppe, die bisher im Personalrat vertreten war, durch kein Mitglied des Personalrates mehr vertreten, so wählt diese Gruppe neue Mitglieder.

(5) [1]Hat außerhalb des für die regelmäßigen Personalratswahlen festgelegten Zeitraumes eine Personalratswahl stattgefunden, so ist der Personalrat in dem auf die Wahl folgenden nächsten Zeitraum der regelmäßigen Personalratswahlen neu zu wählen. [2]Hat die Amtszeit des Personalrates zu Beginn des für die regelmäßigen Personalratswahlen festgelegten Zeitraumes noch nicht ein Jahr betragen, so ist der Personalrat in dem übernächsten Zeitraum der regelmäßigen Personalratswahlen neu zu wählen.

(**Abs. 1**) Das Gesetz schreibt periodisch wiederkehrende Wahlen des PR in einem festen Zeitraum vor. In seiner ursprünglichen Fassung legte Abs. 1 einen dreijährigen Turnus fest, der im Jahr 1976 begann (vgl. § 116). Durch Gesetz v. 10.7.89[180] wurde Abs. 1 dahin geändert, dass die **regelmäßigen PR-Wahlen** alle vier Jahre stattfinden. Dieser **Vier-Jahres-Turnus** hat aufgrund des Amtszeiten-Gesetzes v. 11.12.90[181] im Jahr 1992 begonnen; demnach sind künftig regelmäßige Wahlen in den Jahren 2016, 2020 usw. durchzuführen. Der **Wahltag** wird vom Wahlvorstand festgelegt. Er muss im Jahr der regelmäßigen PR-Wahlen **innerhalb des Zeitraums vom 1. März bis 31. Mai** liegen; das gilt für eine an mehreren Tagen stattfindende Wahl für alle Wahltage.[182] Die Wahl kann jedoch bereits vor dem 1. März vorbereitet und eingeleitet werden. 1

(**Abs. 2**) Die Fälle, in denen der PR **außerhalb des regelmäßigen Wahlzeitraums neu zu wählen** ist, sind in Abs. 2 abschließend aufgeführt. Nicht erwähnt ist die erfolgreiche Wahlanfechtung, die nicht zu einer Neuwahl, sondern zu einer Wiederholung der angefochtenen Wahl führt (vgl. § 25 Rn. 13). 2

In den Fällen der Nr. 1 bis 3 führt der PR nach Abs. 3 die Geschäfte so lange weiter, bis der neue PR gewählt ist. In diesen Fällen wird der **Wahlvorstand** durch den noch amtierenden PR (vgl. Rn. 9), im Fall der Nr. 4 durch den Vorsitzenden der Fachkammer des Verwaltungsgerichts (§ 28 Abs. 2) und im 3

180 BGBl. I S. 1380, ber. 1473.
181 BGBl. I S. 2682, 2689. Abgedr. u. erläutert in KfdP, § 116b Rn. 2ff.
182 Str.; vgl. KfdP-*Kröll*, Rn. 3.

Fall der Nr. 5 durch die Personalversammlung (§ 21) bestellt bzw. gewählt. Bei der Vorbereitung und Durchführung der Wahl ist in den Fällen der Nr. 1 bis 5 von den **zur Zeit der Neuwahl bestehenden Verhältnissen** auszugehen.

4 (**Abs. 2 Nr. 1**) Der PR ist neu zu wählen, wenn sich die **Zahl der regelmäßig Beschäftigten** mit Ablauf einer bestimmten Frist, die etwa der Hälfte der regelmäßigen Amtszeit entspricht, **erheblich verändert** hat. Maßgebender Stichtag ist der Ablauf von 24 Monaten seit dem Tag der Wahl. Ist diese an mehreren Tagen durchgeführt worden, ist der letzte Tag der Wahl maßgebend.[183] Die **Frist von 24 Monaten** ist nach § 187 Abs. 2 i. V. m. § 188 Abs. 2 BGB zu berechnen.[184] Am Stichtag müssen gleichzeitig zwei Voraussetzungen erfüllt sein: Zum einen muss die Zahl der regelmäßig Beschäftigten **um die Hälfte gestiegen oder gesunken** sein und zum zweiten muss dieser Anstieg oder Rückgang **mindestens 50** betragen. Dabei werden immer nur die »in der Regel« Beschäftigten (vgl. § 12 Rn. 2) unabhängig von ihrer Wahlberechtigung berücksichtigt. Ob sich die Verteilung der regelmäßig Beschäftigten auf die Gruppen verändert hat oder ob die Zu- oder Abnahme der Beschäftigtenzahl zu einer Veränderung der Zahl der PR-Mitglieder führt, ist unerheblich.

5 (**Abs. 2 Nr. 2**) Der PR ist neu zu wählen, wenn die **Gesamtzahl der Mitglieder des PR** auch nach Eintreten sämtlicher Ersatzmitglieder **um mehr als ein Viertel** der vorgeschriebenen Zahl **gesunken** ist. Ob dies der Fall ist, ergibt sich aus einem Soll-Ist-Vergleich. **Sollgröße** ist dabei grundsätzlich die in § 16 und § 17 Abs. 4 vorgeschriebene Zahl der PR-Mitglieder. Handelt es sich um einen PR, dem nach § 60 Abs. 1 und 2 SBG Soldatenvertreter als weitere Gruppe angehören, ist Sollgröße die Zahl der PR-Mitglieder, die in § 62 Abs. 2 SBG i. V. m. den § 16 bis 18 vorgesehen ist (vgl. Anh. V B § 62 SBG Rn. 4).[185] **Istgröße** ist die Zahl der PR-Mitglieder, die sich aufgrund eines nach der Wahl des PR erfolgenden dauernden Ausscheidens mindestens eines PR-Mitglieds unter Hinzurechnung aller nach § 31 eingetretenen Ersatzmitglieder ergibt. Beträgt die **Differenz** zwischen Sollgröße und Istgröße mehr als ein rechnerisches Viertel der Sollgröße, muss der PR neu gewählt werden.[186] Im Unterschied zu Abs. 2 Nr. 1 kommt es nicht darauf an, zu welchem nach der Wahl des PR liegenden **Zeitpunkt** der Fall des Abs. 2 Nr. 2 eintritt. Ist ein PR gewählt worden, dessen Mitgliederzahl von Anfang an um mehr als ein Viertel niedriger ist als die vorgeschriebene Zahl (vgl. § 16 Rn. 2), hat eine Neuwahl nach Abs. 2 Nr. 2 erst dann zu erfolgen, wenn ein

---

183 Vgl. KfdP-*Kröll*, Rn. 6.
184 Str.; vgl. KfdP-*Kröll*, Rn. 7.
185 *VGH BW* v. 26. 9. 95 – PB 15 1138/95 –, PersR 96, 63.
186 *BayVGH* v. 26. 10. 94 – 17 PC 94.2893 u. 94.2485 –, PersR 95, 432.

Mitglied ausscheidet, für das kein Ersatzmitglied nachrückt.[187] Ist die Gesamtzahl der Mitglieder des PR nach erfolgreicher Anfechtung der Wahl einer **Gruppe** um mehr als ein Viertel der vorgeschriebenen Zahl gesunken, findet lediglich eine Wiederholungswahl der Gruppe statt, deren Wahl für ungültig erklärt worden ist (vgl. § 25 Rn. 14). Das Eintreten der Ersatzmitglieder richtet sich nach § 31. Dabei darf nach h. M. nicht auf Ersatzmitglieder anderer Listen zurückgegriffen werden, wenn die maßgebliche Liste erschöpft ist, also keine weiteren Ersatzmitglieder mehr hat.[188]

(**Abs. 2 Nr. 3**) Der PR ist neu zu wählen, wenn er mit der Mehrheit seiner Mitglieder seinen **Rücktritt** beschlossen hat. Für den Beschluss reicht die Mehrheit der anwesenden PR-Mitglieder nicht aus; die Mehrheit aller seiner Mitglieder ist erforderlich. Der Rücktrittsbeschluss wirkt auch gegen diejenigen Mitglieder des PR, die ihm nicht zugestimmt haben, und auch gegen die Ersatzmitglieder. Der Rücktritt ist jederzeit möglich. Aus welchen Gründen er erfolgt, ist unerheblich; eine gerichtliche Überprüfung auf Ermessensfehler findet nicht statt.[189] 6

(**Abs. 2 Nr. 4**) Der PR ist neu zu wählen, wenn er durch gerichtliche Entscheidung **aufgelöst** ist. Das ist nur dann der Fall, wenn das Verwaltungsgericht die Auflösung nach § 28 Abs. 1 beschlossen hat und dieser Beschluss rechtskräftig geworden ist. Endet dagegen das Amt des PR dadurch, dass seine Wahl aufgrund einer Wahlanfechtung nach § 25 für ungültig erklärt wird, so führt dies nach h. M. nicht zur Neuwahl, sondern lediglich zur Wiederholung der fehlerhaften ursprünglichen Wahl (vgl. § 25 Rn. 13). 7

(**Abs. 2 Nr. 5**) Der PR ist neu zu wählen, wenn in der Dienststelle **kein PR besteht**. Von den Tatbeständen der Auflösung durch gerichtliche Entscheidung und der erfolgreichen Wahlanfechtung abgesehen, ist Abs. 2 Nr. 5 auf alle Fälle des Nichtbestehens eines PR anwendbar. Er enthält einen **generalklauselartigen Auffangtatbestand**,[190] der sicherstellt, dass in allen personalratsfähigen, aber personalratslosen Dienststellen auch außerhalb der in Abs. 1 geregelten regelmäßigen Wahlzeiträume ein PR gewählt werden kann (vgl. § 21 Rn. 3). 8

(**Abs. 3**) In den Fällen des Abs. 2 Nr. 1 bis 3 hat der bisherige PR die **Geschäfte weiterzuführen**, bis der neue PR gewählt ist. Diese Geschäftsführungsbefugnis ist umfassend. Sie erstreckt sich auf die Wahrnehmung aller gesetzlichen Aufgaben und Befugnisse und schließt die Pflicht ein, unverzüglich einen Wahlvorstand zu bestellen (vgl. § 20 Rn. 1a u. 5). 9

---

187 Vgl. *BVerwG* v. 20. 6. 90 – 6 P 2.90 –, PersR 90, 291.

188 *BVerwG* v. 16. 7. 63 – VII P 10.62 –, PersV 63, 233, u. v. 30. 11. 10 – 6 PB 16.10 –, PersR 11, 73; vgl. KfdP-*Kröll*, Rn. 11a.

189 *BVerwG* v. 26. 11. 92 – 6 P 14.91 – u. v. 7. 5. 03 – 6 P 17.02 –, PersR 93, 119, u. 03, 313.

190 Lorenzen-*Schlatmann*, Rn. 40.

10 (**Abs. 4**) Die Vorschrift regelt die vorzeitige **Neuwahl der Vertreter einer Gruppe**, die im PR nicht mehr vertreten ist. Sie dient dazu, die Repräsentanz dieser Gruppe wiederherzustellen. Hat eine Gruppe von ihrem Recht, im PR vertreten zu sein, keinen Gebrauch gemacht (§ 17 Abs. 1 S. 3; vgl. § 17 Rn. 4) oder hat sie mangels ausreichender Größe keine Vertretung erhalten (§ 17 Abs. 5 S. 1; vgl. § 17 Rn. 8f.), ist die Regelung nicht anwendbar. Eine bereits bisher im PR vertretene Gruppe ist durch kein Mitglied des PR mehr vertreten, wenn alle ihre Mitglieder und Ersatzmitglieder aus dem PR ausgeschieden sind. Die Gründe des Ausscheidens sind grundsätzlich unerheblich. Wird jedoch aufgrund einer Wahlanfechtung nach § 25 die Wahl in einer Gruppe rechtskräftig für ungültig erklärt, so ist keine Neuwahl nach Abs. 4, sondern eine Wiederholungswahl durchzuführen (vgl. § 25 Rn. 14). Sind die in Abs. 4 genannten Voraussetzungen gegeben, ist die vorzeitige Neuwahl der Vertreter einer Gruppe nur dann durchzuführen, wenn der PR in **Gruppenwahl** und nicht in gemeinsamer Wahl gewählt worden ist.[191] Hat allerdings das Ausscheiden aller Mitglieder und Ersatzmitglieder einer Gruppe dazu geführt, dass die Gesamtzahl der Mitglieder des PR um mehr als ein Viertel der vorgeschriebenen Zahl gesunken ist, findet nach Abs. 2 Nr. 2 eine vorzeitige Neuwahl des gesamten PR statt.[192] Die vorzeitige Neuwahl der Vertreter einer Gruppe findet auch dann als Gruppenwahl statt, wenn der PR in gemeinsamer Wahl gewählt wurde. Es ist die gleiche Anzahl von Gruppenvertretern zu wählen wie bei der vorausgegangenen PR-Wahl. Die Wahl erfolgt für den Rest der Amtszeit des PR.

11 (**Abs. 5**) Grundsätzlich sind auch die nach Abs. 2 zwischenzeitlich gewählten PR im **nächsten Zeitraum der regelmäßigen PR-Wahlen** neu zu wählen. Ihre Amtszeit endet dann – falls nicht in der Zwischenzeit eine erneute Neuwahl nach Abs. 2 stattfindet – nach § 26 S. 3 immer am 31. Mai des Jahres, in dem die nächsten turnusmäßigen PR-Wahlen stattfinden (vgl. § 26 Rn. 5). Ist jedoch der neu gewählte PR am 1. März des Jahres, in dem die nächsten regelmäßigen PR-Wahlen durchgeführt werden, noch nicht ein Jahr im Amt, wird er erst im **übernächsten Zeitraum** der regelmäßigen PR-Wahlen neu gewählt. In diesem Falle endet seine Amtszeit – wiederum vorausgesetzt, dass nicht in der Zwischenzeit eine erneute Neuwahl nach Abs. 2 stattfindet – immer am 31. Mai des Jahres, in dem die übernächsten PR-Wahlen stattfinden. Für **Gruppenvertreter**, die nach Abs. 4 neu gewählt worden sind, verlängert sich die Amtszeit auch dann nicht, wenn diese Wahl zu Beginn des nächsten Zeitraums der regelmäßigen PR-Wahl noch kein Jahr zurückliegt. Ihre Amtszeit endet immer mit dem Ablauf der Amtszeit des PR. Auch die nach § 25 aufgrund einer Wahlanfechtung durchgeführte **Wiederholungs-**

191 KfdP-*Kröll*, Rn. 24 m. N.
192 *BVerwG* v. 18.3.82 – 6 P 30.80 –, PersV 83, 71.

wahl des PR oder einer Gruppe (§ 25 Rn. 13f.) führt nicht zu einer Verlängerung der Amtszeit.

§ 28 [Ausschluss von Mitgliedern und Auflösung des Personalrats]

(1) [1]Auf Antrag eines Viertels der Wahlberechtigten oder einer in der Dienststelle vertretenen Gewerkschaft kann das Verwaltungsgericht den Ausschluss eines Mitgliedes aus dem Personalrat oder die Auflösung des Personalrates wegen grober Vernachlässigung seiner gesetzlichen Befugnisse oder wegen grober Verletzung seiner gesetzlichen Pflichten beschließen. [2]Der Personalrat kann aus den gleichen Gründen den Ausschluss eines Mitgliedes beantragen. [3]Der Leiter der Dienststelle kann den Ausschluss eines Mitgliedes aus dem Personalrat oder die Auflösung des Personalrates wegen grober Verletzung seiner gesetzlichen Pflichten beantragen.
(2) [1]Ist der Personalrat aufgelöst, so setzt der Vorsitzende der Fachkammer des Verwaltungsgerichtes einen Wahlvorstand ein. [2]Dieser hat unverzüglich eine Neuwahl einzuleiten. [3]Bis zur Neuwahl nimmt der Wahlvorstand die dem Personalrat nach diesem Gesetz zustehenden Befugnisse und Pflichten wahr.

(**Abs. 1**) Während der laufenden Wahlperiode kann der PR nach Abs. 1 nur 1
wegen grober Vernachlässigung seiner gesetzlichen Befugnisse oder wegen grober Verletzung seiner gesetzlichen Pflichten und nur durch eine Entscheidung des **Verwaltungsgerichts** aufgelöst werden. Das Gleiche gilt für den Ausschluss einzelner PR-Mitglieder. Da der PR kein imperatives, sondern ein **repräsentatives Mandat** hat,[193] ist seine Abberufung durch ein Misstrauensvotum der Personalversammlung ebenso ausgeschlossen wie die Amtsenthebung seiner Mitglieder durch einen Beschluss der Personalversammlung oder des PR.

Das Verwaltungsgericht kann über die Auflösung des PR oder den Aus- 2
schluss eines Mitglieds nur auf Antrag entscheiden. Der Kreis der **Antragsberechtigten** und die **Gründe** eines Auflösungs- oder Ausschlussantrags sind in Abs. 1 abschließend festgelegt. Ein **Viertel der Wahlberechtigten** i.S.d. § 13 und jede in der Dienststelle vertretene **Gewerkschaft** (vgl. § 2 Rn. 7f.) können nach Abs. 1 S. 1 sowohl wegen grober Vernachlässigung der gesetzlichen Befugnisse als auch wegen grober Verletzung der gesetzlichen Pflichten die Auflösung des PR oder den Ausschluss einzelner PR-Mitglieder beantragen. Dementsprechend kann der **PR** nach S. 2 aus den gleichen Gründen den Ausschluss eines seiner Mitglieder beantragen. Der PR ist vor

193 *BVerfG* v. 27.3.79 – 2 BvR 1011/78 –, AP GG Art. 9 Nr. 31.

der Beschlussfassung über einen Ausschlussantrag nicht verpflichtet, dem betreffenden PR-Mitglied **Gelegenheit zur Äußerung** zu geben. Der **Leiter der Dienststelle** (vgl. § 25 Rn. 7) kann nach S. 3 nur wegen grober Verletzung der gesetzlichen Pflichten die Auflösung des PR oder den Ausschluss eines PR-Mitglieds beantragen. Dessen Antragsrecht ist an das Amt, nicht an die Person gebunden.

3 **Materiell-rechtliche Voraussetzung** für die Auflösung des PR oder den Ausschluss eines PR-Mitglieds ist die grobe Vernachlässigung gesetzlicher Befugnisse oder die grobe Verletzung gesetzlicher Pflichten. Da der Dienststellenleiter einen Auflösungs- oder Ausschlussantrag nur auf eine grobe Verletzung gesetzlicher Pflichten, nicht aber auf eine grobe Vernachlässigung gesetzlicher Befugnisse stützen kann, ist es erforderlich, zwischen beiden Tatbeständen zu unterscheiden. Dabei ist es geboten, den Begriff der **Verletzung gesetzlicher Pflichten** eng auszulegen und auf solche Pflichten zu begrenzen, die der PR bzw. das PR-Mitglied (auch) gegenüber dem Leiter der Dienststelle zu erfüllen hat. Dagegen ist die **Vernachlässigung gesetzlicher Befugnisse** auf diejenigen Befugnisse zu beziehen, die dem PR zur Vertretung der Interessen der Beschäftigten der Dienststelle eingeräumt sind. Das sind pflichtgebundene Rechte, deren Nichtausübung eine Pflichtverletzung gegenüber den Beschäftigten darstellen kann.

4 Eine **grobe** Pflichtverletzung liegt nur dann vor, wenn sie **objektiv schwerwiegend** ist. Der Verstoß gegen gesetzliche Pflichten muss von solchem Gewicht sein, dass er das Vertrauen in eine künftige ordnungsgemäße Amtsführung zerstört oder zumindest schwer erschüttert.[194] Das kann auch bei einem einmaligen Verstoß der Fall sein.[195] Auch eine grobe Vernachlässigung gesetzlicher Befugnisse ist nur dann gegeben, wenn sie objektiv schwerwiegend ist. Für den Ausschluss eines PR-Mitglieds ist zur Bejahung einer groben Verletzung gesetzlicher Pflichten bzw. einer groben Vernachlässigung gesetzlicher Befugnisse zusätzlich ein **schuldhaftes** – also vorsätzliches oder fahrlässiges – **Verhalten** erforderlich.[196]

5 Stellt das **Verwaltungsgericht** fest, dass eine grobe Verletzung gesetzlicher Pflichten bzw. eine grobe Vernachlässigung gesetzlicher Befugnisse vorliegt, muss es die Auflösung des PR bzw. den Ausschluss einzelner Mitglieder aus dem PR beschließen. Ein Ermessen steht ihm dabei nicht zu.[197] Eine Erklärung, sich künftig den gesetzlichen Vorschriften entsprechend zu verhalten,

---

194 *BVerwG* v. 22.8.91 – 6 P 10.90 – u. v. 14.4.04 – 6 PB 1.04 –, PersR 91, 417, u. 04, 268.

195 *BVerwG* v. 15.12.61 – VII P 3.61 –, PersV 62, 65, u. v. 13.6.88 – 6 PB 5.88 –, PersR 1988, 336 Ls.

196 *BVerwG* v. 22.8.91, a.a.O.

197 *BVerwG* v. 27.11.81 – 6 P 38.79 –, PersV 83, 408.

wird als unbeachtlich angesehen.[198] Mit dem Eintritt der Rechtskraft des **Beschlusses über den Ausschluss** endet das Amt des betreffenden PR-Mitglieds (§ 29 Abs. 1 Nr. 6). Es wird nach § 31 Abs. 1 S. 1 durch ein Ersatzmitglied ersetzt. Mit dem Eintritt der Rechtskraft des **Auflösungsbeschlusses** endet die Amtszeit des PR und erlöschen die Mitgliedschaften sämtlicher PR-Mitglieder (§ 29 Abs. 1 Nr. 6). Ersatzmitglieder treten nicht ein (§ 31 Abs. 4).

(**Abs. 2**) Wird der PR aufgelöst, so ist er neu zu wählen (§ 27 Abs. 2 Nr. 4). **6**
Sobald der Auflösungsbeschluss rechtskräftig geworden ist, hat der **Vorsitzende der Fachkammer** des Verwaltungsgerichts nach Abs. 2 S. 1 einen **Wahlvorstand** einzusetzen. Das gilt auch dann, wenn das Verfahren in einer höheren Instanz beendet worden ist. Für die Größe und Zusammensetzung des Wahlvorstands sowie für die Bestimmung seines Vorsitzenden und von Ersatzmitgliedern gilt nichts anderes als bei der Bestellung durch den PR (vgl. § 20 Rn. 2ff.). Der eingesetzte Wahlvorstand hat zwei **Aufgaben** zu erfüllen: Zum einen hat er nach Abs. 2 S. 2 die Neuwahl des PR unverzüglich einzuleiten und durchzuführen, zum anderen nimmt er nach Abs. 2 S. 3 bis zur Neuwahl die dem PR nach dem BPersVG zustehenden Befugnisse und Pflichten wahr.

§ 29 [Erlöschen der Mitgliedschaft]

(1) Die Mitgliedschaft im Personalrat erlischt durch
1. **Ablauf der Amtszeit,**
2. **Niederlegung des Amtes,**
3. **Beendigung des Dienstverhältnisses,**
4. **Ausscheiden aus der Dienststelle,**
5. **Verlust der Wählbarkeit mit Ausnahme der Fälle des § 14 Abs. 2 Satz 1,**
6. **gerichtliche Entscheidung nach § 28,**
7. **Feststellung nach Ablauf der in § 25 bezeichneten Frist, dass der Gewählte nicht wählbar war.**

(2) Die Mitgliedschaft im Personalrat wird durch einen Wechsel der Gruppenzugehörigkeit eines Mitgliedes nicht berührt; dieses bleibt Vertreter der Gruppe, die es gewählt hat.

(**Abs. 1**) Abs. 1 zählt **Tatbestände** auf, die zum Erlöschen der Mitgliedschaft **1**
im PR führen. Er gilt entsprechend für nicht gewählte Wahlbewerber, die nach § 31 eine Anwartschaft auf eine **Ersatzmitgliedschaft** im PR haben.[199] In den Fällen des Abs. 1 Nr. 1 bis 5 erlischt die Mitgliedschaft unmittelbar

198 Vgl. *BVerwG* v. 14.2.69 – VII P 11.67 –, PersV 70, 60, v. 6.2.79 – 6 P 14.78 –, PersV 80, 196, u. v. 14.4.04, a.a.O.

199 *BVerwG* v. 4.9.95 – 6 P 20.93 –, PersR 96, 115.

kraft Gesetzes mit dem Eintritt der Voraussetzungen des Erlöschenstatbestandes, in den Fällen des Abs. 1 Nr. 6 und 7 erlischt sie dagegen erst mit dem Eintritt der **Rechtskraft der gerichtlichen Entscheidung.**

2 (**Abs. 1 Nr. 1**) Der Tatbestand erfasst den **Ablauf der regelmäßigen Amtszeit** des nach § 27 Abs. 1 gewählten PR (vgl. § 26 Rn. 4) sowie den **Ablauf der verkürzten oder verlängerten Amtszeit** des nach § 27 Abs. 2 gewählten PR (vgl. § 26 Rn. 5). Dem Tatbestand lassen sich auch die Fälle zuordnen, in denen die **Amtszeit vorzeitig endet**, weil die Dienststelle die PR-Fähigkeit verliert (vgl. § 12 Rn. 1), weil sie aufgelöst oder in eine andere Dienststelle eingegliedert wird oder weil die Wahl des gesamten PR aufgrund erfolgreicher Wahlanfechtung für ungültig erklärt wird (vgl. § 26 Rn. 7). Endet die Amtszeit des PR, so erlischt die Mitgliedschaft aller PR-Mitglieder. Ersatzmitglieder rücken nicht nach.

3 (**Abs. 1 Nr. 2**) Die **Amtsniederlegung** ist jederzeit, auch ohne Begründung, möglich.[200] Das PR-Mitglied muss sie gegenüber dem PR oder dem Vorsitzenden erklären, bei einem aus einer Person bestehenden PR gegenüber dem Ersatzmitglied.[201] Fehlt bei einem einköpfigen PR das Ersatzmitglied, kann die Erklärung (insb. durch Aushang am Schwarzen Brett) gegenüber den Beschäftigten oder, wenn diese (im Falle eines Restmandats [vgl. § 26 Rn. 9]) nicht mehr existieren, gegenüber dem Dienststellenleiter abgegeben werden.[202] Hat sich der PR noch nicht konstituiert, ist die Erklärung an den Wahlvorstand zu richten.[203] Die Erklärung ist an keine Form oder Frist gebunden und muss lediglich den Willen, aus dem PR auszuscheiden, eindeutig erkennen lassen.[204] Das Amt erlischt mit Zugang der Erklärung beim Erklärungsempfänger, es sei denn, das PR-Mitglied hat einen späteren Zeitpunkt bestimmt. Das Mitglied kann sein Amt nicht vorübergehend niederlegen. Die Erklärung der Amtsniederlegung ist eine **einseitige rechtsgestaltende Willenserklärung**. Sie kann nicht unter einer Bedingung abgegeben und nach ihrem Zugang weder zurückgenommen noch widerrufen noch angefochten werden.[205]

4 (**Abs. 1 Nr. 3**) Der Tatbestand der **Beendigung des Dienstverhältnisses** bezieht sich sowohl auf Beamte als auch auf Arbeitnehmer.[206] Das **Beamtenverhältnis** endet außer durch Tod v. a. durch Entlassung (kraft Gesetzes oder

---

200 *BVerwG* v. 16.7.63 – VII P 10.62 –, PersV 63, 233, u. v. 28.2.90 – 6 P 21.87 –, PersR 90, 133.

201 *NdsOVG* v. 9.9.94 – 17 L 2835/93 –, PersR 94, 564; *OVG LSA* v. 26.10.94 – 5 M 1/94 –, PersR 95, 138.

202 Vgl. *BAG* v. 12.1.00 – 7 ABR 61/98 –, AP BetrVG 1972 § 24 Nr. 5; KfdP-*Kröll*, Rn. 6.

203 *BVerwG* v. 9.10.59 – VII P 1.59 –, PersV 60, 19.

204 *NdsOVG* v. 9.9.94 u. *OVG LSA* v. 26.10.94, jew. a. a. O.

205 Teilw. str.; vgl. KfdP-*Kröll*, Rn. 7.

206 *BVerwG* v. 4.9.95 – 6 P 20.93 –, PersR 96, 115.

durch Verwaltungsakt), Verlust der Beamtenrechte, Entfernung aus dem Beamtenverhältnis nach dem Bundesdisziplinargesetz oder Eintritt oder Versetzung in den Ruhestand (vgl. §§ 30ff. BBG). Es endet auch durch die Feststellung der Nichtigkeit oder die Rücknahme der Ernennung (§§ 13ff. BBG), sofern sie sich auf die Begründung des Beamtenverhältnisses bezieht.[207]

Bei **Arbeitnehmern** endet das Dienstverhältnis (Arbeitsverhältnis) außer durch Tod durch Auflösungsvertrag, Fristablauf, Zweckerreichung, Kündigung, Erreichen der Altersgrenze oder wegen Erwerbsminderung (vgl. z.B. Abschn. V TVöD), ferner durch erfolgreiche Anfechtung oder Feststellung der Nichtigkeit des Arbeitsvertrages. Einem PR-Mitglied kann ordentlich nur bei einer Stilllegung des Betriebes oder einer Betriebsabteilung und außerordentlich nur mit Zustimmung des PR oder mit einem die fehlende Zustimmung ersetzenden rechtskräftigen Beschluss des Verwaltungsgerichts gekündigt werden (vgl. § 47 Rn. 1ff.). Erhebt es gegen eine vom Arbeitgeber ausgesprochene Kündigung **Kündigungsschutzklage** vor dem Arbeitsgericht, bleibt deren Rechtswirksamkeit bis zur rechtskräftigen Entscheidung des Kündigungsschutzprozesses offen. Bis zu dieser Entscheidung ist das PR-Mitglied grundsätzlich an der Ausübung seines Amtes gehindert, so dass an seiner Stelle nach § 31 ein Ersatzmitglied in den PR eintritt. Wird rechtskräftig festgestellt, dass die Kündigung rechtsunwirksam ist, steht fest, dass das Arbeitsverhältnis fortbesteht und das PR-Mitglied somit sein PR-Amt nicht verloren hat. Im umgekehrten Fall steht fest, dass die Mitgliedschaft erloschen ist und dass das Ersatzmitglied demnach endgültig in den PR eintritt.[208] 5

Wird ein **Arbeitnehmer in das Beamtenverhältnis übernommen**, endet zwar das Arbeitsverhältnis, nicht jedoch das Dienstverhältnis, das in veränderter Form fortgesetzt wird. Die Mitgliedschaft im PR bleibt hiervon unberührt (vgl. Rn. 10). Das Gleiche gilt, wenn ein **Auszubildender** nach dem Berufsbildungsgesetz, dem Krankenpflegegesetz oder dem Hebammengesetz im Anschluss an das Berufsausbildungsverhältnis ohne Unterbrechung **im Arbeitsverhältnis weiterbeschäftigt** wird. Das Dienstverhältnis endet ebenfalls nicht, wenn ein befristetes **Arbeitsverhältnis verlängert** oder unmittelbar in ein unbefristetes umgewandelt wird. 5a

Elternzeit und **Pflegezeit** führen lediglich zum Ruhen der gegenseitigen Hauptleistungspflichten und beenden nicht das Arbeits- bzw. Dienstverhältnis.[209] Diese ruhen bei der **Familienpflegezeit** demgegenüber nicht. Die wöchentliche Arbeitszeit wird auf mindestens 15 Stunden in der Woche reduziert (§ 2 Abs. 1 FPfZG). 5b

---

207 Vgl. KfdP-*Kröll*, Rn. 9.

208 Vgl. KfdP-*Kröll*, Rn. 11.

209 Näher dazu KfdP-*Kröll*, Rn. 15a m. N.

6 (**Abs. 1 Nr. 4**) Der Tatbestand »**Ausscheiden aus der Dienststelle**« liegt nur dann vor, wenn das PR-Mitglied bei fortbestehendem Dienstverhältnis aus derjenigen Dienststelle endgültig ausscheidet, bei welcher der PR besteht, dem es angehört. Dies kann insb. (unter Beachtung der Schutzvorschriften des § 47 Abs. 2 u. 3 S. 3) durch **Versetzung** erfolgen. Haben sich Teile einer Dienststelle oder Nebenstellen gem. § 6 Abs. 3 verselbständigt, so führt eine dauernde **Umsetzung** innerhalb der Dienststelle zum Ausscheiden aus einem örtlichen PR, wenn das PR-Mitglied in den Zuständigkeitsbereich eines anderen örtlichen PR bei der Dienststelle umgesetzt wird. Die Mitgliedschaft im GPR wird dadurch nicht berührt. Ein Fall des Ausscheidens aus der Dienststelle liegt nach der Rspr. des *BVerwG*[210] auch dann vor, wenn ein Beschäftigter in die **Freistellungsphase der Altersteilzeit** nach dem Blockmodell überwechselt. Dem Tatbestand des Abs. 1 Nr. 4 lässt sich auch der Fall zuordnen, dass durch eine organisatorische Maßnahme der **Dienststellenteil ausgegliedert** wird, in dem das PR-Mitglied beschäftigt ist.

6a Scheiden Mitglieder von **Stufenvertretungen** aus der Dienststelle aus, erlischt ihre Mitgliedschaft in der Stufenvertretung (BPR, HPR, BJAV, HJAV) nicht, wenn sie in eine Dienststelle im Geschäftsbereich der übergeordneten Dienststelle, bei der die Stufenvertretung besteht, wechseln.[211]

7 (**Abs. 1 Nr. 5**) Der Tatbestand erfasst alle diejenigen Fälle des **nachträglichen Verlustes der Wählbarkeit**, die nicht durch die Beendigung des Dienstverhältnisses oder durch das Ausscheiden aus der Dienststelle (vgl. dazu Rn. 4–6a) eintreten. Dazu gehören u. a. auch jene Fälle der **Abordnung** und **Zuweisung** – mit Ausnahme der Teilabordnung und Teilzuweisung[212] –, bei denen der Beschäftigte gem. § 13 Abs. 2 das Wahlrecht bei der alten Dienststelle verliert, sobald die Abordnung oder Zuweisung länger als drei Monate gedauert hat und feststeht, dass der Beschäftigte nicht binnen weiterer sechs Monate in die alte Dienststelle zurückkehren wird (vgl. § 13 Rn. 12–13c).[213] Eine nach der Wahl ausgesprochene **Beurlaubung** ohne Bezüge für mehr als sechs Monate führt (im Hinblick auf den »Stichtagscharakter« der Regelung in § 13 Abs. 1 S. 2) nicht zum Verlust der Mitgliedschaft.[214] Das gilt auch für die nach dem Wahltag erfolgende Inanspruchnahme von **Elternzeit**.[215] Der durch Gesetz v. 24. 6. 94[216] eingefügte Zusatz »**mit Ausnahme der Fälle des**

---

210 Beschl. v. 15. 5. 02 – 6 P 8.01 –, PersR 02, 434.

211 *BVerwG* v. 29. 4. 81 – 6 P 37.79 –, PersV 82, 406, u. v. 19. 1. 09 – 6 P 1.08 –, PersR 09, 205 [zu II 3a bb]; *BAG* v. 11. 7. 90 – 7 ABR 52/89 –, PersR 90, 338.

212 Vgl. *VG Düsseldorf* v. 13. 9. 11 – 39 L 775/11.PVB –, PersR 12, 27.

213 Zu weiteren Fällen des nachträglichen Verlustes der Wählbarkeit vgl. KfdP-*Kröll*, Rn. 19a.

214 *BVerwG* v. 28. 3. 79 – 6 P 86.78 –, PersV 80, 428.

215 Vgl. *VGH BW* v. 26. 9. 95 – PB 15 S 1138/95 –, PersR 96, 63.

216 BGBl. I S. 1406, ber. 2103.

§ 14 Abs. 2 S. 1« ist mit der Aufhebung des § 14 Abs. 2 S. 1 a. F. durch Gesetz v. 4. 11. 04[217] gegenstandslos geworden (vgl. § 14 Rn. 6).

8 (**Abs. 1 Nr. 6**) Durch die rechtskräftige **Auflösung** des PR erlöschen die Mitgliedschaften aller PR-Mitglieder und zugleich alle Anwartschaften auf eine Ersatzmitgliedschaft, durch den rechtskräftigen **Ausschluss** erlischt lediglich die Mitgliedschaft des ausgeschlossenen PR-Mitglieds (vgl. § 28 Rn. 5).

9 (**Abs. 1 Nr. 7**) Der Tatbestand betrifft – im Unterschied zu Abs. 1 Nr. 5 – den Fall, dass ein PR-Mitglied **am Tag der Wahl nicht wählbar** war und damals nicht hätte gewählt werden dürfen. Ist dieser Mangel im Rahmen der Wahlanfechtung nach § 25 nicht geltend gemacht worden, kann nach § 83 Abs. 1 Nr. 1, Abs. 2 jederzeit beim Verwaltungsgericht die Feststellung beantragt werden, dass der Gewählte nicht wählbar war.[218] Antragsbefugt sind die auch im Wahlanfechtungsverfahren Antragsberechtigten (vgl. § 25 Rn. 7).[219] Die nachträgliche Feststellung der Nichtwählbarkeit ist jedoch ausgeschlossen, wenn der anfänglich gegebene Mangel nicht mehr vorliegt (so ausdrücklich § 24 Nr. 6 BetrVG).

9a Im Katalog der Tatbestände des Abs. 1 fehlt der Fall, dass das Verwaltungsgericht aufgrund einer erfolgreichen Wahlanfechtung die **PR-Wahl in einer Gruppe für ungültig erklärt** (vgl. § 25 Rn. 9a, 14). Sobald diese Entscheidung rechtskräftig wird, erlöschen sowohl die Mitgliedschaften aller PR-Mitglieder der betreffenden Gruppe als auch alle Anwartschaften auf eine Ersatzmitgliedschaft in der Vertretung dieser Gruppe.

10 (**Abs. 2**) Abs. 2 Hs. 1 stellt klar, dass die Mitgliedschaft im PR nicht dadurch erlischt, dass nach der Wahl die **Gruppenzugehörigkeit** des PR-Mitglieds wechselt. Abs. 2 Hs. 2 bestimmt sinngemäß, dass das PR-Mitglied in einem solchen Fall Vertreter der Gruppe bleibt, für die es gewählt ist. Die Regelung gilt vor dem Eintritt des Ersatzmitglieds in den PR entsprechend (§ 31 Abs. 3).

§ 30 [Ruhen der Mitgliedschaft]

Die Mitgliedschaft eines Beamten im Personalrat ruht, solange ihm die Führung der Dienstgeschäfte verboten oder er wegen eines gegen ihn schwebenden Disziplinarverfahrens vorläufig des Dienstes enthoben ist.

---

217 BGBl. I S. 2686.

218 *BVerwG* v. 7. 11. 75 – VII P 11.74 –, PersV 77, 22.

219 Str., wie hier *BVerwG* v. 17. 3. 83 – 6 P 30.82 –, PersV 84, 320; vgl. KfdP-*Kröll*, Rn. 21 m. w. N.

1 Diese Bestimmung gilt nur für Beamte. Das **Verbot der Führung der Dienstgeschäfte** ist in den §§ 15 und 66 BBG geregelt. Für die in § 13 Abs. 1 und § 14 BBG normierten Fälle der Nichtigkeit und der Rücknahme der erstmaligen Ernennung sieht § 15 S. 1 und 2 BBG im Wesentlichen vor, dass der Dienstvorgesetzte nach Kenntnis des Grundes der Nichtigkeit dem Ernannten jede weitere Wahrnehmung der Dienstgeschäfte zu verbieten hat. Des Weiteren kann die oberste Dienstbehörde oder die von ihr bestimmte Behörde nach § 66 S. 1 BBG dem Beamten aus zwingenden dienstlichen Gründen die Führung seiner Dienstgeschäfte verbieten. Die **vorläufige Dienstenthebung** ist eine in den §§ 38, 39 BDG geregelte beamtenrechtliche Maßnahme des Disziplinarrechts. Sie kann von der für die Erhebung des Disziplinarklage zuständigen Behörde angeordnet werden, wenn im Disziplinarverfahren voraussichtlich auf Entfernung aus dem Beamtenverhältnis oder auf Aberkennung des Ruhegehalts erkannt werden wird, wenn bei einem Beamten auf Probe oder einem Beamten auf Widerruf voraussichtlich eine Entlassung nach § 5 Abs. 3 S. 2 BDG i. V. m. § 34 Abs. 1 S. 1 Nr. 1 oder § 37 Abs. 1 S. 1 BBG erfolgen wird oder wenn durch das Verbleiben des Beamten im Dienst der Dienstbetrieb oder die Ermittlungen wesentlich beeinträchtigt würden und die vorläufige Dienstenthebung zu der Bedeutung der Sache und der zu erwartenden Disziplinarmaßnahme nicht außer Verhältnis steht (§ 38 Abs. 1 BDG).

2 Die **Mitgliedschaft im PR ruht**, wenn und solange das Verbot der Führung der Dienstgeschäfte oder die Anordnung der vorläufigen Dienstenthebung wirksam besteht. Während dieser Zeit bleibt der betroffene Beamte Mitglied des PR. Er ist jedoch zeitweilig **gehindert**, sein PR-Amt auszuüben, so dass vorübergehend ein **Ersatzmitglied** an seine Stelle tritt (§ 31 Abs. 1 S. 2). Das Ruhen der Mitgliedschaft berührt weder die **Wahlberechtigung** noch die **Wählbarkeit** zum PR. Das PR-Mitglied bleibt gem. § 47 Abs. 2 gegen Versetzung, Abordnung und Umsetzung auch während der Zeit des Ruhens geschützt. Für Beamte, die als nicht gewählte Wahlbewerber nach § 31 eine Anwartschaft auf eine **Ersatzmitgliedschaft** im PR haben, gilt die Regelung des § 30 mit der Maßgabe, dass ihre **Anwartschaft ruht.**[220]

§ 31 [Ersatzmitglieder]

(1) [1]Scheidet ein Mitglied aus dem Personalrat aus, so tritt ein Ersatzmitglied ein. [2]Das gleiche gilt, wenn ein Mitglied des Personalrates zeitweilig verhindert ist.
(2) [1]Die Ersatzmitglieder werden der Reihe nach aus den nicht gewählten Beschäftigten derjenigen Vorschlagslisten entnommen, denen die zu er-

220 Vgl. KfdP-*Kröll*, Rn. 7.

setzenden Mitglieder angehören. [2]Ist das ausgeschiedene oder verhinderte Mitglied mit einfacher Stimmenmehrheit gewählt, so tritt der nicht gewählte Beschäftigte mit der nächsthöheren Stimmenzahl als Ersatzmitglied ein.
(3) **§ 29 Abs. 2 gilt entsprechend bei einem Wechsel der Gruppenzugehörigkeit vor dem Eintritt des Ersatzmitgliedes in den Personalrat.**
(4) **Im Falle des § 27 Abs. 2 Nr. 4 treten Ersatzmitglieder nicht ein.**

(Abs. 1) **Ersatzmitglieder** sind die Wahlbewerber, die bei der Wahl zunächst kein Mandat erhalten haben, die aber gewählte PR-Mitglieder nach deren Ausscheiden oder bei deren Verhinderung im PR ersetzen.[221] Die Ersatzmitglieder treten bei Ausscheiden oder zeitweiliger Verhinderung eines PR-Mitglieds **kraft Gesetzes**, also ohne dass es dazu einer förmlichen Benachrichtigung bedarf, in den PR ein.[222] 1

Ein **Ausscheiden** aus dem PR ist in den Fällen des § 29 Abs. 1 Nr. 2 bis 7 – mit Ausnahme des Falles der gerichtlichen Auflösung – gegeben. Eine **zeitweilige Verhinderung** liegt vor, wenn ein Mitglied aus rechtlichen oder tatsächlichen Gründen sein Amt vorübergehend nicht ausüben kann.[223] **Rechtliche Gründe** für eine zeitweilige Verhinderung sind z. B. gegeben, wenn in einer PR-Sitzung Angelegenheiten behandelt werden, die die persönlichen Interessen des PR-Mitglieds betreffen (vgl. § 37 Rn. 6). **Tatsächliche Gründe** für eine zeitweilige Verhinderung liegen z. B. vor, wenn das PR-Mitglied sein Amt wegen Krankheit oder Urlaubs nicht ausüben kann oder ihm die Ausübung des Amts aus diesen Gründen nicht zumutbar ist.[224] Liegt ein Verhinderungsfall vor, so ist das PR-Mitglied **nicht verpflichtet, grundsätzlich aber auch nicht berechtigt,** seine personalvertretungsrechtlichen Aufgaben und Befugnisse wahrzunehmen; **Ausnahmen** können jedoch für Sitzungen und Personalversammlungen gelten, an denen das PR-Mitglied je nach den Umständen des Einzelfalls auch während eines Erholungsurlaubs, einer krankheitsbedingten Arbeitsunfähigkeit oder einer Elternzeit teilnehmen kann.[225] Ein Verhinderungsfall kann **nicht willkürlich** dadurch herbeigeführt werden, dass ein PR-Mitglied trotz seiner Anwesenheit in der Dienststelle aus **persönlichen Gründen** einer Sitzung fernbleibt. Grundsätzlich geht die PR-Tätigkeit der dienstlichen Tätigkeit vor. Ausnahmsweise können 2

---

221 *BVerwG* v. 27. 9. 84 – 6 P 38.83 –, PersV 86, 468.
222 *BVerwG* v. 24. 10. 75 – VII P 14.73 –, PersV 77, 18; *BAG* v. 17. 1. 79 – 5 AZR 891/77 –, AP KSchG 1969 § 15 Nr. 5.
223 Vgl. *BVerwG* v. 24. 10. 75, a. a. O.
224 Vgl. *BayVGH* v. 14. 9. 88 – Nr. 17 B 88.02465 – u. v. 23. 7. 03 – 17 P 03.18 –, PersR 89, 342 Ls., u. 04, 224; *BAG* v. 20. 8. 02 – 9 AZR 261/01 –, AP BetrVG 1972 § 38 Nr. 27; *LAG Düsseldorf* v. 6. 1. 04 – 6 Sa 1387/03 –, AiB 04, 753.
225 Str.; vgl. KfdP-*Kröll*, Rn. 5a m. N.

im Einzelfall **Ausbildungsbelange** von PR-Mitgliedern (oder JAV-Mitgliedern) vorrangig sein.[226]

3 Scheidet ein Mitglied aus dem PR aus, so tritt ein Ersatzmitglied als **ständiges Mitglied** mit allen Rechten und Pflichten anstelle des ausgeschiedenen Mitglieds in den PR ein. Ist ein PR-Mitglied zeitweilig verhindert, tritt für die Dauer der Verhinderung ein nicht gewählter Wahlbewerber anstelle des verhinderten Mitglieds in den PR ein. Dieses Ersatzmitglied erwirbt keine eigene Mitgliedschaft, sondern hat lediglich als **Stellvertreter** alle Rechte und Pflichten aus der Mitgliedschaft des Verhinderten vorübergehend wahrzunehmen.[227] Das ständig oder zeitweilig in den PR einrückende Ersatzmitglied übernimmt nicht automatisch die besonderen Funktionen des ausgeschiedenen oder vertretenen Mitglieds, wie z. B. dessen Mitgliedschaft im Vorstand oder dessen Freistellung. Es kann allerdings als **Vorstandsmitglied** gewählt werden, wenn es diese Funktion zumindest solange ausüben kann, dass eine sinnvolle Tätigkeit möglich ist. Das gilt etwa bei mehr als einjährigem Einrücken bei Verhinderung wegen Mutterschutz und Elternzeit.[228]

4 (**Abs. 2**) Ist der PR oder die jeweilige Gruppe in **Personenwahl** gewählt worden (§ 19 Abs. 3 S. 2–4), so tritt das Ersatzmitglied mit der **nächsthöheren Stimmenzahl** für das verhinderte oder ausgeschiedene PR-Mitglied ein (vgl. § 29 WO). Hat hingegen **Listenwahl** stattgefunden (§ 19 Abs. 3 S. 1), so rückt nur ein Ersatzmitglied der Liste nach, der das betroffene PR-Mitglied angehört. Dabei tritt das Ersatzmitglied in den PR ein, das auf der Liste **als nächstes hinter den PR-Mitgliedern** und bereits berücksichtigten Ersatzmitgliedern steht (vgl. § 26 Abs. 3 bzw. § 27 Abs. 3 WO). Ist die **Liste erschöpft**, kann auf andere Wahlvorschläge nicht zurückgegriffen werden. Ein listenübergreifendes Nachrücken von Ersatzmitgliedern ist unzulässig.[229] Auch die Heranziehung von Ersatzmitgliedern aus einer **anderen Gruppe** ist bei Erschöpfung der Liste der eigenen Gruppenersatzmitglieder nicht möglich.[230] Ist das nach der Reihenfolge heranzuziehende **Ersatzmitglied** ebenfalls **verhindert**, so tritt das nächstfolgende Ersatzmitglied so lange in den PR ein, bis die Verhinderung des vorausgehenden Ersatzmitglieds oder die des PR-Mitglieds beendet ist.[231]

---

226 *BVerwG* v. 1. 10. 13 – 6 P 6.13 –, PersR 14, 173 (unter Hinw. auf § 46 Abs. 3 S. 6 u. § 62 S. 1). Daraus folgt: Entscheidet sich ein PR- oder JAV-Mitglied in Anbetracht seiner besonderen Ausbildungssituation dafür, einer PR- oder JAV-Sitzung fernzubleiben, liegt (nur) dann eine zeitweilige Verhinderung vor, wenn es um wichtige Ausbildungsbelange geht.

227 *BVerwG* v. 27. 4. 79 – 6 P 4.78 –, PersV 80, 237, u. v. 27. 9. 84, a. a. O.

228 *BayVGH* v. 14. 4. 15 – 18 P 14.2564 –, PersV 15, 341.

229 *BVerwG* v. 19. 2. 13 – 6 P 7.12 –, PersR 13, 217.

230 *BVerwG* v. 16. 7. 63 – VII P 10.62 –, PersV 63, 233, u. v. 30. 11. 10 – 6 PB 16.10 –, PersR 11, 73.

231 Näher dazu KfdP-*Kröll*, Rn. 13 f.

(Abs. 3) Auch beim Ersatzmitglied ist ein nach der Wahl eintretender **Wechsel der Gruppenzugehörigkeit** unerheblich (vgl. § 29 Rn. 10). 5

(Abs. 4) Im Falle der **gerichtlichen Auflösung** des PR rücken Ersatzmitglieder nicht nach (vgl. § 28 Rn. 5). 6

Dritter Abschnitt
Geschäftsführung des Personalrates

§ 32 [Vorstand und Vorsitzender]

(1) [1]Der Personalrat bildet aus seiner Mitte den Vorstand. [2]Diesem muss ein Mitglied jeder im Personalrat vertretenen Gruppe angehören. [3]Die Vertreter jeder Gruppe wählen das auf sie entfallende Vorstandsmitglied. [4]Der Vorstand führt die laufenden Geschäfte.

(2) [1]Der Personalrat bestimmt mit einfacher Mehrheit, welches Vorstandsmitglied den Vorsitz übernimmt. [2]Er bestimmt zugleich die Vertretung des Vorsitzenden durch seine Stellvertreter. [3]Dabei sind die Gruppen zu berücksichtigen, denen der Vorsitzende nicht angehört, es sei denn, dass die Vertreter dieser Gruppen darauf verzichten.

(3) [1]Der Vorsitzende vertritt den Personalrat im Rahmen der von diesem gefassten Beschlüsse. [2]In Angelegenheiten, die nur eine Gruppe betreffen, vertritt der Vorsitzende, wenn er nicht selbst dieser Gruppe angehört, gemeinsam mit einem der Gruppe angehörenden Vorstandsmitglied den Personalrat.

Die Vorschrift trifft in Abs. 1 S. 1 bis 3 Regelungen über die Bildung und Zusammensetzung des **Vorstands** des PR, die durch § 33 ergänzt werden, und bestimmt in Abs. 1 S. 4, dass der Vorstand die laufenden Geschäfte des PR führt. Sie regelt in Abs. 2 die Wahlen des **Vorsitzenden** und seiner Stellvertreter und legt in Abs. 3 die Vertretung des PR fest. Besteht der PR nur aus einem **einzigen Mitglied**, nimmt dieses zugleich die Aufgaben wahr, die das Gesetz dem Vorstand und dem Vorsitzenden zuweist. 1

Die **Wahlen** der Mitglieder des Vorstands sowie des Vorsitzenden und seiner Stellvertreter sind nach der Neuwahl des PR in der nach § 34 Abs. 1 vom Wahlvorstand einzuberufenden **konstituierenden Sitzung** des neugewählten PR durchzuführen. Falls während der Amtszeit des PR Nachwahlen notwendig werden, finden sie in einer der nach § 34 Abs. 2 einzuberufenden **weiteren Sitzungen** des PR statt. 2

Bei den Wahlen nach Abs. 1 sind nur die Vertreter der jeweiligen Gruppe **vorschlags- und abstimmungsberechtigt**, bei den Wahlen nach Abs. 2 und § 33 dagegen alle PR-Mitglieder. Dabei wird ein zeitweilig verhindertes PR- 3

Mitglied durch das nach § 31 Abs. 1 S. 2 vorübergehend nachgerückte Ersatzmitglied vertreten. **Wählbar** sind nur ordentliche PR-Mitglieder. Über das **Abstimmungsverfahren** entscheiden die PR-Mitglieder, die im jeweiligen Wahlgang abstimmungsberechtigt sind. Falls ein im jeweiligen Wahlgang abstimmungsberechtigtes PR-Mitglied dies beantragt, ist **geheim** abzustimmen (näher dazu § 37 Rn. 3). Da die Wahlen Akte der Geschäftsführung des PR sind, gelten auch für sie die Regelungen des § 37 über die Beschlussfassung.[232] Nach § 37 Abs. 1 ist für die Wahl die **einfache Mehrheit** der Stimmen der anwesenden Abstimmungsberechtigten erforderlich (vgl. § 37 Rn. 5). Steht mehr als ein Kandidat zur Wahl und erreicht keiner der Kandidaten die erforderliche Mehrheit, findet eine **Stichwahl** statt, an der i. d. R. die zwei Kandidaten beteiligt sind, die die meisten Stimmen erhalten haben. Haben ausnahmsweise mehr als zwei Kandidaten die höchste oder zweithöchste Stimmenzahl erreicht, findet die Stichwahl zwischen ihnen statt. Ergibt die Stichwahl Stimmengleichheit, ist ein **Losentscheid** geboten.[233] Über das Ob und das Wie des Losverfahrens entscheiden die im jeweiligen Wahlgang Abstimmungsberechtigten. Zulässig ist jedes Verfahren, das den Kandidaten gleiche Chancen einräumt (vgl. § 17 Rn. 3).

4 **(Abs. 1)** Die **Größe des Vorstands** hängt davon ab, wie viele Gruppen im PR vertreten sind und wie viele Mitglieder ihm angehören. Der Vorstand besteht nach Abs. 1 S. 2 aus einem Mitglied jeder im PR vertretenen Gruppe – den sog. **Gruppenvorstandsmitgliedern** –, zu denen nach § 33 S. 1 in PR mit elf oder mehr Mitgliedern zwei weitere Mitglieder – die sog. zugewählten Vorstandsmitglieder oder **Ergänzungsmitglieder** – hinzukommen. I. d. R. können im PR bis zu **zwei Gruppen** (nach § 5 Beamte und Arbeitnehmer) vertreten sein. In den in § 60 Abs. 1 SBG definierten Dienststellen, in denen auch Soldaten Personalvertretungen wählen, können es bis zu **drei Gruppen** sein, weil dort die Soldaten nach § 60 Abs. 3 S. 1 SBG eine weitere Gruppe i. S. d. § 5 bilden und die Soldatenvertreter nach § 60 Abs. 3 S. 2 SBG grundsätzlich die gleiche Rechtsstellung haben wie die Vertreter der Beamten und Arbeitnehmer (vgl. Anh. V B § 60 SBG Rn. 12). Die Zahl der Vorstandsmitglieder beträgt somit mindestens eins und i. d. R. höchstens vier, in den Dienststellen i. S. d. § 49 Abs. 1 SBG aber höchstens fünf. Ist in einem PR mit weniger als elf Mitgliedern nur eine Gruppe vertreten, besteht der Vorstand aus der **Mindestzahl von einem Mitglied**. Gehören dagegen einem mindestens elfköpfigen PR Vertreter aller zwei oder (in Dienststellen i. S. d. § 60 Abs. 1 SBG) aller drei Gruppen an, besteht der Vorstand aus der **Höchstzahl von vier bzw. fünf Mitgliedern**.

232 Vgl. *BVerwG* v. 3. 8. 83 – 6 P 15.81 –, PersV 85, 69, u. v. 15. 5. 91 – 6 P 15.89 –, PersR 91, 411.

233 *BVerwG* v. 15. 12. 61 – VII P 3.61 –, PersV 62, 65.

Nach Abs. 1 S. 2 erhält jede Gruppe ein Vorstandsmitglied, das nach S. 3 von den Vertretern der jeweiligen Gruppe gewählt wird. Zum **Gruppenvorstandsmitglied** kann dabei nur ein Vertreter der jeweiligen Gruppe gewählt werden.[234] Hat eine Gruppe **nur einen Vertreter** im PR, ist dieses automatisch Vorstandsmitglied.[235] Hat eine Gruppe **zwei Vertreter** und können diese sich nicht einigen, welches von ihnen Vorstandsmitglied wird, ist ein Losentscheid (vgl. Rn. 3) geboten.[236] Ist im PR **nur eine Gruppe** vertreten, ist das einzige nach Abs. 1 zu bestimmende Vorstandsmitglied von allen Mitgliedern des PR zu wählen, weil diese zugleich die Vertreter der einzigen Gruppe sind.[237] Obwohl das Gesetz dazu schweigt, ist es statthaft und empfehlenswert, dass jede Gruppe bereits in der konstituierenden Sitzung vorsorglich ein **Ersatzvorstandsmitglied** wählt, das bei einer Verhinderung des Gruppenvorstandsmitglieds dessen Aufgaben und Befugnisse im Vorstand wahrnimmt.[238] 5

Die Wahl als Vorstandsmitglied erfolgt grundsätzlich bis zum Ende der Amtszeit des PR. Jedoch **endet das Amt vorzeitig**, wenn die Mitgliedschaft im PR vorher erlischt (vgl. dazu § 29 Abs. 1 Nr. 2–7 u. § 29 Rn. 9a), wenn das Vorstandsmitglied sein Amt niederlegt oder wenn es aus diesem Amt abberufen wird. Die **Niederlegung** des Vorstandsamtes ist jederzeit möglich. Die **Abberufung** kann jederzeit (in einer nach § 34 Abs. 2 rechtzeitig und ordnungsgemäß einberufenen Sitzung des PR) ohne besondere Begründung durch einen Beschluss erfolgen, der mit einfacher Mehrheit der Stimmen der anwesenden Vertreter der betreffenden Gruppe zu fassen ist.[239] Hat das Amt eines Vorstandsmitglieds vorzeitig geendet, ist unverzüglich eine **Nachwahl** durchzuführen. 6

Nach Abs. 1 S. 4 obliegt es dem Vorstand, die **laufenden Geschäfte** zu führen. Diese Aufgabe besteht im Wesentlichen darin, in technischer, organisatorischer und büromäßiger Hinsicht die **Beschlüsse des PR vorzubereiten und durchzuführen**.[240] Dabei hat er zu beachten, dass das Gesetz die Erledigung bestimmter Geschäfte ausschließlich dem Vorsitzenden zuweist (vgl. Rn. 15). Die Ausübung der Beteiligungsrechte und der damit verbundenen Entscheidungsbefugnisse des PR gehört nicht zu den laufenden Geschäf- 7

234 *BVerwG* v. 3.10.58 – VII P 12.57 –, PersV 59, 42, 161.
235 *BVerwG* v. 28.2.79 – VII P 81.78 –, PersV 80, 427, u. v. 4.10.05 – 6 P 12.04 –, PersR 06, 76.
236 Richardi-*Jacobs*, Rn. 23.
237 *BVerwG* v. 27.8.97 – 6 P 11.95 –, PersR 98, 113.
238 *BVerwG* v. 21.4.92 – 6 P 8.90 –, PersR 92, 304.
239 *BVerwG* v. 23.10.70 – VII P 5.70 –, PersV 71, 140.
240 *BVerfG* v. 19. 12. 94 – 2 BvL 8/88 –, PersR 95, 165; *BVerwG* v. 5.2.71 – VII P 17.70 – PersV 71, 271; *HessVGH* v. 22.5.74 – BPV TK 3/74 –, PersV 75, 64.

ten.[241] Auch die monatlichen Besprechungen mit dem Dienststellenleiter nach § 66 Abs. 1 gehören nicht zu den laufenden Geschäften (vgl. § 66 Rn. 3).

8 Da die Zuweisung der laufenden Geschäfte an den Vorstand ausschließlich der Geschäftserleichterung des PR dient, ist dieser befugt, im Einzelfall jederzeit ein laufendes Geschäft **an sich zu ziehen** und im Plenum zu behandeln. Das gilt allerdings nicht für die dem Vorsitzenden gesetzlich zugewiesenen Aufgaben und für die dem Vorstand nach § 75 Abs. 2 S. 2 Hs. 2 zustehenden Mitbestimmungsrechte. Der PR kann auch – z. B. im Rahmen der Geschäftsordnung (vgl. § 42) – einen **Geschäftsverteilungsplan** aufstellen, in dem die vom Vorstand wahrzunehmenden Geschäfte auf die einzelnen Vorstandsmitglieder zur vorbereitenden Bearbeitung verteilt werden.[242] Die Arbeitsverteilung innerhalb des Vorstands ändert nichts daran, dass dieser seine Aufgaben als **Gremium** zu erfüllen hat. Dazu muss er Sitzungen durchführen und Beschlüsse fassen,[243] für die die §§ 34ff. sinngemäß gelten.

9 Zur vorbereitenden Bearbeitung bestimmter Teilaufgaben kann der PR einzelne seiner Mitglieder als **Beauftragte** einsetzen oder besondere, ausschließlich aus PR-Mitgliedern bestehende **Ausschüsse** bilden,[244] wobei dem Vorstand jedoch der überwiegende Teil der laufenden Geschäfte vorbehalten bleiben muss.[245] Die Bildung **gemeinsamer Ausschüsse** von PR und Dienststelle mit ausschließlich beratender Funktion ist ebenfalls zulässig.

10 **(Abs. 2)** Für die in Abs. 2 geregelten **Wahlen des Vorsitzenden und seiner Stellvertreter** können je nach Fallkonstellation nicht nur die nach Abs. 1 gewählten Gruppenvorstandsmitglieder, sondern auch die nach § 33 gewählten Ergänzungsmitglieder wählbar sein (vgl. Rn. 11 u. 13). Deshalb ist es bei mindestens elfköpfigen PR teils notwendig, teils sinnvoll, die Wahlen der Ergänzungsmitglieder vor denen des Vorsitzenden und der Stellvertreter durchzuführen. Entgegen der älteren Rspr. des *BVerwG*[246] sollten die Wahlen nach Abs. 2 deshalb grundsätzlich erst im Anschluss an die Wahlen nach § 33 durchgeführt werden.

11 Nach Abs. 2 S. 1 bestimmt der PR mit einfacher Mehrheit, welches Vorstandsmitglied den **Vorsitz** übernimmt. Dabei sind grundsätzlich alle Vorstandsmitglieder gleichrangig. Für PR mit mindestens elf Mitgliedern hat je-

241 *BVerwG* v. 7.11.69 – VII P 3.69 – u. v. 11.10.72 – VII P 2.72 –, PersV 71, 15, u. 73, 48; vgl. aber § 75 Abs. 2 S. 2 Hs. 2.

242 *BVerwG* v. 20.3.64 – VII P 3.63 – u. v. 7.11.69 – VII P 3.69 –, PersV 64, 110, u. 71, 15.

243 *BVerwG* v. 16.9.77 – VII P 1.75 –, PersV 78, 353.

244 *BVerwG* v. 13.6.69 – VII P 15.68 – u. v. 5.2.71 – VII P 12.70 –, PersV 70, 15, u. 72, 36.

245 Vgl. *BAG* v. 19.9.85 – 6 AZR 476/83 –, PersR 86, 159.

246 Beschl. v. 13.6.57 – II CO 3.56 –, BVerwGE 5, 118.

doch das *BVerwG* aus dem Gruppenprinzip abgeleitet, dass die **Gruppenvorstandsmitglieder** Vorrang vor den Ergänzungsmitgliedern haben.[247] Nur wenn alle Gruppenvorstandsmitglieder auf die Wahl zum Vorsitzenden verzichten, kann auf die **Ergänzungsmitglieder** zurückgegriffen werden. Bei PR, in denen **nur eine Gruppe vertreten** ist, fällt die Wahl des Gruppenvorstandsmitglieds und die Wahl des Vorsitzenden in einem Akt zusammen.[248] Das gilt auch dann, wenn ein solcher PR aus mindestens elf Mitgliedern besteht.

Die **Wahl der stellvertretenden Vorsitzenden** ist in Abs. 2 S. 2 und 3 geregelt. Bei PR, die aus Vertretern von zwei oder drei Gruppen bestehen, sind grundsätzlich die **Gruppen** zu berücksichtigen, denen der Vorsitzende nicht angehört. Etwas anderes gilt nur dann, wenn die Vertreter dieser Gruppen darauf verzichten, wenn also kein der jeweiligen Gruppe angehörendes PR-Mitglied bereit ist, das Amt eines Stellvertreters zu übernehmen.[249] Die **Zahl der Stellvertreter** ist nicht ausdrücklich festgelegt. Um die Handlungsfähigkeit des PR sicherzustellen, ist es erforderlich, **mindestens** einen Stellvertreter zu wählen. Das gilt in einem PR, in dem zwei Gruppen (im Regelfall Beamte und Arbeitnehmer) vertreten sind, unabhängig davon, ob die Vertreter der Gruppe, welcher der Vorsitzende nicht angehört, auf die Wahl eines Stellvertreters aus ihrer Gruppe verzichten. Sind im PR drei Gruppen vertreten (in Dienststellen i. S. d. § 60 Abs. 1 SBG Beamte, Arbeitnehmer und Soldaten) und verzichten die Vertreter der Gruppen, denen der Vorsitzende nicht angehört, nicht, sind mindestens zwei Stellvertreter zu wählen. Die Zahl der Stellvertreter ist jedoch nicht auf die Zahl der im PR vertretenen Gruppen begrenzt. Es ist deshalb z. B. durchaus möglich, in einem PR mit einem vier- oder fünfköpfigen Vorstand drei bzw. vier Stellvertreter zu wählen.[250] Darüber hat der PR nach Zweckmäßigkeitserwägungen zu entscheiden. 12

Bei der Wahl der Stellvertreter ist es nicht ausgeschlossen, dass ein nicht dem Vorstand angehörendes PR-Mitglied gewählt wird. Allerdings ist auch hier die **Gleichrangigkeit der Kandidaturen eingeschränkt**. Nach der Rspr. des *BVerwG* sind die nicht zum Vorsitzenden bestimmten **Gruppenvorstandsmitglieder** die »geborenen« Stellvertreter, die Vorrang vor allen anderen (potenziellen) Bewerbern haben.[251] Sind im PR **zwei Gruppen** (im Regelfall Beamte und Arbeitnehmer) vertreten, ist das nicht zum Vor- 13

247 Beschl. v. 13.6.57, a.a.O., v. 10.10.57 – II CO 3.57 –, Sabottig ES Nr. 7 Ls., v. 24.10.57 – II CO 7.57 –, PersV 58, 41, v. 13.5.66 – VII P 4.66 –, PersV 66, 181, u. v. 7.6.84 – 6 P 29.83 –, Buchh 238.3A § 32 Nr. 4.

248 *BVerwG* v. 27.8.97 – 6 P 11.95 –, PersR 98, 113.

249 *BVerwG* v. 7.6.84, a.a.O.

250 Vgl. *BVerwG* v. 24.10.57, a.a.O.

251 Beschl. v. 1.8.58 – VII P 21.57 –, PersV 59, 114.

sitzenden bestimmte Gruppenvorstandsmitglied **automatisch erster Stellvertreter**, es sei denn, dass es dieses Amt ablehnt. Sind im PR **drei Gruppen** (Beamte, Arbeitnehmer und Soldaten) vertreten (vgl. Rn. 4), hat der PR i. d. R. durch einen mit einfacher Mehrheit zu fassenden Beschluss festzulegen, welches der nicht zum Vorsitzenden bestimmten Gruppenvorstandsmitglieder **erster Stellvertreter** und welches **zweiter Stellvertreter** wird. Bei Stimmengleichheit ist die Reihenfolge durch Losentscheid festzulegen.[252] Nur wenn ein Gruppenvorstandsmitglied das Amt des stellvertretenden Vorsitzenden ablehnt, kann der PR ein **anderes PR-Mitglied der Gruppe**, dem der Vorsitzende nicht angehört, zum ersten oder zweiten Stellvertreter bestimmen. Dabei muss ein aus mindestens elf Mitgliedern bestehender PR zunächst auf ein nach § 33 gewähltes **Ergänzungsmitglied** der betreffenden Gruppe zurückgreifen.[253] Ist ein solches Ergänzungsmitglied nicht vorhanden oder nicht zur Übernahme des Amtes des ersten oder zweiten Stellvertreters bereit, kommt für die Wahl in dieses Amt auch ein die betreffende Gruppe vertretendes **PR-Mitglied ohne Vorstandsamt** in Betracht. Lehnen alle PR-Mitglieder, die die noch nicht berücksichtigte Gruppe vertreten, das Amt eines Stellvertreters ab, kann der PR dieses Amt **ohne Rücksicht auf die Gruppenzugehörigkeit** besetzen. Dabei haben wiederum die **Ergänzungsmitglieder** Vorrang vor den **weiteren PR-Mitgliedern.**[254]

14 Der Vorsitzende und seine Stellvertreter werden grundsätzlich bis zum Ende der Amtszeit des PR gewählt. Jedoch **endet ihr Amt vorzeitig**, wenn ihre Mitgliedschaft im PR erlischt oder wenn sie ggf. ihr Vorstandsamt durch Niederlegung oder Abberufung verlieren (vgl. Rn. 6). Sie können aber auch ihr Amt als Vorsitzender oder Stellvertreter jederzeit **niederlegen** oder aus diesem Amt grundsätzlich jederzeit **abberufen** werden, ohne dass dadurch ihre Mitgliedschaft im PR und ggf. ihr Vorstandsamt berührt wird. Im Hinblick auf den Vorrang der Gruppenvorstandsmitglieder (vgl. Rn. 13) sind die Stellvertreter jedoch nur eingeschränkt abrufbar. Hat das Amt als Vorsitzender oder Stellvertreter vorzeitig geendet, ist unverzüglich eine **Neuwahl** durchzuführen.

15 **(Abs. 3)** Die **Aufgaben und Befugnisse des PR-Vorsitzenden** sind in verschiedenen Vorschriften des Gesetzes geregelt. Bestimmte Kompetenzen sind ihm zur **eigenständigen Wahrnehmung** zugewiesen. Die wichtigsten sind die Anberaumung der **weiteren Sitzungen des PR** einschl. der Festsetzung der Tagesordnung und der Einladung der PR-Mitglieder und weiterer Teilnahmeberechtigter (§ 34 Abs. 2 u. 3) sowie der Benachrichtigung der Ge-

---

252 *BVerwG* v. 1. 8. 58, a. a. O.

253 *BVerwG* v. 24. 10. 57 – II CO 7.57 –, PersV 58, 41; *BayVGH* v. 8. 12. 99 – 17 P 98.3412 –, PersR 00, 251.

254 *BVerwG* v. 27. 8. 97 – 6 P 11.95 –, PersR 98, 113.

werkschaften (§ 36 Hs. 2) und des Dienststellenleiters (§ 34 Abs. 4), die Leitung dieser Sitzungen (§ 34 Abs. 2 S. 2) und die Unterzeichnung der Niederschriften (§ 41 Abs. 1 S. 2) sowie die Leitung der **Personalversammlungen** (§ 48 Abs. 1 S. 2).

Nach Abs. 3 S. 1 **vertritt der Vorsitzende den PR** »im Rahmen der von diesem gefassten Beschlüsse«. Als Vollzugsorgan und Sprachrohr des PR hat er dessen Beschlüsse auszuführen und nach außen zum Ausdruck zu bringen.[255] Dabei muss er erkennbar im Namen des PR handeln.[256] Auch wenn der Vorsitzende **keine selbständige Entscheidungsbefugnis** hat, kann der PR ihm in konkreten Einzelfällen durch **Alternativ-** oder **Grundsatzbeschlüsse** für Verhandlungen mit der Dienststelle einen Spielraum einräumen.[257] Die Vertretungsbefugnis des Vorsitzenden erstreckt sich auch auf die **Entgegennahme von Erklärungen**, die dem PR gegenüber abzugeben sind.[258] Da der Vorsitzende lediglich Vertreter in der Erklärung ist, kann der PR in Einzelfällen von der Regel des Abs. 3 S. 1 abweichen und ein **anderes PR-Mitglied** mit seiner Vertretung beauftragen, was z. B. in gerichtlichen Verfahren sachgerecht sein kann.[259] 16

Nach Abs. 3 S. 2 ist die **alleinige Vertretungsbefugnis** des Vorsitzenden in Angelegenheiten, die nur eine Gruppe betreffen, **eingeschränkt**. Gehört er dieser Gruppe nicht selbst an, vertritt er den PR gemeinsam mit einem der Gruppe angehörenden Vorstandsmitglied. **Angelegenheiten, die nur eine Gruppe betreffen**, sind solche, in denen nach § 38 Abs. 2 S. 1 nur die Vertreter dieser Gruppe zur Beschlussfassung berufen sind. Dazu gehören bei PR in Dienststellen i. S. d. § 60 Abs. 1 SBG auch jene nur die **Soldaten** betreffenden Angelegenheiten (mit Ausnahme der Angelegenheiten nach der WBO und der WDO), in denen die Soldatenvertreter gem. § 63 Abs. 1 S. 1 SBG die Befugnisse einer Vertrauensperson haben (vgl. Anh. V B § 63 SBG Rn. 3).[260] Nach der Rspr. des *BVerwG*[261] kann die **Mitvertretung** grundsätzlich nur durch das jeweilige Gruppenvorstandsmitglied erfolgen. Ein der betreffenden Gruppe angehörendes Ergänzungsmitglied darf nur dann beteiligt werden, wenn das Gruppenvorstandsmitglied nicht zur Verfügung steht. Um jederzeit die rechtmäßige Vertretung in Gruppenangelegenheiten zu gewährleisten, muss der PR mindestens ein Ersatzvorstandsmitglied wählen 17

255 Vgl. *BVerwG* v. 21. 7. 82 – 6 P 14.79 –, PersV 81, 316; *BAG* v. 13. 10. 82 – 7 AZR 617/80 –, AP LPVG Niedersachsen § 40 Nr. 1; *BVerfG* v. v. 19. 12. 94 – 2 BvL 8/88 –, PersR 95, 165.

256 Vgl. *BAG* v. 24. 5. 06 – 7 AZR 201/05 –, AP BetrVG 1972 § 29 Nr. 5.

257 Vgl. KfdP-*Kröll*, Rn. 30 a.

258 *OVG Bln* v. 18. 12. 02 – 4 S 41.02 –, PersR 03, 163.

259 *BVerwG* v. 21. 7. 82, a. a. O.

260 *BVerwG* v. 20. 6. 05 – 1 WB 60.04 –, PersR 05, 458.

261 Beschl. v. 16. 9. 77 – VII P 1.75 – u. v. 18. 10. 77 – VII P 23.75 –, PersV 78, 353, u. 79, 71.

(vgl. Rn. 5 u. § 33 Rn. 1). Handelt es sich um eine Angelegenheit, die i. S. d. § 38 Abs. 3 **nur zwei Gruppen** betrifft (vgl. § 38 Rn. 10f.), und gehört der Vorsitzende selbst keiner dieser Gruppen an, muss der PR gemeinsam mit je einem Vorstandsmitglied der betreffenden Gruppen vertreten werden. Erklärungen, die unter **Missachtung** der Regelung des Abs. 3 S. 2 abgegeben werden, sind **unwirksam.**[262]

18 Die **stellvertretenden Vorsitzenden** haben die **Aufgabe**, den Vorsitzenden – in der vom PR beschlossenen Reihenfolge – zu vertreten, wenn dieser zeitweilig verhindert ist (vgl. zu diesem Begriff § 31 Rn. 2). Das Gleiche gilt, wenn das Amt des bisherigen Vorsitzenden vorzeitig geendet hat, in der Zeit bis zur Neuwahl des Vorsitzenden (vgl. Rn. 14). Dabei wird die Vertretung immer nur von einem Stellvertreter allein wahrgenommen.

§ 33 [Erweiterter Vorstand]

[1]Hat der Personalrat elf oder mehr Mitglieder, so wählt er aus seiner Mitte mit einfacher Stimmenmehrheit zwei weitere Mitglieder in den Vorstand. [2]Sind Mitglieder des Personalrates aus Wahlvorschlagslisten mit verschiedenen Bezeichnungen gewählt worden und sind im Vorstand Mitglieder aus derjenigen Liste nicht vertreten, die die zweitgrößte Anzahl, mindestens jedoch ein Drittel aller von den Angehörigen der Dienststelle abgegebenen Stimmen erhalten hat, so ist eines der weiteren Vorstandsmitglieder aus dieser Liste zu wählen.

1 Der den § 32 ergänzende § 33 sieht in S. 1 vor, dass ein aus mindestens elf Mitgliedern bestehender PR zusätzlich zu den nach § 32 Abs. 1 zu wählenden Gruppenvorstandsmitgliedern **zwei weitere Mitglieder** – sog. **Ergänzungsmitglieder** – in den Vorstand wählt, und legt dafür in S. 2 einen besonderen **Minderheitenschutz** fest. Die Wahl der Ergänzungsmitglieder ist in der konstituierenden Sitzung nach der Wahl der Gruppenvorstandsmitglieder[263] und grundsätzlich vor der Bestimmung des Vorsitzenden und des bzw. der stellvertretenden Vorsitzenden durchzuführen (vgl. § 32 Rn. 10). Sie wird vom gesamten PR vorgenommen und kann in einem gemeinsamen Wahlgang[264] oder in getrennten Wahlgängen erfolgen (zu weiteren Einzelheiten vgl. § 32 Rn. 3). Es empfiehlt sich, für jedes Ergänzungsmitglied vorsorglich ein **Ersatzvorstandsmitglied** zu wählen, das das Ergänzungsmitglied im Falle seiner Verhinderung vertritt (vgl. § 32 Rn. 5).

---

262 *BVerwG* v. 14.7.86 – 6 P 12.84 – u. v. 21.4.92 – 6 P 8.90 –, PersR 86, 233, u. 92, 304; *BAG* v. 24.4.79 – 6 AZR 409/77 –, PersV 80, 328, u. v. 13.10.82 – 7 AZR 617/80 –, AP LPVG Niedersachsen § 40 Nr. 1.

263 *BVerwG* v. 19.8.10 – 6 PB 10.10 –, Buchh 251.7 § 29 Nr. 1.

264 Str.; vgl. KfdP-*Kröll*, Rn. 2 m. N.

Die Ergänzungsmitglieder werden grundsätzlich bis zum Ende der Amtszeit des PR gewählt. Jedoch **endet das Amt vorzeitig**, wenn die Mitgliedschaft im PR vorher erlischt, wenn das Vorstandsmitglied sein Amt niederlegt oder wenn es (vom gesamten PR) aus diesem Amt abberufen wird (vgl. § 32 Rn. 6). Hat das Amt eines Ergänzungsmitglieds vorzeitig geendet, ist unverzüglich eine **Nachwahl** durchzuführen; das gilt jedoch nicht, wenn die Zahl der PR-Mitglieder sich inzwischen auf unter elf verringert hat. 2

Die Ergänzungsmitglieder haben grundsätzlich die gleiche **Rechtsstellung** wie die Gruppenvorstandsmitglieder. Sie können jedoch bei der Wahl des Vorsitzenden und seiner Stellvertreter nur nachrangig berücksichtigt werden (vgl. § 32 Rn. 11, 13). Das gilt auch bei der Mitvertretung des PR (vgl. § 32 Rn. 17) und bei der Freistellung von PR-Mitgliedern (vgl. § 46 Rn. 17). 3

Bei der Wahl der Ergänzungsmitglieder sind die Auswahlmöglichkeiten des PR durch den in S. 2 geregelten **Minderheitenschutz** eingeschränkt. Sind Mitglieder des PR 4

- aus Wahlvorschlagslisten mit verschiedenen Bezeichnungen gewählt und
- hat die **Liste mit der größten oder zweitgrößten Stimmenzahl**[265] mindestens ein Drittel aller in der Dienststelle abgegebenen Stimmen (einschl. ungültiger Stimmen) erhalten und
- sind PR-Mitglieder dieser Liste nach § 32 Abs. 1 im Vorstand nicht vertreten, so muss der PR **eines der zwei Ergänzungsmitglieder aus dieser Liste** wählen.

Nach der Rspr. des *BVerwG*[266] sind von Beschäftigten eingereichte Wahlvorschläge, die **dieselbe Bezeichnung** tragen und damit eine einheitliche **Interessenausrichtung** erkennen lassen, über die Gruppengrenzen hinweg als eine Liste zu behandeln. Dabei können nur Wahlvorschlagslisten, die dasselbe Kennwort haben (vgl. § 12 Abs. 2 WO), zusammengefasst werden.[267] Sind im Vorstand bereits Gruppenvorstandsmitglieder aus der Vorschlagsliste (oder der Einheit mehrerer Listen) vertreten, die sowohl die zweitgrößte Anzahl als auch mindestens ein Drittel aller abgegebenen Stimmen erhalten hat, findet S. 2 keine Anwendung. Dies gilt auch dann, wenn eines der Gruppenvorstandsmitglieder zwar in Personenwahl gewählt worden ist, jedoch auf einem Wahlvorschlag benannt wurde, der deshalb der Listeneinheit zu- 5

---

265 So *BVerwG* v. 17.3.14 – 6 P 8.13 –, PersV 14, 262. Danach kann § 33 S. 2 in der Weise gelesen werden, dass »mindestens« die Liste mit der zweitgrößten Stimmenzahl (die außerdem das Drittelkriterium erfüllt) in den Genuss der Regelung kommt oder dass die Regelung wegen Vorliegens einer planwidrigen Lücke aus teleologischen Gründen entsprechend anzuwenden ist.

266 Beschl. v. 23.2.79 – 6 P 39.78 –, PersV 81, 241.

267 Str.; wie hier *BayVGH* v. 6.7.79 – Nr. 17. C-459/79 –, PersV 80, 335; vgl. KfdP-*Kröll*, Rn. 8 m. w. N.

zuordnen ist, weil dieser Wahlvorschlag mit demselben Kennwort versehen war.

6 **Welches Mitglied** der PR aus der nach S. 2 zu berücksichtigenden Wahlvorschlagsliste als Ergänzungsmitglied wählt, ist grundsätzlich nicht vorgegeben. Verabreden jedoch die aus einer nach S. 2 zu berücksichtigenden Liste oder Listeneinheit gewählten PR-Mitglieder, dass **nur eines** von ihnen für das Amt eines weiteren Vorstandsmitglieds **zur Verfügung steht**, so führt dies nach Auffassung des *BVerwG*[268] dazu, dass dieses PR-Mitglied in den Vorstand gelangt, ohne dass es einer Wahl bedarf.[269] Lehnen etwa alle Mitglieder der nach S. 2 zu berücksichtigenden Liste mit Ausnahme eines Mitgliedes das Amt des Vorstandsmitgliedes ab, dann hat der PR dieses Mitglied – ohne das es einer Mehrheitsentscheidung bedarf – in den erweiterten Vorstand aufzunehmen.[270]

7 Der spätere **Übertritt** eines nach S. 2 gewählten Ergänzungsmitglieds zu einer Gewerkschaft oder einem Verband, der eine andere Wahlvorschlagsliste getragen hat, führt nicht zur nachträglichen Ungültigkeit seiner Wahl in den erweiterten Vorstand.[271]

8 Die Vorschrift des S. 2 ist nur zu beachten, wenn der **gesamte PR** in den Fällen des § 27 Abs. 1 oder 2 neu gewählt worden ist und nicht bereits bei Neuwahl oder Wiederholungswahl einzelner Gruppen.

§ 34 [Sitzungen des Personalrats]

(1) Spätestens sechs Arbeitstage nach dem Wahltage hat der Wahlvorstand die Mitglieder des Personalrates zur Vornahme der vorgeschriebenen Wahlen einzuberufen und die Sitzung zu leiten, bis der Personalrat aus seiner Mitte einen Wahlleiter bestellt hat.

(2) [1]Die weiteren Sitzungen beraumt der Vorsitzende des Personalrates an. [2]Er setzt die Tagesordnung fest und leitet die Verhandlung. [3]Der Vorsitzende hat die Mitglieder des Personalrates zu den Sitzungen rechtzeitig unter Mitteilung der Tagesordnung zu laden. [4]Satz 3 gilt auch für die Ladung der Schwerbehindertenvertretung, der Mitglieder der Jugend- und Auszubildendenvertretung und der Vertreter der nichtständig Beschäftigten, soweit sie ein Recht auf Teilnahme an der Sitzung haben.

(3) Auf Antrag eines Viertels der Mitglieder des Personalrates, der Mehrheit der Vertreter einer Gruppe, des Leiters der Dienststelle, in Angelegenheiten, die besonders schwerbehinderte Beschäftigte betreffen, der Schwerbehindertenvertretung oder in Angelegenheiten, die besonders

---

268 Beschl. v. 28.2.79 – 6 P 81.78 –, PersV 80, 427.

269 Anders aber *BayVGH* v. 10.9.86 – Nr. 17 C 86.02134 –, PersR 87, 176 Ls.

270 *BVerwG* v. 19.8.10 u. v. 17.3.14, jew. a.a.O.

271 Vgl. *BVerwG* v. 12.6.84 – 6 P 13.83 –, PersV 86, 162; KfdP-*Kröll*, Rn. 13 m.w.N.

die in § 57 genannten Beschäftigten betreffen, der Mehrheit der Mitglieder der Jugend- und Auszubildendenvertretung hat der Vorsitzende eine Sitzung anzuberaumen und den Gegenstand, dessen Beratung beantragt ist, auf die Tagesordnung zu setzen.
(4) **Der Leiter der Dienststelle nimmt an den Sitzungen, die auf sein Verlangen anberaumt sind, und an den Sitzungen, zu denen er ausdrücklich eingeladen ist, teil.**

(**Abs. 1**) Die **erste (konstituierende) Sitzung** des neu gewählten PR dient der Vornahme der in den §§ 32 und 33 vorgeschriebenen Wahlen. Sie muss spätestens am sechsten Arbeitstag (vgl. § 52 S. 2 WO) nach dem (letzten) Wahltag stattfinden und ist auch dann fristgerecht durchzuführen, wenn der bisherige PR noch im Amt oder die Wahl des neuen PR angefochten ist (vgl. § 25 Rn. 12). Die **Einberufung** obliegt dem **Wahlvorstand**. Die Einladung ist v.a. an die gewählten Mitglieder des PR und ggf. an die nach § 31 Abs. 1 an deren Stelle tretenden Ersatzmitglieder zu richten. Einzuladen sind außerdem ein Vertreter der JAV und die Schwerbehindertenvertretung (vgl. § 40 Rn. 1 u. 4), aber auch die Beauftragten der im PR vertretenen Gewerkschaften, soweit dies nach § 36 beantragt ist.[272] Da die Gegenstände der konstituierenden Sitzung in Abs. 1 abschließend festgelegt sind, bedarf es keiner besonderen **Tagesordnung**. 1

Der **Wahlvorstand**, üblicherweise der Vorsitzende, hat die **Sitzung zu leiten**, bis der PR aus seiner Mitte einen Wahlleiter bestellt hat. Er hat deshalb die Sitzung zu eröffnen, die Anwesenheit der Eingeladenen festzustellen und auf die **Bestellung des Wahlleiters** hinzuwirken. Als Wahlleiter kann nur ein Mitglied des PR – oder ggf. ein eingetretenes Ersatzmitglied – bestellt werden. Dies hat nach § 37 Abs. 1 durch einen mit einfacher Stimmenmehrheit zu fassenden Beschluss zu geschehen (vgl. § 37 Rn. 5).[273] Sobald der PR einen Wahlleiter bestellt hat, übernimmt dieser die Sitzungsleitung. Damit **endet das Amt des Wahlvorstandes.** Seine Mitglieder sind nicht berechtigt, an der weiteren Sitzung teilzunehmen.[274] 2

Der **Wahlleiter** hat die in den §§ 32 und 33 vorgeschriebenen **Wahlen** durchzuführen. Nach deren Abschluss ist die konstituierende Sitzung beendet. Sie kann nur dann mit erweiterter Tagesordnung unter der Leitung des zuvor gewählten **Vorsitzenden** als **Arbeitssitzung** fortgesetzt werden, wenn alle PR-Mitglieder – ggf. vertreten durch Ersatzmitglieder – anwesend und mit der Erweiterung einverstanden sind. Ist die Amtszeit des bisherigen PR noch nicht abgelaufen, darf der neu gewählte PR jedoch nicht 3

272 Str.; vgl. KfdP-*Kröll*, Rn. 4 m. N.
273 Ferner zum Nichtzustandekommen der Bestellung KfdP-*Kröll*, Rn. 6a.
274 *BVerwG* v. 18.4.78 – 6 P 34.78 –, PersV 79, 194.

in dessen Amtsgeschäfte eingreifen.[275] In diesem Falle kann er nur über seine **internen Angelegenheiten**, z. B. über eine Geschäftsordnung, beschließen.

4 (**Abs. 2**) Die **Anberaumung der weiteren Sitzungen** des PR ist nach Abs. 2 S. 1 Sache des **PR-Vorsitzenden**. Soweit der PR in der Geschäftsordnung oder durch gesonderten Beschluss keine turnusmäßigen Sitzungen festgelegt hat, entscheidet der Vorsitzende nach pflichtgemäßem Ermessen, ob und wann eine Sitzung stattfindet. Dabei kann sein Ermessen durch einen nach Abs. 3 gestellten Antrag eingeschränkt sein (vgl. Rn. 11 f.). Der Vorsitzende hat stets dann eine Sitzung – ggf. auch eine Sondersitzung – anzuberaumen, wenn dies zur Behandlung fristgebundener Angelegenheiten erforderlich ist.

5 Der Vorsitzende setzt nicht nur den Zeitpunkt und Ort, sondern nach Abs. 2 S. 2 auch die **Tagesordnung** für die jeweilige Sitzung fest. Auch darüber entscheidet er nach pflichtgemäßem Ermessen. Die Tagesordnung muss **sämtliche Punkte** enthalten, die behandelt werden sollen, und diese so **detailliert** benennen, dass die PR-Mitglieder sich aufgrund dieser Angaben ein genaues Bild von den zu behandelnden Angelegenheiten machen und sich auf deren Behandlung sachgerecht vorbereiten können.[276] Beabsichtigte beteiligungspflichtige Maßnahmen sind präzise und konkret zu bezeichnen.[277] Nach Abs. 2 S. 3 und 4 hat der Vorsitzende die Mitglieder des PR und die übrigen Teilnahmeberechtigten zu den Sitzungen **rechtzeitig unter Mitteilung der Tagesordnung zu laden;** dabei ist die Tagesordnung im Regelfall in Schriftform (§ 126 BGB) oder in Textform, z. B. in der Variante der E-Mail (§ 126b BGB), zu fixieren. **Änderungen und Ergänzungen**, die sich u. a. aus Anträgen nach Abs. 3 (vgl. Rn. 11 f.) oder aus der zwischenzeitlichen Einleitung neuer Beteiligungsverfahren durch die Dienststelle ergeben können, müssen rechtzeitig und hinreichend detailliert vor Sitzungsbeginn nachgereicht werden. Der Verfahrensmangel der nicht rechtzeitigen Mitteilung der Tagesordnung, etwa bei **Tischvorlagen**, kann dadurch geheilt werden, dass alle PR-Mitglieder einschließlich erforderlicher Ersatzmitglieder rechtzeitig zur Sitzung geladen worden sind und die beschlussfähig Erschienenen in dieser Sitzung eine Ergänzung oder Erstellung der Tagesordnung ein-

275 *BVerwG* v. 9. 10. 59 – VII P 1.59 –, PersV 60, 19.

276 *BayVGH* v. 4. 2. 04 – 18 P 03 692 –, PersV 04, 308; *OVG NW* v. 13. 12. 11 – 20 A 10/10.PVL –, PersR 12, 262.

277 St. Rspr.; vgl. *BVerwG* v. 29. 8. 75 – VII P 2.74 –, PersV 76, 385; *NdsOVG* v. 20. 9. 95 – 17 M 826/95 –, PersR 96, 35; *BAG* v. 28. 10. 92 – 7 ABR 14/92 –, AP BetrVG 1972 § 29 Nr. 4.

stimmig beschließen (Beschlussfähigkeit und Einstimmigkeit; vgl. § 37 Rn. 1).[278]

6 Die PR-Mitglieder und sonstigen Teilnahmeberechtigten haben keinen (gesetzlichen) Anspruch darauf, dass ihnen mit der Tagesordnung Abschriften oder Kopien aller **Unterlagen** übersandt werden, die dem Vorstand zu den angekündigten Punkten vorliegen.[279] Da die Sitzung die Informationsquelle für die PR-Mitglieder ist (vgl. Rn. 10), haben sie nach bisheriger Rspr. des *BVerwG*[280] auch kein entsprechendes Einsichtsrecht.[281] Der PR kann das Einsichtsrecht und die Übersendung von Unterlagen aber in der Geschäftsordnung (§ 42) regeln und konkretisieren. Ansonsten hat der Vorstand nach pflichtgemäßem Ermessen zu entscheiden, ob, in welchem Umfang und in welcher Weise er **Vorabinformationen** zur Verfügung stellt. Wird eine Vorabinformation erteilt, müssen alle Teilnahmeberechtigten gleichbehandelt werden.[282] Das gilt auch für **Unterlagen in Dateiform**, die auf Datenträgern gespeichert sind (vgl. dazu § 41 Rn. 5m. N.).

7 **Einzuladen** sind grundsätzlich alle ordentlichen **PR-Mitglieder** und, wenn dem Vorsitzenden die Verhinderung von PR-Mitgliedern bekannt ist, die jeweiligen, nach § 31 Abs. 1 S. 2 eintretenden **Ersatzmitglieder** sowie folgende Personen und Stellen:

- nach Abs. 2 S. 4 i. V. m. § 40 Abs. 1 S. 1 die **Schwerbehindertenvertretung** zu allen Sitzungen;
- nach Abs. 2 S. 4 i. V. m. § 40 Abs. 1 S. 1 **der von der JAV benannte Vertreter** zu allen Sitzungen;
- nach Abs. 2 S. 4 i. V. m. § 40 Abs. 1 S. 2 **alle Mitglieder der JAV** zu Sitzungen, in denen Angelegenheiten behandelt werden, die besonders Beschäftigte i. S. v. § 57 betreffen;
- nach Abs. 2 S. 4 i. V. m. § 40 Abs. 2 die **Vertreter der nichtständig Beschäftigten** zu Sitzungen, in denen Angelegenheiten behandelt werden, die besonders die nichtständig Beschäftigten betreffen;
- nach § 53 Abs. 1 DRiG die vom **Richterrat** zu entsendenden Mitglieder dieses Organs sowie nach § 95 Abs. 4 S. 1 Hs. 1 SGB IX die **Schwerbehin-**

---

278 So zum BetrVG für den Betriebsrat nunmehr das *BAG* mit Beschl. v. 22. 1. 14 – 7 AS 6/13 –, PersR 14, 267, u. v. 15. 4. 14 – 1 ABR 2/13 (B) –, NZA 14, 551, das damit die bisherige zusätzliche Voraussetzung der Vollzähligkeit aufgegeben hat. Diese Rspr. ist auf das PersVR übertragbar. Vgl. *Kröll*, PersR 7–8/14, 20; *BayVGH* v. 16. 10. 14 – 17 P 13.91 –, PersR 6/15, 49; *OVG NW* v. 27. 4. 15 – 20 A 122/14.PVB –, PersR 12/2015, 54.

279 *BVerwG* v. 29. 8. 75 – VII P 13.73 – u. – VII P 2.74 –, PersV 76, 305 u. 385; *SächsOVG* v. 2. 2. 10 – PL 9 B 393/08 –, PersR 10, 505.

280 Beschl. v. 29. 8. 75, a. a. O.; ebenso *SächsOVG* v. 2. 2. 10, a. a. O.

281 Str.; vgl. KfdP-*Kröll*, Rn. 16a m. w. N.; *Hohmann*, PersR 11, 55.

282 *BVerwG* v. 29. 8. 75 – VII P 13.73 –, a. a. O.; *BayVGH* v. 13. 7. 94 – 18 P 94.2 –, PersR 95, 87.

dertenvertretung der Richter, wenn und soweit über die Wahrnehmung einer gemeinsamen Aufgabe von Richterrat und PR beraten oder beschlossen werden soll (vgl. Anh. II Rn. 4);
- nach § 85 Abs. 2 Nr. 5 S. 4 der **Vertrauensmann in der Bundespolizei** (vgl. § 85 Rn. 18);
- nach § 36 Abs. 6 S. 2 SBG der **Sprecher der Versammlung der Vertrauenspersonen der Soldaten des Verbandes** (gem. § 33 Abs. 1 SBG), sofern bei der Behandlung gemeinsamer Angelegenheiten Interessen der von ihm Vertretenen berührt sind (vgl. Anh. V B § 36 SBG Rn. 9);
- nach Abs. 4 der **Leiter der Dienststelle** zu den Sitzungen, die auf sein Verlangen anberaumt sind oder zu denen er ausdrücklich eingeladen werden soll (vgl. Rn. 13);
- nach § 36 Hs. 2 der Beauftragte einer im PR vertretenen **Gewerkschaft**, wenn ein Viertel der PR-Mitglieder oder die Mehrheit einer Gruppe dessen beratende Teilnahme beantragt hat.

Falls das Teilnahmerecht der vorstehend genannten Personen oder Stellen auf einen Teil der Sitzung begrenzt ist, ist ihnen nur der **entsprechende Teil der Tagesordnung** mitzuteilen. Personen oder Stellen, denen ein Teilnahmerecht zusteht, sind auch dann zur Teilnahme berechtigt, wenn sie **nicht eingeladen** worden sind.[283]

8 **Beschäftigte, Sachverständige** oder **Auskunftspersonen**, deren Hinzuziehung der PR oder der Vorstand beschlossen hat (vgl. § 35 Rn. 1), hat der Vorsitzende ebenfalls einzuladen und ihnen dabei mitzuteilen, worüber sie gehört werden sollen. Das gilt auch für die **Gleichstellungsbeauftragte** (vgl. § 68 Rn. 19). Die Tagesordnung darf diesen Personen nicht mitgeteilt werden.

9 Nach Abs. 2 S. 2 obliegt dem Vorsitzenden auch die **Leitung der Sitzung**. Er eröffnet die Sitzung, stellt die Anwesenheit fest, führt die Rednerliste, erteilt das Wort, ruft ggf. zur Ordnung und entzieht – nach erfolgloser Abmahnung – das Wort, stellt die Beschlussfähigkeit fest, führt die Abstimmungen – auch die der Gruppen – durch und stellt deren Ergebnisse fest, sorgt für die Aufnahme der Sitzungsniederschrift und die Eintragungen in die Anwesenheitsliste und schließt die Sitzung. Ihm steht im Sitzungszimmer das **Hausrecht** zu.[284]

10 Die PR-Mitglieder – und ggf. die sonstigen stimmberechtigten Teilnehmer – haben einen umfassenden **Informationsanspruch**, der **während der Sitzung** vom Vorstand zu erfüllen ist (vgl. Rn. 6). Gelangt der PR zu der Auf-

283 Vgl. *BVerwG* v. 24. 10. 75 – VII P 14.73 –, PersV 77, 18.
284 Näher dazu KfdP-*Kröll*, Rn. 19.

fassung, dass er noch weitere Unterlagen und Auskünfte benötigt, kann er den Vorstand durch Beschluss verpflichten, sie einzuholen.[285]

(**Abs. 3**) Das Ermessen des Vorsitzenden nach Abs. 2 S. 1 und 2 wird durch die in Abs. 3 geregelten **Antragsrechte** zur Anberaumung einer Sitzung des PR und zur Aufnahme eines bestimmten Beratungsgegenstandes in die Tagesordnung eingeschränkt. Der Kreis der dort aufgeführten **Antragsberechtigten**[286] ist abschließend. Ein einzelnes PR-Mitglied kann dem Vorsitzenden lediglich unverbindliche Anregungen zukommen lassen.[287] Einem Viertel der PR-Mitglieder, der Mehrheit der Vertreter einer Gruppe und dem Leiter der Dienststelle steht **in allen Angelegenheiten** ein Antragsrecht zu. Dagegen haben die anderen Antragsberechtigten nur **in bestimmten Angelegenheiten** ein Antragsrecht. Die Mehrheit der JAV-Mitglieder hat es in Angelegenheiten, die besonders Beschäftigte i. S. v. § 57 betreffen (vgl. dazu § 40 Rn. 2). Entsprechend § 95 Abs. 4 S. 1 Hs. 2 SGB IX hat die Schwerbehindertenvertretung ein Antragsrecht in Angelegenheiten, die besonders schwerbehinderte Beschäftigte betreffen, d. h. deren spezifische Interessen berühren. 11

Der Antrag nach Abs. 3 kann darauf gerichtet sein, eine Sitzung des PR anzuberaumen und den Gegenstand, dessen Beratung gefordert wird, auf die Tagesordnung dieser **eigens anzuberaumenden Sitzung** zu setzen. Er kann sich aber auch darauf beschränken, den geforderten Beratungsgegenstand in die Tagesordnung der **nächsten Sitzung** aufzunehmen, die vom Vorsitzenden noch anzuberaumen oder bereits anberaumt ist oder die turnusmäßig stattfindet.[288] Der Antrag, für den keine bestimmte Form vorgeschrieben ist, ist an den **Vorsitzenden** zu richten. Dieser hat zu prüfen, ob die gesetzlichen Voraussetzungen des Antrags vorliegen, und, wenn dies zu bejahen ist, dem Antrag zu entsprechen. 12

(**Abs. 4**) Der **Leiter der Dienststelle** kann nur an den Sitzungen des PR **teilnehmen**, die in Abs. 4 genannt sind (vgl. § 35 Rn. 1). Dabei handelt es sich zum einen um Sitzungen, die nach Abs. 3 **auf sein Verlangen anberaumt** oder mit einer Tagesordnung einberufen sind, die von ihm beantragte Beratungsgegenstände enthält (vgl. Rn. 11 f.), zum anderen um Sitzungen, zu denen er ausdrücklich **eingeladen** ist, wobei die Einladung auf bestimmte Tagesordnungspunkte begrenzt sein kann. Der Dienststellenleiter hat in den Fällen des Abs. 4 nicht nur das Recht, sondern die Pflicht zur Teilnahme. Bei der Behandlung der Gegenstände, die auf sein Verlangen in die Tagesordnung aufgenommen sind oder zu deren Erörterung er ausdrücklich ein- 13

285 *BVerwG* v. 29. 8. 75 – VII P 13.73 –, PersV 76, 305, u. v. 19. 7. 94 – 6 P 12.92 –, PersR 94, 518.

286 Näher dazu KfdP-*Kröll*, Rn. 22 f.

287 *BVerwG* v. 15. 12. 78 – 6 P 10.78 –, PersV 80, 105.

288 *BVerwG* v. 29. 8. 75 – VII P 2.74 –, PersV 76, 385.

geladen ist, hat er ein **Äußerungsrecht**. Auf Verlangen des Vorsitzenden muss er die Sitzung verlassen, wenn der PR (weiter) beraten oder beschließen will.

§ 35 [Nichtöffentlichkeit und Zeitpunkt der Personalratssitzungen]

[1]Die Sitzungen des Personalrates sind nicht öffentlich; sie finden in der Regel während der Arbeitszeit statt. [2]Der Personalrat hat bei der Anberaumung seiner Sitzungen auf die dienstlichen Erfordernisse Rücksicht zu nehmen. [3]Der Leiter der Dienststelle ist vom Zeitpunkt der Sitzung vorher zu verständigen.

1 Nach S. 1 Hs. 1 sind die **Sitzungen des PR nicht öffentlich**. Daraus folgt, dass an ihnen grundsätzlich nur die **Mitglieder des PR** und ggf. die nach § 31 Abs. 1 eingetretenen Ersatzmitglieder teilnehmen dürfen. **Andere Personen** können nur teilnehmen, soweit sie ein gesetzlich geregeltes Teilnahmerecht haben (vgl. dazu § 34 Rn. 7). Das *BVerwG*[289] hält es deshalb für unzulässig, dass ein nicht dem PR angehörender Beschäftigter als **Schriftführer** oder **Schreibhilfe** zur Sitzung hinzugezogen wird. Nicht ausgeschlossen ist es allerdings, dass ein schwerbehindertes PR-Mitglied, soweit erforderlich, von einer **Hilfsperson**, etwa einem Gebärdensprachdolmetscher, begleitet wird. Zulässig ist auch die Hinzuziehung einzelner **Beschäftigter** der Dienststelle zu einer Anhörung in ihren eigenen Angelegenheiten sowie von (u. U. auch nicht der Dienststelle angehörenden) **Auskunftspersonen** und **Sachverständigen** (vgl. § 44 Rn. 18).[290] Handelt es sich um sachkundige Mitarbeiter der Dienststelle, bedarf die Hinzuziehung i. d. R. der Zustimmung des Dienststellenleiters.[291] Das gilt aber nicht für den (behördlichen/betrieblichen) **Beauftragten für den Datenschutz** und die **Gleichstellungsbeauftragte**, weil sie in der Ausübung ihrer Fachkunde bzw. ihrer Tätigkeit weisungsfrei sind (§ 4f Abs. 3 S. 2 BDSG, § 18 Abs. 1 S. 5 BGleiG). Hinzugezogene Beschäftigte, Auskunftspersonen und Sachverständige dürfen bei der Beratung und Beschlussfassung des PR nicht anwesend sein.

2 Nach S. 1 Hs. 2 finden die Sitzungen des PR i. d. R. **während der Arbeitszeit** statt. Davon kann nur ausnahmsweise aufgrund der besonderen Verhältnisse der Dienststelle abgewichen werden. Wird im Schichtdienst gearbeitet und gehören die PR-Mitglieder verschiedenen Schichten an, ist es jedoch nicht zu vermeiden, dass die Sitzung nicht für alle PR-Mitglieder innerhalb

---

289 Beschl. v. 14. 7. 77 – VII P 24.76 –, PersV 78, 126, v. 27. 11. 81 – 6 P 38.79 –, PersV 83, 408, u. v. 2. 1. 92 – 6 PB 13.91 –, PersR 93, 383 Ls.

290 Vgl. *BVerwG* v. 8. 11. 89 – 6 P 7.87 –, PersR 90, 102.

291 Vgl. *OVG NW* v. 13. 8. 96 – 1 A 91/95.PVL –, PersR 97, 173.

ihrer individuellen Arbeitszeit stattfindet. Das kann auch bei teilzeitbeschäftigten PR-Mitgliedern der Fall sein.

Die **Anberaumung** der auf die konstituierende Sitzung folgenden weiteren Sitzungen des PR obliegt nach § 34 Abs. 2 S. 1 dem Vorsitzenden des PR. Dabei hat er nach § 35 S. 2 auf die **dienstlichen Erfordernisse** Rücksicht zu nehmen. Vor der Festlegung des Sitzungstermins hat er deshalb zu prüfen, ob dringende dienstliche Erfordernisse dem geplanten Zeitpunkt entgegenstehen. 3

Die Festlegung des Sitzungstermins ist allein Sache des PR-Vorsitzenden. 4 Nach S. 3 ist jedoch der **Leiter der Dienststelle** vom Zeitpunkt der anberaumten Sitzung vorher zu **verständigen**. Der **Mitteilung der Tagesordnung** bedarf es dabei nicht.[292] Diese vom PR-Vorsitzenden rechtzeitig vorher vorzunehmende Unterrichtung soll es dem Dienststellenleiter ermöglichen, rechtzeitig erforderliche Vorkehrungen zu treffen, z.B. für Vertretungen der Sitzungsteilnehmer während der Dauer der Sitzung zu sorgen. Ist der Dienststellenleiter der Ansicht, der Zeitpunkt einer Sitzung sei ohne Rücksicht auf dienstliche Erfordernisse festgelegt worden, kann er anregen, den Termin zu verlegen. Er darf die Sitzung aber **nicht eigenmächtig unterbinden** oder Teilnahmeberechtigte von der Teilnahme abhalten, sondern kann allenfalls versuchen, nach § 83 Abs. 1 Nr. 3 und Abs. 2 BPersVG i. V. m. § 85 Abs. 2 ArbGG im personalvertretungsrechtlichen Beschlussverfahren vor dem Verwaltungsgericht den Erlass einer einstweiligen Verfügung zu erwirken, mit der der Sitzungstermin aufgehoben wird.

§ 36 [Teilnahme der Beauftragten der Gewerkschaften an den Personalratssitzungen]

Auf Antrag von einem Viertel der Mitglieder oder der Mehrheit einer Gruppe des Personalrates kann ein Beauftragter einer im Personalrat vertretenen Gewerkschaft an den Sitzungen beratend teilnehmen; in diesem Falle sind der Zeitpunkt der Sitzung und die Tagesordnung der Gewerkschaft rechtzeitig mitzuteilen.

Die in § 36 geregelte beratende Teilnahme von Gewerkschaftsbeauftragten 1 an PR-Sitzungen beruht darauf, dass von Fall zu Fall eine bestimmte qualifizierte **Minderheit von PR-Mitgliedern** einen entsprechenden Antrag stellt (vgl. Rn. 2ff.) oder der PR einen entsprechenden Beschluss fasst (vgl. Rn. 5).

Den **Antrag** auf Hinzuziehung eines Beauftragten einer Gewerkschaft kann 2 entweder **ein Viertel der PR-Mitglieder** oder die **Mehrheit einer Gruppe im**

292 Näher KfdP-*Kröll*, Rn. 8–8b.

PR stellen. Für die Berechnung der Zahl der PR-Mitglieder, die den Antrag stellen müssen, kommt es nicht darauf an, wie viele Mitglieder der PR nach § 16 und § 17 Abs. 4 haben müsste (Sollstärke), sondern darauf, wie viele Mitglieder er zur Zeit der Antragstellung tatsächlich hat (Iststärke).

3 Zur beratenden Teilnahme können nur Beauftragte von **Gewerkschaften** (vgl. § 2 Rn. 7) hinzugezogen werden, die **im PR vertreten** sind. Das ist bei einer Gewerkschaft der Fall, der mindestens ein PR-Mitglied angehört. Gehört einer Gewerkschaft lediglich ein Ersatzmitglied an, ist sie während des Zeitraums im PR vertreten, in dem dieses Ersatzmitglied nach § 31 Abs. 1 S. 2 vorübergehend in den PR eingerückt ist. Sind im PR mehrere Gewerkschaften vertreten, kann der Antrag auf eine **bestimmte Gewerkschaft** beschränkt werden.[293] Die Antragsteller können deshalb verlangen, einen Beauftragten nur einer im PR vertretenen Gewerkschaft oder je einen Beauftragten mehrerer oder aller im PR vertretenen Gewerkschaften hinzuziehen.

4 Der Antrag muss sich auf eine **bestimmte PR-Sitzung** (oder auf mehrere bestimmte Sitzungen) beziehen. Er kann auf **bestimmte Tagesordnungspunkte** oder Beratungsgegenstände beschränkt werden. Soweit sich der Antrag auf eine weitere Sitzung i. S. d. § 34 Abs. 2 bezieht, ist er an den Vorsitzenden des PR zu richten. Für den Antrag ist weder eine bestimmte **Form** noch eine bestimmte **Frist** festgelegt. Im Hinblick auf die Regelung in Hs. 2 sollte er aber rechtzeitig vorher gestellt werden. Kann einem in der bereits begonnenen Sitzung gestellten Antrag nicht sofort entsprochen werden, haben die Antragsteller keinen Anspruch darauf, dass der PR die Sitzung unterbricht oder vertagt oder die einschlägigen Tagesordnungspunkte absetzt.

5 Liegt ein ordnungsgemäß gestellter Antrag vor, bedarf es zu dessen Umsetzung weder eines bestätigenden Beschlusses des PR noch ist dieser befugt, die Umsetzung abzulehnen.[294] Allerdings ist es dem PR nicht verwehrt, selbst einen **Beschluss** zur Hinzuziehung des oder der Beauftragten einer bzw. mehrerer oder aller im PR vertretenen Gewerkschaften zu fassen. Dabei handelt es sich nach § 38 Abs. 1 um einen Beschluss in einer gemeinsamen Angelegenheit, der nur zustande kommen kann, wenn der PR nach § 37 Abs. 2 beschlussfähig ist und die einfache Stimmenmehrheit der anwesenden Mitglieder des gesamten PR nach § 37 Abs. 1 erreicht wird. In einem solchen Beschluss ist immer auch ein entsprechendes Votum von (mindestens) einem Viertel der Mitglieder des PR enthalten.

6 Bei Vorliegen eines Antrags nach Hs. 1 oder eines entsprechenden Beschlusses des PR sind der betreffenden Gewerkschaft (ggf. den Gewerkschaften) nach Hs. 2 der Zeitpunkt der Sitzung und die Tagesordnung rechtzeitig mit-

---

293 *BVerwG* v. 16. 6. 82 – 6 P 63.78 –, PersV 83, 195.

294 Vgl. *OVG NW* v. 8. 5. 95 – 1 A 146/92.PVL –, PersR 96, 202.

zuteilen. Diese einer Einladung gleichkommende **Mitteilung** hat der Vorsitzende vorzunehmen (vgl. § 34 Rn. 7).

Die **Gewerkschaft**, deren Hinzuziehung nach Hs. 1 beantragt oder beschlossen worden ist, ist berechtigt, aber nicht verpflichtet, einen von ihr auszuwählenden **Beauftragten** (nicht mehrere) zu entsenden. Der Beauftragte braucht weder Angestellter noch Mitglied der entsendenden Gewerkschaft zu sein. Der Dienststellenleiter muss ihm den ungehinderten **Zutritt zur Dienststelle** gestatten. Dies ergibt sich unmittelbar aus § 36. Da dieser gegenüber § 2 Abs. 2 eine Sonderregelung enthält, kann der Zutritt auch nicht aus den dort genannten Gründen verweigert werden. Eine Verweigerung kann lediglich unter dem Gesichtspunkt des Rechtsmissbrauchs nur unter ganz außergewöhnlichen Umständen in Betracht kommen.[295] 7

In Ausübung seines Rechts der **beratenden Teilnahme** kann der Gewerkschaftsbeauftragte sich ebenso wie ein PR-Mitglied aktiv an den Beratungen des PR beteiligen. Er hat den gleichen Anspruch auf Informationen einschl. des Rechtes, die Sitzungsunterlagen einzusehen. Ihm stehen zwar kein Stimmrecht und kein Antragsrecht zu, er darf jedoch Anregungen zur Stellung von Anträgen geben und auch während der Abstimmungen anwesend sein. Der Gewerkschaftsbeauftragte unterliegt nach § 10 der **Schweigepflicht**. Sein Recht zur beratenden Teilnahme besteht auch, soweit in der Sitzung (nicht offenkundige) **personenbezogene Daten** erörtert werden und der Betroffene der Teilnahme (und der Mitteilung oder Erörterung seiner Daten) nicht ausdrücklich zugestimmt hat.[296] 8

§ 37 [Beschlüsse des Personalrats]

(1) [1]Die Beschlüsse des Personalrates werden mit einfacher Stimmenmehrheit der anwesenden Mitglieder gefasst. [2]Stimmenthaltung gilt als Ablehnung. [3]Bei Stimmengleichheit ist ein Antrag abgelehnt.

(2) Der Personalrat ist nur beschlussfähig, wenn mindestens die Hälfte seiner Mitglieder anwesend ist; Stellvertretung durch Ersatzmitglieder ist zulässig.

Besteht der PR aus mehr als einer Person, bildet er seinen Willen durch **Beschlüsse**. Das Gesetz sieht u. a. vor, dass die Beschlüsse »nach gemeinsamer Beratung« (§ 38 Abs. 1 und 2 S. 1) mit einfacher Stimmenmehrheit der »anwesenden« Mitglieder gefasst werden (§ 37 Abs. 1 S. 1). Daraus und aus dem Fehlen einer Ausnahmeregelung (wie z. B. in Art. 37 Abs. 3 BayPVG) ergibt sich, dass die Beschlussfassung nur in einer **Sitzung des PR** (bei körperlicher Anwesenheit der Teilnehmer) erfolgen kann. Auch wenn alle Mitglieder des 1

295 Vgl. KfdP-*Kröll*, Rn. 11.
296 Str.; vgl. KfdP-*Kröll*, Rn. 13.

PR dem zustimmen, ist eine Beschlussfassung außerhalb einer Sitzung, z. B. im Wege der fernmündlichen, telegrafischen oder schriftlichen Umfrage oder per E-Mail, Internet oder Intranet oder durch Telefon- oder Videokonferenz, unzulässig. Die Sitzung des PR muss unter Beachtung der Vorschriften des § 34 anberaumt worden sein. Dazu gehört die ordnungsgemäße und rechtzeitige **Ladung** aller Mitglieder des PR oder ggf. der nach § 31 Abs. 1 eintretenden Ersatzmitglieder sowie aller sonstigen Stimmberechtigten, so z. B. der Mitglieder oder ggf. Ersatzmitglieder der JAV, sofern diese nach § 40 Abs. 1 S. 3 Stimmrecht haben. Ist eine solche Ladung nicht erfolgt, kann dieser Mangel nur dadurch geheilt werden, dass alle zu ladenden Personen anwesend und ohne Ausnahme mit der Abhaltung der Sitzung einverstanden sind. Außerdem ist die ordnungsgemäße und rechtzeitige Mitteilung der **Tagesordnung** mit hinreichend genauer Bezeichnung des Punktes erforderlich, über den beschlossen werden soll. Ist dies nicht geschehen, kann der betreffende Punkt nur dann behandelt werden, wenn alle PR-Mitglieder einschließlich erforderlicher Ersatzmitglieder rechtzeitig zur Sitzung geladen worden sind und die beschlussfähig Erschienenen in dieser Sitzung eine Ergänzung oder Erstellung der Tagesordnung einstimmig beschließen (vgl. § 34 Rn. 5).[297] Ist das der Fall, können auch unter dem Tagesordnungspunkt »Verschiedenes« Beschlüsse wirksam gefasst werden.

2 Die **Beschlussfähigkeit** des PR ist nach Abs. 2 nur gegeben, wenn mindestens die Hälfte der Mitglieder des PR anwesend ist. Weicht die Zahl seiner Mitglieder von der gesetzlich vorgesehenen Mitgliederzahl ab, kommt es bei der Berechnung der Hälfte auf die tatsächliche Stärke des PR an. Bei der Berechnung der Zahl der anwesenden Mitglieder werden (wie Abs. 2 Hs. 2 klarstellt) die vorübergehend eingetretenen Ersatzmitglieder mitgezählt (bei Gerichten ggf. auch die nach § 53 DRiG in den PR entsandten Mitglieder des Richterrats [str.; vgl. Anh. II Rn. 4[298]]). Nicht berücksichtigt werden dagegen die sonstigen Stimmberechtigten, also z. B. nicht die nach § 40 Abs. 1 S. 3 stimmberechtigten Mitglieder bzw. Ersatzmitglieder der JAV. Die Regelung des Abs. 2 gilt auch für die Beschlussfassung in **Gruppenangelegenheiten** nach § 38 Abs. 2 und 3. Eine (zusätzliche) gesonderte Beschlussfähigkeit der jeweiligen Gruppen ist für Gruppenbeschlüsse nicht erforderlich.[299] Die Beschlussfähigkeit muss im **Zeitpunkt der Beschlussfassung** vorliegen.

---

297 So *BAG* v. 22. 1. 14 – 7 AS 6/13 –, PersR 14, 267, u. v. 15. 4. 14 – 1 ABR 2/13 (B) –, NZA 14, 551, das damit die bisherige zusätzliche Voraussetzung der Vollzähligkeit aufgegeben hat, für die insoweit vergleichbare Rechtslage nach dem BetrVG. Diese Rspr. ist auf das PersVR übertragbar. Vgl. *Kröll*, PersR 7–8/14, 20; *BayVGH* v. 16. 10. 14 – 17 P 13.91 –, PersR 6/15, 49; *OVG NW* v. 27. 4. 15 – 20 A 122/14.PVB –, PersR 12/2015, 54.

298 KfdP-*Kröll*, Rn. 5 m. N.

299 Str.; wie hier *OVG RP* v. 6. 2. 90 – 5 A 9/89 –, PersR 91, 221; vgl. KfdP-*Kröll*, Rn. 6 m. w. N.

Das **Abstimmungsverfahren** ist im Gesetz nicht festgelegt. Zulässig ist jedes Verfahren, mit dem sich eindeutig feststellen lässt, ob die erforderliche Mehrheit erreicht ist. Die Einzelheiten können nach § 42 in der Geschäftsordnung geregelt oder im Einzelfall vom PR beschlossen werden. Falls nichts anderes festgelegt ist, wird **grundsätzlich offen** abgestimmt. Eine **geheime** Abstimmung ist stets durchzuführen, wenn der PR dies mit einfacher Stimmenmehrheit der anwesenden PR-Mitglieder beschließt. Allein **auf Antrag eines einzelnen PR-Mitglieds** ist entgegen verbreiteter Ansicht nicht in jedem Falle, sondern nur bei solchen Gegenständen geheim abzustimmen, bei denen dies zum Schutz der Abstimmungsfreiheit erforderlich ist.[300] Das ist der Fall bei der Vornahme der in den §§ 32, 33 vorgeschriebenen **Wahlen**, ferner bei Entscheidungen, die **einer Wahl vergleichbar** sind (insb. bei Abberufungen aus den nach den §§ 32, 33 vergebenen Ämtern, bei Anträgen auf Ausschluss von PR-Mitgliedern gem. § 28 Abs. 1, bei der Auswahl von nach § 46 Abs. 3 freizustellenden PR-Mitgliedern und der Entsendung von PR-Mitgliedern zu erforderlichen Schulungs- oder Bildungsveranstaltungen nach § 46 Abs. 6) und schließlich bei Entscheidungen, welche die **individuellen Sonderinteressen** eines PR-Mitglieds unmittelbar berühren (und an denen dieses Mitglied wegen Befangenheit nicht mitwirken darf; vgl. Rn. 6). 3

Der Wortlaut der Beschlüsse und die Stimmenmehrheit, mit der sie gefasst sind, sind nach § 41 Abs. 1 S. 1 in die **Niederschrift** aufzunehmen. Der Dienststellenleiter kann vom PR keine Informationen darüber verlangen, auf welche Weise und mit welcher Stimmenmehrheit ein Beschluss zustande gekommen ist (vgl. auch § 34 Rn. 13).[301] 3a

Wer **stimmberechtigt** ist, hängt von der Angelegenheit ab, in der beschlossen werden soll. In gemeinsamen Angelegenheiten nach § 38 Abs. 1 sind alle anwesenden **Mitglieder des PR** und alle anwesenden Ersatzmitglieder, die nach § 31 Abs. 1 S. 2 vorübergehend in den PR eingetreten sind, stimmberechtigt. In Gruppenangelegenheiten nach § 38 Abs. 2 oder 3 sind dagegen nur diejenigen anwesenden Mitglieder und Ersatzmitglieder des PR stimmberechtigt, die **Vertreter der betroffenen Gruppe oder Gruppen** sind. In einer Angelegenheit, die überwiegend Beschäftigte i. S. d. § 57 betrifft, haben nach § 40 Abs. 1 S. 3 auch alle anwesenden **JAV-Mitglieder** und ggf. JAV-Ersatzmitglieder Stimmrecht (vgl. § 40 Rn. 3). In einer gemeinsamen Angelegenheit von PR und Richterrat sind die nach § 53 DRiG in die Sitzung **entsandten Mitglieder des Richterrats** ebenfalls stimmberechtigt (vgl. Anh. II Rn. 4). In einer Angelegenheit, an welcher der BPOL-PR nach § 85 Abs. 1 Nr. 3 mitwirkt, ist nach § 85 Abs. 2 Nr. 5 S. 4 Hs. 2 der **Vertrauensmann in** 4

300 Näher dazu KfdP-*Kröll*, Rn. 10.
301 *OVG NW* v. 15. 11. 78 – CL 12/78 –.

der Bundespolizei stimmberechtigt (vgl. § 85 Rn. 18). In allen diesen Fällen haben die Stimmen aller Stimmberechtigten das **gleiche Gewicht.**

5 Die Beschlüsse des PR werden nach Abs. 1 S. 1 mit **einfacher Stimmenmehrheit der anwesenden Mitglieder** gefasst, soweit das Gesetz (wie in § 27 Abs. 2 Nr. 3 und § 42) nichts anderes bestimmt. Bei der **Berechnung der Stimmenmehrheit** der anwesenden Mitglieder ist die Zahl aller jeweils anwesenden Stimmberechtigten zugrunde zu legen, und zwar unter Einbeziehung jener Stimmberechtigten, die sich der Stimme enthalten.[302] Außer den anwesenden, nach § 38 jeweils stimmberechtigten Mitgliedern und Ersatzmitgliedern des PR sind dabei ggf. auch die anwesenden sonstigen Stimmberechtigten mitzuzählen. Aus dem Erfordernis der Stimmenmehrheit der anwesenden Mitglieder ergibt sich nicht nur, dass (wie in Abs. 1 S. 3 klargestellt) ein Antrag bei **Stimmengleichheit** abgelehnt ist, sondern auch (wie in Abs. 1 S. 2 ausdrücklich bestimmt), dass **Stimmenthaltung** sich als Ablehnung auswirkt.

6 Das BPersVG enthält keine Regelung darüber, dass ein PR-Mitglied bei der Beratung und Beschlussfassung über solche Maßnahmen und Regelungen nicht mitwirken darf, die es individuell und unmittelbar betreffen. Aus dem allgemeinen verfahrensrechtlichen Grundsatz, dass zur Vermeidung von Interessenkollisionen niemand »Richter in eigener Sache« sein kann, ist jedoch abzuleiten, dass ein PR-Mitglied in derartigen Fällen der **Befangenheit** von der Beratung und Beschlussfassung ausgeschlossen ist.[303] Das gilt allerdings nur bei individuellen Sonderinteressen des PR-Mitglieds,[304] nicht dagegen bei den internen Wahlen nach den §§ 32 und 33 oder bei Beschlüssen zur Organisation und Geschäftsführung des PR, die (wie z. B. solche nach § 46 Abs. 3 und 6) mit einer personellen Auswahl verbunden sind. Ein PR-Mitglied ist von der Mitwirkung an einer Entscheidung des PR über die Besetzung einer Stelle auch dann ausgeschlossen, wenn es sich selbst um diese Stelle beworben hatte, aber nicht ausgewählt wurde.[305] Darf ein PR-Mitglied wegen Befangenheit an der Beratung und Beschlussfassung nicht mitwirken, muss es die Sitzung verlassen. Da es aus rechtlichen Gründen zeitweilig verhindert ist, tritt für die Zeit seiner Verhinderung nach § 31 Abs. 1 S. 2 ein **Ersatzmitglied** ein.

7 Ein Beschluss, der unter Beachtung der gesetzlichen Vorschriften gefasst ist, wird **wirksam**, sobald der Vorsitzende das Abstimmungsergebnis festgestellt hat. Solange er noch nicht vollzogen ist und noch keine Rechtswirkung nach außen erlangt hat (z. B. durch Mitteilung an den Leiter der Dienststelle),

302 Vgl. *OVG LSA* v. 25.4.01 – 5 L 12/00 –, PersR 01, 485.
303 Vgl. *BAG* v. 10.11.09 – 1 ABR 64/08 –, AP BetrVG 1972 § 99 Eingruppierung Nr. 43; *BVerwG* v. 28.4.67 – VII P 11.66 –, PersV 68, 109.
304 Vgl. *VGH BW* v. 23.2.96 – PL 15 S 3328/94 –, DÖD 96, 154.
305 *BVerwG* v. 19.10.15 – 5 P 11.14 –, PersV 16, 137.

kann der PR ihn jederzeit – unter Beachtung der für jede gültige Beschlussfassung geltenden Regeln – **ändern** oder **aufheben**. Dies kann auch schon in derselben Sitzung geschehen.[306]

Beschlüsse des PR sind **nichtig,** d. h. von Anfang an rechtsunwirksam, wenn sie einen **gesetzwidrigen Inhalt** haben oder wenn bei ihrem Zustandekommen ein besonders schwerwiegender und offenkundiger **Verfahrensfehler** begangen wurde (etwa Beschlussfassung über nicht rechtzeitig mitgeteilte Tagesordnungspunkte, die nicht wirksam durch einstimmigen Beschluss bei Beschlussfähigkeit geheilt wurden). Letzteres ist nach allgemeinen verfahrensrechtlichen Grundsätzen zu beurteilen, die der Regelung des § 44 VwVfG über die Nichtigkeit von Verwaltungsakten zu entnehmen sind.[307] Formelle Mängel berühren die Gültigkeit der Beschlüsse aber nur dann, wenn nicht ausgeschlossen werden kann, dass das Beschlussergebnis ohne den Formverstoß ein anderes gewesen wäre.[308] Die Rechtmäßigkeit der Beschlüsse des PR kann **gerichtlich überprüft** werden. Im **personalvertretungsrechtlichen Beschlussverfahren** nach § 83 Abs. 1 Nr. 3, Abs. 2 kann die Feststellung der Unwirksamkeit eines Beschlusses (als Hauptfrage) beantragt werden. Außerdem kann die Rechtmäßigkeit eines Beschlusses in jedem **anderen gerichtlichen Verfahren** als Vorfrage überprüft werden, v. a. auf Klage eines Beamten im allgemeinen Verfahren vor dem Verwaltungsgericht oder eines Arbeitnehmers im Urteilsverfahren vor dem Arbeitsgericht. 8

§ 38 [Gemeinsame und Gruppenbeschlüsse]

(1) Über die gemeinsamen Angelegenheiten der Beamten und Arbeitnehmer wird vom Personalrat gemeinsam beraten und beschlossen.

(2) [1]In Angelegenheiten, die lediglich die Angehörigen einer Gruppe betreffen, sind nach gemeinsamer Beratung im Personalrat nur die Vertreter dieser Gruppe zur Beschlussfassung berufen. [2]Dies gilt nicht für eine Gruppe, die im Personalrat nicht vertreten ist.

(3) Absatz 2 gilt entsprechend für Angelegenheiten, die lediglich die Angehörigen zweier Gruppen betreffen.

Die Vorschriften des § 38 ergänzen die allgemeinen Bestimmungen des § 37 über die Beschlussfassung des PR. Die in Abs. 2 und 3 getroffene Regelung über die getrennte Beschlussfassung in **Gruppenangelegenheiten** ist eine besonders stark ausgeprägte Folgerung aus dem Gruppenprinzip (vgl. § 5 Rn. 1). 1

---

306 *BVerwG* v. 5. 5. 89 – 6 P 13.86 –, PersR 89, 273.
307 *BVerwG* v. 13. 10. 86 – 6 P 14.84 –, PersR 06, 76.
308 *VG Saar* v. 2. 9. 09 – 9 K 463/09 –, PersR 10, 40.

1a Durch Art. 8 des Gesetzes v. 14.9.05[309] ist das Gruppenprinzip im BPersVG in der Weise modifiziert worden, dass die bisherigen Gruppen der Angestellten und Arbeiter zur jetzigen Gruppe der **Arbeitnehmer** zusammengefasst worden sind, die Gruppe der **Beamten** aber beibehalten worden ist (vgl. § 5 Rn. 1). Im Rahmen dieser Neuregelung ist § 38 Abs. 1 durch Art. 8 Nr. 4 des genannten Gesetzes so geändert worden, dass er jetzt nicht mehr die gemeinsamen Angelegenheiten der »Beamten, Angestellten und Arbeiter«, sondern die der »Beamten und Arbeitnehmer« betrifft.

1b Gehören einem PR in einer in § 60 Abs. 1 SBG definierten Dienststelle neben Vertretern der Gruppen der (zivilen) Beschäftigten (Beamte und Arbeitnehmer) auch Vertreter der **Soldaten** an, so sind nach § 60 Abs. 3 S. 3 SBG die Vorschriften des § 38 anzuwenden, soweit es sich nicht ausnahmsweise um Angelegenheiten nach der WBO oder der WDO handelt (vgl. Anh. V B § 60 SBG Rn. 13).

2 Die Vorschriften des § 38 schreiben ausnahmslos für alle Angelegenheiten eine der Beschlussfassung vorausgehende **gemeinsame Beratung des PR** vor. An dieser Aussprache können sich alle anwesenden Mitglieder und Ersatzmitglieder des PR beteiligen. Das Gleiche gilt für alle anderen Personen, soweit sie zur beratenden Teilnahme an der Sitzung zugelassen sind. Im Einzelnen sind dies:

- stets der **Vertreter der JAV** (§ 40 Abs. 1 S. 1) und die **Vertrauensperson der schwerbehinderten Menschen** bzw. das stellvertretende Mitglied der Schwerbehindertenvertretung (§ 40 Abs. 1 S. 1 i.V.m. § 95 Abs. 4 S. 1 SGB IX) mit einem uneingeschränkten Beratungsrecht;
- im BPOL-PR stets der **Vertrauensmann in der Bundespolizei** (§ 85 Abs. 2 Nr. 5 S. 4) mit einem uneingeschränkten Beratungsrecht (vgl. § 85 Rn. 18);
- ggf. die entsandten **Mitglieder des Richterrats** (§ 53 DRiG) hinsichtlich der Punkte der Tagesordnung, die gemeinsame Aufgaben von PR und Richterrat betreffen, mit einem Beratungsrecht, das sich aus dem insoweit bestehenden Stimmrecht ergibt (vgl. Anh. II Rn. 4);
- ggf. die **Schwerbehindertenvertretung der Richter** (§ 95 Abs. 4 S. 1 Hs. 1 SGB IX) ebenfalls hinsichtlich der Punkte der Tagesordnung, die gemeinsame Aufgaben von PR und Richterrat betreffen (vgl. Anh. II Rn. 4);
- ggf. alle anwesenden **Mitglieder und Ersatzmitglieder der JAV** (§ 40 Abs. 1 S. 2) hinsichtlich der Angelegenheiten, die besonders Beschäftigte i.S.d. § 57 betreffen;
- ggf. die **Vertreter der nichtständig Beschäftigten** (§ 40 Abs. 2) hinsichtlich der Angelegenheiten, die besonders die nichtständig Beschäftigten betreffen;

309 BGBl. I S. 2746.

- ggf. der **Sprecher der Versammlung der Vertrauenspersonen der Soldaten des Verbandes** (§ 33 Abs. 1 u. § 36 Abs. 6 S. 2 SBG), wenn und soweit bei der Behandlung gemeinsamer Angelegenheiten Interessen der von ihm Vertretenen berührt sind (vgl. Anh. V § 36 SBG Rn. 9);
- ggf. die **Beauftragten von** im PR vertretenen **Gewerkschaften** (§ 36), bei denen der PR das Recht zur beratenden Teilnahme auf bestimmte Punkte der Tagesordnung oder bestimmte Beratungsgegenstände beschränken kann (vgl. § 36 Rn. 4).

Dagegen erstreckt sich das Teilnahmerecht des **Leiters der Dienststelle** (§ 34 Abs. 4) weder auf die Beschlussfassung noch auf die ihr vorausgehende Beratung des PR (vgl. § 34 Rn. 13).

Die **Abgrenzung** von gemeinsamen Angelegenheiten und Gruppenangele- 3
genheiten richtet sich danach, **welche Interessen unmittelbar berührt** werden.[310] Sind unmittelbar die Interessen der Angehörigen aller im PR vertretenen Gruppen (Beamte und Arbeitnehmer sowie ggf. Soldaten) berührt, handelt es sich um eine gemeinsame Angelegenheit. Sind dagegen unmittelbar allein die Interessen der Angehörigen einer Gruppe berührt und allenfalls mittelbar die Interessen der Angehörigen der anderen Gruppe(n), liegt eine Angelegenheit vor, die lediglich die Angehörigen einer Gruppe betrifft. Entsprechendes gilt, wenn unmittelbar nur die Interessen der Angehörigen zweier Gruppen berührt sind (Näheres bei Rn. 4–6).[311]

(Abs. 1) Zu den **gemeinsamen Angelegenheiten**, in denen vom PR nicht 4
nur gemeinsam beraten, sondern auch gemeinsam beschlossen wird, gehören i. d. R. die beteiligungspflichtigen Angelegenheiten nach § 75 Abs. 2 und 3 (mit Ausnahme von Abs. 3 Nr. 6 und u. U. von Nr. 7–9), § 76 Abs. 2 (u. U. mit Ausnahme von Nr. 1–3), § 78 Abs. 1 Nr. 1 und 2, Abs. 3 bis 5, §§ 80 und 81 sowie die im Rahmen der Geschäftsführung zu regelnden Angelegenheiten.

(Abs. 2) Zu den **Gruppenangelegenheiten**, in denen gem. Abs. 2 S. 1 nach 5
gemeinsamer Beratung nur die Vertreter der betroffenen Gruppe beschließen, gehören v. a. die beteiligungspflichtigen personellen Einzelmaßnahmen nach § 75 Abs. 1, § 76 Abs. 1, § 78 Abs. 1 Nr. 3 bis 5 und § 79 Abs. 1 und 3,[312] aber auch auf bestimmte Gruppen zugeschnittene generelle Regelungen in Personalangelegenheiten, so u. U. die Fälle nach § 75 Abs. 3 Nr. 6 bis 9 und § 76 Abs. 2 Nr. 1 bis 3 (vgl. dazu aber Rn. 6a).

---

310 *BVerwG* v. 21. 12. 06 – 6 PB 17.06 – u. v. 16. 4. 08 – 6 P 8.07 –, PersR 07, 169, u. 08, 418.

311 Vgl. *BVerfG* v. 19. 12. 94 – 2 BvL 8/88 – m. w. N.

312 Vgl. *BVerwG* v. 5. 2. 71 – VII P 11.70 –, PersV 71, 300, v. 23. 2. 92 – 6 P 30.90 –, PersR 92, 302, v. 21. 4. 92 – 6 P 8.90 –, PersR 92, 304, u. v. 28. 10. 93 – 6 P 25.91 –, PersR 94, 119.

6 Ob die Interessen nur einer Gruppe oder die zweier Gruppen unmittelbar berührt sind (vgl. Rn. 3), kann insb. bei bestimmten personellen Einzelmaßnahmen fraglich sein. Das gilt v. a. für Maßnahmen, die mit einem Gruppenwechsel eines Beschäftigten verbunden sind. Dabei kommt es entscheidend darauf an, welchen **Rechtscharakter** die Maßnahme hat, auf die sich die Beschlussfassung bezieht.[313] Soll z. B. ein Arbeitnehmer in das Beamtenverhältnis übernommen werden, hat der PR nach § 76 Abs. 1 Nr. 1 bei der Ernennung mitzubestimmen, nicht jedoch bei dem kraft Gesetzes eintretenden Erlöschen des Arbeitsverhältnisses. Deshalb sind nur die Vertreter der aufnehmenden Gruppe der Beamten, nicht dagegen die der abgebenden Gruppe der Arbeitnehmer zur Beschlussfassung berufen.[314]

6a Beabsichtigt die Dienststelle eine **gruppenübergreifende inhaltsgleiche generelle Regelung** in einer Personalangelegenheit, bei welcher der PR hinsichtlich der Arbeitnehmer uneingeschränkt, hinsichtlich der Beamten aber nur eingeschränkt mitzubestimmen hat, so handelt es sich (jedenfalls zunächst) um eine gemeinsame Angelegenheit, weil die **Abgrenzung nicht norm-, sondern maßnahmebezogen** zu erfolgen hat.[315]

7 Die **Beschlussfassung** der Vertreter einer Gruppe kann nur in der Sitzung des gesamten PR und nur nach gemeinsamer Beratung erfolgen. Nach § 37 Abs. 2 muss der PR im Zeitpunkt der Beschlussfassung **beschlussfähig** sein; eine gesonderte Beschlussfähigkeit der Gruppe(n) ist hingegen nicht erforderlich (str.; vgl. § 37 Rn. 2). Stimmberechtigt sind grundsätzlich nur diejenigen anwesenden Mitglieder und Ersatzmitglieder des PR, die **Vertreter der betroffenen Gruppe** sind (vgl. § 37 Rn. 4). Handelt es sich bei der zu beschließenden Gruppenangelegenheit zugleich um eine Angelegenheit, die überwiegend Beschäftigte i. S. d. § 57 betrifft, haben nach § 40 Abs. 1 S. 3 auch alle anwesenden **JAV-Mitglieder** und ggf. JAV-Ersatzmitglieder Stimmrecht (vgl. § 40 Rn. 3). Ist die Gruppenangelegenheit ausnahmsweise nach § 53 DRiG zugleich eine gemeinsame Angelegenheit von PR und **Richterrat**, sind auch die in die Sitzung entsandten Mitglieder des Richterrats stimmberechtigt (vgl. Anh. II Rn. 2 ff.). Handelt es sich um eine Gruppenangelegenheit, an welcher der BPOL-PR nach § 85 Abs. 1 Nr. 3 mitwirkt, ist nach § 85 Abs. 2 Nr. 5 S. 4 Hs. 2 auch der Vertrauensmann in der **Bundespolizei** stimmberechtigt (vgl. § 85 Rn. 6 u. 18). Auch der Gruppenbeschluss ist ein **Beschluss des PR**. Er ist nach § 32 Abs. 3 S. 2 vom Vorsitzenden des PR (ggf.

313 *BVerwG* v. 6. 3. 62 – VII P 5.60 – u. v. 5. 2. 71 – VII P 11.70 –, PersV 62, 231, u. 71, 300.

314 *BVerwG* v. 6. 3. 62, a. a. O.

315 So im Gegensatz zur vorherigen Kommentarliteratur *BVerwG* v. 16. 4. 08 – 6 P 8.07 –, PersR 08, 418, bezüglich der Mitbestimmung für Arbeitnehmer nach § 75 Abs. 3 Nr. 8 und für Beamte nach § 76 Abs. 2 Nr. 2; vgl. dazu KfdP-*Kröll*, Rn. 6.

gemeinsam mit einem der Gruppe angehörenden Vorstandsmitglied) im Namen des PR für und gegen diesen auszuführen (vgl. § 32 Rn. 17).[316]

Findet in einer Gruppenangelegenheit eine gemeinsame Abstimmung des PR statt, so führt dieser Verfahrensfehler dann zur **Unwirksamkeit** des Beschlusses, wenn Auswirkungen auf das Abstimmungsergebnis nicht auszuschließen sind. Das ist jedoch i. d. R. nicht der Fall, wenn der gemeinsame Beschluss einstimmig zustande gekommen ist.[317] Anders ist es dann, wenn die betroffene Gruppe an der Beschlussfassung nicht teilgenommen hat (vgl. Rn. 9). 8

Für eine **Gruppe, die im PR nicht vertreten ist**, bestimmt Abs. 2 S. 2, dass die in Abs. 2 S. 1 getroffene Regelung über die getrennte Beschlussfassung in Gruppenangelegenheiten nicht gilt. Dies hat zur Folge, dass nach Abs. 1 über die Angelegenheiten dieser nicht vertretenen Gruppe vom PR gemeinsam beschlossen wird. Nach Auffassung des *BVerwG*[318] liegt der Ausnahmefall des Abs. 2 S. 2 jedoch nicht vor, wenn und soweit die Vertreter einer Gruppe an der Sitzung nicht teilnehmen. Danach soll ein gleichwohl vom gesamten PR gefasster Beschluss selbst dann unwirksam sein, wenn er einstimmig zustande gekommen ist und wenn der (einzige) Gruppenvertreter erkrankt und ein Ersatzmitglied nicht vorhanden ist. 9

(**Abs. 3**) Die Regelung des Abs. 2 (vgl. Rn. 5–9) gilt nach Abs. 3 entsprechend für **Angelegenheiten, die lediglich die Angehörigen zweier Gruppen betreffen** (vgl. Rn. 3). Abs. 3 setzt voraus, dass der PR aus Vertretern von mehr als zwei Gruppen besteht. Er ist als Konsequenz aus der Zusammenfassung der bisherigen Gruppen der Angestellten und Arbeiter zur jetzigen Gruppe der Arbeitnehmer (vgl. Rn. 1a) nicht aufgehoben worden. Von praktischer Bedeutung ist er noch für jeden PR, dem außer Vertretern der Beamten und Arbeitnehmer auch Vertreter der Soldaten angehören (vgl. Rn. 1b). 10

Sind in einer Dienststelle i. S. d. § 60 Abs. 1 SBG im PR drei Gruppen vertreten, und hat der PR in einer Angelegenheit zu beschließen, die lediglich die Angehörigen zweier Gruppen betrifft, so sind entsprechend Abs. 2 S. 1 alle anwesenden Vertreter der zwei betroffenen Gruppen (sowie ggf. weitere Stimmberechtigte) zur Beschlussfassung berufen (vgl. Rn. 10). Für einen Beschluss ist die einfache Stimmenmehrheit dieser Stimmberechtigten erforderlich, wobei es unerheblich ist, ob in jeder der zwei Gruppen eine einfache Stimmenmehrheit erreicht wird. Sind nur die Vertreter einer Gruppe anwesend, so beschließen sie allein. Das gilt jedoch nicht, wenn **eine der zwei Gruppen im PR nicht vertreten** ist. In einem solchen Fall ist nach Abs. 2 S. 2 stets nur ein gemeinsamer Beschluss des gesamten PR zu fassen. 11

---

316 *BVerwG* v. 28. 10. 93 – 6 P 25.91 –, PersR 94, 119.

317 *BVerwG* v. 10. 4. 84 – 6 P 10.82 –, Buchh 238.38 § 36 Nr. 1.

318 Beschl. v. 23. 3. 92 – 6 P 30.90 –, PersR 92, 302.

§ 39 [Aussetzung von Beschlüssen]

(1) [1]Erachtet die Mehrheit der Vertreter einer Gruppe oder der Jugend- und Auszubildendenvertretung einen Beschluss des Personalrates als eine erhebliche Beeinträchtigung wichtiger Interessen der durch sie vertretenen Beschäftigten, so ist auf ihren Antrag der Beschluss auf die Dauer von sechs Arbeitstagen vom Zeitpunkt der Beschlussfassung an auszusetzen. [2]In dieser Frist soll, gegebenenfalls mit Hilfe der unter den Mitgliedern des Personalrates oder der Jugend- und Auszubildendenvertretung vertretenen Gewerkschaften, eine Verständigung versucht werden. [3]Die Aussetzung eines Beschlusses nach Satz 1 hat keine Verlängerung einer Frist zur Folge.

(2) [1]Nach Ablauf der Frist ist über die Angelegenheit neu zu beschließen. [2]Wird der erste Beschluss bestätigt, so kann der Antrag auf Aussetzung nicht wiederholt werden.

(3) Die Absätze 1 und 2 gelten entsprechend, wenn die Schwerbehindertenvertretung einen Beschluss des Personalrates als eine erhebliche Beeinträchtigung wichtiger Interessen der Schwerbehinderten erachtet.

1 Die Vorschriften des § 39 ergänzen die Regelungen der §§ 37 und 38 über die Willensbildung des PR, indem sie in Abs. 1 der Mehrheit der Vertreter einer Gruppe (vgl. Rn. 3f.) und der Mehrheit der JAV sowie in Abs. 3 der Schwerbehindertenvertretung (vgl. Rn. 13) ein **Einspruchsrecht** gegen solche Beschlüsse des PR einräumen, in denen diese Interessenvertreter eine erhebliche Beeinträchtigung wichtiger Interessen der durch sie vertretenen Beschäftigten sehen. Der als **Antrag auf befristete Aussetzung eines Beschlusses** ausgestaltete Einspruch löst ein Verfahren aus, in dem die bisherige Beschlussfassung überprüft und nach Möglichkeit eine **Verständigung** der Beteiligten erreicht werden soll. Dieses aufschiebende Veto dient nicht nur dem Gruppen- und Minderheitenschutz, sondern soll auch sachgerechte Entscheidungen des PR fördern.[319]

2 Als **Gegenstand eines Antrags** auf Aussetzung kommt grundsätzlich jeder **Beschluss des PR** in Betracht, unabhängig davon, ob er nach § 38 Abs. 1 gemeinsam oder nach § 38 Abs. 2 oder 3 von den Vertretern einer oder zweier Gruppen gefasst worden ist. Da der Antrag jedoch nur mit der Beeinträchtigung von Interessen der von den jeweiligen Antragstellern vertretenen Beschäftigten begründet werden kann (vgl. Rn. 4), muss es sich um einen Beschluss handeln, der die nach den §§ 66 bis 81 wahrzunehmende **Beteiligung** des PR in den Angelegenheiten der Beschäftigten betrifft. Ausgenommen sind alle Akte der Willensbildung des PR, die dessen Geschäftsführung

319 *BVerwG* v. 29. 1. 92 – 6 P 17.89 –, PersR 92, 208.

oder Rechtsstellung betreffen. **Beschlüsse des PR-Vorstandes** können nicht ausgesetzt werden.

Nach **Abs. 1** ist u. a. die **Mehrheit der Vertreter einer Gruppe** (vgl. dazu § 36 Rn. 2) berechtigt, einen Antrag auf Aussetzung eines Beschlusses des PR zu stellen. Ein Antrag dieser Antragsberechtigten kann sich **grundsätzlich gegen jeden Beschluss** in Beteiligungsangelegenheiten richten (vgl. Rn. 2). Nur bei einem nach § 38 Abs. 2 gefassten Beschluss in den Angelegenheiten lediglich einer Gruppe ist die Mehrheit dieser (also der eigenen) Gruppe dann nicht zur Stellung eines Aussetzungsantrags befugt, wenn die Vertreter dieser Gruppe insoweit **zur alleinigen Beschlussfassung berufen** waren. Diese – sich aus der Unzulässigkeit widersprüchlichen Verhaltens ergebende – Ausnahme gilt allerdings bei solchen Beschlüssen einer einzigen Gruppe nicht, bei denen nach § 40 Abs. 1 S. 3 auch die Mitglieder der JAV stimmberechtigt waren. An einem zulässigen Aussetzungsantrag ihrer Gruppe können sich auch solche Gruppenvertreter beteiligen, die dem Beschluss zugestimmt haben, dessen Aussetzung beantragt wird. Antragsberechtigt ist immer nur die Mehrheit der Vertreter »einer« Gruppe. Für **Anträge aus verschiedenen Gruppen** ist in jeder dieser Gruppen eine Mehrheit ihrer Vertreter erforderlich. 3

Voraussetzung eines Antrags auf Aussetzung eines Beschlusses ist, dass die Antragsteller den Beschluss als eine **erhebliche Beeinträchtigung wichtiger Interessen** der durch sie vertretenen Beschäftigten, also der Angehörigen ihrer Gruppe, erachten. Dabei kommt es darauf an, ob die Vertreter der Gruppe aufgrund ihrer subjektiven Einschätzung eine solche Beeinträchtigung für gegeben halten; wichtige Interessen können auch die nur mittelbar berührten Interessen der Gruppe sein.[320] 4

Für den an den Vorsitzenden des PR zu richtenden Antrag ist weder eine bestimmte **Form** noch eine bestimmte **Frist** vorgeschrieben. Er kann aber nur so lange gestellt werden, solange der angegriffene Beschluss noch nicht vollzogen und damit wirksam geworden ist und solange nicht mehr als sechs Arbeitstage vom Zeitpunkt der Beschlussfassung an vergangen sind (vgl. Rn. 7). 5

Die Entscheidung über den Aussetzungsantrag obliegt dem **Vorsitzenden.**[321] Dieser hat aber lediglich zu **prüfen**, ob die **gesetzlichen Voraussetzungen** für den Antrag vorliegen (Rechtzeitigkeit, Antragsberechtigung, erforderliche Mehrheit der Antragsteller und deren Berufung auf die gesetzlichen Antragsgründe). Liegt eine dieser Voraussetzungen nicht vor, ist der Antrag zurückzuweisen. Eine Zurückweisung wegen Nichtvorliegens der gesetzlichen Antragsgründe ist allerdings nur dann zulässig, wenn der Antrag **offensichtlich unbegründet** oder **rechtsmissbräuchlich** gestellt ist. 6

---

320 *BVerwG* v. 29. 1. 92, a. a. O.

321 Näher dazu *BVerwG* v. 29. 1. 92, a. a. O.

7 Wird ein rechtmäßiger Aussetzungsantrag gestellt, ist der Vorsitzende verpflichtet, den beanstandeten Beschluss **auf die Dauer von sechs Arbeitstagen** vom Zeitpunkt der Beschlussfassung an **auszusetzen**. Die rechtliche Wirkung der Aussetzung besteht darin, dass der (weiterhin existente) Beschluss während der Dauer seiner Aussetzung **nicht vollzogen** werden darf. Die Berechnung der Dauer der Aussetzung richtet sich nach § 187 Abs. 1 und § 188 Abs. 1 BGB; dabei ist es sachgerecht, den in § 52 S. 2 WO definierten Begriff des Arbeitstages zugrunde zu legen.

8 Nach **Abs. 1 S. 3** hat die Aussetzung **keine Verlängerung einer Frist** zur Folge. Praktische Bedeutung hat dies v. a. für die Einhaltung von Äußerungsfristen im Beteiligungsverfahren. Wegen der Kürze dieser Fristen kann das während der Aussetzung bestehende Vollzugsverbot (vgl. Rn. 7) dazu führen, dass eine Äußerungsfrist nicht eingehalten werden kann und die vom Dienststellenleiter beabsichtigte Maßnahme als gebilligt gilt. Dem lässt sich dadurch Rechnung tragen, dass man jedenfalls in einem solchen Fall die einvernehmliche Verlängerung zulässt.[322]

9 Nach **Abs. 1 S. 2** soll innerhalb der Aussetzungsfrist versucht werden, eine **Verständigung** herbeizuführen. Dieser **Versuch** ist vom Vorsitzenden zu organisieren. Dabei kann auch die Hilfe der unter den PR-Mitgliedern vertretenen **Gewerkschaften** (vgl. § 36 Rn. 3) in Anspruch genommen werden. Dies kann in der Weise geschehen, dass jedes PR-Mitglied von sich aus seine Gewerkschaft einbezieht.

10 Das Aussetzungsverfahren kann noch vor Ablauf der Aussetzungsfrist abgeschlossen werden, sobald eine **Verständigung erreicht** wird. Besteht diese darin, dass die Antragsteller ihre Bedenken nicht aufrechterhalten und ihren **Antrag zurücknehmen**, ist das Verfahren damit beendet mit der Folge, dass der ausgesetzte Beschluss nunmehr vollzogen werden kann. Geht die Verständigung dahin, dass der bisherige Beschluss aufgehoben oder geändert werden soll, bedarf es dazu einer **erneuten Beschlussfassung** im Rahmen einer förmlichen Sitzung des PR, die nach ordnungsgemäßer Anberaumung unverzüglich stattfinden kann.

11 Auch wenn eine **Verständigung nicht erreicht** wird, ist über die Angelegenheit erneut zu beschließen. Nach **Abs. 2 S. 1** kann diese **erneute Beschlussfassung** erst in einer unmittelbar **nach Ablauf der Frist** anberaumten PR-Sitzung erfolgen.[323] Dabei ist über den bisherigen Beschluss zu entscheiden. Dieser kann bestätigt oder geändert oder aufgehoben werden.

12 Wird der **erste Beschluss bestätigt**, so ist der Einspruch damit zurückgewiesen. Dies hat zum einen zur Folge, dass der Beschluss ausgeführt werden kann, zum anderen (so **Abs. 2 S. 2**), dass der **Antrag auf Aussetzung nicht wiederholt** werden kann, und zwar auch nicht von anderen Antragstellern.

322 Str.; vgl. KfdP-*Kröll*, Rn. 12 m. N.
323 Str.; vgl. KfdP-*Kröll*, Rn. 17 m. N.

Wird der erste Beschluss dagegen (nicht nur unerheblich) **geändert**, ist ein **neuer Aussetzungsantrag** nicht ausgeschlossen. Von den bisherigen Antragstellern kann dieser aber nur gestellt werden, wenn sie durch den neuen Beschluss in einem noch nicht beanstandeten Punkt beschwert sind.[324]

Nach **Abs. 1 S. 1** bzw. **Abs. 3** steht der **Mehrheit der JAV** und der **Schwerbehindertenvertretung** ein dem Einspruchsrecht der Mehrheit der Vertreter einer Gruppe entsprechendes **Einspruchsrecht** zu. Dabei müssen von der Mehrheit der JAV wichtige Interessen der Beschäftigten i. S. v. § 57 und von der Schwerbehindertenvertretung wichtige **Interessen** der schwerbehinderten Menschen als erheblich beeinträchtigt erachtet werden. Letztere kann den Aussetzungsantrag nach Abs. 4 S. 2 Hs. 1 des **§ 95 SGB IX** auch darauf stützen, dass sie entgegen Abs. 2 S. 1 dieser Vorschrift vom Arbeitgeber **nicht beteiligt** worden ist. Gegenstand eines **Aussetzungsantrags** kann jeder Beschluss in Beteiligungsangelegenheiten sein (vgl. Rn. 2). Obwohl § 95 Abs. 4 S. 2 Hs. 1 SGB IX eine Frist von einer Woche vorsieht, beträgt die **Aussetzungsfrist** aus Gründen der Gleichbehandlung entsprechend Abs. 1 S. 1 auch für die Schwerbehindertenvertretung sechs Arbeitstage.[325] 13

Auf Beschlüsse in gemeinsamen Angelegenheiten von PR und Richterrat nach § 53 DRiG ist § 39 entsprechend anzuwenden (vgl. Anh. II Rn. 4). Dabei gelten die in den PR entsandten Mitglieder des Richterrats als Vertreter einer (weiteren) Gruppe. Daraus folgt, dass insoweit der **Mehrheit der entsandten Mitglieder des Richterrats** das gleiche Einspruchsrecht zusteht wie der Mehrheit der Vertreter einer Gruppe des PR nach Abs. 1 S. 1. Ggf. gilt § 39 auch für die nach § 94 Abs. 1 S. 2 oder 3 SGB IX gebildete **Schwerbehindertenvertretung der Richter** entsprechend. 14

§ 40 [Teilnahme der Jugend- und Auszubildendenvertretung, der Schwerbehindertenvertretung und der Vertreter der nichtständig Beschäftigten an den Personalratssitzungen]

(1) [1]Ein Vertreter der Jugend- und Auszubildendenvertretung, der von dieser benannt wird, und die Schwerbehindertenvertretung können an allen Sitzungen des Personalrates beratend teilnehmen. [2]An der Behandlung von Angelegenheiten, die besonders die in § 57 genannten Beschäftigten betreffen, kann die gesamte Jugend- und Auszubildendenvertretung beratend teilnehmen. [3]Bei Beschlüssen des Personalrates, die überwiegend die in § 57 genannten Beschäftigten betreffen, haben die Jugend- und Auszubildendenvertreter Stimmrecht.

---

324 Str.; vgl. KfdP-*Kröll*, Rn. 18 m. N.
325 Str.; vgl. KfdP-*Kröll*, Rn. 21 m. N.

(2) An der Behandlung von Angelegenheiten, die besonders die nichtständig Beschäftigten betreffen, können die in § 65 Abs. 1 bezeichneten Vertreter mit beratender Stimme teilnehmen.

1 § 40 **Abs. 1** sieht zur Wahrung der spezifischen Interessen der in § 57 genannten jugendlichen und auszubildenden Beschäftigten, die von der JAV vertreten werden, **abgestufte Rechte der JAV** zur Einflussnahme auf die Meinungs- und Willensbildung des PR vor. **Abs. 1 S. 1** legt fest, dass **ein Vertreter der JAV**, der von dieser benannt wird, an **allen Sitzungen des PR** beratend teilnehmen kann. Dieses Recht besteht unabhängig davon, welche Gegenstände in der PR-Sitzung behandelt werden. Es gilt auch für die in § 34 Abs. 1 geregelte konstituierende Sitzung des PR. Besteht die JAV aus mehreren Mitgliedern, hat sie durch Beschluss entweder für alle künftigen Sitzungen oder von Fall zu Fall eines ihrer Mitglieder als ihren Vertreter zu bestimmen und dieses dem Vorsitzenden des PR zu **benennen**. Besteht die JAV nur aus einem einzigen Mitglied, kann dieses als »geborener Vertreter« ohne Weiteres an allen PR-Sitzungen teilnehmen. Das Recht der **beratenden Teilnahme** besteht auch dann, wenn die erforderliche Ladung (vgl. § 34 Rn. 1 u. 7) nicht erfolgt ist. Es bezieht sich auf alle Beratungsgegenstände und hat den gleichen Inhalt wie das entsprechende Recht der Gewerkschaftsbeauftragten (vgl. dazu § 36 Rn. 8). Der JAV-Vertreter kann auch während der Abstimmungen anwesend sein. Es besteht allerdings **keine Teilnahmepflicht**.

2 Nach **Abs. 1 S. 2** kann die **gesamte JAV** an der Behandlung von Angelegenheiten teilnehmen, die **besonders die in § 57 genannten Beschäftigten** betreffen. Dabei reicht es aus, dass entweder die jugendlichen oder die auszubildenden Beschäftigten besonders betroffen sind. Eine besondere Betroffenheit kann grundsätzlich dann unterstellt werden, wenn eine Angelegenheit schützenswerte Interessen von Jugendlichen oder Auszubildenden berührt.[326] Die besondere Betroffenheit ist v.a. bei Fragen des Jugendarbeitsschutzes und der Berufsbildung und bei allen weiteren allgemeinen Aufgaben der JAV (§ 61 Abs. 1) zu bejahen. Es kann auch bei personellen Einzelmaßnahmen gegeben sein. Das Recht der gesamten JAV zur **beratenden Teilnahme** besteht auch dann, wenn die nach § 34 Abs. 2 S. 4 erforderliche Ladung der JAV-Mitglieder unterblieben ist.

3 Nach **Abs. 1 S. 3** haben die Mitglieder der JAV bei Beschlüssen, die **überwiegend die in § 57 genannten Beschäftigten** betreffen, **Stimmrecht** (vgl. § 37 Rn. 4 u. § 38 Rn. 7). Eine überwiegende Betroffenheit wird i.d.R. gegeben sein, wenn bei der gegenseitigen Interessenabwägung Belange von in § 57 genannten Beschäftigten gegenüber denen der übrigen Beschäftigten ein stär-

326 *BVerwG* v. 8.7.77 – VII P 22.75 –, PersV 78, 309, u. v. 28.10.93 – 6 P 25.91 –, PersR 94, 119.

keres Gewicht haben. Das ist insb. bei personellen Maßnahmen[327] und bei Fragen des Jugendarbeitsschutzes und der Berufsausbildung der Fall.[328] Das Stimmrecht gilt für alle Beschlüsse, die überwiegend in § 57 genannte Beschäftigte betreffen. Da auch die Beschlüsse einer oder mehrerer Gruppen Beschlüsse des PR sind, stimmen die Mitglieder der JAV ggf. auch hierbei mit. Ein Beschluss des PR in einer Angelegenheit, die überwiegend in § 57 genannte Beschäftigte betrifft, ist unwirksam, wenn den JAV-Mitgliedern die Ausübung ihres Stimmrechts nicht ermöglicht worden ist.[329]

Nach **Abs. 1 S. 1** kann die **Schwerbehindertenvertretung** an allen Sitzungen 4 des PR beratend teilnehmen (so auch § 95 Abs. 4 S. 1 Hs. 1 SGB IX). Sie hat aber auch dann kein Stimmrecht, wenn Beschlüsse gefasst werden, die überwiegend schwerbehinderte Menschen betreffen.

Nach **Abs. 2** sind die **Vertreter der nichtständig Beschäftigten** (§ 65 Abs. 1) 5 berechtigt, an der PR-Sitzung beratend teilzunehmen, soweit Angelegenheiten behandelt werden, die besonders die nichtständig Beschäftigten betreffen. Dieses Recht entspricht dem Teilnahmerecht der gesamten JAV nach Abs. 1 S. 2 (vgl. dazu Rn. 2). Ein Stimmrecht bei der Beschlussfassung des PR besitzen die Vertreter der nichtständig Beschäftigten nicht.

Bei der Wahrnehmung einer gemeinsamen Aufgabe von Richterrat und PR 6 haben die nach § 53 Abs. 1 DRiG in den PR entsandten Mitglieder des **Richterrats** Beratungs- und Stimmrecht, während der **Schwerbehindertenvertretung der Richter** dabei nach § 95 Abs. 4 S. 1 Hs. 1 SGB IX (nur) das Recht der beratenden Teilnahme zusteht (vgl. Anh. II Rn. 4).

Der **Vertrauensmann in der Bundespolizei** kann nach § 85 Abs. 2 Nr. 5 S. 4 7 an den Sitzungen des BPOL-PR beratend teilnehmen und hat dort in den Fällen Stimmrecht, in denen es sich um Angelegenheiten handelt, die lediglich die Polizeivollzugsbeamten in der Grundausbildung betreffen und in denen er nach § 85 Abs. 1 Nr. 3 die Mitwirkung der BPOL-Personalvertretung beantragt hat (vgl. § 85 Rn. 6, 18).

Soweit bei der Behandlung einer gemeinsamen Angelegenheit von (zivilen) 8 Beschäftigten und Soldaten Interessen der Soldaten berührt sind, die von der nach § 33 Abs. 1 SBG gebildeten **Versammlung der Vertrauenspersonen der Soldaten des Verbandes** vertreten werden, hat deren Sprecher nach § 36 Abs. 6 S. 2 SBG ein Recht zur beratenden Teilnahme (vgl. Anh. V B § 36 SBG Rn. 9).

---

327 Str.; vgl. KfdP-*Kröll*, Rn. 5.

328 Vgl. *BVerwG* v. 8.7.77 u. v. 28.10.93, jew. a. a. O.

329 *BVerwG* v. 8.7.77, a. a. O.

§ 41 [Sitzungsniederschrift]

(1) [1]Über jede Verhandlung des Personalrates ist eine Niederschrift aufzunehmen, die mindestens den Wortlaut der Beschlüsse und die Stimmenmehrheit, mit der sie gefaßt sind, enthält. [2]Die Niederschrift ist von dem Vorsitzenden und einem weiteren Mitglied zu unterzeichnen. [3]Der Niederschrift ist eine Anwesenheitsliste beizufügen, in die sich jeder Teilnehmer eigenhändig einzutragen hat.

(2) [1]Haben der Leiter der Dienststelle oder Beauftragte von Gewerkschaften an der Sitzung teilgenommen, so ist ihnen der entsprechende Teil der Niederschrift abschriftlich zuzuleiten. [2]Einwendungen gegen die Niederschrift sind unverzüglich schriftlich zu erheben und der Niederschrift beizufügen.

1 Nach **Abs. 1 S. 1** ist über jede »Verhandlung« des PR eine Niederschrift zu fertigen, die v. a. dazu dient, die vom PR gefassten Beschlüsse zu dokumentieren. Die Regelung gilt für die nach § 34 einberufenen **Sitzungen des PR**, aber auch für Sitzungen seines **Vorstandes** (vgl. § 32 Rn. 8), des nach § 93 Abs. 1 gebildeten **VS-Ausschusses** (vgl. § 93 Rn. 2) und der vom PR eingesetzten **beratenden Ausschüsse** (vgl. § 32 Rn. 9), weil auch in diesen Sitzungen im Rahmen der Geschäftsführung oder zur Wahrnehmung von Beteiligungsrechten Beschlüsse gefasst werden können. Über sonstige Zusammenkünfte von PR-Mitgliedern und über die monatlichen Besprechungen mit dem Leiter der Dienststelle nach § 66 Abs. 1 brauchen keine Niederschriften gefertigt zu werden.[330] Auch für Personalversammlungen besteht keine Protokollierungspflicht.[331]

2 Die Niederschrift ist über die **gesamte Verhandlung** anzufertigen. Aus ihr muss sich ergeben, welche Gegenstände behandelt worden sind; die Tagesordnungspunkte sind aufzunehmen. Der **Ort** sowie das **Datum** und die **Uhrzeit** von Beginn und Ende der Sitzung sind stets anzugeben. Zwingend vorgeschriebener **Mindestinhalt** sind der Wortlaut der **Beschlüsse** und die Stimmenmehrheit, mit der sie gefasst sind. Dazu gehört auch der Wortlaut abgelehnter Anträge sowie in den Fällen des § 77 Abs. 2 und des § 79 Abs. 1 S. 3 die Angabe der zugrunde gelegten Tatsachen und der Zustimmungsverweigerungs- bzw. Einwendungsgründe. Ggf. ist auch anzugeben, dass es sich um den Beschluss der Vertreter einer oder zweier Gruppen gehandelt hat. Zur Angabe der **Stimmenmehrheit** gehört die Zahl der Ja- und Nein-Stimmen und der Stimmenthaltungen. **Erklärungen zu Protokoll** sind grundsätzlich zu vermerken. Eine Niederschrift ist auch dann zu fertigen, wenn nur Beratungen oder Verhandlungen stattgefunden haben. In diesem Fall ist

330 Str.; vgl. KfdP-*Kröll*, Rn. 1a.
331 *NdsOVG* v. 18. 3. 92 – 17 L 31/90 –, PersR 93, 127.

zumindest die **Tagesordnung** wiederzugeben. Die Niederschrift ist unverzüglich, d.h. ohne schuldhaftes Zögern (§ 121 Abs. 1 S. 1 BGB), anzufertigen. Nach **Abs. 1 S. 2** ist sie vom Vorsitzenden und einem weiteren Mitglied des PR (ggf. von dem vom PR bestellten Schriftführer) zu **unterzeichnen**. Der PR kann in der Geschäftsordnung (§ 42) u.a. festlegen, dass ihm die Niederschrift in seiner nächsten Sitzung zur **Genehmigung** vorgelegt wird.[332]

Nach **Abs. 1 S. 3** hat sich jeder Sitzungsteilnehmer eigenhändig (handschriftlich und identifizierbar) in eine **Anwesenheitsliste** einzutragen. Das gilt auch für Sachverständige und Auskunftspersonen.[333] Bei Personen, die nur zeitweise an der Sitzung teilnehmen, muss auch die Zeit der Anwesenheit eingetragen werden. Die Anwesenheitsliste ist der Niederschrift als **Anlage** beizufügen. 3

Haben der **Leiter der Dienststelle** nach § 34 Abs. 4 oder **Beauftragte von Gewerkschaften** nach § 36 an der Sitzung des PR teilgenommen, so ist ihnen nach **Abs. 2 S. 1** der entsprechende Teil der Niederschrift als **Abschrift** (oder als Abdruck oder Fotokopie) zuzuleiten. Die **anderen** Sitzungsteilnehmer haben keinen Anspruch auf Zuleitung einer Abschrift. Die Übermittlung an die PR-Mitglieder ist jedoch nicht ausgeschlossen und sogar geboten, wenn vereinbart ist, dass die Niederschrift in der nächsten Sitzung zur Genehmigung vorgelegt wird. Einzelne **Beschäftigte** haben auch dann keinen Anspruch auf eine Abschrift, wenn in der Sitzung ein Beschluss gefasst worden ist, der ihre Angelegenheiten betrifft.[334] 4

Obwohl das Gesetz dies anders als § 34 Abs. 3 BetrVG nicht ausdrücklich bestimmt, haben die **PR-Mitglieder** ein unbeschränktes, jederzeitiges **Recht auf Einsicht** in die **Unterlagen des PR** und seines Vorstandes[335] (zu dem von der Rspr. verneinten Einsichtsrecht vor der Sitzung vgl. § 34 Rn. 6). Hierzu gehören auch die Niederschriften über PR-Sitzungen, und zwar auch solche über frühere Sitzungen.[336] Falls der PR keine andere Regelung getroffen hat, haben sie zwar keinen Anspruch auf Zuleitung von Abschriften.[337] Sie können sich aber nicht nur Notizen machen, sondern auch Abschriften oder Kopien anfertigen. Nach der auf das PersVR übertragbaren Rspr. des *BAG*[338] erstreckt sich das Einsichtsrecht der Betriebsratsmitglieder auf **sämtliche Aufzeichnungen und Materialien**, die der Betriebsrat angefertigt hat und die ständig zur Verfügung stehen. Es besteht unabhängig davon, ob die Auf- 5

332 *HessVGH* v. 15.3.78 – BPV TK 2/78 –, PersV 80, 468.
333 Str.; vgl. KfdP-*Kröll*, Rn. 5.
334 *BVerwG* v. 24.10.69 – VII P 9.68 –, PersV 70, 107.
335 Vgl. KfdP-*Kröll*, Rn. 8.
336 Offengelassen in *SächsOVG* v. 2.2.10 – PL 9 B 393/08 –, PersR 10, 505.
337 *BayVGH* v. 21.11.75 – Nr. 1 XII 74 –, ZBR 76, 373.
338 Beschl. v. 12.8.09 – 7 ABR 15/08 –, AP BetrVG 1972 § 34 Nr. 2.

zeichnungen **in Papierform** verkörpert oder **in Dateiform** elektronisch auf Datenträgern gespeichert sind, und umfasst auch das **elektronische Leserecht** der Dateien und der E-Mail-Korrespondenz.[339]

5a **Ersatzmitglieder** haben in jedem Fall ein Einsichtsrecht in die Niederschriften der Sitzungen, an denen sie teilgenommen haben. Darüber hinaus dürfen sie Niederschriften anderer Sitzungen einsehen, soweit dies zur Vorbereitung auf eine Sitzung erforderlich ist, an der sie teilnehmen sollen.[340] **Sonstige Sitzungsteilnehmer**, die mit (mindestens) beratender Stimme teilgenommen haben, haben nur ein Einsichtsrecht in Niederschriften solcher Sitzungen, an denen sie teilgenommen haben. Waren sie dabei nur zeitweise anwesend, ist ihr Einsichtsrecht auf den entsprechenden Teil der Niederschrift beschränkt. Dienststellenleiter und Gewerkschaftsbeauftragte haben zusätzlich zu ihrem Anspruch auf Zuleitung einer Abschrift kein Einsichtsrecht. Sachverständigen und Auskunftspersonen ist ebenfalls kein Einsichtsrecht eingeräumt. Das gilt auch für **Beschäftigte**, deren Angelegenheiten in der Sitzung behandelt worden sind (vgl. Rn. 4).

6 **Einwendungen** gegen die Niederschrift sind nach **Abs. 2 S. 2** unverzüglich, also ohne schuldhaftes Zögern (§ 121 Abs. 1 S. 1 BGB), schriftlich zu erheben und der Niederschrift beizufügen. Das Recht zur Erhebung von Einwendungen steht allen Personen zu, die mit mindestens beratender Stimme an der Sitzung teilgenommen haben. Gegenstand von Einwendungen können die Richtigkeit, Vollständigkeit oder Ordnungsmäßigkeit der Niederschrift oder der Anwesenheitsliste sein. Einwendungen sind Gegendarstellungen, nicht aber Gegenprotokolle. Sie sind dem PR-Vorsitzenden grundsätzlich schriftlich zu übermitteln. Dieser hat sie der Niederschrift auch dann beizufügen, wenn er oder der PR sie für unzutreffend hält.[341] Wird dem PR die Niederschrift zur Genehmigung vorgelegt (vgl. Rn. 2), können dabei auch mündlich vorgebrachte Einwendungen berücksichtigt werden. Gibt der PR diesen Einwendungen nicht statt, sind sie ebenfalls der Niederschrift beizufügen.

7 Die Niederschrift kann vom Vorsitzenden und dem PR-Mitglied, das sie mit unterzeichnet hat, **berichtigt** werden. Das hat so zu geschehen, dass die Vornahme der Berichtigung erkennbar bleibt. Eine vom PR genehmigte Niederschrift darf nur mit seiner Zustimmung berichtigt werden. Falls ein Teil einer Niederschrift berichtigt wird, die dem Dienststellenleiter oder Gewerkschaftsbeauftragten abschriftlich zugeleitet worden ist, sind diese über die Berichtigung zu informieren.

8 Die Niederschrift ist **keine Wirksamkeitsvoraussetzung** für die Rechtsgültigkeit der in der Sitzung gefassten Beschlüsse. Sie erleichtert jedoch die **Be-**

339 Näher dazu KfdP-*Kröll*, Rn. 8 a.
340 Str.; vgl. KfdP-*Kröll*, Rn. 9.
341 *HessVGH* v. 15. 3. 78 – BPV TK 2/78 –, PersV 80, 468.

weisbarkeit der Beschlussfassung.[342] Ihr Original ist als Bestandteil der Akten des PR **aufzubewahren**, solange ihr Inhalt von rechtlicher Bedeutung ist.

§ 42 [Geschäftsordnung]

Sonstige Bestimmungen über die Geschäftsführung können in einer Geschäftsordnung getroffen werden, die der Personalrat mit der Mehrheit der Stimmen seiner Mitglieder beschließt.

Die Vorschrift gibt dem PR die Befugnis, eine Geschäftsordnung zu beschließen und darin »**sonstige Bestimmungen über die Geschäftsführung**« zu treffen. Damit sind Bestimmungen gemeint, welche die Regelungen der §§ 32 bis 45 ergänzen. In der Geschäftsordnung dürfen aber auch gesetzliche Bestimmungen wiederholt werden. Dies kann sinnvoll sein, weil eine Zusammenfassung der für die Geschäftsführung geltenden Regelungen deren Handhabung erleichtert. Soweit die gesetzlichen Vorschriften zwingendes Recht enthalten, darf davon auch in der Geschäftsordnung nicht abgewichen werden.[343] Regelungen, die der PR nur im Einvernehmen mit dem Dienststellenleiter treffen kann (vgl. etwa § 43 S. 2), können nicht in der Geschäftsordnung geregelt werden. 1

Ob der PR eine Geschäftsordnung beschließt und wie detailliert er sie ggf. ausgestaltet, liegt in seinem **Ermessen**. Für den Beschluss ist die Mehrheit der Stimmen aller seiner Mitglieder erforderlich. Für diese **absolute Mehrheit** kommt es nicht darauf an, wie viele Mitglieder der PR nach § 16 und § 17 Abs. 4 haben müsste (Sollstärke), sondern darauf, wie viele Mitglieder er zur Zeit der Beschlussfassung tatsächlich hat (Iststärke). 2

Obwohl das BPersVG anders als § 36 BetrVG eine schriftliche Geschäftsordnung nicht ausdrücklich vorsieht, ist die **Schriftform** schon deshalb unerlässlich, weil der Beschluss nach § 41 Abs. 1 S. 1 im Wortlaut in die Sitzungsniederschrift aufzunehmen ist; ggf. durch Verweis auf eine der Niederschrift beigefügte Anlage. Die Geschäftsordnung bedarf zu ihrem Inkrafttreten keiner **Bekanntmachung**. Die Mitglieder des PR haben jedoch Anspruch auf Aushändigung einer Kopie.[344] 3

Die Geschäftsordnung ist statutarisches Recht.[345] Sie **bindet** die einzelnen PR-Mitglieder, insb. den Vorsitzenden und den Vorstand, nicht aber den PR in seiner Gesamtheit. Dieser kann die Geschäftsordnung jederzeit – mit ab- 4

---

342 Vgl. KfdP-*Kröll*, Rn. 13 m. N.

343 *BVerwG* v. 7.11.69 – VII P 3.69 – u. v. 5.2.71 – VII P 17.70 –, PersV 71, 15, u. 271.

344 Vgl. *ArbG München* v. 12.4.89 – 26b BV 42/89 –, AiB 89, 351 Ls.

345 *BVerwG* v. 7.11.69, a.a.O.

soluter Mehrheit – **ändern** oder **aufheben** oder durch eine neue Geschäftsordnung ersetzen. Er ist auch – wiederum mit absoluter Mehrheit – befugt, im Einzelfall von ihr **abzuweichen.**[346] Die Geschäftsordnung gilt **für die Dauer der Amtszeit** des PR.[347] Der nachfolgende PR kann sie aber durch ausdrücklichen Beschluss unverändert (oder modifiziert) übernehmen.

§ 43 [Sprechstunden]

[1]Der Personalrat kann Sprechstunden während der Arbeitszeit einrichten. [2]Zeit und Ort bestimmt er im Einvernehmen mit dem Leiter der Dienststelle.

1 Die Vorschrift bietet dem PR die Möglichkeit, unabhängig von der Größe der Dienststelle, Sprechstunden während der Arbeitszeit einzurichten. Diese dienen der **Kommunikation** zwischen dem PR und den von ihm repräsentierten Beschäftigten.[348] Über die **Einrichtung von Sprechstunden** entscheidet der PR durch **Beschluss.** Diese Entscheidung liegt in seinem pflichtgemäßen **Ermessen** und bedarf keiner Zustimmung des Leiters der Dienststelle. Die alleinige Entscheidungsbefugnis des PR erstreckt sich auch darauf, die Sprechstunden **während der Arbeitszeit** einzurichten. Der PR ist aber auch berechtigt, Sprechstunden **außerhalb der Arbeitszeit** abzuhalten.

2 **Zeit und Ort** der während der Arbeitszeit einzurichtenden Sprechstunden bestimmt der PR im **Einvernehmen mit dem Dienststellenleiter,** also mit dessen Zustimmung. Dadurch soll gewährleistet werden, dass dienstliche Erfordernisse nicht unberücksichtigt bleiben. Unter **Zeit** sind die Dauer, der Zeitpunkt (Tag und Uhrzeit) und die Häufigkeit der Sprechstunden zu verstehen. Mit **Ort** ist in erster Linie der Raum gemeint, in dem die Sprechstunden abgehalten werden. Dazu gehört in räumlich verzweigten Dienststellen aber auch die Frage, an welchen Stellen (zusätzlich zur Zentrale auch in entfernt liegenden Nebenstellen oder Dienststellenteilen) die Sprechstunden durchgeführt werden. Bei der Frage, wann und wo die Sprechstunde abgehalten werden soll, ist das Gebot der **Sparsamkeit und Wirtschaftlichkeit** zu beachten.[349]

3 Die Abhaltung der eingerichteten Sprechstunden gehört nicht zu den vom Vorstand zu führenden laufenden Geschäften (vgl. § 32 Rn. 7), sondern ist eine **Aufgabe des PR.**[350] Soweit dazu in der Geschäftsordnung nichts Nähe-

346 H. M.; vgl. KfdP-*Kröll*, Rn. 7.
347 Str.; vgl. KfdP-*Kröll*, Rn. 8.
348 Vgl. *BVerwG* v. 12.12.05 – 6 P 7.05 –, PersR 06, 122.
349 Vgl. *HessVGH* v. 28.8.12 – 22 A 1073/11.PV –, juris, sowie vorgehend *VG Frankfurt am Main* v. 28.3.11 – 23 K 386/11. F.PV –, PersR 12, 133.
350 Str.; vgl. KfdP-*Kröll*, Rn. 5 m. N.

res geregelt ist (vgl. § 42 Rn. 1), entscheidet der PR durch gesonderten Beschluss. Er hat insb. festzulegen, welches oder **welche seiner Mitglieder** die Sprechstunden abhalten. Dabei kommt es auf Sachkunde und Beratungskompetenz, nicht aber auf die Gruppenzugehörigkeit an.[351] Der PR kann, wenn dies sachdienlich erscheint, im Einzelfall auch Beauftragte der in der Dienststelle vertretenen **Gewerkschaften** zur Sprechstunde hinzuziehen.[352] Das ergibt sich aus der in § 2 Abs. 1 normierten allgemeinen Unterstützungsfunktion dieser Gewerkschaften.[353] Führt die **JAV** keine eigenen Sprechstunden durch (vgl. § 62 Rn. 2), kann eines ihrer Mitglieder an der Sprechstunde des PR teilnehmen, soweit diese von jugendlichen oder auszubildenden Beschäftigten i. S. d. § 57 aufgesucht wird. Entsprechendes gilt hinsichtlich der **Vertrauensperson der schwerbehinderten Menschen**, wenn die Schwerbehindertenvertretung keine eigenen Sprechstunden eingerichtet hat.

Gegenstand der Sprechstunden können alle Angelegenheiten sein, die mit 4
der Funktion des PR zur Vertretung der Interessen der Beschäftigten zusammenhängen. Im Hinblick auf die allgemeinen Überwachungsaufgaben des PR nach § 67 Abs. 1 S. 1 und § 68 Abs. 1 Nr. 2 gehört dazu auch die **Erörterung von Rechtsfragen**, welche die Beschäftigungsverhältnisse der die Sprechstunde aufsuchenden Beschäftigten betreffen.[354] Das ergibt sich aus § 2 Abs. 3 Nr. 3 des Rechtsdienstleistungsgesetzes (RDG), das als Art. 1 des Gesetzes v. 12. 12. 07[355] erlassen worden und mit Wirkung vom 1. 7. 08 an die Stelle des bisherigen Rechtsberatungsgesetzes (RBerG) getreten ist. Zu einer **rechtlichen Hilfestellung** (die nicht in der gerichtlichen oder verwaltungsförmlichen Rechtsdurchsetzung besteht) ist der PR auch dann befugt, wenn es an einer konkreten beteiligungsbedürftigen Maßnahme der Dienststelle fehlt. Soweit das *BVerwG* früher[356] zur Zulässigkeit einer »akzessorischen Rechtsberatung« eine engere Ansicht vertreten hat, ist diese seit der Ablösung des RBerG durch das RDG überholt (vgl. auch § 68 Rn. 13).

Die Beschäftigten der Dienststelle sind berechtigt, die Sprechstunden des PR 5
während ihrer Arbeitszeit aufzusuchen, ohne dass es dafür einer Dienstbefreiung bedarf. Sie müssen sich allerdings rechtzeitig vorher bei ihrem unmittelbaren Vorgesetzten unter Angabe des Beginns und der voraussichtlichen Dauer ihrer Abwesenheit – nicht jedoch des Grundes für den Besuch – **abmelden** und nach ihrer Rückkehr wieder zurückmelden. Der Dienststellenleiter ist verpflichtet, dem einzelnen Beschäftigten **Gelegenheit zu geben,**

351 Str.; vgl. KfdP-*Kröll*, a. a. O.
352 Str.; vgl. KfdP-*Kröll*, Rn. 6 m. N.
353 Vgl. *BAG* v. 17. 1. 89 – 1 AZR 805/87 –, PersR 89, 138.
354 Näher zum Folgenden KfdP-*Kröll*, Rn. 8af.
355 BGBl. I S. 2840.
356 Beschl. v. 18. 8. 03 – 6 P 2.03 –, PersR 03, 498.

die Sprechstunden des PR aufzusuchen.[357] Dazu hat er den ihm unterstellten Vorgesetzen die erforderlichen Anweisungen zu erteilen. Der Dienststellenleiter (oder der Vorgesetzte) kann allerdings die **Verschiebung** des Besuchs der Sprechstunde verlangen, wenn dies wegen **unaufschiebbarer dienstlicher Erfordernisse** geboten ist.[358] Untersagt der Dienststellenleiter (oder der Vorgesetzte) das Verlassen des Arbeitsplatzes, ohne dafür einen triftigen Grund zu haben, kann der betroffene Beschäftigte die Sprechstunde trotzdem aufsuchen (vgl. auch § 8 Rn. 5a).[359]

5a Will der PR **einzelne Beschäftigte in die Sprechstunde einladen,** so gilt nach der Rspr. des *BVerwG*[360] Folgendes: Der PR muss sich zuvor **mit dem Dienststellenleiter abstimmen.** Ein Einvernehmen ist dabei allerdings nicht erforderlich. Weigert sich der PR, auf Einwände des Dienststellenleiters einzugehen, so kann dieser, wenn seine Einwände berechtigt sind, nach § 83 Abs. 1 Nr. 3, Abs. 2 effektiven Rechtsschutz im personalvertretungsrechtlichen Beschlussverfahren erlangen. Der Dienststellenleiter kann auch generell erklären, mit einer Einladung einzelner Beschäftigter durch den PR ohne vorherige Rücksprache einverstanden zu sein, vorausgesetzt, dass es ihm durch die gleichzeitige Mitteilung der Einladung ermöglicht wird, ggf. Einwände vorzubringen und die Verschiebung der Besprechung zu erreichen (»**antizipierte Benehmenserklärung**«). Für die Einladung zu einem anderen im PR-Büro stattfindenden Besprechungstermin gilt das Gleiche wie für die Einladung in die Sprechstunde.

6 Zum Besuch der Sprechstunden sind **alle Beschäftigten** der Dienststelle berechtigt. Dazu gehören auch die in der Dienststelle tätigen Leiharbeitnehmer (vgl. § 4 Rn. 10). Für unechte Leiharbeitnehmer ist dies durch § 14 Abs. 2 S. 2 und Abs. 4 AÜG ausdrücklich klargestellt.

7 Die Einrichtung von Sprechstunden schließt Kontakte zwischen PR und einzelnen Beschäftigten zu anderen Zeiten und an anderer Stelle nicht aus. Kann z. B. ein Beschäftigter die Sprechstunde wegen Krankheit nicht aufsuchen, ist der PR berechtigt, eines seiner Mitglieder zu einem **Besuch im Krankenhaus** oder im Hause des Beschäftigten zu entsenden, wenn dieser den Besuch ausdrücklich wünscht und dafür ein konkreter, im Aufgabenbereich des PR liegender Anlass besteht.[361] Falls erforderlich, können die Beschäftigten den **PR außerhalb der Sprechstunden aufsuchen**, ohne dass der Dienststellenleiter dies verbieten darf.[362] Hinzu kommt die Möglichkeit des PR, **Beschäftigte an ihrem Arbeitsplatz aufzusuchen** (vgl. § 68 Rn. 39 f.).

---

357 *BVerwG* v. 12. 12. 05 – 6 P 7.05 –, PersR 06, 122.
358 *BVerwG* v. 12. 12. 05, a. a. O.
359 Str.; vgl. KfdP-*Kröll*, Rn. 9.
360 Beschl. v. 12. 12. 05, a. a. O.
361 *BVerwG* v. 24. 10. 69 – VII P 14.68 –, PersV 70, 131.
362 Vgl. *BAG* v. 23. 6. 1983 – 6 ABR 65/80 –, AP BetrVG 1972 § 37 Nr. 45.

Nach § 44 Abs. 1 und 2 trägt die Dienststelle die notwendigen **Kosten,** die durch die Einrichtung und Abhaltung der Sprechstunden entstehen. Sie hat insb. nach § 44 Abs. 2 in erforderlichem Umfang **Räume und Geschäftsbedarf** zur Verfügung zu stellen (vgl. § 44 Rn. 25ff.). Sind in räumlich verteilten Dienststellen keine auswärtigen Sprechstunden eingerichtet, sind Beschäftigten aus den Außenstellen in entsprechender Anwendung des § 50 Abs. 1 S. 4 die durch den Besuch entstehenden **Fahrkosten** zu erstatten.[363] Das gilt auch für Telebeschäftigte. 8

Auch wenn das BPersVG dies anders als § 39 Abs. 3 BetrVG nicht ausdrücklich klarstellt, darf die Arbeitszeitversäumnis, die zum Besuch der Sprechstunde – oder aufgrund sonstiger Inanspruchnahme des PR – erforderlich ist, **keine Minderung der Dienstbezüge oder des Arbeitsentgelts** zur Folge haben.[364] Das gilt bei auswärtigen Beschäftigten auch für die Wegezeiten. 9

§ 44 [Kosten und Sachaufwand des Personalrats]

(1) [1]Die durch die Tätigkeit des Personalrates entstehenden Kosten trägt die Dienststelle. [2]Mitglieder des Personalrates erhalten bei Reisen, die zur Erfüllung ihrer Aufgaben notwendig sind, Reisekostenvergütungen nach dem Bundesreisekostengesetz.

(2) Für die Sitzungen, die Sprechstunden und die laufende Geschäftsführung hat die Dienststelle in erforderlichem Umfang Räume, den Geschäftsbedarf und Büropersonal zur Verfügung zu stellen.

(3) Dem Personalrat werden in allen Dienststellen geeignete Plätze für Bekanntmachungen und Anschläge zur Verfügung gestellt.

§ 44 bestimmt in **Abs. 1 S. 1**, dass die Dienststelle die durch die Tätigkeit des PR entstehenden Kosten trägt. Er konkretisiert diese Festlegung durch die Vorschriften in **Abs. 1 S. 2** hinsichtlich der Kosten notwendiger Reisen von PR-Mitgliedern, in **Abs. 2** hinsichtlich des erforderlichen Sachaufwandes und Büropersonals und in **Abs. 3** hinsichtlich geeigneter Plätze für Bekanntmachungen und Anschläge des PR. 1

(Abs. 1) Nach der **Grundnorm des Abs. 1 S. 1** hängt die Kostentragung durch die Dienststelle von zwei Voraussetzungen ab: Zum einen muss es sich um Kosten handeln, die durch die **Tätigkeit des PR** entstehen (vgl. Rn. 3), zum anderen müssen die entstehenden **Kosten notwendig** sein (vgl. Rn. 4). Darüber hinaus verlangt die Rspr. unter Berufung auf den von ihr entwickelten Grundsatz der Verhältnismäßigkeit, dass die Kosten **angemessen** sein müssen (vgl. Rn. 4), und lässt es u. U. zu, dass die Tragung notwendiger und 2

363 Str.; KfdP-*Kröll*, Rn. 12 m. N.

364 Vgl. KfdP-*Kröll*, Rn. 13.

angemessener Kosten mit der Begründung, die **Haushaltsmittel** seien erschöpft, abgelehnt werden kann (vgl. Rn. 7f.).

3 Tätigkeit des PR i. S. d. Abs. 1 S. 1 ist nur diejenige, die zum **gesetzlichen Aufgabenkreis** des PR gehört, also eine Tätigkeit, mit der er seine Rechte wahrnimmt und seine Pflichten erfüllt.[365] Dies ist allein nach **objektiven Gesichtspunkten** festzustellen; ein Ermessen steht dem PR dabei nicht zu.[366] Insoweit gilt das Gleiche wie im Falle des § 46 Abs. 2 S. 1 (vgl. § 46 Rn. 2).

4 Ob die durch eine Tätigkeit des PR entstehenden **Kosten notwendig** sind, ist nicht im Rückblick von einem rein objektiven Standpunkt aus zu beurteilen, sondern es reicht aus, wenn der PR die Kosten im Zeitpunkt der Verursachung bei Würdigung der Umstände nach **pflichtgemäßer Beurteilung** der Sachlage für notwendig halten durfte.[367] Zu beachten hat er dabei nach der Rspr. des *BVerwG*[368] das Gebot der **sparsamen Verwendung öffentlicher Mittel** (vgl. § 6 HGrG, § 7 BHO) sowie den Grundsatz der **Verhältnismäßigkeit**, nach dem die anfallenden Kosten in einem angemessenen Verhältnis zu dem erstrebten und möglichen Nutzen stehen müssen. Der Maßstab der Verhältnismäßigkeit, gegen den wegen seiner Unbestimmtheit Bedenken bestehen, darf aber nicht dazu verwandt werden, die Aktivitäten des PR auf ein unteres Niveau festzuschreiben und die PR-Tätigkeit zu reglementieren. Um dies zu vermeiden, sind bei der vom PR zu treffenden Ermessensentscheidung noch **weitere Abwägungsgesichtspunkte** zu berücksichtigen: die Ausübung der PR-Tätigkeit als unentgeltliches Ehrenamt nach § 46 Abs. 1, der Grundsatz der vertrauensvollen Zusammenarbeit nach § 2 Abs. 1 und das Benachteiligungsverbot nach § 8.[369] In dem vom Gesetz vorgegebenen Rahmen steht dem PR ein **Beurteilungsspielraum** zu.

5 Der PR hat selbständig und **eigenverantwortlich** darüber zu bestimmen, wie er seine Geschäfte führt und die ihm obliegenden Aufgaben wahrnimmt (vgl. § 1 Rn. 19b). Es ist deshalb allein seine Sache, über die Notwendigkeit der durch seine Tätigkeit entstehenden Aufwendungen zu entscheiden.[370] Obwohl er dazu keiner Zustimmung des Dienststellenleiters bedarf, ist er aufgrund des Gebots der **vertrauensvollen Zusammenarbeit** nach § 2 Abs. 1 (vgl. § 2 Rn. 4) jedoch zu einer Absprache mit dem Dienststellenleiter verpflichtet, bevor er außergewöhnliche, weit reichende oder besonders kostspielige Maßnahmen beschließt.[371]

---

365 *BVerwG* v. 18. 6. 91 – 6 P 3.90 – u. v. 15. 4. 08 – 6 PB 3.08 –, PersR 91, 341, u. 08, 448.

366 *BVerwG* v. 18. 6. 91 u. v. 15. 4. 08, a. a. O.

367 *BVerwG* v. 22. 6. 62 – VII P 8.61 –, PersV 62, 180, v. 18. 6. 91, a. a. O., v. 9. 10. 91 – 6 P 1.90 –, PersR 92, 52, u. v. 15. 4. 08, a. a. O.

368 Beschl. v. 18. 6. 91, a. a. O., m. w. N.

369 *OVG NW* v. 4. 10. 01 – 1 A 531/00.PVB –, PersR 02, 83.

370 *BVerwG* v. 22. 6. 62, a. a. O, u. v. 29. 8. 75 – VII P 13.73 –, PersV 76, 305.

371 *HessVGH* v. 29. 10. 86 – BPV TK 39/85 –, PersR 87, 175 Ls.

Nach der Rspr. des *BVerwG*[372] besteht ein **Prüfungsrecht des Dienststellenleiters** dahingehend, ob die Kosten durch die Wahrnehmung der dem PR gesetzlich übertragenen Aufgaben entstanden sind und ob der PR bei seiner Entscheidung über die Erforderlichkeit und Angemessenheit der entstandenen Kosten die Grenzen seines Beurteilungsspielraums eingehalten hat. Der Grundsatz der vertrauensvollen Zusammenarbeit nach § 2 Abs. 1 und das Benachteiligungsverbot nach § 8 schließen jedoch eine zu kleinliche Prüfung von aufgabenbezogenen Aufwendungen des PR aus.[373] 6

Das *BVerwG* vertritt in seiner neueren Rspr.[374] den in der überwiegenden Kommentarliteratur geteilten Standpunkt, kostenwirksame Entscheidungen und Betätigungen des PR unterlägen im Prinzip denselben **haushaltsmäßigen Bindungen**, denen die Dienststelle insgesamt unterworfen sei, weil der PR weder rechtlich verselbständigt noch organisatorisch aus der Dienststelle ausgegliedert sei und demzufolge hinsichtlich der Haushalts- und Wirtschaftsführung einen Teil der Dienststelle bilde. Er sei verpflichtet, seinen voraussehbaren Finanzbedarf rechtzeitig vor Aufstellung des Haushaltsplans bei der Dienststelle geltend zu machen, ggf. einen die Ansätze des Haushaltsplans übersteigenden, unvorhersehbaren und unvermeidlichen Mittelbedarf zwecks Nachbewilligung von Haushaltsmitteln rechtzeitig anzuzeigen und seine Tätigkeiten auf den jeweiligen Mittelbestand einzurichten. Damit stellt das *BVerwG* die vollständige Erfüllung der Kostentragungspflicht der Dienststelle und damit zugleich die vollständige Wahrnehmung der gesetzlichen Aufgaben und Befugnisse des PR letztlich unter einen **Haushaltsvorbehalt**, der im BPersVG nicht vorgesehen ist und der mit der Funktion des PR, als Repräsentant der Beschäftigten deren Interessen zu vertreten (vgl. § 1 Rn. 19), nicht zu vereinbaren ist. Dieser Funktion wird nur dann entsprochen, wenn es **Sache des Trägers der Dienststelle** ist, durch geeignete organisatorische und haushaltsrechtliche Vorkehrungen sicherzustellen, dass die Dienststelle ihrer Pflicht zur Kostentragung genügen kann.[375] 7

Folgt man der h. M. (vgl. Rn. 7), so gilt Folgendes: Einerseits ist der Dienststellenleiter nach § 2 Abs. 1 verpflichtet (vgl. § 2 Rn. 4), den PR rechtzeitig und gleichrangig bei der **Planung** der für seine Tätigkeit bestimmten Mittel und bei der **Bewirtschaftung** dieser Mittel zu beteiligen. Dazu gehört u. a. die Bedarfsermittlung vor Beginn des nächsten Haushaltsjahres sowie ggf. 8

---

372 Beschl. v. 28.7.89 – 6 P 1.88 – u. v. 7.12.94 – 6 P 36.93 –, PersR 89, 297, u. 95, 179.

373 *BVerwG* v. 7.12.94 – 6 P 36.93 –, PersR 95, 179.

374 Vgl. Beschl. v. 24.11.86 – 6 P 3.85 –, PersR 87, 84, sowie v. 26.2.03 – 6 P 9.02 – u. – 6 P 10.02 –, PersR 03, 279 u. 276.

375 Insoweit im Ansatz zu Recht *BVerwG* v. 22.6.62 – VII P 8.61 –, PersV 62, 180, sowie ausdrücklich *BayVGH* v. 27.1.81 – Nr. 18 C 80 A. 2052 –, PersV 82, 291; näher dazu KfdP-*Noll*, Rn. 12 ff.

die Zulassung von Mehrausgaben durch Einsparungen bei anderen Ausgabetiteln oder durch Bewilligung überplanmäßiger Ausgaben. Andererseits hat sich der PR grundsätzlich weiterer kostenwirksamer Beschlüsse zu enthalten, wenn die in der Dienststelle für seine Tätigkeit verfügbaren **Haushaltsmittel erschöpft** sind. Ausnahmen von diesem Grundsatz gelten jedoch für solche Tätigkeitsbereiche, für die das PersVR strikte Festlegungen trifft, welche die **Funktions- und Arbeitsfähigkeit der Personalvertretung** sicherstellen und keinen zeitlichen Aufschub dulden, z. B. für die Durchführung einer regelmäßigen PR-Wahl oder die Einlegung einer vom Oberverwaltungsgericht zugelassenen Rechtsbeschwerde. Auch bei der Entsendung zu bestimmten Schulungsveranstaltungen kommen Ausnahmen in Betracht (vgl. Rn. 23). Liegt ein Ausnahmefall vor, hat die Dienststelle die notwendigen Kosten auch bei Fehlen von Haushaltsmitteln zu übernehmen.[376]

9 Obwohl Abs. 1 S. 1 nur von der »Tätigkeit des Personalrates« spricht, erstreckt sich die Kostentragungspflicht der Dienststelle auch auf die **Tätigkeit einzelner PR-Mitglieder**.[377] Auch dies hängt davon ab, dass die kostenverursachende Tätigkeit des PR-Mitglieds zum gesetzlichen Aufgabenkreis des PR gehört (vgl. Rn. 3) und dass entweder der PR als Organ oder das PR-Mitglied die entstandenen Kosten im Zeitpunkt ihrer Verursachung nach pflichtgemäßer Beurteilung für notwendig und angemessen halten durfte (vgl. Rn. 4). Diese Beurteilung hat statt des Organs das Mitglied insb. dann vorzunehmen, wenn seine Tätigkeit darin besteht, eine Aufgabe zu erfüllen, die ihm vom Gesetz zur eigenständigen Wahrnehmung zugewiesen ist (wie bei bestimmten Aufgaben des Vorsitzenden; vgl. § 32 Rn. 15), oder wenn seine Tätigkeit auf einem Beschluss des PR (wie z. B. die Teilnahme an einer Prüfung nach § 80) oder einer Entscheidung des Vorsitzenden (wie z. B. die Teilnahme an einer PR-Sitzung) beruht. Da der PR wegen fehlender Vollrechtsfähigkeit (vgl. § 1 Rn. 19a) grundsätzlich nicht Träger vermögensrechtlicher Ansprüche und Verpflichtungen sein kann, handelt es sich bei den durch seine Tätigkeit entstandenen und von der Dienststelle nach Abs. 1 S. 1 zu tragenden Kosten i. d. R. ohnehin um **Auslagen einzelner PR-Mitglieder**.[378] Etwas anderes gilt ausnahmsweise dann, wenn der **PR** aufgrund seiner Teilrechtsfähigkeit im personalvertretungsrechtlichen Beschlussverfahren einen Rechtsanwalt beauftragt hat und deshalb **allein und unmittelbar Anspruchsverpflichteter** dieses Rechtsanwalts ist[379] (vgl. dazu Rn. 15).

10 Hat die Dienststelle nach Abs. 1 S. 1 die **Kosten eines PR-Mitglieds** zu tragen und ist dieses entsprechende Verbindlichkeiten eingegangen, hat es gegen

376 *BVerwG* v. 26.2.03 – 6 P 9.02 –, PersR 03, 279.
377 *BayVGH* v. 23.7.03 – 17 P 03.18 –, PersR 04, 224.
378 *BVerwG* v. 27.4.79 – 6 P 24.78 –, PersV 81, 25, u. v. 9.3.92 – 6 P 11.90 –, PersR 92, 243.
379 *BVerwG* v. 9.3.92, a. a. O., u. v. 19.12.96 – 6 P 10.94 –, PersR 97, 309.

die Dienststelle einen **Anspruch auf Freistellung** von der Verbindlichkeit. Wenn es die Verbindlichkeit bereits erfüllt, also die Mittel dafür ausgelegt hat, steht ihm ein entsprechender Erstattungsanspruch, d. h. ein **Zahlungsanspruch**, zu.[380] Ist der **PR selbst** eine Verbindlichkeit eingegangen, indem er unter den Voraussetzungen des Abs. 1 S. 1 einen Rechtsanwalt beauftragt hat (vgl. Rn. 9, 15), hat er gegen die Dienststelle einen **Anspruch auf Freistellung** von dieser Verbindlichkeit.

Nach **Abs. 1 S. 2** erhalten Mitglieder des PR bei **Reisen**, die zur Erfüllung ihrer Aufgaben notwendig sind, Reisekostenvergütungen nach dem Bundesreisekostengesetz (BRKG). Diese Reisen sind **keine Dienstreisen**, weil keine Dienstgeschäfte wahrgenommen werden.[381] Wegen der Unabhängigkeit des PR (vgl. Rn. 5) bedürfen sie **keiner Genehmigung** oder Anordnung durch den »zuständigen Vorgesetzten« oder den Dienststellenleiter,[382] wobei in Zweifelsfällen eine vorherige Abklärung sinnvoll sein kann. Die PR-Mitglieder bedürfen für diese Reisen auch **keiner gesonderten Dienstbefreiung**, weil diese bereits nach § 46 Abs. 2 S. 1 erteilt ist (vgl. § 46 Rn. 3). Erforderlich ist aber grundsätzlich ein vom PR zu fassender **Beschluss**[383] und, dem Gebot der vertrauensvollen Zusammenarbeit entsprechend (vgl. § 2 Rn. 4), eine rechtzeitige **Anzeige** an die Dienststelle. 11

Reisekostenvergütungen erhalten PR-Mitglieder nach Abs. 1 S. 2 nur für solche Reisen, die **zur Erfüllung ihrer Aufgaben notwendig** sind.[384] Ob es sich um eine Reise zur Erfüllung **personalvertretungsrechtlicher Aufgaben** handelt, richtet sich nach **objektiven Kriterien** (vgl. Rn. 3).[385] Ob eine Reise zur Aufgabenerfüllung **notwendig** ist, bestimmt sich dagegen danach, ob der PR sie nach pflichtgemäßer Prüfung aller Umstände für erforderlich halten durfte.[386] Dabei steht dem PR ein begrenzter **Beurteilungsspielraum** zu (vgl. Rn. 4).[387] 12

---

380 Vgl. *BAG* v. 27.3.79 – 6 ABR 15/77 –, AP ArbGG 1953 § 80 Nr. 7.

381 *BVerwG* v. 22.6.62 – VII P 8.61 –, PersV 62, 180, u. v. 12.6.84 – 6 P 34.82 –, Buchh 238.3A § 44 Nr. 11.

382 *BVerwG* v. 22.6.62, a.a.O., v. 27.4.83 – 6 P 3.81 –, PersV 84, 324, u. v. 12.6.84, a.a.O.

383 *BVerwG* v. 21.7.82 – 6 P 30.79 –, PersV 83, 372.

384 *BVerwG* v. 22.6.62, a.a.O., v. 24.10.69 – VII P 14.68 –, PersV 70, 131, u. v. 21.7.82, a.a.O.

385 *BVerwG* v. 27.4.79 – 6 P 24.78 – u. – 6 P 89.78 –, PersV 81, 25 u. 23, sowie v. 21.7.82, a.a.O., u. v. 1.8.96 – 6 P 21.93 –, PersR 96, 491.

386 *BVerwG* v. 27.4.79 – 6 P 89.78 – u. v. 21.7.82, a.a.O.

387 Näher zu Fahrten, die durch die PR-Tätigkeit verursacht sind: *BVerwG* v. 21.5.07 – 6 P 5.06 –, PersR 07, 387, u. v. 12.11.09 – 6 PB 17.09 –, PersR 10, 200; dazu und zu Reisen von PR-Mitgliedern zur Stufenvertretung oder zum GPR: KfdP-*Noll*, Rn. 23af. m.w.N.

13 Nach Abs. 1 S. 2 richtet sich die Abgeltung der **reisebedingten Mehraufwendungen** ausschließlich nach dem – wegen der Eigenart der PR-Tätigkeit allerdings nur entsprechend anwendbaren[388] – **Bundesreisekostengesetz** (BRKG). Maßgeblich ist seit dem 1.9.05 das als Art. 1 des Gesetzes v. 26.5.05[389] verkündete BRKG.[390] Es gilt (wie das vorherige BRKG i.d.F. v. 13.11.73[391]) ohne gruppenspezifische Differenzierungen unabhängig davon, ob es sich bei den PR-Mitgliedern um Beamte oder Arbeitnehmer handelt.[392] Die im BRKG getroffenen typisierenden und pauschalierenden Regelungen über die Ermittlung des erstattungsfähigen Reisekostenaufwandes und über Art und Umfang der Reisekostenvergütung sind auch bei der Ermittlung des erstattungsfähigen Reisekostenaufwandes von PR-Mitgliedern zugrunde zu legen.[393]

13a In seiner ursprünglichen Fassung bestimmte Abs. 1 S. 2 in einem **zweiten Halbsatz**: »die Reisekostenvergütungen sind nach den für Beamte der Besoldungsgruppe A 15 geltenden Bestimmungen zu bemessen«. Diese Vorschrift ist durch Art. 5 des Gesetzes v. 26.5.05 (vgl. Rn. 13) gestrichen worden, weil die im früheren Reisekostenrecht enthaltenen besoldungsgruppenabhängigen Erstattungstatbestände und **Reisekostenstufen abgeschafft** worden sind.

13b Müssen freigestellte Mitglieder von Stufenvertretungen von dem ihnen bewilligten Trennungsgeld **Steuern und Sozialabgaben** entrichten, haben sie nach der Rspr. des *BVerwG* Anspruch auf **Ausgleich** der dadurch entstandenen Mehrbelastung. Dazu ist die Dienststelle zwar nicht nach Abs. 1 S. 2, wohl aber aufgrund der allgemeinen Kostenregelung des Abs. 1 S. 1 und des Benachteiligungsverbots des § 8 verpflichtet.[394]

14 Die Verpflichtung der Dienststelle zur Kostentragung nach **Abs. 1 S. 1** erstreckt sich auch auf die notwendigen **Kosten von Rechtsstreitigkeiten** des PR und seiner Mitglieder. Im personalvertretungsrechtlichen Beschlussverfahren können **außergerichtliche Kosten**, insb. durch die Beauftragung eines Rechtsanwalts (vgl. Rn. 15f.) entstehen. Diese hat die Dienststelle nach Abs. 1 S. 1 auch dann zu tragen, wenn sie in dem betreffenden Verfahren obsiegt hat. Die Pflicht zur Tragung von Rechtsanwaltskosten besteht grundsätzlich dann, wenn das Beschlussverfahren in Ausübung einer Tätigkeit des PR geführt wird, die zu seinem gesetzlich vorgegebenen Aufgabenbereich

388 *BVerwG* v. 21.5.07, a.a.O., u. v. 15.4.08 – 6 PB 3.08 –, PersR 08, 448.
389 BGBl. I S. 1418.
390 Zuletzt geändert durch Art. 3 des Gesetzes v. 20.2.13 (BGBl. I S. 285).
391 BGBl. I. S. 1621. Zuletzt geändert durch Gesetz v. 15.11.04 (BGBl. I S. 3396).
392 *BVerwG* v. 20.11.03 – 6 PB 8.03 –, PersR 04, 59.
393 *BVerwG* v. 27.1.04 – 6 P 9.03 –, PersR 04, 152; vgl. KfdP-*Noll*, Rn. 25a–25c.
394 So *BVerwG* v. 27.1.04, a.a.O. (Trennungsübernachtungsgeld), u. v. 25.6.09 – 6 PB 15.09 –, PersR 09, 414 (Wegstreckenentschädigung).

gehört, und der PR nach pflichtgemäßer Beurteilung der objektiven Sachlage die Verfahrenskosten für erforderlich halten durfte.[395]

Ist der **PR als Antragsteller oder sonstiger Beteiligter** an einem gerichtlichen Verfahren zur Durchsetzung, Klärung oder Wahrung seiner gesetzlichen Befugnisse und Rechte beteiligt, kann er dazu grundsätzlich einen **Rechtsanwalt** hinzuziehen, mit dem er aufgrund seiner insoweit bestehenden Teilrechtsfähigkeit einen entsprechenden Vertrag abschließen kann (vgl. Rn. 9). Dafür hat das *BVerwG* **Anforderungen** entwickelt, die der PR bei seiner nach pflichtgemäßem Ermessen zu treffenden Entscheidung beachten muss.[396] Dazu gehört **in verfahrensrechtlicher Hinsicht**, dass zunächst ein ernsthafter Einigungsversuch mit dem Dienststellenleiter unternommen und für die jeweilige Instanz ein ausdrücklicher Beschluss des PR gefasst wird.[397] Demgegenüber bedarf es nach der Rspr. des *BAG* bei der **Einlegung eines Rechtsmittels** durch einen ordnungsgemäß beauftragten Rechtsanwalt prinzipiell **keines gesonderten Beschlusses** durch den Betriebsrat.[398] Eine Pflicht der Dienststelle zur **Tragung der Anwaltskosten** besteht jedoch nur dann, wenn der PR vor jeder Instanz einen ordnungsgemäßen Beschluss zur Beauftragung des Rechtsanwalts gefasst hat.[399] **In materiell-rechtlicher Hinsicht** darf die Rechtsverfolgung zudem nicht haltlos, d. h. nicht von vornherein offensichtlich aussichtslos, und nicht mutwillig sein, weil etwa ein prozessual gleichwertiger, aber kostengünstigerer Weg beschritten werden kann,[400] oder die Anrufung des Gerichts unnötig ist, weil die Dienststelle das geltend gemachte Recht nicht bestreitet.[401] Der PR ist auch zur Vermeidung unnötiger Rechtsverfolgungskosten nicht verpflichtet, den Ausgang ähnlich gelagerter Verfahren vor den Gerichten abzuwarten. Dies gilt jedenfalls dann, wenn der Ausgang des Verfahrens auch von den jeweiligen Verhältnissen in der Dienststelle abhängig ist.[402] 15

Zu den nach Abs. 1 S. 1 von der Dienststelle zu tragenden Kosten können auch die **Kosten von Rechtsstreitigkeiten einzelner PR-Mitglieder** gehören, wenn es sich dabei um Verfahren handelt, die ihre **Rechtsstellung** als Mitglied des PR betreffen. Das gilt etwa für ein personalvertretungsrechtliches Beschlussverfahren, das von einem PR-Mitglied als Antragsteller in Wahrnehmung seiner mitgliedschaftlichen Rechte betrieben wird, um die 16

395 Vgl. KfdP-*Noll*, Rn. 28 m. w. N.
396 Vgl. v. a. Beschl. v. 9. 3. 92 – 6 P 11.90 –, PersR 92, 243.
397 *BVerwG* v. 19. 12. 96 – 6 P 10.94 –, PersR 97, 309.
398 Beschl. v. 6. 11. 13 – 7 ABR 84/11 –, NZA-RR 14, 196 = NZA 14, 632 Os.
399 So *BAG* v. 18. 3. 15 – 7 ABR 4/13 –, NZA 15, 954.
400 *BVerwG* v. 11. 10. 10 – 6 P 16.09 –, PersR 11, 33, m. w. N.; vgl. KfdP-*Noll*, Rn. 29.
401 *BVerwG* v. 19. 9. 12 – 6 P 3.11 –, PersR 13, 34.
402 *BAG* v. 18. 7. 12 – 7 ABR 23/11 –, AP BetrVG 1972 § 40 Nr. 109.

Rechtswidrigkeit eines PR-Beschlusses feststellen zu lassen,[403] oder für ein Verfahren, in dem die Nichtwählbarkeit des PR-Mitglieds festgestellt werden soll und in dem dieses somit Beteiligter ist. Auch das PR-Mitglied kann sich in solchen Verfahren durch einen von ihm ausgewählten und beauftragten **Rechtsanwalt** vertreten lassen, wenn es die Hinzuziehung nach pflichtgemäßer Beurteilung der Sachlage für erforderlich halten darf und die Rechtsverfolgung weder haltlos noch mutwillig ist (vgl. Rn. 15). Dies soll allerdings nicht für die Kosten gelten, die einem ausgeschlossenen PR-Mitglied im **Ausschlussverfahren** nach § 28 Abs. 1 entstanden sind.[404] Streitig ist auch, ob sich die Regelung des Abs. 1 S. 1 auf Kosten von Rechtsstreitigkeiten erstreckt, die (nur) ihren **Ursprung im PersVR** haben. So werden in der Rspr. z. B. außergerichtliche Kosten, die im Zustimmungsersetzungsverfahren bei außerordentlicher Kündigung nach § 47 Abs. 1 entstehen, nicht als erstattungsfähig angesehen, weil das PR-Mitglied in diesen Verfahren lediglich seine persönlichen individualrechtlichen Interessen wahrnehme.[405] Nach neuester Rspr. des *BVerwG* hat die Dienststelle jedenfalls die außergerichtlichen Kosten des beteiligten PR-Mitglieds im Zustimmungsersetzungsverfahren bei außerordentlicher Kündigung nach § 47 Abs. 1 bzw. des beteiligten JAV-Mitglieds in Verfahren über das Weiterbeschäftigungsverlangen nach § 9 Abs. 4 zu tragen, die **in den höheren Instanzen** entstanden sind, wenn der Zustimmungsersetzungs- bzw. Auflösungsantrag rechtskräftig abgewiesen wird.[406]

17 Die Verpflichtung der Dienststelle zur Kostentragung nach Abs. 1 S. 1 erstreckt sich auch auf die notwendigen Kosten einer **anwaltlichen Vertretung des PR vor der Einigungsstelle**, die bei schwierigen Fragen rechtlicher oder tatsächlicher Art, mit denen kein PR-Mitglied oder keiner der vom PR bestellten Beisitzer vertraut ist, in Betracht kommt.[407] Darüber hinaus kann sie sich auch sonst auf die **anwaltliche Beratung des PR außerhalb eines gerichtlichen Verfahrens**, insb. im Vorfeld eines solchen Verfahrens, erstrecken. Zu Unrecht bejaht die bisherige überwiegende Rspr. dies allerdings nur unter sehr engen Voraussetzungen, zu denen insb. das vorherige Aus-

---

403 *BVerwG* v. 6. 3. 59 – VII P 5.58 –, PersV 59, 160; *BayVGH* v. 23. 4. 97 – 17 P 97 450 –, PersR 97, 404.

404 *BVerwG* v. 26. 10. 62 – VII P 1.62 – u. v. 28. 4. 67 – VII P 11.66 –, PersV 63, 158, u. 68, 109; zu Recht a. A. *BAG* v. 19. 4. 89 – 7 ABR 6/88 –, AP BetrVG 1972 § 40 Nr. 29.

405 Vgl. *BVerwG* v. 25. 2. 04 – 6 P 12.03 –, PersR 04, 181, m. N. der st. Rspr. des *BAG*; krit. dazu KfdP-*Noll*, Rn. 31 m. N.

406 *BVerwG* v. 12. 11. 12 – 6 P 1.12 –, PersR 13, 30.

407 Vgl. *BAG* v. 14. 2. 96 – 7 ABR 25/95 –, AP BetrVG 1972 § 76a Nr. 5; zu eng *HmbOVG* v. 15. 1. 90 – Bs PH 2/89 –, PersV 92, 530, u. *VG Hamburg* v. 16. 8. 91 – 1 VG FL 18/91 –, PersR 92, 29.

schöpfen aller sonstigen Informations- und Beratungsmöglichkeiten durch den PR gehört.[408]

Hat die Dienststelle nach Abs. 1 S. 1 die Kosten der Hinzuziehung eines Rechtsanwalts zu tragen, so ist regelmäßig die **gesetzliche Vergütung** nach dem RVG – und nicht das in einer Vergütungsvereinbarung mit dem Anwalt vereinbarte Honorar – zu übernehmen.[409] **17a**

Obwohl das BPersVG keine dem § 80 Abs. 3 BetrVG entsprechende ausdrückliche Regelung enthält, ist es durch § 68 Abs. 2 nicht ausgeschlossen, dass der PR sich der **Beratung durch einen Sachverständigen** bedient, deren notwendige Kosten nach Abs. 1 S. 1 von der Dienststelle zu tragen sind.[410] Der PR muss jedoch auch insoweit zunächst die ihm zur Verfügung stehenden Hilfen zur Informationsbeschaffung und -verarbeitung nutzen, u.a. durch Einholen von Einzelauskünften der Dienststelle, Teilnahme an projektbezogenen Schulungsmaßnahmen, Selbstunterrichtung anhand von Fachliteratur und Erkundigungen bei Gewerkschaften.[411] **18**

Nach Abs. 1 sind auch die Kosten, die durch die Teilnahme an einer **Schulungs- und Bildungsveranstaltung** i.S.d. § 46 Abs. 6 entstehen, von der Dienststelle zu tragen. Dabei ist der vom PR zu fassende **Entsendungsbeschluss** (vgl. § 46 Rn. 29) die PR-Tätigkeit, die die Kostentragungspflicht der Dienststelle auslöst.[412] Dieser Beschluss muss sich auf die besuchte Veranstaltung beziehen und vor dem Besuch gefasst worden sein.[413] Weiterhin muss der PR bei der Entscheidung über die Schulungsteilnahme das **Gebot der sparsamen Verwendung öffentlicher Mittel** beachten. Dies schließt ein, dass keine gleichwertige **kostengünstigere – etwa ortsnähere – Durchführung** der Schulungsveranstaltung möglich war.[414] Vermittelt eine Schulungsveranstaltung Kenntnisse, die nur teilweise für die PR-Tätigkeit erforderlich sind, so ist die Dienststelle zur **anteiligen Kostentragung** verpflichtet (vgl. § 46 Rn. 27).[415] **Inhaber des Kostentragungsanspruchs** ist das ent- **19**

---

408 Vgl. u.a. *SächsOVG* v. 16.12.97 – P 5 S 29/96 –, PersR 99, 129, u. *VGH BW* v. 19.11.02 – PL 15 S 744/02 –, PersR 03, 204, jew. m.w.N.

409 *BVerwG* v. 29.4.11 – 6 PB 21.10 –, PersR 11, 341; näher dazu KfdP-*Noll*, Rn. 34ff.

410 *BVerwG* v. 8.11.89 – 6 P 7.87 –, PersR 90, 102.

411 *BVerwG* v. 8.11.89, a.a.O., u. v. 18.6.91 – 6 P 3.90 –, PersR 91, 341; *OVG NW* v. 8.11.00 – 1 A 5943/98.PVL –, PersR 01, 211; *VGH BW* v. 19.11.02 – PL 15 S 744/02 –, PersR 03, 204.

412 *BVerwG* v. 27.4.79 – 6 P 45.78 –, PersV 80, 19, v. 7.12.94 – 6 P 36.93 –, PersR 95, 179, u. v. 26.2.03 – 6 P 9.02 –, PersR 03, 279.

413 *BVerwG* v. 9.7.07 – 6 P 9.06 –, PersR 07, 434; *BAG* v. 8.3.00 – 7 ABR 11/98 –, AP BetrVG 1972 § 40 Nr. 68.

414 *BVerwG* v. 12.11.12 – 6 P 4.12 –, PersR 13, 85.

415 *BVerwG* v. 14.6.06 – 6 P 13.05 –, PersR 06, 468.

sandte PR-Mitglied, dem die Kosten entstanden sind.[416] Die Dienststelle darf die Übernahme der Kosten nur ablehnen, wenn aus der Sicht eines objektiven Betrachters die Veranstaltung tatsächlich nicht erforderlich ist, wenn die Kosten in einem unangemessenen Verhältnis zu dem zu erwartenden Schulungseffekt stehen oder wenn keine Haushaltsmittel mehr vorhanden sind und der Schulungsbedarf nicht unaufschiebbar ist (vgl. Rn. 7f. u. 23).[417]

20 Die **Höhe** der von der Dienststelle zu tragenden Kosten erforderlicher Schulungsveranstaltungen von PR-Mitgliedern richtet sich gem. Abs. 1 S. 2 nach dem BRKG (vgl. Rn. 13). Die danach zu zahlende **Reisekostenvergütung** umfasst bei Veranstaltungen i. S. d. § 46 Abs. 6 i. d. R. **Fahrkostenerstattung** und ggf. Wegstreckenentschädigung nach den §§ 4 und 5 BRKG, die **Kosten für Verpflegung und Unterkunft** (Tagegeld und Übernachtungsgeld) nach den §§ 6 und 7 BRKG sowie die als **Nebenkosten** nach § 10 Abs. 1 BRKG zu erstattenden notwendigen Auslagen, bei denen es sich um die **Seminargebühren** des Schulungsveranstalters handelt.[418] Die Pflicht zur Erstattung der Schulungskosten kann der Höhe nach **nicht durch interne Verwaltungsvorschriften begrenzt** werden.[419]

21 Die **Seminargebühren** gehören auch dann zu den von der Dienststelle zu tragenden Kosten, wenn eine **Gewerkschaft** Schulungsveranstalter ist und wenn nur Gewerkschaftsmitglieder zur Schulung zugelassen sind.[420] Allerdings soll die Kostentragungspflicht der Dienststelle entsprechend der Rspr. des *BAG* aufgrund des koalitionsrechtlichen **Verbots der Gegnerfinanzierung** insoweit eingeschränkt sein, als die Gewerkschaft aus der Schulungsveranstaltung keinen Gewinn erzielen darf.[421] Dieser Grundsatz soll auch für rechtlich selbständige, jedoch **gewerkschaftsnahe Schulungseinrichtungen** gelten, bei denen die Gewerkschaften kraft satzungsmäßiger Rechte oder personeller Verflechtungen maßgeblichen Einfluss auf den Inhalt, die Organisation und die Finanzierung der Bildungsarbeit nehmen können.[422]

22 Bei der Geltendmachung des Anspruchs auf Übernahme der Schulungskosten hat der PR bzw. das PR-Mitglied im Streitfall die Erstattungsfähigkeit der Kosten **nachzuweisen** und die Kosten für Verpflegung und Übernachtung sowie die Seminargebühren im Einzelnen **aufzuschlüsseln**.[423]

---

416 *BVerwG* v. 27.4.79 – 6 P 17.78 –, PersV 81, 161, u. v. 22.3.84 – 6 P 5.82 –, PersV 86, 158.

417 *BVerwG* v. 7.12.94 u. v. 14.6.06, jew. a.a.O.

418 *BVerwG* v. 7.12.94 u. v. 26.2.03, jew. a.a.O.

419 *BVerwG* v. 7.12.94, a.a.O., vgl. zu den einzelnen Erlassen KfdP-*Noll*, Rn. 37ff.

420 *BVerwG* v. 27.4.79 – 6 P 45.78 –, PersV 80, 19.

421 Beschl. v. 15.1.92 – 7 ABR 23/90 –, v. 28.6.95 – 7 ABR 55/94 – u. v. 17.6.98 – 7 ABR 20/97 –, AP BetrVG 1972 § 40 Nr. 41, 48 u. 61.

422 *BAG* v. 30.3.94 – 7 ABR 45/93 –, AP BetrVG 1972 § 40 Nr. 42, v. 28.6.95, a.a.O., u. v. 17.6.98, a.a.O.

423 Vgl. *BAG* v. 15.1.92, 30.3.94, 28.6.95 u. 17.6.98, jew. a.a.O.

Beim **Fehlen von Haushaltsmitteln** sind die Kosten für die Teilnahme an einer erforderlichen Schulungsveranstaltung nach der Rspr. des *BVerwG* nur dann zu übernehmen, wenn der **Schulungsbedarf unaufschiebbar** ist.[424] Dies ist bei einer **Grundschulung** der Fall, wenn der Schulungsanspruch wegen Zeitablaufs unterzugehen droht.[425] Eine **Spezialschulung** ist unaufschiebbar, wenn das PR-Mitglied die dort vermittelten Kenntnisse benötigt, um einem akuten Handlungsbedarf auf Seiten des PR zu genügen.[426] 23

Eine dem Meinungs- und Erfahrungsaustausch dienende **Tagung** ist nach der Rspr. nicht als Schulungs- und Bildungsveranstaltung anzusehen.[427] Somit sind die einem PR-Mitglied durch die Teilnahme an einer solchen Tagung entstehenden Kosten keine Schulungskosten i. S. d. § 46 Abs. 6 und unter diesem Gesichtspunkt nicht von der Dienststelle zu tragen. Gleichwohl ist eine Kostentragungspflicht nach Abs. 1 S. 1 dann zu bejahen, wenn die dem PR-Mitglied entstandenen Teilnahmekosten auf eine Tätigkeit des PR zurückführbar sind und wenn der Besuch der Tagung objektiv zur Erfüllung der Aufgaben des PR und subjektiv für das vom PR entsandte PR-Mitglied erforderlich war.[428] 23a

Entstehen einem teilzeitbeschäftigten PR-Mitglied Kosten für die **Fremdbetreuung eines minderjährigen Kindes,** weil es außerhalb seiner persönlichen Arbeitszeit eine notwendige **PR-Tätigkeit** durchführt (z. B. indem es an einer Sitzung des PR teilnimmt), hat die Dienststelle in angemessener Höhe die Kinderbetreuungskosten zu tragen, wenn eine anderweitige Betreuung des Kindes nicht sichergestellt werden kann.[429] Entsprechendes gilt, wenn das teilzeitbeschäftigte PR-Mitglied außerhalb seiner persönlichen Arbeitszeit an einer erforderlichen **Schulungs- und Bildungsveranstaltung** i. S. d. § 46 Abs. 6 teilnimmt.[430] 23b

Erleidet ein **Beamter** anlässlich der Wahrnehmung von Rechten oder der Erfüllung von Pflichten nach dem PersVR einen **Unfall**, finden nach § 11 die beamtenrechtlichen Unfallfürsorgevorschriften entsprechende Anwendung. 24

---

424 Beschl. v. 26. 2. 03 – 6 P 9.02 – u. – 6 P 10.02 –, PersR 03, 279 u. 276.

425 So *BVerwG* v. 26. 2. 03 – 6 P 9.02 –, a. a. O., wonach die Schulung eines im Mai erstmals in den PR gewählten Mitglieds spätestens bis zum Ende des auf das Wahljahr folgenden Kalenderjahres stattfinden muss.

426 So *BVerwG* v. 26. 2. 03 – 6 P 10.02 –, a. a. O.

427 *BVerwG* v. 27. 4. 79 – 6 P 89.78 –, PersV 81, 23, u. v. 14. 11. 90 – 6 P 4.89 –, PersR 91, 29.

428 So *BVerwG* v. 1. 8. 96 – 6 P 21.93 –, PersR 96, 491, zu einer von einer Gewerkschaft veranstalteten (PR-)Konferenz u. *HessVGH* v. 24. 2. 05 – 22 TL 2161/03 –, PersR 05, 367, zu einem dem Meinungsaustausch unter Fachleuten dienenden Fachkongress.

429 Zum BetrVG nahezu unstr.; vgl. *BAG* v. 23. 6. 10 – 7 ABR 103/08 –, NZA 10, 1298.

430 Vgl. KfdP-*Noll,* Rn. 42b m. w. N.

Ist bei einem derartigen Unfall außer einem Körperschaden auch ein **Sachschaden** eingetreten, kann dafür nach § 32 S. 1 BeamtVG Ersatz geleistet werden (vgl. § 11 Rn. 2). Das muss aus Gründen der Gleichbehandlung auch bei **Arbeitnehmern** gelten, die gegen Körperschäden in der gesetzlichen Unfallversicherung versichert sind (vgl. § 11 Rn. 3). Für den Ersatz von **Sachschäden ohne Körperschaden**, die Beamte in Ausübung oder infolge einer personalvertretungsrechtlichen Tätigkeit erleiden, kann ohne Anerkennung eines Rechtsanspruchs eine **Billigkeitszuwendung** gewährt werden. Dafür gelten die »Richtlinien für Billigkeitszuwendungen bei Sachschäden, die im Dienst entstanden sind«, v. 10.12.64.[431] Um eine nach § 8 verbotene Benachteiligung zu vermeiden, sind sie auch auf Sachschäden anzuwenden, die bei Wahrnehmung von personalvertretungsrechtlichen Tätigkeiten entstehen.[432] Das gilt nicht nur für Beamte, sondern auch für Arbeitnehmer, die PR-Tätigkeiten wahrnehmen und dabei einen Sachschaden ohne Körperschaden erleiden.

25 (**Abs. 2**) Nach Abs. 2 hat die Dienststelle dem Personalrat zur **sachgemäßen Wahrnehmung seiner Aufgaben und Befugnisse**[433] für die Sitzungen, die Sprechstunden und die laufende Geschäftsführung in erforderlichem Umfang **Räume, Geschäftsbedarf und Büropersonal** zur Verfügung zu stellen. Für den Umfang dieses **Überlassungsanspruchs**[434] kommt es wie bei der Grundnorm des Abs. 1 S. 1 darauf an, was der PR bei Würdigung der Umstände, insb. seiner Geschäftsbedürfnisse, und unter Beachtung des Gebots der sparsamen Verwendung öffentlicher Mittel und des Grundsatzes der Verhältnismäßigkeit nach **pflichtgemäßer Beurteilung** für erforderlich und angemessen halten darf (vgl. Rn. 4).[435] Dem PR steht auch dabei ein **Beurteilungsspielraum** zu.[436]

26 Die Sitzungen, die Sprechstunden und die laufende Geschäftsführung müssen zur **Tätigkeit des PR**, also zu der nach objektiven Kriterien zu beurteilenden Wahrnehmung seiner gesetzlichen Aufgaben gehören (vgl. Rn. 3). Mit **Sitzungen** sind die Sitzungen des Plenums, des Vorstands und etwaiger Ausschüsse des PR gemeint, aber auch (mangels einer speziellen Regelung) die vom PR nach § 49 i. V. m. § 48 Abs. 1 S. 1 oder Abs. 2 einberufenen **Personalversammlungen**. Die **Sprechstunden** müssen auf der Grundlage des § 43 eingerichtet sein. Der Begriff der **laufenden Geschäftsführung** i. S. d.

---

431 MinBlFin. 1965 S. 562; GMBl. 1965 S. 395.

432 RdSchr. des BMF v. 30.5.90 – II A 4 – BA 1011–5/90 –.

433 *BVerwG* v. 2.5.14 – 6 PB 12.14 –, NZA-RR 14, 454 = PersR 11/14, 42 Ls.

434 Vgl. *BAG* v. 21.4.83 – 6 ABR 70/82 –, AP BetrVG 1972 § 40 Nr. 62; *VG Ansbach* v. 6.11.89 – AN 8 P 89.01251 –, PersR 90, 147.

435 *VGH BW* v. 9.10.01 – PL 15 S 2437/00 –, PersR 02, 126.

436 Vgl. *BAG* v. 12.5.99 – 7 ABR 36/97 – u. v. 9.6.99 – 7 ABR 66/97 –, AP BetrVG 1972 § 40 Nr. 65 u. 66.

Abs. 2 ist weiter als der Begriff der laufenden Geschäfte i. S. d. § 32 Abs. 1 S. 4; er umfasst alle zum gesetzlichen Aufgabenkreis des PR gehörenden Tätigkeiten, die keine Sitzungen (bzw. Personalversammlungen) oder Sprechstunden sind.

Bei den zur Verfügung zu stellenden **Räumen** handelt es sich um **Besprechungszimmer** oder **Sitzungssäle** für die durchzuführenden Sitzungen, Versammlungen und Sprechstunden sowie um **Büroräume** für die laufende Geschäftsführung des PR. Lage, Größe, Beschaffenheit und Ausstattung der Räume müssen unter Beachtung des Arbeitsstättenrechts für den jeweiligen Zweck **geeignet**, also funktionsgerecht und benutzbar, sein und dem in der Dienststelle üblichen Standard entsprechen. Sie müssen in aller Regel **innerhalb der Dienststelle** (im Dienstgebäude) liegen. Ob sie ständig oder (nur) zu bestimmten **Zeiten** zur Verfügung zu stellen sind, richtet sich nach dem Umfang der erforderlichen Nutzung. Die zum ständigen Gebrauch überlassenen Räume müssen **abschließbar** sein, in den zeitweise zugewiesenen Büroräumen muss sich ein abschließbarer (ausreichend großer) Aktenschrank zur alleinigen Nutzung befinden. Für die Dauer der Nutzung der Räume steht dem PR (i. d. R. seinem Vorsitzenden) das **Hausrecht** zu (vgl. § 34 Rn. 9; § 48 Rn. 3). 27

Zum **Geschäftsbedarf** gehören – entsprechend dem in der Dienststelle üblichen Standard – alle **Büroeinrichtungen und -gegenstände**, die für die wirksame Wahrnehmung der Geschäfte des PR erforderlich sind,[437] insb. Schreibmaterialien, Diktiergeräte und Schreibmaschinen, Aktenordner, Stempel, Briefpapier, Briefumschläge und Briefmarken (oder die Mitbenutzung eines Freistemplers) sowie, je nach Größe der Dienststelle, ein eigenes Kopiergerät oder die Mitbenutzung der vorhandenen Kopiergeräte. Der Geschäftsbedarf des PR umfasst, soweit dies zur sachgerechten Erfüllung seiner Aufgaben erforderlich und angemessen ist, auch **Informations- und Kommunikationstechnik** (vgl. Rn. 29 ff.) sowie **Fachliteratur** (vgl. Rn. 31 ff.). 28

Der PR hat u. a. Anspruch auf einen **Telefonanschluss**, und zwar i. d. R. auf einen eigenen Nebenanschluss, nicht jedoch – auch nicht in größeren Dienststellen – auf einen eigenen Amtsanschluss[438] (zur Aufzeichnung von Telefondaten vgl. § 8 Rn. 4). Ist die Erreichbarkeit des PR (z. B. bei der Unterbringung der Dienststelle in weit auseinanderliegenden Gebäuden) besonders erschwert, kann auch ein Anrufbeantworter oder ein Mobiltelefon 29

437 *VGH BW* v. 20. 6. 89 – 15 S 2123/88 –, PersR 90, 183.

438 Teilw. str.; vgl. *BAG* v. 1. 8. 90 – 7 ABR 99/88 – PersR 91, 35, v. 9. 6. 99 – 7 ABR 66/97 –, AP BetrVG 1972 § 40 Nr. 66, u. v. 8. 3. 00 – 7 ABR 73/98 –, AuR 00, 142; *HessVGH* v. 27. 2. 92 – HPV TL 2154/87 –, DB 92, 1787 Ls.; KfdP-*Noll*, Rn. 55 m. w. N.

(Handy) erforderlich sein.[439] In größeren Dienststellen mit umfangreichem Briefverkehr ist ein eigenes **Telefaxgerät**, ansonsten die Mitbenutzung der dienststelleneigenen Faxgeräte erforderlich.[440]

30 Zum erforderlichen und angemessenen Geschäftsbedarf des PR gehört grundsätzlich auch ein **Personalcomputer (PC)** nebst Monitor und Drucker, Disketten- und CD-ROM-Laufwerk sowie Software zur Textverarbeitung und Tabellenkalkulation.[441] In Einzelfällen (hier Schulbezirkspersonalrat) kann jedes Mitglied des PR Anspruch auf einen PC haben.[442] Ob ein **tragbarer PC** (Laptop, Notebook) in Dienststellen mit räumlich getrennten Dienstgebäuden erforderlich ist, hängt davon ab, ob diese mit stationären Computern ausgestattet sind, die auch dem PR zur Verfügung stehen.[443]

30a Wird in der Dienststelle ein **internes elektronisches Kommunikationssystem** eingesetzt und können die Beschäftigten über **E-Mail** und **Intranet** erreicht werden, hat der PR Anspruch darauf, dieses System ebenfalls zu nutzen[444] und dort eine eigene **Homepage** einzurichten, die er – unabhängig vom Dienststellenleiter – für Informationen an die Beschäftigten verwenden kann.[445] Des Weiteren kann der PR unter Berücksichtigung des technischen Ausstattungsniveaus der Dienststelle auch Anspruch auf Zugang zum **Internet** haben. Nach der auf das PersVR übertragbaren Rspr. des *BAG* zum BetrVG[446] ist ein Anspruch des PR zu bejahen, sofern die Nutzung des Internets der Informationsbeschaffung durch den PR und damit der Erfüllung der ihm obliegenden personalvertretungsrechtlichen Aufgaben dient und keine berechtigten Interessen der Dienststelle entgegenstehen; ist dies der Fall, bedarf es zur Begründung des Anspruchs nicht der Darlegung konkreter, aktuell anstehender Aufgaben, zu deren Erledigung der PR Informationen aus dem Internet benötigt. Ein Anspruch des PR auf die Einrichtung einer eigenen **Homepage** im (allgemein zugänglichen) Internet dürfte auf-

---

439 Vgl. *OVG NW* v. 3.7.95 – 1 A 1690/94.PVB –, PersR 96, 72; *ArbG Frankfurt a. M.* v. 12.8.97 – 18 BV 103/97 –, AiB 98, 223.

440 Teilw. str.; vgl. *VG Ansbach* v. 16.11.04 – AN 8 P 04.00877 –, juris; *LAG Nds* v. 27.5.02 – 5 TaBV 21/02 –, AiB 03, 555; KfdP-*Noll*, Rn. 55a m. w. N.

441 Teilw. str.; vgl. *BAG* v. 11.3.98 – 7 ABR 59/96 –, AP BetrVG 1972 § 40 Nr. 57, v. 11.11.98 – 7 ABR 57/97 –, PersR 99, 407, v. 12.5.99 – 7 ABR 33/99 –, AP BetrVG 1972 § 40 Nr. 65, u. v. 16.5.07 – 7 ABR 45/06 –, AP BetrVG 1972 § 40 Nr. 90, sowie *VGH BW* v. 9.10.01 – PL 15 S 2437/00 –, PersR 02, 126: einzelfallbezogene Beurteilung.

442 *NdsOVG* v. 20.5.15 – 18 LP 7/14 –, PersR 11/15, 52 m. Anm. *Otte.*

443 Vgl. *LAG Köln* v. 17.10.97 – 11 TaBV 15/97 –, BB 98, 538.

444 *BVerwG* v. 27.10.09 – 6 P 11.08 –, PersR 10, 74.

445 Zum BetrVG vgl. *BAG* v. 3.9.03 – 7 ABR 12/03 – u. v. 1.12.04 – 7 ABR 18/04 –, AP BetrVG 1972 § 40 Nr. 78 u. 82.

446 Vgl. Beschl. v. 20.1.10 – 7 ABR 79/08 –, AP BetrVG 1972 § 40 Nr. 99, m. w. N.

grund der lediglich innerdienstlichen Aufgabenstellung des PR (vgl. § 66 Rn. 17) allerdings zu verneinen sein.[447]

31 Zu der zur Verfügung zu stellenden **Fachliteratur** gehören die für die PR-Arbeit erforderlichen **Texte von Gesetzen, Verordnungen und Verwaltungsvorschriften**, v. a. auf dem Gebiet des Beamten-, Arbeits- und Sozialrechts, sowie der für die Dienststelle maßgebenden **Tarifverträge, Unfallverhütungsvorschriften** und sonstigen **Arbeitsschutzvorschriften**. Die Möglichkeit zur Mitbenutzung der in der Dienststelle vorhandenen Textausgaben ist nur bei solchen Vorschriften ausreichend, die nur gelegentlich benötigt werden, und dies auch nur dann, wenn im Bedarfsfall die jederzeitige Einsichtnahme möglich ist.[448] Der PR hat das Recht zur Auswahl.[449]

32 Ein **Kommentar zum BPersVG** gehört zum »unentbehrlichen Rüstzeug«, über das der PR jederzeit verfügen muss, wenn er seine Aufgaben ordnungs- und sachgemäß erfüllen will.[450] Wie viele Beschäftigte der PR vertritt, ist nicht entscheidend.[451] Da der Kommentar jederzeit ohne Zeitverlust verfügbar sein muss, ist dem PR i. d. R. ein Exemplar als Mindestausstattung zur alleinigen Nutzung zu überlassen. Sind mehrere Kommentare erschienen, steht dem PR das Wahlrecht zu.[452] Dabei hat er Anspruch auf einen Kommentar in aktueller Fassung. Außerdem ist für jedes PR-Mitglied die aktuelle Auflage des **Basiskommentars** zum BPersVG zur Verfügung zu stellen.[453] Vom PR ausgewählte **Kommentare zu anderen Rechtsvorschriften**, insb. zu den wichtigen arbeits-, sozial-, tarif- und beamtenrechtlichen Vorschriften, gehören jedenfalls dann zum erforderlichen Geschäftsbedarf des PR, wenn er diese Erläuterungswerke zur Erfüllung seiner Aufgaben regelmäßig benötigt.[454] Der PR hat auch Anspruch auf von ihm ausgewählte – nicht nur juristische – **Spezialliteratur** zu bestimmten Sachbereichen, in denen ihm wesentliche Beteiligungsrechte zustehen.[455]

---

447 Vgl. *ArbG Paderborn* v. 29. 1. 98 – 1 BV 35/97 –, AiB 98, 282; KfdP-*Noll*, Rn. 56b.

448 A. A. *HessVGH* v. 28. 1. 14 – 22 A 1520/13.PV –, PersR 10/14, 47 m. abl. Anm. *Klimaschewski*, wonach nicht jedem PR-Mitglied ein Exemplar der Gesetzessammlung »*Kittner*, Arbeits- und Sozialordnung« zustehen soll, sondern eine Mitbenutzung zumutbar sei.

449 Vgl. *BAG* v. 24. 1. 96 – 7 ABR 22/95 –, PersR 96, 457.

450 *BVerwG* v. 25. 7. 79 – 6 P 29.78 –, PersV 80, 57.

451 *VG Ansbach* v. 8. 2. 88 – AN 7 P 87.01727 –, PersV 88, 265.

452 Vgl. *BAG* v. 26. 10. 94 – 7 ABR 15/94 –, AP BetrVG 1972 § 40 Nr. 43.

453 So zum BetrVG *ArbG Elmshorn* v. 19. 2. 91 – 1d BV 10/91 –; dagegen soll es nach Ansicht des *VGH BW* (Beschl. v. 3. 5. 94 – PB 15 S 3048/93 –, PersR 1994, 375) ausreichen, wenn die PR-Mitglieder an jeder räumlich getrennten Außenstelle über einen Basiskommentar verfügen können.

454 Vgl. *BVerwG* v. 21. 1. 91 – 6 P 13.89 – u. v. 16. 5. 91 – 6 P 13.90 –, PersR 91, 92 u. 333, zum früheren BAT und MTB II (jetzt TVöD); KfdP-*Noll*, Rn. 59.

455 Vgl. KfdP-*Noll*, Rn. 60.

33 Zum erforderlichen Geschäftsbedarf des PR gehört unabhängig von der Größe der Dienststelle und der Zahl der vom PR vertretenen Beschäftigen auch eine für seine Arbeit einschlägige **Fachzeitschrift zum PersVR**.[456] Inhaltlich geeignet ist eine Zeitschrift, die durch aktuelle Veröffentlichungen über die personalvertretungsrechtliche Entwicklung informiert und sich nicht auf die Wiedergabe der Veröffentlichungen eines einzelnen Verbandes beschränkt.[457] Der PR hat das Recht, eine von mehreren geeigneten Fachzeitschriften auszuwählen.[458] Die Ansicht, dass die PR jedenfalls in kleineren Dienststellen auf ein Umlaufverfahren zusammen mit anderen PR und/oder der Dienststelle verwiesen werden könnten,[459] ist nicht sachgerecht.[460]

33a Zumindest in größeren Dienststellen kann auch die Bereitstellung beamten-, arbeits- und sozialrechtlicher **Entscheidungssammlungen** erforderlich sein, damit der PR auftretende Rechtsfragen unter Heranziehung einschlägiger Rechtsprechung eigenständig einschätzen kann.[461]

34 Die Dienststelle hat dem PR auch in erforderlichem Umfang **Büropersonal** zur Verfügung zu stellen. Die **Aufgaben** des Büropersonals umfassen nicht nur die reinen Schreibarbeiten, sondern auch die damit üblicherweise verbundenen Vor- und Nacharbeiten sowie andere Hilfstätigkeiten, nicht jedoch Sachbearbeiteraufgaben.[462] In welchem **Umfang** die Zuweisung von Büropersonal erforderlich ist, hängt vom Arbeitsanfall des PR ab[463] und ist von diesem darzulegen.[464] Ob und ggf. welche im Zusammenhang mit der PR-Arbeit anfallenden Bürotätigkeiten einer Bürokraft übertragen werden sollen, hat der PR zu entscheiden, wobei es nicht darauf ankommt, ob das PR-Büro mit PC und entsprechender Software ausgestattet ist.[465] Der PR hat bei der **Auswahl** des Büropersonals ein **Mitspracherecht**.[466] Jedenfalls kann er eine Bürokraft ablehnen, zu der er kein Vertrauen hat.[467]

---

456 *BVerwG* v. 29.6.88 – 6 P 18.86 –, PersR 88, 243, v. 5. 10. 89 – 6 P 10.88 –, PersR 90, 11, u. v. 19.8.94 – 6 P 25.92 –, PersR 94, 522.

457 *BVerwG* v. 29.6.88, a.a.O.

458 Einschränkend *BVerwG* v. 30.1.91 – 6 P 7.89 –, PersR 91, 213.

459 So *BVerwG* v. 30.1.91 u. v. 19.8.94, jew. a.a.O.

460 Vgl. KfdP-*Noll*, Rn. 62.

461 Vgl. KfdP-*Noll*, Rn. 62a m.w.N.

462 *BVerwG* v. 21.3.84 – 6 P 3.82 –, Buchh 238.37 § 40 Nr. 2, u. v. 18.6.13 – 6 PB 14.13 –, PersR 13, 419; *BayVGH* v. 10.2.93 – 17 P 92.2698 –, PersR 93, 364; *OVG LSA* v. 30.7.03 – 5 L 5/02 –, PersR 03, 508.

463 *SächsOVG* v. 29.4.97 – P 5 S 40/96 –, PersR 98, 165; *OVG LSA* v. 30.8.00 – A 5 S 4/99 –, PersR 01, 118, u. v. 30.7.03, a.a.O.

464 *BayVGH* v. 8.4.08 – 18 P 07.1370 –, PersV 09, 466.

465 Vgl. *BAG* v. 20.4.05 – 7 ABR 14/04 –, AP BetrVG 1972 § 40 Nr. 84.

466 *HessVGH* v. 20.2.80 – HPV TL 23/79 –, PersV 82, 161; a.A. *BVerwG* v. 21.3.84, a.a.O.

467 Vgl. *BAG* v. 5.3.97 – 7 ABR 3/96 –, AP BetrVG 1972 § 40 Nr. 56; vgl. KfdP-*Noll*, Rn. 65.

(**Abs. 3**) Nach Abs. 3 werden dem PR in allen Dienststellen geeignete **Plätze für Bekanntmachungen und Anschläge** zur Verfügung gestellt. In welcher **Anzahl** und an welchen **Stellen** solche Plätze (Schwarze Bretter) bereitzustellen sind, richtet sich nach der Größe und den räumlichen Verhältnissen der jeweiligen Dienststelle. Die Plätze müssen ausreichend groß, für alle Beschäftigten leicht zugänglich und gut sichtbar sein.[468] Der PR entscheidet **eigenverantwortlich**, welche Informationen er in welcher Form und für welche Zeit an den Schwarzen Brettern bekannt macht (vgl. Rn. 5). Eine Inhaltskontrolle durch den Dienststellenleiter (in Form einer **Vor- oder Nachzensur**) ist unzulässig; dieser darf eine Bekanntmachung nur dann eigenmächtig entfernen, wenn dies der Abwehr einer strafbaren Handlung dient, und ist im Übrigen auf die Inanspruchnahme gerichtlichen Rechtsschutzes – einschl. der Möglichkeit einer einstweiligen Verfügung – verwiesen.[469] 35

Obwohl das BPersVG dies nicht ausdrücklich regelt, ist der PR nicht darauf beschränkt, die Beschäftigten zwischen den Personalversammlungen ausschließlich durch Bekanntmachungen und Anschläge an den Schwarzen Brettern über seine Tätigkeit zu unterrichten. Da sich diese Informationsform nur für Kurzmitteilungen eignet, ist er nach Abs. 1 S. 1 vielmehr auch zur Herausgabe von **Informationsschriften** berechtigt, wobei er über ihre Herausgabe, ihren Inhalt, ihre Form und ihren Umfang sowie den Zeitpunkt ihres Erscheinens **eigenverantwortlich** zu entscheiden hat (vgl. Rn. 5). Eine **Zensur** durch den Dienststellenleiter ist unzulässig (vgl. Rn. 35). Die **Kosten** der Vervielfältigung und Verteilung der Informationsschriften hat die Dienststelle zu tragen. Liegt der Inhalt einer Informationsschrift im Aufgabenbereich des PR, darf der Dienststellenleiter den Druck bzw. die Kostenübernahme dafür nur ausnahmsweise aus gewichtigen Gründen, z. B. bei einem Verstoß des Inhalts gegen gesetzliche Bestimmungen, ablehnen.[470] Neben den Formen der schriftlichen Information kann der PR auch die in der Dienststelle vorhandenen Möglichkeiten der **elektronischen Kommunikation** nutzen, wenn er auf diese Weise alle Beschäftigten erreichen kann (vgl. Rn. 30a). Gestattet der Dienststellenleiter dem PR die Mitbenutzung eines dienststelleninternen E-Mail-Systems, so darf er die Weiterleitung von Bekanntmachungen des PR – von den Fällen strafbaren Verhaltens abgesehen – nicht vom Ergebnis einer vorherigen **Inhaltskontrolle** abhängig machen.[471] Zur erforderlichen Information der Beschäftigten kann der PR auch – soweit in der Dienststelle üblich – **internetbasierte Kommunikationswege** wie **Blogs, Twitter und Facebook** nutzen. Beschäftigte anderer Dienststellen 36

468 *HmbOVG* v. 22. 5. 00 – 8 Bf 436/99.PVL –, PersR 01, 43.
469 *BVerwG* v. 27. 10. 09 – 6 P 11.08 –, PersR 10, 74.
470 *BVerwG* v. 10. 10. 90 – 6 P 22.88 –, PersR 91, 27; vgl. auch *OVG NW* v. 11. 3. 94 – 1 A 1423/91.PVL – u. v. 26. 6. 98 – 1 A 123/96.PVL –, PersR 94, 429, u. 98, 479.
471 *BVerwG* v. 27. 10. 09, a. a. O.

darf der PR hingegen nicht mit Hilfe elektronischer Kommunikationsmittel informieren.[472]

§ 45 [Verbot der Beitragserhebung]

Der Personalrat darf für seine Zwecke von den Beschäftigten keine Beiträge erheben oder annehmen.

1 Die Bestimmungen des § 44 sehen vor, dass die Dienststelle die durch die Tätigkeit des PR entstehenden Kosten trägt, die des § 46, dass durch die PR-Tätigkeit keine Minderung der Dienstbezüge oder des Arbeitsentgelts eintritt. Damit ist die Finanzierung der Tätigkeit des PR gewährleistet, ohne dass dieser auf Zuwendungen von Beschäftigten oder Dritten angewiesen ist. § 45 verbietet es dem PR, für seine Zwecke von den Beschäftigten Beiträge zu erheben oder anzunehmen. Dieses **Verbot** entspricht dem Grundsatz des unentgeltlichen Ehrenamts der PR-Mitglieder (§ 46 Abs. 1) und soll die Unabhängigkeit des PR und die seiner Mitglieder sichern. Seinem Wortlaut nach gilt es für Beiträge der **Beschäftigten** (vgl. § 4). Aufgrund ihrer Zwecksetzung ist die Verbotsvorschrift aber auf die Erhebung und Annahme von Beiträgen von **Dritten** – d. h. von Personen, die keine Beschäftigten sind, und von Organisationen, z. B. politischen Parteien oder Gewerkschaften – entsprechend anzuwenden.

2 Das Verbot erstreckt sich nicht nur auf Geldleistungen, sondern auf alle **Zuwendungen**, die der Finanzierung der Tätigkeit des PR dienen. Untersagt ist sowohl die **Erhebung**, also das Einziehen vom PR geforderter Beiträge, als auch die bloße **Annahme**, also die Entgegennahme freiwillig geleisteter Zuwendungen. Verboten ist lediglich die Beitragserhebung und -annahme für **Zwecke des PR**. Diese bestehen in der Wahrnehmung seiner gesetzlichen Aufgaben und Befugnisse. Sammlungen des PR oder seiner Mitglieder für **andere Zwecke** sind nicht unzulässig, wenn dabei insb. das Neutralitätsgebot des § 67 Abs. 1 S. 2 beachtet (vgl. § 67 Rn. 19) und die Unabhängigkeit des PR (vgl. § 1 Rn. 19b) nicht gefährdet wird. So ist z. B. nichts dagegen einzuwenden, dass der PR eine Sammlung für eine Kranzspende oder ein Geburtstagsgeschenk oder für ein Betriebsfest, dessen Organisation er übernommen hat, durchführt. Der PR ist allerdings nicht berechtigt, für solche zwischenmenschlichen Zwecke eine eigene Kasse zu unterhalten.[473] Ausnahmsweise können auch Sammlungen aus außerbetrieblichem Anlass, z. B. für Opfer einer Katastrophe, zulässig sein.[474]

---

472 *HmbOVG* v. 27.2.13 – 8 Bf 197/12.PVL –, PersV 13, 379 = PersR 2/14, 50 Ls.; nachfolgend *BVerwG* v. 18.6.13 – 6 PB 14.13 –, PersR 13, 419.

473 Richardi-*Jacobs*, Rn. 11.

474 Str.; vgl. KfdP-*Kröll*, Rn. 5.

Vierter Abschnitt
Rechtsstellung der Personalratsmitglieder

§ 46 [Ehrenamt, Arbeitszeitversäumnis, Freizeitausgleich, Freistellung, Schulung und Bildung]

(1) Die Mitglieder des Personalrates führen ihr Amt unentgeltlich als Ehrenamt.

(2) [1]Versäumnis von Arbeitszeit, die zur ordnungsgemäßen Durchführung der Aufgaben des Personalrates erforderlich ist, hat keine Minderung der Dienstbezüge oder des Arbeitsentgeltes zur Folge. [2]Werden Personalratsmitglieder durch die Erfüllung ihrer Aufgaben über die regelmäßige Arbeitszeit hinaus beansprucht, so ist ihnen Dienstbefreiung in entsprechendem Umfang zu gewähren.

(3) [1]Mitglieder des Personalrates sind von ihrer dienstlichen Tätigkeit freizustellen, wenn und soweit es nach Umfang und Art der Dienststelle zur ordnungsgemäßen Durchführung ihrer Aufgaben erforderlich ist. [2]Bei der Auswahl der freizustellenden Mitglieder hat der Personalrat zunächst die nach § 32 Abs. 1 gewählten Vorstandsmitglieder, sodann die nach § 33 gewählten Ergänzungsmitglieder und schließlich weitere Mitglieder zu berücksichtigen. [3]Bei weiteren Freistellungen sind die auf die einzelnen Wahlvorschlagslisten entfallenden Stimmen im Wege des Höchstzahlverfahrens zu berücksichtigen, wenn die Wahl des Personalrates nach den Grundsätzen der Verhältniswahl durchgeführt (§ 19 Abs. 3 Satz 1) wurde; dabei sind die nach Satz 2 freigestellten Vorstandsmitglieder von den auf jede Wahlvorschlagsliste entfallenden Freistellungen abzuziehen. [4]Im Falle der Personenwahl (§ 19 Abs. 3 Satz 2) bestimmt sich die Rangfolge der weiteren freizustellenden Mitglieder nach der Zahl der für sie bei der Wahl zum Personalrat abgegebenen Stimmen. [5]Sind die Mitglieder der im Personalrat vertretenen Gruppen teils nach den Grundsätzen der Verhältniswahl, teils im Wege der Personenwahl gewählt worden, sind bei weiteren Freistellungen die Gruppen entsprechend der Zahl ihrer Mitglieder nach dem Höchstzahlverfahren zu berücksichtigen; innerhalb der Gruppen bestimmen sich die weiteren Freistellungen in diesem Fall je nach Wahlverfahren in entsprechender Anwendung des Satzes 3 und nach Satz 4. [6]Die Freistellung darf nicht zur Beeinträchtigung des beruflichen Werdegangs führen.

(4) [1]Von ihrer dienstlichen Tätigkeit sind nach Absatz 3 ganz freizustellen in Dienststellen mit in der Regel

300 bis	600 Beschäftigten	ein Mitglied,
601 bis	1000 Beschäftigten	zwei Mitglieder,
1001 bis	2000 Beschäftigten	drei Mitglieder,
2001 bis	3000 Beschäftigten	vier Mitglieder,

3001 bis	**4000 Beschäftigten**	**fünf Mitglieder,**
4001 bis	**5000 Beschäftigten**	**sechs Mitglieder,**
5001 bis	**6000 Beschäftigten**	**sieben Mitglieder,**
6001 bis	**7000 Beschäftigten**	**acht Mitglieder,**
7001 bis	**8000 Beschäftigten**	**neun Mitglieder,**
8001 bis	**9000 Beschäftigten**	**zehn Mitglieder,**
9001 bis	**10 000 Beschäftigten**	**elf Mitglieder.**

[2]In Dienststellen mit mehr als 10 000 Beschäftigten ist für je angefangene weitere 2000 Beschäftigte ein weiteres Mitglied freizustellen. [3]Von den Sätzen 1 und 2 kann im Einvernehmen zwischen Personalrat und Dienststellenleiter abgewichen werden.

(5) [1]Die von ihrer dienstlichen Tätigkeit ganz freigestellten Personalratsmitglieder erhalten eine monatliche Aufwandsentschädigung. [2]Nur teilweise, aber mindestens für die Hälfte der regelmäßigen Arbeitszeit freigestellte Personalratsmitglieder erhalten die Hälfte der Aufwandsentschädigung nach Satz 1. [3]Die Bundesregierung bestimmt durch Rechtsverordnung, die nicht der Zustimmung des Bundesrates bedarf, die Höhe der Aufwandsentschädigung.

(6) Die Mitglieder des Personalrates sind unter Fortzahlung der Bezüge für die Teilnahme an Schulungs- und Bildungsveranstaltungen vom Dienst freizustellen, soweit diese Kenntnisse vermitteln, die für die Tätigkeit im Personalrat erforderlich sind.

(7) [1]Unbeschadet des Absatzes 6 hat jedes Mitglied des Personalrates während seiner regelmäßigen Amtszeit Anspruch auf Freistellung vom Dienst unter Fortzahlung der Bezüge für insgesamt drei Wochen zur Teilnahme an Schulungs- und Bildungsveranstaltungen, die von der Bundeszentrale für politische Bildung als geeignet anerkannt sind. [2]Beschäftigte, die erstmals das Amt eines Personalratsmitgliedes übernehmen und nicht zuvor Jugend- und Auszubildendenvertreter gewesen sind, haben einen Anspruch nach Satz 1 für insgesamt vier Wochen.

1 **(Abs. 1)** Die mit § 37 Abs. 1 BetrVG inhaltsgleiche Bestimmung des Abs. 1 stellt den Grundsatz auf, dass das Amt des PR-Mitglieds ein **Ehrenamt** ist.[475] Das PR-Mitglied soll aus seiner Mitgliedschaft und durch seine Amtstätigkeit weder einen Vorteil haben noch einen Nachteil erleiden. **Unzulässige materielle Besserstellungen** sind z. B.: Zahlung von Dienstbezügen oder Arbeitsentgelt für nicht notwendige Arbeitszeitversäumnis; Freistellung ohne Vorliegen der Voraussetzungen von Abs. 3 oder 4; Zahlung von Mehrarbeitsvergütung für PR-Tätigkeit in der Freizeit; Zahlung einer höheren Vergütung als an vergleichbare Arbeitnehmer; bevorzugte Höhergruppie-

475 Näher dazu KfdP-*Noll*, Rn. 4–10.

rung oder Beförderung. Außer dem Gewähren ist auch das Versprechen einer Besserstellung nicht zulässig. Die Annahme von unzulässigen Vorteilen durch PR-Mitglieder kann eine grobe Pflichtverletzung darstellen.[476] **Kein unzulässiger Vorteil** liegt dagegen vor, wenn ein PR-Mitglied, das aufgrund der Wahrnehmung seines Amtes seine bisherige dienstliche Tätigkeit nicht mehr ausüben kann und deswegen auf einem schlechter bezahlten Arbeitsplatz tätig wird, weiterhin das bisherige Arbeitsentgelt erhält. Das Gleiche gilt, wenn unter den Voraussetzungen von Abs. 2 S. 2 ein bezahlter Freizeitausgleich erfolgt.

(**Abs. 2**) Die Vorschrift des **Abs. 2 S. 1** bestimmt, dass **Versäumnis von Arbeitszeit**, die zur ordnungsgemäßen Durchführung der Aufgaben des PR erforderlich ist, keine Minderung der Dienstbezüge oder des Arbeitsentgelts zur Folge hat. Sie geht – wie sich auch aus der Regelung über den Freizeitausgleich in Abs. 2 S. 2 ergibt – davon aus, dass die Aufgaben des PR i. d. R. während der Arbeitszeit wahrgenommen werden, und räumt der **Pflicht zur Erfüllung der PR-Aufgaben**, die sich aus dem Amt des PR-Mitglieds ergibt, den **Vorrang** vor der beamtenrechtlichen bzw. arbeitsvertraglichen Pflicht zur Erbringung der Dienst- bzw. Arbeitsleistung ein. Die Regelung des Abs. 2 S. 1 berechtigt die PR-Mitglieder, Arbeitszeit zu versäumen, soweit dies zur ordnungsgemäßen Durchführung der Aufgaben des PR erforderlich ist.[477] Die im Einzelnen durchzuführenden **Aufgaben des PR** und seiner Mitglieder ergeben sich in erster Linie aus dem BPersVG, aber auch aus anderen Rechtsvorschriften. Ob es sich bei der Tätigkeit eines PR-Mitglieds um die Wahrnehmung einer Aufgabe des PR handelt, ist nach **objektiven Kriterien** zu entscheiden. Handelt es sich um eine Aufgabe des PR, muss die Arbeitszeitversäumnis zur ordnungsgemäßen Durchführung dieser Aufgabe **erforderlich** sein. Die Erforderlichkeit lässt sich sowohl hinsichtlich der Zahl der tätig werdenden PR-Mitglieder als auch hinsichtlich der Dauer der Arbeitszeitversäumnis nur anhand der **konkreten Umstände** des Einzelfalls beurteilen. Dem PR-Mitglied steht dabei ein **Beurteilungsspielraum** zu. Da jedes PR-Mitglied berechtigt und – vom Fall seiner Verhinderung abgesehen – auch verpflichtet ist, an den **Sitzungen des PR** teilzunehmen, ist die dadurch verursachte Arbeitszeitversäumnis stets erforderlich. Es ist allein Sache des PR, darüber zu entscheiden, **welchen PR-Mitgliedern** welche Aufgaben innerhalb des PR zugewiesen werden (vgl. § 32 Rn. 9). Auch wenn freigestellte Mitglieder vorhanden sind, bleibt es ihm unbenommen, andere Mitglieder mit der Durchführung bestimmter Aufgaben zu beauftragen. 2

Liegen die Voraussetzungen vor, die das PR-Mitglied zur Arbeitszeitversäumnis berechtigen, ist es kraft Gesetzes unmittelbar **von der Arbeitspflicht befreit**, ohne dass es dazu einer förmlichen Dienst- oder Arbeits- 3

476 Vgl. KfdP-*Noll*, Rn. 8 m. w. N.
477 Näher dazu KfdP-*Noll*, Rn. 11–22.

befreiung oder Zustimmung des Dienststellenleiters bedarf.[478] Das PR-Mitglied ist allerdings dem Dienstherrn bzw. Arbeitgeber gegenüber i. d. R. verpflichtet, sich rechtzeitig vor Verlassen des Arbeitsplatzes **unter Angabe von Ort, Beginn und voraussichtlicher Dauer** der beabsichtigten PR-Tätigkeit **abzumelden.**[479] Bei der Abmeldung sind Angaben zur **Art der beabsichtigten PR-Tätigkeit** nicht erforderlich, weil daraus Rechtfertigungszwänge entstehen können, die die Handlungsfreiheit des PR-Mitglieds beeinträchtigen und sich nachteilig auf die unabhängige Amtsführung auswirken können. Nach Beendigung der PR-Tätigkeit hat sich das PR-Mitglied **zurückzumelden.** Hiefür gilt das Gleiche wie für die Abmeldung.[480] Bei der Ab- und Rückmeldepflicht handelt es sich nicht nur um eine kollektivrechtliche Obliegenheit aufgrund des Gebots der vertrauensvollen Zusammenarbeit, sondern darüber hinaus um eine arbeitsvertragliche bzw. beamtenrechtliche Nebenpflicht.[481]

4 Sind die Voraussetzungen des Abs. 2 S. 1 gegeben, hat das PR-Mitglied für die versäumte Arbeitszeit **Anspruch auf die Bezüge** (d. h. die Dienstbezüge i. S. d. Beamtenrechts oder das Arbeitsentgelt i. S. d. Arbeitsrechts), die es erhalten würde, wenn es weitergearbeitet hätte.[482] Für diesen Anspruch gilt zwingend das **Lohnausfallprinzip.**[483] Danach ist eine **hypothetische Betrachtungsweise** dessen maßgeblich, was der Beschäftigte verdient hätte, wenn er nicht durch die Wahrnehmung von PR-Aufgaben an der Erbringung der Dienst- oder Arbeitsleistung gehindert gewesen wäre. Dabei sind die Besonderheiten des jeweiligen Vergütungsbestandteils zu berücksichtigen und bei schwankenden Bezügen ist ggf. eine Schätzung nach den Grundsätzen des § 287 Abs. 2 ZPO vorzunehmen.[484] Aus diesem Grund hat ein freigestelltes PR-Mitglied Anspruch auf eine Funktionszulage, die es zuvor auch erhalten hatte.[485] **Überstunden**, die ohne die PR-Tätigkeit geleistet worden wären, sind zu vergüten, und zwar auch dann, wenn diese nicht regelmäßig anfallen.[486] Wird in der Dienststelle **Gleitzeitarbeit** praktiziert, erstreckt sich der Anspruch auf die Zeitgutschrift über die Kernarbeitszeit hinaus auf die

---

478 So *BVerwG* v. 12. 6. 84 – 6 P 34.82 –, Buchh 238.3A § 44 Rn. 11; str.; vgl. KfdP-*Noll*, Rn. 23 m. w. N.

479 Vgl. *BAG* v. 15. 3. 95 – 7 AZR 643/94 –, AP BetrVG 1972 § 37 Nr. 105.

480 Vgl. *BAG* v. 13. 5. 97 – 1 ABR 2/97 –, AP BetrVG 1972 § 37 Nr. 119.

481 *BAG* v. 29. 6. 11 – 7 ABR 135/09 –, AP BetrVG 1972 § 37 Nr. 152 = AiB 12, 261 m. Anm. *Weinbrenner*.

482 Näher dazu KfdP-*Noll*, Rn. 28–31.

483 St. Rspr.; vgl. z. B. *BAG* v. 13. 11. 91 – 7 AZR 469/90 – u. v. 23. 10. 02 – 7 AZR 416/01 –, PersR 92, 418, u. 03, 247; *BVerwG* v. 13. 9. 01 – 2 C 34.00 –, PersR 02, 162, u. v. 30. 1. 13 – 6 P 5.12 –, PersR 13, 178.

484 *BAG* v. 29. 4. 15 – 7 AZR 123/13 –, NZA 15, 1328.

485 *BAG* v. 16. 11. 11 – 7 AZR 458/10 –, PersR 12, 176.

486 *BAG* v. 29. 6. 88 – 7 AZR 651/87 –, PersR 89, 51.

gesamte Gleitzeitspanne. Zu den fortzuzahlenden Bezügen gehören auch alle ohne Arbeitszeitversäumnis angefallenen **Nebenbezüge**, die Bestandteil der Besoldung oder der Arbeitsvergütung sind, wie z. B. Erschwerniszulagen, Leistungszulagen und Zuschläge für Mehr-, Nacht- oder Sonntagsarbeit. Geldleistungen mit reinem **Aufwendungscharakter**, wie z. B. Wegegelder, Auslösungen oder Beköstigungszulagen, sind dagegen dann nicht fortzuzahlen, wenn das PR-Mitglied infolge der Arbeitszeitversäumnis keine entsprechenden Aufwendungen hat.[487] Ist eine hinreichend klare Aufspaltung einer Leistung zur einen oder anderen Seite nicht möglich, so ist sie insgesamt kein Aufwendungsersatz.[488]

Abs. 2 S. 2 bestimmt, dass PR-Mitgliedern, die durch die Erfüllung ihrer 5
Aufgaben **über die regelmäßige Arbeitszeit hinaus beansprucht** werden, **Dienstbefreiung** in entsprechendem Umfang zu gewähren ist.[489] Die Vorschrift gilt auch für **freigestellte PR-Mitglieder**, und zwar auch dann, wenn sie nicht nur teilweise, sondern ganz von ihrer dienstlichen Tätigkeit freigestellt sind.[490] Bei der Frage, ob die Beanspruchung durch eine PR-Tätigkeit über die regelmäßige Arbeitszeit hinausgeht, ist auf die **regelmäßige individuelle Arbeitszeit** des jeweiligen PR-Mitglieds abzustellen.[491] Abs. 2 S. 2 gilt auch für solche Tätigkeiten, die zwar für sich genommen keine PR-Tätigkeit sind, die jedoch in einem unmittelbar notwendigen und sachlichen Zusammenhang mit der PR-Tätigkeit stehen. Ein PR-Mitglied, das z. B. aus Anlass einer Sitzung **Reisezeiten** (oder zusätzliche Wegezeiten) außerhalb der Arbeitszeit aufwendet, hat deshalb Anspruch auf Dienstbefreiung in entsprechendem Umfang, ohne dass es darauf ankommt, ob eine entsprechende Dienstreise (oder ein Dienstgang) beamtenrechtlich oder tarifrechtlich als Arbeitszeit zu behandeln ist.[492] Die gegenteilige Rspr. des *BAG*,[493] die offenbar entscheidend darauf abstellt, dass PR-Mitglieder nicht bessergestellt werden sollen als Betriebsratsmitglieder, lässt den abweichenden Wortlaut des § 37 Abs. 3 S. 1 BetrVG außer Acht.[494]

---

487 Vgl. *BAG* v. 27.7.94 – 7 AZR 81/94 –, PersR 95, 142.

488 *BAG* v. 5.4.00 – 7 AZR 213/99 –, AP BetrVG 1972 § 37 Nr. 131.

489 Näher dazu KfdP-*Noll*, Rn. 33–41.

490 Str.; vgl. KfdP-*Noll*, Rn. 34, 74.

491 *BAG* v. 22.5.86 – 6 AZR 557/85 –, PersR 87, 107.

492 *BayVGH* v. 27.1.81 – Nr. 18 C 80 A. 1027 –, PersV 82, 289; *LAG RP* v. 12.12.84 – 6 Sa 804/84 –, PersR 85, 142.

493 *BAG* v. 22.5.86 – 6 AZR 526/83 –, PersR 87, 86; ebenso *OVG M-V* v. 10.2.02 – 8 L 120/00 –, ZfPR 03, 139.

494 Vgl. auch *BAG* v. 16.4.03 – 7 AZR 423/01 –, AP BetrVG 1972 § 37 Nr. 138, v. 21.6.06 – 7 AZR 389/05 –, NZA 06, 1417, u. v. 12.8.09 – 7 AZR 218/08 –, NZA 09, 1284, wonach es für das Bestehen eines Anspruchs auf Freizeitausgleich gem. § 37 Abs. 3 BetrVG auf die maßgeblichen tarifvertraglichen oder betrieblichen

6 Der vom PR-Mitglied geltend zu machende Anspruch auf Dienstbefreiung ist ein **Anspruch aus dem Beamten- oder Arbeitsverhältnis**,[495] für den die beamten- bzw. arbeitsrechtlichen **Verjährungsvorschriften** ebenso gelten wie ggf. eine tarifvertragliche **Ausschlussfrist**.[496] Bei der **Gewährung der Dienstbefreiung** sind die **Wünsche des PR-Mitglieds** angemessen zu berücksichtigen. Zum Ausgleich für außerhalb der persönlichen Arbeitszeit geleistete notwendige PR-Arbeit besteht ein Anspruch auf Arbeitsbefreiung unter Fortzahlung der Besoldung bzw. Vergütung. Bei der Gewährung der Arbeitsbefreiung an ein im Arbeitsverhältnis stehendes PR-Mitglied kann die Dienststelle die Freistellung gem. § 106 S. 1 GewO i. V. m. § 315 Abs. 3 BGB nach billigem Ermessen festlegen und braucht die Wünsche des PR-Mitglieds nicht entsprechend den Grundsätzen des Urlaubsrechts gem. § 7 Abs. 1 S. 1 BUrlG zu berücksichtigen.[497] Eine **Frist**, innerhalb derer die Dienstbefreiung zu gewähren ist, legt das Gesetz nicht fest. Die Gewährung muss deshalb innerhalb einer angemessenen Frist erfolgen. Dafür kann die Jahresfrist des § 88 S. 2 BBG einen Anhalt bieten.[498] Mangels einer dem § 37 Abs. 3 S. 3 BetrVG vergleichbaren Vorschrift kann eine **Abgeltung** durch Zahlung einer der Mehrarbeitsvergütung entsprechenden Geldleistung nicht erfolgen.[499]

7 **(Abs. 3, 4)** Zur ordnungsgemäßen Durchführung von PR-Aufgaben sieht § 46 außer der in Abs. 2 S. 1 geregelten vorübergehenden Arbeitsbefreiung, die aus konkretem Anlass, also von Fall zu Fall erfolgt, in Abs. 3 und 4 die generelle **Freistellung** von der dienstlichen Tätigkeit vor. Die Freistellung kommt für regelmäßig anfallende (außerhalb der Sitzungen wahrzunehmende) Aufgaben in Betracht, bei denen die Zeit ihrer Erledigung im Voraus bemessbar ist,[500] insb. für die laufenden Geschäfte (vgl. § 32 Rn. 7) und das Abhalten von Sprechstunden (vgl. § 43 Rn. 3). Den freigestellten PR-Mitgliedern wird die Möglichkeit gegeben, sich besonders eingehend mit den Fragen des PersVR und den vom PR zu bearbeitenden Angelegenheiten zu

---

Regelungen über die Durchführung von Dienstreisen im Betrieb des Arbeitgebers ankommt; vgl. auch KfdP-*Noll*, Rn. 36.

495 *BAG* v. 26.2.92 – 7 AZR 201/91 –, PersR 92, 468; str.; vgl. KfdP-*Noll*, Rn. 39 m. w. N.

496 *BAG* v. 16.4.03 – 7 AZR 423/01 – u. v. 8.9.10 – 7 AZR 513/09 –, AP BetrVG 1972 § 37 Nr. 138 u. 148.

497 *BAG* v. 15.2.12 – 7 AZR 774/10 –, AP BetrVG 1972 § 37 Nr. 154, zur Arbeitsbefreiung von Betriebsratsmitgliedern gem. § 37 Abs. 3 BetrVG. Vgl. dazu KfdP-*Noll*, Rn. 41.

498 Vgl. KfdP-*Noll*, Rn. 41.

499 *BAG* v. 16.2.05 – 7 AZR 95/04 –, PersR 05, 500, u. v. 28.5.14 – 7 AZR 404/12 –, NZA 15, 564.

500 *BVerwG* v. 15.6.80 – 6 P 82.78 –, PersV 81, 366, sowie v. 22.4.87 – 6 P 29.84 – u. v. 25.7.13 – 6 PB 16.13 –, PersR 87, 191, u. 13, 406.

befassen.[501] Für den **Umfang** der Freistellung enthält Abs. 3 S. 1 eine abstrakte Grundregel. Dabei nimmt Abs. 4 eine Konkretisierung insoweit vor, als sich die Mindestzahl der freizustellenden PR-Mitglieder unmittelbar aus der in dieser Vorschrift enthaltenen Tabelle ergibt. Die **Freistellungsstaffel** gilt aber nur für örtliche PR, nicht dagegen für Stufenvertretungen und GPR (vgl. § 54 Rn. 2 u. § 56 Rn. 8).

Nach der **Grundregel des Abs. 3 S. 1** sind Mitglieder des PR auf Antrag des PR von ihrer dienstlichen Tätigkeit freizustellen, wenn und soweit es nach Umfang und Art der Dienststelle zur ordnungsgemäßen Durchführung ihrer Aufgaben **erforderlich** ist.[502] Die Erforderlichkeit der Freistellung nach Abs. 3 S. 1 ist anhand der konkreten **Verhältnisse der einzelnen Dienststelle** zu prüfen.[503] Dabei sind die Kriterien **Umfang und Art der Dienststelle** besonders zu berücksichtigen. Dazu gehören v. a.: die Zahl der Beschäftigten, die Zusammensetzung der Beschäftigten (insb. die Anteile von jugendlichen und auszubildenden, schwerbehinderten und sonstigen schutzbedürftigen sowie ausländischen Beschäftigten), die räumliche Ausdehnung der Dienststelle (z. B. die Unterbringung in verschiedenen Dienstgebäuden oder das Vorhandensein nicht verselbständigter Nebenstellen oder räumlich entfernter Dienststellenteile), die betriebliche Gestaltung der Arbeitszeit (z. B. Arbeit im Schichtbetrieb). In seinem Antrag auf Freistellung muss der PR anhand der konkreten Verhältnisse der Dienststelle **genau darlegen**, welche Aufgaben (z. B. Vorbereitung von Sitzungen, Sprechstunden, Verhandlungen mit dem Dienststellenleiter) er zu erledigen hat und in welchem Umfang diese Aufgaben regelmäßig anfallen.[504] 8

Abs. 4 legt für Dienststellen, die mindestens 300 in der Regel Beschäftigte (vgl. § 12 Rn. 2) haben, in **S. 1** eine nach der Anzahl dieser Beschäftigten gestufte **Freistellungsstaffel** fest, die von einem PR-Mitglied bis zu elf Mitgliedern bei in der Regel 9001 bis 10 000 Beschäftigten reicht. Nach **S. 2** erhöht sich die Freistellungsstaffel in Dienststellen mit mehr als 10 000 Beschäftigten für je angefangene weitere 2000 Beschäftigte um ein weiteres freizustellendes PR-Mitglied.[505] 9

Die Staffel des Abs. 4 enthält **Mindestzahlen** für die Freistellung, obwohl das BPersVG anders als das BetrVG nicht davon spricht, dass von ihrer beruflichen Tätigkeit »mindestens« eine bestimmte Anzahl von PR-Mitgliedern freizustellen ist.[506] Der Anspruch auf **zusätzliche Freistellungen** über die 10

501 *BVerwG* v. 12. 1. 09 – 6 PB 24.08 –, PersR 09, 126.
502 Näher dazu KfdP-*Noll*, Rn. 44 f.
503 *BVerwG* v. 22. 4. 87 – 6 P 29.84 –, PersR 87, 191.
504 *BVerwG* v. 22. 4. 87, a. a. O.; *BayVGH* v. 27. 1. 88 – Nr. 18 P 87.03600 –, PersR 88, 223 Ls.
505 Zur Staffel vgl. KfdP-*Noll*, Rn. 46 ff.
506 Str.; vgl. KfdP-*Noll*, Rn. 48 m. N.

Staffel hinaus ergibt sich aus dem in Abs. 3 S. 1 enthaltenen Grundsatz, dass PR-Mitglieder freizustellen sind, wenn und soweit es nach Umfang und Art der Dienststelle zur ordnungsgemäßen Durchführung der PR-Aufgaben erforderlich ist.[507] Der PR hat daher Anspruch auf zusätzliche Freistellungen, wenn es den nach Abs. 4 freigestellten PR-Mitgliedern nicht möglich ist, die PR-Aufgaben ordnungsgemäß innerhalb der regelmäßigen Arbeitszeit zu erfüllen.[508] Der PR muss ggf. genau **darlegen**, dass, in welchem Umfang und warum zusätzliche Freistellungen erforderlich sind.[509]

11 Sind PR-Mitglieder nach Abs. 4 freizustellen, kann der PR anstelle einer Vollfreistellung auch entsprechende **Teilfreistellungen** wählen, wenn dies seiner Arbeit dienlich ist oder sonstige wichtige Gründe dafür sprechen.[510] Für den Betriebsrat hat das BetrVerf-Reformgesetz v. 23.7.01[511] diese Möglichkeit durch die ausdrückliche Regelung in § 38 Abs. 1 S. 3 und 4 BetrVG klargestellt. Nach bisheriger Rspr. des *BVerwG*[512] sollen Teilfreistellungen von PR-Mitgliedern grundsätzlich nicht zulässig sein. Eine Möglichkeit dafür hat das *BVerwG* aber dann eingeräumt, wenn nicht genügend PR-Mitglieder zu einer vollen Freistellung bereit sind, dienstliche Belange – wie z. B. die Erhaltung der beruflichen Praxis – die volle Freistellung verhindern oder die teilweise Freistellung nach dem Umfang der PR-Aufgaben erforderlich ist.[513]

12 Nach **Abs. 4 S. 3** kann von den in S. 1 und 2 festgelegten Freistellungszahlen **im Einvernehmen zwischen PR und Dienststellenleiter abgewichen** werden. Das »Einvernehmen« erfordert eine ausdrückliche Vereinbarung zwischen PR und Dienststellenleiter. Bedeutung hat die Möglichkeit der einvernehmlichen Abweichung insb. für die **Erhöhung** der sich aus S. 1 oder 2 ergebenden Zahl der Vollfreistellungen bzw. der dementsprechenden Teilfreistellungen. Eine davon nach unten abweichende Vereinbarung ist mit Blick darauf, dass die Freistellungsstaffel **Mindestzahlen** enthält, nicht zulässig.[514] Wird ein Einvernehmen nicht erzielt, kann der PR die Erforderlichkeit nach § 83 Abs. 1 Nr. 3, Abs. 2 im **Beschlussverfahren** vor dem Verwaltungsgericht

---

507 A. A. *OVG NW* v. 16.1.84 – CL 29/82 –, ZBR 84, 234, das zu den mit Abs. 4 S. 1 und 2 wortgleichen Vorschriften des § 42 Abs. 4 S. 1 und 2 LPVG NW a. F. die Ansicht vertreten hat, dass es sich um feste Freistellungssätze handele, von denen nur im gegenseitigen Einvernehmen von Dienststelle und PR abgewichen werden könne.

508 Vgl. auch *BAG* v. 21.5.74 – 1 AZR 477/73 –, AP BetrVG 1972 § 37 Nr. 14.

509 Richardi-*Treber*, Rn. 51.

510 Näher dazu KfdP-*Noll*, Rn. 49.

511 BGBl. I S. 1852.

512 *BVerwG* v. 22.5.83 – 6 P 15.80 –, PersV 84, 83.

513 *BVerwG* v. 22.4.87 – 6 P 29.84 –, PersR 87, 191.

514 Str.; vgl. KfdP-*Noll*, Rn. 48, 51.

klären lassen. Dies kann auch im Wege einer einstweiligen Verfügung durchgesetzt werden.[515]

13 Auch in Dienststellen mit **weniger als 300** in der Regel Beschäftigten können PR-Mitglieder von ihrer dienstlichen Tätigkeit ganz oder teilweise freigestellt werden, wenn und soweit es nach Umfang und Art der Dienststelle zur ordnungsgemäßen Durchführung der PR-Arbeit erforderlich ist.[516] Der Anspruch ergibt sich in einem solchen Fall aus Abs. 3, wobei jedoch eine Anlehnung an die Staffel nach Abs. 4 erfolgen kann.

14 Über die Inanspruchnahme der zulässigen Freistellungen[517] einschl. der Möglichkeit entsprechender Teilfreistellungen, über die Auswahl der Freizustellenden und über den an den Dienststellenleiter zu richtenden **Freistellungsantrag** entscheidet der PR jeweils durch **Beschluss**. Bei seiner Ermessensentscheidung hat er darauf zu achten, dass die Aufgaben des PR ordnungsgemäß und wirksam erledigt werden können.[518] Dabei handelt es sich immer um eine gemeinsame Angelegenheit, über die nach § 38 Abs. 1 gemeinsam zu beschließen ist. Zur Freistellung ist eine Entscheidung des **Dienststellenleiters** erforderlich. Diesem steht aber nur ein **eingeschränktes Prüfungsrecht** zu. Er kann die vom PR beantragten Freistellungen nur ablehnen, wenn entweder die Voraussetzungen des Abs. 3 S. 1 oder des Abs. 4 nicht vorliegen oder wenn unabweisbare Gründe, die sich aus den von ihm zu vertretenden dienstlichen Belangen oder aus seiner eigenen personalvertretungsrechtlichen Stellung ableiten, der Freistellung eines oder mehrerer der vom PR ausgewählten Mitglieder entgegenstehen.[519] Die auf Antrag des PR erfolgende **Freistellung** durch die Dienststelle ist dem vom PR ausgewählten PR-Mitglied gegenüber auszusprechen und dem PR mitzuteilen. Sobald die Freistellung ausgesprochen ist, entbindet sie den Betroffenen – je nach ihrem Umfang – ganz oder teilweise von der Dienst- oder Arbeitspflicht. Die Freistellung erfolgt grundsätzlich **für die gesamte Amtszeit** des PR.[520] Sie ist an die Person des jeweiligen PR-Mitglieds gebunden. Scheidet dieses aus dem PR aus oder ist es zeitweilig verhindert, überträgt sie sich nicht auf das an seiner Stelle in den PR eintretende Ersatzmitglied. Im Fall des **Ausscheidens aus dem PR** hat dieser unter Beachtung von Abs. 3 S. 2 bis 5 neu zu beschließen, welches PR-Mitglied künftig freizustellen ist; die

---

515 *VG Düsseldorf* v. 31. 8. 12 – 39 L 1133/12.PVB –, IÖD 12, 228 Ls.

516 *BVerwG* v. 16. 5. 80 – 6 P 82.78 –, PersV 81, 366, u. v. 25. 7. 13 – 6 P 16.13 –, PersR 13, 406 (jedoch keine Berücksichtigung von turnusmäßigem, sondern nur von anlassbezogenem Arbeitsanfall [vgl. oben Rn. 7]).

517 Näher dazu KfdP-*Noll*, Rn. 53–59.

518 *SächsOVG* v. 18. 4. 12 – PL 9 A 574/11 –, PersV 12, 342.

519 *BVerwG* v. 10. 5. 84 – 6 P 33.83 –, PersR 86, 15.

520 Zur möglichen Reduzierung der Freistellungen wegen erheblicher Unterschreitung des maßgeblichen Schwellenwertes vgl. *BVerwG* v. 9. 7. 08 – 6 PB 12.08 –, PersR 08, 415.

Dienststelle hat auf Antrag des PR eine neue Freistellungsentscheidung zu treffen.[521] Wenn ein aufgrund von Abs. 3 S. 2 freigestelltes PR-Mitglied (nur) **aus dem Vorstand ausscheidet,** geht dessen Freistellung nicht automatisch auf das neue Vorstandsmitglied über.[522] Ist ein PR-Mitglied nicht nur kurzzeitig verhindert, so kommt ausnahmsweise eine **Ersatzfreistellung** eines anderen PR-Mitglieds in Betracht.[523]

15 Über die **Auswahl** der Freizustellenden[524] entscheidet der PR grundsätzlich nach seinem **Ermessen**. Es ist sachgerecht, wenn er sich dabei an der Eignung und Bereitschaft der in Betracht kommenden Personen zur längerfristigen solidarischen und engagierten Interessenvertretung der Beschäftigten orientiert.[525] Jedoch hat der PR die in **Abs. 3 S. 2 bis 5** aufgestellten Regeln für die **Reihenfolge** der freizustellenden PR-Mitglieder zu beachten. Der PR ist allerdings berechtigt, von diesen Vorschriften **abzuweichen**, wenn die danach an sich freizustellenden PR-Mitglieder damit einverstanden sind und die stichhaltigen Gründe im Protokoll vermerkt sind.[526] So ist es z. B. zulässig, dass der PR seinen Anspruch auf Freistellung eines seiner Mitglieder so verwirklicht, dass er die Freistellung **zeitlich aufspaltet** und alle seine Mitglieder nacheinander für einen befristeten Abschnitt der Amtszeit freistellen lässt, vorausgesetzt, kein Mitglied beanstandet diese **»rollierende Freistellung«**.[527]

16 Der Grundsatz, dass der PR nach seinem Ermessen festlegt, welche PR-Mitglieder freizustellen sind, wird durch die mit dem **Änderungsgesetz v. 10. 7. 89**[528] getroffenen Regelungen in Abs. 3 S. 2 bis 5 weitgehend durchbrochen. Diese Vorschriften engen die Möglichkeiten des PR zur **Auswahl** freizustellender Mitglieder noch stärker ein als das frühere Recht, weil dadurch die schon vorher im Gesetz enthaltene **Bevorzugung der Gruppen** mit einem **Listenprivileg** verbunden wird, das die einheitliche und effektive Vertretung der Interessen der Beschäftigten durch das Gesamtgremium erschwert.

17 Die Bestimmungen über die Auswahl der freizustellenden PR-Mitglieder sehen in **Abs. 3 S. 2** vor, dass der PR zunächst die nach § 32 Abs. 1 gewählten **Gruppenvorstandsmitglieder** und sodann die nach § 33 hinzugewählten

---

521 *BayVGH* v. 30. 11. 94 – 18 PC 94.3730 –, PersR 95, 435.

522 *BayVGH* v. 30. 11. 94, a. a. O.

523 Vgl. *VG Köln* v. 20. 1. 06 – 33 K 5613/05.PVB –, PersV 06, 230; nach *BAG* v. 9. 7. 97 – 7 ABR 18/96 –, AP BetrVG 1972 § 38 Nr. 23, sind bei der Bemessung des Umfangs der Freistellung absehbare urlaubs-, krankheits- und schulungsbedingte Verhinderungen bereits berücksichtigt.

524 Näher dazu KfdP-*Noll*, Rn. 60–70.

525 Vgl. *BVerwG* v. 21. 12. 94 – 6 P 12.93 –, PersR 95, 131.

526 *OVG Bln-Bbg* v. 11. 9. 15 – 62 PV 5.15 –, ZfPR online 4/16, 4.

527 *BVerwG* v. 10. 5. 84 – 6 P 33.83 –, PersR 86, 15.

528 BGBl. I S. 1380, ber. S. 1473.

Vorstandsmitglieder, die das Gesetz als **Ergänzungsmitglieder** bezeichnet, zu berücksichtigen hat. Von dieser Regelung kann auch beim Vorliegen stichhaltiger Gründe nicht zugunsten der Ergänzungsmitglieder abgewichen werden.[529] Kommt im Rahmen des zur Verfügung stehenden Kontingents die Freistellung **weiterer PR-Mitglieder** in Betracht, sind die auf die einzelnen Wahlvorschlagslisten bzw. die einzelnen Gruppen entfallenden Stimmen nach dem Grundsatz der Verhältniswahl zu berücksichtigen. Dabei ist dann, wenn ein Teil der Mitglieder nach den Grundsätzen der Verhältniswahl und der andere Teil in Personenwahl gewählt worden ist, wiederum die Anzahl der Sitze der Gruppen entscheidend. Diese Regelung kommt bei PR, die nach § 32 Abs. 1 Vertreter von zwei Gruppen in den Vorstand entsandt und nach § 33 Ergänzungsmitglieder gewählt haben, i. d. R. erst **ab der fünften Freistellung** zur Anwendung.

Reicht das **Kontingent an Freistellungen** nicht aus, um alle **Gruppenvorstandsmitglieder** zu berücksichtigen, so entscheidet der PR nach seinem Ermessen, welches oder welche Gruppenvorstandsmitglieder freizustellen sind (vgl. Rn. 15). Dabei liegt es nahe, in erster Linie den **Vorsitzenden** freizustellen; anders als die ursprüngliche Regelung in Abs. 3 S. 2 a. F. schreibt die geltende Regelung jedoch keinen Vorrang des Vorsitzenden vor anderen Gruppenvorstandsmitgliedern vor.[530] Reicht das nach der **absolut vorrangigen Freistellung der Gruppenvorstandsmitglieder**[531] noch verbleibende Freistellungskontingent nur noch zur Freistellung eines der zwei **Ergänzungsmitglieder** aus, so entscheidet der PR auch insoweit nach seinem Ermessen. Darüber hinaus ist bei der Freistellung nicht nur von Vorstandsmitgliedern, sondern auch von **anderen Mitgliedern des PR** angesichts der detaillierten Gesamtregelung in Abs. 3 S. 2 bis 5 davon auszugehen, dass das Gesetz das **Ermessen des PR bei der Personalauswahl** nur einschränkt, soweit es ausdrückliche Vorschriften für die Reihenfolge der Freizustellenden enthält.[532] 17a

Sind nach den Gruppenvorstandsmitgliedern und den Ergänzungsmitgliedern **weitere PR-Mitglieder** freizustellen, so sind bei einem in **reiner Verhältniswahl** gewählten PR die Bestimmungen des **Abs. 3 S. 3** anzuwenden. Danach geben die auf die einzelnen Wahlvorschlagslisten entfallenden Stimmen den Ausschlag. Es sind nach dem Wortlaut des Gesetzes sämtliche auf eine mit derselben Bezeichnung bzw. demselben Kennwort versehene Wahlvorschlagsliste entfallenden Gesamtstimmen zu berücksichtigen. Das gilt auch dann, wenn eine solche einheitliche Wahlvorschlagsliste bei Gruppenwahl in jeder Gruppe vertreten war, aber nur in einer Gruppe Sitze errungen 18

529 *BVerwG* v. 12. 1. 09 – 6 PB 24.08 –, PersR 09, 126.
530 Str.; vgl. KfdP-*Noll*, Rn. 64a m. N.
531 *BVerwG* v. 12. 1. 09, a. a. O.
532 Vgl. dazu KfdP-*Noll*, a. a. O.

hat. Die auf die einzelnen Wahlvorschlagslisten entfallenden weiteren Freistellungen sind im Wege des **Höchstzahlverfahrens** zu ermitteln (vgl. § 17 Rn. 5). Ist eine Wahlvorschlagsliste nach den Grundsätzen der Verhältniswahl bei den weiteren Freistellungen zu berücksichtigen, erhält sie gleichwohl keine weitere Freistellung, wenn auf ihr gewählte Bewerber bereits als Vorstandsmitglieder bei der Freistellung berücksichtigt worden sind. Die weitere Freistellung geht dann auf die Wahlvorschlagsliste über, auf die nach den Grundsätzen der Verhältniswahl eine weitere Freistellung entfallen würde, sofern diese Liste nicht ebenfalls gewählte Bewerber enthält, die bereits als Vorstandsmitglieder freigestellt sind. Der PR in seiner Gesamtheit entscheidet, **welches Mitglied derjenigen Liste**, auf die die weitere Freistellung entfällt, freigestellt wird. Verabreden die Mitglieder der betroffenen Liste, dass nur eines von ihnen für die Freistellung zur Verfügung steht und die anderen ausdrücklich auf die Freistellung verzichten, ist zweifelhaft, ob der PR dadurch in seiner Entscheidung gebunden wird.

19 Ist in den Gruppen nach den Grundsätzen der **Personenwahl** (Mehrheitswahl) gewählt worden oder hat gemeinsame Wahl als Personenwahl stattgefunden, bestimmt sich die Rangfolge weiterer freizustellender PR-Mitglieder gem. **Abs. 3 S. 4** ausschließlich nach der **Zahl der Stimmen**, die sie bei der PR-Wahl erhalten haben. Verzichtet ein PR-Mitglied auf eine Freistellung, geht der Freistellungsanspruch auf das PR-Mitglied über, das die nächsthöhere Stimmenzahl erhalten hat.

20 Sind die Vertreter der Gruppen **teils** nach den Grundsätzen der **Verhältniswahl, teils** im Wege der **Personenwahl** gewählt worden, ist – anders als bei der Personenwahl oder Verhältniswahl in jeder Gruppe – gem. **Abs. 3 S. 5** zunächst festzustellen, wie viele Freistellungen auf die einzelnen Gruppen bei der Anwendung des Höchstzahlsystems entfallen. Danach ist zu prüfen, wie viele Freistellungen die Gruppen bereits durch die freigestellten Vorstandsmitglieder erhalten haben. Diese auf die Vorstandsmitglieder entfallenden Freistellungen werden von den Freistellungen abgezogen, die den Gruppen jeweils zustehen. Steht danach fest, ob und wie viele weitere Freistellungen eine Gruppe erhält, ist zu prüfen, ob ihre Mitglieder nach den Grundsätzen der Verhältniswahl oder der Mehrheitswahl gewählt worden sind. Bei Personenwahl ist ausschließlich auf die Stimmenzahl abzustellen (vgl. Rn. 19). Bei Verhältniswahl hat der PR bei der Auswahl der weiteren freizustellenden Personalratsmitglieder die Zugehörigkeit zu einer bestimmten Wahlvorschlagsliste für die jeweilige Gruppe zu berücksichtigen (vgl. Rn. 18).

21 Die Freistellung eines PR-Mitglieds bewirkt, dass dieses ganz oder teilweise **von seiner dienstlichen Tätigkeit entpflichtet** wird.[533] Die sonstigen Pflichten aus dem Dienst- bzw. Arbeitsverhältnis bestehen fort. Das freigestellte

533 *BVerwG* v. 14. 6. 90 – 6 P 18.88 –, PersR 90, 290.

PR-Mitglied hat deshalb grundsätzlich die in der Dienststelle geltende regelmäßige **Arbeitszeit** einzuhalten[534] und dabei auch etwaige Arbeitszeiterfassungsgeräte zu benutzen. Die **Nichtbeachtung von Arbeitszeit- und Pausenregelungen** stellt auch für PR-Mitglieder eine **Dienstpflichtverletzung** dar.[535] Vollständig freigestellte Mitglieder haben sogar einen Anspruch, bestehende Arbeitszeiterfassungssysteme zu benutzen.[536] Wird in der Dienststelle Gleitzeitarbeit praktiziert, ist es berechtigt, seine PR-Arbeit im Rahmen der geltenden Gleitzeitregelung so wahrzunehmen, wie es ihm zur sachgerechten Aufgabenerfüllung am sinnvollsten erscheint. Wird ein freigestelltes PR-Mitglied durch die Erfüllung seiner Aufgaben über die regelmäßige Arbeitszeit hinaus beansprucht, steht ihm **Freizeitausgleich** nach Abs. 2 S. 2 zu (vgl. Rn. 5).[537] Da ein voll freigestelltes PR-Mitglied nicht in den Dienstablauf eingegliedert ist, kann es selbst festlegen, wann es den Freizeitausgleich nimmt.[538] Auch freigestellte PR-Mitglieder haben Anspruch auf die **Bezüge**, die sie erhalten würden, wenn sie wie bisher weitergearbeitet hätten. Auch insoweit gilt Abs. 2 S. 1 mit dem **Lohnausfallprinzip** (vgl. Rn. 4). Ausgangspunkt der gebotenen hypothetischen Betrachtungsweise ist i. d. R. der Zeitpunkt, zu dem das PR-Mitglied noch völlig unbehindert durch sein Amt in vollem Umfang berufstätig war. Das ist grundsätzlich der Zeitpunkt vor Beginn der Freistellung.[539] Das schließt aber nicht aus, dass der beruflichen Entwicklung vergleichbarer Beschäftigter Rechnung zu tragen ist (vgl. Rn. 22). Aus den **Verboten der Benachteiligung und Begünstigung** in § 8 (vgl. dort Rn. 6ff.) ergibt sich der Grundsatz, dass ein freigestelltes PR-Mitglied nicht schlechter, aber auch nicht besser behandelt werden darf, als dies ohne die Freistellung der Fall wäre. Es hat Anspruch auf alles, was ihm zur Abgeltung seiner Arbeitsleistung gewährt würde.[540]

Abs. 3 S. 6 bestimmt ausdrücklich, dass die Freistellung nicht zur Beein- 22
trächtigung des **beruflichen Werdegangs** führen darf.[541] Die Vorschrift ist nicht nur ein **Schutzgesetz** i. S. d. § 823 Abs. 2 BGB, sondern auch eine unmittelbar **anspruchsbegründende Norm**, aus der sich ein Unterlassungs- oder Erfüllungsanspruch ergeben kann, der von einem Verschulden unabhängig ist.[542] Um eine Beeinträchtigung des beruflichen Werdegangs eines

---

534 Vgl. *BAG* v. 20.8.02 – 9 AZR 261/01 –, AP BetrVG 1972 § 38 Nr. 27.
535 *OVG LSA* v. 7.1.15 – 10 L 8/14 –, NVwZ-RR 15, 583 = PersR 10/15, 48 Ls.
536 *BAG* v. 10.7.13 – 7 ABR 22/12 –, NZA 13, 1221 = PersR 13, 435 Ls. (für freigestellte Mitglieder des Betriebsrats).
537 Inzwischen h. M., vgl. KfdP-*Noll*, Rn. 74 m. N.
538 *OVG LSA* v. 26.6.95 – 5 L 3/95 –, PersR 95, 440.
539 *BAG* v. 7.2.85 – 6 AZR 72/82 –, AP BPersVG § 46 Nr. 3.
540 Vgl. *BAG* v. 7.11.07 – 7 AZR 820/06 –, PersR 08, 203; KfdP-*Noll*, Rn. 76 m. w. N.
541 Näher dazu KfdP-*Noll*, Rn. 77–81.
542 *BAG* v. 26.9.90 – 7 AZR 208/89 –, PersR 91, 305, v. 27.6.01 – 7 AZR 496/99 –, PersR 02, 39, u. v. 19.3.03 – 7 AZR 334/02 –, PersR 04, 272.

freigestellten PR-Mitglieds zu vermeiden, ist dieser Werdegang im Wege der **fiktiven Laufbahnnachzeichnung** so zu behandeln wie der nicht freigestellter Kollegen, die hinsichtlich ihrer Tätigkeit und Qualifikation vergleichbar sind.[543] Das kann auch bei einem teilweise freigestellten PR-Mitglied erforderlich sein, wenn die Arbeitszeit aufgrund der Teilfreistellung weitgehend reduziert ist.[544] Wird ein vergleichbarer Beschäftigter befördert oder höhergruppiert, so muss auch eine entsprechende **Beförderung** bzw. **Höhergruppierung** des freigestellten PR-Mitglieds vorgenommen werden, und zwar grundsätzlich auch dann, wenn dieses an der Freistellung festhält. Etwas anderes kann beim beschleunigten Stufenaufstieg gem. § 17 Abs. 2 S. 1 TVöD gelten, wenn die Verkürzung der Stufenlaufzeit auf sachlich begründete Einzelfälle beschränkt ist.[545] Um eine Kollision zwischen dem Erprobungsgebot des Beamtenrechts und dem Benachteiligungsverbot des PersVR aufzulösen, hat das *BVerwG*[546] entschieden, dass freigestellte PR-Mitglieder vor einer Beförderung nicht ausnahmslos verpflichtet sind, die Aufgaben eines höherwertigen Dienstpostens zum Zwecke der **Erprobung** tatsächlich wahrzunehmen und damit auf die Freistellung zu verzichten, sondern dass stattdessen auch eine **»fiktive Bewährungsfeststellung«** in Betracht kommen kann.[547] **Nach Beendigung der Freistellung** kann das bisher freigestellte PR-Mitglied zwar i. d. R. nicht beanspruchen, auf dem vor der Freistellung innegehabten Arbeitsplatz beschäftigt zu werden.[548] Es kann aber verlangen, dass ihm eine Tätigkeit übertragen wird, die der Besoldungs- oder Entgeltgruppe entspricht, die es vor oder während der Freistellung erreicht hat.[549]

22a Nach der neueren Rsp. des *BVerwG*[550] kann der PR nicht im eigenen Namen eine **gerichtliche Klärung** verlangen, ob und wieweit seine beamteten Mitglieder in die Leistungsbezahlung einzubeziehen sind, da die Rechtsgrundlagen dafür das BBesG und die BLBV sind und das Mitglied selbst eine gerichtliche Klärung herbeiführen kann.

23 (**Abs. 5**) Ganz oder mindestens für die Hälfte ihrer Arbeitszeit freigestellte PR-Mitglieder haben Anspruch auf eine **Aufwandsentschädigung**. Sie ist für den besonderen Aufwand bestimmt, der den freigestellten PR-Mitgliedern entsteht und der nicht nach § 44 von der Dienststelle zu tragen

---

543 Vgl. *BAG* v. 29.10.98 – 7 AZR 676/96 –, PersR 99, 319, u. v. 14.7.10 – 7 AZR 359/09 –, PersR 11, 29; *OVG NW* v. 14.12.07 – 6 B 1155/07 –, PersR 08, 131.

544 Teilw. str.; vgl. *BAG* v. 19.3.03, a.a.O., u. *OVG NW* v. 2.3.06 – 1 B 1934/05 –, PersR 06, 527.

545 *LAG BW* v. 5.8.13 – 1 Sa 33/12 –, PersR 13, 494.

546 *BVerwG* v. 21.9.06 – 2 C 13.05 –, PersR 07, 83.

547 Näher dazu KfdP-*Noll*, Rn. 78 ff.

548 *BVerwG* v. 2.5.12 – 6 PB 26.11 –, PersR 12, 422.

549 *BVerwG* v. 9.7.08 – 6 PB 12.08 –, PersR 08, 415.

550 *BVerwG* v. 30.1.13 – 6 P 5.12 –, PersR 13, 178 (entgegen der Vorinstanz: *HmbOVG* v. 21.5.12 – 7 Bf 161/11.PVB –, PersR 12, 370).

ist.[551] Nach der Verordnung v. 18.7.74[552], die durch Art. 7 des Gesetzes v. 3.12.01[553] geändert worden ist, beträgt die Aufwandsentschädigung für ganz von ihrer dienstlichen Tätigkeit freigestellte Mitglieder von PR, GPR, BPR und HPR 26 Euro monatlich. Mindestens für die Hälfte der regelmäßigen Arbeitszeit freigestellte Mitglieder dieser Personalvertretungen erhalten 13 Euro monatlich. Bei Freistellungen, die im Laufe eines Monats beginnen oder enden, ist die Entschädigung anteilig zu zahlen.[554]

(**Abs. 6**) Nach Abs. 6 – der dem § 37 Abs. 6 BetrVG entspricht – sind die Mitglieder des PR unter Fortzahlung der Bezüge für die Teilnahme an **Schulungs- und Bildungsveranstaltungen** vom Dienst freizustellen, soweit diese Kenntnisse vermitteln, die für die Tätigkeit im PR **erforderlich** sind. Abs. 6 regelt die **dienst- und arbeitsrechtlichen Fragen** der Teilnahme an solchen Veranstaltungen (Freistellung und Fortzahlung der Bezüge). Ob und wieweit die durch die Teilnahme entstehenden **Kosten** von der Dienststelle zu tragen sind, richtet sich nach § 44 Abs. 1 (vgl. dort Rn. 19ff.). Zu der Thematik hat das Bundesministerium des Innern mit dem an die obersten Bundesbehörden gerichteten **RdSchr. v. 28.4.08**[555] durch »**Hinweise**« Stellung genommen. Dabei handelt es sich ebenso wie bei den Erlassen einzelner oberster Bundesbehörden um interne **Verwaltungsvorschriften,** an die weder die Personalvertretungen noch die Gerichte gebunden sind[556] und gegen die auch in inhaltlicher Hinsicht Bedenken bestehen.[557] 24

Der Begriff der **Erforderlichkeit** ist sach- und personenbezogen zu würdigen.[558] Die **Sachbezogenheit** stellt auf die objektive Erforderlichkeit für den PR, die **Personenbezogenheit** auf die subjektive Erforderlichkeit für das zu entsendende PR-Mitglied und damit auf dessen Schulungsbedürfnis ab. Danach muss eine Schulungs- und Bildungsveranstaltung **objektiv** von ihrer Thematik her die Vermittlung von Kenntnissen zum Gegenstand haben, die ihrer Art nach für die Tätigkeit des PR benötigt werden. Zum anderen muss sie für das zu entsendende PR-Mitglied **subjektiv** erforderlich sein, weil gerade dieses Mitglied eine Schulung in den Themenbereichen benötigt, die den Gegenstand der Veranstaltung bilden. Ein **Schulungsbedürfnis** kann 24a

---

551 *BVerwG* v. 22.6.84 – 6 P 7.83 –, PersR 86, 16.
552 BGBl. I S. 1499.
553 BGBl. I S. 3306.
554 *BVerwG* v. 22.6.84, a.a.O.
555 GMBl. S. 406.
556 Vgl. *BVerwG* v. 7.12.94 – 6 P 36.93 – u. v. 20.3.95 – 6 P 46.93 –, PersR 95, 179 u. 338 Ls.
557 Vgl. *Nielebock,* PersR 96, 417, *Altvater,* PersR 97, 205, u. *Noll*, PersR 09, 48, sowie Broschüre »*Seminarteilnahme von Personalratsmitgliedern – Erläuterungen zum Rundschreiben des BMI*«, ver.di Bildung + Beratung 2008.
558 Vgl. hierzu und zum Folgenden *BVerwG* v. 7.12.94 – 6 P 36.93 – u. v. 14.6.06 – 6 P 13.05 –, PersR 95, 179, u. 06, 468.

nicht mit dem Argument verneint werden, das PR-Mitglied könne sich die erforderlichen Kenntnisse durch ein Selbststudium oder durch das Einholen von Informationen bei bereits geschulten PR-Mitgliedern verschaffen.[559] Unter der Voraussetzung der objektiven und subjektiven Erforderlichkeit kommt sowohl die Vermittlung von Kenntnissen in **Grundschulungen** als auch in **Spezialschulungen** in Betracht. Zu den zu vermittelnden Kenntnissen gehören dabei nicht nur **Rechtskenntnisse**, sondern auch **Sachkenntnisse** in den zur Tätigkeit des PR gehörenden Aufgabengebieten sowie **organisatorische und methodische Kenntnisse** über die sachgerechte Gestaltung der PR-Arbeit.

25 **Grundkenntnisse des PersVR** sind ihrer Art nach objektiv für jeden PR und subjektiv für jedes PR-Mitglied erforderlich, weil diese Kenntnisse benötigt werden, damit der PR seine gesetzlichen Aufgaben und Befugnisse und das PR-Mitglied seine allgemeinen mitgliedschaftlichen Rechte und Pflichten überhaupt sachgemäß wahrnehmen können.[560] PR-Mitglieder, die erstmals in den PR gewählt sind, können deshalb alsbald nach Beginn ihrer Amtszeit zu einer umfassenden personalvertretungsrechtlichen **Grundschulung** entsandt werden.[561] Bei erstmals gewählten PR-Mitgliedern sind alsbaldige Grundschulungen auch dann **unaufschiebbar,** wenn der Dienststelle dafür keine Haushaltsmittel zur Verfügung stehen[562] (vgl. auch § 44 Rn. 23). Das in den PR gewählte Mitglied muss aber diese Grundschulungen spätestens **bis Ende des auf die Personalratswahl folgenden Kalenderjahres** besucht haben.[563] Auch Grundkenntnisse des **allgemeinen Arbeitsrechts** und des **Beamtenrechts** sind für jeden PR und für jedes PR-Mitglied erforderlich.[564] Dies wird in der Rspr. zum PersVR aber noch nicht hinreichend anerkannt. Zwar hat das *BVerwG* unter Aufgabe seiner früheren gänzlich ablehnenden Rspr.[565] inzwischen zugestanden, dass zum einen bei den **Arbeitnehmervertretern** im PR ein Schulungsbedarf eines neu gewählten PR-Mitglieds für Grundkenntnisse im Arbeitsrecht anzuerkennen sei, wenn und soweit die entsprechenden Kenntnisse nicht bereits in einer Grundschulung zum PersVR vermittelt worden seien, und dass zum anderen bei den **Beamtenvertretern** im PR ein vergleichbarer Schulungsbedarf für Grundkenntnisse

---

559 *BVerwG* v. 27.4.79 – 6 P 45.78 –, PersV 80, 19.

560 Näher dazu KfdP-*Noll*, Rn. 90.

561 *BVerwG* v. 27.4.79, a.a.O.; *NdsOVG* v. 25.11.14 – 5 LC 190/13 –, PersV 15, 102 (vgl. für den Anspruch eines PR-Mitglieds nach dem Besuch einer JAV-Schulung gem. § 39 Abs. 2 S. 1 NPersVG).

562 *BVerwG* v. 26.2.03 – 6 P 9.02 –, PersR 03, 279.

563 *BVerwG* v. 26.2.03, a.a.O., u. v. 28.9.05 – 6 PB 8.05 –, www.bverwg.de, sowie *OVG Saar* v. 17.7.14 – 4 A 492/13 –, juris.

564 Näher dazu KfdP-*Noll*, Rn. 91.

565 *BVerwG* v. 27.4.79 – 6 P 17.78 – u. v. 22.7.82 – 6 P 42.79 –, PersV 81, 161, u. 83, 374.

im Beamtenrecht zu bejahen sei.[566] Bei dieser Differenzierung nach Gruppenvertretern ist es davon ausgegangen, dass nach § 38 Abs. 2 S. 1 nur die Arbeitnehmervertreter oder die Beamtenvertreter in personellen und anderen gruppenspezifischen Angelegenheiten der Arbeitnehmer bzw. der Beamten zur Entscheidung berufen seien. Das überzeugt jedoch nicht, weil auch der Beschlussfassung in Gruppenangelegenheiten stets eine gemeinsame Beratung des gesamten PR vorauszugehen hat, deren Qualität auch vom Sachverstand der nicht abstimmungsberechtigten PR-Mitglieder abhängig ist (vgl. § 38 Rn. 2 ff.).

Grundsätzlich ist die Vermittlung von **Kenntnissen auf Spezialgebieten** für 26
den PR **objektiv** erforderlich, wenn es sich dabei um Kenntnisse auf Sachgebieten handelt, die zur Tätigkeit des PR gehören und mit denen er sich nicht nur am Rande zu befassen hat, und wenn er diese Kenntnisse benötigt, um seine gegenwärtigen oder in naher Zukunft anfallenden gesetzlichen Aufgaben sachgerecht wahrnehmen zu können.[567] Spezialschulungen sind für das zu entsendende PR-Mitglied **subjektiv** erforderlich, wenn es die darin vermittelten Kenntnisse benötigt, um den besonderen Aufgaben, die ihm innerhalb des PR zukommen, gerecht werden zu können.[568] Für die Teilnahme kommen deshalb v. a. die PR-Mitglieder in Betracht, die im PR für die betreffenden Sachgebiete zuständig sind. Nicht sachgerecht ist jedoch die Ansicht, i. d. R. sei die subjektive Erforderlichkeit nur bei einem einzigen Mitglied des betroffenen PR gegeben, und dies auch nur dann, wenn kein anderes PR-Mitglied entsprechende Kenntnisse besitze.[569] Solche Einschränkungen widersprechen der autonomen Entscheidungsbefugnis des PR über seine Arbeitsverteilung und sachgerechte Aufgabenwahrnehmung. Das *BVerwG* hat jedoch in seiner jüngeren Rspr. daran festgehalten, dass die Teilnahme an Spezialschulungen – abhängig von der Größe der Dienststelle sowie Art und Umfang der beteiligungspflichtigen Angelegenheiten – regelmäßig auf **ein einziges PR-Mitglied oder mehrere einzelne PR-Mitglieder** beschränkt sei, und dies u. a. mit der Fähigkeit von PR-Mitgliedern, sich gegenseitig zu informieren und voneinander zu lernen, sowie mit dem Grundsatz der sparsamen Bewirtschaftung öffentlicher Mittel begründet.[570]

Bei Schulungen im Bereich **Arbeitsschutz und Unfallverhütung** bestehen 26a
Besonderheiten. Im Hinblick darauf, dass der PR in diesem Bereich nicht nur ein Mitbestimmungsrecht (§ 75 Abs. 3 Nr. 11), sondern spezielle Beteiligungsrechte hat, die unabhängig von der Art der Dienststelle kontinuier-

566 *BVerwG* v. 14.6.06 – 6 P 13.05 –, PersR 06, 468.
567 *BVerwG* v. 25.6.92 – 6 P 29.90 –, PersR 92, 365.
568 St. Rspr.; vgl. *BVerwG* v. 27.4.79 – 6 P 17.78 –, PersV 81, 161, u. v. 11.7.06 – 6 PB 8.06 –, PersR 06, 428.
569 So aber *BVerwG* v. 27.4.79, a. a. O., u. v. 22.7.82 – 6 P 42.79 –, PersV 83, 374.
570 *BVerwG* v. 11.7.06, a. a. O.

lich wahrzunehmen sind (§ 81), hat die Rspr. anerkannt, dass der PR in diesem Bereich **immer Grundkenntnisse** benötigt, ohne dass es eines aktuellen oder absehbaren dienststellen- oder personalratsbezogenen Anlasses bedarf. **Wie viele PR-Mitglieder** auf diesem Gebiet einer Schulung bedürften, sei von der Größe der Dienststelle und der Bedeutung von Arbeitsschutz und Unfallverhütung für die Dienststelle abhängig.[571]

26b Zu den **Themen**, die nach bisheriger Rspr. **Gegenstand von Spezialschulungen** sein können, gehören z. B. Teilgebiete des PersVR und des Arbeitsrechts, Stellung der Gewerkschaften in der Dienststelle, Tarifrecht (z. B. TVöD), Eingruppierungsrecht, Einigungsstellenverfahren[572], Allgemeines Gleichbehandlungsgesetz, Arbeitsschutz und Unfallverhütung, Alkohol und andere Suchtprobleme am Arbeitsplatz, Mobbing[573], Betriebliches Eingliederungsmanagement (BEM), Personalplanung und Arbeitsorganisation, Rationalisierung und EDV, Datenschutz, Kündigungsschutz, Schwerbehindertenrecht, Logistik sowie tarifliche und gesetzliche Rahmenbedingungen bei kontinuierlichem Personalabbau in der Bundeswehr, Handlungsmöglichkeiten des PR bei betrieblichen Veränderungsprozessen[574], Novellierung des Krankenhausgesetzes (für den Vorsitzenden des PR an einer medizinischen Einrichtung), betriebliche Öffentlichkeitsarbeit, Mediation (mit systematischem Bezug zur Durchführung der PR-Aufgaben), Rhetorik (str.).[575]

26c Nach einer jüngeren Entscheidung des *BAG*[576] zu § 37 Abs. 6 BetrVG gehören Kenntnisse der **aktuellen Rechtsprechung** des *BAG* nicht zu jenem unverzichtbaren Grundwissen jedes einzelnen Betriebsratsmitglieds im BetrVG, im allgemeinen Arbeitsrecht oder im Bereich der Arbeitssicherheit und Unfallverhütung, dessen Erforderlichkeit der Betriebsrat nicht näher darlegen muss. Sie setzen vielmehr bestehende Grundkenntnisse in diesen Bereichen voraus und vertiefen diese im Sinne einer **Spezialisierung**. Da sich der Betriebsrat als Gremium allerdings auch über die Entwicklung der Rechtsprechung in den für seine Arbeit relevanten Bereichen auf dem Laufenden halten muss, um seine Aufgaben verantwortlich wahrnehmen zu können, kann es nach Ansicht des *BAG* aber **im Einzelfall erforderlich** sein, dass sich Betriebsratsmitglieder über die aktuelle Rechtsprechung des *BAG* durch den Besuch einer entsprechenden Schulungsveranstaltung informieren. Diese Ansicht ist auf die Anwendung des § 46 Abs. 6 BPersVG übertragbar und kann hier zur Beurteilung der Erforderlichkeit von Schulungen zur

571 *BVerwG* v. 14. 6. 06 – 6 P 13.05 –, PersR 06, 468, m. w. N.

572 *BAG* v. 20. 8. 14 – 7 ABR 64/12 –, NZA 14, 1349 (für ein Betriebsratsmitglied in der Einigungsstelle, soweit der Betriebsrat diese Kenntnisse bedarf).

573 *BAG* v. 14. 1. 15 – 7 ABR 95/12 –, NZA 15, 632 = AP BetrVG 1972 § 37 Nr. 158.

574 *OVG Bln-Bbg* v. 16. 1. 14 – 62 PV 14.12 –, PersV 14, 216 = PersR 2/15, 45 Ls.

575 Näher zur Erforderlichkeit von Spezialschulungen KfdP-*Noll,* Rn. 95–97.

576 *BAG* v. 18. 1. 12 – 7 ABR 73/10 –, NZA 12, 813.

Vermittlung von Kenntnissen der aktuellen Rechtsprechung des *BAG* und des BVerwG zum PersVR, zum allgemeinen Arbeitsrecht und Beamtenrecht sowie zum Bereich Arbeitsschutz und Unfallverhütung herangezogen werden. Aus diesem Grund hat der PR unter Bezug auf die **konkrete Situation in der Dienststelle und im PR** darzulegen, aus welchen Gründen er als Gremium dieser Kenntnisse bedarf (vgl. Rn. 26).[577]

Während der Amtszeit eines PR-Mitglieds kann dessen **Teilnahme an mehreren Schulungs- und Bildungsveranstaltungen** erforderlich sein, z. B. der Besuch einer oder mehrerer Grundschulungen und einer oder mehrerer Spezialschulungen zu jeweils unterschiedlichen Themen. **Wiederholungsschulungen** können erforderlich sein, wenn hierfür besondere Gründe bestehen.[578] **26d**

Die zulässige **Dauer** der Schulung ergibt sich aus der **Erforderlichkeit** der Kenntnisvermittlung.[579] Eine allgemein gültige Aussage ist dazu nicht möglich. Die zulässige Dauer hängt im Einzelfall v. a. von Inhalt, Umfang und Schwierigkeit der Thematik, von den dienstlichen Gegebenheiten und vom Kenntnisstand der Schulungsteilnehmer ab. Bei einer **»gemischten« Veranstaltung** fallen nur jene Teile der Veranstaltung unter Abs. 6, die ausschließlich erforderliche Inhalte vermitteln.[580] Die Dauer einer **Grundschulung** ist nicht auf fünf bis sechs Kalendertage begrenzt;[581] nach dem Besuch einer ersten (von der Dienststelle als erforderlich behandelten) fünftägigen Grundschulung ist der Besuch einer weiteren Grundschulung sachlich gerechtfertigt, wenn diese zweite Schulung Wissen vermittelt, welches für eine ordnungsgemäße PR-Tätigkeit unentbehrlich ist.[582] Dies ist z. B. für eine weitere fünftägige gewerkschaftliche Grundschulung (PR-2) bejaht worden, nachdem zuvor bereits eine fünftägige Grundschulung (PR-1) besucht worden war.[583] Eine Grundschulung kann daher auch in zwei **aufeinander aufbauenden Unterrichtseinheiten** durchgeführt werden.[584] Auch bei einer **Spezialschulung** besteht keine schematische Obergrenze. **27**

Abs. 6 gilt seinem Wortlaut nach für **Mitglieder des PR**. Ebenso wie das BetrVG, aber anders als die meisten LPersVG sieht das BPersVG die Teilnahme von **Ersatzmitgliedern** an erforderlichen Schulungs- und Bildungsveranstaltungen nicht ausdrücklich vor. Trotzdem besteht grundsätzlich für das erste, ggf. auch für weitere Ersatzmitglieder Anspruch auf eine Schulung **28**

577 Näher zu den vom PR darzulegenden maßgeblichen Umständen des Einzelfalls: KfdP-*Noll*, Rn. 98a.
578 Näher dazu KfdP-*Noll*, Rn. 98.
579 Näher dazu KfdP-*Noll*, Rn. 99f.
580 *BVerwG* v. 14. 6. 06, a. a. O.
581 *BVerwG* v. 14. 11. 90 – 6 P 4.89 –, PersR 91, 29.
582 *BVerwG* v. 9. 7. 07 – 6 P 9.06 –, PersR 07, 434.
583 *OVG Saar* v. 17. 7. 14 – 4 A 492/13 –, juris.
584 Vgl. *HessLAG* v. 14. 5. 12 – 16 TaBV 226/11 –, NZA-RR 12, 475.

nach Abs. 6, weil diese für die Gewährleistung der Arbeitsfähigkeit des PR erforderlich ist.[585]

28a Es kommt i. d. R. nicht darauf an, wer **Träger** einer Schulungs- und Bildungsveranstaltung i. S. d. Abs. 6 ist. Ausschlaggebend ist der in der Veranstaltung angebotene und behandelte **Schulungsstoff.**[586] Es ist in erster Linie Sache des Veranstalters zu regeln, in welcher **Form** und nach welchen **didaktischen Gesichtspunkten** der Stoff vermittelt werden soll.[587] Die Veranstaltung muss die **Gewähr** für eine ordentliche und sachgerechte Schulung bieten. Der Veranstalter muss deshalb bestimmte Anforderungen im Hinblick auf Sachkompetenz und Organisationsmöglichkeiten erfüllen.[588] Hauptträger von Veranstaltungen i. S. d. Abs. 6 sind die **Gewerkschaften** (vgl. § 44 Rn. 21).[589]

28b Bei der Entsendung zu Schulungs- und Bildungsveranstaltungen ist nach der Rspr. des *BVerwG* auch der Grundsatz der **Verhältnismäßigkeit,** insb. das Gebot der sparsamen Verwendung öffentlicher Mittel, zu beachten.[590] Deshalb ist zu prüfen, ob die entstehenden Kosten in einem angemessenen Verhältnis zu dem angestrebten Schulungseffekt stehen und ob vergleichbare Veranstaltungen durchgeführt werden, deren Besuch kostengünstiger wäre (vgl. § 44 Rn. 4, 19).[591] Ist eine Auswahl zwischen thematisch vergleichbaren **Schulungsangeboten konkurrierender Veranstalter** zu treffen, so zwingt dies nicht ohne Weiteres zu einer Entscheidung für die geringere Kosten verursachende und deshalb billigere Alternative, weil berücksichtigt werden muss, ob diese Alternative eine »ebenso gute« Schulungsveranstaltung bietet.[592] Allerdings ist der PR nicht berechtigt, ein **behördeninternes Fortbildungsangebot**, welches sich nicht bereits im Vorhinein nach den dazu in Betracht zu ziehenden Umständen als nicht gleichwertig erweist, zu Gunsten einer wesentlich kostenaufwendigeren gewerkschaftlichen Schulung auszuschlagen.[593] Bei unverhältnismäßigen Kosten hat die Dienststelle zumindest

---

585 Ähnlich *OVG Brem* v. 1. 2. 91 – OVG PV-B 1/91 –, PersR 91, 176; *BAG* v. 15. 5. 86 – 6 ABR 64/83 –, PersR 88, 326, u. v. 19. 9. 01 – 7 ABR 32/00 –, AP BetrVG 1972 § 25 Nr. 9; a. A. *BVerwG* v. 27. 4. 79 – 6 P 4.78 –, PersV 80, 237, u. (für die Zeit vor dem Einrücken in den PR) v. 7. 7. 93 – 6 P 15.91 –, PersR 93, 457; vgl. KfdP-*Noll*, Rn. 101.

586 *BVerwG* v. 27. 4. 79 – 6 P 45.78 –, PersV 80, 19.

587 *BVerwG* v. 14. 11. 90 – 6 P 4.89 –, PersR 91, 29.

588 *BVerwG* v. 27. 4. 79, a. a. O.

589 KfdP-*Noll*, Rn. 104.

590 Vgl. *BVerwG* v. 27. 4. 79 – 6 P 45.78 –, PersV 80, 19, v. 14. 11. 90 – 6 P 4.89 –, PersR 91, 29, v. 7. 12. 94 – 6 P 36.93 –, PersR 95, 179, u. v. 14. 6. 06 – 6 P 13.05 –, PersR 06, 468.

591 KfdP-*Noll*, Rn. 105–107.

592 Zum Kriterium der qualitativen Gleichwertigkeit vgl. *BAG* v. 28. 6. 95 – 7 ABR 55/94 –, PersR 95, 533.

593 *BVerwG* v. 16. 6. 11 – 6 PB 5.11 –, PersR 11, 477; vgl. dazu *Noll*, PersR 11, 469.

aber diejenigen Kosten zu erstatten, die bei einer das Gebot der sparsamen Verwendung öffentlicher Mittel beachtenden Durchführung der Schulungsveranstaltung angefallen wären.[594] Zulässig ist auch die Durchführung von i. d. R. preiswerteren Schulungsveranstaltungen als sog. **In-House- oder Indoor-Schulungen.**[595]

Die Entscheidung darüber, ob ein PR-Mitglied und welches zu einer be- 29
stimmten Schulungs- und Bildungsveranstaltung nach Abs. 6 zu entsenden ist, liegt in der Hand des PR.[596] Der von ihm zu fassende **Entsendungsbeschluss** muss außer dem zu entsendenden PR-Mitglied und dem Thema der Veranstaltung auch deren Zeitpunkt, Dauer, Ort und Anbieter festlegen.[597] Der Beschluss begründet zugleich die Pflicht des PR-Mitglieds, an der Veranstaltung teilzunehmen.[598] Die Entsendung ist kein laufendes Geschäft, das nach § 32 Abs. 1 S. 4 vom Vorstand vorgenommen werden könnte, sondern bedarf nach § 37 i. V. m. § 38 Abs. 1 der Beschlussfassung durch das Plenum des PR. Bevor der PR den Entsendungsbeschluss fasst, hat er sorgfältig zu prüfen, ob die konkrete Schulungsveranstaltung objektiv für den PR und subjektiv für das auszuwählende und zu entsendende PR-Mitglied erforderlich ist. Dabei steht ihm ein **Beurteilungsspielraum** zu. Es genügt, wenn der PR die Schulung bei pflichtgemäßer Beurteilung der Sachlage für erforderlich halten darf (vgl. Rn. 2).[599] Der Beschluss des PR ist dem Dienststellenleiter rechtzeitig mitzuteilen. Dieser hat – so das *BVerwG* – das Recht und die Pflicht zur Prüfung der Erforderlichkeit der Schulung, obwohl der PR über die Teilnahme an Schulungsveranstaltungen in eigener Verantwortung zu befinden hat.[600] Der PR ist verpflichtet, »der Dienststelle mit der Übermittlung des Entsendungsbeschlusses alle Informationen zukommen zu lassen, die diese für die Beurteilung benötigt, ob ein verständiger PR mit Blick auf die Interessen der Beschäftigten einerseits und der Belange der Dienststelle andererseits die Teilnahme für erforderlich halten darf«.[601]

Die dem Entsendungsbeschluss des PR entsprechende **Freistellung durch** 30
die Dienststelle ist dem vom PR entsandten PR-Mitglied gegenüber auszusprechen und dem PR mitzuteilen. Spricht der Dienststellenleiter die Freistellung aus und sagt er die Übernahme der Kosten zu, so ist er an diese Ent-

594 *BVerwG* v. 12. 11. 12 – 6 P 4/12 –, PersR 13, 85.
595 Vgl. ausführlich hierzu: KfdP-*Noll*, Rn. 107.
596 Näher dazu KfdP-*Noll*, Rn. 109–112.
597 *VG Braunschweig* v. 18. 1. 07 – 9 B 1/07 –, PersR 08, 32.
598 Vgl. *BVerwG* v. 27. 4. 79 – 6 P 45.78 –, PersV 80, 19.
599 *BVerwG* v. 14. 6. 06 – 6 P 13.05 – u. v. 9. 7. 07 – 6 P 9.06 –, PersR 06, 468, u. 07, 434.
600 *BVerwG* v. 25. 6. 92 – 6 P 29.90 –, PersR 92, 365.
601 *BVerwG* v. 9. 7. 07, a. a. O.

scheidungen gebunden.[602] Verweigert er die Freistellung, ist das betreffende PR-Mitglied nicht befugt, von sich aus dem Dienst fernzubleiben.[603] In diesem Fall kann der PR nach § 83 Abs. 1 Nr. 3, Abs. 2 im personalvertretungsrechtlichen Beschlussverfahren vor dem Verwaltungsgericht verlangen, dass die Freistellung ausgesprochen wird. Zur Anrufung des Verwaltungsgerichts ist auch das PR-Mitglied befugt, weil es durch den Entsendungsbeschluss des PR einen Individualanspruch auf die Freistellung erwirbt.[604] Damit die Durchsetzung des Freistellungsanspruchs nicht durch Zeitablauf vereitelt wird, kann auch der Erlass einer einstweiligen Verfügung in Betracht kommen.[605]

31 PR-Mitglieder, die für die Teilnahme an einer Schulungs- und Bildungsveranstaltung freigestellt sind, haben Anspruch auf **Fortzahlung der Bezüge**. Dafür gilt ebenso wie bei Freistellungen nach Abs. 3 oder 4 das **Lohnausfallprinzip** (vgl. Rn. 4). Ein Anspruch auf **Freizeitausgleich** ist jedoch nicht gegeben, weil Abs. 6 eine eigenständige Regelung enthält, die auf Abs. 2 S. 2 nicht verweist.[606] Das gilt auch für teilzeitbeschäftigte PR-Mitglieder, was im Hinblick auf das Verbot der Diskriminierung wegen des Geschlechts problematisch ist (vgl. § 67 Rn. 16). Die durch die Teilnahme an einer Schulungs- und Bildungsveranstaltung i. S. d. Abs. 6 entstehenden **Kosten** sind nach § 44 Abs. 1 von der Dienststelle zu tragen (näher dazu § 44 Rn. 19–23).

32 (**Abs. 7**) Unbeschadet der Regelung des Abs. 6 über die Freistellung von Mitgliedern des PR zur Teilnahme an erforderlichen Schulungs- und Bildungsveranstaltungen hat nach Abs. 7 – der dem § 37 Abs. 7 BetrVG entspricht – jedes Mitglied des PR Anspruch auf Freistellung zur **Teilnahme an geeigneten Schulungs- und Bildungsveranstaltungen**. Dieser Anspruch ist zeitlich begrenzt. Er beträgt während der regelmäßigen Amtszeit des PR-Mitglieds **drei Wochen**, bei Beschäftigten, die erstmals das Amt eines PR-Mitglieds übernehmen und nicht zuvor Jugend- und Auszubildendenvertreter waren, **vier Wochen**. Die Ansprüche auf Teilnahme an Schulungs- und Bildungsveranstaltungen nach Abs. 6 einerseits und Abs. 7 andererseits bestehen selbständig und unabhängig voneinander mit der Folge, dass ein PR-Mitglied, wenn es vom PR zu einer Schulung nach Abs. 6 entsandt wird, von der Dienststelle nicht auf den »Bildungsurlaub« nach Abs. 7 verwiesen werden kann. Während der Anspruch nach Abs. 6 ein Kollektivanspruch des PR ist, handelt es sich bei Abs. 7 um einen **Individualanspruch** des einzelnen PR-

---

602 *BVerwG* v. 7.12.94 – 6 P 36.93 – u. v. 9.7.07 – 6 P 9.06 –, PersR 95, 179, u. 07, 434.

603 *OVG NW* v. 4.3.93 – CL 33/89 –, PersV 95, 463.

604 So auch *VGH BW* v. 8.6.82 – 15 S 2630/81 –, PersV 83, 468; str.; vgl. KfdP-*Noll*, Rn. 115 m.w.N.

605 *OVG Brem* v. 1.2.91 – OVG PV-B 1/91 –, PersR 91, 176.

606 *BVerwG* v. 23.10.80 – 2 C 43.78 –, PersV 82, 63.

Mitglieds.[607] Ein weiterer wesentlicher Unterschied zwischen Abs. 6 und 7 besteht darin, dass die Schulungs- und Bildungsveranstaltungen nach Abs. 7 keine Kenntnisse vermitteln müssen, die für die Tätigkeit des PR erforderlich sind, sondern dass sie lediglich **als geeignet anerkannt** sein müssen. Geeignet sind jedenfalls solche Schulungs- und Bildungsveranstaltungen, die **Kenntnisse** vermitteln, die **für die PR-Arbeit nützlich und förderlich** sind, ohne dass es darauf ankommt, dass diese Kenntnisse für die konkrete Arbeit des PR in der konkreten Dienststelle erforderlich sind.[608] Nach der Rspr. des *BAG* zu § 37 Abs. 7 BetrVG müssen die Veranstaltungen nach Zielsetzung und Inhalt darauf angelegt sein, für eine sach- und fachgerechte Erfüllung der im geltenden Recht vorgesehenen Aufgaben des Betriebsrats zu sorgen, und dürfen nicht vornehmlich anderen Zwecken, wie etwa einer gewerkschaftspolitischen, allgemeinpolitischen oder allgemeinbildenden Schulung, dienen.[609] Diese Rspr. ist im Grundsatz auf das BPersVG übertragbar. Der Notwendigkeit, Bildungsrückstände von Mitgliedern des Betriebsrats (bzw. des PR) gegenüber dem Arbeitgeber (bzw. dem Leiter der Dienststelle) und seinen Vertretern abzubauen, trägt sie allerdings nicht hinreichend Rechnung und erscheint deshalb als zu eng. Auch wenn man der Rspr. folgt, sind jedenfalls alle diejenigen Schulungs- und Bildungsveranstaltungen als geeignet anzusehen, deren Gegenstand das **PersVR** oder die **Sachbereiche** sind, in denen dem PR Aufgaben und Befugnisse zustehen, aber auch Veranstaltungen, die dem Erwerb **organisatorischer und methodischer Kompetenzen** dienen, die für die sachgerechte Wahrnehmung der Aufgaben und Befugnisse des PR förderlich sind. Eine entsprechende Schulungs- und Bildungsveranstaltung muss von der **Bundeszentrale für politische Bildung** (BpB) anerkannt sein.[610]

Die Teilnahme an einer Veranstaltung nach Abs. 7 bedarf **keines Entsendungsbeschlusses** des PR. Das einzelne PR-Mitglied hat vielmehr seinen Individualanspruch auf Freistellung gegenüber dem Dienststellenleiter geltend zu machen, wobei es sinnvoll ist, sich hinsichtlich der zeitlichen Lage der Veranstaltung vorher mit dem PR abzustimmen. Der **Antrag auf Freistellung** ist – dem Gebot der vertrauensvollen Zusammenarbeit nach § 2 Abs. 1 entsprechend – so rechtzeitig zu stellen, dass sich der Dienststellenleiter auf die Abwesenheit einstellen kann. Dabei ist ggf. durch Vorlage des Anerkennungsbescheids der BpB der Nachweis der Geeignetheit zu erbringen. Ist die Veranstaltung als geeignet anerkannt und ihre Dauer durch den (noch) zur Verfügung stehenden zeitlichen Umfang des Freistellungsanspruchs abgedeckt, darf die Freistellung nur dann **abgelehnt** werden, wenn ihr in dem ge- 33

607 Vgl. *BAG* v. 28.8.96 – 7 AZR 840/95 –, AP BetrVG 1972 § 37 Nr. 117.
608 *BVerwG* v. 4.2.88 – 6 P 23.85 –, PersR 88, 128.
609 *BAG* v. 11.8.93 – 7 ABR 52/92 –, AP BetrVG 1972 § 37 Nr. 92.
610 Näher dazu KfdP-*Noll*, Rn. 122f.

wünschten Zeitraum zwingende dienstliche Gründe entgegenstehen. Während der Zeit der Teilnahme an den Schulungs- und Bildungsveranstaltungen nach Abs. 7 hat das PR-Mitglied Anspruch auf **Fortzahlung seiner Bezüge**, aber keinen Anspruch auf **Freizeitausgleich**. Es besteht insoweit keine Abweichung zu den Veranstaltungen nach Abs. 6. Die **Fahrkosten** hat die Dienststelle auch bei Veranstaltungen nach Abs. 7 zu übernehmen.[611]

§ 47 [Kündigungs-, Versetzungs- und Abordnungsschutz für Personalratsmitglieder]

(1) [1]Die außerordentliche Kündigung von Mitgliedern des Personalrates, die in einem Arbeitsverhältnis stehen, bedarf der Zustimmung des Personalrates. [2]Verweigert der Personalrat seine Zustimmung oder äußert er sich nicht innerhalb von drei Arbeitstagen nach Eingang des Antrages, so kann das Verwaltungsgericht sie auf Antrag des Dienststellenleiters ersetzen, wenn die außerordentliche Kündigung unter Berücksichtigung aller Umstände gerechtfertigt ist. [3]In dem Verfahren vor dem Verwaltungsgericht ist der betroffene Arbeitnehmer Beteiligter.

(2) [1]Mitglieder des Personalrates dürfen gegen ihren Willen nur versetzt oder abgeordnet werden, wenn dies auch unter Berücksichtigung der Mitgliedschaft im Personalrat aus wichtigen dienstlichen Gründen unvermeidbar ist. [2]Als Versetzung im Sinne des Satzes 1 gilt auch die mit einem Wechsel des Dienstortes verbundene Umsetzung in derselben Dienststelle; das Einzugsgebiet im Sinne des Umzugskostenrechts gehört zum Dienstort. [3]Die Versetzung oder Abordnung von Mitgliedern des Personalrates bedarf der Zustimmung des Personalrates.

(3) [1]Für Beamte im Vorbereitungsdienst und Beschäftigte in entsprechender Berufsausbildung gelten die Absätze 1, 2 und die §§ 15, 16 des Kündigungsschutzgesetzes nicht. [2]Absätze 1 und 2 gelten ferner nicht bei der Versetzung oder Abordnung dieser Beschäftigten zu einer anderen Dienststelle im Anschluß an das Ausbildungsverhältnis. [3]Die Mitgliedschaft der in Satz 1 bezeichneten Beschäftigten im Personalrat ruht unbeschadet des § 29, solange sie entsprechend den Erfordernissen ihrer Ausbildung zu einer anderen Dienststelle versetzt oder abgeordnet sind.

1 § 47 enthält verschiedene **Schutzvorschriften** für die Mitglieder des PR. **Abs. 1** schützt PR-Mitglieder, die in einem Arbeitsverhältnis stehen, gegen außerordentliche Kündigungen (vgl. Rn. 2ff.). **Abs. 2** schützt PR-Mitglieder unabhängig von ihrem Beschäftigtenstatus gegen Versetzungen, Abordnungen und Umsetzungen (vgl. Rn. 22ff.). **Abs. 3** enthält Sonderregelungen für

611 Str.; vgl. BT-Drs. 7/1373, S. 5; a. A. *OVG NW* v. 2. 9. 92 – CB 2/90 –, PersR 93, 83, m. w. N.

Beamte im Vorbereitungsdienst und Beschäftigte in entsprechender Berufsausbildung (vgl. Rn. 32f.). Aufgrund der **Verweisungen** in § 54 Abs. 1, § 56, § 24 Abs. 1 S. 3 sowie § 62 S. 2 und 3 und § 64 Abs. 1 S. 2 und Abs. 2 S. 2 gelten die Vorschriften des § 47 für Mitglieder des BPR, des HPR und des GPR, für Mitglieder der JAV, der BJAV, der HJAV und der GJAV sowie zum Teil auch für Mitglieder von Wahlvorständen und für Wahlbewerber entsprechend. Die Anwendung der Schutzvorschriften des § 47 Abs. 1 und 2 ist **mangels Verweisung auf § 77 Abs. 1 S. 1 oder 2** auch bei den dort aufgeführten Beschäftigten nicht von einem Antrag des Betroffenen abhängig oder gar ganz ausgeschlossen. Im Bereich des **BND** wird § 47 durch die Sondervorschrift des § 86 Nr. 9 abgewandelt (vgl. § 86 Rn. 10a).

(**Abs. 1**) Die in § 47 Abs. 1 enthaltenen Schutzvorschriften ergänzen die Re- 2
gelungen über den **besonderen Kündigungsschutz** von Funktionsträgern der Personalvertretung und von Wahlbewerbern im **Kündigungsschutzgesetz** (KSchG) i.d.F. v. 25.8.69.[612] Soweit sich der **Zweite Abschnitt des KSchG** nicht ausschließlich auf die Betriebsverfassung bezieht, hat er folgenden Wortlaut:

»Kündigungsschutz im Rahmen der Betriebsverfassung und Personalvertretung

§ 15 Unzulässigkeit der Kündigung

(1) [Abs. 1 enthält Regelungen über den Kündigungsschutz im Rahmen der Betriebsverfassung.]

(2) [1]Die Kündigung eines Mitglieds einer Personalvertretung, einer Jugend- und Auszubildendenvertretung oder einer Jugendvertretung ist unzulässig, es sei denn, dass Tatsachen vorliegen, die den Arbeitgeber zur Kündigung aus wichtigem Grund ohne Einhaltung einer Kündigungsfrist berechtigen, und dass die nach dem Personalvertretungsrecht erforderliche Zustimmung vorliegt oder durch gerichtliche Entscheidung ersetzt ist. [2]Nach Beendigung der Amtszeit der in Satz 1 genannten Personen ist ihre Kündigung innerhalb eines Jahres, vom Zeitpunkt der Beendigung der Amtszeit an gerechnet, unzulässig, es sei denn, dass Tatsachen vorliegen, die den Arbeitgeber zur Kündigung aus wichtigem Grund ohne Einhaltung einer Kündigungsfrist berechtigen; dies gilt nicht, wenn die Beendigung der Mitgliedschaft auf einer gerichtlichen Entscheidung beruht.

(3) [1]Die Kündigung eines Mitglieds eines Wahlvorstands ist vom Zeitpunkt seiner Bestellung an, die Kündigung eines Wahlbewerbers vom Zeitpunkt der

612 BGBl. I S. 1317. Zuletzt geändert durch Art. 3 Abs. 2 des Gesetzes v. 20.4.13 (BGBl. I S. 868).

Aufstellung des Wahlvorschlags an, jeweils bis zur Bekanntgabe des Wahlergebnisses unzulässig, es sei denn, dass Tatsachen vorliegen, die den Arbeitgeber zur Kündigung aus wichtigem Grund ohne Einhaltung einer Kündigungsfrist berechtigen, und dass die nach § 103 des Betriebsverfassungsgesetzes oder nach dem Personalvertretungsrecht erforderliche Zustimmung vorliegt oder durch eine gerichtliche Entscheidung ersetzt ist. ²Innerhalb von sechs Monaten nach Bekanntgabe des Wahlergebnisses ist die Kündigung unzulässig, es sei denn, dass Tatsachen vorliegen, die den Arbeitgeber zur Kündigung aus wichtigem Grund ohne Einhaltung einer Kündigungsfrist berechtigen; dies gilt nicht für Mitglieder des Wahlvorstands, wenn dieser durch gerichtliche Entscheidung durch einen anderen Wahlvorstand ersetzt worden ist.

(3a) [Abs. 3a enthält ausschließlich Regelungen über den Kündigungsschutz im Rahmen der Betriebsverfassung.]

(4) Wird der Betrieb stillgelegt, so ist die Kündigung der in den Absätzen 1 bis 3 genannten Personen frühestens zum Zeitpunkt der Stilllegung zulässig, es sei denn, dass ihre Kündigung zu einem früheren Zeitpunkt durch zwingende betriebliche Erfordernisse bedingt ist.

(5) ¹Wird eine der in den Absätzen 1 bis 3 genannten Personen in einer Betriebsabteilung beschäftigt, die stillgelegt wird, so ist sie in eine andere Betriebsabteilung zu übernehmen. ²Ist dies aus betrieblichen Gründen nicht möglich, so findet auf ihre Kündigung die Vorschrift des Absatzes 4 über die Kündigung bei Stillegung des Betriebes sinngemäß Anwendung.

§ 16 Neues Arbeitsverhältnis, Auflösung des alten Arbeitsverhältnisses

¹Stellt das Gericht die Unwirksamkeit der Kündigung einer der in § 15 Abs. 1 bis 3a genannten Personen fest, so kann diese Person, falls sie inzwischen ein neues Arbeitsverhältnis eingegangen ist, binnen einer Woche nach Rechtskraft des Urteils durch Erklärung gegenüber dem alten Arbeitgeber die Weiterbeschäftigung bei diesem verweigern. ²Im Übrigen finden die Vorschriften des § 11 und des § 12 Satz 2 bis 4 entsprechende Anwendung.«

2a Der besondere Kündigungsschutz im Rahmen der Betriebsverfassung und Personalvertretung ist ausgestaltet in **drei Varianten** von abgestufter Intensität:[613] als **voller Kündigungsschutz** während der Dauer der jeweiligen Funktion (vgl. Rn. 3–9 u. 14–21), als **nachwirkender Kündigungsschutz** für eine bestimmte Zeit nach Beendigung der Funktion (vgl. Rn. 10–12) sowie als **modifizierter Kündigungsschutz** im Fall einer Stilllegung des Betriebes oder einer Betriebsabteilung (Rn. 13).

613 Unterscheidung nach KSchR-*Deinert*, § 15 KSchG Rn. 3.

Arbeitnehmer, die Mitglied einer Personalvertretung oder einer Jugend- und Auszubildendenvertretung gleich welcher Ebene oder eines Wahlvorstands oder Wahlbewerber sind, genießen nach **§ 15 Abs. 2 S. 1 bzw. Abs. 3 S. 1 KSchG** einen **besonderen Kündigungsschutz** (Variante **voller Kündigungsschutz**). Danach ist die **ordentliche Kündigung** grundsätzlich unzulässig (zu den Ausnahmen vgl. Rn. 13).[614] Unzulässig ist auch die **ordentliche Änderungskündigung**, nach h. M. auch dann, wenn es sich um eine betriebsbedingte Änderungskündigung entweder als Einzelkündigung oder als Gruppen- oder Massenänderungskündigung handelt.[615] Die **außerordentliche Kündigung** aus wichtigem Grund ist nach den genannten Vorschriften des KSchG von der »nach dem Personalvertretungsrecht erforderlichen Zustimmung« abhängig. Dieser Vorbehalt wird durch § 47 Abs. 1 und die darauf verweisenden Vorschriften sowie – bezüglich der Personalvertretungen in den Ländern – durch § 108 Abs. 1 BPersVG ausgefüllt[616] (vgl. § 108 Rn. 2). Das gilt auch für die **außerordentliche Änderungskündigung.**[617] 3

Der besondere Kündigungsschutz (in der Variante voller Kündigungsschutz) nach § 15 Abs. 2 S. 1 bzw. Abs. 3 S. 1 KSchG i. V. m. § 47 Abs. 1 bzw. § 108 Abs. 1 BPersVG dient dem **Zweck**, die Wahl der Personalvertretungen und die Kontinuität ihrer Arbeit zu sichern. Die einzelnen Mandatsträger (einschl. der Wahlbewerber als potenzielle Mandatsträger) sollen ihre personalvertretungsrechtlichen Aufgaben und Befugnisse möglichst unabhängig und ohne Furcht vor dem Verlust ihres Arbeitsplatzes ausüben können; die Gremien der Personalvertretung sollen für die Dauer ihrer Amtszeit in ihrer personellen Zusammensetzung möglichst unverändert bleiben.[618] Die Vorschriften dienen damit sowohl dem **Individualinteresse** der betroffenen Arbeitnehmer als auch dem Schutz der **Funktionsfähigkeit** der Personalvertretung. 4

Den **Schutz gegen die außerordentliche Kündigung** nach § 15 Abs. 2 S. 1 bzw. Abs. 3 S. 1 KSchG genießen nur **Arbeitnehmer**. Das sind Beschäftigte, die in einem privatrechtlichen Arbeitsverhältnis stehen (vgl. § 4 Rn. 6ff.) oder die sich als zu ihrer **Berufsausbildung** Beschäftigte in einem privat- 5

---

614 Für die Frage, ob der volle Sonderkündigungsschutz besteht, ist auf den Zeitpunkt des Zugangs der Kündigung i. S. v. § 130 Abs. 1 S. 1 BGB abzustellen (so *BAG* v. 27.9.12 – 2 AZR 955/11 –, AP KSchG 1969 § 15 Nr. 74, zu dem mit § 47 Abs. 1 BPersVG vergleichbaren § 103 Abs. 1 BetrVG).

615 Vgl. *BAG* v. 7.10.04 – 2 AZR 81/04 –, AP KSchG 1969 § 15 Nr. 56, u. v. 12.3.09 – 2 AZR 47/08 –, AP KSchG 1969 § 15 Nr. 63.

616 *BVerwG* v. 9.7.80 – 6 P 43.79 –, PersV 81, 370.

617 Vgl. *BAG* v. 17.3.05 – 2 ABR 2/04 –, AP KSchG 1969 § 15 Nr. 58.

618 *BAG* v. 18.9.97 – 2 ABR 15/97 –, AP BetrVG 1972 § 103 Nr. 35, u. v. 2.3.06 – 2 AZR 83/05 –, AP KSchG 1969 § 15 Nr. 61; *BVerwG* v. 28.1.98 – 6 P 2.97 –, PersR 98, 374, v. 30.4.98 – 6 P 5.97 –, PersR 98, 466, u. v. 25.2.04 – 6 P 12.03 –, PersR 04, 181.

rechtlichen Ausbildungsverhältnis befinden (vgl. § 4 Rn. 13). Ausgenommen sind **DO-Angestellte** (vgl. § 4 Rn. 8), wenn für ihr Dienstverhältnis nach der Dienstordnung beamtenrechtliche Vorschriften gelten, nach denen sie entlassen werden sollen.[619] Außerdem sind nach § 47 Abs. 3 S. 1 BPersVG diejenigen zu ihrer Berufsausbildung Beschäftigten ausgenommen, deren Ausbildung jener der Beamten im **Vorbereitungsdienst** entspricht (vgl. Rn. 32f.). Für personalvertretungsrechtlich tätige **Beamte** kann sich aus dem Benachteiligungsverbot des § 8 BPersVG ein relativer Schutz gegen eine Entlassung ergeben (vgl. § 8 Rn. 6).

6 Geschützt sind nach **§ 15 Abs. 2 S. 1 KSchG** Arbeitnehmer, die **Mitglied einer Personalvertretung oder einer Jugend- und Auszubildendenvertretung** sind. Unter »Personalvertretung« sind PR, BPR, HPR und GPR zu verstehen, außerdem die Betriebsvertretung für die deutschen Arbeitnehmer bei den Stationierungsstreitkräften der NATO.[620] Mit »Jugend- und Auszubildendenvertretung« sind außer der örtlichen JAV auch BJAV, HJAV und GJAV gemeint. Der **Schutz beginnt** mit der Bekanntgabe des Wahlergebnisses (vgl. § 23 Abs. 2 S. 1 BPersVG i. V. m. § 23 BPersVWO). Er **endet** mit dem Erlöschen der Mitgliedschaft in der Personalvertretung oder der JAV (vgl. § 29).

7 Geschützt sind nach **§ 15 Abs. 3 S. 1 KSchG** auch Arbeitnehmer, die **Mitglied eines Wahlvorstands** sind (vgl. § 24 Rn. 5). Damit ist jeder Wahlvorstand zur Wahl einer Personalvertretung oder einer JAV gemeint. Der **Schutz beginnt** mit der Bestellung oder der Wahl des Wahlvorstands, bei gerichtlicher Bestellung (vgl. § 28 Abs. 2) mit der Verkündung des Einsetzungsbeschlusses.[621] Er **endet** grundsätzlich mit der Bekanntgabe des Wahlergebnisses (vgl. § 23 Abs. 2 S. 1 BPersVG i. V. m. § 23 BPersVWO). Endet das Amt des Wahlvorstands oder die Mitgliedschaft im Wahlvorstand bereits vorher, endet auch der besondere Kündigungsschutz des § 15 Abs. 3 S. 1 KSchG vorzeitig.

8 **Ersatzmitglieder** genießen den vollen Kündigungsschutz gem. **§ 15 Abs. 2 S. 1 bzw. Abs. 3 S. 1 KSchG**, wenn sie anstelle eines ausgeschiedenen oder zeitweilig verhinderten Mitglieds in eine Personalvertretung, eine JAV oder einen Wahlvorstand auf Dauer oder vorübergehend eingerückt sind (vgl. § 31 Rn. 3). Für die Frage, ob Sonderkündigungsschutz nach § 47 Abs. 1 besteht, ist auf den Zeitpunkt des **Zugangs der Kündigung** i. S. v. § 130 Abs. 1 S. 1 BGB abzustellen.[622] Der **Schutz beginnt** an dem Tag, an dem das ordentliche Mitglied ausgeschieden oder erstmals verhindert ist. Liegt am Be-

---

619 *BAG* v. 5.9.86 – 7 AZR 193/85 –, AP KSchG 1969 § 15 Nr. 27.
620 *BAG* v. 2.3.06 – 2 AZR 83/05 –, AP KSchG 1969 § 15 Nr. 61.
621 *BAG* v. 26.11.09 – 2 AZR 185/08 –, AP KSchG 1969 § 15 Nr. 64.
622 So das *BAG* v. 27.9.12 – 2 AZR 955/11 –, AP KSchG 1969 § 15 Nr. 74, zu dem mit § 47 Abs. 1 BPersVG vergleichbaren § 103 Abs. 1 BetrVG.

ginn eines Verhinderungsfalles eine Sitzung des Organs, beginnt der Schutz grundsätzlich schon mit der Ladung, damit sich das Ersatzmitglied vorbereiten kann.[623] Bei einem vorübergehend eingetretenen Ersatzmitglied erstreckt sich der Schutz auf die gesamte Dauer des Vertretungsfalls, also nicht nur auf die Tage, an denen tatsächlich Aufgaben des jeweiligen Organs wahrgenommen werden.[624] Der besondere Schutz steht dem Ersatzmitglied selbst dann zu, wenn während der Vertretungszeit **keine Vertretungstätigkeit** anfällt.[625] Der Schutz **endet** mit dem Ablauf des letzten Tages des Vertretungsfalles.

Arbeitnehmer, die **Wahlbewerber** für eine Personalvertretung oder eine JAV sind, gehören zu dem Personenkreis, der nach **§ 15 Abs. 3 S. 1 KSchG** gegen die außerordentliche Kündigung geschützt ist, nach der Rspr. des *BAG*[626] jedoch nicht Arbeitnehmer, die Wahlbewerber für das Amt des Wahlvorstands sind.[627] Der **Schutz beginnt** mit der Aufstellung des Wahlvorschlags. Dies ist der Fall, sobald ein Wahlvorstand besteht und für den Bewerber entweder ein ordnungsgemäß unterzeichneter Wahlvorschlag einer in der Dienststelle vertretenen Gewerkschaft oder ein Wahlvorschlag der wahlberechtigten Beschäftigten vorliegt, der die erforderliche Mindestzahl von Stützunterschriften aufweist.[628] Der Schutz **endet** mit der Bekanntgabe des Wahlergebnisses (vgl. § 23 Abs. 2 S. 1 BPersVG i. V. m. § 23 BPersVWO). 9

Nach dem Ende ihres vollen Kündigungsschutzes nach § 15 Abs. 2 S. 1 bzw. Abs. 3 S. 1 KSchG (vgl. Rn. 3 ff.) genießen die Arbeitnehmer nach **§ 15 Abs. 2 S. 2 bzw. Abs. 3 S. 2 KSchG** grundsätzlich einen **nachwirkenden Kündigungsschutz.** Dieser besteht darin, dass ihnen in einem bestimmten Zeitraum weiterhin nicht ordentlich, sondern nur außerordentlich aus wichtigem Grund gekündigt werden darf, ohne dass eine solche Kündigung aber an eine »nach dem Personalvertretungsrecht erforderliche Zustimmung« gebunden ist.[629] Da § 47 Abs. 1 BPersVG somit nicht anwendbar ist, ist insoweit lediglich das in **§ 79 Abs. 3 BPersVG** geregelte **Anhörungsrecht** des PR zu beachten (vgl. § 79 Rn. 36 ff.).[630] 10

Bei gewählten **Mitgliedern einer Personalvertretung oder einer JAV** beginnt der nachwirkende Kündigungsschutz nach **§ 15 Abs. 2 S. 2 KSchG** mit der »Beendigung der Amtszeit«. Darunter ist zunächst die Amtszeit des jeweiligen Organs zu verstehen. Endet die Mitgliedschaft in diesem Organ 11

623 Vgl. *BAG* v. 17. 1. 79 – 5 AZR 891/77 –, AP KSchG 1969 § 15 Nr. 5.
624 Vgl. *BAG* v. 17. 1. 79, a. a. O.
625 *BAG* v. 8. 9. 11 – 2 AZR 388/10 –, NZA 12, 400.
626 *BAG* v. 31. 7. 14 – 2 AZR 505/13 –, PM Nr. 38/14.
627 Vgl. KfdP-*Kröll*, Rn. 11 m. N.
628 Vgl. *BAG* v. 4. 3. 76 – 2 AZR 620/74 –, AP KSchG 1969 § 15 Wahlbewerber Nr. 1, u. v. 19. 4. 12 – 2 AZR 299/11 –, AP KSchG 1969 § 15 Nr. 72.
629 *BAG* v. 18. 5. 06 – 6 AZR 627/05 –, AP KSchG 1969 § 15 Ersatzmitglied Nr. 2.
630 KfdP-*Kröll*, Rn. 53.

jedoch vorher, kommt es auf das Erlöschen der Mitgliedschaft (vgl. § 29 Abs. 1) an. Nach § 15 Abs. 2 S. 2 Hs. 2 KSchG ist der nachwirkende Kündigungsschutz **ausgeschlossen**, wenn die Beendigung der Mitgliedschaft auf einer **gerichtlichen Entscheidung** beruht.[631] Der **Nachwirkungszeitraum** beträgt **ein Jahr.** Der nachwirkende Kündigungsschutz gilt auch für **Ersatzmitglieder,** wobei es bei vorübergehend eingerückten Ersatzmitgliedern auf die Dauer der Vertretung nicht ankommt[632] und der Nachwirkungszeitraum von einem Jahr mit der Beendigung des jeweiligen Vertretungsfalles beginnt. Nach aktueller Rspr. des *BAG*[633] tritt der nachwirkende Kündigungsschutz für ein Ersatzmitglied des Betriebsrats nach § 15 Abs. 1 S. 2 KSchG nur dann ein, wenn das Ersatzmitglied **in der Vertretungszeit konkrete Aufgaben** des Betriebsrats **tatsächlich wahrgenommen** hat. Diese Rspr. ist übertragbar auf den nachwirkenden Kündigungsschutz von Ersatzmitgliedern einer Personalvertretung oder einer nach dem Personalvertretungsrecht gebildeten JAV.[634]

12 Bei **Mitgliedern eines Wahlvorstands** und bei nicht gewählten **Wahlbewerbern** beginnt der nachwirkende Kündigungsschutz nach **§ 15 Abs. 3 S. 2 KSchG** grundsätzlich mit der Bekanntgabe des Wahlergebnisses (vgl. § 23 Abs. 2 S. 1 BPersVG i. V. m. § 23 BPersVWO) oder – z. B. wenn sie ihr Amt niederlegen oder ihre Bewerbung zurücknehmen – mit dem Ausscheiden aus der jeweiligen Funktion. In entsprechender Anwendung des § 15 Abs. 3 S. 2 Hs. 2 KSchG (vgl. Rn. 11) gilt er aber nicht für Mitglieder eines Wahlvorstands, der nach § 23 Abs. 1 S. 2 BPersVG ersetzt worden ist.[635] Der **Nachwirkungszeitraum** beträgt **sechs Monate.**

13 Gegenüber Arbeitnehmern, die als Funktionsträger oder ehemalige Funktionsträger der Personalvertretung nach § 15 Abs. 2 bzw. Abs. 3 KSchG vollen oder nachwirkenden Kündigungsschutz genießen, ist eine **ordentliche Kündigung** nach **§ 15 Abs. 4 oder 5 KSchG** nur bei einer **Stilllegung des Betriebes oder einer Betriebsabteilung** zulässig, im Bereich der öffentlichen Verwaltung nur bei einer Stilllegung (Auflösung) der Dienststelle oder eines einer Betriebsabteilung entsprechenden Teils der Dienststelle.[636] Insoweit steht dem PR das **Mitwirkungsrecht** nach **§ 79 Abs. 1** zu, und zwar nach h. M. auch dann, wenn dem Funktionsträger wegen einzelvertraglich oder

---

631 Näher dazu KfdP-*Kröll*, Rn. 14.
632 *BVerwG* v. 8. 12. 86 – 6 P 20.84 –, PersR 87, 110.
633 *BAG* v. 19. 4. 12 – 2 AZR 233/11 –, NZA 12, 1449.
634 Näher dazu KfdP-*Kröll*, Rn. 13.
635 Vgl. KfdP-*Kröll*, Rn. 15.
636 Näher dazu KfdP-*Kröll*, Rn. 16 ff. u. 54.

tarifvertraglich vereinbarter Unkündbarkeit nur außerordentlich gekündigt werden kann (vgl. § 79 Rn. 10).[637]

Beim **vollen Kündigungsschutz** nach § 15 Abs. 2 S. 1 bzw. Abs. 3 S. 1 KSchG (vgl. Rn. 3ff.) bedarf die außerordentliche Kündigung nach oder entsprechend **§ 47 Abs. 1 S. 1** der **»Zustimmung des Personalrates«**. Das Verfahren zur Herbeiführung dieser Zustimmung ist kein Verfahren der Mitbestimmung nach § 69, sondern ein **Verfahren eigener Art**, für das auch die Vorschriften des § 82 über die Abgrenzung der Zuständigkeiten zwischen den Personalvertretungen nicht gelten. Falls § 47 Abs. 1 S. 1 anzuwenden ist, findet die bei außerordentlichen Kündigungen ansonsten in § 79 Abs. 3 vorgesehene Anhörung des PR nicht statt.[638] 14

Das Zustimmungsverfahren ist nach der Rspr. des *BVerwG*[639] vom **Leiter der Dienststelle** einzuleiten, die für das Aussprechen der außerordentlichen Kündigung zuständig ist. Falls er verhindert ist, kann er sich nach § 7 S. 2, 3 oder 4 vertreten lassen. Er hat bei dem **zuständigen Personalrat** einen Antrag auf Zustimmung zu der beabsichtigten Kündigung zu stellen. Das ist die Personalvertretung, zu der die personalvertretungsrechtlichen Beziehungen der Person bestehen, die gegen eine ungerechtfertigte außerordentliche Kündigung geschützt werden soll.[640] In der Regel handelt es sich um die Personalvertretung, der der betroffene Beschäftigte angehört.[641] Bei Beschäftigten, die – wie die Mitglieder einer JAV oder eines Wahlvorstands oder Wahlbewerber – keiner Personalvertretung angehören, ist jeweils die Personalvertretung zuständig, bei der die JAV besteht bzw. für welche die Wahl durchgeführt wird. Je nach Lage des Einzelfalles kann die Zustimmung mehrerer Personalvertretungen erforderlich sein.[642] Falls eine zuständige Personalvertretung nicht vorhanden oder funktionsunfähig sein sollte, ist § 47 Abs. 1 S. 2 anzuwenden (vgl. dazu Rn. 19). 15

Der Dienststellenleiter hat die Zustimmung des PR zu der beabsichtigten außerordentlichen Kündigung unter genauer Angabe der Kündigungsgründe zu **beantragen**. Für die Unterrichtung gelten die gleichen Regeln wie bei der Anhörung des PR nach § 79 Abs. 3 (vgl. dort Rn. 39). Dementsprechend müssen dem PR die Gründe für den Kündigungsentschluss im Einzelnen mitgeteilt werden, also die Kündigungsabsicht, die Person des zu kündigenden Arbeitnehmers und die Kündigungsgründe. Dabei hat der Dienststellenleiter den PR über alle Aspekte zu unterrichten, die ihn zur beabsichtig- 16

637 *BAG* v. 18.9.97 – 2 ABR 15/97 –, AP BetrVG 1972 § 103 Nr. 35, u. v. 10.5.07 – 2 AZR 626/05 –, AP BGB § 626 Unkündbarkeit Nr. 1.
638 *BVerwG* v. 30.4.98 – 6 P 5.97 –, PersR 98, 466.
639 Beschl. v. 3.5.99 – 6 P 2.98 –, PersR 99, 494.
640 *BVerwG* v. 9.7.80 – 6 P 43.79 –, PersV 81, 370.
641 *BVerwG* v. 25.2.04 – 6 P 12.03 –, PersR 04, 181.
642 *BVerwG* v. 8.12.86 – 6 P 20.84 –, PersR 87, 110.

ten Kündigung veranlassen.[643] Der Antrag und die Unterrichtung müssen so **rechtzeitig** erfolgen, dass der Dienststellenleiter nach ordnungsgemäßer Durchführung des Zustimmungsverfahrens noch innerhalb der in **§ 626 Abs. 2 BGB** vorgeschriebenen **Ausschlussfrist von zwei Wochen** bei erteilter Zustimmung die Kündigung aussprechen oder bei verweigerter Zustimmung gem. § 47 Abs. 1 S. 2 die Ersetzung der Zustimmung beim Verwaltungsgericht beantragen kann (vgl. Rn. 19f.).

17 Will der PR zu dem Antrag des Dienststellenleiters Stellung nehmen, steht ihm dafür – wie sich aus § 47 Abs. 1 S. 2 ergibt – eine **Frist von drei Arbeitstagen** zur Verfügung (zu ihrer Berechnung vgl. § 69 Rn. 16ff.). Dabei geht es nicht um eine Gruppenangelegenheit, sondern um eine **gemeinsame Angelegenheit**, über die nach § 38 Abs. 1 vom Plenum zu beraten und zu beschließen ist (vgl. § 38 Rn. 3ff.). Ist ein Mitglied der JAV betroffen, haben deren Mitglieder nach § 40 Abs. 1 S. 2 und 3 nicht nur das Recht der beratenden Teilnahme, sondern auch Stimmrecht (vgl. § 40 Rn. 2f.). Bezieht sich der Zustimmungsantrag auf die Kündigung eines Mitglieds des PR oder der JAV, so ist dieses rechtlich verhindert und darf deshalb weder beratend noch entscheidend mitwirken. Für das betroffene ordentliche Mitglied ist gem. § 31 Abs. 1 S. 2 ein **Ersatzmitglied** zu laden[644] (vgl. auch § 37 Rn. 6).

18 Der PR hat – wie aus § 47 Abs. 1 S. 2 ersichtlich – bei der Entscheidung über die Erteilung oder Verweigerung seiner Zustimmung zu prüfen, ob die beabsichtigte außerordentliche Kündigung »unter Berücksichtigung aller Umstände gerechtfertigt ist«. Hinsichtlich dieser Frage steht ihm ein **Mitbeurteilungsrecht** zu. Dabei hat er das **Individualinteresse** des betroffenen Arbeitnehmers und die Sicherung der **Funktionsfähigkeit** der Personalvertretung zu berücksichtigen (vgl. Rn. 4). Aufgrund einer bewertenden Beurteilung kann er beschließen, die Zustimmung zu erteilen oder zu verweigern. Die **Erteilung der Zustimmung** setzt einen wirksamen Beschluss des PR voraus,[645] der dem Dienststellenleiter formlos mitgeteilt werden kann.[646] Bei einer **Verweigerung der Zustimmung** kann der PR zu dem Antrag des Dienststellenleiters schweigen,[647] er kann aber auch (was zweckmäßig ist) ausdrücklich Bedenken geltend machen oder Widerspruch erheben, ohne dabei an den Zustimmungsverweigerungskatalog des § 77 Abs. 2 gebunden zu sein.

18a Hat der PR zugestimmt, kann der Arbeitgeber innerhalb der Ausschlussfrist des § 626 Abs. 2 BGB (vgl. Rn. 16) die außerordentliche **Kündigung aus-**

643 Vgl. *BAG* v. 23.4.08 – 2 ABR 71/07 –, AP BetrVG 1972 § 103 Nr. 56.

644 Vgl. *BAG* v. 26.8.81 – 7 AZR 550/79 – u. v. 23.8.84 – 2 AZR 391/83 –, AP BetrVG 1972 § 103 Nr. 13 u. 17.

645 *BAG* v. 23.8.84, a.a.O.

646 *BAG* v. 4.3.04 – 2 AZR 147/03 –, AP BetrVG 1972 § 103 Nr. 50.

647 Vgl. *BAG* v. 18.8.77 – 2 ABR 19/77 –, AP BetrVG 1972 § 103 Nr. 10.

sprechen. Eine Kündigung, die bereits vor dem Vorliegen der Zustimmung des PR ausgesprochen wird, ist jedoch **unwirksam**.[648] Nach § 4 S. 1 KSchG muss der gekündigte Arbeitnehmer allerdings innerhalb von drei Wochen nach Zugang der Kündigung deren Rechtsunwirksamkeit beim **Arbeitsgericht** geltend machen, weil die Kündigung sonst gem. § 7 KSchG als von Anfang an rechtswirksam gilt.

Verweigert der PR ausdrücklich die beantragte Zustimmung oder äußert er sich nicht innerhalb von drei Arbeitstagen nach Eingang des Antrags des Dienststellenleiters, so kann dieser nach **§ 47 Abs. 1 S. 2** das **Verwaltungsgericht anrufen** und beantragen, die verweigerte oder fehlende Zustimmung zu ersetzen. Der Antrag muss noch innerhalb der **Ausschlussfrist** des § 626 Abs. 2 BGB beim Verwaltungsgericht eingegangen sein und demnächst zugestellt werden.[649] Diese Frist wird nur durch einen **zulässigen Zustimmungsersetzungsantrag** gewahrt. Ein vom Dienststellenleiter vor Ablauf von drei Arbeitstagen nach Stellung des Zustimmungsantrags an den PR (vorsorglich) beim Gericht eingereichter Antrag ist unzulässig, wenn der PR noch keine Zustimmungsverweigerung erklärt hat; er wird auch nicht dadurch zulässig, dass nachträglich die Zustimmung des PR zu der beabsichtigten Kündigung verweigert wird.[650] Ist eine an sich zuständige Personalvertretung nicht, nicht mehr oder noch nicht vorhanden, hat der Dienststellenleiter sich so zu verhalten, als hätte die vorhandene Personalvertretung die Zustimmung nicht erteilt, und deshalb unmittelbar die Ersetzung der fehlenden Zustimmung beim Verwaltungsgericht zu beantragen.[651] Dies gilt auch, wenn eine vorhandene Personalvertretung funktionsunfähig ist, z. B. dann, wenn dem einzigen Mitglied eines PR gekündigt werden soll und ein Ersatzmitglied nicht vorhanden ist.[652] 19

Das Verwaltungsgericht entscheidet gem. § 83 im **personalvertretungsrechtlichen Beschlussverfahren** (vgl. § 83 Rn. 3). An dem Verfahren ist außer dem Dienststellenleiter (als Antragsteller) und dem zuständigen PR nach § 47 Abs. 1 S. 3 auch der betroffene **Arbeitnehmer beteiligt**, weil das Verfahren auch für seinen Individualrechtsschutz von Bedeutung ist (vgl. Rn. 21). Das Verwaltungsgericht hat im Rahmen eines »**vorweggenommenen Kündigungsschutzprozesses**« unter Heranziehung der in der arbeitsgerichtlichen Rspr. entwickelten Grundsätze zu **prüfen**, ob die beabsichtigte 20

648 Vgl. *BAG* v. 20.3.75 – 2 ABR 111/74 –, AP BetrVG 1972 § 103 Nr. 2.
649 Vgl. KfdP-*Kröll*, Rn. 37 m. N.
650 *BAG* v. 7.5.86 – 2 ABR 27/85 – u. v. 24.10.96 – 2 AZR 3/96 –, AP BetrVG 1972 § 103 Nr. 18 u. 32.
651 Vgl. *BAG* v. 12.8.76 – 2 AZR 303/75 – u. v. 30.5.78 – 2 AZR 637/76 –, AP KSchG 1969 § 15 Nr. 2 u. 4.
652 Vgl. *OVG LSA* v. 5.5.04 – 5 L 6/03 –, PersR 05, 84; *BAG* v. 18.12.82 – 2 AZR 76/81 –, AP KSchG 1969 § 15 Nr. 13.

außerordentliche Kündigung »unter Berücksichtigung aller Umstände gerechtfertigt ist«. Das ist nach der Rspr. des *BAG*[653] der Fall, wenn ein **wichtiger Grund i. S. d. § 626 Abs. 1 BGB** gegeben ist. Das Verwaltungsgericht hat die Kündigungsgründe zu prüfen und zu bewerten, die der Dienststellenleiter vorher mit seinem Zustimmungsantrag förmlich an den PR herangetragen hat.[654] Ein **Nachschieben** von Kündigungsgründen ist (nur) möglich, wenn der Dienststellenleiter unter Berufung darauf erneut und erfolglos die Zustimmung der Personalvertretung beantragt hat.[655] Dies muss ebenso wie die Einführung dieser Gründe in das gerichtliche Verfahren innerhalb der Frist des § 626 Abs. 2 BGB geschehen.[656] Das Gericht hat zu beachten, dass **Amtspflichtverletzungen** personalvertretungsrechtlicher Funktionsträger deren außerordentliche Kündigung grundsätzlich nicht rechtfertigen können.[657] Hält es die außerordentliche Kündigung für gerechtfertigt, hat es dem Antrag auf **Zustimmungsersetzung** stattzugeben.[658] Nach dem Eintritt der formellen Rechtskraft des Beschlusses muss der Arbeitgeber unverzüglich kündigen.[659]

21 Auch wenn das Verwaltungsgericht die Zustimmung rechtskräftig ersetzt hat, kann der Arbeitnehmer nach Ausspruch der außerordentlichen Kündigung Klage auf Feststellung der Unwirksamkeit dieser Kündigung vor dem **Arbeitsgericht** erheben. Mit der rechtskräftigen Zustimmungsersetzung ist jedoch die für den nachfolgenden **Kündigungsschutzprozess** im Grundsatz bindende Feststellung getroffen, dass die außerordentliche Kündigung unter Berücksichtigung aller Umstände gerechtfertigt ist.[660] Wegen dieser **Präklusionswirkung** kann der Arbeitnehmer in einem die außerordentliche Kündigung betreffenden Kündigungsschutzprozess die Unrichtigkeit der Entscheidung des Verwaltungsgerichts nur dann geltend machen, wenn er neue Tatsachen vorträgt, die im personalvertretungsrechtlichen Beschlussverfahren noch nicht berücksichtigt werden konnten, weil sie erst nach Abschluss dieses Verfahrens entstanden oder bekanntgeworden sind.[661]

22 **(Abs. 2)** Die Vorschrift des § 47 Abs. 2 sieht für **Mitglieder des PR** einen besonderen **Schutz gegen Versetzungen, Abordnungen und Umsetzungen** vor. Sie gilt in vollem Umfang entsprechend für Mitglieder des **BPR** und des

---

653 Vgl. Beschl. v. 22.8.74 – 2 ABR 17/74 –, AP BetrVG 1972 § 103 Nr. 1.

654 Vgl. *BayVGH* v. 22.12.82 – Nr. 17 C 82 A. 1979 –, PersV 84, 159.

655 Vgl. *BVerwG* v. 28.1.98 – 6 P 2.97 –, PersR 98, 374; *BAG* v. 23.4.08 – 2 ABR 71/07 –, AP BetrVG 1972 § 103 Nr. 56.

656 Vgl. KfdP-*Kröll*, Rn. 47 m. N.

657 Str.; vgl. KfdP-*Kröll*, Rn. 46 m. N.

658 Vgl. *BAG* v. 22.8.74 – 2 ABR 17/74 –, AP BetrVG 1972 § 103 Nr. 1.

659 Vgl. *BAG* v. 24.4.75 – 2 AZR 118/74 –, AP BetrVG 1972 § 103 Nr. 3.

660 *BAG* v. 24.4.75, a. a. O.

661 *BAG* v. 11.5.00 – 2 AZR 276/99 –, AP BetrVG 1972 § 103 Nr. 42; *BVerwG* v. 15.10.02 – 6 PB 7.02 – u. v. 25.2.04 – 6 P 12.03 –, PersR 03, 74, u. 04, 181.

HPR (§ 54 Abs. 1 Hs. 1) sowie des **GPR** (§ 56 i. V. m. § 54 Abs. 1 Hs. 1) und für Mitglieder der **JAV** (§ 62 S. 2), der **BJAV** und der **HJAV** (§ 64 Abs. 1 S. 2 i. V. m. § 62 S. 2) sowie der **GJAV** (§ 64 Abs. 2 S. 2 i. V. m. 64 Abs. 1 S. 2 und § 62 S. 2), ferner für den **Vertrauensmann in der Bundespolizei** (§ 85 Abs. 2 Nr. 5 S. 2). Mit Ausnahme seines S. 3 gilt § 47 Abs. 2 entsprechend für Mitglieder von **Wahlvorständen** und für **Wahlbewerber** (§ 24 Abs. 1 S. 3 und Verweisungen in § 53 Abs. 3 S. 1 u, § 56 sowie § 62 S. 3 und Verweisungen in § 64 Abs. 1 S. 2 u. § 64 Abs. 2 S. 2). Im Bereich des **BND** wird § 47 Abs. 2 durch § 86 Nr. 9 abgewandelt (vgl. § 86 Rn. 10a). In den **Auslandsvertretungen** im Geschäftsbereich des Auswärtigen Amts gilt § 47 Abs. 2 gem. § 91 Abs. 1 Nr. 3 S. 4 nicht für Beschäftigte, die zur Wahl des PR des AA wahlberechtigt sind (vgl. § 91 Rn. 7). Für Mitglieder von PR im **Geschäftsbereich des Bundesministeriums der Verteidigung im Ausland** gilt § 47 Abs. 2 gem. § 91 Abs. 1 Nr. 4 nur für die Dauer einer regelmäßigen Amtszeit in dem durch § 26 festgelegten Umfang (vgl. § 91 Rn. 7b).

23 Der Schutz der Mitglieder des PR sowie – kraft Verweisung (vgl. Rn. 22) – der Mitglieder der anderen Personalvertretungen, der Mitglieder der Jugend- und Auszubildendenvertretungen aller Ebenen sowie der Mitglieder von Wahlvorständen und von Wahlbewerbern gegen Versetzungen, Abordnungen und Umsetzungen erstreckt sich, soweit Abs. 3 keine Ausnahmen vorsieht, auf **alle Beschäftigten** unabhängig davon, ob es sich bei ihnen um Beamte oder Arbeitnehmer handelt. Der Personalvertretung angehörende **Soldatenvertreter** genießen nach § 62 Abs. 3 S. 1 SBG ebenfalls den Schutz des § 47 Abs. 2[662] (vgl. auch Anh. V B § 62 SBG Rn. 5f.).

24 Der besondere Versetzungs-, Abordnungs- und Umsetzungsschutz der Mitglieder des PR und anderer Organe besteht **während der Mitgliedschaft** in dem jeweiligen Gremium. Die Vorschriften über den Beginn und das Ende des Kündigungsschutzes sind mangels Verweisung insoweit nicht anwendbar.[663] Der Schutz von Mitgliedern von **Personalvertretungen** und **Jugend- und Auszubildendenvertretungen** nach oder entsprechend § 47 Abs. 2 beginnt demnach nicht erst mit der Bekanntgabe des Wahlergebnisses, sondern bereits dann, wenn der Wahlvorstand das Wahlergebnis durch Beschluss festgestellt hat. Des Weiteren endet der Schutz von Mitgliedern von **Wahlvorständen** entsprechend § 47 Abs. 2 nicht schon mit der Bekanntgabe des Wahlergebnisses, sondern i. d. R. erst mit der Wahl des Wahlleiters in der konstituierenden Sitzung der gewählten Vertretung (vgl. § 34 Rn. 3). **Ersatzmitglieder** sind nach oder entsprechend § 47 Abs. 2 geschützt, wenn und solange sie anstelle eines ausgeschiedenen oder zeitweilig verhinderten Mitglieds in das jeweilige Gremium auf Dauer oder vorübergehend eingerückt

662 Vgl. *BVerwG* v. 19. 2. 87 – 6 P 11.85 –, PersR 87, 187.
663 Str.; vgl. KfdP-*Kröll*, Rn. 57 m. N.

sind.[664] Dafür sowie für den Versetzungs-, Abordnungs- und Umsetzungsschutz der **Wahlbewerber** gilt das zum Kündigungsschutz Gesagte sinngemäß (vgl. Rn. 8 bzw. 9). Ein an das Ende der Mitgliedschaft bzw. Ersatzmitgliedschaft anschließender **nachwirkender Schutz** ist – anders als bei der außerordentlichen Kündigung (vgl. Rn. 11f.) – bei Versetzungen, Abordnungen und Umsetzungen nicht vorgesehen.[665]

25 Der **Zweck der Schutzvorschrift des § 47 Abs. 2** besteht darin, nicht nur den Verlust des PR-Amtes als Folge bestimmter dienstrechtlicher Maßnahmen zu verhindern, sondern darüber hinaus die ungestörte Ausübung dieses Amtes sicherzustellen und die PR-Mitglieder vor dienstlichen Maßnahmen zu bewahren, welche sie dauernd oder vorübergehend an der unabhängigen Ausübung ihres Amtes hindern könnten.[666] Das gilt für die Mitglieder aller Personalvertretungen und Jugend- und Auszubildendenvertretungen sowie für Wahlvorstände gleichermaßen. Die Vorschrift soll aber nicht nur die **Unabhängigkeit** des einzelnen Mitglieds, sondern auch die **Arbeitsfähigkeit** des jeweiligen Gremiums schützen.[667]

26 § 47 Abs. 2 schützt gegen **Versetzungen, Abordnungen und Umsetzungen**, die **gegen den Willen** des Betroffenen angeordnet werden sollen.[668] **Begrifflich** handelt es sich dabei grundsätzlich um jene Maßnahmen, die mit gleicher Bezeichnung in den Katalogen der mitbestimmungspflichtigen Personalangelegenheiten aufgeführt sind (hinsichtlich der **Beamten** vgl. § 76 Rn. 22ff., 26 u. 27ff., hinsichtlich der **Arbeitnehmer** vgl. § 75 Rn. 36ff., 39ff. u. 43ff.). Die in den Mitbestimmungstatbeständen teilweise vorgesehenen **Einschränkungen** gelten jedoch nicht für den Schutz nach § 47 Abs. 2. Dieser besteht deshalb auch gegen **Abordnungen** für die Dauer von nicht mehr als drei Monaten. Die mit einem Wechsel des Dienstorts verbundene **Umsetzung** in derselben Dienststelle, die nach S. 2 des Abs. 2 als Versetzung i. S. d. S. 1 gilt, liegt auch dann vor, wenn sie nicht auf Dauer, sondern nur vorübergehend erfolgt.[669] Ebenfalls erfasst sind solche Versetzungen, Abordnungen und Umsetzungen, die nicht zu einem **Ausscheiden aus dem Geschäftsbereich** führen, für den das jeweilige Gremium gebildet ist.[670] Einen Schutz gegen **Zuweisungen**[671] sieht § 47 Abs. 2 nicht vor; ob eine analoge Anwendung

---

664 *BVerwG* v. 27.9.84 – 6 P 38.83 –, PersV 86, 468.
665 Vgl. aber *BVerwG* v. 18.5.04 – 1 WDS-VR 1.04 –, PersR 05, 322.
666 *BVerwG* v. 27.9.84 u. v. 19.2.87, jew. a.a.O.
667 *BVerwG* v. 18.10.77 – VII P 14.75 –, PersV 79, 70, u. v. 18.5.04, a.a.O.
668 *BVerwG* v. 18.10.77 u. v. 18.5.04, jew. a.a.O.
669 *BVerwG* v. 29.4.81 – 6 P 34.79 –, PersV 82, 404.
670 So *BVerwG* v. 29.4.81 – 6 P 37.79 –, PersV 82, 406, zur Versetzung des Mitglieds einer Stufenvertretung, die nicht zum Verlust des Amtes in der Stufenvertretung führt.
671 Zur Mitbestimmung gem. § 75 Abs. 1 Nr. 4a bzw. § 76 Abs. 1 Nr. 5a vgl. § 75 Rn. 76ff. u. § 76 Rn. 61ff.

dieser Schutzvorschrift in Betracht kommt, hat das *OVG NW*[672] offengelassen, für den Fall der (aufgrund von § 44g Abs. 1 S. 1 SGB II[673] erfolgten) gesetzlichen Zuweisung von Tätigkeiten bei einem als gemeinsame Einrichtung nach § 44b SGB II organisierten Jobcenter aber verneint.

Die in § 47 Abs. 2 aufgeführten Personalmaßnahmen können gegen den Willen des Mitglieds (oder Ersatzmitglieds) der **Personalvertretung** (oder der **Jugend- und Auszubildendenvertretung**) nur unter **zwei Voraussetzungen** getroffen werden: Erstens muss dies nach **S. 1** auch unter Berücksichtigung der Mitgliedschaft (bzw. Ersatzmitgliedschaft) in der jeweiligen Personalvertretung (bzw. Jugend- und Auszubildendenvertretung) aus wichtigen dienstlichen Gründen unvermeidbar sein, und zweitens muss nach **S. 3** die Personalvertretung der Maßnahme zugestimmt haben. Für Mitglieder von **Wahlvorständen** und für **Wahlbewerber** gilt nur die erste Voraussetzung, weil in § 24 Abs. 1 S. 3 bzw. § 62 S. 3 nicht auf § 47 Abs. 2 S. 3 verwiesen wird (vgl. Rn. 22). 27

Für die Erfüllung der **ersten (materiellen) Voraussetzung** (nach § 47 Abs. 2 **S. 1**) ist erforderlich, dass **wichtige dienstliche Gründe** die beabsichtigte Maßnahme erfordern. Darüber hinaus müssen diese Gründe so schwerwiegend sein, dass die Maßnahme auch unter Berücksichtigung der Mitgliedschaft in der jeweiligen Personalvertretung (oder Jugend- und Auszubildendenvertretung) **unvermeidbar** ist. Das ist nur dann zu bejahen, wenn der Einsatz gerade dieses Mitglieds der Personalvertretung auf einem anderen Dienstposten oder Arbeitsplatz zwingend erforderlich ist, um den Dienstbetrieb aufrechtzuerhalten.[674] 28

Die (für Mitglieder von Wahlvorständen und für Wahlbewerber nicht geltende) **zweite (verfahrensmäßige) Voraussetzung** (nach § 47 Abs. 2 **S. 3**) besteht in der **Zustimmung des PR**. Zuständig für deren Erteilung ist (wie im Falle des § 47 Abs. 1) die Personalvertretung, zu der die personalvertretungsrechtlichen Beziehungen des geschützten Beschäftigten bestehen[675] (vgl. Rn. 15). Der Antrag auf Zustimmung des PR ist auch hier vom **Leiter der Dienststelle** zu stellen, die für die Anordnung der beabsichtigten Versetzung, Abordnung oder Umsetzung zuständig ist (vgl. Rn. 15). 29

Das Verfahren zur **Herbeiführung der Zustimmung** des PR ist wie im Falle des § 47 Abs. 1 ein **Verfahren eigener Art**[676] (vgl. Rn. 14). Die Frage, ob wichtige dienstliche Gründe vorliegen, ist eine Rechtsfrage, bei deren Beantwortung dem PR ein **Mitbeurteilungsrecht** zusteht. Soweit Eignung, Befä- 30

---

672 Beschl. v. 20.6.11 – 16 B 271/11.PVB –, PersR 11, 386.
673 In der bis zum 31.12.14 geltenden Fassung. Zur Neufassung vgl. § 88 Rn. 14c.
674 Vgl. *VGH BW* v. 1.10.85 – 4 S 2143/84 –, VBlBW 87, 193; *ArbG Bonn* v. 9.9.99 – 3 Ga 25/99 –, PersR 99, 549; KfdP-*Kröll*, Rn. 65 m.w.N.
675 *BVerwG* v. 10.7.64 – VII P 8.63 –, PersV 64, 228.
676 *BVerwG* v. 29.4.81 – 6 P 34.79 –, PersV 82, 404, u. v. 19.2.87 –, PersR 87, 167.

higung und fachliche Leistung des betroffenen Beschäftigten zu bewerten sind, steht der Dienststelle allerdings ein Beurteilungsspielraum zu, der nach der Rspr. auch vom PR nur beschränkt nachprüfbar ist.[677] Andererseits ist dem PR ein solcher **Beurteilungsspielraum** bei der Prüfung der weiteren Frage einzuräumen, welche Auswirkungen die Maßnahme auf seine Arbeitsfähigkeit (bzw. die der JAV) hat und ob die Maßnahme unvermeidbar ist. Bei der vom PR zu treffenden Entscheidung handelt es sich um eine **gemeinsame Angelegenheit** i. S. d. § 38 Abs. 1.[678] Stimmt der PR der beabsichtigten Versetzung, Abordnung oder Umsetzung nicht zu, so kann die verweigerte oder fehlende Zustimmung – anders als in den Fällen des § 47 Abs. 1 – nicht durch das Verwaltungsgericht ersetzt werden.[679] Der PR hat somit ein absolutes Vetorecht.[680]

31 Falls die beabsichtigte Maßnahme zugleich einen der in § 75 Abs. 1 Nr. 3 oder 4 bzw. § 76 Abs. 1 Nr. 4 oder 5 geregelten Tatbestände der Mitbestimmung erfüllt, wird das nach § 69 unter Beachtung des § 82 durchzuführende **Mitbestimmungsverfahren** durch das in § 47 Abs. 2 vorgesehene Zustimmungsverfahren nicht ausgeschlossen.[681]

32 **(Abs. 3)** Für **Beamte im Vorbereitungsdienst** und **Beschäftigte in entsprechender Berufsausbildung** sieht § 47 Abs. 3 Sonderregelungen vor. Diese Beschäftigten sind, soweit es um die Personalvertretungen i. e. S. (PR, BPR, HPR, GPR) geht, nach **§ 13 Abs. 3** (und den Verweisungen in § 53 Abs. 1 S. 1 u. § 56) nur bei ihrer Stammbehörde wahlberechtigt (vgl. § 13 Rn. 14f.) und nach **§ 14 Abs. 2** nicht in eine Stufenvertretung (sondern nur in den PR und ggf. GPR bei ihrer Stammbehörde) wählbar (vgl. § 14 Rn. 7). Für die Wahlen der Jugend- und Auszubildendenvertretungen gilt Entsprechendes (vgl. § 58 Rn. 1a). Die Sonderregelungen des § 47 Abs. 3 gelten unmittelbar für **Mitglieder des PR**. Sie gelten entsprechend für Mitglieder des **GPR** (§ 56 i. V. m. § 54 Abs. 1 Hs. 1) sowie für Mitglieder der **JAV** (§ 62 S. 2) und der **GJAV** (§ 64 Abs. 2 S. 2 i. V. m. Abs. 1 S. 2 u. § 62 S. 2).

33 § 47 Abs. 3 **S. 1** bestimmt, dass die Schutzvorschriften des § 47 Abs. 1 und 2 sowie der §§ 15 und 16 KSchG für diese Beschäftigten nicht gelten. Das hat zur Folge, dass zum einen alle diese Beschäftigten **keinen besonderen Schutz gegen Versetzungen, Abordnungen und Umsetzungen** haben (womit die Berufsausbildung unbedingten Vorrang vor der Ausübung der jeweiligen personalvertretungsrechtlichen Funktion erhält) und dass zum ande-

---

677 Vgl. *BVerwG* v. 26. 1. 94 – 6 P 21.92 –, PersR 94, 213; *VGH BW* v. 28. 3. 96 – 4 S 3185/95 –, PersV 98, 532 Ls.

678 *BVerwG* v. 18. 5. 04 – 1 WDS-VR 1.04 –, PersR 05, 322.

679 *BVerwG* v. 29. 4. 81 – 6 P 37.79 –, PersV 82, 406, u. v. 15. 7. 04 – 6 P 15.03 –, PersR 04, 434.

680 Vgl. dazu KfdP-*Kröll*, Rn. 68 m. N.

681 Vgl. KfdP-*Kröll*, Rn. 70.

ren die in einem privatrechtlichen Ausbildungsverhältnis stehenden »Beschäftigten in entsprechender Berufsausbildung« auch **keinen besonderen Kündigungsschutz** genießen (was im Hinblick auf den Gleichheitssatz des Art. 3 Abs. 1 GG verfassungsrechtlich bedenklich ist).[682] § 47 Abs. 3 **S. 2** legt fest, dass § 47 Abs. 2 ferner bei der **Versetzung oder Abordnung** zu einer anderen Dienststelle nicht gilt, wenn eine solche Maßnahme **im Anschluss an das Ausbildungsverhältnis** erfolgt (die Nennung des § 47 Abs. 1 ist ein Redaktionsversehen); damit soll eine an die Ausbildung anschließende und ihr entsprechende unverzügliche Verwendung gewährleistet werden. Während nach den allgemeinen Vorschriften die Versetzung (u. U. auch die Umsetzung) zum Ausscheiden aus der Dienststelle und damit zum Erlöschen der Mitgliedschaft im PR führt (§ 29 Abs. 1 Nr. 4; vgl. dort Rn. 6) und die Abordnung zum Verlust der Wählbarkeit und damit ebenfalls zum Erlöschen der Mitgliedschaft im PR führen kann (§ 29 Abs. 1 Nr. 5 i. V. m. § 14 Abs. 1 u. § 13 Abs. 2; vgl. § 29 Rn. 7, § 14 Rn. 2 u. § 13 Rn. 12), bestimmt die Sonderregelung des § 47 Abs. 3 **S. 3**, dass die **PR-Mitgliedschaft ruht**, solange Beamte im Vorbereitungsdienst und Beschäftigte in entsprechender Berufsausbildung **entsprechend den Erfordernissen ihrer Ausbildung zu einer anderen Dienststelle versetzt oder abgeordnet** sind. Während des Ruhens der Mitgliedschaft bleibt der betroffene Beschäftigte Mitglied des PR. Da er jedoch gehindert ist, sein Amt auszuüben, tritt für ihn nach § 31 Abs. 1 S. 2 ein Ersatzmitglied ein (vgl. § 31 Rn. 1 ff.).

Fünfter Abschnitt
Personalversammlung

§ 48 [Teilnehmer und Durchführung der Personalversammlung]

(1) [1]Die Personalversammlung besteht aus den Beschäftigten der Dienststelle. [2]Sie wird vom Vorsitzenden des Personalrates geleitet. [3]Sie ist nicht öffentlich.
(2) Kann nach den dienstlichen Verhältnissen eine gemeinsame Versammlung aller Beschäftigten nicht stattfinden, so sind Teilversammlungen abzuhalten.

1 Das Gesetz unterscheidet zwischen **ordentlichen Personalversammlungen** (Halbjahresversammlungen, § 49 Abs. 1) und **außerordentlichen** Personalversammlungen (§ 49 Abs. 2). Da ihre Durchführung eine notwendige Tätigkeit des PR ist, hat die Dienststelle nach § 44 Abs. 1 S. 1 die dadurch ent-

682 Vgl. dazu KfdP-*Kröll*, Rn. 73.

stehenden **Kosten** zu tragen und nach § 44 Abs. 2 in erforderlichem Umfang geeignete **Räumlichkeiten** zur Verfügung zu stellen (vgl. § 44 Rn. 26f.). Zuständig für die **Einberufung** der Personalversammlung ist – soweit es sich nicht um eine Personalversammlung zur Wahl eines Wahlvorstands handelt (vgl. § 20 Abs. 2, § 21 u. § 23 Abs. 1) – stets der PR, also auch dann, wenn der Dienststellenleiter eine Personalversammlung verlangt.[683] Die Einberufung der Personalversammlung erfordert einen Beschluss des PR, in dem auch eine **Tagesordnung** festzulegen ist. Den Einberufungsbeschluss hat der PR-Vorsitzende den Beschäftigten rechtzeitig und in geeigneter Weise, z. B. durch Rundschreiben, **bekannt zu geben**.

2 **(Abs. 1)** Die Personalversammlung ist die **Versammlung der Beschäftigten** der Dienststelle. Gemeint sind alle Beschäftigten i. S. d. § 4 mit Ausnahme des Dienststellenleiters, für den die Regelung des § 52 Abs. 2 gilt (str.; vgl. § 52 Rn. 3). Das Recht zur Teilnahme an der Personalversammlung erfordert nach der Rspr. des *BVerwG*[684] neben der **Beschäftigteneigenschaft** nach § 4 noch die **Dienststellenzugehörigkeit** (vgl. § 4 Rn. 1 u. § 13 Rn. 2–5). Auf die Wahlberechtigung kommt es hingegen grundsätzlich nicht an. Teilnahmeberechtigt sind deshalb auch die der Dienststelle angehörenden **»jugendlichen Beschäftigten«** (vgl. § 57), die wegen ihrer Minderjährigkeit nach § 13 Abs. 1 S. 1 noch kein Wahlrecht zum PR haben.[685] Allerdings geht die Rspr. des *BVerwG* davon aus, dass die Fristenregelungen in § 13 Abs. 1 S. 2, Abs. 2 S. 1, 3 und 4 zum Verlust des Wahlrechts in der alten Dienststelle im Falle der **Beurlaubung ohne Bezüge**, der **Abordnung** und der **Zuweisung** zugleich präzise bestimmen, wann die **Ausgliederung** aus der alten Dienststelle stattfindet.[686] Dies hat zur Folge, dass die betroffenen Beschäftigten zeitgleich auch das Recht verlieren, an der Personalversammlung ihrer alten Dienststelle teilzunehmen (vgl. § 88 Rn. 16a).[687] Für die in der Dienststelle eingesetzten unechten **Leiharbeitnehmer** ist in § 14 Abs. 4 i. V. m. Abs. 2 S. 2 AÜG klargestellt, dass sie berechtigt sind, an der Personalversammlung (sowie ggf. an der [in § 63 geregelten] Jugend- und Auszubildendenversammlung) in der Entleiherdienststelle teilzunehmen; das gilt für echte Leiharbeitnehmer entsprechend.[688] Soweit in einer Personalversammlung bei einem Gericht gemeinsame Angelegenheiten i. S. d. § 53 Abs. 1 DRiG behandelt werden, können die **Richter** ebenso wie die anderen Beschäftigten an der Personal-

683 *BVerwG* v. 23. 5. 86 – 6 P 23.83 –, PersR 86, 233.
684 *BVerwG* v. 20. 11. 12 – 6 PB 14.12 –, PersR 13, 88.
685 *BVerwG* v. 20. 11. 12, a. a. O. (zu 1 b).
686 *BVerwG* v. 20. 11. 12, a. a. O. (zu 1c [u. a. unter Hinw. auf *BVerwG* v. 15. 5. 02 – 6 P 8.01 –, PersR 02, 434]).
687 Ebenda.
688 Richardi-*Weber*, Rn. 14 unter Hinw. auf *BAG* v. 10. 3. 04 – 7 ABR 49/03 –, NZA 2004, 1340.

versammlung teilnehmen (vgl. Anh. II Rn. 4a). In den in § 60 Abs. 1 SBG definierten Dienststellen, in denen auch **Soldaten** Personalvertretungen wählen, bilden die Soldaten gemeinsam mit den Beamten und Arbeitnehmern die Personalversammlung (vgl. Anh. V B § 60 SBG Rn. 11). Der Dienststellenleiter hat sicherzustellen, dass möglichst alle Beschäftigten an der Personalversammlung teilnehmen können.

Der **Vorsitzende** des PR, im Verhinderungsfall sein Stellvertreter (vgl. § 32 3
Rn. 18), **leitet** die vom PR einberufenen Personalversammlungen. Ihm steht das **Hausrecht** zu. Das Hausrecht des Dienststellenleiters ist für die Dauer der Versammlung hinsichtlich des Versammlungsraums ausgeschlossen und hinsichtlich der Nebenräume und Zugangswege entsprechend eingeschränkt. Das Hausrecht kann ihm allenfalls bei nachhaltigen und groben, vom PR-Vorsitzenden nicht unterbundenen Störungen, etwa durch die Teilnahme Unbefugter, wieder zuwachsen.[689] Der PR-Vorsitzende hat für einen **ordnungsgemäßen Versammlungsablauf** zu sorgen. Er hat insb. die Personalversammlung zu eröffnen, das Wort zu erteilen, nicht zum Gegenstand der Versammlung gehörende oder unsachliche Redebeiträge zu unterbinden, die Abstimmungen zu leiten und deren Ergebnis festzustellen und bekannt zu geben sowie nach Behandlung der Tagesordnungspunkte die Versammlung zu schließen (vgl. § 51 Rn. 5).[690]

Die Personalversammlung ist **nicht öffentlich**. Dem Dienststellenleiter, den 4
Beauftragten der in der Dienststelle vertretenen Gewerkschaften und ggf. einem Beauftragten der Arbeitgebervereinigung, der die Dienststelle angehört, ist die Anwesenheit ebenso gestattet wie einem beauftragten Mitglied der Stufenvertretung bei der nächsthöheren Dienststelle, einem beauftragten Mitglied des GPR und einem Beauftragten der Dienststelle, bei der die Stufenvertretung besteht (vgl. § 52 Rn. 1 ff.). Der Gleichstellungsbeauftragten steht ein in § 20 Abs. 2 S. 6 BGleiG geregeltes Teilnahme- und Rederecht zu (vgl. § 52 Rn. 2a). Die **Teilnahme weiterer Personen** ist zulässig, soweit ein sachlicher Grund dafür vorliegt. Das kann der Fall sein, wenn bestimmte Personen eine enge sachliche Verbindung zu der Dienststelle und zu den Beschäftigten haben. Die Nichtöffentlichkeit der Personalversammlung schließt die Hinzuziehung von **Sachverständigen** oder **Auskunftspersonen**, deren Anwesenheit im Rahmen der Zuständigkeit der Personalversammlung sachdienlich ist, nicht aus, wenn der innerdienstliche Charakter der Personalversammlung dadurch nicht in Frage gestellt wird.[691] Das gilt auch für

---

689 Vgl. KfdP-*Kröll*, Rn. 6 m. N.

690 KfdP-*Kröll*, a. a. O.

691 Str.; vgl. *BAG* v. 13. 9. 77 – 1 ABR 67/75 –, AP BetrVG 1972 § 42 Nr. 1; *BVerwG* v. 6. 9. 84 – 6 P 17.82 –, PersR 85, 44, v. 8. 11. 89 – 6 P 7.87 –, PersR 90, 102, v. 18. 6. 91 – 6 P 3.90 –, PersR 91, 341, u. v. 10. 3. 95 – 6 P 15.93 –, PersR 95, 489; KfdP-*Kröll*, Rn. 7 f.

die Heranziehung von **dienststellenfremden Referenten. Presse, Funk und Fernsehen** hingegen dürfen nicht teilnehmen.[692]

5 (**Abs. 2**) Die Personalversammlung soll grundsätzlich als **Vollversammlung** aller Beschäftigten der Dienststelle durchgeführt werden. Nur wenn nach den dienstlichen Verhältnissen eine gemeinsame Versammlung aller Beschäftigten nicht stattfinden kann, sind ausnahmsweise **Teilversammlungen** abzuhalten. Das Fehlen geeigneter Räumlichkeiten ist kein Grund, der gegen eine Vollversammlung spricht; hier können Räume angemietet werden.[693] Sie sind so festzulegen, dass alle Beschäftigten an einer dieser Versammlungen teilnehmen können. Teilnahmeberechtigt sind die Beschäftigten, für die die jeweilige Teilversammlung einberufen worden ist, sowie der Vorsitzende des PR und die weiteren Vorstandsmitglieder. Andere PR-Mitglieder haben bei den Teilversammlungen, die an verschiedenen Orten stattfinden, ohne Weiteres ein Teilnahmerecht, wenn sie dort beschäftigt sind, ansonsten immer dann, wenn ein sachlicher Grund gegeben ist.[694]

§ 49 [Ordentliche und außerordentliche Personalversammlung]

(1) Der Personalrat hat einmal in jedem Kalenderhalbjahr in einer Personalversammlung einen Tätigkeitsbericht zu erstatten.
(2) Der Personalrat ist berechtigt und auf Wunsch des Leiters der Dienststelle oder eines Viertels der wahlberechtigten Beschäftigten verpflichtet, eine Personalversammlung einzuberufen und den Gegenstand, dessen Beratung beantragt ist, auf die Tagesordnung zu setzen.
(3) Auf Antrag einer in der Dienststelle vertretenen Gewerkschaft muß der Personalrat vor Ablauf von zwölf Arbeitstagen nach Eingang des Antrages eine Personalversammlung nach Absatz 1 einberufen, wenn im vorhergegangenen Kalenderhalbjahr keine Personalversammlung und keine Teilversammlung durchgeführt worden sind.

1 (**Abs. 1**) Der PR ist verpflichtet, einmal in jedem Kalenderhalbjahr eine Personalversammlung durchzuführen. Die Erstattung des **Tätigkeitsberichts** ist der Hauptzweck dieser **ordentlichen Personalversammlung**. Form und Inhalt des Tätigkeitsberichts sind zumindest in den Grundzügen vom PR zu beschließen.[695] Er ist i. d. R. vom PR-Vorsitzenden vorzutragen. Der PR kann damit jedoch auch ein anderes Mitglied beauftragen. Der Tätigkeitsbericht muss über die Arbeit des PR einen vollständigen Überblick geben. Dabei muss besonders über die Beteiligungsangelegenheiten, mit denen der PR im

---

692 Vgl. KfdP-*Kröll*, Rn. 8a.
693 Näher dazu KfdP-*Kröll*, Rn. 10.
694 Str.; vgl. KfdP-*Kröll*, Rn. 12.
695 *BVerwG* v. 8. 10. 75 – VII P 16.75 –, PersV 76, 420.

Berichtszeitraum befasst war, ausführlich berichtet werden. Dies gilt auch für die Information über die Bearbeitung von Anregungen und Anträgen vorangegangener Personalversammlungen. Darüber hinaus hat der PR über Maßnahmen der Dienststelle und Aktivitäten der Personalvertretung zu Fragen der Geschlechtergleichstellung und der Vereinbarkeit von Familie und Beruf zu berichten (vgl. § 51 Rn. 2). Der Tätigkeitsbericht sollte auch das Verhältnis zur Dienststelle darstellen und Meinungsverschiedenheiten aufzeigen. Das im PersVR enthaltene Partnerschaftsprinzip gestattet dabei auch sachliche Kritik an den Maßnahmen der Dienststelle und eine entsprechende Schärfe in der Redewendung.[696] Das Verhältnis zu den in der Dienststelle vertretenen Gewerkschaften und die Zusammenarbeit mit ihnen ist Bestandteil des Tätigkeitsberichts. Das gilt ggf. auch für die Zusammenarbeit mit den Stufenvertretungen und dem GPR.

Zur Erstattung des Tätigkeitsberichts gehört es, dass die Teilnehmer der Per- **1a**
sonalversammlung Gelegenheit erhalten, Rückfragen zum Bericht zu stellen, dazu Stellung zu nehmen und darüber zu **diskutieren**. Erläuterungen und Ergänzungen können nur abgelehnt werden, wenn dadurch die Schweigepflicht (§ 10) verletzt würde oder wenn dazu eine vorherige Klärung innerhalb des PR erforderlich ist. Eine **Entlastung** des PR kommt nicht in Betracht, weil der Tätigkeitsbericht kein Rechenschaftsbericht ist.[697]

Der Tätigkeitsbericht ist nicht alleiniger Gegenstand der ordentlichen Perso- **1b**
nalversammlung. Der PR kann – und muss ggf. in entsprechender Anwendung des Abs. 2 auf Antrag der dort genannten Antragsberechtigten (vgl. Rn. 2) – **weitere Punkte** in die Tagesordnung aufnehmen, die im Übrigen auch von der Personalversammlung selbst erweitert werden kann.

(Abs. 2) Neben den in Abs. 1 vorgeschriebenen ordentlichen Personalver- **2**
sammlungen kann der PR aus eigener Initiative weitere Personalversammlungen (**außerordentliche Personalversammlungen**) durchführen, wenn es aus aktuellem Anlass erforderlich ist.[698] Auf Wunsch (d.h. auf Antrag) eines Viertels der wahlberechtigten Beschäftigten oder des Dienststellenleiters muss der PR eine außerordentliche Personalversammlung einberufen. Dabei hat er den Gegenstand, dessen Beratung von den Beschäftigten oder dem Dienststellenleiter beantragt ist, auf die Tagesordnung zu setzen. Er kann die Tagesordnung von sich aus erweitern.

(Abs. 3) Hat der PR im vorhergegangenen Kalenderhalbjahr keine Personal- **3**
versammlung (sei es als Vollversammlung oder in Form von Teilversammlungen für alle Beschäftigten) durchgeführt, kann jede in der Dienststelle vertretene **Gewerkschaft** (vgl. dazu § 2 Rn. 7f.) die Einberufung einer **or-**

696 Vgl. *BDiG* v. 17.8.93 – VI BK 8/93 –, PersR 94, 28; *HessVGH* v. 23.10.03 – 21 TK 3422/02 –, PersR 04, 155.

697 *BVerwG* v. 24.10.75 – VII P 11.73 –, PersV 76, 422.

698 Näher hierzu u. zum Folgenden KfdP-*Kröll*, Rn. 9ff.

dentlichen Personalversammlung erzwingen, also einer Versammlung, auf der der PR nach Abs. 1 einen Tätigkeitsbericht zu erstatten hat. Hat im vorhergegangenen Kalenderhalbjahr eine außerordentliche Personalversammlung stattgefunden, steht dies dem Erzwingungsrecht der Gewerkschaft nur dann entgegen, wenn auf ihr ein Tätigkeitsbericht erstattet worden ist. Der beim PR zu stellende Antrag kann jeweils nach dem 31. Dezember oder 30. Juni gestellt werden. Nach Eingang des Antrags ist der PR verpflichtet, die versäumte ordentliche Personalversammlung innerhalb von zwölf Arbeitstagen nicht nur einzuberufen, sondern auch durchzuführen.[699] Bei der Berechnung dieser Frist sind § 187 Abs. 1 und § 188 Abs. 1 BGB sowie § 52 S. 2 WO anzuwenden (vgl. § 39 Rn. 7).

§ 50 [Personalversammlung und Arbeitszeit]

(1) [1]**Die in § 49 Abs. 1 bezeichneten und die auf Wunsch des Leiters der Dienststelle einberufenen Personalversammlungen finden während der Arbeitszeit statt, soweit nicht die dienstlichen Verhältnisse eine andere Regelung erfordern.** [2]**Die Teilnahme an der Personalversammlung hat keine Minderung der Dienstbezüge oder des Arbeitsentgeltes zur Folge. Soweit in den Fällen des Satzes 1 Personalversammlungen aus dienstlichen Gründen außerhalb der Arbeitszeit stattfinden müssen, ist den Teilnehmern Dienstbefreiung in entsprechendem Umfang zu gewähren.** [3]**Fahrkosten, die durch die Teilnahme an Personalversammlungen nach Satz 1 entstehen, werden in entsprechender Anwendung des Bundesreisekostengesetzes erstattet.**
(2) [1]**Andere Personalversammlungen finden außerhalb der Arbeitszeit statt.** [2]**Hiervon kann im Einvernehmen mit dem Leiter der Dienststelle abgewichen werden.**

1 **(Abs. 1)** Die in § 49 Abs. 1 aufgeführten (einschl. der nach § 49 Abs. 3 beantragten) ordentlichen Personalversammlungen und die auf Wunsch des Dienststellenleiters einberufenen außerordentlichen Personalversammlungen finden nach Abs. 1 S. 1 i. V. m. § 48 Abs. 1 S. 1 grundsätzlich als **Vollversammlung während der Arbeitszeit** statt. Damit ist nicht die persönliche Arbeitszeit der Beschäftigten, sondern die dienststellenübliche Arbeitszeit gemeint,[700] bei gleitender Arbeitszeit die Kernarbeitszeit. Nur soweit die in der Eigenart der Dienststelle oder ihres Dienstbetriebs liegenden dienstlichen Verhältnisse zwingend eine andere Regelung erfordern, können diese Versammlungen **ausnahmsweise außerhalb der Arbeitszeit** durchgeführt werden. Stehen der Durchführung der Vollversammlung während der Ar-

---

699 Str.; vgl. KfdP-*Kröll*, Rn. 12.
700 Vgl. *BAG* v. 27. 1. 87 – 7 ABR 29/87 –, AP BetrVG 1972 § 44 Nr. 7.

beitszeit dienstliche Notwendigkeiten entgegen, hat der PR zunächst zu prüfen, ob **Teilversammlungen während der Arbeitszeit** durchgeführt werden können (vgl. § 48 Rn. 5). Nur wenn auch dies nicht möglich ist, kann nach dem Wortlaut des Abs. 1 S. 1 eine Personalversammlung i. S. d. Abs. 1 S. 1 **außerhalb der Arbeitszeit als Vollversammlung oder in Form von Teilversammlungen** stattfinden. Andererseits lässt sich dem § 48 Abs. 2 entnehmen, dass das Gesetz der Vollversammlung Vorrang vor den Teilversammlungen einräumt (vgl. § 48 Rn. 5). Ist es möglich, **entweder Teilversammlungen während der Arbeitszeit oder eine Vollversammlung außerhalb der Arbeitszeit** durchzuführen, erscheint es sachgerecht, einen **Ermessensspielraum des PR** anzuerkennen, der es diesem erlaubt, sich unter Berücksichtigung der konkreten Umstände für eine der beiden Möglichkeiten zu entscheiden. In Dienststellen mit **Schichtdienst** und täglich sich überschneidenden Dienststundenplänen wird der PR i. d. R. Teilversammlungen abhalten, um allen Beschäftigten die Teilnahme während ihrer individuellen Arbeitszeit zu ermöglichen.

Personalversammlungen sind ein gesetzlich vorgesehener Bestandteil des Arbeitslebens. Die dadurch verursachte **Störung des Dienstbetriebs** rechtfertigt deshalb für sich allein betrachtet noch nicht die Ansetzung der Personalversammlung außerhalb der Arbeitszeit. Störungen des Dienstbetriebs sind nach § 66 Abs. 2 S. 1 allerdings auf das Maß des Unvermeidbaren zu beschränken.[701] Einschränkungen der Aufgabenerfüllung, wie sie zwangsläufig durch das Abhalten von Personalversammlungen während der Arbeitszeit eintreten, müssen von der Dienststelle grundsätzlich akzeptiert werden.[702] Die im öffentlichen Interesse liegende ununterbrochene **Aufrechterhaltung der Funktionsfähigkeit** bestimmter Dienststellen, z. B. von Krankenhäusern, kann es u. U. erforderlich machen, einen Notdienst zu organisieren. Die Wahl des Zeitpunktes der Personalversammlung liegt im **pflichtgemäßen Ermessen des PR.** Er bedarf dazu keiner Einwilligung des Dienststellenleiters. Es entspricht jedoch dem Grundsatz der vertrauensvollen Zusammenarbeit (§ 2 Abs. 1), sich **mit dem Dienststellenleiter ins Benehmen zu setzen.** Lässt sich dabei keine Einigkeit über den Versammlungstermin erzielen, weil der PR Bedenken des Dienststellenleiters für nicht stichhaltig hält, steht dem PR das Letztentscheidungsrecht über den Zeitpunkt zu.[703] 1a

Die **Dauer** der Personalversammlungen ist gesetzlich nicht vorgegeben. Es obliegt dem PR, die voraussichtliche Dauer so festzulegen, dass die Zeit zur Verfügung steht, die für die sachgerechte Durchführung der Versammlung erforderlich ist.[704] 1b

---

701 *BVerwG* v. 25. 6. 84 – 6 P 2.83 –, PersV 84, 500.
702 *BVerwG* v. 13. 3. 12 – 6 PB 23.11 –, Buchh 251.8 § 49 Nr. 1 = PersR 12, 280 Ls.
703 *BVerwG* v. 12. 12. 05 – 6 P 7.05 –, PersR 06, 122.
704 Näher dazu KfdP-*Kröll*, Rn. 4a.

2 Nach Abs. 1 S. 2 hat die Teilnahme an der Personalversammlung, soweit diese während der Arbeitszeit stattfindet, **keine Minderung der Dienstbezüge oder des Arbeitsentgelts** zur Folge. Damit soll ein entsprechender **Anreiz zur Teilnahme** gesetzt werden.[705] Beschäftigte, die an der Personalversammlung während der Arbeitszeit teilnehmen, erhalten als Beamte ihre Dienstbezüge, als Arbeitnehmer ihr Arbeitsentgelt unvermindert weiter. Dies gilt auch für notwendige **Wegezeiten**, die während der Arbeitszeit zurückgelegt werden müssen. Für den Anspruch auf Fortzahlung der Bezüge bzw. des Entgelts gilt das **Lohnausfallprinzip** (vgl. dazu § 46 Rn. 4). Nehmen Beschäftigte an einer Personalversammlung i. S. d. Abs. 1 S. 1 teil, die wegen der dienstlichen Verhältnisse außerhalb ihrer persönlichen Arbeitszeit stattfinden muss, ist ihnen nach Abs. 1 S. 3 **Dienstbefreiung** im entsprechenden Umfang zu gewähren. Durch Freizeit ist auch die Zeit der Personalversammlung abzugelten, die über die Arbeitszeit hinausgeht. Die wegen der Teilnahme an einer (innerhalb oder außerhalb der Arbeitszeit stattfindenden) Personalversammlung i. S. d. Abs. 1 S. 1 anfallenden **Fahrkosten** sind nach Abs. 1 S. 4 in entsprechender Anwendung des Bundesreisekostengesetzes zu erstatten.

3 **(Abs. 2)** Außerordentliche Personalversammlungen, die nach § 49 Abs. 2 vom PR aus eigener Initiative oder auf Wunsch eines Viertels der wahlberechtigten Beschäftigten einberufen werden, finden nach Abs. 2 S. 1 grundsätzlich **außerhalb der Arbeitszeit** statt. Die hierfür von den Beschäftigten aufgewendete Zeit (einschl. der Wegezeit) wird nicht durch Dienstbefreiung abgegolten. Fahrkosten werden nicht erstattet. Nehmen Beschäftigte mit Zustimmung des Dienststellenleiters während ihrer persönlichen Arbeitszeit an einer außerhalb der dienststellenüblichen Arbeitszeit stattfindenden Personalversammlung teil, hat dies keine Minderung der Dienstbezüge oder des Arbeitsentgelts zur Folge. Mit dem Dienststellenleiter kann nach Abs. 2 S. 2 vereinbart werden, dass auch eine grundsätzlich außerhalb der Arbeitszeit abzuhaltende Personalversammlung ganz oder teilweise **während der Arbeitszeit** durchgeführt wird. Der Dienststellenleiter kann nach pflichtgemäßem Ermessen zu einer solchen Vereinbarung verpflichtet sein, wenn er (entsprechend § 49 Abs. 2) die Ergänzung der Tagesordnung der Versammlung beantragt (vgl. § 49 Rn. 1b). Erklärt er sein Einverständnis, so haben die Beschäftigten für die Zeit ihrer Teilnahme einschl. der Wegezeiten Anspruch auf Fortzahlung der Dienstbezüge bzw. des Arbeitsentgelts; ein Anspruch auf Dienstbefreiung nach Abs. 1 S. 3 oder auf Fahrkostenerstattung nach Abs. 1 S. 4 ist jedoch nicht gegeben.

705 *BVerwG* v. 13. 3. 12, a. a. O.

§ 51 [Aufgaben und Befugnisse der Personalversammlung]

[1]Die Personalversammlung kann dem Personalrat Anträge unterbreiten und zu seinen Beschlüssen Stellung nehmen. [2]Sie darf alle Angelegenheiten behandeln, die die Dienststelle oder ihre Beschäftigten unmittelbar betreffen, insbesondere Tarif-, Besoldungs- und Sozialangelegenheiten sowie Fragen der Frauenförderung und der Vereinbarkeit von Familie und Beruf. [3]§ 66 Abs. 2 und § 67 Abs. 1 Satz 3 gelten für die Personalversammlung entsprechend.

Die Personalversammlung ist ein **dienststelleninternes Forum der Information und Aussprache**, auf dem die Beschäftigten ihre Meinung äußern und durch Beschlüsse zum Ausdruck bringen können.[706] Sie ist aber kein dem PR übergeordnetes »Dienststellenparlament« und hat keine rechtliche Möglichkeit, diesen zu einem bestimmten Handeln oder Unterlassen zu verpflichten oder ihn oder eines seiner Mitglieder abzuberufen oder durch ein Misstrauensvotum zum Rücktritt zu zwingen. Nach § 51 S. 1 kann sie dem PR jedoch Anträge unterbreiten und zu seinen Beschlüssen Stellung nehmen. 1

Die Personalversammlung kann dem PR **Anträge** unterbreiten, die sich auf alle Angelegenheiten beziehen können, die zu den **Aufgaben und Befugnissen des PR** oder einer anderen (auch) für die Dienststelle zuständigen Personalvertretung gehören.[707] Ist eine **andere Personalvertretung** (BPR, HPR oder GPR) zuständig, hat der PR den Antrag an die zuständige Vertretung weiterzuleiten. Die Personalversammlung kann zu allen **Beschlüssen des PR** Stellung beziehen. Die **Stellungnahmen** können Bewertungen enthalten und mit Anträgen verknüpft sein. Die in seine Zuständigkeit fallenden Anträge und Stellungnahmen darf der PR trotz ihrer rechtlichen Unverbindlichkeit **nicht ignorieren;** er muss vielmehr nach pflichtgemäßem Ermessen prüfen und entscheiden, ob und ggf. welche Folgerungen er daraus ziehen will. 1a

Anträge und Stellungnahmen sind Willenserklärungen der Personalversammlung, die durch **Beschluss** zustande kommen. **Antrags- und abstimmungsberechtigt** sind alle zu ihrem Teilnehmerkreis gehörenden Beschäftigten der Dienststelle (vgl. § 48 Rn. 2) mit Ausnahme des Dienststellenleiters (str.; vgl. § 52 Rn. 3). **Beschlussfähig** ist die (ordnungsgemäß einberufene) Personalversammlung unabhängig von der Zahl der anwesenden Beschäftigten. Die Beschlüsse werden mit der **Mehrheit der abgegebenen Stimmen** gefasst, wobei Stimmenthaltungen nicht mitzuzählen sind.[708] 1b

---

706 Vgl. *BVerwG* v. 12.12.05 – 6 P 7.05 –, PersR 06, 122, m. w. N.
707 Vgl. *BVerwG* v. 12.12.05, a. a. O.
708 Str.; vgl. KfdP-*Kröll*, Rn.

2 Der Hauptzweck der Personalversammlung besteht darin, den **Tätigkeitsbericht** des PR entgegenzunehmen und zu diskutieren (vgl. § 49 Rn. 1f.). Sie kann dazu Anträge oder Stellungnahmen beschließen. Nach § 51 S. 2 darf die Personalversammlung darüber hinaus alle **Angelegenheiten** behandeln, **die die Dienststelle oder ihre Beschäftigten unmittelbar betreffen**. Dieses Recht ist nicht auf Mitbestimmungs- und Mitwirkungsrechte des PR oder auf die Zuständigkeit des Dienststellenleiters beschränkt. Insb. können die in § 52 S. 2 beispielhaft genannten **Tarif-, Besoldungs- und Sozialangelegenheiten** in der Personalversammlung behandelt werden, und zwar auch beabsichtigte Maßnahmen (z. B. sich in der parlamentarischen Behandlung befindende Gesetze), soweit die Beschäftigten hiervon unmittelbar betroffen sind.[709] Die Behandlung allgemeinpolitischer Fragen ist jedoch nicht zulässig.[710] Mit der Ergänzung der Gesetzesvorschrift durch das Zweite Gleichberechtigungsgesetz v. 24. 6. 94[711] sollte klargestellt werden, dass auch Fragen der **Frauenförderung** und der **Vereinbarkeit von Familie und Beruf** wichtige Themen der Personalversammlung sein können. Seit dem Erlass des Gleichstellungsdurchsetzungsgesetzes v. 30. 11. 01[712], das den als problematisch angesehenen Begriff der Frauenförderung aufgegeben hat, gilt dies nunmehr für die als durchgängiges Leitprinzip in allen Aufgabenbereichen der Dienststelle zu berücksichtigende Verpflichtung aller Beschäftigten, die **Gleichstellung von Frauen und Männern** zu fördern – sog. **Gender Mainstreaming** – (vgl. auch § 68 Rn. 19).

3 Nach § 51 S. 3 sind die Vorschriften des § 66 Abs. 2 über die **Friedenspflicht** entsprechend anzuwenden. Deshalb darf das Verhalten der Versammlungsteilnehmer die Arbeit und den Frieden in der Dienststelle nicht beeinträchtigen (vgl. § 66 Rn. 9ff.). Die Beschäftigten haben jedoch das **Recht**, in der Personalversammlung **ihre Meinung frei zu äußern**.[713] Sie sind berechtigt, nicht nur Missstände in der Dienststelle zu kritisieren, sondern auch an Personen Kritik zu üben, die für Missstände verantwortlich sind. Die Kritik darf allerdings nicht in einer unsachlichen, ehrverletzenden Weise geäußert werden.[714] Die Personalversammlung darf ihre Kritik am Verhalten des Dienststellenleiters auch nicht durch förmliche »Missbilligungsbeschlüsse« zum Ausdruck bringen.[715] Sie kann auch nicht durch Beschluss dem PR das Vertrauen entziehen (vgl. Rn. 1).

---

709 Str.; vgl. KfdP-*Kröll*, Rn.

710 *BVerwG* v. 18. 6. 91 – 6 P 3.90 –, PersR 91, 341.

711 BGBl. I S. 1406, ber. 2103.

712 BGBl. I S. 3234.

713 Vgl. *BAG* v. 12. 1. 06 – 2 AZR 21/05 –, AP GG Art. 5 Meinungsfreiheit Nr. 19.

714 *BAG* v. 22. 10. 64 – 2 AZR 479/63 –, AP KSchG § 1 Verhaltensbedingte Kündigung Nr. 4, v. 15. 1. 86 – 5 AZR 460/84 –, AiB 89, 209 Ls., u. v. 12. 1. 06, a. a. O.; *HessVGH* v. 23. 10. 03 – 21 TK 3422/02 –, PersR 04, 155.

715 *OVG NW* v. 19. 3. 79 – CL 21/78 –, ZBR 80, 131.

Nach § 51 S. 3 gilt das in § 67 Abs. 1 S. 3 geregelte **Verbot parteipolitischer Betätigung** für die Personalversammlung entsprechend (vgl. § 67 Rn. 20ff.). Durch diesen Verweis wird aber auch klargestellt, dass Tarif-, Besoldungs- und Sozialangelegenheiten, von denen die Dienststelle oder die Beschäftigten unmittelbar betroffen sind, auch dann behandelt werden können, wenn sie parteipolitisch umstritten sind. 4

Der Versammlungsleiter (i. d. R. der PR-Vorsitzende) hat darauf zu achten, dass der durch § 51 vorgegebene gesetzliche Rahmen der Personalversammlung eingehalten wird. Er hat die **Behandlung unzulässiger Themen** zu **unterbinden**. Er muss Teilnehmern, die das nicht beachten, das Wort entziehen und sie ggf. unter Berufung auf sein Hausrecht aus der Personalversammlung verweisen (vgl. § 48 Rn. 3).[716] 5

§ 52 [Teilnahme sonstiger Personen an der Personalversammlung]

(1) [1]Beauftragte aller in der Dienststelle vertretenen Gewerkschaften und ein Beauftragter der Arbeitgebervereinigung, der die Dienststelle angehört, sind berechtigt, mit beratender Stimme an der Personalversammlung teilzunehmen. [2]Der Personalrat hat die Einberufung der Personalversammlung den in Satz 1 genannten Gewerkschaften und der Arbeitgebervereinigung mitzuteilen. [3]Ein beauftragtes Mitglied der Stufenvertretung oder des Gesamtpersonalrates sowie ein Beauftragter der Dienststelle, bei der die Stufenvertretung besteht, können an der Personalversammlung teilnehmen.

(2) [1]Der Leiter der Dienststelle kann an der Personalversammlung teilnehmen. [2]An Versammlungen, die auf seinen Wunsch einberufen sind oder zu denen er ausdrücklich eingeladen ist, hat er teilzunehmen.

(Abs. 1) Nach Abs. 1 S. 1 haben Beauftragte aller in der Dienststelle vertretenen **Gewerkschaften** (vgl. dazu § 2 Rn. 7f.) das Recht, mit beratender Stimme an der Personalversammlung teilzunehmen. Dieses Teilnahmerecht erstreckt sich auf alle in § 49 bezeichneten ordentlichen und außerordentlichen Personalversammlungen unabhängig davon, ob sie nach § 48 Abs. 1 S. 1 als Vollversammlung oder nach § 48 Abs. 2 in Form von Teilversammlungen durchgeführt werden. Wer als **Beauftragter** entsandt wird, bestimmt ausschließlich die Gewerkschaft. Beauftragter kann z. B. auch ein ehrenamtlicher Funktionär sein. Die Gewerkschaft ist nicht darauf beschränkt, nur einen Beauftragten zu entsenden. Der Dienststellenleiter muss den Gewerkschaftsbeauftragten den ungehinderten **Zutritt** zur Dienststelle gestatten. Dies ergibt sich unmittelbar aus Abs. 1 S. 1. Da dieser gegenüber § 2 Abs. 2 1

716 Näher dazu KfdP-*Kröll*, Rn. 7.

eine Sonderregelung enthält, sind die Beauftragten nicht verpflichtet, den Dienststellenleiter über ihre Teilnahme an der Personalversammlung zu unterrichten.[717] Sie nehmen an der Personalversammlung **mit beratender Stimme** teil. Ihr Beratungsrecht ist nicht auf einzelne Punkte der Tagesordnung beschränkt. Gehört die Dienststelle einer **Arbeitgebervereinigung** an, so ist auch ein Beauftragter dieser Vereinigung berechtigt, mit beratender Stimme an der Personalversammlung teilzunehmen. Nach Abs. 1 S. 2 hat der PR den in der Dienststelle vertretenen Gewerkschaften die Einberufung der Personalversammlung (unter Angabe von Zeit, Ort und Tagesordnung) rechtzeitig **mitzuteilen**. Das gilt ggf. auch gegenüber der Arbeitgebervereinigung.

2 Nach Abs. 1 S. 3 können ein beauftragtes Mitglied der Stufenvertretung oder des GPR sowie ein Beauftragter der Dienststelle, bei der die Stufenvertretung besteht, an der Personalversammlung teilnehmen. Soweit diese nicht eindeutig gefasste Vorschrift von der Teilnahme eines Mitglieds der **Stufenvertretung** spricht, ist sie nach der Rspr. so zu verstehen, dass nur die Stufenvertretung bei der nächsthöheren Dienststelle gemeint ist, wobei ein Teilnahmerecht an Personalversammlungen der Dienststelle, bei der die Stufenvertretung besteht, verneint wird.[718] In den zum Wahlbereich eines **GPR** gehörenden Dienststellen kann auch die Teilnahme eines Mitglieds des GPR in Betracht kommen, und zwar auch dann, wenn gleichzeitig ein Mitglied der Stufenvertretung teilnimmt.[719] Teilnahmeberechtigt ist des Weiteren ein Beauftragter der (nächsthöheren) **Dienststelle, bei der die** (teilnahmeberechtigte) **Stufenvertretung gebildet ist**. Dagegen entfällt die Teilnahme eines (gesonderten) »Beauftragten« der Gesamtdienststelle schon deshalb, weil deren Leiter zugleich Leiter der Hauptdienststelle ist und die Leiter der verselbständigten Teileinheiten ohnehin dessen Beauftragte sind.[720] Der PR-Vorsitzende hat die Stufenvertretung und die Dienststelle, bei der die Stufenvertretung besteht, sowie ggf. den GPR über Zeit, Ort und Tagesordnung der Personalversammlung rechtzeitig zu **informieren**. Über die **Entsendung** eines ihrer Mitglieder hat die Stufenvertretung bzw. der GPR in jedem Einzelfall durch gemeinsamen Beschluss des Plenums zu entscheiden.[721] Auch wenn die Stufenvertretung kein Mitglied entsendet, ist das Teilnahmerecht eines Beauftragten der Dienststelle, bei der die Stufenvertretung besteht, gegeben. Da den in Abs. 1 S. 3 aufgeführten Beauftragten **kein Beratungsrecht** zusteht, können sie sich nur dann äußern, wenn sie vom Versammlungslei-

---

717 Vgl. KfdP-*Kröll*, Rn. 3 m. N.
718 *BVerwG* v. 18.3.81 – 6 P 85.78 –, PersV 82, 237.
719 *BVerwG* v. 30.7.10 – 6 P 11.09 –, PersR 10, 400.
720 Str.; vgl. KfdP-*Kröll*, Rn. 7 m. N.
721 *BVerwG* v. 18.3.81, a.a.O.

ter oder durch Beschluss der Versammlung aufgefordert werden, das Wort zu ergreifen.[722]

In entsprechender Anwendung des Abs. 1 S. 3 können an der **Personalversammlung eines Jobcenters** (das nach den §§ 44b bis 44k SGB II als gemeinsame Einrichtung gebildet ist) beauftragte Mitglieder jener **Personalräte bei der Bundesagentur für Arbeit** teilnehmen, die nach § 44h Abs. 5 SGB II bei Entscheidungen zur Begründung und Beendigung von Beschäftigungsverhältnissen zur Beteiligung berufen sind[723] (vgl. § 88 Rn. 13 ff., 16). 2a

Die Regelungen des Abs. 1 werden durch die Vorschrift des § 25 Abs. 3 S. 3 BGleiG ergänzt. Danach kann die **Gleichstellungsbeauftragte** an Personalversammlungen in Dienststellen teilnehmen, für die sie als Gleichstellungsbeauftragte zuständig ist, und hat dort ein **Rederecht**, auch wenn sie nicht Angehörige dieser Dienststelle ist. Der PR-Vorsitzende hat die Gleichstellungsbeauftragte über Zeit, Ort und Tagesordnung der Personalversammlung rechtzeitig zu informieren. 2b

(Abs. 2) Auch wenn der **Dienststellenleiter**, wie dies i. d. R. der Fall ist, nach § 4 Beschäftigter i. S. d. BPersVG ist, ergibt sich sein **Recht zur Teilnahme** an der Personalversammlung nicht bereits aus seiner Eigenschaft als Beschäftigter der Dienststelle,[724] sondern aus der Sonderregelung des Abs. 2 S. 1, die dem Umstand Rechnung trägt, dass der Dienststellenleiter in seiner Funktion als Repräsentant des Dienstherrn und Arbeitgebers (vgl. § 2 Rn. 2, § 7 Rn. 1) nicht nur **»Gegenspieler« des PR** ist,[725] sondern auch den übrigen Beschäftigten als **Interessenvertreter der Arbeitgeberseite** gegenübersteht. Das Teilnahmerecht nach Abs. 2 S. 1 bezieht sich auf alle Personalversammlungen i. S. d. §§ 48 und 49. Ob der Dienststellenleiter davon Gebrauch macht, entscheidet er nach pflichtgemäßem Ermessen. Über Zeit, Ort und Tagesordnung der Personalversammlung hat der PR-Vorsitzende ihn rechtzeitig zu informieren. Die **Pflicht zur Teilnahme** des Dienststellenleiters an Personalversammlungen ist in Abs. 2 S. 2 geregelt. Danach hat er an den Personalversammlungen teilzunehmen, die (nach § 49 Abs. 2) auf seinen Wunsch einberufen worden sind oder zu denen er ausdrücklich eingeladen worden ist. Eine solche Einladung kann vom PR, aber auch[726] von der Personalversammlung aufgrund eines ordnungsgemäß gefassten Beschlusses ausgesprochen werden. 3

Ist der Dienststellenleiter nach Abs. 2 S. 1 zur Teilnahme berechtigt, kann er sich bei Verhinderung nach § 7 S. 2 oder 3 **vertreten** lassen (vgl. § 7 Rn. 2). Ist er nach Abs. 2 S. 2 zur Teilnahme verpflichtet, muss er sich ggf. entspre- 4

722 Str.; vgl. KfdP-*Kröll*, Rn. 8 m. N.

723 *BVerwG* v. 20. 11. 12 – 6 PB 14.12 –, PersR 13, 88.

724 Str.; vgl. KfdP-*Kröll*, Rn. 9 m. N.

725 *BVerwG* v. 21. 10. 93 – 6 P 18.91 –, PersR 94, 165.

726 Insoweit str.; vgl. KfdP-*Kröll*, Rn. 10 m. N.

chend vertreten lassen. Ein Recht der beratenden Teilnahme sieht das Gesetz für den Dienststellenleiter nicht vor. Aus dem Grundsatz der vertrauensvollen Zusammenarbeit (§ 2 Abs. 1) ist jedoch abzuleiten, dass er nicht nur ein Anwesenheitsrecht, sondern auch ein **Rederecht** hat. Daraus ergibt sich andererseits aber auch, dass er verpflichtet ist, auf alle Fragen aus der Personalversammlung einzugehen. Aus seiner Befugnis, nach § 49 Abs. 2 die Einberufung einer außerordentlichen Personalversammlung zu verlangen, folgt, dass er außerdem berechtigt ist, **Änderungen oder Ergänzungen der Tagesordnung** zu beantragen. Darüber hinaus hat er aber **kein Antragsrecht** und erst recht **kein Stimmrecht**.[727] Seine Anwesenheit ändert nichts daran, dass dem PR-Vorsitzenden als Versammlungsleiter das **Hausrecht** zusteht (vgl. § 48 Rn. 3).

Sechster Abschnitt Stufenvertretungen und Gesamtpersonalrat

§ 53 [Errichtung von Stufenvertretungen]

(1) Für den Geschäftsbereich mehrstufiger Verwaltungen werden bei den Behörden der Mittelstufe Bezirkspersonalräte, bei den obersten Dienstbehörden Hauptpersonalräte gebildet.

(2) Die Mitglieder des Bezirkspersonalrates werden von den zum Geschäftsbereich der Behörde der Mittelstufe, die Mitglieder des Hauptpersonalrates von den zum Geschäftsbereich der obersten Dienstbehörde gehörenden Beschäftigten gewählt.

(3) [1]Die §§ 12 bis 16, § 17 Abs. 1, 2, 6 und 7, §§ 18 bis 21 und 23 bis 25 gelten entsprechend. [2]§ 14 Abs. 3 gilt nur für die Beschäftigten der Dienststelle, bei der die Stufenvertretung zu errichten ist. [3]Eine Personalversammlung zur Bestellung des Bezirks- oder Hauptwahlvorstandes findet nicht statt. [4]An ihrer Stelle übt der Leiter der Dienststelle, bei der die Stufenvertretung zu errichten ist, die Befugnis zur Bestellung des Wahlvorstandes nach § 20 Abs. 2, §§ 21 und 23 aus.

(4) Werden in einer Verwaltung die Personalräte und Stufenvertretungen gleichzeitig gewählt, so führen die bei den Dienststellen bestehenden Wahlvorstände die Wahlen der Stufenvertretungen im Auftrage des Bezirks- oder Hauptwahlvorstandes durch; andernfalls bestellen auf sein Ersuchen die Personalräte oder, wenn solche nicht bestehen, die Leiter der

727 Str.; vgl. KfdP-*Kröll*, Rn. 11 m. N.

Dienststellen die örtlichen Wahlvorstände für die Wahl der Stufenvertretungen.

(5) [1]**In den Stufenvertretungen erhält jede Gruppe mindestens einen Vertreter.** [2]**Besteht die Stufenvertretung aus mehr als neun Mitgliedern, erhält jede Gruppe mindestens zwei Vertreter.** [3]**§ 17 Abs. 5 gilt entsprechend.**

Dem **hierarchischen Verwaltungsaufbau** entsprechend, können übergeordnete Dienststellen nachgeordneten Dienststellen bindende Weisungen erteilen und sich Entscheidungen vorbehalten, die (auch) nachgeordnete Dienststellen betreffen. Um trotzdem eine wirksame und lückenlose Vertretung der Interessen der Beschäftigten zu ermöglichen, sieht das Gesetz vor, dass auf der Ebene übergeordneter Dienststellen **Stufenvertretungen** gebildet werden.[728] Das sind die Bezirkspersonalräte (BPR) bei den Behörden der Mittelstufe und die Hauptpersonalräte (HPR) bei den obersten Dienstbehörden. 1

Die **Funktion** der Stufenvertretungen ist eine zweifache. Einerseits gelangen Beteiligungsvorgänge im »**Instanzenzug**« an die Stufenvertretungen, wenn sich bei originärer Entscheidungszuständigkeit eines örtlichen Dienststellenleiters in einer beteiligungspflichtigen Maßnahme zwischen diesem und dem örtlichen Personalrat (PR) keine Einigung ergibt, sofern diese die Angelegenheit weiter verfolgen möchten und sie binnen der hierfür maßgebenden Frist den jeweils übergeordneten Dienststellen vorlegen (§ 69 Abs. 3, § 70 Abs. 1, § 72 Abs. 4). Zum anderen kann die Stufenvertretung aber auch nach § 82 Abs. 1 **originär zuständig** sein, weil die Maßnahme von vornherein von dem Dienststellenleiter der höheren Dienststelle (Mittelbehörde, oberste Dienstbehörde) zu entscheiden ist. Daher ergibt sich die Aufgabenstellung der Stufenvertretungen zum einen aus der Weisungsgebundenheit der nachgeordneten Dienststellen, zum anderen aus dem Entscheidungsvorbehalt der übergeordneten Dienststellen. Der **Weisungsgebundenheit** wird dadurch Rechnung getragen, dass die Stufenvertretungen in den Verfahren der Mitbestimmung und Mitwirkung tätig werden können, wenn in einer beteiligungspflichtigen Angelegenheit zwischen einer nachgeordneten Dienststelle und dem dort gebildeten örtlichen PR keine Einigung zustande gekommen ist (§ 69 Abs. 3 u. 4 bzw. § 72 Abs. 4). Dem **Entscheidungsvorbehalt** wird entsprochen, indem in Angelegenheiten, in denen die Dienststelle nicht zur Entscheidung befugt ist, an Stelle des PR die bei der zuständigen Dienststelle gebildete Stufenvertretung zu beteiligen ist (§ 82 Abs. 1). Die Stufenvertretungen sind jedoch **keine übergeordneten Personalvertretungen**. Ihnen stehen keine Aufsichtsbefugnisse gegenüber den Personalvertre- 2

---

728 Vgl. *BAG* v. 14.12.94 – 7 ABR 14/94 –, PersR 95, 308, m. w. N.

tungen bei nachgeordneten Dienststellen zu, und sie sind auch keine Beschwerdeinstanz für die Beschäftigten dieser Dienststellen.[729]

3 (**Abs. 1**) Die Regelung des Abs. 1 gilt für den Geschäftsbereich **mehrstufiger Verwaltungen**. Sie geht von dem klassischen dreistufigen Aufbau der staatlichen Verwaltung mit obersten Behörden auf der Zentralstufe, Mittelbehörden auf der Mittelstufe und unteren Behörden auf der Unterstufe aus (vgl. § 1 Rn. 3). Ist eine Verwaltung **dreistufig** aufgebaut, sind neben den bei allen Dienststellen einzurichtenden örtlichen PR bei den Mittelbehörden je ein BPR und bei der obersten Dienstbehörde ein HPR zu bilden. Ist eine Verwaltung nur **zweistufig** aufgebaut, ist neben den örtlichen PR nur ein HPR zu bilden. Ist eine Verwaltung **mehr als dreistufig** aufgebaut, weil z. B. zwischen der Mittelstufe und der Unterstufe noch eine oder mehrere zusätzliche Stufen bestehen, so wird bei diesen Zwischeninstanzen keine Stufenvertretung gebildet. Das Gleiche gilt, wenn der Mittelstufe nicht nur eine Unterstufe nachgeordnet ist und die Stellen auf der oder den weiter nachgeordneten Stufen nach Aufgabenbereich und Organisation selbständig sind (vgl. § 6 Rn. 4b; § 82 Rn. 17).

4 Ob eine Verwaltung mehrstufig gegliedert ist und wie viele Stufen ggf. vorhanden sind, ergibt aus sich aus den für sie maßgebenden Organisationsvorschriften. Die Regelung des Abs. 1 gilt **nicht nur im Bereich der unmittelbaren Bundesverwaltung**, sondern auch für Körperschaften, Anstalten und Stiftungen des öffentlichen Rechts, wenn bei ihnen eine entsprechende Stufung besteht. Zu den Verwaltungen i. S. d. Abs. 1 gehören alle organisatorischen Einheiten, die nach § 6 als Dienststellen anzusehen sind, also auch Betriebe und Gerichte (vgl. § 6 Rn. 2a). Entscheidend ist deshalb allein, ob ein **mehrstufiger Dienststellenaufbau** vorliegt. Eine Besonderheit gilt für die PR der Gemeinsamen Einrichtungen nach dem SGB II (»Jobcenter«): Die dort gebildeten PR (§ 44h Abs. 1 SGB II) sind zugleich das Gegenüber der Trägerversammlung, die bei Streitigkeiten zwischen dem PR und der Geschäftsführung nach § 44c Abs. 3 SGB II die Funktion der übergeordneten Dienststelle wie auch der obersten Dienstbehörde übernimmt; eine »Stufenvertretung« gibt es insoweit trotz Mehrstufigkeit nicht.

5 Bei den **obersten Dienstbehörden** (vgl. § 6 Rn. 4) ist ein **HPR** zu bilden, wenn es sich bei ihnen um Dienststellen i. S. d. BPersVG handelt, denen mindestens eine (weisungsabhängige) Dienststelle nachgeordnet ist, was z. B. beim Presse- und Informationsamt der Bundesregierung nicht der Fall ist. Bei den **Behörden der Mittelstufe** (vgl. § 6 Rn. 4a), ist ein **BPR** zu bilden, und zwar auch dann, wenn ihnen nur eine Dienststelle i. S. d. BPersVG untersteht. Liegen die Voraussetzungen für die Bildung einer Stufenvertretung vor, ist diese, soweit das Gesetz nichts anderes bestimmt (vgl. Rn. 6), für den

729 *BVerwG* v. 24. 11. 61 – VII P 10.59 –, PersV 62, 62.

gesamten Geschäftsbereich der obersten Dienstbehörde bzw. der Mittelbehörde zu bilden, auch wenn dieser verschiedene Fachverwaltungen bzw. Verwaltungszweige umfasst. Dabei erstreckt sich der Geschäftsbereich einer Behörde nicht nur auf die nachgeordneten Dienststellen, sondern auch auf die eigene Dienststelle.[730] Ob bei allen zum Geschäftsbereich gehörenden Dienststellen die im Gesetz vorgesehenen Personalvertretungen gebildet sind, ist für die Bildung der Stufenvertretung unerheblich.

Besondere Vorschriften gelten für die Bundespolizei (§ 85 Abs. 1 Nr. 1), den Bundesnachrichtendienst (§ 86 Nr. 8 S. 1), das Auswärtige Amt (§ 91 Abs. 1 Nr. 3 S. 2) und den Geschäftsbereich des Bundesministeriums der Verteidigung hinsichtlich der Streitkräfte (§ 91 Abs. 2 SG i. V. m. § 64 Abs. 2 SBG). 6

Soweit Stufenvertretungen i. S. d. Abs. 1 (BPR, HPR) bestehen, werden für den Geschäftsbereich mehrstufiger Verwaltungen nach § 64 Abs. 1 grundsätzlich auch Jugend- und Auszubildendenstufenvertretungen gebildet, und zwar bei den Behörden der Mittelstufe **Bezirks-Jugend- und Auszubildendenvertretungen** (BJAV) und bei den obersten Dienstbehörden **Haupt-Jugend- und Auszubildendenvertretungen** (HJAV). Der BPR und der HPR haben mit der BJAV bzw. der HJAV eng zusammenzuarbeiten (vgl. § 68 Rn. 21). 7

Nach § 97 Abs. 3 SGB IX werden bei den Behörden der Mittelstufe und bei den obersten Dienstbehörden grundsätzlich **Bezirksschwerbehindertenvertretungen** bzw. **Hauptschwerbehindertenvertretungen** gewählt. BPR und HPR haben mit der Bezirks- bzw. Hauptschwerbehindertenvertretung – nach § 97 Abs. 6 SGB IX u. U. ersatzweise mit der örtlichen Schwerbehindertenvertretung bei der obersten Dienstbehörde – eng zusammenzuarbeiten (vgl. § 68 Rn. 17). 8

(**Abs. 2**) Die Beschäftigten im Geschäftsbereich der Behörde der Mittelstufe wählen die Mitglieder des **BPR**. Auch die Beschäftigten der Mittelbehörde selbst haben das **Wahlrecht** zum BPR.[731] Für die Teilnahme an der Wahl zum BPR ist es ohne Bedeutung, ob die Beschäftigten des Geschäftsbereichs der Mittelbehörde in ihren Dienststellen einen PR gewählt haben oder gleichzeitig wählen. Auch wenn eine Dienststelle nach § 12 Abs. 1 nicht personalratsfähig ist, wählen deren Beschäftigte den BPR mit. 9

Die Mitglieder des **HPR** werden von den Beschäftigten im Geschäftsbereich der obersten Dienstbehörde gewählt. Auch die Beschäftigten der obersten Dienstbehörde selbst haben das **Wahlrecht** zum HPR.[732] Für die Bildung eines HPR ist nicht Voraussetzung, dass die Beschäftigten des Geschäftsbe- 10

---

730 *BVerwG* v. 14.9.77 – VII P 45.77 – u. v. 18.10.78 – 6 P 7.78 –, PersV 80, 102, u. 79, 500.

731 *BVerwG* v. 18.10.78, a. a. O.

732 *BVerwG* v. 14.9.77, a. a. O.

reichs bei ihren Dienststellen PR und ggf. BPR gewählt haben oder gleichzeitig wählen.

11 (**Abs. 3**) Für die **Wahl** und die **Zusammensetzung** der Stufenvertretungen gelten nach Abs. 3 S. 1 die in den §§ 12 bis 25 enthaltenen Vorschriften für die Wahl und die Zusammensetzung des (örtlichen) PR mit Ausnahme von § 17 Abs. 3 bis 5 und § 22 entsprechend, soweit in Abs. 3 S. 2 bis 4 nichts anderes bestimmt ist. Soweit es sich um die in der Wahlordnung enthaltenen Vorschriften über das **Wahlverfahren** handelt, sind für die Wahl des BPR nach § 32 WO die Vorschriften für die Wahl des PR (§§ 1–30 WO) und für die Wahl des HPR nach § 42 WO die Vorschriften für die Wahl des BPR (§§ 32–41) grundsätzlich entsprechend anzuwenden. In derselben mehrstufigen Verwaltung sollen die Wahlen der Stufenvertretungen **möglichst gleichzeitig** mit den Wahlen der örtlichen PR und etwaiger GPR durchgeführt werden (§ 36 WO u. Verweisungen in den §§ 42 u. 45 WO).

12 Nach Abs. 3 S. 2 sind die in § 14 Abs. 3 genannten Personen – der Leiter der Dienststelle und weitere leitende Beschäftigte (vgl. § 14 Rn. 9f.) – zur Stufenvertretung nur dann **nicht wählbar**, wenn es sich bei ihnen um Beschäftigte der Dienststelle handelt, bei der die Stufenvertretung gebildet ist.

13 Der **Bezirkswahlvorstand** leitet die Wahl des BPR (§ 33 Abs. 1 S. 1 WO), der **Hauptwahlvorstand** die des HPR (§ 43 WO). Für die **Bestellung** dieser Wahlvorstände sind die für die Wahl des PR geltenden Vorschriften grundsätzlich entsprechend anzuwenden. Das gilt jedoch nach Abs. 3 S. 1 für die Vorschrift des § 22 nicht und nach Abs. 3 S. 3 für die Vorschriften des § 20 Abs. 2, des § 21 und des § 23 Abs. 1 S. 2 und 3 insoweit nicht, als diese eine Bestellung des Wahlvorstands durch die **Personalversammlung** vorsehen. Stattdessen legt Abs. 3 S. 4 fest, dass an Stelle der Personalversammlung der **Leiter der Dienststelle**, bei der die Stufenvertretung zu errichten ist, ggf. die Befugnis zur Bestellung des Wahlvorstands ausübt.

14 (**Abs. 4**) In den einzelnen Dienststellen ist die Wahl des BPR oder HPR im Auftrag des Bezirks- oder Hauptwahlvorstands von **örtlichen Wahlvorständen** durchzuführen (§ 33 Abs. 1 S. 2 u. § 42 WO). Die Verantwortung für die Ordnungsgemäßheit der Wahl verbleibt dessen ungeachtet jedoch bei den Stufenwahlvorständen, die demgemäß nicht an Vorgaben der örtlichen Wahlvorstände gebunden sind.[733] Welche Wahlvorstände dabei als örtliche tätig werden, ist in Abs. 4 festgelegt. Werden in einer Verwaltung die örtlichen PR und die Stufenvertretungen **gleichzeitig gewählt**, so haben die bei den Dienststellen für die Wahlen der örtlichen PR bestehenden örtlichen Wahlvorstände die Wahlen zu den Stufenvertretungen durchzuführen. Werden dagegen die örtlichen PR und die Stufenvertretungen **nicht gleichzeitig gewählt**, so sind die örtlichen Wahlvorstände auf Ersuchen des Bezirkswahl-

733 *BVerwG* v. 27.5.10 – 6 PB 2.10 –, PersR 10, 367; s. auch *OVG RP* v. 16.2.00 – 4 B 10280/00 –, PersR 00, 123.

vorstands bzw. des Hauptwahlvorstands von den örtlichen PR oder, wenn solche nicht bestehen, von den Dienststellenleitern zu bestellen. Unterlässt der Leiter die gebotene Bestellung eines Wahlvorstands, so kann er dazu im Beschlussverfahren auf Antrag von wahlberechtigten Beschäftigten angehalten werden.[734]

(Abs. 5) In entsprechender Anwendung des § 17 Abs. 2 hat der Bezirks- bzw. Hauptwahlvorstand die **Verteilung der Sitze auf die Gruppen** grundsätzlich nach den Grundsätzen der Verhältniswahl zu errechnen (vgl. § 17 Rn. 5). Abweichend von § 17 Abs. 3 erhält jede Gruppe, die die Voraussetzungen des § 17 Abs. 5 erfüllt (vgl. § 17 Rn. 8), mindestens einen Sitz. Besteht die Stufenvertretung aus mehr als neun Mitgliedern, so hat jede dieser Gruppen Anspruch auf mindestens zwei Vertreter. Erhält eine Gruppe in der Stufenvertretung keinen Sitz und findet Gruppenwahl statt, kann sich jeder Angehörige dieser Gruppe entsprechend § 17 Abs. 5 S. 2 bei der Wahl einer anderen Gruppe anschließen (vgl. § 17 Rn. 9). 15

§ 54 [Amtszeit und Geschäftsführung der Stufenvertretungen]

(1) Für die Stufenvertretungen gelten die §§ 26 bis 39, 40 Abs. 1, §§ 41, 42, 44, 45, 46 Abs. 1 bis 3 und 5 bis 7, § 47 entsprechend, soweit in Absatz 2 nichts anderes bestimmt ist.

(2) § 34 Abs. 1 gilt mit der Maßgabe, daß die Mitglieder der Stufenvertretung spätestens zwölf Arbeitstage nach dem Wahltag einzuberufen sind.

Während **§ 53** die Bildung, Wahl und Zusammensetzung der Stufenvertretungen bestimmt, regelt **§ 54** ihre Amtszeit und Geschäftsführung und die Rechtsstellung ihrer Mitglieder, wobei er im Wesentlichen auf die für den PR geltenden Vorschriften verweist (vgl. Rn. 2). Darüber hinaus gelten für die Stufenvertretungen weitere Vorschriften: Die allgemeinen Vorschriften der **§§ 1 bis 11** und der **§§ 66 bis 68** gelten für »Personalvertretungen« und damit auch für die Stufenvertretungen unmittelbar.[735] Die Vorschriften des **§ 69 Abs. 3 und 4** und des **§ 72 Abs. 4** gelten für die Stufenvertretungen ebenfalls unmittelbar, wenn diese im Stufenverfahren der Mitbestimmung oder der Mitwirkung beteiligt sind. Die Vorschriften des **§ 82 Abs. 1, 2, 4 und 5** regeln, unter welchen Voraussetzungen und mit welchen Maßgaben die Stufenvertretungen anstelle des örtlichen PR zu beteiligen sind und legen u. a. fest, dass für ihre Befugnisse und Pflichten dabei die **§§ 69 bis 81** entsprechend gelten. 1

734 *VG Köln* v. 6. 12. 13 – 33 K 1509/13.PVB –, juris.
735 Vgl. *BVerwG* v. 20. 3. 02 – 6 P 6.01 –, PersR 02, 302.

2 (**Abs. 1**) § 54 Abs. 1 sieht vor, dass folgende, für den PR geltende Vorschriften für die Stufenvertretungen entsprechend gelten: Für die **Amtszeit** die §§ 26 bis 31, für die **Geschäftsführung** die §§ 32 bis 45 mit Ausnahme des § 40 Abs. 2 und des § 43 sowie mit einer den § 34 Abs. 1 betreffenden (in § 54 Abs. 2 bestimmten) Maßgabe (vgl. Rn. 3) sowie für die **Rechtsstellung** die §§ 46 und 47 mit Ausnahme des § 46 Abs. 4.[736]

3 (**Abs. 2**) Der Bezirks- bzw. Hauptwahlvorstand hat die Mitglieder des BPR bzw. HPR nach § 54 Abs. 1 und 2 i. V. m. § 34 Abs. 1 **spätestens zwölf Arbeitstage nach dem Wahltag** zur **konstituierenden Sitzung** einzuberufen. Da diese Einberufungsfrist doppelt so lang ist wie die für die örtlichen PR geltende Frist, können – wenn die Wahlen gleichzeitig stattgefunden haben – zunächst die konstituierenden Sitzungen der PR (vgl. § 34 Rn. 1 ff.) und danach (in der Zeit vom siebten bis zwölften Arbeitstag nach dem Wahltag) die konstituierenden Sitzungen der Stufenvertretungen stattfinden, wobei in dreistufigen Verwaltungen (nach Abstimmung zwischen den Bezirkswahlvorständen und dem Hauptwahlvorstand) die Sitzungen der BPR vor der des HPR terminiert werden können.

§ 55 [Errichtung des Gesamtpersonalrats]

In den Fällen des § 6 Abs. 3 wird neben den einzelnen Personalräten ein Gesamtpersonalrat gebildet.

1 Werden nach § 6 Abs. 3 Nebenstellen oder Teile einer Dienststelle, die räumlich weit von dieser entfernt liegen, verselbständigt (vgl. § 6 Rn. 5 ff.), so ist ein GPR zu bilden, und zwar einzig aufgrund des Umstandes, dass es im Bereich der Gesamtdienststelle (mindestens) eine räumlich weit entfernte Nebenstelle bzw. einen Dienststellenteil gibt, deren/dessen Beschäftigte sich nach § 6 Abs. 3 für die Bildung eines eigenen örtlichen PR entschieden haben. In diesem Fall werden nach § 12 Abs. 1 im Bereich dieser aufgespaltenen Dienststelle – der sog. **Gesamtdienststelle** – folgende **örtliche PR** gebildet: ein PR in der Hauptdienststelle (einschl. der nicht verselbständigten Nebenstellen und Dienststellenteile) sowie jeweils ein PR in jeder verselbständigten Nebenstelle und in jedem verselbständigten Dienststellenteil. Außerdem wird nach § 55 neben den einzelnen örtlichen PR ein **Gesamtpersonalrat** (GPR) gebildet. Das gilt auch dann, wenn die Wahl eines oder mehrerer örtlicher PR nicht zustande kommt. Umgekehrt endet die Existenz eines GPR, wenn die verselbständigten Dienststellenteile – beispielsweise durch um-

736 Zu den Einzelheiten der in Bezug genommenen Paragrafen s. KfdP-*Baden*, Rn. 3 u. 4.

strukturierende Organisationsentscheidungen – aufgelöst werden.[737] Der GPR wird nach § 56 i. V. m. § 53 Abs. 2 von den zur Gesamtdienststelle gehörenden Beschäftigten gewählt.

Sonderregelungen gelten nach § 90 Nr. 1 S. 4, Nr. 2 S. 1 und 4 für die **Rundfunkanstalt »Deutsche Welle«** (vgl. § 90 Rn. 3, 5–10) sowie nach § 86 Nr. 12 für den **Bundesnachrichtendienst** (vgl. § 86 Rn. 2a). 2

In den Fällen des § 6 Abs. 3 soll die Bildung des GPR eine **lückenlose Interessenvertretung** der Beschäftigten in den verselbständigten Nebenstellen und Dienststellenteilen sicherstellen (vgl. § 82 Rn. 15). Der GPR ist im Verhältnis zu den im Bereich der Gesamtdienststelle bestehenden örtlichen PR **keine übergeordnete Personalvertretung.** Insoweit gilt das Gleiche wie für die Stufenvertretungen (vgl. § 53 Rn. 2). Der auf der gleichen Ebene wie die örtlichen PR stehende GPR ist allerdings **keine Stufenvertretung** i. S. d. BPersVG; im Stufenverfahren nach § 69 Abs. 3 oder § 72 Abs. 4 ist er nicht beteiligt[738] (vgl. § 69 Rn. 30). 3

§ 56 [Wahl, Amtszeit und Geschäftsführung des Gesamtpersonalrats]

Für den Gesamtpersonalrat gelten § 53 Abs. 2 und 3 und § 54 Abs. 1 Halbsatz 1 entsprechend.

Während **§ 55** bestimmt, in welchen Fällen ein GPR gebildet wird, regelt **§ 56** Wahl und Zusammensetzung sowie Amtszeit und Geschäftsführung des GPR und die Rechtsstellung seiner Mitglieder. Dabei verweist er im Wesentlichen auf die für die Stufenvertretungen geltenden Vorschriften. Darüber hinaus gelten für den GPR weitere Vorschriften: Die allgemeinen Vorschriften der **§§ 1 bis 11** und der **§§ 66 bis 68** gelten für »Personalvertretungen« und damit auch für den GPR unmittelbar. **§ 82 Abs. 3** regelt durch Verweisung auf § 82 Abs. 1 und 2, unter welchen Voraussetzungen und mit welchen Maßgaben der GPR anstelle des örtlichen PR zu beteiligen ist; **§ 82 Abs. 4** legt fest, dass für seine Befugnisse und Pflichten dabei die **§§ 69 bis 81** entsprechend gelten. 1

Nach § 56 i. V. m. § 53 Abs. 2 werden die Mitglieder des GPR von den zum **Geschäftsbereich der Gesamtdienststelle** gehörenden Beschäftigten **gewählt** (vgl. § 55 Rn. 1 u. § 53 Rn. 9f.). Die Wahl des GPR ist auch dann durchzuführen, wenn in der oder den verselbständigten Nebenstellen bzw. Dienststellenteilen oder in der Hauptdienststelle ausnahmsweise kein PR gewählt wird. 2

737 Vgl. etwa *BayVGH* v. 19. 2. 13 – 18 PV 13.23 –, juris, u. v. 23. 10. 14 – 18 P 13.2490 u. 13.2491 –, juris.

738 *BVerwG* v. 20. 9. 13 – 6 P 3.13 –, PersR 13, 498 (zu II 3 m. w. N.).

3 Für die **Wahl** und die **Zusammensetzung** des GPR gelten nach § 56 die in § 53 Abs. 3 enthaltenen Vorschriften für die Stufenvertretungen entsprechend, die wiederum im Wesentlichen auf die in §§ 12 bis 25 enthaltenen Vorschriften für den (örtlichen) PR verweisen (vgl. § 53 Rn. 11 ff.). Soweit es sich um die in der Wahlordnung enthaltenen Vorschriften über das **Wahlverfahren** handelt, sind für die Wahl des GPR nach § 45 WO die Vorschriften über die Wahl des BPR (§§ 32–41 WO) entsprechend anzuwenden, die ihrerseits die Vorschriften für die Wahl des PR (§§ 1–30 WO) grundsätzlich für entsprechend anwendbar erklären. Die Wahl des GPR soll **möglichst gleichzeitig** mit der Wahl der PR in der Dienststelle durchgeführt werden (§ 45 i. V. m. § 36 WO). Für die Wahl des GPR ist ein besonderer Wahlvorstand – der sog. **Gesamtwahlvorstand** – zu bestellen, der die Wahl leitet und in dessen Auftrag die örtlichen Wahlvorstände die Wahl durchzuführen haben (§ 45 i. V. m. § 33 WO). Die Verantwortung für die Ordnungsgemäßheit der Wahl verbleibt dessen ungeachtet jedoch bei dem Gesamtwahlvorstand, der demgemäß nicht an Vorgaben der örtlichen Wahlvorstände gebunden ist.[739]

4 Die **Größe** und **Zusammensetzung** des GPR richtet sich grundsätzlich nach den für die Größe und Zusammensetzung des örtlichen PR geltenden Vorschriften, die mit Ausnahme von § 17 Abs. 3 bis 5 entsprechend anwendbar sind. Da § 56 nicht auf § 53 Abs. 5 und auch nicht auf § 17 Abs. 3 verweist, fehlt eine Regelung für die **Mindestvertretung der Gruppen** im GPR. Das *BVerwG* sieht darin eine Gesetzeslücke, die es durch die Festlegung schließen will, dass eine kleine Gruppe, soweit sie die Voraussetzungen des § 17 Abs. 5 erfüllt, mindestens einen Vertreter im GPR erhält.[740]

5 **Wahlberechtigt** und **wählbar** zum GPR sind nach § 56 i. V. m. § 53 Abs. 3 und den §§ 13 bis 15 grundsätzlich alle Beschäftigten, die zu den einzelnen PR in der Dienststelle wahlberechtigt und wählbar sind. Ein Beschäftigter kann gleichzeitig in den GPR, den PR und die Stufenvertretungen gewählt werden. Auch Beamte im Vorbereitungsdienst und Beschäftigte in entsprechender Berufsausbildung sind in den GPR wählbar.

6 Der GPR ist grundsätzlich in **Gruppenwahl** zu wählen. Er kann in **gemeinsamer** Wahl gewählt werden, wenn dies vor der Neuwahl von jeder Gruppe in getrennten geheimen Abstimmungen beschlossen wird (§ 56 i. V. m. § 53 Abs. 3 u. § 19 Abs. 2). Auch eine abweichende Verteilung der GPR-Sitze ist zulässig, wenn dies in einer Vorabstimmung beschlossen wird (§ 56 i. V. m. § 53 Abs. 3 u. § 18 Abs. 1).

7 Spätestens sechs Arbeitstage nach dem letzten Wahltag hat nach Einberufung durch den Gesamtwahlvorstand die **konstituierende Sitzung des GPR**

---

739 *BVerwG* v. 27. 5. 10 – 6 PB 2.10 –, PersR 10, 367.
740 Beschl. v. 20. 11. 79 – 6 P 10.79 –, PersV 81, 284; str.; vgl. KfdP-*Baden*, Rn. 9 m. w. N.

stattzufinden (§ 56 i. V. m. § 54 Abs. 1 Hs. 1 u. § 34 Abs. 1, §§ 32 u. 33). Für die **Amtszeit** des GPR gelten nach § 56 i. V. m. § 54 Abs. 1 Hs. 1 die die Amtszeit des PR regelnden Vorschriften der §§ 26 bis 31 entsprechend. Da die Wirksamkeit eines Verselbständigungsbeschlusses nach § 6 Abs. 3 nur für die folgende konkrete Wahl und die konkrete Amtszeit des aus dieser Wahl hervorgehenden PR der Hauptdienststelle gilt, hat das **Ende der Amtszeit des PR der Hauptdienststelle** automatisch nicht nur das Ende der Amtszeit der PR aller im Bereich der Gesamtdienststelle verselbständigten Nebenstellen und Dienststellenteile zur Folge, sondern auch das Ende der Amtszeit des GPR.[741]

Nach § 56 i. V. m. § 54 Abs. 1 Hs. 1 gelten für die **Geschäftsführung** des GPR die Vorschriften der §§ 32 bis 45 mit Ausnahme des § 40 Abs. 2 und des § 43 sowie für die **Rechtsstellung** des GPR die Vorschriften der §§ 46 und 47 mit Ausnahme des § 46 Abs. 4 entsprechend. Die fehlende Verweisung auf § 46 Abs. 4 hat zur Folge, dass sich die Freistellung von Mitgliedern des GPR zur Durchführung personalvertretungsrechtlicher Aufgaben ausschließlich nach dem entsprechend anwendbaren § 46 Abs. 3 richtet. Das Freistellungsvolumen hängt damit allein von der jeweiligen Erforderlichkeit für die ordnungsgemäße Durchführung der Aufgaben ab, ohne dass auf die Pauschalierungen des § 46 Abs. 4 zurückgegriffen werden könnte. Eine »kleinliche Handhabung« verbietet sich allerdings aufgrund des Gebots der vertrauensvollen Zusammenarbeit. 8

Was die Abgrenzung der **Zuständigkeiten** von GPR einerseits und örtlichen Personalräten andererseits anlangt, so folgt diese der Zuordnung von Entscheidungskompetenzen an den jeweiligen Dienststellenleiter nach § 82 Abs. 3 i. V. m. Abs. 1 (vgl. § 82 Rn. 15).[742] 8a

Der GPR hat mit der nach § 64 Abs. 2 gebildeten **GJAV** sowie mit der nach § 97 Abs. 1 S. 1 SGB IX gewählten **Gesamtschwerbehindertenvertretung** oder ggf. mit der nach § 97 Abs. 1 S. 2 SGB IX an deren Stelle tretenden örtlichen Schwerbehindertenvertretung eng zusammenzuarbeiten (vgl. § 68 Rn. 17, 21). 9

741 Vgl. *BVerwG* v. 26. 1. 00 – 6 P 3.99 –, PersR 00, 371.
742 Näher dazu KfdP-*Baden*,§ 55 Rn. 7 ff. u. § 82 Rn. 32 ff.

Drittes Kapitel
Jugend- und Auszubildendenvertretung, Jugend- und Auszubildendenversammlung

§ 57 [Errichtung von Jugend- und Auszubildendenvertretungen]

In Dienststellen, bei denen Personalvertretungen gebildet sind und denen in der Regel mindestens fünf Beschäftigte angehören, die das 18. Lebensjahr noch nicht vollendet haben (jugendliche Beschäftigte) oder die sich in einer beruflichen Ausbildung befinden und das 25. Lebensjahr noch nicht vollendet haben, werden Jugend- und Auszubildendenvertretungen gebildet.

1 Das **Dritte Kapitel** des Ersten Teils enthält Vorschriften über die Vertretung der spezifischen Interessen der in § 57 definierten jugendlichen und auszubildenden Beschäftigten. Es regelt in den **§§ 57 bis 62** die örtlichen Jugend- und Auszubildendenvertretungen (JAV), in **§ 63** die Jugend- und Auszubildendenversammlung, in **§ 64 Abs. 1** die Jugend- und Auszubildendenstufenvertretungen (BJAV und HJAV) und in **§ 64 Abs. 2** die Gesamt-Jugend- und Auszubildendenvertretung (GJAV). Die Vorschriften der §§ 57 bis 64 gelten nach § 85 Abs. 1 Nr. 5 und Abs. 3 nicht für die Polizeivollzugsbeamten und die Dienstleistenden in der **Bundespolizei**.

2 Die JAV ist kein selbständiges Organ mit eigenständigen Verhandlungs- und Beteiligungsrechten gegenüber der Dienststelle. Sie ist vielmehr **integrierter Bestandteil der Personalvertretung** und hat insoweit nur Rechte und Pflichten im Verhältnis zum PR, nicht aber zur Dienststelle.[1] Die Aufgaben und Befugnisse der JAV sind in die Arbeit des PR eingebettet.[2] Die Beteiligungsrechte gegenüber der Dienststelle werden auch für die **jugendlichen und auszubildenden Beschäftigten** vom PR wahrgenommen.[3] Die Aufgabe der JAV besteht darin, sich als zusätzliche Vertretung im PR für die **spezifischen Interessen** dieser Beschäftigten einzusetzen. In diesem Rahmen handelt die JAV nach eigenem pflichtgemäßen Ermessen. Der PR hat ihr gegenüber weder eine Vorgesetztenfunktion noch Weisungsbefugnis. Nach § 68 Abs. 1 Nr. 7 ist er zur **engen Zusammenarbeit** mit der JAV verpflichtet (vgl. § 68 Rn. 21). Das die Personalvertretung ansonsten prägende **Gruppenprinzip** gilt für die JAV nicht.

3 § 57 regelt die **Voraussetzungen für die Bildung** von Jugend- und Auszubildendenvertretungen. Er schreibt ausdrücklich vor, dass diese nur »in Dienststellen, bei denen Personalvertretungen gebildet sind«, gebildet werden. Da-

---

1 *BVerwG* v. 8. 7. 77 – VII P 22.75 –, PersV 78, 309.
2 *BVerwG* v. 19. 1. 09 – 6 P 1.08 –, PersR 09, 205.
3 Vgl. *BVerwG* v. 28. 10. 93 – 6 P 25.91 –, PersR 94, 119.

mit sind **Dienststellen** i. S. d. § 6 (ggf. auch nach § 6 Abs. 3 verselbständigte Nebenstellen oder Dienststellenteile) gemeint, bei denen nach § 12 Abs. 1 **örtliche PR** bestehen. Außerdem ist erforderlich, dass einer solchen Dienststelle **in der Regel mindestens fünf in § 57 genannte Beschäftigte** angehören (vgl. dazu Rn. 4). Für das Verständnis des Kriteriums »in der Regel« gilt das zur Bildung des PR Gesagte entsprechend (vgl. § 12 Rn. 2). Daraus folgt, dass dieses Tatbestandsmerkmal auch dann erfüllt ist, wenn zum Zeitpunkt der Wahl weniger als fünf Beschäftigte i. S. d. § 57 der Dienststelle angehören, in ihr aber regelmäßig fünf oder mehr dieser Beschäftigten tätig sind.

Der Personenkreis der »**in § 57 genannten Beschäftigten**« umfasst zum einen alle Beschäftigten, die das 18. Lebensjahr noch nicht vollendet haben (und die in § 57 als »**jugendliche Beschäftigte**« bezeichnet sind) und zum anderen alle **nichtjugendlichen Beschäftigten**, die sich in einer beruflichen Ausbildung befinden und das 25. Lebensjahr noch nicht vollendet haben. Der Begriff der **Beschäftigten** ist in § 4 definiert. Wann das **18. bzw. 25. Lebensjahr vollendet** ist, bestimmt sich nach § 187 Abs. 2 S. 2 BGB (vgl. § 13 Rn. 2). Der Begriff »**berufliche Ausbildung**« umfasst nicht nur die Ausbildung in einem (von § 9 Abs. 1 erfassten) Berufsausbildungsverhältnis nach dem Berufsbildungsgesetz, dem Krankenpflegegesetz oder dem Hebammengesetz, sondern auch die berufliche Ausbildung in privatrechtlichen Ausbildungsverhältnissen anderer Art (vgl. § 4 Rn. 13) sowie die berufliche Ausbildung nach beamtenrechtlichen Vorschriften. Es kommt dabei nicht darauf an, ob es sich um eine Erstausbildung oder um eine weitere Ausbildung (z. B. eine Umschulung) handelt. In einer beruflichen Ausbildung befinden sich auch die Nachwuchskräfte für die Laufbahnen des mittleren und gehobenen Dienstes sowie Beamte, die für eine andere Laufbahn (z. B. Aufstieg vom einfachen in den mittleren Dienst) oder für eine von der Einheitslaufbahn abweichende Sonderlaufbahn ausgebildet werden, nicht hingegen Beamte, die im Rahmen einer »Zusatzausbildung« lediglich innerhalb ihrer Laufbahn gefördert werden sollen.[4] 4

Ein nach der Wahl der JAV eintretender **Wegfall des PR** führt nicht dazu, dass auch automatisch die JAV wegfällt. Dies ergibt sich im Fall einer gerichtlichen **Auflösung** des PR nach § 28 Abs. 1 bereits daraus, dass der nach § 28 Abs. 2 S. 1 eingesetzte Wahlvorstand nach § 28 Abs. 2 S. 3 bis zur Neuwahl des PR dessen Befugnisse und Pflichten wahrnimmt. Der Wahlvorstand tritt damit auch im Verhältnis zur JAV an die Stelle des PR. Somit bleibt auch die JAV voll funktionsfähig. Hat das Amt des PR aufgrund einer erfolgreichen **Wahlanfechtung** geendet mit der Folge, dass die Wahl des PR zu wiederholen ist (vgl. § 25 Rn. 13), oder ist der PR aus **anderen Gründen** weggefallen mit der Folge, dass nach § 27 Abs. 2 Nr. 5 eine Neuwahl des PR stattzufinden 5

4 Vgl. *BVerwG* v. 10. 2. 67 – VII P 6.66 – u. – VII P 18.66 –, PersV 67, 179 u. 278.

hat (vgl. § 27 Rn. 8), ist die JAV nur vorübergehend in ihrer Funktionsfähigkeit eingeschränkt und kann ihre Arbeit in vollem Umfang wieder aufnehmen, sobald der neue PR gewählt ist. Dabei ist es unerheblich, ob der PR »kurzfristig« oder »längerfristig« ausfällt, weil diese Kriterien für ein daraus abzuleitendes vorzeitiges Ende der JAV zu unbestimmt sind und deren regelmäßige Amtszeit mit zwei Jahren vergleichsweise kurz bemessen ist.[5] Anders ist es nur, wenn ein dauerhafter Wegfall des PR wegen der **Auflösung der Dienststelle** eintritt (vgl. § 26 Rn. 7); dann fällt auch die JAV weg. Besteht nach Ablauf der Amtszeit der JAV kein PR, ist eine Neuwahl nicht möglich. Nur der PR kann nach § 60 Abs. 1 den für die Wahldurchführung erforderlichen Wahlvorstand bestellen (vgl. § 60 Rn. 1 ff.).

6 Wenn die Zahl der der Dienststelle in der Regel angehörenden »in § 57 genannten Beschäftigten« (vgl. Rn. 3) nicht nur vorübergehend, sondern auf Dauer **unter fünf absinkt**, endet das Amt der JAV.

§ 58 [Wahlberechtigung und Wählbarkeit]

(1) [1]Wahlberechtigt sind alle in § 57 genannten Beschäftigten. [2]§ 13 Abs. 1 gilt entsprechend.
(2) [1]Wählbar sind Beschäftigte, die am Wahltage noch nicht das 26. Lebensjahr vollendet haben. [2]§ 14 Abs. 1 Satz 1 Nr. 1, Satz 2, Abs. 2 und 3 gilt entsprechend.

1 **(Abs. 1)** Nach **Abs. 1 S. 1** sind grundsätzlich **alle in § 57 genannten Beschäftigten** (vgl. § 57 Rn. 4) zur JAV **wahlberechtigt**. Sie müssen der Dienststelle angehören, in der die JAV gewählt wird, wobei eine bestimmte Mindestdauer der **Zugehörigkeit zur Dienststelle** nicht erforderlich ist. Materielle Voraussetzung für die Wahlberechtigung ist bei jugendlichen Beschäftigten die Nichtvollendung des 18. Lebensjahrs und bei nichtjugendlichen Beschäftigten, die sich in einer beruflichen Ausbildung befinden, die Nichtvollendung des 25. Lebensjahrs. Maßgebend ist das Alter am (letzten) Tage der Wahl. Endet die berufliche Ausbildung zwischen der Vollendung des 18. und des 25. Lebensjahres, so erlischt damit auch das aktive Wahlrecht zur JAV. Beschäftigte, die das 18. Lebensjahr vollendet haben und sich in einer beruflichen Ausbildung befinden, besitzen neben dem Wahlrecht für die JAV auch das Wahlrecht für den PR (§ 13 Abs. 1), soweit sich nicht aus § 13 Abs. 2 und 3 etwas anderes ergibt.

1a Nach **Abs. 1 S. 2 i. V. m. § 13 Abs. 1** hängt die Wahlberechtigung der in § 57 genannten Beschäftigten für die JAV davon ab, dass ihnen nicht durch **Richterspruch** das Recht aberkannt ist, in öffentlichen Angelegenheiten zu wäh-

---

5 Str.; vgl. KfdP-*Kröll*, Rn. 6.

len und zu stimmen (vgl. § 13 Rn. 9), und dass sie am Wahltag nicht länger als sechs Monate unter Wegfall der Bezüge **beurlaubt** sind (vgl. § 13 Rn. 10f.). Mangels einer Verweisung auf § 13 Abs. 2 ist ein in § 57 genannter Beschäftigter im Falle seiner **Abordnung** grundsätzlich ohne Wartezeit (nur) in der neuen Dienststelle zur JAV wahlberechtigt. **Beamte im Vorbereitungsdienst** und Beschäftigte in entsprechender Berufsausbildung sind nur bei ihrer Stammbehörde wahlberechtigt (vgl. § 13 Rn. 14f.). Auch wenn auf § 13 Abs. 3 nicht ausdrücklich verwiesen ist, folgt dies (unter Berücksichtigung der Verweisungen in Abs. 2 auf § 14 Abs. 2 und in § 62 S. 2 auf § 47 Abs. 3 S. 3) daraus, dass das Gesetz in allen anderen einschlägigen Vorschriften davon ausgeht, dass die Bindungen dieser Beschäftigten zu ihrer Stammbehörde stärker sind als ihre Bindungen zu jener Ausbildungsdienststelle, der sie (am Wahltag) nur kurzzeitig angehören und in die sie nach dem Wechsel in eine andere Ausbildungsstation möglicherweise gar nicht mehr zurückkehren werden.[6]

(Abs. 2) Wählbar sind nach **Abs. 2 S. 1** Beschäftigte, die am (letzten) Wahltag das **26. Lebensjahr noch nicht vollendet** haben. Vollendet ein Jugend- und Auszubildendenvertreter in der Zeit nach diesem Stichtag vor Beginn oder während der Amtszeit das 26. Lebensjahr, bleibt er bis zum Ablauf der Amtszeit Mitglied der JAV.[7] Nach **Abs. 2 S. 2** i. V. m. § 14 Abs. 1 S. 1 Nr. 1 ist für das passive Wahlrecht ferner grundsätzlich erforderlich, dass der betreffende Beschäftigte **seit sechs Monaten dem Geschäftsbereich seiner obersten Dienstbehörde angehört** (vgl. § 14 Rn. 3). Das gilt jedoch dann nicht, wenn die oberste Dienstbehörde oder die Dienststelle weniger als ein Jahr besteht (vgl. § 15 Abs. 1, auf den § 58 Abs. 2 lediglich aufgrund eines Redaktionsversehens nicht verweist). Für die JAV nicht wählbar sind nach Abs. 2 S. 2 i. V. m. § 14 Abs. 1 S. 2 Beschäftigte, die infolge Richterspruchs die **Fähigkeit, Rechte aus öffentlichen Wahlen zu erlangen**, nicht besitzen (vgl. § 14 Rn. 5). **Beamte im Vorbereitungsdienst** und Beschäftigte in entsprechender Berufsausbildung (vgl. § 13 Rn. 14f.) sind zwar in die örtliche JAV und auch in die GJAV wählbar, nicht jedoch in eine Jugend- und Auszubildendenstufenvertretung (Abs. 2 S. 2 i. V. m. § 14 Abs. 2 u. § 13 Abs. 3). Nach Abs. 2 S. 2 i. V. m. § 14 Abs. 3 sind nicht nur der Dienststellenleiter und die anderen **in § 7 genannten Personen**, sondern auch Beschäftigte, die zu selbständigen **Entscheidungen in Personalangelegenheiten** der Dienststelle befugt sind, von der Wählbarkeit zur JAV ausgeschlossen (vgl. § 14 Rn. 9f.). 2

Doppelmitgliedschaft in der JAV und im PR ist möglich. Ein PR-Mitglied, das gleichzeitig Mitglied der JAV ist, kann jedoch auch dann nur eine Stimme abgeben, wenn PR-Beschlüsse gefasst werden, bei denen die JAV stimmberechtigt sind (§ 40 Abs. 1 S. 3). 3

6 Str.; vgl. KfdP-*Kröll*, Rn.

7 *BayVGH* v. 19.12.84 – Nr. 18 C 84 A. 2790 –, PersR 85, 62.

§ 59 [Größe und Zusammensetzung der Jugend- und Auszubildendenvertretung]

(1) Die Jugend- und Auszubildendenvertretung besteht in Dienststellen mit in der Regel

5 bis 20	**der in § 57 genannten Beschäftigten aus einem Jugend- und Auszubildendenvertreter,**
21 bis 50	**der in § 57 genannten Beschäftigten aus drei Jugend- und Auszubildendenvertretern,**
51 bis 200	**der in § 57 genannten Beschäftigten aus fünf Jugend- und Auszubildendenvertretern,**
201 bis 300	**der in § 57 genannten Beschäftigten aus sieben Jugend- und Auszubildendenvertretern,**
301 bis 1000	**der in § 57 genannten Beschäftigten aus elf Jugend- und Auszubildendenvertretern,**
mehr als 1000	**der in § 57 genannten Beschäftigten aus fünfzehn Jugend- und Auszubildendenvertretern.**

(2) Die Jugend- und Auszubildendenvertretung soll sich aus Vertretern der verschiedenen Beschäftigungsarten der der Dienststelle angehörenden, in § 57 genannten Beschäftigten zusammensetzen.

(3) Die Geschlechter sollen in der Jugend- und Auszubildendenvertretung entsprechend ihrem Zahlenverhältnis vertreten sein.

1 (**Abs. 1**) Die **Größe** der JAV ergibt sich unmittelbar aus dem Gesetz. Nach der Staffel des Abs. 1 besteht die JAV aus **mindestens einer Person** und **höchstens 15 Personen.** Maßgebend für die Zahl ihrer Mitglieder ist die Zahl derjenigen in § 57 genannten Beschäftigten, die »in der Regel« in der Dienststelle beschäftigt sind (vgl. § 57 Rn. 3 und § 12 Rn. 2). Für die Wahl der JAV ist derjenige Beschäftigtenstand zugrunde zu legen, der während des überwiegenden Teils ihrer Amtszeit mindestens zu erwarten ist oder gar überschritten wird.[8] Anders als in § 16 Abs. 1 für den PR vorgeschrieben, kommt es auf die Zahl der vorhandenen Wahlberechtigten in keinem Falle an. Ein späteres Ansteigen oder Sinken der Zahl der in § 57 genannten Beschäftigten ist ohne Bedeutung, weil § 60 Abs. 2 S. 5 auf § 27 Abs. 2 Nr. 1 nicht verweist. Etwas anders gilt nur bei einem dauerhaften Absinken unter die für die Bildung der JAV erforderliche Mindestzahl von fünf (vgl. § 57 Rn. 6).

1a Kann die in Abs. 1 vorgeschriebene Zahl der JAV-Vertreter mangels ausreichender Kandidaturen nicht erreicht werden, kann eine JAV mit weniger Mitgliedern gebildet werden. In derartigen Fällen besteht die JAV aus der **höchstmöglichen Zahl von Mitgliedern** (vgl. § 16 Rn. 2).

---

8 *BVerwG* v. 22.12.15 – 5 PB 19.15 –, juris.

(**Abs. 2, 3**) Es gibt, anders als bei den Regelungen für den PR (vgl. § 17 Abs. 1–5), keine zwingende Bestimmung für die **Zusammensetzung** der JAV. Das Gesetz schreibt nicht vor, dass die (zu den Beschäftigten i. S. d. § 57 gehörenden) Beamten und Arbeitnehmer entsprechend ihrem zahlenmäßigen Verhältnis in der Dienststelle in der JAV vertreten sein müssen. Die JAV soll sich jedoch aus Vertretern der verschiedenen **Beschäftigungsarten** der der Dienststelle angehörenden Beschäftigten i. S. d. § 57 zusammensetzen (vgl. § 17 Rn. 10). Darüber hinaus sollen die **Geschlechter** entsprechend ihrem Zahlenverhältnis vertreten sein (vgl. § 17 Rn. 11). 2

§ 60 [Wahlvorschriften, Amtszeit, Vorsitzender]

(1) [1]Der Personalrat bestimmt den Wahlvorstand und seinen Vorsitzenden. [2]§ 19 Abs. 1, 3, 4 Satz 1, Abs. 5, 7 und 9, § 20 Abs. 1 Satz 3 und 4, § 24 Abs. 1 Satz 1 und 2, Abs. 2 und § 25 gelten entsprechend.
(2) [1]Die regelmäßige Amtszeit der Jugend- und Auszubildendenvertretung beträgt zwei Jahre. [2]Sie beginnt mit dem Tage der Wahl oder, wenn zu diesem Zeitpunkt noch eine Jugend- und Auszubildendenvertretung besteht, mit dem Ablauf ihrer Amtszeit. [3]Die regelmäßigen Wahlen der Jugend- und Auszubildendenvertretung finden alle zwei Jahre in der Zeit vom 1. März bis 31. Mai statt. [4]Die Amtszeit endet spätestens am 31. Mai des Jahres, in dem nach Satz 3 die regelmäßigen Wahlen der Jugend- und Auszubildendenvertretung stattfinden. [5]Für die Wahl der Jugend- und Auszubildendenvertretung außerhalb des Zeitraumes für die regelmäßigen Wahlen gilt § 27 Abs. 2 Nr. 2 bis 5, Abs. 3 und 5 entsprechend.
(3) Besteht die Jugend- und Auszubildendenvertretung aus drei oder mehr Mitgliedern, so wählt sie aus ihrer Mitte einen Vorsitzenden und dessen Stellvertreter.
(4) Die §§ 28 bis 31 gelten entsprechend.

(**Abs. 1**) Abs. 1 S. 1 legt fest, dass **der PR den Wahlvorstand und seinen Vorsitzenden bestimmt**. Da das Gesetz in Abs. 1 S. 2 insoweit nur auf § 20 Abs. 1 S. 3 und 4 verweist, sind die Personalversammlung oder der Dienststellenleiter dazu in keinem Falle befugt. In Anlehnung an § 20 Abs. 1 S. 1 erscheint es sachgerecht, die Bestimmung des Wahlvorstands **spätestens acht Wochen vor Ablauf der Amtszeit** der bestehenden JAV vorzunehmen. Ist die JAV nach Abs. 2 S. 5 i. V. m. § 27 Abs. 2 Nr. 2, 3 oder 5 zu wählen, hat der PR den Wahlvorstand **unverzüglich** zu bestimmen (vgl. § 20 Rn. 1a). Ist die JAV nach Abs. 4 i. V. m. § 28 Abs. 1 durch gerichtliche Entscheidung aufgelöst worden, setzt anstelle des PR der **Vorsitzende der Fachkammer des Verwaltungsgerichts** entsprechend § 28 Abs. 2 den Wahlvorstand für die nach Abs. 2 S. 5 i. V. m. § 27 Abs. 2 Nr. 4 durchzuführende Neuwahl ein. 1

2 Über die **Größe des Wahlvorstands** und die **Auswahl seiner Mitglieder** ist grundsätzlich nach pflichtgemäßem Ermessen zu entscheiden. Nach Abs. 1 S. 2 i.V.m. § 20 Abs. 1 S. 3 sollen dem Wahlvorstand **Frauen und Männer** angehören, wenn die Dienststelle weibliche und männliche Beschäftigte i.S.d. § 57 hat (vgl. § 20 Rn. 2). Nach § 46 Abs. 1 i.V.m. § 31 Abs. 1 S. 2 WO muss mindestens ein Beschäftigter in den Wahlvorstand berufen werden, der nach § 14 das **passive Wahlrecht zum PR** besitzt. Nach Abs. 1 S. 1 ist eines der Mitglieder des Wahlvorstands zu seinem **Vorsitzenden** zu bestimmen. Die Bestellung von **Ersatzmitgliedern** des Wahlvorstands ist zulässig und zweckmäßig (vgl. § 20 Rn. 2).

3 Über die Bestimmung des Wahlvorstands und seines Vorsitzenden entscheidet der PR nach § 37 durch **Beschluss**. Dabei handelt es sich um eine **gemeinsame Angelegenheit**, über die nach § 38 Abs. 1 der gesamte PR gemeinsam zu beraten und zu beschließen hat (vgl. § 20 Rn. 1a), und zugleich um eine **Angelegenheit, die überwiegend in § 57 genannte Beschäftigte betrifft**, so dass – wenn bereits eine JAV besteht – nach § 40 Abs. 1 S. 3 alle JAV-Mitglieder bei der Beschlussfassung Stimmrecht haben.

4 Der **Wahlvorstand** hat die Wahl der JAV vorzubereiten und durchzuführen. Welche **Aufgaben** ihm dabei im Einzelnen obliegen, ist in der nach § 115 erlassenen **Wahlordnung** (WO) festgelegt (abgedr. im Anh. I). Nach § 46 Abs. 1 WO sind im Wesentlichen die für die PR-Wahl geltenden Bestimmungen entsprechend anzuwenden. Gemäß Abs. 1 S. 2 i.V.m. § 20 Abs. 1 S. 4 ist je ein Beauftragter der in der Dienststelle vertretenen **Gewerkschaften** berechtigt, an den Sitzungen des Wahlvorstands mit beratender Stimme teilzunehmen (vgl. § 20 Rn. 3f.). Nach Abschluss der Wahl hat der Wahlvorstand gem. § 61 Abs. 5 S. 1 Hs. 2 i.V.m. § 34 Abs. 1 die Mitglieder der JAV zur **konstituierenden Sitzung** einzuladen.

5 Außer § 20 Abs. 1 S. 3 und 4 (vgl. Rn. 2 u. 4) gelten die folgenden, in Abs. 1 S. 2 genannten **Vorschriften für die Wahl** zum PR für die JAV-Wahl entsprechend:

- Die JAV wird entsprechend § 19 Abs. 1 **geheim** und **unmittelbar** gewählt (vgl. § 19 Rn. 2f.). Darüber hinaus muss auch ihre Wahl nach dem ungeschriebenen Verfassungsrecht des Bundes **allgemein**, **frei** und **gleich** sein (vgl. § 19 Rn. 2b). Da es in der JAV keine Gruppen gibt, findet die Wahl immer als **gemeinsame Wahl** statt.[9] Entsprechend § 19 Abs. 3 ist **Verhältniswahl** (Listenwahl) durchzuführen, wenn mehrere JAV-Mitglieder zu wählen sind und mehr als ein gültiger Wahlvorschlag eingereicht wird; **Personenwahl** (Mehrheitswahl) ist durchzuführen, wenn nur ein JAV-Mitglied zu wählen ist oder wenn zwar mehrere JAV-Mitglieder zu wäh-

9 *BVerwG* v. 10.4.78 – 6 P 27.78 –, PersV 79, 154.

len sind, aber nur ein gültiger Wahlvorschlag eingereicht wird (vgl. § 19 Rn. 6ff.).

- Entsprechend § 19 Abs. 4 S. 1 können die nach § 58 Abs. 1 wahlberechtigten Beschäftigten und die in der Dienststelle vertretenen Gewerkschaften **Wahlvorschläge** machen (vgl. § 19 Rn. 9ff.). Entsprechend § 19 Abs. 5 Hs. 1 muss jeder Wahlvorschlag der **Beschäftigten** von mindestens einem Zwanzigstel der Wahlberechtigten unterzeichnet sein, wobei einerseits in jedem Fall die Unterzeichnung durch mindestens drei Wahlberechtigte erforderlich ist und die durch 50 Wahlberechtigte genügt (§ 19 Abs. 5 Hs. 2 i.V.m. Abs. 4 S. 2 u. 3) und andererseits Beschäftigte i.S.d. § 14 Abs. 3 Wahlvorschläge weder machen noch unterzeichnen dürfen (§ 19 Abs. 5 Hs. 2 i.V.m. Abs. 4 S. 4). Jeder Wahlvorschlag einer **Gewerkschaft** muss entsprechend § 19 Abs. 9 (vgl. 19 Rn. 17ff.), von zwei Beauftragten unterzeichnet sein, die zur JAV-Wahl nicht wahlberechtigt sein müssen.[10] Entsprechend § 19 Abs. 7 darf ein Wahlbewerber **nur auf einem Wahlvorschlag benannt** werden (vgl. § 19 Rn. 15).
- Entsprechend § 24 Abs. 1 S. 1 und 2 darf die JAV-Wahl von niemandem **behindert** oder in einer gegen die guten Sitten verstoßenden Weise **beeinflusst** werden (vgl. § 24 Rn. 1–4). Wahlvorstandsmitglieder und Wahlbewerber genießen nach § 15 Abs. 3 KSchG und § 62 S. 3 i.V.m. § 47 Abs. 1 BPersVG **Kündigungsschutz** (vgl. § 24 Rn. 5f.) und nach § 62 S. 3 i.V.m. § 47 Abs. 2 S. 1 und 2 **Versetzungs- und Abordnungsschutz** (vgl. § 24 Rn. 7).
- Die Dienststelle trägt entsprechend § 24 Abs. 2 die **Kosten** der JAV-Wahl einschl. der Kosten einer erforderlichen Schulung (§ 24 Abs. 2 S. 1; vgl. § 24 Rn. 8f.) und der Reisekostenvergütungen bei erforderlichen Reisen der Wahlvorstandsmitglieder (§ 24 Abs. 2 S. 3 i.V.m. § 44 Abs. 1 S. 2). Notwendige Versäumnis von Arbeitszeit zur Ausübung des Wahlrechts oder der Betätigung im Wahlvorstand hat **keine Minderung der Bezüge** zur Folge (§ 24 Abs. 2 S. 2). Bei einer über die regelmäßige Arbeitszeit hinausgehenden Beanspruchung im Wahlvorstand ist **Dienstbefreiung** in entsprechendem Umfang zu gewähren (§ 24 Abs. 2 S. 3 i.V.m. § 46 Abs. 2 S. 2).
- Die Wahl der JAV kann entsprechend § 25 beim Verwaltungsgericht **angefochten** werden. Anfechtungsberechtigt sind mindestens drei nach § 58 Abs. 1 wahlberechtigte Beschäftigte, der Dienststellenleiter und eine in der Dienststelle vertretene Gewerkschaft (vgl. § 25 Rn. 3ff.). Erklärt das Gericht die Wahl für ungültig und wird diese Entscheidung rechtskräftig, so ist die **JAV-Wahl zu wiederholen** (vgl. § 25 Rn. 13). Dafür hat der PR unverzüglich den Wahlvorstand zu bestimmen (vgl. Rn. 1ff.).

10 *BVerwG* v. 3.2.95 – 6 P 5.93 –, PersR 95, 522.

6 (**Abs. 2 und 4**) Nach Abs. 2 S. 1 beträgt die **regelmäßige Amtszeit** der JAV **zwei Jahre**. Nach dem mit § 26 S. 2 inhaltsgleichen Abs. 2 S. 2 **beginnt** sie mit dem Tage der Wahl, oder wenn zu diesem Zeitpunkt noch eine JAV besteht, mit dem Ablauf der Amtszeit dieser JAV (vgl. § 26 Rn. 3). Nach dem mit § 26 S. 3 inhaltsgleichen Abs. 2 S. 4 **endet** die Amtszeit spätestens am 31. Mai des Jahres, in dem die regelmäßigen JAV-Wahlen stattfinden (vgl. § 26 Rn. 4–7).

7 Die **regelmäßigen JAV-Wahlen** finden nach Abs. 2 S. 3 **alle zwei Jahre in der Zeit vom 1. März bis 31. Mai** statt. Der Zweijahresrhythmus hat im Jahr 1992 begonnen (§ 116a i. V. m. § 2 des Amtszeiten-Gesetzes v. 11. 12. 90[11]). Die regelmäßigen JAV-Wahlen finden somit **in jedem Jahr mit gerader Jahreszahl** statt. Der **Wahltag** wird vom Wahlvorstand festgelegt.

8 **Außerhalb der Zeit der regelmäßigen JAV-Wahlen** (vgl. Rn. 7) ist die JAV nach Abs. 2 S. 5 i. V. m. § 27 Abs. 2 Nr. 2 bis 5 in folgenden Fällen **neu zu wählen**: wenn die Gesamtzahl der JAV-Mitglieder auch nach Eintreten aller vorhandenen Ersatzmitglieder um mehr als ein Viertel der vorgeschriebenen Zahl gesunken ist (§ 27 Abs. 2 Nr. 2), wenn die JAV mit der Mehrheit ihrer Mitglieder ihren Rücktritt beschlossen hat (§ 27 Abs. 2 Nr. 3), wenn die JAV durch gerichtliche Entscheidung nach Abs. 4 i. V. m. § 28 Abs. 1 aufgelöst worden ist (§ 27 Abs. 2 Nr. 4) oder wenn in der Dienststelle keine JAV besteht (§ 27 Abs. 2 Nr. 5). Die nach einer erfolgreichen Wahlanfechtung gem. Abs. 1 S. 2 i. V. m. § 25 durchzuführenden Wiederholungswahl der JAV (vgl. Rn. 5) ist kein Fall der Neuwahl. Für die Fälle des § 27 Abs. 2 Nr. 2 oder 3 ist in Abs. 2 S. 5 i. V. m. § 27 Abs. 3 festgelegt, dass **die bisherige JAV die Geschäfte weiterführt**, bis die neue JAV gewählt ist. Ob die JAV nach einer zwischenzeitlichen Wahl **im nächsten oder übernächsten Zeitraum der regelmäßigen JAV-Wahlen neu zu wählen** ist, richtet sich nach dem gem. Abs. 2 S. 5 entsprechend anzuwendenden § 27 Abs. 5.

9 Nach Abs. 4 i. V. m. § 28 Abs. 1 kann das Verwaltungsgericht die **Auflösung der JAV** wegen grober Vernachlässigung ihrer gesetzlichen Befugnisse oder wegen grober Verletzung ihrer gesetzlichen Pflichten beschließen. Antragsberechtigt sind ein Viertel der nach § 58 Abs. 1 wahlberechtigten Beschäftigten, eine in der Dienststelle vertretene Gewerkschaft und der Dienststellenleiter, wobei dieser die Auflösung nur wegen grober Verletzung der gesetzlichen Pflichten verlangen kann. Der PR ist nicht antragsbefugt.[12] Ist die JAV aufgelöst, setzt der Vorsitzende der Fachkammer des Verwaltungsgerichts nach Abs. 4 i. V. m. § 28 Abs. 2 einen Wahlvorstand ein, der zum einen unverzüglich die Neuwahl der JAV einzuleiten und durchzuführen und zum anderen die der JAV nach dem BPersVG zustehenden Befugnisse und Pflichten wahrzunehmen hat.

11 BGBl. I S. 2682, 2689. Abgedr. u. erläutert in KfdP, § 116 Rn. 2ff.

12 Vgl. KfdP-*Kröll*, Rn. 13.

Nach Abs. 4 i. V. m. § 28 Abs. 1 kann das Verwaltungsgericht den **Ausschluss eines JAV-Mitglieds** wegen grober Vernachlässigung seiner gesetzlichen Befugnisse oder wegen grober Verletzung seiner gesetzlichen Pflichten beschließen. Außer denjenigen, die auch die Auflösung der JAV beantragen können (vgl. Rn. 9), ist auch die JAV antragsbefugt, nicht dagegen der PR.[13] 10

Nach dem gem. Abs. 4 entsprechend anzuwendenden § 29 Abs. 1 **erlischt die Mitgliedschaft** in der JAV in den dort genannten Fällen. Ein Erlöschen der Mitgliedschaft in der JAV wegen des Verlustes der Wählbarkeit entsprechend § 29 Abs. 1 Nr. 5 tritt aber nicht dadurch ein, dass ein gewähltes JAV-Mitglied vor Beginn oder im Lauf der Amtszeit der JAV das 26. Lebensjahr vollendet (vgl. § 58 Rn. 2). Die Mitgliedschaft eines Beamten in der JAV **ruht** nach Abs. 4 i. V. m. § 30 in den dort genannten Fällen. Scheidet ein Mitglied aus der JAV aus oder ist es zeitweilig verhindert, tritt nach Abs. 4 i. V. m. § 31 Abs. 1 und 2 ein **Ersatzmitglied** ein. Auch wenn grundsätzlich die JAV-Tätigkeit der dienstlichen Tätigkeit vorgeht, können im Einzelfall wichtige Ausbildungsbelange **ausnahmsweise** vorrangig sein.[14] Dann treten Ersatzmitglieder ein. 11

(**Abs. 3**) Besteht die JAV aus drei oder mehr Mitgliedern, so **wählt** sie aus ihrer Mitte einen **Vorsitzenden** und seinen **Stellvertreter**. Dies hat in getrennten Wahlgängen zu geschehen.[15] Auch die zur Wahl Vorgeschlagenen können mitwählen (vgl. § 37 Rn. 6). Die Wahlen finden in der konstituierenden Sitzung statt (vgl. Rn. 4). Über das Abstimmungsverfahren entscheidet die JAV. Falls ein JAV-Mitglied dies beantragt, ist geheim abzustimmen (vgl. § 37 Rn. 3). Gewählt ist, wer entsprechend § 37 Abs. 1 (vgl. § 61 Rn. 10) die einfache Mehrheit der Stimmen der anwesenden JAV-Mitglieder erhält (vgl. § 32 Rn. 3). Bei Stimmengleichheit entscheidet das Los (vgl. § 32 Rn. 3 u. § 17 Rn. 3). Hat die JAV **ausnahmsweise nur zwei Mitglieder** (vgl. § 59 Rn. 1a), ist in entsprechender Anwendung des Abs. 3 ebenfalls ein Vorsitzender und ein Stellvertreter zu wählen; ggf. ist ein Losentscheid geboten (vgl. § 32 Rn. 5). Der Vorsitzende und sein Stellvertreter werden **für die Dauer der Amtszeit** der JAV gewählt. Das ihnen übertragene Amt endet jedoch vorzeitig, wenn sie es **niederlegen** oder wenn es ihnen durch Beschluss der JAV **entzogen** wird. Beides ist jederzeit und ohne Vorliegen besonderer Voraussetzungen möglich. Die JAV hat ggf. mit Wirkung für die restliche Dauer der Amtszeit eine **Neuwahl** durchzuführen (vgl. § 32 Rn. 14). Obwohl diese **Aufgabe** im Gesetz nicht ausdrücklich geregelt ist, hat der Vorsitzende die JAV im Rahmen der von ihr gefassten Beschlüsse zu vertreten und Erklärungen, die der JAV gegenüber abzugeben sind, entgegenzunehmen. Er lädt zu den 12

13 Vgl. KfdP-*Kröll*, Rn. 14.
14 *BVerwG* v. 1. 10. 13 – 6 P 6.13 –, PersR 14, 173.
15 Str.; vgl. KfdP-*Kröll*, Rn. 16 m. N.

JAV-Sitzungen ein und leitet diese Sitzungen (§ 61 Abs. 5 S. 1 Hs. 2 i. V. m. § 34 Abs. 2; vgl. § 61 Rn. 9) sowie die Jugend- und Auszubildendenversammlungen (§ 63 S. 3; vgl. § 63 Rn. 7). Die Bildung eines **Vorstands** ist nicht vorgesehen. Die JAV kann jedoch bei Bedarf **Ausschüsse** bilden (vgl. § 32 Rn. 9).

§ 61 [Aufgaben und Befugnisse, Zusammenarbeit mit dem Personalrat]

(1) Die Jugend- und Auszubildendenvertretung hat folgende allgemeine Aufgaben:

1. **Maßnahmen, die den in § 57 genannten Beschäftigten dienen, insbesondere in Fragen der Berufsbildung, beim Personalrat zu beantragen,**
2. **darüber zu wachen, daß die zugunsten der in § 57 genannten Beschäftigten geltenden Gesetze, Verordnungen, Unfallverhütungsvorschriften, Tarifverträge, Dienstvereinbarungen und Verwaltungsanordnungen durchgeführt werden,**
3. **Anregungen und Beschwerden von in § 57 genannten Beschäftigten, insbesondere in Fragen der Berufsbildung, entgegenzunehmen und, falls sie berechtigt erscheinen, beim Personalrat auf eine Erledigung hinzuwirken; die Jugend- und Auszubildendenvertretung hat die betroffenen in § 57 genannten Beschäftigten über den Stand und das Ergebnis der Verhandlungen zu informieren.**

(2) Die Zusammenarbeit der Jugend- und Auszubildendenvertretung mit dem Personalrat bestimmt sich nach § 34 Abs. 3, §§ 39 und 40 Abs. 1.

(3) [1]Zur Durchführung ihrer Aufgaben ist die Jugend- und Auszubildendenvertretung durch den Personalrat rechtzeitig und umfassend zu unterrichten. [2]Die Jugend- und Auszubildendenvertretung kann verlangen, daß ihr der Personalrat die zur Durchführung ihrer Aufgaben erforderlichen Unterlagen zur Verfügung stellt.

(4) Der Personalrat hat die Jugend- und Auszubildendenvertretung zu den Besprechungen zwischen Dienststellenleiter und Personalrat nach § 66 Abs. 1 beizuziehen, wenn Angelegenheiten behandelt werden, die besonders in § 57 genannte Beschäftigte betreffen.

(5) [1]Die Jugend- und Auszubildendenvertretung kann nach Verständigung des Personalrates Sitzungen abhalten; § 34 Abs. 1, 2 gilt sinngemäß. [2]An den Sitzungen der Jugend- und Auszubildendenvertretung kann ein vom Personalrat beauftragtes Personalratsmitglied teilnehmen.

1 **(Abs. 1)** In Anlehnung an die allgemeinen Aufgaben des PR (§ 68 Abs. 1) sind in Abs. 1 die **allgemeinen Aufgaben** der JAV aufgeführt. Dabei handelt es sich um einen **nicht abschließenden Aufgabenkatalog.** Weitere Aufgaben

ergeben sich z. B. daraus, dass die Mitglieder der JAV an der Willensbildung des PR in allen jenen Angelegenheiten durch ihr Mitberatungs- und Mitentscheidungsrecht mitwirken, die besonders bzw. überwiegend die in § 57 genannten Beschäftigten betreffen (vgl. Rn. 5; § 40 Rn. 2f.). Durch die Hervorhebung der Berufsbildung in Abs. 1 Nr. 1 und 3 wird deutlich, dass in diesem Bereich einer der Schwerpunkte der Tätigkeit der JAV liegt. Diese nimmt ihre Aufgaben grundsätzlich nicht unmittelbar gegenüber dem Dienststellenleiter wahr, sondern über den PR.[16] Es gehört zu den Amtspflichten des PR, im Rahmen der Aufgaben der JAV mit ihr und für sie tätig zu werden, insb. gegenüber dem Dienststellenleiter.

(Abs. 1 Nr. 1) Der JAV ist in Abs. 1 Nr. 1 ein **allgemeines Antragsrecht** eingeräumt. Sie kann beim PR alle Maßnahmen beantragen, die (zumindest auch) den in § 57 genannten Beschäftigten dienen. Zu den beispielhaft aufgeführten Fragen der **Berufsbildung** gehören neben Fragen der beruflichen Fortbildung und Umschulung v. a. solche der Berufsausbildung. Die Maßnahmen, die die JAV beim PR beantragt, müssen allerdings innerhalb der **Zuständigkeit des PR** liegen, um die Verpflichtung zu dessen Tätigwerden zu begründen. Einem Antrag nach Abs. 1 Nr. 1 muss ein entsprechender **Beschluss der JAV** vorausgehen (vgl. Rn. 10). Der **PR** hat die **Weiterverfolgung** eines Antrags nach pflichtgemäßem Ermessen zu prüfen und hierüber zu beschließen. Will der PR das Anliegen nicht übernehmen, hat er dies der JAV mitzuteilen und ihr gegenüber zu begründen, falls sie nicht an der Beratung teilgenommen hat. Betrifft eine Angelegenheit besonders die in § 57 genannten Beschäftigten, kann die Mehrheit der JAV-Mitglieder nach § 34 Abs. 3 beim PR beantragen, diese Angelegenheit in der nächsten PR-Sitzung zu behandeln. Bei dieser Behandlung haben dann die Jugend- und Auszubildendenvertreter nach § 40 Abs. 1 S. 2 das Recht der beratenden Teilnahme und, soweit der betreffende Punkt überwiegend in § 57 genannte Beschäftigte betrifft, nach § 40 Abs. 1 S. 3 Stimmrecht (vgl. § 40 Rn. 2f.). Ggf. steht der Mehrheit der JAV-Mitglieder auch das Einspruchsrecht nach § 39 Abs. 1 und 2 zu (vgl. § 39 Rn. 13). 2

(Abs. 1 Nr. 2) Die JAV ist berechtigt und verpflichtet, darüber zu wachen, dass die in Abs. 1 Nr. 2 genannten Vorschriften durchgeführt werden. Ihrer Art nach handelt es sich um die gleichen Vorschriften, auf die sich die **Überwachungsaufgabe** des PR nach § 68 Abs. 1 Nr. 2 bezieht (vgl. § 68 Rn. 6ff.), lediglich mit dem Unterschied, dass sie hier zugunsten der in § 57 genannten Beschäftigten gelten und dass die Unfallverhütungsvorschriften zusätzlich aufgeführt sind. Für die JAV von besonderer Bedeutung sind dabei die Bestimmungen des **Berufsbildungsrechts** und des **Jugendarbeitsschutzrechts** sowie die einschlägigen **Tarifverträge** (z. B. TVAöD und TVPöD). Es 3

16 Vgl. *BVerwG* v. 8. 7. 77 – VII P 22.75 –, PersV 78, 309, u. v. 19. 1. 09 – 6 P 1.08 –, PersR 09, 205.

ist nicht erforderlich, dass diese Regelungen ausschließlich für in § 57 genannte Beschäftigte gelten, sondern es reicht aus, dass sie diese miterfassen. Im Rahmen ihrer Überwachungsaufgabe kann die JAV Beschäftigte an ihren Ausbildungs- oder Arbeitsplätzen aufsuchen (vgl. § 68 Rn. 39f.).[17] Ist die JAV nach sorgfältiger Prüfung der Ansicht, dass eine Verletzung einer Vorschrift vorliegt, hat sie den PR einzuschalten, damit dieser – regelmäßig gegenüber der Dienststelle – für Abhilfe sorgt (vgl. Rn. 2).

4 **(Abs. 1 Nr. 3)** Ebenso wie die anderen Beschäftigten der Dienststelle können auch die in § 57 genannten Beschäftigten nach § 68 Abs. 1 Nr. 3 **Anregungen und Beschwerden** direkt an den PR richten (vgl. § 68 Rn. 14f.). Sie können sich nach § 61 Abs. 1 Nr. 3 aber auch an die JAV wenden. Gegenstand dieser Anregungen und Beschwerden können persönliche, soziale, organisatorische oder sonstige innerdienstliche Angelegenheiten sein. Die beispielhafte Nennung von Fragen der **Berufsbildung** wie in Abs. 1 Nr. 1 (vgl. Rn. 2) zeigt, dass dieses Thema neben dem des Jugendarbeitsschutzes (vgl. Rn. 3) zum Schwerpunkt der Tätigkeit der JAV gehört. Diese hat die Anregungen und Beschwerden von den in § 57 genannten Beschäftigten **entgegenzunehmen** und **zu prüfen**, ob sie berechtigt erscheinen. Dies wird regelmäßig in einer Sitzung (vgl. Rn. 8ff.) zu erfolgen haben. Hält sie die Anregung oder Beschwerde für berechtigt, ist sie verpflichtet, über den PR **darauf hinzuwirken**, dass die Angelegenheit weiterverfolgt und erledigt, d. h. im Sinne der jeweiligen Beschäftigten behandelt wird. Dabei hat auch der PR die Berechtigung zu prüfen. Bejaht er sie, kommen für ihn je nach der Art des Anliegens verschiedene **Handlungsmöglichkeiten** in Betracht: v. a. ein Antrag auf eine Maßnahme nach § 68 Abs. 1 Nr. 1, ein Initiativantrag nach § 70 Abs. 1 oder 2, eine Anregung nach § 81 Abs. 1 oder das Hinwirken auf eine Erledigung durch Verhandlung mit dem Dienststellenleiter nach § 68 Abs. 1 Nr. 3 (vgl. § 68 Rn. 15). Ist der Dienststellenleiter für die Erledigung nicht zuständig, hat der PR die Sache ggf. an die bei der zuständigen Dienststelle bestehende Stufenvertretung weiterzuleiten. Der PR muss der JAV berichten, wie er die Angelegenheit behandelt hat, und ihr ggf. das Ergebnis seiner Bemühungen mitteilen. Die JAV wiederum **unterrichtet** den oder die betroffenen Beschäftigten – das muss nicht allein der Anregende oder der Beschwerdeführer sein – (ggf. durch Zwischenbericht) über den Stand und das Ergebnis der Verhandlungen.

5 **(Abs. 2)** Die **Zusammenarbeit** zwischen PR und JAV bestimmt sich gem. Abs. 2 nach den Vorschriften des § 34 Abs. 3 und der §§ 39 und 40 Abs. 1. Damit wird die JAV in die **Willensbildung des PR** einbezogen. Weitere Regelungen über die Zusammenarbeit sind enthalten in § 61 Abs. 1 Nr. 1 und 3 und Abs. 3 bis 5 sowie in § 68 Abs. 1 Nr. 7.

---

17 *BAG* v. 21.1.82 – 6 ABR 17/79 –, AP BetrVG 1972 § 70 Nr. 1.

(**Abs. 3**) Zur Durchführung ihrer Aufgaben ist die JAV **durch den PR** rechtzeitig und umfassend **zu unterrichten**. **Rechtzeitig** ist die Unterrichtung, wenn die JAV die erhaltenen Informationen ohne Zeitnot in ihre Willensbildung aufnehmen kann; die JAV darf keinesfalls vor vollendete Tatsachen gestellt werden. **Umfassend** ist die Unterrichtung, wenn die JAV alle Informationen erhält, die für eine sachgerechte Durchführung einer anstehenden Aufgabe erforderlich sind. Auch wenn die JAV gegenüber dem **Dienststellenleiter** keinen Informationsanspruch hat, kann dieser die JAV – jedenfalls wenn gleichzeitig auch der PR informiert wird – unmittelbar unterrichten.[18] Dies ändert aber nichts daran, dass der Dienststellenleiter nach § 68 Abs. 2 S. 1 und 2 zur Unterrichtung des PR und dieser nach § 61 Abs. 3 zur Unterrichtung der JAV verpflichtet ist und dass diese Pflichten erfüllt werden müssen. Die Verpflichtung des PR zur umfassenden Unterrichtung der JAV ist **nicht von einem Antrag der JAV abhängig**. Erforderliche **Unterlagen** sind ihr, falls eine Einsichtnahme nicht ausreicht, auf Verlangen auf Zeit zu überlassen. Geheimhaltungsgründe können dem nicht entgegengesetzt werden, weil auch die Mitglieder der JAV der **Schweigepflicht** nach § 10 unterliegen. Auch die Bestimmungen des Bundesdatenschutzgesetzes schränken die Informationsrechte der JAV nicht ein, insb. weil die JAV nicht »Dritter« i. S. d. § 3 Abs. 4 Nr. 3 BDSG ist (vgl. § 68 Rn. 37). 6

(**Abs. 4**) Nach Abs. 4 hat der PR die JAV zu den Besprechungen zwischen Dienststellenleiter und PR nach § 66 Abs. 1 (den sog. **monatlichen Besprechungen**) beizuziehen, wenn Angelegenheiten behandelt werden, die besonders in § 57 genannte Beschäftigte betreffen. Der PR-Vorsitzende muss die JAV rechtzeitig einladen, wenn bereits vor Beginn der Besprechung feststeht, dass ein Fall des Abs. 4 vorliegt. Andernfalls sind die Mitglieder der JAV noch während der Besprechung hinzuzuziehen, wenn Fragen angesprochen werden, die das Teilnahmerecht begründen. Da solche Fragen in aller Regel Gegenstand jeder monatlichen Besprechung sind, sollte die gesamte JAV grundsätzlich von Anfang an hinzugezogen werden. Ist dies nicht geschehen und ist es ggf. nicht möglich, die JAV noch kurzfristig hinzuzuziehen, muss der fragliche Besprechungspunkt abgesetzt und in der nächstfolgenden Besprechung unter Beteiligung der JAV behandelt werden. Die anwesenden JAV-Mitglieder können sich in gleicher Weise wie die PR-Mitglieder aktiv an der Diskussion beteiligen. 7

(**Abs. 5**) Besteht die JAV aus mehr als einer Person, muss sie zu **Sitzungen** zusammentreten. Abs. 5 S. 1 Hs. 1 legt fest, dass sie diese Sitzungen nach Verständigung des PR abhalten kann. Sie ist somit verpflichtet, den **PR** rechtzeitig über Zeitpunkt und Ort der beabsichtigten Sitzung zu **unterrichten**. Daraus (und aus dem in Abs. 5 S. 2 normierten Teilnahmerecht eines vom PR 8

18 Näher KfdP-*Kröll*, Rn. 7 m. N.

beauftragten PR-Mitglieds [vgl. Rn. 9 a. E.]) folgt laut *BVerwG*, dass der PR über die Sitzung der JAV in personeller und sachlicher Hinsicht informiert sein muss.[19] Obwohl das Gesetz nicht auf § 35 S. 2 und 3 verweist, ist – wegen einer insoweit bestehenden Regelungslücke (vgl. Rn. 10) – auch bei der Anberaumung einer Sitzung der JAV auf die dienstlichen Erfordernisse Rücksicht zu nehmen; darüber hinaus ist der **Dienststellenleiter** vom Zeitpunkt der Sitzung rechtzeitig zu **verständigen** (vgl. § 35 Rn. 4).[20]

9 Für die Sitzungen der JAV legt Abs. 5 S. 1 Hs. 2 fest, dass § 34 Abs. 1 und 2 sinngemäß gilt. Demnach hat entsprechend § 34 Abs. 1 der Wahlvorstand für die JAV-Wahl (vgl. § 60 Rn. 1 ff.) die Mitglieder der JAV zu der spätestens sechs Arbeitstage nach dem Wahltag durchzuführenden **konstituierenden Sitzung** einzuladen (vgl. § 34 Rn. 1). Er hat die Sitzung zu leiten, bis die JAV aus ihrer Mitte einen Wahlleiter für die in § 60 Abs. 3 vorgeschriebenen Wahlen eines Vorsitzenden und eines Stellvertreters bestellt hat (vgl. § 34 Rn. 2). Nach Durchführung dieser Wahlen (vgl. § 60 Rn. 12) ist die JAV handlungsfähig. Hinsichtlich ihrer **weiteren Sitzungen** ist § 34 Abs. 2 sinngemäß anzuwenden. Es ist deshalb Sache des Vorsitzenden der JAV – im Falle seiner Verhinderung seines Stellvertreters – diese Sitzungen nach pflichtgemäßem Ermessen anzuberaumen, ihre Tagesordnung festzulegen, die JAV-Mitglieder und die übrigen Teilnahmeberechtigten (vgl. Rn. 10) rechtzeitig unter Mitteilung dieser Tagesordnung einzuladen und die Sitzungen zu leiten (vgl. § 34 Rn. 4 ff., 9). Dem **verhinderten JAV-Mitglied** obliegt es, unverzüglich dem Vorsitzenden der JAV die Gründe seiner Verhinderung mitzuteilen.[21] Der Vorsitzende hat ggf. die Beschlüsse der JAV über die Abhaltung einzelner oder regelmäßiger Sitzungen zu beachten. Da mangels einer Verweisung § 34 Abs. 3 nicht sinngemäß gilt, ist der Vorsitzende nicht verpflichtet, auf Antrag der dort Genannten – also auch nicht auf Antrag eines Viertels der Mitglieder der JAV oder des Leiters der Dienststelle – eine Sitzung anzuberaumen. Ein Antragsrecht auf Einberufung einer JAV-Sitzung steht auch dem PR nicht zu. Nach Abs. 5 S. 2 kann jedoch **ein vom PR beauftragtes PR-Mitglied** an den Sitzungen der JAV teilnehmen. Ob der PR von diesem Recht Gebrauch macht und welches seiner Mitglieder er beauftragt, entscheidet er nach pflichtgemäßem Ermessen durch Beschluss.

10 Das BPersVG enthält keine die Vorschriften des Abs. 5 ergänzenden Regelungen über die Sitzungen der JAV. Diese Lücke ist durch die **sinngemäße Anwendung der für den PR einschlägigen Bestimmungen** zu schließen, wobei zu beachten ist, dass es in der JAV keine Gruppen gibt und dass sie ihre Aufgaben gegenüber dem PR erfüllt. Danach gilt insb. Folgendes:

---

19 *BVerwG* v. 1. 10. 13 – 6 P 6.13 –, PersR 14, 173 (zu II B 2f cc [2]).
20 Teilw. str.; vgl. KfdP-*Kröll*, Rn. 9 m. N.
21 *BVerwG* v. 1. 10. 13 – 6 P 6.13 –, PersR 14, 173 (zu II B 2f cc [2]).

- Die Sitzungen der JAV finden i. d. R. **während der Arbeitszeit** statt und sind **nicht öffentlich** (vgl. § 35 S. 1).
- Der **Dienststellenleiter** nimmt nur teil, wenn und soweit er ausdrücklich eingeladen ist (vgl. § 34 Abs. 4).
- Auf Antrag eines Viertels der JAV-Mitglieder kann von Fall zu Fall ein Beauftragter einer in der JAV – nicht im PR – vertretenen **Gewerkschaft** beratend teilnehmen (vgl. § 36).
- Die **Schwerbehindertenvertretung** ist nicht teilnahmeberechtigt, weil dies in § 95 Abs. 4 SGB IX nicht vorgesehen ist.[22]
- Die JAV ist **beschlussfähig**, wenn mindestens die Hälfte ihrer Mitglieder anwesend ist (vgl. § 37 Abs. 2). Ihre **Beschlüsse** werden grundsätzlich mit einfacher Stimmenmehrheit der anwesenden Mitglieder gefasst (vgl. § 37 Abs. 1). Ein JAV-Mitglied, das **befangen** ist, darf weder beratend noch entscheidend mitwirken (vgl. § 37 Rn. 6). Ein **Einspruchsrecht** entsprechend § 39 besteht nicht. Über jede Sitzung ist eine **Niederschrift nebst Anwesenheitsliste** aufzunehmen (vgl. § 41). Darin ist ein etwaiger Verhinderungsgrund des ordentlichen Mitglieds zu dokumentieren. Die Sitzungsniederschrift nebst Anwesenheitsliste ist an den PR weiterzuleiten.[23]
- Sonstige Bestimmungen über die Sitzungen (und über weitere Fragen der Geschäftsführung) können in einer **Geschäftsordnung** getroffen werden,[24] die die JAV mit der Mehrheit der Stimmen ihrer Mitglieder beschließt (vgl. § 42).

§ 62 [Entsprechend anwendbare Vorschriften]

[1]Für die Jugend- und Auszubildendenvertretung gelten die §§ 43 bis 45, § 46 Abs. 1, 2, 3 Satz 1 und 6, Abs. 6, 7 und § 67 Abs. 1 Satz 3 sinngemäß. [2]§ 47 gilt entsprechend mit der Maßgabe, daß die außerordentliche Kündigung, die Versetzung und die Abordnung von Mitgliedern der Jugend- und Auszubildendenvertretung der Zustimmung des Personalrates bedürfen. [3]Für Mitglieder des Wahlvorstandes und Wahlbewerber gilt § 47 Abs. 1, 2 Satz 1 und 2 entsprechend.

§ 62 enthält Regelungen über einzelne Fragen der **Geschäftsführung** der 1
JAV und über die **Rechtsstellung** ihrer Mitglieder sowie über den **Kündigungs-, Versetzungs- und Abordnungsschutz** der Mitglieder der JAV und des Wahlvorstandes und der Wahlbewerber. Dabei verweist er auf Vorschriften, die für den PR und dessen Mitglieder gelten. Weitere Fragen der Geschäftsführung der JAV sind in den, wenn auch unvollständigen Bestim-

22 Str.; vgl. KfdP-*Kröll*, Rn. 10a m. N.
23 *BVerwG* v. 1. 10. 13, a. a. O.
24 Str.; vgl. KfdP-*Kröll*, a. a. O.

mungen des § 61 Abs. 5 über die Sitzungen geregelt (vgl. § 61 Rn. 8ff.). Die Vorschriften der §§ 8 bis 11 über das **Behinderungs-, Benachteiligungs- und Begünstigungsverbot**, die **Weiterbeschäftigung** nach Ende des Ausbildungsverhältnisses, die **Schweigepflicht** und die **Unfallfürsorge** sowie die des § 67 Abs. 2 über die **gewerkschaftliche Betätigung** auch in der Dienststelle gelten auch für JAV-Mitglieder unmittelbar.

2 Die JAV kann nach S. 1 i. V. m. § 43 **Sprechstunden während der Arbeitszeit** einrichten. **Ob** sie von dieser Möglichkeit Gebrauch machen will, entscheidet die JAV nach pflichtgemäßem Ermessen allein. Ein Einverständnis des Dienststellenleiters oder des PR ist dafür nicht erforderlich. **Zeit und Ort** der Sprechstunden hat die JAV mit dem PR abzustimmen. Bei der Willensbildung des PR haben insoweit alle JAV-Mitglieder nach § 40 Abs. 1 S. 2 und 3 Beratungs- und Stimmrecht (vgl. § 40 Rn. 2f.). Sind sich PR und JAV einig geworden, legt der PR im Einvernehmen mit dem Dienststellenleiter Zeit und Ort der Sprechstunden fest (vgl. § 43 Rn. 2). Für die **Durchführung** der Sprechstunden der JAV und ihren Besuch gilt das zu den Sprechstunden des PR Gesagte sinngemäß (vgl. § 43 Rn. 3ff.). Führt die JAV keine eigenen Sprechstunden durch, kann ein von ihr beauftragtes Mitglied an den **Sprechstunden des PR** teilnehmen (vgl. § 43 Rn. 3).

3 Nach S. 1 i. V. m. § 44 hat die Dienststelle diejenigen durch die Tätigkeit der JAV oder eines ihrer Mitglieder entstehenden **Kosten** zu tragen, die zur Wahrnehmung der gesetzlichen Aufgaben und Befugnisse der JAV notwendig sind (§ 44 Abs. 1 S. 1; vgl. § 44 Rn. 2ff.). Bei notwendigen **Reisen** erhalten die JAV-Mitglieder Reisekostenvergütungen (§ 44 Abs. 1 S. 2; vgl. § 44 Rn. 11ff.).

4 Die Dienststelle muss der JAV für die Sitzungen, die Sprechstunden und die laufende Geschäftsführung in erforderlichem Umfang **Räume, Geschäftsbedarf und Büropersonal** zur Verfügung stellen (§ 44 Abs. 2; vgl. § 44 Rn. 25ff.). Dabei ist auch zu prüfen, ob eine Mitnutzung der dem PR zur Verfügung stehenden Räume oder Sachmittel möglich ist, ohne dass die JAV dadurch behindert wird, was bei den Räumen für die Sitzungen und die Sprechstunden in Betracht kommen kann. Zum Geschäftsbedarf zählt auch die für die Arbeit der JAV erforderliche **Fachliteratur** wie z. B. Gesetzestexte und Kommentare der Vorschriften, die für die in § 57 genannten Beschäftigten gelten (vgl. § 44 Rn. 31ff.; § 61 Rn. 3), soweit kein Rückgriff auf die Literatur des PR möglich und zumutbar ist.

5 Die Dienststelle muss der JAV geeignete Plätze für **Bekanntmachungen** und **Anschläge** zur Verfügung stellen (§ 44 Abs. 3; vgl. § 44 Rn. 35), wobei i. d. R. die Mitbenutzung der dem PR zur Verfügung stehenden Schwarzen Bretter ausreichen wird. Darüber hinaus hat sie die Kosten für erforderliche **Informationsschriften** der JAV zu tragen (vgl. § 44 Rn. 36) und der JAV die Nutzung der in der Dienststelle vorhandenen Möglichkeiten der **elektronischen Kommunikation** zu gestatten (vgl. § 44 Rn. 30a).

Nach S. 1 i. V. m. § 45 darf auch die JAV für ihre Zwecke von den Beschäftigten **keine Beiträge** erheben oder annehmen. 6

Für die **Rechtsstellung** der JAV-Mitglieder gelten die Vorschriften des 46 ohne dessen Abs. 3 S. 2 bis 5 sowie Abs. 4 und 5 sinngemäß. Danach führen die JAV-Mitglieder ihr Amt unentgeltlich als **Ehrenamt** (§ 46 Abs. 1; vgl. § 46 Rn. 1). Soweit dies zur ordnungsgemäßen Durchführung der Aufgaben der JAV erforderlich ist, sind sie unter Fortzahlung der Bezüge **von der Arbeitspflicht befreit** (§ 46 Abs. 2 S. 1; vgl. § 46 Rn. 2ff.). Dabei geht die JAV-Tätigkeit der Erfüllung der Dienstpflicht grundsätzlich vor.[25] Werden sie durch die Erfüllung ihrer Aufgaben über ihre persönliche regelmäßige Arbeitszeit hinaus beansprucht, ist ihnen **Freizeitausgleich** in entsprechendem Umfang zu gewähren (§ 46 Abs. 2 S. 2; vgl. § 46 Rn. 5f.). 7

Soweit dies nach Umfang und Art der Dienststelle zur ordnungsgemäßen Durchführung ihrer Aufgaben erforderlich ist, sind JAV-Mitglieder nach dem sinngemäß geltenden § 46 Abs. 3 S. 1 von ihrer dienstlichen Tätigkeit ganz oder teilweise **freizustellen** (vgl. § 46 Rn. 7ff.). Bei einer Teilfreistellung darf die Zeitdauer der Sitzungen der JAV nicht angerechnet werden.[26] Für das **Verfahren** gilt Folgendes: Über den Umfang der erforderlichen Freistellung und über die Frage, welches oder welche ihrer Mitglieder freigestellt werden sollen, beschließt die JAV nach pflichtgemäßem Ermessen.[27] Die Freistellungsentscheidung des Dienststellenleiters ist vom PR herbeizuführen. Dazu ist ein Beschluss des PR notwendig, bei dessen Zustandekommen alle JAV-Mitglieder nach § 40 Abs. 1 S. 2 und 3 Beratungs- und Stimmrecht haben (vgl. § 40 Rn. 2f.). Die Freistellung darf nicht zur Beeinträchtigung des **beruflichen Werdegangs** führen (§ 46 Abs. 3 S. 6; vgl. § 46 Rn. 22). Bei (noch) in Ausbildung stehenden JAV-Mitgliedern bedeutet das auch, dass eine Gefährdung der Ausbildungsziele vermieden werden muss.[28] Daraus ist zu folgern, dass für diese JAV-Mitglieder nach Möglichkeit nur Teilfreistellungen ausgesprochen werden.[29] Den Regelungen in § 46 Abs. 3 S. 6, § 62 S. 1 kann außerdem ein allgemeiner Rechtsgedanke entnommen werden, der es erlaubt, dem Dienst wegen wichtiger Ausbildungsbelange im Einzelfall ausnahmsweise den Vorrang einzuräumen vor der Tätigkeit als JAV-Mitglied.[30] 8

Wie der PR und der Dienststellenleiter hat nach S. 1 i. V. m. § 67 Abs. 1 S. 3 auch die JAV jede **parteipolitische Betätigung** in der Dienststelle zu unter- 9

---

25 *BVerwG* v. 1. 10. 13 – 6 P 6.13 –, PersR 14, 173.
26 *BayVGH* v. 27. 1. 88 – Nr. 18 P 87.03600 –, PersV 89, 20.
27 Str.; vgl. KfdP-*Kröll*, Rn. 8.
28 Vgl. KfdP-*Kröll*, Rn. 9.
29 *BVerwG* v. 1. 10. 13 – 6 P 6.13 –, PersR 14, 173 (zu B II 2f bb).
30 *BVerwG* v. 1. 10. 13, a. a. O.

lassen, wobei die Behandlung von Tarif-, Besoldungs- und Sozialangelegenheiten hiervon nicht berührt wird (vgl. § 67 Rn. 20ff.).

10 Die Mitglieder der JAV sind nach S. 1 i. V. m. § 46 Abs. 6 unter Fortzahlung der Bezüge für die Teilnahme an **Schulungs- und Bildungsveranstaltungen** vom Dienst freizustellen, soweit diese Kenntnisse vermitteln, die für die Tätigkeit in der JAV **erforderlich** sind (vgl. § 46 Rn. 24ff.). Ob dies der Fall ist, muss nach den gleichen Maßstäben beantwortet werden wie bei Schulungen von PR-Mitgliedern, also nach objektiven und subjektiven Kriterien. Da damit zwangsläufig auch der besonderen Stellung der JAV Rechnung getragen wird, sind strengere Anforderungen nicht zu stellen.[31] Zu den Gegenständen von **Grundschulungen**, die ihrer Art nach objektiv für jede JAV und subjektiv für jedes JAV-Mitglied erforderlich sind, gehören insb. Grundkenntnisse des PersVR unter besonderer Berücksichtigung der für die JAV geltenden Bestimmungen sowie Grundkenntnisse des allgemeinen Arbeitsrechts und des Beamtenrechts einschl. der für die Berufsbildung und den Jugendarbeitsschutz maßgeblichen Vorschriften (z. T. str.; vgl. § 46 Rn. 25). Als Gegenstände von **Spezialschulungen** kommen u. a. eingehende Kenntnisse des Berufsbildungsrechts und Jugendarbeitsschutzrechts in Betracht (vgl. § 46 Rn. 26). Bei **Ersatzmitgliedern** der JAV ist die Erforderlichkeit einer Schulungs- und Bildungsveranstaltung zu bejahen, wenn sie häufig oder für längere Zeit für ein verhindertes ordentliches Mitglied nachrücken (str.; vgl. § 46 Rn. 28).[32]

11 Für das **Verfahren** der Freistellung zu erforderlichen Schulungsveranstaltungen gilt Folgendes: Die JAV prüft und beschließt, welches ihrer Mitglieder an einer bestimmten Schulung teilnehmen soll. Teilnehmer und Veranstaltung teilt sie dem PR rechtzeitig mit.[33] Es ist dann Sache des PR, den **Entsendungsbeschluss** zu fassen (vgl. § 46 Rn. 29), bei dessen Zustandekommen alle JAV-Mitglieder nach § 40 Abs. 1 S. 2 und 3 Beratungs- und Stimmrecht haben (vgl. § 40 Rn. 2f.). Dieser Beschluss begründet die Pflicht des JAV-Mitglieds zur Teilnahme an der Schulungsveranstaltung und ist die Grundlage für die vom Dienststellenleiter zu treffende **Freistellungsentscheidung** (vgl. § 46 Rn. 30). Wird die Freistellung verweigert, so kann nicht die JAV, sondern nur der PR nach § 83 Abs. 1 Nr. 3 und Abs. 2 das Verwaltungsgericht anrufen.[34]

12 Nach S. 1 i. V. m. § 46 Abs. 7 hat jedes Mitglied der JAV während seiner regelmäßigen Amtszeit auch einen Anspruch auf Freistellung vom Dienst unter Fortzahlung der Bezüge für insgesamt drei Wochen zur Teilnahme an **Schulungs- und Bildungsveranstaltungen**, die von der Bundeszentrale für

31 Str.; vgl. KfdP-*Kröll*, Rn.
32 Vgl. KfdP-*Kröll*, Rn. 13.
33 *VGH BW* v. 18. 6. 96 – PL 15 S 3314/95 –, juris.
34 Vgl. *VGH BW* v. 18. 6. 96, a. a. O.; KfdP-*Kröll*, Rn. 14.

politische Bildung als **geeignet** anerkannt sind. Jugend- und Auszubildendenvertreter, die erstmals dieses Amt ausüben, haben einen Anspruch für insgesamt vier Wochen (vgl. § 46 Rn. 32f.). Für den Freistellungsanspruch von JAV-Mitgliedern reicht es aus, wenn die fragliche Veranstaltung als für die PR-Tätigkeit geeignet anerkannt ist.

Die **Schutzvorschriften** des § 47 gelten nach S. 2 für Mitglieder der JAV entsprechend. Danach bedürfen **außerordentliche Kündigungen** sowie **Versetzungen**, mit einem Wechsel des Dienstorts verbundene **Umsetzungen** und **Abordnungen**, die gegen den Willen eines JAV-Mitglieds angeordnet werden sollen, der Zustimmung des PR (vgl. § 47 Rn. 2ff., 22ff.). Dieser Schutz gilt auch für eingerückte Ersatzmitglieder (vgl. § 47 Rn. 8, 24). Bei der Beschlussfassung des PR über seine Zustimmung haben die JAV-Mitglieder nach § 40 Abs. 1 S. 2 und 3 Beratungs- und Stimmrecht (vgl. § 40 Rn. 2f.). Das betroffene und deshalb befangene JAV-Mitglied wird dabei nach § 60 Abs. 4 i. V. m. § 31 Abs. 1 S. 2 durch ein Ersatzmitglied ersetzt (vgl. § 61 Rn. 10 u. § 37 Rn. 6). Die **ordentliche Kündigung** eines JAV-Mitgliedes ist nach § 15 Abs. 2 KSchG grundsätzlich unzulässig (vgl. § 47 Rn. 3). 13

Für **Mitglieder des Wahlvorstands** zur Wahl der JAV und für **Wahlbewerber** zur JAV gelten nach S. 3 die Vorschriften des § 47 Abs. 1, 2 S. 1 und 2 über den **Schutz vor außerordentlichen Kündigungen, Versetzungen, Umsetzungen und Abordnungen** entsprechend. S. 3 ist mit § 24 Abs. 1 S. 3 inhaltsgleich (vgl. § 24 Rn. 7). Die **ordentliche Kündigung** eines Mitglieds des Wahlvorstands oder eines Wahlbewerbers ist nach § 15 Abs. 3 KSchG unzulässig (vgl. § 47 Rn. 3). 14

§ 63 [Jugend- und Auszubildendenversammlung]

[1]Die Jugend- und Auszubildendenvertretung hat einmal in jedem Kalenderjahr eine Jugend- und Auszubildendenversammlung durchzuführen. [2]Diese soll möglichst unmittelbar vor oder nach einer ordentlichen Personalversammlung stattfinden. [3]Sie wird vom Vorsitzenden der Jugend- und Auszubildendenvertretung geleitet. [4]Der Personalratsvorsitzende oder ein vom Personalrat beauftragtes anderes Mitglied soll an der Jugend- und Auszubildendenversammlung teilnehmen. [5]Die für die Personalversammlung geltenden Vorschriften sind sinngemäß anzuwenden. [6]Außer der in Satz 1 bezeichneten Jugend- und Auszubildendenversammlung kann eine weitere, nicht auf Wunsch des Leiters der Dienststelle einberufene Versammlung während der Arbeitszeit stattfinden.

Soweit § 63 in S. 1 bis 4 und 6 nichts anderes bestimmt, sind gem. seinem S. 5 für die Jugend- und Auszubildendenversammlung die für die Personalversammlung geltenden Vorschriften (§§ 48–52) sinngemäß anzuwenden. Nach S. 5 i. V. m. § 48 Abs. 1 S. 1 besteht die Jugend- und Auszubildenden- 1 versammlung grundsätzlich aus den der Dienststelle angehörenden, in § 57 genannten Beschäftigten und den Mitgliedern der JAV. Sie ist ein **dienststelleninternes Aussprachеforum** der in § 57 genannten Beschäftigten, auf dem diese ihre speziellen Interessen und Probleme diskutieren und Beschlüsse fassen können, die für die JAV zwar rechtlich nicht verbindlich sind, aber für ihre Arbeit gleichwohl von erheblicher Bedeutung sein können (vgl. § 51 Rn. 1ff.).

2 Die Jugend- und Auszubildendenversammlungen können nur **von der JAV einberufen** werden. Über die Einberufung entscheidet die JAV – wenn sie nicht nur aus einer Person besteht – durch **Beschluss** (vgl. § 48 Rn. 1), der mit dem PR abgestimmt werden sollte. Der JAV-Vorsitzende hat den in § 57 genannten Beschäftigten die Einberufung (mit Datum, Uhrzeit, Ort und Tagesordnung) rechtzeitig und in ausreichender Weise **bekannt zu geben** sowie darüber hinaus den PR und die Stellen zu unterrichten, die nach S. 5 i.V.m. § 52 ein Teilnahme- oder Entsendungsrecht haben (vgl. Rn. 9). Nach § 62 S. 1 i.V.m. § 44 Abs. 1 S. 1 bzw. Abs. 2 hat die Dienststelle die **Kosten** der Versammlung zu tragen und die dafür geeigneten Räumlichkeiten zur Verfügung zu stellen (vgl. § 62 Rn. 3f.).

3 Nach S. 1 hat die JAV **einmal in jedem Kalenderjahr** eine **ordentliche Jugend- und Auszubildendenversammlung** durchzuführen, in der sie nach S. 5 i.V.m. § 49 Abs. 1 einen **Tätigkeitsbericht** zu erstatten hat (vgl. § 49 Rn. 1f.). Die Tagesordnung kann weitere Punkte enthalten und überdies von der Versammlung selbst erweitert werden (vgl. § 49 Rn. 1b). Die Versammlung findet nach S. 5 i.V.m. § 50 Abs. 1 S. 1 grundsätzlich **während der Arbeitszeit** statt (vgl. § 50 Rn. 1f.). Über den Zeitpunkt beschließt die JAV nach pflichtgemäßem Ermessen. Dabei hat sie zu beachten, dass diese Versammlung nach S. 2 möglichst **unmittelbar vor oder nach einer ordentlichen Personalversammlung** i.S.d. § 49 Abs. 1 stattfinden soll.

4 Nach S. 6 kann außer der in S. 1 bezeichneten Jugend- und Auszubildendenversammlung in jedem Kalenderjahr eine **weitere** (nicht auf Wunsch des Leiters der Dienststelle einberufene) **Versammlung während der Arbeitszeit** stattfinden. Dabei handelt es sich um eine **ordentliche** Jugend- und Auszubildendenversammlung, über deren Notwendigkeit und Zeitpunkt die JAV nach pflichtgemäßem Ermessen entscheidet, wobei es zweckmäßig ist, auch diese Versammlung möglichst unmittelbar vor oder nach einer ordentlichen Personalversammlung anzuberaumen (vgl. Rn. 3). Nur soweit die dienstlichen Verhältnisse eine solche Regelung erfordern, kann die Versammlung nach S. 5 i.V.m. § 50 Abs. 1 S. 1 ausnahmsweise außerhalb der Arbeitszeit stattfinden (vgl. § 50 Rn. 1f.). Auch auf dieser Versammlung hat die JAV nach S. 5 i.V.m. § 49 Abs. 1 einen **Tätigkeitsbericht** zu erstatten (vgl. Rn. 3).

5 Nach S. 5 i.V.m. § 49 Abs. 3 muss die JAV **auf Antrag einer** in der Dienststelle vertretenen **Gewerkschaft** innerhalb von zwölf Arbeitstagen eine **or-**

dentliche Jugend- und Auszubildendenversammlung einberufen, wenn im vorhergegangenen Kalenderjahr keine Jugend- und Auszubildendenversammlung stattgefunden hat (vgl. § 49 Rn. 3). Die Voraussetzung, in der Dienststelle vertreten zu sein, erfüllt eine Gewerkschaft auch dann, wenn ihr nur Beschäftigte angehören, die nicht in § 57 aufgeführt sind.[35] Auch diese Versammlung findet nach S. 5 i. V. m. § 50 Abs. 1 S. 1 grundsätzlich **während der Arbeitszeit** statt (vgl. § 50 Rn. 1).

Außer den ordentlichen kommen nach S. 5 i. V. m. § 49 Abs. 2 **außerordentliche** Jugend- und Auszubildendenversammlungen in Betracht. Zum einen ist die **JAV aus eigener Initiative** zur Einberufung einer solchen Versammlung berechtigt, zum anderen ist sie **auf Wunsch des Dienststellenleiters** oder **eines Viertels der nach § 58 Abs. 1 wahlberechtigten Beschäftigten** verpflichtet, eine außerordentliche Versammlung einzuberufen und den Gegenstand, dessen Beratung beantragt ist, auf die Tagesordnung zu setzen (vgl. § 49 Rn. 2). Die auf Wunsch des Dienststellenleiters einzuberufende Versammlung findet nach S. 5 i. V. m. § 50 Abs. 1 S. 1 grundsätzlich während der Arbeitszeit statt (vgl. § 50 Rn. 1 f.), die anderen außerordentlichen Versammlungen sind dagegen nach S. 5 i. V. m. § 50 Abs. 2 grundsätzlich außerhalb der Arbeitszeit durchzuführen (vgl. § 50 Rn. 3). 6

Nach S. 3 wird die Jugend- und Auszubildendenversammlung **vom Vorsitzenden der JAV**, bei dessen Verhinderung vom stellvertretenden JAV-Vorsitzenden, **geleitet**. Als Versammlungsleiter steht ihm das **Hausrecht** zu (vgl. § 48 Rn. 3). 7

Nach S. 4 soll der **PR-Vorsitzende** oder ein vom PR **beauftragtes anderes PR-Mitglied** an der Jugend- und Auszubildendenversammlung teilnehmen. Über die **Teilnahme** muss der PR nach pflichtgemäßem Ermessen entscheiden. Im Hinblick auf die vom Gesetz geforderte enge Zusammenarbeit von PR und JAV (vgl. § 61 Abs. 1 Nr. 1 und 3, Abs. 2 bis 5, § 68 Abs. 1 Nr. 7) ist eine Teilnahme des PR-Vorsitzenden oder eines anderen PR-Mitgliedes in aller Regel geboten. 8

Aufgrund der nach S. 5 sinngemäß anzuwendenden Vorschriften für die Personalversammlung gelten für die Jugend- und Auszubildendenversammlung folgende weitere Regelungen: Die Versammlung ist **nicht öffentlich** (§ 48 Abs. 1 S. 3). Sie ist grundsätzlich als **Vollversammlung** und nur unter den Voraussetzungen des § 48 Abs. 2 in Form von **Teilversammlungen** durchzuführen (vgl. § 48 Rn. 5). Die Teilnahme an den während der Arbeitszeit stattfindenden Versammlungen hat **keine Minderung der Dienstbezüge** oder des Arbeitsentgelts zur Folge (§ 50 Abs. 1 S. 2). Findet eine grundsätzlich während der Arbeitszeit durchzuführende Versammlung aus dienstlichen Gründen außerhalb der Arbeitszeit statt, ist den Teilnehmern **Dienst-** 9

35 *VGH BW* v. 21.3.88 – 15 S 2438/87 –, ZBR 89, 153.

befreiung in entsprechendem Umfang zu gewähren (§ 50 Abs. 1 S. 3). **Fahrkosten**, die durch die Teilnahme an einer grundsätzlich während der Arbeitszeit durchzuführenden Versammlung entstehen, werden von der Dienststelle in entsprechender Anwendung des Bundesreisekostengesetzes erstattet (§ 50 Abs. 1 S. 4). Versammlungen, die grundsätzlich **außerhalb der Arbeitszeit** stattfinden, können im Einvernehmen mit dem Dienststellenleiter ganz oder teilweise **während der Arbeitszeit** durchgeführt werden (§ 50 Abs. 2). Die Versammlung kann zum einen dem PR und zum anderen der JAV **Anträge unterbreiten** und zu deren Beschlüssen **Stellung nehmen** (§ 51 S. 1). Sie darf **alle Angelegenheiten** behandeln, die die Dienststelle und die in § 57 genannten Beschäftigten unmittelbar betreffen. Dabei reicht es aus, dass es sich um Angelegenheiten handelt, von denen die Beschäftigten i. S. v. § 57 »auch« berührt sind.[36] Das gilt insb. für Tarif-, Besoldungs- und Sozialangelegenheiten sowie Fragen der Frauenförderung und der Vereinbarkeit von Familie und Beruf (§ 51 S. 2). Die Vorschriften des § 66 Abs. 2 über die **Friedenspflicht** und des § 67 Abs. 1 S. 3 über das **Verbot parteipolitischer Betätigung** gelten für die Versammlung entsprechend (§ 51 S. 3). Das Teilnahmerecht von Beauftragten der **Gewerkschaften** und der **Arbeitgebervereinigung** richtet sich sinngemäß nach § 52 Abs. 1 S. 1 und 2. Im Geschäftsbereich mehrstufiger Verwaltungen können ggf. ein von der **Jugend- und Auszubildendenstufenvertretung** beauftragtes Mitglied sowie ein Beauftragter der Dienststelle, bei der diese Vertretung besteht, an der Versammlung teilnehmen (§ 52 Abs. 1 S. 3). In Dienststellen, für die eine **GJAV** gebildet ist, kann ein von dieser beauftragtes Mitglied an der Versammlung teilnehmen (§ 52 Abs. 1 S. 3). Der **Dienststellenleiter** ist berechtigt, an jeder Versammlung teilzunehmen. Er ist verpflichtet, an Versammlungen teilzunehmen, die auf seinen Wunsch einberufen sind oder zu denen er ausdrücklich eingeladen ist (§ 52 Abs. 2).

§ 64 [Bezirks-, Haupt- und Gesamt-Jugend- und Auszubildendenvertretung]

(1) [1]Für den Geschäftsbereich mehrstufiger Verwaltungen werden, soweit Stufenvertretungen bestehen, bei den Behörden der Mittelstufen Bezirks-Jugend- und Auszubildendenvertretungen und bei den obersten Dienstbehörden Haupt-Jugend- und Auszubildendenvertretungen gebildet. [2]Für die Jugend- und Auszubildendenstufenvertretungen gelten § 53 Abs. 2 und 4 sowie die §§ 57 bis 62 entsprechend.

36 Vgl. KfdP-*Kröll*, Rn. 12.

(2) [1]In den Fällen des § 6 Abs. 3 wird neben den einzelnen Jugend- und Auszubildendenvertretungen eine Gesamt-Jugend- und Auszubildendenvertretung gebildet. [2]Absatz 1 Satz 2 gilt entsprechend.

(Abs. 1) Nach **Abs. 1 S. 1** werden für den Geschäftsbereich mehrstufiger Verwaltungen, soweit dort Stufenvertretungen bestehen (vgl. dazu § 53 Rn. 3 ff.), entsprechende **Jugend- und Auszubildendenstufenvertretungen** gebildet, und zwar bei den Behörden der Mittelstufen, soweit dort BPR bestehen, **Bezirks-Jugend- und Auszubildendenvertretungen** (BJAV) und bei den obersten Dienstbehörden, soweit dort HPR bestehen, **Haupt-Jugend- und Auszubildendenvertretungen** (HJAV). Die BJAV ist dem jeweiligen BPR, die HJAV dem jeweiligen HPR zugeordnet (vgl. § 53 Rn. 7). Für die Jugend- und Auszubildendenstufenvertretungen gelten nach **Abs. 1 S. 2** die für die Stufenvertretungen geltenden Vorschriften des § 53 Abs. 2 und 4 sowie die für die örtlichen JAV geltenden Bestimmungen der §§ 57 bis 62 entsprechend. 1

Die Bildung einer Jugend- und Auszubildendenstufenvertretung hängt von zwei **Voraussetzungen** ab. Erstens muss nach Abs. 1 S. 1 im Falle der BJAV bei der jeweiligen Behörde der Mittelstufe ein **BPR** und im Falle der HJAV bei der jeweiligen obersten Dienstbehörde ein **HPR** bestehen. Zweitens müssen nach Abs. 1 S. 2 i. V. m. § 57 dem Geschäftsbereich der Behörde der Mittelstufe bzw. der obersten Dienstbehörde in der Regel **mindestens fünf in § 57 genannte Beschäftigte** angehören (vgl. § 57 Rn. 3). Ob in den Dienststellen im jeweiligen Geschäftsbereich örtliche JAV gebildet sind, ist dagegen unerheblich. 2

Die **Wahl** der BJAV und der HJAV richtet sich nach Vorschriften, auf die in Abs. 1 S. 2 verwiesen ist. Entsprechend § 53 Abs. 2 werden die Mitglieder der BJAV von den zum Geschäftsbereich der Behörde der Mittelstufe, die Mitglieder der HJAV von den zum Geschäftsbereich der obersten Dienstbehörde gehörenden, in § 57 genannten Beschäftigten gewählt (vgl. § 53 Rn. 9 f.). Für die **Wahlberechtigung** gilt § 58 Abs. 1, für die **Wählbarkeit** § 58 Abs. 2, für die **Zahl der zu wählenden Mitglieder** § 59 Abs. 1, für deren **Zusammensetzung** § 59 Abs. 2 und 3 und für das **Wahlverfahren** § 60 Abs. 1 entsprechend. Nach § 47 Abs. 1 S. 1 i. V. m. § 33 Abs. 1 S. 1 und § 43 WO wird die Wahl der BJAV von einem **Bezirkswahlvorstand**, die der HJAV von einem **Hauptwahlvorstand** geleitet. Der Bezirks- bzw. Hauptwahlvorstand und sein Vorsitzender sind entsprechend § 60 Abs. 1 S. 1 grundsätzlich vom BPR bzw. HPR zu bestellen. In den einzelnen Dienststellen ist die Wahl der BJAV bzw. der HJAV grundsätzlich im Auftrag des Bezirks- bzw. Hauptwahlvorstands von **örtlichen Wahlvorständen** durchzuführen, deren Bestimmung sich nach dem entsprechend anzuwendenden § 53 Abs. 4 richtet. Für **Mitglieder der Wahlvorstände** sowie für **Wahlbewerber** zur BJAV und HJAV gelten nach Abs. 1 S. 2 i. V. m. § 62 S. 3 die Vorschriften des § 47 Abs. 1, 2 S. 1 und 2 3 über den **Schutz vor außerordentlichen Kündigungen, Versetzungen, Umsetzungen und Abordnungen** entsprechend. Hinsichtlich der **Amtszeit** und der **Wahlzeiten** der BJAV und der HJAV verweist Abs. 1 S. 2 auf die für die örtliche JAV geltenden Bestimmungen des § 60 Abs. 2 und 4, die z.T. auf die für die örtlichen PR geltenden Vorschriften weiterverweisen (vgl. § 60 Rn. 6ff.).

4 Auch hinsichtlich der **Geschäftsführung** der BJAV und der HJAV verweist Abs. 1 S. 2 auf die für die örtliche JAV geltenden Bestimmungen (vgl. § 60 Abs. 3 und § 62 S. 1 sowie § 60 Rn. 12 und § 62 Rn. 2–6). Für die **Rechtstellung** der Mitglieder der BJAV und der HJAV gilt aufgrund der Verweisung auf § 62 S. 1 und 2 das Gleiche wie für die Mitglieder der JAV (vgl. § 62 Rn. 7–13). Die **allgemeinen Vorschriften** der **§§ 8 bis 11** und des **§ 67 Abs. 2** gelten für die Mitglieder der BJAV und der HJAV unmittelbar (vgl. § 62 Rn. 1).

5 Für die **Aufgaben** der BJAV und der HJAV und für die der Erfüllung dieser Aufgaben dienenden **Befugnisse** gelten nach Abs. 1 S. 2 die Vorschriften des § 61 entsprechend. Soweit darin das **Zusammenwirken** der JAV mit dem PR geregelt ist, tritt an dessen Stelle der **BPR** bzw. der **HPR**, welchem die BJAV bzw. die HJAV jeweils zugeordnet ist.[37]

6 (**Abs. 2**) In den Fällen der **Verselbständigung von Nebenstellen und Dienststellenteilen** nach § 6 Abs. 3 wird nach Abs. 2 S. 1 neben den einzelnen örtlichen JAV auch eine **Gesamt-Jugend- und Auszubildendenvertretung** (GJAV) gebildet, die dem nach § 55 zu bildenden GPR zugeordnet ist. Nach Abs. 2 S. 2 gilt für die GJAV der für die Jugend- und Auszubildendenstufenvertretungen geltende Abs. 1 S. 2 entsprechend, der wiederum auf die Vorschriften des § 53 Abs. 2 und 4 für die Stufenvertretungen sowie die Bestimmungen der §§ 57 bis 62 für die örtlichen JAV verweist.

7 Vergleichbar der Bildung einer BJAV bzw. HJAV (vgl. Rn. 2) hängt nach dem entsprechend anzuwendenden § 57 auch die Bildung einer GJAV von zwei **Voraussetzungen** ab. Erstens muss in der Gesamtdienststelle ein **GPR** bestehen. Zweitens müssen der Gesamtdienststelle in der Regel **mindestens fünf in § 57 genannte Beschäftigte** angehören (vgl. § 57 Rn. 1). Ob in den einzelnen Dienststellen örtliche JAV gebildet sind, ist auch hier unerheblich, so dass eine GJAV auch dann zu bilden ist, wenn weder in der Hauptdienststelle noch in einer der verselbständigten Teileinheiten eine örtliche JAV besteht.[38]

8 Aufgrund der **Verweisung in Abs. 2 S. 2** auf den für die Jugend- und Auszubildendenstufenvertretungen geltenden Abs. 1 S. 2 gilt für die Wahl und die Amtszeit der GJAV, für ihre Geschäftsführung, ihre Aufgaben und Befugnisse sowie für die Rechtsstellung ihrer Mitglieder das zur BJAV und HJAV

37 Vgl. *BVerwG* v. 19.1.09 – 6 P 1.08 –, PersR 09, 205; KfdP-*Kröll*, Rn. 7.
38 Teilw. str.; vgl. KfdP-*Kröll*, Rn. 10.

Gesagte (vgl. Rn. 3–5) mit den Maßgaben entsprechend, die sich aus den **Besonderheiten** der GJAV ergeben. Zu diesen Maßgaben gehört u. a., dass die GJAV von den zur Gesamtdienststelle gehörenden, in § 57 genannten Beschäftigten gewählt wird, dass ihre Wahl von einem Gesamtwahlvorstand geleitet wird (vgl. § 47 Abs. 2 WO) und dass die gewählte GJAV mit dem GPR zusammenarbeitet, dem sie zugeordnet ist.

Für die Bildung einer GJAV bei der **Rundfunkanstalt »Deutsche Welle«** gelten die besonderen Vorschriften des § 90 Nr. 3 (vgl. § 90 Rn. 11). 9

Viertes Kapitel
Vertretung der nichtständig Beschäftigten

§ 65

(1) [1]Steigt während der Amtszeit des Personalrates die Zahl der Beschäftigten vorübergehend um mehr als 20 Personen, die voraussichtlich nur für einen Zeitraum von höchstens sechs Monaten beschäftigt werden, so wählen die nichtständig Beschäftigten in geheimer Wahl

bei 21 bis	**50 nichtständig Beschäftigten**	**einen Vertreter,**
bei 51 bis	**100 nichtständig Beschäftigten**	**zwei Vertreter,**
bei mehr als	**100 nichtständig Beschäftigten**	**drei Vertreter.**

[2]Der Personalrat bestimmt den Wahlvorstand und seinen Vorsitzenden. [3]Im übrigen gelten für die Wahl der Vertreter § 13 Abs. 1 und 3, §§ 14, 17 Abs. 6 und 7, §§ 19, 24 Abs. 1 Satz 1 und 2, Abs. 2 und § 25 mit Ausnahme der Vorschriften über die Dauer der Zugehörigkeit zum Geschäftsbereich der obersten Dienstbehörde und zum öffentlichen Dienst entsprechend.

(2) [1]Die Amtszeit der in Absatz 1 bezeichneten Vertreter endet mit Ablauf des für die Beschäftigung der nichtständig Beschäftigten vorgesehenen Zeitraums oder mit Wegfall der Voraussetzungen für ihre Wahl. [2]§ 26 Satz 2, § 27 Abs. 2 Nr. 2 bis 4, Abs. 3 und §§ 28 bis 31 gelten entsprechend.

(3) Für die in Absatz 1 bezeichneten Vertreter gelten §§ 43 bis 45, § 46 Abs. 1, 2, 3 Satz 1 und § 67 Abs. 1 Satz 3 sinngemäß.

(4) An den Sitzungen des Personalrates nehmen die in Absatz 1 bezeichneten Vertreter nach Maßgabe des § 40 Abs. 2 teil.

(Abs. 1) Nichtständig Beschäftigte sind solche Personen, die voraussicht- 1
lich nur für einen Zeitraum von höchstens sechs Monaten beschäftigt werden. Es kann sich dabei um Arbeitnehmer handeln, die aufgrund eines kalendermäßig befristeten oder zweckbefristeten Arbeitsvertrages beschäftigt

sind (vgl. z. B. § 3 Abs. 1 TzBfG u. § 30 TVöD). Nicht dazu gehören Personen in anderen atypischen Beschäftigungsverhältnissen, also insb. nicht Beschäftigte in Teilzeitarbeit. Nichtständig Beschäftigte können aber auch abgeordnete Beschäftigte sein, ebenso Beamte im Vorbereitungsdienst und Beschäftigte in entsprechender Berufsausbildung, die einer Dienststelle nicht länger als sechs Monate zur Ausbildung zugewiesen sind. Auch nichtständig Beschäftigte haben – bei Vorliegen der sonstigen Voraussetzungen – grundsätzlich das **aktive Wahlrecht zum PR**, wenn sie am Tage der Wahl Beschäftigte der Dienststelle sind (zu den Ausnahmen vgl. § 13 Abs. 2 u. 3). **Steigt** während der Amtszeit des PR **die Zahl der nichtständig Beschäftigten** vorübergehend **um mehr als 20 Personen**, so wählen die nichtständig Beschäftigten nach Abs. 1 S. 1 bis zu drei Vertreter. Bei der Prüfung der Frage, ob sich die Zahl der nichtständig Beschäftigten um mehr als 20 Personen erhöht hat, werden diejenigen nichtständig Beschäftigten gezählt, die seit Beginn der Amtszeit des PR vorübergehend eingestellt oder abgeordnet worden sind.

2 Liegen die Voraussetzungen für die Bildung einer Vertretung der nicht ständig Beschäftigten vor, so hat der PR den **Wahlvorstand** und dessen Vorsitzenden zu bestimmen. Obwohl Abs. 1 S. 2 nicht auf § 20 Abs. 1 verweist, sollte der PR die dort getroffenen Regelungen über die Größe und Zusammensetzung des die Wahl des PR vorbereitenden und durchführenden Wahlvorstands grundsätzlich entsprechend anwenden. Dabei hat er jedoch zu beachten, dass dem Wahlvorstand mindestens ein nach § 14 zum PR wählbarer Beschäftigter angehören muss (§ 31 Abs. 1 S. 2 WO). Der Wahlvorstand ist verpflichtet, die Wahl der Vertreter der nichtständig Beschäftigten vorzubereiten und durchzuführen. Die von ihm im Einzelnen zu erfüllenden Aufgaben werden – da Abs. 1 S. 3 nicht auf § 23 verweist – ausschließlich durch die Wahlordnung konkretisiert und präzisiert (vgl. § 31 WO). Ein Recht der in der Dienststelle vertretenen Gewerkschaften, je einen Beauftragten zur beratenden Teilnahme an den Sitzungen des Wahlvorstands zu entsenden, besteht nicht, weil die für die Wahl des PR geltende Vorschrift des § 20 Abs. 1 S. 4 nicht in Bezug genommen ist. Das schließt jedoch nicht aus, dass der Wahlvorstand Gewerkschaftsbeauftragte in der Eigenschaft als Sachverständige oder Auskunftspersonen hinzuzieht.

3 **Wahlberechtigt** sind alle nichtständig Beschäftigten, die das 18. Lebensjahr vollendet und nicht das Recht, in öffentlichen Angelegenheiten zu wählen und zu stimmen, verloren haben und die am Tage der Wahl der Dienststelle angehören (§ 13 Abs. 1). Dazu gehören auch diejenigen Beschäftigten, die bereits an der Wahl des PR teilgenommen haben.[1] Auch abgeordnete Beschäftigte, die zum Kreis der nichtständig Beschäftigten gehören, sind wahlberechtigt (Abs. 1 S. 3 verweist nicht auf § 13 Abs. 2). Hingegen sind Beamte

1 Str.; vgl. KfdP-*Kröll*, Rn. 8 m. N.

im Vorbereitungsdienst und Beschäftigte in entsprechender Berufsausbildung nicht wahlberechtigt (§ 13 Abs. 3). **Wählbar** sind alle wahlberechtigten nichtständig Beschäftigten, die die Fähigkeit, Rechte aus öffentlichen Wahlen zu erlangen, nicht verloren haben (§ 14). Eine bestimmte Dauer der Zugehörigkeit zum Geschäftsbereich der obersten Dienstbehörde oder der Beschäftigung im öffentlichen Dienst ist nicht erforderlich. Bei der Festlegung der **Zahl der zu wählenden Vertreter** der nichtständig Beschäftigten ist die Zahl der nichtständig Beschäftigten zugrunde zu legen, die am Tage des Erlasses des Wahlausschreibens der Dienststelle angehören.[2] Dabei sind auch diejenigen nichtständig Beschäftigten mitzuzählen, die bereits am Tage der Wahl des PR der Dienststelle angehörten.[3] Sind zwei oder drei Vertreter der nichtständig Beschäftigten zu wählen und findet Gruppenwahl statt, müssen die **Gruppen** entsprechend ihrer zahlenmäßigen Stärke bei der Vergabe der Sitze berücksichtigt werden (vgl. Rn. 4). Darüber hinaus soll sich die mehrköpfige Sondervertretung der nichtständig Beschäftigten aus Vertretern der verschiedenen **Beschäftigungsarten** zusammensetzen. Die **Geschlechter** sollen ihrem Zahlenverhältnis entsprechend vertreten sein (§ 17 Abs. 6 u. 7).

Die Vertreter der nichtständig Beschäftigten werden in **geheimer und unmittelbarer Wahl** (§ 19 Abs. 1) und bei Vorliegen mehrerer Wahlvorschläge nach den Grundsätzen der **Verhältniswahl** gewählt. **Mehrheitswahl** findet statt, wenn in einem Wahlgang lediglich ein Vertreter zu wählen ist oder wenn zwar mehrere Vertreter zu wählen sind, aber nur ein gültiger Wahlvorschlag vorliegt (§ 19 Abs. 3). Sind zwei oder drei Vertreter zu wählen, so findet die Wahl grundsätzlich als **Gruppenwahl** statt, es sei denn, dass die jeder Gruppe angehörenden wahlberechtigten nichtständig Beschäftigten vor der Wahl in getrennten geheimen Abstimmungen – jeweils mit der Mehrheit der Stimmen aller Wahlberechtigten der Gruppe – die **gemeinsame Wahl** beschließen (§ 19 Abs. 2). Findet Gruppenwahl statt, ist es notwendig, die zu vergebenden **Sitze auf die Gruppen zu verteilen**. Die den Gruppen zustehenden Vertreter sind – wenn nicht bei gleicher Stärke entsprechend § 5 Abs. 4 WO ein Losentscheid durchzuführen ist – ausschließlich nach dem d'Hondt'schen Höchstzahlverfahren zu verteilen (vgl. dazu § 17 Rn. 3 u. 5). Die gesetzlichen Vorschriften über den Minderheitenschutz im PR sind nicht anzuwenden (§ 31 Abs. 1 S. 1 WO). Zur Wahl der Vertreter der nichtständig Beschäftigten können nur die wahlberechtigten nichtständig Beschäftigten und die in der Dienststelle vertretenen Gewerkschaften **Wahlvorschläge** machen (§ 19 Abs. 4–9). 4

Die **Behinderung** und die **sittenwidrige Beeinflussung** der Wahl der Vertreter der nichtständig Beschäftigten sind verboten (§ 24 Abs. 1 S. 1 u. 2). Al- 5

2 Str.; vgl. KfdP-*Kröll*, Rn. 10 m. N.
3 Str.; vgl. KfdP-*Kröll*, a. a. O.

lerdings genießen die Mitglieder des Wahlvorstands und die Wahlbewerber keinen besonderen Kündigungs-, Versetzungs- und Abordnungsschutz, weil Abs. 1 S. 3 nicht auf § 24 Abs. 1 S. 3 verweist. Die Dienststelle trägt die **Kosten** der Wahl (§ 24 Abs. 2). Die Wahl der Vertreter der nichtständig Beschäftigten kann durch mindestens drei wahlberechtigte nichtständig Beschäftigte, jede in der Dienststelle vertretene Gewerkschaft oder den Leiter der Dienststelle binnen einer Frist von zwölf Arbeitstagen, vom Tage der Bekanntgabe des Wahlergebnisses an gerechnet, beim Verwaltungsgericht **angefochten** werden (§ 25).

6 **(Abs. 2)** Die Vertreter der nichtständig Beschäftigten werden anders als der PR nicht für eine regelmäßige, grundsätzlich gleich lange **Amtszeit** gewählt. Die Amtszeit beginnt mit dem Tage der Wahl oder, wenn zu diesem Zeitpunkt noch eine Vertretung der nichtständig Beschäftigten besteht, mit Ablauf von deren Amtszeit (§ 26 S. 2). Sie endet mit Ablauf des für die Beschäftigung der nichtständig Beschäftigten vorgesehenen Zeitraums oder mit Wegfall der Voraussetzungen für ihre Wahl. Der Ablauf der Amtszeit des PR führt nicht zur Beendigung der Amtszeit der Vertretung der nichtständig Beschäftigten.[4] Eine **Neuwahl** ist generell bei Vorliegen der Voraussetzungen notwendig, die eine Neuwahl des PR erforderlich machen (§ 27 Abs. 2 Nr. 2–4). In den Fällen des Absinkens der Mitgliederzahl und des Rücktritts führt die bisherige Vertretung die Geschäfte weiter, bis eine neue Vertretung gewählt ist (§ 27 Abs. 3). Bei grober Vernachlässigung gesetzlicher Befugnisse oder grober Verletzung gesetzlicher Pflichten kommt der **Ausschluss** eines Vertreters oder die **Auflösung** der Vertretung der nichtständig Beschäftigten in Betracht (§ 28). Die **Mitgliedschaft** in der Vertretung **endet** auch in den sonstigen in § 29 geregelten Fällen. Bei Beamten ist ein **Ruhen** der Mitgliedschaft möglich (§ 30). Das Nachrücken von **Ersatzmitgliedern** richtet sich nach § 31.

7 **(Abs. 3)** Für die **Geschäftsführung** und **Rechtsstellung** der Vertretung der nichtständig Beschäftigten gelten im Wesentlichen die entsprechenden Vorschriften für den PR (§§ 43–45, 46 Abs. 1, 2, 3 S. 1 u. § 67 Abs. 1 S. 3) sinngemäß. Soweit das Gesetz keine Festlegungen trifft, können die Vertreter der nichtständig Beschäftigten ihre Geschäftsführung selbständig regeln. Falls nicht nur ein Vertreter gewählt worden ist, gilt dies auch für **Zusammenkünfte** der (zwei oder drei) Vertreter, für die das Gesetz nicht auf die Vorschriften über die Sitzungen des PR verweist.[5] Da die Vertreter der nichtständig Beschäftigten Personen sind, die Aufgaben oder Befugnisse nach dem BPersVG wahrnehmen, gelten die Vorschriften des § 8 über das **Verbot der Behinderung, Benachteiligung und Begünstigung** und des § 10 über die **Schweigepflicht** unmittelbar für sie. Sie genießen zwar nicht den in den Be-

4 Str.; vgl. KfdP-*Kröll*, Rn. 15a m. N.

5 Str.; vgl. KfdP-*Kröll*, Rn. 18 m. N.

stimmungen der §§ 15 und 16 KSchG und des § 47 Abs. 1 vorgesehenen besonderen Kündigungsschutz und auch nicht den in § 47 Abs. 2 festgelegten besonderen Versetzungs- und Abordnungsschutz. Das Benachteiligungsverbot des § 8 gibt ihnen jedoch einen **relativen Kündigungs-, Versetzungs- und Abordnungsschutz.**

(Abs. 4) Die Vertreter der nichtständig Beschäftigten gehören nicht dem PR an. Sie nehmen jedoch an den **Sitzungen des PR** teil, allerdings nur nach Maßgabe des § 40 Abs. 2. Sie können deshalb an solchen PR-Sitzungen teilnehmen, in denen Angelegenheiten behandelt werden, die besonders die nichtständig Beschäftigten betreffen. Zu diesen Sitzungen sind sie vom Vorsitzenden des PR einzuladen (§ 34 Abs. 2 S. 4). Ein Stimmrecht steht ihnen nicht zu. Ihr Teilnahmerecht beschränkt sich auf die Behandlung der sie besonders betreffenden Angelegenheiten. Die Vertreter der nichtständig Beschäftigten haben darauf hinzuwirken, dass die besonderen Belange der nichtständig Beschäftigten bei der **Beratung und Beschlussfassung** des PR berücksichtigt werden. Das beinhaltet Anregungen auf Aufnahme entsprechender Gegenstände in die **Tagesordnung.** Über solche Anregungen hat der Vorsitzende des PR nach pflichtgemäßem Ermessen zu entscheiden. 8

Fünftes Kapitel
Beteiligung der Personalvertretung

Erster Abschnitt
Allgemeines

Vorbemerkungen vor § 66

Das Fünfte Kapitel des *Ersten Teils* des BPersVG regelt in vier Abschnitten die **Beteiligung** der Personalvertretung. Der Erste Abschnitt (§§ 66–68) normiert die für die Beteiligung geltenden allgemeinen Rechte und Pflichten der Personalvertretung und der Dienststelle. Der Zweite Abschnitt (§§ 69–74) enthält Vorschriften über Formen und Verfahren der Mitbestimmung und Mitwirkung einschl. des Initiativrechts, über Dienstvereinbarungen und über die Durchführung von Entscheidungen. Der Dritte Abschnitt (§§ 75–81) legt im Wesentlichen die Angelegenheiten fest, in denen der PR zu beteiligen ist. Der Vierte Abschnitt (§ 82) regelt die Beteiligung der Stufenvertretungen (BPR, HPR) in mehrstufigen Verwaltungen und des GPR in personalvertretungsrechtlich aufgegliederten Dienststellen sowie die Abgrenzung der Zuständigkeiten dieser Personalvertretungen von der Zuständigkeit des (örtlichen) PR. **Modifikationen** der Beteiligungsvorschriften des *Fünften Kapitels* sind enthalten in den im Siebenten Kapitel (§§ 85–93) plat- 1 zierten Vorschriften für **besondere Verwaltungszweige** und die Behandlung von **Verschlusssachen.**

2 Der **Begriff der Beteiligung** i. S. d. des BPersVG ist als Oberbegriff zu verstehen, der verschiedene Beteiligungsarten umfasst, insb. die Formen der Mitbestimmung, Mitwirkung und Anhörung.[1] Dagegen ist die bloße Information noch keine Beteiligung,[2] weil sie der Personalvertretung keine Möglichkeit gibt, auf die Willensbildung der Dienststelle Einfluss zu nehmen. Der Begriff der Beteiligung ist enger als die Begriffe »Aufgaben oder Befugnisse« i. S. d. §§ 8 und 10 Abs. 1 sowie »Rechte oder Pflichten« i. S. d. § 11. **Aufgaben** der Personalvertretung, die nicht zur Beteiligung i. S. d. §§ 66 bis 82 gehören, sind auch **in anderen Vorschriften des BPersVG** (so z. B. in § 20 Abs. 1 S. 1 [Bestellung des Wahlvorstands] und § 49 Abs. 1 [Einberufung einer Personalversammlung und Erstattung eines Tätigkeitsberichts]) sowie **außerhalb des BPersVG** (vgl. Rn. 6 a. E.) festgelegt. Davon und von den Maßgaben des *Siebenten Kapitels* (vgl. Rn. 1) abgesehen sind die **Beteiligungstatbestände** in den §§ 75 bis 81 **erschöpfend** und **zwingend** geregelt.[3] Eine **außergesetzliche Erweiterung oder Einschränkung** der Beteiligungsrechte oder eine über das Gesetz hinausgehende Selbstbindung der Verwaltung ist ausgeschlossen.[4] Entsprechende Dienstvereinbarungen, aber auch Tarifverträge sind nach den §§ 3 und 73 unzulässig (vgl. § 3 Rn. 1 ff.; § 73 Rn. 2 f.).

3 Die Beteiligungsvorschriften sind ebenso wie die anderen Vorschriften des BPersVG nach den **Regeln der Auslegung** zu interpretieren, die für alle Gesetze gelten. Sie sind deshalb nach ihrem Wortlaut, Sinn und Zweck, systematischen Zusammenhang und ihrer Entstehungsgeschichte auszulegen. Lassen die anerkannten Auslegungsregeln mehrere Deutungen zu, so ist eine Auslegung geboten, die mit dem Grundgesetz in Einklang steht. Diese **verfassungskonforme Auslegung** findet ihre Grenze aber dort, wo sie zu dem Wortlaut und dem klar erkennbaren Willen des Gesetzgebers in Widerspruch treten würde. Verwendet das BPersVG fest umrissene **Begriffe aus anderen Rechtsgebieten,** ist bei seiner Anwendung von diesen Begriffen auszugehen, es sei denn, es bestünden Anhaltspunkte für ein vom Gesetzgeber gewolltes abweichendes Verständnis der jeweiligen Begriffe.[5] Werden in den Beteiligungstatbeständen gleichlautende Begriffe aus einschlägigen **tarifvertraglichen und beamtenrechtlichen Vorschriften** verwendet, so kann

1 *BVerwG* v. 12. 1. 62 – VII P 1.60 –, PersV 62, 160.
2 So aber *BAG* v. 9. 5. 80 – 7 AZR 376/80 –, AP BPersVG § 108 Nr. 2.
3 *BVerwG* v. 28. 2. 58 – VII P 19.57 –, BVerwGE 6, 220, u. v. 26. 1. 68 – VII P 8.67 –, PersV 68, 136.
4 *BVerwG* v. 11. 12. 91 – 6 P 5.91 –, PersR 92, 104.
5 Vgl. *BVerwG* v. 28. 5. 02 – 6 P 9.01 – u. v. 12. 9. 02 – 6 P 11.01 –, PersR 02, 340, u. 03, 39, jew. m. w. N.

grundsätzlich auf deren Verständnis und ihre Definitionen zurückgegriffen werden.[6] Soweit es der mit der Beteiligung des PR verfolgte Gesetzeszweck jedoch gebietet, muss bei der personalvertretungsrechtlichen Beurteilung von dem tarifvertraglichen bzw. beamtenrechtlichen Verständnis abgewichen werden.[7] Hinsichtlich der Heranziehung der **Rspr. der Arbeitsgerichte zum BetrVR** ist nach der Rspr. des *BVerwG*[8] wie folgt zu differenzieren: Zwischen PersVR und BetrVR bestehen wesentliche **Strukturunterschiede,** die es rechtfertigen können, Parallelnormen in beiden Rechtsgebieten jeweils unterschiedlich auszulegen.[9] Wegen der **Ähnlichkeiten** beider Rechtsgebiete kann aber eine klare oder geklärte Rechtslage im BetrVR **Vorbildfunktion** für das PersVR entfalten, soweit für eine Abweichung sachliche Gründe nicht ersichtlich sind.

Im Bereich der Beteiligung kann auch die analoge Anwendung **zivilrechtlicher Grundsätze** in Betracht kommen, zumal das Gebot der vertrauensvollen Zusammenarbeit (§ 2 Abs. 1) auch als Ausprägung des Grundsatzes von **Treu und Glauben** (§ 242 BGB) verstanden werden kann.[10] Dazu gehören als Unterfall des **Verbots der unzulässigen Rechtsausübung** auch das **Verbot widersprüchlichen Verhaltens** und damit auch die **Verwirkung.** Ein Recht ist verwirkt, wenn der Berechtigte es längere Zeit hindurch nicht geltend gemacht hat und der Verpflichtete sich darauf eingerichtet hat und sich nach dem gesamten Verhalten des Berechtigten auch darauf einrichten durfte, dass dieser das Recht auch in Zukunft nicht mehr geltend machen werde. Hinsichtlich der Anwendung des Grundsatzes der Verwirkung im PersVR ist jedoch folgende Differenzierung notwendig: Eine Verwirkung von **Beteiligungsrechten** kann nicht eintreten, weil diese materiell im Interesse der Beschäftigten bestehen. Verwirkt werden können deshalb nur **verfahrensrechtliche Befugnisse.**[11] 4

Da die Beteiligungsrechte zur **Vertretung der Interessen der Beschäftigten** vorgesehen sind (vgl. § 1 Rn. 19 u. § 2 Rn. 2f.), kann die Personalvertretung (ebenso wie der Betriebsrat) auf die Ausübung dieser Rechte **nicht verzichten,** sondern hat sie nach pflichtgemäßem Ermessen wahrzunehmen.[12] Sie kann deshalb ein Mitbestimmungsrecht auch **nicht** in der Weise ausüben, dass sie **dem Arbeitgeber oder Dienstherrn das alleinige Gestaltungsrecht** über den mitbestimmungspflichtigen Tatbestand **eröffnet** (vgl. § 75 Rn. 75). 5

6 *BVerwG* v. 19. 3. 12 – 6 P 6.11 –, PersR 12, 270.
7 *BVerwG* v. 12. 9. 05 – 6 P 1.05 – u. v. 27. 8. 08 – 6 P 3.08 –, PersR 06, 72, u. 08, 500.
8 Vgl. Beschl. v. 17. 12. 03 – 6 P 7.03 –, PersR 04, 106.
9 So auch *GmS-OGB* v. 11. 3. 87 – 6/86 –, PersR 87, 263.
10 Näher dazu KfdP-*Berg*, vor § 66 Rn. 4.
11 Vgl. *BVerwG* v. 9. 12. 92 – 6 P 16.91 –, PersR 93, 212.
12 Vgl. *BAG* v. 26. 4. 05 – 1 AZR 76/04 –, AP BetrVG 1972 § 87 Nr. 12.

6 Das BPersVG sieht folgende **Formen der Beteiligung** vor:

- die **Mitbestimmung**, deren Verfahren in den §§ 69 und 71 geregelt ist und bei der nach § 69 Abs. 4 i. V. m. § 71 Abs. 4 S. 2 zwei Varianten zu unterscheiden sind (vgl. § 69 Rn. 2): die **uneingeschränkte Mitbestimmung** in den Angelegenheiten des § 75 und die **eingeschränkte Mitbestimmung** in den Angelegenheiten des § 76 (vgl. aber Rn. 11 u. § 69 Rn. 40);
- die **Mitwirkung**, deren Verfahren in § 72 geregelt ist, in den Angelegenheiten des § 78 Abs. 1 und des § 79 Abs. 1 sowie in solchen Angelegenheiten, bei denen nach § 86 Nr. 9 oder § 90 Nr. 7 Buchst. b die an sich gegebene Mitbestimmung zur Mitwirkung herabgestuft ist (vgl. § 72 Rn. 1 ff.);
- die **Anhörung**, deren Verfahren im BPersVG nicht umfassend geregelt ist (vgl. § 78 Rn. 4), in den Angelegenheiten des § 78 Abs. 3 bis 5 und des § 79 Abs. 3;
- das in § 70 in zwei Varianten ausgestaltete **Initiativrecht** (vgl. § 70 Rn. 1): nach § 70 Abs. 1 das **uneingeschränkte Initiativrecht** in den Angelegenheiten des § 75 Abs. 3 Nr. 1 bis 6 und 11 bis 17 (vgl. § 70 Rn. 6 ff.) und nach § 70 Abs. 2 das **eingeschränkte Initiativrecht** in den Angelegenheiten des § 75 Abs. 1, 2 und 3 Nr. 7 bis 10 und des § 76 (vgl. § 70 Rn. 12 ff.);
- die **speziellen Beteiligungsrechte** nach § 80 bei verwaltungsinternen Prüfungen (vgl. § 80 Rn. 1 ff.) und nach § 81 bei Arbeitsschutz und Unfallverhütung (vgl. § 81 Rn. 1);
- die **allgemeinen Aufgaben** nach § 67 Abs. 1 S. 1 und § 68 Abs. 1.

Zu diesen im BPersVG geregelten Beteiligungsrechten kommen **spezielle Beteiligungsrechte außerhalb des BPersVG** hinzu. Diese bestehen v. a. bezüglich der Beschäftigung und Integration schwerbehinderter Menschen nach § 93 SGB IX (vgl. § 68 Rn. 17) sowie in Fragen des Arbeitsschutzes (vgl. § 81 Rn. 3).

7 Durch das **Einverständnis** des oder der betroffenen Beschäftigten mit einer beabsichtigten Maßnahme der Dienststelle wird das jeweilige Beteiligungsrecht des PR nicht ausgeschlossen, weil dessen generelle Aufgabenstellung bei der Wahrnehmung sowohl kollektiver als auch individueller Interessen darin besteht, darauf hinzuwirken, dass zugunsten der Beschäftigten ein Rechtszustand aufrechterhalten oder hergestellt wird, der mit Rücksicht auf die einzelnen Regelwerke und den Gleichbehandlungsgrundsatz angezeigt ist.[13] Das gilt, wenn nichts anderes bestimmt ist (vgl. § 78 Abs. 1 Nr. 4), auch bei personellen Einzelmaßnahmen. Allerdings hängt die Beteiligung des PR in bestimmten Fällen der Mitbestimmung und Mitwirkung von einem **Antrag des Beschäftigten** ab (vgl. § 75 Abs. 2 S. 2 Hs. 1, § 76 Abs. 2 S. 2 u. § 78 Abs. 2 S. 2). Ein solcher Antrag ist nach § 77 Abs. 1 S. 1, § 85 Abs. 1 Nr. 7 und § 90 Nr. 7 Buchst. c S. 1 bei **besonderen Gruppen von Beschäftigten** in

13 Vgl. *BVerwG* v. 24.10.01 – 6 P 13.00 – u. v. 12.9.05 – 6 P 1.05 –, PersR 02, 21, u. 06, 72.

bestimmten Personalangelegenheiten immer erforderlich. Außerdem ist bei besonderen Personengruppen die Mitbestimmung oder Mitwirkung in bestimmten Personalangelegenheiten nach § 77 Abs. 2 S. 2, § 78 Abs. 2 S. 1, § 79 Abs. 1 S. 2 und § 90 Nr. 7 Buchst. a ganz ausgeschlossen oder wird die Mitbestimmung nach § 86 Nr. 9 und § 90 Nr. 7 Buchst. b durch die Mitwirkung ersetzt. Eine weitere Beschränkung der Mitbestimmung liegt darin, dass der PR in den Personalangelegenheiten nach § 75 Abs. 1 und § 76 Abs. 1 eine **Zustimmungsverweigerung** nur auf die in § 77 Abs. 2 aufgeführten Gründe stützen kann. Im Fall der Mitwirkung nach § 78 Abs. 1 Nr. 3 gilt dies gem. § 78 Abs. 2 S. 3 für etwaige Einwendungen z. T. entsprechend.

Die Mitbestimmung der Beschäftigten in Betrieben und Verwaltungen ist im 8
Grundgesetz zwar nicht ausdrücklich vorgesehen und garantiert. Nach zutreffender Auslegung ist aber der **Gesetzgeber verfassungsrechtlich legitimiert und verpflichtet,** in den Betrieben privaten Rechts eine Betriebsverfassung sowie in den Betrieben und Verwaltungen öffentlichen Rechts eine Personalvertretung zu schaffen und aufrechtzuerhalten, die jeweils so ausgestaltet ist, dass die von den Beschäftigten gewählten Repräsentationsorgane (Betriebsräte und Personalvertretungen) die Arbeitsbedingungen der Beschäftigten mitgestalten können (vgl. Rn. 9).[14] Die verfassungsrechtlichen Grundlagen für diese Mitbestimmung sind das **Sozialstaatsprinzip** (Art. 20 Abs. 1, 28 Abs. 1 GG) sowie die Schutzpflicht des Staates für die **Grundrechte der Beschäftigten**, insb. die Grundrechte aus Art. 1 Abs. 1, Art. 2 Abs. 1, Art. 5 Abs. 1 und Art. 12 Abs. 1 GG (vgl. § 1 Rn. 20).

Das BVerfG hat in seinem zum MBG Schl-H ergangenen **Beschluss** 9
v. 24. 5. 95[15] (näher dazu § 104 Rn. 5f.) gesagt, das Grundgesetz lasse Raum für eine Beteiligung des PR zur Wahrung der Belange der Beschäftigten und zur Mitgestaltung ihrer Arbeitsbedingungen, gebe dem Gesetzgeber aber nicht vor, wie er innerhalb des ihm »gesetzten Rahmens« die Beteiligung im Einzelnen ausgestalte. Während es auf die unteren Grenzen der Beteiligung (i. S. eines verfassungsrechtlichen Minimums) nicht näher eingegangen ist, hat es andererseits sehr detaillierte Vorgaben zu den oberen Grenzen (i. S. eines verfassungsrechtlichen Maximums) gemacht. Dabei ist es einem rein **staatsrechtlichen Ansatz** gefolgt und hat in Abweichung vom bisherigen Inhalt der Rahmenvorschrift des § 104 S. 3, aber auch von der für die Personalvertretungen im Bundesdienst geltenden Vorschrift des § 69 Abs. 4 die **oberen Grenzen verfassungsrechtlich zulässiger Mitbestimmung** grundsätzlich neu bestimmt. Aus den Entscheidungsgründen, in denen das *BVerfG* beispielhaft auf die im BPersVG enthaltenen Tatbestände der Mitbestim-

14 Für den öffentlichen Dienst offengelassen in *BVerfG* v. 27. 3. 79 – 2 BvL 2/77 –, PersV 79, 328, u. v. 24. 5. 95 – 2 BvF 1/92 –, PersR 95, 483.

15 *BVerfG* v. 24. 5. 95, a. a. O.

mung und der Mitwirkung verwiesen hat, lässt sich – bezogen auf BPersVG – Folgendes entnehmen:

- Der Gesetzgeber darf in den in **§ 75 Abs. 2** umschriebenen **sozialen Angelegenheiten** und in den in **§ 75 Abs. 3 (mit Ausnahme der Nrn. 10, 14 und 17**) umschriebenen **innerdienstlichen Angelegenheiten** einer **weisungsunabhängigen Einigungsstelle**, die nach oder entsprechend § 71 konstruiert ist, grundsätzlich die **Entscheidung** überlassen. Auch in diesen Fällen muss er aber Entscheidungen, die im Einzelfall wegen ihrer Auswirkungen auf das Gemeinwohl wesentlicher Bestandteil der Regierungsgewalt sind, einem parlamentarisch verantwortlichen Amtsträger vorbehalten, etwa dadurch, dass er der **obersten Dienstbehörde** ein **Evokationsrecht** einräumt (also ein Recht, die Entscheidung an sich zu ziehen). Diese Beteiligungsform lässt sich als **grundsätzlich uneingeschränkte Mitbestimmung** bezeichnen (im Unterschied zu der vom Gesetzgeber des BPersVG bisher vorgesehenen [ausnahmslos] uneingeschränkten Mitbestimmung).
- In allen **anderen innerdienstlichen Angelegenheiten**, die (auch) die Interessen der Beschäftigten berühren, darf der Gesetzgeber eine derartige **Einigungsstelle** in der Form in die Entscheidungsfindung einbeziehen, dass deren Entscheidung nur den Charakter einer **Empfehlung an die zuständige Dienstbehörde** hat. Das ist die vom Gesetzgeber des BPersVG schon bisher vorgesehene Beteiligungsform der eingeschränkten Mitbestimmung (vgl. § 69 Rn. 39). Zu den Angelegenheiten, die einer solchen Mitbestimmungsform zugänglich sind, gehören nach dem Beschl. des *BVerfG* nicht nur die sonstigen nach **§ 75 Abs. 1 und 3 Nr. 10, 14 und 17** sowie **§ 76** der Mitbestimmung unterworfenen (aber vom *BVerfG* als nicht grundsätzlich uneingeschränkt mitbestimmungspflichtig angesehenen) Angelegenheiten, sondern auch die in **§ 78 Abs. 1 Nr. 1 bis 4** und **§ 79** aufgeführten mitwirkungspflichtigen Angelegenheiten sowie – noch weitergehend – alle **organisatorischen Maßnahmen** der Dienststelle, die für die Wahrnehmung des Amtsauftrags von erheblicher Bedeutung sind (und unvermeidlich auch die Interessen der Beschäftigten berühren).

10 Auch wenn sich die Entscheidung des *BVerfG* v. 24. 5. 95[16] in ihrer **unmittelbaren Wirkung** auf das MBG Schl-H beschränkt, bindet sie nach § 31 Abs. 1 BVerfGG gleichwohl die Verfassungsorgane des Bundes und der Länder sowie alle Gerichte und Behörden; das gilt auch für die tragenden Gründe der Entscheidung. Im Rahmen ihrer **Bindungswirkung für die gesetzgebenden Körperschaften** haben diese die Entscheidung zu respektieren. Zur bedingungslosen wortgetreuen Umsetzung der Entscheidung ist der Gesetzgeber aber nicht verpflichtet. Er hat vielmehr, ohne das BVerfG zu brüskieren,

16 *BVerfG* v. 24. 5. 95, a. a. O.

die sich aus der Verfassung ergebenden Folgerungen eigenverantwortlich zu konkretisieren.[17] Dabei besteht für neue Regelungen durchaus noch ein erheblicher **gesetzgeberischer Handlungsspielraum**, der sich insb. auf das Mitbestimmungsmodell, die Abgrenzung der mitbestimmungspflichtigen Angelegenheiten, und ihre Zuordnung zu den Legitimationsstufen, das Initiativrecht und das Evokationsrecht bezieht (vgl. § 104 Rn. 5). **Gesetzgeberische Konsequenzen** sind bislang in 13 Ländern gezogen worden (näher dazu § 104 Rn. E), nicht jedoch für das BPersVG.

Die Frage nach den Auswirkungen des Beschlusses des *BVerfG* v. 24. 5. 95[18] **11**
hat in der **personalvertretungsrechtlichen Rspr.** eine erhebliche Rolle gespielt. Weitreichende Folgerungen hat das BVerwG gezogen. Es hat seit dem Jahre 2002 wiederholt entschieden, dass in den Fällen, in denen der Gesetzgeber nach der Rspr. des *BVerfG* die uneingeschränkte Mitbestimmung nicht vorsehen darf, die im jeweiligen Gesetz enthaltenen **Vorschriften über die eingeschränkte Mitbestimmung entsprechend anzuwenden** sind (vgl. § 69 Rn. 40; § 104 Rn. 7).

Erfüllt eine beabsichtigte Maßnahme der Dienststelle mehrere Beteiligungs- **12**
tatbestände, die mit unterschiedlich starken Beteiligungsrechten verknüpft sind, so stellt sich die Frage, wie die **Konkurrenz zwischen den Beteiligungsrechten** zu lösen ist. Nach der Rspr. des *BVerwG*[19] sind die Beteiligungsrechte **grundsätzlich nebeneinander** gegeben. Danach ist der PR beim Zusammentreffen verschiedenartiger Beteiligungsrechte regelmäßig in allen in Betracht kommenden Beteiligungsformen zu beteiligen. Dies sollte jedoch nach der älteren Rspr. des *BVerwG* dann nicht gelten, wenn der Gesetzgeber aus verfassungsrechtlichen Gründen (deren rahmenrechtliche Geltung aus § 104 S. 3 BPersVG folge) zur Wahrung der **Funktionsfähigkeit der Verwaltung** das stärkere Beteiligungsrecht nicht habe gewähren wollen. In einem solchen Fall werde **das stärkere durch das schwächere Beteiligungsrecht verdrängt,** wenn es um eine organisatorische Maßnahme gehe, die über den innerdienstlichen Bereich hinauswirke und auf die nach außen zu erfüllenden Aufgaben der Dienststelle in nicht nur unerheblicher Weise einwirke. Unter dieser Voraussetzung sollte das stärkere Beteiligungsrecht auch dann zurücktreten, wenn es sich dabei nur um ein eingeschränktes Mitbestimmungsrecht handelte.[20] Letzteres ist jedoch durch die neue Rspr. des *BVerwG,* mit der dieses Folgerungen aus dem Beschluss des *BVerfG* v. 24. 5. 95[21] gezogen hat (vgl. Rn. 11), **überholt.**[22]

---

17 *Rinken*, PersR 99, 523, 526f. [zu III].
18 *BVerfG* v. 24. 5. 95, a. a. O.
19 Vgl. Beschl. v. 17. 7. 87 – 6 P 6.85 –, PersR 87, 220.
20 So *BVerwG* v. 7. 2. 80 – 6 P 35.78 –, PersV 80, 238, u. v. 17. 7. 87, a. a. O.
21 *BVerfG* v. 24. 5. 95, a. a. O.

13 Wird eine **beteiligungspflichtige Maßnahme ohne** (fehlerfreie) **Beteiligung** der zuständigen Personalvertretung getroffen, so ist zwischen personalvertretungsrechtlichen sowie arbeits- bzw. beamtenrechtlichen **Rechtsfolgen** zu unterscheiden. Die **Personalvertretung** kann nach § 83 Abs. 1 Nr. 3, Abs. 2 im personalvertretungsrechtlichen Beschlussverfahren vor dem Verwaltungsgericht die Feststellung beantragen, dass ihr Beteiligungsrecht durch die Maßnahme verletzt ist (vgl. § 83 Rn. 6).[23] Ist die Maßnahme tatsächlich und rechtlich rücknehmbar oder abänderbar, hat die Personalvertretung einen verfahrensrechtlichen Anspruch darauf, dass der Dienststellenleiter nachträglich ein (fehlerfreies) Beteiligungsverfahren einleitet oder fortsetzt; sie kann diesen Anspruch mit einem Feststellungsantrag zur entsprechenden Verpflichtung des Dienststellenleiters geltend machen.[24] Zur Abwendung einer drohenden Verletzung ihres Beteiligungsrechts kann sie den Erlass einer einstweiligen Verfügung verfahrensrechtlichen Inhalts beantragen, mit der der Dienststellenleiter verpflichtet wird, das Beteiligungsverfahren einzuleiten oder fortzusetzen (vgl. § 69 Rn. 50). Welche Rechtsfolgen eine Verletzung des Beteiligungsrechts für die getroffene Maßnahme und damit für die von ihr betroffenen **Beschäftigten** hat, hängt von der Rechtsnatur der Maßnahme und der Art des Beteiligungsrechts ab. Verallgemeinernde Aussagen sind dazu nur schwer möglich. **Arbeitsrechtliche Maßnahmen,** die den Arbeitnehmer belasten, sind grundsätzlich unwirksam. **Beamtenrechtliche Maßnahmen,** insb. Verwaltungsakte, sind grundsätzlich zwar wirksam, jedoch rechtswidrig und anfechtbar (vgl. zur Mitbestimmung § 69 Rn. 48, zur Mitwirkung § 72 Rn. 21 und zur Anhörung § 78 Rn. 5).

§ 66 [Zusammenarbeit mit der Dienststelle]

(1) [1]Der Leiter der Dienststelle und die Personalvertretung sollen mindestens einmal im Monat zu Besprechungen zusammentreten. [2]In ihnen soll auch die Gestaltung des Dienstbetriebes behandelt werden, insbesondere alle Vorgänge, die die Beschäftigten wesentlich berühren. [3]Sie haben über strittige Fragen mit dem ernsten Willen zur Einigung zu verhandeln und Vorschläge für die Beilegung von Meinungsverschiedenheiten zu machen.

(2) [1]Dienststelle und Personalvertretung haben alles zu unterlassen, was geeignet ist, die Arbeit und den Frieden der Dienststelle zu beeinträch-

22 *BVerwG* v. 28.1.04 – 6 PB 10.03 – u. v. 14.6.11 – 6 P 10.10 –, PersR 04, 179, u. 11, 516, jew. m. w. N.; vgl. KfdP-*Altvater*, § 104 Rn. 34.

23 Vgl. KfdP-*Baden*, § 83 Rn. 45aff.

24 *BVerwG* v. 15.3.95 – 6 P 31.93 – u. v. 2.2.09 – 6 P 2.08 –, PersR 95, 423, u. 09, 164.

tigen. [2]Insbesondere dürfen Dienststelle und Personalvertretung keine Maßnahmen des Arbeitskampfes gegeneinander durchführen. [3]Arbeitskämpfe tariffähiger Parteien werden hierdurch nicht berührt.
(3) Außenstehende Stellen dürfen erst angerufen werden, wenn eine Einigung in der Dienststelle nicht erzielt worden ist.

Die Vorschriften des § 66 konkretisieren und ergänzen den Grundsatz der 1
vertrauensvollen Zusammenarbeit zwischen Dienststelle und Personalvertretung (vgl. § 2 Rn. 1ff.). In § 66 Abs. 1 verwendet das Gesetz den Begriff »**Personalvertretung**« i. e. S. und meint damit außer dem örtlichen PR auch BPR, HPR und GPR (vgl. § 54 Rn. 1 u. § 56 Rn. 1), nicht jedoch JAV, BJAV, HJAV und GJAV (Umkehrschluss aus § 61 Abs. 4 und Verweisungen in § 64 Abs. 1 S. 2 u. Abs. 2 S. 2). Dagegen gilt § 66 Abs. 2 und 3 für alle Personalvertretungen i. w. S., also auch für JAV, BJAV, HJAV und GJAV. »**Dienststelle**« i. S. d. § 66 ist stets die Dienststelle, bei der die jeweilige Personalvertretung besteht.

(Abs. 1) Nach § 66 Abs. 1 S. 1 sollen der Leiter der Dienststelle und die Per- 2
sonalvertretung **mindestens einmal im Monat** zu **Besprechungen** zusammentreten. Das Gesetz verwendet das Wort »**sollen**«, um eine Verpflichtung zu begründen, von der nur ausnahmsweise und im beiderseitigen Einvernehmen abgewichen werden darf. Andererseits ist aus dem Wort »mindestens« zu folgern, dass in einem Monat bei Bedarf auch eine oder mehrere **zusätzliche** Besprechungen stattfinden können. Dafür genügt es, dass eine der beiden Seiten den Bedarf geltend macht. Nur wenn ein solches Verlangen rechtsmissbräuchlich sein sollte, braucht die andere Seite ihm nicht zu entsprechen.

Teilnehmer der Besprechungen sind einerseits der Leiter der Dienststelle, 3
andererseits die Personalvertretung. Der **Dienststellenleiter** kann sich im Falle seiner Verhinderung nach § 7 durch eine zu seiner Vertretung berechtigte Person vertreten lassen[25] (vgl. § 7 Rn. 2ff.). Auf der Seite der **Personalvertretung** nehmen **alle Mitglieder** dieses Organs (gem. § 31 Abs. 1 S. 2 ggf. vertreten durch Ersatzmitglieder) an der Besprechung teil.[26] Nach § 95 Abs. 5 SGB IX ist die **Schwerbehindertenvertretung** zu allen Besprechungen beratend hinzuzuziehen. Werden Angelegenheiten behandelt, die besonders in § 57 genannte Beschäftigte betreffen, hat der PR die **JAV** hinzuzuziehen, indem er allen Mitgliedern (ggf. den Ersatzmitgliedern) der JAV die beratende Teilnahme ermöglicht (vgl. § 61 Rn. 7). Entsprechendes gilt für die Hinzuziehung der BJAV, HJAV oder GJAV durch den BPR, HPR oder GPR. Werden gemeinsame Aufgaben von Personalvertretung und Richterrat besprochen, so sind die in die Personalvertretung **entsandten Mitglieder des Richterrats**

25 Vgl. *VGH BW* v. 7.5.13 – PL 15 S 2845/11 –, PersV 13, 341 = PersR 13, 434 Ls.
26 *BVerwG* v. 5.8.83 – 6 P 11.81 –, PersV 85, 71.

entsprechend § 53 Abs. 1 DRiG wie Mitglieder der Personalvertretung teilnahmeberechtigt (vgl. Anh. II Rn. 4b). Der Teilnehmerkreis der monatlichen Besprechungen ist gesetzlich grundsätzlich **abschließend** geregelt.[27]

4 Die monatlichen Besprechungen sollen einen offenen und unbefangenen, auf die Verständigung beider Seiten abzielenden Informations- und Meinungsaustausch ermöglichen (vgl. Rn. 7 f.). Deshalb und im Hinblick auf die gesetzliche Festlegung des Teilnehmerkreises (vgl. Rn. 3) sind sie **nicht öffentlich. Andere Personen** können nur **im beiderseitigen Einvernehmen** zwischen Dienststellenleiter und Personalvertretung hinzugezogen werden,[28] z. B. sachbearbeitende Beschäftigte, Sachverständige und Auskunftspersonen, die Gleichstellungsbeauftragte, der Sprecher der Versammlung der Vertrauenspersonen der Soldaten des Verbandes (vgl. Anh. V B § 36 SBG Rn. 9), Beauftragte von Gewerkschaften oder Arbeitgebervereinigungen. Ein allseitiges Einverständnis mit der Folge, dass der Widerspruch nur eines Teilnahmeberechtigten die Hinzuziehung verhindert, ist dagegen weder erforderlich noch sachgerecht.[29] Ggf. muss die Personalvertretung durch Beschluss entscheiden, ob (im Einvernehmen mit dem Dienststellenleiter) eine andere Person hinzugezogen werden kann.

5 Für die **Einberufung und Durchführung** der monatlichen Besprechungen enthält das Gesetz keine Vorschriften. **Ort** und **Zeitpunkt** der Besprechungen sind zwischen Dienststellenleiter und Personalvertretung zu vereinbaren.[30] Das Gleiche gilt für die Frage, ob die **Leitung** der Besprechung dem Dienststellenleiter oder dem PR-Vorsitzenden obliegen soll; dabei dürfte ein turnusmäßiger Wechsel zweckmäßig sein. Empfehlenswert sind eine **Tagesordnung** und eine **Niederschrift,** in der die wesentlichen Inhalte der Besprechung festgehalten werden. Die Personalvertretung kann die Beschäftigten in einer **Bekanntmachung** darüber informieren, welche die Beschäftigten berührenden Vorgänge in einer monatlichen Besprechung besprochen worden sind; der Gesprächsverlauf unterliegt jedoch der Schweigepflicht (vgl. § 10 Rn. 8 ff.).[31]

6 Die monatliche Besprechung kann im **zeitlichen Zusammenhang mit einer Sitzung der Personalvertretung** abgehalten werden, also vorher oder nachher stattfinden. Sie kann jedoch nicht als Teil – also nicht »im Rahmen« – einer solchen Sitzung durchgeführt werden.[32]

---

27 *BVerwG* v. 5. 8. 83, a. a. O.; *BAG* v. 14. 4. 88 – 6 ABR 28/86 –, PersR 88, 327.

28 *BAG* v. 14. 4. 88, a. a. O.

29 Str.; wie hier wohl auch *BVerwG* v. 5. 8. 83 u. *BAG* v. 14. 4. 88, jew. a. a. O.

30 *OVG NW* v. 4. 10. 90 – CL 42/88 –, PersR 91, 95.

31 *OVG Bln* v. 25. 10. 95 – OVG PV (Bln) 15.94 –, PersR 96, 396.

32 Str.; vgl. *OVG NW* v. 4. 10. 90, a. a. O.; ferner *VG Frankfurt a. M.* v. 23. 8. 10 – 22 K 1665/10. F.PV –, PersR 11, 265 (in Monatsgesprächen können keine PR-Beschlüsse gefasst werden).

Gegenstand der monatlichen Besprechung können entsprechend § 51 S. 2 **alle Angelegenheiten** sein, die die Dienststelle oder ihre Beschäftigten und die Personalvertretung unmittelbar betreffen (vgl. § 51 Rn. 2). In § 66 Abs. 1 S. 2 sind die **Gestaltung des Dienstbetriebs,** insb. alle Vorgänge, die die Beschäftigten wesentlich berühren, (nur) beispielhaft hervorgehoben. Dazu gehören auch Angelegenheiten, die schwerpunktmäßig die Erledigung von **Amtsaufgaben** betreffen, aber unvermeidlich auch die Interessen der Beschäftigten berühren (vgl. § 78 Rn. 10 a. E.). Es kann es sich um Angelegenheiten handeln, die für **alle Beschäftigten,** für **Gruppen** von ihnen oder für **einzelne** Beschäftigte bedeutsam sind oder werden können. Aus § 67 Abs. 1 S. 3 Hs. 2 ist zu schließen, dass dazu **Tarif-, Besoldungs- und Sozialangelegenheiten** auch dann gehören können, wenn sie Gegenstand (partei-)politischer Kontroversen sind.[33] Auch Angelegenheiten, die nach den §§ 75ff. der **Beteiligung** des PR unterliegen, können erörtert werden. Die Vorschriften des § 82 über die Verteilung der Zuständigkeiten zwischen verschiedenen Personalvertretungen gelten auch für die monatlichen Besprechungen (vgl. § 82 Rn. 1). Ist der Dienststellenleiter in einer bestimmten Frage **nicht entscheidungsbefugt,** schließt dies aber nicht aus, dass er sich der Angelegenheit annimmt. 7

Nach § 66 Abs. 1 S. 3 haben Dienststellenleiter und Personalvertretung über **strittige Fragen** mit dem ernsten Willen zur Einigung zu verhandeln und Vorschläge für die Beilegung von Meinungsverschiedenheiten zu machen. Beide Seiten haben eine **Einlassungs- und Erörterungspflicht**. Sie sollen bei Kontroversen eine Konfliktlösung suchen, die den Interessen beider Seiten gerecht wird (vgl. § 2 Rn. 2ff.). Es besteht jedoch **keine »Kompromisspflicht«**. Auch nach intensiven Einigungsversuchen an einer als richtig erkannten Meinung festzuhalten, ist keine Pflichtverletzung.[34] 8

(Abs. 2) Nach § 66 Abs. 2 S. 1 haben Dienststelle und Personalvertretung alles zu unterlassen, was geeignet ist, die Arbeit und den Frieden der Dienststelle zu beeinträchtigen. Dieses Gebot, das in § 66 Abs. 2 S. 2 durch das Verbot des Arbeitskampfes konkretisiert wird (vgl. Rn. 12), soll zusammen mit dem Verbot der parteipolitischen Betätigung in § 67 Abs. 1 S. 3 (vgl. § 67 Rn. 20ff.) die **personalvertretungsrechtliche Friedenspflicht** sichern. Diese ergänzt das Gebot der vertrauensvollen Zusammenarbeit in § 2 Abs. 1 und ist ein Ausdruck der Konzeption des PersVR, die unterschiedlichen Interessen des Dienststellenleiters und der Personalvertretung nur in den Formen und Verfahren zu verfolgen, die das Gesetz dafür vorsieht oder zulässt (vgl. § 2 Rn. 2ff.). Das Gebot des § 66 Abs. 2 S. 1 richtet sich einerseits an die für die **Dienststelle** handelnden Personen, also an den Dienststellenleiter und seine Vertreter (vgl. § 7 Rn. 1ff.), andererseits an die **Personalvertre-** 9

---

33 Str.; vgl. KfdP-*Berg*, Rn. 7.

34 Vgl. *OVG NW* v. 22.10.79 – CL 57/78 –, ZBR 60, 260; KfdP-*Berg*, Rn. 8.

tung als Organ und an ihre einzelnen Mitglieder, allerdings an Letztere nur in ihrer Eigenschaft als Organmitglieder, nicht etwa in ihrer Eigenschaft als Beschäftigte. Es gilt für die **Personalversammlung** und die **Jugend- und Auszubildendenversammlung** entsprechend (vgl. § 51 Rn. 3; § 63 Rn. 9).

10 Das Gebot des § 66 Abs. 2 S. 1 dient dem **Zweck,** die Arbeit und den Frieden der Dienststelle vor Beeinträchtigungen zu schützen. Mit »**Arbeit der Dienststelle**« ist der Dienstbetrieb in seiner Gesamtheit gemeint. Sein ungestörter Ablauf soll gewährleistet werden, damit die Dienststelle funktionsfähig bleibt und die ihr obliegenden Aufgaben erfüllen kann. Unter »**Frieden der Dienststelle**« ist das störungsfreie Zusammenleben in der Dienststelle zu verstehen, und zwar sowohl das zwischen Dienststellenleiter einerseits und PR sowie Beschäftigten andererseits als auch das der Beschäftigten untereinander. Da beide Schutzgüter summarisch und nicht kumulativ aufgeführt sind, ist alles zu unterlassen, was geeignet ist, die Arbeit der Dienststelle **oder** den Frieden der Dienststelle zu beeinträchtigen. Unter »alles« sind dabei **alle Betätigungen** zu verstehen. Zu unterlassen und damit verboten sind (anders als nach § 74 Abs. 2 S. 2 BetrVG) nicht nur Betätigungen, die tatsächlich eine **Beeinträchtigung** der Arbeit oder des Friedens der Dienststelle verursachen. Verboten sind vielmehr bereits Betätigungen, die (nur) **geeignet** sind, eine solche Beeinträchtigung hervorzurufen. Erforderlich ist eine **konkrete Gefahr**, die nur dann vorliegt, wenn aufgrund konkreter Anhaltspunkte mit hoher Wahrscheinlichkeit alsbald eine Beeinträchtigung zu erwarten ist, was insb. dann der Fall sein kann, wenn eine vergleichbare Betätigung schon einmal zu einer solchen Störung geführt hat. § 66 Abs. 2 S. 1 enthält ein **Unterlassungsgebot,** aber kein Handlungsgebot. Die Personalvertretung ist deshalb nicht verpflichtet, aktiv darauf **hinzuwirken,** dass die Beschäftigten die Arbeit oder den Frieden der Dienststelle nicht beeinträchtigen.[35]

11 Betätigungen, die geeignet sind, die **Arbeit der Dienststelle** zu beeinträchtigen, sind insb. einseitige Handlungen des PR, durch die dieser entgegen § 74 Abs. 2 in den Dienstbetrieb eingreift (vgl. § 74 Rn. 5), z.B. indem er dazu auffordert, bestimmte Arbeiten nicht mehr zu verrichten oder bestimmte Weisungen des Dienststellenleiters nicht mehr zu befolgen,[36] oder indem er zu einer innerhalb der Arbeitszeit durchzuführenden außerordentlichen Personalversammlung aufruft, ohne das dafür erforderliche Einvernehmen mit dem Dienststellenleiter hergestellt zu haben.[37] Dem PR ist es jedoch nicht untersagt, die Beschäftigten darauf hinzuweisen, dass arbeitsschutzrechtliche Vorschriften einzuhalten sind (vgl. § 81 Rn. 7) oder bestimmte Anordnungen wegen Verletzung seiner Beteiligungsrechte rechtswidrig sind

---

35 Str.; vgl. KfdP-*Berg*, Rn. 12.
36 Vgl. *OVG RP* v. 26.1.82 – 5 A 10/81 –, PersV 83, 27.
37 *BVerwG* v. 19.9.84 – 1 D 38.84 –, PersV 85, 112.

(vgl. § 68 Rn. 13). Betätigungen, die geeignet sind, den **Frieden der Dienststelle** zu beeinträchtigen, können v. a. dann gegeben sein, wenn Dienststellenleiter und PR Auseinandersetzungen führen, die entweder keine Grundlage im Geschehen der Dienststelle haben oder die nicht in den vom Gesetz vorgesehenen oder zugelassenen Formen erfolgen, außerdem, wenn die Beteiligungsrechte des PR wiederholt missachtet werden, wenn eine Seite in den Zuständigkeitsbereich der anderen Seite eingreift oder wenn sie über die andere Seite bewusst wahrheitswidrige Behauptungen verbreitet. **Keine unzulässigen Betätigungen** i. S. d. § 66 Abs. 2 S. 1 liegen vor, wenn die Personalvertretung im Rahmen ihrer **gesetzlichen Aufgaben und Befugnisse** tätig wird, und zwar auch dann, wenn dies zu Unruhe in der Dienststelle führt oder den Dienststellenleiter stört.

§ 66 Abs. 2 S. 2 schreibt vor, dass Dienststelle und Personalvertretung insb. 12
keine Maßnahmen des Arbeitskampfes gegeneinander durchführen dürfen. Da dies bereits aus § 66 Abs. 2 S. 1 ableitbar ist, hat § 66 Abs. 2 S. 2 nur konkretisierende und klarstellende Bedeutung. Das Arbeitskampfverbot richtet sich an die gleichen **Adressaten** wie das Unterlassungsgebot des § 66 Abs. 2 S. 1 (vgl. Rn. 9). Dem Dienststellenleiter und seinen Vertretern einerseits sowie der Personalvertretung und ihren einzelnen Mitgliedern (und auch der Personalversammlung und der Jugend- und Auszubildendenversammlung) andererseits sind Arbeitskampfmaßnahmen untersagt, die den anderen Teil zu einem bestimmten personalvertretungsrechtlichen oder sonstigen Verhalten zwingen sollen.[38] Verboten sind **alle Maßnahmen des Arbeitskampfes,** nicht nur Streik und Aussperrung, sondern auch alle anderen kollektiven Maßnahmen zur Störung der Arbeitsbeziehungen, durch die die Gegenseite absichtlich unter Druck gesetzt werden soll, um ein bestimmtes Ziel zu erreichen.

Nach § 66 Abs. 2 S. 3 werden **Arbeitskämpfe tariffähiger Parteien** durch das 13
personalvertretungsrechtliche Arbeitskampfverbot **nicht berührt.** Tariffähige Parteien sind zum einen die Gewerkschaften, zum anderen die Arbeitgeberverbände oder einzelne Arbeitgeber (vgl. § 2 Rn. 7). Die Zulässigkeit dieser Arbeitskämpfe richtet sich allein nach den von der Rspr. entwickelten **arbeitskampfrechtlichen Grundsätzen**. Die **Personalvertretung als Organ** darf sich an Arbeitskämpfen tariffähiger Parteien **nicht beteiligen**. Sie darf solche Arbeitskämpfe weder unterstützen noch behindern.[39] Das Verbot gilt auch für die einzelnen **Mitglieder der Personalvertretung** in ihrer Eigenschaft als Organmitglieder.[40] In ihrer Eigenschaft **als Arbeitnehmer und Ge-**

---

38 Vgl. *BAG* v. 17.12.76 – 1 AZR 772/75 – u. v. 7.6.88 – 1 AZR 372/86 –, AP GG Art. 9 Arbeitskampf Nr. 52 u. 106.

39 Vgl. *BVerwG* v. 27.10.09 – 6 P 11.08 –, PersR 10, 74 [zu 2b].

40 Vgl. *BAG* v. 21.2.78 – 1 ABR 54/76 –, AP BetrVG 1972 § 74 Nr. 1, u. v. 10.12.02 – 1 ABR 7/02 –, AP BetrVG 1972 § 80 Nr. 59.

werkschaftsmitglieder können sie sich aber – unabhängig davon, ob sie nach § 46 Abs. 3 freigestellt sind oder nicht – wie jeder andere Arbeitnehmer der Dienststelle an einem rechtmäßigen Arbeitskampf **beteiligen**. Allerdings dürfen sie ihr Amt in der Personalvertretung **nicht missbräuchlich** ausnutzen.[41]

14 Die **Rechtsstellung der Personalvertretung** wird durch einen Arbeitskampf i. S. d. § 66 Abs. 2 S. 3 grundsätzlich nicht berührt. Die **einzelnen Mitglieder** der Personalvertretung bleiben **mit allen Rechten und Pflichten im Amt**, und zwar auch dann, wenn sie am Arbeitskampf beteiligt sind. Während des Arbeitskampfes bleibt die **Personalvertretung** als Organ **funktionsfähig** und hat ihre Aufgaben und Befugnisse weiterhin wahrzunehmen, also insb. Sitzungen, Sprechstunden und ggf. Personalversammlungen durchzuführen sowie die – den Vorstandsmitgliedern obliegenden – laufenden Geschäfte zu führen. Damit streikende oder ausgesperrte PR-Mitglieder ihr Amt ausüben können, darf ihnen der **Zutritt zur Dienststelle** nicht verwehrt werden.

15 Auch die **Beteiligungsrechte** der Personalvertretung bleiben während des Arbeitskampfes grundsätzlich bestehen. Nach st. Rspr. des *BAG* zum BetrVG sollen einzelne Beteiligungsrechte des Betriebsrats allerdings dann **arbeitskampfbedingten Einschränkungen** unterliegen,[42] wenn die Gefahr besteht, dass der Betriebsrat eine dem Arbeitgeber im Arbeitskampf sonst mögliche Abwehrmaßnahme verweigert und dadurch zum Nachteil des Arbeitgebers in das Kampfgeschehen eingreift, was z. B. bei bestimmten Einstellungen und Versetzungen sowie vorübergehenden Änderungen der betriebsüblichen Arbeitszeit angenommen wird. Diese Rspr. ist abzulehnen, weil der Gesetzgeber trotz Kenntnis des Konflikts keine arbeitskampfbezogenen Sonderregelungen für das BetrVR getroffen hat.[43] Diese Ablehnung gilt auch für das PersVR.[44] Im Übrigen ist anerkannt, dass die **Unterrichtungsansprüche** auch während des Arbeitskampfes nicht entfallen.[45] Die Regelung von **Notdienstarbeiten** (Notstands- und Erhaltungsarbeiten), die während des Arbeitskampfes zu leisten sind, ist keine Aufgabe der Personalvertretung, sondern Sache der kämpfenden Gewerkschaft und des Arbeitgebers.[46]

16 **(Abs. 3)** Nach § 66 Abs. 3 dürfen **außenstehende Stellen** erst **angerufen** werden, wenn eine Einigung in der Dienststelle nicht erzielt worden ist. Die Vorschrift gilt wie die des § 66 Abs. 2 S. 1 einerseits für den Dienststellenlei-

41 Enger die überwiegende Meinung zum BetrVG; noch enger zum BPersVG *BVerwG* v. 23. 2. 94 – 1 D 65.91 –, PersR 94, 515; vgl. KfdP-*Berg*, Rn. 18.

42 Vgl. Beschl. v. 13. 12. 11 – 1 ABR 2/10 –, AP GG Art. 9 Arbeitskampf Nr. 176, m. w. N.

43 Vgl. hierzu u. zum Folgenden KfdP-*Berg*, Rn. 21.

44 Vgl. *VG Ansbach* v. 26. 4. 93 – AN 7 P 92.02065 –, PersR 93, 372.

45 Vgl. *BAG* v. 10. 12. 02, a. a. O.

46 Str.; vgl. *BAG* v. 31. 1. 95 – 1 AZR 142/94 –, AP GG Art. 9 Arbeitskampf Nr. 135; KfdP-*Berg*, Rn. 22.

ter und seine Vertreter, andererseits für die Personalvertretung und ihre Mitglieder (vgl. Rn. 9). Sie verdeutlicht, dass bei Meinungsverschiedenheiten zwischen ihnen zunächst die **dienststelleninternen Möglichkeiten zur Verständigung auszuschöpfen** sind. Erst wenn dies trotz ernsthafter Bemühungen beider Seiten erfolglos geblieben ist, kommt die Anrufung anderer, außerhalb der Dienststelle stehender Stellen in Betracht. Im Hinblick darauf sind außenstehende Stellen i. S. d. § 66 Abs. 3 nur solche **externen Einrichtungen**, denen vom Gesetz die Kompetenz zugewiesen ist, im Nichteinigungsfall Streitigkeiten zwischen Dienststelle und Personalvertretung beizulegen.[47] Dazu gehören insb. die übergeordneten Dienststellen und die bei ihnen gebildeten Stufenvertretungen, die Einigungsstelle und die Gerichte. Unter dem **Anrufen** dieser Stellen ist deren Einschaltung zur Vermittlung oder Entscheidung zu verstehen, nicht jedoch zur Beratung oder Auskunft.[48] **Keine außenstehenden Stellen** i. S. d. § 66 Abs. 3 sind: die **Gewerkschaften** und **Arbeitgebervereinigungen**;[49] der oder die **Bundesbeauftragte für den Datenschutz und die Informationsfreiheit**;[50] die **Medien** (vgl. Rn. 17); der **Bundestag**, an den sich aufgrund des allgemeinen Petitionsrechts nach Art. 17 GG jedes einzelne PR-Mitglied, aber auch der PR als Gremium wenden kann.[51]

Obwohl die **Medien** (Presse, Hörfunk und Fernsehen) nicht zu den außen- 17
stehenden Stellen gehören, weil ihnen keine streitschlichtende Funktion zukommt, ist der Zugang des PR zu dieser dienststellenexternen Öffentlichkeit (v. a. durch Pressemitteilungen oder -konferenzen) nicht ohne Weiteres zulässig, sondern bedarf einer besonderen **Interessenabwägung**. Grundsätzlich ist die dienststellenexterne Öffentlichkeit dem PR zugänglich, wenn die Angelegenheit in seinen Zuständigkeitsbereich fällt, eine Einigung in der Dienststelle versucht, aber nicht erreicht worden ist, die Initiative des PR für den Dienststellenleiter aus dem Grundsatz der vertrauensvollen Zusammenarbeit heraus nicht überraschend kommt, die Schweigepflicht (§ 10 Rn. 19) und die Friedenspflicht (vgl. Rn. 9ff.) nicht verletzt werden und nicht gegen das Gebot der objektiven und neutralen Amtsführung (vgl. § 67 Rn. 19) verstoßen wird.[52]

---

47 *OVG NW* v. 27.6.83 – CB 18/82 –, PersV 84, 464; *HessVGH* v. 23.11.88 – BPV TK 3408/87 –, ZTR 89, 159.

48 Vgl. KfdP-*Berg*, Rn. 23.

49 *BayVGH* v. 27.1.81 – 18 C 80 A. 1026 –, PersV 82, 287; *OVG NW* v. 27.6.83, a. a. O.

50 Vgl. BT-Drs. 11/6458, S. 32.

51 Vgl. KfdP-*Berg* Rn. 24.

52 Vgl. KfdP-*Berg*, Rn. 25 m. N.

§ 67 [Behandlung der Angehörigen der Dienststelle sowie politische und gewerkschaftliche Betätigung]

(1) [1]Dienststelle und Personalvertretung haben darüber zu wachen, dass alle Angehörigen der Dienststelle nach Recht und Billigkeit behandelt werden, insbesondere, dass jede Benachteiligung von Personen aus Gründen ihrer Rasse oder wegen ihrer ethnischen Herkunft, ihrer Abstammung oder sonstigen Herkunft, ihrer Nationalität, ihrer Religion oder Weltanschauung, ihrer Behinderung, ihres Alters, ihrer politischen oder gewerkschaftlichen Betätigung oder Einstellung oder wegen ihres Geschlechts oder ihrer sexuellen Identität unterbleibt. [2]Dabei müssen sie sich so verhalten, daß das Vertrauen der Verwaltungsangehörigen in die Objektivität und Neutralität ihrer Amtsführung nicht beeinträchtigt wird. [3]Der Leiter der Dienststelle und die Personalvertretung haben jede parteipolitische Betätigung in der Dienststelle zu unterlassen; die Behandlung von Tarif-, Besoldungs- und Sozialangelegenheiten wird hierdurch nicht berührt.

(2) Beschäftigte, die Aufgaben nach diesem Gesetz wahrnehmen, werden dadurch in der Betätigung für ihre Gewerkschaft auch in der Dienststelle nicht beschränkt.

(3) Die Personalvertretung hat sich für die Wahrung der Vereinigungsfreiheit der Beschäftigten einzusetzen.

1 Der Paragraf enthält in **Abs. 1 S. 1** ein auf die Behandlung der Angehörigen der Dienststelle gerichtetes Überwachungsgebot (vgl. Rn. 2ff.), in **Abs. 1 S. 2** ein Gebot der Objektivität und Neutralität der Amtsführung (vgl. Rn. 19), in **Abs. 1 S. 3** ein Verbot parteipolitischer Betätigung in der Dienststelle (vgl. Rn. 20ff.), in **Abs. 2** eine Regelung zur gewerkschaftlichen Betätigung in der Dienststelle (vgl. Rn. 26ff.) und in **Abs. 3** ein Gebot zur Wahrung der Koalitionsfreiheit (vgl. Rn. 30). Durch Art. 3 Abs. 4 des Gesetzes zur Umsetzung europäischer Richtlinien zur Verwirklichung des Grundsatzes der Gleichbehandlung v. 14.8.06[53] hat Abs. 1 S. 1 eine **neue Fassung** erhalten (vgl. Rn. 7).

2 (**Abs. 1 S. 1**) Nach § 67 Abs. 1 S. 1 haben Dienststelle und Personalvertretung darüber zu wachen, dass alle Angehörigen der Dienststelle nach Recht und Billigkeit behandelt werden. Dieses **Überwachungsgebot** richtet sich an die für die **Dienststelle** handelnden Personen, also an den Dienststellenleiter und seine Vertreter (vgl. § 7 Rn. 1ff.), sowie an die **Personalvertretung** als Organ und an ihre einzelnen Mitglieder, wenn und soweit diese personalvertretungsrechtliche Aufgaben wahrnehmen. Dabei sind unter »Personalvertretung« sowohl der örtliche **PR** als auch **BPR, HPR und GPR** zu verstehen

53 BGBl. I S. 1897.

(vgl. § 54 Rn. 1 u. § 56 Rn. 1). Nicht gemeint sind jedoch JAV, BJAV, HJAV und GJAV; das ergibt sich daraus, dass in § 62 S. 1 sowie § 64 Abs. 1 S. 2 und Abs. 2 S. 2 (unmittelbar oder mittelbar) nur auf § 67 Abs. 1 S. 3 verwiesen ist und dass JAV, BJAV, HJAV und GJAV keine selbständigen Personalvertretungen sind und gegenüber dem Dienststellenleiter keine eigenen Beteiligungsrechte haben (vgl. § 57 Rn. 2).[54]

Das Gebot des § 67 Abs. 1 S. 1 bezieht sich auf die Behandlung **aller Angehörigen der Dienststelle.** Dieser Personenkreis geht einerseits über den Kreis der **Beschäftigten** i. S. d. § 4 und der diesen nach § 60 Abs. 3 S. 1 SBG ggf. gleichgestellten **Soldaten** (vgl. Anh. V B § 60 SBG Rn. 11) hinaus, umfasst andererseits aber nicht alle in der Dienststelle tätigen Personen und weicht insoweit von der entsprechenden Vorschrift des § 75 Abs. 1 S. 1 BetrVG ab. Erforderlich ist bei fehlender Beschäftigteneigenschaft ein Minimum an Rechtsbeziehungen zwischen dem Träger der Dienststelle und der in der Dienststelle tätigen Person, auf deren Grundlage diese Person **vergleichbar einem Beschäftigten von der Dienststelle eingesetzt** wird. Dazu gehören außer den Personen, die nach § 4 Abs. 5 nicht als Beschäftigte gelten, auch Soldaten, die nach § 2 SBG Vertrauenspersonen wählen (vgl. Anh. V B § 2 SBG Rn. 1ff., § 49 SBG Rn. 2 u. § 50 SBG Rn. 1ff.), Helfer im freiwilligen sozialen oder ökologischen Jahr, Freiwillige im Bundesfreiwilligendienst, als »Ein-Euro-Kräfte« tätige »erwerbsfähige Leistungsberechtigte« i. S. d. Grundsicherung für Arbeitsuchende (vgl. § 4 Rn. 14) sowie solche Personen, die von der Dienststelle aufgrund eines Gestellungs- oder Arbeitnehmerüberlassungsvertrages wie eigene Beamte oder Arbeitnehmer bzw. Auszubildende eingesetzt werden (vgl. § 75 Rn. 14ff.). Nicht dazu gehören jedoch Arbeitnehmer eines anderen Arbeitgebers (z. B. Bau- oder Montagearbeitnehmer), die von diesem aufgrund eines mit dem Träger der Dienststelle abgeschlossenen Werk- oder Dienstvertrages als Erfüllungsgehilfen in der Dienststelle eingesetzt werden. Grundsätzlich gilt das Gebot des § 67 Abs. 1 S. 1 nicht für Personen, die **noch nicht** oder **nicht mehr** Angehörige der Dienststelle sind. Zu beachten ist es jedoch auch bei Entscheidungen über die Einstellung **externer Bewerber** (vgl. § 6 Abs. 1 S. 2 AGG; § 75 Abs. 1 Nr. 1, § 76 Abs. 1 Nr. 1) oder über die betriebliche Altersversorgung **ausgeschiedener Beschäftigter** (vgl. § 75 Rn. 97, 103). 3

Das Gebot des § 67 Abs. 1 S. 1 dient dem **Schutz der Angehörigen der Dienststelle** in ihrer Eigenschaft als abhängig Beschäftigte i. w. S. Es begründet für den Dienststellenleiter und seine Vertreter und Beauftragten sowie für die Personalvertretung und ihre Mitglieder **die Pflicht und das Recht zur Überwachung** der Einhaltung der in der Vorschrift genannten allgemeinen Grundsätze. Beide Seiten müssen gemeinsam, aber auch jeweils für sich für 4

54 Str.; vgl. KfdP-*Berg*, Rn. 2 m. N.

die Einhaltung dieser Grundsätze Sorge tragen und sich bei deren Verletzung um Abhilfe bemühen (vgl. § 68 Rn. 13).[55] Dabei kann die Personalvertretung **unabhängig von konkreten Anlässen oder Beschwerden** betroffener Beschäftigter aktiv werden. Damit sie ihre Überwachungsaufgabe erfüllen kann, hat die Dienststelle ihr nach § 68 Abs. 2 S. 1 und 2 alle erforderlichen **Informationen** zur Verfügung zu stellen; dafür gilt das Gleiche wie für die Wahrnehmung der Überwachungsbefugnis nach § 68 Abs. 1 Nr. 2 (vgl. § 68 Rn. 12). Auch bei ihren **eigenen Entscheidungen** dürfen Dienststellenleiter und Personalvertretung nicht gegen die Grundsätze des § 67 Abs. 1 S. 1 verstoßen.[56]

5 Das Gebot des § 67 Abs. 1 S. 1 bezieht sich auf die Behandlung der Angehörigen der Dienststelle nach **Recht und Billigkeit**. Unter **Recht** sind die zugunsten der Dienststellenangehörigen geltenden geschriebenen und ungeschriebenen Rechtsnormen zu verstehen: die Gesetze i. S. d. § 2 Abs. 1 sowie die Normen in Tarifverträgen und in Dienstvereinbarungen (vgl. § 2 Rn. 6, § 73 Rn. 8). Die Beachtung des Rechts erfordert ein Verhalten, das in jeder Beziehung dem geltenden Recht entspricht, insb. dadurch, dass die Rechtsansprüche der Dienststellenangehörigen anerkannt und erfüllt werden. Mit **Billigkeit** ist die Gerechtigkeit im Einzelfall gemeint. Ihre Beachtung besteht darin, dass auf die berechtigten persönlichen, sozialen und wirtschaftlichen Belange des einzelnen Dienststellenangehörigen Rücksicht genommen wird, soweit dies im Rahmen des geltenden Rechts unter Wahrung der Funktionsfähigkeit der Dienststelle und der berechtigten Interessen anderer Dienststellenangehöriger möglich ist. Erhebliche Bedeutung kommt diesem Grundsatz zu, wenn Ermessensentscheidungen zu treffen sind.

6 Wichtige Bestandteile des Gebots zur Behandlung der Dienststellenangehörigen nach Recht und Billigkeit sind die **Grundsätze der Gleichbehandlung** abhängig Beschäftigter. In Betracht kommen:

- der **allgemeine Gleichheitssatz des Art. 3 Abs. 1 GG**, der eine Ungleichbehandlung ohne sachlichen Grund verbietet, der **Gleichberechtigungssatz des Art. 3 Abs. 2 GG**, der nicht nur eine ungleiche Behandlung von Männern und Frauen verbietet, sondern auch einen Auftrag zur Förderung der tatsächlichen Durchsetzung der Gleichberechtigung enthält, und der **spezielle Gleichheitssatz des Art. 3 Abs. 3 GG**, der eine Benachteiligung oder Bevorzugung nach bestimmten, ausdrücklich genannten Merkmalen verbietet;
- das **Diskriminierungsverbot des Art. 9 Abs. 3 S. 2 GG**, wonach Abreden, die das in Art. 9 Abs. 3 S. 1 GG gewährleistete Grundrecht der Koalitionsfreiheit einschränken oder zu behindern suchen, nichtig und hierauf gerichtete Maßnahmen rechtswidrig sind;

---

55 *BVerwG* v. 27. 7. 83 – 6 P 42.80 –, PersV 85, 66.

56 Vgl. *BAG* v. 23. 3. 10 – 1 AZR 832/08 –, AP BetrVG 1972 § 75 Nr. 55.

- die **speziellen Gleichheitssätze des Art. 33 Abs. 2 und 3**, die die eignungswidrige Ungleichbehandlung beim Zugang zu öffentlichen Ämtern bzw. die religiöse oder weltanschauliche Ungleichbehandlung bei der Zulassung zu öffentlichen Ämtern und bei den im öffentlichen Dienst erworbenen Rechten verbieten;
- der im Privatrecht wurzelnde und auch für Arbeitsverhältnisse im öffentlichen Dienst geltende **arbeitsrechtliche Gleichbehandlungsgrundsatz**, der jede unsachliche Differenzierung zum Nachteil einzelner Arbeitnehmer oder Arbeitnehmergruppen verbietet, auch wenn sie nicht aus den Gründen des Art. 3 Abs. 3 GG erfolgt; das **spezielle Diskriminierungsverbot des § 4 TzBfG**, das dem Schutz teilzeitbeschäftigter und befristetet beschäftigter Arbeitnehmer vor sachlich nicht gerechtfertigter Ungleichbehandlung dient.[57]

Der mit »insbesondere« beginnende Satzteil des § 67 Abs. 1 S. 1 enthält eine **7**
Konkretisierung des Grundsatzes von Recht und Billigkeit. Dazu hieß es in der ursprünglichen Fassung, dass »jede unterschiedliche Behandlung von Personen wegen ihrer Abstammung, Religion, Nationalität, Herkunft, politischen oder gewerkschaftlichen Betätigung oder Einstellung oder wegen ihres Geschlechtes unterbleibt«. In der durch das Gesetz v. 14. 8. 06 (vgl. Rn. 1) geschaffenen neuen Fassung wird zum einen »jede Benachteiligung« verboten, zum anderen ist die bisherige beispielhafte Aufzählung verbotener Unterscheidungsmerkmale durch eine entsprechende **beispielhafte Aufzählung unzulässiger Benachteiligungsgründe** ersetzt worden, in der zusätzlich die Merkmale Rasse, ethnische Herkunft, Weltanschauung, Behinderung, Alter und sexuelle Identität aufgeführt sind.[58] Bei der Überwachung der Einhaltung der Benachteiligungsverbote haben Dienststellenleiter und Personalvertretung insb. die **Vorschriften des Allgemeinen Gleichbehandlungsgesetzes (AGG)** zu beachten. Den Begriffsbestimmungen des § 3 AGG, die aus den Antidiskriminierungsvorschriften der EU übernommen sind, lässt sich entnehmen, dass sowohl die unmittelbare als auch die mittelbare Benachteiligung verboten ist. Eine **unmittelbare Benachteiligung** liegt vor, wenn eine Person wegen eines in § 67 Abs. 1 S. 1 genannten Grundes eine weniger günstige Behandlung erfährt, als eine andere Person in einer vergleichbaren Situation erfährt, erfahren hat oder erfahren würde (vgl. § 3 Abs. 1 S. 1 AGG). Eine **mittelbare Benachteiligung** liegt vor, wenn dem Anschein nach neutrale Vorschriften, Kriterien oder Verfahren Personen wegen eines in § 67 Abs. 1 S. 1 genannten Grundes gegenüber anderen Personen in besonderer Weise benachteiligen können, es sei denn, die betreffenden Vor-

57 *BAG* v. 10.7.13 – 10 AZR 915/12 –, AP GewO § 106 Nr. 24; Richardi-*Gräfl*, Rn. 12.

58 Näher hierzu u. zu den im Folgenden angesprochenen unzulässigen Benachteiligungsgründen KfdP-*Berg*, Rn. 8–19a.

schriften, Kriterien oder Verfahren sind durch ein rechtmäßiges Ziel sachlich gerechtfertigt und die Mittel sind zur Erreichung dieses Ziels angemessen und erforderlich (vgl. § 3 Abs. 2 AGG). Eine Benachteiligung kann auch in einer **Belästigung** bestehen. Das ist grundsätzlich dann der Fall, wenn unerwünschte Verhaltensweisen, die mit einem in § 67 Abs. 1 S. 1 genannten Grund in Zusammenhang stehen, bezwecken oder bewirken, dass die Würde der betreffenden Person verletzt und ein von Einschüchterungen, Anfeindungen, Erniedrigungen, Entwürdigungen oder Beleidigungen gekennzeichnetes Umfeld geschaffen wird (vgl. § 3 Abs. 3 AGG). Die Vorschriften des AGG über den Schutz der Beschäftigten vor Benachteiligung enthalten **Ausnahmeregelungen über die zulässige unterschiedliche Behandlung** wegen beruflicher Anforderungen, wegen der Religion oder der Weltanschauung und wegen des Alters (§§ 8–10 AGG). Außerdem ist nach der allgemeinen Vorschrift über **positive Maßnahmen** eine unterschiedliche Behandlung auch zulässig, wenn durch geeignete und angemessene Maßnahmen bestehende Nachteile wegen eines in § 1 AGG genannten Grundes verhindert oder ausgeglichen werden sollen (§ 5 AGG).

8 Die Verwendung des Merkmals **Rasse** bedeutet keine Akzeptanz von Theorien über die Existenz verschiedener menschlicher Rassen, sondern soll – weil »Rasse« den sprachlichen Anknüpfungspunkt für »Rassismus« bildet – wegen seiner Signalwirkung für die konsequente Bekämpfung rassistischer Tendenzen genutzt werden. Mit dem Merkmal **ethnische Herkunft** soll vor Benachteiligung wegen des Herkommens aus bestimmten ethnischen Gruppierungen geschützt werden, nämlich aus Bevölkerungsteilen, die durch gemeinsame Herkunft, Geschichte, Kultur oder Zusammengehörigkeitsgefühl verbunden sind.

9 Unter **Abstammung** wird die biologische Beziehung eines Menschen zu seinen Vorfahren verstanden, unter sonstiger **Herkunft** insb. das durch die soziale Stellung der Eltern begründete Herkommen aus einer bestimmten sozialen Schicht sowie die eheliche oder nichteheliche Geburt. Das im Unterschied zu Art. 3 Abs. 3 S. 1 GG in § 67 Abs. 1 S. 1 nicht aufgeführte Merkmal der **Heimat** ist ein Unterfall der Herkunft, nämlich die örtliche Herkunft nach Geburt oder Ansässigkeit.

10 Unter der **Nationalität** ist die Staatsangehörigkeit zu verstehen. Einschränkungen des Verbots der Benachteiligung wegen der Nationalität ergeben sich jedoch aus dem Beamtenrecht (vgl. § 7 Abs. 1 Nr. 1, Abs. 2 u. 3 BBG sowie Art. 39 Abs. 4 EGV [jetzt Art. 45 Abs. 4 AEUV]).

11 Den Merkmalen **Religion und Weltanschauung** ist gemeinsam, dass ihnen eine Gewissheit über bestimmte Aussagen zum Weltganzen sowie zur Herkunft und zum Ziel menschlichen Lebens zugrunde liegt. Während der Begriff der Religion auf die Zugehörigkeit zu einer Kirche oder einer anderen christlichen oder nichtchristlichen Glaubensgemeinschaft zielt, bezieht sich der Begriff der Weltanschauung auf eine nicht religionsorientierte Sinndeu-

tung, ohne dass es dabei auf die Zugehörigkeit zu einer Gemeinschaft ankommt.[59]

Der Begriff **Behinderung** ist in § 2 Abs. 1 SGB IX und § 3 BGG definiert. Danach sind Menschen behindert, wenn ihre körperliche Funktion, geistige Fähigkeit oder seelische Gesundheit mit hoher Wahrscheinlichkeit länger als sechs Monate von dem für das Lebensalter typischen Zustand abweichen und daher ihre Teilhabe am Leben in der Gesellschaft beeinträchtigt ist. Eine Schwerbehinderung, die nach § 2 Abs. 2 SGB IX erst bei einem Grad der Behinderung von wenigstens 50 vorliegt, ist somit nicht erforderlich. Das für schwerbehinderte Menschen geltende Benach teiligungsverbot des § 81 Abs. 2 SGB IX ist von dem für Behinderte geltenden Verbot des § 67 Abs. 1 S. 1 zu unterscheiden.[60] Das Diskriminierungsverbot wegen des Merkmals der Behinderung erstreckt sich auch auf selbst nicht behinderte Personen, die wegen ihrer Verbindung zu einem behinderten Menschen benachteiligt werden (**drittbezogene Benachteiligung**).[61] 12

Der Begriff **Alter** meint jedes Lebensalter. Das darauf bezogene Verbot des § 67 Abs. 1 S. 1 soll vor Benachteiligungen schützen, die an das jeweils konkrete Lebensalter anknüpfen, betrifft also nicht nur ältere Beschäftigte. Eine unterschiedliche Behandlung wegen des Alters ist (nur) unter den Voraussetzungen von § 5, § 8 Abs. 1 oder § 10 AGG zulässig.[62] Der Erlass des AGG hat eine verstärkte Problematisierung von Fragen der Altersdiskriminierung ausgelöst, die zu wichtigen gerichtlichen Entscheidungen geführt hat.[63] 13

Unter **politischer Betätigung oder Einstellung** ist (anders als in § 67 Abs. 1 S. 3) nicht nur parteipolitische (vgl. Rn. 23), sondern jegliche politische Betätigung oder Einstellung zu verstehen, also auch eine solche, die parteiunabhängig erfolgt oder besteht. Das Benachteiligungsverbot des § 67 Abs. 1 S. 1 bezieht sich seinem Wortlaut nach sowohl auf das »Haben« politischer Überzeugungen (**Einstellung**) als auch auf das Verhalten, mit dem diese Überzeugungen geäußert und umgesetzt werden (**Betätigung**). Auch den Angehörigen des öffentlichen Dienstes ist die politische Betätigung nicht untersagt. Dazu gehören ggf. auch die Mitgliedschaft und die Mitarbeit in einer politischen Partei oder in einer anderen politischen Vereinigung. Allerdings haben Beamte nach § 60 Abs. 2 BBG bei politischer Betätigung diejenige **Mäßigung und Zurückhaltung** zu wahren, die sich aus ihrer Stellung 14

---

59 Zur Frage der Zulässigkeit des religiös motivierten Tragens eines Kopftuchs während der Arbeitszeit durch Beschäftigte vgl. KfdP-*Berg*, Rn. 12a.

60 Nach neuerem Sprachgebrauch wird zwischen schwerbehinderten Menschen und »einfach-behinderten Menschen« differenziert; vgl. *BAG* v. 27. 1. 11 – 8 AZR 580/09 –, AP AGG § 22 Nr. 3.

61 *EuGH* v. 17. 7. 08 – C-303/06 –, NZA 08, 932.

62 Vgl. KfdP-*Berg*, Rn. 14.

63 Im Einzelnen dazu KfdP-*Berg*, Rn. 14a m. w. N.

gegenüber der Allgemeinheit und aus der Rücksicht auf die Pflichten ihres Amtes ergeben. Dieses Gebot der Mäßigung und Zurückhaltung soll nach der Rspr. des *BAG* auch für Angestellte des öffentlichen Dienstes gelten.[64] Außerdem müssen **Beamte** sich durch ihr gesamtes Verhalten zu der freiheitlichen demokratischen Grundordnung i. S. d. GG bekennen und für deren Erhaltung eintreten (§ 60 Abs. 1 S. 3 BBG; **Verfassungstreuepflicht**, die durch Art. 33 Abs. 2 u. 5 GG vorgegeben ist und überwiegend als »politische Treuepflicht« bezeichnet wird).[65] Auch für **Arbeitnehmer** im öffentlichen Dienst besteht unabhängig von tarifvertraglichen Regelungen (vgl. § 41 S. 2 TVöD) eine aus Art. 33 Abs. 2 GG abzuleitende Verfassungstreuepflicht.[66]

15 Das in § 67 Abs. 1 S. 1 enthaltene Benachteiligungsverbot wegen **gewerkschaftlicher Betätigung oder Einstellung** entspricht dem verfassungsrechtlichen Diskriminierungsverbot des Art. 9 Abs. 3 S. 2 GG (vgl. Rn. 6). Das Adjektiv **»gewerkschaftlich«** bezieht sich auf Gewerkschaften i. S. d. Arbeitsrechts einschl. solcher Vereinigungen, die sich ausschließlich aus Beamten zusammensetzen und mit Ausnahme der Tariffähigkeit und Streikbereitschaft alle sonstigen Voraussetzungen des arbeitsrechtlichen Gewerkschaftsbegriffs erfüllen (vgl. § 2 Rn. 7). Zur gewerkschaftlichen **Betätigung** gehört z. B. die Übernahme von Funktionen in gewerkschaftlichen Gremien, das Tätigwerden als gewerkschaftliche Vertrauensperson, die Teilnahme an gewerkschaftlichen Aktionen oder das Verteilen gewerkschaftlichen Informations- und Werbematerials. Zur gewerkschaftlichen **Einstellung** gehören nicht nur gewerkschaftliche Überzeugungen, sondern auch Handlungen, mit denen diese Überzeugungen nach außen kundgetan werden, wie z. B. das Vertreten von gewerkschaftlichen Positionen in Personalversammlungen oder in Publikationen. Nach h. M. soll das Kriterium der gewerkschaftlichen Einstellung auch die Ablehnung von gewerkschaftlichem Engagement umfassen. Das wird daraus abgeleitet, dass Art. 9 Abs. 3 GG nach der Rspr. des *BVerfG*[67] und des *BAG*[68] sowie der h. M. in der Literatur auch die **negative Koalitionsfreiheit** schützt, also das Recht, einer Gewerkschaft fernzubleiben oder aus ihr auszutreten. Kein Verstoß gegen das Benachteiligungsverbot des § 67 Abs. 1 S. 1 liegt jedoch vor, wenn den tarifgebundenen Arbeitnehmern das im **Tarifvertrag** vereinbarte Arbeitsentgelt, den nichttarifgebundenen dagegen ein niedrigeres Entgelt gezahlt wird, weil sich dies aus

64 Urt. v. 2. 3. 82 – 1 AZR 694/79 –, AP GG Art. 5 Meinungsfreiheit Nr. 8.

65 Vgl. *BVerfG* v. 22. 5. 75 – 2 BvL 13/73 –, BVerfGE 39, 334, u. *BVerwG* v. 10. 5. 84 – 1 D 7.83 –, BVerwGE 76, 157.

66 Vgl. *BVerfG* v. 22. 5. 75, a. a. O.; *BAG* v. 31. 3. 76 – 5 AZR 104/74 – u. v. 6. 2. 80 – 5 AZR 848/77 –, AP GG Art. 33 Abs. 2 Nr. 2 u. 5, sowie v. 6. 6. 84 – 7 AZR 456/82 –, AP KSchG 1969 § 1 Verhaltensbedingte Kündigung Nr. 11.

67 Urt. v. 1. 3. 79 – 1 BvR 532/77 u. a. – u. Beschl. v. 14. 6. 83 – 2 BvR 488/80 –, BVerfGE 50, 290, u. 64, 208.

68 Beschl. v. 29. 11. 67 – GS 1/67 –, AP GG Art. 9 Nr. 13.

der Wirkung des Tarifvertrages ergibt, der auf dem Prinzip der Tarifgebundenheit beruht.[69]

16 Das in § 67 Abs. 1 S. 1 enthaltene Verbot der Benachteiligung wegen des **Geschlechts** entspricht dem speziellen verfassungsrechtlichen Gleichheitssatz des Art. 3 Abs. 3 S. 1 GG (vgl. Rn. 6). Dabei kommt dem Verbot der **mittelbaren Benachteiligung** besondere Bedeutung zu (vgl. Rn. 7). Unzulässige mittelbare Benachteiligungen liegen in aller Regel vor, wenn dabei zum Nachteil von Teilzeitbeschäftigten differenziert wird. Nach dem Geschlecht **differenzierende Regelungen** sind nur ausnahmsweise zulässig, »soweit sie zur Lösung von Problemen, die ihrer Natur nach nur entweder bei Männern oder bei Frauen auftreten können, zwingend erforderlich sind«.[70] Dagegen können funktionale Unterschiede zwischen den Geschlechtern, die durch die überkommene Rollenverteilung in Familie und Arbeitswelt bestimmt sind, Differenzierungen grundsätzlich nicht mehr rechtfertigen, es sei denn, dass es darum geht, diese Rollenverteilung durch Regelungen zu überwinden, die Frauen begünstigen sollen. Das ergibt sich aus dem verfassungsrechtlichen **Gleichberechtigungssatz des Art. 3 Abs. 2 GG.** Dieser begründet eine grundrechtliche Schutzpflicht zugunsten der Frauen und enthält den bindenden Auftrag, die Gleichberechtigung der Geschlechter in der gesellschaftlichen Wirklichkeit durchzusetzen, insb., indem faktische Nachteile, die typischerweise Frauen treffen, durch begünstigende Regelungen ausgeglichen werden.[71] Der Erfüllung dieses Verfassungsauftrags dienen die allgemeine Aufgabe der Personalvertretung nach **§ 68 Abs. 1 Nr. 5a** und das Mitbestimmungsrecht nach **§ 76 Abs. 2 Nr. 10** (vgl. § 68 Rn. 19, § 76 Rn. 61). Dabei sind jene Vorschriften des **AGG** (vgl. Rn. 7) zu beachten, die den Schutz vor Benachteiligungen wegen des Geschlechts in Beschäftigung und Beruf gewährleisten sollen. Neu hinzugekommen ist das »**Gesetz für die gleichberechtigte Teilhabe von Frauen und Männern an Führungspositionen in der Privatwirtschaft und im öffentlichen Dienst**« v. 24. 4. 2015,[72] mit dem auch das **Bundesgleichstellungsgesetz** (BGleiG) und das **Bundesgremienbesetzungsgesetz** (BGremBG) novelliert wurden.

17 Zu der von Dienststelle und Personalvertretung zu überwachenden Einhaltung des Verbots der Benachteiligung wegen des Geschlechts gehört es auch, **sexuelle Belästigungen** von Dienststellenangehörigen nicht zuzulassen.

---

69 Vgl. KfdP-*Berg*, Rn. 16.

70 *BVerfG* v. 28. 1. 92 – 1 BvR 1025/82 u. a. –, BVerfGE 85, 191. Zu der nach § 8 Abs. 1 AGG zulässigen unterschiedlichen Behandlung wegen beruflicher Anforderungen vgl. *BAG* v. 28. 5. 09 – 8 AZR 536/08 – u. v. 18. 3. 10 – 8 AZR 77/09 –, AP AGG § 8 Nr. 1 u. 2.

71 *BVerfG* v. 28. 1. 92, a. a. O., sowie v. 16. 11. 93 – 1 BvR 258/86 – u. v. 24. 1. 95 – 1 BvL 18/93 u. a. –, BVerfGE 89, 276, u. 92, 91.

72 BGBl. I S. 642.

Nach § 2 Abs. 1 Nr. 1 bis 4 i. V. m. § 3 Abs. 4 AGG ist eine sexuelle Belästigung eine Benachteiligung, wenn ein unerwünschtes sexuell bestimmtes Verhalten bezweckt oder bewirkt, dass die Würde der betreffenden Person verletzt wird.[73]

18 Das Verbot der Benachteiligung wegen der **sexuellen Identität** war bis zur Neufassung des § 67 Abs. 1 S. 1 im Verbot der Benachteiligung wegen des Geschlechts mit enthalten. Es bezieht sich auf diejenige sexuelle Ausrichtung, die als identitätsprägend wahrgenommen wird, und soll homosexuelle Männer und Frauen ebenso schützen wie transsexuelle, bisexuelle und heterosexuelle Menschen.

18a Die **Aufzählung unzulässiger Benachteiligungsgründe** in § 67 Abs. 1 S. 1 ist nur **beispielhaft**. Das Überwachungsgebot erstreckt sich auch darauf, dass Benachteiligungen aus **anderen Gründen** unterbleiben. Das gilt im Hinblick auf Art. 3 Abs. 3 S. 1 GG z. B. für die **Sprache**. Die Festlegung des Deutschen als Amtssprache und seine Kenntnis als Eignungsvoraussetzung wird jedoch nicht ausgeschlossen.[74] Das Überwachungsgebot bezieht sich auch auf die Beachtung des im **Gendiagnostikgesetz** normierten (für Beamte des Bundes entsprechend geltenden) arbeitsrechtlichen Benachteiligungsverbots (§§ 21, 22 GenDG), welches im Wesentlichen vorsieht, dass Arbeitnehmer (und Beamte) in ihrem Beschäftigungsverhältnis nicht wegen ihrer oder der **genetischen Eigenschaften** einer genetisch verwandten Person benachteiligt werden dürfen.[75]

19 (**Abs. 1 S. 2**) Nach § 67 Abs. 1 S. 2 müssen »sie«, d. h. Dienststelle und Personalvertretung, sich »dabei«, nämlich bei der Wahrnehmung ihrer in § 67 Abs. 1 S. 1 geregelten Überwachungsaufgabe, so verhalten, dass das Vertrauen der »Verwaltungsangehörigen« (d. h. der Angehörigen der Dienststelle i. S. d. § 67 Abs. 1 S. 1 [vgl. Rn. 3]) in die **Objektivität und Neutralität** ihrer Amtsführung nicht beeinträchtigt wird. Für die **Personalvertretung** ergibt sich dieses Gebot bereits daraus, dass sie die Repräsentantin aller Beschäftigten der Dienststelle ist (vgl. § 1 Rn. 19).[76] Sie muss deshalb alles unterlassen, was Zweifel an ihrer objektiven und neutralen Amtsführung aufkommen lassen könnte. Das gilt auf der anderen Seite auch für den **Dienststellenleiter,** der sich wegen seiner Funktion als Repräsentant des Arbeitgebers und Dienstherrn gegenüber den Beschäftigten strikt neutral zu verhalten hat (vgl. § 24 Rn. 3). Im Verhältnis zueinander sind Personalvertretung und Dienststellenleiter jedoch in einen natürlichen Interessengegensatz hi-

---

73 Vgl. *BAG* v. 9. 6. 11 – 2 AZR 323/10 –, AP BGB § 626 Nr. 236.

74 Vgl. KfdP-*Berg*, Rn. 19; *BAG* v. 28. 1. 10 – 2 AZR 764/08 – u. v. 22. 6. 11 – 8 AZR 48/10 –, AP AGG § 3 Nr. 4 u. 8 (Beherrschung der deutschen Schriftsprache bzw. Deutschkurs zum Erwerb arbeitsnotwendiger Sprachkenntnisse).

75 Vgl. BT-Drs. 16/10532, S. 39 [zu § 21].

76 *BVerwG* v. 10. 10. 90 – 6 P 22.88 –, PersR 91, 27, m. w. N.

neingestellt, der sie auch bei der Wahrnehmung ihrer Überwachungsaufgabe gem. § 67 Abs. 1 S. 1 zu »Gegenspielern« macht (vgl. § 2 Rn. 2).[77]

(**Abs. 1 S. 3**) Nach § 67 Abs. 1 S. 3 haben der Leiter der Dienststelle und die Personalvertretung grundsätzlich jede **parteipolitische Betätigung** in der Dienststelle zu unterlassen. Die Vorschrift gilt einerseits ebenso wie § 67 Abs. 1 S. 1 nicht nur für den **Dienststellenleiter,** sondern auch für seine **Vertreter**, weil sie in dieser Funktion wie der Dienststellenleiter für die Dienststelle handeln (vgl. Rn. 2). Andererseits gilt sie für die **Personalvertretung** als Organ und für ihre einzelnen Mitglieder in ihrer Eigenschaft als Organmitglieder (vgl. § 66 Rn. 9). Unter »Personalvertretung« sind nicht nur wie in § 67 Abs. 1 S. 1 örtlicher **PR, BPR, HPR und GPR** zu verstehen, sondern aufgrund der Verweisungen in § 62 S. 1 sowie § 64 Abs. 1 S. 2 und Abs. 2 S. 2 auch **JAV, BJAV, HJAV und GJAV.** Außerdem gilt § 67 Abs. 1 S. 3 für die **Personalversammlung** und die **Jugend- und Auszubildendenversammlung** entsprechend (vgl. § 51 Rn. 4; § 63 Rn. 9). 20

Das Verbot der parteipolitischen Betätigung in der Dienststelle dient ebenso wie die Friedenspflicht nach § 66 Abs. 2 Abs. 1 dem **Zweck,** die Arbeit und den Frieden der Dienststelle vor Beeinträchtigungen zu schützen (vgl. § 66 Rn. 10). Da das Gesetz den von § 67 Abs. 1 S. 3 erfassten Organen und Organmitgliedern eine parteipolitische Betätigung in der Dienststelle generell untersagt, sieht es darin eine **abstrakte Gefahr für die Arbeit oder den Frieden der Dienststelle** und lässt diese genügen. Nach der Rspr. des *BVerfG*[78] ist die Vorschrift **verfassungsrechtlich** unbedenklich. 21

Die **parteipolitische Betätigung** ist von der politischen Betätigung i. S. d. § 67 Abs. 1 S. 1 zu unterscheiden (vgl. Rn. 14). Gemeint ist die Betätigung für oder gegen eine **politische Partei.** Dabei handelt es sich um Parteien i. S. d. Art. 21 GG und des § 2 ParteiG (einschl. verbotener verfassungswidriger Parteien und politischer Vereinigungen i. S. d. § 2 Abs. 2 und 3 ParteiG) sowie um sog. Rathausparteien und kommunale Wählervereinigungen.[79] Das BAG[80] hat dagegen bisher bereits in dem Eintreten für eine **»politische Richtung«** eine nach § 67 Abs. 1 S. 3 verbotene Betätigung gesehen. Das ist jedoch abzulehnen, weil damit die politische Betätigung schlechthin untersagt und die im BetrVG (vgl. § 74 Abs. 2 S. 3 sowie § 75 Abs. 1 u. § 118 Abs. 1 Nr. 1), in den PersVG (vgl. § 105 BPersVG) und in anderen Gesetzen (vgl. § 60 Abs. 2 BBG, § 33 Abs. 2 BeamtStG, § 15 SG, § 29 ZDG) vorgenommene Unterscheidung zwischen politischer und parteipolitischer Betätigung aufgehoben wird. Inzwischen hat das *BAG* seine bisherige **Rspr. gelockert**. Nicht unzu- 22

77 *BVerwG* v. 21. 10. 93 – 6 P 18.91 –, PersR 94, 165.
78 Beschl. v. 28. 4. 76 – 1 BvR 71/73 –, BVerfGE 42, 133.
79 Teilw. str.; vgl. KfdP-*Berg*, Rn. 23 m. N.
80 Beschl. v. 21. 2. 78 – 1 ABR 54/76 – u. v. 12. 6. 86 – 6 ABR 67/84 –, AP BetrVG 1972 § 74 Nr. 1 u. 5.

lässig sind danach Äußerungen allgemeinpolitischer Art, die eine politische Partei, Gruppierung oder Richtung weder unterstützen noch sich gegen sie wenden. Das gilt insb. für eine **Aufforderung zur Teilnahme an politischen Wahlen oder Abstimmungen.**[81]

23 Verboten ist eine **Betätigung** mit parteipolitischem Inhalt. Darunter sind Formen der **Agitation und Propaganda** für oder gegen eine politische Partei zu verstehen, nicht jedoch das schlichte Äußern einer bestimmten Meinung im Gespräch. In Betracht kommt z. B. das Verteilen von Flugblättern und Zeitungen, das Aushängen von Plakaten, das Organisieren von Veranstaltungen, das Sammeln von Unterschriften oder Geld. § 67 Abs. 1 S. 3 enthält ebenso wie § 66 Abs. 2 S. 1 (nur) ein **Unterlassungsgebot** (vgl. § 66 Rn. 10). Grundsätzlich ist deshalb nur die aktive Unterstützung oder eindeutige Billigung einer parteipolitischen Betätigung unzulässig. Da § 67 Abs. 1 S. 3 unmittelbar oder entsprechend auch für **Organe** gilt (PR, BPR, HPR und GPR, JAV, BJAV, HJAV und GJAV, Personalversammlung, Jugend- und Auszubildendenversammlung), dürfen die jeweiligen Sitzungs- oder Versammlungsleiter eine parteipolitische Betätigung innerhalb dieser Organe aber **nicht dulden**. Den Mitgliedern dieser Organe ist die parteipolitische Betätigung nur in ihrer Eigenschaft als **Organmitglieder** untersagt. Die Betätigung darf deshalb nicht in unmittelbarem Zusammenhang mit ihrer Amtstätigkeit stehen, also z. B. bei der Durchführung der Sprechstunde oder der Leitung der Personalversammlung erfolgen.

24 Das Verbot des § 67 Abs. 1 S. 3 gilt für die parteipolitische Betätigung **»in der Dienststelle«.** Damit sind die Räumlichkeiten der Dienststelle gemeint. Bei einer dienststellenübergreifenden Personalvertretung (**GPR, BPR und HPR sowie GJAV, BJAV und HJAV**) sind alle Dienststellen einbezogen, die zum Wahlbereich der Personalvertretung gehören. Nach Ansicht des *BAG*[82] ist auch die Betätigung **in unmittelbarer Nähe** der Dienststelle erfasst, wenn sie mit dem Ziel des Hineinwirkens in die Dienststelle erfolgt, so z. B. bei Verteilung von Flugblättern vor den Eingängen. **Außerhalb des räumlichen Bereichs** der Dienststelle(n) gilt das Verbot des § 67 Abs. 1 S. 3 nicht.[83]

25 § 67 Abs. 1 S. 3 Hs. 2 legt ausdrücklich fest, dass die **Behandlung von Tarif-, Besoldungs- und Sozialangelegenheiten** durch das grundsätzliche Verbot der parteipolitischen Betätigung in der Dienststelle nicht berührt wird. **Tarifangelegenheiten** sind jene Gegenstände, die in den für die Dienststelle maßgebenden Tarifverträgen geregelt werden. **Besoldungsangelegenheiten** betreffen die Regelungen über die Bezüge der Beamten und sonstigen Beschäftigten in öffentlich-rechtlichen Dienstverhältnissen. Der Begriff der

---

81 *BAG* v. 17. 3. 10 – 7 ABR 95/08 –, AP BetrVG 1972 § 74 Nr. 12.

82 Beschl. v. 21. 2. 78, a. a. O.

83 A. A. *OVG Bln* v. 19. 9. 75 – OVG II PV 17.75 (Bln.) –, PersV 77, 102, u. die h. M. im PersVR; vgl. KfdP-*Berg*, Rn. 26 m. w. N.

Sozialangelegenheiten ist weit zu verstehen. Er umfasst alle gesetzlichen und sonstigen Regelungen, die die Rechtsstellung und den Schutz der Beschäftigten betreffen, insb. Regelungen des Beamten-, Arbeits- und Sozialrechts sowie der beruflichen Bildung. Die Behandlung dieser Angelegenheiten kann sich auf **bestehende und beabsichtigte Regelungen** beziehen. Dabei dürfen sich Dienststellenleiter und Personalvertretung unter Beachtung der Friedenspflicht nach § 66 Abs. 2 S. 1 auch mit Auffassungen der **politischen Parteien** (vgl. Rn. 22) auseinandersetzen (zur Personalversammlung vgl. § 51 Rn. 4).

(Abs. 2) Das Gesetz legt in § 67 Abs. 2 ausdrücklich fest, dass **Beschäftigte, die Aufgaben nach dem BPersVG wahrnehmen,** dadurch in der **Betätigung für ihre Gewerkschaft** auch in der Dienststelle nicht beschränkt werden. Zu diesem **Personenkreis** gehören folgende Beschäftigte: die Mitglieder und eingetretenen Ersatzmitglieder der Personalvertretungen i. w. S. (PR, BPR, HPR und GPR sowie JAV, BJAV, HJAV und GJAV), die Vertreter der nichtständig Beschäftigten, der Vertrauensmann der Polizeivollzugsbeamten in der Bundespolizei, der Vertrauensmann der Ortskräfte in Auslandsdienststellen, die Mitglieder und eingetretenen Ersatzmitglieder der Wahlvorstände, die Wahlhelfer, der Versammlungsleiter einer Personalversammlung zur Wahl eines Wahlvorstands, der Dienststellenleiter und seine Vertreter sowie die Mitglieder der Einigungsstelle. 26

Zu der gewerkschaftlichen Betätigung, deren Zulässigkeit auch in der Dienststelle in § 67 Abs. 2 klargestellt wird, gehören alle Handlungen und Maßnahmen, die vom Grundrecht der Koalitionsfreiheit nach Art. 9 Abs. 3 GG geschützt sind. Dieser Schutz bezieht sich nach der neueren Rspr. des *BVerfG*[84] nicht nur auf einen Kernbereich der Koalitionsbetätigung, sondern umfasst **alle koalitionsspezifischen Verhaltensweisen** (vgl. Rn. 15) einschl. der Wahlwerbung vor PR- und JAV-Wahlen (vgl. § 24 Rn. 3) und der Mitgliederwerbung[85] sowie der Teilnahme am Streik (vgl. § 66 Rn. 13). 27

Betätigen sich Beschäftigte, die Aufgaben nach dem BPersVG wahrnehmen, in der Dienststelle für ihre Gewerkschaft, müssen sie sich dabei so verhalten, dass das Vertrauen der Beschäftigten in die **Objektivität und Neutralität** ihrer Amtsführung nicht beeinträchtigt wird (vgl. Rn. 19). Dieses Gebot beschränkt die **Art und Weise der koalitionsspezifischen Betätigung**. Nach der **Rspr. des** BVerwG[86] müssen Mitglieder der Personalvertretung bei ihrer gewerkschaftlichen Betätigung alles vermeiden, was geeignet ist, die Stellung der Personalvertretung als Repräsentantin der Gesamtheit der Beschäftigten und als neutrale Sachwalterin ihrer Interessen zweifelhaft erscheinen zu lassen, und dürfen insb. keinen Beschäftigten mit dem Ziel des Anschlusses an 28

84 Beschl. v. 14. 11. 95 – 1 BvR 601/92 –, AP GG Art. 9 Nr. 80.
85 *BVerfG* v. 14. 11. 95, a. a. O.
86 Beschl. v. 22. 8. 91 – 6 P 10.90 –, PersR 91, 417.

eine Gewerkschaft unter Druck setzen. Die an sich zulässige **Werbung** eines Beschäftigten i. S. d. § 67 Abs. 2 sieht das *BVerwG*[87] dann als unzulässig an, wenn sie **nachhaltig** erfolgt und im Zusammenhang mit ihr **Druck** auf den Beschäftigten ausgeübt wird. Diese Rspr. **überzeugt nicht**, weil sie nicht hinreichend zwischen der Ausübung der personalvertretungsrechtlichen und der gewerkschaftlichen Funktion unterscheidet und den Aspekt vernachlässigt, dass die Doppelfunktion in der Dienststelle ohnehin bekannt ist. Ein Verstoß gegen das Gebot der Objektivität und Neutralität ist nur dann gegeben, wenn ein Beschäftigter seine gewerkschaftliche Betätigung mit seiner personalvertretungsrechtlichen Funktion **verknüpft,** indem er z. B. sein Engagement als PR-Mitglied für bestimmte Belange eines Beschäftigten davon abhängig macht, dass dieser vorher einer Gewerkschaft beitritt, oder indem er Räume oder Sachmittel, die dem PR von der Dienststelle zur Verfügung gestellt worden sind, für gewerkschaftliche Werbezwecke nutzt.[88]

29 § 67 Abs. 2 verhält sich lediglich zur gewerkschaftlichen Betätigung »**in der Dienststelle**«. Damit ist wie in § 67 Abs. 1 S. 3 der räumliche Bereich der Dienststelle gemeint (vgl. Rn. 24). Allerdings darf auch eine gewerkschaftliche Betätigung **außerhalb der Dienststelle** nicht mit der personalvertretungsrechtlichen Funktion verquickt werden. So darf z. B. ein PR-Mitglied nicht versuchen, einen Beschäftigten für seine Gewerkschaft mit dem Hinweis zu werben, nur wenn er seiner Organisation beitrete, könne es als PR-Mitglied etwas für ihn tun. Das wäre **Amtsmissbrauch** und schon deshalb unzulässig.[89]

30 (**Abs. 3**) Nach § 67 Abs. 3 hat sich die Personalvertretung für die **Wahrung der Vereinigungsfreiheit** der Beschäftigten einzusetzen. Damit ist die durch Art. 9 Abs. 3 GG gewährleistete **Koalitionsfreiheit** gemeint, die auch den Arbeitnehmern im öffentlichen Dienst[90] und den Beamten zusteht[91] (vgl. auch § 116 BBG, § 52 BeamtStG). Die in § 67 Abs. 3 festgelegte **Verpflichtung der Personalvertretung** ist ausdrücklich nur ihr auferlegt und besteht in erster Linie **gegenüber dem Dienststellenleiter.** Nach h. M. – die auch die negative Koalitionsfreiheit als durch Art. 9 Abs. 3 GG geschützt ansieht (vgl. Rn. 15) – hat sie sich auch dafür einzusetzen, dass das Recht, einer Gewerkschaft fernzubleiben oder aus ihr auszutreten, respektiert wird.[92] Die Verpflichtung aus § 67 Abs. 3 gilt für alle Personalvertretungen i. e. S., also für **PR, BPR, HPR**

87 Beschl. v. 22. 8. 91, a. a. O.

88 Vgl. KfdP-*Berg*, Rn. 32 m. N., sowie *BAG* v. 15. 10. 13 – 1 ABR 31/12 –, NZA 14, 319 (Nutzung des für dienstliche Zwecke eingerichteten Intranets durch ein Betriebsratsmitglied zum Versand eines gewerkschaftlichen Streikaufrufs).

89 Zu weitgehend *HessVGH* v. 11. 11. 87 – BPV TK 852/87 –, PersR 88, 77; vgl. *Plander*, PersR 89, 59.

90 *BVerfG* v. 2. 3. 93 – 1 BvR 1213/85 –, PersR 93, 284.

91 *BVerfG* v. 30. 11. 65 – 2 BvR 54/62 –, BVerfGE 19, 303.

92 Vgl. KfdP-*Berg*, Rn. 34.

und GPR, nicht jedoch für JAV, BJAV, HJAV und GJAV (vgl. Rn. 2). Sie obliegt der jeweiligen **Personalvertretung als Organ** und **ihren Mitgliedern** in ihrer personalvertretungsrechtlichen Funktion.

§ 68 [Allgemeine Aufgaben der Personalvertretung, Informationspflichten der Dienststelle]

(1) Die Personalvertretung hat folgende allgemeine Aufgaben:

1. Maßnahmen, die der Dienststelle und ihren Angehörigen dienen, zu beantragen,

2. darüber zu wachen, daß die zugunsten der Beschäftigten geltenden Gesetze, Verordnungen, Tarifverträge, Dienstvereinbarungen und Verwaltungsanordnungen durchgeführt werden,

3. Anregungen und Beschwerden von Beschäftigten entgegenzunehmen und, falls sie berechtigt erscheinen, durch Verhandlung mit dem Leiter der Dienststelle auf ihre Erledigung hinzuwirken,

4. die Eingliederung und berufliche Entwicklung Schwerbehinderter und sonstiger schutzbedürftiger, insbesondere älterer Personen zu fördern,

5. Maßnahmen zur beruflichen Förderung Schwerbehinderter zu beantragen,

5a. die Durchsetzung der tatsächlichen Gleichberechtigung von Frauen und Männern insbesondere bei der Einstellung, Beschäftigung, Aus-, Fort- und Weiterbildung und dem beruflichen Aufstieg zu fördern,

6. die Eingliederung ausländischer Beschäftigter in die Dienststelle und das Verständnis zwischen ihnen und den deutschen Beschäftigten zu fördern,

7. mit der Jugend- und Auszubildendenvertretung zur Förderung der Belange der in § 57 genannten Beschäftigten eng zusammenzuarbeiten.

(2) [1]Die Personalvertretung ist zur Durchführung ihrer Aufgaben rechtzeitig und umfassend zu unterrichten. [2]Ihr sind die hierfür erforderlichen Unterlagen vorzulegen. [3]Personalakten dürfen nur mit Zustimmung des Beschäftigten und nur von den von ihm bestimmten Mitgliedern der Personalvertretung eingesehen werden. [4]Dienstliche Beurteilungen sind auf Verlangen des Beschäftigten der Personalvertretung zur Kenntnis zu bringen.

§ 68 regelt in **Abs. 1** die allgemeinen Aufgaben der Personalvertretung (vgl. 1
Rn. 2ff.) und in **Abs. 2** die Informationspflichten der Dienststelle gegenüber der Personalvertretung (vgl. Rn. 22ff.). »**Personalvertretung**« i.S.d. § 68 sind im Rahmen ihrer in § 82 geregelten Zuständigkeit sowohl der örtliche **PR** als auch **BPR, HPR** und **GPR**, nicht aber JAV, BJAV, HJAV und GJAV, de-

ren allgemeine Aufgaben und Informationsrechte unmittelbar oder mittelbar (durch die Verweisungen in § 64 Abs. 1 S. 2 und Abs. 2 S. 2) in § 61 Abs. 1 und 3 geregelt sind. Im Folgenden wird der Einfachheit halber i. d. R. der Begriff »**Personalrat**« (**PR**) verwendet.

2 (**Abs. 1**) Die in § 68 Abs. 1 aufgeführten **allgemeinen Aufgaben** geben dem PR die Befugnis, innerhalb seines Zuständigkeitsbereichs von sich aus zur Vertretung der spezifischen Interessen der Beschäftigten auch in den Fällen tätig zu werden, für die der Gesetzgeber eine spezielle Beteiligung nicht vorgesehen hat.[93] Sie eröffnen dem PR breite Handlungsspielräume. Initiativen, mit denen personelle Maßnahmen zugunsten einzelner, namentlich benannter Beschäftigter vorgeschlagen werden, sind dabei nicht ausgeschlossen.[94] Ein besonderes Verfahren ist für die Wahrnehmung der allgemeinen Aufgaben nicht vorgeschrieben (vgl. Rn. 5, 15). Können sich beide Seiten nicht einigen, entscheidet der Dienststellenleiter endgültig.

3 Die Vorschriften des § 82 über die Verteilung der **Zuständigkeiten** zwischen verschiedenen Personalvertretungen gelten auch für die Wahrnehmung der allgemeinen Aufgaben i. S. d. § 68 Abs. 1 (vgl. § 82 Rn. 1). Initiativen des PR müssen sich deshalb auf diejenigen Angelegenheiten beschränken, in denen der Leiter der Dienststelle zur Entscheidung befugt ist.[95] Liegt die Entscheidungsbefugnis bei einer anderen Dienststelle, kann der PR jedoch bei der dort bestehenden zuständigen Personalvertretung anregen, dort eine Initiative zu ergreifen.[96]

4 (**Abs. 1 Nr. 1**) Nach § 68 Abs. 1 Nr. 1 hat der PR die allgemeine Aufgabe, **Maßnahmen** zu **beantragen, die der Dienststelle und ihren Angehörigen dienen.** Dieses allgemeine Antragsrecht bezieht sich auf Maßnahmen, die einen konkreten Bezug zur Dienststelle und zu ihren Angehörigen haben. **Angehörige der Dienststelle** sind dabei außer den Beschäftigten i. S. d. § 4 auch alle sonstigen in der Dienststelle tätigen Personen, die von dieser vergleichbar einem Beschäftigten eingesetzt werden (vgl. § 67 Rn. 3). Nach dem Wortlaut des § 68 Abs. 1 Nr. 1 ist der PR zur Beantragung von Maßnahmen befugt, die sowohl der Dienststelle als auch ihren Angehörigen dienen. Dies entspricht der **Zielrichtung** des Grundsatzes der vertrauensvollen Zusammenarbeit (vgl. § 2 Rn. 2). Dementsprechend ist die Stellung von Anträgen, die allein den Angehörigen der Dienststelle dienen, dann nicht ausgeschlossen, wenn dabei die Interessenlage der Dienststelle nicht ausgeblendet wird. In Betracht kommen v. a. Anträge auf **Maßnahmen in innerdienstlichen,**

---

93 Vgl. *BVerwG* v. 26. 2. 60 – VII P 4.59 – u. v. 7. 3. 83 – 6 P 27.80 –, PersV 60, 152, u. 84, 241.

94 Vgl. *BVerwG* v. 24. 10. 01 – 6 P 13.00 –, PersR 02, 21.

95 *BVerwG* v. 13. 12. 74 – VII P 4.73 –, PersV 75, 178.

96 *BVerwG* v. 24. 10. 69 – VII P 9.68 –, PersV 70, 107; s. auch *BVerwG* v. 25. 5. 16 – 5 PB 21.15 –, juris; weitergehend Richardi-*Gräfl*, Rn. 11.

sozialen und persönlichen Angelegenheiten der Angehörigen der Dienststelle (vgl. § 78 Rn. 10). Diese Maßnahmen können sich auf die Gesamtheit der in der Dienststelle tätigen Personen oder auf Gruppen von ihnen, aber auch auf **einzelne Personen** beziehen. Das gilt auch dann, wenn es sich um gerichtlich durchsetzbare individualrechtliche Belange handelt.[97]

Für einen **Antrag** nach § 68 Abs. 1 Nr. 1 ist ein **Beschluss des Plenums** des PR erforderlich. Der Antrag kann beim Dienststellenleiter **jederzeit schriftlich oder mündlich** gestellt werden. Dieser hat sich mit dem Antrag zu befassen. Will er ihm nicht entsprechen, ist es nach § 66 Abs. 1 S. 3 geboten, dass beide Seiten über die strittigen Fragen mit dem ernsten Willen zur Einigung **verhandeln** (vgl. § 66 Rn. 8). Danach hat der Dienststellenleiter in eigener Verantwortung über den Antrag zu entscheiden und dem PR einen **Bescheid** zu erteilen. Ist eine Einigung nicht zustande gekommen, kann ein Stufenverfahren nicht durchgeführt werden.[98] 5

(Abs. 1 Nr. 2) Nach § 68 Abs. 1 Nr. 2 hat der PR die allgemeine Aufgabe, darüber zu wachen, dass die zugunsten der Beschäftigten geltenden Gesetze, Verordnungen, Tarifverträge, Dienstvereinbarungen und Verwaltungsanordnungen durchgeführt werden. Diese **Überwachungsbefugnis** soll sicherstellen, dass alle **Rechts- und Verwaltungsvorschriften** zugunsten der Beschäftigten auch tatsächlich eingehalten und angewendet werden. Das Merkmal »**zugunsten der Beschäftigten**« ist weit auszulegen.[99] Es ist nicht nur bei Vorschriften zu bejahen, die den Schutz der Beschäftigten bezwecken, sondern auch bei Vorschriften, die sich zugunsten der Beschäftigten auswirken können.[100] Soweit es um die Beachtung der Gleichbehandlungsgrundsätze und Benachteiligungsverbote geht, können sich die Überwachungsbefugnisse nach § 68 Abs. 1 Nr. 2 und nach § 67 Abs. 1 S. 1 (vgl. dort Rn. 2ff.) überschneiden. 6

Zugunsten der Beschäftigen geltende **Gesetze und Verordnungen** sind Rechtsvorschriften, die enthalten sein können im Grundgesetz, in den vom Bund und vom jeweiligen Land erlassenen formellen Gesetzen und Rechtsverordnungen, in den öffentlich-rechtlichen Satzungen von Körperschaften, Anstalten und Stiftungen des öffentlichen Rechts (einschl. der von den Trägern der gesetzlichen Unfallversicherung als autonomes Recht erlassenen Unfallverhütungsvorschriften) sowie im unmittelbar anzuwendenden Recht der EU. Den Gesetzen und Verordnungen gleichgestellt sind die von der Rspr. entwickelten **allgemeinen arbeitsrechtlichen Grundsätze**. 7

97 Vgl. KfdP-*Seulen*, Rn. 4.
98 *BVerwG* v. 20.1.93 – 6 P 21.90 –, PersR 93, 311.
99 Vgl. *BAG* v. 19. 10. 99 – 1 ABR 75/98 –, AP BetrVG 1972 § 80 Nr. 58.
100 Vgl. *BAG* v. 17.3.87 – 1 ABR 59/85 –, PersR 88, 73; in *BVerwG* v. 27.7.83 – 6 P 42.80 –, PersV 85, 66, offengelassen bei Regelungen, die den Beschäftigten »lediglich gewisse Vorteile bringen«.

8 Hinsichtlich der für die Arbeitnehmer der Dienststelle geltenden **Tarifverträge** (vgl. § 2 Rn. 6) erstreckt sich die Überwachung sowohl auf die normativen Bestimmungen als auch auf die schuldrechtlichen Regelungen, soweit sie sich zugunsten der Arbeitnehmer auswirken können.[101] Sie bezieht sich auch auf nachwirkende Tarifnormen. Bei fehlender Allgemeinverbindlichkeit werden Inhalts-, Abschluss- und Beendigungsnormen auch dann als zugunsten der Arbeitnehmer geltende Tarifverträge angesehen, wenn ihre Anwendung auf einer generellen einzelvertraglichen Vereinbarung beruht.[102] Ein Tarifvertrag kann die Überwachungsaufgabe des PR nach § 68 Abs. 1 Nr. 2 nicht aufheben oder einschränken.[103]

9 Die zugunsten der Beschäftigten geltenden **Dienstvereinbarungen** unterliegen der Überwachung durch den örtlichen PR auch dann, wenn sie für einen größeren Bereich gelten (vgl. § 73 Rn. 12). Die Überwachungsbefugnis bezieht sich nur auf ihre die Beschäftigten begünstigenden Regelungen.[104] Hinsichtlich der Überwachungsbefugnis sind **Einheitsregelungen** von Arbeitsbedingungen aufgrund gleich lautender Arbeitsverträge den Dienstvereinbarungen gleichzustellen. Der PR ist zu der Prüfung befugt, ob **Einzelverträge** mit zwingenden Arbeitsschutzvorschriften, insb. dem Gleichbehandlungsgrundsatz, im Einklang stehen.[105] Er hat auch die in **Formulararbeitsverträgen** enthaltenen Bestimmungen auf ihre Vereinbarkeit mit dem Recht der Allgemeinen Geschäftsbedingungen zu überwachen.[106]

10 **Verwaltungsanordnungen** i. S. d. PersVR sind verwaltungsintern verbindliche Regelungen, v. a. solche, die die Dienststelle in Wahrnehmung ihrer Aufgaben als Dienstherr oder Arbeitgeber gegenüber ihren Beschäftigten getroffen hat (vgl. § 78 Rn. 7ff.). Sie unterliegen auch dann der Überwachung durch den PR, wenn sie selbst keine Regelungen zugunsten der Beschäftigten treffen, wohl aber Bestimmungen zur Ausführung solcher Rechtsvorschriften enthalten.

11 Beabsichtigt die Dienststelle eine Maßnahme, die nach den §§ 75 bis 79 der **Mitbestimmung, Mitwirkung oder Anhörung** des PR unterliegt, so hat dieser bei der Ausübung seines speziellen Beteiligungsrechts auch darauf zu achten, dass die für die jeweilige Maßnahme geltenden einschlägigen Rechts- und Verwaltungsvorschriften eingehalten werden. Das *BVerwG*[107] zieht daraus den Schluss, dass das spezielle Beteiligungsrecht in seinem An-

101 Vgl. *BAG* v. 11.7.72 – 1 ABR 2/72 –, AP BetrVG 1972 § 80 Nr. 1.
102 Vgl. *BAG* v. 18.9.73 – 1 ABR 7/73 – u. v. 6.5.03 – 1 ABR 13/02 –, AP BetrVG 1972 § 80 Nr. 3 u. 61.
103 Vgl. *BAG* v. 21.10.03 – 1 ABR 39/02 –, AP BetrVG 1972 § 80 Nr. 62.
104 *BVerwG* v. 27.7.83, a.a.O.
105 Vgl. *BAG* v. 30.9.08 – 1 ABR 54/07 –, AP BetrVG 1972 § 80 Nr. 71.
106 Vgl. *BAG* v. 16.11.05 – 7 ABR 12/05 –, AP BetrVG 1972 § 80 Nr. 64.
107 Beschl. v. 20.3.02 – 6 P 6.01 –, PersR 02, 302.

wendungsbereich die allgemeine Aufgabe nach § 68 Abs. 1 Nr. 2 auch dann **verdrängt**, wenn es sich um ein antragsabhängiges Beteiligungsrecht handelt, das mangels eines Antrags des unmittelbar betroffenen Beschäftigten (z. B. des von der Dienststelle vorgeschlagenen Stellenbewerbers) nicht zum Zuge kommt (vgl. § 77 Rn. 7). Diese Rspr. überzeugt jedoch nicht, weil sie nicht hinreichend zwischen allgemeinen Aufgaben und speziellen Beteiligungsrechten unterscheidet.[108]

Die Überwachungsbefugnis nach § 68 Abs. 1 Nr. 2 und nach § 67 Abs. 1 S. 1 (vgl. dort Rn. 2ff.) macht den PR zwar nicht zu einem dem Dienststellenleiter übergeordneten **Kontrollorgan,** dem es obliegt, die Aufgabenerfüllung und den inneren Betrieb der Dienststelle allgemein zu überwachen.[109] Als Kollektivorgan der Beschäftigten, das auch und vorrangig dafür Sorge zu tragen hat, dass die gemeinsamen rechtlichen und sozialen Belange der Beschäftigten nach Recht und Billigkeit gewahrt werden, benötigt er jedoch den **Überblick** über alle Fakten und Vorhaben, die diese Belange berühren, um Rechtsverstößen und Unbilligkeiten nach Möglichkeit bereits im Vorfeld entgegenwirken zu können.[110] Die Dienststelle hat dem PR deshalb nach § 68 Abs. 2 S. 1 und 2 alle **Informationen** zur Verfügung zu stellen, die **erforderlich** sind, damit er seine Überwachungsbefugnis wahrnehmen kann (vgl. Rn. 22ff.). 12

Stellt der PR **Verstöße** gegen zugunsten der Beschäftigten geltende Rechts- oder Verwaltungsvorschriften fest, hat er dies schriftlich oder mündlich beim Dienststellenleiter zu **beanstanden** und auf Abhilfe zu dringen.[111] Hat er damit keinen Erfolg, müssen die Beschäftigten ihre **individualrechtlichen Ansprüche** ggf. selbst beim Arbeitgeber bzw. Dienstherrn geltend machen und gerichtlich durchsetzen.[112] Der PR hat kein Klagerecht gegen Maßnahmen des Dienststellenleiters, die dieser gegenüber Beschäftigten erlässt.[113] Auch für die Prozessvertretung von Beschäftigten ist der PR nicht zuständig. Er hat die betroffenen Beschäftigten jedoch über seine rechtliche Einschätzung zu informieren und sie auf die Möglichkeiten zur Rechtsdurchsetzung (einschl. der Inanspruchnahme gewerkschaftlichen Rechtsschutzes) hinzuweisen (zur Zulässigkeit rechtlicher Hilfestellung vgl. auch § 43 Rn. 4). 13

---

108 Vgl. KfdP-*Seulen*, Rn. 11.

109 Vgl. *BVerwG* v. 29. 8. 90 – 6 P 30.87 –, PersR 90, 301; KfdP-*Seulen*, Rn. 12 m. w. N.

110 *BVerwG* v. 27. 2. 85 – 6 P 9.84 –, PersR 85, 124, v. 22. 12. 93 – 6 P 15.92 –, PersR 94, 78, u. v. 18. 3. 08 – 6 PB 19.07 –, PersR 09, 167.

111 Vgl. *BAG* v. 28. 5. 02 – 1 ABR 32/01 –, AP BetrVG 1972 § 87 Ordnung des Betriebes Nr. 39.

112 *VGH BW* v. 23. 7. 85 – 15 S 3062/84 –, ZBR 86, 90.

113 *BVerwG* v. 28. 8. 08 – 6 PB 19.08 –, PersR 08, 458.

14 **(Abs. 1 Nr. 3)** Nach § 68 Abs. 1 Nr. 3 hat der PR die allgemeine Aufgabe, **Anregungen und Beschwerden von Beschäftigten** entgegenzunehmen und auf ihre Erledigung hinzuwirken. **Beschwerden** von Beschäftigten sind Eingaben, die Missstände kritisieren und Abhilfe verlangen. Beschwerdegegenstand können individuelle Beeinträchtigungen sein, z.B. durch den Dienststellenleiter oder andere Beschäftige, aber auch allgemeine Missstände im gesamten Bereich der personellen, sozialen, organisatorischen und sonstigen innerdienstlichen Angelegenheiten, und zwar auch dann, wenn schwerpunktmäßig die Erledigung von Amtsaufgaben betroffen ist (vgl. vor § 66 Rn. 9, 12). Nicht erforderlich ist »ein gewisses persönliches Betroffensein des Beschwerde führenden Beschäftigten«.[114] **Anregungen** von Beschäftigten sind Vorschläge und Anträge, die unabhängig von einer Beschwerde an den PR gerichtet werden können und unstreitig ein persönliches Betroffensein nicht voraussetzen. Sie können sich auf alle personellen, sozialen, organisatorischen und sonstigen innerdienstlichen Angelegenheiten beziehen.

15 Die Anregungen und Beschwerden können **schriftlich** oder **mündlich** vorgebracht werden. Sie sind im **Plenum des PR** zu behandeln (vgl. § 32 Rn. 7).[115] Dieser hat zunächst zu prüfen, ob er nach § 82 für die Behandlung **zuständig** ist (vgl. Rn. 3). Trifft dies nicht zu, hat er die Anregung oder Beschwerde nach einem entsprechenden Beschluss entweder **zurückzugeben** oder an die zuständige Personalvertretung **weiterzuleiten** und die betreffenden Beschäftigten über die Abgabe zu informieren.[116] Ist der PR zuständig, hat er zu prüfen und durch Beschluss zu entscheiden, ob die Beschwerde **berechtigt** bzw. die Anregung sinnvoll erscheint. Verneint er die Berechtigung, hat er die betreffenden Beschäftigten darüber zu informieren. Bejaht er sie, hat er bei einer Anregung, je nach der Art des Anliegens, verschiedene **Handlungsmöglichkeiten**: Initiativantrag nach § 70 Abs. 1 oder 2, Antrag nach § 68 Abs. 1 Nr. 1, Anregung nach § 81 Abs. 1 oder Hinwirken auf die Erledigung der Anregung durch **Verhandlung mit dem Dienststellenleiter.** Bei einer Beschwerde dürfte nur Letzteres in Betracht kommen. Zieht sich die Sache hin, hat der PR die betreffenden Beschäftigten über den Stand der Verhandlungen zu unterrichten (so ausdrücklich § 80 Abs. 1 Nr. 3 BetrVG). Falls kein Initiativantrag nach § 70 gestellt wird, ist die **Entscheidung des Dienststellenleiters** abschließend.[117] Nachdem der Dienststellenleiter dem PR seine Entscheidung mitgeteilt hat, hat dieser die betreffenden Beschäftigten über das Ergebnis der Verhandlungen zu **unterrichten.** Damit ist das

---

114 Str.; zu eng *BVerwG* v. 21.2.80 – 6 P 77.78 –, PersV 80, 278, wonach ein »allgemeines Unbehagen« nicht ausreichen soll; vgl. KfdP-*Seulen*, Rn. 15.

115 *BVerwG* v. 20.3.59 – VII P 8.58 –, PersV 59, 187.

116 Vgl. *BVerwG* v. 24.10.69 – VII P 9.68 –, PersV 70, 107.

117 Str.; vgl. KfdP-*Seulen*, Rn. 16.

Verfahren nach § 68 Abs. 1 Nr. 3 abgeschlossen. Wird einer Beschwerde nicht abgeholfen, kann der PR den oder die Beschwerdeführer auf die Möglichkeit der Inanspruchnahme der Gerichte hinweisen (vgl. Rn. 13).

16 **(Abs. 1 Nr. 4)** Nach § 68 Abs. 1 Nr. 4 hat der PR die allgemeine Aufgabe, die Eingliederung und berufliche Entwicklung Schwerbehinderter und sonstiger schutzbedürftiger, insb. älterer Personen zu fördern. **Schwerbehinderte** i. S. d. BPersVG sind schwerbehinderte und diesen gleichgestellte behinderte Menschen i. S. d. §§ 2, 68 SGB IX. **Sonstige schutzbedürftige Personen** sind Menschen, die aufgrund ihrer Lebenssituation oder der Verhältnisse in der Dienststelle besonderen Gefährdungen ausgesetzt sind und besonderen Schutzes bedürfen, um einen geeigneten Arbeitsplatz erlangen oder behalten zu können. Wer zu den **älteren Personen** gehört, hängt nicht von einem bestimmten Lebensalter ab, sondern ist von Fall zu Fall unter Berücksichtigung des Altersaufbaus in der Dienststelle sowie der Arbeitsanforderungen und altersbedingt nachlassenden Leistungsfähigkeit zu bestimmen. Die **Eingliederung** schutzbedürftiger Personen in die Dienststelle umfasst insb. die Einstellung, die Zuweisung einer angemessenen Tätigkeit, die Einarbeitung auf dem übertragenen Arbeitsplatz und die Eingewöhnung in das Arbeitsumfeld. Zur **beruflichen Entwicklung** gehört die Teilnahme an geeigneten Maßnahmen der beruflichen Bildung, v. a. an solchen der Anpassungs- und Aufstiegsfortbildung (vgl. § 76 Rn. 49), sowie der berufliche Aufstieg. Dem PR obliegt es, die Eingliederung und berufliche Entwicklung Schutzbedürftiger dadurch zu **fördern,** dass er nach § 68 Abs. 1 Nr. 2 über die Einhaltung spezifischer Schutzvorschriften wacht, bei der Wahrnehmung seiner speziellen Beteiligungsrechte nach den §§ 75 bis 81 die besondere Schutzbedürftigkeit beachtet sowie mittels seines Initiativrechts nach § 70 und seines allgemeinen Antragsrechts nach § 68 Abs. 1 Nr. 1 geeignete Förderungsprogramme und -maßnahmen vorschlägt. Dabei hat er darauf hinzuwirken, dass die Schutzbedürftigen bei der Einstellung und im Laufe ihrer beruflichen Entwicklung jeweils eine ihren Fähigkeiten und Kenntnissen entsprechende Beschäftigung erhalten. Die Aufgaben nach § 68 Abs. 1 Nr. 4 können sich, je nach den Umständen, auf **generelle Regelungen** oder auf **Einzelmaßnahmen** beziehen.

16a Bei der Wahrnehmung seiner Aufgaben nach § 68 Abs. 1 Nr. 4 hat der PR auch die **Vorschriften des Allgemeinen Gleichbehandlungsgesetzes (AGG)** zu beachten (vgl. § 67 Rn. 7). Ziel dieses Gesetzes ist es nach § 1 AGG, Benachteiligungen aus Gründen (auch) einer Behinderung oder des Alters zu verhindern oder zu beseitigen. An der Verwirklichung dieses Ziels hat der PR nach § 17 Abs. 1 AGG mitzuwirken.[118]

118 Näher dazu KfdP-*Seulen*, Rn.

17 Soweit es sich um Schwerbehinderte handelt, hat der PR seine Förderungsaufgaben im **Zusammenwirken mit der Schwerbehindertenvertretung** wahrzunehmen. Auch nach § 93 S. 1 SGB IX obliegt ihm die Aufgabe, die Eingliederung schwerbehinderter Menschen zu fördern. Er hat nach § 93 S. 2 Hs. 1 SGB IX insb. darauf zu achten, dass die dem Arbeitgeber nach den §§ 71, 72 und 81 bis 84 SGB IX obliegenden **Verpflichtungen zur Beschäftigung und Integration schwerbehinderter Menschen** erfüllt werden.[119] Darüber hinaus soll er auf die Wahl der Schwerbehindertenvertretung hinwirken (vgl. § 94 SGB IX). Besonders bedeutsam sind die Vorschriften des § 83 SGB IX über verbindliche **Integrationsvereinbarungen,** über die auf Antrag der Schwerbehindertenvertretung unter Beteiligung des PR zu verhandeln ist,[120] sowie (in Bezug auf alle Beschäftigten) die des § 84 Abs. 2 SGB IX über die Einleitung und Durchführung eines **betrieblichen Eingliederungsmanagements (BEM)**, an dem der PR und bei schwerbehinderten Menschen die Schwerbehindertenvertretung zu beteiligen sind.[121]

18 (**Abs. 1 Nr. 5**) Die in § 68 Abs. 1 Nr. 5 aufgeführte Aufgabe des PR, im Zusammenwirken mit der Schwerbehindertenvertretung **Maßnahmen zur beruflichen Förderung Schwerbehinderter** zu beantragen, hat keine eigenständige Bedeutung, weil dies bereits in der in § 68 Abs. 1 Nr. 4 genannten Aufgabe enthalten ist.

19 (**Abs. 1 Nr. 5a**) Mit der durch Art. 6 des Gesetzes v. 24. 6. 94[122] erfolgten Einfügung der Nr. 5a ist die **Förderung der Durchsetzung der tatsächlichen Gleichberechtigung** von Frauen und Männern in den Katalog der allgemeinen Aufgaben des PR aufgenommen worden. Diese Aufgabe geht weiter als die in § 67 Abs. 1 S. 1 festgelegte Verpflichtung von Dienststelle und Personalvertretung, darüber zu wachen, dass jede Benachteiligung von Personen wegen ihres Geschlechts unterbleibt (vgl. § 67 Rn. 6, 16). Gemäß § 68 Abs. 1 Nr. 5a hat der PR neben seinem eingeschränkten Mitbestimmungsrecht nach § 76 Abs. 2 Nr. 10 die Handhabe, sich im **Vorfeld** einzelner Maßnahmen für eine gezielte Beförderungs- und Einstellungspolitik zur Durchsetzung der tatsächlichen Gleichberechtigung einzusetzen. Besondere Bedeutung hat dabei das **Bundesgleichstellungsgesetz**. Dessen Ziel ist es, die Gleichstellung von Frauen und Männern zu fördern (§ 1 Abs. Nr. 1 BGleiG). Strukturelle Benachteiligungen von Frauen sind durch deren gezielte Förderung zu beheben (§ 1 Abs. 2 S. 1 BGleiG). Im Hinblick auf die im Bereich der Gleichstellungspolitik zu verfolgenden gemeinsamen Ziele ist eine intensive

119 Näher dazu KfdP-*Seulen*, Rn. 19.
120 Näher dazu *Feldes*, § 83 Rn. 9ff., 12ff., 22ff., 33ff.
121 Vgl. *BVerwG* v. 23.6.10 – 6 P 8.09 – u. v. 4.9.12 – 6 P 5.11 –, PersR 10, 442, u. 12, 508; *BAG* v. 10.12.09 – 2 AZR 198/09 –, AP SGB IX § 84 Nr. 3, u. v. 13.3.12 – 1 ABR 78/10 –, AP BetrVG 1972 § 87 Nr. 18; KfdP-*Seulen*, Rn. 19 a. E. (m. w. N.).
122 BGBl. I S. 1406, ber. S. 2103.

Zusammenarbeit zwischen PR und Gleichstellungsbeauftragter (vgl. dazu §§ 16–23 BGleiG) sinnvoll und notwendig.[123]

§ 80 Abs. 1 Nr. 2b BetrVG sieht ausdrücklich vor, dass der Betriebsrat auch die allgemeine Aufgabe hat, »**die Vereinbarkeit von Familie und Erwerbstätigkeit zu fördern**«. Im Hinblick auf die Nennung der »Vereinbarkeit von Familie und Beruf« in § 51 S. 2 BPersVG (vgl. § 51 Rn. 2) und die Regelung in § 15 BGleiG über familiengerechte Arbeitszeiten und Arbeitsbedingungen lässt sich aus § 68 Abs. 1 Nr. 5a BPersVG ableiten, dass auch der PR auf die Förderung der Vereinbarkeit von Familie und Erwerbstätigkeit hinzuwirken hat.[124] **19a**

Bei der Wahrnehmung seiner allgemeinen Aufgabe nach § 68 Abs. 1 Nr. 5a hat der PR auch die **Vorschriften des AGG** zu beachten (vgl. § 67 Rn. 7). Er ist – wie bei der Wahrnehmung seiner Aufgabe nach § 68 Abs. 1 Nr. 4 (vgl. oben Rn. – gem. § 17 Abs. 1 AGG dazu aufgefordert, im Rahmen seiner Aufgaben und Handlungsmöglichkeiten an der Verwirklichung des in § 1 AGG genannten Ziels mitzuwirken, nämlich Benachteiligungen (u. a. auch) wegen des Geschlechts zu verhindern oder zu beseitigen.[125] **19b**

(Abs. 1 Nr. 6) Nach § 68 Abs. 1 Nr. 6 hat der PR die allgemeine Aufgabe, die Eingliederung **ausländischer Beschäftigter** in die Dienststelle und das Verständnis zwischen ihnen und den deutschen Beschäftigten zu fördern. Während er nach § 67 Abs. 1 S. 1 ebenso wie die Dienststelle darüber zu wachen hat, dass jede Benachteiligung von Personen wegen ihrer Nationalität unterbleibt (vgl. § 67 Rn. 10), ist er nach § 68 Abs. 1 Nr. 6 berechtigt und verpflichtet, durch aktives Handeln dazu beizutragen, dass Beschäftigte, die die deutsche Staatsangehörigkeit nicht besitzen, ihren deutschen Kollegen auch tatsächlich gleichgestellt werden. Der PR hat sich deshalb für die **Eingliederung** ausländischer Beschäftigter in die Dienststelle einzusetzen. Zu dieser Integration gehört insb. der Abbau sprachlicher Verständigungsprobleme. Darüber hinaus hat der PR auf ein besseres **Verständnis** zwischen ausländischen und deutschen Beschäftigten hinzuwirken. Dazu zählt der Abbau unbegründeter wechselseitiger Vorurteile ebenso wie das Vorgehen gegen betriebliche Erscheinungsformen von Ausländerfeindlichkeit. Im Hinblick darauf, dass der PR nach § 67 Abs. 1 S. 1 auch darüber zu wachen hat, dass jede Benachteiligung von Personen aus Gründen ihrer Rasse oder ethnischen Herkunft unterbleibt (vgl. § 67 Rn. 8), dürfte er im Rahmen seiner allgemeinen Aufgabe nach § 68 Abs. 1 Nr. 6 auch dazu befugt sein, Maßnahmen zur **Bekämpfung von Rassismus und Fremdenfeindlichkeit** in der Dienststelle zu beantragen (vgl. § 80 Abs. 1 Nr. 7 BetrVG).[126] **20**

---

123 *BVerwG* v. 22. 7. 03 – 6 P 3.03 –, PersR 03, 495.
124 Vgl. KfdP-*Seulen*, Rn. 22a; Richardi-*Gräfl*, Rn. 46.
125 Vgl. KfdP-*Seulen*, Rn. 22b; Richardi-*Gräfl*, Rn. 47.
126 So auch Richardi-*Gräfl*, Rn. 52.

21 (**Abs. 1 Nr. 7**) Nach § 68 Abs. 1 Nr. 7 hat der PR die allgemeine Aufgabe, **mit der JAV** zur Förderung der Belange der in § 57 genannten Beschäftigten **eng zusammenzuarbeiten.** Dadurch soll eine wirksame Vertretung der spezifischen Interessen der jugendlichen und auszubildenden Beschäftigten gewährleistet werden. Zur **Förderung der Belange der in § 57 genannten Beschäftigten** hat der PR aktiv darauf hinzuwirken, dass die JAV, wo immer das Gesetz dies vorsieht, auch tatsächlich gebildet wird (vgl. § 80 Abs. 1 Nr. 5 BetrVG). Die durch § 68 Abs. 1 Nr. 7 vorgegebene enge Zusammenarbeit von PR und JAV erschöpft sich nicht darin, die einschlägigen Einzelvorschriften des Gesetzes einzuhalten (vgl. § 61 Rn. 5). Der PR hat die JAV darüber hinaus in allen Angelegenheiten der jugendlichen und auszubildenden Beschäftigten zu beraten und ihr sachdienliche Hinweise zur Wahrnehmung ihrer Aufgaben zu geben.[127] Er kann von ihr auch Vorschläge und Stellungnahmen anfordern (vgl. § 80 Abs. 1 Nr. 5 BetrVG) und hat diese Voten dann (unter Beteiligung der JAV) in seine Meinungs- und Willensbildung einbeziehen.

22 (**Abs. 2**) Nach § 68 Abs. 2 S. 1 ist die Personalvertretung zur Durchführung ihrer Aufgaben rechtzeitig und umfassend zu unterrichten. Nach § 68 Abs. 2 S. 2 sind ihr die hierfür erforderlichen Unterlagen vorzulegen. Diese von der Dienststelle zu erfüllende Informationspflicht korrespondiert mit einem entsprechenden **Informationsanspruch** des PR.[128] Beide dienen dem Zweck, dem PR durch die Information über alle jeweils bedeutsamen Tatsachen und Gesichtspunkte die rechtzeitige und sachkundige Erfüllung der Aufgaben zu ermöglichen, die ihm nach dem BPersVG oder nach anderen Vorschriften obliegen.[129] Die Information und die in ihrem Rahmen erfolgende Vorlage von Unterlagen müssen jeweils im Zusammenhang mit einer bestimmten Aufgabe stehen, die der PR ohne die Information nicht oder nur unvollkommen wahrnehmen könnte.[130]

22a Ein von einer konkreten Aufgabe unabhängiges umfassendes Informationsrecht steht dem PR dagegen nicht zu,[131] weil er zu einer allgemeinen Kontrolle der Dienststelle nicht befugt ist (vgl. Rn. 12).[132] Ggf. muss der PR so

127 Vgl. *BAG* v. 10.5.74 – 1 ABR 47/73 –, AP BetrVG 1972 § 65 Nr. 2.

128 Vgl. *BAG* v. 30.9.08 – 1 ABR 54/07 –, AP BetrVG 1972 § 80 Nr. 71.

129 *BVerwG* v. 27.11.91 – 6 P 24.90 –, PersR 92, 153, m.w.N.; *OVG NW* v. 14.5.13, PersV 13, 354; zum Informationsanspruch bzgl. der Festlegung von Gehaltsstufen einzustellender Beamter *VG Mainz* v. 9.3.16 – 5K1467/15.MZ –, juris.

130 *BVerwG* v. 22.4.98 – 6 P 4.97 –, PersR 98, 461, m.w.N.

131 Der Unterrichtungsanspruch ist »streng aufgabenakzessorisch« ausgestaltet (so *BVerwG* v. 28.6.13 – 6 PB 8.13 –, PersR 13, 518, sowie v. 25.5.16 – 5 PB 21.15 –, juris).

132 *BVerwG* v. 20.3.02 – 6 P 6.01 –, PersR 02, 302, u. v. 12.8.09 – 6 PB 18.09 –, PersR 09, 416. Sofern jedoch den Umständen nach eine »gewisse Wahrscheinlichkeit« für das Bestehen eines Beteiligungsrechts besteht, muss der PR auch dann unter-

unterrichtet werden, dass er über den **gleichen Informationsstand** wie die Dienststelle verfügt[133] (vgl. Rn. 27). Hinsichtlich der Erforderlichkeit der Informationen kommt es auf den Standpunkt einer »**objektiven Personalvertretung**« an, wobei ausschlaggebend ist, was sie nach Lage der Dinge bei verständiger Würdigung für erforderlich halten darf.[134]

Spezielle Informationsrechte des PR sind hinsichtlich **sozialer Zuwendungen** in § 75 Abs. 2 S. 3 und 4 (vgl. § 75 Rn. 60) sowie bezüglich des **Arbeitsschutzes** in § 81 Abs. 2 bis 5 (vgl. § 81 Rn. 8ff.) und in Vorschriften außerhalb des BPersVG (vgl. § 81 Rn. 3) festgelegt. Außerdem bestehen Informationspflichten des Arbeitgebers über **Teilzeitarbeit** und **befristete Beschäftigung** nach § 7 Abs. 3 und § 20 TzBfG sowie über Vermittlungsvorschläge und vorliegende Bewerbungen **schwerbehinderter Menschen** und dazu getroffene Entscheidungen nach § 81 Abs. 1 S. 4 und 9 SGB IX. 23

Einschränkungen des Informationsrechts gelten nach § 93 Abs. 5 bei der Behandlung von **Verschlusssachen** (vgl. § 93 Rn. 6), nach § 86 Nr. 10 Buchst. b und Nr. 11 beim **Bundesnachrichtendienst** (vgl. § 86 Rn. 12) und nach § 87 Nr. 3 für das Bundesamt für **Verfassungsschutz** (vgl. § 87 Rn. 4). 24

Die in § 68 Abs. 2 S. 1 und 2 geregelte **Informationspflicht der Dienststelle** ist durch den Dienststellenleiter, seinen ständigen Vertreter oder eine andere vertretungsberechtigte Person zu erfüllen (vgl. § 7 Rn. 1ff.). Obwohl das Gesetz zur **Form** der Unterrichtung nach § 68 Abs. 2 S. 1 nichts sagt, ist die Schriftform aus Gründen der Klarheit i. d. R. angebracht und bei umfangreichen und komplexen Tatbeständen geboten.[135] In welcher Weise die erforderlichen **Unterlagen** nach § 68 Abs. 2 S. 2 vorzulegen sind, hängt von der Art der Unterlage und der Häufigkeit ihrer Verwendung ab (vgl. Rn. 30). Die Dienststelle hat ihrer Informationspflicht **von sich aus** nachzukommen.[136] Hält der PR die gegebenen Informationen für nicht ausreichend, kann er eine entsprechende **Ergänzung verlangen**. Auch Informationen zur Durchführung seiner **allgemeinen Aufgaben** sind dem PR grundsätzlich unaufgefordert zur Verfügung zu stellen. Da der PR in diesem Aufgabenfeld meistens aus eigenem Entschluss aktiv wird (vgl. Rn. 2) und sein Informationsbedürfnis für die Dienststelle u. U. nicht ohne Weiteres erkennbar ist, muss er seinen Informationsanspruch ggf. **geltend machen**. Weshalb er die Informa- 25

---

richtet werden, wenn die Dienststelle selbst das Bestehen des Rechts im Ergebnis verneint (so *BVerwG* v. 25. 5. 16 – 5 PB 21.15 –, juris, im Anschluss an *BVerwG* v. 28. 6. 13, a. a. O.).

133 *VGH BW* v. 24. 6. 97 – PL 15 S 261/96 –, PersR 98, 36.

134 *BVerwG* v. 26. 1. 94 – 6 P 21.92 – u. v. 9. 10. 96 – 6 P 1.94 –, PersR 94, 213, u. 97, 116.

135 Vgl. *BAG* v. 30. 9. 08 – 1 ABR 54/07 –, AP BetrVG 1972 § 80 Nr. 71.

136 Vgl. *BAG* v. 6. 5. 03 – 1 ABR 13/02 – u. v. 21. 10. 03 – 1 ABR 39/02 –, AP BetrVG 1972 § 80 Nr. 61 u. 62.

tion benötigt, braucht er dabei nur dann **darzulegen**, wenn es um die Überwachung nach § 68 Abs. 1 Nr. 2 oder § 67 Abs. 1 S. 1 hinsichtlich solcher Sachzusammenhänge geht, die im Blickfeld des PR oder der Beschäftigten liegen.[137] So wird z. B. ein konkreter Anlass nicht verlangt für den Einblick in die Listen über die Bruttolöhne und -gehälter der Beschäftigten,[138] für die Unterrichtung über die Gewährung von Leistungszulagen[139] und für die dauerhafte Aushändigung von Personalbedarfsberechnungen und Stellenplänen an den PR-Vorsitzenden.[140]

26 Nach § 68 Abs. 2 S. 1 ist der PR **rechtzeitig** zu unterrichten. Die Unterrichtung über eine von der Dienststelle beabsichtigte **beteiligungspflichtige Maßnahme** muss zu einem Zeitpunkt erfolgen, in dem die beabsichtigte Maßnahme noch **gestaltungsfähig** ist und nicht bereits durch Vorentscheidungen vollendete Tatsachen geschaffen worden sind.[141] Ist für die Stellungnahme des PR eine Äußerungsfrist festgelegt (wie in § 69 Abs. 2 S. 3 oder 4, in § 72 Abs. 2 S. 1 und in § 79 Abs. 3), erfolgt die Unterrichtung nur dann rechtzeitig, wenn der PR zugleich mit dem Zustimmungsantrag bzw. der **Bekanntgabe der beabsichtigten Maßnahme** alle erforderlichen Informationen erhält (vgl. § 69 Rn. 13, § 72 Rn. 6, § 78 Rn. 4, § 79 Rn. 39). Dabei sind insb. bei umfangreichen und komplexen Vorhaben und bei solchen, die längerfristig geplant werden, Informationen **schon vorher** erforderlich.[142] Zur Durchführung der **Überwachungsaufgaben** nach § 67 Abs. 1 S. 1 und der **allgemeinen Aufgaben** nach § 68 Abs. 1 muss die Dienststelle den PR so **zeitnah** unterrichten, dass diesem die wirksame Wahrnehmung dieser Aufgaben nicht erschwert oder gar unmöglich gemacht wird.[143]

27 Nach § 68 Abs. 2 S. 1 ist der PR **umfassend** zu unterrichten. Dafür ist entscheidend, was eine »objektive Personalvertretung« nach Lage der Dinge für **erforderlich** halten darf (vgl. Rn. 22). Davon ausgehend muss der PR über alle entscheidenden Tatsachen und Gesichtspunkte informiert werden, deren Kenntnis für die sachgerechte und uneingeschränkte Wahrnehmung seiner jeweils anstehenden Aufgabe von Bedeutung sein kann.[144] Bei einer beteiligungspflichtigen beabsichtigten Maßnahme hat die Dienststelle einen **»identischen Informationsstand«** herzustellen[145] (zu den Besonderheiten bei Kündigungen vgl. § 79 Rn. 11 ff.).

---

137 *BVerwG* v. 22. 12. 93 – 6 P 15.92 –, PersR 94, 78.
138 *BVerwG* v. 22. 4. 98 – 6 P 4.97 –, PersR 98, 461.
139 *BVerwG* v. 22. 12. 93 – 6 P 15.92 –, PersR 94, 78.
140 *BVerwG* v. 23. 1. 02 – 6 P 5.01 –, PersR 02, 201.
141 Vgl. *BVerwG* v. 20. 6. 05 – 1 WB 60.04 – u. v. 18. 3. 08 – 6 PB 19.07 –, PersR 05, 458, u. 09, 167; Richardi-*Gräfl*, Rn. 59.
142 Str.; vgl. KfdP-*Seulen*, Rn. 30.
143 Vgl. KfdP-*Seulen*, a. a. O.
144 *BVerwG* v. 10. 8. 87 – 6 P 22.84 –, PersR 88, 18.
145 *BVerwG* v. 26. 1. 94 – 6 P 21.92 –, PersR 94, 213.

Nach § 68 Abs. 2 S. 2 sind dem PR die für dessen Unterrichtung erforderlichen **Unterlagen** vorzulegen. Dabei handelt es sich um sämtliche in stofflicher **Form** verkörperte oder abrufbare Informationsmaterialien gleich welcher Zusammensetzung, also nicht nur um Unterlagen in Papierform, sondern z. B. auch Daten, die in elektronischen Datenverarbeitungssystemen gespeichert sind.[146] 28

Die von der Dienststelle zu erfüllende **Vorlagepflicht** und der ihr entsprechende **Vorlageanspruch** des PR bestehen grundsätzlich unter den gleichen Voraussetzungen und in gleichem Umfang wie die Informationspflicht bzw. der Informationsanspruch nach § 68 Abs. 2 S. 1 (vgl. Rn. 22). Dabei kommt es neben der **Erforderlichkeit** der Vorlage auch auf die **Vorlagefähigkeit** der Unterlagen an.[147] Diese kann durch Rechtsvorschriften ausgeschlossen sein, so z. B. bei Personalakten (§ 68 Abs. 2 S. 3) oder Sicherheits- und Sicherheitsüberprüfungsakten (§ 18 SÜG). Die Vorlagepflicht erstreckt sich auf Unterlagen, die in der Dienststelle **vorhanden** sind oder von ihr jederzeit erstellt oder beschafft werden können.[148] Dabei kommt es nicht darauf an, ob die Dienststelle zur Führung der Unterlagen verpflichtet ist.[149] Bei **Daten, die in EDV-Systemen gespeichert sind**, kann die Dienststelle ihre Vorlagepflicht in der Weise erfüllen, dass sie dem PR Ausdrucke der Dateien aushändigt oder ihm eine Leseberechtigung einräumt – Letzteres allerdings mit der Einschränkung, dass dabei im Hinblick auf das dem Arbeitgeber bzw. Dienststellenleiter zustehende Wahlrecht nur eine stichtagsbezogene Leseberechtigung in Betracht kommt.[150] Nicht vorlagepflichtig sind Unterlagen, die lediglich der **verwaltungsinternen Vorbereitung** einer Entscheidung des Dienststellenleiters dienen.[151] Anders ist es jedoch, wenn interne Unterlagen über die Verarbeitung bereits vorhandener Erkenntnisse einen eigenständigen Informationsgehalt haben.[152] 29

Nicht nur der Umfang, sondern auch die **Ausgestaltung der Vorlagepflicht** ist am Maßstab der Erforderlichkeit zu beurteilen. Wie die Dienststelle die- 30

---

146 Vgl. *BAG* v. 17. 3. 83 – 6 ABR 33/80 – u. v. 30. 9. 08 – 1 ABR 54/07 –, AP BetrVG 1972 § 80 Nr. 18 u. 71.

147 *BVerwG* v. 26. 1. 94, a. a. O.

148 Enger *BAG* v. 30. 9. 08, a. a. O.; vgl. KfdP-*Seulen*, Rn. 33.

149 *BVerwG* v. 26. 2. 60 – VII P 4.59 –, PersV 60, 152, u. v. 26. 1. 94, a. a. O.

150 Vgl. *BAG* v. 16. 8. 11 – 1 ABR 22/10 –, AP BetrVG 1972 § 80 Nr. 75, sowie *BVerwG* v. 19. 3. 14 – 6 P 1.13 –, NZA-RR 14, 387. Als Schranken eines jederzeitigen Online-Zugriffs des PR in Form einer Lesebefugnis sind außerdem zu beachten: der Grundsatz der Erforderlichkeit (vgl. oben Rn. 27) und das Grundrecht der Beschäftigten auf informationelle Selbstbestimmung (*BVerwG* v. 19. 3. 14, a. a. O., unter Hinw. auf *BVerwG* v. 4. 9. 12 – 6 P 5.11 –, PersR 12, 508); vgl. dazu auch KfdP-*Seulen,* Rn.

151 *BVerwG* v. 27. 11. 91 – 6 P 24.90 –, PersR 92, 153.

152 *BVerwG* v. 26. 1. 94, a. a. O.

ser Pflicht nachzukommen hat, hängt deshalb davon ab, wie eingehend und wie häufig sich der PR mit der Unterlage befassen muss. Die Möglichkeiten reichen von der Gewährung von Einblick in die Unterlagen über deren befristete Überlassung bis zu deren dauerhafter Aushändigung.[153] Grundsätzlich sind die Unterlagen dem PR als Gremium vorzulegen (vgl. § 34 Rn. 10). Steht dem PR aus datenschutzrechtlichen Gründen lediglich ein **Einsichtsrecht** zu, empfiehlt es sich, dieses von einem oder einigen wenigen PR-Mitgliedern wahrnehmen zu lassen,[154] wobei die damit Beauftragten aber nicht dem Vorstand angehören müssen.[155] Die Einsicht nehmenden PR-Mitglieder dürfen sich Notizen machen, die Unterlagen aber weder vollständig abschreiben noch fotokopieren.[156] Bei der Einsichtnahme dürfen keine Personen anwesend sein, die den PR überwachen oder mit seiner Überwachung beauftragt sind.[157]

31 **Beispiele** für besonders bedeutsame vorlagepflichtige Unterlagen: **Personalbedarfsberechnung** und **Stellenplan**;[158] **Personalbewirtschaftungslisten**;[159] **Bruttolohn- und -gehaltslisten**,[160] und zwar auch, wenn die Listen in einer EDV-Anlage gespeichert sind;[161] **Liste der Empfänger von Leistungszulagen**;[162] Übersicht über abgeschlossene **Honorarverträge**;[163] **Bewerbungsunterlagen** aller internen und externen Bewerber bei beteiligungspflichtigen personellen Maßnahmen, denen eine Auswahl unter mehreren Personen zugrunde liegt;[164] Übersicht **über Gehaltsstufen einzustellender Beamter**,[165] Unterrichtung über **Höhergruppierungsanträge**, beabsichtigte Höhergruppierungen und beabsichtigte Ablehnungen;[166] **Leistungsprämien**, die Begründungen dieser und die Grundlagen der Leistungsfeststellungen,[167] ferner **interne Unterlagen,** in denen vorhandene Erkenntnisse oder eingeholte Auskünfte zur Eignung, Befähigung und fachlichen Leis-

153 *BVerwG* v. 23. 1. 02 – 6 P 5.01 –, PersR 02, 201.
154 Vgl. *BVerwG* v. 27. 2. 85 – 6 P 9.84 –, PersR 85, 124.
155 *BVerwG* v. 16. 5. 12 – 6 PB 2.12 –, PersR 12, 381.
156 *BVerwG* v. 22. 12. 93 – 6 P 15.92 –, PersR 94, 78.
157 Vgl. *BAG* v. 16. 8. 95 – 7 ABR 63/94 –, AP BetrVG 1972 § 80 Nr. 53.
158 *BVerwG* v. 23. 1. 02, a. a. O.
159 *BVerwG* v. 26. 2. 60 – VII P 4.59 –, PersV 60, 152.
160 *BVerwG* v. 16. 5. 12 – 6 PB 2.12 –, PersR 12, 381, m. w. N.
161 *BAG* v. 17. 3. 83 – 6 ABR 33/80 –, AP BetrVG 1972 § 80 Nr. 18.
162 *BVerwG* v. 22. 12. 93 – 6 P 15.92 –, PersR 94, 78.
163 *OVG Bln-Bbg* v. 13. 3. 14 – OVG 60 PV 19.12 –, juris.
164 *BVerwG* v. 11. 2. 81 – 6 P 3.79 –, Buchh 238.36 § 67 Nr. 3, u. – 6 P 44.79 –, PersV 81, 320; *BAG* v. 17. 6. 08 – 1 ABR 20/07 –, AP BetrVG 1972 § 99 Versetzung Nr. 46.
165 *VG Mainz* v. 9. 3. 16 – 5K1467/15.MZ –, juris.
166 *VG Hannover* v. 19. 2. 14 – 16 A 5157/12 –, juris.
167 *VG Frankfurt/M.* v. 28. 7. 14 – 23 K 1741/14.F.PV –, PersV 14, 466, (unter Hinw. auf *BAG* v. 21. 10. 03 – 1 ABR 39/02 –, NZA 04, 936, und entgegen *OVG NW* v. 20. 9. 02 – 1 A 1061/01.PVB –, PersR 03, 161).

tung von Bewerbern zusammengestellt und abgewogen werden;[168] Unterlagen über Daten und Noten von Prüfungen und Beurteilungen;[169] Stellungnahme der Gleichstellungsbeauftragten;[170] Informationen über Beginn und Ende der täglichen **Arbeitszeit** sowie über den Umfang der tatsächlich geleisteten wöchentlichen Arbeitszeit der Beschäftigten;[171] zum **betrieblichen Eingliederungsmanagement (BEM)**: Unterrichtungsschreiben des Dienststellenleiters gem. § 84 Abs. 2 S. 3 SGB IX; Antwortschreiben der Beschäftigten (jedoch nicht ohne deren Zustimmung);[172] **Hard- und Softwarebeschreibungen** und sonstige Unterlagen bei der Einführung von EDV-Systemen (vgl. § 75 Rn. 157).[173]

Die in § 68 Abs. 2 S. 2 getroffene Regelung über die Vorlage von Unterlagen gilt nicht für **Personalakten.** Diese werden für alle Beschäftigten i. S. d. BPersVG geführt. Während für die Personalakten der Beamten umfassende und detaillierte gesetzliche Regelungen gelten (vgl. §§ 106–115 BBG), bestehen für die Arbeitnehmer im Geltungsbereich des BPersVG i. d. R. nur fragmentarische tarifvertragliche Bestimmungen, deren Lücken durch die Anwendung allgemeiner arbeitsrechtlicher Grundsätze geschlossen werden müssen (vgl. § 3 Abs. 5 TVöD). Unabhängig von den beamten- oder tarifvertraglichen Bestimmungen über das Einsichtsrecht des Beschäftigten oder eines Bevollmächtigten in die Personalakten bestehen gesetzliche Vorschriften über die **Einsichtsrechte von Dritten**, die im Interesse des Beschäftigten tätig werden. Dazu gehört **§ 68 Abs. 2 S. 3**, die bestimmt, dass Personalakten nur **mit Zustimmung des Beschäftigten** und nur **von den von ihm bestimmten Mitgliedern der Personalvertretung** eingesehen werden dürfen. Danach ist eine im Einzelfall erfolgte vorherige **Zustimmung** erforderlich, die dem Dienststellenleiter gegenüber ausdrücklich erteilt werden muss. Um Fehlinformationen auszuschließen, erstreckt sich die Zustimmung grundsätzlich auf die **gesamte Personalakte**. Sie bezieht sich auch auf die Daten, die in elektronischen Datenbanken gespeichert sind. Der Beschäftigte kann **einem, mehreren oder allen PR-Mitgliedern** die Einsicht gestatten. Die Personalakte darf den zur Einsichtnahme ermächtigten PR-Mitgliedern nicht 32

168 *BVerwG* v. 26. 1. 94 – 6 P 21.92 –, PersR 94, 213; *BAG* v. 14. 12. 04 – 1 ABR 55/03 –, AP BetrVG 1972 § 99 Nr. 122.

169 *VGH BW* v. 24. 6. 97 – PL 15 S 261/96 –, PersR 98, 36.

170 *BVerwG* v. 20. 3. 96 – 6 P 7.94 –, PersR 96, 319.

171 *BVerwG* v. 19. 3. 14 – 6 P 1.13 –, NZA-RR 14, 387 (Überwachung der Einhaltung arbeitszeitrechtlicher Bestimmungen in einem **zweistufigen Verfahren**: auf der ersten Stufe Vorlage anonymisierter Arbeitszeitlisten, auf einer zweiten Stufe Anspruch auf Erläuterungen zur Klärung von Unstimmigkeiten).

172 *BVerwG* v. 23. 6. 10 – 6 P 8.09 –, PersR 10, 442; näher dazu KfdP-*Seulen*, Rn. 19 a. E.

173 Zu weiteren Beispielen vgl. KfdP-*Seulen*, Rn. 35.

überlassen werden.[174] Diese können sich **Notizen** zur Gedächtnisstütze machen, dürfen aber keine Abschriften oder Kopien anfertigen. Sie sind zur **Verschwiegenheit** verpflichtet, und zwar nach § 10 Abs. 1 S. 2 auch gegenüber denjenigen PR-Mitgliedern, denen die Einsichtnahme nicht gestattet worden ist (vgl. § 10 Rn. 11).

33 Stimmt ein Beschäftigter nach § 68 Abs. 2 S. 3 der Einsicht in seine Personalakten nicht zu, so ist der Dienststellenleiter nach § 68 Abs. 2 S. 1 gleichwohl berechtigt und verpflichtet, auch ohne Einwilligung des Beschäftigten **Auskünfte aus der Personalakte** zu geben, soweit dies zur Wahrnehmung einer bestimmten Aufgabe des PR erforderlich ist.[175] Das gilt insb. dann, wenn der PR bei Maßnahmen mitzubestimmen hat, die auf einer personellen Auswahl zwischen Personen beruhen, bei denen es sich (auch) um interne Bewerber handelt. Die fehlende Einwilligung des Betroffenen steht der Auskunftserteilung nicht entgegen, weil der PR nicht als »Dritter« i.S.d. § 111 Abs. 2 BBG handelt, wenn und soweit er an einer personellen Maßnahme beteiligt ist.[176]

34 **§ 68 Abs. 2 S. 4** bestimmt, dass **dienstliche Beurteilungen** auf Verlangen des Beschäftigten der Personalvertretung zur Kenntnis zu bringen sind. Diese Regelung gilt ohne Einschränkungen für alle dienstlichen Beurteilungen, ohne dass es darauf ankommt, ob diese bereits zur (formellen) Personalakte gelangt sind oder nicht. Nach den beamtenrechtlichen Vorschriften handelt es sich bei einer dienstlichen Beurteilung um eine Unterlage, die den beurteilten Beamten betrifft und in einem unmittelbaren inneren Zusammenhang zu seinem Dienstverhältnis steht. Sie ist deshalb ein **Personalaktendatum** i. S. d. § 106 Abs. 1 S. 4 BBG, das zur Personalakte im materiellen Sinne gehört und in die Personalakte im formellen Sinne aufzunehmen ist.[177]

35 Die Regelung des § 68 Abs. 2 S. 3, wonach grundsätzlich nur eine Einsicht in die gesamte Personalakte in Betracht kommt (vgl. Rn. 32), wird durch § 68 Abs. 2 S. 4 abgewandelt, weil diese Vorschrift es zulässt, dass der PR nur von einzelnen Bestandteilen der (materiellen) Personalakte (nämlich dienstlichen Beurteilungen) Kenntnis erhält. Anders als nach § 68 Abs. 2 S. 3 kann ein Beschäftigter nach § 68 Abs. 2 S. 4 nur verlangen, dass der **gesamten Personalvertretung** eine oder mehrere seiner dienstlichen Beurteilungen zur Kenntnis gebracht werden.[178] Diese Sonderregelung ermöglicht einem beurteilten Beschäftigten zweierlei: Zum einen kann er sich bei **Gegenvorstellun-**

174 Vgl. *BVerwG* v. 27.2.85 – 6 P 9.84 –, PersR 85, 124.
175 *BVerwG* v. 20.3.59 – VII P 11.58 –, BVerwGE 8, 219, v. 12.1.60 – VII P 1.60 –, PersV 62, 160, u. v. 26.1.94 – 6 P 21.92 –, PersR 94, 213
176 *BVerwG* v. 26.1.94, a.a.O.; *VGH BW* v. 24.6.97 – PL 15 S 261/96 –, PersR 98, 36; vgl. KfdP-*Seulen*, Rn. 40.
177 Vgl. *BVerwG* v. 20.3.59 – VII P 11.58 –, AP PersVG § 57 Nr. 1.
178 *BVerwG* v. 11.3.83 – 6 P 23.80 –, PersV 84, 317.

gen gegen seine dienstliche Beurteilung vom PR unterstützen lassen, zum anderen kann er dem PR (gezielt) Kenntnisse über seine dienstliche(n) Beurteilung(en) vermitteln, die dieser bei seiner **Beteiligung an bestimmten Personalmaßnahmen** verwenden kann. Das **Verlangen** nach § 68 Abs. 2 S. 4 ist **an den Dienststellenleiter** zu richten. Eine bestimmte **Form** ist dafür nicht vorgeschrieben. Macht ein Beschäftigter weder von der Möglichkeit des § 68 Abs. 2 S. 3 noch von der des § 68 Abs. 2 S. 4 Gebrauch, so kann die Dienststelle gleichwohl verpflichtet sein, dem PR **Unterlagen** vorzulegen, in denen bestimmte **einzelne Aspekte als Ergebnis von Beurteilungen** zusammengestellt sind (vgl. Rn. 33).

§ 68 Abs. 2 S. 4 gilt nicht für vorbereitende Stellungnahmen und **Entwürfe** 36 **von Beurteilungen**.[179] Anders als nach § 68a Abs. 4 S. 1 LPVG BW und § 69 Abs. 3 S. 6 LPersVG RP hat der PR auch dann keinen Anspruch auf Teilnahme eines seiner Mitglieder an einem **Beurteilungsgespräch**, wenn der zu beurteilende Beschäftigte dies wünscht.[180]

Durch das **Bundesdatenschutzgesetz** wird das an die Voraussetzungen des 37 § 68 Abs. 2 S. 1 und 2 gebundene Informationsrecht des PR nicht ausgeschlossen oder eingeschränkt. Als **bereichsspezifische Regelung** des Dienstrechts geht es einem etwa weiter reichenden Datenschutz vor.[181] Der Datenfluss zwischen Dienststelle und PR wird durch das Datenschutzrecht nicht berührt, weil der PR in seinem Verhältnis zur Dienststelle kein »Dritter« i. S. d. § 3 Abs. 4 Nr. 3 BDSG ist.

Der PR hat nicht nur einen Informationsanspruch gegenüber der Dienst- 38 stelle, sondern auch ein **Recht zur Selbstinformation**. Für die Beschaffung von Informationen kommen verschiedene Möglichkeiten in Betracht, insb. die Einrichtung von **Sprechstunden** (vgl. § 43 Rn. 1 ff.), die Abhaltung der **Personalversammlungen** (vgl. § 51 Rn. 1 ff.), die Durchführung von **Fragebogenaktionen** unter den Beschäftigten,[182] das Einholen von Auskünften bei **außenstehenden Stellen** (vgl. § 66 Rn. 16), die Beratung durch die **Gewerkschaften** (vgl. § 2 Rn. 9) sowie die Hinzuziehung von **Auskunftspersonen** und **Sachverständigen** (vgl. § 35 Rn. 1; § 44 Rn. 18).[183]

Besonders wichtige Formen der Selbstinformation sind Betriebsbegehungen 39 und das Aufsuchen von Beschäftigten an ihrem Arbeitsplatz. **Betriebsbege-**

179 BT-Drs. VI/3721 = 7/176, S. 33.

180 *BVerwG* v. 11. 3. 83, a. a. O.

181 *BVerwG* v. 22. 12. 93 – 6 P 15.92 –, PersR 94, 78, v. 9. 10. 96 – 6 P 1.94 –, PersR 97, 116, v. 23. 1. 02 – 6 P 5.01 –, PersR 02, 201, u. 16. 5. 12 – 6 PB 2.12 –, PersR 12, 381.

182 Vgl. *BAG* v. 8. 2. 77 – 1 ABR 82/74 –, AP BetrVG 1972 § 80 Nr. 10; *VGH BW* v. 8. 9. 92 – PL 15 S 130/92 –, PersV 95, 121. Vgl. aber *BVerwG* v. 8. 8. 12 – 6 PB 8.12 –, PersR 12, 461, u. dazu § 81 Rn. 8 a. E.

183 Zur Hinzuziehung sachkundiger Beschäftigter als Auskunftspersonen: *BAG* v. 20. 1. 15 – 1 ABR 25/13 –, NZA 15, 696.

hungen dienen der Besichtigung der zur Dienststelle gehörenden Diensträume, insb. der Arbeitsräume und der in ihnen befindlichen Arbeitsplätze. Beim **Aufsuchen von Beschäftigten an ihrem Arbeitsplatz** geht es vorrangig darum, sich im Gespräch bei ihnen zu unterrichten oder sie zu beraten (vgl. § 43 Abs. 3 S. 1 PersVG Bbg). Ob dem PR ein von der Zustimmung des Dienststellenleiters unabhängiges **Zugangsrecht zu den Arbeitsplätzen** zusteht, ist umstritten. Während das BAG dies[184] bejaht hat,[185] hat das BVerwG[186] entschieden, dass der PR oder eines seiner Mitglieder das Recht auf Zugang zu Beschäftigten am Arbeitsplatz nur **im Einvernehmen mit dem Dienststellenleiter** hat, der allerdings, wenn er widerspricht, triftige Gründe geltend machen muss.

40 Folgt man der (zu engen) Rspr. des *BVerwG* (vgl. Rn. 39), dann gilt Folgendes: Damit der Dienststellenleiter sein aus dem Direktionsrecht abgeleitetes **Zustimmungs- bzw. Widerspruchsrecht** ausüben kann, hat der PR ihn über beabsichtigte Arbeitsplatzbesuche zu **unterrichten.** Dabei hat er mitzuteilen, zu welcher Zeit er welche Arbeitsplätze aufsuchen will, wobei er aber nicht im Einzelnen darlegen muss, aus welchem Anlass die Besuche stattfinden sollen und aus welchen Gründen er diese zur Erfüllung seiner Aufgaben für erforderlich hält. **Triftige Gründe,** die den Dienststellenleiter berechtigen, einem Arbeitsplatzbesuch zu widersprechen, können z. B. dann vorliegen, wenn »andernfalls eine nicht unerhebliche Störung der Ordnung und des Arbeitsablaufs zu besorgen ist« oder wenn »der Besuch offensichtlich rechtsmissbräuchlich wäre«. Sind triftige Gründe ausnahmsweise gegeben, kann der Dienststellenleiter den Arbeitsplatzbesuch aber nicht pauschal ablehnen, sondern kann ihm unter substanziierter Angabe der Gründe i. d. R. nur zu der dafür vorgesehenen Zeit widersprechen und eine **Verschiebung des Termins** oder einen **anderen zeitlichen Ablauf** vorschlagen. Der Dienststellenleiter kann gegenüber dem PR auch generell erklären, dass **das Einvernehmen als hergestellt gilt,** wenn er einem vom PR angemeldeten Arbeitsplatzbesuch bis zum Ablauf einer bestimmten, in der Erklärung festgelegten Frist nicht widersprochen hat.[187]

---

184 Mit Urt. v. 17. 1. 89 – 1 AZR 805/87 –, PersR 89, 138.

185 Vgl. zum BetrVG *BAG* v. 21. 1. 82 – 6 ABR 17/79 –, AP BetrVG 1972 § 70 Nr. 1, u. v. 13. 6. 89 – 1 ABR 4/88 –, AP BetrVG 1972 § 80 Nr. 36.

186 Beschl. v. 9. 3. 90 – 6 P 15.88 –, PersR 90, 177.

187 Vgl. auch *BVerwG* v. 12. 12. 05 – 6 P 7.05 –, PersR 06, 122.

Zweiter Abschnitt
Formen und Verfahren der Mitbestimmung und Mitwirkung

§ 69 [Verfahren der Mitbestimmung]

(1) Soweit eine Maßnahme der Mitbestimmung des Personalrates unterliegt, kann sie nur mit seiner Zustimmung getroffen werden.

(2) [1]Der Leiter der Dienststelle unterrichtet den Personalrat von der beabsichtigten Maßnahme und beantragt seine Zustimmung. [2]Der Personalrat kann verlangen, daß der Leiter der Dienststelle die beabsichtigte Maßnahme begründet; der Personalrat kann außer in Personalangelegenheiten auch eine schriftliche Begründung verlangen. [3]Der Beschluß des Personalrates über die beantragte Zustimmung ist dem Leiter der Dienststelle innerhalb von zehn Arbeitstagen mitzuteilen. [4]In dringenden Fällen kann der Leiter der Dienststelle diese Frist auf drei Arbeitstage abkürzen. [5]Die Maßnahme gilt als gebilligt, wenn nicht der Personalrat innerhalb der genannten Frist die Zustimmung unter Angabe der Gründe schriftlich verweigert. [6]Soweit dabei Beschwerden oder Behauptungen tatsächlicher Art vorgetragen werden, die für einen Beschäftigten ungünstig sind oder ihm nachteilig werden können, ist dem Beschäftigten Gelegenheit zur Äußerung zu geben; die Äußerung ist aktenkundig zu machen.

(3) [1]Kommt eine Einigung nicht zustande, so kann der Leiter der Dienststelle oder der Personalrat die Angelegenheit binnen sechs Arbeitstagen auf dem Dienstwege den übergeordneten Dienststellen, bei denen Stufenvertretungen bestehen, vorlegen. [2]In Körperschaften, Anstalten oder Stiftungen des öffentlichen Rechtes ist als oberste Dienstbehörde das in ihrer Verfassung für die Geschäftsführung vorgesehene oberste Organ anzurufen. [3]In Zweifelsfällen bestimmt die zuständige oberste Bundesbehörde die anzurufende Stelle. [4]Absatz 2 gilt entsprechend. [5]Legt der Leiter der Dienststelle die Angelegenheit nach Satz 1 der übergeordneten Dienststelle vor, teilt er dies dem Personalrat unter Angabe der Gründe mit.

(4) [1]Ergibt sich zwischen der obersten Dienstbehörde und der bei ihr bestehenden zuständigen Personalvertretung keine Einigung, so entscheidet die Einigungsstelle (§ 71); in den Fällen des § 77 Abs. 2 stellt sie fest, ob ein Grund zur Verweigerung der Zustimmung vorliegt. [2]Die Einigungsstelle soll binnen zwei Monaten nach der Erklärung eines Beteiligten, die Entscheidung der Einigungsstelle herbeiführen zu wollen, entscheiden. [3]In den Fällen der §§ 76, 85 Abs. 1 Nr. 7 beschließt die Einigungsstelle, wenn sie sich nicht der Auffassung der obersten Dienstbehörde anschließt, eine Empfehlung an diese. [4]Die oberste Dienstbehörde entscheidet sodann endgültig.

(5) [1]Der Leiter der Dienststelle kann bei Maßnahmen, die der Natur der Sache nach keinen Aufschub dulden, bis zur endgültigen Entscheidung vorläufige Regelungen treffen. [2]Er hat dem Personalrat die vorläufige Regelung mitzuteilen und zu begründen und unverzüglich das Verfahren nach den Absätzen 2 bis 4 einzuleiten oder fortzusetzen.

1 § 69 regelt das **Verfahren** der Mitbestimmung des PR bei mitbestimmungspflichtigen Maßnahmen, die die Dienststelle beabsichtigt. Welche **Angelegenheiten** der Mitbestimmung unterliegen, ist in den §§ 75 und 76 festgelegt, wobei die Abweichungen für besondere Gruppen von Beschäftigten in § 77 Abs. 1 sowie für besondere Verwaltungszweige in § 85 Abs. 1 Nr. 6 und 7, § 86 Nr. 9, § 90 Nr. 7 und § 92 Nr. 2 zu beachten sind. Die Fälle der Zustimmung nach § 47 Abs. 1 und 2 S. 3 sowie des Einvernehmens nach § 12 Abs. 2 gehören nicht dazu. **Abs. 1** schreibt vor, dass eine mitbestimmungspflichtige Maßnahme nur mit Zustimmung des PR getroffen werden kann (vgl. Rn. 4ff.). **Abs. 2** regelt, wie die Zustimmung des PR einzuholen ist, und bestimmt, unter welchen Voraussetzungen die Maßnahme als gebilligt gilt (vgl. Rn. 8ff.). **Abs. 3** legt fest, wie das Verfahren nach verweigerter Zustimmung des PR fortzusetzen ist (vgl. Rn. 29ff.). **Abs. 4** regelt die Anrufung und die Kompetenzen der Einigungsstelle und bestimmt dabei, in welchen Fällen die Einigungsstelle keine verbindliche Entscheidung trifft, sondern eine Empfehlung an die endgültig entscheidende oberste Dienstbehörde beschließt (vgl. Rn. 38ff.). **Abs. 5** ermöglicht es dem Leiter der Dienststelle, bei unaufschiebbaren Maßnahmen vorläufige Regelungen zu treffen (vgl. Rn. 41ff.). Welche Rechtsfolgen eine **Verletzung des Mitbestimmungsrechts** hat, legt das BPersVG nicht fest (vgl. Rn. 47 ff).

2 Das BPersVG gebraucht den Begriff der Mitbestimmung für **zwei verschiedene Beteiligungsformen.** Sie werden i. d. R., ohne dass das Gesetz selbst diese Begriffe verwendet, einerseits als uneingeschränkte Mitbestimmung (oder volle Mitbestimmung), andererseits als eingeschränkte Mitbestimmung bezeichnet. Beide Formen unterscheiden sich durch die Art des Verfahrensabschlusses bei Nichteinigung zwischen Personalvertretung und Dienststelle (vgl. Rn. 39f.). Bei der **uneingeschränkten Mitbestimmung** trifft die Einigungsstelle eine abschließende, die Beteiligten bindende Entscheidung (Abs. 4 S. 1 i. V. m. § 71 Abs. 4 S. 2). Bei der **eingeschränkten Mitbestimmung** beschließt die Einigungsstelle dagegen – wenn sie sich nicht der Auffassung der obersten Dienstbehörde anschließt – lediglich eine Empfehlung an die sodann endgültig entscheidende oberste Dienstbehörde (Abs. 4 S. 3 u. 4). Der in der **Kompetenz zur Letztentscheidung** liegende Unterschied zwischen den beiden Formen der Mitbestimmung wird verfahrensrechtlich erst nach der Anrufung der Einigungsstelle bedeutsam. Im **vorher durchzuführenden Verfahren** besteht jedoch zwischen uneingeschränkter und eingeschränkter Mitbestimmung **kein Unterschied.** In die-

sem Verfahren stehen sich der für die Dienststelle handelnde Dienststellenleiter (vgl. § 7 Rn. 1) und der PR als grundsätzlich **gleichberechtigte Partner** gegenüber.[188]

Unter »**Personalrat**« i. S. d. § 69 ist grundsätzlich der örtliche PR bei der betroffenen Dienststelle zu verstehen. Da jedoch nach den Vorschriften des § 82 die Erstzuständigkeit beim BPR, HPR oder GPR liegen kann und in diesem Fall die Vorschriften des § 69 entsprechend gelten (vgl. § 82 Rn. 16), ist mit »Personalrat« immer die jeweils **erstzuständige Personalvertretung** gemeint. In umgebildeten oder neu errichteten Dienststellen kann auch eine Übergangspersonalvertretung zuständig sein (vgl. § 26 Rn. 8). 3

(Abs. 1) Soweit eine Maßnahme (vgl. dazu Rn. 8 ff.) der Mitbestimmung des PR unterliegt, kann sie nur mit seiner Zustimmung getroffen werden. Ob und wieweit eine Maßnahme **mitbestimmungspflichtig** ist, richtet sich grundsätzlich nach den Vorschriften der §§ 75 und 76 (vgl. Rn. 1). Die mitbestimmungspflichtige Maßnahme bedarf der **Zustimmung der zuständigen Personalvertretung.** Dabei kommt es (zunächst) auf die Zustimmung des örtlichen PR oder des an dessen Stelle als **erstzuständige Personalvertretung** zu beteiligenden BPR, HPR oder GPR an (vgl. Rn. 3). Hat jedoch in einer mehrstufigen Verwaltung die erstzuständige Personalvertretung bei einer nachgeordneten Dienststelle die Zustimmung verweigert und wird nach Abs. 3 das Verfahren durch Einschaltung der übergeordneten Dienststelle fortgesetzt, so geht die Zuständigkeit auf die **im Instanzenzug zu beteiligende Stufenvertretung** über (vgl. Rn. 29 ff.). Handelt es sich dabei um den BPR bei einer Mittelbehörde und verweigert auch dieser die Zustimmung, so geht die Zuständigkeit bei Fortsetzung des Verfahrens auf den HPR über, so dass es dann auf dessen Zustimmung ankommt (vgl. Rn. 36). Die **Zustimmung** der jeweils zuständigen Personalvertretung kann **ausdrücklich erteilt** werden. Sie kann aber auch **als erteilt gelten,** wenn sie nicht innerhalb der Äußerungsfrist des Abs. 2 S. 3 oder 4 rechtlich beachtlich verweigert wird (vgl. Rn. 23 ff.). Wird die Zustimmung von der (ggf. zuletzt) zuständigen Personalvertretung ordnungsgemäß verweigert, so kann nach Anrufung der Einigungsstelle gem. Abs. 4 die **fehlende Zustimmung ersetzt** werden, entweder (bei uneingeschränkter Mitbestimmung) durch einen bindenden Beschluss der **Einigungsstelle** oder (bei eingeschränkter Mitbestimmung) durch einen (der Auffassung der obersten Dienstbehörde folgenden) Beschluss der Einigungsstelle oder durch eine nach vorheriger Empfehlung der Einigungsstelle getroffene endgültige Entscheidung der **obersten Dienstbehörde** (vgl. Rn. 39 f.). Eine Ersetzung der fehlenden Zustimmung durch eine gerichtliche Entscheidung (entsprechend § 99 Abs. 4, § 100 Abs. 2 und 3 BetrVG) sieht das BPersVG nicht vor. 4

188 *BVerwG* v. 12. 3. 86 – 6 P 5.85 –, PersR 86, 116.

5 Die in Abs. 1 vorgeschriebene Zustimmung des PR muss zu dem Zeitpunkt vorliegen, zu dem die der Mitbestimmung unterliegende Maßnahme getroffen wird.[189] Erforderlich ist also eine **vorherige Zustimmung,** eine nachträgliche Zustimmung i. S. einer Genehmigung (entsprechend § 184 Abs. 1 BGB) ist nicht zulässig.[190] Eine Ausnahme besteht nur insoweit, als die Dienststelle bei Maßnahmen, die der Natur der Sache nach keinen Aufschub dulden, nach Abs. 5 ohne Zustimmung des PR vorläufige Regelungen treffen kann (vgl. Rn. 41 ff.).

6 Soweit es sich um Maßnahmen aus dem Bereich des Verwaltungsrechts, insb. des Beamtenrechts, handelt, deren Rechtmäßigkeit nach Durchführung eines Vorverfahrens im Verwaltungsrechtsweg überprüfbar sind, wird die Auffassung vertreten, eine vorherige Zustimmung des PR sei auch dann noch erfolgt, wenn diese **bis zum Erlass des Widerspruchsbescheides** herbeigeführt werde.[191] Dabei wird auf die Rspr. des *BVerwG* verwiesen, wonach die vor der Verfügung über die Entlassung unterbliebene Mitwirkung (anders als die Anhörung) noch während des Widerspruchsverfahrens mit heilender Wirkung nachgeholt werden könne.[192] Bei Maßnahmen, bei denen ein Letztentscheidungsrecht der Einigungsstelle nicht gegeben ist, bestehen jedoch gegen die Nachholbarkeit Bedenken, weil die Beteiligung so zur bloßen Formsache abgewertet werden kann. Abzulehnen ist sie zumindest bei sofort vollziehbaren Entscheidungen, insb. bei Abordnungen und Versetzungen, bei denen der Widerspruch nach § 126 Abs. 4 BBG keine aufschiebende Wirkung hat.[193]

7 Die nach Abs. 1 erforderliche Zustimmung des PR kann sich immer nur auf eine **bestimmte Maßnahme** beziehen. Dabei kann es sich je nach Ausgestaltung des Mitbestimmungstatbestandes um eine Einzelmaßnahme oder eine generelle Regelung handeln (vgl. Rn. 8).[194] Sieht der einschlägige Tatbestand nur eine Mitbestimmung bei Einzelmaßnahmen vor, kann die Zustimmung **nicht im Voraus für jeden Einzelfall** erteilt werden.[195]

8 **(Abs. 2)** Gegenstand des Mitbestimmungsverfahrens ist die **beabsichtigte Maßnahme** der Dienststelle. Eine **Maßnahme i. S. d. PersVR** ist nach st. Rspr. des *BVerwG* jede Handlung oder Entscheidung, die den Rechtsstand

---

189 *BAG* v. 20. 2. 02 – 7 AZR 707/00 –, PersR 02, 355.

190 *BVerwG* v. 15. 11. 95 – 6 P 2.94 –, PersR 96, 278; *BAG* v. 20. 2. 02, a. a. O.

191 *SächsOVG* v. 15. 12. 93 – 2 S 343/93 –, PersR 94, 137; *OVG NW* v. 22. 3. 96 – 1 B 353/96 –, PersR 97, 252.

192 Urt. v. 1. 12. 82 – 2 C 59.81 –, PersV 85, 296, v. 24. 11. 83 – 2 C 9.82 –, DVBl. 84, 437, v. 9. 5. 85 – 2 C 23.83 –, PersR 86, 55, u. v. 24. 9. 92 – 2 C 6.92 –, PersR 93, 73.

193 Vgl. KfdP-*Berg*, Rn. 6.

194 *BVerwG* v. 17. 12. 03 – 6 P 7.03 –, PersR 04, 106.

195 Str.; wie hier *LAG Köln* v. 26. 11. 03 – 3 Sa 782/03 –, NZA-RR 04, 560; a. A. *HessVGH* v. 19. 3. 89 – BPV TK 2821/87 –, PersR 89, 162; offengelassen in *BVerwG* v. 3. 2. 93 – 6 P 28.91 –, PersR 93, 260.

(das Beschäftigungsverhältnis oder die Arbeitsbedingungen) der Beschäftigten oder eines einzelnen Beschäftigten berührt und auf eine Änderung des bestehenden Zustandes abzielt.[196] Dieser **strenge Maßnahmebegriff** gilt aber nicht in jedem Falle. Entscheidungen, die nicht auf eine Änderung abzielen, sind ausnahmsweise dann Maßnahmen i. S. d. PersVR, wenn es sich um Tatbestände handelt, die in den Katalogen der §§ 75 und 76 als mitbestimmungspflichtige Angelegenheiten enthalten sind. Derartige **Ausnahmen** bestehen insb. bei negativen und bei deklaratorischen Entscheidungen. **Negative Entscheidungen,** die die Unterlassung oder Ablehnung einer angeregten, beantragten oder in Betracht kommenden Veränderung des bestehenden Rechtsstandes beinhalten, sind zwar grundsätzlich keine Maßnahmen,[197] wohl aber in den Fällen des § 75 Abs. 1 Nr. 7, § 76 Abs. 1 Nr. 7 und 8, in denen die Versagung einer Genehmigung oder die Ablehnung eines Antrags ausdrücklich als mitbestimmungspflichtig ausgewiesen ist, oder im Falle des § 75 Abs. 2 S. 1 Nr. 1, wo der Sinn und Zweck des Tatbestandes »Gewährung von … sozialen Zuwendungen« eine Auslegung gebietet, die sowohl den Bewilligungsfall als auch den Versagungsfall (und den Widerrufsfall) gleichermaßen erfasst[198] (näher dazu § 75 Rn. 57 m. w. N.). **Deklaratorische Entscheidungen** sind in solchen Fällen als Maßnahmen anzusehen, in denen die dafür vorgesehene Mitbestimmung andernfalls vollständig leerlaufen würde.[199] Bei einer Maßnahme i. S. d. PersVR kann es sich um eine **Einzelmaßnahme** oder eine **generelle Regelung,** und zwar auch um eine Regelung in Form einer **Dienstvereinbarung,** handeln.[200] Auch **faktisches Handeln** des Dienststellenleiters kann eine Maßnahme sein.[201]

Handlungen, die lediglich der **Vorbereitung einer Maßnahme** dienen und **8a**
den bestehenden Zustand noch nicht verändern, sind grundsätzlich noch

---

196 Vgl. *BVerwG* v. 18. 12. 96 – 6 P 6.94 –, PersR 97, 210, v. 18. 5. 04 – 6 P 13.03 –, PersR 04, 349, v. 5. 11. 10 – 6 P 18.09 –, PersR 11, 38, v. 5. 3. 12 – 6 PB 25.11 –, PersR 12, 380, u. v. 19. 9. 12 – 6 P 3.11 –, PersR 13, 34 (zu II A 2c bb), jew. m. w. N.

197 *BVerwG* v. 1. 8. 83 – 6 P 8.81 –. PersV 85, 68, v. 12. 8. 83 – 6 P 9.81 –, PersV 85, 248, v. 18. 12. 96 – 6 P 6.94 –, PersR 97, 210, v. 29. 1. 03 – 6 P 15.01 –, PersR 03, 156, u. v. 9. 9. 10 – 6 PB 12.10 –, PersR 10, 459.

198 So *BVerwG* v. 9. 1. 08 – 6 PB 15.07 –, PersR 08, 216 (zum Tatbestand »Gewährung von Leistungs- und Funktionszulagen« in § 87 Nr. 3 BlnPersVG).

199 So *BVerwG* v. 8. 11. 11 – 6 P 23.10 –, PersR 12, 36: obwohl die Übertragung einer bestimmten Tätigkeit im Wege der Automatik die Einreihung des Arbeitnehmers in das anzuwendende kollektive Entgeltschema auslöst, ist die aus Anlass der Übertragung – ausdrücklich oder konkludent – verlautbarte Zuordnung des Arbeitnehmers durch den Dienststellenleiter, also eine deklaratorische Folgeentscheidung (gem. § 75 Abs. 1 Nr. 2) als Ein-, Höher- oder Rückgruppierung der Mitbestimmung unterworfen.

200 *BVerwG* v. 17. 12. 03 – 6 P 7.03 –, PersR 04, 106.

201 *VG Bln* v. 20. 9. 06 – VG 61 A 7.06 –, PersR 07, 43, zur Einführung und Änderung eines Konzepts über Gesundheitszirkel.

keine mitbestimmungspflichtige Maßnahme (vgl. Rn. 11). Das gilt auch für **umsetzungsbedürftige Weisungen** einer übergeordneten Dienststelle[202] oder einer anderen externen Stelle[203] oder zwischen hierarchisch strukturierten Organen der Dienststellenleitung.[204] Anders ist es bei **Vorentscheidungen**, die eine Maßnahme vorwegnehmen oder unmittelbar festlegen,[205] sie z. B. so vorbereiten, dass sie sich nach einer gewissen Dauer wie von selbst vollzieht,[206] oder bei Handlungen, die Weichen stellende Vorwirkungen entfalten.[207] Das gilt auch für eine **versuchsweise** vorgenommene Maßnahme.[208]

9 Erforderlich ist eine **Maßnahme der Dienststelle.** Dabei muss es sich um eine eigenverantwortliche Maßnahme des **Dienststellenleiters** oder um eine ihm zuzurechnende Maßnahme handeln.[209] Zuzurechnen sind ihm Entscheidungen, die aufgrund einer **Delegation** von Befugnissen von nachgeordneten Beschäftigten oder von personalvertretungsrechtlich nicht verselbständigten Organisationseinheiten der Dienststelle getroffen werden.[210] Das gilt auch für Maßnahmen eines Dritten, zu deren **Duldung** der Dienststellenleiter die Beschäftigten anweist,[211] aber auch für Maßnahmen, die **ohne Wissen und Wollen** des Dienststellenleiters getroffen werden, weil dieser dafür verantwortlich ist, dass »unautorisierte« Entscheidungen im Bereich der Dienststelle unterbleiben.[212] Der Dienststellenleiter einer nachgeordneten Dienststelle trifft seine Entscheidungen innerhalb der Dienststelle und nach außen **eigenverantwortlich** auch dann, wenn sein Handeln ganz oder

---

202 *BVerwG* v. 2.9.09 – 6 PB 22.09 –, PersR 09, 458, zum Erlass einer obersten Dienstbehörde, der sich darin erschöpft, den nachgeordneten Dienststellen eine oder mehrere Weisungen zu erteilen, und ihnen auf dieser Grundlage die Durchführung überlässt.

203 *BVerwG* v. 13.12.74 – VII P 4.73 –, PersV 75, 178.

204 *BVerwG* v. 18.12.96 – 6 P 6.94 –, PersR 97, 210.

205 *BVerwG* v. 30.11.82 – 6 P 10.80 –, PersV 83, 411, v. 22.2.91 – 6 PB 10.90 –, PersR 91, 282, v. 27.11.91 – 6 P 24.90 –, PersR 92, 153, v. 18.12.96, a.a.O., u. v. 18.3.08 – 6 PB 19.07 –, PersR 09, 167.

206 *BVerwG* v. 19.12.75 – VII 15.74 –, PersV 76, 457.

207 *BVerwG* v. 26.1.00 – 6 P 2.99 –, PersR 00, 243.

208 *BVerwG* v. 15.12.78 – 6 P 13.78 –, PersV 80, 145; *VGH BW* v. 30.6.92 – 15 S 1578/91 –, PersR 93, 173.

209 *BVerwG* v. 27.11.91 – 6 P 24.90 –, PersR 92, 153.

210 *BVerwG* v. 2.2.93 – 6 P 34.91 –, PersR 93, 266, v. 16.4.08 – 6 P 8.07 –, PersR 08, 418, u. v. 9.9.10 – 6 PB 12.10 –, PersR 10, 459; *OVG NW* v. 20.1.00 – 1 A 128/98.PVL –, PersR 00, 456.

211 *BVerwG* v. 9.9.10 – 6 PB 12.10 –, PersR 10, 459, unter Hinw. auf *BAG* v. 27.1.04 – 1 ABR 7/03 –, AP BetrVG 1972 § 87 Überwachung Nr. 40.

212 Str.; a.A. *BVerwG* v. 15.11.95 – 6 P 2.94 –, PersR 96, 278, u. v. 9.9.10 – 6 PB 12.10 –, PersR 10, 459; wie hier *OVG NW* v. 20.3.97 – 1 A 3775/94.PVL –, PersR 97, 253.

teilweise von **internen Weisungen** einer übergeordneten Dienststelle bestimmt wird.[213] Nur wenn diese eine unmittelbar gestaltende Anordnung trifft, die der nachgeordneten Dienststelle keinen eigenen Entscheidungsspielraum lässt und von ihr lediglich vollzogen wird, fehlt es an einer Maßnahme der nachgeordneten Dienststelle (vgl. § 82 Rn. 4).[214] Entsprechendes gilt für Maßnahmen, die **auf Veranlassung anderer Behörden** vorgenommen werden.[215] Eine eigenverantwortliche Maßnahme der Dienststelle liegt auch dann vor, wenn zu der Maßnahme das Einverständnis oder die **Zustimmung einer anderen Behörde** erforderlich ist[216] oder wenn der Träger Dienststelle damit eine schuldrechtliche Verpflichtung in einem rechtskräftigen **gerichtlichen Urteil** oder einem **gerichtlichen Vergleich** erfüllt.[217] Ob eine Maßnahme der Dienststelle vorliegt, hängt nicht davon ab, ob diese dazu **befugt** ist; es reicht aus, dass sie eine eigene Entscheidungsbefugnis in Anspruch nimmt (vgl. § 82 Rn. 4).

Eine lediglich **normvollziehende Entscheidung** ist auch dann eine Maßnahme der Dienststelle, wenn die anzuwendende gesetzliche oder tarifvertragliche Regelung der Dienststelle keinen Entscheidungsspielraum einräumt;[218] sieht der Gesetzgeber bei derartigen Maßnahmen die Mitbestimmung des PR vor, dann besteht diese in einer zusätzlichen Kontrolle der Richtigkeit der Rechtsanwendung.[219] Dagegen fehlt es an einer Maßnahme, wenn ein Sachverhalt **unmittelbar durch Gesetz oder Tarifvertrag geregelt** ist und es deshalb zum Vollzug der Rechtsnorm keines Ausführungsaktes der Dienststelle bedarf.[220] **10**

Eine Maßnahme ist **beabsichtigt**, sobald die Dienststelle aufgrund ihrer internen Willensbildung den Entschluss gefasst hat, die Maßnahme nach Abschluss des Mitbestimmungsverfahrens durchzuführen, also dann, wenn der **Willensbildungsprozess der Dienststelle abgeschlossen** ist.[221] Sobald die beabsichtige Maßnahme feststeht, ist das **formelle Mitbestimmungsverfah-** **11**

---

213 *BVerwG* v. 16.6.89 – 6 P 10.86 –, PersR 89, 296, v. 10.3.92 – 6 P 13.91 –, PersR 92, 247, u. v. 30.3.09 – 6 PB 29.08 –, PersR 09, 332.

214 *BVerwG* v. 10.3.92 u. v. 30.3.09, jew. a. a. O.

215 *BVerwG* v. 2.8.89 – 6 P 5.88 –, PersR 89, 303.

216 *BVerwG* v. 2.9.67 – VII P 14.66 –, PersV 68, 113, u. v. 26.1.94 – 6 P 21.92 –, PersR 94, 213.

217 *BVerwG* v. 25.8.88 – 6 P 36.85 –, PersR 88, 298.

218 *BVerwG* v. 29.8.01 – 6 P 10.00 –, PersR 01, 521, v. 12.8.02 – 6 P 17.01 –, PersR 02, 473, v. 18.5.04 – 6 P 13.03 –, PersR 04, 349, u. v. 16.4.08 – 6 P 8.07 –, PersR 08, 418.

219 *BVerwG* v. 13.2.76 – VII P 4.75 –, PersV 77, 183, u. v. 6.10.92 – 6 P 22.90 –, PersR 93, 74; bedenklich deshalb *BVerwG* v. 9.10.91 – 6 P 21.89 –, PersR 92, 20.

220 *BVerwG* v. 13.2.76, a. a. O., v. 17.6.92 – 6 P 17.91 –, PersR 92, 451, u. v. 16.4.08, a. a. O.

221 *BVerwG* v. 18.3.08 – 6 PB 19.07 –, PersR 09, 167, m. w. N.

ren einzuleiten. Von Ausnahmen bei Vorentscheidungen abgesehen (vgl. Rn. 8), hat der PR keinen Anspruch darauf, an den die Maßnahme **vorbereitenden Handlungen** beteiligt zu werden.[222] Das gilt auch für die **dienststelleninterne Willensbildung,** die dem Entschluss zu einer Maßnahme vorausgeht. Die Rspr. hat deshalb ein Recht des PR verneint, an **Vorstellungsgesprächen** mit Bewerbern oder an **Arbeitsplatzüberprüfungen** zur Feststellung der Merkmale für die Eingruppierung teilzunehmen.[223] Das schließt allerdings nicht aus, dass die Dienststelle den PR an solchen Veranstaltungen teilnehmen lässt und dass zwischen Dienststelle und PR bereits vor dem Beginn des offiziellen Beteiligungsverfahrens **informelle Gespräche** geführt werden,[224] was v.a. bei komplexen Maßnahmen sinnvoll ist. Das formelle Mitbestimmungsverfahren ist **möglichst frühzeitig** einzuleiten.[225] Damit soll verhindert werden, dass das Mitbestimmungsrecht durch später kaum noch zu ändernde, vermeintlich beteiligungsfreie Vorentscheidungen eingeschränkt und weitgehend ausgehöhlt wird.[226] Ggf. ist der PR bereits vor Erteilung des Einverständnisses bzw. der Zustimmung einer **anderen Behörde** zu beteiligen.[227] Führt deren Einschaltung zu einer Änderung der beabsichtigen Maßnahme, ist er erneut zu beteiligen. Hat ein **anderes Verwaltungsorgan** als der Dienststellenleiter über die Maßnahme zu entscheiden – z. B. ein Selbstverwaltungsorgan einer Körperschaft des öffentlichen Rechts –, so hat der Dienststellenleiter das Mitbestimmungsverfahren bereits vor dessen Entscheidung einzuleiten.

12 (**Abs. 2 S. 1**) Das Mitbestimmungsverfahren wird dadurch **eingeleitet,** dass der Leiter der Dienststelle den PR von der beabsichtigten Maßnahme unterrichtet und seine Zustimmung beantragt. Eine bestimmte **Form** ist dafür nicht vorgeschrieben. Aus Beweisgründen empfiehlt sich jedoch die Schriftform. Erforderlich sind eine **umfassende Unterrichtung** (vgl. Rn. 13) und ein **verbindlicher Zustimmungsantrag.**[228] Die Einleitung des Verfahrens hat durch den **Dienststellenleiter** oder im Falle seiner Verhinderung durch seinen **ständigen Vertreter** oder eine **andere vertretungsberechtigte Person** zu erfolgen (vgl. § 7 Rn. 1ff.). Ist die Dienststelle **fehlerhaft vertreten,** muss der PR dies innerhalb der Äußerungsfrist des Abs. 2 S. 3 oder 4 **rügen,** damit er sich im weiteren Verfahren darauf berufen kann (vgl. Rn. 18). Zur **Entgegennahme** der Erklärungen des Dienststellenleiters (oder seines Ver-

---

222 *BVerwG* v. 18.12.96 – 6 P 6.94 –, PersR 97, 210.
223 *BVerwG* v. 6.12.78 – 6 P 2.78 –, PersV 79, 504, u. v. 6.2.79 – 6 P 20.78 –, PersV 80, 421.
224 *BVerwG* v. 27.11.91 – 6 P 24.90 –, PersR 92, 153.
225 *BVerwG* v. 26.1.94 – 6 P 21.92 –, PersR 94, 213.
226 *BVerwG* v. 18.3.08 – 6 PB 19.07 –, PersR 09, 167.
227 *BVerwG* v. 26.1.94, a.a.O.
228 *VGH BW* v. 4.6.91 – 15 S 3176/90 –, PersV 92, 352.

treters), mit denen das Mitbestimmungsverfahren eingeleitet (und betrieben) wird, ist der Vorsitzende des PR befugt (vgl. § 32 Rn. 16; unten Rn. 17).

Für die **Unterrichtung** des PR nach Abs. 2 S. 1 gelten die Vorschriften des § 68 Abs. 2 S. 1 und 2, wonach die Personalvertretung zur Durchführung ihrer Aufgaben rechtzeitig und umfassend und unter Vorlage der hierfür erforderlichen Unterlagen zu unterrichten ist[229] (näher dazu § 68 Rn. 22ff.). Die Unterrichtung soll dem PR die Kenntnisse vermitteln, die er zu einer sachgerechten Entscheidung über den Gegenstand des Mitbestimmungsverfahrens benötigt.[230] Dazu gehört eine **genaue Bezeichnung** der beabsichtigten Maßnahme.[231] Die Unterrichtung muss so **umfassend** erfolgen, dass der PR alle entscheidenden Gesichtspunkte kennt, die für seine Meinungs- und Willensbildung von Bedeutung sein können.[232] Im Einzelfall richtet sich der Umfang der Unterrichtung des PR jeweils danach, für welche Maßnahme die Zustimmung beantragt wird.[233] Dabei kommt es v.a. auf den Schutzzweck der Mitbestimmung und in den Fällen des § 75 Abs. 1 und des § 76 Abs. 1 auf die in § 77 Abs. 2 festgelegten Gründe für eine etwaige Zustimmungsverweigerung an.[234] Die Unterrichtung darf **keine unzutreffenden Behauptungen** enthalten.[235] Zu den nach § 68 Abs. 2 S. 2 vorzulegenden **Unterlagen** gehört ggf. auch ein von der Dienststelle eingeholtes Gutachten eines Sachverständigen.[236] Die Dienststelle hat die erforderlichen Unterlagen **von sich aus** vorzulegen. Die Unterrichtung ist nur dann **rechtzeitig,** wenn der PR mit dem Antrag auf Zustimmung zu der Maßnahme alle erforderlichen Informationen erhält. Geschieht dies erst nachträglich, beginnt die **Äußerungsfrist** des Abs. 2 S. 3 oder 4 erst mit dem Zeitpunkt zu laufen, zu dem der PR ausreichend unterrichtet worden ist (vgl. Rn. 17). 13

(**Abs. 2 S. 2**) Der PR kann vom Dienststellenleiter eine **Begründung** der beabsichtigten Maßnahme verlangen. Diese muss v.a. aufzeigen, warum der Entschluss zu der beabsichtigten Maßnahme zustande gekommen ist. Außerdem muss sie auf die Vor- und Nachteile der Entscheidung für den Arbeitgeber und die Beschäftigten eingehen und die Maßnahme in einen Gesamtzusammenhang einordnen. Für das **Verlangen** nach einer Begründung ist keine bestimmte **Form** vorgeschrieben; es kann mündlich oder schriftlich erfolgen. Das galt nach der ursprünglichen Fassung des Abs. 2 S. 2 auch 14

229 *BVerwG* v. 26.1.94 – 6 P 21.92 –, PersR 94, 213.
230 *BVerwG* v. 10.8.87 – 6 P 22.84 –, PersR 88, 18.
231 *VGH BW* v. 12.4.83 – 15 S 744/82 –, ZBR 84, 216.
232 *BVerwG* v. 10.8.87, a.a.O.
233 *BVerwG* v. 10.8.87, a.a.O.
234 *BVerwG* v. 26.1.94, a.a.O.
235 *OVG NW* v. 22.3.96 – 1 B 353/96 –, PersR 96, 365 = 97, 252; *OVG Bln* v. 18.12.02 – 4 S 41.02 –, PersR 03, 163.
236 *BVerwG* v. 8.11.89 – 6 P 7.87 –, PersR 90, 102.

für die Begründung. Seit seiner Neufassung durch das Änderungsgesetz v. 10. 7. 89[237] ist nach dem angefügten Hs. 2 der Dienststellenleiter auf Verlangen des PR jedoch zu einer **schriftlichen Begründung** verpflichtet, soweit es sich bei der beabsichtigten Maßnahme um **keine Personalangelegenheit** handelt, also nicht um eine Angelegenheit i. S. d. § 75 Abs. 1 oder des § 76 Abs. 1.[238] Auf den Ablauf der **Äußerungsfrist** des Abs. 2 S. 3 oder 4 hat das Verlangen des PR nach einer Begründung auch dann keinen Einfluss, wenn diese nicht oder nur unzureichend erfolgt;[239] der PR kann in einem solchen Fall jedoch die **Zustimmung verweigern** (vgl. aber Rn. 26).

15 Für das Mitwirkungsverfahren schreibt § 72 Abs. 1 vor, dass die beabsichtigte Maßnahme mit dem PR zur **erörtern** ist (vgl. § 72 Rn. 7). Obwohl für das Mitbestimmungsverfahren eine entsprechende Vorschrift fehlt, kann auch hier eine Erörterung geboten sein, insb. dann, wenn über die beabsichtigte Maßnahme zwischen Dienststellenleiter und PR Meinungsverschiedenheiten bestehen (vgl. § 66 Rn. 8). Entsprechend dem Grundsatz der vertrauensvollen Zusammenarbeit (vgl. § 2 Rn. 4) ist eine Erörterung deshalb immer dann durchzuführen, wenn eine der beiden Seiten sie wünscht.

16 **(Abs. 2 S. 3–5)** Die **Äußerungsfrist,** innerhalb derer der PR seinen Beschluss über die beantragte Zustimmung dem Dienststellenleiter mitzuteilen hat, ist grundsätzlich in **Abs. 2 S. 3** festgelegt. Durch das Änderungsgesetz v. 10. 7. 89[240] ist sie von ursprünglich sieben Arbeitstagen auf **zehn Arbeitstage** verlängert worden (vgl. aber Rn. 20). Es ist sachgerecht, entsprechend § 52 S. 2 BPersVWO die Wochentage Montag bis Freitag mit Ausnahme der gesetzlichen Feiertage auch als Arbeitstage i. S. d. § 69 anzusehen.[241] Für die **Berechnung der Frist** gelten die §§ 187 und 188 BGB. Der Arbeitstag, an dem der Zustimmungsantrag beim PR eingeht (vgl. Rn. 17), wird bei der Berechnung der Frist nicht mitgerechnet (§ 187 Abs. 1 BGB). Die Frist von zehn Arbeitstagen endet mit Ablauf (d. h. um 24 Uhr) des zehnten Arbeitstages nach dem Eingang des Zustimmungsantrags (§ 188 Abs. 1 BGB).

17 Für den **Beginn der Äußerungsfrist** kommt es grundsätzlich auf den **Zugang des Zustimmungsantrags** beim PR an (vgl. aber Rn. 18). Wird der Antrag **mündlich** gestellt, ist er mit der Erklärung gegenüber dem Vorsitzenden oder, falls dieser verhindert ist, gegenüber dem stellvertretenden Vorsitzenden des PR zugegangen (vgl. § 32 Rn. 16, 18). Wird er **schriftlich** gestellt, ist er dann zugegangen, wenn er so in den Bereich des Vorsitzenden oder des PR als Gremium gelangt ist, dass der Vorsitzende bzw. der PR unter normalen

237 BGBl. I S. 1380, ber. S. 1473.
238 Vgl. *BVerwG* v. 11. 3. 82 – 6 P 8.80 –, PersV 83, 405.
239 *VGH BW* v. 12. 4. 83 – 15 S 744/82 –, ZBR 84, 216.
240 BGBl. I S. 1380, ber. S. 1473.
241 Str.; vgl. KfdP-*Berg*, Rn. 21 m. N.

Verhältnissen die Möglichkeit hat, von dem Inhalt der Erklärung Kenntnis zu nehmen (§ 130 Abs. 1 S. 1 BGB).[242]

Für den Beginn der Äußerungsfrist des PR ist der Eingang eines **ordnungsgemäß gestellten Antrags** des Dienststellenleiters auf Zustimmung des PR zu der beabsichtigten Maßnahme erforderlich. Das ist dann der Fall, wenn der (schriftliche) Antrag vom Dienststellenleiter oder von einer zu seiner Vertretung befugten Person unterschrieben ist (vgl. Rn. 12) und dem PR mit dem Antrag die für seine Meinungs- und Willensbildung erforderlichen Informationen und Unterlagen übermittelt werden (vgl. Rn. 13). Der PR muss eine **fehlerhafte Vertretung** allerdings innerhalb der Äußerungsfrist **rügen,** damit er sich dem Dienststellenleiter gegenüber darauf berufen kann. Bei rechtzeitiger Rüge beginnt die Äußerungsfrist erst dann zu laufen, wenn der Mangel geheilt ist.[243] Bei fehlender oder verspäteter Rüge wird der Mangel nicht nur für das weitere Mitbestimmungsverfahren unbeachtlich, sondern auch im Verhältnis zwischen dem Arbeitgeber bzw. Dienstherrn und dem betroffenen Beschäftigten.[244] Bei **unzureichender Information** ist der PR u. U. gehalten, noch innerhalb der Äußerungsfrist ergänzende Informationen zu verlangen; das gilt insb. dann, wenn der Dienststellenleiter dem PR eine auf den ersten Blick vollständige Information gegeben hat, die nach Meinung des PR aber unzulänglich ist.[245] Ist die Frage zwischen den Beteiligten streitig, empfiehlt es sich für den PR, vorsorglich und rechtzeitig wegen unvollständiger Unterrichtung die **Zustimmung zu verweigern** (vgl. Rn. 26) und dabei näher darzulegen, dass der Dienststellenleiter ihn über wesentliche Umstände nicht unterrichtet hat.[246] Verweigert der PR endgültig die Zustimmung, soll es nach abzulehnender Ansicht des *OVG NW* nur noch darauf ankommen, ob diese Verweigerung mit einer beachtlichen Begründung erfolgt ist, nicht aber darauf, ob die Äußerungsfrist durch die erforderliche umfassende Unterrichtung in Lauf gesetzt worden ist.[247] 18

Nach h. M. ist die Äußerungsfrist eine gesetzliche **Ausschlussfrist,** bei deren Versäumung Wiedereinsetzung in den vorigen Stand nicht gewährt und die 19

---

242 *SächsOVG* v. 12. 1. 99 – P 5 S 30/96 –, PersR 00, 76; *OVG Bln* v. 18. 12. 02 – 4 S 41.02 –, PersR 03, 163.

243 *BVerwG* v. 11. 11. 09 – 6 PB 25.09 –, PersR 10, 169, u. v. 7. 4. 10 – 6 P 6.09 –, PersR 10, 312.

244 *BVerwG* v. 26. 8. 87 – 6 P 11.86 – u. v. 23. 2. 89 – 2 C 8.88 –, PersR 88, 45, u. 89, 229; vgl. *BAG* v. 27. 2. 97 – 2 AZR 513/96 –, PersR 97, 314, sowie v. 6. 7. 06 – 2 AZR 442/05 – u. – 2 AZR 443/05 –, NZA 07, 139 u. 197.

245 *BVerwG* v. 11. 11. 09 – 6 PB 25.09 –, PersR 10, 169 [zu 3a–c], unter Hinw. auf die differenzierende Rspr. des *BAG* zu § 99 Abs. 3 BetrVG (Beschl. v. 14. 3. 89 – 1 ABR 80/87 – u. v. 14. 12. 04 – 1 ABR 55/03 –, AP BetrVG 1972 § 99 Nr. 64 u. 122); näher dazu KfdP-Berg, Rn. 23 m. w. N.

246 *BVerwG* v. 29. 1. 96 – 6 P 38.93 –, PersR 96, 239.

247 Beschl. v. 31. 5. 01 – 1 A 2277/99.PVL –.

auch durch Vereinbarung zwischen PR und Dienststellenleiter nicht verlängert werden kann.[248] Zulässig sind jedoch zwischen Dienststellenleiter und PR getroffene Absprachen darüber, wie und wann das Mitbestimmungsverfahren in Gang gesetzt wird.[249]

20 Nach **Abs. 2 S. 4** kann der Dienststellenleiter **in dringenden Fällen** die Äußerungsfrist des PR von zehn auf **drei Arbeitstage** abkürzen. Dies ist nur zulässig, wenn außergewöhnliche Umstände vorliegen, insb. dann, wenn der dringende Entscheidungsbedarf durch vom Dienststellenleiter nicht beeinflussbare und nicht voraussehbare Entwicklungen entstanden ist.[250] Die Abkürzung der Frist ist dem PR gleichzeitig mit dem Zustimmungsantrag **mitzuteilen** und ihm gegenüber zu **begründen**. Liegt nach Ansicht des PR kein dringender Fall vor, muss er der Fristverkürzung innerhalb von drei Arbeitstagen **widersprechen**;[251] außerdem kann er vor Ablauf der regulären Frist die **Zustimmung verweigern**, wobei er in den Fällen des § 75 Abs. 1 und § 76 Abs. 1 einen in § 77 Abs. 2 aufgeführten Grund angeben muss (vgl. Rn. 26). Auf einen **kürzeren Zeitraum** als drei Arbeitstage kann die Frist nicht verkürzt werden.[252] Bei Unaufschiebbarkeit der Sache kann der Dienststellenleiter unter den Voraussetzungen des Abs. 5 eine **vorläufige Regelung** treffen (vgl. Rn. 41 ff.).

21 Ist eine **Stufenvertretung** oder der **GPR** als erstzuständige Personalvertretung zu beteiligen und hat diese nach § 82 Abs. 2 einem PR Gelegenheit zur Äußerung zu geben, so führt das zu einer **Verdoppelung der Fristen** des Abs. 2 S. 3 oder 4 **auf 20 bzw. 6 Arbeitstage**. Hat außerdem der von einer Stufenvertretung anzuhörende GPR einem örtlichen PR Gelegenheit zur Äußerung zu geben, so hat dies eine **Verdreifachung** der genannten Fristen **auf 30 bzw. 9 Arbeitstage** zur Folge (vgl. § 82 Rn. 14).

22 Die **Entscheidung über den Zustimmungsantrag** des Dienststellenleiters hat der PR nach pflichtgemäßem Ermessen zu treffen. Dabei handelt es sich um eine Befugnis, die nicht vom Vorstand, sondern vom **Plenum des PR** wahrzunehmen ist (vgl. § 32 Rn. 7). Ausnahmen gelten nur bei der Gewährung von sozialen Zuwendungen nach § 75 Abs. 2 S. 1 Nr. 1, bei der nach § 75 Abs. 2 S. 2 Hs. 2 auf Verlangen des betroffenen Beschäftigten nur der **Vorstand** mitbestimmt (vgl. § 75 Rn. 59). Das Plenum kann seine Befugnisse in

---

248 Vgl. *BVerwG* v. 26.8.87 – 6 P 11.86 –, PersR 88, 45; offengelassen in *BVerwG* v. 9.12.92 – 6 P 16.91 –, PersR 93, 212; a. A. für das Mitwirkungsverfahren: *BAG* v. 14.1.93 – 2 AZR 387/92 –, PersR 93, 406.

249 *BVerwG* v. 9.12.92, a. a. O.; näher dazu KfdP-*Berg*, Rn.

250 Vgl. *BVerwG* v. 15.11.95 – 6 P 4.94 –, PersR 96, 157; zu eng *VGH BW* v. 23.11.93 – PL 15 2876/92 –, PersR 94, 369.

251 *BVerwG* v. 15.11.95, a. a. O.

252 *BayVGH* v. 13.7.88 – Nr. 18 P 88.01415 –, PersR 89, 305.

Angelegenheiten der Mitbestimmung nicht auf den Vorstand übertragen.[253] Für die Beratung und Beschlussfassung des Plenums gelten die allgemeinen Vorschriften, insb. die der §§ 37 und 38. Der PR kann betroffene Beschäftigte anhören (vgl. Rn. 28). Falls das Plenum (oder ggf. der Vorstand) nicht beschließt, gegenüber der Dienststelle keine Erklärung abzugeben (vgl. Rn. 23), hat der **Vorsitzende des PR** dem Dienststellenleiter den vom Plenum bzw. Vorstand gefassten Beschluss des PR mitzuteilen; in Angelegenheiten einer Gruppe, der der Vorsitzende nicht angehört, hat dies nach § 32 Abs. 3 S. 2 gemeinsam mit einem der Gruppe angehörenden Vorstandsmitglied zu geschehen (vgl. § 32 Rn. 16f.). Während die **Zustimmung** mündlich oder schriftlich und ohne Angabe von Gründen erklärt werden kann, ist in **Abs. 2 S. 5** vorgeschrieben, dass die **Verweigerung der Zustimmung schriftlich** unter Angabe der Gründe erfolgen muss, wobei zur Wahrung der Schriftform auch ein Telefax ausreicht.[254] Die Zustimmungsverweigerung muss der Dienststelle **vor Ablauf der Äußerungsfrist** (vgl. Rn. 16–21) zugehen. Eine mündliche Erklärung muss gegenüber dem Dienststellenleiter oder einer zu seiner Vertretung befugten Person abgegeben werden (vgl. Rn. 12). Eine **schriftliche Erklärung** geht mit der Aushändigung an eine dieser Personen[255] oder mit dem Eingang bei der hierfür in der Dienststelle eingerichteten Stelle zu.[256]

Erklärt der PR ausdrücklich seine **Zustimmung** zu der beabsichtigten Maß- **23**
nahme, so ist das Mitbestimmungsverfahren mit dem Zugang dieser Erklärung auch dann abgeschlossen, wenn die Äußerungsfrist erst später abläuft. Sieht er von einer Erklärung ab, dann gilt sein **Schweigen** gem. Abs. 2 S. 5 nach Ablauf der Äußerungsfrist (vgl. Rn. 16–21) als Zustimmung. Erklärt der PR ausdrücklich, er werde sich zu der beabsichtigten Maßnahme nicht äußern, dann gilt die Maßnahme auch dann erst nach Ablauf der Äußerungsfrist als gebilligt, wenn dieser **Hinweis auf eine Nicht-Stellungnahme** vom PR für abschließend erklärt wird.[257] Sobald die Zustimmung erklärt ist oder als erteilt gilt, ist die Dienststelle **berechtigt, die beabsichtigte Maßnahme zu treffen.** Sie ist dazu aber grundsätzlich nicht verpflichtet (vgl. § 74 Rn. 2).

Eine Zustimmung unter **Bedingungen** oder mit **Einschränkungen** steht je- **24**
denfalls dann einer **Ablehnung** gleich, wenn der Dienststellenleiter die Be-

---

253 *BVerwG* v. 11.10.72 – VII P 2.72 –, PersV 73, 48, u. v. 19.7.94 – 6 P 12.92 –, PersR 94, 518.

254 Vgl. *BAG* v. 11.6.02 – 1 ABR 43/01 –, AP BetrVG 1972 § 99 Nr. 118; zu der im PersVR noch nicht geklärten Frage, ob für die Erfüllung des **Schriftlichkeitsgebots** in Abs. 2 S. 5 eine Mitteilung per **E-Mail** genügt, wenn diese den Erfordernissen der Textform des § 126b BGB entspricht, vgl. KfdP-*Berg*, Rn. 27a m. w. N.

255 Vgl. *OVG NW* v. 10.2.99 – 1 A 800/97.PVL –, PersR 99, 316.

256 Vgl. *OVG Bln* v. 31.7.91 – OVG PV Bln 27.88 –, PersR 92, 270 Ls.

257 *BAG* v. 28.1.10 – 2 AZR 50/09 –, PersR 10, 305.

dingungen oder Einschränkungen nicht akzeptiert (vgl. § 150 Abs. 2 BGB). Davon zu unterscheiden ist die **befristete Zustimmung** für die Dauer eines Pilotprojekts, weil hier die Maßnahme selbst zeitlich begrenzt ist.[258]

25 Die **Verweigerung der Zustimmung** kann nach Abs. 2 S. 5 nur schriftlich (vgl. Rn. 22) unter Angabe der Gründe erfolgen. Hinsichtlich der anzugebenden **Gründe** ist zu unterscheiden. In den **Personalangelegenheiten** nach § 75 Abs. 1 und § 76 Abs. 1 kann der PR seine Zustimmung nur aus den in § 77 Abs. 2 abschließend aufgeführten Gründen verweigern (vgl. dort Rn. 11 ff.). In den **übrigen Angelegenheiten** nach § 75 Abs. 2 und 3 und § 76 Abs. 2 ist er dagegen nicht an einen gesetzlich vorgegebenen Katalog von Verweigerungsgründen gebunden. Die erforderliche Angabe von Gründen dient der **Information des Dienststellenleiters.** Sie soll es ihm ermöglichen, zu erkennen, welche Einwendungen der PR gegen die beabsichtigte Maßnahme erhebt und auf welchen Erwägungen sie beruhen,[259] und ihn so in die Lage versetzen, sich über sein weiteres Vorgehen klar zu werden. Die Begründung genügt den rechtlichen Anforderungen, wenn sie deutlich macht, auf welchen **Mitbestimmungstatbestand** und (bei Personalangelegenheiten) welchen **Verweigerungsgrund** der PR seine Zustimmungsverweigerung stützt und mit welchem Ziel er eine Einigung anstrebt. Dabei kann er seiner Ablehnung auch andere als die von der Dienststelle angenommenen Mitbestimmungstatbestände zugrunde legen.[260] Die Zustimmungsverweigerung ist allerdings unbeachtlich, wenn sie nicht den inhaltlichen Bezug zu irgendeinem der von der Maßnahme der Dienststelle berührten Mitbestimmungstatbestände erkennen lässt oder der Verfolgung von Zielen dient, die außerhalb der einschlägigen Mitbestimmungstatbestände liegen.[261] Der PR darf sich nicht auf eine nur formelhafte Begründung oder auf die Wiedergabe des Wortlauts eines gesetzlichen Versagungsgrundes beschränken, sondern muss den konkreten Anlass und damit auch den **Bezug zum konkreten Einzelfall** erkennbar machen.[262]

26 Ein **Verstoß** des Dienststellenleiters **gegen die Vorschriften über das Mitbestimmungsverfahren** ist nach h. M. kein Zustimmungsverweigerungsgrund i. S. d. § 77 Abs. 2 Nr. 1, weil allein deshalb die Maßnahme selbst nicht gegen das BPersVG verstößt (vgl. § 77 Rn. 18). In Personalangelegenheiten nach § 75 Abs. 1 und § 76 Abs. 1 können derartige Verfahrensverstöße deshalb mit der Zustimmungsverweigerung nicht ohne Weiteres geltend gemacht werden. Allerdings können Verfahrensverstöße wegen mangelnder Information

---

258 *OVG NW* v. 19. 2. 86 – CL 28/84 –, PersV 87, 203.

259 *BVerwG* v. 18. 4. 86 – 6 P 31.84 –, PersR 87, 134.

260 *BVerwG* v. 12. 3. 86 – 6 P 5.85 –, PersR 86, 116, u. v. 18. 4. 86, a. a. O.

261 *BVerwG* v. 3. 3. 16 – 5 PB 31.15 –, juris; *OVG NW* v. 3. 2. 15 – 20 A 1231/14.PVB –, PersV 15, 262.

262 *BVerwG* v. 29. 1. 96 – 6 P 38.93 –, PersR 96, 239.

oder Begründung zusammen mit anderen Umständen wegen der Besorgnis ungerechtfertigter Benachteiligung einen Verweigerungsgrund gem. § 77 Abs. 2 Nr. 2 ergeben.[263]

Nach **st. Rspr. des** BVerwG[264] darf der **Dienststellenleiter** die vom PR angegebenen Gründe darauf **prüfen,** ob sie sich dem in Anspruch genommenen Mitbestimmungstatbestand oder (in Personalangelegenheiten) dem in Anspruch genommenen (in § 77 Abs. 2 aufgeführten) gesetzlichen Verweigerungsgrund zuordnen lassen (vgl. Rn. 25). Kommt der Dienststellenleiter dabei trotz Anlegen eines großzügigen Maßstabs zu dem Ergebnis, das sei offensichtlich nicht der Fall, soll er berechtigt sein, sich über die Verweigerung der Zustimmung hinwegzusetzen. Die Rspr. des *BVerwG* – der die Instanzgerichte[265] und (für das PersVR) das *BAG*[266] sowie die h. M. in der Literatur folgen – ist zu kritisieren, weil sie dazu führt, dass Dienststellenleiter quasi als **Richter in eigener Sache** darüber entscheiden können, ob sie Mitbestimmungsverfahren weiterführen oder abbrechen. **Stattdessen** ist daran festzuhalten, dass die Entscheidung über die Beachtlichkeit der Begründung des PR im weiteren Mitbestimmungsverfahren getroffen werden muss. Eine Abbruchkompetenz des Dienststellenleiters widerspricht dem Grundsatz der gleichberechtigten Partnerschaft.[267] 27

(**Abs. 2 S. 6**) Die Dienststelle hat dem **betroffenen Beschäftigten** Gelegenheit zur Äußerung zu geben, also ihn **anzuhören,** soweit »dabei« Beschwerden oder Behauptungen tatsächlicher Art vorgetragen werden, die für den Beschäftigten ungünstig sind oder ihm nachteilig werden können. Die Vorschrift dient ebenso wie § 109 BBG dem **Persönlichkeitsschutz** des betroffenen Beschäftigten. Sie bezieht sich auf negative Äußerungen i. S. d. Abs. 2 S. 6, die der PR in einer schriftlichen Erklärung gegenüber dem Dienststellenleiter vorgetragen hat. Das gilt nach dem Wortlaut der Vorschrift für die Erklärung der **Zustimmungsverweigerung,** nach ihrem Zweck aber auch für die Erklärung der **Zustimmung**. Die **Anhörung** ist von der **Dienststelle** durchzuführen. Sie bezieht sich auf **negative Äußerungen,** die **»tatsächlicher Art«** sind, sich also auf Sachverhalte beziehen, und damit nicht auf Beurteilungen und Wertungen aufgrund solcher Fakten. Insoweit weicht Abs. 2 S. 6 von § 109 BBG ab. Die Stellungnahme des Beschäftigten bedarf nicht der Schriftform, sie ist jedoch, wenn sie mündlich abgegeben wird, auf jeden Fall schriftlich festzuhalten und nach Abs. 2 S. 6 Hs. 2 **aktenkundig** zu machen sowie dem betreffenden Vorgang beizufügen. Werden die negativen Äuße- 28

---

263 Vgl. KfdP-*Berg,* Rn. 31 m. N.

264 Z. B. Beschl. v. 20. 6. 86 – 6 P 4.83 –, PersR 86, 197, v. 30. 4. 01 – 6 P 9.00 –, PersR 01, 382, u. v. 15. 11. 06 – 6 P 1.06 –, PersR 07, 119.

265 Vgl. z. B. *OVG NW* v. 31. 5. 01 – 1 A 2277/99.PVL –, PersR 02, 215.

266 Vgl. Urt. v. 19. 6. 07 – 2 AZR 58/06 –, PersR 07, 429.

267 Vgl. KfdP-*Berg,* Rn. 33 m. w. N.

rungen in die Personalakte aufgenommen, so ist auch die Gegenäußerung des Beschäftigten zur Personalakte zu nehmen (vgl. § 109 S. 2 BBG). Die Anhörungspflicht der Dienststelle nach Abs. 2 S. 6 schließt eine **Anhörung des betroffenen Beschäftigten durch den PR** nicht aus (vgl. § 35 Rn. 1).[268]

29 (**Abs. 3**) Falls eine Einigung über eine vom Leiter der Dienststelle beabsichtigte mitbestimmungspflichtige Maßnahme zwischen ihm und dem PR oder einer anderen erstzuständigen Personalvertretung (vgl. Rn. 3) nicht zustande kommt, kann das **Mitbestimmungsverfahren** – von Ausnahmen abgesehen (vgl. Rn. 30 a. E.) – nach den Vorschriften des Abs. 3 **fortgesetzt** werden. Eine **Einigung** ist dann **nicht zustande gekommen,** wenn der PR nach Abs. 2 S. 5 innerhalb der Äußerungsfrist des Abs. 2 S. 3 oder 4 eine rechtlich beachtliche Zustimmungsverweigerung erklärt hat (vgl. Rn. 25–27).

30 Für den Fall der Nichteinigung sieht **Abs. 3 S. 1** vor, dass in **mehrstufigen Verwaltungen** der Leiter der Dienststelle oder der PR die Angelegenheit binnen sechs Arbeitstagen auf dem Dienstweg den übergeordneten Dienststellen vorlegen kann, bei denen Stufenvertretungen bestehen. Dabei ist ggf. die zur Entscheidung befugte **nächst übergeordnete Dienststelle** anzurufen, also entweder die **Mittelbehörde,** bei der ein BPR besteht, oder die **oberste Dienstbehörde,** bei der der HPR besteht (vgl. § 53 Rn. 3ff.). Bei den in § 82 Abs. 5 geregelten Fällen sind **Besonderheiten** zu beachten (vgl. § 82 Rn. 20). Hat das Verfahren nach Abs. 2 auf der **Zentralstufe** zwischen der obersten Dienstbehörde und einer bei ihr bestehenden Personalvertretung (PR, GPR oder HPR) begonnen, kann es nur nach Abs. 4 mit der dort geregelten Anrufung der Einigungsstelle fortgesetzt werden. Hat die erste Phase des Verfahrens zwischen einer nach § 6 Abs. 3 **verselbständigten Teileinheit einer Dienststelle** und dem dortigen PR stattgefunden, kann die Gesamtdienststelle nicht angerufen werden, weil der bei ihr bestehende GPR keine Stufenvertretung ist (vgl. § 55 Rn. 3).

31 Nach Abs. 3 S. 1 sind beide Beteiligten der ersten Phase des Mitbestimmungsverfahrens **zur Vorlage berechtigt**, also sowohl der Leiter der Dienststelle als auch der PR. Für die Vorlage des PR ist ein Beschluss des Plenums oder (gem. § 75 Abs. 2 S. 2 Hs. 2) des Vorstands erforderlich (vgl. Rn. 22). Die **Vorlage** ist immer **an die jeweils anzurufende übergeordnete Dienststelle** (vgl. Rn. 30) zu richten, nicht an die dort gebildete Stufenvertretung. Dabei haben beide Seiten den **Dienstweg** einzuhalten. Dienststellen, die im hierarchischen Aufbau der Verwaltung zwischen der Ausgangsdienststelle und der anzurufenden Dienststelle liegen, dürfen nicht übersprungen werden. Bei einer Vorlage des PR führt der Dienstweg nicht über die »eigene«

---

268 *BAG* v. 19. 9. 85 – 6 AZR 476/83 –, PersR 86, 159; *OVG NW* v. 4. 3. 93 – CL 25/89 –, PersR 93, 400.

Dienststelle.[269] Die **Vorlage** bedarf der **Schriftform.** Ihr **Inhalt** ist nicht ausdrücklich festgelegt. Erforderlich ist zumindest eine umfassende Unterrichtung über die beabsichtigte Maßnahme sowie die Angabe der Gründe und des Tages der Zustimmungsverweigerung des PR. **Legt der Dienststellenleiter die Angelegenheit vor,** so hat er dies nach **Abs. 3 S. 5** dem PR unter Angabe der Gründe mitzuteilen. **Legt der PR die Sache vor,** entspricht es dem Grundsatz der vertrauensvollen Zusammenarbeit (vgl. § 2 Rn. 4), dass er den Dienststellenleiter in entsprechender Weise unterrichtet. Für die Unterrichtung der anderen Seite empfiehlt sich die Schriftform. Solange die übergeordnete Dienststelle das Stufenverfahren noch nicht eingeleitet hat (vgl. Rn. 35), ist eine **Rücknahme** der Vorlage zulässig. Trotz der Vorlage können Dienststellenleiter und PR, solange das förmliche Mitbestimmungsverfahren noch nicht abgeschlossen ist, nach § 66 Abs. 1 S. 3 **weiterhin versuchen,** eine **Einigung zu erzielen.** Gelingt das, so wird das weitere Verfahren damit gegenstandslos.

Die Vorlage hat innerhalb einer **Frist von sechs Arbeitstagen** zu erfolgen. Ist **32** eine Stufenvertretung oder der GPR als erstzuständige Personalvertretung beteiligt worden und hatte diese nach § 82 Abs. 2 einem PR Gelegenheit zur Äußerung zu geben, so führt das zu einer **Verlängerung** der Frist **auf zwölf Arbeitstage** (vgl. § 82 Rn. 14). Für die Berechnung der Frist gilt das Gleiche wie bei der Äußerungsfrist nach Abs. 2 S. 3 (vgl. Rn. 16). Die Frist ist gewahrt, wenn die Vorlage vor Ablauf der Vorlagefrist **abgesandt,** also auf den Dienstweg gebracht wird. Wird sie **versäumt,** so ist das Mitbestimmungsverfahren abgeschlossen und die beabsichtigte Maßnahme hat zu unterbleiben. Das schließt jedoch nicht aus, dass der Dienststellenleiter sich weiterhin um eine Einigung mit dem PR bemüht oder dass er durch einen neuen Zustimmungsantrag ein **neues Verfahren** einleitet.[270] Von Fällen des Rechtsmissbrauchs abgesehen, hat sich PR mit einer neuen Mitbestimmungsvorlage **auch bei unveränderter Sach- und Rechtslage** erneut zu befassen, wenn er den Eintritt der Billigungsfiktion nach Abs. 2 S. 5 (vgl. Rn. 23) vermeiden will.[271] Dabei kann sich der PR jedoch in den Fällen, in denen der Dienststellenleiter eine **Vorlage lediglich wiederholt**, ohne nennenswerte neue Gesichtspunkte zur Begründung anzuführen, darauf beschränken, die Zustimmung unter **Bezugnahme auf die Begründung für die erste Versagung** zu verweigern.[272]

---

269 A. A. *BVerwG* v. 20. 1. 93 – 6 P 21.90 –, PersR 93, 310, das aber übersieht, dass sich aus § 72 Abs. 4 S. 4 das Gegenteil ergibt.

270 *BVerwG* v. 11. 4. 91 – 6 P 9.89 –, PersR 91, 284.

271 *BVerwG* v. 12. 9. 11 – 6 PB 13.11 –, PersR 11, 530 (entgegen der überwiegenden Kommentarliteratur).

272 *BVerwG* v. 12. 9. 11, a. a. O.

33 Die angerufene **übergeordnete Dienststelle** entscheidet, ob das Mitbestimmungsverfahren fortgesetzt werden soll. Sie kann den Leiter der nachgeordneten Dienststelle anweisen, die Zustimmungsverweigerung des PR zu akzeptieren und damit das **Verfahren zu beenden**. Entschließt sie sich zur Fortsetzung, hat sie die Angelegenheit der bei ihr gebildeten Stufenvertretung (BPR oder HPR) **vorzulegen.**

34 Für das **weitere Verfahren** sind gem. **Abs. 3 S. 4** die für das Ausgangsverfahren geltenden Vorschriften des Abs. 2 entsprechend anzuwenden (vgl. Rn. 12–28). Dabei kann der Leiter der übergeordneten Dienststelle die vom Leiter der nachgeordneten Dienststelle beabsichtigte Maßnahme der Stufenvertretung auch **mit abgeändertem Inhalt** vorlegen. Die Stufenvertretung ist nicht nach § 82 Abs. 2 verpflichtet, den PR der nachgeordneten Dienststelle anzuhören (vgl. § 82 Rn. 9).[273] Sie kann allerdings **dem PR Gelegenheit zur Äußerung geben**, wenn sie dies für sinnvoll hält. Eine solche Anhörung führt jedoch nicht zu der in § 82 Abs. 2 S. 2 geregelten Verlängerung der Äußerungsfrist der Stufenvertretung. Diese ist weder an die Zustimmungsverweigerung noch an ein späteres Votum des PR gebunden, sondern entscheidet **in eigener Verantwortung.**[274]

35 Das **Stufenverfahren beginnt** erst dann, wenn der Stufenvertretung die beabsichtigte Maßnahme formell zur Unterrichtung und Zustimmung zugeleitet worden ist.[275] In diesem Zeitpunkt gehen mit der **Beteiligungszuständigkeit** auch die an eine beachtliche Zustimmungsverweigerung anknüpfenden **verfahrensrechtlichen Rechte** der erstzuständigen Personalvertretung auf die Stufenvertretung über.

36 Kommt in einer mehr als zweistufigen Verwaltung in einem nach Abs. 3 S. 4 i. V. m. Abs. 2 durchgeführten Stufenverfahren zwischen der Mittelbehörde und dem bei ihr bestehenden BPR eine Einigung nicht zustande, weil der BPR nach Abs. 3 S. 4 i. V. m. Abs. 2 S. 5 innerhalb der Äußerungsfrist die Zustimmung unter Angabe der Gründe schriftlich verweigert (vgl. Rn. 29), kann nach Abs. 3 S. 1 ein **zweites Stufenverfahren** dadurch in Gang gesetzt werden, dass der Leiter der Mittelbehörde oder der BPR die Angelegenheit binnen sechs Arbeitstagen der **obersten Dienstbehörde** vorlegt. Für Form und Inhalt der Vorlage und die Unterrichtung der anderen Seite sowie für den Lauf und die Einhaltung der Vorlagefrist gilt das zum ersten Stufenverfahren Gesagte entsprechend (vgl. Rn. 31 f.), wobei hier eine Verlängerung der Frist nach § 82 Abs. 2 S. 2 nicht in Betracht kommen kann (vgl. Rn. 34). Die oberste Dienstbehörde entscheidet, ob das Mitbestimmungsverfahren fortgesetzt werden soll. Entschließt sie sich dazu, hat ihr Leiter die Angele-

273 Str.; vgl. KfdP-*Berg*, Rn. 42 m. N.
274 *BVerwG* v. 28. 12. 94 – 6 P 35.93 –, PersR 94, 209.
275 *BVerwG* v. 2. 11. 94 – 6 P 28.92 –, PersR 95, 83, v. 28. 12. 94, a. a. O., v. 22. 10. 07 – 6 P 1.07 –, PersR 08, 23, u. v. 7. 4. 10 – 6 P 6.09 –, PersR 10, 312.

genheit dem bei ihr gebildeten **HPR** vorzulegen (vgl. Rn. 33). Dafür und für das weitere Verfahren sind gem. **Abs. 3 S. 4** wiederum die für das Ausgangsverfahren geltenden Vorschriften des Abs. 2 entsprechend anzuwenden (vgl. Rn. 12–28 und 34f.).

Abs. 3 S. 2 enthält eine klarstellende Regelung für **Körperschaften, Anstalten und Stiftungen** des öffentlichen Rechts **mit mehrstufig aufgebauter Verwaltung** (vgl. § 53 Rn. 4). Danach ist im Mitbestimmungsverfahren bei ihnen als **oberste Dienstbehörde** ggf. das in ihrer Verfassung für die Geschäftsführung vorgesehene **oberste Organ** anzurufen.[276] Die »Verfassung« der meisten Körperschaften, Anstalten und Stiftungen ist in einem Gesetz oder in einer Satzung geregelt. In **Zweifelsfällen,** die v. a. deshalb vorkommen können, weil es aus historischen Gründen an eindeutigen rechtlichen Festlegungen fehlt, ist die anzurufende Stelle nach **Abs. 3 S. 3** von der zuständigen **obersten Bundesbehörde** zu bestimmen; damit ist die Behörde gemeint, die mit der Rechtsaufsicht über die Körperschaft, Anstalt oder Stiftung betraut ist. Die Regelung des Abs. 3 S. 2 ist nicht anzuwenden für bundesunmittelbare Körperschaften und Anstalten des öffentlichen Rechts im Bereich der Sozialversicherung und für die Bundesagentur für Arbeit, für die Deutsche Bundesbank und für die Rundfunkanstalt des Bundesrechts »Deutsche Welle«, weil für sie jeweils **Sonderregelungen** gelten (§ 88 Nr. 3, § 89 Nr. 2 u. 3 sowie § 90 Nr. 4 S. 2). Die Vorschriften des Abs. 3 S. 2 und 3 beschränken sich auf die Festlegung des anstelle der obersten Dienstbehörde anzurufenden Organs. Ansonsten sind auch bei Körperschaften, Anstalten und Stiftungen die das **Stufenverfahren** regelnden Vorschriften in Abs. 3 S. 1, 4 und 5 anzuwenden. 37

(**Abs. 4**) Nach Abs. 4 S. 1 kann die **Einigungsstelle angerufen** werden, wenn sich zwischen der obersten Dienstbehörde und der bei ihr bestehenden zuständigen Personalvertretung **keine Einigung ergeben** hat (wobei in Körperschaften, Anstalten und Stiftungen des öffentlichen Rechts an die Stelle der obersten Dienstbehörde das in ihrer Verfassung für die Geschäftsführung vorgesehene oberste Organ tritt; vgl. Rn. 37). Die in Abs. 4 S. 1 vorausgesetzte Nichteinigung liegt vor, wenn die im bisherigen Mitbestimmungsverfahren zuletzt zuständige Personalvertretung nach Abs. 2 S. 5 oder nach Abs. 3 S. 4 i. V. m. Abs. 2 S. 5 eine rechtlich beachtliche Zustimmungsverweigerung erklärt hat (vgl. Rn. 25–27, 34, 36). Die Einigungsstelle wird nicht von Amts wegen tätig. Ist sie nicht auf Dauer errichtet, muss sie für den jeweiligen Streitfall gebildet werden (vgl. § 71 Rn. 4). Erforderlich ist nach Abs. 4 S. 2 die »Erklärung eines Beteiligten, die Entscheidung der Einigungsstelle herbeiführen zu wollen«. **Beteiligte** sind einerseits die oberste Dienstbehörde (oder bei Körperschaften, Anstalten und Stiftungen das oberste Or- 38

276 Hierzu u. zum Folgenden KfdP-*Berg*, Rn. 45.

gan; vgl. Rn. 37), andererseits die zuständige Personalvertretung bei der obersten Dienstbehörde. Die **Anrufung** der Einigungsstelle besteht in der Erklärung, deren Entscheidung herbeiführen zu wollen. Eine bestimmte Form ist dafür nicht vorgeschrieben. Die Personalvertretung hat ggf. einen Beschluss des Plenums oder (gem. § 75 Abs. 2 S. 2 Hs. 2) des Vorstands zu fassen (vgl. Rn. 22). Eine Anrufungsfrist sieht das Gesetz nicht vor. Durch längere Untätigkeit kann jedoch eine **Verwirkung** des Anrufungsrechts eintreten. Wird die Einigungsstelle angerufen, soll sie nach Abs. 4 S. 2 **binnen zwei Monaten entscheiden.** Die Nichtbeachtung dieser Soll-Vorschrift hat auf die Wirksamkeit der Entscheidung keinen Einfluss.

38a Die **Befugnis zur Anrufung** der Einigungsstelle steht sowohl der obersten Dienstbehörde (bzw. dem obersten Organ; vgl. Rn. 37) als auch der zuletzt zuständigen Personalvertretung (vgl. Rn. 38) zu. Sie bezieht sich auf alle Mitbestimmungsverfahren, deren Gegenstand eine von der Arbeitgeberseite beabsichtigte Maßnahme in einer Angelegenheit ist, die nach § 75 oder § 76 der Mitbestimmung des PR unterliegt.[277] Solange die Einigungsstelle noch nicht entschieden hat, kann die oberste Dienstbehörde durch eine eigene Entscheidung die Zustimmungsverweigerung der zuletzt zuständigen Personalvertretung akzeptieren oder sich auf andere Weise mit dieser Personalvertretung einigen. Damit wird das **Einigungsstellenverfahren gegenstandslos** (vgl. Rn. 33). Das gilt auch dann, wenn sich die Beteiligten des Ausgangsverfahrens, d. h. der Leiter der Ausgangsdienststelle und die dort zuständige Personalvertretung, einigen (vgl. Rn. 31 a. E.).

39 Nach Abs. 4 S. 1 **entscheidet die Einigungsstelle grundsätzlich endgültig,** ob die Dienststelle die beabsichtigte Maßnahme wie beantragt oder mit Einschränkungen durchführen darf oder ob in den Fällen des § 77 Abs. 2 ein Grund zur Verweigerung der Zustimmung vorliegt. Bejaht sie das Vorliegen eines Verweigerungsgrundes i. S. d. § 77 Abs. 2, muss die Maßnahme unterbleiben, verneint sie das Vorliegen eines solchen Grundes, kann die Maßnahme getroffen werden. Diese **uneingeschränkte Mitbestimmung** (vgl. Rn. 2) sieht das Gesetz aber nur für die Angelegenheiten des § 75 vor. Dagegen sieht es in (oder entsprechend) Abs. 4 S. 3 und 4 für folgende Angelegenheiten nur die **eingeschränkte Mitbestimmung** vor: die Fälle des **§ 76**, des **§ 85 Abs. 1 Nr. 7** (vgl. § 85 Rn. 10) und des **§ 90 Nr. 7 Buchst. c** (vgl. § 90 Rn. 19ff., 22) sowie nach dem für den »Mitteldeutschen Rundfunk« weiterhin anzuwendenden **§ 69 Abs. 4 S. 5 a. F.** die Fälle des § 75 Abs. 1, soweit es sich dabei um Angelegenheiten der an der Programmgestaltung maßgeblich mitwirkenden Beschäftigten dieser Einrichtungen des Rundfunks handelt (vgl. § 90 Rn. 24, 28). In diesen Fällen entscheidet die Einigungsstelle nur dann endgültig, wenn sie sich der Auffassung der obersten Dienstbehörde

277 Str.; vgl. KfdP-*Berg*, Rn.

(oder des für die Geschäftsführung vorgesehenen obersten Organs; vgl. Rn. 37) anschließt.[278] Andernfalls beschließt sie lediglich eine **Empfehlung** an die oberste Dienstbehörde (bzw. das oberste Organ). Sodann **entscheidet die oberste Dienstbehörde** (bzw. das oberste Organ) **endgültig,** wobei sie die Empfehlung zwar zu würdigen hat, aber daran nicht gebunden ist. **Voraussetzung** für die Ausübung des Letztentscheidungsrechts durch die oberste Dienstbehörde ist die **ordnungsgemäße Durchführung des Mitbestimmungsverfahrens.**[279]

In Anknüpfung an den Beschluss des *BVerfG* v. 24.5.95[280] zu den verfas- 40
sungsrechtlichen Grenzen der Mitbestimmung hat das BVerwG entschieden, dass in den Fällen, in denen das demokratische Prinzip der vollen Mitbestimmung entgegenstehe, die im jeweiligen PersVG enthaltenen Vorschriften über die **eingeschränkte Mitbestimmung entsprechend anzuwenden** seien (näher dazu vor § 66 Rn. 9, 11; § 104 Rn. 5ff.). Dabei handelt es sich v.a. um die **Personalangelegenheiten der Arbeitnehmer** nach § 75 Abs. 1[281] und das Absehen von der **Ausschreibung** zu besetzender Dienstposten nach § 75 Abs. 3 Nr. 14[282] und wohl auch um die Bestellung von **Vertrauens- oder Betriebsärzten** sowie die Einführung und Anwendung **technischer Überwachungseinrichtungen** nach § 75 Abs. 3 Nr. 10 und 17. Nach dieser Rspr. soll die Einigungsstelle aufgrund verfassungskonformer Auslegung lediglich eine **Empfehlung** an die oberste Dienstbehörde (oder das oberste Organ) beschließen dürfen, wenn sie sich deren Auffassung nicht anschließt. Das soll auch in Angelegenheiten gelten, die nach der Rspr. des *BVerfG* grundsätzlich der uneingeschränkten Mitbestimmung zugänglich sind, aber **im Einzelfall die Regierungsverantwortung berühren.**[283]

(Abs. 5) Nach Abs. 5 S. 1 darf der Leiter der Dienststelle bei Maßnahmen, die 41
der Natur der Sache nach keinen Aufschub dulden, ohne Zustimmung des PR bis zur endgültigen Entscheidung **vorläufige Regelungen** treffen. Dabei handelt es sich um eine eng auszulegende **Ausnahmevorschrift.** Einerseits soll sie es dem Dienststellenleiter ermöglichen, bis zum Abschluss des Mitbestimmungsverfahrens vorläufige Regelungen zu treffen, soweit diese unabweisbar erforderlich sind, um einem vorrangigen und unaufschiebbaren **Allgemeininteresse** Rechnung zu tragen, andererseits soll sie sicherstellen, dass die **Mitbestimmung** auch unter diesen besonderen Bedingungen ge-

---

278 Vgl. *BVerwG* v. 17.12.03 – 6 P 7.03 –, PersR 04, 106.

279 *BVerwG* v. 10.2.09 – 6 PB 25.08 –, PersR 09, 203, v. 19.8.09 – 6 PB 20.09 –, PersR 09, 407, u. v. 31.8.09 – 6 PB 21.09 –, PersR 09, 510; näher dazu KfdP-*Berg*, Rn. 49a–49c.

280 2 BvF 1/92, PersR 95, 483.

281 *BVerwG* v. 18.6.02 – 6 P 12.01 – u. v. 13.10.09 – 6 P 15.08 –, PersR 02, 467, u. 09, 501.

282 *BVerwG* v. 14.1.10 – 6 P 10.09 –, PersR 10, 322.

283 *BVerwG* v. 30.6.05 – 6 P 9.04 –, PersR 05, 416.

währleistet bleibt.[284] Dabei müssen sowohl die **materiell-rechtlichen Voraussetzungen** des Abs. 5 S. 1 vorliegen (vgl. Rn. 42–44) als auch die **formalrechtlichen Anforderungen** des Abs. 5 S. 2 erfüllt werden (vgl. Rn. 46).

42 Vorläufige Regelungen sind nur bei **Maßnahmen** zulässig, **»die der Natur der Sache nach keinen Aufschub dulden«.** Diese Voraussetzung liegt nach st. Rspr. des *BVerwG* vor, wenn die Maßnahme trotz der fehlenden Zustimmung des PR eine vorläufige Regelung erfordert, um die Erfüllung von Pflichten und Aufgaben der Dienststelle im öffentlichen Interesse sicherzustellen.[285] Die **Unaufschiebbarkeit** bedeutet mehr als bloße Eilbedürftigkeit, welcher der Dienststellenleiter i. d. R. durch eine Verkürzung der Äußerungsfrist nach Abs. 2 S. 4 (und nach Abs. 3 S. 4 i. V. m. Abs. 2 S. 4) Rechnung tragen kann (vgl. Rn. 20, 34, 36). Ob eine Maßnahme unaufschiebbar ist, soll ausschließlich nach **objektiven Gegebenheiten** zum Zeitpunkt des Erlasses der vorläufigen Regelung zu beurteilen sein und nicht danach, ob die Unaufschiebbarkeit die Folge vorausgegangener Versäumnisse ist, die u. a. in der schuldhaft verzögerten Einleitung oder Durchführung des Mitbestimmungsverfahrens bestehen können.[286] Begründet wird dies insb. damit, dass die Funktionsfähigkeit der Verwaltung sichergestellt werden müsse. Das überzeugt jedoch nicht, weil eine pflichtwidrig herbeigeführte **»hausgemachte« Unaufschiebbarkeit** nicht in der »Natur der Sache« begründet ist und das Instrument der vorläufigen Regelung in einem solchen Fall zur Umgehung des Mitbestimmungsrechts missbraucht werden kann.

43 Außer der Unaufschiebbarkeit ist Voraussetzung einer vorläufigen Regelung i. S. d. Abs. 5, dass der zu regelnde Sachverhalt seinem Gegenstand nach eine einstweilige Regelung zulässt, die **weder rechtlich noch tatsächlich vollendete Tatsachen** schafft.[287] Ausgeschlossen sind deshalb rechtsgestaltende Maßnahmen wie z. B. die vorbehaltlose unbefristete Einstellung von Bewerbern, die Ernennung von Beamten, die Kündigung von Wohnraum, die Rückgruppierung von Arbeitnehmern oder die Versetzung zu einer anderen Dienststelle, aber auch die Hinausschiebung des Eintritts in den Ruhestand.[288] Dagegen soll eine Abordnung zulässig sein, weil sie ihrer Rechtsnatur nach bereits eine vorläufige Maßnahme ist.[289] Ausgeschlossen ist auch

---

284 *BVerwG* v. 19.4.88 – 6 P 33.85 –, PersR 88, 158.

285 Vgl. nur Beschl. v. 2.8.93 – 6 P 20.92 –, PersR 93, 395.

286 *BVerwG* v. 25.10.79 – 6 P 53.78 –, PersV 81, 203, v. 20.7.84 – 6 P 16.83 –, PersR 85, 61, v. 4.2.92 – 6 PB 20.91 –, Buchh 251.4 § 81 Nr. 1, u. v. 26.3.14 – 6 PB 7.14 –, juris; vgl. KfdP-*Berg*, Rn. 53 m. w. N.

287 *BVerwG* v. 20.7.84, a. a. O., v. 19.4.88 – 6 P 33.85 –, PersR 88, 158, u. v. 22.8.88 – 6 P 27.85 –, PersR 88, 269.

288 *OVG Brem* v. 21.3.91 – 2 B 36/91 –, PersV 93, 81; a. A. *HmbOVG* v. 14.7.94 – OVG Bs PH 2/93 –, PersR 95, 378.

289 *OVG RP* v. 10.11.78 – 2 B 251/78 –; *OVG Saar* v. 1.12.78 – III W 1 616/78 –.

die Anordnung, an bestimmten Tagen Überzeitarbeit zu leisten, weil damit ein irreversibler Tatbestand geschaffen wird[290] (vgl. aber Rn. 44).

Nach der Rspr. des *BVerwG* zur **Ausgestaltung vorläufiger Regelungen**[291] müssen diese sich zeitlich wie sachlich auf das unbedingt Notwendige beschränken und deshalb in aller Regel in der Sache soweit **hinter der beabsichtigten endgültigen Maßnahme zurückbleiben,** dass eine wirksame Ausübung des Mitbestimmungsrechts möglich bleibt.[292] In der Regel sind vorläufige Maßnahmen daher **zu befristen.**[293] **Ausnahmsweise** sollen diese Grenzen aber überschritten werden dürfen, nämlich dann, wenn die beabsichtigte Maßnahme der Natur der Sache nach Einschränkungen nicht zulässt (so z. B. bei Arbeitszeitänderungen in Katastrophenfällen) und wenn die durch die Mitbestimmung des PR eintretende Verzögerung nicht bloß den geordneten Dienstbetrieb beeinträchtigen, sondern zu einer Schädigung oder konkreten Gefährdung überragender Gemeinschaftsgüter oder -interessen führen würde.[294] Die Zulassung **endgültiger Regelungen** lässt sich aber weder mit dem Wortlaut (»vorläufig«) noch mit dem Zweck des Abs. 5 vereinbaren, der auch darin besteht, den Schutz der Mitbestimmung zu gewährleisten. 44

Unter den Voraussetzungen von Abs. 5 S. 1 (vgl. Rn. 42–44) kann eine vorläufige Regelung **vor oder nach der Einleitung des Mitbestimmungsverfahrens** und ggf. in jeder Phase des Verfahrens getroffen werden. Zuständig ist dafür immer der **Dienststellenleiter,** der die endgültige Maßnahme beabsichtigt.[295] Falls sich die für den Erlass der vorläufigen Regelung maßgebenden Verhältnisse ändern, ist diese **anzupassen,** wobei eine Rücknahme oder Einschränkung, aber auch eine Verlängerung oder Ausweitung zulässig sein kann.[296] 45

Nach **Abs. 5 S. 2** hat der Dienststellenleiter dem PR »die vorläufige Regelung mitzuteilen und zu begründen und unverzüglich das Verfahren nach den Absätzen 2 bis 4 einzuleiten oder fortzusetzen«. Die **Mitteilung** besteht darin, dem PR die vorläufige Regelung in vollem Wortlaut zur Kenntnis zu bringen.[297] Die **Begründung** muss eingehend und sachbezogen sein.[298] Mit- 46

---

290 *BVerwG* v. 20. 7. 84, a. a. O.; *OVG NW* v. 9. 8. 89 – CB 29/87 –, PersR 90, 29.

291 Beschl. v. 19. 4. 88 – 6 P 33.85 –, PersR 88, 158, v. 22. 8. 88 – 6 P 27.85 –, PersR 88, 269, v. 14. 3. 89 – 6 P 4.86 –, PersR 89, 230, sowie v. 16. 12. 92 – 6 P 6.91 –, PersR 93, 123, u. – 6 P 27.91 –, PersR 93, 217.

292 Vgl. auch *VGH BW* v. 1. 10. 02 – PL 15 S 2098/01 –, PersR 03, 79.

293 *BVerwG* v. 29. 2. 12 – 6 P 2.11 –, NVwZ-RR 12, 399 = PersR 12, 480 Ls.

294 *OVG RP* v. 21. 6. 88 – 5 A 1/88 –, PersR 89, 331 Ls.: Gefährdung der Volksgesundheit.

295 *OVG LSA* v. 2. 4. 04 – 5 L 10/03 –, PersR 04, 320.

296 *BVerwG* v. 16. 12. 92 – 6 P 6.91 –, PersR 93, 123.

297 *HmbOVG* v. 1. 12. 94 – OVG Bs PH 2/92 –, PersR 95, 342.

teilung und Begründung müssen **sofort** erfolgen. Das **Mitbestimmungsverfahren** ist **einzuleiten** oder ggf. in der Phase **fortzusetzen,** in der es sich zum Zeitpunkt der Anordnung der vorläufigen Regelung befindet. Dies hat **unverzüglich,** d.h. ohne schuldhaftes Zögern (§ 121 Abs. 1 S. 1 BGB), zu geschehen, i.d.R. in Anlehnung an die Frist des § 79 Abs. 3 S. 3 spätestens am dritten Arbeitstag nach der Anordnung. Alle Möglichkeiten einer **Verfahrensbeschleunigung** müssen ausgeschöpft werden, wobei das Verfahren umso nachdrücklicher betrieben werden muss, je kürzer der Zeitraum ist, für den die vorläufige Regelung gelten soll.[299] Werden die **formal-rechtlichen Anforderungen** des Abs. 5 S. 2 nicht erfüllt, ist oder wird die vorläufige Regelung **unwirksam**, auch wenn sie materiell-rechtlich zulässig sein sollte.[300] Wird die **Zustimmung** zu der beabsichtigten endgültigen Maßnahme **erteilt oder ersetzt,** so wird die vorläufige Regelung durch die endgültige Maßnahme abgelöst. Wird die Zustimmung endgültig **verweigert und nicht ersetzt,** so ist die vorläufige Regelung unverzüglich aufzuheben. Auch wenn der Antrag auf Zustimmung zur endgültigen Maßnahme **zurückgenommen** wird, hat dies zur Folge, dass die vorläufige Regelung entfällt.[301]

47 Nach Abs. 1 kann eine der Mitbestimmung des PR unterliegende Maßnahme nur mit dessen Zustimmung getroffen werden. Daraus folgt, dass das **Mitbestimmungsrecht** durch eine von der Dienststelle getroffene mitbestimmungspflichtige Maßnahme – die keine vorläufige Regelung i.S.d. Abs. 5 ist – dann **verletzt** wird, wenn die **Zustimmung** der zuständigen Personalvertretung zu dieser Maßnahme **nicht erteilt** worden ist und nicht als erteilt gilt und auch durch einen bindenden Beschluss der Einigungsstelle oder (bei eingeschränkter Mitbestimmung) durch eine nach vorheriger Empfehlung der Einigungsstelle getroffene endgültige Entscheidung der obersten Dienstbehörde **nicht ersetzt** worden ist (vgl. Rn. 4). Das Mitbestimmungsrecht kann aber auch dann verletzt sein, wenn zwar die Zustimmung der zuständigen Personalvertretung zu der Maßnahme vorliegt oder als erteilt gilt oder ersetzt worden ist, jedoch das **Mitbestimmungsverfahren nicht rechtmäßig durchgeführt** worden ist. Das gilt jedenfalls für Verstöße gegen zwingende Verfahrensvorschriften, die im **Zuständigkeits- und Verantwortungsbereich der Dienststelle** liegen.[302] Verfahrensverstöße im **Bereich des PR** stellen dagegen schon deshalb grundsätzlich keine Verletzung des Mitbestimmungsrechts dar, weil die Tätigkeit des PR weder den Wei-

---

298 *VGH BW* v. 26.11.91 – 15 S 2471/91 –, PersR 92, 258; *OVG LSA* v. 2.4.04 – 5 L 11/03 –, PersV 04, 349.

299 *BVerwG* v. 16.12.92 – 6 P 6.91 –, PersR 93, 123.

300 Vgl. *OVG LSA* v. 5.10.05 – 5 L 11/04 –, PersR 06, 169.

301 *OVG LSA* v. 2.4.04 – 5 L 10/03 –, PersR 04, 320.

302 *BVerwG* v. 10.2.09 – 6 PB 25.08 –, PersR 09, 203.

sungen noch der Rechtsaufsicht des Dienststellenleiters unterliegt (vgl. § 1 Rn. 19b).[303] Wenn jedoch die Dienststelle selbst dazu beigetragen hat, dass das Verfahren des PR fehlerhaft war, kann sie sich mit Rücksicht auf das Gebot der vertrauensvollen Zusammenarbeit (§ 2 Abs. 1) auf den Verfahrensverstoß nicht berufen.[304] Gleiches gilt im Hinblick auf die Bindung der vollziehenden Gewalt an Recht und Gesetz (Art. 20 Abs. 3 GG) auch dann, wenn der Verfahrensverstoß des PR für den Dienststellenleiter offenkundig war.[305]

Welche **Rechtsfolgen** eine Verletzung des Mitbestimmungsrechts für die mitbestimmungswidrig getroffene Maßnahme auslöst, legt das BPersVG ebenso wenig fest wie das BetrVG. Da zwischen dem **Privatrecht** und dem **öffentlichem Recht** grundlegende Unterschiede bestehen, ist zwischen privatrechtlichen, insb. arbeitsrechtlichen, und öffentlich-rechtlichen, insb. beamtenrechtlichen, Maßnahmen zu unterscheiden: **48**

- Für den Bereich des **Arbeitsrechts** folgte die Rspr. des *BAG* zunächst ebenso wie die überwiegende Meinung in der Literatur zum BetrVR und PersVR der Theorie der **Wirksamkeitsvoraussetzung**.[306] Danach werden die unter Verletzung des Mitbestimmungsrechts vorgenommenen **rechtsgeschäftlichen Handlungen des Arbeitgebers,** insb. alle arbeitsrechtlichen Personalmaßnahmen, als unwirksam angesehen. Diese Rspr. hat das *BAG* später **modifiziert.** So hat etwa der *5. Senat*[307] entschieden, ein unter Verstoß gegen das Mitbestimmungsrecht bei der **Einstellung** abgeschlossener **Arbeitsvertrag** sei voll wirksam; jedoch dürfe der Arbeitgeber den Arbeitnehmer nicht beschäftigen, solange die Zustimmung des Betriebsrats oder PR nicht vorliege, und sei nach § 615 Abs. 1 BGB gleichwohl zur Zahlung des vertragsgemäßen Arbeitsentgelts verpflichtet. Der *Große Senat*[308] hat **differenziert:** Soweit die Durchführung mitbestimmungspflichtiger Maßnahmen den Arbeitnehmer belaste, sei die Unwirksamkeitsfolge eine geeignete Sanktion. Im Übrigen müssten die Rechtsfolgen jedoch den unterschiedlichen Fallgestaltungen angepasst werden. Dabei hat der *Große Senat* sich offenbar von dem **Grundgedanken** leiten lassen, dass dem Arbeitgeber aus einer betriebsverfassungs- bzw. personalvertretungsrechtlichen Pflichtwidrigkeit kein Rechtsvorteil im Rahmen des Ar-

---

303 *BVerwG* v. 14.7.86 – 6 P 12.84 – u. v. 21.4.92 – 6 P 8.90 –, PersR 86, 233, u. 92, 304; *BAG* v. 3.2.82 – 7 AZR 907/79 –, PersV 84, 32, m.w.N.

304 Vgl. *BAG* v. 24.6.04 – 2 AZR 461/03 –, AP BetrVG 1972 § 102 Nr. 144.

305 *BAG* v. 6.10.05 – 2 AZR 316/04 –, AP BetrVG 1972 § 102 Nr. 150, u. v. 18.4.07 – 7 AZR 293/06 –, PersR 07, 451 Os.; offengelassen in *BVerwG* v. 13.10.86 – 6 P 14.84 –, PersR 87, 40.

306 Hierzu u. zum Folgenden KfdP-*Berg*, Rn. 62ff.

307 Urt. v. 2.7.80 – 5 AZR 56/79 –, AP BetrVG 1972 § 101 Nr. 5, u. – 5 AZR 1241/79 –, PersV 82, 368.

308 Beschl. v. 16.9.86 – GS 1/82 –, AP BetrVG 1972 § 77 Nr. 17.

beitsverhältnisses erwachsen dürfe. Auf dieser Linie liegen auch zahlreiche neuere Entscheidungen des *BAG*.[309] Danach ist die tatsächlich durchgeführte Mitbestimmung **Wirksamkeitsvoraussetzung für Maßnahmen oder Rechtsgeschäfte, die den Arbeitnehmer belasten**.

- **Verwaltungsakte des Dienstherrn,** mit denen dieser i. d. R. Personalmaßnahmen im Bereich des **Beamtenrechts** trifft, haben nach den Regeln des allgemeinen Verwaltungsrechts einen besonderen Bestandsschutz.[310] Sie sind grundsätzlich auch dann wirksam, wenn sie rechtswidrig – z. B. unter Verstoß gegen das Mitbestimmungsrecht des PR – zustande gekommen sind. **Nichtig** und damit unwirksam sind sie nur ausnahmsweise, v. a. dann, wenn sie an einem besonders schwerwiegenden Fehler leiden und dies offensichtlich ist (§ 44 Abs. 1 VwVfG). Eine Offensichtlichkeit liegt jedoch bei einer Verletzung des Mitbestimmungsrechts i. d. R. nicht vor. Indessen ist ein nicht nichtiger, aber fehlerhafter und damit rechtswidriger belastender Verwaltungsakt vor dem Verwaltungsgericht **anfechtbar**. Er ist vom Gericht auf fristgerechte Anfechtung durch den Anfechtungsberechtigten aufzuheben.[311] Zur Anfechtungsklage ist i. d. R. allerdings nur der betroffene Beamte befugt (§ 42 Abs. 2 VwGO). Wenn sich mit hinreichender Sicherheit ausschließen lässt, dass ein Fehler bei der personalvertretungsrechtlichen Beteiligung Auswirkungen auf den Erlass und den Inhalt der Maßnahme haben kann, kann die Aufhebung der Maßnahme nicht durchgesetzt werden.[312] Handelt es sich nicht um eine Ernennung oder einen ernennungsähnlichen Akt, kann ein mitbestimmungswidrig zustande gekommener rechtswidriger Verwaltungsakt ggf. auch nach seiner Unanfechtbarkeit ganz oder teilweise mit Wirkung für die Zukunft oder für die Vergangenheit **zurückgenommen** werden, ein begünstigender Verwaltungsakt allerdings nur unter einschränkenden Voraussetzungen (§ 48 VwVfG). Dazu ist die Dienststelle im Rahmen des rechtlich Möglichen verpflichtet, wenn das Verwaltungsgericht im personalvertretungsrechtlichen Beschlussverfahren festgestellt hat, dass das Mitbestimmungsrecht des PR nicht beachtet wurde (vgl. Rn. 49).

Für die Beurteilung der Rechtsfolgen bei **anderen mitbestimmungswidrigen Maßnahmen,** die weder rechtsgeschäftliche Handlungen des Arbeitgebers noch Verwaltungsakte des Dienstherrn sind, ist der **Grundsatz** maßgebend, dass eine personalvertretungsrechtliche Pflichtwidrigkeit der Dienststelle **keinen Rechtsvorteil** im Rahmen des Beschäftigungsverhältnisses ge-

---

309 Vgl. z. B. Urt. v. 10. 3. 09 – 1 AZR 55/08 –, AP BetrVG 1972 § 87 Lohngestaltung Nr. 134, u. v. 25. 2. 15 – 1 AZR 642/13 –, NZA 15, 442.

310 Hierzu u. zum Folgenden KfdP-*Berg*, Rn.

311 *BVerwG* v. 18. 9. 08 – 2 C 8.07 –, PersR 09, 114, u. v. 26. 1. 12 – 2 C 7.11 –, ZTR 12, 312, jew. m. w. N.

312 *BVerwG* v. 16. 7. 12 – 2 B 16.12 –, juris.

ben darf. Das erfordert Sanktionen, die – auf die jeweilige Fallgestaltung zugeschnitten – die **Schutzfunktion der Mitbestimmung gewährleisten.** Welche Sanktionen jeweils geboten sind, ist noch nicht abschließend geklärt.[313]

49 Ist eine der Mitbestimmung des PR unterliegende Maßnahme ohne dessen Beteiligung durchgeführt worden und wird im **personalvertretungsrechtlichen Beschlussverfahren** später rechtskräftig festgestellt, dass das Mitbestimmungsrecht des PR wegen der unterlassenen Beteiligung verletzt worden ist, dann hat nach st. Rspr. des *BVerwG*[314] der Dienststellenleiter – vorausgesetzt, dass dies rechtlich und tatsächlich möglich ist – **entweder** die mitbestimmungspflichtige **Maßnahme rückgängig zu machen** (oder abzuändern) **oder** aber das **Mitbestimmungsverfahren nachzuholen.**[315] Nach dieser Rspr. ist die Verpflichtung zur Rückgängigmachung aber nur objektiv-rechtlicher Natur.[316] Zwar kann der Dienststellenleiter zur Erfüllung dieser Verpflichtung, die aus der Bindung der vollziehenden Gewalt an Gesetz und Recht (Art. 20 Abs. 3 GG) abgeleitet wird, im Rahmen der Dienstaufsicht gezwungen werden.[317] Einen damit korrespondierenden einklagbaren **Rechtsanspruch des PR auf Rückgängigmachung** der Maßnahme hat das *BVerwG* jedoch bisher stets **verneint**, im Wesentlichen mit der Begründung, das personalvertretungsrechtliche Beschlussverfahren sei ein besonderer verwaltungsgerichtlicher Verfahrensweg, in dem die Maßnahme selbst ebenso wie die Überprüfung der rechtlichen Folgen, die eine unterlassene Beteiligung des PR für ihre Rechtmäßigkeit oder Rechtsbeständigkeit habe, kein möglicher Verfahrensgegenstand sei. Droht in einem Streit um die Mitbestimmungspflichtigkeit einer Maßnahme ein einseitiges Handeln der Dienststelle, dann hat der PR nach der Rspr. des *BVerwG* auch **keinen Anspruch auf Unterlassung** der Maßnahme, der im personalvertretungsrechtlichen Beschlussverfahren ggf. auch im Wege der einstweiligen Verfügung gerichtlich durchgesetzt werden könnte.[318] Insoweit bleibt es den jeweils **betroffenen Beschäftigten** vorbehalten, sich gegen derartige Maßnahmen individuell im **arbeitsgerichtlichen Urteilsverfahren** oder im **verwaltungsgerichtlichen Klageverfahren** zur Wehr zu setzen.

50 Dagegen ist die **Pflicht des Dienststellenleiters zur Nachholung eines** gesetzwidrig unterlassenen **Mitbestimmungsverfahrens** auch nach der Rspr. des *BVerwG* nicht nur objektiv-rechtlich gegeben. Das *BVerwG* hat vielmehr anerkannt, dass dem PR ein entsprechendes Recht in der Gestalt eines **An-**

313 Vgl. KfdP-*Berg*, Rn. 69 m. N.
314 Vgl. u. a. Beschl. v. 15. 3. 95 – 6 P 31.93 –, PersR 95, 423.
315 Hierzu u. zum Folgenden KfdP-*Berg*, Rn. 71.
316 Vgl. *BVerwG* v. 23. 8. 07 – 6 P 7.06 –, PersR 07, 476.
317 So bereits *BVerwG* v. 15. 12. 78 – 6 P 13.78 –, PersV 80, 145.
318 Vgl. insb. Beschl. v. 15. 12. 78, a. a. O., u. v. 29. 10. 91 – 6 PB 19.91 –, PersR 92, 24.

spruchs auf Erfüllung dieser Verfahrenspflicht des Dienststellenleiters zusteht.[319] Demnach kann der PR die nachträgliche Einleitung des Mitbestimmungsverfahrens notfalls auch in einem personalvertretungsrechtlichen Beschlussverfahren vor dem Verwaltungsgericht durchsetzen.[320] Außerdem kann er im Hinblick auf den verfassungsrechtlich gebotenen effektiven Rechtsschutz den **Erlass einer einstweiligen Verfügung verfahrensrechtlichen Inhalts** erwirken, mit dem der Dienststellenleiter verpflichtet wird, das Mitbestimmungsverfahren einzuleiten oder einstweilen fortzusetzen.[321]

§ 70 [Initiativrecht des Personalrats]

(1) [1]Beantragt der Personalrat eine Maßnahme, die nach § 75 Abs. 3 Nr. 1 bis 6 und 11 bis 17 seiner Mitbestimmung unterliegt, so hat er sie schriftlich dem Leiter der Dienststelle vorzuschlagen. [2]Entspricht dieser dem Antrag nicht, so bestimmt sich das weitere Verfahren nach § 69 Abs. 3 und 4.
(2) [1]Beantragt der Personalrat eine Maßnahme, die nach anderen als den in Absatz 1 Satz 1 bezeichneten Vorschriften seiner Mitbestimmung unterliegt, so hat er sie schriftlich dem Leiter der Dienststelle vorzuschlagen. [2]Entspricht dieser dem Antrag nicht, so bestimmt sich das weitere Verfahren nach § 69 Abs. 3; die oberste Dienstbehörde entscheidet endgültig.

1 § 70 legt ein förmliches Antragsrecht des PR in mitbestimmungspflichtigen Angelegenheiten fest. Es wird in Rspr. und Literatur i. d. R. als **Initiativrecht** bezeichnet. Von dem allgemeinen Antragsrecht des PR nach § 68 Abs. 1 Nr. 1 (vgl. dort Rn. 4f.) unterscheidet sich das Initiativrecht in zweierlei Hinsicht: Inhaltlich ist es zwar weniger umfassend, weil es sich nur auf die Angelegenheiten der Mitbestimmung bezieht. Verfahrensmäßig ist es jedoch stärker ausgestaltet, weil eine Initiative des PR in diesen Angelegenheiten ein förmliches Beteiligungsverfahren in Gang setzt. Dabei sind wie bei der Mitbestimmung (vgl. § 69 Rn. 2) **zwei Beteiligungsformen** vorgesehen, die sich v.a. durch die Art des Verfahrensabschlusses bei Nichteinigung zwischen Personalvertretung und Dienststelle unterscheiden. Bei dem in Abs. 1 geregelten **uneingeschränkten Initiativrecht** (oder vollen Initiativrecht) ist das Verfahren im Wesentlichen so ausgestaltet wie das Verfahren der uneingeschränkten Mitbestimmung und dadurch gekennzeichnet, dass im Nichteinigungsfall die Einigungsstelle abschließend entscheidet (vgl. Rn. 6–11). Bei dem in Abs. 2 geregelten **eingeschränkten Initiativrecht** entspricht das Ver-

319 U. a. Beschl. v. 15.3.95 – 6 P 31.93 – u. v. 2.2.09 – 6 P 2.08 –, PersR 95, 423, u. 09, 164.
320 Vgl. *BVerwG* v. 14.6.11 – 6 P 10.10 –, PersR 11, 516, m.w.N.
321 Vgl. KfdP-*Berg*, Rn. 72; KfdP-*Baden*, § 83 Rn. 121aff.

fahren dagegen nur zum Teil dem der eingeschränkten Mitbestimmung, weil die oberste Dienstbehörde wie (in mehrstufigen Verwaltungen) bei der Mitwirkung (vgl. § 72 Rn. 1) ohne vorherige Einschaltung der Einigungsstelle endgültig entscheidet (vgl. Rn. 12–15).

Das Initiativrecht verwirklicht in besonderer Weise den Grundsatz der **gleichberechtigten Partnerschaft** von PR und Dienststellenleiter.[322] Es ermöglicht dem PR die **Ausübung von Mitbestimmungsrechten in aktiver Form,** erweitert diese in inhaltlicher Hinsicht aber nicht.[323] Da das Initiativrecht und das ihm entsprechende Mitbestimmungsrecht inhaltlich »symmetrisch« sind,[324] kann der PR aufgrund seines Initiativrechts deshalb nur eine Maßnahme beantragen, deren **Gegenstand im Rahmen eines Mitbestimmungstatbestandes** liegt, der in Abs. 1 oder 2 aufgeführt ist, und dessen Sinn und Zweck entspricht[325] (vgl. dazu auch § 75 Rn. 156 u. § 76 Rn. 45). Für einen Initiativantrag in den Fällen des § 75 Abs. 3 und des § 76 Abs. 2 ist kein Raum, soweit die Mitbestimmung durch den in den Eingangssätzen dieser Vorschriften geregelten **Gesetzes- oder Tarifvertragsvorbehalt** ausgeschlossen ist (vgl. § 75 Rn. 72ff. u. § 76 Rn. 35).[326] **Innerdienstliche Weisungen** übergeordneter Dienststellen stehen dem Initiativrecht dagegen nicht entgegen.[327] Falls die Durchführung einer vom PR beantragten Maßnahme zusätzliche **Kosten** mit sich bringt, hängt die Zulässigkeit eines entsprechenden Initiativantrags nicht davon ab, dass bereits im Zeitpunkt der Antragstellung die haushaltsrechtlichen Voraussetzungen positiv festgestellt werden. Die Überprüfung der haushaltsrechtlichen Rechtslage hat vielmehr bei Abschluss des Beteiligungsverfahrens zu erfolgen, also in den Fällen des Abs. 1 ggf. durch die Einigungsstelle (vgl. § 71 Rn. 25), in denen des Abs. 2 durch die oberste Dienstbehörde.[328] 2

Nach st. Rspr. des *BVerwG* soll mit dem Initiativrecht in erster Linie sichergestellt werden, dass durch mitbestimmungspflichtige Maßnahmen zu regelnde Angelegenheiten **nicht gänzlich oder unnötig lange ungeregelt** bleiben, weil der Dienststellenleiter sich ihrer trotz bestehender Regelungsbe- 3

322 *BVerwG* v. 20. 1. 93 – 6 P 21.90 –, PersR 93, 310.
323 *BVerwG* v. 6. 10. 92 – 6 P 25.90 –, PersR 93, 77, v. 29. 9. 04 – 6 P 4.04 –, PersR 04, 483, v. 5. 3. 12 – 6 PB 25.11 –, PersR 12, 380, u. v. 13. 9. 12 – 6 PB 10.12 –, PersR 12, 502.
324 *BVerwG* v. 29. 9. 04 – 6 P 4.04 –, PersR 04, 483.
325 *BVerwG* v. 6. 10. 92, a. a. O., v. 24. 3. 98 – 6 P 1.96 –, PersR 98, 331, v. 29. 9. 04, a. a. O., v. 9. 1. 08 – 6 PB 15.07 –, PersR 08, 216, u. v. 13. 9. 12 – 6 PB 10.12 –, PersR 12, 502.
326 *BVerwG* v. 19. 5. 92 – 6 P 5.90 –, PersR 92, 361.
327 *BVerwG* v. 20. 1. 93, a. a. O.
328 *BVerwG* v. 24. 10. 01 – 6 P 13.00 –, PersR 02, 21.

dürftigkeit nicht oder nicht rechtzeitig annimmt.[329] Nach diesem Verständnis dient das Initiativrecht v.a. dem Zweck, **den Dienststellenleiter zum Handeln zu zwingen,** wenn er nicht selbst initiativ wird.[330] Das Initiativrecht soll deshalb nicht dafür in Anspruch genommen werden können, der bereits getroffenen Entscheidung einer zuständigen Behörde einen anderen Vorschlag entgegenzusetzen, auch wenn es ganz oder teilweise an einer wirksamen Bekanntmachung fehlt.[331] Es soll auch nicht dafür eingesetzt werden können, »einer erkennbar bevorstehenden Entscheidung mit einem Vorschlag anderen Inhalts zuvorzukommen«.[332] Dem ist jedoch nicht zu folgen, weil der Dienststellenleiter das Initiativrecht dann durch die zögerliche Behandlung einer Angelegenheit unterlaufen könnte. Erst wenn der Dienststellenleiter nach § 69 Abs. 2 S. 1 die Zustimmung des PR zu einer einschlägigen Maßnahme beantragt hat, ist die Inanspruchnahme des Initiativrechts ausgeschlossen.[333]

4 Gegenstand eines Initiativantrags muss eine **Maßnahme** sein. Darunter ist das Gleiche zu verstehen wie bei der Mitbestimmung nach § 69 (vgl. dort Rn. 8).[334] Dabei kann es sich – je nach dem Mitbestimmungstatbestand – um eine **Einzelmaßnahme** oder eine **generelle Regelung** handeln.[335] Soweit nach § 75 Abs. 3 und des § 76 Abs. 2 eine **Dienstvereinbarung** zulässig ist, kann auch deren Abschluss beantragt werden (vgl. § 73 Rn. 5).

5 Der **örtliche PR** kann aufgrund seines Initiativrechts nur eine Maßnahme beantragen, die der **Leiter der Dienststelle,** bei der dieser PR gebildet ist, in eigener Verantwortung **für die Beschäftigten dieser Dienststelle** treffen kann (vgl. § 82 Rn. 3f.); dafür gilt das Gleiche wie bei der Mitbestimmung nach § 69 (vgl. dort Rn. 9). Nach den Vorschriften des § 82 kann anstelle des örtlichen PR der betroffenen Dienststelle auch der BPR, HPR oder GPR als **erstzuständige Personalvertretung** zu einem Initiativantrag an den Leiter der Dienststelle berechtigt sein, bei der diese Personalvertretung besteht (vgl. § 82 Rn. 16, § 69 Rn. 3). Ist der örtliche PR nicht zuständig, kann er versuchen, die Stufenvertretung oder den GPR für einen Initiativantrag zu interessieren.

6 **(Abs. 1)** In den **Angelegenheiten** der Mitbestimmung, die **in § 75 Abs. 3 Nr. 1 bis 6 und 11 bis 17** aufgeführt sind, steht dem PR, soweit eine gesetzliche oder tarifliche Regelung nicht besteht, das **uneingeschränkte Initiativ-**

---

329 Vgl. Beschl. v. 13.2.76 – VII P 9.74 –, PersV 77, 179, v. 26.10.83 – 6 P 6.83 –, PersV 85, 477, v. 22.2.91 – 6 PB 10.90 –, PersR 91, 282, u. v. 24.10.01, a.a.O.
330 *BVerwG* v. 24.10.01, a.a.O.
331 *BVerwG* v. 22.2.91, a.a.O.
332 *BVerwG* v. 22.2.91, a.a.O.; ebenso *NdsOVG* v. 16.2.00 – 18 L 4470/97 –, PersV 00, 412.
333 Vgl. KfdP-*Berg*, Rn. 3.
334 *BVerwG* v. 5.3.12 – 6 PB 25.11 –, PersR 12, 380.
335 *BVerwG* v. 24.10.01 – 6 P 13.00 –, PersR 02, 21.

recht zu. Nach Abs. 1 S. 1 hat er dem Dienststellenleiter die **beantragte Maßnahme** schriftlich vorzuschlagen. Der Antrag muss vom **Plenum des PR** beraten und beschlossen werden (vgl. § 32 Rn. 7). Der an den Dienststellenleiter zu richtende **schriftliche Vorschlag** ist nach § 32 Abs. 3 vom Vorsitzenden des PR und ggf. zusätzlich von einem der Gruppe angehörenden Vorstandsmitglied zu unterzeichnen (vgl. § 32 Rn. 16f.). Der Vorschlag muss die beantragte Maßnahme konkret benennen.[336] Es empfiehlt sich, den Antrag mit einer **Begründung** zu versehen.

Der **Dienststellenleiter** ist verpflichtet, sich mit dem Initiativantrag zu befassen und dem PR seine Entscheidung mitzuteilen.[337] Wenn er dem Antrag entspricht, hat er die beantragte Maßnahme durchzuführen (vgl. § 74 Rn. 2). Will er dem Antrag nicht entsprechen, ist er nach § 66 Abs. 1 S. 3 gehalten, sich um eine Einigung zu bemühen[338] (vgl. § 69 Rn. 15). 7

Die **Erklärung des Dienststellenleiters,** ob er dem Initiativantrag entsprechen oder ihn ablehnen will, kann **mündlich oder schriftlich** erfolgen.[339] Sie ist gegenüber dem Vorsitzenden oder, falls dieser verhindert ist, gegenüber dem stellvertretenden Vorsitzenden des PR abzugeben (vgl. § 32 Rn. 16, 18). Entsprechend dem Grundsatz der vertrauensvollen Zusammenarbeit (vgl. § 2 Rn. 4) muss sich der Dienststellenleiter in **angemessener Frist** erklären.[340] Welche Frist als angemessen anzusehen ist, hängt von Art und Umfang der beantragten Maßnahme ab. Im Grundsatz wird diejenige Frist angemessen sein, die dem PR für seine Stellungnahme zu beabsichtigten Maßnahmen der Dienststelle zur Verfügung steht, i. d. R. also entsprechend § 69 Abs. 2 S. 3 eine Frist von zehn Arbeitstagen, die mit dem Zugang des Antrags bei der Dienststelle beginnt (vgl. § 69 Rn. 16f.). Teilt der Dienststellenleiter dem PR seine Entscheidung nicht innerhalb einer angemessenen Frist mit, so ist dies als Ablehnung anzusehen. 8

Entspricht der Dienststellenleiter dem Initiativantrag des PR innerhalb einer angemessenen Frist nicht (vgl. Rn. 7f.), so bestimmt sich das **weitere Verfahren** nach § 69 Abs. 3 und 4. In **mehrstufigen Verwaltungen** kann nach § 69 Abs. 3 S. 1 der PR einer nachgeordneten Dienststelle (oder der Dienststellenleiter) die Angelegenheit der übergeordneten Dienststelle **vorlegen,** bei der eine Stufenvertretung besteht (vgl. § 69 Rn. 29ff.). Dies hat grundsätzlich binnen sechs Arbeitstagen, in den Fällen des § 82 Abs. 2 binnen zwölf Arbeitstagen zu geschehen (vgl. § 69 Rn. 32). Dabei ist zwar der **Dienstweg** einzuhalten, die Vorlage ist aber nicht »an den Dienststellenleiter 9

336 *NdsOVG* v. 16. 2. 00 – 18 L 4470/97 –, PersV 00, 412.
337 *BVerwG* v. 20. 1. 93 – 6 P 21.90 –, PersR 93, 310.
338 *BVerwG* v. 20. 1. 93, a. a. O.
339 Str.; vgl. KfdP-*Berg*, Rn. 8 m. N.
340 Vgl. *VGH BW* v. 4. 6. 91 – 15 S 2826/90 –, PersV 92, 451.

(der eigenen Dienststelle) zu richten«[341] (vgl. dazu § 69 Rn. 31). Der Leiter der angerufenen **übergeordneten Dienststelle** hat die Vorlage entgegenzunehmen und die **Stufenvertretung** zur gemeinsamen Erörterung einzuschalten.[342] Mit der Einbeziehung der Stufenvertretung gehen die weiteren, mit dem Initiativrecht verbundenen Befugnisse auf die Stufenvertretung über[343] (vgl. § 69 Rn. 35). Im **Stufenverfahren** muss der Leiter der übergeordneten Dienststelle innerhalb einer angemessenen Frist erklären, ob er dem Initiativantrag entsprechen oder ihn ablehnen will, dafür gilt das zur ersten Phase des Verfahrens Gesagte entsprechend (vgl. Rn. 7f.).

10 Können sich in einer mehr als zweistufigen Verwaltung die nach § 69 Abs. 3 S. 1 angerufene **Mittelbehörde** und der **BPR** im Stufenverfahren **nicht einigen,** weil der Leiter der Mittelbehörde dem Initiativantrag nicht entspricht, so kann wiederum nach § 69 Abs. 3 S. 1 der BPR (oder der Leiter der Mittelbehörde) die Angelegenheit binnen sechs Arbeitstagen der **obersten Dienstbehörde** (bzw. dem an ihre Stelle tretenden oder als oberste Dienstbehörde geltenden Organ) vorlegen (vgl. § 69 Rn. 36f.). Der Leiter der obersten Dienstbehörde hat die Vorlage entgegenzunehmen und den **HPR** zur gemeinsamen Erörterung einzuschalten (vgl. Rn. 9).

11 Nach § 69 Abs. 4 S. 1 kann die **Einigungsstelle angerufen** werden, wenn sich zwischen der obersten Dienstbehörde und der bei ihr bestehenden zuständigen Personalvertretung **keine Einigung ergeben** hat (vgl. § 69 Rn. 38ff.). Diese Voraussetzung liegt bei einem Initiativantrag nach § 70 Abs. 1 vor, wenn die oberste Dienstbehörde dem von der zuletzt zuständigen Personalvertretung gestellten Initiativantrag nicht entsprochen hat. Wird die Einigungsstelle angerufen, soll sie nach § 69 Abs. 4 S. 2 binnen zwei Monaten entscheiden. Ihr **Beschluss** muss sich nach § 71 Abs. 3 S. 4 im Rahmen der geltenden Rechtsvorschriften halten (vgl. § 71 Rn. 25). Er ist **endgültig** und bindet nach § 71 Abs. 4 S. 2 die Beteiligten (vgl. § 71 Rn. 26). Dies soll nach der **neueren Rspr. des** BVerwG zur verfassungskonformen Anwendung des Gesetzes allerdings dann nicht gelten, wenn es um Maßnahmen i. S. d. **§ 75 Abs. 3 Nr. 14 und 17** geht oder um solche Maßnahmen i. S. d. § 75 Abs. 3 Nr. 1 bis 6, 11 bis 13, 15 und 16, die nach der Rspr. des *BVerfG* grundsätzlich der uneingeschränkten Mitbestimmung zugänglich sind, aber im **Einzelfall** die Regierungsverantwortung berühren; insoweit soll die Einigungsstelle nur zur Abgabe einer **Empfehlung** an die endgültig entscheidende oberste Dienstbehörde befugt sein (vgl. dazu § 69 Rn. 40).[344] Beschließt die Einigungsstelle (von den vorgenannten Ausnahmefällen abgesehen), dem Initiativantrag der Personalvertretung ganz oder teilweise zu entsprechen, so ist

341 So aber *BVerwG* v. 20. 1. 93 – 6 P 21.90 –, PersR 93, 310.
342 *BVerwG* v. 20. 1. 93, a. a. O.
343 *BVerwG* v. 20. 1. 93, a. a. O.
344 KfdP-*Berg*, Rn. 11 m. w. N.

die Dienststelle nach § 74 Abs. 1 verpflichtet, die beschlossene Maßnahme durchzuführen (vgl. § 74 Rn. 2).

(**Abs. 2**) Das **eingeschränkte Initiativrecht** des PR bezieht sich nach Abs. 2 S. 1 auf die Angelegenheiten der Mitbestimmung, die in Abs. 1 S. 1 nicht genannt sind. Dabei handelt es sich um folgende **Gegenstände:** die in **§ 75 Abs. 1** aufgeführten Personalangelegenheiten der Arbeitnehmer und die in **§ 76 Abs. 1** aufgeführten Personalangelegenheiten der Beamten, die in **§ 75 Abs. 2** aufgeführten sozialen Angelegenheiten sowie – soweit eine gesetzliche oder tarifliche Regelung nicht besteht – die in **§ 75 Abs. 3 Nr. 7 bis 10 und § 76 Abs. 2** aufgeführten sonstigen Angelegenheiten. 12

Das Initiativrecht berechtigt den PR auch, beim Dienststellenleiter **personelle Maßnahmen zugunsten einzelner, namentlich benannter Beschäftigter** zu beantragen.[345] Der PR kann in Personalangelegenheiten von Beamten aber **keine Anträge** stellen, die **im Widerspruch zu gesetzlichen Vorschriften** stehen. So kann er z.B. nicht die Beförderung eines Beamten verlangen, der die laufbahnrechtlichen Voraussetzungen nicht erfüllt. Entsprechendes gilt in Personalangelegenheiten von Arbeitnehmern hinsichtlich bestehender tarifvertraglicher Bestimmungen. Der in § 77 Abs. 2 normierte Katalog der **Zustimmungsverweigerungsgründe** gilt nur für Maßnahmen, die vom Dienststellenleiter beabsichtigt sind. Ihm entspricht **kein »Voraussetzungskatalog«** für die Einleitung und Durchführung von Mitbestimmungsverfahren aufgrund von Initiativen des PR.[346] 13

Für die mit dem **Initiativantrag** des PR an den Dienststellenleiter beginnende erste Phase des Beteiligungsverfahrens gilt nach Abs. 2 S. 1 grundsätzlich nichts anderes als bei der Inanspruchnahme des uneingeschränkten Initiativrechts nach Abs. 1 S. 1 (vgl. Rn. 6–8). Handelt es sich um eine **Maßnahme**, für die ein **Antrag des betroffenen Beschäftigten beim Arbeitgeber oder Dienstherrn** erforderlich ist (vgl. § 75 Abs. 2 S. 1 Nr. 1), muss der Beschäftigte einen solchen Antrag gestellt haben, ehe der PR von seinem Initiativrecht Gebrauch machen kann.[347] Ist bei einer vom Dienststellenleiter beabsichtigten Maßnahme die **Mitbestimmung von einem Antrag des betroffenen Beschäftigten abhängig** (vgl. § 75 Abs. 2 S. 2 Hs. 1 u. § 76 Abs. 2 S. 2), so kann der PR sein Initiativrecht nur im Einverständnis mit dem Beschäftigten ausüben. Kann der betroffene Beschäftigte bei einer vom Dienststellenleiter beabsichtigten Maßnahme nach § 75 Abs. 2 S. 2 Hs. 2 verlangen, dass anstelle des Plenums nur der Vorstand des PR mitbestimmt (vgl. § 75 Rn. 59), muss der PR vor Stellung eines Initiativantrags auch klären, ob 14

345 *BVerwG* v. 24.10.01 – 6 P 13.00 –, PersR 02, 21, unter Aufgabe seiner früheren Rspr. (zuletzt im Beschl. v. 11.7.95 – 6 P 22.93 –, PersR 95, 524); hierzu u. zum Folgenden KfdP-*Berg*, Rn.

346 *BVerwG* v. 24. 10. 01, a.a.O.

347 Vgl. KfdP-*Berg*, Rn. 16 m. N.

der Beschäftigte die Mitbestimmung durch den Vorstand verlangt. Ggf. hat dann dieser das Initiativrecht wahrzunehmen (vgl. § 69 Rn. 22).

15 Entspricht der Dienststellenleiter dem Initiativantrag des PR innerhalb einer angemessenen Frist nicht (vgl. Rn. 7f.), so bestimmt sich gem. Abs. 2 S. 2 Hs. 1 das **weitere Verfahren** nach § 69 Abs. 3. Dafür gilt das zum uneingeschränkten Initiativrecht Gesagte ebenfalls (vgl. Rn. 9f.). Ergibt sich zwischen der obersten Dienstbehörde und der bei ihr bestehenden zuständigen Personalvertretung **keine Einigung,** sieht Abs. 2 S. 2 Hs. 2 vor, dass die **oberste Dienstbehörde endgültig entscheidet.** Dies hat in **angemessener Frist** – in Anlehnung an die Frist des § 69 Abs. 4 S. 2 i. d. R. spätestens nach zwei Monaten – sowie unter **Angabe der Gründe** zu erfolgen.

§ 71 [Einigungsstelle]

(1) [1]Die Einigungsstelle wird bei der obersten Dienstbehörde gebildet. [2]Sie besteht aus je drei Beisitzern, die von der obersten Dienstbehörde und der bei ihr bestehenden zuständigen Personalvertretung bestellt werden, und einem unparteiischen Vorsitzenden, auf dessen Person sich beide Seiten einigen. [3]Unter den Beisitzern, die von der Personalvertretung bestellt werden, muß sich je ein Beamter und ein Arbeitnehmer befinden, es sei denn, die Angelegenheit betrifft lediglich die Beamten oder die im Arbeitsverhältnis stehenden Beschäftigten. [4]Kommt eine Einigung über die Person des Vorsitzenden nicht zustande, so bestellt ihn der Präsident des Bundesverwaltungsgerichts.
(2) [1]Die Verhandlung ist nicht öffentlich. [2]Der obersten Dienstbehörde und der zuständigen Personalvertretung ist Gelegenheit zur mündlichen Äußerung zu geben. [3]Im Einvernehmen mit den Beteiligten kann die Äußerung schriftlich erfolgen.
(3) [1]Die Einigungsstelle entscheidet durch Beschluß. [2]Sie kann den Anträgen der Beteiligten auch teilweise entsprechen. [3]Der Beschluß wird mit Stimmenmehrheit gefaßt. [4]Er muß sich im Rahmen der geltenden Rechtsvorschriften, insbesondere des Haushaltsgesetzes, halten.
(4) [1]Der Beschluß ist den Beteiligten zuzustellen. [2]Er bindet, abgesehen von den Fällen des § 69 Abs. 4 Sätze 3, 5 die Beteiligten, soweit er eine Entscheidung im Sinne des Absatzes 3 enthält.

1 § 71 regelt die Bildung, die Zusammensetzung und das Verfahren der **Einigungsstelle** und die Wirkung ihrer Beschlüsse. Ihre **Aufgabe** ist es, in einem vom Leiter der Dienststelle nach § 69 Abs. 2 S. 1 oder vom PR nach § 70 Abs. 1 S. 1 eingeleiteten Mitbestimmungsverfahren, in dem eine Einigung zwischen der obersten Dienstbehörde und der zuletzt beteiligten Personalvertretung nicht zustande gekommen ist, eine bindende Entscheidung zu

treffen oder eine Empfehlung zu geben.[348] Die Einigungsstelle ist eine Schiedsstelle besonderer Art, die als **personalvertretungsrechtliches Organ** sowohl vom Dienstherrn bzw. Arbeitgeber als auch von der Personalvertretung **unabhängig** ist.[349] Ihre Beschlüsse sind lediglich einer **gerichtlichen Kontrolle** der Rechtmäßigkeit unterworfen (vgl. Rn. 31).[350]

(**Abs. 1**) Nach Abs. 1 S. 1 wird die **Einigungsstelle bei der obersten Dienstbehörde** gebildet (vgl. § 6 Rn. 4, § 53 Rn. 5). Bei **Körperschaften, Anstalten und Stiftungen** des öffentlichen Rechts ist entsprechend § 69 Abs. 3 S. 2 und 3 grundsätzlich das in der Verfassung dieser juristischen Personen für die Geschäftsführung vorgesehene **oberste Organ** als oberste Dienstbehörde anzusehen (vgl. § 69 Rn. 37). Sonderregelungen gelten für bundesunmittelbare Körperschaften und Anstalten des öffentlichen Rechts im Bereich der **Sozialversicherung** und für die **Bundesagentur für Arbeit** gem. § 88 Nr. 3, für die **Deutsche Bundesbank** gem. § 89 Nr. 2 und für die Rundfunkanstalt des Bundesrechts »**Deutsche Welle**« gem. § 90 Nr. 4 S. 2 (vgl. § 88 Rn. 10, § 89 Rn. 6 u. § 90 Rn. 12). 2

Die Einigungsstelle ist im **Zusammenwirken** zwischen der obersten Dienstbehörde (vgl. Rn. 2) und »der bei ihr bestehenden zuständigen Personalvertretung« zu bilden. Die **zuständige Personalvertretung** ist die im konkreten Streitfall nach § 69 Abs. 4 S. 1 zur Anrufung der Einigungsstelle berechtigte Personalvertretung. Daraus folgt, dass die Bildung **mehrerer, nebeneinander stehender Einigungsstellen** in Betracht kommt:[351] in einer mehrstufigen Verwaltung ggf. eine mit dem HPR und eine mit dem Haus-PR, bei personalvertretungsrechtlicher Verselbständigung von Teilen der obersten Dienstbehörde außerdem eine mit dem GPR und je eine mit einem PR eines verselbständigten Dienststellenteils (vgl. § 53 Rn. 3, 5; § 55 Rn. 1, 3). Beim BMI ist außer einer Einigungsstelle mit dem allgemeinen HPR ggf. noch eine weitere Einigungsstelle mit dem BPOL-HPR zu bilden (vgl. § 85 Rn. 3). 3

Es ist der obersten Dienstbehörde und der jeweils zuständigen Personalvertretung überlassen, darüber zu entscheiden, ob sie die Einigungsstelle **von Fall zu Fall** oder **auf Dauer,** und zwar längstens bis zum Ablauf der Amtszeit der zuständigen Personalvertretung, bilden. Ist die Einigungsstelle nicht auf Dauer errichtet, so ist sie immer für einen einzelnen **konkreten Streitfall** zu bilden (vgl. § 69 Rn. 38; § 70 Rn. 11). 4

---

348 *BVerwG* v. 10.3.87 – 6 P 17.85 –, PersR 87, 171.

349 *BVerfG* v. 27.4.59 – 2 BvF 2/58 –, AP BremPersVG § 59 Nr. 1; *BVerwG* v. 13.2.76 – VII P 9.74 – u. – VII P 4.75 –, PersV 77, 179 u. 183, sowie v. 9.10.91 – 6 P 1.90 –, PersR 92, 52.

350 *BVerwG* v. 19.12.90 – 6 P 24.88 –, PersR 91, 133, m. w. N.

351 Vgl. *BVerwG* v. 20.9.13 – 6 P 3.13 –, PersR 13, 498 (zu II 5); vgl. KfdP-*Berg*, Rn. 3 m. N.

5 Besteht zwischen den beiden Seiten **Streit über das Vorliegen der Voraussetzungen** für die Bildung der Einigungsstelle – insb. weil eine Seite das Vorliegen einer mitbestimmungspflichtigen Angelegenheit oder einer rechtlich beachtlichen Zustimmungsverweigerung verneint –, so muss darüber nach h. M. in der Literatur zunächst gem. § 83 Abs. 1 Nr. 3, Abs. 2 von den **Verwaltungsgerichten** im **personalvertretungsrechtlichen Beschlussverfahren** entschieden werden. Nachdem das *BVerwG* entgegen seiner vorherigen Rspr.[352] im Beschl. v. 12. 3. 86[353] die Ansicht vertreten hatte, dass die Entscheidung über diese Vorfrage der Einigungsstelle obliege, hat es daran im Folgenden »jedenfalls nicht im Sinne einer Ausschließlichkeit der Kompetenz der Einigungsstelle festgehalten« und »ausdrücklich klargestellt, dass ... diese Frage selbstverständlich im personalvertretungsrechtlichen Beschlussverfahren durch die Verwaltungsgerichte geklärt werden kann«.[354] Damit ist jedoch nicht gesagt, dass die Einigungsstelle bei einem Streit über die Frage ihrer Zuständigkeit in keinem Fall gebildet werden könnte.[355] Handelt es sich um einen Streit zwischen der obersten Dienstbehörde und »der bei ihr bestehenden zuständigen Personalvertretung« (vgl. Rn. 3), so hat insoweit vielmehr **das Gleiche wie im Bereich des BetrVR** zu gelten.[356] Dort kann einerseits die Frage der Zuständigkeit in jedem Verfahrensstand zur arbeitsgerichtlichen Entscheidung gestellt werden.[357] Andererseits kann die Bildung der Einigungsstelle von einer der beiden Seiten aber nur dann verhindert werden, wenn die **Zuständigkeit offensichtlich nicht gegeben** ist. Liegt dieser Ausnahmefall nicht vor, hat die Einigungsstelle über die Frage ihrer Zuständigkeit selbst zu befinden (h. M.). Verneint sie ihre Zuständigkeit, hat sie das Verfahren einzustellen. Bejaht sie dagegen ihre Zuständigkeit, hat sie das Verfahren fortzusetzen und kann dieses bis zur Entscheidung im arbeitsgerichtlichen Beschlussverfahren nur dann aussetzen, wenn beide Seiten damit einverstanden sind. Für das **Tätigwerden einer auf Dauer gebildeten Einigungsstelle**, deren Zuständigkeit von einer Seite bestritten wird, gilt Entsprechendes.[358]

---

352 Beschl. v. 14. 6. 68 – VII P 9.66 –, PersV 68, 264, u. v. 19. 9. 83 – 6 P 32.80 –, BVerwGE 68, 30.

353 6 P 5.85, PersR 86, 116.

354 Beschl. v. 2. 2. 90 – 6 PB 13.89 –, PersR 90, 114; ebenso Beschl. v. 27. 7. 90 – 6 PB 12.89 –, PersR 90, 297.

355 Vgl. *BVerwG* v. 28. 8. 08 – 6 PB 19.08 –, PersR 08, 458, zum Mitbestimmungsverfahren in der »Endphase«; näher hierzu u. zum Folgenden KfdP-*Berg*, Rn. 5 f. m. w. N.

356 Im Ergebnis wie hier Richardi-*Weber*, Rn. 28 u. 37.

357 Vgl. *BAG* v. 27. 6. 06 – 1 ABR 18/05 –, AP BetrVG 1972 § 112a Nr. 14.

358 Zu den bei nichtständigen und ständigen Einigungsstellen jeweils in Betracht kommenden Vorgehensweisen vgl. KfdP-*Berg*, Rn. 6 m. N.

Die Einigungsstelle besteht nach Abs. 1 S. 2 aus **sieben Mitgliedern: sechs Beisitzern,** die je zur Hälfte von beiden Seiten bestellt werden (vgl. Rn. 7ff.), und **einem unparteiischen Vorsitzenden,** auf dessen Person sich beide Seiten einigen (vgl. Rn. 10ff.; zur Sonderregelung des § 93 Abs. 3 vgl. dort Rn. 4). **Weigert sich eine Seite,** die von ihr zu bestimmenden Beisitzer zu bestellen, obwohl die Einigungsstelle nicht offensichtlich unzuständig ist, kann diese auch ohne die Beisitzer dieser Seite tätig werden (vgl. Rn. 23). 6

Von Ausnahmen abgesehen (vgl. Rn. 9) stellt das Gesetz für die Bestellung der **Beisitzer** keine besonderen persönlichen oder sachlichen Voraussetzungen auf. Es geht davon aus, dass die Beisitzer im Unterschied zum Vorsitzenden nicht unparteiisch sind, sondern die gegensätzlichen Interessen des Dienstherrn bzw. Arbeitgebers einerseits und der Beschäftigten andererseits vertreten. Entscheidend ist, dass sie das **Vertrauen** der sie bestellenden Seite haben.[359] Die Beisitzer sind jedoch **an Weisungen und Aufträge nicht gebunden** und auch kein »verlängerter Arm« der sie bestellenden Seite, sondern sollen mit einer gewissen inneren Unabhängigkeit bei der Schlichtung eines Streitfalls mitwirken, zu dessen Beilegung beide Seiten allein nicht in der Lage waren.[360] Von der Bestellung als Beisitzer ist eine Person wegen **Befangenheit** dann ausgeschlossen, wenn die Entscheidung des Streitfalls ihr selbst oder einer ihr nahestehenden Person einen unmittelbaren Vorteil oder Nachteil bringen kann (vgl. § 37 Rn. 6). 7

Für die Auswahl der **Beisitzer der »Arbeitgeberbank«** enthält das BPersVG keine Vorgaben. Die oberste Dienstbehörde hat jedoch das **Bundesgremienbesetzungsgesetz** zu beachten, insb. die Regelung in § 5 S. 1 BGremBG, wonach Frauen und Männer mit dem Ziel ihrer gleichberechtigten Teilhabe zu berücksichtigen sind.[361] Die Benannten brauchen keine Beschäftigten des öffentlichen Dienstes zu sein. 8

Über die Bestellung der **Beisitzer der »Personalratsbank«** entscheidet die **zuständige Personalvertretung** durch **Beschluss** des Plenums oder (gem. § 75 Abs. 2 S. 2 Hs. 2) des Vorstands (vgl. § 69 Rn. 22). Dabei sind nach § 38 in einer gemeinsamen Angelegenheit alle Mitglieder der Personalvertretung, in einer Angelegenheit, die lediglich die Angehörigen einer oder zweier Gruppen betrifft, nur die Vertreter dieser Gruppe(n) zur Beschlussfassung berufen. Bei der **Auswahl** der Beisitzer sind die Vorgaben des Abs. 1 S. 3 zu beachten. **Grundsätzlich** muss sich unter den zu bestellenden Beisitzern nach Abs. 1 S. 3 Hs. 1 **je ein Beamter und ein Arbeitnehmer** befinden (nach der ursprünglichen Fassung des Hs. 1, die durch Gesetz v. 14.9.05 [BGBl. I S. 2746] geändert worden ist, hieß es nicht »ein Arbeitnehmer«, sondern 9

---

359 Vgl. *BVerwG* v. 21.6.82 – 6 P 13.79 –, PersV 83, 239.

360 Vgl. *BAG* v. 27.6.95 – 1 ABR 3/95 – u. v. 29.1.02 – 1 ABR 18/01 –, AP BetrVG 1972 § 76 Einigungsstelle Nr. 1 u. 19.

361 Str.; vgl. KfdP-*Berg*, Rn. 12 m. N.

»ein Angestellter oder Arbeiter«). Dabei muss es sich um Beschäftigte des öffentlichen Dienstes, nicht aber um solche der vom Streitfall betroffenen Dienststelle(n) handeln. Die Vorgabe im Hs. 1 des Abs. 1 S. 3 gilt nach dessen Hs. 2 nicht bei einer Angelegenheit, die lediglich die Beamten oder »die im Arbeitsverhältnis stehenden Beschäftigten« (d. h. die Arbeitnehmer), betrifft, also nicht in Gruppenangelegenheiten. Hier geht das Gesetz offenbar davon aus, dass schon durch die als Gruppenbeschluss zu treffende Auswahlentscheidung der Personalvertretung die Interessen der unmittelbar betroffenen Gruppe(n) gewahrt werden. Ist die Personalvertretung durch Abs. 1 S. 3 Hs. 1 nicht gebunden – so in einer gemeinsamen Angelegenheit hinsichtlich des dritten Beisitzers oder in einer Gruppenangelegenheit hinsichtlich aller drei Beisitzer –, kann sie über die Auswahl an sich frei entscheiden und z. B. auch einen Gewerkschaftssekretär oder einen Rechtsanwalt bestellen; allerdings können sich im Hinblick auf die Kostenfolgen insoweit Einschränkungen ergeben (vgl. Rn. 18).

10 Der unparteiische **Vorsitzende** wird grundsätzlich **von »beiden Seiten« gemeinsam bestellt**. Diese Bestellung obliegt der **obersten Dienstbehörde** und der bei ihr bestehenden **zuständigen Personalvertretung** (vgl. Rn. 3). Für die **Beschlussfassung der Personalvertretung** gelten die allgemeinen Vorschriften des § 38. Bei der Erfüllung der Funktion der Einigungsstelle (vgl. Rn. 1) nimmt der Vorsitzende eine **Schlüsselposition** ein, weil er die Verhandlungen zu leiten hat und das Ergebnis der Beratungen wegen der Parität der Beisitzer mit seiner Stimme entscheidend beeinflussen kann. Im Unterschied zu einzelnen LPersVG legt das BPersVG nicht fest, dass der Vorsitzende eine besondere berufliche **Qualifikation** haben muss, etwa die Befähigung zum Richteramt oder zum höheren Verwaltungsdienst. Er braucht auch kein Angehöriger des öffentlichen Dienstes zu sein. Die für seine Bestellung allein vorgeschriebene **Unparteilichkeit** ist nur dann gegeben, wenn er von beiden Seiten unabhängig handeln kann und vom Ausgang des Verfahrens weder unmittelbar noch mittelbar betroffen ist. Einigen sich beide Seiten auf die Person des Vorsitzenden, dann kann regelmäßig von dessen Unparteilichkeit ausgegangen werden. **Kriterien** für die Bestellung sollten außer der Unparteilichkeit v. a. die Fähigkeit zur Kommunikation und Mediation, die Kenntnis des PersVR sowie Rechts- und Fachkenntnisse sein, die sich auf den konkreten Streitgegenstand beziehen. Zum Vorsitzenden darf nach § 4 Abs. 2 Nr. 5 DRiG auch ein **Richter** bestellt werden, ein Richter der Arbeits- oder Verwaltungsgerichtsbarkeit allerdings nur dann, wenn aufgrund der Geschäftsverteilung ausgeschlossen ist, das er mit der Überprüfung, der Auslegung oder der Anwendung des Spruchs der Einigungsstelle befasst wird (vgl. § 99 Abs. 1 S. 5 ArbGG [zu § 76 BetrVG]).

11 Kommt eine Einigung beider Seiten über die Person des Vorsitzenden nicht zustande, so bestellt ihn nach Abs. 1 S. 4 der **Präsident des Bundesverwaltungsgerichts.** Jede der beiden Seiten kann einen entsprechenden **Antrag**

stellen und dabei Vorschläge unterbreiten, an die der Präsident aber nicht gebunden ist. Dieser hat zu prüfen, ob die Voraussetzungen für die von ihm zu treffende Entscheidung vorliegen, insb. ob die Einigung beider Seiten gescheitert ist. Die Bestellung der Person für den Vorsitz darf entsprechend § 99 Abs. 1 S. 2 ArbGG nur dann verweigert werden, wenn die Einigungsstelle offensichtlich unzuständig ist (vgl. Rn. 5).[362] Der Präsident hat nach Möglichkeit eine Person zu bestellen, die das Vertrauen beider Seiten hat. Die Entscheidung hat zügig zu erfolgen. Sie ist kein Akt der Rechtsprechung, sondern eine behördeninterne Verwaltungsmaßnahme, die nicht gesondert anfechtbar ist.[363]

Kommt bei Einrichtungen des **Rundfunks**, bei denen das BPersVG kraft staatsvertraglicher Vereinbarung entsprechend anzuwenden ist (vgl. § 1 Rn. 7; § 90 Rn. 23ff.), eine Einigung über die Person des Vorsitzenden der Einigungsstelle nicht zustande, so gelten für dessen Bestellung meistens von § 71 Abs. 1 S. 4 abweichende Regelungen:[364] 12

- Beim **Deutschlandradio** sind abwechselnd die Präsidenten der Oberverwaltungsgerichte der Sitzländer (Nordrhein-Westfalen und Berlin), beginnend mit Nordrhein-Westfalen, oder ein von ihnen Beauftragter mit der Befähigung zum Richteramt für zwei Jahre Vorsitzender der Einigungsstelle (§ 33 Abs. 2 Satz 2 i. V. m. § 1 Abs. 4 Satz 1 DRadio-StV).
- Für den **Mitteldeutschen Rundfunk** bestimmt § 38 Abs. 2 MDR-StV, dass der Präsident des Bezirksgerichts Leipzig oder ein von ihm Beauftragter, der die Befähigung zum Richteramt haben muss, Vorsitzender der Einigungsstelle ist. Allerdings ist das Bezirksgericht Leipzig inzwischen aufgelöst worden. Die dadurch entstandene Vertragslücke ist im Wege der ergänzenden Vertragsauslegung dadurch zu schließen, dass an die Stelle des Präsidenten des Bezirksgerichts Leipzig der Präsident des Sächsischen Oberverwaltungsgerichts in Bautzen tritt.
- Beim **Norddeutschen Rundfunk** bestellt der Präsident des Oberverwaltungsgerichts des jeweils aufsichtsführenden Landes nach Anhörung der Präsidenten der Oberverwaltungsgerichte der übrigen Länder den Vorsitzenden der Einigungsstelle (§ 39 Abs. 2 NDR-StV).
- Lediglich beim **Rundfunk Berlin-Brandenburg** gilt § 71 Abs. 1 Satz 4 ohne Abweichungen (§ 34 RBB-StV).

Eine abweichende Regelung kraft staatsvertraglicher Vereinbarung gilt auch für die **»GKL Gemeinsame Klassenlotterie der Länder«** mit ihren Dienststellen in Hamburg und München (vgl. § 1 Rn. 7a). Vorsitzender der Einigungsstelle ist danach der für die betroffene Dienststelle örtlich zuständige

---

362 *BAG* v. 22.10.91 – 1 ABR 6/91 –, PersR 92, 110.
363 Vgl. KfdP-*Berg*, Rn. 15 m. N.
364 Näher dazu KfdP-*Berg*, Rn. 16.

jeweilige Präsident des Oberverwaltungsgerichts[365] oder ein von ihm Beauftragter, der die Befähigung zum Richteramt haben muss (§ 15 Abs. 3 GKLStV).

12a Die **Unparteilichkeit des Vorsitzenden** muss während des gesamten Einigungsstellenverfahrens gegeben sein. Liegen Umstände vor, die berechtigte Zweifel an seiner Unparteilichkeit aufkommen lassen, können die Beteiligten den Vorsitzenden in jedem Zeitpunkt des Verfahrens wegen **Besorgnis der Befangenheit** ablehnen; dabei sind die Vorschriften der §§ 1036ff. ZPO über die Ablehnung eines Schiedsrichters im schiedsgerichtlichen Verfahren entsprechend anzuwenden, soweit dem nicht zwingende Grundsätze des Einigungsstellenverfahrens entgegenstehen.[366]

13 Die als Mitglieder der Einigungsstelle ausgewählten Personen können die **Übernahme des Amts** als Beisitzer oder als Vorsitzender **ablehnen,** soweit sie dazu nicht aufgrund dienstlicher Weisung verpflichtet sind, was bei den Beisitzern der »Arbeitgeberbank« in Betracht kommt. Sie können ihr Amt auch jederzeit **niederlegen**. Außerdem können bestellte Beisitzer von ihrer Seite jederzeit **abberufen** und durch eine andere Person ersetzt werden. Im Einvernehmen beider Seiten kann auch der Vorsitzende jederzeit **ausgetauscht** werden, wenn er nicht vom Präsidenten des Bundesverwaltungsgerichts bestellt worden ist.

14 Ändert sich während des Einigungsstellenverfahrens der **Beschäftigtenstatus** eines von der Personalvertretung bestellten Beisitzers – insb. dadurch, dass ein Arbeitnehmer zum Beamten ernannt wird – und führt dies dazu, dass die »Personalratsbank« entgegen Abs. 1 S. 3 Hs. 1 nicht mehr mit je einem Beamten und einem Arbeitnehmer besetzt ist (vgl. Rn. 9), so hat dies zwar nicht den automatischen Wegfall des Amtes des Beisitzers zur Folge, bei dem der Statuswechsel eingetreten ist.[367] Die Personalvertretung hat jedoch unverzüglich durch mindestens einen Austausch die dem Gesetz entsprechende Besetzung der »Personalratsbank« wieder herzustellen.

15 Um Verfahrensverzögerungen zu vermeiden, die durch das **Ausscheiden** oder die zeitweilige **Verhinderung** von Mitgliedern der Einigungsstelle entstehen können, ist es zulässig und sinnvoll, sowohl für den Vorsitzenden als auch für die Beisitzer vorsorglich **Ersatzmitglieder** zu bestellen.[368] Bis zu ihrem Nachrücken dürfen sie bei den Verhandlungen und Beratungen der Einigungsstelle nicht anwesend sein.

16 Endet die Amtszeit der zuständigen Personalvertretung während des bereits begonnenen Verfahrens, so ist die Einigungsstelle berechtigt und verpflich-

---

365 Also des HmbOVG bzw. des BayVGH.

366 So zu § 76 BetrVG: *BAG* v. 17.11.10 – 7 ABR 100/09 –, NZA 11, 940; vgl. KfdP-*Berg*, Rn. 17 m. w. N.

367 Str.; vgl. KfdP-*Berg*, Rn. 19 m. N.

368 Vgl. KfdP-*Berg*, Rn. 8 m. N.

tet, diesen »**Überhangfall**« in unveränderter Besetzung abzuschließen. Die neue Personalvertretung tritt in das Verfahren ein. An Stellungnahmen und Anträge der bisherigen Personalvertretung ist sie nicht gebunden.

Die Mitglieder der Einigungsstelle sind **Inhaber eines öffentlichen Amtes.**[369] Sie gehören zu den Personen, die Aufgaben oder Befugnisse nach dem PersVR wahrnehmen. Deshalb gelten auch für sie die Vorschriften des § 8 über das **Behinderungs-, Benachteiligungs- und Begünstigungsverbot,** die des § 10 über die **Schweigepflicht** und die des § 11 über den **Unfallschutz**. Handelt es sich um Mitglieder von Personalvertretungen, sind die Vorschriften des § 46 Abs. 2 über Versäumnis von Arbeitszeit sowie Freizeitausgleich anzuwenden. 17

Entsprechend § 44 trägt die oberste Dienstbehörde die **Kosten** der Einigungsstelle.[370] Dazu gehören nicht nur die Bereitstellung von Räumen, Geschäftsbedarf und Büropersonal, sondern auch die Zahlung von Reisekostenvergütungen, von sonstigem Aufwendungsersatz und ggf. von Honoraren. **Honoraransprüche** kommen beim Vorsitzenden und bei externen Beisitzern in Betracht.[371] Dies gilt für den Honoraranspruch eines als externer Beisitzer tätigen **Rechtsanwalts** nur unter der Voraussetzung, dass die Personalvertretung bei der Bestellung des Beisitzers, auch bzgl. der Höhe der Honorarforderung, eine gerichtlich überprüfbare **Abwägungsentscheidung** vorgenommen hat[372] oder eine entsprechende **Honorarvereinbarung mit der Dienststelle** vorliegt. Zu den Kosten der **anwaltlichen Vertretung** der Personalvertretung vor der Einigungsstelle vgl. § 44 Rn. 17. 18

(Abs. 2) Das Gesetz enthält nur wenige Vorschriften über das **Verfahren** der Einigungsstelle. **Gesetzlich vorgegeben** sind: die Nichtöffentlichkeit der Verhandlung in Abs. 2 S. 1 (vgl. Rn. 20), das Äußerungsrecht der Beteiligten in Abs. 2 S. 2 und 3 (vgl. Rn. 21), die Entscheidung durch Beschluss in Abs. 3 S. 1 (vgl. Rn. 23ff.), die Zustellung des Beschlusses an die Beteiligten in Abs. 4 S. 1 (vgl. Rn. 28) und (als Soll-Vorschrift) die Entscheidung binnen zwei Monaten in § 69 Abs. 4 S. 2 (vgl. § 69 Rn. 38). Soweit das Gesetz keine Vorgaben macht, regelt die Einigungsstelle das Verfahren unter Beachtung grundlegender **rechtsstaatlicher Regeln** nach **eigenem Ermessen.**[373] Sie kann ihre Verfahrensregeln in einer **Geschäftsordnung** festlegen. 19

---

369 *BVerwG* v. 9.10.91 – 6 P 1.90 –, PersR 92, 52.

370 *BVerwG* v. 9.10.91, a.a.O.

371 Vgl. hierzu *BVerwG* v. 9.10.91, a.a.O.; KfdP-*Berg*, Rn. 22.

372 *BVerwG* v. 24.2.16 – 5 P 2.15 –, ZTR 16, 419; Änderung von *SächsOVG* v. 29.1.15 – PL 9 A 828/13 –, PersR 10/15, 50 m. Anm. *Baden*.

373 *HessVGH* v. 14.8.85 – HPV TL 1038/85 –, ZBR 86, 62; *OVG Lüneburg* v. 5.4.87 – 19 OVG L 10/85 –, PersR 88, 196 Ls.; *OVG NW* v. 20.12.89 – CL 28/87 –, PersV 91, 177.

20 Nach Abs. 2 S. 1 ist die Verhandlung **nicht öffentlich.** An ihr können deshalb grundsätzlich nur die Mitglieder der Einigungsstelle teilnehmen. Da nach Abs. 2 S. 2 der obersten Dienstbehörde und der zuständigen Personalvertretung **Gelegenheit zur mündlichen Äußerung** zu geben ist, können insoweit die **Vertreter der Beteiligten** zeitweise an der Verhandlung teilnehmen; ggf. gilt das auch für die Seite, die keine Beisitzer bestellt hat.[374] Bei schwierigen Fragen tatsächlicher oder rechtlicher Art kann sich die zuständige Personalvertretung auch durch einen **Rechtsanwalt** oder einen **Gewerkschaftsbeauftragten** vertreten lassen (vgl. § 44 Rn. 17). **Einzelne Beschäftigte,** deren Personalangelegenheiten Verhandlungsgegenstand sind, können gehört werden. Auch die Anhörung von **Zeugen** und **Sachverständigen** ist zulässig (vgl. Rn. 22). Zur Anfertigung des Protokolls kann eine **Schreibkraft** hinzugezogen werden, die aber bei der Beratung und Beschlussfassung nicht anwesend sein darf (vgl. aber zur wohl engeren Auslegung des Gebots der Nichtöffentlichkeit durch das *BVerwG* § 35 Rn. 1).[375]

21 Die in Abs. 2 S. 2 vorgeschriebene **Äußerung der Beteiligten** (vgl. Rn. 20) kann nach Abs. 2 S. 3 im Einvernehmen mit ihnen schriftlich erfolgen. Dazu ist die Zustimmung beider Seiten erforderlich. Die mündliche Äußerung erschöpft sich nicht in der bloßen Anhörung durch den Vorsitzenden oder einen Beisitzer der Einigungsstelle. Zur Äußerung gehört auch das Stellen der **Anträge** (vgl. Rn. 24).

22 Die Einigungsstelle hat den **Sachverhalt aufzuklären.** Dazu hat ihr die oberste Dienstbehörde dieselben **Informationen** zu geben, zu denen sie nach § 68 Abs. 2 S. 1 und 2 auch gegenüber der Personalvertretung verpflichtet ist (vgl. § 69 Rn. 13). Hinsichtlich der Personalakten gilt § 68 Abs. 2 S. 3 entsprechend (vgl. § 68 Rn. 32f.), bei Verschlusssachen gilt § 93 Abs. 5 (vgl. dort Rn. 6). Die Einigungsstelle kann auch **Beweise erheben,** insb. **Zeugen** und **Sachverständige** anhören, allerdings nur dann, wenn die betreffenden Personen dazu bereit sind; zu einer Beeidigung oder zur Abnahme einer Versicherung an Eides statt ist sie nicht befugt.

23 **(Abs. 3)** Nach Abs. 3 S. 1 entscheidet die Einigungsstelle durch **Beschluss**, wobei der Beschlussfassung (wie für den Bereich des BetrVR in § 76 Abs. 3 S. 2 BetrVG ausdrücklich festgelegt) eine **mündliche Beratung** vorauszugehen hat. Die Einigungsstelle ist grundsätzlich nur dann **beschlussfähig,** wenn alle ihre Mitglieder anwesend sind. Das gilt aber nicht, wenn eine Seite keine Beisitzer bestellt hat oder die von ihr bestellten Beisitzer trotz rechtzeitiger Einladung der Sitzung fernbleiben oder sich weigern, an der Abstimmung teilzunehmen. In einem solchen Fall sind entsprechend § 76 Abs. 5 S. 2 BetrVG der Vorsitzende und die Beisitzer der anderen Seite allein zur Be-

---

374 Richardi-*Weber*, Rn. 31.

375 *OVG NW* v. 20. 5. 10 – 16 A 296/09.PVL –, PersR 10, 502 (Anwesenheit führt zur Unwirksamkeit des Beschlusses).

schlussfassung befugt, weil andernfalls eine Seite die Entscheidung der Einigungsstelle und den Abschluss des Mitbestimmungsverfahrens blockieren könnte.[376] Entsprechendes gilt, wenn ein Beisitzer trotz rechtzeitiger Einladung der Sitzung fernbleibt oder sich weigert, an der Abstimmung teilzunehmen. Nach Abs. 3 S. 3 wird der Beschluss mit **Stimmenmehrheit** gefasst. Diese liegt vor, wenn die Zahl der Ja-Stimmen größer ist als die der Nein-Stimmen. Eine **Stimmenthaltung** soll an sich nicht zulässig sein. Erfolgt sie trotzdem, zählt sie bei der Berechnung der Stimmenmehrheit nicht mit.[377]

Bevor die Einigungsstelle in der Sache entscheidet, hat sie über ihre Zuständigkeit zu befinden (vgl. Rn. 5). Bejaht sie diese, hat sie über die zur Sache gestellten **Anträge der Beteiligten** zu beschließen. Nach Abs. 3 S. 2 kann sie diesen Anträgen auch teilweise entsprechen. Sie darf aber nicht mehr und auch nichts anderes zusprechen, als beantragt worden ist, sondern muss sich innerhalb der **Bandbreite** bewegen, die durch die divergierenden Anträge der Beteiligten abgesteckt ist.[378] 24

Nach Abs. 3 S. 4 muss der Beschluss sich **im Rahmen der geltenden Rechtsvorschriften,** insb. des Haushaltsgesetzes, halten. Rechtsvorschriften sind die **Gesetze** i. S. d. § 2 und die Rechtsnormen der für den Streitfall einschlägigen **Tarifverträge** (vgl. § 2 Rn. 6). Die Hervorhebung des **Haushaltsgesetzes** hat klarstellende Bedeutung. Grundsätzlich dürfen Ausgaben, soweit sie nicht auf Gesetz oder Tarifvertrag beruhen, nur geleistet werden, soweit hierfür in dem mit dem Haushaltsgesetz oder der Haushaltssatzung verknüpften Haushaltsplan entsprechende Mittel bereitgestellt sind.[379] Etwas anderes gilt allerdings für den Sozialplan i. S. d. § 75 Abs. 3 Nr. 13, der nicht an den jeweiligen Haushaltsplan gebunden ist (str.; vgl. § 75 Rn. 133). Zulässig ist auch ein Beschluss, der unter dem Vorbehalt der Finanzierbarkeit gefasst wird und die Verwaltung dazu verpflichtet, sich um die Schaffung der dafür notwendigen haushaltsmäßigen Voraussetzungen zu bemühen.[380] 25

Ob die Einigungsstelle eine **endgültige Entscheidung** treffen oder nur eine **Empfehlung** beschließen kann, richtet sich bei von der Dienststelle beabsichtigten Maßnahmen nach § 69 Abs. 4, bei vom PR beantragten Maßnahmen nach § 70 Abs. 1 S. 2 i. V. m. § 69 Abs. 4 (vgl. § 69 Rn. 39 f., § 70 Rn. 11). An die Rspr. des *BVerfG*[381] zu den verfassungsrechtlichen Grenzen der Mit- 26

---

376 Str.; a. A. *OVG Bbg* v. 1. 4. 04 – 6 A 329/02.PVL –, PersV 04, 472; vgl. KfdP-*Berg*, Rn. 27 m. w. N.

377 Str.; wie hier u. a. *BAG* v. 17. 9. 91 – 1 ABR 23/91 –, AP BetrVG 1972 § 112 Nr. 59; vgl. KfdP-*Berg*, a. a. O.

378 *BVerwG* v. 17. 12. 03 – 6 P 7.03 –, PersR 04, 106.

379 Vgl. *BVerwG* v. 5. 2. 60 – VII P 4.58 –, PersV 60, 155, v. 9. 7. 80 – 6 P 73.78 –, PersV 81, 369, u. v. 9. 11. 98 – 6 P 1.98 –, PersR 99, 125.

380 Vgl. KfdP-*Berg*, Rn. 30.

381 Beschl. v. 24. 5. 95 – 2 BvF 1/92 –, PersR 95, 483.

bestimmung und die daran anknüpfende Rspr. des *BVerwG*[382] zur **verfassungskonformen Auslegung** der geltenden Vorschriften der PersVG (vgl. § 69 Rn. 40, § 70 Rn. 11) ist die Einigungsstelle nicht unmittelbar gebunden. Folgt sie dieser Rspr. nicht, ist allerdings zu erwarten, dass die oberste Dienstbehörde die Rechtmäßigkeit ihres Beschlusses bestreiten und dessen Durchführung ablehnen wird (vgl. Rn. 30f.).

27 Der **Beschluss** der Einigungsstelle bedarf stets der **Schriftform.**[383] Die Unterzeichnung des Beschlusses kann nicht durch die **elektronische Form** (§ 126a BGB) oder die **Textform** (§ 126b BGB) ersetzt werden,[384] so dass die wirksame Zustellung des Beschlusses per E-Mail in Form einer PDF-Datei nicht ausreichend ist.[385] Als »Beschluss« ist allein die **Beschlussformel** anzusehen; diese muss von allen Mitgliedern der Einigungsstelle unterzeichnet sein.[386] Fehlende Unterschriften können nachgeholt werden.[387] Eine schriftliche **Begründung** ist nicht vorgeschrieben.[388] Sie ist jedoch empfehlenswert.[389] Letzteres gilt v. a. dann, wenn der Beschluss eine Empfehlung an die endgültig entscheidende Stelle ausspricht. Es genügt, dass die schriftliche Begründung vom Vorsitzenden unterschrieben wird.[390]

28 **(Abs. 4)** Nach Abs. 4 S. 1 ist der Beschluss den Beteiligten **zuzustellen.** Ob dies entsprechend den Vorschriften des Verwaltungszustellungsgesetzes geschehen kann, ist zweifelhaft. Die Einigungsstelle kann jedenfalls eine andere Form der Zustellung wählen. Es reicht aus, dass den Beteiligten eine schriftliche Ausfertigung des Beschlusses zugeleitet wird und dass der Zugang nachgewiesen werden kann. Mit der Zustellung ist das Mitbestimmungsverfahren abgeschlossen.[391]

29 Abs. 4 S. 2 bestimmt, dass der Beschluss die Beteiligten – also die oberste Dienstbehörde und die zuständige Personalvertretung – grundsätzlich **bindet.** Das gilt aber nicht für die »Fälle des § 69 Abs. 4 Sätze 3, 5«, d. h. nicht für

---

382 Seit dem Beschl. v. 18.6.02 – 6 P 12.01 –, PersR 02, 467.

383 *BVerwG* v. 10.3.87 – 6 P 17.85 – u. v. 20.12.88 – 6 P 34.85 –, PersR 87, 171, u. 89, 49.

384 *BAG* v. 5.10.10 – 1 ABR 31/09 –, NZA 11, 420 = AiB 11, 466 m. Anm. *Weinbrenner*, u. v. 13.3.12 – 1 ABR 78/10 –, NZA 12, 748, u. v. 10.12.13 – 1 ABR 45/12 –, NZA 14, 862 (zu § 76 Abs. 3 S. 4 BetrVG).

385 *BAG* v. 10.12.13, a. a. O.; Richardi-*Weber*, Rn. 39.

386 *BVerwG* v. 10.3.87 u. v. 20.12.88, jew. a. a. O.

387 *OVG NW* v. 20.12.89 – CL 28/87 –, PersV 91, 177; *HmbOVG* v. 21.1.97 – OVG Bs PH 1/95 –, PersR 97, 367.

388 *BVerwG* v. 10.3.87 u. v. 20.12.88, jew. a. a. O.

389 *BVerwG* v. 9.7.80 – 6 P 73.78 –, PersV 81, 369, u. v. 20.12.88, a. a. O.

390 *BVerwG* v. 10.3.87, a. a. O.

391 *BVerwG* v. 17.3.87 – 6 P 15.85 –, PersR 87, 188; abw. *BAG* v. 2.2.06 – 2 AZR 38/05 –, PersR 06, 507: Verfahrensabschluss bereits mit der Entscheidung der Einigungsstelle, so dass diese Entscheidung schon vor ihrem Zugang umgesetzt werden kann.

die Fälle der eingeschränkten Mitbestimmung, in denen die Einigungsstelle nach **§ 69 Abs. 4 S. 3** nur eine **Empfehlung** beschließt (vgl. Rn. 26). Der von Abs. 4 S. 2 in Bezug genommene § 69 Abs. 4 S. 5 ist durch Gesetz v. 16.12.97[392] aufgehoben und durch **§ 90 Nr. 7 Buchst. c S. 2** ersetzt worden (vgl. § 90 Rn. 19, 22), wobei es offenbar aufgrund eines Redaktionsversehens unterblieben ist, § 71 Abs. 4 S. 2 entsprechend zu ändern. Soweit das BPersVG auf den Mitteldeutschen Rundfunk entsprechend anzuwenden ist, ist der **aufgehobene § 69 Abs. 4 S. 5** allerdings weiterhin entsprechend anwendbar (vgl. § 90 Rn. 24, 28).

Besteht der Beschluss nicht nur in einer Empfehlung, bindet er die Beteiligten nur, »soweit er eine Entscheidung im Sinne des Absatzes 3 enthält«. Das ist nur der Fall, soweit er sich gem. Abs. 3 S. 4 **im Rahmen der geltenden Rechtsvorschriften** hält (vgl. Rn. 25). Ist einer der Beteiligten der Ansicht, dass der Beschluss der Einigungsstelle rechtswidrig sei, darf er den Spruch nicht übergehen, sondern muss ein verwaltungsgerichtliches Verfahren zu seiner Überprüfung einleiten (vgl. Rn. 31).[393] 30

Die **Rechtmäßigkeit eines Beschlusses** der Einigungsstelle – der nicht nur eine Empfehlung ausspricht – kann nach § 83 Abs. 1 Nr. 3, Abs. 2 auf Antrag eines der Beteiligten vom Verwaltungsgericht im **personalvertretungsrechtlichen Beschlussverfahren** überprüft werden.[394] Die gerichtliche Überprüfung erstreckt sich darauf, ob der Beschluss in einem ordnungsgemäßen Verfahren zustande gekommen ist, ob er sich in dem durch die beabsichtigte oder beantragte Maßnahme bestimmten Rahmen des Mitbestimmungsverfahrens hält und ob er nicht gegen geltende Rechtsvorschriften verstößt. Ist der Einigungsstelle bei ihrer Entscheidung ein **Ermessens- oder Beurteilungsspielraum** eingeräumt, beschränkt sich die gerichtliche Kontrolle auf die Einhaltung der Grenzen dieses Spielraums.[395] Ein **Beschluss mit lediglich empfehlendem Charakter** ist gerichtlich nicht überprüfbar, weil er keine Verbindlichkeit beansprucht.[396] Ergibt die gerichtliche Überprüfung, dass der Beschluss rechtswidrig ist, kann das Verwaltungsgericht dessen **Unwirksamkeit** feststellen oder den Beschluss aufheben.[397] Sind nur einzelne Bestimmungen des Spruchs der Einigungsstelle unwirksam, ist die **teilweise Unwirksamkeit** festzustellen oder der Beschluss teilweise aufzuhe- 31

392 BGBl. I S. 3094.

393 Str.; vgl. dazu KfdP-*Berg*, Rn. 35 m. N.

394 *BVerwG* v. 19.12.90 – 6 P 24.88 –, PersR 91, 133, m.w.N., u. v. 28.6.00 – 6 P 1.00 –, PersR 00, 507.

395 *BVerwG* v. 24.5.06 – 6 PB 16.05 –, juris.

396 *BVerwG* v. 24.1.01 – 6 PB 15.00 –, PersR 01, 204, u. v. 24.5.06, a.a.O.

397 *BVerwG* v. 13.2.76 – VII P 9.74 –, PersV 77, 179, v. 19.12.90, a.a.O., u. v. 4.6.10 – 6 PB 4.10 –, PersR 10, 361.

ben, wenn der verbleibende Teil noch ein sinnvolles Ganzes darstellt.[398] Das Gericht kann die fehlende Zustimmung zu einer Maßnahme aber weder ersetzen noch die Verpflichtung der Einigungsstelle zur Ersetzung aussprechen.[399] Ist der Beschluss rechtskräftig für unwirksam erklärt oder aufgehoben worden, so ist die Einigungsstelle (außer bei Feststellung ihrer Unzuständigkeit) verpflichtet, das **Verfahren wieder aufzugreifen** und unter Vermeidung der gerichtlich festgestellten Rechtsfehler fortzusetzen.[400]

§ 72 [Verfahren der Mitwirkung]

(1) Soweit der Personalrat an Entscheidungen mitwirkt, ist die beabsichtigte Maßnahme vor der Durchführung mit dem Ziele einer Verständigung rechtzeitig und eingehend mit ihm zu erörtern.
(2) [1]Äußert sich der Personalrat nicht innerhalb von zehn Arbeitstagen oder hält er bei Erörterung seine Einwendungen oder Vorschläge nicht aufrecht, so gilt die beabsichtigte Maßnahme als gebilligt. [2]Erhebt der Personalrat Einwendungen, so hat er dem Leiter der Dienststelle die Gründe mitzuteilen. [3]§ 69 Abs. 2 Satz 6 gilt entsprechend.
(3) Entspricht die Dienststelle den Einwendungen des Personalrates nicht oder nicht in vollem Umfange, so teilt sie dem Personalrat ihre Entscheidung unter Angabe der Gründe schriftlich mit.
(4) [1]Der Personalrat einer nachgeordneten Dienststelle kann die Angelegenheit binnen drei Arbeitstagen nach Zugang der Mitteilung auf dem Dienstwege den übergeordneten Dienststellen, bei denen Stufenvertretungen bestehen, mit dem Antrag auf Entscheidung vorlegen. [2]Diese entscheiden nach Verhandlung mit der bei ihnen bestehenden Stufenvertretung. [3]§ 69 Abs. 3 Sätze 2, 3 gilt entsprechend. [4]Eine Abschrift seines Antrages leitet der Personalrat seiner Dienststelle zu.
(5) Ist ein Antrag gemäß Absatz 4 gestellt, so ist die beabsichtigte Maßnahme bis zur Entscheidung der angerufenen Dienststelle auszusetzen.
(6) § 69 Abs. 5 gilt entsprechend.

1 Die **Mitwirkung** steht als detailliert ausgestaltetes Beratungsrecht zwischen Mitbestimmung (vgl. § 69 Rn. 2) und Anhörung (vgl. § 78 Rn. 4). Einerseits ist sie schwächer als die Mitbestimmung, weil die jeweils zuständige Stelle des Arbeitgebers bzw. Dienstherrn in jedem Falle ohne Einschaltung der Einigungsstelle die endgültige Entscheidung trifft. Andererseits ist sie stärker

398 Vgl. *BAG* v. 30.8.95 – 1 ABR 4/95 –, AP BetrVG 1972 § 87 Überwachung Nr. 29, u. v. 26.8.08 – 1 ABR 16/07 –, AP BetrVG 1972 § 75 Nr. 54.
399 *OVG NW* v. 20.1.82 – CL 33/80 –, RiA 82, 216.
400 *BVerwG* v. 4.6.10, a.a.O., unter Hinw. auf *BAG* v. 30.1.90 – 1 ABR 2/89 –, AP BetrVG 1972 § 87 Lohngestaltung Nr. 41.

als die Anhörung, weil die Personalvertretung in mehrstufigen Verwaltungen in einem Stufenverfahren die Entscheidung der obersten Dienstbehörde oder (in Körperschaften, Anstalten und Stiftungen des öffentlichen Rechts) des für die Geschäftsführung vorgesehenen obersten Organs herbeiführen kann. Nach der Rspr. des *BVerwG* ist die Mitwirkung ein **formalisiertes Instrument**, das es der Personalvertretung ermöglichen soll, sich in besonders nachdrücklicher Weise Gehör zu verschaffen, indem es sicherstellt, dass sie nicht nur formal angehört wird, sondern dass ihre Vorstellungen in die Entscheidung darüber einbezogen werden, ob und wie bestimmte Regelungen und Maßnahmen getroffen werden.[401] Anders als einige LPersVG sieht das BPersVG in den Angelegenheiten der Mitwirkung **kein förmliches Antragsrecht des PR** vor, mit dem dieser – vergleichbar seinem Initiativrecht gem. § 70 – ein Mitwirkungsverfahren in Gang setzen könnte.

Welche **Angelegenheiten** der Mitwirkung unterliegen, ist in § 78 Abs. 1 und 2
§ 79 Abs. 1 festgelegt. Hinzu kommen solche Angelegenheiten, bei denen nach § 86 Nr. 9 und § 90 Nr. 7 Buchst. b die an sich gegebene Mitbestimmung zur Mitwirkung herabgestuft ist. In den Fällen des § 78 Abs. 1 Nr. 3 bis 5 ist die Mitwirkung nach § 78 Abs. 2 S. 2 von einem **Antrag des Beschäftigten** abhängig (vgl. § 78 Rn. 23); das gilt bei der Mitwirkung nach § 86 Nr. 9 i. V. m. § 75 Abs. 2 S. 2 und § 76 Abs. 2 S. 2 auch für die Fälle des § 75 Abs. 2 Nr. 1 und des § 76 Abs. 2 S. 1 Nr. 9 (vgl. § 75 Rn. 59 u. § 76 Rn. 59).

§ 72 regelt das **Verfahren** der Mitwirkung. Die **Abs. 1 bis 3** legen die Ver- 3
fahrensschritte für die erste Stufe der Mitwirkung fest (vgl. Rn. 6–13). **Abs. 4** bestimmt für mehrstufige Verwaltungen, wie das bei einer nachgeordneten Dienststelle eingeleitete Verfahren fortgesetzt werden kann, wenn die Dienststelle den Einwendungen des PR nicht (in vollem Umfang) entsprochen hat (vgl. Rn. 14–18). **Abs. 5** schreibt die Aussetzung der beabsichtigten Maßnahme für die Zeit der Fortsetzung des Verfahrens vor (vgl. Rn. 19). **Abs. 6** ermöglicht es der Dienststelle, bei unaufschiebbaren Maßnahmen vorläufige Regelungen zu treffen (vgl. Rn. 20). Welche Rechtsfolgen eine **Verletzung des Mitwirkungsrechts** hat, legt das BPersVG mit Ausnahme der vom Arbeitgeber ausgesprochenen Kündigung des Arbeitsverhältnisses nicht fest (vgl. Rn. 21).

Unter »**Personalrat**« i. S. d. § 72 ist wie bei § 69 immer die jeweils **erstzu- 4
ständige Personalvertretung** zu verstehen, in umgebildeten oder neu errichteten Dienststellen ggf. eine Übergangspersonalvertretung (vgl. § 69 Rn. 3).

Soweit der PR an Entscheidungen mitwirkt, kann die beabsichtigte Maß- 5
nahme erst nach Abschluss eines **ordnungsgemäß durchgeführten Mitwir kungs ver fahrens** getroffen werden. Handelt es sich dabei um verwaltungs-

401 Beschl. v. 6. 2. 87 – 6 P 9.85 – u. v. 22. 3. 90 – 6 P 17.88 –, PersR 87, 165, u. 90, 225.

rechtliche, insb. beamtenrechtliche Entscheidungen, deren Rechtmäßigkeit nach Durchführung eines Vorverfahrens im Verwaltungsrechtsweg überprüfbar sind, soll die vor ihrem Erlass unterbliebene Mitwirkung noch während des **Widerspruchsverfahrens** mit heilender Wirkung nachgeholt werden können.[402] Dagegen bestehen jedoch die gleichen Einwände wie bei eingeschränkt mitbestimmungspflichtigen Maßnahmen (vgl. § 69 Rn. 6).[403]

6 (**Abs. 1**) Gegenstand des Mitwirkungsverfahrens ist die **beabsichtigte Maßnahme** der Dienststelle. Dafür gilt das zur Mitbestimmung Gesagte (vgl. § 69 Rn. 8–11) entsprechend, allerdings mit dem Unterschied, dass Dienstvereinbarungen in Angelegenheiten der Mitwirkung grundsätzlich nicht zulässig sind (vgl. § 73 Rn. 2; § 86 Rn. 10). Das Mitwirkungsverfahren ist dadurch **einzuleiten,** dass der **Dienststellenleiter** (oder im Falle seiner Verhinderung eine andere vertretungsberechtigte Person [vgl. § 7 Rn. 2f.]) dem PR die beabsichtigte Maßnahme rechtzeitig bekannt zu geben hat (vgl. § 69 Rn. 12). Eine bestimmte **Form** ist dafür nicht vorgeschrieben; aus Beweisgründen empfiehlt sich aber die Schriftform. Wie bei der Mitbestimmung ist nach § 68 Abs. 2 S. 1 und 2 auf jeden Fall eine **umfassende Unterrichtung** unter Vorlage der hierfür erforderlichen Unterlagen geboten (vgl. § 69 Rn. 13). Die Bekanntgabe der beabsichtigten Maßnahme ist nur dann **rechtzeitig,** wenn der PR dabei alle erforderlichen Informationen erhält. Geschieht dies erst nachträglich, beginnt die **Äußerungsfrist** des Abs. 2 S. 1 erst dann zu laufen, wenn der PR ausreichend unterrichtet worden ist (vgl. Rn. 10).

7 Nach § 72 Abs. 1 ist die beabsichtigte Maßnahme mit dem PR zu erörtern. Die **Erörterung** ist nicht erforderlich, wenn der PR auf sie verzichtet, etwa dadurch, dass er der Maßnahme ohne vorherige Erörterung ausdrücklich zustimmt oder dass er innerhalb der Äußerungsfrist des Abs. 2 S. 1 (vgl. Rn. 10) keine Stellungnahme gegenüber dem Dienststellenleiter abgibt.[404] Die Erörterung besteht in einer ausführlichen Diskussion, in der das Für und Wider des Vorhabens gründlich dargelegt und abgewogen wird (vgl. § 66 Rn. 8). Dabei ist nach § 66 Abs. 1 S. 3 mit dem ernsten Willen zur Einigung zu verhandeln (vgl. § 66 Rn. 8). Die auf Verständigung angelegte Erörterung muss »**ergebnisoffen**« sein.[405] Nach h. M. soll die Erörterung auch **schriftlich** stattfinden können, wenn der PR hinreichend Gelegenheit er-

---

402 *BVerwG* v. 24. 11. 83 – 2 C 9.82 –, DVBl. 84, 437.

403 Vgl. KfdP-*Berg*, Rn. 5 m. N.

404 Vgl. *BAG* v. 3. 2. 82 – 7 AZR 907/79 –, AP BPersVG § 72 Nr. 1, u. v. 27. 2. 87 – 7 AZR 652/85 –, AP KSchG 1969 § 1 Betriebsbedingte Kündigung Nr. 41, u. v. 15. 8. 06 – 9 AZR 571/05 –, PersR 07, 164, u. v. 22. 10. 15 – 2 AZR 582/14 –, NZA 16, 33; *BVerwG* v. 27. 1. 95 – 6 P 22.92 –, PersR 95, 185.

405 *BVerwG* v. 18. 3. 08 – 6 PB 19.07 –, PersR 09, 167.

hält, zu der beabsichtigten Maßnahme Stellung zu nehmen,[406] wobei allerdings klargestellt ist, dass die einseitige schriftliche Unterrichtung des PR oder dessen bloße schriftliche Anhörung noch keine schriftliche Erörterung der Maßnahme beinhaltet.[407] Das in der Verständigung beider Seiten bestehende Ziel der Erörterung ist i. d. R. aber nur durch eine **mündliche** Aussprache zu erreichen.[408] Von dem Grundsatz des mündlichen Gesprächs unter Anwesenden kann deshalb nur unter besonderen Umständen oder mit Zustimmung des PR abgewichen werden.[409] Eine mündliche Erörterung hat jedenfalls dann stattzufinden, wenn der PR mit einem schriftlichen Verfahren nicht einverstanden ist.[410]

Verlangt der PR innerhalb der Äußerungsfrist des Abs. 2 S. 1 eine Erörte- 8
rung, hat die Dienststelle diesem **Verlangen** auch dann, wenn es nicht weiter begründet ist, ohne schuldhaftes Zögern grundsätzlich vor Ablauf der Äußerungsfrist zu entsprechen.[411] Der **Fristenlauf** kann jedoch weder durch das Verlangen noch durch die Erörterung selbst beeinflusst werden (vgl. Rn. 10). Die Erörterung kann dann u. U. auch noch Ablauf der Äußerungsfrist stattfinden oder abgeschlossen werden.[412]

Die Erörterung ist kein laufendes Geschäft i. S. d. § 32 Abs. 1 S. 4 (vgl. § 32 9
Rn. 7). **Teilnehmer** sind deshalb einerseits der **PR in seiner Gesamtheit** und andererseits der **Dienststellenleiter** oder sein Vertreter. Für die Hinzuziehung der Schwerbehindertenvertretung und **weiterer Personen** gilt das Gleiche wie für die monatlichen Besprechungen nach § 66 Abs. 1 S. 1 (vgl. § 66 Rn. 3f.).[413] Über den **Zeitpunkt und Ort** haben beide Seiten einvernehmlich zu entscheiden. Die Erörterung kann im Rahmen einer monatlichen Besprechung, einer gesonderten Besprechung oder einer PR-Sitzung nach § 34 Abs. 4 stattfinden. Falls der PR bereits Einwendungen erhoben und die Erörterung nach Ablauf der Äußerungsfrist stattgefunden hat (vgl. Rn. 8), muss er entscheiden, ob er an seinen Einwendungen festhalten oder sie nicht aufrechterhalten will.

(**Abs. 2**) Die dem PR zur Verfügung stehende **Äußerungsfrist** ist in Abs. 2 10
S. 1 festgelegt. Durch das Änderungsgesetz v. 10. 7. 89[414] ist sie von ursprüng-

---

406 *BVerwG* v. 26. 7. 84 – 1 D 57.83 –, PersV 86, 110, u. v. 27. 1. 95, a. a. O.

407 So *BVerwG* v. 27. 1. 95, a. a. O.

408 So auch *BAG* v. 24. 6. 04 – 2 AZR 208/03 –, PersR 05, 208, u. v. 15. 8. 06, a. a. O.

409 So *BVerwG* v. 17. 2. 09 – 1 WB 37.08 –, PersV 09, 296 = PersR 09, 278 Ls.

410 *BVerwG* v. 27. 1. 95, a. a. O.

411 *BVerwG* v. 27. 1. 95, a. a. O.

412 *BVerwG* v. 27. 1. 95, a. a. O.

413 Abw. zum Mitbestimmungsverfahren nach dem LPVG NW (unter Hinw. auf dessen § 63 S. 4) *BVerwG* v. 23. 11. 10 – 6 P 2.10 –, PersR 11, 78: Berechtigung des Dienststellenleiters zur Hinzuziehung von Beschäftigten, die für Personal- und Organisationsangelegenheiten zuständig sind.

414 BGBl. I S. 1380, ber. S. 1473.

lich sieben Arbeitstagen auf **zehn Arbeitstage** verlängert worden. Sie beginnt am ersten Arbeitstag nach der vollständigen Unterrichtung über die von der Dienststelle beabsichtigte Maßnahme zu laufen.[415] Für ihre Berechnung gilt das Gleiche wie bei der Frist des § 69 Abs. 2 S. 3 (vgl. § 69 Rn. 16ff.). Der Fristenlauf wird weder durch ein Erörterungsverlangen noch durch die Erörterung selbst gehemmt oder unterbrochen.[416] Anders als nach § 69 Abs. 2 S. 4 ist eine **Abkürzung der Frist** in einem dringenden Fall im Mitwirkungsverfahren nicht möglich.[417] **Verlängerungen der Frist** können sich nach oder entsprechend § 82 Abs. 2 S. 2 ergeben, wenn eine Stufenvertretung oder der GPR als erstzuständige Personalvertretung zu beteiligen ist (vgl. § 82 Rn. 14). Nach überwiegender Meinung ist die Äußerungsfrist wie in den Fällen der Mitbestimmung (vgl. § 69 Rn. 19) eine **Ausschlussfrist**, die durch Vereinbarung zwischen Dienststellenleiter und PR nicht verlängert werden kann.[418]

11 Über seine **Stellungnahme** zu der beabsichtigten Maßnahme entscheidet der PR durch Beschluss. Dies kann nach Erörterung, aber auch vor oder ohne Erörterung geschehen (vgl. Rn. 7–9). Erklärt der PR ausdrücklich seine **Zustimmung** – was auch in der Weise erfolgen kann, dass er bereits erhobene Einwendungen nach Erörterung nicht aufrechterhält (vgl. Rn. 9) –, so ist das Mitwirkungsverfahren abgeschlossen, sobald die Erklärung der Dienststelle zugegangen ist. Das gilt auch dann, wenn er ausdrücklich erklärt, er werde sich zu der Maßnahme nicht äußern.[419] **Schweigt** der PR dagegen zu der Maßnahme, dann gilt diese (erst) nach Ablauf der Äußerungsfrist des Abs. 2 S. 1 als gebilligt. Will er **Einwendungen** erheben, dann hat dies nach Abs. 2 S. 2 unter Mitteilung der **Gründe** zu geschehen.[420] Dabei kann der PR seine Einwendungen grundsätzlich auf jeden sachlichen Grund stützen[421] und auch Gegenvorschläge machen.[422] Lediglich im Falle des § 78 Abs. 1 Nr. 3 kann er nach § 78 Abs. 2 S. 3 seine Einwendungen nur auf die in § 77 Abs. 2 Nr. 1 und 2 bezeichneten Gründe stützen (vgl. § 78 Rn. 23). Der Dienststellenleiter darf die angeführten Gründe nicht deshalb als unbeachtlich behandeln, weil er der Ansicht ist, sie seien untauglich (str.; vgl. § 69 Rn. 27).[423] Etwas anderes gilt nur, wenn die Begründung im Falle des § 78 Abs. 1 Nr. 3 offensichtlich auf keinen der gesetzlichen Versagungsgründe Be-

---

415 *BAG* v. 14. 1. 93 – 2 AZR 387/92 –, PersR 93, 406; *BVerwG* v. 27. 1. 95 – 6 P 22.92 –, PersR 95, 185.

416 *BAG* v. 14. 1. 93 u. *BVerwG* v. 27. 1. 95, jew. a. a. O.

417 Richardi-*Weber*, Rn.

418 Vgl. KfdP-*Berg*, Rn. 10 m. N.

419 Vgl. *BAG* v. 12. 3. 87 – 2 AZR 176/86 –, AP BetrVG 1972 § 102 Nr. 69.

420 *BVerwG* v. 27. 1. 95 – 6 P 22.92 –, PersR 95, 185.

421 *LAG RP* v. 26. 2. 88 – 6 TaBV 27/87 –, PersR 88, 166.

422 Str.; vgl. KfdP-*Berg*, Rn. 11 m. N.

423 KfdP-*Berg*, a. a. O.

zug nimmt. Für die Einwendungen und ihre Begründung ist grundsätzlich keine bestimmte **Form** vorgeschrieben. Für die Mitwirkung bei ordentlichen Kündigungen ergibt sich jedoch aus § 79 Abs. 1 S. 4, dass Einwendungen i. S. d. § 79 Abs. 1 S. 3 schriftlich erhoben und begründet werden müssen (vgl. § 79 Rn. 18). Aber auch sonst ist es zweckmäßig, eine schriftliche Stellungnahme abzugeben.

Werden in der Stellungnahme des PR Beschwerden oder Behauptungen tat- 12
sächlicher Art vorgetragen, die für einen Beschäftigten ungünstig sind oder ihm nachteilig werden können, so hat die Dienststelle dem **betroffenen Beschäftigten** nach Abs. 2 S. 3 i. V. m. § 69 Abs. 2 S. 6 **Gelegenheit zur Äußerung** zu geben und die Äußerung aktenkundig zu machen (vgl. § 69 Rn. 28).

(**Abs. 3**) Hat der PR rechtzeitig und ordnungsgemäß Einwendungen erho- 13
ben, muss die **Dienststelle** entscheiden, ob und in welchem Umfang sie diesen Einwendungen entsprechen will. Eine Frist für ihre Entscheidung schreibt das Gesetz nicht vor. **Entspricht sie den Einwendungen nicht** oder nicht in vollem Umfang, so hat der für die Dienststelle handelnde Dienststellenleiter dem PR diese Entscheidung **unter Angabe der Gründe schriftlich mitzuteilen**. Dies soll willkürliche Entscheidungen verhindern und in mehrstufigen Verwaltungen dem PR einer nachgeordneten Dienststelle ggf. die Prüfung ermöglichen, ob er nach Abs. 4 das **Verfahren fortsetzen** soll,[424] indem er innerhalb der dort festgelegten Frist von drei Arbeitstagen nach Zugang der Mitteilung die dafür zuständige Stelle zur Entscheidung anruft (vgl. Rn. 14ff.). Macht der PR von dieser Möglichkeit keinen Gebrauch, ist die Dienststelle nach Ablauf der Frist zur Durchführung der Maßnahme berechtigt. Das gilt nicht, wenn die schriftliche Mitteilung der Dienststelle ohne Begründung erfolgt oder der PR anhand der mitgeteilten Gründe nicht sachgerecht beurteilen kann, ob er von seinem Recht zur Anrufung der übergeordneten Dienststelle bzw. der obersten Dienstbehörde Gebrauch machen soll.[425] Kommt eine Fortsetzung des Verfahrens nicht in Betracht, weil die nach Abs. 3 entscheidende Dienststelle keine nachgeordnete Dienststelle ist, so ist das Mitwirkungsverfahren mit dem Zugang der Mitteilung beim PR **abgeschlossen.**

(**Abs. 4**) In **mehrstufigen Verwaltungen** kann das Mitwirkungsverfahren 14
nach einer den Einwendungen des PR nicht oder nicht in vollem Umfang entsprechenden Entscheidung einer nachgeordneten Dienststelle fortgesetzt werden. Abs. 4 S. 1 sieht vor, dass der PR der **nachgeordneten Dienststelle** binnen drei Arbeitstagen, nachdem ihm die Mitteilung nach Abs. 3 zugegangen ist (vgl. Rn. 13, 15), die Angelegenheit derjenigen übergeordneten Dienststelle mit dem Antrag auf Entscheidung vorlegen kann, bei der eine

424 Vgl. *BVerwG* v. 10.11.10 – 6 PB 13.10 –, PersR 11, 28.
425 *BVerwG* v. 10.11.10, a. a. O.

Stufenvertretung besteht. Dabei kann die **Vorlage** entweder an die **Mittelbehörde** oder an die **oberste Dienstbehörde** zu richten sein (vgl. § 69 Rn. 30). Anders als nach § 69 Abs. 3 S. 1 ist **nur der PR zur Vorlage berechtigt.** Für diese Vorlage ist ein Beschluss des Plenums erforderlich.[426] Die Vorlage ist der anzurufenden Dienststelle auf dem **Dienstweg** zuzuleiten (vgl. § 69 Rn. 31). Sie bedarf der **Schriftform.** Ihr Inhalt ist nicht ausdrücklich festgelegt. Es dürfte ausreichen, wenn mit dem »**Antrag auf Entscheidung**« der Streitfall benannt und durch die Übersendung der mit Gründen versehenen Einwendungen des PR (vgl. Rn. 11) und einer Abschrift der Mitteilung der ablehnenden Entscheidung der Dienststelle (vgl. Rn. 13) verdeutlicht wird, dass die angerufene Dienststelle eine Entscheidung treffen soll (eine [umfassende] Begründung ist nicht erforderlich).[427] Nach Abs. 4 S. 4 hat der PR seiner Dienststelle eine **Abschrift des Antrags** zuzuleiten.

15 Die **Vorlagefrist** von **drei Arbeitstagen** beginnt am ersten Arbeitstag nach dem Tag zu laufen, an welchem dem PR die Mitteilung der Dienststelle nach Abs. 3 zugegangen ist. Sie ist gewahrt, wenn die Vorlage vor Ablauf der Vorlagefrist abgesandt wird. **Verlängerungen der Frist** können sich nach oder entsprechend § 82 Abs. 2 S. 2 ergeben, wenn eine Stufenvertretung oder der GPR als erstzuständige Personalvertretung zu beteiligen ist (vgl. § 82 Rn. 14).

16 Mit der Vorlage nach Abs. 4 S. 1 geht die Entscheidungsbefugnis auf die **übergeordnete Dienststelle** über.[428] Diese kann die nachgeordnete Dienststelle **anweisen, den Einwendungen des PR zu entsprechen** und damit das Verfahren zu beenden. Die Vorschrift des Abs. 4 S. 2 Hs. 1, wonach die übergeordnete Dienststelle nach Verhandlung mit der Stufenvertretung entscheidet, kommt erst zum Zuge, wenn **der Stufenvertretung** die Angelegenheit **vorgelegt** wird. Dabei kann die übergeordnete Dienststelle die von der nachgeordneten Dienststelle beabsichtigte Maßnahme auch **mit abgeändertem Inhalt** vorlegen. Das gilt auch dann, wenn damit eine neue mitwirkungs- oder mitbestimmungspflichtige Maßnahme verbunden ist.[429] Mit der Vorlage an die Stufenvertretung wird diese für die Beteiligung zuständig (vgl. § 69 Rn. 35). Diese ist über die beabsichtigte Maßnahme vollständig zu unterrichten (vgl. Rn. 6). Zur »**Verhandlung**« **mit der Stufenvertretung** gehört ggf. auch ohne ausdrückliche Verweisung auf Abs. 1 i. d. R. eine Erörterung (vgl. Rn. 7–9), weil es sich dabei um ein für das gesamte Mitwirkungsverfahren charakteristisches prozedurales Element handelt.[430] Entspricht die übergeordnete Dienststelle den **Einwendungen der Stufenvertretung** nicht

---

426 *BVerwG* v. 26. 10. 73 – VII P 6.72 –, PersV 74, 147.
427 Str.; vgl. KfdP-*Berg*, Rn. 14 m. N.
428 *BAG* v. 6. 8. 02 – 1 ABR 47/01 –, PersR 03, 41.
429 *BAG* v. 6. 8. 02, a. a. O.
430 Vgl. *BVerwG* v. 27. 1. 95 – 6 P 22.92 –, PersR 95, 185.

oder nicht in vollem Umfang, so hat sie entsprechend Abs. 3 der Stufenvertretung ihre Entscheidung unter Angabe der Gründe schriftlich mitzuteilen.

Hat in einer mehr als zweistufigen Verwaltung die nach Abs. 4 S. 1 angerufene **Mittelbehörde** in dem nach Abs. 4 S. 2 durchgeführten Stufenverfahren den Einwendungen der bei ihr bestehenden Stufenvertretung – also des **BPR** – nicht entsprochen, kann ebenfalls nach Abs. 4 S. 1 der BPR die Angelegenheit binnen drei Arbeitstagen der **obersten Dienstbehörde vorlegen.** Für Form und Inhalt der Vorlage des BPR sowie für den Lauf und die Einhaltung der Vorlagefrist gilt das zuvor Gesagte entsprechend (vgl. Rn. 14f.), wobei hier eine Verlängerung der Frist nach § 82 Abs. 2 nicht in Betracht kommen kann. Nach Abs. 4 S. 4 hat der BPR der Mittelbehörde eine Abschrift seines Antrags auf Entscheidung zuzuleiten. Die oberste Dienstbehörde entscheidet, ob das Mitwirkungsverfahren fortgesetzt werden soll. Entschließt sie sich dazu, hat sie die Angelegenheit dem bei ihr gebildeten **HPR vorzulegen**. Für das weitere Verfahren – bei dem es sich um ein **zweites Stufenverfahren** handelt – sind die für das erste Stufenverfahren geltenden Regelungen entsprechend anzuwenden (vgl. Rn. 16). 17

In **Körperschaften, Anstalten und Stiftungen** des öffentlichen Rechts mit mehrstufig aufgebauter Verwaltung ist als oberste Dienstbehörde nach Abs. 4 S. 3 i. V. m. § 69 Abs. 3 S. 2 und 3 ggf. das in ihrer Verfassung für die Geschäftsführung vorgesehene **oberste Organ** anzurufen (vgl. § 69 Rn. 37). 18

(Abs. 5) Hat der PR (oder der BPR) einen Antrag gem. Abs. 4 gestellt, ist die **beabsichtigte Maßnahme** gem. Abs. 5 bis zur Entscheidung der angerufenen Dienststelle (bzw. des nach Abs. 4 S. 3 angerufenen obersten Organs) **auszusetzen.**[431] Damit ist gemeint, dass die Durchführung der beabsichtigten Maßnahme bis auf Weiteres zurückzustellen ist. Durch diese Regelung soll gewährleistet werden, dass die Dienststelle vor Abschluss des Mitwirkungsverfahrens keine vollendeten Tatsachen schafft. Auch vorbereitende Maßnahmen, die die beabsichtigte Maßnahme ganz oder teilweise vorwegnehmen, sind unzulässig. Dienststelle und PR können auch nach Stellung eines Antrags nach Abs. 4 **versuchen,** gem. § 66 Abs. 1 S. 3 eine **Einigung zu erzielen.** Gelingt ihnen dies vor Abschluss des förmlichen Verfahrens, so wird dieses damit gegenstandslos. 19

(Abs. 6) Nach Abs. 6 i. V. m. § 69 Abs. 5 darf die Dienststelle bei Maßnahmen, die der Natur der Sache nach keinen Aufschub dulden, vor der endgültigen Entscheidung **vorläufige Regelungen** treffen (vgl. § 69 Rn. 41ff.). 20

Das **Mitwirkungsrecht** des PR wird **verletzt,** wenn die Dienststelle eine mitwirkungsbedürftige Maßnahme trifft, ohne dass die zuständige Personalvertretung zuvor ordnungsgemäß beteiligt worden ist. Nach § 79 Abs. 4 ist eine 21

431 Vgl. hierzu KfdP-*Berg*, Rn. 19 m. N.

durch den Arbeitgeber ausgesprochene **Kündigung des Arbeitsverhältnisses unwirksam**, wenn die Personalvertretung nicht beteiligt worden ist; das gilt auch für die fehlerhafte Beteiligung (vgl. § 79 Rn. 43f.). Welche Rechtsfolgen eine Verletzung des Mitwirkungsrechts für die **sonstigen mitwirkungsbedürftigen Maßnahmen** hat, legt das BPersVG nicht fest. Insoweit gilt im Grundsatz das Gleiche wie bei einer Verletzung des Mitbestimmungsrechts (vgl. § 69 Rn. 47ff.).[432] Eine Besonderheit besteht bei der Erhebung der **Disziplinarklage** gegen einen Beamten: Ist der PR dabei entgegen § 78 Abs. 1 Nr. 3 nicht oder nicht ordnungsgemäß beteiligt worden, so kann dieser Mangel nach § 55 Abs. 1 BDG im gerichtlichen Disziplinarverfahren geltend gemacht werden (vgl. § 78 Rn. 20).

§ 73 [Dienstvereinbarungen]

(1) [1]Dienstvereinbarungen sind zulässig, soweit sie dieses Gesetz ausdrücklich vorsieht. [2]Sie werden durch Dienststelle und Personalrat gemeinsam beschlossen, sind schriftlich niederzulegen, von beiden Seiten zu unterzeichnen und in geeigneter Weise bekanntzumachen.
(2) Dienstvereinbarungen, die für einen größeren Bereich gelten, gehen den Dienstvereinbarungen für einen kleineren Bereich vor.

1 Die im BPersVG (und in den LPersVG) vorgesehenen **Dienstvereinbarungen** sind den im BetrVG geregelten Betriebsvereinbarungen nachgebildet. Nach überwiegender und zutreffender Ansicht handelt es sich bei Betriebsvereinbarungen und Dienstvereinbarungen um Verträge, die – unter Beachtung des staatlichen Rechts und des grundsätzlichen Vorrangs des Tarifvertrages – ähnlich dem Tarifvertrag **Rechtsnormen** für die Arbeitnehmer des Betriebes bzw. die Beschäftigten der Dienststelle schaffen und die Rechte und Pflichten der vertragschließenden Partner (Betriebsrat und Arbeitgeber bzw. PR und Dienststellenleiter) regeln können. Dabei wird die Betriebsvereinbarung als privatrechtlicher Vertrag und die Dienstvereinbarung als **öffentlich-rechtlicher Vertrag** angesehen. Während jedoch grundsätzlich alle zur funktionellen Zuständigkeit des Betriebsrats gehörenden Fragen Gegenstand von Betriebsvereinbarungen sein können, lässt das BPersVG (anders als die meisten LPersVG) Dienstvereinbarungen nur für bestimmte, im Gesetz abschließend genannte **Gegenstände** zu.

2 Abgesehen von einer Sonderregelung im ArbNErfG (vgl. dazu § 75 Rn. 128), sind Dienstvereinbarungen nach § 73 Abs. 1 S. 1 (nur) **zulässig, soweit sie das BPersVG** (an anderer Stelle) **ausdrücklich vorsieht.** Entsprechende ausdrückliche Vorschriften sind enthalten **in § 75 Abs. 3 und § 76 Abs. 2,** in de-

432 Näher dazu KfdP-*Berg*, Rn. 21ff.

ren Eingangssätzen es heißt, dass der PR über die dort aufgeführten Angelegenheiten »gegebenenfalls durch Abschluss von Dienstvereinbarungen mitzubestimmen« hat (für den Bundesnachrichtendienst gilt seit dem 2.9.16 die Sonderregelung in § 86 Nr. 8 S. 2; vgl. dazu § 86 Rn. 10c und 10d). Ohne das Vorliegen eines gesetzlichen Mitbestimmungstatbestands kommen einer Dienstvereinbarung im Geltungsbereich des BPersVG **keine Rechtswirkungen** zu.[433] Der **Zweck** von Dienstvereinbarungen in diesen mitbestimmungspflichtigen Angelegenheiten besteht darin, die Beteiligung des PR in einer Vielzahl von Einzelfällen mit gleichem sachlichen Gegenstand zu erübrigen.[434] Mit der Einschränkung, dass die Dienstvereinbarung gegenständlich nicht außerhalb eines der in § 75 Abs. 3 oder § 76 Abs. 2 BPersVG genannten Mitbestimmungstatbestände liegen darf, stellt sich ihr Abschluss mithin als eine **vorweggenommene Mitbestimmung** dar.[435] Für alle gegenwärtig und künftig davon abgedeckten Fälle ist die Mitbestimmung damit abgegolten.[436] Der PR ist für die Dauer der Geltung der Dienstvereinbarung hieran gebunden. Dabei ist die Dienstvereinbarung eine gleichwertige, neben Zustimmung und Zustimmungsverweigerung stehende Handlungsform, also eine **Modalität der Ausübung der Mitbestimmung.**[437] Dienstvereinbarungen können nicht nur **generelle Regelungen** mit Dauerwirkung enthalten, sondern auch **kollektive Einzelfallregelungen** mit zeitlich begrenzter Wirkung treffen, so z.B. eine kollektive Arbeitszeitregelung für einen bestimmten Tag.

Dienstvereinbarungen stehen unter einem **doppelten Vorbehalt**. Zum einen **3**
sind sie nach den Eingangshalbsätzen von § 75 Abs. 3 und § 76 Abs. 2 ebenso wie die Mitbestimmung in den dort aufgeführten Angelegenheiten nur zulässig, soweit eine gesetzliche oder tarifliche Regelung nicht besteht (näher zu diesem als Schranke der Mitbestimmung festgelegten **Vorrang von Gesetz und Tarifvertrag** § 75 Rn. 72–75). Zum anderen können Arbeitsentgelte und sonstige Arbeitsbedingungen, die durch Tarifvertrag geregelt sind oder üblicherweise geregelt werden, nach § 75 Abs. 5 nicht Gegenstand einer Dienstvereinbarung sein, wenn nicht ein Tarifvertrag den Abschluss ergänzender Dienstvereinbarungen ausdrücklich zulässt (näher zu dieser **Sperre durch tarifliche oder tarifübliche Regelung** § 75 Rn. 161–163). Beim Abschluss von Dienstvereinbarungen sind zudem **die Normen des höher-**

---

433 *BAG* v. 10.10.06 – 1 AZR 811/05 –, PersR 07, 209.
434 *BVerwG* v. 17.12.03 – 6 P 7.03 –, PersR 04, 106, m.w.N.
435 *BVerwG* v. 1.11.83 – 6 P 28.82 –, PersV 85, 473, u. v. 30.3.09 – 6 PB 29.08 –, PersR 09, 332.
436 *BVerwG* v. 8.7.83 – 6 P 1.81 – u. v. 26.3.86 – 6 P 38.82 –, PersV 85, 65, u. 86, 510.
437 *BVerwG* v. 9.12.92 – 6 P 16.91 –, PersR 93, 212, m.w.N.

rangigen zwingenden staatlichen Rechts, etwa **Gleichbehandlungsgrundsätze** und **Benachteiligungsverbote**, zu beachten.[438]

4 § 73 Abs. 1 S. 2 sieht für den Regelfall vor, dass Dienstvereinbarungen durch Dienststelle und PR **gemeinsam beschlossen** werden (**einvernehmliche Dienstvereinbarungen**). Daraus ergibt sich, dass eine solche Dienstvereinbarung durch den Austausch übereinstimmender Willenserklärungen von PR und Dienststellenleiter zustande kommt. Dazu ist auf der Seite des PR ein Beschluss erforderlich, der unter Beachtung der §§ 37 und 38 zu fassen ist. Der Inhalt der Dienstvereinbarung ist **schriftlich niederzulegen** und von beiden Seiten **zu unterzeichnen** (Gebot der **Schriftform**). Dies hat nach § 126 Abs. 2 S. 1 BGB auf derselben Urkunde einerseits durch den Dienststellenleiter (oder durch eine zu seiner Vertretung berechtigte Person [vgl. § 7 Rn. 2f.]), andererseits nach § 32 Abs. 3 durch den PR-Vorsitzenden (oder dessen Stellvertreter) und in Gruppenangelegenheiten ggf. zusätzlich durch ein der Gruppe angehörendes Vorstandsmitglied (vgl. § 32 Rn. 16ff.) jeweils durch Namensunterschrift zu geschehen. Bei Nichteinhaltung der Schriftform ist die Dienstvereinbarung nichtig (§ 125 S. 1 BGB). Die darin enthaltenen Übereinkünfte können aber als **Abreden ohne normativen Charakter** gleichwohl für Dienststelle und PR verbindlich sein.[439] Bei **Verweisungen auf andere Regelungen**, die in der Dienstvereinbarung nicht wörtlich wiedergegeben und dieser auch nicht als Anlage beigefügt sind, wird die Schriftform gleichwohl gewahrt, wenn die in Bezug genommene Regelung selbst schriftlich abgefasst ist und in der verweisenden Dienstvereinbarung so genau bezeichnet ist, dass Irrtümer über Art und Ausmaß der in Bezug genommenen Regelung ausgeschlossen sind (Gebot der **Normenklarheit**).[440]

5 Die **Initiative** zum Abschluss einer Dienstvereinbarung kann vom Dienststellenleiter oder vom PR ausgehen.[441] Ihr Zustandekommen kann im **Verfahren der Mitbestimmung** angestrebt werden. Der Abschluss einer Dienstvereinbarung zur Regelung einer mitbestimmungspflichtigen Angelegenheit ist eine **Maßnahme** i. S. d. PersVR.[442] Will der **Dienststellenleiter** eine Dienstvereinbarung abschließen, so leitet er das Verfahren dadurch ein, dass er nach § 69 Abs. 2 den PR über die beabsichtigte Dienstvereinbarung unterrichtet und dessen Zustimmung beantragt. Aufgrund des Vertragscharakters der Dienstvereinbarung (vgl. Rn. 1) besteht hier insoweit eine Besonderheit, als eine nicht fristgemäße Äußerung des PR entgegen § 69 Abs. 2 S. 5 nicht als Zustimmung, sondern als Ablehnung gilt. Kommt eine Einigung nicht

---

438 Näher hierzu KfdP-*Berg*, Rn. 5a.

439 Vgl. KfdP-*Berg*, Rn. 6.

440 *BAG* v. 18.3.14 – 1 AZR 807/12 –, PersR 7–8/14, 56.

441 *BVerwG* v. 1.11.83 – 6 P 28.82 –, PersV 85, 473.

442 *BVerwG* v. 17.12.03 – 6 P 7.03 –, PersR 04, 106.

zustande, kann das Verfahren nach § 69 Abs. 3 und 4 bis zur Einschaltung der Einigungsstelle fortgesetzt werden (vgl. dazu Rn. 6). Will der **PR initiativ** werden, so ist nach der Art der zu regelnden Angelegenheit wie folgt zu unterscheiden:

- In den **Fällen des § 75 Abs. 3 Nr. 1 bis 6 und 11 bis 17** steht dem PR nach § 70 Abs. 1 ein **uneingeschränktes Initiativrecht** zu. Er kann beim Dienststellenleiter den Abschluss einer Dienstvereinbarung beantragen. Entspricht dieser dem Antrag nicht, so kann das Verfahren ebenso wie bei einer Initiative des Dienststellenleiters nach § 69 Abs. 3 und 4 bis zur Einschaltung der Einigungsstelle fortgesetzt werden (vgl. § 70 Rn. 6ff.).
- In den **Fällen des § 75 Abs. 3 Nr. 7 bis 10 und des § 76 Abs. 2** hat der PR nach § 70 Abs. 2 ein **eingeschränktes Initiativrecht.** Er kann beim Dienststellenleiter den Abschluss einer Dienstvereinbarung beantragen. Entspricht dieser dem Antrag nicht, so kann das Verfahren nach § 69 Abs. 3 fortgesetzt werden, ohne dass die Einigungsstelle angerufen werden kann (vgl. § 70 Rn. 12ff.).

Der PR kann aber auch, ohne einen Initiativantrag gestellt zu haben, in einem **laufenden Mitbestimmungsverfahren,** das vom Dienststellenleiter mit dem Antrag auf Zustimmung zu einer beabsichtigten Maßnahme eingeleitet worden ist, fordern, über bestimmte Gesichtspunkte dieser Maßnahme eine Dienstvereinbarung zu treffen.[443]

Im Hinblick auf den Vertragscharakter der Dienstvereinbarung kann diese **6** grundsätzlich nur dann zustande kommen, wenn PR und Dienststellenleiter sich darüber einig werden oder wenn – bei Fortführung des Mitbestimmungsverfahrens – eine Einigung zwischen der zuletzt beteiligten Personalvertretung und dem zuletzt beteiligten Dienststellenleiter erzielt wird (vgl. Rn. 5). Eine Ausnahme gilt jedoch in den Fällen, in denen die **Einigungsstelle** nach § 69 Abs. 4 zur **endgültigen Entscheidung** befugt ist. Dabei ist – wenn man der neueren Rspr. des *BVerwG* zur verfassungskonformen Anwendung des BPersVG (vgl. § 69 Rn. 40 u. § 70 Rn. 11) folgt – wie folgt zu differenzieren: In den **Fällen des § 75 Abs. 3 Nr. 1 bis 6, 11 bis 13, 15 und 16** (in denen der PR ein uneingeschränktes Initiativrecht hat) ist die Befugnis der Einigungsstelle zur Letztentscheidung unabhängig davon gegeben, von wem die Initiative ausgegangen ist, in den **Fällen des § 75 Abs. 3 Nr. 7 bis 9** besteht diese Befugnis nur dann, wenn der Dienststellenleiter initiativ geworden ist. Soweit die Einigungsstelle zur endgültigen Entscheidung befugt ist, ersetzt ihr Spruch die fehlende Einigung zwischen dem zuletzt beteiligten Dienststellenleiter und der zuletzt beteiligten Personalvertretung.[444] Der Spruch hat damit (anders als in der 4. u. 5. Aufl. gesagt) nicht nur die Wir-

443 *BVerwG* v. 9.12.92 – 6 P 16.91 –, PersR 93, 212, u. v. 17.12.03, a.a.O.
444 *BVerwG* v. 17.12.03, a.a.O.

kung, sondern die **Bedeutung einer Dienstvereinbarung.**[445] Dem Dokumentationszweck der Regelung des § 73 Abs. 1 S. 2 über die schriftliche Niederlegung der Dienstvereinbarung und ihre Unterzeichnung von beiden Seiten wird durch die **schriftliche Abfassung** des Beschlusses der Einigungsstelle Rechnung getragen.[446]

7 Nach § 73 Abs. 1 S. 2 sind Dienstvereinbarungen in geeigneter Weise **bekannt zu machen.** Dies hat entsprechend § 74 Abs. 1 durch den Dienststellenleiter zu erfolgen. Die Form der Bekanntmachung muss gewährleisten, dass die Beschäftigten – einschl. der später neu eingestellten – sich ohne besondere Umstände mit dem Inhalt der Dienstvereinbarung vertraut machen können. Die Bekanntmachung ist aber keine Voraussetzung für die Wirksamkeit der Dienstvereinbarung.[447]

8 Sofern die Dienstvereinbarung den Zeitpunkt ihres **Inkrafttretens** nicht festlegt, tritt sie mit ihrem Abschluss – d. h. grundsätzlich mit ihrer Unterzeichnung durch beide Seiten (vgl. Rn. 4) – in Kraft. Für einen ihr gleichzustellenden Beschluss der Einigungsstelle (vgl. Rn. 6) gilt dies entsprechend mit der Maßgabe, dass es auf die Unterzeichnung des Beschlusses ankommt (vgl. § 71 Rn. 27). Die Dienstvereinbarung (bzw. der Beschluss der Einigungsstelle) ist ein der Betriebsvereinbarung wesensverwandter kollektivrechtlicher **Akt dienststelleninterner Rechtsetzung** für die Dienststelle und deren Beschäftigte.[448] Die Vorschriften der §§ 305 ff. BGB, die für die Gestaltung rechtsgeschäftlicher Schuldverhältnisse in **Allgemeinen Geschäftsbedingungen** eine **Inhaltskontrolle** i. S. einer Angemessenheitskontrolle vorsehen, sind nach § 310 Abs. 4 S. 1 BGB auf (Tarifverträge, Betriebs- und) Dienstvereinbarungen nicht anzuwenden.[449] Entsprechend § 77 Abs. 4 S. 1 BetrVG gelten die in der Dienstvereinbarung enthaltenen Rechtsnormen für die Dienststelle und deren Beschäftigte (Arbeitnehmer und Beamte) in der Weise **unmittelbar** und **zwingend**, dass alle gegenwärtig oder künftig in der Dienststelle Beschäftigten vom Dienststellenleiter nach ihren Vorschriften behandelt werden müssen.[450] Die **unmittelbare Wirkung** besteht nach h. M. darin, dass die normativen Regelungen der Dienstvereinbarung wie ein Gesetz von außen auf die Arbeits- und Beamtenverhältnisse der Beschäftigten der Dienststelle einwirken, ohne Inhalt der einzelnen Beschäftigungsverhält-

445 Teilw. str.; vgl. KfdP-*Berg*, Rn. 8 m. N.

446 *BVerwG* v. 17. 12. 03, a. a. O.

447 *BVerwG* v. 9. 3. 12 – 6 P 27.10 –, PersR 12, 265; *BAG* v. 18. 3. 14 – 1 AZR 807/12 –, PersR 7–8/14, 56.

448 *BVerwG* v. 17. 12. 03 – 6 P 7.03 –, PersR 04, 106, v. 1. 9. 04 – 6 P 3.04 –, PersR 04, 437, u. v. 7. 4. 08 – 6 PB 1.08 –, PersR 08, 450.

449 *BAG* v. 1. 2. 06 – 5 AZR 187/05 –, AP BetrVG 1972 § 77 Betriebsvereinbarung Nr. 28.

450 *BVerwG* v. 25. 6. 03 – 6 P 1.03 –, PersR 03, 361; *BAG* v. 25. 9. 13 – 10 AZR 270/12 –, PersR 1/14, 29; hierzu u. zum Folgenden KfdP-*Berg*, Rn. 10 m. w. N.

nisse zu werden. Die **zwingende Wirkung** verpflichtet nach h. M. nur den Arbeitgeber bzw. Dienstherrn. Sie bedeutet, dass in Einzelvereinbarungen (nur) zugunsten der Beschäftigten von den normativen Regelungen der Dienstvereinbarung abgewichen werden kann (vgl. Rn. 9). Werden Beschäftigten durch Dienstvereinbarung Rechte eingeräumt, so ist entsprechend § 77 Abs. 4 S. 2 und 3 BetrVG ein **Verzicht** auf sie grundsätzlich nur mit Zustimmung des PR zulässig[451] und eine **Verwirkung** dieser Rechte ausgeschlossen. Ein Verzicht ist auch ohne Zustimmung des PR zulässig, wenn sich der Beschäftigte bei einem Günstigkeitsvergleich durch die den Verzicht enthaltende Vereinbarung insgesamt besser stellt.[452]

Aus dem **Günstigkeitsprinzip** (vgl. Rn. 8) folgt, dass bereits vor Inkrafttre- 9
ten der Dienstvereinbarung getroffene ungünstigere Einzelvereinbarungen während der Geltungsdauer der Dienstvereinbarung – einschl. eines etwaigen Nachwirkungszeitraums (vgl. Rn. 19) – verdrängt werden.[453] Arbeitsvertraglich begründete Ansprüche der Arbeitnehmer auf Sozialleistungen, die auf eine vom Arbeitgeber gesetzte **Einheitsregelung** oder eine **Gesamtzusage** zurückgehen, können durch eine nachfolgende Dienstvereinbarung in den Grenzen von Recht und Billigkeit nur beschränkt werden, wenn die Neuregelung insgesamt bei kollektiver Betrachtung nicht ungünstiger ist oder wenn die vertragliche Einheitsregelung den Vorbehalt enthält, dass eine spätere betriebliche Regelung den Vorrang haben soll.[454] Außerdem muss die Ablösung einer materiellen Rechtskontrolle standhalten, z. B. den Grundsätzen der Verhältnismäßigkeit und des Vertrauensschutzes entsprechen.[455] Die Ablösbarkeit einer **betrieblichen Übung** durch eine verschlechternde Dienstvereinbarung richtet sich nach denselben Regeln wie die Ablösbarkeit einer Gesamtzusage.[456]

Mit dem Abschluss der Dienstvereinbarung ist die Mitbestimmung des 10
PR nach den einschlägigen Mitbestimmungstatbeständen abgegolten (vgl. Rn. 2). Maßnahmen, die in **Vollzug** einer Dienstvereinbarung vorgenommen werden, sind nicht mitbestimmungspflichtig.[457] Soll eine Dienstvereinbarung **abgeändert** werden, muss dies in gleicher Weise geschehen wie der Abschluss selbst. Die einseitige Abänderung ist somit unzulässig.[458] Sie kann

451 Dazu ist ein ordnungsgemäßer Beschluss des PR erforderlich; vgl. zu § 77 Abs. 4 S. 2 BetrVG *BAG* v. 15. 10. 13 – 1 AZR 405/12 –, NZA 14, 217 (zu II 2b aa m. w. N.).

452 *BAG* v. 27. 1. 04 – 1 AZR 148/03 –, AP BetrVG 1972 § 112 Nr. 166.

453 *BAG* v. 21. 9. 89 – 1 AZR 454/88 –, AP BetrVG 1972 § 77 Nr. 43, u. v. 14. 2. 91 – 8 AZR 166/90 –, AP TVG § 3 Nr. 10.

454 *BAG* v. 16. 9. 86 – GS 1/82 –, AP BetrVG 1972 § 77 Nr. 17.

455 *BAG* v. 23. 10. 01 – 3 AZR 74/01 –, AP BetrAVG § 1 Ablösung Nr. 33.

456 *BAG* v. 18. 3. 03 – 3 AZR 101/72 –, AP BetrAVG § 1 Ablösung Nr. 41.

457 *BVerwG* v. 26. 3. 86 – 6 P 38.82 –, PersV 86, 510.

458 *BVerwG* v. 26. 3. 86, a. a. O.

auch nicht mittels einer vorläufigen Regelung i. S. d. § 69 Abs. 5 vorgenommen werden.[459]

11 Dienstvereinbarungen können nicht nur auf der Ebene der einzelnen (örtlichen) Dienststelle, sondern nach § 82 Abs. 4 i. V. m. § 73 Abs. 1 auch auf den Ebenen der **Gesamtdienststelle** sowie der **Mittelbehörde** und der **obersten Dienstbehörde** abgeschlossen werden, vorausgesetzt, dass dafür entsprechende Entscheidungszuständigkeiten des jeweiligen Dienststellenleiters und Beteiligungsbefugnisse der jeweiligen Personalvertretungen (GPR bzw. BPR oder HPR) bestehen.[460] Der **räumlich-sachliche Geltungsbereich** einer Dienstvereinbarung ist der Bereich, für den sie abgeschlossen ist. Bei Dienstvereinbarungen des PR ist das die Dienststelle, bei der er besteht, bei solchen des GPR, BPR oder HPR sind das – je nach Vereinbarung – alle oder zumindest mehrere Dienststellen, die zum Geschäftsbereich der Gesamtdienststelle, Mittelbehörde oder obersten Dienstbehörde gehören.

12 Nach § 73 Abs. 2 gehen Dienstvereinbarungen, die für einen **größeren Bereich** gelten, Dienstvereinbarungen für einen kleineren Bereich vor. Dieser **Vorrang** betrifft das Verhältnis von Dienstvereinbarungen des GPR zu Dienstvereinbarungen der PR im Bereich der Gesamtdienststelle, von Dienstvereinbarungen des BPR zu denen von PR und GPR im Bereich der Mittelbehörde und von Dienstvereinbarungen des HPR zu denen von PR, GPR und BPR im Bereich der obersten Dienstbehörde. Eine für einen größeren Bereich geltende Dienstvereinbarung ist aber nur dann vorrangig, wenn sie den **gleichen Gegenstand** regelt wie die Dienstvereinbarung für einen kleineren Bereich und wenn es sich dabei um eine positive Regelung (also nicht um die bloße Aufhebung einer Regelung) handelt. Dabei ist es unerheblich, ob die für den größeren Bereich geltende Dienstvereinbarung für die Beschäftigten **ungünstiger** ist als die Dienstvereinbarung für den kleineren Bereich. Dienstvereinbarungen für einen größeren Bereich können **Öffnungsklauseln** für ergänzende oder konkretisierende Dienstvereinbarungen für einen kleineren Bereich vorsehen. Außerdem können sie als **Rahmendienstvereinbarungen** abgeschlossen werden, die auf die Ausfüllung durch Dienstvereinbarungen für kleinere Bereiche angelegt sind.[461] Eine Dienstvereinbarung, die zwischen einer übergeordneten Dienststelle mit der dortigen Stufenvertretung mit Wirkung für den gesamten Geschäftsbereich zustande gekommen ist, gilt im Falle der **Umorganisation** der Verwaltung fort, wenn die von der Dienstvereinbarung erfassten Dienst-

---

459 Vgl. *VG Hamburg* v. 12. 1. 90 – 1 VG FB 15/89 –, PersR 90, 191.

460 *BVerwG* v. 20. 1. 93 – 6 P 21.90 –, PersR 93, 310.

461 Vgl. *OVG Bln-Bbg* v. 23. 4. 09 – 62 PV 4.07 –, PersR 09, 372.

stellen erhalten bleiben oder wenn der Dienststellenorganismus im Wesentlichen unverändert bleibt und so seine Identität wahrt.[462]

Der Dienststellenleiter ist nach § 74 Abs. 1 verpflichtet, rechtswirksam zu- 13
stande gekommene Dienstvereinbarungen, soweit sie nicht ausnahmsweise durch vorrangige Dienstvereinbarungen verdrängt werden (vgl. Rn. 12), so **durchzuführen,** wie sie abgeschlossen worden sind (vgl. § 74 Rn. 2).[463] Der PR hat nach § 68 Abs. 1 Nr. 2 darüber zu wachen, dass die zugunsten der Beschäftigten geltenden Dienstvereinbarungen durchgeführt werden (vgl. § 68 Rn. 6ff., 9). Er hat einen im personalvertretungsrechtlichen Beschlussverfahren durchsetzbaren Anspruch darauf, dass die Dienststelle die Dienstvereinbarung abredegemäß durchführt[464] und Maßnahmen unterlässt, die einer Dienstvereinbarung widersprechen.[465]

Die **Beendigung** von Dienstvereinbarungen ist im BPersVG nicht geregelt. 14
Sie kann aus verschiedenen Gründen erfolgen, u. a. durch **Kündigung** (näher dazu Rn. 15), durch einen zwischen PR und Dienststellenleiter vereinbarten **Aufhebungsvertrag,** durch **Fristablauf** oder **Zweckerreichung** oder durch Abschluss einer **vorrangigen Dienstvereinbarung** für einen größeren Bereich (vgl. Rn. 12). Außerdem kann die Dienstvereinbarung jederzeit durch eine **neue Dienstvereinbarung** über denselben Gegenstand ersetzt werden, und zwar i. d. R. auch dann, wenn die neue (für die Zukunft geltende) Regelung ungünstiger als die alte sein sollte, weil im Verhältnis von jüngeren und älteren gleichrangigen Normen grundsätzlich die **Zeitkollisionsregel** gilt.[466] Grenzen dieses **Ablösungsprinzips** ergeben sich aber aus **höherrangigem Recht**, insb. aus den grundrechtlich geschützten Positionen der Beschäftigten und aus den durch das Rechtsstaatsprinzip verbürgten Grundsätzen der Verhältnismäßigkeit und des Vertrauensschutzes. Danach können bereits entstandene Ansprüche der Beschäftigten grundsätzlich nicht aufgehoben oder geschmälert werden.[467] Die Dienstvereinbarung endet grundsätzlich auch, wenn während ihrer Laufzeit zum selben Gegenstand ein **Gesetz** oder ein **Tarifvertrag** (mit möglicherweise auch ungünstigerer Regelung) in Kraft tritt (vgl. Rn. 3). Etwas anderes kann ausnahms-

---

462 *BVerwG* v. 25. 6. 03 – 6 P 1.03 –, PersR 03, 361.

463 *BAG* v. 18. 1. 05 – 3 ABR 21/04 –, AP BetrVG 1972 § 77 Betriebsvereinbarung Nr. 24.

464 Vgl. zum Anspruch des Betriebsrats auf Durchführung der Betriebsvereinbarung *BAG* v. 18. 1. 05 – 3 ABR 21/04 –, AP BetrVG 1972 § 77 Betriebsvereinbarung Nr. 24.

465 *VGH BW* v. 17. 5. 88 – 15 S 1889/87 –, ZBR 89, 95, unter Hinw. auf *BAG* v. 10. 11. 87 – 1 ABR 55/86 –, AP BetrVG 1972 § 77 Nr. 24.

466 *BAG* v. 23. 5. 07 – 10 AZR 295/06 –, AP LPVG Hamburg § 83 Nr. 2.

467 Vgl. *BAG* v. 15. 11. 00 – 5 AZR 310/99 –, AP BetrVG 1972 § 77 Nr. 84, v. 28. 6. 05 – 1 AZR 213/04 –, AP BetrVG 1972 § 77 Betriebsvereinbarung Nr. 25, u. v. 10. 2. 09 – 3 AZR 653/07 –, AP BetrAVG § 1 Nr. 57, jew. m. w. N.

weise dann gelten, wenn die gesetzliche oder tarifvertragliche Regelung nicht zwingend oder nicht abschließend ist (vgl. § 75 Rn. 75) oder wenn der Tarifvertrag eine Öffnungsklausel enthält (vgl. § 75 Rn. 163) oder wenn er davon ausgeht, dass bestehende Dienstvereinbarungen so lange fortgelten sollen, bis sie wirksam gekündigt worden sind.[468]

15 Enthält die Dienstvereinbarung eine Kündigungsregelung, kann sie entsprechend dieser Regelung **gekündigt** werden, insb. unter Einhaltung der vereinbarten **Frist**. Fehlt eine solche Bestimmung, kann sie grundsätzlich jederzeit ohne Einhaltung einer Frist vom PR oder vom Dienststellenleiter gekündigt werden,[469] ohne dass es dafür eines rechtfertigenden sachlichen Grundes bedarf.[470] Eine **fristlose** Kündigung aus wichtigem Grund ist bei vereinbarter Kündigungsfrist (oder Laufzeit) nur zulässig, wenn Gründe vorliegen, die unter Berücksichtigung aller Umstände und unter Abwägung der Interessen der Betroffenen (Dienstherr bzw. Arbeitgeber, PR und Beschäftigte) ein Festhalten an der Dienstvereinbarung bis zum Ablauf der Kündigungsfrist nicht zumutbar erscheinen lassen. Eine **Teilkündigung** kommt nur dann in Betracht, wenn sie in der Dienstvereinbarung ausdrücklich zugelassen ist oder wenn sie einen selbständigen Teilkomplex betrifft.[471] Die Kündigung einer Dienstvereinbarung bedarf, wenn nichts anderes vereinbart ist, keiner besonderen **Form**; sie muss aber unmissverständlich und eindeutig sein.[472]

16 Die Geltung der Dienstvereinbarung hängt grundsätzlich von der **Fortexistenz der Dienststelle** ab.[473] Mit deren **Untergang** enden grundsätzlich auch die für sie abgeschlossenen Dienstvereinbarungen. Ob und unter welchen Voraussetzungen dies auch dann gilt, wenn eine Eingliederung in eine andere Dienststelle oder eine Zusammenlegung mit einer anderen Dienststelle erfolgt oder wenn ein bisher nach § 6 Abs. 3 verselbständigter Dienststellenteil seine personalvertretungsrechtliche Selbständigkeit verliert, ist umstritten. In allen Fällen des Untergangs gelten aber diejenigen Dienstvereinbarungen weiter, die im Hinblick auf diesen Untergang abgeschlossen wurden

---

468 *BAG* v. 11. 1. 83 – 3 AZR 433/80 –, AP BAT § 36 Nr. 5; *BVerwG* v. 25. 1. 85 – 6 P 7.84 –, PersR 87, 59.

469 *BAG* v. 5. 5. 88 – 6 AZR 521/85 –, PersR 89, 17.

470 *BAG* v. 17. 8. 04 – 3 AZR 189/03 –, NZA 05, 128 Os., u. v. 23. 5. 07 – 10 AZR 295/06 –, AP LPVG Hamburg § 83 Nr. 2; zum Vertrauensschutz bislang Begünstigter hinsichtlich des Fortbestands erworbener Anwartschaften auf betriebliche Altersversorgung vgl. *BAG* v. 11. 5. 99 – 3 AZR 21/98 – u. v. 19. 9. 06 – 1 ABR 58/05 –, AP BetrAVG § 1 Betriebsvereinbarung Nr. 6 u. 10.

471 Vgl. *BAG* v. 6. 11. 07 – 1 AZR 826/06 –, AP BetrVG 1972 § 77 Betriebsvereinbarung Nr. 35.

472 Vgl. *BAG* v. 19. 2. 08 – 1 AZR 114/07 –, AP BetrVG 1972 § 77 Betriebsvereinbarung Nr. 41.

473 *BVerwG* v. 25. 6. 03 – 6 P 1.03 –, PersR 03, 361.

oder die auch oder gerade in diesem Falle (noch) Bedeutung haben, insb. Dienstvereinbarungen über Sozialpläne.[474]

17 Ein **Wechsel des Rechtsträgers** der Dienststelle, der an ihrem Fortbestand nichts ändert, beendet die Dienstvereinbarungen dieser Dienststelle nicht.[475] Führt ein solcher Wechsel zu einem Übergang der Dienststelle vom Geltungsbereich des BPersVG in den eines **LPersVG**, gelten die Dienstvereinbarungen weiter, soweit sie auch nach diesem Gesetz zulässig sind. Besteht der Wechsel in einer **Privatisierung**, können die Dienstvereinbarungen im Hinblick auf ihre kollektivrechtliche Wesensverwandtschaft (vgl. Rn. 1, 8) als Betriebsvereinbarungen i. S. d. BetrVG fortbestehen. Der Bund hat in jüngerer Zeit wiederholt **spezialgesetzliche Regelungen** getroffen, in denen die teils befristete, teils unbefristete Weitergeltung von Dienstvereinbarungen als Betriebsvereinbarungen festgelegt worden ist (z. B. § 8 BwKoopG; vgl. dazu Anh. V C).[476]

18 Dienstvereinbarungen enden nicht dadurch, dass ein **Wechsel des Dienststellenleiters** oder eine **Neuwahl des PR** stattfindet.[477] Das gilt auch bei einem kurz- oder längerfristigen **Wegfall des PR** sowie bei einem **Verlust der PR-Fähigkeit** der Dienststelle.[478] Ist in diesen Fällen nicht nur vorübergehend kein PR vorhanden, kann der Dienststellenleiter eine von ihm für erforderlich gehaltene Kündigung einer Dienstvereinbarung allen betroffenen Beschäftigten der Dienststelle gegenüber erklären. Auch ein **Wegfall der Entscheidungsbefugnis des Dienststellenleiters** ist für den Fortbestand einer Dienstvereinbarung unerheblich.

19 Das BPersVG enthält keine mit § 77 Abs. 6 BetrVG vergleichbare Bestimmung, wonach nach Ablauf einer Dienstvereinbarung deren normative Regelungen weitergelten, bis sie durch eine andere Abmachung ersetzt werden. Es ist deshalb streitig, ob eine beendete Dienstvereinbarung (unabhängig von einer entsprechenden Vereinbarung der Parteien) eine derartige (der Regelung des § 4 Abs. 5 TVG vergleichbare) **Nachwirkung** entfalten kann.[479] Eine Nachwirkung ist zumindest für normative Regelungen in den Angelegenheiten zu bejahen, in denen der PR ein uneingeschränktes Initiativrecht nach § 70 Abs. 1 hat, weil der Dienststellenleiter andernfalls die Wirkung einer gegen seinen Willen zustande gekommenen Dienstvereinbarung einseitig beseitigen könnte.[480] Sie ist aber dann ausgeschlossen, wenn der Re-

---

474 Vgl. KfdP-*Berg*, Rn. 18 m. N.
475 *BVerwG* v. 25. 6. 03, a. a. O.
476 Ferner KfdP-*Berg*, Rn. 19f. m. w. N.
477 Zum neugewählten Betriebsrat *BAG* v. 15. 4. 14 – 1 ABR 2/13 (B) –, NZA 14, 551 (zu B II 3 d): Prinzip der Funktionsnachfolge.
478 Jew. str.; KfdP-*Berg*, Rn. 21 m. N.
479 Näher hierzu KfdP-*Berg*, Rn. 22 m. N.
480 *BAG* v. 5. 5. 88 – 6 AZR 521/85 –, PersR 89, 17.

gelungsgegenstand nicht mehr der Regelungsbefugnis der Dienstvereinbarungsparteien unterliegt.[481] In anderen, nicht von § 70 Abs. 1 erfassten Angelegenheiten können die Parteien einer Dienstvereinbarung die Nachwirkung aller oder eines Teils ihrer Normen vereinbaren.[482]

§ 74 [Durchführung von Entscheidungen]

(1) Entscheidungen, an denen der Personalrat beteiligt war, führt die Dienststelle durch, es sei denn, daß im Einzelfall etwas anderes vereinbart ist.
(2) Der Personalrat darf nicht durch einseitige Handlungen in den Dienstbetrieb eingreifen.

1 (**Abs. 1**) Dem **Leiter der Dienststelle** obliegt die verantwortliche Leitung des gesamten Dienstbetriebs. Als Repräsentant des Dienstherrn und öffentlichen Arbeitgebers steht ihm in der Dienststelle das **Direktionsrecht** zu (vgl. § 7 Rn. 1). Die Beteiligungsrechte des PR schränken seine Entscheidungsfreiheit zwar ein. Die Durchführung von Maßnahmen ist aber auch nach erfolgter Beteiligung des PR allein seine Sache. Auch wenn eine Maßnahme die Zustimmung des PR erhalten hat, bleibt sie eine Entscheidung des Dienststellenleiters, für die er auch die Verantwortung zu tragen hat. Das Mitbestimmungsrecht bedeutet **kein Mitdirektionsrecht**. Nur im Einzelfall und nach ausdrücklicher Vereinbarung kann die Durchführung einer Entscheidung dem PR übertragen werden (vgl. Rn. 4).

2 Hat der PR einer vom Dienststellenleiter beabsichtigten mitbestimmungspflichtigen Maßnahme zugestimmt, ist dieser nunmehr berechtigt, sie durchzuführen. Der PR hat aber keinen Anspruch darauf, dass dies geschieht.[483] Anders verhält es sich, wenn der Dienststellenleiter, eine übergeordnete Dienststelle oder das zuständige Organ des Rechtsträgers der Dienststelle eine vom PR nach § 68 Abs. 1 Nr. 1 oder § 70 vorgeschlagene Maßnahme zugesagt oder wenn die Einigungsstelle eine solche Maßnahme mit bindender Wirkung für die Beteiligten beschlossen hat (§ 70 Abs. 1 i. V. m. § 69 Abs. 4 und § 71 Abs. 4 S. 2). In einem derartigen Fall besteht eine **Durchführungspflicht des Dienststellenleiters**, soweit sich an der zugrunde liegenden Sachlage nichts geändert hat.[484]

3 Abs. 1 gilt nicht für den Vollzug von Entscheidungen, die nach dem Gesetz in die **alleinige Zuständigkeit des PR** oder seines Vorsitzenden fallen. Dazu

---

481 *BAG* v. 5. 5. 88, a. a. O.
482 Vgl. *BAG* v. 28. 4. 98 – 1 ABR 43/97 –, AP BetrVG 1972 § 77 Nachwirkung Nr. 11.
483 *BVerwG* v. 15. 11. 95 – 6 P 2.94 –, PersR 96, 278.
484 *HmbOVG* v. 5. 4. 82 – OVG Bs PB 12/81 –, PersV 84, 245; vgl. auch *BVerwG* v. 25. 10. 83 – 6 P 22.82 –, PersV 85, 434, u. v. 1. 11. 84 – 6 P 28.82 –, PersR 85, 473.

gehören u. a. die Einberufung und Durchführung von PR-Sitzungen (§ 34) und von Personalversammlungen (§§ 48 bis 52) sowie die Bekanntmachungen am »Schwarzen Brett« (§ 44 Abs. 3) und die Herausgabe von Informationsschriften (vgl. § 44 Rn. 36).

Nach Abs. 1 Hs. 2 kann im Einzelfall vereinbart werden, dass der PR Entscheidungen durchführt, an denen er beteiligt war. Derartige **abweichende Vereinbarungen** sind zwischen Dienststellenleiter und PR abzuschließen. Da sie nur »im Einzelfall« geschlossen werden können, haben sie Ausnahmecharakter und können die Durchführungskompetenz **nicht generell** auf den PR übertragen. Die **Gegenstände** einer abweichenden Vereinbarung legt das Gesetz nicht fest. In Betracht kommen v. a. soziale Angelegenheiten i. w. S., insb. bei der Verwaltung von Sozialeinrichtungen (§ 75 Abs. 3 Nr. 5), bei Maßnahmen zur Eingliederung bestimmter Personengruppen (§ 68 Abs. 1 Nr. 4 u. 6) sowie bei der Umsetzung von nach § 68 Abs. 1 Nr. 1 beantragten Maßnahmen, zu denen auch betriebliche Gemeinschaftsveranstaltungen gehören können. Die **Verantwortung** des Dienststellenleiters und die daran ggf. anknüpfende Haftung des Rechtsträgers der Dienststelle werden durch eine Vereinbarung nach Abs. 1 Hs. 2 nicht aufgehoben. 4

(**Abs. 2**) Abs. 2 stellt klar, dass (ohne Einverständnis des Dienststellenleiters erfolgende) **einseitige Eingriffe** des PR in den Dienstbetrieb nicht zulässig sind. In den Dienstbetrieb greift der PR in unzulässiger Weise dann ein, wenn er Weisungen erteilt, die dem Dienststellenleiter in Ausübung seiner Funktion als Repräsentant des Arbeitgebers bzw. Dienstherrn zustehen. Abs. 2 gilt nicht für **Amtshandlungen des PR** (vgl. Rn. 3). Unzulässig wäre es aber z. B., eine außerordentliche Personalversammlung i. S. d. § 50 Abs. 2 ohne Einvernehmen mit dem Dienststellenleiter während der Arbeitszeit durchzuführen. Ein Eingriff in den Dienstbetrieb liegt nicht vor, wenn der PR die Beschäftigten über vom Dienststellenleiter zu treffende Maßnahmen lediglich unterrichtet oder wenn er über Abschluss und Inhalt einer nach § 73 Abs. 1 vom Dienststellenleiter bekannt zu machenden Dienstvereinbarung informiert. 5

Dritter Abschnitt
Angelegenheiten, in denen der Personalrat zu beteiligen ist

§ 75 [Angelegenheiten der uneingeschränkten Mitbestimmung]

(1) Der Personalrat hat mitzubestimmen in Personalangelegenheiten der Arbeitnehmer bei

1. Einstellung,
2. Übertragung einer höher oder niedriger zu bewertenden Tätigkeit, Höher- oder Rückgruppierung, Eingruppierung,
3. Versetzung zu einer anderen Dienststelle, Umsetzung innerhalb der Dienststelle, wenn sie mit einem Wechsel des Dienstortes verbunden ist (das Einzugsgebiet im Sinne des Umzugskostenrechts gehört zum Dienstort),
4. Abordnung für eine Dauer von mehr als drei Monaten,

4a Zuweisung entsprechend § 29 des Bundesbeamtengesetzes für die Dauer von mehr als drei Monaten,

5. Weiterbeschäftigung über die Altersgrenze hinaus,
6. Anordnungen, welche die Freiheit in der Wahl der Wohnung beschränken,
7. Versagung oder Widerruf der Genehmigung einer Nebentätigkeit.

(2) [1]Der Personalrat hat mitzubestimmen in sozialen Angelegenheiten bei

1. Gewährung von Unterstützungen, Vorschüssen, Darlehen und entsprechenden sozialen Zuwendungen,
2. Zuweisung und Kündigung von Wohnungen, über die die Dienststelle verfügt, sowie der allgemeinen Festsetzung der Nutzungsbedingungen,
3. Zuweisung von Dienst- und Pachtland und Festsetzung der Nutzungsbedingungen.

[2]Hat ein Beschäftigter eine Leistung nach Nummer 1 beantragt, wird der Personalrat nur auf seinen Antrag beteiligt; auf Verlangen des Antragstellers bestimmt nur der Vorstand des Personalrates mit. [3]Die Dienststelle hat dem Personalrat nach Abschluß jedes Kalendervierteljahres einen Überblick über die Unterstützungen und entsprechenden sozialen Zuwendungen zu geben. [4]Dabei sind die Anträge und die Leistungen gegenüberzustellen. [5]Auskunft über die von den Antragstellern angeführten Gründe wird hierbei nicht erteilt.

(3) Der Personalrat hat, soweit eine gesetzliche oder tarifliche Regelung nicht besteht, gegebenenfalls durch Abschluß von Dienstvereinbarungen mitzubestimmen über

1. Beginn und Ende der täglichen Arbeitszeit und der Pausen sowie die Verteilung der Arbeitszeit auf die einzelnen Wochentage,
2. Zeit, Ort und Art der Auszahlung der Dienstbezüge und Arbeitsentgelte,
3. Aufstellung des Urlaubsplanes, Festsetzung der zeitlichen Lage des Erholungsurlaubs für einzelne Beschäftigte, wenn zwischen dem Dienststellenleiter und den beteiligten Beschäftigten kein Einverständnis erzielt wird,
4. Fragen der Lohngestaltung innerhalb der Dienststelle, insbesondere die Aufstellung von Entlohnungsgrundsätzen, die Einführung und Anwendung von neuen Entlohnungsmethoden und deren Änderung sowie die Festsetzung der Akkord- und Prämiensätze und vergleichbarer leistungsbezogener Entgelte, einschließlich der Geldfaktoren,
5. Errichtung, Verwaltung und Auflösung von Sozialeinrichtungen ohne Rücksicht auf ihre Rechtsform,
6. Durchführung der Berufsausbildung bei Arbeitnehmern,
7. Auswahl der Teilnehmer an Fortbildungsveranstaltungen für Arbeitnehmer,
8. Inhalt von Personalfragebogen für Arbeitnehmer,
9. Beurteilungsrichtlinien für Arbeitnehmer,
10. Bestellung von Vertrauens- oder Betriebsärzten als Arbeitnehmer,
11. Maßnahmen zur Verhütung von Dienst- und Arbeitsunfällen und sonstigen Gesundheitsschädigungen,
12. Grundsätze über die Bewertung von anerkannten Vorschlägen im Rahmen des betrieblichen Vorschlagwesens,
13. Aufstellung von Sozialplänen einschließlich Plänen für Umschulungen zum Ausgleich oder zur Milderung von wirtschaftlichen Nachteilen, die dem Beschäftigten infolge von Rationalisierungsmaßnahmen entstehen,
14. Absehen von der Ausschreibung von Dienstposten, die besetzt werden sollen,
15. Regelung der Ordnung in der Dienststelle und des Verhaltens der Beschäftigten,
16. Gestaltung der Arbeitsplätze,
17. Einführung und Anwendung technischer Einrichtungen, die dazu bestimmt sind, das Verhalten oder die Leistung der Beschäftigten zu überwachen.

(4) Muß für Gruppen von Beschäftigten die tägliche Arbeitszeit (Absatz 3 Nr. 1) nach Erfordernissen, die die Dienststelle nicht voraussehen kann, unregelmäßig und kurzfristig festgesetzt werden, so beschränkt sich die Mitbestimmung auf die Grundsätze für die Aufstellung der Dienstpläne, insbesondere für die Anordnung von Dienstbereitschaft, Mehrarbeit und Überstunden.

(5) [1]Arbeitsentgelte und sonstige Arbeitsbedingungen, die durch Tarifvertrag geregelt sind oder üblicherweise geregelt werden, können nicht Gegenstand einer Dienstvereinbarung (Absatz 3) sein. [2]Dies gilt nicht, wenn ein Tarifvertrag den Abschluß ergänzender Dienstvereinbarungen ausdrücklich zuläßt.

1 Von der gesetzlichen Konzeption her sind in § 75 die Angelegenheiten aufgeführt, für die das Gesetz die uneingeschränkte Mitbestimmung des PR vorsieht (vgl. aber Rn. 2f.), während sich in § 76 die Mitbestimmungsfälle finden, die lediglich eine eingeschränkte Mitbestimmung mit Letztentscheidungsrecht der obersten Dienstbehörde (§ 69 Abs. 4 S. 4) kennen. Bei der erstgenannten trifft die Einigungsstelle, wenn sie im Nichteinigungsfall angerufen wird, nach § 69 Abs. 4 S. 1 i. V. m. § 71 Abs. 4 S. 2 eine abschließende, die Beteiligten bindende Entscheidung (vgl. § 69 Rn. 2 u. 39). In **Abs. 1** sind »Personalangelegenheiten der Arbeitnehmer« aufgeführt (vgl. Rn. 7–55), in **Abs. 2** »soziale Angelegenheiten« (vgl. Rn. 56–68) und in **Abs. 3** sonstige Angelegenheiten, für die das Gesetz keinen Oberbegriff verwendet (vgl. Rn. 69–158). Die sozialen Angelegenheiten und die sonstigen Angelegenheiten beziehen sich auf alle Beschäftigten, ausgenommen die Fälle der Nrn. 6 bis 9 des Abs. 3, die nur Arbeitnehmer betreffen (vgl. Rn. 107, 110, 113, 116). **Abs. 4** enthält eine die Nr. 1 des Abs. 3 modifizierende Sonderregelung für die Mitbestimmung des PR in Fragen der Arbeitszeit (vgl. Rn. 159f.). **Abs. 5** trifft eine den § 73 und die Eingangssätze des § 75 Abs. 3 und des § 76 Abs. 2 ergänzende Regelung über die Zulässigkeit von Dienstvereinbarungen (vgl. Rn. 161–163).

2 Diese Konzeption einer systematischen Aufteilung der Mitbestimmungstatbestände auf die §§ 75 und 76 ist durch die neuere Rspr. des BVerwG[485] aufgegeben; hiernach soll dem PR aufgrund verfassungskonformer Auslegung des Gesetzes auch in Personalangelegenheiten der Arbeitnehmer (Abs. 1), aber auch bei einigen weiteren Tatbeständen des Abs. 3 nach Maßgabe der Grundentscheidung des BVerfG **v. 24. 5. 95**[486] nur die eingeschränkte Mitbestimmung zustehen, wie sie der Gesetzestext nur in den Angelegenheiten des § 76, des § 85 Abs. 1 Nr. 7 und des § 90 Nr. 7 Buchst. c vorgesehen hat (vgl. § 69 Rn. 39). Bei diesen Angelegenheiten kann die im Nichteinigungsfall angerufene Einigungsstelle – wenn sie sich nicht der Auffassung der obersten Dienstbehörde anschließt – nicht die Letztentscheidung treffen, sondern nach § 69 Abs. 4 S. 3 lediglich eine Empfehlung an die oberste Dienstbehörde aussprechen, die sodann nach § 69 Abs. 4 S. 4 endgültig entscheidet (vgl. § 69 Rn. 2 u. 40). Inzwischen hat das *BVerwG* auch für einzelne **weitere**

485 Beschl. v. 18. 6. 02 – 6 P 12.01 –, PersR 02, 467, u. v. 30. 3. 09 – 6 PB 29.08 –, PersR 09, 332.

486 Beschl. v. 24. 5. 95 – 2 BvF 1/92 –, PersR 95, 483.

Mitbestimmungstatbestände des Abs. 3 entschieden, dass dort lediglich eine eingeschränkte Mitbestimmung zum Tragen kommt, wenn und soweit »die Regierungsverantwortung berührt« wird (vgl. § 104 S. 3 u. dort Rn. 4ff.), so etwa zu **Abs. 3 Nr. 14**;[487] es ist zu erwarten, dass das BVerwG ggf. auch für weitere Fälle des Abs. 3 entscheiden wird, dass dem PR insoweit entgegen dem Gesetzestext nur die eingeschränkte Mitbestimmung zusteht. Und auch Mitbestimmungsfälle, die nach Landesrecht eigentlich die uneingeschränkte Mitbestimmung eröffnen sollten, wie z. B. die Mitbestimmung bei der Geltendmachung von Ersatzansprüchen gem. § 86 Abs. 1 Nr. 18 HmbPersVG a. F. (im Bund ohnehin nur die eingeschränkte Mitbestimmung eröffnend, § 76 Abs. 2 Nr. 9) oder bei Maßnahmen zur Hebung der Arbeitsleistung gem. § 79 Abs. 1 S. 1 Nr. 9 LPVG BW a. F. (im Bund ohnehin nur die eingeschränkte Mitbestimmung eröffnend, § 76 Abs. 2 Nr. 5) werden nach dieser Rspr. aus der uneingeschränkten Mitbestimmung herausgenommen.[488]

Nach dem Gesetzestext hat der PR in den sonstigen Angelegenheiten des **3** Abs. 3 Nr. 1 bis 6 und 11 bis 17 das uneingeschränkte Initiativrecht nach § 70 Abs. 1 (vgl. § 70 Rn. 6–11). In den Personalangelegenheiten des Abs. 1, den sozialen Angelegenheiten des Abs. 2 und den sonstigen Angelegenheiten des Abs. 3 Nr. 7 bis 10 hat er das eingeschränkte Initiativrecht nach § 70 Abs. 2 (vgl. § 70 Rn. 12–15). Aufgrund der neueren Rspr. zur verfassungskonformen Auslegung der Vorschriften über die Mitbestimmung ist davon auszugehen, dass das BVerwG das dem PR in § 70 Abs. 1 eingeräumte Initiativrecht in den Fällen von Abs. 3 Nr. 14 und 17 ggf. dadurch beschneiden wird, dass es der Einigungsstelle analog § 69 Abs. 4 S. 3 und 4 nur eine **eingeschränkte Beschlusskompetenz** zugestehen wird (vgl. Rn. § 70 Rn. 11).

Für **besondere Personengruppen und Verwaltungszweige** sieht das Gesetz **4** in § 77 Abs. 1, § 85 Abs. 1 Nr. 6, § 86 Nr. 9, § 90 Nr. 7 Buchst. a und b sowie § 92 Nr. 2 vor, dass die **Mitbestimmung** in Angelegenheiten des § 75 **eingeschränkt oder ganz ausgeschlossen** ist (vgl. § 77 Rn. 1ff., § 85 Rn. 9, § 86 Rn. 10, § 90 Rn. 19ff. u. § 92 Rn. 7).

Beabsichtigt der Dienststellenleiter eine Maßnahme, bei der der PR nach § 75 **5** mitzubestimmen hat, richtet sich das **Mitbestimmungsverfahren** nach den Vorschriften des § 69. Eine solche Maßnahme darf der Dienststellenleiter erst durchführen, nachdem das Mitbestimmungsverfahren vollständig und ordnungsgemäß durchlaufen und **abgeschlossen** ist (vgl. § 69 Rn. 4ff.). Hinsichtlich des Verfahrensabschlusses ist zwischen uneingeschränkter und eingeschränkter Mitbestimmung zu unterscheiden (vgl. § 69 Rn. 2). Unter den Voraussetzungen des § 69 Abs. 5 sind ausnahmsweise **vorläufige Rege-**

---

487 *BVerwG* v. 30. 6. 05 – 6 P 9.04 –, PersR 05, 216.

488 BVerwG v. 24. 4. 02 – 6 P 4.01 –, PersR 02, 398, u. v. 18. 5. 04 – 6 P 13.03 –, PersR 04, 349.

lungen zulässig (vgl. § 69 Rn. 41 ff.). Zu den Rechtsfolgen einer **Verletzung des Mitbestimmungsrechts** vgl. § 69 Rn. 47 ff.

6 Erfüllt eine beabsichtigte Maßnahme **mehrere verschiedene Tatbestände** der Mitbestimmung oder der sonstigen Beteiligung, so bestehen die damit verknüpften Beteiligungsrechte grundsätzlich nebeneinander (näher dazu vor § 66 Rn. 12).

7 (**Abs. 1**) Nach Abs. 1 hat der PR mitzubestimmen in **Personalangelegenheiten der Arbeitnehmer** (bis zur Änderung des einleitenden Satzteils durch Gesetz v. 14. 9. 05[489] in Personalangelegenheiten der »Angestellten und Arbeiter«). Der in Abs. 1 enthaltene **Katalog** der mitbestimmungspflichtigen Personalangelegenheiten der Arbeitnehmer ist abschließend. Die **ordentliche Kündigung** des Arbeitsverhältnisses durch den Arbeitgeber unterliegt nach § 79 Abs. 1 lediglich der Mitwirkung des PR, die **außerordentliche Kündigung** unterliegt nach § 79 Abs. 3 seiner Anhörung (vgl. § 79 Rn. 8 ff. bzw. 36 ff.).

8 Die in den Mitbestimmungstatbeständen verwendeten Begriffe stammen aus im Allgemeinen aus dem **Arbeitsrecht** und haben i. d. R. einen damit übereinstimmenden Inhalt[490] (vgl. vor § 66 Rn. 3).

9 **Arbeitnehmer** i. S. d. BPersVG sind jene Beschäftigten, die nach § 5 S. 1 i. V. m. der Begriffsbestimmung des § 4 Abs. 3 die Gruppe der Arbeitnehmer bilden (vgl. § 4 Rn. 6 ff.). Dazu gehören ausdrücklich auch übertariflich Beschäftigte. »Leitende Angestellte«, für die im BetrVG ein Sonderstatus vorgesehen ist (vgl. § 5 Abs. 3 BetrVG), spielen im BPersVG keine Rolle; von der Mitbestimmung in Personalangelegenheiten ausgeschlossen sind sie allein nach Maßgabe des § 77 Abs. 1 S. 2, nämlich dann, wenn sie eine Beamtenstelle von der BesGr. A 16 BBesO an aufwärts innehaben oder wenn sie eine Stellung bekleiden, die einer solchen Beamtenstelle entspricht (vgl. § 77 Rn. 8 ff.). Die **Zugehörigkeit eines Beschäftigten zur Dienststelle** ist keine ungeschriebene systemimmanente Voraussetzung der Mitbestimmung in Personalangelegenheiten.[491] Die Mitbestimmung nach Abs. 1 greift auch bei Maßnahmen ein, durch welche (z. B. bei der Einstellung i. S. d. Abs. 1 Nr. 1) eine **Dienststellenzugehörigkeit erst begründet** wird, sowie bei Maßnahmen, von denen **ehemalige Dienststellenangehörige** betroffen sind, wenn die Bindungen zur Dienststelle fortbestehen und der Schutzzweck der Beteiligung das Tätigwerden des PR erfordert.[492] Das ist z. B. bei Arbeitnehmern der Fall, die für längere Zeit ohne Fortzahlung des Arbeitsentgelts beurlaubt

489 BGBl. I S. 2746.

490 Vgl. *BVerwG* v. 28. 5. 02 – 6 P 9.01 – u. v. 12. 9. 02 – 6 P 11.01 –, PersR 02, 340, u. 03, 39.

491 So *BVerwG* v. 15. 11. 06 – 6 P 1.06 –, PersR 07, 119.

492 *BVerwG* v. 15. 11. 06, a. a. O., u. v. 10. 1. 08 – 6 P 5.07 –, Buchh 251.4 § 88 Nr. 3.

sind[493] oder die aufgrund einer Personalgestellung nach § 4 Abs. 3 TVöD auf Dauer bei einem privaten Arbeitgeber beschäftigt werden;[494] Entsprechendes muss unbeschadet des § 13 Abs. 2 für die Fälle der Abordnung und der Zuweisung gelten, verbleiben doch diese Beschäftigten hinsichtlich ihrer Statusfragen im Zuständigkeitsbereich der entsendenden Dienststelle. Außerdem kommt die Mitbestimmung nach Abs. 1 Nr. 1 auch dann in Betracht, wenn eine einzustellende Person durch die **Einstellung** nicht die Eigenschaft eines Arbeitnehmers i. S. d. § 4 Abs. 3 erlangt (vgl. Rn. 12). Beschäftigte der ehemaligen Bundesanstalt für **Flugsicherung** gelten nach § 1 Abs. 1 BAFlSBAÜbnG als Beschäftigte der Dienststelle Flugsicherung des Luftfahrt-Bundesamtes[495], so dass der dort gebildete PR für die Mitbestimmung in den personellen Angelegenheiten dieses Personenkreises zuständig ist.[496]

Die mitbestimmungspflichtigen Personalangelegenheiten der **Beamten** sind 10
in § 76 Abs. 1 aufgeführt. Die **DO-Angestellten** bei Sozialversicherungsträgern sind nicht Beamte, sondern Arbeitnehmer i. S. d. BPersVG (vgl. § 4 Rn. 8). Deshalb hat der PR in ihren Personalangelegenheiten nach § 75 Abs. 1 mitzubestimmen. Da die Dienstordnung, die das privatrechtlich begründete Arbeitsverhältnis der DO-Angestellten gestaltet, sich an das Beamtenrecht anlehnt oder darauf verweist, kommen bei ihnen aber Angelegenheiten vor, die sich nur bei den für Beamte vorgesehenen Mitbestimmungstatbeständen finden. Um insoweit Lücken in der Interessenvertretung zu vermeiden, ist es sachgerecht, die in § 76 Abs. 1 für Beamte vorgesehenen Tatbestände auf DO-Angestellte entsprechend anzuwenden, wenn das Gesetz keine vergleichbaren Tatbestände für Arbeitnehmer enthält.[497]

Handelt es sich bei den Personalangelegenheiten i. S. v. § 75 Abs. 1 um **per-** 10a
sonelle Folgemaßnahmen organisatorischer Entscheidungen, so führen **schwächere Beteiligungsformen »im Vorfeld«** nicht dazu, dass die Mitbestimmung bei den späteren personellen Einzelmaßnahmen verdrängt wird.[498]

Personalangelegenheiten der Arbeitnehmer i. S. d. Abs. 1 sind **Gruppenan-** 11
gelegenheiten. Gem. § 38 Abs. 2 S. 1 sind deshalb nur die Vertreter der Gruppe der Arbeitnehmer zur Beschlussfassung über die Erteilung oder Verweigerung der Zustimmung des PR berufen (vgl. § 38 Rn. 5 ff.). Der PR

---

493 *BVerwG* v. 15. 11. 06, a. a. O.

494 *OVG NW* v. 23. 3. 10 – 16 A 2423/08.PVL –, PersR 10, 358. Zur Beteiligung des PR bei Entscheidungen gegenüber personalgestellten Beschäftigten s. auch *v. Roetteken*, PersR 11, 366.

495 Vgl. KfdP-*Altvater*, vor § 12 Rn. 11.

496 *BVerwG* v. 16. 4. 12 – 6 P 1.11 –, NZA-RR 12, 610 = PersR 12, 388 Ls.

497 Str.; vgl. KfdP-*Baden*, Rn. 10 m. N.

498 *BVerwG* v. 21. 3. 07 – 6 P 4.06 – u. v. 30. 3. 09 – 6 PB 29.08 –, PersR 07, 301, u. 09, 332.

kann eine **Zustimmungsverweigerung** nur auf die in § 77 Abs. 2 genannten Gründe stützen (vgl. § 69 Rn. 25ff., § 77 Rn. 11ff.). Bei der Ausübung seines Mitbestimmungsrechts hat er i.d.R. sowohl die **individuellen Interessen** der unmittelbar betroffenen Arbeitnehmer als auch die **kollektiven Interessen** der Beschäftigten der Dienststelle insgesamt zu wahren und zu schützen und die verschiedenen, möglicherweise widerstreitenden Interessen gegeneinander abzuwägen.

12 (**Abs. 1 Nr. 1**) Die Mitbestimmung bei der **Einstellung** bezieht sich nach der Rspr. des *BVerwG* auf die einzustellende Person, auf die von ihr auszuübenden Tätigkeiten und auf die mit der Übertragung der Tätigkeiten verbundene Eingruppierung[499] (vgl. Rn. 20, 23, 27). Dabei sollen in erster Linie die kollektiven Interessen der in der Dienststelle bereits tätigen Beschäftigten gewahrt werden.[500] Im Hinblick darauf ist es unerheblich, ob die einzustellende Person durch die Einstellung die Eigenschaft eines Arbeitnehmers i.S.d. § 4 Abs. 3 und damit eines Beschäftigten i.S.d. § 4 Abs. 1 erlangt.[501] Unter Einstellung ist nach h.M. grundsätzlich die **Eingliederung** eines Arbeitnehmers in die Dienststelle zu verstehen, die regelmäßig durch den Abschluss des Arbeitsvertrages (oder Ausbildungsvertrages) und die tatsächliche Aufnahme der vorgesehenen Tätigkeit (Arbeit oder Ausbildung) bewirkt wird.[502] Die Einstellung setzt nicht notwendig einen rechtswirksamen Arbeitsvertrag (bzw. Ausbildungsvertrag) zwischen dem Arbeitgeber und dem neuen Arbeitnehmer voraus.[503] Ein solcher Vertrag kann fehlen, weil er zwar gewollt war, jedoch wegen rechtlicher Mängel (Nichtigkeit oder Anfechtbarkeit) fehlerhaft ist und damit rechtunwirksam ist oder werden kann.[504]

13 Auf die **Art des Arbeitsverhältnisses** kommt es bei der Einstellung nicht an. Neben dem »**Normalarbeitsverhältnis**« eines unbefristet eingestellten vollzeitbeschäftigten Arbeitnehmers mit fester Arbeitszeit in einer Betriebsstätte kommen alle **Sonderformen** des Arbeitsverhältnisses in Betracht: namentlich das befristete, Probe-, Aushilfs-, Teilzeit-, flexible Teilzeit- und Telearbeitsverhältnis, das Arbeitsverhältnis einer Abrufkraft oder aufgrund eines Rahmenvertrages,[505] das Arbeitsverhältnis aufgrund einer Arbeitsbeschaffungsmaßnahme (vgl. § 4 Rn. 9); ferner das **Ausbildungsverhältnis** eines Auszubildenden nach dem Berufsbildungsgesetz, dem Krankenpflegegesetz

499 Beschl. v. 30.9.83 – 6 P 4.82 –, PersV 85, 167.
500 *BVerwG* v. 3.2.93 – 6 P 28.91 –, PersR 93, 260, u. v. 22.10.07 – 6 P 1.07 –, PersR 08, 23.
501 *BVerwG* v. 6.9.95 – 6 P 9.93 –, PersR 96, 118, sowie v. 21.3.07 – 6 P 4.06 – u. – 6 P 8.06 –, PersR 07, 301 u. 309.
502 Vgl. *BVerwG* v. 22.6.01 – 6 P 11.00 –, PersR 01, 422, sowie v. 21.3.07 u. v. 22.10.07 –, jew. a.a.O.
503 Vgl. *BVerwG* v. 27.11.91 – 6 P 15.90 –, PersR 92, 198.
504 Vgl. *BVerwG* v. 20.5.92 – 6 P 4.90 –, PersR 92, 405.
505 Vgl. *BAG* v. 28.4.92 – 1 ABR 73/91 –, AP BetrVG 1972 § 99 Nr. 98.

oder dem Hebammengesetz oder einem vergleichbaren Spezialgesetz für einen nichtakademischen Gesundheitsfachberuf sowie das vergleichbare Rechtsverhältnis eines Umschülers, Anlernlings, Volontärs oder Praktikanten (vgl. § 4 Rn. 13). Nach abzulehnender Rspr. des *BVerwG* soll die für eine Einstellung erforderliche **tatsächliche Eingliederung** jedoch nicht vorliegen, wenn Aushilfstätigkeiten ausgeübt werden sollen, die zu keiner betrieblichen oder sozialen Bindung an die Dienststelle führen, weil sie bloß vorübergehend und von nur geringfügiger Dauer sind und nicht über zwei Monate hinausgehen.[506]

Es kann auch sein, dass die **Rechtsbeziehungen** zwischen dem Träger der Dienststelle und der einzustellenden Person nicht dem Muster eines vollständigen zweiseitigen Arbeitsvertrages entsprechen. Nach der Rspr. des *BVerwG* setzt allerdings jede Einstellung und jede Eingliederung einen **Mindestbestand** an arbeitsvertraglichen oder sonstigen Rechtsbeziehungen voraus, die arbeitsrechtlich bedeutsam sind.[507] Dieser Mindestbestand kann bei einer **Arbeitnehmerüberlassung** auch auf der Grundlage mehrseitiger Rechtsbeziehungen gegeben sein, wenn auch die aufnehmende Dienststelle und der aufzunehmende Arbeitnehmer daran beteiligt sind und wenn in ihrem Verhältnis zueinander diejenigen arbeitsvertraglichen Rechte und Pflichten bestehen, die das Bild der Eingliederung prägen. Das sind insb. ein **Weisungsrecht** der aufnehmenden Dienststelle, verbunden mit entsprechenden **Schutzpflichten**, sowie eine **Weisungsgebundenheit** des aufzunehmenden Arbeitnehmers, verbunden mit entsprechenden **Schutzrechten**. Derartige Rechtsbeziehungen sind im Falle der Aufnahme eines **Leiharbeitnehmers** in die entleihende Dienststelle zu bejahen,[508] und zwar unabhängig davon, ob der Einsatz im Rahmen eines unechten oder echten Leiharbeitsverhältnisses erfolgt (vgl. § 4 Rn. 10). **§ 14 Abs. 3 S. 1 i. V. m. Abs. 4 AÜG** sieht ausdrücklich vor, dass der PR bei der Einstellung eines unechten Leiharbeitnehmers nach der dem § 99 BetrVG entsprechenden Vorschrift des § 75 Abs. 1 Nr. 1 BPersVG zu beteiligen ist, d. h. mitzubestimmen hat (näher dazu Rn. 18a). 14

Bei sonstigem **Einsatz von Fremdpersonal** gilt nach der Rspr. des *BVerwG* Folgendes: Wird ein bei einer Drittfirma angestellter Arbeitnehmer nicht auf der Grundlage eines vom Träger der Dienststelle mit der Drittfirma abgeschlossenen Werk- oder Dienstvertrages als Erfüllungsgehilfe tätig, der dabei den Weisungen der Drittfirma unterliegt, sondern wird er von der Dienststelle ihren Vorstellungen und Zielen gemäß wie ein eigener Arbeitnehmer 15

---

506 Beschl. v. 27. 11. 91 – 6 P 15.90 –, PersR 92, 198, v. 25. 9. 95 – 6 P 44.93 –, PersR 96, 147, u. v. 23. 3. 99 – 6 P 10.97 –, PersR 99, 396; vgl. KfdP-*Baden*, Rn. 23.

507 Beschl. v. 20. 5. 92 – 6 P 4.90 –, PersR 92, 405, v. 15. 3. 94 – 6 P 24.92 –, PersR 94, 288, u. v. 27. 8. 97 – 6 P 7.95 –, PersR 98, 22.

508 *BVerwG* v. 20. 5. 92, a. a. O., u. v. 4. 9. 95 – 6 P 32.93 –, PersR 95, 525.

eingesetzt, indem sie die Zeit, den Ort und die Art der zu verrichtenden Tätigkeit bestimmt, so liegt ein **Arbeitnehmerüberlassungsvertrag** und damit eine Einstellung vor.[509] Der **Einsatz von Personen aufgrund eines Gestellungsvertrages** ist dann eine Einstellung, wenn die gestellten Personen so in die Dienststelle eingegliedert sind, dass diese aufgrund des Gestellungsvertrages ihnen gegenüber die für ein Arbeitsverhältnis typischen Weisungsbefugnisse bezüglich des Arbeitseinsatzes nach Art, Zeit und Ort hat,[510] wobei es unerheblich ist, dass die gestellten Personen (mit Ausnahme der Gastschwestern des DRK) nach h. M. (vgl. § 4 Rn. 14) keine Arbeitnehmer i. S. d. allgemeinen Arbeitsrechts sind.[511]

16 Auch die Eingliederung **anderer Personen** als der bisher genannten ist als Einstellung anzusehen, wenn diese nach den für ein Arbeitsverhältnis typischen Weisungen von der Dienststelle wie eigene Arbeitnehmer eingesetzt werden. Das gilt z. B. für den Einsatz einer **ehrenamtlich** tätigen Person,[512] aber auch von **Freiwilligen im Bundesfreiwilligendienst** (vgl. § 4 Rn. 14). Gegenstand der Mitbestimmung ist bei Letzterem der dem Bundesamt für Familie und zivilgesellschaftliche Aufgaben vorzulegende gemeinsame Vorschlag der Dienststelle und des Freiwilligen für den Abschluss der in § 8 BDFG vorgesehenen Vereinbarung zwischen dem Bund und dem Freiwilligen.[513] Dagegen hat der PR nach der Rspr. des *BVerwG* nicht mitzubestimmen, wenn im Bereich der Dienststelle **Strafgefangene** eine Arbeit aufnehmen, die ihnen von der Leitung der Justizvollzugsanstalt zugewiesen wurde.[514]

17 Auch der aufgrund des § 16d SGB II[515] erfolgende Einsatz »erwerbsfähiger Leistungsberechtigter« (in der Grundsicherung für Arbeitsuchende) zur Verrichtung von im öffentlichen Interesse liegenden und wettbewerbsneutralen zusätzlichen Arbeiten (»**Ein-Euro-Jobs**«) in der Dienststelle unterliegt unter dem Gesichtspunkt der Einstellung der Mitbestimmung des dor-

---

509 *BVerwG* v. 6. 9. 95 – 6 P 9.93 – u. v. 8. 1. 03 – 6 P 8.02 –, PersR 96, 118, u. 04, 148.

510 Vgl. *BAG* v. 22. 4. 97 – 1 ABR 74/96 –, AP BetrVG 1972 § 99 Einstellung Nr. 18.

511 *BVerwG* v. 27. 8. 97 – 6 P 7.95 –, PersR 98, 22, v. 18. 6. 02 – 6 P 12.01 –, PersR 02, 467, u. v. 13. 4. 04 – 6 PB 2.04 –, PersR 04, 269.

512 *OVG NW* v. 27. 10. 99 – 1 A 5193/97.PVL –, PersR 00, 117 (Angehörige der Freiwilligen Feuerwehr in Feuerwachen); *BAG* v. 12. 11. 02 – 1 ABR 60/01 –, AP BetrVG 1972 § 99 Einstellung Nr. 43 (DRK-Mitglieder auf Krankenkraftwagen).

513 Vgl. *BAG* v. 19. 6. 01 – 1 ABR 25/00 –, AP BetrVG 1972 § 99 Einstellung Nr. 35, zu dem an das Bundesamt für den Zivildienst zu richtenden Antrag der Dienststelle auf Zuweisung eines bestimmten Zivildienstleistenden nach dem ZDG.

514 *BVerwG* v. 14. 8. 13 – 6 P 8.12 –, PersR 13, 464 (entgegen KfdP-*Baden*, Rn. 20 a. E.).

515 I. d. F. des Gesetzes v. 20. 12. 11 (BGBl. I S. 2854); ursprünglich § 16 Abs. 3 SGB II, in der Zeit vom 1. 1. 09 bis 31. 3. 12 § 16d S. 2 SGB II.

tigen PR.[516] Dies gilt auch dann, wenn ein Maßnahmeträger zwischengeschaltet ist, der die Dienstkräfte vermittelt und anleitet.[517] Entscheidend ist, dass die Ein-Euro-Kräfte die vorgesehenen Arbeiten innerhalb der Arbeitsorganisation der Dienststelle verrichten und dabei im Rahmen einer sozialrechtlichen Rechtsbeziehung der Weisungsbefugnis der Dienststelle unterliegen. Für die Mitbestimmung kommen hier zwei Anknüpfungspunkte in Betracht: die Stellung des Antrags auf Bewilligung pauschaler Förderleistungen für die Schaffung von Arbeitsgelegenheiten, wenn die Dienststelle dabei dem Leistungsträger für den geplanten Arbeitseinsatz schon bestimmte Hilfebedürftige benennen will, oder die Entscheidung der Dienststelle über einen im Zusammenhang mit der Bewilligung von Förderleistungen vom Leistungsträger gemachten Vorschlag über die Beschäftigung bestimmter Hilfebedürftiger.

Die Aufnahme einer Tätigkeit als **freier Mitarbeiter** ist keine mitbestim- **18**
mungspflichtige Einstellung, weil dieser sich nicht in einer weisungsabhängigen Stellung befindet und es deshalb zugleich an der Eingliederung fehlt.[518]

Beim Einsatz von **unechten Leiharbeitnehmern** – die von einem privaten **18a**
Arbeitgeber (als Verleiher) »im Rahmen seiner wirtschaftlichen Tätigkeit« dem Rechtsträger der Dienststelle (als Entleiher) zur Arbeitsleistung überlassen werden sollen (vgl. § 4 Rn. 10) – gelten nach jüngerer Rspr. des *BVerwG*[519] Besonderheiten, die sich aus dem **Arbeitnehmerüberlassungsgesetz** ergeben und darin bestehen, dass das Mitbestimmungsrecht des PR bei der **Übernahme eines Leiharbeitnehmers** zur Arbeitsleistung in der Dienststelle auf **§ 14 Abs. 3 S. 1, Abs. 4 AÜG** i. V. m. § 75 Abs. 1 Nr. 1 BPersVG beruht. Nach dieser Rspr. hat die genannte Regelung im AÜG **eigenständige Bedeutung**. Ihr Inhalt ist von der Auslegung des Merkmals »Einstellung« in § 75 Abs. 1 Nr. 1 BPersVG im Kern unabhängig. Daraus folgt: Der maßgebliche **Beteiligungstatbestand** »Übernahme eines Leiharbeitnehmers zur Arbeitsleistung« i. S. v. § 14 Abs. 3 S. 1, Abs. 4 AÜG ist die **Eingliederung** des Leiharbeitnehmers in die Dienststelle, die **durch Ar-**

516 *BVerwG* v. 21. 3. 07 – 6 P 4.06 – u. – 6 P 8.06 –, PersR 07, 301 u. 309; ebenso zur Mitbestimmung des Betriebsrats: *BAG* v. 2. 10. 07 – 1 ABR 60/06 –, AP BetrVG 1972 § 99 Einstellung Nr. 54.

517 *BVerwG* v. 2. 5. 14 – 6 PB 11.14 –, juris; vorgehend *OVG Bln-Bbg* v. 30. 1. 14 – 60 PV 20.12 –, PersR 7–8/14, 65.

518 *OVG NW* v. 1. 12. 05 – 1 A 5002/04.PVL –, PersR 06, 171, und nachgehend *BVerwG* v. 12. 4. 06 – 6 PB 1.06 –, PersR 06, 389, zum Einsatz einer Honorarkraft als Musiklehrer.

519 Beschl. v. 7. 4. 10 – 6 P 6.09 –, PersR 10, 312 (gilt – falls das Landesrecht keine entsprechende oder sinngemäße Geltung von § 14 Abs. 3 S. 1, Abs. 4 AÜG vorsieht – nur für den Bund, vgl. die Klarstellung in *BVerwG* v. 25. 4. 12 – 6 PB 24.11 –, PersR 12, 324); näher dazu KfdP-*Baden*, Rn.

beitsaufnahme nach Weisung des Dienststellenleiters geschieht. Mitbestimmungspflichtig ist erst der **tatsächliche Einsatz** von Leiharbeitnehmern in der Dienststelle. Erfasst ist **jede noch so kurze tatsächliche Beschäftigung.**[520] Bei mehreren aufeinanderfolgenden befristeten Einsätzen löst **jeder Einsatz** die Mitbestimmung aus, und zwar auch dann, wenn den jeweils befristeten Eingliederungen eine **Rahmenvereinbarung** zugrunde liegt.

19 Eine mitbestimmungspflichtige Einstellung liegt grundsätzlich nur bei der **erstmaligen Eingliederung** in die Dienststelle vor. Spätere personelle Maßnahmen können allerdings aufgrund des Schutzzwecks der Mitbestimmung trotz vorangegangener Eingliederung ebenfalls als Einstellung anzusehen sein.[521] Denn bei bestimmten **Änderungen des Beschäftigungsverhältnisses** kann sich die Frage nach möglichen Zustimmungsverweigerungsgründen des PR neu und unter anderen Gesichtspunkten als bei der Ersteinstellung stellen. Dies ist v. a. bei folgenden personelle Maßnahmen der Fall: Verlängerung eines befristeten Arbeitsverhältnisses und Umwandlung eines befristeten in ein unbefristetes Arbeitsverhältnis;[522] nicht nur geringfügige Aufstockung der regelmäßigen wöchentlichen Arbeitszeit eines Teilzeitbeschäftigungsverhältnisses;[523] Umwandlung eines Teilzeit- in ein Vollzeitarbeitsverhältnis,[524] nicht jedoch Umwandlung eines Vollzeit- in ein Teilzeitarbeitsverhältnis nach dem Altersteilzeitgesetz;[525] während der Elternzeit aufgrund einer nachträglichen Vereinbarung erfolgende Aufnahme einer vorübergehenden Aushilfstätigkeit mit verringerter Stundenzahl auf dem bisherigen Arbeitsplatz;[526] Übernahme eines Auszubildenden in ein Arbeitsverhältnis;[527] Wechsel von einer Beschäftigtengruppe in eine andere, so z. B., wenn ein Beamter aufgrund einer »In-Sich-Beurlaubung« oder nach dem Eintritt in den Ruhestand als Arbeitnehmer weiterbeschäftigt wird; endgültige Übernahme eines abgeordneten Beschäftigten, wenn das Arbeitsverhält-

---

520 Nach *BAG* v. 10.7.13 – 7 ABR 91/11 –, PersR 12, 480, verbietet § 1 Abs. 1 S. 2 AÜG die Arbeitnehmerüberlassung, wenn sie nicht mehr nur »vorübergehend« ist; der BR bzw. PR kann damit die Zustimmung wegen zu besorgenden Gesetzesverstoßes verweigern.

521 *BVerwG* v. 23.3.99 – 6 P 10.97 –, PersR 99, 396.

522 *BVerwG* v. 13.2.79 – 6 P 48.78 –, PersV 80, 234, v. 1.2.89 – 6 P 2.86 –, PersR 89, 198, u. v. 15.11.95 – 6 P 2.94 –, PersR 96, 278; zum BetrVR: *BAG* v. 23.6.09 – 1 ABR 30/08 –, AP BetrVG 1972 § 99 Einstellung Nr. 59.

523 *BVerwG* v. 23.3.99, a. a. O.; ähnlich *BAG* v. 25.1.05 – 1 ABR 59/03 –, AP BetrVG 1972 § 87 Arbeitszeit Nr. 114, u. v. 15.5.07 – 1 ABR 32/06 –, AP BetrVG 1972 § 1 Gemeinsamer Betrieb Nr. 30.

524 *BVerwG* v. 2.6.93 – 6 P 3.92 –, PersR 93, 450.

525 *BVerwG* v. 12.6.01 – 6 P 11.00 –, PersR 01, 422.

526 *BAG* v. 28.4.98 – 1 ABR 63/97 –, AP BetrVG § 99 Einstellung Nr. 22; *BVerwG* v. 12.6.01, a. a. O.

527 Anders jedoch mangels »Maßnahme« bei einer Übernahme nach § 9 Abs. 2: *BVerwG* v. 26.5.15 – 5 P 9.14 –, PersR 12/15, 50.

nis mit der abgebenden Dienststelle aufgelöst wird. Der Sache nach ist auch die in Abs. 1 Nr. 5 gesondert aufgeführte **Weiterbeschäftigung über die Altersgrenze hinaus** ein Fall der Einstellung (vgl. Rn. 50).

Die **Mitbestimmung** bei der Einstellung bezieht sich nach st. Rspr. des *BVerwG* allein auf die **Eingliederung.**[528] Dazu rechnet das *BVerwG* die zur Einstellung vorgesehene Person, die von ihr auszuübende Tätigkeit und die mit der Übertragung der Tätigkeit verbundene tarifliche Bewertung, die Eingruppierung. Das seien die **Modalitäten der Einstellung**, auf die der PR einwirken könne. Dagegen sei das mit der Einstellung in aller Regel zu begründende **Beschäftigungsverhältnis nicht** Gegenstand der Mitbestimmung, und zwar weder hinsichtlich der Art (Beamten- oder Arbeitsverhältnis) noch in Bezug auf seinen Inhalt.[529] Der Arbeitsvertrag unterliege, soweit nicht Rechtsvorschriften oder tarifvertragliche Regelungen seinen Inhalt unmittelbar festlegten oder doch vorherbestimmten, der Vereinbarung der Vertragsparteien. Deren Gestaltungsfreiheit solle grundsätzlich durch die Mitbestimmung nicht eingeengt werden. Die Einstellung in ihrer Gesamtheit bilde grundsätzlich einen **einheitlichen Tatbestand**, der sich regelmäßig nicht in weitere Mitbestimmungsfälle zergliedern lasse. Eine Ausnahme bilde lediglich die Eingruppierung; diese ist im BPersVG (in Abs. 1 Nr. 2) als selbständiger Mitbestimmungstatbestand aufgeführt (vgl. Rn. 23, 27). 20

Ein ohne Zustimmung der Personalvertretung abgeschlossener Arbeitsvertrag nach der Rspr. des *BAG* dennoch voll wirksam (vgl. § 69 Rn. 48).[530] Der PR kann jedoch verlangen, dass der Arbeitnehmer so lange nicht beschäftigt wird, bis er der Einstellung zugestimmt hat oder bis seine fehlende Zustimmung im Mitbestimmungsverfahren ersetzt worden ist. Das vom PR geltend gemachte **personalvertretungsrechtliche Beschäftigungsverbot** hat zur Folge, dass einerseits der Arbeitgeber gegenüber dem Arbeitnehmer keinen durchsetzbaren Beschäftigungsanspruch hat und andererseits der Arbeitnehmer im Verhältnis zum Arbeitgeber nicht zur Arbeitsleistung verpflichtet ist und für die Zeit der Nichtbeschäftigung den Anspruch auf das vertragsgemäße Arbeitsentgelt nicht verliert.[531] Ergibt sich im nachzuholenden Mitbestimmungsverfahren, dass die Zustimmung des PR zur Einstellung weder erteilt noch ersetzt wird, ist der Dienststellenleiter objektivrechtlich 21

528 Vgl. hierzu und zum Folgenden Beschl. v. 15.11.95 – 6 P 53.93 –, PersR 96, 155, m.w.N.; KfdP-*Baden*, Rn. 27.

529 Namentlich Befristung oder Nichtbefristung (so auch *BAG* v. 23.6.04 – 7 AZR 636/03 –, NZA 04, 1333, sowie *BAG* v. 4.5.11 – 7 AZR 252/10 –, NZA 11, 1178, u. v. 29.6.11 – 7 AZR 774/09 –, NZA 11, 1151), Vollzeit- oder Teilzeitbeschäftigung, Verteilung der Arbeitstage eines Teilzeitbeschäftigten auf die einzelnen Wochentage (*BVerwG* v. 12.9.83 – 6 P 1.82 –, PersV 85, 163).

530 Urt. v. 2.7.80 – 5 AZR 56/79 –, AP BetrVG 1972 § 101 Nr. 5, u. – 5 AZR 1241/79 –, PersV 82, 368.

531 *BAG* v. 5.4.01 – 2 AZR 580/99 –, AP BetrVG 1972 § 99 Einstellung Nr. 32.

verpflichtet, die **Beschäftigung des Arbeitnehmers** – auf der Grundlage der Wirksamkeit des mit ihm geschlossenen Arbeitsvertrags – **zu beenden.**[532] Nachdem das *BVerwG* seine Rspr. zum lediglich »objektiven Verfahren« aufgegeben hat,[533] dürften im Übrigen keine durchschlagenden Hinderungsgründe[534] mehr bestehen, zusätzlich zu dieser »objektiv-rechtlichen Verpflichtung« auch ein entsprechendes durchsetzbares subjektiv-öffentliches Recht des PR anzuerkennen. Diese Konsequenz scheint das *BVerwG* allerdings derzeit nicht ziehen zu wollen.[535]

22 **(Abs. 1 Nr. 2)** In Abs. 1 Nr. 2 werden zur Bezeichnung mitbestimmungspflichtiger Personalmaßnahmen **Begriffe** aus jenen Tarifwerken verwendet, die die Arbeitsbedingungen der Arbeitnehmer in den größten Bereichen des öffentlichen Dienstes regeln und denen i. d. R. die Tarifverträge für die Arbeitnehmer in den übrigen Bereichen des öffentlichen Dienstes nachgebildet sind. Bei der Auslegung und Anwendung dieser Begriffe ist auch im PersVR das **tarifvertragliche Begriffsverständnis** zugrunde zu legen, es sei denn, dass der jeweils mit der Mitbestimmung verfolgte Gesetzeszweck es gebietet, bei der personalvertretungsrechtlichen Beurteilung von dem tarifvertraglichen Verständnis abzuweichen (vgl. Rn. 8).[536] Die das Arbeitsrecht des Bundesdienstes lange Zeit prägenden Manteltarifverträge **BAT** (für die Angestellten) und **MTArb** (für die Arbeiter) sind am 1. 10. 05 durch den für die Arbeitnehmer des Bundes (und der meisten Gemeinden und Gemeindeverbände) geltenden **TVöD** ersetzt worden. Allerdings waren die **neuen Regelungen zur Eingruppierung und Entgeltordnung über lange Zeit nicht vollständig**. Während im Tarifbereich des TV-L bereits im Jahre 2011 eine Entgeltordnung vereinbart werden konnte, wurden im TVöD (Bund) die §§ 12 und 13 TVöD, die die Bestimmungen über die Eingruppierung enthalten, erst mit der 9. Änderung des Tarifvertrages vom 5. 9. 2013 mit Wirkung zum 1. 1. 2014 belegt. Die zugehörige Entgeltordnung (TV EntgO Bund) vom gleichen Tage ist ebenfalls zum 1. 1. 2014 in Kraft getreten:[537]

- Der Arbeitnehmer erhält monatlich ein **Tabellenentgelt**, dessen Höhe sich nach der **Entgeltgruppe** bestimmt, in der er eingruppiert ist, und nach der für ihn geltenden **Stufe** (§ 15 TVöD, Anl. A TVöD [Bund]).

---

532 *BVerwG* v. 10. 1. 08 – 6 P 4.07 –, Buchh 251.4 § 88 Nr. 2, m. w. N.; vgl. KfdP-*Baden*, Rn. 32.

533 *BVerwG* v. 15. 3. 95 – 6 P 31/93 –, PersR 95, 423, u. v. 28. 6. 00 – 6 P 1.00 –, PersR 00, 507, insoweit noch einmal ausdrücklich klargestellt in *BVerwG* v. 11. 5. 11 – 6 P 4.10 –, PersR 11, 438.

534 Vgl. *BVerwG* v. 11. 5. 11, a. a. O., für das Landesrecht in Nds »keine verfassungsrechtlichen Bedenken«.

535 *BVerwG* v. 3. 7. 13 – 6 PB 10.13 –, PersR 13, 516, zur Rechtslage in Bbg.

536 KfdP-*Baden*, Rn.

537 Hierzu *Dannenberg*, PersR 14, 28.

- An die Stelle der bisherigen Vergütungs- und Lohngruppen sind **15 Entgeltgruppen** getreten. Die am 30.9./1.10.05 vorhandenen Arbeitnehmer sind in der Weise in den TVöD übergeleitet worden, dass ihre Vergütungs- bzw. Lohngruppe nach der Anlage 2 TVÜ-Bund den Entgeltgruppen des TVöD zugeordnet worden ist (§ 4 Abs. 1 TVÜ-Bund). Da nicht alle bisherigen Eingruppierungen eine Entsprechung in den neuen Entgeltgruppen haben, sind **zwei Überleitungs-Entgeltgruppen** gebildet: die **EGr. 2 Ü** für Arbeiter aus den Lohngruppen 1, 2 und 2a sowie die **EGr. 15 Ü** für die Angestellten aus der **VergGr. I BAT** (neue Arbeitsverhältnisse über Tätigkeiten entsprechend der VergGr. I BAT sind außertariflich auszugestalten).
- Die **bisherigen Eingruppierungsvorschriften** (§§ 22, 23 BAT einschl. der Vergütungsordnung bzw. §§ 1, 2 Abs. 1 und 2 und § 5 TVLohngrV einschl. des Lohngruppenverzeichnisses mit Anl. 1 u. 2) waren bis zum Inkrafttreten der Eingruppierungsvorschriften des TVöD (mit Entgeltordnung) nach Maßgabe des TVÜ-Bund auf übergeleitete und ab dem 1.10.05 neu eingestellte Arbeitnehmer **grundsätzlich weiterhin anzuwenden**, wobei an die Stelle der Begriffe Vergütung und Lohn der Begriff Entgelt tritt (§ 17 Abs. 1 u. 2 TVÜ-Bund).
- In die jetzt **geltende Fassung der §§ 12, 13 TVöD (Bund)** wurden die vormaligen §§ 22 und 23 BAT bzw. BAT-O lediglich redaktionell angepasst übernommen. Damit verbleibt es unverändert bei den bisherigen Eingruppierungsgrundsätzen des BAT:
  - **Eingruppierungsautomatik**: Das Entgelt richtet sich nach der Eingruppierung, die Eingruppierung nach der auszuübenden Tätigkeit und den Tätigkeitsmerkmalen der Entgeltordnung.
  - Maßgebende Bewertungseinheit ist der – Zusammenhangstätigkeiten mit umfassende – **Arbeitsvorgang.**
  - Die Anforderungen in den Tätigkeitsmerkmalen einer Entgeltgruppe müssen für die Eingruppierung in diese Entgeltgruppe grundsätzlich durch Arbeitsvorgänge erfüllt sein, die einen **Zeitanteil von mindestens 50 %** der Arbeitszeit ausmachen. Ausnahmen ergeben sich weiterhin aus den Tätigkeitsmerkmalen.
  - Sofern in den Tätigkeitsmerkmalen **Anforderungen in der Person** der Beschäftigten gestellt werden, müssen auch diese für die Eingruppierung erfüllt sein.
- Die Eingruppierung der **vorhandenen** Beschäftigten ist durch das Inkrafttreten der Entgeltordnung des Bundes unberührt geblieben. Eine Überprüfung und Neufeststellung der Eingruppierung der vorhandenen Beschäftigten sollte bewusst ausgeschlossen werden (vgl. Satz 2 der Protokollerklärung zu § 25 Abs. 1 TVÜ-Bund), um einerseits Streitigkeiten über die Eingruppierung bei unveränderter Tätigkeit zu vermeiden und andererseits die Arbeitsbelastung der Personalstellen des Bundes so gering

wie möglich zu halten. Tatsächlich war eine Neuzuordnung der **vorhandenen** Beschäftigten zu einer Entgeltgruppe des TVöD nicht erforderlich, da diese bereits aufgrund der vorläufigen Zuordnung nach der Anlage 2 oder 4 zum TVÜ-Bund aufgrund der Regelungen des § 17 TVÜ-Bund bereits in einer Entgeltgruppe des TVöD eingruppiert waren (vgl. Satz 1 der Protokollerklärung zu § 25 Abs. 1 TVÜ-Bund).

- **Bewährungs-, Fallgruppen- und Tätigkeitsaufstiege** gibt es ab dem 1. 10. 05 nicht mehr (§ 17 Abs. 5 S. 1 TVÜ-Bund). Für Anwartschaften auf Bewährungs- und Fallgruppenaufstiege gelten Besitzstands- und Übergangsregelungen (§§ 8 u. 17 Abs. 8 TVÜ-Bund).
- Die **vorübergehende Ausübung einer höherwertigen Tätigkeit** und die damit verknüpfte Zahlung einer persönlichen Zulage ist bereits in § 14 TVöD geregelt. Dabei wird nicht mehr (wie in § 24 BAT sowie § 9 Abs. 2 MTArb und § 2 Abs. 4 TVLohngrV) zwischen der vorübergehenden und der vertretungsweisen Übertragung einer höherwertigen Tätigkeit unterschieden, sondern die vertretungsweise Übertragung als ein Unterfall der vorübergehenden Übertragung verstanden (Niederschriftserklärung Nr. 2 zu § 14 Abs. 1 TVöD). Für übergeleitete Angestellte gelten übergangsweise noch Sonderregelungen (§§ 10, 18 TVÜ-Bund).
- Neu sind die Regelungen über die **Führung auf Probe** (§ 31 TVöD) und die **Führung auf Zeit** (§ 32 TVöD). Sie beziehen sich auf Führungspositionen, worunter solche ab EGr. 10 zugewiesenen Tätigkeiten mit Weisungsbefugnis zu verstehen sind, die vor Übertragung vom Arbeitgeber ausdrücklich als Führungspositionen auf Probe bzw. auf Zeit bezeichnet worden sind (§ 31 Abs. 2 u. § 32 Abs. 2 TVöD).
- Die bisherigen **Lebensaltersstufen,** nach denen die Grundvergütungen in den Vergütungsgruppen zu bemessen waren (§ 27 BAT), und die bisherigen, im Wesentlichen nach der Beschäftigungszeit gestaffelten **Lohnstufen,** nach denen sich der Monatstabellenlohn in den Lohngruppen richtete (§ 24 MTArb), sind abgeschafft. Der TVöD sieht stattdessen vor, dass sich die 15 Entgeltgruppen nach **neuen Zuordnungskriterien** in 5 oder 6 Stufen gliedern (§ 16 Abs. 1 u. 5 TVöD [Bund]). Für die Zuordnung zu diesen Stufen kommt es bei der Einstellung auf die Zeit der **einschlägigen Berufserfahrung** und für das Erreichen der jeweils nächsten Stufe auf die Zeiten einer ununterbrochenen **Tätigkeit innerhalb derselben Entgeltgruppe** an (§ 16 Abs. 2–4 TVöD [Bund]). Die **Stufenlaufzeiten,** die progressiv ausgestaltet sind, können für das Erreichen der Stufen 4 bis 6 in Abhängigkeit von der Leistung der Arbeitnehmer verkürzt oder verlängert werden (§ 17 Abs. 2 TVöD [Bund]). Die Stufenzuordnung der zum 1. 10. 05 in den TVöD **übergeleiteten Arbeitnehmer** war gemäß den Überleitungsregelungen der §§ 5 bis 7 TVÜ-Bund vorzunehmen. Dabei waren die Arbeitnehmer zunächst einer individuellen Zwischenstufe oder Endstufe zuzuordnen.

Von erheblicher quantitativer Bedeutung ist im Geltungsbereich des BPersVG auch der »Tarifvertrag für die Arbeitnehmerinnen und Arbeitnehmer der Bundesagentur für Arbeit« (**TV-BA**), der seit dem 1.1.06 alle Arbeitnehmer erfasst, die in einem Arbeitsverhältnis zur **Bundesagentur für Arbeit** (BA) stehen und bei denen es sich nicht um außertariflich Beschäftigte, Nachwuchskräfte oder geringfügig Beschäftigte handelt (§ 1 TV-BA). Der TV-BA löst sich weitgehend vom überkommenen Beamtenrecht und in wesentlichen Bereichen auch vom TVöD. Die **entgeltrelevanten Regelungen** finden sich in Abschn. III TV-BA (§§ 14ff.). Danach besteht das **Gehalt** der Arbeitnehmer aus Festgehalt, Funktionsstufen und einer Leistungskomponente (§ 16 Abs. 1 TV-BA). Die Höhe des monatlichen **Festgehalts** bestimmt sich nach der **Tätigkeitsebene**, in der der Arbeitnehmer eingruppiert ist, und nach der für ihn maßgeblichen **Entwicklungsstufe** (§ 17 Abs. 1 S. 2 TV-BA). Nach Maßgabe von § 20 TV-BA erhalten Arbeitnehmer als weiteren Gehaltsbestandteil monatlich eine oder mehrere **Funktionsstufe(n)**. Variabler Gehaltsbestandteil ist die **Leistungskomponente**, deren Einzelheiten gem. § 21 TV-BA gesondert tarifvertraglich zu regeln sind (zu den personalvertretungsrechtlichen Konsequenzen in Bezug auf die Eingruppierung vgl. Rn. 26d). 22a

Einstellung und **Eingruppierung** sind mitbestimmungsrechtlich getrennte Maßnahmen (vgl. Rn. 20, 27). Eingruppierung ist die **Einreihung eines Arbeitnehmers in ein kollektives Entgeltschema.**[538] Dieses ist dadurch gekennzeichnet, dass es die Zuordnung der Arbeitnehmer nach bestimmten, generell beschriebenen Merkmalen vorsieht.[539] Meist erfolgt die Zuordnung nach bestimmten Tätigkeitsmerkmalen, bisweilen aber auch nach anderen Kriterien, wie etwa dem Lebensalter oder der Dauer der Dienststellenzugehörigkeit.[540] Das maßgebliche Entgeltschema ist i.d.R. durch Tarifvertrag vorgegeben. Das gilt auch, wenn ein Tarifvertrag einzelvertraglich in Bezug genommen wird. Eine Eingruppierung kann nicht nur als **erstmalige Eingruppierung** bei der **Einstellung** notwendig werden, sondern auch (zur Überprüfung des Fortbestandes oder der Änderung einer bereits bestehenden Eingruppierung) im Falle der **Umsetzung**[541] wie auch als **Neueingruppierung**, bei der Übertragung neuer Aufgaben, die zur Schaffung eines 23

538 *BVerwG* v. 22.10.07 – 6 P 1.07 –, PersR 08, 23, v. 27.8.08 – 6 P 3.08 –, PersR 08, 500, v. 13.10.09 – 6 P 15.08 –, PersR 09, 501, u. v. 7.3.11 – 6 P 15.10 –, PersR 11, 210, jew. m.w.N.

539 Daher liegt in der Gewährung einer außertariflichen Zulage im Einzelfall keine mitbestimmungspflichtige Eingruppierung, *BVerwG* v. 15.5.12 – 6 P 9.11 –, PersR 12, 329.

540 *BVerwG* v. 27.5.09 – 6 P 9.09 –, PersR 09, 408, m.w.N.

541 *BVerwG* v. 8.11.11 – 6 P 23.10 –, PersR 12, 36.

neuen Arbeitsplatzes geführt hat,[542] oder bei der Überleitung in ein neues kollektives Entgeltsystem.[543]

24 Gelten die einschlägigen Tarifverträge des öffentlichen Dienstes, so ergibt sich die Eingruppierung i. d. R. unmittelbar (d. h. automatisch) aus der Anwendung der tariflichen Normen (**Tarifautomatik**). Beispielhaft dafür ist § 12 Abs. 2 TVöD (vormals § 22 Abs. 2 BAT). Der mitbestimmungsrechtlich bedeutsame Akt der Einreihung in eine Vergütungs- oder Lohngruppe oder in eine Entgeltgruppe besteht aufgrund der Tarifautomatik in der bloßen Anwendung des Tarifvertrages und hat somit nur deklaratorische Bedeutung. Streng genommen liegt damit gar keine gestaltende »Maßnahme« des Dienststellenleiters i. e. S. vor[544], was jedoch der Mitbestimmung keinen Abbruch tut, denn bereits der durch ihn vorzunehmende Nachvollzug der bereits gegebenen Eingruppierung löst das Beteiligungsrecht aus. Soweit für die Eingruppierung die Tarifautomatik maßgeblich ist, gibt die Mitbestimmung bei der Eingruppierung dem PR allerdings lediglich ein Recht zur **Kontrolle der Richtigkeit** der Einreihung.[545] Da es sich um einen Akt strikter Rechtsanwendung handelt, steht dem PR insoweit kein Mitgestaltungsrecht, sondern ein **Mitbeurteilungsrecht** zu.[546] Dabei soll der PR mitprüfend darauf achten, dass die beabsichtigte Eingruppierung mit dem anzuwendenden Tarifvertrag (oder dem sonst anzuwendenden Entgeltsystem) im Einklang steht. Er soll v. a. auf die Wahrung des Tarifgefüges achten und verhindern, dass durch eine unsachliche Beurteilung einzelne Arbeitnehmer bevorzugt oder benachteiligt werden.[547] Dies dient ebenso wie die Mitbestimmung bei anderen normvollziehenden Maßnahmen sowohl den Kollektivinteressen aller Beschäftigten als auch den Individualinteressen der jeweils betroffenen Arbeitnehmer (vgl. § 69 Rn. 10).

25 Die Mitbestimmung bei der Eingruppierung nach Abs. 1 Nr. 2 bezieht sich auch auf die **über- und außertarifliche Eingruppierung**. Dabei ist Eingruppierung i. S. d. Abs. 1 Nr. 2 jeweils die **erstmalige** übertarifliche oder außertarifliche Eingruppierung. Sie kann zusammen mit der **Einstellung** vorgenommen werden oder (u. U. erneut) zu einem **späteren Zeitpunkt** erfolgen,

---

542 *BVerwG* v. 8. 12. 99 – 6 P 3.98 –, PersR 00, 106, u. v. 11. 11. 09 – 6 PB 25.09 –, PersR 10, 169; die vormalige Einschränkung, dass der neue Arbeitsplatz bisher noch nicht bewertet worden sein müsse, hat das BVerwG fallen gelassen, *BVerwG* v. 8. 11. 11, a. a. O.

543 Vgl. *BAG* v. 11. 11. 97 – 1 ABR 29/97 –, AP BetrVG 1972 § 99 Eingruppierung Nr. 17, u. v. 3. 5. 06 – 1 ABR 2/05 –, AP BetrVG 1972 § 99 Eingruppierung Nr. 31.

544 *BVerwG* v. 8. 11. 11 – 6 P 23.10 –, a. a. O.

545 *BVerwG* v. 13. 2. 76 – VII P 4.75 –, PersV 77, 183, v. 3. 6. 77 – VII P 8.75 –, PersV 78, 245, u. v. 6. 10. 92 – 6 P 22.90 –, PersR 93, 74.

546 *BVerwG* v. 24. 5. 06 – 6 PB 16.05 –, www.bverwg.de; vgl. auch *BAG* v. 3. 5. 06, a. a. O.

547 St. Rspr. des *BVerwG;* vgl. Beschl. v. 27. 8. 08 – 6 P 3.08 –, PersR 08, 500.

und zwar auch nach vorheriger tariflicher Eingruppierung und ohne dass sich die übertragene Tätigkeit ändern muss.[548] Allerdings kann in diesen Fällen die Mitbestimmung nach § 77 Abs. 1 S. 2 ausgeschlossen sein (vgl. § 77 Rn. 8, 10).

Zur **Mitbestimmung bei der Eingruppierung** von Arbeitnehmern im **Geltungsbereich des TVöD** (und des TV-L) liegt inzwischen grundlegende und detaillierte Rspr. des BVerwG vor. Danach gilt Folgendes:[549] In §§ 12 Abs. 2, 15 Abs. 1 S. 2 TVöD wird der Begriff »eingruppiert« allein auf die Entgeltgruppe bezogen. Die **Zuordnung zu einer Stufe der Entgeltgruppe** wird von der Eingruppierung im tarifvertraglichen Sinn somit nicht erfasst. Gleichwohl hat das *BVerwG* die Mitbestimmung bei der Stufenzuordnung nach **§ 16 Abs. 2, Abs. 3 S. 1 bis 3 und Abs. 5 S. 2 TVöD (Bund)** bejaht und dies v. a. damit begründet, dass diese Stufenzuordnung eine wesentliche, eigenständige Bedeutung für die Bemessung der Grundvergütung habe und sich deshalb von der (mitbestimmungsfreien) Zuordnung zu den Lebensaltersstufen der Vergütungsgruppen bzw. zu den Lohnstufen der Lohngruppen nach altem Tarifrecht unterscheide.[550] In den Fällen des **§ 16 Abs. 3 S. 4 TVöD (Bund)** soll die Mitbestimmung bei der Eingruppierung **aber erst** dann zum Zuge kommen, wenn die Dienststelle unter Beachtung der **Mitbestimmung bei der Lohngestaltung gem. Abs. 3 Nr. 4** (vgl. Rn. 95) **Grundsätze zur Anrechnung einer förderlichen Berufstätigkeit** beschlossen hat.[551] Seien solche Grundsätze aufgestellt, erstrecke sich die Mitbestimmung bei der Eingruppierung auf die Einhaltung dieser Grundsätze. Seien die Voraussetzungen des § 16 Abs. 3 S. 4 TVöD (Bund) erfüllt, sei es **dem Arbeitgeber freigestellt**, ob er bei Neueinstellungen darüber hinaus zusätzliche Stufen gewähren wolle. Wolle er davon keinen Gebrauch machen, könne er vom PR auch im Wege des **Initiativrechts** nach § 70 Abs. 1 nicht zu einer entsprechenden Regelung gezwungen werden.[552] Das Mitbestimmungsrecht bei der Lohngestaltung gem. Abs. 3 Nr. 4 könne der PR im Wege seines Initiativrechts jedoch dann geltend machen, wenn der Arbeitgeber **ohne Grundsätze mittels individueller Entscheidungen** Einstufungen nach § 16 Abs. 3 S. 4 TVöD (Bund) vornehme.[553] Die einschränkende Rspr. des *BVerwG* zu § 16 Abs. 3 S. 4 TVöD (Bund) – und den Entsprechungen im TV-L u. TVöD (VKA) – **überzeugt nicht**. Für die Mitbestimmung bei der 26

548 Vgl. *BAG* v. 12.12.06 – 1 ABR 13/06 –, AP BetrVG 1972 § 99 Eingruppierung Nr. 32.

549 Vgl. KfdP-*Baden*, Rn. 37a–37d.

550 Beschl. v. 7.3.11 – 6 P 15.10 –, PersR 11, 210, m. N. zur Rspr. zu den Entsprechungen im TV-L u. TVöD (VKA).

551 *BVerwG* v. 7.3.11, a.a.O.

552 *BVerwG* v. 7.3.11, a.a.O.

553 *BVerwG* v. 7.3.11, a.a.O.

Eingruppierung kann es keine Rolle spielen, ob das kollektive Entgeltschema zwingende Vorgaben im Sinne einer Tarifautomatik enthält oder ob die Entgeltordnung Gestaltungs-, Auslegungs-, Ermessens- oder Beurteilungsspielräume für die Eingruppierungsentscheidung des Arbeitgebers vorsieht.[554] Immerhin hat das BVerwG inzwischen ergänzend hervorgehoben, dass sich der Arbeitgeber der Mitbestimmung nicht dadurch entziehen kann, dass er **abstrakt-generelle Regeln** zur Anerkennung förderlicher Zeiten einer vorherigen Berufstätigkeit zur Deckung des Personalbedarfs unter Verstoß gegen ein etwa gegebenes Recht des PR auf Mitbestimmung bei der Lohngestaltung **einseitig vorgibt**.[555] In einem derartigen Fall kommt die Mitbestimmung bei der Eingruppierung vielmehr in der Weise zum Zuge, dass der **PR berechtigt** ist, **die Zustimmung wegen Gesetzesverstoßes zu verweigern**. Denn Entgeltgrundsätze, die der Arbeitgeber unter Missachtung von Mitbestimmungsrechten aufgestellt hat, sind rechtsunwirksam.

26a Allerdings hat das *BVerwG* klargestellt, dass in den Fällen des § 16 Abs. 2 S. 3 TVöD (VKA) – und damit auch des § 16 Abs. 3 S. 4 TVöD (Bund) – die **Mitbestimmung bei der Eingruppierung** nicht davon abhängig ist, dass der Dienststellenleiter bei der Aufstellung der Grundsätze zur **Anerkennung förderlicher Zeiten** einer vorherigen Berufstätigkeit zur Deckung des Personalbedarfs den PR ordnungsgemäß beteiligt hat.[556] Danach kann der Arbeitgeber sich dieser Mitbestimmung nicht dadurch entziehen, dass er **abstrakt-generelle Regeln** zur Anerkennung förderlicher Zeiten einer vorherigen Berufstätigkeit zur Deckung des Personalbedarfs unter Verstoß gegen das Recht des PR auf Mitbestimmung bei der Lohngestaltung **einseitig vorgibt**. In einem derartigen Fall komme die Mitbestimmung bei der Eingruppierung vielmehr in der Weise zum Zuge, dass der **PR berechtigt** sei, **die Zustimmung wegen Gesetzesverstoßes zu verweigern**, weil Entgeltgrundsätze, die der Arbeitgeber unter Missachtung von Mitbestimmungsrechten aufgestellt habe, rechtsunwirksam seien.[557]

26b Das **Erreichen der nächsten Stufe nach Ende der regulären Stufenlaufzeit** gem. **§ 16 Abs. 4 S. 1, Abs. 5 S. 3 Hs. 1 TVöD (Bund)** unterliegt nach Auffassung des *BVerwG* nicht der Mitbestimmung bei der Eingruppierung (oder Höhergruppierung; vgl. Rn. 29a. E.). Hier handele es sich um in großer Zahl zu bewältigende Routinevorgänge, bei denen regelmäßig nicht mit Anwen-

---

554 So auch *VG Frankfurt a. M.* v. 1. 3. 10 – 23 K 4011/09. F.PV –, PersR 10, 214 (aufgehoben durch *HessVGH* v. 7. 4. 11 – 22 A 819/10.PV –); krit. auch *Baden*, PersR 10, 52.

555 *BVerwG* v. 22. 9. 11, a. a. O. [zu 1a unter Hinw. auf *BAG* v. 27. 6. 00 – 1 ABR 36/99 –, AP BetrVG 1972 § 99 Eingruppierung Nr. 23].

556 Beschl. v. 22. 9. 11 – 6 PB 15.11 –, PersR 11, 532.

557 *BVerwG* v. 22. 9. 11, a. a. O., unter Hinw. auf *BAG* v. 27. 6. 00 – 1 ABR 36/99 –, AP BetrVG 1972 § 99 Eingruppierung Nr. 23.

dungsproblemen zu rechnen sei und auf die die Mitbestimmung nicht zugeschnitten sei. Für eine gelegentliche Fehlerkorrektur reiche die **allgemeine Überwachungsaufgabe** nach § 68 Abs. 1 Nr. 2.[558]

Geht es um den **leistungsbezogenen Stufenaufstieg** gem. **§ 17 Abs. 2 TVöD** (bzw. TV-L), also um die in das **Ermessen** des Arbeitgebers gestellte Verkürzung oder Verlängerung der erforderlichen Zeit für das Erreichen der Stufen 4 bis 6 bei erheblich über oder unter dem Durchschnitt liegenden Leistungen, kommt nach der Rspr. des *BVerwG*[559] eine Mitbestimmung bei Eingruppierung allenfalls dann in Betracht, wenn der Arbeitgeber mit Zustimmung des PR eine abstrakt-generelle Regelung zur Ausfüllung dieser tariflichen Ermächtigung erlässt. In diesen Fällen ist wie in den Fällen der abweichenden Stufenzuordnung nach § 16 Abs. 3 S. 4 TVöD (Bund) (vgl. Rn. 26f.) zumindest eine **zweistufige Mitbestimmung** zu bejahen: auf der **ersten Stufe** nach **Abs. 3 Nr. 4** bei der **Aufstellung abstrakt-genereller Regelungen** zur Definition einer Durchschnittsleistung und der Voraussetzungen, unter denen diese Durchschnittsleistung erheblich über- oder unterschritten wird (vgl. Rn. 95), und auf der **zweiten Stufe** nach **Abs. 1 Nr. 2** bei der Eingruppierung immer dann, wenn aufgrund einer abstrakt-generellen Regelung im **Einzelfall** über die Verkürzung oder Verlängerung der Stufenlaufzeit entschieden werden soll.[560] 26c

Das Mitbestimmungsrecht des PR bei der **Eingruppierung von Arbeitnehmern der Bundesagentur für Arbeit** nach dem **TV-BA** (vgl. Rn. 22a erstreckt sich auch auf die **Funktionsstufen** nach § 20 TV-BA, weil die Mitbestimmung nach ihrem Sinn und Zweck auf **alle bedeutsamen Parameter** zu erstrecken ist, die **für den Kernbestandteil des tariflichen Entgelts** maßgeblich sind und die Funktionsstufe der Sache nach Teil des Grundgehalts ist.[561] Mitbestimmungspflichtig ist auch die Entscheidung über eine **Verkürzung der Entwicklungsstufenlaufzeit** nach § 19 Abs. 2 TV-BA (i. V. m. der für diesen »leistungsbezogenen Aufstieg« erlassenen »Handlungsempfehlung und Geschäftsanweisung« (HeGa) der Bundesagentur, die abstrakt-generelle Regelungen zur Ausfüllung der tariflichen Ermächtigung enthält).[562] 26d

Nachdem im Hinblick auf die Tarifautomatik die Eingruppierung von der übertragenen Tätigkeit abhängt, diese Übertragung aber vor dem Hintergrund des § 44d Abs. 4 SGB II in den Zuständigkeitsbereich des Geschäftsführers der gemeinsamen Einrichtung fällt, obliegt die Mitbestimmung dem 26e

558 Beschl. v. 13. 10. 09 – 6 P 15.08 –, PersR 09, 501 (zu § 16 Abs. 3 S. 1, Abs. 4 S. 3 Hs. 1 TV-L); vgl. KfdP-*Baden*, Rn.

559 Beschl. v. 13. 10. 09, a. a. O.

560 Vgl. KfdP-*Baden*, Rn. 37d m. w. N.

561 *BVerwG* v. 27. 5. 09 – 6 P 9.08 –, PersR 09, 408; näher dazu KfdP-*Baden*, Rn.

562 *OVG NW* v. 14. 5. 13 – 20 A 83/12.PVB –, PersR 13, 320 m. Anm. *Daniels*, PersR 13, 451.

Jobcenter-Personalrat, nicht dem Agentur-Personalrat,[563] auch wenn dieser für die Einstellung und den abgebenden Part der Zuweisung mitbestimmungsberechtigt ist; der Grundsatz, dass die Eingruppierung regelmäßig zugleich im Zuge der Einstellung erfolgen muss, erfährt insoweit in den Fällen des § 44b SGB II eine modifizierende Einschränkung.

26f Die Erstreckung der Prüfungsrechte des PR auf die Stufenzuordnung hat bei alledem zwangsläufig zur Folge, dass eine Vorlage zur Eingruppierung auch Angaben zur beabsichtigten Stufenzuordnung enthalten muss, damit dieser seiner Aufgabe überhaupt nachkommen kann.[564]

26g Was bei der Stufenzuordnung konkret die **Berücksichtigung einschlägiger Berufserfahrungen** anbelangt, so hat die Rspr. inzwischen weitere Einzelheiten geklärt. Nach *BAG* ist nicht zu fordern, dass der Beschäftigte bei Teilzeitarbeit seine Erfahrungszeiten mit einer vorgegebenen **Mindestbeschäftigungsquote** absolviert hat.[565] Der *EuGH* hat entschieden, dass auch die **bei einem anderen Arbeitgeber gesammelte Berufserfahrung** berücksichtigt werden muss; es verstößt gegen Art. 45 AEUV und Art. 7 Abs. 1 der VO Nr. 492/2011/EU (sog. Freizügigkeitsrichtlinie), wenn im eigenen Hause einer Gebietskörperschaft zurückgelegte Dienstzeiten bei dem Vorrücken in eine höhere Entlohnungsstufe mit einer höheren Quote zu Buche schlagen als andere, vergleichbare Dienstzeiten, die bei einem anderen Arbeitgeber absolviert wurden.[566]

27 Die Mitbestimmung bei der Eingruppierung nach Abs. 1 Nr. 2 beschränkt sich auf den **Vorgang der Eingruppierung,** bei dem das Entgeltsystem selbst als vorgegeben vorausgesetzt ist. Ist das Entgeltsystem nicht tarifvertraglich geregelt, erstreckt sich die Mitbestimmung unter dem Gesichtspunkt der Eingruppierung nicht auf die Aufstellung, Ausgestaltung oder Änderung des Entgeltsystems, welches der Arbeitgeber nach internen Verwaltungsrichtlinien oder allgemeiner Verwaltungsübung zugrunde legt[567] (zur Mitbestimmung gem. Abs. 3 Nr. 4 vgl. Rn. 95). Soweit der PR bei der **Eingruppierung** aus Anlass der **Einstellung** mitbestimmt, kann er – weil es sich um **zwei getrennt zu beurteilende Mitbestimmungstatbestände** handelt – je nach Fallgestaltung die Zustimmung zur Einstellung erteilen, die zur Eingruppie-

---

563 *OVG Bln-Bbg* v. 18.6.16 – 62 PV 14.14 –, ZfPR-online 2/16 S. 3, in Umsetzung der Grundsätze aus *BVerwG* v. 24.9.13 – 6 P 4.13 –, PersR 13, 456.

564 *VG Frankfurt a. M.* v. 4.10.11 – 23 K 1924/11 –, PersR 12, 29.

565 *BAG* v. 27.3.14 – 6 AZR 571/12 –, PersR 2/15, 50.

566 *EuGH* v. 5.12.13 – C 514/12 –, NJW 14, 841; zur Umsetzung dessen auf die tariflichen Regelungen der §§ 16 TVöD/TV-L s. *Dannenberg,* PersR 2/15, 28.

567 *BVerwG* v. 15.2.88 – 6 P 21.85 – u. v. 14.6.95 – 6 P 43.93 –, PersR 88, 101, u. 95, 428.

rung jedoch verweigern.[568] Geschieht dies, ist der Arbeitgeber nicht gehindert, den Arbeitnehmer einzustellen und ihm so lange vorläufig Arbeitsentgelt zu zahlen, bis das Mitbestimmungsverfahren über die Eingruppierung abgeschlossen ist.[569] Entsprechendes gilt für den Vollzug einer mitbestimmungsfreien **Umsetzung**, die aufgrund der Übertragung neuer Aufgaben eine **Neueingruppierung** notwendig macht.[570]

28 Nach Abs. 1 Nr. 2 hat der PR auch bei der **Höher- oder Rückgruppierung** mitzubestimmen. Dabei handelt es sich um zwei Varianten der **Umgruppierung**, die sich von der Eingruppierung (vgl. Rn. 23 ff.) dadurch unterscheiden, dass sie die **Zuordnung zu einer anderen Entgeltgruppe** bzw. (früher nach BAT oder MTArb) einer Vergütungs- oder Lohngruppe als der betreffen, die in der Eingruppierung festgelegt worden ist.[571] Diese Umgruppierungen sind durch den Wechsel der Entgeltgruppe gekennzeichnet und stehen im Zusammenhang mit der Feststellung des Arbeitgebers, dass die Tätigkeit des Arbeitnehmers nicht oder nicht mehr den Tätigkeitsmerkmalen derjenigen Entgeltgruppe entspricht, in die der Arbeitnehmer eingruppiert ist, sondern den Tätigkeitsmerkmalen einer anderen – höheren oder niedrigeren – Entgeltgruppe, wobei es nicht darauf ankommt, aus welchem Anlass der Arbeitgeber diese Feststellung trifft.[572] Die Mitbestimmung bei der Höhergruppierung und Rückgruppierung dient wie bei der Eingruppierung (vgl. Rn. 24) der **Kontrolle der Richtigkeit** dieser Maßnahme; das Mitbestimmungsrecht beinhaltet somit ein Mitbeurteilungsrecht.[573]

29 Eine mitbestimmungspflichtige **Höhergruppierung** kann unter verschiedenen Gesichtspunkten in Betracht kommen: v. a. bei einer **Übertragung einer höher zu bewertenden Tätigkeit,** die ihrerseits nach Abs. 1 Nr. 2 mitbestimmungspflichtig ist (vgl. Rn. 32 ff.), als Akt der förmlichen Bestätigung dieser Maßnahme;[574] ohne ausdrückliche Zuweisung beim **Hineinwachsen** in eine höher zu bewertende Tätigkeit; bei gleichbleibender Tätigkeit, weil eine bislang gezahlte Vergütung als zu niedrig erkannt wird, als **korrigierende Höhergruppierung**[575] oder bei der Erfüllung **persönlicher Eingruppierungsvoraussetzungen**, z. B. beim Bestehen einer Prüfung.[576] Ob die Übertragung

---

568 *BAG* v. 10. 2. 76 – 1 ABR 49/76 – u. v. 20. 12. 88 – 1 ABR 68/87 –, AP BetrVG 1972 § 99 Nr. 4 u. 62; *BVerwG* v. 8. 12. 99 – 6 P 3.98 – u. v. 22. 10. 07 – 6 P 1.07 –, PersR 00, 106, u. 08, 23.

569 *BVerwG* v. 8. 12. 99 u. v. 22. 10. 07, jew. a. a. O.

570 *BVerwG* v. 11. 11. 09 – 6 PB 25.09 –, PersR 10, 169.

571 *BAG* v. 21. 3. 95 – 1 ABR 46/94 –, PersR 95, 498; *BVerwG* v. 30. 4. 01 – 6 P 9.00 –, PersR 01, 382; jew. m. w. N.

572 *BAG* v. 20. 3. 90 – 1 ABR 20/89 –, PersR 90, 238.

573 *BAG* v. 30. 5. 90 – 4 AZR 74/90 –, PersR 90, 270.

574 Vgl. *VGH BW* v. 21. 1. 97 – PL 15 S 1951/95 –, PersR 98, 66.

575 *BVerwG* v. 6. 10. 92 – 6 P 22.90 –, PersR 93, 74.

576 *BVerwG* v. 3. 6. 77 – VII P 8.75 –, PersV 78, 245.

einer bestimmten Tätigkeit auf einen Arbeitnehmer mit einer **Höhergruppierung** verbunden ist und deswegen zur Mitbestimmung bei **Übertragung einer höher zu bewertenden Tätigkeit** führt, ist seit dem 1.1.14 an Hand der Anlage 2 zum TV EntgO Bund zu beantworten.[577] Die bei gleichbleibender Tätigkeit im Wege des **Bewährungs- oder Fallgruppenaufstiegs** erfolgende Höhergruppierung[578] gibt es im Geltungsbereich des TVöD nicht mehr (§ 17 Abs. 5 S. 1 i.V.m. § 8 TVÜ-Bund); soweit ein solcher Aufstieg aufgrund von Besitzstandsregelungen noch stattfindet, hat der PR jedoch (weiterhin) mitzubestimmen. Keine Höhergruppierung ist dagegen der **nach Ende der regulären Stufenlaufzeit** erfolgende **Stufenaufstieg** innerhalb der Entgeltgruppe, in die der Arbeitnehmer eingruppiert ist, bei dem es sich um einen von der Einordnung in die Entgeltgruppe losgelösten selbstständigen Vorgang (**»isolierte Stufenzuordnung«**) handelt[579] (vgl. Rn. 22, 26b).

30 Wesentliche **Bestandteile der Höhergruppierung** sind die Feststellung der tarifvertraglich vorgesehenen **Entgeltgruppe** (bzw. Vergütungs- oder Lohngruppe) und die Ermittlung des für die Einreihung in diese Gruppe maßgeblichen **Zeitpunkts.**[580] Beides ist Gegenstand der Richtigkeitskontrolle des PR.

30a Die Mitbestimmung bei Höhergruppierung erstreckt sich auch auf die **Stufenzuordnung** nach **§ 17 Abs. 4 S. 1 TVöD**, die zeitgleich mit der Einordnung in die höhere Entgeltgruppe stattfindet; beide Vorgänge sind gleichermaßen Gegenstand der Tarifautomatik.[581] Nach der Neuregelung des § 17 TVöD erfolgen seit dem 28.2.2014 Höhergruppierungen stufengleich.[582]

31 Eine mitbestimmungspflichtige **Rückgruppierung** kann v.a. in folgenden Fällen vorkommen: als zweiter Akt bei einer **Übertragung einer niedriger zu bewertenden Tätigkeit,** die ihrerseits nach Abs. 1 Nr. 2 mitbestimmungspflichtig ist (vgl. Rn. 32ff., 35), oder als **korrigierende Rückgruppierung,** wenn infolge des Absinkens der Wertigkeit der bisherigen Tätigkeit die höhere Eingruppierung unrichtig geworden oder wenn von Anfang an irrtümlich zu hoch eingruppiert worden ist.[583] Dabei ist eine korrigierende Rückgruppierung auch dann mitbestimmungspflichtig, wenn sie durch einen gleichzeitig erfolgenden Bewährungsaufstieg in die alte Vergütungsgruppe

577 In der Zeit vom 1.10.05 bis 31.12.13 war die Anl. 2 TVÜ-Bund maßgeblich; vgl. *BVerwG* v. 16.5.12 – 6 PB 4.12 –, PersR 12, 423 (zur Anl. 3 TVÜ-VKA).

578 *BVerwG* v. 17.4.70 – VII P 8.69 –, PersV 70, 277.

579 *BVerwG* v. 13.10.09 – 6 P 15.08 –, PersR 09, 501.

580 *BVerwG* v. 6.10.92, a.a.O.

581 *BVerwG* v. 13.10.09, a.a.O.

582 Vgl. *Dannenberg,* PersR 14, 20; *Meerkamp/Dannenberg,* PersR 14,

583 *BVerwG* v. 17.4.70 – VII P 8.69 –, PersV 70, 277; *BAG* v. 30.5.90 – 4 AZR 74/90 –, PersR 90, 238, v. 26.8.92 – 4 AZR 210/92 –, PersR 93, 132, u. v. 16.2.00 – 4 AZR 62/99 –, PersR 01, 173.

ausgeglichen wird.[584] Das Mitbestimmungsrecht entfällt auch nicht deshalb, weil die ursprüngliche Eingruppierung mit dem Vorbehalt der endgültigen Stellenbewertung verbunden war und die Umgruppierung nunmehr auf der endgültigen Bewertung beruht.[585] Die Mitbestimmung bei Rückgruppierung erstreckt sich auch auf die **Stufenzuordnung** nach **§ 17 Abs. 4 S. 5 TVöD**, die zeitgleich mit der Einordnung in die niedrige Entgeltgruppe stattfindet.[586] Soll die Rückgruppierung im Wege der **Änderungskündigung** durchgesetzt werden (was i. d. R. der Fall ist), steht dem PR neben dem Mitbestimmungsrecht nach Abs. 1 Nr. 2 auch das Mitwirkungsrecht nach § 79 Abs. 1 zu (vgl. § 79 Rn. 9).

Die nach Abs. 1 Nr. 2 mitbestimmungspflichtige **Übertragung einer höher oder niedriger zu bewertenden Tätigkeit** liegt vor, wenn einem Arbeitnehmer eine Tätigkeit übertragen wird, die den Tätigkeitsmerkmalen einer **höheren oder einer niedrigeren Entgeltgruppe** (bzw. Vergütungs- oder Lohngruppe) zuzuordnen ist als die bisherige Tätigkeit[587] (vgl. Rn. 34f.). Der Gegenstand der Mitbestimmung steht im Zusammenhang mit dem **beruflichen Aufstieg.**[588] Die Beteiligung des PR soll die Behandlung aller Arbeitnehmer der Dienststelle nach Recht und Billigkeit gewährleisten.[589] 32

Die Mitbestimmung nach Abs. 1 Nr. 2 ist nicht gegeben, wenn einem Arbeitnehmer eine Tätigkeit übertragen wird, die zwar zur Zahlung einer tätigkeits- oder funktionsbezogenen **Zulage** führt, jedoch nicht den Tätigkeitsmerkmalen einer höheren oder einer niedrigeren Entgeltgruppe (bzw. Vergütungs- oder Lohngruppe) entspricht; das gilt umgekehrt auch für den Entzug einer Tätigkeit, die den Wegfall einer solchen Zulage zur Folge hat.[590] Wohl aber stellt die Übertragung einer Tätigkeit, die nach dem TV-BA die Gewährung einer **Funktionsstufe** zur Folge hat, die Übertragung einer höher – bzw. beim Entzug einer solchen Tätigkeit die Übertragung einer niedriger – zu bewertenden Tätigkeit dar.[591] 32a

Während im Normalfall mit der Übertragung einer höher zu bewertenden Tätigkeit unter der Herrschaft einer Tarifautomatik zugleich auch die damit 32b

584 *BVerwG* v. 10.7.95 – 6 P 14.93 –, PersR 95, 491.
585 *OVG Bln* v. 27.9.93 – OVG PV Bln 10.93 –, PersR 94, 88.
586 *BVerwG* v. 13.10.09, a.a.O.
587 *BAG* v. 27.11.91 – 4 AZR 29/91 –, AP BPersVG § 75 Nr. 35; *BVerwG* v. 30.4.01 – 6 P 9.00 –, PersR 01, 382.
588 *BVerwG* v. 27.5.09 – 6 P 18.08 –, PersR 09, 357.
589 *BVerwG* v. 27.5.09, a.a.O.
590 Vgl. *BAG* v. 17.1.79 – 4 AZR 463/77 –, AP BAT § 36 Nr. 3, zum **Schichtführer**; *BVerwG* v. 3.6.77 – VII P 3.76 –, PersV 78, 247, u. *BAG* v. 11.6.80 – 4 AZR 437/78 –, AP MTB II § 9 Nr. 6, zum **Vorhandwerker**; *BVerwG* v. 3.6.77 – VII P 2.76 –, Buchh 238.3 A § 75 Nr. 2, u. *BAG* v. 10.11.92 – 1 AZR 185/92 –, PersR 93, 134, zum **Vorarbeiter**.
591 *BVerwG* v. 27.5.09 – 6 P 17.08 –, ZfPR online 09 Nr. 7 S. 5.

verbundene Höhergruppierung einher geht, kann es durchaus auch abweichende Konstellationen geben, in denen die Tarifautomatik nicht oder allenfalls verspätet zum Zuge kommt; in diesen Fällen wird aber dennoch eine maßgebliche Vorentscheidung für eine mögliche spätere Höhergruppierung getroffen, die nach kontrollierendem **Nachvollzug der Auswahlentscheidung** durch den Personalrat verlangt. Auch in diesen Fällen greift die Mitbestimmung, wenn mit der Übertragung einer anderen Tätigkeit in rechtlich abgesicherter Weise eine klar verbesserte, sich konkret abzeichnende Höhergruppierungschance eröffnet wird.[592] Auch darüber hinaus kann das Gleichbleiben der aktuellen Entgeltgruppe nicht generell die Notwendigkeit des **kontrollierenden Nachvollzugs der Auswirkungen einer Aufgabenübertragung** ausschließen, weshalb auch bei unveränderter Entgeltgruppe eine Übertragung höherwertiger Aufgaben vorliegen kann, die dann mitbestimmungspflichtig ist.[593] Hier lassen sich die Grundgedanken der Rspr. des *BVerwG* zum kontrollierenden Nachvollzug der eingruppierungsrechtlichen Auswirkungen einer neuen Aufgabenübertragung (z. B. bei Umsetzung)[594] übertragen.

33 Bei der Übertragung einer höher oder niedriger zu bewertenden Tätigkeit unterscheidet das Gesetz nicht danach, ob diese Übertragung **auf Dauer** oder **vorübergehend** erfolgt. Deshalb ist auch die vorübergehende Übertragung einschl. der vertretungsweisen Übertragung mitbestimmungspflichtig.[595] Auch die im Rahmen der tarifrechtlichen Regelungen über die **Führung auf Probe** oder die **Führung auf Zeit** erfolgende **vorübergehende Übertragung** einer Führungsposition (§ 31 Abs. 3 S. 1 u. § 32 Abs. 3 S. 1 TVöD) ist nach Abs. 1 Nr. 2 mitbestimmungspflichtig, und zwar auch dann, wenn der Übertragungszeitraum verlängert werden soll.

34 Die **Übertragung einer höher zu bewertenden Tätigkeit** besteht i. d. R. in der Zuweisung eines anderen Arbeitsplatzes oder in der Erweiterung des bisherigen Aufgabengebietes mit der Folge, dass die neue Gesamttätigkeit einer höheren (ggf. tariflichen) Entgeltgruppe (bzw. Vergütungs- oder Lohngruppe) entspricht. Dazu gehört auch die auf die Korrektur einer bisher un-

---

592 *BVerwG* v. 28. 8. 08 – 6 P 12.07 –, PersR 08, 453: für den Fall, dass Lehrkräfte an Mittelschulen mit der Befähigung für zwei Fächer, deren Eingruppierung sich nach den Sächsischen Lehrer-Richtlinien richtet und die bislang in der Vergütungsgruppe III eingruppiert sind, zu Fachberatern bestellt werden.

593 Vgl. *OVG Bln-Bbg.* v. 6. 10. 11 – OVG 62 PV 8.10 –, PersR 12, 274.

594 *BVerwG* v. 8. 11. 11 – 6 P 23.10 –, PersR 12, 36.

595 *BAG* v. 18. 6. 91 – 1 ABR 56/90 (A) –, PersR 91, 474; *BVerwG* v. 22. 10. 91 – 6 ER 502.91 –, PersR 92, 104; nach *BVerwG* v. 8. 10. 97 – 6 P 9.95 –, PersR 98, 155, soll die Mitbestimmung bei **Vertretungsregelungen** allerdings nur gegeben sein, soweit die Übertragung nicht bereits durch den Geschäftsverteilungs- und/oder Vertretungsplan der Dienststelle vorweggenommen ist.

terwertigen Beschäftigung abzielende **korrigierende Übertragung** einer anderen Tätigkeit auf einem dafür geschaffenen neuen Dienstposten.[596]

Im Bereich der **Bundesagentur für Arbeit** (vgl. Rn. 22a, 26d) ist der Tatbestand der Übertragung einer höher zu bewertenden Tätigkeit zunächst gegeben, wenn einem Arbeitnehmer der BA eine Aufgabe übertragen wird, welche einer **höheren Tätigkeitsebene** zugeordnet ist als seine bisherige Aufgabe.[597] Er ist auch gegeben, wenn einem Arbeitnehmer der BA eine Aufgabe übertragen wird, die bei gleichbleibender Tätigkeitsebene zur Zahlung einer **erstmaligen, weiteren oder höher dotierten Funktionsstufe** führt.[598] Erfolgt die Übertragung einer höher zu bewertenden Tätigkeit jedoch im Bereich der Gemeinsamen Einrichtungen (»Jobcenter«), so obliegt die Mitbestimmung nach Ansicht des *OVG NW* dem dort gebildeten Personalrat und nicht dem Agentur-Personalrat der Stammdienststelle.[599] 34a

Die **Übertragung einer niedriger zu bewertenden Tätigkeit** besteht i. d. R. in der Zuweisung eines anderen Arbeitsplatzes oder in der Veränderung des bisherigen Aufgabengebietes mit der Folge, dass die neue Gesamttätigkeit einer niedrigeren (ggf. tariflichen) Entgeltgruppe (bzw. Vergütungs- oder Lohngruppe) entspricht. Sie unterliegt auch dann der Mitbestimmung, wenn **keine Rückgruppierung** erfolgen, also die bisherige Eingruppierung (übertariflich) beibehalten werden soll, wenn aus der übertragenen niedriger zu bewertenden Tätigkeit ein **Zeit- oder Bewährungsaufstieg** möglich ist, der von der Dienststelle als vollzogen gewertet wird (was aber im Geltungsbereich des TVöD nur noch in einer Übergangszeit vorkommen kann; vgl. Rn. 22), oder wenn die Maßnahme Ergebnis eines arbeitsgerichtlichen **Vergleichs** ist. Während bei Beschäftigten der Bundesagentur für Arbeit der Entzug einer funktionsstufenbegründenden Tätigkeit ebenfalls mitbestimmungspflichtig ist, bedarf es hier aufgrund tariflicher Besonderheiten (§ 20 Abs. 6 TV-BA) keiner Änderungskündigung; diese Übertragung niedriger zu bewertender Tätigkeiten kann im Wege des Direktionsrechts erfolgen. Auch bei der **einvernehmlichen** Übertragung einer niedriger zu bewertenden Tätigkeit hat der PR mitzubestimmen.[600] 35

(Abs. 1 Nr. 3) Nach Abs. 1 Nr. 3 hat der PR bei der »**Versetzung zu einer anderen Dienststelle**« mitzubestimmen. Der personalvertretungsrechtliche Begriff der Versetzung eines Arbeitnehmers ist unter Berücksichtigung der das Arbeitsrecht des öffentlichen Dienstes prägenden Tarifverträge zu bestimmen. Danach ist **Versetzung** i. S. d. PersVR eine Anordnung des Arbeit- 36

596 *HmbOVG* v. 5.3.99 – 7 Bf 107/98 –, PersR 99, 460.

597 *BVerwG* v. 27.5.09 – 6 P 9.08 –, PersR 09, 408.

598 *BVerwG* v. 27.5.09, a. a. O.

599 *BVerwG* v. 1.10.14 – 6 P 13.13 –, PersR 10/15, 54; *OVG NW* v. 29.8.13 – 20 A 2189/12.PVB –, PersR 14, 222.

600 *BAG* v. 12.5.04 – 4 AZR 338/03 –, PersR 05, 289.

gebers, durch die dem Arbeitnehmer nicht nur vorübergehend ein Arbeitsplatz bei einer anderen Dienststelle desselben Arbeitgebers unter Fortsetzung des bestehenden Arbeitsverhältnisses zugewiesen wird (vgl. Protokollerklärung Nr. 2 zu § 4 Abs. 1 TVöD). Diese Anordnung ist eine einseitige, rechtsgeschäftliche Handlung, die i. d. R. durch das Direktionsrecht des Arbeitgebers gedeckt ist.[601] Der Begriff der **(anderen) Dienststelle** ist nach der Rspr. des *BVerwG* und des *BAG* **i. S. d. Verwaltungsorganisationsrechts** zu verstehen.[602] Folgt man dem, dann ist bei einem Arbeitsplatzwechsel, der im Bereich einer Dienststelle im organisationsrechtlichen Sinne zwischen verschiedenen personalvertretungsrechtlich selbständigen Teileinheiten (Hauptdienststelle und nach § 6 Abs. 3 verselbständigten Nebenstellen und Dienststellenteilen) stattfindet, keine Versetzung gegeben, sondern eine Umsetzung, die nach Abs. 1 Nr. 3 allerdings ebenfalls mitbestimmungspflichtig sein kann (vgl. Rn. 39ff.). Die Versetzung setzt nicht voraus, dass der **Dienstort** sich ändert. Auch eine Änderung des Inhalts der bisherigen **Tätigkeit** ist nicht erforderlich.[603] Ändert sich durch die Versetzung zugleich die (tarifliche) Bewertung der Tätigkeit, ist der PR nach Abs. 1 Nr. 2 auch unter dem Aspekt der Übertragung einer höher oder niedriger zu bewertenden Tätigkeit und ggf. unter dem Gesichtspunkt der Höher- oder Rückgruppierung zu beteiligen (vgl. Rn. 32ff.). Ist die neue Tätigkeit (tariflich) nach Ansicht der Dienststelle ebenso zu bewerten wie die bisherige Tätigkeit, so hat der PR entsprechend der jüngsten Rspr. des *BVerwG*[604] nach Abs. 1 Nr. 2 unter dem Aspekt der Eingruppierung mitzubestimmen (vgl. Rn. 23). Anders als die Abordnung (vgl. dazu Rn. 43) ist die Versetzung **auf Dauer angelegt**. Teilweise in der Praxis vorkommende, längerfristig **»befristete Versetzungen«**[605] anstelle von Abordnungen stellen (anders als noch in früheren Auflagen vertreten) rechtlich Abordnungen dar,[606] aber auch dann, wenn dies anders gesehen würde, wären diese Maßnahmen zur Vermeidung einer Beteiligungslücke nach Abs. 1 Nr. 3 mitbestimmungspflichtig.

37 Der **Schutzzweck** der Mitbestimmung bei der Versetzung besteht darin, sowohl die individuellen Interessen des in seinem dienstlichen und privaten Bereich unmittelbar betroffenen Beschäftigten als auch die kollektiven In-

---

601 *BAG* v. 20. 1. 60 – 4 AZR 267/59 –, AP BGB § 611 Direktionsrecht Nr. 8.

602 *BVerwG* v. 6. 4. 84 – 6 P 39.83 –, Buchh 238.36 § 78 Nr. 4, v. 16. 6. 00 – 6 P 6.99 –, PersR 00, 416, u. v. 11. 11. 09 – 6 PB 25.09 –, PersR 10, 169; *BAG* v. 22. 1. 04 – 1 AZR 495/01 –, PersR 05, 162.

603 *BVerwG* v. 30. 3. 09 – 6 PB 29.08 –, PersR 09, 332.

604 Beschl. v. 8. 11. 11 – 6 P 23.10 –, PersR 12, 36.

605 *Fischer/Goeres/Gronimus*, Rn. 35, für den Fall von interministeriellen Personalgewinnungsmaßnahmen.

606 Anders der Fall der (endgültigen) Versetzung unter dem gleichzeitigen Vorbehalt der späteren Rück- oder Weiterversetzung; in solchen Fällen wird aber das Band zur bisherigen Stammdienststelle sehr wohl zerrissen.

teressen der Beschäftigten der abgebenden und der aufnehmenden Dienststelle zu wahren.[607] Da das Mitbestimmungsrecht somit nicht nur dem Schutz des Betroffenen dient, besteht es auch dann, wenn dieser mit der Versetzung **einverstanden** ist (oder wenn er sie sogar **selbst beantragt** hat). Es wird auch nicht dadurch ausgeschlossen, dass der betroffene Arbeitnehmer als Funktionsträger der Personalvertretung den **besonderen Versetzungsschutz** nach § 47 Abs. 2 genießt (vgl. § 47 Rn. 22ff.).

Wie bei der Versetzung von Beamten nach § 76 Abs. 1 Nr. 3 (vgl. dort Rn. 25) **38** sind bei der Versetzung von Arbeitnehmern die **PR beider beteiligten Dienststellen** zu befassen,[608] also sowohl der **PR bei der abgebenden Dienststelle**, die die Versetzung beabsichtigt, wie auch der **PR bei der aufnehmenden Dienststelle.**[609] Dies deswegen, weil neben den persönlichen Interessen des zu Versetzenden auch die Interessen der Beschäftigten sowohl der abgebenden wie auch der aufnehmenden Dienststelle betroffen sind. Wenn allerdings die Entscheidung von der übergeordneten Dienststelle zu treffen ist, wird nach § 82 Abs. 1 die dort gebildete Stufenvertretung beteiligt (vgl. § 82 Rn. 3ff.). Bei einer »vertikalen« Versetzung (von einer nachgeordneten Dienststelle zur Mittelbehörde bzw. zur obersten Dienstbehörde oder umgekehrt) sind wegen der Doppelwirkung dieser Maßnahme für die abgebende und die aufnehmende Dienststelle grundsätzlich zum einen der **Haus-PR** bei der Mittelbehörde bzw. der obersten Dienstbehörde und zum anderen – ersatzweise an Stelle des PR der nachgeordneten Dienststelle – die **Stufenvertretung** zu beteiligen.[610]

Nach Abs. 1 Nr. 3 hat der PR auch mitzubestimmen bei der »**Umsetzung innerhalb der Dienststelle**, wenn sie mit einem Wechsel des Dienstorts verbunden ist«. Unter der Umsetzung eines Arbeitnehmers ist die **Zuweisung eines anderen, gleich bewerteten Arbeitsplatzes** innerhalb derselben Dienststelle zu verstehen.[611] Allerdings liegt auch dann die Zuweisung eines anderen Arbeitsplatzes und damit eine Umsetzung vor, wenn sich die neue Tätigkeit als höher- oder niedriger bewertet herausstellt, so dass bei gleichzeitigem Ortswechsel auch der Mitbestimmungsfall des § 75 Abs. 1 Nr. 3 gegeben ist.[612] Die Umsetzung beruht i. d. R. auf dem **Direktionsrecht** des Arbeitgebers. Ein kompletter Austausch des bisherigen Tätigkeitsbereichs ist für eine Umsetzung i. S. d. Abs. 1 Nr. 3 nicht erforderlich. Es reicht aus, dass der neue Arbeitsplatz durch wesentliche Änderungen im Aufgabenbereich eine neue, andere Prägung aufweist. Auch in diesem Falle handelt es sich be- **39**

607 *BVerwG* v. 4. 6. 93 – 6 P 33.91 – u. v. 27. 9. 93 – 6 P 4.93 –, PersR 94, 22, u. 93, 495.
608 *BVerwG* v. 19. 12. 75 – VII P 15.74 –, PersV 76, 457.
609 *BVerwG* v. 16. 9. 94 – 6 P 32.92 –, PersR 95, 16.
610 *BVerwG* v. 16. 9. 94, a. a. O.
611 *BVerwG* v. 16. 6. 00 – 6 P 6.99 –, PersR 00, 416.
612 Zutr. *VG Berlin* v. 12. 3. 14 – 71 K 20.13.PVB –, PersR 10/14, 49.

grifflich um eine Umsetzung; ob diese als bloße »Teilumsetzung«[613] bezeichnet wird, ist für die Frage der Mitbestimmung ohne Belang. Eine mitbestimmungspflichtige **Rückumsetzung** liegt vor, wenn ein Arbeitnehmer zunächst auf einen anderen Arbeitsplatz umgesetzt wurde und er dann wieder auf seinen alten Arbeitsplatz umgesetzt wird.[614] Eine Umsetzung kann im Übrigen auch (gesondert mitbestimmungspflichtige[615]) **Eingruppierungsfragen** aufwerfen. Im Unterschied zur Versetzung vollzieht sich die Umsetzung **innerhalb der Dienststelle**. Dabei ist der Begriff der Dienststelle der Gleiche wie im Falle der Versetzung (vgl. Rn. 36).[616] Die Umsetzung als solche ist nach Abs. 1 Nr. 3 nur dann mitbestimmungspflichtig, wenn damit zugleich ein **Wechsel des Dienstorts** verbunden ist. Das ist nur bei solchen Dienststellen möglich, die auf verschiedene Dienstorte aufgeteilt sind. Dienstort ist jeweils die politische Gemeinde, in der sich die Hauptdienststelle, eine Nebenstelle oder ein sonstiger Dienststellenteil befindet. Nach Abs. 1 Nr. 3 muss hinzukommen, dass der neue Dienstort i. S. d. Umzugskostenrechts der Beamten nicht zum **Einzugsgebiet** des bisherigen Dienstorts gehört (vgl. dazu § 3 Abs. 1 Nr. 1 Buchst. c BUKG). Liegt begrifflich eine Umsetzung vor, so hat der PR – unabhängig davon, ob ein Dienstortwechsel stattfindet – gem. Abs. 1 Nr. 2 stets bei der beabsichtigten **Beibehaltung der bisherigen Eingruppierung** mitzubestimmen[617] (vgl. Rn. 23).

40 Nach h. M. soll eine Umsetzung i. S. d. Abs. 1 Nr. 3 nur dann vorliegen, wenn sie **auf Dauer angelegt** ist.[618] Das erscheint jedoch zu eng, da der Begriff der Umsetzung als solcher nicht nur auf Dauer angelegte Maßnahmen beinhaltet (vgl. § 47 Rn. 26). Im Hinblick auf die Mitbestimmung bei der Abordnung gem. Abs. 1 Nr. 4 (vgl. dazu Rn. 43 ff.) erscheint es sachgerecht, nur solche Umsetzungen als mitbestimmungsfrei anzusehen, die für die Dauer von nicht **mehr als drei Monaten** vorgenommen werden sollen.[619] Auf Tätigkeiten, die ihrer Natur nach an **wechselnden Dienstorten** ausgeübt werden, wie das z. B. beim örtlich wechselnden Einsatz von Baukolonnen der Fall ist, ist Abs. 1 Nr. 3 nicht anwendbar.

41 Der **Schutzzweck** der Mitbestimmung bei der Umsetzung stimmt mit dem bei der Versetzung überein (vgl. Rn. 37). Das Mitbestimmungsrecht nach

613 *BVerwG* v. 18. 12. 96 – 6 P 8.95 –, PersR 97, 364, v. 22. 7. 03 – 6 P 3.03 –, PersR 03, 495, u. v. 30. 3. 09 – 6 PB 29.08 –, PersR 09, 332 (zu 2a cc); *OVG NW* v. 12. 2. 07 – 1 A 2358/05.PVL –, PersR 07, 317.

614 *HmbOVG* v. 15. 8. 96 – OVG Bs PB 3/95 –, PersR 96, 399.

615 *BVerwG* v. 8. 11. 11 – 6 P 23.10 –, PersR 12, 36.

616 *OVG NW* v. 29. 1. 99 – 1 A 2617/97.PVL –, PersR 99, 311.

617 *BVerwG* v. 8. 11. 11 – 6 P 23.10 –, PersR 12, 36.

618 *BVerwG* v. 10. 10. 91 – 6 P 23.90 –, PersR 92, 301; *BayVGH* v. 5. 4. 95 – 18 P 94.4087 –, PersR 95, 387; *VGH BW* v. 16. 9. 03 – PL 15 S 1104/03 –, PersR 04, 113; *BAG* v. 22. 1. 04 – 1 AZR 495/01 –, PersR 05, 162.

619 Vgl. KfdP-*Baden*, Rn. 66 m. N.

Abs. 1 Nr. 3 besteht deshalb auch dann, wenn der Arbeitnehmer mit der Umsetzung **einverstanden** ist[620] oder wenn dieser als Funktionsträger der Personalvertretung zusätzlich den **besonderen Umsetzungsschutz** nach § 47 Abs. 2 genießt (vgl. § 47 Rn. 22ff.).

Ist die Dienststelle i. S. d. Verwaltungsorganisationsrechts, innerhalb derer die Umsetzung stattfindet, zugleich Dienststelle i. S. d. PersVR, so ist der für die Ausübung des Mitbestimmungsrechts **zuständige PR** – soweit sich aus § 82 nichts Abweichendes ergibt – ohne Weiteres der (einzige) bei dieser Dienststelle gebildete PR. Ist das jedoch nicht der Fall und ist die Umsetzung (nicht nur mit einem Dienstortwechsel, sondern auch) mit einem Wechsel der Dienststelle i. S. d. PersVR verbunden, so ist die Situation mit der der Versetzung vergleichbar und deshalb sowohl der **PR bei der abgebenden Dienststelle** als auch der **PR bei der aufnehmenden Dienststelle** zu beteiligen (vgl. Rn. 38).[621] **42**

(Abs. 1 Nr. 4) Nach Abs. 1 Nr. 4 hat der PR bei der **Abordnung für eine Dauer von mehr als drei Monaten** mitzubestimmen. Der personalvertretungsrechtliche **Begriff** der Abordnung eines Arbeitnehmers ist unter Berücksichtigung der das Arbeitsrecht des öffentlichen Dienstes prägenden Tarifverträge zu bestimmen. Nach dem **TVöD** ist Abordnung die Zu weisung einer **vorübergehenden Beschäftigung** bei einer **anderen Dienststelle** oder einem **anderen Betrieb** desselben oder eines anderen Arbeitgebers unter Fortsetzung des bestehenden Arbeitsverhältnisses (Protokollerklärung Nr. 1 zu § 4 Abs. 1 TVöD), wobei ein anderer Arbeitgeber nur ein Arbeitgeber ist, bei dem der TVöD-AT zur Anwendung kommt (Umkehrschluss aus der Protokollerklärung zu § 4 Abs. 2 TVöD). Damit unterscheidet sich die Abordnung i. S. d. TVöD von der Versetzung zum einen durch ihre vorübergehende Natur und zum anderen dadurch, dass sie auch in den Bereich eines anderen (nicht nur öffentlichen, sondern auch privaten) Arbeitgebers erfolgen kann. Im Hinblick darauf ist unter einer Abordnung i. S. d. PersVR eine Anordnung des Arbeitgebers zu verstehen, durch die dem Arbeitnehmer vorübergehend ein Arbeitsplatz bei einer anderen Dienststelle i. S. d. BPersVG oder eines LPersVG oder – nach Maßgabe des jeweils anzuwendenden Tarifvertrags – bei einem Betrieb i. S. d. BetrVG zugewiesen wird. Die Einbeziehung des Wechsels zu einem Betrieb privaten Rechts in den personalvertretungsrechtlichen Regelungsfall der Abordnung ist durch die Tatbestandsfassung des Abs. 1 Nr. 4 gedeckt, weil diese – anders als die Fassung des Abs. 1 Nr. 3 – die Wendung »zu einer anderen Dienststelle« nicht enthält. Die Änderung des Dienstorts ist (ebenso wie bei Beamten) kein Tatbestandsmerkmal der Abordnung (vgl. § 76 Rn. 27). Die Abordnung ist eine einsei- **43**

620 *OVG NW* v. 25. 3. 99 – 1 A 4470/98.PVL –, PersR 00, 80.
621 *BVerwG* v. 16. 6. 00 – 6 P 6.99 –, PersR 00, 416.

tige, rechtsgeschäftliche Handlung, die im **Direktionsrecht** des Arbeitgebers wurzelt.[622]

43a Charakteristikum der Abordnung in Abgrenzung zur Versetzung ist bei alledem aufgrund des Umstandes, dass lediglich ein vorübergehender Einsatz in der anderen Dienststelle vorgesehen ist, die **aufrecht erhaltene Anbindung** des Beschäftigten **an die abgebende Dienststelle**. Dorthin kehrt der Beschäftigte nach Auslaufen des vorübergehenden Einsatzes automatisch zurück. Auch wenn im Abordnungsfall grundsätzlich nach drei Monaten gem. § 13 Abs. 2 S. 1 und 3 das aktive und gem. § 14 Abs. 1 S. 1 auch das passive Wahlrecht verloren gehen sowie gem. § 29 Abs. 1 Nr. 5 sogar die Mitgliedschaft im PR (vgl. § 13 Rn. 12ff., § 14 Rn. 2 u. § 29 Rn. 7), bleibt doch der abgeordnete Beschäftigte mit seinen Statusangelegenheiten weiter Angehöriger der abgebenden Dienststelle, dessen Leiter auch berechtigt und verpflichtet bleibt, die den Status betreffenden Angelegenheiten des Betroffenen zu regeln. Erst im Augenblick der Versetzung wird diese Anbindung gekappt und durch die alleinige Zuständigkeit der neuen Dienststelle ersetzt.

44 Der **Schutzzweck** der Mitbestimmung bei der Abordnung stimmt mit dem bei der Versetzung überein (vgl. Rn. 37). Das Mitbestimmungsrecht nach Abs. 1 Nr. 4 besteht deshalb auch dann, wenn der Arbeitnehmer mit der Abordnung **einverstanden** ist oder wenn dieser als Funktionsträger der Personalvertretung zusätzlich den **besonderen Abordnungsschutz** nach § 47 Abs. 2 genießt (vgl. § 47 Rn. 22f.).

45 Die Regelung des Abs. 1 Nr. 4 bildet das Gegenstück zu der für die Beamten geltenden Regelung des § 76 Abs. 1 Nr. 5 (vgl. dort Rn. 27ff.). Die darauf bezogenen Erläuterungen der im Einzelnen mitbestimmungspflichtigen Maßnahmen der **Abordnung** und **Teilabordnung** (einschl. ihrer **Verlängerung,** der **Kettenabordnung** und der unechten Kettenabordnung) gelten für Arbeitnehmer entsprechend. Wie im Fall der Versetzung hat auch bei der Abordnung sowohl der PR bei der **abgebenden Dienststelle** als auch der PR bei der **aufnehmenden Dienststelle** mitzubestimmen (vgl. Rn. 38). Findet eine Abordnung zu einer **Dienststelle im Geltungsbereich eines LPersVG** statt, richtet sich die Beteiligung des PR bei der aufnehmenden Dienststelle nach dem für sie geltenden LPersVG. Bei einer Abordnung zu einem **Betrieb im Geltungsbereich des BetrVG** hat der Betriebsrat wie bei der Zuweisung (vgl. unten Rn. 49a) nach § 99 BetrVG unter dem Gesichtspunkt der Einstellung mitzubestimmen.

46 Die **Entsendung** von Beschäftigten des Bundes **zu einer öffentlichen zwischenstaatlichen oder überstaatlichen Einrichtung, zur Verwaltung oder zu einer öffentlichen Einrichtung eines Mitgliedstaates der EU oder zur**

622 *BAG* v. 24. 1. 73 – 4 AZR 104/72 –, AP BAT §§ 22, 23 Nr. 63.

Übernahme von Aufgaben der Entwicklungszusammenarbeit ist keine Abordnung. Für sie gelten die Entsendungsrichtlinien (EntsR) des BMI v. 15.4.14.[623] Diese sehen u.a. vor, dass Tarifbeschäftigte des Bundes für die Dauer der Entsendung nach § 28 TVöD **Urlaub** unter Verzicht auf die Fortzahlung des Entgelts erhalten (§ 2 Abs. 1 S. 3 EntsR).

(Abs. 1 Nr. 4a) Nach Abs. 1 Nr. 4a besteht ein Mitbestimmungsrecht bei der **Zuweisung** von Arbeitnehmern **für die Dauer von mehr als drei Monaten.** Die Vorschrift ist ebenso wie die für die Zuweisung von Beamten geltende Regelung des § 76 Abs. 1 Nr. 5a durch Gesetz v. 28.5.90[624] in das BPersVG eingefügt und durch Art. 7 Nr. 2 DNeuG v. 5.2.09[625] geändert worden. Da § 29 BBG (vormals § 123a BRRG) nur für Beamte gilt, ist gem. Abs. 1 Nr. 4a nicht eine Zuweisung »nach«, sondern eine solche **»entsprechend« § 29 BBG** mitbestimmungspflichtig (zu den in Abs. 1 und 2 dieser Vorschrift geregelten zwei Möglichkeiten der **beamtenrechtlichen Zuweisung** vgl. § 76 Rn. 30). Inzwischen ist die Zuweisung allerdings auch tarifrechtlich geregelt (§ 4 Abs. 2 TVöD bzw. § 4 Abs. 3 TV-BA), was den Gesetzgeber allerdings nicht veranlasst hat, insoweit § 75 Abs. 1 Nr. 4a anders zu fassen; nach wie vor wird § 29 BBG in Bezug genommen. Trotz bestehender Formulierungsunterschiede ergibt sich aus der fortbestehenden Bezugnahme auf § 29 BBG jedoch kein Mitbestimmungsdefizit; der Anwendungsbereich umfasst zugleich alle Fälle des § 4 Abs. 2 TVöD. Im Gegenteil wird vom *BVerwG* angenommen, dass die arbeitsrechtliche Zuweisung »einen gewissen Auffangcharakter« haben soll; sie erfasst danach jede Tätigkeitsverlagerung, die nicht Abordnung oder Versetzung ist.[626] Wie bei Abordnung und Versetzung haben auch bei der Zuweisung sowohl der PR der abgebenden als auch die entsprechende Mitarbeitervertretung der aufnehmenden Einrichtung – dies kann auch ein Betriebsrat sein – mitzubestimmen. 47

In ihrer Wirkung auf die Beschäftigten ähneln die auf Dauer angelegte Zuweisung der Versetzung und die vorübergehend erfolgende Zuweisung der Abordnung, nur dass die Zuweisung regelmäßig nicht an eine andere *Dienststelle* erfolgt, sondern an einen »Dritten« i.S. einer anderen Einrichtung ohne Dienststelleneigenschaft. Der **Schutzzweck** der Mitbestimmung entspricht dem der Versetzung und der Abordnung (vgl. Rn. 37 u. Rn. 44). Auch bei der Zuweisung ist der **Fortbestand der Anbindung an die zuweisende Dienststelle** – unabhängig von der Frage nach einem Fortbestand der Wahlberechtigung (s. § 13 Abs. 2 S. 4 i.V.m. S. 1 u. 3) – typprägend; auf die Anmerkungen zum Charakteristikum der Abordnung (oben Rn. 43a wird verwiesen. Nicht der Mitbestimmung unterlegen hat die ursprüngliche Zu- 47a

623 GMBl. S. 634.
624 BGBl. I S. 967.
625 BGBl. I S. 160.
626 *BVerwG* v. 24.9.13 – 6 P 4.13 –, PersR 13, 456.

weisung von Beschäftigten der Bundesagentur für Arbeit an jene **»Jobcenter«**, die gem. § 44b SGB II als »gemeinsame Einrichtungen« gebildet sind (näher dazu § 88 Rn. 13ff.) – allerdings nicht, weil dies keine Zuweisung i. S. des § 4 Abs. 2 TVöD bzw. des § 29 BBG gewesen wäre, sondern allein deswegen, weil diese (erste) Zuweisung unmittelbar durch Gesetz erfolgte (§ 44g Abs. 1 SGB II)[627] und demgemäß keine »Maßnahme« einer verfügenden Dienststelle war.[628] Die späteren, individuellen Zuweisungen nach § 44g Abs. 2 SGB II unterliegen dagegen uneingeschränkt der Mitbestimmung (näher dazu Rn. 49b).

48 Die in **§ 4 Abs. 2 TVöD** geregelte **Zuweisung** ist in der Protokollerklärung zu dieser Bestimmung definiert als die (unter Fortsetzung des bestehenden Arbeitsverhältnisses erfolgende) **vorübergehende Beschäftigung bei einem Dritten im In- und Ausland,** bei dem der TVöD-AT nicht zur Anwendung kommt. Nach § 4 Abs. 2 TVöD kann Beschäftigten im dienstlichen/betrieblichen oder öffentlichen Interesse mit ihrer Zustimmung vorübergehend eine mindestens gleich vergütete Tätigkeit bei einem Dritten zugewiesen werden. Sieht man von den statusbedingten Unterschieden ab, so besteht eine bedeutsame Abweichung des § 4 Abs. 2 TVöD von § 29 Abs. 1 BBG lediglich darin, dass die Zuweisung eines Beamten zu einer nicht-öffentlichen Einrichtung nicht ein dienstliches oder öffentliches Interesse voraussetzt, sondern dass dafür ein öffentliches Interesse erforderlich ist. Diese Inkongruenz ändert aber nichts daran, dass die Regelung in § 4 Abs. 2 TVöD als tarifrechtliche **Parallelbestimmung zu der beamtenrechtlichen Vorschrift des § 29 Abs. 1 BBG** anzusehen ist. Daraus folgt, dass alle nach § 4 Abs. 2 TVöD beabsichtigten Zuweisungen jenen Zuweisungen entsprechen, die nach § 29 Abs. 1 BBG vorgenommen werden sollen, und deshalb mitbestimmungspflichtig sind.[629]

49 Die in **§ 4 Abs. 3 TVöD** geregelte **Personalgestellung** ist nach der Protokollerklärung zu dieser Bestimmung die (unter Fortsetzung des bestehenden Arbeitsverhältnisses erfolgende) **auf Dauer angelegte Beschäftigung bei einem Dritten**. Unbeschadet dieser Dauerhaftigkeit bleibt allerdings auch hier die Anbindung an die Stammdienststelle bestehen (oben Rn. 47). Nach § 4 Abs. 3 S. 1 TVöD besteht diese Personalgestellung darin, dass Beschäftigte ihre arbeitsvertraglich geschuldete Arbeitsleistung auf Verlangen des Arbeitgebers, also ohne Zustimmung der Beschäftigten, bei einem Dritten zu erbringen haben, auf den Aufgaben der Beschäftigten verlagert werden. Die Personalgestellung ist die tarifvertragliche **Entsprechung zu der beamtenrechtlichen Vorschrift des § 29 Abs. 2 BBG**, die die »Zuweisung bei Privatisierung« ermöglicht. Der Tatbestand des § 29 Abs. 2 BBG ist enger gefasst als

627 In der bis zum 31. 12. 14 geltenden Fassung. Zur Neufassung vgl. § 88 Rn. 14c.
628 Hierzu insb. *OVG NW* v. 20. 6. 11 – 16 B 271/11.PVB –, PersR 11, 386.
629 Vgl. KfdP-*Baden*, Rn. 77.

der des § 4 Abs. 3 S. 1 TVöD, weil die Zuweisung nur zu öffentlich-rechtlichen Einrichtungen ohne Dienstherrneigenschaft oder privatrechtlichen Einrichtungen der öffentlichen Hand erfolgen kann, während die Personalgestellung an einen »Dritten« in Betracht kommt. Gleichwohl ist auch die Personalgestellung im Hinblick auf den Schutzzweck der Mitbestimmung (vgl. Rn. 47 a. E.) als ein Fall der Zuweisung i. S. d. Abs. 1 Nr. 4a – und nicht etwa als Abordnung[630] – anzusehen.[631]

Für die Ausübung des Mitbestimmungsrechts nach Abs. 1 Nr. 4a ist – soweit sich aus § 82 nichts Abweichendes ergibt – der **PR der abgebenden Dienststelle** zuständig. Ob, in welchem Umfang und in welcher Weise ein Organ der **Interessenvertretung der Beschäftigten der aufnehmenden Einrichtung** zu beteiligen ist, bestimmt sich nach den für diese Einrichtung geltenden Vorschriften. Bei einer Zuweisung zu einem **Betrieb im Geltungsbereich des BetrVG** hat der Betriebsrat nach § 99 BetrVG unter dem Gesichtspunkt der Einstellung mitzubestimmen.[632] 49a

Soll einem bei der **Bundesagentur für Arbeit** beschäftigten Arbeitnehmer eine Tätigkeit bei einem **Jobcenter** zugewiesen werden (vgl. Rn. 47 a. E.), bedarf es der Beteiligung des PR der abgebenden und des PR der aufnehmenden Dienststelle:[633] Der PR der abgebenden Dienststelle ist die zuständige Personalvertretung bei der entscheidungsbefugten Dienststelle der Bundesagentur. Der PR der aufnehmenden Dienststelle ist der PR des Jobcenters; beteiligungspflichtige Maßnahme ist bei Letzterem die Zustimmung des Geschäftsführers zu der von der Bundesagentur veranlassten Zuweisungsentscheidung gem. § 44g Abs. 2 SGB II.[634] 49b

(**Abs. 1 Nr. 5**) Der Mitbestimmungstatbestand »**Weiterbeschäftigung über die Altersgrenze hinaus**« geht davon aus, dass das Erreichen einer bestimmten Altersgrenze automatisch zur Beendigung des Arbeitsverhältnisses eines Arbeitnehmers führt. Die im öffentlichen Dienst geltenden **Tarifverträge** legen i. d. R. fest, dass das Arbeitsverhältnis, ohne dass es einer Kündigung bedarf, mit Ablauf des Monats endet, in dem der Arbeitnehmer eine bestimmte Altersgrenze erreicht hat (gem. § 33 Abs. 1 Buchst. a TVöD in der seit dem 1. 7. 08 geltenden Fassung: »das gesetzlich festgelegte Alter zum Erreichen der Regelaltersgrenze vollendet hat«). Danach ist ein neuer Arbeitsvertrag zu schließen, wenn der Arbeitnehmer befristet oder unbefristet weiterbeschäftigt werden soll (§ 33 Abs. 5 TVöD). Der Tatbestand des Abs. 1 Nr. 5 ist ein **Sonderfall der Einstellung** i. S. d. Abs. 1 Nr. 1. Für den Gegen- 50

630 *VG Wiesbaden* v. 2. 3. 12 – 22 K 242/12. WI.PV –, PersR 12, 224.
631 Str.; vgl. KfdP-*Baden*, Rn. 78.
632 Vgl. *BAG* v. 23. 6. 09 – 1 ABR 30/08 –, AP BetrVG 1972 § 99 Einstellung Nr. 59.
633 Hierzu und zum Folgenden *BVerwG* v. 24. 9. 13 – 6 P 4.13 –, PersR 13, 456 (zu II 2d–g).
634 In der bis zum 31. 12. 14 geltenden Fassung. Zur Neufassung vgl. § 88 Rn. 14c.

stand und das Verfahren der Mitbestimmung sowie die Rechtsfolgen einer nicht ordnungsgemäßen Beteiligung des PR gilt das zum Grundtatbestand Gesagte entsprechend (vgl. Rn. 12–21). Wird eine Person nach Erreichen der Altersgrenze in der Dienststelle **erstmals** als Arbeitnehmer eingestellt, so liegt ein Fall des Abs. 1 Nr. 1 vor. Das Gleiche gilt, wenn ein **Beamter** nach dem Eintritt in den Ruhestand als Arbeitnehmer weiterbeschäftigt wird. Wird ein früherer Beschäftigter nach Erreichen der Altersgrenze aufgrund eines **Werk- oder Dienstvertrages** weiterhin für die Dienststelle tätig, dann ist die Aufnahme dieser Tätigkeit nur dann keine Einstellung i. S. d. Abs. 1 Nr. 1, wenn er dabei nicht nach den für ein Arbeitsverhältnis typischen Weisungen der Dienststelle wie ein eigener Arbeitnehmer eingesetzt wird.

51 (**Abs. 1 Nr. 6**) Der Mitbestimmungstatbestand »**Anordnungen, welche die Freiheit in der Wahl der Wohnung beschränken**« entspricht dem für die Beamten geltenden wortgleichen Tatbestand des § 76 Abs. 1 Nr. 6. Er geht offenbar davon aus, dass der Arbeitgeber berechtigt sein kann, einen Arbeitnehmer anzuweisen, seine Wohnung innerhalb einer bestimmten Entfernung von der Dienststelle zu nehmen oder eine Dienstwohnung zu beziehen, wenn die dienstlichen Verhältnisse es erfordern (vgl. § 76 Rn. 31). Eine derartige Befugnis kann im Tarifvertrag oder (regelmäßig) im **Einzelarbeitsvertrag** ausdrücklich festgelegt sein. Nach der Rspr. des *BAG* kann ein **Tarifvertrag** die Verpflichtung eines Arbeitnehmers zur Begründung eines Wohnsitzes am Ort seiner Tätigkeit begründen, wenn dieser Verpflichtung ein durch die Besonderheit des Arbeitsverhältnisses begründetes berechtigtes Interesse des Arbeitgebers zugrunde liegt.[635] Die früheren Bestimmungen des **§ 65 BAT** und **§ 69 MTArb**, nach denen für die Zuweisung von Dienstwohnungen (Werkdienstwohnungen) die Bestimmungen des Arbeitgebers über derartige Wohnungen in der jeweiligen Fassung galten, sind indessen nicht in den **TVöD** übernommen worden. Eine Befugnis zu einer die Wohnungswahl des Arbeitnehmers beschränkenden Anordnung des Arbeitgebers kann sich im Bereich der Bundesverwaltung deshalb jetzt nur noch aus einer ausdrücklichen Vereinbarung im Einzelarbeitsvertrag (etwa aus einer Nebenabrede) ergeben.

52 Unter den zu den sozialen Angelegenheiten gehörenden Mitbestimmungstatbestand des **Abs. 2 Nr. 2** kann auch die **Zuweisung von Dienstwohnungen** fallen (vgl. Rn. 63). Davon unterscheidet sich der Tatbestand des **Abs. 1 Nr. 6** dadurch, dass er sich auf die der Zuweisung **vorausgehende Anordnung** bezieht, dass ein bestimmter Arbeitnehmer eine Dienstwohnung zu beziehen hat. Die Einwilligung des Betroffenen lässt das Mitbestimmungsrecht nicht entfallen, weil die Befolgung der Anordnung deren Einseitigkeit nicht aufhebt.[636] Die Mitbestimmung nach Abs. 1 Nr. 6 erstreckt sich in je-

---

635 Urt. v. 7.6.06 – 4 AZR 316/05 –, AP BGB § 611 Hausmeister Nr. 15.

636 Str.; vgl. KfdP-*Baden*, Rn. 84 m. N.

dem Fall auf die Frage, ob die arbeitsrechtlichen Voraussetzungen für die Anordnung vorliegen.

(Abs. 1 Nr. 7) Der Mitbestimmungstatbestand nach § 75 Abs. 1 Nr. 7 bezieht 53
sich auf die **Versagung einer beantragten Nebentätigkeitsgenehmigung** und den **Widerruf einer Genehmigung.** Er ist mit dem für die Beamten geltenden § 76 Abs. 1 Nr. 7 wortgleich (vgl. dort Rn. 32). Die für die Nebentätigkeit von Arbeitnehmern geltenden Rechtsnormen unterscheiden sich jedoch von denen des Beamtenrechts. Nach **allgemeinem Arbeitsrecht** ist eine Nebentätigkeit nur untersagt, wenn dadurch bestimmte betriebliche Interessen des Arbeitgebers beeinträchtigt werden. Im Arbeitsvertrag vereinbarte und durch Tarifvertrag festgelegte Beschränkungen müssen im Lichte der durch Art. 12 Abs. 1 GG geschützten Berufsfreiheit ausgelegt und angewendet werden.[637]

Anders als § 11 BAT, wonach die für die Beamten des Arbeitgebers jeweils 54
geltenden Bestimmungen sinngemäß Anwendung fanden, enthält **§ 3 Abs. 3 TVöD** eine eigenständige Regelung, die die Ausübung einer Nebentätigkeit nicht mehr unter einen Erlaubnisvorbehalt stellt und die vom Beamtenrecht abgekoppelt ist. Diese Regelung sieht in S. 1 und 2 vor, dass einerseits die Arbeitnehmer verpflichtet sind, Nebentätigkeiten gegen Entgelt ihrem Arbeitgeber rechtzeitig vorher schriftlich anzuzeigen, und dass andererseits der Arbeitgeber berechtigt ist, eine solche anzeigepflichtige entgeltliche Nebentätigkeit zu untersagen oder mit Auflagen zu versehen, wenn diese Nebentätigkeit geeignet ist, die Erfüllung der arbeitsvertraglichen Pflichten des Arbeitnehmers oder berechtigte Interessen des Arbeitgebers zu beeinträchtigen.

Die **Tatbestandsfassung** des § 75 Abs. 1 Nr. 7 ist auf die beamtenrechtlichen 55
Vorschriften und nicht auf die in der Bundesverwaltung nunmehr geltenden tarifrechtlichen Bestimmungen zugeschnitten. Die verwendeten Begriffe (Versagung bzw. Widerruf einer Genehmigung) müssen deshalb so interpretiert werden, dass der **Schutzzweck** des Mitbestimmungsrechts auch dann erreicht wird, wenn der TVöD anzuwenden ist. Dieser Zweck besteht darin, durch eine vom PR auszuübende zusätzliche Richtigkeitskontrolle zu gewährleisten, dass die Möglichkeiten zur Ausübung von Nebentätigkeiten nicht durch rechtlich unzulässige Entscheidungen des Arbeitgebers eingeschränkt werden. Die **Versagung** einer (beantragten) Genehmigung und der **Widerruf** einer (bereits erteilten) Genehmigung einer Nebentätigkeit stimmen darin überein, dass sie ein **Verbot** einer (beabsichtigten oder bereits ausgeübten) Nebentätigkeit beinhalten. Auch die nach § 3 Abs. 3 S. 2 TVöD zugelassene **Untersagung** ist ein solches Verbot und erfüllt deshalb ebenfalls den Tatbestand des § 75 Abs. 1 Nr. 7 und ist somit mitbestimmungspflichtig. Das Gleiche gilt für die Erteilung von **Auflagen**, die darin bestehen, eine (be-

637 Zur Rspr. des *BAG* vgl. Urt. v. 28.2.02 – 6 AZR 33/01 –, ZTR 02, 429, m.w.N.

absichtigte oder bereits ausgeübte) Nebentätigkeit nach Art oder Umfang zu beschränken, weil derartige Auflagen ein teilweises Verbot beinhalten.[638]

56 (**Abs. 2**) Das Gesetz führt in Abs. 2 S. 1 mitbestimmungspflichtige **soziale Angelegenheiten** auf, regelt in Abs. 2 S. 2 Besonderheiten der Mitbestimmung und legt in Abs. 2 S. 3 bis 5 eine spezielle Unterrichtungspflicht der Dienststelle fest. Die Vorschriften des Abs. 2 gelten für **Arbeitnehmer und Beamte**. Bei der Wahrnehmung seines Mitbestimmungsrechts hat der PR auf die **Gleichbehandlung** der Beschäftigten und die angemessene Berücksichtigung ihrer sozialen Belange zu achten.[639]

57 (**Abs. 2 S. 1 Nr. 1**) Der PR hat bei der Gewährung von Unterstützungen, Vorschüssen, Darlehen und entsprechenden **sozialen Zuwendungen** mitzubestimmen. Hat ein Beschäftigter eine solche Zuwendung beantragt, wird der PR nach Abs. 2 S. 2 Hs. 1 nur **auf Antrag** des Beschäftigten beteiligt (vgl. Rn. 59). Unter dieser Voraussetzung besteht das Mitbestimmungsrecht auch dann, wenn ein Antrag auf Gewährung einer Zuwendung **abgelehnt** oder eine bereits gewährte Leistung **entzogen** werden soll.[640] Dabei geht es immer um **Einzelmaßnahmen,** nicht um allgemeine Regelungen wie z. B. den Erlass von Richtlinien, bei denen i. d. R. ein Mitwirkungsrecht nach § 78 Abs. 1 Nr. 1 gegeben ist.[641]

58 **Unterstützungen** sind einmalige oder laufende Geldleistungen des Dienstherrn oder Arbeitgebers, die zur Behebung einer sozialen Notlage bestimmt sind und auf die kein Rechtsanspruch besteht.[642] **Vorschüsse** sind freiwillige Vorauszahlungen auf Dienstbezüge bzw. Arbeitsentgelt, die an Beschäftigte gewährt werden können, die durch besondere Umstände zu unabwendbaren und aus den laufenden Bezügen nicht zu finanzierenden Ausgaben gezwungen sind. Für die Beschäftigten des Bundes gelten die Richtlinien für die Gewährung von Vorschüssen in besonderen Fällen (Vorschussrichtlinien – VR) i. d. F. des RdSchr. des BMI v. 28. 11. 75.[643] Mit **Darlehen** sind finanzielle Leistungen des Dienstherrn oder Arbeitgebers gemeint, die auf der Grundlage eines Darlehensvertrages erbracht werden, in dem der Beschäftigte sich zur Rückzahlung in einem Betrag oder auch in Raten mit oder auch ohne Zinsen verpflichtet (§§ 488 ff. BGB). Nach der Rspr. des *BVerwG* unterliegen sie nur dann der Mitbestimmung, wenn sie sich als Sonderform der Unterstützung darstellen, also wegen in der Person des Beschäftigten liegender,

638 Vgl. KfdP-*Baden*, Rn. 87.
639 *BVerwG* v. 15. 3. 95 – 6 P 23.93 –, PersR 95, 334.
640 *BVerwG* v. 3. 8. 62 – VII P 17.61 – u. v. 18. 7. 68 – VII P 10.67 –, PersV 62, 274, u. 68, 277; *LAG Bln* v. 21. 2. 89 – 3 Sa 101/88 –, ZTR 89, 247.
641 *OVG NW* v. 6. 11. 85 – CL 21/84 –, PersR 87, 43 Ls.
642 *BVerwG* v. 12. 7. 68 – VII P 10.67 – u. v. 21. 3. 80 – 6 P 79.78 –, PersV 68, 277, u. 81, 329.
643 GMBl. S. 829.

ausschließlich sozialer Gründe gewährt werden.[644] **Entsprechende soziale Zuwendungen** sind Leistungen, die nach ihrer Zweckbestimmung mit Unterstützungen, Vorschüssen und Darlehen vergleichbar sind, also ebenfalls freiwillig aus ausschließlich individuellen sozialen Gründen gewährt werden.[645] Leistungen, die grundsätzlich alle Beschäftigten ohne Rücksicht auf ihre Bedürftigkeit erhalten, wie z. B. Essenszuschüsse, gehören nicht dazu.[646]

Die ergänzenden Vorschriften des **Abs. 2 S. 2** sollen dem **Persönlichkeitsschutz** dienen. Hat ein Beschäftigter eine Leistung nach Abs. 2 S. 1 Nr. 1 beantragt, wird der PR gem. Abs. 2 S. 2 Hs. 1 **nur auf Antrag des Beschäftigten** beteiligt. Auf dieses Antragsrecht hat die Dienststelle den Beschäftigten hinzuweisen. Für seine Ausübung gilt das zu § 78 Abs. 2 S. 2 Hs. 1 Gesagte entsprechend (vgl. § 78 Rn. 23). Gemäß Abs. 2 S. 2 Hs. 2 kann der Beschäftigte verlangen, dass **nur der Vorstand des PR** mitbestimmt. Dieser hat dann an Stelle des Plenums zu beschließen, wobei alle Vorstandsmitglieder zur Beschlussfassung berufen sind.[647] Diese sind insoweit auch den übrigen PR-Mitgliedern gegenüber zur Verschwiegenheit verpflichtet (vgl. § 10 Rn. 11). 59

Nach Abschluss eines jeden Kalendervierteljahres muss die Dienststelle dem PR gem. **Abs. 2 S. 3** einen **Überblick** über Unterstützungen, Vorschüsse, Darlehen und entsprechende **soziale Zuwendungen** geben. Gegenstand des Überblicks sind alle Zuwendungen i. S. d. Abs. 2 S. 1 Nr. 1, auch die aufgrund eines Redaktionsversehens nicht erwähnten Vorschüsse und Darlehen. Nach **Abs. 2 S. 4** sind dabei die **Anträge** und die **Leistungen** ihrer Art nach **gegenüberzustellen.** Dabei sind auch die Anträge mitzuteilen, die die Dienststelle abgelehnt hat oder bei denen der PR nicht beteiligt worden ist. Das *BVerwG*[648] hat die Ansicht vertreten, dass die **Namen der Antragsteller** nicht anzugeben seien. Das kann jedoch nicht für jene Antragsteller gelten, die die Beteiligung des PR beantragt und nicht auf dessen Vorstand begrenzt haben.[649] Nach **Abs. 2 S. 5** dürfen auch die vom Antragsteller angeführten **Gründe** nicht angegeben werden. Auch dies ist jedoch dann zulässig, wenn der Betroffene dies gestattet oder wenn er seinen Antrag über den PR ohne Begrenzung auf dessen Vorstand vorgelegt hat. Ein über wenige Einzelfälle hinausgehender Überblick sollte **schriftlich** vorgelegt werden. 60

(**Abs. 2 S. 1 Nr. 2**) Unter den in Abs. 2 S. 1 Nr. 2 genannten Voraussetzungen sind die Zuweisung und Kündigung von **Wohnungen** sowie die allgemeine 61

---

644 Beschl. v. 21. 3. 80, a. a. O.; str.; vgl. KfdP-*Baden*, Rn. 93 m. w. N.
645 Str.; vgl. KfdP-*Baden*, Rn. 94 m. N.
646 *OVG NW* v. 6. 11. 85 – CL 21/84 –, PersR 87, 43 Ls.
647 Str.; vgl. KfdP-*Baden*, Rn. 96 m. N.
648 Beschl. v. 28. 3. 58 – VII P 17.57 –, PersV 59, 139.
649 Str.; vgl. KfdP-*Baden*, Rn. 106 m. w. N.

Festsetzung ihrer Nutzungsbedingungen mitbestimmungspflichtig. Der **Begriff** der Wohnungen erfasst Räume jeder Art, die zum Wohnen geeignet und bestimmt sind, ohne dass es darauf ankommt, ob es sich um eine abgeschlossene Wohnung oder um einzelne Wohnräume handelt, ob die Wohnung von einzelnen oder mehreren Personen belegt ist, ob sie kurz- oder langfristig oder ob sie entgeltlich oder kostenlos überlassen wird.[650] Zu den Wohnungen gehören begrifflich auch **Dienst- oder Werkdienstwohnungen**. Nach h. M. handelt es sich bei den sie betreffenden Entscheidungen aber grundsätzlich nicht um soziale Angelegenheiten, weil ihre Zuweisung ausschließlich im dienstlichen Interesse liege und die Dienststelle i. d. R. über keinen mitbestimmungsfähigen Entscheidungsspielraum verfüge[651] (vgl. auch Rn. 51 f. u. § 76 Rn. 31).

62 Das Mitbestimmungsrecht bezieht sich auf Wohnungen, über die die Dienststelle **»verfügt«.** Diese Verfügungsbefugnis kann sich daraus ergeben, dass die Wohnung sich im **Eigentum** des Trägers der Dienststelle befindet oder dass diese – falls ein Dritter Eigentümer ist – ein **Besetzungsrecht** hat.[652] Liegt die Verfügungsbefugnis bei einer übergeordneten Dienststelle, so hat an Stelle des örtlichen PR die nach § 82 Abs. 1 oder 5 zuständige Stufenvertretung mitzubestimmen. Verfügt eine außerhalb der eigenen Verwaltung stehende Dienststelle, insb. eine solche der Bundesanstalt für Immobilienaufgaben (BImA) über die Wohnung, ist das Mitbestimmungsrecht gegeben, wenn und soweit die Dienststelle (oder ggf. die übergeordnete Dienststelle der eigenen Verwaltung) für diese Wohnung ein **Vorschlagsrecht** hat.[653]

63 Der Begriff der **Zuweisung** beinhaltet alle Entscheidungen, die auf die Begründung eines Mietverhältnisses oder eines sonstigen Nutzungsverhältnisses gerichtet sind, und ist deshalb als die **Verschaffung des Nutzungsrechts** an den die Wohnung bildenden Räumen anzusehen.[654] Dazu gehört auch die **Einweisung in eine Dienst- oder Werkdienstwohnung** (vgl. Rn. 61), wenn die Dienststelle unter mehreren Dienst- oder Werkdienstwohnungen oder unter mehreren Dienst- bzw. Werkdienstwohnungsberechtigten auszuwählen hat.[655] Dagegen unterliegt die **Zuweisung anderer Wohnungen** auch dann der Mitbestimmung, wenn dabei keine Auswahlentscheidung zwi-

650 Bejahend für Wohnheimplätze in Personalwohnheimen: *OVG NW* v. 6. 3. 97 – 1 A 1094/94.PVL –, PersR 97, 456; verneinend für Unterkunftsräume in Fortbildungsstätten: *BayVGH* v. 29. 7. 87 – Nr. 17 C 87.01659 –, PersR 88, 138 Ls.

651 Vgl. *BVerwG* v. 21. 3. 85 – 6 P 18.82 – u. v. 16. 11. 87 – 6 P 5.86 –, PersR 86, 54, u. 88, 71.

652 *BVerwG* v. 25. 9. 84 – 6 P 25.83 –, ZBR 85, 60, u. v. 15. 3. 95 – 6 P 23.93 –, PersR 95, 334.

653 Vgl. *HessVGH* v. 16. 11. 59 – BPV 1/59 –, PersV 60, 159.

654 *BVerwG* v. 16. 11. 87 – 6 P 5.86 –, PersR 88, 71; a. A. Richardi-*Kaiser*, Rn. 187.

655 *BVerwG* v. 16. 11. 87, a. a. O.

schen mehreren Beschäftigten und/oder zwischen mehreren Wohnungen zu treffen ist.[656] Das Mitbestimmungsrecht nach Abs. 2 S. 1 Nr. 2 bezieht sich immer auf die Verschaffung des Nutzungsrechts an **bereits zur Verfügung stehenden Wohnungen.** Es erstreckt sich nicht darauf, dass der Dienstherr bzw. Arbeitgeber überhaupt Wohnungen für die Beschäftigten bereitstellt.[657] Werden aus einem einheitlichen Bestand ohne feste Zuordnung Wohnungen sowohl an Beschäftigte als auch an andere Personen vergeben, so ist die **Vergabe an Nicht-Beschäftigte** auch dann mitbestimmungspflichtig, wenn sich kein Beschäftigter beworben hat.[658]

Der Tatbestand der **Kündigung** erstreckt sich auf alle Maßnahmen der 64
Dienststelle, die darauf abzielen, eine **Beendigung des Nutzungsverhältnisses** (durch die Dienststelle selbst, den dazu berechtigten Vermieter oder die verfügende externe Dienststelle) herbeizuführen.[659] Die Kündigung bzw. der Widerruf der Zuweisung einer **(Werk-)Dienstwohnung** ist zwar grundsätzlich nicht mitbestimmungspflichtig (vgl. Rn. 61), wohl aber, nachdem die Entwidmung der (Werk-)Dienstwohnung erfolgt ist.[660] Handelt es sich um einen einheitlichen Bestand von Wohnungen ohne feste Zuordnung zu Beschäftigten einerseits und **anderen Personen** andererseits, unterliegt die Kündigung jeder dieser Wohnungen der Mitbestimmung.[661] Erfasst sind auch Kündigungen, die erst nach wirksamer Beendigung des Dienst- oder Arbeitsverhältnisses erfolgen.[662]

Das Mitbestimmungsrecht bei der **allgemeinen Festsetzung der Nutzungs-** 65
bedingungen bezieht sich auf die **erstmalige** Festsetzung und auf die **Änderung** bereits bestehender Festsetzungen.[663] Dienst- oder Werkdienstwohnungen klammert die h. M. davon aus, weil ihre Nutzung allein aufgrund dienstlicher Notwendigkeit erfolge.[664] **Nutzungsbedingungen** sind alle vertraglichen Regelungen der gegenseitigen Rechte und Pflichten der Vertragsparteien, die in ihrer Gesamtheit das Nutzungsverhältnis ausmachen.[665] Un-

656 *OVG NW* v. 9.6.06 – 1 A 1030/05.PVL –, PersR 06, 481.

657 *BVerwG* v. 15.3.95 – 6 P 23.93 –, PersR 95, 334; *LAG Hamm* v. 8.2.96 – 17 Sa 759/95 –, PersR 96, 324.

658 Vgl. *BAG* v. 28.7.92 – 1 ABR 22/92 –, AP BetrVG 1972 § 87 Werkmietwohnungen Nr. 7; *HessVGH* v. 26.1.83 – HPV TL 36/81 –. PersV 89, 42 Ls.; a. A. *OVG NW* v. 16.1.84 – CL 42/82 –, PersV 86, 474 Ls.; vgl. KfdP-*Baden*, Rn. 101 m. w. N.

659 Teilw. str.; vgl. KfdP-*Baden*, Rn. 102 m. N.

660 *OVG NW* v. 9.9.99 – 1 A 648/97.PVL –, PersR 06, 481.

661 *BAG* v. 28.7.92, a. a. O.

662 Str.; a. A. *OLG Frankfurt a. M.* v. 14.8.92 – 20 REMiet 1/92 –, PersR 94, 223; vgl. KfdP-*Baden*, a. a. O.

663 Hierzu u. zum Folgenden KfdP-*Baden*, Rn. 103 m. w. N.

664 *BVerwG* v. 21.3.85 – 6 P 18.82 –, PersR 86, 54.

665 *BAG* v. 13.3.73 – 1 ABR 16/72 –, AP BetrVG 1972 § 87 Werkmietwohnungen Nr. 1; *BVerwG* v. 7.7.93 – 6 P 8.91 –, PersR 93, 555.

ter der **allgemeinen Festsetzung** sind alle Entscheidungen zu verstehen, die darauf abzielen, den Gebrauch der bereitgehaltenen Wohnungen einheitlich zu regeln.[666] Dazu zählt v.a. die inhaltliche Festlegung von Formularmietverträgen und Haus- und Garagenordnungen,[667] aber auch die Aufstellung allgemeiner Grundsätze für die Mietzinsbildung und die Umlage der Betriebskosten sowie für Mieterhöhungen, wobei der PR allerdings eine haushaltsrechtlich nicht vorgesehene Subventionierung nicht durchsetzen kann[668] und die maßgeblichen mietrechtlichen Vorschriften (§§ 557–560 BGB) zu beachten sind. Hat die Dienststelle mit der Verwaltung eine Wohnungsbaugesellschaft beauftragt, ändert dies nichts an der Mitbestimmungspflichtigkeit, wenn das Letztentscheidungsrecht bei der Dienststelle verbleibt.[669] Falls die Dienststelle(bzw. ihr Träger) **nicht selbst Vermieter** ist (oder nicht für den Vermieter handeln kann) und die Nutzungsbedingungen deshalb nicht von ihr festgelegt werden, ist das Mitbestimmungsrecht des PR nur gegeben, soweit die Dienststelle Einflussrechte gegenüber dem Vermieter hat.

66 Die Beteiligung des PR bei der Wohnungsfürsorge ist in Abs. 2 S. 1 Nr. 2 **nicht abschließend geregelt**. Sind Wohnungen als **Sozialeinrichtung** anzusehen, steht dem PR bei ihrer Errichtung, Verwaltung und Auflösung das Mitbestimmungsrecht nach **Abs. 3 Nr. 5** zu[670] (vgl. dazu Rn. 102ff.).

67 (**Abs. 2 S. 1 Nr. 3**) Die Mitbestimmung bei der Zuweisung von **Dienst- und Pachtland** und bei der Festsetzung seiner Nutzungsbedingungen bezieht sich auf Grundstücke oder Teile von ihnen, über die die Dienststelle in der Weise verfügen kann, dass sie den Nutzungsberechtigten bestimmt. Mit **Zuweisung** ist die Verschaffung des Nutzungsrechts gemeint, z.B. durch Abschluss eines Pachtvertrages.[671] Mitbestimmungspflichtig ist auch die Zuweisung von Land, das als »Dienstland« einem bestimmten Dienstposten zugeordnet ist, wenn die Dienststelle dabei die Möglichkeit zur Auswahl hat (vgl. Rn. 63). Die **Nutzungsart** ist gesetzlich nicht festgelegt. Sie kann z.B. land- oder forstwirtschaftlicher, gärtnerischer oder baulicher Art sein. Anders als nach Abs. 2 S. 1 Nr. 2 ist die **Festsetzung der Nutzungsbedingungen** – d.h. die Ausgestaltung des Überlassungsverhältnisses einschl. der Höhe eines etwaigen Nutzungsentgelts – und deren Änderung auch dann mitbestimmungspflichtig, wenn sie nicht allgemein, sondern im Einzelfall

666 *BVerwG* v. 7.7.93, a.a.O.
667 *VGH BW* v. 23.10.90 – 15 S 2962/89 –, BWVPr 91, 114.
668 *BVerwG* v. 15.3.95 – 6 P 23.93 –, PersR 95, 334.
669 *BVerwG* v. 15.3.95, a.a.O.
670 *BVerwG* v. 24.4.92 – 6 P 33.90 – u. v. 20.12.00 – 6 P 3.00 –, PersR 92, 308, u. 01, 153.
671 Str.; KfdP-*Baden*, Rn. 105 m. N.

erfolgt. Die **Kündigung** des Überlassungsverhältnisses oder der Widerruf der Zuweisung ist dagegen nicht mitbestimmungspflichtig.[672]

(Abs. 2 S. 2 bis 5) Vgl. dazu bereits Rn. 59f. 68

(Abs. 3) Die in Abs. 3 aufgeführten mitbestimmungspflichtigen **sonstigen** 69 **Angelegenheiten** beziehen sich in den Fällen der Nrn. 6 bis 9 nur auf **Arbeitnehmer,** in den übrigen Fällen auf **alle Beschäftigten.** Nur ausnahmsweise (bei der 2. Variante der Nr. 3) geht es um Angelegenheiten, die nur **einzelne Beschäftigte** betreffen. Im Übrigen handelt es sich durchweg um **allgemeine Angelegenheiten,** die durch einen **kollektiven Bezug** gekennzeichnet sind. Dieser Bezug ist immer dann gegeben, wenn sich eine Regelungsfrage stellt, welche die Interessen der Beschäftigten unabhängig von der Person und den individuellen Wünschen des Einzelnen berührt. Dabei ist die Zahl der betroffenen Beschäftigten nicht erheblich, sondern allenfalls ein Indiz für das Vorliegen eines kollektiven Bezugs.[673] Ein kollektiver Bezug liegt deshalb nicht nur dann vor, wenn die Angelegenheit alle Beschäftigten der Dienststelle oder eine funktional abgegrenzte Gruppe von Beschäftigten betrifft, sondern auch, wenn sie sich nur auf einen einzelnen Beschäftigten auf einem bestimmten Dienstposten oder Arbeitsplatz bezieht und im Hinblick auf Regelungsanlass und -inhalt nicht durch die individuellen Umstände des einzelnen Beschäftigten oder Beschäftigungsverhältnisses bedingt ist. Für die Abgrenzung kommt es nicht darauf an, ob die (von der Dienststelle beabsichtigte oder vom PR beantragte) Maßnahme **auf Dauer** angelegt ist oder sich (wie z. B. eine Arbeitszeitregelung für einen bestimmten Tag) auf einen **einmaligen Tatbestand** bezieht (vgl. § 73 Rn. 2). Liegt ein kollektiver Bezug vor, so entfällt die Mitbestimmung nicht deshalb, weil der oder die betroffenen einzelnen Beschäftigten sich mit der beabsichtigten Maßnahme **einverstanden** erklären, indem sie etwa eine Änderung des Arbeitsvertrages vereinbaren oder einer Einzelanweisung des Dienststellenleiters zustimmen. Die Mitbestimmung ist nicht dadurch ausgeschlossen, dass eine Angelegenheit nur **probeweise** geregelt werden soll[674] (vgl. § 69 Rn. 8).

Die **Reichweite der Mitbestimmung** ist – anhand von Wortlaut, Entste- 70 hungsgeschichte, rechtssystematischem Zusammenhang sowie Sinn und Zweck – für jeden Mitbestimmungstatbestand gesondert zu klären.[675] Die in Abs. 3 aufgeführten Angelegenheiten sind so unterschiedlich, dass sich ihnen nicht das übergeordnete Auslegungsprinzip entnehmen lässt, die Mit-

672 Str.; KfdP-*Baden*, a. a. O.
673 *BVerwG* v. 12. 8. 02 – 6 P 17.01 –, PersR 02, 473.
674 So *BVerwG* v. 15. 12. 78 – 6 P 13.78 –, PersV 80, 145, zu einem zeitlich begrenzten Betriebsversuch.
675 Vgl. *BVerwG* v. 9. 1. 08 – 6 PB 15.07 –, PersR 08, 216.

bestimmung erstrecke sich nur auf **formelle,** nicht aber auf **materielle Arbeitsbedingungen.**[676]

71 Die **Form der Ausübung der Mitbestimmung** richtet sich nach dem Charakter der zu regelnden Angelegenheit und nach der beabsichtigten Wirkung der vorgesehenen Maßnahme. Für eine generelle Regelung mit normativer Wirkung kommt nach Maßgabe des § 73 und des Abs. 5 der Abschluss einer **Dienstvereinbarung** in Betracht (vgl. § 73 Rn. 2f., 8; unten Rn. 161ff.). Möglich ist auch (jeweils ohne normative Wirkung) eine generelle Regelung durch eine mit Zustimmung des PR oder auf seinen Antrag erlassene **Anordnung** des Dienststellenleiters[677] oder eine von diesem getroffene **Einzelmaßnahme,** der der PR zugestimmt oder die er beantragt hat.

72 Nach dem Eingangssatz des Abs. 3 hat der PR nur mitzubestimmen, soweit nicht eine (zwingende) gesetzliche oder tarifliche Regelung besteht. Diesem **Gesetzes- und Tarifvertragsvorbehalt** liegt die Vorstellung des Gesetzgebers zugrunde, dass die Interessen der Beschäftigten durch die jeweilige gesetzliche oder tarifliche Regelung **bereits hinreichend geschützt** sind und keines weiteren Schutzes durch Mitbestimmungsrechte bedürfen.[678] Außerdem fehlt es, wenn der Dienstherr oder Arbeitgeber aufgrund einer gesetzlichen oder tarifvertraglichen Regelung selbst **keine Gestaltungsmöglichkeit mehr** besitzt, an einem Ansatz für eine eigenständige Regelung durch PR und Dienststellenleiter.[679] Der Tarifvorbehalt sichert nicht zuletzt die verfassungsrechtlich verbürgte **Tarifautonomie** und die **Vorrangkompetenz der Tarifvertragsparteien** und verhindert, dass im Wege der personalvertretungsrechtlichen Mitbestimmung eine Konkurrenzordnung zum Tarifvertrag errichtet werden kann.[680] Eine **Dienstvereinbarung**, die gegen den Vorbehalt des Gesetzes oder des Tarifvertrages verstößt, ist **unwirksam.**[681] Neben dem Tarifvorbehalt ist der **Tarifvorrang** gem. Abs. 5 zu beachten (vgl. Rn. 161ff.).

73 Eine **gesetzliche Regelung** i. S. d. Abs. 3 liegt vor, wenn sie in einem **Gesetz im materiellen Sinn** enthalten ist.[682] Der Begriff des Gesetzes ist dabei derselbe wie in § 2 Abs. 1 (vgl. § 2 Rn. 6). Keine Gesetze in diesem Sinne sind demnach gesetzesvertretendes Richterrecht (str.), das Haushaltsgesetz (str.;

676 Vgl. *BVerwG* v. 9.12.98 – 6 P 6.97 – u. v. 30.6.05 – 6 P 9.04 –, PersR 99, 265, u. 05, 416.
677 *BVerwG* v. 19.5.03 – 6 P 16.02 –, PersR 03, 314.
678 *BVerwG* v. 7.4.08 – 6 PB 1.08 –, PersR 08, 450; vgl. KfdP-*Berg*, Rn. 113.
679 *BAG* v. 22.7.08 – 1 ABR 40/07 –, AP BetrVG 1972 § 87 Nr. 14.
680 Ebenso zum Tarifvorbehalt in § 87 Abs. 1 Eingangssatz BetrVG *BAG* v. 27.1.10 – 4 AZR 549/08 (A) –, NZA 10, 645 (Rn. 98); in diese Richtung wohl auch *BVerfG* v. 29.6.03 – 1 BvR 1916/91 –, NZA 94, 34); DKKW-*Berg*, § 77 Rn. 132, 194; a. A. Richardi-*Kaiser*, Rn. 213.
681 *BAG* v. 19.6.12 – 1 AZR 137/11 –, ZTR 12, 663; vgl. auch KfdP-*Kröll*, § 73 Rn. 5.
682 *BVerwG* v. 7.4.08, a. a. O.

vgl. § 71 Rn. 25) oder Verwaltungsvorschriften.[683] **Regelungen ohne Rechtssatzcharakter** sperren die Mitbestimmung auch dann nicht, wenn es sich bei ihnen um Verwaltungsvorschriften handelt, die vom BMI (insb. aufgrund des § 145 Abs. 2 BBG) im Rahmen seiner Zuständigkeit ressortübergreifend erlassen worden sind (str.), weil weder der PR noch die Einigungsstelle als weisungsunabhängige Organe an derartige Regelungen gebunden sind.[684] Auch Verwaltungsvorschriften, welche die Bundesregierung nach Art. 86 GG erlassen hat, sind nicht geeignet, die Mitbestimmung zu sperren (vgl. § 82 Rn. 22).[685]

Tarifliche Regelungen i. S. d. Abs. 3 sind die Rechtsnormen eines **Tarifvertrages** i. S. d. TVG (vgl. § 2 Rn. 6), die (anders als in Abs. 5 für den Abschluss von Dienstvereinbarungen vorgesehen; vgl. Rn. 161 ff.) zwingend für die Dienststelle gelten[686] (zur Geltung mehrerer – von konkurrierenden Gewerkschaften abgeschlossener – Tarifverträge in der Dienststelle und den Auswirkungen des Tarifeinheitsgesetzes vgl. § 2 Rn. 6). In zeitlicher Hinsicht muss es sich dabei um einen Tarifvertrag handeln, der **in Kraft** ist. Ein beendeter Tarifvertrag, dessen Rechtsnormen gem. § 4 Abs. 5 TVG (nur) nachwirken, löst nicht den im Eingangssatz von Abs. 3 geregelten Tarifvorbehalt aus und steht somit der Mitbestimmung des PR nicht entgegen,[687] jedoch kann eine Dienstvereinbarung nach Abs. 5 wegen Tarifüblichkeit ausgeschlossen sein (vgl. Rn. 162). In inhaltlicher Hinsicht ist erforderlich, dass die Dienststelle vom **räumlichen, betrieblichen und fachlichen Geltungsbereich** und die Beschäftigten, auf die sich die anstehende Angelegenheit bezieht, vom **persönlichen Geltungsbereich** des Tarifvertrags erfasst werden.[688] Außerdem ist die **Tarifbindung** erforderlich, wobei es bei einem nicht allgemeinverbindlichen Tarifvertrag ausreicht, dass der Arbeitgeber tarifgebunden ist.[689] 74

Nur eine **zwingende** gesetzliche oder tarifvertragliche Regelung kann die Mitbestimmung nach Abs. 3 ausschließen, und dies auch nur dann, wenn darin ein **Sachverhalt unmittelbar geregelt** ist, es also zum Vollzug keines 75

683 Hierzu u. zum Folgenden KfdP-*Berg*, Rn. 114 m. N.

684 Vgl. *BVerwG* v. 2. 9. 09 – 6 PB 22.09 –, u. v. 17. 2. 10 – 6 PB 43.09 –, PersR 09, 458, u. 10, 208.

685 Zur Einschränkung bzw. zum Ausschluss von Mitbestimmungsrechten durch einen den Arbeitgeber rechtlich bindenden Verwaltungsakt vgl. *BAG* v. 11. 12. 12 – 1 ABR 78/11 –, NZA 13, 913; krit. dazu DKKW-*Klebe*, § 87 Rn. 35, 42 ff.

686 Hierzu u. zum Folgenden KfdP-*Berg*, Rn. 115 m. N.

687 Vgl. *BAG* v. 24. 2. 87 – 1 ABR 18/85 –, AP BetrVG 1972 § 77 Nr. 21; *VGH BW* v. 19. 5. 87 – 15 S 1773/86 –, PersV 89, 224.

688 Vgl. *BAG* v. 21. 1. 03 – 1 ABR 9/02 –, AP BetrVG 1972 § 21a Nr. 2.

689 *BVerwG* v. 2. 2. 09 – 6 P 2.08 –, PersR 09, 164; zum Tarifvorbehalt bei Bindung des Arbeitgebers an mehrere Tarifverträge und den Auswirkungen des Tarifeinheitsgesetzes s. KfdP-*Berg*, Rn. 115 cff.

Ausführungsaktes bedarf.[690] Ist jedoch die Einzelmaßnahme dem Dienststellenleiter überlassen, unterliegt dessen Entscheidung einer vom PR im Wege der Mitbestimmung auszuübenden Richtigkeitskontrolle.[691] Das gilt auch bei **rein normvollziehenden Maßnahmen** ohne Ermessensspielraum,[692] erst recht aber bei Maßnahmen, die auf der **Anwendung einer Ermessensvorschrift** beruhen, welche der Dienststelle einen mehr oder minder großen Gestaltungsspielraum einräumt.[693] Im Übrigen können die Tarifvertragsparteien die Mitbestimmung des PR nicht durch ein **einseitiges Bestimmungsrecht des Arbeitgebers** ersetzen.[694]

76 (**Abs. 3 Nr. 1**) Der mit § 87 Abs. 1 Nr. 2 BetrVG fast wortgleiche Abs. 3 Nr. 1 bezieht sich auf **Beginn und Ende der täglichen Arbeitszeit und der Pausen** sowie die **Verteilung der Arbeitszeit auf die einzelnen Wochentage**. Die Mitbestimmung in diesen Angelegenheiten dient dem **Zweck**, die Interessen der Beschäftigten an der Lage ihrer Arbeitszeit und damit zugleich ihrer Freizeit zur Geltung zu bringen.[695] Der Mitbestimmung unterliegen **nicht nur generelle Regelungen**, die für die Beschäftigten der Dienststelle insgesamt oder für eine aus mehreren Personen bestehende und nach abstrakten Merkmalen festgelegte und abgegrenzte Gruppe von Beschäftigten gelten sollen,[696] sondern **alle kollektiven Tatbestände**, also alle Regelungen, die durch einen kollektiven Bezug gekennzeichnet sind (vgl. dazu Rn. 69).[697] Die Mitbestimmung nach Abs. 3 Nr. 1 bezieht sich auf die **Einführung**, die **Änderung** und die **Aufhebung** von Arbeitszeitregelungen.[698] Ihr unterliegen nicht nur Regelungen, die **auf Dauer** angelegt sind, sondern auch solche, die lediglich **vorübergehend** gelten sollen. Das gilt auch für eine Regelung, die sich auf einen einzigen Tag beschränkt.[699]

77 Das BPersVG legt wie auch das BetrVG nicht ausdrücklich fest, was unter **Arbeitszeit** zu verstehen ist. Das *BVerwG* hat den **Begriff** bisher strikt arbeitszeitrechtlich definiert und auf die Zeiten begrenzt, in denen die Be-

---

690 *BVerwG* v. 2.2.09, a.a.O., m.w.N.; vgl. KfdP-*Berg*, Rn. 116.

691 *BVerwG* v. 18.5.04 – 6 P 13.03 –, PersR 04, 349, m.w.N.

692 *BVerwG* v. 18.5.04, a.a.O.

693 *BVerwG* v. 15.12.94 – 6 P 19.92 –, PersR 95, 207.

694 Vgl. *BAG* v. 18.4.89 – 1 ABR 100/87 –, AP BetrVG 1972 § 87 Tarifvorrang Nr. 18, sowie v. 21.9.93 – 1 ABR 16/93 – u. v. 17.11.98 – 1 ABR 12/98 –, AP BetrVG 1972 § 87 Arbeitszeit Nr. 62 u. 79.

695 Vgl. *BVerwG* v. 12.8.02 – 6 P 17.01 – u. v. 30.6.05 – 6 P 9.04 –, PersR 02, 473, u. 05, 417; *BAG* v. 15.12.92 – 1 ABR 38/92 –, AP AÜG § 14 Nr. 7, u. v. 14.11.06 – 1 ABR 5/06 –, AP BetrVG 1972 § 87 Arbeitszeit Nr. 121.

696 So das *BVerwG* in seiner älteren Rspr., z.B. im Beschl. v. 2.6.92 – 6 P 14.90 –, PersR 92, 359.

697 *BVerwG* v. 30.6.05, a.a.O., u. v. 12.9.05 – 6 P 1.05 –, PersR 06, 72.

698 Hierzu u. zum Folgenden KfdP-*Berg*, Rn. 121 m. N.

699 *BVerwG* v. 9.10.91 – 6 P 12.90 –, PersR 92, 16.

schäftigten die ihnen obliegende Dienstleistung erbringen müssen.[700] Das ist jedoch zu eng. Außer der Arbeitszeit im arbeitszeitrechtlichen Sinne sind im Hinblick auf den Schutzzweck der Mitbestimmung (vgl. Rn. 76) vielmehr auch solche Zeiten (wie z. B. Zeiten der Rufbereitschaft [vgl. Rn. 85]) als Arbeitszeit i. S. d. Abs. 3 Nr. 1 anzusehen, in denen die Beschäftigten über ihre Freizeit nur eingeschränkt disponieren können.[701] Diese Auffassung vertritt nunmehr auch das *BVerwG*[702] unter Aufgabe seiner bisherigen Rspr.[703] und im Anschluss an die Rspr. des *BAG*[704] und sieht die Anordnung von Rufbereitschaft (vgl. dazu auch Rn. 85) vom Mitbestimmungstatbestand der Festlegung des Beginns und des Endes der Arbeitszeit erfasst.

Die Mitbestimmung über Beginn und Ende der täglichen Arbeitszeit erfasst zwangsläufig auch die **Dauer der täglichen Arbeitszeit**, weil beides untrennbar miteinander verbunden ist.[705] Dagegen hat der PR nach h. M. über die **Dauer der regelmäßigen wöchentlichen Arbeitszeit** nicht mitzubestimmen.[706] Diese ist für **Vollzeitbeschäftigte** durch gesetzliche oder tarifliche Regelung vorgegeben, für die Beamten des Bundes durch Verordnung (§ 3 Abs. 1 AZV) und für die Arbeitnehmer i. d. R. durch Tarifvertrag (vgl. § 6 Abs. 1 S. 1 TVöD) festgelegt. Für **Teilzeitbeschäftigte** ist sie durch Verwaltungsakt des Dienstherrn oder Vereinbarung mit dem Arbeitgeber festgelegt; dabei handelt es sich um personelle Einzelmaßnahmen, für die in einzelnen LPersVG ein besonderer Mitbestimmungstatbestand existiert (vgl. § 75 Abs. 1 Nr. 7 LPVG BW; § 78 Abs. 2 Nr. 8 LPersVG RP). 78

Der Tatbestand »**Verteilung der Arbeitszeit auf die einzelnen Wochentage**« 79
hat klarstellende Bedeutung. Er bezieht sich insb. auf die Regelung der Frage, an wie vielen und an welchen Wochentagen gearbeitet werden soll, ob die Verteilung der i. d. R. vorgegebenen wöchentlichen Arbeitszeit auf diese Tage gleichmäßig oder ungleichmäßig erfolgen und wie ggf. eine unterschiedliche Verteilung vorgenommen werden soll.

---

700 Vgl. Beschl. v. 23. 8. 07 – 6 P 7.06 –, PersR 07, 476, m. w. N.

701 So zu Recht das *BAG* in st. Rspr.; vgl. Beschl. v. 21. 12. 82 – 1 ABR 14/81 – u. v. 29. 2. 00 – 1 ABR 15/99 –, AP BetrVG 1972 § 87 Arbeitszeit Nr. 9 u. 81, sowie v. 23. 1. 01 – 1 ABR 36/00 –, PersR 01, 350.

702 *BVerwG* v. 4. 9. 12 – 6 P 10.11 –, PersR 12, 464.

703 Vgl. Beschl. v. 23. 8. 07 – 6 P 7.06 –, PersR 07, 476, m. w. N.

704 *BAG* v. 21. 12. 82 – 1 ABR 14/81 – u. v. 29. 2. 00 – 1 ABR 15/99 –, AP BetrVG 1972 § 87 Arbeitszeit Nr. 9 u. 81, sowie v. 23. 1. 01 – 1 ABR 36/00 –, PersR 01, 350.

705 Vgl. *BVerwG* v. 4. 4. 85 – 6 P 37.82 –, PersR 86, 17; *BAG* v. 28. 9. 88 – 1 ABR 41/87 –, AP BetrVG 1972 § 87 Arbeitszeit Nr. 29.

706 *BVerwG* v. 20. 7. 84 – 6 P 16.83 –, PersR 85, 61, v. 4. 4. 85, a. a. O., u. v. 30. 6. 05 – 6 P 9.04 –, PersR 05, 417; *BAG* v. 18. 10. 94 – 1 AZR 503/93 –, PersR 95, 220, v. 9. 11. 10 – 1 AZR 147/09 –, PersR 11, 176, u. v. 19. 9. 12 – 5 AZR 678/11 –, PersR 13, 118 (Unzulässigkeit einer Dienstvereinbarung über die Dauer einzelner Bestandteile der Arbeitszeit [Festlegung der Umkleidezeit]).

80 Die Mitbestimmung nach Abs. 3 Nr. 1 erstreckt sich auch auf Beginn und Ende der **Pausen.** Das sind im Voraus festgelegte Unterbrechungen der Arbeitszeit, in denen die Beschäftigten weder Arbeit zu leisten noch sich dafür bereitzuhalten haben.[707] Die h. M. versteht unter Pausen i. S. d. Abs. 3 Nr. 1 grundsätzlich nur **unbezahlte Ruhepausen**,[708] nicht jedoch bezahlte Unterbrechungen der Arbeitszeit. Dienen solche Pausen (z. B. bei der Bildschirmarbeit) dem Arbeitsschutz, sind sie jedoch nach Abs. 3 Nr. 11 mitbestimmungspflichtig.[709] Soweit es sich um Pausen i. S. d. Abs. 3 Nr. 1 handelt, ist grundsätzlich nicht nur die Festlegung ihrer **Lage,** sondern auch ihrer **Dauer** mitbestimmungspflichtig.[710] Inzwischen hat das *BAG* anerkannt, dass auch **vergütungspflichtige tarifliche Kurzpausen** als Pausen i. S. d. § 87 Abs. 1 Nr. 2 BetrVG (entsprechend § 75 Abs. 3 Nr. 1 BPersVG) anzusehen sind, allerdings mit der Einschränkung, dass die Mitbestimmung auf die Festlegung der zeitlichen **Lage** dieser Pausen beschränkt ist.[711] Vom Mitbestimmungsrecht erfasst wird auch die Festlegung **zusätzlicher unbezahlter Pausen**, die über das in § 4 ArbZG vorgegebene Mindestmaß hinausgehen.[712]

81 Bei folgenden **Varianten** von Arbeitszeitregelungen kommt der Mitbestimmung des PR in der Praxis besondere Bedeutung zu:[713] bei der Aufstellung und Änderung von **Dienstplänen**;[714] bei der Einführung und Ausgestaltung sowie der Änderung und dem Abbau von **Schichtarbeit**;[715] bei der Einführung und Ausgestaltung der **gleitenden Arbeitszeit**;[716] bei der Einführung und Ausgestaltung **anderer flexibler Arbeitszeitsysteme**, wie z. B. bei sog. Vertrauensarbeitszeit oder Arbeitszeitkonten.[717]

82 Für die Mitbestimmung des PR bei der **Teilzeitbeschäftigung** gilt nichts anderes als bei der Vollzeitbeschäftigung. Abgesehen davon, dass die Dauer der

---

707 Vgl. *BAG* v. 23. 9. 92 – 4 AZR 562/91 –, AP AZO Kr § 3 Nr. 6.

708 Vgl. *BAG* v. 28. 7. 81 – 1 ABR 65/79 –, AP BetrVG 1972 § 87 Arbeitszeit Nr. 3; *BVerwG* v. 8. 1. 01 – 6 P 6.00 –, PersR 01, 154.

709 *BVerwG* v. 8. 1. 01, a. a. O.

710 Vgl. *HmbOVG* v. 22. 5. 00 – 8 Bf 50/99.PVL u. a. –, PersR 01, 303.

711 Beschl. v. 1. 7. 03 – 1 ABR 20/02 –, AP BetrVG 1972 § 87 Arbeitszeit Nr. 103.

712 *BAG* v. 25. 2. 15 – 1 AZR 642/13 –, NZA 15, 442.

713 Näher dazu KfdP-*Berg*, Rn. 127.

714 Vgl. *BVerwG* v. 12. 3. 86 – 6 P 5.85 – u. v. 2. 3. 93 – 6 P 34.91 –, PersR 86, 116, u. 93, 266; *BAG* v. 23. 3. 99 – 1 ABR 33/98 –, AP BetrVG 1972 § 87 Arbeitszeit Nr. 80.

715 Vgl. *BVerwG* v. 15. 2. 88 – 6 P 29.85 –, PersR 88, 130, u. v. 2. 3. 93, a. a. O.; *BAG* v. 26. 3. 91 – 1 ABR 43/90 –, PersR 91, 310, sowie v. 28. 5. 02 – 1 ABR 40/01 – u. v. 22. 7. 03 – 1 ABR 28/02 –, AP BetrVG 1972 § 87 Arbeitszeit Nr. 96 u. 108, u. v. 25. 4. 13 – 6 AZR 800/11, ZTR13, 437; hinsichtlich der Einführung str.

716 Vgl. *BVerwG* v. 9. 10. 91 – 6 P 21.89 –, PersR 92, 20; hinsichtlich der Einführung sowie von Details str.

717 Vgl. *BAG* v. 22. 7. 03, a. a. O. (Arbeitszeitkonten); *OVG Bln-Bbg* v. 23. 4. 09 – 62 PV 4.07 –, PersR 09, 372 (Arbeitzeitkorridore u. Rahmenzeiten sowie Arbeitszeitkonten nach § 6 Abs. 6 u. 7 sowie § 10 Abs. 1 TVöD; vgl. dazu Rn. 83).

regelmäßigen wöchentlichen Arbeitszeit bei Teilzeitbeschäftigten i. d. R. mitbestimmungsfrei vorgegeben ist (vgl. Rn. 78), hat der PR insb. mitzubestimmen über die Mindestdauer der täglichen Arbeitszeit und die Höchstzahl der Arbeitstage pro Woche, über die Regelung der Frage, ob und in welcher Weise die tägliche Arbeitszeit in Schichten geleistet werden soll, und über die Dauer und Lage der Pausen.[718] § 8 TzBfG, der den Anspruch des Arbeitnehmers auf Verringerung seiner vertraglichen vereinbarten Arbeitszeit regelt, begründet keinen Gesetzesvorbehalt i. S. d. Eingangssatzes des Abs. 3.[719]

Den **Tarifvertragsparteien** ist es gestattet, Abweichungen von Vorschriften des Arbeitszeitgesetzes zuzulassen (für bestimmte Vorschriften über die **werktägliche Arbeitszeit und arbeitsfreie Zeiten** geregelt in § 7 Abs. 1, 2 u. 2a ArbZG, für bestimmte Vorschriften über die **Sonn- und Feiertagsruhe** in § 12 ArbZG). Die **Abweichungen** können entweder in einem Tarifvertrag oder aufgrund eines Tarifvertrags in einer Betriebs- oder **Dienstvereinbarung** zugelassen werden. Von der zweiten Möglichkeit haben die Tarifvertragsparteien des TVöD in § 6 Abs. 4 TVöD teilweise Gebrauch gemacht. Darüber hinaus enthält der TVöD **weitere Öffnungsklauseln** für Betriebs- bzw. Dienstvereinbarungen. Sie betreffen die Einführung eines **wöchentlichen Arbeitszeitkorridors** (§ 6 Abs. 6 S. 1 TVöD), einer **täglichen Rahmenzeit** (§ 6 Abs. 7 S. 1 TVöD) und die Einrichtung eines **Arbeitszeitkontos** (§ 10 Abs. 1 S. 1 TVöD). Diese Regelungsgegenstände liegen im Rahmen des Mitbestimmungstatbestandes des Abs. 3 Nr. 1.[720] Eine Dienstvereinbarung darüber kann einvernehmlich oder durch Beschluss der Einigungsstelle zustande kommen (vgl. § 73 Rn. 4ff.). 83

Aus der einschränkenden Regelung des Abs. 4 (vgl. Rn. 159f.) hat das *BVerwG* in seiner neueren Rspr. gefolgert, dass der PR, wenn kein Fall des Abs. 4 vorliegt, nach Abs. 3 Nr. 1 bei der **Anordnung von Mehrarbeit und Überstunden** im Einzelfall mitzubestimmen hat.[721] Gegenstand der Mitbestimmung ist danach auch die **Anordnung, ob und in welchem Umfang** Mehrarbeit bzw. Überstunden zu leisten sind.[722] Deklariert der Dienststellenleiter die Ableistung der Mehrarbeit oder Überstunden als **freiwillig**, so wird dadurch der in Abs. 3 Nr. 1 vorausgesetzte **kollektive Tatbestand** (vgl. 84

718 Vgl. *BAG* v. 13. 10. 87 – 1 ABR 10/86 – u. v. 18. 2. 03 – 9 AZR 164/02 –, AP BetrVG 1972 § 87 Arbeitszeit Nr. 24 u. 109; a. A. *OVG NW* v. 29. 9. 04 – 1 A 4194/02.PVB –, PersR 05, 123.

719 *BAG* v. 24. 6. 08 – 9 AZR 313/07 –, AP BetrVG 1972 § 117 Nr. 8.

720 Näher dazu KfdP-*Berg*, Rn. 129.

721 Beschl. v. 3. 12. 01 – 6 P 12.00 – u. v. 30. 6. 05 – 6 P 9.04 –, PersR 02, 163, u. 05, 417.

722 Beschl. v. 3. 12. 01 u. v. 30. 6. 05, jew. a. a. O.; offengelassen in *BAG* v. 10. 10. 06 – 1 AZR 822/05 –, PersR 07, 209.

Rn. 69) nicht in Frage gestellt.[723] Einbezogen in diese Mitbestimmung ist auch der Fall, dass die Arbeitszeit von **Teilzeitbeschäftigten** vorübergehend verlängert werden soll.[724] Besteht **keine Möglichkeit zur zeitlichen Disposition**, weil der Zeitpunkt der Mehrarbeit bzw. Überstunden so eng mit ihrer Anordnung verknüpft ist, dass beides nicht voneinander getrennt werden kann, so führt dies nicht zum Wegfall des Mitbestimmungsrechts,[725] sondern dieses beschränkt sich auf die Anordnung und entfällt lediglich in Bezug auf die zeitliche Lage der Mehrarbeit bzw. Überstunden.[726] Der **Schutzzweck** der Mitbestimmung bei der Anordnung von Mehrarbeit bzw. Überstunden besteht v. a. darin, physische und psychische Überbeanspruchungen sowie unzumutbare Freizeitverluste der betroffenen Beschäftigten zu verhindern.[727] Will die Dienststelle zunächst nur regeln, dass, von wem und in welchem Höchstumfang zusätzliche Arbeitsstunden geleistet werden müssen, und die Entscheidung über die zeitliche Lage dieser Arbeitsstunden erst später treffen, so hat der PR bereits bei der »**Grundanordnung**« mitzubestimmen.[728] Im Hinblick auf den Schutzzweck der Mitbestimmung bei der Anordnung von Mehrarbeit bzw. Überstunden wird deren **vollständiger Abbau** als nicht mitbestimmungspflichtig angesehen,[729] wohl aber deren **teilweiser Abbau.**[730] Da der Fall einer Verringerung der Arbeitszeit in Abs. 4 nicht aufgeführt ist, hat das *BAG* ein Mitbestimmungsrecht des PR bei der Entscheidung über **das Ob und den Umfang von Kurzarbeit** verneint.[731]

85 Zur Arbeitszeit i. S. d. von Abs. 3 Nr. 1 (vgl. Rn. 77) gehören auch die verschiedenen **Formen von Bereitschaften**. Der PR hat deshalb mitzubestimmen bei der Einführung und Festlegung der zeitlichen Lage von **Arbeitsbereitschaft** sowie von **Bereitschaftsdienst**,[732] entsprechend der Rspr. des *BAG* zum BetrVG und entgegen der älteren Rspr. des *BVerwG* (vgl. dazu jew. Rn. 77) aber auch bei der Anordnung von **Rufbereitschaft**.[733]

---

723 *BVerwG* v. 30.6.05, a. a. O.; *BAG* v. 24.4.07 – 1 ABR 47/06 –, AP BetrVG 1972 § 87 Arbeitszeit Nr. 124.

724 Vgl. *BAG* v. 16.7.91 – 1 ABR 69/90 – u. v. 23.7.96 – 1 ABR 13/96 –, AP BetrVG 1972 § 87 Arbeitszeit Nr. 44 u. 68, sowie v. 24.4.07, a. a. O.

725 So noch *BVerwG* v. 9.10.91 – 6 P 12.90 –, PersR 92, 16.

726 Richardi-*Kaiser*, Rn. 252.

727 *BVerwG* v. 6.10.92 – 6 P 25.90 –, PersR 93, 77, u. v. 30.6.05, a. a. O.; *BAG* v. 21.11.78 – 1 ABR 67/76 –, AP BetrVG 1972 § 87 Arbeitszeit Nr. 2.

728 *BVerwG* v. 12.9.05 – 6 P 1.05 –, PersR 06, 72.

729 Vgl. *BAG* v. 25.10.77 – 1 AZR 452/74 –, AP BetrVG 1972 § 87 Arbeitszeit Nr. 1; *BVerwG* v. 6.10.92 – 6 P 25.90 –, PersR 93, 77.

730 Vgl. KfdP-*Berg*, Rn. 130 m. w. N.

731 Urt. v. 10.10.06, – 1 AZR 822/05 –, PersR 07, 209, m. w. N.

732 Vgl. *BAG* v. 22.7.03 – 1 ABR 28/02 –, AP BetrVG 1972 § 87 Arbeitszeit Nr. 108; *BVerwG* v. 28.3.01 – 6 P 4.00 –, PersR 01, 343.

733 Befürwortend jetzt auch *BVerwG* v. 4.9.12 – 6 P 10.11 –, PersR 12, 464; offengelassen noch in *BVerwG* v. 23.8.07 – 6 P 7.06 –, PersR 07, 476.

(Abs. 3 Nr. 2) Nach Abs. 3 Nr. 2 bestimmt der PR über Zeit, Ort und Art der Auszahlung der Dienstbezüge und Arbeitsentgelte mit. **Dienstbezüge und Arbeitsentgelte** in diesem Sinne sind alle aufgrund des Beamten- oder Arbeitsverhältnisses vom Dienstherrn bzw. Arbeitgeber zu erbringenden Geld- oder Sachleistungen. **Zeit der Auszahlung** sind der Tag und die Stunde der Auszahlung und der Zahlungsrhythmus. Regelungen über den **Ort der Auszahlung** legen fest, wo (in der Dienststelle oder an einem anderen Ort und in welchen Räumen) Dienstbezüge und Arbeitsentgelte ausgezahlt werden. Bei der **Art der Auszahlung** geht es darum, ob Barzahlung, Zahlung per Scheck oder Überweisung auf ein Bankkonto erfolgt. Die Mitbestimmung des PR erstreckt sich deshalb auch auf den Übergang von der Barzahlung zur **bargeldlosen Auszahlung.** Daraus ergibt sich zugleich eine »Annexkompetenz« des PR, über eine Regelung mitzubestimmen, mit der die als **Nebenfolgen** der bargeldlosen Auszahlung eintretenden Belastungen der Beschäftigten ausgeglichen oder gemildert werden sollen, etwa durch die Erstattung von Kontoführungsgebühren oder die Gewährung von Dienstbefreiung zum Aufsuchen der Bank, bei der das Gehaltskonto besteht.[734] Da die **beamtenrechtlichen Vorschriften** (vgl. § 1 Abs. 2 u. 3, § 3 Abs. 4 u. § 17a BBesG) und die meisten für den öffentlichen Dienst geltenden **Tarifverträge** (vgl. § 24 Abs. 1 S. 2–4 TVöD) die Modalitäten des Auszahlung der Dienstbezüge bzw. Arbeitsentgelte abschließend regeln, ist die Mitbestimmung nach Abs. 3 Nr. 2 allerdings weitgehend ausgeschlossen (vgl. Rn. 72ff.). 86

(Abs. 3 Nr. 3) Der **erste Tatbestand** des Abs. 3 Nr. 3, der die Mitbestimmung bei der **Aufstellung des Urlaubsplans** vorsieht, dient wie der vergleichbare erste Tatbestand des § 87 Abs. 1 Nr. 5 BetrVG dem **Zweck,** die Urlaubswünsche der einzelnen Beschäftigten untereinander auszugleichen und mit den dienstlichen Erfordernissen in Einklang zu bringen. Er bezieht sich nicht nur auf den Erholungsurlaub, sondern grundsätzlich auf **jede Form von Urlaub,** soweit dieser planbar ist und soweit nicht spezielle Beteiligungstatbestände (vgl. § 76 Abs. 1 Nr. 8) eingreifen.[735] Der **Rechtsanspruch** auf den jeweiligen Urlaub und dessen **Dauer** werden von Abs. 3 Nr. 3 vorausgesetzt. Sie ergeben sich i. d. R. aus Gesetz (für Beamte v. a. aus EUrlV und SUrlV, für Arbeitnehmer v. a. aus BUrlG und § 19 JArbSchG) oder Tarifvertrag (vgl. z. B. §§ 26ff. TVöD). 87

Der **Urlaubsplan** ist die Festlegung der zeitlichen Lage des Urlaubs der Beschäftigten der Dienststelle im Urlaubsjahr und die Regelung der Urlaubs- 88

---

734 St. Rspr. des *BAG* (vgl. Beschl. v. 10.8.93 – 1 ABR 21/93 –, AP BetrVG 1972 § 87 Auszahlung Nr. 12) und des *BVerwG* (Beschl. v. 25.1.85 – 6 P 7.84 – u. v. 20.7.98 – 6 P 13.97 –, PersR 87, 59, u. 98, 523).

735 Vgl. *BAG* v. 28.5.02 – 1 ABR 37/01 –, AP BetrVG 1972 § 87 Urlaub Nr. 10 (Bildungsurlaub nach den Weiterbildungsgesetzen der Länder); str.; dazu KfdP-*Berg*, Rn. 137 m. w. N.

vertretung.[736] Seine Aufstellung dient dazu, die Urlaubszeiten so zu koordinieren, dass die **Interessen der Beschäftigten** möglichst gleichrangig berücksichtigt werden und dass der **Dienstbetrieb** möglichst wenig durch Urlaub und Personalausfälle gestört wird.[737] Soll ein mit Zustimmung des PR zustande gekommener Urlaubsplan später **geändert** werden, ist auch dies mitbestimmungspflichtig.

89 Obwohl die **Aufstellung allgemeiner Urlaubsgrundsätze** im Unterschied zu § 87 Abs. 1 Nr. 5 BetrVG in Abs. 3 Nr. 3 nicht ausdrücklich aufgeführt ist, unterliegt auch sie der Mitbestimmung des PR, weil sie die Grundlage für die Aufstellung des Urlaubsplans bildet und ihr deshalb i. d. R. vorausgeht.[738] Allgemeine Urlaubsgrundsätze enthalten **abstrakte und generelle Regeln,** nach denen bei der Urlaubsplanung zu verfahren ist. Sie können sich beziehen auf die Erfassung der Urlaubswünsche (z. B. durch Verwendung einer Urlaubsliste), die Kriterien zur Berücksichtigung dieser Wünsche, die Verteilung des Urlaubs, die Einrichtung von Betriebsferien, die Urlaubsvertretungen und das Verfahren der Urlaubserteilung. Sie können auch für **mehrere Jahre** aufgestellt werden.[739] Ihre spätere **Änderung** ist ebenfalls mitbestimmungspflichtig.

90 Eine aus unabweisbarer dienstlicher Notwendigkeit angeordnete **Urlaubssperre** für bestimmte Zeiträume soll nicht Bestandteil der Urlaubsplanung sein, sondern eine vorausgehende organisatorische und deshalb nicht mitbestimmungspflichtige Maßnahme.[740] Das soll auch für die Festlegung von Zeiten gelten, in denen Beschäftigte mit bestimmten Funktionen keinen Urlaub planen sollen.[741] Diese Rspr. verkennt jedoch, dass mit derartigen Festlegungen die Planbarkeit der Urlaubserteilung auf die dafür verbleibenden »Restzeiträume« eingeschränkt wird und es im Konfliktfall letztlich Sache der Einigungsstelle ist, die dienstlichen Notwendigkeiten angemessen zu berücksichtigen. Das gilt auch für den umgekehrten Fall einer angeordneten **zeitweiligen Schließung** der Dienststelle mit der Folge, dass in dieser Zeit Urlaub zu nehmen sei, und damit auch für die Einrichtung von **Betriebsferien.**[742]

91 Nach dem **zweiten Tatbestand** des Abs. 3 Nr. 3 hat der PR über die **Festsetzung der zeitlichen Lage des Erholungsurlaubs für einzelne Beschäftigte**

---

736 Vgl. *OVG NW* v. 17.2.00 – 1 A 697/98.PVL –, PersR 01, 29.

737 *BVerwG* v. 19.1.93 – 6 P 19.90 –, PersR 93, 167; *OVG NW* v. 17.2.00, a. a. O.; *VGH BW* v. 20.6.00 – PL 15 S 2134/99 –, PersR 00, 431.

738 *OVG NW* v. 17.2.00, a. a. O.; offengelassen in *BVerwG* v. 23.8.07 – 6 P 7.06 –, PersR 07, 476.

739 Vgl. *BAG* v. 28.7.81 – 1 ABR 79/79 –, AP BetrVG 1972 § 87 Urlaub Nr. 2.

740 So *BVerwG* v. 19.1.93 – 6 P 19.90 –, PersR 93, 167.

741 *OVG NW* v. 17.2.00 – 1 A 697/98.PVL –, PersR 01, 29; *VGH BW* v. 20.6.00 – PL 15 S 2134/99 –, PersR 00, 431.

742 Vgl. KfdP-*Berg*, Rn. 140.

mitzubestimmen, wenn zwischen dem Dienststellenleiter und den beteiligten Beschäftigten kein Einverständnis erzielt wird. Diese Regelung bezieht sich ausdrücklich nur auf den Erholungsurlaub. Wird bei der Vorbereitung einer Entscheidung des Dienststellenleiters über die Festsetzung der zeitlichen Lage des Urlaubs zwischen diesem und den jeweils beteiligten Beschäftigten **kein Einverständnis** erzielt, hat der PR in dem betreffenden Einzelfall mitzubestimmen.[743] Dies dient dem Zweck, unter Beachtung der Grundsätze des § 67 Abs. 1 S. 1 eine gerechte Abwägung der Bedürfnisse und Wünsche des betroffenen zu den Vorstellungen anderer Beschäftigter und zu den dienstlichen Erfordernissen zu gewährleisten.[744] Das Mitbestimmungsrecht ist auch gegeben, wenn ein Urlaubsplan aufgestellt ist oder nur ein Beschäftigter betroffen ist.[745]

(Abs. 3 Nr. 4) Die Vorschrift stimmt nahezu wörtlich mit § 87 Abs. 1 Nr. 10 **92**
und 11 BetrVG überein und hat den gleichen Regelungsgehalt.[746] Das Mitbestimmungsrecht des Betriebsrats soll die Arbeitnehmer vor einer einseitig an den Interessen des Arbeitgebers ausgerichteten **Lohngestaltung** schützen, für ein angemessenes und durchsichtiges Lohngefüge sorgen und die **innerbetriebliche Lohngerechtigkeit** gewährleisten. Das gilt auch für das Mitbestimmungsrecht des PR.[747] Im Hinblick auf ihren Schutzzweck bezieht sich die Vorschrift trotz der Verwendung des Begriffs der Lohngestaltung auf alle **Arbeitnehmer**[748] und darüber hinaus auch auf **Beamte**.[749] Unter »**Lohn**« sind deshalb alle Formen der Vergütung einschl. der Besoldung der Beamten zu verstehen, die den Beschäftigten aus Anlass des Beschäftigungsverhältnisses gewährt werden.[750]

Das Arbeitsentgelt der Arbeitnehmer des öffentlichen Dienstes und die Be- **93**
soldung der Beamten sind weitgehend durch Tarifverträge bzw. durch Gesetze und Verordnungen geregelt. Für die Mitbestimmung nach Abs. 3 Nr. 4 kommt deshalb dem **Gesetzes- und Tarifvertragsvorbehalt** erhebliche praktische Bedeutung zu. Dieser Vorbehalt kommt allerdings nur zum Zuge, soweit eine abschließende und vollständige Regelung vorliegt, die ein einseitiges Bestimmungsrecht des Arbeitgebers bzw. Dienstherrn ausschließt[751]

743 *OVG RP* v. 30.4.14 – 5 A 10136/14 –, PersR 9/14, 44.
744 *VG Stade* v. 25.8.89 – 3 A 82/89 –, PersR 89, 338.
745 *VG Stade* v. 25.8.89, a.a.O.
746 *BVerwG* v. 9.12.98 – 6 P 6.97 – u. v. 21.3.05 – 6 PB 8.04 –, PersR 99, 265, u. 05, 237.
747 *BAG* v. 28.7.98 – 7 AZR 357/97 –, u. v. 20.11.08 – 6 P 17.07 –, PersR 99, 218, u. 09, 73.
748 *BVerwG* v. 6.2.87 – 6 P 8.84 –, PersR 87, 130.
749 *VG Frankfurt a.M.* v. 13.6.94 – IX/2 E 392/92 –, PersR 94, 433.
750 Vgl. KfdP-*Berg*, Rn. 143 m. N.
751 So z.B. *BVerwG* 10.6.11 – 6 PB 2.11 –, PersR 11, 484; *BAG* v. 25.7.96 – 6 AZR 179/95 –, PersR 97, 262.

(vgl. Rn. 72ff.). Soweit jedoch ein Regelungsspielraum gegeben ist, hat der PR ein **umfassendes Mitbestimmungsrecht** in allen Fragen der Lohngestaltung innerhalb der Dienststelle, ohne dass es darauf ankommt, ob es sich dabei um formelle oder materielle Arbeitsbedingungen handelt.[752] Allerdings soll sich die Mitbestimmung nicht auf den **Dotierungsrahmen** beziehen, d.h. nicht auf die »Lohnhöhe«, die sich aus der Summe aller Leistungen des Arbeitgebers bzw. Dienstherrn ergibt.[753] Dem kommt v.a. bei freiwilligen Leistungen auch deshalb erhebliche Bedeutung zu, weil die Einigungsstelle gem. § 71 Abs. 3 S. 4 an das Haushaltsgesetz und den damit verknüpften Haushaltsplan gebunden ist (vgl. Rn. 96, 105, 133; § 71 Rn. 25).[754]

94 Die Formulierung »Lohngestaltung innerhalb der Dienststelle« hat den gleichen Inhalt wie die Formulierung »betriebliche Lohngestaltung« in § 87 Abs. 1 Nr. 10 BetrVG. Sie soll klarstellen, dass die Mitbestimmung sich nicht auf die individuelle Lohngestaltung erstreckt, sondern auf **kollektive Tatbestände** bezieht.[755] Dafür genügt es, wenn abstrakt-generelle Regelungen getroffen werden sollen.[756] Die Formulierung »Lohngestaltung innerhalb der Dienststelle« bedeutet aber nicht, dass die Mitbestimmung bei **dienststellenübergreifenden Regelungen** entfällt.[757] An einer Regelung für den Geschäftsbereich einer übergeordneten Dienststelle ist nach § 82 Abs. 1 ggf. die bei der zuständigen Dienststelle gebildete Stufenvertretung zu beteiligen.

95 **Gegenstand des Mitbestimmungsrechts** bei »Fragen der Lohngestaltung innerhalb der Dienststelle« ist nicht die konkrete, absolute Höhe des Arbeitsentgelts. Gegenstand sind die **Strukturformen** des Entgelts einschließlich ihrer näheren **Vollzugsformen**, d.h. die **abstrakt-generellen Grundsätze** der Entgeltfindung.[758] Abs. 3 Nr. 4 enthält eine beispielhafte Aufzählung von Elementen der **Lohngestaltung**, die zeigt, dass dieser **Oberbegriff** auch noch andere Inhalte haben kann.[759] **Entlohnungsgrundsätze** sind die Prinzipien, nach denen der Lohn festgelegt wird.[760] Dabei geht es um das System, nach dem das Entgelt bemessen werden soll und (mit Ausnahme der Lohnhöhe) um dessen Ausformung,[761] also (jeweils unter Beachtung des

---

752 *BVerwG* v. 9.12.98 – 6 P 6.97 –, PersR 99, 265, das damit seine bisherige Rspr. aufgegeben und sich der st. Rspr. des *BAG* angeschlossen hat.
753 *BVerwG* v. 9.12.98, a.a.O., u. v. 14.3.00 – 6 PB 23.99 –, n.v.
754 Richardi-*Kaiser*, Rn. 301.
755 *BAG* v. 24.1.06 – 3 AZR 484/04 –, AP BetrAVG § 2 Nr. 15.
756 *BAG* v. 28.7.98 – 7 AZR 357/97 –, PersR 99, 218; *BVerwG* v. 21.3.05 – 6 PB 8.04 –, PersR 05, 237.
757 *BVerwG* v. 20.11.08 – 6 P 17.07 –, PersR 09, 73; *BAG* v. 28.7.98, a.a.O.
758 *BVerwG* v. 20.11.08, a.a.O.; *BAG* v. 23.6.09 – 1 AZR 214/08 –, AP BetrVG 1972 § 77 Betriebsvereinbarung Nr. 45.
759 Näher dazu KfdP-*Berg*, Rn. 146 – 146c m. N.
760 *BVerwG* v. 20.3.80 – 6 P 72.78 –, PersV 81, 296.
761 *BVerwG* v. 9.12.98 – 6 P 6.97 –, PersR 99, 265.

Vorrangs tarifvertraglicher bzw. gesetzlicher Vorschriften) im Wesentlichen um die Einführung und Ausgestaltung von Zeitlohn oder Leistungslohn oder einer Kombination von beidem. Die Aufstellung von Entlohnungsgrundsätzen beinhaltet auch deren Änderung.[762] **Entlohnungsmethoden** bestimmen die Art und Weise der (technischen) Durchführung des gewählten Entlohnungssystems.[763] Dazu gehören auch abstrakt-generelle Regeln zur Berücksichtigung von Zeiten einer förderlichen vorherigen Berufstätigkeit für die Stufenzuordnung bei Neueinstellungen nach § 16 Abs. 3 S. 4 TVöD (Bund) sowie für den leistungsbezogenen Stufenaufstieg gem. § 17 Abs. 2 TVöD[764] (näher dazu Rn. 26, 26a u. 26c).

Bei **freiwilligen Leistungen** des Arbeitgebers bzw. Dienstherrn ist die Mit- 96
bestimmung nach der Rspr. des *BAG* und des *BVerwG* an den vorgegebenen **Dotierungsrahmen** gebunden (vgl. Rn. 93). Danach dürfen Arbeitgeber und Dienstherr mitbestimmungsfrei darüber entscheiden, ob sie eine Leistung erbringen, welche finanziellen Mittel sie dafür zur Verfügung stellen, welchen Zweck sie mit der Leistung verfolgen und wie sie den begünstigten Personenkreis abstrakt eingrenzen wollen. Innerhalb dieses Rahmens unterliegt die Aufstellung und Änderung der **Grundsätze zur Verteilung** der zur Verfügung gestellten Mittel auf die Beschäftigten der Dienststelle (bzw. der Dienststellen des Geschäftsbereichs) der Mitbestimmung des PR. Gewährt der Dienststellenleiter den Beschäftigten freiwillige (übertarifliche) Leistungen, ohne dafür zugleich abstrakt-generelle Kriterien festzulegen, kann der PR die Aufstellung von Verteilungsgrundsätzen im Wege des **Initiativrechts** nach § 70 Abs. 1 durchsetzen.[765] Werden die bisher vorhandenen **Haushaltsmittel nicht mehr bereitgestellt**, ist die vollständige Zahlungseinstellung gegenüber allen bisher begünstigten Beschäftigten nicht mitbestimmungspflichtig.[766] Wird jedoch die **Summe der verfügbaren Mittel lediglich gekürzt**, so hat der PR bei der dann notwendig werdenden Änderung der Verteilungsgrundsätze mitzubestimmen; etwas anderes gilt nur dann, wenn die Leistungen bei allen bisherigen Empfängern **gleichmäßig gekürzt** werden.[767] Die **Anrechnung einer Tariferhöhung auf übertarifliche Zulagen** ist mitbestimmungsfrei, wenn sie das Zulagenvolumen völlig aufzehrt oder wenn die Tariferhöhung vollständig und gleichmäßig auf die Vergütung

762 *BVerwG* v. 20.11.08, a.a.O.
763 *BVerwG* v. 20.3.80 u. v. 9.12.98, jew. a.a.O.
764 *BVerwG* v. 7.3.11 – 6 P 15.10 –, PersR 11, 210, bzw. v. 13.10.09 – 6 P 15.08 –, PersR 09, 501.
765 *BVerwG* v. 28.5.09 – 6 PB 5.09 –, PersR 09, 365.
766 *BAG* v. 25.7.96 – 6 AZR 774/95 –, PersR 97, 264.
767 *BAG* v. 3.12.91 – GS 2/90 –, AP BetrVG 1972 § 87 Lohngestaltung Nr. 51, u. v. 27.1.04 – 1 AZR 105/03 –, AP ArbGG 1969 § 64 Nr. 35.

sämtlicher Arbeitnehmer angerechnet wird[768] oder wenn der Arbeitgeber die bisherigen Verteilungsgrundsätze beachtet und diese sich durch die Anrechnung nicht verändern.[769] Mitbestimmungspflichtig ist eine Anrechnung, wenn sich durch sie bestehende Verteilungsrelationen ändern und für die Neuregelung innerhalb des vorgegebenen Dotierungsrahmens (vgl. Rn. 93) ein Gestaltungsspielraum besteht.[770] Als mitbestimmungsfrei ist auch die Entscheidung angesehen worden, eine freiwillige Leistung **ab einem bestimmten Zeitpunkt für einen** von der bisherigen Regelung **noch nicht erfassten Personenkreis nicht mehr** vorzusehen.[771] Das überzeugt jedoch nicht, weil auch bei einer **Stichtagsregelung** die Grundsätze für die Verteilung der Mittel für die nicht gänzlich weggefallene freiwillige Leistung geändert werden.[772]

97 Da Lohn i. S. d. Abs. 3 Nr. 4 auch Leistungen der **betrieblichen Altersversorgung** sind, ist auch deren Regelung eine Frage der Lohngestaltung.[773] Der Regelungsgegenstand »Altersversorgung« ist im Hinblick auf die Bindung an den vorgegebenen Dotierungsrahmen (vgl. Rn. 93) jedoch nur **»teilmitbestimmt«**.[774] Die Leistungen sind nur insoweit mitbestimmungspflichtig, als es um die Verteilung der zur Verfügung gestellten Mittel geht.[775] Mitbestimmungspflichtig sind insb. der Leistungsplan und die Heranziehung der Arbeitnehmer zu Beiträgen,[776] nicht jedoch die Wahl des Durchführungsweges und die Auswahl des Versorgungsträgers.[777] Beim Abbau einer planwidrigen Überversorgung kann die Änderung der bisherigen Gesamtversorgungsobergrenze mitbestimmungspflichtig sein.[778]

98 Der Unterfall der **Festsetzung der Akkord- und Prämiensätze und vergleichbarer leistungsbezogener Entgelte einschließlich der Geldfaktoren** ist identisch mit dem Tatbestand des § 87 Abs. 1 Nr. 11 BetrVG. Er legt die Mitbestimmung bei der Ausgestaltung der Entlohnungsgrundsätze und

---

768 *BAG* v. 1.11.05 – 1 AZR 355/04 –, AP BAT § 33 Nr. 16, u. v. 27.8.08 – 5 AZR 820/07 –, AP BGB § 307 Nr. 36.

769 *BAG* v. 1.11.05, a. a. O.

770 *BAG* v. 10.3.09 – 1 AZR 55/08 –, AP BetrVG 1972 § 87 Lohngestaltung Nr. 134.

771 So *VGH BW* v. 12.12.00 – PL 15 S 1212/00 – u. v. 13.11.01 – PL 15 S 523/00 –, PersR 01, 218, u. 02, 127, zum Ausschluss von Beihilfen bei allen neu eingestellten Arbeitnehmern.

772 Vgl. *BAG* v. 28.2.06 – 1 ABR 4/05 –, AP BetrVG 1972 § 87 Lohngestaltung Nr. 127; näher dazu KfdP-*Berg*, Rn.

773 *BAG* v. 23.9.97 – 3 AZR 529/96 –, PersR 98, 122, u. v. 27.6.06 – 3 AZR 255/05 –, AP BetrAVG § 1 Ablösung Nr. 49.

774 *BAG* v. 13.11.07 – 3 AZR 191/06 –, AP BGB § 613a Nr. 336.

775 *BAG* v. 9.12.08 – 3 AZR 384/07 –, AP BetrAVG § 9 Nr. 22.

776 *BAG* v. 13.11.07, a. a. O.

777 *BAG* v. 29.7.03 – 3 ABR 34/02 –, AP BetrVG 1972 § 87 Sozialeinrichtung Nr. 18.

778 *BAG* v. 28.7.98 – 7 AZR 357/97 –, PersR 99, 218.

-methoden leistungsbezogener Entgelte fest.[779] Damit soll zum einen sichergestellt werden, dass die von den Beschäftigten erwartete Zusatzleistung sachgerecht bewertet wird und in einem angemessenen Verhältnis zu dem erzielbaren Mehrverdienst steht, zum anderen, dass die Beschäftigten nicht »zu einem Raubbau ihrer Kräfte« genötigt und so vor Überforderung geschützt werden.[780] Da auch der Geldfaktor, d. h. der Lohn für die Bezugs- oder Ausgangsleistung, mitbestimmungspflichtig ist, kann der PR direkten Einfluss auf die Lohnhöhe nehmen.[781]

Dem Akkord- oder Prämienlohn **vergleichbare leistungsbezogene Entgelte** 99
sind alle Entgelte, bei denen eine vom Beschäftigten erbrachte Leistung gemessen und mit einer Normal- oder Bezugsleistung verglichen wird und bei denen sich die Höhe der Vergütung nach dem Verhältnis der Leistung des Beschäftigten zur Bezugsleistung bemisst.[782] Mitbestimmungspflichtig kann danach z. B. die Ausgestaltung von **Zulagen** sein, mit denen besondere Leistungen entgolten werden sollen, etwa von Schreibprämien für Angestellte in Schreibdiensten,[783] oder die Aufstellung von Kriterienkatalogen für die Vergabe einer **Leistungsstufe** für dauerhaft herausragende Leistungen sowie von **Leistungsprämien und -zulagen** für herausragende besondere Leistungen nach der **Bundesleistungsbesoldungsverordnung** (BLBV) v. 23. 7. 09.[784] Das Gleiche gilt für die Aufstellung abstrakt-genereller Regeln für den **leistungsbezogenen Stufenaufstieg** nach **§ 17 Abs. 2 TVöD**, insb. die Festlegung von Maßstäben zur Feststellung erheblich überdurchschnittlicher bzw. unterdurchschnittlicher Leistungen.[785] Auch ein (qualitatives) **Zielvereinbarungssystem,** bei dem ein Zusammenhang zwischen Zielerreichung und Entgelt besteht, ist unter dem Aspekt »vergleichbare leistungsbezogene Entgelte« mitbestimmungspflichtig, wenn das Ziel in einer quantitativen Größe besteht.[786]

Das in **§ 18 TVöD-AT (Bund)** vorgesehene und im **LeistungsTV-Bund** nä- 100
her geregelte Leistungsentgelt ist ein vergleichbares leistungsbezogenes Entgelt i. S. d. Abs. 3 Nr. 4. Der LeistungsTV-Bund regelt den Rahmen und legt wesentliche Details für die Gewährung dieses Leistungsentgelts fest. Er bestimmt in seinem § 2 darüber hinaus, dass die weitere Ausgestaltung (im Gel-

---

779 Näher dazu KfdP-*Berg,* Rn. 149–151.

780 *BAG* v. 15. 5. 01 – 1 ABR 39/00 –, AP BetrVG 1972 § 87 Prämie Nr. 17; *BVerwG* v. 23. 12. 82 – 6 P 19.80 –, PersV 83, 506.

781 Vgl. *BAG* v. 13. 9. 83 – 1 ABR 32/81 –, AP BetrVG 1972 § 87 Prämie Nr. 3, u. v. 23. 6. 09 – 1 AZR 214/08 –, AP BetrVG 1972 § 77 Betriebsvereinbarung Nr. 45.

782 Vgl. *BAG* v. 22. 10. 85 – 1 ABR 67/83 –, AP BetrVG 1972 § 87 Leistungslohn Nr. 8, u. v. 15. 5. 01 – 1 ABR 39/00 –, AP BetrVG 1972 § 87 Prämie Nr. 17.

783 *BVerwG* v. 23. 12. 82 – 6 P 19.80 –, PersV 83, 506.

784 BGBl. I S. 2170.

785 Vgl. *BVerwG* v. 13. 10. 09 – 6 P 15.08 –, PersR 09, 501.

786 Vgl. KfdP-*Berg,* Rn. 152.

tungsbereich des BPersVG) durch **einvernehmliche Dienstvereinbarung** erfolgt. Für deren Inhalte enthält § 15 S. 2 LeistungsTV-Bund eine beispielhafte Auflistung regelungsbedürftiger Detailfragen. Die Dienstvereinbarung soll i. d. R. von den **örtlichen Betriebsparteien** (also dem Leiter der jeweiligen Dienststelle und der örtlichen Personalvertretung) abgeschlossen werden, wobei eine Rahmendienstvereinbarung für den Geschäftsbereich der Mittelbehörde oder der obersten Dienstbehörde nicht ausgeschlossen sein soll.

101 Mitbestimmungspflichtig gem. Abs. 3 Nr. 4 sind nach h. M. nur **abstrakt-generelle Regelungen,** nicht die konkreten Einzelfallentscheidungen.[787] Damit der PR seine **Überwachungsaufgaben** nach § 67 Abs. 1 S. 1 und § 68 Abs. 1 Nr. 2 sachgerecht wahrnehmen kann, kann er jedoch verlangen, dass die Dienststelle ihn über die Gewährung von Leistungszulagen und -prämien unterrichtet und ihm dabei auch die Namen der Empfänger dieser Zulagen mitteilt[788] (vgl. § 67 Rn. 4; § 68 Rn. 12, 25, 31).

102 (**Abs. 3 Nr. 5**) Gegenstand der Mitbestimmung nach Abs. 3 Nr. 5 sind **Sozialeinrichtungen** (früher: Wohlfahrtseinrichtungen [§ 67 Abs. 1 Buchst. e PersVG 1955]. Das sind auf Dauer berechnete, von der Dienststelle geschaffene Einrichtungen, die objektiv dem **Zweck** dienen, den Beschäftigten soziale Vorteile zukommen zu lassen.[789] Erforderlich ist eine »**Einrichtung**«, d. h. ein »zweckgebundenes Sondervermögen«, das der Verwaltung bedarf.[790] Die **Rechtsform** der Einrichtung ist nicht entscheidend. Es kann sich um einen unselbständigen Teil der Dienststelle, eine verselbständigte Dienststelle, eine nicht rechtsfähige Personenvereinigung (z. B. GbR), eine juristische Person des Privatrechts (z. B. e. V.) oder des öffentlichen Rechts (Körperschaft, Anstalt oder Stiftung) handeln. In jedem Fall muss aber eine von der Dienststelle (allein oder gemeinsam mit anderen) geschaffene und getragene Einrichtung gegeben sein. Bei einer verselbständigten Einrichtung ist das nur dann zu bejahen, wenn die Dienststelle einen **rechtlich abgesicherten, richtungweisenden Einfluss** auf die Verwirklichung der Zwecke der Einrichtung nehmen kann.[791] Das ist bei **Selbsthilfeeinrichtungen** der Beschäftigten nicht der Fall.[792]

---

787 *BVerwG* v. 27. 2. 85 – 6 P 9.84 – u. v. 9. 12. 98 – 6 P 6.97 –, PersR 85, 124, u. 99, 265; *BAG* v. 17. 12. 80 – 5 AZR 570/78 – u. v. 20. 8. 91 – 1 AZR 326/90 –, AP BetrVG 1972 § 87 Lohngestaltung Nr. 4 u. 50.

788 *BVerwG* v. 22. 1. 93 – 6 P 15.92 –, PersR 94, 78.

789 St. Rspr. des *BVerwG*, vgl. Beschl. v. 24. 4. 92 – 6 P 33.90 – u. v. 9. 11. 98 – 6 P 1.98 –, PersR 92, 308, u. 99, 125.

790 Vgl. *BAG* v. 9. 7. 85 – 1 AZR 631/80 –, PersR 86, 75, u. v. 10. 2. 09 – 1 ABR 94/07 –, AP BetrVG 1972 § 87 Sozialeinrichtung Nr. 21.

791 *BVerwG* v. 28. 6. 00 – 6 P 1.00 –, PersR 00, 507.

792 *BVerwG* v. 12. 7. 84 – 6 P 14.83 –, ZBR 85, 28.

Das Mitbestimmungsrecht des PR bezieht sich (abweichend von § 87 Abs. 1 Nr. 8 BetrVG) auch auf Sozialeinrichtungen, deren **Wirkungsbereich** nicht nur die eigene Dienststelle und evtl. weitere Dienststellen im Geschäftsbereich derselben Gesamtdienststelle oder einer übergeordneten Dienststelle umfasst, sondern sich auch auf außerhalb dieses Bereichs liegende Dienststellen, auch solche anderer Rechtsträger, oder auch auf privatrechtlich organisierte Betriebe erstreckt.[793] Dabei reicht es aus, dass jedenfalls auch Beschäftigte der Dienststelle (ggf. des Geschäftsbereichs der Gesamtdienststelle, der Mittelbehörde oder obersten Dienstbehörde) daraus entsprechende Vorteile haben.[794] Andererseits kann der Wirkungsbereich auch auf bestimmte Teile der Dienststelle oder bestimmte (abstrakt-generell abgegrenzte) Gruppen von Beschäftigten begrenzt sein.[795] Der begünstigte **Personenkreis** muss grundsätzlich aus den **Beschäftigten** der Dienststelle bzw. des größeren kleineren oder kleineren Wirkungskreises der Einrichtung bestehen. Begünstigte können auch **ehemalige** Beschäftigte sowie **Familienangehörige** und **Hinterbliebene** von Beschäftigten sein.[796] Auch **anderen Personen** kann je nach den Umständen des Einzelfalls eine gelegentliche oder auch regelmäßige Mitnutzung der Einrichtung gestattet sein.[797] Anders soll es sein, wenn für die Beschäftigten lediglich die tatsächliche Möglichkeit besteht, eine ansonsten der **Allgemeinheit** zugängliche Einrichtung mitzubenutzen.[798] Die **sozialen Vorteile,** die den Beschäftigten (und den ihnen gleichstehenden Personen) durch die Sozialeinrichtung zukommen, müssen **zusätzlich** zum Arbeitsentgelt bzw. zur Besoldung gewährt werden.[799] Ob die Leistungen **unentgeltlich** erbracht werden, ist dagegen unerheblich.[800] 103

Beispiele für Sozialeinrichtungen sind:[801] Kantinen, Küchen, Verkaufsstellen zum Einkauf verbilligter Waren, Getränkeautomaten, Pausen- und Erholungsräume (str.), Erholungs- und Ferienheime, Bibliotheken, Fort- 104

793 *BVerwG* v. 15. 12. 78 – 6 P 10.78 –, PersV 80, 105.
794 *BVerwG* v. 24. 4. 92 – 6 P 33.90 –, PersR 92, 308.
795 Vgl. *BVerwG* v. 16. 9. 77 – VII P 10.75 –, PersV 79, 63.
796 Vgl. *BVerwG* v. 5. 2. 71 – VII P 12.70 –, PersV 72, 36.
797 Vgl. *BVerwG* v. 9. 11. 98 – 6 P 1.98 –, PersR 99, 125; *BAG* v. 11. 7. 00 – 1 AZR 551/99 – u. v. 10. 2. 09 – 1 ABR 94/07 –, AP BetrVG 1972 § 87 Sozialeinrichtung Nr. 16 u. 21; *OVG NW* v. 8. 3. 89 – CL 23/87 –, PersR 89, 234; *BayVGH* v. 10. 2. 93 – 17 P 92.3742 –, PersR 93, 363.
798 *VGH BW* v. 15. 5. 84 – 15 S 277/83 –, n. v., v. 21. 10. 86 – 15 S 2122/85 –, PersV 90, 124, v. 19. 1. 93 – PL 15 S 2849/92 –, PersR 93, 559, u. v. 25. 2. 97 – PL 15 S 2464/95 –, PersR 97, 402; *OVG LSA* v. 5. 10. 05 – 5 L 19/04 –, PersR 06, 85; weniger eng *HessVGH* v. 24. 6. 93 – HPV TL 490/92 –, PersR 94, 87.
799 Vgl. *BAG* v. 11. 7. 00 u. v. 10. 2. 09, jew. a. a. O.
800 Vgl. *BAG* v. 11. 7. 00 u. v. 10. 2. 09, jew. a. a. O.
801 Näher dazu KfdP-*Berg*, Rn.

bildungseinrichtungen, Sportanlagen, Kinderbetreuungseinrichtungen, Wohnheime und Personalwohnhäuser (nicht jedoch eine einzelne Wohnung), Einrichtungen einer zusätzlichen Altersversorgung und Unterstützungskassen, Kleiderkassen (str.), Krankenhäuser, Altenheime, ein eigenständig organisierter Werkverkehr mit Omnibussen, Parkplätze.

105 **Inhalt der Mitbestimmung** sind Errichtung, Verwaltung und Auflösung von Sozialeinrichtungen. Damit ist eine **lückenlose Beteiligung** des PR gewährleistet.[802] Allerdings ist die Mitbestimmung dadurch begrenzt, dass die Dienststelle und (gem. § 71 Abs. 3 S. 4) die Einigungsstelle an das **Haushaltsgesetz** (bzw. die Haushaltssatzung) und den Haushaltsplan sowie an den vorgegebenen **Dotierungsrahmen** gebunden sind[803] (auch Rn. 93, 97). Die Mitbestimmung bei der **Errichtung** bezieht sich auf die Frage, ob eine Sozialeinrichtung geschaffen, welchem Zweck sie dienen, welche Organisations- und Rechtsform sie haben, wie ihr Wirkungskreis abgegrenzt und wie sie ausgestaltet sein soll. Als Errichtung ist nicht nur die **erstmalige Schaffung** einer Einrichtung zu verstehen, sondern auch **alle wesentlichen Änderungen** ihres Zwecks, ihrer Organisations- oder Rechtsform, ihres Wirkungskreises und ihrer Ausgestaltung, soweit es sich dabei nicht um Verwaltung oder Auflösung handelt.[804] Die Mitbestimmung bei der **Verwaltung** erstreckt sich auf alle Maßnahmen, welche die innere Organisation der Einrichtung (Unterhaltung, laufender Betrieb und Leistungen) sowie ihre Geschäftsführung betreffen.[805] Soweit in einer **Dienstvereinbarung** nichts anderes festgelegt ist (vgl. dazu Rn. 106), ist jede **einzelne Verwaltungsmaßnahme** mitbestimmungspflichtig,[806] ggf. auch Abschluss, Inhalt und Kündigung eines Pachtvertrages.[807] Unter **Auflösung** ist die Aufgabe einer bestehenden Sozialeinrichtung oder die Aufgabe des maßgeblichen Einflusses der Dienststelle zu verstehen. Mitbestimmungspflichtig sind die Entscheidung zur Auflösung sowie die Maßnahmen zu deren Vorbereitung und Abwicklung.[808]

106 Für die **Ausübung des Mitbestimmungsrechts** nach Abs. 3 Nr. 5 gelten grundsätzlich die allgemeinen Vorschriften. Hinsichtlich der der Verwaltung können Dienststellenleiter und PR sich jedoch – insb. in einer **Dienstvereinbarung** (vgl. § 73 Rn. 2) – auf Abweichungen verständigen. So kann bei einer rechtlich unselbständigen Einrichtung ein **gemeinsamer, paritätisch be-**

---

802 *BVerwG* v. 9.11.98 – 6 P 1.98 –, PersR 99, 125.

803 Vgl. *BVerwG* v. 7.11.69 – VII P 11.68 –, PersV 70, 187; *VGH BW* v. 24.11.81 – 15 S 1394/81 –, PersV 83, 277.

804 *BVerwG* v. 9.11.98, a.a.O.

805 *BVerwG* v. 24.4.92 – 6 P 33.90 –, PersR 92, 308; *HmbOVG* v. 11.6.01 – 8 Bf 424/00.PVL –, PersR 02, 121.

806 *NdsOVG* v. 9.9.94 – 17 L 133/94 –, PersR 94, 565; *HmbOVG* v. 11.6.01, a.a.O.

807 Vgl. *HessVGH* v. 12.10.59 – BPV 6/58 –, AP PersVG § 67 Nr. 1.

808 Str.; vgl. KfdP-*Berg*, Rn. 166 m. N.

setzter Ausschuss gebildet und diesem die Entscheidung über die einzelnen Verwaltungsmaßnahmen übertragen werden.[809] Auch der **PR allein** kann mit der Verwaltung beauftragt werden.[810] Bei einer **verpachteten Sozialeinrichtung** kann der PR sein Mitbestimmungsrecht nicht dem Pächter, sondern nur dem Dienststellenleiter gegenüber ausüben, wobei dieser verpflichtet ist, seine Befugnisse aus dem Pachtvertrag nur unter Beachtung der Mitbestimmung des PR wahrzunehmen. Diese **zweistufige Lösung** kommt auch bei einer **rechtlich selbständigen Sozialeinrichtung** in Betracht.[811] Bei ihr kann aber auch die sog. **organschaftliche Lösung** vereinbart werden. Dabei entsendet der PR Vertreter in die paritätisch zu besetzenden Organe der Einrichtung, in denen über die mitbestimmungspflichtigen Maßnahmen nicht gegen den Widerspruch der Vertreter des PR abschließend entschieden wird.[812]

(Abs. 3 Nr. 6) Nach Abs. 3 Nr. 6 hat der PR mitzubestimmen über die **107** **Durchführung der Berufsausbildung bei Arbeitnehmern** (bis zur Änderung durch Gesetz v. 14. 9. 05[813] »... bei Angestellten und Arbeitern«). Eine förmliche Beteiligung des PR bei der Durchführung der Berufsausbildung bei Beamten sieht das BPersVG nicht vor. Nach § 76 Abs. 2 Nr. 6 hat der PR über allgemeine Fragen der **Fortbildung** der Beschäftigten (und damit auch der Arbeitnehmer) sowie nach § 75 Abs. 3 Nr. 7 über die Auswahl der Teilnehmer an Fortbildungsveranstaltungen für Arbeitnehmer mitzubestimmen (vgl. § 76 Rn. 48ff. sowie unten Rn. 110ff.).

Die **Berufsausbildung** ist ein Teilbereich der Berufsbildung, der insb. von **108** der beruflichen Fortbildung zu unterscheiden ist (vgl. § 1 Abs. 1 BBiG). Gegenstand der Berufsausbildung ist die Vermittlung beruflicher Handlungsfähigkeit und damit jener beruflichen Fertigkeiten, Kenntnisse und Fähigkeiten, die für die Ausübung eines Berufes notwendig sind (vgl. § 1 Abs. 3 S. 1 BBiG).[814] Berufsausbildung i. S. d. Abs. 3 Nr. 6 ist nicht nur die erstmalige Ausbildung, sondern auch die **berufliche Umschulung**, die zu einer anderen

809 Vgl. *BAG* v. 13. 3. 73 – 1 ABR 16/72 –, AP BetrVG 1972 § 87 Werkmietwohnungen Nr. 9.

810 Vgl. *BAG* v. 24. 4. 86 – 6 AZR 607/83 –, AP BetrVG 1972 § 87 Sozialeinrichtung Nr. 9.

811 Vgl. dazu *BAG* v. 13. 7. 78 – 3 ABR 108/77 –, AP BetrVG 1972 § 87 Altersversorgung Nr. 5, u. v. 10. 9. 02 – 3 AZR 635/01 –, AP BetrAVG § 1 Ablösung Nr. 37.

812 Vgl. *BAG* v. 26. 4. 88 – 3 AZR 168/86 –, AP BetrVG 1972 § 87 Altersversorgung Nr. 16; *BVerwG* v. 16. 9. 77 – VII P 10.75 – u. v. 24. 11. 83 – 6 P 21.81 –, PersV 79, 63, u. 86, 24. Zur Beteiligung der Personalvertretung bei **dienststellenübergreifenden Sozialeinrichtungen** sowie zum Verhältnis der für die Mitbestimmung nach Abs. 3 Nr. 6 zuständigen Personalvertretung zu dem **in der Sozialeinrichtung gebildeten PR** (oder Betriebsrat) vgl. KfdP-*Berg*, Rn.

813 BGBl. I S. 2746.

814 *BVerwG* v. 15. 5. 91 – 6 P 10.89 –, PersR 91, 287.

beruflichen Tätigkeit befähigen soll (vgl. § 1 Abs. 5 BBiG). Die Mitbestimmung nach Abs. 3 Nr. 6 bezieht sich auf die **Berufsausbildung »bei Arbeitnehmern«.** Darunter sind alle Personen zu verstehen, die in einem privatrechtlichen Ausbildungsverhältnis zu ihrer Berufsausbildung beschäftigt werden[815] und nach § 4 Abs. 3 als Arbeitnehmer i. S. d. BPersVG anzusehen sind (vgl. § 4 Rn. 13).

109 Gegenstand der Mitbestimmung nach Abs. 3 Nr. 6 ist die **»Durchführung der Berufsausbildung«**, soweit eine gesetzliche oder tarifvertragliche Regelung nicht besteht. Da die Berufsausbildung weitgehend gesetzlich geregelt ist – z. B. durch das BBiG und die auf seiner Grundlage als Rechtsverordnungen erlassenen Ausbildungsordnungen – kommt dem **Gesetzesvorbehalt** im Eingangssatz des Abs. 3 (vgl. Rn. 72ff.) hier erhebliche Bedeutung zu. Fragen, die die Durchführung der Berufsausbildung betreffen, umfassen nach der Rspr. des *BVerwG* nicht nur **Regelungen genereller Art,** sondern auch **Entscheidungen,** die **im Einzelfall** festlegen, wo und in welchem Rahmen Abschnitte der Berufsausbildung von dem Auszubildenden abzuleisten sind.[816] Dabei geht es darum, **wie** der einzelne Auszubildende auszubilden ist.[817] Die Entscheidung, zu welchem konkreten Ausbildungsplatz der Einzelne entsandt wird, ist nach dieser Rspr. jedoch von der Mitbestimmung ausgenommen,[818] so dass der PR nur über die Art der Ausbildungs- bzw. Arbeitsplätze mitbestimmen kann, auf denen die Ausbildung stattfinden soll. Nach Ansicht des *BVerwG* setzt die Mitbestimmung voraus, dass die beabsichtigte Maßnahme darauf gerichtet ist, **unmittelbar** in die Gestaltung oder Durchführung der Berufsausbildung einzugreifen.[819] Bejaht hat das *BVerwG* dies etwa bei der Festlegung des **zeitlichen Ablaufs** der Berufsausbildung, bei der Bestimmung des **Ortes** und der **Räumlichkeiten,** in denen sie durchgeführt wird, und bei der Regelung der Art und Weise, wie die Auszubildenden innerhalb der ausbildenden Dienststellen **eingegliedert** werden.[820] Das Merkmal der Unmittelbarkeit dürfte auch zu bejahen sein bei der Festlegung von Ausbildungsabschnitten, die in anderen Dienststellen oder privat-rechtlich organisierten Einrichtungen absolviert werden sollen, sowie bei Regelungen über das Führen und Überwachen von schriftlichen **Ausbildungsnachweisen** (Berichtsheften) sowie über die Einführung interner **Zwischenprüfungen,** regelmäßiger **Beurteilungen** und **Kontrollen** des Ausbildungsstandes, aber auch bei der Entscheidung über die generelle Nutzung der ge-

815 Vgl. *BVerwG* v. 10. 11. 99 – 6 P 12.98 –, PersR 00, 70.
816 Beschl. v. 10. 11. 99, a. a. O.
817 *BVerwG* v. 10. 11. 99, a. a. O.
818 *BVerwG* v. 15. 12. 72 – VII P 4.71 –, PersV 73, 111, u. v. 10. 11. 99, a. a. O.
819 Beschl. v. 24. 3. 98 – 6 P 1.96 –, PersR 98, 331, u. v. 10. 11. 99, a. a. O.
820 *BVerwG* v. 24. 3. 98 u. v. 10. 11. 99, jew. a. a. O.

setzlichen Möglichkeiten zur **Abkürzung der Ausbildungszeit.**[821] Das *BVerwG* hat jedoch den unmittelbaren Ausbildungsbezug verneint bei der Festlegung, ob und in welcher Anzahl haupt- oder nebenamtliche **Ausbilder** tätig werden sollen,[822] sowie bei der Zuteilung bestimmter **Ausbildungsquoten** an nachgeordnete Dienststellen.[823] Erfolgt die Berufsausbildung in einem **Ausbildungsverbund**, hat der PR in entsprechender Anwendung von Abs. 3 Nr. 6 beim Abschluss der Vereinbarung über den Ausbildungsverbund insoweit mitzubestimmen, als Regelungen über die spätere Durchführung der Berufsausbildung getroffen werden.[824]

(Abs. 3 Nr. 7) Während dem PR nach § 76 Abs. 2 Nr. 6 bei allgemeinen Fragen der Fortbildung der Beschäftigten (und damit auch der Arbeitnehmer) ein eingeschränktes Mitbestimmungsrecht zusteht (vgl. § 76 Rn. 48ff.), unterliegt die **»Auswahl der Teilnehmer an Fortbildungsveranstaltungen für Arbeitnehmer«** (bis zur Änderung durch Gesetz v. 14.9.05[825] »… für Angestellte und Arbeiter«) seiner uneingeschränkten Mitbestimmung. Bei der »Auswahl der Teilnehmer an Fortbildungsveranstaltungen für Beamte« hat er nach § 76 Abs. 2 Nr. 1 ein eingeschränktes Mitbestimmungsrecht (vgl. § 76 Rn. 36). Der **Schutzzweck** der Mitbestimmung bei der Auswahl der Teilnehmer an Fortbildungsveranstaltungen besteht darin, allen interessierten und geeigneten Beschäftigten dazu einen gleichmäßigen Zugang zu ermöglichen, auf eine chancengleiche und ausgewogene Berücksichtigung aller in Betracht kommenden Beschäftigten zu achten und dabei ggf. auch andere potenzielle Interessenten zu benennen.[826] 110

Der Begriff **»Fortbildungsveranstaltungen«** ist mit dem Begriff **»Fortbildungsmaßnahmen«** identisch. Der Begriff der **Fortbildung** umfasst wie in § 76 Abs. 2 Nr. 6 nicht nur die berufliche Fortbildung, sondern schließt auch die politische und allgemeine Weiterbildung ein (vgl. § 76 Rn. 50). Fortbildungsveranstaltungen i. S. d. Abs. 3 Nr. 7 sind **alle weiterbildenden Veranstaltungen** unabhängig von ihrer Form, Dauer und zeitlichen Lage. **Veranstalter** kann außer der Dienststelle auch eine andere Einrichtung sein, wenn die Dienststelle Beschäftigte als Teilnehmer benennt, auch wenn es sich dabei nur um Vorschläge handelt, über die die externe Stelle verbindlich entscheidet. 111

---

821 Vgl. *BAG* v. 24.8.04 – 1 ABR 28/03 –, AP BetrVG 1972 § 98 Nr. 12.
822 *BVerwG* v. 24.3.98, a.a.O.
823 *BVerwG* v. 10.11.99, a.a.O.; a.A. *HessVGH* v. 22.9.94 – TK 1792/93 –, PersR 95, 212.
824 Vgl. *BAG* v. 18.4.00 – 1 ABR 28/99 –, AP BetrVG 1972 § 98 Nr. 9.
825 BGBl. I S. 2746.
826 *BVerwG* v. 19.9.88 – 6 P 28.85 –, PersR 88, 300, v. 7.3.95 – 6 P 7.93 –, PersR 95, 332, u. v. 29.1.03 – 6 P 16.01 –, PersR 03, 191.

112 Die Mitbestimmung nach Abs. 3 Nr. 7 bezieht sich auf generelle Regelungen und auf Einzelmaßnahmen. Gegenstand **genereller Festlegungen** können v.a. die Kriterien sein, die der im Einzelfall zu treffenden Entscheidung über die Auswahl zugrunde zu legen sind, sowie das Verfahren, in dem das Vorliegen der Entscheidungsvoraussetzungen festzustellen ist.[827] Dazu gehört auch die Einführung und Ausgestaltung eines **Assessment-Centers.**[828] Außerdem ist grundsätzlich jede **Einzelmaßnahme** mitbestimmungspflichtig, also jede konkrete Benennung eines oder mehrerer Arbeitnehmer als Teilnehmer an einer konkreten Veranstaltung. Etwas anderes gilt nur dann, wenn aufgrund der Ausschreibung nur ein bestimmter Beschäftigter für die Bildungsmaßnahme in Betracht kommen kann[829] oder wenn aus einem Kreis interessierter Beschäftigter nicht einzelne ausgewählt werden, sondern alle zu der Veranstaltung zugelassen werden sollen.[830] Auch dann, wenn sich nur ein einziger Beschäftigter beworben hat, es jedoch in der Dienststelle weitere Interessenten gibt, die die geforderten Voraussetzungen für die Teilnahme erfüllen, ist eine Auswahlentscheidung zu treffen.[831] Gegenstand der Mitbestimmung bei einer Einzelmaßnahme ist der **Auswahlvorschlag der Dienststelle.**[832] In der Entscheidung der Dienststelle, für eine bestimmte Veranstaltung keinen Teilnehmer zu benennen, liegt keine Auswahlentscheidung.[833]

113 (**Abs. 3 Nr. 8**) Nach Abs. 3 Nr. 8 unterliegt der **»Inhalt von Personalfragebogen für Arbeitnehmer«** (bis zur Änderung durch Gesetz v. 14.9.05[834] »... für Angestellte und Arbeiter«) der uneingeschränkten Mitbestimmung des PR. Der »Inhalt von Personalfragebogen für Beamte« unterliegt nach § 76 Abs. 2 Nr. 2 der eingeschränkten Mitbestimmung des PR (vgl. § 76 Rn. 37f.). Die Vorschrift des Abs. 3 Nr. 8 bezieht sich auf Personalfragebogen für **Arbeitnehmer** i.S.d. § 4 Abs. 3 (vgl. § 4 Rn. 6ff.) einschl. der **Bewerber** für eine Beschäftigung als Arbeitnehmer.[835] Der PR ist bezüglich des **Inhalts** von Personalfragebogen zu beteiligen, nicht bei der Frage, ob solche Fragebogen eingeführt oder abgeschafft werden sollen. Auch die **Änderung des Inhalts** eines bereits verwendeten Personalfragebogens ist mitbestimmungspflichtig.[836] Die Mitbestimmung soll sicherstellen, dass **keine arbeitsrechtlich un-**

827 *BVerwG* v. 29.1.03, a.a.O.
828 *BVerwG* v. 29.1.03, a.a.O.
829 *BVerwG* v. 7.3.95, a.a.O.
830 *OVG Brem* v. 18.9.90 – OVG-PV-B 2/90 –, PersR 91, 394.
831 *VG Greifswald* v. 16.12.04 – 7 A 3584/03 –, PersR 05, 329.
832 *OVG NW* v. 23.10.86 – CL 51/84 –, PersV 89, 29.
833 *OVG NW* v. 29.1.85 – CL 40/83 –, juris; *OVG Bln* v. 18.10.90 – OVG PV Bln 7.89 –, PersR 91, 395.
834 BGBl. I S. 2746.
835 *BVerwG* v. 22.12.93 – 6 P 11.92 –, PersR 94, 81.
836 *OVG NW* v. 22.5.86 – CL 14/85 –, PersV 88, 534.

zulässigen Fragen gestellt werden. Sie soll den Schutz der **Persönlichkeitsrechte** der Arbeitnehmer (und Bewerber), insb. den Schutz ihrer personenbezogenen Daten verstärken,[837] mittelbar aber auch der Sicherung gleicher **Zugangsrechte** zum öffentlichen Dienst und der **Gleichbehandlung** von Beschäftigten und Bewerbern dienen. Der PR kann seine Zustimmung zum Inhalt eines Personalfragebogens auch deshalb verweigern, weil er bestimmte beabsichtigte Fragen für nicht **notwendig** oder **zweckmäßig** hält. Die ordnungsgemäße Beteiligung des PR hat **nicht** zur Folge, dass arbeitsrechtlich **unzulässige Fragen zulässig** werden.[838]

Ein Personalfragebogen ist ein **formularmäßig gefasster Erhebungsbogen mit Fragen** zur Person, zu den persönlichen Verhältnissen, dem beruflichen Werdegang, den fachlichen Kenntnissen und sonstigen Fähigkeiten eines Beschäftigten oder Bewerbers.[839] Anlass und Zweck der Verwendung eines Personalfragebogens sind für die Beteiligung des PR nicht entscheidend. Personalfragebogen sind nicht nur Fragebogen i. e. S., in denen schriftlich gestellte Fragen von einem Beschäftigten oder Bewerber schriftlich beantwortet werden. Zu ihnen gehören auch **standardisierte Fragenkataloge,** anhand derer ein Dritter einen Beschäftigten oder Bewerber mündlich befragt und dessen mündliche Antworten schriftlich vermerkt.[840] Das Gleiche gilt, wenn die Antworten über ein Datensichtgerät in einen **Datenträger** eingegeben oder auf andere Weise technisch festgehalten werden, wenn persönliche Angaben in **Formulararbeitsverträgen** erfasst oder in standardisierten **Testverfahren** erhoben werden. Werden bei **Mitarbeitergesprächen** im Rahmen von **Zielvereinbarungssystemen** Gesprächsformulare und Fragenkataloge eingesetzt, ist auch dies auch Abs. 3 Nr. 8 mitbestimmungspflichtig.[841] Nach der Rspr. des *BVerwG*[842] fällt die formularmäßige (bzw. standardisierte) Erhebung von personenbezogenen Daten allerdings nur dann unter den Mitbestimmungstatbestand, wenn der Dienstherr bzw. Arbeitgeber dadurch Erkenntnisse über den Beschäftigten gewinnt, die ihm **noch nicht bekannt** oder in diesem Umfang noch nicht bekannt waren. 114

Erhebungsbogen zur **Arbeitsplatzbeschreibung,** die ohne Rücksicht auf den jeweiligen Inhaber des Arbeitsplatzes **rein sachbezogene Fragen** zu Inhalt, Umfang und Bedeutung der auf einem Arbeitsplatz zu verrichtenden Tätigkeiten enthalten, sind keine mitbestimmungspflichtigen Personalfra- 115

837 *BVerwG* v. 22. 12. 93, a. a. O.
838 Richardi-*Kaiser,* Rn. 396.
839 *BVerwG* v. 2. 8. 89 – 6 P 5.88 – u. v. 22. 12. 93 – 6 P 11.92 –, PersR 89, 303, u. 94, 81.
840 *BAG* v. 21. 9. 93 – 1 ABR 28/93 –, AP BetrVG 1972 § 94 Nr. 4.
841 Str.; a. A. *VG Karlsruhe* v. 7. 3. 97 – 16 K 1413/96 –, PersR 97, 407; vgl. KfdP-*Berg* Rn. 189 m. w. N.
842 U. a. Beschl. v. 2. 8. 89, a. a. O., u. v. 19. 5. 03 – 6 P 16.02 –, PersR 03, 314.

gebogen.[843] Dabei werden allerdings arbeitsplatzbezogene Fragen dann als zugleich personenbezogene betrachtet, wenn sich aus den Antworten zumindest mittelbar **Rückschlüsse auf die Eignung oder Leistung** der Befragten ziehen lassen.[844] Die **Abgrenzung** zwischen mitbestimmungsfreier Arbeitsplatzbeschreibung und mitbestimmungspflichtigem Personalfragebogen ist nicht nach dem Zweck der Erhebung, sondern nach dem Inhalt des Erhebungsbogens vorzunehmen.[845] Enthält ein Bogen sowohl personen- als auch sachbezogene Fragen, will das *BVerwG*[846] die Mitbestimmung des PR davon abhängig machen, dass die personenbezogenen Fragen »überwiegen«. Da dies jedoch dem Schutzzweck der Mitbestimmung (vgl. Rn. 113) nicht gerecht wird,[847] muss der personenbezogene Teil des Erhebungsbogens stets mitbestimmungspflichtig sein.

116 (**Abs. 3 Nr. 9**) Nach Abs. 3 Nr. 9 unterliegen »**Beurteilungsrichtlinien für Arbeitnehmer**« (bis zur Änderung durch Gesetz v. 14. 9. 05[848] »… für Angestellte und Arbeiter«) der uneingeschränkten Mitbestimmung des PR. »Beurteilungsrichtlinien für Beamte« unterliegen nach § 76 Abs. 2 Nr. 3 der eingeschränkten Mitbestimmung des PR. Während die dienstliche Beurteilung der **Beamten** gesetzlich vorgeschrieben ist, ist die Beurteilung von **Arbeitnehmern** nicht gesetzlich und i. d. R. auch nicht tarifvertraglich geregelt. Nach der Rspr. des *BAG*[849] ist sie aber grundsätzlich zulässig, soweit sie sich auf Eignung, Befähigung und fachliche Leistung beschränkt. Soweit ein etwaiger Gesetzes- oder Tarifvertragsvorbehalt nicht eingreift, hat der PR nach Abs. 3 Nr. 9 über **Erlass und Inhalt von Beurteilungsrichtlinien** mitzubestimmen. Dafür gilt das zu § 76 Abs. 2 Nr. 3 Gesagte entsprechend (näher dazu § 76 Rn. 39 ff.). Eine dienstliche Beurteilung auf der Grundlage nicht mitbestimmter Beurteilungsrichtlinien ist nach h. M. **rechtswidrig.**[850] Arbeitsplatz- bzw. stellen- oder funktionsbezogene **Stellenbeschreibungen** und **Anforderungsprofile** unterliegen nicht der Mitbestimmung nach Abs. 3 Nr. 9.[851]

---

843 *BVerwG* v. 6. 2. 79 – 6 P 10.78 –, PersV 80, 421, v. 15. 2. 80 – 6 P 80.78 –, PersV 82, 294, u. v. 26. 3. 85 – 6 P 31.82 –, PersR 86, 95.
844 *BVerwG* v. 2. 8. 89 – 6 P 5.88 –, PersR 89, 303.
845 *HessLAG* v. 26. 1. 89 – 9 SaGa 1583/88 –, PersR 90, 52.
846 Beschl. v. 16. 12. 87 – 6 P 32.84 –, PersR 88, 51.
847 So auch *VGH BW* v. 2. 3. 93 – PL 15 S 2133/92 –, PersR 93, 360.
848 BGBl. I S. 2746.
849 Urt. v. 28. 3. 79 – 5 AZR 80/77 –, AP BPersVG § 75 Nr. 3, v. 10. 3. 82 – 5 AZR 927/79 –, AP BAT § 13 Nr. 1, sowie v. 18. 11. 08 – 9 AZR 865/507 – u. v. 18. 8. 09 – 9 AZR 617/08 –, AP BGB § 611 Personalakte Nr. 2 u. 3.
850 Weitergehend *ArbG Bonn* v. 18. 3. 04 – 3 Ca 3190/03 –, PersR 05, 334: unwirksam; vgl. KfdP-*Berg*, Rn. 193.
851 *OVG Bln-Bbg* v. 6. 10. 11 – 62 PV 3.2011 –, juris; Richardi-*Kaiser*, Rn. 401; zum BetrVG siehe *BAG* v. 18. 4. 00 – 1 ABR 22/99 –, NZA 00, 1176.

(**Abs. 3 Nr. 10**) Der PR hat nach Abs. 3 Nr. 10 bei der »**Bestellung von Vertrauens- oder Betriebsärzten als Arbeitnehmer**« (bis zur Änderung durch Gesetz v. 14. 9. 05[852] »... als Angestellte«) sowie nach § 76 Abs. 2 Nr. 4 bei »Bestellung von Vertrauens- oder Betriebsärzten als Beamte« mitzubestimmen (vgl. § 76 Rn. 43). Der Grund für die Differenzierung liegt darin, dass der **Gesetzgeber des BPersVG 1974** bei der Bestellung eines im Angestelltenverhältnis beschäftigten Arztes ein **uneingeschränktes Mitbestimmungsrecht**, bei der Bestellung eines im Beamtenverhältnis stehenden Arztes aber nur ein eingeschränktes Mitbestimmungsrecht gewähren wollte (zur **Herabstufung** der uneingeschränkten zur eingeschränkten Mitbestimmung in der neueren Rspr. des *BVerwG* vgl. § 69 Rn. 40). 117

Vertrauensärzte sind Ärzte, die im Auftrag des Arbeitgebers den Gesundheitszustand oder die Arbeitsfähigkeit von Arbeitnehmern untersuchen, damit der Arbeitgeber Entscheidungen treffen kann, die vom Vorliegen medizinischer Tatbestände abhängen. Der Arbeitgeber ist zur Bestellung von Vertrauensärzten nicht verpflichtet. Amtsärzte, die aufgrund beamtenrechtlicher Vorschriften tätig werden können, sind keine Vertrauensärzte. Nach § 3 Abs. 4 TVöD kann der Arbeitgeber den Beschäftigten bei begründeter Veranlassung verpflichten, durch ärztliche Bescheinigung nachzuweisen, dass er zur Leistung der arbeitsvertraglich geschuldeten Tätigkeit in der Lage ist (S. 1). Bei dem **beauftragten Arzt** kann es sich um einen Betriebsarzt (vgl. Rn. 119) handeln, soweit sich die »Betriebsparteien« (d. h. der Leiter der zuständigen Dienststelle und die ihm gegenüberstehende Personalvertretung) nicht auf einen anderen Arzt geeinigt haben (S. 2). Das bedeutet, dass der »beauftragte Arzt« (bei dem es sich der Sache nach um einen Vertrauensarzt handelt) ein Betriebsarzt ist, solange nicht mit Zustimmung des PR ein anderer Arzt als Vertrauensarzt bestellt ist; die fehlende Zustimmung kann nicht ersetzt werden. 118

Das Arbeitssicherheitsgesetz (ASiG) trifft u. a. Regelungen über die Bestellung und die Aufgaben der **Betriebsärzte.** Es ist zwar im öffentlichen Dienst nicht unmittelbar anwendbar. § 16 ASiG schreibt aber vor, dass in Verwaltungen und Betrieben des öffentlichen Rechts ein den Grundsätzen dieses Gesetzes gleichwertiger, wenn auch nicht gleichartiger, arbeitsmedizinischer und sicherheitstechnischer Arbeitsschutz zu gewährleisten ist.[853] Nach § 16 i. V. m. § 2 Abs. 1 ASiG besteht deshalb auch im Bereich des öffentlichen Dienstes eine Verpflichtung zur Bestellung von Betriebsärzten, soweit dies nach den dort festgelegten Kriterien erforderlich ist. Die Betriebsärzte haben die Aufgabe, den Arbeitgeber beim Arbeitsschutz und der Unfallverhütung zu unterstützen (vgl. § 3 ASiG). Die Verpflichtung zu ihrer Bestellung kann dadurch erfüllt werden, dass »eigene« Beschäftigte bestellt werden, dass frei- 119

852 BGBl. I S. 2746.
853 *BVerwG* v. 25. 1. 95 – 6 P 19.93 –, PersR 95, 300.

beruflich tätige Ärzte verpflichtet werden oder dass die Dienststelle an einen überbetrieblichen arbeitsmedizinischen Dienst angeschlossen wird (vgl. § 2 Abs. 3 S. 2 u. 4 sowie § 19 ASiG). Bei dieser die Organisation des Arbeitsschutzes betreffenden Frage steht dem PR nach Abs. 3 Nr. 11 ein uneingeschränktes Mitbestimmungs- und Initiativrecht zu (vgl. Rn. 124); das gilt auch für die Verpflichtung oder Entpflichtung eines freiberuflich tätigen Arztes als Betriebsarzt.[854]

120 **Gegenstand der Mitbestimmung** nach Abs. 3 Nr. 10 sind die Bestellung und die Abberufung[855] eines Vertrauens- oder Betriebsarztes als Arbeitnehmer. Die **Bestellung** besteht in der dauerhaften Übertragung der Funktion eines Vertrauens- oder Betriebsarztes,[856] die **Abberufung** (als Gegenstück der Bestellung) in der Entziehung dieser Funktion. Die Mitbestimmung nach Abs. 3 Nr. 10 soll gewährleisten, dass nur solche Personen als Vertrauens- oder Betriebsärzte eingesetzt werden, die auch das **Vertrauen der Beschäftigten** haben.[857] Bei der Ausübung seines Mitbestimmungsrechts hat der PR insb. darauf zu achten, dass die jeweils maßgeblichen Rechtsvorschriften eingehalten und die jeweiligen qualifikatorischen Anforderungen beachtet werden. Es handelt sich um eine **gemeinsame Angelegenheit** der in der Dienststelle vorhandenen Gruppen (vgl. § 76 Rn. 43).[858]

121 (**Abs. 3 Nr. 11**) Die Mitbestimmung des PR bei »**Maßnahmen zur Verhütung von Dienst- und Arbeitsunfällen und sonstigen Gesundheitsschädigungen**« dient dem **Zweck,** zu gewährleisten, dass der als vorbeugender Gesundheitsschutz zu verstehende **Arbeitsschutz** effektiv und optimal gestaltet wird.[859] Dabei geht es um eine **Schwerpunktaufgabe des PR**. Sie wird ergänzt durch die Mitbestimmung bei der Bestellung von Vertrauens- oder Betriebsärzten nach Abs. 3 Nr. 10 und § 76 Abs. 2 Nr. 4 (vgl. Rn. 117 ff.; § 76 Rn. 43), die nichtförmliche Beteiligung bei der Bekämpfung von Unfall- und Gesundheitsgefahren nach § 81 (vgl. dort Rn. 1 ff.) und die allgemeine Aufgabe der Überwachung nach § 68 Abs. 1 Nr. 2 (vgl. dort Rn. 6 ff.).

122 Während die beamtenrechtlichen Vorschriften über die Unfallfürsorge bestimmen, was **Dienstunfälle** sind (§ 31 BeamtVG), regeln die Vorschriften der gesetzlichen Unfallversicherung, was **Arbeitsunfälle** sind (§ 8 SGB VII). **Sonstige Gesundheitsschädigungen** sind alle anderen Beeinträchtigungen der physischen oder psychischen Integrität der Beschäftigten durch medi-

---

854 *BVerwG* v. 25. 1. 95, a. a. O.; a. A. zum LPVG NW: *OVG NW* v. 10. 12. 03 – 1 A 556/02.PVL –, PersR 04, 227.

855 Insoweit str.; vgl. KfdP-*Berg*, Rn. 199 m. N.

856 *OVG NW* v. 10. 12. 03, a. a. O.

857 *BVerwG* v. 25. 1. 95, a. a. O.

858 KfdP-*Berg* Rn. 200.

859 Vgl. *BVerwG* v. 25. 8. 86 – 6 P 16.84 –, PersR 86, 235.

zinisch feststellbare Verletzungen oder arbeitsbedingte Erkrankungen. Der Anerkennung arbeitsbedingter Gesundheitsgefahren steht es nicht entgegen, dass diese auch durch die persönliche Konstitution der Beschäftigten oder aus der Umwelt beeinflusst werden können.[860] Gegenstand der Mitbestimmung nach Abs. 3 Nr. 11 sind Maßnahmen zur **Verhütung von Gesundheitsschädigungen.** Damit sind Maßnahmen des präventiven Gesundheitsschutzes gemeint, d.h. solche, die dazu dienen, Unfälle bei der Arbeit und arbeitsbedingte Gesundheitsgefahren zu verhüten (§ 2 Abs. 1 ArbSchG).

Die Mitbestimmung des PR erstreckt sich auf »**Maßnahmen**« des präventi- 123
ven Gesundheitsschutzes. Dabei ist es unerheblich, ob es sich um **allgemeine Regelungen** oder um **Einzelmaßnahmen** handelt, wie etwa eine Schutzmaßnahme für einen bestimmten Arbeitsplatz oder einen einzelnen, besonders schutzbedürftigen Beschäftigten.[861] Das Mitbestimmungsrecht des PR besteht anders als das des Betriebsrats nach § 87 Abs. 1 Nr. 7 BetrVG nicht nur »**im Rahmen der gesetzlichen Vorschriften …**«, sondern **darüber hinaus** auch dann, wenn der Dienststellenleiter aus freiem Entschluss eine Maßnahme des Gesundheitsschutzes beabsichtigt.[862] Aufgrund des **Gesetzesvorbehalts** im Einleitungssatz des Abs. 3 schließt eine gesetzliche Regelung die Mitbestimmung allerdings dann aus, wenn darin ein Sachverhalt unmittelbar geregelt ist, es also zum Vollzug keines Ausführungsaktes bedarf (vgl. Rn. 75). Eine derartige **Sperrwirkung** hat das *BVerwG*[863] bei den Beschäftigungsverboten nach den §§ 3, 4 und 6 MuSchG bejaht.

Nach st. Rspr. des *BVerwG*[864] sollen nur diejenigen Maßnahmen mitbestim- 124
mungspflichtig sein, die darauf **abzielen**, das Risiko von Gesundheitsschädigungen oder Unfällen innerhalb der Dienststelle zu mindern oder einen effektiven Arbeits- und Gesundheitsschutz zu gewährleisten.[865] **Inhaltlich** erstreckt sich die Mitbestimmung nach Abs. 3 Nr. 11 nicht nur auf Maßnahmen, die das Verhalten von Beschäftigten betreffen, sondern auch auf organisatorische, technische, medizinische und personelle Maßnahmen.[866] Zu den das **Verhalten** regelnden Maßnahmen gehören z.B.: Sicherheitsanwei-

860 *BVerwG* v. 14.2.13 – 6 PB 1.13 –, PersR 13, 176.
861 *BVerwG* v. 18.5.94 – 6 P 27.92 –, PersR 94, 466; abw. Richardi-*Kaiser*, Rn. 428: nur Kollektivmaßnahmen.
862 Vgl. *BVerwG* v. 17.2.86 – 6 P 16.84 –, PersR 86, 194, u. v. 18.5.94, a.a.O.
863 Beschl. v. 19.5.92 – 6 P 5.90 –, PersR 92, 361.
864 Vgl. Beschl. v. 8.1.01 – 6 P 6.00 –, PersR 01, 154.
865 Vgl. auch Beschl. v. 19.5.03 – 6 P 16.02 –, PersR 03, 314, wonach eine die Unfallverhütung bezweckende Teilregelung einer Verwaltungsvorschrift jedenfalls dann der Mitbestimmung unterliegt, wenn die Teilregelung nicht nur von untergeordneter Bedeutung ist.
866 In Details str.; näher hierzu u. zum Folgenden KfdP-*Berg*, Rn. 212.

sungen und Unfallschutzvorschriften;[867] Regelungen über Art und Inhalt der durch § 12 ArbSchG dem Arbeitgeber auferlegten Verpflichtung, die Beschäftigten über Sicherheit und Gesundheitsschutz bei der Arbeit zu unterweisen;[868] konkretisierende Ausgestaltung des dem Nichtraucherschutz dienenden generellen Rauchverbots aufgrund des BNichtrSchG (vgl. § 81 Rn. 7); Alkoholverbote;[869] Maßnahmen gegen Mobbing. Zu den organisatorischen Maßnahmen rechnen zum einen solche, welche die **Organisation des Arbeitsschutzes** in der Dienststelle betreffen, so z. B. die Beauftragung freiberuflicher Betriebsärzte[870] oder der Anschluss an einen überbetrieblichen arbeitsmedizinischen und sicherheitstechnischen Dienst,[871] ferner die Bildung eines Arbeitsschutzausschusses (vgl. § 11 ASiG) sowie die Einführung eines Konzepts über Gesundheitszirkel.[872] Zum anderen sind aber auch dem Arbeitsschutz dienende Maßnahmen der **Arbeitsorganisation** mitbestimmungspflichtig. Dazu gehört etwa die Organisation des täglichen Arbeitsablaufs der Bildschirmarbeit, z. B. eine Regelung über die Gewährung bezahlter Kurzpausen.[873] Mitbestimmungspflichtig ist weiterhin die Entscheidung des Arbeitgebers, ob gem. § 6 Abs. 5 ArbZG für **Nachtarbeit** ein Ausgleich durch bezahlte freie Tage oder durch einen angemessenen Entgeltzuschlag gewährt wird, da die Regelung des § 6 Abs. 5 ArbZG zumindest mittelbar dem Gesundheitsschutz dient.[874] **Technische Maßnahmen** können in der Anordnung und Einrichtung von Arbeitsschutzvorrichtungen bestehen[875] oder in der Einrichtung, Ausstattung und Ausgestaltung der Arbeitsplätze, z. B. eines Großraumbüros.[876] **Medizinische Maßnahmen** sind z. B. nähere, etwa die einschlägigen Vorschriften der ArbMedVV (Anh. Teil 4 Abs. 2 Nr. 1) konkretisierende Regelungen über die Untersuchung der Augen und des Sehvermögens der in der Bildschirmarbeit tätigen oder dafür vorgesehenen Beschäftigten. **Personelle Maßnahmen**, die in der Bestellung oder Abberufung von Personen bestehen, die damit beauftragt sind, den Dienststellenleiter bei der Durchführung des gesundheitlichen Arbeits-

---

867 Vgl. *BAG* v. 16. 6. 98 – 1 ABR 68/97 –, AP BetrVG 1972 § 87 Gesundheitsschutz Nr. 7; *OVG NW* v. 9. 6. 06 – 1 A 1492/05.PVL –, PersR 06, 478.

868 *BAG* v. 11. 1. 11 – 1 ABR 104/09 –, u. v. 8. 11. 11 – 1 ABR 42/10 –, AP BetrVG 1972 § 87 Gesundheitsschutz Nr. 17 u. 18; a. A. Richardi-*Kaiser*, Rn. 439.

869 *OVG NW* v. 4. 5. 87 – CL 20/85 –, PersR 88, 104; einschränkend aber *BVerwG* v. 11. 3. 83 – 6 P 25.80 –, PersV 84, 318.

870 *BVerwG* v. 25. 1. 95 – 6 P 19.93 –, PersR 95, 300.

871 Vgl. *BAG* v. 10. 4. 79 – 1 ABR 34/77 –, AP BetrVG 1972 § 87 Arbeitssicherheit Nr. 1; *VG Oldenburg* v. 4. 11. 04 – 9 A 4325/04 –, PersR 05, 245.

872 *VG Bln* v. 20. 9. 06 – VG 61 A 7.06 –, PersR 07, 43.

873 *BVerwG* v. 8. 1. 01 – 6 P 6.00 –, PersR 01, 154.

874 *BAG* v. 17. 1. 12 – 1 ABR 62/10 –, NZA 12, 513.

875 *BVerwG* v. 18. 5. 94 – 6 P 27.92 –, PersR 94, 466.

876 *BayVGH* v. 9. 5. 11 – 18 P 09.2249 –, PersR 12, 332, m. Anm. *Weinmann*, 334.

schutzes zu unterstützen, sind nach Abs. 3 Nr. 11 mitbestimmungspflichtig, sofern nicht spezielle Mitbestimmungstatbestände (Abs. 3 Nr. 10; § 76 Abs. 2 Nr. 4) eingreifen.[877] Das Mitbestimmungsrecht erstreckt sich somit auch auf die Bestellung von Fachkräften für Arbeitssicherheit und von Sicherheitsbeauftragten. Nicht mitbestimmungspflichtig ist nach Ansicht des *BVerwG*[878] eine zu Arbeitsschutzzwecken durchgeführte, der **Gefährdungsbeurteilung** nach § 5 ArbSchG dienende Befragung von Beschäftigten der Dienststelle, weil die Befragung keine Maßnahme i. S. d. § 69 Abs. 1 und 2 sei und der PR jedenfalls im Vorfeld von konkreten Arbeitsschutzmaßnahmen nur die in § 81 vorgesehenen speziellen Informations- und Anregungsrechte habe (vgl. § 81 Rn. 8).[879]

(Abs. 3 Nr. 12) Die Vorschrift gebraucht ebenso wie der bedingt vergleich- **125**
bare § 87 Abs. 1 Nr. 12 BetrVG den Begriff des **»betrieblichen« Vorschlagswesens.** Das bedeutet aber nicht, dass Dienststellen i. S. d. BPersVG, die keine Betriebe, sondern Behörden oder Verwaltungsstellen sind (vgl. § 6 Abs. 1), aus dem Anwendungsbereich von Abs. 3 Nr. 12 ausgeschlossen wären. Nach dem BPersVG beschränkt sich die Mitbestimmung des PR auf **»Grundsätze über die Bewertung von anerkannten Vorschlägen«** im Rahmen dieses Vorschlagswesens (vgl. Rn. 126). Dies dient dem **Zweck,** unter Beachtung der Vorschriften des § 67 Abs. 1 S. 1 eine gerechte Bewertung der Vorschläge sicherzustellen.

Zum **betrieblichen (bzw. behördlichen) Vorschlagswesen** gehören alle sys- **126**
tematischen Bestrebungen zur Anregung, Sammlung und Bewertung von **Verbesserungsvorschlägen,** die von einzelnen oder mehreren Beschäftigten außerhalb ihres eigentlichen Pflichtenkreises freiwillig gemacht werden. Die Vorschläge müssen die Vereinfachung, Erleichterung, Beschleunigung oder sichere Gestaltung der Arbeit in der Dienststelle bezwecken und können den technischen, kaufmännischen, organisatorischen und sozialen Bereich einschl. der menschengerechten Arbeitsgestaltung betreffen. Keine Verbesserungsvorschläge in diesem Sinne sind nach h. M. patent- oder gebrauchsmusterfähige **Erfindungen** von Beschäftigten, weil das Gesetz über Arbeitnehmererfindungen (ArbNErfG) v. 25. 7. 57[880] – zuletzt geändert durch Art. 7 des Gesetzes v. 31. 7. 09[881] – dazu abschließende Regelungen enthält,

---

877 *BVerwG* v. 18. 5. 94, a. a. O., u. v. 14. 10. 02 – 6 P 7.01 –, PersR 03, 113.

878 Beschl. v. 14. 10. 02, a. a. O., u. v. 5. 3. 12 – 6 PB 25.11 –, PersR 12, 380; dazu krit. *Baden*, PersR 12, 351; KfdP-*Berg*, Rn. 209 ff. m. w. N.

879 Weitergehend zu § 87 Abs. 1 Nr. 7 BetrVG: *BAG* v. 8. 6. 04 – 1 ABR 13/03 –, AP BetrVG 1972 § 87 Gesundheitsschutz Nr. 13, u. v. 11. 2. 14 – 1 ABR 72/12 –, NZA 14, 989; ferner *VG Dresden* v. 31. 3. 10 – 9 L 118/10 –, PersR 11, 263: Mitbestimmung bei systematischer Befragung zur Ermittlung typischer Ursachen krankheitsbedingter Fehlzeiten.

880 BGBl. I S. 756.

881 BGBl. I S. 2521.

die nach den §§ 40, 41 ArbNErfG grundsätzlich auch für Arbeitnehmer im öffentlichen Dienst und für Beamte (und Soldaten) gelten. Für **qualifizierte technische Verbesserungsvorschläge** enthält das ArbNErfG dagegen keine abschließenden Regelungen, sondern lediglich Vorschriften über die Vergütung des Arbeitnehmers bzw. Beamten (oder Soldaten), welche die Mitbestimmung im Übrigen (z. B. bei Nichtverwertung, aber gleichwohl ideeller Anerkennung durch den Arbeitgeber) nicht ausschließen (§§ 1, 3, 20, 40 Nr. 2, § 41 ArbNErfG; vgl. auch Rn. 128).[882]

127 **Gegenstand der Mitbestimmung** des PR nach Abs. 3 Nr. 12 ist die Erstellung von **Grundsätzen** über die Bewertung von anerkannten Verbesserungsvorschlägen. Dabei handelt es sich um die erstmalige Aufstellung, die spätere Änderung oder die Aufhebung von abstrakt-generellen Regelungen, die sich auf die Maßstäbe und die Art sowie das Verfahren der Bewertung beziehen.[883] Nicht mitbestimmungspflichtig sind die Einführung eines betrieblichen Vorschlagswesens, die Grundsätze der Annahme und Anerkennung von Vorschlägen, die Entscheidung darüber, ob und in welchem Umfang finanzielle Mittel für die Honorierung zur Verfügung gestellt werden, sowie die mit der Annahme, Anerkennung, Bewertung, Prämierung und Verwertung verbundenen Einzelfallentscheidungen.

127a Der Ausschuss für Organisationsfragen der Bundesministerien hat am 9.12.09 eine neue **»Rahmenrichtlinie für das Ideenmanagement in der Bundesverwaltung«** beschlossen (Bek. des BMI v. 27.1.10[884]), die von den Ressorts **umzusetzen** ist. Die Umsetzung unterliegt der **Mitbestimmung** der im jeweiligen Ressort zuständigen Personalvertretung.[885]

128 Für **technische Verbesserungsvorschläge** (vgl. Rn. 126) enthält das ArbNErfG eine **vertretungsrechtliche Sonderregelung.** Es bestimmt zunächst, dass der Arbeitnehmer im privaten Dienst gegen den Arbeitgeber einen Anspruch auf angemessene Vergütung hat, sobald der Arbeitgeber qualifizierte technische Verbesserungsvorschläge verwertet (§ 20 Abs. 1), und legt darüber hinaus fest, dass im Übrigen die Behandlung technischer Verbesserungsvorschläge der Regelung durch Tarifvertrag oder Betriebsvereinbarung überlassen bleibt (§ 20 Abs. 2). Diese Vorschriften gelten im öffentlichen Dienst für technische Verbesserungsvorschläge von Arbeitnehmern, Beamten und Soldaten mit der Maßgabe, dass statt einer Betriebsvereinbarung eine **Dienstvereinbarung** zulässig ist, wobei allerdings Vorschriften, nach denen die Einigung darüber durch Entscheidung einer höheren Dienststelle

882 Str.; vgl. KfdP-*Berg*, Rn. 216 m. N.
883 Teilw. str.; vgl. KfdP-*Berg*, Rn. 217 m. N.
884 GMBl. 2010 S. 61.
885 *VG Bln* v. 27.2.02 – VG 72 A 3.02 –, PersR 03, 424.

oder einer dritten Stelle ersetzt werden kann, keine Anwendung finden (§ 40 Nr. 2, § 41 ArbNErfG).[886]

(**Abs. 3 Nr. 13**) Nach Abs. 3 Nr. 13 hat der PR mitzubestimmen über **Aufstellung von Sozialplänen** »einschließlich Plänen für Umschulungen zum Ausgleich oder zur Milderung von wirtschaftlichen Nachteilen, die dem Beschäftigten infolge von Rationalisierungsmaßnahmen entstehen«. Der **Zweck** dieses Mitbestimmungsrechts besteht darin, den individualrechtlichen Schutz der Beschäftigten vor Eingriffen in ihr Beschäftigungsverhältnis kollektivrechtlich zu ergänzen und zu erweitern.[887] Voraussetzung für die der Mitbestimmung unterliegende Aufstellung eines Sozialplans ist die Planung oder Durchführung einer **Rationalisierungsmaßnahme**. Was unter einer solchen Maßnahme zu verstehen ist, sagt das Gesetz nicht. Nach Ansicht des *BVerwG* ist entscheidendes Merkmal einer solchen Maßnahme, dass durch sie die Leistungen der Dienststelle durch eine zweckmäßige Gestaltung von Arbeitsabläufen verbessert werden sollen, indem der Aufwand an menschlicher Arbeit oder auch an Zeit, Energie, Material und Kapital herabgesetzt wird.[888] Diese Definition ist jedoch zu eng, weil damit bestimmte **Varianten** der Rationalisierung nicht erfasst werden. Das gilt v. a. für Maßnahmen mit dem Ziel einer relativen Kostensenkung, insb. für Maßnahmen, mit denen auf eine geänderte Nachfrage nach Dienstleistungen reagiert wird. Dem *BVerwG* ist deshalb nicht zu folgen, wenn es personalwirtschaftliche Maßnahmen, die den Personalbedarf »lediglich an die vorhandenen Gegebenheiten anpassen« sollen (z. B. an eine geänderte allgemeine Marktsituation), nicht als Rationalisierungsmaßnahmen ansieht.[889] Nach Auffassung des *BVerwG*[890] stellt eine durch das Bundesversicherungsamt nach § 153 S. 1 Nr. 3 SGB V angeordnete **Schließung einer Betriebskrankenkasse** selbst keine Rationalisierung gemäß Abs. 3 Nr. 13 dar. 129

Die **Rationalisierungsmaßnahme** ist Voraussetzung, nicht Gegenstand der Mitbestimmung nach Abs. 3 Nr. 13. Allerdings kann die Rationalisierungsmaßnahme nach anderen Vorschriften der **Beteiligung** des PR unterliegen. Nach den Umständen des jeweiligen Einzelfalls kommen v. a. in Betracht: die Mitbestimmung nach § 76 Abs. 2 Nr. 5 und 7, die Mitwirkung nach § 78 Abs. 1 Nr. 2, die Anhörung nach § 78 Abs. 4 und 5. Außerdem ist der PR bei den **personellen Einzelmaßnahmen** zu beteiligen, die **zur Umsetzung** der Rationalisierungsmaßnahme getroffen werden sollen. 130

886 Vgl. KfdP-*Berg*, Rn. 218.
887 *BVerwG* v. 26.3.86 – 6 P 38.82 –, PersV 86, 510.
888 Beschl. v. 17.6.92 – 6 P 17.91 –, PersR 92, 451.
889 Näher dazu KfdP-*Berg*, Rn. 220.
890 *BVerwG* v. 28.11.12 – 6 P 11.11 –, PersR 13, 130 (Bestätigung von *VGH BW* v. 27.9.11 – PB 15 S 1026/11 –, juris).

131 Ein **Sozialplan** i. S. d. Abs. 3 Nr. 13 ist die Gesamtheit der Regelungen, mit denen **die wirtschaftlichen Nachteile ausgeglichen oder gemildert** werden sollen, die einzelnen oder mehreren Beschäftigten infolge einer Rationalisierungsmaßnahme entstehen. Entscheidend ist der Inhalt des Plans, nicht seine Bezeichnung.[891] Welche wirtschaftlichen Nachteile unter welchen Voraussetzungen und in welchem Ausmaß ausgeglichen oder gemildert werden sollen, steht im **Ermessen** von Dienststellenleiter und PR oder, falls diese sich nicht einigen können, der im weiteren Verfahren beteiligten Stellen, letztlich der Einigungsstelle. Die Regelungen eines Sozialplans können sich auf einen **einzigen Beschäftigten** beschränken – wenn die ihn betreffende Rationalisierungsmaßnahme einen kollektiven Bezug (vgl. Rn. 69) aufweist[892] – und sich sowohl auf **Arbeitnehmer** als auch auf **Beamte** beziehen. Mögliche **Inhalte** eines Sozialplans können alle Regelungen sein, die auf den Ausgleich oder die Milderung der durch die jeweilige Rationalisierungsmaßnahme entstehenden wirtschaftlichen Nachteile gerichtet sind. In Betracht kommen u. a.: Regelungen zur Sicherung der bisherigen Vergütung, Abfindungen für ausscheidende Beschäftigte oder bei Verlust sozialer Leistungen, Ausgleichsleistungen bei Umsetzungen und Versetzungen wie z. B. die Anrechnung von Wegezeiten auf die Arbeitszeit, Ersatz zusätzlicher Aufwendungen wie Reisekostenerstattung, Trennungsentschädigung und Übernahme von Umzugskosten, Ausschluss der Kündigung von bereitgestelltem Wohnraum ebenso wie Hilfen bei der Beschaffung von Wohnraum, Einrichtung eines vom Arbeitgeber bzw. Dienstherrn unterhaltenen Personalverkehrs für die Fahrten zwischen Wohnung und Dienststelle.[893] Die inhaltliche Ausgestaltung eines Sozialplans darf nicht **höherrangiges Recht** verletzen, etwa die **Grundsätze des § 67 Abs. 1 S. 1**[894] (Recht und Billigkeit, Gleichbehandlungsgebote und Benachteiligungsverbote; vgl. § 67 Rn. 5 ff.) und die **Diskriminierungsverbote des AGG.**[895]

132 Die ausdrücklich genannten **Pläne für Umschulungen** können Bestandteil von Sozialplänen sein. Sie können sich nicht nur auf Umschulungen i. e. S. beziehen, also nicht nur auf Maßnahmen, die (so die Definition in § 1 Abs. 4 BBiG) zu einer anderen beruflichen Tätigkeit befähigen sollen, sondern auch auf Maßnahmen der beruflichen Fortbildung (vgl. § 76 Rn. 49). Sie können die Art und den Inhalt von beruflichen Bildungsmaßnahmen, den Teilnehmerkreis und die Modalitäten der Durchführung einschl. der Kostentragung und der bezahlten Freistellung von der Arbeit regeln.

891 *VGH BW* v. 18. 9. 90 – 15 S 2484/89 –, PersR 91, 144.
892 Richardi-*Kaiser*, Rn. 463.
893 Näher dazu KfdP-*Berg*, Rn.
894 Richardi-*Kaiser*, Rn. 474.
895 Vgl. dazu KfdP-*Berg*, Rn. 224a m. w. N.

Ein Sozialplan i. S. d. Abs. 3 Nr. 13 ist nicht an das jeweilige Haushaltsgesetz und den damit verknüpften **Haushaltsplan** gebunden.[896] Da die Mitbestimmung bei Sozialplänen eine gesetzliche Erweiterung der Fürsorgepflicht des Arbeitgebers bzw. Dienstherrn ist, die darauf beruht, dass der einzelne Beschäftigte die aufgrund von Rationalisierungsmaßnahmen erfolgenden Eingriffe in sein Beschäftigungsverhältnis nicht abwehren kann, handelt es sich bei den Leistungen aus dem Sozialplan um gesetzliche Pflichtleistungen (vgl. Rn. 129). Diese Verbindlichkeiten werden nach § 3 Abs. 2 HGrG bzw. BHO durch den Haushaltsplan nicht aufgehoben und dürfen nach § 28 Abs. 2 HGrG bzw. § 51 BHO auch dann geleistet werden, wenn dafür Ausgabemittel nicht besonders zur Verfügung gestellt sind. Das **Gesamtvolumen des Sozialplans** muss so bemessen sein, dass dieser seine Funktion erfüllen kann, wirtschaftliche Nachteile auszugleichen oder zu mildern.[897] 133

Für die Mitbestimmung nach Abs. 3 Nr. 13 gilt der **Tarifvertragsvorbehalt** (vgl. Rn. 74f.). Wegen ihres ausgedehnten Geltungsbereichs kommt dabei insb. den **Tarifverträgen über den Rationalisierungsschutz** für Angestellte sowie für Arbeiter des Bundes und der Länder, jew. v. 9. 1. 87 i. d. F. v. 29. 10. 01, Bedeutung zu. Diese Tarifverträge legen allerdings ausdrücklich fest, dass die Beteiligungsrechte der Personalvertretung nicht berührt werden. Daraus ist abzuleiten, dass die Tarifverträge nur Mindeststandards festschreiben und es zulassen, dass sowohl konkretisierende als auch weitergehende Leistungen in einem nach Abs. 3 Nr. 13 aufzustellenden Sozialplan festgelegt werden können.[898] Bei **Beamten** ist der **Gesetzesvorbehalt** zu beachten (vgl. Rn. 73, 75). Aus den Vorschriften von § 2 Abs. 2 und § 51 S. 1 BBesG sowie § 3 Abs. 2 BeamtVG ergibt sich, dass **besoldungs- und versorgungsrechtliche Regelungen** grundsätzlich nicht in einen Sozialplan aufgenommen werden können. Etwas anderes gilt insoweit nur hinsichtlich der Regelungsinhalte solcher Vorschriften, die ein Ermessen einräumen oder die konkretisierungsfähig und -bedürftig sind. Dagegen schließt das **Reise- und Umzugskostenrecht** auch abstrakt-generelle Sonderregelungen in Sozialplänen nach Abs. 3 Nr. 13 nicht aus, wenn diese in einer Dienstvereinbarung festgelegt werden.[899] 134

Damit der Schutzzweck der Mitbestimmung (vgl. Rn. 129) so gut wie möglich erreicht werden kann, ist eine **frühzeitige Beteiligung** des PR erfor- 135

896 Str.; näher dazu KfdP-*Berg*, Rn. 227; s. dazu auch *BVerwG* v. 12. 1. 15 – 5 PB 17.15 (5 P 1.16) –, juris: Zulassung der Rechtsbeschwerde gegen den Beschl. des *SächsOVG* v. 27. 5. 16 – 9 A 668/12.PL –, juris.

897 Vgl. *BAG* v. 24. 8. 04 – 1 ABR 23/03 –, AP BetrVG 1972 § 112 Nr. 174, zur Beachtung einer Unter- und Obergrenze.

898 Str.; vgl. KfdP-*Berg*, Rn. 228 m. N.

899 Vgl. KfdP-*Berg*, Rn. 229. Das *BVerwG* (Beschl. v. 16. 4. 13 – 6 P 11.12 –, PersR 13, 377) hat jedoch die Sozialplanfähigkeit einer Wegstreckenentschädigung verneint.

derlich. Dieser kann – ggf. durch Ausübung seines Initiativrechts nach § 70 Abs. 1 – bereits dann die Aufstellung eines Sozialplans verlangen, wenn die Rationalisierungsmaßnahme sich noch in der **Vorbereitungsphase** befindet. Dafür reicht es aus, dass der Dienststellenleiter im Prinzip zu einer bestimmten Rationalisierungsmaßnahme entschlossen ist.[900]

136 Sofern dem nicht die in Abs. 5 normierte **Sperre durch tarifliche oder tarifübliche Regelung** entgegensteht (vgl. Rn. 161 ff.), empfiehlt es sich, den Sozialplan nach § 73 in Form der **Dienstvereinbarung** aufzustellen, weil dann die in ihm enthaltenen Regelungen Rechtsnormen mit unmittelbarer und zwingender Wirkung sind, die von den Beschäftigten selbst gegenüber dem Arbeitgeber bzw. Dienstherrn geltend gemacht und im Streitfall von den Arbeitnehmern vor dem Arbeitsgericht bzw. von den Beamten vor dem Verwaltungsgericht durchgesetzt werden können (vgl. § 73 Rn. 8; § 83 Rn. 8).[901]

137 (**Abs. 3 Nr. 14**) Nach Abs. 3 Nr. 14 hat der PR mitzubestimmen beim **»Absehen von der Ausschreibung von Dienstposten, die besetzt werden sollen«**. Dieser Mitbestimmungstatbestand liegt nach jüngster Rspr. des *BVerwG*[902] vor, wenn von einer **grundsätzlichen Ausschreibungspflicht**, die entweder in **Rechts- oder Verwaltungsvorschriften** vorgesehen oder durch **regelmäßige Verwaltungspraxis** begründet ist, abgewichen wird. Ein solches Absehen ist nicht nur dann gegeben, wenn von der grundsätzlich vorgeschriebenen oder praktizierten Ausschreibung **völlig abgesehen** wird, sondern auch dann, wenn statt der grundsätzlich obligatorischen externen Ausschreibung **nur eine interne Ausschreibung** stattfindet oder wenn der **Bereich der internen Ausschreibung verkleinert** wird, etwa dadurch, dass statt der grundsätzlich vorzunehmenden dienststellenübergreifenden Ausschreibung nur eine dienststelleninterne Ausschreibung erfolgt. Das ergibt sich bereits[903] aus Folgendem: Zum einen geht der Mitbestimmungstatbestand nicht von einer personalvertretungsrechtlichen Pflicht zur lediglich dienststelleninternen Ausschreibung aus,[904] sondern von den außerhalb des PersVR normierten oder durch regelmäßige Verwaltungspraxis begründeten dienst- bzw. arbeitsrechtlichen Pflichten des öffentlichen Arbeitgebers. Zum anderen lässt es der Wortlaut des Abs. 3 Nr. 14 durchaus zu, die Mitbestimmung eingreifen zu lassen, wenn **ganz oder teilweise von der Ausschreibung abgesehen** wird. **Stellenbesetzungen für Bundesbeamte**, die nach der Absicht des Dienststellenleiters ohne Ausschreibung vorgenommen werden sollen, un-

900 Vgl. KfdP-*Berg*, Rn. 231.
901 KfdP-*Berg*, Rn. 232.
902 Beschl. v. 14. 1. 10 – 6 P 10.09 –, PersR 10, 322; näher dazu u. zur vorherigen Rspr.: KfdP-*Berg*, Rn. 235.
903 So das *BVerwG* im Beschl. v. 14. 1. 10, a. a. O.
904 So aber noch *BVerwG* v. 8. 3. 88 – 6 P 32.85 –, PersR 88, 183.

terliegen stets der Mitbestimmung gem. Abs. 3 Nr. 14.[905] Das gilt auch, wenn der Dienststellenleiter generell oder für den Einzelfall von der **bisherigen Ausschreibungspraxis** abweicht.[906]

Die Mitbestimmung nach Abs. 3 Nr. 14 kommt nur bei **Maßnahmen des Leiters der Dienststelle** in Betracht.[907] Eine »Maßnahme« setzt grundsätzlich ein positives (**ausdrückliches oder konkludentes**) **Handeln** des Dienststellenleiters voraus (vgl. § 69 Rn. 8). Ein solches Handeln liegt aber nicht nur dann vor, wenn der Dienststellenleiter gegenüber dem PR oder sonst verlautbart, dass im gegebenen Fall von einer Ausschreibung abgesehen wird. Eine (**stillschweigende**) **positive Entscheidung** ist auch dann gegeben, wenn der Dienststellenleiter **von einer sonst befolgten Praxis der Ausschreibung abweicht**. Die Mitbestimmung dient der **Richtigkeitskontrolle** (vgl. auch § 69 Rn. 10). Sie greift unabhängig davon ein, ob die Nichtvornahme der Ausschreibung nach dem zugrunde zu legenden speziellen Regelwerk auf einer **zwingenden Ausnahme** beruht **oder** ins **Ermessen** des Dienststellenleiters gestellt ist.[908] Die Erklärung des Dienststellenleiters, er sei für den Verzicht auf eine Ausschreibung **nicht zuständig** (sondern eine andere Stelle), stellt kein mitbestimmungspflichtiges Absehen von einer Ausschreibung dar.[909] 137a

Der Gesetzgeber des BPersVG 1974 hat für den Tatbestand des Abs. 3 Nr. 14 ein uneingeschränktes Mitbestimmungsrecht vorgesehen. Unter Bezug auf die Rspr. des *BVerfG*[910] und im Hinblick auf die Personal- und Organisationshoheit des Dienstherrn hat das *BVerwG*[911] jedoch entschieden, dass die oberste Dienstbehörde aus verfassungsrechtlichen Gründen das letzte Wort haben müsse, und die uneingeschränkte zur **eingeschränkten Mitbestimmung** herabgestuft (vgl. § 69 Rn. 40).[912] 137b

(Abs. 3 Nr. 15) Nach Abs. 3 Nr. 15 hat der PR bei der **Regelung der Ordnung in der Dienststelle und des Verhaltens der Beschäftigten** mitzubestimmen. Nach st. Rspr. des *BVerwG* handelt es sich dabei um einen **einheitlichen Mitbestimmungstatbestand**, der sich auf die Gesamtheit der allgemeinen Verhaltensmaßregeln erstreckt, die das Miteinander der Beschäftigten und den Gebrauch der ihnen von der Dienststelle zur Verfügung gestellten Gegenstände ordnen.[913] Das Vorliegen von zwei unterschiedlichen Tatbeständen wird verneint, weil jede Regelung des Verhaltens der Beschäftigten auch eine 138

905 *BVerwG* v. 4.5.12 – 6 PB 1.12 –, PersR 12, 328.
906 *BVerwG* v. 4.2.14 – 6 PB 36.13 –, PersR 14, 229.
907 Näher dazu *BVerwG* v. 14.1.10, a.a.O.
908 *BVerwG* v. 14.1.10, a.a.O.
909 *BVerwG* v. 1.4.15 – 5 P 8.14 –, juris.
910 Beschl. v. 24.5.95 – 2 BvF 1/92 –, PersR 95, 483.
911 Beschl. v. 14.1.10, a.a.O.
912 KfdP-*Berg*, Rn. 238.
913 *BVerwG* v. 19.5.03 – 6 P 16.02 –, PersR 03, 314, m.w.N.

bestimmte Ordnung in der Dienststelle schaffe, wie umgekehrt jede Regelung der Ordnung ein bestimmtes Verhalten der Beschäftigten verlange.[914] Regelungen, mit denen die Erbringung der den Beschäftigten obliegenden Arbeitsleistungen konkretisiert wird, werden aus der Mitbestimmung ausgeklammert.[915] Geben Regelungen sowohl das allgemeine dienstliche Verhalten als auch die Art und Weise der Dienstausübung vor, wird danach unterschieden, welcher Regelungsbereich im Vordergrund steht.[916] In den Grundzügen folgt diese Rspr. der des *BAG* zur Mitbestimmung des Betriebsrats bei »Fragen der Ordnung des Betriebs und des Verhaltens der Arbeitnehmer im Betrieb« nach § 87 Abs. 1 Nr. 1 BetrVG, die zwischen einem **mitbestimmungspflichtigen Ordnungsverhalten** und einem **mitbestimmungsfreien Arbeitsverhalten** trennt[917] und bei dieser Unterscheidung auf den **objektiven Regelungszweck** abstellt, der sich nach dem Inhalt der Maßnahme und der Art des zu beeinflussenden betrieblichen Geschehens bestimmt.[918] Die **einschränkende Rspr.** des *BAG* zur Auslegung des § 87 Abs. 1 Nr. 1 BetrVG ist schon deshalb zu kritisieren, weil sie eine klare Linie vermissen lässt. Dieser Einwand ist auch gegenüber der Rspr. des *BVerwG* zur Auslegung der entsprechenden Vorschriften des PersVR zu erheben.[919]

139 Zwischen *BVerwG* und *BAG* ist streitig, ob der PR nach Abs. 3 Nr. 15 (und den entsprechenden Vorschriften der LPersVG) nur bei **generellen Regelungen,** wie z. B. bei der Aufstellung einer Disziplinarordnung, zu beteiligen ist[920] oder auch im **Einzelfall**, wie etwa bei der Verhängung einer Disziplinarmaßnahme.[921] Das *BVerwG* begründet seine Ansicht v. a. damit, dass im Unterschied zu den maßgeblichen Vorschriften des PersVR in § 87 Abs. 1 Nr. 1 BetrVG der Begriff der »Regelung« nicht verwendet werde (vgl. Rn. 138) und dieser Tatbestand deshalb weiter gefasst sei.[922] Es geht dabei jedoch von einem zu engen Verständnis der »Regelung« aus, das mit der verwaltungsrechtlichen Terminologie der Verwaltungshandlungen nicht im Einklang steht, weil danach auch eine konkret-spezielle (Einzel-)Anord-

---

914 *BVerwG* v. 30. 12. 87 – 6 P 20.82 –, PersR 88, 53.
915 *BVerwG* v. 19. 5. 03, a. a. O.
916 *BVerwG* v. 7. 7. 93 – 6 P 4.91 –, PersR 93, 491, m. w. N.
917 Vgl. *BVerwG* v. 23. 8. 07 – 6 P 7.06 –, PersR 07, 476.
918 *BAG* v. 11. 6. 02 – 1 ABR 46/01 –, AP BetrVG 1972 § 87 Ordnung des Betriebes Nr. 38, u. v. 22. 7. 08 – 1 ABR 40/07 –, AP BetrVG 1972 § 87 Nr. 14, jew. m. w. N.
919 Vgl. KfdP-*Berg*, Rn. 241.
920 So *BVerwG* v. 11. 11. 60 – VII P 9.59 –, PersV 61, 103, v. 6. 2. 79 – 6 P 20.78 –, PersV 80, 421, u. v. 23. 8. 82 – 6 P 45.79 –, PersV 83, 375.
921 So *BAG* v. 25. 2. 66 – 4 AZR 179/63 –, AP PersVG § 66 Nr. 8, u. v. 7. 4. 92 – 1 AZR 372/91 –, PersR 92, 420, im Anschluss an seine st. Rspr. zu § 87 Abs. 1 Nr. 1 BetrVG.
922 Beschl. v. 23. 8. 82, a. a. O.

nung, die einen individuell bestimmten Sachverhalt betrifft und sich an eine bestimmte Person wendet, als Regelung verstanden werden kann.[923]

Streitig ist auch, ob Maßnahmen nicht technischer Art, die der **Überwachung der Beschäftigten** dienen, der Mitbestimmung nach Abs. 3 Nr. 15 **140** (oder § 87 Abs. 1 Nr. 1 BetrVG) unterliegen. Dies wird von der h. M. insb. deshalb abgelehnt, weil andernfalls die Mitbestimmung bei der Einführung und Anwendung technischer Kontrolleinrichtungen nach Abs. 3 Nr. 17 (oder § 87 Abs. 1 Nr. 6 BetrVG) überflüssig wäre.[924]

Der PR hat darüber mitzubestimmen, **ob** eine Regelung i. S. d. Abs. 3 Nr. 15 **141** getroffen werden und **wie** sie inhaltlich ausgestaltet sein soll. Bei der Ausübung seines Mitbestimmungsrechts hat er u. a. die in § 67 Abs. 1 S. 1 geregelten allgemeinen Grundsätze für die Behandlung der Beschäftigten, insb. die **Gleichbehandlungsgrundsätze** und die **Benachteiligungsverbote** (vgl. § 67 Rn. 2ff.), sowie die **Persönlichkeitsrechte** zu beachten.[925] Das Mitbestimmungsrecht beinhaltet nicht die Kompetenz, Regelungen über Fragen der **Kostentragung und Kostenverteilung** zu treffen.[926] Es berechtigt auch nicht dazu, in die außerdienstliche bzw. außerbetriebliche **private Lebensführung** der Beschäftigten einzugreifen.[927] Das Mitbestimmungsrecht kann aber auch bestehen, wenn es um das Verhalten der Beschäftigten **außerhalb der Betriebsstätte bzw. Dienststätte**, etwa gegenüber Kunden und Lieferanten bzw. Bürgern, geht.[928]

Beispiele von Regelungen, bei denen die Rspr. nach Abs. 3 Nr. 15 (oder einer **142** entsprechenden Vorschrift) die Mitbestimmung **bejaht** hat:[929] Einführung oder Änderung der Anwendung von Stechuhren (str.); Anwesenheitskontrollen bei gleitender Arbeitszeit (str.); Verbot, den Betrieb während der Pausen zu verlassen; Rauchverbote; Alkoholverbote (str.); Anordnungen allgemeiner Alkoholtests; Maßnahmen zum Schutz vor sexueller Belästigung am Arbeitsplatz; Verbot des Radiohörens am Arbeitsplatz; Nutzung der Telefonanlage für Privatgespräche; Gestattung der Privatnutzung von Internet und E-Mail; Regelung zur Benutzung von Parkplätzen, welche die Dienststelle zur Verfügung gestellt hat; Bekleidungsvorschriften; Einführung von

---

923 Näher dazu KfdP-*Berg*, Rn. 242.

924 *BAG* v. 23.10.84 – 1 ABR 2/83 –, AP BetrVG 1972 § 87 Ordnung des Betriebes Nr. 8; *BVerwG* v. 13.8.92 – 6 P 20.91 –, PersR 92, 505.

925 Vgl. u. a. *BAG* v. 11.7.00 – 1 AZR 551/99 –, AP BetrVG 1972 § 87 Sozialeinrichtung Nr. 16.

926 *BAG* v. 11.7.00, a. a. O., v. 15.7.06 – 1 AZR 578/05 –, AP BetrVG 1972 § 77 Betriebsvereinbarung Nr. 31, u. v. 13.2.07 – 1 ABR 18/06 –, AP BetrVG 1972 § 87 Ordnung des Betriebes Nr. 40.

927 Vgl. *BVerwG* v. 7.7.93 – 6 P 4.91 –, PersR 93, 491; *BAG* v. 28.5.02 – 1 ABR 32/01 –, AP BetrVG 1972 § 87 Ordnung des Betriebes Nr. 39, m. w. N.

928 *BAG* v. 22.7.08 – 1 ABR 40/07 –, AP BetrVG 1972 § 87 Nr. 14.

929 Näher dazu KfdP-*Berg*, Rn. 245 m. N.

Namensschildern auf der Dienstkleidung (str.); Verbot des Tragens politischer Plaketten am Arbeitsplatz; Einführung von Mitarbeitergesprächen mit Zielvereinbarung; Regelung von Vorgesetzten-Mitarbeiter-Gesprächen als Instrument einer Personalentwicklungsplanung; Ethikrichtlinien; Verwaltungsvorschrift zur Förderung des Steuerns von Dienstkraftfahrzeugen durch Selbstfahrer; Arztbesuche während der Arbeitszeit; formalisierte Krankengespräche (str.); generelle Vorlage von Arbeitsunfähigkeitsbescheinigungen schon für den ersten Tag (str.) sowie formularmäßige Anforderung ärztlicher Bescheinigungen bei Fortsetzungserkrankungen; Einführung eines Sicherheitswettbewerbs, der zu sicherheitsbewusstem Verhalten anregen soll; Einführung und Ausgestaltung standardisierter Melde- und Beschwerdeverfahren zum Verhalten der Arbeitnehmer untereinander (str.); Anordnung über die Meldung des Verdachts von Unregelmäßigkeiten; Einführung und Ausgestaltung des Verfahrens, in dem Arbeitnehmer ihr Beschwerderecht nach § 13 Abs. 1 S. 1 AGG wahrnehmen können; Anordnungen über Tor- bzw. Taschenkontrollen; Anweisung, zum Zwecke der Sicherheitsüberprüfung Fingerabdrücke nehmen zu lassen; Regelungen zur Umsetzung von Vernehmungsersuchen eines Ermittlers von Diskriminierungsvorwürfen innerhalb der Dienststelle; Aufstellung einer Disziplinarordnung; Verhängung einer Disziplinarmaßnahme (str.; vgl. Rn. 139); Regelungen in Kasernenordnungen der Bundeswehr. **Verneint** wird die Mitbestimmung u. a. bei vom Arbeitgeber ausgesprochenen **Abmahnungen, Verweisen oder Ermahnungen** wegen (behaupteten) Verstoßes gegen arbeitsvertragliche Verpflichtungen, weil insoweit keine die kollektive betriebliche Ordnung betreffende Maßnahme vorliege.[930]

143 (**Abs. 3 Nr. 16**) Nach Abs. 3 Nr. 16 hat der PR über die **Gestaltung der Arbeitsplätze** mitzubestimmen. Der **Zweck** der Mitbestimmung besteht darin, die Beschäftigten durch eine menschengerechte Gestaltung der Arbeitsplätze vor Überbeanspruchung oder Gefährdung ihrer körperlichen und seelischen Gesundheit zu schützen[931] (vgl. § 76 Rn. 44). Das Mitbestimmungsrecht des PR nach Abs. 3 Nr. 16 ist bei jeder Arbeitsplatzgestaltung gegeben und erheblich weiter gefasst als das »korrigierende Mitbestimmungsrecht« des Betriebsrats nach § 91 BetrVG.[932] Der dem **Arbeitsschutz** dienende Mitbestimmungstatbestand des Abs. 3 Nr. 11 (vgl. Rn. 121ff.) und der den

930 *BAG* v. 5. 12. 75 – 1 AZR 94/74 – u. v. 19. 7. 83 – 1 AZR 307/81 –, AP BetrVG 1972 § 87 Betriebsbuße Nr. 1 u. 5, sowie v. 23. 10. 84 – 1 AZR 126/81 –, AP GG Art. 9 Arbeitskampf Nr. 82; *BVerwG* v. 23. 8. 82 – 6 P 45.79 – u. v. 10. 1. 83 – 6 P 11.80 –, PersV 83, 375 u. 507; zu weiteren **Negativbeispielen** vgl. KfdP-*Berg*, Rn. 246 m. N.

931 *BVerwG* v. 30. 8. 85 – 6 P 20.83 – u. v. 19. 5. 03 – 6 P 16.02 –, PersR 85, 184, u. 03, 314.

932 Vgl. KfdP-*Berg*, Rn. 248.

arbeitsplatzspezifischen Gesundheitsschutz bezweckende Tatbestand des Abs. 3 Nr. 16 überschneiden sich.[933] Entfällt die Mitbestimmung aufgrund des **Gesetzes- oder Tarifvertragsvorbehalts** im Eingangssatz des Abs. 3 (z. B. wegen Eingreifens einer vollständigen Regelung in der ArbStättV; vgl. Rn. 75), hat der PR gem. § 68 Abs. 1 Nr. 2 darüber zu wachen, dass die einschlägigen gesetzlichen oder tarifvertraglichen Bestimmungen eingehalten werden (vgl. § 68 Rn. 6 ff.).[934]

Arbeitsplatz i. S. d. Abs. 3 Nr. 16 ist der räumliche Bereich, in dem der Beschäftigte tätig ist, sowie seine unmittelbare Umgebung.[935] Arbeitsplätze **innerhalb der Räumlichkeiten der Dienststelle** sind alle Bereiche, in denen von einem oder mehreren Beschäftigten zugleich oder nacheinander einzelne Arbeitsschritte oder ineinander greifende Arbeitsvorgänge verrichtet werden.[936] Zum Arbeitsplatz gehören auch die damit verbundenen Einrichtungsgegenstände und Arbeitsmittel einschl. solcher technischer Anlagen, die von mehreren Beschäftigten benutzt werden,[937] z. B. auch die Festlegung von Mindeststandards bei der Einrichtung und Ausgestaltung eines Großraumbüros.[938] Räume, in denen keine Arbeit geleistet wird (z. B. Pausenräume), sind keine Arbeitsplätze.[939] Der Arbeitsplatz kann auch **außerhalb der Dienststelle** bestehen, z. B. bei Telearbeit in der Wohnung des Beschäftigten oder auch im Freien oder in einem Fahrzeug.[940] 144

Die Mitbestimmung über die **Gestaltung der Arbeitsplätze** bezieht sich auf bereits vorhandene und auf künftig einzurichtende Arbeitsplätze.[941] Gegenstand der Mitbestimmung ist die Ausgestaltung der räumlichen und technischen Bedingungen, unter denen die konkreten Arbeitsaufgaben zu erfüllen sind.[942] Darunter fällt die räumliche Unterbringung des Arbeitsplatzes, die Ausstattung mit Einrichtungsgegenständen und Arbeitsmitteln einschl. ihrer Beschaffenheit und räumlichen Anordnung sowie die Ausschaltung, Abwendung oder Milderung von Beeinträchtigungen durch nachteilige Ein- 145

---

933 Richardi-*Kaiser*, Rn. 430, 516.

934 *BVerwG* v. 27. 11. 91 – 6 P 7. 90 –, PersR 92, 147.

935 *BVerwG* v. 15. 12. 78 – 6 P 13.78 – u. – 6 P 18.78 –, PersV 80, 145 u. 151, sowie v. 19. 5. 03 – 6 P 16.02 –, PersR 03, 314.

936 *BVerwG* v. 30. 8. 85 – 6 P 20.83 –, PersR 85, 184.

937 *BVerwG* v. 30. 8. 85, a. a. O.

938 *BayVGH* v. 9. 5. 11 – 18 P 09.2249 –, PersR 12, 332.

939 *BVerwG* v. 17. 2. 86 – 6 P 21.84 – u. v. 16. 12. 92 – 6 P 29.91 –, PersR 86, 194, u. 93, 164.

940 *BVerwG* v. 19. 5. 03, a. a. O.

941 *BVerwG* v. 30. 8. 85 – 6 P 20.83 –, PersR 85, 184, v. 17. 7. 87 – 6 P 6.85 –, PersR 87, 220, u. v. 16. 12. 92 – 6 P 29.91 –, PersR 93, 164.

942 *BVerwG* v. 30. 8. 85, a. a. O., u. v. 25. 8. 86 – 6 P 16.84 –, PersR 86, 235; näher hierzu u. zum Folgenden KfdP-*Berg*, Rn. 250 m. w. N.

flüsse, die vom Arbeitsplatz selbst oder der Arbeitsumgebung ausgehen,[943] aber auch die farbliche Gestaltung des Arbeitsraums.[944] Die Gestaltung muss einen **kollektiven Bezug** haben, was nicht zutrifft, wenn sie allein individuellen Bedürfnissen eines einzelnen Beschäftigten dient (vgl. Rn. 69).

146 Die Mitbestimmung kann sich auf die **Umgestaltung** vorhandener Arbeitsplätze oder die **erstmalige Ausgestaltung** neu einzurichtender Arbeitsplätze beziehen. Hinsichtlich der **Einrichtung neuer Arbeitsplätze** liegt nach der Rspr. des *BVerwG* eine die Mitbestimmung auslösende beabsichtigte Maßnahme der Dienststelle vor, wenn sich Planungen in der Weise verfestigen, dass greifbare Anstalten zur Einrichtung (bauliche Maßnahmen, Bestellung von Geräten usw.) getroffen werden sollen, die eine sachbezogene Einflussnahme des PR ermöglichen.[945] Im Falle des **Umzugs** der Dienststelle in neue angemietete (und wohl auch eigene) Räume hat das *BVerwG* die Aufstellung von **Raumplänen** als mitbestimmungspflichtige Maßnahme zur Gestaltung von Arbeitsplätzen angesehen, allerdings unter der einschränkenden Voraussetzung, dass damit nicht unbedeutende Veränderungen des jeweiligen Arbeitsplatzes vorgenommen werden sollen.[946]

147 (**Abs. 3 Nr. 17**) Die Vorschrift des Abs. 3 Nr. 17 über die Mitbestimmung bei der **»Einführung und Anwendung technischer Einrichtungen, die dazu bestimmt sind, das Verhalten oder die Leistung der Beschäftigten zu überwachen«**, ist nahezu wortgleich mit § 87 Abs. 1 Nr. 6 BetrVG. Beide Vorschriften sind übereinstimmend auszulegen.[947] Ihr Zweck besteht darin, Beeinträchtigungen und Gefahren für den **Schutz der Persönlichkeit** der Beschäftigten am Arbeitsplatz, die von der Technisierung der Verhaltens- und Leistungskontrolle und dem damit verbundenen Überwachungs- und Anpassungsdruck ausgehen, auf das erforderliche Maß zu beschränken.[948] Der Tatbestand des Abs. 3 Nr. 17 kann sich mit **anderen Mitbestimmungstatbeständen** überschneiden, v. a. mit Abs. 3 Nr. 8 und 16 sowie § 76 Abs. 2 Nr. 2, 5 und 7 (vgl. vor § 66 Rn. 12). Zur **Herabstufung** der uneingeschränkten zur eingeschränkten Mitbestimmung in der neueren Rspr. des *BVerwG* vgl. § 69 Rn. 40, zur eingeschränkten Beschlusskompetenz der Einigungsstelle bei Initiativanträgen des PR nach § 70 Abs. 1 vgl. § 70 Rn. 11.

148 **Gegenstände der Überwachung** i. S. d. Abs. 3 Nr. 17 sind das Verhalten oder die Leistung der Beschäftigten. **Verhalten** ist jedes Tun oder Unterlassen im dienstlichen oder außerdienstlichen Bereich, **Leistung** die vom Arbeitneh-

943 *BVerwG* v. 25. 8. 86 u. v. 17. 7. 87, jew. a. a. O.
944 Richardi-*Kaiser*, Rn. 517.
945 Beschl. v. 30. 8. 85 – 6 P 20.83 –, PersR 85, 184.
946 Beschl. v. 16. 12. 92 – 6 P 29.91 –, PersR 93, 164.
947 Vgl. *BVerwG* v. 16. 12. 87 – 6 P 32.84 –, PersR 88, 51.
948 *BVerwG* v. 29. 9. 04 – 6 P 4.04 –, PersR 04, 483, m. w. N.; zu den Rechtsfolgen der Verletzung des Mitbestimmungsrechts vgl. KfdP-*Berg*, Rn. 270 m. w. N.

mer oder Beamten in Erfüllung seiner arbeitsvertraglichen bzw. dienstlichen Pflicht zu leistende Arbeit. Da beide Sachverhalte aber gleichermaßen in den Mitbestimmungstatbestand einbezogen sind, ist eine klare Abgrenzung zwischen **Verhaltensdaten** und **Leistungsdaten** nicht erforderlich. Entscheidend ist vielmehr, dass Informationen erhoben werden, die – ggf. in Verbindung mit anderen Informationen – eine Beurteilung von Verhalten oder Leistung eines Beschäftigten ermöglichen. Die Überwachung kann sich auf **einzelne Aspekte** des Verhaltens oder der Leistung beschränken.[949] Verhaltens- oder Leistungsdaten sind z. B.: Beginn und Ende der täglichen Arbeitszeit, Mehrarbeit und Überstunden, Fehlzeiten, Krankheiten, Telefongespräche, Kantinen- oder Automatenverzehr, Verhalten auf Parkplätzen der Dienststelle. Auch **Statusdaten** (insb. Vor- und Zuname, Geschlecht, Personenstand, Kinderzahl, Anschrift, Ausbildung, beruflicher Werdegang) und **Betriebsdaten** (etwa über Materialverbrauch, Störungen, Wartungszeiten) können durch Verknüpfung mit anderen Daten Aussagen über Verhalten oder Leistung ermöglichen.

Technische Einrichtungen i. S. v. Abs. 3 Nr. 17 sind alle Geräte und Anla- 149
gen, die unter Verwendung nicht menschlicher, sondern anderweit erzeugter Energie, mit den Mitteln der Technik, insb. der Elektronik, eine selbständige Leistung erbringen[950] und die deshalb eine **eigenständige Kontrollwirkung** entfalten. Gemeint sind demnach alle Geräte und Anlagen, die auf technischem Wege Daten direkt übermitteln (z. B. Fernsehkameras), aufzeichnen (z. B. Videokameras) oder verarbeiten, also sichten, ordnen und miteinander verknüpfen (z. B. EDV-Anlagen). Dabei kann es sich um **optische, akustische, mechanische** oder **elektronische** Geräte oder Anlagen handeln, die **automatisch** arbeiten oder von den betroffenen Beschäftigten oder anderen Personen **manuell** bedient werden, die **stationär** oder **mobil** eingesetzt sind und deren **Einsatzbereich** die gesamte Dienststelle, ein Teil der Dienststelle oder ein einzelner Arbeitsplatz ist. Auf die **Dauer** ihrer Verwendung kommt es nicht an.[951]

Die technische Einrichtung muss dazu »**bestimmt**« sein, das Verhalten oder 150
die Leistung der Beschäftigten zu überwachen. Nach der am Schutzzweck (vgl. Rn. 147) orientierten objektiv-finalen Betrachtungsweise ist diese Voraussetzung bereits erfüllt, wenn die Einrichtung nach ihrer Konstruktion oder konkreten Verwendungsweise eine Überwachung von Verhalten oder Leistung der Beschäftigten ermöglicht. Danach genügt es, dass sie zur Überwachung lediglich **objektiv** »**geeignet**« ist, ohne dass der Dienststellenleiter bei ihrer Einführung und Anwendung subjektiv die Absicht hat, sie zu die-

949 *BVerwG* v. 31. 8. 88 – 6 P 21.86 –, PersR 88, 271.
950 *BVerwG* v. 14. 6. 11 – 6 P 10.10 –, PersR 11, 516.
951 *BAG* v. 10. 7. 79 – 1 ABR 97/77 –, AP BetrVG 1972 § 87 Überwachung Nr. 4; zu eng *BVerwG* v. 29. 8. 01 – 6 P 10.00 –, PersR 01, 521.

sem Zweck einzusetzen.[952] Demnach ist es auch unerheblich, ob die Überwachung nur ein **Nebeneffekt** der technischen Einrichtung ist oder ob der **Dienststellenleiter versichert,** er werde von den bestehenden, nicht beabsichtigten Überwachungsmöglichkeiten keinen Gebrauch machen.[953]

151 **EDV-Anlagen** sind nach der Rspr. des *BVerwG* zur Überwachung geeignet, wenn sie mit einem entsprechenden Programm versehen sind oder »ohne weiteres, d. h. ohne unüberwindliche Hindernisse«, mit einem solchen Programm versehen werden können[954] oder wenn sie selbst unmittelbar die Überwachung ermöglichen.[955] Müssen sie erst entsprechend programmiert werden, soll der PR erst dann zu beteiligen sein, wenn der Dienststellenleiter Maßnahmen ergreift, die eine Verhaltens- oder Leistungskontrolle der Beschäftigten konkret ermöglichen sollen.[956] Diese Rspr. ist jedoch schon deshalb zu eng, weil nach der Installation der Anlage erfolgende Maßnahmen des Dienststellenleiters für den PR kaum kontrollierbar sind. Sie bedarf ebenso wie die Rspr. des *BAG* auch aufgrund der fortgeschrittenen Entwicklung der Computertechnologie einer Revision dahin, dass die Überwachungseignung immer dann zu bejahen ist, wenn überhaupt personenbezogene Daten verarbeitet werden und diese zumindest in der Zusammenschau zu Aussagen über das Verhalten oder die Leistung der Beschäftigten geeignet sind.

152 Unter Überwachung ist sowohl das **Sammeln und Aufzeichnen** von Informationen als auch das **Auswerten** bereits vorliegender Informationen zu verstehen. Für die Mitbestimmung nach Abs. 3 Nr. 17 ist es unerheblich, ob die erhobenen Daten sofort (**in einem Arbeitsgang**) oder erst später (**zeitversetzt**) ausgewertet werden.[957] Es reicht aber auch aus, wenn lediglich ein **Teil des Überwachungsvorgangs** mittels einer technischen Einrichtung erfolgt, also entweder nur die Erhebung verhaltens- oder leistungsbezogener Daten (z. B. durch eine Videokamera) oder nur die Auswertung der entsprechenden auf nichttechnischem Wege (z. B. durch Tätigkeitsberichte) erho-

952 *BVerwG* v. 16. 12. 87 – 6 P 32.84 –, PersR 88, 51, v. 8. 11. 89 – 6 P 7.87 –, PersR 90, 102, v. 13. 8. 92 – 6 P 20.91 –, PersR 92, 505, v. 23. 9. 92 – 6 P 26.90 –, PersR 93, 28, u. v. 14. 6. 11 – 6 P 10.10 –, PersR 11, 516; vgl. *BAG* v. 22. 7. 08 – 1 ABR 40/07 –, AP BetrVG 1972 § 87 Nr. 14, m. w. N.

953 *BVerwG* v. 16. 12. 87, a. a. O.

954 Beschl. v. 27. 11. 91 – 6 P 7.90 –, PersR 92, 147.

955 Beschl. v. 2. 2. 90 – 6 PB 11.89 –, PersR 90, 113.

956 Beschl. v. 27. 11. 91, a. a. O., u. v. 23. 9. 92 – 6 P 26.90 –, PersR 93, 28; jüngst Beschl. v. 14. 6. 11 – 6 P 10.10 –, PersR 11, 516 (EDV-Anlagen sind auch dann nicht zur Überwachung geeignet, »wenn sich die Dienststelle ein entsprechendes Programm nur mit außergewöhnlichem und unverhältnismäßigem Aufwand beschaffen kann«).

957 *BAG* v. 10. 7. 79 – 1 ABR 50/78 –, AP BetrVG 1972 § 87 Überwachung Nr. 3.

benen Daten.[958] Es kommt auch nicht darauf an, ob die zur Datenverarbeitung eingesetzte technische Einrichtung im Eigentum des Dienstherrn bzw. Arbeitgebers steht oder ob sie sich in den Räumen der Dienststelle befindet.[959] Auch die **Einschaltung eines Dritten,** z. B. eines im Auftrag der Dienststelle tätig werdenden externen Rechenzentrums, kommt in Betracht.

Die erhobenen oder verarbeiteten verhaltens- oder leistungsbezogenen Daten müssen **einzelnen Beschäftigten** zugeordnet werden können.[960] Die Mitbestimmung wird jedoch nicht dadurch ausgeschlossen, dass der Beschäftigte die Möglichkeit hat, das Kontrollgerät abzuschalten, weil dies Rückschlüsse auf das Verhalten zulässt.[961] In der technischen Erhebung oder Auswertung von Verhaltens- oder Leistungsdaten, die nicht auf einzelne Beschäftigte, sondern auf eine **Arbeitsgruppe** in ihrer Gesamtheit bezogen sind, liegt dann eine mitbestimmungspflichtige Überwachung, wenn der Überwachungsdruck auf die einzelnen Gruppenmitglieder durchschlägt.[962] **153**

Beispiele technischer Überwachungseinrichtungen:[963] Zeiterfassungsgeräte und -systeme, Zugangskontrollanlagen, Fernseh-, Film- und Videoanlagen, Fotokopiergeräte mit Code-Nummer für einzelne Benutzer, automatische Telefondatenerfassungsanlagen, ISDN-Anlagen, Mobiltelefone, Personal-Computer (wenn mit seiner Hilfe einzelnen Beschäftigten zuzuordnende Verhaltens- oder Leistungsdaten ausgewertet werden), Telearbeitsplätze im Onlinebetrieb, Internet- und Intranet-Anschlüsse, Personalabrechnungs- und Personalinformationssysteme, E-Mail-Programme. **154**

Unter **Einführung** einer technischen Überwachungseinrichtung ist die Gesamtheit aller Maßnahmen zur Vorbereitung der geplanten Anwendung zu verstehen. Dazu gehören insb. die Entscheidung über das »Ob« der Einrichtung, über ihre Ausgestaltung (bei EDV-Anlagen z. B. über Hard- und Software), über Ort, Zweckbestimmung und Wirkungsweise sowie über den Zeitraum der Installation. Dies gilt auch bei der **probeweisen** Einführung[964] (oben Rn. 69 a. E.). Unter **Anwendung** ist die allgemeine Handhabung der **155**

958 *BAG* v. 14. 9. 84 – 1 ABR 23/82 –, AP BetrVG 1972 § 87 Überwachung Nr. 9; *BVerwG* v. 16. 12. 87 – 6 P 32.84 –, PersR 88, 51, v. 9. 12. 92 – 6 P 16.91 –, PersR 93, 212, u. v. 29. 8. 01 – 6 P 10.00 –, PersR 01, 521.

959 *BVerwG* v. 29. 8. 01, a. a. O.

960 Vgl. *BAG* v. 10. 4. 84 – 1 ABR 69/82 –, AP BetrVG 1972 § 87 Ordnung des Betriebes Nr. 7; *VGH BW* v. 6. 10. 81 – 15 S 218/81 –, AP LPVG Baden-Württemberg § 79 Nr. 1.

961 Vgl. *BAG* v. 14. 5. 74 – 1 ABR 45/73 –, AP BetrVG 1972 § 87 Überwachung Nr. 1.

962 Vgl. *BAG* v. 18. 2. 86 – 1 ABR 21/84 – u. v. 26. 7. 94 – 1 ABR 6/94 –, AP BetrVG 1972 § 87 Überwachung Nr. 13 u. 26.

963 Näher dazu KfdP-*Berg*, Rn. 263 m. N.

964 Vgl. z. B. *OVG NW* v. 30. 10. 96 – 1 A 2348/93.PVL –, PersR 97, 212.

eingeführten Einrichtung zu verstehen, und zwar auch dann, wenn sie ohne Mitbestimmung des PR eingeführt worden ist.[965] Sie betrifft den Einsatz der Überwachungseinrichtung und die dadurch bewirkten Überwachungsmaßnahmen.[966] Dazu gehört v. a. die Art und Weise, wie sie tatsächlich zur Kontrolle verwendet wird, bei einer EDV-Anlage insb., welche Daten wie verarbeitet werden, wer Zugriff darauf hat, wie sie geschützt und gelöscht werden. **Änderungen der Anwendung** sind ebenfalls mitbestimmungspflichtig. Sie können darin bestehen, dass die Überwachung gegenständlich erweitert, auf andere Personen ausgedehnt oder durch eine andere Art und Weise der Verwendung verschärft und intensiviert wird.[967] Bei EDV-Anlagen liegen mitbestimmungspflichtige Änderungen vor, wenn vorhandene Programme geändert oder Computer (zusätzlich) vernetzt werden.[968] Bei der vom Dienststellenleiter beabsichtigten **Abschaffung** ist die Mitbestimmung nicht gegeben.[969] Soweit ein **kollektiver Bezug** gegeben ist, kommt es für die Mitbestimmung bei der Einführung und Anwendung technischer Überwachungseinrichtungen auf die Zahl der Betroffenen nicht an (vgl. Rn. 69).

156 Das in § 70 Abs. 1 vorgesehene **Initiativrecht** des PR ist hinsichtlich seiner Reichweite umstritten. Im Hinblick auf den Schutzzweck des Mitbestimmungstatbestandes (vgl. Rn. 147) wird es von der Rspr. des *BVerwG* hinsichtlich **wesentlicher Änderungen** der Überwachungseinrichtung, die den Überwachungsdruck für die Beschäftigten reduzieren sollen, sowie hinsichtlich der **Abschaffung** einer bestehenden Einrichtung bejaht,[970] hinsichtlich der **Einführung** jedoch verneint.[971]

157 Über eine beabsichtigte Maßnahme i. S. d. Abs. 3 Nr. 17 muss die Dienststelle den PR **umfassend unterrichten** (§ 69 Abs. 2 S. 1 u. 2 i. V. m. § 68 Abs. 2 S. 1 u. 2). Bei der Einführung eines EDV-Systems ist zu informieren über: technisches System einschl. Betriebsprogramm und Anwendungsprogramme, Verknüpfungsmöglichkeiten mit anderen Systemen, Hard- und Softwarebeschreibungen, gespeicherte Datenfelder mit Personaldaten, Arbeitsweise und Verwendungszusammenhänge der Programme, Möglichkeit der Verknüpfung der Datenfelder; bei komplizierten Systemen auch angemessenes Datenschutzkonzept; Einschaltung eines Datenschutzbeauftrag-

---

965 *BAG* v. 18.2.86 – 1 ABR 21/84 –, AP BetrVG 1972 § 87 Überwachung Nr. 13.
966 *BAG* v. 27.1.04 – 1 ABR 7/03 –, AP BetrVG 1972 Überwachung § 87 Nr. 40, u. v. 22.7.08 – 1 ABR 40/07 –, AP BetrVG 1972 § 87 Nr. 14.
967 *BVerwG* v. 13.8.92 – 6 P 20.91 –, PersR 92, 505.
968 *BVerwG* v. 14.6.11 – 6 P 10.10 –, PersR 11, 516.
969 *BAG* v. 28.11.89 – 1 ABR 97/88 –, AP BetrVG 1972 Initiativrecht § 87 Nr. 4; str.; vgl. KfdP-*Berg*, Rn. 264 m. w. N.
970 Beschl. v. 29.9.04 – 6 P 4.04 –, PersR 04, 483.
971 So für ein elektronisches Zeiterfassungssystem *BVerwG* v. 29.9.04, a. a. O.; ebenso *BAG* v. 28.11.89, a. a. O.; str.; a. A. *VG Frankfurt a. M.* v. 16.6.03 – 23 L 621/03 (V) –, PersR 03, 371.

ten sowie Ergebnis seiner Überprüfung und Reaktion der Dienststelle auf eventuelle Bedenken.[972]

Das Mitbestimmungsrecht nach Abs. 3 Nr. 17 kann durch den Abschluss einer **Dienstvereinbarung** ausgeübt werden (vgl. § 73 Rn. 2). Das ist v. a. deshalb sinnvoll, weil die Zusage, bestehende Überwachungsmöglichkeiten nicht oder nur begrenzt zu nutzen, gegenüber dem PR nur dann dauerhaft verbindlich ist, wenn sie Inhalt einer Dienstvereinbarung wird.[973] In der Dienstvereinbarung kann geregelt werden, dass die Auswertung erhobener Daten unter Heranziehung von Mitgliedern des PR erfolgt.[974] **Materiellrechtlich unzulässige Eingriffe** in das Persönlichkeitsrecht von Beschäftigten werden durch die mit Zustimmung des PR erfolgte Einführung oder Anwendung einer technischen Überwachungseinrichtung oder durch eine mit Zustimmung des PR durchgeführte Überwachungsmaßnahme (z. B. heimliche Videoaufzeichnung) nicht zulässig.[975] Der PR und die Dienststelle haben höherrangiges Recht zu beachten und können die Grenzen rechtlich zulässiger Eingriffe in das Persönlichkeitsrecht nicht zu Lasten der Beschäftigten überschreiten.[976] **158**

(Abs. 4) Die Vorschrift enthält eine **Sonderregelung** für die Mitbestimmung des PR in Fragen der Arbeitszeit. Sie gilt **für funktional abgegrenzte Gruppen** von Beschäftigten, die sich insb. nach der beruflichen Qualifikation, der in der Dienststelle auszuübenden Tätigkeit oder der Zugehörigkeit zu einer bestimmten Gliederungseinheit der Dienststelle definieren lassen.[977] Die Sonderregelung betrifft Fälle, in denen für solche Gruppen nach Erfordernissen, die die Dienststelle nicht voraussehen kann, eine **unregelmäßige und kurzfristige Festsetzung der täglichen Arbeitszeit** vorgenommen werden muss. Liegt ein solcher Fall vor, ist die in Abs. 3 Nr. 1 vorgesehene Mitbestimmung auf die **Grundsätze für die Aufstellung der Dienstpläne** beschränkt. Diese Beschränkung der Mitbestimmung kommt nur dann zum Zuge, wenn der Zeitraum zwischen der Festsetzung der Arbeitszeiten im Dienstplan und seinem Inkrafttreten so knapp bemessen ist, dass ein **ordnungsgemäßes Mitbestimmungsverfahren nicht mehr möglich** ist.[978] Im **159**

972 *BVerwG* v. 8. 11. 89 – 6 P 7.87 –, PersR 90, 102.
973 *BVerwG* v. 16. 12. 87 – 6 P 32.84 –, PersR 88, 51, v. 31. 8. 88 – 6 P 21.86 –, PersR 88, 271, u. v. 9. 12. 92 – 6 P 16.91 –, PersR 93, 212.
974 *OVG NW* v. 17. 12. 03 – 1 A 1088/01.PVL –, PersR 04, 309.
975 *BAG* v. 15. 5. 91 – 5 AZR 115/90 –, AP BGB § 611 Persönlichkeitsrecht Nr. 23, u. v. 21. 6. 12 – 2 AZR 153/11 –, NZA 12, 1025; Richardi-*Kaiser*, Rn. 553.
976 *BAG* v. 21. 6. 12, a. a. O.
977 Vgl. *BVerwG* v. 2. 6. 92 – 6 P 14.90 –, PersR 92, 359; *BAG* v. 23. 1. 01 – 1 ABR 36/00 –, PersR 01, 350; KfdP-*Berg*, Rn. 272a m. w. N.
978 *BVerwG* v. 28. 3. 01 – 6 P 4.00 –, PersR 01, 343.

Einzelnen müssen dabei folgende Voraussetzungen erfüllt sein:[979] Es ist erforderlich, die Arbeitszeit **unregelmäßig**, nämlich zu unterschiedlichen Zeitpunkten, festzusetzen. Die Festsetzung der Arbeitszeit erfolgt **kurzfristig**, weil die Zeitspanne zwischen dem Bekanntwerden der Notwendigkeit dieser Festsetzung und ihrem Inkrafttreten knapp bemessen ist. Die erforderliche Arbeitszeitregelung ist nicht planbar, weil die Erfordernisse der unregelmäßigen und kurzfristigen Festsetzung der Arbeitszeit für die Dienststelle **nicht voraussehbar** sind. Diese Voraussetzungen liegen nicht vor, wenn die Dienststelle vom Schichtdienst zu einem regelmäßigen Bereitschaftsdienst übergehen will.[980]

160 Gegenstand der Mitbestimmung nach Abs. 4 ist die **Festlegung der Grundsätze** für die Aufstellung der Dienstpläne, »insbesondere für die Anordnung von Dienstbereitschaft, Mehrarbeit oder Überstunden«, außerhalb des planbaren Teils der Arbeitszeit.[981] Dabei handelt es sich um Varianten von Arbeitszeitregelungen, die ohne das Vorliegen der Voraussetzungen des Abs. 4 nach Abs. 3 Nr. 1 mitbestimmungspflichtig sind.[982] Da die Aufzählung nicht abschließend ist, bezieht sich die Sonderregelung auch auf Grundsätze für die Anordnung von Bereitschaftsdienst oder Rufbereitschaft.[983] Zu den mitbestimmungspflichtigen Grundsätzen gehören z.B. die Kriterien für die Auswahl der heranzuziehenden Beschäftigten und für die Reihenfolge ihrer Heranziehung, ferner – unter Beachtung des Gesetzes- und Tarifvertragsvorbehalts (vgl. Rn. 72ff.) – der Umfang und das Höchstmaß ihrer Inanspruchnahme sowie Fragen des Ausgleichs bzw. der Abgeltung von Mehrarbeit oder Überstunden.[984]

161 **(Abs. 5)** Durch Abs. 5 wird die **Zulässigkeit von Dienstvereinbarungen eingeschränkt**. Abs. 5 S. 1 bestimmt, dass »Arbeitsentgelte und sonstige Arbeitsbedingungen, die durch Tarifvertrag geregelt sind oder üblicherweise geregelt werden, ... nicht Gegenstand einer Dienstvereinbarung (Absatz 3) sein (können)«. Der Klammerzusatz »(Absatz 3)« besagt, dass die Vorschrift sich auf Dienstvereinbarungen in den in § 75 Abs. 3 genannten Angelegenheiten erstreckt. Sie gilt darüber hinaus aber auch für Dienstvereinbarungen in den Angelegenheiten des § 76 Abs. 2, weil es nur aufgrund eines Redaktionsversehens unterblieben ist, dies ausdrücklich vorzuschreiben. Die Regelung des Abs. 5 ist somit bei allen Dienstvereinbarungen zu beachten, die im BPersVG vorgesehen sind. Darin liegt ein Unterschied zu der entsprechen-

979 Vgl. dazu *BVerwG* v. 16.12.60 – VII P 6.59 –, PersV 61, 131, v. 9.10.91 – 6 P 12.90 –, PersR 92, 16, u. v. 3.12.01 – 6 P 12.00 –, PersR 02, 163.
980 *BVerwG* v. 28.3.01, a.a.O.
981 Vgl. *BAG* v. 23.1.01 – 1 ABR 36/00 –, PersR 01, 350.
982 Vgl. *BVerwG* v. 2.3.93 – 6 P 34.91 –, PersR 93, 266.
983 Vgl. *BAG* v. 23.1.01, a.a.O.
984 Teilw. str.; vgl. KfdP-*Berg*, Rn. 273 m. N.

den Vorschrift des § 77 Abs. 3 BetrVG, die nach der Rspr. des *BAG* nur für freiwillige Betriebsvereinbarungen nach § 88 BetrVG gilt, dagegen nicht für Betriebsvereinbarungen in Angelegenheiten der zwingenden Mitbestimmung nach § 87 Abs. 1 BetrVG.[985] Der **Zweck** des Abs. 5 besteht aber ebenso wie der des § 77 Abs. 3 BetrVG darin, die **Funktionsfähigkeit der Tarifautonomie** zu gewährleisten, indem er den Tarifvertragsparteien den Vorrang zur Regelung von Arbeitsbedingungen einräumt.[986]

Nachdem das *BAG*[987] für den Fall der **Tarifpluralität** seine Rspr. zum Grundsatz der Tarifeinheit teilweise aufgegeben hat, galten die Inhaltsnormen der von konkurrierenden Gewerkschaften abgeschlossenen Tarifverträge in der Dienststelle für die Arbeitnehmer, die jeweils der tarifschließenden Gewerkschaft angehören, und kamen nebeneinander zur Anwendung.[988] Soweit derartige Tarifverträge Arbeitsentgelte oder sonstige Arbeitsbedingungen regeln, können diese nach Abs. 5 S. 1 nicht Gegenstand einer Dienstvereinbarung sein. Diese **Sperrwirkung** wird **von jedem Tarifvertrag ausgelöst**, der in der Dienststelle – bezogen auf den persönlichen und fachlichen Geltungsbereich – Anwendung findet.[989] Nach neuer Rechtslage und gesetzlicher Regelung des Grundsatzes der **Tarifeinheit in § 4a TVG**[990] (vgl. dazu § 2 Rn. 6) wird die Sperrwirkung nur vom ausschließlich anwendbaren **Mehrheitstarifvertrag** ausgelöst. Der **verdrängte Minderheitstarifvertrag** kann danach grundsätzlich keinen Schutz vor einer Beeinträchtigung durch Dienstvereinbarungen beanspruchen. 161a

Die **Sperrwirkung** des Abs. 5 S. 1 bezieht sich auf die Regelung von Arbeitsentgelten und sonstigen Arbeitsbedingungen.[991] Unter **Arbeitsentgelten** sind alle Leistungen zu verstehen, die der Arbeitgeber den Arbeitnehmern im Rahmen des Arbeitsvertrages schuldet. Mit **sonstigen Arbeitsbedingungen** sind alle anderen Regelungen gemeint, die i. S. v. § 1 Abs. 1 und § 4 Abs. 1 TVG zu den Inhaltsnormen des Tarifvertrages gehören können.[992] Arbeitsentgelte oder sonstige Arbeitsbedingungen sind **durch Tarifvertrag geregelt**, wenn die Dienststelle und ihre Arbeitnehmer zum räumlichen, betrieblichen, fachlichen und persönlichen Geltungsbereich eines bestehenden einschlägigen Tarifvertrags gehören, ohne dass es darauf ankommt, ob der Ar- 162

---

985 Vgl. Beschl. v. 3. 12. 91 – GS 2/90 –, AP BetrVG 1972 § 87 Lohngestaltung Nr. 51.
986 Vgl. *BAG* v. 22. 3. 05 – 1 ABR 64/03 –, AP TVG § 4 Geltungsbereich Nr. 26 (zu § 77 Abs. 3 BetrVG), u. v. 23. 5. 07 – 10 AZR 295/06 –, AP LPVG Hamburg § 83 Nr. 2 (zu § 83 Abs. 1 S. 2 HmbPersVG); *BVerwG* v. 16. 4. 13 – 6 P 11.12 –, PersR 13, 377 (zu II 2 b); KfdP-*Berg*, Rn. 276; jew. m. w. N.
987 *BAG* v. 27. 1. 10 – 4 AZR 549/08 –, NZA 10, 1068.
988 Vgl. KfdP-*Berg*, § 2 Rn. 17a; DKKW-*Berg*, § 77 Rn. 143.
989 *Fitting*, § 77 Rn. 81.
990 Vgl. dazu KfdP-*Berg*, Rn. 115c ff., 276a.
991 Näher dazu KfdP-*Berg*, Rn. 277 ff. m. N.
992 *BAG* v. 9. 4. 91 – 1 AZR 406/90 –, AP BetrVG 1972 § 77 Tarifvorbehalt Nr. 1; str.

beitgeber und die Arbeitnehmer tarifgebunden sind.[993] Arbeitsentgelte oder sonstige Arbeitsbedingungen werden **durch Tarifvertrag üblicherweise geregelt**, wenn diese Arbeitsbedingungen zwar zurzeit nicht tariflich geregelt sind, sich ein einschlägiger Tarifvertrag aber eingebürgert hat, weil die Arbeitsbedingungen bereits in mehreren aufeinander folgenden Tarifverträgen oder in einem einmalig abgeschlossenen Tarifvertrag mit längerer Laufzeit geregelt waren und davon auszugehen ist, dass die Tarifvertragsparteien die Angelegenheit erneut tariflich regeln wollen (teilw. str.). Die Tarifüblichkeit entfällt, wenn die Tarifvertragsparteien zu erkennen geben, dass sie die Angelegenheit in Zukunft nicht mehr tariflich regeln wollen. Eine unter **Verstoß gegen die Regelungssperre** des Abs. 5 abgeschlossene Dienstvereinbarung ist **rechtsunwirksam**.[994] Nach aktueller Rspr. des *BVerwG* sind der Sperrwirkung nach § 75 Abs. 5 S. 1 unterfallende Dienstvereinbarungen nicht nichtig, sondern **schwebend unwirksam**. Die Sperrwirkung kann nachträglich durch einen rückwirkenden Tarifvertrag aufgehoben werden.[995]

163 Nach Abs. 5 S. 2 gilt die Sperrwirkung einer tariflichen oder tarifüblichen Regelung nicht, wenn der Tarifvertrag den Abschluss ergänzender Dienstvereinbarungen ausdrücklich zulässt.[996] Eine derartige **tarifliche Öffnungsklausel** kann nur von den Parteien des Tarifvertrags vereinbart werden, der geöffnet werden soll.[997] Der Tarifvertrag muss in einer klaren und eindeutigen **positiven Bestimmung** ergänzende Dienstvereinbarungen gestatten.[998] **»Ergänzende« Dienstvereinbarungen** können Regelungen enthalten, welche die Ausführung und Anwendung der Tarifregelung näher gestalten. Nach der Rspr. des *BAG*[999] können die Tarifvertragsparteien aber auch **abweichende Dienstvereinbarungen** zulassen. Die Tarifvertragsparteien entscheiden **autonom, ob** sie ergänzende (oder abweichende) Dienstvereinbarungen für bestimmte Gegenstände zulassen und, wenn ja, ob sie diese **generell oder mit Einschränkungen** erlauben. Sie können vorschreiben, dass solche Dienstvereinbarungen nur bei Erfüllung bestimmter **inhaltlicher Voraussetzungen** abgeschlossen werden dürfen, und außerdem nähere Bestimmungen für ihr **Zustandekommen** festlegen. Insbesondere können sie

993 Vgl. *BAG* v. 22.3.05 u. v. 23.5.07, jew. a. a. O., sowie v. 26.8.08 – 1 AZR 354/07 –, AP BetrVG 1972 § 87 Nr. 15.

994 *BAG* v. 31.7.14 – 6 AZR 955/12 –, NZA-RR 14, 614; näher dazu KfdP-*Berg*, Rn. 278b.

995 *BVerwG* v. 9. 3. 12 – 6 P 27.10 –, PersR 12, 265.

996 Näher dazu KfdP-*Berg*, Rn. 280f. m. N.

997 Vgl. *BAG* v. 20.4.99 – 1 AZR 631/98 –, AP BetrVG 1972 § 77 Tarifvorbehalt Nr. 12.

998 Vgl. *BAG* v. 20.12.61 – 4 AZR 213/60 –, AP BetrVG § 59 Nr. 7, u. v. 29.10.02 – 1 AZR 573/01 –, AP BetrVG 1972 § 77 Tarifvorbehalt Nr. 18.

999 U. a. Urt. v. 14.2.89 – 1 AZR 97/88 –, AP BetrVG 1972 § 87 Akkord Nr. 8.

den Abschluss einer Dienstvereinbarung von ihrer vorherigen **Unterrichtung** oder sogar von ihrer **Zustimmung** abhängig machen. Sie können (wie z. B. in § 2 S. 2 LeistungsTV-Bund i. V. m. § 38 Abs. 2 TVöD) auch nur **einvernehmliche Dienstvereinbarungen** ohne Entscheidung der Einigungsstelle zulassen (vgl. § 73 Rn. 4). Nach der Rspr. des *BAG*[1000] können die Tarifvertragsparteien in den Grenzen des Vertrauensschutzes die **Rückwirkung** einer Öffnungsklausel mit der Folge vereinbaren, dass bereits abgeschlossene und zunächst unwirksame Betriebs- bzw. Dienstvereinbarungen nachträglich wirksam werden. Tarifliche Öffnungsklauseln sind **betriebsverfassungsrechtliche Normen** i. S. d. § 1 Abs. 1 TVG, die nach Ablauf des ermächtigenden Tarifvertrages kraft **Nachwirkung** gem. § 4 Abs. 5 TVG weitergelten. Während des Zeitraums dieser Nachwirkung gelten auch ergänzende Dienstvereinbarungen i. S. v. Abs. 5 S. 2 weiter und können ggf. geändert werden.

§ 76 [Angelegenheiten der eingeschränkten Mitbestimmung]

(1) Der Personalrat hat mitzubestimmen in Personalangelegenheiten der Beamten bei

1. **Einstellung, Anstellung,**
2. **Beförderung, Übertragung eines anderen Amtes mit höherem Endgrundgehalt ohne Änderung der Amtsbezeichnung, Verleihung eines anderen Amtes mit anderer Amtsbezeichnung beim Wechsel der Laufbahngruppe, Laufbahnwechsel,**
3. **Übertragung einer höher oder niedriger zu bewertenden Tätigkeit,**
4. **Versetzung zu einer anderen Dienststelle, Umsetzung innerhalb der Dienststelle, wenn sie mit einem Wechsel des Dienstortes verbunden ist (das Einzugsgebiet im Sinne des Umzugskostenrechts gehört zum Dienstort),**
5. **Abordnung für eine Dauer von mehr als drei Monaten,**

5a. **Zuweisung nach § 29 des Bundesbeamtengesetzes für eine Dauer von mehr als drei Monaten,**

6. **Anordnungen, welche die Freiheit in der Wahl der Wohnung beschränken,**
7. **Versagung oder Widerruf der Genehmigung einer Nebentätigkeit,**
8. **Ablehnung eines Antrages nach den §§ 91, 92, 92a, 92b oder 95 des Bundesbeamtengesetzes auf Teilzeitbeschäftigung, Ermäßigung der regelmäßigen Arbeitszeit oder Urlaub,**
9. **Hinausschiebung des Eintritts in den Ruhestand wegen Erreichens der Altersgrenze.**

1000 Urt. v. 20. 4. 99 u. v. 29. 10. 02, jeweils a. a. O.

(2) [1]Der Personalrat hat, soweit eine gesetzliche oder tarifliche Regelung nicht besteht, gegebenenfalls durch Abschluß von Dienstvereinbarungen mitzubestimmen über

1. **Auswahl der Teilnehmer an Fortbildungsveranstaltungen für Beamte,**
2. **Inhalt von Personalfragebogen für Beamte,**
3. **Beurteilungsrichtlinien für Beamte,**
4. **Bestellung von Vertrauens- oder Betriebsärzten als Beamte,**
5. **Maßnahmen zur Hebung der Arbeitsleistung und Erleichterung des Arbeitsablaufs,**
6. **allgemeine Fragen der Fortbildung der Beschäftigten,**
7. **Einführung grundlegend neuer Arbeitsmethoden,**
8. **Erlaß von Richtlinien über die personelle Auswahl bei Einstellungen, Versetzungen, Umgruppierungen und Kündigungen,**
9. **Geltendmachung von Ersatzansprüchen gegen einen Beschäftigten,**
10. **Maßnahmen, die der Durchsetzung der tatsächlichen Gleichberechtigung von Frauen und Männern, insbesondere bei der Einstellung, Beschäftigung, Aus-, Fort- und Weiterbildung und dem beruflichen Aufstieg dienen.**

[2]In den Fällen der Nummer 9 bestimmt der Personalrat nur auf Antrag des Beschäftigten mit; dieser ist von der beabsichtigten Maßnahme rechtzeitig vorher in Kenntnis zu setzen.

1 In § 76 sind die Angelegenheiten benannt, für die das Gesetz die **eingeschränkte Mitbestimmung** vorsieht. Bei ihnen kann die Einigungsstelle – wenn sie sich nicht der Auffassung der obersten Dienstbehörde anschließt – nicht die Letztentscheidung treffen, sondern lediglich eine Empfehlung an die oberste Dienstbehörde aussprechen, die sodann endgültig entscheidet (§ 69 Abs. 4 S. 3 u. 4; vgl. § 69 Rn. 2 u. 39). In Abs. 1 sind **»Personalangelegenheiten der Beamten«** aufgeführt (vgl. Rn. 4ff.), in Abs. 2 **sonstige Angelegenheiten,** für die das Gesetz keinen Oberbegriff verwendet. Letztere beziehen sich in den Fällen der Nr. 1 bis 3 nur auf Beamte, in den übrigen Fällen (auch im Fall der Nr. 4) auf alle Beschäftigten (vgl. Rn. 35ff.). In allen Angelegenheiten des § 76 steht dem PR das **eingeschränkte Initiativrecht** nach § 70 Abs. 2 zu (vgl. § 70 Rn. 12ff.).

2 Für **besondere Personengruppen und Verwaltungszweige** sieht das Gesetz in § 77 Abs. 1, § 85 Abs. 1 Nr. 6 und § 86 Nr. 9 vor, dass die **Mitbestimmung** in Angelegenheiten des § 76 **(nochmals) eingeschränkt oder ganz ausgeschlossen** ist (vgl. § 77 Rn. 1ff., § 85 Rn. 9 u. § 86 Rn. 10). Für § 77 Abs. 1 S. 2 ist dabei zu beachten, dass die Vorschrift nicht von Beamten, sondern von »Beamtenstellen« spricht. Nach *BVerwG*[1001] ist dies mit der Zielsetzung zu

1001 Beschl. v. 2.10.78 – 6 P 11.78 –, PersV 79, 464.

erklären, nicht auf die Besoldung bzw. den aktuellen Status des gerade betroffenen Beamten, sondern v. a. auf den Amtsinhalt abzustellen. Die Vorschrift soll sicherstellen, dass für herausgehobene Stellen mitbestimmungsfrei unabhängige Personalentscheidungen getroffen werden, die der Bedeutung der darauf zu verrichtenden Tätigkeit und der damit verbundenen Verantwortung gerecht werden (vgl. § 77 Rn. 8 m. w. N.).

Bei vom Dienststellenleiter beabsichtigten Maßnahmen, die nach § 76 der Mitbestimmung des PR unterliegen, richtet sich das **Mitbestimmungsverfahren** nach den Vorschriften des § 69. Der Dienststellenleiter kann eine solche Maßnahme erst durchführen, nachdem das Mitbestimmungsverfahren vollständig und ordnungsgemäß durchlaufen und **abgeschlossen** ist (vgl. § 69 Rn. 4 ff.).[1002] Unter den Voraussetzungen des § 69 Abs. 5 sind ausnahmsweise **vorläufige Regelungen** zulässig (vgl. § 69 Rn. 41 ff.). Zu den Rechtsfolgen einer **Verletzung des Mitbestimmungsrechts** vgl. § 69 Rn. 47 ff. 3

(Abs. 1) Die in Abs. 1 aufgeführten **Personalangelegenheiten der Beamten** sind (eingeschränkt) mitbestimmungspflichtig (vgl. Rn. 1). Dieser **Katalog** ist abschließend. **Weitere Personalangelegenheiten** der Beamten unterliegen nach § 78 Abs. 1 Nr. 3 bis 5 der Mitwirkung und nach § 79 Abs. 3 der Anhörung des PR (vgl. § 78 Rn. 20–22, § 79 Rn. 38). 4

Die in den einzelnen Beteiligungstatbeständen verwendeten Begriffe stammen zumeist aus dem **Beamtenrecht** und haben i. d. R. einen damit übereinstimmenden Inhalt[1003] (vor § 66 Rn. 3). Andere Begriffe wie z. B. der der Übertragung einer höher oder niedriger zu bewertenden Tätigkeit (Abs. 1 Nr. 3) sind ursprünglich arbeits- bzw. tarifrechtlichen Ursprungs und daher nicht ohne Weiteres in die Rechtswelt des Beamtenrechts übertragbar (hierzu Rn. 29 ff.) 5

Beamte i. S. d. § 76 Abs. 1 sind jene Beschäftigten, die nach § 5 die Gruppe der Beamten bilden, also die in § 4 Abs. 2 genannten Beamten im staatsrechtlichen Sinne (vgl. § 4 Rn. 4 f.) und die in § 4 Abs. 1 bezeichneten (nichtrichterlich tätigen) Richter (vgl. § 4 Rn. 3, § 5 Rn. 3). **DO-Angestellte** sind keine Beamten i. S. d. BPersVG, sondern Arbeitnehmer (vgl. § 4 Rn. 8, aber auch § 75 Rn. 10). Die tatsächliche **Zugehörigkeit zur Dienststelle** ist ebenso wie bei den Arbeitnehmern keine ungeschriebene systemimmanente Voraussetzung der Mitbestimmung in Personalangelegenheiten (vgl. § 75 Rn. 9). 6

In den in § 76 Abs. 1 genannten Personalangelegenheiten der Beamten der früheren **Deutschen Bundespost** haben die Betriebsräte in den Postnachfolgeunternehmen nach Maßgabe der Vorschriften der §§ 28 und 29 PostPersRG mitzubestimmen und dabei unmittelbar den Katalog des § 76 Abs. 1 7

1002 Näher dazu KfdP-*Baden*, Rn. 3.

1003 Vgl. *BVerwG* v. 28. 5. 02 – 6 P 9.01 – u. v. 12. 9. 02 – 6 P 11.01 –, PersR 02, 340, u. 03, 39.

anzuwenden (vgl. Anh. IV). Beamte der ehemaligen Bundesanstalt für **Flugsicherung** gelten nach § 1 Abs. 1 BAFlSBAÜbnG als Beschäftigte der Dienststelle Flugsicherung des Luftfahrt-Bundesamtes,[1004] so dass der dort gebildete PR für die Mitbestimmung in den personellen Angelegenheiten dieses Personenkreises zuständig ist.[1005]

8 Personalangelegenheiten der Beamten i. S. d. Abs. 1 sind **Gruppenangelegenheiten.** Gemäß § 38 Abs. 2 S. 1 sind deshalb nur die Vertreter der Gruppe der Beamten zur Beschlussfassung über die Erteilung oder Verweigerung der Zustimmung des PR berufen (vgl. § 38 Rn. 5 ff.). Der PR kann eine **Zustimmungsverweigerung** nur auf die in § 77 Abs. 2 genannten Gründe stützen (vgl. § 69 Rn. 25 ff., § 77 Rn. 11 ff.). Bei der Ausübung seines Mitbestimmungsrechts hat er i. d. R. sowohl die **individuellen Interessen** der unmittelbar betroffenen Beamten als auch die **kollektiven Interessen** der Beschäftigten der Dienststelle insgesamt zu wahren und zu schützen und die verschiedenen, möglicherweise widerstreitenden Interessen gegeneinander abzuwägen.

9 **(Abs. 1 Nr. 1)** Unter einer **Einstellung** nach Abs. 1 Nr. 1 ist ebenso wie unter einer Einstellung nach § 75 Abs. 1 Nr. 1 grundsätzlich die **Eingliederung** einer Person in die Dienststelle zu verstehen (vgl. § 75 Rn. 12). Sie wird bei Beamten regelmäßig durch eine Ernennung zur Begründung des Beamtenverhältnisses (§ 10 Abs. 1 Nr. 1 BBG, § 2 Abs. 1 BLV) und durch die Aufnahme der vorgesehenen Tätigkeit bewirkt. Die Mitbestimmung bei der Einstellung ist nicht nur bei der **erstmaligen Begründung eines Beamtenverhältnisses** gegeben, sondern auch bei der **Begründung eines weiteren Beamtenverhältnisses** zu demselben Dienstherrn (vgl. § 6 Abs. 3 Nr. 2 i. V. m. § 24 BBG) oder einem anderen Dienstherrn (vgl. § 31 Abs. 1 Nr. 2, Abs. 2 S. 2 BBG) und bei der **erneuten Berufung in das Beamtenverhältnis**, so z. B., wenn im Anschluss an ein zuvor etwa gem. § 37 Abs. 2 S. 2 BBG beendetes Beamtenverhältnis auf Widerruf ein (neues) Beamtenverhältnis auf Probe begründet[1006] oder wenn ein wegen Dienstunfähigkeit in den Ruhestand versetzter und wieder dienstfähig gewordener Beamter nach § 46 BBG reaktiviert wird.[1007] Trotz dessen vorheriger Eingliederung ist auch die **Übernahme eines Arbeitnehmers** in das Beamtenverhältnis – welche zum Erlöschen des Arbeitsverhältnisses zum Dienstherrn führt (§ 12 Abs. 3 BBG) – ein Fall der Einstellung i. S. v. Abs. 1 Nr. 1.[1008] Für die Mitbestimmung bei der Einstellung

1004 Vgl. KfdP-*Altvater*, vor § 12 Rn. 11.
1005 *BVerwG* v. 16. 4. 12 – 6 P 1.11 –, NZA-RR 12, 610 = PersR 12, 388 Ls.
1006 Vgl. *BVerwG* v. 4. 9. 95 – 6 P 20.93 –, PersR 96, 115.
1007 *HessVGH* v. 29. 11. 94 – 1 TG 3059/94 –, PersR 95, 252; *BAG* v. 15. 8. 12 – 7 ABR 6/11 –, NZA-RR 13, 161 = PersR 13, 4 Os. (vgl. hierzu Anh. IV § 29 PostPersRG Rn. 2).
1008 *BVerwG* v. 2. 6. 93 – 6 P 3.92 –, PersR 93, 450.

kommt es auf die **Art des zu begründenden Beamtenverhältnisses** grundsätzlich nicht an; es kann sich um ein Beamtenverhältnis auf Lebenszeit, auf Zeit, auf Probe, auf Widerruf oder als Ehrenbeamter handeln (vgl. dazu § 4 Rn. 4). Allerdings stimmt der PR bei der Einstellung eines **Beamten auf Zeit** nach § 77 Abs. 1 S. 1 nur mit, wenn der Einzustellende dies beantragt (vgl. § 77 Rn. 3, 5). Die **Umwandlung des Beamtenverhältnisses** in ein solches anderer Art, die nach § 10 Abs. 1 Nr. 2 BBG einer Ernennung bedarf, ist grundsätzlich keine Einstellung i. S. v. Abs. 1 Nr. 1. Das gilt aber nicht für die Umwandlung des Beamtenverhältnisses **auf Widerruf in ein solches auf Probe**, weil diese Maßnahme von Merkmalen geprägt ist, die der Einstellung i. S. d. Beamtenrechts weitgehend entsprechen.[1009] Für den **Gegenstand der Mitbestimmung** bei der Einstellung nach Abs. 1 Nr. 1 gilt das zu § 75 Abs. 1 Nr. 1 Gesagte entsprechend (vgl. § 75 Rn. 20).

Unter der »**Anstellung**« i. S. d. Abs. 1 Nr. 1 verstand das bisherige Beamtenrecht nach § 10 Abs. 1 BLV a. F. eine besondere Form der Ernennung, nämlich die **Ernennung unter erstmaliger Verleihung eines Amts** (s. auch § 6 Abs. 1 Nr. 3 BBG a. F.). Diese Rechtsfigur hat die **Neuordnung des Dienstrechts** durch das DNeuG v. 5. 2. 09[1010] **ersatzlos entfallen** lassen. Damit ist dieser Fall der Mitbestimmung **gegenstandslos** geworden.[1011] 10

Mit der Einstellung ist zwangsläufig auch eine Entscheidung über die Höhe der Besoldung verbunden. Die **Zuweisung einer Besoldungsgruppe** fließt im Beamtenrecht jedoch unmittelbar aus dem statusrechtlichen Amt, das verliehen wird; dies ist ein nicht gesondert regelungsfähiger Automatismus, so dass es dazu weder eine »Maßnahme« der Dienststelle noch ein Mitbestimmungsrecht des PR gibt. Seit der Umstellung des Stufensystems in der A-Besoldung von einem rein altersbezogenen Modell der automatisierten Stufenabfolge (§ 28 BBesG a. F.) auf ein Modell der »**Erfahrungsstufen**«, bei denen bereits im Rahmen der Ersteinstufung Erfahrungszeiten teils zwingend, teils im Ermessenswege zu berücksichtigen sind (§ 28 Abs. 1 BBesG), bedarf es dagegen schon einer Entscheidung der Dienststelle über die Einstufung des Beamten und damit einer mit der Einstellung verbundenen »Maßnahme«. Dies gilt auch in Ansehung von Stufenmodellen, die hinsichtlich ihres Beginns am gesondert festzusetzenden Besoldungsdienstalter orientiert waren, denn diese waren genauso an Lebensaltersdaten geknüpft, wie auch im nunmehr geltenden Modell der Orientierung an Erfahrungsstufen. Derzeit ist mit der ersten Ernennung eines Beamten nach § 27 Abs. 2 BBesG die Festlegung verbunden, in welche **Grundgehaltsstufe** der Beamte eingestellt wird. Standardmäßig ist dies die Stufe 1 (§ 27 Abs. 2 BBesG); es können jedoch »**Erfahrungszeiten**« i. S. d. § 27 Abs. 3 BBesG anerkannt werden mit 10a

1009 *BVerwG* v. 28. 10. 02 – 6 P 13.01 –, PersR 03, 117.
1010 BGBl. I S. 160.
1011 Näher dazu KfdP-*Baden*, Rn. 20.

der Folge, dass der Beamte sofort in einer höheren Grundgehaltsstufe beginnt (§ 28 Abs. 1 BBesG). Selbstverständlich besteht auch hier das Bedürfnis nach einem kontrollierenden Nachvollzug des Einstufungsvorganges durch den PR. In § 76 Abs. 1 gibt es aber keinen gesonderten Mitbestimmungstatbestand »Eingruppierung«, wie in § 75 Abs. 1 Nr. 2. Daher hat das *BVerwG*[1012] gegen den *HessVGH*[1013] ein aus § 76 Abs. 1 Nr. 1 – Einstellung – abzuleitendes Mitbestimmungsrecht bei der Stufenzuordnung von Beamten abgelehnt.[1014] Befugnisse nach § 68 Abs. 1 und Informationsrechte des PR bestehen aber unabhängig davon weiter.[1015]

11 **(Abs. 1 Nr. 2) Beförderung** i. S. d. Abs. 1 Nr. 2 ist die Ernennung eines Beamten, durch die ihm ein **anderes (statusrechtliches) Amt mit höherem Endgrundgehalt** verliehen wird (§ 2 Abs. 8 BLV). Das Mitbestimmungsrecht bei einer Beförderung bezieht sich nur auf die konkrete Beförderungsabsicht, nicht aber auf die zugrunde liegende Planstellenverteilung oder die Zuordnung zu einer Planstelle zu einem bestimmten Dienstposten;[1016] dies ist eine mitbestimmungsfreie Organisationsentscheidung. Die in § 24 BBG geregelte Übertragung eines Amts mit leitender Funktion im Beamtenverhältnis auf Probe ist zwar inhaltlich eine Beförderung, stellt der Sache nach aber eine Einstellung – nämlich im Sinne der Begründung eines weiteren Beamtenverhältnisses – dar; sie ist gleichwohl mitbestimmungsrechtlich nicht von Bedeutung, weil sie sich auf Ämter bezieht, für die § 77 Abs. 1 S. 2 gilt.

12 Die neben der Beförderung gesondert erwähnte **Übertragung eines anderen Amtes mit höherem Endgrundgehalt ohne Änderung der Amtsbezeichnung** ist nach Änderung des beamtenrechtlichen Beförderungsbegriffs obsolet geworden. Nunmehr handelt es sich auch bei dieser (aber weiterhin durch ernennungsähnlichen, nicht formgebundenen Verwaltungsakt erfolgenden) Maßnahme um eine Beförderung. Ob sich die Amtsbezeichnung ändert, spielt dafür nach neuem Beamtenrecht keine differenzierende Rolle mehr.[1017] Da auch Amtszulagen unwiderruflich und ruhegehaltfähig sind und als Bestandteil des Grundgehalts gelten (§ 42 Abs. 2 S. 2 BBesG), ist auch die – ebenfalls (ohne Änderung der Amtsbezeichnung) durch Verwaltungsakt erfolgende – **Übertragung eines mit einer Amtszulage ausgestatteten Amts** nach Abs. 1 Nr. 2 mitbestimmungspflichtig.[1018]

1012 *BVerwG* v. 24. 11. 15 – 5 P 13.14 –, PersR 3/16, 46.
1013 *HessVGH* v. 16. 10. 14 – 21 A 99/14.PV –, PersR 3/15, 47 m. Anm. *Lenders*; ebenso bereits *VG Frankfurt a. M.* v. 1. 3. 10 – 23 K 4011/09.F.PV –, PersR 10, 214, u. v. 10. 10. 11 – 22 K 1823/11.F.PV –, PersR 12, 179, sowie *VG Berlin* v. 20. 3. 12 – 61 K 4.12.PVL –, juris.
1014 A. A. *Baden*, PersR 12/15, 44.
1015 *VG Mainz* v. 9. 3. 16 – 5 K 1467/15.MZ –, juris.
1016 *VG Frankfurt a. M.* v. 23. 8. 10 – 23 K 1665/10. F.PV –, PersR 11, 265.
1017 Vgl. KfdP-*Baden*, Rn. 21 u. 22.
1018 Vgl. *BVerwG* v. 26. 9. 02 – 2 B 23.02 –, ZBR 03, 215.

Die Verleihung eines anderen Amts mit gleichem Endgrundgehalt und anderer Amtsbezeichnung unter gleichzeitigem **Wechsel der Laufbahngruppe** bedarf einer Ernennung (§ 10 Abs. 1 Nr. 4 BBG). Ein Wechsel der Laufbahngruppe findet insb. beim **Aufstieg** in die nächsthöhere Laufbahn derselben Fachrichtung statt (§ 22 Abs. 5 BBG, §§ 35ff. BLV). Sind Laufbahnen so miteinander verzahnt, dass das Spitzenamt der niedrigeren Laufbahngruppe mit dem Eingangsamt der nächsthöheren Laufbahngruppe gleichwertig ist und erfolgt der Aufstieg aus dem Spitzenamt, so ändert sich durch die Verleihung des Eingangsamts der nächsthöheren Laufbahngruppe nicht das Endgrundgehalt, sondern nur die Amtsbezeichnung. Auch dieser Vorgang ist, obwohl keine Änderung des Endgrundgehalts erfolgt und damit keine Beförderung i. S. d. § 2 Abs. 8 BLV gegeben ist, mitbestimmungspflichtig. 13

Ein **Laufbahnwechsel** (§ 42 BLV) kann mit einem Wechsel der Laufbahngruppe verbunden sein. Findet ein solcher (vertikaler) Laufbahnwechsel durch Aufstieg statt, unterliegt er auch unter dem Aspekt der Beförderung oder dem des beförderungsgleichen Laufbahngruppenwechsels der Mitbestimmung (vgl. Rn. 11 u. 13). Darüber hinaus bezieht sich der in Abs. 1 Nr. 2 genannte Tatbestand des Laufbahnwechsels auf den **(horizontalen) Laufbahnwechsel** zwischen zwei (gleichwertigen) Laufbahnen innerhalb der gleichen Laufbahngruppe. Ist dieser Laufbahnwechsel nicht mit einer Beförderung verbunden, bedarf es dazu zwar eines Verwaltungsakts, aber keiner Ernennung. 14

Spaltet der Dienstherr eine Beförderung (oder eine der Beförderung gleichstehende Maßnahme) in zwei getrennte Vorgänge auf, hat dies auch eine **Aufspaltung des Mitbestimmungsrechts** zur Folge, wenn der erste Vorgang bereits eine Vorentscheidung für den zweiten Vorgang enthält.[1019] Ein solcher Fall liegt z. B. vor, wenn einem Beamten ein Beförderungsdienstposten (also ein konkret-funktionales Amt mit höherem Endgrundgehalt als sein bisheriges statusrechtliches Amt) zum Zweck seiner Erprobung und (bei Bewährung) späteren Beförderung übertragen wird.[1020] Dabei ist der PR zweimal zu beteiligen: zunächst bei der (vorentscheidenden) **Übertragung des Beförderungsdienstpostens** und danach noch einmal bei der später erfolgenden **Beförderung**. Wird ein Beförderungsdienstposten zum Zweck der Erprobung und späteren Beförderung übertragen, ist unter dem Gesichtspunkt der Übertragung einer höher zu bewertenden Tätigkeit auch die erste Variante des Tatbestands des Abs. 1 Nr. 3 gegeben (vgl. Rn. 18).[1021] 15

(Abs. 1 Nr. 3) Der Mitbestimmungstatbestand der »**Übertragung einer höher oder niedriger zu bewertenden Tätigkeit**« entspricht wortgleich demjenigen in § 75 Abs. 2 Nr. 2. Damit ergibt sich die praktische Schwierigkeit, 16

1019 *BVerwG* v. 28.4.67 – VII P 12.65 –, PersV 67, 275.
1020 *BayVGH* v. 20.7.83 – 18 C 83 A. 483 –, ZBR 84, 74.
1021 Ferner *BVerwG* v. 15.12.78 – 6 P 13.78 –, PersV 80, 145.

Begrifflichkeiten, die dem Tarifrecht entstammen und dort in einem bestimmten Regelungszusammenhang zu verstehen sind, in einem nunmehr anders gearteten Kontext zu interpretieren. Geht es darum, eine Tätigkeit »höher« oder »niedriger« als die bisherige zu bewerten, bedarf es eines bereits vorhandenen Bezugssystems; dasjenige des Tarifrechts wie in § 75 Abs. 1 Nr. 2 kann es aber für Beamte im Rahmen des § 76 Abs. 1 nicht sein. Nahe liegt die Vorstellung, stattdessen auf die Ämterhierarchie des Laufbahn- und Statusrechts abzuheben. 1979 hatte hierzu das *BVerwG* entschieden, die **Übertragung einer Planstelle**, die einer **höheren Besoldungsgruppe** angehöre als die, in der sich der betreffende Beamte befinde, bedeute auch dann die Übertragung einer höher zu bewertenden Tätigkeit, wenn sich der Aufgabenkreis des Beamten nicht verändere.[1022] Damit entspräche der Begriff der Übertragung einer höher zu bewertenden Tätigkeit aber bereits der (statusrechtlichen) Beförderung. Insoweit drohte § 76 Abs. 1 Nr. 3 leerzulaufen. Demgegenüber käme praktisch der umgekehrte Fall der Übertragung einer niedriger zu bewertenden Tätigkeit, der statusrechtlich einer Rückstufung gleichkäme, nicht mehr vor. Es kann aber nicht angenommen werden, dass der Gesetzgeber die Tatbestände des § 76 Abs. 1 Nr. 3 in wortgleicher Entsprechung zu § 75 Abs. 1 Nr. 2 für mitbestimmungspflichtig erklärt, ohne dem einen realen Begriffsinhalt beizumessen. Bei der Suche nach einem Bemessungsmaßstab für die Bestimmung der »höher« oder »niedriger« zu bewertenden Tätigkeiten kann es daher vernünftigerweise nicht auf die statusrechtliche Ämterhierarchie ankommen. Das Abstellen auf das statusrechtliche Amt führt daher zwangsläufig in die Irre.

16a Völlig zu Recht hat daher das *BVerwG* im Beschl. v. 8. 12. 99 – 6 P 10.98 –[1023] auf Sinn und Zweck des Mitbestimmungstatbestandes abgehoben und darauf hingewiesen, dass es darum gehe, dem PR bereits im Vorfeld der späteren statusrechtlichen Entscheidung **Einfluss- und Kontrollrechte** im Zusammenhang mit den (häufig eigentlich ausschlaggebenden) **Vorauswahlentscheidungen** zu geben: Die Mitbestimmung soll bereits die »maßgebliche Auswahlentscheidung erfassen und sich deshalb auch auf die Vorwirkungen von weichenstellenden Vorentscheidungen erstrecken. Schon zu diesem Zeitpunkt hat der PR die Beachtung des Gleichbehandlungs- und des Leistungsgrundsatzes zu kontrollieren und auf die Wahrung berechtigter Interessen von Konkurrenten vor unzulässigen Benachteiligungen hinzuwirken«.[1024] Daher sind nach *BVerwG* auch andere Formen der Vorentscheidung durch außenwirksame Einräumung eines auswahlerheblichen Rechtsvorteils zu berücksichtigen. Sie müssen allerdings »über die Erweckung bloßer Hoffnungen hinausgehen, die an rein tatsächliche Beförderungschancen

---

1022 *BVerwG* v. 26. 11. 79 – 6 P 6.79 –, PersV 81, 286.
1023 PersR 00, 202.
1024 Vgl. bereits *BVerwG* v. 19. 12. 75 – VII P 15.74 –, PersV 76, 457.

anknüpfen, die mit dem Dienstposten verbunden sind«.[1025] Der PR hat nach Abs. 1 Nr. 3 folglich auch dann mitzubestimmen, wenn mit der Übertragung des Dienstpostens in sonstiger, rechtlich abgesicherter Weise eine **klar verbesserte, sich konkret abzeichnende Beförderungschance eröffnet** wird, die derjenigen bei der Übertragung eines bereits höher bewerteten Dienstpostens vergleichbar ist.

Mit diesem Auslegungsansatz ist die vormalige Rspr. des *BVerwG*[1026] überholt, wonach es nicht auf die »bisherige Tätigkeit« (den bisherigen Dienstposten) des Beamten ankommen, sondern maßgebliche **Vergleichsgröße** vielmehr das ihm verliehene statusrechtliche Amt sein sollte. Allein entscheidend ist hiernach die konkrete Verbesserung der Aussichten, zu einem späteren Zeitpunkt befördert zu werden. Umgekehrt ist die Übertragung eines niedriger zu bewertenden Amtes anzunehmen, wenn sich eine solche greifbare Beförderungsaussicht verflüchtigt. Die Steigerungsform »höher oder niedriger« bezieht sich nicht mehr darauf, ob der dem Beamten zu übertragende Dienstposten (das konkret-funktionale Amt) dem ihm (bisher) verliehenen statusrechtlichen (abstrakt-funktionalen) Amt entspricht oder höher oder niedriger als dieses zu bewerten ist, sondern ist daran zu messen, ob sich durch die Maßnahme im Sinne einer prägenden und richtungweisenden Vorentscheidung die Aussichten, demnächst innerhalb der Hierarchie der Statusämter befördert zu werden, verbessert oder verschlechtert haben. **16b**

Hauptanwendungsfall der Übertragung einer »höher zu bewertenden Tätigkeit« ist nach alledem unter dem Gesichtspunkt einer die Beförderungschancen konkret verbessernden Vorauswahlentscheidung die Dienstpostenübertragung zur **Erprobung nach § 32 Nr. 2, § 34 Abs. 1 BLV**. Nach diesen Bestimmungen ist künftig jede Beförderung davon abhängig, dass sich der Beamte zuvor auf einem höher bewerteten Dienstposten in einer **Erprobungszeit** bewährt hat. Umgekehrt wird die Abberufung von einem solchen Dienstposten mangels Feststellung der Eignung (§ 34 Abs. 3 BLV) eine Übertragung einer niedriger zu bewertenden Tätigkeit und damit erneut mitbestimmungspflichtig sein[1027] – wohlgemerkt allein diese Abberufung, nicht die Feststellung der mangelnden Eignung, die dem Dienstherrn mitbestimmungsfrei obliegt. **16c**

Was den Bewertungsmaßstab für das »höher« oder »niedriger« anbelangt, so hängt allerdings die Frage, ob das konkret-funktionale Amt (der Dienstposten), das übertragen werden soll, höher oder niedriger zu bewerten ist als das dem Beamten verliehene statusrechtliche (abstrakt-funktionale) Amt, von einem **Vergleich der Besoldungsgruppen** ab, denen diese Ämter besol- **16d**

1025 Vgl. dazu *BVerwG* v. 30. 10. 79 – 6 P 61.78 –, PersV 81, 244.
1026 Beschl. v. 12. 3. 90 – 6 P 32.87 –, PersR 90, 135.
1027 A. A. *BVerwG* v. 12. 3. 90, a. a. O.

dungs- und haushaltsmäßig zugeordnet sind. Die Bewertung der Dienstposten und die daran anknüpfenden Zuordnungen nimmt der Dienstherr im Rahmen der besoldungs- und haushaltsrechtlichen Bestimmungen vor.[1028] **Besoldungsrechtlich** ist der Grundsatz der funktionsgerechten Besoldung maßgebend, nach dem die Funktionen der Beamten sachgerecht zu bewerten und Ämtern zuzuordnen und die Ämter nach ihrer Wertigkeit ihrerseits den Besoldungsgruppen zuzuordnen sind (§ 18 BBesG). **Haushaltsrechtlich** ist festgelegt, dass ein (statusrechtliches) Amt, das in einer der Besoldungsordnungen aufgeführt ist, nur zusammen mit der Einweisung in eine besetzbare Planstelle verliehen werden darf (§ 49 Abs. 1 BHO) und dass die Planstellen nach Besoldungsgruppen und Amtsbezeichnungen in den Stellenplänen des Haushaltsplans auszubringen sind (§ 17 Abs. 5 S. 1 BHO). Die **Planstellenbewirtschaftung** erfolgt grundsätzlich in der Weise, dass die der Dienststelle zugewiesenen Stellen bestimmten Dienstposten fest zugeordnet sind. In diesen **Standardfällen** ist die Stellenbewertung im Stellenplan der Dienststelle maßgebend.[1029] Für die Wertigkeit des zu übertragenden Dienstpostens kommt es dann darauf an, welcher Besoldungsgruppe er im Stellenplan zugeordnet ist. Anders ist es jedoch, wenn die »**Topfwirtschaft**« praktiziert wird. Sie ist dadurch gekennzeichnet, dass die Stellen nicht bindend bestimmten Dienstposten zugeordnet sind, sondern von Fall zu Fall dort verwendet werden, wo eine Beförderungsmöglichkeit ausgeschöpft werden soll.[1030] In derartigen Fällen ist hinsichtlich der Wertigkeit des zu übertragenden Dienstpostens auf eine Bewertung der Gesamtumstände abzustellen.[1031] Die Zukunft dieser in der Praxis beliebten »Topfwirtschaft« ist offen, seit das *BVerwG* mit seiner Entscheidung vom 30. 6. 11[1032] die bewertungsmäßige **Bündelung von Dienstposten** nur noch in besonders begründeten Ausnahmefällen für statthaft erachtet hat. Zwar ist der Versuch unternommen worden, durch ausdrückliche **Ergänzung des § 18 BBesG** um eine Gestattungsnorm (S. 2)[1033] die beanstandete Zuordnung von Ämtern zu mehreren Besoldungsgruppen wieder zu ermöglichen, weshalb z. B. das *OVG RP* die Anwendung der Topfwirtschaft wieder für unbedenklich erachtet hat.[1034] Das letzte Wort darüber ist allerdings noch lange nicht gespro-

---

1028 *VGH BW* v. 26. 4. 94 – PL 15 S 234/93 –, ZBR 95, 53.

1029 *VGH BW* v. 22. 1. 91 – 15 S 1906/90 –, PersR 92, 39 Ls.

1030 Zum Begriff der Topfwirtschaft *BVerwG* v. 16. 9. 94 – 6 P 32.92 – u. v. 7. 7. 08 – 6 P 13.07 –, PersR 95, 16, u. 08, 381.

1031 *BVerwG* v. 16. 9. 94 – 6 P 32.92 – u. v. 8. 12. 99 – 6 P 10.98 –, PersR 95, 16, u. 00, 202.

1032 *BVerwG* v. 30. 6. 11 – 2 C 19.10 –, BVerwGE 140, 83.

1033 Geändert durch Art. 1 Nr. 5 Buchst. b des Gesetzes v. 11. 6. 13 (BGBl. I S. 1514). Vgl. dazu BT-Drs. 17/12455, S. 60 (zu II 2) u. 61 (zu Art. 1 Nr. 5 Buchst. b).

1034 *OVG RP* v. 10. 9. 13 – 2 B 10781/13 –, ZBR 14, 57, u. v. 28. 11. 13 – 2 A 10804/13 –, DÖD 14, 95.

chen, nachdem jedenfalls auch noch eine Entscheidung des *BVerfG* ansteht.[1035]

Der **Schutzzweck** der Mitbestimmung gem. Abs. 1 Nr. 3 ist nach der Rspr. des *BVerwG*[1036] **unterschiedlich** zu beurteilen: Bei der **ersten Tatbestandsvariante**, der Übertragung einer **höher zu bewertenden Tätigkeit**, besteht er darin, eine möglichst frühzeitige Beteiligung des PR in Angelegenheiten sicherzustellen, in denen eine Vorentscheidung über die nach Abs. 1 Nr. 2 mitbestimmungspflichtige Beförderung liegen kann.[1037] Dabei soll die Mitbestimmung dem Schutz der nicht berücksichtigten Beamten dienen, nach *BVerwG*[1038] nicht aber dem Schutz der Beförderungschancen des ausgewählten Beamten (fraglich, denn auch dieser verdient Schutz gegen eine ungerechtfertigte Beeinträchtigung seiner Beförderungschancen bzw. die Wahrung der Grundsätze des § 67 Abs. 1 S. 1 bei gleichwohl belastenden Entscheidungen). Bei der **zweiten Tatbestandsvariante**, der Übertragung einer **niedriger zu bewertenden Tätigkeit**, liegt der Schutzzweck der Mitbestimmung darin, den Beamten vor Eingriffen in sein Recht am bisherigen statusrechtlichen Amt zu schützen, und zwar zum einen vor der Übertragung von Dienstaufgaben, die gegenüber seinem abstrakten Aufgabenbereich (der dem bisherigen, unveränderten statusrechtlichen Amt entspricht) »unterwertig« sind, zum anderen vor dem darüber hinausgehenden Eingriff der Versetzung in ein niedrigeres statusrechtliches Amt. Aber auch bei der zweiten Variante soll die Mitbestimmung nicht dazu dienen, die Beförderungschancen eines Beamten zu schützen, die sich aus der vorherigen Übertragung von Dienstaufgaben eines Amtes ergeben, das im Vergleich zu seinem bisherigen statusrechtlichen Amt höher zu bewerten ist und die dadurch geschmälert werden können, dass dem Beamten wieder Dienstaufgaben dieses statusrechtlichen Amtes übertragen werden sollen.[1039] 17

Eine beabsichtigte **Übertragung einer höher zu bewertenden Tätigkeit** ist i. d. R. gegeben, wenn dem Beamten ein anderer Dienstposten zugewiesen werden soll, der einer **höheren Besoldungsgruppe** zugeordnet ist als sein statusrechtliches Amt (vgl. Rn. 16). Letzteres ist auch dann der Fall, wenn im Stellenplan die Planstelle des zu übertragenden Dienstpostens mit der Besoldungsgruppe des Beamten und auch mit der nächsthöheren Besoldungsgruppe ausgewiesen ist (sog. **gebündelte Planstelle**),[1040] des Weiteren, wenn 18

1035 Folgeentscheidung zum Beschl. v. 16. 12. 13 – 2 BvR 1958/13 –, IÖD 14, 52 (einstweilige Anordnung zur Freihaltung streitbefangener Beförderungsstellen).

1036 Beschl. v. 12. 3. 90 – 6 P 32.87 –, PersR 90, 135.

1037 *BVerwG* v. 7. 7. 08 – 6 P 13.07 –, PersR 08, 381.

1038 Beschl. v. 12. 3. 90, a. a. O.

1039 Str.; a. A. *VG Frankfurt a. M.* v. 22. 2. 95 – 9 G 3738/94 (1) –, PersR 95, 259; vgl. KfdP-*Baden*, Rn. 31 m. w. N.

1040 *BVerwG* v. 8. 12. 99 – 6 P 10.98 –, PersR 00, 202; vgl. KfdP-*Baden*, Rn. 32 m. w. N.

es sich bei dem zuzuweisenden Dienstposten um eine Funktion handelt, für die nach § 42 BBesG eine **Amtszulage** oder **Stellenzulage** vorgesehen ist. Bei der **Zuweisung eines Dienstpostens** kommt es darauf an, welche Dienstaufgaben tatsächlich übertragen werden sollen.[1041] Der Tatbestand ist auch dann erfüllt, wenn dem Beamten die einer höheren Besoldungsgruppe zugeordnete **Planstelle zugewiesen** wird, ohne dass sich sein Aufgabenkreis verändert, weil dies die entscheidende Vorstufe einer Beförderung sein kann.[1042] Wird die »**Topfwirtschaft**« praktiziert (vgl. Rn. 16d), ist der Mitbestimmungstatbestand gegeben, wenn dem Beamten ein intern höher bewerteter (d.h. einem Amt mit einem höherem Endgrundgehalt entsprechender) Dienstposten übertragen wird, dem jederzeit nach Maßgabe der haushaltsrechtlichen Verfügbarkeit eine entsprechende (höhere) Planstelle zugeordnet werden kann.[1043] Von dem Sonderfall der »Topfwirtschaft« abgesehen, soll dagegen eine lediglich **interne Umbewertung** eines Dienstpostens ohne Änderung der für ihn ausgeworfenen Planstelle nicht mitbestimmungspflichtig sein.[1044] Da die bloße Umbewertung eines Dienstpostens nicht personen-, sondern funktionsbezogen ist, fehlt es an einer den Beamten treffenden Außenwirkung.[1045]

19 Der Beamte hat grundsätzlich Anspruch auf eine seinem bisherigen statusrechtlichen Amt entsprechende Beschäftigung.[1046] Ohne seine Zustimmung darf ihm diese Beschäftigung weder entzogen noch darf er auf Dauer unterwertig beschäftigt werden.[1047] Eingriffe in dieses Recht sind nur aufgrund ausdrücklicher gesetzlicher Regelung oder in einer Notsituation zulässig.[1048] Wird in das Recht des Beamten am statusrechtlichen Amt durch die **Übertragung einer niedriger zu bewertenden Tätigkeit** eingegriffen, hat der PR nach Abs. 1 Nr. 3 mitzubestimmen. Insb. ist die Übertragung eines Dienstpostens, der im Vergleich zum statusrechtlichen Amt des Betroffenen unterwertig ist, mitbestimmungspflichtig.[1049] Dieser Tatbestand liegt zum einen vor, wenn einem Beamten zur **Vermeidung seiner Versetzung in den Ruhe-**

1041 *VGH BW* v. 26.4.94 – PL 15 S 234/93 –, ZBR 95, 53.

1042 *BVerwG* v. 26.11.79 – 6 P 6.79 –, PersV 81, 286, u. v. 8.12.99, a.a.O.; *BayVGH* v. 30.6.99 – 18 P 97.1451 –, PersR 00, 249; *OVG NW* v. 5.7.01 – 1 A 4182/99.PVB –, PersR 02, 81.

1043 *OVG NW* v. 3.5.04 – 1 B 333/04 –, PersR 05, 78.

1044 *BVerwG* v. 30.10.79 – 6 P 61.78 –, PersV 81, 244, u. v. 7.7.09 – 6 P 13.07 –, PersR 08, 381; *BayVGH* v. 30.6.99, a.a.O.; *OVG NW* v. 5.7.01, a.a.O.

1045 *BVerwG* v. 2.12.09 – 6 PB 33.09 –, PersR 10, 85.

1046 *BVerfG* v. 3.7.85 – 2 BvL 16.82 –, BVerfGE 70, 251.

1047 *BVerwG* v. 22.6.06 – 2 C 26.05 – [»Vivento«] u. v. 25.10.07 – 2 C 30.07 –, PersR 06, 460, u. 08, 72.

1048 Vgl. zum unzulässigen Streikbrechereinsatz *BVerwG* v. 10.5.84 – 2 C 18.82 –, AuR 85, 164, u. *BVerfG* v. 2.3.93 – 1 BvR 1213/85 –, PersR 93, 284.

1049 *BVerwG* v. 2.12.09 – 6 PB 33.09 –, PersR 10, 85.

stand wegen Dienstunfähigkeit nach § 44 Abs. 3 BBG unter Beibehaltung seines Amtes innerhalb seiner Laufbahn eine geringerwertige Tätigkeit übertragen werden soll. Zum anderen ist er bei **statusmindernden Versetzungen** gegeben (§ 28 Abs. 3 BBG [im Bereich desselben Dienstherrn]; § 136 Abs. 1 S. 2 i. V. m. § 28 Abs. 3 BBG [im Bereich eines anderen Dienstherrn]). Erfolgt eine statusmindernde Versetzung zu einer anderen Dienststelle, ist auch der Mitbestimmungstatbestand des Abs. 1 Nr. 4 gegeben (vgl. Rn. 22).

Das Mitbestimmungsrecht nach Abs. 1 Nr. 3 bei der **Übertragung einer niedriger zu bewertenden Tätigkeit** besteht nicht nur dann, wenn die Tätigkeiten auf einem Dienstposten niedriger zu bewerten sind als es dem Amt im statusrechtlichen Sinn entspricht, das der für die Beschäftigung vorgesehene Beamte innehat. Es greift auch dann, wenn die Übertragung der Tätigkeit **aus sonstigen Gründen nicht amtsangemessen** ist.[1050] 19a

Der Tatbestand des Abs. 1 Nr. 3 ist nach bisheriger Rspr. des *BVerwG* **nicht** gegeben, wenn einem Beamten **wieder Dienstaufgaben des ihm verliehenen statusrechtlichen Amtes übertragen** werden, nachdem er zuvor Dienstaufgaben eines Amtes mit höherem Endgrundgehalt wahrgenommen hatte[1051] (vgl. Rn. 16c u. 17). Allerdings kann eine derartige Maßnahme nach anderen Vorschriften (insb. nach Abs. 1 Nr. 4 oder 5) mitbestimmungspflichtig sein. Kein Fall des Abs. 1 Nr. 3 ist auch die nach § 5 Abs. 1 Nr. 4 und § 9 BDG zulässige **Disziplinarmaßnahme der Zurückstufung** (Versetzung in ein Amt derselben Laufbahn mit geringerem Endgrundgehalt), die nur im gerichtlichen Disziplinarverfahren verhängt werden kann (vgl. 34 Abs. 1 BDG), an dem der PR nicht beteiligt ist (vgl. § 78 Rn. 20). 20

Anders als bei der Abordnung und Zuweisung nach Abs. 1 Nr. 5 und 5a kommt es für die Mitbestimmung nach Abs. 1 Nr. 3 auf die **Dauer der Übertragung** einer anders zu bewertenden Tätigkeit nicht an.[1052] 21

(**Abs. 1 Nr. 4**) Die durch das DNeuG (vgl. Rn. 10) eingeführte Neufassung des § 28 Abs. 1 BBG enthält den Versuch einer Legaldefinition der »**Versetzung**«: Danach handelt es sich um die **auf Dauer angelegte Übertragung eines anderen Amtes bei einer anderen Dienststelle bei demselben oder einem andern Dienstherrn**. Diese Definition greift aber die in der Tradition des Beamtenrechts entwickelten Elemente des Versetzungsbegriffs auf, so dass sich materiell kein Unterschied in der Begrifflichkeit gegenüber früher ergibt. Wenn § 28 Abs. 1 BBG von der Verleihung eines »anderen Amtes« spricht, meint dies in der Sache allerdings unterschiedliche Vorgänge; ange- 22

1050 *BAG* v. 10.10.12 – 7 ABR 42/11 –, AP BetrVG 1972 § 99 Versetzung Nr. 51 = PersR 13, 143 Os. (zur Mitbestimmung des Betriebsrats bei einem Postnachfolgeunternehmen gem. § 28 Abs. 1 PostPersRG i. V. m. § 76 Abs. 1 BPersVG).

1051 *BVerwG* v. 12.3.90 – 6 P 32.87 –, PersR 90, 135.

1052 Str.; KfdP-*Baden*, Rn. 36 m. N.

sprochen ist nämlich sowohl die Übertragung eines anderen Amtes im statusrechtlichen Sinne als auch die eines anderen Amtes im abstrakt-funktionalen Sinn (nicht gemeint ist hier das andere Amt im konkret-funktionalen Sinn, der »Dienstposten«, dessen Wechsel durch bloße Umsetzung erfolgt). Den Regelungen liegen damit in Wahrheit zwei **verschiedene Versetzungsfälle** zugrunde. Beide beziehen sich auf Maßnahmen, die das bestehende Beamtenverhältnis nicht beenden, sondern – unter Fortdauer bei demselben Dienstherrn oder unter Fortsetzung bei einem anderen Dienstherrn – **auf Dauer** umgestalten; ist die Maßnahme nur auf bestimmte Zeit angelegt, so handelt es sich nicht um eine Versetzung, sondern um eine Abordnung. Das Mitbestimmungsrecht bezieht sich auf Versetzungen **im organisationsrechtlichen Sinne**, mit denen dem Beamten i. d. R. (nur) ein anderes Amt im abstrakt-funktionalen Sinne bei einer anderen Dienststelle[1053] übertragen wird, sowie auf diejenigen Versetzungen **im statusrechtlichen Sinne**, mit denen ein Amt bei einer anderen Dienststelle übertragen wird. Dass statusberührende und statusmindernde Versetzungen bereits nach Abs. 1 Nr. 2 bzw. 3 der Mitbestimmung unterliegen, lässt die Mitbestimmung nach Abs. 1 Nr. 4 schon deshalb nicht entfallen, weil daran außer dem PR der aufnehmenden auch der PR der abgebenden Dienststelle beteiligt sein kann. An einer Amtsübertragung fehlt es bei **Beamten auf Widerruf**, die noch kein statusrechtliches Amt (und auch noch kein abstrakt-funktionales Amt) innehaben; werden diese einer anderen Dienststelle organisatorisch zugeordnet, so ist dies jedoch wegen des Schutzzwecks der Mitbestimmung (vgl. Rn. 8) als Versetzung i. S. d. Abs. 1 Nr. 4 anzusehen[1054] (vgl. auch Rn. 27). Für **Beamte auf Probe** gilt seit den durch das DNeuG eingeführten Neuregelungen des § 10 Abs. 3 BBG, dass ihnen bereits mit der Begründung des Beamtenverhältnisses auf Probe ein Amt verliehen wird.

23 Nach der Rspr. des *BVerwG* ist der Begriff der **anderen Dienststelle** i. S. d. Abs. 1 Nr. 4 nicht im personalvertretungsrechtlichen, sondern **im verwaltungsorganisationsrechtlichen Sinne** zu verstehen. Nach den maßgebenden Grundsätzen des Dienstrechts entspricht der Begriff der Dienststelle demjenigen der Behörde. Letztere ist eine mit einer gewissen Selbständigkeit ausgestattete organisatorische Einheit von Personen und sächlichen Mitteln, die dazu berufen ist, in einem örtlich und gegenständlich abgrenzbaren Aufgabenbereich staatliche Aufgaben wahrzunehmen.[1055] Dieser Dienststellenbegriff unterscheidet sich somit von dem personalvertretungsrechtlichen

1053 Bei Beamten der Postnachfolgeunternehmen entspricht dem der Wechsel in einen anderen Betrieb, *BVerwG* v. 25. 1. 12 – 6 P 25.10 –, PersR 12, 218.

1054 Str.; a. A. *OVG NW* v. 26. 11. 03 – 1 A 1094/01.PVL –, PersR 04, 356, für die im Rahmen der Ausbildung erfolgende Überweisung von Beamten im **Vorbereitungsdienst** zu einer anderen Dienststelle.

1055 Vgl. *BVerwG* v. 11. 11. 09 – 6 PB 25.09 –, PersR 10, 169, m. w. N.

Dienststellenbegriff insb. deshalb, weil unter den Voraussetzungen des § 6 Abs. 3 auch Nebenstellen und Teile einer Dienststelle i. S. d. Verwaltungsorganisationsrechts als Dienststellen i. S. d. PersVR gelten (vgl. § 6 Rn. 5ff.).

Ein Wechsel der Dienststelle reicht für die Bejahung einer Versetzung nicht 23a
aus, wenn es an der **Fortführung des Beamtenverhältnisses** fehlt.[1056] Soll dagegen einem Beamten aus Anlass seiner **Rückkehr aus einer Beurlaubung** eine Tätigkeit bei einer anderen als der bisherigen Dienststelle zugewiesen werden, so ist dies nach Abs. 1 Nr. 4 mitbestimmungspflichtig, weil das Dienstverhältnis zum Rechtsträger der Dienststelle während der Beurlaubung fortdauert und die organisatorische Zugehörigkeit zur »alten« Dienststelle erhalten bleibt.[1057] Die **Änderung des Dienstorts** ist kein Tatbestandsmerkmal der Versetzung,[1058] allerdings ist ein ggf. mit der Versetzung einhergehender Wechsel des Dienstortes dem PR aufgrund der Informationspflicht der Dienststelle mitzuteilen.[1059] Auch die beamtenrechtlich nicht ausdrücklich geregelte, aber gleichwohl zulässige **Teilversetzung** ist mitbestimmungspflichtig.[1060]

Das Mitbestimmungsrecht nach Abs. 1 Nr. 4 wird nicht dadurch ausge- 24
schlossen, dass der betroffene Beamte mit der Versetzung **einverstanden** ist (vgl. vor § 66 Rn. 7; oben Rn. 8) oder dass er den **besonderen Versetzungsschutz** nach § 47 Abs. 2 genießt (vgl. § 47 Rn. 22ff.). Bei einer **Abordnung mit dem Ziel der Versetzung** besteht ein Mitbestimmungsrecht nach Abs. 1 Nr. 4, weil mit dieser Maßnahme bereits eine Vorentscheidung für die spätere (ebenfalls mitbestimmungspflichtige) Versetzung getroffen wird[1061] (ferner Rn. 27f.). Das gilt auch dann, wenn die durch die Abordnung herbeigeführte probeweise Übertragung eines Dienstpostens für eine Dauer von nicht mehr als drei Monaten erfolgt.

Die Versetzung i. S. d. Abs. 1 Nr. 4 bewirkt einen **Dienststellenwechsel**, weil 25
sie zur Ausgliederung des Beamten aus der abgebenden Dienststelle und (wie eine Einstellung) zu seiner Eingliederung in die aufnehmende Dienststelle führt (vgl. Rn. 22f.). Sie ist somit eine Personalangelegenheit sowohl der abgebenden als auch der aufnehmenden Dienststelle. Aus dieser Doppelwirkung hat das *BVerwG* entgegen seiner früheren Rspr. die Konsequenz gezogen, dass – vorbehaltlich einer ausdrücklichen anderen gesetzlichen Regelung – außer dem **PR der abgebenden Dienststelle** auch der **PR der auf-**

1056 *BVerwG* v. 29.3.93 – 6 P 19.91 –, PersR 93, 268, zur Ernennung eines Beamten zum Richter kraft Auftrags.

1057 *BVerwG* v. 15.11.06 – 6 P 1.06 –, PersR 07, 119.

1058 *HessVGH* v. 22.10.86 – HPV TL 327/84 –, PersR 87, 175.

1059 *OVG NW* v. 26.6.12 – 1 A 836/09 –, IÖD 12, 183 (für den Bereich der Postnachfolgeunternehmen).

1060 *OVG NW* v. 27.3.98 – 1 A 1/96.PVL –, PersR 98, 528.

1061 *BVerwG* v. 18.9.84 – 6 P 19.83 –, PersR 86, 36; vgl. auch *OVG Bln* v. 27.2.01 – OVG 60 PV 14.99 – u. v. 26.6.01 – OVG 60 PV 20.00 –, PersR 01, 477, u. 02, 343.

nehmenden Dienststelle stets mitzubestimmen hat,[1062] wobei in mehrstufigen Verwaltungen an Stelle des örtlichen PR der abgebenden oder der aufnehmenden Dienststelle eine **Stufenvertretung** zu beteiligen sein kann (vgl. § 75 Rn. 38). Findet eine Versetzung zwischen **Dienststellen verschiedener Dienstherren** statt, von denen einer nicht zum Geltungsbereich des BPersVG gehört, richtet sich die Beteiligung des PR bei der Dienststelle, die zum Geltungsbereich eines **LPersVG** gehört, nach den für diese Dienststelle geltenden Vorschriften. Nach *BVerwG*[1063] entfällt allerdings das Mitbestimmungsrecht des PR der abgebenden Dienststelle im Falle der Dienststellenschließung, weil dann keine Belange der verbleibenden Beschäftigten mehr zu wahren sind.

26 Gemäß Abs. 1 Nr. 4 bestimmt der PR auch mit bei der »**Umsetzung innerhalb der Dienststelle, wenn sie mit einem Wechsel des Dienstorts verbunden ist**«. Die in den Beamtengesetzen nicht geregelte Umsetzung ist grundsätzlich kein Verwaltungsakt, sondern eine innerbehördliche Organisationsmaßnahme. Eine spezielle gesetzliche Grundlage hierfür ist auch dann nicht erforderlich, wenn sie mit einem Wechsel des Dienstortes verbunden ist. Die Umsetzung steht im pflichtgemäßen Ermessen des Dienstherrn, der die zugrunde liegenden dienstlichen Belange mit den Folgen für den beruflichen Werdegang und die private Lebensführung des Betroffenen abwägen muss.[1064] Sie liegt vor, wenn dem Beamten innerhalb derselben Behörde ein **anderer Dienstposten** (anderes Amt im konkret-funktionalen Sinne) zugewiesen wird und die Zuweisung das statusrechtliche Amt und das Amt im abstrakt-funktionalen Sinne nicht berührt.[1065] Personalvertretungsrechtlich setzt die Umsetzung einen **Wechsel des Dienstpostens** voraus. Dazu bedarf es einer Abberufung vom bisherigen Dienstposten und einer Zuweisung eines anderen Dienstpostens.[1066] Diese Voraussetzungen liegen nicht vor, wenn lediglich eine Arbeitseinheit in ein anderes Dienstgebäude verlegt wird[1067] oder wenn sich das Aufgabengebiet des von einer Umorganisation betroffenen Beamten nicht ändert.[1068] Eine Umsetzung kann aber auch darin liegen, dass – ohne Änderung des beamtenrechtlichen Status oder der Beschäftigungsbehörde – der Dienstposten durch **wesentliche Änderungen im Aufgabenbereich** eine neue, andere Prägung erhält.[1069] Eine **Teilumset-**

1062 Beschl. v. 16.9.94 – 6 P 32.92 – u. – 6 P 33.93 –, PersR 95, 16 u. 21, sowie v. 28.5.02 – 6 P 9.01 –, PersR 02, 340, v. 22.7.03 – 6 P 3.03 –, PersR 03, 495, u. v. 15.11.06 – 6 P 1.06 –, PersR 07, 119.

1063 *BVerwG* v. 25.1.12 – 6 P 25.10 –, PersR 12, 218.

1064 *BVerwG* v. 21.6.12 – 2 B 23.12 –, NVwZ 12, 1481 = PersR 12, 434 Ls.

1065 *BVerwG* v. 16.6.00 – 6 P 6.99 –, PersR 00, 416.

1066 *BVerwG* v. 18.12.96 – 6 P 8.95 –, PersR 97, 364.

1067 *BVerwG* v. 27.7.79 – 6 P 25.78 –, PersV 81, 73.

1068 *OVG NW* v. 16.11.78 – CL 14/78 –, PersV 80, 282.

1069 *BVerwG* v. 30.3.09 – 6 PB 29.08 –, PersR 09, 332.

zung ist als personalvertretungsrechtliche Umsetzung anzusehen, wenn der entzogene Aufgabenteil prägend für den Dienstposten gewesen ist und der Dienstposten durch den neuen Aufgabenbereich eine neue, andere Prägung erhält.[1070] Die Umsetzung vollzieht sich **innerhalb der Dienststelle**, wobei der Begriff der Dienststelle **im verwaltungsorganisationsrechtlichen Sinne** zu verstehen ist (vgl. Rn. 23). Sie ist nach Abs. 1 Nr. 4 nur mitbestimmungspflichtig, wenn sie mit einem **Wechsel des Dienstorts** verbunden ist (vgl. dazu § 75 Rn. 39). Nach h. M. soll eine nicht auf **Dauer** angelegte Umsetzung nicht mitbestimmungspflichtig sein (zu eng; vgl. § 75 Rn. 40). Ist die Umsetzung mit einem **Wechsel der Dienststelle im personalvertretungsrechtlichen Sinne** verbunden – z. B. von der Hauptdienststelle zu einer nach § 6 Abs. 3 verselbständigten Nebenstelle –, so haben sowohl der PR der abgebenden Dienststelle als auch der PR der aufnehmenden Dienststelle mitzubestimmen, wobei an deren Stelle nach § 82 Abs. 3 der GPR oder nach § 82 Abs. 1 eine Stufenvertretung zu beteiligen sein kann (vgl. Rn. 25).

(**Abs. 1 Nr. 5**) Die **Abordnung** ist seit der Neufassung des BBG durch das DNeuG (vgl. Rn. 10) dahingehend gesetzlich definiert, dass darunter zu verstehen ist »die vorübergehende Übertragung einer dem Amt des Beamten entsprechenden Tätigkeit bei einer anderen Dienststelle desselben oder eines anderen Dienstherrn unter Beibehaltung der Zugehörigkeit zur bisherigen Dienststelle«. Sie ist ein Verwaltungsakt, über dessen Erlass der Dienstherr nach pflichtgemäßem Ermessen entscheidet. Ihre Voraussetzungen und Folgen sind in § 27 BBG und für die Abordnung zwischen Bund und Ländern sowie die länderübergreifende Abordnung in § 14 BeamtStG geregelt. Die **Personalgestellung** ist keine Abordnung.[1071] Von der Versetzung unterscheidet sich die Abordnung dadurch, dass sie von vornherein vorübergehender Natur ist, mit der Konsequenz, dass der Beamte für die Dauer seiner Abordnung der bisherigen Dienststelle (der abgebenden bzw. Stammdienststelle) verbunden bleibt: Er behält dort sowohl sein statusrechtliches als auch sein abstrakt-funktionales Amt.[1072] Von der – vorübergehenden – Umsetzung unterscheidet sich die Abordnung dadurch, dass ein Dienststellenwechsel erfolgt. Die ausdrücklich zugelassene **Teilabordnung** besteht darin, dass der Beamte für einen Teil seiner Arbeitszeit vorübergehend einer anderen Dienststelle zugewiesen wird.[1073] Die Ernennung eines Beamten zum **Richter kraft Auftrags** ist keine Abordnung, weil dieser damit für das bisher wahrgenommene beamtenrechtliche Amt nicht mehr zur Verfügung steht.[1074] Nach der Rspr. des *BVerwG* ist der Begriff der **anderen Dienststelle** 27

1070 *BVerwG* v. 18. 12. 96, a. a. O., u. v. 22. 7. 03 – 6 P 3.03 –, PersR 03, 495.
1071 *VG Wiesbaden* v. 2. 3. 12 – 22 K 242/12. WI.PV –, PersR 12, 224.
1072 Vgl. *BVerwG* v. 12. 9. 02 – 6 P 11.01 –, PersR 03, 30.
1073 Vgl. *BVerwG* v. 28. 5. 02 – 6 P 9.01 –, PersR 02, 340.
1074 *BVerwG* v. 29. 3. 93 – 6 P 19.91 –, PersR 93, 268.

i. S. d. Abs. 1 Nr. 5 im verwaltungsorganisationsrechtlichen Sinne zu verstehen[1075] (vgl. Rn. 23). Die **Änderung des Dienstorts** ist kein Tatbestandsmerkmal der Abordnung.[1076] Bei seiner Tätigkeit in der aufnehmenden Dienststelle ist der Beamte den Weisungen der dortigen Vorgesetzten unterworfen. **Beamtenrechtliche Entscheidungen**, welche die neue Tätigkeit betreffen, hat der Dienstvorgesetzte der aufnehmenden Dienststelle, andere beamtenrechtliche Entscheidungen der Dienstvorgesetzte der Stammdienststelle zu treffen. Die beamtenrechtlichen Vorschriften über die Abordnung gelten nur für Beamte, die ein Amt im abstrakt-funktionalen Sinn bekleiden. Dies ist bei **Beamten auf Widerruf** noch nicht der Fall. Personalvertretungsrechtlich ist ihre vorübergehende »Überweisung« zu einer anderen als ihrer Stammdienststelle aber grundsätzlich der Abordnung gleichzustellen, weil auch diese Beamten wegen der durch die Überweisung eintretenden persönlichen Belastungen schutzbedürftig sind. Das soll jedoch dann nicht gelten, wenn Beamte auf Widerruf im **Vorbereitungsdienst** zur Ausbildung an andere Dienststellen überwiesen werden, weil dies Inhalt ihres Beamtenverhältnisses ist (str.; vgl. Rn. 22).[1077] Für **Beamte auf Probe** gilt diese Einschränkung nicht mehr; sie versehen seit der Dienstrechtsreform ein Amt (§ 10 Abs. 3 BBG).

28 Die Abordnung ist nur dann mitbestimmungspflichtig, wenn sie **für eine Dauer von mehr als drei Monaten** erfolgen soll. Das gilt auch für die **Teilabordnung.**[1078] Wird eine Abordnung von ursprünglich geringerer Dauer über drei Monate hinaus **verlängert**, ist die Verlängerung unabhängig von ihrer Dauer stets mitbestimmungspflichtig.[1079] Gleiches gilt, wenn eine den Dreimonatszeitraum von Anfang an überschreitende Abordnung weiter ausgedehnt wird. Bei **Kettenabordnungen** für eine ununterbrochene Dauer von mehr als drei Monaten unterliegen alle Abordnungen, die den Dreimonatszeitraum überschreiten, der Mitbestimmung, wobei es unbeachtlich ist, ob sie nacheinander zu verschiedenen Dienststellen erfolgen oder ob zwischen ihnen ein Feiertag, ein arbeitsfreies Wochenende oder ein Urlaub liegt.[1080] Auch bei **»unechten Kettenabordnungen«**, bei denen verschiedene Beschäftigte nacheinander zu derselben Dienststelle in das gleiche Tätigkeitsfeld abgeordnet werden, ist der PR (bei Beamten nach Abs. 1 Nr. 5, bei Arbeitnehmern nach § 75 Abs. 1 Nr. 4) zu beteiligen.[1081] Das Mitbestim-

---

1075 Vgl. *BVerwG* v. 19. 3. 12 – 6 P 6.11 –, PersR 12, 270 m. w. N.
1076 *OVG NW* v. 3. 7. 86 – CL 46/84 –, PersR 87, 87.
1077 KfdP-*Baden*, Rn. 54.
1078 *BVerwG* v. 28. 5. 02 – 6 P 9.01 –, PersR 02, 340.
1079 *BVerwG* v. 7. 2. 80 – 6 P 87.78 –, PersV 81, 292.
1080 *VGH BW* v. 7. 12. 93 – PB 15 S 203/93 –, PersR 94, 372; *HessVGH* v. 17. 11. 05 – 22 TL 807/05 –, PersR 06, 311.
1081 Näher dazu KfdP-*Baden*, Rn. 58.

mungsrecht nach Abs. 1 Nr. 5 besteht auch dann, wenn der Beamte mit der Abordnung **einverstanden** ist (vgl. vor § 66 Rn. 7; oben Rn. 8) oder wenn er den **besonderen Abordnungsschutz** nach § 47 Abs. 2 genießt (vgl. § 47 Rn. 22ff.). Die **Aufhebung** der Abordnung ist nicht mitbestimmungspflichtig. Da die Abordnung ebenso wie die Versetzung i.S.d. Abs. 1 Nr. 4 einen Dienststellenwechsel bewirkt, gilt für die Frage, **welche Personalvertretungen** zu beteiligen sind, das Gleiche wie bei der Versetzung (vgl. Rn. 25).

Die **Entsendung** von Bundesbeamten zu einer öffentlichen zwischenstaatlichen oder überstaatlichen Einrichtung, zur Verwaltung oder zu einer öffentlichen Einrichtung eines Mitgliedstaates der EU oder zur Übernahme von Aufgaben der Entwicklungszusammenarbeit ist keine Abordnung. Dafür gelten die Entsendungsrichtlinien (EntsR) des BMI v. 15.4.14.[1082] Diese sehen u.a. vor, dass für die Dauer der Entsendung **Urlaub unter Wegfall der Besoldung** gewährt werden kann (§ 2 Abs. 1 S. 2 EntsR unter Hinw. auf § 9 Abs. 1 SUrlV). 29

(Abs. 1 Nr. 5a) Die mittels Verwaltungsakt vorzunehmende **Zuweisung** war ursprünglich bundeseinheitlich in § 123a BRRG und ist nunmehr für die Beamten des Bundes in § 29 BBG (sowie für die zum Geltungsbereich der Landesbeamtengesetze gehörenden Beamten in § 20 BeamtStG) geregelt. § 29 BBG sieht folgende Möglichkeiten der Zuweisung vor: Nach **§ 29 Abs. 1 BBG** kann Beamten mit ihrer Zustimmung vorübergehend ganz oder teilweise eine (ihrem Amt entsprechende) Tätigkeit bei einer **öffentlichen Einrichtung ohne Dienstherrnfähigkeit** (»im dienstlichen oder öffentlichen Interesse«) oder bei einer **anderen (privaten) Einrichtung** (»wenn ein öffentliches Interesse es erfordert«) zugewiesen werden. Nach **§ 29 Abs. 2 BBG** kann Beamten einer Dienststelle, die ganz oder teilweise in eine **öffentlich-rechtlich organisierte Einrichtung ohne Dienstherrnfähigkeit** oder eine **privatrechtlich organisierte Einrichtung der öffentlichen Hand** umgewandelt wird, auch ohne ihre Zustimmung – und nicht nur vorübergehend – eine (ihrem Amt entsprechende) Tätigkeit bei dieser Einrichtung zugewiesen werden, »wenn öffentliche Interessen es erfordern«.[1083] **§ 29 Abs. 3 BBG** bestimmt ausdrücklich, dass (bei allen Arten der Zuweisung) die Rechtsstellung der Beamten unberührt bleibt. Nach neuerer Rspr. des *BVerwG*[1084] enthält die Zuweisung (ungeachtet ihrer jeweiligen Rechtmäßigkeitsvoraussetzungen) begrifflich einen gewissen **Auffangcharakter**; als Zuweisung kann demnach **jede Tätigkeitsverlagerung, die nicht Abordnung oder Versetzung ist**, in Betracht gezogen werden. 30

1082 GMBl. S. 634.
1083 Näher zu den möglichen Varianten KfdP-*Baden,* Rn. 61.
1084 Beschl. v. 24.9.13 – 6 P 4.13 –, PersR 13, 456 (zu II 2 e).

30a Nach Abs. 1 Nr. 5a, der durch Gesetz v. 28.5.90[1085] eingefügt und durch Art. 7 Nr. 3 Buchst. a DNeuG v. 5.2.09[1086] geändert worden ist, hat der PR bei der Zuweisung dann mitzubestimmen, wenn sie **für eine Dauer von mehr als drei Monaten** vorgenommen werden soll (vgl. Rn. 28). Für die Ausübung des Mitbestimmungsrechts ist der **PR der abgebenden Dienststelle** oder nach § 82 Abs. 1 oder 3 ggf. der BPR, HPR oder GPR zuständig. Ob, in welchem Umfang und in welcher Weise ein Organ der Interessenvertretung der Beschäftigten der aufnehmenden Einrichtung zu beteiligen ist, bestimmt sich nach den für diese Einrichtung geltenden Vorschriften. Bei Zuweisungen von Beschäftigten der Agentur für Arbeit an ein als »gemeinsame Einrichtung« gebildetes Jobcenter ist der hier bestehende PR als PR der aufnehmenden Dienststelle an der Zustimmung des Geschäftsführers gem. § 44g Abs. 2 SGB II[1087] zu der von der Bundesagentur veranlassten Zuweisungsentscheidung zu beteiligen (vgl. § 75 Rn. 47 u. 49b m. w. N.).[1088] Bei der Zuweisung in einen Betrieb im Geltungsbereich des BetrVG hat der Betriebsrat nach § 99 BetrVG unter dem Gesichtspunkt der Einstellung mitzubestimmen.[1089] Der in § 1 BwKoopG verwendete Begriff der Zuweisung ist nach der Rspr. des *BVerwG* in einem weiteren Sinne zu verstehen (näher dazu Anh. V C § 1 BwKoopG Rn. 3).

31 **(Abs. 1 Nr. 6)** Anordnungen, welche die Freiheit in der **Wahl der Wohnung** beschränken, sind gem. § 72 Abs. 2 BBG oder § 10 BPolBG zulässig. Nach **§ 72 Abs. 2 BBG** kann der Dienstvorgesetzte den Beamten anweisen, seine Wohnung innerhalb einer **bestimmten Entfernung** von der Dienststelle zu nehmen oder eine **Dienstwohnung** zu beziehen, wenn die dienstlichen Verhältnisse es erfordern. Diese Voraussetzung kann insb. bei Beamten vorliegen, zu deren Dienstaufgaben es gehört, bei Eintritt bestimmter Ereignisse auch außerhalb der üblichen Dienstzeiten kurzfristig in der Dienststelle erscheinen und tätig werden zu können. Eine Dienstwohnung wird dem betreffenden Beamten als Inhaber eines bestimmten Dienstpostens ohne Abschluss eines Mietvertrages durch Begründung eines öffentlich-rechtlichen Dienstwohnungsverhältnisses zugewiesen. Dieses ist bei Beschäftigten des Bundes durch die Allgemeinen Verwaltungsvorschriften über die Bundesdienstwohnungen (Dienstwohnungsvorschriften – DWV) v. 16.2.70[1090] i. d. F. v. 13.7.89[1091] näher ausgestaltet. Nach **§ 10 Abs. 1 BPolBG** sind die **Polizeivollzugsbeamten**, die noch nicht fünf Dienstjahre abgeleistet oder noch

1085 BGBl. I S. 967.
1086 BGBl. I S. 160.
1087 In der bis zum 31.12.14 geltenden Fassung. Zur Neufassung vgl. § 88 Rn. 14c.
1088 *BVerwG* v. 24.9.13 – 6 P 4.13 –, PersR 13, 456.
1089 Vgl. *BAG* v. 23.6.09 – 1 ABR 30/08 –, AP BetrVG 1972 § 99 Einstellung Nr. 59.
1090 GMBl. S. 99.
1091 GMBl. S. 717.

nicht das 25. Lebensjahr vollendet haben, auf Anordnung des Dienstvorgesetzten verpflichtet, in einer **Gemeinschaftsunterkunft** zu wohnen. Nach **§ 10 Abs. 2 BPolBG** können andere Polizeivollzugsbeamte aus Anlass besonderer Einsätze sowie bei der Teilnahme an Lehrgängen und Übungen zum Wohnen in einer Gemeinschaftsunterkunft verpflichtet werden. Bei einer **Anweisung nach § 72 Abs. 2 BBG** hat der PR nach Abs. 1 Nr. 6 mitzubestimmen. Bei einer Anweisung zum Beziehen einer Dienstwohnung gilt dies auch dann, wenn die Dienstwohnung mit einem bestimmten Amt verbunden ist, weil auch in diesem Fall nach § 5 Abs. 2 DWV noch ein Entscheidungsspielraum besteht. Unter dem Gesichtspunkt der Zuweisung einer Wohnung kann außerdem eine Mitbestimmung nach § 75 Abs. 2 Nr. 2 in Betracht kommen (vgl. § 75 Rn. 63). Bei einer **Anordnung nach § 10 BPolBG** hat der PR mitzubestimmen, weil die »Residenzpflicht« hier nicht unmittelbar durch die gesetzliche Vorschrift festgelegt ist.[1092]

(Abs. 1 Nr. 7) Für die **Nebentätigkeit** von Beamten gelten die §§ 97 bis 105 **32**
BBG und die Bundesnebentätigkeitsverordnung (BNV). Der PR hat nach Abs. 1 Nr. 7 **mitzubestimmen**, wenn der Dienstherr die beantragte Genehmigung einer Nebentätigkeit **versagen** oder eine erteilte bzw. allgemein als erteilt geltende Genehmigung ganz oder teilweise **widerrufen** will. Um die betroffenen Beamten vor ungerechtfertigter Behandlung zu schützen, gilt das auch dann, wenn der Dienstherr die Nebentätigkeit **nur teilweise oder mit Auflagen oder Bedingungen genehmigen** oder eine nicht genehmigungspflichtige Nebentätigkeit ganz oder teilweise **untersagen** will.[1093] Nicht mitbestimmungspflichtig sind dagegen die Erteilung der Genehmigung sowie die Anordnung zur Übernahme und der Entzug einer angeordneten Nebentätigkeit.

(Abs. 1 Nr. 8) Der Tatbestand »Ablehnung eines Antrages nach den §§ 91, **33**
92, 92a, 92b oder 95 des Bundesbeamtengesetzes auf Teilzeitbeschäftigung, Ermäßigung der regelmäßigen Arbeitszeit oder Urlaub« hat seine gegenwärtige Fassung nach mehrmaligen Änderungen der ursprünglichen Fassungen zuletzt durch Modifikation der §§ 92 und 92a BBG sowie einen neu geschaffenen § 92b BBG durch das Gesetz vom 19.10.16[1094] erhalten. Der Mitbestimmungstatbestand bezieht sich auf jene Formen der **Freistellung vom Dienst**, die in den genannten Paragrafen des BBG geregelt sind. **§ 91 BBG** sieht die Möglichkeit der »voraussetzungslosen« unbefristeten Teilzeitbeschäftigung vor. **§ 92 BBG** regelt den Anspruch auf Teilzeitbeschäftigung und Beurlaubung aus familienpolitischen Gründen. Die **§§ 92a und 92b BBG** behandeln die Möglichkeit, zur Pflege eines pflegebedürftigen na-

---

1092 *VG Köln* v. 10.8.89 – 15 K 2095/88 –, ZBR 90, 92.

1093 Teilw. str.; vgl. KfdP-*Baden*, Rn. 68.

1094 Art. 10 Abs. 2 des Gesetzes zur besseren Vereinbarkeit von Familie, Pflege und Beruf v. 19.10.16, BGBl. I S. 2362.

hen Angehörigen in häuslicher Umgebung eine »Familienpflegezeit« (§ 92a BBG) bzw. »Pflegezeit« (§ 92b BBG) in Anspruch zu nehmen; in diesen Fällen besteht ein Anspruch auf – rückzahlbaren – Besoldungsvorschuss nach § 7 BBesG i. V. m. den konkretisierenden Regelungen der PflZV.[1095] **§ 95 BBG** normiert die Möglichkeit der Beurlaubung aus arbeitsmarktpolitischen Gründen. Vom Tatbestand des Abs. 1 Nr. 8 nicht erfasst ist der Fall der Ablehnung eines Antrags auf **Altersteilzeit**, weil diese Form der Ermäßigung der Arbeitszeit ihre Grundlage in § 93 BBG hat, auf den nicht Bezug genommen ist. Die Mitbestimmung des PR nach Abs. 1 Nr. 8 bezieht sich nicht auf die Bewilligung, sondern allein auf die **Ablehnung eines Antrags** auf Freistellung vom Dienst nach §§ 91, 92, 92a, 92b oder 95 BBG. Dabei kommt es nicht darauf an, ob es sich um einen Erstantrag oder einen Verlängerungsantrag handelt. Der PR hat auch dann mitzubestimmen, wenn einem Antrag nur teilweise entsprochen und er damit zugleich teilweise abgelehnt werden soll. Ebenfalls mitbestimmungspflichtig ist die **Ablehnung der beantragten Änderung** einer bereits bewilligten Freistellung sowie – zur Gewährleistung des Schutzes der betroffenen Beamten – der **Widerruf** oder die **Rücknahme** einer erteilten Bewilligung, falls dies gegen den Willen des Beamten erfolgen soll.[1096]

34 (**Abs. 1 Nr. 9**) Die **Hinausschiebung des Eintritts in den Ruhestand wegen Erreichens der Altersgrenze** ist in § 53 BBG geregelt. In der als Art. 1 DNeuG v. 5. 2. 09[1097] verkündeten Neufassung des BBG war dieser Paragraf unter der Überschrift »Hinausschieben der Altersgrenze« in drei Absätze gegliedert. Er ist inzwischen weitgehend umgestaltet worden.[1098] Zunächst sind durch Art. 11 Nr. 1 des Gesetzes v. 19. 11. 10[1099] die Abs. 4 bis 6 angefügt worden. Sodann sind durch Art. 1 Nr. 2 des Gesetzes v. 3. 7. 13[1100] der bisherige Abs. 1 durch die Abs. 1 bis 1b ersetzt sowie der bisherige Abs. 2 und die Überschrift neu gefasst worden. In seiner aktuellen Fassung sieht § 53 BBG unter dem Titel »Hinausschieben des Eintritts in den Ruhestand« **drei Varianten** dieses Hinausschiebens vor: das Hinausschieben des Ruhestandseintritts auf Antrag des Beamten gem. Abs. 1, 1a und 1b,[1101] das Hinausschieben mit Zustimmung des Beamten gem. Abs. 2 und das Hinausschieben nach dem (derzeit bis zum 31. 12. 16 befristeten) FALTER-Modell gem.

1095 PflegezuschussVO i. d. F. des Art. 5 des Gesetzes zur besseren Vereinbarkeit von Familie, Pflege und Beruf v. 19. 10. 16, BGBl. I S. 2366.

1096 Insoweit str.; vgl. KfdP-*Baden*, Rn. 74 m. N.

1097 BGBl. I S. 160, ber. S. 462.

1098 Näher dazu *Altvater*, PersR 4/14, 160, 161 ff. (zu 2).

1099 Bundesbesoldungs- und -versorgungsanpassungsgesetz 2010/2011 – BBVAnpG 2010/2011 – (BGBl. I S. 1552, ber. 2011 S. 223).

1100 Gesetz zur Familienpflegezeit und zum flexibleren Eintritt in den Ruhestand für Beamtinnen und Beamte des Bundes (BGBl. I S. 1978).

1101 Abs. 1a und 1b enthalten Konkretisierungen der Regelung in Abs. 1.

Abs. 4 bis 6.[1102] Die **Mitbestimmung** nach Abs. 1 Nr. 9 erfasst alle in § 53 BBG geregelten Varianten des Hinausschiebens.[1103] Dabei hat der PR zu prüfen, ob die Voraussetzungen für die Anwendung der einschlägigen Vorschriften des § 53 BBG gegeben sind, und darauf zu achten, dass andere Beschäftigte nicht ungerechtfertigt benachteiligt werden. Die Mitbestimmung bezieht sich auf die **Entscheidung der Dienststelle** über die »Hinausschiebung« und damit sowohl auf die **Bewilligung** (als positive Entscheidung) als auch auf die **Ablehnung** (als negative Entscheidung).[1104]

Abs. 1 Nr. 9 regelt ausschließlich die Mitbestimmung bei der Weiterbeschäftigung unter **Fortführung des bestehenden Beamtenverhältnisses**. Sie erfasst nicht den Fall, dass ein Beamter in den Ruhestand eintritt und dann auf privatrechtlicher Grundlage, z. B. aufgrund eines Arbeitsvertrages, weiter für die Dienststelle tätig werden soll. In diesem Fall hat der PR nach § 75 Abs. 1 Nr. 1 (Einstellung) und Nr. 2 (Eingruppierung) mitzubestimmen (vgl. § 75 Rn. 50). **34a**

(**Abs. 2**) Zusätzlich zu den Personalangelegenheiten der Beamten in Abs. 1 führt das Gesetz in Abs. 2 **sonstige Angelegenheiten** auf, für die es die eingeschränkte Mitbestimmung des PR vorsieht (vgl. Rn. 1). Nur ausnahmsweise (im Fall der Nr. 9) geht es um Angelegenheiten, die nur **einzelne Beschäftigte** betreffen. Im Übrigen (auch im Fall der Nr. 4) handelt es sich durchweg um **allgemeine Angelegenheiten,** die durch einen **kollektiven Bezug** (vgl. § 75 Rn. 69) gekennzeichnet sind. Die Mitbestimmung besteht auch dann, wenn eine Angelegenheit nur **probeweise** geregelt werden soll (vgl. § 69 Rn. 8; § 75 Rn. 69 a. E.). Für die **Form der Ausübung der Mitbestimmung** gilt das Gleiche wie in den Fällen des § 75 Abs. 3 (vgl. § 75 Rn. 71). Auch in den dafür geeigneten Fällen des § 76 Abs. 2 kommt nach dessen Eingangssatz für eine generelle Regelung mit normativer Wirkung nach Maßgabe des § 73 und des § 75 Abs. 5 der Abschluss einer **Dienstvereinbarung** in Betracht (vgl. § 73 Rn. 2f., 8; § 75 Rn. 71, 161ff.). Nach dem Eingangssatz des Abs. 2, der mit dem Eingangssatz des § 75 Abs. 3 identisch ist, hat der PR nur mitzubestimmen, soweit eine gesetzliche oder tarifliche Regelung nicht **35**

1102 Die beiden erstgenannten (unbefristeten) Varianten gelten gem. § 53 Abs. 3 BBG im Beamtenverhältnis auf Probe nach § 24 BBG entsprechend.

1103 Soweit es in den Fällen des § 53 Abs. 1 und 2 BBG allerdings um Beamte in Führungspositionen auf Probe geht, ist die Mitbestimmung nach § 77 Abs. 1 S. 2 ausgeschlossen, weil die in § 24 Abs. 5 BBG definierten Ämter mit leitender Funktion durchweg der BBesO B angehören (vgl. § 77 Rn. 8f.).

1104 Insoweit gilt das Gleiche wie für die Auslegung des Tatbestandes »Gewährung von Leistungs- und Funktionszulagen« in § 87 Nr. 3 BlnPersVG, der »den Bewilligungs- wie den Versagungs- und Widerrufsfall gleichermaßen erfasst« (so *BVerwG* v. 9. 1. 08 – 6 PB 15.07 –, PersR 08, 216 [zu 1a], unter Hinw. auf *BAG* v. 26. 1. 05 – 10 AZR 331/04 –, PersR 05, 289 [zu II 2b aa]). Anders in Bezug auf die Ablehnung *Ilbertz/Widmaier/Sommer*, Rn. 21.

besteht (vgl. zu diesem **Gesetzes- und Tarifvertragsvorbehalt** § 75 Rn. 72ff.).

36 (**Abs. 2 Nr. 1**) Neben dem eingeschränkten Mitbestimmungsrecht nach Abs. 2 Nr. 6 bei **»allgemeinen Fragen der Fortbildung der Beschäftigten«**, also der Beamten und Arbeitnehmer (vgl. Rn. 48ff.), steht dem PR nach Abs. 2 Nr. 1 auch ein eingeschränktes Mitbestimmungsrecht bei der **»Auswahl der Teilnehmer an Fortbildungsveranstaltungen für Beamte«** zu. Dieses entspricht inhaltlich dem uneingeschränkten Mitbestimmungsrecht bei der »Auswahl der Teilnehmer an Fortbildungsveranstaltungen für Arbeitnehmer« nach § 75 Abs. 3 Nr. 7 (vgl. § 75 Rn. 110ff.). Die Mitbestimmung knüpft an eine **Auswahl**entscheidung an. Findet eine solche nicht statt, kann der Mitbestimmungstatbestand nicht greifen. Gleichwohl kann die Mitbestimmung auch dann zum Zuge kommen, wenn sich nur ein Beschäftigter um eine Fortbildung beworben hat, für die mehrere Beschäftigte in Frage kommen. In diesem Fall trifft die Dienststelle mit der stattgebenden Entscheidung sehr wohl eine Auswahlentscheidung unter Mitbetrachtung möglicher weiterer Kandidaten. Der Schutzzweck der Mitbestimmung nach Abs. 2 Nr. 1 wie nach § 75 Abs. 3 Nr. 7 besteht nämlich darin, dass der PR über eine **gerechte Verteilung der Fortbildungschancen** zu wachen hat[1105] (vgl. § 75 Rn. 112).

37 (**Abs. 2 Nr. 2**) Während der Inhalt von Personalfragebogen für Arbeitnehmer nach § 75 Abs. 3 Nr. 8 der uneingeschränkten Mitbestimmung des PR unterliegt, steht diesem beim Inhalt von **Personalfragebogen für Beamte** nach Abs. 2 Nr. 2 lediglich ein eingeschränktes Mitbestimmungsrecht zu. Für den **Inhalt der Mitbestimmung** nach Abs. 2 Nr. 2 gilt das zu § 75 Abs. 3 Nr. 7 Gesagte grundsätzlich entsprechend (vgl. § 75 Rn. 113ff.). Demnach soll die Beteiligung des PR nach Abs. 2 Nr. 2 v. a. sicherstellen, dass **keine beamtenrechtlich unzulässigen Fragen** gestellt werden (vgl. dazu § 106 Abs. 4 BBG).

38 Die in der Vorgängerfassung des § 90 Abs. 4 S. 2 BBG a. F. ergänzend ergangene Regelung, wonach Fragebogen zur Erhebung personenbezogener Daten der Zustimmung der **obersten Dienstbehörde** bedurften, ist mit dem DNeuG v. 5.2.09[1106] ersatzlos entfallen. Daher ist auch das (weitere) Mitbestimmungsrecht der dort gebildeten zuständigen Personalvertretung (PR, GPR oder HPR) gegenstandslos geworden.

39 (**Abs. 2 Nr. 3**) Während der PR nach § 75 Abs. 3 Nr. 9 bei Beurteilungsrichtlinien für Arbeitnehmer ein uneingeschränktes Mitbestimmungsrecht hat (vgl. § 75 Rn. 116), steht ihm bei **Beurteilungsrichtlinien für Beamte** nach § 76 Abs. 2 Nr. 3 ein eingeschränktes Mitbestimmungsrecht zu. Wenn man von den jeweils betroffenen Beschäftigten absieht, besteht der Unterschied

1105 *BVerwG* v. 7.3.95 – 6 P 7.93 –, PersR 95, 332.
1106 BGBl. I S. 160.

zwischen den beiden Vorschriften nicht im Gegenstand der Beteiligung, sondern lediglich in der Qualität des Mitbestimmungsrechts (vgl. § 69 Rn. 2 u. 39f.). Allerdings weichen die **Rechtsgrundlagen der Beurteilung** der beiden Beschäftigtengruppen erheblich voneinander ab, weil die dienstliche Beurteilung der Beamten in den §§ 48 bis 50 BLV und damit gesetzlich geregelt ist.

Beurteilungsrichtlinien sind **allgemeine Regeln,** die für dienstliche Be- 40
urteilungen (weitere) Beurteilungskriterien schaffen und auch die Bewertungsmethoden im Einzelnen festlegen. Sie sollen die **Objektivierung der Beurteilung** fördern und die **Einhaltung des Gleichheitssatzes** gewährleisten;[1107] sie schaffen damit eine Grundlage für die **Gewährleistung gleichen Zugangs** zu allen öffentlichen Ämtern i. S. d. Art. 33 Abs. 2 GG. Dies ist auch der vorrangige **Schutzzweck** der Mitbestimmung des PR, die aber auch dazu dienen soll, den zu beurteilenden Beschäftigten in seiner **Persönlichkeitssphäre** zu schützen.[1108] Der PR hat nach Abs. 2 Nr. 3 sowohl bei der **erstmaligen Aufstellung,** bei der **späteren Änderung** wie auch bei der **Aufhebung** von Beurteilungsrichtlinien mitzubestimmen. Dabei ist es unerheblich, wie eine solche Richtlinie **bezeichnet** wird und ob sie **schriftlich** oder **mündlich** erlassen werden soll.[1109] Auch **ergänzende** Bestimmungen zu einer bereits vorhandenen Beurteilungsrichtlinie sind mitbestimmungspflichtig, wenn sie mehr als nur erläuternder Natur sind.[1110] Soweit der Gesetzesvorbehalt nicht eingreift, können außer (weiteren) **Beurteilungskriterien** und der **Bewertungsmethode** auch Regelungen des **Beurteilungsverfahrens** Gegenstand von Beurteilungsrichtlinien sein.[1111] Regelungen über **Leistungskontrollen nichttechnischer Art im Vorfeld** von Beurteilungen unterliegen dann der Mitbestimmung, wenn solche Leistungskontrollen in einem einheitlichen Vorgang mit Leistungsbewertungen einhergehen und sich dieser Vorgang als unmittelbare Vorwegnahme eines wesentlichen Teils der nachfolgenden Beurteilung darstellt oder wenn das spätere Gesamtergebnis in vergleichbarer Weise bestimmend geprägt wird.[1112]

Soweit im Rahmen von **Zielvereinbarungssystemen** abstrakte Kriterien für 41
die Feststellung der **Zielerreichung** und für das dabei anzuwendende Verfahren festgelegt werden, handelt es sich auch dabei um Beurteilungsrichtlinien i. S. d. Abs. 2 Nr. 3.[1113] Soll das Ergebnis von Mitarbeitergesprächen in

1107 *BVerwG* v. 11. 12. 91 – 6 P 20.89 –, PersR 92, 202.
1108 *BVerwG* v. 11. 12. 91, a. a. O.
1109 *BVerwG* v. 11. 12. 91, a. a. O.
1110 *BVerwG* v. 15. 2. 80 – 6 P 84.78 –, PersV 80, 241, u. v. 11. 12. 91, a. a. O.
1111 *BVerwG* v. 11. 12. 91, a. a. O.
1112 *BVerwG* v. 11. 12. 91, a. a. O.
1113 Str.; a. A. *VG Karlsruhe* v. 7. 3. 97 – 16 K 1413/96 –, PersR 97, 407; vgl. KfdP-*Baden*, Rn. 96 m. w. N.

die Beurteilung einfließen, so erstreckt sich die Mitbestimmung auch auf deren Gestaltung.[1114] Sind Zielvereinbarungssysteme mit Regelungen über **leistungsbezogene Bezahlungselemente** in der Beamtenbesoldung gekoppelt, ist die uneingeschränkte Mitbestimmung nach **§ 75 Abs. 3 Nr. 4** vorrangig (vgl. § 75 Rn. 99). Ein solcher Vorrang besteht auch bei anderen **Beurteilungsrichtlinien im Rahmen von Entgeltsystemen.**

42 Bei der **Beurteilung im Einzelfall** besteht kein Mitbestimmungsrecht.[1115] Der PR hat auch keinen Anspruch auf Teilnahme am **Beurteilungsgespräch.**[1116] Nach § 68 Abs. 2 S. 4 sind ihm dienstliche Beurteilungen jedoch auf Verlangen des beurteilten Beschäftigten zur Kenntnis zu bringen (vgl. § 68 Rn. 34 ff.).

43 **(Abs. 2 Nr. 4)** Der PR hat bei der **Bestellung von Vertrauens- und Betriebsärzten als Beamte** nach Abs. 2 Nr. 4 und bei der Bestellung von Vertrauens- und Betriebsärzten als Arbeitnehmer nach § 75 Abs. 3 Nr. 10 mitzubestimmen. Die Unterschiede zwischen den beiden Tatbeständen können aufgrund der neueren Rspr. des *BVerfG* und des *BVerwG* als überholt angesehen werden (vgl. § 69 Rn. 40). Beide Vorschriften unterscheiden sich praktisch nur noch darin, dass der zu bestellende Arzt im Falle des § 76 Abs. 2 Nr. 4 Beamter und im Falle des Abs. 3 Nr. 10 Arbeitnehmer ist bzw. sein soll (zum Inhalt der Mitbestimmung vgl. § 75 Rn. 117 ff.). Für **militärische Dienststellen** der Bundeswehr bestimmt § 91 Abs. 3 SG, dass bei der Bestellung von **Soldaten** zu Vertrauens- und Betriebsärzten § 76 Abs. 2 Nr. 4 BPersVG entsprechend gilt und dass dabei nach § 38 Abs. 1 BPersVG zu verfahren, also vom PR gemeinsam zu beraten und zu beschließen ist (vgl. Anh. V A § 91 SG Rn. 3). Auch die Mitbestimmung bei der Bestellung oder Abberufung eines Vertrauens- oder Betriebsarztes als Beamter ist eine **gemeinsame Angelegenheit** der in der Dienststelle vorhandenen Gruppen (str.; vgl. § 38 Rn. 4 ff. u. § 75 Rn. 120).

44 **(Abs. 2 Nr. 5)** Die Vorschrift enthält zwei alternativ aufgeführte selbständige Mitbestimmungstatbestände: in der **ersten Alternative** »Maßnahmen zur Hebung der Arbeitsleistung«, in der **zweiten Alternative** »Maßnahmen zur Erleichterung des Arbeitsablaufs«.[1117] Nach der (allerdings zu kurz greifenden) Rspr. des *BVerwG*[1118] ist diesen beiden Tatbeständen (sowie denen des Abs. 2 Nr. 7 und des § 75 Abs. 3 Nr. 16) gemeinsam, dass sie ausschließlich den **Schutz des einzelnen Beschäftigten bei der Arbeit** zum Gegenstand ha-

1114 *BAG* v. 15. 3. 15 – 1 ABR 48/13 –, NZA 15, 885.

1115 *VG Brem*v. 6. 2. 89 – BV 4/88 –, PersR 89, 279, m. w. N.

1116 *BVerwG* v. 11. 3. 83 – 6 P 23.80 –, PersV 84, 317.

1117 *BVerwG* v. 15. 12. 78 – 6 P 13.78 –, PersV 80, 145; *OVG NW* v. 28. 8. 84 – CL 17/83 –, ZBR 85, 119.

1118 Beschl. v. 30. 8. 85 – 6 P 20.83 –, PersR 85, 184; näher dazu KfdP-*Baden*, Rn. 100 m. w. N.

ben, nicht aber dem **Rationalisierungsschutz** dienen sollen. Die zwei Tatbestände des Abs. 2 Nr. 5 sowie die des Abs. 2 Nr. 7, des § 75 Abs. 3 Nr. 16 und § 78 Abs. 5 können sich **überschneiden.**

Nach der Rspr. des *BVerwG*[1119] ist der Tatbestand »**Maßnahmen zur Hebung der Arbeitsleistung**« wie folgt auszulegen:[1120] Unter **Arbeitsleistung** ist der körperliche Einsatz und der geistige Aufwand zu verstehen, den der Beschäftigte erbringen muss, um das ihm abverlangte Arbeitsergebnis in qualitativer und quantitativer Hinsicht zu erzielen. **Maßnahmen zur Hebung** der Arbeitsleistung sind Maßnahmen, die darauf abzielen, die Effektivität der Arbeit in der vorgegebenen Zeit qualitativ oder quantitativ zu fördern, d. h. die Güte oder Menge der zu leistenden Arbeit zu steigern. **Hebung der Arbeitsleistung** ist die erhöhte Inanspruchnahme des oder der betroffenen Beschäftigten, zu der solche Maßnahmen typischerweise führen. Diese kann in gesteigerten körperlichen Anforderungen oder in einer vermehrten geistig-psychischen Belastung bestehen. Im **Regelfall** kommt es auf die **Zielgerichtetheit** der Maßnahme an, die dann vorliegt, wenn deren unmittelbarer und erklärter Zweck in der Hebung der Arbeitsleistung besteht. Fehlt eine entsprechende (unzweideutig oder sinngemäß zum Ausdruck gebrachte) Absichtserklärung, liegt der Mitbestimmungstatbestand **ausnahmsweise** trotzdem vor, wenn die Hebung **zwangsläufig** und für die Betroffenen **unausweichlich** mit der Maßnahme verbunden ist.[1121] Aufgrund seines **Initiativrechts** nach § 70 Abs. 2 kann der PR einen Antrag stellen, der darauf gerichtet ist, im Einzelnen konkret benannte nach Abs. 2 Nr. 5 Alt. 1 mitbestimmungspflichtige Maßnahmen ganz oder teilweise rückgängig zu machen, auszugleichen oder abzumildern; jedoch ist ein Initiativantrag, der darauf abzielt, einen lediglich global beschriebenen Belastungszustand zu korrigieren, nicht zulässig.[1122] 45

Maßnahmen zur Hebung der Arbeitsleistung können **technischer oder organisatorischer Natur** sein.[1123] Sie können in **allgemeinen Dienstanweisungen** oder in **Einzelanordnungen** enthalten sein. Auch **Zielvereinbarungen**, die von den Beschäftigten unter Vorgabe operativer Ziele eine Steigerung der erwarteten Arbeitsergebnisse bzw. eine Intensivierung von Arbeitstätigkeiten verlangen, können hiernach mitbestimmungspflichtig sein.[1124] Die Maßnahmen müssen sich auf die Arbeitsleistung beziehen. Erforderlich 46

1119 Vgl. u. a. Beschl. v. 28. 12. 98 – 6 P 1.97 –, PersR 99, 271, v. 18. 5. 04 – 6 P 13.03 –, PersR 04, 349, v. 1. 9. 04 – 6 P 3.04 –, PersR 04, 437, v. 9. 1. 08 – 6 PB 15.07 –, PersR 08, 216, u. v. 14. 6. 11 – 6 P 10.10 –, PersR 11, 516.

1120 Näher dazu KfdP-*Baden*, Rn. 101–102a.

1121 Zur Kritik daran vgl. *BVerwG* v. 18. 5. 04, a. a. O.

1122 *BVerwG* v. 9. 1. 08, a. a. O.

1123 Vgl. *VGH BW* v. 3. 7. 79 – XIII 4008/78 –, PersV 82, 18, v. 27. 11. 84 – 15 S 3059/83 –, ZBR 85, 175, u. v. 21. 1. 97 – PL 15/2110/95 –, PersR 97, 217.

1124 Vgl. etwa *VG Mainz* v. 7. 10. 10 – 2 L 815/10. MZ –, PersR 11, 76.

ist eine **Leistungsverdichtung** innerhalb einer bestimmten Zeiteinheit, also mehr Arbeitsmenge in gleicher Zeit oder gleiche Arbeitsmenge in weniger Zeit.[1125] Ob eine Hebung der Arbeitsleistung vorliegt, ist durch einen **Vergleich der** auf dem konkreten Arbeitsplatz oder Dienstposten anfallenden **Arbeitsbelastung vor und nach der Maßnahme** festzustellen.[1126] Die Mitbestimmung nach Abs. 2 Nr. 5 erstreckt sich nicht auf Handlungen, die der **Vorbereitung erst später beabsichtigter Maßnahmen** zur Hebung der Arbeitsleistung dienen. Das gilt z.B. für Leistungskontrollen mittels Strichlisten[1127] oder für Arbeitsplatzuntersuchungen,[1128] bei denen jedoch Abs. 2 Nr. 2 bzw. § 75 Abs. 3 Nr. 8 oder § 75 Abs. 3 Nr. 17 eingreifen können. Mitbestimmungspflichtig ist dagegen eine **probeweise oder befristet eingeführte Maßnahme** zur Hebung der Arbeitsleistung (vgl. Rn. 35).

47 Nach der Rspr. des *BVerwG*[1129] ist der Tatbestand **»Maßnahmen zur Erleichterung des Arbeitsablaufs«** wie folgt auszulegen:[1130] **Arbeitsablauf** ist die funktionelle, räumliche und zeitliche Abfolge der verschiedenen unselbständigen Arbeitsvorgänge (Arbeitsschritte) und der äußere Verlauf jedes einzelnen dieser Arbeitsvorgänge. Maßnahmen zur **Erleichterung des Arbeitsablaufs** sind Maßnahmen, die in den Hergang der Arbeit eingreifen, um dem Beschäftigten einzelne Verrichtungen zu erleichtern, etwa durch Vereinfachung der zu erfüllenden Arbeitsaufgabe oder durch die Gestellung von technischen Hilfsmitteln. Die Maßnahmen müssen **darauf abzielen**, Art oder Maß der Beanspruchung eines oder mehrerer Beschäftigter zu mindern, um die gewonnene Arbeitszeit durch Übertragung zusätzlicher Aufgaben nutzen zu können,[1131] mit der Folge, dass die rationellere Gestaltung des Arbeitsablaufs typischerweise zu einer **höheren Beanspruchung** der daran beteiligten Beschäftigten führt.[1132]

48 **(Abs. 2 Nr. 6)** Nach Abs. 2 Nr. 6 hat der PR bei **»allgemeinen Fragen der Fortbildung der Beschäftigten«**, also der Beamten und der Arbeitnehmer mitzubestimmen. Der Begriff der **Fortbildung** ist personalvertretungsrechtlich gleichbedeutend mit dem der **Weiterbildung.**[1133] Die Mitbestimmung nach Abs. 2 Nr. 6 bezieht sich in erster Linie auf die **berufliche Fortbildung,**

1125 *BVerwG* v. 23.1.96 – 6 P 54.93 –, PersR 96, 199.
1126 *BayVGH* v. 8.9.93 – 18 P 93.2226 –, PersR 94, 172; *VGH BW* v. 21.1.97, a.a.O.
1127 *VGH BW* v. 14.12.82 – 15 S 1489/82 –, ZBR 84, 55.
1128 *VGH BW* v. 11.3.80 – XIII 402/79 –, ZBR 81, 231.
1129 Vgl. Beschl. v. 30.8.85 – 6 P 20.83 –, PersR 85, 184, u. v. 14.6.11 – 6 P 10.10 –, PersR 11, 516.
1130 Näher dazu KfdP-*Baden*, Rn. 109.
1131 *BVerwG* v. 19.6.90 – 6 P 3.87 –, PersR 90, 259, u. v. 14.6.11, a.a.O.
1132 *BVerwG* v. 19.5.03 – 6 P 16.02 –, PersR 03, 314.
1133 St. Rspr. des *BVerwG;* vgl. Beschl. v. 10.2.67 – VII P 6.66 –, PersV 67, 179, v. 19.10.83 – 6 P 16.81 –, Buchh 238.31 § 79 Nr. 4, u. v. 19.9.88 – 6 P 28.85 –, PersR 88, 300.

erstreckt sich im Hinblick auf den Schutzzweck der Mitbestimmung (vgl. Rn. 51) aber auch auf die **politische und allgemeine Weiterbildung** (str.; vgl. Rn. 50).

Die **berufliche Fortbildung** ist ein Teilbereich der Berufsbildung (vgl. § 1 Abs. 1 BBiG). Nach der für **Arbeitnehmer** bedeutsamen **berufsbildungsrechtlichen Definition** soll sie es ermöglichen, die durch die Berufsausbildung erworbene berufliche Handlungsfähigkeit zu erhalten und anzupassen oder zu erweitern und beruflich aufzusteigen (§ 1 Abs. 4 BBiG). Die für die **Beamten** geltenden **laufbahnrechtlichen Vorschriften** wurden mit der Neufassung der BLV v. 12. 2. 09[1134] konkretisiert. § 47 BLV spricht nunmehr umfassend von »dienstlicher Qualifizierung«; diese gliedert sich in eine sog. Erhaltungs- und Anpassungsqualifizierung (Abs. 1 Nr. 1), die der Erhaltung und Verbesserung der für die Aufgabenwahrnehmung in der bisherigen Funktionsebene erforderlichen Qualifikation dient, und die Förderungsqualifizierung (Abs. 1 Nr. 2) zur Vorbereitung auf die Übernahme höher bewerteter Dienstposten. Letztere umfasst auch die Führungskräftefortbildung. Die Unterteilung soll allerdings nur die typischen Fallkonstellationen abbilden und ist nicht abschließend (»insbesondere«), so dass auch andere Qualifizierungsmaßnahmen erfasst sind. Demnach versteht das Laufbahnrecht ebenso wie das Berufsbildungsrecht unter beruflicher Fortbildung sowohl die **Anpassungsfortbildung** als auch die **Aufstiegsfortbildung**. Diesem Verständnis wird die bisherige überwiegende **verwaltungsgerichtliche Rspr.** noch nicht vollständig gerecht, wenn sie die Anpassungsfortbildung nur z. T. als mitbestimmungspflichtig ansieht. Nach Ansicht des *BVerwG*[1135] betrifft die Fortbildung alle Maßnahmen, die an den vorhandenen Wissensgrundstock anknüpfen, fachliche und berufliche Kenntnisse vertiefen und aktualisieren und die ein Mehr an Kenntnissen vermitteln, als für den Eintritt in die Laufbahn bzw. für die Befähigung zur Ausübung der dem Beschäftigten übertragenen Arbeit erforderlich ist.[1136] Dabei wird u. a. verlangt, dass die Fortbildung es dem Teilnehmer ermöglicht, Kenntnisse und Fähigkeiten zu erwerben, die über die bloße fehlerfreie und ordnungsgemäße Wahrnehmung seiner jetzigen Aufgabe hinausgehen und ihm eine zusätzliche Qualifikation vermitteln.[1137] Dagegen wird eine **fachliche Unterrichtung** zur Aufrechterhaltung des bisherigen, bereits durch die Ausbildung erworbenen Leistungsstandes oder zur Einführung in technische, organisatorische oder rechtliche Neuerungen des Dienstbetriebs als mitbestimmungs- 49

1134 BGBl. I S. 284.

1135 Beschl. v. 27. 11. 91 – 6 P 7.90 –, PersR 92, 147, m. w. N.

1136 Vgl. auch *BVerwG* v. 19. 9. 88 – 6 P 28.85 –, PersR 88, 300, v. 17. 10. 02 – 6 P 3.02 –, PersR 03, 116, u. v. 16. 10. 13 – 6 PB 20.13 – PersR 14, 226; *VGH BW* v. 31. 3. 92 – 15 S 551/91 –, PersR 93, 129; *OVG NW* v. 30. 4. 08 – 1 A 3344.06.PVB –, n. v.

1137 *BVerwG* v. 27. 11. 91, a. a. O.

frei angesehen.[1138] Dem kann jedoch nicht gefolgt werden, soweit es nicht nur um die **Einweisung** eines Beschäftigten an einem bestimmten Arbeitsplatz oder an einem Arbeitsgerät geht.[1139] Auch bereits die Schulung zum »Multiplikator«, dessen Aufgabe es sein soll, das erworbene Wissen anschließend an andere Mitarbeiter weiterzugeben, stellt eine qualifizierende berufliche Fortbildung dar, weil dem **Multiplikator** im Hinblick auf die ihm zugedachte Aufgabe ein Mehr an Kenntnissen vermittelt werden muss, welches ihn anschließend vor anderen Beschäftigten auszeichnet.[1140]

50 Der mit dem Begriff der Fortbildung i. S. d. Abs. 2 Nr. 6 identische Begriff der Weiterbildung umfasst außer der beruflichen Fortbildung (bzw. Weiterbildung) auch **die allgemeine und die politische Weiterbildung** (vgl. Rn. 48), für deren rechtliche Ausgestaltung den Ländern die Gesetzgebungskompetenz zusteht (zur Terminologie vgl. z. B. die Definitionen in § 3 Abs. 3 und 4 Weiterbildungsgesetz Schleswig-Holstein [WBG] v. 6. 3. 12[1141]). Der PR hat nach Abs. 2 Nr. 6 mitzubestimmen, sofern und soweit die Dienststelle den Beschäftigten die Teilnahme an Veranstaltungen zur allgemeinen oder politischen Weiterbildung anbieten will.[1142]

51 Die Mitbestimmung nach Abs. 2 Nr. 6 dient dem **Zweck,** für eine gerechte Verteilung der Fortbildungschancen zu sorgen.[1143] Sie bezieht sich auf **»allgemeine Fragen«**. Gegenstand der Mitbestimmung sind **generelle Regelungen** insb. über das Fortbildungsangebot der Dienststelle, die Art der Durchführung und den sachlichen und zeitlichen Umfang der Fortbildungsmaßnahmen, die Festlegung des Teilnehmerkreises, die Teilnehmerzahlen und die Teilnahmebedingungen sowie die Zuständigkeit für Organisation und Auswahl.[1144] Der Sache nach sind auch Grundsätze für die Auswahl der Teilnehmer an Fortbildungsveranstaltungen allgemeine Fragen der Fortbildung; jedoch gelten dafür die Spezialvorschriften des Abs. 2 Nr. 1 und des § 75 Abs. 3 Nr. 7 (vgl. Rn. 36). Regelungen der **Kostenerstattung** und des **Freizeitausgleichs** im Zusammenhang mit der Teilnahme an Fortbildungsveranstaltungen sollen dagegen nicht mitbestimmungspflichtig sein, weil sie

---

1138 Beispiele in *BVerwG* v. 27. 11. 91, v. 17. 10. 02 u. v. 16. 10. 13 sowie *VGH BW* v. 31. 3. 92, jew. a. a. O.; *OVG NW* v. 24. 8. 77 – CL 3/77 –, PersV 80, 156; *HessVGH* v. 10. 1. 90 – BPV TK 3242/89 –, PersR 91, 60.

1139 Weitergehend auch *VG Frankfurt a. M.* v. 10. 9. 07 – 23 L 1680/07 –, PersR 07, 527.

1140 *OVG NW* v. 30. 4. 08, a. a. O.; s. auch *VG Köln* v. 24. 9. 09 – 33 K 8326.08.PVB –, n. v.

1141 GVOBl. S. 282.

1142 Vgl. KfdP-*Baden*, Rn. 110 u. 113.

1143 Vgl. *BVerwG* v. 7. 3. 95 – 6 P 7.93 –, PersR 95, 332, u. v. 17. 10. 02 – 6 P 3.02 –, PersR 03, 116.

1144 *OVG NW* v. 11. 11. 82 – CL 11/81 –, ZBR 83, 310; *VGH BW* v. 31. 3. 92 – 15 S 551/91 –, PersR 93, 129.

keine **unmittelbare Regelung** einer allgemeinen Frage der Fortbildung beinhalten.[1145] Diese Rspr. ist aber **zu eng.**[1146] Im Hinblick auf den **Schutzzweck** der Mitbestimmung (die gerechte Verteilung der Fortbildungschancen zu gewährleisten) muss sich die Mitbestimmung (wie bei Fragen der Lohngestaltung nach § 75 Abs. 3 Nr. 4) zumindest auch auf die allgemeine Frage erstrecken, nach welchen Grundsätzen die für die Fortbildung zur Verfügung stehenden Mittel auf die Beschäftigten der Dienststelle verteilt werden[1147] (vgl. § 75 Rn. 96).

(**Abs. 2 Nr. 7**) Die Mitbestimmung bei der **Einführung grundlegend neuer Arbeitsmethoden** dient nach der (zu engen) Rspr. des *BVerwG*[1148] ausschließlich dem **Schutz des einzelnen Beschäftigten bei der Arbeit** (vgl. Rn. 44). **Überschneidungen** mit den Tatbeständen des § 75 Abs. 3 Nr. 16, des Abs. 2 Nr. 5 und des § 78 Abs. 5 sind möglich. Nach der Rspr. des *BVerwG* fallen unter den Begriff der **Arbeitsmethode** die Regeln, welche die Ausführung des Arbeitsablaufs (vgl. Rn. 47) durch den Menschen bei einem bestimmten Arbeitsverfahren betreffen und besagen, in welcher Art und Weise der Mensch an dem Arbeitsablauf beteiligt ist bzw. sein soll.[1149] Damit wird festgelegt, auf welchem Bearbeitungsweg und mit welchen Arbeitsmitteln durch welche Beschäftigten die Aufgaben der Dienststelle erfüllt werden sollen.[1150] Ob eine »**neue**« **Arbeitsmethode** eingeführt wird, ist aus der Sicht derjenigen Beschäftigten zu beurteilen, welche die Arbeitsmethode anzuwenden haben.[1151] Maßgebend ist, dass die einzuführende Arbeitsmethode von den tatsächlich betroffenen Beschäftigten in einem bestimmten Abschnitt des Arbeitsablaufs bisher nicht angewandt worden ist.[1152] Um eine »**grundlegend neue**« Arbeitsmethode handelt es sich, wenn die Arbeitsweise und der Arbeitsablauf sich in wesentlichen Punkten derart ändern, dass die Arbeit qualitativ anders als bisher zu erbringen ist und spürbar andere Anforderungen an die Beschäftigten stellt, also wenn eine neue Arbeitsmethode 52

1145 *OVG NW* v. 27. 10. 99 – 1 A 5100/97.PVL –, PersR 00, 169; vgl. auch *BVerwG* v. 15. 12. 94 – 6 P 19.92 –, PersR 95, 207, u. *OVG Bln* v. 13. 2. 98 – OVG 60 PV 11.96 – PersR 98, 476.

1146 Vgl. KfdP-*Baden*, Rn. 114 m. w. N.

1147 In diesem Sinne *OVG NW* v. 29. 6. 12 – 20 A 654/11.PVL –, PersV 12, 430 = PersR 13, 51 Ls., zur Mitbestimmung bei Festsetzung abteilungsbezogener Fort- und Weiterbildungsbudgets.

1148 Beschl. v. 30. 8. 85 – 6 P 20.83 –, PersR 85, 184.

1149 Beschl. v. 15. 12. 78 – 6 P 13.78 –, PersV 80, 145, u. v. 14. 6. 11 – 6 P 10.10 –, PersR 11, 516 [zu II 7].

1150 *BVerwG* v. 30. 8. 85, a. a. O., v. 30. 1. 86 – 6 P 19.84 –, PersR 86, 132, v. 14. 3. 86 – 6 P 10.83 –, PersR 86, 195, v. 27. 11. 91 – 6 P 7.90 –, PersR 92, 147, u. v. 14. 6. 11 – 6 P 10.10 –, PersR 11, 516.

1151 *BVerwG* v. 27. 11. 91, a. a. O.

1152 Vgl. Richardi-*Kersten*, Rn. 159; *BVerwG* v. 14. 6. 11, a. a. O. (»im Dienststellenbereich erstmals angewandt«).

für die von ihr betroffenen Beschäftigten ins Gewicht fallende körperliche oder geistige Auswirkungen hat.[1153] Soll eine grundlegend neue Arbeitsmethode zunächst nur **probeweise** eingeführt werden, so ist auch dies mitbestimmungspflichtig.[1154]

53 (**Abs. 2 Nr. 8**) Nach dieser dem § 95 Abs. 1 S. 1 BetrVG nachgebildeten Vorschrift hat der PR mitzubestimmen über »**Erlass von Richtlinien über die personelle Auswahl bei Einstellungen, Versetzungen, Umgruppierungen und Kündigungen«.** Auswahlrichtlinien enthalten **abstrakt-generelle Regelungen** (vgl. Rn. 55–57). Sie bezwecken, die auf ihrer Grundlage getroffenen Einzelentscheidungen zu versachlichen und für die davon Betroffenen besser durchschaubar zu machen.[1155] Solche Richtlinien sind Grundsätze, die für eine Mehrzahl von personellen Entscheidungen positiv oder negativ vorwegnehmend festlegen, welche Kriterien im Zusammenhang mit den zu beachtenden fachlichen und persönlichen Voraussetzungen und sozialen Gesichtspunkten in welcher Weise zu berücksichtigen sind.[1156] Abs. 2 Nr. 8 bezieht sich auf **alle Beschäftigten,** die von den in dieser Vorschrift genannten Personalmaßnahmen betroffen sein können (vgl. Rn. 54). Sie können (mit Zustimmung des PR oder auf dessen Antrag) als **Anordnung** des Dienststellenleiters erlassen oder als **Dienstvereinbarung** abgeschlossen werden (vgl. Rn. 35).

54 Bei der Schaffung des Mitbestimmungstatbestandes des Abs. 2 Nr. 8 hat der Gesetzgeber die **Terminologie** des § 95 Abs. 1 S. 1 BetrVG unverändert in das BPersVG übernommen und dabei nicht hinreichend berücksichtigt, dass dieses in zwei wichtigen, für die Mitbestimmung des PR bei Auswahlrichtlinien relevanten Punkten inhaltlich vom BetrVG abweicht: Zum einen bezieht sich die **Mitbestimmung des PR bei Auswahlrichtlinien** nach dem Text des Abs. 2 Nr. 8 und der Gesetzessystematik eindeutig nicht nur auf **Arbeitnehmer,** sondern auch auf **Beamte.** Zum anderen sind jene mit einer personellen Auswahl verbundenen **personellen Einzelmaßnahmen,** die nach dem BPersVG mitbestimmungspflichtig sind und die den in § 95 Abs. 1 S. 1 BetrVG aufgeführten Maßnahmen entsprechen, teilweise mit **vom BetrVG abweichenden Bezeichnungen** versehen. Im Einzelnen bestehen folgende Gemeinsamkeiten und Abweichungen: Der »**Einstellung**« von Arbeitnehmern nach § 99 BetrVG entspricht die Einstellung von Arbeitnehmern und Beamten nach § 75 Abs. 1 Nr. 1 bzw. § 76 Abs. 1 Nr. 1 BPersVG. Der »**Versetzung**« von Arbeitnehmern nach § 99 i. V. m. 95 Abs. 3 BetrVG entsprechen die Versetzung zu einer anderen Dienststelle, die mit einem

1153 *BVerwG* v. 30. 8. 85, v. 27. 11. 91 u. v. 14. 6. 11, jew. a. a. O.

1154 So zu einem Betriebsversuch *BVerwG* v. 15. 12. 78, a. a. O., und zu einem Modellversuch *BVerwG* v. 7. 2. 80 – 6 P 35.78 –, PersV 80, 238.

1155 *BVerwG* v. 5. 9. 90 – 6 P 27.87 –, PersR 90, 332.

1156 *BVerwG* v. 19. 5. 03 – 6 P 16.02 –, PersR 03, 314, m. w. N.

Wechsel des Dienstorts verbundene Umsetzung und die Abordnung von Arbeitnehmern und Beamten nach § 75 Abs. 1 Nr. 3 und 4 bzw. § 76 Abs. 1 Nr. 4 und 5 BPersVG. Der »**Umgruppierung**« von Arbeitnehmern nach § 99 BetrVG entsprechen die Höher- und Rückgruppierung von Arbeitnehmern nach § 75 Abs. 1 Nr. 2 BPersVG sowie die Beförderung von Beamten und die ihr gleichstehenden Maßnahmen nach § 76 Abs. 1 Nr. 2 BPersVG. Bei der Umgruppierung i. S. d. § 95 Abs. 1 S. 1 BetrVG geht es um die ihr vorgelagerte personelle Auswahl und damit um die **Übertragung einer anders bewerteten Tätigkeit.**[1157] Dem entspricht die Übertragung einer höher oder niedriger zu bewertenden Tätigkeit bei Arbeitnehmern und Beamten nach § 75 Abs. 1 Nr. 2 bzw. § 76 Abs. 1 Nr. 2 und 3 BPersVG. Der »**Kündigung**« von Arbeitnehmern nach § 102 BetrVG entspricht die Kündigung von Arbeitnehmern nach § 79 Abs. 1 und 3 BPersVG und die Entlassung von Beamten nach § 78 Abs. 1 Nr. 4 und § 79 Abs. 3 BPersVG. Dem in der wörtlichen Übernahme der Bezeichnung der Auswahlrichtlinien zum Ausdruck kommenden Willen des Gesetzgebers, das BPersVG hinsichtlich der Mitbestimmung beim Erlass dieser Richtlinien an das BetrVG anzugleichen, ist dadurch Rechnung zu tragen, dass der PR bei allen Richtlinien mitzubestimmen hat, die sich auf die personelle Auswahl bei **allen personellen Einzelmaßnahmen für Arbeitnehmer und Beamte** beziehen, die den in § 99 Abs. 1 S. 1 BetrVG genannten personellen Einzelmaßnahmen (auch bei abweichender Bezeichnung) inhaltlich entsprechen (enger aber die h. M., die hinsichtlich der Beamten Auswahlrichtlinien nur in Bezug auf Einstellungen und Versetzungen für mitbestimmungspflichtig hält;[1158] vgl. auch Rn. 57a).

Der PR hat nach Abs. 2 Nr. 8 darüber mitzubestimmen, **ob** eine Auswahlrichtlinie erlassen werden und welchen **Inhalt** sie haben soll. Hinsichtlich des Inhalts erstreckt sich seine Mitbestimmung nicht nur auf die Festlegung aller, mehrerer oder einzelner **Entscheidungskriterien,** sondern auch auf das **Verfahren,** in dem das Vorliegen dieser Entscheidungsvoraussetzungen festgestellt wird.[1159] Dabei handelt es sich aber nur um eine **Annexkompetenz,** die dann eingreift, wenn materielle Auswahlkriterien festgelegt werden.[1160] 55

In Auswahlrichtlinien für **Einstellungen, Versetzungen und Umgruppierungen** können u. a. folgende **Kriterien** festgelegt werden: in **fachlicher** Hinsicht v. a. Schulbildung, Berufsbildung, abgelegte Prüfungen, erworbene 56

1157 *BVerwG* v. 21. 3. 05 – 6 PB 8.04 –, PersR 05, 237; *BAG* v. 10. 12. 02 – 1 ABR 27/01 –, AP BetrVG 1972 § 95 Nr. 42.

1158 Vgl. KfdP-*Baden*, Rn. 126 m. N.

1159 *BVerwG* v. 5. 9. 90 – 6 P 27.87 –, PersR 90, 332, u. v. 19. 5. 03 – 6 P 16.02 –, PersR 03, 314.

1160 *BVerwG* v. 19. 5. 03, a. a. O.

Kenntnisse und Fertigkeiten, beruflicher Werdegang, aber auch das **Anforderungsprofil**;[1161] in **persönlicher** Hinsicht z. B. Alter, Zuverlässigkeit, arbeitsmedizinische Anforderungen, Berücksichtigung von Frauen in Bereichen, in denen sie geringer repräsentiert sind als Männer; auch eine »schwarze Liste« schafft eine Auswahlrichtlinie;[1162] in **sozialer** Hinsicht z. B. Familienstand, Unterhaltspflichten, bei Versetzungen und Umgruppierungen Dauer der Zugehörigkeit zur Dienststelle, ferner Umsetzung der Grundsätze des § 67 Abs. 1 S. 1 und des § 68 Abs. 1 Nr. 4 und 6. Nach der Rspr. des *BVerwG*[1163] müssen sich **Verfahrensregelungen** auf einen Bewerberkreis beziehen, der im geregelten Verfahrensgang jeweils schon vorhanden ist; dem kann aber für die Festlegung des Anforderungsprofils nicht gefolgt werden, weil dadurch auch die Bewerberauswahl gesteuert wird. Abgesehen davon kann in Verfahrensregelungen v. a. Folgendes festgelegt werden: zu verwertende Unterlagen, Durchführung von Eignungstests (einschl. Erstellung von Testbogen, Definition von Wertungspunkten und Ergebnisberichten), Gewichtung der Auswahlgesichtspunkte, Bestimmung der mit der Durchführung und Bewertung zu beauftragenden Personen.

57 Auswahlrichtlinien für **Kündigungen der Arbeitsverhältnisse von Arbeitnehmern** können für alle Arten von Kündigungen erlassen werden, wobei sie für betriebsbedingte Kündigungen die größte praktische Bedeutung haben.[1164] Sie dienen v. a. dazu, die nach § 1 KSchG zu berücksichtigenden Auswahlkriterien zu konkretisieren.[1165] Legt eine Richtlinie fest, wie im Falle der Kündigung aus dringenden betrieblichen Erfordernissen bei der Auswahl von Arbeitnehmern die sozialen Gesichtspunkte nach § 1 Abs. 3 S. 1 KSchG (Dauer der Betriebszugehörigkeit, Lebensalter, Unterhaltspflichten, Schwerbehinderung) im Verhältnis zueinander zu bewerten sind, bedeutet dies für den Kündigungsschutz der betroffenen Arbeitnehmer, dass nach § 1 Abs. 4 KSchG die soziale Auswahl im Kündigungsschutzprozess nur auf grobe Fehlerhaftigkeit überprüft werden kann.[1166]

57a Da das Beamtenrecht keine »Kündigung« kennt und **Entlassungen von Beamten** – soweit sie statthaft sind (insb. bei Widerrufs- und Probebeamten;

1161 Letzteres str.; a. A. *BAG* v. 31. 5. 83 – 1 ABR 6/80 – u. v. 31. 1. 84 – 1 ABR 63/81 –, AP BetrVG 1972 § 95 Nr. 2 u. 3; *OVG NW* v. 8. 11. 88 – CL 43/86 –, PersR 89, 330; *VGH BW* v. 15. 5. 97 – PB 15 S 145/97 –, PersR 97, 403; vgl. KfdP-*Baden*, Rn. 129 m. w. N.

1162 *VG Wiesbaden* v. 17. 3. 10 – 23 K 43.10. WI.PV –, PersR 11, 343.

1163 Beschl. v. 5. 9. 90 – 6 P 27.87 –, PersR 90, 332.

1164 Str.; vgl. KfdP-*Baden*, Rn. 130 m. w. N.

1165 Vgl. *BAG* v. 26. 7. 05 – 1 ABR 29/04 –, AP BetrVG 1972 § 95 Nr. 43: Punkteschema.

1166 Vgl. *BAG* v. 18. 10. 06 – 2 AZR 473/05 –, AP KSchG 1969 § 1 Soziale Auswahl Nr. 86, u. v. 5. 6. 08 – 2 AZR 907/06 –, AP KSchG 1969 § 1 Betriebsbedingte Kündigung Nr. 179.

vgl. §§ 31–37 BBG) – gesetzlichen, einzelfallbezogenen Vorgaben folgen und damit jedenfalls für eine »Auswahl« unter mehreren in Betracht kommenden Personen kein Raum ist, dürften auf Entlassungen von Beamten bezogene Auswahlrichtlinien ausscheiden.[1167]

(**Abs. 2 Nr. 9**) Nach Abs. 2 Nr. 9 hat der PR über die **Geltendmachung von Ersatzansprüchen gegen einen Beschäftigten** mitzubestimmen. Der Tatbestand umfasst sowohl das Stadium der Prüfung und Feststellung, ob überhaupt ein Ersatzanspruch gegen einen Beschäftigten besteht, als auch den weiteren Schritt der Prüfung der Rechtmäßigkeit der Durchsetzung des festgestellten Ersatzanspruchs.[1168] Dabei steht dem PR eine vollständige **rechtliche Mitbeurteilung** zu.[1169] Zu den Ersatzansprüchen i. S. d. Abs. 2 Nr. 9 gehören **Schadensersatzansprüche,** die der Dienstherr bzw. Arbeitgeber gegen einen Beschäftigten geltend machen will. Ein Anspruch des Dienstherrn bzw. Arbeitgebers auf **Rückzahlung überzahlter Bezüge** ist kein Ersatzanspruch i. S. d. Abs. 2 Nr. 9, wenn er auf die Herausgabe einer ungerechtfertigten Bereicherung gestützt wird.[1170] Ein Mitbestimmungsrecht nach Abs. 2 Nr. 9 ist aber dann zu bejahen, wenn eine Überzahlung maßgeblich auf Pflichtwidrigkeiten des Beschäftigten zurückzuführen ist und deshalb statt des Bereicherungsanspruchs ein Schadensersatzanspruch geltend gemacht werden soll.[1171] Der Tatbestand des Abs. 2 Nr. 9 liegt vor, sobald sich die Dienststelle dazu entschlossen hat, einen Ersatzanspruch gegen einen Beschäftigten geltend zu machen.[1172] Dafür ist die **Form der Geltendmachung** gleichgültig. Es kommt v. a. die **Aufrechnung**, die Erhebung einer **Leistungsklage** und gegenüber einem Beamten der Erlass eines **Leistungsbescheides** in Betracht.[1173] Es genügt aber auch die **Mitteilung** der Dienststelle an den Beschäftigten, dass sie einen bestimmten Anspruch gegen ihn für gegeben hält, ohne dass dies mit einer Zahlungsaufforderung verbunden sein muss.[1174] 58

Gemäß Abs. 2 S. 2 Hs. 1 bestimmt der PR nach Abs. 2 Nr. 9 nur **auf Antrag des Beschäftigten** mit. Damit dieser sein Antragsrecht ausüben kann, hat die Dienststelle ihn gem. Abs. 2 S. 2 Hs. 2 von der beabsichtigten Maßnahme rechtzeitig vorher **in Kenntnis zu setzen.** Bei dieser Unterrichtung hat die Dienststelle den Beschäftigten auch auf die Möglichkeit hinzuweisen, die Mitbestimmung des PR zu beantragen. Dafür und für die Ausübung des 59

1167 Vgl. KfdP-*Baden*, Rn. 130b m. N.
1168 *BVerwG*v. 19.12.90 – 6 P 24.88 –, PersR 91, 133.
1169 Vgl. *HmbOVG* v. 25.11.97 – OVG Bs PH 5/96 –, PersR 98, 473.
1170 *BVerwG* v. 27.1.06 – 6 P 5.05 –, PersR 06, 212.
1171 *BVerwG* v. 27.1.06, a. a. O.
1172 *OVG NW* v. 25.2.80 – CL 28/79 –, RiA 80, 194.
1173 Näher dazu KfdP-*Baden*, Rn. 134.
1174 *BVerwG* v. 24.4.02 – 6 P 4.01 – u. v. 2.6.10 – 6 P 9.09 –, PersR 02, 398, u. 10, 354.

Antragsrechts gilt das zu § 78 Abs. 2 S. 2 Gesagte entsprechend (vgl. § 78 Rn. 23).

60 Die **Verjährung** von Ersatzansprüchen wird durch die Einleitung des Mitbestimmungsverfahrens nicht gehemmt. Das gilt auch für eine tarifvertragliche **Ausschlussfrist.**[1175] Um die drohende Verjährung abzuwenden, kann nach der Rspr. des *BVerwG*[1176] gegenüber einem Beamten ein Leistungsbescheid als **vorläufige Regelung** i. S. d. § 69 Abs. 5 erlassen werden, wenn er die Vollstreckung bis zum Abschluss des Mitbestimmungsverfahrens aussetzt (vgl. § 69 Rn. 41 ff.).

61 (**Abs. 2 Nr. 10**) Die Vorschrift ist durch das **Zweite Gleichberechtigungsgesetz** (2. GleiBG) v. 24. 6. 94[1177] in das BPersVG eingefügt worden. Sie bezog sich ursprünglich auf die Vorschriften des in Art. 1 des 2. GleiBG enthaltenen **Frauenfördergesetzes** (FGG). Das FFG ist inzwischen durch das **Gleichstellungsdurchsetzungsgesetz** (DGleiG) v. 30. 11. 01[1178] aufgehoben und durch das in Art. 1 des DGleiG enthaltene **Bundesgleichstellungsgesetz** (BGleiG) ersetzt worden. Dabei ist die Vorschrift des Abs. 2 Nr. 10 zwar in ihrem Wortlaut unverändert geblieben, inhaltlich bezieht sie sich nun aber auf Maßnahmen, die der **Förderung der Gleichstellung von Frauen und Männern** i. S. d. BGleiG dienen. Sie ergänzt die in § 68 Abs. 1 Nr. 5a festgelegte allgemeine Aufgabe der Personalvertretung (vgl. § 68 Rn. 19) durch ein **umfassendes Mitbestimmungsrecht** des PR bei allen Maßnahmen, die der Durchsetzung der tatsächlichen Gleichberechtigung bzw., in den Worten des § 1 Abs. 1 BGleiG, der Gleichstellung von Frauen und Männern sowie der Beseitigung bestehender und der Verhinderung künftiger Diskriminierungen wegen des Geschlechts dienen. Mitbestimmungspflichtig sind somit nicht nur die in Abs. 2 Nr. 10 beispielhaft genannten Maßnahmen, sondern **alle Maßnahmen zur Gleichstellung** von Frauen und Männern (vgl. §§ 5–11 BGleiG) sowie **zur Vereinbarkeit von Familie und Erwerbstätigkeit** für Frauen und Männer (vgl. §§ 12–15 BGleiG). Besondere Bedeutung kommt dabei der Aufstellung des **Gleichstellungsplans** gem. § 11 BGleiG zu, der dem früheren Frauenförderplan gem. § 4 FFG entspricht. Alle diese Maßnahmen können nach § 73 Abs. 1 Gegenstand von **Dienstvereinbarungen** sein.[1179] Im Rahmen seines **Initiativrechts** nach § 70 Abs. 2 ist der PR berechtigt, entsprechende Maßnahmen vorzuschlagen. Der Mitbestimmungstatbestand kann auch bei **Einzelfallentscheidungen** greifen, wenn diese einen Gleichberechtigungsbezug haben, etwa bei der Umsetzung einer

---

1175 Vgl. KfdP-*Baden*, Rn. 137.
1176 Beschl. v. 25. 10. 79 – 6 P 53.78 –, PersV 81, 203, u. v. 26. 3. 14 – 6 PB 7.14 –, juris.
1177 BGBl. I S. 1406, ber. S. 2103.
1178 BGBl. I S. 3234.
1179 Vgl. *BVerwG* v. 31. 1. 08 – 2 C 31.06 –, PersR 08, 212, zu einer Dienstvereinbarung über »alternierende Telearbeit«.

Frau, wenn diese Maßnahme nach der eindeutigen Zweckrichtung der Auswahlentscheidung deren beruflichem Aufstieg dienen soll.[1180]

§ 77 [Mitbestimmung in Personalangelegenheiten – besondere Gruppen von Beschäftigten, Versagungskatalog]

(1) [1]In Personalangelegenheiten der in § 14 Abs. 3 bezeichneten Beschäftigten, der Beamten auf Zeit, der Beschäftigten mit überwiegend wissenschaftlicher oder künstlerischer Tätigkeit bestimmt der Personalrat nach § 75 Abs. 1, § 76 Abs. 1 nur mit, wenn sie es beantragen. [2]§ 75 Abs. 1 und 3 Nr. 14, § 76 Abs. 1 gelten nicht für die in § 54 Abs. 1 des Bundesbeamtengesetzes bezeichneten Beamten und für Beamtenstellen von der Besoldungsgruppe A 16 an aufwärts.

(2) Der Personalrat kann in den Fällen des § 75 Abs. 1 und des § 76 Abs. 1 seine Zustimmung verweigern, wenn

1. **die Maßnahme gegen ein Gesetz, eine Verordnung, eine Bestimmung in einem Tarifvertrag, eine gerichtliche Entscheidung, den Frauenförderplan oder eine Verwaltungsanordnung oder gegen eine Richtlinie im Sinne des § 76 Abs. 2 Nr. 8 verstößt oder**
2. **die durch Tatsachen begründete Besorgnis besteht, daß durch die Maßnahme der betroffene Beschäftigte oder andere Beschäftigte benachteiligt werden, ohne daß dies aus dienstlichen oder persönlichen Gründen gerechtfertigt ist, oder**
3. **die durch Tatsachen begründete Besorgnis besteht, daß der Beschäftigte oder Bewerber den Frieden in der Dienststelle durch unsoziales oder gesetzwidriges Verhalten stören werde.**

§ 77 enthält Regelungen, die die Mitbestimmung des PR in **Personalangelegenheiten** beschränken. **Abs. 1** bezieht sich auf die Mitbestimmung in Personalangelegenheiten besonderer Gruppen von Beschäftigen (vgl. Rn. 2). Nach **Abs. 1 S. 1** findet die Mitbestimmung nach § 75 Abs. 1 und § 76 Abs. 1 nur auf Antrag des betroffenen Beschäftigen statt (vgl. Rn. 3 ff.), nach **S. 2** ist die Mitbestimmung nach § 75 Abs. 1 und Abs. 3 Nr. 14 sowie § 76 Abs. 1 ganz ausgeschlossen (vgl. Rn. 8 ff.). **Abs. 2** sieht vor, dass der PR in den Fällen des § 75 Abs. 1 und des § 76 Abs. 1 seine Zustimmung zu einer beabsichtigten Maßnahme nur aus einem der Gründe verweigern kann, die im sog. Versagungskatalog der Nr. 1 bis 3 aufgeführt sind (vgl. Rn. 11 ff.). Für die Beteiligung des PR in **anderen mitbestimmungspflichtigen Angelegenheiten** (also in den Fällen der §§ 75 Abs. 2 u. 3 sowie des § 76 Abs. 2) gilt das in 1

1180 *VG Münster* v. 14. 8. 08 – 22 K 620/08.PVL –, juris.

Abs. 1 S. 1 festgelegte Antragserfordernis wie auch die Begrenzung der Ablehnungsgründe auf den Katalog des Abs. 2 nicht.

2 (**Abs. 1**) Nach seinem Wortlaut erfasst Abs. 1 alle in ihm aufgeführten personellen Maßnahmen, die in derjenigen Zeit anfallen, in welcher der Beschäftigte **Inhaber der Position oder Funktion** ist, die in Abs. 1 S. 1 oder 2 genannt ist.[1181] Nach h. M. erstrecken sich diese Regelungen aber auch auf solche beabsichtigten Maßnahmen, durch die ein Beschäftigter oder Bewerber die in S. 1 oder 2 genannte **Position oder Funktion erhalten soll**.[1182] Andererseits wird die Anwendbarkeit der Regelungen des Abs. 1 bei bestimmten Maßnahmen verneint, die zum **Wegfall** einer solchen Position oder Funktion führen sollen (vgl. dazu Rn. 4 a. E.).

3 (**Abs. 1 S. 1**) In den **Personalangelegenheiten** folgender Beschäftigter hat der PR nach **§ 75 Abs. 1 und § 76 Abs. 1** nur dann mitzubestimmen, wenn sie es beantragen: bei den in § 14 Abs. 3 bezeichneten Beschäftigten (vgl. Rn. 4), bei den Beamten auf Zeit (vgl. Rn. 5) sowie bei den Beschäftigten mit überwiegend wissenschaftlicher oder künstlerischer Tätigkeit (vgl. Rn. 6). Für die in Abs. 1 S. 1 vorgesehene **antragsabhängige Mitbestimmung** gelten die Vorschriften des § 76 Abs. 2 S. 2 Hs. 2 und des § 78 Abs. 2 S. 2 Hs. 2 der Natur der Sache nach auch ohne ausdrückliche Verweisung entsprechend. Danach hat die Dienststelle den betroffenen Beschäftigten **von der beabsichtigten Maßnahme** stets rechtzeitig vorher **in Kenntnis zu setzen**.[1183] Bei der Unterrichtung über die beabsichtigte Maßnahme hat die Dienststelle den Beschäftigten auch auf die Möglichkeit **hinzuweisen, die Mitbestimmung des PR zu beantragen**.[1184] Die Information des Beschäftigten hat **rechtzeitig** zu erfolgen. Dafür und für die **Ausübung des Antragsrechts** gilt das zu § 78 Abs. 2 S. 2 Gesagte entsprechend (vgl. § 78 Rn. 23).

4 Die **in § 14 Abs. 3 bezeichneten Beschäftigten** sind der Dienststellenleiter und sein ständiger Vertreter, der Leiter der Abteilung für Personal- und

---

1181 Vgl. *BVerwG* v. 20. 3. 02 – 6 P 6.01 – u. v. 12. 1. 06 – 6 P 6.05 –, PersR 02, 302, u. 06, 164.

1182 Vgl. *BVerwG* v. 20. 3. 02 u. v. 12. 1. 06, jew. a. a. O.

1183 A. A. *BAG* v. 26. 8. 93 – 2 AZR 376/93 –, PersR 94, 36, v. 3. 11. 99 – 7 AZR 880/98 –, PersR 00, 173, u. v. 6. 3. 03 – 2 AZR 59/02 –, PersR 04, 187: Hinweis- und Aufklärungspflicht nur dann, wenn der Arbeitnehmer von der beabsichtigten personellen Maßnahme erkennbar keine Kenntnis hat; vgl. KfdP-*Kröll*, Rn. 4 m. w. N.

1184 A. A. wiederum *BAG* v. 26. 8. 93 u. v. 3. 11. 99, jew. a. a. O.: Pflicht zur Belehrung nur ausnahmsweise, etwa dann, wenn der Beschäftigte aufgrund der kurzen Zeit seiner bisherigen Beschäftigung noch keine hinreichende Gelegenheit hatte, sich über seine personalvertretungsrechtlichen Befugnisse zu informieren; im Ergebnis ähnlich wie hier *BVerwG* v. 9. 12. 99 – 2 C 4.99 –, PersR 00, 210 (m. w. N.): der Dienstherr genügt seiner Informationspflicht, wenn der Beschäftigte klar erkennen kann, dass er die ihm anheimgestellte Entscheidung über sein personalvertretungsrechtliches Antragsrecht zu treffen hat.

Verwaltungsangelegenheiten bei obersten Dienstbehörden sowie die jeweils entsprechenden Abteilungsleiter bei Bundesoberbehörden ohne nachgeordnete Dienststellen und bei Behörden der Mittelstufe, sonstige ständige Beauftragte des Dienststellenleiters sowie Beschäftigte, die zu selbständigen Entscheidungen in Personalangelegenheiten der Dienststelle befugt sind[1185] (vgl. § 14 Rn. 9f.). Soweit es sich um diese »**Gegenspieler**« **des PR** handelt, soll das Erfordernis eines Antrags des Betroffenen die Unabhängigkeit dieses Personenkreises gegenüber dem PR sicherstellen.[1186] Ist statt des PR der Dienststelle, der die Beschäftigten i. S. d. § 14 Abs. 3 angehören, eine **Stufenvertretung** zuständig, so ist nach h. M. auch deren Beteiligung von einem Antrag abhängig.[1187] Andererseits schließt das *BVerwG*[1188] die Anwendbarkeit des Abs. 1 S. 1 bei bestimmten Maßnahmen aus, die zum **Wegfall der Gegenspieler-Funktion** führen. Das gilt z. B. für die Mitbestimmung des PR der aufnehmenden Dienststelle bei der Versetzung eines Beschäftigen, wenn dieser in der neuen Dienststelle nicht mehr mit Personalangelegenheiten befasst sein soll.[1189]

Bei **Beamten auf Zeit** (vgl. § 6 Abs. 2 u. § 132 BBG sowie § 3 Abs. 2 BRHG) 5
wird davon ausgegangen, dass der **Grad ihrer Integration** in den öffentlichen Dienst **nicht immer so intensiv** ist wie bei Beamten auf Lebenszeit und man es daher ihnen überlassen kann, ob sie sich der Unterstützung des PR bedienen wollen.[1190]

Bei **Beschäftigten mit überwiegend wissenschaftlicher oder künstlerischer Tätigkeit** soll das Antragserfordernis dazu dienen, die **Freiheit von** 6
Kunst und Wissenschaft, Forschung und Lehre zu gewährleisten und das **Persönlichkeitsrecht** des überwiegend wissenschaftlich oder künstlerisch tätigen Beschäftigten zu schützen.[1191] Angesichts des besonderen Profils dieser Personen soll es ihnen überlassen sein, ob sie den personalvertretungsrechtlichen Schutz wünschen.[1192] Die Eigenschaft eines Beschäftigten mit **überwiegend** wissenschaftlicher oder künstlerischer Tätigkeit hängt davon ab, ob der Beschäftigte **wissenschaftliche oder künstlerische Aufgaben** zu erfüllen hat und ob diese seinen **Aufgabenbereich prägen**, weil sie das

---

1185 Nicht jedoch Beschäftigte, die eine solche Aufgabe nur vertretungsweise wahrnehmen (*BVerwG* v. 16. 3. 12 – 6 PB 3.12 –, PersR 12, 374).

1186 *BVerwG* v. 11. 3. 82 – 6 P 8.80 –, PersV 83, 405, v. 21. 10. 93 – 6 P 18.91 –, PersR 94, 165, u. v. 20. 3. 02 – 6 P 6.01 –, PersR 02, 302.

1187 *BVerwG* v. 23. 9. 66 – VII P 13.65 –, PersV 66, 275, sowie v. 21. 10. 93 u. v. 20. 3. 02, jew. a. a. O.; *BAG* v. 10. 11. 87 – 1 ABR 42/86 –, PersR 88, 76.

1188 Beschl. v. 21. 10. 93, a. a. O.

1189 *BVerwG* v. 21. 10. 93, a. a. O.

1190 *BVerwG* v. 20. 3. 02 – 6 P 6.01 –, PersR 02, 302.

1191 *BVerwG* v. 20. 3. 02, a. a. O., m. w. N.; *BAG* v. 6. 3. 03 – 2 AZR 59/02 –, PersR 04, 187.

1192 *BVerwG* v. 20. 3. 02, a. a. O.

Schwergewicht seiner Tätigkeit bilden.[1193] Eine Tätigkeit ist als **wissenschaftlich** anzusehen, wenn sie nach Aufgabenstellung und anzuwendender Arbeitsmethode darauf angelegt ist, neue Erkenntnisse zu gewinnen und zu verarbeiten, die der Sicherung und Ausweitung des Erkenntnisstandes in einer wissenschaftlichen Disziplin dienen.[1194] Das Wesentliche der **künstlerischen** Tätigkeit ist die freie schöpferische Gestaltung, in der Eindrücke, Erfahrungen, Erlebnisse des Künstlers durch das Medium einer bestimmten Formensprache zu unmittelbarer Anschauung gebracht werden.[1195] Unverzichtbares Merkmal sowohl der wissenschaftlichen als auch der künstlerischen Tätigkeit ist das Erbringen **selbständiger schöpferischer Leistungen**, wobei auch die Wiedergabe eines Kunstwerks eine künstlerische Tätigkeit sein kann.[1196] Eine wissenschaftliche oder künstlerische Tätigkeit kann auch **gemeinsam mit anderen** oder **unter der Leitung eines anderen** ausgeübt werden,[1197] z. B. als Musiker in einem Kulturorchester. **Wissenschaftsredakteure oder -journalisten** sind keine Beschäftigten mit überwiegend wissenschaftlicher oder künstlerischer Tätigkeit, weil bei ihnen die journalistische Arbeit für das Berufsbild charakteristisch ist.[1198] Das gilt auch für **Musikredakteure**. Handelt es sich bei ihnen jedoch um Beschäftigte, die an der Programmgestaltung der **Rundfunkanstalten** maßgeblich mitwirken, gilt in ihren Personalangelegenheiten entweder (bei DW, RBB, DRadio und NDR) nach § 90 Nr. 7 Buchst. c die antragsabhängige eingeschränkte Mitbestimmung oder (beim MDR) nach § 69 Abs. 4 S. 5 a. F. die antragsunabhängige eingeschränkte Mitbestimmung (vgl. § 69 Rn. 39; § 90 Rn. 19, 22 u. 23ff.).

7 Bei einer Personalentscheidung mit **mehreren Bewerbern** (z. B. bei einer Einstellung), bei der nur eine Person einen Antrag auf Beteiligung gestellt hat, beschränkt sich die Beteiligung auf diese Person. Nach Ansicht des *BVerwG*[1199] hat der PR in diesem Falle aber keinen Anspruch auf Vorlage von Bewerbungsunterlagen, wenn der von der Dienststelle vorgeschlagene Bewerber keinen Antrag auf Beteiligung gestellt hat.[1200]

8 **(Abs. 1 S. 2)** Nach Abs. 1 S. 2 gelten die Vorschriften über die Mitbestimmung in **Personalangelegenheiten** (§ 75 Abs. 1 und § 76 Abs. 1) und beim Absehen von der **Ausschreibung** zu besetzender Dienstposten (§ 75 Abs. 3

1193 *BVerwG* v. 26. 1. 68 – VII P 8.67 –, PersV 68, 136, v. 18. 3. 81 – 6 P 26.79 –, PersV 82, 284, u. v. 7. 10. 88 – 6 P 30.85 –, PersR 89, 47.

1194 *BVerwG* v. 7. 10. 88, a. a. O.

1195 *BVerfG* v. 24. 2. 71 – 1 BvR 435/68 –, BVerfGE 30, 173.

1196 *BVerwG* v. 7. 12. 94 – 6 P 29.92 –, PersR 95, 293.

1197 *BVerwG* v. 7. 12. 94, a. a. O.

1198 *VGH BW* v. 17. 7. 90 – 15 S 1360/89 –, PersR 91, 171.

1199 Beschl. v. 20. 3. 02 – 6 P 6.01 –, PersR 02, 302.

1200 Krit. dazu KfdP-*Kröll*, Rn. 13 m. N.

Nr. 14) für die in § 54 Abs. 1 BBG[1201] bezeichneten Beamten (die sog. **politischen Beamten**) und für Beamtenstellen von der **Besoldungsgruppe A 16** an aufwärts (vgl. Rn. 9f.) nicht. Nach h. M. soll dieser **Ausschluss der Mitbestimmung** sicherstellen, dass bei herausgehobenen Positionen **unabhängige Personalentscheidungen** getroffen werden.[1202]

Bei der Variante »**Beamtenstellen von der Besoldungsgruppe A 16 an aufwärts**« ist nach der Rspr. des *BVerwG*[1203] zu beachten, dass der Begriff der Beamtenstelle eine Eigenschöpfung des PersVR ist, bei der nicht lediglich auf die Besoldung, sondern v. a. auf den Amtsinhalt abzustellen ist. Von dieser Variante werden deshalb zum einen Personalmaßnahmen für **Beamte** erfasst, **die ein statusrechtliches Amt der BesGr. A 16 oder ein der BBesO B zugeordnetes Amt (bereits) innehaben**, zum anderen aber auch solche Fälle, in denen jemand **in eine Beamtenstelle ab BesGr. A 16 einrücken** soll. Ein derartiger Fall ist immer gegeben, wenn ein Beamter der BesGr. A 15 befördert werden soll.[1204] Vom Ausschluss der Beteiligung ist aber nicht nur die Mitbestimmung bei **Beförderung** nach § 76 Abs. 1 Nr. 2 (vgl. § 76 Rn. 11 f.), sondern auch diejenige bei **Übertragung einer höher zu bewertenden Tätigkeit** nach § 76 Abs. 1 Nr. 3 (vgl. § 76 Rn. 16ff.) betroffen. Nach Ansicht des *BVerwG*[1205] gilt der Ausschluss der Mitbestimmung für **alle (drei) Sachverhaltsvarianten** der Übertragung einer höher zu bewertenden Tätigkeit, nämlich dann, wenn (1.) die Beförderung zugleich mit der Übertragung der höherwertigen Tätigkeit ausgesprochen wird, wenn (2.) der Beamte in eine Planstelle der BesGr. A 16 eingewiesen wird, seine Beförderung aber für einen späteren Zeitpunkt in Aussicht gestellt wird oder wenn (3.) ohne Zuordnung einer entsprechenden Planstelle der Beförderung eines Beamten, der sich bereits in der BesGr. A 15 befindet, auf sonstige Weise[1206] ganz wesentlich vorgegriffen wird. Dabei ist die Mitbestimmung bei der **Übertragung eines Referatsleiterdienstpostens** an einen Beamten der BesGr. A 15 (bzw. an einen Arbeitnehmer in vergleichbarer tariflicher Entgeltgruppe [dazu unten Rn. 10]) auch unter den Bedingungen der »**Topfwirtschaft**« (zu deren Besonderheiten vgl. § 76 Rn. 16d, 18)[1207] ausgeschlossen.[1208] Die Mitbestim- 9

1201 Bis zur Änderung von Abs. 1 S. 2 durch Art. 7 Nr. 4 DNeuG v. 5.2.09 (BGBl. I S. 160): in § 36 Abs. 1 BBG.

1202 *BVerwG* v. 2.10.78 – 6 P 11.78 –, PersV 79, 464, v. 20.3.02 – 6 P 6.01 –, PersR 02, 302, v. 12.1.06 – 6 P 6.05 –, PersR 06, 164, u. v. 24.5.11 – 1 WB 60.10 –, NZWehrr 12, 75; *BAG* v. 7.12.00 – 2 AZR 532/99 –, PersR 01, 221.

1203 Beschl. v. 7.7.08 – 6 P 13.07 –, PersR 08, 381.

1204 *BVerwG* v. 7.7.08, a. a. O., unter Hinw. auf *BVerwG* v. 20.3.02, a. a. O.

1205 Beschl. v. 7.7.08, a. a. O.

1206 Nach den Grundsätzen des Beschl. des *BVerwG* v. 8.12.99 – 6 P 10.98 –, PersR 00, 202.

1207 Ferner *OVG NW* v. 5.7.01 – 1 A 4182/99.PVB – u. v. 3.5.04 – 1 B 333/04 –, PersR 02, 81, u. 05, 78, sowie *OVG Bln-Bbg* v. 21.12.06 – 62 PV 6.05 –, PersR 07, 487.

mung ist hingegen **nicht ausgeschlossen**, wenn ein Referatsleiterdienstposten an einen **Beamten der BesGr. A 14** übertragen werden soll, weil für einen solchen Beamten zunächst in aller Regel nur eine (der Mitbestimmung unterliegende) Beförderung in ein Amt der BesGr. A 15 in Betracht kommt.[1209] Außerdem kommt der Ausschluss der Mitbestimmung auch dann nicht zum Zuge, wenn nach einer ohne gleichzeitige Beförderung erfolgten Übertragung von Aufgaben einer Beamtenstelle der BesGr. A 16 oder höher eine **andere Personalmaßnahme** (z. B. Versetzung) getroffen werden soll.[1210]

10 Abs. 1 S. 2 gilt auch für jene **Arbeitnehmer,** die entweder **auf einer Beamtenplanstelle** von der BesGr. A 16 an aufwärts »geführt« werden oder die eine Stellung bekleiden, die unter Berücksichtigung der personalvertretungsrechtlichen Bedeutung der Vorschrift einer solchen Beamtenplanstelle entspricht.[1211] Dabei kommt es auf die **Funktionsgleichwertigkeit** mit Beamtenstellen der BesGr. A 16 und höher an.[1212] Im Bereich des **BAT** entsprach der BesGr. A 16 die VergGr. I,[1213] an deren Stelle bei in den **TVöD** übergeleiteten Arbeitnehmern die EGr. 15 Ü getreten ist (§ 4 Abs. 1 u. Anl. 2 TVÜ-Bund).

11 (**Abs. 2**) Nach Abs. 2 kann der PR in den **mitbestimmungspflichtigen Personalangelegenheiten** nach § 75 Abs. 1 und § 76 Abs. 1 seine Zustimmung zu einer beabsichtigten Maßnahme aus den in Nr. 1 bis 3 aufgeführten Gründen verweigern. Diese Aufzählung – der sog. **Versagungskatalog** – ist abschließend.[1214]

12 Eine **Verweigerung der Zustimmung** zu einer mitbestimmungspflichtigen Maßnahme, die (nicht rechtzeitig, nicht schriftlich oder) **ohne Angabe von Gründen** erfolgt, ist unbeachtlich. Sie hat gem. § 69 Abs. 2 S. 5 zur Folge, dass die beabsichtigte Maßnahme nach Ablauf der Äußerungsfrist des PR als gebilligt gilt und die Dienststelle berechtigt ist, die beabsichtigte Maßnahme zu treffen (vgl. § 69 Rn. 23, 25ff.). Das gilt in den Fällen des § 75 Abs. 1 und des § 76 Abs. 1 auch dann, wenn der PR für seine Zustimmungsverweigerung zwar **Gründe** angibt, diese jedoch **außerhalb des Versagungskatalogs** liegen. Allerdings darf der Dienststellenleiter diese Gründe nach § 2 Abs. 1 i. d. R. nicht ohne Weiteres übergehen, sondern hat sich mit ihnen ernsthaft

---

1208 So *BVerwG* v. 7. 7. 08, a. a. O., das damit der engeren Rspr. des *OVG NW* und der daran anschließenden Auffassung in der Literatur nicht gefolgt ist.

1209 *BVerwG* v. 7. 7. 08, a. a. O.

1210 Str.; vgl. KfdP-*Kröll*, Rn. 18 m. N.

1211 *BVerwG* v. 12. 1. 06 – 6 P 6.05 –, PersR 06, 164.

1212 *BVerwG* v. 9. 11. 62 – VII P 13.61 –, PersV 63, 205, v. 7. 11. 75 – VII P 8.74 –, PersV 77, 20, u. v. 2. 10. 78 – 6 P 11.78 –, PersV 79, 464; *BAG* v. 7. 12. 00 – 2 AZR 532/99 –, PersR 01, 221.

1213 *BAG* v. 16. 3. 00 – 2 AZR 138/99 –, NZA 01, 739.

1214 *BVerwG* v. 27. 7. 79 – 6 P 38.78 –, PersV 81, 162, u, v. 2. 11. 94 – 6 P 28.92 –, PersR 95, 83.

auseinanderzusetzen und, wenn er sich ihnen nicht anschließen kann, in Verhandlungen mit dem PR nach § 66 Abs. 1 S. 3 zu versuchen, eine Einigung zu erreichen. Gelingt dies nicht, ist er jedoch nicht gehindert, die beabsichtigte Personalmaßnahme durchzuführen.[1215]

Verweigert der PR seine Zustimmung zu einer Maßnahme i. S. v. § 75 Abs. 1 13
oder § 76 Abs. 1 frist- und formgerecht ausdrücklich unter Berufung auf einen der **Gründe des Versagungskatalogs,** so muss diese Zustimmungsverweigerung nach der st. Rspr. des *BVerwG* bestimmten **inhaltlichen Mindestanforderungen** genügen.[1216] Danach muss das Vorbringen des PR es aus der Sicht eines sachkundigen Dritten zumindest als möglich erscheinen lassen, dass einer der gesetzlichen Versagungsgründe gegeben ist (sog. »**Möglichkeitstheorie**«[1217]). Es wird zwar nicht verlangt, dass die Begründung in sich widerspruchsfrei und in dem Sinne schlüssig ist, dass die vom PR vorgebrachten Tatsachen einen der gesetzlichen Versagungsgründe tatsächlich ergeben.[1218] Die Prüfung, ob die Zustimmungsverweigerungsgründe im Einzelnen zutreffen, ist vielmehr im Stufen- bzw. Einigungsstellenverfahren zu klären.[1219] Dem Dienststellenleiter wird hierbei das Recht zugesprochen, die vom PR angeführten Gründe darauf zu prüfen, ob sie sich dem in Anspruch genommenen Versagungsgrund zuordnen lassen. Ist dies nicht der Fall, wird der Dienststellenleiter für befugt gehalten, die Zustimmungsverweigerung als unbeachtlich anzusehen und sich im Wege der Billigungsfiktion (§ 69 Abs. 2 S. 5) über sie hinwegzusetzen.[1220] Dies gilt allerdings nur im Ausnahmefall eines **offensichtlich außerhalb der Mitbestimmung** liegenden Vorbringens; »offensichtlich außerhalb der Mitbestimmung« liegen Verweigerungsgründe, die »von vornherein und eindeutig nicht vorliegen können«. Die Befugnis des Dienststellenleiters geht jedenfalls nicht so weit, allein nach Maßgabe seiner Rechtsauffassung darüber zu befinden, ob ein Verweigerungsgrund tatsächlich besteht oder sich wenigstens aus dem Vorbringen des PR schlüssig ergibt.[1221] Die Begrenzung der Billigungsfiktion auf Fälle eines in objektiver Betrachtung **offensichtlichen** Begründungsdefizits ist zu begrüßen, schränkt sie doch eine in der Praxis verbreitete (und daher besonders streitträchtige) Vorstellung ein, die dem Dienststellenleiter die Kompetenz zubilligen will, als »Richter in eigener Sache« darüber zu entscheiden,

1215 *BVerwG* v. 8.11.57 – VII P 2.57 –, PersV 59, 256, u. v. 20.6.86 – 6 P 4.83 –, PersR 86, 197; str.; vgl. KfdP-*Kröll*, Rn. 22 m. w. N.

1216 Vgl. Beschl. v. 2.11.94 – 6 P 28.92 –, PersR 95, 83, m. w. N.

1217 *BVerwG* v. 7.12.94 – 6 P 35.92 –, PersR 95, 399; OVG *NW* v. 25.8.11 – 16 A 783/10.PVB –, PersR 12, 229.

1218 Vgl. *BVerwG* v. 27.7.79 – 6 P 38.78 –, PersV 81, 162, u. v. 20.6.86 – 6 P 4.83 –, PersR 86, 197.

1219 *VG Frankfurt a. M.* v. 23.8.10 – 23 K 1454/10. F.PV –, juris.

1220 Vgl. *BVerwG* v. 20.6.86 u. v. 2.11.94, jew. a. a. O.

1221 *BVerwG* v. 3.3.16 – 5 PB 31.15 –, ZfPR-online 6/16, 5.

ob die Begründung des PR »offensichtlich auf keinen der gesetzlich zugebilligten Versagungsgründe gestützt ist«,[1222] und das Mitbestimmungsverfahren dann abzubrechen (vgl. § 69 Rn. 27). Der PR sollte aber schon im Hinblick auf das weitere Mitbestimmungsverfahren die Zustimmungsverweigerung **so ausführlich wie möglich** begründen. Dabei sind freilich an die Formulierung im Einzelnen keine übertriebenen Maßstäbe anzulegen, weil zu berücksichtigen ist, dass der PR unter Zeitdruck steht und vielfach nicht mit juristisch ausgebildeten Beschäftigten oder Verwaltungsfachleuten besetzt ist.[1223]

14 Der PR kann seine Zustimmungsverweigerung auf **mehrere gesetzliche Versagungsgründe** stützen. Beruft er sich ausdrücklich auf einen **bestimmten Versagungsgrund,** so gibt er damit zu erkennen, dass er seine Zustimmung nur unter diesem gesetzlichen Blickwinkel verweigern und aus anderen gesetzlichen Versagungsgründen keine Bedenken gegen die Maßnahme herleiten will.[1224]

15 (**Abs. 2 Nr. 1**) Nach Abs. 2 Nr. 1 kann der PR seine Zustimmungsverweigerung darauf stützen, dass die Maßnahme **gegen** eine der dort genannten **Regelungen verstößt.** Dabei muss begründet werden, dass die **Maßnahme als solche** gegen eine dieser Regelungen verstößt.[1225] Für die Mitbestimmung bei der **Einstellung** eines Arbeitnehmers nach § 75 Abs. 1 Nr. 1 heißt dies z. B., dass es grundsätzlich nur auf deren Modalitäten und nicht auf den Inhalt des zu begründenden Arbeitsverhältnisses ankommt (vgl. § 75 Rn. 20). Nach st. Rspr. des *BVerwG* und des *BAG* kann der PR (ebenso wie nach § 99 Abs. 2 Nr. 1 BetrVG der Betriebsrat) die Zustimmung zu einer beabsichtigten Einstellung eines Arbeitnehmers nur dann verweigern, wenn nach dem Zweck der verletzten Norm die geplante Einstellung ganz unterbleiben muss, weil nur so dieser Zweck erreicht werden kann.[1226] Das ist insb. dann der Fall, wenn die Beschäftigung gegen ein gesetzliches Verbot verstoßen würde[1227] und gilt auch, wenn die einzustellende Person durch die Einstellung nicht die Eigenschaft eines Arbeitnehmers und eines Beschäftigten der

---

1222 Beschl. v. 23. 9. 92 – 6 P 24.91 –, PersR 93, 24.

1223 Vgl. *BVerwG* v. 17. 8. 98 – 6 PB 4.98 –, Dok. Ber. 99, 10.

1224 *BVerwG* v. 20. 6. 86 – 6 P 4.83 –, PersR 86, 197.

1225 *BVerwG* v. 27. 7. 79 – 6 P 38.78 –, PersV 81, 162.

1226 *BVerwG* v. 14. 6. 06 – 6 P 13.05 –, PersR 06, 468; *BAG* v. 28. 6. 94 – 1 ABR 59/93 – u. v. 28. 3. 00 – 1 ABR 16/99 –, AP BetrVG 1972 § 99 Einstellung Nr. 4 u. 27; v. 14. 12. 04 – 1 ABR 54/03 –, AP BetrVG 1972 § 99 Nr. 121; v. 25. 1. 05 – 1 ABR 61/03 –, AP BetrVG 1972 § 99 Einstellung Nr. 48.

1227 Z. B. dann, wenn die entleihende Dienststelle dadurch gegen das in § 1 Abs. 1 S. 2 AÜG normierte Verbot der nicht nur vorübergehenden Arbeitnehmerüberlassung verstößt, weil sie beabsichtigt, einen Leiharbeitnehmer zeitlich unbegrenzt an Stelle eines Stammarbeitnehmers einzusetzen; so *BAG* v. 10. 7. 13 – 7 ABR 91/11 –, AP AÜG § 1 Nr. 33 = PersR 13, 480 Ls.

Dienststelle erlangt (vgl. § 75 Rn. 12). So kann z. B. die Zustimmung zur Einstellung einer Ein-Euro-Kraft mit der Begründung verweigert werden, dass es sich bei der vorgesehenen Beschäftigung nicht um zusätzliche Arbeiten i. S. d. § 16d S. 1 SGB II (vor dem 1. 1. 09: i. S. d. § 16 Abs. 3 S. 2 Hs. 1 SGB II; ab. 1. 4. 12: i. S. d. § 16d Abs. 1 S. 1 u. Abs. 2 SGB II) handele (vgl. § 75 Rn. 17m. N.).[1228] Soweit einzelne Modalitäten oder Inhalte der Einstellung einem speziellen Mitbestimmungstatbestand unterfallen, wie z. B. die Eingruppierung (§ 75 Abs. 1 Nr. 2), muss bei der Verweigerung der Zustimmung entsprechend differenziert werden[1229] (vgl. § 75 Rn. 27). Will der PR einen Verstoß gegen eine in Abs. 2 Nr. 1 genannte Regelung geltend machen, darf er sich nicht auf die Wiedergabe des Wortlauts der Nr. 1 und auf die abstrakte Darlegung der Rechtslage beschränken, sondern muss **konkrete, fallbezogene Ausführungen** machen.[1230]

Die in Abs. 2 Nr. 1 genannten **Regelungstypen** stimmen weitgehend mit denen des § 68 Abs. 1 Nr. 2 überein. **Gesetze** sind alle geschriebenen und ungeschriebenen Rechtsnormen[1231] (vgl. Rn. 17 f. u. § 68 Rn. 7). Zu ihnen gehören außer den in Abs. 1 Nr. 1 aufgeführten **Verordnungen** z. B. auch die in § 61 Abs. 1 Nr. 2 ausdrücklich genannten **Unfallverhütungsvorschriften** und die **Dienstordnungen** von Sozialversicherungsträgern (vgl. § 4 Rn. 8). Die ausdrückliche Nennung einer Bestimmung in einem **Tarifvertrag** zeigt, dass nach Abs. 2 Nr. 1 ein Verstoß nicht nur gegen dessen (kraft Tarifbindung, Allgemeinverbindlichkeit oder einzelvertraglicher Bezugnahme geltende, ggf. nachwirkende) normative Regelungen, sondern auch gegen dessen schuldrechtliche Bestimmungen in Betracht kommen kann (vgl. § 68 Rn. 8). Das gilt auch für die (nur) in § 68 Abs. 1 Nr. 2 aufgeführte **Dienstvereinbarung**, die den Tarifnormen vergleichbare normative Regelungen enthält (vgl. § 73 Rn. 1, 8). Eine (rechtskräftige) **gerichtliche Entscheidung** i. S. d. Abs. 2 Nr. 1 kann insb. eine Entscheidung eines Strafgerichts (z. B. Fahrverbot für einen Kraftfahrer gem. § 44 StGB oder Berufsverbot für einen Arzt gem. § 70 StGB) sowie eines Arbeits- oder Verwaltungsgerichts sein. Der **Frauenförderplan** ist ein Regelungsinstrument der Personalpolitik, an dessen Stelle inzwischen der **Gleichstellungsplan** getreten ist (vgl. § 76 Rn. 61). Eine **Verwaltungsanordnung** kann sowohl eine Verwaltungsanordnung i. S. d. Verwaltungsrechts als auch eine Verwaltungsanordnung i. S. d. Mitwirkungstatbestandes des § 78 Abs. 1 Nr. 1 sein (vgl. § 78 Rn. 7 ff.). Eine **Richtlinie i. S. d. § 76 Abs. 2 Nr. 8** kann eine (der eingeschränkten Mitbestimmung des PR unterliegende) Richtlinie über die personelle Aus- 16

1228 *BVerwG* v. 21. 3. 07 – 6 P 4.06 –, PersR 07, 301.
1229 *BVerwG* v. 22. 10. 07 – 6 P 1.07 –, PersR 08, 23.
1230 *BVerwG* v. 29. 1. 96 – 6 P 38.93 –, PersR 96, 239.
1231 *BVerwG* v. 26. 1. 94 – 6 P 21.92 –, PersR 94, 213.

wahl bei Einstellungen, Versetzungen oder Umgruppierungen sein (vgl. § 76 Rn. 53 ff.).

17 Als **Gesetze** und **Verordnungen** sind beispielhaft folgende Rechtsvorschriften zu nennen: die **Arbeitsschutzvorschriften**, insb. soweit diese (wie z. B. ArbZG, AZV, JArbSchG, MuSchG, MuSchEltZV) bestimmte Beschäftigungsverbote enthalten; das **Schwerbehindertenrecht** im Teil 2 des SGB IX, insb. die Prüfungspflicht des Arbeitgebers bezüglich der Besetzung freier Arbeitsplätze mit schwerbehinderten Menschen gem. § 81 Abs. 1 S. 1 SGB IX[1232] sowie die Vorschriften über Unterrichtungs- und Anhörungsrechte der Schwerbehindertenvertretung[1233]; die Gleichheitssätze des **Art. 3 GG,** das Diskriminierungsverbot des **Art. 9 Abs. 3 S. 2 GG,** die speziellen Gleichheitssätze des **Art. 33 Abs. 2 und 3 GG,**[1234] der **arbeitsrechtliche Gleichbehandlungsgrundsatz** (vgl. § 67 Rn. 6)[1235] und das **Benachteiligungsverbot** nach § 7 Abs. 1 AGG sowie das **Teilzeit- und Befristungsrecht.**

18 Auch das **BPersVG** ist ein Gesetz i. S. d. Abs. 2 Nr. 1, so dass Verstöße hiergegen, z. B. gegen das Benachteiligungs- und Begünstigungsverbot des § 8,[1236] gegen die Friedenspflicht nach § 66 Abs. 2, gegen das Gebot von Recht und Billigkeit oder ein Benachteiligungsverbot nach § 67 Abs. 1 S. 1, ein Zustimmungsverweigerungsrecht begründen können. Das gilt grundsätzlich auch für Verstöße gegen Beteiligungsrechte des PR;[1237] insb. kann der PR geltend machen, dass gesetzeswidrig eine gebotene Ausschreibung ohne seine Zustimmung unterblieben ist.[1238] Es gilt aber nicht für Verstöße gegen Verfahrensvorschriften im laufenden Mitbestimmungsverfahren über die beabsichtigte personelle Maßnahme selbst.[1239] Daher liegt kein Gesetzesverstoß i. S. d. § 77 Abs. 2 Nr. 1 vor, wenn der PR geltend macht, nicht hinreichend unterrichtet zu sein.[1240] Die **Verletzung der Unterrichtungspflicht** stellt keinen Gesetzesverstoß i. S. d. genannten Bestimmung dar, weil diese Bestimmung keine das Mitbestimmungsverfahren sichernde Vorschrift ist und sich die in ihr genannten Gründe, aus denen der PR seine Zustimmung ver-

---

1232 Str.; wie hier *BAG* v. 14. 11. 89 – 1 ABR 88/88 –, PersR 90, 150, v. 17. 6. 08 – 1 ABR 20/07 –, AP BetrVG 1972 § 99 Versetzung Nr. 46, u. v. 23. 6. 10 – 7 ABR 3/09 –, NZA 10, 1362.

1233 *VG Berlin* v. 23. 5. 12 – 71 K 3/12.PVB –, juris = ZfPR 13, 11 Ls.

1234 Vgl. *BAG* v. 23. 1. 07 – 9 AZR 492/06 –, AP GG Art. 33 Nr. 66.

1235 *BVerwG* v. 26. 1. 94 – 6 P 21.92 – u. v. 27. 8. 08 – 6 P 3.08 –, PersR 94, 213, u. 08, 500.

1236 *BVerwG* v. 13. 5. 87 – 6 P 20.85 –, PersR 87, 193.

1237 Vgl. *BVerwG* v. 29. 1. 96 – 6 P 38.93 –, PersR 96, 239; *BAG* v. 27. 6. 00 – 1 ABR 36/99 –, AP BetrVG 1972 § 99 Eingruppierung Nr. 23.

1238 *BVerwG* v. 29. 12. 15 – 5 PB 2.15 –, ZfPR-online 6/16, 2.

1239 *BVerwG* v. 10. 8. 87 – 6 P 22.84 – u. v. 7. 4. 10 – 6 P 6.09 –, PersR 88, 18, u. 10, 312.

1240 *BVerwG* v. 7. 4. 10 – 6 P 6.09 –, PersR 10, 336; ebenso *OVG NW* v. 7. 11. 13 – 20 A 218/13.PVB –, PersR 14, 181.

weigert kann, allein auf die vom Dienststellenleiter beabsichtigte personelle Maßnahme selbst beziehen dürfen. Der PR ist daher trotz augenscheinlichen Verstoßes gegen § 68 Abs. 2 nicht berechtigt, die Zustimmung allein wegen mangelnder Unterrichtung zu verweigern.

Sind, wie im Beamtenrecht häufig, **Ermessensentscheidungen** zu treffen, dann liegt ein Rechtsverstoß nur bei einem Ermessensfehler (Ermessensüberschreitung oder Ermessensfehlgebrauch) vor (vgl. § 114 VwGO). Bei Personalmaßnahmen (z. B. Einstellungen oder Übertragungen höher zu bewertender Tätigkeiten), denen eine **personelle Auswahl** und ein nach den Vorgaben des Art. 33 Abs. 2 GG zu treffendes Werturteil zugrunde liegt, obliegt die **Beurteilung der Beschäftigten und Bewerber** nach den Kriterien Eignung, Befähigung und fachliche Leistung allein dem Dienststellenleiter; der PR kann aber prüfen, ob der Dienststellenleiter dabei die anzuwendenden Begriffe oder den gesetzlichen Rahmen seines Handelns verkannt, einen unrichtigen Sachverhalt angenommen oder allgemeingültige Maßstäbe nicht beachtet oder sachfremde Erwägungen angestellt hat, und daraus ggf. Versagungsgründe ableiten.[1241] Der Dienststellenleiter hat dem PR seine **Auswahlerwägungen** umfassend mitzuteilen. Beschränkt er sich auf die Mitteilung, dass der von ihm ausgewählte Bewerber den gestellten Anforderungen genüge, ohne eine vergleichende Betrachtung mit den übrigen Bewerbern anzustellen, so kann der PR die Zustimmung mit dem Einwand verweigern, es liege **keine ausreichende Auswahlbegründung** vor.[1242] 19

(Abs. 2 Nr. 2) Nach Abs. 2 Nr. 2 kann der PR seine Zustimmungsverweigerung darauf stützen, dass die durch Tatsachen begründete Besorgnis besteht, dass durch die Maßnahme der betroffene Beschäftigte oder andere Beschäftigte **benachteiligt** werden, ohne dass dies aus dienstlichen oder persönlichen Gründen gerechtfertigt ist. Damit sollen die **individuellen Interessen** der von der Maßnahme betroffenen Beschäftigten, aber auch die **kollektiven Interessen** der anderen in der Dienststelle tätigen Beschäftigten geschützt werden.[1243] Der Tatbestand enthält **vier Elemente:** die durch Tatsachen begründete Besorgnis (vgl. Rn. 21), die Ursächlichkeit der Maßnahme für die Benachteiligung (vgl. Rn. 22), die Benachteiligung des betroffenen Beschäftigten oder anderer Beschäftigter (vgl. Rn. 23) und die fehlende Rechtfertigung der Benachteiligung (vgl. Rn. 24). Der PR trägt die **Darlegungslast** für die ersten drei Elemente, der Dienststellenleiter für das vierte. 20

Der PR muss konkrete **Tatsachen** angeben, die die **Besorgnis** der Benachteiligung begründen; bloße Gerüchte, Meinungen oder Vermutungen sind un- 21

1241 *BVerwG* v. 20.6.86 – 6 P 4.83 –, PersR 86, 197, v. 3.3.87 – 6 P 30.84 –, PersR 87, 169, v. 23.9.92 – 6 P 24.91 –, PersR 93, 24, u, v. 2.11.94 – 6 P 28.92 –, PersR 95, 83.

1242 *OVG NW* v. 24.11.99 – 1 A 3597/97.PVL –, PersR 00, 288.

1243 Richardi-*Kaiser*, Rn. 59.

beachtlich. Es reicht aus, dass das Eintreten der Benachteiligung aufgrund der vorgetragenen Tatsachen als möglich erscheint.

22 Die Benachteiligung muss »durch« die Maßnahme eintreten. Diese muss also für die Benachteiligung **ursächlich** oder mitursächlich sein. Eine Benachteiligungsabsicht ist nicht erforderlich.

23 Die Benachteiligung muss sich auf den betroffenen Beschäftigten oder auf andere Beschäftigte beziehen. **Beschäftigte** i. S. d. Abs. 2 Nr. 2 sind solche Beschäftigten i. S. d. BPersVG, für die der mitbestimmende PR zuständig ist, nicht dagegen externe Bewerber. Unter **Benachteiligung** ist die **Verschlechterung des Status quo** in rechtlicher oder tatsächlicher Hinsicht zu verstehen. Der PR kann allerdings dem zu schützenden Beschäftigten solchen Schutz **nicht gegen seinen Willen** oktroyieren: Das mit der Vorschrift verfolgte Schutzbedürfnis entfällt, wenn sich der Arbeitnehmer frei für die streitige Personalmaßnahme entschieden hat, weil sie seinen Vorstellungen und Bedürfnissen entspricht.[1244] Bei Personalmaßnahmen, die an ein **Eignungsurteil** anknüpfen (vgl. Rn. 19), soll nach der Rspr. des *BVerwG* eine Benachteiligung anderer Beschäftigter nur in dem **Verlust eines Rechtes, einer Anwartschaft** innerhalb des Dienst- oder Arbeitsverhältnisses **oder einer anderen rechtlich erheblichen Position** zu sehen sein.[1245] Dabei wird unter einer Anwartschaft z. B. der Anspruch eines Beamten auf Probe, bei Bewährung zum Beamten auf Lebenszeit ernannt zu werden, und unter einer rechtlich erheblichen Position z. B. eine Beförderungszusage oder eine aus einer Selbstbindung der Dienststelle durch Auswahlrichtlinien erwachsene Position verstanden.[1246] Bei **Personalmaßnahmen, die nicht an ein Eignungsurteil anknüpfen**, lässt das *BVerwG* auch die Geltendmachung von Gründen, die in das behördliche Ermessen hineinreichen, und auch von **tatsächlichen Nachteilen** zu.[1247] Bei einer Versetzung kann z. B. eine **Benachteiligung des betroffenen Beschäftigten** in Erschwerungen der äußeren Arbeitsbedingungen bestehen, eine **Benachteiligung anderer Beschäftigter** kann sowohl in der abgebenden als auch in der aufnehmenden Dienststelle in Mehrbelastungen der dortigen Beschäftigten zu sehen sein.

24 Ob eine **Benachteiligung** aus dienstlichen oder persönlichen Gründen **gerechtfertigt** ist, hat der Dienstellenleiter ggf. nachzuweisen. Dabei ist ein strenger Maßstab anzulegen. **Dienstliche Gründe** müssen die Erfüllung der Aufgaben der Dienststelle betreffen, **persönliche Gründe** in der Person oder

---

1244 So jedenfalls *BAG* v. 9. 10. 13 – 7 AZR 1/12 –, NZA 14, 156.
1245 Beschl. v. 23. 9. 92 – 6 P 24.91 – u. v. 2. 11. 94 – 6 P 28.92 –, PersR 93, 24, u. 95, 83.
1246 Beschl. v. 23. 9. 92 u. v. 2. 11. 94, jew. a. a. O.
1247 Beschl. v. 4. 6. 93 – 6 P 31.91 –, PersR 94, 18 (Versetzungen, Abordnungen, Umsetzungen); v. 6. 9. 95 – 6 P 41.93 –, PersR 96, 24; v. 21. 3. 07 – 6 P 4.06 – u. – 6 P 8.06 –, PersR 07, 301 u. 309 (Einstellungen); v. 7. 4. 10 – 6 P 6.09 –, PersR 10, 312 (Einsatz von Leiharbeitnehmern).

im Verhalten des betroffenen Beschäftigten oder anderer Beschäftigter liegen.

(**Abs. 2 Nr. 3**) Nach Abs. 2 Nr. 3 kann der PR seine Zustimmungsverweigerung darauf stützen, dass die durch Tatsachen begründete Besorgnis besteht, dass der Beschäftigte oder Bewerber den **Frieden in der Dienststelle** durch unsoziales oder gesetzwidriges Verhalten stören werde. Damit sollen die Beschäftigten vor »störenden« Beschäftigten geschützt werden. Die Relevanz dieses Zustimmungsverweigerungsrechts ist eher gering, da es dem PR regelmäßig nicht möglich ist, die Besorgnis einer künftigen Störung des Friedens darzulegen. Mit »Frieden in der Dienststelle« ist das Gleiche gemeint wie in § 66 Abs. 2 S. 1 (vgl. § 66 Rn. 10). Für die durch Tatsachen begründete **Besorgnis** gilt das zu Abs. 2 Nr. 2 Gesagte entsprechend (vgl. Rn. 21). Dabei kommt es auf eine objektive Beurteilung an, die aufgrund bestimmter Tatsachen zu der Prognose führen muss, dass der Beschäftigte oder Bewerber den Frieden in der Dienststelle dadurch stören wird, dass er sich gesetzwidrig oder unsozial verhalten wird.[1248] Die Störung des Friedens muss vom künftigen Verhalten des **betroffenen Beschäftigten** oder **Bewerbers** ausgehen. Ein **gesetzwidriges Verhalten** kann u. U. zu besorgen sein, wenn der Betroffene in der Vergangenheit gegen Arbeitsschutzvorschriften verstoßen oder Straftaten begangen hat, die einen Bezug zur (künftigen) dienstlichen Tätigkeit aufweisen, wobei aus dem Bundeszentralregister getilgte oder zu tilgende Verurteilungen nach § 51 Abs. 1 BZRG nicht mehr zu seinem Nachteil verwertet werden dürfen. Ein **unsoziales Verhalten** kann in der Missachtung sozialer Verhaltensnormen liegen, deren Einhaltung für ein störungsfreies Zusammenleben der Beschäftigten der Dienststelle unerlässlich ist. 25

§ 78 [Angelegenheiten der Mitwirkung und Anhörung]

(1) Der Personalrat wirkt mit bei

1. **Vorbereitung von Verwaltungsanordnungen einer Dienststelle für die innerdienstlichen, sozialen und persönlichen Angelegenheiten der Beschäftigten ihres Geschäftsbereiches, wenn nicht nach § 118 des Bundesbeamtengesetzes die Spitzenorganisationen der zuständigen Gewerkschaften bei der Vorbereitung zu beteiligen sind,**
2. **Auflösung, Einschränkung, Verlegung oder Zusammenlegung von Dienststellen oder wesentlichen Teilen von ihnen,**
3. **Erhebung der Disziplinarklage gegen einen Beamten,**
4. **Entlassung von Beamten auf Probe oder auf Widerruf, wenn sie die Entlassung nicht selbst beantragt haben,**
5. **vorzeitiger Versetzung in den Ruhestand.**

1248 Vgl. *BAG* v. 16.11.04 – 1 ABR 48/03 –, AP BetrVG 1972 § 99 Einstellung Nr. 44.

(2) [1]In den Fällen des Absatzes 1 Nr. 3 bis 5 gilt für die Mitwirkung des Personalrates § 77 Abs. 1 Satz 2 entsprechend. [2]In den Fällen des Absatzes 1 Nr. 3 bis 5 wird der Personalrat nur auf Antrag des Beschäftigten beteiligt; in diesen Fällen ist der Beschäftigte von der beabsichtigten Maßnahme rechtzeitig vorher in Kenntnis zu setzen. [3]Der Personalrat kann bei der Mitwirkung nach Absatz 1 Nr. 3 Einwendungen auf die in § 77 Abs. 2 Nr. 1 und 2 bezeichneten Gründe stützen.

(3) [1]Vor der Weiterleitung von Personalanforderungen zum Haushaltsvoranschlag ist der Personalrat anzuhören. [2]Gibt der Personalrat einer nachgeordneten Dienststelle zu den Personalanforderungen eine Stellungnahme ab, so ist diese mit den Personalanforderungen der übergeordneten Dienststelle vorzulegen. [3]Das gilt entsprechend für die Personalplanung.

(4) Absatz 3 gilt entsprechend für Neu-, Um- und Erweiterungsbauten von Diensträumen.

(5) Vor grundlegenden Änderungen von Arbeitsverfahren und Arbeitsabläufen ist der Personalrat anzuhören.

1 Die Vorschrift führt Angelegenheiten auf, die der Mitwirkung oder der Anhörung des PR unterliegen. Der in Abs. 1 enthaltene Katalog der **Mitwirkungstatbestände** wird durch die Fälle des § 79 Abs. 1 S. 1 und des § 90 Nr. 2 S. 2 ergänzt. Nach den Sondervorschriften des § 86 Nr. 9 und des § 90 Nr. 7 Buchst. b kommen Tatbestände hinzu, bei denen die an sich vorgesehene Mitbestimmung oder Zustimmung des PR zur Mitwirkung herabgestuft ist (vgl. § 86 Rn. 10f. u. § 90 Rn. 21). Außer den in Abs. 3 bis 5 festgelegten **Anhörungstatbeständen** sind in § 79 Abs. 3 weitere Fälle der Anhörung geregelt.

2 Die **Mitwirkung** ist eine eigenständige Beteiligungsform, deren **Verfahren** sich nach § 72 richtet. Ergänzende Regelungen sind für die Tatbestände des Abs. 1 Nr. 3 bis 5 in Abs. 2 enthalten (vgl. Rn. 23). Maßnahmen i. S. d. Abs. 1, die unter **Verstoß** gegen das Mitwirkungsrecht zustande gekommen sind, sind grundsätzlich anfechtbar (vgl. § 69 Rn. 48; § 72 Rn. 21)[1249] mit der Besonderheit, dass Mängel bei der Erhebung der Disziplinarklage im gerichtlichen Disziplinarverfahren geltend gemacht werden können (vgl. Rn. 20).

3 In den in Abs. 1 Nr. 3 bis 5 genannten Personalangelegenheiten der Beamten der früheren **Deutschen Bundespost** wirken die Betriebsräte in den **Postnachfolgeunternehmen** nach Maßgabe der Vorschriften der §§ 28 und 29 PostPersRG mit (vgl. Anh. IV).

1249 Hierzu etwa *BVerwG* v. 9.12.99 – 2 C 4.99 –, PersR 00, 210 (zur Entlassung eines Beamten auf Lebenszeit wegen Dienstunfähigkeit), u. *OVG LSA* v. 6.11.09 – 1 L 73/09 –, PersR 10, 25 (zur vorzeitigen Versetzung eines Beamten in den Ruhestand).

4 Für die **Anhörung** sieht das Gesetz keine den Bestimmungen der §§ 69 und 72 vergleichbaren Vorschriften über das **Verfahren** vor. Lediglich für die Fälle der fristlosen Entlassung und der außerordentlichen Kündigung enthält § 79 Abs. 3 S. 2 und 3 einzelne ausdrückliche Verfahrensregelungen (vgl. § 79 Rn. 39f.). Das Anhörungsverfahren wird dadurch eingeleitet, dass der Dienststellenleiter den PR über die beabsichtigte Maßnahme unterrichtet und ihm **Gelegenheit zur Stellungnahme** gibt. Die Unterrichtung hat nach § 68 Abs. 2 S. 1 und 2 rechtzeitig und umfassend und unter Vorlage der erforderlichen Unterlagen zu erfolgen (vgl. § 68 Rn. 22ff.). Da das Gesetz für die Tatbestände des Abs. 3 bis 5 keine **Äußerungsfrist** des PR vorschreibt, kann der Dienststellenleiter eine solche Frist nach pflichtgemäßem Ermessen festlegen. Diese Frist muss unter Berücksichtigung der Besonderheiten der jeweiligen Maßnahme so bemessen sein, dass dem PR ausreichend Zeit für seine Meinungs- und Willensbildung zur Verfügung steht. Falls der PR eine Erörterung wünscht, ist sie – dem Gebot der vertrauensvollen Zusammenarbeit entsprechend (vgl. § 2 Rn. 4) – durchzuführen. Erhebt der PR Bedenken, hat der Dienststellenleiter diese zu prüfen und kann erst danach seine **Entscheidung** über die beabsichtigte Maßnahme treffen. Damit ist das Anhörungsverfahren auch in mehrstufigen Verwaltungen beendet.

5 Nach § 79 Abs. 4 ist eine außerordentliche Kündigung unwirksam, wenn der PR nicht (oder nicht fehlerfrei) angehört worden ist (vgl. § 79 Rn. 43). Welche Rechtsfolge eine **Verletzung des Anhörungsrechts** für die übrigen anhörungspflichtigen Maßnahmen hat, legt das BPersVG nicht fest. Der ohne fehlerfreie Anhörung zustande gekommene Verwaltungsakt der fristlosen Entlassung ist rechtswidrig und anfechtbar (vgl. § 79 Rn. 42). Hinsichtlich der in Abs. 3 bis 5 geregelten Tatbestände ist in der Rspr. bislang nicht geklärt, welche Rechtsfolgen die unterbliebene oder fehlerhaft durchgeführte Anhörung für die jeweilige Maßnahme hat. Bei Ermessensentscheidungen dürfte das Unterlassen ordnungsgemäßer Anhörung (vorbehaltlich der Sonderregelung in § 46 VwVfG) grundsätzlich einen Ermessensfehler zur Folge haben, weil wesentliche Elemente der Entscheidungsgrundlage fehlen. In jedem Fall aber ist das Anhörungsverfahren fehlerfrei nachzuholen, solange die Entscheidung über die beabsichtigte Maßnahme noch nicht vollzogen ist.

6 **(Abs. 1 Nr. 1)** Der PR hat bei der **Vorbereitung von Verwaltungsanordnungen** einer Dienststelle für die innerdienstlichen, sozialen und persönlichen Angelegenheiten der Beschäftigten ihres Geschäftsbereichs mitzuwirken. Das Mitwirkungsrecht ist jedoch ausgeschlossen, wenn es sich um Verwaltungsanordnungen handelt, bei deren Vorbereitung nach § 118 BBG (bis zur Änderung des Abs. 1 Nr. 1 durch Art. 7 Nr. 5 DNeuG v. 5. 2. 09[1250]: nach § 94

1250 BGBl. I S. 160.

BBG) die **Spitzenorganisationen der zuständigen Gewerkschaften** zu beteiligen sind.[1251]

7 Die h. M. versteht unter einer **Verwaltungsanordnung im personalvertretungsrechtlichen Sinne** jede Regelung, die die Dienststelle in Wahrnehmung ihrer Aufgaben als Dienstherr oder Arbeitgeber gegenüber allen ihren Beschäftigten, jedenfalls aber gegenüber einer unbestimmten Zahl von ihnen trifft, ohne dass es auf die **Form** der Regelung ankommt.[1252] Entsprechend der unterschiedlichen Praxis der Verwaltungen kann auch die **Bezeichnung** unterschiedlich sein (z. B. Erlass, Verfügung, Rundschreiben). Die Regelung muss einen **allgemein gültigen Charakter** für den Geschäftsbereich der Dienststelle haben.[1253] Ebenso wie eine Verwaltungsanordnung i. S. d. Verwaltungsrechts[1254] ist auch eine Verwaltungsanordnung im personalvertretungsrechtlichen Sinne durch ihre **verwaltungsinterne Verbindlichkeit** gekennzeichnet. Diese wird i. d. R. nur dann bejaht, wenn die Anordnung von den Beschäftigten ein Tun oder Unterlassen verlangt oder ihnen Befugnisse einräumt oder entzieht.[1255] Aus der Nennung der »innerdienstlichen, sozialen und persönlichen Angelegenheiten der Beschäftigten« wird gefolgert, dass eine Regelung i. S. d. Abs. 1 Nr. 1 allein das **(Innen-)Verhältnis** betreffen muss, in dem die Dienststelle als **»Arbeitgeber«** und die Beschäftigten als **»Arbeitnehmer«** zueinander stehen.[1256] Da Verwaltungsanordnungen »für die« innerdienstlichen, sozialen und persönlichen Angelegenheiten der Beschäftigten mitwirkungspflichtig sind, wird außerdem verlangt, dass es sich dabei um Anordnungen handeln muss, deren **ausdrücklicher und alleiniger Zweck** es ist, Angelegenheiten aus den genannten Bereichen unmittelbar zu regeln. Deshalb soll sich die Mitwirkung auf Anordnungen, welche die Art und Weise der Erfüllung der Aufgaben der Dienststelle im Verhältnis zu Außenstehenden betreffen, auch dann nicht erstrecken, wenn sich diese Anordnungen mittelbar im innerdienstlichen, sozialen oder persönlichen Bereich auf die Beschäftigten der Dienststelle auswirken.[1257]

8 Es kann allerdings nicht überzeugen, wenn die h. M. die Mitwirkung nach Abs. 1 Nr. 1 auf Anordnungen beschränkt, die alle Beschäftigten oder zu-

---

1251 Vgl. dazu die noch aufgrund des § 200 BBG a. F. ergangene AVwV des BMI v. 28. 8. 96 (GMBl. S. 678) sowie KfdP-*Baden*, Rn. 17.

1252 *BVerwG* v. 6. 2. 87 – 6 P 9.85 –, PersR 87, 165, v. 22. 3. 90 – 6 P 17.88 –, PersR 90, 225, v. 19. 5. 03 – 6 P 16.02 –, PersR 03, 314, v. 1. 9. 04 – 6 P 3.04 –, PersR 04, 437, v. 16. 4. 08 – 6 P 8.07 –, PersR 08, 418, u. v. 5. 1. 16 – 5 PB 23.15, juris.

1253 *BVerwG* v. 31. 7. 90 – 6 P 19.88 –, PersR 90, 299, sowie v. 19. 5. 03 u. v. 1. 9. 04, jew. a. a. O.

1254 Vgl. dazu KfdP-*Baden*, Rn. 8.

1255 *BVerwG* v. 23. 7. 85 – 6 P 13.82 –, PersR 86, 57.

1256 *BVerwG* v. 6. 2. 87, a. a. O.

1257 *BVerwG* v. 6. 2. 87, a. a. O.

mindest eine unbestimmte Anzahl von ihnen betreffen, und damit Anordnungen ausklammert, die sich »an einen abgegrenzten, eindeutig und klar bestimmbaren engen Personenkreis« richten.[1258] Zum einen bereitet die Unterscheidung zwischen einer unbestimmten und einer bestimmbaren Anzahl von **Adressaten** erhebliche praktische Schwierigkeiten und führt zu kaum nachvollziehbaren und unbefriedigenden Ergebnissen.[1259] Zum anderen entfällt die Sinnhaftigkeit der Mitwirkung nicht lediglich deshalb, weil eine Verwaltungsanordnung bestimmbare Beschäftigte betrifft. Der verwaltungsrechtliche Begriff der Verwaltungsanordnung umfasst auch abstrakt-spezielle Anordnungen, also solche, die sich nur an bestimmte Adressaten wenden. Auch das Argument, in Abs. 1 Nr. 1 sei nicht von Angelegenheiten »von Beschäftigten«, sondern »der Beschäftigten« die Rede, trägt nicht, weil aus dieser Formulierung im Anschluss an die neuere Rspr. des *BVerwG*[1260] zur Mitbestimmung in Arbeitszeitfragen lediglich gefolgert werden kann, dass ein **kollektiver Tatbestand** gegeben sein muss, was immer dann zu bejahen ist, wenn eine Regelung die Interessen der Beschäftigten unabhängig von der Person und den individuellen Wünschen des Einzelnen berührt (vgl. § 75 Rn. 69). Es kann auch nicht überzeugen, Anordnungen, welche die Art und Weise der **Erfüllung der Aufgaben der Dienststelle im Verhältnis zu Außenstehenden** betreffen, auch dann aus der Mitwirkung herauszunehmen, wenn sich diese Anordnungen mittelbar im innerdienstlichen, sozialen oder persönlichen Bereich auf die Beschäftigten der Dienststelle auswirken.[1261] Abgesehen davon, dass damit rechtsmissbräuchliches Handeln begünstigt wird, ist das wesentliche Argument der h. M., der Personalvertretung dürfe auf die Erfüllung der der Dienststelle vom Gesetz oder auf gesetzlicher Grundlage gestellten Aufgaben »keine Einwirkungsmöglichkeit« eingeräumt werden,[1262] nicht haltbar. Der neueren Rspr. des *BVerfG*[1263] zu den verfassungsrechtlichen Grenzen der Personalvertretung ist vielmehr zu entnehmen, dass innerdienstliche Maßnahmen, die schwerpunktmäßig die Erledigung von Amtsaufgaben betreffen, aber unvermeidlich auch die Interessen der Beschäftigten berühren, zwar nicht der vollen, wohl aber der eingeschränkten Mitbestimmung und damit erst recht der Mitwirkung unterliegen dürfen (vgl. vor § 66 Rn. 9; § 104 Rn. 5). Inzwischen hat auch das *BVerwG* entschieden, dass die Mitbestimmung und damit auch die schwä-

1258 Vgl. *BVerwG* v. 23. 7. 85 – 6 P 13.82 –, PersR 86, 57, u. v. 31. 7. 90 – 6 P 19.88 –, PersR 90, 299.

1259 Vgl. einerseits *BVerwG* v. 22. 3. 90 – 6 P 17.88 –, PersR 90, 225, andererseits *BVerwG* v. 31. 7. 90, a. a. O.

1260 Beschl. v. 12. 8. 02 – 6 P 17.01 –, PersR 02, 473.

1261 So *BVerwG* v. 23. 7. 85, a. a. O., u. v. 6. 2. 87 – 6 P 9.85 –, PersR 87, 165.

1262 *BVerwG* v. 6. 2. 87, a. a. O.

1263 Beschl. v. 24. 5. 95 – 2 BvF 1/92 –, PersR 95, 483.

chere Mitwirkung des PR bei der Vorbereitung von Verwaltungsanordnungen nur ausgeschlossen ist, wenn die in Rede stehende Verwaltungsanordnung keinen innerdienstlichen Charakter aufweist.[1264] Damit ist aber der vormaligen Rspr. der Boden entzogen. Das einfachrechtliche Verständnis vom Begriff der innerdienstlichen Angelegenheit stimmt mit dem verfassungsrechtlichen Verständnis überein.[1265]

9 Nach *BVerwG*[1266] liegt keine Verwaltungsanordnung i. S. d. Abs. 1 Nr. 1 vor, wenn eine Anordnung zwar interne Angelegenheiten der Beschäftigten betrifft, aber nur **Ausführungsbestimmungen** zu bereits vorliegenden Regelungen enthält und diese erläutert. Dies wird von der h. M. mit der Begründung verneint, mit solchen Bestimmungen sei keine eigenständige Regelung beabsichtigt oder sie würden nicht gestaltend in die Rechtsstellung der Beschäftigten eingreifen. Dieser Ansicht ist nicht zu folgen, weil es nur auf das Vorliegen einer verwaltungsintern verbindlichen Anordnung für die Angelegenheiten der Beschäftigten ankommen kann. Um eine solche Anordnung handelt es sich auch bei einer dem Anschein nach nur ausschließlich auslegenden Regelung, weil die Dienststelle die Beschäftigten an eine bestimmte, von ihr für zutreffend angesehene Anwendung der interpretierten Vorschriften binden will.[1267] Mitwirkungsbedürftig ist daher z. B. ein Runderlass einer übergeordneten Dienststelle, durch den ein Tarifvertrag mit erläuternden Bemerkungen, die die Auslegung lenken sollen, bekanntgegeben wird.[1268] Wird dagegen der bloße Text einer unmittelbar geltenden (tarifvertraglichen) Bestimmung bekanntgegeben, stellt dies keine Regelung mit verwaltungsintern anordnendem Charakter dar. Für das Bestehen des Mitwirkungsrechts ist demnach zu unterscheiden, ob die Regelung nur einen Text wiedergibt, ob sie dazu nur unverbindlich eine Rechtsauffassung mitteilt oder ob sie eine selbständige Anweisung enthält. In Anwendung dessen dürften **Anordnungen an personalverwaltende Dienststellen** mitwirkungspflichtig sein, weil gerade dadurch eine einheitliche Verwaltungspraxis bei personellen Einzelmaßnahmen erreicht werden soll.[1269]

10 Mögliche Gegenstände von Verwaltungsanordnungen i. S. d. Abs. 1 Nr. 1 sind »**die innerdienstlichen, sozialen und persönlichen Angelegenheiten**« der Beschäftigten. Die drei Merkmale »innerdienstlich«, »sozial« und »persönlich« stehen als **gleichrangige Alternativen** nebeneinander. Entspre-

1264 Beschl. v. 19. 5. 03 – 6 P 16.02 –, PersR 03, 314.
1265 *BVerwG* v. 16. 4. 08 – 6 P 8.07 –, PersR 08, 418.
1266 *BVerwG* v. 7. 2. 12 – 6 P 26.10 – u. v. 11. 12. 12 – 6 P 2.12 –, PersR 12, 213, u. 13, 135.
1267 So auch *OVG Bln* v. 22. 9. 76 – OVG PV Bln 23.75 –; vgl. aber *BVerwG* v. 2. 1. 86 – 6 P 16.82 –, PersR 86, 120.
1268 So *BVerwG* v. 14. 12. 62 – VII P 5.62 –, PersV 63, 208.
1269 A. A. *VGH BW* v. 20. 4. 93 – PB 15 S 879/92 –, PersV 95, 131.

chend der vom *BVerfG* (vgl. Rn. 8) definierten Schutzzweckgrenze sind alle Angelegenheiten erfasst, welche die **spezifischen Interessen der Beschäftigten** berühren, die in ihrem Beschäftigungsverhältnis angelegt sind.[1270] Dabei kommt es nicht darauf an, ob die Einzelmaßnahmen, die diesen Angelegenheiten zugerechnet werden können, nach anderen Vorschriften des BPersVG der Mitbestimmung, Mitwirkung oder Anhörung unterliegen.[1271] **Soziale Angelegenheiten** sind nach Ansicht des *BVerwG*[1272] alle Maßnahmen, welche den in § 75 Abs. 2 S. 1 genannten Angelegenheiten entsprechen. Zutreffend dürfte allerdings ein weniger enges Verständnis sein, wonach soziale Angelegenheiten die Arbeitsbedingungen der Beschäftigten im weitesten Sinne betreffen,[1273] und zwar einschl. der nach § 75 Abs. 3 Eingangssatz (nur) der Mitbestimmung und nach § 75 Abs. 5 (nur) der Regelung durch Dienstvereinbarung entzogenen Arbeitsentgelte und sonstigen Arbeitsbedingungen, die durch Tarifvertrag geregelt sind bzw. üblicherweise geregelt werden.[1274] **Persönliche Angelegenheiten** betreffen den Status der Beschäftigten als Beamte oder Arbeitnehmer sowie, ebenfalls im weitesten Sinne, ihre dienstliche Stellung und Verwendung. Darunter fallen – so das *BVerwG*[1275] – alle Angelegenheiten, welche den Personalangelegenheiten der Arbeitnehmer und Beamten nach § 75 Abs. 1 und § 76 Abs. 1 vergleichbar sind, also alle Maßnahmen, welche den einzelnen Beschäftigten unmittelbar an seinem Beschäftigungsverhältnis berühren. **Innerdienstliche Angelegenheiten** sind alle sonstigen Angelegenheiten, welche die spezifischen Interessen der Beschäftigten berühren, und zwar auch organisatorische Angelegenheiten. Für innerdienstliche Maßnahmen ist typisch, dass durch sie behördenintern die Voraussetzungen für die Wahrnehmung des Amtsauftrages geschaffen werden.[1276] Es handelt sich nach der Rspr. des *BVerwG* um einen **Auffang- und Oberbegriff**. Aufgefangen werden damit alle Angelegenheiten, die nicht als Personalangelegenheiten oder soziale Angelegenheiten qualifiziert werden können und den Angelegenheiten in den Mitbestimmungskatalogen nach § 75 Abs. 3 und § 76 Abs. 2 BPersVG vergleichbar sind. Zugleich ist »innerdienstliche Angelegenheit« ein Oberbegriff (mit lückenschließender Funktion), welcher allen Beteiligungstatbeständen in den Katalogen nach den §§ 75 bis 79 BPersVG zugrunde liegt.[1277]

1270 Vgl. *BVerwG* v. 19.5.03 – 6 P 16.02 –, PersR 03, 314.
1271 Vgl. *BVerwG* v. 6.2.87 – 6 P 9.85 –, PersR 87, 165.
1272 Beschl. v. 16.4.08 – 6 P 8.07 –, PersR 08, 418.
1273 Vgl. KfdP-*Baden*, Rn. 15.
1274 Vgl. *BVerwG* v. 22.3.90 – 6 P 17.88 –, PersR 90, 225.
1275 Beschl. v. 16.4.08, a.a.O.
1276 *BVerwG* v. 19.5.03, a.a.O., u. v. 1.9.04 – 6 P 3.04 –, PersR 04, 437.
1277 *BVerwG* v. 16.4.08 – 6 P 8.07 –, PersR 08, 418; Richardi-*Benecke*, § 78 Rn. 8.

11 Ist Gegenstand einer Verwaltungsanordnung i. S. d. Abs. 1 Nr. 1 eine Angelegenheit, die nach § 75 oder § 76 der **Mitbestimmung** unterliegt, dann geht das stärkere Mitbestimmungsrecht dem schwächeren Mitwirkungsrecht vor.[1278] Letzteres gilt auch dann, wenn das Mitbestimmungsrecht infolge einer vorrangigen gesetzlichen oder tarifvertraglichen Regelung ausgeschlossen ist.[1279] Das Mitwirkungsrecht kommt (nur) dort zum Zuge, wo der Inhalt einer Verwaltungsanordnung von speziellen Mitbestimmungsrechten nicht erfasst wird.[1280]

12 Das Mitwirkungsrecht erstreckt sich auf die **Vorbereitung** von Verwaltungsanordnungen. Es setzt nicht erst dann ein, wenn die Dienststelle die Regelung fertiggestellt hat und sie »vor dem Abgang« dem PR zuleiten will. Eine Verwaltungsanordnung wird vielmehr schon im Stadium erster Entwürfe vorbereitet. Bereits diese hat die Dienststelle dem PR zuzuleiten und mit ihm eingehend mit dem Ziel einer Verständigung zu erörtern.

13 (**Abs. 1 Nr. 2**) Nach Abs. 1 Nr. 2 wirkt der PR mit bei der **Auflösung, Einschränkung, Verlegung oder Zusammenlegung von Dienststellen** oder wesentlichen Teilen von ihnen. Diese organisatorischen Maßnahmen können sich in erheblichem Maße auf die Arbeits- und Lebensbedingungen der Beschäftigten auswirken und deren Fortbestand in Frage stellen. Der **Zweck des Mitwirkungsrechts** besteht deshalb v. a. darin, die Interessen der Beschäftigten, vor dem Verlust ihres Arbeitsplatzes und vor der Verschlechterung ihrer Arbeits- und Lebensbedingungen geschützt zu werden, bereits vor der organisatorischen Grundentscheidung zur Geltung zu bringen.[1281]

14 Die Rspr. sieht in Abs. 1 Nr. 2 eine **Spezialvorschrift,** die die Beteiligung des PR an den in ihr bezeichneten organisatorischen Maßnahmen abschließend regelt und Mitbestimmungsrechte hinsichtlich einzelner Aspekte und Folgen dann ausschließt, wenn damit im Ergebnis dem PR ein mitbestimmender Einfluss auf die Umorganisation als solche eingeräumt würde.[1282] Die Beteiligungsrechte an den **personellen Einzelmaßnahmen,** die sich aus der Entscheidung über die Umorganisation ergeben (z. B. Versetzungen, Umsetzungen oder Kündigungen), bleiben aber auch dann unberührt, wenn der PR an der organisatorischen Maßnahme mitgewirkt (oder ihr zugestimmt) hat.[1283] Das gilt gleichermaßen für die Mitbestimmungsrechte nach § 75

1278 *BVerwG* v. 16. 4. 08, a. a. O.

1279 *BVerwG* v. 7. 2. 12 – 6 P 26.10 –, PersR 12, 213.

1280 *BVerwG* v. 19. 5. 03 – 6 P 16.02 –, PersR 03, 314, v. 10. 1. 06 – 6 P 10.04 –, PersR 06, 345.

1281 Vgl. *BVerwG* v. 30. 9. 87 – 6 P 19.85 –, PersR 88, 70; *VGH BW* v. 29. 6. 99 – PL 15 S 1670/98 –, PersR 99, 505.

1282 *BVerwG* v. 16. 12. 92 – 6 P 29.91 –, PersR 93, 164; *VGH BW* v. 29. 6. 99, a. a. O.

1283 *BVerwG* v. 19. 2. 87 – 6 P 11.85 –, PersR 87, 167; *NdsOVG* v. 12. 11. 08 – 17 LP 25/07 –, PersR 09, 27.

Abs. 1 und § 76 Abs. 1, die Mitwirkungsrechte nach § 78 Abs. 1 Nr. 4 und 5 und § 79 Abs. 1 sowie die Zustimmungsrechte nach § 47 Abs. 1 und 2. Auch die Mitbestimmung bei der Aufstellung von **Sozialplänen** nach § 75 Abs. 3 Nr. 13 ist nicht ausgeschlossen. Wird eine in Abs. 1 Nr. 2 bezeichnete organisatorische Veränderung durch **Gesetz, Rechtsverordnung oder öffentlich-rechtliche Satzung** vorgenommen, so wird der PR zwar an der organisatorischen Grundsatzentscheidung nicht beteiligt, wohl aber an den zu ihrer Umsetzung erforderlichen Maßnahmen der Dienststelle oder (in mehrstufigen Verwaltungen) der übergeordneten Dienststellen, soweit diese Maßnahmen Tatbestände erfüllen, die in den vorgenannten Vorschriften des BPersVG geregelt sind.[1284]

Dienststellen i. S. d. Abs. 1 Nr. 2 sind die in § 6 Abs. 1 aufgeführten Organi- 15
sationseinheiten (zur Maßgeblichkeit des verwaltungsorganisationsrechtlichen Begriffs vgl. auch § 75 Rn. 36; § 76 Rn. 23). Nebenstellen oder Teile einer Dienststelle, die nach § 6 Abs. 3 personalvertretungsrechtlich verselbständigt sind, werden dadurch nicht zu Dienststellen i. S. d. Abs. 1 Nr. 2. Als **wesentlicher Teil einer Dienststelle** dürfte entsprechend der h. M. zum Begriff des wesentlichen Betriebsteils i. S. d. § 111 S. 3 Nr. 1 BetrVG eine abgrenzbare Organisationseinheit anzusehen sein, die entweder einen erheblichen Teil der Beschäftigten umfasst – quantitative Betrachtung – oder für die ganze Dienststelle von wesentlicher Bedeutung ist – qualitative Betrachtung –.[1285] Maßstab der **quantitativen Betrachtung** sind dabei die in § 17 Abs. 1 KSchG festgelegten Zahlenwerte mit der Maßgabe, dass mindestens 5 Prozent der Gesamtbelegschaft in dem Dienststellenteil tätig sein müssen.[1286] Auf betriebsverfassungsrechtliche Regelungen wie § 111 BetrVG wird dabei aufgrund der andersartigen Verhältnisse in Dienststellen nicht unmittelbar abgehoben werden können. Eine **qualitative Betrachtung,** die verlangt, dass die ganze Dienststelle durch den Fortfall oder die Veränderung des Dienststellenteils wesensmäßig zu einer anderen Dienststelle wird, erscheint dagegen zu eng.[1287]

Richtigerweise wird bei der **qualitativen Betrachtung** prospektiv darauf ab- 15a
gestellt werden müssen, ob in der nachfolgenden Umsetzungsphase für die Dienststelle eine so erhebliche Veränderung ihres Aufgabenbereichs zu erwarten steht, dass durch sie in gewichtigem Umfang die Beschäftigten berührende personelle Maßnahmen ausgelöst werden. Die Entscheidung muss sich demnach auf solche Bereiche der Dienststelle beziehen, die für diese eine prägende Bedeutung haben, die also in einer herausgehobenen sach-

---

1284 Vgl. KfdP-*Baden*, Rn. 29 m. w. N.

1285 Ähnlich *BVerwG* v. 30. 9. 87 – 6 P 19.85 –, PersR 88, 70.

1286 *BAG* v. 6. 12. 88 – 1 ABR 47/87 –, AP BetrVG 1972 § 111 Nr. 26.

1287 So aber *BVerwG* v. 30. 9. 87, a. a. O., u. *VGH BW* v. 29. 6. 99 – PL 15 S 1670/98 –, PersR 99, 505.

lichen Beziehung zu den von der Dienststelle innerhalb ihres Aufgabenbereichs wahrzunehmenden Aufgaben stehen.[1288] Wenn der Beteiligungstatbestand also nach dem Wortlaut des Gesetzes nur solche organisatorischen Maßnahmen erfasst, die »Dienststellen oder wesentliche Teile von ihnen« betreffen, so zeigt dies, dass der Gesetzgeber dieser Sondervorschrift nur organisatorische Änderungen von besonderem Gewicht unterwerfen wollte.[1289]

16 Die **Auflösung** der Dienststelle entspricht der Stilllegung des Betriebs i. S. d. § 111 S. 3 Nr. 1 BetrVG. Sie besteht darin, dass die Aufgaben der Dienststelle entweder vollständig ersatzlos wegfallen oder vollständig auf eine andere Dienststelle übertragen werden. Ist eine Dienststelle von Anfang an nur für einen genau bestimmten Zeitraum eingerichtet worden, so ist die mit dem **Fristablauf** eintretende Beendigung ihrer Tätigkeit keine Auflösung i. S. d. Abs. 1 Nr. 2. Nicht gleichzustellen ist dem wegen der Ungewissheit des Zeitpunkts seines Eintretens der Fall der **Zweckerreichung.**[1290] Wird das Personal der Dienststelle von einem anderen Dienstherrn bzw. Arbeitgeber unter Fortbestand der Dienststelle übernommen, liegt keine Auflösung, sondern lediglich ein **Inhaberwechsel** vor.[1291] Anders liegt es, wenn der Inhaberwechsel mit einer Einschränkung, Verlegung oder Zusammenlegung i. S. d. Abs. 1 Nr. 2 verknüpft ist.[1292] Geht die Dienststelle jedoch auf einen privatrechtlichen Inhaber über, ist darin eine Auflösung zu sehen, weil sie durch diese **Privatisierung** ihre personalvertretungsrechtliche Existenz verliert.[1293]

17 Die **Einschränkung** der Dienststelle entspricht der Einschränkung des Betriebs i. S. d. § 111 S. 3 Nr. 1 BetrVG, die nach st. Rspr. des *BAG* gegeben ist, wenn die »Leistungsfähigkeit« des Betriebs herabgesetzt wird.[1294] Dem ist auch für das PersVR zu folgen.[1295] Eine Einschränkung i. S. d. Abs. 1 Nr. 2 kann zum einen in einer erheblichen **Verminderung des sachlichen oder örtlichen Aufgabenbereichs** der Dienststelle bestehen, zum anderen aber auch in einer erheblichen **Personalreduzierung** (insoweit str.). Eine solche »Wesensveränderung« ist dann zu bejahen, wenn die gleichen quantitativen Dimensionen erreicht werden, die auch für die (quantitative) Betrach-

---

1288 Vgl. *BVerwG* v. 17. 7. 87 – 6 P 6.85 –, PersR 87, 220, u. *VGH BW* v. 29. 6. 99, a. a. O.
1289 Vgl. *BVerwG* v. 30. 9. 87 – 6 P 19.85 –, PersR 88, 70, u. *VGH BW* v. 29. 6. 99, a. a. O.
1290 Str.; vgl. KfdP-*Baden*, Rn. 24 m. N.
1291 Vgl. *OVG LSA* v. 5. 4. 00 – A 5 S 2/99 –, PersV 00, 509.
1292 Vgl. *BAG* v. 31. 1. 08 – 8 AZR 1116/06 –, AP BGB § 613a Unterrichtung Nr. 2.
1293 *BAG* v. 27. 1. 11 – 2 AZR 825/09 –, NZA 11, 798; str.; vgl. KfdP-*Baden*, a. a. O., m. w. N.
1294 Vgl. Beschl. v. 22. 5. 79 – 1 ABR 17/77 –, AP BetrVG 1972 § 111 Nr. 4.
1295 Teilw. str.; vgl. KfdP-*Baden*, Rn. 25 m. N.

tung der Wesentlichkeit eines Dienststellenteils maßgebend sind[1296] (vgl. Rn. 15).

Eine **Verlegung** der Dienststelle liegt vor, wenn sich ihre örtliche Lage ändert. Das *BVerwG*[1297] hält eine erhebliche Ortsveränderung für erforderlich. Dieser Rspr. ist insoweit zu folgen, als geringfügige Veränderungen des Standorts – wie z.B. der Umzug auf die andere Straßenseite – noch nicht ausreichen.[1298] 18

Die **Zusammenlegung** von Dienststellen ist gegeben, wenn – je unter Verlust der organisatorischen Selbständigkeit – eine Dienststelle in eine andere eingegliedert wird oder mindestens zwei Dienststellen zu einer neuen Dienststelle verschmolzen werden. 19

(**Abs. 1 Nr. 3**) Nach dem durch Art. 9 Nr. 1 BDiszNOG v. 9.7.01[1299] geänderten Abs. 1 Nr. 3 wirkt der PR bei der beabsichtigten **Erhebung der Disziplinarklage** gegen einen Beamten mit, wenn nicht die Mitwirkung nach Abs. 2 S. 1 i.V.m. Abs. 1 S. 2 ausgeschlossen ist und wenn der Beamte nach Abs. 2 S. 2 einen Antrag auf Beteiligung des PR gestellt hat (vgl. Rn. 23). Hierbei kommt es nicht darauf an, ob das vorausgehende behördliche Disziplinarverfahren, das mit der Klageerhebung abgeschlossen wird, von Amts wegen oder auf Antrag des Beamten eingeleitet worden ist. Nach der Rspr. des *BVerwG*[1300] bezieht sich die Mitwirkung des PR **nur** auf die disziplinarbehördliche Abschlussentscheidung, **ob Disziplinarklage erhoben werden soll,** nicht auf den im Falle der Klageerhebung vorgesehenen Klageantrag. Einwendungen kann der PR nach Abs. 2 S. 3 nur auf die in § 77 Abs. 2 Nr. 1 und 2 bezeichneten Gründe stützen (vgl. Rn. 23a). Ist die Disziplinarklage ohne die vom Beamten beantragte (ordnungsgemäße) Durchführung der Mitwirkung erhoben worden, so kann darin ein wesentlicher **Mangel des behördlichen Disziplinarverfahrens** liegen[1301], der im gerichtlichen Disziplinarverfahren geltend gemacht werden kann (vgl. § 55 BDG). Das gilt auch dann, wenn der Beamte die Mitwirkung deshalb nicht beantragt hat, weil die Dienststelle ihn auf diese Möglichkeit nicht hingewiesen hat (vgl. Rn. 23). **Beamte** i.S.d. Abs. 1 Nr. 3 sind nur aktive Beamte, nicht dagegen Ruhestandsbeamte, weil diese keine Beschäftigten i.S.d. § 4 sind. Daraus folgt, dass es bei Ruheständlern keine Mitwirkung und demgemäß auch keine Hinweispflichten gibt.[1302] 20

1296 *BVerwG* v. 30.9.87 – 6 P 19.85 –, PersR 88, 70.

1297 Beschl. v. 27.7.79 – 6 P 25.78 –, PersV 81, 73.

1298 Vgl. auch *BAG* v. 17.8.82 – 1 ABR 40/80 –, AP BetrVG 1972 § 111 Nr. 11; *HmbOVG* v. 8.11.99 – 8 Bs 368/99.PVL –, PersR 00, 252.

1299 BGBl. I S. 1510.

1300 Urt. v. 20.10.05 – 2 C 12.04 –, PersV 06, 262 = PersR 06, 355 Ls.

1301 *BVerwG* v. 24.6.10 – 2 C 15.09 –, PersR 10, 478.

1302 Str.; vgl. KfdP-*Baden*, Rn. 33 m. N.

21 **(Abs. 1 Nr. 4)** Nach Abs. 1 Nr. 4 wirkt der PR bei der **Entlassung von Beamten auf Probe oder auf Widerruf** (§ 6 Abs. 3 bzw. Abs. 4 BBG) mit, wenn sie die Entlassung nicht selbst beantragt haben. Für die unter § 77 Abs. 1 S. 2 fallenden Beamten (vgl. § 77 Rn. 8ff.) ist die Mitwirkung aufgrund der Verweisung in Abs. 2 S. 1 ausgeschlossen (vgl. Rn. 23). Bei den übrigen Beamten auf Probe oder den Beamten auf Widerruf ist die Mitwirkung des PR nach Abs. 2 S. 2 von einem Antrag des betroffenen Beamten abhängig (vgl. Rn. 23). Unter dieser Voraussetzung erstreckt sich die Mitwirkung nach Abs. 1 Nr. 4 grundsätzlich auf jede nicht auf eigenem Antrag des Beamten beruhende, durch Verwaltungsakt erfolgende Entlassung, also auch auf die obligatorische Entlassung nach § 32 BBG.[1303] Nur wenn die Entlassung wegen eines Verhaltens, das bei einem Beamten auf Lebenszeit mindestens eine Kürzung der Dienstbezüge zur Folge hätte, ohne Einhaltung einer Frist erfolgen soll (§ 34 Abs. 1 Nr. 1, Abs. 3 bzw. § 37 Abs. 1 S. 1 u. 2 BBG), ist der PR nicht im Verfahren der Mitwirkung, sondern nach § 79 Abs. 3 im Wege der Anhörung zu beteiligen (vgl. § 79 Rn. 36, 38ff.). Bei etwaigen Einwendungen ist der PR nicht auf die Gründe des § 77 Abs. 2 Nr. 1 und 2 beschränkt (vgl. Rn. 23a). Er darf deshalb alle Argumente verwenden, die er für sachdienlich hält, und dabei auch die individuellen Interessen des betroffenen Beamten und seiner Angehörigen berücksichtigen.

22 **(Abs. 1 Nr. 5)** Eine **vorzeitige Versetzung in den Ruhestand** i. S. d. Abs. 1 Nr. 5 kommt bei Beamten auf Lebenszeit und auf Probe im Falle der **Dienstunfähigkeit** in Betracht. Begrifflich gehört auch die **Versetzung in den einstweiligen Ruhestand** dazu. Betrifft sie nach § 54 Abs. 1 BBG die dort bezeichneten politischen Beamten, nach § 55 BBG bei Behördenumorganisation einen Beamten, der ein Amt der Besoldungsordnung B innehat, oder nach § 129 Abs. 2 BBG den Direktor des Bundesrates, ist die Mitwirkung nach Abs. 2 S. 1 i. V. m. § 77 Abs. 1 S. 2 allerdings ausgeschlossen (vgl. Rn. 23). Anders ist es jedoch, wenn andere Beamte aufgrund anderer Vorschriften in den einstweiligen Ruhestand versetzt werden, so z. B. bei der **Umbildung von Körperschaften** nach § 136 Abs. 2 BBG. Als vorzeitige Versetzung in den Ruhestand i. S. d. Abs. 1 Nr. 5 ist auch die **Entlassung des Beamten auf Lebenszeit wegen Dienstunfähigkeit** anzusehen, die nach § 32 Abs. 1 Nr. 2 BBG deshalb erfolgt, weil der Beamte wegen Nichterfüllung einer versorgungsrechtlichen Wartezeit nicht in den Ruhestand (oder einstweiligen Ruhestand) versetzt werden kann.[1304] Bei einer Maßnahme i. S. d. Abs. 1 Nr. 5 wirkt der PR mit, wenn der Beamte nach Abs. 2 S. 2 einen **Antrag auf Beteiligung** des PR gestellt hat (vgl. Rn. 23). Das gilt auch dann, wenn der Beamte

---

1303 Str.; vgl. KfdP-*Baden*, Rn. 41 m. N.

1304 Vgl. *BVerwG* v. 9. 12. 99 – 2 C 4.99 –, PersR 00, 210; *OVG NW* v. 29. 5. 01 – 1 B 46/01 –, PersR 01, 473; KfdP-*Baden*, Rn. 44a.

die Maßnahme selbst beantragt hat. Bei etwaigen Einwendungen ist der PR nicht auf die Gründe des § 77 Abs. 2 Nr. 1 und 2 beschränkt (vgl. Rn. 23a).

(Abs. 2) In den **Fällen des Abs. 1 Nr. 3 bis 5** ist die Mitwirkung aufgrund der Verweisung in Abs. 2 S. 1 bei den in § 77 Abs. 1 S. 2 aufgeführten Beamten **ausgeschlossen** (vgl. § 77 Rn. 8ff.). Bei allen anderen Beamten wird der PR nach Abs. 2 S. 2 Hs. 1 nur **auf Antrag** des Betroffenen beteiligt. Dieser ist, wie Abs. 2 S. 2 Hs. 2 ausdrücklich bestimmt, von der jeweils beabsichtigten Maßnahme rechtzeitig vorher **in Kenntnis zu setzen**. Bei dieser Unterrichtung hat die Dienststelle, der Fürsorgepflicht des Dienstherrn entsprechend, auch auf die Möglichkeit **hinzuweisen**, dass der Beamte die Mitwirkung des PR beantragen kann, wobei nach der Rspr. des *BVerwG*[1305] der Dienstherr seiner Informationspflicht genügt, wenn der Beschäftigte klar erkennen kann, dass er die ihm anheimgestellte Entscheidung über sein personalvertretungsrechtliches Antragsrecht zu treffen hat. Die Unterrichtung über die beabsichtigte Maßnahme und der Hinweis auf das Antragsrecht müssen so **frühzeitig** erfolgen, dass das Mitwirkungsverfahren nach einem Antrag des Beschäftigten ordnungsgemäß durchgeführt werden kann. Dabei muss dem Beamten für den von ihm zu fassenden Entschluss, ob er die Mitwirkung beantragen soll, eine angemessene Überlegungsfrist eingeräumt werden.[1306] Der Antrag auf Mitwirkung, für den sich die Schriftform empfiehlt, ist nicht beim PR zu stellen,[1307] sondern **beim Leiter der Dienststelle**, weil dieser wissen muss, ob er das Mitwirkungsverfahren einzuleiten hat. Nach nicht überzeugender h.M. muss sich der Antrag immer auf eine **beabsichtigte konkrete Maßnahme** beziehen; ein im Voraus und generell für alle künftigen Fälle gestellter Antrag soll dagegen unzulässig sein.[1308] Erst der nach entsprechendem Hinweis gestellte Antrag »aktualisiert« das Beteiligungsrecht des PR.[1309] Verstößt die Dienststelle gegen ihre Verpflichtung zur Belehrung nach Abs. 2 S. 2 Hs. 2, so liegt darin ein **Verfahrensmangel**, der im Falle der Erhebung der Disziplinarklage (vgl. Rn. 20) im gerichtlichen Disziplinarverfahren geltend gemacht werden kann[1310] und in den Fällen der Entlassung und der Versetzung in den Ruhestand (vgl. Rn. 21f.) die Entlassungs- bzw. Versetzungsverfügung anfechtbar macht (vgl. oben Rn. 2). 23

Bei seiner Mitwirkung bei der **Erhebung der Disziplinarklage** (Abs. 1 Nr. 3) kann der PR **Einwendungen** nur auf die in § 77 Abs. 2 Nr. 1 und 2 bezeichneten Gründe stützen (vgl. dazu § 77 Rn. 11ff.). Er kann somit nur einwenden, dass bereits die **Erhebung der Disziplinarklage** gegen ein Gesetz, eine 23a

1305 Beschl. v. 9.12.99 – 2 C 4.99 –, PersR 00, 210.
1306 *BVerwG* v. 23.2.89 – 2 C 76.86 –, PersR 89, 201.
1307 So aber *VG Oldenburg* v. 29.4.88 – 6 VG A 139/87 –, PersV 89, 447.
1308 Vgl. *BVerwG* v. 20.3.02 – 6 P 6.01 –, PersR 02, 302.
1309 *BVerwG* v. 20.10.05 – 2 C 12.04 –, PersV 06, 262.
1310 *OVG NW* v. 19.1.05 – 22d A 1433/03. BDG –, PersR 05, 288.

Verordnung, eine gerichtliche Entscheidung oder eine Verwaltungsanordnung verstößt (vgl. § 77 Rn. 15ff.) oder dass die durch Tatsachen begründete Besorgnis einer ungerechtfertigten Benachteiligung besteht (vgl. § 77 Rn. 20ff.). Als Gesetzesverstoß kann dabei z.B. auch eine Verletzung von Vorschriften des BDG oder des BPersVG in Betracht kommen. Die Besorgnis einer Benachteiligung kann insb. darin liegen, dass in gleich gelagerten Fällen von der Verhängung einer Disziplinarmaßnahme abgesehen oder lediglich eine Disziplinarverfügung erlassen wurde. Diese Einschränkung gilt aber nicht für die Mitwirkung nach **Abs. 1 Nr. 4 und 5**, also nicht bei der Entlassung eines Beamten auf Probe oder auf Widerruf sowie bei der vorzeitigen Versetzung in den Ruhestand. Hier kann der PR auch andere Gründe vortragen, die Einwendungen oder Vorschläge (§ 72 Abs. 2) also z.B. mit sozialen Erwägungen, die die Person des Beamten betreffen, begründen.

24 (**Abs. 3**) Will die Dienststelle im Rahmen des Verfahrens zur Vorbereitung des Haushaltsplans in ihrem Haushaltsvoranschlag Personal anfordern, so ist nach Abs. 3 S. 1 der PR vor der Weiterleitung dieser **Personalanforderungen** anzuhören.[1311] Unter Personalanforderungen ist jede Anmeldung eines personellen Mehrbedarfs zu verstehen.[1312] Der PR ist auch dann anzuhören, wenn die Dienststelle von möglichen Personalanforderungen absehen will. Besteht die Möglichkeit, während des laufenden Haushaltsjahres die Ausbringung neuer Planstellen oder Stellen oder deren Hebung zu beantragen, ist die Anhörung des PR ebenfalls geboten. Die **Anhörung** hat **vor der Weiterleitung** der Personalanforderungen (bei nachgeordneten Dienststellen an die nächsthöhere Dienststelle, bei obersten Dienstbehörden an das BMF) zu erfolgen. **Welcher PR** anzuhören ist, ergibt sich aus den allgemeinen Vorschriften des § 82 Abs. 1 und 3. Die Anhörung muss so **rechtzeitig** stattfinden, dass die jeweilige Dienststelle die ihr gesetzte Frist zur Weiterleitung ihres Voranschlags einhalten kann. Der PR ist gem. § 68 Abs. 2 S. 1 und 2 rechtzeitig und umfassend unter Vorlage der erforderlichen Unterlagen zu **unterrichten**. Dazu gehören die personalplanerischen Daten, welche die Dienststelle der Ermittlung der von ihr beabsichtigten Personalanforderungen zugrunde legt;[1313] erforderlichenfalls sind dem PR die Personalbedarfsberechnung wie auch der jeweilige Stellenplan auf Dauer zum ständigen Zugriff zur Verfügung zu stellen.[1314] Gibt der PR einer nachgeordneten Dienststelle zu den Personalanforderungen seiner Dienststelle eine **Stellungnahme** ab, so ist diese nach Abs. 3 S. 2 zusammen mit den Personalanforderungen **der übergeordneten Dienststelle vorzulegen**, und zwar auch dann, wenn

1311 *BVerwG* v. 2.3.83 – 6 P 12.80 –, PersV 84, 240.

1312 *BVerwG* v. 2.3.83, a.a.O.

1313 Zur Vorlage des Berechnungswerks vgl. *BVerwG* v. 1.10.93 – 6 P 7.91 –, PersR 93, 557; *OVG Bln* v. 30.8.96 – OVG 70 PV 6.93 –, PersR 97, 121.

1314 *BVerwG* v. 23.1.02 – 6 P 5.01 –, PersR 02, 201.

die Dienststelle die Auffassung des PR berücksichtigt hat.[1315] In dreistufigen Verwaltungen ist es sinnvoll, dass die Behörden der Mittelstufe zusätzlich zu der Stellungnahme des BPR die ihnen zugegangenen Stellungnahmen der örtlichen PR (bzw. der GPR) an die oberste Dienstbehörde weiterleiten; ob sie dazu verpflichtet sind, ist allerdings umstritten.[1316]

Nach Abs. 3 S. 3 gilt Abs. 3 S. 1 und 2 für die **Personalplanung** entsprechend. 25
Zum einen bedeutet dies, dass Maßnahmen der Personalplanung auf der Ebene nachgeordneter Dienststellen **anhörungspflichtig** sind, wenn sie an die übergeordnete Dienststelle weitergeleitet werden,[1317] und dass zu diesen Maßnahmen abgegebene Stellungnahmen des zuständigen PR der übergeordneten Dienststelle vorzulegen sind. Zum anderen bedeutet dies aber auch und erst recht, dass auch solche Maßnahmen der Personalplanung, die die Dienststelle selbst unter Ausnutzung ihr zustehender Entscheidungsspielräume ergreifen will, der Anhörung des zuständigen PR unterliegen.[1318] Personalplanung ist eine **Prognose**, die unter Berücksichtigung aller maßgeblichen Faktoren mit hinreichender Wahrscheinlichkeit den Bedarf an Personal für einen bestimmten Zeitraum zu ermitteln versucht. Sie umfasst neben der Personalbedarfsplanung auch die Personalbeschaffungsplanung, die Personalentwicklungsplanung und die Personaleinsatzplanung.[1319]

(Abs. 4) Bei der **Planung von Neu-, Um- und Erweiterungsbauten von** 26
Diensträumen ist der PR anzuhören. Die Verweisung auf Abs. 3 bezieht sich dabei nicht darauf, dass das **Anhörungsrecht** nur besteht, wenn Vorschläge an übergeordnete Dienststellen weitergeleitet werden sollen. Sie übernimmt vielmehr das Verfahren der Anhörung auch für diese Fragen. Das Anhörungsrecht ist nicht nur bei Bauvorhaben gegeben, die von der Dienststelle selbst im Detail geplant werden, sondern auch bei solchen Vorhaben, bei denen die eigentliche Bauplanung einer anderen Behörde übertragen ist. **Neu-, Um- und Erweiterungsbauten** i. S. d. Abs. 4 sind alle Baumaßnahmen, die nicht nur der Erhaltung der baulichen Substanz dienen. **Diensträume** sind alle baulichen Einrichtungen, die für Arbeitsplatz, Arbeitsablauf und Arbeitsumgebung von Bedeutung sind. Dazu gehören neben den Arbeitsräumen z. B. auch Sozialräume sowie Flure und Aufgänge. Der PR ist bereits im Planungsstadium zu beteiligen, damit er die Planung noch beeinflussen kann. Dabei ist der PR bei der Aufstellung der haushaltsrechtlich erforderlichen **Planungsunterlagen** zu beteiligen. Gegenstand der Anhörung sind die vorgesehene Baumaßnahme und ihre Auswirkungen auf die Beschäftigten. Leitet die Dienststelle ihre Anforderungen zu einer Baumaßnahme an eine

1315 Str.; vgl. KfdP-*Baden*, Rn. 56.
1316 Vgl. KfdP-*Baden*, a. a. O. m. N.
1317 *BVerwG* v. 23. 1. 02, a. a. O.
1318 *BVerwG* v. 23. 1. 02, a. a. O.
1319 *BVerwG* v. 2. 3. 83 – 6 P 12.80 –, PersV 84, 240, u. v. 23. 1. 02, a. a. O.

übergeordnete Dienststelle weiter, hat sie aufgrund der Verweisung auf Abs. 3 S. 2 ggf. auch eine von ihrem PR dazu abgegebene **Stellungnahme** vorzulegen. Gibt sie ihre Anforderungen an eine **außenstehende Stelle** weiter, so muss sie den PR auch dazu anhören.[1320]

27 (**Abs. 5**) Ein **Anhörungsrecht** des PR besteht auch vor grundlegenden **Änderungen von Arbeitsverfahren und Arbeitsabläufen.**[1321] Diese Beteiligung wird jedoch i. d. R. durch das Mitbestimmungsrecht des PR bei der Einführung grundlegend neuer Arbeitsmethoden und bei Maßnahmen zur Hebung der Arbeitsleistung und zur Erleichterung des Arbeitsablaufs (vgl. § 76 Abs. 2 Nr. 5 u. 7) überlagert.

§ 79 [Beteiligung bei Kündigungen und fristlosen Entlassungen]

(1) [1]Der Personalrat wirkt bei der ordentlichen Kündigung durch den Arbeitgeber mit. [2]§ 77 Abs. 1 Satz 2 gilt entsprechend. [3]Der Personalrat kann gegen die Kündigung Einwendungen erheben, wenn nach seiner Ansicht

1. **bei der Auswahl des zu kündigenden Arbeitnehmers soziale Gesichtspunkte nicht oder nicht ausreichend berücksichtigt worden sind,**
2. **die Kündigung gegen eine Richtlinie im Sinne des § 76 Abs. 2 Nr. 8 verstößt,**
3. **der zu kündigende Arbeitnehmer an einem anderen Arbeitsplatz in derselben Dienststelle oder in einer anderen Dienststelle desselben Verwaltungszweiges an demselben Dienstort einschließlich seines Einzugsgebietes weiterbeschäftigt werden kann,**
4. **die Weiterbeschäftigung des Arbeitnehmers nach zumutbaren Umschulungs- oder Fortbildungsmaßnahmen möglich ist oder**
5. **die Weiterbeschäftigung des Arbeitnehmers unter geänderten Vertragsbedingungen möglich ist und der Arbeitnehmer sein Einverständnis hiermit erklärt.**

[4]Wird dem Arbeitnehmer gekündigt, obwohl der Personalrat nach Satz 3 Einwendungen gegen die Kündigung erhoben hat, so ist dem Arbeitnehmer mit der Kündigung eine Abschrift der Stellungnahme des Personalrates zuzuleiten, es sei denn, daß die Stufenvertretung in der Verhandlung nach § 72 Abs. 4 Satz 2 die Einwendungen nicht aufrechterhalten hat.

(2) [1]Hat der Arbeitnehmer im Falle des Absatzes 1 Satz 4 nach dem Kündigungsschutzgesetz Klage auf Feststellung erhoben, daß das Arbeitsverhältnis durch die Kündigung nicht aufgelöst ist, so muß der Arbeitgeber auf Verlangen des Arbeitnehmers diesen nach Ablauf der Kündigungsfrist bis zum rechtskräftigen Abschluß des Rechtsstreits bei unveränderten Ar-

1320 Vgl. *VGH BW* v. 3.9.91 – 15 S 243/91 –, PersV 92, 354.
1321 Vgl. dazu KfdP-*Baden*, Rn. 63.

beitsbedingungen weiterbeschäftigen. [2]Auf Antrag des Arbeitgebers kann das Arbeitsgericht ihn durch einstweilige Verfügung von der Verpflichtung zur Weiterbeschäftigung nach Satz 1 entbinden, wenn

1. **die Klage des Arbeitnehmers keine hinreichende Aussicht auf Erfolg bietet oder mutwillig erscheint oder**
2. **die Weiterbeschäftigung des Arbeitnehmers zu einer unzumutbaren wirtschaftlichen Belastung des Arbeitgebers führen würde oder**
3. **der Widerspruch des Personalrates offensichtlich unbegründet war.**

(3) [1]Vor fristlosen Entlassungen und außerordentlichen Kündigungen ist der Personalrat anzuhören. [2]Der Dienststellenleiter hat die beabsichtigte Maßnahme zu begründen. [3]Hat der Personalrat Bedenken, so hat er sie unter Angabe der Gründe dem Dienststellenleiter unverzüglich, spätestens innerhalb von drei Arbeitstagen schriftlich mitzuteilen.

(4) Eine Kündigung ist unwirksam, wenn der Personalrat nicht beteiligt worden ist.

§ 79 regelt die förmliche Beteiligung des PR bei der **Kündigung des Arbeitsverhältnisses** eines Arbeitnehmers durch den Arbeitgeber sowie bei der **fristlosen Entlassung eines Beamten.** Soweit er sich auf Arbeitnehmer bezieht, ist er in wesentlichen Teilen dem **§ 102 BetrVG** nachgebildet; § 79 Abs. 1 S. 3 und 4 sowie Abs. 2 entsprechen § 102 Abs. 3 bis 5 BetrVG und § 79 Abs. 4 entspricht § 102 Abs. 1 S. 3 BetrVG. 1

Die Vorschriften des § 79 über die Beteiligung des PR bei der Kündigung beziehen sich auf jede Art der **Kündigung** durch den Arbeitgeber, die auf eine Beendigung des Arbeitsverhältnisses eines Arbeitnehmers zielt (vgl. Rn. 4). Soweit sie die Beteiligung bei der **Entlassung** eines Beamten regeln, beschränken sie sich dagegen auf die fristlose Entlassung. Die Beteiligung bei der (nicht fristlosen) Entlassung eines Beamten ist in § 78 Abs. 1 Nr. 4 geregelt (vgl. § 78 Rn. 21). Die Beteiligungstatbestände der Kündigung und der Entlassung sind mit zwei verschiedenen Beteiligungsformen verbunden: der **Mitwirkung** bei ordentlicher Kündigung (§ 79 Abs. 1) und nicht fristloser Entlassung (§ 78 Abs. 1 Nr. 4) sowie der **Anhörung** bei außerordentlicher Kündigung und fristloser Entlassung (§ 79 Abs. 3). Die ursprüngliche Fassung des § 79 Abs. 3 sah auch bei der »**Beendigung des Arbeitsverhältnisses eines Arbeiters während der Probezeit**« die Anhörung vor. Mit der Neufassung des Abs. 3 S. 1 durch Art. 3 Nr. 1 des Gesetzes v. 20. 12. 93[1322] wurde dieser Tatbestand jedoch gestrichen. Zur Anwendbarkeit des § 79 Abs. 3 a. F. im Bereich der Stationierungsstreitkräfte der NATO-Vertragsstaaten vgl. Anh. VII B Rn. 10. 2

1322 BGBl. I S. 2136.

3 Die Regelung über die Beteiligung des PR bei der Kündigung erlangt ebenso wie die entsprechende Regelung des § 102 BetrVG über die Beteiligung des Betriebsrats besondere Bedeutung dadurch, dass sie mit dem **individuellen Kündigungsschutz** verknüpft ist und diesen durch folgende Regelungen verstärkt: Ist der PR nicht beteiligt worden, ist eine vom Arbeitgeber ausgesprochene ordentliche oder außerordentliche Kündigung nach § 79 Abs. 4 **unwirksam;** ist er fehlerhaft beteiligt worden, gilt das Gleiche (vgl. Rn. 43). Hat der PR gegen eine ordentliche Kündigung nach Abs. 1 S. 3 ordnungsgemäß Einwendungen erhoben, so hat der gekündigte Arbeitnehmer nach Abs. 2 während des Kündigungsschutzprozesses einen grundsätzlichen Anspruch auf **vorläufige Weiterbeschäftigung** (vgl. Rn. 30ff.). Sind Einwendungen aus den Gründen des Abs. 1 S. 3 Nr. 2 bis 5 begründet, ist die Kündigung nach § 1 Abs. 2 S. 2 oder 3 KSchG sozial ungerechtfertigt, ohne dass es einer Interessenabwägung zwischen den Arbeitsvertragsparteien bedarf; es liegt dann ein **absoluter Sozialwidrigkeitsgrund** vor.

4 Die förmliche Beteiligung des PR bei der Beendigung des Arbeitsverhältnisses ist nur bei der **Kündigung durch den Arbeitgeber** vorgesehen, also nur bei der (beabsichtigten) einseitigen empfangsbedürftigen Willenserklärung des Arbeitgebers, durch die das Arbeitsverhältnis für die Zukunft aufgelöst werden soll. Alle **anderen Beendigungsarten** sind dagegen **beteiligungsfrei**, insb.: die **eigene Kündigung** des Arbeitnehmers; der Abschluss eines **Aufhebungsvertrages;**[1323] die Geltendmachung der **Nichtigkeit** und die **Anfechtung** des Arbeitsvertrages;[1324] die Beendigung des befristeten Arbeitsverhältnisses durch **Zeitablauf**, wobei jedoch bei unwirksamer Befristung in einer Nichtverlängerungsanzeige des Arbeitgebers zugleich eine beteiligungspflichtige (vorsorgliche) Kündigung liegen kann; die Beendigung des **Berufsausbildungsverhältnisses** gem. § 21 BBiG, § 14 KrPflG bzw. § 17 HebG; der Eintritt einer **auflösenden Bedingung**, z. B. der Eintritt der verminderten Erwerbsfähigkeit nach § 33 Abs. 2 TVöD oder das Erreichen der Altersgrenze nach § 33 Abs. 1 Buchst. a TVöD; die Beendigung des Arbeitsverhältnisses durch **gerichtliche Entscheidung**, z. B. nach § 9 Abs. 4 Nr. 2 (vgl. § 9 Rn. 11ff.).

5 Für die Beendigung des Arbeitsverhältnisses eines **DO-Angestellten** eines Sozialversicherungsträgers (vgl. § 4 Rn. 8) kommt das arbeitsrechtliche Instrument der Kündigung oder das beamtenrechtlich ausgestaltete Instrument der Entlassung in Betracht (vgl. § 354 RVO). Bei beabsichtigter ordentlicher oder außerordentlicher Kündigung richtet sich die Beteiligung des PR wie bei sonstigen Arbeitnehmern nach Abs. 1 bzw. Abs. 3. Bei beabsichtigter Entlassung ist der für Beamte ggf. geltende Beteiligungstatbestand (§ 78

1323 *BVerwG* v. 9.2.79 – 6 P 26.78 –, PersV 80, 426.
1324 *BVerwG* v. 9.2.79, a.a.O.

Abs. 1 Nr. 4 oder § 79 Abs. 3) entsprechend anzuwenden.[1325] Die in entsprechender Anwendung beamtenrechtlicher Vorschriften (§ 14 BBG) erfolgende Rücknahme der Berufung in das DO-Verhältnis ist beteiligungsfrei.[1326]

Die Beteiligung des PR in Personalangelegenheiten kann auch dann eingrei- 5a
fen, wenn von personellen Maßnahmen **»ehemalige« Dienststellenangehörige** betroffen sind (vgl. § 75 Rn. 9). Das gilt auch für die Beteiligung bei Kündigungen und Entlassungen.[1327]

Bei der Kündigung von im Ausland beschäftigten **Ortskräften**, die nach § 91 6
Abs. 1 Nr. 1 keine Beschäftigten i. S. d. § 4 sind, braucht der PR des Auswärtigen Amts nach Ansicht des *BAG*[1328] nicht beteiligt zu werden (vgl. § 91 Rn. 2).

Durch § 79 werden **andere Vorschriften** über die Beteiligung des PR bei 7
Kündigungen nicht berührt. Bei der außerordentlichen Kündigung von **Mitgliedern der Personalvertretungen, der JAV, der Wahlvorstände** sowie von **Wahlbewerbern** richtet sich die Beteiligung nach § 47 Abs. 1[1329] (vgl. § 47 Rn. 2ff., 14). Bei der Kündigung eines **schwerbehinderten Menschen,** die nach den §§ 85 und 91 SGB IX der Zustimmung des Integrationsamtes bedarf, hat dieses nach § 87 Abs. 2 SGB IX u. a. eine Stellungnahme des PR einzuholen; die Beteiligung des PR im Mitwirkungs- oder Anhörungsverfahren wird dadurch nicht ersetzt.

(Abs. 1 S. 1, 2) Die **ordentliche Kündigung** durch den Arbeitgeber unter- 8
liegt nach Abs. 1 S. 1 der Mitwirkung des PR. Sie setzt im Unterschied zur außerordentlichen Kündigung keinen »wichtigen Grund« voraus und wird i. d. R. unter Einhaltung einer (gesetzlichen, tariflichen oder einzelvertraglichen) Kündigungsfrist zu einem bestimmten Termin ausgesprochen. Die Mitwirkung ist auch dann vorgeschrieben, wenn der betroffene Arbeitnehmer noch **keinen Kündigungsschutz** nach dem KSchG genießt.[1330] Aufgrund der Verweisung in Abs. 1 S. 2 auf § 77 Abs. 1 S. 2 sind jedoch die von dieser Vorschrift erfassten **Arbeitnehmer in herausgehobener Position** von der Mitwirkung ausgenommen (vgl. § 77 Rn. 10).[1331] Der Arbeitnehmer,

---

1325 Str.; vgl. *BAG* v. 5. 9. 86 – 7 AZR 193/85 –, AP KSchG 1969 § 15 Nr. 27; *LAG Hmb* v. 17. 3. 98 – 3 Sa 18/97 –, juris.

1326 Vgl. *BAG* v. 1. 6. 06 – 6 AZR 730/05 –, NZA-RR 07, 103.

1327 *BVerwG* v. 10. 1. 08 – 6 P 5.07 –, PersV 08, 313.

1328 Urt. v. 21. 11. 96 – 2 AZR 832/95 –, PersR 97, 175.

1329 *BVerwG* v. 30. 4. 98 – 6 P 5.97 –, PersR 98, 466.

1330 *BAG* v. 12. 3. 86 – 7 AZR 20/83 –, AP GG Art. 33 Abs. 2 Nr. 23, u. v. 18. 5. 94 – 2 AZR 920/93 –, AP BetrVG 1972 § 102 Nr. 64.

1331 *BAG* v. 16. 3. 00 – 2 AZR 138/99 –, NZA 01, 739, u. v. 22. 4. 10 – 6 AZR 828/08 –, PersR 10, 418 Os.

dem gekündigt werden soll, muss die herausgehobene Position dabei bereits im Zeitpunkt der Beteiligung innehaben.[1332]

9 Mitwirkungspflichtig ist **jede Art der ordentlichen Kündigung.** Dazu gehören auch:

- die **Kündigung vor Vertragsantritt**;
- die **Kündigung während der Probezeit,**[1333] und zwar auch die ohne Einhaltung einer Frist ausgesprochene Kündigung eines Berufsausbildungsverhältnisses nach § 22 Abs. 1 BBiG;[1334]
- die **Änderungskündigung**, da auch sie zur Beendigung des Arbeitsverhältnisses führt, wenn der Arbeitnehmer mit der vom Arbeitgeber angebotenen Änderung der Arbeitsbedingungen nicht einverstanden ist.[1335] Soll im Wege der Änderungskündigung eine niedriger zu bewertende Tätigkeit übertragen oder eine Rückgruppierung oder Versetzung bzw. Umsetzung herbeigeführt werden, hat der PR nicht nur das Mitwirkungsrecht nach Abs. 1, sondern auch das **Mitbestimmungsrecht nach § 75 Abs. 1 Nr. 2 oder 3** (vgl. § 75 Rn. 31, 35, 36, 39). Dabei können das Mitwirkungsverfahren nach § 72 und das Mitbestimmungsverfahren nach § 69 miteinander verbunden werden;[1336]
- die **Kündigung während eines Arbeitskampfes** jedenfalls dann, wenn sie aus anderen als arbeitskampfbedingten Gründen erfolgt[1337] (zu »Kampfkündigungen« vgl. Rn. 37);
- die **Kündigung in einem Eilfall**. Eine Kündigung als vorläufige Regelung nach § 72 Abs. 6 i. V. m. § 69 Abs. 5 kommt in einem solchen Fall nicht in Betracht, weil sie rechtlich vollendete Tatsachen schaffen würde (vgl. § 69 Rn. 43);
- die **vorsorgliche Kündigung,**[1338] mit der häufig eine außerordentliche Kündigung verbunden wird (vgl. Rn. 41);
- die **erneute Kündigung**, die bei gleichem Sachverhalt einer bereits ausgesprochenen Kündigung folgt;[1339]

1332 *BAG* v. 22.4.10 – 6 AZR 828/08 –, ZTR 10, 430 = PersR 10, 418 Os.
1333 *BAG* v. 16.9.04 – 2 AZR 511/03 –, AP BetrVG 1972 § 102 Nr. 142.
1334 *BVerwG* v. 5.7.84 – 6 P 27.82 –, PersR 84, 79.
1335 *BAG* v. 3.11.77 – 2 AZR 277/76 –, AP BPersVG § 75 Nr. 1, u. v. 10.3.82 – 4 AZR 158/79 –, AP KSchG 1969 § 2 Nr. 2.
1336 *BAG* v. 3.11.77, a.a.O., u. v. 6.8.02 – 1 ABR 47/01 –, PersR 03, 41.
1337 *BAG* v. 6.3.79 – 1 AZR 866/77 –, AP BetrVG 1972 § 102 Nr. 20.
1338 *BAG* v. 5.9.02 – 2 AZR 523/01 –, PersR 03, 123.
1339 *BAG* v. 5.9.02, a.a.O., v. 10.11.05 – 2 AZR 623/04 –, AP BGB § 626 Nr. 196, v. 12.1.06 – 2 AZR 179/05 –, AP KSchG 1969 § 1 Verhaltensbedingte Kündigung Nr. 54, u. v. 3.4.08 – 2 AZR 965/06 –, AP BetrVG 1972 § 102 Nr. 159.

- eine **verabredete Kündigung**, bei der sich Arbeitgeber und Arbeitnehmer (mündlich) darauf verständigen, dass eine Kündigung durch den Arbeitgeber und der Abschluss einer Abwicklungsvereinbarung erfolgen soll.[1340]
- nach h. M. aber **nicht** die (nicht zur Beendigung des Arbeitsverhältnisses führende und nur ausnahmsweise zulässige) **Teilkündigung**, mit der der Arbeitgeber einzelne Vertragsbedingungen ändern will.[1341]

Ist ein Arbeitnehmer »unkündbar«, weil die ordentliche Kündigung ihm gegenüber durch Arbeitsvertrag oder Tarifvertrag ausgeschlossen ist (vgl. z. B. § 34 Abs. 2 TVöD), so kann ausnahmsweise eine unter Einhaltung der (fiktiven) ordentlichen Kündigungsfrist auszusprechende **außerordentliche Kündigung gegenüber dem ordentlich unkündbaren Arbeitnehmer** zulässig sein. Eine solche Kündigung steht hinsichtlich der Beteiligung des PR einer ordentlichen Kündigung gleich.[1342] Das gilt auch für die **außerordentliche Änderungskündigung.** 10

Das **Verfahren der Mitwirkung** richtet sich nach § 72. Nach § 68 Abs. 2 S. 1 hat der Dienststellenleiter den PR rechtzeitig und umfassend über die beabsichtigte Kündigung zu **unterrichten.**[1343] Im Einzelnen sind folgende **Angaben** erforderlich: die zweifelsfreie Benennung der **Person** des zu kündigenden Arbeitnehmers und die Angabe seiner grundlegenden **sozialen Daten;**[1344] die **Art der Kündigung**, d. h. die klarstellende Angabe, dass es sich um eine ordentliche Kündigung (oder eine außerordentliche Kündigung eines ordentlich unkündbaren Arbeitnehmers [vgl. Rn. 10]) handelt; ferner, ob die Kündigung innerhalb oder außerhalb der Probezeit ausgesprochen werden soll, ob es sich um eine Beendigungs- oder Änderungskündigung handelt und (bei Anwendbarkeit des KSchG) ob eine personen-, verhaltens- oder betriebsbedingte Kündigung erfolgen soll; bei der Kündigung eines schwerbehinderten Menschen, ob der **Antrag auf Zustimmung des Integrationsamtes** gestellt worden ist;[1345] die für den zu kündigenden Arbeitnehmer geltende **Kündigungsfrist**, wenn diese dem PR nicht bereits bekannt ist;[1346] der beabsichtigte **Kündigungstermin**, d. h. der Termin, zu dem die Kündigung wirksam werden soll,[1347] es sei denn, dass der Arbeitgeber die 11

1340 *BAG* v. 28. 6. 05 – 1 ABR 25/04 –, AP BetrVG 1972 § 102 Nr. 146.
1341 *BAG* v. 13. 3. 07 – 9 AZR 612/05 –, AP BDSG § 4f Nr. 1 (Widerruf der Bestellung eines Datenschutzbeauftragten); vgl. KfdP-*Kröll*, Rn. 11 m. w. N.
1342 *BAG* v. 5. 2. 98 – 2 AZR 227/97 –, PersR 98, 387, v. 18. 10. 00 – 2 AZR 627/99 –, PersR 01, 125, u. v. 12. 1. 06 – 2 AZR 242/05 –, AP BetrVG 1972 § 102 Nr. 158.
1343 *BAG* v. 4. 3. 81 – 7 AZR 104/79 –, AP LPVG Baden-Württemberg § 77 Nr. 1.
1344 *BAG* v. 6. 10. 05 – 2 AZR 280/04 –, AP BetrVG 1972 § 102 Nr. 154, u. v. 23. 4. 09 – 6 AZR 516/08 –, PersR 10, 164.
1345 Vgl. aber *BAG* v. 24. 11. 11 – 2 AZR 429/10 –, NZA 12, 610.
1346 *BAG* v. 29. 3. 90 – 2 AZR 420/89 – u. v. 19. 9. 93 – 2 AZR 267/93 –, AP BetrVG 1972 § 102 Nr. 56 u. 62.
1347 *BAG* v. 4. 3. 81, a. a. O.

Kündigung alsbald nach Abschluss des Mitwirkungsverfahrens zum nächstmöglichen Termin aussprechen will;[1348] die nach Ansicht des Arbeitgebers maßgeblichen **Kündigungsgründe** (vgl. Rn. 12).

12 Zur ordnungsgemäßen Unterrichtung des Betriebsrats über die **Kündigungsgründe** lassen sich der Rspr. des *BAG* folgende Grundsätze entnehmen, die auf das PersVR übertragbar sind:[1349] Der Arbeitgeber entscheidet, auf welche Gründe er eine Kündigung stützen will (**subjektive Determination**). Der Dienststellenleiter muss dem PR nur diejenigen Gründe mitteilen, die nach seiner subjektiven Sicht die Kündigung rechtfertigen und für seinen Kündigungsentschluss maßgebend sind.[1350] Er kann nachträglich die Kündigung auf einzelne, dem PR bereits mitgeteilte Tatsachen beschränken.[1351] Der Dienststellenleiter darf die dem PR mitzuteilenden Gründe i. d. R. nicht nur pauschal, schlagwort- oder stichwortartig bezeichnen, sondern er muss den von ihm als maßgebend erachteten Sachverhalt dem PR unter Angabe von Tatsachen **näher beschreiben**.[1352] Er ist zur **wahrheitsgemäßen Information** verpflichtet.[1353] Dem PR sind auch **gegen die Kündigung sprechende Tatsachen** mitzuteilen.[1354] Der Sachverhalt, der zum Kündigungsentschluss des Dienststellenleiters geführt hat, ist so zu beschreiben, dass der PR **ohne zusätzliche eigene Nachforschungen** in die Lage versetzt wird, die Stichhaltigkeit der Kündigungsgründe zu prüfen.[1355] Gilt für den zu kündigenden Arbeitnehmer das KSchG, sind alle der Begründung des **gesetzlichen Kündigungsgrundes** zugrunde liegenden Tatsachen – d. h. alle Tatbestandsmerkmale einer personen-, verhaltens- oder betriebsbedingten Kündigung – anzugeben.[1356] Die Verpflichtung des Dienststellenleiters zur Darlegung der Kündigungsgründe besteht **ausnahmsweise** nicht, wenn der PR bei der Einleitung des Mitwirkungsverfahrens bereits über den **erforderlichen und aktuellen Kenntnisstand** verfügt, um zu der konkret beabsich-

---

1348 *BAG* v. 29. 1. 86 – 7 AZR 257/84 –, AP BetrVG 1972 § 102 Nr. 42, u. v. 27. 4. 06 – 2 AZR 426/05 –, PersR 06, 398 Os., sowie v. 20. 6. 13 – 6 AZR 805/11 –, AP BGB § 622 Nr. 68 = PersR 13, 388 Ls.

1349 *BAG* v. 27. 3. 03 – 2 AZR 699/01 –, PersR 04, 322, u. v. 23. 11. 04 – 2 AZR 38/04 –, AP KSchG 1969 § 1 SozialeAuswahl Nr. 70.

1350 St. Rspr. des *BAG*; vgl. Urt. v. 11. 7. 91 – 2 AZR 119/91 –, AP BetrVG 1972 § 102 Nr. 57, u. v. 23. 6. 09 – 2 AZR 474/07 –, AP BGB § 626 Verdacht strafbarer Handlung Nr. 47.

1351 *BAG* v. 27. 11. 08 – 2 AZR 98/07 –, AP KSchG 1969 § 1 Nr. 90.

1352 *BAG* v. 11. 7. 91, a. a. O.; ferner *BAG* v. 8. 9. 88 – 2 AZR 103/88 –, AP BetrVG 1972 § 102 Nr. 49 (nur ausnahmsweise pauschal durch ein Werturteil).

1353 *BAG* v. 18. 5. 94 – 2 AZR 920/93 –, v. 22. 9. 94 – 2 AZR 31/94 – u. v. 16. 9. 04 – 2 AZR 511/03 –, AP BetrVG 1972 § 102 Nr. 64, 68 u. 142.

1354 *BAG* v. 2. 11. 83 – 7 AZR 65/82 –, AP BetrVG 1972 § 102 Nr. 29.

1355 *BAG* v. 11. 7. 91, a. a. O., v. 7. 11. 02 – 2 AZR 493/01 –, PersR 03, 451, v. 26. 7. 07 – 8 AZR 769/06 –, AP BGB § 613a Nr. 324, u. v. 23. 6. 09, a. a. O.

1356 Näher dazu KfdP-*Kröll*, Rn. 18 m. w. N.

tigten Kündigung eine Stellungnahme abgeben zu können.[1357] Auch dann muss der Dienststellenleiter dem PR i. d. R. jedoch ausdrücklich mitteilen, warum er den bekannten Tatsachen kündigungserhebliche Bedeutung zumisst.[1358]

Bei einer beabsichtigten **Änderungskündigung** hat der Dienststellenleiter dem PR das Änderungsangebot und die Gründe für die beabsichtigte Änderung der Arbeitsbedingungen mitzuteilen.[1359] Will er sich eine Beendigungskündigung vorbehalten und dazu eine erneute Beteiligung des PR ersparen, muss er zugleich verdeutlichen, dass er im Falle der Ablehnung des Änderungsangebots die Beendigungskündigung beabsichtigt.[1360] 13

Die Grundsätze für die Unterrichtung des PR über die Kündigungsgründe gelten grundsätzlich auch dann, wenn der zu kündigende Arbeitnehmer (noch) **keinen Kündigungsschutz** nach dem KSchG genießt, insb. bei einer Wartezeitkündigung innerhalb der ersten sechs Monate des Arbeitsverhältnisses.[1361] In diesem Falle richtet sich der Inhalt der Mitteilungspflicht zu den Kündigungsgründen danach, welche konkreten Umstände oder subjektiven Vorstellungen zum Kündigungsentschluss geführt haben.[1362] Stützt der Arbeitgeber die Kündigung in der Wartezeit auf ein subjektives Werturteil, reicht die Mitteilung allein dieses Werturteils für eine ordnungsgemäße Beteiligung des PR aus.[1363] Bei **Probezeitkündigungen** ist zwischen Kündigungen, die auf **substantiierbare Tatsachen** gestützt werden, und Kündigungen, die auf **personenbezogenen Werturteilen** beruhen, die sich in vielen Fällen durch Tatsachen nicht näher belegen lassen, zu differenzieren. In der ersten Konstellation sind die zugrunde liegenden Tatsachen bzw. Ausgangsgrundlagen mitzuteilen. In der zweiten Konstellation reicht die Mitteilung allein des Werturteils aus.[1364] So ist die Mitteilung an den PR ausreichend, der maßgebliche Kündigungsgrund sei die negative Beurteilung der Zusammenarbeit des Arbeitnehmers mit anderen Beschäftigten durch den Dienstvorgesetzten.[1365] 13a

---

1357 St. Rspr. des *BAG*, vgl. Urt. v. 28. 8. 03 – 2 AZR 377/02 –, AP BetrVG 1972 § 102 Nr. 134.

1358 Vgl. KfdP-*Kröll*, Rn. 21 m. w. N.

1359 *BAG* v. 30. 11. 89 – 2 AZR 197/89 –, AP BetrVG 1972 § 102 Nr. 53.

1360 *BAG* v. 30. 11. 89, a. a. O.

1361 Vgl. *BAG* v. 23. 4. 09 – 6 AZR 516/08 –, PersR 10, 164.

1362 *BAG* v. 18. 5. 94 – 2 AZR 920/93 –, AP BetrVG 1972 § 102 Nr. 64, v. 22. 9. 05 – 2 AZR 366/04 –, AP BGB § 130 Nr. 24, v. 22. 4. 10 – 6 AZR 828/08 –, ZTR 10, 430 = PersR 10, 418 Os., u. v. 12. 9. 13 – 6 AZR 121/12 –, NZA 13, 1412; vgl. KfdP-*Kröll*, Rn. 20 m. w. N.

1363 So zur Anhörung des Betriebsrats *BAG* v. 12. 9. 13, a. a. O. (Os. 2).

1364 So das *BAG* v. 12. 9. 13 – 6 AZR 121/12 –, NZA 13, 1412 zur Anhörung des Betriebsrats.

1365 *BAG* v. 21. 7. 05 – 6 AZR 498/04 –, PersR 06, 86.

14 Ein **Nachschieben von Kündigungsgründen** ist i. d. R. nicht zulässig, weil der PR sich vor Ausspruch der Kündigung damit nicht befassen konnte. Es ist wie folgt zu differenzieren:[1366] Gründe und Tatsachen, die bereits vor Ausspruch der Kündigung bestanden haben und dem Arbeitgeber bekannt waren, die er aber dem PR nicht mitgeteilt hat, dürfen nicht nachgeschoben werden, und zwar auch dann nicht, wenn der PR aufgrund der ihm mitgeteilten Gründe zugestimmt hat.[1367] Gründe und Tatsachen, die dem Arbeitgeber im Zeitpunkt der Unterrichtung des PR bekannt sind oder zumindest noch vor Ausspruch der Kündigung bekannt werden, dürfen im Kündigungsschutzprozess verwertet werden, wenn sie dem PR noch vor Ausspruch der Kündigung mitgeteilt werden, wobei hinsichtlich dieser weiteren Gründe und Tatsachen alle Fristen des Mitwirkungsverfahrens neu zu laufen beginnen.[1368] Gründe und Tatsachen, die im Zeitpunkt der Kündigung bereits entstanden waren, dem Arbeitgeber jedoch erst nach dem Ausspruch der Kündigung bekannt werden, dürfen im Kündigungsschutzprozess nachgeschoben werden, wenn in Bezug auf diese Gründe und Tatsachen ein erneutes Mitwirkungsverfahren durchgeführt wird.[1369] Die erneute Beteiligung des PR ist auch dann erforderlich, wenn dieser der Kündigung **zugestimmt hat.**[1370]

15 Eine bestimmte **Form der Unterrichtung** ist nicht vorgeschrieben. Schon aus Beweisgründen empfiehlt sich die schriftliche Information. Das *BAG* ist der Ansicht, der Arbeitgeber brauche dem Betriebsrat über die erforderlichen Tatsachenangaben hinaus keine **Unterlagen** vorzulegen.[1371] Dieser Rspr. ist für das BPersVG nicht zu folgen, weil die allgemeine Vorschrift des § 68 Abs. 2 S. 2 schon mangels einer spezialgesetzlichen Regelung auch für die Information des PR im Rahmen seiner förmlichen Beteiligung gilt (vgl. § 68 Rn. 22ff.; § 69 Rn. 13; § 72 Rn. 6).[1372]

16 Das Mitwirkungsverfahren muss gegenüber der **zuständigen Personalvertretung** eingeleitet werden. Geschieht dies nicht, ist die trotzdem ausgesprochene Kündigung unwirksam.[1373] Welche Personalvertretung zuständig ist, ergibt sich v. a. aus den Vorschriften des § 82. Danach ist der **(örtliche) PR** der Dienststelle, welcher der zu kündigende Arbeitnehmer als Beschäftig-

---

1366 Näher dazu KfdP-*Kröll*, Rn. 25–27 m. w. N.

1367 *BAG* v. 18. 12. 80 – 2 AZR 1006/78 –, v. 1. 4. 81 – 7 AZR 1003/78 – u. v. 11. 4. 85 – 2 AZR 239/84 –, AP BetrVG 1972 § 102 Nr. 22, 23 u. 39, sowie v. 26. 9. 91 – 2 AZR 132/91 –, AP KSchG 1969 § 1 Krankheit Nr. 28.

1368 Vgl. *BAG* v. 6. 2. 97 – 2 AZR 265/96 –, AiB 97, 668.

1369 *BAG* v. 18. 12. 80 u. v. 11. 4. 85, jew. a. a. O.; str.

1370 *BAG* v. 10. 4. 14 – 2 AZR 684/13 –, ZTR 14, 728.

1371 Urt. v. 26. 1. 95 – 2 AZR 386/94 –, AP BetrVG 1972 § 102 Nr. 69, v. 6. 2. 97 – 2 AZR 265/96 –, AiB 97, 668, u. v. 27. 3. 03 – 2 AZR 699/01 –, PersR 04, 322.

1372 Str.; näher dazu KfdP-*Kröll*, Rn. 23 m. w. N.

1373 *BAG* v. 3. 2. 82 – 7 AZR 791/79 –, AP LPVG Bayern § 77 Nr. 1.

ter angehört, (nur) dann zuständig, wenn der Leiter dieser Dienststelle nach Maßgabe der für sie geltenden Vorschriften dazu befugt ist, die Kündigung auszusprechen (vgl. § 82 Rn. 4). Ist dies nicht der Fall, kann sich die Zuständigkeit der **Stufenvertretung** aus § 82 Abs. 1 oder des **GPR** aus § 82 Abs. 3 ergeben (vgl. § 82 Rn. 5ff. u. 15). Zuständig kann nur ein PR sein, dessen **Amtszeit** nach § 26 zum Zeitpunkt seiner Beteiligung bereits begonnen hat und noch nicht abgelaufen ist.[1374]

Für die **Meinungs- und Willensbildung des PR** gelten die allgemeinen Vorschriften, insb. die der §§ 37 und 38. Nach § 102 Abs. 2 S. 4 BetrVG soll der Betriebsrat, soweit dies erforderlich erscheint, vor seiner Stellungnahme den **betroffenen Arbeitnehmer hören**. Eine vergleichbare Vorschrift findet sich im BPersVG nicht. Trotzdem ist es zulässig, dass der PR den betroffenen Beschäftigten anhört, wenn dies für seine Willensbildung erforderlich ist (vgl. § 69 Rn. 28; § 72 Rn. 12). 17

Erhebt der PR gegen die Kündigung **Einwendungen** so hat er der Dienststelle nach § 72 Abs. 2 S. 2 die **Gründe** mitzuteilen (vgl. § 72 Rn. 11). Dabei ist er nicht an die in Abs. 1 S. 3 aufgeführten Gründe gebunden,[1375] sondern er kann Einwendungen jeglicher Art erheben.[1376] Für die Einwendungen und ihre Begründung ist zwar grundsätzlich keine bestimmte **Form** vorgeschrieben (vgl. § 72 Rn. 11). Wie sich aus Abs. 1 S. 4 ergibt, müssen Einwendungen i. S. d. Abs. 1 S. 3 (im Folgenden i. d. R. als Widerspruch bezeichnet [vgl. Rn. 20]) jedoch schriftlich erhoben und begründet werden. 18

Nach fristgerecht erhobenen Einwendungen richten sich **Fortgang und Abschluss des Mitwirkungsverfahrens** nach den allgemeinen Vorschriften des § 72, wobei es unerheblich ist, ob es sich dabei um Einwendungen i. S. d. Abs. 1 S. 3 handelt. **Legt der PR einer nachgeordneten Dienststelle** die Angelegenheit der zuständigen übergeordneten Dienststelle nach § 72 Abs. 4 S. 1 **nicht fristgerecht vor,** so ist das Verfahren mit Ablauf der Vorlagefrist abgeschlossen. Die Einwendungen werden dadurch aber nicht aufgehoben, sondern behalten – wenn sie auf die in Abs. 1 S. 3 aufgeführten Gründe gestützt sind – ihre damit verbundenen Rechtswirkungen. Legt der PR einer nachgeordneten Dienststelle die Angelegenheit der zuständigen übergeordneten Dienststelle (Mittelbehörde oder oberste Dienstbehörde) nach § 72 Abs. 4 S. 1 **fristgerecht vor,** hat diese – falls sie an der Kündigungsabsicht 19

1374 Vgl. *BAG* v. 28. 9. 83 – 7 AZR 266/82 –, AP BetrVG 1972 § 21 Nr. 1.

1375 *BAG* v. 29. 9. 83 – 2 AZR 179/82 –, AP BPersVG § 79 Nr. 1, v. 9. 2. 93 – 1 ABR 43/92 –, PersR 93, 326, u. v. 6. 8. 02 – 1 ABR 47/01 –, PersR 03, 41.

1376 Str.; einschränkend *BVerwG* v. 30. 11. 94 – 6 P 11.93 –, PersR 95, 130, das Einwendungen gegen die Kündigung von Angestellten im Probearbeitsverhältnis dann für unbeachtlich hält, wenn sie nur auf Bedenken gegen die Eignungsbeurteilung des Arbeitgebers gestützt sind; differenzierend *VGH BW* v. 24. 7. 07 – PL 15 S 388/05 –, juris = ZfPR 08, 45; vgl. KfdP-*Kröll*, Rn. 32 m. w. N.

festhält – die bei ihr bestehende Stufenvertretung (BPR oder HPR) mit der Angelegenheit zu befassen (vgl. § 72 Rn. 14ff.). Die **Stufenvertretung** entscheidet in eigener Verantwortung darüber, ob sie die vom PR erhobenen Einwendungen aufrechterhält oder ob sie (zusätzlich) andere Einwendungen erhebt (vgl. § 72 Rn. 16; § 69 Rn. 34). Tut sie das nicht, so gilt die beabsichtigte Kündigung entsprechend § 72 Abs. 2 S. 1 als gebilligt. Andernfalls hat die übergeordnete Dienststelle zu entscheiden, ob sie den von der Stufenvertretung erhobenen (bisherigen oder neuen) Einwendungen entsprechen will. Entspricht sie ihnen nicht oder nicht in vollem Umfang, hat sie der Stufenvertretung ihre Entscheidung entsprechend § 72 Abs. 3 schriftlich mitzuteilen. Ist die Stufenvertretung ein HPR, ist das Verfahren damit abgeschlossen. Ist die Stufenvertretung dagegen ein BPR, hat er zu entscheiden, ob das Verfahren nach § 72 Abs. 4 S. 1 durch Vorlage an die oberste Dienstbehörde fortgesetzt und auf ihrer Ebene wiederholt werden soll; für diese Entscheidung und ihre Konsequenzen gilt das oben Gesagte entsprechend.

20 (**Abs. 1 S. 3**) Sind die vom PR erhobenen – und ggf. von der Stufenvertretung aufrechterhaltenen – Einwendungen auf **die in Abs. 1 S. 3 aufgeführten Gründe** gestützt, so kann dies nach Abs. 2 einen Anspruch des gekündigten Arbeitnehmers auf vorläufige Weiterbeschäftigung sowie nach § 1 Abs. 2 S. 2 oder 3 KSchG die Sozialwidrigkeit der Kündigung begründen (vgl. Rn. 3). Diese **qualifizierten Einwendungen** entsprechen dem Widerspruch des Betriebsrats nach § 102 Abs. 3 BetrVG und können, wie sich aus Abs. 2 S. 2 Nr. 3 ergibt, auch als **Widerspruch** des PR bezeichnet werden. Die in Abs. 1 S. 3 enthaltene Aufzählung der Widerspruchsgründe (vgl. Rn. 22ff.) ist **abschließend**. Der PR kann die Gründe aus dem Katalog gegenüber **jeder Art von ordentlicher Kündigung**, also nicht nur bei betriebsbedingten, sondern auch bei personen- oder verhaltensbedingten Kündigungen geltend machen[1377] und auch bei einer Änderungskündigung[1378] sowie gegenüber **jeder befristeten außerordentlichen Kündigung eines ordentlich unkündbaren Arbeitnehmers** (vgl. Rn. 9f.). Der Widerspruch des PR ist nicht davon abhängig, dass der Arbeitnehmer Kündigungsschutz nach § 1 Abs. 1 KSchG genießt.[1379]

21 Nur ein **»ordnungsgemäßer« Widerspruch** des PR kann einen Weiterbeschäftigungsanspruch nach Abs. 2 auslösen. Dazu gehört, dass der Widerspruch innerhalb der dem PR zustehenden Äußerungsfrist nach § 72 Abs. 2 S. 1 schriftlich erhoben und begründet wird, dass er sich auf einen der in

---

1377 *BAG* v. 10.3.77 – 2 AZR 79/76 –, AP KSchG 1969 § 1 Krankheit Nr. 4, v. 16.3.78 – 2 AZR 424/76 –, AP BetrVG 1972 § 102 Nr. 15, u. v. 22.7.82 – 2 AZR 30/81 –, AP KSchG 1969 § 1 Verhaltensbedingte Kündigung Nr. 5.

1378 Richardi-*Benecke*, Rn. 59.

1379 Vgl. KfdP-*Kröll*, Rn. 34 m. N.

Abs. 1 S. 3 aufgeführten Widerspruchsgründe (vgl. Rn. 22–26) bezieht und dass er durch Angabe konkreter Tatsachen begründet wird. Dabei müssen die angegebenen Tatsachen es als möglich erscheinen lassen, dass einer der gesetzlichen Widerspruchsgründe gegeben ist; der Widerspruch braucht aber nicht stichhaltig oder schlüssig zu sein.[1380]

(Abs. 1 S. 3 Nr. 1) Nach Abs. 1 S. 3 Nr. 1 kann der PR seinen Widerspruch gegen die Kündigung darauf stützen, dass bei der **Auswahl** des zu kündigenden Arbeitnehmers **soziale Gesichtspunkte** nicht oder nicht ausreichend berücksichtigt worden sind. Nach h. M. kommt dieser Widerspruchsgrund nur bei **betriebsbedingten Kündigungen** in Betracht. Wird die beabsichtigte Kündigung vom Dienststellenleiter nicht nur betriebsbedingt, sondern **auch personen- oder verhaltensbedingt begründet**, kann der PR aber trotzdem nach Abs. 1 S. 3 Nr. 1 widersprechen.[1381] In die soziale Auswahl werden alle miteinander **vergleichbaren Arbeitnehmer** der Dienststelle einbezogen; dabei ist der Begriff der Dienststelle im organisationsrechtlichen Sinne zugrunde zu legen (vgl. § 75 Rn. 36; § 76 Rn. 23). Nach Abs. 1 S. 3 Nr. 1 sind nicht nur die in § 1 Abs. 3 S. 1 KSchG genannten **Gründe** (die Dauer der Betriebszugehörigkeit, das Lebensalter, die Unterhaltspflichten und die Schwerbehinderung des Arbeitnehmers) zu berücksichtigen, sondern auch andere soziale Gesichtspunkte.[1382] Macht der PR geltend, der Arbeitgeber habe zu Unrecht Arbeitnehmer nicht in die soziale Auswahl einbezogen, so müssen diese Arbeitnehmer vom PR entweder konkret benannt oder anhand abstrakter Merkmale bestimmbar sein.[1383] 22

(Abs. 1 S. 3 Nr. 2) Der Widerspruchsgrund des Abs. 1 S. 3 Nr. 1 korrespondiert mit dem Sozialwidrigkeitsgrund des § 1 Abs. 2 S. 2 Nr. 2 Buchst. a KSchG. Danach kann der PR seinen Widerspruch damit begründen, dass die beabsichtigte Kündigung nach seiner Ansicht gegen eine **Richtlinie i. S. d. § 76 Abs. 2 Nr. 8** verstößt. Dabei handelt es sich um eine Richtlinie **über die personelle Auswahl bei Kündigungen**, an deren Erlass der PR, der GPR, der BPR oder der HPR beteiligt ist (vgl. § 76 Rn. 53 ff., 57). Der PR muss die Richtlinie benennen und die Tatsachen angeben, aus denen er den Verstoß ableitet. 23

(Abs. 1 S. 3 Nr. 3) Der Widerspruchsgrund des Abs. 1 S. 3 Nr. 3 ist mit dem Sozialwidrigkeitsgrund des § 1 Abs. 2 S. 2 Nr. 2 Buchst. b KSchG identisch. Danach kann der PR der Kündigung widersprechen, wenn der zu kündigende Arbeitnehmer nach seiner Ansicht an einem **anderen Arbeitsplatz** weiterbeschäftigt werden kann. Dieser muss sich entweder in **derselben** 24

1380 Vgl. KfdP-*Kröll*, Rn. 35 m. N.
1381 Str.; vgl. KfdP-*Kröll*, Rn. 36 m. N.
1382 Str.; vgl. KfdP-*Kröll*, a. a. O.
1383 *BAG* v. 9. 7. 03 – 5 AZR 305/02 –, AP BetrVG 1972 § 102 Weiterbeschäftigung Nr. 14.

Dienststelle oder in einer **anderen Dienststelle** desselben Verwaltungszweiges[1384] (mit einer gemeinsamen obersten Dienstbehörde) an demselben Dienstort einschl. seines Einzugsgebietes (vgl. § 75 Rn. 39) befinden. Nach der Rspr. des *BAG* muss es sich um einen **vergleichbaren Arbeitsplatz** handeln, den der Arbeitgeber dem Arbeitnehmer aufgrund seines Weisungsrechts ohne Änderung des Arbeitsvertrages übertragen kann.[1385] Dieser Arbeitsplatz muss bei Ablauf der Kündigungsfrist **frei** sein oder, sofern die zeitliche Überbrückung dem Arbeitgeber zumutbar ist, in absehbarer Zeit nach Ablauf der Kündigungsfrist frei werden.[1386] Ein von einem Leiharbeitnehmer eingenommener Arbeitsplatz gilt als frei.[1387] Der PR muss den Arbeitsplatz, auf dem der zu kündigende Arbeitnehmer eingesetzt werden kann, möglichst konkret, zumindest **in bestimmbarer Weise angeben.**[1388] Das Widerspruchsrecht nach Abs. 1 S. 3 Nr. 3 ist auch dann gegeben, wenn der Arbeitnehmer nach Ansicht des PR an seinem **bisherigen Arbeitsplatz** weiterbeschäftigt werden kann.[1389] Muss zur Realisierung der Weiterbeschäftigung auf einem anderen Arbeitsplatz eine **Versetzung** i. S. d. § 75 Abs. 1 Nr. 3 erfolgen (vgl. § 75 Rn. 36ff.), so ist die dazu erforderliche Zustimmung des **PR der abgebenden Dienststelle** bereits mit seinem auf Abs. 1 S. 3 Nr. 3 gestützten Widerspruch erteilt. Um die Zustimmung des **PR der aufnehmenden Dienststelle** hat sich der Arbeitgeber zu bemühen.[1390] Entsprechendes gilt, falls eine **Umsetzung** i. S. d. § 76 Abs. 1 Nr. 4 vorgenommen werden muss (vgl. § 75 Rn. 39ff.).

25 (**Abs. 1 S. 3 Nr. 4**) Der Widerspruchsgrund des Abs. 1 S. 3 Nr. 4 ist im Verhältnis zu dem des Abs. 1 S. 3 Nr. 3 nachrangig und entspricht dem in der 1. Alternative des § 1 Abs. 2 S. 3 KSchG enthaltenen Sozialwidrigkeitsgrund. Unter **Umschulung** ist die Ausbildung in einem anderen als dem bisherigen Beruf, unter **Fortbildung** die Weiterbildung im bisher ausgeübten Beruf zu

---

1384 Ausnahmsweise kann auch eine Weiterbeschäftigungsmöglichkeit außerhalb desselben Verwaltungszweiges in Betracht kommen; vgl. dazu *BAG* v. 10.6.10 – 2 AZR 1020/08 –, AP KSchG 1969 § 1 Personenbedingte Kündigung Nr. 31, sowie KfdP-*Kröll*, Rn. 38a.

1385 Urt. v. 29.3.90 – 2 AZR 369/89 –, AP KSchG 1969 § 1 Betriebsbedingte Kündigung Nr. 50.

1386 *BAG* v. 15.12.94 – 2 AZR 327/94 –, KSchG 1969 § 1 Betriebsbedingte Kündigung Nr. 67.

1387 *ArbG Stuttgart* v. 5.6.96 – 6 Ga 23/96 –, AuR 96, 458.

1388 *BAG* v. 17.6.99 – 2 AZR 608/98 – u. v. 11.5.00 – 2 AZR 54/99 –, AP BetrVG 1972 § 102 Weiterbeschäftigung Nr. 11 u. 13.

1389 Ebenso *LAG RP* v. 25.3.96 – 9 (11) Sa 656/96 –, PersR 97, 265; a. A. *BAG* v. 12.9.85 – 2 AZR 324/84 –, AP BetrVG 1972 § 102 Weiterbeschäftigung Nr. 7; offengelassen in *BAG* v. 27.2.97 – 2 AZR 361/96 –, n. v.; vgl. KfdP-*Kröll*, Rn. 42 m. w. N.

1390 Vgl. *BAG* v. 29.1.97 – 2 AZR 9/96 –, AP KSchG 1969 § 1 Krankheit Nr. 32.

verstehen.[1391] Die Umschulungs- oder Fortbildungsmaßnahme kann als inner- oder außerdienstliche Veranstaltung durchgeführt werden. Nach ihrem Abschluss muss die **Weiterbeschäftigung** auf dem bisherigen oder einem anderen Arbeitsplatz in derselben Dienststelle oder einer anderen, in Abs. 1 S. 3 Nr. 3 genannten Dienststelle möglich sein. Die Bildungsmaßnahme muss für den Arbeitgeber **zumutbar** sein. Ob dies der Fall ist, hängt von einer **Interessenabwägung** ab, bei der es insb. auf die wirtschaftliche Vertretbarkeit der entstehenden Kosten, den Qualifizierungsbedarf des Arbeitnehmers, dessen bisherige Beschäftigungsdauer und die Erfolgsaussichten der Bildungsmaßnahme ankommt. Für die Mitbestimmung bei einer etwaigen **Versetzung** oder **Umsetzung** gilt das Gleiche wie im Falle des Abs. 1 S. 3 Nr. 3 (vgl. Rn. 24).

(Abs. 1 S. 3 Nr. 5) Nach Abs. 1 S. 3 Nr. 5 kann der PR der Kündigung widersprechen, wenn nach seiner Ansicht die Weiterbeschäftigung des Arbeitnehmers unter **geänderten Vertragsbedingungen** möglich ist und der Arbeitnehmer sein Einverständnis hiermit erklärt. Dieser Widerspruchsgrund ist im Verhältnis zu den Gründen des Abs. 1 S. 3 Nr. 3 und 4 nachrangig[1392] und entspricht dem in der 2. Alternative des § 1 Abs. 2 S. 3 KSchG enthaltenen Sozialwidrigkeitsgrund. Es handelt es sich um einen **Auffangtatbestand**, der sich auf alle Weiterbeschäftigungsmöglichkeiten in der bisherigen und in einer anderen, in Abs. 1 S. 3 Nr. 3 genannten Dienststelle bezieht, für die eine Änderung des Arbeitsvertrages erforderlich ist. Die Arbeitsbedingungen dürfen im Vergleich zu den bisherigen **ungünstiger** sein.[1393] Das erforderliche **Einverständnis** des Arbeitnehmers muss grundsätzlich bereits bei Einlegung des Widerspruchs vorliegen. Es kann unter dem **Vorbehalt** erklärt werden, dass die Änderung der Vertragsbedingungen sozial gerechtfertigt ist. Bedarf es zur Realisierung der Änderung der Vertragsbedingungen einer **Herabgruppierung** (vgl. dazu § 75 Rn. 31), so liegt in dem Vorschlag des PR zugleich dessen nach § 75 Abs. 1 Nr. 2 erforderliche Zustimmung. Für die Mitbestimmung bei einer etwaigen **Versetzung** oder **Umsetzung** gilt das Gleiche wie im Falle des Abs. 1 S. 3 Nr. 3 (vgl. Rn. 24). 26

(Abs. 1 S. 4) Erst wenn das **Mitwirkungsverfahren abgeschlossen** ist, kann der Arbeitgeber die beabsichtigte **Kündigung aussprechen**. Hat in einer mehrstufigen Verwaltung das Verfahren auf der Ebene einer nachgeordneten Dienststelle begonnen und werden alle der Personalvertretung zur Verfügung stehenden verfahrensrechtlichen Möglichkeiten ausgeschöpft, so hat nach § 72 Abs. 4 die oberste Dienstbehörde endgültig über die beabsichtigte Kündigung zu entscheiden (vgl. § 72 Rn. 1 und 16ff.). Entspricht die oberste 27

1391 *BAG* v. 7.2.91 – 2 AZR 205/90 –, AP KSchG 1969 § 1 Umschulung Nr. 1.
1392 Str.; vgl. KfdP-*Kröll*, Rn. 48 m. N.
1393 Vgl. *BAG* v. 29.3.90 – 2 AZR 369/89 –, AP KSchG 1969 § 1 Betriebsbedingte Kündigung Nr. 50.

Dienstbehörde dabei den vom HPR erhobenen Einwendungen nicht oder nicht in vollem Umfang, so ist sie entsprechend § 72 Abs. 3 verpflichtet, dem HPR ihre Entscheidung unter Angabe der Gründe schriftlich mitzuteilen. Sobald dem HPR diese Mitteilung zugegangen ist, ist das Mitwirkungsverfahren beendet.[1394] Eine vorher ausgesprochene Kündigung ist grundsätzlich **unwirksam**; das soll allerdings nicht gelten, wenn die oberste Dienstbehörde ihre Verpflichtung zur abschließenden Mitteilung verletzt hat (vgl. Rn. 43).[1395]

28 Wird dem Arbeitnehmer gekündigt, obwohl der PR nach Abs. 1 S. 3 Einwendungen gegen die Kündigung erhoben hat, so ist der Arbeitgeber nach Abs. 1 S. 4 grundsätzlich verpflichtet, dem Arbeitnehmer mit der Kündigung eine **Abschrift der Stellungnahme des PR** – also des Widerspruchs gegen die Kündigung – zuzuleiten. Diese Verpflichtung besteht aber dann nicht, wenn die **Stufenvertretung** in der Verhandlung nach § 72 Abs. 4 S. 2 die **Einwendungen des PR nicht aufrechterhalten** hat. Dieser Fall liegt vor, wenn die zuletzt beteiligte Stufenvertretung die ursprünglichen, in Abs. 1 S. 3 aufgeführten Einwendungen nicht aufrechterhalten und lediglich andere als die in Abs. 1 S. 3 genannten Einwendungen erhoben oder von Einwendungen ganz abgesehen hat. Anders ist es dagegen, wenn die Stufenvertretung zwar die ursprünglichen Einwendungen nicht aufrechterhalten, aber stattdessen andere, ebenfalls in Abs. 1 S. 3 genannte Einwendungen erhoben hat. In diesem Falle ist dem Arbeitnehmer eine Abschrift der Stellungnahme der Stufenvertretung zuzuleiten.

29 Die Verpflichtung nach Abs. 1 S. 4 bezieht sich immer auf den von der **zuletzt beteiligten Personalvertretung** ggf. eingelegten ordnungsgemäßen Widerspruch. Sie entfällt nicht deshalb, weil der PR (oder der BPR) von der nach § 72 Abs. 4 möglichen Vorlage an eine übergeordnete Dienststelle (bzw. die oberste Dienstbehörde) abgesehen hat (vgl. Rn. 19). Das gilt auch dann, wenn der PR nach Abs. 1 S. 3 Nr. 3 die Möglichkeit der Weiterbeschäftigung in einer anderen Dienststelle geltend gemacht hat (vgl. Rn. 24).[1396]

30 (**Abs. 2**) Hat die Personalvertretung gegen eine ordentliche Kündigung nach Abs. 1 S. 3 Einwendungen erhoben, so hat der gekündigte Arbeitnehmer während des Kündigungsschutzprozesses grundsätzlich Anspruch auf vorläufige Weiterbeschäftigung. Dieser **personalvertretungsrechtliche Weiterbeschäftigungsanspruch** ist nach Abs. 2 S. 1 an folgende **Voraussetzungen** gebunden: (1) Der Arbeitgeber hat eine **ordentliche Kündigung** (vgl. Rn. 8f.) oder eine außerordentliche Kündigung gegenüber einem ordentlich unkündbaren Arbeitnehmer mit einer (der fiktiven ordentlichen Kündigungsfrist entsprechenden) Frist (vgl. Rn. 10) ausgesprochen. (2) Die zuletzt

1394 Vgl. *BAG* v. 5. 10. 95 – 2 AZR 909/94 –, PersR 96, 76.
1395 *BAG* v. 5. 10. 95, a. a. O.
1396 Insoweit str.; vgl. KfdP-*Kröll*, Rn. 53 m. N.

beteiligte Personalvertretung hat einen ordnungsgemäßen **Widerspruch** gegen die Kündigung eingelegt (vgl. Rn. 21 und 28f.). (3) Der Arbeitnehmer genießt Kündigungsschutz nach dem KSchG und hat **Kündigungsschutzklage** erhoben, mit der er geltend macht, dass die Kündigung sozial ungerechtfertigt oder aus anderen Gründen rechtsunwirksam ist. (4) Der Arbeitnehmer **verlangt** die Weiterbeschäftigung (vgl. Rn. 31).

Der Arbeitnehmer muss vom Arbeitgeber deutlich erkennbar die **Weiterbeschäftigung verlangen**. Obwohl dafür eine bestimmte Form nicht vorgeschrieben ist, empfiehlt sich die Schriftform. Das Verlangen muss spätestens am ersten Arbeitstag nach Ablauf der Kündigungsfrist erfolgen.[1397] Werden im Kündigungsschutzprozess zulässigerweise Kündigungsgründe nachgeschoben, ist ein Weiterbeschäftigungsverlangen auch noch nach Einlegung eines darauf bezogenen Widerspruchs des PR zulässig. 31

Lehnt der Arbeitgeber es ab, den Arbeitnehmer nach Abs. 2 S. 1 weiterzubeschäftigen, kann dieser seinen Anspruch vor dem Arbeitsgericht im Urteilsverfahren durch **Klage** oder durch einen Antrag auf Erlass einer **einstweiligen Verfügung** geltend machen.[1398] 32

Liegen die Voraussetzungen des in Abs. 2 S. 1 geregelten Weiterbeschäftigungsanspruchs vor, kann der Arbeitnehmer verlangen, dass er nach Ablauf der Kündigungsfrist bis zum rechtskräftigen Abschluss des Rechtsstreits **»bei unveränderten Arbeitsbedingungen« weiterbeschäftigt** wird. Das bedeutet, dass er so zu stellen ist, als ob die Kündigung nicht ausgesprochen worden wäre. Dem Arbeitnehmer dürfen auch **keine Leistungen vorenthalten** werden, von denen gekündigte Arbeitnehmer u. U. ausgeschlossen werden dürfen.[1399] Die Zeit der Weiterbeschäftigung ist auf die **Dauer der Betriebszugehörigkeit** anzurechnen.[1400] Der Arbeitnehmer ist nach h. M. wie bisher **tatsächlich zu beschäftigten.**[1401] Bei PR-Wahlen ist er weiterhin aktiv und passiv **wahlberechtigt** (vgl. § 13 Rn. 5; § 14 Rn. 2). Während der Zeit der Weiterbeschäftigung kann er **besondere Schutzrechte** erwerben, z. B. den besonderen Kündigungsschutz nach § 15 Abs. 2 KSchG i. V. m. § 47 Abs. 1 BPersVG, § 9 MuSchG oder § 85 SGB IX. 33

Auf Antrag des Arbeitgebers kann das Arbeitsgericht ihn nach Abs. 2 S. 2 durch einstweilige Verfügung **ausnahmsweise von der Verpflichtung zur Weiterbeschäftigung entbinden**, wenn einer der in Abs. 2 S. 2 Nr. 1 bis 3 abschließend aufgeführten Gründe vorliegt.[1402] Diese Gründe sind im Zweifel 34

1397 *BAG* v. 11. 5. 00 – 2 AZR 54/99 –, AP BetrVG 1972 § 102 Weiterbeschäftigung Nr. 13.
1398 Näher dazu KfdP-*Kröll*, Rn. 57.
1399 Str.; vgl. KfdP-*Kröll*, Rn. 58 m. N.
1400 Str.; vgl. KfdP-*Kröll*, a. a. O.
1401 Vgl. *BAG* v. 26. 5. 77 – 2 AZR 632/76 –, AP BGB § 611 Beschäftigungspflicht Nr. 5.
1402 Näher dazu KfdP-*Kröll*, Rn. 59–63.

zugunsten des Arbeitnehmers auszulegen. Die Kündigungsschutzklage bietet nur dann **keine hinreichende Aussicht auf Erfolg**, wenn eine summarische Prüfung ergibt, dass sie offensichtlich oder doch mit hinreichender Wahrscheinlichkeit keinen Erfolg haben wird. **Mutwillig** erscheint sie nur, wenn eine »verständige Partei« ihr Recht nicht in gleicher Weise verfolgen würde, was nur äußerst selten der Fall sein dürfte. Eine **unzumutbare wirtschaftliche Belastung** des Arbeitgebers kann im Geltungsbereich des PersVR nur ganz ausnahmsweise in Betracht kommen. Ein **offensichtlich unbegründeter Widerspruch** des PR kann nur dann vorliegen, wenn sich die Grundlosigkeit des Widerspruchs bei unbefangener Beurteilung geradezu aufdrängt.

35 Die Weiterbeschäftigungspflicht des Arbeitgebers kann auch **auf andere Weise** als durch einstweilige Verfügung nach Abs. 2 S. 2 **beendet** werden, z.B. durch Aufhebungsvertrag oder Klagerücknahme.[1403] Der Weiterbeschäftigungsanspruch endet spätestens mit dem **rechtskräftigen Abschluss des Kündigungsrechtsstreits**: Obsiegt der Arbeitnehmer, dann wird das bisherige Arbeitsverhältnis nahtlos fortgesetzt. Wird dagegen seine Klage abgewiesen, dann endet das Weiterbeschäftigungsverhältnis mit der Rechtskraft des Urteils.

36 (**Abs. 3**) Nach Abs. 3 S. 1 ist der PR vor **außerordentlichen Kündigungen** von Arbeitnehmern und vor **fristlosen Entlassungen** von Beamten anzuhören. Das gilt mangels einer Verweisung auf § 77 Abs. 1 S. 1 oder 2 ohne Einschränkung auch bei den dort aufgeführten Beschäftigten. Das Verfahren der **Anhörung** ist anders als das der Mitwirkung nicht in einer gesonderten Vorschrift, sondern in Abs. 3 S. 2 und 3 geregelt. Das Anhörungsrecht des PR zielt nicht darauf ab, die Wirksamkeit der beabsichtigten Kündigung zu überprüfen. Es beschränkt sich vielmehr darauf, dem PR im Vorfeld der Kündigung die Möglichkeit zu geben, **auf die Willensbildung des Arbeitgebers Einfluss zu nehmen.**[1404]

37 Eine **außerordentliche Kündigung des Arbeitsverhältnisses** beendet dieses vorzeitig und ohne Beachtung der sonst geltenden Kündigungsfristen. Nach § 626 Abs. 1 BGB kann sie nur aus **wichtigem Grund** und nach § 626 Abs. 2 BGB nur innerhalb einer **Frist von zwei Wochen** erfolgen, die mit dem Zeitpunkt beginnt, »in dem der Kündigungsberechtigte von den für die Kündigung maßgebenden Tatsachen Kenntnis erlangt«. Fällt das Arbeitsverhältnis unter einen **Tarifvertrag**, gelten für die außerordentliche Kündigung ggf. dessen Bestimmungen. Von § 626 BGB dürfen diese jedoch nicht zum Nachteil des Arbeitnehmers abweichen.[1405] Die außerordentliche Kündigung erfolgt i. d. R. **fristlos**. Jedoch steht es dem Arbeitgeber frei, die Kündigung erst

1403 Vgl. KfdP-*Kröll*, Rn. 64.
1404 *BAG* v. 31. 7. 14 – 2 AZR 407/13 –, ZTR 15, 229.
1405 Vgl. *BAG* v. 19. 1. 73 – 2 AZR 103/72 –, AP BGB § 626 Ausschlussfrist Nr. 5.

nach einer **Auslauffrist** wirksam werden zu lassen, die i. d. R. kürzer ist als die bei einer ordentlichen Kündigung einzuhaltende Frist. Von der außerordentlichen Kündigung mit Auslauffrist ist die **befristete** außerordentliche Kündigung zu unterscheiden, die gegenüber einem ordentlich unkündbaren Arbeitnehmer in Betracht kommen kann; sie unterliegt nicht der Anhörung, sondern der Mitwirkung des PR (vgl. Rn. 10). Nach abzulehnender Rspr. des *BAG* sollen »**Kampfkündigungen**«, d. h. außerordentliche fristlose Kündigungen als Gegenmaßnahme des Arbeitgebers auf rechtswidrige Arbeitsniederlegungen, der Anhörung des Betriebsrats – und dementsprechend auch der des PR – nicht unterliegen (vgl. § 66 Rn. 15).[1406] Die **außerordentliche Kündigung des Berufsausbildungsverhältnisses** ist geregelt in § 22 Abs. 2 bis 4 BBiG (bzw. in § 15 Abs. 2 bis 4 KrPflG oder den entsprechenden Vorschriften in den Spezialgesetzen für die Ausbildung in nichtakademischen Gesundheitsfachberufen). Danach kann das Ausbildungsverhältnis nach der Probezeit vom Ausbildenden nur aus einem wichtigen Grund ohne Einhaltung einer Kündigungsfrist gekündigt werden, wobei die Anforderungen höher sind als nach § 626 BGB.[1407]

Die **fristlose Entlassung** betrifft die Beendigung des Beamtenverhältnisses **38**
durch **Verwaltungsakt** in den Fällen, die nicht von § 78 Abs. 1 Nr. 4 erfasst werden, weil eine Frist nicht gewährt wird.[1408] Sie kommt bei Beamten auf Probe oder auf Widerruf in Betracht (vgl. § 78 Rn. 21).[1409] **Beamte auf Probe** können nach § 34 Abs. 3 S. 1 i. V. m. Abs. 1 Nr. 1 BBG ohne Einhaltung einer Frist entlassen werden, wenn bei ihnen ein Verhalten vorliegt, das bei einem Beamten auf Lebenszeit mindestens eine Kürzung der Dienstbezüge zur Folge hätte. **Beamte auf Widerruf** können nach § 37 Abs. 1 S. 1 und 2 BBG grundsätzlich jederzeit entlassen werden, wobei die Entlassung ohne Einhaltung einer Frist möglich ist; bei Beamten im Vorbereitungsdienst gelten jedoch die Beschränkungen des § 37 Abs. 2 BBG.

Das **Verfahren der Anhörung** wird dadurch **eingeleitet**, dass der Dienststel- **39**
lenleiter dem zuständigen PR (vgl. Rn. 16) die beabsichtigte Kündigung bzw. Entlassung **mitteilt**. Dabei hat er den PR nach § 68 Abs. 2 S. 1 und 2 über die beabsichtigte Maßnahme zu unterrichten und sie nach Abs. 3 S. 2 zu **begründen**. Dies hat unter Vorlage der erforderlichen Unterlagen ebenso umfassend zu geschehen wie bei einer ordentlichen Kündigung (vgl. Rn. 11 ff.). Obwohl eine bestimmte **Form** der Unterrichtung nicht vorgeschrieben ist, empfiehlt sich aus Beweisgründen die Schriftform. Für das **Nachschieben**

1406 Urt. v. 14. 2. 78 – 1 AZR 76/76 –, AP GG Art. 9 Arbeitskampf Nr. 58; KfdP-*Kröll*, Rn. 67 m. w. N.

1407 Näher dazu KSchR-*Däubler*, § 22 BBiG Rn. 15 ff.; *Lakies/Malottke*, § 22 Rn. 25 ff.

1408 Vgl. *BVerwG* v. 9. 5. 85 – 2 C 23.83 –, PersR 86, 55.

1409 KfdP-*Kröll*, Rn. 68.

von Kündigungsgründen gelten die gleichen Grundsätze wie bei der ordentlichen Kündigung (vgl. Rn. 14).

40 Die **Anhörung** des PR besteht darin, dass er zu der beabsichtigten Maßnahme Stellung nehmen kann. Es entspricht dem Gebot der vertrauensvollen Zusammenarbeit (vgl. § 2 Rn. 4), auf Wunsch des PR eine vorherige **Erörterung** mit dem Dienststellenleiter durchzuführen. Der PR ist nach Abs. 3 S. 3 verpflichtet, **unverzüglich** – d. h. ohne schuldhaftes Zögern (§ 121 Abs. 1 S. 1 BGB) – über seine Stellungnahme zu entscheiden; **Bedenken** hat er dem Dienststellenleiter unter Angabe der Gründe spätestens innerhalb von **drei Arbeitstagen** schriftlich mitzuteilen. Für die Berechnung der Frist gilt das Gleiche wie im Verfahren der Mitbestimmung oder Mitwirkung (vgl. § 69 Rn. 16ff. u. § 72 Rn. 10). Die Äußerungsfrist ist nach h. M. eine nicht verlängerbare **Ausschlussfrist**.[1410] Sie kann vom Dienststellenleiter nicht einseitig verkürzt werden.[1411] Der Dienststellenleiter hat die mitgeteilten Bedenken des PR zu **prüfen** und danach zu **entscheiden**, ob er an der beabsichtigten Maßnahme festhalten oder von ihr absehen will. Damit ist das Anhörungsverfahren beendet.

41 Die (fehlerfreie) Anhörung des PR ist **Wirksamkeitsvoraussetzung** einer anhörungspflichtigen außerordentlichen Kündigung (vgl. Rn. 43f.). Allerdings ist eine anhörungspflichtige Kündigung nicht deshalb unwirksam, weil der PR im Mitwirkungsverfahren (und dabei fehlerfrei) beteiligt worden ist. Ist der PR nur angehört worden, so ist die **Umdeutung** einer unwirksamen außerordentlichen Kündigung in eine (mitwirkungspflichtige) ordentliche Kündigung grundsätzlich nicht möglich.[1412] Etwas anderes kann jedoch ausnahmsweise dann gelten, wenn der PR der beabsichtigten außerordentlichen Kündigung ausdrücklich zugestimmt hat.[1413] Andererseits ersetzt die Durchführung des Mitwirkungsverfahrens wegen einer ordentlichen Kündigung nicht die notwendige Anhörung zu einer außerordentlichen Kündigung.[1414]

42 Die Entlassungsverfügung ist ein **Verwaltungsakt**. Dieser ist **rechtswidrig** und **anfechtbar**, wenn der PR vorher nicht (fehlerfrei) angehört worden ist, wobei die unterbliebene Anhörung auch im Widerspruchsverfahren nicht mit heilender Wirkung nachgeholt werden kann.[1415] Allerdings ist die fristlose Entlassung nicht schon dann rechtswidrig, wenn ihr statt des Anhö-

---

1410 Vgl. KfdP-*Kröll*, Rn. 71 m. N.

1411 Str.; vgl. KfdP-*Kröll*, a. a. O.

1412 *BAG* v. 12. 2. 73 – 2 AZR 116/72 –, AP BGB § 626 Ausschlussfrist Nr. 6; vgl. KfdP-*Kröll*, Rn. 73.

1413 *BAG* v. 23. 10. 08 – 2 AZR 388/07 –, AP BGB § 626 Nr. 217.

1414 *BAG* v. 12. 8. 76 – 2 AZR 311/75 –, AP BetrVG 1972 § 102 Nr. 10.

1415 *BVerwG* v. 1. 12. 82 – 2 C 59.81 –, ZBR 83, 189, v. 9. 5. 85 – 2 C 23.83 –, PersR 86, 55, u. v. 24. 9. 92 – 2 C 6.92 –, PersR 93, 73.

rungsverfahrens ein Mitwirkungsverfahren vorausgegangen ist, weil es sich dabei um die stärkere Beteiligungsform handelt.[1416] Eine **Umdeutung** einer fristlosen in eine fristgerechte Entlassung ist i.d.R. nicht möglich, wenn nur ein Anhörungsverfahren durchgeführt worden ist.[1417] Etwas anderes soll aber gelten, wenn der PR der Entlassung ausdrücklich zugestimmt hat.[1418]

(Abs. 4) Die Regelung des § 79 Abs. 4 entspricht nicht nur der für die Be- **43**
teiligung des Betriebsrats geltenden Vorschrift des **§ 102 Abs. 1 S. 3 BetrVG**, sondern auch der für die Beteiligung der Personalvertretungen in den Ländern unmittelbar geltenden Vorschrift des **§ 108 Abs. 2 BPersVG.** Sie bestimmt, dass eine (durch den Arbeitgeber ausgesprochene ordentliche oder außerordentliche) **Kündigung** (des Arbeitsverhältnisses) **unwirksam** ist, wenn der **PR nicht** (**wie im Gesetz** [insb. in § 79 Abs. 1 oder 3 oder § 47 Abs. 1] **vorgeschrieben**) beteiligt worden ist. Die unwirksame Kündigung beendet das Arbeitsverhältnis nicht. Ist die Personalvertretung durch den Arbeitgeber **fehlerhaft beteiligt** worden, dann steht das der Nichtbeteiligung grundsätzlich gleich.[1419] Wird das Beteiligungsverfahren nicht durch den Dienststellenleiter oder (im Falle seiner Verhinderung) durch eine andere, zu seiner Vertretung befugte Person, sondern stattdessen durch einen **personalvertretungsrechtlich nicht zuständigen Beschäftigten** eingeleitet, so führt dies allerdings nicht zur Unwirksamkeit der Kündigung, wenn der PR den Fehler nicht gerügt, sondern zu der beabsichtigten Kündigung abschließend Stellung genommen hat (vgl. § 7 Rn. 4). Hat jedoch der Dienststellenleiter den PR **unzureichend unterrichtet**, führt dies grundsätzlich zur Unwirksamkeit der Kündigung.[1420] Allerdings hat eine unvollständige Information über die Kündigungsgründe nach dem Grundsatz der subjektiven Determination lediglich zur Folge, dass der Arbeitgeber die Kündigung im Kündigungsschutzprozess nur auf die dem PR mitgeteilten (und zulässigerweise nachgeschobenen) Gründe stützen kann (vgl. Rn. 12, 14). Grundsätzlich unwirksam ist die Kündigung dann, wenn der Arbeitgeber sie bereits **vor Ablauf der Äußerungsfrist ausgesprochen** hat, ohne die Stellungnahme des PR abzuwarten.[1421] Auch die nachträgliche Zustimmung des PR heilt den Mangel nicht.[1422] Beteiligt der Dienststellenleiter eine **nicht zuständige Personalvertretung** (z.B. anstelle des örtlichen PR die Stufenvertretung), dann ist die Kündigung auch dann unwirksam, wenn das Verfah-

---

1416 *OVG NW* v. 24.3.88 – 12 A 854/86 –, DÖD 88, 269.

1417 *VGH BW* v. 21.11.89 – 4 S 2258/89 –, PersV 90, 493.

1418 *BVerwG* v. 24.9.92, a.a.O.

1419 St. Rspr. des *BAG;* vgl. Urt. v. 29.10.98 – 2 AZR 61/98 – u. v. 12.3.09 – 2 AZR 251/07 –, PersR 99, 135, u. 10, 67.

1420 Vgl. *BAG* v. 5.2.81 – 2 AZR 1135/78 –, AP LPVG NW § 72 Nr. 1.

1421 St. Rspr. des *BAG;* vgl. Urt. v. 13.11.75 – 2 AZR 610/74 – u. v. 3.4.08 – 2 AZR 965/06 –, AP BetrVG 1972 § 102 Nr. 7 u. 159.

1422 *BAG* v. 28.2.74 – 2 AZR 455/73 –, AP BetrVG 1972 § 102 Nr. 2.

ren im Übrigen ordnungsgemäß durchgeführt worden ist und der beteiligte PR keine Einwendungen erhoben hat.[1423]

44 Ein **Fehler des PR in seinem Verantwortungsbereich** (der z.B. darin bestehen kann, dass statt der zuständigen Gruppe das gesamte Gremium abstimmt oder der Vorstand von sich aus unter Übergehung des Plenums zustimmt) beeinträchtigt die Wirksamkeit der Kündigung grundsätzlich selbst dann nicht aus, wenn der Arbeitgeber im Zeitpunkt der Kündigung weiß oder nach den Umständen vermuten kann, dass die Behandlung der Angelegenheit durch den PR nicht fehlerfrei erfolgt ist.[1424] Etwas anderes kann ausnahmsweise dann gelten, wenn der **Arbeitgeber den Fehler** bei der Willensbildung des PR durch unsachgemäßes Verhalten **selbst veranlasst bzw. beeinflusst** hat[1425] oder wenn in Wahrheit **keine Stellungnahme des Gremiums PR,** sondern erkennbar z. B. nur eine persönliche Äußerung des PR-Vorsitzenden vorliegt.[1426]

§ 80 [Beratende Teilnahme an Prüfungen]

An Prüfungen, die eine Dienststelle von den Beschäftigten ihres Bereichs abnimmt, kann ein Mitglied des für diesen Bereich zuständigen Personalrates, das von diesem benannt ist, beratend teilnehmen.

1 Für Prüfungen, die eine Dienststelle von den Beschäftigten ihres Bereichs abnimmt, sieht § 80 ein **besonderes Beteiligungsrecht** des PR vor, der für diesen Bereich zuständig ist. Der Begriff der **Prüfung** i. S. d. § 80 ist weit auszulegen. Er umfasst alle mit dem beruflichen Fortkommen in Verbindung stehenden und in einem förmlichen Verfahren geregelten Feststellungen von persönlichen und fachlichen Eigenschaften und Fähigkeiten von Beschäftigten.[1427] Das Beteiligungsrecht des PR besteht aber nur dann, wenn sich die Wirkungen der Prüfung im Falle des Bestehens wie des Nichtbestehens auf den Bereich der die Prüfung abnehmenden Dienststelle beschränken, d. h. wenn es sich um eine »**verwaltungsinterne Prüfung**« handelt.[1428] Diese Voraussetzung ist **nicht** erfüllt beim Abschluss einer Berufsausbildung, die jeder öffentlich-rechtliche Dienstherr oder jeder in Betracht kommende private Arbeitgeber anzuerkennen hat.[1429] Sie liegt z. B. nicht vor bei den von

1423 Vgl. *BAG* v. 3. 2. 82 – 7 AZR 791/79 –, AP LPVG Bayern Art. 77 Nr. 1.
1424 *BAG* v. 16. 1. 03 – 2 AZR 707/01 –, AP BetrVG 1972 § 102 Nr. 129, u. v. 22. 11. 12 – 2 AZR 732/11 –, AP BGB § 626 Nr. 241.
1425 *BAG* v. 24. 6. 04 – 2 AZR 461/03 –, AP BGB § 620 Kündigungserklärung Nr. 22.
1426 *BAG* v. 6. 10. 05 – 2 AZR 316/04 –, AP BetrVG 1972 § 102 Nr. 150, u. v. 12. 3. 09 – 2 AZR 251/07 –, PersR 10, 67.
1427 *BVerwG* v. 25. 3. 09 – 6 P 8.08 –, PersR 09, 325, m. w. N.
1428 *BVerwG* v. 8. 10. 84 – 6 P 40.83 –, PersV 85, 73.
1429 *BVerwG* v. 25. 3. 09, a. a. O.

staatlichen Prüfungsämtern durchgeführten juristischen Staatsprüfungen, bei den von Prüfungsausschüssen nach dem Berufsbildungsgesetz abgenommenen Zwischen- und Abschlussprüfungen in anerkannten Ausbildungsberufen, bei den staatlichen Prüfungen, mit denen die Ausbildung der Gesundheits- und (Kinder-)Krankenpfleger/innen, der Hebammen und Entbindungspfleger und der Altenpfleger/innen abschließt,[1430] oder bei Laufbahnprüfungen an Fachhochschulen für öffentliche Verwaltung. Prüfungen i. S. d. § 80 sind **dagegen** v. a. verwaltungsinterne **Laufbahnprüfungen** einschl. Zwischenprüfungen und Aufstiegsprüfungen aufgrund der jeweils maßgeblichen beamtenrechtlichen Vorschriften[1431] sowie **Verwaltungsprüfungen** für Arbeitnehmer. Auch das in § 36 BLV geregelte **Auswahlverfahren für den Aufstieg in die nächsthöhere Laufbahn** ist eine verwaltungsinterne Prüfung.[1432] **Keine** Prüfungen i. S. d. § 80 sind auch **Vorstellungsgespräche**,[1433] **formlose Kolloquien** im Rahmen der Bewerberauslese,[1434] **Unterrichtsvisitationen** durch Beamte der Schulaufsichtsbehörde bei Lehrern,[1435] der richtigen Eingruppierung dienende **Arbeitsplatzüberprüfungen**[1436] oder **Lernerfolgskontrollen** zum Abschluss eines Lehrgangs.[1437]

Falls sich die Prüfung in einen schriftlichen und mündlichen Teil gliedert, 1a
erstreckt sich das Beteiligungsrecht nach § 80 nach der jüngeren Rspr. des *BVerwG* nicht nur auf den **mündlichen Teil**, sondern auch auf den **schriftlichen Teil** der Prüfung.[1438] Das gilt ggf. auch für den (zusätzlich oder etwa anstelle des mündlichen Teils vorgesehenen) **praktischen Teil** der Prüfung. Ist die Prüfung nur als schriftliche, mündliche oder praktische Prüfung gestaltet, bezieht sich das Beteiligungsrecht auf jede dieser Prüfungen.[1439]

Das Beteiligungsrecht des PR besteht bei verwaltungsinternen Prüfungen, 2
die **eine Dienststelle »von den Beschäftigten ihres Bereichs«** abnimmt, wobei mit Bereich der Geschäftsbereich dieser Dienststelle gemeint ist, zu dem

1430 Vgl. *BVerwG* v. 6. 1. 86 – 6 PB 10.85 –, Sabottig ES Nr. 682 Ls.
1431 *BVerwG* v. 10. 7. 64 – VII P 4.63 –, ZBR 64, 346, sowie – VII P 9.63 – u. – VII P 10.63 –, Buchh 238.36 § 67 Nr. 2 u. 1; *BayVGH* v. 13. 4. 88 – Nr. 18 P 88.00852 –, PersV 89, 23.
1432 *BVerwG* v. 25. 3. 09, a. a. O.
1433 *BVerwG* v. 6. 12. 78 – 6 P 2.78 –, PersV 79, 504.
1434 *OVG NW* v. 8. 5. 61 – CB 1/61 –, PersV 62, 223.
1435 *OVG RP* v. 16. 10. 85 – 2 A 14/85 –, ZBR 86, 22.
1436 *BVerwG* v. 6. 2. 79 – 6 P 20.78 –, PersV 80, 421.
1437 *VG Köln* v. 2. 7. 10 – 33 K 685/10.PVB – u. – 33 K 1439/10.PVB –, jew. juris.
1438 Beschl. v. 25. 3. 09 – 6 P 8.08 –, PersR 09, 325, im Unterschied zu den Beschl. v. 18. 6. 65 – VII P 12.64 –, PersV 65, 229, u, v. 31. 1. 79 – 6 P 19.78 –, PersV 80, 418.
1439 Vgl. KfdP-*Baden*, Rn. 1b.

sie selbst und alle ihr nachgeordneten Dienststellen gehören.[1440] § 80 verlangt, dass **die Dienststelle die Prüfung »abnimmt«**. Dies setzt nicht voraus, dass die Dienststelle die Prüfung selbst durchführt, sondern lediglich, dass sie **die Durchführung in ihrem Namen veranlasst**, wobei sie allerdings nicht jeden Einfluss auf die Gestaltung und den Ablauf der Prüfung sowie auf die Bestellung der Prüfer verlieren darf.[1441] Dabei kann die Dienststelle durch Einschaltung eines ihr nicht unterstehenden Prüfungsamts das Recht des PR nicht ausschließen, ein Mitglied an der Prüfung teilnehmen zu lassen.[1442]

2a **Zuständiger PR** i. S. d. § 80 ist die Personalvertretung, die bei der Dienststelle besteht, die die Prüfung abnimmt oder in deren Auftrag[1443] sie abgenommen wird. Handelt es sich dabei um eine **übergeordnete Dienststelle**, bei der eine Stufenvertretung gebildet ist, ist die Frage, ob die Stufenvertretung (BPR oder HPR) oder der Haus-PR zu beteiligen ist, nach den allgemeinen **Grundsätzen des § 82 Abs. 1** zu beantworten.[1444] Danach steht das Beteiligungsrecht dem **Haus-PR** nur dann zu, wenn die Prüfung ausnahmsweise ausschließlich für Beschäftigte der Mittelbehörde bzw. der obersten Dienstbehörde selbst vorgesehen ist (vgl. § 82 Rn. 8). Ist dies nicht der Fall, ist die **Stufenvertretung** auch dann zu beteiligen, wenn alle Teilnehmer der Prüfung einer einzigen nachgeordneten Dienststelle angehören. Der PR bestimmt durch Beschluss, welches (eigene) Mitglied er entsendet. Auch wenn nur Beschäftigte einer Gruppe geprüft werden sollen, entscheidet er gem. § 38 Abs. 1 durch **gemeinsamen Beschluss**.[1445] Für die **Auswahl** des zu benennenden Mitglieds stellt das Gesetz keine persönlichen oder fachlichen Voraussetzungen auf. Der PR ist aber gehalten, dasjenige Mitglied zu entsenden, welches für diese Aufgabe nach **Qualifikation oder Erfahrung** am ehesten geeignet erscheint.[1446] Er ist bei seiner nach pflichtgemäßem Ermessen zu treffenden Entscheidung jedoch nicht verpflichtet, nur Mitglieder zu berücksichtigen, die der gleichen Gruppe wie die Prüfungsteilnehmer angehören und die die betreffende Prüfung selbst abgelegt haben.[1447] Die Benennung kann **von Fall zu Fall** oder **generell** für bestimmte Arten von Prüfungen erfolgen.

1440 *BVerwG* v. 25. 3. 09, a. a. O., m. w. N.

1441 *BVerwG* v. 25. 3. 09, a. a. O., zur Beauftragung der BAköV durch das BMG.

1442 *BVerwG* v. 25. 3. 09, a. a. O., unter Hinw. auf *BVerwG* v. 23. 10. 70 – VII P 4.70 –, PersV 71, 138 (zur Abnahme der Laufbahnprüfungen für den höheren Polizeivollzugsdienst am damaligen Polizei-Institut, jetzt Polizei-Führungsakademie, in Hiltrup).

1443 *VG Köln* v. 21. 11. 14 – 33 K 7464/13.PVB –, juris.

1444 *BVerwG* v. 25. 3. 09, a. a. O.

1445 *BVerwG* v. 18. 6. 65 – VII P 12.64 –, PersV 65, 229.

1446 *BVerwG* v. 25. 3. 09, a. a. O.

1447 *BayVGH* v. 21. 9. 79 – Nr. 18. C-545/79 –, PersV 80, 341.

Das benannte PR-Mitglied ist gem. § 68 Abs. 2 S. 1 und 2 rechtzeitig und umfassend über Termin, Inhalt, Ablauf und Umfang der Prüfung zu **unterrichten**. Ihm sind auch Angaben zum Prüfungsstoff, zu den Prüfungsfragen und zu den (schriftlichen) Prüfungsaufgaben zu machen.[1448] Die erforderlichen Unterlagen sind ihm vorzulegen (vgl. § 68 Rn. 22ff.). Ein Recht auf Einsichtnahme in die **Prüfungsakten** steht ihm zwar nicht zu; es ist jedoch von der Prüfungskommission über den Akteninhalt soweit zu unterrichten, dass es sein Teilnahmerecht sachgemäß ausüben kann. Das **Beratungsrecht** besteht gegenüber dem Prüfungsausschuss, nicht gegenüber den zu prüfenden Beschäftigten. Das beauftragte PR-Mitglied hat insb. darauf zu achten, dass die zu Prüfenden nach Recht und Billigkeit behandelt werden und insb. jede unterschiedliche Behandlung unterbleibt (§ 67 Abs. 1 S. 1, § 68 Abs. 1 Nr. 2) und dass die gesetzlichen Aufträge zur beruflichen Entwicklung schwerbehinderter Menschen, zur Durchsetzung der tatsächlichen Gleichberechtigung von Frauen und Männern und zur Eingliederung ausländischer Beschäftigter beachtet werden (§ 68 Abs. 1 Nr. 4–6). Der Sinn seiner Teilnahme erschöpft sich nicht darin, dass sie zur Beruhigung des Prüflings beiträgt. Dem PR-Mitglied ist vielmehr gestattet, alle sachlichen Aspekte, die ihm bei der Beobachtung des Prüfungsgeschehens aufgefallen sind, geltend zu machen.[1449] 3

Der Umfang des Rechts der beratenden Teilnahme wird durch **Beginn und Ende der Prüfung** abgegrenzt. Ein Recht zur Teilnahme an der **abschließenden Beratung** über das Prüfungsergebnis ist nach Ansicht des *BVerwG*[1450] nicht gegeben, insb. deshalb nicht, weil es dafür in § 80 BPersVG – im Unterschied zu einigen LPersVG (§ 54 Abs. 4 BremPersVG, § 90 HmbPersVG, § 85 LPersVG RP, § 79 ThürPersVG) – an einer eindeutigen Regelung fehle.[1451] Der Zweck des § 80 bestehe nicht in der Kontrolle der Prüfungskommission bei der Durchführung der Prüfung, sondern in der **Unterstützung der Prüfungskommission** und der **Betreuung der Prüflinge** mit dem **Ziel eines von Störungen und Nachteilen freien Prüfungsverlaufs.**[1452] Auch nach Auffassung des *BVerwG*[1453] erschöpft sich das Teilnahmerecht nicht in einem bloßen Anwesenheitsrecht. Das PR-Mitglied kann durch die beratende Teilnahme Einfluss auf die **Gestaltung der Prüfungsbedingungen und des Prüfungsablaufs** nehmen und insb. – in Ausnahmesituationen auch durch Unterbrechung der Prüfung[1454] – auf Mängel hinweisen. Zu diesem Zweck kann 4

1448 *Baden*, Anm. zu *BVerwG* v. 25. 3. 09, a. a. O.
1449 *BVerwG* v. 25. 3. 09, a. a. O.
1450 Beschl. v. 31. 1. 79 – 6 P 19.78 –, PersV 80, 148, u. v. 25. 3. 09, a. a. O.
1451 Näher dazu KfdP-*Baden*, Rn. 7.
1452 *BVerwG* v. 25. 3. 09, a. a. O.
1453 Beschl. v. 31. 1. 79 u. v. 25. 3. 09, a. a. O.
1454 Str.; vgl. KfdP-*Baden*, Rn. 8 m. N.

es auch Zwischenberatungen mit der Prüfungskommission verlangen. Diese hat dem in die Prüfung entsandten PR-Mitglied in einem oder erforderlichenfalls mehreren **vertraulichen Gesprächen** Gelegenheit zu geben, seine Anregungen und Bedenken vorzutragen, und zwar so, dass die Einwände des PR-Mitglieds bei der verbindlichen Beratung der Prüfungskommission über die jeweiligen Prüfungsleistungen Beachtung finden können.[1455]

§ 81 [Beteiligung beim Arbeitsschutz]

(1) Der Personalrat hat bei der Bekämpfung von Unfall- und Gesundheitsgefahren die für den Arbeitsschutz zuständigen Behörden, die Träger der gesetzlichen Unfallversicherung und die übrigen in Betracht kommenden Stellen durch Anregung, Beratung und Auskunft zu unterstützen und sich für die Durchführung der Vorschriften über den Arbeitsschutz und die Unfallverhütung in der Dienststelle einzusetzen.
(2) [1]Der Dienststellenleiter und die in Absatz 1 genannten Stellen sind verpflichtet, bei allen im Zusammenhang mit dem Arbeitsschutz oder der Unfallverhütung stehenden Besichtigungen und Fragen und bei Unfalluntersuchungen den Personalrat oder die von ihm bestimmten Personalratsmitglieder derjenigen Dienststelle hinzuzuziehen, in der die Besichtigung oder Untersuchung stattfindet. [2]Der Dienststellenleiter hat dem Personalrat unverzüglich die den Arbeitsschutz und die Unfallverhütung betreffenden Auflagen und Anordnungen der in Absatz 1 genannten Stellen mitzuteilen.
(3) An Besprechungen des Dienststellenleiters mit den Sicherheitsbeauftragten im Rahmen des § 22 Abs. 2 des Siebten Buches Sozialgesetzbuch nehmen vom Personalrat beauftragte Personalratsmitglieder teil.
(4) Der Personalrat erhält die Niederschriften über Untersuchungen, Besichtigungen und Besprechungen, zu denen er nach den Absätzen 2 und 3 hinzuzuziehen ist.
(5) Der Dienststellenleiter hat dem Personalrat eine Durchschrift der nach § 193 Abs. 5 des Siebten Buches Sozialgesetzbuch vom Personalrat zu unterschreibenden Unfallanzeige oder des nach beamtenrechtlichen Vorschriften zu erstattenden Berichts auszuhändigen.

1 Die im Bereich des Arbeitsschutzes bestehenden Mitbestimmungs- und Initiativrechte des PR (§ 75 Abs. 3 Nr. 11 i. V. m. § 70 Abs. 1; § 75 Abs. 3 Nr. 10 und § 76 Abs. 2 Nr. 4 i. V. m. § 70 Abs. 2) und seine allgemeine Überwachungsaufgabe (§ 68 Abs. 1 Nr. 2) werden durch die in § 81 geregelten **speziellen Beteiligungsrechte** ergänzt. Alle diese Rechte des PR dienen dem

1455 *BVerwG* v. 25. 3. 09, a. a. O.

Zweck, einen effektiven und optimalen Arbeitsschutz zu gewährleisten.[1456] Zu diesem Schutz ist der Arbeitgeber gegenüber den Arbeitnehmern nach den §§ 618, 619 BGB, der Dienstherr gegenüber den Beamten nach § 78 BBG individualrechtlich verpflichtet, wobei diese Schutzpflichten jeweils unter Beachtung der Rechtsvorschriften des öffentlich-rechtlichen Arbeitsschutzes zu erfüllen sind. Die alleinige **Verantwortung des Dienststellenleiters** wird durch die Aufgaben und Befugnisse des PR nicht berührt.

Vorschriften über den Arbeitsschutz und die Unfallverhütung, deren 2
Durchführung der PR nach § 68 Abs. 1 Nr. 2 zu überwachen hat, können in Gesetzen, Rechtsverordnungen, Unfallverhütungsvorschriften, Tarifverträgen, Dienstvereinbarungen und Verwaltungsanordnungen enthalten sein. Soweit in Rechtsvorschriften zur Konkretisierung der in ihnen enthaltenen arbeitsschutzrechtlichen Regelungen auf allgemein anerkannte Regeln der Technik verwiesen wird, ist auch die Einhaltung der damit in Bezug genommenen sicherheitstechnischen Normen Gegenstand der Überwachungsaufgabe des PR. Bei Verweisungen auf die gesicherten arbeitswissenschaftlichen Erkenntnisse, den Stand der Technik, den Stand von Wissenschaft und Technik oder grundlegende Sicherheits- und Gesundheitsanforderungen gilt Entsprechendes. Von besonderer Bedeutung sind das **Arbeitsschutzgesetz** (ArbSchG) und die auf seiner Grundlage erlassenen Arbeitsschutzverordnungen (z. B. Arbeitsstättenverordnung und Betriebssicherheitsverordnung) sowie die für bestimmte Tätigkeiten im öffentlichen Dienst des Bundes (insb. bei Bundeswehr, Polizei, Zivil- und Katastrophenschutzdiensten, Zoll oder Nachrichtendiensten) geltenden Verordnungen über die modifizierte Anwendung von Vorschriften des ArbSchG.[1457] Wichtige Vorschriften des **technischen Arbeitsschutzes** sind z. B. enthalten im Produktsicherheitsgesetz, Chemikaliengesetz, Atomgesetz, Gentechnikgesetz und Bundes-Immissionsschutzgesetz sowie in ergänzenden Rechtsverordnungen. Wichtige Vorschriften des **sozialen Arbeitsschutzes** beziehen sich v. a. auf die Arbeitszeit (Arbeitszeitgesetz und Arbeitszeitverordnung [ArbZG u. AZV]) sowie auf besonders schutzbedürftige Personengruppen (Jugendarbeitsschutz [JArbSchG u. § 79 Abs. 2 BBG], Frauenarbeitsschutz [MuSchG u. MuSchV; Abschn. 1 MuSchEltZV] und Schwerbehindertenschutz [besondere Regelungen zur Teilhabe schwerbehinderter Menschen in Teil 2 SGB IX]). Ein **Verzeichnis** der Arbeitsschutzvorschriften des Bundes ist in dem von der Bundesregierung nach § 25 SGB VII alljährlich zu erstattenden Bericht über den Stand von Sicherheit und Gesundheit bei der Arbeit und über das Un-

---

1456 S. zur Mitbestimmung bei Maßnahmen des Arbeitsschutzes *BVerwG* v. 14. 2. 13 – 6 PB 1.13 –, PersR 13, 176.

1457 Näher dazu KfdP-*Seulen*, Rn. 4–6.

fall- und Berufskrankheitengeschehen in der Bundesrepublik Deutschland enthalten.[1458]

3 **Spezielle Beteiligungsrechte** des PR in Fragen des Arbeitsschutzes sind auch **außerhalb des BPersVG** geregelt, u. a. im Arbeitsschutzgesetz (§ 10 Abs. 2 S. 2), Arbeitszeitgesetz (§ 6 Abs. 4 S. 2 u. 3) und Bundes-Immissionsschutzgesetz (§ 55 Abs. 1a), in der Biostoffverordnung (§ 7 Abs. 2 S. 3, § 8 Abs. 1 S. 2 u. 3, § 11 Abs. 5 S. 1, § 13 Abs. 5 S. 1 u. 3), Gefahrstoffverordnung (u. a. § 6 Abs. 12 S. 4, § 7 Abs. 8 S. 3, § 10 Abs. 4 S. 1, § 14 Abs. 3 Nr. 1, 2 und 7, § 18 Abs. 1 S. 3, Anh. I Nr. 2. 4.2 Abs. 1 S. 2), Gentechnik-Sicherheitsverordnung (§ 12a, § 16 Abs. 1, § 18 Abs. 1 Nr. 2), der Atomrechtlichen Sicherheitsbeauftragten- und Meldeverordnung (§ 4 Abs. 2, § 5 Abs. 2 S. 3), Strahlenschutzverordnung (§ 32 Abs. 2 S. 2 u. Abs. 4) und Röntgenverordnung (§ 14 Abs. 2 S. 2 u. Abs. 4).[1459]

4 (**Abs. 1**) Die Vorschrift sieht weitreichende **Befugnisse des PR** vor. Nach der 1. Alternative hat er bei der Bekämpfung von Unfall- und Gesundheitsgefahren alle dafür in Betracht kommenden Stellen **zu unterstützen** (vgl. Rn. 5 f.). Nach der 2. Alternative hat er sich für die Durchführung der Vorschriften über den Arbeitsschutz und die Unfallverhütung **einzusetzen** (vgl. Rn. 7). Dabei handelt es sich nicht nur um **Rechte**, sondern auch um **Pflichten** des PR. Sie sind sowohl vom **PR insgesamt** als auch von den von ihm beauftragten **einzelnen Mitgliedern** wahrzunehmen. Über die Ausübung seiner Befugnisse entscheidet der PR nach pflichtgemäßem Ermessen. Er kann, wenn er dies für zweckmäßig hält, dazu auch einen **Ausschuss** bilden (vgl. § 32 Rn. 9).

5 Die in der 1. Alternative des § 81 Abs. 1 geregelte **Unterstützungsbefugnis** des PR bezieht sich auf »die für den Arbeitsschutz zuständigen Behörden, die Träger der gesetzlichen Unfallversicherung und die übrigen in Betracht kommenden Stellen«.[1460] Für die **Überwachung des Arbeitsschutzes** sind in den Betrieben und Verwaltungen des Bundes nach den Vorschriften des ArbSchG i. d. R. **besondere Behörden des Bundes** zuständig. Als allgemeine Überwachungsbehörde ist dies zunächst die Zentralstelle für Arbeitsschutz beim Bundesministerium des Innern (BMI) und die in ihrem Auftrag handelnde, aus der Fusion der Unfallkasse des Bundes (UK-Bund) und der Eisenbahn-Unfallkasse (EUK) zum 1. 1. 15 entstandene Unfallversicherung Bund und Bahn (UVB),[1461] welche auch den Geschäftsbereich des Bundesministeriums für Verkehr und digitale Infrastruktur (BMVI) überwacht, soweit die ehemalige Eisenbahn-Unfallkasse (EUK) dort zum 31. 12. 14 Träger

1458 Zuletzt Bericht über den Stand im Jahr 2014, BT-Drs. 18/6918, Anh. 1, S. 180 ff.

1459 Näher dazu KfdP-*Seulen*, Rn. 9 m. N.

1460 Näher zum Folgenden KfdP-*Seulen*, Rn. 12–15.

1461 Geändert durch Art. 8 Nr. 4 Buchst. a und b u. Art. 17 Abs. 4 BUK-Neuorganisationsgesetz (BUK-NOG) v. 19. 10. 13 (BGBl. I S. 3836).

der Unfallversicherung war . In den Geschäftsbereichen des Bundesministeriums der Verteidigung (BMVg) und des Auswärtigen Amts (AA) hinsichtlich seiner Auslandsvertretungen nimmt diese Aufgabe das jeweilige Bundesministerium oder die von ihm jeweils bestimmte Stelle wahr; im Geschäftsbereich des Bundesministeriums der Finanzen (BMF) die zum 1. 6. 16 gebildete Berufsgenossenschaft Verkehrswirtschaft Post-Logistik Telekommunikation« (BG VPLT),[1462] soweit der Geschäftsbereich des ehemaligen Bundesministeriums für Post und Telekommunikation (BMPT) betroffen ist. Im Übrigen bestehen für Teilbereiche des Arbeitsschutzes auch im öffentlichen Dienst des Bundes Überwachungsbefugnisse der fachlich zuständigen **Behörden des Landesrechts.** Das gilt v. a. für den technischen Arbeitsschutz und in Teilbereichen des sozialen Arbeitsschutzes.

Träger der gesetzlichen Unfallversicherung sind im Geltungsbereich des BPersVG als Unfallversicherungsträger der öffentlichen Hand v. a. die Unfallversicherung Bund und Bahn (UVB)[1463] und die Unfallkasse Post und Telekom (UK PT);[1464] hinzu kommen verschiedene Berufsgenossenschaften, insb. die Verwaltungs-Berufsgenossenschaft (VBG). Bei den **übrigen in Betracht kommenden Stellen** i. S. d. § 81 Abs. 1 handelt es sich um alle sonstigen Stellen, zu deren Aufgaben in Bezug auf die Dienststelle ebenfalls die Bekämpfung von Unfall- und Gesundheitsgefahren gehört. Dabei kann es sich um Stellen außerhalb der eigenen Dienststelle handeln – in mehrstufigen Verwaltungen v. a. um die oberste Dienstbehörde oder eine von ihr beauftragte Stelle –, aber auch um zur eigenen Dienststelle gehörende Einrichtungen und Personen. Dies sind neben dem Dienststellenleiter insb. Sicherheitsbeauftragte i. S. d. § 22 SGB VII (vgl. Rn. 11), Vertrauens- und Betriebsärzte (vgl. § 75 Rn. 117 ff.), Fachkräfte für Arbeitssicherheit i. S. d. §§ 5 bis 7 ASiG (Sicherheitsingenieure, -techniker, -meister) sowie ggf. Verantwortliche oder Beauftragte für bestimmte Sicherheits- bzw. Gefährdungsbereiche wie z. B. der Beauftragte für Biologische Sicherheit, der kerntechnische Sicherheitsbeauftragte, der Betriebsbeauftragte für Immissionsschutz oder der Strahlenschutzbeauftragte.

Der PR hat die in Betracht kommenden Stellen bei der Bekämpfung von Un- 6
fall- und Gesundheitsgefahren durch Anregung, Beratung und Auskunft zu **unterstützen.** Dabei kann er **aus eigener Initiative** tätig werden und grundsätzlich alle der Unterstützung dienenden Aktivitäten entfalten. Soll eine

1462 Vormals die »Unfallkasse Post und Telekom« (UK PT); geändert durch Art. 8 Nr. 4 Buchst. c u. Art. 17 Abs. 7 BUK-Neuorganisationsgesetz (BUK-NOG) v. 19. 10. 13 (BGBl. I S. 3836).

1463 Geändert durch Art. 8 Nr. 4 Buchst. a und b u. Art. 17 Abs. 4 BUK-Neuorganisationsgesetz (BUK-NOG) v. 19. 10. 13 (BGBl. I S. 3836).

1464 Zur Neuorganisation der bundesunmittelbaren Unfallkassen durch das BUK-NOG vgl. § 88 Rn. 2a.

Anregung des PR an eine **außenstehende Stelle** darauf abzielen, diese zum Einschreiten zu veranlassen, so setzt dies nach § 66 Abs. 3 voraus, dass der PR zunächst den Dienststellenleiter eingeschaltet und (erfolglos) versucht hat, mit ihm eine Einigung zu erzielen (vgl. § 66 Rn. 16). Da der PR zur Unterstützung der in Betracht kommenden Stellen verpflichtet ist (vgl. Rn. 4), unterliegen seine Mitglieder diesen gegenüber insoweit nicht der Verschwiegenheitspflicht nach § 10 (vgl. dort Rn. 16).

7 Nach der 2. Alternative des § 81 Abs. 1 hat der PR sich für die Durchführung der Vorschriften über den Arbeitsschutz und die Unfallverhütung **einzusetzen.**[1465] Diese Verpflichtung besteht sowohl gegenüber dem Dienststellenleiter als auch gegenüber den Beschäftigten der Dienststelle. Der PR muss sich aus eigener Anschauung über den Stand des Arbeitsschutzes in der Dienststelle informieren. Dazu darf er ohne Vorliegen eines konkreten Anlasses allgemeine **Betriebsbegehungen** durchführen oder einzelne **Arbeitsplätze aufsuchen** (vgl. § 68 Rn. 39f.) und auch unangekündigte **Stichproben** vornehmen. **Beschwerden und Anregungen** von Beschäftigten, die nicht offensichtlich unbegründet sind, hat der PR nachzugehen. Den **Dienststellenleiter** hat er auf Gefahrenquellen und Missstände hinzuweisen und mit ihm über Abhilfe zu beraten. Der PR muss auf die **Beschäftigten** einwirken, damit sie die Vorschriften über den Arbeitsschutz und die Unfallverhütung einhalten. Dies kann v. a. durch Hinweise in der Personalversammlung, am Schwarzen Brett, in Informationsschriften, im Intranet, in Gesprächen mit Beschäftigten und in der Zusammenarbeit mit der JAV geschehen.

8 **(Abs. 2)** Der in § 68 Abs. 2 geregelte allgemeine Informationsanspruch des PR (vgl. § 68 Rn. 22ff.) wird durch die in § 81 Abs. 2 festgelegten **speziellen Informationsrechte** ergänzt.[1466] Nach § 81 Abs. 2 S. 1 sind sowohl der **Dienststellenleiter** als auch die (anderen) **in § 81 Abs. 1 genannten Stellen** (vgl. Rn. 5) verpflichtet, den PR oder die von ihm bestimmten PR-Mitglieder bei allen im Zusammenhang mit dem Arbeitsschutz oder der Unfallverhütung stehenden Besichtigungen und Fragen und bei Unfalluntersuchungen hinzuziehen. Die **Besichtigungen** brauchen nicht auf den Arbeitsschutz oder die Unfallverhütung abzuzielen, sondern es reicht aus, dass diese Gegenstände auch eine Rolle spielen. Bei **Unfalluntersuchungen** kommt es nicht darauf an, ob sich der Unfall im Innen- oder Außendienst ereignet hat oder ob dabei ein Beschäftigter einen Körper- oder Sachschaden erlitten hat.[1467] »**Fragen**« i. S. d. § 81 Abs. 2 S. 1 sind alle sonstigen Fragen, die im Zusammenhang mit dem Arbeitsschutz oder der Unfallverhütung stehen. Die

---

1465 Speziell zum **Nichtraucherschutz** nach § 5 ArbStättV sowie BNichtrSchG vgl. KfdP-*Seulen*, Rn. 17a.

1466 Näher zum Folgenden KfdP-*Seulen*, Rn. 18.

1467 *BVerwG* v. 8. 12. 61 – VII P 7.59 – u. v. 5. 2. 71 – VII P 15.70 –, Buchh 238.3 § 68 Nr. 1 u. 2.

Behandlung solcher Fragen ist z. B. gegeben bei **Untersuchungen von Gefahrstoffbelastungen in Arbeitsräumen**[1468] oder bei **Befragungen von Beschäftigten zu Arbeitsschutzzwecken**, etwa zum Zwecke einer Gefährdungsbeurteilung nach § 5 ArbSchG[1469] (vgl. auch § 75 Rn. 124 a. E.).

Hinsichtlich der Hinzuziehung zu **Besichtigungen** und zu **Unfalluntersuchungen** enthält § 81 Abs. 2 S. 1 eine **besondere Zuständigkeitsregelung**. 9
Danach ist immer der PR hinzuzuziehen, der bei der Dienststelle besteht, in der die Besichtigung oder Untersuchung stattfindet. Für die Hinzuziehung zur Behandlung von »**Fragen**« des Arbeitsschutzes oder der Unfallverhütung gelten dagegen die in § 82 festgelegten **allgemeinen Regeln** über die Zuständigkeiten der Personalvertretungen.[1470]

Nach § 81 Abs. 2 S. 2 hat der Dienststellenleiter dem PR unverzüglich die den 10
Arbeitsschutz und die Unfallverhütung betreffenden Auflagen und Anordnungen der in § 81 Abs. 1 genannten Stellen mitzuteilen.[1471] **Anordnungen** können Verwaltungsakte externer Stellen oder verwaltungsinterne Anweisungen sein. **Auflagen** sind mit einem Verwaltungsakt oder einer internen Anweisung als Nebenbestimmung verbundene Anordnungen, durch die dem Adressaten ein bestimmtes Tun, Dulden oder Unterlassen vorgeschrieben wird. Die Unterrichtungspflicht nach § 81 Abs. 2 S. 2 soll ebenso wie die Informationspflichten nach § 81 Abs. 2 S. 1 dazu beitragen, dass der PR seine Unterstützungsaufgabe nach § 81 Abs. 1 wirksam erfüllen kann. Im Hinblick darauf ist eine weite Auslegung des § 81 Abs. 2 S. 2 geboten. Der Dienststellenleiter hat den PR deshalb auch über **Stellungnahmen** und **Berichte** der in § 81 Abs. 1 genannten Stellen zu unterrichten, die den Arbeitsschutz oder die Unfallverhütung betreffen. Die Unterrichtung des PR muss **unverzüglich** – d. h. ohne schuldhaftes Zögern (§ 121 Abs. 1 S. 1 BGB) – erfolgen. Im Hinblick auf ihre Bedeutung sind die i. d. R. schriftlich erteilten Anordnungen und Auflagen dem PR auf Dauer in **Kopie** auszuhändigen.

(Abs. 3) Nach § 22 Abs. 1 SGB VII hat der (als »Unternehmer« handelnde) 11
Leiter der Dienststelle in Dienststellen mit regelmäßig mehr als 20 Beschäftigten unter Beteiligung des PR **Sicherheitsbeauftragte** zu bestellen. Die Art der Beteiligung an der **Bestellung** ist im BPersVG geregelt. Danach steht

---

1468 *OVG NW* v. 29. 1. 99 – 1 A 2762/97.PVL –, PersR 99, 360.

1469 Nach der Rspr. des *BVerwG* sind Gefährdungsbeurteilungen (einschl. der Befragung der Beschäftigten) keine Maßnahmen, die nach § 75 Abs. 3 Nr. 11 mitbestimmungspflichtig sind (Beschl. v. 14. 10. 02 – 6 P 7.01 – u. v. 5. 3. 12 – 6 PB 25.11 –, PersR 03, 113, u. 12, 380); entsprechende Fragebogenaktionen des PR sind gem. § 2 Abs. 1 unzulässig, wenn die Dienststelle ihrerseits eine Gefährdungsanalyse vorbereitet (Beschl. v. 8. 8. 12 – 6 PB 8.12 –, PersR 12, 461). Krit. dazu KfdP-*Seulen*, Rn. 17b.

1470 *BVerwG* v. 14. 10. 02, a. a. O.

1471 Näher zum Folgenden KfdP-*Seulen*, Rn. 20.

dem PR gem. § 75 Abs. 3 Nr. 11 ein Mitbestimmungsrecht zu[1472] (vgl. § 75 Rn. 124). Die **Zahl** der Sicherheitsbeauftragten wird unter Berücksichtigung der in den Unternehmen für Leben und Gesundheit der Versicherten bestehenden arbeitsbedingten Gefahren und der Zahl der Beschäftigten nach § 15 Abs. 1 Nr. 7 SGB VII von den Trägern der gesetzlichen Unfallversicherung durch Unfallverhütungsvorschriften oder, im Zuständigkeitsbereich der Unfallversicherung Bund und Bahn (UVB), nach § 115 Abs. 1 oder 2 SGB VII vom BMI (im Einvernehmen mit dem Ministerium für Arbeit und Soziales) oder einem anderen dort genannten Ministerium durch allgemeine Verwaltungsvorschriften oder durch Rechtsverordnung bestimmt.[1473] Die **Aufgaben** der Sicherheitsbeauftragten sind in § 22 Abs. 2 SGB VII festgelegt. Dieser lautet:

»Die Sicherheitsbeauftragten haben den Unternehmer bei der Durchführung der Maßnahmen zur Verhütung von Arbeitsunfällen und Berufskrankheiten zu unterstützen, insbesondere sich von dem Vorhandensein und der ordnungsgemäßen Benutzung der vorgeschriebenen Schutzeinrichtungen und persönlichen Schutzausrüstungen zu überzeugen und auf Unfall- und Gesundheitsgefahren für die Versicherten aufmerksam zu machen.«

Führt der Dienststellenleiter im Rahmen des § 22 Abs. 2 SGB VII **Besprechungen** mit dem oder den Sicherheitsbeauftragten durch, so haben vom PR – durch gemeinsamen Beschluss des PR-Plenums (vgl. § 38 Rn. 4) zu bestimmende – beauftragte PR-Mitglieder nach § 81 Abs. 3 das Recht, daran teilzunehmen. Das gilt unabhängig davon, auf wessen Initiative diese Besprechungen angesetzt werden. Damit die PR-Mitglieder ihr Teilnahmerecht wahrnehmen und sich darauf vorbereiten können, ist der PR über die Besprechungstermine rechtzeitig zu informieren.

12 **(Abs. 4)** Nach § 81 Abs. 4 hat der PR Anspruch darauf, die **Niederschriften über Untersuchungen, Besichtigungen und Besprechungen**, zu denen er nach § 81 Abs. 2 oder 3 hinzuzuziehen war (vgl. Rn. 8, 9 u. 11), zu erhalten. Das gilt auch dann, wenn der PR sein Teilnahmerecht nicht wahrgenommen hat. Die Niederschrift ist dem PR von der Stelle zu überlassen, die sie angefertigt hat. Eine Verpflichtung zur Anfertigung von Niederschriften ist in § 81 Abs. 4 nicht festgelegt. Sie kann sich aber aus anderen Vorschriften ergeben.

1472 *BVerwG* v. 18.5.94 – 6 P 27.92 –, PersR 94, 466.

1473 § 115 SGB VII ist zum 1.1.15 durch Art. 5 Nr. 3 und Art. 17 Abs. 4 BUK-NOG (s. oben Rn. 5 u. § 88 Rn. 2a) neu gefasst worden. Danach gelten für die UVB grundsätzlich die allgemeinen Regelungen des die Prävention betreffenden Zweiten Kapitels des SGB VII; die Neufassung des § 115 SGB VII regelt die noch verbleibenden Abweichungen (vgl. BT-Drs. 17/12297, S. 35f. [zu Art. 5 Nr. 3]).

(**Abs. 5**) Die Vorschrift geht davon aus, dass bei Dienstunfällen und bei Versicherungsfällen der gesetzlichen Unfallversicherung grundsätzlich eine **Unfallanzeige** zu fertigen ist. Für **Dienstunfälle** ergibt sich dies aus **§ 45 Abs. 3 BeamtVG** und aus Tz. 45. 3. 2ff. der vom BMI erlassenen AVwV zum BeamtVG v. 3.11.80 (BeamtVGVwV[1474]). Danach hat der Dienstvorgesetzte – i.d.R. der Dienststellenleiter – jeden Unfall sofort zu untersuchen und darüber der nächsthöheren Dienststelle zu berichten. Eine Unterzeichnung des Berichts durch den PR sieht das Gesetz nicht vor. Nach § 81 Abs. 5 ist dem PR jedoch eine Durchschrift dieses Berichts auszuhändigen. Für die Anzeige eines **Versicherungsfalls der gesetzlichen Unfallversicherung** gilt **§ 193 SGB VII**. In ihren für die Personalvertretung wichtigsten Teilen lautet diese Vorschrift wie folgt: 13

»(1) [1]Die Unternehmer haben Unfälle von Versicherten in ihren Unternehmen dem Unfallversicherungsträger anzuzeigen, wenn Versicherte getötet oder so verletzt sind, daß sie mehr als drei Tage arbeitsunfähig werden. …
(2) Haben Unternehmer im Einzelfall Anhaltspunkte, daß bei Versicherten ihrer Unternehmen eine Berufskrankheit vorliegen könnte, haben sie diese dem Unfallversicherungsträger anzuzeigen.
(3) …
(4) [1]Die Anzeige ist binnen drei Tagen zu erstatten, nachdem die Unternehmer von dem Unfall oder von den Anhaltspunkten für eine Berufskrankheit Kenntnis erlangt haben. …
(5) [1]Die Anzeige ist vom Betriebs- oder Personalrat mit zu unterzeichnen. [2]Der Unternehmer hat die Sicherheitsfachkraft und den Betriebsarzt über jede Unfall- und Berufskrankheitenanzeige in Kenntnis zu setzen. [3]Verlangt der Unfallversicherungsträger zur Feststellung, ob eine Berufskrankheit vorliegt, Auskünfte über gefährdende Tätigkeiten von Versicherten, haben die Unternehmer den Betriebs- oder Personalrat über dieses Auskunftsersuchen unverzüglich zu unterrichten.
(6) [aufgehoben]
(7) …
(8) …
(9) …«

Der Inhalt der Anzeige, ihre Form und die Art und Weise ihrer Übermittlung sowie die Empfänger, die Anzahl und der Inhalt der Durchschriften sind in der **Unfallversicherungs-Anzeigeverordnung** (UVAV) v. 23.1.02[1475] geregelt. Nach § 193 Abs. 5 S. 1 SGB VII hat der PR die Anzeige **mit zu un-**

1474 GMBl. S. 742.
1475 BGBl. I S. 554. Zuletzt geändert durch Art. 1 der Verordnung v. 22.12.16 (BGBl. I S. 3097).

terzeichnen, ohne dass er dadurch für den Inhalt mitverantwortlich wird. Für den PR handelt dabei unabhängig von der Gruppenzugehörigkeit des Verletzten der PR-Vorsitzende (vgl. § 32 Rn. 16f. und § 38 Rn. 4). Der PR ist berechtigt, ggf. seine **abweichende Sicht** des Unfallgeschehens darzulegen. Nach § 81 Abs. 5 hat der Dienststellenleiter dem PR eine **Durchschrift** der Unfallanzeige auszuhändigen.

Vierter Abschnitt
Beteiligung der Stufenvertretungen und des Gesamtpersonalrates

§ 82

(1) In Angelegenheiten, in denen die Dienststelle nicht zur Entscheidung befugt ist, ist an Stelle des Personalrates die bei der zuständigen Dienststelle gebildete Stufenvertretung zu beteiligen.
(2) [1]Vor einem Beschluß in Angelegenheiten, die einzelne Beschäftigte oder Dienststellen betreffen, gibt die Stufenvertretung dem Personalrat Gelegenheit zur Äußerung. [2]In diesem Falle verdoppeln sich die Fristen der §§ 69 und 72.
(3) Die Absätze 1 und 2 gelten entsprechend für die Verteilung der Zuständigkeit zwischen Personalrat und Gesamtpersonalrat.
(4) Für die Befugnisse und Pflichten der Stufenvertretung und des Gesamtpersonalrates gelten die §§ 69 bis 81 entsprechend.
(5) Werden im Geschäftsbereich mehrstufiger Verwaltungen personelle oder soziale Maßnahmen von einer Dienststelle getroffen, bei der keine für eine Beteiligung an diesen Maßnahmen zuständige Personalvertretung vorgesehen ist, so ist die Stufenvertretung bei der nächsthöheren Dienststelle, zu deren Geschäftsbereich die entscheidende Dienststelle und die von der Entscheidung Betroffenen gehören, zu beteiligen.

1 Die Vorschriften des § 82 regeln die **Verteilung der Zuständigkeiten zwischen den Personalvertretungen** in mehrstufigen Verwaltungen (Abs. 1, 2, 4 u. 5) und in personalvertretungsrechtlich aufgegliederten Dienststellen (Abs. 3 u. 4) und ergänzen die Bestimmungen der §§ 53, 54 bzw. 55, 56: Die Zuständigkeit des jeweiligen Personalrates **richtet sich nach der Entscheidungskompetenz des jeweiligen Dienststellenleiters.** Diese Grundregel bezieht sich auf alle Fälle, in denen die Personalvertretung tätig werden kann, also nicht nur auf die Angelegenheiten der Beteiligung nach den §§ 75 bis 81,

sondern auch auf die allgemeinen Aufgaben nach den §§ 66 bis 68.[1476] Darüber hinaus kommt in § 82 ein Grundprinzip der Zuständigkeitsverteilung zum Ausdruck; der dahinter stehende Rechtsgedanke ist verallgemeinerungsfähig, z. B. im Bezug auf die Verteilung der Zuständigkeiten für Beschäftigte, die einer anderen Dienststelle oder einem Betrieb zugewiesen sind, etwa im Bereich der Bundeswehr und der mit ihr kooperierenden Wirtschaftsunternehmen i. S. d. BwKoopG (vgl. Anh. V C § 2 BwKoopG Rn. 3) oder im Bereich der Bundesagentur für Arbeit und der als gemeinsame Einrichtungen gebildeten Jobcenter i. S. d. § 44b SGB II (vgl. § 88 Rn. 17, 19).[1477] In den Fällen der Mitbestimmung und Mitwirkung legt § 82 die **Erstzuständigkeit** der Personalvertretungen fest. Kommt in diesen Fällen eine Einigung zwischen Dienststelle und (erstzuständiger) Personalvertretung nicht zustande, ist die Beteiligung dieser und anderer Personalvertretungen in dem dann möglichen weiteren Verfahren, insb. im **Instanzenzug** in mehrstufigen Verwaltungen, in den §§ 69 bis 72 normiert.

2 Von § 82 **abweichende Regelungen** enthält das Gesetz in den Vorschriften für besondere Verwaltungszweige (für den Bundesnachrichtendienst in § 86 Nr. 8 S. 2, für die Rundfunkanstalt »Deutsche Welle« in § 90 Nr. 2 S. 3, für den Geschäftsbereich des Auswärtigen Amts in § 91 Abs. 1 Nr. 3 S. 3 und für den des Bundesministeriums der Verteidigung in § 92) sowie für die Behandlung von Verschlusssachen in § 93 Abs. 4 S. 1.

3 (**Abs. 1**) Das BPersVG regelt nicht ausdrücklich, unter welchen Voraussetzungen der **örtliche PR** – der bei Mittelbehörden und obersten Dienstbehörden auch **Haus-PR** genannt wird – die für die Beteiligung zuständige Personalvertretung ist. In Abs. 1 ist jedoch festgelegt, wann eine Stufenvertretung »an Stelle des Personalrates« zu beteiligen ist. Diese Regelung geht davon aus, dass grundsätzlich in allen Angelegenheiten, die eine Dienststelle und die in ihr Beschäftigten betreffen, der bei dieser Dienststelle gebildete örtliche PR zu beteiligen ist.[1478] Aus ihr ist aber auch zu entnehmen, dass diese grundsätzliche Zuständigkeit des örtlichen PR nur dann besteht, wenn zwei Voraussetzungen erfüllt sind, in denen zwei grundlegende Prinzipien des PersVR zum Ausdruck kommen. Erstens muss es sich um (beabsichtigte oder beantragte) Entscheidungen (Maßnahmen) in Angelegenheiten von Beschäftigten der Dienststelle handeln, bei welcher der PR gebildet ist. Dies entspricht dem **Repräsentationsgrundsatz**, der besagt, dass der PR (nur) die zu dieser Dienststelle und damit zu seiner Wählerschaft gehörenden Beschäftigten repräsentiert (vgl. § 1 Rn. 19) und (nur) zu deren Interessenvertretung legitimiert ist. Zweitens muss es sich um Entscheidungen handeln, die die Dienststelle trifft, bei der der PR gebildet ist. Die Zuständigkeit des

1476 Vgl. *BVerwG* v. 12. 8. 09 – 6 PB 18.09 –, PersR 09, 416, m. w. N.
1477 Hierzu *BVerwG* v. 1. 4. 15 – 5 P 8.14 –, PersV 15, 346.
1478 *BVerwG* v. 20. 1. 93 – 6 P 21.90 –, PersR 93, 310.

PR folgt der Entscheidungskompetenz der Dienststelle. Darin kommt der **Grundsatz der Partnerschaft** von Dienststelle und PR zum Ausdruck, nach dem sich der Wirkungsbereich des PR (nur) auf Maßnahmen der Dienststelle erstreckt, bei der er besteht.

4 Ob es sich um eine Maßnahme der Dienststelle handelt, bei der der PR gebildet ist, hängt grundsätzlich davon ab, ob die Dienststelle insoweit **zur Entscheidung befugt** ist. Dies ist in den für die jeweilige Dienststelle geltenden Rechts- und Verwaltungsvorschriften geregelt. Für die Zuständigkeit des PR kommt es darauf an, ob die Dienststelle befugt ist, eine Entscheidung mit **Außenwirkung** zu treffen. Ob sie dabei an Weisungen einer übergeordneten Dienststelle gebunden ist oder deren Zustimmung einholen (oder das Einvernehmen mit ihr herbeiführen) muss oder ob eine übergeordnete Dienststelle die Entscheidung intern vorbereitet hat, ist unerheblich.[1479] Im Bereich der Streitkräfte soll die Ausführung eines Befehls allerdings nur die unselbständige Ausführung der Anweisung des militärischen Vorgesetzten darstellen und deshalb nicht dem Untergebenen, sondern dem Vorgesetzten zuzurechnen sein.[1480] Von dieser Ausnahme abgesehen, kann es an einer Maßnahme der nachgeordneten Dienststelle, an welcher der örtliche PR beteiligt werden könnte, aber nur dann fehlen, wenn eine übergeordnete Dienststelle eine unmittelbar gestaltende Anordnung trifft, die der nachgeordneten Dienststelle keinen eigenen Entscheidungsspielraum lässt und von ihr lediglich vollzogen wird.[1481] Dies ist der Fall, wenn sich das Handeln der übergeordneten Dienststelle nicht in einer internen Weisung erschöpft, sondern im Wege des **Selbsteintritts** der nachgeordneten Dienststelle die Zuständigkeit für die Regelung entzieht[1482] (vgl. dazu auch Rn. 6a, 6b). Beabsichtigt die Dienststelle, eine nach außen wirkende Entscheidung zu treffen, reicht es für die Bejahung der Zuständigkeit des PR allerdings i. d. R. aus, dass sie damit eine eigene **Entscheidungsbefugnis in Anspruch nimmt**.[1483] Ist dies nicht der Fall, scheidet auch – mangels Maßnahme – eine Mitbestimmung aus.[1484]

5 In Angelegenheiten, in denen die Dienststelle, deren Beschäftigte betroffen sind, **nicht zur Entscheidung befugt** ist, kann der bei ihr bestehende örtliche PR nicht beteiligt werden, weil dies dem Grundsatz der Partnerschaft wi-

1479 *BVerwG* v. 22. 9. 67 – VII P 14.66 –, PersV 68, 113, v. 5. 2. 71 – VII P 16.70 –, PersV 71, 269, v. 24. 9. 85 – 6 P 21.83 –, PersR 87, 149, u. v. 20. 1. 93, a. a. O.; *BAG* v. 14. 12. 94 – 7 ABR 14/94 –, PersR 95, 308; *SächsOVG* v. 12. 4. 11 – PL 9 A 969/10 –, ZfPR 12, 7 Ls.

1480 *BVerwG* v. 24. 9. 85, a. a. O.

1481 *BVerwG* v. 10. 3. 92 – 6 P 13.91 –, PersR 92, 247.

1482 So *BVerwG* v. 30. 3. 09 – 6 PB 29.08 –, PersR 09, 332, m. w. N.

1483 *BVerwG* v. 23. 7. 79 – 6 P 28.78 –, PersV 81, 70, u. v. 7. 8. 96 – 6 P 29.93 –, PersR 96, 493.

1484 Beispiel: *BVerwG* v. 1. 4. 15 – 5 P 8.14 –, PersV 15, 346.

dersprache (vgl. Rn. 3). Steht die Entscheidungsbefugnis in diesen Angelegenheiten jedoch einer **übergeordneten Dienststelle** zu, bei der eine Stufenvertretung besteht (also der Mittelbehörde oder der obersten Dienstbehörde), ist nach Abs. 1 an Stelle des bei der nachgeordneten Dienststelle gebildeten PR die bei der zuständigen Dienststelle bestehende **Stufenvertretung** (also der BPR oder der HPR) zu beteiligen. Diese Regelung steht im Einklang mit dem Repräsentationsgrundsatz, weil die Beschäftigten der nachgeordneten Dienststelle (auch) zur Wählerschaft der Stufenvertretung gehören, aber auch mit dem Grundsatz der Partnerschaft, weil die Stufenvertretung an Maßnahmen der Dienststelle beteiligt wird, bei der sie gebildet ist.

Die Regelung des Abs. 1 ist dadurch gekennzeichnet, dass die Beteiligungsbefugnis der Personalvertretung der **Entscheidungszuständigkeit** der Dienststelle folgt.[1485] Maßgeblich ist auch hier, dass die übergeordnete Dienststelle eine **nach außen wirkende Entscheidung** trifft (vgl. Rn. 4). Dies ist auch dann der Fall, wenn die Entscheidung umfassend durch die davon betroffene nachgeordnete Dienststelle vorbereitet und deren Entscheidungsvorschlag ohne Änderung von der übergeordneten Dienststelle übernommen wird.[1486] **6**

Eine **unmittelbar gestaltende Anordnung** mit Außenwirkung (vgl. Rn. 4) liegt **nicht** vor, wenn die übergeordnete Dienststelle **generelle Weisungen** für Personalangelegenheiten erlässt, die von den nachgeordneten Dienststellen im Wege personeller Einzelmaßnahmen mit oder ohne Entscheidungsspielraum **umzusetzen** sind.[1487] Bei einem derartigen »Dualismus von genereller Weisung und Ausführung im Einzelfall« findet – wenn es dabei um ein und dieselbe Maßnahme geht (vgl. Rn. 6b) – die **Beteiligung** der Personalvertretung (zunächst) nicht auf der Anordnungsebene, sondern **nur auf der Ausführungsebene** statt.[1488] Das Mitbestimmungsrecht wird dadurch nicht ausgehöhlt: Da eine (z. B.) von der obersten Dienstbehörde erteilte Weisung zwar von den nachgeordneten Dienststellen zu befolgen ist, aber die dort gebildeten **Personalvertretungen nicht bindet**, kann der Mitbestimmungsfall bei fehlender Einigung gem. § 69 Abs. 3 ins Stufenverfahren vor der obersten Dienstbehörde gelangen, wo der HPR dann das auf ihn übergegangene Mitbestimmungsrecht ausüben kann.[1489] **6a**

1485 *BVerwG* v. 20. 1. 93 – 6 P 21.90 –, PersR 93, 310; *BAG* v. 14. 12. 94 – 7 ABR 14/94 –, PersR 95, 308.

1486 *BVerwG* v. 7. 8. 96 – 6 P 29.93 – u. v. 21. 12. 01 – 6 P 1.01 –, PersR 96, 493, u. 02, 168.

1487 *BVerwG* v. 30. 3. 09 – 6 PB 29.08 – u. v. 2. 9. 09 – 6 PB 22.09 –, PersR 09, 332 u. 458.

1488 *BVerwG* v. 30. 3. 09, a. a. O.

1489 *BVerwG* v. 2. 9. 09, a. a. O.

6b Die **Zuständigkeiten** der Stufenvertretungen einerseits sowie der örtlichen PR andererseits **schließen sich gegenseitig aus**, sofern es um die Beteiligung an **ein und derselben Maßnahme** geht.[1490] Letzteres ist aber nicht der Fall, wenn die übergeordnete Dienststelle **generelle Maßnahmen** erlässt und die nachgeordneten Dienststellen auf dieser Grundlage **konkretisierende Maßnahmen** ergreifen, so z.B. dann, wenn die oberste Dienstbehörde mit dem HPR nach § 76 Abs. 2 Nr. 8 Auswahlrichtlinien vereinbart und eine nachgeordnete Dienststelle eine von dieser Richtlinie erfasste personelle Einzelmaßnahme i.S.v. § 75 Abs. 1 oder § 76 Abs. 1 treffen will. Dann hat der örtliche PR bei der personellen Einzelmaßnahme mitzubestimmen und gem. § 77 Abs. 2 Nr. 1 zu prüfen, ob diese Maßnahme gegen die Richtlinie verstößt.[1491]

7 Die **Beteiligungsbefugnis der Stufenvertretung** kann sich auf Angelegenheiten beziehen, die **einzelne nachgeordnete Dienststellen** oder **mehrere oder alle Dienststellen des Geschäftsbereichs** der Mittelbehörde oder der obersten Dienstbehörde betreffen. Da sich der Geschäftsbereich einer Behörde nicht nur auf die nachgeordneten Dienststellen, sondern auch auf die eigene Dienststelle erstreckt (vgl. § 53 Rn. 9f.), ist in Angelegenheiten, die den gesamten Geschäftsbereich oder mehrere seiner Dienststellen einschl. der Mittelbehörde oder der obersten Dienstbehörde selbst betreffen, der BPR oder der HPR auch an Stelle des Haus-PR bei der Mittelbehörde bzw. der obersten Dienstbehörde zu beteiligen.

8 In personalvertretungsrechtlicher Hinsicht nimmt der **Leiter der Mittelbehörde oder der obersten Dienstbehörde** i.d.R. eine **Doppelfunktion** wahr (ausnahmsweise sogar eine Dreifachfunktion, wenn dort außer dem PR und der Stufenvertretung noch ein GPR gebildet ist). Einerseits steht er für den örtlichen Bereich dieser Dienststelle als Dienststellenleiter dem Haus-PR gegenüber, andererseits steht er für den gesamten Geschäftsbereich als Leiter dieses Bereichs der Stufenvertretung gegenüber (und schließlich kann er das Gegenüber des GPR sein, wenn er als Leiter der Gesamtdienststelle handelt). Im Hinblick darauf ist die **Abgrenzung der Zuständigkeiten von Haus-PR und Stufenvertretung** dann problematisch, wenn es sich um Angelegenheiten handelt, die nur die Mittelbehörde oder die oberste Dienstbehörde betreffen. Das *BVerwG*[1492] und die ihm folgende h.M. in der Literatur[1493] vertreten dazu den Standpunkt, dass Abs. 1 lediglich eine **Ersatzzuständigkeit der Stufenvertretung** vorsieht, die nur dann gegeben ist, wenn die Dienststelle nicht zur Entscheidung befugt ist und deshalb eine (dem Prinzip der Partnerschaft von Dienststelle und PR widersprechende) Beteiligung des

1490 *BVerwG* v. 2.9.09, a.a.O.

1491 *BVerwG* v. 2.9.09, a.a.O.

1492 St. Rspr. seit Beschl. v. 14.4.61 – VII P 8.60 –, PersV 61, 256; vgl. Beschl. v. 16.9.94 – 6 P 33.93 –, PersR 95, 20.

1493 Dazu KfdP-*Baden*, Rn. 12f.

örtlichen PR ausscheidet. Danach ist stets der Haus-PR und nicht die Stufenvertretung zu beteiligen, wenn die fragliche Angelegenheit nur die Mittelbehörde oder die oberste Dienstbehörde betrifft.[1494]

(**Abs. 2**) Nach Abs. 2 S. 1 **gibt die Stufenvertretung dem PR Gelegenheit zur Äußerung**, bevor sie in Angelegenheiten, die einzelne Beschäftigte oder Dienststellen betreffen, einen Beschluss fasst. Diese Vorschrift ist anzuwenden, wenn die Stufenvertretung aufgrund ihrer **Erstzuständigkeit** an Stelle des PR zu beteiligen ist, nicht dagegen, wenn sie im Instanzenzug des Mitbestimmungs- oder Mitwirkungsverfahrens eingeschaltet wird.[1495] Die Vorschrift dient einem doppelten **Zweck**. Zum einen soll die Stufenvertretung zusätzliche Informationen erhalten, die dem beschäftigtennäheren PR zur Verfügung stehen. Zum anderen soll der von der förmlichen Beteiligung ausgeschlossene PR zu Wort kommen und Stellung nehmen können.[1496] Die Notwendigkeit, seitens des angehörten PR eine qualifizierte Stellungnahme abgeben zu sollen, löst indes noch keinen eigenen Schulungsbedarf des dortigen PR aus.[1497] 9

Angelegenheiten, die einzelne Beschäftigte betreffen, liegen v. a. in den Fällen der förmlichen Beteiligung nach § 75 Abs. 1, 2 und 3 Nr. 7 und 10, § 76 Abs. 1 und 2 S. 1 Nr. 1, 4 und 9, § 78 Abs. 1 Nr. 3 bis 5 sowie § 79 Abs. 1 und 3 vor. Sie können auch im Rahmen der allgemeinen Aufgaben nach den §§ 67 und 68, insb. nach § 68 Abs. 1 Nr. 3, gegeben sein.[1498] Ob diese Angelegenheiten einen oder mehrere einzelne Beschäftigte betreffen, ist unerheblich. Entscheidend ist allein, dass Beschäftigte als Einzelpersonen betroffen sind.[1499] **Angelegenheiten, die einzelne Dienststellen betreffen**, liegen vor, wenn nicht alle Dienststellen betroffen sind, die zum Geschäftsbereich der übergeordneten Dienststelle gehören, bei der die Stufenvertretung besteht.[1500] 10

Der PR, dem Gelegenheit zur Äußerung zu geben ist, ist der PR, der nach Abs. 1 – oder auch nach Abs. 5 (vgl. dazu Rn. 17ff.) – von der Beteiligung ausgeschlossen ist. Das ist i. d. R. der **örtliche PR** der nachgeordneten, nicht zur Entscheidung befugten Dienststelle, die von der anstehenden Angelegenheit betroffen ist oder zu der die Beschäftigten gehören, die betroffen sind. Gehören die betroffenen Beschäftigten mehreren Dienststellen an oder sind mehrere Dienststellen betroffen, ist den örtlichen PR aller dieser Dienststellen Gelegenheit zur Äußerung zu geben. Besteht bei der betroffenen nachgeordne- 11

1494 Zu den Konsequenzen vgl. KfdP-*Baden*, Rn. 14ff. m. N. der Rspr. des *BVerwG*.
1495 Str.; a. A. *Fischer/Goeres/Gronimus*, Rn. 11a; vgl. KfdP-*Baden*, Rn. 17, 29.
1496 *BVerwG* v. 8.7.77 – VII P 19.75 –, PersV 78, 278, v. 19.7.94 – 6 P 12.92 –, PersR 94, 518, u. v. 2.10.00 – 6 P 11.99 –, PersR 01, 80.
1497 *BVerwG* v. 27.4.79 – 6 P 17.78 –, PersV 81, 161; *OVG Bln-Bbg* v. 16.1.14 – 62 PV 14.12 –, PersV 14, 216.
1498 Vgl. *BVerwG* v. 15.7.04 – 6 P 1.04 –, PersR 04, 396.
1499 Teilw. str.; vgl. KfdP-*Baden*, Rn. 18 m. N.
1500 *BVerwG* v. 15.7.04, a. a. O.

ten Dienststelle ein **GPR**, ist entweder diesem oder einem der bei der Dienststelle bestehenden PR Gelegenheit zur Äußerung zu geben, je nachdem, welche dieser Personalvertretungen nach Abs. 3 i. V. m. Abs. 1 beteiligungsbefugt wäre (vgl. Rn. 15), wenn die Entscheidungsbefugnis bei der nachgeordneten Dienststelle läge.[1501] Hat danach die Stufenvertretung den GPR zu hören, kann dieser wiederum nach Abs. 3 i. V. m. Abs. 2 verpflichtet sein, seinerseits einen oder mehrere der bei der Dienststelle bestehenden PR anzuhören. Betrifft eine von der obersten Dienstbehörde zu entscheidende Angelegenheit (nur) den gesamten Geschäftsbereich einer einzelnen Mittelbehörde, hat der HPR ausnahmsweise den **BPR** anzuhören.

12 Die Stufenvertretung gibt dem PR **Gelegenheit zur Äußerung**, indem sie ihn über die anstehende Angelegenheit innerhalb einer angemessenen Frist unterrichtet und ihn zu einer Äußerung auffordert.[1502] Dabei genügt die Stufenvertretung ihrer **Informationspflicht**, wenn sie den Zustimmungsantrag des Dienststellenleiters vollständig an den PR weiterleitet. Die Stufenvertretung kann dem PR für dessen Äußerung eine angemessene **Frist** setzen. Die Einschaltung des PR gehört zu den laufenden Geschäften, deren Führung nach § 54 Abs. 1 i. V. m. § 32 Abs. 1 S. 4 dem **Vorstand der Stufenvertretung** obliegt. Der PR hat das Recht, eine Stellungnahme abzugeben; er ist dazu jedoch nicht verpflichtet.[1503] Die Stellungnahme bedarf eines Beschlusses des **Plenums des PR**. Sie ist dem Vorstand der Stufenvertretung zuzuleiten. Dieser hat sie dem **Plenum der Stufenvertretung** vollständig mitzuteilen. Obwohl das Gesetz für die Einschaltung des PR und für dessen Stellungnahme eine bestimmte **Form** nicht vorschreibt, ist für beides – schon um Missverständnisse zu vermeiden – die Schriftform zu empfehlen. Die Stufenvertretung ist an die Äußerung des angehörten PR **nicht gebunden**, sondern entscheidet nach eigenem pflichtgemäßem Ermessen, ob und in welchem Umfang sie dessen Anregungen Rechnung trägt.

13 Die Verpflichtung der Stufenvertretung zur Anhörung des PR ist zwingend vorgeschrieben. Sie betrifft jedoch nur das Binnenverhältnis dieser Personalvertretungen und besteht deshalb nur als **interne Ordnungsvorschrift**. Wird die Anhörung fehlerhaft oder gar nicht durchgeführt, berührt dies weder die Wirksamkeit des Beschlusses der Stufenvertretung noch die der Entscheidung der Mittelbehörde oder der obersten Dienstbehörde.[1504] Der Verstoß gegen diese Vorschrift kann jedoch eine grobe Pflichtverletzung i. S. d. § 28 Abs. 1 sein. Auch unabhängig davon ist der örtliche PR indessen nicht

---

1501 *BVerwG* v. 8. 7. 77 – VII P 19.75 –, PersV 78, 278, u. v. 2. 10. 00 – 6 P 11.99 –, PersR 01, 80; ferner *BVerwG* v. 15. 7. 04, a. a. O.: maßgeblich ist die fiktive Zuständigkeitsverteilung zwischen dem GPR und den PR in der Gesamtdienststelle.

1502 Vgl. hierzu u. zum Folgenden *BVerwG* v. 2. 10. 00, a. a. O.

1503 Str.; vgl. KfdP-*Baden*, Rn. 23 m. N.

1504 Vgl. *BVerwG* v. 24. 11. 83 – 2 C 28.82 –, PersV 87, 74.

schutzlos; er kann die Frage einer Verletzung seiner Anhörungsrechte zum Gegenstand eines verwaltungsgerichtlichen Beschlussverfahrens nach § 83 Abs. 1 Nr. 3 machen, an dem die Stufenvertretung zu beteiligen ist.

Nur dann, wenn die Stufenvertretung dem PR nach Abs. 2 S. 1 Gelegenheit zur Äußerung zu geben hat – nicht also bei bloß optionaler Beteiligung – führt dies nach Abs. 2 S. 2 zu einer **Verdoppelung der Fristen** der §§ 69 und 72, nicht aber der Frist des § 79 Abs. 3 S. 3. Hat die Stufenvertretung nach Abs. 2 S. 1 einem GPR Gelegenheit zur Äußerung in einer Angelegenheit zu geben und ist dieser nach Abs. 3 i. V. m. Abs. 2 seinerseits verpflichtet, einen oder mehrere örtliche PR anzuhören (vgl. Rn. 11), so hat dies eine **Verdreifachung** der Fristen der §§ 69 und 72 zur Folge.[1505] 14

(**Abs. 3**) Nach Abs. 3 gelten die in Abs. 1 und 2 getroffenen Regelungen für die **Verteilung der Zuständigkeiten zwischen PR und GPR** entsprechend. Daraus ergeben sich im Anschluss an die Rspr. des *BVerwG*[1506] u. a. folgende Konsequenzen: In den Angelegenheiten, die allein eine verselbständigte Teileinheit (oder deren Beschäftigte) betreffen und in denen der Leiter dieser Teileinheit entscheidungsbefugt ist, ist der **PR der verselbständigten Teileinheit** zu beteiligen. In den Angelegenheiten, die allein die Hauptdienststelle (oder deren Beschäftigte) betreffen und in denen der Leiter der Dienststelle (gleichgültig, ob als Leiter der Hauptdienststelle oder der Gesamtdienststelle) entscheidungsbefugt ist, ist der **PR der Hauptdienststelle** zu beteiligen. In den anderen Angelegenheiten, in denen der Leiter der Gesamtdienststelle entscheidungsbefugt ist, ist der **GPR** zu beteiligen. Eine von Abs. 3 abweichende Regelung findet sich in § 90 Nr. 2 S. 2 und 3 für die **Rundfunkanstalt »Deutsche Welle«** (vgl. § 90 Rn. 6f.). 15

(**Abs. 4**) Nach Abs. 4 gelten die Vorschriften der §§ 69 bis 74 über die Formen und Verfahren der **Mitbestimmung und Mitwirkung** und die der §§ 75 bis 81 über die Angelegenheiten, in denen der PR zu beteiligen ist, für die **Befugnisse und Pflichten der Stufenvertretungen und des GPR** entsprechend. Damit ist klargestellt, dass BPR, HPR und GPR – wenn sie nach den Vorschriften in Abs. 1, 3 oder 5 für die Beteiligung zuständig sind – die gleichen Befugnisse und Pflichten wie die örtlichen PR haben. Die in den §§ 66 bis 68 enthaltenen allgemeinen Vorschriften über die Beteiligung gelten auch für sie unmittelbar (vgl. § 54 Rn. 1 u. § 56 Rn. 1). 16

(**Abs. 5**) Die in Anknüpfung an eine zum PersVG 1955 ergangene Entscheidung des *BVerwG*[1507] in das BPersVG aufgenommene Vorschrift des Abs. 5 soll Beteiligungslücken schließen, die entstehen können, wenn von dem klassischen **dreistufigen Aufbau** der Verwaltung, von dem die Einrichtung der 17

1505 Str.; vgl. KfdP-*Baden*, Rn. 31 m. N.

1506 Vgl. Beschl. v. 15. 8. 83 – 6 P 18.81 –, PersV 85, 291, v. 20. 8. 03 – 6 C 5.03 –, PersR 04, 150, u. v. 15. 7. 04 – 6 P 1.04 –, PersR 04, 396.

1507 Beschl. v. 13. 6. 69 – VII P 15.68 –, PersV 70, 15.

Stufenvertretungen nach § 53 ausgeht, **abgewichen** wird (vgl. § 53 Rn. 3). Solche Abweichungen können in unterschiedlichen Varianten vorkommen. Dabei kann zum einen der **hierarchische Aufbau durchbrochen** sein, wenn es einer Mittelbehörde obliegt, bestimmte Angelegenheiten nicht nur für den eigenen Geschäftsbereich, sondern auch für die Bereiche anderer Mittelbehörden zu entscheiden oder wenn auf der Mittelstufe oder der Zentralstufe Dienststellen eingerichtet sind, die dazu befugt sind, Entscheidungen mit Wirkung für andere, ihnen nicht nachgeordnete Dienststellen zu treffen (z. B. sog. Zentraldienststellen). Zum anderen kann der **Verwaltungsaufbau in mehr als drei Stufen gegliedert** sein mit der Folge, dass zwischen der Mittelstufe und der Unterstufe mindestens eine weitere Verwaltungsebene existiert, auf der sog. Zwischendienststellen eingerichtet sind, die einer Behörde der Mittelstufe nachgeordnet und Behörden der Unterstufe übergeordnet sind. Weitere Besonderheiten bestehen im Geschäftsbereich des **Bundesministeriums der Verteidigung** (BMVg) v. a. aufgrund des Nebeneinanders von Bundeswehrverwaltung und Streitkräften, wo die Regelung des § 82 Abs. 5 allerdings durch die in § 92 festgelegten Maßgaben abgewandelt ist.

18 Bei den in Rn. 17 genannten **entscheidungsbefugten Dienststellen** (bei den zentralen Dienststellen, den Mittelbehörden, den nicht als Mittelbehörden eingerichteten Dienststellen auf der Mittelstufe und den Zwischendienststellen sowie bei den vergleichbaren Dienststellen in den Bereichen des BMVg) ist jeweils ein örtlicher PR zu bilden, bei den Mittelbehörden darüber hinaus ein BPR (zu den Ausnahmen im Bereich des BMVg vgl. Anh. V A § 91 SG Rn. 2). Der örtliche PR ist jedoch nur legitimiert, die Beschäftigten der eigenen Dienststelle zu vertreten, ebenso wie ein BPR nur die Beschäftigten des Geschäftsbereichs der eigenen Mittelbehörde vertreten kann. Eine dienststellenübergreifende, einer Stufenvertretung vergleichbare Personalvertretung, die auch die Beschäftigten jener Dienststellen vertreten könnte, die von Entscheidungen der genannten Dienststellen betroffen sind, fehlt bei den in Rn. 17 genannten Dienststellen jedoch. Für eine Beteiligung an derartigen Entscheidungen ist bei den entscheidenden Dienststellen somit **keine zuständige Personalvertretung** vorgesehen.

19 Falls personelle oder soziale Maßnahmen von einer Dienststelle getroffen werden, bei der keine für eine Beteiligung an diesen Maßnahmen zuständige Personalvertretung vorgesehen ist, bestimmt Abs. 5, dass die **Stufenvertretung bei der nächsthöheren Dienststelle**, zu deren Geschäftsbereich die entscheidende Dienststelle und die von der Entscheidung Betroffenen gehören, zu beteiligen ist. Diese Stufenvertretung ist zur Interessenvertretung der betroffenen Beschäftigten legitimiert, weil (auch) diese zu ihrer Wählerschaft gehören. Damit ist der Repräsentationsgrundsatz gewahrt (vgl. Rn. 3 und 5).

20 Das Beteiligungsverfahren ist in den Fällen des Abs. 5 nicht vom Leiter der Mittelbehörde oder der obersten Dienstbehörde durchzuführen, bei der die zu beteiligende Stufenvertretung besteht, sondern vom **Leiter der entscheidungsbefugten Dienststelle**. Um einen personalvertretungsfreien Raum zu vermeiden, wird damit der Partnerschaftsgrundsatz (vgl. Rn. 3) durchbrochen. Nach Abs. 2 ist die Stufenvertretung verpflichtet, dem **ausgeschlossenen PR** Gelegenheit zur Äußerung zu geben (vgl. Rn. 11 ff.). Kommt im Mitbestimmungs- oder Mitwirkungsverfahren eine Einigung nicht zustande, kann im **Instanzenzug** nach § 69 Abs. 3 S. 1 bzw. § 72 Abs. 4 S. 1 die übergeordnete Dienststelle eingeschaltet werden, bei der die Stufenvertretung besteht, die zuvor bereits aufgrund ihrer Erstzuständigkeit nach Abs. 5 beteiligt worden ist. Das hat zur Folge, dass diese Stufenvertretung erneut, nun aber vom Leiter der Mittelbehörde bzw. der obersten Dienstbehörde zu beteiligen ist.

21 Ihrem Wortlaut nach ist die Regelung des Abs. 5 für **personelle oder soziale Maßnahmen** vorgesehen. Sie gilt aber aufgrund ihrer Entstehungsgeschichte und ihres Zwecks für **alle beteiligungspflichtigen Angelegenheiten.**[1508] Die Vorschrift greift aber nicht ein, wenn eine vorgesehene Personalvertretung nicht besteht oder nicht funktionsfähig ist (vgl. § 1 Rn. 18 u. § 27 Rn. 8). Die in Abs. 5 geregelte **Auffangzuständigkeit** beinhaltet demnach **keine Ersatzzuständigkeit** für nicht gebildete Personalvertretungen.

22 Das BPersVG enthält keine Vorschriften, nach denen eine Personalvertretung an **ressortexternen oder -übergreifenden Maßnahmen** zu beteiligen ist.[1509] Dabei handelt es sich v. a. um Entscheidungen, die vom Bundeskanzler oder von der Bundesregierung oder von einem Bundesminister nicht (nur) für das eigene Ressort, sondern für Beschäftigte oder Dienststellen anderer Ministerien getroffen werden. Nach Art. 65 S. 2 GG leitet jedoch grundsätzlich jeder Bundesminister seinen Geschäftsbereich selbständig und in eigener Verantwortung. Im Hinblick auf diese **Ressortleitungsbefugnis jedes Bundesministers** sind dem jeweiligen Minister alle Handlungen als von ihm beabsichtigte Maßnahmen zuzurechnen, die zur Umsetzung ressortexterner oder -übergreifender Entscheidungen getroffen werden sollen. Handelt es sich dabei um **Umsetzungsakte** in Angelegenheiten, die nach den §§ 75 bis 81 der Beteiligung unterliegen, ist daran die bei dem jeweiligen Bundesministerium bestehende, nach § 82 zuständige Personalvertretung zu beteiligen.[1510]

1508 Str.; vgl. KfdP-*Baden*, Rn. 43 m. N.

1509 Vgl. zum Folgenden KfdP-*Baden*, Rn. 44a, 45.

1510 Vgl. *BVerwG* v. 7. 5. 81 – 6 P 35.79 –, Buchh 238.38 § 60 Nr. 1, u. v. 19. 10. 83 – 6 P 16.81 –, Buchh 238.31 § 79 Nr. 4, sowie v. 8. 10. 08 – 6 PB 21.08 –, PersR 08, 507 (**Kabinettsvorlage** ist keine einer Maßnahme gleichstehende Vorbereitungshandlung der Mitbestimmung); BAG v. 19. 5. 92 – 1 AZR 418/91 –, PersR 92, 422; VG Bln v. 27. 8. 02 – VG 72 A 3.02 –, PersR 03, 424.

Sechstes Kapitel
Gerichtliche Entscheidungen

§ 83 [Zuständigkeit und Verfahren der Verwaltungsgerichte]

(1) Die Verwaltungsgerichte, im dritten Rechtszug das Bundesverwaltungsgericht, entscheiden außer in den Fällen der §§ 9, 25, 28 und 47 Abs. 1 über

1. Wahlberechtigung und Wählbarkeit,

2. Wahl und Amtszeit der Personalvertretungen und der in den §§ 57, 65 genannten Vertreter sowie die Zusammensetzung der Personalvertretungen und der Jugend- und Auszubildendenvertretungen,

3. Zuständigkeit, Geschäftsführung und Rechtsstellung der Personalvertretungen und der in den §§ 57, 65 genannten Vertreter,

4. Bestehen oder Nichtbestehen von Dienstvereinbarungen.

(2) Die Vorschriften des Arbeitsgerichtsgesetzes über das Beschlußverfahren gelten entsprechend.

1 Während für Streitigkeiten aus dem BetrVG nach § 2a Abs. 1 Nr. 1 ArbGG die Arbeitsgerichte zuständig sind, haben nach § 83 Abs. 1 die **Verwaltungsgerichte** über Streitigkeiten aus dem BPersVG zu entscheiden. Jedoch sind dabei grundsätzlich nicht die Vorschriften der Verwaltungsgerichtsordnung (VwGO) anzuwenden, vielmehr gelten nach § 83 Abs. 2 die Vorschriften des Arbeitsgerichtsgesetzes über das (in betriebsverfassungsrechtlichen Streitigkeiten nach § 2a Abs. 2 ArbGG stattfindende) **Beschlussverfahren** entsprechend (vgl. Rn. 14). Von Ausnahmen abgesehen (vgl. § 86 Nr. 14), sind **drei Rechtszüge** vorgesehen. In ersten Rechtszug entscheidet grundsätzlich das örtlich zuständige **Verwaltungsgericht**, im zweiten Rechtszug das übergeordnete **Oberverwaltungsgericht** und im dritten Rechtszug das **Bundesverwaltungsgericht**, und zwar mit der Besonderheit, dass nach § 84 Abs. 1 für die nach dem BPersVG zu treffenden Entscheidungen bei den Verwaltungsgerichten **Fachkammern** und bei den Oberverwaltungsgerichten **Fachsenate** zu bilden sind (vgl. § 84 Rn. 3).

2 **(Abs. 1)** Über welche Angelegenheiten aus dem BPersVG die Verwaltungsgerichte im personalvertretungsrechtlichen Beschlussverfahren entscheiden, ist in Abs. 1 festgelegt. Dieser **Katalog der sachlichen Zuständigkeit** ist abschließend, verbietet es jedoch nicht, auftretende Lücken durch Analogie zu schließen. Außerdem hindert die ausschließliche sachliche Zuständigkeit der Verwaltungsgerichte in Bundespersonalvertretungssachen **andere Gerichte** – auch die im Verfahren nach der VwGO entscheidenden Verwaltungsgerichte – nicht daran, Fragen des PersVR als **Vorfragen** zu entscheiden. So hat z. B. das Arbeitsgericht im Kündigungsschutzprozess auch zu prüfen und zu entscheiden, ob der PR ordnungsgemäß nach § 79 Abs. 1 oder

3 beteiligt worden ist, wenn der gekündigte Arbeitnehmer geltend macht, dass die Kündigung des Arbeitgebers nach § 79 Abs. 4 BPersVG unwirksam ist. Entsprechendes gilt für das Verwaltungsgericht im allgemeinen Verfahren, wenn z. B. ein entlassener Beamter auf Probe sich mit der Anfechtungsklage gegen seine Entlassung wendet und dabei geltend macht, der PR sei nach § 78 Abs. 1 Nr. 4 oder § 79 Abs. 3 nicht fehlerfrei beteiligt worden. Umgekehrt müssen auch die Verwaltungsgerichte im personalvertretungsrechtlichen Beschlussverfahren nicht zu ihrer Zuständigkeit gehörende – v. a. arbeitsrechtliche und beamtenrechtliche – Rechtsfragen als Vorfragen beantworten, wenn das zur Entscheidung einer Personalvertretungssache erforderlich ist.

In Abs. 1 sind zunächst die **Fälle** genannt, für die bereits an anderer Stelle – 3
nämlich in den **§§ 9, 25, 28 und 47 Abs. 1** – festgelegt ist, dass darüber die Verwaltungsgerichte entscheiden. Hinzu kommen die in **Abs. 1 Nr. 1 bis 4** aufgeführten Fälle (vgl. Rn. 4 ff.). Für alle in Abs. 1 genannten Fälle gilt, dass dabei die arbeitsgerichtlichen Vorschriften über das Beschlussverfahren entsprechend gelten.[1]

(Abs. 1 Nr. 1) Streitigkeiten über die **Wahlberechtigung** und die **Wähl-** 4
barkeit können im Rahmen einer Wahlanfechtung nach oder entsprechend § 25, aber auch unabhängig davon zu entscheiden sein (vgl. § 25 Rn. 15). Zur Wahlberechtigung gehört auch die Frage, wer »**Beschäftigter**« i. S. d. § 4 ist,[2] zu welcher **Gruppe** i. S. d. § 5 ein Wahlberechtigter gehört[3] und ob er sich einer anderen Gruppe nach § 17 Abs. 5 S. 2 anschließen kann. Außerdem gehört dazu die **Abstimmungsberechtigung** in einer Vorabstimmung nach § 18 Abs. 1 oder § 19 Abs. 2.

(Abs. 1 Nr. 2) Die Zuständigkeit für Streitigkeiten über **Wahl und Amtszeit** 5
bezieht sich auf die Personalvertretungen i. e. S. (PR, BPR, HPR und GPR), auf die in § 57 genannten Vertreter (d. h. auf JAV, BJAV, HJAV und GJAV) und auf die in § 65 genannten Vertreter der nichtständig Beschäftigten. Streitigkeiten über die **Wahl** sind alle Streitigkeiten über Voraussetzungen und Durchführung einer Wahl, soweit sie sich nicht auf die Wahlberechtigung oder die Wählbarkeit beziehen (vgl. Rn. 4). Das an engere Voraussetzungen (insb. Anfechtungsfrist und -berechtigung) gebundene Wahlanfechtungsverfahren nach § 25 ist allerdings vorgreiflich, so dass nach Durchführung der Wahl weitergehende Streitigkeiten nur dann außerhalb einer Wahlanfechtung ausgetragen werden können, wenn dafür ausnahmsweise ein Rechtsschutzinteresse gegeben ist. Ein Antrag auf Feststellung der Nichtig-

1 Vgl. *BVerwG* v. 9. 7. 80 – 6 P 43.79 –, PersV 81, 370.
2 Vgl. *BVerwG* v. 14. 12. 09 – 6 P 16.08 –, PersR 10, 249, u. v. 22. 9. 15 – 5 P 12.14 –, PersR 1/16, 46.
3 Vgl. *BVerwG* v. 5. 5. 78 – 6 P 8.78 –, PersV 79, 286.

keit einer Wahl ist auch nach Ablauf der Anfechtungsfrist jederzeit möglich[4] (vgl. § 25 Rn. 2). Streitigkeiten über die **Amtszeit** beziehen sich auf deren Dauer, Beginn und Ende. Die Zuständigkeit für Streitigkeiten über die **Zusammensetzung** der Personalvertretungen und Jugend- und Auszubildendenvertretungen betrifft die Vertretungen aller Ebenen und bezieht sich insb. auf Fragen des Ruhens der Mitgliedschaft, der zeitweiligen Verhinderung eines Mitglieds und des vorübergehenden Nachrückens eines Ersatzmitglieds.

6 **(Abs. 1 Nr. 3)** Die Entscheidungsbefugnis für Streitigkeiten über **Zuständigkeit, Geschäftsführung und Rechtsstellung** der vorstehend (bei Rn. 5) genannten Personalvertretungen und -vertreter ist als **Generalklausel** zu verstehen. Sie erstreckt sich auf alle personalvertretungsrechtlichen Streitigkeiten, die den Verwaltungsgerichten nicht schon durch die Benennung in Abs. 1 Nr. 1, 2 und 4 zugewiesen sind. Zur **Zuständigkeit** gehören alle Fragen, die sich auf die Aufgaben und Befugnisse, insb. die Beteiligungsrechte, der Personalvertretungen (bzw. Vertreter) beziehen, die Frage, welche von mehreren in Betracht kommenden Personalvertretungen im Einzelfall nach § 82 zuständig ist, sowie alle Fragen, welche die Einigungsstelle betreffen (vgl. § 71 Rn. 5, 31). Streitigkeiten über die **Geschäftsführung** beziehen sich in erster Linie auf interne Angelegenheiten der Personalvertretungen. Dazu zählen auch Fragen der Einberufung und Durchführung der Personalversammlung und der Jugend- und Auszubildendenversammlung. Streitigkeiten über die **Rechtsstellung** betreffen v.a. die in §§ 8, 10 und 44 bis 47 geregelten Rechte und Pflichten, aber auch die Beteiligungsrechte des einzelnen Mitglieds der Personalvertretung innerhalb dieses Gremiums. Über **Ansprüche von Beschäftigten aus dem Arbeits- oder Beamtenverhältnis** können die Verwaltungsgerichte im personalvertretungsrechtlichen Beschlussverfahren aber auch dann nicht entscheiden, wenn diese Ansprüche durch eine Tätigkeit im Rahmen des BPersVG ausgelöst sind. Solche Ansprüche sind entweder nach § 2 Abs. 1 Nr. 3 Buchst. a, Abs. 5 ArbGG im **Urteilsverfahren vor dem Arbeitsgericht** geltend zu machen[5] oder nach § 126 Abs. 1 BBG bzw. § 54 Abs. 1 BeamtStG in dem nach den Vorschriften der VwGO durchzuführenden **allgemeinen Verfahren vor dem Verwaltungsgericht** zu verfolgen.[6] Außerdem erstreckt sich die Generalklausel des Abs. 1 Nr. 3 auch auf alle Streitigkeiten über die personalvertretungsrechtlichen Aufgaben und Befugnisse der **Gewerkschaften**, z.B. nach § 2 Abs. 2, § 36 oder § 52.

---

4 *BVerwG* v. 18.1.90 – 6 P 8.88 –, PersR 90, 108.

5 Vgl. *BVerwG* v. 10.9.82 – 6 P 22.79 –, Sabottig ES Nr. 418 Ls.; *BAG* v. 31.10.85 – 6 AZR 129/83 –, AP BPersVG § 46 Nr. 5.

6 *BVerwG* v. 23.10.80 – 2 C 43.78 –, PersV 82, 63, u. v. 10.9.82 – 6 P 6.81 –, Dok. Ber. 83, 18.

Nicht zuständig sind die Verwaltungsgerichte im personalvertretungsrechtlichen Beschlussverfahren, wenn sich Dienststelle und PR um Beteiligungsrechte in Angelegenheiten streiten, die nur die **Soldaten** betreffen. Insoweit handelt es sich um einen Streit um die Befugnisse von Vertrauenspersonen nach § 63 Abs. 1 SBG, der in die Zuständigkeit der **Wehrdienstgerichte** fällt (vgl. Anh. V B § 63 SBG Rn. 11). 7

(**Abs. 1 Nr. 4**) Die Zuständigkeit für Streitigkeiten über das Bestehen oder Nichtbestehen von **Dienstvereinbarungen** bezieht sich insb. auf deren Zustandekommen, Rechtswirksamkeit, Beendigung oder Nachwirkung. Sie erstreckt sich aber auch auf die Auslegung und Durchführung,[7] wobei es im Ergebnis unerheblich ist, ob dies aus Abs. 1 Nr. 3 oder 4 abgeleitet wird. **Ansprüche einzelner Beschäftigter** aus einer Dienstvereinbarung können aber nicht, und zwar auch nicht vom PR, vor dem Verwaltungsgericht im personalvertretungsrechtlichen Beschlussverfahren geltend gemacht, sondern müssen von den Beschäftigten selbst, je nach Status, im Urteilsverfahren vor dem Arbeitsgericht oder im allgemeinen Verfahren vor dem Verwaltungsgericht verfolgt werden.[8] Die angerufenen Gerichte haben die Wirksamkeit der Dienstvereinbarung als Vorfrage selbst zu prüfen; eine vom Verwaltungsgericht im personalvertretungsrechtlichen Beschlussverfahren bereits getroffene rechtskräftige Entscheidung wirkt jedoch ggf. auch gegenüber den einzelnen Beschäftigten.[9] 8

Zur Vermeidung von Rechtsschutzlücken gelten die in Abs. 1 Nr. 1 bis 4 aufgeführten Zuständigkeiten nicht nur für die dort ausdrücklich genannten Vertretungen und Vertreter, sondern beziehen sich auch auf entsprechende Streitigkeiten, die den **Vertrauensmann in der Bundespolizei** und den **Vertrauensmann der Ortskräfte** betreffen.[10] 9

Auch Streitigkeiten, die sich auf die **besonderen Personalvertretungen beim Bundeseisenbahnvermögen** beziehen, sind gem. § 17 Abs. 1 S. 3 DBGrG von den Verwaltungsgerichten im personalvertretungsrechtlichen Beschlussverfahren zu entscheiden. Das gilt gem. § 17 Abs. 6 DBGrG auch für Streitigkeiten, die sich aus der Anwendung der Vorschriften des § 17 Abs. 2 bis 5 DBGrG über die Beteiligung dieser besonderen Personalvertretungen gegenüber der Deutschen Bahn AG oder ihren Töchtern ergeben (vgl. Anh. III § 17 DBGrG Rn. 4, 17). 10

---

7 Str.; a. A. *OVG NW* v. 17.12.03 – 1 A 1088/01.PVL –, PersR 04, 309; vgl. *NdsOVG* v. 11.8.11 – 18 MP 4/11 –, PersR 11, 481 (offengelassen, »ob Auslegung des Inhalts einer Dienstvereinbarung nach Art einer abstrakten Normenkontrolle« zulässig); KfdP-*Baden*, Rn. 16.

8 Vgl. *BAG* v. 17.10.89 – 1 ABR 75/88 –, AP BetrVG 1972 § 112 Nr. 53.

9 Vgl. *BAG* v. 17.2.92 – 10 AZR 448/91 –, AP ArbGG 1979 § 84 Nr. 1.

10 Str.; vgl. KfdP-*Altvater*, § 85 Rn. 38c u. § 91 Rn. 36a.

11 In Streitigkeiten, welche die Beteiligung der **Betriebsräte** bei den als Aktiengesellschaften organisierten **Postnachfolgeunternehmen** in Personalangelegenheiten der Beamten nach § 29 Abs. 1 bis 8 PostPersRG betreffen, haben gem. § 29 Abs. 9 PostPersRG ebenfalls die Verwaltungsgerichte im personalvertretungsrechtlichen Beschlussverfahren zu entscheiden (vgl. Anh. IV § 29 PostPersRG Rn. 12).

12 Grundsätzlich nicht unter Abs. 1 fallen Streitigkeiten, die die **Schwerbehindertenvertretung** betreffen, deren Wahl und Tätigkeit im SGB IX (§§ 93–100) geregelt ist. Nach § 2a Abs. 1 Nr. 3a ArbGG (in der durch Art. 23 Nr. 2 des Gesetzes v. 19. 6. 01[11] geänderten Fassung) sind die **Arbeitsgerichte** ausschließlich zuständig für Angelegenheiten aus den §§ 94, 95, 139 SGB IX.[12] Dazu gehört das in § 94 Abs. 6 SGB IX genannte Verfahren über die **Anfechtung der Wahl zur Schwerbehindertenvertretung** auch dann, wenn eine solche Wahl im Bereich des öffentlichen Dienstes angefochten wird,[13] sowie über die Pflicht des Arbeitgebers, die Kosten der Schwerbehindertenvertretung zu tragen.[14]

13 Obwohl für die **Betriebsvertretung** der zivilen Arbeitskräfte bei den **Stationierungsstreitkräften der NATO-Staaten** grundsätzlich das BPersVG gilt, entscheiden gem. Abs. 9 UP zu Art. 56 Abs. 9 ZA-NTS nicht die Verwaltungsgerichte, sondern die **Arbeitsgerichte** über Streitigkeiten aus dem Betriebsvertretungsrecht (vgl. dazu Anh. VI Rn. 37).

14 **(Abs. 2)** Für das Verfahren der Verwaltungsgerichte in Bundespersonalvertretungssachen gelten die **Vorschriften des ArbGG über das Beschlussverfahren** entsprechend. Das sind die §§ 80 bis 96a ArbGG. Diese enthalten Verweisungen auf zahlreiche Vorschriften des arbeitsgerichtlichen Urteilsverfahrens (§§ 46–79 ArbGG), die wiederum auf viele Bestimmungen der ZPO und des GVG Bezug nehmen. Bei der entsprechenden Anwendung sind Besonderheiten des PersVR zu berücksichtigen. Dazu wird auf die Erläuterungen in den großen Kommentaren zum BPersVG verwiesen.[15]

§ 84 [Bildung und Besetzung der Fachkammern und Fachsenate]

(1) [1]Für die nach diesem Gesetz zu treffenden Entscheidungen sind bei den Verwaltungsgerichten des ersten und zweiten Rechtszuges Fachkammern (Fachsenate) zu bilden. [2]Die Zuständigkeit einer Fachkammer kann auf die Bezirke anderer Gerichte oder Teile von ihnen erstreckt werden.

---

11 BGBl. I S. 1046.

12 Vgl. *VG Bln* v. 8. 7. 03 – VG 62 A 11.03 –, PersV 04, 110.

13 *BAG* v. 11. 11. 03 – 7 AZB 40/03 – u. v. 29. 7. 09 – 7 ABR 25/08 –, PersR 04, 279, u. 09, 493.

14 *BAG* v. 30. 3. 10 – 7 AZB 32/09 –, NZA 10, 668 = PersR 10, 266 Ls.

15 Ausf. insb. KfdP-*Baden*, Rn. 18ff.

(2) [1]Die Fachkammer besteht aus einem Vorsitzenden und ehrenamtlichen Richtern. [2]Die ehrenamtlichen Richter müssen Beschäftigte im öffentlichen Dienst des Bundes sein. [3]Sie werden je zur Hälfte durch die Landesregierung oder die von ihr bestimmte Stelle auf Vorschlag

1. der unter den Beschäftigten vertretenen Gewerkschaften und

2. der in § 1 bezeichneten Verwaltungen und Gerichte

berufen. [4]Für die Berufung und Stellung der ehrenamtlichen Richter und ihre Heranziehung zu den Sitzungen gelten die Vorschriften des Arbeitsgerichtsgesetzes über ehrenamtliche Richter entsprechend.

(3) [1]Die Fachkammer wird tätig in der Besetzung mit einem Vorsitzenden und je zwei nach Absatz 2 Satz 3 Nr. 1 und 2 berufenen Beisitzern. [2]Unter den in Absatz 2 Satz 3 Nr. 1 bezeichneten Beisitzern muß sich je ein Beamter und ein Arbeitnehmer befinden.

Die Zuständigkeit für Streitigkeiten aus dem BPersVG bringt für die Verwal- 1
tungsgerichtsbarkeit nicht nur in verfahrensrechtlicher Hinsicht durch die entsprechende Anwendung der Bestimmungen des ArbGG über das Beschlussverfahren (§ 83 Abs. 2) Besonderheiten. Sie verlangt auch eine **Gerichtsorganisation**, die von den Regelungen der VwGO teilweise abweicht. Soweit aber § 84 keine Sonderregelung enthält, gelten die Bestimmungen der VwGO über die Gerichtsverfassung (vgl. §§ 1–39 VwGO).[16] Das gilt z. B. für die Besetzung des zuständigen **Senats des Bundesverwaltungsgerichts** (§ 10 Abs. 3 VwGO), die Besetzung der Fachkammern bei den Verwaltungsgerichten und der Fachsenate bei den Oberverwaltungsgerichten mit **Vorsitzenden Richtern** (§ 4 VwGO i. V. m. § 21f GVG), ferner (gem. §§ 35–37 VwGO) für die Beteiligung des **Vertreters des öffentlichen Interesses** (VöI) am Verfahren vor dem Verwaltungsgericht und dem Oberverwaltungsgericht – soweit landesrechtlich noch vorgesehen – sowie des **Vertreters des Bundesinteresses** beim Bundesverwaltungsgericht (VBI).[17] Die Spruchkörper des § 84 sind, obwohl dort nicht ausdrücklich in Bezug genommen, auch in den die **Postnachfolgeunternehmen** betreffenden Beschlussverfahren nach § 29 Abs. 9 PostPersRG zuständig.[18]

In den Ländern Baden-Württemberg, Bayern und Hessen führt das **Ober-** 2
verwaltungsgericht nach § 184 VwGO die Bezeichnung »**Verwaltungsgerichtshof**«. Der Einfachheit halber wird im Folgenden ausschließlich die Bezeichnung Oberverwaltungsgericht verwandt. Die Länder Berlin und Brandenburg haben ein **gemeinsames Oberverwaltungsgericht** errichtet.[19]

---

16 *BVerwG* v. 1.11.01 – 6 P 10.01 –, PersR 02, 73.
17 Näher zum VBI u. VöI KfdP-*Baden*, Rn. 26–27a.
18 *BVerwG* v. 11.3.11 – 6 PB 19.10 –, PersR 11, 260.
19 Liste der Oberverwaltungsgerichte in: KfdP, § 84 Tabelle 1 (S. 1748).

3 **(Abs. 1)** Die Entscheidung in Angelegenheiten des BPersVG obliegt im ersten und zweiten Rechtszug besonderen **Fachkammern bei den Verwaltungsgerichten** und **Fachsenaten bei den Oberverwaltungsgerichten**, die ausschließlich mit Streitigkeiten nach dem BPersVG befasst sind. Dabei können für ein Gericht auch **mehrere Spruchkörper** geschaffen werden, wenn die Zahl der zu erledigenden Fälle das erfordert, so etwa beim VG Berlin, bei dem im Geschäftsjahr 2016 drei Fachkammern für Personalvertretungssachen – Bund – (70., 71., 72. Kammer) eingerichtet sind.[20] Andererseits können Beschlussverfahren gem. Abs. 1 S. 2 durch landesrechtliche Regelung **bezirksübergreifend** bei einzelnen Verwaltungsgerichten konzentriert werden. Von dieser Möglichkeit haben einige Länder Gebrauch gemacht (Bayern: nur VG Ansbach und VG München; Brandenburg: nur VG Potsdam; Rheinland-Pfalz: nur VG Mainz; Sachsen: nur VG Dresden; Thüringen: nur VG Meiningen). Beim **Bundesverwaltungsgericht**, das nach § 83 Abs. 1 im dritten Rechtszug in Angelegenheiten aus dem BPersVG entscheidet (vgl. § 83 Rn. 1), sind besondere Spruchkörper nicht zu bilden. Hier weist das Präsidium im Geschäftsverteilungsplan einem oder mehreren der nach § 10 Abs. 2 VwGO gebildeten Senate die Sachen aus dem Gebiet des PersVR zu. Nachdem ursprünglich der 2. Senat, in den Jahren 1957 bis 1977 der 7. Senat und seit 1978 der 6. Senat zuständig waren, ist seit Mitte Juli 2014 (von einer Übergangsregelung abgesehen) der **5. Revisionssenat** für alle Personalvertretungssachen zuständig.

4 **(Abs. 2)** Die Fachkammern der Verwaltungsgerichte und die Fachsenate der Oberverwaltungsgerichte sind mit einem **berufsrichterlichen Vorsitzenden**, der vorbehaltlich eines Vertretungsfalls gem. § 21f GVG auch das statusrechtliche Amt eines »Vorsitzenden Richters« bekleiden muss, und **vier ehrenamtlichen Richtern** besetzt. Letztere werden durch die Landesregierung oder die von ihr bestimmte Stelle auf die Dauer von fünf Jahren berufen (§ 20 Abs. 1 ArbGG). Die Fachkammern (Fachsenate) sind **paritätisch** mit ehrenamtlichen Richtern der Arbeitgeber- und der Arbeitnehmerseite zu besetzen (vgl. Rn. 9).

5 Das **Vorschlagsrecht** für die ehrenamtlichen Richter auf der Seite der Beschäftigten haben die unter diesen vertretenen **Gewerkschaften** (vgl. § 2 Rn. 7). Auf der **Arbeitgeberseite** sind vorschlagsberechtigt die Verwaltungen des Bundes und der bundesunmittelbaren Körperschaften, Anstalten und Stiftungen des öffentlichen Rechts sowie die Gerichte des Bundes (vgl. § 1 Rn. 2ff.). Dabei sind jeweils die Dienststellen vorschlagsberechtigt, die ihren Sitz im Zuständigkeitsbereich der Fachkammer (bzw. des Fachsenats) haben, auch wenn sich ihr Bereich über den des Gerichts hinaus erstreckt. Die **Anzahl** der zu berufenden ehrenamtlichen Richter hat die Landesregierung

20 Außerdem drei Fachkammern für (Landes-)Personalvertretungssachen – Berlin – (60., 61., 62. Kammer).

oder die von ihr bestimmte Stelle nach pflichtgemäßem Ermessen festzulegen. Im Hinblick auf Abs. 3 S. 2 (vgl. dazu Rn. 9) hat sie darauf zu achten, dass aus den Vorschlagslisten der Gewerkschaften eine ausreichende Zahl von **Beamten** sowie von **Arbeitnehmern** berufen wird. Die ehrenamtlichen Richter sind »in **angemessenem Verhältnis** unter billiger Berücksichtigung der Minderheiten den Vorschlagslisten zu entnehmen« (§ 20 Abs. 2 ArbGG). Das bedeutet für die ehrenamtlichen Richter aus den Gewerkschaftsvorschlägen, dass die berufende Stelle die unterschiedlich starke Position der Gewerkschaften im jeweiligen Bereich zu berücksichtigen hat. Nach § 44 Abs. 1a DRiG sollen zudem generell **Frauen und Männer** angemessen berücksichtigt werden.

Alle ehrenamtlichen Richter, also auch die vom öffentlichen Arbeitgeber vorgeschlagenen, müssen **Beschäftigte im öffentlichen Dienst des Bundes** (einschl. der bundesunmittelbaren Körperschaften, Anstalten und Stiftungen des öffentlichen Rechts) sein. Dazu zählen auch die der Deutsche Bahn AG nach § 12 Abs. 2 oder 3 DBGrG zugewiesenen Beamten des **Bundeseisenbahnvermögens** sowie diejenigen Beamten, die nach § 2 Abs. 1, 2 S. 2 oder Abs. 2a PostPersRG bei den Aktiengesellschaften beschäftigt werden, die aus der Privatisierung der **Deutschen Bundespost** hervorgegangen sind (Deutsche Post AG, Deutsche Telekom AG, Deutsche Postbank AG). **6**

Die **persönlichen Voraussetzungen** für die Berufung zum ehrenamtlichen Richter ergeben sich aus den entsprechend anzuwendenden §§ 21 und 37 ArbGG. Die Berufung erfolgt auf die Dauer von **fünf Jahren** (§ 20 Abs. 1 S. 1 ArbGG). Das **Amt** als ehrenamtlicher Richter **endet vorzeitig** mit der Versetzung des Beamten in den Ruhestand bzw. mit der Verrentung des Arbeitnehmers,[21] aber auch dann, wenn der Beamte für den Rest der verbleibenden Amtsperiode ohne Bezüge beurlaubt und nicht mehr im Gerichtsbezirk beschäftigt ist.[22] Nach § 27 ArbGG sind ehrenamtliche Richter ihres Amtes zu entheben, wenn sie die freiheitliche demokratische, rechts- und sozialstaatliche Ordnung des GG ablehnen und bekämpfen.[23] Für die **Rechtsstellung** der ehrenamtlichen Richter gelten die §§ 26 bis 28 ArbGG entsprechend und die §§ 44 bis 45a DRiG unmittelbar. Sie sind in gleichem Maße wie die Berufsrichter unabhängig und haben das Beratungsgeheimnis zu wahren (§ 45 Abs. 1 i. V. m. § 43 DRiG). Niemand darf in der Übernahme oder Ausübung des Amtes als ehrenamtlicher Richter **beschränkt** oder wegen der Übernahme des Amtes **benachteiligt** werden (§ 45 Abs. 1a S. 1 DRiG, § 26 Abs. 1 ArbGG). Daraus hat das *BVerwG* abgeleitet, dass Zeiten der Tätigkeit eines Beamten als ehrenamtlicher Richter, die während der Gleitzeit angefallen sind, dem Arbeitszeitkonto des Beamten gutgeschrieben werden müssen, **7**

---

21 Vgl. *BayVGH* v. 27.5.92 – 17 S 92.1108 –.

22 *BayVGH* v. 19.2.92 – 18 S 91.3270 –, PersR 93, 240 Ls.

23 *BVerfG* v. 6.5.08 – 2 BvR 337/08 –, NZA 08, 962; vgl. KfdP-*Baden*, Rn. 12a.

wenn sie mehr als drei Stunden pro Kalenderwoche betragen.[24] Ggf. erhalten ehrenamtliche Richter als **Entschädigung** Fahrkostenersatz, Entschädigung für Aufwand, Ersatz für sonstige Aufwendungen, Entschädigung für Zeitversäumnis, Entschädigung für Nachteile bei der Haushaltsführung sowie Entschädigung für Verdienstausfall (§ 15 i. V. m. §§ 5–7 und 16–18 JVEG). Die ehrenamtlichen Richter haben die **gleichen Rechte** wie der berufsrichterliche Vorsitzende. Ihre Funktionen im Verfahren sind allerdings teilweise unterschiedlich. So wird die mündliche Verhandlung vom Vorsitzenden vorbereitet und geleitet. Er verkündet die Entscheidungen des Gerichts. Er kann sie aber nur ausnahmsweise allein treffen. In der **Verhandlung** gibt es jedoch kein Übergewicht des Vorsitzenden gegenüber den ehrenamtlichen Richtern etwa dahingehend, dass er allein berechtigt wäre, Antragsteller, Beteiligte oder Zeugen zu befragen oder darüber zu entscheiden, welche Fragen ein ehrenamtlicher Richter stellen darf.

8 Für die **Heranziehung der ehrenamtlichen Richter** zu den Sitzungen gelten die §§ 31 und 39 ArbGG entsprechend. Danach hat der Vorsitzende Richter der Kammer oder des Senats entweder zu Beginn der Amtsperiode (also alle fünf Jahre) oder zu Beginn des Geschäftsjahrs **Listen** aufzustellen, aus denen die Richter der Reihenfolge nach zu den Sitzungen herangezogen werden. Diese Reihenfolge ist so festzulegen, dass sowohl eine unterschiedliche Behandlung als auch willkürliche Abweichungen im Einzelfall unterbleiben. Das kann z. B. nach Alphabet oder mittels Auslosung erfolgen. Der Vorsitzende ist an die jeweilige Liste gebunden, und zwar für ihre gesamte, von vornherein festliegende Laufdauer. Er kann einen Richter, der nach der Liste als nächster an der Reihe ist, nicht übergehen. Ein Weitergehen auf der Liste ist nur dann zulässig, wenn derjenige, der an der Reihe wäre, verhindert ist, z. B. wegen Krankheit oder Urlaubs. Das hat der Verhinderte grundsätzlich selbst zu erklären, der Vorsitzende kann das nicht für ihn feststellen. Nur für unvorhersehbare Verhinderungen (z. B. wenn ein Richter wegen widriger Witterungsverhältnisse den Sitzungsort nicht erreichen kann) kann auf eine **Hilfsliste** ausgewichen und damit die an sich vorgegebene Reihenfolge verlassen werden (§ 31 Abs. 2 ArbGG). In diese Hilfsliste sind Richter aufzunehmen, die am Gerichtsort oder in der Nähe wohnen oder beschäftigt sind und damit leicht erreichbar sind.

9 **(Abs. 3)** Von den vier ehrenamtlichen Richtern einer Fachkammer sind zwei der Liste zu entnehmen, die aus den **Vorschlägen der Gewerkschaften** aufgestellt worden ist. Da sich darunter **je ein Beamter und ein Arbeitnehmer** befinden muss (bis zur Änderung des Abs. 3 S. 2 durch Art. 8 Nr. 7 des Gesetzes v. 14. 9. 05[25] »ein Angestellter oder Arbeiter«), werden zweckmäßigerweise aus diesen Vorschlägen zwei Listen aufgestellt (eine für Beamte und

24 Urt. v. 28. 7. 11 – 2 C 45.09 –, PersR 11, 450 Ls.
25 BGBl. I S. 2746.

eine für Arbeitnehmer), aus denen je ein Richter entnommen wird, so dass (zusammen mit der Liste der Richter der Verwaltungsseite) insgesamt drei Listen vorhanden sind. Auf der **Verwaltungsseite** kommt es auf die Gruppenzugehörigkeit der Richter nicht an, so dass hier in jedem Fall nur eine Liste aufzustellen ist, aus der die Richter ihrer Reihung nach zu den Sitzungen zu laden sind. Soweit die nach § 83 Abs. 2 entsprechend anzuwendenden Vorschriften des ArbGG (wie z. B. § 80 Abs. 2 S. 1 i. V. m. § 53 Abs. 1) vorsehen, dass der **Vorsitzende allein** bestimmte Entscheidungen trifft, bleiben sie von Abs. 3 unberührt.

Siebentes Kapitel Vorschriften für besondere Verwaltungszweige und die Behandlung von Verschlußsachen

§ 85 [Bundespolizei]

(1) Für die Bundespolizei gilt dieses Gesetz mit folgenden Abweichungen:

1. Die Beschäftigten der Bundespolizeibehörden und der ihnen nachgeordneten Dienststellen wählen Bundespolizeipersonalvertretungen (Bundespolizeipersonalrat, Bundespolizeibezirkspersonalrat, Bundespolizeihauptpersonalrat).

2. Polizeivollzugsbeamte sind nur wahlberechtigt (§ 13 Abs. 1), wenn sie am Wahltag die Grundausbildung bereits beendet haben und nicht bei der Berufung in das Beamtenverhältnis schriftlich erklärt haben, nur eine Dienstzeit von zwei Jahren ableisten zu wollen.

3. In Angelegenheiten, die lediglich die Polizeivollzugsbeamten betreffen, die nach Nummer 2 nicht wahlberechtigt sind, wirkt die Bundespolizeipersonalvertretung mit, wenn ein Vertrauensmann (Absatz 2) dies im Einzelfalle beantragt.

4. Die in Nummer 3 bezeichneten Polizeivollzugsbeamten werden bei der Ermittlung der Zahl der vom Dienst freizustellenden Personalratsmitglieder nach § 46 Abs. 4 nicht berücksichtigt.

5. Die Vorschriften über die Jugend- und Auszubildendenvertretung gelten nicht für die Polizeivollzugsbeamten.

6. Eine Beteiligung der Bundespolizeipersonalvertretung findet nicht statt bei

   a) Anordnungen für Polizeivollzugsbeamte, durch die Einsatz oder Einsatzübungen geregelt werden,

   b) der Einstellung von Polizeivollzugsbeamten für die Grundausbildung.

7. Die Bundespolizeipersonalvertretung bestimmt bei der Berufsförderung von Polizeivollzugsbeamten mit, soweit der Beamte dies beantragt.

(2) [1]Die Polizeivollzugsbeamten, die nach Absatz 1 Nr. 2 nicht das Wahlrecht zu den Bundespolizeipersonalvertretungen besitzen, wählen in jeder Einheit einen Vertrauensmann und zwei Stellvertreter. [2]Einheiten im Sinne des Satzes 1 sind die Hundertschaften oder vergleichbare Einheiten und Dienststellen nach näherer Bestimmung des Bundesministers des Innern. [3]Für die Wahl, die Amtszeit und die Aufgaben des Vertrauensmannes gilt folgendes:

1. Wahlberechtigt und wählbar sind ohne Rücksicht auf ihr Alter die in Satz 1 genannten Polizeivollzugsbeamten; im übrigen gelten § 13 Abs. 1, § 14 Abs. 1 Satz 2 entsprechend.
2. [1]Der Bundespolizeipersonalrat bestimmt spätestens drei Wochen vor dem unter Nummer 4 Satz 2 genannten Zeitpunkt drei Wahlberechtigte als Wahlvorstand und einen von ihnen als Vorsitzenden. [2]Hat der Bundespolizeipersonalrat den Wahlvorstand nicht fristgemäß bestimmt oder besteht in der Dienststelle kein Bundespolizeipersonalrat, so bestellt der Leiter der Dienststelle den Wahlvorstand.
3. [1]Der Wahlvorstand hat unverzüglich eine Versammlung der Wahlberechtigten einzuberufen. [2]In dieser Versammlung ist die Wahl des Vertrauensmannes und seiner Stellvertreter durchzuführen. [3]Gewählt wird durch Handaufheben. [4]Widerspricht ein Wahlberechtigter diesem Verfahren, so wird eine geheime Wahl mit Stimmzetteln vorgenommen. [5]§ 24 gilt entsprechend.
4. [1]Für die Amtszeit des Vertrauensmannes und seiner Stellvertreter gelten § 29 Abs. 1 Nr. 2, 4, 5 und § 30 entsprechend. [2]§ 31 Abs. 1, 2 ist mit der Maßgabe anzuwenden, daß eine Neuwahl stattfindet, wenn nach Eintreten beider Stellvertreter kein Vertrauensmann mehr vorhanden ist.
5. [1]Für die Geschäftsführung und Rechtsstellung des Vertrauensmannes gelten die §§ 43 bis 45, 46 Abs. 1, 2, 3 Satz 1 und 6 entsprechend. [2]Für die Aufgaben und Befugnisse des Vertrauensmannes gelten § 2, § 47 Abs. 2, §§ 66 bis 68 entsprechend. [3]In den Fällen des § 75 Abs. 2 Satz 1 Nr. 1, Abs. 3 Nr. 3, 14, 15, § 76 Abs. 1 Nr. 2, 4, 5, Abs. 2 Nr. 1, 5, 6, 9, § 78 Abs. 1 Nr. 4 ist, soweit Polizeivollzugsbeamte, die nach Absatz 1 Nr. 2 nicht das Wahlrecht zu den Bundespolizeipersonalvertretungen besitzen, betroffen sind, der Vertrauensmann rechtzeitig von dem Dienststellenleiter zu hören, in den Fällen des § 76 Abs. 2 Nr. 9, § 78 Abs. 1 Nr. 4 jedoch nur auf Antrag des Betroffenen. [4]Der Vertrauensmann kann an den Sitzungen des Bundespolizeipersonalrates beratend teilnehmen; in den Fällen des Absatzes 1 Nr. 3 hat er im Bundesgrenzschutzpersonalrat Stimmrecht.

(3) [1]Die Dienstleistenden (§ 49 Abs. 1 des Bundesgrenzschutzgesetzes vom 18. August 1972 (BGBl. I S. 1834), das zuletzt durch Artikel 3 des Gesetzes vom 19. Oktober 1994 (BGBl. I S. 2978) geändert worden ist,) stehen bei der Anwendung dieses Gesetzes den Polizeivollzugsbeamten gleich, die nach Absatz 1 Nr. 2 nicht das Wahlrecht zu den Bundesgrenzschutzpersonalvertretungen besitzen; sie wählen gemeinsam mit diesen den Vertrauensmann und dessen Stellvertreter (Absatz 2). [2]Erleidet ein Dienstleistender anläßlich der Wahrnehmung von Rechten oder Erfüllung von Pflichten nach diesem Gesetz durch einen Unfall eine gesundheitliche Schädigung, die eine Grenzschutzdienstbeschädigung wäre, so sind die dafür geltenden Vorschriften entsprechend anzuwenden.

Aufgaben, Verwendungen und Befugnisse sowie Organisation und Zuständigkeiten der Bundespolizei sind im **Bundespolizeigesetz (BPolG)** geregelt. Es wurde mit der Kurzbezeichnung Bundesgrenzschutzgesetz (BGSG) als Art. 1 des Bundesgrenzschutzneuregelungsgesetzes (BGSNeuRegG) v. 19. 10. 94[1] erlassen und hat seinen jetzigen Zitiernamen durch Art. 1 des Gesetzes zur **Umbenennung des Bundesgrenzschutzes in Bundespolizei** v. 21. 6. 05[2] erhalten. Das BPolG wurde zuletzt durch Art. 3 des Gesetzes v. 26. 7. 16[3] geändert. Die Bundespolizei – BPOL – wird wie der vorherige Bundesgrenzschutz – BGS – **in bundeseigener Verwaltung** geführt. Sie ist eine Polizei des Bundes im Geschäftsbereich des Bundesministeriums des Innern – BMI – (§ 1 Abs. 1 BPolG). Als eine Verwaltung des Bundes gehört sie nach § 1 zum Geltungsbereich des BPersVG. 1

Das BPersVG gilt für alle Beschäftigten bei der Bundespolizei. Sein § 85 sieht jedoch **Abweichungen** von den allgemeinen Bestimmungen vor. Er ist zuletzt durch Art. 11 des Gesetzes v. 21. 6. 05 (vgl. Rn. 1) geändert worden. Dabei handelt es sich um **Folgeänderungen** der Umbenennung des BGS, durch die die bisherigen Bezeichnungen von Behörden und Personalvertretungen durch neue Bezeichnungen ersetzt worden sind (mit Ausnahme des Wortes »Bundesgrenzschutzpersonalrat« in § 85 Abs. 2 Nr. 5 S. 4 Hs. 2 und des Wortes »Bundesgrenzschutzpersonalvertretungen« in § 85 Abs. 3 S. 1). 1a

(Abs. 1 Nr. 1) Seit dem 1. 3. 08 sieht § 57 BPolG für die Bundespolizei folgende Behördenstruktur vor:[4] **Bundespolizeibehörden** sind das Bundespolizeipräsidium, die Bundespolizeidirektionen und die Bundespolizeiakademie. Das **Bundespolizeipräsidium** ist eine dem BMI unmittelbar unterstellte Oberbehörde. Ihm unterstehen die **Bundespolizeidirektionen** 2

1 BGBl. I S. 2978.
2 BGBl. I S. 1818.
3 BGBl. I S. 1818.
4 Zur vorherigen Struktur vgl. KfdP-*Altvater*, Rn. 4 m. N.

als Unterbehörden sowie die **Bundespolizeiakademie** als zentrale Aus- und Fortbildungsstätte der Bundespolizei. **Andere Organisationseinheiten** der Bundespolizei sind keine Bundespolizeibehörden i.S.d. BPolG, insb.: die dem Bundespolizeipräsidium angegliederten Spezialeinheiten (u.a. GSG 9 sowie BPOL-Flugdienst mit BPOL-Fliegergruppe und BPOL-Fliegerstaffeln); die den neun regionalen Bundespolizeidirektionen nachgeordneten Bundespolizeiinspektionen (mit den weiter nachgeordneten Bundespolizeirevieren und z.T. den unterstützenden mobilen Kontroll- und Überwachungseinheiten); die der Direktion Bundesbereitschaftspolizei unterstellten zehn Bundespolizeiabteilungen (jeweils mit Abteilungsstab, Einsatzhundertschaften und weiteren Hundertschaften und Einheiten); die der Bundespolizeiakademie zugeordneten sechs Bundespolizeiaus- und -fortbildungszentren (sowie zwei Bundespolizeisportschulen und ein Trainingszentrum).

2a Die BPOL-Behörden sind **Dienststellen** i.S.d. PersVR. Die Dienststelleneigenschaft von Einrichtungen der Bundespolizei, die keine BPOL-Behörden i.S.d. BPolG sind, ist nach § 6 zu beurteilen.[5] Sie ist nur dann zu bejahen, wenn der Leiter der jeweiligen Einrichtung hinsichtlich der Mehrzahl der bedeutsamen personellen, sozialen, organisatorischen und sonstigen innerdienstlichen Angelegenheiten einen eigenen Entscheidungs- und Handlungsspielraum hat.[6] Einrichtungen der Bundespolizei, die keine Dienststellen i.S.d. § 6 Abs. 1 sind, können unter den Voraussetzungen des § 6 Abs. 3 verselbständigt werden. Bei jeder BPOL-Behörde, bei jeder sonstigen im Bereich der Bundespolizei bestehenden Dienststelle i.S.d. § 6 Abs. 1 sowie bei jeder nach § 6 Abs. 3 als selbständige Dienststelle geltenden Einrichtung der Bundespolizei ist nach § 12 Abs. 1 ein **BPOL-PR** zu bilden.

2b Wird eine von der (Haupt-)Dienststelle (z.B. Bundespolizeidirektion) räumlich weit entfernt liegende Nebenstelle oder ein räumlich weit entfernt liegender Teil einer Dienststelle (z.B. eine Bundespolizeiinspektion) nach § 6 Abs. 3 personalvertretungsrechtlich verselbständigt, so ist nach § 55 neben den BPOL-PR ein **BPOL-GPR** zu bilden. Das folgt aus § 55, dessen Anwendung (ebenso wie die des § 6 Abs. 3) durch § 85 nicht ausgeschlossen wird.

3 Ein **BPOL-BPR** ist nur **beim Bundespolizeipräsidium** zu bilden, weil dieses seit dem 1.3.08 im Bereich der Bundespolizei die einzige Behörde der Mittelstufe i.S.d. § 6 Abs. 2 S. 2 BPersVG ist (vgl. § 6 Rn. 4a). Der **BPOL-HPR** ist **beim BMI** zu bilden, weil die Bundespolizei zum Geschäftsbereich des BMI gehört und dieses die oberste Dienstbehörde der Beschäftigten der Bundespolizei ist. Das BMI ist jedoch keine BPOL-Behörde. Deshalb kann **beim BMI kein BPOL-PR** gebildet werden. Auch die im Ministerium beschäftigten Polizeivollzugsbeamten der Bundespolizei gehören zu den vom **allge-**

5 *BVerwG* v. 29.3.01 – 6 P 7.00 –, PersR 01, 298.

6 *BVerwG* v. 29.3.01, a.a.O.

meinen örtlichen PR und HPR beim BMI repräsentierten Beschäftigten und sind damit grundsätzlich zu diesen allgemeinen Personalvertretungen wahlberechtigt und wählbar.

Aufgrund der zum 1.3.08 eingeführten Behördenstruktur bestehen im Bereich der Bundespolizei mit dem BPOL-BPR beim Bundespolizeipräsidium und dem BPOL-HPR beim BMI **zwei Stufenvertretungen**, deren **Wählerschaft identisch** ist, weil das BMI zwar oberste Dienstbehörde der Beschäftigten in der Bundespolizei, selbst aber kein Teil dieses Bereichs ist.[7] **3a**

Der BPOL-HPR besteht unabhängig von dem beim BMI für dessen übrigen Geschäftsbereich zu bildenden HPR. Eine **Zusammenarbeit beider HPR** wird vom Gesetz nicht ausgeschlossen. Sie ist v.a. erforderlich, wenn von beteiligungsbedürftigen Maßnahmen des BMI als gemeinsamer oberster Dienstbehörde Beschäftigte der Bundespolizei und Beschäftigte im übrigen Geschäftsbereich des BMI betroffen und demgemäß beide HPR zu beteiligen sind. **3b**

Die BPOL-Personalvertretungen repräsentieren alle Beschäftigten der BPOL-Behörden und der ihnen nachgeordneten Dienststellen. Dazu gehören neben den **Polizeivollzugsbeamten** auch die **Verwaltungsbeamten** und die **Arbeitnehmer**. **4**

(Abs. 1 Nr. 2) Für die **Wahlberechtigung** und **Wählbarkeit** zu den BPOL-Personalvertretungen gelten grundsätzlich die allgemeinen Vorschriften (§ 13 bzw. §§ 14, 15). Abs. 1 Nr. 2 bestimmt jedoch einschränkend, dass nur diejenigen **Polizeivollzugsbeamten** wahlberechtigt und wählbar sind, die am Wahltag die **Grundausbildung bereits beendet** haben und nicht bei der Berufung in das Beamtenverhältnis schriftlich erklärt haben, nur eine Dienstzeit von zwei Jahren ableisten zu wollen. Die **erste Voraussetzung** schränkt die Wahlberechtigung von Beamten im mittleren Polizeivollzugsdienst ein, weil eine Grundausbildung für diese Laufbahn – nicht hingegen für die Laufbahnen des gehobenen und höheren Polizeivollzugsdienstes – vorgesehen ist. Die Grundausbildung von zwölf Monaten Dauer (einschl. der Zwischenprüfung zum Abschluss der Grundausbildung) ist der erste Abschnitt des zwei Jahre und sechs Monate dauernden Vorbereitungsdienstes.[8] Die Voraussetzung der beendeten Grundausbildung muss am Wahltag – ggf. am letzten Wahltag – erfüllt sein. Die **zweite Voraussetzung** ist inzwischen dadurch gegenstandslos geworden, dass die maßgeblichen Laufbahnvorschriften für den mittleren Dienst einen Vorbereitungsdienst von zweiein- **5**

7 Vgl. KfdP-*Altvater*, Rn. 6a.

8 §§ 3 u. 4 Abs. 1 Nr. 1 der Verordnung über die Ausbildung und Prüfung für den mittleren Polizeivollzugsdienst in der Bundespolizei (AP-mDBPolV) v. 19.12.01 (BGBl. I S. 3882), zuletzt geändert durch Art. 2 der Verordnung v. 2.12.11 (BGBl. I S. 2408).

halb Jahren vorsehen und damit eine kürzere Dienstzeit ausschließen.[9] Beschäftigte, die gleichzeitig **mehreren Dienststellen** angehören, sind bei jeder dieser Dienststellen wahlberechtigt und wählbar. **Größe** und **Zusammensetzung** der BPOL-Personalvertretungen richten sich nach den allgemeinen Vorschriften (§§ 16–18). Bei der Feststellung der Zahl der Beschäftigten und bei der Verteilung der Sitze auf die Gruppen sind auch die Polizeivollzugsbeamten mitzuzählen, die nach Abs. 1 Nr. 2 nicht das Wahlrecht zu den BPOL-Personalvertretungen besitzen. Die Polizeivollzugsbeamten bilden zusammen mit den Verwaltungsbeamten die **Gruppe der Beamten**. Auch für das **Wahlverfahren** gelten die allgemeinen Vorschriften (§§ 19–25).

6 **(Abs. 1 Nr. 3)** In **Angelegenheiten, die lediglich die Polizeivollzugsbeamten betreffen**, die nach Abs. 1 Nr. 2 nicht wahlberechtigt sind, sind die förmlichen Beteiligungsrechte eingeschränkt. In diesen Angelegenheiten hängt die Beteiligung von einem **Antrag des Vertrauensmanns** des oder der betroffenen Polizeivollzugsbeamten ab (vgl. Rn. 11 ff., insb. Rn. 18 a. E.). Der Antrag muss **im Einzelfall** gestellt werden. Unter Einzelfall ist die jeweils beabsichtigte Maßnahme der Dienststelle zu verstehen. Diese kann auch mehrere oder alle Polizeivollzugsbeamten gleichzeitig betreffen. Die Sondervorschrift bezieht sich nur auf solche Angelegenheiten, die lediglich die nicht wahlberechtigten Polizeivollzugsbeamten betreffen und in denen **die BPOL-Personalvertretung mitzubestimmen oder mitzuwirken hätte**, wenn sonstige Polizeivollzugsbeamte betroffen wären.[10] Handelt es sich um eine Angelegenheit, an der die Personalvertretung nach den allgemeinen Vorschriften nur auf Antrag des betroffenen Beamten beteiligt wird (vgl. § 75 Abs. 2 Nr. 1, § 76 Abs. 2 Nr. 9 u. § 78 Abs. 1 Nr. 4), ist die Antragstellung durch den Vertrauensmann von einem entsprechenden **Antrag des betroffenen Beamten** abhängig. Die BPOL-Personalvertretung »wirkt mit«, wenn ein zulässiger Antrag gestellt wird. Der Dienststellenleiter hat ein **Mitwirkungsverfahren** nach § 72 einzuleiten. Das gilt auch dann, wenn die Angelegenheit an sich der Mitbestimmung unterliegt. Die von einem Antrag des Vertrauensmanns abhängige Mitwirkung der BPOL-Personalvertretung lässt die **allgemeinen Aufgaben** (§§ 66–68) und die **nichtförmlichen Beteiligungsrechte** (§ 78 Abs. 3–5, § 79 Abs. 3, §§ 80 u. 81) der BPOL-Personalvertretung auch dann unberührt, wenn im Einzelfall lediglich Polizeivollzugsbeamte betroffen sind, die nach Abs. 1 Nr. 2 nicht wahlberechtigt sind.

7 **(Abs. 1 Nr. 4)** Für die **Amtszeit**, die **Geschäftsführung** und die **Rechtsstellung** der BPOL-Personalvertretungen und ihrer Mitglieder gelten grundsätzlich die allgemeinen Vorschriften (§§ 26–47). Abs. 1 Nr. 4 wandelt die

---

9 § 6 Abs. 1 S. 1 der Bundespolizei-Laufbahnverordnung (BPolLV) v. 2.12.11 (BGBl. I S. 2408), zuletzt geändert durch Art. 1 der Verordnung v. 15.10.14 (BGBl. I S. 1626).

10 Str.; vgl. KfdP-*Altvater*, Rn. 13 m. N.

Regelung des § 46 Abs. 4 über die **Freistellung** dahin ab, dass bei der Ermittlung der Zahl der vom Dienst freizustellenden PR-Mitglieder die Zahl der Polizeivollzugsbeamten, die nach Abs. 1 Nr. 2 nicht das Wahlrecht zu den BPOL-Personalvertretungen besitzen, von der Zahl der in der Regel Beschäftigten abgezogen wird. Die allgemeinen Vorschriften über die **Personalversammlung** (§§ 48–52) gelten ohne Einschränkungen. Auch die nicht wahlberechtigten Polizeivollzugsbeamten sind in ihrer Eigenschaft als Beschäftigte Teilnehmer der Personalversammlung.

(Abs. 1 Nr. 5) Die allgemeinen Bestimmungen über die **JAV** und die **Jugend- und Auszubildendenversammlung** (§§ 57–64) gelten auch für die BPOL-Behörden und die ihnen nachgeordneten Dienststellen, nicht jedoch für die Polizeivollzugsbeamten und damit nur für die übrigen Beschäftigten. Jugendliche Polizeivollzugsbeamte wählen den Vertrauensmann nach Abs. 2, solange sie die Grundausbildung noch nicht beendet haben. 8

(Abs. 1 Nr. 6) Für die Beteiligung der BPOL-Personalvertretungen gelten grundsätzlich die allgemeinen Vorschriften (§§ 66–82). Über die in Abs. 1 Nr. 3 geregelte Beschränkung der Mitbestimmung und Mitwirkung in den Angelegenheiten der nicht wahlberechtigten Polizeivollzugsbeamten hinaus (vgl. Rn. 6) sieht Abs. 1 Nr. 6 **weitere Ausnahmen von der förmlichen Beteiligung** vor.[11] Nach **Nr. 6 Buchst. a** findet eine Beteiligung der BPOL-Personalvertretung nicht statt bei **Anordnungen für Polizeivollzugsbeamte, durch die Einsatz oder Einsatzübungen geregelt werden**. Diese Sondervorschrift ist eng auszulegen und nicht anwendbar, wenn Anordnungen getroffen werden sollen, die das Tätigwerden der Polizeivollzugsbeamten zur Erfüllung polizeilicher Aufgaben im Rahmen ihres normalen, regelmäßigen Dienstes regeln, sondern nur, wenn besondere Ereignisse oder Entwicklungen es erfordern, durch eine konkrete, eilbedürftige Maßnahme in personeller, zeitlicher oder sonstiger Hinsicht von dem regelmäßigen Dienstplan abzuweichen,[12] wie das etwa bei größeren Schadensereignissen oder bestimmten Formen von Gewaltverbrechen der Fall sein kann.[13] Der polizeiliche Einsatzbefehl für Großveranstaltungen bleibt deshalb nicht von vornherein mitbestimmungsfrei.[14] Für Anordnungen von Einsatzübungen gilt Entsprechendes. Auch bei ihnen sind nur die unvorhersehbaren und deshalb nicht planbaren Elemente beteiligungsfrei. Zu eng ist deshalb die Ansicht, zu einer Einsatzübung gehörten auch alle unmittelbaren Vor- und Nacharbeiten, ohne die die Übung nicht sinnvoll durchgeführt werden könne, auch das Reinigen von Waffen und Geräten.[15] Ausgeschlossen ist nur die förmli- 9

---

11 Näher dazu KfdP-*Altvater*, Rn. 19f. m. N. der teilw. abw. Literatur.
12 *BVerwG* v. 20.12.88 – 6 P 16.85 –, PersR 89, 71.
13 *OVG RP* v. 11.9.98 – 5 A 10255/98.OVG –, PersR 99, 273.
14 *BVerwG* v. 4.2.99 – 6 B 131.98 –, PersR 99, 305.
15 So aber *BayVGH* v. 1.7.87 – Nr. 18 C 87.00950 –, ZBR 88, 134.

che Beteiligung, die **allgemeinen Aufgaben** der BPOL-Personalvertretungen nach den §§ 67 und 68 bleiben unberührt. Nach **Nr. 6 Buchst. b** findet auch bei der **Einstellung von Polizeivollzugsbeamten für die Grundausbildung** eine Beteiligung nicht statt. Dieser Ausschluss der Mitbestimmung nach § 76 Abs. 1 Nr. 1 bezieht sich nur auf die Einstellung als Beamte auf Widerruf in den Vorbereitungsdienst der Laufbahn des mittleren Polizeivollzugsdienstes, weil nur für diese Laufbahn eine Grundausbildung vorgesehen ist.

10 (**Abs. 1 Nr. 7**) Dieser zusätzliche Tatbestand der eingeschränkten Mitbestimmung ist inzwischen **gegenstandslos** geworden. Zum 30. 6. 88 sind die letzten Beamten, für die eine Berufsförderung nach dem früheren § 13 Abs. 1 BPolBG in Betracht kam, ausgeschieden.

11 (**Abs. 2**) Abs. 2 sieht eine **Sondervertretung** für diejenigen Polizeivollzugsbeamten vor, die nach Abs. 1 Nr. 2 nicht das Wahlrecht zu den BPOL-Personalvertretungen haben. Nach Abs. 2 S. 1 wählen sie in jeder Einheit einen **Vertrauensmann** und zwei Stellvertreter (obwohl bereits seit dem 1. 10. 87 auch Frauen im Polizeivollzugsdienst des BGS bzw. der Bundespolizei beschäftigt sind, ist die amtliche Bezeichnung »Vertrauensmann« bisher nicht geändert worden). **Einheiten** sind außer den Hundertschaften die vom BMI in der Bekanntmachung v. 5. 12. 74[16] bestimmten Einheiten und Dienststellen. Trotz der inzwischen erfolgten organisatorischen Veränderungen ist diese Bekanntmachung bisher nicht geändert worden.[17]

12 (**Abs. 2 Nr. 1**) **Wahlberechtigt** sind grundsätzlich alle Polizeivollzugsbeamten, die nach Abs. 1 Nr. 2 nicht das Wahlrecht zu den BPOL-Personalvertretungen haben, und zwar ohne Rücksicht auf ihr Alter. Abgesehen davon, dass auch solche Polizeivollzugsbeamten wahlberechtigt sind, die am Wahltage das 18. Lebensjahr noch nicht vollendet haben, gelten die in § 13 Abs. 1 festgelegten Ausnahmen von der Wahlberechtigung entsprechend. **Wählbar** sind grundsätzlich alle Wahlberechtigten, deren Wählbarkeit nicht durch den entsprechend anwendbaren § 14 Abs. 1 S. 2 ausgeschlossen ist.[18]

13 (**Abs. 2 Nr. 2**) Die Wahl des Vertrauensmanns und seiner Stellvertreter ist von einem **Wahlvorstand** vorzubereiten und durchzuführen, der aus drei Beschäftigten besteht, die zur Wahl des Vertrauensmanns wahlberechtigt sind, und von denen einer den Vorsitz innehat. Grundsätzlich sind der Wahlvorstand und sein Vorsitzender von dem in der Dienststelle bestehenden BPOL-PR zu bestellen. Der Leiter der Dienststelle ist dazu nur ausnahmsweise verpflichtet, zum einen, wenn der BPOL-PR seine Verpflichtung nicht erfüllt, zum anderen, wenn in der Dienststelle kein BPOL-PR besteht.

---

16 GMBl. 1975 S. 31.

17 Näher dazu KfdP-*Altvater*, Rn. 23.

18 Str.; vgl. KfdP-*Altvater*, Rn. 24.

(**Abs. 2 Nr. 3**) Zur Wahl des Vertrauensmanns und seiner Stellvertreter hat der Wahlvorstand unverzüglich eine grundsätzlich während der Dienstzeit durchzuführende, nicht öffentliche **Versammlung der Wahlberechtigten** einzuberufen. Gewählt wird grundsätzlich durch Handaufheben. Nur wenn ein Wahlberechtigter dieser offenen Abstimmung widerspricht, ist eine geheime Wahl mit Stimmzetteln vorzunehmen. Im Übrigen enthält das Gesetz keine Vorschriften über das **Wahlverfahren**. Einzelheiten der Wahl regelt § 48 WO. Danach ist der Kandidat zum Vertrauensmann gewählt, der die meisten Stimmen erhalten hat. Der Kandidat mit der zweithöchsten Stimmenzahl ist zum ersten Stellvertreter, der mit der dritthöchsten Stimmenzahl zum zweiten Stellvertreter gewählt. Bei gleicher Stimmenzahl entscheidet das Los (§ 48 Abs. 2 WO). Die Vorschriften des § 24 über den **Schutz** und die **Kosten** der Wahl des PR gelten entsprechend. 14

(**Abs. 2 Nr. 4**) Eine feste **Amtszeit** für den Vertrauensmann und seine Stellvertreter ist nicht vorgesehen. Die Kürze der Grundausbildung führt zu einem ständigen Wechsel in der Person des Vertrauensmanns. Dessen **Amtszeit endet** im Einzelnen nach den in Abs. 2 Nr. 4 genannten, entsprechend anwendbaren Vorschriften des BPersVG. Die Bezugnahme auf § 31 Abs. 1 ermöglicht das **Nachrücken des Stellvertreters**, wenn der Vertrauensmann ausscheidet oder zeitweilig verhindert ist. Die Verweisung auf § 31 Abs. 2 stellt klar, dass (entsprechend dem S. 2) die Stellvertreter in der Reihenfolge der Stimmergebnisse nachrücken. Eine **Neuwahl** hat stattzufinden, wenn nach dem Eintreten beider Stellvertreter kein Vertrauensmann mehr vorhanden ist, also erst dann, wenn sowohl der Vertrauensmann als auch die Stellvertreter ausgeschieden sind.[19] 15

(**Abs. 2 Nr. 5**) Für die **Geschäftsführung** und **Rechtsstellung** des Vertrauensmanns gelten die §§ 43 bis 45, 46 Abs. 1, Abs. 2 sowie Abs. 3 S. 1 und 6 entsprechend. Auch wenn § 46 Abs. 6 nicht für entsprechend anwendbar erklärt ist, lässt sich ein Anspruch auf Freistellung zur Teilnahme an **Schulungs- und Bildungsveranstaltungen** aus § 46 Abs. 2 herleiten und bejahen, wenn der Vertrauensmann nur dadurch in die Lage versetzt wird, seine Aufgaben und Befugnisse ordnungsgemäß wahrzunehmen.[20] Da der Vertrauensmann zu den Personen gehört, die Aufgaben und Befugnisse nach dem BPersVG wahrnehmen, gelten die Vorschriften des § 8 über das **Verbot der Behinderung, Benachteiligung und Begünstigung** und die des § 10 über die **Schweigepflicht** unmittelbar auch für ihn. Außerdem gelten die Bestimmungen des § 47 Abs. 2 über den besonderen **Versetzungs- und Abordnungsschutz** entsprechend.[21] Eine gegen den Willen des Betroffenen beabsichtigte Versetzung oder Abordnung bedarf der Zustimmung des örtlichen 16

---

19 *Fischer/Goeres/Gronimus,* Rn. 40a; Richardi-*Kersten,* Rn. 22.
20 Str.; vgl. KfdP-*Altvater,* Rn. 32.
21 Vgl. KfdP-*Altvater,* Rn. 33.

BPOL-PR bei der Dienststelle, bei der die Einheit des Vertrauensmanns besteht.

17 Für die **Aufgaben** und **Befugnisse** des Vertrauensmanns gelten die §§ 2 und 66 bis 68 entsprechend. Mitbestimmungs- oder Mitwirkungsrechte stehen ihm nicht zu. Soweit jedoch Polizeivollzugsbeamte, die nach Abs. 1 Nr. 2 nicht das Wahlrecht zu den BPOL-Personalvertretungen besitzen, betroffen sind, hat der Vertrauensmann in den in Abs. 2 Nr. 5 S. 3 abschließend aufgezählten Fällen ein **Anhörungsrecht**. Abgesehen davon, dass das Gesetz in den Fällen des § 76 Abs. 2 Nr. 9 und des § 78 Abs. 1 Nr. 4 einen Antrag des Betroffenen an die Dienststelle verlangt, ist die Anhörung zwingend vorgeschrieben. Nach erfolgter Anhörung ist die Dienststelle, auch wenn der Vertrauensmann gegen die beabsichtigte Maßnahme Bedenken geltend macht, in ihrer Entscheidung nicht gebunden. Eine Nichtanhörung oder fehlerhafte Anhörung des Vertrauensmanns macht die getroffene Entscheidung im Verhältnis zu dem oder den betroffenen Beamten rechtswidrig und anfechtbar.[22]

18 Neben den eigenständigen Aufgaben und Befugnissen des Vertrauensmanns zur Vertretung der Interessen seiner Wähler stehen für den gleichen Personenkreis auch den **BPOL-Personalvertretungen** allgemeine Aufgaben und nichtförmliche Beteiligungsrechte sowie die von entsprechenden Anträgen des Vertrauensmanns abhängigen Mitwirkungsrechte (vgl. Rn. 6) zu. Damit das Nebeneinander von Vertrauensmann und BPOL-Personalvertretungen nicht zu einem für die Interessenvertretung schädlichen Gegeneinander wird, ist eine enge **Zusammenarbeit** erforderlich. Dem trägt das Gesetz dadurch Rechnung, dass es in Abs. 2 Nr. 5 S. 4 ein Recht des Vertrauensmanns zur **beratenden Teilnahme an allen Sitzungen des BPOL-PR** festlegt. Soweit über Angelegenheiten beschlossen wird, für die der Vertrauensmann nach Abs. 1 Nr. 3 die Mitwirkung der BPOL-Personalvertretung beantragt hat, steht ihm dabei das **Stimmrecht** zu (die Bezeichnung »Bundesgrenzschutzpersonalrat« in Abs. 2 Nr. 5 S. 4 Hs. 2 ist veraltet; vgl. Rn. 1a).

19 **(Abs. 3)** Abs. 3 regelt den personalvertretungsrechtlichen Status von **Dienstleistenden** i. S. d. § 49 Abs. 1 BGSG 1972. Seit dem Erlass des Gesetzes über die Personalstruktur des BGS v. 3. 6. 76[23] und der daran anknüpfenden Bundesgrenzschutz-Laufbahnverordnung v. 2. 7. 76[24] ist der Einsatz von Dienstleistenden im BGS jedoch **praktisch bedeutungslos** geworden. Die die Grenzschutzdienstpflicht regelnden Vorschriften der §§ 48 bis 61 BGSG 1972 dürfen nach Art. 3 Abs. 1 BGSNeuRegG (vgl. Rn. 1) nur dann angewandt werden, wenn der Deutsche Bundestag zuvor durch Beschluss zugestimmt hat.

---

22 Str.; vgl. KfdP-*Altvater*, Rn. 36.
23 BGBl. I S. 1357.
24 BGBl. I S. 1723.

§ 86 [Bundesnachrichtendienst]

Für den Bundesnachrichtendienst gilt dieses Gesetz mit folgenden Abweichungen:

1. [1]Teile und Stellen des Bundesnachrichtendienstes, die nicht zur Zentrale des Bundesnachrichtendienstes gehören, gelten als Dienststellen im Sinne des § 6 Abs. 1. [2]In Zweifelsfällen entscheidet der Leiter des Bundesnachrichtendienstes über die Dienststelleneigenschaft.
2. Die Mitgliedschaft im Personalrat ruht bei Personen, die zu einer sicherheitsempfindlichen Tätigkeit nicht zugelassen sind.
3. [1]Die Personalversammlungen finden nur in den Räumen der Dienststelle statt, sie werden in der Zentrale nur als Teilversammlungen durchgeführt. [2]Über die Abgrenzung entscheidet der Leiter des Bundesnachrichtendienstes. [3]Der Leiter des Bundesnachrichtendienstes kann nach Anhörung des Personalrates bestimmen, dass Personalversammlungen als Vollversammlung durchgeführt werden.
4. Der Leiter der Dienststelle kann nach Anhörung des Personalrates bestimmen, daß Beschäftigte, bei denen dies wegen ihrer dienstlichen Aufgaben zwingend geboten ist, nicht an Personalversammlungen teilnehmen.
5. [1]Die Tagesordnung der Personalversammlung und die in der Personalversammlung sowie im Tätigkeitsbericht zu behandelnden Punkte legt der Personalrat im Benehmen mit dem Leiter der Dienststelle fest. [2]Andere Punkte dürfen nicht behandelt werden. [3]Der Leiter der Dienststelle nimmt an den Personalversammlungen teil.
6. In den Fällen des § 20 Abs. 2, der §§ 21 und 23 sowie des § 28 Absatz 2 bestellt der Leiter der Dienststelle den Wahlvorstand.
7. [1]Die Beschäftigten des Bundesnachrichtendienstes wählen keine Stufenvertretung. [2]Soweit eine Stufenvertretung zuständig ist, ist an ihrer Stelle der Gesamtpersonalrat zu beteiligen. [3]Die Aufgaben der obersten Dienstbehörde nach diesem Gesetz nimmt der Chef des Bundeskanzleramtes wahr.
8. [1]An die Stelle der Mitbestimmung und der Zustimmung tritt die Mitwirkung des Personalrates. [2]Die oberste Dienstbehörde und der Gesamtpersonalrat können durch Dienstvereinbarung ergänzende Regelungen über die Beteiligung der Personalvertretungen im Bundesnachrichtendienst treffen oder jederzeit widerruflich von Regelungen des § 86, ausgenommen die Nummern 2, 7, 10 und 13, abweichen.
9. § 93 ist mit folgender Maßgabe anzuwenden:
   a) Personalvertretungen bei Dienststellen im Sinne der Nummer 1 bilden keine Ausschüsse, an ihre Stelle tritt der Ausschuß des Gesamtpersonalrates.

b) Der Leiter des Bundesnachrichtendienstes kann außer in den Fällen des § 93 Abs. 5 auch bei Vorliegen besonderer nachrichtendienstlicher Gründe Anordnungen im Sinne des § 93 Abs. 5 treffen oder von einer Beteiligung absehen.

c) § 93 Absatz 1 Satz 1 ist nur anzuwenden, wenn nicht alle Mitglieder der zuständigen Personalvertretung ermächtigt sind, von Verschlusssachen des entsprechenden Geheimhaltungsgrades Kenntnis zu erhalten.

10. [1]Bei Vorliegen besonderer Sicherheitsvorfälle oder einer besonderen Einsatzsituation, von der der Bundesnachrichtendienst ganz oder teilweise betroffen ist, ruhen die Rechte und Pflichten der zuständigen Personalvertretungen. [2]Beginn und Ende des Ruhens der Befugnisse der Personalvertretung werden jeweils vom Leiter des Bundesnachrichtendienstes im Einvernehmen mit dem Chef des Bundeskanzleramtes festgestellt.

11. [1]§ 70 Absatz 1 und § 79 Absatz 2 sind nicht anzuwenden. [2]Die Vorschriften über eine Beteiligung von Vertretern oder Beauftragten der Gewerkschaften und Arbeitgebervereinigungen (§ 20 Absatz 1, die §§ 36 und 39 Absatz 1 sowie § 52) sind nicht anzuwenden. [3]Der Leiter des Bundesnachrichtendienstes kann bestimmen, dass Beauftragte der Gewerkschaften zu einer sicherheitsempfindlichen Tätigkeit zugelassen sein müssen. [4]Der Leiter des Bundesnachrichtendienstes kann die Anwendung des § 12 Absatz 2 ausschließen.

12. Soweit sich aus den Nummern 1 bis 11 nichts anderes ergibt, gelten die §§ 59 bis 63 des Soldatenbeteiligungsgesetzes entsprechend.

13. [1]Für gerichtliche Entscheidungen nach § 83 Abs. 1 ist im ersten und letzten Rechtszug das Bundesverwaltungsgericht zuständig. [2]Im gerichtlichen Verfahren ist § 99 der Verwaltungsgerichtsordnung entsprechend anzuwenden.

1 Das BPersVG findet grundsätzlich auch Anwendung auf den Bundesnachrichtendienst (BND). Die allgemeinen Vorschriften des BPersVG gelten jedoch insoweit nicht, als in § 86 **Abweichungen** vorgeschrieben sind. Die gesetzliche Interessenvertretung der Beschäftigten des BND wird dadurch eingeschränkt. Sie wurde jedoch seit dem Erlass des BPersVG im Jahr 1974 durch verschiedene **Änderungen des § 86** verbessert. In den Jahren **bis 2001** wurden folgende **Untergliederungen der ursprünglichen Fassung** des § 86 geändert:

- **§ 86 Nr. 13** wurde zunächst durch Art. 3 Nr. 5 des Gesetzes über die Beteiligung des Soldaten und Zivildienstleistenden v. 16.1.91[25] und sodann

25 BGBl. I S. 47. Kurzbezeichnung: Beteiligungsgesetz.

durch Art. 2 Abs. 2 des Ersten Gesetzes zur Änderung des Soldatenbeteiligungsgesetzes v. 20. 2. 97[26] an die Weiterentwicklung des Soldatenrechts angepasst.

- **§ 86 Nr. 9** wurde durch Art. 12 Abs. 2 Nr. 2 des Gesetzes zur Reform des öffentlichen Dienstes v. 24. 2. 97[27] neugefasst (vgl. Rn. 10).
- **§ 86 Nr. 2 und 10** wurde durch Art. 9 Nr. 2 des Gesetzes zur Neuordnung des Bundesdisziplinarrechts v. 9. 7. 01[28] geändert (vgl. Rn. 3 u. 11).

Darin kam bereits eine tendenziell **beteiligungsfreundlichere Rechtsentwicklung** zum Ausdruck.[29] Das gilt auch für das am 2. 9. 16 in Kraft getretene **Gesetz zur Änderung soldatenbeteiligungs- und personalvertretungsrechtlicher Vorschriften** v. 29. 8. 16[30], das in Art. 2 Nr. 1 in Bezug auf § 86 zahlreiche Änderungsanweisungen enthält. Formale Änderungen bestehen insb. darin, dass die bisherige Nr. 3 aufgehoben worden und aus den bisherigen Nrn. 4 bis 14 die Nrn. 3 bis 13 geworden sind. Inhaltlich bedeutsam sind v. a. die Einrichtung eines GPR als demokratisch legitimierte überörtliche Personalvertretung[31] und verschiedene Verbesserungen der Beteiligungsrechte.[32]

Der BND ist eine **Bundesoberbehörde** im **Geschäftsbereich des Chefs des** 2
Bundeskanzleramts – ChBK – (§ 1 Abs. 1 S. 1 BNDG). Er wird vom Präsidenten des BND geleitet. Die Zentrale des BND hat seit dessen Gründung ihren Sitz in Pullach. Sie soll nach Fertigstellung eines neuen Dienstgebäudes an den Standort Berlin verlegt werden, an dem sich bereits der zweite Dienstsitz des Präsidenten sowie Teile der Zentrale befinden. Wären für den BND die **allgemeinen Vorschriften** des BPersVG über die **Bildung von Personalvertretungen** ohne Abweichung anwendbar, so ergäbe sich folgende **Struktur**: Der BND wäre nach § 6 Abs. 1 zunächst nur eine einzige Dienststelle i. S. d. PersVR, bei der nach § 12 Abs. 1 nur ein **einziger örtlicher PR** zu bilden wäre. Nach § 6 Abs. 3 bestünde die Möglichkeit, von der Zentrale räumlich weit entfernt liegende dezentrale Organisationseinheiten durch einen Beschluss der Mehrheit der wahlberechtigten Beschäftigten der jeweiligen Einheit zu Dienststellen i. S. d. PersVR zu verselbständigen. Würde von dieser Möglichkeit Gebrauch gemacht, dann wären **jeweils ein örtlicher PR**

26 BGBl. I S. 298.

27 BGBl. I S. 322. Kurzbezeichnung: Reformgesetz.

28 BGBl. I S. 1510. Abkürzung laut juris: BDiszNOG.

29 *BVerwG* v. 16. 4. 08 – 6 P 8.07 –, PersR 08, 418.

30 BGBl. I S. 2065. Abkürzung laut juris: **SBuPersVRÄndG**. Näher dazu Anh. V A § 35 SG Rn. 1b.

31 Die **Übergangsregelung** in Art. 3 Abs. 3 SBuPersVRÄndG lautet: »Artikel 2 Nummer 1 ist bis zur erstmaligen Wahl des Gesamtpersonalrats mit der Maßgabe anzuwenden, dass dessen Rechte und Pflichten übergangsweise weiter durch den Personalrat der Zentrale wahrgenommen werden.«

32 Vgl. BT-Drs. 18/8298, S. 37 (zu A.I. BPersVG: 1).

bei der Zentrale und bei jeder verselbständigten dezentralen Organisationseinheit sowie neben diesen örtlichen PR nach § 55 ein **GPR bei der Zentrale** zu bilden; dieser wäre von allen wahlberechtigten Beschäftigten im Geschäftsbereich des BND zu wählen. Auf jeden Fall wäre nach § 53 eine Stufenvertretung in Gestalt eines **HPR beim Bundeskanzleramt** als oberster Dienstbehörde zu bilden, der von allen wahlberechtigten Beschäftigten im Geschäftsbereich des Bundeskanzleramts (und damit auch von allen wahlberechtigten Beschäftigten im Geschäftsbereich des BND) zu wählen wäre. ***Nicht*** zu bilden wäre dagegen ein **BPR bei der Zentrale des BND**, weil der BND mangels nachgeordneter Dienststellen gem. § 6 Abs. 2 S. 2 keine Behörde der Mittelstufe i. S. d. BPersVG ist (vgl. § 6 Rn. 4a). Für die **Beteiligung der verschiedenen Personalvertretungen** (örtlicher PR, GPR oder HPR) würden die allgemeinen Vorschriften des § 82 über die Verteilung der **Erstzuständigkeiten** gelten. In den Fällen der Mitbestimmung und Mitwirkung kämen die Regelungen in § 69 Abs. 3 und § 72 Abs. 4 hinzu, die bei Nichteinigung zwischen Dienststelle und erstzuständiger Personalvertretung im **Instanzenzug** die Beteiligung der Stufenvertretung (hier des HPR), nicht aber die des GPR vorsehen (vgl. § 53 Rn. 2 u. § 55 Rn. 3). Die für die Struktur der Personalvertretungen und die Abgrenzung ihrer Beteiligungszuständigkeiten geltenden allgemeinen Vorschriften werden für den BND jedoch durch die **Sondervorschriften des § 86** teilweise abgewandelt.

2a **(Nr. 1)** In verwaltungsorganisatorischer und beamtenrechtlicher Hinsicht ist der BND eine einheitliche **Dienststelle.**[33] Das gilt jedoch nicht **in personalvertretungsrechtlicher Hinsicht**. Zum einen ist die **Zentrale** eine Dienststelle i. S. d. § 6 Abs. 1, bei der gem. § 12 Abs. 1 ein **örtlicher PR** gebildet wird. Zum anderen »gelten« **Teile und Stellen des BND, die nicht zu seiner Zentrale gehören**, nach § 86 Nr. 1 S. 1 auch dann als Dienststellen i. S. d. § 6 Abs. 1, wenn sie nicht die aus § 6 Abs. 2 S. 1 Hs. 2 ableitbaren Merkmale des Dienststellenbegriffs erfüllen[34] – allerdings wohl nur dann, wenn sie von der Zentrale **»räumlich weit entfernt«** liegen. In **Zweifelsfällen** entscheidet nach § 86 Nr. 1 S. 2 der Leiter des BND, also dessen Präsident. Zu seiner Disposition steht dabei die Frage der **Dienststellenabgrenzung** im Verhältnis von Zentrale und dezentralen Organisationseinheiten, nicht jedoch die Frage der **Dienststellenzugehörigkeit** eines Beschäftigten.[35] Die Entscheidung des Präsidenten kann nach § 86 Nr. 13 i. V. m. § 83 Abs. 1 Nr. 2 durch das im ersten und letzten Rechtszug zuständige Bundesverwaltungsgericht

---

33 *BVerwG* v. 11. 12. 91 – 6 P 5.91 –, PersR 92, 104, u. v. 26. 5. 11 – 2 A 8.09 –, Buchh 232 § 55 Nr. 16.

34 Das gilt auch für die im **Ausland** angesiedelten **»Residenturen«**, soweit es sich dabei um eigene Organisationseinheiten des BND handelt; vgl. KfdP-*Altvater*, Rn. 7a.

35 *BVerwG* v. 26. 11. 08 – 6 P 7.08 –, PersR 09, 267.

überprüft werden. In den nicht zur Zentrale gehörenden Teilen und Stellen des BND, die als Dienststellen i. S. d. PersVR gelten, sind ebenso wie in der Zentrale nach § 12 Abs. 1 **örtliche Personalräte** zu bilden, wenn sie in der Regel mindestens fünf Wahlberechtigte beschäftigen, von denen drei wählbar sind. (vgl. § 12 Rn. 1). Bei Dienststellen, denen auch **Soldaten** angehören, sind gem. § 86 Nr. 12 die Sonderregelungen in § 60 Abs. SBG 2016 zu beachten (vgl. Anh. V B § 60 SBG Rn. 10). Liegen diese Voraussetzungen der Personalratsfähigkeit nicht vor, wird nach der seit dem 2. 9. 16 geltenden Fassung des § 86 eine solche **Kleindienststelle** gem. § 12 Abs. 2 **einer benachbarten Dienststelle zugeteilt** (vgl. § 12 Rn. 3 ff.), wenn nicht der Leiter des BND nach § 86 Nr. 11 S. 4 die Anwendung des § 12 Abs. 2 ausgeschlossen hat (vgl. Rn. 13). Für die personalvertretungsrechtliche **Verselbständigung** von Nebenstellen oder Teilen einer Dienststelle nach § 6 Abs. 3 besteht wegen der Sondervorschrift des § 86 Nr. 1 dagegen nach wie vor kein Raum. In der Zentrale sowie in den als Dienststellen geltenden Teilen und Stellen des BND sind gem. § 57 ggf. auch **örtliche Jugend- und Auszubildendenvertretungen** zu bilden.

Bis zur jüngsten Änderung des § 86 durch das **SBuPersVRÄndG** (vgl. Rn. 1) **2b**
konnte ein von allen wahlberechtigten Beschäftigten im BND zu wählender **Gesamtpersonalrat** nicht gebildet werden, weil dessen Wahl durch die in § 86 Nr. 12 a. F. angeordnete Nichtanwendung des § 55 ausgeschlossen war. Bis dahin war an Stelle des nach den allgemeinen Vorschriften des BPersVG zuständigen GPR ggf. der PR der Zentrale des BND zu beteiligen,[36] der dafür allerdings (mangels seiner Wahl durch die Beschäftigten der dezentralen Organisationseinheiten des BND) nicht hinreichend legitimiert war. Seitdem die Anwendung des § 55 durch die in Art. 2 Nr. 1 Buchst. i SBuPersVRÄndG normierte Neufassung der an die Stelle der bisherigen Nr. 12 getretenen Nr. 11 des § 86 nicht länger ausgeschlossen ist (vgl. Rn. 13), kann auch im BND ein GPR gebildet werden, weil § 86 Nr. 1 zwingend[37] die personalvertretungsrechtliche Verselbständigung der (räumlich weit entfernten) dezentralen Organisationseinheiten des BND vornimmt und so die personalvertretungsrechtliche Aufspaltung der an sich einheitlichen Dienststelle BND in verschiedene selbständige Dienststellen festlegt.[38] Da § 86 Nr. 11 n. F. auch

36 Die Wahrnehmung der Funktion des GPR durch den PR der Zentrale war in § 86 a. F. zwar »nicht ausdrücklich, aber konkludent mitgeregelt« (*BVerwG* v. 26. 11. 08 – 6 P 7.08 –, PersR 09, 267 [zu II 3c bb]).

37 Ohne dass es hier des nach § 6 Abs. 3 an sich erforderlichen Verselbständigungsbeschlusses der Mehrheit der wahlberechtigten Beschäftigten der dezentralen Organisationseinheit bedarf.

38 Vgl. BT-Drs. 18/8298, S. 52 f. (zu Art. 2 Nr. 1 Buchst. f Doppelbuchst. aa), mit Hinw. zur gewandelten sicherheitspolitischen Lage Deutschlands und zur heute möglichen geschützten elektronischen Übermittlung von Wahlunterlagen mit sensiblen Daten über die Belegschaft des BND.

die Anwendbarkeit des § 64 Abs. 2 nicht mehr ausschließt, kann im BND jetzt auch eine **Gesamt-Jugend- und Auszubildendenvertretung** gebildet werden (vgl. Rn. 13).

3 (**Nr. 2**) Für die **Wahlberechtigung** zum PR und zur JAV sind die allgemeinen Vorschriften maßgebend. Das gilt auch für die **Wählbarkeit**. Das aktive und passive Wahlrecht besteht in der derjenigen Dienststelle, der die Beschäftigten angehören (vgl. § 13 Rn. 3). Arbeitnehmer mit Dienstort am Sitz der Zentrale des BND sind auch dann für den PR der Zentrale wahlberechtigt, wenn ihr vorgesetzter Referatsleiter außerhalb der Zentrale beschäftigt ist.[39] Nach der ursprünglichen Fassung der Nr. 2 des § 86 waren zum PR und zur JAV nur Beschäftigte wählbar, die das Wahlrecht zum Deutschen Bundestag besaßen. Diese zusätzliche Voraussetzung ist mit der Neufassung der Nr. 2 durch Art. 9 Nr. 2 Buchst. a BDiszNOG v. 9. 7. 01 (vgl. Rn. 1) entfallen. Stattdessen bestimmt die neue Fassung der Nr. 2 seither, dass die Mitgliedschaft im PR bei Personen ruht, die zu einer sicherheitsempfindlichen Tätigkeit nicht zugelassen sind (vgl. Rn. 4). Beschäftigte, bei denen dies der Fall ist, sind deshalb jedoch nicht von der Wählbarkeit ausgeschlossen. Werden sie in den PR gewählt, ruht ihr Amt als PR-Mitglied, bis sie zu einer sicherheitsempfindlichen Tätigkeit zugelassen werden. Auch die im BND tätigen **Soldaten** sind wahlberechtigt und wählbar (§ 86 Nr. 12 i. V. m. § 60 Abs. 1 SBG 2016). Die Soldaten bilden eine weitere Gruppe i. S. d. § 5 (§ 60 Abs. 3 S. 1 SBG 2016). Für die Wahl der dem PR angehörenden Soldatenvertreter gilt § 19 BPersVG entsprechend (§ 62 Abs. 1 S. 1 SBG 2016; näher dazu Anh. V B § 62 SBG Rn. 2 f.). Für die **Zahl der PR-Mitglieder** und die **Verteilung der PR-Sitze auf die Gruppen** gelten die allgemeinen Vorschriften (§§ 16–18); das gilt auch für die Zahl der JAV-Mitglieder (§ 57). Sind in der Dienststelle auch **Soldaten** tätig, so sind gem. § 86 Nr. 12 die Sondervorschriften des § 62 Abs. 2 SBG 2016 zu beachten (vgl. Anh. V B § 62 SBG Rn. 4).

4 Für den Fall, dass ein Beschäftigter, der dem PR der Zentrale oder dem PR einer anderen Organisationseinheit des BND angehört, ausnahmsweise **zu einer sicherheitsempfindlichen Tätigkeit nicht zugelassen** ist, schreibt die im Jahr 2001 neugefasste Nr. 2 des § 86 vor, dass die **Mitgliedschaft im PR ruht** (vgl. Rn. 3).[40] Das hat ebenso wie in den in § 30 geregelten Fällen des Ruhens zur Folge, dass die betreffende Person zeitweilig gehindert ist, ihr PR-Amt auszuüben, so dass nach § 31 Abs. 1 S. 2 ein Ersatzmitglied an ihre Stelle tritt (vgl. § 30 Rn. 2). Die Zulassung zu einer sicherheitsempfindlichen Tätigkeit wird durch das Sicherheitsüberprüfungsgesetz (SÜG) und die zu seiner Ausführung erlassenen allgemeinen Verwaltungsvorschriften geregelt. Ist ein PR-Mitglied zu einer sicherheitsempfindlichen Tätigkeit nicht (mehr) zugelassen, hat der Dienststellenleiter dies auch dem PR-Vorsitzen-

---

39 *BVerwG* v. 26. 11. 08, a. a. O.

40 Zum Folgenden KfdP-*Altvater*, Rn. 12a ff.

den mitzuteilen, damit dieser die notwendigen Folgerungen ziehen, insb. das nach § 31 Abs. 1 S. 2 zeitweilig nachrückende Ersatzmitglied über sein vorübergehendes Eintreten in den PR informieren kann.

(Nr. 3) Der dem § 86 Nr. 4 a. F. entsprechende § 86 Nr. 3 n. F. enthält (wie die 5
folgenden Nrn. 4 und 5) Sondervorschriften für **Personalversammlungen**. Wie bisher dürfen sie im Bereich des BND nur in den Räumen der jeweiligen Dienststelle stattfinden (§ 86 Nr. 3 S. 1 Hs. 1). Die Personalversammlungen in der **Zentrale** werden grundsätzlich als **Teilversammlungen** durchgeführt (§ 86 Nr. 3 S. 1 Hs. 2). Die Abgrenzung des Teilnehmerkreises ist dem Leiter (Präsidenten) des BND überlassen (§ 86 Nr. 3 S. 2). Allerdings kann der Leiter des BND nach Anhörung des PR bestimmen, dass Personalversammlungen als Vollversammlung durchgeführt werden (so der durch Art. 2 Nr. 1 Buchst. c SBuPersVRÄndG angefügte S. 3 von § 86 Nr. 3).[41] In allen **übrigen Dienststellen** des BND entscheidet der PR nach § 48 Abs. 2, ob Personalversammlungen als **Voll- oder Teilversammlungen** stattfinden.

(Nr. 4) Nach § 48 Abs. 1 besteht die Personalversammlung aus den Beschäf- 6
tigten der Dienststelle. Diese Vorschrift findet auch für die Beschäftigten des BND Anwendung. Das **Recht zur Teilnahme** an der Personalversammlung kann jedoch nach dem mit § 86 Nr. 5 a. F. wortgleichen § 86 Nr. 4 n. F. durch den Leiter der jeweiligen Dienststelle nach Anhörung des PR für »Beschäftigte, bei denen dies wegen ihrer dienstlichen Aufgaben zwingend geboten ist«, **eingeschränkt** werden. Dies darf jedoch nicht für eine beliebige Anzahl von Personalversammlungen geschehen, sondern nur nach sorgfältiger Prüfung des jeweiligen Einzelfalls.[42] Falls die vom Dienststellenleiter beabsichtigte Anordnung als Verschlusssache mindestens des Geheimhaltungsgrades »VS-VERTRAULICH« eingestuft ist und nicht alle Mitglieder des zuständigen PR ermächtigt sind, von Verschlusssachen des entsprechenden Geheimhaltungsgrades Kenntnis zu erhalten, ist nach § 93 Abs. 1 i. V. m. § 86 Nr. 9 Buchst. a und c anstelle des PR der jeweiligen Dienststelle der **VS-Ausschuss** des PR der Zentrale oder der GPR anzuhören, wobei u. U. nach § 86 Nr. 9 Buchst. b die Nichtvorlage von Unterlagen oder die Nichterteilung von Auskünften angeordnet oder von der Anhörung ganz abgesehen werden kann (vgl. Rn. 11a). Gegen eine nach § 86 Nr. 4 getroffene Anordnung des Leiters der Dienststelle ist nicht nur eine Dienstaufsichtsbeschwerde des PR oder des Betroffenen möglich; sie ist vielmehr gerichtlich überprüfbar (vgl. Rn. 15).[43]

(Nr. 5) Der dem § 86 Nr. 6 a. F. entsprechende § 86 Nr. 5 n. F. betrifft die **The-** 7
men der Personalversammlung. Die **Tagesordnung** und die im **Tätigkeits-**

41 Als Option zugelassen, »da sich das gesetzlich ausnahmslose Verbot insofern überlebt hat« (BT-Drs. 18/8298, S. 52).

42 Str.; vgl. KfdP-*Altvater*, Rn. 18 m. N.

43 Str.; vgl. auch KfdP-*Altvater*, Rn. 19 m. N.

bericht zu behandelnden Punkte werden vom PR festgelegt. Dies erfolgt nach der durch Art. 2 Nr. 1 Buchst. d SBuPersVRÄndG geänderten Regelung in § 86 Nr. 5 S. 1 nicht mehr im Einvernehmen, sondern im **Benehmen mit dem Leiter der Dienststelle**. Das bedeutet, dass der PR dem Dienststellenleiter (mit dem Ziel der Verständigung) Gelegenheit zur Stellungnahme zu geben hat, er aber nicht an dessen Einverständnis gebunden ist.[44] Gegenstand des Benehmens sind nicht die Durchführung der Personalversammlung und die Erstattung des Tätigkeitsberichts als solche, sondern immer nur einzelne **Punkte der Personalversammlung**. Sie dürfen nach § 86 Nr. 5 S. 2 ohne das Benehmen mit dem Dienststellenleiter nicht behandelt werden. Wird während der Personalversammlung ein Punkt angesprochen, der bei der vorherigen Beteiligung des Dienststellenleiters nicht bedacht wurde, so kann das dafür erforderliche Benehmen noch in der Personalversammlung nachgeholt werden. Im Übrigen sind die in den §§ 48 bis 52 enthaltenen **allgemeinen Bestimmungen** über die Personalversammlung grundsätzlich anzuwenden. Das in § 52 Abs.1 S. 1 und 2 normierte Teilnahmerecht von **Beauftragten der Gewerkschaften** gem. § 86 Nr. 11 S. 2 ist zwar weiterhin ausgeschlossen (vgl. Rn. 13), nicht jedoch deren Hinzuziehung von **Sachverständigen oder Auskunftspersonen** (vgl. § 48 Rn. 4).[45] Nach § 52 Abs. 1 S. 3 kann **ein beauftragtes Mitglied des GPR** teilnehmen (vgl. § 52 Rn. 2). § 52 Abs. 2 wird durch § 86 Nr. 5 S. 3 verdrängt. Danach ist **der Leiter der Dienststelle verpflichtet, an allen Personalversammlungen teilzunehmen**. Im Verhinderungsfall kann er sich jedoch nach § 7 vertreten lassen. Da die bisher in § 86 Nr. 12 a. F. geregelte Nichtanwendung des § 44 Abs. 3 mit der Änderung des § 86 durch das SBuPersVRÄndG entfallen ist (vgl. Rn. 13) und der PR somit auch im BND Anspruch darauf hat, dass ihm geeignete Plätze für Bekanntmachungen und Anschläge zur Verfügung gestellt werden, ist es ihm freigestellt, die teilnahmeberechtigten Beschäftigten durch Aushang oder auf andere Weise (z. B. durch Rundschreiben) **einzuladen**. Das **Hausrecht**, das dem Vorsitzenden des PR während der Personalversammlung zusteht, wird durch die Sondervorschriften des § 86 nicht berührt.[46]

8 **(Nr. 6)** Der § 86 Nr. 3 und 7 a. F. entsprechende § 86 Nr. 6 n. F. beinhaltet Sonderregelungen für die **Bestellung des Wahlvorstands**. Besteht in einer Dienststelle ein PR, so hat grundsätzlich dieser den Wahlvorstand zu bestellen (§ 20 Abs. 1). Kommt der PR dieser Pflicht nicht nach (**§ 20 Abs. 2**) oder

44 Die Ersetzung des bisherigen Einvernehmens durch das mildere Benehmen soll eine mehrjährig erprobte Praxis festschreiben (BT-Drs. 18/8298, S. 52 [zu Art. 2 Nr. 1 Buchst. d]). Näher dazu *Fischer/Goeres/Gronimus* (Lfg. 4/16, Dez. 2016), Rn. 18 a f.

45 *Fischer/Goeres/Gronimus* (Lfg. 4/16, Dez. 2016), Rn. 20.

46 Str.; vgl. KfdP-*Altvater*, Rn. 25 m. N.

besteht in einer personalratsfähigen Dienststelle kein PR (**§ 21**) oder ist ein bereits bestehender Wahlvorstand untätig oder säumig (**§ 23 Abs. 1 S. 2 u. 3**), so bestellt nicht die Personalversammlung, sondern der Leiter der Dienststelle einen (neuen) Wahlvorstand. Ist der PR wegen grober Vernachlässigung seiner gesetzlichen Befugnisse oder wegen grober Verletzung seiner gesetzlichen Pflichten durch Beschluss des Bundesverwaltungsgerichts aufgelöst worden, so hat statt des Vorsitzenden des zuständigen Senats des Bundesverwaltungsgerichts (§ 86 Nr. 13 i. V. m. **§ 28 Abs. 2 S. 1**) ebenfalls der Leiter der Dienststelle (auch in Außenstellen nicht mehr der Leiter des BND) einen Wahlvorstand einzusetzen.[47] Der Dienststellenleiter muss in all diesen Fällen von sich aus tätig werden.

(**Nr. 7**) Der dem § 86 Nr. 8 a. F. entsprechende, aber inhaltlich geänderte § 86 Nr. 7 n. F. enthält Bestimmungen zu **dienststellenübergreifenden Personalvertretungen** und ihrer Beteiligung. Da der BND eine Bundesoberbehörde im Geschäftsbereich des ChBK ist, wäre nach § 53 Abs. 1 und 2 an sich beim **Bundeskanzleramt** (BK) als Stufenvertretung ein HPR zu bilden, dessen Mitglieder von den Beschäftigten des BK und des BND sowie ggf. weiterer dem BK nachgeordneter Dienststellen zu wählen wären (vgl. § 53 Rn. 5 u. 10). Nach dem mit § 86 Nr. 8 S. 1 a. F. wortgleichen **§ 86 Nr. 7 S. 1 n. F.** wählen die Beschäftigten des BND jedoch **keine Stufenvertretung**. Damit ist nach wie vor die Bildung eines **HPR für den Bereich des BND ausgeschlossen**. Da dem BK seit der Auflösung der Ständigen Vertretung der Bundesrepublik Deutschland bei der DDR mit Ausnahme des BND keine weiteren Dienststellen nachgeordnet sind, führt die Regelung in § 86 Nr. 7 S. 1 (bis auf Weiteres) dazu, dass beim BK ein HPR nicht mehr zu bilden ist. Damit ist nach § 64 Abs. 1 auch die Bildung einer **HJAV ausgeschlossen** (vgl. § 64 Rn. 2). 9

Die Bestimmungen des § 86 Nr. 8 S. 2 und 3 a. F. entsprechen denen des **§ 86 Nr. 7 S. 2 und 3 n. F.** Sie sind durch das SBuPersVRÄndG geändert worden. Die *inhaltlich geänderte* Regelung in **§ 86 Nr. 7 S. 2 n. F.** bestimmt: *Soweit eine Stufenvertretung zuständig ist*, ist an ihrer Stelle nicht mehr der PR der Zentrale, sondern der neu zu errichtende **GPR** zu beteiligen.[48] (Zur Übergangsregelung in Art. 3 Abs. 3 SBuPersVRÄndG s. Fn. zu Rn. 1a. E.) Die *»inhaltsgleich neu gefasste«* Regelung in **§ 86 Nr. 7 S. 3 n. F.** legt fest: Die *Aufgaben der obersten Dienstbehörde* nach dem BPersVG nimmt der **ChBK** wahr.[49] Daraus lässt sich für die **Beteiligung des GPR** Folgendes entnehmen: 9a

47 Das war in der ursprünglichen Fassung des § 86 in der durch Buchst. a des Art. 2 Nr. 1 SBuPersVRÄndG aufgehobenen Nr. 3 geregelt, mit der Folge, dass gem. Buchst. b dieses Artikels aus den Nrn. 4 bis 14 die Nrn. 3 bis 13 des § 86 geworden sind.

48 Vgl. BT-Drs. 18/8298, S. 52f. (zu Art. 2 Nr. 1 Buchst. f Doppelbuchst. aa).

49 Vgl. BT-Drs. 18/8298, S. 53 (zu Art. 2 Nr. 1 Buchst. f Doppelbuchst. bb).

- Der GPR ist in seiner eigentlichen **Funktion als GPR** nach § 82 Abs. 3 vom Präsidenten des BND zu beteiligen, wenn dieser Maßnahmen gegenüber allen Beschäftigten des BND oder gegenüber Beschäftigten von dezentralen Dienststellen zu treffen beabsichtigt (vgl. § 82 Rn. 15).
- In seiner **Funktion als Stufenvertretung** ist er zu beteiligen, zum einen nach § 82 Abs. 1, wenn der ChBK gegenüber Beschäftigten des BND eine Maßnahme zu treffen beabsichtigt, zum anderen nach § 72 Abs. 4 *im Stufenverfahren*, wenn eine mitwirkungsbedürftige Angelegenheit mangels Einigung im Bereich des BND zum ChBK gelangt.[50] Im Stufenverfahren liegt eine die Vorlage an den ChBK ermöglichende Nichteinigung in folgenden Konstellationen vor: (1) der Präsident des BND hat Einwendungen des GPR gegen eine von ihm beabsichtigte Maßnahme nicht entsprochen; (2) der Präsident des BND hat Einwendungen des PR der Zentrale nicht entsprochen; (3) der Leiter einer dezentralen Organisationseinheit des BND hat Einwendungen des dort gebildeten örtlichen PR nicht entsprochen. In diesen Fällen wird der GPR vom ChBK im Stufenverfahren beteiligt. In jedem der Fälle, in denen der GPR als Stufenvertretung im einstufigen Verfahren oder im Stufenverfahren beteiligt ist, entscheidet nach Verhandlung mit dem GPR der ChBK endgültig.

9b Die Regelung in § 86 Nr. 7 S. 2 n. F. **kompensiert das Fehlen eines HPR**, der an sich nach der allgemeinen Vorschrift des § 53 Abs. 1 *beim Bundeskanzleramt* zu bilden wäre, aber nach der Sondervorschrift des § 86 Nr. 7 S. 1 n. F. dort (jedenfalls für den Bereich des BND) nicht gebildet wird. § 86 Nr. 7 S. 2 n. F. **kompensiert aber *nicht* das Fehlen eines BPR**. Das ergibt sich schon daraus, dass der BND gem. § 6 Abs. 2 S. 2 keine Behörde der Mittelstufe i. S. d. BPersVG ist und dass deshalb bei ihm bereits nach der allgemeinen Vorschrift des § 53 Abs. 1 ein BPR *nicht* gebildet werden kann (vgl. Rn. 2). Die Bildung eines BPR wird somit nicht erst durch die Sondervorschrift des § 86 Nr. 7 S. 1 ausgeschlossen. Demnach ist sowohl in S. 1 als auch in dem daran anknüpfenden S. 2 des § 86 Nr. 7 unter »Stufenvertretung« jeweils nur der HPR zu verstehen. Das entspricht auch der Gesetzesbegründung zu Art. 2 Nr. 1 Buchst. f SBuPersVRÄndG, in der es u. a. heißt, dass ein »Gesamtpersonalrat errichtet wird, und dieser dann zugleich die Aufgaben der Stufenvertretung *gegenüber der obersten Dienstbehörde* wahrnimmt«.[51] Da der GPR in seiner Funktion als HPR dem ChBK, aber nicht dem Präsidenten des BND gegenübersteht und da er in seiner originären Funktion als GPR im

50 Letzteres gilt auch dann, wenn der Präsident des BND in der ersten Stufe des Mitwirkungsverfahrens aufgrund einer Weisung des ChBK gehandelt hat (*BVerwG* v. 19. 9. 12 – 6 P 3.11 –, PersR 13, 34 [zu II 2d ff]).

51 BT-Drs. 18/8298, S. 53 (zu Art. 2 Nr. 1 Buchst. f Doppelbuchst. bb) im Anschluss an eine vorherige inhaltlich übereinstimmende Formulierung auf S. 52 (zu Art. 2 Nr. 1 Buchst. f Doppelbuchst. aa); Hervorhebung hier vom Bearbeiter.

Instanzenzug des Mitwirkungsverfahrens nicht beteiligt ist, ergeben sich folgende Konsequenzen: Können sich in Fällen der Mitwirkung der Präsident des BND und der PR der Zentrale oder der Leiter einer dezentralen Organisationseinheit und der dort bestehende örtliche PR nicht einigen, kann das Stufenverfahren dadurch eingeleitet werden, dass der jeweilige PR die Angelegenheit dem ChBK mit dem Antrag auf Entscheidung vorlegt und seiner Dienststelle eine Abschrift seines Antrages zuleitet, wobei der PR einer Außenstelle seinen Antrag auf dem Dienstweg (d.h. über die Zentrale des BND) weiterleitet (vgl. § 72 Rn. 14 u. § 69 Rn. 31).[52] Falls in Fällen der Nichteinigung zwischen dem Leiter einer Außenstelle und dem dortigen örtlichen PR eine *förmliche Einschaltung* des Präsidenten des BND und des GPR aus der Sicht von ChBK und GPR sinnvoll erscheint, könnten hierzu **ergänzende Regelungen** durch eine nach § 86 Nr. 8 S. 2 n.F. abzuschließende **Dienstvereinbarung** erfolgen (vgl. Rn. 10c).

(**Nr. 8**) Der dem § 86 Nr. 9 a.F. entsprechende, aber inhaltlich ergänzte § 86 Nr. 8 n.F. enthält weitere Bestimmungen zur **Beteiligung** der Personalvertretung. In der ursprünglichen Fassung des § 86 engte dessen Nr. 9 die Beteiligungsrechte v.a. dadurch sehr stark ein, dass er für eine Vielzahl von Fällen, die nach den allgemeinen Vorschriften der Mitbestimmung oder Mitwirkung unterliegen, festlegte, dass der PR überhaupt nicht zu beteiligen sei, und für die verbleibenden Mitbestimmungsfälle die Mitbestimmung zur Mitwirkung nach § 72 herabstufte. Seit ihrer Neufassung durch Art. 12 Abs. 2 Nr. 2 des Reformgesetzes v. 24.2.97[53] (vgl. Rn. 1) sah die damalige Nr. 9 dagegen einen gänzlichen Ausschluss der förmlichen Beteiligung nicht mehr vor, sondern ersetzte die in den allgemeinen Vorschriften vorgeschriebene Beteiligungsform der **Mitbestimmung** generell durch die der **Mitwirkung**. Diese Regelung ist durch Art. 2 Nr. 1 Buchst. g SBuPersVRÄndG wortgleich als S. 1 in die neugefasste Nr. 8 des § 86 übernommen worden. Sie erstreckt sich auf alle **Angelegenheiten,** für die in den §§ 75 und 76 an sich die Mitbestimmung vorgesehen ist, sowie auf alle Angelegenheiten, für die in § 78 Abs. 1 und § 79 Abs. 1 ohnehin die Mitwirkung festgelegt ist.[54] Das **Mitwirkungsverfahren** richtet mit den in § 86 Nr. 7 S. 2 und 3 geregelten Modifikationen (vgl. Rn. 9a u. 9b) nach den Vorschriften des § 72; bei **Einwendun-** 10

52 Anders noch KfdP-*Altvater,* Rn. 30a. Die dort vertretene Ansicht wird nach der umfassenden Novellierung des § 86 durch das SBuPersVRÄndG, die hinsichtlich der Einschaltung des GPR keine entsprechende Sonderregelung gebracht hat, nicht aufrechterhalten. Dagegen weiterhin anders Fischer/Goeres/Gronimus (Lfg. 4/16, Dez. 2016); dort heißt es, dass »Nr. 7 nunmehr ausdrücklich eine als ›Gesamtpersonalrat‹ bezeichnete Stufenvertretung einrichtet« (Rn. 37a) und dass der GPR ggf. auch »wie ein Bezirkspersonalrat gegenüber dem Präsidenten des BND« tätig wird (Rn. 32a, ähnlich Rn. 22a u. 29).

53 BGBl. I S. 322.

54 Vgl. *BVerwG* v. 16.4.08 – 6 P 8.07 –, PersR 08, 418.

gen gegen eine beabsichtigte mitwirkungspflichtige personelle Maßnahme ist der PR nicht auf die Gründe des § 77 Abs. 2 beschränkt. Nachdem die bisher in § 86 Nr. 12 a. F. bestimmte Nichtanwendbarkeit des § 70 insgesamt durch das SBuPersVRÄndG in § 86 Nr. 11 S. 1 n. F. auf die Nichtanwendbarkeit nur des § 70 Abs. 1 reduziert worden ist, steht dem PR im BND ein **eingeschränktes Initiativrecht** nach **§ 70 Abs. 2** zu (vgl. Rn. 13). Es erstreckt sich auf Maßnahmen, die an sich nach § 75 der Mitbestimmung, nach § 86 Nr. 8 S. 1 aber nur der Mitwirkung unterliegen.[55] Da Vorschläge des PR nach § 70 Abs. 2 im Falle der Nichteinigung ohne vorherige Einschaltung der Einigungstelle der endgültigen Entscheidung der obersten Dienstbehörde unterliegen, handelt es ohnehin nur um ein als Mitwirkungsrecht ausgestaltetes »Vorschlagsrecht«.[56] Eine Abschwächung der Mitwirkung des PR liegt nach wie vor darin, dass (in Übereinstimmung mit § 86 Nr. 12 a. F.) auch in § 86 Nr. 11 S. 1 n. F. die Nichtanwendbarkeit des **§ 79 Abs. 2** festgelegt ist. Hinzu kommt, dass gem. **§ 86 Nr. 9 Buchst. b und Nr. 10** die Beteiligung nochmals eingeschränkt werden kann.

10a Nach dem Wortlaut des mit § 86 Nr. 9 a. F. auch insoweit identischen § 86 Nr. 8 S. 1 n. F. tritt an die Stelle der **Zustimmung** ebenfalls die Mitwirkung des PR. Diese Regelung bezieht sich nach der Rspr. des *BVerwG* auf alle Fälle, in denen das Gesetz die Durchführung einer beabsichtigten Maßnahme an sich von der Zustimmung des PR abhängig macht.[57] Da das mit der Entziehung des Sicherheitsbescheides verbundene **Zugangsverbot** zur Dienststelle zur faktischen Suspendierung der PR-Tätigkeit führt, bedarf ein solches Verbot »als Minus einer außerordentlichen Kündigung« nach § 47 Abs. 1 S. 1 i. V. m. § 86 Nr. 8 S. 1 n. F. gleichfalls der Mitwirkung des PR.[58] Die im Gesetz geregelten Fälle eines erforderlichen **Einvernehmens** zwischen PR und Dienststellenleiter (§ 43 S. 2 [Zeit und Ort der Sprechstunden], § 46 Abs. 4 S. 3 [Abweichung von der Freistellungsstaffel] u. § 50 Abs. 2 [zeitliche Lage außerordentlicher Personalversammlungen]) bleiben von der Regelung in § 86 Nr. 8 S. 1 n. F. unberührt.[59]

---

55 Die Nichtanwendbarkeit des § 70 Abs. 1 bezieht sich auf das darin geregelte Verfahren der uneingeschränkten Mitbestimmung, nicht auf die dort aufgeführten Maßnahmen i. S. d. § 75 Abs. 3 Nr. 1 bis 6 u. 11 bis 17. Es wäre ein Wertungswiderspruch, wenn man diese Maßnahmen, die nach § 69 Abs. 4 mit einem stärkeren Mitbestimmungsrecht verknüpft sind als die in § 70 Abs. 2 bezeichneten Maßnahmen, nach § 86 aus dem Vorschlagsrecht des PR ausklammern würde.

56 So zur rechtsdogmatischen Struktur Richardi-*Weber*, § 70 Rn. 23.

57 Beschl. v. 11.12.91 – 6 P 5.91 –, PersR 92, 104, u. v. 26.4.00 – 6 P 2.00 –, Buchh 250 § 86 Nr. 3, zu den in § 47 Abs. 2 S. 3 u. Abs. 1 S. 1 geregelten Fällen der Umsetzung bzw. außerordentlichen Kündigung von PR-Mitgliedern.

58 *BVerwG* v. 26.4.00, a. a. O.

59 Vgl. KfdP-*Altvater*, Rn. 33a m. N.

Dienstvereinbarungen sind nach § 73 Abs. 1 S. 1 in den Fällen von § 75 Abs. 3 und § 76 Abs. 2 (unter Beachtung der dort und in § 75 Abs. 5 festgelegten Einschränkungen) zulässig. Die Sonderregelung in § 86 Nr. 8 S. 1 n. F. schließt dies nicht aus, weil sie lediglich dazu führt, dass im Bereich des BND in den Eingangshalbsätzen von § 75 Abs. 3 und § 76 Abs. 2 »mitzuwirken« statt »mitzubestimmen« zu lesen ist.[60] **10b**

Die durch das SBuPersVRÄndG neu eingeführte Regelung in **§ 86 Nr. 8 S. 2 n. F.** schafft die **»gesetzliche Grundlage für eine Erprobung weitergehender Normalisierungen im BND«.**[61] Durch **Dienstvereinbarung** zwischen oberster Dienstbehörde (gem. § 86 Nr. 7 S. 3 ChBK) und GPR können sowohl ergänzende Regelungen über die Beteiligung der Personalvertretungen im BND als auch **jederzeit widerrufliche Abweichungen** von Regelungen des § 86 mit Ausnahme der Nrn. 2, 7, 10 und 13.[62] **10c**

Im Vorgriff auf die Neuregelung in § 86 Nr. 8 S. 2 ist bereits im Mai 2016 zwischen dem BK (vertreten durch den ChBK) und dem übergangsweise für den GPR handelnden PR der Zentrale des BND (s. Fn. zu Rn. 1 a. E.) mit Wirkung zum Inkrafttreten des geänderten § 86 am 2. 9. 2016 eine **Dienstvereinbarung »zur Ausgestaltung der personalvertretungsrechtlichen Beteiligung des Personalrats im Bundesnachrichtendienst (DV Personalvertretung BND)«** beschlossen worden. Sie sieht insb. Folgendes vor: **10d**

- In Abweichung von § 86 Nr. 8 S. 1 steht den Personalvertretungen in den Fällen der §§ 75 und 76 nicht nur ein Mitwirkungsrecht zu, sondern ein **eingeschränktes Mitbestimmungsrecht** i. S. v. § 69 Abs. 4 S. 3 und 4 (vgl. § 69 Rn. 2 u. 39). Das Mitbestimmungsverfahren endet somit ggf. erst nach einer Empfehlung der Einigungsstelle mit der endgültigen Entscheidung des ChBK, welcher gem. § 86 Abs. 7 S. 3 die Aufgaben der obersten Dienstbehörde wahrnimmt (vgl. Rn. 9a).
- Für die hierzu (beim ChBK) zu bildende **Einigungsstelle** gilt § 71 mit der Abweichung, dass sich unter den von der Personalvertretung zu bestellenden Beisitzern je ein Beamter, Arbeitnehmer und Soldat befinden muss. Hinzu kommt, dass für alle Mitglieder der Einigungsstelle die Regelung in § 86 Nr. 2 sinngemäß gilt (vgl. Rn. 4).
- In den Fällen der **außerordentlichen Kündigung von Mitgliedern des PR**, die in einem Arbeitsverhältnis stehen, kommen die Regelungen des § 47 Abs. 1 voll zum Zuge. Diese Kündigungen bedürfen demnach gem. § 47 Abs. 1 S. 1 der **Zustimmung** des PR oder gem. § 47 Abs. 2 S. 2 i. V. m.

---

60 Vgl. KfdP-*Altvater*, Rn. 33b.

61 BT-Drs. 18/8298, S. 53 (zu Art. 2 Nr. 1 Buchst. g) unter Hinw. auf *BVerwG* v. 11. 12. 91, a. a. O.: Danach ist eine außergesetzliche Erweiterung der Beteiligungsrechte des PR ebenso wenig möglich wie ihre Einschränkung.

62 Vgl. *Gronimus*, PersV 16, 404, 405 f. (zu II 3), u. PersR 12/16, 22, 23 f., sowie ausf. *Fischer/Goeres/Gronimus* (Lfg. 4/16, Dez. 2016), Rn. 29e–29i.

§ 86 Nr. 13 der **Zustimmungsersetzung** durch das Bundesverwaltungsgericht (vgl. Rn. 15).

- Nach einem Jahr wird die Bewährung der Regelungen der Dienstvereinbarung **evaluiert.**

11 (**Nr. 9**) Die in **§ 86 Nr. 10 in der ursprünglichen Fassung** enthaltenen Sonderregelungen wurden teilweise bereits durch Art. 9 Nr. 2 Buchst. b BDiszNOG geändert (vgl. Rn. 1). Dabei wurde der bisherige Buchst. a aufgehoben, die bisherigen Buchst. b und c wurden die Buchst. a und b. Der ersatzlos aufgehobene bisherige Buchst. a sah vor, dass Angelegenheiten, die einzelne Beschäftigte des BND betrafen, wie Verschlusssachen i. S. d. § 93 Abs. 1 S. 1 zu behandeln waren, auch wenn sie nicht formal als Verschlusssachen mindestens des Geheimhaltungsgrades »VS-VERTRAULICH« eingestuft waren.[63] Durch Art. 2 Nr. 1 Buchst. h SBuPersVRÄndG (vgl. Rn. 1) hat der dem § 86 Nr. 10 a. F. entsprechende **§ 86 Nr. 9 n. F.** weitere Änderungen erfahren. Für die **Anwendung des § 93** gelten nunmehr noch folgende Besonderheiten:

a) Die der Nr. 10 Buchst. a a. F. entsprechende **Nr. 9 Buchst. a n. F.** sieht vor, dass die Personalvertretungen bei Dienststellen außerhalb der Zentrale keine Ausschüsse nach § 93 bilden und dass an ihre Stelle nicht mehr der (auch weiterhin zu bildende) **Ausschuss des PR der Zentrale**, sondern der **Ausschuss des GPR** tritt. Beide Ausschüsse sind grundsätzlich für Angelegenheiten zuständig, die formal als **Verschlusssachen** mindestens des Geheimhaltungsgrades »VS-VERTRAULICH« eingestuft sind (vgl. aber § 90 Nr. 9 Buchst. c).

b) Während nach § 93 Abs. 5 die oberste Dienstbehörde anordnen kann, dass dem VS-Ausschuss **Unterlagen nicht vorgelegt und Auskünfte nicht erteilt** werden dürfen, soweit dies zur Vermeidung von Nachteilen für das Wohl der Bundesrepublik Deutschland oder eines ihrer Länder oder aufgrund internationaler Verpflichtungen geboten ist, weist die der Nr. 10 Buchst. b a. F. entsprechende **Nr. 9 Buchst. b n. F.** diese Befugnis dem Leiter (Präsidenten) des BND zu. Außerdem ermächtigt diese Sondervorschrift den Präsidenten des BND auch bei Vorliegen besonderer nachrichtendienstlicher Gründe zu entsprechenden Anordnungen und darüber hinaus dazu, **ganz von einer Beteiligung abzusehen**. Dabei ist ein strenger Maßstab anzulegen.

c) Die durch das SBuPersVRÄndG eingeführte Bestimmung in **Nr. 9 Buchst. c n. F.** enthält für den BND eine **Abänderung des § 93 Abs. 1 S. 1**. Danach gilt hier Folgendes: Nur soweit eine Angelegenheit, an der eine Personalvertretung zu beteiligen ist, als Verschlusssache mindestens des Geheimhaltungsgrades »VS-VERTRAULICH« eingestuft ist *und nicht alle Mitglieder der zuständigen Personalvertretung ermächtigt sind,*

63 Näher zu dieser Änderung und ihren Konsequenzen KfdP-*Altvater*, Rn. 34.

von Verschlusssachen des entsprechenden Geheimhaltungsgrades Kenntnis zu erhalten, tritt an die Stelle der Personalvertretung der VS-Ausschuss. Diese Neuregelung berücksichtigt die Besonderheit, dass im BND das Vorliegen weitestgehender Ermächtigungen nach dem SÜG der Normalfall ist.[64]

(Nr. 10) Der mit § 86 Nr. 11 a. F. wortgleiche § 86 Nr. 10 n. F. ermöglicht das (zeitweilige) **Ruhen der Rechte und Pflichten der zuständigen Personalvertretungen**. Es kann vom Leiter (Präsidenten) des BND im Einvernehmen mit dem ChBK angeordnet werden.[65] Gegenstand des Einvernehmens sind die Erforderlichkeit sowie der Beginn und das Ende des Ruhens. Voraussetzung dafür ist das Vorliegen besonderer Sicherheitsvorfälle oder besonderer Einsatzsituationen, von denen der BND ganz oder teilweise betroffen ist. Das Ruhen der Rechte und Pflichten kann sich entweder auf alle Personalvertretungen beziehen oder auf die Personalvertretungen einzelner oder mehrerer Dienststellen. Während des angeordneten Ruhens dürfen die jeweils betroffenen Personalvertretungen keinerlei personalvertretungsrechtliche Tätigkeit ausüben. Jedoch bleibt die Mitgliedschaft in der jeweiligen Personalvertretung unberührt. 12

(Nr. 11) Der dem § 86 Nr. 12 a. F. entsprechende, aber neugefasste und dabei großenteils geänderte § 86 Nr. 11 n. F. **unterscheidet sich von der vorausgegangenen Vorschrift** wie folgt: 13

- Die ausnahmslose Nichtanwendbarkeit des **§ 12 Abs. 2** zur Zuteilung nicht personalratsfähiger Kleindienststellen zu benachbarten Dienststellen ist aufgehoben. Nach Nr. 11 S. 4 kann der Leiter des BND die Anwendung jedoch im Einzelfall ausschließen (vgl. Rn. 2a). Daraus dürfte mangels einer ausdrücklichen Regelung zu entnehmen sein, dass (insoweit abweichend von § 12 Abs. 2) auch die Zuteilungen vom Leiter des BND vorzunehmen sind, allerdings im Einvernehmen mit dem GPR.[66]
- Die ausnahmslose Nichtanwendbarkeit des **§ 44 Abs. 3** über die Bereitstellung geeigneter Plätze für Bekanntmachungen und Anschläge ist aufgehoben (vgl. Rn. 7).
- Die Nichtanwendbarkeit der **§§ 55 und 64 Abs. 2** über die Bildung des GPR und der GJAV ist aufgehoben (vgl. Rn. 2b).
- Die Nichtanwendbarkeit des **§ 70** zum Initiativrecht des PR ist in Nr. 11 S. 1 auf **§ 70 Abs. 1** beschränkt worden (vgl. Rn. 10).
- Die Nichtanwendbarkeit des **§ 79 Abs. 2** zum Weiterbeschäftigungsanspruch ordentlich gekündigter Arbeitnehmer ist in Nr. 11 S. 1 weiterhin vorgeschrieben.

---

64 BT-Drs. 18/8298, S. 53 (zu Art. 2 Nr. 1 Buchst. h Doppelbuchst. bb).
65 Näher dazu KfdP-*Altvater*, Rn. 35f.
66 Im Ergebnis ebenso Fischer/Goeres/Gronimus (Lfg. 4/16, Dez. 2016), Rn. 39a.

- Die Nichtanwendbarkeit des **§ 81 Abs. 1 und 5** über Beteiligungsrechte des PR beim Arbeitsschutz ist aufgehoben. Für die Zusammenarbeit mit den dort genannten Stellen gelten aber weiterhin die Regelungen über den Umgang mit Verschlusssachen.[67]

Nach § 86 Nr. 12 a. F. waren die Vorschriften über Aufgaben und Befugnisse der **Gewerkschaften** und Arbeitgebervereinigungen sowie ihrer Beauftragten und Vertreter nicht anzuwenden. Da die Vorschrift keine Einzelaufzählung der nicht anwendbaren Vorschriften enthielt, waren sämtliche entsprechenden Vorschriften für den BND außer Kraft gesetzt (auch das Recht zur Anfechtung der PR-Wahl[68]). Nach § 86 Nr. 11 S. 2 n. F. sind (nur) noch bestimmte, **ausdrücklich aufgeführte Vorschriften** über eine Beteiligung von Vertretern oder Beauftragten der Gewerkschaften und Arbeitgebervereinigungen[69] nicht anzuwenden, nämlich: § 20 Abs. 1 (Teilnahme an Sitzungen des Wahlvorstands), § 36 (Teilnahme an PR-Sitzungen), § 39 Abs. 1 (Hilfe bei der Verständigung nach Aussetzung eines PR-Beschlusses) und § 52 (Teilnahme an Personalversammlungen). **Die übrigen personalvertretungsrechtlichen Aufgaben und Befugnisse der Gewerkschaften** sind anwendbar.[70] Auch die Rechte der Gewerkschaften, die sich aus Art. 9 Abs. 3 GG ergeben, bleiben aber unberührt.[71] Deshalb gelten die Bestimmungen des § 2 Abs. 3 und des § 67 Abs. 1 und 2 auch für den BND. Allerdings kann der Leiter des BND nach § 86 Nr. 11 S. 3 n. F. bestimmen, dass (in Entsprechung zu § 86 Nr. 2) Beauftragte der Gewerkschaften **zu einer sicherheitsempfindlichen Tätigkeit zugelassen** sein müssen.[72]

14 (**Nr. 12**) Der dem § 86 Nr. 13 a. F. entsprechende und durch das SBuPersVRÄndG lediglich redaktionell angepasste § 86 Nr. 12 n. F.[73] dehnt den Anwendungsbereich der §§ 59 bis 63 SBG 2016 (vgl. Anh. V B) auf die **Soldaten** im BND aus, die dort für Aufgaben verwendet werden können, die im Zusammenhang mit der militärischen Auslandsaufklärung stehen.[74] Nach der Verweisungsvorschrift der Nr. 12 wählen die Soldaten im BND grundsätzlich Vertretungen nach den Vorschriften des BPersVG (vgl. Rn. 3). Sie bilden eine weitere Gruppe i. S. d. § 5 und müssen im Vorstand der Personal-

---

67 BT-Drs. 18/8298, S. 53 (zu Art. 2 Nr. 1 Buchst. i [Nr. 11 S. 1]).

68 *BVerwG* v. 26. 11. 08 – 6 P 7.08 –, PersR 09, 267.

69 Die Nennung der Arbeitgebervereinigungen geht seit Inkrafttreten des BPersVG ins Leere, da der Bund einer solchen Vereinigung nicht angehört.

70 Zu weiteren für den BND nicht ausgeschlossenen Regelungen im BPersVG, die ausdrücklich Aufgaben und Befugnisse der Gewerkschaften vorsehen, vgl. KfdP-*Berg*, § 2 Rn. 32. Näher hierzu und zum Folgenden auch *Fischer/Goeres/Gronimus* (Lfg. 4/16, Dez. 16), Rn. 38–38g.

71 Vgl. KfdP-*Altvater*, Rn. 38 m. N.

72 BT-Drs. 18/8298, S. 54 (zu Art. 2 Nr. 1 Buchst. i [Nr. 11 S. 3]).

73 BT-Drs. 18/8298, S. 54 (zu Art. 2 Nr. 1 Buchst. j).

74 *BVerwG* v. 16. 10. 08 – 2 A 9.07 –, PersR 09, 178 Ls.

vertretung und ggf. in dem von dieser zu bildenden VS-Ausschuss vertreten sein. Ist ein PR der zivilen Beschäftigten nicht gebildet, wählen die Soldaten nach § 61 i.V.m. § 4 SBG 2016 Vertrauenspersonen.

15 (**Nr. 13**) Der mit § 86 Nr. 14 a.F. inhaltsgleiche § 86 Nr. 13 n.F. lehnt sich an § 50 Abs. 1 Nr. 4 VwGO an. Danach entscheidet das **Bundesverwaltungsgericht** im ersten und letzten Rechtszug über Klagen, denen Vorgänge im Geschäftsbereich des BND zugrunde liegen. Für die gerichtliche Entscheidung **personalvertretungsrechtlicher Streitigkeiten** in allen Fällen des § 83 Abs. 1 ist ebenfalls im ersten und letzten Rechtszug das Bundesverwaltungsgericht zuständig (vgl. aber Rn. 16), wobei ggf. entsprechend § 99 Abs. 2 VwGO in einem »In-camera-Verfahren« (vgl. § 93 Rn. 6) festzustellen ist, ob die Verweigerung der Vorlage von Urkunden oder Akten, der Übermittlung elektronischer Dokumente oder der Erteilung von Auskünften rechtmäßig ist.[75]

16 Für Streitigkeiten über **Beteiligungsrechte in Angelegenheiten nur der Soldaten** (i.S.v. § 63 SBG 2016) ist nach Durchführung des Beschwerdeverfahrens nach der WBO der **Rechtsweg zu den Wehrdienstgerichten** gegeben; sachlich zuständig ist das **Bundesverwaltungsgericht** (näher dazu Anh. V B § 63 SBG Rn. 11 und § 17 SBG Rn. 2).[76]

§ 87 [Bundesamt für Verfassungsschutz]

Für das Bundesamt für Verfassungsschutz gilt dieses Gesetz mit folgenden Abweichungen:

1. **Der Leiter des Bundesamtes für Verfassungsschutz kann nach Anhörung des Personalrates bestimmen, daß Beschäftigte, bei denen dies wegen ihrer dienstlichen Aufgaben dringend geboten ist, nicht an Personalversammlungen teilnehmen.**
2. **Die Vorschriften über eine Beteiligung von Vertretern oder Beauftragten der Gewerkschaften und Arbeitgebervereinigungen (§ 20 Abs. 1, §§ 36, 39 Abs. 1, § 52) sind nicht anzuwenden.**
3. **Bei der Beteiligung der Stufenvertretung und der Einigungsstelle sind Angelegenheiten, die lediglich Beschäftigte des Bundesamtes für Verfassungsschutz betreffen, wie Verschlußsachen des Geheimhaltungsgrades »VS-VERTRAULICH« zu behandeln (§ 93), soweit nicht die zuständige Stelle etwas anderes bestimmt.**

1 Das Bundesamt für Verfassungsschutz (BfV) ist eine dem Bundesministerium des Innern (BMI) unterstehende Bundesoberbehörde (§ 2 Abs. 1 BVerfSchG). Es wird vom Präsidenten des BfV geleitet. Die Beschäftigten des BfV sind ebenso wie andere Beschäftigte im Geschäftsbereich des BMI zum

75 Vgl. KfdP-*Altvater*, Rn. 42 m. N.
76 *BVerwG* v. 24.5.11 – 1 WB 60.10 –, NZWehrr 12, 75 (zu II 1a aa).

dort bestehenden allgemeinen **HPR** wahlberechtigt und wählbar (vgl. auch § 85 Rn. 3). Falls sich Nebenstellen oder Teile des BfV nach § 6 Abs. 3 verselbständigen, ist die Wahl eines **GPR** nach § 55 auch beim BfV zwingend vorgeschrieben. Im Übrigen gelten die allgemeinen Regelungen des Gesetzes insoweit nicht, als in Nr. 1 bis 3 **Abweichungen** vorgeschrieben sind.

2 **(Nr. 1)** Nach § 48 Abs. 1 besteht die **Personalversammlung** aus den Beschäftigten der Dienststelle. Diese Vorschrift findet auch für die Beschäftigten des BfV Anwendung. Das **Recht zur Teilnahme** an Personalversammlungen kann jedoch gem. § 87 Nr. 1 durch den Leiter des BfV (also durch dessen Präsidenten) – allerdings nur nach Anhörung des PR (oder des nach § 93 ggf. an die Stelle des PR tretenden VS-Ausschusses) – für »Beschäftigte, bei denen dies wegen ihrer dienstlichen Aufgaben dringend geboten ist«, **eingeschränkt** werden. Da es sich bei dem Verbot der Teilnahme an Personalversammlungen um einen wesentlichen Eingriff in die Rechte des Beschäftigten handelt, ist ein strenger Maßstab anzulegen. Das Teilnahmeverbot kann nur für eine bestimmte Personalversammlung, nicht für mehrere oder sogar für alle künftigen Personalversammlungen ausgesprochen werden.[77] Eine entsprechende Anordnung des Leiters des BfV ist verwaltungsgerichtlich überprüfbar.[78] Da § 87 keine dem § 86 Nr. 13 entsprechende Sonderregelung enthält, ist das Beschlussverfahren nicht vor dem Bundesverwaltungsgericht, sondern vor dem örtlich zuständigen Verwaltungsgericht zu eröffnen.

3 **(Nr. 2)** Nach § 87 Nr. 2 finden bestimmte Vorschriften über die Beteiligung von Vertretern oder Beauftragten der **Gewerkschaften** und Arbeitgebervereinigungen keine Anwendung. Einzeln angeführt sind § 20 Abs. 1, § 36, § 39 Abs. 1 und § 52. Die übrigen Vorschriften, die das Zusammenwirken von PR und Gewerkschaften regeln und diesen Befugnissen geben (wie z. B. § 2) und die die gewerkschaftliche Betätigung von Beschäftigten betreffen (wie § 67 Abs. 2), bleiben unberührt.[79]

4 **(Nr. 3)** Sofern der **HPR** beim BMI als Stufenvertretung oder die **Einigungsstelle** in Angelegenheiten beteiligt wird, die lediglich Beschäftigte des BfV betreffen, werden diese Angelegenheiten gem. § 87 Nr. 3 auch dann, wenn sie nicht als Verschlusssachen mindestens des Geheimhaltungsgrads »VS-VERTRAULICH« eingestuft sind, wie Verschlusssachen dieses Geheimhaltungsgrads behandelt, soweit die zuständige Stelle – das ist das BMI als oberste Dienstbehörde – nicht etwas anderes bestimmt. Geschieht dies nicht, richtet sich die Beteiligung des HPR und der Einigungsstelle nach § 93.

77 Str.; vgl. KfdP-*Altvater*, Rn. 5 m. N.
78 Str.; vgl. KfdP-*Altvater*, Rn. 6 m. N.
79 Str.; vgl. KfdP-*Altvater*, Rn. 7 m. N.

§ 88 [Sozialversicherung und Bundesagentur für Arbeit]

Für bundesunmittelbare Körperschaften und Anstalten des öffentlichen Rechts im Bereich der Sozialversicherung und für die Bundesagentur für Arbeit gilt dieses Gesetz mit folgenden Abweichungen:

1. **Behörden der Mittelstufe im Sinne des § 6 Abs. 2 Satz 2 sind die der Hauptverwaltungsstelle unmittelbar nachgeordneten Dienststellen, denen andere Dienststellen nachgeordnet sind.**
2. **[1]Abweichend von § 7 Satz 1 handelt für die Körperschaft oder Anstalt der Vorstand, soweit ihm die Entscheidungsbefugnis vorbehalten ist; für die Agenturen für Arbeit und die Regionaldirektionen der Bundesagentur für Arbeit handelt die Geschäftsführung. [2]Der Vorstand oder die Geschäftsführung kann sich durch eines oder mehrere der jeweiligen Mitglieder vertreten lassen. [3]§ 7 Satz 3 und 4 bleibt unberührt.**
3. **[1]Als oberste Dienstbehörde im Sinne des § 69 Abs. 3, 4 und des § 71 gilt der Vorstand. [2]§ 69 Abs. 3 Satz 2 ist nicht anzuwenden.**

§ 88 ist durch Art. 17 des Gesetzes v. 23.12.03[80] dahingehend geändert worden, dass das Wort »Bundesanstalt« durch das Wort »Bundesagentur« ersetzt und die Nr. 2 neu gefasst worden ist. 1

Das BPersVG findet nach seinem § 1 grundsätzlich auch Anwendung auf die **bundesunmittelbaren Körperschaften und Anstalten des öffentlichen Rechts im Bereich der Sozialversicherung**[81] und die **Bundesagentur für Arbeit**. Die allgemeinen Regelungen des Gesetzes gelten jedoch insoweit nicht, als in § 88 Nr. 1 bis 3 **Abweichungen** vorgeschrieben sind. Diese Bestimmungen sollen der besonderen Organisation der Sozialversicherungsträger und der Bundesagentur für Arbeit (BA) Rechnung tragen. 2

Zum Geltungsbereich des BPersVG und zum Anwendungsbereich des § 88 gehören zurzeit folgende **bundesunmittelbare Sozialversicherungsträger:** 2a

- in der **gesetzlichen Krankenversicherung**: mit Ausnahme der Allgemeinen Ortskrankenkassen (vgl. § 143 SGB V) Krankenkassen aller anderen Kassenarten (§ 4 SGB V), nämlich rd. 60 von etwa 100 **Betriebskrankenkassen** (vgl. §§ 147ff. SGB V), vier von sechs **Innungskrankenkassen** (vgl. §§ 157ff. SGB V), die Sozialversicherung für Landwirtschaft, Forsten und Gartenbau als Träger der Krankenversicherung der Landwirte unter der Bezeichnung **»landwirtschaftliche Krankenkasse«** (§ 166 SGB V),

80 BGBl. I S. 2848.

81 Zur Unterscheidung von bundes- und landesunmittelbaren Sozialversicherungsträgern sowie zu den zum Geltungsbereich eines LPersVG gehörenden landesunmittelbaren Versicherungsträgern vgl. KfdP-*Altvater*, Rn. 3–7a.

die **Deutsche Rentenversicherung Knappschaft-Bahn-See** (§ 167 SGB V) sowie alle sechs **Ersatzkassen** (vgl. §§ 168 ff. SGB V);[82]

- in der **gesetzlichen Unfallversicherung**: alle neun **gewerblichen Berufsgenossenschaften** (Anlage 1 zu § 114 SGB VII); die Sozialversicherung für Landwirtschaft, Forsten und Gartenbau als Träger der landwirtschaftlichen Unfallversicherung unter der Bezeichnung **»landwirtschaftliche Berufsgenossenschaft«** (§ 114 Abs. 1 Nr. 2 SGB VII); als Unfallversicherungsträger der öffentlichen Hand die **»Unfallversicherung Bund und Bahn«** (UVB) (§ 114 Abs. 1 Nr. 3 SGB VII)[83];
- in der **gesetzlichen Rentenversicherung:** die Bundesträger **Deutsche Rentenversicherung Bund** als Träger der allgemeinen Rentenversicherung (§ 125 SGB VI) sowie **Deutsche Rentenversicherung Knappschaft-Bahn-See** mit Zuständigkeiten in der allgemeinen und der knappschaftlichen Rentenversicherung sowie für die Seemannskasse (§§ 125, 132 und 137a SGB VI);
- in der **landwirtschaftlichen Sozialversicherung:** die **»Sozialversicherung für Landwirtschaft, Forsten und Gartenbau«** (SVLFG), die für die Durchführung der landwirtschaftlichen Unfallversicherung, der Alterssicherung der Landwirte, der landwirtschaftlichen Krankenversicherung und der landwirtschaftlichen Pflegeversicherung zuständig ist (§§ 1, 2 ErrG[84]).

2b § 88 gilt für alle bundesunmittelbaren Körperschaften und Anstalten **»im Bereich der Sozialversicherung«**. Dazu gehören außer den bundesunmittelbaren Sozialversicherungsträgern gegenwärtig auch folgende Körperschaften des öffentlichen Rechts: der **Spitzenverband Bund der Krankenkassen** (GKV-Spitzenverband) (§§ 217a–217f SGB V) sowie die **Kassenärztliche Bundesvereinigung** (KBV) und die **Kassenzahnärztliche Bundesvereinigung** (KZBV) (§§ 77 ff. SGB V).

3 **(Nr. 1)** § 88 Nr. 1 stellt klar, welche Dienststellen bei bundesunmittelbaren Körperschaften und Anstalten des öffentlichen Rechts im Bereich der Sozialversicherung und bei der BA **Behörden der Mittelstufe** i. S. d. § 6 Abs. 2 S. 2

---

82 Die als Träger der **sozialen Pflegeversicherung** bei jeder bundesunmittelbaren Krankenkasse errichteten und als Körperschaften des öffentlichen Rechts verfassten Pflegekassen (§ 46 SGB XI) gehören zwar auch zu den bundesunmittelbaren Sozialversicherungsträgern, sind jedoch mangels eigener Organe und eigener Beschäftigter personalvertretungsrechtlich bedeutungslos.

83 Zu der im BUK-Neuorganisationsgesetz (BUK-NOG) v. 19.10.13 (BGBl. I S. 3836) geregelten **Neuorganisation der bundesunmittelbaren Unfallkassen** vgl. KfdP-*Altvater,* Rn. 6 Fn. 12 m. N.

84 Das Errichtungsgesetz wurde verkündet als Art. 1 des Gesetzes zur **Neuordnung der Organisation der landwirtschaftlichen Sozialversicherung** (LSV-Neuordnungsgesetz – LSV-NOG) v. 12.4.12 (BGBl. I S. 579). Näher dazu KfdP-*Altvater,* Rn. 6 Fn. 13 m. N.

sind. Das sind die der Hauptverwaltungsstelle unmittelbar nachgeordneten Dienststellen, denen andere Dienststellen nachgeordnet sind, unabhängig davon, ob sie Behörden i. e. S. sind. Bei ihnen – im Bereich der BA bei den Regionaldirektionen – ist außer einem örtlichen PR (Haus-PR) nach § 53 Abs. 1 jeweils ein **BPR** zu bilden. Die Nr. 1 stellt auch klar, dass bei einer von § 88 erfassten, mehrstufig aufgebauten Körperschaft oder Anstalt grundsätzlich deren Hauptverwaltungsstelle **oberste Dienstbehörde** i. S. d. PersVR ist. Bei ihr ist außer dem Haus-PR der **HPR** zu bilden.[85]

Bereits aus den Vorschriften des Arbeitsförderungsrechts (§ 367 Abs. 2 SGB III) ergibt sich, dass die BA einen dreistufigen **Verwaltungsaufbau** hat: Die **BA** gliedert sich in eine Zentrale auf der oberen Verwaltungsebene, Regionaldirektionen auf der mittleren Verwaltungsebene und Agenturen für Arbeit auf der örtlichen Verwaltungsebene (und kann darüber hinaus besondere Dienststellen errichten). Außer den PR bei den einzelnen Dienststellen sind bei den Regionaldirektionen jeweils ein BPR und bei der Zentrale der BA ein HPR zu bilden. Im Unterschied zur BA ist der Verwaltungsaufbau der **anderen bundesunmittelbaren Körperschaften und Anstalten** im Bereich der Sozialversicherung i. d. R. nicht oder nicht eindeutig gesetzlich geregelt.[86] Ihre Verwaltungen sind sehr unterschiedlich gegliedert. Ob eine Körperschaft oder Anstalt ein- oder mehrstufig aufgebaut ist, hängt davon ab, ob ihre Verwaltung eine einheitliche Dienststelle bildet oder ob sie aus einer Hauptverwaltungsstelle und weiteren, dieser Hauptverwaltungsstelle nachgeordneten selbständigen Dienststellen besteht. Dafür ist der in § 6 Abs. 2 S. 1 Hs. 2 umschriebene allgemeine **Dienststellenbegriff** maßgeblich.[87] Danach sind außerhalb der Zentrale eingerichtete Verwaltungsstellen und Betriebe nur dann selbständige Dienststellen, wenn ihr Leiter – in den Grenzen der für die öffentliche Verwaltung allgemein bestehenden Weisungsgebundenheit – bei den für eine Beteiligung der Personalvertretung in Betracht kommenden personellen, sozialen, organisatorischen und sonstigen innerdienstlichen Angelegenheiten einen eigenen Entscheidungs- und Handlungsspielraum hat.[88] 4

(Nr. 2) In ihrer **ursprünglichen Fassung** war die Nr. 2 des § 88 auf solche Körperschaften und Anstalten zugeschnitten, bei denen die **Kompetenzen zur Verwaltung und Vertretung auf zwei Institutionen verteilt** sind: bei den Sozialversicherungsträgern auf das aus ehrenamtlichen Mitgliedern bestehende Selbstverwaltungsorgan Vorstand einerseits und den hauptamtlich 5

85 *BVerwG* v. 8. 10. 80 – 6 P 16.79 –, PersV 82, 503.

86 Eine Ausnahme gilt für die **SVLFG**, für die in Art. 1 § 4 Abs. 1 LSV-NOG ein zweistufiger Aufbau (aus Hauptverwaltung und Geschäftsstellen) vorgeschrieben ist.

87 *BVerwG* v. 25. 6. 03 – 6 P 1.03 –, PersR 03, 361.

88 *BVerwG* v. 25. 6. 03, a. a. O.

tätigen Geschäftsführer (bzw. die mehrköpfige hauptamtliche Geschäftsführung) andererseits (vgl. § 31 Abs. 1 u. 2, §§ 35, 36 SGB IV) sowie in Entsprechung dazu bei der früheren Bundesanstalt für Arbeit auf den ehrenamtlichen Vorstand und den hauptamtlichen Präsidenten (§§ 208 ff. AFG). Durch das Gesundheitsstrukturgesetz v. 21. 12. 92[89] erhielten die **Orts-, Betriebs- und Innungskrankenkassen** sowie die **Ersatzkassen** jedoch eine **neue Verwaltungsstruktur**, die u. a. dadurch gekennzeichnet ist, dass die Kompetenzen zur Verwaltung und Vertretung der jeweiligen Körperschaft allein dem Vorstand zustehen, der aus höchstens drei hauptamtlich tätigen Personen besteht (§ 31 Abs. 3a, § 35a SGB IV). Das gilt auch für den (aufgrund des GKV-Wettbewerbsstärkungsgesetzes v. 26. 3. 07[90] errichteten) **Spitzenverband Bund der Krankenkassen** (GKV-Spitzenverband) sowie (aufgrund des GKV-Modernisierungsgesetzes v. 14. 11. 03[91]) für die **Kassenärztliche Bundesvereinigung** (KBV) und die **Kassenzahnärztliche Bundesvereinigung** (KZBV), bei denen ebenfalls jeweils ein hauptamtlicher Vorstand besteht (§ 217b Abs. 2 bzw. § 79 Abs. 1, 4–6 SGB V). Außerdem wurden durch Gesetz v. 23. 3. 02[92] auch bei der früheren **Bundesanstalt für Arbeit** die **Leitungsstrukturen geändert**, indem das Amt des Präsidenten der Bundesanstalt abgeschafft und ein aus drei Personen bestehender Vorstand als alleiniges hauptamtliches Geschäftsführungsorgan geschaffen wurde (vgl. für die heutige BA §§ 381 f. SGB III).

6 Die allgemeine Vorschrift des § 7 S. 1 legt fest, dass **für die Dienststelle ihr Leiter handelt**. Das ist bei der **Hauptverwaltungsstelle** einer Körperschaft oder Anstalt im Anwendungsbereich des § 88 – wenn sie einen ***ehrenamtlichen Vorstand*** hat (vgl. Rn. 5) – das Organ oder der Beschäftigte, dem die Führung der laufenden Verwaltungsgeschäfte obliegt, also bei Sozialversicherungsträgern und entsprechend strukturierten Körperschaften und Anstalten des öffentlichen Rechts im Bereich der Sozialversicherung deren **Geschäftsführer** oder **Geschäftsführung** (bei der DRV Bund das Direktorium [§ 36 Abs. 3a, 3b SGB IV]). Davon abweichend bestimmt § 88 Nr. 2 S. 1 Hs. 1 n. F. (wortgleich mit § 88 Nr. 2 S. 1 a. F.), dass für die Körperschaft oder Anstalt der **Vorstand** handelt, soweit ihm die Entscheidungsbefugnis vorbehalten ist. Im Ergebnis führt diese Sonderregelung dazu, dass die Hauptverwaltungsstelle **zwei Dienststellenleiter** hat, zum einen den Geschäftsführer (bzw. die Geschäftsführung oder bei der DRV Bund das Direktorium), zum anderen den ehrenamtlichen Vorstand.[93] Der Geschäftsführer wird als Dienststellenleiter tätig, wenn er befugt ist, über eine beteiligungsbedürftige

89 BGBl. I S. 2266.
90 BGBl. I S. 378.
91 BGBl. I S. 2190.
92 BGBl. I S. 1130.
93 *BVerwG* v. 8. 10. 80 – 6 P 16.79 –, PersV 82, 503.

Maßnahme zu entscheiden. Hingegen wird der ehrenamtliche Vorstand als Dienststellenleiter tätig, wenn ihm die Entscheidung vorbehalten ist. In den der **Beteiligung** unterliegenden Angelegenheiten, in denen dem ehrenamtlichen **Vorstand** die Entscheidung vorbehalten ist, hat dieser in seiner Eigenschaft **als Dienststellenleiter** die Verhandlungen mit der jeweils zuständigen Personalvertretung zu führen. Das gilt v.a. für das Mitbestimmungs- und Mitwirkungsverfahren. Initiativanträge der Personalvertretung nach § 70 sind an den ehrenamtlichen Vorstand zu richten, wenn sie sich auf Angelegenheiten beziehen, über die er zu entscheiden hat. Auch bei der Wahrnehmung der allgemeinen Aufgaben der Personalvertretung kommt dem ehrenamtlichen Vorstand die Funktion des Dienststellenleiters insoweit zu, als es sich um eine Angelegenheit handelt, in der ihm die Entscheidungsbefugnis vorbehalten ist. Außer den monatlichen Besprechungen zwischen dem Geschäftsführer (bzw. der Geschäftsführung oder bei der DRV Bund dem Direktorium) und der Personalvertretung sind nach § 66 Abs. 1 auch **Besprechungen** zwischen dem ehrenamtlichen Vorstand und jeder bei der Hauptverwaltungsstelle bestehenden Personalvertretung (Haus-PR, HPR, GPR) durchzuführen. Die Vorschrift des § 66 Abs. 1 ermöglicht es dem ehrenamtlichen Vorstand und der Personalvertretung, diese Besprechungen immer dann anzusetzen, wenn Angelegenheiten anstehen, die zur Entscheidungsbefugnis des Vorstands gehören.

Bei den **Orts-, Betriebs- und Innungskrankenkassen** und den **Ersatzkassen** (sowie bei dem **GKV-Spitzenverband** und der **KBV** und **KZBV**) ergibt sich schon aus der unmittelbaren Anwendung der allgemeinen Vorschrift des § 7 S. 1, dass für die jeweilige Krankenkasse bzw. den jeweiligen Verband nicht nur in bestimmten Fällen, sondern **immer** der ***hauptamtliche Vorstand*** handelt, weil ihm die Leitung der Verwaltungsgeschäfte obliegt und deshalb allein ihm die Befugnis zur Entscheidung in jenen Angelegenheiten zusteht, auf die sich die förmliche Beteiligung der Personalvertretung oder ihre allgemeinen Aufgaben beziehen (vgl. Rn. 5). Auch bei der **Bundesagentur für Arbeit** folgt schon unmittelbar aus § 7 S. 1, dass immer der **hauptamtliche Vorstand** für die BA handelt. Personalvertretungsrechtlich ist somit der hauptamtliche Vorstand **alleiniger Leiter der Hauptverwaltungsstelle** der Krankenkasse (oder des GKV-Spitzenverbandes, der KBV oder KZBV) bzw. der Zentrale der BA. Bei diesen Körperschaften läuft die in § 88 Nr. 2 S. 1 Hs. 1 enthaltene besondere Bestimmung an sich leer. Trotzdem ist sie auch in diesem Bereich anwendbar, weil der Gesetzgeber dies bei der Neufassung der Nr. 2 des § 88 durch das Gesetz v. 23.12.03 (vgl. Rn. 1) wohl vorausgesetzt hat.[94] 7

94 Näher dazu KfdP-*Altvater*, Rn. 48.

8 Soweit der ehrenamtliche oder der (aus mindestens zwei Personen bestehende) hauptamtliche **Vorstand** für die Körperschaft oder Anstalt handelt, kommt ihm **insgesamt** die Eigenschaft des Dienststellenleiters zu.[95] Das Gleiche gilt für die **Geschäftsführung** der Agenturen für Arbeit und der Regionaldirektionen der BA.[96] Allerdings bestimmt § 88 Nr. 2 S. 2, dass sich der Vorstand oder die Geschäftsführung durch eines oder mehrere der jeweiligen Mitglieder vertreten lassen kann. Die Möglichkeit der Vertretung nach § 88 Nr. 2 S. 2 setzt (anders als die Vertretung nach § 7 S. 2 bis 4) keine Verhinderung voraus. Als **Vertreter des Vorstands bzw. der Geschäftsführung** kommen nur dessen bzw. deren Mitglieder in Frage. Bei Sozialversicherungsträgern mit ehrenamtlichem Vorstand und ähnlich strukturierten Körperschaften oder Anstalten ist es nicht zulässig, dass der Geschäftsführer, der dem Vorstand mit beratender Stimme angehört, mit der Vertretung beauftragt wird, weil dadurch die in § 88 Nr. 2 S. 1 getroffene Regelung in ihr Gegenteil verkehrt würde.[97] Es ist Sache des (ehrenamtlichen oder hauptamtlichen) Vorstands bzw. der Geschäftsführung, unter Beachtung der für ihn bzw. sie geltenden allgemeinen Organisationsvorschriften darüber zu beschließen, ob und ggf. wie er bzw. sie von der Möglichkeit der Vertretung Gebrauch macht.[98] Soweit § 88 Nr. 2 S. 2 von der Geschäftsführung spricht, bezieht sich diese Vorschrift nur auf die Geschäftsführungen der Agenturen für Arbeit und der Regionaldirektionen der BA.[99] Bei den **Geschäftsführungen von Körperschaften und Anstalten mit ehrenamtlichem Vorstand** (z. B. bei der DRV Bund und der DRV Knappschaft-Bahn-See) ergibt sich aus dem für sie geltenden allgemeinen Organisationsrecht, ob und wieweit sie sich (auch gegenüber der Personalvertretung) durch einzelne ihrer Mitglieder vertreten lassen können (vgl. § 36 Abs. 4 S. 5 SGB IV). Der oder die Vertreter müssen grundsätzlich befugt sein, gegenüber der Personalvertretung verbindlich für den gesamten Vorstand zu handeln.

9 § 88 Nr. 2 S. 3 n. F. bestimmt, dass **§ 7 S. 3 und 4 unberührt** bleibt. Diese allgemeinen Vorschriften können eingreifen, wenn das nach § 88 Nr. 2 S. 2 zur Vertretung des Vorstands oder der Geschäftsführung befugte Mitglied (vgl. Rn. 8) **verhindert** ist oder wenn ggf. alle zu dieser Vertretung befugten Mitglieder verhindert sind (vgl. § 7 Rn. 2f.). Bei einem Mitglied des **Vorstands** oder der **Geschäftsführung einer Regionaldirektion der BA** kommen die

95 *BVerwG* v. 10. 3. 82 – 6 P 36.80 –, PersV 83, 65.
96 *BVerwG* v. 24. 2. 15 – 5 P 1.14 –, PersV 15, 294, bzgl. der Befugnis des Dienststellenleiters zur Anfechtung der Wahl des PR .
97 Str.; vgl. KfdP-*Altvater*, Rn. 50 m. N.
98 Von einer mindestens konkludenten Bevollmächtigung des Vorsitzenden der Geschäftsführung einer Agentur für Arbeit ist auszugehen, wenn sich die Geschäftsführung darauf im Rahmen der internen Aufgabenverteilung verständigt (*BVerwG* v. 11. 10. 13 – 6 PB 27.13 –, PersR 14, 38).
99 Str.; vgl. KfdP-*Altvater*, Rn. 51 m. N.

Möglichkeiten zur Vertretung nach § 7 S. 3 und 4 in Betracht, bei einem Mitglied der **Geschäftsführung einer Agentur für Arbeit** dagegen nur die Vertretungsmöglichkeit nach § 7 S. 4 (vgl. dazu aber § 7 Rn. 3). Bei **Körperschaften und Anstalten mit ehrenamtlichem Vorstand** ist § 88 Nr. 2 S. 3 nicht anwendbar, soweit es sich um die Vertretung des Vorstands handelt. Dies ergibt sich daraus, dass nach der den Zweck von § 88 Nr. 2 S. 1 Hs. 1 berücksichtigenden Auslegung von § 88 Nr. 2 S. 2 die Vertretung des ehrenamtlichen Vorstands durch den Geschäftsführer nicht zulässig ist (vgl. Rn. 8). Das muss dann erst recht für die Vertretung durch Beschäftigte gelten, die dem Geschäftsführer nachgeordnet sind.[100] Da die Dienststellenleiterfunktion des **Geschäftsführers** (bzw. der Geschäftsführung oder des Direktoriums) von Körperschaften und Anstalten mit ehrenamtlichem Vorstand in § 7 S. 1 geregelt ist (vgl. Rn. 6), gilt für dessen (bzw. deren) Vertretung auch § 7 S. 3 und 4 ohne Weiteres.

(**Nr. 3**) § 88 Nr. 3 trifft anstelle von § 69 Abs. 3 S. 2 für Körperschaften 10
und Anstalten im Anwendungsbereich des § 88 eine besondere Regelung, die klarstellt, dass im **Mitbestimmungsverfahren** der ehrenamtliche **Vorstand** als **oberste Dienstbehörde** gilt.[101] Daraus folgt u. a., dass in allen Nichteinigungsfällen die nach § 69 Abs. 4 anzurufende Einigungsstelle beim ehrenamtlichen Vorstand zu bilden ist. Die Beisitzer der Arbeitgeberseite sind von ihm zu bestellen. Bezieht sich das Mitbestimmungsverfahren auf eine Maßnahme, die lediglich der eingeschränkten Mitbestimmung unterliegt, so hat gem. § 69 Abs. 4 S. 3 und 4 der ehrenamtliche Vorstand nach einer Empfehlung der Einigungsstelle ggf. endgültig zu entscheiden. § 88 Nr. 3 enthält (anders als Nr. 2 S. 2) keine Regelung über die **Vertretung des** ehrenamtlichen **Vorstands**. Er kann die Wahrnehmung seiner vorgenannten personalvertretungsrechtlichen Aufgaben aber nach § 66 SGB IV einem **Erledigungsausschuss** übertragen.[102] Die Sonderregelung in § 88 Nr. 3 gilt nicht für das **Mitwirkungsverfahren.** An diesem Verfahren ist der ehrenamtliche Vorstand (nach § 88 Nr. 2 S. 1) nur dann beteiligt, wenn ihm in einer mitwirkungsbedürftigen Angelegenheit die Entscheidungsbefugnis vorbehalten ist (vgl. Rn. 6).[103]

---

100 Str.; vgl. KfdP-*Altvater*, Rn. 53 m. N.

101 Nach abzulehnender Ansicht gilt § 88 Nr. 3 auch für Körperschaften mit einem hauptamtlichen Vorstand, obwohl sich bei ihnen bereits aus der unmittelbaren Anwendung des § 69 Abs. 3 S. 2 ergibt, dass der hauptamtliche Vorstand als oberste Dienstbehörde anzurufen ist, weil er (und nicht etwa das Selbstverwaltungsorgan Verwaltungsrat) das in ihrer Verfassung für die Geschäftsführung vorgesehene oberste Organ ist (vgl. KfdP-*Altvater*, Rn. 59 m. N.).

102 *BVerwG* v. 29.2.12 – 6 P 2.11 –, NVwZ-RR 12, 399 = PersR 12, 480 Ls.

103 Näher dazu KfdP-*Altvater*, Rn. 58.

Arbeitsgruppe Personalvertretung der DRV

11 Durch das Gesetz zur Organisationsreform in der **gesetzlichen Rentenversicherung** (RVOrgG) v. 9. 12. 04[104] ist außerhalb des BPersVG eine personalvertretungsrechtliche Regelung eingeführt worden. Sie soll die Interessenvertretung der Beschäftigten der Rentenversicherungsträger (Bundesträger und Regionalträger) bei solchen verbindlichen Entscheidungen der DRV Bund gewährleisten, mit denen in § 138 Abs. 1 SGB VI benannte **Grundsatz- und Querschnittsaufgaben** wahrgenommen werden, die die Rentenversicherung in ihrer Gesamtheit betreffen und sich auf die innerdienstlichen, sozialen und persönlichen Angelegenheiten der Beschäftigten auswirken. Dazu ist die – allerdings nur mit einem **Anhörungsrecht** ausgestattete – **»Arbeitsgruppe Personalvertretung der Deutschen Rentenversicherung«** geschaffen worden. Aufgaben, Zusammensetzung und Geschäftsführung dieser Arbeitsgruppe sind in **§ 140 SGB VI** geregelt. Dieser hat folgenden Wortlaut:[105]

»(1) Vor verbindlichen ***Entscheidungen der Deutschen Rentenversicherung Bund*** *nach § 138 Abs. 1 über*

1. *Grundsätze für die Aufbau- und Ablauforganisation und das Personalwesen,*
2. *Grundsätze und Koordinierung der Datenverarbeitung,*
3. *Grundsätze für die Aus- und Fortbildung,*
4. *Grundsätze der Organisation der Auskunfts- und Beratungsstellen sowie*
5. *Entscheidungen, deren Umsetzung in gleicher Weise wie die Umsetzung von Entscheidungen gemäß den Nummern 1 bis 4 Einfluss auf die Arbeitsbedingungen der Beschäftigten haben können,*

ist die Arbeitsgruppe Personalvertretung der Deutschen Rentenversicherung anzuhören.

(2) [1]Die ***Arbeitsgruppe Personalvertretung*** *der Deutschen Rentenversicherung setzt sich wie folgt zusammen:*

1. *drei Mitglieder aus der Personalvertretung der Deutschen Rentenversicherung Bund und ein Mitglied aus der Personalvertretung der Deutschen Rentenversicherung Knappschaft-Bahn-See; Mitglieder sind jeweils der Vorsitzende des Gesamtpersonalrates oder, falls eine Stufenvertretung besteht, der Vorsitzende des Hauptpersonalrates, bei der Personalvertretung der Deutschen Rentenversicherung Bund auch die beiden weiteren Mitglieder des Vorstandes sowie*
2. *je ein Mitglied aus der Personalvertretung eines jeden landesunmittelbaren Trägers der Rentenversicherung; die Regelungen zur Auswahl dieser Mit-*

104 BGBl. I S. 3242.

105 Hervorhebungen durch den Bearbeiter.

glieder und das Verfahren der Entsendung werden durch Landesrecht bestimmt.
²Die Mitglieder der Arbeitsgruppe Personalvertretung beteiligen ihre jeweiligen Hauptpersonalvertretungen, sind diese nicht eingerichtet, ihre Gesamtpersonalvertretungen. ³Die Arbeitsgruppe Personalvertretung der Deutschen Rentenversicherung beschließt mit der Mehrheit der Stimmen ihrer Mitglieder eine ***Geschäftsordnung****, die Regelungen über den Vorsitz, das Verfahren zur internen Willensbildung und zur Beschlussfassung enthalten muss. ⁴Ergänzend finden die* ***Regelungen des Bundespersonalvertretungsgesetzes*** *Anwendung. ⁵**Kostentragende Dienststelle** im Sinne des § 44 des Bundespersonalvertretungsgesetzes ist die Deutsche Rentenversicherung Bund.«*

Für die der Arbeitsgruppe angehörenden **Personalvertreter der landesunmittelbaren Träger der DRV** (Regionalträger) sind gem. § 140 Abs. 2 S. 1 Nr. 2 SGB VI **landesrechtliche Regelungen** zu ihrer Auswahl und zum Verfahren ihrer Entsendung getroffen worden.[106]
Die mit § 140 SGB VI vergleichbare Regelung über die »**Gemeinsame Personalvertretung des Spitzenverbandes der landwirtschaftlichen Sozialversicherung**« in § 143i Abs. 1 bis 3 SGB VII a. F. (vgl. dazu 6. Aufl.) ist mit der zum 1. 1. 13 erfolgten Auflösung des Spitzenverbandes entfallen (vgl. oben Rn. 2a a. E.). **12**

Personalvertretung in Jobcentern (gemeinsamen Einrichtungen)
Das **SGB II** enthielt in seiner ursprünglichen Fassung v. 24. 12. 03[107] in § 44b eine Vorschrift, nach der die Träger der **Grundsicherung für Arbeitsuchende** – nämlich die BA einerseits und die kommunalen Träger (kreisfreie Städte und Kreise) andererseits – zur einheitlichen Wahrnehmung ihrer Aufgaben nach dem SGB II grundsätzlich[108] **Arbeitsgemeinschaften** zu errichten hatten.[109] Nachdem das *BVerfG* diese Arbeitsgemeinschaften mit Urt. v. 20. 12. 07 – 2 BvR 2433/04 u. a. –[110] für verfassungswidrig erklärt hatte, hat der Bundesgesetzgeber Konsequenzen gezogen, zunächst mit dem **Gesetz zur Änderung des Grundgesetzes (Artikel 91e)** v. 21. 7. 10.[111] Der dadurch eingeführte Art. 91e GG bestimmt in Abs. 1, dass bei der Ausführung von Bundesgesetzen auf dem Gebiet der Grundsicherung für Arbeitsu- **13**

106 Dazu KfdP-*Altvater*, Rn. 63 m. N.
107 BGBl. I S. 2954, 2955.
108 Soweit nicht diese Aufgaben aufgrund der durch das Kommunale Optionsgesetz v. 30. 7. 04 (BGBl. I S. 2014) eingeführten Regelungen in den §§ 6a–6c SGB II von zugelassenen kommunalen Trägern allein wahrzunehmen waren.
109 Vgl. KfdP-*Altvater*, Rn. 32 m. N.
110 BVerfGE 119, 331.
111 BGBl. I S. 944. Näher dazu KfdP-*Altvater*, Rn. 32a.

chende Bund und Länder (oder die nach Landesrecht zuständigen Gemeinden und Gemeindeverbände) i. d. R. in **gemeinsamen Einrichtungen** zusammenwirken, und sieht in Abs. 2 vor, dass der Bund zulassen kann, dass eine begrenzte Anzahl von Gemeinden und Gemeindeverbänden die Aufgaben der Grundsicherung allein wahrnimmt. Damit sind die verfassungsrechtlichen Grundlagen dafür geschaffen, dass zum einen die Zusammenarbeit von Arbeitsagenturen und Kommunen in gemeinsamen Einrichtungen über das Jahr 2010 hinaus als Regelfall fortgesetzt und zum anderen das **kommunale Optionsmodell** fortgeschrieben werden können. Außerdem legt Art. 91e Abs. 3 GG fest, dass ein **Bundesgesetz** mit Zustimmung des Bundesrates das Nähere regelt. Von dieser Kompetenz hat der Bundesgesetzgeber mit dem **Gesetz zur Weiterentwicklung der Organisation der Grundsicherung für Arbeitsuchende** v. 3. 8. 10[112] Gebrauch gemacht.

14 Das im Wesentlichen am 1. 1. 11 in Kraft getretene Gesetz v. 3. 8. 10 (a. a. O.; vgl. Rn. 13 a. E.), das v. a. umfangreiche **Änderungen des SGB II**[113] enthält, trifft in erster Linie Regelungen über die gemeinsamen Einrichtungen und die zugelassenen kommunalen Träger.[114] Beide Arten von Einrichtungen führen die Bezeichnung **Jobcenter** (§ 6d SGB II n. F.). Die Regelungen über die **gemeinsamen Einrichtungen** in den §§ 44b bis 44k SGB II n. F. sind[115] an die Stelle der bisherigen Regelung über die Arbeitsgemeinschaften in § 44b SGB II a. F. getreten. Die nunmehr geltenden Regelungen sehen u. a. Folgendes vor: Die Leistungsträger BA und Kommunen bilden im Gebiet grundsätzlich jedes kommunalen Trägers eine gemeinsame Einrichtung; die Aufgaben in diesen Jobcentern werden (so wie vorher in den Arbeitsgemeinschaften) von **Beamten und Arbeitnehmern der jeweiligen Träger** wahrgenommen, denen entsprechende Tätigkeiten zugewiesen worden sind (§ 44b Abs. 1 SGB II). Diese Jobcenter sind **Mischbehörden aus Bundes- und Landesbehörden.**[116] Die Träger bestimmen den Standort sowie die nähere Ausgestaltung der Organisation des Jobcenters durch **Vereinbarung** (§ 44b Abs. 2 SGB II). Das Jobcenter hat eine **Trägerversammlung**, in der beide Träger je zur Hälfte vertreten sind; sie entscheidet über organisatorische, personalwirtschaftliche, personalrechtliche und personalvertretungsrechtli-

112 BGBl. I S. 1112.

113 Nach weiteren Änderungen gilt das SGB II inzwischen i. d. F. der Bek. v. 13. 5. 11 (BGBl. I S. 850, ber, S. 2094), zuletzt geändert durch Art. 2 des Gesetzes v. 1. 12. 16 (BGBl. I S. 2755).

114 Näher dazu KfdP-*Altvater*, Rn. 32b.

115 Teilw. erneut geändert durch Gesetze v. 24. 3. 11 (BGBl. I S. 453) u. v. 28. 7. 14 (BGBl. I S. 1306) sowie v. 26. 7. 16 (BGBl. I S. 1824, ber. 2718).

116 BT-Drs. 17/1555, S. 23 [zu § 44b Abs. 1]. Es handelt sich somit nicht um Dienststellen der BA (*BVerwG* v. 24. 9. 13 – 6 P 4.13 –, PersR 13, 456 [zu II 2e bb <Rn. 17>]).

che Angelegenheiten des Jobcenters (§ 44c SGB II).[117] Der **Geschäftsführer** führt hauptamtlich die Geschäfte des Jobcenters und vertritt dieses gerichtlich und außergerichtlich. Er übt über die Beamten und Arbeitnehmer, denen im Jobcenter Tätigkeiten zugewiesen worden sind, die dienst-, personal- und arbeitsrechtlichen Befugnisse der Bundesagentur und des kommunalen Trägers und die Dienstvorgesetzten- und Vorgesetztenfunktion – mit Ausnahme der Befugnisse zur Begründung und Beendigung der mit den Beamten und Arbeitnehmern bestehenden Rechtsverhältnisse – aus (§ 44d Abs. 4 SGB II).

Für die **Zuweisung von Tätigkeiten beim Jobcenter** gelten die Regelungen in § 44g SGB II; diese sehen gesetzliche Zuweisungen der schon bisher in der Arbeitsgemeinschaft tätigen Beamten und Arbeitnehmer sowie spätere, im Einzelfall erfolgende Zuweisungen nach den jeweils maßgeblichen tarif- und beamtenrechtlichen Regelungen vor; sie können, je nach Ausgestaltung der einschlägigen Regelung, **unbefristet oder befristet** erfolgen (§ 44g Abs. 1 und 2 SGB II).[118] Die bestehenden Dienst- oder Arbeitsverhältnisse werden durch die Zuweisung nicht berührt; ein Dienstherren- oder Arbeitgeberwechsel findet nicht statt (§ 44g Abs. 3 u. 4 SGB II).[119] Die Zuweisung kann grundsätzlich auf Verlangen des Beamten oder Arbeitnehmers aus wichtigem Grund jederzeit beendet werden (§ 44g Abs. 5 S. 1 Nr. 2 u. S. 2 SGB II).[120] **14a**

Das Gesetz v. 3. 8. 10 (a. a. O.; vgl. Rn. 13 a. E.) hat zum 1. 1. 11 Regelungen über die Interessenvertretung der Beschäftigten in jenen Jobcentern eingeführt, die als gemeinsame Einrichtungen organisiert sind. Der unter der Überschrift »**Personalvertretung**« stehende **§ 44h SGB II** hat folgenden Wortlaut:[121] **15**

117 Ausdrücklich auch über die Genehmigung von Dienstvereinbarungen (§ 44c Abs. 2 S. 2 Nr. 7 SGB II).

118 Die mit Gesetz v. 3. 8. 10 (a. a. O. [Rn. 13 a. E.] zum 1. 1. 11. eingeführten Bestimmungen in § 44g Abs. 1 u. 2 SGB II sind unter Berücksichtigung redaktioneller Anpassungen durch Gesetz v. 24. 3. 11 (BGBl. I S. 453) im Wortlaut und mit Auszügen aus der amtlichen Begründung (BT-Drs. 17/1555, S. 28) abgedr. in der Voraufl. (Rn. 14b) u. in KfdP-Altvater (Rn. 32d). Durch das Achte Gesetz zur Änderung des Zweiten Buches Sozialgesetzbuch – Ergänzung personalrechtlicher Bestimmungen v. 28. 7. 14 (BGBl. I S. 1306) sind Abs. 1 u. 2 des § 44g SGB II zum 1. 1. 15 neugefasst worden. Auch diese Neufassungen sind zusammen mit der Übergangsregelung in § 79 Abs. 2 SGB II sowie mit amtl. Begr. (BT-Drs. 18/131, S. 8 u. 12 ff.) wiedergegeben in der Voraufl. (Rn. 14c) u. in KfdP-Altvater (Rn. 32e).

119 BT-Drs. 17/1555, a. a. O.

120 Näher zu § 44g SGB II KfdP-*Altvater,* Rn. 32d u. 32f m. N., sowie ausf. u. krit. *Nitsche,* PersR 12/15, 32 ff.

121 Hervorhebungen durch den Bearbeiter.

»(1) [1]In den gemeinsamen Einrichtungen wird eine Personalvertretung gebildet. [2]Die ***Regelungen des Bundespersonalvertretungsgesetzes*** *gelten entsprechend.*
(2) Die Beamten und Arbeitnehmer in der gemeinsamen Einrichtung besitzen für den Zeitraum, für den ihnen Tätigkeiten in der gemeinsamen Einrichtung zugewiesen worden sind, ein ***aktives und passives Wahlrecht*** *zu der Personalvertretung.*
(3) Der ***Personalvertretung*** *der gemeinsamen Einrichtung stehen alle* ***Rechte*** *entsprechend den Regelungen nach dem Bundespersonalvertretungsgesetz zu, soweit der Trägerversammlung oder dem Geschäftsführer Entscheidungsbefugnisse in personalrechtlichen, personalwirtschaftlichen, sozialen oder die Ordnung der Dienststelle betreffenden Angelegenheiten zustehen.*
(4) [1]Zur Erörterung und Abstimmung gemeinsamer personalvertretungsrechtlich relevanter Angelegenheiten wird eine ***Arbeitsgruppe der Vorsitzenden*** *der Personalvertretungen der gemeinsamen Einrichtungen eingerichtet. [2]Die Arbeitsgruppe hält bis zu zwei* ***Sitzungen*** *im Jahr ab. [3]Sie beschließt mit den Stimmen der Mehrheit ihrer Mitglieder eine* ***Geschäftsordnung****, die Regelungen über den Vorsitz, das Verfahren zur internen Willensbildung und zur Beschlussfassung enthalten muss. [4]Die Arbeitsgruppe kann* ***Stellungnahmen*** *zu Maßnahmen der Träger, die Einfluss auf die Arbeitsbedingungen aller Arbeitnehmer und Beamten in den gemeinsamen Einrichtungen haben können, an die zuständigen Träger abgeben.*
(5) Die Rechte der ***Personalvertretungen der abgebenden Dienstherren und Arbeitgeber*** *bleiben unberührt, soweit die Entscheidungsbefugnisse bei den Trägern verbleiben.«*

16 Die Regelung in **§ 44h Abs. 1 SGB II** geht davon aus, dass die gemeinsame Einrichtung entsprechend § 6 Abs. 1 BPersVG als **Dienststelle** »gilt«.[122] § 44d Abs. 5 SGB II stellt ausdrücklich klar, dass der Geschäftsführer der gemeinsamen Einrichtung **Leiter der Dienststelle** i. S. d. PersVR »ist« (vgl. § 7 Rn. 1). Vom Wirksamwerden ihrer Zuweisung an wirken die der gemeinsamen Einrichtung zugewiesenen Beamten und Arbeitnehmer nach Weisung des dortigen Geschäftsführers an der Erfüllung der dem Jobcenter obliegenden öffentlichen Aufgaben mit und sind deshalb **Beschäftigte dieser Dienststelle**[123] (vgl. § 4 Rn. 2). **§ 44h Abs. 2 SGB II** bestimmt, dass die **Beamten und Arbeitnehmer** in der gemeinsamen Einrichtung für den Zeitraum ihrer Zuweisung und damit **vom Beginn der Zuweisung an wahlberechtigt und wählbar** zur Personalvertretung der gemeinsamen Einrichtung sind.[124]

---

122 BT-Drs. 17/1555, S. 28.
123 *BVerwG* v. 20.11.12 – 6 PB 14.12 –, PersR 13, 88.
124 BT-Drs. 17/1555, a. a. O.

Gegenwärtiger Stand der Rspr. ist andererseits, dass eine von der BA ausgehende Zuweisung von Tätigkeiten bei einer gemeinsamen Einrichtung nach dem BPersVG jedenfalls dann zum **Ausscheiden aus der alten Dienststelle** und zum **Verlust des Wahlrechts zum dortigen PR** (und zu den Stufenvertretungen bei der BA)[125] **sowie des Rechts auf Teilnahme an der dortigen Personalversammlung**[126] führt,[127] wenn es sich nicht nur um eine Teilzuweisung (vgl. § 13 Rn. 13c) handelt.[128] Hinzu kommen **weitere Konsequenzen:**[129] Verlieren die Zugewiesenen ihr Wahlrecht in der bisherigen Dienststelle, gehören sie dort nicht mehr zu den in der Regel Beschäftigten, von deren Zahl nach oder entsprechend § 16 die Größe des PR[130] oder der Stufenvertretungen und nach § 46 Abs. 4 die Zahl der freizustellenden PR-Mitglieder[131] abhängt. 16a

Nach **§ 44h Abs. 3 SGB II** stehen der Personalvertretung der gemeinsamen Einrichtung in allen personalvertretungsrechtlich bedeutsamen Angelegenheiten, in denen die Entscheidungsträger der Einrichtung (Trägerversammlung oder Geschäftsführer) entscheidungsbefugt sind, die im BPersVG vorgesehenen **Beteiligungsrechte** zu.[132] Aufgrund der Bestimmungen des § 7 S. 1 BPersVG (»Für die Dienststelle handelt ihr Leiter.«) und des § 44d Abs. 5 SGB II (»… der Geschäftsführer ist Leiter der Dienststelle im personalvertretungsrechtlichen Sinn…«) ist die Personalvertretung bei der Wahrnehmung ihrer Beteiligungsrechte grundsätzlich Partner bzw. **»Gegenspieler« des Geschäftsführers.** § 44c Abs. 3 SGB II legt allerdings fest, dass in Streitfragen zwischen Personalvertretung und Geschäftsführer die **Trägerversammlung** die Aufgaben einer **übergeordneten Dienststelle** und **obersten Dienstbe-** 17

125 *BVerwG* v. 18. 1. 13 – 6 PB 17.12 –, PersR 13, 174, u. v. 7. 2. 14 – 6 PB 37.13 (6 P 3.14) –, juris (zu 2).

126 *BVerwG* v. 20. 11. 12 – 6 PB 14.12 –, PersR 13, 88 (unter Hinw. auf die Möglichkeiten der Kommunikation in der Personalversammlung des Jobcenters; vgl. hierzu auch KfdP-*Altvater*, Rn. 68a).

127 Str. ist noch, ob die Beschäftigten der BA bereits mit dem Wirksamwerden der Zuweisung aus der alten Dienststelle ausscheiden oder ob dies erst nach Maßgabe der Fristenregelung in § 13 Abs. 2 S. 1, 3 u. 4 erfolgt. Vgl. dazu KfdP-*Altvater*, Rn. 65a m. N.

128 Anders ist es bei abgebenden kommunalen Dienstherren und Arbeitgebern im Geltungsbereich einzelner LPersVG, die ein Doppelwahlrecht vorsehen (Bay, NW, RP, Saar, Thür); näher dazu KfdP-*Altvater*, Rn. 71. In BW gilt eine differenzierende Regelung: einerseits Aufrechterhaltung der Wahlberechtigung, andererseits Verlust der Wählbarkeit (§ 4 Abs. 1 S. 1 und 2, § 8 Abs. 1, § 9 Abs. 1 LPVG); vgl. dazu LT-Drs. 15/4224, S. 89f. (zu § 11 Abs. 1 u. zu § 12 Abs. 1).

129 Krit. dazu *Baden*, PersR 5/14, 190.

130 *BVerwG* v. 11. 10. 13 – 6 PB 27.13 –, PersR 1/14, 38.

131 *OVG NW* v. 25. 10. 12 – 20 B 1079/12.PVB – u. v. 13. 6. 13 – 20 A 2811/12.PVB –, PersV 13, 466, u. 13, 137.

132 BT-Drs. 17/1555, a. a. O.

hörde nach den §§ 69 bis 72 BPersVG wahrnimmt.[133] Das bedeutet insb., dass im Fall der Nichteinigung in einem vom Geschäftsführer nach § 69 Abs. 2 bzw. § 72 Abs. 1 bis 3 BPersVG eingeleiteten und durchgeführten Mitbestimmungs- oder Mitwirkungsverfahren nach § 69 Abs. 3 bzw. § 72 Abs. 4 BPersVG ein **Stufenverfahren** zwischen Personalvertretung und Trägerversammlung stattzufinden hat (vgl. § 69 Rn. 29ff. bzw. § 72 Rn. 14ff.)[134] und in Fällen der Mitbestimmung die **Einigungsstelle** nach § 71 BPersVG ggf. im Zusammenwirken von Personalvertretung und Trägerversammlung zu bilden ist (vgl. § 71 Rn. 2ff.). Hat der PR des Jobcenters rechtswirksam die Zustimmung zu einer mitbestimmungspflichtigen Maßnahme des Geschäftsführers verweigert und legt dieser daraufhin die Angelegenheit der Trägerversammlung vor, so ist diese verpflichtet, nach Maßgabe von § 69 Abs. 3 S. 1 u. 4, Abs. 4 S. 1 Hs. 1 BPersVG das Stufenverfahren und das Einigungsstellenverfahren durchzuführen; der PR des Jobcenters ist dabei (in der Rolle der Stufenvertretung) Partner bzw. **»Gegenspieler« der Trägerversammlung.**[135] Letzteres soll nach Ansicht des *BVerwG* »bereits nach eindeutigem Wortlaut der Regelungen in § 44c Abs. 2 Satz 1 und § 44h Abs. 3 SGB II« aber auch dann gelten, wenn die Trägerversammlung **»in beteiligungspflichtigen Angelegenheiten originär zur Entscheidung berufen«** ist.[136] Das läuft allerdings auf die (im SGB II nicht ausdrücklich normierte) entsprechende Anwendung des § 88 Nr. 2 S. 1 Hs. 1 BPersVG hinaus und hat insb. zur Folge, dass in derartigen Angelegenheiten das **gesamte Beteiligungsverfahren** auf der Seite der Dienststelle allein von der Trägerversammlung durchzuführen ist, in Fällen der Mitbestimmung also sowohl das Ausgangsverfahren nach § 69 Abs. 2 als auch ggf. das unmittelbar folgende Einigungsstellenverfahren nach § 69 Abs. 4 BPersVG.[137]

18 Die Regelung in **§ 44h Abs. 4 SGB II n.F.** über die Bildung einer **Arbeitsgruppe der Vorsitzenden** der Personalvertretungen der gemeinsamen Einrichtungen beruht auf der Überlegung, dass aufgrund der Organisationsstruktur der gemeinsamen Einrichtungen keine Stufenvertretungen zu bilden sind. Die Bildung der Arbeitsgruppe soll einen Informationsaustausch auf überörtlicher Ebene und eine Verständigung auf gemeinsame Standpunkte ermöglichen[138], die in einheitlichen Stellungnahmen gegenüber den

133 Hierzu u. zum Folgenden *BVerwG* v. 24.9.13 – 6 P 4.13 –, PersR 13, 456.
134 Im Hinblick auf die Besonderheiten des Jobcenters mangels einer mehrstufigen Verwaltung kein »reguläres Stufenverfahren«, sondern ein »modifiziertes Stufenverfahren« in einer einstufigen Verwaltung mit zwei Organen (so *BVerwG* v. 24.9.13, a.a.O. [zu II 3a, aa]).
135 *BVerwG* v. 24.9.13, a.a.O. (Ls. 2; zu II 3a cc, dd).
136 *BVerwG* v. 24.9.13, a.a.O. (zu II 3a cc).
137 Zum Verfahren vgl. auch *Pätzel*, PersR 1/14, 6.
138 *BVerwG* v. 24.9.13, a.a.O. (zu II 3a cc, dd).

Trägern artikuliert werden können.[139] Die Vorschriften des BPersVG über die Rechtsstellung der PR-Mitglieder gelten für die Vorsitzenden der Personalvertretungen der gemeinsamen Einrichtungen auch in ihrer Eigenschaft als Mitglieder der Arbeitsgruppe.[140]

§ 44h Abs. 5 SGB II n. F. berücksichtigt, dass aufgrund des zum jeweiligen Leistungsträger weiter bestehenden Dienst- oder Arbeitsverhältnisses bei den **Personalvertretungen der Leistungsträger** Mitbestimmungs- und Mitwirkungsrechte (sowie sonstige Beteiligungsrechte) für die in den gemeinsamen Einrichtungen tätigen Beschäftigten verbleiben.[141] Die **Beteiligungsrechte dieser Personalvertretungen** bleiben auch dann unberührt, wenn die betroffenen Beschäftigten aufgrund ihrer Zuweisung zur gemeinsamen Einrichtung aus ihrer bisherigen Dienststelle ausgeschieden sind und das Wahlrecht zum dortigen PR und das Recht zur Teilnahme an der Personalversammlung in der bisherigen Dienststelle verloren haben.[142] 19

Die Frage, **welche Personalvertretung** bei einer an sich beteiligungspflichtigen **personellen Maßnahme** der Arbeitgeberseite zu beteiligen ist, hat in der Praxis wiederholt zu Meinungsverschiedenheiten geführt. Das *BVerwG*[143] hat entschieden, dass die (nicht kraft Gesetzes erfolgende) **Zuweisung** einer Tätigkeit beim Jobcenter an einen Arbeitnehmer der BA *sowohl* der Mitbestimmung der zuständigen Personalvertretung bei der entscheidungsbefugten Dienststelle der BA *als auch* der Mitbestimmung des PR des Jobcenters unterliegt (vgl. § 75 Rn. 49b u. § 76 Rn. 30a). In Bezug auf **andere Personalmaßnahmen** sind dagegen keine vergleichbaren Sowohl-als-auch-Entscheidungen ergangen. Dabei hat sich die Rspr. vorrangig an **§ 44d Abs. 4 SGB II** (vgl. oben Rn. 14 a. E.) orientiert. Darin heißt es: 20

»… der Geschäftsführer übt über die … Beamten sowie die … Arbeitnehmer, denen in der gemeinsamen Einrichtung Tätigkeiten zugewiesen worden sind, die dienst-, personal- und arbeitsrechtlichen Befugnisse der Bundesagentur und des kommunalen Trägers und die Dienstvorgesetzten- und Vorgesetztenfunktion, mit Ausnahme der Befugnisse zur Begründung und Beendigung der mit den … Beamten sowie … Arbeitnehmern bestehenden Rechtsverhältnisse, aus.«

Das *BVerwG* hat betont, dass **die beteiligungsrechtliche Zuständigkeit akzessorisch an die Entscheidungszuständigkeit des Dienststellenleiters an-**

---

139 BT-Drs. 17/2188, S. 16.

140 Vgl. *VG Mainz* v. 6. 11. 13 – 2 L 1579/13.MZ –, ZfPR 14,12, zur Freistellung nach § 46 Abs. 2 BPersVG und Kostentragung nach § 46 Abs. 2 bzw. § 44 BPersVG.

141 BT-Drs. 17/1555, S. 28 (zu § 44h Abs. 4).

142 *BVerwG* v. 20. 11. 12 – 6 PB 14.12 –, PersR 13, 88, m. w. N.

143 Beschl. v. 24. 9. 13 – 6 P 4.13 –, PersR 13, 456.

knüpft, und daraus Folgendes hergeleitet:[144] Ist der Geschäftsführer des als gemeinsame Einrichtung gebildeten Jobcenters zur Entscheidung berufen, steht das Beteiligungsrecht dem *PR beim Jobcenter* zu; ist der Leiter der zuständigen Dienststelle der BA zur Entscheidung berufen, liegt das Beteiligungsrecht beim *PR der zuständigen Dienststelle der BA*. Davon ausgehend hat das *BVerwG* bei folgenden Personalmaßnahmen Beteiligungsrechte des **PR beim Jobcenter** (nicht aber des PR bei der BA) bejaht:

- ein Mitbestimmungsrecht unter dem Gesichtspunkt der **Eingruppierung** bei der tariflichen Zuordnung einer Tätigkeit zu Funktionsstufen nach § 20 TV-BA;[145]
- ein Mitbestimmungsrecht unter dem Gesichtspunkt der **Übertragung einer höher zu bewertenden Tätigkeit**, wenn einem Arbeitnehmer eine Tätigkeit übertragen wird, welche zur Zahlung einer Funktionsstufe nach § 20 TV-BA führt;[146]
- ein Mitbestimmungsrecht bei der **Übertragung einer niedriger zu bewertenden Tätigkeit** und der hiermit verbundenen **Rückgruppierung** auch dann, wenn der Arbeitgeber die beabsichtigte Personalmaßnahme bei fehlendem Einverständnis des Arbeitnehmers nur durch Ausspruch einer **Änderungskündigung** durchsetzen kann und die Kündigung bei Ablehnung durch den Arbeitnehmer das Arbeitsverhältnis beenden kann.[147] Obwohl der Arbeitgeber die beabsichtigte Personalmaßnahme hier bei fehlendem Einverständnis des Arbeitnehmers nur durch Ausspruch einer Änderungskündigung durchsetzen kann und die Kündigung bei Ablehnung durch den Arbeitnehmer das Arbeitsverhältnis beenden kann, erscheint es dem *BVerwG* »im Rahmen einer Gesamtbetrachtung gerechtfertigt, den Ausspruch einer Änderungskündigung nicht als eine gemäß § 44d Abs. 4 SGB II dem Träger vorbehaltene Maßnahme zur Beendigung des Arbeitsverhältnisses einzustufen, sondern sie der Zuständigkeit des Geschäftsführers der gemeinsamen Einrichtung zuzuordnen«.[148]

Nach der Rspr. des *BAG* umfasst die **Zuständigkeit des Trägers** für die Begründung und Beendigung von Arbeitsverhältnissen i. S. v. § 44d Abs. 4 SGB

---

144 *BVerwG* v. 1.10.14 – 6 P 15.13 –, Buchh 250 § 75 Nr. 123 = PersR 10/15, 49 Ls. (vorgehend *OVG NW* v. 29.8.13 – 20 A 2640. PVB –).

145 *BVerwG* v. 1.10.14 – 6 P 14.13 –, PersV 15, 108 (vorgehend *OVG NW* v. 29.8.13 – 20 A 567/12.PVB –).

146 *BVerwG* v. 1.10.14 – 6 P 15.13 –, a. a. O.

147 *BVerwG* v. 1.10.14 – 6 P 13.13 –, PersR 10/15, 54 (vorgehend *OVG LSA* v. 12.6.13 – OVG 6 L 3/12 –).

148 *BVerwG* v. 1.10.14 – 6 P 13.13 –, a. a. O. (zu II 2b bb (6) [Rn. 22]). Krit. dazu *Weiß*, PersR 10/15, 24, 28 ff.

II nicht nur den erstmaligen Abschluss eines Arbeitsvertrags, sondern auch die **Verlängerung eines befristeten Arbeitsvertrags.**[149]

21 Probleme haben sich auch für die Mitbestimmung des PR des Jobcenters aus der Bestimmung des **§ 50 Abs. 3 SGB II** ergeben, wonach die gemeinsame Einrichtung zur Erfüllung ihrer Aufgaben **Verfahren der Informationstechnik** nutzt, die durch die BA zentral verwaltet werden. Bisher sind Mitbestimmungsrechte vereinzelt bejaht,[150] aber wohl überwiegend verneint worden. Ablehnende Gerichtsentscheidungen aus jüngerer Zeit betreffen die **Einführung des Basisdienstes elektronische Akte**[151] und den **Erlass von IT-Nutzungsbedingungen**[152]. Die Frage, ob der Begriff der zentral verwalteten Verfahren der Informationstechnik nicht nur entsprechende Software, sondern auch **Hardware** erfasst[153], ist höchstrichterlich noch nicht geklärt.[154]

§ 89 [Deutsche Bundesbank]

Für die Deutsche Bundesbank gilt dieses Gesetz mit folgenden Abweichungen:

1. **Als Behörden der Mittelstufe im Sinne des § 6 Abs. 2 Satz 2 gelten die Landeszentralbanken, denen Zweiganstalten unterstehen.**
2. **[1]Oberste Dienstbehörde ist der Präsident der Deutschen Bundesbank. [2]Der Zentralbankrat gilt als oberste Dienstbehörde, soweit ihm die Entscheidung zusteht. [3]§ 69 Abs. 3 Satz 2 ist nicht anzuwenden.**
3. **[1]Der Zentralbankrat, das Direktorium und der Vorstand einer Landeszentralbank können sich durch eines oder mehrere ihrer Mitglieder vertreten lassen. [2]§ 7 Satz 2 bleibt unberührt.**

---

149 *BAG* v. 9.9.15 – 7 AZR 190/14 –, NZA 16, 232 (zu II 1c bb [Rn. 37ff. m. w. N.]). Dabei ist es auch auf den o. a. Beschl. des *BVerwG* v. 1.10.14 – 6 P 13.13 – eingegangen, ohne erkennen zu lassen, ob es sich diesem in Bezug auf die Einordnung der Änderungskündigung anschließt.

150 *OVG Bln-Bbg* v. 14.3.13 – 62 PV 13.12 –, öAT 13, 197 Ls. (zur Internet-Protokoll-Telefonie [VoIP]), u. *OVG LSA* v. 12.6.13 – 6 L 4/12 –, PersR 3/14, 118 (zur Abänderung eines elektronischen Arbeitszeiterfassungssystems); ferner *Nitsche*, PersR 3/14, 115.

151 *OVG Bln-Bbg* v. 24.7.14 – 62 PV 6.13 –, ZPR online 1/16, 2 m. Anm. *Hebeler* = ZfPR 16, 45 Ls.; Nichtzulassungsbeschwerde zurückgewiesen durch *BVerwG* v. 6.8.15 – 5 PB 15.14 –, juris.

152 *OVG NW* v. 1.9.15 – 20 A 2311/13.PVB –, PersV 16, 99 = PersR 1/16, 44 Ls.

153 Bejahend und damit ein Mitbestimmungsrecht des PR beim Jobcenter verneinend *OVG NW* v. 1.9.15 – 20 A 1265/14.PVB –, PersV 16, 102.

154 Wegen grundsätzlicher Bedeutung hat das *BVerwG* mit Beschl. v. 4.4.16 – 5 PB 30.15 (5 P 2.16) –, juris, die Rechtsbeschwerde gegen den o. a. Beschl. des *OVG NW* zugelassen.

1 Das BPersVG findet grundsätzlich auch Anwendung auf die Deutsche Bundesbank. Die allgemeinen Regelungen des Gesetzes gelten jedoch insoweit nicht, als in § 89 Nr. 1 bis 3 **Abweichungen** vorgeschrieben sind.

2 Die Deutsche Bundesbank ist eine **bundesunmittelbare juristische Person des öffentlichen Rechts** (§ 2 S. 1 BBankG). Als Zentralbank der Bundesrepublik Deutschland ist sie integraler Bestandteil des Europäischen Systems der Zentralbanken – ESZB – (§ 3 BBankG). Sie hat ihren Sitz in Frankfurt a. M. (§ 2 S. 3 BBankG) und unterhält neun **Hauptverwaltungen** (§ 8 BBankG) sowie 35 (den Hauptverwaltungen unterstehende) **Filialen** (§ 10 BBankG).[155] Organ der Deutschen Bundesbank ist der **Vorstand** (§ 7 BBankG). Der Vorstand mit der Zentrale am Sitz der Bank hat die Stellung einer obersten Bundesbehörde; die Hauptverwaltungen und Filialen haben die Stellung von Bundesbehörden (§ 29 Abs. 1 BBankG). Die Bundesbank beschäftigt **Beamte, Angestellte** und **Arbeiter** (§ 31 Abs. 1 BBankG). Oberste Dienstbehörde ist der **Präsident** der Deutschen Bundesbank (§ 31 Abs. 2 BBankG).

3 Die Bundesbank hat ihre gegenwärtige **Organisationsstruktur** durch das Siebente Gesetz zur Änderung des Gesetzes über die Deutsche Bundesbank v. 23. 3. 02[156] erhalten. Dadurch ist die vorherige Struktur **grundlegend geändert** worden.[157] Obwohl die Sondervorschriften des § 89 auf die alte Struktur zugeschnitten sind, hat der Gesetzgeber sie bisher nicht geändert. Sie bedürfen deshalb einer **anpassenden Auslegung.**[158]

4 (**Nr. 1**) § 89 Nr. 1 sollte dem Umstand Rechnung tragen, dass die früheren Vorstände der früheren Landeszentralbanken dem früheren Direktorium als zentralem Verwaltungsorgan der Bundesbank nicht nachgeordnet waren. Sie bestimmt, dass als **Behörden der Mittelstufe** i. S. d. § 6 Abs. 2 S. 2 diejenigen **Landeszentralbanken** gelten, denen Zweiganstalten unterstehen. An die Stelle der früheren Landeszentralbanken sind nunmehr die **Hauptverwaltungen** getreten, die ausschließlich von einem dem Vorstand unterstehenden Präsidenten geleitet werden und die im Verhältnis zum Vorstand mit der Zentrale zweifelsfrei unmittelbar nachgeordnete Dienststellen sind. An die Stelle der früheren Zweiganstalten sind die einer Hauptverwaltung unterstehenden **Filialen** getreten, bei denen es sich um Dienststellen der Unterstufe handelt. Schon aus der unmittelbaren Anwendung des § 6 Abs. 2 S. 2 ergibt sich nunmehr, dass Hauptverwaltungen, denen Filialen unterstehen, Behörden der Mittelstufe i. S. d. BPersVG sind. Nach der Neuordnung der Organisationsstruktur der Bundesbank ist § 89 Nr. 1 deshalb entbehrlich ge-

155 Näheres zu den Hauptverwaltungen und Filialen unter http://www.bundesbank.de.

156 BGBl. I S. 1159.

157 Näher dazu KfdP-*Altvater*, Rn. 4f.

158 Vgl. *BVerwG* v. 19. 1. 09 – 6 P 1.08 –, PersR 09, 205, m. w. N.

worden und geht ins Leere.[159] Da nach dem gegenwärtigen Stand allen neun Hauptverwaltungen mindestens eine Filiale untersteht, ist bei ihnen außer dem von den Beschäftigten der Hauptverwaltung gewählten örtlichen PR nach § 53 Abs. 1 und 2 jeweils ein **BPR** zu bilden, der von den Beschäftigten der Hauptverwaltung und der ihr nachgeordneten Filiale(n) zu wählen ist. Der Präsident der Hauptverwaltung ist i. S. d. § 7 S. 1 Leiter dieser Dienststelle. Für die Bildung von Personalvertretungen bei den **Filialen** gelten die allgemeinen Bestimmungen des Gesetzes (§§ 6, 12 und 55).

(**Nr. 2**) § 89 Nr. 2 sieht in S. 1 und 2 vor, dass grundsätzlich der **Präsident** 5
der Bundesbank oberste Dienstbehörde »ist«, dass aber ausnahmsweise der **Zentralbankrat** als oberste Dienstbehörde »gilt«, soweit ihm die Entscheidung zusteht; deshalb ist – wie in § 89 Nr. 2 S. 3 ausdrücklich regelt – § 69 Abs. 3 S. 2 nicht anzuwenden. Dass der **Vorstand** an die Stelle des früheren Zentralbankrats getreten ist, hat die Vorschrift nicht gegenstandslos werden lassen.[160] Ihr **Zweck** besteht darin, die allgemeinen Vorschriften des BPersVG mit Rücksicht auf die spezifische Organisationsstruktur der Bundesbank zu modifizieren.[161] Die in § 89 Nr. 2 S. 1 enthaltene grundsätzliche Bestimmung des Präsidenten der Bundesbank zur obersten Dienstbehörde im personalvertretungsrechtlichen Sinne entspricht nach wie vor dessen Funktion als oberster Dienstbehörde im beamtenrechtlichen Sinne (§ 31 Abs. 2 S. 2 BBankG a. F. u. n. F.). Die diesen Grundsatz durchbrechende Ausnahmeregelung des § 89 S. 2 trug bislang dem Umstand Rechnung, dass auch der frühere Zentralbankrat Entscheidungen in Angelegenheiten zu treffen hatte, die der Beteiligung der Personalvertretung unterlagen, und gewährleistete, dass die Personalvertretung ihre Beteiligungsrechte gegenüber dem entscheidungsbefugten Organ wahrnehmen konnte. Diesen Zweck kann die Vorschrift auch erfüllen, seitdem der Vorstand u. a. auch die Aufgaben des früheren Zentralbankrats übernommen hat und auch an dessen Stelle getreten ist. Sie ist deshalb seit dem Inkrafttreten der Neuorganisation am 30. 4. 02 (vgl. Rn. 3) so zu lesen, dass es »Vorstand« statt »Zentralbankrat« heißt.

Nach § 89 Nr. 2 S. 1 i. V. m. § 53 Abs. 1 und 2 ist der von allen Beschäftigten der Bundesbank zu wählende **HPR** beim Präsidenten der Bundesbank zu bilden. **Beteiligungsrechte** stehen ihm entweder gegenüber dem Präsidenten oder gegenüber dem Vorstand zu, je nachdem, wer von ihnen in der betreffenden Angelegenheit die Entscheidungsbefugnis hat. Dementsprechend ist auch die **Einigungsstelle** entweder beim Präsidenten oder beim Zentral- 6

---

159 In *BVerwG* v. 19. 1. 09, a. a. O., offengelassen, weil auch im Wege der anpassenden Auslegung aus § 89 Nr. 1 abzuleiten ist, dass die Hauptverwaltungen Behörden der Mittelstufe sind.

160 Str.; vgl. KfdP-*Altvater*, Rn. 8 m. N.

161 Vgl. *BVerwG* v. 11. 4. 91 – 6 P 9.89 –, PersR 91, 284.

bankrat zu bilden.[162] »Gemischte« Angelegenheiten, in denen die Entscheidungsbefugnis teils beim Präsidenten, teils beim Vorstand liegt, müssen deshalb verfahrensmäßig getrennt werden.

7 Ebenso wie der HPR ist der **örtliche PR für die Beschäftigten der Zentrale** der Bundesbank in Frankfurt a. M. beim Präsidenten der Bundesbank – nicht dagegen beim Vorstand – zu bilden.[163] Dafür spricht nicht nur die Festlegung in § 89 Nr. 2 S. 1, dass der Präsident oberste Dienstbehörde »ist«, sondern auch, dass er Inhaber wesentlicher personalrechtlicher und -politischer Entscheidungsbefugnisse ist und ihm innerhalb des Vorstands eine herausgehobene Position zukommt (§ 31 Abs. 2 bzw. § 7 Abs. 5 BBankG). Wird der örtliche PR beim Präsidenten gebildet, so führt dies dazu, dass dem PR **zwei Dienststellenleiter** gegenüberstehen, zum einen der **Präsident**, zum anderen – soweit er in beteiligungspflichtigen Angelegenheiten entscheidungsbefugt ist – der **Vorstand**, wobei dieser sich nach § 89 Nr. 3 durch eines seiner Mitglieder vertreten lassen kann (vgl. Rn. 8).

8 **(Nr. 3)** § 89 Nr. 3 sieht vor, dass sich die (früheren) **Kollegialorgane** Zentralbankrat und Direktorium sowie Vorstand einer Landeszentralbank bei der Wahrnehmung ihrer personalvertretungsrechtlichen Aufgaben durch eines oder mehrere ihrer Mitglieder **vertreten** lassen können. Auch diese Vorschrift ist durch die Neuorganisation der Bundesbank nicht gegenstandslos geworden,[164] sondern gilt aufgrund der gebotenen anpassenden Auslegung (vgl. Rn. 3) nunmehr für den **Vorstand**, weil dieser an die Stelle der genannten früheren Organe getreten ist. Für ihn besteht die Möglichkeit der Vertretung gegenüber dem HPR und gegenüber dem örtlichen PR der Zentrale. Der oder die Vertreter müssen grundsätzlich befugt sein, gegenüber der Personalvertretung verbindlich für das gesamte Organ zu handeln. Nach § 89 Nr. 3 S. 2 bleibt § 7 S. 2 unberührt. Das bedeutet zum einen, dass für ein mit der Vertretung des Vorstands beauftragtes Mitglied ein **ständiger Vertreter** bestimmt werden kann. Zum anderen kann sich der Präsident der Bundesbank in seiner Eigenschaft als oberste Dienstbehörde bei Verhinderung vom Vizepräsidenten der Bundesbank vertreten lassen. Hingegen ist die für oberste Dienstbehörden und Behörden der Mittelstufe geltende allgemeine Vorschrift des § 7 S. 3 im Bereich der Bundesbank nicht anwendbar, weil § 89 Nr. 3 insoweit eine Sonderregelung trifft.[165] Bedenken gegen die Anwendbarkeit der Regelung des § 7 S. 4 bestehen allerdings nicht.

162 Str.; vgl. KfdP-*Altvater*, Rn. 9 m. N.
163 Wohl str.; vgl. KfdP-*Altvater*, Rn. 10 m. N.
164 Str.; vgl. KfdP-*Altvater*, Rn. 11 m. N.
165 Str.; vgl. KfdP-*Altvater*, Rn. 12 m. N.

§ 89a [Deutsche Bundespost] *(aufgehoben)*

Der durch Art. 4 Abs. 2 des Poststrukturgesetzes v. 8. 6. 89[166] eingefügte § 89a ist durch Art. 12 Abs. 13 des Postneuordnungsgesetzes v. 14. 9. 94[167] mit Wirkung vom 1. 1. 95 aufgehoben worden. 1

§ 90 [Deutsche Welle]

Für die Rundfunkanstalt des Bundesrechts »Deutsche Welle« gilt dieses Gesetz mit folgenden Abweichungen:

1. **[1]Die Einrichtungen der Deutschen Welle am Sitz Köln und die Einrichtungen der Deutschen Welle am Sitz Berlin bilden je eine Dienststelle im Sinne dieses Gesetzes. [2]Diese Aufteilung auf zwei Dienststellen bleibt bei Verlegung des Sitzes von Köln nach Bonn bestehen. [3]Andere Einrichtungen der Deutschen Welle werden vom Intendanten der Deutschen Welle einer Dienststelle zugeteilt. [4]§ 6 Abs. 3 findet keine Anwendung.**
2. **[1]Die Beschäftigten in beiden Dienststellen wählen – neben den örtlichen Personalräten – einen Gesamtpersonalrat. [2]Dieser wirkt bei der Entscheidung nach Nummer 1 Satz 3 mit. [3]Er ist zuständig für die Behandlung dienststellenübergreifender Angelegenheiten. [4]Der Gesamtpersonalrat hat seinen Sitzort am Sitz des Intendanten. [5]Die für den Gesamtpersonalrat maßgebenden Bestimmungen finden im übrigen entsprechende Anwendung.**
3. **[1]Die Beschäftigten im Sinne des § 57 in beiden Dienststellen wählen – neben den örtlichen Jugend- und Auszubildendenvertretungen – eine Gesamt-Jugend- und Auszubildendenvertretung. [2]Nummer 2 Satz 3 gilt entsprechend. [3]Der Sitzort der Gesamt-Jugend- und Auszubildendenvertretung ist am Sitzort des Gesamtpersonalrats. [4]Die für die Gesamt-Jugend- und Auszubildendenvertretung maßgebenden Bestimmungen finden im übrigen entsprechende Anwendung.**
4. **[1]Leiter der Dienststellen ist der Intendant. [2]Er gilt als oberste Dienstbehörde im Sinne dieses Gesetzes; § 69 Abs. 3 Satz 2 findet keine Anwendung. [3]§ 7 ist entsprechend anzuwenden.**
5. **[1]Beschäftigte der Deutschen Welle im Sinne dieses Gesetzes sind die durch Arbeitsvertrag unbefristet oder auf Zeit angestellten Beschäftigten der Deutschen Welle einschließlich der zu ihrer Berufsausbildung Beschäftigten. [2]Beschäftigte im Sinne dieses Gesetzes sind nicht:**
   a) **der Intendant, die Direktoren und der Justitiar,**

166 BGBl. I S. 1026.
167 BGBl. I S. 2325.

b) Personen in einem arbeitnehmerähnlichen Verhältnis, sonstige freie Mitarbeiter und Personen, die auf Produktionsdauer beschäftigt sind.

[3] Beschäftigte, die in einer Einrichtung der Deutschen Welle im Ausland eingesetzt sind, sowie Volontäre sind nicht wählbar.

6. § 44 Abs. 1 Satz 2 findet mit der Maßgabe Anwendung, daß an die Stelle des Bundesreisekostengesetzes die Reisekostenordnung der Deutschen Welle tritt.

7. a) Bei Beschäftigten, deren Vergütung sich nach der Vergütungsgruppe I des Vergütungstarifvertrags der Deutschen Welle bemißt oder deren Vergütung über der höchsten Vergütungsgruppe liegt, wird der Personalrat in den Fällen des § 75 Abs. 1 und 3 Nr. 14 nicht beteiligt.

b) Bei im Programmbereich Beschäftigten der Vergütungsgruppe II des Vergütungstarifvertrags der Deutschen Welle tritt in Fällen des § 75 Abs. 1 an die Stelle der Mitbestimmung des Personalrats die Mitwirkung.

c) [1]Bei Beschäftigten mit überwiegend wissenschaftlicher oder künstlerischer Tätigkeit sowie bei Beschäftigten, die maßgeblich an der Programmgestaltung beteiligt sind, bestimmt der Personalrat in den Fällen des § 75 Abs. 1 nur mit, wenn sie dies beantragen. [2]§ 69 Abs. 4 Satz 3 und 4 gilt entsprechend.

1 Die Vorschrift des § 90, die zunächst die Anwendbarkeit des BPersVG für die Ständige Vertretung der Bundesrepublik Deutschland bei der Deutschen Demokratischen Republik regelte und seit der Auflösung der Ständigen Vertretung mit Ablauf des 30.9.90 gegenstandslos geworden war, wurde durch Art. 2 § 1 Nr. 2 des Gesetzes über den deutschen Auslandsrundfunk – im Folgenden: **Auslandsrundfunkgesetz** – v. 16.12.97[168] neu gefasst. Dieses aus sechs Artikeln bestehende Mantelgesetz enthält in Art. 1 das Gesetz über die Rundfunkanstalt des Bundesrechts »Deutsche Welle« (**Deutsche-Welle-Gesetz – DWG**), das nach verschiedenen Änderungen am 11.1.05 in der ab 1.1.05 geltenden Fassung neu bekannt gemacht wurde[169]. Es regelt die Grundlagen, Struktur und Finanzierung der Anstalt und die Aufsicht über sie.

2 Die »**Deutsche Welle**« (DW) ist die einzige Rundfunkanstalt des Bundesrechts. Sie ist eine der Rechtsaufsicht der Bundesregierung unterliegende gemeinnützige Anstalt des öffentlichen Rechts mit der Aufgabe, für das Ausland Rundfunk (Hörfunk, Fernsehen) und Telemedien anzubieten (§ 1

168 BGBl. I S. 3094.

169 BGBl. I S. 90. Das DWG ist zuletzt durch Art. 5 des Gesetzes v. 4.4.16 (BGBl. I S. 569) geändert worden.

Abs. 1, § 3 Abs. 1 u. § 62 Abs. 1 DWG). Nach § 1 S. 1 gehört sie zum Geltungsbereich des BPersVG (vgl. § 1 Rn. 7). Die allgemeinen Bestimmungen des Gesetzes gelten jedoch insoweit nicht, als in § 90 Nr. 1 bis 7 **Abweichungen** vorgeschrieben sind.

(Nr. 1) In seiner ursprünglichen Fassung legte das DWG in § 2 Abs. 1 S. 1 3
fest, dass die DW einen **Sitz** in **Köln** und einen Sitz in **Berlin** hat, bestimmte in § 2 Abs. 1 S. 3, dass der Kölner Sitz nach Bonn verlegt wird, sobald dort die Voraussetzungen für die Funktionsfähigkeit der DW vorliegen, und ermächtigte die Bundesregierung in § 2 Abs. 1 S. 4, den Zeitpunkt der Sitzverlegung durch Rechtsverordnung zu bestimmen. Dies ist im Jahr 2003 geschehen. Als Zeitpunkt der **Sitzverlegung von Köln nach Bonn** wurde der 1. 5. 03 bestimmt (§ 1 DW-SVV v. 25. 4. 03[170]). Durch Art. 1 Nr. 2 Buchst. a des Gesetzes v. 15. 12. 04[171] wurde § 2 Abs. 1 DWG an die Sitzverlegung angepasst und bestimmt jetzt in S. 1, dass die DW einen Sitz in Bonn und einen Sitz in Berlin hat. Das BPersVG regelt in § 90 Nr. 1, dass die Einrichtungen der DW am (ursprünglichen) Sitz in Köln einerseits und am Sitz in Berlin andererseits jeweils eine Dienststelle i. S. d. BPersVG bilden (S. 1) und dass diese Aufteilung auf **zwei Dienststellen** bei Verlegung des Sitzes von Köln nach Bonn bestehen bleibt (S. 2). Andere im In- oder Ausland – außerhalb Kölns (bzw. Bonns) oder Berlins – angesiedelte Einrichtungen der DW werden nach § 90 Nr. 1 S. 3 einer der beiden Dienststellen personalvertretungsrechtlich »zugeteilt«. Über die Zuteilung hat der Intendant unter Mitwirkung des nach § 90 Nr. 2 zu bildenden GPR zu entscheiden (vgl. Rn. 6). Nach § 90 Nr. 1 S. 4 ist § 6 Abs. 3 nicht anzuwenden. Daraus und aus den Sonderregelungen in § 90 Nr. 1 S. 1 bis 3 folgt, dass die in § 90 Nr. 1 S. 1 und 2 festgelegte und vom Intendanten gem. § 90 Nr. 1 S. 3 ergänzte Zuteilung der Einrichtungen der DW auf die zwei Dienststellen in Köln (bzw. Bonn) und in Berlin weder eines Beschlusses der Mehrheit der wahlberechtigten Beschäftigten bedarf noch durch eine solche Beschlussfassung verändert werden kann.

Aufgrund der Sonderregelungen in § 90 Nr. 1 wird nach § 12 Abs. 1 nur bei 4
den Dienststellen in Bonn und in Berlin **jeweils ein örtlicher PR** gebildet. Für die **Wahl** und **Zusammensetzung** dieser örtlichen PR, für ihre **Amtszeit** und ihre **Geschäftsführung** sowie für die **Rechtsstellung** ihrer Mitglieder gelten grundsätzlich die allgemeinen Vorschriften des Gesetzes. Ausnahmen bestehen insoweit, als im Ausland eingesetzte Beschäftigte sowie Volontäre nach § 90 Nr. 5 S. 3 **nicht wählbar** sind (vgl. Rn. 17) und das **Gruppenprinzip gegenstandslos** ist, weil die DW keine Beamten hat.

(Nr. 2) Die Sondervorschriften des § 90 Nr. 2 regeln die Bildung und die Zu- 5
ständigkeit einer dienststellenübergreifenden Personalvertretung. Der von § 55 abweichende § 90 Nr. 2 S. 1 sieht vor, dass die Beschäftigten in beiden

---

170 DW-Sitzverlegungsverordnung (BGBl. I S. 551).

171 BGBl. I S. 3456.

Dienststellen neben den nach § 12 Abs. 1 zu wählenden örtlichen PR einen **GPR** wählen. Die Regelungen, die in § 56 (durch Verweisung auf andere Vorschriften) für den GPR hinsichtlich seiner **Wahl, Zusammensetzung, Amtszeit und Geschäftsführung** sowie der **Rechtsstellung** seiner Mitglieder getroffen sind, gelten – wie in § 90 Nr. 2 S. 5 klargestellt (vgl. Rn. 10) – auch für den GPR der DW. Die Amtszeit dieses GPR ist jedoch von der Amtszeit der örtlichen PR unabhängig, weil seine Existenz nicht auf einem nur begrenzt wirksamen Beschluss nach § 6 Abs. 3 beruht.

6 § 90 Nr. 2 S. 2 legt fest, dass der GPR bei der nach § 90 Nr. 1 S. 3 zu treffenden Entscheidung des Intendanten über die **Zuteilung von Einrichtungen** der DW zu einer ihrer beiden Dienststellen **mitwirkt**. Dabei richtet sich das Beteiligungsverfahren wie in den anderen Fällen der Mitwirkung (vgl. § 78 Abs. 1 u. § 79 Abs. 1) nach § 72. An der **erstmaligen Entscheidung** über die Zuteilung war nach der Übergangsregelung in Art. 4 Abs. 4 S. 3 Auslandsrundfunkgesetz der am 24.12.97 amtierende, noch nach altem Recht gebildete GPR zu beteiligen. Der nach § 90 Nr. 2 S. 1 gebildete GPR hat an **weiteren Zuteilungsentscheidungen** nicht nur dann mitzuwirken, wenn sie sich auf neue Einrichtungen beziehen, sondern auch, wenn sie eine bereits vorgenommene Zuteilung ändern sollen, und zwar unabhängig davon, ob diese Änderung mit einem Standortwechsel der Einrichtung verbunden ist.

7 Von dem in § 90 Nr. 2 S. 2 normierten Spezialfall abgesehen, regelt die von § 82 Abs. 3 abweichende Sondervorschrift des § 90 Nr. 2 S. 3 die **Zuständigkeit des GPR** und damit zugleich die der örtlichen PR. Danach ist der GPR für die Behandlung **dienststellenübergreifender Angelegenheiten** zuständig. Solche Angelegenheiten liegen vor, wenn sie nicht nur eine Dienststelle, sondern die gesamte Rundfunkanstalt oder jede der beiden Dienststellen betreffen. Anders als § 50 Abs. 1 BetrVG dies für die (kraft Gesetzes bestehende) Zuständigkeit des Gesamtbetriebsrats regelt, hängt die Zuständigkeit des GPR bei der DW nicht davon ab, dass die dienststellenübergreifenden Angelegenheiten nicht durch die einzelnen PR innerhalb ihrer Dienststellen geregelt werden können.

8 Eine Angelegenheit, die nur eine Dienststelle betrifft, gehört ausschließlich zur **Zuständigkeit des jeweiligen örtlichen PR**. Das ist unter dem Aspekt effektiver Personalvertretung unproblematisch, weil der Intendant nach § 90 Nr. 4 S. 1 Leiter beider Dienststellen ist. Da der Intendant die DW selbständig leitet, für ihren gesamten Betrieb allein verantwortlich ist und sie gerichtlich und außergerichtlich vertritt (§ 42 DWG), ist gewährleistet, dass jedem der beiden PR das entscheidungsbefugte Organ der Anstalt gegenübersteht. Die sich aus § 90 Nr. 2 S. 3 ergebende **Abgrenzung der Zuständigkeiten zwischen dem GPR und den örtlichen PR** ist zwingend und kann deshalb nicht (entsprechend § 50 Abs. 2 BetrVG) dadurch verändert werden, dass ein PR mit der Mehrheit der Stimmen seiner Mitglieder den GPR beauftragt, eine Angelegenheit für ihn zu behandeln.

§ 90 Nr. 2 S. 4 bestimmt, dass der GPR seinen **Sitzort** am Sitz des Intendanten hat. Der Sitz des Intendanten und der dazugehörenden Verwaltung ist in § 2 Abs. 1 S. 2 DWG festgelegt. Er befindet sich seit dem 1. 5. 03 in Bonn (vgl. Rn. 3). 9

Soweit § 90 Nr. 2 S. 1 bis 4 keine Sonderregelungen trifft, sind nach § 90 Nr. 2 S. 5 die für den GPR maßgebenden **allgemeinen Bestimmungen** des BPersVG entsprechend anzuwenden. Zu diesen Bestimmungen gehören neben der Verweisungsvorschrift des § 56 mit den dort unmittelbar oder mittelbar in Bezug genommenen Vorschriften auch die grundlegenden Vorschriften der §§ 1 bis 11, die Vorschriften der §§ 66 bis 68 über die allgemeinen Aufgaben und Befugnisse der Personalvertretung (vgl. § 56 Rn. 1) sowie die Verweisungsnorm des § 82 Abs. 4. 10

(**Nr. 3**) Die in § 90 Nr. 3 enthaltenen Sondervorschriften für die **GJAV** entsprechen den in § 90 Nr. 2 getroffenen Regelungen für den GPR. Nach § 90 Nr. 3 S. 1 wählen die in § 57 genannten Beschäftigten – also die jugendlichen Beschäftigten und diejenigen älteren Beschäftigten, die sich in einer beruflichen Ausbildung befinden und das 25. Lebensjahr noch nicht vollendet haben – in beiden Dienststellen neben den nach § 57 zu wählenden örtlichen JAV eine GJAV. Für die Wahl und Zusammensetzung, die Amtszeit und die Geschäftsführung der örtlichen JAV sowie für die Rechtsstellung ihrer Mitglieder gelten grundsätzlich die allgemeinen Vorschriften des Gesetzes. Das gilt, wie in § 90 Nr. 3 S. 4 klargestellt, auch für die GJAV. Allerdings sind nach § 90 Nr. 5 S. 3 im Ausland eingesetzte jugendliche und auszubildende Beschäftigte sowie Volontäre weder zur örtlichen JAV noch zur GJAV wählbar (vgl. Rn. 17). Die GJAV der DW ist nach § 90 Nr. 3 S. 2 i. V. m. Nr. 2 S. 3 für die Behandlung dienststellenübergreifender Angelegenheiten **zuständig** (vgl. dazu Rn. 7 f.). Ihr **Sitzort** ist nach § 90 Nr. 3 S. 3 am Sitzort des GPR (vgl. Rn. 9). Von den in § 90 Nr. 3 S. 1 bis 3 getroffenen Sonderregelungen abgesehen, sind nach S. 4 die für die GJAV maßgebenden **allgemeinen Bestimmungen** des BPersVG entsprechend anzuwenden (vgl. dazu § 64 Abs. 2 S. 2, Abs. 1 S. 2). 11

(**Nr. 4**) § 90 Nr. 4 S. 1 bestimmt, dass **Leiter der Dienststellen** der Intendant ist. Dieser ist damit der Repräsentant des Arbeitgebers, der sowohl den PR der beiden Dienststellen als auch dem GPR gegenübersteht (vgl. Rn. 8). § 90 Nr. 4 S. 2 Hs. 1 legt darüber hinaus fest, dass der Intendant auch als **oberste Dienstbehörde** i. S. d. BPersVG gilt. Kraft seiner im DWG festgelegten Organstellung entscheidet er in all den Fällen, in denen im BPersVG den Leitern von Dienststellen, übergeordneten Dienststellen und obersten Dienstbehörden Befugnisse übertragen sind.[172] Deshalb findet nicht nur – wie in § 90 Nr. 4 S. 2 Hs. 2 ausdrücklich geregelt – § 69 Abs. 3 S. 2 keine Anwen- 12

172 Vgl. BT-Drs. 13/4708, S. 36.

dung. Auch die übrigen Vorschriften des § 69 Abs. 3 sind nicht anwendbar. Kommt im Verfahren der Mitbestimmung zwischen einem der beiden PR oder dem GPR auf der einen Seite und dem jeweils als Leiter der Dienststelle fungierenden und als oberste Dienstbehörde geltenden Intendanten auf der anderen Seite eine Einigung nicht zustande, so entscheidet nach § 69 Abs. 4 S. 1 die nach § 71 Abs. 1 S. 1 beim Intendanten zu bildende **Einigungsstelle**, ohne dass vorher das in § 69 Abs. 3 geregelte Stufenverfahren stattfindet. Zuständige Personalvertretung i. S. d. § 69 Abs. 4 und des § 71 ist dabei entweder einer der beiden örtlichen PR oder der GPR.

13 Nach § 90 Nr. 4 S. 3 ist § 7 nicht wörtlich, sondern nur entsprechend – nämlich in einer dem Aufbau der DW Rechnung tragenden Form[173] – anzuwenden. Die Regelung der entsprechenden Anwendbarkeit lässt den in § 7 S. 1 festgelegten Grundsatz, dass für die Dienststelle ihr Leiter handelt, unberührt. Sie ermöglicht jedoch Abwandlungen der in § 7 S. 2 bis 4 geregelten Fälle der **Vertretung des Dienststellenleiters**, die an die Struktur der DW angepasst sind. Der Intendant kann sich allerdings immer nur dann vertreten lassen, wenn er **verhindert** ist (vgl. dazu § 7 Rn. 2f.).

14 **(Nr. 5)** Die die allgemeine Vorschrift des § 4 Abs. 1 modifizierenden Sondervorschriften des § 90 Nr. 5 S. 1 und 2 bestimmen für die DW den Kreis der Personen, die **Beschäftigte** i. S. d. BPersVG sind. Nach § 90 Nr. 5 S. 1 sind dies die aufgrund eines **Arbeitsvertrags** unbefristet oder befristet angestellten Beschäftigten einschl. der zu ihrer **Berufsausbildung** Beschäftigten. Bei den Ersteren handelt es sich um Arbeitnehmer i. S. d. Arbeitsrechts (vgl. dazu § 4 Rn. 6ff.). Zu den Letzteren gehören nicht nur Auszubildende, die zur Berufsausbildung in einem staatlichen anerkannten Ausbildungsberuf nach dem Berufsbildungsgesetz eingestellt sind,[174] sondern auch andere Personen, die außerhalb eines Arbeitsverhältnisses eingestellt sind, um berufliche Kenntnisse, Fertigkeiten oder Erfahrungen zu erwerben, insb. Anlernlinge, Volontäre und Praktikanten (vgl. dazu § 4 Rn. 13). Wie § 90 Nr. 5 S. 3 zeigt, gehören auch die in einer Einrichtung der DW **im Ausland eingesetzten Beschäftigten** zum Kreis der Beschäftigten, und zwar unabhängig davon, ob sie aus dem Inland entsandt oder als Ortskräfte im Ausland eingestellt worden sind (vgl. Rn. 16).

15 § 90 Nr. 5 S. 2 legt fest, dass die unter Buchst. a und b im Einzelnen aufgeführten Personen **nicht Beschäftigte** i. S. d. BPersVG sind. Während die unter Buchst. a genannten Personen (Intendant, Direktoren, Justitiar) **Inhaber von Leitungsfunktionen** sind, handelt es sich bei den unter Buchst. b aufgeführten **Personen in einem arbeitnehmerähnlichen Verhältnis** um solche, die in § 12a TVG (und in Übereinstimmung damit im Tarifvertrag für arbeitnehmerähnliche Personen der DW v. 6. 2. 02 i. d. F. v. 29. 6. 04) als arbeit-

---

173 BT-Drs. 13/4708, a. a. O.
174 Vgl. BT-Drs. 13/4708, S. 36.

nehmerähnliche Personen definiert werden, also Mitarbeiter der DW, die wirtschaftlich abhängig und einem Arbeitnehmer vergleichbar sozial schutzbedürftig sind und deren Tätigkeit auf einem Rechtsverhältnis beruht, das durch Dienst- oder Werkvertrag begründet worden ist. Damit wird der unter das BPersVG fallende Personenkreis der Beschäftigten, der in der allgemeinen Vorschrift des § 4 definiert ist, für den Bereich der DW nicht eingeschränkt, sondern nur klargestellt (vgl. § 4 Rn. 11). Das gilt auch für die unter Buchst. b genannten **sonstigen freien Mitarbeiter**. Darunter sind nur solche Personen zu verstehen, die unter Beachtung der Rspr. des *BVerfG*[175] und des *BAG*[176] nicht als Arbeitnehmer anzusehen sind. Anders kann es aber sein bei den ebenfalls unter Buchst. b aufgeführten **Personen, die auf Produktionsdauer beschäftigt sind**. Sie können aufgrund eines Werkvertrages oder eines Arbeitsvertrages beschäftigt sein. Mitarbeiter im Arbeitsverhältnis sind aber nur dann nach Buchst. b aus dem Kreis der Beschäftigten ausgenommen, wenn sie aufgrund der Rspr. des *BAG*[177] lediglich für die Dauer einer *bestimmten* Produktion bei der DW beschäftigt sind und wenn deshalb der Manteltarifvertrag für die bei der DW beschäftigten Arbeitnehmer auf sie nicht anzuwenden ist.[178]

Die Bundesregierung hat im Gesetzgebungsverfahren die Auffassung vertreten, bereits aus § 91 Abs. 1 Nr. 1 ergebe sich, dass **Ortskräfte**, die in einer Einrichtung der DW im Ausland eingesetzt sind, nicht Beschäftigte i. S. d. BPersVG seien.[179] Dieser Ansicht steht aber entgegen, dass die in § 91 festgelegten Abweichungen von den allgemeinen Vorschriften des Gesetzes nur für solche Einrichtungen des Bundes im Ausland gelten, die Dienststellen im personalvertretungsrechtlichen Sinne sind (vgl. § 91 Rn. 1). Diese Eigenschaft fehlt den im Ausland liegenden Einrichtungen der DW, weil sie nach § 90 Nr. 1 S. 3 entweder der Dienststelle in Bonn oder der in Berlin zugeteilt werden (vgl. Rn. 3). Ebenso wie die dorthin entsandten Arbeitnehmer gehören deshalb auch die in den Einrichtungen der DW im Ausland tätigen Ortskräfte zu den Beschäftigten im personalvertretungsrechtlichen Sinne.[180] 16

Die allgemeinen Vorschriften der §§ 14 und 15 ergänzend, nimmt die Sonderregelung in § 90 Nr. 5 S. 3 bestimmte Beschäftigte von der **Wählbarkeit** zum PR und GPR aus. Dabei handelt es sich zum einen um in einer Einrichtung der DW **im Ausland eingesetzte Beschäftigte**, weil der Gesetzgeber ihre Mitgliedschaft in einer Personalvertretung im Inland als nicht praktika- 17

175 Vgl. Beschl. v. 13. 1. 82 – 1 BvR 848/77 u. a. –, AP GG Art. 5 Abs. 1 Rundfunkfreiheit Nr. 1.
176 Vgl. Urt. v. 13. 1. 83 – 5 AZR 149/82 –, AP BGB § 611 Abhängigkeit Nr. 42.
177 Vgl. Urt. v. 13. 1. 83 – 5 AZR 156/82 –, AP BGB § 611 Abhängigkeit Nr. 43.
178 Vgl. auch BT-Drs. 13/4708, S. 36.
179 BT-Drs. 13/4708, a. a. O.
180 Vgl. KfdP-*Altvater*, Rn. 17 m. N.

bel angesehen hat.[181] Zum anderen handelt es sich um **Volontäre**, bei denen der Gesetzgeber den Ausschluss der Wählbarkeit aufgrund ihrer kurzen Beschäftigungsdauer von 12 oder 18 Monaten für gerechtfertigt gehalten hat.[182]

18 (**Nr. 6**) § 90 Nr. 6 wandelt die für die Zahlung von Reisekostenvergütungen an Mitglieder des PR geltende allgemeine Vorschrift des § 44 Abs. 1 S. 2 dadurch ab, dass die Bezugnahme auf das Bundesreisekostengesetz (BRKG) durch die Verweisung auf die **Reisekostenordnung** der DW ersetzt wird. Bei der Erstattung von Reisekosten sind die Mitglieder der Personalvertretungen gem. § 8 weder schlechter noch besser zu behandeln als die von ihnen vertretenen Beschäftigten.

19 (**Nr. 7**) Durch die Regelungen in § 90 Nr. 7 wird die **Mitbestimmung in Personalangelegenheiten** bestimmter Beschäftigter der DW **ausgeschlossen oder eingeschränkt**. Es handelt sich dabei um Spezialvorschriften, die zum einen den in § 77 Abs. 1 enthaltenen allgemeinen Vorschriften vorgehen und zum anderen an die Stelle des früheren, durch Art. 2 § 1 Nr. 1 Auslandsrundfunkgesetz **aufgehobenen § 69 Abs. 4 S. 5** getreten sind. Letzterer lautete:

»Soweit es sich in den Fällen des § 75 Abs. 1 um Angelegenheiten der an der Programmgestaltung maßgeblich mitwirkenden Beschäftigten der Rundfunkanstalten des Bundesrechts handelt, gelten die Sätze 3 und 4 entsprechend.«

Danach hatte in den nach § 75 Abs. 1 mitbestimmungspflichtigen Angelegenheiten der in § 69 Abs. 4 S. 5 a. F. genannten Beschäftigten die Einigungsstelle, wenn sie sich nicht der Auffassung der obersten Dienstbehörde anschloss, eine Empfehlung zu beschließen, über welche die oberste Dienstbehörde sodann endgültig zu entscheiden hatte. Die in § 69 Abs. 4 S. 5 a. F. getroffene Regelung – die für den MDR weiterhin entsprechend anzuwenden ist (vgl. Rn. 23f., 28) – ist mit erweitertem Inhalt nunmehr in Nr. 7 Buchst. c S. 2 enthalten.

20 Nach der (anstelle der allgemeinen Regelung des § 77 Abs. 1 S. 2 geltenden) Spezialregelung in **§ 90 Nr. 7 Buchst. a** wird der PR in den an sich der Mitbestimmung unterliegenden Fällen des § 75 Abs. 1 (Personalangelegenheiten) und Abs. 3 Nr. 14 (Absehen von der Ausschreibung von zu besetzenden Dienstposten) **nicht beteiligt**, soweit es sich dabei um Beschäftigte handelt, deren Vergütung sich entweder nach der **Vergütungsgruppe I** des Vergütungstarifvertrags der DW bemisst oder **über der höchsten Vergütungsgruppe** liegt. Maßgeblich ist insoweit der zum Zeitpunkt des Inkrafttretens des § 90 BPersVG n. F. am 24. 12. 97 (vgl. Rn. 1) geltende Vergütungstarifver-

181 BT-Drs. 13/4708, S. 36.
182 Ebd.

trag v. 23. 12. 64[183]. Das ergibt sich daraus, dass die Verweisung in § 90 Nr. 7 Buchst. a als statische Verweisung auszulegen ist, weil nur bei dieser Auslegung der Bundesgesetzgeber als Gesetzgeber der Verweisungsnorm den Inhalt der in Bezug genommenen Norm kennen und sich zu eigen machen konnte.[184] Der Vergütungsgruppe I sind nach dem genannten Vergütungstarifvertrag der DW Abteilungsleiter besonders hervorgehobener Abteilungen (auch Leiter von Zonenredaktionen), Leitende Redakteure und Oberingenieure zugeordnet.[185]

21 Nach **§ 90 Nr. 7 Buchst. b** ist die Mitbestimmung des PR in den Fällen des § 75 Abs. 1 **zur Mitwirkung herabgestuft**, soweit es sich um im Programmbereich Beschäftigte der Vergütungsgruppe II des Vergütungstarifvertrags der DW handelt (wobei auch hier aufgrund statischer Verweisung der am 24. 12. 97 geltende Vergütungstarifvertrag gemeint ist).[186] Danach sind in die **Vergütungsgruppe II** folgende Arbeitnehmer eingruppiert: Abteilungsleiter, Erste Redakteure, Leiter der Sprachdienste in den Zonenredaktionen, Herstellungsleiter, Betriebsingenieure, Erste Architekten, Erste wissenschaftliche Mitarbeiter sowie Dienstleiter Nachrichten. Die in Vergütungsgruppe II eingruppierten Arbeitnehmer sind nach der (auf § 90 BPersVG n. F. bezogenen) Begründung des einschlägigen Gesetzentwurfs der Bundesregierung dann als **im Programmbereich Beschäftigte** anzusehen, wenn sie mit programmgestaltenden Aufgaben beschäftigt sind.[187] Nach dem Gesetzeswortlaut kommt es aber nicht auf den (programmgestaltenden) Inhalt der jeweils auszuübenden Tätigkeit an, entscheidend ist vielmehr die Zugehörigkeit zu Organisationseinheiten, denen die Programmgestaltung obliegt.[188] Dazu gehören z. B. nicht die Direktion Distribution und die Verwaltungsdirektion mit ihren jeweiligen Untergliederungen. Hat die Personalvertretung in den in § 75 Abs. 1 aufgeführten Personalangelegenheiten lediglich mitzuwirken, richtet sich das Verfahren der Mitwirkung nach § 72, wobei sie nicht an den Versagungskatalog des § 77 Abs. 2 gebunden ist, sondern Einwendungen jeglicher Art erheben kann.

22 Nach **§ 90 Nr. 7 Buchst. c** S. 1 findet in den Fällen des § 75 Abs. 1 die **Mitbestimmung nur auf Antrag** der Betroffenen statt, soweit es sich um Beschäftigte mit überwiegend wissenschaftlicher oder künstlerischer Tätigkeit handelt oder um Beschäftigte, die maßgeblich an der Programmgestaltung beteiligt sind. Darüber hinaus ist diese antragsabhängige Mitbestimmung nach

183 Mit Änderungen durch die Tarifvereinbarungen v. 21. 1. 85 und v. 3. 2. 86.
184 So zu Recht *Birgit Brandt*, Tendenzschutz in öffentlich-rechtlichen Rundfunkanstalten, 2008, S. 106f.
185 Vgl. KfdP-*Altvater*, Rn. 24.
186 Vgl. *Brandt*, a. a. O., S. 133.
187 Vgl. BT-Drs. 13/4708, S. 36.
188 Str.; vgl. KfdP-*Altvater*, Rn. 25 m. N.

Nr. 7 Buchst. c S. 2 zur **eingeschränkten Mitbestimmung** herabgestuft. Zu dem von Nr. 7 Buchst. c erfassten Personenkreis gehören nur Beschäftigte, die nicht bereits unter Nr. 7 Buchst. a oder b fallen. Der Begriff der Beschäftigten mit **überwiegend wissenschaftlicher oder künstlerischer Tätigkeit** ist der gleiche wie in § 77 Abs. 1 S. 1 (vgl. dazu § 77 Rn. 6). **Maßgeblich an der Programmgestaltung beteiligte Beschäftigte** sind nur jene, die wesentlichen und unmittelbaren Einfluss auf den Inhalt der Sendungen haben. Ob diese Voraussetzung vorliegt, lässt sich nicht generell, sondern nur im Einzelfall nach den jeweils tatsächlich wahrgenommenen Aufgaben beantworten. Beabsichtigt der Intendant eine Personalmaßnahme, die einen Beschäftigten i. S. v. Nr. 7 Buchst. c betrifft, hat er den Betroffenen rechtzeitig darüber zu **unterrichten** und ihn auf sein Antragsrecht aufmerksam zu machen. Hat bei einer Personalmaßnahme, der eine Auswahl unter **mehreren Bewerbern** zugrunde liegt, nur ein Bewerber die Mitbestimmung beantragt, beschränkt sich die Beteiligung auf diese Person (vgl. auch § 77 Rn. 7). Hat der betroffene Beschäftigte die Mitbestimmung beantragt, richtet sich das weitere **Verfahren** grundsätzlich nach § 69 und § 77 Abs. 2. Kommt zwischen Dienststelle und PR eine Einigung nicht zustande, kann nach § 69 Abs. 4 die **Einigungsstelle** angerufen werden. Diese stellt nach § 69 Abs. 4 S. 1 Hs. 2 fest, ob ein Grund zur Verweigerung der Zustimmung vorliegt. Schließt sie sich dabei nicht der Auffassung des Intendanten an, hat nach § 69 Abs. 4 S. 3 und 4 ihr Beschluss den Charakter einer **Empfehlung**, über die der Intendant endgültig entscheidet.

Staatsverträge über MDR, NDR, DRadio und RBB

23 Kraft staatsvertraglicher Vereinbarung findet das BPersVG auch auf folgende **von den Ländern getragene Einrichtungen des Rundfunks** entsprechende Anwendung: den Mitteldeutschen Rundfunk (**MDR**), den Norddeutschen Rundfunk (**NDR**), das Deutschlandradio (**DRadio**) und den Rundfunk Berlin-Brandenburg (**RBB**). Die Staatsverträge enthalten z. T. Bestimmungen, die das BPersVG modifizieren. Für den MDR, den NDR und das DRadio gelten **abweichende Regelungen** über die Bestellung des Vorsitzenden der Einigungsstelle (vgl. dazu § 71 Rn. 12), für den RBB ist vereinbart, dass sich das Recht des PR zur Mitbestimmung auch auf den Fall der ordentlichen Kündigung erstreckt und dass die Dienststelle i. S. d. PersVR Berlin ist (vgl. dazu Rn. 29). Abgesehen davon gelten die Sondervorschriften des § 90 entsprechend für den RBB sowie (aufgrund geänderter staatsvertraglicher Vereinbarungen) inzwischen auch für den NDR und das DRadio, nicht aber für den MDR (näher dazu Rn. 24–28).

24 Für die von den Ländern Sachsen, Sachsen-Anhalt und Thüringen errichtete gemeinnützige rechtsfähige Anstalt des öffentlichen Rechts »**Mitteldeutscher Rundfunk**« (**MDR**) bestimmt der am 1. 7. 91 in Kraft getretene **Staats-**

vertrag v. 30.5.91[189] in seinem § 38, dass für den MDR das BPersVG v. 15.3.74 und die dazu ergangenen Rechtsverordnungen der Bundesregierung in den zum Zeitpunkt des Inkrafttretens des Staatsvertrags geltenden Fassungen nach Maßgabe der für die Rundfunkanstalten des Bundes geltenden Vorschriften entsprechende Anwendung finden. Diese ihrem Wortlaut nach eindeutig **statische Verweisung** bezieht sich auf die **am 1.7.91 geltenden Rechtsvorschriften des BPersVR**, nämlich auf das BPersVG in seiner zuletzt durch das Gesetz v. 16.1.91[190] geänderten Fassung, auf die BPersVWO in ihrer zuletzt durch die Verordnung v. 25.10.89[191] geänderten Fassung und auf die Verordnung über die Höhe der Aufwandsentschädigung für vom Dienst freigestellte Personalvertretungsmitglieder in ihrer ursprünglichen Fassung v. 18.7.74.[192]

Für die von den Ländern Hamburg, Mecklenburg-Vorpommern, Nieder- 25
sachsen und Schleswig-Holstein getragene gemeinnützige Anstalt des öffentlichen Rechts »**Norddeutscher Rundfunk**« (**NDR**) bestimmt der die Personalvertretung betreffende § 39 des **Staatsvertrags v. 17./18.12.91**[193] in seinem Abs. 1 S. 1: »*Für den NDR finden das Bundespersonalvertretungsgesetz und die dazu ergangenen Rechtsverordnungen nach Maßgabe der für die Rundfunkanstalten des Bundesrechts geltenden Vorschriften entsprechende Anwendung.*« Dem Wortlaut dieser Bestimmung lässt sich nicht eindeutig entnehmen, ob die in Bezug genommenen Vorschriften in ihrer zum Zeitpunkt des Abschlusses oder Inkrafttretens des Staatsvertrags geltenden oder in ihrer jeweils aktuellen Fassung entsprechend angewandt werden sollen. Da aber die Verweisungsnorm dem Landesrecht und die Bezugsnorm dem Bundesrecht zuzuordnen ist, läge in einer dynamischen Verweisung eine versteckte Verlagerung von Gesetzgebungskompetenzen der Länder auf den Bund, die gegen die zwingend vorgegebene bundesstaatliche Kompetenzverteilung verstieße und deshalb verfassungsrechtlich unzulässig wäre. Dynamische Verweisungen auf die Normen eines anderen Gesetzgebers sind deshalb grundsätzlich verfassungskonform als statische Verweisungen auszulegen.[194] Daraus folgt, dass § 39 Abs. 1 S. 1 NDR-StV eine **statische Verweisung** enthält, die zunächst die gleichen Fassungen des BPersVG und der dazu ergangenen Rechtsverordnungen in Bezug nahm wie die für den MDR geltende Verweisung (vgl. Rn. 24).[195] Inzwischen ist allerdings § 39 NDR-StV durch den **am**

189 U. a. GVBl. Thür. 1991 S. 118 u. 617.
190 BGBl. I S. 47.
191 BGBl. I S. 1921.
192 BGBl. I S. 1499.
193 U. a. Nds. GVBl. 1992 S. 41 u. 94.
194 Vgl. *BVerfG* v. 1.3.78 – 1 BvR 786/70 u. a. –, BVerfGE 48, 240.
195 Str.; näher dazu KfdP-*Altvater*, Rn. 33 m. w. N.

1./2.5.05 unterzeichneten Änderungsstaatsvertrag[196] geändert worden. Dabei ist der eine eigenständige Regelung des PersVR für den NDR ankündigende ursprüngliche § 39 Abs. 3 gestrichen, die Verweisungsnorm des § 39 Abs. 1 S. 1 NDR-StV aber unverändert beibehalten worden. Daraus folgt, dass nunmehr die **am 1.5.05 geltenden Rechtsvorschriften des BPersVR** in Bezug genommen werden. Das sind das BPersVG in seiner zuletzt durch das Gesetz v. 4.11.04[197] geänderten Fassung, die BPersVWO i. d. F. v. 1.12.94,[198] zuletzt geändert durch Gesetz v. 16.12.97,[199] und die Verordnung über die Höhe der Aufwandsentschädigung für vom Dienst freigestellte Personalvertretungsmitglieder v. 18.7.74,[200] geändert durch Gesetz v. 3.12.01.[201] Seit dem Inkrafttreten des Änderungsvertrages am 1.8.05 ist damit auch für den NDR der für die DW geltende § 90 BPersVG entsprechend anzuwenden.[202]

26 Für die von allen Ländern errichtete gemeinnützige Körperschaft des öffentlichen Rechts »**Deutschlandradio**« (**DRadio**) bestimmt der das PersVR betreffende § 33 Abs. 2 des **Staatsvertrags v. 17.6.93**[203] in seinem S. 1, dass für die Körperschaft »*das Bundespersonalvertretungsgesetz und die dazu ergangenen Rechtsverordnungen in ihrer jeweils geltenden Fassung entsprechend anwendbar*« sind. Ihrem Wortlaut nach enthält diese Bestimmung eindeutig eine **dynamische Verweisung** auf die jeweils aktuellen Texte des BPersVG und der dazu ergangenen Rechtsverordnungen. Wie bereits dargelegt (vgl. Rn. 25), ist eine derartige Verweisung mit dem Grundgesetz aber nicht vereinbar.[204] Trotz der eindeutigen Fassung der Bestimmung des § 33 Abs. 2 S. 1 DRadio-StV erscheint es zulässig, sie **verfassungskonform als statische Verweisung auszulegen**, weil nur dadurch in den Grenzen der Verfassung das Maximum dessen aufrechtzuerhalten ist, was die Bundesländer mit der Vereinbarung dieser Bestimmung gewollt haben. Die prinzipielle Zielsetzung der Bundesländer, die regelungsbedürftige Frage des anzuwendenden PersVG durch eine Analogieverweisung auf das BPersVG und die dazu ergangenen Rechtsverordnungen zu beantworten, wird nämlich auch dann gewahrt, wenn die in Bezug genommenen Vorschriften nicht in ihrer jeweiligen, sondern in der zum Zeitpunkt des Abschlusses der Staatsvertrags geltenden Fassung entsprechend anzuwenden sind. Die verfassungskonforme Auslegung des § 33 Abs. 2 S. 1 DRadio-StV als statische Verweisung führte

196 U. a. Nds. GVBl. S. 203.
197 BGBl. I S. 2686.
198 BGBl. I S. 3653.
199 BGBl. I S. 3094.
200 BGBl. I S. 1499.
201 BGBl. I S. 3306.
202 So auch *Brandt*, a. a. O., S. 33ff.
203 U. a. BremGBl. 1993 S. 389 u. 1994 S. 53.
204 Str.; vgl. hierzu u. zum Folgenden KfdP-*Altvater*, Rn. 34f. m. w. N.

zunächst dazu, dass beim DRadio die gleichen Fassungen des BPersVG und der dazu ergangenen Rechtsverordnungen entsprechend galten wie beim MDR und (zunächst) beim NDR (vgl. Rn. 24f.). Inzwischen ist allerdings § 33 Abs. 2 S. 1 DRadio-StV durch den in der Zeit vom **8. bis 15.10.04 unterzeichneten Achten Rundfunkänderungsstaatsvertrag** (hier: 8. Rundfunk-ÄndStV)[205] zum 1.4.05 in der Weise geändert worden, dass hinter dem Wort »*Fassung*« die Worte »*nach Maßgabe der für die Deutsche Welle geltenden Vorschriften*« eingefügt worden sind (Art. 4 Nr. 8). Damit wird klargestellt, dass für die Personalvertretung beim DRadio »*die **rundfunkspezifischen** Bestimmungen angewandt werden (sollen), die auch für die Deutsche Welle als Rundfunkanstalt des Bundesrechts gelten*«.[206] Nach dieser Änderung ist § 33 Abs. 2 S. 1 DRadio-StV als statische Verweisung auf die am Tag der (ersten) Unterzeichnung des 8. Rundfunk-ÄndStV, d.h. auf die **am 8.10.04 geltenden Fassungen des BPersVG und der dazu ergangenen Rechtsverordnungen** zu interpretieren. Das sind das BPersVG in seiner zuletzt durch das Gesetz v. 23.12.03[207] geänderten Fassung, die BPersVWO i.d.F. v. 1.12.94,[208] zuletzt geändert durch Gesetz v. 16.12.97,[209] und die Verordnung über die Höhe der Aufwandsentschädigung für vom Dienst freigestellte Personalvertretungsmitglieder v. 18.7.74,[210] geändert durch Gesetz v. 3.12.01.[211] Damit ist seit dem Inkrafttreten des 8. Rundfunk-ÄndStV am 1.4.05 auch für das DRadio der für die DW geltende § 90 BPersVG entsprechend anwendbar.[212]

Für den »**Rundfunk Berlin-Brandenburg**« (**RBB**) bestimmte § 34 Abs. 1 S. 1 des **Staatsvertrags** über die Errichtung einer gemeinsamen Rundfunkanstalt der Länder Berlin und Brandenburg (hier: RBB-StV) in der **ursprünglichen Fassung v. 25.6.02**:[213] »*Für den Rundfunk Berlin-Brandenburg finden das Bundespersonalvertretungsgesetz und die dazu erlassenen Rechtsverordnungen nach Maßgabe der für die Rundfunkanstalt des Bundesrechts Deutsche Welle geltenden Vorschriften entsprechende Anwendung.*« Obwohl dies im Wortlaut der Bestimmung nicht zum Ausdruck kommt, war diese aus den gleichen Erwägungen, die für den NDR gelten (vgl. Rn. 25), **zunächst** so zu 27

205 U. a. GBl. BW 2005 S. 189 u. 404.
206 LT-Drs. BW 13/3784, S. 35 (zu Art. 4 Nr. 8).
207 BGBl. I S. 2848.
208 BGBl. I S. 3653.
209 BGBl. I S. 3094.
210 BGBl. I S. 1499.
211 BGBl. I S. 3306.
212 Im Wesentlichen übereinstimmend *Brandt*, a.a.O., S. 37f., mit der Abweichung, dass dort auf das Inkrafttreten des 8. Rundfunk-ÄndStV abgestellt wird, was zur Folge hat, dass damit auf das BPersVG in seiner zuletzt durch das Gesetz v. 4.11.04 (BGBl. I S. 2686) geänderten Fassung verwiesen wird.
213 U. a. GVBl. Bln 2002 S. 331 u. 2003 S. 222.

verstehen, dass es sich bei ihr um eine **statische Verweisung** auf die zum Zeitpunkt des Abschlusses des RBB-StV **am 25.6.02 geltenden Fassungen des BPersVG und der dazu ergangenen Rechtsverordnungen** handelte.[214] Diese Verweisung auf das BPersVG erstreckte sich von Anfang an auch auf den für die »Deutsche Welle« geltenden § 90 BPersVG. Allerdings ist § 34 RBB-StV durch den **am 30.8.13 und 11.9.13 unterzeichneten Ersten Staatsvertrag zur Änderung des RBB-StV** (hier: 1. RBB-ÄndStV)[215] zum 1.1.14 geändert worden. Dazu bestimmt der 1. RBB-ÄndStV in Art. 1 Nr. 17, dass die Paragrafenüberschrift in »Personalvertretung und Freienvertretung« geändert und ein neuer Abs. 2 eingefügt wird, welcher vorsieht, dass der Intendant oder die Intendantin für die vom RBB beschäftigten arbeitnehmerähnlichen Personen i.S.d. § 12a TVG eine institutionalisierte Vertretung ihrer Interessen schafft. Die Bestimmungen zur Personalvertretung sind (abgesehen davon, dass der bisherige Abs. 2 zu Abs. 3 geworden ist) unverändert geblieben. Nach der Änderung des § 34 RBB-StV enthält dessen Abs. 1 S. 1 eine **statische Verweisung auf die** zum Zeitpunkt der (ersten) Unterzeichnung des 1. RBB-ÄndStV **am 30.8.13 geltenden Fassungen des BPersVG und der dazu ergangenen Rechtsverordnungen**. Diese Verweisung bezieht sich auf das BPersVG in seiner zuletzt durch das Gesetz v. 3.7.13[216] geänderten Fassung, auf die BPersVWO i.d.F. v. 1.12.94,[217] zuletzt geändert durch die Verordnung v. 28.9.05,[218] und (wie schon bisher) auf die Verordnung über die Höhe der Aufwandsentschädigung für vom Dienst freigestellte Personalvertretungsmitglieder v. 18.7.74[219], geändert durch Gesetz v. 3.12.01.[220] An der Verweisung auf den für die »Deutsche Welle« geltenden § 90 BPersVG hat sich nichts geändert.

28 Nach gegenwärtigem Stand ist für den **MDR** aufgrund der statischen Verweisung in dem für ihn maßgeblichen Staatsvertrag das BPersVG in seiner zuletzt durch das Gesetz v. 16.1.91[221] geänderten Fassung entsprechend anzuwenden (vgl. Rn. 24). Damit kann für den MDR der erst durch Art. 2 § 1 Nr. 2 des Auslandsrundfunkgesetzes eingeführte **§ 90 BPersVG nicht entsprechend** angewendet werden. Da durch statische Verweisungen auch außer Kraft getretene Rechtsvorschriften in Bezug genommen werden können, ist für den MDR vielmehr der durch Art. 2 § 1 Nr. 1 des Auslandsrundfunk-

214 Str.; vgl. KfdP-*Altvater*, Rn. 35 m.w.N.
215 U. a. GVBl. Bbg I 2013 Nr. 41 u. 2014 Nr. 3.
216 BGBl. I S. 1978.
217 BGBl. I S. 3653.
218 BGBl. I S. 2906.
219 BGBl. I S. 1499.
220 BGBl. I S. 3306.
221 BGBl. I S. 47.

gesetzes aufgehobene **§ 69 Abs. 4 S. 5 BPersVG weiterhin entsprechend anwendbar** (vgl. dazu Rn. 19).

Dagegen ist aufgrund der geänderten Staatsverträge nicht nur für den **RBB,** sondern inzwischen auch für den **NDR** und das **DRadio** der für die DW unmittelbar geltende **§ 90 BPersVG entsprechend anwendbar** (vgl. Rn. 25–27). Da die dafür maßgeblichen Bestimmungen in den einschlägigen Staatsverträgen jeweils eine **Analogieverweisung** enthalten, muss allerdings im Hinblick auf die Strukturen von RBB, NDR und DRadio bei allen in § 90 Nr. 1 bis 7 enthaltenen Vorschriften geprüft werden, ob und ggf. mit welchen Abwandlungen sie für diese Rundfunkeinrichtungen anzuwenden sind. Das gilt sowohl für die Beschreibungen der Tatbestände als auch für die festgelegten Rechtsfolgen. Für den **RBB** gelten z. B. **Besonderheiten** bei der entsprechenden Anwendung der Regelungen über die **Bildung der Personalvertretungen**. In § 34 Abs. 3 RBB-StV (i. d. F. des 1. RBB-ÄndStV [vgl. Rn. 27]) heißt es: »*Dienststelle im Sinne des Personalvertretungsrechts ist Berlin.*« Diese Bestimmung dürfte so zu verstehen sein, dass alle Einrichtungen des RBB eine **einzige Dienststelle** i. S. d. PersVR bilden und dass der bei ihr zu errichtende PR seinen **Sitz in Berlin** hat. Andererseits dürfte jedoch, anders als § 90 Nr. 1 S. 4 dies für die DW bestimmt, § 6 Abs. 3 für den RBB entsprechend anwendbar sein mit der Folge, dass ggf. nach § 55 neben den einzelnen örtlichen PR – z. B. bei einer verselbständigten Dienststelle in Potsdam und bei der Hauptdienststelle in Berlin – ein GPR zu bilden wäre.[222] Eine weitere Besonderheit ergibt sich für den RBB aus § 34 Abs. 1 S. 2 RBB-StV, der wie folgt lautet: »*Abweichend von den §§ 75 und 77 Bundespersonalvertretungsgesetz erstreckt sich das Recht des Personalrats zur Mitbestimmung auch auf den Fall der ordentlichen Kündigung.*« Damit soll offenbar die im BlnPersVG (bei Vertragsschluss in § 87 Nr. 9, inzwischen in § 87 Nr. 8) und im PersVG Bbg (in § 63 Abs. 1 Nr. 17) vorgesehene, bisher dem PR des SFB bzw. des ORB zustehende **Mitbestimmung bei der ordentlichen Kündigung** für den PR des RBB beibehalten werden.[223] Dabei richtet sich das Verfahren der Mitbestimmung nach § 69 BPersVG, wobei im Hinblick auf den Beschl. des *BVerfG* v. 20. 7. 01 – 2 BvL 8/00 –[224] zur verfassungskonformen Auslegung des § 63 Abs. 1 Nr. 17 PersVG Bbg und zur daran anknüpfenden neueren Rspr. des *BVerwG* jedoch trotz des abweichenden Wortlauts des § 69 Abs. 4 S. 3 nur eine eingeschränkte Mitbestimmung in Betracht kommen dürfte (vgl. dazu § 69 Rn. 40 u. § 71 Rn. 26). 29

222 Str.; vgl. KfdP-*Altvater*, Rn. 37a m. N.
223 Vgl. *BAG* v. 27. 10. 05 – 6 AZR 27/05 –, AP BetrVG 1972 § 102 Nr. 151.
224 PersR 02, 198.

§ 91 [Dienststellen des Bundes im Ausland]

(1) Für Dienststellen des Bundes im Ausland gilt dieses Gesetz mit folgenden Abweichungen:

1. Ortskräfte sind nicht Beschäftigte im Sinne des § 4.

2. Die Beschäftigten sind nicht in eine Stufenvertretung oder in einen Gesamtpersonalrat bei einer Dienststelle im Inland wählbar.

3. [1]Die nach § 13 wahlberechtigten Beschäftigten im Geschäftsbereich des Auswärtigen Amtes im Ausland ohne die Dienststellen des Deutschen Archäologischen Instituts sind außer zur Wahl des Personalrates ihrer Dienststelle auch zur Wahl des Personalrates des Auswärtigen Amtes wahlberechtigt, jedoch nicht wählbar. [2]Zur Wahl des Hauptpersonalrates des Auswärtigen Amtes sind sie nicht wahlberechtigt. [3]Soweit eine Stufenvertretung zuständig wäre, ist an ihrer Stelle der Personalrat des Auswärtigen Amtes zu beteiligen. [4]§ 47 Abs. 2 gilt nicht für die nach Satz 1 zur Wahl des Personalrates des Auswärtigen Amtes wahlberechtigten Beschäftigten.

4. § 47 Abs. 2 gilt für Mitglieder von Personalräten im Geschäftsbereich des Bundesministeriums der Verteidigung im Ausland nur für die Dauer einer regelmäßigen Amtszeit in dem durch § 26 festgelegten Umfang.

5. Für gerichtliche Entscheidungen nach § 83 ist das Verwaltungsgericht zuständig, in dessen Bezirk die oberste Dienstbehörde ihren Sitz hat.

(2) [1]In Dienststellen des Bundes im Ausland, in denen in der Regel mindestens fünf Ortskräfte (Absatz 1 Nr. 1) beschäftigt sind, wählen diese einen Vertrauensmann und höchstens zwei Stellvertreter. [2]Gewählt wird durch Handaufheben; widerspricht ein Wahlberechtigter diesem Verfahren, so wird eine geheime Wahl mit Stimmzetteln vorgenommen. [3]§ 24 Abs. 1 Satz 1 und 2, Abs. 2 gilt entsprechend. [4]Die Amtszeit des Vertrauensmannes und seiner Stellvertreter beträgt zwei Jahre; im übrigen gilt § 29 Abs. 1 sinngemäß. [5]§ 31 ist mit der Maßgabe anzuwenden, daß eine Neuwahl stattfindet, wenn nach Eintreten der Stellvertreter kein Vertrauensmann mehr vorhanden ist. [6]Der Vertrauensmann nimmt Anregungen, Anträge und Beschwerden der Ortskräfte in innerdienstlichen, sozialen und persönlichen Angelegenheiten entgegen und vertritt sie gegenüber dem Dienststellenleiter und dem Personalrat. [7]Vor der Beschlußfassung in Angelegenheiten, die die besonderen Interessen der Ortskräfte wesentlich berühren, hat der Personalrat dem Vertrauensmann Gelegenheit zur Äußerung zu geben. [8]Für den Vertrauensmann gelten die §§ 43 bis 45, 46 Abs. 1, 2, 3 Satz 1 und § 67 Abs. 1 Satz 3 sinngemäß.

1 (Abs. 1) **Dienststellen des Bundes im Ausland** sind Verwaltungen und Betriebe des Bundes oder einer bundesunmittelbaren Körperschaft, Anstalt

oder Stiftung des öffentlichen Rechts, die ihren Sitz im Ausland haben, die deutsches Personal beschäftigen und für die deutsches Organisationsrecht gilt. Für den Dienststellenbegriff gelten die allgemeinen Vorschriften des § 6. Nur diejenigen im Ausland gelegenen organisatorischen Einheiten des Bundes oder einer bundesunmittelbaren juristischen Person des öffentlichen Rechts, die nach Aufgabenbereich und Organisation selbständig sind, werden als Dienststellen betrachtet. So ist z. B. ein auf ausländischem Staatsgebiet liegendes Zollamt keine Auslandsdienststelle i. S. d. BPersVG, sondern bildet mit dem ihm vorgeordneten, im Inland gelegenen Hauptzollamt eine einheitliche (Inlands-)Dienststelle.[225] Jedoch sind die deutschen Auslandsvertretungen Dienststellen i. S. d. BPersVG, obwohl sie nach § 2 des Gesetzes über den Auswärtigen Dienst (GAD) v. 30. 8. 90[226] zusammen mit dem Auswärtigen Amt (Zentrale) eine einheitliche Bundesbehörde unter Leitung des Bundesministers des Auswärtigen bilden (vgl. § 91 Abs. 1 Nr. 3 S. 1).[227]

(Abs. 1 Nr. 1) Ortskräfte sind grundsätzlich nicht Beschäftigte i. S. d. § 4. Zu 2
den Ortskräften rechnen unabhängig von ihrer Staatsangehörigkeit alle diejenigen Personen, die nicht von einer Dienststelle im Inland entsandt, sondern von einer Auslandsdienststelle an Ort und Stelle eingestellt worden sind.[228] Den Ortskräften stehen jene **Rechte und Befugnisse** nicht zu, die das Gesetz ausdrücklich den Beschäftigten zuweist. Sie sind **zum PR weder wahlberechtigt noch wählbar** (vgl. § 13 Abs. 1 S. 1 u. § 14 Abs. 1) und haben auch **kein Recht zur Teilnahme an der Personalversammlung** (§ 48 Abs. 1). Bei der Anwendung von **Vorschriften** des Gesetzes, **die ausdrücklich an die Beschäftigteneigenschaft anknüpfen**, müssen die Ortskräfte außer Betracht bleiben (§§ 16, 17 u. 46 Abs. 4). Obwohl § 91 Abs. 2 mit dem Vertrauensmann der Ortskräfte eine Sondervertretung vorsieht und der Wortlaut der gesetzlichen Regelungen unklar ist, lässt sich aus der Entstehungsgeschichte des § 91 ableiten, dass die (nur von den entsandten Kräften gewählten) **Personalvertretungen** auch die Interessen der Ortskräfte gegenüber den jeweiligen Dienststellenleitern zu vertreten haben und in solchen Angelegenheiten der Ortskräfte **förmlich zu beteiligen** sind, die in den §§ 75 bis 82 genannt sind.[229]

---

225 *BVerwG* v. 23. 1. 59 – VII P 6.58 –, AP PersVG § 97 Nr. 1.

226 BGBl. I S. 1842. Zuletzt geändert durch Art. 5 des Gesetzes v. 14. 11. 11 (BGBl. I S. 2219).

227 Näher hierzu u. zu weiteren Auslandsdienststellen KfdP-*Altvater,* Rn. 5–8.

228 So auch *BVerwG* v. 9. 3. 12 – 6 PB 27.11 –, Buchh 250 § 91 Nr. 1 = PersR 12, 280 Ls. Zur nicht unbedenklichen Unterscheidung zwischen den deutschen entsandten Beschäftigten und den deutschen Ortskräften vgl. *VG Köln* v. 22. 9. 76 – PVB 11/74 –, n. v.; LAG Köln v. 14. 9. 95 – 10 Sa 509/95 –, PersR 96, 248; BAG v. 21. 11. 96 – 2 AZR 832/95 –, PersR 97, 175.

229 Str.; a. A. *LAG Köln* v. 14. 9. 95 u. *BAG* v. 21. 11. 96, jew. a. a. O.; vgl. KfdP-*Altvater,* Rn. 15–17.

3 (**Abs. 1 Nr. 2**) Die Beschäftigten von Auslandsdienststellen sind – anders als die Beschäftigten ihrer im Inland gelegenen und nach § 6 Abs. 3 verselbständigten Nebenstellen – in eine **Stufenvertretung** (BPR oder HPR) oder in einen **GPR** bei einer Dienststelle im Inland **nicht wählbar**. Diese Einschränkung gilt nicht für Beschäftigte von im Ausland gelegenen (und *nicht* nach § 6 Abs. 3 verselbständigten) Nebenstellen oder Teilen solcher Dienststellen, die ihren Sitz im Inland haben.

4 (**Abs. 1 Nr. 3**) Mit Rücksicht darauf, dass die Auslandsvertretungen zusammen mit dem Auswärtigen Amt (AA) eine einheitliche Bundesbehörde bilden (vgl. Rn. 1), trifft § 91 Abs. 1 Nr. 3 **Sonderregelungen für den Geschäftsbereich des AA im Ausland**. Nach § 91 Abs. 1 Nr. 3 S. 1 sind die **wahlberechtigten Beschäftigten** im Geschäftsbereich des AA im Ausland – mit Ausnahme der Beschäftigten des Deutschen Archäologischen Instituts (DAI)[230] – nicht nur zur Wahl des PR ihrer Auslandsdienststelle, sondern **auch zur Wahl des PR des AA wahlberechtigt**. Jedoch sind sie **zum PR des AA nicht wählbar**. Daraus folgt für die Bemessung der Größe des PR des AA und für die Verteilung der PR-Sitze auf die Gruppen, dass neben den Beschäftigten der Zentrale des AA auch die Beschäftigten der Auslandsvertretungen, nicht hingegen die Ortskräfte mitzuzählen sind. Nach § 91 Abs. 1 Nr. 3 S. 2 sind die wahlberechtigten Beschäftigten der Auslandsvertretungen zur **Wahl des HPR des AA** weder wahlberechtigt noch wählbar. Wahlberechtigt zum HPR des AA sind nur die **Beschäftigten der Zentrale des AA** und die **Beschäftigten des DAI**. Wählbar sind die Beschäftigten der Zentrale des AA sowie die Beschäftigten der im Inland gelegenen Einrichtungen des DAI (Zentrale, Abteilungen und Kommissionen) und seiner im Ausland gelegenen, nicht verselbständigten Außenstellen.

5 Die **Beschäftigten in den Auslandsvertretungen** werden sowohl durch den **PR der jeweiligen Auslandsvertretung** als auch durch den **PR des AA**, nicht aber durch den HPR repräsentiert. Soweit in Angelegenheiten der bei Auslandsvertretungen tätigen Beschäftigten einschl. der Ortskräfte (vgl. dazu Rn. 2) eine **Stufenvertretung** zuständig wäre, ist nach § 91 Abs. 1 Nr. 3 S. 3 an ihrer Stelle der PR des AA zu beteiligen. Damit nimmt dieser PR zugleich die Funktionen eines örtlichen PR für die Zentrale und ihre Beschäftigten sowie die einer Stufenvertretung für die Auslandsvertretungen und deren Beschäftigte wahr.

6 Der beim AA gebildete **HPR** ist i. d. R. zu beteiligen, wenn das AA über beteiligungsbedürftige Angelegenheiten zu entscheiden hat, die das **DAI** oder einen oder mehrere seiner Beschäftigten betreffen. Außerdem ist er zuständig, wenn eine beteiligungsbedürftige Maßnahme getroffen werden soll, die

230 Das DAI ist eine (nicht rechtsfähige) Bundesanstalt im Geschäftsbereich des AA mit dem Recht v. a. der wissenschaftlichen Selbstverwaltung.

sowohl das AA als oberste Dienstbehörde als auch das DAI als nachgeordnete Dienststelle betrifft.[231]

Die redaktionell missglückte Sonderregelung in § 91 Abs. 1 Nr. 3 S. 4 bestimmt für den Geschäftsbereich des AA, dass die den **besonderen Versetzungs- und Abordnungsschutz** regelnde allgemeine Vorschrift des § 47 Abs. 2 **für Mitglieder von PR in Auslandsvertretungen nicht gilt**. Diese PR-Mitglieder können somit auch gegen ihren Willen versetzt oder abgeordnet werden, ohne dass dies aus wichtigen dienstlichen Gründen unvermeidbar ist und ohne dass es einer Zustimmung des PR bedarf. Damit soll der im AA üblichen Rotation beim Personaleinsatz Rechnung getragen werden.[232] 7

Die Wahlberechtigung und die Wählbarkeit von **Soldaten**, die **im Geschäftsbereich des AA im Ausland** Dienst leisten, und die Nichtanwendbarkeit von § 47 Abs. 2 für Soldatenvertreter in den PR von Auslandsvertretungen ist in § 62 Abs. 4 SBG geregelt (vgl. Anh. V B § 62 SBG Rn. 9). 7a

(Abs. 1 Nr. 4) Die durch Art. 7 Nr. 6 DNeuG v. 5. 2. 09[233] eingeführte Sonderregelung in § 91 Abs. 1 Nr. 4 betrifft den **Geschäftsbereich des Bundesministeriums der Verteidigung** (BMVg). Sie bestimmt, dass die den **besonderen Versetzungs- und Abordnungsschutz** von PR-Mitgliedern regelnde allgemeine Vorschrift des § 47 Abs. 2 **für Mitglieder von PR** im Geschäftsbereich des BMVg im Ausland nur **für die Dauer einer regelmäßigen Amtszeit** in dem durch § 26 festgelegten Umfang gilt. Da die Dauer dieser Amtszeit nach § 26 Abs. 1 S. 1 **vier Jahre** beträgt, erstreckt sich der Schutz des § 47 Abs. 2 für ein Mitglied eines PR bei einer Auslandsdienststelle im Geschäftsbereich des BMVg auf ebenfalls vier Jahre. Dabei kommt es nicht auf die Amtszeit des PR an, dem das Mitglied angehört, sondern auf die **Zeit seiner persönlichen Mitgliedschaft** im PR derjenigen Auslandsdienststelle, von der es zu einer anderen Dienststelle versetzt oder abgeordnet werden soll.[234] Die Sondervorschrift des § 91 Abs. 1 Nr. 4 gilt gem. § 62 Abs. 3 S. 1 SBG auch für **Soldatenvertreter** (vgl. dazu Anh. V B § 62 SBG Rn. 7). 7b

Eine weitere, aber außerhalb des BPersVG getroffene personalvertretungsrechtliche Sonderregelung bezieht sich auf die **»Stiftung Deutsche Geisteswissenschaftliche Institute im Ausland«**. Die durch das Errichtungsgesetz (DGIAG) v. 20. 6. 02[235] geschaffene Stiftung, die zum 1. 7. 12 in **»Max Weber Stiftung«** umbenannt worden ist,[236] ist eine der Rechtsaufsicht des Bundesministeriums für Bildung und Forschung (BMBF) unterstehende rechtsfä- 7c

231 Vgl. KfdP-*Altvater*, Rn. 21.
232 Vgl. KfdP-*Altvater*, Rn. 22.
233 BGBl. I S. 160.
234 Näher dazu KfdP-*Altvater*, Rn. 22c.
235 BGBl. I S. 2003. Geändert durch Gesetz v. 31. 7. 09 (BGBl. I S. 2622).
236 Umbenennung durch den Stiftungsrat (PM v. 25. 6. 12 unter http://www.maxweberstiftung.de).

hige bundesunmittelbare Stiftung des öffentlichen Rechts mit Sitz in Bonn, die (zurzeit) insgesamt zehn Forschungsinstitute im Ausland unterhält und am Sitzort Bonn (und damit im Inland) eine gemeinsame Geschäftsstelle hat. Die Stiftung hat eine **zweistufige Verwaltung** (vgl. § 6 Rn. 3). Auf der Zentralstufe befindet sich die **gemeinsame Geschäftsstelle** in Bonn, auf der Unterstufe bestehen die in den Gastländern unterhaltenen (zurzeit) zehn **Forschungsinstitute**. Die gemeinsame Geschäftsstelle sowie die Institute sind Dienststellen i. S. d. § 6 Abs. 1, bei denen nach § 12 Abs. 1 **jeweils ein PR** zu bilden ist. Außerdem ist nach § 53 bei der gemeinsamen Geschäftsstelle **ein HPR** zu bilden. Bei der Bildung dieser Personalvertretungen sind – soweit es um die im Ausland gelegenen Institute und ihre Beschäftigten geht – grundsätzlich die Sonderregelungen in § 91 Abs. 1 Nr. 1, 2 und 5 zu beachten, also auch die Regelung in Abs. 1 Nr. 2, wonach die Beschäftigten der Institute in eine Stufenvertretung im Inland nicht wählbar sind (vgl. Rn. 3). Die durch das Änderungsgesetz v. 31. 7. 09[237] modifizierten Vorschriften des DGIAG sehen aber vor, dass die Satzung der Stiftung mit Genehmigung des BMBF und Zustimmung der Personalvertretung abweichend von § 91 Abs. 1 Nr. 2 für die **Wahl des HPR** an die strukturellen Besonderheiten der Stiftung **angepasste Regelungen** treffen kann (§ 15 Abs. 2 S. 1 DIGAG). Dementsprechend sieht die **Satzung**[238] in § 18 Abs. 1 nunmehr vor, dass (vom BPersVG abweichend) eine Personalvertreterin oder **ein Personalvertreter**, die bzw. den die Vorsitzenden der örtlichen PR aus ihrer Mitte für eine Amtszeit von vier Jahren wählen, die Aufgaben des HPR wahrnimmt.[239]

8 **(Abs. 1 Nr. 5)** Nach der Regelung in § 91 Abs. 1 Nr. 5 (bis zur Änderung durch Art. 7 Nr. 6 DNeuG [vgl. Rn. 7b] in § 91 Abs. 1 Nr. 4) ist für gerichtliche Entscheidungen über in § 83 Abs. 1 aufgeführte personalvertretungsrechtliche Streitigkeiten das **Verwaltungsgericht** zuständig, **in dessen Bezirk die oberste Dienstbehörde ihren Sitz hat**. Aus den Vorschriften über die Einteilung der Gerichtsbezirke in den Ausführungsgesetzen der Länder zur Verwaltungsgerichtsordnung ergibt sich, um welches Verwaltungsgericht es sich dabei handelt. Für Streitigkeiten, die Auslandsdienststellen im Geschäftsbereich von **Bundesministerien** betreffen, kommt es darauf an, wo das Ministerium seinen ersten Dienstsitz hat. Liegt dieser (wie z. B. beim AA) in Berlin, ist das Verwaltungsgericht Berlin zuständig, liegt er (wie z. B. beim BMVg) in Bonn, ist das Verwaltungsgericht Köln zuständig. Letzteres gilt auch für die Forschungsinstitute der **Max Weber Stiftung** (vgl. Rn. 7c), weil der als oberste Dienstbehörde anzusehende Stiftungsrat (gem.

237 BGBl. I S. 2622.

238 Vom Stiftungsrat am 24. 4. 09 beschlossen und zuletzt am 14. 5. 14 geändert (unter http://www.maxweberstiftung.de).

239 Näher dazu KfdP-*Altvater*, Rn. 5 u. 22e–22g.

§ 6 Abs. 3 DGIAG oberstes Organ der Stiftung) am Sitz der Stiftung in Bonn angesiedelt ist.

(**Abs. 2**) Für die **Ortskräfte**, die nach § 91 Abs. 1 Nr. 1 nicht Beschäftigte 9
i. S. d. § 4 sind, sieht § 91 Abs. 2 eine Sondervertretung vor. Sie wählen in den Auslandsdienststellen, in denen in der Regel mindestens fünf Ortskräfte beschäftigt sind, einen **Vertrauensmann**.[240] und höchstens zwei Stellvertreter (Abs. 2 S. 1). Es ist in das Ermessen der Ortskräfte gestellt, ob sie einen oder zwei Stellvertreter wählen. Jede Ortskraft ist wahlberechtigt und wählbar. Der Vertrauensmann und seine Stellvertreter werden grundsätzlich durch Handaufheben gewählt. Nur wenn ein Wahlberechtigter dieser offenen Abstimmung widerspricht, ist eine geheime Wahl mit Stimmzetteln vorzunehmen (Abs. 2 S. 2). Im Übrigen enthält das Gesetz keine Vorschriften über das **Wahlverfahren**. Die Einzelheiten regelt § 51 WO. Danach ist der Kandidat zum Vertrauensmann gewählt, der die meisten Stimmen erhalten hat. Der Kandidat mit der zweithöchsten Stimmenzahl ist zum ersten Stellvertreter, der mit der dritthöchsten Stimmenzahl zum zweiten Stellvertreter gewählt. Bei gleicher Stimmenzahl entscheidet das Los (§ 51 Abs. 4 WO). Die Vorschriften über das Verbot der Behinderung und der sittenwidrigen Beeinflussung der Wahl des PR und über die Kostentragung der Dienststelle (§ 24 Abs. 1 S. 1 u. 2, Abs. 2) gelten für die Wahl des Vertrauensmanns und seiner Stellvertreter entsprechend (Abs. 2 S. 3). Verstöße gegen wesentliche Vorschriften über die Wahl können in entsprechender Anwendung des § 25 im Wege der **Wahlanfechtung** bei dem nach § 91 Abs. 1 Nr. 5 örtlich zuständigen Verwaltungsgericht (vgl. Rn. 8) geltend gemacht werden.[241] Der Vertrauensmann und seine Stellvertreter sind für eine **Amtszeit** von zwei Jahren zu wählen (Abs. 2 S. 4 Hs. 1). Nach Abs. 2 S. 4 Hs. 2 gilt § 29 Abs. 1 sinngemäß; aufgrund dieser Verweisung **endet das Amt des Vertrauensmanns vorzeitig**, wenn einer der in § 29 Abs. 1 aufgeführten Tatbestände eintritt, der bei einem Mitglied des PR das Erlöschen der Mitgliedschaft im PR zur Folge hat.[242] Endet das Amt vorzeitig oder ist der Vertrauensmann zeitweilig verhindert, so ist nach Abs. 2 S. 5 grundsätzlich § 31 maßgeblich, nach dessen entsprechender Anwendung sich das **Eintreten der Stellvertreter** richtet. Eine vorzeitige **Neuwahl** findet statt, wenn nach Eintreten der Stellvertreter kein Vertrauensmann mehr vorhanden ist, also erst dann, wenn sowohl der Vertrauensmann als auch die Stellvertreter ausgeschieden sind.[243]

240 Der Gesetzgeber hat die veraltete amtliche Bezeichnung »Vertrauensmann« bisher nicht durch eine geschlechtergerechte Bezeichnung ersetzt. Krit. zu Recht *Fischer/Goeres/Gronimus*, Rn. 26.

241 Vgl. KfdP-*Altvater*, Rn. 29a.

242 Vgl. KfdP-*Altvater*, Rn. 29b.

243 *Fischer/Goeres/Gronimus*, Rn. 32.

Auch in diesem Falle sind der Vertrauensmann und seine Stellvertreter wiederum für eine Amtszeit von zwei Jahren zu wählen.

10 **Aufgaben und Befugnisse** des Vertrauensmanns sind geringer als die der Personalvertretungen. Er hat Anregungen, Anträge und Beschwerden der Ortskräfte in innerdienstlichen, sozialen und persönlichen Angelegenheiten entgegenzunehmen und sie gegenüber dem Dienststellenleiter und dem PR zu vertreten (Abs. 2 S. 6). Dabei hat der Vertrauensmann, ebenso wie der PR, insb. die Beschwerden auf ihre Berechtigung zu überprüfen.[244] Die Wendung »**innerdienstliche, soziale und persönliche Angelegenheiten**« ist ebenso auszulegen wie die gleichlautende Formel in § 78 Abs. 1 Nr. 1 (vgl. § 78 Rn. 10).

11 Unbeschadet der Aufgaben des Vertrauensmanns hat der **PR** die Interessen aller Angehörigen der Dienststelle gegenüber dem öffentlichen Arbeitgeber zu vertreten; dazu gehören auch die Ortskräfte (str.; vgl. Rn. 2). Der PR muss dem Vertrauensmann **Gelegenheit zur Äußerung** geben, bevor er über Angelegenheiten beschließt, die die besonderen Interessen der Ortskräfte wesentlich berühren (Abs. 2 S. 7). Diese Voraussetzung liegt nicht nur in Ausnahmefällen vor, sondern schon dann, wenn eine Angelegenheit die spezifischen Arbeitsbedingungen der Ortskräfte wenigstens mittelbar betrifft.[245] Der Vertrauensmann kann sich schriftlich oder mündlich äußern. Er hat zwar keinen Anspruch darauf, in einer PR-Sitzung angehört zu werden. Der Grundsatz der Nichtöffentlichkeit schließt es aber nicht aus, dass der PR, wenn er es für zweckmäßig hält, auch den Vertrauensmann der Ortskräfte hinzuzieht und dabei diesen nicht nur anhört, sondern die anstehenden Sachen mit ihm erörtert. Die Anwesenheit des Vertrauensmanns ist allerdings zeitlich und sachlich auf das notwendige Mindestmaß zu beschränken (vgl. § 35 Rn. 1). Während der Beratung und Abstimmung darf er nicht anwesend sein.[246]

12 Für die **Geschäftsführung und Rechtsstellung** des Vertrauensmanns der Ortskräfte gelten die Bestimmungen der §§ 43 bis 45, des § 46 Abs. 1, 2 und 3 S. 1 und des § 67 Abs. 1 S. 3 sinngemäß (Abs. 2 S. 8). Die Vorschriften der §§ 8 und 10 gelten unmittelbar für ihn.

§ 92 [Geschäftsbereich des Bundesministeriums der Verteidigung]

Für den Geschäftsbereich des Bundesministeriums der Verteidigung gilt § 82 Abs. 5 mit folgender Maßgabe:

1. **Werden personelle oder soziale Maßnahmen von einer Dienststelle, bei der keine für eine Beteiligung an diesen Maßnahmen zustän-**

244 Str.; vgl. KfdP-*Altvater*, Rn. 31 m. N.

245 Str.; vgl. KfdP-*Altvater*, Rn. 33 m. N.

246 Vgl. *BVerwG* v. 14.7.77 – VII P 24.76 –, PersV 78, 127.

dige Personalvertretung vorgesehen ist, mit Wirkung für einzelne Beschäftigte einer ihr nicht nachgeordneten Dienststelle getroffen, so ist der Personalrat dieser Dienststelle von deren Leiter zu beteiligen, nachdem zuvor ein Einvernehmen zwischen den Dienststellen über die beabsichtigte Maßnahme hergestellt worden ist.

2. **[1]Bei innerdienstlichen oder sozialen Angelegenheiten, die Liegenschaften eines Dienstortes betreffen, wird die Beteiligung durch einen Ausschuss ausgeübt, der bei der für die Entscheidung zuständigen Stelle eingerichtet ist, sofern ein solcher gebildet worden ist und das gesetzlich zuständige Beteiligungsgremium zugestimmt hat. [2]Die Aufgaben und Befugnisse des Dienststellenleiters werden in diesen Fällen durch die für die Entscheidung zuständige Stelle wahrgenommen. [3]Kommt im Beteiligungsverfahren eine Einigung nicht zustande, richtet sich das weitere Verfahren nach § 69 Absatz 3 und 4 oder nach § 72 Absatz 4 und 5.**

Der Geschäftsbereich des Bundesministeriums der Verteidigung (BMVg) 1
umfasst die Streitkräfte und die Bundeswehrverwaltung, die zusammen die **Bundeswehr** bilden.[247] Die **Bundeswehrverwaltung** – der auch die Dienststellen der Militärseelsorge und die Universitäten der Bundeswehr zuzurechnen sind – gehört zu den Verwaltungen des Bundes und damit nach § 1 BPersVG zum Geltungsbereich dieses Gesetzes. Die Truppendienstgerichte sind Gerichte des Bundes und liegen somit ebenfalls im Anwendungsbereich des BPersVG. Die **Streitkräfte** sind eine der Verwaltung nebengeordnete Form der vollziehenden Gewalt. Sie unterfallen nicht ohne Weiteres dem BPersVG. Ob und inwieweit für sie das PersVR des Bundes gilt, ergibt sich aus den Vorschriften des Soldatengesetzes (SG) und des Soldatenbeteiligungsgesetzes (SBG). § 91 Abs. 1 SG bestimmt, dass für die bei militärischen Dienststellen und Einrichtungen der Bundeswehr beschäftigten **Beamten, Angestellten und Arbeiter** grundsätzlich das BPersVG gilt (vgl. Anh. V A). **Soldaten** sind keine Beschäftigten i. S. d. § 4 BPersVG (vgl. dort Rn. 3). Nach § 35 SG regelt das SBG ihre Beteiligung. Nach § 1 Abs. 1 SBG werden sie durch Vertrauenspersonen, Gremien der Vertrauenspersonen oder Personalvertretungen vertreten. Die Beteiligung durch Personalvertretungen ist im Einzelnen in den §§ 59 bis 63 SBG geregelt (vgl. Anh. V B). Soweit danach in bestimmten Dienststellen und Einrichtungen der Bundeswehr gemeinsam mit den Personalvertretungen der Beamten und Arbeitnehmer Soldatenvertreter in Personalvertretungen gewählt werden, bilden die Soldaten eine weitere Gruppe i. S. d. § 5 und die Soldatenvertreter zusammen mit den

247 *BVerwG* v. 21. 1. 08 – 6 P 16.07 –, PersR 08, 367.

Vertretern der Gruppen der zivilen Beschäftigten eine erweiterte Personalvertretung.

1a Im Jahr 2011 hat eine als »**Neuausrichtung der Bundeswehr**« bezeichnete weitreichende Reform der Bundeswehr begonnen, deren Umsetzung etwa sechs bis acht Jahre dauern soll. Mit dem **Wehrrechtsänderungsgesetz 2011** (WehrRÄndG 2011) v. 28.4.11[248] ist die Verpflichtung zur Ableistung des Grundwehrdienstes ausgesetzt und der Übergang zu reinen Freiwilligenstreitkräften vollzogen worden (vgl. Anh. V A § 35 Rn. 1a). In der Folge sind grundlegende **Umstrukturierungen** erfolgt.[249] Die Bundeswehr gliedert sich jetzt in **fünf militärische Organisationsbereiche** (Heer, Luftwaffe und Marine sowie Zentraler Sanitätsdienst und Streitkräftebasis), **drei Ressourcenbereiche** (»Personal«, »Infrastruktur, Umweltschutz und Dienstleistungen«, »Ausrüstung, Informationstechnik und Nutzung«) sowie **zwei weitere Organisationsbereiche** (»Rechtspflege« und »Militärseelsorge«).

1b In der neu ausgerichteten **Bundeswehrverwaltung**[250] bestehen **unterhalb des BMVg** folgende **Bundesoberbehörden**:

- das **Bundesamt für das Personalmanagement der Bundeswehr (BAPersBw)**: Ihm obliegt die Fachaufsicht über das Personalmanagement der Bundeswehr-Dienstleistungszentren. Als Dienststellen der unteren Verwaltungsstufe unterstehen ihm die Karrierecenter der Bundeswehr;
- das **Bildungszentrum der Bundeswehr (BiZBw)**: Ihm unterstehen die Bundeswehrfachschulen und die Auslandsschulen der Bundeswehr;
- das **Bundesamt für Infrastruktur, Umweltschutz und Dienstleistungen der Bundeswehr (BAIUDBw)**: Ihm sind das Verpflegungsamt der Bundeswehr, das Zentrum Brandschutz der Bundeswehr, die regionalen Bundeswehr-Dienstleistungszentren und die Bundeswehrverwaltungsstellen im europäischen Ausland, in den USA und Kanada unterstellt;
- das **Bundesamt für Ausrüstung, Informationstechnik und Nutzung der Bundeswehr (BAAINBw)**: Ihm unterstehen wehrtechnische und wehrwissenschaftliche Dienststellen, das Marinearsenal, das IT-Zentrum der Bundeswehr und die Deutsche Verbindungsstelle des Rüstungsbereichs USA/Kanada;
- außerdem als zentrale Dienststellen der Militärseelsorge wie bisher das **Evangelische Kirchenamt für die Bundeswehr (EKA)** und das **Katholische Militärbischofsamt (KMBA)** mit jeweils nachgeordneten Militärdekanaten auf der Mittelebene und Militärpfarrämtern auf der Ortsebene.

Die vorgenannten Bundesoberbehörden bzw. zentralen Dienststellen sind personalvertretungsrechtlich Behörden der Mittelstufe i. S. d. § 6 Abs. 2 S. 2, bei denen nach § 53 Abs. 1 BPR gebildet werden. Weitere **Dienststellen ohne**

248 BGBl. I S. 678.
249 Näher dazu KfdP-*Altvater,* Rn. 4b; *Altvater,* PersR 5/14, 206, 208 (zu 2).
250 Näher dazu KfdP-*Altvater,* Rn. 5f.; *Altvater,* PersR 5/14, 206, 209f. (zu 4).

nachgeordnete Dienststellen sind: das (ebenfalls) als Bundesoberbehörde eingerichtete Bundessprachenamt und die nicht zur Bundeswehrverwaltung i. e. S. gehörenden Universitäten der Bundeswehr sowie die Fachhochschule des Bundes – Fachbereich Bundeswehrverwaltung –; ferner als Einrichtungen der **Rechtspflege der Bundeswehr** der Bundeswehrdisziplinaranwalt beim Bundesverwaltungsgericht und die Truppendienstgerichte Nord und Süd.

Die **militärischen Organisationsbereiche** (vgl. oben Rn. 1a) sind i. d. R. **mehr als dreistufig** aufgebaut.[251] Die **oberste Befehlsebene** befindet sich im **BMVg**. Darunter können bis zu **sechs weitere Befehlsebenen** bestehen: das Kommando (an der Spitze des jeweiligen militärischen Organisationsbereichs), die Korps, Divisionen, Brigaden (oder Regimenter), Bataillone und Kompanien. Im Zuge der **Neuausrichtung** der Bundeswehr ist insb. die **Spitzengliederung der Streitkräfte** umstrukturiert worden. Der **Generalinspekteur** der Bundeswehr ist nunmehr truppendienstlicher Vorgesetzter der Soldaten in den Streitkräften und Teil der Leitung des BMVg. Die **Inspekteure** der militärischen Organisationsbereiche sind mit ihren Führungsstäben aus dem BMVg ausgegliedert worden; sie führen ihre Teilstreitkraft bzw. ihren militärischen Organisationsbereich (nach dem neuen **Ein-Säulen-Modell**) in einem einheitlichen Kommando: Kommando Heer, Kommando Luftwaffe, Marinekommando, Kommando Streitkräftebasis und Kommando Sanitätsdienst der Bundeswehr. Diese Kommandos sind militärische Dienststellen, die den **Behörden der Mittelstufe** i. S. d. § 6 Abs. 2 S. 2 BPersVG entsprechen. Bei ihnen werden nach der Streitkräfte-Bezirkspersonalräteverordnung (SKBPRV) **BPR** gebildet (vgl. Anh. V A § 35 SG Rn. 2 u. V B § 64 SBG Rn. 4f.) Ein BPR soll auch gebildet werden beim neuen Kommando Cyber- und Informationsraum, dessen Aufstellung zum 1. 4. 17 geplant ist (Nr. 6 SKBPRV-RefE 2016). 1c

Auf den Prozess der Neuausrichtung der Bundeswehr zugeschnittene spezialgesetzliche Vorschriften mit dem Zweck, die **Personalvertretung** der Beamten und Arbeitnehmer sowie der Soldaten durch **Übergangsregelungen** zu sichern und zu erleichtern, sind nicht erlassen worden.[252] 1d

Der durch die Gesetze v. 20. 12. 93[253] und v. 29. 8. 16[254] geänderte § 92 sieht für den Geschäftsbereich des BMVg **Modifikationen bei der Anwendung** 2

---

251 Näher hierzu u. zum Folgenden KfdP-*Altvater,* Rn. 6ff.; *Altvater,* PersR 5/14, 206, 210 (zu 5).

252 Vgl. hierzu u. zum Folgenden *Gronimus,* PersV 13, 124, u. *Altvater,* PersR 5/14, 206, 212.

253 Art. 3 Nr. 2 des Zehnten Gesetzes zur Änderung dienstrechtlicher Vorschriften (BGBl. I S. 2136).

254 Art. 2 Nr. 2 des Gesetzes zur Änderung soldatenbeteiligungs- und personalvertretungsrechtlicher Vorschriften (BGBl. I S. 2065).

des § 82 Abs. 5 vor. Damit soll den Besonderheiten Rechnung getragen werden, die sich insb. daraus ergeben, dass Streitkräfte und Bundeswehrverwaltung organisatorisch voneinander getrennt sind und dass die personalbearbeitenden Dienststellen der Bundeswehrverwaltung über beteiligungsbedürftige Angelegenheiten des bei den Streitkräften beschäftigten Zivilpersonals entscheiden.

2a Aus der Zuständigkeit der personalbearbeitenden Dienststellen der Bundeswehrverwaltung für die Entscheidung in Personalangelegenheiten der bei den Streitkräften beschäftigten Beamten und Arbeitnehmer ergeben sich auch Konsequenzen für die Frage, welche Einheiten in dem bis zu sieben Stufen umfassenden militärischen Bereich als **Dienststellen i. S. d. BPersVG** anzusehen sind. Nach der Rspr. des *BVerwG*[255] ist dies unabhängig vom Rang der Befehlsebene (vgl. Rn. 1c) bei den sog. **Beschäftigungsdienststellen** der Fall, denen durch Erlass des BMVg Zuständigkeiten übertragen sind, die entweder die Vorentscheidung in den von den personalbearbeitenden Dienststellen zu regelnden Angelegenheiten oder aber die selbständige Erledigung von Angelegenheiten sozialer Art betreffen.[256] Dass ihnen keine Entscheidungszuständigkeit in personellen Angelegenheiten zukommt, ist unerheblich, weil dies für alle militärischen Dienststellen gleichermaßen gilt und deshalb kein Kriterium für die Dienststelleneigenschaft militärischer Einheiten sein kann.[257]

3 (**Nr. 1**) § 92 Nr. 1 soll jene Lücken in der Beteiligung der Personalvertretung schließen, die dadurch entstehen, dass bei einer Dienststelle, die Entscheidungen über beteiligungsbedürftige **personelle oder soziale Maßnahmen *mit Wirkung für einzelne Beschäftigte einer ihr nicht nachgeordneten Dienststelle*** trifft, keine für eine Beteiligung an diesen Maßnahmen zuständige Personalvertretung besteht. Sie regelt insb. den Fall, dass eine **personalbearbeitende Dienststelle** der Bundeswehrverwaltung (z. B. ein Bundeswehr-Dienstleistungszentrum – BwDLZ) eine beteiligungsbedürftige personelle oder soziale Maßnahme für einzelne Beschäftigte einer ihr nicht nachgeordneten **militärischen Beschäftigungsdienststelle** (z. B. eines Landeskommandos [LKdo]) trifft.[258] Wäre § 82 Abs. 5 ohne ergänzende Maßgabe anwendbar, müsste der Leiter der personalbearbeitenden Dienststelle

---

255 Beschl. v. 19.4.78 – 6 P 22.78 –, PersV 79, 191, u. v. 3.7.91 – 6 P 18.89 –, PersR 91, 413.

256 Der bisher maßgebliche Erlass »Abgrenzung der Zuständigkeiten auf dem Gebiet des Personal- und Gebührniswesens der Arbeitnehmer der Bundeswehr« v. 3.3.72 (VMBl. S. 123) ist abgelöst worden durch die im Wesentlichen ab 20.2.14 geltende **ZDv A-1300/18** »Abgrenzung der Zuständigkeiten auf dem Gebiet des Personalwesens und der Personalabrechnung der zivilen Mitarbeiterinnen und Mitarbeiter«. Vgl. dazu KfdP-*Altvater*, Rn. 3.

257 Näher dazu KfdP-*Altvater*, Rn. 7.

258 Hierzu u. zum Folgenden KfdP-*Altvater*, Rn. 10–12.

(BwDLZ) den HPR beim BMVg beteiligen, der dadurch jedoch überfordert wäre. Zur Entlastung des HPR bestimmt § 92 Nr. 1, dass an personellen oder sozialen Maßnahmen, die von einer Dienststelle (z. B. BwDLZ) mit Wirkung für einzelne Beschäftigte einer ihr nicht nachgeordneten Dienststelle (z. B. LKdo) getroffen werden, »der Personalrat dieser Dienststelle« zu beteiligen ist. Damit ist der **PR bei der Beschäftigungsdienststelle** (LKdo) gemeint.[259] Bevor der PR bei der Beschäftigungsdienststelle beteiligt wird, ist »zwischen den Dienststellen«, also zwischen entscheidender Dienststelle (BwDLZ) und Beschäftigungsdienststelle (LKdo), ein Einvernehmen über die beabsichtigte Maßnahme herzustellen.[260] Aufgrund dieses sog. **verwaltungsseitigen Einvernehmens** hat der Leiter der Beschäftigungsdienststelle (LKdo) den bei seiner Dienststelle bestehenden PR zu beteiligen.[261]

Ist die Dienststelle, welcher der von der Entscheidung betroffene Beschäf- 4
tigte angehört, der Dienststelle, die die Maßnahme trifft, nicht nachgeordnet, ist § 92 Nr. 1 auch dann anzuwenden, wenn sowohl die entscheidende Dienststelle als auch die Beschäftigungsdienststelle **ausschließlich zur Bundeswehrverwaltung** oder **ausschließlich zum Bereich der Streitkräfte** gehören.[262]

Können sich der Leiter der Beschäftigungsdienststelle und der dort beste- 5
hende PR in einer mitbestimmungsbedürftigen Angelegenheit nicht einigen, richtet sich die **Fortsetzung des Mitbestimmungsverfahrens** nach § 69 Abs. 3. Danach kann jeder der beiden Beteiligten – nicht jedoch der Leiter der entscheidungsbefugten Dienststelle – die Angelegenheit der übergeordneten Dienststelle vorlegen, bei der eine Stufenvertretung besteht. »Vorlegen« bedeutet die zur Entscheidung befugte nächsthöhere Dienststelle anzurufen. Dies gilt auch für die **Fortführung des Mitwirkungsverfahrens** nach § 72 Abs. 4.[263]

Mit der Änderung des § 92 durch das Gesetz v. 20. 12. 93 (vgl. Rn. 2) ist fest- 6
gelegt, dass § 82 Abs. 5 im Geschäftsbereich des BMVg nur insoweit nicht anwendbar ist, als die tatbestandlichen Voraussetzungen zur Anwendung des § 92 Nr. 1 (oder 2) vorliegen.[264] Daraus folgt u. a.: Sollen **personelle oder soziale Maßnahmen** von einer Dienststelle, bei der keine für eine Beteiligung an diesen Maßnahmen zuständige Personalvertretung vorgesehen ist, ***mit Wirkung für einzelne Beschäftigte einer ihr nachgeordneten (!) Dienststelle*** getroffen werden, hat die entscheidungsbefugte Dienststelle nach § 82 Abs. 5 die **Stufenvertretung bei der nächsthöheren Dienststelle**

259 Ebenso *BVerwG* v. 22. 8. 79 – 6 P 54.78 –, PersV 81, 201.
260 Vgl. KfdP-*Altvater*, Rn. 15.
261 Vgl. KfdP-*Altvater*, Rn. 16–19.
262 Vgl. KfdP-*Altvater*, Rn. 13.
263 Vgl. KfdP-*Altvater*, Rn. 20 f.
264 So auch *BAG* v. 22. 8. 96 – 2 AZR 5/96 –, PersR 97, 33; vgl. KfdP-*Altvater*, Rn. 23.

zu beteiligen, zu deren Geschäftsbereich die entscheidende Dienststelle und die Dienststelle, deren Beschäftigte von der Entscheidung betroffen sind, gehören. Das Gleiche gilt für alle **sonstigen beteiligungsbedürftigen Maßnahmen**, die nicht mit Wirkung für einzelne Beschäftigte beabsichtigt sind, unabhängig davon, ob sie sich auf Dienststellen beziehen, die der entscheidenden Dienststelle nachgeordnet oder nicht nachgeordnet sind.[265]

7 **(Nr. 2)** § 92 Nr. 2 BPersVG hat durch **Art. 2 Nr. 2 des Gesetzes v. 29. 8. 16** (vgl. Rn. 2) mit Wirkung vom 2. 9. 16 eine gänzlich **neue Fassung** erhalten. Die bisherige Bestimmung hatte unter bestimmten Voraussetzungen bei der Vorbereitung von Entscheidungen über Wohnungsvergabe und Sozialeinrichtungen das in § 75 Abs. 2 S. 1 Nr. 2 und Abs. 3 Nr. 5 BPersVG an sich vorgesehene Mitbestimmungsrecht der Personalvertretung zu einem bloßen Beratungsrecht eines einzelnen Mitglieds einer Stufenvertretung herabgestuft. Diese unbefriedigende beteiligungsrechtliche Regelung soll nach der Gesetzesbegründung durch die Einführung einer gesetzlichen Grundlage für das in der Praxis entwickelte **Modell der Betreuungs- und Wohnungsvergabeausschüsse** ersetzt werden, wobei die neue gesetzliche Regelung auch bei anderen Ausschüssen vergleichbare Gestaltungsperspektiven eröffnen soll.[266] Das **soldatenbeteiligungsrechtliche Pendant** zu § 92 Nr. 2 BPersVG n. F. ist mit **§ 26 Abs. 1 SBG 2016** zum gleichen Zeitpunkt eingeführt worden (vgl. Anh. V B § 26 SBG Rn. 3).

8 Nach **§ 92 Nr. 2 S. 1** geht es um »innerdienstliche oder soziale Angelegenheiten, die Liegenschaften eines Dienstortes betreffen« und die (so die Begründung) *für Beschäftigte sowie Soldaten unterschiedlicher Dienststellen* relevant sind.[267] In Betracht kommen mit Ausnahme der personellen Angelegenheiten alle **innerdienstlichen und sozialen Angelegenheiten**, die (nach § 75 Abs. 2 bis 5, § 76 Abs. 2, § 78 Abs. 1 Nr. 1 und 2, Abs. 3 bis 5 sowie § 80 und § 81) der Beteiligung der Personalvertretung unterliegen. Diese Angelegenheiten müssen **Liegenschaften eines Dienstortes** betreffen: eine einzelne Liegenschaft oder mehrere Liegenschaften oder auch einzelne Teile von Liegenschaften, die sich jeweils im Bereich eines bestimmten Standorts befinden, wobei es sachgerecht erscheint, auf den Verantwortungsbereich eines Standortältesten oder Kasernenkommandanten abzustellen. § 92 Nr. 2 S. 1 ermöglicht es, bei der **»für die Entscheidung zuständigen Stelle«** einen **Ausschuss** einzurichten, durch den *anstelle der gesetzlich zuständigen Personalvertretung* (und damit in aller Regel anstelle des nach § 82 Abs. 5 an sich zuständigen HPR beim BMVg) die **personalvertretungsrechtliche Beteili-**

---

265 Vgl. KfdP-*Altvater*, Rn. 24f.

266 Hierzu und zum Folgenden BT-Drs. 18/8298, S. 54 (zu Art. 2 Nr. 2).

267 Die nachstehenden Erläuterungen folgen weitgehend der ausführlichen Kommentierung bei Fischer/Goeres/Gronimus (Lfg. 4/16, Dez. 2016), § 92 Rn. 39–40.

gung ausgeübt wird. Die genannte «Stelle« braucht keine Dienststelle i. S. d. § 6 zu sein; sie kann eine Institution (wie z. B. das Bundeswehrdienstleistungszentrum) oder eine mit Entscheidungsbefugnissen ausgestattete Person sein (insb. der Kasernenkommandant oder Standortälteste). Die Regelung in § 92 Nr. 2 geht davon aus, dass die **örtlichen Personalräte** jener Dienststellen, für deren Beschäftigte die anstehenden Entscheidungen relevant sind, durch stimmberechtigte Vertreter im Ausschuss vertreten sind. (Entsprechendes gilt nach § 26 Abs. 1 SBG 2016 für die Beteiligungsorgane der Soldaten.) Aus der Wendung **»sofern ein solcher gebildet worden ist«** folgt umgekehrt: Sofern ein solcher Ausschuss für die Liegenschaften eines Dienstortes *nicht* gebildet worden ist, verbleibt die Ausübung der Beteiligung in Bezug auf den potenziellen Aufgabenbereich des Ausschusses bei der gesetzlich zuständigen Personalvertretung. Außerdem geht die Ausübung der Beteiligung nur auf den Ausschuss über, **»sofern ... das gesetzlich zuständige Beteiligungsorgan zugestimmt hat«** (wobei dies i. d. R. der HPR ist). Die Zustimmung kann erfolgen durch Abschluss einer **Dienstvereinbarung** (in Bezug auf Angelegenheiten nach § 75 Abs. 3 und § 76 Abs. 2) oder in der Form der Zustimmung zu einer beabsichtigten **Maßnahme der Dienststelle** (auch wenn es um Angelegenheiten geht, die nicht der Mitbestimmung, sondern einer schwächeren Beteiligung unterliegen). Dafür gilt ausnahmslos das **positive Konsensprinzip**; die fehlende Zustimmung kann weder durch einen Beschluss der Einigungsstelle ersetzt noch durch das Verstreichenlassen einer Äußerungsfrist fingiert werden. Zustimmungsbedürftig ist die **Einrichtung** des Ausschusses; dazu gehören außer der Errichtung i.e.S. insb. Regelungen über Aufgaben und Befugnisse sowie Organisation und Verfahren.

Nach **§ 92 Nr. 2 S. 2** werden die **Aufgaben und Befugnisse des Dienststellenleiters** (i. S. d. § 7) in den Fällen, die zum Aufgabenbereich des nach Nr. 2 9
S. 2 eingerichteten Ausschusses gehören, durch **die für die Entscheidung zuständige Stelle** wahrgenommen;[268] z. B. bei Kasernen- und Standortausschüssen durch den Kasernenkommandanten bzw. Standortältesten. Ist die »Stelle« eine Institution, so ist anzunehmen, dass deren Leiter die in Nr. 2 S. 2 normierte Funktion des Dienststellenleiters wahrzunehmen hat;[269] das gilt insb. dann, wenn es sich bei der »Stelle« um eine Dienststelle i. S. d. § 6 handelt (was z. B. beim BwDLZ zutrifft). Die jeweilige »Stelle« (oder ihr für sie handelnder Leiter) ist jedenfalls in Bezug auf die zur Zuständigkeit des Ausschusses gehörenden Fälle einem Dienststellenleiter gleichgestellt. Sie ist (in der Terminologie des SBG 2016) **Beteiligungspartner des Ausschusses** (vgl. Anh. V B § 33 SBG Rn. 11).

268 Näher dazu *Fischer/Goeres/Gronimus* (Lfg. 4/16, Dez. 2016), § 92 Rn. 41.
269 Nach § 26 Abs. 1 S. 3 SBG nimmt stets ein »Vorgesetzter« die Aufgaben des Leiters der Dienststelle wahr.

10 Für das **Beteiligungsverfahren** zwischen der für die Entscheidung zuständigen Stelle und dem Ausschuss gilt in Fällen der Mitbestimmung § 69 Abs. 1 und 2, in Fällen der Mitwirkung § 72 Abs. 1 bis 3. Kommt in diesem Verfahren eine **Einigung nicht** zustande, bestimmt **§ 92 Nr. 2 S. 3**, dass sich das **weitere Verfahren** nach § 69 Absatz 3 und 4 oder nach § 72 Absatz 4 und 5 richtet.[270] Somit folgt zunächst das **Stufenverfahren**, das in aller Regel zwischen BMVg und HPR durchzuführen ist. Es endet in **Mitwirkungsfällen** mit der Entscheidung des BMVg und kann in **Mitbestimmungsfällen** bei erneuter Nichteinigung mit der Anrufung der **Einigungsstelle** fortgesetzt werden, das je nach einschlägigem Mitbestimmungstatbestand zu einer **bindenden Entscheidung** der Einigungsstelle oder zu einer nach **Empfehlung** der Einigungsstelle zu treffenden endgültigen Entscheidung des BMVg führen kann (vgl. § 69 Rn. 2).

11 In der Gesetzesbegründung heißt es, mit der Neuregelung in § 92 Nr. 2 »wird das in der Praxis entwickelte **Modell der Betreuungs- und Wohnungsvergabeausschüsse** auf eine neue und tragfähige gesetzliche Grundlage gestellt«.[271] Das kommt allerdings im Wortlaut der neugefassten Nr. 2 nicht mit hinreichender Klarheit zum Ausdruck. Diese schafft (lediglich) die Grundlage für die Einrichtung eines Ausschusses, durch den anstelle der gesetzlich zuständigen Personalvertretung(en) *die personalvertretungsrechtliche Beteiligung ausgeübt* wird.[272] Die gemäß den Wohnungsvergaberichtlinien des BMVg[273] bei allen Bundeswehrdienstleistungszentren zu bildenden Wohnungsvergabeausschüsse gehen hinsichtlich ihrer Zusammensetzung und Befugnisse aber darüber hinaus. Sie bestehen nicht nur aus Vertretern von Personalvertretungen (und Versammlungen der Vertrauenspersonen der Soldaten), sondern auch aus Vertretern ziviler Dienststellen und militärischer Dienststellen und Einrichtungen, die jeweils der Arbeitgeberseite zugeordnet sind. Ihre Befugnisse erschöpfen sich nicht in der Bündelung der *Beteiligung* verschiedener Organe der Interessenvertretung der zivilen Beschäftigten und der Soldaten, sondern ermächtigen zu *Entscheidungen* im Verfahren der Wohnungszuteilung.

---

270 Näher dazu *Fischer/Goeres/Gronimus* (Lfg. 4/16, Dez. 2016), § 92 Rn. 42.

271 BT-Drs. 18/8298, a. a. O.

272 Damit wird der Rspr. des *BVerwG* zum PersVG 1955 Rechnung getragen, wonach die (ohne gesetzliche Ermächtigung erfolgende) Einschaltung eines Personalratsausschusses in Wohnungsvergabeangelegenheiten nur dann für gesetzeskonform gehalten wurde, wenn die gesetzlich vorgesehene Beteiligung des Personalrats dadurch nicht *ersetzt* wurde (Beschl. v. 13. 6. 69 – VII P 15.68 –, PersV 70, 15).

273 Richtlinien über die Zuteilung von Wohnungen an Angehörige der Bundeswehr (Wohnungsvergaberichtlinien – WoVergR) v. 31. 7. 13, Abschn. IV Nr. 3 u. 4.

§ 93 [Behandlung von Verschlusssachen]

(1) [1]Soweit eine Angelegenheit, an der eine Personalvertretung zu beteiligen ist, als Verschlußsache mindestens des Geheimhaltungsgrades »VS-VERTRAULICH« eingestuft ist, tritt an die Stelle der Personalvertretung ein Ausschuß. [2]Dem Ausschuß gehört höchstens je ein in entsprechender Anwendung des § 32 Abs. 1 gewählter Vertreter der im Personalrat vertretenen Gruppen an. [3]Die Mitglieder des Ausschusses müssen nach den dafür geltenden Bestimmungen ermächtigt sein, Kenntnis von Verschlußsachen des in Betracht kommenden Geheimhaltungsgrades zu erhalten. [4]Personalvertretungen bei Dienststellen, die Behörden der Mittelstufe nachgeordnet sind, bilden keinen Ausschuß; an ihre Stelle tritt der Ausschuß des Bezirkspersonalrates.
(2) Wird der zuständige Ausschuß nicht rechtzeitig gebildet, ist der Ausschuß der bei der Dienststelle bestehenden Stufenvertretung oder, wenn dieser nicht rechtzeitig gebildet wird, der Ausschuß der bei der obersten Dienstbehörde bestehenden Stufenvertretung zu beteiligen.
(3) Die Einigungsstelle (§ 71) besteht in den in Absatz 1 Satz 1 bezeichneten Fällen aus je einem Beisitzer, der von der obersten Dienstbehörde und der bei ihr bestehenden zuständigen Personalvertretung bestellt wird, und einem unparteiischen Vorsitzenden, die nach den dafür geltenden Bestimmungen ermächtigt sind, von Verschlußsachen des in Betracht kommenden Geheimhaltungsgrades Kenntnis zu erhalten.
(4) [1]§§ 40, 82 Abs. 2 und die Vorschriften über die Beteiligung der Gewerkschaften und Arbeitgebervereinigungen in den §§ 36 und 39 Abs. 1 sind nicht anzuwenden. [2]Angelegenheiten, die als Verschlußsachen mindestens des Geheimhaltungsgrades »VS-VERTRAULICH« eingestuft sind, werden in der Personalversammlung nicht behandelt.
(5) [1]Die oberste Dienstbehörde kann anordnen, daß in den Fällen des Absatzes 1 Satz 1 dem Ausschuß und der Einigungsstelle Unterlagen nicht vorgelegt und Auskünfte nicht erteilt werden dürfen, soweit dies zur Vermeidung von Nachteilen für das Wohl der Bundesrepublik Deutschland oder eines ihrer Länder oder auf Grund internationaler Verpflichtungen geboten ist. [2]Im Verfahren nach § 83 sind die gesetzlichen Voraussetzungen für die Anordnung glaubhaft zu machen.

Der für alle Verwaltungszweige geltende § 93 regelt die Beteiligung der Personalvertretungen in Angelegenheiten, die der Geheimhaltung unterliegen und als Verschlusssachen mindestens des Geheimhaltungsgrads »VS-VERTRAULICH« eingestuft sind. **Verschlusssachen** sind im öffentlichen Interesse geheimhaltungsbedürftige Tatsachen, Gegenstände oder Erkenntnisse, die entsprechend ihrer Schutzbedürftigkeit von einer amtlichen Stelle oder 1 auf deren Veranlassung in bestimmte Geheimhaltungsgrade eingestuft sind (§ 4 SÜG).

2 (**Abs. 1**) An beteiligungspflichtigen Angelegenheiten, die als Verschlusssache des Geheimhaltungsgrads »VS-NUR FÜR DEN DIENSTGEBRAUCH« eingestuft sind, wird die gesamte Personalvertretung beteiligt. Insoweit bestehen keine Besonderheiten. Dagegen wird nach § 93 Abs. 1 S. 1 anstelle der Personalvertretung ein **Ausschuss** tätig, wenn es sich um Angelegenheiten der Geheimhaltungsgrade »VS-VERTRAULICH«, »GEHEIM« oder »STRENG GEHEIM« handelt. Sofern die für die Beteiligung zuständige Personalvertretung einen Ausschuss bilden kann, wird dieser nach § 93 Abs. 1 S. 2 i. V. m § 32 Abs. 1 aus der Mitte des PR gebildet. Ihm können nur Mitglieder des PR angehören, und zwar höchstens je ein Vertreter der im PR vertretenen Gruppen. Die Vertreter jeder im PR vertretenen Gruppe wählen das auf sie entfallende Ausschussmitglied »in entsprechender Anwendung des § 32 Abs. 1«. Die Mitglieder des Ausschusses müssen gem. § 93 Abs. 1 S. 3 nach den dafür geltenden Bestimmungen ermächtigt sein, **Kenntnis von Verschlusssachen** des in Betracht kommenden Geheimhaltungsgrads zu erhalten. Diese **Ermächtigung** kann grundsätzlich nur dann erteilt werden, wenn sich die Betroffenen einer vorherigen **Sicherheitsüberprüfung** – die ihrer Zustimmung bedarf[274] – unterziehen (§ 2 Abs. 1 S. 1 u. 2 SÜG). Welche Angelegenheiten in welchen Geheimhaltungsgrad **eingestuft** werden, entscheidet die Dienststelle aufgrund des Sicherheitsüberprüfungsgesetzes – SÜG – und der zu seiner Ausführung erlassenen Verwaltungsvorschriften. Dabei hat sie einen strengen Maßstab anzulegen. Wird im Laufe eines Beteiligungsverfahrens die **Einstufung** einer Angelegenheit als Verschlusssache **aufgehoben** oder wird eine Verschlusssache eines der drei oberen Geheimhaltungsgrade zur Verschlusssache des Grads »VS-NUR FÜR DEN DIENSTGEBRAUCH« **herabgestuft**, so ist vom Zeitpunkt der Änderung an nicht mehr der VS-Ausschuss, sondern die zuständige Personalvertretung zu beteiligen. Für die **Geschäftsführung** des VS-Ausschusses sind die für die Geschäftsführung des PR geltenden Vorschriften (§§ 32–45) mit Ausnahme der in § 93 Abs. 4 S. 1 aufgeführten Bestimmungen (§ 36, § 39 Abs. 1, § 40) entsprechend anzuwenden. Die Mitglieder des Ausschusses sind verpflichtet, über alle Angelegenheiten, die ihnen in Wahrnehmung ihrer Tätigkeit als Mitglieder des Ausschusses bekanntwerden, **Stillschweigen** auch gegenüber den anderen Mitgliedern der Personalvertretung, gegenüber der vorgesetzten Dienststelle, der bei ihr gebildeten Stufenvertretung und gegenüber dem GPR zu wahren (vgl. § 10 Abs. 1 S. 2). Örtliche PR und GPR bei **Dienststellen, die Mittelbehörden nachgeordnet sind**, bilden nach § 93 Abs. 1 S. 4

274 Beschäftigte des BND sind allerdings dienst- oder arbeitsrechtlich verpflichtet, ihrer Sicherheitsüberprüfung zuzustimmen und daran mitzuwirken (*BVerwG* v. 26. 6. 14 – 2 A 1.12 –, ZBR 14, 416, insb. unter Hinw. auf § 2 Abs. 2 S. 2 BNDG).

keinen Ausschuss. Anstelle dieser Personalvertretungen wird **der vom BPR gebildete Ausschuss** tätig.

3 (**Abs. 2**) § 93 Abs. 2 erweitert die sich aus § 93 Abs. 1 S. 1 und 4 ergebenden **Zuständigkeiten der von den Stufenvertretungen gebildeten Ausschüsse**. Der Zweck der Vorschrift, Beteiligungslücken zu vermeiden, spricht dafür, sie dann entsprechend anzuwenden, wenn der an sich zuständige Ausschuss – aus welchen Gründen auch immer – überhaupt nicht gebildet werden kann.[275]

4 (**Abs. 3**) § 93 Abs. 3 schreibt eine von § 71 Abs. 1 abweichende **Zusammensetzung der Einigungsstelle** vor. Diese besteht aus nur drei Mitgliedern. Wird vor Abschluss des bei der Einigungsstelle anhängigen Verfahrens die **Einstufung** der mitbestimmungspflichtigen Angelegenheit als Verschlusssache **aufgehoben** oder eine Verschlusssache eines der drei oberen Geheimhaltungsgrade zur Verschlusssache des Grads »VS-NUR FÜR DEN DIENSTGEBRAUCH« **herabgestuft**, so entfällt damit die Voraussetzung für die weitere Anwendung des § 93 Abs. 3.

5 (**Abs. 4**) § 93 Abs. 4 S. 1 bestimmt, dass **einzelne Vorschriften** bei der Behandlung von Angelegenheiten, die als Verschlusssachen mindestens des Geheimhaltungsgrads »VS-VERTRAULICH« eingestuft sind, **nicht anzuwenden** sind. Nach § 93 Abs. 4 S. 2 dürfen Angelegenheiten, die in die Zuständigkeit des Ausschusses fallen, **nicht in der Personalversammlung behandelt** werden. Über sie dürfen weder die Ausschussmitglieder noch der Leiter der Dienststelle berichten. Auch Anfragen aus der Personalversammlung zu diesen Angelegenheiten dürfen nicht beantwortet werden.

6 (**Abs. 5**) § 93 Abs. 5 ermöglicht es der obersten Dienstbehörde, die Anordnung zu treffen, dass dem Ausschuss und der Einigungsstelle **Unterlagen nicht vorgelegt** und **Auskünfte nicht erteilt** werden dürfen. Eine solche Anordnung darf allerdings nur insoweit getroffen werden, als sie geboten ist, um Nachteile für das Wohl der Bundesrepublik Deutschland oder eines ihrer Länder zu vermeiden oder internationale Verpflichtungen (z. B. im Rahmen der NATO) zu erfüllen. In einem nach § 83 geführten personalvertretungsrechtlichen Beschlussverfahren vor dem **Verwaltungsgericht** braucht die oberste Dienstbehörde nicht zu beweisen, sondern nach § 93 Abs. 5 S. 2 nur glaubhaft zu machen, dass die gesetzlichen Voraussetzungen für die Anordnung vorliegen oder vorgelegen haben. Verweigert sie dabei dem Gericht gegenüber die Vorlage von Akten oder Urkunden oder die Erteilung von Auskünften, ist entsprechend § 99 Abs. 2 VwGO in einem **»In-camera-Verfahren«** – einem Zwischenverfahren vor einem gem. § 189 VwGO beim Oberverwaltungsgericht oder Bundesverwaltungsgericht gebildeten Fachsenat – zu entscheiden, ob die behördliche Verweigerung rechtmäßig ist.[276]

---

275 Str.; vgl. KfdP-*Altvater*, Rn. 12f.

276 Vgl. KfdP-*Altvater*, Rn. 16a.

Zweiter Teil
Personalvertretungen in den Ländern

Erstes Kapitel
Rahmenvorschriften für die Landesgesetzgebung

§ 94 [Rahmenvorschriften]

Für die Gesetzgebung der Länder sind die §§ 95 bis 106 Rahmenvorschriften.

1 Der **Zweite Teil** des BPersVG enthält Vorschriften für die Personalvertretungen in den Ländern: im **Ersten Kapitel** (§§ 94–106) Rahmenvorschriften für die Landesgesetzgebung, im **Zweiten Kapitel** (§§ 107–109) unmittelbar für die Länder geltende Vorschriften. Die Vorschriften des Zweiten Teils wurden seit dem Inkrafttreten des BPersVG am 1.4.74 fünfmal **modifiziert:** in den Jahren 1974 und 1986 wurde § 95 Abs. 3 geändert; im Jahr 1988 wurden § 95 Abs. 2 und die §§ 99 und 108 Abs. 1 geändert; im Jahr 1994 wurde § 98 Abs. 4 angefügt; im Jahr 2005 wurde § 98 Abs. 2 geändert.[1]

2 Die **Vorschriften des Grundgesetzes über die Gesetzgebung des Bundes** wurden, soweit sie für das Gebiet der Personalvertretung bedeutsam sind, **zweimal geändert:** durch das am 15.11.94 in Kraft getretene Gesetz v. 27.10.94[2] und durch das am 1.9.06 in Kraft getretene Gesetz v. 28.8.06.[3] Nachdem das **Änderungsgesetz des Jahres 1994** zunächst die Voraussetzungen für die Rahmengesetzgebung des Bundes verschärft hatte, hat das **Änderungsgesetz des Jahres 2006** (Föderalismusreform I) die Rahmengesetzgebung als Typus der Gesetzgebung des Bundes aufgehoben und zugleich dessen Kompetenzen zur Gesetzgebung auf dem Gebiet der Personalvertretung in den Ländern weitgehend reduziert.

3 Das **Recht der Personalvertretungen** im öffentlichen Dienst gehört nach der Rspr. des *BVerfG* nicht zum »Arbeitsrecht einschließlich der Betriebsverfassung« i. S. d. Art. 74 Nr. 12 GG a. F. (= Art. 74 Abs. 1 Nr. 12 GG F. 1994), das dem Bereich der konkurrierenden Gesetzgebung des Bundes zugeordnet ist. Es bildet vielmehr einen **Teil des öffentlichen Dienstrechts.**[4] Daraus folgte **vor der Föderalismusreform I** (vgl. Rn. 2), dass der Bund einerseits

---

1 Näher hierzu u. zum Folgenden (Rn. 2–10) KfdP-*Altvater*, Rn. 1 ff.

2 BGBl. I S. 3146.

3 BGBl. I S. 2034.

4 Beschl. v. 3.10.57 – 2 BvL 7/56 –, BVerfGE 7, 120.

aufgrund seiner Kompetenz zur ausschließlichen Gesetzgebung nach **Art. 73 Nr. 8 GG a. F.** die Personalvertretung für die »im Dienste des Bundes und der bundesunmittelbaren Körperschaften des öffentlichen Rechtes stehenden Personen« durch **unmittelbar geltende Rechtsvorschriften** regeln konnte, während er andererseits – unter den (1994 verschärften) Voraussetzungen des Art. 72 GG – nach **Art. 75 Nr. 1 GG a. F. (= Art. 75 Abs. 1 S. 1 Nr. 1 GG F. 1994)** für die Personalvertretung der »im öffentlichen Dienste der Länder, Gemeinden und anderen Körperschaften des öffentlichen Rechtes stehenden Personen« nur **Rahmenvorschriften für die Gesetzgebung der Länder** erlassen konnte.

Zur Zeit des Erlasses des BPersVG 1974 mussten die Rahmenvorschriften des 4
Bundes als Ganzes der **Ausfüllung durch die Länder** fähig und bedürftig sein. Dabei durfte der Bund auch **einzelne abschließende Bestimmungen** vorsehen und sogar **unmittelbar geltende Rechtsvorschriften** für bestimmte Gebiete erlassen, wenn an einer einheitlichen Regelung ein besonders starkes und legitimes Interesse bestand. Seit dem Inkrafttreten des Gesetzes v. 27.10.94 (a.a.O.; vgl. Rn. 2) konnten Rahmenvorschriften grundsätzlich nur noch »für die Gesetzgebung der Länder« erlassen werden (Art. 75 Abs. 1 Eingangssatz GG F. 1994) und durften nur in Ausnahmefällen in Einzelheiten gehende oder unmittelbar geltende Regelungen enthalten (Art. 75 Abs. 2 GG F. 1994). Soweit der Bund in der Vergangenheit aufgrund seiner Rahmengesetzgebungskompetenz Vorschriften erlassen hatte, die nach Art. 75 Abs. 2 GG F. 1994 nicht mehr hätten erlassen werden können, galten diese Vorschriften aber nach Art. 125a Abs. 2 S. 3 GG F. 1994 als Bundesrecht fort und durften durch Landesrecht nur ersetzt werden, soweit ein Bundesgesetz dies bestimmte.[5]

Die **Föderalismusreform I** durch das Gesetz v. 28.8.06 (a.a.O.; vgl. Rn. 2) 5
ist für das PersVR v.a. deshalb bedeutsam, weil sie die **Gesetzgebungskompetenzen zwischen Bund und Ländern neu verteilt** hat. Der zum Bereich der konkurrierenden Gesetzgebung des Bundes gehörende Kompetenztitel »Arbeitsrecht einschließlich der Betriebsverfassung« (**Art. 74 Abs. 1 Nr. 12 GG a.F. und n.F.**) ist ebenso wie der zum Bereich der ausschließlichen Gesetzgebung des Bundes gehörende Kompetenztitel »die Rechtsverhältnisse der im Dienste des Bundes und der bundesunmittelbaren Körperschaften des öffentlichen Rechtes stehenden Personen« (**Art. 73 Nr. 8 GG a.F. = Art. 73 Abs. 1 Nr. 8 GG n.F.**) unverändert geblieben. Jedoch ist die **Rahmengesetzgebung** als Typus der Gesetzgebung des Bundes durch die Aufhebung des Art. 75 GG a.F. gänzlich **entfallen** und damit auch die Befugnis Bundes, unter den Voraussetzungen des Art. 72 GG a.F. über »die Rechtsverhältnisse der im öffentlichen Dienste der Länder, Gemeinden und anderen Körper-

5 Vgl. *BVerwG* v. 18.9.03 – 6 P 2.03 –, PersR 03, 500.

schaften des öffentlichen Rechtes stehenden Personen« Rahmenvorschriften für die Gesetzgebung der Länder zu erlassen (**Art. 75 Abs. 1 S. 1 Nr. 1 GG a. F.**). Insb. aus diesem Kompetenztitel war bislang das Recht des Bundes zum Erlass der im Zweiten Teil des BPersVG enthaltenen Vorschriften für die Personalvertretungen in den Ländern hergeleitet worden (vgl. Rn. 7). An die Stelle des Art. 75 Abs. 1 S. 1 Nr. 1 GG a. F. ist **Art. 74 Abs. 1 Nr. 27 GG n. F.** getreten. Danach hat der Bund nunmehr die **konkurrierende Gesetzgebung** über »die Statusrechte und -pflichten der Beamten der Länder, Gemeinden und anderen Körperschaften des öffentlichen Rechts sowie der Richter in den Ländern mit Ausnahme der Laufbahnen, Besoldung und Versorgung«.

6 Welche Gesetzgebungskompetenzen dem Bund hinsichtlich der **Personalvertretung in den Ländern** nach der Föderalismusreform I noch zustehen, ist noch immer weitgehend ungeklärt. Das gilt insb. für die Frage, ob und inwieweit diese Materie vom neuen Kompetenztitel des **Art. 74 Abs. 1 Nr. 27 GG** (»Statusrechte und -pflichten der Beamten der Länder ...«) erfasst ist. Die bisherigen Überlegungen sind v. a. deshalb unbefriedigend, weil sich mit ihnen Gesetzgebungskompetenzen des Bundes lediglich für die Personalvertretung der Beamten, nicht jedoch für alle Beschäftigten in den Ländern begründen lassen. Im Hinblick auf den mit der Föderalismusreform I verfolgten Zweck, die Personal- und Organisationshoheit der Länder zu stärken, ist weiterhin zu erwarten, dass der Bund ihm zustehende Gesetzgebungskompetenzen auf dem Gebiet der Personalvertretung in den Ländern nicht offensiv nutzen wird. Dementsprechend bestimmt das Gesetz zur Regelung des Statusrechts der Beamtinnen und Beamten in den Ländern (**Beamtenstatusgesetz** – BeamtStG) v. 17. 6. 08[6] in seinem § 51 lediglich: »Die Bildung von Personalvertretungen zum Zweck der vertrauensvollen Zusammenarbeit zwischen der Behördenleitung und dem Personal ist unter Einbeziehung der Beamtinnen und Beamten zu gewährleisten.« Daran ist u. a. bemerkenswert, dass diese Regelung die Länder (nur) zur **Gewährleistung einer Personalvertretung** verpflichtet, **die das gesamte Personal (die Beamten und die Arbeitnehmer) repräsentiert**, und dass die Verpflichtung zur Einbeziehung der Beamten gesonderte Personalvertretungen der beiden Statusgruppen nicht zulässt.[7] Im Übrigen ist der Bundesgesetzgeber jedoch davon ausgegangen, dass die Kompetenz zur materiellen Gestaltung des PersVR bei den Ländern liegt.[8] Soweit die Gewährleistung der Personalvertretung die **Arbeitnehmer** betrifft, hat der Bund die Gesetzkompetenz dafür allerdings nach **Art. 74 Abs. 1 Nr. 12 GG** (»Arbeitsrecht einschließlich der

6 BGBl. I S. 1010. Geändert durch Art. 15 Abs. 16 DNeuG v. 5. 2. 09 (BGBl. I S. 160).
7 Vgl. BT-Drs. 16/4027, S. 35 (zu § 52).
8 Vgl. BT-Drs. 16/4027, S. 40 (zu C, letzter Abs.).

Betriebsverfassung«). Da § 51 BeamtStG – mit Ausnahme der (durch Art. 74 Abs. 1 Nr. 27 GG gedeckten) Einbeziehung der Beamten – zur Ausgestaltung der Personalvertretung keine Vorgaben macht, handelt es sich in Bezug auf die Arbeitnehmer um eine die Besonderheiten des öffentlichen Dienstes nicht berührende allgemeine arbeitsrechtliche Vorschrift, die wegen ihrer Beschränkung auf eine »reine Existenzgarantie«[9] kompetenzrechtlich unbedenklich ist.

Mit dem **Erlass des Zweiten Teils des BPersVG** (§§ 94–109) und den Ände- 7
rungen einzelner Vorschriften dieses Teils in den Jahren 1974, 1986, 1988, 1994 und 2005 (vgl. Rn. 1) hat der Bund von seiner damaligen Kompetenz zur **Rahmengesetzgebung** Gebrauch gemacht (Art. 75 [Abs. 1 S. 1] Nr. 1 i. V. m. Art. 72 GG a. F.). Dabei konnte er sich indessen beim Erlass einzelner Vorschriften auch auf Kompetenztitel im Bereich der **konkurrierenden Gesetzgebung** stützen. Das gilt insb. für Vorschriften des Zweiten Kapitels (§§ 107–109), für die der Bund teilweise auch die Kompetenzen aus Art. 74 Nr. 12 und Art. 74a GG a. F. in Anspruch nehmen konnte (vgl. Rn. 10 u. § 107 Rn. 1).

Für das Schicksal jener Vorschriften des BPersVG, die vor der Föderalismus- 8
reform I aufgrund des weggefallenen Kompetenztitels in Art. 75 [Abs. 1 S. 1] Nr. 1 GG a. F. i. V. m. Art. 72 GG a. F. erlassen wurden, gelten **Übergangsvorschriften.** In Betracht kommen dabei die Übergangsvorschriften des Art. 125a GG (vgl. Rn. 9) oder die des Art. 125b GG (vgl. Rn. 10).

Der durch das Gesetz v. 28. 8. 06 (a. a. O.; vgl. Rn. 2) neugefasste **Art. 125a** 9
Abs. 1 GG bestimmt, dass Recht, das als Bundesrecht erlassen worden ist, aber (u. a. wegen der Aufhebung des Art. 75 GG) **nicht mehr als Bundesrecht erlassen werden könnte,** als Bundesrecht fortgilt (S. 1), jedoch durch Landesrecht ersetzt werden kann (S. 2). Diese Übergangsvorschriften sind maßgebend, soweit die §§ 94 bis 109 BPersVG nicht auf andere (seit dem 1. 9. 06 bestehende) Kompetenztitel gestützt werden können. Soweit dies nicht der Fall ist, gelten die genannten Vorschriften des BPersVG (unbefristet) so lange als Bundesrecht weiter (mit der Folge, dass ihnen widersprechendes Landesrecht nach Art. 31 GG nichtig ist [vgl. Rn. 11]), bis sie **vom Landesgesetzgeber »durch Landesrecht ersetzt«** werden. Die Ersetzung des Bundesrechts erfordert, dass der Landesgesetzgeber die Materie in eigener Verantwortung regelt; dabei ist er nicht gehindert, ein weitgehend mit dem bisherigen Bundesrecht gleich lautendes Landesrecht zu erlassen.[10] Der Landesgesetzgeber ist befugt, die Ersetzung des Bundesrechts auf den abgrenzbaren Teilbereich einer Materie zu beschränken, soweit dabei eine unüber-

9 BT-Drs. 16/4027, ebd.

10 *BVerfG* v. 9. 6. 04 – 1 BvR 636/02 –, BVerfGE 111, 10; vgl. auch *BVerwG* v. 29. 10. 09 – 2 C 82.08 –, NVwZ-RR 10, 243.

sichtliche Gemengelage von Bundes- und Landesrecht vermieden wird.[11] Die Ersetzung kann nicht in einer Änderung des Bundesrechts, wohl aber in dessen bloßer Aufhebung bestehen.[12] Der maßgeblichen landesrechtlichen Norm muss aber zu entnehmen sein, dass eine Ersetzung vorgenommen wird.[13] Macht ein Landesgesetzgeber von dieser Ersetzungskompetenz Gebrauch, so gilt dies nur für das jeweilige Land. In den anderen Ländern, welche die fraglichen Vorschriften des BPersVG (noch) nicht ersetzt (oder aufgehoben) haben, gelten diese aber als **partikulares Bundesrecht** weiter.

10 Der durch das Gesetz v. 28.8.06 (a.a.O.; vgl. Rn. 2) eingefügte **Art. 125b Abs. 1 S. 1 GG** bestimmt, dass Recht, das aufgrund des Art. 75 GG in der bis 1.9.06 geltenden Fassung erlassen worden ist und das **auch nach diesem Zeitpunkt als Bundesrecht erlassen werden könnte,** als Bundesrecht fortgilt. Dies betrifft die §§ 94 bis 109 BPersVG, soweit diese auch auf Kompetenztitel gestützt werden können, die (spätestens seit dem 1.9.06) zum Bereich der ausschließlichen oder konkurrierenden Gesetzgebung des Bundes gehören. Einschlägig können insoweit folgende Kompetenztitel der konkurrierenden Gesetzgebung sein: **Art. 74 Abs. 1 Nr. 1 GG** (Gerichtsverfassung und gerichtliches Verfahren), **Art. 74 Abs. 1 Nr. 12 GG** (Arbeitsrecht, soweit es um Vorschriften geht, die nicht speziell die Belange des öffentlichen Dienstes betreffen) und **Art. 74 Abs. 1 Nr. 27 GG** (Statusrechte und -pflichten der Beamten der Länder ...). Durch einen dieser Kompetenztitel dürften folgende Vorschriften des Zweiten Teils des BPersVG gedeckt sein: **§ 100 Abs. 2** hinsichtlich der Arbeitnehmer durch Art. 74 Abs. 1 Nr. 12 GG, hinsichtlich der Beamten durch Art. 74 Abs. 1 Nr. 27 GG; **§ 106** durch Art. 74 Abs. 1 Nr. 1 GG; **§ 107 S. 1** hinsichtlich der Arbeitnehmer durch Art. 74 Abs. 1 Nr. 12 GG, hinsichtlich der Beamten durch Art. 74 Abs. 1 Nr. 27 GG; **§ 107 S. 2 i. V. m. § 9** durch Art. 74 Abs. 1 Nr. 12 GG und z. T. durch Art. 74 Abs. 1 Nr. 1 GG; **§ 108 Abs. 1** durch Art. 74 Abs. 1 Nr. 12 GG und z. T. durch Art. 74 Abs. 1 Nr. 1 GG; **§ 108 Abs. 2** durch Art. 74 Abs. 1 Nr. 12 GG.[14] Soweit Rahmenvorschriften des BPersVG nach dem S. 1 des Art. 125b Abs. 1 GG als Bundesrecht fortgelten, bleiben nach dessen S. 2 **Befugnisse und Verpflichtungen der Länder zur Gesetzgebung** bestehen. Diese Rahmenvorschriften bedürfen damit (weiterhin) der Umsetzung und Ausfüllung durch den Landesgesetzgeber, bis der Bundesgesetzgeber insoweit von seiner Befugnis zum Erlass von unmittelbar geltenden Rechtsvorschriften Gebrauch gemacht hat.[15]

---

11 *BVerwG* v. 23.6.10 – 6 P 8.09 –, PersR 10, 442.

12 Vgl. hierzu u. zum Folgenden *Jarass/Pieroth*, Art. 125a Rn. 8 u. 8a.

13 Vgl. dazu *BVerwG* v. 23.6.10, a.a.O.

14 Im Einzelnen str.; vgl. KfdP-*Altvater*, § 94 Rn. 11, § 100 Rn. 1, § 106 Rn. 1, § 107 Rn. 1, 3f., § 108 Rn. 1.

15 Vgl. KfdP-*Altvater*, Rn. 12.

11 **Landesgesetzliche Vorschriften**, die im **Widerspruch zum Grundgesetz oder zu sonstigem Bundesrecht**, u. a. auch zu einer fortgeltenden Rahmenvorschrift des BPersVG, stehen, sind nach der **Kollisionsnorm des Art. 31 GG** nichtig (»Bundesrecht bricht Landesrecht«). Darüber kann allerdings nur das **Bundesverfassungsgericht** entscheiden. Dies kann insb. im Verfahren der konkreten Normenkontrolle geschehen: Hält ein Gericht eine landesgesetzliche Bestimmung, auf deren Gültigkeit es bei der Entscheidung in einem bei ihm anhängigen Rechtsstreit ankommt, für unvereinbar mit einer bundesrechtlichen Vorschrift, so hat es nach Art. 100 Abs. 1 GG das Verfahren auszusetzen und die Entscheidung des Bundesverfassungsgerichts einzuholen.[16]

12 Da sich die Rahmenvorschriften der §§ 95 bis 106 ausschließlich an die Landesgesetzgeber richten, werden sie in diesem Basiskommentar **nicht erläutert**. Eine Ausnahme gilt für § 104, weil er für die verfassungsrechtlichen Grenzen der Personalvertretung bedeutsam ist.

§ 95 [Personalvertretungen, Jugend- und Auszubildendenvertretungen, Schwerbehindertenvertretung]

(1) In den Verwaltungen und Betrieben der Länder, Gemeinden, Gemeindeverbände und der sonstigen nicht bundesunmittelbaren Körperschaften, Anstalten und Stiftungen des öffentlichen Rechts sowie in den Gerichten der Länder werden Personalvertretungen gebildet; für Beamte im Vorbereitungsdienst und Beschäftigte in entsprechender Berufsausbildung, Staatsanwälte, Polizeibeamte und Angehörige von Rundfunk- und Fernsehanstalten sowie von Dienststellen, die bildenden, wissenschaftlichen oder künstlerischen Zwecken dienen, können die Länder eine besondere Regelung unter Beachtung des § 104 vorsehen.

(2) [1]In den einzelnen Dienststellen ist die Bildung von Jugend- und Auszubildendenvertretungen vorzusehen. [2]Einem Vertreter der Jugend- und Auszubildendenvertretung ist die Teilnahme an allen Sitzungen der Personalvertretung mit beratender Stimme zu gestatten. [3]Die Länder haben zu regeln, in welchen Fällen der gesamten Jugend- und Auszubildendenvertretung ein Teilnahmerecht mit beratender Stimme und in welchen Fällen ihr das Stimmrecht in der Personalvertretung einzuräumen ist.

(3) Der Schwerbehindertenvertretung ist die Teilnahme an allen Sitzungen der Personalvertretung zu gestatten.

16 Vgl. KfdP-*Altvater*, Rn. 14.

§ 96 [Aufgaben der Gewerkschaften und Arbeitgebervereinigungen]

Die Aufgaben der Gewerkschaften und der Vereinigungen der Arbeitgeber werden durch das Personalvertretungsrecht nicht berührt.

§ 97 [Verbot abweichender Regelung]

Durch Tarifvertrag oder Dienstvereinbarung darf eine von den gesetzlichen Vorschriften abweichende Regelung des Personalvertretungsrechts nicht zugelassen werden.

§ 98 [Wahlgrundsätze, Gruppen und Geschlechter]

(1) Die Personalvertretungen werden in geheimer und unmittelbarer Wahl und bei Vorliegen mehrerer Wahlvorschläge nach den Grundsätzen der Verhältniswahl gewählt.
(2) Sind in einer Dienststelle Angehörige verschiedener Gruppen wahlberechtigt, so wählen die Angehörigen jeder Gruppe ihre Vertreter in getrennten Wahlgängen, sofern nicht die Mehrheit der Wahlberechtigten jeder Gruppe in getrennter geheimer Abstimmung die gemeinsame Wahl beschließt.
(3) Über Angelegenheiten, die nur die Angehörigen einer Gruppe betreffen, kann die Personalvertretung nicht gegen den Willen dieser Gruppe beschließen.
(4) Die Geschlechter sollen in den Personalvertretungen und den Jugend- und Auszubildendenvertretungen entsprechend dem Zahlenverhältnis vertreten sein.

§ 99 [Schutz der Personalvertretungen und Jugend- und Auszubildendenvertretungen]

(1) Wahl und Tätigkeit der Personalvertretungen und der Jugendvertretungen oder der Jugend- und Auszubildendenvertretungen dürfen nicht behindert oder in einer gegen die guten Sitten verstoßenden Weise beeinflußt werden.
(2) Mitglieder der Personalvertretungen und der Jugendvertretungen oder der Jugend- und Auszubildendenvertretungen dürfen gegen ihren Willen nur versetzt oder abgeordnet werden, wenn dies aus wichtigen dienstlichen Gründen auch unter Berücksichtigung der Mitgliedschaft in der Personalvertretung oder der Jugendvertretung sowie der Jugend- und Auszubildendenvertretung unvermeidbar ist und die Personalvertretung zustimmt.

§ 100 [Ehrenamt, Verbot wirtschaftlicher Nachteile, Kostentragung]

(1) Die Mitglieder der Personalvertretungen führen ihr Amt unentgeltlich als Ehrenamt.
(2) Durch die Wahl und die Tätigkeit der Personalvertretungen dürfen den Beschäftigten wirtschaftliche Nachteile nicht entstehen.
(3) Die durch die Wahl und die Tätigkeit der Personalvertretungen entstehenden Kosten trägt die Verwaltung.

§ 101 [Sitzungen, Schweigepflicht, Unterlagen]

(1) Die Sitzungen der Personalvertretungen sind nicht öffentlich.
(2) Personen, die Aufgaben oder Befugnisse nach dem Personalvertretungsrecht wahrnehmen oder wahrgenommen haben, haben über die ihnen dabei bekanntgewordenen Angelegenheiten und Tatsachen Stillschweigen zu bewahren.
(3) [1]Den Personalvertretungen sind auf Verlangen die zur Durchführung ihrer Aufgaben erforderlichen Unterlagen zur Verfügung zu stellen. [2]Personalakten dürfen Mitgliedern der Personalvertretungen nur mit Zustimmung des Beschäftigten vorgelegt werden.

§ 102 [Neuwahl, Auflösung, Ausschluss]

(1) Die Personalvertretungen sind in angemessenen Zeitabständen neu zu wählen.
(2) [1]Die Personalvertretungen können wegen grober Vernachlässigung ihrer gesetzlichen Befugnisse oder wegen grober Verletzung ihrer gesetzlichen Pflichten durch gerichtliche Entscheidung aufgelöst werden. [2]Das gleiche gilt für den Ausschluß einzelner Mitglieder.

§ 103 [Überwachungspflicht]

Die Personalvertretungen haben darauf hinzuwirken, daß die zugunsten der Beschäftigten geltenden Vorschriften und Bestimmungen durchgeführt werden.

§ 104 [Beteiligungsrechte]

[1]Die Personalvertretungen sind in innerdienstlichen, sozialen und personellen Angelegenheiten der Beschäftigten zu beteiligen; dabei soll eine Regelung angestrebt werden, wie sie für Personalvertretungen in Bundesbehörden in diesem Gesetz festgelegt ist. [2]Für den Fall der Nichteinigung zwischen der obersten Dienstbehörde und der zuständigen Personalver-

tretung in Angelegenheiten, die der Mitbestimmung unterliegen, soll die Entscheidung einer unabhängigen Stelle vorgesehen werden, deren Mitglieder von den Beteiligten bestellt werden. [3]Entscheidungen, die wegen ihrer Auswirkungen auf das Gemeinwesen wesentlicher Bestandteil der Regierungsgewalt sind, insbesondere Entscheidungen

in personellen Angelegenheiten der Beamten,

über die Gestaltung von Lehrveranstaltungen im Rahmen des Vorbereitungsdienstes einschließlich der Auswahl der Lehrpersonen

und in organisatorischen Angelegenheiten,

dürfen jedoch nicht den Stellen entzogen werden, die der Volksvertretung verantwortlich sind.

1 Die Rahmenvorschriften des § 104 könnten seit der am 1.9.06 in Kraft getretenen **Föderalismusreform I** nicht mehr als Bundesrecht erlassen werden. Sie gelten aber gem. Art. 125a Abs. 1 GG als **Bundesrecht** fort, **solange und soweit** sie **nicht durch Landesrecht ersetzt** worden sind. Solange und soweit dies nicht geschehen ist, sind die Landesgesetzgeber bei der Regelung ihres LPersVR an die Vorschriften des § 104 gebunden (vgl. § 94 Rn. 8ff.).

1a **§ 104 S. 1 Hs. 1** bestimmt, dass die Personalvertretungen in innerdienstlichen, sozialen und personellen Angelegenheiten der Beschäftigten zu beteiligen sind. **Soziale Angelegenheiten** betreffen die Arbeitsbedingungen der Beschäftigten, **personelle Angelegenheiten** deren Status sowie dienstliche Stellung und Verwendung. **Innerdienstliche Angelegenheiten** sind auch dann einer Beteiligung zu unterwerfen, wenn es sich bei ihnen nicht zugleich um soziale oder personelle Angelegenheiten handelt. Das trifft insb. auf organisatorische und wirtschaftliche Angelegenheiten zu, von denen die Beschäftigten berührt werden.

2 Die in **§ 104 S. 1 Hs. 2** enthaltene Soll-Vorschrift, hinsichtlich der Beteiligung eine Regelung anzustreben, wie sie für Personalvertretungen in Bundesbehörden im Ersten Teil des BPersVG festgelegt ist, versteht das *BVerfG* lediglich als eine allgemeine **Empfehlung** an den Landesgesetzgeber.[17] Die Vorschrift lässt diesem einen **weiten Spielraum,** der sich sowohl auf die Festlegung des Kreises der Angelegenheiten, in denen die Personalvertretung zu beteiligen ist, als auch auf den Inhalt, den Umfang und die Intensität einzelner Beteiligungsrechte für bestimmte Angelegenheiten bezieht.[18] Die Länder können deshalb unter Beachtung der verfassungsrechtlichen Grenzen **weitergehende Beteiligungsregelungen** schaffen, als sie das Fünfte Kapitel des Ersten Teils des BPersVG (§§ 66–82) für die Beteiligung der Personalver-

---

17 Beschl. v. 27.3.79 – 2 BvL 2/77 –, BVerfGE 51, 43 = PersV 79, 328.

18 *BVerwG* v. 7.11.06 – 6 PB 15.06 –, PersR 07, 41, m.w.N.

tretungen im Bundesdienst enthält.[19] Allerdings hat das *BVerfG* mit dem Beschl. v. 24.5.95 – 2 BvF 1/92 –[20] trotz grundsätzlicher Anerkennung des gesetzgeberischen Entscheidungsspielraums (einschl. des zu wählenden Mitbestimmungsmodells) die verfassungsrechtlichen Grenzen für die Mitbestimmung erheblich eingeengt (vgl. Rn. 5). Andererseits ist es den Ländern aufgrund der Soll-Vorschrift des § 104 S. 1 Hs. 2 auch gestattet, das Mitbestimmungsniveau des Ersten Teils des BPersVG zu unterschreiten. Gleichwohl sind ihnen **Grenzen nach unten** gesetzt. Sie müssen zur Gewährleistung der Personalvertretung als Organ zur Vertretung der Interessen der Beschäftigten ein **Minimum beteiligungsbedürftiger Angelegenheiten** festlegen und ggf. weitergehende landesverfassungsrechtliche Vorgaben beachten.[21]

Der in § 104 S. 1 Hs. 1 verwendete Begriff »**beteiligen**« ist als Oberbegriff zu 3
verstehen, der verschiedene Beteiligungsarten umfasst, insb. die Formen der Mitbestimmung, Mitwirkung, Beratung und Anhörung.[22] Bei der Festlegung der Qualität der Beteiligung sind die Länder nicht völlig frei. Der als Soll-Vorschrift gefasste **§ 104 S. 2** schreibt ihnen nämlich vor, die Einrichtung einer **unabhängigen Einigungsstelle** für die Fälle vorzusehen, in denen sich die oberste Dienstbehörde und die zuständige Personalvertretung in den der Mitbestimmung unterliegenden Angelegenheiten nicht selbst einigen können. Diese Vorschrift verdeutlicht, dass das Wesen der betrieblichen Mitbestimmung darin besteht, dass bei Nichteinigung zwischen Personalvertretung und Dienststelle der Einigungsstelle das letzte Wort zukommt.[23] Ein **Kernbereich** von Angelegenheiten soll danach der Mitbestimmung unterliegen und zur **Letztentscheidungskompetenz** der Einigungsstelle gehören.[24] Es bleibt den Ländern überlassen, die **Bezeichnung** der unabhängigen Stelle (Einigungsstelle, Vermittlungsstelle) festzulegen, ihre **ständige** Einrichtung oder ihre Bildung **von Fall zu Fall** vorzusehen und das anzuwendende **Verfahren** zu bestimmen.[25] Die Landesgesetzgeber haben auch die Einzelheiten der **Besetzung** der Einigungsstelle zu regeln. Dabei müssen sie allerdings beachten, dass die Mitglieder der Einigungsstelle nach der Rahmenvorschrift des § 104 S. 2 »von den Beteiligten bestellt werden«. Sie müssen auch dem im Begriff der Mitbestimmung enthaltenen Grundsatz der Pa-

---

19 *BVerwG* v. 12.12.79 – 6 P 7.79 –, PersV 81, 287; *BAG* v. 20.2.02 – 7 AZR 707/00 –, PersR 02, 355, m.w.N.

20 BVerfGE 93, 37 = PersR 95, 483.

21 Vgl. *BVerwG* v. 7.11.06, a.a.O.; str.; dazu KfdP-*Altvater*, Rn. 13 m.w.N.

22 *BVerwG* v. 12.1.62 – VII P 1.60 –, PersV 62, 160.

23 *BVerwG* v. 9.7.80 – 6 P 73.78 –, PersV 81, 369, u. v. 20.9.13 – 6 P 3.13 –, PersR 13, 456.

24 Str.; wie hier *BVerwG* v. 7.11.06 – 6 PB 15.06 –, PersR 07, 41; vgl. KfdP-*Altvater*, Rn. 15 m.w.N.

25 Hierzu u. zum Folgenden KfdP-*Altvater*, Rn. 17f.

rität Rechnung tragen[26] und das Auflösen von Pattsituationen ermöglichen. Die Einigungsstelle muss deshalb je zur Hälfte aus von der obersten Dienstbehörde und der zuständigen Personalvertretung bestellten Beisitzern und aus einem unparteiischen Vorsitzenden bestehen, dessen Person von beiden Seiten gemeinsam oder – bei Nichteinigung – von einer neutralen Stelle bestimmt wird (vgl. § 71 Abs. 1).

4 **§ 104 S. 3** bestimmt, dass Entscheidungen, die wegen ihrer Auswirkungen auf das Gemeinwesen wesentlicher Bestandteil der Regierungsgewalt sind, nicht den Stellen entzogen werden dürfen, die der Volksvertretung verantwortlich sind. Er enthält einen **beispielhaften Katalog** der Angelegenheiten, die dem Letztentscheidungsrecht der Einigungsstelle entzogen sind. Das BPersVG definiert zwar nicht, welche Entscheidungen wegen ihrer Auswirkungen auf das Gemeinwesen **wesentlicher Bestandteil der Regierungsgewalt** sind und was unter den in der Insbesondere-Aufzählung genannten Angelegenheiten zu verstehen ist. Der Bundesgesetzgeber hat jedoch ersichtlich an das zum BremPersVG v. 3.12.57[27] ergangene **Urteil des *BVerfG* v. 27.4.59** – 2 BvF 2/58 –[28] angeknüpft, das den Grundsatz der parlamentarischen Verantwortlichkeit der Regierung hervorgehoben hatte. Er wollte damit die aus dem Grundgesetz abzuleitenden verfassungsrechtlichen Begrenzungen der Mitbestimmung konkretisieren, nicht jedoch zusätzliche, verfassungsrechtlich nicht gebotene Schranken der Mitbestimmung aufrichten.[29] Dies sprach zunächst für eine **enge Auslegung** der der vollen Mitbestimmung entzogenen Angelegenheiten. Davon ausgehend sollten **personelle Angelegenheiten der Beamten** i. S. v. § 104 S. 3 nur solche Angelegenheiten sein, die den Beamtenstatus begründen oder zumindest potenziell verändern, insb. Einstellung, Beförderung und Versetzung sowie Beurteilung und Maßnahmen, die die Laufbahn des Beamten bestimmen. Die Fallgruppe **»Lehrveranstaltungen im Rahmen des Vorbereitungsdienstes«** sollte der Verantwortung des Dienstherrn für die Ausbildung des Beamtennachwuchses und für die Gewährleistung eines leistungsfähigen Berufsbeamtentums Rechnung tragen. Solche Lehrveranstaltungen sind darauf gerichtet, das zur Erreichung des Ausbildungsziels notwendige Wissen und die dazu erforderlichen praktischen Kenntnisse und Fertigkeiten zu vermitteln. Ihrer Gestaltung dienen Regelungen, die Inhalt, Umfang und Ablauf der Ausbildung festlegen.[30] Schließlich sprach die nach dem Willen des Gesetzgebers des BPersVG 1974 gebotene enge Auslegung des Begriffs der **organisatorischen Angelegenheiten** dafür, darunter nur diejenigen Maßnahmen zu verstehen,

---

26 Hierzu *BVerwG* v. 20.9.13, a.a.O.
27 GBl. S. 161.
28 BVerfGE 9, 268 = AP PersVG Bremen § 59 Nr. 1.
29 Hierzu u. zum Folgenden KfdP-*Altvater*, Rn. 20–23.
30 Vgl. *BVerwG* v. 7.12.78 – 6 P 12.78 –, PersV 79, 507.

die die Bildung, Änderung und Auflösung der Dienststellen und ihre Stellung in der Verwaltungsorganisation betreffen, nicht jedoch arbeitsorganisatorische Maßnahmen, die in die institutionelle Organisation nicht eingreifen. Das *BVerwG* vertrat jedoch seit 1980 den Standpunkt, dass **Maßnahmen, die über den innerdienstlichen Bereich hinauswirken** und auf die nach außen zu erfüllenden Aufgaben der Dienststelle in nicht nur unerheblicher Weise einwirken, organisatorische Angelegenheiten i. S. d. § 104 S. 3 sind.[31]

Das *BVerfG* hat in seinem **Beschluss v. 24. 5. 95** – 2 BvF 1/92 –[32] zum Mitbestimmungsgesetz Schleswig-Holstein (MBG Schl-H) v. 11. 12. 90[33] für die Beantwortung der Frage, welche Grenzen das Demokratieprinzip der Mitbestimmung der Personalvertretung setzt und wann demnach die Einigungsstelle verbindliche Entscheidungen treffen darf, in Abweichung von dem bisherigen Inhalt der Rahmenvorschrift des § 104 S. 3 eine **grundsätzlich neue Abgrenzung** vorgenommen. Der wesentliche Inhalt der Entscheidungsgründe dieses Beschlusses lässt sich wie folgt zusammenfassen: 5

- In der freiheitlichen Demokratie gehe alle Staatsgewalt vom Volke aus. Deshalb bedürfe die **Ausübung von Staatsgewalt** in Form jeglichen amtlichen Handelns mit Entscheidungscharakter der demokratischen Legitimation. Das **demokratische Prinzip** lasse es zwar zu, dass der Staat (einschl. der Kommunen) seinen Beschäftigten eine – in gewissem Umfang auch mitentscheidende – Beteiligung zur Wahrung ihrer Belange und zur Mitgestaltung ihrer Arbeitsbedingungen einräume. Dem Gesetzgeber seien dabei aber durch das **Erfordernis hinreichender demokratischer Legitimation** Grenzen gesetzt.
- In welcher Art und in welchen Fällen die Mitbestimmung oder eine andere Form der Beteiligung der Personalvertretung verfassungsrechtlich zulässig sei, müsse unter Würdigung der Bedeutung der beteiligungspflichtigen Maßnahmen sowohl für die Arbeitssituation der Beschäftigten und deren Dienstverhältnis als auch für die Erfüllung des Amtsauftrags bestimmt werden: Die Mitbestimmung dürfe sich einerseits nur auf innerdienstliche Maßnahmen erstrecken und nur so weit gehen, wie die spezifischen in dem Beschäftigungsverhältnis angelegten Interessen der Angehörigen der Dienststelle sie rechtfertigten (**Schutzzweckgrenze**). Andererseits verlange das Demokratieprinzip für die Ausübung von Staatsgewalt bei Entscheidungen von Bedeutung für die Erfüllung des Amtsauftrags jedenfalls, dass die Letztentscheidung eines dem Parlament verantwortlichen Verwaltungsträgers gesichert sei (**Verantwortungsgrenze**).

---

31 Vgl. z. B. Beschl. v. 17. 7. 87 – 6 P 6.85 –, PersR 87, 220.
32 BVerfGE 93, 37 = PersR 95, 483.
33 GVOBl. S. 577.

- Bei der Regelung von Angelegenheiten, die in ihrem Schwerpunkt die Beschäftigten in ihrem Beschäftigungsverhältnis beträfen, typischerweise aber nicht oder nur unerheblich die Wahrnehmung von Amtsaufgaben gegenüber dem Bürger berührten (»**Gruppe a**«), gestatte das Demokratieprinzip eine weitreichende Mitwirkung der Beschäftigten. Hierzu seien soziale Angelegenheiten, wie sie in § 75 Abs. 2 BPersVG umschrieben seien, und etwa der in § 75 Abs. 3 (mit Ausnahme von Nr. 10, 14 u. 17) BPersVG umschriebene Kreis innerdienstlicher Angelegenheiten zu rechnen. Der Gesetzgeber könne vorsehen, dass solche Maßnahmen an die Mitbestimmung der Personalvertretung gebunden und, sofern Dienststelle und Personalvertretung nicht zu einer Einigung gelangen, der **Entscheidung einer weisungsunabhängigen Einigungsstelle** überlassen würden. Auch in diesen Fällen müssten aber – so das *BVerfG* unter Hinweis auf § 104 S. 3 BPersVG – Entscheidungen, die im Einzelfall wegen ihrer Auswirkungen auf das Gemeinwohl wesentlicher Bestandteil der Regierungsgewalt seien, einem parlamentarisch verantwortlichen Amtsträger vorbehalten bleiben. Dies könne in Gestalt eines **Evokationsrechts** geschehen, also eines Rechts, die Entscheidung an sich zu ziehen (»**Legitimationsniveau 1**«).
- Maßnahmen, die den Binnenbereich des Beschäftigungsverhältnisses beträfen, die Wahrnehmung des Amtsauftrags jedoch typischerweise nicht nur unerheblich berührten (»**Gruppe b**«), bedürften eines höheren Maßes an demokratischer Legitimation. Zu solchen Maßnahmen seien etwa die in § 75 Abs. 3 Nr. 14 und 17, § 78 Abs. 1 Nr. 1 BPersVG genannten Maßnahmen zu rechnen. Die Kompetenz einer **Einigungsstelle** zur abschließenden Entscheidung könne hier nur unter der Voraussetzung hingenommen werden, dass die **Mehrheit ihrer Mitglieder uneingeschränkt personell demokratisch legitimiert** sei und die Entscheidung darüber hinaus von einer Mehrheit der so legitimierten Mitglieder getragen werde (Prinzip der doppelten Mehrheit) oder dass ein **Letztentscheidungsrecht eines parlamentarisch verantwortlichen Amtsträgers** vorgesehen werde, dessen Ausübung insoweit nicht von der Darlegung abhängig gemacht werden dürfe, dass der jeweilige Mitbestimmungsfall wegen seiner Auswirkungen auf das Gemeinwohl Bestandteil der Regierungsgewalt sei (»**Legitimationsniveau 2**«).
- Innerdienstliche Maßnahmen, insb. organisatorische, personelle und – in Einzelfällen – soziale Maßnahmen, die schwerpunktmäßig die Erledigung von Amtsaufgaben beträfen, unvermeidlich aber auch die Interessen der Beschäftigten berührten (»**Gruppe c**«), seien stets von so großer Bedeutung für die Erfüllung des Amtsauftrags, dass die parlamentarische Verantwortlichkeit der Regierung für sie keine substanzielle Einschränkung erfahren dürfe. Solche Maßnahmen dürften nicht auf Stellen zur Alleinentscheidung übertragen werden, für die Parlament und Regierung

nicht verantwortlich seien. Sollten in diesen Fällen Personalvertretung und Einigungsstelle in die Willensbildung und Entscheidungsfindung einbezogen werden, so könne dies – jedenfalls auf der letzten Stufe – allenfalls in der Form der sog. **eingeschränkten Mitbestimmung** geschehen (vgl. § 69 Abs. 4 S. 3 u. 4 BPersVG). Die Entscheidung der **Einigungsstelle** dürfe nur den Charakter einer **Empfehlung an die zuständige Dienstbehörde** haben. Zu den hier in Rede stehenden Maßnahmen gehörten insb. solche der Personalpolitik, also alle Maßnahmen, die den Rechtsstatus von Beamten, Angestellten und Arbeitern des öffentlichen Dienstes beträfen (vgl. z. B. § 75 Abs. 1, §§ 76, 78 Abs. 1 Nr. 2 bis 4, § 79 BPersVG), sowie alle organisatorischen Maßnahmen der Dienststelle, die für die Wahrnehmung des Amtsauftrags von erheblicher Bedeutung seien (»**Legitimationsniveau 3**«).

- Die Verfassung gebe weder ein bestimmtes Mitbestimmungsmodell noch im Einzelnen die Abgrenzung der Bereiche vor, in denen innerdienstliche Maßnahmen nur unerhebliche, nicht nur unerhebliche und schließlich erhebliche Auswirkungen auf die Wahrnehmung der Aufgaben der öffentlichen Verwaltung hätten. Dem **Gesetzgeber** verbleibe **Entscheidungsspielraum** auch insoweit, als er der unterschiedlichen Bedeutung von Maßnahmen im Bereich der Verwaltung für die Erfüllung des Amtsauftrags durch unterschiedliche Formen der Beteiligung der Personalvertretung an ihrem Zustandekommen Rechnung tragen könne.

Die Entscheidung des *BVerfG* v. 24. 5. 95 (Rn. 5) überzeugt nicht. In der **Kritik** an ihr wird zu Recht betont, dass das *BVerfG* weit über den Anlassfall hinaus undifferenzierte Grenzen in bewährte Mitbestimmungsstrukturen gezogen und eine »Generalabrechnung« mit der Mitbestimmung im öffentlichen Dienst vorgenommen hat, ohne sich mit den Argumenten der Befürworter des MBG Schl-H auseinanderzusetzen und ohne auf die verfassungsrechtlichen Gründe einzugehen, die es in seiner bisherigen Rspr.[34] zugunsten der Mitbestimmung angeführt hatte.[35] Vor allem aber ist der **staatsrechtliche Ansatz** der Entscheidung zu kritisieren.[36] Dieser Ansatz verkennt, dass die Funktion der personalvertretungsrechtlichen Mitbestimmung nicht in der Teilhabe an der innerstaatlichen Willensbildung besteht, sondern darin, durch die **Ausübung sozialer Gegenrechte** die auf die Arbeits- und Dienstverhältnisse bezogenen Interessen der Beschäftigten gegenüber dem Staat in dessen Eigenschaft als öffentlicher Arbeitgeber wahrzunehmen. Da sich Aufgaben der Personalvertretungen nicht auf das Verhältnis zwischen dem Staat und den Bürgern, sondern auf das Verhältnis zwischen dem Staat als Arbeit- 6

34 So im Beschl. v. 26. 5. 70 – 2 BvR 311/67 –, BVerfGE 28, 314 = AP GG Art. 9 Nr. 18.

35 Vgl. KfdP-*Altvater*, Rn. 30.

36 Näher hierzu u. zum Folgenden *v. Roetteken*, NVwZ 96, 552 m. w. N.

geber einerseits und den Beschäftigten des öffentlichen Dienstes als Arbeitnehmer oder Beamte andererseits bezieht, bedürfen die Personalvertretungen nicht der Legitimation durch das Volk, sondern der durch die Personalratswahlen vermittelten Legitimation durch jene Beschäftigten, deren arbeitsbezogene Interessen sie durch die Beteiligung in innerdienstlichen, sozialen und personellen Angelegenheiten vertreten sollen.

7 Die Frage nach den Auswirkungen des Beschlusses des *BVerfG* v. 24.5.95 (Rn. 5f.) hat in der **personalvertretungsrechtlichen Rspr.** eine erhebliche Rolle gespielt. Weitreichende Folgerungen hat das *BVerwG* gezogen. Zunächst hatte es für jene **Fälle, in denen der jeweilige Landesgesetzgeber** nach der verfassungsgerichtlichen Rspr. **gebotene Einschränkungen des Mitbestimmungsrechts nicht normiert hat**, unter Hinweis auf die tragenden Gründe des Beschlusses des *BVerfG* v. 24. 5. 95 wiederholt die Auffassung vertreten, mit Blick auf § 104 S. 3 BPersVG sei ein Mitbestimmungsrecht ganz ausgeschlossen.[37] Diese Rspr. hat es im Jahr 2002 aufgegeben. Es hat seither wiederholt entschieden, dass in den Fällen, in denen das demokratische Prinzip nach der Rspr. des *BVerfG* der uneingeschränkten Mitbestimmung entgegensteht, die im jeweiligen Gesetz enthaltenen **Vorschriften über die eingeschränkte Mitbestimmung entsprechend angewendet** werden können.[38] Des Weiteren hat es für jene Fälle, in denen ein im PersVG vorgesehenes, mit dem Letztentscheidungsrecht der Einigungsstelle verbundenes uneingeschränktes Mitbestimmungsrecht auch nach der Rspr. des *BVerfG* grundsätzlich verfassungsgemäß ist, entschieden, dass das im PersVG verwirklichte Modell der eingeschränkten Mitbestimmung auch dann analog anzuwenden ist, wenn die beabsichtigte mitbestimmungspflichtige **Maßnahme im Einzelfall die Regierungsverantwortung berührt.**[39] Das *BVerwG* hat sich zu der im Jahr 2002 vorgenommenen Korrektur seiner Rspr. insb. auch durch den **Beschluss des *BVerfG (4. Kammer des 2. Senats)* v. 20.7.01** – 2 BvL 8/00 –[40] veranlasst gesehen, wonach die Fachgerichte Lösungen suchen sollen, in denen das Instrument der **verfassungskonformen Auslegung** bis an seine Grenzen ausgeschöpft wird. Die neuere Rspr. des *BVerwG* ist allerdings schon **im Ansatz problematisch**, weil sie

37 Vgl. Beschl. v. 23.8.00 – 6 P 12.99 – u. v. 3.12.01 – 6 P 12.00 –, PersR 01, 20, u. 02, 163.

38 Insb. Beschl. v. 24.4.02 – 6 P 3.01 – u. – 6 P 4.01 –, PersR 02, 395 u. 398, zum **HmbPersVG**; v. 18.6.02 – 6 P 12.01 –, PersR 02, 467, zum **LPVG NW**; v. 18.5.04 – 6 P 13.03 – u. v. 13.10.09 – 6 P 15.08 –, PersR 04, 349, u. 09, 501, zum **LPVG BW**; Beschl. v. 2.6.10 – 6 P 9.09 – u. v. 4.6.10 – 6 PB 4.10 –, PersR 10, 354 u. 361, zum **BlnPersVG**.

39 *BVerwG* v. 30.6.05 – 6 P 9.04 –, PersR 05, 416, zu § 75 Abs. 3 Nr. 1 u. § 69 Abs. 4 S. 3 u. 4 **BPersVG**.

40 PersR 02, 198; näher dazu *Altvater*, PersR 02, 192, u. KfdP-*Altvater*, Rn. 33 Fn. 134.

dem klaren Wortlaut der einschlägigen gesetzlichen Vorschriften widerspricht und eindeutige gesetzgeberische Entscheidungen über die Ausgestaltung des jeweiligen Mitbestimmungssystems korrigiert.[41]

§ 105 [Gleichheitsbehandlungsgrundsatz, politische Betätigung]

[1]Die Personalvertretungen haben gemeinsam mit dem Leiter der Dienststelle für eine sachliche und gerechte Behandlung der Angelegenheiten der Beschäftigten zu sorgen. [2]Insbesondere darf kein Beschäftigter wegen seiner Abstammung, Religion, Nationalität, Herkunft, politischen oder gewerkschaftlichen Betätigung oder Einstellung, wegen seines Geschlechtes oder wegen persönlicher Beziehungen bevorzugt oder benachteiligt werden. [3]Der Leiter der Dienststelle und die Personalvertretung haben jede parteipolitische Betätigung in der Dienststelle zu unterlassen; die Behandlung von Tarif-, Besoldungs- und Sozialangelegenheiten wird hierdurch nicht berührt.

§ 106 [Zuständigkeit der Verwaltungsgerichte]

Zu gerichtlichen Entscheidungen sind die Verwaltungsgerichte berufen.

---

41 Zur Frage, welche **Bindungswirkung für Bundes- und Landesgesetzgeber** die tragenden Gründe der Entscheidung des *BVerfG* v. 24.5.95 (a.a.O. [Rn. 5]) haben und ob und inwieweit sich daraus die Notwendigkeit der Novellierung des BPersVG und der LPersVG ergibt, vgl. vor § 66 Rn. 10 u. KfdP-*Altvater*, Rn. 31. Unter (teilweiser) Berufung auf die Entscheidung **haben 13 Länder ihr PersVG novelliert**: Nds 1997; Sachs 1998; Hess u. Schl-H 1999; RP 2000; Thür 2001; LSA 2003; Hmb 2006; Bay u. NW 2007; Bln 2008; BW 2010; Bbg 2014 (vgl. dazu KfdP-*Altvater*, Einl. Rn. 28ff. m. N.). Vergleichbare Novellierungen der LPersVG in Brem, M-V u. Saar (sowie des BPersVG) sind bisher nicht erfolgt.

Zweites Kapitel
Unmittelbar für die Länder geltende Vorschriften

§ 107 [Behinderungs-, Benachteiligungs- und Begünstigungsverbot, Übernahme von Auszubildenden]

[1]Personen, die Aufgaben oder Befugnisse nach dem Personalvertretungsrecht wahrnehmen, dürfen darin nicht behindert und wegen ihrer Tätigkeit nicht benachteiligt oder begünstigt werden; dies gilt auch für ihre berufliche Entwicklung. [2]§ 9 gilt entsprechend.

1 Die Vorschriften des § 107 sind ebenso wie die der §§ 108 und 109 keine von den Landesgesetzgebern erst umzusetzenden Rahmenvorschriften, sondern **unmittelbar geltende Rechtsnormen** (vgl. § 94 Rn. 4). Bei ihrem Erlass im Jahr 1974 ergab sich die **Gesetzgebungskompetenz des Bundes** nicht nur aus **Art. 75 Nr. 1 GG a. F.**, sondern auch aus **Art. 74 Nr. 12 GG a. F.,** soweit die Vorschriften Arbeitnehmer betreffen und einen arbeitsrechtlichen Inhalt haben, sowie aus **Art. 74a GG a. F.,** soweit die Vorschriften die Besoldung und Versorgung von Beamten regeln. Die Auswirkungen der am 1.9.06 in Kraft getretenen **Föderalismusreform I** sind differenziert zu sehen (vgl. unten Rn. 2f., § 108 Rn. 1 u. § 109 Rn. 1).

2 **§ 107 S. 1** enthält eine Schutzvorschrift, die inhaltlich mit § 8 übereinstimmt und die Rahmenvorschrift des § 99 Abs. 1 ergänzt. Sie könnte aufgrund von **Art. 74 Abs. 1 Nr. 12 und 27 GG** auch nach dem 1.9.06 als Bundesrecht erlassen werden und gilt (entgegen der h. M.) gem. Art. 125b Abs. 1 S. 1 GG als Bundesrecht fort, ohne dass sie durch Landesrecht ersetzt werden kann (vgl. § 94 Rn. 8, 10).[42]

3 Nach **§ 107 S. 2** gelten die Bestimmungen des § 9 über den besonderen Schutz der in Ausbildung stehenden Mitglieder und ehemaligen Mitglieder einer Personalvertretung oder JAV entsprechend. Die Verweisungsvorschrift des § 107 S. 2 könnte aufgrund des **Art. 74 Abs. 1 Nr. 12 GG** auch nach dem 1.9.06 als Bundesrecht erlassen werden; sie gilt gem. Art. 125b Abs. 1 S. 1 GG als Bundesrecht fort, ohne dass sie durch Landesrecht ersetzt werden kann (vgl. § 94 Rn. 8, 10).[43] Ruft der Arbeitgeber nach dem entsprechend anwendbaren § 9 Abs. 4 das **Verwaltungsgericht** an, so sind für dessen **Besetzung** und das anzuwendende **Verfahren** die für sonstige Streitigkeiten aus

---

42 A. A. *BAG* v. 7.11.07 – 7 AZR 820/06 –, PersR 08, 203; vgl. KfdP-*Altvater*, Rn. 3 m. w. N.

43 Teilw. str.; offengelassen in *BVerwG* v. 8.7.08 – 6 P 14.07 –, PersR 08, 374; unklar *BAG* v. 7.11.07, a. a. O.; vgl. KfdP-*Altvater*, Rn. 4 m. w. N.

dem jeweiligen LPersVG geltenden Regelungen maßgebend.[44] Das **Bundesverwaltungsgericht** ist in letzter Instanz unabhängig davon zuständig, ob dies landesrechtlich eigens geregelt ist.[45] Hat der Landesgesetzgeber (wie zurzeit in allen Ländern) das Beschlussverfahren nach dem Arbeitsgerichtsgesetz für anwendbar erklärt, so ist unter den Voraussetzungen des § 92 Abs. 1 ArbGG die **Rechtsbeschwerde** zum Bundesverwaltungsgericht gegeben. Dies gilt – da es wie in den Fällen des § 108 Abs. 1 S. 2 um die Anwendung von Bundesrecht geht – auch dann, wenn der Landesgesetzgeber (wie in Art. 81 Abs. 2 BayPVG) die Vorschriften über die Rechtsbeschwerde ausgeschlossen hat (vgl. auch § 108 Rn. 2 a. E.).[46]

§ 108 [Beteiligung bei Kündigungen]

(1) [1]Die außerordentliche Kündigung von Mitgliedern der Personalvertretungen, der Jugendvertretungen oder der Jugend- und Auszubildendenvertretungen, der Wahlvorstände sowie von Wahlbewerbern, die in einem Arbeitsverhältnis stehen, bedarf der Zustimmung der zuständigen Personalvertretung. [2]Verweigert die zuständige Personalvertretung ihre Zustimmung oder äußert sie sich nicht innerhalb von drei Arbeitstagen nach Eingang des Antrags, so kann das Verwaltungsgericht sie auf Antrag des Dienststellenleiters ersetzen, wenn die außerordentliche Kündigung unter Berücksichtigung aller Umstände gerechtfertigt ist. [3]In dem Verfahren vor dem Verwaltungsgericht ist der betroffene Arbeitnehmer Beteiligter.

(2) Eine durch den Arbeitgeber ausgesprochene Kündigung des Arbeitsverhältnisses eines Beschäftigten ist unwirksam, wenn die Personalvertretung nicht beteiligt worden ist.

§ 108 enthält **unmittelbar geltendes Recht** (vgl. § 94 Rn. 4). Beim Erlass 1
des BPersVG 1974 hatte der Bund dafür die **Gesetzgebungskompetenz** nach Art. 75 Nr. 1 und Art. 74 Nr. 12 GG a. F. (vgl. § 107 Rn. 1). Auch nach der am 1. 9. 06 in Kraft getretenen **Föderalismusreform I** könnten die Vorschriften des § 108 aufgrund des **Art. 74 Abs. 1 Nr. 12 GG** als Bundesrecht erlassen

---

44 So das *BVerwG* in st. Rspr.; vgl. Beschl. v. 1. 11. 05 – 6 P 3.05 –, PersR 06, 382, m. w. N.

45 Vgl. *BVerwG* v. 30. 4. 98 – 6 P 5.97 –, PersR 98, 466 (zum insoweit vergleichbaren § 108 Abs. 1 BPersVG). Anders aber *BayVGH* v. 25. 9. 08 – 17 P 07.3394 –, PersR 09, 83 = juris: Anwendung des damals mit § 9 BPersVG wörtlich übereinstimmenden Art. 9 BayPVG sowie Schlusssatz der Gründe: »Die Entscheidung ist endgültig (Art. 81 Abs. 2 Satz 2 BayPVG).«

46 Str.; vgl. KfdP-*Altvater*, Rn. 4 m. N.

werden; gem. Art. 125b Abs. 1 S. 1 GG gelten sie als Bundesrecht fort, ohne dass sie durch Landesrecht ersetzt werden können (vgl. § 94 Rn. 8, 10).[47]

2 (**Abs. 1**) § 108 Abs. 1 ergänzt die im Kündigungsschutzgesetz enthaltenen Regelungen über den **besonderen Kündigungsschutz im Rahmen der Personalvertretung.** § 15 KSchG schließt die **ordentliche Kündigung** gegenüber Mitgliedern einer Personalvertretung, einer Jugendvertretung oder einer JAV sowie eines Wahlvorstands und gegenüber Wahlbewerbern grundsätzlich aus und macht die **außerordentliche Kündigung** gegenüber Angehörigen dieses Personenkreises von der »nach dem Personalvertretungsrecht erforderlichen Zustimmung« abhängig. Diesen Vorbehalt füllt § 108 Abs. 1 aus.[48] Er verdrängt als **Sonderregelung** die allgemeinen Beteiligungsrechte des PR[49] und entspricht inhaltlich dem § 47 Abs. 1 und den darauf bezogenen Verweisungsvorschriften des Ersten Teils des BPersVG (vgl. dazu § 47 Rn. 1 ff.). Die Herbeiführung der Zustimmung der zuständigen Personalvertretung nach § 108 Abs. 1 S. 1 und ggf. der Zustimmungsersetzung durch das Verwaltungsgericht nach § 108 Abs. 1 S. 2 obliegt dem **Leiter der Dienststelle**, die für das Aussprechen dieser Kündigung zuständig ist.[50] Die »**zuständige Personalvertretung**« i. S. d. § 108 Abs. 1 S. 1 ist die Personalvertretung, zu der die personalvertretungsrechtlichen Beziehungen der Person bestehen, die gegen eine ungerechtfertigte außerordentliche Kündigung geschützt werden soll.[51] Für das **Zustimmungsverfahren** gilt das zu § 47 Abs. 1 Gesagte entsprechend (vgl. dort Rn. 15 ff.). Ruft der Dienststellenleiter nach § 108 Abs. 1 S. 2 das **Verwaltungsgericht** an, so gelten für dessen Besetzung und das von ihm anzuwendende Verfahren die für die Entscheidung personalvertretungsrechtlicher Streitigkeiten auch sonst einschlägigen landesgesetzlichen Regelungen; im dritten Rechtszug entscheidet das Bundesverwaltungsgericht (vgl. § 107 Rn. 3 sowie näher zum **Zustimmungsersetzungsverfahren** § 47 Rn. 19 ff.).[52]

3 (**Abs. 2**) § 108 Abs. 2 ist die dem § 79 Abs. 4 entsprechende Vorschrift für den Bereich der Länder. Sie bestimmt, dass eine durch den Arbeitgeber ausgesprochene (ordentliche oder außerordentliche) **Kündigung des Arbeitsverhältnisses eines Beschäftigten unwirksam** ist, wenn der PR nicht (oder

---

47 Teilw. str.; offengelassen vom *BAG* im Urt. v. 24. 11. 11 – 2 AZR 480/10 –, AP KSchG 1969 § 15 Nr. 71. Vgl. KfdP-*Altvater*, Rn. 1 m. N.

48 *BVerwG* v. 9. 7. 80 – 6 P 43.79 –, PersV 81, 370.

49 *BVerwG* v. 30. 4. 98 – 6 P 5.97 –, PersR 98, 466.

50 *BVerwG* v. 3. 5. 99 – 6 P 2.98 –, PersR 99, 494.

51 *BVerwG* v. 9. 7. 80, a. a. O.

52 Vgl. aber auch hierzu *BayVGH* v. 22. 4. 13 – 17 P 12.1862 –, PersR 13, 473 = juris: Anwendung »der unmittelbar für die Länder geltenden Regelung in § 108 Abs. 1 BPersVG wie auch [der entsprechenden Vorschrift des] Art. 47 Abs. 2 Satz 1 BayPVG« und Bezeichnung der Entscheidung unter Hinw. auf Art. 81 Abs. 2 S. 2 BayPVG als endgültig.

nicht ordnungsgemäß) beteiligt worden ist (vgl. § 79 Rn. 43f.). Nach der Rspr. des *BVerfG* enthält sie lediglich eine bundeseinheitliche **Regelung der Rechtsfolge** (Unwirksamkeit) der im Einzelfall unterbliebenen Beteiligung der Personalvertretung an einer Kündigung. Ob und in welcher Intensität die Personalvertretung an einer (nicht dem § 108 Abs. 1 unterfallenden) Kündigung zu beteiligen ist, richtet sich hingegen nach dem jeweiligen LPersVG.[53]

§ 109 [Unfallfürsorge]

Erleidet ein Beamter anläßlich der Wahrnehmung von Rechten oder Erfüllung von Pflichten nach dem Personalvertretungsrecht einen Unfall, der im Sinne der beamtenrechtlichen Unfallfürsorgevorschriften ein Dienstunfall wäre, so finden diese Vorschriften entsprechende Anwendung.

Beim Erlass des BPersVG 1974 hatte der Bund für die Vorschrift des § 109 die **Gesetzgebungskompetenz** nach Art. 75 Nr. 1 und Art. 74a GG a. F. (vgl. § 107 Rn. 1). Mit der am 1.9.06 in Kraft getretenen **Föderalismusreform I** sind diese Kompetenztitel aufgehoben worden. Die Vorschrift des § 109 könnte seitdem nicht mehr als Bundesrecht erlassen werden. Gemäß Art. 125a Abs. 1 GG gilt sie als **Bundesrecht** fort, **solange und soweit** sie **nicht durch Landesrecht ersetzt** worden ist (vgl. § 94 Rn. 8f.). Solange und soweit dies nicht geschehen ist, enthält § 109 ebenso wie die §§ 107 und 108 **unmittelbar geltendes Recht** (vgl. § 94 Rn. 4 u. § 107 Rn. 1). 1

Die Vorschrift des § 109 entspricht inhaltlich dem § 11. Mit ihr wird den **Beamten**, die anlässlich der Wahrnehmung von Rechten oder der Erfüllung von Pflichten nach dem LPersVR einen Unfall erleiden, ein Anspruch auf entsprechende Anwendung der **beamtenrechtlichen Unfallfürsorgevorschriften** zuerkannt (vgl. § 11 Rn. 1f.). 2

Arbeitnehmer, die infolge der Wahrnehmung von Rechten oder der Erfüllung von Pflichten nach dem LPersVR einen Unfall erleiden, sind kraft Gesetzes in der **gesetzlichen Unfallversicherung** versichert (vgl. § 11 Rn. 3). 3

53 *BVerfG* v. 27.3.79 – 2 BvL 2/77 –, BVerfGE 51, 43 = PersV 79, 328; vgl. auch *BAG* v. 24.6.04 – 2 AZR 208/03 –, u. v. 29.9.11 – 2 AZR 451/10 –, PersR 05, 208, u. 12, 90, jew. m. w. N.

Dritter Teil
Strafvorschriften *(außer Kraft)*

§§ 110, 111

1 Der Dritte Teil des BPersVG mit den §§ 110 und 111 ist mit Wirkung vom 1. 1. 75 außer Kraft getreten. Stattdessen gelten jetzt die §§ 203 bis 205 und 353b des Strafgesetzbuches.[1] Diese Vorschriften regeln den **strafrechtlichen Schutz gegen Verletzungen der Schweigepflicht** des PersVR einheitlich für Bund und Länder.

1 Näher dazu KfdP-*Seulen*, Anh. VIII.

Vierter Teil
Schlußvorschriften

§ 112 [Religionsgemeinschaften]

Dieses Gesetz findet keine Anwendung auf Religionsgemeinschaften und ihre karitativen und erzieherischen Einrichtungen ohne Rücksicht auf ihre Rechtsform; ihnen bleibt die selbständige Ordnung eines Personalvertretungsrechtes überlassen.

§ 112 BPersVG ergänzt § 118 Abs. 2 BetrVG, der die privatrechtlichen Reli- 1
gionsgemeinschaften und die in privater Rechtsform geführten karitativen und erzieherischen Einrichtungen der Religionsgemeinschaften aus dem Geltungsbereich des BetrVG ausklammert.[1] § 112 Hs. 1 regelt, dass das BPersVG auf Religionsgemeinschaften, die **Körperschaften des öffentlichen Rechts** sind, und auf ihre **öffentlich-rechtlich organisierten karitativen und erzieherischen Einrichtungen** nicht anzuwenden ist. Als Schlussvorschrift gilt er nicht nur für den Bund, sondern auch für die Länder.[2]

Nach § 112 Hs. 2 bleibt den Religionsgemeinschaften die selbständige Ord- 2
nung eines PersVR überlassen. Dabei ist es ihnen freigestellt, ob sie die Bestimmungen des BPersVG oder eines LPersVG ganz oder teilweise für sinngemäß anwendbar erklären oder ob sie eigenständige Regelungen treffen. Für die Bereiche der **römisch-katholischen Kirche** und der **evangelischen Kirche** ist durch autonome kirchengesetzliche Regelungen jeweils ein eigenes **Mitarbeitervertretungsrecht** geschaffen worden.[3]

§§ 113, 114 [Änderungsvorschriften] *(nicht abgedruckt)*

Die hier nicht abgedruckten §§ 113 und 114 enthalten gegenstandslos ge- 1
wordene Vorschriften zur Änderung des Deutschen Richtergesetzes und des Kündigungsschutzgesetzes.

§ 115 [Ermächtigung zum Erlass einer Wahlordnung]

Die Bundesregierung wird ermächtigt, zur Durchführung der in den §§ 12 bis 25, 55 bis 57, 64, 65, 85 Abs. 2 sowie den §§ 86, 89a und 91 bezeichneten Wahlen durch Rechtsverordnung, die nicht der Zustimmung des Bundesrates bedarf, Vorschriften zu überlassen über

---

1 Vgl. *BAG* v. 30. 7. 87 – 6 ABR 78/85 –, AP BetrVG 1972 § 130 Nr. 3.
2 Vgl. KfdP-*Altvater*, Rn. 1.
3 Vgl. KfdP-*Altvater*, Rn. 12ff.

1. **die Vorbereitung der Wahl, insbesondere die Aufstellung der Wählerlisten und die Errechnung der Vertreterzahl,**
2. **die Frist für die Einsichtnahme in die Wählerlisten und die Erhebung von Einsprüchen,**
3. **die Vorschlagslisten und die Frist für ihre Einreichung,**
4. **das Wahlausschreiben und die Fristen für seine Bekanntmachung,**
5. **die Stimmabgabe,**
6. **die Feststellung des Wahlergebnisses und die Fristen für seine Bekanntmachung,**
7. **die Aufbewahrung der Wahlakten.**

1 Durch § 115, der durch Art. 1 Nr. 21 des Gesetzes v. 13. 7. 88[4] neu gefasst wurde, wird die Bundesregierung ermächtigt, durch **Rechtsverordnung** Vorschriften zur Durchführung der im BPersVG vorgesehenen Wahlen zu erlassen.

2 Aufgrund der ursprünglichen Ermächtigung erließ die Bundesregierung die **Wahlordnung** v. 23. 9. 74,[5] die wiederholt geändert wurde. Die ab 11. 12. 94 geltende Fassung wurde am 1. 12. 94 bekanntgemacht.[6] Danach wurde die Wahlordnung erneut geändert, zuletzt durch Art. 1 der Verordnung v. 28. 9. 05.[7] Sie ist hier in ihrer seit dem 1. 10. 05 geltenden Fassung in **Anh. I** abgedruckt. Ihre Bestimmungen sind kommentiert im KfdP, Anh. I.

3 Die Wahlordnung ergänzt die im Gesetz enthaltenen Wahlvorschriften durch die Regelung der in § 115 Nr. 1 bis 7 aufgeführten Gegenstände des **Wahlverfahrens.**

§§ 116, 116a, 116b [Übergangsvorschriften] *(nicht abgedruckt)*

1 Die hier nicht wiedergegebenen **§§ 116[8], 116a[9] und 116b[10] BPersVG** enthalten **Übergangsvorschriften für die Wahlen und Amtszeiten** der Personalräte sowie der früheren Jugendvertretungen und heutigen Jugend- und Auszubildendenvertretungen. Sie sind ebenso wie weitere außerhalb des BPersVG normierte ergänzende Regelungen – insb. das **Gesetz über Amtszeiten von Personalvertretungen und Jugend- und Auszubildendenvertretungen im Bundesdienst v. 11. 12. 90**[11] – für die Praxis weitgehend bedeu-

4 BGBl. I S. 1037.
5 BGBl. I S. 2337.
6 BGBl. I S. 3653.
7 BGBl. I S. 2906.
8 Enthalten in der Ursprungsfassung des BPersVG.
9 Eingefügt durch Art. 1 Nr. 22 des Gesetzes v. 13. 7. 88 (BGBl. I S. 1037).
10 Eingefügt durch Art. 1 Nr. 12 des Gesetzes v. 10. 7. 89 (BGBl. I S. 1380, ber. 1473).
11 BGBl. I S. 2682, 2689. Aufgehoben durch Art. 76 des Gesetzes v. 19. 2. 06 (BGBl. I S. 334).

tungslos geworden. Jedoch lässt sich aus ihnen entnehmen, dass das Jahr **1992** mit den in der Zeit vom 1. März bis 31. Mai durchgeführten **ersten gesamtdeutschen Neuwahlen** das **Ausgangsjahr** für den gegenwärtig maßgeblichen **Vierjahresrhythmus** der regelmäßigen PR-Wahlen und den **Zweijahresrhythmus** der regelmäßigen JAV-Wahlen nach den geltenden Fassungen des § 27 Abs. 1 und des § 60 Abs. 2 BPersVG bildet (vgl. § 27 Rn. 1 u. § 60 Rn. 7).

§ 117 [Verweisung in anderen Vorschriften]

Soweit in anderen Vorschriften auf Vorschriften verwiesen wird oder Bezeichnungen verwendet werden, die durch dieses Gesetz aufgehoben oder geändert werden, treten an ihre Stelle die entsprechenden Vorschriften dieses Gesetzes.

§ 117 enthält **klarstellende Regelungen**. Andere »Vorschriften« sind dabei alle hoheitlich einseitig erlassenen Rechtsnormen, also nicht nur Gesetze im formellen Sinne, sondern auch Rechtsverordnungen und öffentlich-rechtliche Satzungen. 1

§ 118 Berlin-Klausel *(gegenstandslos)*

Der hier nicht wiedergegebene § 118 mit der bis zur Herstellung der Einheit Deutschlands üblichen Berlin-Klausel ist mit Wirkung vom 3. 10. 90 gegenstandslos geworden.[12] 1

§ 119 [Inkrafttreten]

[1]Dieses Gesetz tritt am 1. April 1974 in Kraft. [2]Gleichzeitig treten das Personalvertretungsgesetz vom 5. August 1955 (Bundesgesetzbl. I S. 477) und das Gesetz über Personalvertretungen im Bundesgrenzschutz vom 16. März 1965 (Bundesgesetzbl. I S. 68), beide Gesetze zuletzt geändert durch das Gesetz vom 13. November 1973 (Bundesgesetzbl. I S. 1613), außer Kraft.

§ 119 regelt das **Inkrafttreten** des BPersVG am 1. 4. 74 und das gleichzeitige **Außerkrafttreten** der vorher geltenden Personalvertretungsgesetze des Bundes. Seitdem ist das BPersVG **wiederholt geändert** worden. Die Vorschriften, die das BPersVG geändert haben, sind in der **Übersicht vor § 1** aufgeführt.[13] 1

---

12 Vgl. KfdP-*Altvater*, Rn. 1.

13 Chronologische Auflistung der im BPersVG jeweils geänderten Einzelvorschriften im KfdP, Rn. 2.

Anhang I
Wahlordnung zum Bundespersonalvertretungsgesetz (BPersVWO)[1]

in der Fassung der Bekanntmachung vom 1. Dezember 1994 (BGBl. I S. 3653)

Geändert durch
- Art. 2 § 2 des Gesetzes über den deutschen Auslandsrundfunk vom 16. Dezember 1997 (BGBl. I S. 3094),
- Art. 68 des Gesetzes zur Umbenennung des Bundesgrenzschutzes in Bundespolizei vom 21. Juni 2005 (BGBl. I S. 1818) und
- die Vierte Verordnung zur Änderung der Wahlordnung zum Bundespersonalvertretungsgesetz vom 28. September 2005 (BGBl. I S. 2906).

Inhaltsübersicht[2]

---

1 Vgl. hierzu die Kommentierung der Wahlordnung im KfdP, Anh. I.
2 Amtliche Inhaltsübersicht, ergänzt durch die Seitenzahlen der hier abgedruckten Paragrafen.

Erster Teil
Wahl des Personalrates

Erster Abschnitt
Gemeinsame Vorschriften über Vorbereitung und Durchführung der Wahl

§ 1 Wahlvorstand, Wahlhelfer

(1) [1]Der Wahlvorstand führt die Wahl des Personalrates durch. [2]Er kann wahlberechtigte Beschäftigte seiner Dienststelle als Wahlhelfer zu seiner Unterstützung bei der Durchführung der Stimmabgabe und bei der Stimmenzählung bestellen. [3]§ 24 Abs. 2 Satz 2 und 3 des Gesetzes gilt auch für die Tätigkeit der Wahlhelfer.
(2) [1]Die Dienststelle hat den Wahlvorstand bei der Erfüllung seiner Aufgaben zu unterstützen, insbesondere die notwendigen Unterlagen zur Verfügung zu stellen und, wenn erforderlich, zu ergänzen sowie die erforderlichen Auskünfte zu erteilen. [2]Für die Vorbereitung und Durchführung der Wahl hat die Dienststelle in erforderlichem Umfang Räume, den Geschäftsbedarf und Schreibkräfte zur Verfügung zu stellen.
(3) Der Wahlvorstand gibt die Namen seiner Mitglieder und gegebenenfalls der Ersatzmitglieder unverzüglich nach seiner Bestellung, Wahl oder Einsetzung in der Dienststelle durch Aushang bis zum Abschluß der Stimmabgabe bekannt.
(4) Der Wahlvorstand faßt seine Beschlüsse mit einfacher Stimmenmehrheit seiner Mitglieder.
(5) Der Wahlvorstand soll dafür sorgen, daß ausländische Beschäftigte rechtzeitig über das Wahlverfahren, die Aufstellung des Wählerverzeichnisses und der Vorschlagslisten, den Wahlvorgang und die Stimmabgabe in geeigneter Weise, wenn nötig, in ihrer Muttersprache unterrichtet werden.

§ 2 Feststellung der Beschäftigtenzahl, Wählerverzeichnis

(1) [1]Der Wahlvorstand stellt die Zahl der in der Regel Beschäftigten und ihre Verteilung auf die Gruppen fest. [2]Übersteigt diese Zahl 50 nicht, stellt der Wahlvorstand außerdem die Zahl der nach § 13 des Gesetzes Wahlberechtigten fest.
(2) [1]Der Wahlvorstand stellt ein nach Gruppen getrenntes Verzeichnis der wahlberechtigten Beschäftigten (Wählerverzeichnis) auf. [2]Innerhalb der Gruppen sind die Anteile der Geschlechter festzustellen.

(3) Das Wählerverzeichnis oder eine Abschrift ist unverzüglich nach Einleitung der Wahl bis zum Abschluß der Stimmabgabe an geeigneter Stelle zur Einsicht auszulegen.

§ 3 Einsprüche gegen das Wählerverzeichnis

(1) Jeder Beschäftigte kann beim Wahlvorstand schriftlich binnen sechs Arbeitstagen seit Auslegung des Wählerverzeichnisses (§ 2 Abs. 3) Einspruch gegen seine Richtigkeit einlegen.
(2) [1]Über den Einspruch entscheidet der Wahlvorstand unverzüglich. [2]Die Entscheidung ist dem Beschäftigten, der den Einspruch eingelegt hat, unverzüglich, spätestens jedoch einen Arbeitstag vor Beginn der Stimmabgabe, schriftlich mitzuteilen. [3]Ist der Einspruch begründet, so hat der Wahlvorstand das Wählerverzeichnis zu berichtigen.
(3) [1]Nach Ablauf der Einspruchsfrist soll der Wahlvorstand das Wählerverzeichnis nochmals auf seine Vollständigkeit prüfen. [2]Danach ist das Wählerverzeichnis nur bei Schreibfehlern, offenbaren Unrichtigkeiten, zur Erledigung rechtzeitig eingelegter Einsprüche, bei Eintritt oder Ausscheiden eines Beschäftigten und bei Änderung der Gruppenzugehörigkeit bis zum Abschluß der Stimmabgabe zu berichtigen oder zu ergänzen.

§ 4 Vorabstimmungen

(1) [1]Vorabstimmungen über
1. eine von § 17 des Gesetzes abweichende Verteilung der Mitglieder des Personalrates auf die Gruppe (§ 18 Abs. 1 des Gesetzes) oder
2. die Durchführung gemeinsamer Wahl (§ 19 Abs. 2 des Gesetzes) oder
3. die Geltung von Nebenstellen oder Teilen einer Dienststelle als selbständige Dienststelle (§ 6 Abs. 3 des Gesetzes)

werden nur berücksichtigt, wenn ihr Ergebnis dem Wahlvorstand binnen sechs Arbeitstagen seit der Bekanntgabe nach § 1 Abs. 3 vorliegt und dem Wahlvorstand glaubhaft gemacht wird, daß das Ergebnis unter Leitung eines aus mindestens drei wahlberechtigten Beschäftigten bestehenden Abstimmungsvorstandes in geheimen und in den Fällen der Nummern 1 und 2 nach Gruppen getrennten Abstimmungen zustande gekommen ist. [2]Dem Abstimmungsvorstand muß ein Mitglied jeder in der Dienststelle, in den Fällen des Satzes 1 Nr. 3 der Nebenstelle oder des Teils der Dienststelle, vertretenen Gruppe angehören.
(2) Der Wahlvorstand hat in der Bekanntgabe nach § 1 Abs. 3 auf die in Absatz 1 bezeichneten Fristen hinzuweisen.

§ 5 Ermittlung der Zahl der zu wählenden Personalratsmitglieder, Verteilung der Sitze auf die Gruppen

(1) [1]Der Wahlvorstand ermittelt die Zahl der zu wählenden Mitglieder des Personalrates (§§ 16 und 17 Abs. 4 des Gesetzes). [2]Ist eine von § 17 des Gesetzes abweichende Verteilung der Mitglieder des Personalrates auf die Gruppen (§ 18 Abs. 1 des Gesetzes) nicht beschlossen worden, so errechnet der Wahlvorstand die Verteilung der Personalratssitze auf die Gruppen (§ 17 Abs. 1 bis 5 des Gesetzes) nach dem Höchstzahlverfahren (Absätze 2 und 3).

(2) [1]Die Zahlen der der Dienststelle angehörenden Beschäftigten der einzelnen Gruppen (§ 2 Abs. 1) werden nebeneinandergestellt und der Reihe nach durch 1, 2, 3 usw. geteilt. [2]Auf die jeweils höchste Teilzahl (Höchstzahl) wird so lange ein Sitz zugeteilt, bis alle Personalratssitze (§§ 16 und 17 Abs. 4 des Gesetzes) verteilt sind. [3]Jede Gruppe erhält soviel Sitze, wie Höchstzahlen auf sie entfallen. [4]Ist bei gleichen Höchstzahlen nur ein Sitz oder sind bei drei gleichen Höchstzahlen nur noch zwei Sitze zu verteilen, so entscheidet das Los.

(3) [1]Entfallen bei der Verteilung der Sitze nach Absatz 2 auf eine Gruppe weniger Sitze als ihr nach § 17 Abs. 3 des Gesetzes mindestens zustehen, so erhält sie die in § 17 Abs. 3 vorgeschriebene Zahl von Sitzen. [2]Die Zahl der Sitze der übrigen Gruppen vermindert sich entsprechend. [3]Dabei werden die jeweils zuletzt zugeteilten Sitze zuerst gekürzt. [4]Ist bei gleichen Höchstzahlen nur noch ein Sitz zu kürzen, entscheidet das Los, welche Gruppe den Sitz abzugeben hat. [5]Sitze, die einer Gruppe nach den Vorschriften des Gesetzes mindestens zustehen, können ihr nicht entzogen werden.

(4) Haben in einer Dienststelle alle Gruppen die gleiche Anzahl von Angehörigen, so erübrigt sich die Errechnung der Sitze nach dem Höchstzahlverfahren; in diesen Fällen entscheidet das Los, wem die höhere Zahl von Sitzen zufällt.

§ 6 Wahlausschreiben

(1) [1]Nach Ablauf der in § 4 bestimmten Frist und spätestens sechs Wochen vor dem letzten Tag der Stimmabgabe erläßt der Wahlvorstand ein Wahlausschreiben. [2]Es ist von sämtlichen Mitgliedern des Wahlvorstandes zu unterschreiben.

(2) Das Wahlausschreiben muß enthalten

1. Ort und Tag seines Erlasses,
2. die Zahl der zu wählenden Mitglieder des Personalrates, getrennt nach Gruppen,

2a. Angaben über die Anteile der Geschlechter innerhalb der Dienststelle, getrennt nach Gruppen,

3. Angaben darüber, ob die Gruppen ihre Vertreter in getrennten Wahlgängen wählen (Gruppenwahl) oder vor Erlaß des Wahlausschreibens gemeinsame Wahl beschlossen worden ist,
4. die Angabe, wo und wann das Wählerverzeichnis und diese Wahlordnung zur Einsicht ausliegen,
5. den Hinweis, daß nur Beschäftigte wählen können, die in das Wählerverzeichnis eingetragen sind,

5a. den Hinweis, daß die Geschlechter im Personalrat entsprechend dem Zahlenverhältnis vertreten sein sollen,

6. den Hinweis, daß Einsprüche gegen das Wählerverzeichnis nur binnen sechs Arbeitstagen seit seiner Auslegung schriftlich beim Wahlvorstand eingelegt werden können, der letzte Tag der Einspruchsfrist ist anzugeben,
7. die Mindestzahl von wahlberechtigten Beschäftigten, von denen ein Wahlvorschlag unterzeichnet sein muß, und den Hinweis, daß jeder Beschäftigte für die Wahl des Personalrates nur auf einem Wahlvorschlag benannt werden kann,

7a. den Hinweis, daß der Wahlvorschlag einer in der Dienststelle vertretenen Gewerkschaft von zwei Beauftragten unterzeichnet sein muß (§ 19 Abs. 9 des Gesetzes),

8. die Aufforderung, Wahlvorschläge binnen achtzehn Kalendertagen nach dem Erlaß des Wahlausschreibens beim Wahlvorstand einzureichen, der letzte Tag der Einreichungsfrist ist anzugeben.
9. den Hinweis, daß nur fristgerecht eingereichte Wahlvorschläge berücksichtigt werden und daß nur gewählt werden kann, wer in einen solchen Wahlvorschlag aufgenommen ist,
10. den Ort, an dem die Wahlvorschläge bekanntgegeben werden,
11. den Ort und die Zeit der Stimmabgabe,
12. einen Hinweis auf die Möglichkeit der schriftlichen Stimmabgabe, gegebenenfalls auf die Anordnung der schriftlichen Stimmabgabe nach § 19,
13. den Ort und die Zeit der Stimmenauszählung und der Sitzung des Wahlvorstandes, in der das Wahlergebnis abschließend festgestellt wird,
14. den Ort, an dem Einsprüche, Wahlvorschläge und andere Erklärungen gegenüber dem Wahlvorstand abzugeben sind.

(3) Der Wahlvorstand hat eine Abschrift oder einen Abdruck des Wahlausschreibens vom Tage des Erlasses bis zum Abschluß der Stimmabgabe an einer oder an mehreren geeigneten, den Wahlberechtigten zugänglichen Stellen auszuhängen und in gut lesbarem Zustand zu erhalten.

(4) Offenbare Unrichtigkeiten des Wahlausschreibens können vom Wahlvorstand jederzeit berichtigt werden.

(5) Mit Erlaß des Wahlausschreibens ist die Wahl eingeleitet.

§ 7 Wahlvorschläge, Einreichungsfrist

(1) Zur Wahl des Personalrates können die wahlberechtigten Beschäftigten und die in der Dienststelle vertretenen Gewerkschaften Wahlvorschläge machen.

(2) [1]Die Wahlvorschläge sind binnen achtzehn Kalendertagen nach dem Erlaß des Wahlausschreibens beim Wahlvorstand einzureichen. [2]Bei Gruppenwahl sind für die einzelnen Gruppen getrennte Wahlvorschläge einzureichen.

§ 8 Inhalt der Wahlvorschläge

(1) Jeder Wahlvorschlag soll mindestens doppelt soviel Bewerber enthalten, wie

1. bei Gruppenwahl Gruppenvertreter,
2. bei gemeinsamer Wahl Personalratsmitglieder

zu wählen sind.

(2) [1]Die Namen der einzelnen Bewerber sind auf dem Wahlvorschlag untereinander aufzuführen und mit fortlaufenden Nummern zu versehen. [2]Außer dem Familiennamen sind der Vorname, das Geburtsdatum, die Amts- oder Funktionsbezeichnung, die Gruppenzugehörigkeit und, soweit Sicherheitsbedürfnisse nicht entgegenstehen, die Beschäftigungsstelle anzugeben. [3]Bei gemeinsamer Wahl sind in dem Wahlvorschlag die Bewerber jeweils nach Gruppen zusammenzufassen. [4]Der Wahlvorschlag darf keine Änderungen enthalten; gegebenenfalls ist ein neuer Wahlvorschlag zu fertigen und zu unterzeichnen.

(3)[1] Jeder Wahlvorschlag der Beschäftigten muß nach § 19 Abs. 4, 5 und 6 des Gesetzes

1. bei Gruppenwahl von mindestens einem Zwanzigstel der wahlberechtigten Gruppenangehörigen, jedoch mindestens von drei wahlberechtigten Gruppenangehörigen,
2. bei gemeinsamer Wahl von mindestens einem Zwanzigstel der wahlberechtigten Beschäftigten, jedoch mindestens von drei wahlberechtigten Beschäftigten,
3. bei gemeinsamer Wahl, wenn gruppenfremde Bewerber vorgeschlagen werden, von mindestens einem Zehntel der wahlberechtigten Angehörigen der Gruppe, für die sie vorgeschlagen sind,

unterzeichnet sein. [2]Bruchteile eines Zehntels oder Zwanzigstels werden auf ein volles Zehntel oder Zwanzigstel aufgerundet. [3]In jedem Falle genügen bei Gruppenwahl die Unterschriften von 50 wahlberechtigten Gruppenangehörigen, bei gemeinsamer Wahl die Unterschriften von 50 wahlberechtigten Beschäftigten. [4]Macht eine in der Dienststelle vertretene Gewerkschaft einen Wahlvorschlag, so muß dieser von zwei in der Dienststelle beschäftigten Beauftragten, die einer der in der Dienststelle vertretenen Gewerkschaften angehören, unterzeichnet sein. [5]Hat der Wahlvorstand Zweifel, ob eine Beauftragung durch eine in der Dienststelle vertretene Gewerkschaft tatsächlich vorliegt, kann er verlangen, daß die Gewerkschaft den Auftrag bestätigt; dies soll schriftlich erfolgen. [6]Entsprechendes gilt bei Zweifeln, ob ein Beauftragter einer in der Dienststelle vertretenen Gewerkschaft als Mitglied angehört.

(4) [1]Aus dem Wahlvorschlag der Beschäftigten soll zu ersehen sein, welcher Beschäftigte zur Vertretung des Vorschlages gegenüber dem Wahlvorstand und zur Entgegennahme von Erklärungen und Entscheidungen des Wahlvorstandes berechtigt ist (Listenvertreter). [2]Fehlt eine Angabe hierüber, gilt der Unterzeichner als berechtigt, der an erster Stelle steht. 3In den Fällen des Absatzes 3 Satz 4 kann die Gewerkschaft einen der von ihr beauftragten Vorschlagsberechtigten oder einen anderen in der Dienststelle Beschäftigten, der Mitglied der Gewerkschaft ist, als Listenvertreter benennen.

(5) Der Wahlvorschlag soll mit einem Kennwort versehen werden.

§ 9 Sonstige Erfordernisse

(1) Jeder Bewerber kann für die Wahl des Personalrates nur auf einem Wahlvorschlag vorgeschlagen werden.

(2) Dem Wahlvorschlag ist die schriftliche Zustimmung der in ihm aufgeführten Bewerber zur Aufnahme in den Wahlvorschlag beizufügen; die Zustimmung kann nicht widerrufen werden.

(3) [1]Jeder vorschlagsberechtigte Beschäftigte (§ 8 Abs. 3) kann seine Unterschrift zur Wahl des Personalrates rechtswirksam nur für einen Wahlvorschlag abgeben. [2]Jede vorschlagsberechtigte Gewerkschaft kann durch ihre Beauftragten rechtswirksam nur einen Wahlvorschlag für jede Gruppe unterzeichnen lassen.

(4) Eine Verbindung von Wahlvorschlägen ist unzulässig.

§ 10 Behandlung der Wahlvorschläge durch den Wahlvorstand, ungültige Wahlvorschläge

(1) [1]Der Wahlvorstand vermerkt auf den Wahlvorschlägen den Tag und die Uhrzeit des Eingangs. [2]Im Falle des Absatzes 5 ist auch der Zeitpunkt des Eingangs des berichtigten Wahlvorschlages zu vermerken.

(2) [1]Wahlvorschläge, die ungültig sind, insbesondere, weil die Bewerber nicht in erkennbarer Reihenfolge aufgeführt sind, weil sie bei der Einreichung nicht die erforderliche Anzahl von Unterschriften aufweisen, weil sie nicht fristgerecht eingereicht worden sind oder weil sie Änderungen enthalten (§ 8 Abs. 2 Satz 4), gibt der Wahlvorstand unverzüglich nach Eingang unter Angabe der Gründe zurück. [2]Die Zurückziehung von Unterschrif-

ten nach Einreichung des Wahlvorschlages beeinträchtigt dessen Gültigkeit nicht; Absatz 4 bleibt unberührt.

(3) [1]Der Wahlvorstand hat einen Bewerber, der mit seiner schriftlichen Zustimmung auf mehreren Wahlvorschlägen benannt ist, aufzufordern, binnen drei Arbeitstagen zu erklären, auf welchem Wahlvorschlag er benannt bleiben will. [2]Gibt der Bewerber diese Erklärung nicht fristgerecht ab, so wird er von sämtlichen Wahlvorschlägen gestrichen.

(4) [1]Der Wahlvorstand hat einen vorschlagsberechtigten Beschäftigten (§ 8 Abs. 3), der mehrere Wahlvorschläge unterzeichnet hat, schriftlich gegen Empfangsbestätigung, erforderlichenfalls durch eingeschriebenen Brief, aufzufordern, binnen drei Arbeitstagen seit dem Zugang der Aufforderung zu erklären, welche Unterschrift er aufrechterhält. [2]Gibt der Beschäftigte diese Erklärung nicht fristgerecht ab, so zählt seine Unterschrift auf keinem Wahlvorschlag. [3]Entsprechendes gilt für Wahlvorschläge der Gewerkschaften, die mit § 9 Abs. 3 Satz 2 nicht in Einklang stehen.

(5) [1]Wahlvorschläge, die

1. den Erfordernissen des § 8 Abs. 2 Satz 1 bis 3 nicht entsprechen,
2. ohne die schriftliche Zustimmung der Bewerber eingereicht sind,
3. infolge von Streichungen gemäß Absatz 4 nicht mehr die erforderliche Anzahl von Unterschriften aufweisen,

hat der Wahlvorstand gegen schriftliche Empfangsbestätigung, erforderlichenfalls durch eingeschriebenen Brief, mit der Aufforderung zurückzugeben, die Mängel binnen drei Arbeitstagen seit dem Zugang der Aufforderung zu beseitigen. 2Werden die Mängel nicht fristgerecht beseitigt, sind diese Wahlvorschläge ungültig.

§ 11 Nachfrist für die Einreichung von Wahlvorschlägen

(1) [1]Ist nach Ablauf der Fristen nach § 7 Abs. 2 und § 10 Abs. 5 Satz 1 Nr. 1 und 2 bei Gruppenwahl nicht für jede Gruppe ein gültiger Wahlvorschlag, bei gemeinsamer Wahl überhaupt kein gültiger Wahlvorschlag eingegangen, so gibt der Wahlvorstand dies sofort durch Aushang an den gleichen Stellen, an denen das Wahlausschreiben ausgehängt ist, bekannt. [2]Gleichzeitig fordert er zur Einreichung von Wahlvorschlägen innerhalb einer Nachfrist von sechs Arbeitstagen auf.

(2) [1]Im Falle der Gruppenwahl weist der Wahlvorstand in der Bekanntmachung darauf hin, daß eine Gruppe keine Vertreter in den Personalrat wählen kann, wenn auch innerhalb der Nachfrist für sie kein gültiger Wahlvorschlag eingeht. [2]Im Falle gemeinsamer Wahl weist der Wahlvorstand darauf hin, daß der Personalrat nicht gewählt werden kann, wenn auch innerhalb der Nachfrist kein gültiger Wahlvorschlag eingeht.

(3) Gehen auch innerhalb der Nachfrist gültige Wahlvorschläge nicht ein, so gibt der Wahlvorstand sofort bekannt

1. bei Gruppenwahl, für welche Gruppe oder für welche Gruppen keine Vertreter gewählt werden können,
2. bei gemeinsamer Wahl, daß diese Wahl nicht stattfinden kann.

§ 12 Bezeichnung der Wahlvorschläge

(1) [1]Nach Ablauf der Fristen nach § 7 Abs. 2, § 10 Abs. 5 und § 11 Abs. 1 ermittelt der Wahlvorstand durch das Los die Reihenfolge der Wahlvorschläge auf dem Stimmzettel. [2]Finden Wahlen für Personalvertretungen mehrerer Stufen gleichzeitig statt, ist für Wahlvorschläge mit demselben Kennwort für die Wahlen auf allen Stufen die Losentscheidung auf der obersten Stufe maßgebend. [3]Für Wahlvorschläge, die an der Losentscheidung auf der obersten Stufe nicht beteiligt sind, werden die folgenden Plätze auf dem Stimmzettel ausgelost. [4]Die Listenvertreter (§ 8 Abs. 4) sind zu der Losentscheidung rechtzeitig einzuladen.

(2) [1]Der Wahlvorstand bezeichnet die Wahlvorschläge mit den Familien- und Vornamen der in dem Wahlvorschlag an erster und zweiter Stelle benannten Bewerber, bei gemeinsamer Wahl mit den Familien- und Vornamen der für die Gruppen an erster Stelle benannten Bewerber. [2]Bei Wahlvorschlägen, die mit einem Kennwort versehen sind, ist auch das Kennwort anzugeben.

§ 13 Bekanntmachung der Wahlvorschläge

(1) [1]Unverzüglich nach Ablauf der Fristen nach § 7 Abs. 2, § 10 Abs. 5 und § 11 Abs. 1, spätestens jedoch fünf Arbeitstage vor Beginn der Stimmabgabe, gibt der Wahlvorstand die als gültig anerkannten Wahlvorschläge durch Aushang bis zum Abschluß der Stimmabgabe an den gleichen Stellen wie das Wahlausschreiben bekannt. [2]Die Stimmzettel sollen in diesem Zeitpunkt vorliegen.

(2) Die Namen der Unterzeichner der Wahlvorschläge werden nicht bekanntgemacht.

§ 14 Sitzungsniederschriften

[1]Der Wahlvorstand fertigt über jede Sitzung, in der er einen Beschluß gefaßt hat, eine Niederschrift, die mindestens den Wortlaut des Beschlusses enthält. [2]Sie ist von sämtlichen Mitgliedern des Wahlvorstandes zu unterzeichnen.

§ 15 Ausübung des Wahlrechts, Stimmzettel, ungültige Stimmabgabe

(1) Wählen kann nur, wer in das Wählerverzeichnis eingetragen ist.

(2) [1]Das Wahlrecht wird durch Abgabe eines Stimmzettels in einem Wahlumschlag ausgeübt. [2]Bei Gruppenwahl müssen die Stimmzettel für jede Gruppe, bei gemeinsamer Wahl alle Stimmzettel dieselbe Größe, Farbe, Beschaffenheit und Beschriftung haben. [3]Dasselbe gilt für die Wahlumschläge. [4]Gehören der Dienststelle ausländische Beschäftigte an, so sind Musterstimmzettel nebst einer Übersetzung in die Muttersprache der Beschäftigten im Wahllokal an gut sichtbarer Stelle auszuhängen.

(3) [1]Ist nach den Grundsätzen der Verhältniswahl zu wählen (§ 25 Abs. 1), so kann die Stimme nur für den gesamten Wahlvorschlag (Vorschlagsliste) abgegeben werden. [2]Ist nach den Grundsätzen der Personenwahl zu wählen (§ 28 Abs. 1, § 30 Abs. 1), so wird die Stimme für die zu wählenden einzelnen Bewerber abgegeben.

(4) Ungültig sind Stimmzettel,
1. die nicht in einem Wahlumschlag abgegeben sind,
2. die nicht den Erfordernissen des Absatzes 2 Satz 2 entsprechen,
3. aus denen sich der Wille des Wählers nicht zweifelsfrei ergibt,
4. die ein besonderes Merkmal, einen Zusatz oder einen Vorbehalt enthalten.

(5) Mehrere in einem Wahlumschlag für eine Wahl enthaltene Stimmzettel, die gleich lauten, werden als eine Stimme gezählt.

(6) [1]Hat der Wähler einen Stimmzettel verschrieben, diesen oder seinen Wahlumschlag versehentlich unbrauchbar gemacht, so ist ihm auf Verlangen gegen Rückgabe der unbrauchbaren Wahlunterlagen ein neuer Stimmzettel und gegebenenfalls ein neuer Wahlumschlag auszuhändigen. [2]Der Wahlvorstand hat die zurückgegebenen Unterlagen unverzüglich in Gegenwart des Wählers zu vernichten.

§ 16 Wahlhandlung

(1) [1]Der Wahlvorstand trifft Vorkehrungen, daß der Wähler den Stimmzettel im Wahlraum unbeobachtet kennzeichnen und in den Wahlumschlag legen kann. [2]Für die Aufnahme der Umschläge sind Wahlurnen zu verwenden. [3]Vor Beginn der Stimmabgabe sind die Wahlurnen vom Wahlvorstand zu verschließen. [4]Sie müssen so eingerichtet sein, daß die eingeworfenen Umschläge nicht vor Öffnung der Urne entnommen werden können. [5]Findet Gruppenwahl statt, so kann die Stimmabgabe nach Gruppen getrennt durchgeführt werden; in jedem Fall sind jedoch getrennte Wahlurnen zu verwenden.

(2) [1]Ein Wähler, der durch körperliches Gebrechen in der Stimmabgabe behindert ist, bestimmt eine Person seines Vertrauens, deren er sich bei der

Stimmabgabe bedienen will, und gibt dies dem Wahlvorstand bekannt. [2]Die Hilfeleistung hat sich auf die Erfüllung der Wünsche des Wählers zur Stimmabgabe zu beschränken. [3]Die Vertrauensperson darf gemeinsam mit dem Wähler die Wahlzelle aufsuchen, soweit das zur Hilfeleistung erforderlich ist. [4]Die Vertrauensperson ist zur Geheimhaltung der Kenntnisse verpflichtet, die sie bei der Hilfeleistung von der Wahl eines anderen erlangt hat. [5]Wahlbewerber, Mitglieder des Wahlvorstandes und Wahlhelfer dürfen nicht zur Hilfeleistung herangezogen werden.

(3) Solange der Wahlraum zur Stimmabgabe geöffnet ist, müssen mindestens zwei Mitglieder des Wahlvorstandes im Wahlraum anwesend sein; sind Wahlhelfer bestellt (§ 1 Abs. 1), genügt die Anwesenheit eines Mitgliedes des Wahlvorstandes und eines Wahlhelfers.

(4) [1]Vor Einwurf des Wahlumschlages in die Urne ist festzustellen, ob der Wähler im Wählerverzeichnis eingetragen ist. [2]Ist dies der Fall, übergibt der Wähler den Umschlag dem mit der Entgegennahme der Wahlumschläge betrauten Mitglied des Wahlvorstandes, das ihn in Gegenwart des Wählers ungeöffnet in die Wahlurne legt. [3]Der Wähler kann den Wahlumschlag auch selbst in die Urne legen, wenn das mit der Entgegennahme der Wahlumschläge betraute Mitglied des Wahlvorstandes es gestattet. [4]Die Stimmabgabe ist im Wählerverzeichnis zu vermerken.

(5) [1]Wird die Wahlhandlung unterbrochen oder wird das Wahlergebnis nicht unmittelbar nach Abschluß der Stimmabgabe festgestellt, so hat der Wahlvorstand für die Zwischenzeit die Wahlurne so zu verschließen und aufzubewahren, daß der Einwurf oder die Entnahme von Stimmzetteln ohne Beschädigung des Verschlusses unmöglich ist. [2]Bei Wiedereröffnung der Wahl oder bei Entnahme der Stimmzettel zur Stimmenzählung hat sich der Wahlvorstand davon zu überzeugen, daß der Verschluß unversehrt ist.

§ 17 Schriftliche Stimmabgabe

(1) [1]Einem wahlberechtigten Beschäftigten, der im Zeitpunkt der Wahl verhindert ist, seine Stimme persönlich abzugeben, hat der Wahlvorstand auf sein Verlangen

1. die Wahlvorschläge,
2. den Stimmzettel und den Wahlumschlag,
3. eine vorgedruckte, vom Wähler abzugebende Erklärung, in der dieser gegenüber dem Wahlvorstand versichert, daß er den Stimmzettel persönlich gekennzeichnet hat oder, soweit unter den Voraussetzungen des § 16 Abs. 2 erforderlich, durch eine Person seines Vertrauens hat kennzeichnen lassen sowie
4. einen größeren Freiumschlag, der die Anschrift des Wahlvorstandes und als Absender den Namen und die Anschrift des Wahlberechtigten sowie den Vermerk »Schriftliche Stimmabgabe« trägt,

auszuhändigen oder zu übersenden. [2]Der Wahlvorstand soll dem Wähler ferner ein Merkblatt über die Art und Weise der schriftlichen Stimmabgabe (Absatz 2) aushändigen oder übersenden. [3]Auf Antrag ist auch ein Abdruck des Wahlausschreibens auszuhändigen oder zu übersenden. [4]Der Wahlvorstand hat die Aushändigung oder Übersendung im Wählerverzeichnis zu vermerken.

(2) [1]Der Wähler gibt seine Stimme in der Weise ab, daß er

1. den Stimmzettel unbeobachtet persönlich kennzeichnet und in den Wahlumschlag legt,
2. die vorgedruckte Erklärung unter Angabe des Ortes und des Datums unterschreibt und
3. den Wahlumschlag, in den der Stimmzettel gelegt ist, und die unterschriebene Erklärung (Absatz 1 Satz 1 Nr. 3) in dem Freiumschlag verschließt und diesen so rechtzeitig an den Wahlvorstand absendet oder übergibt, daß er vor Abschluß der Stimmabgabe vorliegt.

[2]Der Wähler kann, soweit unter den Voraussetzungen des § 16 Abs. 2 erforderlich, die in den Nummern 1 bis 3 bezeichneten Tätigkeiten durch eine Person seines Vertrauens verrichten lassen.

§ 18 Behandlung der schriftlich abgegebenen Stimmen

(1) [1]Unmittelbar vor Abschluß der Stimmabgabe öffnet der Wahlvorstand in öffentlicher Sitzung die bis zu diesem Zeitpunkt eingegangenen Freiumschläge und entnimmt ihnen die Wahlumschläge und die vorgedruckten Erklärungen (§ 17 Abs. 1 Satz 1 Nr. 3). [2]Ist die schriftliche Stimmabgabe ordnungsgemäß erfolgt (§ 17 Abs. 2), so legt der Wahlvorstand den Wahlumschlag nach Vermerk der Stimmabgabe im Wählerverzeichnis ungeöffnet in die Wahlurne.

(2) [1]Verspätet eingehende Briefumschläge hat der Wahlvorstand mit einem Vermerk über den Zeitpunkt des Eingangs ungeöffnet zu den Wahlunterlagen zu nehmen. [2]Die Briefumschläge sind einen Monat nach Bekanntgabe des Wahlergebnisses ungeöffnet zu vernichten, wenn die Wahl nicht angefochten worden ist.

§ 19 Stimmabgabe bei Nebenstellen und Teilen von Dienststellen

[1]Für die Beschäftigten von

1. nachgeordneten Stellen einer Dienststelle, die nicht nach § 6 Abs. 2 Satz 1 Halbsatz 2 des Gesetzes selbständig sind, oder
2. Nebenstellen oder Teilen einer Dienststelle, die räumlich weit von dieser entfernt liegen und nicht als selbständige Dienststellen nach § 6 Abs. 3 des Gesetzes gelten,

kann der Wahlvorstand die Stimmabgabe in diesen Stellen durchführen oder die schriftliche Stimmabgabe anordnen. [2]Wird die schriftliche Stimmabgabe angeordnet, so hat der Wahlvorstand den wahlberechtigten Beschäftigten die in § 17 Abs. 1 bezeichneten Unterlagen zu übersenden.

§ 20 Feststellung des Wahlergebnisses

(1) Unverzüglich nach Abschluß der Wahl nimmt der Wahlvorstand öffentlich die Auszählung der Stimmen vor und stellt das Ergebnis fest.
(2) Nach Öffnung der Wahlurne entnimmt der Wahlvorstand die Stimmzettel den Wahlumschlägen und prüft ihre Gültigkeit.
(3) Der Wahlvorstand zählt
1. im Falle der Verhältniswahl die auf jede Vorschlagsliste,
2. im Falle der Personenwahl die auf jeden einzelnen Bewerber

entfallenen gültigen Stimmzettel zusammen.
(4) Stimmzettel, über deren Gültigkeit oder Ungültigkeit der Wahlvorstand beschließt, weil sie zu Zweifeln Anlaß geben, sind mit fortlaufender Nummer zu versehen und von den übrigen Stimmzetteln gesondert bei den Wahlunterlagen aufzubewahren.

§ 21 Wahlniederschrift

(1) [1]Über das Wahlergebnis fertigt der Wahlvorstand eine Niederschrift, die von sämtlichen Mitgliedern des Wahlvorstandes zu unterzeichnen ist. [2]Die Niederschrift muß enthalten
1. bei Gruppenwahl die Summe der von jeder Gruppe abgegebenen Stimmen, bei gemeinsamer Wahl die Summe aller abgegebenen Stimmen,
2. bei Gruppenwahl die Summe der von jeder Gruppe abgegebenen gültigen Stimmen, bei gemeinsamer Wahl die Summe aller abgegebenen gültigen Stimmen,
3. die Zahl der für jede Gruppe abgegebenen ungültigen Stimmen, bei gemeinsamer Wahl die Summe aller abgegebenen ungültigen Stimmen,
4. die für die Gültigkeit oder die Ungültigkeit zweifelhafter Stimmen maßgebenden Gründe,
5. im Falle der Verhältniswahl die Zahl der auf jede Vorschlagsliste entfallenen gültigen Stimmen sowie die Errechnung der Höchstzahlen und ihre Verteilung auf die Vorschlagslisten, im Falle der Personenwahl die Zahl der auf jeden Bewerber entfallenen gültigen Stimmen,
6. die Namen der gewählten Bewerber.

(2) Besondere Vorkommnisse bei der Wahlhandlung oder der Feststellung des Wahlergebnisses sind in der Niederschrift zu vermerken.

§ 22 Benachrichtigung der gewählten Bewerber

[1]Der Wahlvorstand benachrichtigt die als Personalratsmitglieder Gewählten unverzüglich schriftlich gegen Empfangsbestätigung, erforderlichenfalls durch eingeschriebenen Brief, von ihrer Wahl. [2]Erklärt ein Gewählter nicht binnen drei Arbeitstagen nach Zugang der Benachrichtigung dem Wahlvorstand, daß er die Wahl ablehne, so gilt die Wahl als angenommen.

§ 23 Bekanntmachung des Wahlergebnisses

Der Wahlvorstand gibt das Wahlergebnis und die Namen der als Personalratsmitglieder gewählten Bewerber durch zweiwöchigen Aushang an den Stellen bekannt, an denen das Wahlausschreiben bekanntgemacht worden ist.

§ 24 Aufbewahrung der Wahlunterlagen

Die Wahlunterlagen (Niederschriften, Bekanntmachungen, Stimmzettel, Freiumschläge für die schriftliche Stimmabgabe usw.) werden vom Personalrat mindestens bis zur Durchführung der nächsten Personalratswahl aufbewahrt.

Zweiter Abschnitt
Besondere Vorschriften für die Wahl mehrerer Personalratsmitglieder oder Gruppenvertreter

Erster Unterabschnitt
Wahlverfahren bei Vorliegen mehrerer Wahlvorschläge (Verhältniswahl)

§ 25 Voraussetzungen für Verhältniswahl, Stimmzettel, Stimmabgabe

(1) [1]Nach den Grundsätzen der Verhältniswahl (Listenwahl) ist zu wählen, wenn

1. bei Gruppenwahl für die betreffende Gruppe mehrere gültige Wahlvorschläge,
2. bei gemeinsamer Wahl mehrere gültige Wahlvorschläge

eingegangen sind. [2]In diesen Fällen kann jeder Wähler seine Stimme nur für den gesamten Wahlvorschlag (Vorschlagsliste) abgeben.

(2) Auf dem Stimmzettel sind die Vorschlagslisten in der nach § 12 Abs. 1 ermittelten Reihenfolge unter Angabe von Familienname, Vorname, Amts- oder Funktionsbezeichnung und Gruppenzugehörigkeit der an erster und zweiter Stelle benannten Bewerber, bei gemeinsamer Wahl der für die Gruppen an erster Stelle benannten Bewerber untereinander aufzuführen; bei Listen, die mit einem Kennwort versehen sind, ist auch das Kennwort anzugeben.
(3) Der Wähler hat auf dem Stimmzettel die Vorschlagsliste anzukreuzen, für die er seine Stimme abgeben will.

§ 26 Ermittlung der gewählten Gruppenvertreter bei Gruppenwahl

(1) [1]Bei Gruppenwahl werden die Summen der auf die einzelnen Vorschlagslisten jeder Gruppe entfallenen Stimmen nebeneinandergestellt und der Reihe nach durch 1, 2, 3 usw. geteilt. [2]Auf die jeweils höchste Teilzahl (Höchstzahl) wird so lange ein Sitz zugeteilt, bis alle der Gruppe zustehenden Sitze (§ 5) verteilt sind. [3]Ist bei gleichen Höchstzahlen nur noch ein Sitz oder sind bei drei gleichen Höchstzahlen nur noch zwei Sitze zu verteilen, so entscheidet das Los.
(2) Enthält eine Vorschlagsliste weniger Bewerber als ihr nach den Höchstzahlen Sitze zustehen würden, so fallen die überschüssigen Sitze den übrigen Vorschlagslisten in der Reihenfolge der nächsten Höchstzahlen zu.
(3) Innerhalb der Vorschlagslisten sind die Sitze auf die Bewerber in der Reihenfolge ihrer Benennung (§ 8 Abs. 2) zu verteilen.

§ 27 Ermittlung der gewählten Gruppenvertreter bei gemeinsamer Wahl

(1) [1]Bei gemeinsamer Wahl werden die Summen der auf die einzelnen Vorschlagslisten entfallenen Stimmen nebeneinandergestellt und der Reihe nach durch 1, 2, 3 usw. geteilt. [2]Die jeder Gruppe zustehenden Sitze werden getrennt, jedoch unter Verwendung derselben Teilzahlen ermittelt. [3]§ 26 Abs. 1 Satz 2 und 3 gilt entsprechend.
(2) Enthält eine Vorschlagsliste weniger Bewerber einer Gruppe, als dieser nach den Höchstzahlen Sitze zustehen würden, so fallen die restlichen Sitze dieser Gruppe den Angehörigen derselben Gruppe auf den übrigen Vorschlagslisten in der Reihenfolge der nächsten Höchstzahlen zu.
(3) Innerhalb der Vorschlagslisten werden die den einzelnen Gruppen zustehenden Sitze auf die Angehörigen der entsprechenden Gruppe in der Reihenfolge ihrer Benennung verteilt.

Zweiter Unterabschnitt Wahlverfahren bei Vorliegen eines Wahlvorschlages (Personenwahl)

§ 28 Voraussetzungen für Personenwahl, Stimmzettel, Stimmabgabe

(1) [1]Nach den Grundsätzen der Personenwahl ist zu wählen, wenn
1. bei Gruppenwahl für die betreffende Gruppe nur ein gültiger Wahlvorschlag,
2. bei gemeinsamer Wahl nur ein gültiger Wahlvorschlag

eingegangen ist. [2]In diesen Fällen kann jeder Wähler nur solche Bewerber wählen, die in dem Wahlvorschlag aufgeführt sind.

(2) [1]In den Stimmzettel werden die Bewerber aus dem Wahlvorschlag in unveränderter Reihenfolge unter Angabe von Familienname, Vorname, Amts- oder Funktionsbezeichnung und Gruppenzugehörigkeit übernommen. [2]Der Wähler hat auf dem Stimmzettel die Namen der Bewerber anzukreuzen, für die er seine Stimme abgeben will. [3]Der Wähler darf
1. bei Gruppenwahl nicht mehr Namen ankreuzen, als für die betreffende Gruppe Vertreter zu wählen sind,
2. bei gemeinsamer Wahl nicht mehr Namen ankreuzen, als Personalratsmitglieder zu wählen sind.

§ 29 Ermittlung der gewählten Bewerber

(1) Bei Gruppenwahl sind die Bewerber in der Reihenfolge der jeweils höchsten auf sie entfallenen Stimmenzahlen gewählt.

(2) Bei gemeinsamer Wahl werden die den einzelnen Gruppen zustehenden Sitze mit den Bewerbern dieser Gruppen in der Reihenfolge der jeweils höchsten auf sie entfallenen Stimmenzahlen besetzt.

(3) Bei gleicher Stimmenzahl entscheidet das Los.

Dritter Abschnitt Besondere Vorschriften für die Wahl eines Personalratsmitgliedes oder eines Gruppenvertreters (Personenwahl)

§ 30 Voraussetzungen für Personenwahl, Stimmzettel, Stimmabgabe, Wahlergebnis

(1) Nach den Grundsätzen der Personenwahl ist zu wählen, wenn
1. bei Gruppenwahl nur ein Vertreter,
2. bei gemeinsamer Wahl nur ein Personalratsmitglied zu wählen ist.

(2) In den Stimmzettel werden die Bewerber aus den Wahlvorschlägen in alphabetischer Reihenfolge unter Angabe von Familienname, Vorname, Amts- oder Funktionsbezeichnung übernommen.
(3) Der Wähler hat auf dem Stimmzettel den Namen des Bewerbers anzukreuzen, für den er seine Stimme abgeben will.
(4) [1]Gewählt ist der Bewerber, der die meisten Stimmen erhalten hat. [2]Bei gleicher Stimmenzahl entscheidet das Los.

Vierter Abschnitt Wahl der Vertreter der nichtständig Beschäftigten

§ 31 Vorbereitung und Durchführung der Wahl

(1) [1]Für die Vorbereitung und Durchführung der Wahl der Vertreter der nichtständig Beschäftigten gelten die §§ 1 bis 30 entsprechend mit der Abweichung, daß sich die Zahl der Vertreter ausschließlich aus § 65 Abs. 1 des Gesetzes ergibt, die den Gruppen zustehenden Vertreter ausschließlich nach dem Höchstzahlverfahren errechnet werden und daß die Vorschriften über den Minderheitenschutz (§ 17 Abs. 3 und 4 des Gesetzes) keine Anwendung finden. [2]Dem Wahlvorstand muß mindestens ein nach § 14 des Gesetzes wählbarer Beschäftigter anzuhören.
(2) Findet Gruppenwahl statt und erhält eine Gruppe bei der Verteilung der Sitze auf die Gruppen nach dem Höchstzahlverfahren keine Vertreter, so kann sich jeder wahlberechtigte Angehörige dieser Gruppe durch Erklärung gegenüber dem Wahlvorstand einer anderen Gruppe anschließen.

Zweiter Teil
Wahl des Bezirkspersonalrates

§ 32 Entsprechende Anwendung der Vorschriften über die Wahl des Personalrates

Für die Wahl des Bezirkspersonalrates gelten die §§ 1 bis 30 entsprechend, soweit sich aus den §§ 33 bis 41 nichts anderes ergibt.

§ 33 Leitung der Wahl

(1) [1]Der Bezirkswahlvorstand leitet die Wahl des Bezirkspersonalrates. [2]Die Durchführung der Wahl in den einzelnen Dienststellen übernehmen die örtlichen Wahlvorstände im Auftrag und nach Richtlinien des Bezirkswahlvorstandes.
(2) Der örtliche Wahlvorstand gibt die Namen der Mitglieder des Bezirkswahlvorstandes und gegebenenfalls der Ersatzmitglieder und die dienstliche Anschrift seines Vorsitzenden in der Dienststelle durch Aushang bis zum Abschluß der Stimmabgabe bekannt.

§ 34 Feststellung der Beschäftigtenzahl, Wählerverzeichnis

(1) Die örtlichen Wahlvorstände stellen die Zahl der in den Dienststellen in der Regel Beschäftigten und ihre Verteilung auf die Gruppen fest und teilen diese Zahlen unverzüglich schriftlich dem Bezirkswahlvorstand mit.
(2) [1]Die Aufstellung der Wählerverzeichnisse und die Behandlung von Einsprüchen ist Aufgabe der örtlichen Wahlvorstände. [2]Sie teilen dem Bezirkswahlvorstand die Zahl der wahlberechtigten Beschäftigten, getrennt nach Gruppenzugehörigkeit, unverzüglich schriftlich mit. [3]Innerhalb der Gruppen sind die Anteile der Geschlechter festzustellen.

§ 35 Ermittlung der Zahl der zu wählenden Bezirkspersonalratsmitglieder, Verteilung der Sitze auf die Gruppen

(1) Der Bezirkswahlvorstand ermittelt die Zahl der zu wählenden Mitglieder des Bezirkspersonalrates und die Verteilung der Sitze auf die Gruppen.
(2) Ist eine abweichende Verteilung der Mitglieder des Bezirkspersonalrates auf die Gruppen nicht beschlossen worden und entfallen bei der Verteilung der Sitze nach § 5 Abs. 2 auf eine Gruppe weniger Sitze, als ihr nach § 53

Abs. 5 des Gesetzes mindestens zustehen, so erhält sie die in § 53 Abs. 5 des Gesetzes vorgeschriebene Zahl von Sitzen.

§ 36 Gleichzeitige Wahl

Die Wahl des Bezirkspersonalrates soll möglichst gleichzeitig mit der Wahl der Personalräte in demselben Bezirk stattfinden.

§ 37 Wahlausschreiben

(1) Der Bezirkswahlvorstand erläßt das Wahlausschreiben.

(2) Der örtliche Wahlvorstand gibt das Wahlausschreiben in der Dienststelle an einer oder mehreren geeigneten, den Wahlberechtigten zugänglichen Stellen durch Aushang in gut lesbarem Zustande bis zum Abschluß der Stimmabgabe bekannt.

(3) Das Wahlausschreiben muß enthalten

1. Ort und Tag seines Erlasses,
2. die Zahl der zu wählenden Mitglieder des Bezirkspersonalrates, getrennt nach Gruppen,

2a. Angaben über die Anteile der Geschlechter innerhalb des Geschäftsbereichs, getrennt nach Gruppen,

3. Angaben darüber, ob die Gruppen ihre Vertreter in getrennten Wahlgängen wählen (Gruppenwahl) oder vor Erlaß des Wahlausschreibens gemeinsame Wahl beschlossen worden ist,
4. den Hinweis, daß nur Beschäftigte wählen können, die in das Wählerverzeichnis eingetragen sind,

4a. den Hinweis, daß die Geschlechter im Bezirkspersonalrat entsprechend dem Zahlenverhältnis vertreten sein sollen,

5. die Mindestzahl von wahlberechtigten Beschäftigten, von denen ein Wahlvorschlag unterzeichnet sein muß, und den Hinweis, daß jeder Beschäftigte nur auf einem Wahlvorschlag benannt werden kann,

5a. den Hinweis, daß der Wahlvorschlag einer im Geschäftsbereich der Behörde der Mittelstufe vertretenen Gewerkschaft von zwei Beauftragten unterzeichnet sein muß (§ 53 Abs. 3 in Verbindung mit § 19 Abs. 9 des Gesetzes),

6. die Aufforderung, Wahlvorschläge binnen achtzehn Kalendertagen nach dem Erlaß des Wahlausschreibens beim Bezirkswahlvorstand einzureichen, der letzte Tag der Einreichungsfrist ist anzugeben,
7. den Hinweis, daß nur fristgerecht eingereichte Wahlvorschläge berücksichtigt werden und daß nur gewählt werden kann, wer in einen solchen Wahlvorschlag aufgenommen ist,
8. den Tag oder die Tage der Stimmabgabe.

(4) Der örtliche Wahlvorstand ergänzt das Wahlausschreiben durch die folgenden Angaben:

1. die Angabe, wo und wann das für die örtliche Dienststelle aufgestellte Wählerverzeichnis und diese Wahlordnung zur Einsicht ausliegen,
2. den Hinweis, daß Einsprüche gegen das Wählerverzeichnis nur binnen sechs Arbeitstagen seit seiner Auslegung schriftlich beim örtlichen Wahlvorstand eingelegt werden können, der letzte Tag der Einspruchsfrist ist anzugeben,
3. den Ort, an dem die Wahlvorschläge bekanntgegeben werden,
4. den Ort und die Zeit der Stimmabgabe,
5. einen Hinweis auf die Möglichkeit der schriftlichen Stimmabgabe, gegebenenfalls auf die Anordnung der schriftlichen Stimmabgabe nach § 19,
6. den Ort und die Zeit der Stimmenauszählung,
7. den Ort, an dem Einsprüche und andere Erklärungen gegenüber dem Wahlvorstand abzugeben sind.

(5) Der örtliche Wahlvorstand vermerkt auf dem Wahlausschreiben den ersten und letzten Tag des Aushanges.

(6) Offenbare Unrichtigkeiten des Wahlausschreibens können vom Bezirkswahlvorstand jederzeit berichtigt werden.

(7) Mit Erlaß des Wahlausschreibens ist die Wahl eingeleitet.

§ 38 Bekanntmachung des Bezirkswahlvorstandes

Bekanntmachungen nach den §§ 11 und 13 sind in gleicher Weise wie das Wahlausschreiben in den Dienststellen auszuhängen.

§ 39 Sitzungsniederschriften

(1) [1]Der Bezirkswahlvorstand fertigt über jede Sitzung, in der er einen Beschluß gefaßt hat, eine Niederschrift. [2]Die Niederschrift ist von sämtlichen Mitgliedern des Bezirkswahlvorstandes zu unterzeichnen.

(2) Die Niederschrift über die Sitzungen, in denen über Einsprüche gegen das Wählerverzeichnis entschieden ist, fertigt der örtliche Wahlvorstand.

§ 40 Stimmabgabe, Stimmzettel

[1]Findet die Wahl des Bezirkspersonalrates zugleich mit der Wahl der Personalräte statt, so kann für die Stimmabgabe zu beiden Wahlen derselbe Umschlag verwendet werden. [2]Für die Wahl des Bezirkspersonalrates sind Stimmzettel von anderer Farbe als für die Wahl des Personalrates zu verwenden.

§ 41 Feststellung und Bekanntmachung des Wahlergebnisses

(1) [1]Die örtlichen Wahlvorstände zählen die auf die einzelnen Vorschlagslisten oder, wenn Personenwahl stattgefunden hat, die auf die einzelnen Bewerber entfallenen Stimmen. [2]Sie fertigen eine Wahlniederschrift gemäß § 21.

(2) [1]Die Niederschrift ist unverzüglich nach Feststellung des Wahlergebnisses dem Bezirkswahlvorstand eingeschrieben oder fernschriftlich zu übersenden. [2]Die bei der Dienststelle entstandenen Unterlagen für die Wahl des Bezirkspersonalrates (§ 24) werden zusammen mit einer Abschrift der Niederschrift vom Personalrat aufbewahrt.

(3) Der Bezirkswahlvorstand zählt unverzüglich die auf jede Vorschlagsliste oder, wenn Personenwahl stattgefunden hat, die auf jeden einzelnen Bewerber entfallenen Stimmen zusammen und stellt das Ergebnis der Wahl fest.

(4) [1]Sobald die Namen der als Mitglieder des Bezirkspersonalrates gewählten Bewerber feststehen, teilt sie der Bezirkswahlvorstand den örtlichen Wahlvorständen mit. [2]Die örtlichen Wahlvorstände geben sie durch zweiwöchigen Aushang in der gleichen Weise wie das Wahlausschreiben bekannt.

Dritter Teil
Wahl des Hauptpersonalrates

§ 42 Entsprechende Anwendung der Vorschriften über die Wahl des Bezirkspersonalrates

Für die Wahl des Hauptpersonalrates gelten die §§ 32 bis 41 entsprechend, soweit sich aus den §§ 43 und 44 nichts anderes ergibt.

§ 43 Leitung der Wahl

Der Hauptwahlvorstand leitet die Wahl des Hauptpersonalrates.

§ 44 Durchführung der Wahl nach Bezirken

(1) [1]Der Hauptwahlvorstand kann die bei den Behörden der Mittelstufe bestehenden oder auf sein Ersuchen bestellten örtlichen Wahlvorstände beauftragen,

1. die von den örtlichen Wahlvorständen im Bereich der Behörde der Mittelstufe festzustellenden Zahlen der in der Regel Beschäftigten und ihre Verteilung auf die Gruppen zusammenzustellen,
2. die Zahl der im Bereich der Behörde der Mittelstufe wahlberechtigten Beschäftigten, getrennt nach ihrer Gruppenzugehörigkeit und innerhalb der Gruppen nach den Anteilen der Geschlechter, festzustellen,
3. die bei den Dienststellen im Bereich der Behörde der Mittelstufe festgestellten Wahlergebnisse zusammenzustellen,
4. Bekanntmachungen des Hauptwahlvorstandes an die übrigen örtlichen Wahlvorstände im Bereich der Behörde der Mittelstufe weiterzuleiten.

[2]Die Wahlvorstände bei den Behörden der Mittelstufe unterrichten in diesen Fällen die übrigen örtlichen Wahlvorstände im Bereich der Behörde der Mittelstufe darüber, daß die in den Nummern 1 bis 3 genannten Angaben an sie einzusenden sind.

(2) Die Wahlvorstände bei den Behörden der Mittelstufe fertigen über die Zusammenstellung der Wahlergebnisse (Absatz 1 Satz 1 Nr. 3) eine Niederschrift.

(3) Die Wahlvorstände bei den Behörden der Mittelstufe übersenden dem Hauptwahlvorstand unverzüglich eingeschrieben oder fernschriftlich die in Absatz 1 Satz 1 Nr. 1, 2 genannten Zusammenstellungen und die Niederschrift über die Zusammenstellung der Wahlergebnisse (Absatz 2).

Vierter Teil
Wahl des Gesamtpersonalrates

§ 45 Entsprechende Anwendung der Vorschriften über die Wahl des Personalrates

Für die Wahl des Gesamtpersonalrates gelten die §§ 32 bis 41 entsprechend.

Fünfter Teil
Wahl der Jugend- und Auszubildendenvertreter

§ 46 Vorbereitung und Durchführung der Wahl der Jugend- und Auszubildendenvertretung

(1) Für die Vorbereitung und Durchführung der Wahl der Jugend- und Auszubildendenvertreter gelten die §§ 1 bis 3,6 bis 25, 28, 30 und § 31 Absatz 1 Satz 2 entsprechend mit der Abweichung, daß sich die Zahl der zu wählenden Jugend- und Auszubildendenvertreter ausschließlich aus § 59 Abs. 1 des Gesetzes ergibt und daß die Vorschriften über Gruppenwahl (§ 19 Abs. 2 des Gesetzes), über den Minderheitenschutz (§ 17 Abs. 3 und 4 des Gesetzes) und über die Zusammenfassung der Bewerber in den Wahlvorschlägen nach Gruppen (§ 8 Abs. 2 Satz 3) keine Anwendung finden.
(2) [1]Sind mehrere Jugend- und Auszubildendenvertreter zu wählen und ist die Wahl auf Grund mehrerer Vorschlagslisten durchgeführt worden, so werden die Summen der auf die einzelnen Vorschlagslisten entfallenen Stimmen nebeneinandergestellt und der Reihe nach durch 1, 2, 3 usw. geteilt. [2]Auf die jeweils höchste Teilzahl (Höchstzahl) wird so lange ein Sitz zugeteilt, bis alle Sitze (§ 59 Abs. 1 des Gesetzes) verteilt sind. [3]§ 26 Abs. 1 Satz 3, Abs. 2 und 3 findet Anwendung.
(3) Sind mehrere Jugend- und Auszubildendenvertreter zu wählen und ist die Wahl auf Grund eines Wahlvorschlages durchgeführt worden, so sind die Bewerber in der Reihenfolge der jeweils höchsten auf sie entfallenen Stimmenzahlen gewählt; bei Stimmengleichheit entscheidet das Los.

§ 47 Wahl der Jugend- und Auszubildendenstufenvertretungen

(1) [1]Für die Wahl der Jugend- und Auszubildendenstufenvertretungen nach § 64 Abs. 1 des Gesetzes (Bezirks-Jugend- und Auszubildendenvertretung, Haupt-Jugend- und Auszubildendenvertretung) gelten die §§ 33 bis 41, 43, 44 und 46 entsprechend. [2]Für in § 57 des Gesetzes genannte Beschäftigte in nachgeordneten Dienststellen mit in der Regel weniger als fünf solchen Beschäftigten führt der Bezirks- oder Hauptwahlvorstand die Wahl der Jugend- und Auszubildendenstufenvertretungen durch, in den genannten nachgeordneten Dienststellen werden keine Wahlvorstände bestellt; der Bezirks- oder Hauptwahlvorstand kann die schriftliche Stimmabgabe anordnen. [3]In diesem Fall hat der Bezirks- oder Hauptwahlvorstand den wahlbe-

rechtigten in § 57 des Gesetzes genannten Beschäftigten die in § 17 Abs. 1 bezeichneten Unterlagen zu übersenden.

(2) Für die Wahl der Gesamt-Jugend- und Auszubildendenvertretung nach § 64 Abs. 2 des Gesetzes gelten Absatz 1 und § 46 entsprechend.

Sechster Teil
Besondere Verwaltungszweige

§ 48 Vertrauensmann in der Bundespolizei

(1) [1]Ist eine geheime Wahl mit Stimmzetteln vorzunehmen (§ 85 Abs. 2 Nr. 3 Satz 4 des Gesetzes), so ist wie folgt zu verfahren:
[2]Der Wahlvorstand verteilt unbeschriebene Stimmzettel von gleicher Farbe und Größe. [3]Jeder Wähler schreibt den Namen eines Kandidaten auf seinen Stimmzettel, faltet diesen so, daß der Name verdeckt wird, und übergibt ihn dem Wahlvorstand. [4]Dieser legt den Stimmzettel in Gegenwart des Wählers ungeöffnet in einen dafür bestimmten Behälter und hält den Namen des Wählers in einer Liste fest. [5]Der Wahlvorstand trifft Vorkehrungen, daß die Wähler ihren Stimmzettel unbeobachtet beschreiben können. [6]Hat der Wahlvorstand festgestellt, daß die Wahlhandlung beendet ist, zählt er unverzüglich und ohne Unterbrechung öffentlich die Stimmen aus und stellt das Ergebnis fest.
(2) [1]Zum Vertrauensmann gewählt ist der Kandidat, der die meisten Stimmen erhalten hat. [2]Der Kandidat mit der zweithöchsten Stimmenzahl ist zum ersten Stellvertreter, der mit der dritthöchsten Stimmenzahl zum zweiten Stellvertreter gewählt. [3]Bei gleicher Stimmenzahl entscheidet das Los.

§ 49 Personalvertretungen im Bundesnachrichtendienst

Für den Bundesnachrichtendienst gilt diese Wahlordnung mit folgenden Abweichungen:

1. [1]Bei der Erstellung der Wahlunterlagen sind die Sicherheitsbestimmungen des Bundesnachrichtendienstes zu beachten. [2]An die Stelle der Bekanntmachung durch Aushang tritt die im Bundesnachrichtendienst übliche Bekanntmachung. [3]Die Bekanntmachungen müssen den Beschäftigten für die Dauer der in den einzelnen Vorschriften bestimmten Zeiträume zur Einsichtnahme während der Dienststunden zugänglich sein.
2. § 2 Abs. 3 ist mit der Maßgabe anzuwenden, daß die Beschäftigten nur das Wählerverzeichnis ihrer Gruppe einsehen dürfen.
3. Wird nach § 17 Abs. 1 Satz 3 ein Abdruck des Wahlausschreibens ausgehändigt oder versandt, so darf dieser nicht die Angaben nach § 6 Abs. 2 Nr. 2 und 7 enthalten.
4. Die Beschäftigten von Teilen einer Dienststelle, die räumlich von dieser entfernt liegen, geben ihre Stimme schriftlich ab.

§ 49a Personalvertretungen bei der Deutschen Bundespost

[aufgehoben]

§ 50 Wahl einer Personalvertretung im Inland durch Beschäftigte in Dienststellen des Bundes im Ausland

(1) [1]Der Haupt- oder Bezirkswahlvorstand kann für die Wahl der Stufenvertretung durch Beschäftigte in Dienststellen des Bundes im Ausland die schriftliche Stimmabgabe anordnen. [2]Entsprechendes gilt für die Wahl eines Gesamtpersonalrates.

(2) [1]Auf die Wahl des Personalrates des Auswärtigen Amtes durch die in § 91 Abs. 1 Nr. 3 Satz 1 des Gesetzes bezeichneten Beschäftigten sind die §§ 32 bis 41 sinngemäß anzuwenden. [2]Der Wahlvorstand kann für die Wahl durch die in Satz 1 bezeichneten Beschäftigten die schriftliche Stimmabgabe anordnen.

(3) Wird nach Absatz 1 oder 2 die schriftliche Stimmabgabe angeordnet, hat der Wahlvorstand den wahlberechtigten Beschäftigten die in § 17 Abs. 1 bezeichneten Unterlagen zu übersenden.

§ 51 Vertrauensmann der Ortskräfte (§ 91 Abs. 2 des Gesetzes)

(1) [1]Der Personalrat bestellt spätestens drei Wochen vor dem Ablauf der Amtszeit des Vertrauensmannes der Ortskräfte drei Ortskräfte als Wahlvorstand und bestimmt einen von ihnen als Vorsitzenden. [2]Hat der Personalrat den Wahlvorstand nicht fristgemäß bestellt oder besteht in der Dienststelle kein Personalrat, so bestellt der Leiter der Dienststelle den Wahlvorstand. [3]Sind Ortskräfte nicht oder nicht in ausreichender Zahl zur Übernahme des Wahlvorstandsamtes bereit, können wahlberechtigte Beschäftigte bestellt werden.

(2) [1]Der Wahlvorstand hat unverzüglich eine Versammlung der Ortskräfte einzuberufen. [2]In dieser Versammlung ist die Wahl des Vertrauensmannes und seiner Stellvertreter durchzuführen.

(3) [1]Ist eine geheime Wahl mit Stimmzetteln vorzunehmen (§ 91 Abs. 2 Satz 2 des Gesetzes), so ist wie folgt zu verfahren:
[2]Der Wahlvorstand verteilt unbeschriebene Stimmzettel von gleicher Farbe und Größe. [3]Jeder Wähler schreibt den Namen eines Kandidaten auf seinen Stimmzettel, faltet diesen so, daß der Name verdeckt wird, und übergibt ihn dem Wahlvorstand. [4]Dieser legt den Stimmzettel in Gegenwart des Wählers ungeöffnet in einen dafür bestimmten Behälter und hält den Namen des Wählers in einer Liste fest. [5]Der Wahlvorstand trifft Vorkehrungen, daß die Wähler ihren Stimmzettel unbeobachtet beschreiben können. [6]Hat der Wahlvorstand festgestellt, daß die Wahlhandlung beendet ist, zählt er unver-

züglich und ohne Unterbrechung öffentlich die Stimmen aus und stellt das Ergebnis fest.

(4) [1]Zum Vertrauensmann gewählt ist der Kandidat, der die meisten Stimmen erhalten hat. [2]Der Kandidat mit der zweithöchsten Stimmenzahl ist zum ersten Stellvertreter, der mit der dritthöchsten Stimmenzahl zum zweiten Stellvertreter gewählt. [3]Bei gleicher Stimmenzahl entscheidet das Los.

Siebter Teil
Schlußvorschriften

§ 52 Berechnung von Fristen

[1]Für die Berechnung der in dieser Verordnung festgelegten Fristen finden die §§ 186 bis 193 des Bürgerlichen Gesetzbuchs[1] entsprechende Anwendung. [2]Arbeitstage im Sinne dieser Wahlordnung sind die Wochentage Montag bis Freitag mit Ausnahme der gesetzlichen Feiertage.

§ 53 Übergangsregelung

Für Wahlen, zu deren Durchführung der Wahlvorstand spätestens vor dem 1. Oktober 2005 bestellt worden ist, ist die Wahlordnung zum Bundespersonalvertretungsgesetz in der bis zum 30. September 2005 geltenden Fassung anzuwenden.

§ 54 (Inkrafttreten)

1 Abgedr. im KfdP, Anh. I § 52 WO Rn. 1.

Anhang II
Deutsches Richtergesetz (DRiG)

in der Fassung der Bekanntmachung vom 19. April 1972 (BGBl. I S. 713)

Zuletzt geändert durch Artikel 132 der Zehnten Zuständigkeitsanpassungsverordnung vom 31. August 2015 (BGBl. I S. 1474)

– Auszug mit Erläuterungen –

§ 53 Gemeinsame Aufgaben von Richterrat und Personalvertretung

(1) **Sind an einer Angelegenheit sowohl der Richterrat als auch die Personalvertretung beteiligt, so entsendet der Richterrat für die gemeinsame Beschlußfassung Mitglieder in die Personalvertretung.**
(2) [1]**Die Zahl der entsandten Mitglieder des Richterrats muß zur Zahl der Richter im gleichen Verhältnis stehen wie die Zahl der Mitglieder der Personalvertretung zu der Zahl der Beamten, Angestellten und Arbeiter.** [2]**Jedoch entsendet der Richterrat mindestens die in § 17 Abs. 3 und Abs. 5 Satz 1 des Bundespersonalvertretungsgesetzes bestimmte Zahl von Mitgliedern.**

Die **Gerichte des Bundes** sind Dienststellen i. S. d. § 6 Abs. 1 BPersVG, bei 1
denen nach § 12 BPersVG **Personalräte** gebildet werden (vgl. § 1 BPersVG Rn. 5, § 6 BPersVG Rn. 2a, § 12 BPersVG Rn. 1 ff.). Diese vertreten die bei den Gerichten tätigen Personen, die Beschäftigte i. S. d. § 4 Abs. 1 BPersVG sind. Das sind die Beamten und Arbeitnehmer (einschl. der zu ihrer Berufsausbildung Beschäftigten) sowie solche Richter, die – wie die wissenschaftlichen Mitarbeiter bei den obersten Bundesgerichten – zur Wahrnehmung einer nichtrichterlichen Tätigkeit an das Gericht abgeordnet sind. Von dieser Ausnahme abgesehen, werden die an den Bundesgerichten tätigen Richter von den dort bestehenden Personalräten und den bei übergeordneten Dienststellen gebildeten Stufenvertretungen der Beschäftigten nicht repräsentiert. Das DRiG sieht für die Richter im Bundesdienst eigene Richtervertretungen vor: **Richterräte** für die Beteiligung an allgemeinen und sozialen Angelegenheiten sowie **Präsidialräte** für die Beteiligung an der Ernennung eines Richters (§§ 49–60 DRiG).[1]

Für die **Wahrnehmung gemeinsamer Aufgaben von Richterrat und Perso-** 2
nalvertretung trifft § 53 DRiG eine ausdrückliche Regelung, die verhindern

1 Vgl. KfdP-*Altvater*, Anh. II Rn. 2–9.

soll, dass der Dienststelle gegenüber unterschiedliche Stellungnahmen in derselben Sache abgegeben werden. Eine gemeinsame Aufgabe liegt vor, wenn an einer Angelegenheit sowohl der Richterrat als auch die Personalvertretung beteiligt sind (Abs. 1). Das ist in Anlehnung an die Vorschrift des § 38 Abs. 2 S. 1 BPersVG über die Abgrenzung von gemeinsamen Angelegenheiten und Gruppenangelegenheiten dann zu bejahen, wenn es sich um eine Angelegenheit handelt, die nicht »lediglich« den Richterrat oder die Personalvertretung betrifft. Diese Voraussetzung ist grundsätzlich dann erfüllt, wenn ohne die Regelung des § 53 DRiG in derselben Angelegenheit der Richterrat nach dem DRiG und die Personalvertretung nach dem BPersVG nebeneinander beteiligungsberechtigt wären. Das kann **insb. bei folgenden Beteiligungstatbeständen** des BPersVG der Fall sein: § 75 Abs. 2 Nr. 1, Abs. 3 Nr. 5, 10, 11, 15 und 16; § 76 Abs. 2 Nr. 4, 5 und 7; § 78 Abs. 1 Nr. 1 und 2; § 81 Abs. 1.[2]

3 Liegt eine gemeinsame Aufgabe von Richterrat und Personalvertretung vor, so entsendet der Richterrat für die gemeinsame Beschlussfassung Mitglieder in die Personalvertretung (§ 53 Abs. 1 DRiG). Die **Personalvertretung** wird dadurch **um eine Gruppe von Richtervertretern erweitert**. Die Zahl der zu entsendenden Mitglieder des Richterrats bestimmt sich nach folgender Formel:

$$\frac{\text{Zahl der Richter} \times \text{Zahl der Personalratsmitglieder}}{\text{Zahl der Beschäftigten (Beamte und Arbeitnehmer)}} = \text{Zahl der zu entsendenden Richter}$$

Als Beamte gelten dabei auch die zur Wahrnehmung einer nichtrichterlichen Tätigkeit an das Gericht abgeordneten Richter (§ 4 Abs. 1 u. § 5 S. 2 BPersVG). § 53 Abs. 2 S. 2 DRiG enthält eine Minderheitsschutzregelung zugunsten der Richter, indem er auf § 17 Abs. 3 und Abs. 5 S. 1 BPersVG verweist. Der Richterrat kann höchstens so viele Richter entsenden, wie er Mitglieder hat.[3]

4 Für die **gemeinsame Beratung und Beschlussfassung** in der Personalvertretung gelten die einschlägigen Vorschriften des BPersVG, insb. dessen §§ 36 bis 40. An den Sitzungen der um die entsandten Richter erweiterten Personalvertretung können unter den Voraussetzungen des § 36 BPersVG auch Beauftragte der Gewerkschaften, die in der Gruppe der entsandten Richter vertreten sind, beratend teilnehmen. Maßstab für die **Beschlussfähigkeit** und für die Berechnung der Stimmenmehrheit ist die um die Zahl der entsandten Mitglieder des Richterrats erhöhte Zahl der Mitglieder der Personalvertretung. Da die entsandten Mitglieder des Richterrats als eine weitere zum Per-

2 Vgl. KfdP-*Altvater*, Anh. II Rn. 10.
3 Vgl. KfdP-*Altvater*, Anh. II Rn. 11–15.

sonalrat hinzutretende Gruppe aufzufassen sind, hat die Mehrheit der entsandten Richtervertreter die Möglichkeit, nach § 39 BPersVG die **Aussetzung eines Beschlusses** der Personalvertretung zu beantragen, wenn sie diesen als eine erhebliche Beeinträchtigung wichtiger Interessen der durch sie vertretenen Richter erachtet. An den unter Einschluss der Richtervertreter stattfindenden Sitzungen der Personalvertretung kann auch die **Schwerbehindertenvertretung der Richter** beratend teilnehmen. Auch sie kann, wenn sie einen Beschluss der um die Richtervertreter erweiterten Personalvertretung als eine erhebliche Beeinträchtigung der durch sie vertretenen schwerbehinderten Richter erachtet, nach § 95 Abs. 4 S. 2 und 3 SGB IX und § 39 BPersVG die Aussetzung eines solchen Beschlusses herbeiführen.[4]

Soweit in einer **Personalversammlung** bei einem Gericht gemeinsame Angelegenheiten i. S. d. § 53 Abs. 1 DRiG behandelt werden, können die Richter mit den gleichen Rechten wie die anderen Beschäftigten an der Personalversammlung teilnehmen (so ausdrücklich § 30 Abs. 5 LRiStAG BW). Das folgt insb. daraus, dass die unter Beteiligung der entsandten Richter zustande gekommenen und auch der Interessenvertretung der Richter dienenden Beschlüsse des Personalrats diesem zuzurechnen und nach § 32 Abs. 3 S. 1 BPersVG von dessen Vorsitzendem auszuführen und nach außen zu vertreten sind und dass es nach § 51 S. 1 BPersVG zu den Aufgaben und Befugnissen der Personalversammlung gehört, u.a. alle Angelegenheiten zu behandeln, die zur Zuständigkeit des Personalrats gehören, und dazu Anträge zu unterbreiten und Stellungnahmen zu beschließen (vgl. § 48 BPersVG Rn. 2 u. § 51 BPersVG Rn. 1 ff.). **4a**

Soweit in einer **monatlichen Besprechung** zwischen dem Leiter der Dienststelle (also dem Präsidenten des Gerichts) und der Personalvertretung (§ 66 Abs. 1 BPersVG) Angelegenheiten behandelt werden, die zu den gemeinsamen Aufgaben von Richterrat und Personalvertretung gehören, sind die in die Personalvertretung entsandten Mitglieder des Richterrats entsprechend § 53 Abs. 1 DRiG wie Mitglieder der Personalvertretung teilnahmeberechtigt (vgl. § 66 BPersVG Rn. 3). **4b**

Da sich der Wirkungsbereich des Richterrats nicht auf das Gericht beschränkt, bei dem er gebildet ist, sondern sich auch auf solche allgemeinen und sozialen Angelegenheiten bezieht, für die die **oberste Dienstbehörde** zuständig ist,[5] können auch Angelegenheiten vorkommen, an denen sowohl der Richterrat als auch nach § 82 Abs. 1 BPersVG der bei der obersten Dienstbehörde gebildete **Hauptpersonalrat** beteiligt sind. Auch für die Wahrnehmung dieser gemeinsamen Aufgaben gilt die Regelung des § 53 DRiG.[6] Vor einem Beschluss in Angelegenheiten, die einzelne Beschäftigte **5**

---

4 Vgl. KfdP-*Altvater*, Anh. II Rn. 16.
5 Str.; vgl. KfdP-*Altvater*, Anh. II Rn. 5 m. N.
6 Str.; vgl. KfdP-*Altvater*, Anh. II Rn. 17 m. N.

oder Dienststellen betreffen, hat der nach § 82 Abs. 1 BPersVG von der obersten Dienstbehörde zu beteiligende Hauptpersonalrat nach § 82 Abs. 2 BPersVG »dem Personalrat« Gelegenheit zur Äußerung zu geben. Handelt es sich dabei um eine **Maßnahme, die ein einzelnes Gericht betrifft** und an der sowohl der Hauptpersonalrat als auch der bei diesem Gericht bestehende Richterrat beteiligt sind, so ist auch die Beratung und Beschlussfassung über die Abgabe einer Stellungnahme an den Hauptpersonalrat eine gemeinsame Aufgabe i. S. d. § 53 DRiG. Auch wenn der Richterrat später an der Beschlussfassung des Hauptpersonalrats über das gegenüber der obersten Dienstbehörde letztlich abzugebende Votum der Personalvertretung beteiligt ist, entsendet er für die nach § 53 DRiG ebenfalls gebotene **gemeinsame Beschlussfassung über die Stellungnahme an den Hauptpersonalrat** Mitglieder in den örtlichen Personalrat.[7]

6 Ergibt sich **in einer mitbestimmungs- oder mitwirkungsbedürftigen gemeinsamen Angelegenheit keine Einigung** zwischen dem Präsidenten des Gerichts und dem bei ihm gebildeten, um die entsandten Mitglieder des Richterrats erweiterten Personalrat, so kann nach § 69 Abs. 3 bzw. § 72 Abs. 4 BPersVG die oberste Dienstbehörde eingeschaltet werden. Über eine entsprechende **Vorlage des Personalrats** beschließt dieser unter Hinzuziehung der entsandten Richtervertreter. Für die **Verhandlungen** zwischen oberster Dienstbehörde und Hauptpersonalrat entsendet der betroffene Richterrat Mitglieder in den Hauptpersonalrat. Können sich in einer mitbestimmungspflichtigen Angelegenheit die oberste Dienstbehörde und der Hauptpersonalrat nicht einigen, so entscheidet die für den Hauptpersonalrat zu bildende **Einigungsstelle**. An der Beschlussfassung des Hauptpersonalrats über ihre Anrufung, die Auswahl der vom Hauptpersonalrat zu bestellenden Beisitzer und den Vorschlag über die Person des Vorsitzenden sind wiederum die entsandten Mitglieder des Richterrats beteiligt. Unter den vom Hauptpersonalrat zu benennenden Beisitzern braucht sich kein Vertreter des Richterrats zu befinden.

7 Über **Rechtsstreitigkeiten** aus der Bildung oder Tätigkeit der Richtervertretungen entscheiden nach § 60 DRiG die **Verwaltungsgerichte** grundsätzlich im allgemeinen Verfahren und in ihrer allgemeinen Besetzung. Anders verhält es sich jedoch bei Rechtsstreitigkeiten aus der gemeinsamen Beteiligung von Richterrat und Personalvertretung nach § 53 DRiG. In diesen Fällen entscheiden bei den Verwaltungsgerichten des ersten und zweiten Rechtszuges die nach § 84 BPersVG gebildeten Fachkammern bzw. Fachsenate für Personalvertretungssachen. Außerdem gelten in diesen Fällen nach § 83 Abs. 2 BPersVG für alle drei Rechtszüge die Vorschriften des ArbGG über das Beschlussverfahren entsprechend.

---

7 Str.; vgl. KfdP-*Altvater*, Anh. II Rn. 17a m. N.

Anhang III
Gesetz über die Gründung einer Deutsche Bahn Aktiengesellschaft (Deutsche Bahn Gründungsgesetz – DBGrG)

vom 27. Dezember 1993 (BGBl. I S. 2378, 2386)

Zuletzt geändert durch Art. 515 der Zehnten Zuständigkeitsanpassungsverordnung vom 31. August 2015 (BGBl. I S. 1474)

– Auszüge mit Erläuterungen –

Zweiter Abschnitt
Überleitung des Personals

Vorbemerkungen vor § 12

Das als **Art. 2 des Eisenbahnneuordnungsgesetzes (ENeuOG)** v. 27.12.93[1] erlassene **Deutsche Bahn Gründungsgesetz (DBGrG)** enthält in den §§ 17, 19 und 23 Regelungen über die **betriebliche Interessenvertretung** jener Beamten des Bundeseisenbahnvermögens (BEV), die der Deutsche Bahn AG (DB AG) sowie ihren ausgegliederten Gesellschaften »zugewiesen« sind. Diese Vorschriften sind im Folgenden abgedruckt und werden in ihrem wesentlichen Gehalt erläutert. Außerdem ist der die **Zuweisung der Beamten** regelnde § 12 DBGrG wiedergegeben und mit knappen Anmerkungen versehen, die das Verständnis der vertretungsrechtlichen Bestimmungen erleichtern sollen.

§ 12 Beamte

(1) Beurlaubungen von Beamten des Bundeseisenbahnvermögens zur Wahrnehmung einer Tätigkeit bei der Deutsche Bahn Aktiengesellschaft dienen dienstlichen Interessen.

(2) [1]Beamte des Bundeseisenbahnvermögens, die nicht aus dem Beamtenverhältnis ausscheiden oder nicht beurlaubt werden, sind ab dem Zeitpunkt der Eintragung der Deutsche Bahn Aktiengesellschaft in das Handelsregister dieser Gesellschaft zugewiesen, soweit sie nicht auf Grund ei-

1 BGBl. I S. 2378.

ner Entscheidung im Einzelfall beim Bundeseisenbahnvermögen oder anderweitig verwendet werden. [2]Ein Beamter des Bundeseisenbahnvermögens kann der Deutsche Bahn Aktiengesellschaft auf Dauer zugewiesen werden, wenn er es beantragt und ein dienstliches Bedürfnis besteht.

(3) Beamte der bisherigen Bundeseisenbahnen, die im Zeitpunkt der Eintragung der Deutsche Bahn Aktiengesellschaft beurlaubt sind, sind mit Ablauf der Beurlaubung ebenfalls der Deutsche Bahn Aktiengesellschaft zugewiesen, sofern nicht vor Ablauf der Beurlaubung vom Bundeseisenbahnvermögen eine andere Entscheidung über die weitere Verwendung getroffen wird.

(4) [1]Die Rechtsstellung der nach den Absätzen 2 und 3 zugewiesenen Beamten sowie die Gesamtverantwortung des Dienstherrn bleiben gewahrt. [2]Die Deutsche Bahn Aktiengesellschaft ist zur Ausübung des Weisungsrechts befugt, soweit die Dienstausübung im Betrieb der Deutsche Bahn Aktiengesellschaft es erfordert.

(5) Die Deutsche Bahn Aktiengesellschaft ist verpflichtet, dem Bundeseisenbahnvermögen die zur Wahrnehmung der Dienstherrnaufgaben erforderliche Unterstützung zu leisten und alle hierzu notwendigen Auskünfte zu erteilen.

(6) [1]Die Deutsche Bahn Aktiengesellschaft kann den ihr gemäß den Absätzen 2 und 3 zugewiesenen Beamten im Einvernehmen mit dem Bundeseisenbahnvermögen eine höher zu bewertende Tätigkeit übertragen. [2]Im übrigen wird das Bundesministerium für Verkehr und digitale Infrastruktur ermächtigt, durch Rechtsverordnung im Einvernehmen mit dem Bundesministerium des Innern in bezug auf die gemäß den Absätzen 2 und 3 zugewiesenen Beamten zu bestimmen, welche weiteren beamtenrechtlichen Entscheidungen sowie sonstigen Entscheidungen und Maßnahmen, die mit der Dienstausübung des Beamten im Betrieb der Deutsche Bahn Aktiengesellschaft in unmittelbarem Zusammenhang stehen, der Deutsche Bahn Aktiengesellschaft zur Ausübung übertragen werden.

(7) [1]Erhält ein Beamter aus einer Zuweisung gemäß den Absätzen 2 und 3 anderweitige Bezüge, werden diese auf die Besoldung angerechnet. [2]In besonderen Fällen kann die oberste Dienstbehörde im Einvernehmen mit dem Bundesministerium des Innern von der Anrechnung ganz oder teilweise absehen.

(8) § 8 Abs. 3 des Einkommensteuergesetzes gilt für die nach den Absätzen 2 und 3 zugewiesenen Beamten und die Ruhestandsbeamten des früheren Sondervermögens Deutsche Bundesbahn entsprechend.

(9) [1]Das Bundeseisenbahnvermögen kann die Zuweisung im Einzelfall im Einvernehmen mit der Deutsche Bahn Aktiengesellschaft aufheben oder eine anderweitige Verwendung vorsehen. [2]Voraussetzung für die Aufhebung einer Zuweisung ist, daß beim Bundeseisenbahnvermögen eine Planstelle zur Verfügung steht.

§ 12 DBGrG enthält Regelungen für den Einsatz von Beamten des BEV bei der **Deutsche Bahn AG** (DB AG). Diese Regelungen gelten nach § 23 DBGrG für den Einsatz in den ausgegliederten **Tochter-Aktiengesellschaften** entsprechend (vgl. § 23 DBGrG Rn. 1f.). 1

(**Abs. 1**) Um die Ausübung einer **Tätigkeit bei der DB AG im Rahmen eines Arbeitsverhältnisses** zu ermöglichen, können Beamte des BEV zum einen **auf ihr Verlangen aus dem Beamtenverhältnis entlassen** werden (§ 33 BBG). Zum anderen können sie aber auch aufgrund des geltenden Beamtenrechts **auf Antrag unter Wegfall der Besoldung beurlaubt** werden (§ 13 Abs. 1 SUrlV). Diese Möglichkeit wird durch die in Abs. 1 enthaltene Festlegung gefördert, dass derartige Beurlaubungen »dienstlichen Interessen« dienen, was u. a. zur Folge hat, dass die Zeit der Beurlaubung als ruhegehaltfähige Dienstzeit i. S. d. BeamtVG anzurechnen ist. 1a

(**Abs. 2**) Damit Beamte des BEV auch dann, wenn sie nicht bereit sind, bei der DB AG als Arbeitnehmer tätig zu werden, dort als Beschäftigte eingesetzt werden können, ist in Abs. 2 festgelegt, dass Beamte des BEV, die nicht aus dem Beamtenverhältnis ausscheiden oder nicht beurlaubt werden, ab dem Zeitpunkt der Eintragung der DB AG in das Handelsregister der DB AG **kraft Gesetzes »zugewiesen«** sind, soweit sie nicht aufgrund von Einzelfallentscheidungen anderweitig verwendet werden. 2

(**Abs. 3**) Nach Abs. 3 sind Beamte, die zum Zeitpunkt der Eintragung der DB AG in das Handelsregister beurlaubt sind, mit Ablauf der Beurlaubung grundsätzlich ebenfalls der DB AG zugewiesen. 3

(**Abs. 4**) Die zugewiesenen Beamten des BEV sind mit der Zuweisung an die DB AG nicht deren Arbeitnehmer geworden.[2] Sie sind vielmehr als **Bundesbeamte** (§ 7 Abs. 1 S. 2 BEZNG) weiterhin Beamte des BEV. Ein Dienstherrnwechsel ist mit der Zuweisung nicht verbunden.[3] Das BEV nimmt die Aufgaben des Dienstherrn wahr. Seine Präsidentin (sein Präsident) ist oberste Dienstbehörde sowie oberste Dienstvorgesetzte und Vorgesetzte aller Beamten des BEV (§ 10 Abs. 1 und 2 BEZNG). Die DB AG hat zwar durch Abs. 4 S. 2 die Befugnis erhalten, im Rahmen der konkreten Dienstausübung das **Weisungsrecht** auszuüben. Die Maßnahmen, welche die DB AG aufgrund dieser oder der in Abs. 6 geregelten »Ausübungsermächtigung« trifft, sind jedoch[4] dem Dienstherrn zuzurechnen mit der Folge, dass Klagen zugewiesener Beamten aus dem Beamtenverhältnis gegen das BEV zu richten sind (vgl. § 4 Abs. 1 BEZNG). 4

(**Abs. 5–8**) Nach Abs. 6 S. 1 kann die DB AG den ihr zugewiesenen Beamten im Einvernehmen mit dem BEV auch eine **höher zu bewertende Tätigkeit übertragen**. Die Übertragung einer solchen Tätigkeit erfüllt den Mitbestim- 5

---

2 *BVerwG* v. 27. 2. 03 – 2 C 3.02 –, PersR 04, 244.
3 *BVerwG* v. 11. 2. 99 – 2 C 28.98 –, ZBR 99, 382.
4 So das *BVerwG* v. 11. 2. 99, a. a. O.

mungstatbestand des § 76 Abs. 1 Nr. 3 BPersVG (vgl. § 17 DBGrG Rn. 6 u. 9ff.). Durch die aufgrund des Abs. 6 S. 2 erlassene »Verordnung über die Zuständigkeit der Deutsche Bahn Aktiengesellschaft für Entscheidungen in Angelegenheiten der zugewiesenen Beamten des Bundeseisenbahnvermögens (**DBAG-Zuständigkeitsverordnung – DBAGZustV**)« v. 1. 1. 94[5] ist der DB AG die Ausübung von inzwischen 41 weiteren beamtenrechtlichen sowie sonstigen Entscheidungen und Maßnahmen übertragen worden (vgl. § 17 DBGrG Rn. 9ff.). Der in Abs. 6 S. 2 bestimmte Adressat der Verordnungsermächtigung führt seit dem 17. 12. 13 die Bezeichnung »Bundesministerium für Verkehr und digitale Infrastruktur« (BMVI).[6]

6 **(Abs. 9)** Nach Abs. 9 kann das BEV die Zuweisung im Einzelfall im Einvernehmen mit der DB AG aufheben oder eine **anderweitige Verwendung** des Beamten vorsehen.[7]

§ 17 Personalvertretung, Schwerbehindertenvertretung

(1) [1]Zur Wahrung der Interessen der Beamten, die gemäß § 12 Abs. 2 und 3 der Deutsche Bahn Aktiengesellschaft zugewiesen sind, gegenüber den sie betreffenden Entscheidungen und Maßnahmen des Bundeseisenbahnvermögens werden beim Bundeseisenbahnvermögen besondere Personalvertretungen gebildet, die ausschließlich von den der Deutsche Bahn Aktiengesellschaft zugewiesenen Beamten gewählt werden. [2]Das Bundeseisenbahnvermögen bestimmt durch Verwaltungsanordnung die Zusammensetzung des Kreises der zugewiesenen Beamten, für den jeweils eine besondere Personalvertretung zuständig ist; die zuständige besondere Personalvertretung wirkt mit bei der Entscheidung des Bundeseisenbahnvermögens. [3]Im übrigen finden die Vorschriften des Bundespersonalvertretungsgesetzes sinngemäß Anwendung.
(2) [1]In den der Deutsche Bahn Aktiengesellschaft übertragenen, in § 76 Abs. 1 des Bundespersonalvertretungsgesetzes genannten Personalangelegenheiten der Beamten hat die auf unterster Ebene gebildete besondere Personalvertretung ein Mitbestimmungsrecht. [2]Auf dieses Mitbestimmungsrecht finden die Vorschriften des § 77 des Bundespersonalvertretungsgesetzes entsprechende Anwendung.
(3) [1]Verweigert die besondere Personalvertretung in den Fällen des Absatzes 2 ihre Zustimmung, so hat sie dies unter Angabe von Gründen innerhalb einer Woche nach Unterrichtung durch die Deutsche Bahn Ak-

5 BGBl. I S. 53. Zuletzt geändert durch Art. 9 des 7. Besoldungsänderungsgesetzes (7. BesÄndG) v. 3. 12. 15 (BGBl. I. S. 2163).
6 Organisationserlass der Bundeskanzlerin v. 17. 12. 13 (BGBl. I S. 4310).
7 Zur Frage der Beteiligung der besonderen Personalvertretung nach § 17 Abs. 1 S. 1 DBGrG s. KfdP-*Seulen*, Anh. III C § 12 DBGrG Rn. 7 u. § 17 DBGrG Rn. 6.

tiengesellschaft dieser schriftlich mitzuteilen. [2]Teilt die besondere Personalvertretung der Deutsche Bahn Aktiengesellschaft die Verweigerung ihrer Zustimmung nicht innerhalb der Frist schriftlich mit, so gilt die Zustimmung als erteilt.

(4) [1]Ergibt sich zwischen der Deutsche Bahn Aktiengesellschaft und der besonderen Personalvertretung in den Fällen des Absatzes 2 keine Einigung, so ist unverzüglich die Einigungsstelle anzurufen, die binnen zweier Monate feststellt, ob ein Grund zur Verweigerung der Zustimmung im Sinne des § 77 Abs. 2 des Bundespersonalvertretungsgesetzes vorliegt. [2]Schließt sich die Einigungsstelle nicht der Auffassung der Deutsche Bahn Aktiengesellschaft an, so gibt sie dieser eine Empfehlung. [3]Folgt die Deutsche Bahn Aktiengesellschaft der Empfehlung nicht, so hat sie innerhalb von zehn Arbeitstagen die Angelegenheit mit der Empfehlung der Einigungsstelle der rechtsaufsichtsführenden Stelle zur endgültigen Entscheidung vorzulegen.

(5) [1]Die Einigungsstelle besteht in den in Absatz 4 genannten Fällen aus je drei Beisitzern, die von der Deutsche Bahn Aktiengesellschaft und der zuständigen besonderen Personalvertretung bestellt werden, und einem unparteiischen Vorsitzenden, auf dessen Person sich beide Seiten einigen. [2]Unter den Beisitzern, die von der Personalvertretung bestellt werden, müssen sich mindestens zwei Beamte befinden.

(6) [1]In Streitigkeiten nach den Absätzen 2 bis 5 sind die Verwaltungsgerichte, im dritten Rechtszug das Bundesverwaltungsgericht, zuständig. [2]Die Vorschriften des Arbeitsgerichtsgesetzes über das Beschlußverfahren gelten entsprechend.

(7) Die Deutsche Bahn Aktiengesellschaft ist verpflichtet, den ihr gemäß § 12 Abs. 2 und 3 zugewiesenen Beamten die Teilnahme an den Wahlen zu den besonderen Personalvertretungen gemäß Absatz 1 zu ermöglichen sowie gewählte Beamte für die Wahrnehmung von Mandaten in den besonderen Personalvertretungen freizustellen.

(8) Die Absätze 1, 2 und 7 gelten entsprechend für zu bildende besondere Jugend- und Auszubildendenvertretungen sowie für besondere Schwerbehindertenvertretungen.

(9) Bis zur Wahl zu den Personalvertretungen nach Absatz 1 ist der nach § 8 Abs. 2 und 3 des Gesetzes zur Zusammenführung und Neugliederung der Bundeseisenbahnen gebildete gemeinsame Hauptpersonalrat zuständig.

§ 17 DBGrG enthält Vorschriften für die **betriebliche Interessenvertretung** 1
jener Beamten des BEV, die der DB AG zugewiesen sind, bei den sie betreffenden **beamtenrechtlichen Entscheidungen und Maßnahmen** sowohl **des BEV** als auch **der DB AG**. Diese Bestimmungen gelten nach § 23 DBGrG für

die Interessenvertretung derjenigen Beamten entsprechend, die den ausgegliederten Gesellschaften zugewiesen sind (vgl. § 23 DBGrG Rn. 1f.).

1a (**Abs. 1**) Zur Wahrung der Interessen der Beamten des BEV, die der DB AG oder ihren ausgegliederten Gesellschaften zugewiesen sind, gegenüber Entscheidungen und Maßnahmen des BEV werden nach Abs. 1 S. 1 beim BEV **besondere Personalvertretungen** gebildet. Die besonderen Personalvertretungen werden ausschließlich von den zugewiesenen Beamten **gewählt** (Abs. 1 S. 1); auch sind nur diese Beamten für die besonderen Personalvertretungen **wählbar** (Abs. 1 S. 3 i. V. m. § 14 Abs. 1 S. 1 BPersVG).

2 Die besonderen Personalvertretungen bestehen neben den **allgemeinen Personalvertretungen** für die Beschäftigten beim BEV. Die Zuständigkeitsbereiche der allgemeinen und der besonderen Personalvertretungen sind klar getrennt; gemeinsame Gremien sind nicht vorgesehen.

3 Nach Abs. 1 S. 2 Hs. 1 bestimmt das BEV durch Verwaltungsanordnung die **Zusammensetzung des Kreises der zugewiesenen Beamten**, für den die besondere Personalvertretung zuständig ist. Bei der Entscheidung des BEV wirkt die besondere Personalvertretung mit (Abs. 1 S. 2 Hs. 2). Die Präsidentin des BEV hat durch Verwaltungsanordnung v. 29. 7. 11 mit Wirkung vom 1. 2. 12 festgelegt, dass auf der **unteren Ebene** zunächst bei den regionalen Dienststellen West, Nord, Mitte und Süd **Besondere Personalvertretungen (BesPV)** gebildet werden und auf der **oberen Ebene** bei der Präsidentin (oder dem Präsidenten) ein **Besonderer Hauptpersonalrat (BesHPR)** gewählt und eingerichtet wird. Für das Gebiet der neuen Bundesländer (einschl. Berlin) sowie für Niedersachsen, Bremen, Hamburg und Schleswig-Holstein ist die BesPV bei der zum 1. 7. 14 mit der Dienststelle Ost zusammengelegten Dienststelle Nord zuständig. Die Zusammensetzung des Kreises der zugewiesenen Beamten, für den eine BesPV zuständig ist, ergibt sich aus den entsprechenden PSV-Programmen. Die Verselbständigung von Nebenstellen oder Teilen von Dienststellen nach § 6 Abs. 3 BPersVG ist nicht möglich.

4 Die beim BEV gebildeten besonderen Personalvertretungen können die ihnen durch Abs. 1 S. 1 übertragene Funktion, die Interessen der zugewiesenen Beamten gegenüber den sie betreffenden Entscheidungen und Maßnahmen des BEV zu wahren, nur dann sachgerecht erfüllen, wenn die Vorschriften des BPersVG – soweit sich aus der durch Abs. 1 S. 2 abgewandelten Struktur dieser Personalvertretungen nichts anderes ergibt – entgegen dem Wortlaut des Abs. 1 S. 3 nicht nur sinngemäß, sondern unmittelbar angewendet werden. Es ist deshalb davon auszugehen, dass **grundsätzlich alle Vorschriften des BPersVG unmittelbar anzuwenden** sind.[8] Das gilt v. a. für die Vorschriften über Wahl, Zusammensetzung, Amtszeit und Geschäftsführung des PR,

8 Vgl. KfdP-*Seulen*, Anh. III C § 17 DBGrG Rn. 5.

die Rechtsstellung seiner Mitglieder, die Personalversammlung, die Beteiligung der Personalvertretung und gerichtliche Entscheidungen.

Die durch die Tätigkeit der besonderen Personalvertretungen entstehenden **Kosten** trägt nach § 44 Abs. 1 S. 1 BPersVG die Dienststelle des BEV, bei der die jeweilige Personalvertretung gebildet ist. Das gilt auch, soweit die Personalvertretung nach den Abs. 2ff. gegenüber der DB AG bzw. einer ihrer Gesellschaften tätig wird. Der Leiter der jeweiligen Dienststelle des BEV hat dafür zu sorgen, dass der besonderen Personalvertretung nach § 44 Abs. 2 BPersVG in erforderlichem Umfang **Räume**, der **Geschäftsbedarf** und **Büropersonal** zur Verfügung gestellt werden. Soweit die Bereitstellung von Räumen in den Betrieben der DB AG erforderlich ist, hat der zuständige Dienststellenleiter des BEV auch dies zu gewährleisten. Gleiches gilt für die nach § 44 Abs. 3 BPersVG zur Verfügung zu stellenden **Plätze für Bekanntmachungen und Anschläge.** **4a**

Die **BesPV bei den regionalen Dienststellen** des BEV sind – insoweit in »sinngemäßer« Anwendung der §§ 48ff. BPersVG – berechtigt und verpflichtet, **Personalversammlungen** der jeweils zu ihrem Zuständigkeitsbereich gehörenden Beamten durchzuführen.[9] **4b**

Entscheidungen und Maßnahmen des BEV nach Abs. 1 S. 1, an denen die besonderen Personalvertretungen zu beteiligen sind, sind **alle beamtenrechtlichen Entscheidungen, für die das BEV zuständig ist** (z. B. Beförderung, Ablehnung eines Antrags auf Teilzeitbeschäftigung, Erhebung der Disziplinarklage oder [insoweit str.] Aufhebung der Zuweisung).[10] **5**

Gesetzlich der **DB AG** übertragen ist die beamtenrechtliche Maßnahme der **Übertragung einer höher zu bewertenden Tätigkeit** (§ 12 Abs. 6 S. 1 DBGrG). Hier hat nach Abs. 2 die DB AG die BesPV zu beteiligen (vgl. Rn. 9ff.). **6**

Ob für die Beteiligung eine **BesPV** bei einer regionalen Dienststelle oder der **BesHPR** bei der Präsidentin (dem Präsidenten) des BEV **zuständig** ist, richtet sich nach § 82 Abs. 1 BPersVG. Daraus folgt, dass der BesHPR bei beteiligungspflichtigen Maßnahmen zuständig ist, die von der Hauptverwaltung des BEV getroffen werden sollen. **7**

Kommt im **Verfahren der Mitbestimmung** eine Einigung zwischen dem Leiter der für die Maßnahme zuständigen Dienststelle und der bei ihr gebildeten besonderen Personalvertretung nicht zustande, richtet sich das weitere Verfahren nach den Bestimmungen des § 69 Abs. 3 und 4 BPersVG. Die ggf. anzurufende **Einigungsstelle** ist bei der Präsidentin (dem Präsidenten) des BEV zu bilden. Für ihre Zusammensetzung gilt § 71 Abs. 1 S. 2 bis 4 BPersVG. **8**

---

9 Str.; vgl. KfdP-*Seulen*, Anh. III C § 17 DBGrG Rn. 5b.
10 Vgl. KfdP-*Seulen*, Anh. III C § 17 DBGrG Rn. 6 m. N.

9 **(Abs. 2)** Abs. 2 S. 1 begründet ein **Mitbestimmungsrecht** der auf unterster Ebene gebildeten besonderen Personalvertretung **bei den der DB AG (bzw. den ausgegliederten Gesellschaften) übertragenen**, in § 76 Abs. 1 BPersVG genannten **Personalangelegenheiten der Beamten**. Entscheidungen in Personalangelegenheiten der zugewiesenen Beamten des BEV sind der DB AG durch Gesetz oder durch Rechtsverordnung **zur Ausübung übertragen**, wobei diese Ausübungsermächtigung sich gem. § 23 DBGrG auch auf die aus der DB AG ausgegliederten Gesellschaften bezieht. Zum einen kann die DB AG nach § 12 Abs. 6 S. 1 DBGrG den ihr zugewiesenen Beamten (im Einvernehmen mit dem BEV) eine höher zu bewertende Tätigkeit übertragen. Zum anderen sind ihr in weiteren 41 Angelegenheiten durch die DBAG-Zuständigkeitsverordnung (vgl. § 12 DBGrG Rn. 5) beamtenrechtliche Befugnisse zur Ausübung übertragen worden. Soweit es sich dabei um Personalangelegenheiten der Beamten handelt, die **in § 76 Abs. 1 BPersVG aufgeführt** sind,[11] hat **die auf der untersten Ebene gebildete besondere Personalvertretung** ein Mitbestimmungsrecht gegenüber der DB AG bzw. gegenüber der jeweiligen Tochtergesellschaft. Das Mitbestimmungsrecht steht derjenigen bei einer regionalen Dienststelle gebildeten BesPV zu, zu deren Zuständigkeitsbereich (vgl. Rn. 3) der von der Maßnahme betroffene Beamte gehört. Es wird i. d. R. gegenüber dem Leiter des Betriebes ausgeübt, in dem der zugewiesene Beamte tätig ist, weil dieser **Betriebsleiter** personalvertretungsrechtlich die Stellung des Dienststellenleiters hat.[12]

10 Soweit der DB AG durch die DBAG-Zuständigkeitsverordnung in **Angelegenheiten**, die **nicht in § 76 Abs. 1 BPersVG genannt** sind, beamtenrechtliche Befugnisse zur Ausübung übertragen sind, werden die Interessen der zugewiesenen Beamten nicht von der BesPV, sondern vom zuständigen **Betriebsrat** gegenüber der DB AG bzw. gegenüber der jeweiligen Tochtergesellschaft wahrgenommen.[13]

11 Unabhängig davon, ob es sich bei einer Maßnahme der DB AG oder einer ausgegliederten Gesellschaft um eine mitbestimmungspflichtige Angelegenheit nach Abs. 2 S. 1 handelt und die BesPV zu beteiligen ist, besteht ein Mitbestimmungsrecht des Betriebsrats, wenn die Maßnahme die Voraussetzungen eines **betriebsverfassungsrechtlichen Mitbestimmungstatbestandes** erfüllt.[14]

12 Nach Abs. 2 S. 2 findet § 77 BPersVG auf die Mitbestimmung der BesPV entsprechende Anwendung. Dies bedeutet u. a., dass die BesPV bei der Zustim-

---

11 Näher dazu KfdP-*Seulen*, Anh. III C § 17 DBGrG Rn. 10b.

12 *BayVGH* v. 28.6.00 – 18 P 98.2789 –, PersR 01, 87.

13 Vgl. *BVerwG* v. 8.12.99 – 6 P 10.98 –, PersR 00, 202.

14 *BAG* v. 12.12.95 – 1 ABR 23/95 –, PersR 96, 208; vgl. § 19 DBGrG Rn. 2; KfdP-*Seulen*, Anh. III C § 17 DBGrG Rn. 12; *Burkert/Huschenbett*, PersR 10, 468.

mungsverweigerung auf den **Versagungskatalog des § 77 Abs. 2 BPersVG** beschränkt ist.

(Abs. 3) Eine **Zustimmungsverweigerung** in den Fällen des Abs. 2 muss die BesPV nach Abs. 3 S. 1 unter Angabe von Gründen innerhalb einer Woche nach der Unterrichtung durch die DB AG dieser schriftlich mitteilen. Diese Mitteilung ist an den Leiter des Betriebes zu richten, in dem der zugewiesene Beamte tätig ist. Die Frist entspricht der **Wochenfrist** des § 99 Abs. 3 BetrVG und ist somit kürzer als die in § 69 Abs. 1 S. 3 BPersVG festgelegte Frist von zehn Arbeitstagen. Da Abs. 3 S. 1 eine Spezialvorschrift ist, die die Anwendung des § 69 Abs. 2 S. 4 BPersVG ausschließt, kann die Frist nicht verkürzt werden.[15] Die Zustimmung gilt als erteilt, wenn die Zustimmungsverweigerung nicht innerhalb der Wochenfrist schriftlich erfolgt (Abs. 3 S. 2). 13

(Abs. 4) Einigen sich die DB AG und die BesPV in den Fällen des Abs. 2 nicht, so ist unverzüglich die **Einigungsstelle anzurufen**. Diese hat binnen zweier Monate festzustellen. ob ein Zustimmungsverweigerungsgrund nach § 77 Abs. 2 BPersVG vorliegt (Abs. 4 S. 1). Die unverzügliche Anrufung der Einigungsstelle und deren Entscheidung innerhalb von zwei Monaten nach der Anrufung sind zwingend vorgeschrieben. 14

Schließt sich die Einigungsstelle der Auffassung der DB AG nicht an, so gibt sie dieser eine **Empfehlung** (Abs. 4 S. 2). Innerhalb einer Frist von zehn Arbeitstagen muss die DB AG, wenn sie der Empfehlung nicht folgen will, die Angelegenheit der rechtsaufsichtsführenden Stelle – nach § 13 Abs. 1 S. 1 DBGrG der **Präsidentin (dem Präsidenten) des BEV** – zur **endgültigen Entscheidung** vorlegen (Abs. 4 S. 3). Die Frist von zehn Arbeitstagen ist eine Ausschlussfrist. Versäumt die DB AG diese Frist, hat sie der Empfehlung der Einigungsstelle zu folgen. Das Gesetz schreibt nicht vor, in welcher Frist die Präsidentin (der Präsident) des BEV zu entscheiden hat. Dies hat jedoch alsbald zu geschehen. 15

(Abs. 5) Die in den Fällen des Abs. 4 anzurufende **Einigungsstelle** kann für einen konkreten Streitfall, aber auch für die Amtsdauer der zuständigen BesPV gebildet werden. Für ihre **Zusammensetzung** gilt die Spezialvorschrift des Abs. 5. Nach Abs. 5 S. 1 besteht sie aus je drei Beisitzern, die von der DB AG und der BesPV benannt werden, und einem unparteiischen Vorsitzenden, auf dessen Person sich beide Seiten einigen müssen. Im Falle der **Nichteinigung über den unparteiischen Vorsitzenden** entscheidet nach Abs. 6 i. V. m. § 98 ArbGG die oder der **Vorsitzende der Fachkammer für Personalvertretungssachen** beim zuständigen Verwaltungsgericht über die Bestellung der oder des Vorsitzenden der Einigungsstelle.[16] Für die **Auswahl der Beisitzer** bestimmt Abs. 5 S. 2, dass sich unter den von der BesPV zu be- 16

15 Str.; vgl. KfdP-*Seulen*, Anh. III C § 17 DBGrG Rn. 15 m. N.
16 Str.; vgl. KfdP-*Seulen*, Anh. III C § 17 DBGrG Rn. 18 m. N.

stellenden drei Beisitzern mindestens zwei Beamte befinden müssen. Dabei braucht es sich nicht um zugewiesene Beamte zu handeln.

17 **(Abs. 6)** Abs. 6 S. 1 enthält eine **Rechtswegzuweisung für Streitigkeiten nach Abs. 2 bis 5**. Zuständig sind die **Verwaltungsgerichte**, im dritten Rechtszug das Bundesverwaltungsgericht (vgl. § 83 BPersVG Rn. 1, 10). Nach Abs. 6 S. 2 gelten die Vorschriften des ArbGG über das **Beschlussverfahren** entsprechend (vgl. § 83 BPersVG Rn. 14).

18 **(Abs. 7)** Abs. 7 verpflichtet die DB AG (oder nach § 23 DBGrG die jeweilige Tochtergesellschaft), allen ihr zugewiesenen Beamten die **Teilnahme an den Wahlen** zu den besonderen Personalvertretungen zu ermöglichen. Darüber hinaus hat die DB AG (bzw. die Tochtergesellschaft) die gewählten Mitglieder der besonderen Personalvertretungen (der BesPV und des BesHPR) für die **Wahrnehmung ihrer Mandate** freizustellen (vgl. § 46 Abs. 2, 3, 6 u. 7 BPersVG).

19 **(Abs. 8)** Da die DB AG und ihre ausgegliederten Gesellschaften keine Beamtenanwärter ausbilden, ist die in Abs. 8 festgelegte Verweisung auf Abs. 1, 2 und 7 nur für die Interessenvertretung der zugewiesenen schwerbehinderten Beamten von Bedeutung. Für sie sind sowohl **besondere Schwerbehindertenvertretungen** auf der unteren Ebene bei den regionalen Dienststellen des BEV als auch eine **besondere Hauptschwerbehindertenvertretung** bei der Präsidentin (dem Präsidenten) des BEV zu wählen.

20 **(Abs. 9)** Die **Übergangsvorschrift** des Abs. 9 hat sich durch Zeitablauf erledigt.

§ 19 Geltung arbeitsrechtlicher Vorschriften

(1) [1]Die Beamten des Bundeseisenbahnvermögens, die nach § 12 Abs. 2 und 3 der Deutsche Bahn Aktiengesellschaft zugewiesen sind, gelten für die Anwendung von Vorschriften über die Vertretung der Arbeitnehmer im Aufsichtsrat, für die Anwendung des Betriebsverfassungsgesetzes und des Sprecherausschußgesetzes als Arbeitnehmer der Deutsche Bahn Aktiengesellschaft. [2]Sie gelten für die Anwendung der Vorschriften über die Schwerbehindertenvertretung als Beschäftigte der Deutsche Bahn Aktiengesellschaft.

(2) Soweit die Deutsche Bahn Aktiengesellschaft Verpflichtungen, die ihr nach dem Betriebsverfassungsgesetz und dem Sprecherausschußgesetz vom 20. Dezember 1988 (BGBl. I S. 2316) sowie nach den Vorschriften über die Vertretung der Arbeitnehmer im Aufsichtsrat und über die Schwerbehindertenvertretung obliegen, deshalb nicht erfüllen kann, weil sie nicht Dienstherr der ihr gemäß § 12 Abs. 2 und 3 zugewiesenen Beamten ist, treffen diese Verpflichtungen das Bundeseisenbahnvermögen.

(**Abs. 1**) Da die der DB AG **zugewiesenen Beamten** des BEV in den Betrieben der DB AG wie Arbeitnehmer weisungsgebunden beschäftigt sind, »gelten« sie u. a. auch für die Anwendung des BetrVG als **Arbeitnehmer**. Sie sind demnach zusammen mit den Arbeitnehmern der DB AG, die nach § 5 Abs. 1 S. 1 BetrVG Arbeitnehmer i. S. d. BetrVG »sind«, zum **Betriebsrat** wahlberechtigt und wählbar. Das gilt nach § 23 DBGrG für die Beamten, die den **ausgegliederten Gesellschaften** der DB AG zugewiesen sind, entsprechend (vgl. § 23 DBGrG Rn. 1 f.). 1

Die der DB AG und ihren ausgegliederten Gesellschaften zugewiesenen Beamten haben mit der Interessenvertretung durch den Betriebsrat (sowie den Gesamtbetriebsrat und den Konzernbetriebsrat) im Bereich des DB Konzerns sowie durch die besondere Personalvertretung beim BEV eine **Doppelrepräsentanz** mit der Maßgabe, dass die Beteiligungsbefugnisse des Betriebsrats und der besonderen Personalvertretung getrennt voneinander bestehen. Wird z. B. einem der DB AG zugewiesenen Beamten ein Arbeitsbereich in einem anderen Betrieb des Unternehmens auf Dauer zugewiesen, hat bei dieser Maßnahme – die eine **Versetzung** sowohl i. S. d. PersVR wie auch i. S. d. BetrVR ist – zum einen die besondere Personalvertretung nach § 17 Abs. 2 DBGrG i. V. m. § 76 Abs. 1 Nr. 4 BPersVG und zum andern der Betriebsrat nach § 99 BetrVG jeweils der DB AG gegenüber mitzubestimmen.[17] 2

Da die DB AG dem BEV die Personalkosten für einen zugewiesenen Beamten in der Höhe ersetzen muss, die für die DB AG anfallen würden, wenn sie einen eigenen Beschäftigten auf dem Arbeitsplatz einsetzen würde, der von dem zugewiesenen Beamten eingenommen wird (vgl. § 21 DBGrG), muss die DB AG die zugewiesenen Beamten entsprechend dem für die Beschäftigten der DB AG geltenden Tarifvertrag eingruppieren. Diese **Eingruppierung** unterliegt als Akt des Normenvollzugs nach Auffassung des *BAG*[18] nicht der Mitbestimmung des Betriebsrats nach § 99 Abs. 1 BetrVG; ihm kommt lediglich ein Mitbeurteilungsrecht im Sinne einer »Richtigkeitskontrolle« zu. Unter dem Gesichtspunkt der Übertragung einer höher zu bewertenden Tätigkeit kann allerdings eine Mitbestimmung der BesPV nach § 17 Abs. 2 DBGrG i. V. m. § 76 Abs. 1 Nr. 3 BPersVG in Betracht kommen. 3

In seiner Ursprungsfassung enthielt das DBGrG in § 19 Abs. 2 bis 4 detaillierte Regelungen über die **Zuordnung** der zugewiesenen Beamten **zu den Arbeitnehmergruppen der Angestellten und Arbeiter**. Diese Vorschriften sind mit der im **BetrVerf-Reformgesetz** v. 23. 7. 01[19] vorgenommenen Auf- 4

---

17 Str.; wie hier *BAG* v. 12. 12. 95 – 1 ABR 23/95 –, PersR 96, 208; vgl. KfdP-*Seulen*, Anh. III C § 19 DBGrG Rn. 2 m. w. N.

18 Beschl. v. 12. 12. 95 – 1 ABR 31/95 –, PersR 96, 376; Beschl. v. 11. 9. 13 – 7 ABR 29/12 –, NZA 14, 388; Beschl. v. 14. 4. 15 – 1 ABR 66/13 –, NZA 15, 1077.

19 BGBl. I S. 1852.

hebung des Gruppenprinzips in der Betriebsverfassung und der Unternehmensmitbestimmung entbehrlich geworden und **aufgehoben** worden.

5 (**Abs. 2**) Die Regelungen des Abs. 2 – die vor der Aufhebung der Abs. 2 bis 4 a. F. (vgl. Rn. 4) wortgleich in Abs. 5 a. F. enthalten waren – weisen dem **BEV** bestimmte **Verpflichtungen** zu, die nach den Vorschriften über die Betriebsverfassung (und die Unternehmensmitbestimmung) **an sich dem Arbeitgeber obliegen**. Sie gelten nach § 23 DBGrG für die ausgegliederten Gesellschaften der DB AG entsprechend (vgl. § 23 DBGrG Rn. 1 f.).

§ 23 Anwendung von Vorschriften auf ausgegliederte Gesellschaften

[1]Die §§ 12, 13, 17, 19, 21 und 22 gelten entsprechend für die nach § 2 Abs. 1 ausgegliederten Gesellschaften. [2]Für nach § 3 Abs. 3 ausgegliederte Gesellschaften gilt Satz 1 mit der Maßgabe, daß der neue Rechtsträger Geschäftstätigkeiten im Sinn des § 3 Abs. 1 Nr. 1 oder 2 ausübt.

1 § 23 DBGrG sieht vor, dass für die bei der DB AG tätigen Beamten des BEV im Falle einer Beschäftigung bei einer neuen Gesellschaft, die später im Wege der Ausgliederung entstanden ist, bestimmte im Zweiten Abschnitt des DBGrG enthaltene **personalrechtliche Vorschriften entsprechend gelten**. Dabei handelt es sich um die Bestimmungen über Beamte (§ 12), über die Rechtsaufsicht (§ 13), über Personalvertretung und Schwerbehindertenvertretung (§ 17), über die Geltung arbeitsrechtlicher Vorschriften (§ 19), über Personalkosten (§ 21) und über die Übernahme von Altlasten (§ 22). Sie gelten nach S. 1 in jedem Falle für **die nach § 2 Abs. 1 DBGrG ausgegliederten Gesellschaften** entsprechend. Das waren ehemals die fünf Töchter DB Fernverkehr AG, DB Regio AG, DB Schenker Rail AG, DB Netz AG und DB Station & Service AG, die durch die Ausgliederung jener fünf Geschäftsbereiche entstanden sind, die gem. § 25 DBGrG zunächst intern gebildet worden waren.[20] Die Regelung soll die Kontinuität des Personaleinsatzes gewährleisten.

2 Nach § 3 Abs. 3 DBGrG können **weitere neue Gesellschaften** im Wege der Ausgliederung entstehen. Für diese Gesellschaften gelten nach § 23 S. 2 DBGrG die in S. 1 aufgeführten personalrechtlichen Vorschriften (nur) unter der Voraussetzung entsprechend, dass sie Geschäftstätigkeiten ausüben, die nach § 3 Abs. 1 Nr. 1 oder 2 DBGrG entweder in dem Erbringen von **Eisenbahnverkehrsleistungen** zur Beförderung von Gütern und Personen oder in dem Betreiben der **Eisenbahninfrastruktur** bestehen. Für ausgeglie-

20 Nunmehr die acht Geschäftsfelder DB Fernverkehr, DB Regio, DB Cargo, DB Netze Fahrweg, DB Netze Personenbahnhöfe, DB Netze Energie, DB Arriva und DB Schenker.

derte Gesellschaften, deren Gegenstand nach § 3 Abs. 1 Nr. 3 DBGrG Geschäftstätigkeiten in Bereichen sind, die (wie z. B. das vorwiegende Betreiben von Hotels) dem Eisenbahnverkehr (lediglich) verwandt sind, gelten die in S. 1 aufgeführten personalrechtlichen Vorschriften dagegen nicht entsprechend. Damit soll vermieden werden, dass diese personalrechtlichen Sonderregelungen auf Bereiche ausgedehnt werden, die mit den Geschäftstätigkeiten der ehemaligen Sondervermögen DB und DR nur noch in losem Zusammenhang stehen.

Anhang IV
Gesetz zum Personalrecht der Beschäftigten der früheren Deutschen Bundespost (Postpersonalrechtsgesetz – PostPersRG)

vom 14. September 1994 (BGBl. I S. 2325, 2353)

Zuletzt geändert durch Art. 1 und 2 des Gesetzes zur Weiterentwicklung des Personalrechts der Beamtinnen und Beamten der früheren Deutschen Bundespost (BPPersRFG) v. 28. Mai 2015 (BGBl. I S. 813)

– Auszüge mit Erläuterungen –

Erster Abschnitt
Allgemeine dienstrechtliche Regelungen

Vorbemerkungen vor § 1

Das als **Art. 4 des Postneuordnungsgesetzes** (**PTNeuOG**) v. 14. 9. 94[1] erlassene **Postpersonalrechtsgesetz** (**PostPersRG**) ist seit seinem Inkrafttreten am 1. 1. 95 mehrmals geändert worden. Umfangreiche und bedeutsame **Änderungen** wurden durch Art. 1 des Ersten Gesetzes zur Änderung des Postpersonalrechtsgesetzes (**1. PostPersRÄndG**) v. 9. 11. 04[2] vorgenommen. Zahlreiche punktuelle Änderungen erfolgten durch Art. 15 Abs. 4 des Dienstrechtsneuordnungsgesetzes (**DNeuG**) v. 5. 2. 09[3]; dabei handelte es sich um notwendige Folgeänderungen zu der mit dem DNeuG vorgenommenen Neuordnung des Beamten-, Besoldungs- und Versorgungsrechts, die sich auf die dienstrechtlichen Vorschriften des PostPersRG bezogen. Weitere Änderungen, die auch einige der nachfolgend kommentierten Vorschriften betrafen (§§ 3, 4, 24, 28–31 u. 33), brachte das Gesetz zur Neuordnung der Postbeamtenversorgungskasse (**PVKNeuG**) v. 21. 11. 12.[4] Weitere Änderungen des PostPersRG erfolgten durch Art. 10 des am 4. 9. 13 in Kraft getretenen Gesetzes über die Gewährung eines Altersgeldes für freiwillig aus dem 1

1 BGBl. I. S. 2325. Geändert durch Art. 2 Abs. 29 des Begleitgesetzes zum Telekommunikationsgesetz v. 17. 12. 97 (BGBl. I S. 3108).

2 BGBl. I S. 2774.

3 BGBl. I S. 160, ber. 462.

4 BGBl. I S. 2299.

Bundesdienst ausscheidende Beamte, Richter und Soldaten v. 28. 8. 13[5] sowie durch den am 1. 1. 16 in Kraft getretenen Art. 16 Abs. 11 des Gesetzes zur Neuorganisation der bundesunmittelbaren Unfallkassen, zur Änderung des Sozialgerichtsgesetzes und zur Änderung anderer Gesetze (BUK-Neuorganisationsgesetz – **BUK NOG**) v. 19. 10. 13.[6] Zuletzt geändert wurde das PostPersRG durch Art. 1 und 2 des »Gesetzes zur Weiterentwicklung des Personalrechts der Beamtinnen und Beamten der früheren Deutschen Bundespost« (Postpersonalrecht-Weiterentwicklungsgesetz – **PostPersRWG**) v. 28. 5. 15.[7]

2 Die im Ersten Abschnitt des PostPersRG (§§ 1–7) getroffenen **allgemeinen dienstrechtlichen Regelungen** sind im Folgenden auszugsweise abgedruckt und mit knappen Anmerkungen versehen, soweit dies zum Verständnis der im Achten Abschnitt des Gesetzes (§§ 24–37) getroffenen und anschließend erläuterten Regelungen der betrieblichen Interessenvertretungen sinnvoll erscheint.

§ 1 Dienstrechtliche Zuständigkeiten der Postnachfolgeunternehmen

(1) [1]Die Postnachfolgeunternehmen (§ 38) werden ermächtigt, die dem Dienstherrn Bund obliegenden Rechte und Pflichten gegenüber den bei ihnen beschäftigten Beamten wahrzunehmen, soweit im einzelnen nichts anderes bestimmt ist. [2]Im Rahmen seiner Zuständigkeit vertritt der Vorstand des jeweiligen Postnachfolgeunternehmens die Bundesrepublik Deutschland gerichtlich und außergerichtlich.

(2) Der Vorstand nimmt die Befugnisse der obersten Dienstbehörde sowie des obersten Dienstvorgesetzten und des obersten Vorgesetzten wahr.

(3) Wer die Befugnisse eines Vorgesetzten wahrnimmt, bestimmt sich nach dem Aufbau des Postnachfolgeunternehmens.

(4) [1]Soweit die allgemein geltenden rechtlichen Vorschriften dies zulassen, kann der Vorstand die ihm zustehenden Befugnisse durch allgemeine Anordnung auf Stelleninhaber übertragen, die nach § 3 Abs. 1 die Befugnisse einer Dienstbehörde oder eines Dienstvorgesetzten ausüben. [2]Die Anordnung ist im Bundesgesetzblatt zu veröffentlichen.

(5) [1]Beabsichtigt der Vorstand des Postnachfolgeunternehmens oder ein ihm nachgeordneter Stelleninhaber mit den Befugnissen eines Dienstvorgesetzten, durch Disziplinarverfügung eine Disziplinarmaßnahme zu verhängen oder einem Beamten in einer Einstellungsverfügung ein

5 BGBl. I S. 3386.
6 BGBl. I S. 3836. Näher dazu *Altvater*, PersR 6/14, 254ff. (zu 1.2).
7 BGBl. I S. 813.

Dienstvergehen zur Last zu legen, hat er die Verfügung vor ihrem Erlaß unverzüglich unter Vorlage der Akten von der Bundesanstalt für Post und Telekommunikation Deutsche Bundespost auf Rechtmäßigkeit und sachgerechte Ausübung des Ermessens prüfen zu lassen. [2]Entsprechendes gilt vor Erhebung der Disziplinarklage. [3]Dem Prüfungsergebnis der Bundesanstalt hat die zuständige Stelle des jeweiligen Postnachfolgeunternehmens Rechnung zu tragen.

(6) [1]Beabsichtigt der Vorstand der Aktiengesellschaft oder ein ihm nachgeordneter Stelleninhaber mit den Befugnissen eines Dienstvorgesetzten, einen Beamten gemäß § 32 Abs. 1 Nr. 2, § 34 Abs. 1 bis 3, § 36 oder § 37 des Bundesbeamtengesetzes zu entlassen, gemäß § 44 oder § 49 des Bundesbeamtengesetzes in den Ruhestand zu versetzen oder die Arbeitszeit eines Beamten wegen begrenzter Dienstfähigkeit gemäß § 45 des Bundesbeamtengesetzes herabzusetzen, hat er seine Entscheidung vor ihrem Erlaß unverzüglich unter Vorlage der Akten von der Bundesanstalt für Post und Telekommunikation Deutsche Bundespost auf Rechtmäßigkeit prüfen zu lassen. [2]Dem Prüfungsergebnis der Bundesanstalt hat die zuständige Stelle der jeweiligen Aktiengesellschaft Rechnung zu tragen.

(7) [1]Der Arbeitsdirektor (§ 33 des Mitbestimmungsgesetzes) nimmt in Personalunion die personellen und sozialen Angelegenheiten der Beamten wahr. [2]§ 20 Abs. 3 Satz 1 bleibt unberührt. [3]Der Vorstand kann seine ihm nach diesem Gesetz oder auf Grund dieses Gesetzes obliegenden Befugnisse von dem Arbeitsdirektor oder im Falle des § 20 Abs. 3 Satz 2 von dem für diese Angelegenheiten zuständigen anderen Vorstandsmitglied wahrnehmen lassen. [4]Beschlüsse des Vorstands, die mit dienstrechtlichen Bestimmungen nicht vereinbar sind, binden das Vorstandsmitglied nicht.

(Abs. 1) In Abs. 1 ist festgelegt, dass die nach § 1 PostUmwG durch Umwandlung der öffentlich-rechtlichen Unternehmen der ehemaligen Deutschen Bundespost (DBP) errichteten **Postnachfolgeunternehmen Deutsche Post AG, Deutsche Telekom AG** und **Deutsche Postbank AG** grundsätzlich mit der Wahrnehmung der dem Dienstherrn Bund obliegenden Rechte und Pflichten gegenüber den bei ihnen beschäftigten Beamten »**beliehen**« werden. Damit soll auch klargestellt werden, dass der Bund Dienstherr dieser Beamten bleibt. Der ehemalige Abs. 1 S. 2, der diese Rechte und Pflichten auch auf die **Ruhestandsbeamten und früheren Beamten sowie deren Hinterbliebenen** erstreckte, wurde durch Art. 1 PostPersRWG v. 28. 5. 15[8] aufgehoben. Zukünftig endet die Zuständigkeit der Postnachfolgeunternehmen für die bei ihnen tätigen Beamtinnen und Beamten mit de- 1

8 BGBl. I S. 813.

ren Ausscheiden aus dem aktiven Dienst; die Rechte und Befugnisse in Bezug auf die Ruhestandsbeamtinnen und -beamten wurden auf die Bundesanstalt für Post und Telekommunikation übertragen.

2 **(Abs. 2, 3)** Da die Postnachfolgeunternehmen keine öffentlichen Verwaltungen sind, enthält das PostPersRG ergänzende Regelungen zu den in § 3 BBG festgelegten Definitionen **dienstrechtlicher Schlüsselbegriffe**. Nach Abs. 2 nimmt der Vorstand die Befugnisse der **obersten Dienstbehörde** sowie des **obersten Dienstvorgesetzten** und des **obersten Vorgesetzten** wahr. Wer unterhalb des Vorstands die Befugnisse einer **Dienstbehörde** und eines **Dienstvorgesetzten** wahrnimmt, richtet sich nach § 3 Abs. 1 PostPersRG. Wer die Befugnisse eines **Vorgesetzten** wahrnimmt, bestimmt sich gem. Abs. 3 nach dem Aufbau der Aktiengesellschaft.[9]

3 **(Abs. 4)** In Abs. 4 ist das Recht des Vorstands geregelt, ihm zustehende **dienstrechtliche Befugnisse** durch allgemeine, im Bundesgesetzblatt zu veröffentlichende Anordnung auf solche **nachgeordneten Stelleninhaber** zu übertragen, die nach § 3 Abs. 1 PostPersRG die Befugnisse einer Dienstbehörde oder eines Dienstvorgesetzten ausüben. Von dieser Befugnis haben die Vorstände der drei Postnachfolgeunternehmen wiederholt Gebrauch gemacht.

4 **(Abs. 5, 6)** Bei bestimmten **disziplinarrechtlichen Entscheidungen** des Vorstands der Aktiengesellschaft oder eines ihm nachgeordneten Stelleninhabers ist in Abs. 5 in jedem Einzelfall zur Prüfung der Rechtmäßigkeit eine **vorherige Einschaltung der Bundesanstalt für Post und Telekommunikation Deutsche Bundespost** (BAnstPT) vorgeschrieben. In Abs. 6 ist eine entsprechende vorherige Prüfung durch die BAnstPT vorgesehen bei beabsichtigten **Entlassungen** von Beamten, die nicht in den Ruhestand oder einstweiligen Ruhestand versetzt werden können, weil eine versorgungsrechtliche Wartezeit nicht erfüllt ist (§ 32 Abs. 1 Nr. 2 BBG), bei Entlassungen von Beamten auf Probe (§ 34 Abs. 1–3 BBG), bei Entlassungen von politischen Beamten auf Probe (§ 36 BBG) sowie bei Entlassungen von Beamten auf Widerruf (§ 37 BBG). Gleiches gilt bei beabsichtigten **Zurruhesetzungen** von Beamten auf Lebenszeit und von Beamten auf Probe wegen Dienstunfähigkeit (§ 44 bzw. § 49 BBG) sowie bei beabsichtigten **Herabsetzungen der Arbeitszeit** wegen begrenzter Dienstfähigkeit (§ 45 bzw. § 49 Abs. 3 i. V. m. § 45 BBG). Durch die Beteiligung der BAnstPT soll das Vertrauen der Beamten in die Rechtmäßigkeit der Entscheidungen gestärkt werden.

5 **(Abs. 7)** Nach Abs. 7 nimmt grundsätzlich der **Arbeitsdirektor** (also jenes nach § 33 MitbestG bestellte Vorstandsmitglied, zu dessen Ressort mindes-

9 Zur (unzulässigen) Übertragung der Dienstherrenbefugnisse auf eine privatrechtlich organisierte Tochtergesellschaft *OVG NW* v. 15. 3. 13 – 1 B 133/13 –, ZBR 13, 266.

tens die wesentlichen Zuständigkeiten in Personal- und Sozialfragen gehören) in Personalunion die personellen und sozialen Angelegenheiten der Beamten wahr. Dabei ist dem Vorstand die Möglichkeit eingeräumt, die ihm als Kollegialorgan nach dem PostPersRG oder aufgrund dieses Gesetzes obliegenden dienstrechtlichen Entscheidungen vom Arbeitsdirektor treffen zu lassen. Unberührt davon bleibt die dem BMF im Rahmen seiner Rechtsaufsicht nach § 20 Abs. 3 PostPersRG zustehende Befugnis, die Zuständigkeit für die Wahrnehmung der personellen und sozialen Angelegenheiten der Beamten vom Arbeitsdirektor auf ein anderes Vorstandsmitglied zu übertragen.

§ 2 Rechtsverhältnisse der Beamten

(1) Die Beamten werden bei dem Postnachfolgeunternehmen beschäftigt,

1. **bei dem sie am 5. Juni 2015 beschäftigt sind oder**
2. **dem sie nach dem 5. Juni 2015 durch eine Rechtsverordnung nach § 38 Absatz 2 Satz 4 oder durch eine Einzelentscheidung zugeordnet werden.**

(2) [1]Die bei den Postnachfolgeunternehmen beschäftigten Beamten sind Bundesbeamte. [2]Auf sie sind die für Bundesbeamte geltenden Vorschriften anzuwenden, soweit nicht gesetzlich etwas anderes bestimmt ist. [3]Ihre Ansprüche gegenüber dem Dienstherrn richten sich gegen die Bundesrepublik Deutschland.

(3) [1]Die Zahlungs- und Kostentragungspflichten für vermögensrechtliche Ansprüche obliegen den Postnachfolgeunternehmen, bei dem die Beamten beschäftigt sind. [2]Werden diese Pflichten nicht erfüllt und wird die Bundesrepublik Deutschland durch einen Beamten auf Zahlung in Anspruch genommen, so hat das Postnachfolgeunternehmen der Bundesrepublik Deutschland die von ihr geleisteten Zahlungen zu erstatten.

(Abs. 1, 2) Abs. 1 wurde durch Art. 1 Nr. 4 PostPersRWG v. 28. 5. 15[10] mit Wirkung zum 6. 6. 15 vollständig neu gefasst. Vor seiner Änderung im Jahr 2015 regelte § 2 Abs. 1 die Weiterbeschäftigung der bei den bisherigen öffentlich-rechtlichen Unternehmen der DBP beschäftigten Beamten bei den durch Umwandlung errichteten drei Postnachfolgeunternehmen (vgl. § 1 PostPersRG Rn. 1). Der neu gefasste Abs. 1 aktualisiert diese Bestimmung. Mit der Neuregelung wird zunächst klargestellt, dass die Postnachfolgeunternehmen für diejenigen Beamtinnen und Beamten zuständig bleiben, die am Tag vor dem Inkrafttreten des Gesetzes zur Weiterentwicklung des Per- 1

10 BGBl. I S. 813.

sonalrechts der Beamtinnen und Beamten der früheren Deutschen Bundespost bei ihnen beschäftigt waren. Dazu gehören auch solche, die beurlaubt oder abgeordnet sind oder denen eine Tätigkeit bei einem privaten Unternehmen oder einer Einrichtung ohne Dienstherrenfähigkeit zugewiesen wurde.

1a Der Begriff des Postnachfolgeunternehmens wird in dem neu geschaffenen § 38 Abs. 1 PostPersRG erstmals legaldefiniert. Als solche gelten zunächst die im Rahmen des Postumwandlungsgesetzes errichten Postnachfolgeunternehmen (sog. primäre PNU). Nach § 38 Abs. 1 S. 1 Nr. 2 können hierüber hinaus nunmehr aber auch aus einem PNU hervorgegangene private inländische Unternehmen durch Rechtsverordnung des BMF zu »sekundären« Postnachfolgeunternehmen bestimmt und mit Dienstherrenbefugnissen ausgestattet werden, sofern dies zur Wahrung der Rechtsstellung der Beamtinnen und Beamten und zur Weiterbeschäftigung im Postnachfolgebereich erforderlich ist (s. § 38 Rn. 1).

1b Der bisherige § 2 Abs. 1, der die Überleitung von Beamten aus ehemals bei der DBP angesiedelten Beschäftigungsbereichen auf die BAnstPT regelte (siehe Voraufl.) hat sich durch Zeitablauf weithin erledigt. Er wurde durch Art. 1 PostPersRWG durch einen neuen Abs. 2 ersetzt, der im Wesentlichen dem bisherigen § 3 Abs. 3 S. 1 bis 3 und 5 entspricht.

2 **(Abs. 2a)** § 2a PostPersRG wurde durch Art. 1 PostPersRWG aufgehoben.

3 **(Abs. 3)** Der neu eingefügte Abs. 3 S. 1 entspricht dem ehemaligen Abs. 2 Satz 5; durch Abs. S. 2 n. F. wird nun ausdrücklich klargestellt, dass dem Bund gegenüber dem Postnachfolgeunternehmen ein Erstattungsanspruch zusteht, soweit der Bund durch einen Beamten unmittelbar auf Zahlungen in Anspruch genommen wird und daraufhin entsprechend auszahlt.

Die bei den Postnachfolgeunternehmen nach Abs. 1 oder 2a beschäftigten Beamten behalten ihren **Rechtsstatus als Bundesbeamte** (vgl. § 1 PostPersRG Rn. 1). Da der Bund ihr Dienstherr bleibt, richten sich ihre Ansprüche weiterhin gegen ihn, wobei der Bund insoweit von den Postnachfolgeunternehmen im Rahmen der ihnen übertragenen Zuständigkeiten gerichtlich vertreten wird. Von den Sonderregelungen für den Bereich der Versorgungsempfänger (§§ 14–16 PostPersRG) abgesehen, obliegt den Postnachfolgeunternehmen jedoch die Zahlungs- und Kostentragungspflicht für die vermögensrechtlichen Ansprüche der bei ihnen beschäftigten Beamten, insb. für die Besoldung dieser Beamten. Soweit es sich um die Beamten handelt, die aufgrund des **Abs. 1** beschäftigt werden, entsprechen die Regelungen des Abs. 3 und des § 1 Abs. 1 PostPersRG dem **verfassungsrechtlich** durch Art. 143b Abs. 3 GG vorgegebenen »Beleihungsmodell«. Bei den Beamten, die aufgrund des **Abs. 2a** bei den Postnachfolgeunternehmen beschäftigt werden, beruht die Beleihung der Aktiengesellschaften mit Dienstherrnbefugnissen dagegen nur auf **einfachem Recht.**[11]

(Abs. 4, 5) Diese Regelungen haben sich durch Zeitablauf weithin erledigt und wurden durch Art. 1 Nr. 4 PostPersRWG aufgehoben. 4

§ 2 Abs. 6 a. F. wurde aus systematischen Gründen in § 3 Abs. 9 verschoben. 5

§ 3 Dienstrechtliche Zuständigkeiten des Bundesministeriums der Finanzen

(1) [1]Das Bundesministerium der Finanzen bestimmt nach Anhörung oder auf Vorschlag des Vorstands durch allgemeine Anordnung, welche Organisationseinheiten unterhalb des Vorstands die Befugnisse einer Dienstbehörde wahrnehmen und welche Stelleninhaber die Befugnisse eines Dienstvorgesetzten wahrnehmen. [2]Die Bestimmung ist im Bundesgesetzblatt zu veröffentlichen. [3]In dienstrechtlicher Hinsicht ist höchstens ein dreistufiger Aufbau des Postnachfolgeunternehmens zulässig.

(2) [1]Der Bundespräsident ernennt und entläßt die bei den Postnachfolgeunternehmen beschäftigten Beamten der Bundesbesoldungsordnung B. [2]Das Bundesministerium der Finanzen ernennt und entläßt die bei den Postnachfolgeunternehmen beschäftigten Beamten der Bundesbesoldungsordnung A. [3]Die Begründung von Beamtenverhältnissen nach § 10 Abs. 1 Nr. 1 des Bundesbeamtengesetzes ist nicht zulässig; dies gilt nicht für die erneute Berufung in das Beamtenverhältnis nach § 46 des Bundesbeamtengesetzes. [4]Das Bundesministerium der Finanzen kann seine Befugnisse nach den Sätzen 2 und 3 auf den Vorstand und nach dessen Anhörung oder auf dessen Vorschlag auf Stelleninhaber mit den Befugnissen eines Dienstvorgesetzten übertragen.

(3) Das Bundesministerium der Finanzen wird ermächtigt, nach Anhörung oder auf Vorschlag des Vorstands, soweit die Eigenart des jeweiligen Dienstes oder die Aufrechterhaltung der Dienstleistungen der Aktiengesellschaft es erfordern, durch Rechtsverordnung für die bei der Aktiengesellschaft beschäftigten Beamten

1. im Einvernehmen mit dem Bundesministerium des Innern in sinngemäßer Anwendung des § 26 Abs. 1 Nr. 1 des Bundesbeamtengesetzes die Laufbahnen selbständig zu gestalten und Ausnahmeregelungen zu treffen,
2. nach Maßgabe des § 87 Abs. 3 des Bundesbeamtengesetzes besondere Arbeitszeitvorschriften zu erlassen, Vorschriften über die regelmäßige wöchentliche Arbeitszeit jedoch nur im Einvernehmen mit dem Bundesministerium des Innern,

11 BT-Drs. 13/8016, S. 22.

3. die überjährige Ansparung von Arbeitszeitguthaben auf personenbezogenen Lebensarbeitszeitkonten, die Verwendung der Guthaben für flexible Freistellungsphasen und die finanzielle Abgeltung der Guthaben zu regeln sowie
4. im Einvernehmen mit dem Bundesministerium des Innern die Voraussetzungen für die Bewilligung von Altersteilzeit – auch in Form der Blockbildung im Sinne des § 9 der Arbeitszeitverordnung – abweichend von § 93 des Bundesbeamtengesetzes festzulegen.

(4) Das Bundesministerium der Finanzen wird ermächtigt, nach Anhörung oder auf Vorschlag des Vorstands durch Rechtsverordnung für die bei der Aktiengesellschaft beschäftigten Beamten die besonderen Vorschriften für die einzelnen Laufbahnen in sinngemäßer Anwendung des § 26 Abs. 1 Nr. 2 des Bundesbeamtengesetzes zu erlassen. Absatz 3 Satz 2 gilt entsprechend.

(5) Das Bundesministerium der Finanzen wird ermächtigt, nach Anhörung oder auf Vorschlag des Vorstands durch Rechtsverordnung, die nicht der Zustimmung des Bundesrates bedarf, nach Maßgabe des § 84 des Bundesbeamtengesetzes für die bei den Postnachfolgeunternehmen beschäftigten Beamten besondere Vorschriften zur Gewährung einer Jubiläumszuwendung als Entgelt, Sachbezug oder in Form anderer Vergünstigungen zu erlassen, die den von den Aktiengesellschaften für die Arbeitnehmer in Betriebsvereinbarungen mit dem Gesamtbetriebsrat oder dem Konzernbetriebsrat oder in Tarifverträgen getroffenen Regelungen entsprechen.

(6) Das Bundesministerium der Finanzen kann in den Fällen, in denen nach dem Bundesbeamtengesetz und dem Beamtenversorgungsgesetz in Verbindung mit Regelungen dieses Gesetzes der Vorstand oder eine Organisationseinheit des Postnachfolgeunternehmens die Entscheidung hat, sich diese Entscheidung vorbehalten oder die Entscheidung von seiner vorherigen Genehmigung abhängig machen; auch kann es verbindliche Grundsätze für die Entscheidung aufstellen.

(7) Im Rahmen der Geschäftsverteilung der Bundesregierung gehören die bei den Postnachfolgeunternehmen beschäftigten Beamten zum Geschäftsbereich des Bundesministeriums der Finanzen.

(8) Soweit sich durch dieses Gesetz oder auf Grund dieses Gesetzes nichts anderes ergibt, liegen die dienstrechtlichen Zuständigkeiten für die bei den Postnachfolgeunternehmen beschäftigten Beamten beim Bundesministerium der Finanzen.

(9) Die bei den Postnachfolgeunternehmen beschäftigten Beamten können ohne Einhaltung des Dienstwegs Eingaben an das Bundesministerium der Finanzen richten.

Seit seinem Inkrafttreten am 1. 1. 95 ist § 3 PostPersRG wiederholt geändert worden, wobei sich die Absatzbezeichnungen z. T. verschoben haben. Dabei wurden u. a. auch Konsequenzen aus der Auflösung des Bundesministeriums für Post und Telekommunikation (BMPT) und der Übertragung der beamtenrechtlichen Zuständigkeiten für die Beamten der drei Postnachfolgeunternehmen auf das BMF gezogen, indem die veralteten Ressortbezeichnungen an die neuen Zuständigkeiten angepasst wurden. Durch Art. 1 Nr. 2 PVKNeuG v. 21. 11. 12 (vgl. vor § 1 PostPersRG Rn. 1) wurden u. a. eine klarstellende Änderung in Abs. 1 S. 1 (vgl. Rn. 2 a. E.) sowie eine Ergänzung des Abs. 3 S. 1 durch die Anfügung der Nr. 3 a. F (Nr. 4 n. F; vgl. Rn. 4) vorgenommen. Durch Art. 1 Nr. 5 Buchst. a PostPersRWG v. 28. 5. 15[12] wurde die hiermit eingeführte Zweistufigkeit der Befugnisübertragung mangels Bewährung in der Praxis jedoch wieder zugunsten der ursprünglichen Fassung aufgegeben.[13] 1

(Abs. 1) Während § 1 Abs. 2 PostPersRG bestimmt, dass der Vorstand der jeweiligen Aktiengesellschaft die Befugnisse der obersten Dienstbehörde sowie des obersten Dienstvorgesetzten und des obersten Vorgesetzten wahrnimmt, war zunächst das BMPT und ist seit dem 1. 1. 98 das **BMF** gem. Abs. 1 zu der im Bundesgesetzblatt zu veröffentlichenden **Bestimmung** ermächtigt, welche Organisationseinheiten **unterhalb des Vorstands** die Befugnisse einer **Dienstbehörde** und welche Stelleninhaber die Befugnisse eines **Dienstvorgesetzten** wahrnehmen.[14] Nach dem durch das 1. PostPersRÄndG geänderten Abs. 1 S. 3 ist in dienstrechtlicher Hinsicht nicht nur ein zwei- oder dreistufiger Aufbau zulässig, sondern **höchstens ein dreistufiger Aufbau**. Unter Beachtung dieser Vorgabe sollen – nach Anhörung oder auf Vorschlag des Vorstands – Regelungen ermöglicht werden, die an die jeweilige Organisation (und zwar ggf. auch an eine tatsächlich einstufige Unternehmensstruktur) angepasst sind. Die mit Art. 1 Nr. 2 Buchst. a PVKNeuG (vgl. Rn. 1) vorgenommene Umformulierung von Abs. 1 S. 1 dient der Klarstellung:[15] Durch die Einfügung des Wortes »können« soll stärker zum Ausdruck gebracht werden, dass die eigentliche **Befugnisübertragung erst durch eine allgemeine Anordnung des Vorstands** des Postnachfolgeunternehmens nach § 1 Abs. 4 PostPersRG erfolgt. 2

(Abs. 2) Die Vorschrift enthält Regelungen über die **Befugnisse zur Ernennung und Entlassung** der bei den Postnachfolgeunternehmen beschäftigten Beamten. 3

---

12 BGBl. I S. 813.

13 Vgl. BT-Drs. 18/3512, S. 27 (zu Art. 1 Nr. 5 Buchst. a).

14 Zur Vereinbarkeit der Ausübung von Dienstherrenbefugnissen innerhalb der PNU durch Nicht-Beamte s. BVerfG v. 2. 5. 16 – 2 BvR 113/14 –, juris.

15 BT-Drs. 17/10307, S. 9 (zu B, Art. 1 Nr. 2 Buchst. a).

4 **(Abs. 3–6)** Die Abs. 3 bis 5 ermächtigen das BMF zum Erlass bestimmter **Rechtsverordnungen.** Soweit die Eigenart des jeweiligen Dienstes oder die Aufrechterhaltung der Dienstleistungen der Postnachfolgeunternehmen es erfordern, kann es nach Abs. 3 durch Rechtsverordnung in sinngemäßer Anwendung des § 26 Abs. 1 Nr. 1 BBG die **Laufbahnen** selbständig gestalten und Ausnahmeregelungen treffen (Nr. 1), nach Maßgabe des § 87 Abs. 3 BBG besondere **Arbeitszeitvorschriften** erlassen (Nr. 2) sowie die Voraussetzungen für die Bewilligung von **Altersteilzeit** abweichend von § 93 BBG festlegen (Nr. 4 n. F.).[16]

4a Durch Art. 1 Nr. 5 Buchst. c PostPersRWG wurde Abs. 3 um eine Verordnungsermächtigung des BMF zur Regelung der Ansparung von Arbeitszeitguthaben auf sog. Lebensarbeitszeitkonten erweitert (Nr. 3 n. F.), um die Beamten der Postnachfolgeunternehmen mit dem dort beschäftigten Arbeitnehmern gleichzustellen. Von dieser Ermächtigung ist zwischenzeitlich durch Erlass der »Verordnung zur Einführung von Lebensarbeitszeitkonten für die bei der Deutschen Telekom AG beschäftigten Beamtinnen und Beamten und zur Änderung weitere Vorschriften für die bei der Deutschen Telekom AG beschäftigten Beamtinnen und Beamten« v. 12. 10. 15[17] Gebrauch gemacht worden.

4b Nach Abs. 4 kann BMF außerdem in sinngemäßer Anwendung des § 26 Abs. 1 Nr. 2 BBG für die bei den Postnachfolgeunternehmen beschäftigten Beamten die besonderen Vorschriften für die einzelnen Laufbahnen erlassen. Nach dem durch das 1. PostPersR ÄndG eingefügten Abs. 5 kann es schließlich durch Rechtsverordnung nach Maßgabe des § 84 BBG für die bei den Postnachfolgeunternehmen beschäftigten Beamten besondere Vorschriften für die Gewährung einer **Jubiläumszuwendung** erlassen, die den Regelungen entsprechen, die von den Postnachfolgeunternehmen für die Arbeitnehmer in Betriebsvereinbarungen mit dem Gesamtbetriebsrat oder dem Konzernbetriebsrat oder in Tarifverträgen vereinbart sind.

4c Die **Übergangsregelung** in Abs. 6 über die entsprechende weitere Geltung von Rechtsverordnungen des BMPT ist mit dem Außerkrafttreten dieser Verordnungen gegenstandslos geworden. Abs. 6 wurde daher durch Art. 1 Nr. 5 Buchst. f PostPersRWG aufgehoben und stattdessen ein Entscheidungsvorbehalt des BMF für die Fälle, in denen nach dem Bundesbeamtengesetz und dem Beamtenversorgungsgesetz die oberste Dienstbehörde dienstrechtliche Entscheidungen treffen kann und diese im Rahmen des § 1 auf den Vorstand des PNU oder eine Stelle des PNU übertragen worden ist, eingeräumt. In diesen Fällen kann das BMF die Entscheidung entweder

16 Siehe die »Verordnung über die Altersteilzeit von Beamtinnen und Beamten bei der Deutschen Post AG« v. 7. 12. 15 (BGBl. I S. 2204) sowie die »Telekom-Beamtenaltersteilzeitverordnung« v. 21. 3. 13 (BGBl. I S. 594).

17 BGBl. I S. 1685

selbst treffen, sich die Genehmigung der getroffenen Entscheidung vorbehalten oder verbindliche Grundsätze als Maßstab für die Entscheidung des Vorstands bzw. der beauftragten Stelle aufstellen. Bei nach § 28 mitbestimmungspflichtigen Maßnahmen ist der Betriebsrat an die Entscheidung bzw. die Grundsätze des BMF allerdings nicht gebunden, sondern kann und muss die Rechtmäßigkeit der Maßnahme feststellen (s. § 99 BetrVG, § 77 Abs. 2 BPersVG). Bei Nichteinigung von Vorstand und Betriebsrat und Entscheidung durch die Einigungsstelle geht dieser Spruch dem Entscheidungsvorbehalt des BMF vor.

(Abs. 7–9) In Entsprechung zu § 144 BBG sieht Abs. 7 vor, dass das **BMF** be- 5
fugt ist, beamtenrechtliche Entscheidungen, für die grundsätzlich der Vorstand oder eine Organisationseinheit der Aktiengesellschaft zuständig ist, sich vorzubehalten, von seiner vorherigen Genehmigung abhängig zu machen oder verbindliche Grundsätze für die Entscheidung aufzustellen. Damit soll die **Verantwortung des Bundes als Dienstherr** gewahrt werden. In Abs. 8 ist festgelegt, dass die bei den Postnachfolgeunternehmen beschäftigten Beamten im Rahmen der Geschäftsverteilung der Bundesregierung zum **Geschäftsbereich** des BMF gehören. In Abs. 8 ist bestimmt, dass die dienstrechtlichen Zuständigkeiten für diese Beamten – soweit sich durch das PostPersRG oder aufgrund dieses Gesetzes nichts anderes ergibt – beim BMF liegen, dem damit eine **Auffangzuständigkeit** eingeräumt ist.

Durch das PostPersRWG v. 28. 5. 15[18] wurde das ehemals in § 2 Abs. 6 gere- 6
gelte Beschwerderecht, das es ermöglicht, sich ohne die Notwendigkeit der Einhaltung des Dienstwegs unmittelbar an das rechtsaufsichtsführende BMF zu wenden, welches sodann eine Stellungnahme des jeweiligen Postnachfolgeunternehmen einholt, in § 3 Abs. 9 verschoben.

§ 4 Beamtenrechtliche Regelungen

(1) Die berufliche Tätigkeit der Beamten gilt als Dienst.

(2) [1]Beamten, die bei einem Postnachfolgeunternehmen beschäftigt sind, kann auf Antrag Sonderurlaub unter Wegfall der Besoldung gewährt werden

1. zur Wahrnehmung einer beruflichen Tätigkeit bei einem Postnachfolgeunternehmen oder bei einem Unternehmen nach Absatz 4 Satz 2 oder

2. zur Aufnahme eines sonstigen privatrechtlichen Beschäftigungsverhältnisses, wenn eine dem Amt angemessene Verwendung bei dem Postnachfolgeunternehmen oder bei einem Unternehmen nach Ab-

18 BGBl. I S. 813.

satz 4 Satz 2 nicht möglich oder aus betrieblichen Gründen nicht zweckmäßig ist.

[2]Die Beurlaubung dient dienstlichen Interessen. Sie steht einer Beförderung im Rahmen einer regelmäßigen Laufbahnentwicklung nicht entgegen. [3]Die Zeit der Beurlaubung ist ruhegehaltfähig; in den Fällen des Satzes 1 Nummer 1 kann auf die Erhebung eines Versorgungszuschlags verzichtet werden. [4]Die Beurlaubung ist zu befristen. Verlängerungen sind zulässig. [5]Die Beurlaubung kann in entsprechender Anwendung des § 15 der Sonderurlaubsverordnung widerrufen werden. [6]Beurlaubungen aus anderen Gründen bleiben unberührt.

(3) [1]Beamten mit Dienstbezügen in Bereichen mit Personalüberhang kann zum Zwecke der Begründung eines anderen Dienstverhältnisses oder zur Aufnahme eines Beschäftigungsverhältnisses, soweit eine anderweitige Verwendung nicht möglich oder nicht zumutbar ist, auf Antrag Sonderurlaub unter Fortzahlung der Dienstbezüge gewährt werden. [2]Die Beurlaubung dient dienstlichen Interessen. [3]Der Urlaub kann bis zu einer Dauer von fünf Jahren bewilligt werden. [4]Eine Verlängerung ist bis zu drei Jahren möglich.

(4) [1]Dem Beamten kann mit seiner Zustimmung vorübergehend eine Tätigkeit bei einem Unternehmen zugewiesen werden, wenn die Aktiengesellschaft, bei der er beschäftigt ist, hieran ein dringendes betriebliches oder personalwirtschaftliches Interesse hat. [2]Eine dauerhafte Zuweisung einer dem Amt entsprechenden Tätigkeit ist zulässig, wenn die Zuweisung nach allgemeinen beamtenrechtlichen Grundsätzen zumutbar ist und die Zuweisung der Tätigkeit bei einem Unternehmen erfolgt,

1. dessen Anteile ganz oder mehrheitlich der Aktiengesellschaft gehören,
2. dessen Anteile ganz oder mehrheitlich Unternehmen nach Nummer 1 gehören,
3. dem die Anteile der Aktiengesellschaft ganz oder mehrheitlich gehören oder
4. dessen Anteile ganz oder mehrheitlich Unternehmen nach Nummer 3 gehören.

[3]Unter den in § 6 genannten Voraussetzungen kann dem Beamten vorübergehend auch eine Tätigkeit zugewiesen werden, deren Wertigkeit einem Amt mit geringerem Endgrundgehalt entspricht. [4]Für die Zuweisung einer Tätigkeit nach Satz 2 Nummer 3 oder Nummer 4 sowie für die Zuweisung einer Tätigkeit im Ausland bedarf es der Zustimmung des Beamten. [5]Wird die nach Satz 2 erforderliche Mehrheit der Anteile aufgegeben, gilt für Beamte, denen eine Tätigkeit zugewiesen ist, Satz 1 mit der Maßgabe, dass die fehlende Zustimmung ausdrücklich erklärt werden muss; eine dauerhafte Zuweisung ist in eine vorübergehende umzuwandeln. [6]Die Rechtsstellung des Beamten bleibt unberührt. [7]Die Zuweisung steht

einer Beförderung im Rahmen einer regelmäßigen Laufbahnentwicklung nicht entgegen. [8]Das Unternehmen ist zur Erteilung von Anordnungen befugt, soweit die Tätigkeit im Unternehmen es erfordert. [9]§ 106 Abs. 2 Satz 3 des Bundesbeamtengesetzes gilt bei dauerhafter Zuweisung einer Tätigkeit entsprechend, soweit der Betriebsablauf des Unternehmens oder Zwecke der Personalbewirtschaftung die Führung von Nebenakten erfordern. [10]Erhält ein Beamter im Rahmen seiner Zuweisung anderweitige Bezüge, so gilt § 10 Abs. 3 entsprechend.
(5) **Die Beamten können nach den allgemeinen beamtenrechtlichen Vorschriften zu einem anderen Postnachfolgeunternehmen oder zu einer Dienststelle der öffentlichen Verwaltung abgeordnet oder versetzt werden.**

1 Auch § 4 PostPersRG ist seit seinem Inkrafttreten am 1. 1. 95 **wiederholt geändert** worden.[19] Besonders bedeutsam waren zunächst die Neufassungen des Abs. 4 durch Art. 1 Nr. 4 Buchst. c 1. PostPersRÄndG und durch Art. 1 Nr. 3 Buchst. a PVKNeuG (vgl. vor § 1 PostPersRG Rn. 1). Durch Art. 1 Nr. 6 PostPersRWG wurde der bisherige Abs. 3 in Abs. 2 zu einer einheitlichen Beurlaubungsregelung für die Insichbeurlaubung und die Beurlaubung nach allgemeinen beamtenrechtlichen Grundsätzen neu gefasst. In der Folge wurde der bisherige Abs. 3a zu Abs. 3; nach Abs. 4 S. 2 wurde ein neuer S. 3 eingefügt und ein klarstellender Abs. 5 ergänzt.

1a **(Abs. 1)** Die Beschäftigung der Beamten bei den **Postnachfolgeunternehmen** Deutsche Post AG, Deutsche Telekom AG und Deutsche Postbank AG ist kein **Dienst** im beamtenrechtlichen Sinne. Da der »Dienst« jedoch ein Schlüsselbegriff des Beamtenrechts ist, bestimmt Abs. 1, dass die berufliche Tätigkeit der Beamten als Dienst gilt. Diese **gesetzliche Fiktion** bezieht sich auf diejenigen Beamten, die nach § 2 Abs. 1 oder 2a PostPersRG beschäftigt werden. Aus ihr folgt, dass der einem solchen Beamten übertragene Aufgabenkreis als Amt i. S. d. Bundesbeamtenrechts anzusehen und der Beamte **amtsangemessen zu beschäftigen** ist.[20] Die Postnachfolgeunternehmen müssen den verfassungsrechtlichen Anspruch eines bei ihnen tätigen Beamten auf amtsangemessene Beschäftigung erfüllen, sobald ihn der Beamte geltend macht. Es verstößt gegen Art. 33 Abs. 5 GG, den Beamten stattdessen aufzufordern, sich auf freie Stellen zu bewerben. Eine derartige Bewerbungsaufforderung löst keine Befolgungspflicht gem. § 62 Abs. 2 S. 1 BBG aus.[21] Nach § 6 PostPersRG können der Vorstand oder die von ihm bestimmten Stellen mit Dienstvorgesetztenbefugnissen einen Beamten **vorübergehend auf einem anderen Arbeitsplatz von geringerer Bewertung** unter Belas-

19 Näher dazu KfdP-*Seulen*, Anh. V B § 4 PostPersRG Rn. 1.
20 *BVerwG* v. 22. 6. 06 – 2 C 26.05 –, PersR 06, 460.
21 *BVerwG* v. 18. 9. 08 – 2 C 126.07 –, NVwZ 09, 187.

sung der Amtsbezeichnung und der Dienstbezüge verwenden, wenn betriebliche Gründe es erfordern, wobei die Obergrenze einer derartigen befristeten unterwertigen Beschäftigung in Anlehnung an § 27 Abs. 3 S. 1 Nr. 1 BBG bei zwei Jahren zu ziehen ist.[22] Diese Möglichkeit wurde durch Art. 1 Nr. 6 Buchst. c nunmehr in § 4 Abs. 4 S. 3 auch für die vorübergehende Zuweisung eröffnet (siehe Rn. 8).

2 (**Abs. 2**) Der ehemalige Abs. 2 sah vor, dass die Aktiengesellschaft (d.h. die Deutsche Post AG, die Deutsche Postbank AG oder die Deutsche Telekom AG) als Verwaltung i. S. d. § 26 Abs. 1 S. 3 BBG a. F. galt. Mangels Übernahme dieser beamtenrechtlichen Regelung in das durch Art. 1 DNeuG neu gefasste BBG ist dieser inhaltslos geworden und wurde daher durch Art. 15 Abs. 104 Nr. 4 Buchst. a DNeuG (vgl. vor § 1 PostPersRG Rn. 1) **aufgehoben**. Die Rechtsposition des jeweils betroffenen Beamten hat sich aber nicht verschlechtert, weil gem. § 28 Abs. 1 VwVfG der Dienstherr den Beamten vor seiner Entscheidung über eine Versetzung immer dann **anzuhören** hat, wenn die Versetzung nicht auf Antrag oder mit Zustimmung des Beamten erfolgt.[23] Das gilt gem. § 2 Abs. 3 S. 2 PostPersRG auch für Versetzungen der bei den Postnachfolgeunternehmen beschäftigten Beamten. Art. 1 Nr. 5 Buchst. a PostPersRWG erweitert den bisherigen Abs. 3 und setzt diesen an die Stelle des aufgehobenen Abs. 2. Der neue Abs. 2 S. 1 Nr. 1 ermöglicht es den Postnachfolgeunternehmen auch weiterhin, bei ihnen beschäftigte Beamte auf Antrag unter Wegfall der Besoldung befristet zu beurlauben und zugleich mit ihnen Arbeitsverträge abzuschließen, um die personelle Beweglichkeit der Postnachfolgeunternehmen zu erhöhen.

3 In die bisherige Regelung der **Insichbeurlaubung** wurde nun jedoch auch die ruhegehaltfähige Beurlaubung nach allgemeinen beamtenrechtlichen Vorschriften (§ 90 Abs. 1 BBG, § 13 der Sonderurlaubsverordnung [SUrlV]) aufgenommen und die Voraussetzungen für beide Instrumente vereinheitlicht. Die Voraussetzungen der Beurlaubung nach beamtenrechtlichen Vorschriften wurden für bestimmte Konstellationen abgeschwächt, da von dieser Möglichkeit zunehmend Gebrauch gemacht wird, die hierfür erforderliche schriftliche Anerkennung des dienstlichen Interesses unter Beteiligung des BMF jedoch mit hohem bürokratischen Aufwand verbunden ist. Um diese Hürde abzubauen, wurde der in der Verwaltungspraxis »typische« Fall einer im dienstlichen Interesse liegenden Beurlaubung nunmehr unmittelbar in § 4 Abs. 2 geregelt.[24] Ein solcher soll gegeben sein, wenn die Beurlaubung der Wahrnehmung einer beruflichen Tätigkeit bei Tochter- und Enkelunternehmen der Postnachfolgeunternehmen oder der Aufnahme eines privatrechtlichen Beschäftigungsverhältnisses bei einem anderen Unterneh-

---

22 *VG Köln* v. 1.6.06 – 15 K 1349/05 –, PersR 06, 464.
23 Vgl. *Battis*, § 28 Rn. 15.
24 BT-Drs. 18/3512, S. 28.

men dient und eine dem Amt angemessene Verwendung bei dem Postnachfolgeunternehmen nicht möglich oder aus betrieblichen Gründen nicht zweckmäßig ist. Für diese Konstellation wird das Vorliegen eines dienstlichen Interesses gesetzlich vermutet; einer Beteiligung des BMF an der Entscheidung bedarf es in diesen Fällen künftig nicht mehr. Auch diese Form der Beurlaubung setzt jedoch auch weiterhin stets einen Antrag der Beamtin oder des Beamten voraus und führt zum Wegfall des Besoldungsanspruchs für die Zeit der Beurlaubung. Die Beurlaubung ist weiterhin zu **befristen**; die bisherige 10-Jahres-Grenze ist jedoch entfallen, weshalb sie so lange fortgeführt werden kann, wie dies aus Unternehmenssicht geboten ist.[25] Der im Rahmen der Beurlaubung geschlossene Arbeitsvertrag wird häufig mit einer **auflösenden Bedingung** in Form des Beurlaubungsendes versehen. Wird die Beurlaubung nicht verlängert, soll der Arbeitsvertrag hierdurch automatisch enden und der Beamte in sein altes Beamtenverhältnis zurückfallen. Nach Beendigung eines nach § 13 Abs. 1 SUrlV gewährten Sonderurlaubs muss der Beamte im Rahmen des dann wieder auflebenden Beamtenverhältnisses entsprechend dem übertragenen Amt beschäftigt werden. Ein solcher Einsatz stellt eine zumutbare Weiterbeschäftigungsmöglichkeit dar, die mangels schwerwiegender wirtschaftlicher Folgen des Arbeitsplatzverlustes den Ausschluss von Sozialplanleistungen rechtfertigen kann.[26]

(**Abs. 3**) Der durch das 1. PostPersRÄndG eingefügte Abs. 3a schaffte die 4
dienstrechtlichen Voraussetzungen dafür, dass Beamten in Bereichen mit Personalüberhang befristeter **Sonderurlaub** unter Fortzahlung der Dienstbezüge gewährt werden kann, um ihnen den Übergang in ein anderes Dienst- oder Beschäftigungsverhältnis zu erleichtern. Die Befristungen waren nach Abs. 3a zunächst bis zu drei Jahren zu befristen und konnten um bis zu zwei Jahre verlängert werden. Die Befristung auf drei Jahre hat sich insbesondere in den Fällen der Absolvierung eines berufsqualifizierenden Hochschulstudiums mit anschließendem laufbahnrechtlichen Vorbereitungsdienst jedoch als zu kurz erwiesen[27] und wurde daher durch Art. 1 Nr. 6 Buchst. b PostPersRWG auf bis zu fünf Jahre angehoben. Die Verlängerungsoption wurde auf drei Jahre verlängert.

(**Abs. 4**) Der durch das 1. PostPersRÄndG, das PVKNeuG und zuletzt durch 5
das PostPersRWG neu gefasste Abs. 4 (vgl. Rn. 1) enthält in teilweiser Anlehnung an § 123a BRRG und § 29 BBG n. F. für die Beamten, die gem. § 2 PostPersRG bei den Postnachfolgeunternehmen beschäftigt sind, Regelungen

25 BT-Drs. 15/3404, S. 8, zu Nr. 4, zu Abs. 3; zu den Details vgl. KfdP-*Seulen*, Anh. IV B § 4 PostPersRG Rn. 5.

26 Näher dazu *BAG* v. 8. 12. 15 – 1 AZR 595/14 –, NZA 16, 767.

27 BT-Drs. 18/512, S. 28 (zu Art. 1 Nr. 6 Buchst. a).

über die **Zuweisung zu anderen Unternehmen.**[28] Seit dem 6. 6. 15 kommen folgende **Varianten von Zuweisungen** in Betracht:

- Nach **Abs. 4 S. 1** ist eine **(nur) vorübergehende Zuweisung** einer Tätigkeit **bei einem (nicht in S. 2 Nr. 1 bis 4 aufgeführten) Unternehmen** zulässig, wenn die Aktiengesellschaft, bei der der Beamte (gem. § 2 PostPersRG) beschäftigt ist, hieran ein dringendes betriebliches oder personalwirtschaftliches Interesse hat. Diese Zuweisung kann immer nur mit Zustimmung des Beamten erfolgen. Diese Möglichkeit wurde durch Art. 1 Nr. 6 Buchst. c) cc) PostPersRWG (s. Rn. 1) allerdings um die Möglichkeit ergänzt, dem Beamten unter den in § 6 genannten Voraussetzungen auch **ohne seine Zustimmung** vorübergehend eine Tätigkeit zuzuweisen, deren Wertigkeit einem Amt mit geringerem Engrundgehalt entspricht. Der in Bezug genommene § 6 wurde parallel zu dieser Ergänzung durch Art. 1 Nr. 7 PostPersRWG wie folgt konkretisiert: Zum einen ist eine solche unterwertige Beschäftigung nur unter den für die Abordnung in § 27 Abs. 2 und 3 BBG festgelegten Voraussetzungen sowie innerhalb der jeweiligen Laufbahn (vgl. § 16 BBG) zulässig und muss aufgrund der Vorbildung oder Berufsausbildung zumutbar sein. Zum anderen wurde klargestellt, dass die Verwendung einer Beförderung im Rahmen einer regelmäßigen Laufbahnentwicklung nicht entgegensteht. Wenn die Verwendung länger als zwei Jahre dauert, bedarf sie gemäß § 6 Abs. 3 Nr. 1 der Zustimmung des Beamten. Diese Voraussetzungen und Auflagen finden über § 4 Abs. 4 S. 3 Anwendung mit der Folge, dass nunmehr auch ohne die Zustimmung des Beamten eine vorübergehende, also bis zu zwei Jahren andauernde Zuweisung einer unterwertige Beschäftigung bei den in § 4 Abs. 4 S. 1 Nr. 1 bis 4 genannten oder anderen Unternehmen möglich ist. Diese Angleichung an das Instrument der Abordnung wird damit begründet, dass die Zuweisung für den Bereich der Post-Aktiengesellschaften das Instrument der Abordnung bereits nahezu ersetze.[29] Ungeachtet dessen erweitert diese Anpassung im Ergebnis das dienstrechtliche Instrumentarium in Bezug auf die zur Verfügung stehenden Möglichkeiten einer unterwertigen Beschäftigung.
- Nach **Abs. 4 S. 2** ist ferner eine **vorübergehende oder dauerhafte Zuweisung**[30] einer dem Amt entsprechenden Tätigkeit zulässig, wenn die Zuweisung nach allgemeinen beamtenrechtlichen Grundsätzen zumutbar ist und die Zuweisung der Tätigkeit **bei einem in S. 2 Nr. 1 bis 4 aufgeführ-**

28 Näher dazu KfdP-*Seulen,* Anh. IV B § 4 PostPersRG Rn. 8ff.

29 BT-Drs. 18/3512, S. 28 (zu Art. 1 Nr. 6 Buchst. c).

30 Die Möglichkeit der (ausdrücklich geregelten) dauerhaften Zuweisung beinhaltet aufgrund ihrer geringeren Eingriffswirkung auch stets die Möglichkeit einer vorübergehenden Zuweisung. Vorübergehend ist eine Zuweisung nur dann, wenn sie befristet erfolgt (*NdsOVG* v. 7. 12. 12 – 5 ME 262/12 –, juris).

ten Unternehmen erfolgt. Zulässig sind zum einen die Zuweisung zu einem **Tochterunternehmen** (S. 2 Nr. 1) oder einem **Enkelunternehmen** (S. 2 Nr. 2), die (nur dann) der Zustimmung des Beamten bedarf, wenn es dabei um die Zuweisung einer Tätigkeit im Ausland geht (Abs. 4 S. 3), sowie zum anderen die Zuweisung zu der (etwaigen) **Konzernmuttergesellschaft** (S. 2 Nr. 3) oder einer (etwaigen) **Konzernschwestergesellschaft** (S. 2 Nr. 4), die immer der Zustimmung des Beamten bedarf (Abs. 4 S. 3). Diese Möglichkeit einer dauerhaften Zuweisung enthält die Möglichkeit einer (nur) **vorübergehenden** Zuweisung (»argumentum a maiore ad minus«).[31]

- Nach **Abs. 4 S. 4** kommt die Variante der Zuweisung nach **Abs. 4 S. 1** auch dann zum Zuge, wenn eine Zuweisung nach **Abs. 4 S. 2** erfolgt ist und die dafür erforderliche **Mehrheit der Anteile aufgegeben** wird. In diesem Fall gilt **Abs. 4 S. 1** mit der Maßgabe, dass die fehlende Zustimmung des Beamten ausdrücklich erklärt werden muss und dass (ggf.) eine dauerhafte Zuweisung in eine vorübergehende umzuwandeln ist.

Die in Abs. 4 S. 2 PostPersRG normierte **Zuweisung einer »dem Amt entsprechenden Tätigkeit«** knüpft an die durch Art. 143b Abs. 3 GG verfassungsrechtlich gewährleistete Vorgabe der amtsangemessenen Beschäftigung an (vgl. oben Rn. 1a). Gleichwertige Tätigkeiten bei den Postnachfolgeunternehmen gelten gem. § 8 S. 1 PostPersRG als amtsgemäße Funktionen. Die Gleichwertigkeit einer zugewiesenen Tätigkeit ist hierbei nicht anhand eines personenbezogenen Tätigkeitsvergleichs, sondern eines Funktionsvergleichs der Tätigkeitsbereiche durchzuführen. § 8 S. 2 PostPersRG[32] stellt hierbei klar, dass eine Tätigkeit bis zu fünf Ämtern zugeordnet werden kann.[33] Diese i. d. R. in der Aufgabenbeschreibung der Zuweisungsverfügung nachzuzeichnende Bewertung ist gerichtlich voll überprüfbar. Die Wahrnehmung eines gebündelten Dienstpostens kann nicht als Erprobungszeit für ein höheres Statusamt berücksichtigt werden.[34] 5a

Der mit § 123a Abs. 3 BRRG wortgleiche und mit § 29 Abs. 3 BBG n. F. inhaltsgleiche **Abs. 4 S. 6** bestimmt, dass die **Rechtsstellung** des zugewiesenen Beamten unberührt bleibt (vgl. § 2 PostPersRG Rn. 3). Der dem Abs. 3 S. 4 nachgebildete **Abs. 4 S. 7** sieht vor, dass die Zuweisung einer **Beförderung** im Rahmen einer regelmäßigen Laufbahnentwicklung nicht entgegensteht. Der mit § 12 Abs. 4 S. 2 DBGrG inhaltsgleiche **Abs. 4 S. 8** legt fest, dass das 5b

31 Vgl. *OVG NW* v. 9. 9. 13 – 1 B 748/13 –, ZBR 13, 421.

32 Eingefügt durch Art. 8 des Professorenbesoldungsneuregelungsgesetzes v. 11. 6. 13 (BGBl. I S. 1514). Zur Begründung vgl. BT-Drs. 17/12455, S. 75 (zu Art. 8).

33 Zu den Grenzen der Bündelung von Dienstposten vgl. *BVerwG* v. 30. 6. 11 – 2 C 19.10 –, BVerwGE 140, 83, sowie oben § 76 BPersVG Rn. 16d a. E.

34 Vgl. *BVerfG* v. 16. 12. 15 – 2 BvR 1958/13.

Unternehmen, dem der Beamte zugewiesen ist, zur **Erteilung von Anordnungen** befugt ist, soweit die Tätigkeit im Unternehmen es erfordert. Mit Ausnahme des insoweit übergehenden Weisungsrechts bleiben die **dienstrechtlichen Befugnisse** gegenüber dem zugewiesenen Beamten bei der jeweiligen Post-Aktiengesellschaft.[35] Die durch das PVKNeuG eingeführte Regelung in **Abs. 4 S. 9** sieht bei dauerhafter Zuweisung die entsprechende Geltung des **§ 106 Abs. 2 S. 3 BBG** vor und ermöglicht damit die Führung von **Nebenakten zur Personalakte**, soweit der Betriebsablauf des Unternehmens oder Zwecke der Personalbewirtschaftung dies erfordern.[36] Nach **Abs. 4 S. 10** werden **anderweitige Bezüge**, die ein Beamter im Rahmen seiner Verwendung bei dem Unternehmen erhält, dem er zugewiesen ist, entsprechend **§ 10 Abs. 3 PostPersRG** grundsätzlich auf die Besoldung angerechnet.

6 Die **kollektivrechtlichen Folgen der Zuweisung** i. S. v. § 4 Abs. 4 S. 1 und 2 PostPersRG sind in **§ 24 Abs. 3 und § 28 Abs. 2 PostPersRG** geregelt. Die Regelung in § 4 Abs. 4 S. 10 PostPersRG a. F. ist mit der Neufassung des § 4 Abs. 4 durch das PVKNeuG (vgl. Rn. 1) dort entfallen und stattdessen als S. 3 an § 24 Abs. 3 angefügt worden.[37]

7 **(Abs. 5)** Der durch Art. 1 Nr. 3 Buchst. b PVKNeuG (vgl. Rn. 1) aufgehobene Abs. 5 traf Regelungen zur entsprechenden Anwendung des BEV-DBP-StruktG im Zusammenhang mit der Privatisierung der bisherigen öffentlich-rechtlichen Postunternehmen.[38] Der nunmehr durch Art. 1 Nr. 6 Buchst. d PostPersRWG (vgl. Rn. 1) eingefügte Abs. 5 stellt klar, dass die Beamtinnen und Beamten (ungeachtet der erweiterten Möglichkeiten der Zuweisung) auch weiterhin zu einem anderen Postnachfolgeunternehmen oder zu einer Dienststelle der öffentlichen Verwaltung abgeordnet oder versetzt werden können.

§§ 5 bis 7 …

---

35 BT-Drs. 15/3404, S. 9.

36 Dies betrifft insb. Unterlagen zur Arbeitszeit, zur (Leistungs-)Beurteilung, zu Entgeltfragen, zu körperlichen oder gesundheitlichen Einschränkungen sowie zu Urlaub und Krankheit der Beschäftigten (BT-Drs. 17/10307, S. 10 [zu Nr. 3 Buchst. a]).

37 BT-Drs. 17/10307, S. 11.

38 Vgl. dazu und zu den nunmehr geltenden Regelungen KfdP-*Seulen*, Anh. V B § 4 PostPersRG Rn. 10.

Achter Abschnitt
Regelungen der betrieblichen Interessenvertretungen

§ 24 Anwendung des Betriebsverfassungsgesetzes

(1) In den Postnachfolgeunternehmen findet nach deren Eintragung in das Handelsregister das Betriebsverfassungsgesetz Anwendung, soweit in diesem Gesetz nichts anderes bestimmt ist.

(2) [1]Die bei den Postnachfolgeunternehmen beschäftigten Beamten gelten für die Anwendung des Betriebsverfassungsgesetzes als Arbeitnehmer. [2]§ 5 Abs. 3 des Betriebsverfassungsgesetzes bleibt unberührt.

(3) [1]Der Beamte, dem nach § 4 Abs. 4 Satz 1 und 2 eine Tätigkeit bei einem Unternehmen zugewiesen ist, gilt für die Anwendung von Vorschriften über die Vertretung der Arbeitnehmer im Aufsichtsrat, für die Anwendung des Betriebsverfassungsgesetzes und des Sprecherausschussgesetzes als Arbeitnehmer und für die Anwendung von Vorschriften über die Schwerbehindertenvertretung als Beschäftigter des Unternehmens. [2]§ 36 Abs. 2 und 4 gilt entsprechend. [3]Soweit das Unternehmen Verpflichtungen, die ihm gegenüber dem Beamten obliegen, nicht erfüllen kann, weil es nicht Dienstherr des Beamten ist, treffen diese Verpflichtungen je nach Zuständigkeit die Aktiengesellschaft oder den Bund.

Die im Achten Abschnitt des PostPersRG enthaltenen Regelungen der betrieblichen Interessenvertretung wurden seit ihrem Inkrafttreten am 1.1.95 wiederholt geändert, insb. durch Art. 6 des **BetrVerf-Reformgesetzes** v. 23.7.01,[1] durch Art. 1 Nr. 9a bis 15 des **1. PostPersR ÄndG** v. 9.11.04 sowie durch Art. 1 Nr. 9 bis 11 des **PVKNeuG** v. 21.11.12 (vgl. vor § 1 PostPersRG Rn. 1). Die Änderungen durch das BetrVerf-Reformgesetz bestanden in der Neufassung von § 24 Abs. 2 S. 2 und § 26 PostPersRG und der Aufhebung des § 27 PostPersRG. Sie beruhten auf dem Wegfall des **Gruppenprinzips in der Betriebsverfassung.** Mit den Änderungen durch das 1. PostPersRÄndG wurde zum einen bei der Wahl des Betriebsrats die Möglichkeit der **gruppenfremden Kandidatur** wieder eingeführt (in § 26 Nr. 4a PostPersRG), zum anderen wurden Regelungen zur Interessenvertretung jener bei den Postnachfolgeunternehmen beschäftigten Beamten geschaffen, denen **Tätigkeiten bei Drittunternehmen zugewiesen** werden sollen oder zugewiesen sind (durch Anfügung von § 24 Abs. 3 u. § 28 Abs. 2 sowie Folgeänderungen in den §§ 28 bis § 31 PostPersRG), und darüber hinaus verschiedene Klarstellungen vorgenommen (in den §§ 29, 31 u. § 37 PostPersRG). Die jüngsten Änderungen durch das PVKNeuG bestehen im Anschluss an die Neufassung der Regelungen zur **Zuweisung** (in § 4 Abs. 4 PostPersRG) 1

1 BGBl. I S. 1852.

aus redaktionellen Folgeänderungen (in den §§ 24 und 28 bis 31 PostPersRG) sowie aus inhaltlichen Klarstellungen der **Vertretung der Beamten in Konzernbetriebsräten** (in § 33 PostPersRG).

1a (**Abs. 1**) Die **öffentlich-rechtlichen Unternehmen** der früheren DBP sind in die privatrechtlichen Postnachfolgeunternehmen **Deutsche Post AG, Deutsche Telekom AG** und **Deutsche Postbank AG** umgewandelt worden (§ 1 Abs. 1 u. 2 PostUmwG). Diese Postnachfolgeunternehmen, auf deren Gründung der Erste und Zweite Teil des Ersten Buches des Aktiengesetzes (§§ 1–53) entsprechend anzuwenden war (§ 1 Abs. 3 PostUmwG), sind am 2. 1. 95 in das Handelsregister eingetragen worden und damit als juristische Personen des Privatrechts entstanden. In inhaltlicher Übereinstimmung mit § 130 BetrVG und den §§ 1 und 95 BPersVG stellt § 24 PostPersRG in Abs. 1 klar, dass seit diesem Zeitpunkt im Bereich der Postnachfolgeunternehmen das **BetrVG** Anwendung findet, soweit im PostPersRG nichts anderes bestimmt ist, und regelt in Abs. 2 S. 1, dass die bei den Postnachfolgeunternehmen beschäftigten Beamten für die Anwendung des BetrVG als Arbeitnehmer gelten. Die gesetzlichen Vorschriften über die Betriebsverfassung werden für die Postnachfolgeunternehmen durch verschiedene **tarifvertraglich vereinbarte betriebsverfassungsrechtliche Normen** ergänzt und modifiziert.[2]

2 Seit der am 2. 1. 95 erfolgten Eintragung der Postnachfolgeunternehmen in das Handelsregister sind die **Beamten**, deren Beschäftigungsbehörde am Tag zuvor eines der öffentlich-rechtlichen Unternehmen der früheren DBP war, grundsätzlich bei der dem jeweiligen Unternehmen nachfolgenden Aktiengesellschaft beschäftigt (vgl. § 2 PostPersRG Rn. 1).

3 (**Abs. 2**) Nach Abs. 2 S. 1 gelten die bei den Postnachfolgeunternehmen beschäftigten **Beamten betriebsverfassungsrechtlich** als **Arbeitnehmer.** Nach der ursprünglichen Fassung des Abs. 2 S. 2 waren sie entsprechend ihrer jeweiligen Beschäftigung den **Gruppen der Arbeiter und der Angestellten** zuzuordnen. Diese Zuordnung ist mit der Aufgabe des Gruppenprinzips in der Betriebsverfassung (vgl. Rn. 1) gegenstandslos geworden. Die bei den Postnachfolgeunternehmen beschäftigten Beamten können aber auch **leitende Angestellte** i. S. d. § 5 Abs. 3 BetrVG sein, auf die die Vorschriften des BetrVG grundsätzlich keine Anwendung finden (vgl. § 36 PostPersRG). Dies wird durch den neu gefassten Abs. 2 S. 2 klargestellt. Im Übrigen ist die grundsätzliche Zuordnung der Beamten zu den Arbeitnehmern i. S. d. BetrVG durch **Sonderregelungen** abgewandelt, die der betrieblichen Interessenvertretung der Beamten **in beamtenspezifischen Personalangelegenheiten** dienen sollen (vgl. §§ 26–35 PostPersRG).

---

2 Vgl. dazu KfdP-*Seulen*, Anh. IV B § 24 PostPersRG Rn. 1b.

Diese Sonderregelungen gelten aber nicht für **beurlaubte Beamte** der früheren Deutschen Bundespost, die mit einer der Postnachfolgeunternehmen einen Arbeitsvertrag abgeschlossen haben, und zwar auch dann nicht, wenn es sich um »in sich beurlaubte« Beamte i. S. d. § 4 Abs. 3 PostPersRG handelt. Sie werden von der jeweiligen Aktiengesellschaft nicht als Beamte, sondern aufgrund ihres Arbeitsvertrags als **Arbeitnehmer** beschäftigt, für die das BetrVG unmittelbar und ohne Besonderheiten anzuwenden ist.[3] 4

(**Abs. 3**) Der durch das 1. PostPersRÄndG eingefügte und zuletzt durch das PVKNeuG (vgl. Rn. 1) geänderte und ergänzte Abs. 3 regelt **kollektivrechtliche Folgen der Zuweisung** i. S. v. § 4 Abs. 4 S. 1 und 2 PostPersRG (vgl. dazu § 4 PostPersRG Rn. 5 ff.). Nach Abs. 3 S. 1, der dem § 19 Abs. 1 DBGrG nachgebildet ist und durch Art. 1 Nr. 9 Buchst. a PVKNeuG eine redaktionelle Änderung[4] erfahren hat, gelten die zugewiesenen Beamten für die Anwendung der Vorschriften des **Unternehmensverfassungsrechts** über die Vertretung der Arbeitnehmer im Aufsichtsrat, für die Anwendung der Vorschriften des **Betriebsverfassungsgesetzes** (BetrVG) und des **Sprecherausschussgesetzes** (SprAuG) über die betriebliche Interessenvertretung als Arbeitnehmer sowie für die Anwendung von Vorschriften des **Schwerbehindertenrechts** (SGB IX Teil 2) über die Schwerbehindertenvertretung als Beschäftigte des Unternehmens, dem sie zugewiesen sind. Aufgrund dieser gesetzlichen Fiktion sind die zugewiesenen Beamten unabhängig von ihrem nach § 4 Abs. 4 S. 5 PostPersRG unberührt bleibenden öffentlich-rechtlichen Status **den »eigenen« Arbeitnehmern bzw. Beschäftigten des aufnehmenden Unternehmens** in den Bereichen der Unternehmensmitbestimmung, der betrieblichen Mitbestimmung und der Schwerbehindertenvertretung in jeder Hinsicht **gleichgestellt.** Die zugewiesenen Beamten sind (soweit sie nicht den leitenden Angestellten zuzurechnen sind) im aufnehmenden Unternehmen zum **Betriebsrat** des Betriebs wahlberechtigt und wählbar, bei dem sie die zugewiesene Tätigkeit ausüben (nicht jedoch zum Betriebsrat des Betriebs der Post-Aktiengesellschaft, dem sie dienstrechtlich zugeordnet sind[5]). Auch im Falle einer nur vorübergehenden Zuweisung zu einem anderen Betrieb entfällt das Teilnahmerecht an **Betriebsversammlungen** im Stammbetrieb.[6] Bei der Festlegung der **Zahl der Mitglieder des Betriebsrats** im Beschäftigungsbetrieb sind demgegenüber auch die zugewiesenen Beamten mitzuzählen.[7] Soweit sie dem Weisungsrecht des aufnehmenden Unter- 5

---

3 *ArbG Bonn* v. 11. 9. 02 – 4 BV 42/02 –, AiB 04, 506.

4 Ersetzung der Angabe »bis 3« durch die Angabe »und 2« als redaktionelle Änderung zur Neufassung des § 4 Abs. 4 PostPersRG durch Art. 1 Nr. 3 Buchst. a PVKNeuG; vgl. BT-Drs. 17/10307, S. 11 (zu Nr. 9 Buchst. a).

5 So *BAG* v. 16. 1. 08 – 7 ABR 66/06 –, AP BetrVG 1972 § 7 Nr. 12.

6 So *BAG* v. 5. 12. 12 – 7 ABR 48/11 –, AP BetrVG 1972 § 5 Nr. 81.

7 Vgl. *BAG* v. 13. 3. 13 – 7 ABR 69/11 –, AP BetrVG 1972 § 9 Nr. 15.

nehmens unterliegen, hat der dortige Betriebsrat im Rahmen des BetrVG auch ihre Interessen zu vertreten. Nach Abs. 3 S. 2 i.V.m. § 36 Abs. 2 und 4 PostPersRG sind **leitende Angestellte** i.S.d. § 5 Abs. 3 BetrVG auch die **funktional vergleichbaren Beamten** mit der Folge, dass der **Sprecherausschuss** im aufnehmenden Unternehmen für die Vertretung ihrer dortigen betrieblichen Interessen zuständig ist (vgl. § 36 PostPersRG Rn. 2 u. 4).

6 Mit der Änderung des PostPersRG durch das PVKNeuG (s. Rn. 1) ist die ehemals in § 4 Abs. 4 S. 10 a.F. enthaltene Regelung ohne inhaltliche Änderung als S. 3 an § 24 Abs. 3 angefügt worden.[8] § 24 Abs. 3 S. 3 PostPersRG geht davon aus, dass das aufnehmende Unternehmen bestimmte **Verpflichtungen**, die ihm nach den in Abs. 3 S. 1 und 2 genannten Vorschriften über die gesetzliche Interessenvertretung der Arbeitnehmer bzw. Beschäftigten obliegen, deshalb nicht erfüllen kann, weil es nicht Dienstherr der zugewiesenen Beamten ist, und legt fest, dass diese Verpflichtungen je nach Zuständigkeit von der entsendenden Aktiengesellschaft oder vom Bund zu erfüllen sind. Das kann u.a. dann in Betracht kommen, wenn die Verpflichtung zur Gleichbehandlung der Beschäftigten die Beförderung zugewiesener Beamten erfordert.[9]

§ 25 *(weggefallen)*

§ 26 Wahlen, Ersatzmitglieder

Die Vorschriften des Betriebsverfassungsgesetzes über Wahl und Zusammensetzung des Betriebsrats sowie über seine Ersatzmitglieder finden mit folgender Maßgabe Anwendung:

1. **Die in den Betrieben der Postnachfolgeunternehmen beschäftigten Beamten bilden bei der Wahl zum Betriebsrat eine eigene Gruppe, es sei denn, dass die Mehrheit dieser Beamten vor der Wahl in geheimer Abstimmung hierauf verzichtet.**
2. **Arbeitnehmer und Beamte müssen entsprechend ihrem zahlenmäßigen Verhältnis im Betriebsrat vertreten sein, wenn dieser aus mindestens drei Mitgliedern besteht.**
3. **[1]Die Arbeitnehmer und Beamten wählen ihre Vertreter in getrennten Wahlgängen, es sei denn, dass die wahlberechtigten Angehörigen beider Gruppen vor der Neuwahl in getrennten, geheimen Abstimmungen die gemeinsame Wahl beschließen. [2]Die Betriebsratswahl erfolgt in gemeinsamer Wahl, wenn der Betriebsrat im vereinfachten Wahlverfahren nach § 14a des Betriebsverfassungsgesetzes zu wählen ist.**

---

8 BT-Drs. 17/10307, S. 11 (zu Nr. 9 Buchst. b).

9 BT-Drs. 15/3404, S. 9.

4. Steht einer Gruppe nur ein Vertreter im Betriebsrat zu, so erfolgt die Wahl des Gruppenvertreters nach den Grundsätzen der Mehrheitswahl.

4a. [1]Jede Gruppe kann auch Angehörige der anderen Gruppe wählen. [2]In diesem Fall gelten die Gewählten insoweit als Angehörige der Gruppe, die sie gewählt hat. [3]Dies gilt auch für Ersatzmitglieder.

5. Finden getrennte Wahlgänge statt, so sind zur Unterzeichnung von Wahlvorschlägen der Gruppen nur die wahlberechtigten Angehörigen der jeweiligen Gruppe entsprechend § 14 Abs. 4 des Betriebsverfassungsgesetzes berechtigt.

6. In Betrieben mit Beamten muss dem Wahlvorstand ein Beamter angehören.

7. Ist der Betriebsrat in gemeinsamer Wahl gewählt, bestimmt sich das Nachrücken von Ersatzmitgliedern nach § 25 des Betriebsverfassungsgesetzes unter Berücksichtigung der Grundsätze der Nummer 2.

§ 24 Abs. 2 PostPersRG sieht vor, dass die bei den Postnachfolgeunternehmen beschäftigten **Beamten** betriebsverfassungsrechtlich als Arbeitnehmer gelten. Diese Zuordnung wird jedoch bei der **Wahl zum Betriebsrat**, bei seiner Zusammensetzung und bei der Bestimmung seiner Ersatzmitglieder dadurch abgewandelt, dass die Beamten – mit Ausnahme der beurlaubten, aufgrund eines Arbeitsvertrags mit dem jeweiligen Unternehmen als Arbeitnehmer beschäftigten Beamten (vgl. § 24 PostPersRG Rn. 4) – eine **eigene Wählergruppe** bilden, wenn sie nicht vorher darauf verzichten. Die ergänzenden wahltechnischen Sonderregelungen sind in der gem. § 34 PostPersRG erlassenen **WahlO Post**[10] enthalten, welche die Bestimmungen der WO BetrVG z. T. modifiziert. 1

(Nr. 1) Abweichend vom BetrVG bilden die in den Betrieben der Postnachfolgeunternehmen beschäftigten Beamten bei der Wahl zum Betriebsrat grundsätzlich eine **eigene Gruppe.** Das gilt jedoch nicht, wenn die Mehrheit »dieser Beamten« – also die Mehrheit der nicht beurlaubten und somit grundsätzlich in der eigenen Wählergruppe wahlberechtigten Beamten – vor der Wahl in geheimer Abstimmung hierauf **verzichtet.** Das ist dann der Fall, wenn die Mehrheit der wahlberechtigten Beamten dem Verzicht auf eine eigene Vertretung zustimmt (§ 3 S. 1 WahlO Post). Verzichten die Beamten auf die Bildung einer eigenen Wählergruppe, führt dies dazu, dass sie auch bei der Wahl des Betriebsrats als Arbeitnehmer gelten und **keine eigene Beamtenvertretung im Betriebsrat** erhalten. 2

(Nr. 2) Bilden die Beamten bei der Wahl zum Betriebsrat eine eigene Gruppe, müssen **Arbeitnehmer und Beamte** nach Nr. 2 entsprechend ihrem 3

10 Abgedr. im KfdP, Anh. IV C.

zahlenmäßigen Verhältnis im Betriebsrat vertreten sein, wenn dieser aus mindestens drei Mitgliedern besteht. Die Verteilung der Sitze auf die Gruppen ist im Einzelnen in § 6 Nr. 3 WahlO Post festgelegt. Entsprechend § 15 Abs. 2 BetrVG muss das **Geschlecht**, das **innerhalb der jeweiligen Gruppe in der Minderheit** ist, mindestens entsprechend seinem zahlenmäßigen Verhältnis in der Gruppe vertreten sein (§ 4 Abs. 1 S. 2 WahlO Post); die Verteilung dieser Mindestsitze erfolgt gem. § 6 Nr. 4 WahlO Post entsprechend § 5 WO BetrVG.[11] Falls einer Gruppe nach dem anzuwendenden d'Hondt'schen Höchstzahlverfahren **kein Sitz im Betriebsrat** zusteht, kann sie keine eigene Wählergruppe bilden. In diesem Fall wählen die Arbeitnehmer und die Beamten den Betriebsrat in gemeinsamer Wahl, ohne dass es dazu vorheriger Abstimmungen bedarf.

4 **(Nr. 3, 4)** Nach Nr. 3 S. 1 wählen die Arbeitnehmer und die Beamten ihre Vertreter grundsätzlich in getrennten Wahlgängen, also in **Gruppenwahl.** Die wahlberechtigten Angehörigen beider Gruppen können jedoch vor der Neuwahl in getrennten, geheimen Abstimmungen die **gemeinsame Wahl** beschließen. Folgt man der Rspr. des *BAG*[12] zu § 14 Abs. 2 BetrVG a. F., ist es erforderlich, dass sich die Mehrheit aller Wahlberechtigten in jeder Gruppe an den Abstimmungen beteiligt und sich die Mehrheit der Abstimmenden in jeder Gruppe für die gemeinsame Wahl ausspricht. Da es aber demokratischen Prinzipien widerspricht, die Desinteressierten letztlich entscheiden zu lassen, ist es sachgerechter, ohne Rücksicht auf die Zahl der an der Abstimmung Teilnehmenden ausschließlich die Mehrheit der Abstimmenden zu verlangen.[13] Ist der Betriebsrat im (einstufigen oder zweistufigen) **vereinfachten Wahlverfahren** nach § 14a BetrVG zu wählen, findet diese Wahl nach Nr. 3 S. 2 generell als gemeinsame Wahl statt.

5 Besteht der Betriebsrat aus mindestens drei Mitgliedern, sind diese – wenn kein vereinfachtes Wahlverfahren nach § 14a BetrVG stattfindet – entweder nach den Grundsätzen der **Verhältniswahl** (Listenwahl) oder nach denen der **Mehrheitswahl** (Personenwahl) zu wählen. Das hängt entsprechend § 14 Abs. 2 BetrVG sowohl bei Gruppenwahl als auch bei gemeinsamer Wahl grundsätzlich von der Zahl der für den jeweiligen Wahlgang eingereichten (gültigen) Wahlvorschläge (Vorschlagslisten) ab (§ 6 Abs. 1 WO BetrVG u. § 6 Nr. 5 Buchst. a WahlO Post). Sind **mindestens zwei Wahlvorschläge** (Vorschlagslisten) eingereicht worden, wird die Wahl nach den Grundsätzen der Verhältniswahl durchgeführt, ist **nur ein Wahlvorschlag** (eine Vorschlagsliste) eingereicht worden, erfolgt sie nach denen der Mehrheitswahl. Ist der Betriebsrat im **vereinfachten Wahlverfahren** nach § 14a BetrVG zu wählen, findet diese Wahl generell nicht nur nach Nr. 3 S. 2 als gemeinsame

11 Vgl. *BAG* v. 16. 3. 05 – 7 ABR 40/04 –, AP BetrVG 1972 § 15 Nr. 3.
12 Vgl. Beschl. v. 2. 2. 62 – 1 ABR 5/61 –, AP BetrVG § 13 Nr. 10.
13 Vgl. KfdP-*Seulen*, Anh. IV B § 26 PostPersRG Rn. 8.

Wahl, sondern nach § 14 Abs. 2 BetrVG auch nach den Grundsätzen der **Mehrheitswahl** statt. Steht einer Gruppe **nur ein Vertreter** im Betriebsrat zu, erfolgt auch dessen Wahl gem. Nr. 4 nach den Grundsätzen der Mehrheitswahl.

(Nr. 4a) Die ursprüngliche Fassung des BetrVG v. 15. 1. 72[14] teilte die Arbeitnehmer in die Gruppen der Arbeiter und Angestellten und sah in Verbindung damit in § 12 Abs. 2 die Möglichkeit der **gruppenfremden Kandidatur** vor. Diese Bestimmung wurde zusammen mit den anderen Vorschriften über das Gruppenprinzip durch das BetrVerf-Reformgesetz (vgl. § 24 PostPersRG Rn. 1) aufgehoben. Mangels einer Spezialregelung waren damit auch im Bereich der Postnachfolgeunternehmen trotz der hier vorgesehenen Aufteilung der Beschäftigten in die Gruppen der Arbeitnehmer und Beamten gruppenfremde Kandidaturen nicht mehr möglich. Diese Möglichkeit ist mit der durch das 1. PostPersRÄndG erfolgten Einfügung der Nr. 4a, die mit § 12 Abs. 2 BetrVG a. F. wörtlich übereinstimmt, wieder zugelassen worden.[15] 6

(Nr. 5) Bei Gruppenwahl sind nach Nr. 5 zur **Unterzeichnung von Wahlvorschlägen der Gruppen** nur die wahlberechtigten Angehörigen der jeweiligen Gruppe berechtigt. Dabei richtet sich das erforderliche Unterschriftenquorum nach § 14 Abs. 4 BetrVG mit der Maßgabe, dass es jeweils auf die wahlberechtigten Gruppenangehörigen ankommt. Die im Betrieb vertretenen Gewerkschaften können nach § 14 Abs. 3 BetrVG für jede Gruppe jeweils einen Wahlvorschlag einreichen, für dessen Unterzeichnung § 14 Abs. 5 BetrVG gilt. 7

(Nr. 6) In Betrieben, in denen Beamte beschäftigt sind, muss dem **Wahlvorstand** ein Beamter angehören. Dies gilt auch dann, wenn die Beamten auf die Bildung einer eigenen Wählergruppe verzichtet haben oder wenn ihnen wegen ihrer zu geringen Zahl eine Gruppenvertretung nicht zusteht (vgl. Rn. 3). 8

(Nr. 7) Für das **Nachrücken von Ersatzmitgliedern** gilt nach dem Eingangssatz des § 26 PostPersRG grundsätzlich die Vorschrift des § 25 Abs. 2 BetrVG. Dabei ist jedoch die Maßgabe der Nr. 7 zu beachten. Diese schreibt für den Fall, dass der Betriebsrat in gemeinsamer Wahl gewählt worden ist, vor, dass sich das Nachrücken nach § 25 BetrVG unter Berücksichtigung der Nr. 2 (vgl. Rn. 3) bestimmt. Durch diese Maßgabe wird »sichergestellt, dass im Falle des Ausscheidens z. B. eines Vertreters der Beamten aus dem Betriebsrat auch nur wieder ein Beamter als Ersatzmitglied nachrückt«.[16] Dies gilt auch (und erst recht), wenn der Betriebsrat in Gruppenwahl gewählt worden ist. Deshalb ist beim Nachrücken generell zu gewährleisten, dass die Größen 9

14 BGBl. I S. 13.
15 Vgl. BT-Drs. 15/3404, S. 12 (zu Nr. 10).
16 BT-Drs. 14/5741, S. 55.

der Arbeitnehmergruppe und der Beamtengruppe soweit wie möglich gewahrt bleiben. Dem ist dadurch zu entsprechen, dass das Nachrücken unabhängig von der Art der Wahl **vorrangig innerhalb der jeweiligen Gruppe** stattfindet. Dieses Nachrücken hat nach § 25 Abs. 2 BetrVG unter Berücksichtigung des § 15 Abs. 2 BetrVG zu erfolgen. Danach kommt es auf die **Mindestquote des Minderheitsgeschlechts innerhalb der jeweiligen Gruppe** an. Die vorrangige Berücksichtigung der Gruppenquote kann u. U. dazu führen, dass die gruppenbezogene Mindestquote des Minderheitsgeschlechts nicht uneingeschränkt berücksichtigt werden kann.

§ 27 *(aufgehoben)*

§ 28 Beteiligung des Betriebsrats in Angelegenheiten der Beamten

(1) [1]Der Betriebsrat ist in den Angelegenheiten der Beamten nach § 76 Abs. 1, § 78 Abs. 1 Nr. 3 bis 5 und § 79 Abs. 3 des Bundespersonalvertretungsgesetzes sowie nach § 4 Abs. 4 Satz 1 und 2 zu beteiligen. [2]In diesen Angelegenheiten sind nach gemeinsamer Beratung im Betriebsrat nur die Vertreter der Beamten zur Beschlußfassung berufen, es sei denn, daß die Beamten im Betriebsrat nicht vertreten sind. [3]§ 33 Abs. 1 und 2 des Betriebsverfassungsgesetzes gilt entsprechend.

(2) [1]Bei Entscheidungen und Maßnahmen der Aktiengesellschaft nach Absatz 1 Satz 1, die Beamte betreffen, denen nach § 4 Abs. 4 Satz 1 und 2 Tätigkeiten bei einem Unternehmen zugewiesen sind, ist der bei dem Postnachfolgeunternehmen gebildete Betriebsrat nach Maßgabe der Vorschriften dieses Abschnitts zu beteiligen; gleichzeitig ist der Betriebsrat des Betriebs, in dem der Beamte die zugewiesene Tätigkeit ausübt, hierüber zu unterrichten und ihm Gelegenheit zur Stellungnahme zu geben. [2]Entsprechendes gilt für die Beteiligung der Schwerbehindertenvertretung.

1 (**Abs. 1**) Abs. 1 S. 1 legt fest, dass der Betriebsrat auch in den dort bezeichneten **beamtenspezifischen Personalangelegenheiten** zu beteiligen ist. Das dabei anzuwendende **Verfahren** ist in § 29 PostPersRG geregelt. Für die **interne Willensbildung des Betriebsrats** trifft Abs. 1 S. 2 eine von den allgemeinen betriebsverfassungsrechtlichen Vorschriften abweichende Regelung, die den Vertretern der Beamten die ausschließliche Beschlussfassungsbefugnis zuweist.

2 In den in Abs. 1 S. 1 genannten Personalangelegenheiten der Beamten hat der Betriebsrat zunächst stets gemeinsam zu **beraten.** Zur anschließenden **Beschlussfassung** sind gem. Abs. 1 S. 2 Hs. 1 aber nur die Vertreter der Beamten befugt. Anders ist es nur dann, wenn die Beamten ausnahmsweise nicht im Betriebsrat vertreten sind (vgl. Rn. 3). Nach Abs. 1 S. 3 gilt § 33

Abs. 1 und 2 BetrVG entsprechend. Daraus folgt: Die Beamtengruppe ist nur dann **beschlussfähig**, wenn mindestens die Hälfte der Beamtenvertreter an der Beschlussfassung teilnimmt, wobei Stellvertretung durch Ersatzmitglieder zulässig ist (§ 33 Abs. 2 BetrVG).[17] Die Beschlüsse der Beamtengruppe werden mit der **Mehrheit der Stimmen der anwesenden Beamtenvertreter** gefasst; bei Stimmengleichheit ist ein Antrag abgelehnt (§ 33 Abs. 1 BetrVG).

Sind **die Beamten als Gruppe im Betriebsrat nicht vertreten**, weil sie gem. 3
§ 26 Nr. 1 PostPersRG auf die Bildung einer eigenen Gruppe verzichtet haben oder weil ihre Zahl so gering ist, dass ihnen kein Sitz im Betriebsrat zusteht (vgl. § 26 PostPersRG Rn. 2f.), hat nach Abs. 1 S. 2 Hs. 2 auch in den in Abs. 1 S. 1 genannten Angelegenheiten der Beamten der **Betriebsrat als Ganzes** zu entscheiden.

Als Folge der Aufgabe des Gruppenprinzips durch das BetrVerf-Reformge- 4
setz (vgl. § 24 PostPersRG Rn. 1) ist das in § 35 BetrVG a. F. enthaltene Recht der Vertreter einer Gruppe, die **Aussetzung eines Beschlusses** des Betriebsrats zu beantragen, entfallen. In § 35 BetrVG n. F. ist nur noch vorgesehen, dass ein Beschluss des Betriebsrats, den die Mehrheit der Jugend- und Auszubildendenvertretung oder die Schwerbehindertenvertretung als eine erhebliche Beeinträchtigung wichtiger Interessen der durch sie vertretenen Arbeitnehmer erachtet, auf ihren Antrag befristet auszusetzen ist. Obwohl das PostPersRG dazu keine Regelung enthielt, waren vor dem Inkrafttreten des BetrVerf-Reformgesetzes allerdings entsprechende, auf die Besonderheiten der Postnachfolgeunternehmen zugeschnittene Antragsrechte ausnahmsweise anerkannt. Zum einen wurde ein **Aussetzungsantrag der Mehrheit der Vertreter der Beamten** dann als zulässig angesehen, wenn er damit begründet war, dass ein Beschluss des Betriebsrats als eine erhebliche Beeinträchtigung wichtiger Interessen der Beamten in einer Angelegenheit erachtet werde, in der nach § 28 S. 2 PostPersRG a. F. (= § 28 Abs. 1 S. 2 PostPersRG n. F.) nur die Beamtenvertreter zur Beschlussfassung berufen seien. Zum anderen wurde bejaht, dass die **Mehrheit der Vertreter der Gruppe der Angestellten oder der Arbeiter** und die **Mehrheit der Mitglieder der Jugend- und Auszubildendenvertretung** sowie die **Schwerbehindertenvertretung** einen Aussetzungsantrag gegen einen von der Beamtengruppe gefassten Beschluss des Betriebsrats stellen könnten, wenn sie diesen Beschluss als eine erhebliche Beeinträchtigung wichtiger Interessen der durch sie vertretenen Arbeitnehmer erachteten. Da die aus der Beschlussfassungsbefugnis der Beamtenvertreter resultierenden Besonderheiten auch nach der Novellierung des BetrVG fortbestehen, sind **derartige Aussetzungsanträge in analoger Anwendung des § 35 BetrVG** unter den genannten engen Voraus-

17 Teilw. str.; vgl. KfdP-*Seulen*, Anh. IV B § 28 PostPersRG Rn. 3 m. N.

setzungen auch **weiterhin zulässig**, wobei nun statt der Antragsrechte der jeweiligen Mehrheit der früheren Gruppen der Angestellten und der Arbeiter ein entsprechendes Antragsrecht der **Mehrheit der Gruppe der Arbeitnehmer** besteht.[18]

5 (**Abs. 2**) Der durch das 1. PostPersRÄndG angefügte und durch das PVKNeuG redaktionell geänderte Abs. 2 (vgl. § 24 PostPersRG Rn. 1) regelt die Beteiligung der betrieblichen Interessenvertretungen bei Entscheidungen und Maßnahmen der Postnachfolgeunternehmen in beamtenspezifischen **Angelegenheiten jener Beamten, die nach § 4 Abs. 4 S. 1 und 2 PostPersRG** einem anderen Unternehmen **zugewiesen sind** (vgl. § 4 PostPersRG Rn. 5f. u. § 24 PostPersRG Rn. 5).[19] Abs. 2 S. 1 Hs. 1 bestimmt, dass bei derartigen Entscheidungen und Maßnahmen der **bei der Aktiengesellschaft gebildete Betriebsrat** nach Maßgabe der (sonstigen) Vorschriften des Achten Abschnitts (d.h. insb. nach § 28 Abs. 1 u. den §§ 29 und 30) des PostPersRG **zu beteiligen** ist. Das ist i.d.R. der Betriebsrat des Betriebes der Post-Aktiengesellschaft, dem der zugewiesene Beamte zuletzt angehört hat. Wird dieser Betrieb aufgelöst oder umstrukturiert, müssen die davon betroffen zugewiesenen Beamten so zugeordnet werden, dass der zu beteiligende Betriebsrat eindeutig feststeht.

Abs. 2 S. 1 Hs. 2 legt fest, dass gleichzeitig mit der in Hs. 1 vorgeschriebenen Beteiligung des bei der Post-Aktiengesellschaft gebildeten Betriebsrats der **Betriebsrat des Betriebs, in dem der Beamte die zugewiesene Tätigkeit ausübt**, über die beabsichtigte Entscheidung bzw. Maßnahme **zu unterrichten** und ihm Gelegenheit zur **Stellungnahme** zu geben ist. Dadurch soll sichergestellt werden, dass die Belange der Belegschaft des Betriebs, in dem der Beamte die zugewiesene Tätigkeit ausübt, bei der Entscheidungsfindung des Betriebsrats bei der Post-Aktiengesellschaft Berücksichtigung finden können.[20] Damit dieses Ziel erreicht wird, ist es notwendig, dass die Stellungnahme des Betriebsrats des Beschäftigungsbetriebs dem für die Beteiligung zuständigen Betriebsrat bei der Post-Aktiengesellschaft rechtzeitig vorgelegt wird. Für die Beteiligung der **Schwerbehindertenvertretung** bestimmt Abs. 2 S. 2, dass die Regelungen des Abs. 2 S. 1 entsprechend gelten.

6 Die Vorschrift des Abs. 2 gilt nur für die Beteiligung in beamtenspezifischen Angelegenheiten von Beamten, die nach § 4 Abs. 4 S. 1 und 2 PostPersRG einem anderen Unternehmen bereits »zugewiesen sind«, nicht jedoch von Beamten, die erst zugewiesen werden sollen. Deshalb richtet sich die betriebsverfassungsrechtliche Beteiligung nach anderen Vorschriften, wenn beab-

18 Vgl. KfdP-*Seulen*, Anh. IV B § 28 PostPersRG Rn. 8.

19 *BAG* v. 16.1.08 – 7 ABR 66/06 –, AP BetrVG 1972 § 7 Nr. 12.

20 So BT-Drs. 15/3404, S. 9, u. 15/3732, S. 7; *BAG* v. 5.12.12 – 7 ABR 48/11 –, AP BetrVG 1972 § 5 Nr. 81 (zu B I 2b bb (2)).

sichtigt ist, einen Beamten **erstmals einem anderen Unternehmen zuzuweisen**. Dann ist zum einen der **bei der Post-Aktiengesellschaft gebildete Betriebsrat** nach § 28 Abs. 1 (u. § 29) PostPersRG unter dem Gesichtspunkt der Abgabe zu beteiligen, während zum anderen der **bei dem aufnehmenden Unternehmen gebildete Betriebsrat** nach den §§ 99ff. BetrVG unter dem Gesichtspunkt der Aufnahme (= Einstellung) zu beteiligen ist. Verweigert der Betriebsrat beim aufnehmenden Unternehmen die Zustimmung, so muss der Arbeitgeber, falls an der Absicht der Zuweisung festgehalten wird, insoweit das arbeitsgerichtliche Zustimmungsersetzungsverfahren nach § 99 Abs. 4 BetrVG betreiben.[21] Allerdings soll es nach abzulehnender Rspr. gem. § 29 Abs. 4 PostPersRG auch bei fehlender Zustimmung des Betriebsrats zur beabsichtigten endgültigen Maßnahme erlaubt sein, unter den engen Voraussetzungen des § 69 Abs. 5 BPersVG eine vorläufige Zuweisung anzuordnen.[22]

§ 29 Verfahren

(1) [1]Der Betriebsrat hat in den in § 76 Abs. 1 des Bundespersonalvertretungsgesetzes genannten Personalangelegenheiten der Beamten ein Mitbestimmungsrecht. [2]Auf das Mitbestimmungsrecht in den in § 76 Abs. 1 des Bundespersonalvertretungsgesetzes genannten Angelegenheiten finden die Regelungen des § 77 des Bundespersonalvertretungsgesetzes entsprechende Anwendung. [3]Entsprechendes gilt bei der Zuweisung nach § 4 Abs. 4 Satz 1 und 2.

(2) [1]Verweigert der Betriebsrat in den Fällen des Absatzes 1 seine Zustimmung, so hat er dies unter Angabe von Gründen innerhalb einer Woche nach Unterrichtung durch den Arbeitgeber diesem schriftlich mitzuteilen. [2]Teilt der Betriebsrat dem Arbeitgeber die Verweigerung seiner Zustimmung nicht innerhalb der Frist schriftlich mit, so gilt die Zustimmung als erteilt.

(3) [1]Ergibt sich zwischen dem Arbeitgeber und dem Betriebsrat in den Fällen des § 76 Abs. 1 des Bundespersonalvertretungsgesetzes sowie des § 4 Abs. 4 Satz 1 und 2 keine Einigung, so ist die Einigungsstelle anzurufen, die binnen zwei Monaten entscheiden soll. [2]Sie stellt fest, ob ein Grund zur Verweigerung der Zustimmung im Sinne des § 77 Abs. 2 des Bundespersonalvertretungsgesetzes vorliegt. [3]Schließt sich die Einigungsstelle nicht der Auffassung des Arbeitgebers an, so gibt sie diesem eine Empfehlung. [4]Folgt der Arbeitgeber der Empfehlung der Einigungsstelle nicht, so hat er innerhalb von zehn Arbeitstagen die Angelegenheit

21 Vgl. KfdP-*Seulen*, Anh. IV B § 28 PostPersRG Rn. 10 m. N.
22 So *NdsOVG* v. 16. 2. 09 – 5 Me 470/08 –, juris.

mit der Empfehlung der Einigungsstelle dem Bundesministerium der Finanzen zur endgültigen Entscheidung vorzulegen.
(4) § 69 Abs. 5 des Bundespersonalvertretungsgesetzes gilt für Maßnahmen nach Absatz 1 entsprechend.
(5) [1]Der Betriebsrat wirkt in den in § 78 Abs. 1 Nr. 3 bis 5 des Bundespersonalvertretungsgesetzes genannten Personalangelegenheiten der Beamten mit. [2]Auf dieses Mitwirkungsrecht finden § 78 Abs. 2 und § 72 Abs. 1 bis 3 und 6 des Bundespersonalvertretungsgesetzes entsprechende Anwendung.
(6) [1]Der Betriebsrat kann die in Absatz 5 genannten Personalangelegenheiten binnen drei Tagen nach Zugang der seine Einwendung ganz oder zum Teil ablehnenden Mitteilung des Arbeitgebers dem in § 1 Abs. 7 genannten Vorstandsmitglied mit dem Antrag auf Entscheidung vorlegen. [2]Dieses entscheidet nach Verhandlung mit dem Betriebsrat endgültig. [3]Eine Abschrift seines Antrags leitet der Betriebsrat dem Arbeitgeber zu.
(7) Ist ein Antrag gemäß Absatz 6 gestellt, so ist die beabsichtigte Maßnahme bis zur Entscheidung des in § 1 Abs. 7 genannten Vorstandsmitglieds auszusetzen.
(8) Der Betriebsrat ist vor fristlosen Entlassungen von Beamten entsprechend § 79 Abs. 3 des Bundespersonalvertretungsgesetzes anzuhören.
(9) [1]In Streitigkeiten nach den Absätzen 1 bis 8 sind die Verwaltungsgerichte zuständig. [2]Die Vorschriften des Arbeitsgerichtsgesetzes über das Beschlußverfahren gelten entsprechend.

1 In den als Aktiengesellschaften organisierten Postnachfolgeunternehmen ist nach § 24 Abs. 1 PostPersRG grundsätzlich das **BetrVG** anzuwenden (vgl. § 24 PostPersRG Rn. 1ff.). Diese Aktiengesellschaften sind allerdings – an sich systemfremd – mit der Wahrnehmung von Dienstherrnbefugnissen gegenüber den Beamten beliehen, die bisher bei den öffentlich-rechtlichen Unternehmen der DBP beschäftigt waren und nunmehr entsprechend Art. 143b Abs. 3 GG unter Wahrung ihrer Rechtsstellung als unmittelbare Bundesbeamte und der Verantwortung des Dienstherrn Bund bei diesen privaten Unternehmen beschäftigt werden. Der Gesetzgeber hat deshalb gemeint, in **personellen Angelegenheiten der Beamten** Sonderregelungen schaffen zu müssen, wobei er offenbar davon ausgegangen ist, dass es nach der Rspr. des *BVerfG*[23] in diesen Fällen bei einer **Letztentscheidung des Dienstherrn** verbleiben müsse.[24]

23 Urt. v. 27.4.59 – 2 BvF 2/58 –, AP PersVG Bremen § 59 Nr. 1.
24 Vgl. BT-Drs. 12/6718, S. 102, mit dem in der Begründung zu § 27 Abs. 3 des Entwurfs des PostPersRG enthaltenen Hinweis, dass damit dem § 104 S. 3 BPersVG Rechnung getragen werde, also jener Vorschrift, die an das genannte Urt. des

2 Dem Betriebsrat können in personellen Angelegenheiten der Beamten neben dem Mitbestimmungsrecht nach § 29 Abs. 1 S. 1 PostPersRG i. V. m. § 76 Abs. 1 BPersVG auch noch **Mitbestimmungsrechte nach dem BetrVG** zustehen. Nach der Rspr. des *BAG*[25] ist ein Mitbestimmungsrecht nach **§ 99 BetrVG** nur dann ausgeschlossen, wenn hinsichtlich der jeweiligen konkreten personellen Einzelmaßnahme ein Mitbestimmungsrecht nach § 76 Abs. 1 BPersVG greift. Bei der **Versetzung** von Beamten hält das *BAG*[26] die Regelung des § 29 Abs. 1 S. 1 PostPersRG nur für abschließend, soweit es sich um eine (betriebsübergreifende) Versetzung eines Beamten handelt, die von § 76 Abs. 1 BPersVG erfasst wird. Danach besteht eine weitergehende Mitbestimmung des Betriebsrats nach § 99 BetrVG, wenn eine Versetzung nicht zu den nach § 76 Abs. 1 BPersVG mitbestimmungspflichtigen Angelegenheiten gehört, aber die Merkmale des **§ 95 Abs. 3 BetrVG** erfüllt (Zuweisung eines anderen Arbeitsbereichs, die voraussichtlich die Dauer eines Monats überschreitet oder die mit einer erheblichen Änderung der Umstände verbunden ist, unter denen die Arbeit zu leisten ist). Damit sind **innerbetriebliche Versetzungen** von Beamten, die keine Umsetzungen i. S. d. § 76 Abs. 1 Nr. 4 BPersVG sind, aber auch **kürzere überbetriebliche Versetzungen**, die keine unter § 76 Abs. 1 Nr. 5 BPersVG fallende Abordnungen für eine Dauer von mehr als drei Monaten sind, dem Mitbestimmungsrecht des Betriebsrats nach § 99 BetrVG unterworfen. Hervorzuheben sind folgende **Fallgestaltungen**:

Besonderheiten bestehen bei sog. **Transfermitarbeitern**, die vorübergehend innerhalb und außerhalb des Konzerns der Telekomgruppe eingesetzt werden. Zwar ist deren Beschäftigung durch einen häufigen Wechsel des Arbeitsplatzes charakterisiert, weshalb nach § 8 Abs. 3 des Zuordnungstarifvertrages für die Deutsche Telekom AG v. 1. 1. 14 der vorübergehende Einsatz von Transferkräften dem § 95 Abs. 3 S. 2 BetrVG unterfallen soll. Demnach gilt bei Arbeitnehmern, die nach der Eigenart ihres Arbeitsplatzes nicht ständig an einem Arbeitsplatz beschäftigt werden, die Bestimmung des jeweiligen Arbeitsplatzes nicht als Versetzung. Allerdings umfasst diese Verweisung innerhalb des Tarifvertrages nicht die verbeamteten Transferkräfte. Der Einsatz im Transfer lässt den Anspruch des einzelnen Beamten auf eine amtsangemessene Beschäftigung unberührt. Eine amtsangemessene Beschäftigung besteht i. d. R. jedoch nicht in dem ständigen Wechsel des

---

BVerfG anknüpft; vgl. dazu § 104 BPersVG Rn. 4 u. KfdP-Seulen, Anh. IV B § 29 PostPersRG Rn. 1aff.

25 Beschl. v. 15. 8. 12 – 7 ABR 6/11 – (zu B II 2a [Rn. 14]), NZA-RR 13, 161 = PersR 13, 4 Os.

26 Beschl. v. 12. 8. 97 – 1 ABR 7/97 –, PersR 98, 206, u. – 1 ABR 18/97 –, ZTR 98, 141, sowie v. 10. 10. 12 – 7 ABR 42/11 –, AP BetrVG 1972 § 99 Versetzung Nr. 51 = PersR 13, 143 Os.

Dienstpostens. Bereits aus diesem Grund ist der Anwendungsbereich des § 95 Abs. 3 S. 2 BetrVG nicht als eröffnet anzusehen.[27]
Eine ausschließlich nach § 99 BetrVG mitbestimmungspflichtige Versetzung liegt auch dann vor, wenn beamteten Beschäftigten neben ihrer Tätigkeit als **Briefzusteller** zusätzliche Aufgaben wie der Verkauf von Postprodukten übertragen werden, da diese Maßnahme bei qualitativer Betrachtungsweise als Versetzung nach § 95 Abs. 3 BetrVG zu bewerten ist.[28]
Bei Beamten, die **Mitglied des Betriebsrats oder des Wahlvorstands oder Wahlbewerber** sind, bedarf eine Versetzung i. S. d. § 95 Abs. 3 BetrVG, die zu einem Verlust des Amtes als Betriebsrats- oder Wahlvorstandsmitglied oder der Wählbarkeit führen würde, nach **§ 103 Abs. 3 BetrVG** der Zustimmung des Betriebsrats, wenn der betroffene Beamte mit der Versetzung nicht einverstanden ist. Das gilt auch dann, wenn es sich um eine Versetzung handelt, die nach § 29 Abs. 1 S. 1 PostPersRG i. V. m. § 76 Abs. 1 BPersVG beteiligungspflichtig ist.

2a Die Beteiligung des Betriebsrats richtet sich nur dann und insoweit nach den Sondervorschriften der §§ 28 bis 30 PostPersRG, wenn und soweit es sich um die dort ausdrücklich bezeichneten Personalangelegenheiten der Beamten nach § 76 Abs. 1, § 78 Abs. 1 Nr. 3 bis 5 und § 79 Abs. 3 BPersVG sowie nach § 4 Abs. 4 S. 1 und 2 PostPersRG handelt. In allen **anderen Angelegenheiten der Beamten** ist der Betriebsrat dagegen gem. § 24 Abs. 1 PostPersRG uneingeschränkt nach den Vorschriften des BetrVG zu beteiligen. Das gilt z. B. für **Regelungen in Fragen der Arbeitszeit**, die nach § 87 Abs. 1 Nr. 2 oder 3 BetrVG mitbestimmungspflichtig sind.[29] Ordnet der Arbeitgeber dennoch ohne Mitbestimmung des Betriebsrats Rufbereitschaft gegenüber beamteten Beschäftigten an, kann ihm das Arbeitsgericht im Wege der einstweiligen Verfügung die Unterlassung dieser einseitigen Anordnung aufgeben.[30] Bei der Festlegung von **Auswahlkriterien für »In-Sich-Beurlaubungen«** von Beamten nach § 4 Abs. 3 PostPersRG handelt es sich um die Aufstellung von **Richtlinien über die personelle Auswahl bei Umgruppierungen** i. S. v. § 95 Abs. 1 und 2 BetrVG;[31] nach § 95 Abs. 1, 2 BetrVG steht dem Betriebsrat in Betrieben mit bis zu 500 Arbeitnehmern ein Zustimmungs- bzw. Zustimmungsverweigerungsrecht zu, in Betrieben mit mehr als 500 Arbeitnehmern (einschl. der nach § 24 Abs. 2 PostPersRG als solche geltenden Beamten) ein Initiativrecht. Auch das Mitbestimmungsrecht bei Fragen der **betrieblichen Lohngestaltung** nach § 87 Abs. 1 Nr. 10 BetrVG wird durch § 28 PostPersRG und die dort genannten Regelungen des BPersVG nicht ver-

---

27 Vgl. *LAG NW* v. 21. 8. 09 – 11 TaBV 60/08 –, AuR 10, 274 Ls.
28 *LAG BW* v. 12. 1. 99 – 10 TaBV 1/98 –, LAGE BetrVG 1972 § 99 Versetzung Nr. 3.
29 *BAG* v. 23. 3. 99 – 1 ABR 33/98 –, AP BetrVG 1972 § 87 Arbeitszeit Nr. 80.
30 *ArbG Hannover* v. 22. 6. 95 – 11 BV Ga 2/95 –, AiB 95, 739.
31 *BAG* v. 10. 12. 02 – 1 ABR 27/01 –, AP BetrVG 1972 § 95 Nr. 42.

drängt;[32] die Frage, nach welchen Kriterien **(Beförderungs-)Planstellen für Beamte** aus dem dafür vorhandenen Stellenpool den einzelnen Betrieben eines Postnachfolgeunternehmens zugewiesen werden, hat das *BAG*[33] jedoch weder als eine Angelegenheit der betrieblichen Lohngestaltung i.S.d. § 87 Abs. 1 Nr. 10 BetrVG noch als eine Auswahlrichtlinie i.S.d. § 95 Abs. 1, 2 BetrVG angesehen. Auch bei der **besoldungsmäßigen Bewertung von Arbeitsposten** zu, die von Beamten besetzt sind, ist ein Mitbestimmungsrecht aus dem Gesichtspunkt der betrieblichen Lohngestaltung verneint worden.[34]

(Abs. 1) Abs. 1 S. 1 legt fest, dass der Betriebsrat in den in **§ 76 Abs. 1** 3
BPersVG genannten **Personalangelegenheiten** der Beamten ein **Mitbestimmungsrecht** hat. Damit soll die Mitbestimmung in den **statusrechtlichen Angelegenheiten** der Beamten gewährleistet werden.[35] Allerdings sind in den Postnachfolgeunternehmen **nicht alle Tatbestände** des in Bezug genommenen Katalogs (näher dazu § 76 BPersVG Rn. 4–34) von gleicher praktischer Bedeutung.

Bei der **Interpretation der Mitbestimmungstatbestände** des § 76 Abs. 1 3a
BPersVG sind die **Besonderheiten** zu berücksichtigen, die sich daraus ergeben, dass nach § 4 Abs. 1 PostPersRG die berufliche Tätigkeit der Beamten in den Postnachfolgeunternehmen als Dienst gilt (vgl. § 4 PostPersRG Rn. 1).[36] Daraus ergibt sich, dass als mitbestimmungspflichtige **Versetzung** nach § 29 Abs. 1 S. 1 PostPersRG i.V.m. § 76 Abs. 1 Nr. 4 BPersVG (vgl. § 76 BPersVG Rn. 22ff.) die nicht nur vorübergehende Zuweisung eines anderen Aufgabenbereichs an einen Beamten bei einem anderen Betrieb desselben (oder eines anderen) Postnachfolgeunternehmens anzusehen ist.[37] Wechseln jedoch Beamte eines Postnachfolgeunternehmens von einem stillgelegten Betrieb zu anderen Betrieben des Unternehmens, so hat der (restmandatierte) Betriebsrat[38] nach der Rspr. des *BVerwG* bei diesen Versetzungen kein Mitbestimmungsrecht; die Individualinteressen der betroffenen Beamten, insb. ihr Recht auf amtsangemessene Weiterbeschäftigung, werden durch die in § 112 BetrVG geregelte Mitbestimmung des Betriebsrats beim Sozialplan als hinreichend gewahrt betrachtet.[39]

Abs. 1 S. 2 legt fest, dass in den Fällen des § 76 Abs. 1 BPersVG die einschrän- 4
kenden Bestimmungen des § 77 BPersVG entsprechend anzuwenden sind,

32 *BAG* v. 28.3.06 – 1 ABR 59/04 –, AP BetrVG 1972 § 87 Lohngestaltung Nr. 128.
33 Beschl. v. 28.3.06, a.a.O.
34 *LAG Bln* v. 7.5.02 – 3 TaBV 2367/01 –, ZTR 02, 605.
35 Vgl. BT-Drs. 12/6718, S. 102 (zu § 28 Abs. 1).
36 KfdP-*Seulen*, Anh. IV B § 29 PostPersRG Rn. 5a.
37 *BVerwG* v. 15.11.06 – 6 P 1.06 –, PersR 07, 119, zur Zuweisung einer Beschäftigung bei der Personalserviceagentur Vivento.
38 Zum Restmandat des Betriebsrats vgl. KfdP-*Kröll*, § 26 BPersVG Rn. 10a m.w.N.
39 BVerwG v. 25.1.12 – 6 P 25.10 –, PersR 12, 218.

und zwar sowohl die **Ausnahmen von der Beteiligung** nach § 77 Abs. 1 wie auch der **Versagungskatalog** nach § 77 Abs. 2. Damit wird der Umfang der Mitbestimmung auf den im BPersVG festgelegten Rahmen eingegrenzt.[40]

4a Der durch das 1. PostPersRÄndG eingefügte und durch das PVKNeuG geänderte Abs. 1 S. 3 sieht ein Mitbestimmungsrecht des Betriebsrats auch dann vor, wenn Beamten, die bei den Postnachfolgeunternehmen beschäftigt sind, nach § 4 Abs. 4 S. 1 und 2 PostPersRG **Tätigkeiten bei Drittunternehmen zugewiesen** werden sollen (vgl. § 4 PostPersRG Rn. 5f. u. § 24 PostPersRG Rn. 5). Der Gesetzgeber hat die Erforderlichkeit dieser Regelung damit begründet, dass sich die Mitbestimmung im Falle des § 76 Abs. 1 Nr. 5a BPersVG nur auf Zuweisungen nach § 123a BRRG (jetzt § 29 BBG i.d.F. v. Art. 1 DNeuG) beziehe.[41] Die Mitbestimmung im Fall des Abs. 1 S. 3 unterliegt (entsprechend Abs. 1 S. 2) den gleichen Einschränkungen wie in den Fällen des § 76 Abs. 1 BPersVG.

4b Das **Mitbestimmungsverfahren** ist vom **Arbeitgeber** einzuleiten, wobei für diesen in beamtenrechtlichen Angelegenheiten die Stelle handelt, die nach den für die jeweilige Aktiengesellschaft geltenden Regelungen in der anstehenden Personalangelegenheit zur Entscheidung befugt ist. In Betracht kommen v.a. der **Vorstand** als oberste Dienstbehörde oder oberster Dienstvorgesetzter (§ 1 Abs. 2 PostPersRG), der **Arbeitsdirektor**, soweit er die Befugnisse des Vorstands wahrnimmt (§ 1 Abs. 7 S. 3 PostPersRG), sowie **Stelleninhaber unterhalb des Vorstands**, soweit ihnen durch Anordnung des BMF oder des Vorstands dienstrechtliche Befugnisse übertragen sind (§ 3 Abs. 1 oder 2 S. 4 bzw. § 1 Abs. 4 PostPersRG).

4c Das Mitbestimmungsverfahren ist entsprechend § 99 Abs. 1 BetrVG und § 69 Abs. 2 S. 1 BPersVG dadurch einzuleiten, dass die für den Arbeitgeber handelnde Stelle (vgl. Rn. 4b) den zuständigen **Betriebsrat** von der beabsichtigten Maßnahme unterrichtet und dessen Zustimmung beantragt. **Zuständig** ist i.d.R. der Betriebsrat des Betriebes, in dem der betroffene Beamte beschäftigt ist. Im Falle eines Beamten, der einem Drittunternehmen zugewiesen ist, ist der Betriebsrat des Betriebes zuständig, dem der Beamte dienstrechtlich zugeordnet ist (vgl. dazu § 28 PostPersRG Rn. 5). Der jeweilige Betriebsrat ist auch dann zu beteiligen, wenn der Vorstand oder der Arbeitsdirektor das Verfahren einleitet. Eine Zuständigkeit des Gesamtbetriebsrats oder des Konzernbetriebsrats dürfte i.d.R. nicht gegeben sein (vgl. § 32 PostPersRG Rn. 5f. u. § 33 PostPersRG Rn. 2). Für den **Antrag auf Zustimmung** empfiehlt sich aus Beweisgründen die Schriftform. Für die Form und den Umfang der **Unterrichtung** gilt das Gleiche wie im Mitbestimmungsverfahren nach § 69 BPersVG; wird der Betriebsrat nicht vollständig un-

---

40 Vgl. BT-Drs. 12/6718, a.a.O.

41 BT-Drs. 15/3404, S. 12 (zu Nr. 11–15).

terrichtet, beginnt die Wochenfrist des Abs. 2 nicht zu laufen (vgl. § 69 BPersVG Rn. 13 u. 18).

(**Abs. 2**) Die Vorschrift des Abs. 2, die das **Verfahren der Zustimmungsverweigerung** des Betriebsrats regelt, entspricht der Bestimmung des § 99 Abs. 3 BetrVG. Damit ist die **Äußerungsfrist** für den Betriebsrat gegenüber der Frist nach § 69 Abs. 2 S. 3 BPersVG von zehn Arbeitstagen auf eine Woche reduziert. Der Arbeitgeber ist auch in dringenden Fällen nicht befugt, die Wochenfrist des Abs. 2 zu verkürzen. Die Frist kann jedoch durch Vereinbarung zwischen Betriebsrat und Arbeitgeber verlängert werden.[42] Für die **Berechnung der Frist** gelten die §§ 186 bis 193 BGB. Die Frist beginnt mit dem Antrag des Arbeitgebers auf Zustimmung und der vollständigen Unterrichtung des Betriebsrats, wobei der Tag der Unterrichtung nach § 187 Abs. 1 BGB nicht mitgerechnet wird. Will der Betriebsrat seine Zustimmung zu der beabsichtigten Maßnahme verweigern, muss er dem Arbeitgeber dies innerhalb der Frist unter **Angabe der Gründe** schriftlich mitteilen; dabei ist er an die in **§ 77 Abs. 2 BPersVG abschließend** aufgeführten Zustimmungsverweigerungsgründe gebunden (vgl. § 77 BPersVG Rn. 11–25). Äußert sich der Betriebsrat nicht rechtzeitig oder nicht in der vorgeschriebenen Form, gilt die Zustimmung als erteilt. 5

(**Abs. 3**) Kommt zwischen dem Arbeitgeber und dem Betriebsrat eine Einigung nicht zustande, weil der Betriebsrat seine Zustimmung zu der beabsichtigten mitbestimmungspflichtigen Maßnahme fristgerecht und ordnungsgemäß verweigert hat, ist der Arbeitgeber – anders als nach § 99 Abs. 4 BetrVG – weder berechtigt noch verpflichtet, die verweigerte Zustimmung durch das Gericht ersetzen zu lassen. Er muss vielmehr die **Einigungsstelle** (vgl. dazu § 30 PostPersRG) anrufen, die ohne Vorschaltung eines Stufenverfahrens entscheidet. Für die **Anrufung** ist weder eine bestimmte Form noch eine Frist vorgeschrieben. Aus Gründen der Rechtssicherheit empfiehlt sich die Schriftform. Das **Verfahren** der Einigungsstelle richtet sich grundsätzlich nach § 76 Abs. 3 BetrVG (vgl. § 30 PostPersRG Rn. 5). Die **Entscheidung** der Einigungsstelle soll – entsprechend § 69 Abs. 4 S. 2 BPersVG – innerhalb von zwei Monaten getroffen werden. Für das Verfahren der **Beschlussfassung** gilt § 76 Abs. 3 S. 2 und 3 BetrVG. Danach fasst die Einigungsstelle ihre Beschlüsse nach mündlicher Beratung mit Stimmenmehrheit, wobei sich der Vorsitzende zunächst der Stimme zu enthalten hat und nur dann, wenn in der ersten Abstimmung eine Stimmenmehrheit nicht zustande kommt, nach weiterer Beratung an der erforderlichen erneuten Beschlussfassung teilnimmt. Nach § 76 Abs. 3 S. 4 BetrVG sind die Beschlüsse der Einigungsstelle schriftlich niederzulegen, vom Vorsitzenden zu unterschreiben sowie Arbeitgeber und Betriebsrat zuzuleiten. Die **Entscheidungskompetenz** der 6

42 Vgl. *BAG* v. 17.5.83 – 1 ABR 5/80 –, AP BetrVG 1972 § 99 Nr. 18.

Einigungsstelle entspricht derjenigen der personalvertretungsrechtlichen Einigungsstelle nach § 69 Abs. 4 S. 3 BPersVG (vgl. § 69 BPersVG Rn. 39). Die Einigungsstelle stellt fest, ob ein Grund zur Verweigerung der Zustimmung i. S. d. § 77 Abs. 2 BPersVG vorliegt. Verneint sie das Vorliegen eines Zustimmungsverweigerungsgrundes und schließt sich damit der Auffassung des Arbeitgebers an, ist das Mitbestimmungsverfahren mit der Zuleitung des Beschlusses an Arbeitgeber und Betriebsrat abgeschlossen. Bejaht sie dagegen das Vorliegen eines Zustimmungsverweigerungsgrundes, gibt sie dem Arbeitgeber eine entsprechende **Empfehlung**. Will dieser sich der Empfehlung nicht anschließen, ist er anders als die oberste Dienstbehörde nach § 69 Abs. 4 S. 4 BPersVG nicht selbst zur Entscheidung befugt, sondern muss die Sache dem **BMF vorlegen**, das dann in Vertretung des Dienstherrn ohne nochmalige Verhandlung mit dem Betriebsrat endgültig entscheidet. Die Vorlage an das BMF muss **innerhalb einer Frist von zehn Arbeitstagen** erfolgen. Dabei ist es sachgerecht, die Wochentage Montag bis Freitag mit Ausnahme der gesetzlichen Feiertage als Arbeitstage anzusehen (vgl. § 69 BPersVG Rn. 16). Für die Berechnung der Frist gelten wiederum die §§ 186 bis 193 BGB (vgl. Rn. 5). Die Vorlagefrist ist eine Ausschlussfrist. Wird sie versäumt, hat der Arbeitgeber der Empfehlung der Einigungsstelle zu folgen. Für die **Letztentscheidung des BMF** schreibt das Gesetz dagegen **keine Frist** vor. Das BMF hat jedoch alsbald zu entscheiden.

7 **(Abs. 4)** Das Gesetz sieht in Abs. 4 eine entsprechende Anwendung des § 69 Abs. 5 BPersVG und damit die Möglichkeit **vorläufiger Regelungen** vor (vgl. § 69 BPersVG Rn. 41–46). Da diese jedoch keine vollendeten Tatsachen schaffen dürfen,[43] ist ihre Zulässigkeit in personellen Angelegenheiten der Beamten erheblich eingeschränkt (vgl. § 69 BPersVG Rn. 43).

8 **(Abs. 5)** Abs. 5 sieht vor, dass dem Betriebsrat ein **Mitwirkungsrecht** in den Fällen des § 78 Abs. 1 Nr. 3 bis 5 BPersVG zusteht (näher dazu § 78 BPersVG Rn. 20–22), auf das die für das Mitwirkungsverfahren geltenden Vorschriften des BPersVG mit Ausnahme des § 72 Abs. 4 und 5 (vgl. aber Rn. 10) entsprechend anzuwenden sind. Das **Mitwirkungsverfahren** ist vom **Arbeitgeber** einzuleiten. Wie in den mitbestimmungspflichtigen beamtenrechtlichen Angelegenheiten nach Abs. 1 handelt dabei für den Arbeitgeber die Stelle, die nach den für die jeweilige Aktiengesellschaft geltenden Regelungen in der anstehenden Personalangelegenheit zur Entscheidung befugt ist (vgl. Rn. 4b). Zu beteiligen ist regelmäßig der **Betriebsrat** des Betriebes, in dem der betroffene Beamte beschäftigt ist[44] (vgl. Rn. 4c u. § 28 PostPersRG Rn. 5). Mit der Verweisung auf § 72 Abs. 6 BPersVG sieht das Gesetz auch hier die Möglichkeit zum Erlass einer **vorläufigen Regelung** vor, die jedoch im Hinblick auf die Rechtsnatur der der Mitwirkung des Betriebsrats unterliegen-

43 *BVerwG* v. 14. 3. 89 – 6 P 4.86 –, PersR 89, 230.

44 *BVerwG* v. 22. 6. 06 – 2 C 11.05 –, ZBR 06, 385, u. 07, 53.

den Tatbestände in keinem Fall zulässig sein dürfte (vgl. Rn. 7). Die **Einschränkungen des § 78 Abs. 2 BPersVG** gelten entsprechend. Der Betriebsrat ist deshalb in allen für seine Mitwirkung in Betracht kommenden Fällen nur auf Antrag des betroffenen Beschäftigten zu beteiligen; im Falle des § 78 Abs. 1 Nr. 3 BPersVG kann er Einwendungen nur auf die in § 77 Abs. 2 Nr. 1 und 2 BPersVG bezeichneten Gründe stützen (vgl. § 78 BPersVG Rn. 23f.).

Das Mitwirkungsverfahren ist vor der in § 1 Abs. 5 oder 6 PostPersRG vor- **8a**
geschriebenen **Einschaltung der BAnstPT** (vgl. dazu § 1 PostPersRG Rn. 4) durchzuführen.[45] Muss die beabsichtigte Maßnahme aufgrund des Ergebnisses der Prüfung der BAnstPT geändert werden, ist die Mitwirkung des Betriebsrats erneut durchzuführen. Führt die erneute Mitwirkung dazu, dass die beabsichtigte Maßnahme zwar nicht völlig aufgegeben, dabei jedoch etwaigen Einwendungen des Betriebsrats ganz oder teilweise entsprochen werden soll, muss auch die Einschaltung der BAnstPT wiederholt werden.

Teilt man die allerdings abzulehnende Auffassung, dass die Mitwirkung bei **8b**
der **Entlassung von Beamten** nach § 78 Abs. 1 Nr. 4 BPersVG in den Fällen nicht gegeben ist, in denen die Dienststelle keinen Ermessensspielraum hat (vgl. § 78 BPersVG Rn. 21), kann der Betriebsrat bei einer solchen obligatorischen Entlassung nicht nach § 29 Abs. 5 PostPersRG beteiligt werden. Da die Regelungen der §§ 28 und 29 PostPersRG jedoch nicht abschließend sind und die Entlassung materiell eine besondere Art der Kündigung darstellt, ist der Betriebsrat dann stattdessen nach § 102 Abs. 1 S. 1 BetrVG zu beteiligen.[46]

(**Abs. 6**) In den Mitwirkungsangelegenheiten kann der Betriebsrat innerhalb **9**
von drei Tagen nach Zugang einer negativen Entscheidung des Arbeitgebers die **Entscheidung des zuständigen Vorstandsmitglieds** beantragen (Abs. 6 S. 1). Dabei hat er dem Arbeitgeber eine Abschrift seines Antrags zuzuleiten (Abs. 6 S. 3). Für die Berechnung der **Drei-Tage-Frist** gelten die §§ 186 bis 193 BGB (vgl. Rn. 5). Die Vorlagefrist ist eine Ausschlussfrist. Wird sie versäumt, kann der Arbeitgeber die beabsichtigte Maßnahme treffen. Zuständiges Vorstandsmitglied ist i. d. R. der in § 1 Abs. 7 PostPersRG genannte **Arbeitsdirektor.** Dieser **entscheidet »nach Verhandlung mit dem Betriebsrat«** (Abs. 6 S. 2). Die Verhandlung braucht – so das *BVerwG*[47] – nicht zwingend eine mündliche zu sein. Sofern vom Betriebsrat nicht ausdrücklich anders gewünscht, kann sie – wie eine Erörterung nach § 72 Abs. 1 BPersVG – durch den Austausch schriftlicher Äußerungen erfolgen[48] (vgl. § 72 BPersVG Rn. 7). Die Entscheidung des Arbeitsdirektors ist **endgültig**.

45 *BVerwG* v. 22. 6. 06, a. a. O.
46 *ArbG Koblenz* v. 18. 2. 99 – 1 BV 2843/98 –, juris.
47 Urt. v. 22. 6. 06, a. a. O.
48 *BVerwG* v. 22. 6. 06, a. a. O.

10 (**Abs. 7**) In Mitwirkungsangelegenheiten hat der Arbeitgeber – entsprechend der Regelung in § 72 Abs. 5 – die **Durchführung** seiner Entscheidung so lange **auszusetzen**, bis der vom Betriebsrat angerufene Arbeitsdirektor entschieden hat (vgl. § 72 BPersVG Rn. 19).

11 (**Abs. 8**) Vor der **fristlosen Entlassung** von Beamten auf Probe oder auf Widerruf hat der Betriebsrat ein **Anhörungsrecht.** Will er gegen die beabsichtigte Maßnahme Bedenken geltend machen, so hat er diese nach dem entsprechend anzuwendenden § 79 Abs. 3 BPersVG unter Angabe seiner Gründe dem Arbeitgeber unverzüglich, spätestens innerhalb von drei Arbeitstagen, schriftlich mitzuteilen (vgl. § 79 BPersVG Rn. 36, 38ff.).

12 (**Abs. 9**) Für Streitigkeiten nach den Abs. 1 bis 8 sieht Abs. 9 die Zuständigkeit der **Verwaltungsgerichte** vor und legt fest, dass für das Verfahren die Vorschriften des ArbGG über das **Beschlussverfahren** entsprechend gelten (vgl. § 83 BPersVG Rn. 1, 11, 14). Dabei ist in erster Instanz die **Fachkammer** und in zweiter Instanz der **Fachsenat** für Bundespersonalvertretungssachen in der Besetzung des § 84 BPersVG zur Entscheidung berufen.[49] Streiten Arbeitgeber und Betriebsrat allerdings darüber, ob die Anwendbarkeit des § 99 BetrVG durch die Sonderregelung des § 29 PostPersRG ausgeschlossen ist, handelt es sich dabei um eine Angelegenheit aus dem BetrVG, für die nach § 2a Abs. 1 Nr. 1 ArbGG ausschließlich die **Gerichte für Arbeitssachen** zuständig sind.[50]

§ 30 Besetzung der Einigungsstelle

[1]In Angelegenheiten des § 76 Abs. 1 des Bundespersonalvertretungsgesetzes sowie des § 4 Abs. 4 Satz 1 und 2 besteht die Einigungsstelle aus einer gleichen Anzahl von Beisitzern, die vom Arbeitgeber und den Vertretern der Beamten im Betriebsrat bestellt werden, und einem unparteiischen Vorsitzenden, auf dessen Person sich beide Seiten einigen. [2]Kommt eine Einigung über die Person des Vorsitzenden nicht zustande, so bestellt ihn der Präsident des zuständigen Verwaltungsgerichts. [3]Ist der Betriebsrat gemäß § 28 Abs. 1 Satz 2 zweiter Halbsatz für die Beschlussfassung zuständig, muss sich unter den von ihm zu bestellenden Beisitzern der Einigungsstelle ein Beamter befinden.

1 In **mitbestimmungspflichtigen Personalangelegenheiten** nach **§ 76 Abs. 1 BPersVG** sowie nach **§ 4 Abs. 4 S. 1 und 2 PostPersRG** ist zur Beilegung von Meinungsverschiedenheiten zwischen Arbeitgeber und Betriebsrat nach § 29 Abs. 3 PostPersRG die **Einigungsstelle** anzurufen (vgl. § 29 PostPersRG Rn. 6). Diese ist auf der Ebene des Betriebes, und zwar nach § 76 Abs. 1 S. 1

---

49 *BVerwG* v. 11.3.11 – 6 PB 19.10 –, PersR 11, 260.

50 *BVerwG* v. 22.2.98 – 6 P 3.97 –, PersR 98, 292.

BetrVG grundsätzlich nur **bei Bedarf**, also von Fall zu Fall, zu bilden. Nach § 76 Abs. 1 S. 2 BetrVG ist es allerdings auch zulässig, durch freiwillige Betriebsvereinbarung eine **ständige** Einigungsstelle zu errichten. Die anstelle des § 76 Abs. 2 BetrVG anzuwendende Sondervorschrift des § 30 PostPersRG über die **Besetzung** der Einigungsstelle weicht hinsichtlich der Beisitzer der Arbeitnehmerseite (vgl. Rn. 2 und 4) sowie des Vorsitzenden (vgl. Rn. 3) von der allgemeinen Vorschrift ab. Das Gesetz legt zwingend fest, dass der Einigungsstelle eine gleiche **Anzahl von Beisitzern** beider Seiten angehören muss, ohne dabei eine bestimmte Anzahl vorzuschreiben.

Die Beisitzer der **Arbeitnehmerseite** werden nach S. 1 nur von den Vertre- 2
tern der Beamten im Betriebsrat bestellt. Dazu bedarf es nach § 28 Abs. 1 S. 2 PostPersRG eines in einer Sitzung des Betriebsrats nach gemeinsamer Beratung von den Vertretern der Beamten zu fassenden Beschlusses (vgl. § 28 PostPersRG Rn. 2f.). Da weder das BetrVG noch das PostPersRG (mit Ausnahme des § 30 S. 3 [dazu unten Rn. 4]) persönliche oder sachliche Voraussetzungen für die Beisitzer aufstellt, sind die Beamtenvertreter in deren Auswahl frei; sie können deshalb auch Außenstehende bestellen.[51]

In inhaltlicher Übereinstimmung mit § 76 Abs. 2 S. 1 BetrVG legt S. 1 fest, 3
dass der Einigungsstelle neben den Beisitzern ein unparteiischer **Vorsitzender** angehört, auf dessen Person sich beide Seiten, also der Arbeitgeber und die Vertreter der Beamten, einigen. Für den Fall, dass eine Einigung nicht zustande kommt, sieht S. 2 vor, dass der Präsident des – örtlich – zuständigen Verwaltungsgerichts den Vorsitzenden bestellt. Dabei handelt es sich um ein **Verfahren nach § 98 ArbGG**[52] in der bis zum 2. 7. 98 geltenden Fassung. (Die Neufassung des § 98 ArbGG durch Art. 2 des Gesetzes v. 29. 6. 98[53] ist für die Anwendung des § 30 S. 2 PostPersRG ohne Bedeutung.) Der Präsident des Verwaltungsgerichts hat den Vorsitzenden auf Antrag einer Seite zu bestellen, wenn die Einigungsstelle für die vorgesehene Entscheidung nicht offensichtlich unzuständig ist. Diese Entscheidung erfolgt durch Beschluss (§ 84 ArbGG). Gegen die Entscheidung der Präsidentin (des Präsidenten) des Verwaltungsgerichts findet **Beschwerde** an das Oberverwaltungsgericht statt.

Gehören dem Betriebsrat keine Vertreter der Beamten an, entscheidet der 4
Betriebsrat als Gremium über die Bestellung der Beisitzer (§ 28 Abs. 1 S. 2 Hs. 2 PostPersRG). In diesem Falle muss sich nach S. 3 **unter den von ihm benannten Beisitzern (mindestens) ein Beamter** befinden, ohne dass das Gesetz vorschreibt, dass dieser dem Betrieb angehören muss.[54]

---

51 Vgl. KfdP-*Seulen*, Anh. IV B § 30 PostPersRG Rn. 3.

52 Durch Art. 2 Nr. 6 Tarifautonomiestärkungsgesetz v. 11. 8. 14 (BGBl. I S. 1348) ist der bisherige § 98 mit Wirkung vom 16. 8. 14 § 99 ArbGG geworden.

53 BGBl. I S. 1694.

54 Vgl. KfdP-*Seulen*, Anh. IV B § 30 PostPersRG Rn. 7.

5 Für das **Verfahren vor der Einigungsstelle** gelten die allgemeinen Vorschriften des § 76 Abs. 3 BetrVG mit der Maßgabe, dass nach § 76 Abs. 4 BetrVG durch eine Betriebsvereinbarung – die im Regelfall auf einem Beschluss der Vertreter der Beamten beruhen muss (vgl. Rn. 2–4) – weitere Einzelheiten geregelt werden können (vgl. § 29 PostPersRG Rn. 6).[55] Für die **Kostentragung** gilt § 76a BetrVG.[56]

6 Steht dem **Gesamtbetriebsrat** im Rahmen seiner Zuständigkeit nach § 29 Abs. 1 PostPersRG i. V. m. § 76 Abs. 1 BPersVG oder § 4 Abs. 4 S. 1 und 2 PostPersRG ein Mitbestimmungsrecht in Personalangelegenheiten der Beamten zu (vgl. § 32 PostPersRG i. V. m. §§ 50 u. 51 Abs. 5 BetrVG), so ist die nach § 29 Abs. 3 PostPersRG ggf. anzurufende Einigungsstelle in entsprechender Anwendung von § 76 BetrVG i. V. m. § 30 PostPersRG zwischen Arbeitgeber und Gesamtbetriebsrat auf der Ebene des Unternehmens zu bilden. Entsprechendes gilt, wenn der **Konzernbetriebsrat** zu beteiligen ist (vgl. § 33 PostPersRG i. V. m. §§ 58 u. 59 sowie 51 Abs. 5 BetrVG).

§ 31 Beteiligung des Betriebsrats und der Schwerbehindertenvertretung bei Entscheidungen des Bundesministeriums der Finanzen

[1]In Angelegenheiten, in denen das Bundesministerium der Finanzen gemäß § 3 Abs. 2 Satz 2, Abs. 7 und 9 sowie § 20 Abs. 2 Entscheidungen und Maßnahmen bezüglich der bei den Postnachfolgeunternehmen beschäftigten Beamten trifft, wird die Interessenvertretung der betroffenen Beamten vom Betriebsrat wahrgenommen. [2]In den Angelegenheiten nach § 76 Abs. 1, § 78 Abs. 1 Nr. 3 bis 5 und § 79 Abs. 3 des Bundespersonalvertretungsgesetzes sowie nach § 4 Abs. 4 Satz 1 und 2 gelten die §§ 28 bis 30 entsprechend. [3]Sind in diesen Angelegenheiten Interessen schwerbehinderter Menschen berührt, ist die Schwerbehindertenvertretung des Betriebs im Rahmen ihrer Zuständigkeit zu beteiligen.

1 Trifft das **BMF** gem. den in S. 1 aufgeführten Vorschriften **Entscheidungen und Maßnahmen** bezüglich der bei den Postnachfolgeunternehmen beschäftigten Beamten, so wird auch dabei die Interessenvertretung der betroffenen Beamten vom **Betriebsrat** wahrgenommen. Im Rahmen ihrer Zuständigkeiten gilt dies für den Gesamtbetriebsrat und den Konzernbetriebsrat entsprechend (§ 32 Abs. 2 bzw. § 33 Abs. 2 PostPersRG). Die in S. 1 aufgeführten Vorschriften des PostPersRG sehen im Einzelnen folgende Entscheidungen, Maßnahmen und Zuständigkeiten des BMF vor:

---

55 Vgl. KfdP-*Seulen*, Anh. IV B § 30 PostPersRG Rn. 8.

56 Vgl. BT-Drs. 12/6718, S. 103 (zu § 29); vgl. KfdP-*Seulen*, Anh. IV B § 30 PostPersRG Rn. 8a.

- **§ 3 Abs. 2 S. 2 PostPersRG:**
  Das BMF ernennt und entlässt die bei den Postnachfolgeunternehmen beschäftigten Beamten der Besoldungsordnung A, soweit es diese Befugnisse nicht nach § 3 Abs. 2 S. 4 PostPersRG auf den Vorstand oder auf Stelleninhaber unterhalb des Vorstands übertragen hat.
- **§ 3 Abs. 7 PostPersRG:**
  Das BMF kann in den Fällen, in denen nach dem BBG oder dem BeamtVG jeweils i. V. m. Regelungen des PostPersRG der Vorstand oder eine Organisationseinheit der Aktiengesellschaft die Entscheidung zu treffen hat, sich diese Entscheidung vorbehalten.
- **§ 3 Abs. 9 PostPersRG:**
  Soweit durch das PostPersRG nichts anderes bestimmt ist, liegen die dienstrechtlichen Zuständigkeiten für die bei den Postnachfolgeunternehmen beschäftigten Beamten beim BMF, dem damit eine Auffangzuständigkeit eingeräumt ist.
- **§ 20 Abs. 2 PostPersRG:**
  Werden durch ein Handeln oder Unterlassen einer der Postnachfolgeunternehmen dienstrechtliche Bestimmungen verletzt, soll das BMF zunächst beratend darauf hinwirken, dass die Aktiengesellschaft die Rechtsverletzung behebt. Kommt diese einer entsprechenden Aufforderung innerhalb einer vom BMF gesetzten Frist nicht nach, behebt dieses die Rechtsverletzung selbst. In diesem Fall gehen die der Aktiengesellschaft obliegenden dienstrechtlichen Befugnisse auf das BMF über.

Im Rahmen der Interessenvertretung des Betriebsrats gegenüber dem BMF gelten nach S. 2 die **Sondervorschriften** der §§ 28 bis 30 PostPersRG entsprechend, welche die Willensbildung und das Verfahren der förmlichen Beteiligung des Betriebsrats in den in § 76 Abs. 1, § 78 Abs. 1 Nr. 3 bis 5 und § 79 Abs. 3 BPersVG sowie in § 4 Abs. 4 S. 1 und 2 PostPersRG genannten **Personalangelegenheiten der Beamten** regeln. In diesen Angelegenheiten hat anstelle des Arbeitgebers das BMF den Betriebsrat zu beteiligen. Wird dabei im Mitbestimmungsverfahren eine Einigung nicht erzielt, ist die Einigungsstelle zwischen dem BMF und dem Betriebsrat zu bilden. 2

Bei Entscheidungen des BMF, die **schwerbehinderte Beamte** betreffen, ist nach S. 3 auch die Schwerbehindertenvertretung des jeweiligen Betriebs zu beteiligen. Dies gilt auch dann, wenn die Maßnahme nicht unmittelbar einen schwerbehinderten Beamten betrifft, aber die Interessen schwerbehinderter Menschen dadurch berührt werden. 3

§ 32 Gesamtbetriebsrat

(1) Die §§ 47 bis 53 des Betriebsverfassungsgesetzes finden mit folgender Maßgabe Anwendung:

1. **Den gemäß § 47 Abs. 2 des Betriebsverfassungsgesetzes in den Gesamtbetriebsrat zu entsendenden Betriebsratsmitgliedern muß ein Vertreter der Beamten angehören, der nicht gegen die Mehrheit der Vertreter der Beamten bestimmt werden kann.**
2. **[1]In Angelegenheiten des § 28 hat der Vertreter der Beamten im Gesamtbetriebsrat so viele Stimmen, wie in dem Betrieb, in dem er gewählt wurde, wahlberechtigte Beamte in der Wählerliste eingetragen sind. [2]§ 47 Abs. 8 des Betriebsverfassungsgesetzes gilt entsprechend.**

(2) Für die Beteiligung des Gesamtbetriebsrats in den Angelegenheiten der Beamten gelten die §§ 28 bis 31 entsprechend.

1 (**Abs. 1**) Die §§ 47 bis 53 BetrVG regeln Bildung, Zuständigkeit und Geschäftsführung des **Gesamtbetriebsrats** sowie die Betriebsräteversammlung. Diese Vorschriften gelten grundsätzlich auch in den Postnachfolgeunternehmen. Sie werden durch die Sondervorschriften des § 32 PostPersRG abgewandelt und ergänzt.

2 (**Abs. 1 Nr. 1**) Nach § 47 Abs. 2 S. 1 BetrVG **entsendet** jeder Betriebsrat mit bis zu drei Mitgliedern eines seiner Mitglieder, jeder Betriebsrat mit mehr als drei Mitgliedern entsendet zwei seiner Mitglieder in den Gesamtbetriebsrat. Diese Regelung wird durch Abs. 1 Nr. 1 dahin abgewandelt, dass den zu entsendenden Betriebsratsmitgliedern **ein Vertreter der Beamten** angehören muss, der nicht gegen die Mehrheit der Vertreter der Beamten bestimmt werden kann.

3 Bei der großen Zahl der Betriebe im Bereich der Deutsche Post AG und der Deutsche Telekom AG würde die Zahl der in den Gesamtbetriebsrat zu entsendenden Mitglieder der Betriebsräte zu übermäßig großen Gremien führen. Aus diesem Grunde ist zwischen den Tarifvertragsparteien durch **Tarifverträge** ein abweichendes **Entsendungsverfahren** vereinbart worden, das auf der Bildung von **Entsendungsbereichen**, zu denen mehrere Betriebsräte zusammengefasst sind, beruht. Die Regelungen führen zu einer von § 47 Abs. 2 S. 1 abweichenden Mitgliederzahl der Gesamtbetriebsräte (§ 47 Abs. 4 BetrVG).[57]

4 (**Abs. 1 Nr. 2**) Bei **Abstimmungen** des Gesamtbetriebsrats, die nicht in Angelegenheiten der Beamten nach § 28 PostPersRG erfolgen, fungieren die Vertreter der Beamten nicht als solche, sondern als Vertreter des gesamten sie entsendenden Betriebsrats. Ihr **Stimmgewicht** bestimmt sich deshalb grundsätzlich nach § 47 Abs. 7 oder – im Hinblick auf die für die Post-

57 Vgl. KfdP-*Seulen*, Anh. IV B § 24 PostPersRG Rn. 1b u. § 32 PostPersRG Rn. 5.

nachfolgeunternehmen getroffenen abweichenden Regelungen (vgl. Rn. 3) – nach § 47 Abs. 8 BetrVG.

Nur in den in § 28 PostPersRG bezeichneten **Personalangelegenheiten der Beamten** ist das Stimmgewicht gem. Abs. 1 Nr. 2 nach der Zahl der – bei der vorangegangenen Betriebsratswahl in der Wählerliste eingetragenen – wahlberechtigten Beamten zu bemessen. Sind Beamte für mehrere Betriebe benannt, bestimmt sich das Gewicht ihrer Stimme in entsprechender Anwendung des § 47 Abs. 8 BetrVG. 5

(**Abs. 2**) Ist der Gesamtbetriebsrat ausnahmsweise in den in § 76 Abs. 1, § 78 Abs. 1 Nr. 3 bis 5 und § 79 Abs. 3 BPersVG sowie in § 4 Abs. 4 S. 1 und 2 PostPersRG aufgeführten Personalangelegenheiten der Beamten zu **beteiligen**, gelten die Sondervorschriften der §§ 28 bis 31 PostPersRG entsprechend. Daraus folgt u. a., dass nach gemeinsamer Beratung allein die als Vertreter der Beamten in den Gesamtbetriebsrat entsandten Mitglieder **abstimmungsberechtigt** sind (§ 28 Abs. 1 S. 2 PostPersRG). 6

§ 33 Konzernbetriebsrat

(1) Die §§ 54 bis 59 des Betriebsverfassungsgesetzes finden mit folgender Maßgabe Anwendung:

1. **Den gemäß § 55 Abs. 1 des Betriebsverfassungsgesetzes in den Konzernbetriebsrat der Aktiengesellschaft zu entsendenden Gesamtbetriebsratsmitgliedern muß ein Vertreter der Beamten angehören, der nicht gegen die Mehrheit der Vertreter der Beamten im Gesamtbetriebsrat bestimmt werden kann.**
2. **In Angelegenheiten des § 28 hat der Vertreter der Beamten im Konzernbetriebsrat der Aktiengesellschaft so viele Stimmen, wie die Vertreter der Beamten im Gesamtbetriebsrat insgesamt Stimmen haben.**

(2) Für die Beteiligung des Konzernbetriebsrats der Aktiengesellschaft in den Angelegenheiten der Beamten gelten die §§ 28 bis 31 entsprechend.

Durch Art. 1 Nr. 11 des PVKNeuG (vgl. vor § 1 PostPersRG Rn. 1) wurde in § 33 Abs. 1 Nr. 1 und 2 sowie Abs. 2 PostPersRG jeweils hinter dem Wort »Konzernbetriebsrat« bzw. »Konzernbetriebsrats« die Ergänzung »der Aktiengesellschaft« eingefügt. Hierdurch ist klargestellt, dass sich die Regelungen in § 33 PostPersRG nur auf den **Konzernbetriebsrat des jeweiligen Postnachfolgeunternehmens** beziehen. Hinsichtlich eines übergreifenden Konzernbetriebsrates gelten dagegen die Beamten gem. § 24 Abs. 3 PostPersRG als Arbeitnehmer, ohne dass diese Festlegung durch Sonderregelungen modifiziert wird.[58] 1

58 BT-Drs. 17/10307, S. 11 (zu Nr. 11).

1a (**Abs. 1**) Für den Konzernbetriebsrat schreibt Abs. 1 Nr. 1 vor, dass bei der Entsendung seiner Mitglieder die **Vertreter der Beamten** ebenso zu berücksichtigen sind, wie dies § 32 Abs. 1 Nr. 1 PostPersRG für den Gesamtbetriebsrat regelt. In den in § 28 PostPersRG genannten spezifischen personellen Angelegenheiten der Beamten regelt Abs. 1 Nr. 2 das **Stimmgewicht der Vertreter der Beamten** entsprechend demjenigen im Gesamtbetriebsrat, wobei hier die Stimmen aller Beamtenvertreter im Gesamtbetriebsrat addiert werden.

2 (**Abs. 2**) Abs. 2 sieht vor, dass für die **Beteiligung** des Konzernbetriebsrats **in personellen Angelegenheiten der Beamten** die Sonderregelungen gelten, die auch für die Beteiligung des Betriebsrats und des Gesamtbetriebsrats vorgesehen sind.

§ 34 Änderung der Wahlordnungen

[1]Das Bundesministerium für Arbeit und Soziales wird ermächtigt, durch Rechtsverordnung im Einvernehmen mit dem Bundesministerium des Innern abweichend von den Wahlordnungen zum Betriebsverfassungsgesetz Sondervorschriften für die Wahlen zum Betriebsrat der Unternehmen Deutsche Post AG, Deutsche Postbank AG und Deutsche Telekom AG zu erlassen. [2]Die Rechtsverordnung bedarf nicht der Zustimmung des Bundesrates.

Seit dem 28.2.02 ist die aufgrund des § 34 PostPersRG erlassene **Verordnung zur Durchführung der Betriebsratswahlen bei den Postunternehmen (WahlO Post)** v. 22.2.02[59] in Kraft, die an die Stelle der entsprechenden Verordnung v. 26.6.95[60] getreten ist. Sie modifiziert die Vorschriften der Ersten Verordnung zur Durchführung des Betriebsverfassungsgesetzes (Wahlordnung – WO) v. 11.12.01.[61] Der Text der WahlO Post ist abgedruckt im KfdP, Anh. IV C.

§ 35 Gesetzesvorrang

Durch Tarifvertrag oder Betriebsvereinbarung kann die betriebliche Interessenvertretung der Beamten nicht abweichend von den Vorschriften dieses Abschnitts geregelt werden.

Der in § 35 PostPersRG festgelegte Vorrang des Gesetzes gegenüber Tarifvertrag und Betriebsvereinbarung beschränkt sich auf die Vorschriften des **Ach-**

59 BGBl. I S. 946.
60 BGBl. I S. 871.
61 BGBl. I S. 3494.

ten Abschnitts des Gesetzes (§§ 24–37), der die postspezifischen Regelungen enthält, die das BetrVG sowie das SprAuG und das SGB IX abwandeln. Abgesehen davon gelten für die Zulässigkeit von Tarifverträgen oder Betriebsvereinbarungen, die Abweichungen von den Vorschriften des BetrVG vorsehen, keine Besonderheiten.

§ 36 Sprecherausschuss

(1) **In den Postnachfolgeunternehmen gilt nach deren Eintragung in das Handelsregister das Sprecherausschußgesetz mit den in dieser Vorschrift genannten Maßgaben.**
(2) **Leitende Angestellte im Sinne des § 5 Abs. 3 des Betriebsverfassungsgesetzes sind auch die funktional vergleichbaren Beamten.**
(3) **Absatz 2 gilt für die Vorschriften der Wahlordnung zum Sprecherausschussgesetz vom 28. September 1989 (BGBl. I S. 1798) entsprechend.**
(4) **§ 31 Abs. 2 des Sprecherausschußgesetzes findet für die Beamten im Hinblick auf deren Status keine Anwendung.**

(Abs. 1) Abs. 1 regelt die Geltung des Gesetzes über Sprecherausschüsse der leitenden Angestellten (**Sprecherausschußgesetz – SprAuG**) v. 20.12.88[62] im Bereich der Postnachfolgeunternehmen. Die Besonderheit dieser Vorschrift liegt darin, dass sie (über Abs. 2) **Beamte** in den Kreis der **leitenden Angestellten** einbezieht. 1

(Abs. 2) Abs. 2 legt fest, dass von den beamteten Führungskräften die **funktional vergleichbaren Beamten** leitende Angestellte i. S. d. BetrVG sind und damit zum persönlichen Geltungsbereich des SprAuG gehören. Darunter fallen Beamte, die eine Stellung im Unternehmen oder im Betrieb haben, wie sie in § 5 Abs. 3 und 4 BetrVG beschrieben ist. 2

(Abs. 3) **Abs. 3 stellt klar, dass die in Abs. 2 geregelte Einbeziehung der funktional vergleichbaren Beamten in den Personenkreis der leitenden Angestellten für die** Wahlordnung zum Sprecherausschußgesetz (**WO-SprAuG**) v. 28.9.89[63] entsprechend gilt. Durch das PostPersRWG (vgl. Rn. 1) wurde die Formulierung »Erste Wahlordnung zum Sprecherausschußgesetz« in »Wahlordnung zum Sprecherausschußgesetz vom 28. September 1989« abgeändert. 3

(Abs. 4) Abs. 4 schließt die Anwendung des § 31 Abs. 2 SprAuG für die Beamten, die als leitende Angestellte behandelt werden, aus. Diese Vorschrift regelt die Anhörung des Ausschusses vor der **Kündigung** eines leitenden Angestellten. 4

62 BGBl. I S. 2312, 2316. Zuletzt geändert durch Art. 222 der Verordnung v. 31.10.06 (BGBl. I S. 2407).
63 BGBl. I S. 1798.

§ 37 Schwerbehindertenvertretung

Die hier nicht abgedruckten Vorschriften des § 37 PostPersRG enthalten Übergangsregelungen, die durch Zeitablauf erledigt sind.

Neunter Abschnitt Rechtsverhältnisse der Postnachfolgeunternehmen

§ 38 Postnachfolgeunternehmen

(1) Postnachfolgeunternehmen sind

1. die in § 1 Absatz 2 des Postumwandlungsgesetzes genannten inländischen Unternehmen und

2. die durch eine Rechtsverordnung nach Absatz 2 als Postnachfolgeunternehmen bestimmten Unternehmen.

(2) [1]Die Bundesregierung wird ermächtigt, durch Rechtsverordnung, die nicht der Zustimmung des Bundesrates bedarf, Unternehmen als Postnachfolgeunternehmen zu bestimmen, soweit dies zur Wahrung der Rechtsstellung der Beamten, insbesondere zur Sicherstellung einer ihrem Amt angemessenen Beschäftigung, geboten ist. [2]Es dürfen nur Unternehmen mit Sitz im Inland bestimmt werden, die in einem rechtlichen oder wirtschaftlichen Nachfolgeverhältnis zum ehemaligen Sondervermögen Deutsche Bundespost stehen. [3]Die vertretungsberechtigten Organe der betroffenen Unternehmen sind vor dem Erlass der Rechtsverordnung anzuhören. [4]In der Rechtsverordnung ist zu regeln, welche Beamten bei welchem Postnachfolgeunternehmen beschäftigt werden.

1 Der die §§ 38 und 39 PostPersRG enthaltende Neunte Abschnitt des PostPersRG wurde durch Art. 1 Nr. 21 PostPersRWG (vgl. Rn. 1) geschaffen, um der gesellschaftsrechtlichen Entwicklung der Postnachfolgeunternehmen zu global agierenden Konzernen Rechnung zu tragen.[64] Durch § 38 soll der Konstellation begegnet werden, dass ein mit Dienstherrnbefugnissen beliehenes PNU durch Spaltung, Auflösung oder Verschmelzung wegfällt oder dessen Sitz ins Ausland verlagert wird. Mangels entsprechender Regelung im PostPersRG wären vor der Einfügung im Jahr 2015 die betroffenen Beamtinnen und Beamten bei Wegfall des betreffenden PNU in ihr ehemaliges Beamtenverhältnis zum Dienstherrn Bund (Geschäftsbereich BMF) zurückgefallen. Diesen hätte dann die Pflicht zur amtsangemessenen Beschäftigung sowie zur Alimentierung der Gesamtheit der zurückgefallenen Beamten ge-

64 BT-Drs. 18/4707, S. 31.

troffen. Um eine amtsangemessene Beschäftigung zu sichern und die damit drohende massive Belastung des Bundeshaushaltes zu vermeiden,[65] wurde mit § 38 Abs. 2 PostPersRG das BMF ermächtigt, über die im Rahmen des Postumwandlungsgesetzes entstandenen PNU hinaus unter bestimmten Voraussetzungen durch Rechtsverordnung auch andere inländische private Unternehmen zu sog. sekundären Postnachfolgeunternehmen zu bestimmen. Im Ergebnis erweitert § 38 PostPersRG damit die Möglichkeiten der Beleihung privater Unternehmen mit Dienstherrnbefugnissen und der Beschäftigung von Beamten bei diesen. Diese Erweiterung war im Gesetzgebungsverfahren sehr umstritten.[66]

(Abs. 1) In § 38 Abs. 1 PostPersRG wurde eine **Legaldefinition** der Post- 2
nachfolgeunternehmen im Sinne dieses Gesetzes aufgenommen. Dem bisherigen Verständnis entsprechend sind hierin zunächst die im Rahmen des Postneuordnungsgesetzes errichteten **primären Postnachfolgeunternehmen** mit Sitz im Inland enthalten (Abs. 1 Nr. 1). Neu aufgenommen wurden die sog. **»sekundären« Postnachfolgeunternehmen**.

(Abs. 2) § 38 Abs. 2 PostPersRG enthält eine Ermächtigungsgrundlage für 3
das BMF, durch Rechtsverordnung weitere Unternehmen als Postnachfolgeunternehmen zu bestimmen, soweit dies zur Wahrung der Rechtsstellung der Beamtinnen und Beamten – insbesondere zur Sicherung ihrer Weiterbeschäftigung im Postnachfolgebereich – geboten ist. Hiermit soll einem Rückfall der betroffenen Beamtinnen und Beamten in die unmittelbare Bundesverwaltung vorgebeugt werden. Unter Berücksichtigung des Art. 143b GG[67] sollen allerdings nur Postnachfolgeunternehmen bestimmt und beliehen werden können, die rechtlich oder wirtschaftlich in einem Nachfolgeverhältnis zu dem ehemaligen Sondervermögen Deutsche Bundespost stehen, also insbesondere solche Unternehmen, die im Wege einer Umwandlung aus einem primären Postnachfolgeunternehmen hervorgegangen sind. Die Wahrnehmung hoheitlicher Dienstherrnbefugnisse durch eine ausländische juristische Person ist ausgeschlossen.

Ein Automatismus der Beleihung mit Dienstherrnbefugnissen soll nicht be- 4
stehen. Inwiefern ein Unternehmen zur Wahrnehmung der Rechte und Pflichten des Dienstherrn Bund tatsächlich geeignet erscheint, ist im Wege einer Einzelfallprüfung des BMF festzustellen. Im Vorfeld dieser Entscheidung sind sowohl die Organe der betroffenen Unternehmen als auch die

65 BT-Drs. 18/3512, S. 22.

66 Vgl. BT-Drs. 18/4707 v. 22.4.15; Beschlussempfehlung und Bericht des Haushaltsauschusses zu dem Gesetzesentwurf der Bundesregierung, Drs. 18/3512, S. 6 und 7.

67 Allerdings umfasst die Ermächtigung zur Beleihung mit Dienstherrnbefugnissen aus Art. 143b GG dem Wortlaut nur die unmittelbar aus der DBP hervorgegangenen Unternehmen; hierzu krit. *Lenders/Weber*, PostPersRG, § 2 Rn. 11 ff.

Spitzenorganisationen der zuständigen Gewerkschaften (§ 118 BBG) zu beteiligen. Kommt diese Prüfung zum Ergebnis, dass es an der entsprechenden Eignung fehlt oder erscheint eine Übertragung hoheitlicher Befugnisse aus anderweitigen Gründen nicht zweckmäßig, so ist eine andere Lösung zu finden, die ausweislich der Gesetzesbegründung die Rechtsstellung der Beamtinnen und Beamten nachhaltig gewährleisten muss. Bis zur Auffindung eines geeigneten Postnachfolgeunternehmens kann die Bundesanstalt für Post und Telekommunikation Dienstherrnbefugnisse wahrnehmen.

5 In der **Rechtsverordnung** ist zu regeln, welche Beamtinnen und Beamten bei welchem Postfachfolgeunternehmen beschäftigt werden. Hierfür ist allerdings eine **abstrakte Umschreibung** der Beschäftigungsbereiche oder Organisationseinheiten, in denen die Beamtinnen und Beamten tätig sind, ausreichend.

§ 39 Umwandlung und Auflösung

(1) [1]Bei der Entscheidung über die Umwandlung eines Postnachfolgeunternehmens durch Verschmelzung, Spaltung (§ 123 des Umwandlungsgesetzes) oder Vermögensübertragung haben die Mitglieder des Vorstands und des Aufsichtsrats des Postnachfolgeunternehmens zu berücksichtigen:

1. die Belange der bei dem Postnachfolgeunternehmen beschäftigten Beamten und

2. das Interesse des Dienstherrn Bundesrepublik Deutschland an der weiteren Erfüllung der Verpflichtungen des Postnachfolgeunternehmens nach diesem Gesetz, dem Bundesanstalt-Post-Gesetz, dem Gesetz zur Errichtung der Berufsgenossenschaft Verkehrswirtschaft Post-Logistik Telekommunikation, dem Gesetz zur Errichtung einer Museumsstiftung Post und Telekommunikation und den allgemeinen beamtenrechtlichen Vorschriften.

[2]Die geplante Umwandlung ist dem Bundesministerium der Finanzen durch den Vorstand spätestens drei Monate vor der Anteilsinhaberversammlung, in der über die Umwandlung beschlossen werden soll, schriftlich anzuzeigen. [3]Soweit die Maßnahme Auswirkungen auf die Weiterbeschäftigung der Beamten haben kann, steht dem Bundesministerium der Finanzen ein Recht auf uneingeschränkte Information durch den Vorstand und den Aufsichtsrat zu.

(2) [1]Soweit es nicht ausgeschlossen erscheint, dass nach der Umwandlung die Erfüllung der gegenwärtigen und zukünftigen Zahlungs- und Kostentragungspflichten des Postnachfolgeunternehmens nach den in Absatz 1 Satz 1 Nummer 2 genannten Vorschriften gefährdet ist, ordnet das Bundesministerium der Finanzen im Einvernehmen mit dem Bundesministerium des Innern und dem Bundesministerium für Wirtschaft

und Energie an, dass das Postnachfolgeunternehmen der Bundesrepublik Deutschland für die Erfüllung Sicherheit zu leisten hat, und bestimmt Art und Höhe der Sicherheit. [2]Widerspruch und Anfechtungsklage gegen die Entscheidung nach Satz 1 haben keine aufschiebende Wirkung.

(3) [1]Die Mitglieder des Vorstands und des Aufsichtsrats des Postnachfolgeunternehmens sind der Bundesrepublik Deutschland als Gesamtschuldner zum Ersatz des Schadens verpflichtet, den diese erleidet, wenn nach einer Umwandlung die gegenwärtigen und zukünftigen Zahlungs- und Kostentragungspflichten des Postnachfolgeunternehmens nach den in Absatz 1 Satz 1 Nummer 2 genannten Vorschriften nicht erfüllt werden. [2]Ein Mitglied des Vorstands oder des Aufsichtsrats ist von der Ersatzpflicht befreit, wenn

1. **es seine Pflichten nach Absatz 1 beachtet hat,**
2. **die nach Absatz 2 festgesetzte Sicherheit geleistet worden ist oder**
3. **die Zahlungs- und Kostentragungspflichten auch ohne die Umwandlung nicht hätten erfüllt werden können.**

[3]Der Schadensersatzanspruch verjährt in zehn Jahren. [4]Die Verjährungsfrist beginnt mit dem Schluss des Jahres, in dem die Umwandlung wirksam wird. [5]Die §§ 203 bis 217, 249 Absatz 1 sowie die §§ 251 und 252 des Bürgerlichen Gesetzbuchs gelten entsprechend.

(4) Für diese Ansprüche sowie für alle Ansprüche der Bundesrepublik Deutschland und der Bundesanstalt für Post und Telekommunikation Deutsche Bundespost nach den in Absatz 1 Satz 1 Nummer 2 genannten Vorschriften gilt das Postnachfolgeunternehmen als unverändert fortbestehend.

(5) Die Absätze 1 bis 4 gelten entsprechend, wenn ein Postnachfolgeunternehmen infolge einer Bestimmung der Satzung oder des Gesellschaftsvertrags oder durch Beschluss der Anteilsinhaber aufgelöst wird.

§ 39 PostPersRG wurde durch Art. 1 Nr. 21 PostPersRWG in Anlehnung 1
an die Gläubigerschutzvorschriften des Umwandlungsrechts eingeführt. Er dient der **Sicherung der beamtenrechtlichen Verpflichtungen** im Rahmen der in Abs. 1 S. 1 und Abs. 5 enumerativ genannten gesellschaftsrechtlichen Maßnahmen der Postnachfolgeunternehmen. Auf andere als die dort genannten Maßnahmen, die die Identität des Unternehmens unverändert lassen, findet § 39 PostPersRG keine Anwendung.

(Abs. 1) Abs. 1 definiert die **Sorgfaltspflichten**, die den Organen des Post- 2
nachfolgeunternehmens bei Umwandlungsentscheidungen allgemein obliegen. Demnach sind bei der jeweiligen Entscheidung neben betrieblichen und betriebswirtschaftlichen Gesichtspunkten auch die Belange der bei dem Postnachfolgeunternehmen beschäftigten Beamtinnen und Beamten sowie die Interessen des Dienstherrn Bund zu berücksichtigen. Um dem BMF als für die Beamtinnen und Beamten verantwortlichen Ressort (§ 3 Abs. 8 und 9

PostPersRG) die Möglichkeit zu eröffnen, die Auswirkungen einer geplanten Umwandlung zu prüfen und erforderlichenfalls organisatorische Maßnahmen zur Sicherstellung der Weiterbeschäftigung der Beamtinnen und Beamten vorzunehmen, wird eine spätestens drei Monate vor der Anteilsinhaberversammlung zu erfüllende Anzeigepflicht des Vorstands statuiert. In Nachbildung des § 20 Abs. 1 S. 2 PostPersRG steht dem BMF das uneingeschränkte Recht zu, entsprechende Informationen beim Vorstand und beim Aufsichtsrat einzuholen.

3 (**Abs. 2**) Die weitere Erfüllung der Zahlungs- und Kostentragungspflichten der Unternehmen nach Umwandlung ist grundsätzlich durch **Sicherheitsleistung** nach § 232 BGB zu sichern. Hierdurch soll sichergestellt werden, dass die gesetzlichen Verpflichtungen der Unternehmen auch nach einer Umwandlung zuverlässig erfüllt werden. Art und Höhe der Sicherheitsleistung werden im Einzelfall unter Berücksichtigung des jeweiligen Ausfallrisikos durch das BMF im Einvernehmen mit dem BMI und dem BMWi durch Verwaltungsakt festgesetzt. Von einer Sicherheitsleistung soll lediglich dann abgesehen werden, wenn eine Gefährdung der Zahlungs- und Kostentragungspflichten ausgeschlossen erscheint. Dieser Ausnahmetabestand soll bei Umwandlungen kleineren Umfangs (z. B. Abspaltung unwesentlicher Unternehmensteile), die die wirtschaftliche Leistungsfähigkeit des Postnachfolgeunternehmens unverändert lassen oder sogar steigern, eröffnet sein. Eine Sicherheitsleistung ist ferner dann nicht erforderlich, wenn infolge der gesellschaftsrechtlichen Maßnahme ein im Vergleich zu dem aufgelösten oder umstrukturierten Unternehmen wirtschaftlich leistungsfähigeres Unternehmen beliehen wird, da in einem solchen Fall die Interessen des Bundes mindestens gleichwertig geschützt sind.

4 (**Abs. 3**) Abs. 3 statuiert eine **Haftungsregel für Mitglieder des Vorstands und des Aufsichtsrats.** Diese haften dem Bund für einen Zeitraum von zehn Jahren nach der Umwandlung als Gesamtschuldner für den Schaden, den dieser erleidet, wenn nach einer Umwandlung die Zahlungs- und Kostentragungspflichten des Unternehmens nicht erfüllt werden und es zu einem Rückfall der Personalkosten an den Bund kommt. Dies gilt jedoch nicht im Falle einer Zahlungsunfähigkeit des neuen Unternehmens aufgrund allgemeiner unternehmerischer Risiken. Können die in Anspruch genommenen Organmitglieder nachweisen, dass sie ihre Pflichten nach Abs. 1 beachtet haben oder dass die Zahlungs- und Kostentragungspflichten von dem ursprünglichen Postnachfolgeunternehmen auch ohne die Umwandlung nicht hätten erfüllt werden können, so entfällt mangels Kausalität zwischen Umwandlung und Rückfall gemäß **Abs. 3 S. 2 Nr. 1** eine Ersatzpflicht. Hiervon unberührt bleiben allerdings die von den Organmitgliedern nach anderen Rechtsvorschriften zu beachtenden, insbesondere gesellschafts- und umwandlungsrechtlichen Sorgfaltspflichten (bspw. zur Prüfung der Vermögenslage der an der Umwandlung beteiligten Rechtsträger und zur Beach-

tung der Sorgfalt bei Abschluss eines Verschmelzungsvertrages [vgl. § 25 Abs. 1 UmwG]). Verletzungen dieser Verpflichtungen können eigenständige Ersatzansprüche des Bundes nach anderen Rechtsvorschriften begründen. Die Ersatzpflicht entfällt gemäß **Abs. 3 S. 2 Nr. 2**, wenn eine nach Abs. 2 festgesetzte Sicherheit geleistet wurde. Dies gilt auch, wenn diese die tatsächlichen Ansprüche des Bundes nicht abdeckt.

(**Abs. 4**) Für die Ansprüche des Bundes und der Bundesanstalt gegenüber dem (früheren) Postnachfolgeunternehmen wird das Unternehmen als unverändert fortbestehend fingiert. **5**

(**Abs. 5**) Abs. 5 erstreckt den Anwendungsbereich der Vorschrift über Umwandlungen hinaus auch auf den vergleichbaren Fall einer **gewillkürten Auflösung des Postnachfolgeunternehmens**. **6**

Anhang V
Personalvertretungsrecht bei der Bundeswehr

Abschnitt A
Gesetz über die Rechtsstellung der Soldaten (Soldatengesetz – SG)

in der Fassung der Bekanntmachung vom 30. Mai 2005
(BGBl. I S. 1482)

Zuletzt geändert durch Art. 6 des Gesetzes zur besseren Vereinbarkeit von Familie, Pflege und Beruf für Beamtinnen und Beamte des Bundes und Soldatinnen und Soldaten sowie zur Änderung weiterer dienstrechtlicher Vorschriften vom 19. Oktober 2016 (BGBl. I S. 2362)

– Auszüge mit Erläuterungen –

§ 35 Beteiligungsrechte der Soldaten

Die Beteiligung der Soldaten regelt das Soldatenbeteiligungsgesetz.

Die Vorschriften des **BPersVG** gelten grundsätzlich weder für die Streitkräfte, die nicht zu den Verwaltungen des Bundes i. S. d. § 1 BPersVG gehören, noch für die Soldaten, die keine Beschäftigten i. S. d. § 4 BPersVG sind (vgl. § 92 BPersVG Rn. 1). 1

Soldat ist nach der Definition in § 1 Abs. 1 S. 1 SG, wer aufgrund der Wehrpflicht oder freiwilliger Verpflichtung in einem Wehrdienstverhältnis steht. Nach der Aussetzung der Wehrpflicht durch das Wehrrechtsänderungsgesetz 2011 (WehrRÄndG 2011)[1] und weiteren der Neuausrichtung der Bundeswehr dienenden wehrrechtlichen Neuregelungen[2] lassen sich im Hinblick auf den Status zurzeit folgende **Kategorien** von Soldaten unterschei- 1a

1 Vom 28.4.11 (BGBl. I S. 678).

2 Vgl. hierzu und zum Folgenden KfdP-*Altvater,* § 92 BPersVG Rn. 4b–6a.

den, die aufgrund freiwilliger Verpflichtung in einem Wehrdienstverhältnis stehen:

- **Berufssoldaten** und **Soldaten auf Zeit**, die sich freiwillig verpflichtet haben, Wehrdienst auf Lebenszeit bzw. für begrenzte Zeit zu leisten (§ 1 Abs. 2 S. 1 und 2 i. V. m. dem Zweiten Abschnitt SG [§§ 37–57]).
- Soldaten, die sich verpflichtet haben, einen »freiwilligen Wehrdienst als besonderes staatsbürgerliches Engagement« zu leisten (§ 1 Abs. 2 S. 3 i. V. m. dem Dritten Abschnitt 3. Unterabschnitt SG [§§ 58b–58h]). Dieser freiwillige Wehrdienst besteht aus einer sechsmonatigen Probezeit und bis zu 17 Monaten anschließendem Wehrdienst (§ 58b Abs. 1 SG). Im Unterhaltssicherungsgesetz (USG)[3] werden diese Soldaten als »**freiwilligen Wehrdienst Leistende**« bezeichnet (§ 2 Abs. 2 USG), laut Bundeshaushaltsplan abgekürzt »FWDL«.[4]
- Soldaten, die zu einem »Wehrdienst in Form von Dienstleistungen« herangezogen worden sind (§ 1 Abs. 2 S. 4 i. V. m. dem Vierten Abschnitt des SG [§§ 59–80]). Die in Betracht kommenden Wehrdienstleistungen (m. a. W.: »Wehrübungen«[5]), sind Übungen, besondere Auslandsverwendungen, Hilfeleistungen im Innern oder im Ausland (§§ 60–63a SG). Im Unterhaltssicherungsgesetz (a. a. O.) werden diese Soldaten als »**Reservistendienst Leistende**«[6] bezeichnet (§ 2 Abs. 1 USG), laut Bundeshaushaltsplan abgekürzt »RDL«.[7]

Die Laufbahnen der Soldaten sind den **Laufbahngruppen** der **Mannschaften**, der **Unteroffiziere** und der **Offiziere** zugeordnet (vgl. § 27 SG und § 3 Soldatenlaufbahnverordnung – SLV[8]).

1b Die Interessenvertretung der Soldaten war bis Anfang der 1990er Jahre im Soldatengesetz – SG –, im Gesetz über die Wahl und die Amtszeit der Vertrauensmänner der Soldaten – Vertrauensmänner-Wahlgesetz (VMWG), in der Wehrbeschwerdeordnung (WBO) und in der Wehrdisziplinarordnung

---

3 Verkündet als Art. 2 des Gesetzes zur Neuregelung der Unterhaltssicherung … v. 29. 6. 15 (BGBl. I S. 1061, 1062).

4 Bundeshaushaltsplan 2016, Einzelplan 14 (S. 23).

5 Im Sinne des Wehrsoldgesetzes i. d. F. v. 13. 8. 08 (BGBl. I S. 1718), zuletzt geändert durch Art. 7 des Gesetzes v. 3. 12. 15 (BGBl. I S. 2163), ist »Wehrübung« jeder Wehrdienst nach dem Vierten Abschnitt des SG mit Ausnahme des unbefristeten Wehrdienstes im Spannungs- oder Verteidigungsfall (§ 1 Abs. 2 WSG).

6 Neue Regelungen über die Rechtsstellung der Reservisten der Bundeswehr sind eingeführt worden mit dem als Art. 3 des Bundeswehrreform-Begleitgesetzes v. 21. 7. 12 verkündeten Reservistinnen- und Reservistengesetz (ResG) (BGBl. I S. 1583, 1588), geändert durch Art. 8 des Gesetzes v. 13. 5. 15 (BGBl. I S. 706). Kurzer Überblick bei KfdP-*Altvater*, Anh. V A § 35 SBG Rn. 2a.

7 Bundeshaushaltsplan 2016, a. a. O.

8 I. d. F. v. 19. 8. 11 (BGBl. I S. 1813). Zuletzt geändert durch Art. 6 des Gesetzes v. 13. 5. 15 (BGBl. I S. 706).

(WDO) geregelt. Das als Art. 1 des Beteiligungsgesetzes v. 16. 1. 91[9] erlassene **Soldatenbeteiligungsgesetz** (im Folgenden: **SBG 1991**) fasste die Beteiligungsrechte der Soldaten erstmals zusammen, änderte am bisherigen Beteiligungsstandard aber wenig. Mit dem Ersten Gesetz zur Änderung des Soldatenbeteiligungsgesetzes v. 20. 2. 97[10] (im Folgenden: **1. SBGÄndG**) wurden die Rechtsgrundlagen für die Beteiligung der Soldaten umfassend neu geregelt und in beachtlichem Maße ausgeweitet und ausgebaut. Danach erfolgten die Bekanntmachung der Neufassung des Soldatenbeteiligungsgesetzes v. 15. 4. 97[11] (im Folgenden: **SBG 1997**) sowie mehrmalige punktuelle Änderungen des SBG 1997, zuletzt durch Art. 2 Abs. 6 des Gesetzes v. 8. 4. 13[12]. Durch das als **Art. 1 des Gesetzes zur Änderung soldatenbeteiligungs- und personalvertretungsrechtlicher Vorschriften** v. 29. 8. 16[13] (laut juris: **SBuPersVRÄndG**) verkündete **Soldatinnen- und Soldatenbeteiligungsgesetz (SBG)** – hier: **SBG 2016** – ist das SBG 1997 mit Wirkung vom 2. 9. 16 abgelöst worden. Das als konstitutive Neufassung angelegte SBG 2016 enthält in nunmehr 65 statt wie bisher 54 Paragrafen umfangreiche Änderungen des Soldatenbeteiligungsrechts, von denen in der Begründung des Gesetzentwurfs folgende hervorgehoben sind: gesetzliche Verankerung der Vertrauenspersonenausschüsse der militärischen Organisationsbereiche; Stärkung der Position der Vertrauenspersonen durch Erweiterung der Beteiligungsrechte, Verlängerung ihrer Amtszeit und Verbesserung ihrer Ausstattung; Fortentwicklung der Beteiligungsrechte, insb. durch Zuweisung allgemeiner Aufgaben; inhaltliche Überarbeitung der Regelungen zur Beteiligung in Auslandseinsätzen und deren Zusammenfassung in einem eigenen Kapitel.[14] Zudem sind in **Art. 2 SBuPersVRÄndG** Änderungen des BPersVG normiert, in Nr. 1 zahlreiche Änderungen der BND-spezifischen Sonderregelungen in **§ 86 BPersVG** sowie in Nr. 2 eine Neufassung der Bundeswehr-spezifischen Bestimmung des **§ 92 Nr. 2 BPersVG**, mit der das Verfahren zur Beteiligung von Ausschüssen im Bereich der Sozial- und Betreuungseinrichtungen gesetzlich abgesichert werden soll.

Ohne selbst eine inhaltliche Regelung zu treffen, verweist § 35 SG hinsichtlich der Beteiligungsrechte lediglich auf das SBG. Entsprechende **Verwei-** 2

9 BGBl. I S. 47.
10 BGBl. I S. 298.
11 BGBl. I S. 766.
12 BGBl. I S. 730.
13 BGBl. I S. 2065. Zum Gesetzgebungsvorgang: GESTA, 18. WP H003. Besonders bedeutsame Materialien: BT-Drs. 18/8298 (Gesetzentwurf der Bundesregierung) u. 18/8735 (Beschlussempfehlung u. Bericht des BT-Verteidigungsausschusses). Vgl. dazu die Dokumentation von *Gronimus*, »Das neue Soldatenbeteiligungsgesetz – Gesetzesmaterialien und Vergleich zum bisherigen Recht«, 2016.
14 BT-Drs. 18/8298, S. 36f. (zu A.I. SBG).

sungen finden sich auch in § 1 Abs. 1 S. 2 und § 10 Abs. 3 WBO und in § 4 und § 29 Abs. 1 S. 3 WDO. Ergänzende Regelungen, die für die Gerichte indessen nicht bindend sind, enthält die **Zentrale Dienstvorschrift »Beteiligung durch Vertrauenspersonen«**, die vom Bundesministerium der Verteidigung (BMVg) am 8. 6. 07 als **ZDv 10/2** erlassen und (teilweise mit Aktualisierungen) im April 2014 als **ZDv A-1472/1** in ein neues Regelungssystem des BMVg aufgenommen worden ist.[15] Abschnitt B dieses Anhangs enthält **Erläuterungen des SBG.**[16]

§ 91 Personalvertretung der Beamten, Angestellten und Arbeiter

(1) **Für die bei militärischen Dienststellen und Einrichtungen der Bundeswehr beschäftigten Beamten, Angestellten und Arbeiter gilt das Bundespersonalvertretungsgesetz.**
(2) **§ 53 Abs. 2 des Soldatenbeteiligungsgesetzes gilt entsprechend.**
(3) **[1]§ 76 Abs. 2 Satz 1 Nr. 4 des Bundespersonalvertretungsgesetzes gilt entsprechend bei der Bestellung von Soldaten zu Vertrauens- oder Betriebsärzten. [2]Hierbei ist nach § 38 Abs. 1 des Bundespersonalvertretungsgesetzes zu verfahren.**
(4) **§ 78 Abs. 1 Nr. 2 des Bundespersonalvertretungsgesetzes findet bei der Auflösung, Einschränkung, Verlegung oder Zusammenlegung von militärischen Dienststellen und Einrichtungen oder wesentlichen Teilen von ihnen keine Anwendung, soweit militärische Gründe entgegenstehen.**

1 **(Abs. 1)** § 91 Abs. 1 SG dehnt den Geltungsbereich des **BPersVG** auf die Beamten, Angestellten und Arbeiter (nach den Änderungen der §§ 4 und 5 BPersVG ab 1. 10. 05: die Beamten und Arbeitnehmer) aus, die bei militärischen Dienststellen und Einrichtungen der Bundeswehr beschäftigt sind (vgl. § 92 BPersVG Rn. 1). Diese **»Zivilbeschäftigten«** wählen damit ebenso wie die Beschäftigten bei Dienststellen der Bundeswehrverwaltung Personalvertretungen. Für die Zivilbeschäftigten stehen die militärischen Dienststellen, bei denen sie beschäftigt sind, nach § 91 Abs. 1 SG den Verwaltungen des Bundes gleich.[17] Die in § 91 Abs. 1 SG angeordnete Geltung des BPersVG erstreckt sich auch auf die **Rechtsverordnungen**, die von der Bundesregie-

15 Eine an das SBG 2016 angepasste Fassung der ZDv A-1472/1 lag bei Redaktionsschluss dieser Auflage des Kommentars noch nicht vor.
16 Überblicksdarstellungen zum SBG 2016 in Aufsätzen von *Gronimus* in PersV 16 404, u. PersR 12/16, 22. Detailliertere Kommentierungen bei *Gronimus*, Die Beteiligungsrechte der Vertrauenspersonen in der Bundeswehr, 8. Aufl. in Vorbereitung.
17 *BVerwG* v. 7. 1. 03 – 6 P 7.02 –, PersR 03, 153.

rung aufgrund des BPersVG erlassen worden sind. Das gilt sowohl für die aufgrund des § 115 BPersVG erlassene **BPersVWO** (vgl. § 115 BPersVG Rn. 1ff. u. Anh. I) als auch für die aufgrund des § 46 Abs. 5 BPersVG erlassene **Verordnung über die Höhe der Aufwandsentschädigung für vom Dienst freigestellte Personalratsmitglieder** (vgl. § 46 BPersVG Rn. 23).

(Abs. 2) Die Verweisung in § 91 Abs. 2 SG bezieht sich auf § 53 Abs. 2 SBG 2
1997, der mit § 64 Abs. 2 SBG 2016 wortgleich ist. Letzterer ermächtigt das BMVg wie bisher, durch Rechtsverordnung festzulegen, bei welchen militärischen Dienststellen **Bezirkspersonalräte** zu bilden sind. Diese Ermächtigung gilt nach § 91 Abs. 2 SG, der offenbar nur aufgrund eines gesetzgeberischen Redaktionsversehens nicht an die Neufassung des SBG angepasst worden ist, auch für die Personalvertretung der Zivilbeschäftigten bei den Streitkräften (vgl. Anh. V B § 64 SBG Rn. 4f.).

(Abs. 3) § 91 Abs. 3 SG weitet das Mitbestimmungsrecht nach § 76 Abs. 2 S. 1 3
Nr. 4 BPersVG auf die Bestellung von Soldaten, d.h. Sanitätsoffizieren, zu **Vertrauens- oder Betriebsärzten** aus und stellt klar, dass es sich dabei um eine gemeinsame Angelegenheit handelt, über die die Vertreter aller im Personalrat vorhandenen Gruppen nach § 38 Abs. 1 BPersVG gemeinsam zu beraten und zu beschließen haben (vgl. § 76 BPersVG Rn. 43).

(Abs. 4) § 91 Abs. 4 SG schließt die in § 78 Abs. 1 Nr. 2 BPersVG vorgesehene 4
Mitwirkung des Personalrats bei der **Auflösung, Einschränkung, Verlegung oder Zusammenlegung von militärischen Dienststellen** oder wesentlichen Teilen von ihnen (vgl. dazu § 78 BPersVG Rn. 13–19) insoweit aus, als militärische Gründe entgegenstehen. Davon unberührt bleibt jedoch das Mitbestimmungsrecht bei der Aufstellung von Sozialplänen nach § 75 Abs. 3 Nr. 13 BPersVG (vgl. dazu § 75 BPersVG Rn. 129–136).

§ 91 SG (und die darin enthaltene Verweisung auf das BPersVG) gilt grund- 5
sätzlich nur für die Zivilbeschäftigten bei militärischen Dienststellen und Einrichtungen der Bundeswehr, also bei den **Streitkräften der Bundesrepublik Deutschland.** Für die Zivilbeschäftigten bei ausländischen Streitkräften, die auf dem Gebiet der Bundesrepublik stationiert sind, gilt § 91 SG und damit auch das BPersVG dagegen nur dann, wenn dies in völkerrechtlichen Verträgen oder Vereinbarungen zwischen der Bundesrepublik Deutschland und den betreffenden ausländischen Staaten bestimmt ist.

Letzteres ist v.a. festgelegt für die zivilen Arbeitskräfte bei den Verwaltungen 6
und Betrieben der in der Bundesrepublik Deutschland stationierten **ausländischen Streitkräfte der NATO-Staaten**, für die Art. 56 Abs. 9 des Zusatzabkommens (ZA) zum NATO-Truppenstatut (NTS) auf die für die zivilen Bediensteten bei der Bundeswehr maßgebenden Vorschriften des deutschen Rechts über die Personalvertretung verweist, soweit in dem auf diesen Artikel Bezug nehmenden Abschnitt des Unterzeichnungsprotokolls (UP) nicht etwas anderes bestimmt ist (näher dazu Anh. VI).

Abschnitt B Soldatinnen- und Soldatenbeteiligungsgesetz (SBG)

vom 29. August 2016 (BGBl. I S. 2065)[1]

– Gesetzestext mit Erläuterungen –

Inhaltsübersicht[2]

1 Verkündet als Art. 1 des Gesetzes zur Änderung soldatenbeteiligungs- und personalvertretungsrechtlicher Vorschriften vom 29. 8. 16 (BGBl. I S. 2065).
2 Amtliche Inhaltsübersicht, ergänzt durch die Seitenzahlen der hier abgedruckten Paragrafen.

Kapitel 1
Allgemeine Vorschriften

§ 1 Beteiligung

(1) Die Soldatinnen und Soldaten werden durch Vertrauenspersonen, Gremien der Vertrauenspersonen oder Personalvertretungen vertreten.

(2) Das Recht der Soldatinnen und Soldaten, sich in dienstlichen und persönlichen Angelegenheiten an die Vorgesetzten zu wenden, bleibt unberührt.

(3) Zuständig für die Wahrnehmung der Aufgaben und Befugnisse, die der oder dem Disziplinarvorgesetzten nach diesem Gesetz übertragen sind, ist die oder der unterste gemeinsame Disziplinarvorgesetzte der Wählergruppe, für die die Vertrauensperson und die stellvertretenden Vertrauenspersonen gewählt werden.

Gemäß § 35 SG regelt das SBG die **Beteiligung »der Soldatinnen und Soldaten«.**[3] Ebenso wie das SBG 1997 hat das SBG 2016 keinen territorialen, sondern einen **personalen Ausgangspunkt** und ist damit nach der Rspr. des *BVerwG*[4] nicht nur auf Inlands-, sondern grundsätzlich auch auf **Auslandssachverhalte** anwendbar. Das zeigen insb. die Regelungen in Kap. 4 (§§ 53–58 SBG). 1

§ 1 Abs. 1 SBG 1997 lautete: »Die Beteiligung der Soldaten nach den Bestimmungen dieses Gesetzes soll zu einer wirkungsvollen Dienstgestaltung und zu einer fürsorglichen Berücksichtigung der Belange des einzelnen beitragen.« Dieser die grundsätzlichen, gleichrangig nebeneinander stehenden **Ziele der Beteiligung** nennende Satz ist nicht das SBG 2016, sondern stattdessen (redaktionell geringfügig abweichend) in die Gesetzesbegründung übernommen worden, da er ohne eigenen Regelungsgehalt lediglich **Sinn und Zweck des Gesetzes** darstelle.[5] 2

(Abs. 1) Der (mit Ausnahme der Bezeichnung »*Die Soldatinnen und* Soldaten«[6]) mit **§ 1 Abs. 2 SBG 1997** wortgleiche **§ 1 Abs. 1 SBG 2016** bezeichnet die **Beteiligungsorgane** der Soldaten, nämlich einerseits Vertrauenspersonen und Gremien der Vertrauenspersonen (vgl. Kap. 2 u. 3 mit den §§ 3–32 u. §§ 33–52 SBG), andererseits Personalvertretungen (vgl. Kap. 5 mit den §§ 59–63 SBG). Beide Vertretungsformen sind zwar unterschiedlich strukturiert, aber dennoch als **gleichrangig** und gleichwertig anzusehen. 3

Das **Nebeneinander** von Vertrauenspersonen und deren Gremien einerseits sowie Personalvertretungen andererseits kann dazu führen, dass bei einer beabsichtigten Maßnahme verschiedene Beteiligungsorgane gleichzeitig und nebeneinander zu **beteiligen** sind. Das ist immer dann der Fall, wenn von einer Maßnahme mehrere Personengruppen erfasst werden, die von verschiedenen Beteiligungsorganen repräsentiert werden.[7] 4

3 Anstelle der im Gesetzestext verwendeten Paarformel »*Soldatinnen und* Soldaten« wird aus Gründen der Lesbarkeit wie an anderen Stellen des Kommentars auch im Folgenden in den Erläuterungen des SBG i. d. R. nur die männliche Bezeichnung »Soldaten« gebraucht und durchgängig als geschlechtsneutraler Begriff verstanden (vgl. dazu die allgemeinen Vorbemerkungen auf S. 10).

4 Beschl. v. 22. 7. 09 – 1 WB 15.08 –, PersV 09, 424.

5 BT-Drs. 18/8298, S. 38 (B: zu § 1).

6 Vgl. Fn. 3.

7 *BVerwG* v. 9. 11. 98 – 6 P 1.98 – u. v. 23. 6. 99 – 6 P 6. 98 –, PersR 99, 125 u. 451.

5 Die im SBG geregelte Beteiligung von Vertrauenspersonen und die damit verbundene unterschiedliche Behandlung von Soldaten und anderen Beschäftigten hat das *BVerwG* in seiner bisherigen Rspr. als **verfassungsrechtlich zulässig** erachtet. Es hat dabei das funktionale Prinzip von Befehl und Gehorsam und Besonderheiten in den Personal- und Organisationsstrukturen sowie in den funktionellen Abläufen der Streitkräfte als zulässige Differenzierungsgründe anerkannt und entschieden, dass der Gesetzgeber seine Gestaltungsfreiheit bei der näheren Ausgestaltung der Beteiligungsrechte der Vertrauenspersonen nicht überschritten habe.[8]

6 Nach abzulehnender Ansicht des *BVerwG* sind die Vertretungen der Soldaten nach dem SBG **Teil der staatlichen Exekutive** und daher grundsätzlich nicht Träger von Grundrechten.[9]

7 (**Abs. 2**) Der mit **§ 1 Abs. 3 SBG 1997** inhaltsgleiche **§ 1 Abs. 2 SBG 2016** stellt klar, dass das **individuelle Petitionsrecht** des Soldaten gegenüber seinen Vorgesetzten von den Regelungen des SBG unberührt bleibt (vgl. auch § 17 SBG).

8 (**Abs. 3**) § 1 Abs. 3 SBG 2016, zu dem es bisher nur in § 2 Abs. 1 SBGWV 2012 eine Entsprechung gab, stellt klar, dass für die Wahrnehmung der Aufgaben und Befugnisse, die dem Disziplinarvorgesetzten nach dem SBG übertragen sind, der **unterste gemeinsame Disziplinarvorgesetzte der jeweiligen Wählergruppe** zuständig ist.[10] Dies ist der mit Disziplinargewalt ausgestattete militärische Führer des Wahlbereichs, in dem die entsprechende Wählergruppe (Offiziere, Unteroffiziere oder Mannschaften) ihre Vertrauensperson wählt.[11] Dieser Disziplinarvorgesetzte ist gemeint, wenn das SBG ohne Zusatz die Bezeichnung »die oder der Disziplinarvorgesetzte« verwendet (so z. B. in § 20 Abs. 1 bis 3 und § 21) oder wenn es *in Bezug auf die jeweilige Vertrauensperson* von der oder dem »nächsten Disziplinarvorgesetzten« spricht (so etwa in § 9 Abs. 1 und § 24 Abs. 1 und 2).[12] Hinzu kommen Vorschriften, die **weitere Beteiligungspartner** festlegen: Das sind insb. (in Abgrenzung zu der oder dem »nächsten Disziplinarvorgesetzten«) die oder der »nächsthöhere Disziplinarvorgesetzte« (z. B. in § 9 Abs. 1 und § 22

8 *BVerwG* v. 3. 7. 91 – 6 P 3.89 –, PersR 91, 464, v. 23. 6. 99 – 6 P 6.98 –, PersR 99, 451, u. v. 23. 1. 02 – 6 P 2.01 –, PersR 02, 205; str.; vgl. KfdP-*Altvater*, Anh. V B § 1 SBG Rn. 6 m. N.

9 Beschl. v. 13. 8. 08 – 1 WB 39.08 u. a. –, NZWehrr 09, 28; vgl. KfdP-*Altvater*, Anh. V B § 1 SBG Rn. 6a.

10 BT-Drs. 18/8298, S. 38 (B: zu § 1).

11 *BVerwG* v. 18. 1. 94 – 1 WB 14.93 –, ZBR 94, 256 (zu Rn. 13), u. v. 24. 3. 04 – 1 WB 46.03 –, PersR 04, 473 (zu Rn. 14 ff.).

12 Aber nicht, wenn (wie in § 22 Abs. 4 SBG) *in Bezug auf die oder den Disziplinarvorgesetzten* von »ihrer oder seinem nächsten Disziplinarvorgesetzten« die Rede ist.

Abs. 3) sowie die oder der für eine Maßnahme »zuständige Vorgesetzte« (§ 23 Abs. 1, 3 und 4) oder »nächsthöhere Vorgesetzte« (§ 23 Abs. 2).

§ 2 Allgemeine Vorschriften

(1) Für die Zusammenarbeit der Vorgesetzten und Vertrauenspersonen mit den in der Dienststelle vertretenen Gewerkschaften der Soldatinnen und Soldaten gilt § 2 des Bundespersonalvertretungsgesetzes entsprechend.
(2) [1]Soldatinnen und Soldaten, die Aufgaben nach diesem Gesetz wahrnehmen, haben über die ihnen in Ausübung ihrer Tätigkeit bekannt gewordenen Angelegenheiten und Tatsachen gegenüber Dritten Stillschweigen zu bewahren. [2]Die Schweigepflicht besteht nicht für Angelegenheiten oder Tatsachen, die offenkundig sind oder ihrer Bedeutung nach keiner Geheimhaltung bedürfen.
(3) Die Wahrnehmung von Rechten und die Erfüllung von Pflichten nach diesem Gesetz gelten als Dienst im Sinne des § 27 des Soldatenversorgungsgesetzes oder als Wehrdienst im Sinne des § 81 des Soldatenversorgungsgesetzes.

(**Abs. 1**) Die allgemeine Vorschrift des **§ 2 Abs. 1 SBG 2016** hat **keine Entsprechung im SBG 1997**. Sie betrifft nicht die Zusammenarbeit zwischen Vertrauenspersonen und Disziplinarvorgesetzten, die in § 19 Abs. 2 SBG geregelt ist (vgl. § 19 SBG Rn. 4), sondern die **Zusammenarbeit der Vorgesetzten und Vertrauenspersonen mit den in der Dienststelle vertretenen Gewerkschaften der Soldaten**. *Insoweit* gilt **§ 2 BPersVG** entsprechend, und zwar – da sich die Verweisung nicht auf einzelne Absätze dieses Paragrafen beschränkt – mit allen seinen drei Absätzen. Das heißt: Die in § 19 Abs. 2 SBG normierte Zusammenarbeit zwischen Vertrauenspersonen und Disziplinarvorgesetzten erfolgt entsprechend **§ 2 Abs. 1 BPersVG** im **Zusammenwirken** mit den genannten Gewerkschaften (vgl. § 2 BPersVG Rn. 7ff.). Die Beauftragten der Gewerkschaften haben zur Wahrnehmung ihrer (im SBG nicht abschließend aufgeführten) soldatenbeteiligungsrechtlichen Aufgaben und Befugnisse entsprechend **§ 2 Abs. 2 BPersVG** ein **Zugangsrecht** zur Dienststelle (vgl. § 2 BPersVG Rn. 10f.). Und die **koalitionspolitischen Aufgaben** der Gewerkschaften werden entsprechend **§ 2 Abs. 3 BPersVG** durch das SBG nicht berührt (vgl. § 2 BPersVG Rn. 12). Die (vor die Klammer gezogene) allgemeine Vorschrift des **§ 2 Abs. 1 SBG** gilt für die Bereiche der Beteiligung der Soldaten nicht nur durch Vertrauenspersonen nach Kap. 2 SBG, sondern auch durch **Gremien der Vertrauenspersonen** in Gestalt von Versammlungen und Vertrauenspersonenausschüssen nach Kap. 3 SBG sowie für die Beteiligung in besonderen Verwendungen im **Ausland** nach Kap. 4. Für die Beteiligung der Soldaten durch **Personalvertretungen** galt 1 und gilt § 2 BPersVG bereits aufgrund der generellen Verweisung in § 48 S. 1 SBG 1997 und **§ 59 S. 1 SBG 2016**.

2 (**Abs. 2**) Der dem § 10 BPersVG nachgebildete **§ 2 Abs. 2 SBG 2016** ist an die Stelle des **§ 8 SBG 1997** getreten, hat aber einen darüber hinausgehenden personellen Anwendungsbereich. Er regelt (in Ergänzung zu der in § 14 SG normierten allgemeinen soldatenrechtlichen Schweigepflicht) die **soldatenbeteiligungsrechtliche Schweigepflicht** nicht nur der Vertrauenspersonen, sondern aller **Soldaten, die Aufgaben nach dem SBG wahrnehmen** (Abs. 2 S. 1). Dazu gehören z. B. auch Mitglieder des nach § 3 Abs. 2 SBG bestellten Wahlvorstands, aber auch die Disziplinarvorgesetzten in ihrer soldatenbeteiligungsrechtlichen Funktion.

3 Die in § 2 Abs. 2 SBG geregelte Schweigepflicht besteht nur **gegenüber Dritten** und deshalb nicht gegenüber Soldaten, die von einer Maßnahme betroffen sind, an der die Vertrauensperson beteiligt ist, und auch nicht gegenüber solchen Personen, die im jeweiligen Einzelfall Aufgaben oder Befugnisse nach dem SBG wahrnehmen. Dazu gehört grundsätzlich auch der Disziplinarvorgesetzte. Ihm gegenüber ist die Vertrauensperson aber dann zur Verschwiegenheit verpflichtet, wenn es sich um Angelegenheiten einzelner Soldaten handelt, deren vertrauliche Behandlung sich aus der Natur der Sache ergibt oder dem Soldaten zugesichert ist. Personen und Stellen, bei denen die Vertrauensperson wegen fehlender Sachkunde Rat oder Auskunft einholt und die ihrerseits einer Schweigepflicht unterliegen (wie z. B. Rechtsanwälte), sind nicht als Dritte i. S. d. § 2 Abs. 2 S. 1 SBG anzusehen (ZDv A-1472/1 Nr. 224 Abs. 7).

4 (**Abs. 3**) Die Regelung in **§ 2 Abs. 3 SBG 2016** ist in neuer Fassung aus **§ 14 Abs. 3 SBG 1997** übernommen worden. Ihr Wortlaut und ihre Platzierung als allgemeine Vorschrift in Kap. 1 SBG stellen klar, dass sie in Anlehnung an § 11 BPersVG den **Unfallschutz aller Soldaten** regelt, die nach dem SBG Rechte wahrnehmen oder Pflichten erfüllen. Dazu gehören nicht nur die Vertrauenspersonen, sondern auch die Soldatenvertreter in den Personalvertretungen und in den Wahlvorständen für die Personalratswahlen, ferner die Mitglieder von Wahlvorständen für die Wahlen von Vertrauenspersonen und deren Gremien, die Mitglieder der Vertrauenspersonenausschüsse, aber auch Soldaten, die sich an der Wahl der Vertrauensperson oder der Soldatenvertreter in der Personalvertretung beteiligen, die an Personalversammlungen teilnehmen oder die die Sprechstunde der Vertrauensperson oder des Personalrats aufsuchen. Da die Wahrnehmung von Rechten oder die Erfüllung von Pflichten nach dem SBG als Dienst i. S. d. § 27 SVG oder als Wehrdienst i. S. d. § 81 SVG gilt, sind dabei erlittene gesundheitliche Schädigungen nach Maßgabe dieser Vorschriften als **Dienstunfall** oder **Wehrdienstbeschädigung** zu behandeln.

Kapitel 2
Beteiligung der Soldatinnen und Soldaten durch Vertrauenspersonen

Abschnitt 1
Wahl der Vertrauensperson

§ 3 Wahlrechtsgrundsätze und allgemeine Vorschriften für die Wahl

(1) [1]Die Vertrauensperson und die stellvertretenden Vertrauenspersonen werden in allgemeiner, unmittelbarer, freier, gleicher und geheimer Wahl gewählt. [2]Die Wahl wird nach den Grundsätzen der Personenwahl durchgeführt.

(2) [1]Die zuständigen Disziplinarvorgesetzten bestellen spätestens zwei Monate vor Ablauf der Amtszeit der Vertrauensperson auf deren Vorschlag drei Wahlberechtigte als Wahlvorstand, davon eine oder einen als Vorsitzende oder Vorsitzenden. [2]Ist eine Vertrauensperson erstmals zu wählen oder nicht mehr vorhanden, berufen sie eine Versammlung der Wahlberechtigten zur Wahl eines Wahlvorstandes ein.

(3) [1]Der Wahlvorstand hat die Wahl unverzüglich einzuleiten und durchzuführen. [2]Er stellt unverzüglich nach Abschluss der Wahl das Wahlergebnis durch öffentliche Auszählung der Stimmen fest, fertigt hierüber ein Protokoll und gibt das Wahlergebnis durch Aushang bekannt.

(4) [1]Niemand darf die Wahl behindern, insbesondere dürfen die Wahlberechtigten nicht in der Ausübung des aktiven oder passiven Wahlrechts beschränkt werden. [2]Die Wahl darf nicht durch Versprechen von Vorteilen oder durch Androhung von Nachteilen beeinflusst werden.

(5) Die Dienststelle trägt die Kosten der Wahl.

Die in § 3 SBG 2016 platzierten **allgemeinen Vorschriften für die Wahl** 1
der Vertrauensperson stimmen weitgehend überein mit den entsprechenden Wahlvorschriften des SBG 1997. Entsprechungen zu **§ 2 Abs. 1 SBG 1997** finden sich in § 3 Abs. 1 S. 1 SGB 2016, zu **§ 4 Abs. 3 SBG 1997** in § 3 Abs. 1 S. 2 SGB 2016, zu **§ 4 Abs. 4 SBG 1997** in § 3 Abs. 2 SGB 2016, zu **§ 4 Abs. 6 SBG 1997** in § 3 Abs. 3 SGB 2016, zu **§ 4 Abs. 7 SBG 1997** in § 3 Abs. 4 SGB 2016 und zu **§ 4 Abs. 5 SBG 1997** in § 3 Abs. 5 SGB 2016. Ergänzende Regelungen enthält wie bisher die vom BMVg als Rechtsverordnung erlassene **Wahlordnung zum SBG – SBGWV** – (vgl. § 64 SGB Rn. 2 f.).

(**Abs. 1**) § 3 Abs. 1 S. 1 SBG 2016 bestimmt, dass die Vertrauensperson 2
und die stellvertretenden Vertrauenspersonen nach den üblichen fünf **Wahlrechtsgrundsätzen** in **allgemeiner, unmittelbarer, freier, gleicher und geheimer Wahl** gewählt werden. Dies entspricht den für die Wahl der Abge-

ordneten des Deutschen Bundestages in Art. 38 Abs. 1 S. 1 GG normierten Wahlrechtsgrundsätzen und galt auch für das Soldatenbeteiligungsrecht schon bisher. Zum einen war (in Übereinstimmung mit § 19 Abs. 1 BPersVG) die unmittelbare und geheime Wahl in § 2 Abs. 1 SBG 1997 ausdrücklich geregelt, zum anderen war die allgemeine, freie und gleiche Wahl durch das ungeschriebene Verfassungsrecht des Bundes vorgegeben (vgl. § 19 BPersVG Rn. 2a, 2b m. w. N.). Außerdem legt der mit § 4 Abs. 3 SBG 1997 wortgleiche § 3 Abs. 1 S. 2 SBG 2016 fest, dass die Wahl (stets) nach den Grundsätzen der **Personenwahl** (Mehrheitswahl) und keinesfalls als Verhältniswahl (Listenwahl) durchgeführt wird. Die wahltechnischen Einzelheiten sind (vergleichbar §§ 8–10 SBGWV-RefE 2016) in den §§ 8 bis 10 SBGWV 2012 geregelt.

3 **(Abs. 2)** Der mit Ausnahme redaktioneller Abweichungen mit § 4 Abs. 4 SBG 1997 übereinstimmende § 3 Abs. 2 SBG 2016 regelt die **Bestellung bzw. Wahl des Wahlvorstands**. Die Bestellung des Wahlvorstandes (nach Abs. 2 S. 1) oder die Einberufung einer Versammlung zur Wahl eines Wahlvorstandes (nach Abs. 2 S. 2) obliegt dem nach § 1 Abs. 3 SBG 2016 »zuständigen Disziplinarvorgesetzten« (vgl. § 1 SBG Rn. 8). § 3 SBGWV 2012 (vergleichbar § 3 SBGWV-RefE 2016) enthält ergänzende Bestimmungen.

4 **(Abs. 3)** Der mit § 4 Abs. 6 SBG 1997 inhaltlich übereinstimmende § 3 Abs. 3 SBG 2016 legt die **Aufgaben des Wahlvorstands** fest. Diese sind im Einzelnen in den §§ 4 bis 16 SBGWV 2012 (vergleichbar §§ 4–19 SBGWV-RefE 2016) geregelt.

5 **(Abs. 4)** Der mit § 4 Abs. 7 SBG 1997 inhaltlich identische § 3 Abs. 4 SBG 2016 enthält Regelungen über die Verbote der **Wahlbehinderung** und unzulässigen **Wahlbeeinflussung**, die § 20 Abs. 1 und 2 BetrVG nachgebildet und mit § 24 Abs. 1 S. 1 und 2 BPersVG vergleichbar sind.

6 **(Abs. 5)** Der mit § 4 Abs. 5 SBG 1997 wortgleiche § 3 Abs. 5 SBG 2016 stellt ebenso wie § 24 Abs. 2 S. 1 BPersVG klar, dass die Dienststelle die **Kosten der Wahl** trägt.

§ 4 Wählergruppen und Wahlbereiche

(1) [1]Offiziere, Unteroffiziere und Mannschaften bilden jeweils eine Wählergruppe. [2]Jede Wählergruppe, die mindestens fünf Soldatinnen oder Soldaten umfasst, wählt eine Vertrauensperson und mindestens zwei stellvertretende Vertrauenspersonen in folgenden Wahlbereichen:

1. in Einheiten,
2. auf Schiffen und Booten der Marine,
3. in Stäben der Verbände und Großverbände sowie vergleichbarer Dienststellen und Einrichtungen,
4. in integrierten Dienststellen und Einrichtungen,
5. in der Regel in multinationalen Dienststellen und Einrichtungen.

(2) In Universitäten wählen die Studierenden Vertrauenspersonen und mindestens zwei stellvertretende Vertrauenspersonen entsprechend Absatz 1 in dem Wahlbereich, der ihrer oder ihrem nächsten Disziplinarvorgesetzten zugeordnet ist.

(3) Soldatinnen und Soldaten wählen ungeachtet ihrer Beteiligungsrechte in ihrem Stammtruppenteil Vertrauenspersonen und mindestens zwei stellvertretende Vertrauenspersonen entsprechend Absatz 1 in dem Wahlbereich, der ihrer oder ihrem nächsten Disziplinarvorgesetzten zugeordnet ist, in folgenden Dienststellen oder Einrichtungen:

1. in Schulen oder vergleichbaren Einrichtungen der Streitkräfte, wenn sie dort an Lehrgängen teilnehmen, die länger als 30 Kalendertage dauern, sowie

2. in Dienststellen oder Einrichtungen außerhalb der Streitkräfte, zu denen Soldatinnen und Soldaten kommandiert oder unter Wegfall der Geld- und Sachbezüge beurlaubt sind.

(4) Unteroffiziere mit und ohne Portepee auf Schiffen und Booten der Marine wählen abweichend von Absatz 1 Satz 2 Nummer 2 jeweils eine Vertrauensperson und mindestens zwei stellvertretende Vertrauenspersonen, sofern ihre Wählergruppe mindestens fünf Soldatinnen oder Soldaten umfasst.

(5) Sind mindestens fünf Angehörige einer Wählergruppe nicht nur vorübergehend an einem Ort eingesetzt, der weiter als 100 Kilometer vom Dienstort der oder des zuständigen Disziplinarvorgesetzten entfernt ist, wählen diese abweichend von Absatz 1 eine Vertrauensperson und mindestens zwei Stellvertreterinnen oder Stellvertreter.

(6) [1]Umfasst eine Wählergruppe weniger als fünf Wahlberechtigte, so teilt die dem Bundesministerium der Verteidigung unmittelbar nachgeordnete zuständige Kommandobehörde diese Wahlberechtigten derjenigen benachbarten Einheit oder Dienststelle oder demjenigen Stab des Verbands zu, die oder der der Einheit oder Dienststellen unmittelbar übergeordnet ist. [2]In Ausnahmefällen ist die Bildung von laufbahnübergreifenden Wählergruppen zulässig. [3]Ist die Zuständigkeit weiterer Kommandobehörden berührt, so bedarf die zuteilende Kommandobehörde deren Zustimmung. [4]Mehrere benachbarte Dienststellen können unabhängig von ihrer organisatorischen Zugehörigkeit zu einem Wahlbereich zusammengefasst werden.

(7) Abweichend von Absatz 6 wählen Offiziere in Einheiten nach Absatz 1 Satz 2 Nummer 1, sofern die Zahl der Wahlberechtigten unter fünf liegt, in dem Stab des Verbands oder Großverbands nach Absatz 1 Satz 2 Nummer 3, welcher der Einheit unmittelbar übergeordnet ist.

Die **§§ 4 und 5 SBG 2016** legen fest, welche Soldaten **Vertrauenspersonen** 1
wählen. § 4 SBG bestimmt die Wählergruppen und Wahlbereiche sowie die

Zahl der zu wählenden Vertrauenspersonen und stellvertretenden Vertrauenspersonen. Soldaten, die keinem der Wahlbereiche angehören, wählen nach **§ 60 SBG 2016** grundsätzlich **Personalvertretungen.**[13]

2 Die Vorschriften des **§ 4 SBG 2016** über **Wählergruppen und Wahlbereiche** sind mit ihren wesentlichen Inhalten, aber mit neuer Gliederung und teilweise geänderten Formulierungen aus **§ 2 SBG 1997** übernommen worden. Einige Regelungen sind in andere Paragrafen verschoben worden: die Bestimmungen über die Grundsätze der geheimen und unmittelbaren Wahl von **§ 2 Abs. 1 SBG 1997** nach § 3 Abs. 1 S. 1 SBG 2016 sowie die Vorschriften für eine besondere Verwendung im Ausland von **§ 2 Abs. 6 SBG 1997** nach § 54 SBG 2016.

3 **(Abs. 1)** § 4 Abs. 1 SBG definiert Wählergruppen und Wahlbereiche. Die **drei Laufbahngruppen** der Offiziere, Unteroffiziere und Mannschaften bilden **jeweils eine Wählergruppe** (mit einer Ausnahme gem. § 4 Abs. 4 SBG bei Unteroffizieren der Marine; vgl. Rn. 7). Jede Wählergruppe, die (in ihrem Wahlbereich; vgl. Rn. 4) mindestens fünf Soldaten umfasst, wählt eine Vertrauensperson und mindestens zwei stellvertretende Vertrauenspersonen. Bei der **Mindestzahl von fünf Soldaten** zählen allein die Wahlberechtigten (das folgt aus § 4 Abs. 6 und 7 SBG; vgl. Rn. 9f.). Im Unterschied zum SBG 1997 sind außer der **Vertrauensperson** nicht nur *zwei*, sondern ***mindestens zwei*** **stellvertretende Vertrauenspersonen** zu wählen. Die Möglichkeit, mehr als zwei stellvertretende Vertrauenspersonen zu wählen, dient der Vermeidung von Neu- oder Ergänzungswahlen während der (gem. § 10 Abs. 1 SBG) auf vier Jahre verlängerten Amtszeit der Vertrauensperson.[14]

4 **Wahlbereiche** sind folgende, in **Abs. 1 S. 2 Nr. 1 bis 5** genannte **Dienststellen und Einrichtungen:**

- **Einheiten (Nr. 1)**. Nach der Rspr. des *BVerwG*[15] sind damit bewegliche Einheiten (v. a. die mobilen Einheiten des Heeres und die fliegenden Einheiten der Luftwaffe) gemeint, wobei die Beweglichkeit als Funktion des militärischen Einsatzes zu verstehen ist. Durch ihre **Mobilität** stehen Einheiten i. S. v. § 4 Abs. 1 S. 2 Nr. 1 SBG im Gegensatz zu den unter § 60 Abs. 1 S. 1 SBG fallenden stationären Einrichtungen mit administrativer, technischer oder sonstiger fachlicher Aufgabenstellung.[16] Nach Maßgabe der **Sonderregelung in § 60 Abs. 5 SBG** wählen Soldaten, die einer Einheit angehören, deren Aufgabe die **Unterstützung eines Stabes** ist, keine Ver-

13 Vgl. *BVerwG* v. 23. 6. 99 – 6 P 6.98 –, PersR 99, 451 (zu §§ 2 und 49 SBG 1997).

14 BT-Drs. 18/8298, S. 39 (zu § 4).

15 Vgl. Beschl. v. 23. 1. 02 – 6 P 2.01 –, PersR 02, 205, v. 29. 10. 02 – 6 P 5.02 –, PersR 03, 71, v. 16. 3. 06 – 6 P 12.05 –, PersR 06, 303, u. v. 8. 10. 07 – 6 P 2.07 –, PersR 08, 165.

16 *BVerwG* v. 21. 1. 08 – 6 P 16.07 –, PersR 08, 367 (zu § 2 Abs. 1 Nr. 1 u. § 49 Abs. 1 Nr. 1 SBG 1997).

trauenspersonen in der Einheit, sondern zum Personalrat des Stabes (vgl. § 60 SBG Rn. 15).

- **Schiffe und Boote der Marine (Nr. 2)**. In dieser Hervorhebung der »schwimmenden Einheiten der Marine« (so noch § 2 Abs. 1 SBG 1991) liegt keine abschließende Regelung derjenigen Wahlbereiche, in denen Soldaten der Marine Vertrauenspersonen wählen. Da die in den anderen Nrn. des Abs. 1 S. 2 genannten Wahlbereiche nicht auf bestimmte Teilstreitkräfte beschränkt sind, ist vielmehr nach allgemeinen materiellen Abgrenzungskriterien zu prüfen, ob landgestützte Einheiten der Marine unter § 4 Abs. 1 S. 2 oder § 60 Abs. 1 SBG fallen. So sind z. B. die Marinefliegergeschwader Verbände i. S. d. Abs. 1 S. 2 Nr. 3 und deren fliegende Staffeln Einheiten i. S. d. Abs. 1 S. 2 Nr. 1.[17]
- **Stäbe der Verbände und Großverbände sowie vergleichbarer Dienststellen und Einrichtungen (Nr. 3)**. Nach der Rspr. des *BVerwG* zu § 2 Abs. 1 SGB 1997 war der Verband i. S. d. Nr. 3 als Oberbegriff zu verstehen, der nicht nur den **Verband** i. e. S., d. h. die Zusammenfassung mehrerer Einheiten in der Stärke eines Bataillons oder Regiments, umfasst, sondern auch den **Großverband**, d. h. die Zusammenfassung von verschiedenen Truppenteilen (Einheiten, Verbänden oder [nachgeordneten] Großverbänden) von der Brigade an aufwärts.[18] Mit der Einfügung des Wortes Großverbände in § 4 Abs. 1 S. 2 Nr. 3 SGB 2016 ist im Anschluss an diese Rspr. klargestellt, dass hier auch Brigaden und Divisionen (sowie vergleichbare Dienststellen) angesprochen sind.[19] Der Stab einer Brigade oder einer Division unterfällt auch dann der Nr. 3, wenn ihm nicht nur Einheiten und Verbände i. S. v. Nr. 1 und Nr. 3, sondern auch Einrichtungen unterstellt sind, in denen Soldaten nach § 60 Abs. 1 S. 1 SBG Personalräte wählen.[20] Das gilt allerdings nicht für die Stäbe der Korps, weil sie nach § 60 Abs. 1 S. 2 SBG zu den Dienststellen und Einrichtungen gehören, in denen die Soldaten i. d. R. Personalvertretungen wählen (vgl. § 60 SGB Rn. 4).[21] **Vergleichbare Dienststellen und Einrichtungen** i. S. d. Nr. 3 sind organisatorisch selbständige Zusammenfassungen von Personal und Material, deren Führer mindestens die Disziplinarbefugnis der zweiten Stufe entsprechend § 28 Abs. 1 S. 2 Nr. 2 WDO innehaben.
- **Integrierte Dienststellen und Einrichtungen (Nr. 4)**, die im Inland oder Ausland von einer supranationalen Organisation unterhalten werden, insb. die NATO-Agenturen, wobei allerdings die Vertrauenspersonen

17 *BVerwG* v. 16. 3. 06 – 6 P 12.05 –, PersR 06, 303 (zu §§ 2 und 49 SBG 1997).
18 *BVerwG* v. 23. 1. 02 – 6 P 2.01 – u. v. 23. 9. 04 – 6 P 2.04 –, PersR 02, 205, u. 04, 476.
19 BT-Drs. 18/8298, S. 39 (zu § 4).
20 *BVerwG* v. 23. 1. 02 u. v. 23. 9. 04, jew. a. a. O.
21 *BVerwG* v. 23. 9. 04, a. a. O.

nicht bei den integrierten Dienststellen selbst, sondern bei dem jeweiligen nationalen (deutschen) Disziplinarvorgesetzten gewählt werden.[22]

- **Multinationale Dienststellen und Einrichtungen (Nr. 5)**, die von mehreren Staaten getragen werden, wobei hier – anders als in den Fällen der Nr. 1 bis 4 – nicht ausnahmslos, sondern »in der Regel« Vertrauenspersonen gewählt werden. Personalvertretungen werden ausnahmsweise dann gewählt, wenn dies mit den Bündnispartnern vereinbart ist.[23]

Darüber hinaus gibt es weiterhin **Sonderwahlbereiche**. Die Regelungen dafür sind neu gegliedert und aus § 2 Abs. 1 Nr. 6 bis 8 SBG 1997 in § 4 Abs. 2 und 3 SBG 2016 überführt worden.

5 (**Abs. 2**) § 4 Abs. 2 SBG 2016 hat § 2 Abs. 1 Nr. 7 SBG 1997 abgelöst. Danach wählen in **Universitäten** die **Studierenden** Vertrauenspersonen und mindestens zwei stellvertretende Vertrauenspersonen in dem Wahlbereich, der ihrem nächsten Disziplinarvorgesetzten zugeordnet ist. Das gilt nicht nur für die Studierenden an Universitäten der Bundeswehr, sondern auch für Soldaten, die – wie z. B. die Sanitätsoffizier-Anwärter – zum Studium an einer anderen Universität beurlaubt sind.[24] Die Wahl erfolgt »entsprechend Absatz 1«, d. h. in der Wählergruppe der Offiziere, vorausgesetzt, dass diese mindestens fünf (gem. § 5 SBG wahlberechtigte) Soldaten umfasst.[25]

6 (**Abs. 3**) Die bisherigen Bestimmungen des § 2 Abs. 1 Nr. 6 und 8 SBG 1997 sind in § 4 Abs. 3 SBG 2016 zusammengefasst worden. Danach wählen Soldaten in den in Nr. 1 und 2 des § 4 Abs. 3 SBG bestimmten Dienststellen oder Einrichtungen Vertrauenspersonen und mindestens zwei stellvertretende Vertrauenspersonen in dem Wahlbereich, der ihrem nächsten Disziplinarvorgesetzten zugeordnet ist. Das gilt in folgenden Dienststellen oder Einrichtungen:

- nach **Nr. 1** in **Schulen oder vergleichbaren Einrichtungen**[26] **der Streitkräfte,** wenn die Soldaten dort an Lehrgängen teilnehmen, die länger als 30 Kalendertage dauern, was bei Teilnehmern der üblichen (bis zu vier Wochen dauernden) Kurzlehrgänge nicht zutrifft[27];
- nach **Nr. 2** in **Dienststellen oder Einrichtungen außerhalb der Streitkräfte,** zu denen Soldaten kommandiert oder unter Wegfall der Geld- und Sachbezüge beurlaubt sind. Dabei handelt es sich (wie bei § 2 Abs. 1 Nr. 8 SBG 1997) nach der Rspr. des *BVerwG*[28] um eine **Auffangvorschrift,** die

22 Vgl. *Gronimus*, § 2 SBG Rn. 21.
23 Vgl. BT-Drs. 13/5740, S. 16 (zu Art. 1 Nr. 5).
24 *Gronimus*, § 2 SBG Rn. 28.
25 Vgl. BT-Drs. 18/8298, S. 39 (zu § 4).
26 Einrichtungen, zu deren wesentlichem Auftrag die Aus- und Fortbildung von Soldaten für ihre militärischen Aufgaben gehört (*BVerwG* v. 23. 6. 99 – 6 P 6.98 –, PersR 99, 451, u. v. 19. 12. 06 – 6 PB 12.06 –, PersR 07, 125).
27 Vgl. BT-Drs. 13/5740, a. a. O.; *BVerwG* v. 23. 6. 99, a. a. O.
28 Beschl. v. 21. 1. 08 – 6 P 16.07 –, PersR 08, 367.

im Wege der teleologischen Reduktion dahin auszulegen ist, dass sie sich auf die Kommandierung zu Dienststellen **außerhalb des Geschäftsbereichs des BMVg** bezieht, weil Soldaten in Dienststellen der Bundeswehrverwaltung die dortigen Personalvertretungen mitwählen (vgl. § 60 SBG Rn. 5). Darüber hinaus gilt die Auffangvorschrift auch dann nicht, wenn die Interessenvertretung von Soldaten, die außerhalb des Geschäftsbereichs des BMVg Dienst leisten, in **anderen Vorschriften** geregelt ist, wie in **§ 62 Abs. 4 SBG** (Geschäftsbereich im Auswärtigen Amts; vgl. § 62 SBG Rn. 9), **§ 86 Nr. 12 BPersVG** (Bundesnachrichtendienst; vgl. § 86 BPersVG Rn. 14) und **§ 4 BwKoopG** (kooperierende Wirtschaftsunternehmen; vgl. Anh. V C).

Die Wahl erfolgt in den Fällen des § 4 Abs. 3 SBG zum einen (insoweit in Übereinstimmung mit § 4 Abs. 2 SBG) »entsprechend Absatz 1« (vgl. Rn. 5), zum anderen aber (abweichend von § 4 Abs. 2 SBG) **»ungeachtet ihrer Beteiligungsrechte in ihrem Stammtruppenteil«**. In dieser Formulierung ist (auch) der Regelungsgehalt des § 3 Abs. 1 S. 4 SBG 1997 enthalten, dessen Übernahme in § 5 SBG 2016 (deshalb) nicht erfolgt ist (näher dazu § 5 SBG Rn. 4).

(Abs. 4) Nach dem mit § 2 Abs. 3 SBG 1997 im Wesentlichen inhaltsgleichen 7
§ 4 Abs. 4 SBG 2016 bilden **Unteroffiziere auf Schiffen und Booten der Marine** zwei getrennte Wählergruppen: solche mit Portepee (vom Bootsmann an aufwärts) und solche ohne Portepee (die Dienstgrade Maat und Obermaat). Das gilt allerdings nur unter der Voraussetzung, dass jede dieser Gruppen mindestens fünf Wahlberechtigte umfasst (vgl. Rn. 3).

(Abs. 5) Nach dem mit § 2 Abs. 4 SBG 1997 im Wesentlichen inhaltsgleichen 8
§ 4 Abs. 5 SBG 2016 bilden **örtlich weit entfernt eingesetzte Soldaten** einer Wählergruppe einen eigenen Wahlbereich, wenn mindestens fünf (wahlberechtigte) Angehörige der Wählergruppe nicht nur vorübergehend an einem Ort eingesetzt sind, der weiter als 100 km vom Dienstort des nach § 1 Abs. 3 SBG 2016 zuständigen Disziplinarvorgesetzten (vgl. § 1 SBG Rn. 8) entfernt ist. Dabei bleibt der Disziplinarvorgesetzte des Stamm-Wahlbereichs zuständiger Disziplinarvorgesetzter auch des örtlich weit entfernten Wahlbereichs.[29]

(Abs. 6) Die Bestimmungen des § 2 Abs. 5 SBG 1997 sind mit teils inhaltli- 9
chen, teils redaktionellen Änderungen durch § 4 Abs. 6 SBG 2016 abgelöst worden. Sie betreffen den Fall, dass eine **Wählergruppe weniger als fünf Wahlberechtigte** umfasst. Da diese Wahlberechtigten in ihrem Kleinwahlbereich keine Vertrauensperson wählen können, sind sie, wenn es sich bei ihnen nicht um Offiziere in Einheiten handelt (vgl. dazu Rn. 10), nach § 4 Abs. 6 S. 1 SBG **einem anderen Wahlbereich zuzuteilen**: und zwar *»derje-*

---

29 *Gronimus*, § 2 SBG Rn. 48.

nigen benachbarten Einheit oder Dienststelle oder *demjenigen* Stab des Verbands …, die oder der der Einheit oder Dienststelle*n* [sic!] unmittelbar übergeordnet ist«. Die zitierte Stelle des Gesetzestextes lässt – wie schon die entsprechende Textstelle in § 2 Abs. 5 S. 1 SBG 1997 – nicht klar erkennen, zu welchem Wahlbereich zugeteilt werden kann. Vorrangig dürfte wie schon bisher eine Zuteilung innerhalb desselben Verbandes sein, entweder »horizontal« zu einem benachbarten Wahlbereich oder »vertikal« zum übergeordneten Stab.[30] Gemäß § 4 Abs. 6 S. 4 SBG besteht aber weiterhin auch die Möglichkeit, **mehrere benachbarte Dienststellen zu einem Wahlbereich zusammenzufassen**, ohne dass es dabei auf deren organisatorische Zugehörigkeit ankommt. Hinzugekommen ist die Regelung in § 4 Abs. 6 S. 2 SBG, nach der in Ausnahmefällen auch **laufbahnübergreifende Wählergruppen** gebildet werden können.[31] Die Zuteilung ist von der dem BMVg unmittelbar nachgeordneten **zuständigen Kommandobehörde** vorzunehmen, die dazu der Zustimmung weiterer Kommandobehörden bedarf, falls deren Zuständigkeit berührt ist (§ 4 Abs. 6 S. 1 und 3 SBG; zum Verfahren vgl. § 3 Abs. 3 SBGWV 2012 [vergleichbar § 3 Abs. 3 SBGWV-RefE 2016]).

10 **(Abs. 7)** Seit dem Inkrafttreten des 1. SBGÄndG am 28. 2. 97 bilden die **Offiziere** auch in **Einheiten** eine Wählergruppe (§ 2 Abs. 1 Nr. 1 SBG 1997, § 4 Abs. 1 S. 2 Nr. 1 SBG 2016). Sie wählen in diesen Wahlbereichen jedoch nur, wenn ihre Wählergruppe mindestens fünf Wahlberechtigte umfasst. Ist diese Voraussetzung – was i. d. R. der Fall ist – nicht erfüllt, wählen sie in dem **Stab des Verbandes oder Großverbandes**, welcher der Einheit unmittelbar übergeordnet ist, gemeinsam mit den wahlberechtigten Offizieren dieses Stabes (so der mit § 4 Abs. 2 SBG 1997 inhaltsgleiche § 4 Abs. 7 SBG 2016).

§ 5 Wahlberechtigung

(1) Wahlberechtigt sind

1. **alle Soldatinnen und Soldaten, die am Wahltag der Wählergruppe des Wahlbereichs angehören, für den die Vertrauensperson zu wählen ist, sowie**
2. **alle Soldatinnen und Soldaten, die der oder dem für den Wahlbereich zuständigen Disziplinarvorgesetzten truppendienstlich unterstellt sind.**

(2) [1]Kommandierte Soldatinnen und Soldaten sind in dem Wahlbereich wahlberechtigt, zu dem sie kommandiert sind, wenn ihre Kommandierung voraussichtlich länger als drei Monate dauert. [2]Dies gilt nicht für die Kommandierung von Soldatinnen und Soldaten zum Zwecke der Frei-

30 *Gronimus*, § 2 SBG Rn. 50.

31 Näher dazu BT-Drs. 18/8298, S. 39f. (zu § 4) mit Beispielen (Boote der Marine, laufbahnübergreifende Lehrgänge, kleine Dienststellen im Ausland).

stellung für die Geschäftsführung eines Gremiums der Vertrauenspersonen.

§ 5 SBG 2016 enthält die inhaltlich unveränderten, aber redaktionell abgewandelten Regelungen des **§ 3 Abs. 1 S. 1 bis 3 SBG 1997**. Entsprechungen zu **§ 3 Abs. 1 S. 4 und Abs. 2 SBG 1997** finden sich in § 4 Abs. 3 und § 55 SBG 2016. 1

(**Abs. 1**) Nach dem mit § 3 Abs. 1 S. 1 SBG 1997 inhaltsgleichen § 5 Abs. 1 SBG 2016 sind **grundsätzlich** zwei Personengruppen wahlberechtigt: zum einen alle Soldaten, die der Wählergruppe des jeweiligen Wahlbereichs angehören – wobei es auf die **tatsächliche Eingliederung** am Wahltage ankommt –, zum anderen diejenigen Soldaten, bei denen diese Voraussetzung nicht vorliegt, die aber dem Disziplinarvorgesetzten durch Organisationsbefehl **truppendienstlich unterstellt** sind, der für den betreffenden Wahlbereich zuständig ist (vgl. § 1 SBG Rn. 8). Während es nach der **Grundregel** in § 5 Abs. 1 Nr. 1 SBG auf die tatsächliche Eingliederung ankommt, spricht § 5 Abs. 1 Nr. 2 SBG **Ausnahmefälle** an, in welchen der Soldat nicht in einen bestimmten Wahlbereich eingegliedert ist.[32] 2

(**Abs. 2**) Der mit § 3 Abs. 1 S. 2 und 3 SBG inhaltsgleiche § 5 Abs. 2 SBG 2016 enthält Regelungen für **kommandierte Soldaten.**[33] Sie sind bedingt vergleichbar mit § 13 Abs. 2 S. 1 und 2 BPersVG. Die Regelung in § 5 Abs. 2 S. 1 SBG geht davon aus, dass der Soldat mit dem Wirksamwerden einer auf mehr als drei Monate angelegten **Kommandierung** aus dem alten Wahlbereich ausscheidet und in den neuen eingegliedert wird; dafür ist allein die (voraussichtliche) **Dauer** der Kommandierung entscheidend.[34] Sind die Soldaten nicht für eine besondere Verwendung im Ausland kommandiert (vgl. dazu § 55 SBG Rn. 1) und dauert ihre Kommandierung voraussichtlich länger als drei Monate, verlieren sie mit der Kommandierungsverfügung die Wahlberechtigung in ihrem bisherigen Wahlbereich und erhalten stattdessen die Wahlberechtigung in dem Bereich, zu dem sie kommandiert sind. Das gilt nach § 5 Abs. 2 S. 2 SBG jedoch nicht für Soldaten, die für die Geschäftsführung eines Gremiums der Vertrauenspersonen (einer Versammlung der Vertrauenspersonen oder eines Vertrauenspersonenausschusses) **freigestellt** sind. Sie bleiben unabhängig von der Dauer ihrer zum Zwecke der Freistellung erfolgten Kommandierung in ihrem bisherigen Wahlbereich wahlberechtigt. 3

§ 3 Abs. 1 S. 4 SBG 1997 bestimmte Folgendes: »*Lehrgangsteilnehmer* bleiben unbeschadet ihrer Wahlberechtigung nach § 2 Abs. 1 Nr. 6 im bisherigen 4

32 *BVerwG* v. 21. 1. 08 – 6 P 16.07 –, PersR 08, 367.
33 Näher zur Kommandierung KfdP-*Altvater*, Anh. V B § 3 SBG Rn. 1 m. N.
34 *BVerwG* v. 21. 1. 08, a. a. O.

Wahlbereich wahlberechtigt.«[35] Dieser Satz ist nicht ausdrücklich in das SBG 2016 übernommen worden, da – so die Begründung des Entwurfs des SBG 2016 – sein Regelungsgehalt bereits in dessen **§ 4 Abs. 3 SBG 2016** enthalten ist.[36] Dieser regelt die Einbeziehung bestimmter Soldaten in den Wahlbereich, der ihrem nächsten Disziplinarvorgesetzten zugeordnet ist, und bestimmt dies »**ungeachtet ihrer Beteiligungsrechte in ihrem Stammtruppenteil**« (vgl. § 4 SBG Rn. 6). Das gilt allerdings nicht nur für die dort in **Nr. 1** genannten Soldaten, die in **Schulen oder vergleichbaren Einrichtungen der Streitkräfte** an länger als 30 Kalendertage dauernden Lehrgängen teilnehmen, sondern auch für die in **Nr. 2** aufgeführten Soldaten, die zu **Dienststellen oder Einrichtungen außerhalb der Streitkräfte** kommandiert oder unter Wegfall der Geld- und Sachbezüge beurlaubt sind. Das führt für beide Personenkreise zu einem **Doppelwahlrecht**, weil zu dem fortbestehenden Wahlrecht **im Stammtruppenteil** das in § 4 Abs. 3 SBG geregelte Wahlrecht im Wahlbereich **beim nächsten Disziplinarvorgesetzten** hinzukommt. Wechselt während des Lehrgangs der Stammtruppenteil, dem die betreffenden Soldaten vor Lehrgangsbeginn angehörten, so ist der neue Stammtruppenteil als »**bisheriger Wahlbereich**« anzusehen.[37]

5 Die Sondervorschrift des **§ 4 Abs. 2 BwKoopG** sieht im Einklang mit § 4 Abs. 3 SBG ausdrücklich vor, dass Soldaten, denen unter den Voraussetzungen des § 1 BwKoopG eine Tätigkeit in einem mit der Bundeswehr kooperierenden Wirtschaftsunternehmen zugewiesen wurde, während der Zugehörigkeit zu einem **Kooperationsbetrieb** bei der Wahl einer Vertrauensperson »für ihren Wahlbereich wahlberechtigt« bleiben (vgl. Anh. V C § 4 BwKoopG Rn. 2).

§ 6 Wählbarkeit

(1) Wählbar sind alle Wahlberechtigten nach § 5.

(2) Nicht wählbar sind

1. **die Kommandeurinnen und Kommandeure, die Stellvertretenden Kommandeurinnen und Kommandeure sowie die Chefs der Stäbe,**
2. **die Kompaniechefs und Offiziere in vergleichbarer Dienststellung, die örtliche Vorgesetzte der Wählergruppe der Offiziere im Sinne des § 4 Absatz 1 sind,**
3. **die Kompaniefeldwebel sowie die Inhaberinnen und Inhaber entsprechender Dienststellungen,**
4. **Soldatinnen und Soldaten, die infolge Richterspruchs nicht die Fähigkeit besitzen, Rechte aus öffentlichen Wahlen zu erlangen und**

35 Näher dazu *BVerwG* v. 23.6.99 – 6 P 6.98 –, PersR 99, 451.
36 BT-Drs. 18/8298, S. 40 (zu § 5).
37 Ebenso *Gronimus,* § 3 SBG Rn. 11.

5. **Soldatinnen und Soldaten, die innerhalb eines Jahres vor dem Tag der Stimmabgabe durch Entscheidung des Truppendienstgerichts als Vertrauensperson abberufen worden sind.**

§ 6 SBG 2016 enthält die inhaltlich unveränderten, aber redaktionell angepassten Regelungen des **§ 4 Abs. 1 und 2 SBG 1997**. Die bisher in **§ 4 Abs. 3 bis 7 SBG 1997** normierten Wahlrechtsgrundsätze und allgemeinen Vorschriften für die Wahl sind jetzt in § 3 SBG 2016 zu finden. 1

(Abs. 1) Nach § 6 Abs. 1 SBG sind grundsätzlich alle Soldaten, die nach § 5 SBG wahlberechtigt sind, **wählbar**. Das gilt nur dann nicht, wenn ihre Wählbarkeit durch eine ausdrückliche gesetzliche Regelung ausgeschlossen ist. 2

(Abs. 2) Ausnahmen von der Wählbarkeit sind für bestimmte Gruppen von Soldaten insb. in § 6 Abs. 2 SBG geregelt. Die in Abs. 2 Nr. 1 bis 3 aufgeführten Soldaten sind wegen vermuteter **Interessenkonflikte**, die in Abs. 2 Nr. 4 und 5 genannten wegen sog. **Amtsunwürdigkeit** nicht wählbar. Dabei sind die in Abs. 2 Nr. 1 bis 3 bezeichneten Inhaber bestimmter Dienststellungen nur in dem Wahlbereich nicht wählbar, auf den sich diese Funktion bezieht.[38] 3

Eine weitere Wählbarkeitsausnahme ist in **§ 4 Abs. 2 BwKoopG** geregelt. Dieser sieht vor, dass Soldaten, denen unter den Voraussetzungen des § 1 BwKoopG eine Tätigkeit in einem mit der Bundeswehr kooperierenden Wirtschaftsunternehmen zugewiesen wurde, während der Zugehörigkeit zu einem **Kooperationsbetrieb** bei der Wahl einer Vertrauensperson für ihren Wahlbereich zwar wahlberechtigt bleiben, jedoch als Vertrauensperson nicht wählbar sind (vgl. Anh. V C § 4 BwKoopG Rn. 2). 4

§ 7 Anfechtung der Wahl

(1) [1]Die Wahl kann angefochten werden, wenn gegen wesentliche Vorschriften über die Wahlberechtigung, die Wählbarkeit oder das Wahlverfahren verstoßen wurde und eine Berichtigung nicht erfolgt ist. [2]Eine Anfechtung ist nicht möglich, wenn durch den Verstoß das Wahlergebnis nicht verändert oder beeinflusst werden konnte.

(2) Anfechtungsberechtigt ist eine Gruppe von mindestens drei Wahlberechtigten oder die oder der Disziplinarvorgesetzte.

(3) [1]Die Wahl kann auf Antrag der Anfechtungsberechtigten innerhalb von 14 Tagen nach Bekanntgabe des Wahlergebnisses beim Truppendienstgericht angefochten werden. [2]Das Truppendienstgericht entscheidet in entsprechender Anwendung der Wehrbeschwerdeordnung, ob die Wahl für ungültig zu erklären ist.

---

38 Näher dazu KfdP-*Altvater*, Anh. V B § 4 SBG Rn. 1.

(4) [1]Die Auswahl der militärischen Beisitzerinnen und Beisitzer des Gerichts bestimmt sich nach dem Dienstgrad der Vertrauensperson. [2]Auf Antrag kann die oder der Vorsitzende den Beginn der Amtszeit der Vertrauensperson bis zur Entscheidung des Truppendienstgerichts aussetzen.

1 Der mit **§ 5 SBG 1995** inhaltsgleiche, aber umformulierte und anders gegliederte **§ 7 SBG 2016** regelt die **Anfechtung der Wahl** der Vertrauensperson.

2 (**Abs. 1, 2**) § 7 Abs. 1 und 2 SBG mit den Regelungen über die **Anfechtungsgründe** und die **Anfechtungsberechtigung** ist § 25 BPersVG nachgebildet. Ein bedeutsamer Unterschied besteht jedoch insoweit, als in der Dienststelle bzw. im Wahlbereich vertretene Gewerkschaften nicht anfechtungsberechtigt sind.

3 (**Abs. 3**) § 7 Abs. 3 SBG enthält eigenständige Regelungen über das **Anfechtungsverfahren**. Die **Anfechtungsfrist** beträgt nicht zwölf Arbeitstage, sondern 14 (Kalender-)Tage. Über den Anfechtungsantrag entscheidet das **Truppendienstgericht**. Dabei wendet es die Verfahrensvorschriften der **Wehrbeschwerdeordnung** entsprechend an. Da die Durchführung der Wahl keine beschwerdefähige Maßnahme i. S. d. § 1 WBO ist, geht dem Antrag auf Entscheidung des Truppendienstgerichts aber **kein Beschwerdeverfahren** voraus. Nach § 18 Abs. 2 S. 3 WBO entscheidet das Truppendienstgericht grundsätzlich nach **Aktenlage.** Wenn nach seiner Auffassung die Fortbildung des Rechts oder die Sicherung einer einheitlichen Rechtsprechung es erfordert, kann es nach § 18 Abs. 4 WBO Rechtsfragen von grundsätzlicher Bedeutung dem Bundesverwaltungsgericht zur Entscheidung **vorlegen**. Nach § 18 Abs. 2 S. 5 WBO entscheidet das Truppendienstgericht durch **Beschluss**. Dieser war nach früherem Recht endgültig.[39] Seit dem 1. 2. 09[40] kann jedoch nach § 22a oder § 22b WBO gegen eine Entscheidung des Truppendienstgerichts **Rechtsbeschwerde oder Nichtzulassungsbeschwerde zum Bundesverwaltungsgericht** eingelegt werden.[41]

4 (**Abs. 4**) Nach § 7 Abs. 4 S. 1 SBG richtet sich die **Auswahl der militärischen Beisitzer** des Gerichts abweichend von § 18 Abs. 1 WBO nach dem Dienstgrad der Vertrauensperson, deren Wahl angefochten ist.

5 Nach der § 17 Abs. 6 WBO verdrängenden Sondervorschrift des § 7 Abs. 4 S. 2 SBG kann der Vorsitzende der zuständigen Kammer des Truppendienstgerichts den **Beginn der Amtszeit** der Vertrauensperson bis zur endgültigen Entscheidung des Gerichts auf Antrag **aussetzen.** Der Antrag kann nur

39 Vgl. *BVerwG* v. 18. 2. 82 – 1 WB 41.81 –, NZWehrr 82, 192.

40 Eingeführt durch Art. 5 und 18 Abs. 2 Wehrrechtsänderungsgesetz 2008 v. 31. 7. 08 (BGBl. I S. 1629).

41 Vgl. *Gronimus*, § 5 SBG Rn. 22.

von dem oder den Wahlanfechtenden gestellt werden. Die Aussetzung wird i. d. R. nur dann zulässig sein, wenn die Aktenlage mit an Sicherheit grenzender Wahrscheinlichkeit erwarten lässt, dass die Wahl für ungültig erklärt werden muss.

Die gesetzliche Regelung der Wahlanfechtung schließt es nicht aus, dass das Truppendienstgericht durch **einstweilige Verfügung** in das laufende Wahlverfahren eingreift[42] und dass die Wahl ausnahmsweise wegen besonders schwerwiegender Rechtsverletzungen nicht nur anfechtbar, sondern sogar **nichtig** sein kann (vgl. dazu § 25 BPersVG Rn. 1 f.). 6

Abschnitt 2
Geschäftsführung und Rechtsstellung

§ 8 Geschäftsführung

(1) Das Amt der Vertrauensperson ist ein Ehrenamt.

(2) [1]Die Vertrauensperson übt ihr Amt in der Regel während der Dienstzeit aus. [2]Sie ist von ihrer dienstlichen Tätigkeit freizustellen, wenn und soweit es zur ordnungsgemäßen Durchführung ihrer Aufgaben erforderlich ist. [3]Wird sie durch die Erfüllung ihrer Aufgaben über die Dienstzeit hinaus beansprucht, ist ihr Dienstbefreiung in entsprechendem Umfang zu gewähren.

(3) Der Vertrauensperson ist während des Dienstes Gelegenheit zu geben, Sprechstunden und Versammlungen innerhalb dienstlicher Unterkünfte oder Anlagen abzuhalten, soweit dies zur Wahrnehmung ihrer Aufgaben erforderlich ist und zwingende dienstliche Gründe nicht entgegenstehen.

(4) [1]Die durch die Tätigkeit der Vertrauensperson entstehenden Kosten trägt die Dienststelle. [2]Die Vertrauensperson erhält bei Reisen, die zur Erfüllung ihrer Aufgaben notwendig sind, Reisekostenvergütung nach den für Bundesbeamtinnen und Bundesbeamte geltenden Vorschriften. [3]Für Sprechstunden, Versammlungen und die laufende Geschäftsführung werden ihr im erforderlichen Umfang Räume, Geschäftsbedarf und geeignete Aushangmöglichkeiten für Bekanntmachungen in gleicher Weise wie einer Personalvertretung zur Verfügung gestellt.

(5) [1]Soldatinnen und Soldaten, die als Vertrauenspersonen oder Mitglieder eines Vertrauenspersonenausschusses mindestens für die Hälfte der regelmäßigen Arbeitszeit von ihren dienstlichen Aufgaben freigestellt

---

42 Str.; vgl. KfdP-*Altvater*, Anh. V B § 5 SBG Rn. 3 m. N.

sind, erhalten eine Aufwandsentschädigung. ²§ 46 Absatz 5 des Bundespersonalvertretungsgesetzes gilt entsprechend.

1 Die Bestimmungen des **§ 6 SBG 1997** sind mit teils redaktionellen, teils inhaltlichen Änderungen als **§ 8 SBG 2016** übernommen worden. Hervorzuheben sind die Regelungen zum Freizeitausgleich (Abs. 2 S. 3), zur Abhaltung von Versammlungen (Abs. 3), zum Sachaufwand nach »Personalratsstandard« (Abs. 4 S. 3) und zur Aufwandsentschädigung für freigestellte Vertrauenspersonen (Abs. 5).[43]

2 (**Abs. 1**) Der neu formulierte § 8 Abs. 1 SBG 2016 bestimmt, dass das Amt der Vertrauensperson ein **Ehrenamt** ist. Es gehört zum Wesen des Ehrenamtes, dass es **unentgeltlich** wahrgenommen wird.[44] Die dem § 46 Abs. 1 BPersVG nachgebildete Fassung des § 6 Abs. 1 SBG 1997 (»Die Vertrauensperson führt ihr Amt unentgeltlich als Ehrenamt.«) enthielt deshalb keine inhaltliche Abweichung, sondern war lediglich klarstellend gemeint.[45]

3 (**Abs. 2**) § 8 Abs. 2 S. 1 SBG stellt klar, dass die Vertrauensperson ihre Aufgaben grundsätzlich **während der Dienstzeit** ausübt. § 8 Abs. 2 S. 2 SBG gibt ihr in Anlehnung an die vergleichbaren Vorschriften des BPersVG einen Anspruch auf **Freistellung** von ihrer dienstlichen Tätigkeit, wenn und soweit es zur ordnungsgemäßen Durchführung ihrer Aufgaben erforderlich ist. Nach der Rspr. des *BVerwG*[46] hat die Vertrauensperson nur einen Anspruch darauf, ihr während der Dienstzeit die Ausübung ihrer Mandatsaufgaben zu ermöglichen; dabei bleibt es der Organisationsentscheidung des nach § 1 Abs. 3 SBG zuständigen Disziplinarvorgesetzten (vgl. § 1 SBG Rn. 8) überlassen, ob er der Vertrauensperson **anlassbezogen Dienstbefreiung** oder in besonders gelagerten Ausnahmefällen stattdessen eine (vollständige oder teilweise) **generelle Freistellung vom Dienst** gewähren will. Der den **Freizeitausgleich** betreffende § 8 Abs. 2 S. 3 SBG, der im Unterschied zu § 6 Abs. 2 S. 3 SBG 1997 in der Festlegung der Rechtsfolge an den entsprechenden § 46 Abs. 2 S. 2 BPersVG angepasst ist, sieht vor, dass der Vertrauensperson, wenn sie durch die Erfüllung ihrer Aufgaben über die Dienstzeit hinaus beansprucht wird, Dienstbefreiung in entsprechendem Umfang zu gewähren ist.[47]

4 (**Abs. 3**) Nach § 8 Abs. 3 SBG ist der Vertrauensperson grundsätzlich Gelegenheit zu geben, **Sprechstunden** und (über § 6 Abs. 3 SBG 1997 hinausge-

---

43 Vgl. BT-Drs. 18/8298, S. 40 (zu § 8).

44 Lorenzen-*Faber*, § 46 Rn. 14 m. w. N.

45 Vgl. Richardi-*Treber*, § 46 Rn. 7.

46 Beschl. v. 27. 11. 08 – 1 WB 7.08 –, Buchh 449.7 § 6 Nr. 1.

47 BT-Drs. 18/8298, S. 40 (zu § 8): Die Neufassung des Abs. 2 S. 3 ist insb. Folge der Einführung einer gesetzlichen Arbeitszeitregelung für Soldaten sowie ergänzender Verwaltungsbestimmungen zum Dienstzeitausgleich. Vgl. dazu § 30c SG (eingefügt durch Art. 5 Nr. 7 BwAttraktStG v. 13. 5. 2015 [BGBl. I S. 706]) sowie Soldatenarbeitszeitverordnung (SAZV) v. 16. 11. 2015 (BGBl. I S. 1995).

hend) auch **Versammlungen** während des Dienstes und innerhalb militärischer Liegenschaften abzuhalten. Zwingende dienstliche Gründe, die dieser Verpflichtung des nach § 1 Abs. 3 SBG zuständigen Disziplinarvorgesetzten (vgl. § 1 SBG Rn. 8) entgegenstehen können, liegen nur dann vor, wenn die Durchführung der Sprechstunden bzw. Versammlungen während der Dienstzeit zu unzumutbaren Beeinträchtigungen des Dienstbetriebs führen würde. Entsprechend § 43 S. 2 BPersVG bestimmt die Vertrauensperson im Einvernehmen mit dem Disziplinarvorgesetzten **Zeit und Ort der Sprechstunden**. Die für die Personalversammlung geltenden Bestimmungen der §§ 48 ff. BPersVG sind für die **Einberufung, Leitung und Durchführung der Versammlungen** sinngemäß anzuwenden.[48] Aus § 8 Abs. 3 SBG ergibt sich ein Anspruch der zur Wählergruppe der Vertrauensperson gehörenden Soldaten, innerhalb der Dienstzeit die Sprechstunden aufzusuchen bzw. an den Versammlungen teilzunehmen.[49]

Der im Vergleich mit § 6 Abs. 4 SBG 1997 weitergehende § 8 Abs. 4 SGB stellt 5
in Anlehnung an § 44 BPersVG klar, dass die Dienststelle die durch die Tätigkeit der Vertrauensperson entstehenden **Kosten** trägt, dass diese bei erforderlichen Reisen **Reisekostenvergütung** nach den für Bundesbeamte geltenden Vorschriften (und damit gegenwärtig nach dem BRKG) erhält[50] und dass ihr für Sprechstunden, Versammlungen und die laufende Geschäftsführung im erforderlichen Umfang Räume, Geschäftsbedarf (einschl. »zügig beschaffter IT-Ausstattung«[51]) und geeignete Aushangmöglichkeiten für Bekanntmachungen »in gleicher Weise wie einer Personalvertretung« zur Verfügung gestellt werden. Zu der als Geschäftsbedarf bereitzustellenden **Fachliteratur** (vgl. § 44 BPersVG Rn. 31 ff.) gehört auch ein **Kommentar zum SBG.**[52] § 8 Abs. 4 SBG schreibt zwar nicht ausdrücklich vor, dass der Vertrauensperson (entsprechend § 44 Abs. 2 BPersVG) **Büropersonal** zur Verfügung zu stellen ist.[53] Jedoch erstreckt sich die in § 20 Abs. 1 S. 1 SBG festgelegte Pflicht des nach § 1 Abs. 3 SBG zuständigen Disziplinarvorgesetzten (vgl. § 1 SBG Rn. 8), die Vertrauensperson bei der Erfüllung ihrer Aufgaben zu unterstützen, auch darauf, dieser im Rahmen der bestehenden Möglichkeiten ggf. auch erforderliches Büropersonal zuzuweisen.[54]

---

48 Vgl. BT-Drs. 18/8298, a. a. O.: Angleichung an das Recht der Personalvertretung zur Durchführung von Versammlungen.

49 Vgl. zu den Sprechstunden BT-Drs. 13/5740, S. 17 (zu Nr. 9).

50 BT-Drs. 18/8298, S. 40 (zu § 8): Anspruchsgrundlage »Bundesreisekostengesetz« im Hinblick auf eine bevorstehende Änderung dieses Gesetzes durch eine neutrale Formulierung ersetzt.

51 BT-Drs. 18/8298, a. a. O.

52 *TDG Nord* v. 16. 6. 98 – N 9 AV 2/98 –, NZWehrr 99, 172.

53 Vgl. BT-Drs. 13/5740, a. a. O.

54 Ebenso *Gronimus,* § 6 SBG Rn. 29 m. w. N.

6 (**Abs. 5**) § 8 Abs. 5 SBG (zu dem es im SBG 1997 noch keine Entsprechung gab) sieht vor, dass nun auch Vertrauenspersonen (die mindestens zur Hälfte der regelmäßigen Arbeitszeit freigestellt sind) **Aufwandsentschädigung** entsprechend § 46 Abs. 5 BPersVG und der auf seiner Grundlage erlassenen Verordnung der Bundesregierung erhalten (vgl. § 46 BPersVG Rn. 23f.).

§ 9 Beurteilung

(1) [1]Die Vertrauensperson und die als Vertrauensperson eingetretenen stellvertretenden Vertrauenspersonen werden durch die nächste Disziplinarvorgesetzte oder den nächsten Disziplinarvorgesetzten beurteilt, es sei denn, sie beantragen in den ersten sechs Monaten ihrer Amtszeit oder bei Wechsel der oder des nächsten Disziplinarvorgesetzten, durch die nächsthöhere Disziplinarvorgesetzte oder den nächsthöheren Disziplinarvorgesetzten beurteilt zu werden. [2]Ist die Vertrauensperson für den Bereich ihrer oder ihres nächsthöheren Disziplinarvorgesetzten gewählt worden, geht auf ihren Antrag die Zuständigkeit für die Beurteilung auf deren nächste Disziplinarvorgesetzte oder nächsten Disziplinarvorgesetzten über.
(2) Absatz 1 gilt entsprechend für Soldatinnen und Soldaten, die für mindestens ein Viertel des Beurteilungszeitraumes als Vertrauensperson oder als eingetretene stellvertretende Vertrauenspersonen tätig gewesen sind.

1 Die Bestimmungen des **§ 7 SBG 1997** sind mit einer inhaltlichen Änderung in Abs. 1 S. 1 und ansonsten überwiegend redaktionellen Anpassungen als **§ 9 SBG 2016** übernommen worden.

2 Abweichend von § 7 SBG 1991, aber in Übereinstimmung mit § 7 SBG 1997 sieht § 9 SBG 2016 in **Abs. 1 S. 1** vor, dass für die Beurteilung des als Vertrauensperson amtierenden Soldaten grundsätzlich der **nächste Disziplinarvorgesetzte** zuständig ist. Der in der Hierarchie **nächsthöhere Disziplinarvorgesetzte** ist dafür nur dann zuständig, wenn die Vertrauensperson dies eigens beantragt. Ein solcher Antrag kann gestellt werden in den ersten sechs Monaten der Amtszeit der Vertrauensperson (anders als nach dem SBG 1997 nicht mehr »zu Beginn ihrer Amtszeit«)[55] oder bei Wechsel des nächsten Disziplinarvorgesetzten. Mit der Einräumung dieser Möglichkeit soll der Besorgnis der Vertrauensperson, nicht unbefangen beurteilt zu werden, entsprochen werden.[56] Ansonsten kann die Vertrauensperson zwar gegen die Beurteilung durch den nächsten Disziplinarvorgesetzten Beschwerde mit

55 Vgl. BT-Drs. 18/8298, S. 40 (zu § 9).
56 BT-Drs. 13/5740, a. a. O.

der Begründung der Befangenheit erheben, muss diese dann jedoch beweisen.[57]

Der nach § 9 Abs. 1 S. 1 SBG mögliche **Antrag**, durch den nächsthöheren Disziplinarvorgesetzten beurteilt zu werden, bedarf keiner Begründung; ihm ist zu entsprechen.[58] **Beurteilungsbeiträge** des nächsten Disziplinarvorgesetzten als Hilfsmittel sind dann zulässig, aber nur unter der Voraussetzung, dass sich der nächsthöhere Disziplinarvorgesetzte rechtzeitig ein eigenes persönliches Bild des Beurteilten verschafft und dass der beurteilten Vertrauensperson im Beschwerdeverfahren das Recht zugestanden wird, zu dem Beurteilungsbeitrag Stellung zu nehmen.[59] 3

Inhaltsgleich mit § 7 Abs. 1 S. 2 SBG 1997 regelt § 9 SBG 2016 in **Abs. 1 S. 2** den Fall, dass die **Vertrauensperson für den Bereich ihres nächsthöheren Disziplinarvorgesetzten gewählt** worden ist, in der Weise, dass auf ihren Antrag die Zuständigkeit für die Beurteilung auf deren **nächsten Disziplinarvorgesetzten** übergeht. 4

Die Regelung in § 9 **Abs. 1** SBG gilt für Soldaten, die zum Zeitpunkt der Beurteilung **Vertrauensperson** oder (nach § 14 Abs. 1 oder 2 SBG) als Vertrauensperson **eingetretene stellvertretende Vertrauenspersonen** sind. Für Soldaten, bei denen dies nicht der Fall ist, gilt die Regelung gem. § 9 **Abs. 2** SBG entsprechend, wenn sie vor dem Beurteilungszeitpunkt für **mindestens ein Viertel des Beurteilungszeitraums** als Vertrauensperson oder als eingetretene stellvertretende Vertrauensperson tätig gewesen sind. 5

§ 10 Amtszeit

(1) [1]Die Amtszeit der Vertrauensperson beträgt vier Jahre. [2]Sie beginnt mit dem Tag der Wahl oder, wenn zu diesem Zeitpunkt noch eine Vertrauensperson im Amt ist, mit dem Ablauf des Tages, an dem die Amtszeit dieser Vertrauensperson endet. [3]Schließt sich die Amtszeit der neu zu wählenden Vertrauensperson nicht unmittelbar an, so verlängert sich die Amtszeit der bisherigen Vertrauensperson bis zur Neuwahl, jedoch höchstens um zwei Monate.

(2) Das Amt der Vertrauensperson endet durch

1. Ablauf der Amtszeit,
2. Niederlegung des Amtes,
3. Beendigung des Wehrdienstverhältnisses,
4. Ausscheiden aus dem Wahlbereich,
5. Verlust der Wählbarkeit,
6. Entscheidung des Truppendienstgerichts,

---

57 Vgl. *Gronimus*, § 7 SBG Rn. 13.

58 Vgl. BT-Drs. 13/5740, a. a. O.

59 So *Gronimus*, § 7 SBG Rn. 15–18 m. w. N.

7. **Auflösung des Verbands, der Einheit oder der Dienststelle.**

1 Der Text des **§ 10 SBG 2016** ist aus **§ 9 SBG 1997** mit geändertem Abs. 1 S. 1 und im Übrigen wortgleich übernommen worden.

2 (**Abs. 1**) Abweichend von § 9 Abs. 1 S. 1 SBG 1997 sowie von den teilweise vergleichbaren bundesrechtlichen Bestimmungen für den Betriebsrat (§ 21 S. 1 BetrVG) und den Personalrat (§ 26 S. 1 BPersVG) spricht § 10 Abs. 1 S. 1 SBG 2016 nach Streichung des als überflüssig bezeichneten Wortes »regelmäßige« nur noch von der **Amtszeit** der Vertrauensperson.[60] Die Änderung erscheint sachgerecht, weil das SBG keine den regelmäßigen Betriebsrats- und Personalratswahlen (nach § 13 Abs. 1 S. 1 BetrVG und § 27 Abs. 1 BPersVG) entsprechenden regelmäßigen Wahlen der Vertrauenspersonen vorsieht. Bedeutsamer ist allerdings, dass diese Amtszeit der Vertrauensperson anders als bisher nicht zwei, sondern **vier Jahre** beträgt. Darin liegt eine inhaltliche Anpassung an die Dauer der (regelmäßigen) Amtszeiten der Betriebsräte und der Personalräte in Dienststellen des Bundes, zu deren Begründung es heißt: »Durch die Aussetzung der Wehrpflicht gibt es keine Grundwehrdienstleistenden mehr, die eine Amtszeit von lediglich zwei Jahren rechtfertigen.«[61]

3 Die Amtszeit von zwei Jahren kann sich nach § 10 Abs. 1 S. 3 SBG um höchstens zwei Monate verlängern. In den Fällen des § 10 Abs. 2 Nr. 2 bis 7 SBG kann sie vorzeitig enden. § 10 Abs. 1 S. 2 SBG legt in inhaltlicher Übereinstimmung mit § 26 S. 2 BPersVG den **Beginn der Amtszeit** der Vertrauensperson auf den Tag ihrer Wahl oder – wenn zu diesem Zeitpunkt noch eine Vertrauensperson im Amt ist – auf den Tag fest, der dem Tag des Ablaufs der Amtszeit der vorherigen Vertrauensperson folgt. § 10 Abs. 1 S. 3 SBG sieht für den Fall, dass die neu zu wählende Vertrauensperson nicht rechtzeitig vor Ablauf der Amtszeit der bisherigen Vertrauensperson gewählt worden ist, vor, dass sich deren **Amtszeit bis zur Neuwahl**, jedoch höchstens um zwei Monate, **verlängert.** In der Zeit der Verlängerung stehen der bisherigen Vertrauensperson alle mit ihrem Amt verbundenen Rechte und Pflichten zu.

4 (**Abs. 2**) § 10 Abs. 2 SBG legt die Fälle fest, in denen die Amtszeit der Vertrauensperson **endet.** Die Bestimmungen in Nr. 1 bis 6 sind den Vorschriften in § 29 Abs. 1 Nr. 1 bis 6 BPersVG nachgebildet. Mit dem in Nr. 6 festgelegten Fall des vorzeitigen Ablaufs der Amtszeit durch **rechtskräftige Entscheidung des Truppendienstgerichts** ist die in § 12 SBG näher geregelte Abberufung der Vertrauensperson gemeint, nicht dagegen die nach § 13 Abs. 1 S. 2 SBG zulässige truppendienstgerichtliche Anordnung des vorläufigen Ruhens des Amts. Die in Nr. 7 getroffene Regelung über das vorzeitige Ende der Amtszeit bei **Auflösung des Verbands, der Einheit oder der Dienststelle**

60 BT-Drs. 18/8298, S. 40 (zu § 10).

61 BT-Drs. 18/8298, a. a. O. Vgl. dazu auch *Gronimus*, PersV 16, 404, 410 (zu 8).

stellt klar, dass die Fortdauer des Amts der Vertrauensperson vom weiteren Bestand ihres Wahlbereichs abhängt.[62]

Über das Ende des Amts hinaus gelten zugunsten der (ehemaligen) Vertrauensperson diejenigen Vorschriften, die ihrem **persönlichen Schutz** dienen, wie z. B. das allgemeine Benachteiligungsverbot (§ 15 Abs. 1 SBG). Mit dem Ausscheiden aus dem Amt entfallen jedoch die an das Amt gebundenen, der Wahrnehmung der **amtsgemäßen Aufgaben** dienenden Befugnisse, wie insb. die Beteiligungsrechte der Vertrauensperson und ihre Mitgliedschaft in Gremien der Vertrauenspersonen.[63] 5

§ 11 Niederlegung des Amtes

[1]Die Vertrauensperson kann durch schriftliche Erklärung gegenüber der oder dem Disziplinarvorgesetzten ihr Amt niederlegen. [2]Diese oder dieser gibt die Niederlegung des Amtes dienstlich bekannt.

Der mit **§ 10 SBG 1997** inhaltsgleiche **§ 11 SBG 2016** hat keine Entsprechung 1
im BPersVG. Er legt Form, Adressaten und Bekanntgabe der Niederlegung des Amts fest, ohne dabei von dem im PersVR geltenden Grundsatz abzuweichen, dass die Amtsniederlegung **jederzeit** und **ohne Angabe von Gründen** möglich ist (vgl. § 29 BPersVG Rn. 3).

Die Niederlegung des Amts kann nur durch eine von der Vertrauensperson 2
selbst abzugebende **schriftliche** – und deshalb eigenhändig zu unterschreibende (§ 126 Abs. 1 BGB) – **Erklärung gegenüber dem Disziplinarvorgesetzten** i. S. d. § 1 Abs. 3 SBG (vgl. § 1 SBG Rn. 8) vorgenommen werden. Wenn in ihr kein späterer Zeitpunkt bestimmt ist, erlischt das Amt der Vertrauensperson mit dem Eingang der Erklärung beim Disziplinarvorgesetzten. Dieser hat die ordnungsgemäß erklärte Amtsniederlegung **dienstlich bekanntzumachen.** Das schließt allerdings nicht aus, dass auch die Vertrauensperson die Soldaten ihrer Wählergruppe über die Amtsniederlegung und die dafür maßgebenden Gründe unterrichtet.

§ 12 Abberufung der Vertrauensperson

(1) Die Vertrauensperson kann abberufen werden wegen
1. **grober Vernachlässigung ihrer gesetzlichen Befugnisse,**
2. **grober Verletzung ihrer gesetzlichen Pflichten oder**
3. **eines sonstigen Verhaltens, das geeignet ist, die verantwortungsvolle Zusammenarbeit zwischen Vorgesetzten und Untergebenen oder das**

62 Vgl. auch *BVerwG* v. 21. 11. 95 – 1 WB 53.95 –, NZWehrr 96, 125.
63 *BVerwG* v. 13. 8. 08 – 1 WB 39.08 u. a. –, NZWehrr 09, 28, m. w. N.

kameradschaftliche Vertrauen innerhalb des Bereichs, für den sie gewählt ist, ernsthaft zu beeinträchtigen.

(2) [1]**Über die Abberufung entscheidet das Truppendienstgericht auf Antrag**

1. **mindestens eines Viertels der Wählergruppe,**
2. **der oder des Disziplinarvorgesetzten oder**
3. **der oder des nächsthöheren Disziplinarvorgesetzten der Vertrauensperson.**

[2]**Das Truppendienstgericht entscheidet auf Grund mündlicher Verhandlung unter entsprechender Anwendung der Wehrbeschwerdeordnung.**

1 Die Bestimmungen des **§ 12 SBG 2016** sind in neuer Gliederung, aber ohne inhaltliche Änderung aus **§ 11 SBG 1997** übernommen worden. Ein Vergleich mit den Vorschriften des § 28 Abs. 1 BPersVG über den Ausschluss von Mitgliedern aus dem Personalrat und über die Auflösung des Personalrats zeigt erhebliche Unterschiede.

2 (**Abs. 1**) Die in Betracht kommenden **Abberufungsgründe** sind in § 12 Abs. 1 SBG abschließend aufgeführt. Die dort genannten Gründe **grobe Vernachlässigung der gesetzlichen Befugnisse** (Nr. 1) und **grobe Verletzung der gesetzlichen Pflichten** (Nr. 2) entsprechen der Regelung in § 28 Abs. 1 BPersVG (vgl. dazu § 28 BPersVG Rn. 3f.). Nach Nr. 3 kommt unter den dort genannten Voraussetzungen als weiterer Abberufungsgrund auch ein **sonstiges Verhalten** der Vertrauensperson in Frage. Dieses Verhalten muss das Vertrauensverhältnis zum Disziplinarvorgesetzten oder zu den Soldaten der Wählergruppe so sehr zerstört haben, dass mit dessen Wiederherstellung in absehbarer Zeit nicht gerechnet werden kann.

3 (**Abs. 2**) Über die Abberufung entscheidet das unmittelbar anzurufende **Truppendienstgericht** auf Antrag. Der **Abberufungsantrag** kann von mindestens einem Viertel der Wählergruppe, vom Disziplinarvorgesetzten i.S.d. § 1 Abs. 3 SBG (vgl. § 1 SBG Rn. 8) oder vom nächsthöherem Disziplinarvorgesetzten gestellt werden, im Unterschied zu § 28 Abs. 1 BPersVG jedoch nicht von einer (im Wahlbereich oder in der Wählergruppe vertretenen) Gewerkschaft. Die nach § 12 Abs. 1 SBG in Betracht kommenden Abberufungsgründe können von jeder Kategorie von Antragstellern geltend gemacht werden. Das Truppendienstgericht wendet die Verfahrensvorschriften der **Wehrbeschwerdeordnung** entsprechend an, kann jedoch nicht nach Aktenlage, sondern nur aufgrund **mündlicher Verhandlung** entscheiden. Bei der Auswahl der **militärischen Beisitzer** ist § 7 Abs. 4 S. 1 SBG entsprechend anzuwenden.[64] Gegen die durch **Beschluss** zu treffende Ent-

64 So auch *Gronimus*, § 11 SBG Rn. 26.

scheidung bestehen nach Maßgabe der §§ 22a und 22b WBO **Beschwerdemöglichkeiten zum Bundesverwaltungsgericht** (vgl. § 7 SBG Rn. 3).

§ 13 Ruhen des Amtes

(1) [1]Das Amt der Vertrauensperson ruht, solange ihr die Ausübung des Dienstes verboten oder sie vorläufig des Dienstes enthoben ist. [2]Auf Antrag kann das Truppendienstgericht bis zur Entscheidung über einen Abberufungsantrag nach § 12 Absatz 1 das Ruhen des Amtes anordnen.
(2) Das Amt der Vertrauensperson ruht, wenn über ihren Antrag auf Anerkennung als Kriegsdienstverweigerin oder Kriegsdienstverweigerer noch nicht unanfechtbar entschieden worden ist.

§ 13 SBG 2016 ist mit **§ 12 SBG 1997** inhaltsgleich. Während Abs. 1 S. 1 des 1
§ 13 SBG dem § 30 BPersVG nachgebildet ist, gibt es für Abs. 1 S. 2 und Abs. 2 im BPersVG keine Entsprechungen. Liegt ein Ruhenstatbestand vor, bleibt der betroffene Soldat Vertrauensperson. Er ist jedoch bis auf Weiteres **gehindert, sein Amt auszuüben.** Zum Ende des Ruhenstatbestandes vgl. § 14 SBG Rn. 2, zum Eintritt des Stellvertreters § 14 SBG Rn. 2 und 5.

(Abs. 1) Nach § 22 SG kann einem Soldaten aus zwingenden dienstlichen 2
Gründen die **Ausübung des Dienstes verboten** werden, wobei das Verbot erlischt, sofern nicht bis zum Ablauf von drei Monaten ein gerichtliches Disziplinarverfahren, ein Strafverfahren oder ein Entlassungsverfahren eingeleitet ist. § 126 WDO sieht vor, dass die Einleitungsbehörde (i. S. d. § 94 WDO) einen Soldaten **vorläufig des Dienstes entheben** kann, wenn das gerichtliche Disziplinarverfahren gegen ihn eingeleitet wird oder eingeleitet worden ist. Das Verbot der Dienstausübung und die vorläufige Dienstenthebung führen nach § 13 Abs. 1 S. 1 SBG **kraft Gesetzes** zum Ruhen des Amts der Vertrauensperson.

Darüber hinaus kann das **Truppendienstgericht** nach § 13 Abs. 1 S. 2 SBG 3
das Ruhen des Amts **anordnen.** Eine solche Anordnung kann nur **im Rahmen eines Abberufungsverfahrens** nach § 12 SBG ergehen. Sie ist nur auf Antrag möglich, zu dem nur die Antragsteller des Abberufungsverfahrens befugt sind. Über die Anordnung kann nur aufgrund mündlicher Verhandlung entschieden werden.[65] Sie darf nur dann erfolgen, wenn nach summarischer Prüfung der Sach- und Rechtslage aller Voraussicht nach mit der Abberufung gerechnet werden muss und wenn eine ordnungsgemäße Amtsausübung bis zu einer Entscheidung nach § 12 Abs. 2 SBG nicht mehr gewährleistet ist.

---

65 Str.; vgl. *Gronimus*, § 12 SBG Rn. 11 m. w. N.

4 **(Abs. 2)** Nach früherem Recht führte der Antrag eines als Vertrauensperson amtierenden Soldaten auf Anerkennung als **Kriegsdienstverweigerer** wegen des damit verbundenen Verlustes der Wählbarkeit zum vorzeitigen Ende ihres Amts (§ 9 Abs. 2 Nr. 2 i.V.m. § 2 Abs. 3 Nr. 3 SBG 1991). Nach dem seit 1997 geltenden Recht bleibt der Soldat trotz eines solchen Antrags zwar wählbar, der mit § 12 Abs. 2 SBG 1997 inhaltsgleiche § 13 Abs. 2 SBG 2016 sieht jedoch vor, dass das Amt der Vertrauensperson ruht, wenn über den Antrag noch nicht unanfechtbar entschieden worden ist.[66]

§ 14 Stellvertretung

(1) [1]Ruht das Amt der Vertrauensperson oder endet es vorzeitig, so tritt die mit der höchsten Stimmenzahl gewählte stellvertretende Vertrauensperson an ihre Stelle. [2]Sind keine stellvertretenden Vertrauenspersonen mehr vorhanden, sind für die Dauer der restlichen Amtszeit der Vertrauensperson im Sinne des § 10 Absatz 1 zwei stellvertretende Vertrauenspersonen im vereinfachten Wahlverfahren (§ 13 der Wahlverordnung zum Soldatenbeteiligungsgesetz) zu wählen. [3]Satz 2 ist nicht anzuwenden, wenn die restliche Amtszeit weniger als zwei Monate beträgt.
(2) Die stellvertretende Vertrauensperson tritt auch ein, wenn die Vertrauensperson an der Ausübung ihres Amtes verhindert ist.
(3) [1]Sind die Vertrauensperson und die stellvertretenden Vertrauenspersonen durch eine besondere Verwendung im Ausland (§ 56 Absatz 1 des Bundesbesoldungsgesetzes) an der Ausübung ihres Amtes verhindert, wird eine Vertrauensperson mit befristeter Amtszeit im vereinfachten Wahlverfahren gewählt. [2]Die befristete Amtszeit endet mit Ablauf des Tages, an dem die Verhinderung der Vertrauensperson oder einer der stellvertretenden Vertrauenspersonen entfällt.

1 **§ 13 SBG 1997** ist mit unveränderter Gliederung, aber in Abs. 1 mit rechtstechnisch problematischen inhaltlichen Modifikationen durch **§ 14 SBG 2016** abgelöst worden.

2 **(Abs. 1)** § 14 Abs. 1 SBG regelt die Stellvertretung der Vertrauensperson in den Fällen, in denen (nach § 13 SBG) **das Amt der Vertrauensperson ruht** oder (nach § 10 Abs. 2 Nr. 2 bis 6 SBG) **das Amt vorzeitig endet.** § 14 Abs. 1 S. 1 SBG bestimmt, dass **die mit der höchsten Stimmenzahl gewählte stellvertretende Vertrauensperson** an die Stelle der Vertrauensperson tritt. Die **Reihenfolge** der stellvertretenden Vertrauenspersonen richtet sich nach § 12 Abs. 3 S. 2 und 3 SBGWV 2012 (vergleichbar § 13 Abs. 3 S. 2 und 3 SBGWV-

66 Die Berechtigung, nach den Vorschriften des KDVG als Kriegsdienstverweigerer anerkannt zu werden, ist von der Aussetzung der Wehrpflicht unberührt geblieben; vgl. KfdP-*Altvater*, Anh. VI Rn. 1.

RefE 2016). Ist die mit der höchsten Stimmenzahl gewählte **erste stellvertretende Vertrauensperson nicht mehr vorhanden oder verhindert**, tritt die mit der zweithöchsten Stimmenzahl gewählte **zweite stellvertretende Vertrauensperson** als Vertrauensperson ein.[67] Während das **vorzeitige Ende des Amts** der Vertrauensperson endgültig ist, hat das **Ruhen des Amts** vorläufigen Charakter: In diesem Fall ist der betroffene Soldat lediglich bis auf Weiteres gehindert, sein Amt als Vertrauensperson auszuüben (vgl. § 13 SBG Rn. 1). Endet der Ruhenstatbestand vor Ablauf der Amtszeit – z. B. dadurch, dass das Verbot der Ausübung des Dienstes sich nach § 22 S. 2 SG durch Ablauf der Dreimonatsfrist erledigt –, kehrt der entlastete Soldat ohne Weiteres in seine volle Rechtsstellung als Vertrauensperson zurück.

Der im Vergleich zu § 13 Abs. 1 S. 2 SBG 1997 geänderte § 14 Abs. 1 S. 2 SBG 3
2016 regelt, was zu geschehen hat, wenn **keine stellvertretenden Vertrauenspersonen mehr vorhanden** sind. Sobald *dieser Fall* eingetreten ist – also nicht erst dann, wenn ein Fall des ***Ruhens des Amtes*** der Vertrauensperson oder ein Fall ihrer ***Verhinderung*** (i. S. d. § 14 Abs. 1 S. 1 bzw. Abs. 2 SBG) vorliegt – sind **zwei stellvertretende Vertrauenspersonen zu wählen**. Diese Wahl ist **im vereinfachten Wahlverfahren** (nach den §§ 13–13b SBGWV 2012 [vergleichbar §§ 14–16 SBGWV-RefE 2016]) durchzuführen und erfolgt nur **für die Dauer der restlichen Amtszeit der Vertrauensperson** i. S. d. § 10 Abs. 1 SBG. Falls allerdings die restliche Amtszeit der Vertrauensperson **weniger als zwei Monate** beträgt, bestimmt § 14 Abs. 1 S. 2 SBG (der offenbar mit § 3 Abs. 2 S. 1 SBG korrespondiert), dass die Bestimmung des § 14 Abs. 1 S. 2 SBG über die Wahl der zwei stellvertretenden Vertrauenspersonen nicht anzuwenden ist.

Das SBG 2016 enthält keine ausdrückliche Regelung für den Fall, dass bei ei- 4
nem ***vorzeitigen Ende des Amtes*** der Vertrauensperson **keine stellvertretenden Vertrauenspersonen mehr vorhanden** sind. Die Regelung in § 14 Abs. 1 S. 2 SBG 2016 passt schon deshalb nicht, weil sie vorsieht, *für die Dauer der restlichen Amtszeit der (hier gar nicht mehr vorhandenen) Vertrauensperson nur zwei stellvertretende Vertrauenspersonen zu wählen*. Bei dem Bemühen um eine klare Regelung für die Fälle des *Ruhens der Amtes* und der *Verhinderung der Vertrauensperson* scheint die auf den Fall des vorzeitigen Endes des Amtes (und des Fehlens von Stellvertretern) zugeschnittene Kernaussage des § 13 Abs. 1 S. 2 SBG 1997: »**[Es] ist neu zu wählen**« aus dem Blick geraten zu sein. Dadurch ist eine Regelungslücke entstanden, die in der Weise geschlossen werden kann, dass in einem solchen Fall nach den §§ 3ff. SBG 2016 (und im Wesentlichen wie bisher) **eine Vertrauensperson und mindestens zwei stellvertretende Vertrauenspersonen neu zu wählen** sind.

67 BT-Drs. 18/8298, S. 41 (zu § 14).

5 **(Abs. 2)** Der mit § 13 Abs. 2 SBG 1997 inhaltsgleiche § 14 Abs. 2 SBG 2016 legt fest, dass die stellvertretende Vertrauensperson auch dann (vorübergehend) in das Amt der Vertrauensperson eintritt, wenn diese an der Ausübung ihres Amts verhindert ist. Eine derartige **(zeitweilige) Verhinderung** liegt vor, wenn die Vertrauensperson aus rechtlichen oder tatsächlichen Gründen ihr Amt vorübergehend nicht ausüben kann[68], wobei es auf die Dauer der Verhinderung nicht ankommt (str.; vgl. § 31 BPersVG Rn. 2 sowie § 32 SBG Rn. 3).[69] Ein Stellvertreter, der das Amt der Vertrauensperson ausübt, hat unabhängig davon, ob der Vertretungsfall nach § 13 Abs. 1 oder 2 SBG eingetreten ist, grundsätzlich die gleiche **Rechtsstellung** wie die Vertrauensperson.

6 **(Abs. 3)** Der mit § 13 Abs. 3 SBG 1997 inhaltsgleiche § 14 Abs. 3 SBG 2016 soll ebenso wie § 54 SBG 2016 (vgl. dort Rn. 1) dazu dienen, die Beteiligung der Soldaten durch Vertrauenspersonen auch während des Einsatzes im Rahmen einer **besonderen Verwendung im Ausland** (zum Begriff vgl. § 53 SBG Rn. 1) zu gewährleisten. Für den Fall, dass Teile einer Einheit einschl. der Vertrauensperson und der stellvertretenden Vertrauenspersonen ins Ausland entsandt sind, sieht § 14 Abs. 3 SBG vor, dass die Soldaten der **im Inland** verbleibenden Resteinheit eine **zusätzliche Vertrauensperson** – nicht aber Stellvertreter – **mit befristeter Amtszeit** wählen. Die Wahl der Vertrauensperson ist im **vereinfachten Wahlverfahren** (vgl. dazu oben Rn. 3) durchzuführen.[70] Ihre Amtszeit endet mit Ablauf des Tages, an dem die originäre Vertrauensperson oder eine der stellvertretenden Vertrauenspersonen von dem Auslandseinsatz zurückkehrt und damit die Verhinderung entfällt.

§ 15 Schutz der Vertrauensperson

(1) Die Vertrauensperson darf in der Ausübung ihrer Befugnisse nicht behindert und wegen ihrer Tätigkeit nicht benachteiligt oder begünstigt werden.

(2) [1]Für die Ahndung von Dienstvergehen der Vertrauensperson oder der nach § 14 als Vertrauensperson eingetretenen stellvertretenden Vertrauensperson ist die oder der nächsthöhere Disziplinarvorgesetzte zuständig. [2]Ist die Vertrauensperson für den Bereich der oder des nächsthöheren Disziplinarvorgesetzten gewählt worden, geht die Zuständigkeit auf deren nächste Disziplinarvorgesetzte oder dessen nächsten Disziplinarvorgesetzten über.

68 Vgl. BT-Drs. 18/8298, a. a. O.

69 A.A. *Gronimus*, § 13 SBG Rn. 15.

70 BT-Drs. 13/5740, S. 18 (zu Nr. 12 Buchst. b).

Die Vorschriften in **§ 15 Abs. 1 und 2 SBG 2016** sind aus **§ 14 Abs. 1 und 2 SBG 1997** übernommen worden: in Abs. 1 unverändert, in Abs. 2 mit redaktionellen Anpassungen und einer inhaltlichen Änderung in Abs. 2 S. 1 (vgl. Rn. 3). Die bisher in **§ 14 Abs. 3 SBG 1997** platzierte Regelung zum Unfallschutz findet sich jetzt als allgemeine Vorschrift in § 2 Abs. 3 SGB 2016 (vgl. dort Rn. 4). 1

(**Abs. 1**) Der dem § 8 Hs. 1 BPersVG nachgebildete § 15 Abs. 1 SBG normiert die das gesamte Recht der kollektiven Interessenvertretung abhängig Beschäftigter kennzeichnenden **Verbote der Behinderung, Benachteiligung und Begünstigung.** Soweit die Vorschrift dem persönlichen Schutz der Vertrauensperson dient, gilt sie zu ihren Gunsten über das Ende ihres Amtes hinaus.[71] Zum **Umfang des Schutzes**, den die Vorschrift **gegen jedermann** gewährt, vgl. i. E. § 8 BPersVG Rn. 1 ff. 2

(**Abs. 2**) § 15 Abs. 2 SBG soll dem Gedanken der unbelasteten Zusammenarbeit zwischen der Vertrauensperson und dem ihr gegenüberstehenden Disziplinarvorgesetzten i. S. d. § 1 Abs. 3 SBG (vgl. § 1 SBG Rn. 8) dadurch Rechnung tragen, dass er die **Zuständigkeit für die Ahndung von Dienstvergehen** des als Vertrauensperson amtierenden Soldaten auf die **jeweils nächsthöhere Ebene der Disziplinarbefugnis** anhebt. Er gilt nicht nur für die **Vertrauensperson**, sondern auch für die nach § 14 SBG (auf Dauer oder vorübergehend) als Vertrauensperson eingetretene **stellvertretende Vertrauensperson.** Die »**Ahndung von Dienstvergehen**« schließt **alle Maßnahmen** ein, die aus Anlass von Dienstvergehen **aus Gründen der Disziplin** ergriffen werden. Dazu gehören neben der Verhängung von Disziplinarmaßnahmen die Entscheidung über die Einleitung des disziplinargerichtlichen Verfahrens und die Abgabe an die Staatsanwaltschaft, ferner aufgrund der Nichtübernahme des Wortes »disziplinare« in § 15 Abs. 2 S. 1 SBG 2016 zweifelsfrei auch die Erteilung »erzieherischer Maßnahmen«[72] sowie bestimmte dienstrechtliche Maßnahmen wie der Antrag auf Entlassung nach § 55 Abs. 5 SG, die Feststellung des Verlustes der Besoldung oder der Bezüge nach § 9 BBesG bzw. § 1 Abs. 5 WSG, eine missbilligende Äußerung i. S. d. § 23 Abs. 3 WDO, die in die Personalunterlagen aufgenommen wird, oder das Verbot der Dienstausübung nach § 22 SG.[73] 3

§ 16 Versetzung der Vertrauensperson

(1) [1]Die Vertrauensperson darf während der Dauer ihres Amtes gegen ihren Willen nur versetzt oder für mehr als drei Monate kommandiert wer-

---

71 *BVerwG* v. 13. 8. 08 – 1 WB 39.08 u. a. –, NZWehrr 09, 28.

72 BT-Drs. 18/8298, S. 41 (zu § 15).

73 Teilw. str.; zu den jew. abw. Ansichten vgl. KfdP-*Altvater*, Anh. V B § 14 SBG Rn. 2 m. N.

den, wenn dies auch unter Berücksichtigung ihrer Stellung als Vertrauensperson aus dienstlichen Gründen unvermeidbar ist. [2]Dasselbe gilt für die zur Wahl vorgeschlagenen Soldatinnen und Soldaten bis zum Wahltag.

(2) **Absatz 1 gilt bei Versetzungen aus dem Ausland in das Inland nur für die Dauer der ersten vollen Amtszeit.**

1 **§ 16 Abs. 1 SBG 2016** ist (von einer redaktionellen Änderung abgesehen) mit **§ 15 Abs. 1 SBG 1997** identisch. **§ 16 Abs. 2 SBG 2016** weicht dagegen von der bisherigen Regelung in **§ 15 Abs. 2 SBG 1997** ab (vgl. Rn. 3).

2 (**Abs. 1**) Der mit § 47 Abs. 2 S. 1 BPersVG bedingt vergleichbare § 16 Abs. 1 S. 1 SBG regelt den Schutz der Vertrauensperson vor **Versetzungen** sowie vor **Kommandierungen für mehr als drei Monate**, die jeweils gegen ihren Willen erfolgen sollen. Bei diesen Personalmaßnahmen handelt es sich um Verwendungsentscheidungen, die nach § 10 Abs. 2 Nr. 4 oder 5 SBG grundsätzlich zum **vorzeitigen Ende des Amts** der Vertrauensperson führen. § 15 Abs. 1 S. 1 SBG gilt grundsätzlich nicht nur während der ersten Amtszeit, sondern während der gesamten Amtsdauer der Vertrauensperson (vgl. aber Rn. 3). Er schützt deshalb z. B. auch vor einer vor Ablauf der Amtszeit verfügten, aber nach deren Ende wirksam werdenden Versetzung, wenn die Vertrauensperson für die sich unmittelbar anschließende Amtszeit wiedergewählt worden ist.[74] Die Schutzvorschrift gilt auch für die nach § 14 Abs. 1 i. V. m. § 10 Abs. 2 Nr. 2 bis 6 SBG wegen vorzeitigen Endes des Amts der bisherigen Vertrauensperson eingetretene stellvertretende Vertrauensperson, weil diese mit ihrem Eintritt endgültig den Status der Vertrauensperson erworben hat. § 16 Abs. 1 S. 2 SBG – der mit § 24 Abs. 1 S. 3 BPersVG bedingt vergleichbar ist – dehnt den Schutz vor den in § 16 Abs. 1 S. 1 SBG bezeichneten Personalmaßnahmen auf die **zur Wahl vorgeschlagenen Soldaten** aus, weil diese Verwendungsentscheidungen wegen des damit verbundenen Verlustes der Wählbarkeit der Wahlbewerbung im bisherigen Wahlbereich die Grundlage entziehen würden. Die gegen den Willen der Vertrauensperson oder eines Wahlbewerbers erfolgende Versetzung oder Kommandierung für mehr als drei Monate ist nur dann zulässig, wenn sie auch unter Berücksichtigung der Stellung der Vertrauensperson bzw. des Wahlbewerbers **aus dienstlichen Gründen unvermeidbar** ist. Das ist lediglich dann der Fall, wenn bei Anlegen eines strengen Maßstabs außer der Vertrauensperson bzw. dem Wahlbewerber kein anderer (durch § 16 Abs. 1 SBG nicht geschützter) Soldat für die Versetzung bzw. Kommandierung in Betracht kommt.

3 (**Abs. 2**) Im Unterschied zu § 15 Abs. 2 SGB 1997 schließt § 16 Abs. 2 SBG 2016 den besonderen Versetzungsschutz der Vertrauenspersonen und der

74 *BVerwG* v. 15. 7. 99 – 1 WB 39.99 –, PersV 00, 86.

Wahlbewerber bei Versetzungen aus dem Ausland nicht mehr gänzlich aus, sondern beschränkt ihn bei **Versetzungen aus dem Ausland in das Inland** auf die **Dauer der ersten vollen Amtszeit**. Dabei orientiert sich die geänderte Bestimmung an der Regelung in § 91 Abs. 1 Nr. 4 BPersVG, die für Mitglieder von Personalräten im Geschäftsbereich des BMVg gilt[75] (vgl. § 91 BPersVG Rn. 7b). Für Vertrauenspersonen, die bei Versetzungen aus dem Ausland in das Inland nicht durch § 16 SBG geschützt sind, gilt das Behinderungs- und Benachteiligungsverbot des § 15 Abs. 1 SBG.

§ 17 Beschwerderecht der Vertrauensperson

Die Vertrauensperson kann sich entsprechend § 1 Absatz 1 der Wehrbeschwerdeordnung beschweren, wenn sie glaubt, in der Ausübung ihrer Befugnisse behindert oder wegen ihrer Tätigkeit benachteiligt zu werden.

§ 17 SBG 2016 ist wortgleich mit **§ 16 SBG 1997.** 1

Nach § 1 Abs. 1 S. 1 WBO kann der **Soldat** sich nach Maßgabe der das Nä- 2
here regelnden Vorschriften der WBO beschweren, wenn er glaubt, von Vorgesetzten oder von Dienststellen der Bundeswehr unrichtig behandelt oder durch pflichtwidriges Verhalten von Kameraden verletzt zu sein. § 17 SBG ergänzt dieses von einer persönlichen Beschwer abhängige Recht durch ein entsprechendes förmliches Beschwerderecht der **Vertrauensperson**, das dann eingreift, wenn die Vertrauensperson glaubt, in der Ausübung ihrer Befugnisse behindert oder wegen ihrer Tätigkeit benachteiligt zu sein. Mit der Beschwerde kann die Vertrauensperson Verstöße gegen das in § 15 Abs. 1 SBG normierte allgemeine **Behinderungs- und Benachteiligungsverbot** oder gegen dessen in § 9, § 15 Abs. 2 und den §§ 16 und 18 SBG geregelte besondere Ausprägungen geltend machen. Das Beschwerderecht ist auch dann gegeben, wenn über **Beteiligungsrechte** gestritten wird, die in § 19 Abs. 3 und den §§ 21 ff. SBG nach Form und Inhalt normiert sind.[76] Für den gerichtlichen Rechtsschutz der Vertrauensperson nach erfolglosem Beschwerdeverfahren ist nach der o. a. Rspr. des *BVerwG* der **Rechtsweg zu den Wehrdienstgerichten** – die sich in die Truppendienstgerichte (Nord und Süd) und das Bundesverwaltungsgericht (mit Wehrdienstsenaten für Wehrdisziplinar- und Wehrbeschwerdesachen) gliedern – gegeben.[77]

Der Gesetzgeber geht davon aus, dass der Vertrauensperson das in § 7 3
WBeauftrG geregelte Recht jedes Soldaten, sich einzeln unmittelbar an den **Wehrbeauftragten** des Deutschen Bundestags zu wenden, auch dann zu-

---

75 Irreführend allerdings BT-Drs. 18/8298, S. 41 (zu § 16).

76 *BVerwG* v. 26. 9. 00 – 1 WB 58.00 – u. v. 13. 8. 08 – 1 WB 39.08 u. a. –, NZWehrr 01, 29, u. 09, 28, sowie v. 1. 11. 01 – 6 P 10.01 –, PersR 02, 73.

77 Näher dazu KfdP-*Altvater*, Anh. V B § 16 SBG Rn. 3–3c.

steht, wenn sich die Eingabe auf Angelegenheiten bezieht, mit denen die Vertrauensperson aufgrund ihres Amts befasst ist.[78]

§ 18 Beschwerden gegen die Vertrauensperson

Über Beschwerden nach der Wehrbeschwerdeordnung gegen die Vertrauensperson oder die nach § 14 als Vertrauensperson eingetretene stellvertretende Vertrauensperson entscheidet deren nächsthöhere Disziplinarvorgesetzte oder nächsthöherer Disziplinarvorgesetzter.

1 Der mit **§ 17 SBG 1997** inhaltsgleiche **§ 18 SBG 2016** dient wie § 9 und § 15 Abs. 2 SBG dem Schutz der Vertrauensperson und ihrer unbelasteten Zusammenarbeit mit dem ihr gegenüberstehenden Disziplinarvorgesetzten. Er legt in Abweichung von § 9 Abs. 1 S. 1 WBO fest, dass über eine gegen die Vertrauensperson gerichtete Wehrbeschwerde »deren« **nächsthöherer Disziplinarvorgesetzter** entscheidet. Bei Wahlbereichen, die auf der Ebene des nächsthöheren Disziplinarvorgesetzten der Vertrauensperson gebildet sind, kann der Schutzzweck der Vorschrift allerdings nur dann erreicht werden, wenn insoweit aufgrund einer Analogie zu § 9 S. 2 und § 15 Abs. 2 S. 2 SBG die Zuständigkeit auf den Disziplinarvorgesetzten des nächsthöheren Disziplinarvorgesetzten übergeht.

2 Die Zuständigkeitsregelung bezieht sich auf **alle Beschwerden** gegen die Vertrauensperson. Bei Beschwerden, deren Gegenstand die **Amtsführung** der Vertrauensperson ist, sind die Bestimmungen der WBO jedoch **nur eingeschränkt** anwendbar. Die Vernachlässigung oder Verletzung ihrer gesetzlichen Befugnisse oder Pflichten oder ein sonstiges ihre Amtsführung betreffendes Fehlverhalten müssen ggf. im Rahmen eines Abberufungsverfahrens nach § 12 SBG behandelt werden.

3 Die Vorschrift gilt nicht nur für die **Vertrauensperson**, sondern auch für deren nach § 14 SBG (endgültig oder vorübergehend) als Vertrauensperson eingetretene **stellvertretende Vertrauensperson.**

Abschnitt 3
Beteiligung der Vertrauensperson

§ 19 Aufgaben der Vertrauensperson

(1) Die Vertrauensperson soll zur verantwortungsvollen Zusammenarbeit zwischen Vorgesetzten und Untergebenen sowie zur Festigung des

78 BT-Drs. 11/7323, S. 19 (zu § 16).

kameradschaftlichen Vertrauens innerhalb des Bereiches beitragen, für den sie gewählt ist.

(2) Vertrauensperson und Disziplinarvorgesetzte oder Disziplinarvorgesetzter arbeiten im Interesse der Soldatinnen und Soldaten des Wahlbereiches und zur Erfüllung des Auftrages der Streitkräfte mit dem Ziel der Verständigung eng zusammen.

(3) Die Vertrauensperson hat folgende allgemeine Aufgaben:

1. Maßnahmen zu beantragen, die der Dienststelle und ihren Soldatinnen und Soldaten dienen,

2. darüber zu wachen, dass die zugunsten der Soldatinnen und Soldaten geltenden Gesetze, Verordnungen und Vorschriften durchgeführt werden,

3. Anregungen und Beanstandungen von Soldatinnen und Soldaten entgegenzunehmen und, falls diese berechtigt erscheinen, durch Erörterung mit der oder dem Disziplinarvorgesetzten auf ihre Erledigung hinzuwirken,

4. sich dafür einzusetzen, dass die Vereinbarkeit von Familie und Dienst gefördert wird und

5. auf die Verwirklichung der Ziele des Soldatinnen- und Soldatengleichbehandlungsgesetzes sowie des Soldatinnen- und Soldatengleichstellungsgesetzes hinzuwirken.

§ 19 Abs. 1 und 2 SBG 2016 ist mit **§ 18 Abs. 1 und 2 SBG 1997** wortgleich bzw. (mit redaktionellen Abweichungen) inhaltsgleich. **Neu** hinzugekommen ist **§ 19 Abs. 3 SBG 2016**, zu dem das SBG 1997 keine vergleichbare Bestimmung enthielt. Der damit einhergehenden inhaltlichen Erweiterung entspricht die neue Paragrafenüberschrift. Der bisherige **§ 18 Abs. 3 SBG 1997** ist inhaltsgleich nach **§ 20 Abs. 1 SBG 2016** verschoben worden. 1

(Abs. 1) Die Soll-Vorschrift des mit § 18 Abs. 1 SBG 1997 wortgleichen § 19 Abs. 1 SBG 2016 konkretisiert i. V. m. dem folgenden Abs. 2 die grundsätzlichen **Ziele der Beteiligung**, die im Unterschied zum SBG 1997 im SBG 2016 nicht mehr ausdrücklich genannt sind, sondern laut Gesetzesbegründung als Sinn und Zweck des Gesetzes vorausgesetzt werden (vgl. § 1 SBG Rn. 2). Der Auftrag, zur verantwortungsvollen Zusammenarbeit beizutragen, spricht dafür, die Vertrauensperson als **Bindeglied** zwischen den Soldaten ihrer Wählergruppe in ihrem Wahlbereich und deren Vorgesetzten anzusehen. Die anschließenden Vorschriften zeigen jedoch, dass die Vertrauensperson in erster Linie **Vertreterin der Interessen der Soldaten ihrer Wählergruppe** ist. 2

Außer der Wahrnehmung der in § 19 Abs. 3 normierten **allgemeinen Aufgaben** sieht das SBG 2016 in den §§ 21 bis 23 als **Formen der Beteiligung** der Vertrauensperson die Anhörung, das Vorschlagsrecht und die Mitbestimmung vor. Die **Aufgabengebiete**, auf die sich die förmliche Beteiligung be- 3 zieht, sind in den §§ 24 bis 31 SBG normiert. Welche Folgen es hat, wenn eine **Maßnahme ohne die gesetzlich gebotene (fehlerfreie) Beteiligung** der Vertrauensperson getroffen wird, ist im SBG nicht ausdrücklich geregelt. Es ist aber anerkannt, dass eine solche Maßnahme i. d. R. **rechtswidrig** ist.[79]

4 (**Abs. 2**) Der mit § 18 Abs. 2 SBG 1997 inhaltsgleiche § 19 Abs. 2 SBG 2016 verpflichtet die Vertrauensperson und den nach § 1 Abs. 3 SBG zuständigen Disziplinarvorgesetzten (vgl. § 1 SBG Rn. 8) zu **enger Zusammenarbeit.** Als gleichrangige Ziele dieser Zusammenarbeit legt die Vorschrift das Interesse der Soldaten des Wahlbereichs und die Erfüllung des Auftrags der Streitkräfte fest. Damit hat der Gesetzgeber die in § 2 Abs. 1 BPersVG postulierte Pflicht zur vertrauensvollen Zusammenarbeit von Personalvertretung und Dienststelle in abgewandelter Fassung in das SBG übernommen.[80]

5 (**Abs. 3**) § 19 Abs. 3 SGB 2016 hat im SGB 1997 keine Entsprechung. Er enthält erstmals einen **Katalog allgemeiner Aufgaben** der Vertrauensperson, der in Aufbau und Inhalt dem für die Personalvertretung geltenden Katalog des § 68 Abs. 1 BPersVG entspricht. Das **allgemeine Antragsrecht** nach Nr. 1, die **Überwachungsaufgaben** nach Nr. 2[81] und die **Behandlung von Anregungen und Beanstandungen** nach Nr. 3 sind den Regelungen in § 68 Abs. 1 Nr. 1 bis 3 BPersVG nachgebildet. Der Einsatz für die **Förderung der Vereinbarkeit von Familie und Beruf** nach Nr. 4 gehört zur Förderung der Durchsetzung der tatsächlichen Gleichberechtigung von Frauen und Männern nach § 68 Abs. 1 Nr. 5a BPersVG (vgl. § 68 BPersVG Rn. 22a).[82] Eine soldatenrechtsspezifische allgemeine Aufgabe ist das **Hinwirken auf die Verwirklichung der Ziele des Soldatinnen- und Soldaten-Gleichbehandlungsgesetzes** (SoldGG)[83] **sowie des Soldatinnen- und Soldatengleichstellungsgesetzes** (SGleiG)[84] nach § 19 Abs. 3 Nr. 5 SBG.

---

79 *BVerwG* v. 22.7.09 – 1 WB 15.08 –, PersV 09, 424; vgl. KfdP-*Altvater*, Anh. V B § 18 SBG Rn. 1a.

80 BT-Drs. 11/7323, S. 19 (zu § 18).

81 Damit ist die zum SBG 1997 ergangene Rspr. des *BVerwG* (Beschl. v. 20.4.16 – 1 WB 29.15 –, ZfPR 16, 66) überholt, die eine allgemeine Überwachungsaufgabe der Vertrauensperson bezüglich der zugunsten der Soldaten geltenden Rechts- und Verwaltungsvorschriften verneint hatte.

82 Die Vereinbarkeit von Familie und Dienst ist einer der Regelungsgegenstände des in Nr. 5 angesprochenen SGleiG (§§ 12–15).

83 Verkündet als Art. 2 des Gesetzes zur Umsetzung europäischer Richtlinien zur Verwirklichung des Grundsatzes der Gleichbehandlung v. 14.8.06 (BGBl. I S. 1897, 1904), zuletzt geändert durch Art. 4 des Gesetzes v. 31.7.08 (BGBl. I S. 1629). Das SoldGG betrifft den beruflichen Bereich der Soldatinnen und Soldaten und ist *insoweit* die Entsprechung zum Allgemeinen Gleichbehandlungsgesetz (AGG), das als Art. 1 des o. a. Gesetzes v. 14.8.06 verkündet wurde.

84 Verkündet als Art. 1 des Soldatinnen- und Soldatengleichstellungsdurchsetzungsgesetzes (SDGleiG) v. 27.12.04 (BGBl. I S. 3822), zuletzt geändert durch Art. 21 des Gesetzes v. 24.4.15 (BGBl. I S. 642). Das für die Soldatinnen und Sol-

§ 20 Pflichten der Disziplinarvorgesetzten

(1) [1]Die oder der Disziplinarvorgesetzte hat die Vertrauensperson bei der Erfüllung ihrer Aufgaben zu unterstützen. [2]Sie oder er unterrichtet die Vertrauensperson über Angelegenheiten, die ihre Aufgaben betreffen, rechtzeitig und umfassend. [3]Hierzu ist der Vertrauensperson auch die Möglichkeit der Einsichtnahme in die erforderlichen Unterlagen zu eröffnen, in Personalakten jedoch nur mit Einwilligung der betroffenen Person.

(2) [1]Die oder der Disziplinarvorgesetzte hat alle Soldatinnen und Soldaten unverzüglich nach Diensteintritt und in regelmäßigen Abständen über die Rechte und Pflichten der Vertrauensperson zu unterrichten. [2]Zusätzlich soll vor jeder Wahl, noch vor der Bestellung des Wahlvorstandes, eine Unterrichtung stattfinden.

(3) Die oder der Disziplinarvorgesetzte hat die Vertrauensperson und die stellvertretenden Vertrauenspersonen unverzüglich nach ihrer Wahl in ihr Amt einzuweisen.

(4) Bataillonskommandeurinnen oder Bataillonskommandeure und Disziplinarvorgesetzte in entsprechenden Dienststellungen führen mindestens einmal im Kalendervierteljahr mit den Disziplinarvorgesetzten und Vertrauenspersonen ihres Bereiches eine Besprechung über Angelegenheiten von gemeinsamem Interesse aus dem Aufgabenbereich der Vertrauenspersonen durch.

(5) [1]Vertrauensperson und stellvertretende Vertrauenspersonen, die neu in ihr Amt gewählt sind, sind so bald wie möglich nach ihrer Wahl für ihre Aufgaben auszubilden. [2]Satz 1 gilt nicht für Vertrauenspersonen der Lehrgangsteilnehmerinnen und Lehrgangsteilnehmer an Schulen (§ 4 Absatz 3 Nummer 1) und der bei besonderen Verwendungen im Ausland gewählten Vertrauenspersonen (§ 54). [3]Die Ausbildung soll auf Brigade- oder vergleichbarer Ebene in Seminarform stattfinden. [4]Zusätzlich soll allen Vertrauenspersonen die Teilnahme an Weiterbildungsveranstaltungen, insbesondere an Lehrgängen, gewährt werden, sofern diese Kenntnisse vermitteln, die zur Wahrnehmung der Aufgaben erforderlich sind.

Die bisherigen Bestimmungen in **§ 18 Abs. 3 und § 19 Abs. 1 bis 4 SBG 1997** 1
sind mit redaktionellen Abwandlungen sowie einzelnen inhaltlichen Präzisierungen und Erweiterungen in **§ 20 SBG 2016** zusammengefasst. Nunmehr sind in § 20 Abs. 1 bis 3 und 5 S. 4 SBG Pflichten des nach § 1 Abs. 3

---

daten der Bundeswehr geltende SGleiG ist die Entsprechung zu dem für die Beschäftigten insb. in der Bundesverwaltung und in den Gerichten des Bundes geltende Bundesgleichstellungsgesetz (BGleiG).

SBG **zuständigen Disziplinarvorgesetzten** (vgl. § 1 SBG Rn. 8) geregelt, in § 20 Abs. 4 und 5 S. 1 und 3 SBG Pflichten von **Bataillons- und Brigadekommandeuren** sowie von Disziplinarvorgesetzten in entsprechenden Dienststellungen.

2 (**Abs. 1**) Von redaktionellen Änderungen abgesehen stimmt § 20 Abs. 1 SBG 2016 mit § 18 Abs. 3 SBG 1997 überein. Die in § 20 Abs. 1 S. 1 SBG festgelegte **Unterstützungspflicht** des Disziplinarvorgesetzten geht über die Beachtung des in § 15 Abs. 1 SBG normierten Behinderungs- und Benachteiligungsverbots hinaus. Aus ihr folgt, dass es der Vertrauensperson ermöglicht werden muss, ihre Aufgaben und Befugnisse sachgerecht wahrzunehmen. Dazu gehört auch die Sorge des Disziplinarvorgesetzten dafür, dass die Vertrauensperson **Versammlungen** ihrer Wählergruppe durchführen und zu ihrer Wählergruppe gehörende Soldaten **am Arbeitsplatz aufsuchen** kann, sowie die Förderung der Unterstützung der Vertrauensperson durch die von ihr gewünschte **Mitarbeit einzelner Soldaten** und durch die freiwillige Bildung von **Arbeitsgruppen.** Der neugefasste § 20 Abs. 3 S. 2 SBG verdeutlicht, dass der Disziplinarvorgesetzte verpflichtet ist, die Vertrauensperson über alle Angelegenheiten, die ihre Aufgaben betreffen, rechtzeitig und umfassend zu **unterrichten.** Die Regelung ist § 68 Abs. 2 S. 1 BPersVG nachgebildet (zur Auslegung der Begriffe »rechtzeitig« und »umfassend« vgl. § 68 BPersVG Rn. 26f.). § 20 Abs. 3 S. 3 SBG stellt klar, dass die Informationspflicht sich auch darauf erstreckt, der Vertrauensperson die Möglichkeit zur Einsichtnahme in die erforderlichen **Unterlagen** zu eröffnen. Soweit es sich dabei um **Personalakten** handelt (vgl. dazu § 29 SG), hängt die Einsichtnahme allerdings von der Einwilligung – nach § 183 BGB also von der vorherigen Zustimmung – des betroffenen Soldaten ab.

3 (**Abs. 2**) Im Vergleich mit dem entsprechenden § 19 Abs. 1 SBG 1997 ist der Regelungsinhalt des § 20 Abs. 2 SBG 2016 inhaltlich präzisiert und erweitert worden. § 20 Abs. 2 S. 1 SBG verpflichtet den Disziplinarvorgesetzten, **alle Soldaten** über die Rechte und Pflichten der Vertrauensperson zu **unterrichten**. Gegenstand der Unterrichtung sind die Institution der Vertrauensperson, ihre Wahl, ihre Geschäftsstellung und Rechtsstellung sowie die Regelungen über ihre Beteiligung. Die Unterrichtung schließt die Vorstellung der amtierenden Vertrauensperson vor den Soldaten ihrer Wählergruppe ein. Die Unterrichtung hat anders als bisher nicht »alsbald«, sondern »**unverzüglich**«[85] **nach Diensteintritt** sowie darüber hinaus **in regelmäßigen Abständen** zu erfolgen. Nach dem neuen § 20 Abs. 2 S. 2 SBG soll **zusätzlich** eine Unterrichtung **vor jeder Wahl**, und zwar noch vor der Bestellung des Wahlvorstands, stattfinden.[86]

85 Also »ohne schuldhaftes Zögern« (§ 121 Abs. 1 S. 1 BGB).

86 BT-Drs. 18/8298, S. 42 (zu § 20): »Damit soll die Akzeptanz zur Wahl von Vertrauenspersonen weiter erhöht werden.«

(Abs. 3) Der mit § 19 Abs. 2 SBG 1997 inhaltsgleiche § 20 Abs. 3 SBG 2016 legt die Pflicht des Disziplinarvorgesetzten fest, **die Vertrauenspersonen und die stellvertretenden Vertrauenspersonen** »unverzüglich« (vgl. Rn. 3) nach ihrer Wahl in ihr Amt **einzuweisen.** Die Einweisung hat dadurch zu erfolgen, dass den einzuweisenden Soldaten Abdrucke des SBG und ergänzende Unterlagen ausgehändigt und die geltenden Bestimmungen und deren Anwendung im Bereich des Truppenteils gründlich erläutert werden (vgl. ZDv A-1472/1 Nr. 202–204). 4

(Abs. 4) Der mit § 19 Abs. 3 SBG 1997 inhaltsgleiche § 20 Abs. 4 SBG 2016 verpflichtet **Bataillonskommandeure** und Disziplinarvorgesetzte in entsprechenden Dienststellungen – d. h. solche mit der Disziplinarbefugnis der zweiten Stufe (vgl. § 28 Abs. 1 S. 2 Nr. 2 WDO) – dazu, **mindestens einmal im Kalendervierteljahr** (bei Bedarf also auch öfter) mit den Disziplinarvorgesetzten und Vertrauenspersonen ihres Bereichs eine **Besprechung** über Angelegenheiten von gemeinsamem Interesse aus dem Aufgabenbereich der Vertrauensperson durchzuführen. Diese Aussprache soll einen Informations- und Erfahrungsaustausch und eine gegenseitige Abstimmung in der Beurteilung beteiligungsbedürftiger Angelegenheiten ermöglichen.[87] Sie erstreckt sich entsprechend § 66 Abs. 1 S. 2 BPersVG auf alle Vorgänge, welche die Soldaten wesentlich berühren. Damit der Zweck der Aussprache erreicht wird, müssen die Vertrauenspersonen Gelegenheit erhalten, sich entsprechend **vorzubereiten;** das folgt aus der in § 20 Abs. 1 S. 1 SBG festgelegten Unterstützungspflicht des für den jeweiligen Wahlbereich zuständigen Disziplinarvorgesetzten (vgl. Rn. 1 f.). Die Quartalsbesprechungen werden **vom Kommandeur einberufen und geleitet.** 5

(Abs. 5) Die Bestimmungen des § 19 Abs. 4 SBG 1997 sind mit einer inhaltlichen Erweiterung in § 20 Abs. 5 S. 1 bis 3 SBG 2016 übernommen worden. § 20 Abs. 5 SBG schreibt in S. 1 vor, dass Vertrauenspersonen und stellvertretende Vertrauenspersonen, die anders als bisher nicht »erstmalig«, sondern **»neu« in ihr Amt gewählt** sind, für ihre Aufgaben **auszubilden** sind. Die geänderte Formulierung bezieht auch jene Soldaten in den Kreis der zu Schulenden ein, die bereits Vertrauenspersonen gewesen sind, jedoch nicht unmittelbar im Anschluss an eine abgelaufene Amtszeit wiedergewählt wurden.[88] Die Regelung gilt nach S. 2 wie bisher nicht für die nach § 4 Abs. 3 Nr. 1 SBG gewählten Vertrauenspersonen der Lehrgangsteilnehmer an Schulen und nicht für die nach § 54 SBG gewählten Vertrauenspersonen bei besonderen Verwendungen im Ausland. Das schließt jedoch nicht aus, dass auch diese Vertrauenspersonen in angemessener Weise auf ihr Amt vorzubereiten sind.[89] Die Ausbildung gem. S. 1 hat **so bald wie möglich** nach der Wahl zu 6

---

87 Vgl. BT-Drs. 7/1968, S. 9 (zu Art. 1 Nr. 1).
88 BT-Drs. 18/8298, S. 42 (zu § 20).
89 *BVerwG* v. 23. 6. 99 – 6 P 6.98 –, PersR 99, 451.

erfolgen (d. h. nicht erst mehrere Monate danach[90]). S. 3 bestimmt, dass die Ausbildung auf der **Ebene der Brigade** oder vergleichbarer Verbände in **Seminarform** stattfinden soll. Diese Soll-Vorschrift lässt es zu, die Ausbildung ausnahmsweise auf einer anderen Ebene und in anderer Form durchzuführen.[91] Unabhängig davon müssen die Ausbildungsveranstaltungen so angelegt sein, dass sie den Teilnehmern diejenigen **Kenntnisse** vermitteln, die für die Tätigkeit als Vertrauensperson erforderlich sind (vgl. § 46 Abs. 6 BPersVG). Dazu gehören nicht nur (wie in ZDv A-1472/1 Nr. 207 u. Anl. 4.3 vorgesehen) Grundkenntnisse des Soldatenbeteiligungsrechts, sondern auch solche des allgemeinen Soldatenrechts. Die neu hinzugekommene Soll-Vorschrift in S. 4 des § 20 Abs. 5 SBG eröffnet **allen** Vertrauenspersonen die Teilnahme an **Weiterbildungsveranstaltungen**, die über die in S. 1 geregelte Schulung hinausgehen.[92]

§ 21 Anhörung

[1]Ist die Vertrauensperson zu beabsichtigten Maßnahmen anzuhören, ist sie über diese rechtzeitig und umfassend zu unterrichten. [2]Die oder der Disziplinarvorgesetzte hat der Vertrauensperson zu den beabsichtigten Maßnahmen Gelegenheit zur Stellungnahme zu geben. [3]Diese ist mit ihr zu erörtern.

1 **§ 21 SBG 2016** ist inhaltsgleich mit **§ 20 SBG 1997**.

2 § 21 SBG definiert das Beteiligungsrecht der Anhörung. Er wird ergänzt durch die in § 24 Abs. 3 und 5, § 28 Abs. 3 und 4 sowie § 30 Abs. 1 S. 2 SBG enthaltenen **Verfahrensvorschriften.** In den Fällen des § 25 Abs. 2 S. 2 und § 31 Abs. 2 S. 2 SBG erfolgt die Anhörung **auf Antrag** des betroffenen Soldaten bzw. des Beschwerdeführers, in den Fällen des § 24 Abs. 1 und 2 und § 28 Abs. 1 und 2, sofern der Betroffene die Anhörung **nicht ausdrücklich ablehnt** (vgl. § 24 SBG Rn. 2). In den Fällen des § 24 Abs. 4, § 25 Abs. 1 und 2 S. 1, § 26 Abs. 4 S. 1 und Abs. 5 S. 1, § 29 Abs. 2 und 3, § 30 Abs. 1 S. 1 und 2 sowie § 31 Abs. 1 und Abs. 2 S. 1 SBG erfolgt sie stets **von Amts wegen**. In den Fällen des § 24 Abs. 2, § 25 Abs. 1 und Abs. 2 S. 1, § 26 Abs. 4 S. 1 und Abs. 5 S. 1, § 28 Abs. 1 und 2, § 29 Abs. 2 und 3 und § 31 Abs. 2 S. 2 SBG **muss** die Anhörung, in den Fällen des § 24 Abs. 1 und 4, § 25 Abs. 2 S. 2, § 30 Abs. 1 S. 1 und Abs. 2 sowie § 31 Abs. 1 und 2 S. 1 SBG **soll** sie erfolgen. Beruht die Anhörung auf einer Muss-Vorschrift, ist sie **ausnahmslos** zwingend vorgeschrieben. Ist sie in einer Soll-Vorschrift vorgesehen, hat sie im **Regelfall** zu erfolgen und darf nur in einem besonders begründeten Ausnahmefall unter-

90 Vgl. BT-Drs. 13/5740, S. 18 (zu Nr. 16).
91 BT-Drs. 13/5740, a. a. O.
92 BT-Drs. 18/8298, S. 42 (zu § 20).

bleiben (vgl. § 24 SBG Rn. 2). Die Anhörung ist die **schwächste Form** der Beteiligung. Sie eröffnet der Vertrauensperson vor dem Hintergrund des Prinzips der engen Zusammenarbeit mit dem Ziel der Verständigung (§ 19 Abs. 2 SBG) die Chance, die beabsichtigte Maßnahme **mit argumentativen Mitteln** zu beeinflussen.[93]

Nach § 21 S. 1 SBG ist die Vertrauensperson über beabsichtigte Maßnahmen, zu denen sie aufgrund einer Muss- oder Soll-Vorschrift anzuhören ist, rechtzeitig und umfassend zu **unterrichten**. Der Unterrichtungsanspruch erstreckt sich auf sämtliche Informationen, die nach den Umständen des Einzelfalls für eine sachgerechte Beurteilung der anhörungspflichtigen Maßnahme und des ihr zugrunde liegenden Sachverhalts von Bedeutung sind; für die Bestimmung des Umfangs des Informationsanspruchs ist ein objektiv vertretbarer Standpunkt der Vertrauensperson maßgeblich.[94] Der Unterrichtungsanspruch erstreckt sich jedoch nicht auf datenschutzrechtlich geschützte personenbezogene Daten Dritter.[95] Im Rahmen der erforderlichen Unterrichtung ist der Vertrauensperson nach § 20 Abs. 1 S. 3 SBG auch die Möglichkeit einzuräumen, in die erforderlichen Unterlagen Einsicht zu nehmen. Zur ordnungsgemäßen Information ist der nach § 1 Abs. 3 SBG zuständige **Disziplinarvorgesetzte** verpflichtet (vgl. § 1 SBG Rn. 8). Fehlen ihm einzelne erforderliche Informationen, so muss er sich diese beschaffen und hat dazu ggf. an die personalbearbeitende Stelle heranzutreten (vgl. § 24 SBG Rn. 2).[96] 3

Nach § 21 S. 2 SBG hat der (nächste) Disziplinarvorgesetzte der Vertrauensperson **Gelegenheit zur Stellungnahme** zu der beabsichtigten Maßnahme zu geben. Das Gesetz schreibt dafür zwar keine bestimmte Frist vor, gibt die Vertrauensperson jedoch nach ordnungsgemäßer Unterrichtung nicht **innerhalb einer angemessenen Frist** eine Stellungnahme ab, so ist die für die Entscheidung zuständige Stelle befugt, das Anhörungsverfahren abzuschließen und die Entscheidung zu treffen.[97] Auch eine bestimmte **Form** schreibt das Gesetz für die Stellungnahme nicht vor. Für bestimmte Anhörungsfälle sehen § 24 Abs. 5 und § 28 Abs. 4 SBG allerdings zwingend die Anfertigung eines zu den Akten zu nehmenden Protokolls vor. Nach § 21 S. 3 SBG ist die von der Vertrauensperson abgegebene Stellungnahme mit ihr zu **erörtern**. Auch dazu ist der Disziplinarvorgesetzte verpflichtet. Die Erörterung besteht 4

93 *BVerwG* v. 17.2.09 – 1 WB 37.08 –, PersV 09, 296, sowie v. 19.6.14 – 1 WB 29.13 –, Buchh 449.7 § 20 Nr. 5 (»kein Mitentscheidungsrecht über Inhalt und Gründe der Entscheidung«).
94 *BVerwG* v. 20.6.05 – 1 WB 60.04 –, PersR 05, 458, u. v. 25.6.08 – 1 WB 5.07 –, Buchh 449.7 § 20 Nr. 2 = PersR 09, 46 Ls.
95 *BVerwG* v. 20.6.05, a.a.O.
96 *BVerwG* v. 25.6.08, a.a.O.
97 *BVerwG* v. 19.6.14, a.a.O.

in einem **wechselseitigen Informations- und Meinungsaustausch**, der **grundsätzlich mündlich in einem Gespräch** zwischen der Vertrauensperson und dem Disziplinarvorgesetzten stattzufinden hat.[98] Der Disziplinarvorgesetzte hat die Stellungnahme in seine **Entscheidungsfindung** einzubeziehen[99] und sie im Rahmen seines pflichtgemäßen Ermessens angemessen zu **berücksichtigen.** Bei den von der personalbearbeitenden Stelle zu treffenden **Personalentscheidungen** sind die Sonderregelungen in § 24 Abs. 3 SBG zu beachten (vgl. § 24 SBG Rn. 6).

5 Ist die Vertrauensperson zu einer anhörungspflichtigen Maßnahme **nicht oder nicht ordnungsgemäß angehört** worden, so ist die ordnungsgemäße **Anhörung nachzuholen**, solange die Stelle, die für die Entscheidung über die beabsichtige Maßnahme zuständig ist, ihr Ermessen bei der Entscheidung noch ausüben und dabei das Ergebnis einer nachgeholten ordnungsgemäßen Anhörung noch in diese Entscheidung einbeziehen kann.[100] Eine ohne die vorgeschriebene Anhörung getroffene **Maßnahme** ist **i. d. R. rechtswidrig** (vgl. § 19 SBG Rn. 3; § 24 SBG Rn. 9).

§ 22 Vorschlagsrecht

(1) [1]Sofern der Vertrauensperson ein Vorschlagsrecht zusteht, hat die oder der Disziplinarvorgesetzte die Vorschläge rechtzeitig mit ihr zu erörtern. [2]Dies gilt auch dann, wenn sich der Vorschlag auf die Auswirkung von Befehlen oder sonstiger Maßnahmen vorgesetzter Kommandobehörden oder von Standortältesten bezieht, die die oder der Disziplinarvorgesetzte beabsichtigt, umzusetzen.

(2) Entspricht die oder der zuständige Disziplinarvorgesetzte einem Vorschlag der Vertrauensperson nicht oder nicht in vollem Umfang, ist diese Entscheidung der Vertrauensperson rechtzeitig unter Angabe der Gründe mitzuteilen.

(3) [1]Im Fall der Ablehnung eines Vorschlags kann die Vertrauensperson ihr Anliegen der oder dem nächsthöheren Disziplinarvorgesetzten vortragen. [2]Diese oder dieser kann die Ausführung eines Befehls oder einer sonstigen Maßnahme bis zu ihrer oder seiner Entscheidung aussetzen, wenn dem nicht dienstliche Gründe entgegenstehen.

(4) Geht ein Vorschlag der Vertrauensperson über den Bereich hinaus, für den sie gewählt ist, hat die oder der Disziplinarvorgesetzte den Vorschlag mit einer Stellungnahme ihrer oder seinem nächsten Disziplinarvorgesetzten vorzulegen.

---

98 *BVerwG* v. 17. 2. 09, a. a. O.; vgl. auch ZDv A-1472/1 Nr. 230; ferner § 72 BPersVG Rn. 7 u. KfdP-*Altvater*, Anh. V B § 20 SBG Rn. 3a.

99 Vgl. BT-Drs. 13/5740, S. 18 (zu Nr. 17).

100 *BVerwG* v. 20. 6. 05, a. a. O.

(5) [1]Bezieht sich ein Vorschlag auf eine Maßnahme, die der Natur der Sache nach keinen Aufschub duldet, kann die oder der nächste Disziplinarvorgesetzte bis zur endgültigen Entscheidung vorläufige Regelungen treffen. [2]Die vorläufige Regelung ist der oder dem nächsthöheren Disziplinarvorgesetzten und der Vertrauensperson unter Angabe der Gründe mitzuteilen.

(6) Die Absätze 3 und 4 gelten nicht bei Verhängung Erzieherischer Maßnahmen.

Die Bestimmungen des **§ 21 SBG 1997** sind inhaltlich unverändert in **§ 22 Abs. 1 bis 5 SBG 2016** aufgenommen, die des **§ 24 Abs. 2 S. 3 SBG 1997** als neuer **Abs. 6 des § 22 SBG 2016** angefügt worden.[101] § 22 SBG 2016 regelt das **Vorschlagsrecht** der Vertrauensperson und das bei seiner Ausübung anzuwendende **Verfahren**. Die **Gegenstände** des Vorschlagsrechts ergeben sich aus § 25 Abs. 2 S. 1, § 26 Abs. 2, Abs. 4 S. 2 und Abs. 5 S. 2 sowie § 29 Abs. 1 SBG. 1

(Abs. 1) Hat die Vertrauensperson ein Vorschlagsrecht (vgl. Rn. 1), kann sie davon Gebrauch machen, indem sie ihre Vorschläge dem nach § 1 Abs. 3 SBG **zuständigen Disziplinarvorgesetzten** mitteilt (vgl. § 1 SBG Rn. 8). Dieser ist nach § 22 Abs. 1 S. 1 SBG verpflichtet, die Vorschläge »**rechtzeitig**« (so der geänderte Gesetzestext) mit ihr zu **erörtern**. Dies hat – wie im Verfahren der Anhörung (vgl. § 21 SBG Rn. 4) – grundsätzlich in einem Gespräch zu geschehen, das nach § 19 Abs. 2 SBG mit dem Ziel der Verständigung zu führen ist. Nach § 22 Abs. 1 S. 2 SBG besteht die Pflicht zur Erörterung auch dann, wenn sich ein Vorschlag der Vertrauensperson auf die Auswirkung von Befehlen oder sonstiger **Maßnahmen vorgesetzter Kommandobehörden oder von Standortältesten** bezieht, die der Disziplinarvorgesetzte beabsichtigt, umzusetzen. 2

(Abs. 2) Falls der **zuständige Disziplinarvorgesetzte** (vgl. Rn. 2) einem Vorschlag der Vertrauensperson nicht oder nicht in vollem Umfang entspricht, bestimmt § 22 Abs. 2 SBG, dass die (ganz oder teilweise) **ablehnende Entscheidung** der Vertrauensperson »rechtzeitig« (so auch hier der geänderte Gesetzestext) unter **Angabe der Gründe** mitzuteilen ist. Obwohl das Gesetz dies nicht vorschreibt, ist es im Interesse der Klarheit zweckmäßig, dass diese Mitteilung in **schriftlicher Form** erfolgt. 3

(Abs. 3) Geht der Vorschlag der Vertrauensperson nicht über den Bereich hinaus, für den sie gewählt ist (vgl. Rn. 6), und lehnt der nach § 1 Abs. 3 SBG zuständige Disziplinarvorgesetzte den Vorschlag ganz oder teilweise ab (vgl. Rn. 3), hat die Vertrauensperson nach § 22 Abs. 3 S. 1 SBG das Recht, ihr Anliegen dem **nächsthöheren Disziplinarvorgesetzten** vorzutragen. Dieses 4

---

101 BT-Drs. 18/8298, S. 42 (zu § 22).

Vortragsrecht erstreckt sich darauf, den Vorschlag erneut darzulegen, zu erläutern und zu begründen und sich dabei mit der nach § 22 Abs. 2 SBG mitgeteilten ablehnenden Entscheidung und den dafür angegebenen Gründen auseinanderzusetzen. Es ist zulässig und sinnvoll, dass auch der nächsthöhere Disziplinarvorgesetzte der Vertrauensperson Gelegenheit gibt, den Vorschlag in einem mit dem Ziel der Verständigung zu führenden Gespräch zu erörtern. Entspricht er dem Vorschlag nicht oder nicht in vollem Umfang, teilt er der Vertrauensperson seine Entscheidung unter Angabe der Gründe mit (vgl. Rn. 3).

5 Ruft die Vertrauensperson den nächsthöheren Disziplinarvorgesetzten aufgrund ihres Vortragsrechts an, kann dieser nach § 22 Abs. 3 S. 2 SBG die **Ausführung eines Befehls oder einer sonstigen Maßnahme** bis zu seiner Entscheidung ganz oder teilweise **aussetzen**, wenn dem nicht dienstliche Gründe entgegenstehen. Letzteres ist nur dann der Fall, wenn die Maßnahme, auf die sich der Vorschlag der Vertrauensperson bezieht, unaufschiebbar ist (vgl. dazu Rn. 7). Die Aussetzung soll verhindern, dass vor der abschließenden Entscheidung vollendete Tatsachen geschaffen werden.[102] Stehen der Aussetzung nach Auffassung des nächsthöheren Disziplinarvorgesetzten dienstliche Gründe entgegen, hat er dies der Vertrauensperson darzulegen. Trotz der in § 22 Abs. 3 S. 2 SBG vorgesehenen **Zuständigkeit** des nächsthöheren Disziplinarvorgesetzten kann auch der nach § 1 Abs. 3 SBG für den jeweiligen Wahlbereich zuständige Disziplinarvorgesetzte über die Aussetzung einer Maßnahme entscheiden, wenn er zu deren Anordnung befugt ist.

6 (**Abs. 4**) § 22 Abs. 4 SBG trifft eine Sonderregelung für den Fall, dass **ein Vorschlag der Vertrauensperson über den Bereich hinausgeht, für den sie gewählt ist**. Danach hat der für den Wahlbereich zuständige Disziplinarvorgesetzte den Vorschlag, nachdem er diesen mit der Vertrauensperson gem. § 22 Abs. 1 SBG erörtert hat (vgl. Rn. 2), mit einer Stellungnahme »*seinem* nächsten Disziplinarvorgesetzten« vorzulegen. I. d. R. ist das der nächsthöhere Disziplinarvorgesetzte der Vertrauensperson, der – wenn er für die Maßnahme, auf die sich der Vorschlag bezieht, zuständig ist – in der Sache entscheidet. Ist der nächsthöhere Disziplinarvorgesetzte dagegen nicht entscheidungsbefugt, hat er den Vorschlag zusammen mit einer weiteren Stellungnahme an den für die Maßnahme zuständigen Disziplinarvorgesetzten weiterzuleiten. Das ergibt sich aus § 22 Abs. 2 SBG, aus dem ableitbar ist, dass der jeweils zuständige Disziplinarvorgesetzte über Vorschläge der Vertrauensperson zu entscheiden hat.

7 (**Abs. 5**) § 22 Abs. 5 SBG ermächtigt *den* »nächsten Disziplinarvorgesetzten« (d.h. den für den Wahlbereich zuständigen Disziplinarvorgesetzten [vgl. § 1

102 BT-Drs. 11/7323, S. 20 (zu § 21).

SBG Rn. 8]), bei unaufschiebbaren Maßnahmen bis zur endgültigen Entscheidung **vorläufige Regelungen** zu treffen. Die Vorschrift ist § 69 Abs. 5 S. 1 und 2 Hs. 1 BPersVG nachgebildet (vgl. dazu § 69 BPersVG Rn. 41–46).

(**Abs. 6**) Der mit § 24 Abs. 2 S. 3 SBG 1997 inhaltsgleiche § 22 Abs. 6 SGB 2016 schränkt das Vorschlagsrecht der Vertrauensperson ein. Soweit sich ein Vorschlag auf die Verhängung **Erzieherischer Maßnahmen** bezieht, gilt § 22 Abs. 3 und 4 SBG nicht. Daraus folgt (nur), dass die Einschaltung des nächsthöheren Disziplinarvorgesetzten insoweit nicht in Betracht kommt. 8

§ 23 Mitbestimmung, Schlichtungsausschuss

(1) [1]Unterliegt eine Maßnahme der Mitbestimmung der Vertrauensperson, ist sie rechtzeitig durch die Vorgesetzte oder den Vorgesetzten, die oder der für die Maßnahme zuständig ist, zu unterrichten und ihr ist Gelegenheit zur Äußerung zu geben. [2]Diese ist mit ihr zu erörtern. [3]Die Vertrauensperson kann in diesen Fällen auch Maßnahmen vorschlagen.

(2) [1]Kommt eine Einigung nicht zustande, ist die Maßnahme auszusetzen und die oder der nächsthöhere Vorgesetzte anzurufen. [2]Wenn eine Einigung erneut nicht zu erzielen ist, entscheidet ein Schlichtungsausschuss mit Stimmenmehrheit. [3]Die Verhandlung ist nicht öffentlich. [4]Der Schlichtungsausschuss ist von der Vorsitzenden Richterin oder dem Vorsitzenden Richter des zuständigen Truppendienstgerichts einzuberufen. [5]Er besteht aus

1. **der Vorsitzenden Richterin oder dem Vorsitzenden Richter des zuständigen Truppendienstgerichts,**
2. **der oder dem Vorgesetzten,**
3. **der oder dem nächsthöheren Vorgesetzten sowie**
4. **der Vertrauensperson und einer stellvertretenden Vertrauensperson.**

[6]Sind die stellvertretenden Vertrauenspersonen an der Teilnahme am Schlichtungsausschuss verhindert, so bestimmt die Vertrauensperson eine weitere Vertrauensperson des Verbands zum Mitglied des Schlichtungsausschusses.

(3) [1]Kommt in den Fällen des § 25 Absatz 3 Satz 1 Nummer 2 bis 5 eine Einigung nicht zustande, gibt der Schlichtungsausschuss eine Empfehlung ab. [2]Will die oder der zuständige Vorgesetzte von dieser Empfehlung abweichen, hat sie oder er die Angelegenheit der zuständigen Inspekteurin oder dem zuständigen Inspekteur binnen zwei Wochen auf dem Dienstweg zur Entscheidung vorzulegen. [3]In den Fällen des § 25 Absatz 3 Satz 1 Nummer 7, 9 und 10 gilt § 104 Satz 3 des Bundespersonalvertretungsgesetzes entsprechend.

(4) [1]Die oder der zuständige Vorgesetzte kann bei Maßnahmen, die der Natur der Sache nach keinen Aufschub dulden, bis zur endgültigen Ent-

scheidung vorläufige Regelungen treffen. [2]Sie oder er hat der Vertrauensperson die vorläufige Regelung mitzuteilen und zu begründen und unverzüglich das Verfahren nach Absatz 2 einzuleiten.

1 Die Bestimmungen des **§ 22 SBG 1997** sind inhaltsgleich, aber mit formalen Änderungen in **§ 23 SBG 2016** übernommen worden. Hervorzuheben sind die Aufteilung der Inhalte des bisherigen Abs. 2 auf die neuen Abs. 2 und 3 sowie eine inhaltliche Klarstellung im neuen Abs. 2 S. 3.[103] Regelungsinhalte des § 23 SBG 2016 sind die **Mitbestimmung** der Vertrauensperson und das dabei einzuhaltende **Verfahren** einschließlich der Einschaltung des **Schlichtungsausschusses.** Die **Gegenstände** des Mitbestimmungsrechts ergeben sich aus § 25 Abs. 3, § 26 Abs. 3 und § 27 Abs. 1 SBG.

2 (**Abs. 1**) Unterliegt eine beabsichtigte Maßnahme der Mitbestimmung, ist (anders als bei der Anhörung nach § 21 SBG) nicht der nach § 1 Abs. 3 SBG für den Wahlbereich zuständige Disziplinarvorgesetzte, sondern der **für die Maßnahme zuständige »Vorgesetzte«** nach § 23 Abs. 1 SBG verpflichtet, die Vertrauensperson rechtzeitig und – wie in § 20 Abs. 1 S. 2 SBG geregelt – umfassend zu **unterrichten**. Für die Unterrichtung gilt das zur Anhörung Gesagte entsprechend (vgl. § 21 SGB Rn. 3) Der Vertrauensperson ist **Gelegenheit zur Äußerung** zu geben. Der zuständige Vorgesetzte hat diese Äußerung nach § 23 Abs. 1 S. 2 SBG mit der Vertrauensperson zu **erörtern**. Auch für die Erörterung gilt das zur Anhörung Gesagte entsprechend (vgl. § 21 SBG Rn. 4).

3 § 23 Abs. 1 S. 3 SBG legt ausdrücklich fest, dass die Vertrauensperson in den ihrer Mitbestimmung unterliegenden Fällen auch Maßnahmen vorschlagen kann. Macht sie von diesem **Initiativrecht** Gebrauch, ist der zuständige Vorgesetzte in entsprechender Anwendung des § 23 Abs. 1 S. 2 SBG verpflichtet, die Vorschläge mit ihr zu erörtern. Will er einem Vorschlag nicht oder nicht in vollem Umfang entsprechen, kommen »spiegelbildlich« die Regelungen zum Zuge, die nach § 23 Abs. 2 und 3 SBG für eine vom zuständigen Vorgesetzten beabsichtigte Maßnahme gelten (vgl. Rn. 4 und 5).[104]

4 (**Abs. 2**) Falls zwischen dem zuständigen Vorgesetzten und der Vertrauensperson eine **Einigung nicht zustande kommt**, richtet sich das **weitere Verfahren** nach § 23 Abs. 2 SBG. Danach ist die beabsichtigte Maßnahme stets **auszusetzen** und der »**nächsthöhere Vorgesetzte**« **anzurufen** (Abs. 2 S. 1). Die Anrufung kann sowohl durch den zuständigen Vorgesetzten als auch durch die Vertrauensperson erfolgen. Eine bestimmte Form ist dafür nicht vorgeschrieben. Sodann hat auch der nächsthöhere Vorgesetzte mit dem Ziel der Verständigung mit der Vertrauensperson zu verhandeln. Wird auch dabei **keine Einigung** erzielt (und soll gleichwohl das mitbestimmungspflich-

103 BT-Drs. 18/8298, S. 42 (zu § 23).
104 *Gronimus*, § 22 SBG Rn. 11.

tige Vorhaben weiterverfolgt werden), entscheidet ein **Schlichtungsausschuss** (Abs. 2 S. 2), dessen **Zusammensetzung** im Gesetz festgelegt ist (Abs. 2 S. 5). Er besteht aus dem (zuständigen) Vorgesetzten und dem nächsthöheren Vorgesetzten *einerseits*, der Vertrauensperson und einer stellvertretenden Vertrauensperson *andererseits* sowie dem Vorsitzenden Richter des zuständigen Truppendienstgerichts (konkret der für den Wahlbereich der Vertrauensperson zuständigen Kammer) als *neutralem Vorsitzenden*. Welche der stellvertretenden Vertrauenspersonen Mitglied des Ausschusses ist, bestimmt (mangels näherer gesetzlicher Regelung) die Vertrauensperson.[105] Sind die stellvertretenden Vertrauenspersonen verhindert, bestimmt die Vertrauensperson eine weitere Vertrauensperson des Verbands zum Mitglied des Ausschusses (Abs. 2 S. 6). Der Ausschuss ist **vom Vorsitzenden Richter des zuständigen Truppendienstgerichts einzuberufen** (Abs. 2 S. 4). Zum **Verfahren** des Ausschusses legt das SBG lediglich (in Anlehnung an § 71 Abs. 2 S. 1 BPersVG) fest, dass die **Verhandlung nicht öffentlich** ist (Abs. 2 S. 3) und er **mit Stimmenmehrheit entscheidet** (Abs. 2 S. 2). Da der Schlichtungsausschuss der nach dem BPersVG zu bildenden Einigungsstelle entspricht, liegt es nahe, die für diese geltenden **Verfahrensvorschriften** entsprechend anzuwenden (vgl. § 71 Abs. 2 S. 1, Abs. 3 S. 1, 2 u. 4 u. Abs. 4 BPersVG).

(Abs. 3) Grundsätzlich **bindet** der Beschluss des Schlichtungsausschusses 5
die Beteiligten, soweit er sich im Rahmen der gestellten Anträge der Beteiligten hält und nicht gegen geltendes Recht verstößt (vgl. § 71 Abs. 4 S. 2 BPersVG). Nach § 23 Abs. 3 SBG gilt das jedoch nicht uneingeschränkt. Nach § 23 Abs. 3 S. 1 SBG trifft der Schlichtungsausschuss in den in **§ 25 Abs. 3 S. 1 Nr. 2 bis 5 SBG** aufgeführten Fällen der Mitbestimmung keine Letztentscheidung, sondern gibt (wenn eine Einigung nicht zustande kommt) lediglich eine **Empfehlung** ab. Will der zuständige Vorgesetzte davon abweichen, muss er die Angelegenheit nach § 23 Abs. 3 S. 2 SBG dem zuständigen Inspekteur zur endgültigen Entscheidung vorlegen, wobei er eine Frist von zwei Wochen und den Dienstweg einzuhalten hat. Schließlich sieht § 23 Abs. 3 S. 3 SBG vor, dass in den in **§ 25 Abs. 3 S. 1 Nr. 7, 9 und 10 SBG** genannten Mitbestimmungsfällen **§ 104 S. 3 BPersVG** entsprechend gilt (vgl. § 104 BPersVG Rn. 4ff.). In diesen Fällen entscheidet der Schlichtungsausschuss zwar grundsätzlich abschließend. Handelt es sich dabei jedoch um eine Entscheidung, die wegen ihrer Auswirkungen auf das Gemeinwesen wesentlicher Bestandteil der Regierungsgewalt ist, hat das BMVg ein **Evokationsrecht**. Es kann die Entscheidung aufheben und selbst abschließend entscheiden (vgl. ZDv A-1472/1 Nr. 264 Abs. 5). Nach Auffassung der Bundesregierung sollen die in § 23 Abs. 3 SBG 2016 (und zuvor in § 22 Abs. 2 S. 5 bis

105 *Gronimus*, § 22 SBG Rn. 15.

7 SBG 1997) normierten Vorschriften dazu dienen, die demokratische Legitimation und die parlamentarische Verantwortlichkeit bei den zuständigen staatlichen Stellen zu sichern.[106] Für die Mitbestimmung in Fällen der **Berufsförderung** sieht **§ 27 Abs. 1 S. 2 SBG** vor, dass **§ 23 Abs. 3 SBG entsprechend** gilt; diese Verweisung ist jedoch unklar (vgl. § 27 SBG Rn. 1).

6 **(Abs. 4)** § 23 Abs. 4 SBG ermächtigt den zuständigen Vorgesetzten, bei unaufschiebbaren Maßnahmen bis zur endgültigen Entscheidung **vorläufige Regelungen** zu treffen. Er ist § 69 Abs. 5 BPersVG nachgebildet (vgl. dazu § 69 BPersVG Rn. 41–46). Die Vorschrift soll sicherstellen, dass aus der Sicht des Vorgesetzten unverzügliches Handeln möglich ist.[107]

7 Ist die Vertrauensperson vor einer mitbestimmungspflichtigen Maßnahme **nicht oder nicht ordnungsgemäß beteiligt** worden, so gilt das zur Anhörung Gesagte entsprechend (vgl. § 21 SBG Rn. 5). Eine ohne die vorgeschriebene Mitbestimmung getroffene **Maßnahme** oder Entscheidung ist **i. d. R. rechtswidrig** (vgl. § 19 SBG Rn. 3; § 24 SBG Rn. 9).

§ 24 Personalangelegenheiten

(1) Die oder der nächste Disziplinarvorgesetzte soll die Vertrauensperson bei folgenden Maßnahmen oder deren Ablehnung anhören, es sei denn, dass die oder der Betroffene die Anhörung ausdrücklich ablehnt:

1. **Versetzungen mit Ausnahme der Versetzung im Anschluss an die Grundausbildung und im Rahmen festgelegter Ausbildungsgänge,**
2. **Kommandierungen mit einer Dauer von mehr als drei Monaten, ausgenommen Lehrgänge,**
3. **Status- oder Laufbahnwechsel,**
4. **Wechsel auf einen anderen Dienstposten,**
5. **Maßnahmen, die ohne qualifizierten Abschluss der Erweiterung der persönlichen Kenntnisse und Fähigkeiten dienen,**
6. **vorzeitige Beendigung des Dienstverhältnisses, sofern ein Ermessensspielraum besteht, und**
7. **Verbleiben im Dienst über die besonderen Altersgrenzen des § 44 Absatz 2 in Verbindung mit § 45 Absatz 2 des Soldatengesetzes hinaus.**

(2) Die Vertrauensperson wird von der oder dem nächsten Disziplinarvorgesetzten außer im Falle der ausdrücklichen Ablehnung der oder des Betroffenen angehört bei der Genehmigung, dem Widerruf der Genehmigung oder der Ablehnung

1. **von Sonderurlaub,**
2. **von Betreuungsurlaub,**
3. **einer Nebentätigkeit,**

---

106 BT-Drs. 13/5740, S. 19 (zu Nr. 19 Buchst. b).
107 BT-Drs. 13/5740, a. a. O.

4. einer Teilzeitbeschäftigung,
5. von ortsunabhängigem Arbeiten und
6. von Telearbeit.

(3) [1]Die oder der Disziplinarvorgesetzte teilt die Äußerung der Vertrauensperson zu der beabsichtigten Personalmaßnahme der personalbearbeitenden Stelle mit. [2]Das Ergebnis der Anhörung ist in die Personalentscheidung einzubeziehen.

(4) [1]Die Vertrauensperson soll stets angehört werden bei der Auswahl von Soldatinnen und Soldaten ihres Wahlbereichs für Beförderungen, bei denen die oder der zuständige Vorgesetzte ein Auswahlermessen hat. [2]Dies gilt nicht für Beförderungen ab der Besoldungsgruppe A 16 an aufwärts.

(5) Über die Anhörung ist ein Protokoll anzufertigen, das zu den Akten zu nehmen ist.

Die Bestimmungen des **§ 23 SBG 1997** sind mit verschiedenen inhaltlichen Änderungen und Ergänzungen sowie in teilweise neuer Gliederung als **§ 24 SBG 2016** übernommen worden. Es entsprechen dem Abs. 1 des § 23 SBG 1997 die Abs. 1 und 2 des § 24 SBG 2016 sowie den Abs. 2 bis 4 des § 23 SBG 1997 die Abs. 3 bis 5 des § 24 SBG 2016. 1

(Abs. 1) Der als **Soll-Vorschrift** gestaltete § 24 Abs. 1 SBG 2016 sieht ein **Anhörungsrecht** der Vertrauensperson (vgl. § 21 SBG) bei den dort aufgeführten **Maßnahmen** vor. Nach dem Eingangssatz des Abs. 1 erstreckt sich die Anhörung immer auch auf die beabsichtigte **Ablehnung** dieser Maßnahmen. Sie werden hier (anders als im Eingangshalbsatz des § 23 Abs. 1 S. 1 SBG 1997) nicht mehr ausdrücklich als **Personalmaßnahmen** bezeichnet, obwohl dieser Begriff im nachfolgenden Abs. 3 S. 1 weiterhin verwendet wird. Im Unterschied zum SBG 1997 ist die Anhörung nicht mehr von einem Antrag des betroffenen Soldaten abhängig, vielmehr ist dem Betroffenen jetzt das **Recht** eingeräumt, **die Anhörung ausdrücklich abzulehnen.**[108] Dazu heißt es in der Gesetzesbegründung: »Diese Neuregelung verpflichtet … den Disziplinarvorgesetzten, vor einer Anhörung der Vertrauensperson die Zustimmung oder Ablehnung … des Betroffenen zur Anhörung einzuholen, … dessen Votum zu dokumentieren ist.«[109] Die Ausgestaltung des § 24 Abs. 1 SBG als Soll-Vorschrift besagt, dass die Norm **im Regelfall rechtlich zwingend** ist und dass (von einer ausdrücklichen Ablehnung des Betroffenen abgesehen) nur bei Vorliegen von Umständen, die den Fall als **atypisch** erscheinen lassen, anders verfahren werden darf.[110] Für die Anhörung ist der **nächste Disziplinarvorgesetzte** zuständig, m. a. W. der nach § 1 2

108 BT-Drs. 18/8298, S. 42 (zu § 24).
109 BT-Drs. 18/8298, a. a. O.
110 *BVerwG* v. 27. 2. 03 – 1 WB 57.02 –, NZWehrr 03, 212.

Abs. 3 SBG für den Wahlbereich der Vertrauensperson zuständige Disziplinarvorgesetzte (vgl. § 21 SBG Rn. 3).[111] Das gilt auch dann, wenn dieser die Personalmaßnahme nicht zu treffen oder über die Ablehnung nicht zu entscheiden hat.[112] Für das **Verfahren der Anhörung** gilt § 21 SBG.

3 Die im **Katalog** des § 24 Abs. 1 SBG 2016 aufgeführten **Maßnahmen** sind aus § 23 Abs. 1 S. 1 Nr. 1 bis 7 SBG 1997 (mit Abwandlungen in Nr. 3 und 6) übernommen worden.

- **Versetzungen (Nr. 1)** sind Befehle zum nicht nur vorübergehenden Wechsel der Einheit, der Dienststelle oder des Standorts. Sie bestehen aus dem Ausscheiden aus der bisherigen Einheit usw. (Wegversetzung) und dem Eintritt in die neue Einheit usw. (Zuversetzung) und erfüllen unter beiden Gesichtspunkten den Anhörungstatbestand (vgl. § 76 BPersVG Rn. 25). Aus dem Anhörungstatbestand sind die dort genannten ausbildungsbezogenen Versetzungen ausgeklammert.
- **Kommandierungen (Nr. 2)** sind Befehle zur vorübergehenden Dienstleistung bei einer anderen Einheit oder Dienststelle, an einem anderen als dem bisherigen Standort oder bei einer nichtamtlichen Stelle wie z. B. einem Privatunternehmen.[113] Sie erfüllen nur dann den Anhörungstatbestand, wenn sie für eine Dauer von mehr als drei Monaten erfolgen. Wird eine Kommandierung, die zunächst für eine kürzere Dauer ausgesprochen war, auf mehr als drei Monate verlängert, unterliegt die Verlängerung der Anhörung (vgl. § 76 BPersVG Rn. 28). Kommandierungen zu Lehrgängen sind unabhängig von ihrer Dauer anhörungsfrei.
- **Statuswechsel (Nr. 3)** eines Soldaten in anderes Wehrdienstverhältnis ohne Rücksicht darauf, in welchem Statusverhältnis sich der betroffene Soldat befindet; er kann Berufssoldat, Soldat auf Zeit, freiwilligen Wehrdienst Leistender oder Reservistendienst Leistender (vgl. Anh. V A § 35 SG Rn. 1a) sein (die Einschränkungen gem. § 23 Abs. 1 S. 1 Nr. 3 SBG 1997 sind entfallen[114]).
- **Laufbahnwechsel (Nr. 3)** ist übernommen worden aus § 23 Abs. 1 S. 1 Nr. 8 SBG 1997. Er erstreckt sich auf jede Überführung eines Soldaten in eine andere Laufbahn i. S. d. § 6 Abs. 2 SLV, unabhängig davon, ob er innerhalb derselben Laufbahngruppe erfolgt oder mit einem Wechsel der Laufbahngruppe verbunden ist.
- **Wechsel auf einen anderen Dienstposten (Nr. 4)** ist jede dauernde oder vorübergehende Zuweisung eines neuen Dienstpostens innerhalb der bisherigen Einheit oder Dienststelle, auch wenn sie nicht mit einem Wechsel des Standorts verbunden ist.

---

111 *BVerwG* v. 18. 1. 94 – 1 WB 14.93 –, ZBR 94, 256 (zu Rn. 13).
112 *BVerwG* v. 24. 3. 04 – 1 WB 46.03 –, PersR 04, 473 (zu Rn. 14ff.).
113 Vgl. *BVerwG* v. 21. 1. 08 – 6 P 16.07 –, PersR 08, 367.
114 BT-Drs. 18/8298, S. 42 (zu § 24).

- Maßnahmen, die ohne qualifizierten Abschluss der **Erweiterung der persönlichen Kenntnisse und Fähigkeiten** dienen (**Nr. 5**), sind einzelne, außerhalb der laufbahngebundenen Ausbildung liegende Maßnahmen der Weiterbildung für bestimmte Soldaten, die nicht zur Berufsförderung i. S. d. § 27 SBG gehören.
- **Vorzeitige Beendigung des Dienstverhältnisses**, sofern ein Ermessensspielraum besteht (**Nr. 6**), ohne dass es darauf ankommt, in welchem Regelwerk die maßgebliche Ermessensvorschrift normiert ist. Da die bisherige Wendung »sofern das Soldaten- oder Wehrpflichtgesetz einen Ermessensspielraum einräumt« aus § 23 Abs. 1 S. 1 Nr. 6 SBG 1997 nicht übernommen worden und eine vergleichbare Einschränkung nicht vorgesehen ist, kann der Ermessensspielraum auch in einem (befristet geltenden) Sondergesetz eingeräumt sein.[115]
- Der Tatbestand **Verbleiben im Dienst über die besonderen Altersgrenzen des § 44 Abs. 2 i. V. m. § 45 Abs. 2 SG hinaus** (**Nr. 7**) ist gegeben bei der Ermessensentscheidung der Dienststelle darüber, ob ein Berufssoldat unter Berücksichtigung dienstlicher Belange nach Erreichen der für ihn geltenden besonderen Altersgrenze bis längstens zum Erreichen der allgemeinen Altersgrenze im Dienst verbleibt. Nach dem Erlass des SBG 2016 erscheint es fraglich, ob ein Anhörungsfall auch bei Überschreiten von besonderen Altersgrenzen, die in einem befristet geltenden Sondergesetz festgelegt sind, bejaht werden kann.[116]

Für die Anhörung bei der **vorzeitigen Beendigung einer besonderen Verwendung im Ausland** oder deren Ablehnung gilt die Soll-Vorschrift des **§ 56 SBG 2016.**

(**Abs. 2**) Der im Unterschied zu § 24 Abs. 1 als **Muss-Vorschrift** gestaltete 4
§ 24 Abs. 2 SBG 2016 sieht in den dort genannten weiteren **Personalangelegenheiten** ebenfalls ein **Anhörungsrecht** der Vertrauensperson vor. Es bezieht sich auf die **Genehmigung**, den **Widerruf der Genehmigung** und die **Ablehnung** der nachfolgenden Tatbestände und weist ansonsten im Vergleich zum Anhörungsrecht nach § 24 Abs. 1 SBG keine Unterschiede auf (zu Einzelheiten vgl. oben Rn. 2).

Die im **Katalog** des § 24 Abs. 2 SBG 2016 aufgeführten **Tatbestände** in Nr. 1 5
bis 4 sind aus § 23 Abs. 1 S. 1 Nr. 8 und 9 SBG 1997 (mit Ausnahme des Laufbahnwechsels; s. dazu jetzt § 24 Abs. 1 Nr. 3 SBG) übernommen worden. Neu hinzugekommen sind die Tatbestände in Nr. 5 und 6.

---

115 Die Entscheidung des *BVerwG* v. 6. 3. 14 – 1 WB 9.14 –, NZWehrr 15, 78 = PersR 14, 188 Ls. (die den Tatbestand des § 23 Abs. 1 S. 1 Nr. 6 SBG 1997 bei einer Versetzung in den Ruhestand gem. § 2 Streitkräftepersonalstruktur-Anpassungsgesetz v. 21. 7. 12 [BGBl. I S. 1583] verneint hatte), ist überholt.

116 Zu § 23 Abs. 1 S. 1 Nr. 7 SBG 1997 dafür *Gronimus*, § 23 SBG Rn. 38 m. N.

- **Sonderurlaub (Nr. 1):** dienstrechtlich geregelt in § 28 Abs. 4 SG i. V. m. § 9 Soldatinnen- und Soldatenurlaubsverordnung (SUV) und der (für die Beamten des Bundes geltenden) Sonderurlaubsverordnung (SUrlV).
- **Betreuungsurlaub (Nr. 2)**: dienstrechtlich geregelt in § 28 Abs. 5 SG.
- **Nebentätigkeit (Nr. 3)**: dienstrechtlich geregelt in § 20 SG.
- **Teilzeitbeschäftigung (Nr. 4)**: dienstrechtlich geregelt in § 30a SG und in der Soldatinnen- und Soldatenteilzeitbeschäftigungsverordnung (STzV).
- **Ortsunabhängiges Arbeiten (Nr. 5)**: Personalmaßnahmen, die den ortsungebundenen Außendienst betreffen[117]; kein Beteiligungstatbestand des BPersVG.
- **Telearbeit (Nr. 6)**: Personalmaßnahmen, die sich auf Arbeiten beziehen, die mit einer gewissen Regelmäßigkeit außerhalb des räumlichen Bereichs der Bundeswehr mit Hilfe von neuen IuK-Techniken erbracht werden[118]; kein Beteiligungstatbestand des BPersVG.

6 (**Abs. 3**) Nach § 24 Abs. 3 SBG 2016 (der mit § 23 Abs. 2 SBG 1997 inhaltsgleich ist) hat der (nächste) Disziplinarvorgesetzte die im Rahmen der Anhörung abgegebene (und in einem Protokoll nach § 24 Abs. 5 SBG [vgl. unten Rn. 8] festgehaltene) Äußerung der Vertrauensperson der **personalbearbeitenden Stelle**[119] mitzuteilen. Da die Vertrauensperson keinen Anspruch darauf hat, selbst von der personalbearbeitenden Stelle angehört zu werden,[120] soll die Regelung des § 24 Abs. 3 SBG, die die Verfahrensvorschrift des § 21 SBG ergänzt, sicherstellen, dass die Stellungnahme der Vertrauensperson bei der von der personalbearbeitenden Stelle zu treffenden Personalentscheidung berücksichtigt wird; die **Einbeziehung des Ergebnisses der Anhörung** in die Personalentscheidung ist in § 24 Abs. 3 S. 2 SBG zwingend vorgeschrieben.[121]

7 (**Abs. 4**) Der wie § 24 Abs. 1 SBG als Soll-Vorschrift gefasste und im Wesentlichen mit § 23 Abs. 3 SBG 1997 identische § 24 Abs. 4 SBG 2016 sieht eine »stets«, also **unabhängig von einer etwaigen Ablehnung eines betroffenen Soldaten** erfolgende **Anhörung** der Vertrauensperson bei der Auswahl von Soldaten ihres Wahlbereichs für solche **Beförderungen** vor, bei denen der (für die Beförderung) zuständige Vorgesetzte[122] ein Auswahlermessen hat.

---

117 Zu den Erscheinungsformen u. zur Abgrenzung vom ortsgebundenen Außendienst vgl. *Fitting*, § 5 Rn. 191 f. m. w. N.

118 Zu den Gestaltungsformen vgl. *Fitting*, § 5 Rn. 193 ff. m. w. N. Zum Begriff Telearbeitsplätze vgl. auch § 2 Abs. 7 ArbStättV.

119 Vgl. KfdP-*Altvater*, § 92 BPersVG Rn. 3.

120 *BVerwG* v. 24. 3. 04 – 1 WB 46.03 –, PersR 04, 473.

121 Vgl. *BVerwG* v. 11. 1. 07 – 1 WDS-VR 7.06 –, PersR 07, 249.

122 Nicht mehr wie in § 23 Abs. 3 S. 1 SBG 1997 »der nächste Disziplinarvorgesetzte«, weil seit der Zentralisierung der Personalbearbeitung im Bundesamt für das Personalmanagement der Bundeswehr (vgl. § 92 BPersVG Rn. 1b) das Aus

§ 23 Abs. 4 SBG bezieht sich auf alle Beförderungen **mit Ausnahme der Beförderungen ab der Besoldungsgruppe A 16**[123] (vgl. § 77 Abs. 1 S. 2 BPersVG sowie dort Rn. 8f.); die Ausnahme gilt auch für die Verwendung auf einem höherwertigen Dienstposten im Vorfeld einer (späteren) Beförderung.[124] Gegenstand der Anhörung ist die gesamte **Auswahlentscheidung**. Diese erstreckt sich auf alle Soldaten, die zum Beförderungstermin für eine Beförderung in Betracht kommen.

(**Abs. 5**) Der mit § 23 Abs. 4 SBG 1997 inhaltsgleiche § 24 Abs. 5 SBG 2016 schreibt für die Anhörung in Personalangelegenheiten die Anfertigung eines zu den Akten zu nehmenden und der personalbearbeitenden Stelle nach § 24 Abs. 3 S. 1 SBG mitzuteilenden **Protokolls** vor und ergänzt insoweit die Vorschrift des § 21 SBG. Das Protokoll ist vom anhörenden Disziplinarvorgesetzten aufzunehmen; es bedarf der Gegenzeichnung durch die Vertrauensperson. 8

Ist die nach § 24 SBG durchzuführende **Anhörung unterblieben** oder ist sie **fehlerhaft**, so ist die ordnungsgemäße Anhörung **nachzuholen**, solange dies rechtlich möglich ist (vgl. § 21 SBG Rn. 5). Geschieht dies nicht, so ist die gleichwohl getroffene **Personalmaßnahme** zwar nicht unwirksam, aber regelmäßig **rechtswidrig.**[125] 9

§ 25 Dienstbetrieb

(1) Die oder der nächste Disziplinarvorgesetzte hat die Vertrauensperson anzuhören

1. **zu den lang- und mittelfristigen Planungen in Jahres- und Quartalsausbildungsbefehlen sowie**
2. **zu den allgemeinen Regelungen für Rahmendienstpläne.**

(2) [1]Die Vertrauensperson hat darüber hinaus ein Anhörungs- und Vorschlagsrecht bei

1. **der Gestaltung des Dienstbetriebes,**
2. **der Gewährung von Freistellung vom Dienst für die Einheit oder Teileinheiten,**
3. **der Festlegung der dienstfreien Werktage,**

---

wahlermessen von den im Bundesamt zuständigen Vorgesetzten ausgeübt wird (BT-Drs. 18/8298, S. 42f. [zu § 24]).

123 Abweichende Wortwahl von § 23 Abs. 3 S. 2 SBG 1997, um klarzustellen, dass ein Anhörungsrecht lediglich bis einschließlich der BesGr. A 15 besteht (BT-Drs. 18/8298, a.a.O.).

124 *BVerwG* v. 24.5.11 – 1 WB 60.10 –, NZWehrr 12, 75.

125 *BVerwG* v. 15.2.90 – 1 WB 36.88 –, NZWehrr 90, 252, v. 27.1.98 – 1 WB 51.97 –, NZWehrr 98, 248, v. 27.2.03 – 1 WB 57.02 –, NZWehrr 03, 212, v. 11.1.07 – 1 WDS-VR 7.06 –, PersR 07, 249, u. v. 25.3.08, a.a.O.

4. der Anordnung von Wach- und Bereitschaftsdiensten sowie zusätzlichem Dienst und Mehrarbeit sowie
5. der Einteilung von Soldatinnen und Soldaten zu Sonder- und Zusatzdiensten.

[2]Auf Antrag der oder des Betroffenen soll die Vertrauensperson bei der individuellen Gewährung von Freistellung vom Dienst angehört werden.

(3) [1]Die Vertrauensperson hat ein Mitbestimmungsrecht bei

1. der Festlegung von Beginn und Ende der regelmäßigen täglichen Arbeitszeit und der Pausen sowie der Verteilung der Arbeitszeit auf die einzelnen Wochentage,
2. der Auswahl der Teilnehmerinnen und Teilnehmer an Weiterbildungsveranstaltungen für Soldatinnen und Soldaten mit Ausnahme der durch Berufsordnungen geregelten Weiterbildungen,
3. der Bestellung von Vertrauensärztinnen und -ärzten und von Betriebsärztinnen und -ärzten,
4. der Einführung und Anwendung technischer Einrichtungen, die dazu bestimmt sind, das Verhalten oder die Leistung der Soldatinnen und Soldaten zu überwachen, ausgenommen, wenn technische Einrichtungen zum Zwecke der Ausbildung der Soldatinnen und Soldaten eingesetzt werden,
5. Maßnahmen zur Hebung der Arbeitsleistung und zur Erleichterung des Dienstablaufs,
6. der Geltendmachung von Ersatzansprüchen in Höhe von mehr als 250 Euro gegen Soldatinnen und Soldaten, sofern diese der Beteiligung der Vertrauensperson zustimmen,
7. Inhalten von Personalfragebögen für Soldatinnen und Soldaten,
8. Maßnahmen, die der Förderung der Vereinbarkeit von Familie und Dienst dienen,
9. der Aufstellung des Urlaubsplanes und der Festsetzung der zeitlichen Lage des Erholungsurlaubs für einzelne Soldatinnen und Soldaten, wenn zwischen der oder dem nächsten Disziplinarvorgesetzten und den beteiligten Soldatinnen und Soldaten kein Einverständnis erzielt werden kann,
10. Maßnahmen zur Verhütung von Dienst- und Arbeitsunfällen und sonstigen Gesundheitsschädigungen.

[2]Satz 1 gilt nicht, wenn eine gesetzliche Regelung besteht oder ein Gremium der Vertrauenspersonen beteiligt wurde.

(4) Eine Beteiligung der Vertrauensperson unterbleibt bei

1. der Festlegung von Zielen und Inhalten der Ausbildung mit Ausnahme der politischen Bildung und
2. Anordnungen zur Durchführung von Katastrophenhilfe und Hilfe bei besonders schweren Unglücksfällen.

Die meisten Bestimmungen des **§ 24 SBG 1997** sind in neuer Gliederung und um weitere Tatbestände ergänzt in **§ 25 SBG 2016** übernommen worden. Die Ausnahmeregelung des **§ 24 Abs. 2 S. 3 SBG 1997** findet sich dagegen jetzt in **§ 22 Abs. 6 SBG 2016** (vgl. dort Rn. 8). § 25 SBG 2016 sieht unterschiedliche Beteiligungsrechte der Vertrauensperson vor: in Abs. 1 ein **Anhörungsrecht** (vgl. § 21), in Abs. 2 ein **Anhörungs- und Vorschlagsrecht** (vgl. §§ 21, 22) und in Abs. 3 ein **Mitbestimmungsrecht** (vgl. § 23); durch Abs. 4 wird bezüglich bestimmter Gegenstände die **Beteiligung ausgeschlossen**. Einschränkende Sonderregelungen gelten nach **§ 57 SBG 2016** für die Beteiligung in **besonderen Verwendungen im Ausland.** 1

(**Abs. 1**) Der mit § 24 Abs. 1 S. 4 SBG 1997 inhaltlich übereinstimmende § 25 Abs. 1 SBG 2016 sieht als Muss-Vorschrift die vom **nächsten Disziplinarvorgesetzten** (vgl. dazu § 24 SBG Rn. 2) durchzuführende **Anhörung** der Vertrauensperson wie bisher in zwei Fällen vor: nach **Nr. 1** zu den **lang- und mittelfristigen Planungen in Jahres- und Quartalsausbildungsbefehlen**, und zwar hinsichtlich von Art und Weise, Terminen, Zeitansätzen und Abfolgen der Ausbildungsvorhaben, jedoch nicht hinsichtlich der durch § 25 Abs. 4 Nr. 1 SBG ausgeklammerten Ausbildungsziele und -inhalte (vgl. Rn. 6), sowie nach **Nr. 2** zu den **allgemeinen Regelungen für Rahmendienstpläne**, die für eine Vielzahl von regelmäßig oder häufig wiederkehrenden Diensten aufgestellt werden. 2

(**Abs. 2**) Der ebenfalls als Muss-Vorschrift gefasste **§ 25 Abs. 2 S. 1** SBG 2016 sieht in einer von § 24 Abs. 1 und 2 SBG 1997 abweichenden Gliederung ein **Anhörungs- und Vorschlagsrecht** der Vertrauensperson bei den in **S. 1 Nr. 1 bis 5** aufgeführten **Maßnahmen** vor. Inhaltliche Änderungen sind an zwei Stellen erfolgt: 3

- Zum einen bei der **Gestaltung des Dienstbetriebes (Nr. 1)**: Darunter ist, wie bisher nach § 24 Abs. 1 S. 1 SBG 1997, jede Anordnung zu verstehen, die auf Art, Umstände oder Umfang des Dienstbetriebs einwirkt.[126] Da im Unterschied zu § 24 Abs. 1 S. 3 SBG 1997 eine eingrenzende Definition des Begriffs »Dienstbetrieb« fehlt, ist wie beim Begriff »innerdienstliche Angelegenheiten« i. S. v. § 78 Abs. 1 Nr. 1 BPersVG (vgl. § 78 BPersVG Rn. 10) von einem weitem Verständnis auszugehen.[127]
- Zum anderen bei der **Anordnung von Wach- und Bereitschaftsdiensten sowie zusätzlichem Dienst und Mehrarbeit (Nr. 4)**: Die Wach- und Bereitschaftsdienste waren schon bisher in § 24 Abs. 1 S. 3 SBG 1997 ausdrücklich genannt. Hinzugekommen ist insb. der Tatbestand »Mehrarbeit« infolge der Einführung der gesetzlichen Arbeitszeitregelungen in § 30c SG[128] und in der Soldatenarbeitszeitverordnung (SAZV)[129].

---

126 Vgl. *VG München* v. 18. 1. 99 – M 14 P 98.5556 –, n. v.

127 Vgl. *Gronimus*, § 24 SBG Rn. 10ff.

128 Eingefügt durch Art. 5 Nr. 7 BwAttraktStG v. 13. 5. 15 (BGBl. I S. 706).

Die in **S. 1 Nr. 2, 3 und 5** aufgeführten Maßnahmen sind dagegen inhaltsgleich aus § 24 Abs. 2 S. 2 SBG 1997 übernommen worden. Von den Bestimmungen in § 25 Abs. 2 S. 1 SBG bleiben – so die Bundesregierung[130] – besondere Maßnahmen unter Inanspruchnahme spezieller **Ausnahmeregelungen**[131] unberührt, die nach den dafür geltenden Verfahren zu erlassen seien. Der mit § 24 Abs. 4 SBG 1997 inhaltsgleiche **§ 25 Abs. 2 S. 2** SBG 2016 sieht wie bisher als Soll-Vorschrift ein vom **Antrag** des betroffenen Soldaten abhängiges **Anhörungsrecht** bei der **individuellen Gewährung von Freizeit** vor.

4 (**Abs. 3**) Die bisher in § 24 Abs. 5 und 6 SBG 1997 enthaltenen Maßnahmen, bei denen die Vertrauensperson ein **Mitbestimmungsrecht** hat (zum Verfahren vgl. § 23 SBG), sind – ergänzt durch weitere Tatbestände – in § 25 Abs. 3 SBG 2016 zusammengefasst. Der Katalog umfasst jetzt zehn Fälle.

- **Abs. 3 S. 1 Nr. 1** (Festlegung von **Beginn und Ende der *regelmäßigen* täglichen Arbeitszeit und der Pausen** sowie der **Verteilung der Arbeitszeit auf die einzelnen Wochentage** [ohne Entsprechung im SBG 1997]) ist vergleichbar mit § 75 Abs. 3 Nr. 1 BPersVG, weicht davon jedoch durch die Einschränkung »regelmäßig« ab und wird nicht durch eine dem § 75 Abs. 4 BPersVG entsprechende Bestimmung ergänzt, mit der Folge, dass die dort normierte Sonderregelung bei unvorhersehbaren sowie unregelmäßig und kurzfristigen Festlegungen im Bereich der Soldatenbeteiligung nicht zum Zuge kommt[132] (vgl. § 75 BPersVG Rn. 76ff. u. 159f.)
- **Abs. 3 S. 1 Nr. 2** (Auswahl der Teilnehmer an **Weiterbildungsveranstaltungen** [bisher § 24 Abs. 5 Nr. 1 SBG 1997]) entspricht § 75 Abs. 3 Nr. 7 und § 76 Abs. 2 Nr. 1 BPersVG mit der Abweichung, dass die durch Berufsordnungen geregelten Weiterbildungen aus der Mitbestimmung ausgeklammert sind. Zwischen den Begriffen Fortbildung und Weiterbildung besteht dagegen kein inhaltlicher Unterschied (vgl. § 75 BPersVG Rn. 110ff.; § 76 BPersVG Rn. 36, 48).
- **Abs. 3 S. 1 Nr. 3** (Bestellung von **Vertrauens- und Betriebsärzten** [bisher § 24 Abs. 5 Nr. 2 SBG 1997]) ist inhaltsgleich mit § 75 Abs. 3 Nr. 10 und § 76 Abs. 2 Nr. 4 BPersVG sowie § 91 Abs. 3 SG (vgl. § 75 BPersVG Rn. 117ff.; § 76 BPersVG Rn. 43).
- **Abs. 3 S. 1 Nr. 4** (Einführung und Anwendung **technischer Einrichtungen**, die dazu bestimmt sind, das Verhalten oder die Leistung der Soldaten zu überwachen [bisher § 24 Abs. 5 Nr. 3 SBG 1997]) weicht von § 75 Abs. 3

129 Vom 18.11.15 (BGBl. I S. 1995).

130 BT-Drs. 18/8298, S. 43 (zu § 25).

131 Z.B. gemäß der »Bundesministerium der Verteidigung – Arbeitsschutzgesetzanwendungsverordnung« (BMVg-ArbSchGAnwV) v. 3.6.02 (BGBl. I S. 1850). Vgl. dazu auch KfdP-*Seulen,* § 81 Rn. 5.

132 BT-Drs. 18/8298, a.a.O.

Nr. 17 BPersVG (vgl. dort Rn. 147ff.) nur insoweit ab, als der Einsatz technischer Einrichtungen zum Zwecke der Ausbildung der Soldaten aus der Mitbestimmung ausgeklammert ist.

- **Abs. 3 S. 1 Nr. 5** (Maßnahmen zur **Hebung der Arbeitsleistung** und zur **Erleichterung des Dienstablaufs** [bisher § 24 Abs. 5 Nr. 4 SBG 1997]) stimmt inhaltlich mit § 76 Abs. 2 Nr. 5 BPersVG (vgl. dort Rn. 44ff.) überein.
- **Abs. 3 S. 1 Nr. 6** (**Geltendmachung von Ersatzansprüchen** in Höhe von mehr als 250 Euro[133] gegen Soldaten, sofern diese der Beteiligung der Vertrauensperson zustimmen [ohne Entsprechung im SBG 1997]) ist vergleichbar mit § 76 Abs. 2 S. 1 Nr. 9 und S. 2 BPersVG, wobei dort keine Untergrenze besteht und die Beteiligung des Personalrats nicht von der Zustimmung, sondern von einem Antrag des Betroffenen abhängt (vgl. § 76 BPersVG Rn. 58ff.).
- **Abs. 3 S. 1 Nr. 7** (Inhalte von **Personalfragebögen** für Soldaten [bisher § 24 Abs. 6 Nr. 1 SBG 1997]) geht jetzt nicht mehr weiter als § 75 Abs. 3 Nr. 8 und § 76 Abs. 2 Nr. 2 BPersVG (vgl. § 75 BPersVG Rn. 113ff.; § 76 BPersVG Rn. 37f.), weil auch der Mitbestimmungstatbestand des SBG sich nun nicht mehr auf Fragebögen, sondern nur noch auf Personalfragebögen bezieht.
- **Abs. 3 S. 1 Nr. 8** (Maßnahmen, die der **Förderung der Vereinbarkeit von Familie und Dienst** dienen [ohne Entsprechung im SBG 1997]) korrespondiert mit der in § 19 Abs. 3 Nr. 4 SBG 2016 erstmals eingeführten allgemeinen Aufgabe der Vertrauensperson (vgl. § 19 SBG Rn. 5) und ist bedingt vergleichbar mit dem abweichend formulierten § 76 Abs. 2 S. 1 Nr. 10 BPersVG (vgl. dort Rn. 61).
- **Abs. 3 S. 1 Nr. 9** (Aufstellung des **Urlaubsplans** sowie Festsetzung der zeitlichen Lage des **Erholungsurlaubs für einzelne** Soldaten [bisher § 24 Abs. 6 Nr. 2 SBG 1997])]) deckt sich inhaltlich mit § 75 Abs. 3 Nr. 3 BPersVG (vgl. dort Rn. 87ff.).
- **Abs. 3 S. 1 Nr. 10** (Maßnahmen zur **Verhütung von** Dienst- und Arbeitsunfällen und sonstigen **Gesundheitsschädigungen** [ohne Entsprechung im SBG 1997]) deckt sich inhaltlich mit § 75 Abs. 3 Nr. 11 BPersVG (vgl. dort Rn. 121ff.).

Die Eingangshalbsätze von § 24 Abs. 5 und 6 SBG 1997 sind mit redaktionellen Änderungen durch **§ 25 Abs. 3 S. 2** SBG 2016 ersetzt worden. Auch dieser ist mit den Einleitungshalbsätzen des § 75 Abs. 3 und des § 76 Abs. 2 BPersVG nur bedingt vergleichbar. Ein wesentlicher Unterschied besteht darin, dass die Mitbestimmung der Vertrauensperson nach § 25 Abs. 3 S. 1 SBG nicht nur ausgeschlossen ist, wenn eine **gesetzliche Regelung** (i. d. R. durch Gesetz oder Rechtsverordnung) besteht, sondern auch, wenn ein **Gre-** 5

133 Der zunächst vorgesehene Grenzbetrag von 500 Euro wurde nach Empfehlung des BT-Verteidigungsausschusses abgesenkt (vgl. BT-Drs. 18/8735, S. 3 u. 6).

mium der Vertrauenspersonen (eine Versammlung der Vertrauenspersonen oder ein Vertrauenspersonenausschuss) beteiligt wurde.

6 (**Abs. 4**) In Entsprechung zu § 24 Abs. 3 Nr. 2 und 3 SBG 1997 bestimmt § 25 Abs. 4 SBG 2016, dass in folgenden Fällen eine **Beteiligung der Vertrauensperson unterbleibt**:[134]

- Das in **Nr. 1** bestimmte Unterbleiben der Beteiligung bei der Festlegung von **Zielen und Inhalten der Ausbildung** erstreckt sich nicht auf die zeitliche und örtliche Gestaltung der Ausbildung und deren Art und Weise. Es gilt nicht für die politische Bildung, bei der das in § 33 SG für den »staatsbürgerlichen und völkerrechtlichen Unterricht« normierte Verbot einer Beeinflussung zu Gunsten oder zu Ungunsten einer politischen Richtung zu beachten ist.
- Das in **Nr. 2** geregelte Unterbleiben der Beteiligung bei Anordnungen zur Durchführung von **Katastrophenhilfe und Hilfe bei besonders schweren Unglücksfällen**[135] wird damit begründet, dass in diesen Situationen eine unverzügliche Hilfeleistung gewährleistet werden soll.[136]

§ 26 Betreuung und Fürsorge

(1) [1]Die oder der Disziplinarvorgesetzte beruft eine Vertrauensperson, die die zuständige Versammlung der Vertrauenspersonen nach § 33 benannt hat, zum ständigen Mitglied solcher Ausschüsse, die der Dienstherr zur Erfüllung seiner Fürsorgepflicht eingerichtet hat. [2]Sofern einem solchen Ausschuss die Entscheidung über beteiligungspflichtige Angelegenheiten übertragen worden ist, tritt seine Beteiligung an die Stelle der gesonderten Beteiligung der Vertrauenspersonen, Gremien der Vertrauenspersonen oder Personalvertretungen, die in dem Ausschuss mit Stimmrecht vertreten sind. [3]Die oder der Vorgesetzte, bei der oder dem der Ausschuss gebildet worden ist, nimmt die Aufgaben der oder des Disziplinarvorgesetzten nach diesem Gesetz sowie die Aufgaben der Leiterin oder des Leiters der Dienststelle nach § 7 des Bundespersonalvertretungsgesetzes wahr. [4]Für das weitere Verfahren gilt das im Einzelfall vorgesehene Beteiligungsverfahren entsprechend.

(2) Für die Besetzung anderer Ausschüsse hat die Vertrauensperson ein Vorschlagsrecht.

134 Die bisherige Regelung in § 24 Abs. 3 Nr. 1 SBG 1997 findet sich mit modifiziertem Inhalt jetzt in § 57 SBG 2016.

135 Die im Vergleich zum SBG 1997 präzisierte Formulierung der Nr. 2 ist stärker als vorher an Art. 35 Abs. 2 S. 2 GG angelehnt, der die Grundlage für den hier in Betracht kommenden Einsatz der Bundeswehr bildet (vgl. BT-Drs. 18/8298, S. 43 [zu § 25]).

136 Vgl. BT-Drs. 13/5740, S. 19 (zu Nr. 21 Buchst. a).

(3) Die Vertrauensperson hat, sofern eine gesetzliche Regelung nicht besteht oder ein Gremium der Vertrauenspersonen nicht beteiligt wurde, ein Mitbestimmungsrecht bei

1. Entscheidungen über die Verwendung von Mitteln aus Gemeinschaftskassen,
2. Errichtung, Verwaltung und Auflösung von Betreuungseinrichtungen eines Standorts oder Betreuungseinrichtungen einer Truppenunterkunft,
3. Maßnahmen der außerdienstlichen Betreuung und der Freizeitgestaltung für Soldatinnen und Soldaten sowie dienstlichen Veranstaltungen geselliger Art.

(4) [1]Bei der Gestaltung der dienstlichen Unterkünfte ist die Vertrauensperson anzuhören. [2]Sie kann hierzu Vorschläge machen.

(5) [1]In anderen Fragen der Betreuung und Fürsorge ist die Vertrauensperson anzuhören. [2]Sie kann auch Vorschläge machen.

Die Bestimmungen des **§ 25 SBG 1997** mit inhaltlichen Änderungen und Erweiterungen in **§ 26 SBG 2016** übernommen worden. Hervorzuheben sind die hinzugekommenen Regelungen in § 26 Abs. 1 S. 2 bis 4 und Abs. 4 SBG. 1

(**Abs. 1**) § 31 SG bestimmt, dass der Bund für das Wohl der Soldaten und ihrer Familien zu sorgen hat. **Ausschüsse**, die der Erfüllung dieser **Fürsorgepflicht** des Dienstherrn dienen, sind insb. der Betreuungsausschuss, der Wohnungsvergabeausschuss, der Küchenausschuss und ein etwaiger Freizeitausschuss. Die Interessen der von Vertrauenspersonen vertretenen Soldaten sollen nach dem von § 25 Abs. 1 SBG 1997 teilweise abweichenden **§ 26 Abs. 1 S. 1 SBG 2016** in jedem der Ausschüsse durch die **ständige Mitgliedschaft einer Vertrauensperson** gewahrt werden, den eine der nach § 33 SBG gebildeten Versammlungen der Vertrauenspersonen benannt hat. Welche Versammlung für die Benennung der Vertrauensperson und welcher Disziplinarvorgesetzte für deren Berufung zuständig sind, hängt davon ab, ob sich der Aufgabenbereich des Ausschusses auf den Bereich des Verbandes, der Kaserne oder des Standorts bezieht.[137] 2

Die neu eingeführten Bestimmungen in **§ 26 Abs. 1 S. 2 bis 4 SBG 2016** bilden das soldatenbeteiligungsrechtliche Gegenstück zu dem durch Art. 2 Nr. 2 SBuPersVRÄndG neu gefassten **§ 92 Nr. 2 BPersVG** (vgl. dort Rn. 7ff.). Zur Ausübung des in § 26 Abs. 3 Nr. 2 SBG normierten Mitbestimmungsrechts bei der **Errichtung, Verwaltung und Auflösung von Betreuungseinrichtungen** (vgl. unten Rn. 7) wird in § 26 Abs. 1 S. 2ff. SBG die Möglichkeit normiert, bei solchen Betreuungseinrichtungen **Ausschüsse** mit der Befug- 3

137 Näher dazu ZDv A-1472/1 Nr. 284.

nis zur **Entscheidung über beteiligungspflichtige Angelegenheiten** zu bilden – mit der Folge, dass diese Beteiligung **anstelle der gesonderten Beteiligung** derjenigen *Vertrauenspersonen*, *Gremien der Vertrauenspersonen* oder *Personalvertretungen* stattfindet, die in dem Ausschuss mit Stimmrecht vertreten sind (Abs. 1 S. 2).[138] Bei einem Vergleich des § 26 Abs. 1 S. 2 SBG mit der Parallelvorschrift des § 92 Nr. 2 S. 1 BPersVG fällt auf, dass im SBG von einem Ausschuss gesprochen wird, dem die *Entscheidung über beteiligungspflichtige Angelegenheiten* übertragen worden ist, im BPersVG dagegen von einem Ausschuss, der *bei der für die Entscheidung zuständigen Stelle eingerichtet* ist. Da es in beiden Vorschriften um Ausschüsse zur Behandlung von Angelegenheiten geht, die sowohl für zivile Beschäftigte als auch für Soldaten relevant sind und deshalb i. d. R. der Beteiligung sowohl von Personalvertretungen als auch von Vertrauenspersonen der Soldaten oder deren Gremien bedürfen, ist eine harmonisierende Auslegung geboten. Diese geht dahin, dass die Wendung »Entscheidung über beteiligungspflichtige Angelegenheiten« so zu verstehen ist, dass es dabei um die Entscheidung über die konkrete Ausübung der auf den Ausschuss übertragenen Beteiligung geht, z. B. um die Entscheidung darüber, ob der Ausschuss als zuständiges Gremium der Interessenvertretung der Beschäftigten und Soldaten zu einer arbeitgeberseitig beabsichtigten mitbestimmungspflichtigen Maßnahme die Zustimmung erteilen oder verweigern soll. Gegenüber dem Ausschuss nimmt der **Vorgesetzte, bei dem der Ausschuss besteht**, die Aufgaben des Disziplinarvorgesetzten nach dem SBG (vgl. § 1 SBG Rn. 8) sowie die Aufgaben des Leiters der Dienststelle nach § 7 BPersVG wahr (Abs. 1 S. 3). Die Bestimmung zur Maßgeblichkeit des im Einzelfall vorgesehenen Beteiligungsverfahrens (in Abs. 1 S. 4) bezieht sich auf das **weitere Verfahren** in den Fällen, in denen sich Vorgesetzter und Ausschuss nicht einigen.

4 (**Abs. 2**) Der mit § 25 Abs. 2 SBG 1997 wortgleiche § 26 Abs. 2 SBG 2016 schafft die Möglichkeit, zusätzlich zu den in § 26 Abs. 1 SBG genannten Ausschüssen **beratende Ausschüsse** einzuführen.[139] Geschieht dies, hat die Vertrauensperson für die **Besetzung** dieser Ausschüsse ein **Vorschlagsrecht** (zum Beteiligungsverfahren vgl. § 22 SBG).

5 (**Abs. 3**) Der mit § 25 Abs. 3 SBG 1997 inhaltsgleiche § 26 Abs. 3 SBG 2016 legt die **Tatbestände der Betreuung und Fürsorge** fest, bei denen der Vertrauensperson ein **Mitbestimmungsrecht** zusteht (zum Beteiligungsverfahren vgl. § 23 SBG). Nach dem Einleitungshalbsatz des § 26 Abs. 3 SBG, der dem § 25 Abs. 3 S. 2 SBG entspricht, ist die Mitbestimmung **ausgeschlossen**, sofern eine gesetzliche Regelung besteht oder ein Gremium der Vertrauenspersonen beteiligt wurde (vgl. § 25 SBG Rn. 5).

---

138 BT-Drs. 18/8298, S. 43 (zu § 26): Wahrnehmung »sämtliche[r] Beteiligungsrechte mit Konzentrations- und Ausschlusswirkung«.

139 BT-Drs. 13/5740, S. 20 (zu Nr. 22).

(**Abs. 3 Nr. 1**) Nach § 26 Abs. 3 Nr. 1 SBG ist die Entscheidung über die **Verwendung von Mitteln aus Gemeinschaftskassen** mitbestimmungspflichtig. Gemeinschaftskassen in diesem Sinne sind jedenfalls alle Gemeinschaftskassen, die für den gesamten Bereich eines Truppenteils oder einer Dienststelle oder für einen verselbständigten Dienststellenteil eingerichtet sind. Da Einheits- und Verbandskassen nach Anordnung des BMVg wie Gemeinschaftskassen behandelt werden, zählen auch sie zu den Kassen i. S. d. § 26 Abs. 3 Nr. 1 SBG. Mitbestimmungspflichtig sind alle Entscheidungen, die die Verwendung der Mittel aus diesen Kassen betreffen.[140] 6

(**Abs. 3 Nr. 2**) § 26 Abs. 3 Nr. 2 SBG sieht in Anlehnung an § 75 Abs. 3 Nr. 5 BPersVG ein Mitbestimmungsrecht bei der **Errichtung, Verwaltung und Auflösung von Betreuungseinrichtungen** eines Standorts oder einer Truppenunterkunft vor. Betreuungseinrichtungen sind (den Sozialeinrichtungen i. S. d. BPersVG vergleichbar) auf Dauer berechnete Einrichtungen des Bundeswehr, die dazu dienen, den Soldaten (und ihren Familien) soziale Vorteile zukommen zu lassen (vgl. § 75 BPersVG Rn. 102 ff.). Solche Einrichtungen sind v. a. Kantinen und Heimbetriebe, Truppenküchen, Sportanlagen, Saunen, Truppenbüchereien und sonstige Freizeiteinrichtungen sowie Gemeinschaftsräume. Auf die **Rechtsform** der Betreuungseinrichtungen kommt es nicht an. Zu den Betreuungseinrichtungen i. S. d. § 26 Abs. 3 Nr. 2 SBG gehören deshalb nicht nur die Mannschaftsheime, sondern auch die Unteroffizier- und Offizierheime, die von den als Vereine des Privatrechts organisierten Unteroffizier- bzw. Offizierheimgesellschaften betrieben werden.[141] Zu der in § 26 Abs. 1 S. 2 bis 4 SBG geregelten Möglichkeit, anstelle der gesonderten Beteiligung von Vertrauenspersonen, Gremien der Vertrauenspersonen oder Personalvertretungen einen »**entscheidenden Ausschuss**« zu beteiligen, vgl. oben Rn. 3. 7

(**Abs. 3 Nr. 3**) Zu den nach § 26 Abs. 3 Nr. 3 SBG mitbestimmungspflichtigen Maßnahmen der **außerdienstlichen Betreuung** und der **Freizeitgestaltung** gehören v. a. auf freiwilliger Basis stattfindende sportliche und kulturelle Veranstaltungen, aber auch solche geselliger Art, die keinen dienstlichen Charakter haben. Dagegen sind **dienstliche Veranstaltungen geselliger Art**, die ebenfalls der Mitbestimmung unterliegen, jene dienstlich organisierten Veranstaltungen, die in Erfüllung dienstlicher Aufgaben stattfinden und der Erziehung der Soldaten zur Gemeinschaft, dem kameradschaftlichen Zusammenhalt und auch (d. h. zusätzlich) der Kontaktpflege zum zivilen Bereich dienen.[142] 8

(**Abs. 4**) Nach der im SBG 1997 noch nicht enthaltenen Regelung in § 26 Abs. 4 SBG 2016 steht der Vertrauensperson ein **Anhörungs- und Vor-** 9

---

140 Str.; vgl. KfdP-*Altvater*, Anh. V B § 25 SBG Rn. 5 m. N.

141 Vgl. auch *BVerwG* v. 9. 11. 98 – 6 P 1.98 –, PersR 99, 125.

142 Näher dazu Erlass des *BMVg* v. 17. 11. 05 (VMBl. S. 155).

schlagsrecht bei der **Gestaltung der dienstlichen Unterkünfte** zu (zu den Beteiligungsverfahren vgl. §§ 21, 22 SBG). Es bezieht sich z. B. auf die Bereitstellung von Wohnaccessoires (etwa Vorhänge, Beleuchtung, Bilder) und soll zur Steigerung der Attraktivität des Dienstes in der Bundeswehr beitragen.[143]

10 **(Abs. 5)** Nach dem mit § 25 Abs. 4 SBG 1997 wortgleichen § 26 Abs. 5 SBG 2016 steht der Vertrauensperson in **anderen Fragen** der Betreuung und Fürsorge ein **Anhörungs- und Vorschlagsrecht** zu (zu den Verfahren vgl. §§ 21, 22 SBG). Dieses Recht bezieht sich auf alle Fragen der Betreuung und Fürsorge, die nicht bereits nach § 26 Abs. 1 bis 4 SBG beteiligungspflichtig sind.

§ 27 Berufsförderung

(1) [1]**Die Vertrauensperson bestimmt bei der Berufsförderung von Soldatinnen und Soldaten mit, sofern es von diesen beantragt wird.** [2]**§ 23 Absatz 3 gilt entsprechend.**
(2) **Berufsförderung im Sinne des Absatzes 1 umfasst berufsbildende Förderungsmaßnahmen nach dem Soldatenversorgungsgesetz und sonstige berufsfördernde und berufsbildende Maßnahmen.**

1 Der dem **§ 26 SBG 1997** entsprechende **§ 27 SBG 2016** regelt die Beteiligung bei der Berufsförderung von Soldaten. Das bisher in § 26 Abs. 1 SBG 1997 vorgesehene Vorschlagsrecht ist in **§ 27 Abs. 1 S. 1 SBG 2016** heraufgestuft worden zur **Mitbestimmung**, die **auf Antrag** der betroffenen Soldaten zum Zuge kommt. Wie in anderen Fällen der Mitbestimmung richtet sich das **Beteiligungsverfahren** nach § 23 SBG. Die Regelung in **§ 27 Abs. 1 S. 2 SBG**, wonach **§ 23 Abs. 3 SBG entsprechend** gilt, ist allerdings missglückt. Aus dieser Analogieverweisung ist zwar zu entnehmen, dass der bei Nichteinigung zu fassende Beschluss der Schlichtungsstelle nicht ausnahmslos eine die Beteiligten bindende Letztentscheidung sein soll. Nach dem Gesetzestext bleibt es aber **offen**, welche der zwei Varianten des § 23 Abs. 3 SBG ggf. gelten soll: die **erste Variante** einer **Empfehlung** der Schlichtungsstelle mit einer ihr folgenden Entscheidung des zuständigen Vorgesetzten oder einer der Empfehlung folgenden oder von ihr abweichenden Letztentscheidung des zuständigen Inspekteurs (**§ 23 Abs. 3 S. 1, 2**) oder die **zweite Variante** einer nur grundsätzlich bindenden Entscheidung der Schlichtungsstelle, die ausnahmsweise vom BMVg aufgrund seines **Evokationsrechts** aufgehoben und ersetzt werden kann (**§ 23 Abs. 3 S. 3**). In der Begründung des Gesetzentwurfs der Bundesregierung[144] heißt es zur Neufassung des § 27 Abs. 1 SBG, die Neuregelung spiegele inhaltlich für die Soldaten der Bundeswehr die für

143 BT-Drs. 18/8298, S. 43 (zu § 26).
144 BT-Drs. 18/8298, S. 43 (zu § 27).

Polizeivollzugsbeamte geltende Regelung des **§ 85 Abs. 1 Nr. 7 BPersVG.**[145] Da der dort geregelte Fall nach § 69 Abs. 3 S. 3, 4 BPersVG der eingeschränkten Mitbestimmung der Personalvertretung (ggf. mit Empfehlung der Einigungsstelle und endgültiger Entscheidung der obersten Dienstbehörde) unterliegt (vgl. § 69 BPersVG Rn. 39), spricht die Gesetzesbegründung dafür, dass beabsichtigt war, in § 27 Abs. 1 S. 2 SBG auf die erste Variante in § 23 Abs. 3 S. 1, 2 SBG zu verweisen, dies aber aufgrund eines Redaktionsversehens nicht umgesetzt wurde.

Die bisher in § 26 Abs. 1 SBG 1997 platzierte beispielhafte Aufzählung der in die Beteiligung einbezogenen Förderungsfälle ist im SBG 2016 entfallen. **2**
Maßgeblich ist nunmehr allein jene umfassende **Begriffsbestimmung** der Berufsförderung, die aus § 26 Abs. 2 SBG 1997 fast wortgleich in § 27 Abs. 2 SBG 2016 übernommen worden ist. Ein Unterschied besteht lediglich darin, dass die »**berufsbildenden Förderungsmaßnahmen nach dem Soldatenversorgungsgesetz**« (SVG) ohne das bisher vorangestellte Wort »insbesondere« aufgeführt sind. Die Mitbestimmung bei diesen Maßnahmen hängt nicht davon ab, dass zu deren Inanspruchnahme die Mitwirkung oder das Einverständnis des Disziplinarvorgesetzten erforderlich ist. Bei den **sonstigen berufsfördernden und berufsbildenden Maßnahmen** kommt es nicht darauf an, ob diese auf freiwilliger Basis erfolgen. Die Vertrauensperson kann (nach § 23 Abs. 1 S. 3 SBG) auch Vorschläge machen, die über den Kompetenzbereich des nächsten Disziplinarvorgesetzten hinausgehen.[146]

Das SVG regelt im Zweiten Teil in Abschn. II (§§ 39, 40) die Berufsförderung **3**
der **Berufssoldaten** sowie in Abschn. I (§§ 3–13e) die Berufsförderung der **Soldaten auf Zeit** sowie der »**freiwilligen Wehrdienst nach § 58b des Soldatengesetzes Leistenden**«.

§ 28 Ahndung von Dienstvergehen

(1) Wollen Disziplinarvorgesetzte Disziplinarmaßnahmen verhängen, so haben sie oder hat ein von ihnen beauftragter Offizier die Vertrauensperson vor der Entscheidung zur Person der Soldatin oder des Soldaten, zum Sachverhalt und zum Disziplinarmaß anzuhören, außer im Fall der ausdrücklichen Ablehnung der Soldatin oder des Soldaten.

(2) Beabsichtigt die Einleitungsbehörde, gegen eine Soldatin oder einen Soldaten ein gerichtliches Disziplinarverfahren einzuleiten, so hat die Einleitungsbehörde oder die von ihr bestimmte Stelle die Vertrauensperson zur Person der Soldatin oder des Soldaten und zum Sachverhalt anzu-

145 Jedoch ist diese für die Bundespolizei geltende Bestimmung seit Langem gegenstandlos geworden; vgl. KfdP-*Altvater*, § 85 Rn. 21 m. w. N.

146 BT-Drs. 13/5740, S. 20 (zu Nr. 23).

hören, außer im Fall der ausdrücklichen Ablehnung der Soldatin oder des Soldaten.

(3) [1]Der Sachverhalt ist der Vertrauensperson vor Beginn der Anhörung bekannt zu geben. [2]Ein Recht auf Einsicht in Unterlagen und Akten besteht nur mit Einwilligung der Betroffenen.

(4) Über die Anhörung der Vertrauensperson ist ein Protokoll anzufertigen, das zu den Akten zu nehmen ist.

1 Die Bestimmungen des **§ 27 SBG 1997** sind mit redaktionellen und inhaltlichen Änderungen in **§ 28 SBG 2016** übernommen worden.

2 **(Abs. 1)** Der im Vergleich zu § 27 Abs. 1 SBG 1997 geänderte § 28 Abs. 1 SBG 2016 regelt die **Anhörung** der Vertrauensperson (vgl. § 21 SBG) vor der Ahndung von Dienstvergehen durch **einfache Disziplinarmaßnahmen** (nach § 22 Abs. 1 WDO Verweis, strenger Verweis, Disziplinarbuße, Ausgangsbeschränkung oder Disziplinararrest). Will ein **Disziplinarvorgesetzter** eine einfache Disziplinarmaßnahme verhängen, hat er oder (anders als bisher) ein von ihm **beauftragter Offizier** die Vertrauensperson vor der Entscheidung grundsätzlich anzuhören. Dazu heißt es in der Begründung des SBG 2016, die sich aus der WDO ergebende Verpflichtung des Disziplinarvorgesetzten, diese Aufgabe »grundsätzlich persönlich wahrzunehmen und *nur im Ausnahmefall* Beauftragte einzusetzen, bleibt in jeder Hinsicht unberührt«.[147] Die Verpflichtung zur Anhörung der Vertrauensperson besteht auch, wenn die **Einleitungsbehörde** das disziplinargerichtliche Verfahren einstellen und stattdessen eine einfache Disziplinarmaßnahme verhängen will (§ 98 Abs. 2, 3 WDO), weil sie dann als zuständiger Disziplinarvorgesetzter handelt.[148] Während die Anhörungspflicht bisher davon abhing, dass der beschuldigte Soldat ihr »nicht widerspricht«, **entfällt** sie jetzt **»im Fall der ausdrücklichen Ablehnung«** des Soldaten (vgl. § 24 SBG Rn. 2).

3 Nach § 28 Abs. 1 SBG ist die Vertrauensperson zur Person des Soldaten, zum Sachverhalt und zum Disziplinarmaß anzuhören. Die **Anhörung zur Person** bezieht sich auf das allgemeine Verhalten des Soldaten, seine charakterlichen Eigenschaften, sein Ansehen und seine persönlichen Verhältnisse. Die **Anhörung zum Sachverhalt** erstreckt sich auf die Tat, ihre Gründe und ihre Auswirkungen. Die **Anhörung zum Disziplinarmaß** bezieht sich auf Art und Höhe der beabsichtigten Disziplinarmaßnahme.[149] Sie hat unter Beachtung der Richtlinien für das Bemessen der Disziplinarmaßnahme (§ 38 WDO) zu erfolgen. Der Disziplinarvorgesetzte muss der Vertrauensperson gegenüber darlegen, welche Disziplinarmaßnahme er verhängen und auf welche Zumessungserwägungen er sich dabei stützen will. Die Anhörung

147 BT-Drs. 18/8298, S. 44 (zu § 28).

148 Vgl. *Gronimus*, § 27 SBG Rn. 14.

149 *BVerwG* v. 16.12.10 – 2 WDB 3.10 –, NZWehrr 11, 167; ZDv A-1472/1 Nr. 239.

der Vertrauensperson hat vor dem in § 32 Abs. 5 S. 1 WDO vorgeschriebenen **Schlussgehör** des beschuldigten Soldaten zu erfolgen. Das Ergebnis der Anhörung der Vertrauensperson ist dem Soldaten vor dessen Schlussgehör bekannt zu geben (§ 4 S. 2 WDO). Ergeben sich aus dem Schlussgehör allerdings neue Tatsachen, zu denen die Vertrauensperson noch nicht gehört worden ist, müssen ggf. sowohl deren Anhörung als auch das Schlussgehör wiederholt werden.[150] Einer weiteren Anhörung bedarf es aber nicht, wenn nach der ersten Anhörung durchgeführte weitere Ermittlungen zu keiner Änderung des entscheidungserheblichen Sachverhalts geführt haben.[151] Eine mangels ausdrücklicher Ablehnung nicht ausgeschlossene, aber trotzdem **unterbliebene oder unzureichende Anhörung** macht die gleichwohl verhängte einfache Disziplinarmaßnahme **rechtswidrig.**[152]

4 (**Abs. 2**) Der im Vergleich zu § 27 Abs. 2 SBG 1997 geänderte § 28 Abs. 2 SBG 2016 regelt die Anhörung der Vertrauensperson vor **Einleitung eines disziplinargerichtlichen Verfahrens**. Diese Anhörung ist auf die Person des Soldaten und den Sachverhalt beschränkt (vgl. oben Rn. 3).[153] Sie erstreckt sich nicht auf die disziplinarrechtliche Bewertung des Sachverhalts.[154] Die Anhörung hat vor der Einleitungsverfügung zu erfolgen. Dabei ist die **Vertrauensperson** anzuhören, die dafür im Zeitpunkt der Entscheidung über die Einleitung des gerichtlichen Disziplinarverfahrens **zuständig** ist;[155] die Stellungnahme der Vertrauensperson ist von der anhörenden Stelle mit dieser mündlich zu **erörtern**[156] (vgl. § 21 SBG Rn. 4). § 28 Abs. 2 SBG 2016 legt (anders als § 27 Abs. 2 SBG 1997) ausdrücklich fest, dass die **Einleitungsbehörde** oder **die von ihr bestimmte Stelle** die Vertrauensperson anzuhören hat. Letztere kann (auf Ersuchen gem. § 81 Abs. 2 S. 3 WDO) der **Wehrdisziplinaranwalt**[157] oder (auf dessen Ersuchen) der **nächste Disziplinarvorgesetzte**[158] sein.[159] Auch die Anhörung nach § 28 Abs. 2 SBG 2016 hängt nicht mehr davon ab, dass der Soldat ihr »nicht widerspricht«, sondern auch sie **entfällt** nur **»im Fall der ausdrücklichen Ablehnung«** des Soldaten (vgl. oben Rn. 2 a. E.). Das **Unterbleiben** der (mangels ausdrücklicher Ablehnung nicht ausgeschlossenen) Anhörung der Vertrauensperson vor Einleitung des

---

150 Vgl. ZDv A-1472/1 Nr. 238; *Gronimus,* § 27 SBG Rn. 31.
151 *BVerwG* v. 26. 1. 11 – 2 WNB 9.10 –, Buchh 449.7 § 27 Nr. 6.
152 *BVerwG* v. 16. 12. 10 – 2 WDB 3.10 –, NZWehrr 11, 167.
153 Näher dazu *BVerwG* v. 31. 1. 12 – 2 WD 4.11 –, Buchh 449.7 § 27 Nr. 9.
154 *BVerwG* v. 12. 6. 07 – 2 WD 11.06 –, NZWehrr 07, 256.
155 *BVerwG* v. 31. 1. 12, a. a. O.
156 *BVerwG* v. 4. 9. 09 – 2 WD 17.08 –, NZWehrr 10, 114.
157 BT-Drs. 11/7323, S. 21 (zu § 27).
158 Zum SBG 1997 str.; vgl. KfdP-*Altvater,* Anh. V B § 27 SBG Rn. 4 m. w. N.
159 BT-Drs. 18/8298, S. 44 (zu § 28).

gerichtlichen Disziplinarverfahrens ist ein **Verstoß gegen eine gesetzlich zwingend vorgesehene Verfahrensvorschrift.**[160]

5 (**Abs. 3**) Der mit § 27 Abs. 3 SBG 1997 wortgleiche § 28 Abs. 3 SBG 2016 schreibt in S. 1 zwingend vor, dass der **Sachverhalt** der Vertrauensperson vor Beginn der Anhörung **bekanntzugeben** ist. Danach muss die Vertrauensperson Gelegenheit erhalten, sich mit dem Sachverhalt und der Person des betroffenen Soldaten auch im persönlichen Gespräch **vertraut zu machen.**[161] § 28 Abs. 3 S. 2 SBG bestimmt, dass der Vertrauensperson ein Recht auf **Einsicht in Unterlagen und Akten** nur mit **Einwilligung**, also nur mit vorheriger Zustimmung (§ 183 S. 1 BGB), der Betroffenen zusteht. Damit wird klargestellt, dass der Soldat gegenüber der Vertrauensperson das Verfügungsrecht über seine Daten hat.[162] Bei der Abgabe der Einwilligung ist § 4a BDSG zu beachten.[163] Nach § 4a Abs. 1 S. 3 BDSG bedarf die Einwilligung grundsätzlich der Schriftform (§ 126 BGB).[164]

6 (**Abs. 4**) Der mit § 27 Abs. 4 SBG 1997 inhaltsgleiche § 28 Abs. 4 SBG 2016 legt fest, dass über die Anhörung ein **Protokoll** anzufertigen und zu den Akten zu nehmen ist. In ihm ist die mündlich abgegebene Äußerung der Vertrauensperson festzuhalten. Der Anhörende hat das Protokoll aufzunehmen und der Vertrauensperson zum Lesen, zur Billigung und zur Gegenzeichnung vorzulegen. Der Vertrauensperson ist es allerdings unbenommen, auch eine schriftliche Stellungnahme abzugeben.

§ 29 Förmliche Anerkennungen, Bestpreise

(1) Die Vertrauensperson hat das Recht, Soldatinnen und Soldaten ihrer Wählergruppe für eine förmliche Anerkennung gemäß § 11 Absatz 1 der Wehrdisziplinarordnung oder für einen Bestpreis vorzuschlagen.
(2) Die oder der Disziplinarvorgesetzte hat die Vertrauensperson vor der Erteilung einer förmlichen Anerkennung oder eines Bestpreises anzuhören.
(3) Vor der Rücknahme einer förmlichen Anerkennung gemäß § 14 der Wehrdisziplinarordnung ist die Vertrauensperson anzuhören.

1 Die Bestimmungen des **§ 28 SBG 1997** sind in **§ 29 SBG 2016** übernommen und dabei erweitert worden durch die beteiligungsrechtliche Einbeziehung

---

160 Zu den Konsequenzen *BVerwG* v. 31. 1. 12, a. a. O.; vgl. KfdP-*Altvater*, Anh. V B § 27 SBG Rn. 5a.
161 ZDv A-1472/1 Nr. 239 Abs. 2; vgl. *Gronimus*, § 27 SBG Rn. 33.
162 BT-Drs. 13/5740, S. 20 (zu Nr. 24 Buchst. c).
163 BT-Drs. 18/8298, S. 44 (zu § 28).
164 Vgl. *Gola/Schomerus*, § 4a BDSG Rn. 1 ff., insb. Rn. 29.

der Bestpreise,[165] vor deren Vergabe bisher ein Anhörungsrecht nach **§ 29 SBG 1997** in Betracht kam.

(**Abs. 1**) Der mit § 28 Abs. 1 SBG 1997 insoweit inhaltsgleiche § 29 Abs. 1 SBG 2016 räumt der Vertrauensperson ein **Vorschlagsrecht** zur **Erteilung einer förmlichen Anerkennung** für Soldaten ihrer Wählergruppe ein. Dabei hat sie die Kriterien des § 13 Abs. 1 WDO und die Verfahrensvorschriften des § 22 SBG zu beachten. Im § 29 Abs. 1 SBG 2016 ist das gleiche Vorschlagsrecht in Bezug auf die **Vergabe eines Bestpreises** normiert. Dabei handelt es sich um eine Auszeichnung, die im Rahmen eines Wettbewerbs verliehen wird; Grundlage dafür sind Erlasse des BMVg. 2

(**Abs. 2**) Wie § 28 Abs. 2 SBG 1997 bestimmt § 29 Abs. 2 SBG 2016, dass der Vertrauensperson vor der **Erteilung einer förmlichen Anerkennung** ein **Anhörungsrecht** zusteht; die Anhörung, die dem nach § 1 Abs. 3 SBG zuständigen Disziplinarvorgesetzten obliegt (vgl. § 1 SBG Rn. 8), hat nach den Verfahrensvorschriften des § 21 SBG zu erfolgen. Die Stellungnahme der Vertrauensperson sollte sich entsprechend § 28 Abs. 1 SBG auf die Person des Soldaten, den Sachverhalt, der als vorbildliche Pflichterfüllung oder hervorragende Einzeltat gewertet werden soll, und das Maß der beabsichtigten Anerkennung beziehen. Auch vor der **Erteilung eines Bestpreises** ist die Vertrauensperson nach § 29 Abs. 2 SBG 2016 anzuhören. 3

(**Abs. 3**) Der mit § 28 Abs. 3 SBG 1997 wortgleiche § 29 Abs. 3 SBG 2016 schreibt vor, dass vor der **Rücknahme einer förmlichen Anerkennung** die Vertrauensperson **anzuhören** ist. Dies hat, je nach Zuständigkeit, durch die Einleitungsbehörde oder den nach § 14 Abs. 2 S. 2 oder 3 WDO zuständigen Vorgesetzten zu erfolgen. Die Anhörung ist vor dem Schlussgehör des betroffenen Soldaten durchzuführen; diesem ist das Ergebnis der Anhörung bekannt zu geben (§ 4 S. 2 WDO; vgl. auch § 28 SBG Rn. 3). 4

§ 30 Auszeichnungen und Vergabe leistungsbezogener Elemente der Besoldung

(1) [1]Die Vertrauensperson soll angehört werden, wenn Soldatinnen oder Soldaten ihrer Wählergruppe für die Verleihung des Ehrenzeichens der Bundeswehr oder für einen Orden vorgeschlagen werden sollen. [2]Die Anhörung erfolgt in der Regel durch die nächste Disziplinarvorgesetzte oder den nächsten Disziplinarvorgesetzten der Soldatinnen und Soldaten, denen eine Auszeichnung verliehen werden soll.

(2) Absatz 1 ist entsprechend anzuwenden bei der Vergabe von leistungsbezogenen Elementen der Besoldung an Soldatinnen und Soldaten.

165 BT-Drs. 18/8298, S. 44 (zu § 29).

1 Die Bestimmungen des **§ 29 SBG 1997** sind in geänderter Fassung durch den Abs. 1 des **§ 30 SBG 2016** abgelöst worden. Ohne Entsprechung im SBG 1997 ist der neue Abs. 2.

2 (**Abs. 1**) Von der Herausnahme des Vorschlags für einen Bestpreis abgesehen (vgl. § 29 SBG Rn. 1) ist § 30 Abs. 1 SBG 2016 inhaltsgleich aus § 29 SBG 1997 übernommen worden. Er regelt als Soll-Vorschrift die **Anhörung** der Vertrauensperson (vgl. § 21 SBG), wenn Soldaten ihrer Wählergruppe für die **Verleihung des Ehrenzeichens der Bundeswehr** oder für einen **Orden** vorgeschlagen werden sollen. Diese Anhörung bezieht sich nur auf die Frage, **ob ein Soldat für eine Auszeichnung vorgeschlagen werden soll**, dagegen nicht auf die Entscheidung über die Verleihung der Auszeichnung. Die **Arten der Auszeichnungen** sind in § 30 Abs. 1 S. 1 SBG abschließend aufgeführt.

3 Nach § 30 Abs. 1 S. 1 SBG soll die **Vertrauensperson** angehört werden, zu deren Wählergruppe der für eine Auszeichnung vorgesehene Soldat gehört. Nach § 30 Abs. 2 S. 2 SBG erfolgt die Anhörung i. d. R. durch den **nächsten Disziplinarvorgesetzten** dieses Soldaten (vgl. § 1 SBG Rn. 8). Dadurch wird jedoch die Anhörung durch einen **höheren Disziplinarvorgesetzten** nicht ausgeschlossen, wenn dieser einen Vorschlag für eine Auszeichnung machen will.

4 (**Abs. 2**) Nach § 30 Abs. 2 SBG 2016, zu dem es im SBG 1997 keine vergleichbare Bestimmung gab, ist § 30 Abs. 1 SBG **entsprechend anzuwenden** bei der **Vergabe von leistungsbezogenen Elementen der Besoldung an Soldaten**. Maßgebliche Rechtsgrundlagen für die genannten Elemente finden sich in § 27 Abs. 6 und § 42a Bundesbesoldungsgesetz (BBesG)[166] sowie in der Bundesleistungsbesoldungsverordnung (BLBV)[167]. Aufgrund der Verweisung auf § 30 Abs. 2 SBG soll die zuständige **Vertrauensperson** i. d. R. durch den nächsten **Disziplinarvorgesetzten** des Soldaten angehört werden, dem die leistungsbezogene Vergünstigung gewährt werden soll.[168]

§ 31 Beschwerdeverfahren

(1) Die Vertrauensperson der Beschwerdeführerin oder des Beschwerdeführers soll angehört werden, wenn eine Beschwerde nach den Bestimmungen der Wehrbeschwerdeordnung Folgendes betrifft:
1. den Dienstbetrieb,
2. die Fürsorge,

---
166 I. d. F. v. 19.6.09 (BGBl. I S. 1434), zuletzt geändert durch Art. 1 u. 2 des Gesetzes v. 21.11.16 (BGBl. I S. 2570).
167 Vom 23.7.09 (BGBl. I S. 2170), zuletzt geändert durch Art. 4 des Gesetzes v. 3.12.15 (BGBl. I. S. 2163).
168 BT-Drs. 18/8298, S. 44 (zu § 30).

3. die Berufsförderung,
4. die außerdienstliche Betreuung und Freizeitgestaltung für Soldatinnen und Soldaten oder
5. dienstliche Veranstaltungen geselliger Art.

(2) [1]Betrifft die Beschwerde persönliche Kränkungen, soll die Vertrauensperson der Beschwerdeführerin oder des Beschwerdeführers und der oder des Betroffenen angehört werden. [2]Bei Beschwerden in Personalangelegenheiten im Sinne des § 24 Absatz 1 und 2 ist die Vertrauensperson nur auf Antrag der Beschwerdeführerin oder des Beschwerdeführers anzuhören, die oder der hierauf hinzuweisen ist.

Die Regelungen in **§ 31 SBG 2016** sind in anderer Gliederung und mit redaktionellen Änderungen, aber inhaltlich unverändert im Wesentlichen aus **§ 30 SBG 1997** übernommen worden. Die ergänzende Bestimmung am Ende des **§ 31 Abs. 2 S. 2 SBG 2016** (»die oder der hierauf hinzuweisen ist«) ist Folge des Wegfalls der bisherigen Regelung in **§ 23 Abs. 1 S. 2 SGB 1997.**[169] 1

Vor einer beabsichtigten Entscheidung über eine Beschwerde nach den Bestimmungen der WBO (vgl. dazu auch § 17 SBG Rn. 2) soll der Disziplinarvorgesetzte (vgl. § 1 SBG Rn. 8) nach **§ 31 Abs. 1** SBG die **Vertrauensperson des Beschwerdeführers von Amts wegen anhören** (vgl. § 21 SBG), wenn die Beschwerde einen der in Abs. 1 Nr. 1 bis 5 aufgeführten **Gegenstände** betrifft, nämlich den Dienstbetrieb (vgl. § 25 SBG), die Fürsorge der Vorgesetzten (vgl. § 10 Abs. 3 SG) oder die des Bundes (vgl. § 31 SG), die Berufsförderung (vgl. § 27 SBG), die außerdienstliche Betreuung und Freizeitgestaltung für Soldaten oder dienstliche Veranstaltungen geselliger Art (vgl. § 26 Abs. 3 Nr. 3 SBG). Zusätzlich zur Vertrauensperson des Beschwerdeführers soll nach **§ 31 Abs. 2 S. 1** SBG – ebenfalls von Amts wegen – auch die **Vertrauensperson des Betroffenen** angehört werden, wenn die Beschwerde **persönliche Kränkungen** (Ehrverletzungen durch Beleidigung, üble Nachrede, Verleumdung oder entwürdigende Behandlung) betrifft. Bei Beschwerden in **Personalangelegenheiten** i. S. d. § 24 Abs. 1 und 2 SBG ist die Vertrauensperson nach der Muss-Vorschrift des **§ 31 Abs. 2 S. 2** SBG **nur auf Antrag des Beschwerdeführers** anzuhören, wobei dieser auf die Möglichkeit der Beteiligung der Vertrauensperson hinzuweisen ist. 2

Die in § 31 SBG geregelte Anhörung im **Beschwerdeverfahren** ist unabhängig von einer Anhörung in dem **Ausgangsverfahren**, das Gegenstand der Beschwerde ist. 3

169 BT-Drs. 18/8298, S. 44 (zu § 31).

§ 32 Vermittlung durch die Vertrauensperson

(1) Die Vertrauensperson kann im Verfahren nach der Wehrbeschwerdeordnung von der Beschwerdeführerin oder vom Beschwerdeführer als Vermittlerin oder Vermittler gewählt werden.
(2) Ist die Vertrauensperson in einer Sache als Vermittlerin oder Vermittler nach der Wehrbeschwerdeordnung tätig geworden, gilt sie für das Anhörungsverfahren nach § 31 Absatz 2 Satz 1 als verhindert.

1 **§ 32 SBG 2016** ist inhaltsgleich mit **§ 31 SBG 1997**.

2 **(Abs. 1)** § 32 Abs. 1 SBG lässt es ausdrücklich zu, dass die Vertrauensperson im Beschwerdeverfahren vom Beschwerdeführer als **Vermittler** gewählt werden kann (vgl. § 4 WBO).

3 **(Abs. 2)** § 32 Abs. 2 SBG beruht auf der Überlegung, dass eine Vertrauensperson, die in derselben Sache bereits als Vermittler nach der WBO tätig geworden ist, nicht mehr objektiv urteilen kann, und sieht deshalb vor, dass sie für das Anhörungsverfahren nach § 31 Abs. 2 S. 1 SBG – aber auch nur dafür – als **verhindert** gilt.[170] Es handelt sich um einen Fall der zeitweiligen Verhinderung aus rechtlichen Gründen, der nach § 14 Abs. 2 SBG dazu führt, dass eine **stellvertretende Vertrauensperson** anzuhören ist (vgl. § 14 SBG Rn. 5).

Kapitel 3
Gremien der Vertrauenspersonen

Abschnitt 1
Versammlungen der Vertrauenspersonen

§ 33 Versammlungen der Vertrauenspersonen des Verbands, des Kasernenbereichs und des Standorts

(1) [1]Die Vertrauenspersonen eines Verbands oder einer vergleichbaren militärischen Dienststelle bilden die Versammlung der Vertrauenspersonen des Verbands. [2]Bei den fliegenden Verbänden werden die Versammlungen bei den Geschwadern oder bei einer den Geschwadern vergleichbaren Ebene gebildet.
(2) [1]Die Sprecherinnen und Sprecher der Versammlungen der Vertrauenspersonen des Verbands und ihre Stellvertreterinnen und Stellvertreter bilden mit Ausnahme der Schulen für jeweils einen Kasernenbereich die

170 Vgl. BT-Drs. 13/5740, S. 20 (zu Nr. 26).

Versammlung der Vertrauenspersonen des Kasernenbereichs. [2]Zu diesen Versammlungen tritt jeweils eine Vertrauensperson von selbständigen Einheiten oder vergleichbaren militärischen Dienststellen hinzu, sofern diese in demselben Kasernenbereich untergebracht sind. [3]Sind ausschließlich selbständige Einheiten oder vergleichbare militärische Dienststellen in einem Kasernenbereich untergebracht, bilden deren Vertrauenspersonen die Versammlung der Vertrauenspersonen des Kasernenbereichs.

(3) [1]In Standorten mit mindestens zwei Kasernen wird eine Versammlung der Vertrauenspersonen des Standorts gebildet. [2]Hierfür wählen die Versammlungen der Vertrauenspersonen des Kasernenbereichs je eine Vertreterin oder einen Vertreter der Laufbahngruppen als Mitglied.

(4) [1]Sofern Personalvertretungen nach Kapitel 5 gebildet worden sind, treten die Mitglieder der Gruppe der Soldatinnen und Soldaten dieser Personalvertretungen, die die Rechte in den Angelegenheiten nach der Wehrdisziplinarordnung und der Wehrbeschwerdeordnung ausüben, zu den Versammlungen der Vertrauenspersonen hinzu. [2]Sie sind in der Versammlung der Vertrauenspersonen aktiv und passiv wahlberechtigt.

(5) [1]Die Führerin oder der Führer des Verbands lädt die Mitglieder der Versammlung der Vertrauenspersonen des Verbands ein, solange noch keine Wahlen stattgefunden haben. [2]Entsprechendes gilt für die von der Kasernenkommandantin oder dem Kasernenkommandanten einzuberufende Versammlung der Vertrauenspersonen des Kasernenbereichs und für die von der Standortältesten oder dem Standortältesten einzuberufende Versammlung der Vertrauenspersonen des Standorts.

(6) Die Versammlungen nach den Absätzen 1 bis 3 vertreten die gemeinsamen Interessen der Soldatinnen und Soldaten gegenüber der Führerin oder dem Führer des Verbands, gegenüber der Kasernenkommandantin oder dem Kasernenkommandanten oder gegenüber der Standortältesten oder dem Standortältesten (Beteiligungspartnerinnen oder Beteiligungspartner).

(7) [1]Die Bestimmungen der §§ 9 und 15 gelten entsprechend für die Sprecherinnen und Sprecher der Versammlungen der Vertrauenspersonen der Verbände. [2]Die Bestimmungen der §§ 8, 9 und 14, des § 15 Absatz 1 sowie der §§ 16 bis 18 gelten entsprechend für alle Mitglieder der Versammlungen der Vertrauenspersonen. [3]Die Versammlungen werden beteiligt nach den §§ 19, 21 bis 23, 25 und 26.

Von einzelnen Ausnahmen abgesehen stimmt **§ 33 SBG 2016** in Aufbau und Inhalt mit **§ 32 SBG 1997** überein. Hervorzuheben sind folgende Unterschiede: eine inhaltliche Ergänzung in Abs. 1 S. 2; inhaltliche Änderungen in Abs. 3 S. 1 und 2; Umformulierungen zur Initiierung der konstituierenden Sitzungen in Abs. 5; Einführung des Begriffs »Beteiligungspartner« in Abs. 6; 1

inhaltliche Änderungen und Ergänzungen bei den Verweisungen in Abs. 7; Verschiebung des Bestimmung des **§ 32 Abs. 8 SBG 1997** in **§ 35 Abs. 3 SBG 2016.**

2 Die Vorschriften des § 33 SBG sehen grundsätzlich ein **dreistufiges System von Versammlungen der Vertrauenspersonen** vor (bestehend aus Verbandsversammlung, Kasernenversammlung und Standortversammlung), das jedoch im Hinblick auf die unterschiedlichen organisatorischen Strukturen nicht durchgängig verwirklicht werden kann. Während die Verbandsversammlung (Abs. 1) eine **Vollversammlung** der Vertrauenspersonen ist, sind die Kasernenversammlung (Abs. 2) und die Standortversammlung (Abs. 3) grundsätzlich als **Delegiertenversammlungen** organisiert. Da die **Soldatenvertreter in den Personalräten** gem. § 63 Abs. 1 SBG in Angelegenheiten, die nur die Soldaten betreffen, die Befugnisse der Vertrauensperson haben, sind auch Soldatenvertreter jener Personalräte, die im Bereich des Verbands, der Kaserne oder des Standorts bestehen, nach Maßgabe des § 33 Abs. 4 SBG in der jeweiligen Versammlung der Vertrauenspersonen vertreten.

3 Die in Kap. 3 SBG enthaltenen Regelungen über die Vertretung der Soldaten durch Gremien, insb. durch Versammlungen der Vertrauenspersonen (§§ 33–52, insb. §§ 33–36 SBG), bauen auf den Regelungen in Kap. 2 über die Beteiligung durch Vertrauenspersonen (§§ 3–32 SBG) auf:[171] Außerhalb der in Kap. 5 (§§ 59–63 SBG) geregelten Beteiligung der Soldaten durch Personalvertretungen ist die **Wahl der Vertrauenspersonen in den Wahlbereichen** (i. S. d. § 4 SBG) die einzige Wahl, die unmittelbar durch die Soldaten selbst erfolgt. Alle Vertretungen der Soldaten auf höheren Ebenen werden entweder durch die Vertrauenspersonen gebildet oder ihre Mitglieder werden von den Vertrauenspersonen gewählt (vgl. § 33 Abs. 1–3, § 34 Abs. 1, 2, § 40 Abs. 1, § 41 Abs. 1 SBG). Mit der Wahl der Vertrauenspersonen wird eine **quasi automatische Abfolge der Bildung von Vertrauenspersonenversammlungen** ausgelöst. Versammlungen der Vertrauenspersonen werden **auch in besonderen Verwendungen im Ausland** gebildet (vgl. § 58 SBG).[172]

4 **(Abs. 1)** Auf der Ebene des Verbandes oder einer vergleichbaren militärischen Dienststelle wird die **Versammlung der Vertrauenspersonen des Verbandes** gebildet. Dabei ist unter »**Verband**« wie schon bisher nicht der Großverband zu verstehen (zur Unterscheidung vgl. § 4 SBG Rn. 4 sowie zu den mit dem SBG 2016 eingeführten Versammlungen der Großverbände § 34 SBG). Die Verbandsversammlungen werden deshalb grundsätzlich (nur) bei den **Bataillonen** gebildet. Dem Verband »**vergleichbare militärische Dienststellen**« sind selbständige Dienststellen mit eigenem Stab, deren Führer nach § 28 Abs. 1 S. 2 Nr. 2 WDO mindestens die Disziplinarbefugnis der

171 So *BVerwG* v. 22.7.09 – 1 WB 15.08 –, PersV 09, 424 = PersR 09, 426 Ls.
172 Vgl. *BVerwG* v. 22.7.09, a.a.O.

zweiten Stufe innehat.[173] Bei den **fliegenden Verbänden** wird die Versammlung beim Geschwader oder (wie es in der im SBG 2016 hinzugefügten Textstelle heißt) »bei einer den Geschwadern vergleichbaren Ebene«[174] gebildet. Die Verbandsversammlung besteht aus den **Vertrauenspersonen der Einheiten**, die dem Verband bzw. dem Geschwader oder der jeweils vergleichbaren militärischen Dienststelle truppendienstlich unterstellt sind, und den **Vertrauenspersonen des Stabes** des Verbandes bzw. des Geschwaders oder der vergleichbaren militärischen Dienststelle. Ist im Bereich der Verbandsversammlung (nach § 91 Abs. 1 SG i. V. m. § 12 BPersVG) ein **Personalrat** gebildet, so wird die Tätigkeit beider Gremien durch das in § 36 Abs. 6 SBG geregelte wechselseitige **Recht der beratenden Teilnahme** organisatorisch miteinander verknüpft (vgl. § 36 SBG Rn. 9).

(**Abs. 2**) Auf der Ebene der Kaserne wird die **Versammlung der Vertrauenspersonen des Kasernenbereichs** gebildet. Sie besteht grundsätzlich aus den Sprechern der im Kasernenbereich gebildeten Versammlungen der Vertrauenspersonen der **Verbände** und den Stellvertretern dieser Sprecher (vgl. § 35 SBG). Sind in demselben Kasernenbereich auch **selbständige Einheiten** oder vergleichbare militärische Dienststellen untergebracht (die nicht in einer Verbandsversammlung im Kasernenbereich vertreten sind[175]), tritt jeweils eine Vertrauensperson dieser Einheiten bzw. Dienststellen zu der Kasernenversammlung hinzu. Um welche Vertrauensperson es sich dabei handelt, legen die Vertrauenspersonen der jeweiligen Einheit bzw. Dienststelle einvernehmlich oder, falls erforderlich, durch Losentscheid fest.[176] Sind in einem Kasernenbereich ausschließlich selbständige Einheiten oder vergleichbare militärische Dienststellen untergebracht, besteht die Kasernenversammlung ausnahmsweise nicht als Delegiertenversammlung, sondern als Vollversammlung aus den Vertrauenspersonen dieser Einheiten bzw. Dienststellen. Der im SBG nicht definierte **Begriff des Kasernenbereichs** wird zum einen – territorial – durch den Bezug auf einen räumlich abgegrenzten und gesicherten Bereich, zum anderen – funktional – durch die Aufnahme bestimmter typischer Anlagen und Einrichtungen der Bundeswehr bestimmt.[177] 5

Die Regelungen über die Versammlung auf Kasernenebene gelten nicht für die **Schulen.** Daraus folgt, dass die Vertrauenspersonen der Lehrgangsteilnehmer an Schulen, die in einem Kasernenbereich untergebracht sind, in 6

173 *Gronimus,* § 32 SBG Rn. 9a m. w. N.

174 Durch diese Ergänzung werden auch fliegende Verbände, deren Organisationsform nicht das Geschwader ist (bspw. Verbände der Heeresfliegertruppe) von der Regelung erfasst (BT-Drs. 18/8298, S. 44 [zu § 33]).

175 Beispiele in ZDv A-1472/1 Nr. 270 (2).

176 ZDv A-1472/1 Nr. 270 (2).

177 Näher dazu *BVerwG* v. 22. 7. 09, a. a. O.

der Kasernenversammlung nicht vertreten sind und dass in Kasernen, die ausschließlich mit Schulen belegt sind, eine Kasernenversammlung nicht gebildet werden kann. In diesen Fällen sind die Aufgaben der Kasernenversammlung gem. § 63 Abs. 1 SBG vom Personalrat der Schule bzw. von den Personalräten der Schulen wahrzunehmen.

7 Ist in einem Kasernenbereich **nur ein Verband vorhanden**, erscheint es sachgerecht, dass die Versammlung der Vertrauenspersonen dieses Verbandes auch die Aufgaben der Kasernenversammlung wahrnimmt. Bestehen allerdings in einem solchen Kasernenbereich **außerdem noch selbständige Einheiten** oder vergleichbare militärische Dienststellen i. S. d. § 33 Abs. 2 S. 2 SBG, so müssen in entsprechender Anwendung des § 33 Abs. 2 S. 3 SBG die Vertrauenspersonen dieser Einheiten bzw. Dienststellen zu der Verbandsversammlung hinzutreten, wenn und soweit diese die Funktion der Kasernenversammlung ausübt.

8 **(Abs. 3)** Auf der Ebene des Standorts wird die **Versammlung der Vertrauenspersonen des Standorts** gebildet, wenn es sich um einen Standort mit **mindestens zwei Kasernen** handelt, nicht mehr (wie nach § 32 Abs. 3 S. 1 SBG 1997), wenn zu dessen Zuständigkeitsbereich *mehr als zwei Kasernen* gehören.[178] Für die Kasernenversammlung wählen die Versammlungen der Vertrauenspersonen nicht mehr (wie nach § 32 Abs. 3 S. 2 SBG 1997) »je einen Vertreter«, sondern **»je … einen Vertreter der Laufbahngruppen«** als Mitglied.[179] Ist eine Standortversammlung – weil zum Zuständigkeitsbereich des Standortältesten nur eine Kaserne gehört – nicht zu bilden, sind deren Aufgaben von der Kasernenversammlung wahrzunehmen.

9 **(Abs. 4)** Bestehen im Bereich eines Verbandes, einer Kaserne oder eines Standorts Dienststellen, bei denen nach § 60 SBG **Personalvertretungen mit Soldatenvertretern** gebildet sind, so treten aus der Gruppe der Soldaten dieser Personalvertretungen diejenigen Mitglieder zu der jeweiligen Versammlung der Vertrauenspersonen hinzu, die nach § 63 Abs. 2 SBG die Befugnisse der Vertrauenspersonen nach der WDO und der WBO wahrnehmen. Die hinzutretenden Personalratsmitglieder haben in der Versammlung der Vertrauenspersonen die gleichen Rechte und Pflichten wie die übrigen Mitglieder der Versammlung und sind in ihr auch aktiv und passiv wahlberechtigt. Soweit Mitglieder von Personalvertretungen zu einer Versammlung der Vertrauenspersonen hinzutreten, soll zu ihr auch die der jeweiligen

---

178 Die Änderung ist eine Anpassung an das neue Stationierungskonzept der Bundeswehr, das nur noch wenige Standorte mit mehr als zwei Kasernen vorsieht (BT-Drs. 18/8298, S. 44 [zu § 33]).

179 Dazu heißt es in BT-Drs. 18/8298, a. a. O.: »Die Ergänzung in Satz 2 *stellt klar*, dass alle Laufbahngruppen in der Versammlung vertreten sein müssen.« Es handelt sich aber wohl um eine *inhaltliche Änderung* (vgl. *Gronimus*, § 32 SBG Rn. 20).

Personalvertretung zugeordnete **Vertrauensperson der schwerbehinderten Menschen** eingeladen werden.[180]

(**Abs. 5**) Nach dem umformulierten, aber inhaltlich im Wesentlichen mit § 32 Abs. 5 SBG 1997 übereinstimmenden § 33 Abs. 5 SBG 2016 lädt der Führer des Verbandes, der Kasernenkommandant oder der Standortälteste die Mitglieder der Verbandsversammlung, der Kasernenversammlung bzw. der Standortversammlung ein, »solange noch keine Wahlen stattgefunden haben«. In aller Regel wird diese Einladung das **erstmalige Zusammentreten** der jeweiligen Versammlung der Vertrauenspersonen und die erstmalige »**Vornahme der vorgeschriebenen Wahlen**« (so § 32 Abs. 5 SBG 1997) herbeiführen, insb. der Wahlen eines Sprechers sowie eines ersten und zweiten Stellvertreters nach § 35 SBG (vgl. dort Rn. 2ff.). Der Zweck des erstmaligen Zusammentretens besteht somit in der Durchführung der **konstituierenden Sitzung** der betreffenden Versammlung. Aus der Zusammensetzung der Versammlungen der drei Ebenen ergibt sich, dass die Versammlung auf der unteren bzw. mittleren Ebene bereits zusammengetreten sein muss, bevor die Versammlung auf der nächsthöheren Ebene einberufen werden kann.[181] Zu den weiteren Sitzungen lädt der Sprecher der jeweiligen Versammlung ein (vgl. § 36 SBG Rn. 2). **Unterlässt der zuständige Vorgesetzte die Einladung** der Mitglieder der Versammlung zu ihrer konstituierenden Sitzung, kann er sich nicht mit Erfolg auf das Fehlen einer beteiligungsfähigen Versammlung berufen.[182] 10

(**Abs. 6**) § 33 Abs. 6 SBG stellt klar, dass die Versammlungen der Vertrauenspersonen die **gemeinsamen Interessen** der Soldaten des Bereichs vertreten, für den sie gebildet sind. Gemeinsame Interessen sind entsprechend § 38 BPersVG bei Angelegenheiten zu bejahen, die nicht lediglich eine Vertrauensperson und nicht lediglich einen Wahlbereich betreffen. § 33 Abs. 6 SBG legt fest, **wem gegenüber** die Interessenvertretung erfolgt. Der Verbandsversammlung steht der **Führer des Verbandes**, der Kasernenversammlung der **Kasernenkommandant** und der Standortversammlung der **Standortälteste** als »**Beteiligungspartner**« gegenüber. 11

(**Abs. 7**) Die bisher in § 32 Abs. 7 SBG 1997 enthaltenen **Verweisungen** sind in § 33 Abs. 7 SBG 2016 differenziert und präzisiert worden. Sie beziehen sich auf einzelne Bestimmungen für die **Geschäftsführung** und **Rechtsstellung** sowie die **Beteiligung** der Vertrauenspersonen. 12

- Nach **Abs. 1 S. 1** gelten für die **Sprecher der Versammlungen der Vertrauenspersonen der Verbände** die Bestimmungen der **§§ 9 und 15 SBG** (über die Beurteilung und den Schutz der Vertrauenspersonen) entsprechend.

---

180 ZDv A-1472/1 Nr. 271 Abs. 2 unter Hinw. auf § 95 Abs. 4 SGB IX.
181 Vgl. ZDv A-1472/1 Nr. 274.
182 *BVerwG* v. 22.7.09, a. a. O.; KfdP-*Altvater*, Anh. V B § 18 SBG Rn. 1a.

- Nach **Abs. 1 S. 2** gelten für **alle Mitglieder der Versammlungen der Vertrauenspersonen** folgende Bestimmungen des SBG entsprechend: **§ 8** (Geschäftsführung), **§ 9** (Beurteilung), **§ 14** (Stellvertretung), **§ 15 Abs. 1** (Behinderungs-, Benachteiligungs- und Begünstigungsverbot), **§ 16** (Versetzung der Vertrauensperson), **§ 17** (Beschwerderecht der Vertrauensperson) und **§ 18** (Beschwerden gegen die Vertrauensperson).
- Nach **Abs. 1 S. 3** richtet sich die **Beteiligung der Versammlungen** nach folgenden Paragrafen des SBG: **§ 19** (Aufgaben), **§§ 21 bis 23** (Anhörung, Vorschlagsrecht, Mitbestimmung) sowie **§§ 25 und 26** (Dienstbetrieb, Betreuung und Fürsorge).

13 Die **Ziele der Beteiligung** der Versammlung der Vertrauenspersonen und die **Grundsätze der Zusammenarbeit** zwischen ihr und ihrem jeweiligen Beteiligungspartner (vgl. Rn. 11) ergeben sich aus dem entsprechend anwendbaren § 19 Abs. 1 und 2 SBG. Soweit die in den §§ 25 und 26 SBG beschriebenen Angelegenheiten auf der Ebene der jeweiligen Versammlung geregelt werden können oder müssen, hat diese zur Vertretung der gemeinsamen Interessen der Soldaten ihres Zuständigkeitsbereichs die gleichen **Beteiligungsrechte**, die den Vertrauenspersonen in ihrem Organisationsbereich zustehen. Bei der Ausübung ihrer Beteiligungsrechte (Anhörung, Vorschlagsrecht, Mitbestimmung) bilden die Versammlungen ihren Willen durch **Beschlüsse**, die der Sprecher der Versammlung (als Ansprechpartner der in § 33 Abs. 6 SBG genannten Beteiligungspartner) gem. § 35 Abs. 2 S. 1 SBG nach den Verfahrensvorschriften der §§ 21 bis 23 SBG ausführt. Der im Rahmen des Mitbestimmungsverfahrens ggf. anzurufende **Schlichtungsausschuss** besteht auf der Seite der Soldaten entsprechend § 23 Abs. 2 S. 5 Nr. 4 SBG aus dem Sprecher der Versammlung und einem seiner Stellvertreter, der von der Versammlung zu bestimmen ist.[183] Bei einer Verletzung der Beteiligungsrechte der Versammlung steht dieser das **Beschwerderecht** entsprechend § 17 SBG und der damit verknüpfte gerichtliche Rechtsschutz nach § 17 Abs. 1 S. 1 WBO zu. Nach erfolglosem Beschwerdeverfahren ist somit der **Rechtsweg zu den Wehrdienstgerichten** gegeben.[184] Eine Maßnahme, an deren Erlass eine Versammlung der Vertrauenspersonen zu beteiligen ist, aber **nicht beteiligt** wurde, ist **rechtswidrig**. Dies gilt auch dann, wenn eine Versammlung der Vertrauenspersonen faktisch nicht vorhanden oder nicht handlungsfähig war, weil es der zuständige Vorgesetzte unterlassen hatte, die Versammlung zur konstituierenden Sitzung und zur Wahl ihres Sprechers einzuberufen[185] (vgl. Rn. 10).

---

183 Vgl. *Gronimus,* § 32 SBG Rn. 27.

184 *BVerwG* v. 27.8.96 – 1 WB 28.96 –, NZWehrr 97, 39, u. v. 1.11.01 – 6 P 10.01 –, PersR 02, 73.

185 *BVerwG* v. 22.7.09, a.a.O.

§ 34 Versammlungen der Vertrauenspersonen der Großverbände

(1) [1]Bei Brigaden oder diesen vergleichbaren militärischen Dienststellen werden Versammlungen der Vertrauenspersonen gebildet. [2]Ihnen gehören jeweils bis zu drei entscheidungsbefugte Mitglieder an, die von der Versammlung der Vertrauenspersonen des Verbands gewählt sind. [3]Zu diesen Versammlungen treten jeweils bis zu drei Vertrauenspersonen der selbständigen Einheiten oder vergleichbarer militärischer Dienststellen des unterstellten Bereichs hinzu.

(2) [1]Bei Divisionen oder diesen vergleichbaren militärischen Dienststellen werden Versammlungen der Vertrauenspersonen gebildet. [2]Ihnen gehören jeweils bis zu drei entscheidungsbefugte Mitglieder an, die von den Versammlungen der unterstellten Großverbände nach Absatz 1 gewählt sind. [3]Zu diesen Versammlungen treten jeweils bis zu drei Vertrauenspersonen der unterstellten selbständigen Einheiten und Verbände oder vergleichbarer militärischer Dienststellen hinzu.

(3) § 33 Absatz 4 bis 7, die §§ 35 und 36 Absatz 1 bis 5 finden entsprechend Anwendung mit der Maßgabe, dass die Versammlungen nach den Absätzen 1 und 2 abweichend von § 36 Absatz 1 Satz 1 anlassbezogen zusammentreten.

Die Bestimmungen des **§ 34 SBG 2016** sind **neu** eingeführt worden. Sie sehen erstmals eine ausschließlich soldatische Interessenvertretung auf den Ebenen der Brigaden und Divisionen vor und sollen eine Beteiligungslücke schließen.[186] 1

(Abs. 1) § 34 Abs. 1 SBG sieht die Bildung von **Versammlungen der Vertrauenspersonen bei Brigaden** und diesen vergleichbaren militärischen Dienststellen[187] vor. Diesen Versammlungen gehören folgende Soldaten aus dem der Brigade unterstellten Bereich an: 2

- *zum einen* jeweils bis zu drei **entscheidungsbefugte Mitglieder**, die von den (nach § 33 Abs. 1 SBG gebildeten) **Versammlungen der Vertrauenspersonen von Verbänden** im Bereich der Brigade gewählt werden[188],
- *zum anderen* jeweils bis zu drei **Vertrauenspersonen der selbständigen Einheiten** oder vergleichbarer militärischer Dienststellen des der Brigade unterstellten Bereichs.

---

186 Vgl. BT-Drs. 18/8298, S. 45 (zu § 34).

187 Einer Brigade vergleichbar ist dabei auch der Bereich eines Korps-Stabes mit den diesem unmittelbar unterstellten Einheiten und Verbänden (BT-Drs. 18/8298, a. a. O.).

188 Bei den »entscheidungsbefugten Mitgliedern« kann es sich auch um Mitglieder von Personalvertretungen handeln, die nach § 33 Abs. 4 SBG zu der Verbandsversammlung hinzugetreten sind (vgl. § 33 SBG Rn. 9).

Zu der mit »**bis zu drei**« bezeichneten Zahl der jeweils zu entsendenden Soldaten heißt es in der Begründung des SBG 2016, die Zahl richte sich nach dem personellen Umfang der in den Versammlungen vertretenen Einheiten, Dienststellen und Verbänden.[189]

3 **(Abs. 2)** § 34 Abs. 2 SBG regelt die Bildung von **Versammlungen der Vertrauenspersonen bei Divisionen** und diesen vergleichbaren militärischen Dienststellen. Die Bestimmungen sind den Regelungen in § 34 Abs. 1 SBG nachgebildet (vgl. Rn. 2). Unterschiede bestehen hinsichtlich der Entsendungsberechtigung darin, dass *zum einen* die (nach § 34 Abs. 1 SBG gebildeten) Versammlungen der unterstellten Großverbände entscheidungsbefugte Mitglieder wählen und *zum anderen* Vertrauenspersonen der unterstellten selbständigen Einheiten *und Verbände* oder vergleichbarer militärischer Dienststellen hinzutreten.

4 **(Abs. 3)** § 34 Abs. 3 SBG bestimmt, dass **§ 33 Abs. 4 bis 7, die §§ 35 und 36 Abs. 1 bis 5 SBG entsprechend** Anwendung finden. Dabei handelt es sich um alle für die Versammlungen der Vertrauenspersonen des Verbandes geltenden Regelungen in Kap. 3 Abschn. 1 SBG mit Ausnahme von § 33 Abs. 1 und § 36 Abs. 6 SBG. Die Verweisung erfolgt allerdings mit der Maßgabe, dass die **Versammlungen** der Vertrauenspersonen der Großverbände abweichend von § 36 Abs. 1 S. 1 SBG (nicht einmal im Kalendervierteljahr, sondern nur) **anlassbezogen zusammentreten**. Die Einberufung der Versammlungen erfolgt entsprechend § 36 Abs. 2 S. 2 SBG auf Anregung des Führers des Großverbands[190] oder auf Antrag eines Drittels ihrer Mitglieder.

§ 35 Sprecherin, Sprecher

(1) [1]Die Mitglieder der Versammlungen der Vertrauenspersonen wählen in gesonderten Wahlgängen einen Vorstand. [2]Der Vorstand besteht aus einer Sprecherin oder einem Sprecher, einer ersten Stellvertreterin oder einem ersten Stellvertreter und einer zweiten Stellvertreterin oder einem zweiten Stellvertreter. [3]Bei Stimmengleichheit entscheidet das Los. [4]Die Vorstandsmitglieder sollen verschiedenen Laufbahngruppen angehören.
(2) [1]Die Sprecherin oder der Sprecher führt die Geschäfte der Versammlung, führt deren Beschlüsse aus und ist Ansprechpartnerin oder Ansprechpartner der in § 33 Absatz 6 genannten Beteiligungspartnerinnen oder Beteiligungspartner sowie der Führerin oder des Führers des jeweiligen Großverbands nach § 34. [2]Für diese Aufgabenwahrnehmung ist die Sprecherin oder der Sprecher im erforderlichen Umfang freizustellen.
(3) [1]Die Sprecherinnen und Sprecher der Versammlungen der Vertrauenspersonen der Verbände und ihre Stellvertreterinnen und Stellvertreter

189 BT-Drs. 18/8298, a. a. O.
190 Nicht »durch … den Führer«, wie es in BT-Drs. 18/8298, a. a. O., heißt.

kommen einmal jährlich zu einer Fortbildungsveranstaltung zusammen. [2]Die Inspekteurinnen und Inspekteure entscheiden über die Ebene, in der die Fortbildungsveranstaltungen durchzuführen sind.
(4) § 12 gilt mit der Maßgabe, dass anstelle der oder des Disziplinarvorgesetzten die in § 33 Absatz 6 genannten Beteiligungspartnerinnen oder Beteiligungspartner und hinsichtlich der Sprecherinnen oder Sprecher der Versammlungen nach § 34 die Führerin oder der Führer des jeweiligen Großverbands antragsberechtigt ist.

§ 35 Abs. 1, 2 und 4 SBG 2016 ist weitgehend inhaltsgleich mit **§ 33 SBG 1997**; die Abweichungen betreffen die Regelungen in § 35 Abs. 1 S. 4 zur Zugehörigkeit der Vorstandsmitglieder zu verschiedenen Laufbahngruppen und in § 35 Abs. 2 S. 2 SBG zur Freistellung des Sprechers. Im Übrigen ist **§ 35 Abs. 3 SBG 2016** inhaltsgleich mit **§ 32 Abs. 8 SBG 1997**. Für Versammlungen der Vertrauenspersonen der **Großverbände** findet § 35 SBG **entsprechende Anwendung** (§ 34 Abs. 3 SBG; vgl. dort Rn. 4). 1

(**Abs. 1**) Anders als § 35 Abs. 1 SBG 1997 bestimmt § 32 Abs. 1 SBG 2016, dass die Mitglieder der Versammlungen der Vertrauenspersonen einen »**Vorstand**« wählen (Abs. 1 S. 1), der aus einem **Sprecher**, einem **ersten Stellvertreter** und einem **zweiten Stellvertreter** besteht (Abs. 1 S. 2). Dabei handelt es sich aber nicht um ein dem Vorstand des Personalrats entsprechendes Gremium, weil § 35 Abs. 2 S. 1 SBG im Unterschied zu § 32 Abs. 1 S. 4 BPersVG nicht dem Vorstand, sondern dem Sprecher (oder ggf. dem ersten oder zweiten Stellvertreter) die Befugnis zur Führung der Geschäfte (auch der laufenden Geschäfte) zuweist. Auch an anderer Stelle enthält das SBG keine Bestimmung, wonach dem Vorstand der Versammlung als Kollegium wahrzunehmende Aufgaben und Befugnisse zustehen. Die Paragrafenüberschrift zeigt, dass es nach wie vor auf den Sprecher ankommt. 2

Zum **Vorstandsmitglied** können nur die der Versammlung als ständige Mitglieder angehörenden Vertrauenspersonen (also nicht die nach § 14 Abs. 2 SBG lediglich vorübergehend eingetretenen stellvertretenden Vertrauenspersonen; vgl. § 14 SBG Rn. 5) sowie die nach § 33 Abs. 4 i. V. m. § 63 Abs. 2 SBG hinzugetretenen Soldatenvertreter (vgl. § 33 SBG Rn. 9) gewählt werden. Anders als bisher »sollen« nach § 35 Abs. 1 S. 4 SBG die Vorstandsmitglieder **verschiedenen Laufbahngruppen** angehören,[191] wobei keiner Laufbahngruppe ein Vorrang zusteht. Die Versammlung in ihrer Gesamtheit wählt nacheinander in **gesonderten Wahlgängen** den Sprecher, den ersten Stellvertreter und den zweiten Stellvertreter.[192] Nach der für die Beschluss- 3

191 Mit der Ersetzung von »müssen« in § 33 Abs. 1 S. 3 SBG 1997 durch »sollen« in § 35 Abs. 1 S. 4 SBG 2016 ist das bisher zwingende Laufbahngruppenprinzip aufgegeben worden (BT-Drs. 18/8298, S. 45 [zu § 35]).
192 Str.; vgl. KfdP-*Altvater*, Anh. V B § 33 SBG Rn. 3 m. N.

fassung der Versammlung geltenden (und durch die Versammlung nicht abänderbaren) Vorschrift des § 36 Abs. 3 S. 1 SBG ist **gewählt**, wer im jeweiligen Wahlgang die **einfache Mehrheit** der Stimmen der anwesenden Mitglieder erhalten hat.[193] Bei **Stimmengleichheit** entscheidet nach § 35 Abs. 1 S. 3 SBG das **Los** (vgl. § 32 BPersVG Rn. 3 a. E.).

4 Da die in § 35 Abs. 1 SBG geregelten Wahlen Akte der Geschäftsführung der Versammlung sind und das Gesetz die Vorschriften des § 7 SBG über die Anfechtung der Wahl der Vertrauenspersonen nicht in Bezug nimmt, sind die Wahlen des Sprechers und seiner Stellvertreter zumindest durch den Beteiligungspartner der Versammlung **nicht anfechtbar.**[194] Jedoch steht den Mitgliedern der Versammlung aufgrund ihres **Beschwerderechts nach § 33 Abs. 7 S. 2 i. V. m. § 17 SBG** umfassender Rechtsschutz zu, aufgrund dessen auch die Rechtmäßigkeit der in § 35 Abs. 1 SBG geregelten Wahlen gerichtlich überprüft werden kann (vgl. § 17 SBG Rn. 2). Dabei sollen allerdings die Verfahrensregeln des § 7 SBG entsprechend anwendbar sein.[195]

5 (**Abs. 2**) § 35 Abs. 2 S. 1 SBG regelt die **Aufgaben des Sprechers**. Ihm obliegt die **Geschäftsführung** der Versammlung der Vertrauenspersonen, insb. die Einberufung und Leitung der Versammlung, sowie die **Ausführung ihrer Beschlüsse**. Handelt es sich dabei um die Ausübung von Beteiligungsrechten, hat der Sprecher die Beschlüsse im Rahmen der Verfahrensvorschriften der §§ 21 bis 23 SBG umzusetzen (vgl. § 35 SBG Rn. 13). Er ist »**Ansprechpartner**« seines in § 33 Abs. 6 SBG genannten »Beteiligungspartners« (also des Führers des Verbandes, des Kasernenkommandanten oder des Standortältesten) oder (nach§ 34 Abs. 3 i. V. m. § 33 Abs. 6 SBG des Führers des jeweiligen Großverbands. Insoweit ist er auch zur **Entgegennahme von Erklärungen** befugt, z. B. solcher, die ein förmliches Beteiligungsverfahren in Gang setzen. Ist der Sprecher **verhindert**, sein Amt auszuüben, wird er durch den ersten Stellvertreter oder, falls auch dieser verhindert ist, durch den zweiten Stellvertreter vertreten.

6 § 35 Abs. 2 S. 2 SBG (zu dem es im SBG 1997 noch keine Entsprechung gab) soll klarstellen, dass auch der Sprecher einer Versammlung der Vertrauenspersonen im erforderlichen Umfang zur Wahrnehmung seiner Amtsgeschäfte **freizustellen** ist.[196] Dafür gilt das Gleiche wie für den entsprechenden Anspruch nach § 8 Abs. 2 S. 2 SBG (vgl. § 8 SBG Rn. 3).

7 (**Abs. 3**) Der mit § 32 Abs. 8 SBG 1997 inhaltsgleiche § 35 Abs. 3 SBG 2016 schreibt vor, dass die Sprecher der Versammlungen der Vertrauenspersonen der Verbände und ihre Stellvertreter einmal jährlich zu einer **Fortbildungs-**

---

193 Str.; vgl. KfdP-*Altvater*, Anh. V B § 33 SBG Rn. 2 m. N.

194 *TDG Mitte* v. 25. 5. 92 – M 8 GL 8/92 –, n. v.; *TDG Nord* v. 16. 2. 94 – N 1 BLa 4/93 –, NZWehrr 94, 169.

195 So *TDG Nord* v. 26. 1. 95 – N 4 GL 11/94 –, NZWehrr 95, 171.

196 BT-Drs. 18/8298, S. 45 (zu § 35).

veranstaltung zusammenzuziehen sind. Dabei haben die Inspekteure in ihrem Verantwortungsbereich über die Ebene, in der die Veranstaltungen durchzuführen sind, sowie über deren konkrete Inhalte und Modalitäten zu entscheiden. Die Veranstaltungen sollen u.a. sicherstellen, dass die an ihr Teilnehmenden frühzeitig über langfristige Entwicklungen in ihrem Organisationsbereich unterrichtet werden.[197]

(**Abs. 4**) Die Aufgaben des Sprechers entsprechen denen des Vorstands des 8
Personalrats und anderer vergleichbarer Kollegialorgane. Die dazu nicht passende Vorschrift des § 33 Abs. 1 S. 4 SBG 1991, die für die **Dauer der Tätigkeit** die §§ 9 bis 13 SBG 1991 in Bezug nahm, war durch das 1. SBGÄndG gestrichen worden. Dadurch wurde klargestellt, dass der Sprecher **nicht für eine bestimmte Amtszeit** (nach vorherigem Recht für ein Jahr) gewählt wird, sondern dass er so lange Inhaber des Amtes ist, bis er es niederlegt, die Versammlung der Vertrauenspersonen es ihm durch Abwahl entzieht oder seine Mitgliedschaft in der Versammlung endet.[198] Die **Amtsniederlegung**, die der Versammlung gegenüber zu erklären ist, und die **Abwahl** sind jederzeit möglich und an keine Gründe gebunden. Die Abwahl muss – wie andere Gegenstände der Beschlussfassung – in der Tagesordnung angekündigt sein und bedarf der einfachen Mehrheit der anwesenden Mitglieder (vgl. Rn. 3). Ohne Entsprechung im BPersVG sieht der mit § 33 Abs. 3 SBG 1997 im Wesentlichen inhaltsgleiche § 35 Abs. 4 SBG 2016 durch Verweisung (nunmehr) auf § 12 SBG vor, dass der Sprecher auch **durch Entscheidung des Truppendienstgerichts abberufen** werden kann, wobei anstelle des Disziplinarvorgesetzten der jeweilige in § 33 Abs. 6 SBG genannte **Beteiligungspartner** (vgl. § 33 SBG Rn. 11) oder (hinsichtlich der nach § 34 SBG gebildeten Versammlungen der Großverbände) der **Führer des jeweiligen Großverbandes** antragsberechtigt ist. Endet das Amt des Sprechers, so geht dessen Funktion nicht auf den nächsten Stellvertreter über.[199] Vielmehr hat die Versammlung einen **neuen Sprecher** zu wählen. Lediglich bis zur Neuwahl übt der erste Stellvertreter oder, wenn dieser verhindert ist, der zweite Stellvertreter das Amt des Sprechers aus (vgl. § 32 BPersVG Rn. 18).

§ 36 Sitzungen, Beschlussfähigkeit, Protokoll

(1) [1]Die Versammlungen der Vertrauenspersonen treten einmal im Kalendervierteljahr zusammen. [2]Auf Anregung der in § 33 Absatz 6 genannten Beteiligungspartnerinnen oder Beteiligungspartner sowie auf Antrag

197 BT-Drs. 13/5740, S. 20 (zu Nr. 29).

198 Nach a. A. (*Gronimus*, § 33 SBG Rn. 20) wird auch eine Wahl auf Zeit als zulässig angesehen.

199 Str.; vgl. KfdP-*Altvater*, Anh. V B § 33 SBG Rn. 6 m. N.; anders als hier auch ZDv A-1472/1 Nr. 281.

eines Drittels ihrer Mitglieder treten sie auch häufiger als einmal im Kalendervierteljahr zusammen. [3]Die Sitzungen finden in der Regel während der Dienstzeit statt. [4]Bei der Anberaumung ist auf die dienstlichen Erfordernisse Rücksicht zu nehmen. [5]Die Disziplinarvorgesetzten sind über den Zeitpunkt der Sitzung vorher zu unterrichten.

(2) [1]Die Versammlung der Vertrauenspersonen ist beschlussfähig, wenn mindestens die Hälfte ihrer Mitglieder anwesend ist. [2]Hierbei werden die Mitglieder nicht mitgezählt, die an einer Teilnahme verhindert sind, weil ihre Einheit oder Dienststelle zum Zeitpunkt der Versammlung ortsabwesend ist.

(3) [1]Die Beschlüsse der Versammlung der Vertrauenspersonen werden mit einfacher Stimmenmehrheit der anwesenden Mitglieder gefasst. [2]Bei Stimmengleichheit ist ein Antrag abgelehnt.

(4) [1]Über jede Sitzung der Versammlung ist ein Protokoll zu fertigen, das mindestens den Wortlaut der Anträge und Beschlüsse sowie das zahlenmäßige Stimmenverhältnis enthält. [2]Das Protokoll ist von der Sprecherin oder dem Sprecher und einem weiteren Mitglied zu unterzeichnen; ihm ist eine Anwesenheitsliste beizufügen, in die sich jede Teilnehmerin und jeder Teilnehmer einzutragen hat.

(5) Die Versammlung der Vertrauenspersonen kann ergänzende Regelungen in einer Geschäftsordnung treffen, die sie mit der Mehrheit der Stimmen der Mitglieder beschließt.

(6) [1]Ist im Bereich einer Versammlung der Vertrauenspersonen des Verbands ein Personalrat gebildet, soll zur Behandlung gemeinsamer Angelegenheiten die oder der Vorsitzende dieses Personalrats an den Sitzungen der Versammlung beratend teilnehmen, sofern Interessen der von ihr oder ihm Vertretenen berührt sind. [2]Satz 1 gilt entsprechend für die Teilnahme der Sprecherin oder des Sprechers der Versammlung der Vertrauenspersonen an den Sitzungen des Personalrats.

1 In Aufbau und Inhalt stimmt **§ 36 SBG 2016** weitgehend mit **§ 34 SBG 1997** überein. Besonders bedeutsam sind folgende Abweichungen: Die Bestimmungen zur Beschlussfähigkeit sind in § 36 Abs. 2 S. 2 SBG 2016 durch eine Sonderregelung für Fälle der Ortsabwesenheit von Einheiten oder Dienststellen ergänzt worden. Die bisher in **§ 44 Abs. 1 SBG 1997** normierten Regelungen zum Protokoll von Sitzungen sind als Abs. 4 in den § 36 SBG 2016 verschoben worden, mit der Folge, dass die Abs. 4 und 5 des § 34 SBG 1997 zu den Abs. 5 und 6 des § 36 SBG 2016 geworden sind. Die jetzt in § 36 Abs. 6 SBG 2016 getroffenen Regelungen zur Behandlung gemeinsamer Angelegenheiten von Verbandsversammlung und Personalrat sind an zwei Stellen inhaltlich modifiziert worden. Für Versammlungen der Vertrauenspersonen der **Großverbände** findet (nur) § 36 Abs. 1 bis 5 SBG (modifiziert durch

eine Maßgabe zu § 36 Abs. 1 S. 1) **entsprechende Anwendung** (§ 34 Abs. 3 SBG; vgl. dort Rn. 4).

(**Abs. 1**) Der mit § 34 Abs. 1 SBG 1997 inhaltsgleiche § 35 Abs. 1 SBG 2016 enthält Regelungen zur Anberaumung der **Sitzungen** der Versammlungen der Vertrauenspersonen. Nach § 36 Abs. 1 S. 1 SGB finden die Sitzungen (als ordentliche Sitzungen) ohne besonderen Anlass **einmal im Kalendervierteljahr** statt. Außerdem sind sie nach § 36 Abs. 1 S. 2 SGB (als außerordentliche Sitzungen) auf Anregung ihres Beteiligungspartners (vgl. § 33 SBG Rn. 11) oder auf Antrag eines Drittels der Mitglieder der Versammlung **auch häufiger** als einmal im Kalendervierteljahr einzuberufen. Die **Anberaumung** der Sitzungen unter Festlegung eines genauen Termins sowie die rechtzeitige Einladung unter Übersendung der Tagesordnung sind Maßnahmen der Geschäftsführung, die nach § 35 Abs. 2 S. 1 SBG dem Sprecher obliegt. Nach den Vorschriften des § 36 Abs. 1 S. 3 bis 5 SBG, die den Bestimmungen des § 35 S. 1 Hs. 2, S. 2 und 3 BPersVG nachgebildet sind, finden die Sitzungen i. d. R. während der Dienstzeit statt, ist bei ihrer Anberaumung auf die dienstlichen Erfordernisse Rücksicht zu nehmen und sind die Disziplinarvorgesetzten im Geschäftsbereich der Versammlung vom Zeitpunkt der Sitzung vorher zu unterrichten (vgl. § 35 BPersVG Rn. 2ff.). 2

Wie sich aus § 36 Abs. 6 SBG ergibt, sind die Sitzungen **nicht öffentlich.** Deshalb dürfen grundsätzlich nur die Mitglieder der Versammlung an ihnen teilnehmen. Für die Teilnahme anderer Personen bedarf es eines besonderen Rechtfertigungsgrundes. Im Hinblick auf das Gebot der Zusammenarbeit zwischen der Versammlung und ihrem **Beteiligungspartner** (vgl. § 33 SBG Rn. 11) ist dieser in entsprechender Anwendung des § 34 Abs. 4 BPersVG berechtigt, an den Sitzungen teilzunehmen, die entweder aufgrund seiner Anregung anberaumt sind oder zu denen er ausdrücklich eingeladen ist. Will die Versammlung jedoch in Abwesenheit des Beteiligungspartners beraten oder beschließen, hat dieser die Sitzung auf Verlangen des Sprechers zu verlassen (vgl. § 34 BPersVG Rn. 13). 3

(**Abs. 2, 3**) Als Kollegialorgan trifft die Versammlung ihre Entscheidungen durch **Beschlüsse**, die in ordnungsmäßig einberufenen und durchgeführten Sitzungen gefasst werden. Dabei darf grundsätzlich nur über solche Angelegenheiten beraten und beschlossen werden, die den Mitgliedern rechtzeitig vor der Sitzung als Tagesordnungspunkte bekannt gemacht worden sind. Ist dies nicht geschehen, kann der betreffende Punkt aber dann behandelt werden, wenn alle Mitglieder der Versammlung[200] rechtzeitig zur Sitzung geladen worden sind und die beschlussfähig Erschienenen in der Sitzung die Tagesordnung durch einstimmigen Beschluss entsprechend ergänzen (vgl. § 34 BPersVG Rn. 5). 4

200 Ggf. einschl. der nach § 14 Abs. 2 SBG vorübergehend eingetretenen stellvertretenden Vertrauenspersonen (vgl. unten Rn. 6).

5 Nach **§ 36 Abs. 2 S. 1** SBG (der § 37 Abs. 2 Hs. 1 BPersVG nachgebildet ist) ist die Versammlung der Vertrauenspersonen **beschlussfähig**, wenn mindestens die Hälfte ihrer Mitglieder anwesend ist. **§ 36 Abs. 2 S. 2** SBG (der im SGB 1997 keine Entsprechung hatte) enthält eine Sonderregelung in Bezug auf jene Mitglieder, die an einer Teilnahme verhindert sind, weil ihre **Einheit oder Dienststelle zum Zeitpunkt der Versammlung ortsabwesend** ist[201]: Sie werden bei der Feststellung der Beschlussfähigkeit nicht mitgezählt, damit eine durch ihre Abwesenheit verursachte Beschlussunfähigkeit der Versammlung vermieden wird. In der Gesetzesbegründung heißt es dazu, dass die Inanspruchnahme dieser Regelung im Protokoll der Sitzung (vgl. Rn. 7) zu begründen ist.[202]

6 Nach **§ 36 Abs. 3** SBG (der § 37 Abs. 1 S. 1 und 3 BPersVG nachgebildet ist) werden die **Beschlüsse** der Versammlung mit **einfacher Stimmenmehrheit der anwesenden Mitglieder** gefasst, wobei klargestellt ist, dass bei **Stimmengleichheit** ein Antrag abgelehnt ist. Der (dem § 37 Abs. 1 S. 2 BPersVG nachgebildete) § 34 Abs. 3 S. 2 SBG 1991, wonach **Stimmenthaltung** als Ablehnung galt, wurde bereits durch das 1. SBGÄndG gestrichen. Daraus folgt, dass jene Mitglieder, die sich der Stimme enthalten, bei der Berechnung der Stimmenmehrheit unberücksichtigt bleiben.[203] Für eine **verhinderte Vertrauensperson** tritt nach § 14 Abs. 2 SBG die **stellvertretende Vertrauensperson** ein; das gilt allerdings nur für jene Vertrauenspersonen, die kraft ihres Amtes als Vertrauensperson Mitglied der Versammlung sind.[204]

7 (**Abs. 4**) Der dem § 41 Abs. 1 BPersVG nachgebildete § 36 Abs. 4 SGB 2016 enthält Bestimmungen zu dem über jede Sitzung der Versammlung zu fertigenden **Protokoll** und die ihm beizufügenden **Anwesenheitsliste**. Sie sind mit redaktionellen Anpassungen aus § 44 Abs. 1 SBG 1997 hierher verschoben worden.[205]

8 (**Abs. 5**) Der mit § 34 Abs. 4 SBG 1997 wortgleiche § 36 Abs. 5 SBG 2016 stellt klar, dass die Versammlung *ergänzende* (also nicht vom Gesetz abweichende) Regelungen in einer **Geschäftsordnung** treffen kann, und legt im Unterschied zu § 36 Abs. 3 S. 1 SBG fest, dass dafür die **Mehrheit der Stimmen der Mitglieder** erforderlich ist (vgl. § 42 BPersVG). In der Geschäftsordnung kann auch die Einrichtung **geschäftsführender Ausschüsse** festgelegt werden.[206]

9 (**Abs. 6**) Unter der Voraussetzung, dass im Bereich einer **Versammlung der Vertrauenspersonen des Verbands** nach § 91 Abs. 1 SG i. V. m. § 12

201 Gemeint sind dienstliche Abwesenheiten, wie sie bspw. bei seegehenden Schiffen und Booten der Marine oder bei Übungs- und Ausbildungsvorhaben vorkommen können (BT-Drs. 18/8298, S. 45 [zu § 36]).

202 BT-Drs. 18/8298, a. a. O.

203 Vgl. BT-Drs. 13/5740, S. 21 (zu Nr. 31 Buchst. c); str.; vgl. KfdP-*Altvater*, Anh. V B § 34 SBG Rn. 3 m.N.

204 Vgl. KfdP-*Altvater*, Anh. V B § 34 SBG Rn. 3 a. E.

205 BT-Drs. 18/8298, S. 45 (zu § 36).

206 Vgl. KfdP-*Altvater*, Anh. V B § 34 SBG Rn. 4 m.N.

BPersVG ein **Personalrat** gebildet ist, sieht der mit § 34 Abs. 5 SBG 1997 inhaltlich weitgehend übereinstimmende § 36 Abs. 6 SBG 2016 zur **Behandlung gemeinsamer Angelegenheiten** ein wechselseitiges **Recht zur beratenden Teilnahme** des Vorsitzenden des Personalrats an den Sitzungen der Versammlung und des Sprechers der Versammlung an den Sitzungen des Personalrats vor, soweit die Interessen der von ihnen jeweils Vertretenen berührt sind. Unterschiede zur Regelung im SGB 1997 liegen darin, dass einerseits die bisherige Kann-Vorschrift in eine **Soll-Vorschrift** umgewandelt und das bisherige Recht der stimmberechtigten Teilnahme zur beratenden Teilnahme umgestaltet worden ist.[207] Sind im Bereich einer Verbandsversammlung **mehrere Personalräte** gebildet, hat zur Behandlung gemeinsamer Angelegenheiten der Vorsitzende jedes Personalrats ein Recht zur beratenden Teilnahme an den Sitzungen der Verbandsversammlung und umgekehrt der Sprecher der Versammlung ein Recht zur beratenden Teilnahme an den Sitzungen jedes Personalrats. Die in § 36 Abs. 6 SBG vorgesehene Form institutionalisierter **Zusammenarbeit** von Verbandsversammlung und Personalrat kann dazu beitragen, die beiden Organen obliegende Interessenvertretung aufeinander abzustimmen und widersprüchliche Stellungnahmen in derselben Sache zu vermeiden. Die Regelung ändert indessen nichts daran, dass in der gleichen Angelegenheit u. U. beide Organe **nebeneinander zu beteiligen** sind (vgl. § 1 SBG Rn. 4).

Abschnitt 2
Vertrauenspersonenausschüsse

§ 37 Bildung der Vertrauenspersonenausschüsse

(1) Vertrauenspersonenausschüsse sind
1. **der Gesamtvertrauenspersonenausschuss sowie**
2. **die Vertrauenspersonenausschüsse der militärischen Organisationsbereiche.**

(2) Für die Vertrauenspersonenausschüsse gelten die Bestimmungen über die Versammlungen der Vertrauenspersonen entsprechend, sofern nachfolgend nichts anderes bestimmt ist.

Ohne Entsprechung im SGB 1997 ist **§ 37 Abs. 1 SBG 2016**. Der Regelungsgehalt des **§ 35 Abs. 5 SBG 1997** findet sich in geänderter Fassung in **§ 37 Abs. 2 SBG 2016**. 1

207 Vgl. BT-Drs. 18/8298, a. a. O.

2 (**Abs. 1**) Die neue Vorschrift des § 37 Abs. 1 SBG sieht vor, welche **Vertrauenspersonenausschüsse (VPA)** gebildet werden. Es sind dies der bereits mit dem SBG 1991 eingeführte **Gesamtvertrauenspersonenausschuss (GVPA)**, der nach § 38 SBG beim BMVg gebildet wird, und die mit dem SGB 2016 hinzugekommenen **Vertrauenspersonenausschüsse der militärischen Organisationsbereiche**, die nach § 39 SBG bei den unmittelbar dem BMVg nachgeordneten Kommandos dieser Organisationsbereiche gebildet werden.

3 (**Abs. 2**) Nach dem mit § 35 Abs. 5 SBG 1997 vergleichbaren § 37 Abs. 2 SBG 2016 gelten für die VPA die **Bestimmungen über die Versammlungen der Vertrauenspersonen** entsprechend, soweit nachfolgend – d.h. in den §§ 38ff. SBG – nichts anderes bestimmt ist. Diese grundsätzliche Verweisung erstreckt sich auf die §§ 33 bis 36 SBG, ggf. auch auf die darin enthaltenen Verweisungen auf Bestimmungen in dem die Beteiligung der Vertrauenspersonen regelnden Kap. 2 SBG (§§ 3 bis 32).

§ 38 Gesamtvertrauenspersonenausschuss

(1) [1]Beim Bundesministerium der Verteidigung wird ein Gesamtvertrauenspersonenausschuss mit 35 Mitgliedern gebildet. [2]In ihm sollen die Soldatinnen und Soldaten der militärischen Organisationsbereiche sowie der Dienststellen, die keinem militärischen Organisationsbereich angehören, nach Laufbahngruppen angemessen vertreten sein. [3]Die Mitglieder der Gruppe der Soldatinnen und Soldaten im Hauptpersonalrat beim Bundesministerium der Verteidigung treten dem Gesamtvertrauenspersonenausschuss als weitere Mitglieder hinzu.

(2) [1]Die einem militärischen Organisationsbereich angehörenden Mitglieder des Gesamtvertrauenspersonenausschusses bilden jeweils eine Gruppe. [2]Die Mitglieder, die keinem militärischen Organisationsbereich angehören, bilden zusammen eine weitere Gruppe.

(3) [1]Der Gesamtvertrauenspersonenausschuss wird bei Grundsatzregelungen des Bundesministeriums der Verteidigung im personellen, sozialen und organisatorischen Bereich angehört, sofern diese Grundsatzregelungen Soldatinnen und Soldaten betreffen. [2]Er kann in diesen Angelegenheiten auch vor einer Anhörung Anregungen geben. [3]Der Gesamtvertrauenspersonenausschuss hat bei Grundsatzregelungen ein Vorschlags- oder Mitbestimmungsrecht, sofern dieses Gesetz Vertrauenspersonen ein solches einräumt. [4]Gleiches gilt bei Grundsatzregelungen im personellen, sozialen und organisatorischen Bereich von Stellen, die dem Bundesministerium der Verteidigung nachgeordnet sind, wenn diese Grundsatzregelungen Wirkung auf mehrere Organisationsbereiche oder den gesamten Geschäftsbereich des Bundesministeriums der Verteidigung entfalten. [5]Die Sätze 1 bis 4 finden keine Anwendung auf die Vorbereitung von

Gesetzen oder auf den Erlass von Rechtsverordnungen. [6]Erhebungen mittels Fragebogen sind Grundsatzregelungen gleichgestellt, sofern sie solche vorbereiten.
(4) [1]Kommt in Mitbestimmungsangelegenheiten, die Soldatinnen und Soldaten betreffen, zwischen dem Bundesministerium der Verteidigung und dem Gesamtvertrauenspersonenausschuss keine Einigung zustande, können diese Mitbestimmungsangelegenheiten einem Schlichtungsausschuss vorgelegt werden. [2]Dieser besteht abweichend von § 23 Absatz 2 aus je drei vom Bundesministerium der Verteidigung und vom Gesamtvertrauenspersonenausschuss bestimmten Beisitzerinnen oder Beisitzern sowie einer oder einem einvernehmlich berufenen unparteiischen Vorsitzenden. [3]Der Schlichtungsausschuss verhandelt nicht öffentlich. [4]Er spricht eine Empfehlung an das Bundesministerium der Verteidigung aus, das auf Grundlage der Empfehlung endgültig entscheidet.

Die im Vergleich zum bisherigen Recht formal und inhaltlich teilweise geän- 1
derten und ergänzten Bestimmungen des **§ 38 SBG 2016** sind neu zusammengestellt. Entsprechungen zu § 38 Abs. 1 SGB 2016 finden sich in **§ 35 Abs. 1 SBG 1997**, zu § 38 Abs. 2 SGB 2016 in **§ 35 Abs. 4 SBG 1997**, zu § 38 Abs. 3 S. 1 bis 3 SGB 2016 in **§ 37 Abs. 1 SBG 1997** und zu § 38 Abs. 4 SGB 2016 in **§ 37 Abs. 2 und 3 SBG 1997**. Die Regelungen in § 38 Abs. 3 S. 4 bis 6 SBG 2016 sind **neu** hinzugekommen.

(Abs. 1) Der dem § 35 Abs. 1 SBG 1997 entsprechende § 38 Abs. 1 SBG 2016 2
enthält die redaktionell und inhaltlich teilweise geänderten grundsätzlichen Bestimmungen zur **Bildung und Zusammensetzung des GVPA**. Er wird **beim BMVg** als Beteiligungsorgan aller Soldaten der Bundeswehr gebildet. Die Soldaten, die nach Kap. 2 SBG (§§ 3 ff.) Vertrauenspersonen wählen, werden durch **35 Mitglieder** repräsentiert, jene Soldaten, die nach Kap. 5 SBG (§§ 59 ff.) Personalvertretungen wählen, durch die **Soldatenvertreter im Hauptpersonalrat** beim BMVg. Diese treten dem GVPA als weitere Vollmitglieder mit allen Rechten und Pflichten hinzu.[208] Da sie dem GVPA aufgrund ihrer Eigenschaft als Mitglied des Hauptpersonalrats angehören, richtet sich ihre persönliche Rechtsstellung allerdings nach dem BPersVG. Unter den 35 **nach § 40 SBG zu wählenden Mitgliedern** sollen die Soldaten der **militärischen Organisationsbereiche** (Heer, Luftwaffe, Marine, Zentraler Sanitätsdienst der Bundeswehr und Streitkräftebasis) sowie der **Dienststellen, die keinem militärischen Organisationsbereich angehören** (bspw. Dienststellen im Bereich Einsatzführungskommando der Bundeswehr), nach **Laufbahngruppen** (Mannschaften, Unteroffiziere und Offiziere) – im Unterschied zum SBG 1997 jedoch nicht mehr nach Statusgruppen (vgl.

208 BT-Drs. 13/5740, S. 21 (zu Nr. 33).

Anh. V A § 35 SG Rn. 1a) – angemessen vertreten sein. Im Einzelnen ist die Sitzverteilung in § 20 SBGWV 2012 (vergleichbar § 23 SBGWV-RefE 2016) geregelt.

3 (**Abs. 2**) Der dem § 35 Abs. 4 SBG 1997 entsprechende § 38 Abs. 2 S. 1 SBG 2016 bestimmt, dass die einem **militärischen Organisationsbereich** angehörenden Mitglieder des GVPA **jeweils eine Gruppe** bilden. Die im SBG 1997 noch nicht enthaltene Regelung in § 38 Abs. 2 S. 2 SBG 2016 sieht vor, dass die Mitglieder, die **keinem militärischen Organisationsbereich** angehören, **zusammen eine weitere Gruppe** bilden. Dazu gehören Mitglieder aus den **zivilen Organisationsbereichen** (das sind drei Ressourcenbereiche und zwei weitere Bereiche [vgl. § 92 BPersVG Rn. 1a]) und aus Dienststellen, die **keinem Organisationsbereich** angehören (das sind dem BMVg unmittelbar unterstellte Dienststellen[209]).

4 (**Abs. 3**) Die Regelungen in § 38 Abs. 3 S. 1 bis 3 SBG 2016 sind mit wenigen redaktionellen Abweichungen inhaltsgleich aus **§ 37 Abs. 1 SBG 1997** übernommen worden. Hinzugekommen sind die im SBG 1997 noch nicht enthaltenen Bestimmungen des § 38 Abs. 3 S. 4 bis 6 SBG 2016. § 38 Abs. 3 S. 1 SBG sieht ein **Anhörungsrecht** des GVPA bei Soldaten betreffenden **Grundsatzregelungen des BMVg** im personellen, sozialen und organisatorischen Bereich vor. Damit sind alle Regelungen gemeint, deren Bedeutung über den Einzelfall hinausgeht. § 38 Abs. 3 S. 2 SBG gibt dem GVPA das Recht, in den seiner Anhörung unterliegenden Angelegenheiten auch vor einer Anhörung bereits **Anregungen** zu geben. Darüber hinaus legt § 38 Abs. 3 S. 3 SBG bei Grundsatzregelungen ein **Vorschlags- oder Mitbestimmungsrecht** des GVPA fest, sofern das SBG Vertrauenspersonen ein solches Beteiligungsrecht einräumt (vgl. § 22 SBG Rn. 1 u. § 23 SBG Rn. 1). Die gleichen Beteiligungsrechte, die dem GVPA bei Grundsatzregelungen des BMVg zustehen, sind ihm nach § 38 Abs. 3 S. 4 SBG (als Erstzuständigkeit) bei **Grundsatzregelungen einer dem BMVg nachgeordneten Stelle** zugewiesen, wenn diese Regelungen deshalb **bereichsübergreifend** sind, weil sie mehrere Organisationsbereiche oder den gesamten Geschäftsbereich des BMVg betreffen.[210] In diesen Fällen erfolgt die Beteiligung des GVPA aber nicht durch das BMVg, sondern (nach § 43 Abs. 3 i. V. m. Abs. 1 und 2 SBG) durch jene dem BMVg nachgeordnete Stelle, die die Grundsatzregelung treffen will. Kommt dabei im Mitbestimmungsverfahren eine Einigung nicht zustande, ist (aufgrund der Verweisungen in § 37 Abs. 2 und § 33 Abs. 7 S. 3 SBG) in entsprechender Anwendung des § 23 Abs. 2 S. 1 SBG das BMVg anzurufen. § 38 Abs. 1 S. 5 SBG stellt klar, dass die in § 38 Abs. 3 S. 1 bis 4 SBG normierten

---

209 Einsatzführungskommando der Bundeswehr (mit Stabs- und Fernmeldebataillon sowie Zentrum Counter IED), Planungsamt der Bundeswehr, Luftfahrtamt der Bundeswehr.

210 BT-Drs. 18/8298, S. 46 (zu § 38).

Beteiligungsrechte sich nicht beziehen auf die **Vorbereitung von Gesetzen** (im formellen Sinne) und auf den **Erlass von Rechtsverordnungen** (bei denen es sich um Gesetze im materiellen Sinne handelt). Durch § 38 Abs. 3 S. 6 SBG wird zur Herstellung der Rechtssicherheit klargestellt, dass **Erhebungen mittels Fragebogen** den Grundsatzregelungen hinsichtlich der Beteiligung des GVPA gleichgestellt sind, sofern sie solche Regelungen vorbereiten.[211]

(Abs. 4) Die Bestimmungen des § 37 Abs. 2 und 3 SBG 1997 sind mit redaktionellen Änderungen und einer inhaltlichen Ergänzung in § 38 Abs. 4 SBG 2016 übernommen worden. Kommt es in Mitbestimmungsangelegenheiten zwischen BMVg und GVPA zu **keiner Einigung**, können beide Seiten einen **Schlichtungsausschuss** anrufen (Abs. 4 S. 1). Für dessen **Zusammensetzung** gilt wie bisher eine eigene Regelung, die von § 23 Abs. 2 SBG abweicht und sich an § 71 Abs. 1 S. 2 BPersVG anlehnt (Abs. 4 S. 2). Es ist klargestellt, dass die Verhandlung des Ausschusses **nicht öffentlich** ist (Abs. 4 S. 3). Der Schlichtungsausschuss hat – anders als bei der Mitbestimmung der Vertrauenspersonen nach § 23 Abs. 3 SBG – in keinem Fall die Befugnis zu einer die Beteiligten bindenden Entscheidung, sondern kann immer nur eine **Empfehlung** an das BMVg aussprechen, das (auf der Grundlage der Empfehlung) endgültig entscheidet (Abs. 4 S. 4). 5

§ 39 Vertrauenspersonenausschüsse der militärischen Organisationsbereiche

(1) [1]Bei den unmittelbar dem Bundesministerium der Verteidigung nachgeordneten Kommandos der militärischen Organisationsbereiche werden Vertrauenspersonenausschüsse der militärischen Organisationsbereiche gebildet. [2]In ihnen sollen die Laufbahngruppen angemessen vertreten sein. [3]Sie setzen sich zusammen aus

1. **13 Mitgliedern beim Organisationsbereich Heer,**
2. **sieben Mitgliedern bei den Organisationsbereichen Streitkräftebasis und Luftwaffe sowie**
3. **fünf Mitgliedern bei den Organisationsbereichen Marine und Zentraler Sanitätsdienst der Bundeswehr.**

(2) [1]Die Vertrauenspersonenausschüsse der militärischen Organisationsbereiche werden bei Grundsatzregelungen ihres Organisationsbereichs im personellen, sozialen und organisatorischen Bereich angehört, sofern diese Grundsatzregelungen Soldatinnen und Soldaten betreffen. [2]Sie können in diesen Angelegenheiten auch vor einer Anhörung Anregungen geben. [3]Die Vertrauenspersonenausschüsse der militärischen Or-

211 BT-Drs. 18/8298, a. a. O.

ganisationsbereiche haben bei Grundsatzregelungen ein Vorschlags- oder Mitbestimmungsrecht, sofern dieses Gesetz Vertrauenspersonen ein solches einräumt. [4]Gleiches gilt bei Grundsatzregelungen im personellen, sozialen und organisatorischen Bereich von Stellen, die dem Kommando des militärischen Organisationsbereichs nachgeordnet sind, wenn diese Grundsatzregelungen Soldatinnen und Soldaten betreffen und Wirkung auf den jeweiligen Organisationsbereich entfalten. [5]Erhebungen mittels Fragebogen sind Grundsatzregelungen gleichgestellt, sofern sie solche vorbereiten.

(3) [1]Kommt in Mitbestimmungsangelegenheiten, die Soldatinnen und Soldaten betreffen, zwischen dem Kommando eines militärischen Organisationsbereichs und dem bei ihm gebildeten Vertrauenspersonenausschuss keine Einigung zustande, können diese Mitbestimmungsangelegenheiten einem Schlichtungsausschuss vorgelegt werden. [2]Dieser besteht abweichend von § 23 Absatz 2 aus je zwei Vertreterinnen oder Vertretern des Kommandos und des Vertrauenspersonenausschusses sowie einer oder einem einvernehmlich berufenen unparteiischen Vorsitzenden. [3]Der Schlichtungsausschuss verhandelt nicht öffentlich. [4]Er spricht eine Empfehlung an den militärischen Organisationsbereich aus, der auf Grundlage der Empfehlung endgültig entscheidet.

1 Die Bestimmungen der **§§ 39 und 41 SBG 2016** sind ebenso wie weitere, ergänzende Regelungen in Kap. 3 Abschn. 2 SBG 2016 **neu eingeführt** worden. Mit ihnen hat der Gesetzgeber beteiligungsrechtliche Folgerungen gezogen aus der **Neuausrichtung der Bundeswehr**, die u. a. dazu geführt hat, dass die **Inspekteure der militärischen Organisationsbereiche** mit ihren Führungsstäben aus dem BMVg ausgegliedert wurden und nunmehr ihren jeweiligen Organisationsbereich in einem einheitlichen Kommando führen, welches als **höhere Kommandobehörde** dem BMVg unmittelbar unterstellt ist (vgl. § 92 BPersVG Rn. 1c). Eingerichtet sind: **Kommando Heer** (Kdo H) in Strausberg, **Kommando Luftwaffe** (Kdo Lw) in Berlin-Gatow, **Marinekommando** (MarKdo) in Rostock, **Kommando Sanitätsdienst der Bundeswehr** (Kdo SanDstBw) in Koblenz und **Kommando Streitkräftebasis** (KdoSKB) in Bonn. Im Vorgriff auf die neuen Regelungen im SBG 2016 ist auf der Grundlage von Erlassen des BMVg, insb. durch den **Bereichserlass D-1472/2** zur **»Errichtung von Vertrauenspersonenausschüssen in der Übergangsphase (Ü-VPA)«**, bereits ein neues Regelungssystem praktiziert worden (vgl. Voraufl., Anh. V B § 37 SBG Rn. 2a).[212]

2 **(Abs. 1)** § 39 Abs. 1 SBG sieht vor, dass bei den vorgenannten **Kommandos der militärischen Organisationsbereiche** (vgl. Rn. 1) **Vertrauensperso-**

---

212 Näher dazu KfdP-*Altvater*, Anh. V B § 37 SBG Rn. 2a m. w. N.

nenausschüsse der militärischen Organisationsbereiche gebildet werden, in denen die **Laufbahngruppen** (Mannschaften, Unteroffiziere und Offiziere) angemessen vertreten sein sollen, und legt folgende unterschiedliche **Mitgliederzahlen** fest: für den VPA beim Kdo Heer 13[213], beim Kdo Luftwaffe und Kdo Streitkräftebasis jeweils 7 sowie beim MarineKdo und beim Kdo Sanitätsdienst der Bundeswehr jeweils 5.[214]

(Abs. 2) § 39 Abs. 2 SBG normiert die **Beteiligung des VPA** bei **Grundsatzregelungen seines Organisationsbereichs**. Die Bestimmungen sind den für den GVPA geltenden Regelungen in § 38 Abs. 3 SBG (mit Ausnahme des dortigen S. 5) weitgehend nachgebildet (vgl. § 38 SBG Rn. 4). Hervorzuheben ist § 39 Abs. 2 S. 4 SBG. Danach erstreckt sich die Beteiligung des VPA auch auf Soldaten betreffende **Grundsatzregelungen von Stellen, die dem Kommando des militärischen Organisationsbereichs nachgeordnet sind**, *wenn* diese Regelungen *Wirkung auf den jeweiligen Organisationsbereich* entfalten. Letzteres ist dann der Fall, wenn mehrere Dienststellen des militärischen Organisationsbereichs oder der gesamte militärische Organisationsbereich betroffen sind.[215] Geht allerdings die *Wirkung darüber hinaus*, ist nach § 38 Abs. 3 S. 4 SBG der GVPA zu beteiligen. In Fällen des § 39 Abs. 2 S. 4 SBG erfolgt die Beteiligung des VPA nicht durch das Kommando des militärischen Organisationsbereichs, sondern (nach § 43 Abs. 3 i. V. m. Abs. 1 und 2 SBG) durch jene dem Kommando nachgeordnete Stelle, die die Grundsatzregelung treffen will. Kommt dabei im Mitbestimmungsverfahren eine Einigung nicht zustande, ist (aufgrund der Verweisungen in § 37 Abs. 2 und § 33 Abs. 7 S. 3 SBG) in entsprechender Anwendung des § 23 Abs. 2 S. 1 SBG das Kommando des militärischen Organisationsbereichs anzurufen. Ergänzende Regelungen über die **Beteiligung von Bezirkspersonalräten** finden sich **§ 63 Abs. 4 und 5 SBG** (vgl. dort Rn. 12f.). 3

(Abs. 3) Kommt es in Mitbestimmungsangelegenheiten nicht zu einer Einigung zwischen dem Kommando eines militärischen Organisationsbereichs und dem bei ihm gebildeten VPA, kommt die **Anrufung eines Schlichtungsausschusses** in Betracht. Die dafür maßgeblichen Bestimmungen des § 39 Abs. 3 SBG sind denen des § 38 Abs. 4 SBG nachgebildet (vgl. § 38 SBG Rn. 5). Hervorzuheben sind zwei Unterschiede. Der Schlichtungsausschuss besteht nicht aus je drei, sondern **aus je zwei Vertretern des Kommandos** 4

---

213 Die für den VPA beim Kdo H zunächst vorgesehene Zahl von 11 Mitgliedern wurde nach Empfehlung des BT-Verteidigungsausschusses auf 13 erhöht (vgl. BT-Drs. 18/8735, S. 3 u. 6).

214 Damit soll ein Kompromiss erreicht werden zwischen der Gleichbehandlung aller Organisationsbereiche sowie der Arbeitsfähigkeit des VPA und dem »demokratischen Ideal einer exakten Repräsentation der Zahl der zu vertretenden … Soldaten des jeweiligen Organisationsbereichs« (BT-Drs. 18/8298, S. 46 [zu § 39]).

215 BT-Drs. 18/8298, S. 46 (zu § 39).

und des VPA (Abs. 3 S. 2). Die vom Schlichtungsausschuss ausgesprochene **Empfehlung** richtet sich nicht an das BMVg, sondern **an den militärischen Organisationsbereich**, der sodann endgültig entscheidet (Abs. 3 S. 4).

§ 40 Wahl des Gesamtvertrauenspersonenausschusses

(1) [1]Die Mitglieder des Gesamtvertrauenspersonenausschusses werden in allgemeiner, unmittelbarer, freier, gleicher und geheimer Wahl gewählt. [2]Wahlberechtigt sind alle Vertrauenspersonen des Geschäftsbereichs des Bundesministeriums der Verteidigung, die sich 21 Kalendertage vor dem Wahltag im Amt befinden.

(2) [1]Wählbar sind alle Wahlberechtigten nach Absatz 1, die Vertrauenspersonen eines Wahlbereichs sind, der für mindestens drei Monate gebildet wurde, und die Mitglieder des Gesamtvertrauenspersonenausschusses. [2]Satz 1 gilt für Wahlberechtigte, die zum Zeitpunkt der Wahl zu Lehrgängen oder anderen Dienststellen kommandiert sind, mit der Maßgabe, dass sie ausschließlich im Organisationsbereich ihres Stammtruppenteils wählbar sind.

(3) [1]Für die Durchführung der Wahlen des Gesamtvertrauenspersonenausschusses wird beim Bundesministerium der Verteidigung ein zentraler Wahlvorstand gebildet. [2]Der zentrale Wahlvorstand besteht aus fünf Soldatinnen oder Soldaten sowie fünf Ersatzmitgliedern, die das Bundesministerium der Verteidigung auf Vorschlag des Gesamtvertrauenspersonenausschusses beruft. [3]Jeder militärische Organisationsbereich soll vertreten sein.

(4) Das Bundesministerium der Verteidigung trägt die Kosten der Wahl.

1 Entsprechungen zu **§ 40 SBG 2016** finden sich in **§ 35 Abs. 2, 3 und 6 SBG 1997** (näher dazu Rn. 2ff.), ergänzende Bestimmungen in den §§ 17 bis 34 SBGWV 2012 (vergleichbar §§ 20 bis 37 SBGWV-RefE 2016).

2 **(Abs. 1)** Der im Vergleich zu dem entsprechenden § 35 Abs. 2 S. 1 SBG 1997 geänderte § 40 Abs. 1 S. 1 SBG 2016 bestimmt, dass die Mitglieder des GVPA nach den üblichen fünf **Wahlrechtsgrundsätzen** in **allgemeiner, unmittelbarer, freier, gleicher und geheimer Wahl** gewählt werden und stimmt insoweit mit § 3 Abs. 1 S. 1 SBG 2016 überein (vgl. § 3 SBG Rn. 2). Der Grundsatz der **unmittelbaren Wahl** hat hier jedoch wie bisher eine andere Bedeutung als bei der Wahl der Vertrauenspersonen nach § 3 Abs. 1 SBG sowie der Soldatenvertreter in den Personalvertretungen nach § 62 Abs. 1 SBG i. V. m § 19 Abs. 1 BPersVG. Das ergibt sich daraus, dass der dem § 35 Abs. 2 S. 1 SBG 1997 entsprechende § 40 Abs. 1 S. 2 SBG 2016 weiterhin nicht den vom GVPA repräsentierten Soldaten das aktive Wahlrecht gibt, sondern stattdessen bestimmt, dass alle Vertrauenspersonen des Geschäftsbereichs de

BMVg, die sich 21 Kalendertage vor dem Wahltag im Amt befinden, **wahlberechtigt** sind. Der Grundsatz der unmittelbaren Wahl bedeutet hier also nicht, dass die Mitglieder des GVPA von den Soldaten in Urwahl gewählt werden, sondern dass die wahlberechtigten Vertrauenspersonen ihre Stimme persönlich abzugeben haben. Letzteres ist auch im Rahmen der **Briefwahl** möglich, die in § 21 SBGWV 2012 generell vorgesehen und in § 28 SBGWV 2012 näher ausgestaltet ist (vergleichbar §§ 24 und 31 SBGWV-RefE 2016). Zum Kreis der Wahlberechtigten gehören auch die für die Dauer einer besonderen Verwendung im Ausland nach § 54 SBG gewählten zusätzlichen Vertrauenspersonen sowie die für die Dauer der besonderen Auslandsverwendung einer Vertrauensperson nach § 14 Abs. 2 und 3 SBG eingetretenen stellvertretenden bzw. gewählten Vertrauenspersonen mit befristeter Amtszeit.[216]

(**Abs. 2**) Nach dem mit § 35 Abs. 3 SBG 1997 inhaltsgleichen § 40 Abs. 2 S. 1 3
SBG 2016 sind **wählbar** alle Wahlberechtigten – mit Ausnahme der Vertrauenspersonen eines Wahlbereichs, der nicht für mindestens drei Monate gebildet wurde – und die amtierenden Mitglieder des GVPA, auch wenn diese nicht wahlberechtigt sind.[217] Hinzugekommen ist die ergänzende Regelung in § 40 Abs. 2 S. 2 SBG 2016. Danach sind Wahlberechtigte, die zum Zeitpunkt der Wahl zu Lehrgängen oder anderen Dienststellen kommandiert sind, ausschließlich im Organisationsbereich ihres Stammtruppenteils wählbar, also nicht in dem Organisationsbereich, in den sie kommandiert sind.[218]

(**Abs. 3**) Für die Durchführung der Wahlen des GVPA sieht der mit § 35 4
Abs. 6 S. 1 SBG 1997 teilweise übereinstimmende § 40 Abs. 5 SBG 2016 die Bildung eines **zentralen Wahlvorstands** beim BMVg vor. Neu ist, dass zu den (wie bisher vom BMVg auf Vorschlag des GVPA zu berufenden) fünf Mitgliedern dieses Wahlvorstands fünf Ersatzmitglieder hinzukommen, dass nur Soldaten berufen werden können und dass jeder militärische Organisationsbereich vertreten sein soll.[219] Zur Bildung **dezentraler Wahlvorstände** in den Organisationsbereichen sagt das SBG 2016 nichts; die Einzelheiten ihrer Bildung waren bisher in § 18 Abs. 1 und 2 SBGWV 2012 (vergleichbar § 21 Abs. 1–4 SBGWV-RefE 2016) geregelt.

(**Abs. 4**) Die neue Bestimmung in § 40 Abs. 4 SBG 2016 sieht in Entspre- 5
chung zu § 3 Abs. 5 SBG vor, dass das BMVg die **Kosten der Wahl** des GVPA trägt. Dazu gehören auch die Kosten der Wahlvorbereitung und die Schulung der Wahlvorstände.[220]

---

216 *BVerwG* v. 21.7.09 – 1 WB 18.08 –, PersV 09, 413.
217 Krit. dazu *Gronimus*, § 35 SBG Rn. 18.; ders., PersV 16, 404, 410 (zu 7).
218 BT-Drs. 18/8298, S. 47 (zu § 40).
219 BT-Drs. 18/8298, a. a. O.
220 BT-Drs. 18/8298, a. a. O.

§ 41 Wahl der Vertrauenspersonenausschüsse der militärischen Organisationsbereiche

(1) [1]Die Mitglieder der Vertrauenspersonenausschüsse der militärischen Organisationsbereiche werden in allgemeiner, unmittelbarer, freier, gleicher und geheimer Wahl gewählt. [2]Wahlberechtigt sind alle Vertrauenspersonen des jeweiligen militärischen Organisationsbereichs, die sich 21 Kalendertage vor dem Wahltag im Amt befinden.

(2) [1]Wählbar sind alle Wahlberechtigten nach Absatz 1, die Vertrauenspersonen eines Wahlbereichs sind, der für mindestens drei Monate gebildet wurde, und die jeweiligen Mitglieder der Vertrauenspersonenausschüsse der militärischen Organisationsbereiche. [2]Satz 1 gilt für Wahlberechtigte, die zum Zeitpunkt der Wahl zu Lehrgängen oder anderen Dienststellen kommandiert sind, mit der Maßgabe, dass sie ausschließlich im Organisationsbereich ihres Stammtruppenteils wählbar sind.

(3) [1]Für die Durchführung der Wahlen der Vertrauenspersonenausschüsse der militärischen Organisationsbereiche werden in den Organisationsbereichen Wahlvorstände gebildet. [2]Diese Wahlvorstände bestehen aus drei Soldatinnen oder Soldaten sowie drei Ersatzmitgliedern. [3]Diese werden in den militärischen Organisationsbereichen von der jeweiligen Inspekteurin oder vom jeweiligen Inspekteur auf Vorschlag des Vertrauenspersonenausschusses und in den zivilen Organisationsbereichen von der Leiterin oder dem Leiter des jeweiligen Bundesamtes berufen. [4]Jede Laufbahngruppe soll vertreten sein.

(4) Die Dienststelle trägt die Kosten der Wahl.

1 Die Bestimmungen des § 41 SBG 2016 sind ebenso wie die des § 39 SBG 2016 infolge der Neuausrichtung der Bundeswehr **neu eingeführt** worden (vgl. § 39 SBG Rn. 1). In die **SBGWV** sollen ergänzende Bestimmungen aufgenommen werden (§§ 38–54 SBGWV-RefE 2016).

2 Die für die **Wahl der VPA** der militärischen Organisationsbereiche maßgeblichen Regelungen in § 41 SBG sind den für die Wahl des GVPA geltenden Regelungen in § 40 SBG nachgebildet (vgl. § 40 SBG Rn. 2 bis 5). Hervorzuheben sind insb. folgende Punkte: **Wählbar** sind nicht die Mitglieder des GVPA, sondern die Mitglieder der VPA der militärischen Organisationsbereiche (§ 41 Abs. 2 S. 1 Alt. 2; vgl. aber unten Rn. 3). Die in den Organisationsbereichen zu bildenden **Wahlvorstände** bestehen aus drei (nicht fünf) Soldaten sowie aus drei (nicht fünf) Ersatzmitgliedern, wobei jede Laufbahngruppe vertreten sein soll (§ 41 Abs. 3 S. 2 und 4).

3 Für die Wahl der VPA der militärischen Organisationsbereiche werden die Bestimmungen des § 41 SBG durch die **Übergangsvorschriften** des **§ 65 Abs. 3 SBG** wie folgt ergänzt: Die **erstmalige Wahl** ist **unverzüglich** nach In-

krafttreten des SBG 2016 einzuleiten. Dabei sind auch die *dem jeweiligen militärischen Organisationsbereich angehörigen* **Mitglieder des GVPA wählbar.**

§ 42 Amtszeit, Rechtsstellung der Mitglieder der Vertrauenspersonenausschüsse

(1) [1]Die Amtszeit der Mitglieder der Vertrauenspersonenausschüsse beginnt entsprechend § 10 Absatz 1 Satz 2 und beträgt vier Jahre. [2]Schließt sich die Amtszeit der neu zu wählenden Vertrauenspersonenausschüsse nicht unmittelbar an, so verlängert sich die Amtszeit bis zur Neuwahl, jedoch höchstens um drei Monate. [3]Die Wahlvorstände laden die Mitglieder der Vertrauenspersonenausschüsse unverzüglich nach ihrer Wahl zur ersten Sitzung ein.

(2) [1]Die Mitgliedschaft in einem Vertrauenspersonenausschuss beginnt mit dessen Amtszeit. [2]Sie erlischt

1. **mit dem Ende der Amtszeit der Vertrauenspersonenausschüsse,**
2. **durch Niederlegung des Amtes mit der Maßgabe, dass die Erklärung schriftlich gegenüber dem jeweiligen Vertrauenspersonenausschuss abzugeben ist,**
3. **bei Stellung eines Antrages auf Anerkennung als Kriegsdienstverweigerer,**
4. **durch Verlust der Fähigkeit, Rechte aus öffentlichen Wahlen zu erlangen,**
5. **durch Versetzung aus dem jeweiligen Organisationsbereich,**
6. **durch Versetzung zu einer Dienststelle, in der Soldatinnen und Soldaten zum Personalrat wählen,**
7. **zu dem Zeitpunkt, in dem die Soldatinnen und Soldaten der Dienststelle nicht mehr Vertrauenspersonen, sondern zum Personalrat wählen,**
8. **durch Ausscheiden aus dem Dienstverhältnis.**

(3) [1]Die Amtszeit endet vorzeitig, wenn

1. **die Gesamtzahl der Mitglieder des Vertrauenspersonenausschusses auch nach Eintreten aller verfügbaren Ersatzmitglieder um mehr als 40 Prozent der vorgeschriebenen Zahl gesunken ist,**
2. **der Vertrauenspersonenausschuss mit der Mehrheit seiner Mitglieder seinen Rücktritt beschlossen hat oder**
3. **die Wahl angefochten und für ungültig erklärt wurde, mit Rechtskraft der gerichtlichen Entscheidung.**

[2]Endet die Amtszeit vorzeitig, führt der Vertrauenspersonenausschuss die Geschäfte bis zur ersten Sitzung des neuen Vertrauenspersonenausschusses weiter.

(4) [1]Auf Antrag des Bundesministeriums der Verteidigung oder mindestens eines Viertels der Mitglieder des Gesamtvertrauenspersonenaus-

schusses kann das Bundesverwaltungsgericht ein Mitglied des Gesamtvertrauenspersonenausschusses abberufen wegen

1. **grober Vernachlässigung seiner gesetzlichen Befugnisse oder Pflichten oder**
2. **eines Verhaltens, das geeignet ist, die vertrauensvolle Zusammenarbeit zwischen dem Bundesministerium der Verteidigung und dem Gesamtvertrauenspersonenausschuss ernsthaft zu beeinträchtigen.**

[2]Das Bundesverwaltungsgericht entscheidet unter entsprechender Anwendung der Wehrbeschwerdeordnung.

(5) [1]Absatz 4 gilt entsprechend für die Abberufung eines Mitglieds eines Vertrauenspersonenausschusses der militärischen Organisationsbereiche durch das zuständige Truppendienstgericht mit der Maßgabe, dass die jeweilige Inspekteurin oder der jeweilige Inspekteur oder ein Viertel der Mitglieder des jeweiligen Vertrauenspersonenausschusses antragsberechtigt ist und das Truppendienstgericht entscheidet. [2]Gegen die Entscheidung des Truppendienstgerichts kann Rechtsbeschwerde nach der Wehrbeschwerdeordnung eingelegt werden.

(6) Auf die Mitglieder der Vertrauenspersonenausschüsse finden die §§ 13, 15, 16 Absatz 1 und § 17 entsprechend Anwendung.

1 Die Regelungsinhalte des für den GVPA geltenden **§ 36 SBG 1997** sind mit teils redaktionellen, teils inhaltlichen Änderungen in den grundsätzlich für alle VPA geltenden **§ 42 SBG 2016** übernommen worden.

2 (**Abs. 1**) Der dem § 36 Abs. 1 SBG 1997 entsprechende § 42 Abs. 1 SBG 2016 enthält Regelungen über Beginn und Dauer der **Amtszeit der Vertrauenspersonenausschüsse**, nicht »der Mitglieder der Vertrauenspersonenausschüsse«, wie es in S. 1 des § 42 Abs. 1 SBG (im Unterschied zu dessen S. 2) missverständlich heißt. Es geht dabei um die Amtszeit des Organs VPA, nicht um die persönliche Amtszeit eines VPA-Mitglieds i. S. d. Zugehörigkeit zum Organ, die i. d. R. (und so auch in § 42 Abs. 2 SBG) als »Mitgliedschaft« in dem betreffenden Organ bezeichnet wird.[221] § 42 Abs. 1 S. 1 SBG ist deshalb so zu lesen, dass für den **Beginn** der Amtszeit *des VPA* § 10 Abs. 1 S. 2 SBG entsprechend gilt und dass deren **Dauer** (wie schon bisher beim GVPA) vier Jahre beträgt und sich damit nicht (mehr) von der in § 10 Abs. 1 S. 1 SBG festgelegten Dauer der Amtszeit der Vertrauensperson unterscheidet (vgl. § 10 SBG Rn. 2f.). Falls die Neuwahl des VPA nicht rechtzeitig erfolgt ist, **verlängert** sich die Amtszeit des bisherigen VPA (anders als dies in § 10 Abs. 1 S. 3 SBG für die Vertrauenspersonen geregelt ist) nicht um höchstens zwei Monate, sondern (wie bereits bisher beim GVPA) um höchstens drei Monate. In Anlehnung an § 34 Abs. 1 BPersVG weist § 42 Abs. 1 S. 3 SBG

221 Zu den entsprechenden Begrifflichkeiten in Bezug auf den Personalrat vgl. KfdP-*Kröll*, § 47 Rn. 13.

dem für den jeweiligen VPA zuständigen Wahlvorstand die Befugnis zu, zur **ersten Sitzung des VPA** einzuladen (vgl. § 45 Abs. 1, 2 SBG).

(Abs. 2) Der dem § 36 Abs. 2 SBG 1997 entsprechende § 42 Abs. 2 SBG 2016 3
regelt **Beginn und Erlöschen der Mitgliedschaft** in einem VPA. Zu den bisherigen Tatbeständen des Erlöschens sind in Abs. 2 S. 2 Nr. 5 bis 7 drei neue Tatbestände hinzugekommen.

(Abs. 3) Der dem § 36 Abs. 3 SBG 1997 entsprechende § 42 Abs. 3 SBG 2016 4
regelt das **vorzeitige Ende der Amtszeit** eines VPA. Der inhaltlich geänderte Abs. 3 S. 1 Nr. 1 bestimmt nun, dass die Amtszeit vorzeitig endet, wenn die Gesamtzahl der Mitglieder (auch nach Eintreten aller verfügbaren Ersatzmitglieder) um mehr als 40 Prozent (nicht mehr wie zuvor beim GVPA um mehr als ein Viertel) der vorgeschriebenen Zahl gesunken ist. Die Änderung ist Folge der Errichtung von VPA mit fünf Mitgliedern (vgl. § 39 Abs. 1 S. 3 Nr. 3 SBG).[222]

(Abs. 4) Der dem § 36 Abs. 4 SBG 1997 entsprechende § 42 Abs. 4 SBG 2016 5
unterscheidet sich sowohl von § 28 Abs. 1 BPersVG als auch von § 12 SBG. Er eröffnet die Möglichkeit zur **Abberufung eines Mitglieds des GVPA** – nicht jedoch zur Auflösung des GVPA – wegen grober Vernachlässigung gesetzlicher Befugnisse oder Pflichten oder wegen eines sonstigen Verhaltens (vgl. § 12 SBG Rn. 2).[223] Über die Abberufung entscheidet das Bundesverwaltungsgericht (in Anlehnung an § 12 Abs. 2 SBG) unter entsprechender Anwendung der WBO (nicht mehr der WDO).

(Abs. 5) Der eingefügte § 42 Abs. 5 SBG 2016 regelt die Möglichkeit zur **Abberufung eines Mitglieds eines VPA der militärischen Organisationsbereiche** und sieht dafür die durch Maßgaben modifizierte entsprechende Anwendung von § 42 Abs. 4 SBG vor. Die wesentlichen Unterschiede bestehen darin, dass die Antragsberechtigung auf der Seite der Dienststelle nicht beim BMVg, sondern beim jeweiligen Inspekteur liegt und dass statt des Bundesverwaltungsgerichts das Truppendienstgericht entscheidet, wobei gegen dessen Entscheidung Rechtsbeschwerde nach der WBO eingelegt werden kann. 6

(Abs. 6) Der dem § 36 Abs. 5 SBG 1997 entsprechende § 42 Abs. 6 SBG 2016 7
regelt die **persönliche Rechtsstellung der Mitglieder** der VPA, indem er § 13 (Ruhen des Amts), § 15 (Schutz der Vertrauensperson), § 16 Abs. 1 (anders als bisher Schutz vor Versetzungen) und § 17 SBG (Beschwerderecht der Vertrauensperson) für entsprechend anwendbar erklärt. Die allgemeinen Vorschriften über die Schweigepflicht und den Unfallschutz (§ 2 Abs. 2 und 3 SBG) gelten für die Mitglieder eines VPA unmittelbar.

---

222 Näher dazu BT-Drs. 18/8298, S. 47 (zu § 42).

223 Warum das SBG in § 12 Abs. 1 Nr. 2 von der Verletzung gesetzlicher Pflichten, in § 42 Abs. 4 S. 1 Nr. 1 dagegen von der Vernachlässigung gesetzlicher Pflichten spricht, ist nicht ersichtlich. Zu den inhaltlichen Unterschieden vgl. § 28 BPersVG Rn. 3.

8 Ein Beschwerderecht des **VPA als Organ** ist (wie bisher schon in Bezug auf den GVPA) nicht ausdrücklich vorgesehen.[224] Bei einer **Verletzung der Beteiligungsrechte** eines VPA steht diesem jedoch (aufgrund der Verweisungen in § 37 Abs. 2 und § 33 Abs. 7 S. 2 SBG) das **Beschwerderecht** entsprechend § 17 SBG und der damit verknüpfte gerichtliche Rechtsschutz zu (vgl. § 17 SBG Rn. 2). Nach erfolglos durchgeführtem Beschwerdeverfahren gem. den §§ 16 und 17 Abs. 1 WBO ist der **Rechtsweg zu den Wehrdienstgerichten** eröffnet. Innerhalb dieses Rechtswegs liegt die **erstinstanzliche Zuständigkeit** nach § 17 Abs. 1 S. 1 WBO grundsätzlich bei den **Truppendienstgerichten**. Eine Zuständigkeit des **Bundesverwaltungsgerichts** besteht nur in den gesetzlich genannten Fällen, nämlich gem. §§ 21 oder 22 WBO gegen Entscheidungen oder Maßnahmen des BMVg bzw. gegen Entscheidungen des Generalinspekteurs der Bundeswehr. Soweit sich die Rechte des **GVPA** nach § 38 Abs. 3 und 4 SBG auf Grundsatzregelungen des *BMVg* beziehen und eine Behinderung des GVPA in Wahrnehmung dieser Rechte dem BMVg zuzurechnen ist, kann der GVPA nach § 21 Abs. 1 WBO **unmittelbar die Entscheidung des Bundesverwaltungsgerichts beantragen**, wobei der Antrag beim BMVg zu stellen ist.[225] Anders ist es allerdings, wenn und solange es darum geht, dass der GVPA nach § 38 Abs. 3 S. 4 SBG bei Grundsatzregelungen einer dem BMVg nachgeordneten Stelle im ersten Zug des Beteiligungsverfahrens durch die jeweilige nachgeordnete Stelle beteiligt wird oder zu beteiligen ist (vgl. § 38 SBG Rn. 4).

§ 43 Pflichten der Dienststellen

(1) [1]Die Dienststellen unterrichten den bei ihnen gebildeten Vertrauenspersonenausschuss rechtzeitig und umfassend über die beabsichtigte beteiligungspflichtige Maßnahme. [2]Dem Vertrauenspersonenausschuss ist Gelegenheit zu geben, binnen einer Frist von vier Wochen, die in dringenden Fällen auf zwei Wochen verkürzt werden kann, Stellungnahmen oder Anregungen abzugeben. [3]Die Dienststellen sollen diese bei ihrer Entscheidung berücksichtigen. [4]Berücksichtigen sie die Stellungnahmen oder Anregungen nicht, sind dem Ausschuss die Gründe hierfür mitzuteilen. [5]Die Maßnahme gilt als gebilligt, wenn der Vertrauenspersonenausschuss nicht innerhalb der genannten Frist schriftlich Einwendungen erhebt.
(2) [1]Die Dienststellen können bei Maßnahmen, die der Natur der Sache nach keinen Aufschub dulden, bis zur endgültigen Entscheidung vorläufige Regelungen treffen. [2]Die vorläufigen Regelungen sind dem zuständi-

224 BT-Drs. 13/5740, S. 21 (zu Nr. 35 u. 36).
225 *BVerwG* v. 27.8.96 – 1 WB 28.96 –, NZWehrr 97, 39, u. v. 28.3.12 – 1 WB 29.11 –, juris (Rn. 13 m.w.N.); näher dazu KfdP-*Altvater*, Anh. V B § 36 SBG Rn. 5.

gen Vertrauenspersonenausschuss mitzuteilen und zu begründen. [3]Das Verfahren nach Absatz 1 ist unverzüglich einzuleiten oder fortzusetzen. [4]Die nach diesem Absatz durchzuführenden Maßnahmen sind mit Ausnahme der Anhörungstatbestände als vorläufige Regelungen zu kennzeichnen.

(3) **Die Absätze 1 und 2 finden entsprechend Anwendung in den Fällen des § 38 Absatz 3 Satz 4 und des § 39 Absatz 2 Satz 4.**

(4) **Die Dienststellen stellen die Sprecherin oder den Sprecher und gegebenenfalls weitere Mitglieder der Vertrauenspersonenausschüsse von ihrer dienstlichen Tätigkeit frei, soweit es zur ordnungsgemäßen Aufgabenerfüllung erforderlich ist.**

(5) **§ 7 des Bundespersonalvertretungsgesetzes gilt entsprechend.**

Die bisherigen Bestimmungen des **§ 38 SBG 1997** über die Pflichten des BMVg sind unter der Überschrift »Pflichten der Dienststellen« mit redaktionellen und inhaltlichen Anpassungen Regelungsgegenstand des **§ 43 SBG 2016** geworden. 1

(Abs. 1) Der dem § 38 Abs. 1 SBG 1997 entsprechende § 43 Abs. 1 SBG 2016 enthält Bestimmungen, die das **Verfahren der Beteiligung** der VPA durch die Dienststellen betreffen, bei denen die VPA gebildet sind. Sie gelten für die Beteiligung sowohl **des GVPA durch das BMVg** als auch **des VPA eines militärischen Organisationsbereichs durch das Kommando** des jeweiligen Organisationsbereichs, welches unmittelbar dem BMVg nachgeordnet ist (vgl. § 39 SBG Rn. 1). Präziser als das SBG 1997 sieht § 43 Abs. 1 S. 1 SBG 2016 (im Einklang mit § 20 Abs. 1 S. 2 und § 21 S. 1 SBG) vor, dass die Dienststellen den betreffenden VPA **rechtzeitig »und umfassend«** über eine beabsichtigte beteiligungspflichtige Maßnahme zu **unterrichten** haben (vgl. § 20 SBG Rn. 2 und § 21 SBG Rn. 3).[226] 2

(Abs. 2) Der dem § 38 Abs. 2 SBG 1997 entsprechende § 43 Abs. 2 SBG 2016 regelt die Befugnis der Dienststellen, bei unaufschiebbaren Maßnahmen **vorläufige Regelungen** zu treffen. Die Bestimmungen des Abs. 2 S. 1 bis 3 sind denen des § 69 Abs. 5 BPersVG (vgl. dort Rn. 41–46) nachgebildet. Sie gelten unabhängig von der Art des Beteiligungsrechts für alle Beteiligungstatbestände.[227] Dagegen bezieht sich die in Abs. 2 S. 4 festgelegte Verpflichtung, vorläufige Regelungen als solche zu kennzeichnen, nur auf Maßnahmen, bei denen dem VPA ein Vorschlags- oder Mitbestimmungsrecht zusteht. 3

(Abs. 3) Die neue Bestimmung des § 43 Abs. 3 SBG bezieht sich auf die in § 38 Abs. 3 S. 4 und § 39 Abs. 2 S. 4 SBG geregelte Beteiligung des GVPA bzw. des VPA eines militärischen Organisationsbereichs am beabsichtigten Erlass von Grundsatzregelungen durch **Stellen, die dem BMVg bzw. dem Kom-** 4

226 BT-Drs. 18/8298, S. 47 (zu § 43).

227 Str.; vgl. KfdP-*Altvater*, Anh. V B § 38 SBG Rn. 2 m. N.

mando nachgeordnet sind (vgl. § 38 SBG Rn. 4 und § 39 SBG Rn. 3). § 43 Abs. 3 SBG bestimmt, dass insoweit § 43 Abs. 1 und 2 SBG entsprechend anzuwenden ist. Dadurch wird erreicht, dass die Bestimmungen zur Beteiligung der Gremien und zur vorläufigen Inkraftsetzung gleichermaßen für alle Dienststellen gelten, die Grundsatzregelungen herausgeben.[228]

5 (**Abs. 4**) Der dem § 38 Abs. 3 SBG 1997 entsprechende § 43 Abs. 4 SBG 2016 enthält eine Regelung, die mit des § 46 Abs. 3 S. 1 BPersVG vergleichbar ist. Sie sieht vor, dass der Sprecher des VPA immer voll **freizustellen** ist, während weitere Mitglieder des GVPA »gegebenenfalls«, d. h. nach Prüfung der Erforderlichkeit, ganz oder teilweise freizustellen sind.

6 (**Abs. 5**) Der mit § 38 Abs. 4 S. 1 SBG 1997 wortgleiche § 43 Abs. 5 SBG 2016 stellt durch den Verweis auf § 7 BPersVG klar, dass auch im Bereich der Streitkräfte für die **Dienststelle** ihr **Leiter** handelt: so für das BMVg (gegenüber dem GVPA) grundsätzlich der Bundesminister oder die **Bundesministerin der Verteidigung**[229] und für das Kommando eines militärischen Organisationsbereichs (gegenüber dem dort gebildeten VPA) der jeweilige **Inspekteur**. Der Leiter der Dienststelle kann sich in seiner Funktion als **Beteiligungspartner** des GVPA bzw. VPA entsprechend § 7 S. 2 bis 4 BPersVG vertreten lassen. Die Bestimmungen des § 38 Abs. 4 S. 2 und 3 SBG 1997 über die Behandlung von Angelegenheiten, die nur eine Gruppe betreffen, sind infolge der Errichtung von VPA der militärischen Organisationsbereiche gestrichen worden.[230]

§ 44 Nachrücken, Ersatzmitglied

(1) [1]Scheidet ein Mitglied aus, rückt an dessen Stelle die Bewerberin oder der Bewerber aus derselben Laufbahngruppe mit der nächstniedrigeren Stimmenzahl nach. [2]Die Sprecherin oder der Sprecher teilt nach vorheriger Unterrichtung des Vertrauenspersonenausschusses der betreffenden Person den Beginn der Mitgliedschaft mit.

(2) In den Gesamtvertrauenspersonenausschuss rückt für das ausgeschiedene Mitglied die Bewerberin oder der Bewerber aus demselben Organisationsbereich nach.

(3) [1]Scheidet ein Mitglied aus und stehen keine Bewerberinnen oder Bewerber zum Nachrücken in den Vertrauenspersonenausschuss nach Absatz 1 zur Verfügung, wird eine Vertrauensperson derselben Laufbahngruppe nachgewählt. [2]Wahlberechtigt hierfür sind die Vertrauenspersonen der Division oder des vergleichbaren Befehlsbereichs, dem das ausgeschiedene Mitglied angehörte.

---

228 BT-Drs. 18/8298, S. 48 (zu § 43).
229 BT-Drs. 13/5740, S. 21 (zu Nr. 35 u. 36).
230 BT-Drs. 18/8298, a. a. O.

(4) [1]In den Fällen des Absatzes 3 teilt die Sprecherin oder der Sprecher nach vorheriger Unterrichtung des Vertrauenspersonenausschusses der Dienststelle unter Angabe von Name, Dienstgrad und Einheit oder Dienststelle des ausscheidenden Mitglieds mit, dass keine Bewerberin oder kein Bewerber zum Nachrücken zur Verfügung steht. [2]Die Dienststelle lässt unverzüglich die Nachwahl nach Absatz 3 durchführen und teilt dem Vertrauenspersonenausschuss Name, Dienstgrad und Einheit oder Dienststelle des neuen Mitglieds mit.

(5) Beträgt zum Zeitpunkt des Ausscheidens eines Mitglieds die weitere regelmäßige Amtszeit des Vertrauenspersonenausschusses weniger als vier Monate, wird das ausgeschiedene Mitglied nicht ersetzt.

(6) [1]Ist ein Mitglied eines Vertrauenspersonenausschusses zeitweilig verhindert, tritt als Ersatzmitglied die Bewerberin oder der Bewerber mit der nächstniedrigeren Stimmenzahl aus demselben Organisationsbereich ein. [2]Das Ersatzmitglied soll derselben Laufbahngruppe wie das ausgeschiedene Mitglied angehören.

Der bisher für den GVPA geltende **§ 39 SBG 1997** ist durch den prinzipiell für alle VPA geltenden **§ 44 SBG 2016** ersetzt worden. 1

(Abs. 1 bis 5) Für das **Nachrücken** in die VPA bei den Kommandos der militärischen Organisationsbereiche und in den GVPA sehen die Abs. 1 und 2 des § 44 SBG differenzierte Regelungen vor. An die Stelle eines ausgeschiedenen Mitglieds rückt nach in den **VPA beim Kommando** der Bewerber aus *derselben Laufbahngruppe* mit der nächstniedrigeren Stimmenzahl (Abs. 1 S. 1), beim **GVPA** der Bewerber aus *demselben Organisationsbereich und derselben Laufbahngruppe* mit der nächstniedrigeren Stimmenzahl (Abs. 1 S. 1 und Abs. 2). Stehen keine Bewerber zum Nachrücken (nach Abs. 1) zur Verfügung, findet eine **Nachwahl** statt: Es wird eine Vertrauensperson *derselben Laufbahngruppe* nachgewählt, wobei wahlberechtigt sind die Vertrauenspersonen der Division (nicht wie bisher der Brigade) oder des vergleichbaren Befehlsbereichs, dem das ausgeschiedene Mitglied angehörte (Abs. 3 und 4).[231] Das ausgeschiedene Mitglied wird ausnahmsweise **nicht ersetzt**, wenn die weitere *regelmäßige*[232] Amtszeit des VPA zum Zeitpunkt des Ausscheidens eines Mitglieds weniger als vier Monate beträgt (Abs. 5). 2

(Abs. 6) Anders als das SBG 1997 regelt das SBG 2016 in § 44 Abs. 6, welcher Bewerber bei einer **zeitweiligen Verhinderung** eines Mitglieds eines VPA als **Ersatzmitglied** eintritt. 3

---

231 BT-Drs. 18/8298, S. 48 (zu § 44).

232 Das Adjektiv »regelmäßig« wird (in Übereinstimmung mit § 39 Abs. 4 SBG 1997) in § 44 Abs. 5 SBG 2016 verwendet, obwohl es (im Unterschied § 36 Abs. 1 S. 1 SBG 1997) in § 42 Abs. 2 S. 1 SBG 2016 nicht gebraucht wird. Vgl. auch § 10 Abs. 1 S. 1 SBG 2016 und dort. Rn. 2.

§ 45 Geschäftsführung

(1) [1]In der ersten Sitzung wählen unter Leitung der oder des Vorsitzenden des Zentralen Wahlvorstands der Gesamtvertrauenspersonenausschuss
1. eine Sprecherin oder einen Sprecher und zwei Stellvertreterinnen oder Stellvertreter und
2. die Mitglieder der jeweiligen Gruppen je eine Bereichssprecherin oder einen Bereichssprecher.
[2]Bei Stimmengleichheit entscheidet das Los.

(2) [1]In der ersten Sitzung der Vertrauenspersonenausschüsse der militärischen Organisationsbereiche wählen diese unter Leitung der oder des Vorsitzenden des Wahlvorstands des jeweiligen militärischen Organisationsbereichs eine Sprecherin oder einen Sprecher und zwei Stellvertreterinnen oder Stellvertreter. [2]Bei Stimmengleichheit entscheidet das Los.

(3) [1]Die Sprecherin oder der Sprecher des Gesamtvertrauenspersonenausschusses führt die laufenden Geschäfte und vertritt die Beschlüsse des Gremiums gegenüber dem Bundesministerium der Verteidigung. [2]In Angelegenheiten, die nur einen Organisationsbereich betreffen, vertritt die Beschlüsse des Gesamtvertrauenspersonenausschusses die Sprecherin oder der Sprecher gemeinsam mit der jeweiligen Bereichssprecherin oder dem jeweiligen Bereichssprecher.

(4) Die Sprecherinnen oder Sprecher der Vertrauenspersonenausschüsse der militärischen Organisationsbereiche führen die laufenden Geschäfte und vertreten die Beschlüsse ihres Vertrauenspersonenausschusses gegenüber dem jeweiligen Kommando des militärischen Organisationsbereichs.

(5) Jeder Vertrauenspersonenausschuss gibt sich eine Geschäftsordnung, die er mit der Mehrheit seiner Mitglieder beschließt.

1 Entsprechungen zu dem für alle VPA geltenden **§ 45 SBG 2016** finden sich in dem für den GVPA geltenden **§ 40 SBG 1997**.

2 **(Abs. 1)** Die erste Sitzung des GVPA, zu welcher der zentrale Wahlvorstand nach § 42 Abs. 1 S. 3 SBG einlädt, dient der **Konstituierung des GVPA** durch die Vornahme der dazu erforderlichen Wahlen, die unter der Leitung des Vorsitzenden des Wahlvorstands durchzuführen sind. Nach § 45 Abs. 1 S. 1 Nr. 1 SBG wählt der GVPA einen **Sprecher** und **zwei Stellvertreter**. Wählbar sind dabei nicht nur die gewählten Mitglieder i. S. d. § 38 Abs. 1 S. 1 SBG, sondern auch die als weitere Mitglieder nach § 38 Abs. 1 S. 3 SBG hinzugetretenen Soldatenvertreter im Hauptpersonalrat. Darüber hinaus wählen nach § 42 Abs. 1 S. 1 Nr. 2 SBG die Mitglieder der jeweiligen Gruppen (vgl. § 38 SBG Rn. 3) aus ihrer Mitte je einen **Bereichssprecher**, wobei es sich im Hinblick auf die Regelung des § 45 Abs. 3 S. 2 SBG zur Sicherung der Funk-

tionsfähigkeit des GVPA empfiehlt, dass jede Gruppe auch mindestens einen stellvertretenden Bereichssprecher wählt. Für den Fall einer Stimmengleichheit sieht § 45 Abs. 1 S. 2 SBG ebenso wie § 35 Abs. 1 S. 3 SBG einen **Losentscheid** vor.

(**Abs. 2**) Die Bestimmungen zur **Konstituierung der VPA der militärischen Organisationsbereiche** in § 45 Abs. 2 SBG entsprechen denen des § 45 Abs. 1 SBG. Sie unterscheiden sich davon im Wesentlichen nur, weil hier die Wahl eines Bereichssprechers entfällt. 3

(**Abs. 3**) Nach § 45 Abs. 3 SBG obliegt es dem Sprecher, die **laufenden Geschäfte des GVPA** zu führen und dessen Beschlüsse gegenüber dem BMVg zu vertreten. Handelt es sich um Beschlüsse in Angelegenheiten, die nur einen Organisationsbereich betreffen, steht die **Vertretungsbefugnis** dem Sprecher und dem jeweiligen Bereichssprecher gemeinsam zu. Das gilt im Unterschied zu § 32 Abs. 3 S. 2 BPersVG auch dann, wenn der Sprecher selbst der jeweiligen Gruppe angehört.[233] 4

(**Abs. 4**) Die Regelungen zur **Geschäftsführung der VPA der militärischen Organisationsbereiche** in § 45 Abs. 4 SBG entsprechen denen des § 45 Abs. 3 S. 1 SBG. Zur **Vertretung der Beschlüsse** des VPA gegenüber dem jeweiligen Kommando ist in allen Fällen allein der Sprecher des VPA (oder ggf. einer der Stellvertreter) befugt. 5

(**Abs. 5**) Anders als § 42 BPersVG und § 36 Abs. 5 SBG lässt § 40 Abs. 5 SBG eine **Geschäftsordnung** nicht nur zu, sondern schreibt sie für jeden VPA zwingend vor. Ihre Beschlussfassung bedarf der Mehrheit aller Mitglieder des VPA, im Falle des GVPA also nicht nur der Mehrheit der gewählten Mitglieder i. S. d. § 38 Abs. 1 S. 1 SBG. In der Geschäftsordnung können das Gesetz ergänzende, nicht aber das Gesetz ändernde Regelungen getroffen werden. 6

§ 46 Einberufung von Sitzungen

(1) **[1]Die Vertrauenspersonenausschüsse sollen in der Regel alle zwei Monate zusammentreten. [2]Die Sprecherinnen oder Sprecher legen den Zeitpunkt und die Tagesordnung für die Sitzung der Vertrauenspersonenausschüsse fest. [3]Die Sitzungen finden in der Regel während der Dienstzeit statt. [4]Die Sprecherinnen oder Sprecher haben die Mitglieder der Vertrauenspersonenausschüsse zu den Sitzungen unter Bekanntgabe der Tagesordnung rechtzeitig zu laden und die Sitzungen zu leiten.**

(2) **Der Zeitpunkt und die Tagesordnung der Sitzungen sind den Dienststellen rechtzeitig bekannt zu geben; dienstliche Belange sind bei der Terminierung zu berücksichtigen.**

233 *BVerwG* v. 28. 3. 12 – 1 WB 29.11 –, juris (Rn. 15).

1 Entsprechungen zu **§ 46 SBG 2016** finden sich in **§ 41 SBG 1997**.

2 Der als Soll-Vorschrift gefasste § 46 Abs. 1 S. 1 SBG sieht vor, dass die VPA **in der Regel alle zwei Monate eine Sitzung** durchführen. Im Bedarfsfall – v. a. wenn dies zur Einhaltung der Fristen des § 43 Abs. 1 SBG erforderlich ist – können **weitere Sitzungen** stattfinden.

3 Die sonstigen Bestimmungen des § 46 Abs. 1 und 2 SBG, welche die **Terminierung** der Sitzungen, die Festlegung und Bekanntgabe der **Tagesordnung**, die **Einladungen** und die **Sitzungsleitung** betreffen, sind den entsprechenden Vorschriften des BPersVG (§ 34 Abs. 2 S. 1–3 u. § 35 S. 1 Hs. 2, S. 2 u. 3) inhaltlich nachgebildet.

§ 47 Nichtöffentlichkeit

(1) **Die Sitzungen der Vertrauenspersonenausschüsse sind nicht öffentlich.**

(2) [1]**Der Gesamtvertrauenspersonenausschuss kann die Bundesministerin oder den Bundesminister der Verteidigung oder Vertreterinnen oder Vertreter des Bundesministeriums der Verteidigung zu seinen Sitzungen einladen.** [2]**Auf Antrag eines Drittels der Mitglieder des Gesamtvertrauenspersonenausschusses können jeweils Beauftragte von Berufsorganisationen der Soldatinnen und Soldaten und deren Gewerkschaften an der Sitzung beratend teilnehmen.**

(3) [1]**Die Vertrauenspersonenausschüsse der militärischen Organisationsbereiche können die jeweilige Inspekteurin oder den jeweiligen Inspekteur oder Vertreterinnen oder Vertreter des jeweiligen Kommandos des militärischen Organisationsbereichs zu den Sitzungen einladen.** [2]**Absatz 2 Satz 2 gilt entsprechend.**

1 Entsprechungen zu **§ 47 SBG 2016** finden sich in **§ 42 SBG 1997**.

2 **(Abs. 1)** § 47 Abs. 1 SBG, der den **Grundsatz der Nichtöffentlichkeit** der Sitzungen der VPA festlegt, ist § 35 S. 1 Hs. 1 BPersVG nachgebildet.

3 **(Abs. 2)** § 47 Abs. 2 SBG regelt **Ausnahmen** vom Grundsatz der Nichtöffentlichkeit der Sitzungen der **GVPA**. Nach Abs. 2 S. 1 können der Bundesminister oder die **Bundesministerin der Verteidigung** oder **Vertreter des BMVg** an den Sitzungen des GVPA teilnehmen, allerdings (anders als in § 34 Abs. 4 BPersVG für Sitzungen des Personalrats festgelegt) nur auf Einladung des GVPA. Abs. 2 S. 2 normiert (bedingt vergleichbar mit § 36 BPersVG) das von dem Antrag eines Drittels, also einer Minderheit der Mitglieder des GVPA abhängige Recht der beratenden Teilnahme jeweils eines **Beauftragten von Berufsorganisationen und Gewerkschaften** der Soldaten.

4 **(Abs. 3)** § 47 Abs. 3 SBG gilt für die **VPA der militärischen Organisationsbereiche**. Er übernimmt sinngemäß die für den GVPA geltenden Regelungen (vgl. Rn. 3) mit dem Unterschied, dass nach Abs. 3 S. 1 (statt des Bun-

desministers oder der Vertreter des BMVg) der **jeweilige Inspekteur oder Vertreter des jeweiligen Kommandos** eingeladen werden können.

Zu den Sitzungen des **GVPA** sollte entsprechend ZDv A-1472/1 Nr. 271 Abs. 2 auch die **Hauptschwerbehindertenvertretung** sowie zu den Sitzungen der **VPA bei den Kommandos** die **Bezirksschwerbehindertenvertretung** eingeladen werden (vgl. § 33 SBG Rn. 9 a. E.). 5

§ 48 Beschlussfassung

(1) Ein Vertrauenspersonenausschuss ist beschlussfähig, wenn mindestens die Hälfte seiner Mitglieder anwesend ist.

(2) [1]Beschlüsse werden mit einfacher Stimmenmehrheit gefasst. [2]Bei Stimmengleichheit ist der Antrag abgelehnt.

(3) [1]In Angelegenheiten des Bundesministeriums der Verteidigung, die einzelne Organisationsbereiche betreffen, wirken im Gesamtvertrauenspersonenausschuss nur die Mitglieder der jeweiligen Gruppe mit. [2]Dies gilt nicht, wenn eine Gruppe nicht oder nicht mehr vertreten ist.

Entsprechungen zu **§ 48 SBG 2016** finden sich in **§ 43 SBG 1997.** 1

(Abs. 1, 2) Ein **VPA** kann Beschlüsse nur in einer förmlichen, ordnungsgemäß einberufenen **Sitzung** fassen, also z. B. nicht im Umlaufverfahren (vgl. § 37 BPersVG Rn. 1). Die dabei zu beachtenden Regelungen in § 48 Abs. 1 und 2 SBG über die **Beschlussfähigkeit** und **Beschlussfassung** des VPA stimmen inhaltlich mit § 36 Abs. 2 S. 1 und Abs. 3 SBG überein. Beim **GVPA** sind bei der Berechnung der für die Beschlussfähigkeit erforderlichen Hälfte der Mitglieder nicht nur die gewählten Mitglieder i. S. d. § 38 Abs. 1 S. 1 SBG, sondern alle Mitglieder mitzuzählen. Stimmenthaltungen bleiben bei der Berechnung der einfachen Stimmenmehrheit außer Betracht (str.; vgl. § 36 SBG Rn. 6).[234] 2

(Abs. 3) Der ausschließlich für den **GVPA** geltende § 48 Abs. 3 SBG entspricht § 38 Abs. 2 BPersVG. In **Angelegenheiten des BMVg, die einzelne Organisationsbereiche betreffen,** beschließen allein die Mitglieder der jeweiligen (im GVPA vertretenen) Gruppe. Ihrer Beschlussfassung geht jedoch eine gemeinsame Beratung im Plenum des GVPA voraus. Dies ist zwar nicht ausdrücklich festgelegt, ergibt sich aber daraus, dass § 48 SBG seiner Überschrift entsprechend nicht die Beratung, sondern nur die Beschlussfassung regelt. 3

234 Vgl. *Gronimus*, § 43 SBG Rn. 6 m. w. N.

§ 49 Protokoll

(1) [1]Über jede Sitzung der Vertrauenspersonenausschüsse ist ein Protokoll zu fertigen. [2]§ 36 Absatz 4 gilt entsprechend.

(2) [1]Haben Personen nach § 47 Absatz 2 und 3 an der Sitzung teilgenommen, ist ihnen der entsprechende Auszug des Protokolls zuzuleiten. [2]Einwendungen gegen das Protokoll sind unverzüglich schriftlich zu erheben und diesem beizufügen.

1 Entsprechungen zu **§ 49 SBG 2016** finden sich in **§ 44 SBG 1997.**

2 **(Abs. 1)** § 49 Abs. 1 SBG schreibt vor, dass über **jede Sitzung eines VPA** ein **Protokoll** zu fertigen ist und verweist hinsichtlich seines **Inhalts**, seiner **Unterzeichnung** und der beizufügenden **Anwesenheitsliste** auf § 36 Abs. 4 SBG, der wiederum dem § 41 Abs. 1 BPersVG nachgebildet ist (vgl. § 36 SBG Rn. 7).

3 **(Abs. 2)** Der dem § 41 Abs. 2 BPersVG nachgebildete § 49 Abs. 2 SBG regelt in S. 1 die **Zuleitung von Protokollauszügen** an Personen, die nach § 47 Abs. 2 und 3 SBG an der jeweils protokollierten Sitzung eines VPA teilgenommen haben (vgl. § 47 SBG Rn. 3f.), sowie in S. 2 die **Erhebung von Einwendungen.**

§ 50 Kosten, Geschäftsbedarf, Fortbildung

(1) Die Dienststellen haben die Kosten zu tragen, die den Vertrauenspersonenausschüssen aus deren Tätigkeit entstehen.

(2) Mitglieder der Vertrauenspersonenausschüsse erhalten für Reisen, die zur Erfüllung ihrer Aufgaben notwendig sind, Reisekostenvergütung nach den für Bundesbeamtinnen und Bundesbeamte geltenden Vorschriften.

(3) Für die Geschäftsführung und die Sitzungen stellen die Dienststellen den Vertrauenspersonenausschüssen in erforderlichem Umfang Räume, Geschäftsbedarf und Büropersonal zur Verfügung.

(4) Die Dienststellen haben die Ausbildung aller Mitglieder der Vertrauenspersonenausschüsse zur Wahrnehmung ihrer Aufgaben unverzüglich nach ihrer Wahl zu veranlassen.

1 Entsprechungen zu **§ 50 SBG 2016** finden sich in **§ 45 SBG 1997.**

2 **(Abs. 1 bis 3)** Die in § 50 Abs. 1 bis 3 SBG getroffenen Regelungen über die Übernahme der den VPA aus deren Tätigkeit entstehenden **Kosten** durch die Dienststellen und über die Bereitstellung von **Räumen, Geschäftsbedarf** und **Büropersonal** sind denen des § 44 Abs. 1 und 2 BPersVG nachgebildet und mit den Bestimmungen des § 8 Abs. 4 SBG vergleichbar (vgl. § 8 Rn. 5). Inhaltliche Abweichungen finden sich in § 50 Abs. 3 SBG, der sich auf die

Geschäftsführung und die Sitzungen, nicht aber auf die im SBG für die VPA nicht vorgesehenen Sprechstunden und Versammlungen bezieht und auch nichts zur Bereitstellung von Aushangmöglichkeiten für Bekanntmachungen sagt, andererseits jedoch bestimmt, dass **Büropersonal** zur Verfügung zu stellen ist.

(Abs. 4) Teilweise vergleichbar mit § 20 Abs. 5 SBG ist § 50 Abs. 4 SBG, 3
der (entgegen der Überschrift des Paragrafen) jedenfalls vorrangig nicht die Fortbildung, sondern die **Ausbildung** der VPA-Mitglieder betrifft. Er weist die **Verantwortung** dafür derjenigen **Dienststelle** zu, bei der ein VPA gebildet ist.[235] Die Ausbildung ist **»unverzüglich« nach der Wahl** – d. h. ohne schuldhaftes Zögern (vgl. § 121 Abs. 1 S. 1 BGB) – zu veranlassen. Diese Verpflichtung der Dienststelle bezieht sich nicht nur auf die erstmalig oder neu in ihr Amt gewählten Mitglieder, sondern auf **alle Mitglieder** des bei ihr bestehenden VPA und besteht unabhängig von dem Nachweis eines persönlichen Schulungsbedürfnisses.[236] Beim **GVPA** erstreckt sich die Ausbildungsverpflichtung des BMVg auch auf die als weitere Mitglieder nach § 38 Abs. 1 S. 3 SBG hinzugetretenen Soldatenvertreter im Hauptpersonalrat.[237]

§ 51 Beteiligung bei Verschlusssachen

[1]Sofern eine Angelegenheit, an der der Gesamtvertrauenspersonenausschuss zu beteiligen ist, als Verschlusssache mindestens des Geheimhaltungsgrades »VS-Vertraulich« eingestuft ist, tritt an dessen Stelle ein Verschlusssachenausschuss mit fünf Mitgliedern. [2]In den Vertrauenspersonenausschüssen der militärischen Organisationsbereiche hat der Verschlusssachenausschuss mindestens drei Mitglieder. [3]Die Mitglieder des Verschlusssachenausschusses werden aus der Mitte des jeweiligen Vertrauenspersonenausschusses gewählt und müssen ermächtigt sein, Kenntnis von Verschlusssachen des in Betracht kommenden Geheimhaltungsgrades zu erhalten.

Entsprechungen zu **§ 51 SBG 2016** finden sich in **§ 46 SBG 1997.** 1

Die Vorschriften des § 51 SBG sind teilweise denen des § 93 Abs. 1 S. 1 und 3 2
BPersVG nachgebildet. Sie sehen vor, dass alle VPA jeweils einen **Verschlusssachenausschuss** bilden. Der VS-Ausschuss des **GVPA** besteht aus fünf Mitgliedern, die VS-Ausschüsse der **VPA der militärischen Organisations-**

235 BT-Drs. 18/8298, S. 49 (zu § 50).
236 *BVerwG* v. 17.2.09 – 1 WB 17.08 –, PersV 09, 380.
237 BT-Drs. 18/8298, a. a. O. Zum **gerichtlichen Rechtsschutz** von Mitgliedern des GVPA in Bezug auf die Teilnahme an der Ausbildung vgl. *BVerwG* v. 28.5.08 – 1 WDS-VR 8.08 –, Buchh 310 § 123 Nr. 25, u. v. 30.9.09 – 1 WB 73.08 –, Buchh 449.7 § 45 Nr. 2.

bereiche bestehen dagegen aus mindestens drei Mitgliedern.[238] Für die Schlichtungsausschüsse nach § 38 Abs. 4 und § 39 Abs. 3 SBG enthält das SBG keine mit § 93 Abs. 3 BPersVG vergleichbare Sonderregelung.

§ 52 Anfechtung der Wahl

(1) [1]Fünf Wahlberechtigte oder das Bundesministerium der Verteidigung können die Wahl zum Gesamtvertrauenspersonenausschuss innerhalb von zwei Wochen nach Bekanntgabe des Wahlergebnisses beim Bundesverwaltungsgericht mit dem Antrag anfechten, die Wahl insoweit für ungültig zu erklären, wie gegen wesentliche Vorschriften über die Wahlberechtigung, die Wählbarkeit oder das Wahlverfahren verstoßen worden und eine Berichtigung nicht erfolgt ist. [2]Satz 1 gilt nicht, wenn durch den Verstoß das Wahlergebnis nicht verändert oder beeinflusst werden konnte.

(2) Für die Wahl der Vertrauenspersonenausschüsse der militärischen Organisationsbereiche gilt Absatz 1 mit der Maßgabe, dass die Wahl von drei Wahlberechtigten oder dem jeweiligen Kommando des militärischen Organisationsbereichs beim zuständigen Truppendienstgericht angefochten werden kann.

(3) [1]Das zuständige Gericht entscheidet unter entsprechender Anwendung der Wehrbeschwerdeordnung. [2]Anstelle der ehrenamtlichen Richterinnen und Richter nach den §§ 75 und 80 der Wehrdisziplinarordnung gehört der Kammer oder dem Senat des Wehrdienstgerichts jeweils eine ehrenamtliche Richterin oder ein ehrenamtlicher Richter aus den Laufbahngruppen der Offiziere, Unteroffiziere und Mannschaften an, die oder der aus der Mitte der Vertrauenspersonen zu berufen ist.

(4) [1]Das Bundesministerium der Verteidigung und die Kommandos der militärischen Organisationsbereiche sind auch im Fall, dass sie die Wahl nicht selbst angefochten haben, Beteiligte des Wahlanfechtungsverfahrens. [2]Beteiligt ist ferner der Vertrauenspersonenausschuss, dessen Wahl angefochten wurde.

1 Entsprechungen zu **§ 52 SBG 2016** finden sich in **§ 47 SBG 1997.**

2 **(Abs. 1)** § 52 Abs. 1 SBG betrifft die Anfechtung der **Wahl zum GVPA.** Er stimmt im Wesentlichen mit § 7 Abs. 1 bis 3 SBG überein, unterscheidet sich davon jedoch in dreifacher Hinsicht. Erstens sind **anfechtungsberechtigt** nicht drei, sondern **fünf Wahlberechtigte** sowie nicht der Disziplinarvorgesetzte, sondern das **BMVg.** Zweitens ist die Wahl des GVPA nicht beim Trup-

238 BT-Drs. 18/8298, S. 49 (zu § 51): Die Anzahl der Mitglieder in einem VS-Ausschuss ist dem zahlenmäßigen Umfang der Mitglieder der VPA der kleineren militärischen Organisationsbereiche angepasst.

pendienstgericht, sondern beim **Bundesverwaltungsgericht** anzufechten. Drittens stellt die Wendung »insoweit für ungültig zu erklären, wie« klar, dass die Möglichkeit besteht, die Wahl zum GVPA nicht nur insgesamt, sondern **auch in Teilbereichen anzufechten.**[239] Das entspricht der Rspr. zu § 47 SBG 1997, nach der die Wahlanfechtung **auf die Wahl in einem Organisationsbereich und in einer Laufbahngruppe beschränkt** werden kann, wenn der geltend gemachte Verstoß das Wahlergebnis im Übrigen nicht beeinflussen konnte[240] (vgl. § 25 BPersVG Rn. 9a u. 14). Die für den Beginn der **Anfechtungsfrist** von zwei Wochen maßgebliche ordnungsgemäße **Bekanntgabe des Wahlergebnisses** besteht in der in § 33 Abs. 1 SBGWV 2012 geregelten Bekanntgabe der Wahlniederschrift des zentralen Wahlvorstandes, zu der die nach § 31 Abs. 1 S. 2 Nr. 1 bis 5 SBGWV 2012 anzugebenden Zahlen sowie die nach § 31 Abs. 2 SBGWV 2012 zu nennenden Namen der gewählten Mitglieder des GVPA gehören[241] (vergleichbar § 36 Abs. 1 i. V. m. § 34 Abs. 1 S. 2 Nr. 1–5 und Abs. 2 SBGWV-RefE 2016).

(**Abs. 2**) § 52 Abs. 2 SBG betrifft die Anfechtung der **Wahl zu den VPA der militärischen Organisationsbereiche**. Er bestimmt, dass dafür die Bestimmungen des § 52 Abs. 1 SBG mit folgenden Abweichungen gelten: **Anfechtungsberechtigt** sind **drei Wahlberechtigte** sowie das jeweilige **Kommando des militärischen Organisationsbereichs**, des Weiteren ist die Wahl des VPA beim **Truppendienstgericht** anzufechten. 3

(**Abs. 3**) § 52 Abs. 3 S. 1 SBG sieht im Einklang mit § 7 Abs. 3 S. 2 SBG vor, dass das Bundesverwaltungsgericht und das Truppendienstgericht auch in den Fällen des § 52 Abs. 1 und 2 SBG unter entsprechender Anwendung der **Verfahrensvorschriften der WBO** entscheiden.[242] Außerdem trifft § 52 Abs. 3 S. 2 SBG eine von den §§ 75 und 80 WDO abweichende Regelung über die **Besetzung der Truppendienstkammer und des Wehrdienstsenats**, die über die Wahlanfechtung entscheiden. Danach gehört der Kammer oder dem Senat jeweils ein – aus der Mitte der Vertrauenspersonen zu berufender – ehrenamtlicher Richter aus den drei verschiedenen Laufbahngruppen an. Somit entscheidet die Kammer in der Besetzung mit einem Berufsrichter und drei (nicht zwei) ehrenamtlichen Richtern, der Senat in der Besetzung mit drei Berufsrichtern und ebenfalls drei (nicht zwei) ehrenamtlichen Richtern. 4

(**Abs. 4**) Mit § 52 Abs. 4 SBG 2016 ist eine Regelungslücke geschlossen worden, die darin bestand, dass es im Wahlanfechtungsverfahren nach § 47 SBG 1997 außer den gesetzlichen Anfechtungsberechtigten bisher keine weiteren 5

239 BT-Drs. 18/8298, S. 49 (zu § 52).

240 Näher dazu *BVerwG* v. 21.7.09 – 1 WB 18.08 –, PersV 09, 413 m. Anm. *Gronimus*; *TDG Nord* v. 11.12.95 – N 2 GL 26/95 –, NZWehrr 96, 169.

241 Vgl. *BVerwG* v. 21.7.09, a. a. O.

242 Vgl. KfdP-*Altvater*, Anh. V B § 47 SBG Rn. 2.

förmlichen **Verfahrensbeteiligten** gab.[243] Nunmehr sind das **BMVg** im Fall der Anfechtung der Wahl des GVPA und das **Kommando des militärischen Organisationsbereichs** im Fall der Anfechtung der Wahl des bei ihm bestehenden VPA auch dann Beteiligte des Wahlanfechtungsverfahren, wenn sie die Wahl nicht selbst angefochten haben (§ 52 Abs. 4 S. 1). Zudem ist in jedem Fall der VPA, dessen Wahl angefochten wurde, am Verfahren beteiligt (§ 52 Abs. 4 S. 2).

Kapitel 4
Beteiligung in besonderen Verwendungen im Ausland

§ 53 Grundsatz

Die Ausübung von Beteiligungsrechten in besonderen Verwendungen im Ausland erfolgt unter Beachtung des Vorrangs der Auftragserfüllung der Streitkräfte und unter Beachtung des Vorrangs der Sicherheit der Soldatinnen und Soldaten nach Maßgabe dieses Gesetzes.

1 Die im **SBG 1997** verstreuten Bestimmungen zur Beteiligung bei »besonderen Auslandsverwendungen« i. S. d. § 62 Abs. 1 SG sind (mit Abwandlungen und Ergänzungen) im **SBG 2016** in einem eigenen Kapitel – im **Kap. 4** mit den **§§ 53 bis 58** – zusammengefasst worden. Dabei ist – wie auch an anderen Stellen des SBG 2016 (vgl. § 14 Abs. 3) – durchgängig der in § 56 Abs. 1 S. 1 BBesG definierte Begriff **»besondere Verwendung im Ausland«**[244] übernommen worden.

2 Die Bestimmung des **§ 53 SBG 2016** ist **neu** eingefügt worden. Sie soll klarstellen, dass die **Auftragserfüllung der Streitkräfte** und die **Sicherheit der Soldaten** einer Ausübung der Beteiligungsrechte vorgehen.[245]

§ 54 Wählergruppen

[1]Für die Dauer einer besonderen Verwendung im Ausland werden von den teilnehmenden Soldatinnen und Soldaten im vereinfachten Wahlverfah-

243 *BVerwG* v. 21. 7. 09, a. a. O.; BT-Drs. 18/8298, S. 49 (zu § 52).

244 Das ist eine »Verwendung im Rahmen einer humanitären und unterstützenden Maßnahme, die auf Grund eines Übereinkommens, eines Vertrages oder einer Vereinbarung mit einer über- oder zwischenstaatlichen Einrichtung oder mit einem auswärtigen Staat auf Beschluss der Bundesregierung im Ausland oder außerhalb des deutschen Hoheitsgebietes auf Schiffen oder in Luftfahrzeugen stattfindet«.

245 BT-Drs. 18/8298, S. 49 (zu § 53).

ren jeweils eine Vertrauensperson und mindestens zwei stellvertretende Vertrauenspersonen für die Wählergruppen der Offiziere, Unteroffiziere und Mannschaften gewählt. [2]Dies gilt nicht für Schiffe und Boote der Marine.

Die Regelungen des **§ 2 Abs. 6 SBG 1997** sind mit inhaltlichen Abweichungen in **§ 54 SBG 2016** übernommen worden.[246] Sie ergänzen die Vorschriften über die Wahl der Vertrauenspersonen in Kap. 2 Abschn. 1 SBG (§§ 3 bis 7). Von der Ausnahmeregelung in § 54 S. 2 abgesehen, schreiben sie in § 54 S. 1 SBG nunmehr vor, dass die an einer besonderen Verwendung im Ausland teilnehmenden Soldaten **für die Dauer dieser Verwendung** *immer* jeweils **eine Vertrauensperson** und darüber hinaus *auch* **mindestens zwei stellvertretende Vertrauenspersonen** für die **Wählergruppen** der Offiziere, Unteroffiziere und Mannschaften wählen, also auch dann, wenn der überwiegende Teil der Einheit einschließlich der gewählten Vertrauenspersonen und Stellvertreter an der besonderen Verwendung im Ausland teilnimmt. Diese Wahlen sind (wie schon bisher in § 13 S. 1 Nr. 1 SBGWV 2012 [vergleichbar § 14 S. 1 Nr. 1 SBGWV-RefE 2016] vorgeschrieben) **im vereinfachten Wahlverfahren** durchzuführen (dessen Ablauf in den §§ 13a und 13b SBGWV 2012 [vergleichbar §§ 15 und 16 SBGWV-RefE 2016] geregelt ist). Für **Schiffe und Boote der Marine** ist nach § 54 S. 2 SBG eine *Neuwahl nicht vorgesehen*, da die jeweilige Besatzung einschließlich der Vertrauenspersonen und stellvertretenden Vertrauenspersonen geschlossen an der besonderen Verwendung im Ausland teilnimmt. 1

§ 55 Wahlberechtigung und Wählbarkeit

[1]Soldatinnen und Soldaten, die an einer besonderen Verwendung im Ausland teilnehmen, sind abweichend von § 5 vom Tag ihrer Kommandierung an wahlberechtigt. [2]Daneben bleiben sie in ihrem Stammtruppenteil wahlberechtigt und wählbar.

Der im Wesentlichen mit **§ 3 Abs. 2 S. 1 SBG 1997** übereinstimmende **§ 55 S. 1 SBG 2016** bestimmt, dass **die für eine besondere Verwendung im Ausland kommandierten Soldaten** abweichend von § 5 Abs. 2 S. 1 SBG auch bei Kommandierungen, die voraussichtlich nicht länger als drei Monate dauern, bereits **vom ersten Tag ihrer Kommandierung an wahlberechtigt** sind. Dies gilt ausschließlich für die Dauer dieser besonderen Verwendung, nicht dagegen für den Zeitraum der Vorbereitung im Kommandierungstruppenteil.[247] **§ 55 S. 2 SBG** stellt klar, dass die **Wahlberechtigung und Wählbarkeit der** 1

246 Hierzu und zum Folgenden BT-Drs. 18/8298, S. 49 (zu § 54).
247 BT-Drs. 18/8298, S. 50 (zu § 55).

Soldaten in ihrem Stammtruppenteil nicht infolge ihrer besonderen Verwendung im Ausland ruht, sondern bestehen bleibt.

§ 56 Personalangelegenheiten

Die Vertrauensperson soll durch die nächste Disziplinarvorgesetzte oder den nächsten Disziplinarvorgesetzten bei der vorzeitigen Beendigung einer besonderen Verwendung im Ausland oder deren Ablehnung mit Zustimmung der betroffenen Soldatin oder des betroffenen Soldaten angehört werden.

1 Die **Soll-Vorschrift** des § 56 SBG 2016 ist **neu** eingefügt worden. Sie sieht eine von der **Zustimmung des betroffenen Soldaten** abhängige **Anhörung der Vertrauensperson** durch den nächsten Disziplinarvorgesetzten (vgl. § 1 SBG Rn. 8) bei der **vorzeitigen Beendigung einer besonderen Verwendung im Ausland oder deren Ablehnung** vor und zieht damit Folgerungen aus der **Rspr. des *BVerwG***[248], das (mangels einer entsprechenden gesetzlichen Regelung) ein Beteiligungsrecht bei der »**Repatriierung**« abgelehnt hatte.[249]

§ 57 Dienstbetrieb

Eine Beteiligung nach § 25 Absatz 1, 2 Satz 1 Nummer 1 bis 5 und Absatz 3 Satz 1 Nummer 1 unterbleibt bei Anordnungen, durch die Einsätze in Ausführung eines Beschlusses des Deutschen Bundestages geregelt werden.

1 Der dem **§ 24 Abs. 3 Nr. 1 SBG 1997** entsprechende **§ 57 SBG 2016** schließt die an sich in § 25 Abs. 1, 2 S. 1 Nr. 1 bis 5 und Abs. 3 S. 1 Nr. 1 vorgesehene Beteiligung der Vertrauensperson aus, sofern es sich um Anordnungen handelt, durch die **Einsätze in Ausführung eines Beschlusses des Deutschen Bundestages** (anders als bisher aber nicht Einsatzübungen) geregelt werden. Der in Anlehnung an § 85 Abs. 1 Nr. 6 Buchst. a BPersVG geregelte Ausschluss der Beteiligung beruht auf der Erwägung, dass solche Entscheidungen zum Kernbereich militärischer Aufgaben gehören und deshalb entweder vom Parlament oder von einer Person getroffen werden müssen, die dem Parlament verantwortlich ist.[250] Der Begriff des Einsatzes ist eng auszulegen (vgl. § 85 BPersVG Rn. 9). Der derzeit wohl einzig praktische Anwendungsfall des § 57 SBG sind Beschlüsse des Bundestages über den »Einsatz bewaffneter deutscher Streitkräfte außerhalb des Geltungsbereichs des Grundge-

248 Beschl. v. 25.10.11 – 1 WB 36.11 –, NZWehrr 12, 77.
249 BT-Drs. 18/8298, S. 50 (zu § 56).
250 Vgl. BT-Drs. 13/5740, S. 19 (zu Nr. 21 Buchst. a).

setzes«, die gemäß § 1 Abs. 2 i. V. m. § 2 Abs. 1 des Parlamentsbeteiligungsgesetzes v. 18. 3. 05[251] gefasst werden.[252]

§ 58 Versammlungen der Vertrauenspersonen

[1]In besonderen Verwendungen im Ausland werden Versammlungen der Vertrauenspersonen nach § 33 gebildet. [2]Einsatzliegenschaften stellen einen Kasernenbereich dar.

Die Bestimmungen des **§ 58 SBG 2016** sind **neu** eingefügt worden. Ihre Einfügung dient der Umsetzung der **Rspr. des *BVerwG***[253] zur Anwendung von § 32 Abs. 1 bis 3 SBG 1997 bei Auslandseinsätzen der Bundeswehr. § 58 S. 1 SBG betrifft die **Versammlungen der Vertrauenspersonen des Verbands, des Kasernenbereichs und des Standorts**, für deren Bildung nunmehr § 33 SBG maßgeblich ist. § 58 S. 2 SBG legt fest, dass bei besonderen Verwendungen im Ausland unter »Kasernenbereich« eine **Einsatzliegenschaft** zu verstehen ist.[254] 1

Kapitel 5
Beteiligung der Soldatinnen und Soldaten durch Personalvertretungen

§ 59 Entsprechende Geltung des Bundespersonalvertretungsgesetzes

[1]Für Soldatinnen und Soldaten gilt das Bundespersonalvertretungsgesetz nach Maßgabe der §§ 60 bis 62 entsprechend. [2]Insoweit werden die Streitkräfte der Verwaltung gleichgestellt.

Die Bestimmungen des **§ 48 SBG 1997** sind mit präziserer Formulierung der Überschrift und teilw. des S. 1 in **§ 59 SBG 2016** übernommen worden. **§ 59 S. 1 SBG** bestimmt, dass für **Soldaten** das BPersVG nach Maßgabe der §§ 60 bis 62 SBG *entsprechend* gilt. Erstaunlich ist allerdings, dass in der Aufzählung der die Maßgaben normierenden Paragrafen der § 63 SBG fehlt, ob- 1

251 BGBl. I S. 775.

252 *BVerwG* v. 22. 7. 09 – 1 WB 15.08 –, PersV 09, 424 = PersR 09, 426 Ls.

253 *BVerwG* v. 22. 7. 09, a. a. O.: Das Feldlager Camp Marmal in Mazar-e-Sharif/Afghanistan stellt einen solchen Kasernenbereich dar (Ls. 2). Vgl. dazu KfdP-*Altvater*, Anh. V B § 32 SBG Rn. 1b.

254 BT-Drs. 18/8298, S. 50 (zu § 58).

wohl es sich bei den Sonderbestimmungen dieses Paragrafen »in der Sache … durchaus« um Maßgaben zum BPersVG handelt.[255] Trotz dieser Unschärfe ist davon auszugehen, dass der **Geltungsbereich des BPersVG** wie bisher mit in Kap. 5 SBG normierten Abwandlungen auf die Soldaten der Bundeswehr (vgl. Anh. V A § 35 SG Rn. 1a) ausgedehnt wird. Die in § 59 S. 1 SBG angeordnete entsprechende Geltung des BPersVG erstreckt sich auch auf die **Rechtsverordnungen**, die aufgrund des BPersVG erlassen worden sind (vgl. Anh. V A § 91 SG Rn. 1 sowie unten § 62 SBG Rn. 3 u. 6). Nach **§ 59 S. 2 SBG** sind die **Streitkräfte** der **Verwaltung** gleichgestellt, soweit das BPersVG auf Soldaten in der Bundeswehr anzuwenden ist. Das hat Bedeutung für alle Vorschriften des BPersVG, die den Begriff der Verwaltung verwenden (vgl. z. B. §§ 1, 6, 53 und 82 BPersVG).

§ 60 Personalvertretungen der Soldatinnen und Soldaten

(1) [1]In anderen als den in § 4 Absatz 1 genannten Dienststellen und Einrichtungen wählen Soldatinnen und Soldaten Personalvertretungen. [2]Hierzu zählen auch Kommandos oder Stäbe, die neben Führungsaufgaben auch Aufgaben der militärischen Grundorganisation wahrnehmen, und in der Regel Stäbe der Korps sowie entsprechende Dienststellen.
(2) [1]In Dienststellen und Einrichtungen nach Absatz 1 wählen Beschäftigte im Sinne des § 4 des Bundespersonalvertretungsgesetzes und Soldatinnen und Soldaten abweichend von § 12 Absatz 2 des Bundespersonalvertretungsgesetzes eine Personalvertretung, sofern die Voraussetzungen des § 12 Absatz 1 des Bundespersonalvertretungsgesetzes bei zusätzlicher Berücksichtigung der Soldatinnen und Soldaten erfüllt sind. [2]Anderenfalls erfolgt eine Zuteilung zu einer benachbarten Dienststelle nach § 12 Absatz 2 des Bundespersonalvertretungsgesetzes.
(3) [1]Die in den Absätzen 1 und 2 genannten Soldatinnen und Soldaten bilden eine weitere Gruppe im Sinne des § 5 des Bundespersonalvertretungsgesetzes. [2]Soldatenvertreterinnen und Soldatenvertreter in Personalvertretungen haben die gleiche Rechtsstellung wie die Vertreterinnen und Vertreter der Beschäftigten im Sinne des § 4 des Bundespersonalver-

255 So das *BVerwG* im Beschl. v. 1. 11. 01 – 6 P 10.01 –, PersR 02, 73 (zu II 3 b bb (1)), zu § 52 SBG 1997, dessen Bestimmungen in § 63 Abs. 1 u. 2 SBG 2016 im Wesentlichen übernommen worden sind (vgl. § 63 SBG Rn. 1). In der Aussparung des § 52 SBG 1997 in der in § 48 S. 1 SBG 1997 enthaltenen Angabe »nach Maßgabe der §§ 48 bis 51« hatte das BVerwG »eher ein Redaktionsversehen erblickt« (a. a. O.), mit der Folge, dass die Aufzählung »richtig wohl: §§ 49 bis 52« lauten müsse (Beschl. v. 23. 6. 1999 – 6 P 98 –, PersR 99, 451 [zu II 2 b]). Da die Begründung zum SBG 2016 auf dieses Thema nicht eingeht, dürfte ein erneutes Redaktionsversehen anzunehmen sein. Zweifelnd *Gronimus*, PersV 16, 404, 408 f. (zu 5).

tretungsgesetzes, sofern dieses Gesetz nichts anderes bestimmt. [3]§ 38 des Bundespersonalvertretungsgesetzes findet mit Ausnahme von Angelegenheiten nach der Wehrbeschwerdeordnung und der Wehrdisziplinarordnung Anwendung.

(4) Erfüllt eine Dienststelle während der Amtszeit des Personalrats erstmals die Voraussetzungen des Absatzes 1 Satz 1 bei zusätzlicher Berücksichtigung der Soldatinnen und Soldaten, so ist eine Nachwahl der Gruppe der Soldatinnen und Soldaten zulässig.

(5) Soldatinnen und Soldaten, die einer Einheit angehören, deren Aufgabe die Unterstützung eines Stabes ist, wählen abweichend von § 4 Absatz 1 keine Vertrauenspersonen in der Einheit, sondern zum Personalrat des Stabes, sofern

1. **dieser Stab eine Dienststelle nach Absatz 1 ist und**
2. **die Soldatinnen oder Soldaten ständig in diesem Stab eingesetzt sind.**

Die Regelungsinhalte des **§ 49 SGB 1997** sind, wenn auch mit formalen und inhaltlichen Änderungen, großenteils in **§ 60 SBG 2016** übernommen worden. Entsprechungen zu **§ 49 Abs. 1 S. 1 und 2 SBG 1997** finden sich in § 60 Abs. 1 SGB 2016, zu **§ 49 Abs. 2 SBG 1997** in § 60 Abs. 3 SBG 2016 und zu **§ 49 Abs. 4 SBG 1997** in § 60 Abs. 4 SBG 2016. Die Regelungen in **§ 49 Abs. 1 S. 3 und Abs. 3 SBG 1997** sind entfallen. Die Bestimmungen in § 60 Abs. 2 SBG 2016 sind neu, die des § 60 Abs. 5 SBG 2016 war schon bisher in **§ 1 Abs. 2 SBGWV 2012** enthalten. 1

(Abs. 1) Der mit **§ 49 Abs. 1 S. 1 SBG 1997** inhaltsgleiche **§ 60 Abs. 1 S. 1 SBG 2016** bestimmt, dass Soldaten in **anderen als den in § 4 Abs. 1 SBG genannten Dienststellen und Einrichtungen** Personalvertretungen wählen. § 4 Abs. 1 SBG legt die Wahlbereiche fest, in denen Soldaten Vertrauenspersonen wählen. Soldaten wählen somit nur dann Personalvertretungen, wenn sie keinem der in § 4 Abs. 1 SBG genannten Wahlbereiche angehören.[256] Für die **Abgrenzung** dieser Wahlbereiche von den nach § 60 Abs. 1 S. 1 SBG (auch) für Soldaten personalratsfähigen Dienststellen und Einrichtungen sind Mobilität einerseits und administrativ-fachlicher Charakter der zu erfüllenden Aufgabe andererseits die entscheidenden Kriterien: Handelt es sich um **stationäre Einrichtungen mit administrativer, technischer oder sonstiger fachlicher Aufgabenstellung**, so fallen diese i.d.R. unter § 60 Abs. 1 S. 1 SBG[257] (vgl. § 4 SBG Rn. 4). 2

---

256 *BVerwG* v. 23.6.99 – 6 P 6.98 – u. v. 8.10.07 – 6 P 2.07 –, PersR 99, 451, u. 08, 165.

257 *BVerwG* v. 23.1.02 – 6 P 2.01 –, PersR 02, 205, v. 29.10.02 – 6 P 5.02 –, PersR 03, 71, v. 23.9.04 – 6 P 2.04 –, PersR 04, 476, v. 16.3.06 – 6 P 12.05 –, PersR 06, 303, u. v. 8.10.07, a.a.O.

3 In welcher konkreten Organisationseinheit jene Soldaten, die nicht gem. § 4 Abs. 1 SBG Vertrauenspersonen wählen, eine Personalvertretung wählen, ergibt sich aus **§ 6 BPersVG**. Der dort verwendete **Begriff »Dienststelle«** stimmt weder mit dem Begriffspaar »Dienststellen und Einrichtungen« i. S. d. § 60 Abs. 1 S. 1 SBG noch mit dem Begriff »Wahlbereich« in § 4 Abs. 1 SBG überein. Deshalb ist es möglich, dass die innerhalb einer Dienststelle i. S. v. § 6 BPersVG tätigen Soldaten teilweise Vertrauenspersonen wählen und im Übrigen zum Personalrat wahlberechtigt sind.[258]

4 **Militärische Dienststellen**, in denen nach **§ 60 Abs. 1 S. 1 SBG 2016** und **§ 6 BPersVG** Soldaten Personalvertretungen wählen, sind nach bisheriger (zu § 49 Abs. 1 S. 1 SBG 1997 ergangener) **Rspr.** (Nachw. oben bei Rn. 4) auf den obersten militärischen Befehlsebenen das **BMVg** sowie die **höheren Kommandobehörden der militärischen Organisationsbereiche** (Kdo Heer, Kdo Luftwaffe, Marinekommando, Kdo Streitkräftebasis und Kdo Sanitätsdienst der Bundeswehr sowie ab 1. 4. 17 das hinzukommende Kdo Cyber- und Informationsraum).[259] **Beispielhafte Klarstellungen** enthält der an die Stelle des **§ 49 Abs. 1 S. 2 SBG 1997** getretene **§ 60 Abs. 1 S. 2 SBG 2016**, der infolge der **Neuausrichtung der Bundeswehr** und damit verbundenen Einnahme neuer Strukturen eine neue Fassung erhalten hat.[260] Danach zählen die dort genannten Organisationseinheiten ebenfalls zu den militärischen Dienststellen, in denen Soldaten Personalvertretungen wählen. Zum einen geht es dabei um **»Kommandos oder Stäbe, die neben Führungsaufgaben auch Aufgaben der militärischen Grundorganisation wahrnehmen«**; das gilt insb. im Organisationsbereich Streitkräftebasis für die bundesweit stationierten »Fähigkeitskommandos« sowie im Organisationsbereich Heer für »Deutsche Anteile Multinationale Korps/Militärische Grundorganisation«. Zum zweiten und dritten handelt es sich um **»in der Regel Stäbe der Korps«** sowie um **»entsprechende Dienststellen«**. Die **Korps** sind die obersten Großverbände beim Heer. Ihre Stäbe sind (im Hinblick auf § 4 Abs. 1 S. 2 Nr. 5 SBG) »in der Regel« (vgl. § 4 SBG Rn. 4) personalratsfähig, nicht aber die Stäbe der nachgeordneten Großverbände (Divisionen und Brigaden), weil nur die Stäbe der Korps wegen ihrer Stellung im obersten Bereich der militärischen Hierarchie mit zivilen Dienststellen vergleichbar sind.[261] Die **»entsprechenden Dienststellen«** sind nur solche, die den zuvor genannten Kommandos oder Stäben nach Führungsebene

258 *BVerwG* v. 8. 10. 07, a. a. O.

259 Diese Kommandos sind Dienststellen, die den Behörden der Mittelstufe nach § 6 Abs. 2 S. 2 BPersVG entsprechen und bei denen nach der SKBPRV (auch) Bezirkspersonalräte gebildet werden (vgl. § 64 SBG Rn. 4 f.).

260 BT-Drs. 18/8298, S. 50 (zu § 60).

261 *BVerwG* v. 23. 1. 02, a. a. O.

und Aufgabenstellung vergleichbar sind.[262] Die Wendung »die Stäbe der Verteidigungsbezirkskommandos, der Wehrbereichskommandos, der Wehrbereichskommandos/Divisionen« ist aus § 49 Abs. 1 S. 2 SBG 1997 nicht übernommen worden. Die **Wehrbereichskommandos** und **Verteidigungsbezirkskommandos** sind im Zuge der Umstrukturierung und Neuausrichtung der Bundeswehr aufgelöst worden. Ihnen entsprechen nunmehr (im Wesentlichen) das **Kommando Territoriale Aufgaben der Bundeswehr** (seit 2013) sowie die **Landeskommandos** (seit 2007). Dass die Soldaten bei ihnen Personalvertretungen wählen, ist unstreitig (vgl. ZDv A-1472/1, Anl. 4.1.1). Die Erwähnung der (seit 2001 aufgelösten) **Wehrbereichskommandos/Divisionen** sollte besagen, dass die Divisionskommandos für Soldaten nur dann personalratsfähig waren, wenn sie mit einem Wehrbereichskommando fusioniert waren; die Stäbe der Divisionen als solche waren und sind dagegen (s. oben) keine Dienststellen, in denen Soldaten Personalvertretungen wählen.[263]

Angesichts der engen Verknüpfung von Bundeswehrverwaltung und Streitkräften ist anerkannt, dass zu den Dienststellen i. S. d. § 60 Abs. 1 S. 1 SBG nicht nur **Dienststellen der Streitkräfte** und das **BMVg**, sondern auch die dem BMVg unterstehenden **Dienststellen der Bundeswehrverwaltung** gehören, in denen Soldaten neben Beamten und Arbeitnehmern tätig sind.[264] Die Bestimmungen der §§ 59 bis 63 SBG über die Vertretung der Soldaten durch Personalvertretungen sind gem. § 86 Nr. 12 BPersVG auch im **Bundesnachrichtendienst** sowie gem. § 62 Abs. 4 SBG außerdem im **Geschäftsbereich des Auswärtigen Amtes im Ausland** anzuwenden. 5

Der **ZDv A-1472/1** (vgl. Anh. V A § 35 SG Rn. 2) war bisher ein »Verzeichnis der Dienststellen und Einrichtungen der Streitkräfte i. S. v. § 49 SBG« als Anl. 4.1 beigefügt, das bei Redaktionsschluss dieser Auflage des Basiskommentars noch nicht aktualisiert worden war. Die Gerichte sind an einen derartigen **Katalog der für Soldaten personalratsfähigen Dienststellen** allerdings nicht gebunden. 6

§ 49 Abs. 1 S. 3 SBG 1997 sah seit seiner Änderung durch Art. 2 Abs. 6 des Gesetzes v. 8. 4. 13[265] vor, dass »*Soldaten, die aufgrund des Wehrpflichtgesetzes oder nach § 58b des Soldatengesetzes Wehrdienst leisten*«, von der Wahl der Personalvertretung grundsätzlich ausgenommen waren (vgl. dazu Voraufl., Rn. 2).[266] Diese Bestimmung ist **in das SBG 2016 nicht übernommen** worden. Ihr Wegfall ist Folge der Aussetzung der Wehrpflicht und stellt klar, dass 7

262 *BVerwG* v. 23. 1. 02, a. a. O.
263 *BVerwG* v. 23. 9. 04 – 6 P 2.04 – u. – 6 P 5.04 –, PersR 04, 476 u. 481.
264 *BVerwG* v. 18. 5. 94 – 6 P 6.92 – u. v. 21. 1. 08 – 6 P 16.07 –, PersR 94, 459, u. 08, 367.
265 BGBl. I S. 730.
266 Außerdem KfdP-*Altvater*, Anh. V B § 49 SBG Rn. 4.

in den Dienststellen nach § 60 Abs. 1 S. 1 SBG **alle Soldaten zur Personalvertretung wählen.**[267]

8 Die Soldaten, die in Dienststellen der Bundeswehr örtliche Personalräte wählen, wählen auch Soldatenvertreter in den **Hauptpersonalrat** beim BMVg. Außerdem wählen sie, wenn ihre Dienststelle zum Geschäftsbereich einer Dienststelle gehört, bei der ein Bezirkspersonalrat zu bilden ist (vgl. § 64 Abs. 2 SBG u. dort Rn. 4f.), Soldatenvertreter in den **Bezirkspersonalrat.** An der Wahl der genannten Stufenvertretungen nehmen auch Soldaten in jenen Dienststellen teil, in denen sie nach § 61 SBG ausnahmsweise Vertrauenspersonen wählen. Sind Nebenstellen oder Teile einer Dienststelle, in der die Soldaten Personalvertretungen wählen, nach § 6 Abs. 3 BPersVG verselbständigt worden, so wählen die Soldaten der Hauptdienststelle und der verselbständigten Dienststellen auch Soldatenvertreter in den **Gesamtpersonalrat** bei der Hauptdienststelle.

9 Die Personalvertretung der Soldaten ist an die der **zivilen Beschäftigten** gebunden. Die Wahl von Soldatenvertretern in den Personalrat hängt deshalb *grundsätzlich* davon ab, dass die Soldaten einer Dienststelle i. S. v. § 6 BPersVG angehören (vgl. Rn. 3), bei der die zivilen Beschäftigten *für sich genommen* nach § 12 BPersVG (ggf. i. V. m. § 91 Abs. 1 SG) einen **Personalrat** bilden.[268] Diesem **Grundsatz der Akzessorietät** entspricht die Regelung des § 61 SBG, der nunmehr allerdings **durch die Neuregelung in § 60 Abs. 2 SBG modifiziert** worden ist (vgl. dazu Rn. 10).

10 **(Abs. 2)** Die Bestimmungen des § 60 Abs. 2 SBG 2016 sind **neu** eingefügt worden. Sie sehen für den Bereich der Bundeswehr eine **ressortspezifische Abweichung von § 12 Abs. 2 BPersVG** vor.[269] Nach der Neuregelung in **§ 60 Abs. 2 S. 1 SBG** wird eine **Zuteilung zu einer benachbarten Dienststelle entbehrlich**, sofern in der an sich zuzuteilenden Dienststelle die in § 12 Abs. 1 BPersVG normierten **Voraussetzungen der Personalratsfähigkeit bei zusätzlicher Berücksichtigung der Soldaten** erfüllt sind. Das ist der Fall, wenn die Dienststelle in der Regel insgesamt mindestens fünf wahlberechtigte Beamte, Arbeitnehmer *und Soldaten* beschäftigt, von denen drei wählbar sind. Allerdings gilt auch für eine derartige Dienststelle die aus § 50 SBG 1997 übernommene Regelung in **§ 61 SBG 2016**, nach der ein **Personalrat allein für Soldaten nicht** gebildet werden kann. Ein Personalrat, dem (aus welchen Gründen auch immer) nicht **mindestens ein ziviler Beschäftigter als Mitglied** angehört, ist somit auch in den Fällen des § 60 Abs. 2 S. 1 SBG nicht zulässig. Würde sich der Personalrat ausschließlich aus Soldaten zu-

---

267 BT-Drs. 18/8298, S. 50 (zu § 60).

268 *BVerwG* v. 3. 7. 91 – 6 P 18.89 –, PersR 91, 413, v. 29. 10. 02 – 6 P 5.02 –, PersR 03, 71, u. v. 7. 1. 03 – 6 P 7.02 –, PersR 03, 153.

269 Näher hierzu und zum Folgenden BT-Drs. 18/8298, S. 50 (zu § 60). Vgl. auch *Gronimus*, PersV 16, 404, 408 (zu 4).

sammensetzen, hat **ausnahmsweise** gem. **§ 60 Abs. 2 S. 2 SBG** eine **Zuteilung nach § 12 Abs. 2 BPersVG** stattzufinden. Falls aufgrund der Neuregelung in § 60 Abs. 2 S. 1 SBG erstmals in einer Dienststelle ein örtlicher Personalrat gewählt werden kann, gilt die **Übergangsvorschrift** des **§ 65 Abs. 4 SBG** (vgl. § 65 SBG Rn. 2).

(**Abs. 3**) Die Bestimmungen des **§ 49 Abs. 2 SBG 1997** sind mit redaktionellen Änderungen in **§ 60 Abs. 3 SBG 2016** übernommen worden. Nach **§ 60 Abs. 3 S. 1 SBG** bilden die in § 60 Abs. 1 und 2 SBG gennannten Soldaten eine – einheitliche, nicht nach Laufbahngruppen unterteilte – **weitere Gruppe** i. S. d. § 5 BPersVG. Dadurch werden die Soldaten als Gruppe den Gruppen der Beschäftigten i. S. d. § 4 BPersVG, also den Beamten und Arbeitnehmern, gleichgestellt. Ihnen stehen im Verhältnis zur Personalvertretung grundsätzlich **die gleichen Rechte** zu wie den zivilen Beschäftigten. Sie können deshalb unter den gleichen Voraussetzungen wie die zivilen Beschäftigten beim Verwaltungsgericht nach § 25 BPersVG die Wahl des Personalrats anfechten oder nach § 28 Abs. 1 BPersVG den Ausschluss eines Mitglieds aus dem Personalrat oder die Auflösung des Personalrats beantragen. Die Soldaten bilden gemeinsam mit den Beamten und Arbeitnehmern die **Personalversammlung** und können nach § 49 Abs. 2 BPersVG die Einberufung einer Personalversammlung oder die Aufnahme eines bestimmten Beratungsgegenstands in die Tagesordnung der Personalversammlung verlangen. 11

§ 60 Abs. 3 S. 2 SBG stellt klar, dass **Soldatenvertreter in Personalvertretungen** die gleiche Rechtsstellung haben wie die Vertreter der zivilen Beschäftigten, es sei denn, dass das SBG etwas anderes bestimmt. Daraus folgt, dass die Soldatenvertreter im Personalrat als weitere Gruppe zu den Vertretern der zivilen Beschäftigten hinzutreten. Wie diese wählen sie nach § 32 Abs. 1 S. 2 und 3 BPersVG ein auf sie entfallendes **Vorstandsmitglied**. Das Plenum des Personalrats kann nach § 32 Abs. 2 S. 1 BPersVG bestimmen, dass das Vorstandsmitglied der Soldatengruppe den **Vorsitz** im Personalrat übernimmt. Die Soldatenvertreter haben die gleiche **persönliche Rechtsstellung** wie die zivilen Personalratsmitglieder.[270] Insbesondere sind die §§ 8, 46 und 47 Abs. 2 BPersVG grundsätzlich auch auf sie anzuwenden (vgl. § 62 Abs. 3 S. 1 SBG u. dort Rn. 5f.). 12

§ 60 Abs. 3 S. 3 SBG schreibt vor, dass **§ 38 BPersVG** anzuwenden ist, soweit es sich nicht ausnahmsweise um Angelegenheiten nach der WBO oder der WDO handelt (vgl. § 63 Abs. 2 SBG u. dort Rn. 10). Über **gemeinsame Angelegenheiten**, also Angelegenheiten, welche die Interessen aller Gruppen (Beamte, Arbeitnehmer und Soldaten) unmittelbar berühren (vgl. § 38 BPersVG Rn. 3), wird im Personalrat von den Vertretern der zivilen Grup- 13

270 *BVerwG* v. 19. 2. 87 – 6 P 11.85 –, PersR 87, 167.

pen und denen der Soldaten **gemeinsam beraten und beschlossen.**[271] In Angelegenheiten, die außer den Interessen der Soldaten lediglich die Interessen der Angehörigen *einer* zivilen Gruppe unmittelbar berühren, sind nach gemeinsamer Beratung im Personalrat nur die Vertreter der betroffenen zivilen Gruppe und die Soldatenvertreter zur Beschlussfassung berufen. Ein **Gruppenbeschluss** der Soldatenvertreter ist (ebenso wie ein Gruppenbeschluss der Beamten oder Arbeitnehmer) ein **Beschluss des Personalrats**, der (aufgrund der generellen Verweisung in § 59 S. 1 SBG) nach § 32 Abs. 3 S. 2 BPersVG vom Personalratsvorsitzenden (ggf. gemeinsam mit einem der Soldatengruppe angehörenden Vorstandsmitglied) im Namen des Personalrats für und gegen diesen auszuführen ist (vgl. § 38 BPersVG Rn. 7 a. E.).

14 (**Abs. 4**) Der mit **§ 49 Abs. 4 SBG 1997** inhaltsgleiche **§ 60 Abs. 4 SBG 2016** ermöglicht eine sofortige **Nachwahl der Soldatenvertreter**, sobald eine Dienststelle erstmals nach § 60 Abs. 1 S. 1 SBG für Soldaten personalratsfähig geworden ist. Er ergänzt § 27 Abs. 4 BPersVG.[272]

15 (**Abs. 5**) Die im SGB 1997 noch nicht enthaltene, aber mit **§ 1 Abs. 2 SBGWV 2012** inhaltsgleiche Bestimmung des **§ 60 Abs. 5 SBG 2016** normiert eine Abweichung von § 4 Abs. 1 SBG. Soldaten, die einer **Einheit** angehören, **deren Aufgabe die Unterstützung eines Stabes ist**, wählen keine Vertrauenspersonen, sondern zum Personalrat des Stabes, sofern dieser Stab eine Dienststelle i. S. d. § 60 Abs. 1 SBG ist und die Soldaten ständig in diesem Stab eingesetzt sind (vgl. § 4 SBG Rn. 4).

§ 61 Dienststellen ohne Personalrat

In Dienststellen und Einrichtungen der Bundeswehr, in denen für die Beschäftigten im Sinne des § 4 des Bundespersonalvertretungsgesetzes auch im Falle einer Zuteilung zu einer benachbarten Dienststelle nach § 12 Absatz 2 des Bundespersonalvertretungsgesetzes ein Personalrat nicht gebildet ist, wählen die Soldatinnen und Soldaten Vertrauenspersonen nach § 4.

1 **§ 50 SBG 1997** ist inhaltlich unverändert als **§ 61 SBG 2016** übernommen worden.

2 Kommt es in einer Dienststelle nicht zur Bildung einer Personalvertretung für die Zivilbeschäftigten, so kann ein **Personalrat allein für die Soldaten nicht** gebildet werden (**Grundsatz der Akzessorietät**).[273] Wird allerdings eine nach § 12 Abs. 1 BPersVG nicht personalratsfähige **Kleindienststelle** nach § 12 Abs. 2 BPersVG einer benachbarten Dienststelle zugeteilt, dann

271 Vgl. *BVerwG* v. 21. 12. 84 – 6 P 35.82 –, Buchh 238.3 A § 75 Nr. 35.
272 Vgl. BT-Drs. 13/5740, S. 21 f. (zu Nr. 37).
273 *BVerwG* v. 7. 1. 03 – 6 P 7.02 –, PersR 03, 153.

wählen, wie sich aus § 61 SBG ergibt, sowohl die Zivilbeschäftigten als auch die Soldaten der zugeteilten Dienststelle den Personalrat der Dienststelle mit, zu der die Zuteilung erfolgt ist. Ob eine **Zuteilung geboten** ist, ist unter Berücksichtigung der **bundeswehrspezifischen Regelung** in § 60 Abs. 2 SBG zu beantworten (vgl. dort Rn. 10).

Mangels einer insoweit modifizierenden soldatenbeteiligungsrechtlichen Regelung ist aus dem Grundsatz der Akzessorietät allerdings weiterhin ab- 3
zuleiten, dass die für eine **Verselbständigung** einer Nebenstelle oder eines Dienststellenteils i. S. d. § 6 Abs. 3 BPersVG erforderliche (ungeschriebene) Mindestvoraussetzung von in der Regel fünf Wahlberechtigten, von denen drei wählbar sind (vgl. § 6 BPersVG Rn. 6), nur von den Zivilbeschäftigten erfüllt werden kann.[274] Jedoch sind bei der Vorabstimmung über die Verselbständigung nicht nur die wahlberechtigten Zivilbeschäftigten, sondern auch die wahlberechtigten Soldaten der Nebenstelle oder des Dienststellenteils abstimmungsberechtigt.[275]

Wird in einer von § 60 Abs. 1 SBG erfassten Dienststelle der Bundeswehr ein 4
Personalrat der Zivilbeschäftigten nicht gebildet, so wählen die Soldaten dieser Dienststelle gem. § 61 SBG statt einer Personalvertretung **Vertrauenspersonen** nach § 4 SBG. Bei einer derartigen Dienststelle handelt es sich um einen **Wahlbereich** kraft Gesetzes, in dem für die Wahl der Vertrauenspersonen nach § 4 Abs. 1 S. 1 SBG das **Laufbahngruppenprinzip** gilt. Sobald in einer solchen Dienststelle nach § 91 SG i. V. m. den §§ 6 und 12 BPersVG ein Personalrat (einschl. der nach § 62 Abs. 1 und 2 SBG zu wählenden Soldatenvertreter) gebildet ist, fällt der für diese Dienststelle bisher bestehende Wahlbereich weg mit der weiteren Folge, dass die Amtszeit der dort gewählten Vertrauenspersonen entsprechend § 10 Abs. 2 Nr. 7 SBG vorzeitig endet.

§ 62 Wahl und Rechtsstellung der Soldatenvertreterinnen und Soldatenvertreter

(1) Für die Wahl der Soldatenvertreterinnen und Soldatenvertreter in Personalvertretungen nach § 60 gilt § 19 des Bundespersonalvertretungsgesetzes entsprechend.

(2) [1]Die §§ 16 bis 18 des Bundespersonalvertretungsgesetzes gelten mit der Maßgabe, dass sich die in § 16 des Bundespersonalvertretungsgesetzes bestimmte Zahl der Sitze bei Personalräten, die auch Soldatinnen und Soldaten nach § 60 Absatz 1 vertreten, um ein Drittel erhöht. [2]Entfallen nach der vorstehenden Regelung auf die Gruppe der Beamtinnen und Beamten sowie auf die Gruppe der Arbeitnehmerinnen und Arbeitnehmer weniger Sitze, als ihnen nach § 16 des Bundespersonalvertretungsgesetzes

274 *BVerwG* v. 7. 1. 03, a. a. O.
275 So *OVG NW* v. 30. 10. 09 – 16 A 1027/09.PVB –, PersR 11, 44.

zustünden, erhöht sich die Zahl ihrer Sitze bis zu der ihnen nach § 16 des Bundespersonalvertretungsgesetzes zustehenden Zahl; die Zahl der Soldatenvertreterinnen und Soldatenvertreter erhöht sich um die gleiche Zahl. [3]Zählt eine Gruppe mindestens ebenso viele Mitglieder wie alle anderen Gruppen zusammen, so stehen dieser Gruppe so viele weitere Sitze zu, dass sie mindestens ebenso viele Vertreterinnen und Vertreter erhält wie alle anderen Gruppen zusammen.

(3) [1]Die §§ 46, 47 Absatz 2 sowie § 91 des Bundespersonalvertretungsgesetzes sind anzuwenden. [2]§ 15 Absatz 2, die §§ 18 und 20 Absatz 5 gelten für Soldatenvertreterinnen und Soldatenvertreter entsprechend.

(4) [1]Soldatinnen und Soldaten, die im Geschäftsbereich des Auswärtigen Amts im Ausland Dienst leisten, sind zur Wahl des Personalrats ihrer Auslandsvertretung wahlberechtigt und wählbar. [2]Sie haben kein Wahlrecht zum Personalrat und zum Hauptpersonalrat des Auswärtigen Amts. [3]Auf die in Satz 1 genannten Soldatinnen und Soldaten findet § 47 Absatz 2 des Bundespersonalvertretungsgesetzes keine Anwendung. [4]§ 4 Absatz 3 Nummer 2 ist nicht anzuwenden.

1 **§ 62 SBG 2016** entspricht dem ebenso gegliederten **§ 51 SBG 1997**. Größere inhaltliche Änderungen sind in Abs. 1, kleinere in Abs. 3 erfolgt.

2 **(Abs. 1)** Die bisherigen Bestimmungen des § 51 Abs. 1 SBG 1997 sind mit weitreichenden inhaltlichen Änderungen durch § 62 Abs. 1 SBG 2016 abgelöst worden. Für die in § 60 SBG vorgesehene **Wahl der Soldatenvertreter in Personalvertretungen** ist nunmehr **§ 19 BPersVG ohne Einschränkung** entsprechend anzuwenden. Auch hinsichtlich der Wahl zum Personalrat bilden die Soldaten eine weitere Gruppe i. S. d. § 5 BPersVG und haben auch insoweit die gleiche Rechtsstellung wie die von den zivilen Beschäftigten gebildeten Gruppen der Beamten und der Arbeitnehmer. Aus der uneingeschränkten Verweisung auf § 19 BPersVG folgt, dass dessen Bestimmungen (im Unterschied zum SBG 1997) *in jeder Hinsicht* entsprechend anzuwenden sind. Entfallen ist insb. die bisherige Regelung in § 51 Abs. 1 S. 1 SBG 1997, wonach die Soldatenvertreter zwar gleichzeitig mit den Vertretern der Beamten und Arbeitnehmer, jedoch in einem getrennten Wahlgang, zu wählen waren. Stattdessen gilt jetzt: Besteht bspw. der zu wählende Personalrat aus Vertretern der Gruppen der Beamten, der Arbeitnehmer und der Soldaten, so findet zwar grundsätzlich **Gruppenwahl** statt, bei der die wahlberechtigten Beamten, Arbeitnehmer und Soldaten ihre Vertreter je in getrennten Wahlgängen wählen, es kann aber auch nach § 19 Abs. 2 BPersVG die **gemeinsame Wahl** beschlossen werden, bei der die Beamten, Arbeitnehmer und Soldaten ihre Vertreter in einem gemeinsamen Wahlgang wählen. Aufgehoben ist auch die Regelung in § 51 Abs. 1 S. 2 SBG 1997, wonach der **Wahlvorstand** nicht aus drei, sondern aus fünf Wahlberechtigten zu bestehen hatte. Seitdem die früheren Gruppen der Angestellten und Arbeiter zur

Gruppe der Arbeitnehmer zusammengefasst worden sind (vgl. § 5 BPersVG Rn. 1) und damit auch in Dienststellen i. S. d. § 60 Abs. 1 SBG nicht mehr als drei Statusgruppen bestehen können, kann auch in diesen Dienststellen in einem dreiköpfigen Wahlvorstand (nach § 20 Abs. 1 S. 2 BPersVG) jede Gruppe vertreten sein (vgl. § 20 BPersVG Rn. 2).[276]

Außer dem durch § 62 Abs. 1 SBG in Bezug genommenen § 19 BPersVG (vgl. 3 oben Rn. 2) gelten für die Wahl der Soldatenvertreter in Personalvertretungen aufgrund der generellen **Verweisungsvorschrift des § 59 S. 1 SBG** *alle* für die Wahl des Personalrats *einschlägigen Vorschriften des BPersVG und der BPersVWO* entsprechend, soweit die §§ 60 bis 62 SBG nichts anderes bestimmen (vgl. § 59 SBG Rn. 1). Hervorzuheben sind die Vorschriften über

- die **Bildung von Personalräten** und die Zuteilung von Kleindienststellen (§ 12 BPersVG, abgewandelt durch § 60 Abs. 2 SBG; vgl. § 60 SBG Rn. 10);
- die **Wahlberechtigung** und **Wählbarkeit** (§§ 13 bis 15 BPersVG);
- die **Zahl der Personalratsmitglieder** sowie die **Sitzverteilung** auf die Gruppen, die Beschäftigungsarten und die Geschlechter (§§ 16 bis 18 BPersVG, abgewandelt durch § 62 Abs. 2 SBG; vgl. unten Rn 4);
- die **Bestellung und Aufgaben des Wahlvorstands** (§§ 20 bis 23 und § 28 Abs. 2 BPersVG; vgl. oben Rn. 2);
- den **Wahlschutz** und die **Wahlkosten** (§ 24 BPersVG);
- die **Wahlanfechtung** (§ 25 BPersVG):[277] Sie kann auf die Gruppe der Soldaten beschränkt werden[278] (vgl. § 25 BPersVG Rn. 9a). Anfechtungsberechtigt sind u. a. auch mindestens drei wahlberechtigte Soldaten sowie jede in der Dienststelle vertretene Gewerkschaft der Soldaten (vgl. § 25 BPersVG Rn. 7);[279]
- die **Amtszeit** und die **Wahlzeiten** (§§ 26, 27 BPersVG, ergänzt durch § 60 Abs. 4 SBG; vgl. § 60 SBG Rn. 14).

(Abs. 2) Nach dem mit § 51 Abs. 2 SBG 1997 inhaltsgleichen § 62 Abs. 2 SBG 4 2016 hat der Wahlvorstand die **Ermittlung der Zahl der zu wählenden Personalratsmitglieder** und die **Verteilung der Sitze auf die Gruppen** wie folgt vorzunehmen:[280]

- Die Zahlen der in der Regel **beschäftigten Beamten und Arbeitnehmer sowie Soldaten** sind festzustellen und zu addieren. Ist die Gesamtzahl nicht höher als 50, sind außerdem die Zahlen der **wahlberechtigten Angehörigen aller Gruppen** festzustellen und zu addieren (§ 2 Abs. 1 BPersVWO).

---

276 Vgl. BT-Drs. 18/8298, S. 51 (zu § 62).

277 Vgl. *BVerwG* v. 7. 1. 03 – 6 P 7.02 –, PersR 03, 153.

278 *BVerwG* v. 16. 3. 06 – 6 P 12.05 –, PersR 06, 303, m. w. N.

279 *BVerwG* v. 8. 10. 07 – 6 P 2.07 –, PersR 08, 165, u. v. 13. 7. 11 – 6 P 16.10 –, PersR 11, 443.

280 Vgl. *BVerwG* v. 7. 1. 03, a. a. O.

- Anhand der Gesamtzahl der in der Regel beschäftigten – ggf. anhand der Gesamtzahl der wahlberechtigten – Angehörigen aller Gruppen ist die sich aus **§ 16 BPersVG** ergebende **Zahl der zu wählenden Personalratsmitglieder** festzustellen (§ 5 Abs. 1 S. 1 BPersVWO).
- Die nach § 16 BPersVG ermittelte **Zahl der Sitze** ist nach § 62 Abs. 2 S. 1 SBG **um ein Drittel zu erhöhen**. Bruchteile, die sich bei dieser Berechnung ergeben, sind abzurunden, wenn sie nicht höher sind als 0,5; andernfalls sind sie aufzurunden.[281] Die Höchstzahl nach § 16 Abs. 2 BPersVG erhöht sich dadurch von 31 auf 41.
- Ist ein Beschluss nach **§ 18 Abs. 1 BPersVG** über eine **abweichende Sitzverteilung** nicht gefasst worden, sind die Sitze gem. **§ 17 Abs. 2 BPersVG** nach dem **Höchstzahlverfahren** (d'Hondt'sches System) auf die einzelnen Gruppen zu verteilen (§ 5 Abs. 2 BPersVWO).
- Die nach dem Höchstzahlverfahren errechnete Verteilung der Sitze auf die Gruppen ist ggf. zu korrigieren, damit jede Gruppe (die keine Kleinstgruppe i. S. d. § 17 Abs. 5 BPersVG ist) die in **§ 17 Abs. 3 BPersVG** vorgeschriebene **Mindestzahl von Sitzen** erhält (§ 5 Abs. 3 BPersVWO).
- Entfallen nach den bisherigen Berechnungsschritten auf die Beamten und Arbeitnehmer insgesamt weniger Sitze, als ihnen nach § 16 BPersVG in einem Personalrat ohne Soldatenvertreter zustünden, ist nach § 62 Abs. 2 S. 2 SBG die Zahl der Sitze der zivilen Beschäftigten bis zu der Zahl zu erhöhen, die sich aus § 16 BPersVG ergibt. Diese **Überhangsitze** sind so zu verteilen, dass die Gruppen der zivilen Beschäftigten die gleiche Zahl von Sitzen erhalten, die sie in einem Personalrat ohne Soldatenvertreter nach § 17 BPersVG erhalten würden. Damit die Mehrheitsverhältnisse zwischen den Vertretern der zivilen Beschäftigten einerseits und den Soldatenvertretern andererseits gewahrt bleiben, ist außerdem die Zahl der Sitze der Soldatenvertreter um die gleiche Zahl zu erhöhen, um die die Zahl der Sitze der Vertreter der zivilen Beschäftigten steigt (**Ausgleichssitze**). Die Höchstzahl der Personalratsmitglieder, die nach § 62 Abs. 2 S. 1 SBG bereits auf 41 angehoben ist, kann dabei überschritten werden.
- Schließlich sind einer Gruppe, die mindestens ebenso viele Beschäftigte zählt wie alle anderen Gruppen zusammen, nach § 62 Abs. 2 S. 3 SBG weitere Sitze in der Weise zuzuteilen, dass diese Gruppe mindestens ebenso viele Vertreter erhält wie alle anderen Gruppen zusammen. Diese dem **Schutz der Mehrheitsgruppe** dienende Regelung gilt unabhängig davon, wie hoch die bisher errechnete Gesamtzahl der Personalratsmitglieder ist. Auch dies führt ggf. zu einer Erhöhung der Gesamtzahl der Sitze des Personalrats.

281 BT-Drs. 13/5740, S. 22, 1. Sp.

Falls die Gruppe der Soldaten nach S. 1 des § 17 Abs. 5 BPersVG ausnahmsweise keine Vertretung im Personalrat erhält, kann sich nach dessen S. 2 jeder Soldat durch Erklärung gegenüber dem Wahlvorstand **einer anderen Gruppe anschließen** (vgl. § 17 BPersVG Rn. 9).

(**Abs. 3**) Der in einem Punkt von § 51 Abs. 3 S. 1 SBG 1997 abweichende **§ 62 Abs. 3 S. 1 SBG 2016** bestimmt, dass **§ 46, § 47 Abs. 2 und § 91 BPersVG** (nicht § 47 BPersVG insgesamt) auch auf die Soldatenvertreter im Personalrat anzuwenden sind. 5

§ 46 BPersVG enthält Vorschriften über die **Rechtsstellung der Personalratsmitglieder**; die Verweisung darauf hat u. a. zur Folge, dass die zur Wählerschaft der Soldatenvertreter gehörenden Soldaten bei der Anwendung der **Freistellungsstaffel** des § 46 Abs. 4 BPersVG mitzuzählen sind (vgl. § 46 BPersVG Rn. 9). Die Verweisung auf § 46 BPersVG erstreckt sich auch auf die Verordnung über die Höhe der **Aufwandsentschädigung** für vom Dienst freigestellte Personalratsmitglieder, die aufgrund des § 46 Abs. 5 BPersVG erlassen worden ist (vgl. § 46 BPersVG Rn. 23). Die Freistellung eines Soldaten entpflichtet diesen ganz oder teilweise von seiner dienstlichen Tätigkeit, berührt aber nicht die **allgemeinen soldatischen Pflichten** aus dem Dienstverhältnis (vgl. § 46 BPersVG Rn. 21). Dazu zählt auch die Verpflichtung, im Dienst – und damit während der Personalratstätigkeit innerhalb der Dienstzeit – **Uniform** zu tragen.[282] Auch bei Soldaten darf die Freistellung nicht zur Beeinträchtigung des **beruflichen Werdegangs** führen (§ 46 Abs. 3 S. 6 BPersVG). In Umsetzung dieser gesetzlichen Verpflichtung hat das BMVg das Verfahren der **fiktiven Laufbahnnachzeichnung** (vgl. § 46 BPersVG Rn. 22) in der »Richtlinie für die Förderung vom Dienst freigestellter Soldatinnen und Soldaten« v. 11.7.02 und den hierzu ergangenen »Erläuterungen zur Erlasslage« v. 9.8.10 geregelt.[283] **§ 47 Abs. 2 BPersVG** regelt den Schutz von Personalratsmitgliedern vor **Versetzungen** und Abordnungen bzw. (aufgrund der Verweisung in § 62 Abs. 3 S. 1 SBG) **Kommandierungen** (vgl. § 47 Abs. 2 BPersVG Rn. 22 ff.). 6

§ 91 BPersVG enthält Sondervorschriften für **Dienststellen des Bundes im Ausland**. Durch die Verweisung des § 62 Abs. 3 S. 1 SBG wird die in § 91 Abs. 1 Nr. 4 BPersVG n. F. für Mitglieder von Personalräten im Status von Beamten und Arbeitnehmern normierte **Beschränkung des besonderen Versetzungs- und Abordnungsschutzes in Auslandsdienststellen** (vgl. § 91 BPersVG Rn. 7b) auch auf die Soldatenvertreter in Personalräten in Dienst- 7

282 *BVerwG* v. 28.9.10 – 1 WB 41.09 –, PersV 11, 139 = PersR 11, 188 Ls.

283 Zu dem dort vorgesehenen **Referenzgruppenmodell** vgl. *BVerwG* v. 25.6.14 – 2 B 1.13 –, PersV 14, 458, v. 11.12.14 – 1 WB 6.13 –, ZfPR 15, 34, u. v. 21.7.16 – 1 WB 8.16 –, juris.

stellen der Bundeswehr im Ausland erstreckt und damit eine Angleichung der Rechtsstellung aller Statusgruppen bewirkt.[284]

8 Der im Vergleich zu § 51 Abs. 3 S. 2 SBG 1997 inhaltlich erweiterte **§ 62 Abs. 3 S. 2 SBG 2016** legt fest, dass folgende Bestimmungen **entsprechend gelten**: die des **§ 15 Abs. 2 SBG** über die Zuständigkeit für die disziplinare **Ahndung von Dienstvergehen** der als Vertrauenspersonen amtierenden Soldaten und die des **§ 18 SBG** über die Befugnis zur Entscheidung über **Beschwerden gegen die Vertrauensperson** sowie die des **§ 20 Abs. 5 SBG** über die Pflicht des Disziplinarvorgesetzten dafür zu sorgen, dass neu gewählte Vertrauenspersonen für ihre Aufgaben ausgebildet und zusätzlich alle Vertrauenspersonen weitergebildet werden. Durch die letztgenannte Bezugnahme ist gewährleistet, dass die Soldatenvertreter in Angelegenheiten nach dem SBG die gleiche **Schulung** erhalten wie Vertrauenspersonen. Hinzu kommen Ansprüche auf Teilnahme an Schulungs- und Bildungsveranstaltungen nach **§ 46 Abs. 6 und 7 BPersVG**,[285] wobei nach § 46 Abs. 6 BPersVG auch eine Spezialschulung zu Fragen des Soldatenrechts und des Soldatenbeteiligungsrechts erforderlich ist.[286]

9 (**Abs. 4**) Der mit § 51 Abs. 4 SBG 1997 inhaltsgleiche § 62 Abs. 4 SBG 2016 nähert den personalvertretungsrechtlichen Status von Soldaten, die im **Geschäftsbereich des Auswärtigen Amts im Ausland** Dienst leisten, an denjenigen der dort tätigen zivilen Beschäftigten an. § 62 Abs. 4 S. 1 SBG sieht im Interesse einer besseren Integration der Soldaten vor, dass diese zur Wahl des **Personalrats der Auslandsvertretung**, zu der sie entsandt sind, wahlberechtigt und wählbar sind. § 62 Abs. 4 S. 2 SBG schließt aber – anders als § 91 Abs. 1 Nr. 3 S. 1 und 2 BPersVG für die zivilen Beschäftigten – ein weiter gehendes Wahlrecht nicht nur zum Hauptpersonalrat, sondern auch zum Personalrat des Auswärtigen Amts aus. Inhaltlich übereinstimmend mit § 91 Abs. 1 Nr. 3 S. 4 BPersVG legt § 62 Abs. 4 S. 3 SBG fest, dass der besondere **Versetzungs- und Abordnungsschutz** des § 47 Abs. 2 BPersVG für Soldatenvertreter in Personalräten in Auslandsvertretungen im Geschäftsbereich des Auswärtigen Amts nicht anzuwenden ist. Für Soldatenvertreter in Auslandsdienststellen im **Geschäftsbereich des BMVg** – oder gem. § 86 Nr. 12 BPersVG des **BND** – gilt nunmehr die in § 91 Abs. 1 Nr. 4 BPersVG n. F. geregelte Beschränkung des besonderen Versetzungs- und Abordnungsschutzes in Auslandsdienststellen (vgl. oben Rn. 7). § 62 Abs. 4 S. 4 SBG bestimmt, dass die für die Wahl der Vertrauenspersonen geltende **Auffangvorschrift**

---

284 BT-Drs. 16/7076, S. 176 (zu Art. 11).

285 Vgl. BT-Drs. 13/5740, S. 22, l. Sp.

286 *VG München* v. 10.5.96 – M 14 P 95.2326 –, PersR 96, 322, u. *BayVGH* v. 25.9.96 – 18 P 96.2111 –, n.v.; vgl. auch *OVG NW* v. 25.2.98 – 1 A 4407/96.PVB –, PersR 98, 243.

des **§ 4 Abs. 3 Nr. 2 SBG** auf Soldaten im Geschäftsbereich des Auswärtigen Amts im Ausland keine Anwendung findet (vgl. § 4 SBG Rn. 6).

§ 63 Angelegenheiten der Soldatinnen und Soldaten

(1) [1]In Angelegenheiten, die nur die Soldatinnen und Soldaten betreffen, haben die Soldatenvertreterinnen und Soldatenvertreter die Befugnisse der Vertrauensperson. [2]§ 7 des Bundespersonalvertretungsgesetzes ist mit Ausnahme der Beteiligung in Angelegenheiten nach der Wehrbeschwerde- und der Wehrdisziplinarordnung anzuwenden.

(2) [1]In Angelegenheiten einer Soldatin oder eines Soldaten nach der Wehrdisziplinar- oder der Wehrbeschwerdeordnung nimmt die Befugnisse der Vertrauenspersonen der Offiziere, Unteroffiziere und Mannschaften diejenige Soldatenvertreterin oder derjenige Soldatenvertreter im Personalrat wahr, die oder der

1. der entsprechenden Laufbahngruppe angehört und

2. bei der Verhältniswahl in der Reihenfolge der Sitze die höchste Teilzahl, bei der Personenwahl die höchste Stimmenzahl erreicht hat.

[2]Im Falle der Verhinderung wird sie oder er in der Reihenfolge der erreichten Teilzahlen oder Stimmenzahlen durch die nächste Soldatenvertreterin oder den nächsten Soldatenvertreter der entsprechenden Laufbahngruppe vertreten. [3]Ist eine solche Vertretung nicht vorhanden, werden die Befugnisse der Vertrauensperson von dem Mitglied der Gruppe der Soldatinnen und Soldaten wahrgenommen, das nach § 32 des Bundespersonalvertretungsgesetzes in den Vorstand der Personalvertretung gewählt ist, im Falle der Verhinderung durch die Vertreterin oder den Vertreter im Amt. [4]Ist keine Soldatenvertreterin oder kein Soldatenvertreter nach den Sätzen 1 bis 3 in den Personalrat einer Dienststelle gewählt, tritt an ihre oder seine Stelle die entsprechende Soldatenvertreterin oder der entsprechende Soldatenvertreter im zuständigen Gesamtpersonalrat der Dienststelle, im Übrigen die Soldatenvertreterin oder der Soldatenvertreter der Personalvertretung der nächsthöheren Stufe.

(3) Sofern die Befugnisse der Vertrauenspersonen nach Absatz 1 durch Soldatenvertreterinnen oder Soldatenvertreter in einem Personalrat wahrgenommen werden, hat die Gruppe der Soldatinnen und Soldaten im Personalrat ein entsprechendes Beschwerderecht nach § 17.

(4) In Angelegenheiten im Sinne von § 39 Absatz 2, von denen nur Soldatinnen und Soldaten betroffen sind, werden in den militärischen Organisationsbereichen neben den Vertrauenspersonenausschüssen auch die dort gebildeten Bezirkspersonalräte beteiligt.

(5) [1]Ist in einem Organisationsbereich ein Vertrauenspersonenausschuss nach § 39 Absatz 1 nicht gebildet, nimmt der jeweilige Bezirkspersonalrat in Angelegenheiten, die nur Soldatinnen und Soldaten betreffen, die Auf-

gaben eines Vertrauenspersonenausschusses wahr. [2]§ 39 Absatz 3 dieses Gesetzes und § 32 Absatz 3 des Bundespersonalvertretungsgesetzes finden entsprechend Anwendung.

1 Die Bestimmungen in **§ 52 SBG 1997** sind in **§ 63 Abs. 1 und 2 SBG 2016** übernommen worden, mit einer inhaltlichen Änderung in Abs. 1 S. 2 und einer inhaltlichen Ergänzung in Abs. 2 S. 4. Die Regelungen in **§ 63 Abs. 3 bis 5 SGB 2016** sind **neu**.

2 **Regelungsgegenstände** des § 63 SBG sind: die generelle Beteiligung der Soldatenvertreter in Angelegenheiten der Soldaten (Abs. 1); die spezielle Beteiligung eines Soldatenvertreters in Angelegenheiten eines Soldaten nach der WBO oder der WDO (Abs. 2); das Beschwerderecht der Soldatenvertreter (Abs. 3); die ergänzende Beteiligung der Bezirkspersonalräte in den militärischen Organisationsbereichen neben der Beteiligung der dortigen VPA (Abs. 4); die Wahrnehmung der Aufgaben des VPA durch den Bezirkspersonalrat in anderen als militärischen Organisationsbereichen (Abs. 5). Wie § 52 SBG 1997 setzt auch § 63 SBG 2016 voraus, dass in militärischen Dienststellen, denen ausschließlich Soldaten angehören, Personalvertretungen nicht gebildet werden.[287] Die bisherige Auslegung, dass § 52 SBG nur auf örtlicher Ebene anwendbar sei,[288] ist jedenfalls wegen der hinzugekommenen Regelungen in Abs. 2 S. 4 sowie Abs. 4 und 5 überholt.

3 **(Abs. 1)** Nach dem mit § 52 Abs. 1 S. 1 SBG 1997 inhaltsgleichen **§ 63 Abs. 1 S. 1 SBG 2016** haben die **Soldatenvertreter** in Angelegenheiten, die nur die Soldaten betreffen, die **Befugnisse der Vertrauensperson**. Um welche Befugnisse es sich dabei im Einzelnen handelt, ergibt sich aus den Vorschriften der §§ 19 bis 32 SBG über die Beteiligung der Vertrauensperson. In den nur die Soldaten betreffenden Angelegenheiten nehmen die **Soldatenvertreter grundsätzlich gemeinsam** die Befugnisse der Vertrauensperson wahr (zu den Ausnahmen vgl. Rn. 10).

4 Der dem § 52 Abs. 1 S. 2 SBG 1997 entsprechende **§ 63 Abs. 1 S. 2 SBG 2016** ist neu gefasst worden. Er legt nunmehr fest, dass **§ 7 BPersVG *von Ausnahmen abgesehen*** anzuwenden ist. Der **Leiter der Dienststelle** ist auch in Angelegenheiten, die nur die Soldaten betreffen, ***grundsätzlich*** **Beteiligungspartner** des Personalrats und der Soldatenvertreter im Personalrat. Das gilt unabhängig davon, ob unterhalb der Ebene des Dienststellenleiters nachgeordnete Disziplinarvorgesetzte vorhanden sind,[289] und auch dann, wenn es in einer Dienststelle der Bundeswehrverwaltung um Maßnahmen in Personalangelegenhei-

287 *BVerwG* v. 7.1.03 – 6 P 7.02 –, PersR 03, 153.
288 *Gronimus*, § 52 SBG Rn. 7a.
289 *BVerwG* v. 18.1.94 – 1 WB 14.93 –, NZWehrr 94, 117, u. v. 1.11.01 – 6 P 10.01 –, PersR 02, 73.

ten der dort beschäftigten Soldaten geht.[290] Anders ist es jetzt jedoch bei der Beteiligung in **Angelegenheiten nach der WBO und der WDO**, für die die Sonderregelung des § 63 Abs. 2 SBG gilt (vgl. Rn. 10). Hierfür ist nun nicht mehr der Dienststellenleiter,[291] sondern der **hierfür zuständige Disziplinarvorgesetzte** Partner im diesbezüglichen Beteiligungsverfahren.[292]

Als »**Angelegenheiten, die nur die Soldaten betreffen**«, sind im Bereich der Beteiligung jene Angelegenheiten anzusehen, die ausschließlich die Interessen der Soldaten unmittelbar berühren (vgl. § 60 SBG Rn. 13). Das wird auch dann angenommen, wenn Soldaten und Zivilbeschäftigte zur Wahrung der Funktionsfähigkeit der Streitkräfte unterschiedlich behandelt werden.[293] In den nur die Soldaten betreffenden Angelegenheiten treten die **Beteiligungsrechte nach dem SBG** an die Stelle der Beteiligungsrechte nach dem BPersVG.[294] Demnach haben die Soldatenvertreter im Personalrat in den genannten Angelegenheiten (nur) die Befugnisse der Vertrauensperson.[295] 5

In Angelegenheiten, die nur die Soldaten betreffen, richten sich die **allgemeinen Aufgaben** nach § 19 Abs. 3 SBG.[296] Die **förmliche Beteiligung** findet in den **Fällen** statt, die in den §§ 24 bis 31 SBG im Einzelnen aufgeführt sind, und richtet sich nach den **Verfahrensvorschriften** der §§ 21 bis 23 SBG. Soweit es sich dabei nicht um Angelegenheiten eines Soldaten nach der WDO oder der WBO handelt (vgl. §§ 28, 29 u. 31 SBG), sind die Angelegenheiten im Verhältnis zwischen Dienststelle und Personalrat sowie innerhalb des Personalrats als **Gruppenangelegenheiten** zu behandeln. In den durch die §§ 21 bis 23 SBG geregelten Beteiligungsverfahren stehen sich der Dienststellenleiter und der Personalrat als Gremium gegenüber. Die **Willensbildung innerhalb des Personalrats** vollzieht sich nach § 38 Abs. 2 BPersVG in der Weise, dass nach gemeinsamer Beratung im Plenum nur die Vertreter der Soldatengruppe an der Beschlussfassung teilnehmen. Im Rahmen der so gefassten Beschlüsse **vertritt der Vorsitzende des Personalrats**, wenn er nicht selbst der Gruppe der Soldaten angehört, nach § 32 Abs. 3 S. 2 BPersVG gemeinsam mit einem dieser Gruppe angehörenden Vorstandsmitglied den Personalrat (vgl. § 32 BPersVG Rn. 17).[297] 6

---

290 *BVerwG* v. 21. 1. 08 – 6 P 16.07 –, PersR 08, 367.

291 So zum SBG 1997 *BVerwG* v. 31. 1. 07 – 1 WB 16.06 –, NZWehrr 07, 162, u. v. 16. 12. 10 – 2 WDB 3.10 –, NZWehrr 11, 167.

292 BT-Drs. 18/8298, S. 51 (zu § 63).

293 *BVerwG* v. 21. 12. 84 – 6 P 35.82 –, Buchh 238. A § 75 Nr. 35, u. v. 29. 10. 02 – 6 P 5.02 –, PersR 03, 71.

294 *BVerwG* v. 1. 11. 01 – 6 P 10.01 –, PersR 02, 73, u. v. 29. 10. 02, a. a. O.

295 *BVerwG* v. 10. 2. 00 – 2 A 4.99 –, Buchh 236.1 § 24 Nr. 18, zur damals beteiligungsfreien Geltendmachung von Ersatzansprüchen (insoweit überholt durch § 25 Abs. 3 S. 1 Nr. 6 SBG 2016).

296 Vgl. *BVerwG* v. 20. 4. 16 – 1 WB 29.15 –, ZfPR 16, 66.

297 KfdP-*Altvater*, Anh. V B § 52 Rn. 4 m. N.

7 Ist die Beteiligung der Vertrauensperson **mehrstufig** angelegt und kommt eine Einigung zwischen Dienststellenleiter und Personalrat nicht zustande, wird das Verfahren nach § 22 Abs. 3 S. 1 bzw. § 23 Abs. 2 S. 1 SBG mit der **Anrufung des nächsthöheren Vorgesetzten** des Leiters der Dienststelle fortgesetzt. Wird im weiteren Mitbestimmungsverfahren der **Schlichtungsausschuss** einberufen, besteht dieser auf der Seite der Soldaten nach dem entsprechend anzuwendenden § 23 Abs. 2 S. 5 Nr. 4 SBG aus dem nach § 32 Abs. 1 S. 3 BPersVG bestimmten Gruppenvorstandsmitglied der Soldaten und einem weiteren von der Gruppe benannten Soldatenvertreter.

8 Die der **Anhörung**, dem **Vorschlagsrecht** oder der **Mitbestimmung** nach den §§ 21 bis 23 SBG unterliegenden, nur die Soldaten betreffenden und als **Gruppenangelegenheiten** zu behandelnden Angelegenheiten ergeben sich aus § 24 Abs. 1, 2 und 4, § 25, § 26 Abs. 3 bis 5, § 27, § 29 Abs. 1 und 2 (Bestpreise) und § 30 SBG. Als Gruppenangelegenheit ist auch die Benennung von Soldaten für die Mitgliedschaft in **Ausschüssen** nach § 26 Abs. 1 und 2 SBG zu behandeln.

9 Auch die Mitwirkung in den **Versammlungen der Vertrauenspersonen** zählt zu den Angelegenheiten, die nur die Soldaten betreffen. Im Einzelnen ist sie in § 33 Abs. 4 SBG geregelt.

10 **(Abs. 2)** In **Angelegenheiten eines Soldaten nach der WDO oder der WBO** gelten die Sonderregelungen in § 63 Abs. 2 SBG 2016. Danach nimmt wegen des höchstpersönlichen Charakters dieser Angelegenheiten **nur ein Soldatenvertreter** die Befugnisse der Vertrauensperson der Offiziere, der Unteroffiziere oder der Mannschaften nach den §§ 28, 29 und 31 SBG wahr. Für die **Bestimmung dieses Soldatenvertreters** gilt nach den insoweit mit § 52 Abs. 2 SBG 1997 inhaltlich übereinstimmenden Regelungen in **§ 63 Abs. 2 S. 1 bis 3 SBG** 2016 Folgendes:

- Nach **§ 63 Abs. 2 S. 1 SBG** ist für die Wahrnehmung der Befugnisse der Vertrauensperson in erster Linie **entsprechend der Laufbahngruppe** des betroffenen Soldaten derjenige Soldatenvertreter im Dienstgrad eines Offiziers oder eines Unteroffiziers oder in einem Mannschaftsdienstgrad zuständig, der bei Verhältniswahl in der Reihenfolge der Sitze die **höchste Teilzahl**, bei Personenwahl die **höchste Stimmenzahl** erreicht hat.
- Ist ein solcher Soldatenvertreter nicht vorhanden, werden nach **§ 63 Abs. 2 S. 3 SBG** die Befugnisse der Vertrauensperson von dem nach § 32 BPersVG gewählten **Gruppenvorstandsmitglied** wahrgenommen, ohne dass es auf die Laufbahngruppe des betroffenen Soldaten ankommt.
- Ist der nach § 63 Abs. 2 S. 1 SBG bestimmte Soldatenvertreter **verhindert**, wird er nach **§ 63 Abs. 2 S. 2 SBG** durch den **nächstplatzierten Soldatenvertreter** derselben Laufbahngruppe vertreten. Ist dagegen das Gruppenvorstandsmitglied verhindert, wird es nach **§ 63 Abs. 2 S. 3 SBG** durch seinen Vertreter im Amt, also das entsprechende **Ersatzvorstandsmitglied** (vgl. § 32 BPersVG Rn. 5), vertreten.

- Ist in den Personalrat einer Dienststelle **kein Soldatenvertreter gewählt**, der nach den Regelungen in § 63 Abs. 2 S. 1 bis 3 SBG für die Wahrnehmung der Befugnisse zuständig wäre, ist die zur Schließung einer Beteiligungslücke neu eingefügte Bestimmung des **§ 63 Abs. 2 S. 4 SBG 2016** anzuwenden.[298] Danach kommt der entsprechende Soldatenvertreter im zuständigen **Gesamtpersonalrat**, im Übrigen der Soldatenvertreter in der Personalvertretung der höheren Stufe, also zunächst im **Bezirkspersonalrat** oder ggf. im **Hauptpersonalrat**, zum Zuge.

In den in § 63 Abs. 2 SBG genannten Angelegenheiten ist die sonst nach § 38 Abs. 2 BPersVG vorgesehene **Beratung im jeweiligen Personalratsplenum ausgeschlossen.**[299]

(Abs. 3) Der neue § 63 Abs. 3 SBG 2016 sieht vor, dass die **»Gruppe« der Soldaten im Personalrat** ein **»entsprechendes Beschwerderecht« nach § 17 SBG** hat, sofern die Befugnisse der Vertrauenspersonen nach § 63 Abs. 1 SBG durch Soldatenvertreter in einem Personalrat wahrgenommen werden. Laut Gesetzesbegründung soll der »Gruppe«, »die mit Ausnahme des Absatzes 2 *als Kollegialorgan* die Befugnisse einer Vertrauensperson wahrnimmt« das Beschwerderecht in dem Fall zustehen, in dem sie sich in der Ausübung ihrer Befugnisse behindert oder wegen ihrer Tätigkeit benachteiligt fühlt – wobei es im Übrigen heißt, dazu finde die diesbezügliche Rspr. des *BVerwG* (Beschl. v. 1. 11. 01 – 6 P 10.01 –)[300] Eingang in das Gesetz.[301] Es verwundert allerdings, dass die Begründung sich mit dem Hinweis auf die Entscheidung des damals für PersV-Sachen zuständigen *6. Revisionssenats des BVerwG* begnügt, ohne auf die spätere **Rspr. des *1. Wehrdienstsenats*** einzugehen, die sich wie folgt zusammenfassen lässt: Streiten Dienststelle und Personalrat um Beteiligungsrechte in Angelegenheiten, die nur die Soldaten betreffen, so ist nach erfolglosem **Beschwerdeverfahren** gem. § 16 SBG 1997 (jetzt § 17 SBG 2016) der **Rechtsweg zu den Wehrdienstgerichten** gegeben, weil das Beschwerderecht an die Beteiligungsrechte der Vertrauensperson anknüpft, die in den §§ 20ff. SBG 1997 (jetzt §§ 21ff. SBG 2016) nach Form und Inhalt normiert sind (vgl. § 17 SBG Rn. 2; § 86 BPersVG Rn. 16).[302] Im Streitfall kann (nur) der **Personalrat, vertreten durch seinen Vorsitzenden** (ggf. gemeinsam mit dem Sprecher der Gruppe der Soldaten) in Angelegenheiten, die ausschließlich Soldaten betreffen, de- 11

298 BT-Drs. 18/8298, S. 51 (zu § 63).

299 *BVerwG* v. 1. 11. 01 u. v. 31. 1. 07, jew. a. a. O.

300 PersR 02, 73. Der *6. Revisionssenat* sah den Rechtsweg zu den Wehrdienstgerichten für gegeben an, und verwies die Sache an das zuständige Truppendienstgericht.

301 BT-Drs. 18/8298, S. 51 (zu § 63).

302 Vgl. *BVerwG* v. 31. 1. 07 – 1 WB 16.06 –, NZWehrr 07, 162, u. v. 24. 5. 11 – 1 WB 60.10 –, NZWehrr 12, 75.

ren Rechte im Beschwerdeverfahren nach § 16 SBG 1997 (jetzt § 17 SBG 2016) und im anschließenden gerichtlichen Antragsverfahren geltend machen[303] (vgl. oben Rn. 6). Diese Rechtslage dürfte angesichts der Entstehungsgeschichte des neuen § 63 Abs. 3 SBG trotz seiner missverständlichen Fassung und ihrer fragwürdigen Begründung unverändert geblieben sein.[304]

12 **(Abs. 4)** Der neue § 63 Abs. 4 SBG 2016 enthält eine ergänzende Bestimmung zu der in § 39 Abs. 2 SBG 2016 geregelten **Beteiligung der VPA bei militärischen Organisationsbereichen** bei **Grundsatzregelungen im personellen, sozialen und organisatorischen Bereich** (vgl. § 39 SBG Rn. 3 u. § 38 SBG Rn. 4). Die neue Bestimmung sieht vor, dass in solchen, *nur Soldaten* betreffenden Angelegenheiten in den militärischen Organisationsbereichen neben den VPA auch die dort gebildeten **Bezirkspersonalräte** beteiligt werden. Damit sollen auch die Beteiligungsrechte jener Soldaten gewahrt werden, die von Personalräten vertreten werden.[305]

13 **(Abs. 5)** Der neue § 63 Abs. 5 SBG 2016 hat eine Regelung für **Organisationsbereiche** eingeführt, **in denen ein VPA** nach § 39 Abs. 1 SBG 2016 **nicht gebildet ist**. Nach § 63 Abs. 5 S. 1 SBG nimmt dort der jeweilige **Bezirkspersonalrat** in Angelegenheiten, die *nur Soldaten* betreffen, die **Aufgaben eines VPA** wahr. Damit soll eine Beteiligungslücke infolge der »Durchmischung der drei zivilen Organisationbereiche mit … Soldaten« vermieden werden.[306] Nach § 63 Abs. 5 S. 2 SBG finden entsprechende Anwendung: § 39 Abs. 3 SBG (der die Anrufung einer Schlichtungsstelle regelt) und § 32 Abs. 3 BPersVG (der die Vertretung des Personalrats normiert).[307]

---

303 *BVerwG* v. 28. 10. 09 – 1 WB 11.09 –, Buchh 449.7 § 16 Nr. 3: Die Gruppe der Soldaten im Personalrat ist kein eigenständiges Vertretungsorgan i. S. d. § 1 Abs. 2 SBG 1997 (jetzt § 1 Abs. 1 SBG 2016).

304 Vgl. Fischer/Goeres/Gronimus (Lfg. 4/16, Dez. 2016), Rn. 53d, wonach im BMVg erstellte Vorentwürfe, die darauf hinausliefen »der Soldatengruppe eine Art vom Personalrat losgelöste, eigene Rechtspersönlichkeit« zuzuschreiben, im RegE des SBG 2016 nicht berücksichtigt wurden.

305 BT-Drs. 18/8298, S. 51 f. (zu § 63 unter Hinw. auf *BVerwG* v. 28. 5. 08 – 1 WB 50/07 –, PersV 08, 428).

306 BT-Drs. 18/8298, S. 52 (zu § 63). Gemeint sind offenbar die drei Ressourcenbereiche (vgl. § 92 BPersVG Rn. 1a).

307 Die Bedeutung der Verweisung auf § 32 Abs. 3 BPersVG ist unklar, da diese Vorschrift schon nach § 54 Abs. 1 BPersVG für den Bezirkspersonalrat entsprechend gilt. Das gilt auch für § 38 Abs. 2 BPersVG, der die Beratung und Beschlussfassung in Gruppenangelegenheiten regelt.

Kapitel 6
Schlussvorschriften

§ 64 Rechtsverordnungen

(1) Das Bundesministerium der Verteidigung wird ermächtigt, durch Rechtsverordnung Vorschriften über die Wahlen nach diesem Gesetz zu erlassen, insbesondere über

1. die Abgrenzung der Wahlbereiche,

2. die Wahlvorbereitung, die Aufstellung der Bewerberliste und des Wählerverzeichnisses,

3. die Stimmabgabe und die Bekanntgabe des Wahlergebnisses,

4. die Briefwahl und das vereinfachte Wahlverfahren,

5. die Feststellung des Wahlergebnisses und die Bekanntgabe der Gewählten sowie

6. die Aufbewahrung der Wahlunterlagen.

(2) Das Bundesministerium der Verteidigung wird ermächtigt, durch Rechtsverordnung die den Behörden der Mittelstufe nach § 6 Absatz 2 Satz 2 des Bundespersonalvertretungsgesetzes entsprechenden militärischen Dienststellen zu bestimmen, bei denen Bezirkspersonalräte gebildet werden.

§ 64 SBG 2016 ist inhaltsgleich mit **§ 53 SBG 1997.** 1

(Abs. 1) Der mit § 53 Abs. 1 SBG 1997 inhaltlich übereinstimmende § 64 Abs. 1 SBG 2016 ermächtigt das BMVg, durch Rechtsverordnung Vorschriften über die **Wahlen nach dem SBG** zu erlassen. Aufgrund der Ermächtigung in § 53 Abs. 1 SBG 1997 hat das BMVg die **Wahlverordnung zum Soldatenbeteiligungsgesetz (SBGWV) v. 18. 3. 97**[308] erlassen und diese sodann durch die **Erste Verordnung zur Änderung v. 22. 8. 12**[309] in zahlreichen Details geändert. Die seit dem 31. 8. 12 geltende Fassung der SBGWV (hier: **SBGWV 2012**) enthält in Abschn. 1 (§§ 1–16) Bestimmungen über die Wahl der Vertrauenspersonen, in Abschn. 2 (§§ 17–34) Bestimmungen über die Wahl des Gesamtvertrauenspersonenausschusses und in Abschn. 3 (§ 35) eine Übergangsregelung aus Anlass der vorgenannten Änderungsverordnung.[310] 2

Die am 2. 9. 16 erfolgte Ablösung des SBG 1997 durch das SBG 2016 hat an der Wirksamkeit der SBGWV 2012 grundsätzlich nichts geändert.[311] Soweit die Neuregelungen im SBG 2016 die Wahlen von Vertrauenspersonen und 3

308 BGBl. I S. 558. In Kraft getreten am 26. 3. 97.

309 BGBl. I S. 1805. In Kraft getreten am 31. 8. 12.

310 Der Text der SBGWV 2012 ist abgedruckt in: KfdP, Anh. V C.

311 Vgl. *Jarass/Pieroth*, Art. 80 Rn. 21 m. w. N.

Vertrauenspersonenausschüssen betreffen, sind jedoch Anpassungen der SBGWV erforderlich. Das gilt insb. für die Aufnahme von Vorschriften über die in § 41 SBG 2016 grundsätzlich geregelte Wahl der VPA der militärischen Organisationsbereiche. Das BMVg hat dazu den **Referentenentwurf einer Verordnung zur Änderung soldatenbeteiligungsrechtlicher Vorschriften** (Stand: 29.9.16) erarbeitet und diesen am 24.10.16 den Gewerkschaften mit der Bitte um Kenntnisnahme und Gelegenheit zur Stellungnahme bis zum 28.11.16 zugesandt. Es handelt sich um den Entwurf einer aufgrund des § 64 SBG 2016 zu erlassenden Artikelverordnung mit einer Neufassung der SBGWV (Art. 1 SBGWV-RefE 2016), einer Änderung der SKBPRV (Art. 2 SBGWV-RefE 2016) und einer Regelung zum Inkrafttreten (Art. 3 SBGWV-RefE 2016). Die **Neufassung der SBGWV** soll folgende übergeordnete Gliederungseinheiten enthalten: Kap. 1 (Wahl der Vertrauenspersonen: §§ 1–19), Kap. 2 (Wahl der Vertrauenspersonenausschüsse) mit Abschn. 1 (Wahl des Gesamtvertrauenspersonenausschusses: §§ 20–37) und Abschn. 2 (Wahl der Vertrauenspersonenausschüsse der militärischen Organisationsbereiche: §§ 38–54) sowie Kap. 3 (Schlussvorschriften: § 55).

4 **(Abs. 2)** Der mit § 39 SBG 1991 und § 53 Abs. 2 SBG 1997 inhaltlich übereinstimmende § 64 Abs. 2 SBG 2016 ermächtigt das BMVg, durch Rechtsverordnung diejenigen militärischen Dienststellen zu bestimmen, bei denen nach § 53 BPersVG **Bezirkspersonalräte** zu bilden sind. Die Vorschrift stellt klar, dass es sich dabei um solche militärischen Dienststellen handeln muss, die den **Behörden der Mittelstufe** nach § 6 Abs. 2 S. 2 BPersVG entsprechen. Bezirkspersonalräte können somit nur bei den der obersten Dienstbehörde unmittelbar nachgeordneten Behörden gebildet werden. In welchem Umfang das BMVg von der Verordnungsermächtigung Gebrauch macht, unterliegt seinem **pflichtgemäßen Ermessen**.[312]

5 Aufgrund des § 39 SBG 1991 hat das BMVg zunächst die **Verordnung über die Bildung von Bezirkspersonalräten bei militärischen Dienststellen** v. 8.2.91[313] erlassen, die zuletzt durch die aufgrund des § 53 Abs. 2 SBG 1997 erlassene Verordnung zur Neuordnung der Bezirkspersonalräte bei militärischen Dienststellen v. 21.8.12[314] geändert worden ist. Dabei ist als Art. 2 dieser Verordnung die **Streitkräfte-Bezirkspersonalräteverordnung (SKBPRV)** erlassen worden, die die bisherige Stammverordnung **zum 1.4.13** ersetzt hat. Die SKBPRV bestimmt, dass Bezirkspersonalräte bei folgenden, dem BMVg unmittelbar unterstellten **höheren Kommandobehörden** gebildet werden: Kommando Heer, Kommando Luftwaffe, Marinekommando, Kommando Streitkräftebasis und Kommando Sanitätsdienst der Bundeswehr (vgl. § 92 BPersVG Rn. 1c, § 39 SBG Rn. 1 u. § 60 SBG Rn. 8).

---

312 *BVerwG* v. 23.9.04 – 6 P 2.04 –, PersR 04, 476.

313 BGBl. I S. 424. In Kraft getreten mit Wirkung vom 22.1.91.

314 BGBl. I S. 1804. In Kraft getreten teils am 31.8.12, teils am 1.4.13.

Art. 2 SBGWV-RefE 2016 (vgl. oben Rn. 3) sieht vor, dass beim neuen (zum 1.4.17 aufzustellenden) **Kommando Cyber- und Informationsraum** ebenfalls ein BPR gebildet wird.

§ 65 Übergangsvorschriften

(1) Vertrauenspersonen, Sprecherinnen und Sprecher von Versammlungen, Mitglieder des Gesamtvertrauenspersonenausschusses und Soldatenvertreterinnen und Soldatenvertreter in Personalvertretungen sowie deren Stellvertreterinnen und Stellvertreter bleiben bis zum Ablauf der Zeit, die sich auf Grund der Vorschriften dieses Gesetzes ergibt, im Amt.
(2) Dieses Gesetz findet erstmals Anwendung auf Wahlen, für die nach Inkrafttreten dieses Gesetzes der Wahlvorstand bestellt worden ist.
(3) [1]Die Wahl der erstmalig zu bildenden Vertrauenspersonenausschüsse der militärischen Organisationsbereiche ist unverzüglich nach Inkrafttreten dieses Gesetzes einzuleiten. [2]Bei der erstmaligen Wahl der Vertrauenspersonenausschüsse der militärischen Organisationsbereiche sind auch die dem jeweiligen militärischen Organisationsbereich angehörigen Mitglieder des Gesamtvertrauenspersonenausschusses beim Bundesministerium der Verteidigung wählbar.
(4) Kann auf Grund dieses Gesetzes erstmals die Wahl eines örtlichen Personalrats in Dienststellen und Einrichtungen nach § 60 Absatz 2 Satz 1 durchgeführt werden, führt der bisher zuständige Personalrat, insbesondere im Fall einer nicht mehr erforderlichen Zuteilung nach § 12 Absatz 2 des Bundespersonalvertretungsgesetzes, die Geschäfte bis zur ersten Sitzung des neuen Personalrats, längstens für einen Zeitraum von zwölf Monaten, weiter.

Das SBG 2016 ist als Art. 1 des Gesetzes zur Änderung soldatenbeteiligungs- 1
und personalvertretungsrechtlicher Vorschriften (abgekürzt laut juris: **SBuPersVRÄndG**) v. 29.8.16[315] verkündet worden. Nach Art. 3 Abs. 1 und 2 SBuPersVRÄndG sind das **SBG 2016** am 2.9.16 in Kraft und das **SBG 1997** gleichzeitig außer Kraft getreten.

Die **Übergangsvorschriften** des § 65 SBG 2016 beziehen sich auf die **bishe-** 2
rigen Interessenvertreter der Soldaten und die **erstmaligen Wahlen** künftiger Soldatenvertreter. Sie sehen Folgendes vor: Nach dem SBG 1997 gewählte Vertrauenspersonen, Sprecher von Versammlungen, Mitglieder des GVPA und Soldatenvertreter in Personalvertretungen sowie deren Stellvertreter bleiben bis zum Ablauf der Zeit im Amt, die sich aufgrund der Vor-

315 BGBl. I S. 2065.

schriften des SBG 2016 ergibt (**§ 65 Abs. 1 SBG**). Das SBG 2016 findet erstmals Anwendung auf Wahlen, für die nach Inkrafttreten dieses Gesetzes (d. h. in der Zeit ab dem 2. 9. 16) der Wahlvorstand bestellt worden ist (**§ 65 Abs. 2 SBG**). Für die Vertrauenspersonenausschüsse der militärischen Organisationsbereiche ist festgelegt, dass deren erstmalige Wahl unverzüglich nach Inkrafttreten des SBG 2016 einzuleiten ist und dass dabei (über § 41 Abs. 2 SBG hinausgehend) auch die dem jeweiligen militärischen Organisationsbereich angehörigen Mitglieder des GVPA wählbar sind (**§ 65 Abs. 3 SBG**). Falls aufgrund der Neuregelung in § 60 Abs. 2 S. 1 SBG (vgl. § 60 SBG Rn. 10) erstmals in einer Dienststelle ein örtlicher Personalrat gewählt werden kann, führt der bisher zuständige Personalrat die Geschäfte übergangsweise weiter, und zwar grundsätzlich bis zur ersten Sitzung des neuen Personalrats, längstens aber für einen Zeitraum von zwölf Monaten (**§ 65 Abs. 4 SBG**).

3 Es besteht keine Übergangsvorschrift zur **Fortführung förmlicher Beteiligungsverfahren**, die im Zeitpunkt des Inkrafttretens des SBG 2016 bereits eingeleitet waren (zu einer teilw. vergleichbaren Vorschrift vgl. Anh. V C § 9 BwKoopG).

Abschnitt C
Kooperationsgesetz der Bundeswehr (BwKoopG)

vom 30. Juli 2004 (BGBl. I S. 2027)

– Gesetzestext mit Erläuterungen –

§ 1 Geltungsbereich

Dieses Gesetz gilt für Beamtinnen, Beamte, Soldatinnen, Soldaten, Angestellte, Arbeiterinnen und Arbeiter des Geschäftsbereichs des Bundesministeriums der Verteidigung, soweit und solange ihnen unter Beibehaltung ihres Dienst- oder Arbeitsverhältnisses zum Bund eine Tätigkeit in einem Wirtschaftsunternehmen zugewiesen wurde, mit dem die Bundeswehr eine Kooperation eingegangen ist.

1 Das aus vier Artikeln bestehende »Gesetz zur Regelung von Rechtsfragen hinsichtlich der Rechtsstellung von Angehörigen der Bundeswehr bei Kooperationen zwischen der Bundeswehr und Wirtschaftsunternehmen sowie zur Änderung besoldungs- und wehrsoldrechtlicher Vorschriften« v. 30. 7. 04[1] enthält in Art. 1 das **Kooperationsgesetz der Bundeswehr (BwKoopG)**.[2] Das auf einem Gesetzentwurf der Bundesregierung[3] beruhende Artikelgesetz ist am 6. 8. 04 in Kraft getreten.

1a § 1 BwKoopG legt den Geltungsbereich dieses Gesetzes in sachlicher und persönlicher Hinsicht fest. Es gilt für Personen, die als **Beamte** oder **Soldaten** in einem öffentlich-rechtlichen Dienstverhältnis oder als **Arbeitnehmer** (bis 30. 9. 05: als Angestellte oder Arbeiter) in einem privatrechtlichen Arbeitsverhältnis zum Bund stehen (vgl. § 4 BPersVG Rn. 4f. u. 6ff. sowie Anh. V A § 35 SG Rn. 1a) und zum **Geschäftsbereich des Bundesministeriums der Verteidigung** – BMVg – (vgl. § 92 BPersVG Rn. 1) gehören, soweit und solange ihnen unter Beibehaltung ihres Dienst- oder Arbeitsverhältnisses zum Bund eine Tätigkeit in einem **Wirtschaftsunternehmen** zugewiesen wurde, mit dem die Bundeswehr eine **Kooperation** eingegangen ist. Eine solche Kooperation liegt dann vor, wenn Aufgaben der Bundeswehrverwaltung oder der Streitkräfte im Wege der Zusammenarbeit zwischen der

---

1 BGBl. I S. 2027.

2 Zu der dem BwKoopG zugrunde liegenden Problematik sowie zu seiner Zielsetzung und seinem wesentlichen Inhalt vgl. KfdP-*Altvater*, Anh. V E vor § 1 BwKoopG Rn. 1ff. m. w. N.

3 BT-Drs. 15/2944.

Bundeswehr und einem Wirtschaftsunternehmen wahrgenommen werden, ohne dass es dabei auf die konkrete Ausgestaltung dieser Zusammenarbeit ankommt. Die Kooperation kann bereits vor dem Inkrafttreten des BwKoopG am 6. 8. 04 eingegangen worden sein.

2 Die Zulässigkeit der **Zuweisung** einer Tätigkeit in einem kooperierenden Wirtschaftsunternehmen ist im BwKoopG nicht geregelt, sondern wird von ihm vorausgesetzt. Der in § 1 BwKoopG verwendete **Begriff** der Zuweisung ist nicht im engen rechtstechnischen Sinne zu verstehen; er meint vielmehr alle dienst- oder arbeitsrechtlichen Maßnahmen, aufgrund derer Beschäftigte der Bundeswehr unter Beibehaltung ihres Dienst- oder Arbeitsverhältnisses zum Bund in einem Wirtschaftsunternehmen einer weisungsabhängigen Tätigkeit nachgehen.[4] **Dienst- bzw. arbeitsrechtliche Regelungen** über die Zuweisung finden sich für die **Beamten** in § 29 BBG (vormals § 123a BRRG), für die **Arbeitnehmer** (auch hinsichtlich der Variante Personalgestellung) in § 4 Abs. 2 und 3 TVöD und in § 13 des Tarifvertrags über sozialverträgliche Begleitmaßnahmen im Zusammenhang mit der Umgestaltung der Bundeswehr (TVUmBw) v. 18. 7. 01 (i. d. F. des 3. ÄndTV v. 10. 12. 10). Die vom Bundesminister der Verteidigung kraft seiner Organisationsgewalt erlassenen »Bestimmungen über die Versetzung, den Dienstpostenwechsel und die Kommandierung der Soldaten« – ZDv 14/5 Teil B Nr. 171 – sehen in Nr. 7 vor, dass mit der **Kommandierung** des **Soldaten** dessen vorübergehende Dienstleistung auch bei einer nichtamtlichen Stelle angeordnet werden kann. Die Zuweisung ist eine Personalangelegenheit, die, wenn sie für eine Dauer von mehr als drei Monaten erfolgt, bei Beamten und bei Arbeitnehmern nach § 76 Abs. 1 Nr. 5a bzw. § 75 Abs. 1 Nr. 4a BPersVG der **Mitbestimmung des Personalrats** unterliegt (vgl. § 76 BPersVG Rn. 30 f. bzw. § 75 BPersVG Rn. 47 ff.). Die Kommandierung von Soldaten, die für mehr als drei Monate erfolgt, bedarf nach § 24 Abs. 1 Nr. 2 SBG der **Anhörung der Vertrauensperson** oder nach § 63 Abs. 1 S. 1 i. V. m. § 24 Abs. 1 Nr. 2 SBG der **Anhörung des Personalrats** (vgl. Anh. V B § 24 SBG Rn. 3 u. § 63 SBG Rn. 3 ff.).

§ 2 Aktives Wahlrecht zum Personalrat

Beamtinnen, Beamte, Angestellte, Arbeiterinnen und Arbeiter bleiben zum Personalrat ihrer Dienststelle wahlberechtigt.

1 Zugewiesene Beamte und Arbeitnehmer bleiben während der Dauer der Zuweisung aufgrund des fortbestehenden Dienst- bzw. Arbeitsverhältnisses zum zuweisenden Dienstherrn bzw. Arbeitgeber **Beschäftigte** i. S. d. § 4

4 *BVerwG* v. 14. 12. 09 – 6 P 16.08 –, PersR 10, 249.

BPersVG[5] (§ 4 BPersVG Rn. 2). Nach § 13 Abs. 2 S. 4 BPersVG führt eine Zuweisung allerdings grundsätzlich dazu, dass die zugewiesenen Beschäftigten die Wahlberechtigung zum Personalrat ihrer (alten) Dienststelle verlieren, sobald die Zuweisung länger als drei Monate gedauert hat (vgl. § 13 BPersVG Rn. 13ff.). Davon abweichend bestimmt § 2 BwKoopG jedoch, dass zugewiesene Beamte und Arbeitnehmer i. S. d. § 1 BwKoopG zum Personalrat ihrer Dienststelle **wahlberechtigt** bleiben.

2 Das aktive Wahlrecht der Zugewiesenen gilt für den **Personalrat »ihrer« Dienststelle**. In der Regel ist das diejenige Dienststelle, der die Zugewiesenen vor der Zuweisung zuletzt angehört haben, also ihre bisherige **Beschäftigungsdienststelle**. Sie bleiben dort auch dann wahlberechtigt, wenn ihr Dienstposten in der bisherigen Dienststelle gestrichen und in einer anderen Dienststelle eingerichtet wird, die zur personalbearbeitenden Dienststelle bestimmt wird.[6] Wird die Beschäftigungsdienststelle **mit einer anderen Dienststelle zusammengelegt**, so ist die neue, vereinigte Dienststelle **Rechtsnachfolgerin** mit der Folge, dass die Wahlberechtigung nunmehr in dieser neuen Dienststelle besteht.[7] Wird die Beschäftigungsdienststelle **aufgelöst**, so erhalten die Betroffenen die Wahlberechtigung zum Personalrat der Dienststelle, der sie **dienstrechtlich zugeordnet** sind.[8] Die Zugewiesenen bleiben auch zum **Hauptpersonalrat** beim BMVg und ggf. zu dem **Bezirkspersonalrat** oder **Gesamtpersonalrat** wahlberechtigt, zu dessen Geschäftsbereich »ihre« Dienststelle gehört, weil die Nichtanwendbarkeit des § 13 Abs. 2 S. 4 BPersVG gem. § 53 Abs. 3 S. 1 und § 56 BPersVG für diese Personalvertretungen entsprechend gilt.[9]

3 Das fortbestehende aktive Wahlrecht der Zugewiesenen zu den Personalvertretungen berechtigt und verpflichtet die jeweilige Personalvertretung (Personalrat, Bezirkspersonalrat, Hauptpersonalrat oder Gesamtpersonalrat), nach Maßgabe der die **Beteiligung** regelnden Vorschriften der §§ 66 bis 82 BPersVG weiterhin auch die Interessen der Zugewiesenen gegenüber dem Leiter der Dienststelle zu vertreten, bei der die Personalvertretung gebildet ist. Gegenstand der Beteiligung sind dabei solche Angelegenheiten, die das ›Grundverhältnis‹ der Zugewiesenen zum Dienstherrn bzw. Arbeitgeber Bund betreffen.[10] Falls die bisherige Beschäftigungsdienststelle, zu deren Personalrat die Zugewiesenen wahlberechtigt sind, und die entscheidungs-

5 Vgl. *BVerwG* v. 15.5.02 – 6 P 8.01 –, PersR 02, 434.
6 So *BVerwG* v. 14.12.09 – 6 P 16.08 –, PersR 10, 249.
7 *BVerwG* v. 14.12.09, a.a.O.
8 So auch *BVerwG* v. 14.12.09, a.a.O.
9 Vgl. KfdP-*Altvater*, Anh. V E § 2 BwKoopG Rn. 2.
10 BT-Drs. 15/2944, S. 8.

befugte Dienststelle nicht identisch sind, sind die Regelungen in § 82 oder § 92 Nr. 1 BPersVG anzuwenden.[11]

4 Aufgrund ihrer fortbestehenden Wahlberechtigung zum Personalrat ihrer Dienststelle gehören die Zugewiesenen dort weiterhin zu den »**in der Regel (wahlberechtigten) Beschäftigten**«, deren Zahl u. a. für die Personalratsfähigkeit der Dienststelle nach § 12, für die Zahl der zu wählenden Personalratsmitglieder nach § 16 und deren Verteilung auf die Gruppen nach § 17 Abs. 1 bis 5 sowie die Zahl der ganz freizustellenden Personalratsmitglieder nach § 46 Abs. 4 BPersVG maßgeblich ist.

§ 3 Passives Wahlrecht zum Personalrat

[1]Für die Wählbarkeit zum Personalrat der Dienststelle gilt § 14 des Bundespersonalvertretungsgesetzes. [2]Als Beschäftigung im Sinne des § 14 Abs. 1 Satz 1 Nr. 2 des Bundespersonalvertretungsgesetzes gilt auch die Beschäftigung in einem Kooperationsbetrieb.

1 § 3 BwKoopG garantiert den **Fortbestand des passiven Wahlrechts zum Personalrat der Dienststelle** in Anknüpfung an die Wahlberechtigung nach § 2 BwKoopG.[12] **§ 3 S. 1 BwKoopG** stellt klar, dass die Wählbarkeit auch bei den zugewiesenen Beamten und Arbeitnehmern i. S. d. § 1 BwKoopG nach Maßgabe der **allgemeinen Wählbarkeitsvoraussetzungen** nach § 14 BPersVG besteht.[13] Für die Zugewiesenen gelten damit grundsätzlich die gleichen positiven und negativen Wählbarkeitsvoraussetzungen wie für alle anderen Wahlberechtigten (vgl. § 14 BPersVG Rn. 2). Das gilt gem. § 53 Abs. 3 S. 1 und § 56 BPersVG für die Wählbarkeit zum **Hauptpersonalrat** beim BMVg und ggf. zum **Bezirkspersonalrat** oder **Gesamtpersonalrat** entsprechend (vgl. § 2 BwKoopG Rn. 2).

2 Darüber hinaus bestimmt **§ 3 S. 2 BwKoopG**, dass die **Wählbarkeitsvoraussetzung des § 14 Abs. 1 S. 1 Nr. 2 BPersVG**, seit einem Jahr in öffentlichen Verwaltungen oder von diesen geführten Betrieben beschäftigt zu sein (vgl. § 14 BPersVG Rn. 4), auch durch die **Beschäftigung in einem Kooperationsbetrieb** erfüllt werden kann. Diese Vorschrift sichert damit das passive Wahlrecht auch für den Fall, dass der Wechsel in den Beschäftigungsbetrieb bereits kurz nach Einstellung in den öffentlichen Dienst erfolgt.[14]

---

11 Vgl. *BVerwG* v. 14. 12. 09, a. a. O.

12 *BVerwG* v. 14. 12. 09, a. a. O.

13 Vgl. KfdP-*Altvater*, Anh. V E § 3 BwKoopG Rn. 1.

14 BT-Drs. 15/2944, S. 9.

§ 4 Sondervorschriften für Soldatinnen und Soldaten

(1) Gehören Soldatinnen und Soldaten einer Dienststelle an, in der sie nach den §§ 48ff. des Soldatenbeteiligungsgesetzes einen Personalrat wählen, gelten für ihr aktives und passives Wahlrecht die §§ 2 und 3.

(2) Gehören Soldatinnen und Soldaten einem Wahlbereich für die Wahl einer Vertrauensperson im Sinne des § 2 Abs. 1 des Soldatenbeteiligungsgesetzes an, bleiben sie während ihrer Zugehörigkeit zu einem Kooperationsbetrieb bei der Wahl einer Vertrauensperson für ihren Wahlbereich wahlberechtigt, sind jedoch als Vertrauensperson nicht wählbar.

§ 4 BwKoopG verweist auf Bestimmungen des SBG 1997, die offenbar aufgrund eines gesetzgeberischen Redaktionsversehens bei der Ablösung dieses Gesetzes durch das SBG 2016 nicht angepasst worden sind (vgl. Anh. V A § 35 Rn. 1b). Statt der in Abs. 1 und 2 genannten **Bezugsnormen** sind nunmehr **die entsprechenden Vorschriften des SBG 2016** maßgeblich, also statt der §§ 48ff. SBG 1997 die §§ 59ff. SBG 2016 und statt des § 2 Abs. 1 SBG 1997 der § 4 Abs. 1 SBG 2016[15]. 1

(Abs. 1) Für zugewiesene **Soldaten** i. S. d. § 1 BwKoopG, die vor ihrer Zuweisung einer Dienststelle angehört haben, in der diese Soldaten nach den §§ 59ff. SBG 2016 (vormals §§ 48ff. SBG 1997) einen **Personalrat** wählen (vgl. Anh. V B § 60 SBG Rn.2ff.), gelten für ihr Wahlrecht die §§ 2 und 3 BwKoopG. Sie sind damit hinsichtlich ihres **aktiven und passiven Wahlrechts** den zugewiesenen Zivilbeschäftigten gleichgestellt. Das fortbestehende aktive Wahlrecht der Zugewiesenen legitimiert den Personalrat (ebenso wie ggf. den Bezirks-, Haupt- oder Gesamtpersonalrat) zur Wahrnehmung der im SBG geregelten **Beteiligungsrechte** in jenen Angelegenheiten, die das Grundverhältnis der Zugewiesenen zum Dienstherrn Bund betreffen (vgl. § 2 BwKoopG Rn. 3). 1a

(Abs. 2) Eine dem § 4 Abs. 1 BwKoopG nur teilweise entsprechende Regelung gilt für zugewiesene **Soldaten**, die vor ihrer Zuweisung einem **Wahlbereich für die Wahl einer Vertrauensperson** i. S. d. § 4 Abs. 1 SBG 2016 (vormals § 2 Abs. 1 SBG 1997) angehört haben (vgl. Anh. V B § 4 SBG Rn. 4). Sie bleiben während ihrer Zugehörigkeit zu einem Kooperationsbetrieb bei der Wahl einer Vertrauensperson für ihren Wahlbereich zwar **wahlberechtigt**, sind als Vertrauensperson jedoch **nicht wählbar.**[16] Das fortbestehende aktive Wahlrecht bei der Wahl einer Vertrauensperson legitimiert diese 2

15 Nicht aber die den Vorschriften in § 2 Abs. 1 Nr. 6 bis 8 SBG 1997 entsprechenden Bestimmungen in § 4 Abs. 2 und 3 SBG 2016, bei denen es um Sonderwahlbereiche geht; vgl. Anh. V B § 4 SBG Rn. 5f. sowie KfdP-*Altvater*, Anh. V E § 4 BwKoopG Rn. 3.

16 Vgl. dazu BT-Drs. 15/2944, S. 9.

(ebenso wie ggf. die Gremien der Vertrauenspersonen) ebenfalls zur Wahrnehmung der im SBG geregelten **Beteiligungsrechte** in den das Grundverhältnis der Zugewiesenen zum Dienstherrn Bund betreffenden Angelegenheiten (vgl. Rn. 1).

§ 5 Schwerbehinderte Menschen

(1) Die Tätigkeit in einem Kooperationsbetrieb lässt die Rechtsstellung von schwerbehinderten Menschen bei der Anwendung des Teils 2 des Neunten Buches Sozialgesetzbuch im Geschäftsbereich des Bundesministeriums der Verteidigung unberührt.
(2) Schwerbehinderte Menschen gelten für die Anwendung der Vorschriften über die Schwerbehindertenvertretung im Kooperationsbetrieb als Beschäftigte.

1 (**Abs. 1**) Für die Anwendung des in Teil 2 SGB IX geregelten **Schwerbehindertenrechts im Geschäftsbereich des BMVg** stellt § 5 Abs. 1 BwKoopG klar, dass die auf der Beschäftigung in der Dienststelle beruhende Rechtsstellung schwerbehinderter Menschen durch die Tätigkeit in einem Kooperationsbetrieb (die auf einer Zuweisung i. S. d. § 1 BwKoopG beruht) nicht berührt wird. Dem Schutzzweck des Schwerbehindertenrechts entsprechend bezieht sich diese Klarstellung auf alle Menschen, die zu dem in § 68 SGB IX definierten geschützten Personenkreis gehören, also nicht nur auf **schwerbehinderte**, sondern auch auf diesen **gleichgestellte behinderte** Menschen. Die Klarstellung gewährleistet für diese Menschen die umfassende – das aktive und passive Wahlrecht zur Schwerbehindertenvertretung einschließende – Fortgeltung der in Teil 2 SGB IX enthaltenen Vorschriften im Bereich des BMVg und damit auch in der (alten) Dienststelle.[17]

2 (**Abs. 2**) Für die Anwendung der in Teil 2 SGB IX enthaltenen Vorschriften über die **Schwerbehindertenvertretung im Kooperationsbetrieb** bestimmt § 5 Abs. 2 BwKoopG, dass schwerbehinderte Menschen, die zu den zugewiesenen Personen i. S. d. § 1 BwKoopG gehören, im Kooperationsbetrieb als Beschäftigte gelten. Diese gesetzliche Fiktion gilt ebenfalls für **schwerbehinderte** und diesen **gleichgestellte behinderte** Menschen (vgl. Rn. 1).

§ 6 Geltung arbeitsrechtlicher Vorschriften

(1) Die in § 1 genannten Personen gelten für die Anwendung der Vorschriften über die Vertretung der Arbeitnehmerinnen und Arbeitnehmer im Aufsichtsrat, für die Anwendung des Betriebsverfassungsgesetzes und

17 Vgl. BT-Drs. 15/2944, S. 9.

des Sprecherausschussgesetzes als Arbeitnehmerinnen und Arbeitnehmer des Kooperationsbetriebs und sind als solche aktiv und passiv wahlberechtigt.

(2) Als leitende Angestellte im Sinne des § 5 Abs. 3 des Betriebsverfassungsgesetzes gelten auch die funktional vergleichbaren Beamtinnen, Beamten, Soldatinnen und Soldaten.

(3) Soweit der Kooperationsbetrieb Verpflichtungen, die ihm nach den Vorschriften über die Vertretung der Arbeitnehmerinnen und Arbeitnehmer im Aufsichtsrat, nach dem Betriebsverfassungsgesetz und dem Sprecherausschussgesetz sowie den Vorschriften über die Schwerbehindertenvertretung obliegen, deshalb nicht erfüllen kann, weil er nicht Dienstherr und Arbeitgeber der in § 1 genannten Personen ist, treffen diese Verpflichtungen deren jeweilige Dienststelle.

(**Abs. 1**) Der dem § 19 Abs. 1 DBGrG (vgl. Anh. III) nachgebildete § 6 Abs. 1 BwKoopG bestimmt, dass die in § 1 BwKoopG genannten und damit zum Geltungsbereich dieses Gesetzes gehörenden Personen für die Anwendung der Vorschriften des **Unternehmensverfassungsrechts** über die Vertretung der Arbeitnehmer im Aufsichtsrat sowie der Vorschriften des **Betriebsverfassungsgesetzes** (BetrVG) und des **Sprecherausschussgesetzes** (SprAuG) als **Arbeitnehmer des Kooperationsbetriebs** gelten, und stellt dabei ausdrücklich klar, dass sie dementsprechend als solche auch **aktiv und passiv wahlberechtigt** sind. Damit sind die zugewiesenen Personen unabhängig von ihrem dienst- oder arbeitsrechtlichen Status als Beamte, Soldaten oder Arbeitnehmer den »eigenen« Arbeitnehmern des Kooperationsbetriebs in den Bereichen der betrieblichen und der Unternehmensmitbestimmung in jeder Hinsicht gleichgestellt.[18] Insoweit ist eine **umfassende Geltung der einschlägigen arbeitsrechtlichen Vorschriften** festgelegt. Im Bereich der Betriebsverfassung sind die Zugewiesenen (mit Ausnahme der in § 6 Abs. 2 BwKoopG genannten leitenden Angestellten) deshalb nicht nur zum **Betriebsrat** des Kooperationsbetriebs wahlberechtigt und wählbar, sondern z. B. auch bei der Festlegung der Zahl der Betriebsratsmitglieder nach § 9 BetrVG und der Mindestfreistellungen nach § 38 Abs. 1 BetrVG mitzuzählen[19] (vgl. auch § 4 BPersVG Rn. 10). Für die betriebliche **Jugend- und Auszubildendenvertretung** gilt Entsprechendes. Anders als für die Postnachfolgeunternehmen in § 26 Nr. 1 PostPersRG (vgl. Anh. IV) vorgesehen, bilden die **Beamten** – und auch die **Soldaten** – bei der Wahl zum Betriebsrat **keine eigene Wählergruppe**. 1

---

18 Vgl. BT-Drs. 15/2944, S. 9.

19 Vgl. *BAG* v. 15. 12. 11 – 7 ABR 65/10 – u. v. 5. 12. 12 – 7 ABR 17/11 –, AP BetrVG 1972 § 5 Nr. 77 u. 80.

1a Dem Betriebsrat des Kooperationsbetriebs stehen hinsichtlich der zugewiesenen Beamten, Soldaten und Arbeitnehmer nach dem BetrVG wahrzunehmende **Beteiligungsrechte** in solchen Angelegenheiten zu, in denen der dortige Arbeitgeber weisungsbefugt ist. Auch wenn eine Personalvertretung im Bereich des BMVg (oder eine Vertrauensperson der Soldaten oder ein Gremium von Vertrauenspersonen) an einer das Grundverhältnis zum Dienstherrn bzw. Arbeitgeber Bund betreffenden beabsichtigten Personalmaßnahme zu beteiligen ist, ist der Betriebsrat darüber nach § 99 Abs. 1 BetrVG jedenfalls dann zu **unterrichten**, wenn sich diese Maßnahme auf die Gesamtbelegschaft des Kooperationsbetriebes auswirkt. Die erforderlichen Informationen hat die zuständige Dienststelle dem Kooperationsbetrieb nach § 6 Abs. 3 BwKoopG zur Verfügung zu stellen (vgl. Rn. 3). Bei innerbetrieblichen Versetzungen zugewiesener Personen (i. S. v. § 95 Abs. 3 BetrVG) hat der Betriebsrat nach § 99 Abs. 1 S. 1 BetrVG **mitzubestimmen**.[20] Anders verhält es sich bei der Kündigung von gestellten Arbeitnehmern, über die nicht der Inhaber des Kooperationsbetriebs, sondern der öffentliche Arbeitgeber zu entscheiden hat: In einem solchen Fall lehnt das *BAG* eine Beteiligung des Betriebsrats (nach § 102 Abs. 1 BetrVG) ab.[21]

2 (**Abs. 2**) Der dem § 36 Abs. 2 PostPersRG entsprechende § 6 Abs. 2 BwKoopG legt fest, dass als **leitende Angestellte** i. S. d. § 5 Abs. 3 BetrVG auch die **funktional vergleichbaren Beamten und Soldaten** gelten. Sie gehören zum persönlichen Geltungsbereich des SprAuG und sind nach § 6 Abs. 1 BwKoopG wahlberechtigt und wählbar zu dem im Kooperationsbetrieb gebildeten **Sprecherausschuss** (vgl. auch Anh. IV § 36 PostPersRG Rn. 1 f.).

3 (**Abs. 3**) Der dem § 19 Abs. 2 DBGrG (vgl. Anh. III) nachgebildete § 6 Abs. 3 BwKoopG geht davon aus, dass der Kooperationsbetrieb bestimmte **Verpflichtungen**, die ihm nach den Vorschriften über die Vertretung der Arbeitnehmer im Aufsichtsrat, nach dem BetrVG und dem SprAuG sowie dem Schwerbehindertenrecht obliegen, deshalb nicht erfüllen kann, weil er nicht Dienstherr und Arbeitgeber der in § 1 BwKoopG genannten Personen ist, und legt fest, dass die »**jeweilige Dienststelle**« der Bundeswehr (vgl. § 2 BwKoopG Rn. 2) derartige Verpflichtungen zu erfüllen hat. Dabei dürfte es sich insb. um Informationspflichten des Arbeitgebers handeln.

---

20 *BAG* v. 4. 5. 11 – 7 ABR 3/10 –, AP BetrVG 1972 § 99 Nr. 138.

21 *BAG* v. 26. 3. 15 – 2 AZR 783/13 –, NZA 15, 866, mit dem Hinw., dass es dem nicht über die erforderliche Kenntnis des Sachverhalts verfügenden Personalrat frei stehe, dazu weitere Erkundigungen einzuholen und den Arbeitnehmer anzuhören (zu III 3 [Rn. 53]). Es ist offen geblieben, ob etwas anderes dann zu gelten hat, wenn die Ausübung des Kündigungsrechts an das Einverständnis des Inhabers des Kooperationsbetriebs gebunden ist (zu III 4 [Rn. 54]).

§ 7 Übergangsmandat

(1) [1]Der Personalrat der zuweisenden Dienststelle nimmt in dem Kooperationsbetrieb die Aufgaben eines Betriebsrats nach dem Betriebsverfassungsgesetz wahr, soweit die Voraussetzungen des § 1 Abs. 1 Satz 1 des Betriebsverfassungsgesetzes vorliegen und in dem Kooperationsbetrieb nicht bereits ein Betriebsrat besteht (Übergangsmandat). [2]Der Personalrat hat im Rahmen seines Übergangsmandats insbesondere die Aufgabe, unverzüglich den Wahlvorstand zur Einleitung der Betriebsratswahl zu bestellen.

(2) Werden einem Kooperationsbetrieb Angehörige mehrerer Dienststellen zugewiesen, nimmt derjenige Personalrat das Übergangsmandat wahr, aus dessen Zuständigkeitsbereich die meisten der zugewiesenen Wahlberechtigten stammen.

(3) Das Übergangsmandat endet, sobald im Kooperationsbetrieb ein Betriebsrat gewählt und das Wahlergebnis bekannt gegeben worden ist, spätestens jedoch nach zwölf Monaten.

(4) Die Absätze 1 bis 3 gelten entsprechend für die Jugend- und Auszubildendenvertretung mit der Maßgabe, dass der das Übergangsmandat innehabende Personalrat unverzüglich einen Wahlvorstand zur Wahl der Jugend- und Auszubildendenvertretung zu bestellen hat.

(5) Die Absätze 1 bis 3 gelten entsprechend für die Schwerbehindertenvertretungen.

Um eine lückenlose betriebliche Interessenvertretung der in § 1 BwKoopG genannten Personen im Kooperationsbetrieb zu gewährleisten, sehen die Vorschriften des § 7 BwKoopG **Übergangsmandate** des Personalrats, der Jugend- und Auszubildendenvertretung und der Schwerbehindertenvertretung vor. Diese Regelungen sind v. a. deshalb sinnvoll, weil das Bestehen eines allgemein gültigen Übergangsmandats des Personalrats bei Privatisierungen bislang gesetzlich nicht ausdrücklich geregelt ist (vgl. § 1 BPersVG Rn. 17). 1

(Abs. 1–3) Für den Fall, dass die in § 1 Abs. 1 S. 1 BetrVG bestimmten Voraussetzungen für die Bildung eines Betriebsrats im Kooperationsbetrieb vorliegen (weil es sich dabei um einen Betrieb mit in der Regel mindestens fünf ständigen Arbeitnehmern handelt, von denen drei wählbar sind) und dort nicht bereits ein Betriebsrat besteht, weist § 7 Abs. 1 S. 1 BwKoopG dem **Personalrat der zuweisenden Dienststelle** ein Übergangsmandat zu, das darin besteht, in dem Kooperationsbetrieb übergangsweise die Aufgaben eines Betriebsrats nach dem BetrVG wahrzunehmen. Gehören die zugewiesenen Personen mehreren Dienststellen an, so erhält nach § 7 Abs. 2 BwKoopG derjenige Personalrat das Übergangsmandat, aus dessen Zuständigkeitsbereich **die meisten der zugewiesenen Wahlberechtigten** stammen. Die sich 2 aus dem Übergangsmandat ergebenden **Aufgaben und Befugnisse** des Personalrats sind inhaltlich nicht eingeschränkt. § 7 Abs. 1 S. 2 BwKoopG betont die Pflicht des Personalrats, unverzüglich – d. h. ohne schuldhaftes Zögern (§ 121 Abs. 1 S. 1 BGB) – den **Wahlvorstand** zur Einleitung der Betriebsratswahl zu bestellen. Die **Dauer** des Übergangsmandats ist befristet. Nach § 7 Abs. 3 BwKoopG endet es, sobald im Kooperationsbetrieb ein Betriebsrat gewählt und das Wahlergebnis bekannt gegeben worden ist (vgl. § 18 Abs. 3 S. 1 BetrVG), spätestens jedoch zwölf Monate nach seinem Beginn.

3 (**Abs. 4, 5**) Die in Abs. 1 bis 3 des § 7 BwKoopG enthaltenen Regelungen gelten nach Abs. 4 und 5 für das Übergangsmandat der **Jugend- und Auszubildendenvertretung** und der **Schwerbehindertenvertretung** entsprechend. Dabei ist klargestellt, dass die unverzügliche Bestellung eines Wahlvorstands zur Wahl der betrieblichen Jugend- und Auszubildendenvertretung zu den Aufgaben des Personalrats gehört, der nach Abs. 1 oder 2 das Übergangsmandat innehat.

§ 8 Weitergeltung von Dienstvereinbarungen

Die in den Dienststellen im Zeitpunkt der Zuweisung geltenden Dienstvereinbarungen gelten im Kooperationsbetrieb für längstens zwölf Monate als Betriebsvereinbarungen weiter, soweit sie nicht durch andere Regelungen ersetzt werden.

Durch § 8 BwKoopG sollen zu Beginn der Kooperation Rechtsverluste oder Unklarheiten über die Geltung abgeschlossener Dienstvereinbarungen im Verhältnis zum Kooperationsbetrieb ausgeschlossen werden.[22] Da die **Dauer der Weitergeltung** der Dienstvereinbarungen auf längstens zwölf Monate befristet ist, kann es zum Schutz der zugewiesenen Personen je nach Sachlage sinnvoll sein, bereits frühzeitig gem. § 77 Abs. 2 BetrVG entsprechende **Betriebsvereinbarungen** abzuschließen. Diese Befugnis steht auch dem Personalrat zu, der das Übergangsmandat innehat (vgl. § 7 BwKoopG Rn. 2)

§ 9 Anhängige Verfahren

Auf förmlich eingeleitete Beteiligungsverfahren im Bereich der Dienststelle, Verfahren vor der Einigungsstelle beim Bundesministerium der Verteidigung oder personalvertretungsrechtliche Beschlussverfahren vor den Verwaltungsgerichten bleibt die Zuweisung von Beschäftigten an einen Kooperationsbetrieb ohne Einfluss.

22 BT-Drs. 15/2944, S. 9 f.

§ 9 BwKoopG geht davon aus, dass die dort aufgeführten, die Dienststelle betreffenden anhängigen Verfahren jedenfalls nicht wegen der Beschäftigung der oder des Betroffenen in einem Kooperationsbetrieb an rechtlicher Bedeutung verlieren. Das **Rechtsschutzinteresse** besteht kraft Gesetzes weiter.[23] Die einschränkende Rspr. des *BVerwG*[24] zu § 25 Abs. 2 PostPersRG ist deshalb für die Anwendung des anders formulierten § 9 BwKoopG ohne Bedeutung.

23 So ausdrücklich die Begründung des Gesetzentwurfs, BT-Drs. 15/2944, S. 10.
24 Beschl. v. 9. 8. 96 – 6 P 22.94 –, PersR 96, 496.

Anhang VI
Betriebsvertretungsrecht bei den Stationierungsstreitkräften der NATO

Unterzeichnungsprotokoll zu Artikel 56 Absatz 9 des Zusatzabkommens zum NATO-Truppenstatut

in der zuletzt durch die Abkommen vom 18. März 1993 und vom 16. Mai 1994 geänderten Fassung (BGBl. 1961 II S. 1313, BGBl. 1972 II S. 687, BGBl. 1973 II S. 1529, BGBl. 1975 II S. 914, BGBl. 1982 II S. 530, 838, BGBl. 1994 II S. 2594, 3710)

– Text mit Erläuterungen –

(1) [1]Dienststellen im Sinne des Bundespersonalvertretungsgesetzes vom 15. März 1974 (Bundesgesetzblatt 1974 Teil I S. 693) mit späteren Änderungen bis einschließlich der Änderung vom 16. Januar 1991 (Gesetz über die Beteiligung der Soldaten und der Zivildienstleistenden – BG – vom 16. Januar 1991, Bundesgesetzblatt 1991 Teil I S. 47) – im folgenden als das »Gesetz« bezeichnet – sind die einzelnen Verwaltungsstellen und Betriebe einer Truppe und eines zivilen Gefolges in der Bundesrepublik nach näherer Bestimmung durch die betreffende Truppe. [2]Mittelbehörden sind die der ober sten Dienstbehörde einer Truppe verwaltungsmäßig unmittelbar unterstellten Behörden, denen verwaltungsmäßig weitere Dienststellen nachgeordnet sind. [3]Oberste Dienstbehörden sind die Hauptquartiere einer Truppe, wie sie von den entsprechenden Entsendestaaten näher bestimmt werden, und die die endgültige Entscheidung über Angelegenheiten haben, an denen die Betriebsvertretungen beteiligt sind. [4]Werden Entscheidungen oberhalb der Ebene der obersten Dienstbehörde getroffen, so sorgt die Truppe dafür, daß die Betriebsvertretung ohne Verzögerung unterrichtet wird.

(2) Für Dienstreisen der Mitglieder der Betriebsvertretungen werden Reisekosten nach den tariflichen Bestimmungen für Reiseko sten der zivilen Angestellten der Truppe, mindestens nach der zweithöchsten Stufe gezahlt.

(3) Der Dienststellenleiter kann sich bei Besprechungen mit der Betriebsvertretung durch eine Person vertreten lassen, die in der Leitung der Dienststelle verantwortlich tätig und zur Verhandlung mit der Betriebsvertretung in dem gleichen Umfange wie der Dienststellenleiter bevollmächtigt ist.

(4) Von der Anwendung der Vorschriften des Gesetzes über die Wählbarkeit zu einer Betriebsvertretung, die die Dauer der Zugehörigkeit zu Dienststellen betreffen, kann Abstand genommen werden, soweit zwischen der Mehrheit der Arbeitnehmer und dem Arbeitgeber hierüber eine Verständigung herbeigeführt wird.

(5) [1]Der Dienststellenleiter ist nicht verpflichtet, Mitgliedern der Betriebsvertretung, dem Ausschuß nach § 93 des Gesetzes und der Einigungsstelle Unterlagen vorzulegen, soweit diese aus Gründen der Sicherheit Verschlußsachen darstellen; das gleiche gilt für Auskünfte daraus. [2]Zur Wahrnehmung ihrer Aufgaben kann die Betriebsvertretung, soweit erforderlich, Zugang zu Sicherheitsbereichen haben. [3]Soweit die Vorschriften der obersten Dienstbehörde der Truppe über die militärische Sicherheit einem solchen Zugang entgegenstehen oder ihn einschränken, erfolgt der Zugang unter den gleichen Bedingungen, unter denen auch zivilen Arbeitskräften der Zugang erlaubt ist.

(6) (a) (i) [1]Das im Gesetz vorgesehene Mitbestimmungsrecht kann, soweit im Einzelfall besonders schutzwürdige militärische Interessen entgegenstehen, in seinem Umfang beschränkt werden. [2]Die oberste Dienstbehörde hat die Gründe für die Beschränkung des Mitbestimmungsrechts schriftlich darzulegen und den Umfang der Beschränkung zu bezeichnen. [3]Sofern die Offenlegung der Gründe die Gefahr eines schweren Schadens für die Sicherheit des Entsendestaates oder seiner Truppe verursachen könnte, kann die oberste Dienstbehörde den Nachweis durch eine förmliche Erklärung bewirken, die durch den Präsidenten des Bundesarbeitsgerichts zu bestätigen ist.

(ii) [1]In Fällen, in denen die Liegenschaften an die Bundesregierung zurückgegeben werden, verhindert die Anwendung des Mitbestimmungsrechts nicht die Rückgabe dieser Liegenschaften zu dem vorgesehenen Zeitpunkt, der den zuständigen deutschen Behörden von der Truppe mitgeteilt wurde. [2]In diesen Fällen schließen die zuständigen deutschen Behörden besondere Vereinbarungen, um die Liegenschaften zu übernehmen, selbst wenn sie nicht völlig geräumt worden sind.

(iii) (aa) Das im Gesetz vorgesehene Mitbestimmungsrecht in bezug auf die Errichtung, Verwaltung und Auflösung von Sozialeinrichtungen ohne Rücksicht auf ihre Rechtsform findet nur auf Sozialeinrichtungen Anwendung, die ausschließlich für die zivilen Arbeitskräfte unterhalten werden.

(bb) Das im Gesetz vorgesehene Mitbestimmungsrecht in bezug auf die Gestaltung der Arbeitsplätze findet keine Anwendung, wenn sowohl Mitglieder der Truppe oder des zivilen Gefolges als auch zivile Arbeitskräfte in dieselbe Einrichtung oder dasselbe Programm einbezogen sind und die Zahl der betroffenen zivilen Arbeitskräfte nicht überwiegt.

(iv) Soweit der Inhalt von Personalfragebogen für Angestellte und Arbeiter Fragen der militärischen Sicherheit betrifft, findet anstelle der im Gesetz vorgesehenen Mitbestimmung das Mitwirkungsverfahren Anwendung.

(v) Das im Gesetz vorgesehene Mitbestimmungsrecht bei Zuweisung entsprechend § 123a des Beamtenrechtsrahmengesetzes findet keine Anwendung.

(vi) Angelegenheiten, soweit sie durch Gesetz oder Tarifvertrag geregelt sind oder üblicherweise gemäß Artikel 56 Absatz (5) Buchstabe (a) geregelt werden, unterliegen nicht der Mitbestimmung.

(vii) [1]Die Mitbestimmung findet keine Anwendung in bezug auf § 75 Absatz (1) Nummern 1 und 2, § 75 Absatz (3) Nummer 13 sowie § 76 Absatz (2) Nummern 5 und 7 des Gesetzes. [2]Dieser Ausschluß wird unmittelbar nach dem 31. Dezember 1994 überprüft werden.

(b) In Fällen, in denen die Mitbestimmungsrechte aufgrund des Buchstabens (a) keine Anwendung finden, gilt das Mitwirkungsverfahren.

(c) [1]Die im Mitbestimmungsverfahren vorgesehene Einigungsstelle besteht je aus einem von der obersten Dienstbehörde und von der bei ihr bestehenden zuständigen Betriebsvertretung bestellten Beisitzer sowie aus einem unparteiischen Vorsitzenden, auf dessen Person sich beide Teile einigen. [2]Kommt eine Einigung über die Person des Vorsitzenden nicht zustande, so bestellt ihn, soweit nicht einvernehmlich der Präsident des Bundesverwaltungsgerichts oder der Generalsekretär der Westeuropäischen Union um die Bestellung ersucht wird, der Generalsekretär der Nordatlantikvertragsorganisation. [3]Die oberste Dienstbehörde kann verlangen, daß die Mitglieder der Einigungsstelle zum Umgang mit Verschlußsachen ermäch-

tigt sind. [4]Auf Ersuchen der betreffenden Truppe oder Betriebsvertretung können ständige oder Ad-hoc-Einigungsstellen eingesetzt werden, wenn die Umstände dies rechtfertigen.

(d) [1]Die Einigungsstelle entscheidet durch Beschluß. [2]Sie kann den Anträgen der Beteiligten auch teilweise entsprechen. [3]Der Beschluß wird mit Stimmenmehrheit gefaßt. [4]Beschlüsse der Einigungsstelle erfolgen im Rahmen der Rechtsvorschriften einschließlich der Haushaltsgesetze und -vorschriften des Entsendestaates, die für die oberste Dienstbehörde der Truppe bindend sind.

(7) Der Dienststellenleiter legt der Betriebsvertretung Verwaltungsanordnungen vor deren Erlaß zur Mitwirkung gemäß § 78 des Gesetzes vor, außer in den Fällen, in denen § 72 Absatz (6) in Verbindung mit § 69 Satz 5 des Gesetzes Anwendung findet.

(8) [gestrichen]

(9) Soweit das Gesetz gerichtliche Entscheidungen vorsieht, entscheiden die deutschen Gerichte für Arbeitssachen in dem nach deutschem Recht vorgesehenen Verfahren (Beschlußverfahren), und die Bundesrepublik beteiligt sich im Namen einer Truppe oder eines zivilen Gefolges auf deren Antrag am Verfahren.

(10) Auf Ersuchen einer Truppe oder eines zivilen Gefolges beantragt die von der Bundesrepublik bestimmte Stelle die Strafverfolgung wegen Verletzung der Schweigepflicht nach Maßgabe des § 203 Absatz 2 Nummer 3 und des § 353b Absatz 1 Nummer 3 des Strafgesetzbuches.

1 Die Betriebsvertretung der zivilen Arbeitskräfte bei den Verwaltungen und Betrieben der in der Bundesrepublik Deutschland stationierten ausländischen Streitkräfte der NATO-Staaten richtet sich grundsätzlich nach dem BPersVG. **Art. 56 Abs. 9 des Zusatzabkommens** zu dem Abkommen zwischen den Parteien des Nordatlantikvertrages über die Rechtsstellung ihrer Truppen hinsichtlich der in der Bundesrepublik Deutschland stationierten ausländischen Truppen (ZA) v. 3. 8. 59[1] – geändert durch das Abkommen v. 21. 10. 71,[2] die Vereinbarung v. 18. 5. 81[3] und das Abkommen v. 18. 3. 93[4] – verweist nämlich auf die für die zivilen Bediensteten bei der Bundeswehr maßgebenden Vorschriften des deutschen Rechts über die Personalvertretung. Das sind nach **§ 91 Abs. 1 SG** die Vorschriften des **BPersVG** und der auf seiner Grundlage erlassenen Rechtsverordnungen (vgl. Anh. V A § 91 SG

1 BGBl. 1961 II S. 1183, 1218.
2 BGBl. 1973 II S. 1021.
3 BGBl. 1982 II S. 530.
4 BGBl. 1994 II S. 2594, 2598.

Rn. 1). Jedoch gilt die Verweisung auf das BPersVR nach Art. 56 Abs. 9 ZA nur insoweit, als in dem auf diesen Artikel Bezug nehmenden Abschnitt des **Unterzeichnungsprotokolls** (UP) nicht etwas anderes bestimmt ist. Das UP zu Art. 56 Abs. 9 ZA enthält zahlreiche Abwandlungen und Einschränkungen des BPersVG.

Die durch das UP zu Art. 56 Abs. 9 ZA abgewandelten Regelungen des 2
BPersVR gelten nicht für das gesamte Personal der in der Bundesrepublik stationierten Streitkräfte, sondern nur für die **»zivilen Arbeitskräfte bei einer Truppe und einem zivilen Gefolge«.** Die »zivilen Arbeitskräfte« entsprechen den Beschäftigten i. S. d. § 4 BPersVG. **»Truppe«** ist grundsätzlich das zu den Land-, See- oder Luftstreitkräften gehörende Personal eines Entsendestaates, wenn es sich im Zusammenhang mit seinen Dienstobliegenheiten in dem Hoheitsgebiet einer anderen Vertragspartei innerhalb des Gebiets des Nordatlantikvertrags befindet. **»Ziviles Gefolge«** ist das die Truppe eines Entsendestaates begleitende Zivilpersonal, das bei den Streitkräften dieses Entsendestaates beschäftigt ist. Personen, die zur Truppe oder zum zivilen Gefolge gehören, sind keine zivilen Arbeitskräfte.[5]

Das für die zivilen Arbeitskräfte bei den Verwaltungen und Betrieben der 3
Streitkräfte der Entsendestaaten geltende Betriebsvertretungsrecht gilt sinngemäß auch für die zivilen Arbeitskräfte der in der Bundesrepublik errichteten **internationalen militärischen Hauptquartiere der NATO** (Art. 8 Abs. 8 des Ergänzungsabkommens v. 13. 3. 67[6]) sowie von bestimmten **»nicht-deutschen Organisationen nichtwirtschaftlichen Charakters«** (Art. 71 ZA).[7]

Nach der Rspr. des *BVerfG* ist es **nicht verfassungswidrig**, dass das Betriebs- 4
vertretungsrecht bei den Stationierungsstreitkräften hinter dem PersVR bei der Bundeswehr zurückbleibt.[8] Die Benachteiligung der zivilen Arbeitskräfte bei den Stationierungsstreitkräften gegenüber den Zivilbeschäftigten bei der Bundeswehr ist zwar weder durch militärische Notwendigkeiten noch durch die Souveränität der die Streitkräfte entsendenden NATO-Staaten begründet und widerspricht deshalb dem allgemeinen Gleichheitssatz des Art. 3 Abs. 1 GG. Dieser Zustand ist jedoch – so das *BVerfG* – »mit Rücksicht darauf hinzunehmen, dass die Bundesrepublik beim Aushandeln der Stationierungsverträge beschränkt war und es ihr trotz fortlaufender Bemühungen nicht gelungen ist, die Beteiligungsrechte der Zivilangestellten bei den Stationierungsstreitkräften denen der Bundeswehr völlig anzugleichen«. Als politische Verträge, die eine besatzungsrechtliche Ordnung

---

5 Näher dazu KfdP-*Altvater*, Anh. VII A Rn. 5–12.

6 BGBl. 1969 II S. 1997, 2009.

7 Vgl. dazu KfdP-*Altvater*, Anh. VII C u. VII A Rn. 7.

8 Beschl. v. 8. 10. 96 – 1 BvL 15/91 –, BVerfGE 95, 39 = PersR 97, 74, ergangen auf Vorlage-Beschl. des *ArbG Kaiserslautern* v. 2. 8. 91 – 3 BV 11/91 –, PersR 92, 215.

schrittweise abbauen, befinden sich die Stationierungsverträge mit dem Grundgesetz bereits deshalb im Einklang, weil »der durch sie geschaffene Zustand der Verfassung näher steht als der frühere« und weil »ein besseres Verhandlungsergebnis nicht erreicht werden konnte«.

5 Die am **18.5.81** unterzeichnete **Vereinbarung zur Änderung des Unterzeichnungsprotokolls** zum Zusatzabkommen[9] hat das UP zu Art. 56 Abs. 9 ZA mit Rückwirkung zum 1.4.74 geändert. Vor allem wurden in Abs. 1 S. 1 UP die Worte »des Personalvertretungsgesetzes vom 5. August 1955 (Bundesgesetzblatt Teil I Seite 477)« durch die Worte »des Bundespersonalvertretungsgesetzes vom 15. März 1974 (Bundesgesetzblatt Teil I Seite 693)« ersetzt. Damit wurde klargestellt, dass auch für die Arbeitnehmer bei den Stationierungsstreitkräften das – allerdings eingeschränkte – **BPersVG 1974** gilt.[10]

6 Das *BAG* entschied aber mit **Urteil v. 14.1.93** – 2 AZR 387/92 –[11], dass Abs. 1 S. 1 UP keine dynamische, sondern eine **statische Verweisung auf das BPersVG 1974** enthalte und dass dieses Gesetz für das Betriebsvertretungsrecht bei den alliierten Stationierungsstreitkräften deshalb in seiner Urfassung gelte. Damit später erfolgte Änderungen des BPersVG 1974 auch im Bereich der Stationierungsstreitkräfte angewendet werden könnten, müsse das UP geändert werden. Dazu müssten die Parteien des NATO-Truppenstatuts entsprechende Abkommen abschließen und ratifizieren.

7 In der Folgezeit wurde das **UP** zu Art. 56 Abs. 9 ZA erneut **durch zwei Abkommen**[12] **geändert:** zunächst durch das am **18.3.93** unterzeichnete Änderungsabkommen[13] und sodann durch das am **16.5.94** unterzeichnete Änderungsabkommen.[14] Beide Abkommen bedurften der **Ratifikation** oder Genehmigung. Die Ratifikations- oder Genehmigungsurkunden waren von den Unterzeichnerstaaten bei der Regierung der Vereinigten Staaten von Amerika zu hinterlegen. Die Abkommen sind jeweils 30 Tage nach Hinterlegung der letzten Ratifikations- oder Genehmigungsurkunde **in Kraft** getreten: das Abkommen v. 18.3.93 nach der Bekanntmachung v. 30.6.98[15] am

---

9 BGBl. 1982 II S. 530, 838.
10 Vgl. *BAG* v. 6.2.85 – 4 AZR 127/83 –, AP BPersVG § 75 Nr. 12.
11 PersR 93, 406.
12 Erstens: Abkommen zur Änderung des Zusatzabkommens v. 3.8.59 in der durch das Abkommen v. 21.10.71 und die Vereinbarung v. 18.5.81 geänderten Fassung zu dem Abkommen zwischen den Parteien des Nordatlantikvertrages über die Rechtsstellung ihrer Truppen hinsichtlich der in der Bundesrepublik Deutschland stationierten ausländischen Truppen. Zweitens: Abkommen zur Änderung (nur) des Unterzeichnungsprotokolls zu dem eben genannten Zusatzabkommen.
13 BGBl. 1994 II S. 2594, 2598.
14 BGBl. II S. 3710, 3712.
15 BGBl. II S. 1691.

29.3.98, das Abkommen v. 16.5.94 nach der Bekanntmachung v. 9.6.98[16] am 5.6.98.

Das **Abkommen v. 18.3.93** (Rn. 7) hat Art. 56 Abs. 9 ZA unverändert beibehalten. Durch Art. 37 dieses Abkommens ist aber das **UP** zu Art. 56 Abs. 9 ZA **weitgehend umgestaltet** worden. Insb. ist dabei die Zahl der Mitbestimmungstatbestände von bisher fünf auf nunmehr 27 erhöht worden. Die in § 75 Abs. 1 Nr. 1 und 2, Abs. 3 Nr. 13 sowie § 76 Abs. 2 Nr. 5 und 7 BPersVG enthaltenen Mitbestimmungstatbestände sind jedoch weiterhin ausgeschlossen. Abgesehen davon kann die Truppe eines Entsendestaats der Ausübung der übrigen, grundsätzlich anwendbaren Mitbestimmungsrechte besonders schutzwürdige militärische Interessen entgegensetzen. Diese und weitere **Einschränkungen des BPersVG** zeigen, dass das Betriebsvertretungsrecht der zivilen Arbeitnehmer bei den Stationierungsstreitkräften weiterhin in erheblichem Maße hinter dem PersVR der Zivilbeschäftigten bei der Bundeswehr zurückbleibt (zur Vereinbarkeit dieser Ungleichbehandlung mit dem Grundgesetz vgl. Rn. 4). 8

Das **Abkommen v. 16.5.94** (Rn. 7) hat Konsequenzen aus dem Urteil des *BAG* v. 14.1.93 – 2 AZR 387/92 – gezogen, nach dem das BPersVG 1974 im Bereich der Stationierungsstreitkräfte in seiner Urfassung anzuwenden war (vgl. Rn. 6). Der durch Art. 1 dieses Abkommens neugefasste Abs. 1 S. 1 UP hat die bisherige statische Verweisung auf das BPersVG 1974 allerdings nicht durch eine dynamische Verweisung auf das jeweils geltende BPersVG, sondern durch eine neue – aktualisierte – statische **Verweisung auf das BPersVG in seiner zuletzt durch das Beteiligungsgesetz v. 16.1.91 geänderten Fassung** ersetzt. Nach Inkrafttreten des Änderungsabkommens am 5.6.98 gelten damit im Bereich der Stationierungsstreitkräfte alle Änderungen des BPersVG bis einschl. der Änderung v. 16.1.91 (vgl. dazu die Übersicht vor § 1 BPersVG). **Alle danach ergangenen und ergehenden Gesetze** zur Änderung des BPersVG sind jedoch im Bereich der Stationierungsstreitkräfte auch künftig **nicht anwendbar**. Außerdem können deutsche Gerichte in Streitigkeiten zwischen den Dienststellen der alliierten Streitkräfte und den dort gebildeten ***Schwerbehindertenvertretungen*** nur das am 16.1.91 geltende Recht anwenden; zur Anwendung des **SGB IX**[17] sind sie insoweit nicht befugt[18] (aus den demnach anzuwendenden [am 16.1.91 geltenden] Vorschriften des BPersVG und des SchwbG[19] folgt kein Teilnahme- 9

16 BGBl. II S. 1568.

17 Vom 19.6.01 (BGBl. I S. 1046, 1047), zuletzt geändert durch Art. 3 Abs. 12 des Gesetzes v. 26.7.16 (BGBl. I S. 1824).

18 *BAG* v. 11.9.13 – 7 ABR 18/11 –, AP ZA-Nato-Truppenstatut Art. 56 Nr. 28.

19 Schwerbehindertengesetz i.d.F. der Bek. v. 26.8.86 (BGBl. I S. 1421, ber. 1550), bis zum 16.1.91 zuletzt geändert durch Anl. I Kap. VIII Sachgebiet E Abschn. II

recht der **Hauptschwerbehindertenvertretung** an **Personalversammlungen**[20]).

10 **Im Einzelnen** bestehen nach dem Inkrafttreten des Änderungsabkommens v. 16.5.94 (Rn. 7) zwischen der im Bereich der Stationierungsstreitkräfte geltenden Fassung des BPersVG und der ansonsten gegenwärtig geltenden Fassung des Gesetzes (unter Außerachtlassung der ausschließlich auf Beamte bezogenen Vorschriften und der Vorschriften für besondere Verwaltungszweige) folgende **Abweichungen:**

- **§ 4 Abs. 1, 3 und 4 a. F.** mit den Begriffsbestimmungen der **Beschäftigten** sowie der **Angestellten und Arbeiter**[21] gilt weiterhin mit folgendem Wortlaut:
  »*(1) Beschäftigte im öffentlichen Dienst im Sinne dieses Gesetzes sind die Beamten, Angestellten und Arbeiter einschließlich der zu ihrer Berufsausbildung Beschäftigten …*« Der hier weggelassene zweite Halbsatz ist – da er sich auf Richter bezieht – für das Betriebsvertretungsrecht ohne Bedeutung.
  »*(3) [1]Angestellte im Sinne dieses Gesetzes sind Beschäftigte, die nach dem für die Dienststelle maßgebenden Tarifvertrag oder nach der Dienstordnung Angestellte sind oder die als übertarifliche Angestellte beschäftigt werden. [2]Als Angestellte gelten auch Beschäftigte, die sich in der Ausbildung zu einem Angestelltenberuf befinden.*«
  »*(4) Arbeiter im Sinne dieses Gesetzes sind Beschäftigte, die nach dem für die Dienststelle maßgebenden Tarifvertrag Arbeiter sind, einschließlich der zu ihrer Berufsausbildung Beschäftigten.*«
- **§ 5 S. 1 a. F.** über die Gliederung der Beschäftigten in **Gruppen**[22] gilt weiterhin mit folgendem Wortlaut: »*Die Beamten, Angestellten und Arbeiter bilden je eine Gruppe.*« Damit besteht die betriebsvertretungsrechtliche Aufteilung der Arbeitnehmer in die Gruppen der Angestellten und Arbeiter fort. Da bei den Stationierungsstreitkräften jedoch keine Beamten beschäftigt werden, kann das aufgrund der statischen Verweisung in Abs. 1 S. 1 UP fortbestehende Gruppenprinzip dadurch gegenstandslos werden, dass für die zivilen Arbeitskräfte ein Tarifvertrag vereinbart wird, der nicht zwischen Angestellten und Arbeitern unterscheidet.[23]

Nr. 6 des Einigungsvertrages v. 31.8.90 i.V.m. Art. 1 des Gesetzes v. 23.9.90 (BGBl. II S. 889, 1039).

20 *BAG* v. 11.9.13, a.a.O. (zu B IV 2 [Rn. 36ff.]).

21 Geändert (Abs. 1 u. 3) bzw. aufgehoben (Abs. 4) durch Gesetz v. 14.9.05 (BGBl. I S. 2746).

22 Geändert durch Gesetz v. 14.9.05 (a.a.O.).

23 Vgl. KfdP-*Altvater*, Anh. VII B Rn. 9.

- **§ 13 Abs. 2 S. 4 a. F.**[24] gilt weiterhin mit folgendem Wortlaut: »*Hinsichtlich des Verlustes des Wahlrechts bei der alten Dienststelle gelten die Sätze 1 und 3 entsprechend in Fällen einer Zuweisung nach § 123a des Beamtenrechtsrahmengesetzes oder auf Grund entsprechender arbeitsvertraglicher Vereinbarung.*« (Zur Zuweisung vgl. Rn. 25.)
- **§ 14 Abs. 2 S. 1 a. F.**[25] gilt weiterhin mit folgendem Wortlaut: »*Nicht wählbar sind Beschäftigte, die wöchentlich regelmäßig weniger als 18 Stunden beschäftigt sind.*«
- **§ 19 Abs. 2 S. 1 a. F.**[26] gilt weiterhin mit folgendem Wortlaut: »*Besteht der Personalrat aus mehr als einer Person, so wählen die Beamten, Angestellten und Arbeiter ihre Vertreter (§ 17) je in getrennten Wahlgängen, es sei denn, daß die wahlberechtigten Angehörigen jeder Gruppe vor der Neuwahl in getrennten geheimen Abstimmungen die gemeinsame Wahl beschließen.*«
- **§ 20 Abs. 1 S. 3**[27] gilt nicht.
- In **§ 29 Abs. 1 Nr. 5**[28] fehlen die Worte »*mit Ausnahme der Fälle des § 14 Abs. 2 Satz 1*«. Daraus folgt, dass das Absinken der Wochenarbeitszeit unter 18 Stunden zum Erlöschen der Mitgliedschaft in der Betriebsvertretung führt.
- **§ 38 Abs. 1 a. F.**[29] gilt weiterhin mit folgendem Wortlaut: »*Über die gemeinsamen Angelegenheiten der Beamten, Angestellten und Arbeiter wird vom Personalrat gemeinsam beraten und beschlossen.*«
- **§ 44 Abs. 1 S. 2**[30] gilt an sich in seiner ursprünglichen Fassung weiter, also einschl. seines gestrichenen zweiten Halbsatzes (»*; die Reisekostenvergütungen sind nach den für Beamte der Besoldungsgruppe A 15 geltenden Bestimmungen zu bemessen*«). Dies hat jedoch keine praktische Bedeutung, weil für die Bemessung der Reisekosten der Mitglieder der Betriebsvertretungen anstelle des § 44 Abs. 1 S. 2 ohnehin die modifizierende Bestimmung des Abs. 2 UP gilt (vgl. Rn. 15).
- In **§ 51 S. 2**[31] fehlen die Worte »*sowie Fragen der Frauenförderung und der Vereinbarkeit von Familie und Beruf*«.
- In **§ 60 Abs. 1 S. 2**[32] steht statt der Angabe »*§ 20 Abs. 1 Satz 3 und 4*« die Angabe »*§ 20 Abs. 1 Satz 3*«.

---

24 Geändert durch Gesetz v. 5. 2. 09 (BGBl. I S. 160).
25 Aufgehoben durch Gesetz v. 4. 11. 04 (BGBl. I S. 2686).
26 Geändert durch Gesetz v. 14. 9. 05 (a. a. O.).
27 Eingefügt durch Gesetz v. 24. 6. 94 (BGBl. I S. 1406).
28 Geändert durch Gesetz v. 24. 6. 94 (a. a. O.).
29 Geändert durch Gesetz v. 14. 9. 05 (a. a. O.).
30 Geändert durch Gesetz v. 26. 5. 05 (BGBl. I S. 1418).
31 Geändert durch Gesetz v. 24. 6. 94 (a. a. O.).
32 Geändert durch Gesetz v. 24. 6. 94 (a. a. O.).

- **§ 67 Abs. 1 S. 1 a. F.**[33] gilt weiterhin mit folgendem Wortlaut: »*Dienststelle und Personalvertretung haben darüber zu wachen, daß alle Angehörigen der Dienststelle nach Recht und Billigkeit behandelt werden, insbesondere, daß jede unterschiedliche Behandlung von Personen wegen ihrer Abstammung, Religion, Nationalität, Herkunft, politischen oder gewerkschaftlichen Betätigung oder Einstellung oder wegen ihres Geschlechtes unterbleibt.*«
  Zwischen alter und neuer Fassung besteht indessen kein materieller Unterschied.[34]
- **§ 68 Abs. 1 Nr. 5a**[35] gilt nicht.
- **§ 71 Abs. 1 S. 3 a. F.**[36] hat für die Stationierungsstreitkräfte keine praktische Bedeutung, weil die Vorschriften des § 71 Abs. 1 S. 2 bis 4 über die Zusammensetzung der Einigungsstelle durch Abs. 6 Buchst. c. UP abgewandelt sind (vgl. Rn. 30).
- Der Eingangshalbsatz des **§ 75 Abs. 1 a. F.**[37] gilt weiterhin mit folgendem Wortlaut: »*Der Personalrat hat mitzubestimmen in Personalangelegenheiten der Angestellten und Arbeiter bei …*«.
  Der Unterschied zwischen alter und neuer Fassung ist nur redaktioneller Natur, weil in den nachfolgenden Tatbeständen des § 75 Abs. 1 inhaltlich nicht zwischen Angestellten und Arbeitern differenziert wird.
- **§ 75 Abs. 3 Nr. 6 a. F.**[38] gilt weiterhin mit folgendem Wortlaut: »*Durchführung der Berufsausbildung bei Angestellten und Arbeitern*«. Zwischen alter und neuer Fassung besteht nur ein redaktioneller Unterschied.
- **§ 75 Abs. 3 Nr. 7 a. F.**[39] gilt weiterhin mit folgendem Wortlaut: »*Auswahl der Teilnehmer an Fortbildungsveranstaltungen für Angestellte und Arbeiter*«. Zwischen alter und neuer Fassung besteht nur ein redaktioneller Unterschied.
- **§ 75 Abs. 3 Nr. 8 a. F.**[40] gilt weiterhin mit folgendem Wortlaut: »*Inhalt von Personalfragebogen für Angestellte und Arbeiter*«. Zwischen alter und neuer Fassung besteht nur ein redaktioneller Unterschied.
- **§ 75 Abs. 3 Nr. 9 a. F.**[41] gilt weiterhin mit folgendem Wortlaut: »*Beurteilungsrichtlinien für Angestellte und Arbeiter*«. Zwischen alter und neuer Fassung besteht nur ein redaktioneller Unterschied.

---

33 Neugefasst durch Gesetz v. 14. 8. 06 (BGBl. I S. 1897).
34 Insoweit gilt das Gleiche wie für die Rahmenvorschrift des § 105 S. 2 BPersVG (vgl. KfdP-*Altvater*, § 105 Rn. 1).
35 Eingefügt durch Gesetz v. 24. 6. 94 (a. a. O.).
36 Geändert durch Gesetz v. 14. 9. 05 (a. a. O.).
37 Geändert durch Gesetz v. 14. 9. 05 (a. a. O.).
38 Geändert durch Gesetz v. 14. 9. 05 (a. a. O.).
39 Geändert durch Gesetz v. 14. 9. 05 (a. a. O.).
40 Geändert durch Gesetz v. 14. 9. 05 (a. a. O.).
41 Geändert durch Gesetz v. 14. 9. 05 (a. a. O.).

- **§ 75 Abs. 3 Nr. 10 a. F.**[42] gilt weiterhin mit folgendem Wortlaut: »*Bestellung von Vertrauens- oder Betriebsärzten als Angestellte*«. Zwischen alter und neuer Fassung besteht kein materieller Unterschied, weil eine Bestellung von Ärzten als Arbeiter arbeits- und sozialversicherungsrechtlich ausgeschlossen war und ist.
- **§ 76 Abs. 2 Nr. 10**[43] gilt nicht.
- In **§ 77 Abs. 2 Nr. 1**[44] fehlen die Worte »*den Frauenförderplan*«.
- **§ 79 Abs. 3 S. 1**[45] gilt weiterhin in folgender Fassung: »*Vor fristlosen Entlassungen, außerordentlichen Kündigungen und vor der Beendigung des Arbeitsverhältnisses eines Arbeiters während der Probezeit ist der Personalrat anzuhören.*« Diese Bestimmung muss allerdings im Wege der verfassungskonformen Auslegung so interpretiert werden, dass sie auf die ordentliche Kündigung von **Auszubildenden für Arbeiterberufe** nicht anzuwenden ist.[46] Soll diesen Auszubildenden während der Probezeit ordentlich gekündigt werden, ist die Betriebsvertretung nach § 79 Abs. 1 zu beteiligen.
- **§ 81 Abs. 3**[47] gilt weiterhin in folgender Fassung: »*An den Besprechungen des Dienststellenleiters mit den Sicherheitsbeauftragten oder dem* ***Sicherheitsausschuss nach § 719 Abs. 3 der Reichsversicherungsordnung*** *nehmen vom Personalrat beauftragte Personalratsmitglieder teil.*«
  Der vorstehend hervorgehobene Teil des Absatzes ist jedoch nicht mehr anwendbar, weil § 719 Abs. 4 RVO (der bereits aufgrund des Gesetzes v. 12.12.73[48] an die Stelle des § 719 Abs. 3 RVO getreten war) durch das Unfallversicherungs-Einordnungsgesetz v. 7.8.96[49] aufgehoben und der bisherige Sicherheitsausschuss nicht in das SGB VII übernommen worden ist. Der Sache nach besteht zwischen der alten und der neuen Fassung des § 81 Abs. 3 deshalb kein Unterschied (vgl. § 81 BPersVG Rn. 11).
- In **§ 81 Abs. 5**[50] stehen an Stelle der Wörter »*§ 193 Abs. 5 des Siebten Buches Sozialgesetzbuch*« weiterhin die Wörter »*§ 1552 der Reichsversicherungsordnung*«. Da jedoch § 1552 RVO aufgrund des Unfallversicherungs-Einordnungsgesetzes v. 7.8.96 durch § 193 Abs. 5 SGB VII ersetzt worden ist, besteht inhaltlich auch zwischen der alten und der neuen Fassung des § 81 Abs. 5 kein Unterschied (vgl. § 81 BPersVG Rn. 13).

---

42 Geändert durch Gesetz v. 14.9.05 (a.a.O.).
43 Eingefügt durch Gesetz v. 24.6.94 (a.a.O.).
44 Geändert durch Gesetz v. 24.6.94 (a.a.O.).
45 Neugefasst durch Gesetz v. 20.12.93 (BGBl. I S. 2136).
46 *BVerfG* v. 22.2.94 – 1 BvL 21/86, 1 BvL 4/92 –, BVerfGE 90, 46 = PersR 95, 126.
47 Neugefasst durch Gesetz v. 7.8.96 (BGBl. I S. 1254).
48 BGBl. I S. 1885.
49 BGBl. I S. 1254.
50 Geändert durch Gesetz v. 7.8.96 (a.a.O.).

10a Seit Inkrafttreten des Änderungsabkommens v. 16.5.94 (Rn. 7) ist die **Wahlordnung** zum Bundespersonalvertretungsgesetz (BPersVWO) v. 23.9.74[51] in ihrer durch die Verordnungen v. 20.7.88[52] und v. 25.10.89[53] geänderten Fassung anzuwenden.[54] Die späteren Änderungen der Wahlordnung gelten im Bereich der Stationierungsstreitkräfte dagegen bis auf Weiteres nicht.

11 Art. 1 des Abkommens v. 16.5.94 (Rn. 7) sieht vor, dass Abs. 1 S. 1 UP mit Wirkung v. 22.1.91 neugefasst wird. Diese von den Vertragsparteien **gewollte rückwirkende Geltung zum 22.1.91**, dem Tag des Inkrafttretens des Beteiligungsgesetzes v. 16.1.91, sollte sicherstellen, dass die seit diesem Zeitpunkt durchgeführten Maßnahmen, u.a. die im Jahre 1992 durchgeführten Wahlen zu den Betriebsvertretungen, eine solide Rechtsgrundlage haben.[55] Dabei hatte die Bundesregierung erwartet, dass das Abkommen aufgrund eines beschleunigten Ratifizierungsverfahrens so rechtzeitig in Kraft treten werde, dass die nächsten regelmäßigen **Wahlen** zu den Betriebsvertretungen ebenso wie die nächsten regelmäßigen Personalratswahlen nach § 1 Abs. 4 Amtszeiten-Gesetz[56] in der Zeit vom 1.3. bis 31.5.96 würden stattfinden können (vgl. §§ 116–116b BPersVG Rn. 1). Diese Erwartung erfüllte sich jedoch nicht. Deshalb wurden in der Zeit vom 1.3. bis 31.5.95 sowie vom 1.3. bis 31.5.98 allgemeine Wahlen zu den Betriebsvertretungen durchgeführt. Wäre das Abkommen v. 16.5.94 – dem Willen der Vertragsparteien entsprechend – rückwirkend zum 22.1.91 wirksam geworden, so wäre damit rückwirkend der Turnus der regelmäßigen Personalratswahlen (1992, 1996, 2000 usw.) auch im Bereich der Stationierungsstreitkräfte rechtlich verbindlich geworden. Damit hätte festgestanden, dass nicht nur die im Frühjahr 1995, sondern auch die im Frühjahr 1998 durchgeführten allgemeinen Betriebsvertretungswahlen außerhalb des für die regelmäßigen (Personalrats- und) Betriebsvertretungswahlen festgelegten Zeitraums stattgefunden hätten mit der Folge, dass sich der Anschluss an die späteren regelmäßigen Betriebsvertretungswahlen nach § 27 Abs. 5 BPersVG gerichtet hätte und die Betriebsvertretungen deshalb im nächsten Zeitraum der regelmäßigen Personalratswahlen – also in der Zeit vom 1.3. bis 31.5.00 – neu zu wählen gewesen wären.

11a Die vorstehende Auffassung hat sich nicht jedoch durchgesetzt, weil das Abkommen v. 16.5.94 (Rn. 7) entgegen der Erwartung der Bundesregierung

51 BGBl. I S. 2337.
52 BGBl. I S. 1073.
53 BGBl. I S. 1921.
54 Diese Fassung ist abgedruckt und kommentiert in: *Altvater/Bacher/Hörter/Sabottig/Schneider*, BPersVG, Kommentar für die Praxis, 3. Aufl. 1990, Anh. 1.
55 BT-Drs. 12/8018, S. 8 (zu II).
56 Gesetz über Amtszeiten von Personalvertretungen und Jugend- und Auszubildendenvertretungen im Bundesdienst v. 11.12.90 (BGBl. I S. 2682, 2689).

erst am 5.6.98 und damit erst vier Jahre nach seinem Abschluss in Kraft getreten ist (vgl. Rn. 7). Das *LAG Düsseldorf*[57] hat deshalb zu Recht den von den Beteiligten gebilligten Standpunkt vertreten, dass das Abkommen v. 16.5.94 nicht rückwirkend seit dem 22.1.91 gilt, sondern dass seine **Wirkungen erst mit dem Tag seines Inkrafttretens am 5.6.98 begonnen** haben. Mangels einer die Zeit der nächsten regelmäßigen Wahlen der Betriebsvertretungen festlegenden Übergangsregelung enthalte das Abkommen eine planwidrige Regelungslücke. Da der mutmaßliche Wille der vertragschließenden Staaten insoweit nicht feststellbar sei und das Völkerrecht im Allgemeinen keine Analogieschlüsse kenne, sei eine analoge Anwendung des § 27 Abs. 5 BPersVG nicht möglich. Anzuwenden sei vielmehr § 116b BPersVG.[58] Danach verlängerte sich die regelmäßige Amtszeit der in der Zeit vom 1.3. bis 31.5.98 gewählten Betriebsvertretungen auf vier Jahre mit der Folge, dass danach **regelmäßige Wahlen der Betriebsvertretungen** im Frühjahr 2002, 2006, 2010 und 2014 durchgeführt wurden und weitere regelmäßige Wahlen jeweils im Frühjahr der Jahre 2018, 2022 usw. durchzuführen sind.

Die bei den Stationierungsstreitkräften zu bildenden Repräsentativorgane 12
der zivilen Arbeitskräfte werden **Betriebsvertretungen** genannt (Art. 56 Abs. 9 ZA). Sie entsprechen den Personalvertretungen, die nach § 1 BPersVG im Bundesdienst gebildet werden. Die **Sprache** für die Kontakte der Dienststellen mit den bei ihnen gebildeten Betriebsvertretungen ist deutsch.[59]

(Abs. 1) Abs. 1 UP wandelt die Vorschriften des § 6 Abs. 1 und 2 BPersVG 13
über den **Dienststellenbegriff** ab. Die Anwendung von § 6 Abs. 3 und § 12 Abs. 2 wird nicht ausgeschlossen. Das für die Stationierungsstreitkräfte geltende Betriebsvertretungsrecht geht wie das für die Personalvertretungen im Bundesdienst geltende PersVR von einem **dreistufigen Aufbau** der Dienststellen aus und unterscheidet oberste Dienstbehörden, Mittelbehörden und Dienststellen der unteren Stufe. Nach § 53 Abs. 1 BPersVG ist bei der obersten Dienstbehörde (Hauptquartier) eine **Hauptbetriebsvertretung** und bei der Mittelbehörde eine **Bezirksbetriebsvertretung** jeweils als Stufenvertretung zu bilden.

Abs. 1 S. 4 UP ist durch das Abkommen v. 18.3.93 (Rn. 7) angefügt worden. 14
Dazu heißt es in der Denkschrift zu diesem Abkommen:[60]

»*... Die Vertragsnorm verpflichtet die Truppe eines Entsendestaates, die zuständige Betriebsvertretung über solche* ***Entscheidungen von Organen der Entsendestaaten*** *zu unterrichten, die* ***oberhalb der Ebene der obersten***

---

57 Beschl. v. 12.4.99 – 18 TaBV 97/98 –, PersR 99, 508.

58 Abgedr. und erläutert in: *Altvater/Baden/Berg/Kröll/Noll/Seulen,* BPersVG – Kommentar für die Praxis, 8. Aufl. 2013.

59 *BAG* v. 14.4.88 – 6 ABR 28/86 –, PersR 88, 327.

60 Hier u. im Folgenden zitiert nach BR-Drs. 670/93.

***Dienstbehörde**, d. h. der Hauptquartiere (vgl. Absatz 1 Satz 3), getroffen worden sind. Die Regelung fußt auf der innerstaatlichen Rechtslage ... Danach unterliegen Entscheidungen von staatlichen Organen oder Behörden, bei denen eine Personalvertretung nicht zu bilden ist, nicht der Mitbestimmung.*
Die Regelung eröffnet jedoch nicht die Möglichkeit, Mitbestimmungs- und Mitwirkungsrechte der Betriebsvertretungen dadurch auszuschließen, daß die endgültige Entscheidung über Angelegenheiten, an denen die Betriebsvertretungen beteiligt sind und diese Entscheidung daher von der obersten Dienstbehörde zu treffen ist (vgl. Absatz 1 Satz 3), durch ein Organ der Entsendestaaten oberhalb der Ebene der obersten Dienstbehörde erfolgt.«[61]

Zur förmlichen Beteiligung der (Haupt-)Betriebsvertretung an Maßnahmen, die auf Anordnung externer Stellen getroffen werden sollen, vgl. Rn. 36.

15 (**Abs. 2**) Auch Mitglieder der Betriebsvertretung erhalten bei Reisen, die zur Erfüllung ihrer Aufgaben notwendig sind, **Reisekostenvergütungen.** Diese werden abweichend von § 44 Abs. 1 S. 2 BPersVG nach den **tariflichen Bestimmungen** für Reisekosten der zivilen Angestellten – das sind die Bestimmungen im Anhang R des Tarifvertrags für die Arbeitnehmer bei den Stationierungsstreitkräften im Gebiet der Bundesrepublik Deutschland TVAL II – gezahlt, und zwar **mindestens nach der zweithöchsten Stufe.** Die im Anhang R TVAL II enthaltenen Bestimmungen über auswärtige Beschäftigung sehen seit dem 1. 10. 00 eine Zuordnung der Beschäftigten zu unterschiedlichen Reisekostenstufen allerdings nicht mehr vor.

16 (**Abs. 3**) Die Vorschriften des § 7 BPersVG über die **Vertretung des Leiters der Dienststelle** werden durch die spezielle Regelung in Abs. 3 UP abgewandelt. Diese Bestimmung gilt über ihren Wortlaut hinaus nicht nur für **Besprechungen** mit der Betriebsvertretung, sondern nach ihrem Zweck auch für die Einleitung und Durchführung der personalvertretungsrechtlichen **Beteiligungsverfahren.**[62] Abs. 3 UP ändert jedoch nichts daran, dass auch im Bereich der Stationierungsstreitkräfte für die Dienststelle grundsätzlich ihr Leiter handelt. Wer das im Einzelnen ist, hängt von der vom jeweiligen Entsendestaat vorgegebenen Organisation der Verwaltungsstellen und Betriebe einer Truppe oder eines zivilen Gefolges ab. Unabhängig davon, ob es sich um eine oberste Dienstbehörde, eine Mittelbehörde oder eine sonstige Dienststelle handelt, kommt für die Vertretung des Dienststellenleiters nur eine Person in Betracht, die zum ersten in der Leitung der Dienststelle verantwortlich tätig ist und die zum zweiten zur Verhandlung mit der Betriebsvertretung in dem gleichen Umfange wie der Dienststellenleiter bevollmäch-

61 BR-Drs. 670/93, S. 71; ***Hervorhebungen*** hier u. im Folgenden durch den Bearbeiter.

62 *BAG* v. 20. 10. 99 – 7 ABR 54/98 –, ZTR 00, 331.

tigt ist. Liegen diese Voraussetzungen vor, kann mit der Vertretung auch ein **dienststellenexterner Mitarbeiter** beauftragt werden.[63] Die Vertretung des Dienststellenleiters setzt keine Verhinderung voraus.[64] Durch Abs. 3 UP werden nicht nur S. 2 und 3, sondern auch der durch das Gesetz v. 10. 7. 89[65] angefügte S. 4 des § 7 BPersVG überlagert.

(**Abs. 4**) Nach Abs. 4 UP kann von der Anwendung der Vorschriften des BPersVG über die **Wählbarkeit** zu einer Betriebsvertretung, die die Dauer der Zugehörigkeit zu Dienststellen betreffen, Abstand genommen werden, soweit zwischen der Mehrheit der Arbeitnehmer und dem Arbeitgeber hierüber eine Verständigung herbeigeführt wird. Dadurch können die in § 14 Abs. 1 S. 1 Nr. 1 und 2 BPersVG geregelten Wählbarkeitsvoraussetzungen ganz oder teilweise entfallen, auch wenn die Sondervorschriften des § 15 Abs. 1 oder 2 BPersVG nicht eingreifen. Dabei ist der Wille der Mehrheit der Arbeitnehmer mittels **Abstimmung** festzustellen, die in Anlehnung an die Regelungen in § 6 Abs. 3, § 18 Abs. 1 und § 19 Abs. 2 BPersVG geheim durchzuführen ist und an der sich entsprechend § 18 Abs. 1 BPersVG nicht nur die wahlberechtigten, sondern alle zivilen Arbeitskräfte beteiligen können. 17

(**Abs. 5**) Abs. 5 UP ist durch das Abkommen v. 18. 3. 93 (Rn. 7) neu gefasst worden. Abs. 5 S. 1 Hs. 1 UP schränkt das **Informationsrecht** der Mitglieder der Betriebsvertretung, des nach § 93 BPersVG gebildeten VS-Ausschusses und der Einigungsstelle ein. Der Dienststellenleiter ist ihnen gegenüber nicht zur **Vorlage von Unterlagen** verpflichtet, soweit diese aus Gründen der Sicherheit **Verschlusssachen** darstellen. Nach dem zur Klarstellung angefügten Hs. 2 gilt dies auch für **Auskünfte** aus Verschlusssachen. Abs. 5 S. 2 und 3 regelt das der Betriebsvertretung zustehende **Zugangsrecht zu Arbeitsplätzen**, an denen zivile Arbeitnehmer beschäftigt werden. Dazu heißt es in Denkschrift:[66] 18

»Gegenüber der bisherigen Vertragsfassung ist als Grundsatz positiv festgelegt, dass der Betriebsvertretung, soweit erforderlich, Zugang auch zu Sicherheitsbereichen zu gewähren ist. Soweit Vorschriften der obersten Dienstbehörde eines Entsendestaates aus Gründen der militärischen Sicherheit einem Zugang der Betriebsvertretung entgegenstehen oder den Zugang einschränken, gilt die Regel: Ein Zugangsrecht der Betriebsvertretung besteht, soweit den zivilen Arbeitnehmern der Zugang gestattet ist, und zwar sowohl in räumlicher Beziehung als auch hinsichtlich bestimmter zu erfüllender Bedingungen. Die neue Vertragsregelung über den Zugang ist insbesondere auch im Falle von ***Unfalluntersuchungen*** *einschlägig, zu denen die Betriebsvertretung nach § 81 Abs. 2 Satz 1*

---

63 *BAG* v. 20. 10. 99, a. a. O.
64 *BAG* v. 11. 7. 90 – 7 ABR 23/89 –, PersR 90, 364.
65 BGBl. I S. 1380.
66 BR-Drs. 670/93, S. 71.

BPersVG hinzuzuziehen ist. Die insofern im bisherigen Vertragstext bestehende – besondere – Einschränkung … ist ersatzlos entfallen.«

19 (**Abs. 6**) Abs. 6 UP ist durch das Abkommen v. 18.3.93 (Rn. 7) neu gefasst worden. Dadurch ist die Mehrzahl der im BPersVG enthaltenen **Mitbestimmungstatbestände** auch im Bereich der Stationierungsstreitkräfte anwendbar, wobei allerdings die in Abs. 6 Buchst. a bis d vereinbarten Modifizierungen zu beachten sind. Die in § 76 Abs. 1 und Abs. 2 Nr. 1 bis 4 BPersVG genannten Mitbestimmungstatbestände sind bei den Stationierungsstreitkräften weiterhin gegenstandslos, weil sie sich (nur) auf Beamte beziehen.

20 Nach **Abs. 6 Buchst. a Ziff. (i) UP** kann das im BPersVG vorgesehene Mitbestimmungsrecht in seinem Umfang beschränkt werden, soweit im Einzelfall **besonders schutzwürdige militärische Interessen** entgegenstehen. Dazu heißt es in der Denkschrift[67] u. a.:

»Die Neuregelung folgt den nachstehenden Leitgedanken:

- *Die zuständige Stelle des Entsendestaates kann sich auf besonders schutzwürdige militärische Interessen wie bisher nicht generell, sondern **nur im Einzelfall** berufen.*
- *Wenn der Mitbestimmung der Betriebsvertretung besonders schutzwürdige militärische Interessen entgegenstehen, hat diese Tatsache nicht zwangsläufig und stets einen vollständigen Ausschluß des Mitbestimmungsrechts zur Folge; es wird vielmehr … der der Mitbestimmung unterliegende Regelungsfreiraum **nur in dem sachlich gebotenen Umfang** beschränkt. …*
- *Die Beschränkung des Mitbestimmungsrechts erfolgt … durch eine **schriftliche Erklärung**, die nur von der obersten Dienstbehörde der Stationierungsmacht abgegeben werden kann. Für den Inhalt dieser Erklärung gibt die Vertragsbestimmung … in Satz 2 zwei Vorgaben: Es sind die Gründe für die Beschränkung des Mitbestimmungsrechts zu nennen, und es ist der Umfang der Beschränkung zu bezeichnen. Aus dieser Vertragsbestimmung folgt, daß die Beschränkung des Mitbestimmungsrechts der **Überprüfung durch die Gerichte für Arbeitssachen** in Verfahren gemäß Absatz 9 des Unterzeichnungsprotokolls unterliegt. …*
- *Satz 3 … trifft eine Regelung für den Fall, daß der Offenlegung der Gründe schwerwiegende Sicherheitsinteressen des Entsendestaates oder seiner Truppe entgegenstehen. Der Vertragstext fordert … als Voraussetzung Situationen, in denen sich besonders schutzwürdige militärische Interessen zu der Gefahr eines schweren Schadens für die Sicherheit des Entsendestaates oder seiner Truppe ›verdichtet‹ haben. Um in Situationen dieser Art die Geheimhaltungsinteressen der Entsendestaaten in militärischen Angelegenheiten zu*

---

67 BR-Drs. 670/93, S. 71 f.

respektieren, läßt die Vertragsnorm anstelle des gemäß Satz 2 erforderlichen Nachweises ***eine förmliche Erklärung der obersten Dienstbehörde*** *zu. Diese Erklärung ist … für die Beteiligten und die Gerichte bindend; sie bedarf zu ihrer Wirksamkeit jedoch der Bestätigung durch den Präsidenten des Bundesarbeitsgerichts ….«*

Abs. 6 Buchst. a Ziff. (ii) UP trifft eine Sonderregelung für die Anwendung des Mitbestimmungsrechts in den Fällen, in denen die **Liegenschaften**, die von den Stationierungsstreitkräften benutzt werden, an die Bundesrepublik Deutschland **zurückgegeben** werden. Dazu heißt es in der Denkschrift[68] u. a.: 21

»Die Regelung … knüpft an das nach § 75 Abs. 2 Nr. 2 BPersVG bestehende Mitbestimmungsrecht der Betriebsvertretung bei der ***Zuweisung und Kündigung von Wohnungen*** *an. Die Vertragsbestimmung gilt nur in bezug auf Wohnungen von zivilen Arbeitnehmern bei den Stationierungsstreitkräften, die sich auf einer von diesen benutzten Liegenschaft befinden. Soweit derartige Liegenschaften … an die Bundesrepublik Deutschland zurückgegeben werden sollen, stellt sich die Frage, ob die Mietverhältnisse mit den zivilen Arbeitnehmern zuvor zu beenden sind. … Für Fälle dieser Art trifft Ziffer (ii) eine pragmatische Lösung, die das* ***Mitbestimmungsrecht*** *der Betriebsvertretung als solches* ***unberührt*** *läßt: Die Liegenschaft kann zu dem vorgesehenen Zeitpunkt an die zuständigen deutschen Behörden zurückgegeben werden … Mit der Übernahme der Liegenschaft tritt die Bundesrepublik Deutschland oder ein etwaiger sonstiger Eigentümer in die Rechtsstellung ein, die der Entsendestaat zuletzt gegenüber den die Wohnung nutzenden Personen innegehabt hat. …«*

Abs. 6 Buchst. a Ziff. (iii) Doppelbuchst. aa UP modifiziert das Mitbestimmungsrecht bei der Errichtung, Verwaltung und Auflösung von **Sozialeinrichtungen** (§ 75 Abs. 3 Nr. 5 BPersVG). Die Denkschrift[69] sagt dazu u. a.: 22

»Für die Einrichtung, Verwaltung und Auflösung von Sozialeinrichtungen besteht … ein Mitbestimmungsrecht der Betriebsvertretung nur dann, wenn die Sozialeinrichtung ausschließlich für die zivilen Arbeitnehmer unterhalten wird. Mit dieser Vertragsregelung behalten sich die Entsendestaaten die in § 75 Abs. 3 Nr. 5 BPersVG genannten Entscheidungen über Sozialeinrichtungen …, die für die Truppe oder ein ziviles Gefolge unterhalten und von zivilen Arbeitnehmern lediglich mitbenutzt werden, vor.«

---

68 BR-Drs. 670/93, S. 72.
69 BR-Drs. 670/93, S. 72.

23 **Abs. 6 Buchst. a Ziff. (iii) Doppelbuchst. bb UP** wandelt das Mitbestimmungsrecht bei der **Gestaltung der Arbeitsplätze** (§ 75 Abs. 3 Nr. 16 BPersVG) ab. Die Denkschrift[70] führt dazu u. a. aus:

»Das Mitbestimmungsrecht der Betriebsvertretung bei der Gestaltung der Arbeitsplätze wird für die Fälle eingeschränkt, daß sowohl zivile Arbeitnehmer als auch Angehörige der Truppe oder des zivilen Gefolges in derselben Einrichtung tätig oder in dasselbe Programm einbezogen sind. Diese Ausnahme vom deutschen Recht gilt jedoch nur dann, wenn die Zahl der betroffenen zivilen Arbeitnehmer in der jeweiligen ›Einrichtung‹ oder in dem jeweiligen Programm nicht überwiegt. Als ›Einrichtung‹ sind abgrenzbare Funktionseinheiten mit eigener Aufgabenstellung innerhalb von Verwaltungsstellen oder Betrieben einer Truppe oder eines zivilen Gefolges … anzusehen. Demgegenüber ist der Begriff ›Programm‹ als Erfüllung einer konkreten Arbeitsaufgabe außerhalb der normalen Organisationsstrukturen zu verstehen. …«

24 **Abs. 6 Buchst. a Ziff. (iv) UP** stuft die Mitbestimmung über den Inhalt von **Personalfragebogen** für Angestellte und Arbeiter (§ 75 Abs. 3 Nr. 8 BPersVG a. F. [vgl. Rn. 10]) zur Mitwirkung herab, soweit der Inhalt dieser Fragebogen Fragen der militärischen Sicherheit betrifft. Enthält ein Personalfragebogen weitere Fragen, bei denen diese Voraussetzung nicht vorliegt, bleibt es bei der im BPersVG vorgesehenen Mitbestimmung. Zum **Mitwirkungsverfahren** vgl. Rn. 28.

25 **Abs. 6 Buchst. a Ziff. (v) UP** stellt klar, dass die Mitbestimmung bei der **Zuweisung entsprechend § 123a BRRG** (§ 75 Abs. 1 Nr. 4a BPersVG a. F.) nicht anzuwenden ist. Das gilt auch für die **Zuweisung entsprechend § 29 BBG**, die seit der Änderung des § 75 Abs. 1 Nr. 4a BPersVG durch Gesetz v. 5. 2. 09[71] Gegenstand der Mitbestimmung des Personalrats ist.

26 **Abs. 6 Buchst. a Ziff. (vi) UP** legt fest, dass nicht nur alle Angelegenheiten, die **durch Gesetz oder Tarifvertrag geregelt** sind, der Mitbestimmung nicht unterliegen (vgl. dazu die Eingangshalbsätze von § 75 Abs. 3 und § 76 Abs. 2 BPersVG), sondern auch Angelegenheiten, die **üblicherweise** gem. **Art. 56 Abs. 5 Buchst. a ZA** geregelt werden. Art. 56 Abs. 5 ZA lautet wie folgt:

»(5) Den deutschen Behörden obliegt es, im Einvernehmen mit den Behörden einer Truppe oder eines zivilen Gefolges
(a) die als Grundlage für die einzelnen Arbeitsverträge dienenden Arbeitsbedingungen, einschließlich der Löhne, der Gehälter und der Einreihung der ein-

70 BR-Drs. 670/93, S. 72.
71 BGBl. I S. 160.

zelnen Tätigkeitsarten in Lohn- und Gehaltsgruppen, festzusetzen und Tarifverträge abzuschließen und
(b) das Entlohnungsverfahren zu regeln.«

Abs. 6 Buchst. a Ziff. (vii) S. 1 UP schließt die Mitbestimmung bei folgenden Tatbeständen aus und stuft sie i. V. m. Abs. 6 Buchst. b UP insoweit zur **Mitwirkung** herab (vgl. dazu Rn. 28): 27

- **§ 75 Abs. 1 Nr. 1 BPersVG:**
  Einstellung;
- **§ 75 Abs. 1 Nr. 2 BPersVG:**
  Übertragung einer höher oder niedriger zu bewertenden Tätigkeit, Höher- oder Rückgruppierung, Eingruppierung;
- **§ 75 Abs. 3 Nr. 13 BPersVG:**
  Aufstellung von Sozialplänen einschl. Plänen für Umschulungen zum Ausgleich oder zur Milderung von wirtschaftlichen Nachteilen, die dem Beschäftigten infolge von Rationalisierungsmaßnahmen entstehen;
- **§ 76 Abs. 2 Nr. 5 BPersVG:**
  Maßnahmen zur Hebung der Arbeitsleistung und Erleichterung des Arbeitsablaufs;
- **§ 76 Abs. 2 Nr. 7 BPersVG:**
  Einführung grundlegend neuer Arbeitsmethoden.

Abs. 6 Buchst. a Ziff. (vii) S. 2 UP bestimmt, dass der Ausschluss der vorgenannten Mitbestimmungsrechte unmittelbar nach dem 31. 12. 94 überprüft werden wird. Aufgrund dieser **Sonderrevisionsklausel**, von der die übrigen Regelungen des Abkommens v. 18. 3. 93 (Rn. 7) nicht berührt werden, hat die Bundesregierung im Laufe des Jahres 1995 zwar Überprüfungsverhandlungen mit den NATO-Entsendestaaten geführt. Diese waren jedoch nicht bereit, »den fehlenden Mitbestimmungsrechten volle Geltung zu verschaffen«.[72]

Abs. 6 Buchst. b UP sieht vor, dass in den Fällen, in denen die im BPersVG vorgesehenen Mitbestimmungsrechte aufgrund des Abs. 6 Buchst. a UP keine Anwendung finden (vgl. Rn. 20–27), das **Mitwirkungsverfahren** gilt. Dieses richtet sich auch in den in § 75 Abs. 1 BPersVG aufgeführten Fällen ausschließlich nach § 72 BPersVG. Will die Betriebsvertretung **Einwendungen** gegen eine geplante mitwirkungsbedürftige personelle Maßnahme erheben, muss sie das zwar begründen, ist dabei jedoch nicht auf die **Gründe** beschränkt, auf die der Personalrat nach § 77 Abs. 2 BPersVG die Verweigerung seiner Zustimmung stützen muss.[73] 28

72 Vgl. BT-Drs. 13/5455, S. 12f. (zu 5.4 u. 5.5).
73 *LAG RP* v. 26. 2. 88 – 6 Ta BV 27/87 –, PersR 88, 166; vgl. auch *BAG* v. 9. 2. 93 – 1 ABR 43/92 –, PersR 93, 326.

29 Das **Initiativrecht** der Betriebsvertretung besteht nach § 70 BPersVG nur in solchen Angelegenheiten, die der Mitbestimmung unterliegen, und kommt deshalb in den Fällen nicht in Betracht, in denen die im BPersVG vorgesehenen Mitbestimmungsrechte aufgrund des Abs. 6 Buchst. a UP (vgl. Rn. 20–27) keine Anwendung finden.

30 **Abs. 6 Buchst. c UP** wandelt die Vorschriften des § 71 Abs. 1 S. 2 bis 4 BPersVG über die **Zusammensetzung der Einigungsstelle** ab. Nach S. 1 besteht diese nicht aus sieben, sondern nur aus drei Mitgliedern. Je ein Beisitzer wird von der obersten Dienstbehörde, also vom jeweiligen Hauptquartier, und der bei ihr bestehenden zuständigen Betriebsvertretung bestellt. Nach S. 3 kann die oberste Dienstbehörde, auch wenn die Voraussetzungen des § 93 BPersVG nicht vorliegen, verlangen, dass die Mitglieder der Einigungsstelle zum Umgang mit Verschlusssachen ermächtigt sind. Durch das Änderungsabkommen v. 18.3.93 (Rn. 7) ist S. 2, der das Verfahren bei Nichteinigung der obersten Dienstbehörde und der zuständigen Betriebsvertretung über die Person des unparteiischen Vorsitzenden regelt, geändert sowie S. 4 angefügt worden. Dazu heißt es in der Denkschrift[74] u.a.:

»Neu ist die Einfügung in Satz 2, wonach im Falle der Nichteinigung über die Person des ***Vorsitzenden*** *der Einigungsstelle zunächst beide Seiten einvernehmlich den Präsidenten des Bundesverwaltungsgerichts oder den Generalsekretär der Westeuropäischen Union um die Bestellung des Vorsitzenden ersuchen können. Nur in dem Falle, daß Einvernehmen über ein gemeinsames Ersuchen nicht erzielt werden kann, obliegt … dem Generalsekretär der Nordatlantikvertrags-Organisation die Bestellung des Vorsitzenden der Einigungsstelle. Der ferner neu angefügte Satz 4 übernimmt die innerstaatliche Auslegungsregel zum Bundespersonalvertretungsgesetz, wonach* ***auch permanente Einigungsstellen*** *eingerichtet werden können.«*

Soweit sich Abs. 6 Buchst. c S. 2 UP auf den Generalsekretär der Westeuropäischen Union (WEU) bezieht, ist er mit der Auflösung der WEU zum 30.6.11 gegenstandslos geworden.

31 **Abs. 6 Buchst. d UP** trifft eine die Vorschriften des § 71 Abs. 3 BPersVG abwandelnde Regelung über die **Beschlussfassung der Einigungsstelle**. Dazu heißt es in der Denkschrift[75] u.a.:

»Die Vertragsregelung trägt der Tatsache Rechnung, daß die ***haushaltsrechtlichen Bestimmungen*** *in den einzelnen Entsendestaaten sich teilweise nicht unerheblich von dem Haushaltsrecht der Bundesrepublik Deutschland unterscheiden. … Die Vorschrift erkennt neben den Rechtsvorschriften und Haushalts-*

74 BR-Drs. 670/93, S. 72f.
75 BR-Drs. 670/93, S. 73.

gesetzen der Entsendestaaten auch deren Haushaltsvorschriften, die für die oberste Dienstbehörde der Truppe bindend sind, die den Entscheidungsspielraum der Einigungsstelle begrenzende Wirkung im Sinne des § 71 Abs. 3 BPersVG zu. Die insofern maßgebenden Haushaltsvorschriften untergesetzlicher Art müssen somit von Stellen der Exekutive der Entsendestaaten erlassen sein, die über den obersten Dienstbehörden, also den Hauptquartieren der Stationierungsstreitkräfte, stehen.«

Dienstvereinbarungen sind nach § 73 Abs. 1 S. 1 BPersVG auch in den Fällen von § 75 Abs. 3 und § 76 Abs. 2 BPersVG zulässig, in denen der Betriebsvertretung anstelle des Mitbestimmungsrechts lediglich das Mitwirkungsrecht zusteht (vgl. Rn. 24 u. 27).[76] 32

(**Abs. 7**) Die in § 78 Abs. 1 Nr. 3 bis 5 BPersVG genannten Mitwirkungstatbestände sind bei den Stationierungsstreitkräften **gegenstandslos**, weil sie sich auf Beamte beziehen. Der durch das Abkommen v. 18. 3. 93 (Rn. 7) neu gefasste Abs. 7 UP regelt die Mitwirkung der Betriebsvertretung vor dem Erlass von **Verwaltungsanordnungen.** Dazu heißt es in der Denkschrift[77] u. a.: 33

»Absatz 7 … trifft … eine Bestimmung für die Mitwirkung der Betriebsvertretung bei der Vorbereitung von Verwaltungsordnungen der Dienststelle gemäß § 78 Abs. 1 Nr. 1 BPersVG; sie ist lediglich klarstellender Natur, indem sie auf … § 72 Abs. 6 in Verbindung mit § 69 Satz 5 BPersVG (Maßnahmen, die der Natur der Sache nach keinen Aufschub dulden) hinweist.«[78]

Die **Mitwirkung** bei der **Auflösung, Einschränkung, Verlegung oder Zusammenlegung von Dienststellen oder wesentlichen Teilen von ihnen** (§ 78 Abs. 1 Nr. 2 BPersVG) ist ebenso wie im Bereich der Bundeswehr durch § 91 Abs. 4 SG eingeschränkt (vgl. Anh. V A § 91 SG Rn. 4). 34

(**Abs. 8**) Abs. 8 UP a. F. ist durch das Abkommen v. 18. 3. 93 (Rn. 7) ersatzlos **gestrichen** worden. 35

Hat die Betriebsvertretung gegen eine beabsichtigte **ordentliche Kündigung** durch den Arbeitgeber nach § 79 Abs. 1 S. 3 BPersVG **Einwendungen** erhoben und ist dem Arbeitnehmer gleichwohl gekündigt worden, so hat dieser unter den Voraussetzungen des § 79 Abs. 3 BPersVG grundsätzlich Anspruch darauf, nach Ablauf der Kündigungsfrist bis zum rechtskräftigen Abschluss des Rechtsstreits bei unveränderten Arbeitsbedingungen **weiterbe-** 35a

76 Zur Zulässigkeit »freiwilliger« Dienstvereinbarungen: *BVerwG* v. 6. 10. 10 – 6 PB 11.10 –, PersR 10, 503.

77 BR-Drs. 670/93, S. 73.

78 Der Verweis auf »§ 69 *Satz 5* des Gesetzes« in Abs. 7 UP beruht auf einem Redaktionsversehen. Gemeint ist Abs. 5.

schäftigt zu werden. Der in Art. 56 Abs. 2 ZA a. F. vorgesehene Ausschluss der tatsächlichen Weiterbeschäftigung ist durch die im Änderungsabkommen v. 18.3.93 (Rn. 7) vorgenommene Neufassung dieser Vertragsbestimmung ersatzlos entfallen. Die vollstreckungsrechtliche Durchsetzung dieses Anspruchs ist jedoch problematisch.[79]

36 Sollen auf **Anordnung einer Dienststelle**, die **im Entsendestaat** ansässig und der obersten Dienstbehörde in Deutschland übergeordnet ist, an sich beteiligungspflichtige Maßnahmen durchgeführt werden, ohne dass den in Deutschland befindlichen Dienststellen ein eigener Entscheidungsspielraum belassen ist, sind die **Beteiligungsrechte** dadurch gleichwohl **nicht ausgeschlossen.**[80] Vielmehr ist die Betriebsvertretung bei derjenigen (in Deutschland bestehenden) Dienststelle zu beteiligen, die zur Entscheidung mit Außenwirkung befugt ist. Diese Beteiligung ist nicht dadurch entfallen, dass das Änderungsabkommen v. 18.3.93 (Rn. 7) mit der Vertragsbestimmung des Abs. 1 S. 4 UP eine ergänzende Regelung über die **Unterrichtungspflicht** der Truppe geschaffen hat (vgl. Rn. 14).[81]

37 **(Abs. 9)** Abs. 9 UP stellt zunächst klar, dass für Streitigkeiten aus dem Betriebsvertretungsrecht die **deutsche Gerichtsbarkeit** gegeben ist. Das gilt auch dann, wenn über den Umfang des Mitbestimmungsrechts bei der Einstellung von Arbeitnehmern gestritten wird.[82] Außerdem bestimmt Abs. 9 UP, dass über solche Streitfragen nicht, wie in § 83 Abs. 1 BPersVG für die Personalvertretungen im Bundesdienst vorgesehen, die Verwaltungsgerichte, sondern die **Arbeitsgerichte** – und damit im dritten Rechtszug das Bundesarbeitsgericht – zu entscheiden haben. Anzuwendende Verfahrensart ist das **Beschlussverfahren**, das sich nach den §§ 80 bis 96a ArbGG richtet. In diesem Verfahren ist grundsätzlich der **Leiter der Dienststelle** der Stationierungsstreitkräfte, auf die sich die Streitigkeit bezieht, unmittelbar **Beteiligter.**[83] Jedoch bestimmt Abs. 9 UP, dass sich auf entsprechenden Antrag einer Truppe oder eines zivilen Gefolges die **Bundesrepublik** im Namen der Truppe bzw. des zivilen Gefolges an dem Verfahren beteiligt. Wird ein solcher Antrag gestellt, ist die Bundesrepublik alleinige Beteiligte im Sinne einer **Prozessstandschafterin.**[84] Ob der Betriebsvertretung ein im Beschlussverfahren verfolgbares Recht zusteht, der Dienststelle die Durchführung be-

---

79 Vgl. *LAG BW* v. 22.12.99 – 12 Sa 58/99 –, AuR 00, 277 Ls.; KfdP-*Altvater*, Anh. VII B Rn. 56 m. w. N.

80 *BAG* v. 9.2.93 – 1 ABR 33/92 –, PersR 93, 373.

81 *BAG* v. 11.12.07 – 1 ABR 67/06 –, AP BPersVG § 75 Nr. 86.

82 *BAG* v. 7.11.00 – 1 ABR 55/99 –, PersR 01, 347.

83 Vgl. KfdP-*Baden*, § 83 BPersVG Rn. 60 ff.

84 *BAG* v. 11.9.13 – 7 ABR 18/11 –, AP ZA-Nato-Truppenstatut Art. 56 Nr. 28 (zu B II 2c [Rn. 29]).

stimmter mitbestimmungspflichtiger **Maßnahmen untersagen** zu lassen, ist in der arbeitsgerichtlichen Rspr. bisher nicht geklärt.[85]

(**Abs. 10**) Abs. 10 UP behandelt die **Strafverfolgung wegen Verletzung der Schweigepflicht** nach § 203 Abs. 2 S. 1 Nr. 3 und § 353b Abs. 1 S. 1 Nr. 3 StGB.[86] **38**

85 Verneinend *LAG Düsseldorf* v. 30.11.00 – 11 TaBV 73/00 –, ZTR 01, 284 Ls.; zweifelnd *BAG* v. 28.5.02 – 1 ABR 35/01 –, PersR 03, 84; vgl. KfdP-*Altvater*, Anh. VII B Rn. 55 m.w.N.

86 Näher dazu KfdP-*Seulen*, Anh. VIII.

Stichwortverzeichnis

Bei Hinweisen auf das BPersVG bezeichnen die fett hervorgehobenen Angaben vor dem Komma den jeweiligen Paragrafen; die Angaben hinter dem Komma verweisen auf die jeweilige Randnummer der Kommentierung (Beispiel: **75**, 13 = § 75 BPersVG Rn. 13).

Bei Hinweisen auf in den Anhängen abgedruckte Bestimmungen bezeichnen die fett hervorgehobenen Angaben (römische Ziffern, Großbuchstaben und arabische Ziffern) vor dem Komma den jeweiligen Anhang, ggf. dessen Abschnitt und den jeweiligen Paragrafen; die Angaben hinter dem Komma verweisen wiederum auf die jeweilige Randnummer der Erläuterungen (Beispiel: **V B 24**, 1 = Anhang V Abschnitt B § 24 SBG Rn. 1 bzw. Anh. V B § 24 Rn. 1).

L

Q

R

Kompetenz verbindet

Peter Wedde (Hrsg.)

Arbeitsrecht

Kompaktkommentar zum Individualarbeitsrecht mit kollektivrechtlichen Bezügen
5., überarbeitete Auflage
2016. 1.741 Seiten, gebunden
€ 89,90
ISBN 978-3-7663-6419-7

Wichtige Rechtsprechung und einige Gesetze sorgen für eine Neuauflage dieses bei vielen Interessenvertretern hochgeschätzten Werkes. Das Arbeitnehmerüberlassungsgesetz (AÜG) wird in wesentlichen Punkten präzisiert. Im Urlaubs- und Befristungsrecht sind Neuerungen durch die BAG-Rechtsprechung zu beachten.

Klar, prägnant und gut verständlich erläutert der Kompaktkommentar das gesamte Individualarbeitsrecht – konzentriert aufbereitet in einem Band. Die Kommentierungen haben stets die Arbeitnehmerpositionen im Blick, verzichten auf wissenschaftlichen Ballast und orientieren sich an der Rechtsprechung des Bundesarbeitsgerichts.

Optisch hervorgehoben sind Beispielfälle, Prüfschemata und Hinweise für die Mitbestimmung. Diese machen das Werk vor allem für Interessenvertreter und deren Berater zu einem wichtigen Hilfsmittel für die tägliche Praxis.

Bund-Verlag

Kompetenz verbindet

Michael Kittner

Arbeits- und Sozialordnung

Gesetze/Verordnungen • Einleitungen
• Checklisten/Übersichten • Rechtsprechung
42., aktualisierte Auflage
2017. 1.884 Seiten, kartoniert
€ 28,90
ISBN 978-3-7663-6599-6

Gesetze plus Erläuterungen – das ist die Erfolgsformel der jährlich neu aufgelegten »Arbeits- und Sozialordnung«. Die solide Grundlage bilden über 100 für die Praxis relevante Gesetzestexte im Wortlaut oder in wichtigen Teilen – natürlich auf dem neuesten Stand.

Die Ausgabe 2017 ist weiter optimiert durch eine allgemeine Einführung in die Arbeits- und Sozialordnung sowie 80 Checklisten und Übersichten zur praxisgerechten Anwendung und raschen Orientierung über komplexe Gesetzesinhalte. Bei wichtigen Gesetzen erklären Übersichten die seit der Vorauflage publizierte höchstrichterliche Rechtsprechung – mit Verweis auf eine Fundstelle.

Fazit: Der »Kittner« ist unerlässlich für alle, die über das Arbeits- und Sozialrecht auf aktuellem Stand informiert sein wollen.

Bund-Verlag